myBook+

Ihr Portal für alle Online-Materialien zum Buch!

- **Arbeitshilfen:** Checklisten, Mustervorlagen, Tabellen und Übersichten
- **Aktualisierungsservice**

Und so einfach geht's:

- Gehen Sie auf **https://mybookplus.de**, registrieren Sie sich und geben Ihren Buchcode ein, um auf die Online-Materialien Ihres Buchs zu gelangen
- **Ihren individuellen Buchcode finden Sie am Buchende**

Wir wünschen Ihnen viel Spaß mit myBook+ !

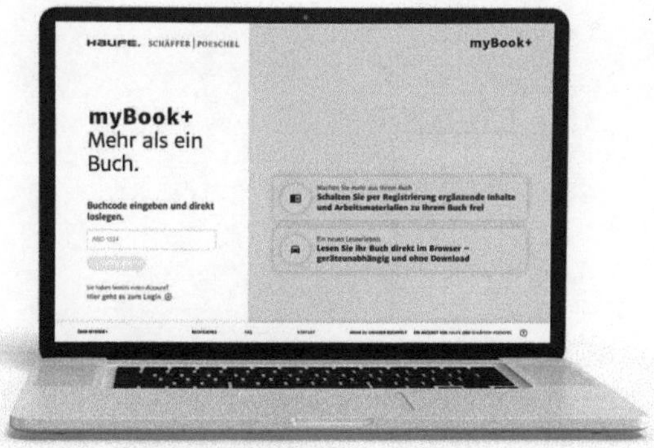

SCHÄFFER
POESCHEL

Anleitung zur Einkommensteuererklärung 2025

Mit amtlichen Vordrucken und Einkommensteuertabelle

Robert Engert
Oberregierungsrat
Finanzverwaltung Baden-Württemberg

Winfried Simon
Regierungsrat a. D.
Landesamt für Steuern Koblenz

Frank Ulbrich
Regierungsdirektor
Thüringer Fachhochschule
für öffentliche Verwaltung,
Fachbereich Steuern

Carsten Reichardt
Amtsrat
Thüringer Finanzministerium
Einkommensteuerreferat

Begründet von

Dr. jur. Helmut Stuber
Oberfinanzpräsident a. D. Stuttgart

Adolf Oppolzer
Regierungsdirektor a. D. Stuttgart

2025
SCHÄFFER-POESCHEL VERLAG
STUTTGART

Die Deutsche Nationalbibliothek verzeichnet diese Publikation in der Deutschen Nationalbibliografie; detaillierte bibliografische Daten sind im Internet über <http://dnb.d-nb.de> abrufbar.

Gedruckt auf chlorfrei gebleichtem, säurefreiem und alterungsbeständigem Papier

Print ISBN 978-3-7910-6759-9 Bestell-Nr. 20005-0016
E-PDF ISBN 978-3-7910-6760-5 Bestell-Nr. 20005-0166

Produktmanagement: Rudolf Steinleitner
Lektorat: Thomas Stichler, conscripto Stuttgart

Breitscheidstr. 10, 70174 Stuttgart

www.schaeffer-poeschel.de
service@schaeffer-poeschel.de

Dezember 2025

Schäffer-Poeschel Verlag Stuttgart
Ein Unternehmen der Haufe Group SE

Inhaltsverzeichnis

Abkürzungsverzeichnis 2025

a. A.	=	anderer Auffassung
a. a. O.	=	am angegebenen Ort
abl.	=	ablehnend
ABl.	=	Amtsblatt der Europäischen Union
Abs.	=	Absatz
abzgl.	=	abzüglich
a. D.	=	außer Dienst
ADAC	=	Allgemeiner Deutscher Automobilclub
a. E.	=	am Ende
AEAO	=	Anwendungserlass zur Abgabenordnung
a. F.	=	alte (auch: bisher gültige, aber ausgelaufene) Fassung
AfA	=	Absetzung für Abnutzung
AfaA	=	Absetzungen für außergewöhnliche technische oder wirtschaftliche Abnutzung
AktG	=	Aktiengesetz
AltEinkG	=	Alterseinkünftegesetz
AltvDV	=	Altersvorsorge-Durchführungsverordnung
AltZertG	=	Altersvorsorgeverträge-Zertifizierungsgesetz
AnwZpvV	=	Verordnung zur Festlegung eines späteren Anwendungszeitpunktes der Verpflichtungen nach § 5b des Einkommensteuergesetzes
AO	=	Abgabenordnung
Art.	=	Artikel
AStG	=	Außensteuergesetz
ATAD	=	Anti Tax Avoidance Directive (Anti-Steuervermeidungsrichtlinie der EU)
ATE	=	Auslandstätigkeitserlass
AufenthG	=	Aufenthaltsgesetz
AÜG	=	Arbeitnehmerüberlassungsgesetz
AuslInvG	=	Auslandsinvestitionsgesetz
AUV	=	Verordnung über die Umzugskostenvergütung bei Auslandsumzügen (Auslandsumzugskostenverordnung)
Az.	=	Aktenzeichen
BAFA	=	Bundesamt für Wirtschaft und Ausfuhrkontrolle
BAföG	=	Bundesausbildungsförderungsgesetz
BAnz AT	=	Amtlicher Teil des Bundesanzeigers
BauGB	=	Baugesetzbuch
BB	=	Betriebs-Berater
BBauG	=	Bundesbaugesetz
BeamtVG	=	Beamtenversorgungsgesetz
BEG	=	Bundesentschädigungsgesetz
BEG EM	=	Richtlinie für die Bundesförderung für effiziente Gebäude – Einzelmaßnahmen
BerlinFG	=	Berlinförderungsgesetz
betr.	=	betreffend
BetrAVG	=	Gesetz zur Verbesserung der betrieblichen Altersversorgung (Betriebsrentengesetz)
BewG	=	Bewertungsgesetz
BFH	=	Bundesfinanzhof
BFH-GrS	=	Bundesfinanzhof, Großer Senat
BFH/NV	=	Sammlung nicht veröffentlichter Entscheidungen des BFH
BGB	=	Bürgerliches Gesetzbuch
BGBl	=	Bundesgesetzblatt
BGH	=	Bundesgerichtshof
BKGG	=	Bundeskindergeldgesetz
BMF	=	Bundesministerium der Finanzen
Brexit-StBG	=	Brexit-Steuerbegleitgesetz
BRKG	=	Bundesreisekostengesetz
BStBl	=	Bundessteuerblatt
BT-Drs.	=	Bundestagsdrucksache
Buchst.	=	Buchstabe
BUKG	=	Bundesumzugskostengesetz
BVerfG	=	Bundesverfassungsgericht
BVG	=	Bundesversorgungsgesetz
BvR	=	Registerzeichen beim Bundesverfassungsgericht
BZSt	=	Bundeszentralamt für Steuern
bzw.	=	beziehungsweise
CHF	=	Schweizer Franken
DA-KG	=	Dienstanweisung zum Kindergeld nach dem Einkommensteuergesetz
DB	=	Der Betrieb
DDR	=	Deutsche Demokratische Republik
d. h.	=	das heißt
DMBilG	=	Gesetz über die Eröffnungsbilanz in Deutscher Mark und die Kapitalneufestsetzung
Doppelbuchst.	=	Doppelbuchstabe
DRV	=	Deutsche Rentenversicherung
DSGVO	=	Datenschutz-Grundverordnung
DStR	=	Deutsches Steuerrecht
DStRE	=	Deutsches Steuerrecht – Entscheidungsdienst
DStZ/E	=	Deutsche Steuerzeitung / Eilnachrichten
eDaten	=	elektronische Daten
EFG	=	Entscheidungen der Finanzgerichte
EGAO	=	Einführungsgesetz zur Abgabenordnung
Eh.	=	Einzelhandel
EigRentG	=	Eigenheimrentengesetz
EigZulG	=	Eigenheimzulagengesetz
EPA	=	Europäisches Patentamt
EPP	=	Energiepreispauschale
EPPSG	=	Energiepreispauschalengesetz für Studierende und Berufsfachschüler
ErbStG	=	Erbschaftsteuer- und Schenkungsteuergesetz
ESanMV	=	Energetische Sanierungsmaßnahmen-Verordnung
ESchG	=	Embryonenschutzgesetz
ESt	=	Einkommensteuer
EStDV	=	Einkommensteuer-Durchführungsverordnung
EStG	=	Einkommensteuergesetz
EStG-E	=	Einkommensteuergesetz – Entwurf
EStH	=	Einkommensteuer-Handbuch oder Einkommensteuer-Hinweis
EStR	=	Einkommensteuer-Richtlinien 2012 (falls keine andere Angabe)
EU	=	Europäische Union
EUR	=	Euro
EuGH	=	Europäische Gerichtshof
EÜR	=	Einnahmenüberschussrechnung
EWR	=	Europäischer Wirtschaftsraum
EWSG	=	Erdgas-Wärme-Soforthilfegesetz
FamFG	=	Gesetz über das Verfahren in Familiensachen und in den Angelegenheiten der freiwilligen Gerichtsbarkeit
FAQ	=	frequently asked questions (Sammlung von Fragen und Antworten)

FELEG = Gesetz zur Förderung der Einstellung der landwirtschaftlichen Erwerbstätigkeit
f./ff. = (und) folgende/fortfolgende
FG = Finanzgericht/-e
FördG = Fördergebietsgesetz
Forst-SchAusglG = Forstschäden-Ausgleichsgesetz
GBl = Gesetzblatt
GEG = Gebäudeenergiegesetz
gem. = gemäß
GenG = Genossenschaftsgesetz
GewSt = Gewerbesteuer
GewStG = Gewerbesteuergesetz
gg. = gegen
GG = Grundgesetz
ggf. = gegebenenfalls
GIZ = Deutsche Gesellschaft für Internationale Zusammenarbeit GmbH
GKV = gesetzliche Krankenversicherung
GmbHG = GmbH-Gesetz
GMBl = Gemeinsames Ministerialblatt
GoBD = Grundsätze zur ordnungsmäßigen Führung und Aufbewahrung von Büchern, Aufzeichnungen und Unterlagen in elektronischer Form sowie zum Datenzugriff
grds. = grundsätzlich
GrS = Großer Senat
GV NRW = Gesetz- und Verordnungsblatt für das Land Nordrhein-Westfalen
GVBl. BB = Gesetz- und Verordnungsblatt für das Land Brandenburg
GVoBl. Schl.-H. = Gesetz- und Verordnungsblatt für das Land Schleswig-Holstein
H = Hinweis
HBeglG = Haushaltsbegleitgesetz
HFR = Höchstrichterliche Finanzrechtsprechung
HGB = Handelsgesetzbuch
HRG = Hochschulrahmengesetz
i. d. F. = in der Fassung
IdNr. = Identifikationsnummer
i. d. R. = in der Regel
IDW = Institut der Wirtschaftsprüfer in Deutschland e. V.
IfSG = Infektionsschutzgesetz
i. H. = in Höhe
inkl. = inklusive
InsO = Insolvenzordnung
InvStG = Investmentsteuergesetz
InvZulG = Investitionszulagengesetz
i. S. = im Sinne
i. V. = in Verbindung
JArbSchG = Jugendarbeitsschutzgesetz
JStG = Jahressteuergesetz
KapErhStG = Kapitalerhöhungsteuergesetz
KBV = Kleinbetragsverordnung
KfW = Kreditanstalt für Wiederaufbau
KGaA = Kommanditgesellschaft auf Aktien
Kind-ArbSchG = Kinderarbeitsschutzgesetz
KiSt = Kirchensteuer
Kj. = Kalenderjahr/-e
KraftStG = Kraftfahrzeugsteuergesetz
KStG = Körperschaftsteuergesetz
kW = Kilowatt
LfSt = Landesamt für Steuern
LPartG = Lebenspartnerschaftsgesetz
LSt = Lohnsteuer
LStDV = Lohnsteuer-Durchführungsverordnung
LStH = Lohnsteuer-Handbuch oder Lohnsteuer-Hinweise
LStR = Lohnsteuer-Richtlinien
lt. = laut
MaBV = Makler- und Bauträgerverordnung
Mio. = Million/-en
MoMiG = Gesetz zur Modernisierung des GmbH-Rechts und zur Bekämpfung von Missbräuchen
MuSchG = Mutterschutzgesetz
m. w. N. = mit weiteren Nachweisen
n. F. = neue Fassung
NJW = Neue Juristische Wochenschrift
n. n. v. = noch nicht veröffentlicht
Nr. = Nummer/-n
NWB = Neue Wirtschaftsbriefe
o. a. = oben angegebene/-r/-s
o. Ä. = oder Ähnliche/-s
OECD-MA = OECD-Musterabkommen
OFD = Oberfinanzdirektion
o. g. = oben genannte/-r/-s
OWiG = Gesetz über Ordnungswidrigkeiten
Pkw = Personenkraftwagen
qm = Quadratmeter
R = Richtlinie/-n
RentEPPG = Energiepreispauschalengesetz für Rentner
rkr. = rechtskräftig
Rn = Randnummer/-n
Rspr. = Rechtsprechung
Rz = Randziffer/-n
S. = Seite/-n
SEStEG = Gesetz über steuerliche Begleitmaßnahmen zur Einführung der Europäischen Gesellschaft und zur Änderung weiterer steuerrechtlicher Vorschriften
SGB = Sozialgesetzbuch
s. o. = siehe oben
sog. = sogenannte/-r/-s
SolZG = Solidaritätszuschlagsgesetz
StAbwG = Steueroasen-Abwehrgesetz
StEntlG = Steuerentlastungsgesetz
StGB = Strafgesetzbuch
StMBG = Missbrauchsbekämpfungs- und Steuerbereinigungsgesetz
stpfl. = steuerpflichtig/-e/-er/-es
StPO = Strafprozessordnung
s. u. = siehe unten
Tz = Textziffer/-n
u. a. = unter anderem
u. Ä. = und Ähnliche/-s
u. E. = unseres Erachtens
UmwStG = Umwandlungssteuergesetz
USt = Umsatzsteuer
UStG = Umsatzsteuergesetz
USt-IdNr. = Umsatzsteuer-Identifikationsnummer
usw. = und so weiter
u. U. = unter Umständen

VEPPGewG	=	Versorgungsrechtliches Energiepreispauschalen-Gewährungsgesetz
VermBG	=	Vermögensbildungsgesetz
VersAusglG	=	Versorgungsausgleichsgesetz
v. g.	=	vorgenannte/-r/-s
vgl.	=	vergleiche
VO	=	Verordnung
VZ	=	Veranlagungszeitraum/-räume
WEG	=	Wohnungseigentumsgesetz
wg.	=	wegen
W-IdNr.	=	Wirtschafts-Identifikationsnummer
Wj.	=	Wirtschaftsjahr/-e
WoBauG	=	Wohnungsbaugesetz
WoFlV	=	Wohnflächenverordnung
WoPG	=	Wohnungsbauprämiengesetz
WoPR	=	Richtlinien zum Wohnungsbauprämiengesetz
z. B.	=	zum Beispiel
ZfA	=	Zentrale Zulagenstelle für Altersvermögen
zit.	=	zitiert/-e
ZPO	=	Zivilprozessordnung
z. T.	=	zum Teil
ZÜ	=	zwischenstaatliches Übereinkommen
zzgl.	=	zuzüglich

Neues ab 2025 im Überblick

Nach der Bundestagswahl haben sich die neuen Regierungsparteien CDU/CSU und SPD in dem **Koalitionsvertrag »Verantwortung für Deutschland«** auf eine Reihe von steuerlichen Vorhaben geeinigt, die in der laufenden Legislaturperiode bis zum Kj. 2029 sukzessive umgesetzt werden sollen. Mit dem Gesetz für ein steuerliches **Investitionssofortprogramm** zur Stärkung des Wirtschaftsstandorts Deutschland wurden die folgenden Maßnahmen zum schnellen Anschub wirtschaftlicher Investitionen und zur Entlastung der Unternehmen auf den Weg gebracht:

- Über einen sog. »**Investions-Booster**« haben Unternehmen die Möglichkeit, die Anschaffungs- oder Herstellungskosten für **bewegliche Wirtschaftsgüter** des Anlagevermögens degressiv abzuschreiben. Der dabei anzuwendende **Prozentsatz** darf höchstens das **Dreifache** des bei der **linearen Abschreibung** in Betracht kommenden Prozentsatzes betragen und **30 %** nicht übersteigen. Die Neuregelung gilt für Investitionen ab dem 1.7.2025 und vor dem 1.1.2028 (vgl. Teil II Tz 1.2).
- Für Unternehmen wird der Kauf eines neuen rein elektrisch betriebenen Fahrzeugs steuerlich attraktiver. Für **Elektrofahrzeuge**, die im Zeitraum Juli 2025 bis Dezember 2027 angeschafft werden, können bereits im Jahr der Anschaffung **75 %** der Anschaffungskosten abgeschrieben werden (vgl. Teil II Tz 1.2).
- Bei der **Dienstwagenbesteuerung** wird für nach dem 30.6.2025 angeschaffte E-Fahrzeuge der Höchstbetrag für die Ermittlung des Nutzungswerts nach der **Bruttolistenpreismethode** mit einem Viertel der Anschaffungskosten auf 100 000 € angehoben (vgl. Teil II Tz 2.7.1).
- Der **Körperschaftsteuersatz** von bisher 15 % wird in fünf Schritten ab dem Jahr 2028 um jeweils einen Prozentpunkt jährlich bis zum Jahr 2032 auf 10 % gesenkt.
- Für Einzelunternehmer und Mitunternehmer wird der **Thesaurierungssteuersatz** für **nicht entnommene Gewinne** von derzeit 28,25 % in drei Stufen auf 27 % (VZ 2028/2029), 26 % (VZ 2030/2031) und 25 % (ab dem VZ 2032) gesenkt (vgl. Teil I Tz 23.1).
- Die maximale **Bemessungsgrundlage** sowie die **förderfähigen Aufwendungen** für die **Forschungszulage** werden ab dem Jahr 2026 ausgeweitet.

Das v. g. Gesetz wurde von den Gesetzgebungsorganen verabschiedet und mit Datum vom 14.7.2025 im BGBl 2025 I Nr. 161 veröffentlicht.

Mit dem »abgespeckten« Steuerfortentwicklungsgesetz (BGBl 2024 I Nr. 449) wurden noch vor der Bundestagswahl einige unstrittige Steuerentlastungen umgesetzt. Der **Grundfreibetrag** wurde für den VZ 2025 und für die VZ ab 2026 angehoben sowie die **Eckwerte** beim **Steuertarif** zum Ausgleich der sog. »kalten Progression« angepasst (vgl. Teil I Tz 1.5.5). Eltern profitieren ab 2025 von einem höheren **Kindergeld** (vgl. Teil I Tz 9.2.2) und höheren **Kinderfreibeträgen** (vgl. Teil I Tz 9.2.3.1). Geplante Verbesserungen bei den Abschreibungsmöglichkeiten für Unternehmen sowie bei der Forschungszulage kamen mit diesem Gesetz allerdings nicht mehr zustande.

Auf folgende wichtige **Neuerungen** für die **Einkommensteuererklärung 2025** wird im Folgenden besonders hingewiesen:

- Für steuerlich **beratene Steuerpflichtige** endet die allgemein verlängerte **Erklärungsfrist** für die Einkommensteuererklärung 2025 wieder regulär mit Ablauf des Monats **Februar 2027** (vgl. Vorbemerkungen Tz 5). Da der 28.2.2027 allerdings ein Sonntag ist, verschiebt sich die Abgabefrist in diesen Fällen auf den 1.3.2027.
- Die Finanzverwaltung hat mit »**einfachELSTERplus**« eine neue Online-Anwendung für alle Steuerpflichtigen geschaffen, die damit in einem einfachen Steuerfall ihre Steuererklärung schnell und unkompliziert erstellen können (vgl. Vorbemerkungen Tz 12.3.3).
- Die Rahmenbedingungen für die **elektronische Bekanntgabe** von **Steuerbescheiden** durch **Datenabruf** werden modernisiert. Auf die vorherige **Einwilligung** des Steuerpflichtigen oder seines Bevollmächtigten zur elektronischen Bekanntgabe wird ab dem 1.1.2026 **verzichtet** (vgl. Vorbemerkungen Tz 12.8).
- **Digitale Belege** können bei Erstellung der elektronischen Steuererklärung mit den entsprechenden Eingabefeldern der Steuererklärung **verknüpft** (Verfahren »RABE«) und so vom Finanzamt bei Bedarf abgerufen werden (vgl. Vorbemerkungen Tz 14.4).
- Die Frage der Steuerpflicht der **Energiepreispauschale** ist derzeit noch nicht abschließend geklärt und Gegenstand mehrerer Verfahren beim BFH und bei den FG (vgl. Vorbemerkungen Tz 16).
- Ab 2025 steigt der **Grundfreibetrag** in zwei Schritten, für den VZ 2025 auf **12 096 €** und ab dem VZ 2026 auf **12 348 €**. Ebenfalls in zwei Schritten werden für 2025 und ab 2026 die **Eckwerte** des **Steuertarifs** zum Ausgleich der sog. »kalten Progression« angepasst (vgl. Teil I Tz 1.5.5).
- Ab 2025 steigen die für die Erhebung des **Solidaritätszuschlags** maßgebenden **Freigrenzen**, für das Jahr 2025 auf **19 950 €/ 39 900 €** und ab dem Jahr 2026 auf **20 350 €/40 700 €**. Aufgrund der Entscheidung des BVerfG zur **Verfassungsmäßigkeit** der Erhebung des Solidaritätszuschlags ist der **Vorläufigkeitsvermerk** in den Steuerbescheiden entfallen (vgl. Teil I Tz 1.5.6).
- Steuerpflichtige, die im Kj. 2024 das 64. Lebensjahr vollendet haben, erhalten ab dem VZ 2025 einen **Altersentlastungsbetrag** i. H. von **13,2 %** der maßgebenden Einkünfte, höchstens **627 €** (vgl. Teil I Tz 1.6).
- Für die Anerkennung von **Spenden** an **ausländische Empfänger** ist ab VZ 2025 Voraussetzung, dass die ausländische Organisation im **Zuwendungsempfängerregister** des BZSt eingetragen ist (vgl. Teil I Tz 2.5.2.3) und dem Steuerpflichtigen eine **Zuwendungsbestätigung** nach amtlich vorgeschriebenem Vordruck ausgestellt hat (vgl. Teil I Tz 2.5.2.2).
- **Spenden** für Hilfs- und Unterstützungsmaßnahmen an die vom **Krieg** in der **Ukraine** geschädigten Personen können auch für 2025 weiter ohne betragsmäßige Begrenzung in einem **vereinfachten Verfahren** nachgewiesen werden (vgl. Teil I Tz 2.5.3.4).
- In einem neuen beim BFH anhängigen Revisionsverfahren geht es um die Rechtsfrage, ob auch der **Mietwert** einer **Altenteilerwohnung** vom Übernehmer eines landwirtschaftlichen Betriebs als Sonderausgaben abgezogen werden kann (vgl. Teil I Tz 2.7.1.5).
- Die **Anlage U**, die im Rahmen des Realsplittings für die Geltendmachung von **Unterhaltsleistungen** als Sonderausgaben und die **Zustimmung** des **Unterhaltsempfängers** zu verwenden ist, wurde grundlegend überarbeitet (vgl. Teil I Tz 2.7.2.5).
- Als Reaktion auf die BFH-Rspr. wurde die gesetzliche **Ausnahmeregelung** zur Berücksichtigung von **Vorsorgeaufwendungen**, die mit **steuerfreien Auslandseinnahmen** zusammenhängen, erweitert. Bei der Beurteilung der Frage, ob der Beschäftigungsstaat »keinerlei steuerliche Berücksichtigung von Vorsorgeaufwendungen« im Rahmen der Besteuerung dort bezogener Einnahmen zulässt, stellt nun auch die Finanzverwaltung auf die **einzelnen Sparten** der Vorsorgeaufwendungen ab (vgl. Teil I Tz 3.2.3.2).
- Der **Höchstbetrag** für die Berücksichtigung von **Beiträgen** zur **Altersvorsorge** als Sonderausgaben beträgt im VZ 2025 bei Einzelveranlagung **29 344 €** und bei Zusammenveranlagung **58 688 €** (vgl. Teil I Tz 3.2.4.2).
- Die bisherige Verwaltungsvereinfachung zu **Bonusleistungen** der GKV wurde ab dem VZ 2025 dauerhaft gesetzlich verankert (vgl. Teil I Tz 3.3.3.2).
- Die Finanzverwaltung hat für den Abzug als außergewöhnliche Belastungen konkretisiert, welche Nachweise bei einem **E-Rezept** ausreichend sind (vgl. Teil I Tz 5.5.4.1).
- Aufwendungen für die **Mitgliedschaft** in einem **Fitnessstudio** sind nach Auffassung des BFH nicht als außergewöhnliche Belastungen zu berücksichtigen (vgl. Teil I Tz 5.5.4.1).

- Der **Höchstbetrag** für **Unterhaltsleistungen** an bedürftige Personen ist der Höhe nach an den steuerlichen **Grundfreibetrag** gekoppelt. Der **Unterhaltshöchstbetrag** erhöht sich daher für den VZ 2025 auf **12 096 €** und ab VZ 2026 auf **12 348 €** (vgl. Teil I Tz 6.2).
- **Unterhaltszahlungen** nach § 33 a Abs. 1 EStG können ab dem VZ 2025 bei **Geldzuwendungen** nur noch dann berücksichtigt werden, wenn die Zahlung auf das **Konto** der unterhaltsberechtigten Person erfolgt ist (vgl. Teil I Tz 6.4).
- Das **Kindergeld** wurde ab dem 1.1.2025 auf monatlich **255 €** und ab 1.1.2026 auf monatlich **259 €** je Kind angehoben (vgl. Teil I Tz 9.2.2).
- Ab 2025 steigt der Kinderfreibetrag für das sächliche Existenzminimum in zwei Schritten, für den VZ 2025 auf **3 336 €** und ab dem VZ 2026 auf **3 414 €** (vgl. Teil I Tz 9.2.3.1).
- Ab 2025 ist in der Anlage Kind (neue Zeile 26) anzugeben, welche Person bei sog. **Riester-Verträgen** Anspruch auf die **Kinderzulage** hat (vgl. Teil I Tz 9.8).
- Ab dem VZ 2025 können Eltern höhere **Kinderbetreuungskosten** geltend machen. Der **Prozentsatz** der abzugsfähigen Aufwendungen wurde je Kind auf **80 %** und der **Höchstbetrag** auf **4 800 €** je Kind und Kj. erhöht (vgl. Teil I Tz 9.16.1).
- Der Steuerpflichtige kann ab 2025 in der Anlage Sonstiges (neue Zeile 23) angeben, dass eine auf die ESt anzurechnende **Bauabzugssteuer** vorliegt (vgl. Teil I Tz 10.10).
- Für Steuerpflichtige, die im VZ 2025 erstmals **Versorgungsbezüge** beziehen, beträgt der **Versorgungsfreibetrag** 13,2 % der Versorgungsbezüge, höchstens 990 €, und der **Zuschlag** zum **Versorgungsfreibetrag** 297 € (vgl. Teil I Tz 11.4.2).
- Versorgungsbezüge für mehrere Jahre, Arbeitslohn für mehrere Jahre und Entschädigungen (z. B. Abfindungen) können nur noch im Rahmen der **Veranlagung** zur ESt **ermäßigt besteuert** werden. Die ermäßigte Besteuerung dieser Bezüge durch den Arbeitgeber ist ab dem Jahr 2025 entfallen (vgl. Teil I Tz 11.5.1).
- Die **Verlustverrechnungskreise** nach § 20 Abs. 6 Satz 5 und 6 EStG für Verluste aus **Termingeschäften** und der betragsmäßigen Beschränkung der Verrechenbarkeit von Verlusten aus **Forderungsausfällen** im Privatvermögen sind für alle offenen Fälle rückwirkend aufgehoben worden (vgl. Teil I Tz 14.6.9, Teil I Tz 14.6.10).
- Beginnend mit dem Jahr 2023 wurde der Anstieg des **Besteuerungsanteils** für jeden neuen **Renteneintrittsjahrgang** auf einen halben Prozentpunkt jährlich verringert. Für die **Kohorte** 2025 beträgt der maßgebliche Besteuerungsanteil hiernach **83,5 %** (vgl. Teil I Tz 17.1, Teil I Tz 17.3, Teil I Tz 19.3).
- Gesetzliche Klarstellung der Besteuerung von **Renten** aus **Rentenversicherungen** mit **Kapitalwahlrecht**, die vor dem 1.1.2005 abgeschlossen wurden, mit dem Ertragsanteil durch eine Änderung mit dem JStG 2024 – gegen BFH-Urteil vom 1.7.2021, Az. VIII R 4/18 – (vgl. Teil I Tz 17.5)
- Anpassung der Begünstigung für **Photovoltaikanlagen** an die Änderung mit dem JStG 2024 ab 2025 (vgl. Teil I Tz 21.2.1)
- Hinweis auf Erweiterung des Umfangs elektronisch zu übermittelnder **Bilanzen** durch das JStG 2024 (vgl. Teil I Tz 21.3.1)
- Hinweis auf das BMF-Schreiben vom 2.1.2025 zur Anwendung des **Umwandlungssteuergesetzes** – UmwStE 2025 – (vgl. Teil I Tz 21.18.6)
- Neuer Abschnitt für die Erklärung von Einnahmen aus **nebenberuflichen Tätigkeiten** in der Anlage G (vgl. Teil I Tz 21.22)
- Erweiterung der **Anlage 34a** aufgrund der Neuregelung durch das BMF-Schreiben vom 12.3.2025 (vgl. Teil I Tz 23)
- Verlängerung der **Tarifermäßigung** nach **§ 32 c EStG** für Einkünfte aus Land- und Forstwirtschaft (vgl. Teil I Tz 28.16)
- Ein Steuerpflichtiger, der im Privatvermögen **Investmentanteile** i. S. des § 19 Abs. 3 InvStG hält, hat ab dem Jahr 2025 bei der Beendigung seiner unbeschränkten Steuerpflicht (Wegzug) einen fiktiven **Veräußerungsgewinn** zu versteuern (vgl. Teil I Tz 33.4).
- **Arbeitslohn**, der in der Zeit der **Arbeitsfreistellung** bis zur Beendigung des Arbeitsverhältnisses gezahlt wird, unterliegt der beschränkten Steuerpflicht, wenn die Tätigkeit ohne die Freistellung weiter in Deutschland ausgeübt worden wäre (vgl. Teil I Tz 34.6.8).
- In Mischfinanzierungsfällen von **Arbeitslohn** aus **öffentlichen Kassen** an einen im Ausland tätigen Arbeitnehmer gilt das deutsche Besteuerungsrecht nach den DBA für sämtliche Einkünfte, die aus inländischen öffentlichen Kassen unmittelbar oder mittelbar gewährt werden. Im Fall der Doppelbesteuerung dieser Einkünfte durch den anderen Vertragsstaat kann die im Ausland festgesetzte und entrichtete **Steuer** auf die deutsche ESt **angerechnet** werden (vgl. Teil I Tz 34.6.8).
- Beschränkt stpfl. Personen aus **Drittstaaten** können zur **ermäßigten Besteuerung** von besonderen Lohnbestandteilen (z. B. Abfindungen, Vergütungen für mehrere Jahre) ab dem VZ 2025 einen **Antrag** auf **Veranlagung** zur ESt stellen (vgl. Teil I Tz 34.8.1).
- Neuer Anwendungszeitraum für die **degressive AfA** für **bewegliche Wirtschaftsgüter** ab 1.7.2025 (vgl. Teil II Tz 1.2.1)
- Neue **degressive AfA** für **Elektrofahrzeuge**, die nach dem 30.6.2025 angeschafft werden (vgl. Teil II Tz 1.2.1)
- Anpassung der Erläuterungen zur **Zinsschranke** aufgrund des BMF-Schreibens vom 24.3.2025 (vgl. Teil II Tz 2.11.13.2)

Vorbemerkungen 2025

1 Allgemeines

Diese Anleitung informiert Sie über die steuerliche Rechtslage und die Möglichkeiten der Steuerersparnis und hilft Ihnen, die Steuererklärungsvordrucke 2025 richtig auszufüllen. Sie hat den Rechtsstand zum 1. November 2025 (Redaktionsschluss).

Die Anleitung enthält gezielte Hinweise auf **künftige Rechtsänderungen**. Diese werden zwar erst in späteren Veranlagungsjahren wirksam, sie helfen Ihnen jedoch, sich auf diese Änderungen frühzeitig einzustellen und mögliche steuerliche Weichenstellungen zum eigenen Vorteil noch veranlassen zu können. Diese Hinweise sind bei den Erläuterungen zu den einzelnen Steuererklärungsvordrucken mit »Rechtsänderungen ab ...« besonders gekennzeichnet.

Bei der Überarbeitung dieser Anleitung wurden grds. alle relevanten **Gesetzesänderungen** aufgrund neuer Steuergesetze berücksichtigt. Darüber hinaus ist jedoch nicht ausgeschlossen, dass sich durch weitere Vorhaben des Gesetzgebers auch für den aktuellen VZ 2025 Rechtsänderungen ergeben werden, die noch für die Einkommensbesteuerung und die Steuererklärung 2025 von Bedeutung sind. In der Onlineversion der Anleitung werden spätere Rechtsänderungen bis zum Start der Veranlagung des jeweiligen VZ (mit Stand Mitte März des Folgejahrs) als **Nachträge** ergänzt. Nutzer der Printfassung der Anleitung können ab Mitte März des Folgejahres entsprechende **Aktualisierungen** als PDF-Datei über den am Ende des Buches angegebenen QR-Code abrufen (Aktualisierungsservice in mybook+).

Im Anhang dieser Anleitung (Printfassung) befindet sich neben den amtlichen **Steuererklärungsformularen** ein Auszug der **Einkommensteuertabellen** (Grund- und Splittingtabelle) für den VZ 2025. Mithilfe dieser nicht amtlichen Tabellen lassen sich die Steuerabgaben im Einzelfall annähernd bestimmen (vgl. Teil I Tz 1.5.7).

2 Steuererklärungsvordrucke 2025

Für die **Einkommensteuererklärung 2025** stehen der **Hauptvordruck ESt 1 A** sowie verschiedene **Anlage-Vordrucke** für die Erklärung der Einkünfte bzw. für die Geltendmachung von Steuervergünstigungen zur Verfügung. Der zweiseitige **Hauptvordruck ESt 1 A** (vgl. Teil I Tz 1) ist von allen unbeschränkt einkommensteuerpflichtigen Personen auszufüllen. Zum **Hauptvordruck ESt 1 C** für beschränkt einkommensteuerpflichtige Personen vgl. Tz 8, Teil I Tz 34.

Zur Steuererklärung gehören neben den **Hauptvordrucken ESt 1 A** oder **ESt 1 C** ggf. zusätzlich die folgenden **Anlage-Vordrucke**:

Anlage	Verwendungszweck	Kapitel
Sonderausgaben	Berücksichtigung von z. B. KiSt, Spenden und Mitgliedsbeiträgen, Berufsausbildungskosten	vgl. Teil I Tz 2
U (2025)	Angaben zu Unterhaltsleistungen und Ausgleichsleistungen zur Vermeidung des Versorgungsausgleichs an den geschiedenen Ehegatten/Lebenspartner einer aufgehobenen Lebenspartnerschaft oder dauernd getrennt lebenden Ehegatten/Lebenspartner – gesonderte Anlage zur Anlage Sonderausgaben –	vgl. Teil I Tz 2.7.2.5
Vorsorgeaufwand	Berücksichtigung von Versicherungsbeiträgen	vgl. Teil I Tz 3
AV	Angaben zur steuerlichen Förderung von Altersvorsorgebeiträgen (sog. Riester-Verträge)	vgl. Teil I Tz 4
Außergewöhnliche Belastungen	Berücksichtigung von außergewöhnlichen Belastungen (z. B. Krankheitskosten) und Pauschbeträgen nach § 33 b EStG	vgl. Teil I Tz 5
Unterhalt	Berücksichtigung von Unterhaltsleistungen an bedürftige Personen	vgl. Teil I Tz 6
Haushaltsnahe Aufwendungen	Inanspruchnahme der Steuerermäßigung für haushaltsnahe Beschäftigungsverhältnisse, Dienst- und Handwerkerleistungen	vgl. Teil I Tz 7
Energetische Maßnahmen	Inanspruchnahme der Steuerermäßigung für energetische Sanierungsmaßnahmen bei zu eigenen Wohnzwecken genutzten Gebäuden	vgl. Teil I Tz 8
Kind	Angaben zur steuerlichen Berücksichtigung von Kindern und zur Kinderzulage bei sog. Riester-Verträgen	vgl. Teil I Tz 9
Sonstiges	Sonstige Angaben und Anträge (z. B. Antrag zur Aufteilung der Abzugsbeträge bei Einzelveranlagung von Ehegatten/Lebenspartnern, Verlustabzug, Spendenvortrag)	vgl. Teil I Tz 10
N	Arbeitnehmer: Einkünfte aus nichtselbständiger Arbeit, Angaben zum Arbeitslohn und zu Werbungskosten (ohne Mehraufwendungen für doppelte Haushaltsführung)	vgl. Teil I Tz 11
Anlage N-Doppelte Haushaltsführung	Angaben zu den Mehraufwendungen für doppelte Haushaltsführung bei Einkünften aus nichtselbständiger Arbeit	vgl. Teil I Tz 12
N-AUS	Ausländische Einkünfte aus nichtselbständiger Arbeit	vgl. Teil I Tz 13
KAP	Kapitalanleger: Einkünfte aus Kapitalvermögen	vgl. Teil I Tz 14
KAP-BET	Einkünfte aus Kapitalvermögen/anrechenbare Steuern lt. gesonderter und einheitlicher Feststellung (Beteiligung)	vgl. Teil I Tz 15
KAP-INV	Investmenterträge, die nicht dem inländischen Steuerabzug unterlegen haben	vgl. Teil I Tz 16
R	Rentner: Angaben zu Renten und anderen Leistungen aus dem Inland	vgl. Teil I Tz 17

Anlage	Verwendungszweck	Kapitel
R-AV/bAV	Angaben zu Leistungen aus inländischen Altersvorsorgeverträgen und aus der inländischen betrieblichen Altersversorgung	vgl. Teil I Tz 18
R-AUS	Angaben zu Renten und anderen Leistungen aus ausländischen Versicherungen, ausländischen Rentenverträgen und ausländischen betrieblichen Versorgungseinrichtungen	vgl. Teil I Tz 19
SO	Angaben zu sonstigen Einkünften (z. B. Unterhaltsleistungen, wiederkehrende Bezüge, Zahlungen aufgrund einer Vermögensübertragung oder eines schuldrechtlichen Versorgungsausgleichs, Einkünfte aus Leistungen, Abgeordnetenbezüge, private Veräußerungsgeschäfte aus Grundstücksverkäufen oder von Kryptowerten)	vgl. Teil I Tz 20
G	Gewerbetreibende: Einkünfte aus Gewerbebetrieb	vgl. Teil I Tz 21
S	Selbständige und Freiberufler: Einkünfte aus selbständiger Arbeit	vgl. Teil I Tz 22
34a	Antrag auf Begünstigung des nicht entnommenen Gewinns nach § 34 a EStG – gesonderte Anlage zu den Anlagen G, S und L –	vgl. Teil I Tz 23
V	Haus- und Wohnungseigentümer: Einkünfte aus Vermietung und Verpachtung	vgl. Teil I Tz 24
Anlage V – FeWo	Einkünfte aus Vermietung und Verpachtung von Ferienwohnungen und kurzfristiger Vermietung	vgl. Teil I Tz 25
Anlage V – Sonstige	Weitere Einkünfte aus Vermietung und Verpachtung und Beteiligungen	vgl. Teil I Tz 26
FW	Förderung des Wohneigentums (Steuerbegünstigung für zu eigenen Wohnzwecken genutzte Baudenkmale und Gebäude in Sanierungsgebieten und städtebaulichen Entwicklungsbereichen nach § 10f EStG)	vgl. Teil I Tz 27
L	Land- und Forstwirte: Einkünfte aus Land- und Forstwirtschaft	vgl. Teil I Tz 28
32c – **neu** für 2025 –	Tarifermäßigung für Einkünfte aus Land- und Forstwirtschaft nach § 32 c EStG	vgl. Teil I Tz 28.16
34b	Einkünfte aus außerordentlichen Holznutzungen nach § 34 b EStG	vgl. Teil I Tz 29
13a	Ermittlung des Gewinns aus Land- und Forstwirtschaft nach Durchschnittssätzen (§ 13 a EStG)	vgl. Teil I Tz 30
AV 13a	Anlageverzeichnis zur Gewinnermittlung nach § 13 a EStG	vgl. Teil I Tz 31

Anlage	Verwendungszweck	Kapitel
AUS	Angaben zu ausländischen Einkünften und Steuern	vgl. Teil I Tz 32
WA-ESt	Angaben und Anträge in Fällen mit Auslandsbezug (z. B. Beginn oder Beendigung der unbeschränkten Steuerpflicht, erweiterte unbeschränkte Steuerpflicht, weiterer Wohnsitz im Ausland)	vgl. Teil I Tz 33
Zinsschranke	Begrenzung des Schuldzinsenabzugs nach § 4 h EStG – gesonderte Anlage zu den Anlagen G, S und L –	vgl. Teil I Tz 21.24 vgl. Teil II Tz 2.11.13.2
Mobilitätsprämie	Angaben zum Antrag auf Mobilitätsprämie	vgl. Teil I Tz 35

Die **Anlage Corona-Hilfen** ist ab dem VZ 2025 nicht mehr abzugeben (vgl. Teil II Tz 12).

Die Finanzverwaltung **verzichtet** in Steuererklärungsvordrucken auf die Angabe der von Dritten (z. B. Arbeitgeber, Versicherungsunternehmen) elektronisch übermittelten Daten, sodass die Abgabe der Anlagen N, R, R-AV/bAV und Vorsorgeaufwand entfällt, wenn über die vorliegenden elektronisch übermittelten Daten (sog. **eDaten**) hinaus in diesen Anlage-Vordrucken keine abweichenden Eintragungen vorzunehmen sind (vgl. Tz 13). Steuerpflichtige, für die darüber hinaus keine Steuerermäßigung in Betracht kommt, können nur den unterschriebenen zweiseitigen Hauptvordruck ESt 1 A als »wirksame« Steuererklärung beim Finanzamt abgeben. Die Bundesländer Brandenburg, Bremen, Mecklenburg-Vorpommern und Sachsen ermöglichen darüber hinaus Rentnern und Pensionären im Rahmen eines Pilotprojekts die Abgabe einer vereinfachten »Erklärung zur Veranlagung von Alterseinkünften«. Näheres zu diesem Service erfährt man unter www.bundesfinanzminsterium.de (Rubrik »Themen > Steuern > Steuerliche Themengebiete > Rentenbesteuerung«).

Die von nicht buchführungspflichtigen Weinbaubetrieben früher abzugebende »**Anlage Weinbau**« wird seit dem VZ 2019 nicht mehr angeboten. Die notwendigen Angaben zu den im Weinbau maßgebenden Richtbeiträgen für Betriebsausgaben sind nun in der »Anlage LuF« zur Einnahmen-Überschussrechnung enthalten. Die Anlage EÜR ist auch von nicht buchführungspflichtigen Weinbaubetrieben elektronisch abzugeben (vgl. Tz 12.2).

Die »**Anlage VL**« für den Antrag auf Festsetzung der Arbeitnehmer-Sparzulage wurde bereits seit dem VZ 2017 durch die »**elektronische Vermögensbildungsbescheinigung**« ersetzt. Diese ist vom Anbieter der vermögenswirksamen Anlage unter Angabe der IdNr. des Arbeitnehmers auf elektronischem Weg an die Finanzverwaltung zu übermitteln (vgl. Teil I Tz 1.9).

Sämtliche Steuererklärungsvordrucke sind **bundeseinheitlich**; sie enthalten weiße Felder und Kästchen, die für die Eintragungen des Steuerpflichtigen bestimmt sind. Die am Rand der Anleitung angegebenen Zahlen stimmen mit den **Zeilennummern** in den **amtlichen Vordrucken** überein.

Zur Abgabe **elektronischer Steuererklärungen** einschließlich der **Anlage EÜR** vgl. Tz 12.

In der Einkommensteuererklärung 2025 (einschließlich der Anlagen) sind alle Beträge in **Euro** einzutragen. Beim Ausfüllen der Vordrucke können **Cent-Beträge** zugunsten des Steuerpflichtigen auf volle Euro-Beträge auf- oder abgerundet werden, wenn der Vordruck nicht ausdrücklich die Eintragung von Cent-Beträgen vorsieht. Zu weiteren allgemeinen Ausfüllhinweisen in den Steuererklärungsvordrucken vgl. Tz 9.

3 Angaben zu den Einkünften

Im **Hauptvordruck ESt 1 A** hat der Steuerpflichtige nicht gesondert anzugeben, welche Einkünfte aus den sieben Einkunftsarten des EStG er im VZ erzielt hat und welche Anlage-Vordrucke deshalb der Steuererklärung beigefügt sind. Es ist jedoch darauf zu achten, dass alle im Einzelfall relevanten stpfl. Einkünfte in den jeweiligen Anlage-Vordrucken erklärt werden.

Zu den sieben **Einkunftsarten** des EStG gehören die

- Einkünfte aus Land- und Forstwirtschaft,
- Einkünfte aus Gewerbebetrieb,
- Einkünfte aus selbständiger Arbeit,
- Einkünfte aus nichtselbständiger Arbeit,
- Einkünfte aus Kapitalvermögen,
- Einkünfte aus Vermietung und Verpachtung und
- sonstige Einkünfte i. S. des § 22 EStG.

Angaben zur Berechnung der vorgenannten Einkünfte sind in den **Anlage-Vordrucken** zu machen (vgl. **Anlagen N, KAP, KAP-BET, KAP-INV, R, R-AV/bAV, R-AUS, SO, G, S, V** und **L** sowie bei ausländischen Einkünften die **Anlagen N-AUS** und **AUS**).

Unter Einkünften versteht das Einkommensteuerrecht die sog. **Reineinkünfte**, d. h. die Einnahmen nach Abzug der Ausgaben, die je nach der Einkunftsart **Betriebsausgaben** oder **Werbungskosten** genannt werden. Einkünfte sind bei Land- und Forstwirtschaft, Gewerbebetrieb und selbständiger Arbeit der **Gewinn**; bei den anderen oben bezeichneten Einkunftsarten der **Überschuss** der Einnahmen über die Werbungskosten. Als Einkünfte sind nicht nur positive, sondern auch negative Ergebnisse (Verluste) aus den sieben Einkunftsarten zu verstehen. **Negative Beträge** sind mit einem deutlichen **Minuszeichen** (nicht in rot) in die Vordrucke einzutragen, soweit dort nichts anderes gesagt ist.

Alle Einkünfte aus dem In- und Ausland, die zu den o. g. sieben Einkunftsarten gehören, unterliegen bei unbeschränkter Steuerpflicht grds. der ESt (sog. »**Welteinkommensprinzip**«). Bei ausländischen Einkünften können aufgrund von DBA allerdings vorrangige Besteuerungsrechte der ausländischen Staaten bestehen. Ob Einkünfte stpfl. oder steuerfrei sind, entscheidet im Zweifelsfalle das Finanzamt. Alle Einkünfte aus dem Inland und dem Ausland sind deshalb in der Steuererklärung aufzuführen. Dies empfiehlt sich auch dann, wenn fraglich ist, ob die im Einzelfall erzielten Einkünfte überhaupt zu den o. a. sieben Einkunftsarten gehören, und ggf. nicht steuerbar sind. Auch darüber entscheidet das zuständige Finanzamt. Ggf. sind Einzelheiten zu den erzielten Einkünften in einer besonderen Anlage »**Ergänzende Angaben zur Steuererklärung**« (Zeile 37 des Hauptvordrucks ESt 1 A, vgl. Teil I Tz 1.11; Zeile 90 des Hauptvordrucks ESt 1 C, vgl. Teil I Tz 34.12.3) gegenüber dem Finanzamt näher zu erläutern. Entsprechendes gilt für die mit diesen Einkünften in Zusammenhang stehenden Ausgaben, wenn in den Anlage-Vordrucken dafür keine Eintragungsmöglichkeiten vorgesehen sind.

Zu den Einkünften gehören auch **Entschädigungen**, die als Ersatz für entgangene oder entgehende Einnahmen oder für die Aufgabe oder Nichtausübung einer Tätigkeit oder für die Aufgabe einer Gewinnbeteiligung gewährt worden sind (§ 24 Nr. 1 Buchst. a und b EStG). Eine **Versicherungsleistung**, die einem minderjährigen Kind nach einem schweren Unfall als »**Verdienstausfall**« für **künftiges Erwerbseinkommen** gezahlt wird, ist nach Ansicht des BFH keine steuerbare Entschädigung für entgehende Einnahmen (BFH-Urteil vom 26.5.2020, BStBl 2021 II S. 901). Eine von der Haftpflichtversicherung des Schädigers geleistete jährliche **Verdienstausfallentschädigung** (z. B. infolge eines medizinischen Behandlungsfehlers) unterliegt dagegen in voller Höhe der Besteuerung, unabhängig davon, welche zivilrechtliche Berechnungsmethode (Bruttolohnmethode oder modifizierte Nettolohnmethode) angewandt wird. Dies gilt auch für die erst in einem späteren VZ vom Schädiger erstattete **Steuerlast** auf den Verdienstausfallschaden (BFH-Urteil vom 15.10.2024, BStBl 2025 II S. 446). Aufgrund der fehlenden Zusammenballung von Einkünften scheidet in diesen Fällen eine ermäßigte Besteuerung der Verdienstausfallleistungen nach § 34 EStG aus. Der Ersatz eines Verdienstausfallschadens stellt auch keine Vergütung für eine mehrjährige Tätigkeit gem. § 34 Abs. 2 Nr. 4 EStG dar. Im Hinblick auf das v. g. Revisionsverfahren bisher ruhende Einspruchsverfahren wird die Finanzverwaltung nun fortsetzen.

Einkommensteuerpflichtig sind auch Einkünfte aus einer **ehemaligen Tätigkeit** oder aus einem **früheren Rechtsverhältnis**, und zwar auch dann, wenn sie dem Steuerpflichtigen als Rechtsnachfolger zufließen (z. B. dem Erben). Ist ein Steuerpflichtiger im Laufe des Kj. 2025 gestorben, so endet am Tag des Todes seine **unbeschränkte Steuerpflicht**. Deshalb sind seine Einkünfte vom 1.1.2025 bis zum Todestag in der vom Rechtsnachfolger (Erben) abzugebenden Steuererklärung für den VZ 2025 anzugeben.

Ob für die Zeit nach einer Auswanderung (Wegzug ins Ausland) eine **beschränkte Steuerpflicht** im Inland besteht, richtet sich danach, ob noch inländische Einkünfte i. S. des § 49 EStG vorhanden sind oder die Voraussetzungen der § 2, § 5 AStG vorliegen (vgl. Teil I Tz 34.2.2). Personen mit Wohnsitz im Ausland und fast ausschließlich inländischen Einkünften können nach § 1 Abs. 3, § 1 a EStG auf Antrag unbeschränkt stpfl. sein (vgl. Teil I Tz 33.5). Wegen der Rechtslage bei einem Wechsel zwischen unbeschränkter und beschränkter Steuerpflicht anlässlich einer Aus- oder Einwanderung vgl. Teil I Tz 33.3.

4 Statistische Angaben

Nach § 2 Abs. 2 des Gesetzes über Steuerstatistiken werden die Erhebungsmerkmale für die Durchführung der **Lohn-** und **Einkommensteuerstatistik** auf der Grundlage der vorliegenden Steuererklärungsdaten **jährlich** erfasst. Ergänzende Angaben nur für statistische Zwecke werden mit der Einkommensteuererklärung nicht erhoben.

Die Daten für die **Lohnsteuerzerlegung**, nach denen sich der Länderfinanzausgleich richtet, werden ebenfalls **jährlich** ermittelt (§ 1 Abs. 2 des Gesetzes über Steuerstatistiken). Grundlage hierfür bilden die von den Arbeitgebern an die Finanzverwaltung elektronisch übermittelten Daten der **Lohnsteuerbescheinigungen**. Hierdurch ergeben sich keine Auswirkungen auf die Einkommensteuererklärung.

5 Steuererklärungsfristen

Die allgemeine **Steuererklärungsfrist** für Steuererklärungen, die sich auf ein Kj. beziehen, beträgt nach Ablauf des Kj. grds. **sieben Monate** (§ 149 Abs. 2 Satz 1 AO). Im Einzelnen gelten für den VZ 2025 die folgenden gesetzlichen Steuererklärungsfristen:

- Für Steuerpflichtige, die **nicht** von einem Steuerberater, Lohnsteuerhilfeverein oder einer anderen zur Beratung befugten Person **beraten** werden (»nicht beratene Steuerpflichtige«), endet die Erklärungsfrist mit Ablauf des **31.7.2026**.
- Für nicht beratene **Land-** und **Forstwirte**, deren Gewinn nach einem vom Kj. abweichenden Wj. ermittelt wird, endet die Erklärungsfrist nicht vor Ablauf des **siebten Kalendermonats**, der auf den Schluss des Wj. 2025/2026 folgt. Endet das Wj. 2025/2026 am 30.6.2026, ist die Einkommensteuererklärung 2025 von diesem Personenkreis unter Berücksichtigung des § 108 Abs. 3 AO (s. u.) bis zum **1.2.2027** abzugeben.
- Sofern die Steuererklärungen für das Kj. 2025 durch Personen, Gesellschaften, Verbände, Vereinigungen, Behörden oder Körperschaften i. S. der §§ 3 und 4 Steuerberatungsgesetz angefertigt werden (»beratene Steuerpflichtige«), gilt eine unter Berücksichtigung des § 108 Abs. 3 AO (s. u.) allgemein **verlängerte Erklärungsfrist** bis zum **1.3.2027** (§ 149 Abs. 3 AO). Beratene Land- und Forstwirte mit einem vom Kj. abweichenden Wj. haben für die Abgabe der Einkommensteuererklärung 2025 unter Berücksichtigung des § 108 Abs. 3 AO (s. u.) Zeit bis zum **2.8.2027**. Um sicherzustellen, dass die Berater die Steuererklä-

rungen ihrer Mandanten auch künftig kontinuierlich abgeben, hat das Finanzamt weiter die gesetzlich verankerte Möglichkeit einer anlassbezogenen oder zufallsbasierten »**Vorabanforderung**« von Steuererklärungen mit 4-monatiger Erklärungsfrist (§ 149 Abs. 4 AO).

§ 108 Abs. 3 AO regelt, dass sich das Ende einer auf einen Sonntag, gesetzlichen Feiertag oder Sonnabend fallenden Frist bis zum Ablauf des nächstfolgenden Werktags verlängert.

Aufgrund begründeter Einzelanträge können die genannten Erklärungsfristen weiterhin vom Finanzamt verlängert werden (§ 109 Abs. 1 AO). In Beraterfällen kommt allerdings eine zusätzliche Fristverlängerung nur noch dann in Betracht, wenn die Erklärungsfrist ohne Verschulden nicht eingehalten werden konnte (§ 109 Abs. 2 AO).

Ein **Antrag** auf **Einkommensteuerveranlagung 2025** von Arbeitnehmern nach § 46 Abs. 2 Nr. 8 EStG (sog. Antragsveranlagung) ist bis spätestens **31.12.2029** (24:00 Uhr) beim örtlich zuständigen Finanzamt einzureichen. Die Steuererklärung kann **nicht fristwahrend** bei einem örtlich unzuständigen Finanzamt eingereicht werden (BFH-Urteil vom 13.2.2020, BStBl 2021 II S. 856). Für die Abgabe des Antrags auf Einkommensteuerveranlagung gilt eine **Vierjahresfrist**; die für **Pflichtveranlagungen** geltende **Anlaufhemmung** gem. § 170 Abs. 2 Satz 1 Nr. 1 AO von maximal **drei Jahren** greift bei der Antragsveranlagung **nicht** (AEAO zu § 170 AO unter Nr. 3, BFH-Urteile vom 14.4.2011, BStBl II S. 746 und vom 18.10.2012, VI R 16/11, BFH/NV 2013 S. 340). Es besteht insoweit kein Rechtsanspruch auf Gleichbehandlung mit Pflichtveranlagungsfällen, bei denen Steuererklärungen unter Berücksichtigung der dreijährigen Anlaufhemmung innerhalb von **sieben Jahren** abgegeben werden können (BFH-Urteil vom 6.6.2007, BStBl II S. 954, m. w. N., und BFH-Beschluss vom 23.2.2012, VI B 118/11, BFH/NV 2012 S. 919; die gegen den vorgenannten BFH-Beschluss vom 23.2.2012 eingelegte Verfassungsbeschwerde hat das BVerfG nicht zur Entscheidung angenommen – Beschluss des BVerfG vom 18.9.2013, 1 BvR 924/12). Eine nach Ablauf der vierjährigen Festsetzungsfrist abgegebene Steuererklärung entfaltet auch dann keine anlaufhemmende Wirkung, wenn durch eine behördliche Aufforderung zur Abgabe einer Steuererklärung oder einen Antrag des Steuerpflichtigen nach § 46 Abs. 2 EStG ein Pflichtveranlagungstatbestand erst begründet wird (BFH-Urteile vom 28.3.2012, BStBl II S. 711 und vom 4.10.2017, BStBl 2018 II S. 123). Entsprechendes gilt, wenn nach Eintritt der Festsetzungsverjährung ein Antrag auf Überprüfung des Steuereinbehalts oder Günstigerprüfung für Kapitalerträge nach § 32d Abs. 4 oder 6 EStG gestellt wird (FG Berlin-Brandenburg vom 30.1.2020, 4 K 4033/19, EFG 2020 S. 532 – rkr.).

Eine Verlängerung der vierjährigen Festsetzungsfrist für Antragsveranlagungen ist gesetzlich ausgeschlossen; ebenso scheidet eine Wiedereinsetzung in den vorigen Stand nach § 110 AO aus.

Eine Erklärung zur **Feststellung** des **verbleibenden Verlustvortrages** kann grds. nur innerhalb von **sieben Jahren** nach dem Verlustfeststellungsjahr abgegeben werden (z. B. für einen Verlust aus dem Jahr 2019 noch bis 31.12.2026). Da für die **Verlustfeststellung** eine allgemeine Erklärungspflicht nach § 181 Abs. 1 Satz 2 i. V. mit Abs. 2 Satz 1 AO besteht, ist die (dreijährige) Anlaufhemmung nach § 170 Abs. 2 Satz 1 Nr. 1 AO zu beachten. Hat das Finanzamt demgegenüber ihm aus einer Steuererklärung bekannte Verluste pflichtwidrig nicht festgestellt, kann die Feststellung **unbefristet** nachgeholt werden (§ 10d Abs. 4 Satz 6 2. Halbsatz EStG, § 181 Abs. 5 AO). Zu Verfahrensfragen im Zusammenhang mit der gesonderten Verlustfeststellung vgl. Teil I Tz 10.5.2.

Der Steuerpflichtige ist zur Abgabe einer Einkommensteuererklärung verpflichtet, wenn zum Schluss des vorangegangenen VZ ein verbleibender Verlustabzug festgestellt worden ist (§ 56 Satz 2 EStG; vgl. Tz 7). In diesem Sonderfall ist für die Abgabe der Einkommensteuererklärung für den unmittelbar auf den festgestellten Verlustabzug folgenden VZ stets eine **siebenjährige** Verjährungsfrist maßgebend; dies gilt auch dann, wenn der Steuerpflichtige für diesen VZ nach § 46 Abs. 2 Nr. 8 EStG nur auf seinen Antrag hin zur ESt zu veranlagen ist (BFH-Urteil vom 30.3.2017, BStBl II S. 1046).

Für den Antrag auf Festsetzung der **Arbeitnehmer-Sparzulage** (vgl. Teil I Tz 1.9) gilt die allgemeine vierjährige Festsetzungsfrist nach § 169 Abs. 2 Nr. 2 AO. Der Antrag auf Festsetzung der Arbeitnehmer-Sparzulage für das Kj. 2025 muss daher bis spätestens **31.12.2029** gestellt werden.

Seit dem VZ 2021 erhalten Steuerpflichtige, bei denen sich aufgrund eines zu versteuernden Einkommen bis zur Höhe des Grundfreibetrags die **erhöhte Entfernungspauschale** ab dem 21. Entfernungskilometer (ab VZ 2022: 38 Cent/km) als Betriebsausgaben oder Werbungskosten steuerlich nicht auswirkt, auf Antrag eine **Mobilitätsprämie** (vgl. Teil I Tz 35). Die vierjährige Abgabefrist für den Antrag auf Festsetzung der Mobilitätsprämie für das Kj. 2025 endet ebenfalls mit Ablauf des **31.12.2029**.

6 Verspätungszuschlag

Bei Nichtabgabe oder verspäteter Abgabe der Steuererklärung kann das Finanzamt einen **Verspätungszuschlag** von bis zu **25 000 €** festsetzen. Im Regelfall steht die Festsetzung von Verspätungszuschlägen weiter im pflichtgemäßen Ermessen der Finanzbehörde (§ 152 Abs. 1 AO). Die Festsetzung eines Verspätungszuschlags ist insbesondere naheliegend, wenn der Steuerpflichtige seine Erklärungspflichten wiederholt verletzt hat.

In folgenden Fällen ist die Festsetzung des Verspätungszuschlags gesetzlich vorgeschrieben (§ 152 Abs. 2 AO):

- Die Steuererklärung wird pflichtwidrig nicht innerhalb von **14 Monaten** nach Ablauf des Kj. abgegeben.
- Von **Land**- und **Forstwirten** mit einem vom Kj. abweichenden Wj. wird die Steuererklärung nicht binnen 19 Monaten nach Ablauf des Kj. abgegeben.
- Im Fall einer **Vorabanforderung** (vgl. Tz 5) wird die von einem Berater zu erstellende Steuererklärung pflichtwidrig nicht innerhalb der viermonatigen Frist abgegeben.

Der obligatorische Verspätungszuschlag wird nicht erhoben, wenn die Steuererklärungsfrist vom Finanzamt verlängert und die Steuererklärung innerhalb der verlängerten Frist abgegeben wurde, wenn die Steuer auf »0 €« festgesetzt wird oder es zu einer Erstattung kommt (§ 152 Abs. 3 AO). Die Festsetzung eines Verspätungszuschlags steht allerdings auch in diesen Fällen weiterhin im pflichtgemäßen Ermessen der Finanzbehörde.

Für verspätet eingereichte Einkommensteuererklärungen beträgt der Verspätungszuschlag für jeden angefangenen Monat der eingetretenen Verspätung 0,25 % der um die festgesetzten Vorauszahlungen und die anzurechnenden Steuerabzugsbeträge verminderten festgesetzten Steuer, mindestens jedoch 25 € für jeden angefangenen Monat der eingetretenen Verspätung (§ 152 Abs. 5 Satz 2 AO). Der Mindestverspätungszuschlag kann auch in Erstattungsfällen erhoben werden.

7 Steuererklärungspflichten

Unbeschränkt stpfl. Personen sind für das Kj. 2025 in folgenden Fällen **verpflichtet**, eine Einkommensteuererklärung abzugeben:

1. Für den Fall, dass **keine** lohnsteuerpflichtigen Einkünfte vorliegen:
   a) **Ehegatten/Lebenspartner**, die zu Beginn des Kj. 2025 nicht dauernd getrennt gelebt haben oder bei denen diese Voraussetzung im Laufe des Kj. 2025 eingetreten ist, wenn der Gesamtbetrag der Einkünfte mehr als **24 192 €** (doppelter Grundfreibetrag) betragen hat oder einer der Ehegatten/Lebenspartner die Einzelveranlagung wählt;
   b) **andere Personen**, wenn der Gesamtbetrag der Einkünfte mehr als **12 096 €** (Grundfreibetrag; vgl. Tz 1.5.5) betragen hat;

c) wenn neben inländischen stpfl. Einkünften auch
   aa) **Einkünfte aus dem Ausland** bezogen worden sind, die nach einem DBA, nach anderen zwischenstaatlichen Übereinkommen oder nach dem Auslandstätigkeitserlass im Inland steuerfrei sind, oder
   bb) **Arbeitslosengeld**, **Arbeitslosenbeihilfe**, **Elterngeld**, **Insolvenzgeld**, **Krankengeld**, **Kurzarbeitergeld**, **Mutterschaftsgeld** oder andere **Einkommensersatzleistungen** i. S. des § 32 b Abs. 1 Satz 1 Nr. 1 EStG bezogen worden sind, und zwar ohne Rücksicht auf die Höhe und Zusammensetzung der inländischen steuerpflichtigen Einkünfte;

2. für den Fall, dass **lohnsteuerpflichtige Einkünfte** vorliegen:
   a) **Ehegatten/Lebenspartner** (siehe 1a) und **andere Personen**, wenn
      aa) die **positive Summe** ihrer Einkünfte, die nicht der LSt zu unterwerfen waren oder die nach einem DBA, nach anderen zwischenstaatlichen Übereinkommen oder nach dem Auslandstätigkeitserlass freigestellten ausländischen Einkünfte und die dem Progressionsvorbehalt unterliegenden steuerfreien Lohn-/Einkommensersatzleistungen (siehe 1c, bb) jeweils mehr als **410 €** betragen haben oder
      bb) einer der Ehegatten/Lebenspartner oder eine andere Person
         - Einkünfte aus **mehreren Dienstverhältnissen** bezogen hat oder
         - von einem Arbeitgeber **verschiedenartige Bezüge** i. S. des § 39 e Abs. 5a EStG erhalten hat, von denen mindestens einer der Bezüge dem Lohnsteuerabzug nach Steuerklasse VI unterworfen worden ist oder
      cc) die Summe der beim Steuerabzug vom Arbeitslohn berücksichtigten Teilbeträge der **Vorsorgepauschale** für die Kranken- und Pflegeversicherung größer ist als die als Sonderausgaben abziehbaren Vorsorgeaufwendungen und der im Kj. insgesamt erzielte Arbeitslohn **13 362 €**, bei zusammen veranlagten Ehegatten/Lebenspartnern der im Kj. von den Ehegatten/Lebenspartnern insgesamt erzielte Arbeitslohn **25 494 €** übersteigt, oder
      dd) vom Finanzamt ein **Freibetrag** für den Steuerabzug vom Arbeitslohn ermittelt worden ist (ausgenommen Pauschbeträge für Menschen mit Behinderungen, Entlastungsbetrag für Alleinerziehende, Hinterbliebene und Zahl der Kinderfreibeträge) und der im Kj. insgesamt erzielte Arbeitslohn 1**3 362 €**, bei zusammen veranlagten Ehegatten/Lebenspartnern, der im Kj. von den Ehegatten/Lebenspartnern insgesamt erzielte Arbeitslohn **25 494 €** übersteigt oder
      ee) bei geschiedenen oder dauernd getrennt lebenden Eltern oder bei Eltern nichtehelicher Kinder (dies gilt entsprechend für Lebenspartner)
         - beide Elternteile eine Aufteilung des Freibetrags zur Abgeltung eines Sonderbedarfs bei Berufsausbildung eines volljährigen Kindes in einem anderen Verhältnis als je zur Hälfte beantragen oder
         - beide Elternteile eine Aufteilung des einem Kind zustehenden Pauschbetrags für Behinderte/Hinterbliebene in einem anderen Verhältnis als je zur Hälfte beantragen oder
      ff) für einen Steuerpflichtigen ein **sonstiger Bezug** von einem Dritten pauschal mit 20 % besteuert wurde oder
      gg) der Arbeitgeber die LSt von einem sonstigen Bezug berechnet hat und dabei der Arbeitslohn aus früheren Dienstverhältnissen des Kj. außer Betracht geblieben ist (**Großbuchstabe S** in der Lohnsteuerbescheinigung) oder
      hh) für einen unbeschränkt Steuerpflichtigen i. S. des § 1 Abs. 1 EStG bei der Bildung der Lohnsteuerabzugsmerkmale (§ 39 EStG) ein Ehegatte/Lebenspartner i. S. des § 1 a Abs. 1 Nr. 2 EStG berücksichtigt worden ist oder
      ii) für einen Steuerpflichtigen, der zum Personenkreis des § 1 Abs. 3 oder des § 1 a EStG gehört, Lohnsteuerabzugsmerkmale nach § 39 Abs. 2 EStG gebildet worden sind.
   b) **Ehegatten/Lebenspartner** (siehe 1a), wenn
      aa) beide Ehegatten/Lebenspartner Einkünfte aus nichtselbständiger Arbeit bezogen haben, einer von ihnen nach der **Steuerklasse V** oder **VI** besteuert oder bei Steuerklasse IV der **Faktor** nach § 39 f EStG berücksichtigt worden ist oder
      bb) die Ehe im Kj. 2025 durch Tod, Scheidung oder Aufhebung aufgelöst worden ist und ein Ehegatte der aufgelösten Ehe im Kj. 2025 **wieder geheiratet** hat (dies gilt entsprechend für Lebenspartner) oder
      cc) einer der Ehegatten/Lebenspartner die **Einzelveranlagung** beantragt;

3. für den Fall, dass stpfl. **Kapitalerträge** vorliegen, die nicht der Kapitalertragsteuer unterlegen haben (§ 32 d Abs. 3 Satz 3 EStG);
4. für den Fall, dass zum 31.12.2024 ein **verbleibender Verlustvortrag** und/oder ein **nachversteuerungspflichtiger Betrag** i. S. des § 34 a Abs. 3 Satz 3 EStG festgestellt worden ist (§ 56 Satz 2 EStDV).

Darüber hinaus besteht für **Kirchensteuerpflichtige**, bei denen die als Zuschlag zur Kapitalertragsteuer zu erhebende **KiSt** vom Kirchensteuerabzugsverpflichteten (z. B. Bank) nicht einbehalten wurde, eine gesonderte Verpflichtung zur Abgabe einer Erklärung zur Festsetzung von KiSt auf Kapitalerträge. Dies gilt nicht, wenn bereits eine Verpflichtung zur Abgabe von Einkommensteuererklärungen (siehe oben) besteht.

Außerdem ist zur Abgabe einer Steuererklärung verpflichtet, wer hierzu vom **Finanzamt** besonders **aufgefordert** wird. Wer später erkennt, dass eine abgegebene Steuererklärung unrichtig oder unvollständig ist, ist verpflichtet, dies dem Finanzamt unverzüglich mitzuteilen (§ 153 Abs. 1 AO).

Geklärt ist, dass es in Fällen, in denen das Finanzamt die Besteuerungsgrundlagen zunächst nach § 162 AO **geschätzt** hat, für die Durchführung der Veranlagung keines fristgemäßen Antrags nach § 46 Abs. 2 Nr. 8 EStG mehr bedarf (BFH-Urteil vom 22.5.2006, BStBl II S. 912). Der Steuerpflichtige ist in einem solchen Fall auch dann zur ESt zu veranlagen, wenn sich aus der im Rechtsbehelfsverfahren eingereichten Einkommensteuererklärung ergibt, dass die Voraussetzungen für eine Pflichtveranlagung nicht vorliegen.

8 Einkommensteuererklärung bei beschränkter Steuerpflicht

Beschränkt einkommensteuerpflichtige Personen (ohne Wohnsitz oder gewöhnlichen Aufenthalt im Inland) haben eine jährliche Steuererklärung über ihre im abgelaufenen Kj. bezogenen **inländischen Einkünfte** i. S. des § 49 EStG abzugeben, soweit für diese Einkünfte die ESt nicht durch den Steuerabzug vom Arbeitslohn oder vom Kapitalertrag oder dem Steuerabzug nach § 50 a EStG als abgegolten gilt (§ 50 Abs. 2 EStG). Zur Einkommensteuererklärung bei beschränkter Einkommensteuerpflicht gehören der gesonderte **Hauptvordruck ESt 1 C** sowie zusätzlich die für die Erklärung der inländischen Einkünfte erforderlichen **Anlagen L, G, S, V, N** usw. (vgl. Teil I Tz 34). Bei beschränkter Steuerpflicht infrage kommende Steuerbegünstigungen (z. B. für Spendenvorträge und Verlustabzüge) können mit der **Anlage Sonstiges** geltend gemacht werden (vgl. Teil I Tz 10.1).

Zur Abgrenzung der beschränkten von der unbeschränkten Einkommensteuerpflicht vgl. Teil I Tz 33.2 unter Erläuterungen zur **Anlage WA-ESt**. Ggf. können beschränkt einkommensteuerpflichtige Personen unter bestimmten Voraussetzungen mit dieser Anlage einen Antrag auf Behandlung als »unbeschränkt einkommensteuerpflichtig« stellen (vgl. Teil I Tz 33.5.1)

9 Amtliche Vordruckmuster

Steuererklärungen in Papierform sind grds. auf den »amtlich vorgeschriebenen Vordrucken« abzugeben. Diese **Anforderung** erfüllen

- Vordrucke, die mit den von der Steuerverwaltung freigegebenen Druckvorlagen hergestellt worden sind und z. B. in Finanzämtern zur Mitnahme ausliegen (»amtliche Vordrucke«);
- Vordrucke, die auf den Internetseiten der Steuerverwaltung (z. B. unter www.formulare-bfinv.de) bereitgestellt und ausgedruckt werden (»amtliche Internet-Vordrucke«) und
- Vordrucke, die nach dem Muster einer amtlich freigegebenen Druckvorlage – insbesondere durch Steuererklärungssoftware – erzeugt und ausgedruckt werden (»nichtamtliche Vordrucke«, vgl. Tz 11).

Internet-Vordrucke und nichtamtliche Vordrucke müssen im DIN-A4-Hochformat ausgedruckt werden. Die Ausdrucke müssen über einen Zeitraum von mindestens 15 Jahren haltbar und ebenso lange gut lesbar sein.

Für die Einkommensteuererklärung 2025 werden für alle Bundesländer **einheitliche beleglesegerechte Vordrucke** aufgelegt. Die Beleglesevordrucke können von den Finanzämtern über Scanner eingelesen und maschinell weiterverarbeitet werden. Um eine reibungslose Verarbeitung zu gewährleisten, ist nach Rz 6 und 7 des BMF-Schreibens vom 12.8.2022 (BStBl I S. 1334) beim **Ausfüllen** der Vordrucke auf Folgendes zu achten:

- Feldeinteilungen müssen eingehalten werden.
- Die Zuordnung von Beträgen zu Kennzahlen muss eindeutig sein und die Kennzahlen dürfen nicht überschrieben werden.
- Eintragungen müssen deutlich erkennbar sein (z. B. Druckschrift bei handschriftlichen Eintragungen oder Fettdruck bei maschinellen Eintragungen).
- (Firmen-)Stempel, z. B. zur Eintragung von Adressen, sind nicht zu verwenden.
- Felder, in denen kein Eintrag erforderlich ist, bleiben leer – sie sollen weder durchgestrichen noch ausgenullt noch mit sonstigen Vermerken ausgefüllt werden.
- Negative Beträge sind nicht in roter Schrift, sondern mit einem deutlichen Minuszeichen vor dem Betrag einzutragen.
- Mehrseitige Steuererklärungsvordrucke sind vollständig abzugeben. Dazu gehören auch Seiten ohne Eintragungen. Nicht abgegeben werden müssen Anlagen ohne jegliche Eintragung, z. B. eine leere Anlage N für den im VZ nicht berufstätigen Ehegatten.
- Die Seiten mehrseitiger Vordrucke dürfen nicht miteinander verbunden werden (z. B. durch Heft- oder Büroklammern).

Die Steuererklärung ist von dem Steuerpflichtigen eigenhändig zu **unterschreiben**. Eine Einkommensteuererklärung kann allerdings fristwahrend auch per **Telefax** – ohne Originalunterschrift des Steuerpflichtigen – abgegeben werden (BFH-Urteil vom 8.10.2014, BStBl II S. 438; vgl. Teil I Tz 1.12.2).

Die »amtlichen Vordrucke« sind bei allen Finanzämtern und auch bei vielen Kommunen erhältlich. Vordrucke aus anderen Bundesländern können **ohne** Einschränkungen verwendet werden; diese stimmen inhaltlich in allen Bundesländern überein.

10 Internet-Formulare

Formulare, für die eine elektronische Übermittlungspflicht besteht (Anlagen L, G, S, 34b, 13a, AV 13a, 34a, Zinsschranke, Corona-Hilfen), werden **nicht** im **Formularcenter** der Bundesfinanzverwaltung unter www.formulare-bfinv.de angeboten. Steuerpflichtige, bei denen auf Antrag zur Vermeidung unbilliger Härten auf eine elektronische Übermittlung der Steuererklärung verzichtet wurde, erhalten die notwendigen Papiervordrucke von ihrem zuständigen Finanzamt. Zur elektronischen Übermittlung von Steuererklärungen vgl. Tz 12.

11 Nichtamtliche Vordrucke

Die Verwendung **nichtamtlicher Vordrucke**, d. h. von Vordrucken, die nach dem Muster einer amtlich freigegebenen Druckvorlage z. B. mittels Steuererklärungssoftware maschinell ausgefüllt und ausgedruckt worden sind, ist zulässig (vgl. Tz 9). Wer nichtamtliche Steuererklärungsvordrucke herstellt, muss nach Rz 3 des BMF-Schreibens vom 12.8.2022 (BStBl I S. 1334) insbesondere Folgendes beachten:

- Die drucktechnische Ausgestaltung (Layout) und die Abmessung der amtlichen Vordrucke sind einzuhalten.
- Wortlaut, Kennzahlenbeschriftung, Zeilennummerierung sowie Seitenzahl und -folge der amtlichen Druckvorlagen sind in vollem Umfang zu übernehmen.
- Der Gründruck in den amtlichen Vordrucken ist durch entsprechende Graustufen zu ersetzen.
- In der Fußzeile ist der Herstellername anzugeben.

Diese und weitere Anforderungen an die Herstellung nichtamtlicher Vordrucke für Steuererklärungen ergeben sich aus einem als Anlage zu o. a. BMF-Schreiben vom 12.8.2022 beigefügten **Merkblatt**.

12 Elektronische Steuererklärungen

12.1 Verpflichtung zur elektronischen Abgabe

Steuerpflichtige mit **Gewinneinkünften** (Land- und Forstwirte, Gewerbetreibende, Selbständige und Freiberufler) sind gesetzlich verpflichtet, ihre **Steuererklärung** in authentifizierter Form **elektronisch** durch Datenfernübertragung beim Finanzamt einzureichen. Diese Verpflichtung gilt auch dann, wenn der Steuerpflichtige nur geringfügige Gewinne erzielt (FG Rheinland-Pfalz vom 15.7.2015, 1 K 2204/13, BB 2015 S. 2134) oder Sicherheitsbedenken gegen die elektronische Datenübermittlung über das Internet hat (BFH-Beschluss vom 14.2.2017, VIII B 43/16, BFH/NV 2017 S. 729; so auch schon BFH-Urteil vom 14.3.2012, BStBl II S. 477). Die von der Finanzverwaltung kostenlos bereitgestellte Übermittlungssoftware »ELSTER« gewährleistet ein ausreichendes Maß an Datensicherheit (vgl. Tz 12.5.1).

Die Verpflichtung zur elektronischen Abgabe der Steuererklärung gilt auch für Arbeitnehmer, die nach § 46 Abs. 2 Nr. 1 EStG zur ESt veranlagt werden, wenn neben dem Arbeitslohn positive stpfl. Nebeneinkünfte oder Progressionseinkünfte von **mehr als 410 €** vorliegen (§ 25 Abs. 4 Satz 1 EStG). Wenn ein Steuerpflichtiger zwar Gewinneinkünfte von mehr als 410 € erzielt, aber daneben einen weiteren Pflichtveranlagungsgrund i. S. des § 46 Abs. 2 Nr. 2 bis 8 EStG erfüllt, besteht dagegen **keine Verpflichtung** zur elektronischen Übermittlung der Steuererklärung (BFH-Urteil vom 28.10.2020, BStBl 2021 II S. 841). Das Gleiche gilt weiter für Arbeitnehmer, die nur nach § 46 Abs. 2 Nr. 2 bis 8 EStG veranlagt werden, insbesondere bei einer **Antragsveranlagung**. Aber auch in diesen Fällen ist selbstverständlich eine **freiwillige** elektronische Übermittlung der Steuererklärung möglich.

Für die elektronische authentifizierte Übermittlung der Steuererklärung wird ein **Zertifikat** benötigt. Dieses erhält man im Anschluss an eine **einmalige Registrierung** im Internet unter www.elster.de über das Anmeldeportal **»Mein ELSTER«** (vgl. Tz 12.5.2) oder über die Software anderer Anbieter (vgl. Tz 12.4). Der Registrierungsvorgang kann bis zu zwei Wochen dauern; den für den Abschluss der Registrierung benötigten Aktivierungscode übersendet die Finanzverwaltung aus Sicherheitsgründen per Brief.

Das Finanzamt kann auf **Antrag** zur Vermeidung **unbilliger Härten** auf eine elektronische Übermittlung der Steuererklärung verzichten. Eine unzumutbare Härte kann vorliegen, wenn eine Datenübermittlung **wirtschaftlich** oder **persönlich nicht zumutbar** ist. Das ist insbesondere der Fall, wenn die erforderliche technische Ausstattung für eine elektronische Übermittlung der Steuererklärung nicht vorhanden ist und diese nur mit nicht unerheblichem finanziellen Aufwand beschafft werden könnte **oder** wenn der Steuerpflichtige nach seinen individuellen Kenntnissen und Fähigkeiten nicht oder nur eingeschränkt in der Lage ist, die Möglichkeiten der elektronischen Übermittlung zu nutzen (§ 25 Abs. 4 EStG i. V. mit § 150 Abs. 8 AO). Hiernach kann es z. B. bei geringen jährlichen Gewinneinkünften **wirtschaftlich unzumutbar** sein, die für den elektronischen Verkehr mit dem Finanzamt erforderliche Technik anzuschaffen (BFH-Urteile vom 16.6.2020, BStBl 2021 II S. 288 und 290). Bei der Entscheidung über die Frage der wirtschaftlichen Zumutbarkeit darf nach Auffassung des BFH nur auf die Gewinneinkünfte i. S. des § 2 Abs. 1 Satz 1 Nr. 1 bis 3 EStG abgestellt werden, nicht auf die ansonsten bestehenden finanziellen Verhältnisse des Steuerpflichtigen aufgrund weiterer Einkünfte oder des Vermögens. Die Gewährung der Härtefallregelung entfaltet allerdings keine Dauerwirkung. Verfügt der Steuerpflichtige bereits über die für die elektronische Übermittlung der Steuererklärung erforderliche Hard- und Software (einschließlich Internetzugang), kommt die Anwendung der Härtefallregelung wegen wirtschaftlicher Unzumutbarkeit nicht in Betracht.

Eine **persönliche Unzumutbarkeit** der elektronischen Übermittlung (z. B. aufgrund Medieninkompetenz des Steuererklärungspflichtigen) entfällt nicht dadurch, dass der Steuererklärungspflichtige auf medienkompetente, gelegentlich unentgeltlich in seinem Betrieb mithelfende Familienangehörige zurückgreifen könnte. Die zwangsweise Durchsetzung der elektronischen Steuererklärungsabgabe – nach erklärungsgemäßer Veranlagung aufgrund einer in Papierform abgegebenen Steuererklärung – kann in diesen Fällen daher rechtsmissbräuchlich sein; die Festsetzung eines Verspätungszuschlags bleibt dagegen möglich (FG Berlin-Brandenburg vom 14.2.2018, 3 K 3249/17, EFG 2018 S. 706).

Eine entsprechende Verpflichtung zur elektronischen Übermittlung besteht auch für **Bilanzen** sowie **Gewinn-** und **Verlustrechnungen** (§ 5b EStG). Einzelheiten zur Anwendung des § 5b EStG und zur technischen Umsetzung der **»E-Bilanz«** enthalten das BMF-Schreiben vom 28.9.2011 (BStBl I S. 855) sowie die ergänzenden BMF-Schreiben vom 9.6.2023 (BStBl I S. 994), vom 27.5.2024 (BStBl I S. 928) und vom 28.10.2024 (BStBl I S. 1334). Für Wj., die nach dem 31.12.2024 beginnen, sind mit der E-Bilanz zusätzliche Daten (z. B. unverdichtete Kontennachweise mit Kontensalden) zu übermitteln (BMF-Schreiben vom 10.6.2025, BStBl I S. 1450). Weitere Informationen zur »E-Bilanz« können im Internet unter »www.esteuer.de«, Rubrik »Schnittstellen zur E-Bilanz«, abgerufen werden. Auf Antrag kommt auch für die E-Bilanz die Härtefallregelung nach § 150 Abs. 8 AO in Betracht, wenn eine Datenübermittlung der E-Bilanz und der Gewinn- und Verlustrechnung wirtschaftlich oder persönlich nicht zumutbar ist (§ 5b Abs. 2 EStG). Ein finanzieller Aufwand i. H. von 40 € jährlich für die elektronische Übermittlung der E-Bilanz und der Gewinn- und Verlustrechnung ist jedoch auch für einen »Kleinstbetrieb« wirtschaftlich nicht unzumutbar (BFH-Urteil vom 21.4.2021, BStBl 2022 II S. 52). Der BFH hat im Übrigen mit v. g. Urteil die Verfassungsmäßigkeit des § 5b Abs. 1 EStG bestätigt.

12.2 Anlage EÜR

Steuerpflichtige mit Gewinneinkünften sind grds. gesetzlich verpflichtet, ihre Steuererklärung elektronisch beim Finanzamt einzureichen (vgl. Tz 12.1). Wird keine Steuerbilanz erstellt, sondern eine **Gewinnermittlung** durch **Einnahmenüberschussrechnung** nach § 4 Abs. 3 EStG durchgeführt, ist **zusätzlich** zu den **Anlagen S**, **G** und **L** eine standardisierte **Anlage EÜR** mit den zugehörigen Anlage-Vordrucken (s. u.) nach amtlich vorgeschriebenem Datensatz elektronisch in authentifizierter Form an die Finanzverwaltung zu übermitteln (§ 60 Abs. 4 Satz 1 EStDV i. V. mit § 87a Abs. 6 AO). Für **jeden Betrieb** des Steuerpflichtigen ist dabei eine gesonderte Anlage EÜR zu übermitteln. Der BFH hat im Übrigen die Auffassung der Finanzverwaltung bestätigt, dass § 60 Abs. 4 EStDV für die Abgabe der Anlage EÜR als wirksame Rechtsgrundlage anzusehen ist (BFH-Urteil vom 16.11.2011, BStBl 2012 II S. 129).

Zur **Anlage EÜR** gehören

- der **Hauptvordruck »Anlage EÜR«** für die Einnahmenüberschussrechnung nach § 4 Abs. 3 EStG,
- die **»Anlage SZ«** zur Ermittlung der nach § 4 Abs. 4a EStG nicht abziehbaren **Schuldzinsen**, wenn die im Wj. angefallenen Schuldzinsen – ohne die Berücksichtigung der Schuldzinsen für Darlehen zur Finanzierung von Anschaffungs- oder Herstellungskosten von Wirtschaftsgütern des Anlagevermögens – den Betrag von 2 050 € übersteigen,
- die **»Anlage AVEÜR«** für das **Anlageverzeichnis** und den Ausweis des **Umlaufvermögens** sowie
- die **»Anlage LuF«** zur Geltendmachung der im Weinbau festgelegten Richtbeträge für Betriebsausgaben und pauschaler Betriebsausgaben für Holznutzungen nach § 51 EStDV sowie nach § 4 Forstschäden-Ausgleichsgesetz in der Forstwirtschaft,
- eine gesonderte **Ausfüllanleitung** zu den Vordrucken.

Für **Mitunternehmerschaften** sind – neben der Anlage EÜR – auf gesonderten Vordrucken Sonder- und Ergänzungsrechnungen erforderlich. Hierfür sind für jeden Beteiligten die Vordrucke »Anlage SE« (Sonderberechnung bei Personengesellschaften), »Anlage ER« (Ergänzungsrechnung bei Personengesellschaften), »Anlage AVSE« (Anlagenverzeichnis/Ausweis des Umlaufvermögens zur Anlage SE) elektronisch zu übermitteln. Zu den »Anlagen SE, ER und AVSE« steht eine gesonderte Ausfüllanleitung zur Verfügung.

Die Verpflichtung die Anlage EÜR auf elektronischem Weg in authentifizierter Form abzugeben, gilt grds. für **alle Steuerpflichtige**, die Ihren Gewinn durch **Einnahmenüberschussrechnung** ermitteln. Sie gilt auch für nicht buchführungspflichtige Weinbaubetriebe und verpachtete land- und forstwirtschaftliche Betriebe, deren Gewinn den Freibetrag nach § 13 Abs. 3 EStG nicht überschreitet.

Eine **Ausnahme** von der Pflicht zur **elektronischen Übermittlung** der Anlage EÜR besteht für **Arbeitnehmer-Veranlagungen** nach § 46 Abs. 2 Nr. 2 bis 8 EStG, sofern die Einkommensteuererklärung in Papierform abgegeben wird. Es kommt insoweit nicht darauf an, ob neben dem Arbeitslohn positive andere Einkünfte von mehr als 410 € vorliegen und somit der Veranlagungstatbestand nach § 46 Abs. 2 Nr. 1 EStG vorliegt. In **Härtefällen** nach § 150 Abs. 8 AO (vgl. Tz 12.1) kann das Finanzamt **auf Antrag** von einer Übermittlung der standardisierten Einnahmenüberschussrechnung nach amtlich vorgeschriebenem Datensatz durch Datenfernübertragung verzichten. Für die Einnahmenüberschussrechnung sind in den v. g. Fällen die bei den Finanzämtern erhältlichen **Papiervordrucke** der Anlage EÜR (einschließlich Anlagen SZ, AVEÜR und LuF) zu verwenden.

Keine Verpflichtung zur Abgabe bzw. Übermittlung einer Anlage EÜR besteht für **ehrenamtlich** (gewerblich oder selbständig) **tätige Personen**, deren Einnahmen/Bezüge aus einer nebenberuflichen Tätigkeit **insgesamt** nach § 3 Nr. 12, § 3 Nr. 26, § 3 Nr. 26a und/oder § 3 Nr. 26b EStG steuerfrei bleiben. Dies gilt auch für Steuerpflichtige, deren Einnahmen/Bezüge nur **teilweise** nach diesen Vorschriften steuerfrei sind, wenn sie für die begünstigte Tätigkeit keine Betriebsausgaben geltend machen. Das Vorliegen weiterer steuerfreier Einnahmen nach § 3 Nr. 13 EStG (z. B. Reisekostenvergütungen aus öffentlichen Kassen) steht dem nicht entgegen. In den v. g. Fällen genügt es, die Einnahmen in der **Anlage G** (Zeilen 103 und 104; vgl. Teil I Tz 21.22) oder **Anlage S** (Zeilen 57 und 58; vgl. Teil I Tz 22.15) zu erklären.

12.3 Online-Erklärungen

12.3.1 »Mein ELSTER«

ELSTER bietet allen Steuerpflichtigen die Möglichkeit, die Einkommensteuererklärung elektronisch über das Internet an das Finanzamt zu übermitteln. Dazu kann die Einkommensteuererklärung direkt online über das Anmeldeportal »**Mein ELSTER**« (www.elster.de) eingegeben werden, also ganz ohne Ausdrucke, Formulare und Postversand. Es wird dazu nur noch ein Internet-Browser benötigt. Hierdurch erübrigt sich das jährliche Herunterladen, Installieren und Aktualisieren umfangreicher Steuerprogramme. Der Zugang ist nur nach erfolgter einmaliger Registrierung mit einem elektronischen Zertifikat möglich (vgl. Tz 12.5.2).

»Mein ELSTER« kann auch über ein Tablet oder Smartphone unter Verwendung der »**ElsterSmart«-App** genutzt werden, die aber bestimmte Systemanforderungen erfüllen müssen. »ElsterSmart« bietet die Option, die Zertifikatsdatei in einer Anwendung auf dem mobilen Gerät zu hinterlegen.

Die Erstellung von Steuererklärungen über »Mein ELSTER« orientiert sich an den amtlichen Formularen. Die Menüführung der Online-Erklärung in »Mein ELSTER« ist wie folgt aufgebaut:

- Nach Auswahl der/des zu erstellenden Erklärung/Antrags, des Kj. und der ggf. benötigten Anlage-Vordrucke (optional über einen Anlageassistenten) gelangt man auf die **Startseite** des Formulars, in der die Art der Erklärung oder des Antrags kenntlich zu machen sowie die Steuernummer einzugeben ist. Zudem besteht hier die Möglichkeit die Daten aus dem gespeicherten Profil in die Erklärung zu übernehmen und soweit erforderlich (z. B. bei einem Umzug) eine neue Steuernummer zu beantragen.
- Die Eingabe und Übernahme der Erklärungsdaten erfolgt über die Registerkarte »Eingeben«. Diese Registerkarte ist unterteilt in ein Verzeichnis mit den bei Start des Programms ausgewählten Formularen und in einen **Eingabe**- und **Übernahmebereich.** Über das Verzeichnis können nachträglich weitere Anlage--Vordrucke hinzugefügt oder ggf. wieder entfernt werden. Im Eingabe- und Übernahmebereich wird für jedes Formular eine Gliederung angeboten, sodass die notwendigen Erklärungsangaben gezielt in den dafür vorgesehen Eintragungszeilen erfasst werden können. Für die Übernahme in die Online-Erklärung müssen die eingegebenen Werte im Regelfall per Mausklick bestätigt werden.
- Es empfiehlt sich im Übrigen – nach Eingabe der IdNr. bei den allgemeinen Angaben zur Person im Hauptvordruck – sämtliche Daten aus dem **Bescheinigungsabruf** (vgl. Tz 12.6) vorab in die Steuererklärung zu übernehmen. Zu beachten ist, dass bereits vorhandene Werte (z. B. aus der Vorjahresdatenübernahme) hierdurch überschrieben werden. Die Ergänzung der Online-Erklärung beschränkt sich dann nur noch auf fehlende Angaben (z. B. zu Spenden, Handwerkerleistungen oder Werbungskosten).
- Aufgrund einer **Plausibilitätsprüfung** werden über die Registerkarte »Prüfen« Fehler und Konflikte angezeigt, die gezielt in der Online-Erklärung korrigiert werden können.
- In der Registerkarte »Berechnen und Versenden« werden sämtliche Eingaben der Online-Erklärung in einer Übersicht angezeigt. Hier kann zudem eine vorläufige unverbindliche **Steuerberechnung** durchgeführt und die Online-Erklärung schließlich an das Finanzamt **versendet** werden. Für die Steuerberechnung sind **Zusatzangaben** über eine entsprechende gesonderte Anlage erforderlich (z. B. zum Verlustabzug, zu den geleisteten Altersvorsorgebeiträgen, Angaben zum Ehegatten/Lebenspartner bei der Einzelveranlagung). Diese Anlage kann über die Anlagenauswahl ausgewählt werden; sie ist aber nicht Teil der Einkommensteuererklärung und wird **nicht** an das Finanzamt übermittelt.
- Nach jeder Aktion im Eingabe- und Übernahmebereich erfolgt eine automatische Zwischenspeicherung der Online-Erklärung. Beim Verlassen des Programms erfolgt eine **Speicherung** als Entwurf unter »Meine Formulare«, sodass die Erklärung vor dem Absenden an das Finanzamt jederzeit noch korrigiert und ergänzt werden kann.

Diese Anleitung enthält in den Erläuterungen zu den einzelnen Steuererklärungsvordrucken gezielte Hinweise zur Anwendung von »Mein ELSTER«. Die Hinweise sind in einem Kasten mit dem Begriff »ELSTER« besonders gekennzeichnet.

12.3.2 »einfachELSTER« für Rentner und Pensionäre

Mit dem von der Finanzverwaltung angebotenen kostenlosen Service »**einfachELSTER**« können Rentner und Pensionäre ihre Einkommensteuererklärung in leichter und bequemer Weise erstellen und online abgeben. Die Nutzung dieses Services setzt voraus, dass nur inländische Renteneinkünfte oder Pensionen, Kapitaleinkünfte (von denen bereits Abgeltungsteuer an das Finanzamt abgeführt oder für die über einen Freistellungsantrag der Sparer-Pauschbetrag in Anspruch genommen wurde) sowie Einkünfte aus einem Minijob erzielt wurden.

Um den Service nutzen zu können, ist unter www.einfach.elster.de eine einmalige Registrierung mit der steuerlichen IdNr. und der Angabe des Geburtsdatums erforderlich. Nach Erhalt der Zugangsnummer per Brief kann mit der Eingabe der Steuererklärung unter www.einfach.elster.de bereits begonnen werden. »einfachELSTER« bietet hierfür eine einfache und übersichtliche Benutzerführung. Es sind lediglich einige Fragen (z. B. zu Spenden, Arztrechnungen, Behinderung, haushaltsnahen Dienstleistungen und Handwerkerkosten) zu beantworten. Elektronische Bescheinigungen (z. B. Rentenbezugsmitteilungen, Lohnsteuerbescheinigungen von einem früheren Arbeitgeber) liegen dem Finanzamt bereits vor und werden automatisch berücksichtigt.

12.3.3 Steuererklärung mit »einfachELSTERplus«

Die Finanzverwaltung hat mit »**einfachELSTERplus**« eine neue (kostenlose) Online-Anwendung für alle Steuerpflichtigen geschaffen, die damit in einem einfachen Steuerfall ihre Steuererklärung schnell und unkompliziert erstellen können. Über »einfachELSTERplus« ist derzeit die Abgabe der Steuererklärungen für die Kj. ab 2023 möglich.

Der Aufruf der Anwendung erfolgt über www.einfachelsterplus.de und erfordert die Anmeldung mit einem ELSTER-Zertifikat oder über die App »ElsterSecure« (vgl. Tz 12.5.2). Die Daten für die Steuererklärung gewinnt »einfachELSTERplus« aus einem Abfrageprozess. Der Steuerpflichtige muss einfache Fragen zu seiner Lebenssituationen und zu bestimmten Sachverhalten (z. B. zu Einnahmen, Werbungskosten, privaten Ausgaben) beantworten; im Hintergrund befüllt »einfachELSTERplus« aus den Antworten die Daten in die Steuererklärung. Hat der Steuerpflichtige dem Bescheinigungsabruf seiner eDaten zugestimmt (vgl. Tz 12.6), werden die verfügbaren Informationen automatisch übernommen (z. B. aus der Lohnsteuerbescheinigung des Arbeitgebers). Nach dem Abfrageprozess besteht die Möglichkeit, ohne Datenverlust zu »Mein ELSTER« zu wechseln, um dann noch fehlende Angaben in der Steuererklärung zu ergänzen.

12.4 Steuererklärungssoftware

Neben »Mein ELSTER« kann für den Registrierungsprozess (vgl. Tz 12.1) und die authentifizierte Abgabe der elektronischen Steuererklärung jedes kommerzielle **Steuersoftware-Produkt** verwendet werden, in das die ELSTER-Clientsoftware (vgl. Tz 12.5.2) integriert ist. Eine Liste der Softwareprodukte, die ELSTER unterstützen, ist unter www.elster.de/elsterweb/softwareprodukt abrufbar.

12.5 Datenübermittlung

12.5.1 Rechtliches

In der Abgabenordnung (AO) und den Einzelsteuergesetzen sind verschiedene Regelungen für die Ausgestaltung der elektronischen Datenübermittlung enthalten. Auf Grundlage von § 87 a bis § 87 d AO und der Verordnung über den automatisierten Abruf von Steuerdaten (Steuerdaten-Abrufverordnung) ergeben sich umfassende Möglichkeiten zur elektronischen Kommunikation zwischen Bürgern, Unternehmern und Finanzverwaltung. Für die elektronische

Kommunikation mit der Finanzverwaltung ist ein Zugang über ein sicheres Verfahren notwendig. Die Finanzverwaltung stellt hierfür das Verfahren **ELSTER** bereit.

Die Abgabe der elektronischen Steuererklärung per ELSTER erlaubt die Finanzverwaltung nur noch mit **elektronischer Authentifizierung** unter Verwendung eines ELSTER-Zertifikats (vgl. Tz 12.5.2).

Zum Schutz des Steuergeheimnisses werden die Steuerdaten verschlüsselt vom Anwender in die Rechenzentren der Bundesländer übermittelt. Dazu wurde eine hybride Verschlüsselung gewählt, die dem aktuellen Stand der Sicherheitstechnik entspricht. Näheres hierzu wird unter www.elster.de (Rubrik »Sicherheit«) erläutert.

12.5.2 Authentifizierte Datenübermittlung (papierlos)

Die Daten der Steuererklärung werden von der Software über die integrierte ELSTER-Clientsoftware **authentifiziert** als **papierlose Steuererklärung** übermittelt. Die **Authentifizierung** des **Datenübermittlers** (z. B. des Steuerberaters) ersetzt dabei die Vorlage einer vom Steuerpflichtigen zu **unterschreibenden** Steuererklärung. Das für die Authentifizierung erforderliche **Zertifikat** wird durch eine **einmalige Registrierung** über das Anmeldeportal **»Mein ELSTER«** (www.elster.de unter »Benutzerkonto erstellen«) erstellt. Für den Login bestehen nach der Registrierung folgende Optionen:

- Nach dem Registrierungsprozess kann die **Zertifikatsdatei** elektronisch abgerufen und auf dem Computer dauerhaft gespeichert werden. Es entstehen dabei keine Kosten. Das Zertifikat berechtigt den Steuerpflichtigen für sich und andere Personen (z. B. Ehegatte/Lebenspartner) Steuererklärungen elektronisch zu übermitteln und weitere Leistungen von »Mein ELSTER« nutzen (z. B. den Abruf seiner elektronischen Lohnsteuerabzugsmerkmale). Diese Art der Registrierung ist für die meisten Steuerpflichtigen ausreichend.
- Über die Onlinefunktion des **Personalausweises** kann ein Benutzerkonto eingerichtet und unmittelbar für die elektronische Abgabe von Steuererklärungen genutzt werden. Für den Login mit dem Personalausweis benötigt man lediglich ein Kartenlesegerät sowie die »AusweisApp2«.
- Das elektronische Zertifikat kann auf einen speziellen **Sicherheitsstick** geladen werden. Für den Erwerb des Sicherheitssticks entstehen einmalige Kosten. Diese Art der Registrierung wird insbesondere Unternehmen für die elektronische Abgabe ihrer Steuererklärungen und -anmeldungen oder den Abruf von ELStAM-Daten ihrer Arbeitnehmer empfohlen. Der Sicherheitsstick kann als **Firmenzertifikat** von allen Mitarbeitern eines Unternehmens genutzt werden.
- Nach der Registrierung kann für die elektronische Abgabe von Steuererklärungen und weiteren Leistungen das persönliche Zertifikat einer von ELSTER unterstützten **Signaturkarte** verwendet werden. Die Signaturkarte ist insbesondere für Steuerberater interessant, da diese insbesondere die Steuerkontenabfrage für ihre Mandanten ermöglicht.
- Über die App **»ElsterSecure«** besteht die Option, sich komfortabel und sicher in »Mein ELSTER« auf verschiedenen Geräten (z. B. Notebook, Smartphone, Tablet) einzuloggen, **ohne** auf eine Zertifikatsdatei angewiesen zu sein. Der Zugangsschlüssel wird, nachdem die Registrierung für »Mein ELSTER« mit dem mobilen Gerät abgeschlossen wurde, sicher in der App »ElsterSecure« gespeichert. Die App steht für Android und iOS kostenlos zum Download zur Verfügung. Näheres zur Aktivierung und Nutzung von »ElsterSecure« wird in der Online-Hilfe von ELSTER (unter Registrierung/Login-Option ElsterSecure) erläutert. Die bisherigen Login-Optionen, wie z. B. Zertifikatsdatei oder Sicherheitsstick, können weiterhin parallel genutzt werden, um mit diesen z. B. in Steuersoftwareprogrammen von Drittherstellern Formulare elektronisch zu übermitteln.

Im Finanzamt werden die Daten der authentifiziert übermittelten Steuererklärungen dem zuständigen Bearbeiter zur weiteren Bearbeitung nur angezeigt, wenn eine nähere Prüfung der Erklärungsangaben oder Korrektur der übermittelten Daten notwendig sind. Elektronisch abgegebene Steuererklärungen führen ansonsten zu einer ausschließlich automationsgestützten Steuerfestsetzung (vgl. Tz 12.7).

Die Teilnahme am ELSTER-Verfahren bzw. die Nutzung von »Mein ELSTER« hat gegenüber der Abgabe der Steuererklärung auf Papier eine Reihe von Vorteilen:

- »Mein ELSTER« bietet gegenüber den amtlichen Vordrucken insbesondere die Möglichkeit einer vereinfachten **Übernahme** von **Vorjahresdaten**, **erweiterte Eingabemöglichkeiten**, gezielte **Eingabehilfen** zum Ausfüllen der elektronischen Erklärung (auch zur Unterstützung von Anwendern mit Sehschwäche), eine **Plausibilitätsprüfung** der Steuererklärung sowie eine (vorläufige) unverbindliche **Steuerberechnung** (vgl. Tz 12.3.1).
- Mit dem Abruf von elektronischen Bescheinigungen können die der Finanzverwaltung bereits vorliegenden Daten des aktuellen VZ in eine **»vorausgefüllte Steuererklärung«** übernommen werden (vgl. Tz 12.6). Hierdurch wird die Erstellung der laufenden Steuererklärung erheblich erleichtert.
- Über die Schnittstelle von ELSTER wird ein **PDF-Ausdruck** für den Steuerpflichtigen erzeugt, der den elektronisch übermittelten Datensatz in überschaubarer Form abbildet. Dieser Ausdruck kann von Steuerberatungskanzleien – neben der Dokumentation – auch dazu genutzt werden, den Mandanten die zu übermittelnden Daten in leicht nachprüfbarer Form zur Zustimmung zur Verfügung zu stellen (§ 87d Abs. 3 Satz 1 AO).
- Es besteht die Option der **Bescheiddatenbereitstellung/-abholung**. Nach der Erstellung des Steuerbescheids werden die Bescheiddaten von der Steuerverwaltung über ELSTER elektronisch zum Abholen/zur Übernahme in die verwendete Steuersoftware bereitgestellt. Der Steuerpflichtige erhält eine E-Mail, wenn seine Steuerbescheiddaten zum Abruf bereitgestellt wurden. Diese Daten können dann maschinell mit den erklärten Angaben abgeglichen werden; Abweichungen werden direkt angezeigt.

12.6 Vorausgefüllte Steuererklärung

Die **vorausgefüllte Steuererklärung** ist ein kostenloses, elektronisches Serviceangebot der Finanzverwaltung. Sie hat das vorrangige Ziel, die Erstellung der Einkommensteuererklärungen zu erleichtern. Dies wird dadurch erreicht, dass dem Steuerpflichtigen oder seinem Bevollmächtigten die zu seiner Person gespeicherten Daten über einen **Bescheinigungsabruf** elektronisch bereitgestellt werden. Die abgerufenen Daten können sodann automatisch in die richtigen Felder der (elektronischen) Steuererklärung übernommen werden. Durch die automatische Datenübernahme verringert sich insbesondere der Eingabeaufwand und Fehlerquellen werden von vornherein reduziert. Nach Prüfung und ggf. Ergänzung der Angaben sendet der Steuerpflichtige seine Einkommensteuererklärung dann an das Finanzamt elektronisch zurück. Mit dem Datenabruf ist allerdings kein Zwang zur elektronischen Übermittlung der Steuererklärung verbunden.

Mit der vorausgefüllten Steuererklärung werden die folgenden Daten der letzten 4 Jahre bereitgestellt:

- die vom Arbeitgeber bescheinigten Lohnsteuerdaten,
- Bescheinigungen über den Bezug von Rentenleistungen,
- Beiträge zu Kranken- und Pflegeversicherungen,
- Beiträge zu bestimmten Vorsorgeaufwendungen (z. B. Riester- oder Rürup-Rentenverträge),
- Zuschüsse und Erstattungen von Behörden / öffentlichen Stellen (z. B. Zuschuss zur Krankenversicherung),
- Lohn- und Einkommensersatzleistungen (z. B. Arbeitslosengeld, Krankengeld, Elterngeld),
- Bescheinigungen über vermögenswirksame Leistungen,
- Kapitalerträge mit Freistellungsauftrag sowie
- bei der Finanzverwaltung gespeicherte Stammdaten: Name, Adresse, Bankverbindung, Geburtsdatum, Religionsschlüssel, Steuernummer und IdNr. des Steuerpflichtigen.

Weitere Daten (z. B. elektronisch übermittelte Spendennachweise, Pauschbeträge für behinderte Menschen) werden zu einem späteren

Zeitpunkt folgen. Mit dem Zuwendungsempfängerregister (vgl. Teil I Tz 2.5.2.3) wurde für die Digitalisierung des Spendennachweisverfahrens eine erste Grundlage geschaffen.

Der Bescheinigungsabruf für die vorausgefüllte Steuererklärung ist direkt über das Anmeldeportal »**Mein ELSTER**« (www.elster.de) möglich. Bei kommerziellen Softwareprodukten, die den Abruf von Bescheinigungen unterstützen, können die von Dritten übermittelten Steuerdaten, ebenfalls direkt in die zu erstellende Steuererklärung übernommen werden. Zu beachten ist, dass die meisten Steuerdaten aufgrund der gesetzlichen Übermittlungsfristen für den aktuellen VZ nicht unmittelbar am 1. Januar, sondern erst ab 1. März des Folgejahres zur Verfügung stehen. Die Finanzverwaltung selbst hat im Übrigen keine Kenntnis über die Vollständigkeit der an sie übermittelten Daten (z. B. bei Lohnsteuerbescheinigungen von mehreren Arbeitgebern zu einem Steuerfall). Es bleibt daher auch bei Nutzung der vorausgefüllten Steuererklärung Aufgabe der Steuerpflichtigen, die abgerufenen Daten auf Vollständigkeit und Richtigkeit zu überprüfen und ggf. entsprechende Änderungen und Ergänzungen vorzunehmen. Hierdurch eröffnet sich aber auch die Möglichkeit, dass fehlerhafte Daten bereits im Vorfeld erkannt und durch Kontaktaufnahme zwischen Steuerpflichtigem und ursprünglichem Datenlieferanten (z. B. Arbeitgeber, Krankenversicherung) bereinigt werden können.

Der Datenabruf für die eigenen Daten ist für jeden Steuerpflichtigen möglich, der mit seiner IdNr. über das Anmeldeportal »**Mein ELSTER**« registriert ist und sich als Teilnehmer am Abrufverfahren angemeldet hat. Für die einmalige Zustimmung zum Bescheinigungsabruf erhält der Steuerpflichtige einen 10-stelligen **Abrufcode** per Brief. Für den (jährlichen) Bescheinigungsabruf wird der Abrufcode dann nicht mehr benötigt.

Dritte wie z. B. Steuerberater, Lohnsteuerhilfeverein, Ehepartner, usw. müssen zum Datenabruf vorab gesondert berechtigt werden. Im Berufsregister eingetragene **Steuerberater** können den Zugriff auf die Daten ihrer Mandanten über eine bei den Steuerberaterkammern geführte **Vollmachtsdatenbank** beantragen. Unabdingbare Voraussetzung für die elektronische Übermittlung von Vollmachtsdaten ist eine durch den Mandanten erteilte Vollmacht nach amtlich vorgeschriebenem Muster (BMF-Schreiben vom 8.7.2019, BStBl I S. 594 und vom 27.3.2025, BStBl I S. 954); zur erstmaligen Verwendung der mit BMF-Schreiben vom 27.3.2025 neugefassten Muster für Vollmachten zur Vertretung in Steuersachen siehe BMF-Schreiben vom 24.4.2025, BStBl I S. 986. Die Mandanten werden über den beantragten Datenzugriff gesondert informiert. **Lohnsteuerhilfevereine** müssen für die Nutzung der Vollmachtsdatenbank ihr Benutzerkonto über »Mein ELSTER« qualifizieren (unter »Formulare & Leistungen/ Qualifizierungen für Lohnsteuerhilfevereine«). Für die Bevollmächtigung zur Vertretung in Steuersachen durch Mitglieder der Lohnsteuerhilfevereine ist zudem ein gesondertes amtliches Vordruckmuster zu verwenden (BMF-Schreiben vom 11.12.2023, BStBl 2024 I S. 5). Für andere bevollmächtigte Personen steht über das Anmeldeportal »Mein ELSTER« (unter »Formulare & Leistungen/Bescheinigungen verwalten«) eine Möglichkeit zur Verfügung, den Datenabruf für Dritte zu beantragen. Die Berechtigung zum Belegabruf für Dritte wird über einen **Freischaltcode** freigeschaltet, den die andere Person per Brief erhält und an den Antragsteller weitergeben muss.

Die vorausgefüllte Steuererklärung in ELSTER soll in den nächsten Jahren technisch weiterentwickelt werden. Sie soll künftig nicht mehr optional, sondern obligatorisch genutzt werden. Die Nutzung der vorausgefüllten Steuererklärung muss dann aber nicht mehr explizit beantragt werden.

12.7 »Vollautomatische« Steuerbescheide

Die vorausgefüllte Steuererklärung wird mit dem Ziel einer »**vollautomatischen Bearbeitung**« weiterentwickelt. Die Grundlage dafür bilden die von Dritten (z.B. Arbeitgeber, Krankenkassen, Bundesagentur für Arbeit) an die Finanzverwaltung elektronisch übermittelten Daten. Mitteilungspflichtige Dritte sind ausdrücklich verpflichtet, den Steuerpflichtigen in geeigneter Weise und binnen angemessener Frist darüber zu informieren, welche Daten sie an die Finanzverwaltung übermittelt haben (§ 93 c AO i. d. F. des Gesetzes zur Modernisierung des Besteuerungsverfahrens vom 18.7.2016, BGBl I S. 1679). Diese Daten gelten als »eigene Angaben« des Steuerpflichtigen; seine Steuererklärung ist insoweit »vollständig«, ohne dass er die Daten nochmal ausdrücklich erklären muss (§ 150 Abs. 7 Satz 2 AO). Die Geltendmachung von steuermindernden Aufwendungen (z. B. Werbungskosten oder Sonderausgaben) in der Steuererklärung bleibt davon selbstverständlich unberührt.

Stellt sich erst nachträglich heraus, dass die an die Finanzverwaltung übermittelten Daten bei der Steuerfestsetzung nicht oder nicht zutreffend berücksichtigt worden sind, kann der **Steuerbescheid** ohne Weiteres **aufgehoben** oder **geändert** werden (§ 175 b Abs. 1 AO). Dies gilt auch dann, wenn der Steuerpflichtige auf die Richtigkeit der übermittelten Daten vertraut hat, diese aber zu seinem Nachteil unrichtig sind (§ 175 b Abs. 2 AO). Einen Antrag auf Korrektur des Steuerbescheids können Steuerpflichtige in diesem Fall auch dann noch stellen, wenn sie den Fehler erst nach Ablauf der Einspruchsfrist bemerken. Die Änderung eines Steuerbescheids nach § 175 b Abs. 1 AO ist auch zulässig, wenn die unzutreffende Berücksichtigung der von einem Dritten übermittelten Daten auf einen Fehler der Finanzbehörden zurückzuführen ist (BFH-Urteil vom 20.2.2024, BStBl II S. 587) oder die Daten bei Erlass des zu ändernden Ausgangsbescheids noch nicht vorgelegen haben, sondern erst zu einem späteren Zeitpunkt – erstmalig – an die Finanzbehörde übermittelt worden sind (BFH-Urteil vom 27.11.2024, X R 25/22, BFH/NV 2025 S. 1120).

Der Finanzverwaltung wird es auf dieser Basis ermöglicht, vollständig automationsgestützt Steuerbescheide zu erlassen, wenn kein Anlass für eine individuelle Prüfung durch den Bearbeiter im Finanzamt besteht; zur Zulässigkeit siehe § 155 Abs. 4 AO. Der Steuerpflichtige erhält über ein sog. »**Freitextfeld**« in der Steuererklärung allerdings die Möglichkeit, das Finanzamt auf die individuelle Prüfung eines bestimmten Sachverhalts hinzuweisen, der zu seinen Gunsten zu berücksichtigen ist (vgl. Teil I Tz 1.11 unter Erläuterungen zu Zeile 37 des Hauptvordrucks ESt 1 A). Hierdurch wird eine Steuererklärung von der »vollautomatischen Bearbeitung« ausgeschlossen und der angegebene Sachverhalt für eine personelle Prüfung dem Bearbeiter im Finanzamt zugeführt.

12.8 Digitaler Verwaltungsakt

Mit dem Verfahren »**Digitaler Verwaltungsakt**« (DIVA) bietet die Finanzverwaltung bisher schon die Möglichkeit, Einkommensteuer-Erstbescheide, Einkommensteuer-Folgebescheide und Bescheide für die beschränkte Steuerpflicht elektronisch durch Datenabruf bekannt zu geben. Rechtsgrundlage hierfür ist § 122 a AO. Die rechtlichen Rahmenbedingungen für die elektronische Bekanntgabe von Steuerbescheiden und anderen Steuerverwaltungsakten wurden im Rahmen des Vierten Bürokratieentlastungsgesetzes (BGBl 2024 I Nr. 323) modernisiert, um die Digitalisierung des Besteuerungsverfahrens voranzutreiben und Bürokratieaufwand zu verringern. Im Einzelnen gilt für nach dem **31.12.2025** erlassene Steuerbescheide Folgendes:

Steuerbescheide können dem Steuerpflichtigen oder einer bevollmächtigten Person (z. B. Steuerberater, Lohnsteuerhilfeverein) durch elektronische **Bereitstellung** zum **Abruf** bekannt gegeben werden. Die elektronische Bekanntgabe soll insbesondere gegenüber Steuerpflichtigen erfolgen, die ihre Steuererklärung elektronisch übermittelt haben und die über ein von der Finanzverwaltung bereitgestelltes Nutzerkonto (z.B. in »Mein ELSTER«) verfügen. Das Gleiche gilt gegenüber bevollmächtigen Personen, wenn diese die Steuererklärung elektronisch übermittelt haben und der Steuerbescheid diesen Personen bekannt zu geben ist (§ 122 a Abs. 1 AO n. F.).

Bisher war die elektronische Bekanntgabe eines Steuerbescheids durch Datenabruf nur möglich, wenn der Steuerpflichtige oder die von ihm bevollmächtigte Person hierzu vorab seine **Einwilligung** erteilt hat. Für Steuerbescheide, die nach dem **31.12.2025** erlassen werden, wird auf die notwendige Einwilligung zur elektronischen Bekanntgabe **verzichtet**; sie wird durch eine **Widerspruchslösung** ersetzt. D. h., künftig erfolgt die Bekanntgabe der Steuerbescheide in aller Regel durch Bereitstellung zum Datenabruf, ohne dass der

Empfänger hierzu einwilligen muss. Der Steuerpflichtige kann der elektronischen Bereitstellung des Steuerbescheids zum Datenabruf allerdings **widersprechen** und dessen einmalige oder dauerhafte **postalische Bekanntgabe** für die Zukunft beantragen (§ 122 a Abs. 2 AO n. F.). Auch dieser Antrag kann widerrufen werden.

Ein zum Abruf bereitgestellter Steuerbescheid gilt stets am **vierten Tag** nach der **Bereitstellung** zum Abruf als bekannt gegeben (§ 122a Abs. 4 AO n. F.). Dies setzt die Einspruchsfrist von einem Monat in Gang. Der Empfänger wird zwar in der Regel am Tag der Bereitstellung weiter über die im Nutzerkonto von »Mein ELSTER« oder der Fremdsoftware hinterlegt E-Mail-Adresse über die Möglichkeit des Abrufs informiert. Die Benachrichtigungs-E-Mail hat aber nur noch eine **Hinweisfunktion** und **keine Auswirkungen** mehr auf die gesetzliche Bekanntgabevermutung, wenn der Zugang der Benachrichtigung zum Datenabruf innerhalb von vier Tagen vom Steuerpflichtigen bestritten wird. Auf den Tag des tatsächlichen Abrufs des Steuerbescheids wird in diesen Fällen nicht mehr abgestellt.

Das Inkrafttreten der Änderungen und die erstmalige Anwendung von § 122 a AO n. F. mit Wirkung ab 1.1.2026 stehen unter dem Vorbehalt der rechtzeitigen technischen und organisatorischen Umsetzung seitens der Finanzverwaltung (Art. 97 § 28 Abs. 2 EGAO).

13 Verzicht auf die Angabe von eDaten

Zahlreiche Daten zu den Besteuerungsgrundlagen (z. B. Bruttoarbeitslöhne und die zugehörigen Lohnsteuerabzugsbeträge, bestimmte Beiträge zur Kranken-/Pflegeversicherung und Altersvorsorge, Lohnersatzleistungen, Renten etc.), die in der Einkommensteuererklärung bislang angegeben werden mussten, liegen der Finanzverwaltung aufgrund entsprechender elektronischer Datenübermittlungen der mitteilungspflichtigen Stellen (z. B. Arbeitgeber, Krankenkassen, Versicherungsunternehmen, Bundesagentur für Arbeit, Deutsche Rentenversicherung) bereits vor. Seit dem VZ 2019 **verzichtet** die Finanzverwaltung in der Einkommensteuererklärung auf die **Angabe** der sog. **eDaten** und übernimmt diese automatisch in die Einkommensteuerveranlagung. Dabei gelten die Daten als Angaben des Steuerpflichtigen, soweit er nicht in einem dafür vorgesehen Abschnitt oder Datenfeld der Steuererklärung abweichende Angaben macht (§ 150 Abs. 7 Satz 2 AO). Eintragungen in den dunkelgrün hinterlegten und mit dem Logo »**e**« gekennzeichneten Zeilen der Erklärungsvordrucke (insbesondere in den Anlagen N, R, R-AV/bAV und Vorsorgeaufwand) sind grds. nicht mehr erforderlich.

Welche eDaten an die Finanzverwaltung elektronisch übermittelt wurden, kann aus den zugesandten Mitteilungen der mitteilungspflichtigen Stellen (z. B. dem Ausdruck der Lohnsteuerbescheinigung des Arbeitgebers oder der Mitteilung über die geleisteten Versicherungsbeiträge der Versicherungsunternehmen) entnommen werden. Bei Renten aus der gesetzlichen Rentenversicherung wird diese Mitteilung erstmalig nur auf Anforderung hin und in den darauffolgenden Jahren automatisch zugesandt. Die mitteilungspflichtigen Stellen müssen die Daten bis Ende Februar des Folgejahres an die Finanzbehörden übermitteln und den Steuerpflichtigen darüber binnen angemessener Frist informieren, welche für seine Besteuerung relevanten Daten sie übermittelt haben (§ 93 c Abs. 1 Nr. 1 und 3 AO).

Die der Finanzverwaltung vorliegenden eDaten haben allerdings **keine Bindungswirkung**. Es steht den Steuerpflichtigen weiterhin frei, eigene Angaben vorzunehmen (z. B. Änderung des Bruttoarbeitslohns aufgrund einer abweichenden Bewertungsmethode für die private Firmenwagennutzung, vgl. Teil I Tz 11.3.5). Nur in diesem Fall sind die abweichenden Daten in den dafür vorgesehenen Zeilen/Bereichen in der Einkommensteuererklärung anzugeben, auch wenn diese mit dem Logo »e« gekennzeichnet sind. Eine Erklärung ist auch dann erforderlich, wenn der Steuerpflichtige erkennt oder Zweifel hat, dass die übermittelten eDaten unvollständig oder unrichtig sind. Sofern der Steuerpflichtige deren Unvollständigkeit oder Unrichtigkeit erst im Steuerbescheid erkennt, ist er verpflichtet, dies dem Finanzamt anzuzeigen und die erforderliche Richtigstellung seiner Steuererklärung vorzunehmen (§ 153 Abs. 1 Satz 1 Nr. 1 AO).

ELSTER:
Der Verzicht auf die Erklärung der eDaten gilt **nur** für die **papiergebundenen** Steuererklärungsvordrucke. Bei den elektronischen Steuererklärungen wird die **vorausgefüllte Steuererklärung** technisch weiter entwickelt (vgl. Tz 12.6 a. E.). Steuerpflichtige, die den Abruf elektronischer Bescheinigungen oder die Datenübernahme aus dem Vorjahr **nicht** nutzen, müssen vorerst bei der Erstellung ihrer elektronischen Steuererklärung sämtliche eDaten händisch erfassen.

14 Belegvorlage-/Belegvorhaltepflicht

14.1 Umgang mit Belegen zur Einkommensteuererklärung

Für Belege gilt eine sog. **Belegvorhaltepflicht**. Das bedeutet, dass Belege und Nachweise auf Papier grds. **nicht** mehr zusammen mit der Einkommensteuererklärung beim Finanzamt eingereicht werden müssen. Die Finanzämter fordern diese Belege im Einzelfall an, wenn dies für die Prüfung der Steuererklärung erforderlich ist. Der Steuerpflichtige muss daher die Belege aufbewahren (vgl. Tz 14.3) und diese auf Anforderung dem Finanzamt auf **elektronischem Weg** oder in **Kopie** – nicht im Original – vorlegen. Die elektronische Übersendung von Belegen ist sowohl über »Mein ELSTER« (www.elster.de) als auch über die Software anderer Anbieter möglich (vgl. Tz 14.2).

Für steuermindernde Tatsachen trägt nach ständiger Rspr. der Steuerpflichtige die objektive Beweislast (siehe z. B. BFH-Beschluss vom 12.7.2017, BStBl 2018 II S. 13). Kommt der Steuerpflichtige der Beleganforderung des Finanzamts nicht nach, geht das zu seinen Lasten, d. h., geltend gemachte Aufwendungen oder beantragte Steuerermäßigungen werden aufgrund der fehlenden Nachweise vom Finanzamt nicht anerkannt.

Die Belegvorhaltepflicht gilt für **alle Steuererklärungen**, also nicht nur bei elektronischer Abgabe, sondern auch für die auf Papiervordrucken abgegebenen Steuererklärungen. Sie gilt auch für Belege, für die früher eine Vorlage gesetzlich vorschrieben war (z. B. Belege über Spenden und Mitgliedsbeiträge, Steuerbescheinigungen über Kapitalertragsteuer). Für **Steuerbescheinigungen** über Kapitalertragsteuer beschränkt sich die Belegvorhaltepflicht auf die Überprüfung des Steuereinbehalts nach § 32 d Abs. 4 EStG und die Günstigerprüfung nach § 32 d Abs. 6 EStG (§ 36 Abs. 2 Nr. 2 Satz 3 EStG). In anderen Fällen der Anrechnung von Kapitalertragsteuer auf die tarifliche ESt sind die Steuerbescheinigungen dem Finanzamt weiter zusammen mit der Steuererklärung vorzulegen.

Sofern in bestimmten Fällen (z. B. bei der erstmaligen Beantragung oder der Änderung eines Behinderten-Pauschbetrags, vgl. Teil I Tz 5.2.1.4 oder eines Pflegepauschbetrags, vgl. Teil I Tz 5.3.3.1) vorerst weiter dem Finanzamt ein entsprechender **Nachweis** vorzulegen ist, wird in den Vordrucken besonders darauf hingewiesen. Mit der Steuererklärung sind auch in diesen Fällen ausschließlich **Kopien** und keine Originalbelege einzureichen (Hinweis nach Zeile 6 des Hauptvordrucks ESt 1 A). Ist es erforderlich bestimmte Angaben in der Steuererklärung näher in einer gesonderten Aufstellung zu erläutern, sind diese der Steuererklärung ebenfalls beizufügen. In dem sog. »qualifizierten Freitextfeld« in Zeile 37 des Hauptvordrucks ESt 1 A ist in den v. g. Fällen aber **keine** Eintragung vorzunehmen (vgl. Teil I Tz 1.11).

Bei **Auslandssachverhalten** sind die zur Prüfung notwendigen Belege weiterhin direkt mit der Steuererklärung einzureichen. Eine **Belegvorlagepflicht** gilt gem. § 68 b EStDV insbesondere für Nachweise über die Höhe der ausländischen Einkünfte und die Festsetzung und Zahlung der ausländischen Steuern (z. B. Steuerbescheide der ausländischen Steuerbehörde, Quittungen über die Zahlung). Zudem bestehen in Fällen mit Auslandsbezug erhöhte Mitwirkungspflichten des Steuerpflichtigen (§ 90 Abs. 2 AO). Entsprechende digitale Belege können in den Vordrucken mit Auslandsbezug direkt mit den Eingabefeldern verknüpft werden, sodass sich bei elektronischen Steuererklärungen eine Belegvorlage erübrigt (vgl. Tz 14.4).

14.2 Elektronische Einreichung von Belegen

Die Finanzverwaltung hat inzwischen eine technische Möglichkeit geschaffen, **Belege** zur Steuererklärung auf elektronischem Weg **einzureichen**. Angeforderte Belege können über den ELSTER-Datenweg digital im PDF-Format an das zuständige Finanzamt übersandt werden. Im Programm »Mein ELSTER« kann dafür das Formular »Belegnachreichung zur Steuererklärung« verwendet werden (Aufruf unter »ELSTER/Formulare & Leistungen/Alle Formulare/Anträge, Einspruch und Mitteilungen«). Im Rahmen vordefinierter Rahmenbedingungen (u. a. in Bezug auf die Dateigröße, Anzahl der Belege) ist das Hochladen mehrerer Anhänge möglich. Die kommerziellen Softwarehersteller haben diese Funktion ebenfalls in ihre Programme übernommen und entsprechend freigeschaltet.

14.3 Belegaufbewahrung

Soweit **Buchführungs**- und **Aufzeichnungspflichten** (§ 140, § 141 AO) bestehen, sind die Ordnungsvorschriften zur Aufbewahrung von Unterlagen (§ 147 AO) zu beachten. Darüber hinaus besteht nach § 14b Abs. 1 Satz 5 UStG auch für Nichtunternehmer für die Dauer von zwei Jahren eine Pflicht zur Aufbewahrung von Rechnungen über umsatzsteuerpflichtige Werklieferungen und Leistungen, die der Steuerpflichtige im Zusammenhang mit einem **Grundstück** erhalten hat (z. B. für eine Heizungswartung). Die zweijährige Aufbewahrungsfrist beginnt mit dem Schluss des Kj., in dem die Rechnung ausgestellt worden ist.

Für **Spendenbelege**, die nicht vom Finanzamt angefordert worden sind und die nicht elektronisch übermittelt wurden, gilt eine besondere Aufbewahrungsfrist von einem Jahr nach Bekanntgabe des Steuerbescheids (vgl. Teil I Tz 2.5.3.1).

Für **sonstige Belege** und **Nachweise** zur Steuererklärung (z. B. Reisekostenabrechnungen, Belege zu Unterhaltsleistungen, Krankheitskosten oder Kinderbetreuungskosten) besteht keine gesetzliche Aufbewahrungsfrist. Es empfiehlt sich aber, diese Unterlagen mindestens bis zur Unanfechtbarkeit des Steuerbescheids aufzubewahren, da diese ggf. in einem Einspruchs- oder Klageverfahren nochmals als Beweismittel vorgelegt werden müssen. Bei Dauersachverhalten (z. B. Versorgungsleistungen, doppelter Haushaltsführung, Vermietungseinkünften) empfiehlt sich ohnehin eine dauerhafte Aufbewahrung der begründenden Unterlagen (z. B. Verträge).

14.4 Digitales Belegverfahren

Die Finanzverwaltung bietet folgende Möglichkeiten an, das Einreichen von (digitalen) Belegen zu erleichtern:

- **Belege** können für die nächste Einkommensteuererklärung (vorab) im Benutzerkonto von »Mein ELSTER« gespeichert werden. Belege, die bereits digital vorliegen (z. B. als PDF-Dokument), können dort direkt hochgeladen werden. Belege, die auf Papier vorliegen, können mit der App »**MeinELSTER +**« fotografiert und in das Benutzerkonto übertragen werden. In den Belegen können für die Steuererklärung relevante Werte (z. B. einzelne Rechnungsbeträge) markiert und später mit einem Klick direkt in das Steuerformular an die richtige Stelle übernommen werden. Die Belege werden beim Hochladen nicht direkt an das Finanzamt übertragen.
- Bei der späteren Erstellung der Steuererklärung können die im Benutzerkonto von »Mein ELSTER« gespeicherten digitalen Belege direkt mit den entsprechenden Eingabefeldern der Einkommensteuererklärung **verknüpft** werden (Verfahren »**RABE**« = Referenzierung auf Belege). Diese Funktion kann für Einkommensteuererklärungen ab dem VZ 2023 genutzt werden. Die mit den Eingabefeldern verknüpften Belege kann das Finanzamt bei der Bearbeitung der Einkommensteuererklärung dann bei Bedarf eigenständig und zeitsparend abrufen. Die Verknüpfung von Belegen ist auch über die Software anderer Anbieter möglich, soweit diese die Funktion technisch unterstützen. Sofern das Finanzamt verknüpfte Belege abgerufen hat, wird dies in »Mein ELSTER« oder über die Software anderer Anbieter entsprechend angezeigt.
- Wenn das Finanzamt im Rahmen der Bearbeitung der Einkommensteuererklärung Belege anfordert, können diese aus dem Benutzerkonto einfach mit dem Formular »Belegnachreichung zur Steuererklärung« weitergeben werden (vgl. Tz 14.2).

Nähere Informationen zum digitalen Belegverfahren sind auf den Infoseiten von ELSTER (www.elster.de) abrufbar.

15 Wirtschafts-Identifikationsnummer

Alle **wirtschaftlich Tätigen** erhalten als steuerliches Identifikationsmerkmal eine **Wirtschafts-Identifikationsnummer** (W-IdNr.). Wirtschaftlich Tätige sind natürliche Personen, die wirtschaftlich tätig sind (z. B. Land- und Forstwirte, Einzelunternehmer, Freiberufler), juristische Personen und Personenvereinigungen (Gesellschaften/Gemeinschaften). Die W-IdNr. dient vor allem als einheitliches und dauerhaftes Merkmal für Zwecke der **eindeutigen Identifizierung** der Tätigkeiten, Betriebe und Betriebsstätten eines wirtschaftlich Tätigen im Besteuerungsverfahren. Bei Steuerpflichtigen, die die W-IdNr. zusätzlich zu ihrer persönlichen IdNr. (vgl. Teil I Tz 1.4.1) erhalten, kann hierdurch der betriebliche Bereich künftig klarer und eindeutiger von der privaten Sphäre getrennt werden. Wer **mehreren** wirtschaftlichen **Tätigkeiten** nachgeht, erhält zur besseren Abgrenzung der Geschäftsfelder für jede wirtschaftliche Tätigkeit, jeden Betrieb sowie jede Betriebsstätte eine **eigene W-IdNr.**

Rechtsgrundlage für die Vergabe der W-IdNr., deren Verarbeitung durch die Finanzbehörden und die Speicherung der Daten durch das BZSt ist § 139c AO. Den Zeitpunkt der Einführung der W-IdNr., deren Vergabe und Form, die Unterrichtung der wirtschaftlich Tätigen sowie die Löschfristen für die gespeicherten Daten regelt ergänzend die Wirtschafts-Identifikationsnummer-Verordnung vom 30.9.2024, BGBl I Nr. 293. Die W-IdNr. vergibt hiernach das **BZSt** auf Anforderung der zuständigen Finanzbehörde und teilt diese dem wirtschaftlich Tätigen über das ELSTER-Benutzerkonto mit, **ohne** dass hierfür ein **Antrag** erforderlich ist. Die **Vergabe** der W-IdNr. erfolgt aus technischen und organisatorischen Gründen in **Stufen**; die Vergabe hat im November 2024 begonnen.

Die W-IdNr. setzt sich aus dem Kürzel »DE« und neun Ziffern zusammen. Ergänzt wird die W-IdNr. durch ein 5-stelliges Unterscheidungsmerkmal für einzelne Tätigkeiten, Betriebe oder Betriebsstätten (Beispiel für eine W-IdNr.: DE123456789-00001). Bei wirtschaftlich Tätigen, die bereits über eine **USt-IdNr.** verfügen, erfolgt **keine** gesonderte Mitteilung der W-IdNr., da diese der USt-IdNr. entspricht. Von diesem Personenkreis ist die USt-IdNr. als W-IdNr. zu verwenden, ergänzt um das Unterscheidungsmerkmal »-00001«.

Das Identifikationsmerkmal ist vom Steuerpflichtigen bei Anträgen, Erklärungen und Mitteilungen gegenüber den Finanzbehörden **anzugeben** (§ 139a Abs. 1 Satz 1 2. Halbsatz AO). Das gilt auch für die in der **Einkommensteuererklärung 2025** anzugebende W-IdNr., sofern das BZSt diese dem Steuerpflichtigen bereits zugeteilt hat. Die für die Tätigkeit, den Betrieb und/oder die Betriebsstätte vergebenen W-IdNr. ist dabei jeweils in den in Betracht kommenden **Anlage-Vordrucken** (Anlage G, L, S, SO, V, V-Sonstige, Zinsschranke, 34a, 34b) anzugeben. Auf eine vollständige Eingabe der W-IdNr. (mit dem Kürzel »DE« und dem Bindestrich vor dem 5-stelligen Unterscheidungsmerkmal) ist zu achten.

Allgemeine Informationen zur W-IdNr. sind auf der Internetseite des BZSt unter www.bzst.de/widnr abrufbar.

16 Energiepreispauschale

Zur steuerlichen Behandlung der **Energiepreispauschale** (EPP), die in den Jahren 2022 und 2023 einmalig als Ausgleich für die damals hohen Energiepreise gewährt wurde, wird auf die Erläuterungen in Teil II Tz 12 der Anleitung zur Einkommensteuererklärung 2024 hingewiesen.

Die Frage der **Verfassungsmäßigkeit** der **Steuerpflicht** der EPP gem. § 119 EStG ist derzeit noch nicht abschließend geklärt und Gegenstand mehrerer Verfahren beim BFH und bei den FG. Beim BFH ist zur Steuerpflicht der EPP bei Arbeitnehmern das Verfahren mit dem Az. VI R 15/24 anhängig (Vorinstanz: FG Münster vom 17.4.2024, 14 K 1425/23 E, EFG 2024 S. 1140). Beim FG Mecklenburg-Vorpommern geht es in dem dort anhängigen Verfahren mit dem Az. 3 K 231/23 um die Steuerpflicht der EPP bei Rentenempfängern. Der Ausgang dieser Verfahren bleibt abzuwarten. Einsprüche, die sich auf diese Verfahren beziehen, ruhen gem. § 363 Abs. 2 AO.

Teil I
Erläuterungen zu den Vordrucken 2025

1. Hauptvordruck ESt 1 A 2025 für unbeschränkt steuerpflichtige Personen

1.1 Vorbemerkungen

Die Einkommensteuererklärung ist von allen unbeschränkt stpfl. Personen mit dem »**Hauptvordruck ESt 1 A**« sowie ggf. mit weiteren Anlage-Vordrucken (vgl. Vorbemerkungen Tz 2) abzugeben. Der »Hauptvordruck ESt 1 A« enthält nur die Angaben zur Person sowie bestimmte allgemeine Anträge und Angaben.

Die Finanzverwaltung verzichtet in den Steuererklärungsvordrucken auf die Angabe der von den mitteilungspflichtigen Stellen (z. B. Arbeitgeber, Versicherungsunternehmen) elektronisch übermittelten Daten (sog. »**eDaten**«) und übernimmt diese automatisch in die Einkommensteuererklärung (vgl. Vorbemerkungen Tz 13). Daten für die mit dem Logo »**e**« gekennzeichneten und dunkelgrün hervorgehobenen Zeilen liegen im Regelfall vor und müssen daher nicht in den Erklärungsvordrucken eingetragen werden. Im Hauptvordruck ESt 1 A betrifft dies nur die Abfrage der elektronisch übermittelten **Einkommensersatzleistungen** in **Zeile 35** (vgl. Tz 1.10.1). Sofern darüber hinaus keine Steuerermäßigungen oder Ausgaben (z. B. für Werbungskosten oder Handwerkerleistungen) zu berücksichtigen sind, genügt es, den unterschriebenen zweiseitigen Hauptvordruck ESt 1 A ohne weitere Anlage-Vordrucke als »**wirksame**« **Steuererklärung** beim Finanzamt einzureichen.

Der Hauptvordruck ESt 1 A kann weiter zusammen mit der Anlage N und ggf. der Anlage N-Doppelte Haushaltsführung sowie der Anlage Kind auch als **Antrag** auf **Einkommensteuerveranlagung** zur Erstattung von LSt (früher: **Lohnsteuer-Jahresausgleich**) verwendet werden.

Ein Antrag auf Einkommensteuerveranlagung kann sich insbesondere lohnen, wenn

- ein Arbeitnehmer nicht ununterbrochen in einem Arbeits- oder Dienstverhältnis gestanden oder die Höhe seines Arbeitslohns im Laufe des Jahres geschwankt und der Arbeitgeber keinen Lohnsteuer-Jahresausgleich durchgeführt hat;
- bislang nicht als Freibetrag beim Lohnsteuerabzug berücksichtigte Werbungskosten, Sonderausgaben, außergewöhnliche Belastungen oder Steuerermäßigungen (z. B. für Handwerkerleistungen) entstanden sind;
- Entschädigungen (z. B. Abfindungen) oder Arbeitslohn für mehrere Jahre bezogen wurden, für die eine ermäßigte Besteuerung in Betracht kommt;
- Verluste aus anderen Einkunftsarten oder Verlustabzüge aus anderen Jahren berücksichtigt werden sollen.

Ein Antrag auf Durchführung einer Einkommensteuerveranlagung kann darüber hinaus auch dann zweckmäßig sein, wenn – trotz der Abgeltungsteuer – von Kapitalerträgen einbehaltene Kapitalertragsteuer angerechnet und ggf. **erstattet** werden soll (vgl. Tz 14.3 unter Erläuterungen zur Anlage KAP). Dies gilt vorwiegend in Fällen eines nicht vollständig ausgeschöpften Sparer-Pauschbetrags oder zur Überprüfung des Steuereinbehalts von Kapitalerträgen dem Grunde und der Höhe nach (§ 32d Abs. 4 EStG). Hierfür sind der Hauptvordruck ESt 1 A und der Vordruck **Anlage KAP** zu verwenden.

Für Ehegatten/Lebenspartner, die beide unbeschränkt stpfl. sind, nicht dauernd getrennt leben und bei denen diese Voraussetzungen zu Beginn des Kj. 2025 vorgelegen haben oder im Laufe des Kj. 2025 eingetreten sind, gilt Folgendes:

Machen Ehegatten oder Lebenspartner nach dem Lebenspartnerschaftsgesetz (LPartG) von der Möglichkeit der **Zusammenveranlagung** (mit Anwendung des Splittingtarifs) Gebrauch, so ist eine gemeinsame Erklärung abzugeben und nur ein gemeinsamer Hauptvordruck ESt 1 A auszufüllen. Dabei muss jeder der Ehegatten/Lebenspartner, der Arbeitslohn, bestimmte Lohnersatzleistungen oder steuerfreien Arbeitslohn für eine Auslandstätigkeit erhalten hat, eine eigene Anlage N und ggf. zusätzlich die Anlage N-Doppelte Haushaltsführung sowie die Anlage N-AUS abgeben. Machen die Ehegatten/Lebenspartner von der **Einzelveranlagung** Gebrauch, so hat jeder der Ehegatten/Lebenspartner für sich einen eigenen Hauptvordruck ESt 1 A auszufüllen und die erforderlichen weiteren Anlage-Vordrucke der Steuererklärung beizufügen (vgl. Tz 1.5.3).

Kinder, die im Kj. 2025 **eigene Einkünfte** bezogen haben, müssen eine eigene Einkommensteuererklärung abgeben, wenn ein Pflichtveranlagungsgrund (vgl. Vorbemerkungen Tz 7) vorliegt oder ein Antrag auf Einkommensteuererklärung (z. B. zur Erstattung einbehaltener LSt) gestellt wird.

1.2 Art der Erklärung/des Antrags

Der Hauptvordruck ESt 1 A und die entsprechenden Anlage-Vordrucke sind auch dann zu verwenden, wenn entweder i. V. mit der Abgabe der Einkommensteuererklärung oder gesondert

- die **Festsetzung** der **Arbeitnehmer-Sparzulage** beantragt wird (vgl. Tz 1.9) oder
- zur **Feststellung** des **verbleibenden Verlustvortrags** nach § 10d Abs. 4 EStG (vgl. Tz 10.5.3, Tz 10.5.4 zu den Zeilen 17 und 18 der Anlage Sonstiges) oder
- zur **Festsetzung** der **KiSt** auf **Kapitalerträge** bei fehlendem Einbehalt im Rahmen der Abgeltungsteuer (z. B. weil dem Datenabruf zum Kirchensteuereinbehalt widersprochen wurde; vgl. Tz 14.4) eine Erklärung eingereicht wird.

In den Zeilen 1 und 2 ist die Art der Erklärung bzw. des Antrags 1–2
durch **Ankreuzen** entsprechend kenntlich zu machen.

Der Antrag auf Festsetzung der **Arbeitnehmer-Sparzulage** ist grds. zusammen mit der Einkommensteuererklärung in **Zeile 34** zu stellen. Ein gesonderter »Nur-Sparzulagen-Antrag« ist z. B. erforderlich, wenn

- der Steuerpflichtige und ggf. auch sein Ehegatte/Lebenspartner ausschließlich steuerfreien oder pauschal besteuerten Arbeitslohn bezogen haben oder
- keine Steuerabzugsbeträge in der Lohnsteuerbescheinigung enthalten sind.

In diesem Fall genügt es, nur die allgemeinen Angaben zur Person auf Seite 1 des Hauptvordrucks ESt 1 A auszufüllen und den Antrag auf Festsetzung der Arbeitnehmer-Sparzulage in Zeile 34 zu stellen.

Grundlage für die Festsetzung der Arbeitnehmer-Sparzulage ist die elektronische Vermögensbildungsbescheinigung des Anbieters (vgl. Tz 1.9). Wurde es in den Vorjahren versäumt, den Antrag auf Festsetzung der Arbeitnehmer-Sparzulage beim zuständigen Finanzamt zu stellen, kann dies innerhalb von 4 Jahren nach Ablauf des jeweiligen Sparjahrs **nachgeholt** werden; zur Antragsfrist vgl. Vorbemerkungen Tz 5.

Sog. **Fernpendler** mit einem zu versteuernden Einkommen bis 3
zur Höhe des Grundfreibetrags (VZ 2025: 12 096 € bei Einzelveranlagung, 24 192 € bei Zusammenveranlagung; vgl. Tz 1.5.5) können zusammen mit der Einkommensteuererklärung einen Antrag auf **Festsetzung der Mobilitätsprämie** stellen, wenn sich bei ihnen

die erhöhte Entfernungspauschale ab dem 21. Kilometer (ab VZ 2022: 38 Cent/km) als Betriebsausgaben oder Werbungskosten steuerlich nicht auswirkt. Für diesen Antrag ist in **Zeile 3** das entsprechende Auswahlfeld anzukreuzen und die **Anlage Mobilitätsprämie** auszufüllen und einzureichen (vgl. Tz 35).

1.3 Steuernummer; zuständiges Finanzamt

4–6 Die allen Steuerpflichtigen vom Finanzamt zugeteilte **Steuernummer** ist in **Zeile 4** anzugeben. Diese bleibt als Ordnungskriterium parallel zur IdNr. (Zeilen 8 und 20) vorerst bestehen, weil die Finanzverwaltung intern mit ihr weiterarbeitet. Um das in den Finanzämtern zur Belegerfassung eingesetzte Scannerverfahren nicht zu behindern, sollte die Steuernummer fortlaufend ohne Trennstriche angegeben werden.

Für die Besteuerung des Einkommens ist bei natürlichen Personen das Finanzamt **zuständig**, in dessen Bezirk der Steuerpflichtige seinen **Wohnsitz** oder in Ermangelung eines Wohnsitzes seinen **gewöhnlichen Aufenthalt** hat (»Wohnsitzfinanzamt«). Bei mehrfachem Wohnsitz im Inland ist regelmäßig der Ort, an dem sich der Steuerpflichtige **vorwiegend aufhält**, maßgebend. Bei verheirateten, nicht dauernd getrennt lebenden Steuerpflichtigen ist das Finanzamt des Wohnsitzes zuständig, an dem sich die Familie des Steuerpflichtigen vorwiegend aufhält; diese Zuständigkeit gilt auch für Lebenspartner einer eingetragenen Lebenspartnerschaft nach dem LPartG.

Für die Durchführung der Einkommensteuerveranlagung von **Arbeitnehmern** kommt es auf den derzeitigen Wohnsitz an. Arbeitnehmer haben deshalb die Einkommensteuererklärung 2025 (einschließlich eines Antrags auf Durchführung einer Einkommensteuerveranlagung; früher: Lohnsteuer-Jahresausgleich) ebenfalls bei dem Finanzamt einzureichen, in dessen Bezirk sie **gegenwärtig** wohnen.

Ehegatten und Lebenspartner nach dem LPartG, die im Kj. 2025 **erstmals dauernd getrennt** gelebt haben, können die Steuererklärung noch bei dem Finanzamt einreichen, das zuletzt mit ihrer Besteuerung befasst war.

Nähere Informationen zum zuständigen Finanzamt findet man unter www.finanzamt.de.

> **ELSTER:**
> Die Erfassung des zuständigen Finanzamts und der Steuernummer unterstützt ELSTER durch entsprechende Eingabehilfen.

1.4 Allgemeine Angaben

1.4.1 Identifikationsnummer

8, 20 Allen natürlichen Personen wird bereits mit der Geburt auf der Grundlage der §§ 139 a, 139b AO eine bundeseinheitliche **Identifikationsnummer** (IdNr.) für steuerliche Zwecke zugeteilt. Entsprechendes gilt bei einem späteren Zuzug aus dem Ausland. Die IdNr. wird vom Bundeszentralamt für Steuern (BZSt) aufgrund von Mitteilungen der kommunalen Meldebehörden automatisch vergeben und dem Bürger entsprechend per Brief mitgeteilt. Ein Antrag auf Vergabe ist grds. nicht erforderlich. Das BZSt teilt die steuerliche IdNr. auf schriftliche Anforderung an die aktuelle Meldeanschrift erneut mit, wenn diese verlegt oder vergessen wurde. I. d. R. findet man die IdNr. aber auf dem letzten Einkommensteuerbescheid oder auf der elektronischen Lohnsteuerbescheinigung des Arbeitgebers.

Die Zuteilung der IdNr. und die dazu erfolgte Datenspeicherung sind mit dem Recht auf informationelle Selbstbestimmung und sonstigem Verfassungsrecht vereinbar (BFH-Urteil vom 18.1.2012, BStBl II S. 168).

Die IdNr. gilt **bundesweit** und bleibt **dauerhaft** bestehen (z. B. bei einem Umzug). Hierdurch ist es möglich, steuerlich relevante Daten (z. B. elektronische Lohnsteuerbescheinigungen, Einkommensersatzleistungen, Rentenbezugsmitteilungen) jedem Steuerpflichtigen eindeutig zuzuordnen. Der Arbeitgeber verwendet für die Übermittlung der **elektronischen Lohnsteuerbescheinigung** die IdNr. des Arbeitnehmers; eine Verwendung der sog. **eTIN** ist seit dem VZ 2023 nicht mehr zulässig. Die Bundesagentur für Arbeit braucht für die elektronische Übermittlung von **Einkommensersatzleistungen** (z. B. Arbeitslosengeld, Insolvenzgeld) die IdNr. des Leistungsempfängers; Leistungsnachweise auf Papier müssen daher dem Finanzamt nicht mehr mit der Steuererklärung vorgelegt werden. **Rentenbezugsmitteilungen** nach § 22 a EStG werden von den Renten auszahlenden Stellen und den Versicherungsunternehmen ebenfalls mittels IdNr. an die Finanzverwaltung übermittelt. Das Gleiche gilt für die als Vorsorgeaufwendungen abziehbaren Kranken- und Pflegeversicherungsbeiträge sowie für Beiträge zu »Riester- und Rürup-Verträgen«.

Von der Angabe der IdNr. hängt eine Reihe von Steuervergünstigungen ab. So ist der Abzug von **Unterhaltsaufwendungen** nach § 33 a Abs. 1 EStG an die Angabe der IdNr. der unterstützten Person geknüpft, wenn diese der unbeschränkten oder beschränkten Steuerpflicht unterliegt (vgl. Tz 6.6). Entsprechendes gilt für den Sonderausgabenabzug von **Unterhaltsleistungen** an den geschiedenen oder dauernd getrennt lebenden Ehegatten nach § 10 Abs. 1a Nr. 1 EStG (vgl. Tz 2.7.2.3). Der Abzug von auf besonderen Verpflichtungsgründen beruhenden, lebenslangen und wiederkehrenden **Versorgungsleistungen** nach § 10 Abs. 1a Nr. 2 EStG (vgl. Tz 2.7.1.3) und von Ausgleichsleistungen/-zahlungen beim **Versorgungsausgleich** nach § 10 Abs. 1a Nr. 3 und 4 EStG (vgl. Tz 2.7.3, Tz 2.7.4) setzt ebenfalls die Angabe der IdNr. des Leistungsempfängers voraus. Voraussetzung für die Berücksichtigung des **Entlastungsbetrags** für **Alleinerziehende** nach § 24 b EStG ist die Identifizierung des Kindes durch die an dieses Kind vergebene IdNr. (vgl. Tz 9.10.1).

Die IdNr. besteht aus elf Ziffern, die nicht aus anderen Daten über den Steuerpflichtigen gebildet oder abgeleitet werden. Die 11. Ziffer ist eine Prüfziffer. Sie wird ohne Trennstriche in dreistelligen Kolonnen von hinten beginnend dargestellt (Beispiel: 12 345 678 901).

Die IdNr. ist bei allen Anträgen, Erklärungen oder Mitteilungen gegenüber den Finanzbehörden anzugeben, also auch in der Einkommensteuererklärung 2025 in **Zeile 8**. Ehegatten/Lebenspartner nach dem LPartG erhalten jeweils eine eigene IdNr.; diese ist bei der Zusammenveranlagung in **Zeile 20** gesondert anzugeben.

Zur Angabe der **W-IdNr.** in den Erklärungsvordrucken vgl. Vorbemerkungen Tz 15.

1.4.2 Angaben zur Person

Im Abschnitt »**Allgemeine Angaben**« des Hauptvordrucks ESt 1 A **7–**
sind die Personendaten, die aktuelle Anschrift der stpfl. Person und ggf. des Ehegatten/Lebenspartners sowie die aktuelle Bankverbindung einzutragen. Für telefonische Rückfragen des Finanzamts empfiehlt sich in Zeile 7 die Angabe einer Telefonnummer.

> **ELSTER:**
> Bei Nutzung der vorausgefüllten Steuererklärung in »Mein ELSTER« oder einer kommerziellen Software, die den Bescheinigungsabruf unterstützt, können die allgemeinen Angaben aus den bei der Finanzverwaltung gespeicherten Grunddaten abgerufen und automatisch in die elektronische Steuererklärung übernommen werden (vgl. Vorbemerkungen Tz 12.6).

Bei **gleichgeschlechtlichen Ehen** (vgl. Tz 1.4.4) und bei **Lebens- 8–**
partnern, die nach dem LPartG eine Lebenspartnerschaft begründet **20**
haben, trägt sich bei der Zusammenveranlagung in den **Zeilen 8** bis **17** als »**Person A**« (Ehepartner[in] A/Lebenspartner[in] A) die Person ein, die nach der alphabetischen Reihenfolge an erster Stelle steht; bei Namensgleichheit nach alphabetischer Reihenfolge des Vornamens, bei Gleichheit des Vornamens nach dem Alter der Personen (ältere Person). Die »**Person B**« (Ehepartner[in]/Lebenspartner[in] B) trägt sich in den **Zeilen 20** bis **29** ein. Diese Reihenfolge ist wegen der richtigen Zuordnung der von den Ehegatten einer gleichgeschlechtlichen Ehe und Lebenspartnern nach dem LPartG erzielten Einkünfte und geleisteten Aufwendungen in der gesamten

Steuererklärung unbedingt beizubehalten. Deswegen wird auch bei Ehegatten einer verschiedengeschlechtlichen Ehe in allen Vordrucken nach »**Ehemann**« und »**Ehefrau**« unterschieden, um eine eindeutige Zuordnung der gemachten Angaben zu gewährleisten. Die gleiche Eintragungsreihenfolge gilt auch bei Ehen, in denen eine oder beide Personen den Geschlechtseintrag »divers« führen. Eine wahlfreie Eintragung ist derzeit **nicht** möglich.

Das **Geburtsdatum** (Zeile 8) ist auch für die Gewährung von steuerlichen Vergünstigungen von Bedeutung (z.B. für die Berücksichtigung des Altersentlastungsbetrags nach § 24a EStG, vgl. Tz 1.6).

Im **Sterbefall** ist in **Zeile 8** das **Sterbedatum** anzugeben. Das Finanzamt muss im Sterbefall eines Steuerpflichtigen prüfen, an wen der Einkommensteuerbescheid adressiert und ein sich bei der Einkommensteuerveranlagung ergebender Erstattungsbetrag ausgezahlt werden kann. Wird für eine verstorbene Person eine Einkommensteuererklärung abgegeben, ist mit der Steuererklärung zusätzlich eine Aufstellung der Erben und/oder – soweit vorhanden – eine Kopie des **Erbscheins** beim zuständigen Finanzamt einzureichen. Damit die Steuererklärung in diesen Fällen von der automatisierten Verarbeitung ausgeschlossen wird, ist in **Zeile 37** zur Kennzahl »500« der Wert »1« einzutragen (vgl. Tz 1.11).

Nach seinem Namen und Vornamen kann der Steuerpflichtige in **Zeile 11** einen Titel oder akademischen Grad angeben. In **Zeile 12** sind der ausgeübte **Beruf** oder die Art der **Tätigkeit** möglichst genau anzugeben. Dies erleichtert dem Finanzamt die Schlüssigkeitsprüfung der Steuererklärung (z.B. bei den Werbungskosten oder Betriebsausgaben).

In **Zeile 14** kann neben der Hausnummer ein »Hausnummerzusatz« angegeben werden (z.B. der Buchstabe bei Hausnummern mit Buchstabenzusatz) sowie eine »Adressergänzung« (z.B. Rückgebäude, Appartement). Als Wohnort in **Zeile 16** gilt der Ort des derzeitigen Wohnsitzes. Bei Ehegatten/Lebenspartnern, die nicht dauernd getrennt leben und eine Familie haben, ist i.d.R. der Wohnsitz der Familie maßgebend. Steuerpflichtige mit Wohnsitz im Ausland, die bei Vorliegen der Voraussetzungen des § 1 Abs. 3 EStG auf Antrag als unbeschränkt stpfl. behandelt werden (vgl. Tz 33.5.1), können in **Zeile 15** die Postleitzahl des ausländischen Wohnorts sowie in **Zeile 17** den Wohnsitzstaat angegeben. Entsprechendes gilt im laufenden VZ für Wegzugsfälle in das Ausland (vgl. Tz 33.3).

Die entsprechenden Angaben in den **Zeilen 20** bis **29** für die Ehefrau oder Person B sind **nur** im Fall der **Zusammenveranlagung** auszufüllen. Die Angaben sind auch dann einzutragen, wenn die Ehefrau oder die Person B keine eigenen Einkünfte bezogen hat. Bei einer **Einzelveranlagung** von Ehegatten/Lebenspartnern sind diese Zeilen **nicht** auszufüllen. Die Adressangaben der Ehefrau oder der Person B in den Zeilen 25 bis 29 sind nur dann auszufüllen, wenn diese von den Zeilen 13 bis 17 abweichen.

Falls die im Vordruck vorgesehenen Schreibstellen (Kästchen für GROSSBUCHSTABEN in Blockschrift, wenn die Vordrucke handschriftlich ausgefüllt werden) nicht ausreichen, ist der Name, Vorname, die Straßenbezeichnung usw. in geeigneter Weise abzukürzen.

1.4.3 Religionszugehörigkeit

1.4.3.1 Kirchensteuererhebung

Die Angaben über die **Religionszugehörigkeit** sind für die Erhebung der **KiSt** von Bedeutung. Alle öffentlich-rechtlichen Religionsgemeinschaften haben zwar das Besteuerungsrecht für ihre Kirchenangehörigen, nicht alle haben jedoch die Erhebung der KiSt der Finanzverwaltung übertragen. Einzelheiten ergeben sich aus den Kirchensteuergesetzen der Länder.

Die in den einzelnen Ländern geltenden **Kirchensteuersätze** und **Mindestbeträge** sind aus der in dieser Anleitung enthaltenen Zusammenstellung ersichtlich (vgl. Teil II Tz 10). Die KiSt wird mit dem maßgebenden Prozentsatz (8 % oder 9 %) aus der festgesetzten ESt berechnet. Über Besonderheiten der KiSt (z.B. bei glaubensverschiedenen Ehegatten) gibt das zuständige Finanzamt Auskunft. Bei hohen zu versteuernden Einkommen kann eine Begrenzung (sog. **Kappung**) der KiSt auf einen bestimmten Prozentsatz (je nach Religionsgemeinschaft 2,75 % bis 4 %) des zu versteuernden Einkommens in Betracht kommen. Auskünfte hierüber erteilt auch die jeweilige Religionsgemeinschaft.

1.4.3.2 Religionsschlüssel

In **Zeile 11** und/oder **Zeile 23** (am rechten Rand) ist der **Religionsschlüssel** der kirchensteuererhebungsberechtigten Religionsgemeinschaft anzugeben, der der Steuerpflichtige und/oder sein Ehegatte/Lebenspartner angehört. Für die Eintragung ist die Religion am **31.12.2025** maßgebend. Für die Angabe des Religionsschlüssels können die folgenden Abkürzungen verwendet werden: **11, 23**

EV = Evangelisch; **LT** = Lutherisch (Evangelisch-Lutherisch); **RF** = Reformiert (Evangelisch-Reformiert); **FR** = Französisch-Reformiert; **RK** = Römisch-Katholisch; **AK** = Alt-Katholische Kirche; **FA** = Freie Religionsgemeinschaft Alzey; **FB** = Freireligiöse Landesgemeinde Baden; **FG** = Freireligiöse Landesgemeinde Pfalz; **FM** = Freireligiöse Gemeinde Mainz; **FS** = Freireligiöse Gemeinde Offenbach/M.; **IB** = Israelitische Religionsgemeinschaft Baden; **IL** = Israelitische Kultussteuer Land Hessen; **IS** = Israelitische Bekenntnissteuer (Bayern); Israelitische Kultussteuer Frankfurt/M.; Jüdische Kultusgemeinden Koblenz und Bad Kreuznach; Synagogengemeinde Saar; **IW** = Israelitische Religionsgemeinschaft Württembergs; **JD** = Jüdische Kultussteuer (Nordrhein-Westfalen); **JH** = Jüdische Kultussteuer (Hamburg).

Nicht kirchensteuerpflichtige Personen tragen in den Zeilen 11 und/oder 23 »**VD**« (= »verschieden«, z.B. bei Zugehörigkeit zu einer nicht kirchensteuererhebungsberechtigten Religionsgemeinschaft oder Konfessionslosigkeit) ein.

1.4.3.3 Unterjährige Änderung der Religionszugehörigkeit

Besteht die **Kirchensteuerpflicht** nicht während des ganzen Kj., wird für jeden Kalendermonat, in dem die Kirchensteuerpflicht gegeben ist, je ein **Zwölftel** des Betrages erhoben, der sich bei ganzjähriger Kirchensteuerpflicht als Jahressteuerschuld ergäbe. Die Kirchensteuerpflicht endet bei **Austritt** aus der Kirche in den meisten Bundesländern mit dem Ende des Kalendermonats, in dem der Kirchenaustritt wirksam wird, also zu Beginn des Folgemonats. Bei **Kircheneintritt** beginnt die Kirchensteuerpflicht i.d.R. mit Beginn des darauffolgenden Monats. Maßgebend für das Ende und den Beginn der Kirchensteuerpflicht sind die jeweiligen Kirchensteuergesetze der Bundesländer.

Damit im Rahmen der Veranlagung die Kirchensteuererhebung zutreffend durchgeführt werden kann, ist in den **Zeilen 12** und/oder **24** eine **unterjährige Änderung** der **Religionszugehörigkeit** im Jahr 2025 in dem dafür vorgesehenen Eintragungsfeld wie folgt zu erklären: **12, 24**

- Wert »**1**« = Kirchenaustritt,
- Wert »**2**« = Wechsel der Religionszugehörigkeit,
- Wert »**3**« = Kircheneintritt.

Zudem ist in **Zeile 37** zur Kennzahl »500« der Wert »1« einzutragen (vgl. Tz 1.11). Hierdurch wird die Steuererklärung von der automatisierten Verarbeitung ausgeschlossen und dem Bearbeiter im Finanzamt zur personellen Berechnung der Kirchensteuererhebung zugeführt. Mit der Steuererklärung sind entsprechende Nachweise zur geänderten Religionszugehörigkeit (z.B. des Standesamtes, des Amtsgerichts oder der Religionsgemeinschaft) auf elektronischem Weg oder in Kopie vorzulegen (vgl. Vorbemerkungen Tz 14.1).

ELSTER:
Unterjährige Änderungen der Religionszugehörigkeit können bei mit ELSTER erstellten elektronischen Steuererklärungen im Hauptvordruck unter »Sonstige Angaben und Anträge« **monatsweise** angegeben werden. Ein Eintrag zur Zeile 37 ist dadurch entbehrlich.

1.4.3.4 Bemessungsgrundlage für die Kirchensteuer

Sind beim Steuerpflichtigen **Kinder** zu berücksichtigen (vgl. Tz 9), so bemisst sich die **KiSt** stets nach der ESt, die nach Abzug der Freibeträge für Kinder nach § 32 Abs. 6 EStG vom zu versteuernden Einkommen festzusetzen wäre (§ 51 a EStG). Dabei werden stets die vollen **Jahresfreibeträge** abgezogen, auch wenn das Kind nur für einen Teil des Kj. zu berücksichtigen ist (z. B. bei Geburt) oder das ausgezahlte Kindergeld im Rahmen des Familienleistungsausgleichs gegenüber den Freibeträgen für Kinder günstiger ist und daher bei der Einkommensteuerfestsetzung ein Abzug der Freibeträge für Kinder nicht infrage kommt.

Die Steuerbefreiung für Dividenden und bestimmte Veräußerungserlöse nach § 3 Nr. 40 EStG und die pauschalierte Anrechnung von Gewerbesteuer auf die ESt nach § 35 EStG sind bei der Kirchensteuerberechnung nicht anzuwenden. Nach § 51 a Abs. 2 Satz 2 und 3 EStG ist die festgesetzte ESt für die Berechnung der KiSt in diesen Fällen entsprechend zu korrigieren.

1.4.3.5 Kirchensteuer für Kapitalerträge

Die auf die **Abgeltungsteuer** für Kapitalerträge entfallende **KiSt** wird entsprechend dem Kirchensteuersatz der Religionsgemeinschaft, der der Kirchensteuerpflichtige angehört, als Zuschlag erhoben (§ 51 a Abs. 2b EStG). Der Kirchensteuereinbehalt erfolgt in einem **automatisierten Verfahren**:

Alle zum Steuerabzug vom Kapitalertrag verpflichteten Stellen, z. B. Kreditinstitute, Versicherungen, Kapitalgesellschaften, Genossenschaften (Abzugsverpflichtete), fragen zur Vorbereitung des automatischen Abzugs der KiSt auf Abgeltungsteuer einmal jährlich beim Bundeszentralamt für Steuern (BZSt) die Religionszugehörigkeit aller Kunden, Versicherten oder Anteilseigner ab. Auf Basis der den Abzugsverpflichteten vom BZSt bereitgestellten elektronischen Kirchensteuerabzugsmerkmale (KiStAM) wird dann die auf die Abgeltungsteuer entfallende KiSt einbehalten und an das Finanzamt abgeführt. Ist die Person, für die der Abzugsverpflichtete beim BZSt anfragt, kein Mitglied einer steuererhebenden Religionsgemeinschaft, dann meldet das BZSt dem Anfragenden einen neutralen »Nullwert« zurück, damit in diesen Fällen keine KiSt einbehalten wird. Zu weiteren Einzelheiten wird auf die gleichlautenden Erlasse der obersten Finanzbehörden des Bundes und der Länder vom 19.7.2021 (BStBl I S. 1014) hingewiesen.

Jeder Kirchensteuerpflichtige hat die Möglichkeit, dem automatisierten Datenabruf schriftlich gegenüber dem BZSt unter Angabe seiner Steueridentifikationsnummer zu widersprechen (**Sperrvermerk**). Während der Dauer der rechtlichen Verbindung ist der Schuldner der Kapitalertragsteuer zumindest einmal vom Kirchensteuerabzugsverpflichteten auf die Datenabfrage sowie das gegenüber dem Bundeszentralamt für Steuern bestehende Widerspruchsrecht, das sich auf die Übermittlung von Daten zur Religionszugehörigkeit bezieht, schriftlich oder in geeigneter Form hinzuweisen. Die schriftliche »Erklärung zum Sperrvermerk« muss grds. auf einem amtlichen Vordruck beim BZSt bis spätestens 30.6. eingereicht werden, damit sie beim nächsten Regelabruf der Daten desselben Jahres berücksichtigt werden kann. Der Vordruck kann unter www.bzst.de, Rubrik »Privatpersonen/Kapitalerträge/Kirchensteuer auf Abgeltungsteuer« abgerufen werden; er ist auch bei allen Finanzämtern kostenlos erhältlich. Die Erklärung kann aber auch papierlos über das BZSt-Online-Portal (www.elster.de/bportal) unter Verwendung des ELSTER-Zertifikats übermittelt werden. An den Abzugsverpflichteten werden dann aufgrund dieses Sperrvermerks keine Daten zur Religionszugehörigkeit des Kunden übermittelt. An den kirchensteuerlichen Verpflichtungen ändert der Sperrvermerk jedoch nichts; es unterbleibt lediglich der Abzug direkt an der Quelle. Das BZSt ist gehalten, bei eingelegtem Sperrvermerk Namen und Anschrift der anfragenden Kreditinstitute, Banken, Versicherungen, usw. an das zuständige Finanzamt des Steuerpflichtigen weiterzureichen. Den kirchensteuerlichen Pflichten ist dann gegenüber dem Finanzamt im Rahmen der Veranlagung nachzukommen (§ 51 a Abs. 2d Satz 1 EStG); zu den Eintragungen in der Anlage KAP vgl. Tz 14.4.

1.4.3.6 Besonderes Kirchgeld

Die Religionszugehörigkeit kann auch von Bedeutung sein, wenn in einzelnen Bundesländern aufgrund der Kirchensteuergesetze ein **besonderes Kirchgeld** von Kirchensteuerpflichtigen erhoben wird, deren Ehegatte keiner steuererhebenden Religionsgemeinschaft angehört (sog. Kirchgeld in **glaubensverschiedener Ehe**). Näheres ist in den Beschlüssen der zuständigen Kirchenbehörden festgelegt (z. B. für Baden-Württemberg im BStBl 2025 I S. 420, für Berlin im BStBl 2025 I S. 300, für Brandenburg im BStBl 2025 I S. 415, für Bremen im BStBl 2025 I S. 417, für Hamburg im BStBl 2015 I S. 30, für Mecklenburg-Vorpommern im BStBl 2025 I S. 418, für Niedersachsen im BStBl 2025 I S. 1172, für Sachsen im BStBl 2025 I S. 975). Die Evangelisch-Lutherische Kirche und die Evangelisch-Reformierte Kirche in Bayern verzichten seit dem Steuerjahr 2018 auf die Erhebung des besonderen Kirchgelds (BStBl 2019 I S. 213).

Das besondere Kirchgeld wird auch von **glaubensverschiedenen Lebenspartnern** nach dem LPartG erhoben, wenn dies nach den Kirchensteuergesetzen der einzelnen Bundesländer vorsehen ist. Näheres ergibt sich aus den o. g. Kirchensteuerbeschlüssen.

Die Erhebung des besonderen Kirchgeldes ist **verfassungsgemäß** und verstößt nicht gegen den Grundsatz der **Individualbesteuerung**. Dies gilt auch in Fällen, in denen ein kirchenangehöriger Ehegatte mit eigenen Einkünften infolge der Anwendung der sog. Vergleichsrechnung zum besonderen Kirchgeld und nicht zur Kircheneinkommensteuer herangezogen wird (BFH-Beschluss vom 5.10.2021, I B 65/19, BFH/NV 2022 S. 351). Das besondere Kirchgeld kann nicht nur in den Fällen erhoben werden, in denen der mit seinem nicht kirchenangehörigen Ehegatten zusammen veranlagte kirchenangehörige Ehegatte über kein eigenes Einkommen verfügt, sondern auch dann, wenn beide Ehegatten über ein eigenes Einkommen verfügen (FG Baden-Württemberg vom 14.10.2021, 3 K 3268/18, EFG 2022 S. 173 – rkr.; die hiergegen eingelegte Nichtzulassungsbeschwerde wurde mit BFH-Beschluss vom 11.1.2023, I B 91/21 als unbegründet zurückgewiesen). Bei der Zusammenveranlagung bemisst sich das besondere Kirchgeld nach dem gemeinsamen Einkommen der glaubensverschiedenen Ehegatten/Lebenspartner. Dies könnte zwar durch einen Antrag auf Einzelveranlagung (vgl. Tz 1.5.3) vermieden werden, wodurch dann aber der bei der Zusammenveranlagung bestehende Splittingvorteil verloren ginge.

1.4.4 Familienstand

Die näheren Angaben über den **Familienstand** in **Zeile 18** sind für die Anwendung der Tarifbestimmungen, für die Berechnung des Höchstbetrags für Sonderausgaben, für die Ehegattenbesteuerung sowie für die Besteuerung von Lebenspartnern (s. u.) von Bedeutung. Im Einzelnen ist von Ehegatten/Lebenspartnern in Zeile 18 Folgendes anzugeben:

- Im ersten Eintragungsfeld »Verheiratet/Lebenspartnerschaft begründet seit dem« ist von Ehegatten das **Heiratsdatum** und von Lebenspartnern das **Datum** der **Begründung** der **Lebenspartnerschaft** nach dem LPartG anzugeben.
- Sofern der Ehegatte/Lebenspartner im VZ verstorben ist, ist im zweiten Eintragungsfeld »Verwitwet seit dem« das **Sterbedatum** des Ehegatten/Lebenspartners einzutragen. Dies ist insbesondere für die Anwendung des sog. »Witwensplittings« von Bedeutung (vgl. Tz 1.5.4). Das Sterbedatum des Ehegatten/Lebenspartners ist zudem auch in Zeile 8 einzutragen (vgl. Tz 1.4.2).
- Im dritten Eintragungsfeld »Geschieden/Lebenspartnerschaft aufgehoben seit dem« ist das **Scheidungsdatum** bzw. das **Datum** der **Aufhebung** der **Lebenspartnerschaft** einzutragen. Im Falle einer Ehescheidung oder Aufhebung einer Lebenspartnerschaft im Jahr 2025 ist auch anzugeben, ab welchem **Tag** die Ehegatten/Lebenspartner zuvor **dauernd getrennt gelebt** haben (viertes Eintragungsfeld).
- Im vierten Eintragungsfeld »Dauernd getrennt lebend« ist von dauernd getrennt lebenden Ehegatten/Lebenspartnern der **Tag** der **Trennung** anzugeben.

Ob jemand **verheiratet** ist, beurteilt sich nach dem bürgerlichen Recht (BFH-Urteil vom 21.6.1957, BStBl III S. 300). Eine **Ehe** können auch **gleichgeschlechtliche Personen** eingehen (§ 1353 Abs. 1 Satz 1 BGB i. d. F. des Gesetzes zur Einführung des Rechts auf Eheschließung für Personen gleichen Geschlechts vom 20.7.2017, BGBl I S. 2787). Eine bestehende Lebenspartnerschaft nach dem LPartG kann in eine Ehe umgewandelt werden (§ 20a LPartG i. d. F. des v. g. Gesetzes); neue Lebenspartnerschaften können nach dem Inkrafttreten dieses Gesetzes (1.10.2017) allerdings nicht mehr geschlossen werden.

Bei **Ausländern** sind die materiell-rechtlichen Voraussetzungen für das Vorliegen einer Ehe für jeden Beteiligten nach den Gesetzen des Staates zu beurteilen, dem er angehört (vgl. H 26 – Allgemeines – EStH). Entsprechendes gilt für ausländische **Lebenspartner**, wenn diese Form der Lebensgemeinschaft nach dem Recht des ausländischen Staates der Ehe in diesem Land rechtlich vergleichbar ausgestaltet ist. Bei den **französischen** und **luxemburgischen** »**PACS**« handelt es sich lediglich um einen zivilrechtlichen Vertrag zwischen Personen gleichen oder unterschiedlichen Geschlechts, der **nicht** mit der Ehe nach dem Recht dieser Staaten vergleichbar ist. Gemischt- oder gleichgeschlechtliche Partner einer sog. faktischen Lebensgemeinschaft nach **portugiesischem** Recht (»união de facto«) sind ebenfalls nicht als Ehegatten i. S. des § 26 Abs. 1 Satz 1 EStG anzusehen. Entsprechendes gilt für die sog. »cohabitation légale« nach **belgischem** Recht (FG Köln vom 19.10.2021, 8 K 3282/18, EFG 2022 S. 510 – rkr.). Eine Zusammenveranlagung (vgl. Tz 1.5.2) kommt für diesen Personenkreis daher nicht in Betracht. Die Anwendung eines ausländischen Gesetzes ist im Übrigen ausgeschlossen, wenn sie gegen die guten Sitten oder den Zweck eines deutschen Gesetzes verstoßen würde (BFH-Urteil vom 6.12.1985, BStBl 1986 II S. 390).

Eine Ehe ist bei **Scheidung** oder **Aufhebung** nach § 1564 BGB erst mit Rechtskraft des Urteils aufgelöst; diese bürgerlich-rechtliche Regelung ist auch für das Einkommensteuerrecht maßgebend (BFH-Urteil vom 9.3.1973, BStBl II S. 487). Wird eine Ehe **für nichtig erklärt** (§ 1324 BGB), so wird sie einkommensteuerrechtlich bis zur Rechtskraft der Nichtigerklärung wie eine gültige Ehe behandelt. Ein Steuerpflichtiger, dessen Ehegatte verschollen oder vermisst ist, gilt als verheiratet. Eine **verwitwete Person**, die eine neue Ehe eingegangen und danach geschieden worden ist, wird wieder als verwitwet behandelt (BFH-Urteil vom 9.6.1965, BStBl III S. 590 sowie BFH-Beschluss vom 19.7.1974, BStBl II S. 683).

Ehegatten/Lebenspartner **leben dauernd getrennt**, wenn nach dem Gesamtbild ihrer gegenseitigen Beziehungen die zum Wesen der Ehe/Lebenspartnerschaft gehörende Lebens- und Wirtschaftsgemeinschaft auf Dauer aufgehoben ist. Dabei ist unter **Lebensgemeinschaft** die räumliche, persönliche und geistige Gemeinschaft der Ehegatten/Lebenspartner, unter **Wirtschaftsgemeinschaft** die gemeinsame Erledigung der die Ehegatten/Lebenspartner gemeinsam berührenden wirtschaftlichen Fragen ihres Zusammenlebens zu verstehen (BFH-Urteil vom 15.6.1973, BStBl II S. 640). Die Lebens- und Wirtschaftsgemeinschaft gilt nicht schon als aufgehoben, wenn die Ehegatten/Lebenspartner aus beruflichen Gründen oder infolge zwingender äußerer Umstände vorübergehend räumlich voneinander getrennt leben müssen (vgl. R 26 Abs. 1 Satz 2 EStR). Eine – zwar eingeschränkte – Lebens- und Wirtschaftsgemeinschaft ist auch dann zu bejahen, wenn einer der Ehegatten/Lebenspartner mit einer dritten Person zusammenlebt und der andere Ehegatte/Lebenspartner krankheitsbedingt in einem Pflegeheim untergebracht ist (FG Niedersachsen vom 23.6.2015, 13 K 225/14, EFG 2015 S. 1945). Für die Frage, ob Ehegatten i. S. des § 26 Abs. 1 Satz 1 EStG dauernd getrennt leben, kommt es nur auf das Verhältnis zwischen den Ehegatten/Lebenspartnern an.

1.5 Veranlagungsarten, Steuertarif

1.5.1 Veranlagungswahlrecht

Ehegatten, die beide unbeschränkt stpfl. sind (d. h. die ihren Wohnsitz oder ihren gewöhnlichen Aufenthalt im Inland haben) und nicht dauernd getrennt leben und bei denen diese Voraussetzungen zu Beginn des Jahres 2025 vorgelegen haben oder im Laufe des Jahres 2025 eingetreten sind (also auch erst am 31.12.), können zwischen der **Zusammenveranlagung** (vgl. Tz 1.5.2) und der **Einzelveranlagung** (vgl. Tz 1.5.3) wählen. Das Wahlrecht zwischen der Zusammenveranlagung und der Einzelveranlagung steht auch den Lebenspartnern einer nach dem LPartG eingetragenen **Lebenspartnerschaft** zu; diese werden steuerlich den Ehegatten gleichgestellt (§ 2 Abs. 8 EStG).

Partner einer **nichtehelichen** oder **nicht eingetragenen Lebensgemeinschaft** haben **nicht** die Möglichkeit, die Zusammenveranlagung mit der Anwendung des Splittingtarifs zu wählen (FG Münster vom 18.5.2016, 10 K 2790/14 E, EFG 2016 S. 1501; die hiergegen eingelegte Nichtzulassungsbeschwerde wurde mit BFH-Beschluss vom 26.4.2017, III B 100/16, BFH/NV 2017 S. 1105 als unbegründet zurückgewiesen). Dies gilt selbst dann, wenn die Partner ihre Rechtsbeziehungen auf eine vertragliche Grundlage gestellt haben (BFH-Urteil vom 26.6.2014, BStBl II S. 829). Für diesen Personenkreis kommt daher nur eine Einzelveranlagung nach § 25 Abs. 1 EStG in Betracht.

Im Falle der **Auflösung** einer Ehe/Aufhebung einer Lebenspartnerschaft und Wiederverheiratung eines der Ehegatten bzw. Begründung einer neuen Lebenspartnerschaft im gleichen Jahr kann das Veranlagungswahlrecht nur im Verhältnis zu dem neuen Ehegatten/Lebenspartner ausgeübt werden. Für den nicht mehr verheirateten Ehegatten bzw. den nicht mehr in einer Lebenspartnerschaft lebenden Lebenspartner kommt im Jahr der Auflösung der Ehe/Aufhebung der Lebenspartnerschaft unter den Voraussetzungen des § 32a Abs. 6 Satz 1 Nr. 2 EStG ebenfalls das Splittingverfahren zur Anwendung. Bedingung ist, dass für die aufgelöste Ehe/aufgehobene Lebenspartnerschaft die Voraussetzungen für das Veranlagungswahlrecht vorgelegen haben und der bisherige Ehegatte/Lebenspartner und dessen neuer Ehegatte/Lebenspartner ebenfalls die Voraussetzungen für das Veranlagungswahlrecht erfüllen.

Für **EU-/EWR-Staatsangehörige** mit fast ausschließlich inländischen Einkünften bestehen zur Zusammenveranlagung mit der Anwendung des Splittingtarifs Sonderregelungen (vgl. Tz 33.5).

Die Wahl der Veranlagungsart ist auch nach dem **Tod** eines Ehegatten/Lebenspartners für das Todesjahr möglich, wobei bezüglich der Antragstellung an die Stelle des Verstorbenen dessen **Erben** treten. Falls die zur Wahl der Veranlagungsart erforderlichen Erklärungen nicht abgegeben werden, wird unterstellt, dass eine Zusammenveranlagung gewählt wird, wenn der Erbe Kenntnis von seiner Erbenstellung und den steuerlichen Vorgängen des Erblassers hat. Bis zur Ermittlung des Erben ist grds. einzeln zu veranlagen (BFH-Urteil vom 21.6.2007, BStBl II S. 770).

Die in der Steuererklärung getroffene **Wahl** der **Veranlagungsart** ist nach dem Eintritt der Unanfechtbarkeit des Steuerbescheids grds. **bindend** und kann daher nach Ablauf der Einspruchsfrist für das Rechtsbehelfsverfahren oder bei einer Klage nach der mündlichen Verhandlung beim FG nicht mehr geändert werden. Eine abweichende Wahl der Veranlagungsart innerhalb eines VZ ist nach dem Eintritt der Unanfechtbarkeit des Steuerbescheids nur noch dann zulässig, wenn (kumulativ)

- ein die Ehegatten/Lebenspartner betreffender Steuerbescheid aufgehoben, geändert oder berichtigt wird, und
- die geänderte Wahl der Veranlagungsart dem Finanzamt bis zum Eintritt der Unanfechtbarkeit des Änderungs- oder Berichtigungsbescheides mitgeteilt wird, und
- die ESt der Ehegatten/Lebenspartner nach Änderung der Veranlagungsart niedriger ist als nach der bisher gewählten Veranlagungsart; die ESt der einzeln veranlagten Ehegatten/Lebenspartner ist hierbei zusammenzurechnen (§ 26 Abs. 2 Satz 4 EStG).

Die **Wahlrechtsänderung** kann unabhängig davon stets noch erfolgen, wenn das Veranlagungsverfahren wenigstens eines Ehegatten/Lebenspartners noch nicht durchgeführt und ein Steuerbescheid gegenüber diesem noch nicht erlassen wurde. Ist in diesem Fall gegenüber dem anderen Ehegatten/Lebenspartner bereits ein bestandskräftiger Steuerbescheid erlassen worden, so kann dieser nach § 175 Abs. 1 Satz 1 Nr. 2 AO geändert werden.

1.5.2 Zusammenveranlagung

19 Die **Zusammenveranlagung** wird durchgeführt, wenn die Ehegatten/Lebenspartner nach dem LPartG übereinstimmend diese Veranlagungsart wählen (erstes Ankreuzfeld in Zeile 19). Wird eine Erklärung über die Wahl der Veranlagungsart nicht abgegeben, so wird – sofern die Voraussetzungen für das Wahlrecht vorliegen (vgl. Tz 1.5.1) – vom Finanzamt unterstellt, dass die Ehegatten/Lebenspartner die Zusammenveranlagung wählen. Die Zusammenveranlagung ist für Ehegatten/Lebenspartner i. d. R. die günstigste Veranlagungsart (insbesondere bei unterschiedlich hohen Einkommen der Ehegatten/Lebenspartner).

Bei der Zusammenveranlagung bilden die Ehegatten/Lebenspartner bezüglich des Einkommens und der Ermittlung des zu versteuernden Einkommens eine **Veranlagungseinheit.** Diese bewirkt zwar, dass bestimmte Abzugsbeträge (z. B. Sonderausgaben-Höchstbetrag) den Ehegatten/Lebenspartnern gemeinschaftlich zwar nur einmal gewährt werden, gibt jedoch auch beiden Ehegatten/Lebenspartnern Anteil an einer steuerlichen Vergünstigung, die etwa nur einem von ihnen zustehen würde. Die Besteuerung erfolgt nach dem sog. **Splittingverfahren.** Dabei wird zunächst das gemeinsame zu versteuernde Einkommen der Ehegatten/Lebenspartner halbiert. Für diesen Betrag wird sodann die tarifliche ESt nach dem Grundtarif ermittelt und der sich daraus ergebende Steuerbetrag verdoppelt (§ 32 a Abs. 5 EStG).

1.5.3 Einzelveranlagung

19 Bei der Einzelveranlagung wird jeder Ehegatte/Lebenspartner nach dem für Unverheiratete geltenden **Grundtarif einzeln** veranlagt. Die Einzelveranlagung wird bereits dann durchgeführt, wenn nur **einer** der Ehegatten/Lebenspartner diese beantragt (zweites Ankreuzfeld in Zeile 19). Insoweit handelt es sich um ein **einseitiges Wahlrecht.**

Die Einzelveranlagung sollte i. d. R. nur dann gewählt werden, wenn sie zu einer **niedrigeren Gesamtsteuerbelastung** als bei Zusammenveranlagung führt. Eine steueroptimierende freie Zuordnung verschiedener Kosten ist bei der Einzelveranlagung nicht vorgesehen. Sonderausgaben, außergewöhnliche Belastungen sowie die Steuerermäßigungen nach § 35 a und § 35 c EStG werden dem Ehegatten/Lebenspartner zugerechnet, der sie aufgrund einer eigenen Verpflichtung **wirtschaftlich** selbst getragen hat. Dies gilt auch dann, wenn die Aufwendungen von einem gemeinsamen Konto der Ehegatten/Lebenspartner gezahlt werden; ggf. sind die Aufwendungen in diesem Fall hälftig auf die Ehegatten/Lebenspartner aufzuteilen. Auf übereinstimmenden Antrag der Ehegatten/Lebenspartner kann – abweichend von der wirtschaftlichen Zurechnung – in **Zeile 21** der **Anlage Sonstiges** ein einheitlicher **hälftiger Abzug** der Aufwendungen beantragt werden (§ 26 a Abs. 2 Satz 2 EStG; vgl. Tz 10.8).

Die Einzelveranlagung ist im Allgemeinen ungünstiger als die Zusammenveranlagung mit Anwendung des Splittingtarifs; sie kann aber in Ausnahmefällen günstiger sein, z. B. bei Anwendung des **Verlustausgleichs** nach § 10 d EStG oder des **Progressionsvorbehalts** nach § 32 b EStG sowie wegen des bei der Einzelveranlagung möglichen doppelten **Härteausgleichs** nach § 46 Abs. 3 EStG i. V. mit § 70 EStDV. Bei Vorliegen **außerordentlicher Einkünfte** i. S. des § 34 EStG (z. B. Veräußerungsgewinne und Entschädigungen) kann es ebenfalls vorteilhaft sein, die Einzelveranlagung zu wählen, wenn ein Ehegatte/Lebenspartner fast ausschließlich nur außerordentliche Einkünfte erzielt hat und der andere Ehegatte/Lebenspartner positive andere Einkünfte. Im Einzelfall ist eine genaue Vergleichsberechnung erforderlich, welche der beiden Veranlagungsarten für Ehegatten/Lebenspartner am günstigsten ist.

Bei der Einzelveranlagung besteht weiter eine **Veranlagungspflicht** für beide Ehegatten/Lebenspartner (§ 26 Abs. 2 Satz 1 EStG; vgl. R 25 Abs. 1 EStR). Daher hat jeder der Ehegatten/Lebenspartner für sich eine Einkommensteuererklärung mit den von ihm bezogenen Einkünften abzugeben. Einkünfte eines Ehegatten/Lebenspartners sind allerdings nicht allein deshalb z. T. dem anderen Ehegatten/Lebenspartner zuzurechnen, weil dieser bei der Erzielung der Einkünfte mitgewirkt hat. Der Ehegatte/Lebenspartner muss vielmehr die Einkünfte kraft eigenen Rechts bezogen haben.

Ist ein Ehegatte/Lebenspartner **von Amts wegen** zu veranlagen und wird auf Antrag eines der beiden Ehegatten/Lebenspartner eine Einzelveranlagung durchgeführt, ist auch der andere Ehegatte/Lebenspartner **zwingend** einzeln zu veranlagen. Für die Veranlagung kommt es in einem solchen Fall auf das Vorliegen der Voraussetzungen des § 46 EStG nicht an (BFH-Urteil vom 21.9.2006, BStBl 2007 II S. 11).

Der **einseitige Antrag** eines Ehegatten/Lebenspartners auf Einzelveranlagung ist allerdings **rechtsunwirksam,** wenn dieser selbst **keine eigenen** – positiven oder negativen – **Einkünfte** hat oder wenn seine positiven Einkünfte **so gering** sind, dass weder eine ESt festzusetzen ist noch die Einkünfte einem Steuerabzug (z. B. bei Arbeitslohn) zu unterwerfen waren. In einem solchen Fall sind die Ehegatten/Lebenspartner zusammen zu veranlagen, wenn der andere Ehegatte/Lebenspartner dies beantragt hat (BFH-Urteile vom 12.8.1977, BStBl II S. 870, und vom 10.1.1992, BStBl II S. 297).

1.5.4 »Witwensplitting«

Verwitwete Personen, die im Zeitpunkt des Todes ihres Ehegatten/Lebenspartners von diesem nicht dauernd getrennt gelebt haben (BFH-Urteil vom 27.2.1998, BStBl II S. 350), werden auch noch in dem auf das **Todesjahr folgenden Jahr** nach dem **Splittingtarif** besteuert (§ 32 a Abs. 6 Satz 1 Nr. 1 EStG). Es kommt nicht darauf an, ob die Ehegatten/Lebenspartner für das Todesjahr die Zusammenveranlagung gewählt haben.

Verwitwete Personen mit Kindern können u. U. zusätzlich einen **Entlastungsbetrag** für **Alleinerziehende** nach § 24 b EStG erhalten (vgl. Tz 9.10).

1.5.5 Steuertarif

Bei der Anwendung des Einkommensteuertarifs ist zwischen dem **Grundtarif** und dem **Splittingtarif** zu unterscheiden. Die ESt bemisst sich in beiden Fällen nach dem **zu versteuernden Einkommen.** Im Steuertarif für den VZ 2025 wird ein persönlicher **Grundfreibetrag** i. H. von **12 096 €** berücksichtigt, durch den das sog. **Existenzminimum** des Steuerpflichtigen **steuerfrei** gestellt wird (§ 32 a Abs. 1 EStG i. d. F. des Steuerfortentwicklungsgesetzes vom 23.12.2024, BGBl I Nr. 449). Bei der Einzelveranlagung wird stets nur der Grundtarif angewendet. Beim Splittingtarif wird rechnerisch ein **doppelter Grundfreibetrag** (für den VZ 2025: 24 192 €) auf das gemeinsame zu versteuernde Einkommen von zusammen veranlagten Ehegatten/Lebenspartnern angewendet (§ 32 a Abs. 5 EStG). Der dadurch entstehende **Splittingvorteil** fällt dabei umso größer aus, je weiter die Einkommen beider Ehegatten/Lebenspartner voneinander abweichen.

Der **Eingangssteuersatz** beträgt weiterhin **14 %.** Für Einkommen ab 277 826 €/555 652 € (Einzel-/Zusammenveranlagung) gilt ein konstanter **Spitzensteuersatz** von **45 %** (sog. »Reichensteuer«). Die ESt bemisst sich in den einzelnen Tarifzonen nach der **reinen Tarifformel** ohne Tarifstufen (§ 32 a Abs. 1 EStG). Dies bedeutet, dass sich für jeden Euro, um den das zu versteuernde Einkommen ansteigt, grds. eine höhere ESt ergibt. Ausnahmen bestehen nur dadurch, dass der sich ergebende Einkommensteuerbetrag auf den nächsten vollen Euro-Betrag abzurunden ist. Aufgrund des Steuerfortentwicklungsgesetzes vom 23.12.2024 (BGBl I Nr. 449) wird im Steuertarif 2025 durch eine Rechtsverschiebung der Tarifeckwerte der Effekt der sog. »**kalten Progression**« weiter ausgeglichen. Hierdurch sollen trotz steigender Inflation Lohnsteigerungen und Entlastungen auch tatsächlich bei den Bürgern ankommen und nicht durch eine progressionsbedingt höhere Einkommensbesteuerung gemindert werden. Die Tarifeckwerte zu Beginn der sog. **Reichensteuer** (s. o.) werden allerdings **unverändert** beibehalten.

> **Rechtsänderungen ab 2026:**
> Nach dem v. g. Steuerfortentwicklungsgesetz steigt der steuerliche **Grundfreibetrag** ab dem VZ 2026 auf **12 348 €/24 696 €** (Grund-/Splittingtarif). Zudem ergibt sich im Steuertarif ab 2026 zum Ausgleich der sog. »kalten Progression« eine weitere Rechtsverschiebung der Eckwerte. Die Tarifeckwerte zu Beginn der sog. Reichensteuer bleiben davon weiter ausgenommen.

Der Steuertarif nach § 32 a EStG ist nach Ansicht des BVerfG und des BFH **verfassungsgemäß**. Die konkrete Ausgestaltung des Steuertarifs ist eine politische Entscheidung, die sich weitgehend richterlicher Kontrolle entzieht (Beschluss des BVerfG vom 21.6.2006, BGBl I S. 1857 sowie BFH-Urteil vom 27.7.2017, BStBl 2018 II S. 96). Wegen der Frage der **Verfassungsmäßigkeit** der **Höhe** des **Grundfreibetrags** nach § 32 a Abs. 1 Satz 2 EStG werden allerdings sämtliche Einkommensteuerfestsetzungen ab dem VZ 2023 mit einem entsprechenden **Vorläufigkeitsvermerk** erlassen (BMF-Schreiben vom 26.5.2025, BStBl I S. 1178). Hintergrund ist das beim BFH anhängige Revisionsverfahren III R 26/24 (Vorinstanz: FG Schleswig-Holstein vom 28.6.2024, 1 K 37/23, EFG 2024 S. 1837). Die Einlegung eines Einspruchs gegen Steuerbescheide ab dem Kj. 2023 ist aufgrund des Vorläufigkeitsvermerks nicht erforderlich.

Die Anwendung des **Splittingtarifs** bei **Alleinerziehenden** ist gesetzlich ausgeschlossen. Insoweit liegt kein gleichheitswidriger Begünstigungsausschluss gegenüber Ehegatten/Lebenspartnern vor (BFH-Beschluss vom 29.9.2016, BStBl 2017 II S. 259; die hiergegen eingelegte Verfassungsbeschwerde wurde durch Beschluss des BVerfG vom 18.9.2018, Az. 2 BvR 221/17 nicht zur Entscheidung angenommen). Die steuerliche Berücksichtigung der geminderten Leistungsfähigkeit von Familien mit Kindern findet nach der Systematik des EStG nicht über die Anwendung des Grund- oder Splittingtarifs, sondern über den Familienleistungsausgleich durch die Gewährung von Kindergeld oder Freibeträgen für Kinder statt. Der BFH geht in einer aktuellen Entscheidung von der Verfassungsmäßigkeit des auf Ehegatten/Lebenspartner beschränkten Anwendungsbereichs des Splitting-Verfahrens aus und lehnt einen entsprechenden verfassungsrechtlichen Anspruch von Alleinerziehenden weiter ab (BFH-Urteil vom 23.1.2025, III R 33/24 vormals: III R 50/17, BStBl 2025 II S. 516). Bisher wegen dieses Revisionsverfahrens ruhende Einspruchsverfahren wird die Finanzverwaltung nun fortsetzen.

1.5.6 Solidaritätszuschlag

Als Ergänzungsabgabe zur ESt wird weiter der **Solidaritätszuschlag** erhoben (§ 1 Abs. 1 SolZG). Seit dem VZ 2021 wird jedoch durch sehr hohe **Freigrenzen** erreicht, dass für die meisten Steuerzahler der Solidaritätszuschlag entfällt. Solidaritätszuschlag wird von einkommensteuerpflichtigen Personen für das Jahr 2025 nur erhoben, wenn die im Rahmen der Einkommensteuerveranlagung berechnete **ESt** die Freigrenze von **19 950 €/39 900 €** (Einzel-/Zusammenveranlagung) überschreitet (§ 3 Abs. 3 SolZG i. d. F. des Steuerfortentwicklungsgesetzes vom 23.12.2024, BGBl I Nr. 449). Beim Überschreiten dieser Freigrenzen verhindert eine **Milderungsregelung** einen Belastungssprung; diese sorgt dafür, dass die Belastung durch den Solidaritätszuschlag allmählich an den vollen Steuersatz von 5,5 % herangeführt wird (§ 4 SolZG). Der Solidaritätszuschlag knüpft bei der Einkommensteuerveranlagung unverändert an die ESt an, die unter Berücksichtigung der vollen **Jahresfreibeträge** für **Kinder** festzusetzen wäre (vgl. Tz 9.2.3.3).

> **Rechtsänderungen ab 2026:**
> Nach dem v. g. Steuerfortentwicklungsgesetz steigen die **Freigrenzen** beim **Solidaritätszuschlag** ab dem Jahr 2026 auf **20 350 €/40 700 €** (Einzel-/Zusammenveranlagung). Die Milderungsregelung zur Verhinderung von Belastungssprüngen greift (unverändert) erst bei Überschreiten dieser Freigrenzen.

Das BVerfG hat in seiner Entscheidung vom 26.3.2025, Az. 2 BvR 1505/20 (DB 2025 S. 916, HFR 2025 S. 474), ausführlich dargelegt, dass gegenwärtig **keine Zweifel** an der **Verfassungsmäßigkeit** der Erhebung des Solidaritätszuschlags nach dem Auslaufen des Solidarpakts zum 31.12.2019 bestehen. Eine weitere Erhebung des Solidaritätszuschlags verletzt aus der Sicht des BVerfG weder die Eigentumsgarantie noch den Gleichheitssatz und ein evidenter Wegfall des aufgabenbezogenen Mehrbedarfs liegt nicht vor. Für weiter zurückliegende VZ vor 2020 hatte der BFH bereits wiederholt entschieden, dass keine verfassungsmäßigen Zweifel an der Erhebung eines Solidaritätszuschlags bestehen (zuletzt in seinem Urteil vom 20.2.2024, BStBl II S. 444). Auch das BVerfG hatte mit Beschluss vom 7.6.2023, Az. 2 BvL 6/14, eine diesbezügliche Richtervorlage in einem Verfahren der konkreten Normenkontrolle als unzulässig abgewiesen. Vor diesem Hintergrund hat die Finanzverwaltung die Anweisung zur **vorläufigen Festsetzung** des Solidaritätszuschlags **aufgehoben** und den Vorläufigkeitskatalog entsprechend angepasst (BMF-Schreiben vom 26.5.2025, BStBl I S. 1178). Die obersten Finanzbehörden der Länder haben inzwischen zur Zurückweisung anhängiger Einsprüche gegen die Festsetzung des Solidaritätszuschlags für VZ vor 2020 und außerhalb des Einspruchs- oder Klageverfahrens gestellte Anträge auf Aufhebung einer Festsetzung des Solidaritätszuschlags für VZ vor 2020 am 4.8.2025 eine **Allgemeinverfügung** (BStBl 2025 I S. 1522) erlassen.

1.5.7 Einkommensteuertabellen

Im Anhang dieser Anleitung (Printausgabe) ist ein Auszug der **Einkommensteuertabellen** (Grund- und Splittingtabelle) für das Kj. 2025 abgedruckt. Damit die aus dem Steuertarif abgeleiteten (nicht amtlichen) Tabellen nicht einen unvertretbar großen Umfang annehmen, sind sie in **Stufen** von **36 €** aufgestellt. Die in der Tabelle angegebenen Steuerbeträge gelten eurogenau (bei der ESt) bzw. centgenau (bei Solidaritätszuschlag und KiSt) nur für das exakt ausgewiesene zu versteuernde Einkommen. Für **Zwischenwerte** des zu versteuernden Einkommens können die Steuerbeträge entweder anhand der Tabelle annäherungsweise geschätzt oder mithilfe des »**Abgabenrechners**« des Bundesfinanzministeriums (unter www.bmf-steuerrechner.de) exakt ermittelt werden. In diesem Berechnungstool sind für die Berechnung der Abgaben lediglich die folgenden Eingaben erforderlich:

- Höhe des zu versteuernden Einkommens (zvE),
- persönliche Verhältnisse: »verheiratet/verpartnert« oder »alleinstehend« (wegen der Anwendung des Splitting- oder Grundtarifs) und
- das Berechnungsjahr.

Als Ergebnis werden die genaue tarifliche ESt sowie die Höhe des darauf entfallenden Solidaritätszuschlags angezeigt.

In der **Onlineversion** der Anleitung steht unter »Arbeitshilfen/ Berechnungen« ein **Einkommensteuerrechner** zur Verfügung, mit dem für den jeweiligen VZ die ESt sowie die sog. Annexsteuern (Solidaritätszuschlag, KiSt) ebenfalls euro- bzw. centgenau ermittelt werden können.

1.5.8 Maßgebender Güterstand

Die in Zeile 19 vorgesehene Angabe (drittes Ankreuzfeld), ob Ehe- **19**
gatten/Lebenspartner den **Güterstand** der **Gütergemeinschaft** vereinbart haben, ist insbesondere für die Beurteilung von Bedeutung, wem innerhalb der Gütergemeinschaft bestimmte Einkünfte zuzurechnen sind. Diese Entscheidung hat nicht nur bei der wahlweisen **Einzelveranlagung**, sondern auch bei der **Zusammenveranlagung** Bedeutung (z. B. für die Berechnung des Altersentlastungsbetrags durch das Finanzamt, vgl. Tz 1.6). Auch bei der steuerlichen Beurteilung von Vergütungen an Ehegatten/Lebenspartner kann der bestehende Güterstand bedeutsam sein.

Beim gesetzlichen Güterstand, der **Zugewinngemeinschaft**, bezieht jeder Ehegatte/Lebenspartner wie bei der Gütertrennung die Früchte aus der Nutzung seines Vermögens selbst. Bezüglich der

Gütergemeinschaft hat der BFH im Gutachten vom 18.2.1959 (BStBl III S. 263) und in anschließenden Urteilen entschieden, dass die steuerlichen Auswirkungen der Gütergemeinschaft bei den einzelnen Einkunftsarten unterschiedlich sind. Bei den Einkünften aus Land- und Forstwirtschaft, Vermietung und Verpachtung und Kapitalvermögen sind i. d. R. die Einkünfte auf beide Ehegatten/Lebenspartner zur Hälfte aufzuteilen. Dies gilt auch bei wiederkehrenden Bezügen (z. B. Leibrenten), wenn das Bezugsrecht durch gemeinsame Aufwendungen der Ehegatten/Lebenspartner erworben wurde. Bei freien Berufen wirkt sich die Gütergemeinschaft i. d. R. nicht aus, weil Gesellschaftsverträge zwischen freiberuflich Tätigen und Berufsfremden nicht üblich sind. Wenn jedoch beide Ehegatten/Lebenspartner den gleichen freien Beruf ausüben oder wenn der eine Ehegatte/Lebenspartner dem anderen freiberuflich tätigen Ehegatten/Lebenspartner erhebliches Kapital zur Verfügung gestellt hat, so führt in diesen Fällen die Gütergemeinschaft zu einer nach den Verhältnissen des Einzelfalles angemessenen Aufteilung der Einkünfte. Bei Einkünften aus nichtselbständiger Arbeit hat die Gütergemeinschaft keine Auswirkung.

Gehört bei den Einkünften aus Gewerbebetrieb der Betrieb zum **Gesamtgut**, so ist regelmäßig ein Gesellschaftsverhältnis zwischen den Ehegatten/Lebenspartnern anzunehmen mit der Folge, dass jedem Ehegatten/Lebenspartner bereits wegen der Beteiligung am Betriebsvermögen ein entsprechender Anteil am Gewinn zusteht (BFH-Urteile vom 16.2.1995, BStBl II S. 592 und vom 18.8.2005, BStBl II 2006 S. 165). Wenn beide Ehegatten/Lebenspartner im Gewerbebetrieb mitarbeiten – besonders häufig ist das der Fall bei Handwerkern und Einzelhandelsbetrieben –, so ist der Gewinn i. d. R. zur Hälfte auf beide Ehegatten/Lebenspartner aufzuteilen. In Fällen dieser Art spricht eine allgemeine Vermutung für die Mitarbeit beider Ehegatten/Lebenspartner im Betrieb. Wenn dagegen offenbar nur ein Ehegatte/Lebenspartner Arbeitsleistungen erbringt, so ist das bei der Gewinnverteilung zu berücksichtigen. Gewinnanteile aus einer Personengesellschaft, an der nur einer der in allgemeiner Gütergemeinschaft lebenden Ehegatten/Lebenspartner beteiligt ist, sind dem an der Personengesellschaft beteiligten Ehegatten/Lebenspartner allein zuzurechnen, sofern es sich hierbei um Einkünfte aus dem **Sondergut** handelt (BFH-Urteil vom 7.3.1961, BStBl III S. 253). Dies wird damit begründet, dass ein Anteil an einer Personengesellschaft grds. nach § 719 Abs. 1 BGB nicht durch Rechtsgeschäft übertragen werden kann und unter dieser Voraussetzung zum Sondergut gehört (§ 1417 Abs. 2 BGB). Auch ein Anteil an einer Personengesellschaft kann jedoch durch Rechtsgeschäft übertragen werden, wenn die Übertragung im Gesellschaftsvertrag zugelassen ist oder die anderen Gesellschafter der Übertragung zustimmen (siehe Palandt, Bürgerliches Gesetzbuch, § 719 Anm. 6a). In diesem Fall fällt auch der Anteil eines Ehegatten/Lebenspartners an einer Personengesellschaft in das **Gesamtgut** mit der Folge, dass beide Ehegatten/Lebenspartner als Mitunternehmer zu behandeln sind (BFH-Urteil vom 1.10.1992, BStBl 1993 II S. 574).

In den Fällen, in denen ein **Gewerbebetrieb** zum **Gesamtgut** der in **Gütergemeinschaft** lebenden Ehegatten/Lebenspartner gehört, wird wegen der anzunehmenden Mitunternehmerschaft ein an den mitarbeitenden Ehegatten/Lebenspartner gezahlter Arbeitslohn grds. als Gewinnanteil behandelt; wegen Ausnahmen siehe BFH-Urteile vom 7.10.1976, BStBl 1977 II S. 201 und vom 22.6.1977, BStBl II S. 836. Ein **Arbeitsverhältnis** zwischen Ehegatten/Lebenspartnern wird wegen der Annahme einer Mitunternehmerschaft regelmäßig auch nicht in einem zum **Gesamtgut** gehörenden **land- und forstwirtschaftlichen Betrieb** anerkannt. Im Rahmen einer **freiberuflichen Praxis** wird ein ernstlich vereinbarter und tatsächlich durchgeführter Arbeitsvertrag zwischen Ehegatten/Lebenspartnern anerkannt, wenn es sich bei der Mitarbeit des einen Ehegatten/Lebenspartners um eine untergeordnete Tätigkeit handelt.

1.6 Altersentlastungsbetrag

Ein **Altersentlastungsbetrag** (§ 24a EStG) wird Steuerpflichtigen gewährt, die **vor** Beginn des Jahres 2025 das **64. Lebensjahr vollendet** haben, wenn sie nicht nur Pensionen oder private Leibrenten beziehen. Der Altersentlastungsbetrag errechnet sich mit einem gesetzlich festgelegten Prozentsatz des Arbeitslohns (ohne Versorgungsbezüge) und der **positiven Summe** der übrigen Einkünfte (ohne Leibrenten); er ist zudem auf einen Höchstbetrag begrenzt. Der Altersentlastungsbetrag wird vor der Ermittlung des Gesamtbetrags der Einkünfte von der Summe der Einkünfte abgezogen.

BEISPIEL:
Der Steuerpflichtige hat im VZ 2024 das 64. Lebensjahr vollendet. Im VZ 2025 hat er folgende Einkünfte erzielt:

Arbeitslohn	14 000 €
darin enthaltene Versorgungsbezüge	6 000 €
Einkünfte aus selbständiger Arbeit	500 €
Einkünfte aus Vermietung und Verpachtung	./. 1 500 €

Der **Altersentlastungsbetrag** beträgt **13,2 %** des Arbeitslohns ohne Versorgungsbezüge (14 000 € ./. 6 000 € = 8 000 €), das sind 1 056 €, höchstens jedoch **627 €** (siehe nachstehende Tabelle). Die Einkünfte aus selbständiger Arbeit und aus Vermietung und Verpachtung werden für die Berechnung des Altersentlastungsbetrags **nicht** berücksichtigt, weil ihre Summe **negativ** ist (./. 1 500 € + 500 € = ./. 1 000 €). Von der Summe der Einkünfte wird hiernach ein Altersentlastungsbetrag i. H. von **627 €** abgezogen.

Kapitalerträge, die der Abgeltungsteuer unterliegen, sind in die Berechnung des Altersentlastungsbetrags nicht einzubeziehen (vgl. R 24a Abs. 1 Satz 2 EStR; FG München vom 6.6.2014, 8 K 2051/12, EFG 2014 S. 2118 – rkr.). Das Gleiche gilt für bestimmte Leistungen aus Altersvorsorgeverträgen und aus der betrieblichen Altersversorgung i. S. des § 22 Nr. 5 Satz 1 und 2 Buchst. a EStG (§ 24a Satz 2 Nr. 4 und 5 EStG).

Nach Ansicht des FG Köln kann der Altersentlastungsbetrag auch im Rahmen der **Verlustfeststellung** zu berücksichtigen sein, selbst wenn sich hierdurch ein nicht ausgeglichener Verlust weiter erhöht (Urteil vom 12.12.2018, 10 K 1730/17, EFG 2019 S. 533). Der BFH hat dieses Urteil jedoch aus formellen Gründen aufgehoben und die Klage als unzulässig abgewiesen (BFH-Urteil vom 30.6.2020, BStBl 2021 II S. 859). Die Klage hätte sich nicht gegen den Einkommensteuerbescheid, in dem der Altersentlastungsbetrag in zutreffender Höhe berücksichtigt wurde, sondern gegen den Verlustfeststellungsbescheid richten müssen. Die Frage, ob der Altersentlastungsbetrag im Rahmen des **Verlustabzugs** erhöhend zu berücksichtigen ist, bleibt weiter **offen**. In einem weiteren Revisionsverfahren hat der BFH das Urteil der Vorinstanz (FG Thüringen vom 26.4.2022, 4 K 510/20, EFG 2023 S. 395) erneut aus formellen Gründen aufgehoben und die Klage gegen den Bescheid über die gesonderte Feststellung des verbleibenden Verlustvortrags als unzulässig abgewiesen, ohne über die eigentliche Frage der Berücksichtigung des Altersentlastungsbetrags beim Verlustabzug zu entscheiden (BFH-Urteil vom 23.1.2024, BStBl II S. 406). Sofern – wie im Streitfall – ein um den Altersentlastungsbetrag zu erhöhender - **Verlustrücktrag** begehrt wird, ist darüber ausschließlich im Rahmen der Steuerfestsetzung des Rücktragsjahres zu entscheiden und nicht im Klageverfahren gegen den Verlustfeststellungsbescheid.

Sowohl der Prozentsatz der Einkünfte als auch der Höchstbetrag für den Altersentlastungsbetrag werden bis zum Jahr 2058 jahrgangsweise bis auf 0 % bzw. 0 € verringert. Für jeden Geburtsjahrgang bleiben die Werte aber **zeitlebens** festgeschrieben. Die bis einschließlich VZ 2025 maßgebenden Werte für den Altersentlastungsbetrag können der nachstehenden Tabelle entnommen werden:

geboren	Prozentsatz der Einkünfte	Höchstbetrag
vor dem 2.1.1941	40,0 %	1 900 €
nach dem 1.1.1941 und vor dem 2.1.1942	38,4 %	1 824 €
nach dem 1.1.1942 und vor dem 2.1.1943	36,8 %	1 748 €
nach dem 1.1.1943 und vor dem 2.1.1944	35,2 %	1 672 €
nach dem 1.1.1944 und vor dem 2.1.1945	33,6 %	1 596 €
nach dem 1.1.1945 und vor dem 2.1.1946	32,0 %	1 520 €
nach dem 1.1.1946 und vor dem 2.1.1947	30,4 %	1 444 €
nach dem 1.1.1947 und vor dem 2.1.1948	28,8 %	1 368 €
nach dem 1.1.1948 und vor dem 2.1.1949	27,2 %	1 292 €
nach dem 1.1.1949 und vor dem 2.1.1950	25,6 %	1 216 €
nach dem 1.1.1950 und vor dem 2.1.1951	24,0 %	1 140 €
nach dem 1.1.1951 und vor dem 2.1.1952	22,4 %	1 064 €
nach dem 1.1.1952 und vor dem 2.1.1953	20,8 %	988 €
nach dem 1.1.1953 und vor dem 2.1.1954	19,2 %	912 €
nach dem 1.1.1954 und vor dem 2.1.1955	17,6 %	836 €
nach dem 1.1.1955 und vor dem 2.1.1956	16,0 %	760 €
nach dem 1.1.1956 und vor dem 2.1.1957	15,2 %	722 €
nach dem 1.1.1957 und vor dem 2.1.1958	14,4 %	684 €
nach dem 1.1.1958 und vor dem 2.1.1959	14,0 %	665 €
nach dem 1.1.1959 und vor dem 2.1.1960	13,6 %	646 €
nach dem 1.1.1960 und vor dem 2.1.1961	13,2 %	627 €

Seit dem Jahr 2023 verringert sich der anzuwendende **Prozentsatz** für den **Altersentlastungsbetrag** nur noch in jährlichen Schritten von 0,4 % (anstatt von 0,8 %). Der **Höchstbetrag** sinkt beginnend mit dem Jahr 2023 um jährlich 19 € anstatt bisher um 38 € (§ 24 a Satz 5 EStG i. d. F. des Wachstumschancengesetzes vom 27.3.2024, BGBl I Nr. 108). Hierdurch verlängert sich der Berücksichtigungszeitraum für den Altersentlastungsbetrag bis zum Jahr 2057.

Bei der Zusammenveranlagung ist der Altersentlastungsbetrag für **jeden** der Ehegatten/Lebenspartner, der die Altersvoraussetzung erfüllt, nach seinen Einkünften gesondert zu ermitteln. Die Einkünfte der Ehegatten/Lebenspartner werden also nicht zusammengerechnet. Für die Ermittlung des Altersentlastungsbetrags ist es daher erforderlich, in den Erklärungsvordrucken durch Eintragung in die vorgesehenen Spalten genau anzugeben, wer von den Ehegatten/Lebenspartnern welche Einkünfte erzielt hat.

Die Höhe des vom Finanzamt bei der Veranlagung zu ermittelnden Altersentlastungsbetrags kann durch Eintragung der maßgebenden Beträge in das folgende **Schema** leicht überprüft werden:

Altersentlastungsbetrag 2025

* nur ausfüllen, wenn die betreffende Person das **64. Lebensjahr** vollendet hat und eigene Einkünfte bezieht	stpfl. Person/ Ehemann/ Lebenspartner(in) A* €	Ehefrau/ Lebenspartner(in) B* €
Bruttoarbeitslohn ohne Versorgungsbezüge		
Positive Summe der **übrigen Einkünfte** ohne Leibrenten (kein Eintrag, wenn Summe negativ)	+	+
Bemessungsgrundlage insgesamt		
davon %, **höchstens je .... €** (siehe o. a. Tabelle)		

1.7 Bankverbindung

Der Zahlungsverkehr mit dem Finanzamt wird **unbar** abgewickelt. **30–33**
Daher ist in den Zeilen 30 bis 33 stets die **Bankverbindung** anzugeben. Diese wird nur für aktuelle und künftige Einkommensteuererstattungen verwendet. Ändert sich die Bankverbindung **vor** der Überweisung eines etwaigen Erstattungsbetrags, sollte dies dem Finanzamt umgehend schriftlich – auch elektronisch über »Mein ELSTER« (www.elster.de) oder über die Software anderer Anbieter – mitgeteilt werden. Für Zahlungen besteht die Möglichkeit, ein gesondertes SEPA-Lastschriftmandat zu erteilen; dieses bleibt solange bestehen, bis es widerrufen wird.

Bei Überweisungen innerhalb des einheitlichen Euro-Zahlungsverkehrsraums kommt ausschließlich das sog. **SEPA-Verfahren** (SEPA = Single Euro Payments Area) zur Anwendung. Bei Bankverbindungen innerhalb des Euro-Zahlungsverkehrsraums ist es ausreichend, in **Zeile 30** die **IBAN** des **inländischen Geldinstituts** (beginnend mit dem bereits vorgedruckten »DE«) oder in **Zeile 31** die **IBAN** des **ausländischen Geldinstituts** anzugeben. Die IBAN ist z. B. auf dem Kontoauszug des kontoführenden Geldinstituts oder auf der Rückseite der Bankkarte ausgewiesen und können von dort übertragen werden. Für Steuererstattungen im SEPA-Zahlungsverkehr in Länder außerhalb des EU-/EWR-Raumes ist – neben der IBAN in Zeile 31 – in **Zeile 32** zusätzlich noch der **BIC** (Business Identifier Code – Bankkennzeichnung) des ausländischen Geldinstituts einzutragen. Bei anderen Bankverbindungen außerhalb des Euro-Zahlungsverkehrsraums sind die erforderlichen Angaben zur Abwicklung des Zahlungsverkehrs dem Finanzamt gesondert mitzuteilen.

In **Zeile 33** ist anzukreuzen, wer Kontoinhaber/-in ist (»stpfl. Person/Ehemann/Person A« laut den Zeilen 9 und 10 oder »Ehefrau/Person B« laut den Zeilen 21 und 22); bei Gemeinschaftskonten von Ehegatten/Lebenspartnern sind beide Felder anzukreuzen.

Sofern die Erstattung des Finanzamts nicht auf das Konto des Steuerpflichtigen, sondern an einen **Abtretungsempfänger** erfolgen soll, ist mit der Steuererklärung der »amtliche **Abtretungsvordruck**«

einzureichen. Dieser Vordruck kann im Internet unter www.formulare-bfinv.de (Rubrik: Bürger/Sicherungsübereignung) abgerufen werden; er ist ggf. auch beim Finanzamt erhältlich. Bei der förmlichen Abtretung ist zu beachten, dass der geschäftsmäßige Erwerb und die geschäftsmäßige Einziehung von Erstattungs- und Vergütungsansprüchen nur bei Sicherungsabtretungen und nur Bankunternehmen gestattet sind (BFH-Urteil vom 23.10.1985, BStBl 1986 II S. 124).

Eine Auszahlung von Erstattungs- oder Vergütungsansprüchen ist auch ohne formelle Abtretung möglich, wenn der Erstattungsempfänger eine sog. **Zahlungsanweisung** erteilt. Durch die Zahlungsanweisung wird der Anweisungsempfänger (Dritter) ermächtigt, die Leistung beim Angewiesenen (Finanzamt) im eigenen Namen zu erheben, und das Finanzamt wird ermächtigt, an den Empfänger für Rechnung des Anweisenden (Steuerpflichtiger) zu leisten. Es ist allerdings in das Ermessen des Finanzamts gestellt, ob es die Zahlungsanweisung annehmen will oder nicht. Anders als bei der Abtretung sind für die Zahlungsanweisung keine besonderen Formvorschriften zu beachten; insbesondere braucht keine Abtretungsanzeige eingereicht zu werden. Es genügt, wenn der Steuerpflichtige schriftlich erklärt, dass der Erstattungsbetrag an den Anweisungsempfänger ausgezahlt werden soll; die Anweisung kann auch in der Steuererklärung (Zeilen 30 bis 33 des Hauptvordrucks ESt 1 A) vorgenommen werden.

1.8 Empfangsvollmacht für den Steuerbescheid

Soll der Steuerbescheid einem Angehörigen der steuerberatenden Berufe, einem Lohnsteuerhilfeverein oder einer anderen Person zugesandt werden, dann kann hierzu eine **Empfangsvollmacht** über die **Vollmachtsdatenbank** (§ 80a AO) erteilt werden. Die Verwaltung der Vollmachten in dieser Datenbank ist sowohl kostenlos über »Mein ELSTER« (www.elster.de) als auch über die Programme kommerzieller Softwareanbieter möglich. Wurde eine Empfangsvollmacht einem Angehörigen der steuerberatenden Berufe oder einem Lohnsteuerhilfeverein erteilt, sind hierzu nach der Erteilung in der Steuererklärung **keine** Angaben zu machen. Die Empfangsvollmacht wird der Finanzverwaltung über die Vollmachtsdatenbank mitgeteilt. Wurde einer anderen Person (z. B. einem Familienangehörigen) eine Empfangsvollmacht erteilt, dann muss diese Person die Empfangsvollmacht in »Mein ELSTER« oder über die Software anderer Anbieter freischalten und der Finanzverwaltung mitteilen.

Ist eine Nutzung der Vollmachtsdatenbank **nicht** möglich, kann der Steuerpflichtige (ersatzweise) eine gesonderte Empfangsvollmacht in Papierform erteilen und diese zusammen mit der Einkommensteuererklärung beim Finanzamt einreichen. In diesem Fall ist in **Zeile 37** in dem dafür vorgesehenen Eintragungsfeld zur Kennzahl »500« eine »1« einzutragen. Die Steuererklärung wird hierdurch für die richtige Adressierung des Steuerbescheids von der automatisierten Verarbeitung ausgeschlossen (vgl. Tz 1.11).

1.9 Antrag auf Festsetzung der Arbeitnehmer-Sparzulage

34 Für zulagebegünstigte **vermögenswirksame Leistungen** setzt das Finanzamt nach Ablauf des Kj. auf Antrag eine **Arbeitnehmer-Sparzulage** fest. Vermögenswirksame Leistungen sind Geldleistungen, die der Arbeitgeber für den Arbeitnehmer entweder zusätzlich zum Arbeitslohn oder von Teilen des üblichen Arbeitslohns anlegt. Anleger vermögenswirksamer Leistungen können je nach Anlageprodukt ein Kreditinstitut, ein (Fremd-)Unternehmen oder der Arbeitgeber selbst sein. Es sind die Vorschriften des 5. VermBG zu beachten. Zur vierjährigen Antragsfrist vgl. Vorbemerkungen Tz 5 a. E.

Für die Antragstellung reicht es aus, in **Zeile 34** durch Eintragung einer »1« in den dafür vorgesehenen Eintragungsfeldern für die/den »stpfl. Person/Ehemann/Person A« und die »Ehefrau/Person B« zu erklären, dass für alle vom Anbieter und/oder Arbeitgeber übermittelten **elektronischen Vermögensbildungsbescheinigungen** die Festsetzung der Arbeitnehmer-Sparzulage beantragt wird. Die hierfür erforderlichen Daten hat der Anbieter/Arbeitgeber nach Maßgabe des § 93c Abs. 1 AO bis spätestens Ende Februar des nachfolgenden Kj. an die Finanzverwaltung zu übermitteln. Bei Neuverträgen (Vertragsabschluss ab dem 25.5.2018) erfolgt die Datenübermittlung nur, wenn der Arbeitnehmer gegenüber dem Anbieter/Arbeitgeber als mitteilungspflichtiger Stelle innerhalb einer Frist von 2 Jahren in die Datenübermittlung eingewilligt hat (§ 15 Abs. 1 Satz 1 und 2 5. VermBG).

Werden die erforderlichen Daten trotz der vorliegenden Einwilligung des Arbeitnehmers **nicht** mittels elektronischer Vermögensbildungsbescheinigung übermittelt, kann der Arbeitnehmer den **Nachweis** der vermögenswirksam angelegten Leistungen in anderer Weise erbringen. Dies ist z. B. der Fall, wenn die elektronische Datenübermittlung aus technischen Gründen ausgeblieben ist. Aus dem Nachweis müssen alle Daten hervorgehen, die Inhalt des amtlich vorgeschriebenen Datensatzes sind. Außerdem muss aus dem Nachweis hervorgehen, dass der Arbeitnehmer in die Datenübermittlung eingewilligt und dem zur Datenübermittlung Verpflichteten seine IdNr. mitgeteilt hat. Erfolgt trotz einer grds. Einwilligung keine Datenübermittlung, weil der Arbeitnehmer seine IdNr. nicht mitgeteilt hat, ist ein Nachweis der vermögenswirksam angelegten Leistungen in anderer Weise nicht möglich (Rz 80 des BMF-Schreibens vom 31.5.2024, BStBl I S. 929).

Die Arbeitnehmer-Sparzulage für die Anlage vermögenswirksamer Leistungen in **Vermögensbeteiligungen** (z. B. Aktien, Mitarbeiterbeteiligungen, VL-Investmentsparplan) beträgt **20 %**, soweit die angelegten Beträge **400 €** im Kj. nicht übersteigen (also höchstens 20 % von 400 € = 80 €). Für **Bausparverträge** und **Aufwendungen** des Arbeitnehmers zum **Wohnungsbau** beträgt der Sparzulagensatz **9 %** der vermögenswirksam angelegten Leistungen, höchstens aber 9 % von **470 €** (= 42,30 €) im Kj. Beide Förderungen können nebeneinander in Anspruch genommen werden, sodass vermögenswirksame Leistungen bis zu **870 €** jährlich mit einer Arbeitnehmer-Sparzulage von insgesamt rund **122 €** begünstigt sind.

Der Kreis der Anspruchsberechtigten auf die Arbeitnehmer-Sparzulage wurde ab dem Sparjahr 2024 durch eine Anhebung der jährlichen **Einkommensgrenzen** ausgeweitet. Für nach dem 31.12.2023 angelegte vermögenswirksame Leistungen besteht ein Anspruch auf Arbeitnehmer-Sparzulage, wenn das zu versteuernde Einkommen des Anspruchsberechtigten **40 000 €** bzw. bei zusammen veranlagten Ehegatten/Lebenspartnern **80 000 €** nicht übersteigt (§ 13 Abs. 1, § 17 Abs. 17 5. VermBG i. d. F. des Zukunftsfinanzierungsgesetzes vom 14.12.2023, BGBl 2023 I Nr. 354). Die Einkommensgrenze gilt **einheitlich** für die Anlage von vermögenswirksamen Leistungen in **Vermögensbeteiligungen** (u. a. Aktien, Investmentfonds) und für die **wohnungswirtschaftliche Verwendung** der vermögenswirksamen Leistungen (insbesondere das Bausparen). Bei der Ermittlung des zu versteuernden Einkommens sind auch in den Fällen, in denen es aufgrund der Vorschriften zum Familienleistungsausgleich (§ 31 EStG) beim auszuzahlenden Kindergeld verbleibt, stets die in Betracht kommenden **Freibeträge** für **Kinder** mit dem vollen Jahresbetrag abzuziehen (Rz 82 des o. a. BMF-Schreibens vom 31.5.2024). Wird keine Veranlagung zur ESt durchgeführt, ist das zu versteuernde Einkommen maßgeblich, das sich nach einer Veranlagung zur ESt ergeben hätte. Bei Ehegatten ist in diesem Fall von einer Zusammenveranlagung auszugehen und die 80 000 €-Grenze maßgeblich, wenn keiner der Ehegatten oder Lebenspartner eine Einzelveranlagung beantragt hat (Rz 83 des o. a. BMF-Schreibens vom 31.5.2024).

Die Arbeitnehmer-Sparzulage wird i. d. R. erst nach Ablauf der für die Anlageform vorgeschriebenen Sperrfrist ausgezahlt. Wurde ein Vertrag über die Anlage vermögenswirksamer Leistungen vor Ablauf der Sperrfrist unschädlich aufgelöst (z. B. bei längerer Arbeitslosigkeit), wird die Arbeitnehmer-Sparzulage vorzeitig ausgezahlt. Entsprechendes gilt, wenn ein Bausparvertrag zugeteilt wird. Bei einer Anlage zum Wohnungsbau (z. B. Grundstücksentschuldung) wird die Arbeitnehmer-Sparzulage jährlich ausgezahlt.

1.10 Einkommensersatzleistungen

1.10.1 Angaben im Hauptvordruck ESt 1 A

35–36

eDaten:
Inländische **Einkommensersatzleistungen** (vgl. Tz 1.10.3), die von den auszahlenden Stellen **elektronisch** an die Finanzverwaltung übermittelt werden (vgl. Tz 1.10.2), brauchen in **Zeile 35 nicht** eingetragen zu werden. Die eDaten werden automatisch in die Einkommensteuerveranlagung übernommen. Eintragungen in Zeile 35 sind nur dann erforderlich, wenn Einkommensersatzleistungen abweichend von den übermittelten eDaten zu berücksichtigen sind (z. B. weil die elektronische Datenübermittlung aus technischen Gründen unterblieben ist oder die auszahlende Stelle die Leistungen einem unzutreffenden VZ zugeordnet hat).

Vergleichbare Einkommensersatzleistungen i. S. der Zeile 35 aus einem **EU-/EWR-Staat** oder der **Schweiz**, die von ausländischen Leistungsträgern **nicht** elektronisch übermittelt werden, sind in **Zeile 36** personell zu erklären; insoweit liegen der Finanzverwaltung keine eDaten vor.

Lohnersatzleistungen, die der Arbeitgeber gezahlt und unter Nr. 15 der Lohnsteuerbescheinigung bescheinigt hat (z. B. Kurzarbeitergeld, Zuschuss zum Mutterschaftsgeld, Aufstockungsbeträge nach dem Altersteilzeitgesetz), sind nicht in den Zeilen 35 und 36 anzugeben; diese werden aus der elektronischen Lohnsteuerbescheinigung des Arbeitgebers automatisch als eDaten in die **Zeile 20** der **Anlage N** übernommen (vgl. Tz 11.8.1).

ELSTER:
Die automatische eDaten-Übernahme gilt nicht für die elektronische Steuererklärung; insoweit wird die »Vorausgefüllte Steuererklärung« in den künftigen Jahren technisch weiterentwickelt (vgl. Vorbemerkungen Tz 12.7). Steuerpflichtige, die den **Bescheinigungsabruf** in »Mein ELSTER« oder über eine kommerzielle Steuererklärungssoftware nutzen, können die Daten zu Einkommensersatzleistungen allerdings mit wenigen Mausklicks in ihrer elektronische Steuererklärung übernehmen und ersparen sich so den Eingabeaufwand. Ansonsten sind die Daten zu Einkommensersatzleistungen vorerst weiter aus den vorliegenden Leistungsmitteilungen der auszahlenden Stellen in die Zeile 35 zu übertragen. Zusätzliche Eintragungszeilen können bei Bedarf per Mausklick der elektronischen Steuererklärung hinzugefügt werden.

1.10.2 Elektronische Übermittlung

Die Einkommensersatzleistungen auszahlenden Stellen (z. B. die Bundesagentur für Arbeit, Krankenkassen, Elterngeldstellen) sind verpflichtet, die im Kj. gewährten Leistungen sowie die Dauer des Leistungszeitraums für jeden Empfänger bis Ende Februar des Folgejahres **elektronisch** an die Finanzverwaltung zu **übermitteln** (§ 32 b Abs. 3 EStG i. V. mit § 93 c AO). Die Empfänger der Leistungen erhalten im Regelfall – ohne besondere Aufforderung – einen Leistungsnachweis über die an die Finanzverwaltung gemeldeten Daten. In diesem Nachweis sind alle dem Progressionsvorbehalt unterliegenden Leistungen enthalten. Entsprechendes gilt, wenn die auszahlende Stelle die Leistungsbeträge nicht elektronisch übermitteln konnte (z. B. aus technischen Gründen oder bei ausländischen Leistungsträgern) und deshalb über die gezahlten Einkommensersatzleistungen eine Bescheinigung auf Papier erteilt hat. Zu den Angaben in der Steuererklärung vgl. Tz 1.10.1.

1.10.3 Leistungen, die dem Progressionsvorbehalt unterliegen

Lohn- und Einkommensersatzleistungen sind zwar steuerfrei, sie beeinflussen aber über die Anwendung eines **besonderen Steuersatzes** die Höhe der festzusetzenden ESt (sog. **Progressionsvorbehalt**). Dabei wird das zu versteuernde Einkommen um die Summe der Leistungen i. S. des § 32 b Abs. 1 Nr. 1 EStG vermehrt oder bei negativen Beträgen vermindert (§ 32 b Abs. 2 EStG). Der sich danach ergebende besondere Steuersatz ist auf das nach § 32 a Abs. 1 EStG ermittelte zu versteuernde Einkommen anzuwenden.

BERECHNUNGSBEISPIELE:
Die Eheleute A und B haben im VZ 2025 ein zu versteuerndes Einkommen von 50 000 € (Zusammenveranlagung). A hat im Kj. 2025
a) Arbeitslosengeld i. H. von 10 000 € erhalten;
b) Arbeitslosengeld i. H. von 3 000 € zurückgezahlt.
Das erhaltene bzw. zurückgezahlte Arbeitslosengeld ist im Rahmen des Progressionsvorbehalts zu berücksichtigen. Die ESt ist unter Anwendung des besonderen Steuersatzes wie folgt zu berechnen:

Fall	**a)**	**b)**
zu versteuerndes Einkommen	50 000 €	50 000 €
Arbeitslosengeld	+ 10 000 €	
zurückgezahltes Arbeitslosengeld		./. 3 000 €
für die Berechnung des besonderen Steuersatzes maßgebendes Einkommen	60 000 €	47 000 €
ESt nach Splittingtarif	8 606 €	5 062 €
besonderer (durchschnittlicher) Steuersatz	14,34 %	10,77 %
Die Anwendung des besonderen Steuersatzes auf das zu versteuernde Einkommen von 50 000 € ergibt als **festzusetzende ESt**	**7 170 €**	**5 385 €**
Zum Vergleich: Ohne Anwendung des Progressionsvorbehalts hätte sich aus dem zu versteuernden Einkommen von 50 000 € eine ESt ergeben von	5 854 €	5 854 €
Mehr-/Minderbetrag aufgrund des erhaltenen/zurückgezahlten Arbeitslosengeldes	+ 1 316 €	./. 469 €

In den Progressionsvorbehalt sind die Lohn- und Einkommensersatzleistungen mit den Beträgen einzubeziehen, die nach den einschlägigen Leistungsgesetzen festgestellt werden. **Kürzungen** dieser Leistungsbeträge, die sich im Falle der **Abtretung** oder durch den Abzug von Versichertenanteilen an den **Sozialversicherungsbeiträgen** ergeben, bleiben unberücksichtigt (vgl. R 32b. Abs. 2 EStR).

Die dem Progressionsvorbehalt unterliegenden Einkommensersatzleistungen sind in § 32 b Abs. 1 Nr. 1 EStG **abschließend** aufgezählt. Andere dort nicht aufgeführte Leistungen (z. B. Streikunterstützungen oder Krankengelder aus einer privaten Krankenversicherung) werden nicht von dieser Vorschrift erfasst. Dem Progressionsvorbehalt unterliegen hiernach nur die folgenden Einkommensersatzleistungen:

- **Arbeitslosengeld** (ohne Bürgergeld), **Teilarbeitslosengeld, Zuschüsse zum Arbeitsentgelt, Übergangsgeld;**
- **Insolvenzgeld** (einschließlich vorfinanziertes oder verpfändetes Insolvenzgeld);
- **Krankengeld, Mutterschaftsgeld, Verletztengeld, Übergangsgeld** oder vergleichbare Einkommensersatzleistungen nach den sozialversicherungsrechtlichen Vorschriften;
- **Arbeitslosenbeihilfe** nach dem Soldatenversorgungsgesetz;
- **Krankengeld** der Sozialen Entschädigung oder **Übergangsgeld** nach dem SGB XIV;
- **Verdienstausfallentschädigungen** nach dem Unterhaltssicherungsgesetz;

- **Verdienstausfallentschädigungen** nach § 56 des **Infektionsschutzgesetzes**, die aufgrund behördlich angeordneter Quarantänemaßnahmen an Selbständige und Arbeitnehmer gezahlt werden;
- aus dem **Europäischen Sozialfonds** finanziertes **Unterhaltsgeld** sowie Leistungen nach § 10 SGB III, die dem Lebensunterhalt dienen;
- **Elterngeld** nach dem Bundeselterngeld- und Elternzeitgesetz;
- **Anpassungsgeld** nach dem Kohleausstiegsgesetz vom 8.8.2020 (BGBl I S. 1818) für Arbeitnehmer der Braunkohlekraftwerke und -tagebaue sowie Steinkohlekraftwerke, die aus Anlass einer Stilllegungsmaßnahme ihren Arbeitsplatz verloren haben;
- **vergleichbare Einkommensersatzleistungen** aus einem **EU-/EWR-Staat** oder der **Schweiz**.

1.10.4 Besonderheiten

Zu den dem Progressionsvorbehalt unterliegenden Einkommensersatzleistungen gehört auch das **Krankengeld**, das Gewerbetreibende, Freiberufler oder Land- und Forstwirte aus der gesetzlichen Krankenversicherung beziehen (BFH-Urteil vom 26.11.2008, BStBl 2009 II S. 376). Es kommt dabei nicht darauf an, ob der Bezieher des Krankengeldes pflichtversichertes oder freiwilliges Mitglied der gesetzlichen Krankenkasse ist. Krankengeldzahlungen an nicht krankenversicherungspflichtige Personen, die in einer privaten Krankenkasse versichert sind, sind dagegen nicht zu erfassen. Die Leistungen der **privaten Krankenkasse** werden nicht nach dem SGB V gezahlt und unterliegen daher **nicht** dem Progressionsvorbehalt. Die unterschiedliche Behandlung von Krankengeld aus der gesetzlichen und der privaten Krankenversicherung ist auch nach Einführung des sog. Basistarifs in der privaten Krankenversicherung nicht zu beanstanden (BFH-Urteil vom 13.11.2014, III R 36/13, BFH/NV 2015 S. 562).

Das nach dem Bundeselterngeld- und Elternzeitgesetz gezahlte **Elterngeld** unterliegt auch mit dem sog. Mindest-/Sockelbetrag von 300 € dem Progressionsvorbehalt nach § 32b Abs. 1 Nr. 1 Buchst. j EStG (Urteil des FG Nürnberg vom 19.2.2009, EFG 2009 S. 846; bestätigt durch BFH-Beschluss vom 21.9.2009, VI B 31/09, BFH/NV 2009 S. 1897). Die gegen den v. g. BFH-Beschluss eingelegte Verfassungsbeschwerde wurde nicht zur Entscheidung angenommen (Beschluss des BVerfG vom 20.10.2010, 2 BvR 2604/09).

Einem Arbeitnehmer ist auch das **Insolvenzgeld** zuzurechnen, das an **Dritte** im Wege der Abtretung (Vorfinanzierung) oder Verpfändung ausgezahlt wurde (§ 32b Abs. 3 Satz 3 EStG). Das vorfinanzierte Insolvenzgeld fließt dem Arbeitnehmer dabei bereits mit der Auszahlung durch das Kreditinstitut zu und nicht erst mit der Bewilligung durch die Bundesagentur für Arbeit (BFH-Urteil vom 1.3.2012, BStBl II S. 596).

Bezieht ein Steuerpflichtiger Lohn- und Einkommensersatzleistungen aus den **EU-/EWR-Staaten** und der **Schweiz**, so werden diese ebenfalls steuerfrei gestellt und in den Progressionsvorbehalt einbezogen, soweit sie mit den in § 3 Nr. 1 bis 2 Buchst. d EStG aufgezählten inländischen Leistungen vergleichbar sind (§ 3 Nr. 2 Buchst. e, § 32b Abs. 1 Nr. 1 Buchst. k EStG). Die Vergleichbarkeit muss im Einzelfall aber genau geprüft werden. So unterliegt z. B. **Geburtengeld** einer schweizerischen Krankenversicherung nicht dem Progressionsvorbehalt, weil es nicht mit Mutterschaftsgeld i. S. von § 32b Abs. 1 Nr. 1 Buchst. b oder c EStG vergleichbar ist (BFH-Urteil vom 29.4.2009, X R 31/08, BFH/NV 2009 S. 1625). Die von einem Arbeitgeber in der Schweiz an einen im Inland ansässigen Grenzgänger gezahlten steuerfreien **Krankentaggelder** einer **schweizerischen Kollektiv-Krankentaggeldversicherung** sind ebenfalls nicht mit Leistungen inländischer öffentlicher Kassen vergleichbar, die dem Progressionsvorbehalt unterliegen (FG Baden-Württemberg vom 8.5.2019, 14 K 2647/18, EFG 2019 S. 1903 – rkr.). Nach Auffassung des FG Baden-Württemberg ist das **Unfalltaggeld** der **Schweizerischen Unfallversicherungsanstalt** dagegen eine mit dem Krankengeld der gesetzlichen Krankenkasse vergleichbare Leistung i. S. des § 32b Abs. 1 Nr. 1 Buchst. k EStG, das dem Progressionsvorbehalt unterliegt (Urteile vom 26.7.2023, 2 K 1258/20, EFG 2024 S. 926 – rkr. – und vom 25.9.2024, 14 K 382/21, EFG 2025 S. 229 – Revision eingelegt, Az. beim BFH: VI R 26/24). Bei Steuerpflichtigen, die ihren Wohnsitz in den **Niederlanden** haben und nach § 1 Abs. 3 EStG auf Antrag als »unbeschränkt einkommensteuerpflichtig« behandelt werden können, sind die aus den Niederlanden stammenden steuerfreien **Krankengeldzahlungen** im Rahmen des Progressionsvorbehalts zu berücksichtigen (BFH-Urteil vom 1.6.2022, BStBl 2023 II S. 230).

Zu Besonderheiten, die sich bei der **Rückzahlung** von Einkommensersatzleistungen ergeben, die sich ggf. als »negativer Progressionsvorbehalt« auswirkt, vgl. R 32b Abs. 3 EStR. Bei einem rückwirkenden Wegfall von dem Progressionsvorbehalt unterliegenden steuerfreien Sozialleistungen (z. B. Krankengeld oder Arbeitslosengeld) wegen einer nachträglichen Zubilligung einer **Rente**, ist R 32b Abs. 4 EStR zu beachten. Soweit die nachträgliche Feststellung des Rentenanspruchs auf VZ zurückwirkt, für die Steuerbescheide bereits ergangen sind, sind diese Steuerbescheide nach § 175 Abs. 1 Satz 1 Nr. 2 AO zu ändern.

1.10.5 Aufwendungen

Sind im Zusammenhang mit den steuerfreien Einkommensersatzleistungen **Aufwendungen** entstanden, die im Falle stpfl. Einnahmen als Betriebsausgaben oder Werbungskosten abzugsfähig wären, sollten diese Aufwendungen in einer gesonderten Aufstellung geltend gemacht und erläutert werden, damit sie vom Finanzamt bei der Ermittlung des dem Progressionsvorbehalt unterliegenden Betrags ggf. berücksichtigt werden können. In diesem Fall empfiehlt es sich, in **Zeile 37** in dem dafür vorgesehenen Eintragungsfeld zur Kennzahl »500« eine »1« einzutragen, damit die Steuererklärung von der automatisierten Verarbeitung ausgeschlossen wird (vgl. Tz 1.11).

Der bei der Ermittlung der Einkünfte aus nichtselbständiger Arbeit nicht ausgeschöpfte **Arbeitnehmer-Pauschbetrag** ist auch von den Lohn- und Einkommensersatzleistungen abzuziehen (vgl. R 32b. Abs. 2 Satz 3 EStR). Dies gilt jedoch nicht, wenn bei den Einkünften aus nichtselbständiger Arbeit bereits Werbungskosten zu berücksichtigen sind, die den Arbeitnehmer-Pauschbetrag übersteigen (BFH-Urteil vom 25.9.2014, BStBl 2015 II S. 182).

1.11 Ergänzende Angaben zur Steuererklärung (»Qualifiziertes Freitextfeld«)

Steuererklärungen, die nach amtlich vorgeschriebenem Vordruck abgegeben oder nach amtlich vorgeschriebenem Datensatz durch Datenfernübertragung übermittelt werden und die nach § 155 Abs. 4 Satz 1 AO zu einer ausschließlich automationsgestützten Steuerfestsetzung führen können, müssen es dem Steuerpflichtigen ermöglichen, in einem dafür vorgesehenen Abschnitt oder Datenfeld der Steuererklärung (»**qualifiziertes Freitextfeld**«) Angaben zu machen, die nach seiner Auffassung Anlass für eine Bearbeitung durch Amtsträger sind (§ 150 Abs. 7 Satz 1 AO).

Sofern über die Angaben in der Steuererklärung hinaus weitere oder abweichende Angaben oder Sachverhalte zu berücksichtigen sind, kann dies in **Zeile 37** angegeben werden. Eine **Eintragung** in dieser Zeile mit den vorgegebenen Werten zur Kennzahl »500« ist jedoch **nur** vorzunehmen, wenn einer der folgenden **Sachverhalte** vorliegt:

- »**1**« ist anzugeben, wenn in der Steuererklärung steuerlich erhebliche Sachverhalte nicht erklärt werden konnten;
- »**2**« ist anzugeben, wenn in der Steuererklärung bewusst eine von der Verwaltungsauffassung abweichende Rechtsauffassung vertreten wird;
- »**3**« ist anzugeben, wenn in der Steuererklärung enthaltene Sachverhalte personell vertieft geprüft werden sollen;
- »**4**« ist anzugeben, wenn mehrere der v. g. Gründe (Mehrfachauswahl) vorliegen sollten.

Zudem ist der Steuererklärung eine gesonderte **Anlage** mit der Überschrift »**Ergänzende Angaben zur Steuererklärung**« beizufügen, in der die v. g. Sachverhalte erläutert werden. Diese Anlage ist

Bestandteil der Steuererklärung. Durch den Eintrag in Zeile 37 zur Kennzahl »500« wird sichergestellt, dass die Steuererklärung von der automatisierten Verarbeitung ausgeschlossen wird und die ergänzenden Angaben im Finanzamt personell geprüft werden. Dies kann die Bearbeitungsdauer der Steuererklärung allerdings verlängern.

Falls mit der Steuererklärung lediglich **Belege** und **Aufstellungen** zur Erläuterung der Steuererklärung eingereicht werden, ist in Zeile 37 **keine** Eintragung vorzunehmen.

> **ELSTER:**
> Auch bei elektronisch übermittelten Einkommensteuererklärungen besteht die Möglichkeit, über die Angaben in der Steuererklärung hinaus weitere oder abweichende Angaben zu erklären. Ein Eintrag in dem dafür vorgesehenen **Eingabefeld** zur **Zeile 37** ist jedoch ebenfalls nur vorzunehmen, wenn einer der dort genannten Sachverhalte (s.o.) vorliegt. Nach der Auswahl des Sachverhalts über die Eingabe eines der vorgegebenen Werte zur Kennzahl »500« öffnet sich ein Eingabefeld für einen **Freitext** (999-Zeichen). In diesem kann der vorliegende Sachverhalt dann näher erläutert werden, sodass sich die Vorlage einer gesonderten Anlage mit den ergänzenden Angaben erübrigt.
> Der Inhalt dieses Textfeldes wird zusammen mit den übrigen Daten der Steuererklärung elektronisch an die Finanzverwaltung übermittelt. Über die Eingaben zur Zeile 37 wird auch die elektronische Steuererklärung von der automatisierten Verarbeitung ausgeschlossen und dem Bearbeiter im Finanzamt zur personellen Prüfung zugeführt. Dies kann die Bearbeitungsdauer der elektronischen Steuererklärung verlängern.

1.12 Unterschrift

1.12.1 Datenschutzhinweise

38 Neben dem Steuergeheimnis (§ 30 AO) unterliegen die aufgrund der Steuererklärung/dem Antrag von der Finanzverwaltung erhobenen personenbezogenen Daten jedes Steuerpflichtigen dem **Datenschutz**. In den Datenschutzhinweisen vor Zeile 38 wird auf die maßgebenden **Rechtsgrundlagen** für die Datenerhebung sowie auf ein allgemeines **Informationsschreiben** der Finanzverwaltung zur Verarbeitung personenbezogener Daten, zu den Rechten der Steuerbürger nach der **Datenschutz-Grundverordnung** (DSGVO) und den Ansprechpartnern in Datenschutzfragen hingewiesen. Dieses Informationsschreiben ist unter www.finanzamt.de (Rubrik »Datenschutz«) abrufbar oder kostenfrei beim Finanzamt erhältlich. Die DSGVO wurde über die §§ 32a bis 32f AO in das steuerliche Verwaltungsverfahren umgesetzt.

Der BFH hat in einem Grundsatzurteil zur DSGVO klargestellt, dass ein Steuerpflichtiger – ungeachtet der Aktenführung, der Art der Dokumente, der Form der Datenverarbeitung sowie der Steuerart – vom Finanzamt grds. **Auskunft** über seine personenbezogenen Daten **verlangen** kann (BFH-Urteil vom 12.3.2024, BStBl II S. 682). Der Auskunftsanspruch gewährt allerdings **kein Recht** auf die elektronische Zurverfügungstellung von Kopien ganzer Akten oder einzelner Dokumente mit personenbezogenen Daten. Nur wenn eine Kopie von Dokumenten unerlässlich ist, um der betroffenen Person die wirksame Ausübung der ihr durch die DSGVO verliehenen Rechte zu ermöglichen, besteht nach Art. 15 Abs. 3 Satz 1 DSGVO ein Anspruch darauf, eine Kopie von Auszügen aus Dokumenten oder gar von ganzen Dokumenten oder auch von Auszügen aus Datenbanken, die u.a. diese Daten enthalten, zur Verfügung gestellt zu bekommen. Ein **Ausschluss** des **Auskunftsrechts** nach Art. 12 Abs. 5 Satz 2 DSGVO kommt nach Ansicht des BFH nur in Betracht, wenn sich der Verantwortliche hierauf beruft und darlegt, dass ein offenkundig unbegründeter oder exzessiver Antrag vorliegt.

Weitergehende Informationen zum Datenschutz im Steuerverwaltungsverfahren kann den BMF-Schreiben vom 13.1.2020 (BStBl I S. 143) und vom 17.6.2021 (BStBl I S. 809) entnommen werden.

1.12.2 Eigenhändige Unterschrift

Wird der Vordruck von **Ehegatten** oder **Lebenspartnern** nach dem 38
LPartG im Rahmen der Zusammenveranlagung als **gemeinsame Erklärung** abgegeben, so haben **beide** Ehegatten/Lebenspartner die gemeinsame Steuererklärung in **Zeile 38 eigenhändig** zu unterschreiben. Dies gilt selbst dann, wenn ein Ehegatte/Lebenspartner keine eigenen Einkünfte bezogen hat. Bei Einzelveranlagung von Ehegatten/Lebenspartnern, hat jeder Ehegatte/Lebenspartner nur seine eigene Erklärung zu unterschreiben. Für Geschäftsunfähige oder beschränkt Geschäftsfähige unterschreibt der gesetzliche Vertreter.

Eigenhändigkeit der Unterschrift bedeutet, dass sie »von der Hand« des Steuerpflichtigen stammen muss (BFH-Urteil vom 7.11.1997, BStBl 1998 II S. 54). Eine Blankounterschrift genügt den Anforderungen nicht. Eine Einkommensteuererklärung kann allerdings fristwahrend auch per **Telefax** abgegeben werden; diese ist auch ohne Originalunterschrift des Steuerpflichtigen wirksam (BFH-Urteil vom 8.10.2014, BStBl II S. 438). Dabei ist nicht erforderlich, dass der Steuerpflichtige den Inhalt der Steuererklärung tatsächlich in vollem Umfang zur Kenntnis genommen hat, wenn er einen Bevollmächtigten mit deren Erstellung beauftragt hat. Mit der auf der Steuererklärung geleisteten Unterschrift macht sich der Steuerpflichtige deren Inhalt zu Eigen und übernimmt dafür die Verantwortung.

> **ELSTER:**
> Bei der Abgabe einer elektronischen Steuererklärung (z.B. über »Mein ELSTER«) wird die nach § 87a Abs. 3 AO erforderliche elektronische Unterschrift durch das verwendete **elektronische Zertifikat** ersetzt; zur Zulässigkeit siehe § 87a Abs. 6 AO. Das elektronische Zertifikat kann über die einmalige Registrierung im Anmeldeportal »Mein ELSTER« (www.elster.de) erworben werden; vgl. Vorbemerkungen Tz 12.5.2. Die Finanzverwaltung erkennt inzwischen auch per Telefax an das Finanzamt übermittelte Steuererklärungen als wirksam an, wenn diese vom Steuerpflichtigen nur auf einem elektronischen Display signiert wurden.

Kehrt ein ausländischer Arbeitnehmer **auf Dauer** in sein Heimatland zurück, so kann dessen Einkommensteuererklärung ausnahmsweise durch einen Bevollmächtigten unter Offenlegung des **Vertretungsverhältnisses** unterzeichnet werden (BFH-Urteil vom 10.4.2002, BStBl II S. 455).

1.12.3 Mitwirkung bei der Steuererklärung

In **Zeile 39** ist anzugeben, ob die Steuererklärung unter Mitwirkung 39–40
einer selbständig und eigenverantwortlich tätigen und zur Hilfeleistung in Steuersachen nach den §§ 3 und 4 des Steuerberatungsgesetzes befugten Person oder Vereinigung angefertigt wurde (Eintragungsfeld »1 = Ja«). Anhand dieser Angabe wird analog zu den ELSTER-Erklärungen in den Grunddaten der Finanzverwaltung der Merker »steuerliche Beratung« abgeglichen, der die Einhaltung der gesetzlich verlängerte Steuererklärungsfrist für beratene Steuerpflichtige überwacht und bei Fristüberschreitung weitere Maßnahmen (z.B. die Anforderung von ausstehenden Steuererklärungen oder die Festsetzung von Verspätungszuschlägen) anstößt. Im Stempelfeld der **Zeile 40** kann angegeben werden, wer bei der Anfertigung der Steuererklärung mitgewirkt hat (Kontaktdaten, Anschrift des steuerlichen Beraters).

2. Anlage Sonderausgaben 2025

2.1 Vorbemerkungen

Sonderausgaben sind grds. **Aufwendungen** der **Lebensführung**, die jedoch steuerlich begünstigt werden. Für die Geltendmachung des Sonderausgabenabzugs sind die folgenden Anlage-Vordrucke zu verwenden:

- Die »**Anlage Sonderausgaben**« ist für die Geltendmachung von **Kirchensteuern**, **Spenden** und **Mitgliedsbeiträgen**, **Berufsausbildungskosten** sowie **weiteren Aufwendungen** (Versorgungsleistungen, Unterhaltsleistungen an den geschiedenen oder dauernd getrennt lebenden Ehegatten/Lebenspartner, Ausgleichszahlungen im Rahmen des schuldrechtlichen Versorgungsausgleichs, Ausgleichsleistungen zur Vermeidung des Versorgungsausgleichs) zu verwenden.
- **Vorsorgeaufwendungen** (z.B. Beiträge zur Altersvorsorge, Beiträge zu Kranken- und Pflegeversicherungen) können in der »**Anlage Vorsorgeaufwand**« geltend gemacht werden; vgl. Tz 3.
- Der zusätzliche Sonderausgabenabzug für **Altersvorsorgebeiträge** (zu sog. Riester-Verträgen) ist durch Abgabe der »**Anlage AV**« zu beantragen; vgl. Tz 4.
- Für ein steuerlich zu berücksichtigendes **Kind** geleistete **Kranken**- und **Pflegeversicherungsbeiträge**, **Schulgeld** für den Besuch einer Privatschule oder **Kinderbetreuungskosten** sind in der »**Anlage Kind**« anzugeben; vgl. Tz 9.
- Die »**Anlage Sonstiges**« ist u.a. zur Geltendmachung der Steuerbegünstigung für **schutzwürdige Kulturgüter** nach § 10g EStG, den **Spendenvortrag** nach § 10b EStG sowie für den **Verlustabzug** nach § 10d EStG zu verwenden; vgl. Tz 10.
- Die wie Sonderausgaben abzugsfähigen **Aufwendungen** für zu **eigenen Wohnzwecken** genutzte **Baudenkmale** und **Gebäude** in **Sanierungsgebieten** und städtebaulichen **Entwicklungsbereichen** nach § 10f EStG sind mit der »**Anlage FW**« geltend zu machen (vgl. Tz 27, Teil II Tz 4.5); zu den Abzugsbeträgen für selbstgenutzte Wohnungen nach § 10e EStG in »Altfällen« gem. § 52 Abs. 19 Satz 6 EStG vgl. Teil II Tz 4.3.

Die in den **Zeilen 4** bis **41** der »Anlage Sonderausgaben« bezeichneten Aufwendungen fallen **nicht** unter die **Sonderausgaben-Höchstbeträge** für **Vorsorgeaufwendungen** (vgl. Tz 3.2.4) und können deshalb, soweit sie als Sonderausgaben anerkannt werden können, grds. in unbeschränkter Höhe abgesetzt werden. Teilweise gelten allerdings **eigene Höchstbeträge** (z.B. bei Zeilen 5 bis 12, 13 und 14, 29 bis 36).

Die »Anlage Sonderausgaben« ist bei Zusammenveranlagung von Ehegatten/Lebenspartnern gemeinsam auszufüllen.

2.2 Sonderausgaben-Pauschbetrag

vor 4 Ohne Nachweis der abzugsfähigen Aufwendungen wird für Sonderausgaben nach § 10 Abs. 1 Nr. 4, 5, 7 und 9 sowie Abs. 1a EStG und nach § 10b EStG ein Pauschbetrag von **36 €** berücksichtigt (§ 10c Satz 1 EStG). Die tatsächlich geleisteten Sonderausgaben wirken sich nur insoweit steuermindernd aus, als sie den maßgebenden Sonderausgaben-Pauschbetrag übersteigen. Nach dem Wortlaut des § 10c Satz 2 EStG verdoppelt sich der Sonderausgaben-Pauschbetrag auf **72 €** nur bei der **Zusammenveranlagung** von Ehegatten/Lebenspartnern, nicht jedoch bei Anwendung des sog. Witwensplittings (vgl. Tz 1.5.4). Im Falle der Einzelveranlagung von Ehegatten/Lebenspartnern nach § 26a EStG (vgl. Tz 1.5.3) wird bei der Veranlagung der Ehegatten/Lebenspartner jeweils mindestens der Sonderausgaben-Pauschbetrag von 36 € abgezogen.

2.3 Nicht abziehbare Aufwendungen

2.3.1 Private Schuldzinsen

Private **Schuldzinsen**, die ihrem Wesen nach weder Betriebsausgaben noch Werbungskosten sind, können nicht als Sonderausgaben abgezogen werden. Hierzu gehören insbesondere Zinsen für Schulden, die zur Anschaffung von Hausrat aufgenommen worden sind oder mit einer Liebhaberei im Zusammenhang stehen. Nach dem BFH-Urteil vom 29.7.1998 (BStBl 1999 II S. 81) ist die Nichtabziehbarkeit privat veranlasster Schuldzinsen verfassungsgemäß. Hängen die geleisteten Schuldzinsen mit stpfl. Einnahmen (z.B. aus Vermietung und Verpachtung, vgl. Tz 24.9.1 oder aus Gewerbebetrieb, vgl. Tz 21.2.1) in wirtschaftlichem Zusammenhang, können sie dagegen als Werbungskosten oder Betriebsausgaben berücksichtigt werden. Fehlt ein solcher wirtschaftlicher Zusammenhang, so können Schuldzinsen allenfalls als außergewöhnliche Belastung allgemeiner Art berücksichtigt werden, wenn die Schuldaufnahme durch Aufwendungen veranlasst wurde, die ihrerseits dem Grunde nach eine außergewöhnliche Belastung darstellen (vgl. Tz 5.5.6.17 unter »Darlehen«).

2.3.2 Private Steuerberatungskosten

Die Möglichkeit, private **Steuerberatungskosten** als Sonderausgaben geltend zu machen (§ 10 Abs. 1 Nr. 6 EStG a.F.), ist bereits seit dem Kj. 2006 entfallen. Der BFH hält diese Streichung für **verfassungsgemäß** (BFH-Urteile vom 4.2.1010, BStBl II S. 617, vom 16.2.2011, X R 10/10, BFH/NV 2011 S. 977 und vom 17.10.2012, VIII R 51/09, BFH/NV 2013 S. 365). Ein Abzug von privat veranlassten Steuerberatungskosten kommt nach dem v. g. BFH-Urteil vom 4.2.2010 auch nicht als »**dauernde Last**« in Betracht.

Steuerlich **nicht** absetzbar sind nur **privat veranlasste** Steuerberatungskosten (z.B. das Steuerberaterhonorar für das Ausfüllen der Anlage Kind, Anlage Unterhalt und des Hauptvordrucks ESt 1 A). Steuerberatungskosten, die durch eine **Einkunftsquelle** veranlasst sind (z.B. Ermittlung der Einkünfte, Ausfüllen der Anlagen N, V, KAP, R, SO, G, S, L), können weiterhin als **Werbungskosten** oder **Betriebsausgaben** abgezogen werden (vgl. Tz 11.18.3.22 unter »Steuerberatungskosten«; Teil II Tz 2.11.14).

Gemischt veranlasste Steuerberatungskosten sind **aufzuteilen**. Zur Zuordnung von Steuerberatungskosten (einschließlich der Beiträge zu **Lohnsteuerhilfevereinen**) zu den Betriebsausgaben, Werbungskosten und Kosten der Lebensführung ist das BMF-Schreiben vom 21.12.2007, BStBl 2008 I S. 256 zu beachten; vgl. Tz 11.18.3.22 unter »Steuerberatungskosten«.

2.3.3 Bausparbeiträge

Bausparbeiträge können grds. nicht als Sonderausgaben abgezogen werden. Der Bausparer sollte deshalb prüfen, ob für die geleisteten Bausparbeiträge eine **Wohnungsbauprämie** in Betracht kommt. Im Einzelnen wird auf Teil II Tz 9 hingewiesen. Für einen Bausparvertrag kommt auch eine staatliche Förderung als »**Wohn-Riestervertrag**« in Betracht.

2.4 Kirchensteuer

Die **KiSt** ist in der im jeweiligen Kj. **tatsächlich** entrichteten Höhe – abzgl. etwaiger im selben Jahr **erstatteter** oder **gutgeschriebener Beträge** – als Sonderausgaben abzugsfähig (BFH-Urteil vom 22.11.1974, BStBl 1975 II S. 350) und in **Zeile 4** einzutragen. Es ist gleichgültig, ob es sich dabei um Vorauszahlungen auf die KiSt oder um endgültig festgesetzte Zahlungen oder um vom Arbeitgeber mit der LSt einbehaltene KiSt des Arbeitnehmers (bescheinigt in der Lohnsteuerbescheinigung) handelt. In Zeile 4 ist auch die von der jeweiligen Kirchengemeinde erhobene Ortskirchensteuer, das sog. **Kirchgeld,** einzutragen.

Wird ein Arbeitgeber vom Finanzamt als **Haftungsschuldner** für nicht einbehaltene Kirchensteuern in Anspruch genommen und erstattet der Arbeitnehmer später diese Beträge im Wege des zivilrechtlichen Rückgriffs, kann der Arbeitnehmer diese Kirchensteuerbeträge nach § 10 Abs. 1 Nr. 4 EStG als Sonderausgaben abziehen (BFH-Urteil vom 23.8.2023, BStBl 2024 II S. 58). Die an den Arbeitgeber erstatteten Kirchensteuerbeträge sind als Zahlung auf die **eigene Kirchensteuerschuld** des Arbeitnehmers anzusehen. Aufgrund des fehlenden objektiven Zusammenhangs mit dem Beruf liegen jedoch **keine** Werbungskosten vor.

Auch Kirchensteuerzahlungen an Religionsgemeinschaften im EU-/EWR-Ausland sind als Sonderausgaben nach § 10 Abs. 1 Nr. 4 EStG abziehbar, wenn diese Religionsgemeinschaften bei einer Inlandsansässigkeit als Körperschaft des öffentlichen Rechts anzuerkennen wären. Diese Voraussetzungen erfüllen nach dem BMF-Schreiben vom 16.11.2010 (BStBl I S. 1311) derzeit nur die in Finnland und Dänemark ansässige evangelisch-lutherische und orthodoxe Staatskirche.

Ergibt sich bei der KiSt ein **Erstattungsüberhang**, so wird dieser dem Gesamtbetrag der Einkünfte hinzugerechnet (§ 10 Abs. 4b Satz 3 EStG). Hierdurch wird vermieden, dass die Einkommensteuerveranlagung in dem Jahr der ursprünglichen Zahlung der Sonderausgaben aufgerollt werden muss. Ein Kirchensteuererstattungsüberhang liegt auch dann vor, wenn der Steuerpflichtige im VZ der Kirchensteuererstattung **keine** KiSt gezahlt hat (BFH-Urteil vom 29.6.2022, X R 1/20, BFH/NV 2023 S. 79) oder die KiSt sich im Zahlungsjahr nicht in voller Höhe als Sonderausgaben ausgewirkt hat (FG Münster vom 10.12.2024, 1 K 3869/18 E, EFG 2025 S. 321 – rkr.). Die Hinzurechnung des Kirchensteuererstattungsüberhangs nach § 10 Abs. 4b Satz 3 EStG verstößt zudem nicht gegen Art. 3 Abs. 1 GG (FG Münster vom 7.7.2020, 6 K 2090/17 E, EFG 2020 S. 1742 – rkr.).

Bei der Berechnung vom Gesamtbetrag der Einkünfte zum Einkommen konnten bislang sämtliche Abzüge (z. B. Verluste), die nach § 2 Abs. 4 EStG i. V. mit R 2. Abs. 1 EStR zu berücksichtigen sind, mit einem Erstattungsüberhang bei der KiSt saldiert werden. Der BFH ist demgegenüber der Auffassung, dass ein Erstattungsüberhang als Einkommen zu versteuern ist und **nicht** mit **Verlustvorträgen** ausgeglichen werden kann (BFH-Urteil vom 12.3.2019, BStBl II S. 658). Durch die Hinzurechnung kann es daher dazu kommen, dass ESt gezahlt werden muss, obwohl der Gesamtbetrag der Einkünfte nach Verlustausgleich »0 €« beträgt. Dies gilt auch dann, wenn sich die erstatteten Kirchensteuern im Zahlungsjahr letztlich nicht steuermindernd ausgewirkt haben, da ansonsten der mit § 10 Abs. 4b EStG verfolgte Vereinfachungszweck verfehlt würde, wenn dies in jedem Einzelfall ermittelt werden müsste. Das v. g. BFH-Urteil wird aufgrund der Veröffentlichung im BStBl Teil II von der Finanzverwaltung allgemein angewendet.

Ein Erstattungsüberhang bei der KiSt kann im Verlustentstehungsjahr **nicht** mit einem **negativen Gesamtbetrag** der Einkünfte verrechnet und zusätzlich i. H. dieses negativen Gesamtbetrags als Verlustrücktrag nach § 10d EStG berücksichtigt werden (BFH-Urteil vom 3.5.2023, BStBl II S. 1002). Der negative Gesamtbetrag der Einkünfte im Entstehungsjahr (§ 2 Abs. 3 EStG) ist nach Durchführung des Verlustrücktrags um den Betrag der zurückgetragenen Einkünfte zu erhöhen. Der durch den Verlustabzug modifizierte Gesamtbetrag der Einkünfte bildet dann die Ausgangsgröße für die weitere Ermittlung des Einkommens nach § 2 Abs. 4 EStG, hier für die Hinzurechnung des Erstattungsüberhangs. Einspruchsverfahren in vergleichbaren Fällen wird die Finanzverwaltung nun fortführen.

KiSt, die als **Zuschlag** zur **Abgeltungsteuer** von den Banken einbehalten wurde, ist vom Sonderausgabenabzug **ausgeschlossen** und darf **nicht** in **Zeile 4** angegeben werden; die KiSt wird in diesen Fällen bereits über eine Ermäßigung des Steuersatzes für die Abgeltungsteuer berücksichtigt (§ 43a Abs. 1 Satz 2 EStG). Das Gleiche gilt für die KiSt, die gemäß § 32d Abs. 1 Satz 3 EStG im Rahmen der Einkommensteuerveranlagung nach dem gesonderten Steuertarif für Einkünfte aus Kapitalvermögen nacherhoben wird. Abzugsfähig ist dagegen KiSt auf Kapitalerträge, die der **tariflichen ESt** unterliegen (bei Ausnahmen vom Abgeltungsteuersatz nach § 32d Abs. 2 EStG oder erfolgreicher Günstigerprüfung nach § 32d Abs. 6 EStG). Folgerichtig wird ein aus einer Erstattung von nicht veranlagter KiSt zum Kapitalertrag sich ergebender Erstattungsüberhang im Rahmen der Einkommensteuerveranlagung nicht steuererhöhend berücksichtigt (FG Niedersachsen vom 21.11.2018, 2 K 25/17, EFG 2019 S. 1090 – rkr.). Werden Zinseinnahmen zunächst nach dem regulären Einkommensteuertarif besteuert, löst eine spätere Anwendung des gesonderten Tarifs gemäß § 32d Abs. 1 EStG eine Herabsetzung der als Zuschlag zur tariflichen ESt festgesetzten KiSt aus. Die hiermit verbundene Minderung des Sonderausgabenabzugs für gezahlte KiSt nach § 10 Abs. 1 Nr. 4 2. Halbsatz EStG ist in dem VZ zu berücksichtigen, in dem die insoweit geänderte Einkommen- und Kirchensteuerfestsetzung wirksam wird (BFH-Urteil vom 16.3.2021, BStBl 2022 II S. 510).

Der Zeitraum, für den die Zahlungen entrichtet wurden, ist ohne Bedeutung, weil die Kirchensteuerzahlungen grds. in dem Jahr abzugsfähig sind, in dem sie geleistet werden (sog. »Abflussprinzip« gemäß § 11 Abs. 2 EStG). Willkürliche Zahlungen, für die kein vernünftig begründeter Anlass bestand, sind nach der Rspr. aber nicht abziehbar (BFH-Urteil vom 25.1.1963, BStBl III S. 141).

Als KiSt sind solche Geldleistungen abzugsfähig, die von den als Körperschaften des öffentlichen Rechts anerkannten Religionsgesellschaften von ihren Mitgliedern aufgrund gesetzlicher Bestimmungen i. d. R. als Zuschlagsteuer zur ESt oder LSt erhoben werden. Dazu zählt auch das besondere **Kirchgeld** (vgl. Tz 1.4.3.6).

Keine als Sonderausgaben abziehbaren Kirchensteuern sind **freiwillige Kirchenbeiträge**, die an öffentlich-rechtliche Religionsgemeinschaften oder andere religiöse Gemeinschaften entrichtet werden. Diese Beiträge können aber im Rahmen des **Spendenabzugs** nach § 10b EStG steuerlich berücksichtigt werden (vgl. Tz 2.5). Beiträge der Mitglieder solcher religiöser Gemeinschaften, die mindestens in einem Bundesland als Körperschaft des öffentlichen Rechts anerkannt sind, aber aus weltanschaulichen Gründen während des ganzen Kj. auf die Erhebung von Kirchensteuern verzichten, sind wie Kirchensteuern abziehbar. Der Abzug ist bis zur Höhe der KiSt zulässig, die in dem betreffenden Land von den als Körperschaften des öffentlichen Rechts anerkannten Religionsgemeinschaften erhoben wird. Bei unterschiedlichen Kirchensteuersätzen ist der höchste Steuersatz maßgebend. Diese **Billigkeitsregelung** für freiwillige Beiträge gilt jedoch dann nicht, wenn der Steuerpflichtige gleichzeitig als Mitglied einer öffentlich-rechtlichen Religionsgemeinschaft zur Zahlung von KiSt verpflichtet ist (vgl. R 10.7 Abs. 1 Satz 5 EStR). Übersteigende freiwillige Beiträge sind ebenfalls im Rahmen des Spendenabzugs berücksichtigungsfähig (vgl. R 10.7 Abs. 2 EStR).

Kirchensteuerzahlungen eines **Erben**, die auf geänderten, ursprünglich aber gegenüber dem Erblasser ergangenen Steuerbescheiden beruhen, sind im Jahr der Zahlung als Sonderausgaben beim leistenden Erben abziehbar (BFH-Urteil vom 21.7.2016, BStBl 2017 II S. 256). Die Rspr.-Änderung des GrS des BFH hinsichtlich der Vererbbarkeit von Verlustvorträgen (vgl. Tz 10.5.5) könne nach Ansicht des BFH nicht auf den Bereich des Sonderausgabenabzugs der KiSt übertragen werden. Im Gegenzug sind aber Erstattungen überzahlter KiSt des Erblassers auf eigene Zahlungen des Erben anzurechnen, mit der Folge, dass sie dessen Sonderausgabenabzug schmälern.

2.5 Spenden und Mitgliedsbeiträge

2.5.1 Rechtsentwicklung des Spendenrechts

Spenden und Mitgliedsbeiträge zur Förderung steuerbegünstigter Zwecke i. S. der §§ 52 bis 54 AO können insgesamt bis zu **vor 5**

- **20 %** des **Gesamtbetrags** der **Einkünfte** oder
- **alternativ** bis zu **4 ‰** der Summe der **gesamten Umsätze** und der im Kj. aufgewendeten **Löhne** und **Gehälter**

als Sonderausgaben abgezogen werden (§ 10b Abs. 1 Satz 1 EStG). Die Berechnung des alternativen Höchstbetrages bemisst sich auch bei Steuerpflichtigen, deren Wj. vom Kj. abweicht, nach den Umsätzen, Löhnen und Gehältern des **Kj.** (FG Saarland vom 23.8.2018, 1 K

1121/16, EFG 2018 S. 1901 – rkr.). Auch nicht steuerbare Umsätze sind bei der Ermittlung der Alternativgrenze zu berücksichtigen (vgl. R 10b.3 Abs. 1 EStR).

Ein zum Schluss des vorangegangenen Kj. vom Finanzamt festgestellter **verbleibender Spendenvortrag** wird bei der Einkommensteuerveranlagung des laufenden Kj. automatisch berücksichtigt. Das Vorliegen eines Spendenvortrags kann in **Zeile 16** der **Anlage Sonstiges** erklärt werden (vgl. Tz 10.4); zur Berechnung der vortragsfähigen Spenden vgl. Tz 2.5.7.

Zum Abzug von Zuwendungen nach § 10b EStG wird im Übrigen auf die Anwendungsschreiben vom 18.12.2008, BStBl 2009 I S. 16 und vom 15.9.2014, BStBl I S. 1278 hingewiesen.

2.5.2 Begriff der Zuwendungen

2.5.2.1 Zuwendungsbegriff

5–8 Der Begriff der **Zuwendungen** umfasst **Spenden** und **Mitgliedsbeiträge**. Zu den Mitgliedsbeiträgen gehören auch Mitgliedsumlagen und Aufnahmegebühren.

In den **Zeilen 5** bis **8** wird für die Eintragung von Spenden und Mitgliedsbeiträgen nach dem **Zuwendungsempfänger** unterschieden und danach, ob

- eine **Zuwendungsbestätigung** des Zuwendungsempfängers vorliegt (vgl. Tz 2.5.3) oder
- eine Berücksichtigung aufgrund einer **Mitteilung** des **Betriebsfinanzamts** zu erfolgen hat, wenn eine Gesellschaft oder ein Betrieb Spenden und Mitgliedsbeiträge im Namen der Mitunternehmer oder Beteiligten geleistet hat.

Die geleisteten Zuwendungen sind dementsprechend in den Zeilen 5 bis 8 in einer Summe, jeweils in die vorgesehenen Spalten einzutragen. Zudem ist zu beachten, dass Spenden und Mitgliedsbeiträge zur Förderung steuerbegünstigter Zwecke an Empfänger im Inland in **Zeile 5** und an Empfänger im EU-/EWR-Ausland in **Zeile 6 – getrennt** – zu erklären sind. Für Zuwendungen an Empfänger im EU-/EWR-Ausland gelten besondere Abzugsvoraussetzungen (vgl. Tz 2.5.2.2), die gegenüber dem Finanzamt nachzuweisen sind.

> **ELSTER:**
> Für die Erfassung der geleisteten Einzelzuwendungen können bei mit ELSTER erstellten elektronischen Steuererklärungen per Mausklick weitere Eintragungszeilen zu den Zeilen 5 bis 8 hinzugefügt werden. Die erfassten Beiträge werden automatisch aufaddiert.

2.5.2.2 Zuwendungsempfänger

Die Abziehbarkeit der Spenden ist davon abhängig, dass die Zuwendungen

- an eine in einem EU-/EWR-Staat belegene juristische Person des öffentlichen Rechts (z. B. Gemeinde) oder öffentliche Dienststelle (z. B. Universität), oder
- an eine nach § 5 Abs. 1 Nr. 9 KStG von der Körperschaftsteuer befreite Körperschaft, Personenvereinigung oder Vermögensmasse, oder
- an eine in einem EU-/EWR-Staat belegene Körperschaft, Personenvereinigung oder Vermögensmasse, die nach § 5 Abs. 1 Nr. 9 i. V. mit § 5 Abs. 2 Nr. 2 2. Halbsatz KStG von der Körperschaftsteuer befreit wäre, wenn sie inländische Einkünfte erzielen würde,

geleistet werden (§ 10b Abs. 1 Satz 2 EStG).

Spenden- und Mitgliedsbeiträge zur Förderung steuerbegünstigter Zwecke können hiernach auch **direkt** an die steuerbegünstigte Organisationen im **EU-/EWR-Ausland** geleistet werden. Der ausländische Zuwendungsempfänger muss nach seiner Satzung, dem Stiftungsgeschäft oder der sonstigen Verfassung und seiner tatsächlichen Geschäftsführung selbstlos ausschließlich und unmittelbar gemeinnützige, mildtätige oder kirchliche Zwecke verfolgen sowie die sonstigen Vorgaben der §§ 51 bis 68 AO erfüllen.

Voraussetzung für die Anerkennung von Zuwendungen an **ausländische Empfänger** ist ab VZ 2025, dass die ausländische Organisation im **Zuwendungsempfängerregister** des BZSt eingetragen ist und dem Steuerpflichtigen eine **Zuwendungsbestätigung** nach amtlich vorgeschriebenem Vordruck ausgestellt hat (§ 50 Abs. 1 Satz 2 und 3 EStDV i. d. F. des Wachstumschancengesetzes vom 27.3.2024, BGBl I Nr. 108). Auch für Zuwendungsbestätigungen ausländischer Zuwendungsempfänger gilt die Belegvorhaltepflicht; die Zuwendungsbestätigung ist daher nur auf Anforderung des Finanzamts auf elektronischem Weg oder in Kopie vorzulegen (vgl. Vorbemerkungen Tz 14.1). Unterlagen zum Nachweis der steuerbegünstigten Zwecke der ausländischen Organisation müssen **nicht** mehr mit der Einkommensteuererklärung eingereicht werden. Ob die ausländische Organisation die Voraussetzungen der Gemeinnützigkeit i. S. der AO erfüllt, prüft das BZSt im Rahmen des Antrags auf Aufnahme in das Zuwendungsempfängerregister (vgl. Tz 2.5.2.3).

2.5.2.3 Zuwendungsempfängerregister

Das BZSt führt seit Anfang 2024 ein sog. **Zuwendungsempfängerregister**, in dem gemeinnützige Körperschaften, juristische Personen des öffentlichen Rechts sowie Parteien und Wählervereinigungen geführt werden, an die steuerbegünstigt Zuwendungen nach § 10b, § 34g EStG geleistet werden können (§ 60b Abs. 1 AO). Dieses Register ist eine wichtige Grundlage für die Digitalisierung des Spendennachweisverfahrens und ein weiterer Baustein für die vorausgefüllte Steuererklärung (vgl. Vorbemerkungen Tz 12.6).

Die Daten zu den **inländischen Zuwendungsempfängern** werden von den Finanzämtern dem BZSt sukzessive **automatisiert** übermittelt und über das Zuwendungsempfängerregister online über die Webseite des BZSt veröffentlicht. Ein Antrag auf Aufnahme in das Zuwendungsempfängerregister ist in diesen Fällen **nicht** erforderlich. Das möglicherweise anfängliche Fehlen von berechtigten Organisationen oder das Fehlen von einzelnen Daten zu berechtigten Organisationen im Zuwendungsempfängerregister hat in der Aufbauphase dieses Registers keine Auswirkungen auf den durch die Finanzämter festgestellten gemeinnützigkeitsrechtlichen Status bzw. den Status als Zuwendungsempfänger der Organisation.

Ausländische Organisationen aus dem **EU-/EWR-Ausland** können auf elektronischem Weg einen **Antrag** auf Aufnahme in das Zuwendungsempfängerregister stellen. Sie können sich dabei auch von einem Bevollmächtigten vertreten lassen. Die Organisationen müssen nach den Rechtsvorschriften eines EU-/EWR-Staates gegründet worden und nach deutschem Recht gemeinnützig sein (vgl. Tz 2.5.2.2). Das BZSt prüft in eigener Zuständigkeit, ob diese Voraussetzungen erfüllt sind. Wird dem Antrag entsprochen, kann die ausländische Organisation in das Zuwendungsempfängerregister aufgenommen werden und sie darf künftig für ihre Spender aus Deutschland eine Zuwendungsbestätigung nach amtlich vorgeschriebenem Vordruck ausstellen, die von den Finanzämtern für den Sonderausgabenabzug nach § 10b EStG anerkannt wird.

Weitere Informationen zum Zuwendungsempfängerregister können beim BZSt unter www.bzst.de, Rubrik »Privatpersonen/Zuwendungsempfängerregister« abgerufen werden.

2.5.2.4 Steuerbegünstigte Zwecke

Spenden und Mitgliedsbeiträge laut **Zeile 5** müssen zur Förderung steuerbegünstigter Zwecke i. S. der §§ 52 bis 54 AO geleistet werden.

Zu den als besonders förderungswürdig anerkannten **gemeinnützigen Zwecken** i. S. des § 52 AO gehören z. B. die Förderung

- der öffentlichen Gesundheitspflege,
- der Jugend- und der Altenhilfe,
- des Sports,
- kultureller Zwecke,
- der Erziehung, Volks- und Berufsbildung einschließlich der Studentenhilfe,
- der Zwecke der amtlich anerkannten Verbände der freien Wohlfahrtspflege (Deutscher Caritasverband, Diakonisches Werk der Evangelischen Kirche in Deutschland, Zentralwohlfahrtsstelle der

Juden in Deutschland, Deutsches Rotes Kreuz, Arbeiterwohlfahrt, Deutscher Paritätischer Wohlfahrtsverband) einschließlich ihrer Unterverbände und der diesen Verbänden angeschlossenen Einrichtungen und Anstalten,

- der Rettung aus Lebensgefahr,
- der Entwicklungshilfe,
- des Tierschutzes und des Naturschutzes sowie
- des Umweltschutzes.

Abziehbar sind auch Zuwendungen an gemeinnützige Körperschaften zur allgemeinen Förderung des **Staatswesens** i. S. von § 52 Abs. 2 Nr. 24 AO.

Mitgliedsbeiträge an **Kulturfördervereine** sind selbst dann als Sonderausgaben abziehbar, wenn aufgrund der Satzung der Körperschaft oder deren tatsächlicher Geschäftsführung den Mitgliedern Vergünstigungen gewährt werden, z. B. Jahresgaben, verbilligter Eintritt, Veranstaltungen für Mitglieder (§ 10b Abs. 1 Satz 7 EStG).

Eine Zuwendung an einen Tierschutzverein mit der **Zweckbindung**, ein bestimmtes einzelnes Tier in konkreter Art und Weise zu unterstützen, kann als Sonderausgabe abzugsfähig sein (BFH-Urteil von 16.3.2021, BStBl II S. 810). Da der Tierschutzverein als begünstigter Empfänger die Zuwendung nicht annehmen muss, verbleibt das Letztentscheidungsrecht darüber, ob und wie er seine steuerbegünstigten Zwecke fördert, bei ihm. Der Unentgeltlichkeit einer Zuwendung steht nach Ansicht des BFH eine Zweckbindung nicht per se entgegen. An der Unentgeltlichkeit fehlt es nicht, wenn der Spender sich nur gewisse immaterielle Vorteile (wie z. B. eine Ansehensmehrung) erhofft.

Spenden an die vorstehend genannten gemeinnützigen Körperschaften sind bei Vorlage entsprechender Zuwendungsbestätigungen (vgl. Tz 2.5.3) als Sonderausgaben abziehbar.

2.5.2.5 Nicht abziehbare Zuwendungen

Nicht als Sonderausgaben abziehbar sind nach § 10b Abs. 1 Satz 8 EStG **Mitgliedsbeiträge** an Körperschaften, die

- den **Sport** (§ 52 Abs. 2 Nr. 21 AO),
- **kulturelle Betätigungen** (z. B. im Laientheater, Laienchor, Laienorchester), die in erster Linie der Freizeitgestaltung dienen,
- die **Heimatpflege** und **Heimatkunde** (§ 52 Abs. 2 Nr. 22 AO oder
- **Zwecke** i. S. des § 52 Abs. 2 Nr. 23 AO (Förderung der Tierzucht, der Pflanzenzucht, der Kleingärtnerei, des traditionellen Brauchtums einschließlich des Karnevals, der Fastnacht und des Faschings, der Soldaten- und Reservistenbetreuung, des Amateurfunkens, des Modellflugs und des Hundesports)

fördern. Entscheidend für die Nichtabziehbarkeit der Mitgliedsbeiträge ist, ob die durch die Zuwendung begünstigte Körperschaft in erster Linie den **Freizeitaktivitäten** ihrer Mitglieder dient. Auch Mitgliedsbeiträge an gemeinnützige Körperschaften, die neben der Freizeitgestaltung ihrer Mitglieder gleichzeitig auch zuwendungsbegünstigte Zwecke verfolgen (sog. Mischzwecke), sind **nicht** als Sonderausgaben abziehbar (BFH-Urteil vom 28.9.2022, BStBl 2023 II S. 178 zu Mitgliedsbeiträgen an einen **Musikverein**, der auch Musiker ausbildet).

Zuwendungen von Mitgliedern an den eigenen Verein, die – ggf. im Verbund mit gleichgerichteten Leistungen anderer Vereinsmitglieder – unmittelbar und ursächlich mit einem durch den Verein ermöglichten Vorteil (z. B. sog. **Beitrittsspenden** für den Erwerb der Mitgliedschaft in einem **Golfclub** und die Nutzung der vereinseigenen Golfanlage) zusammenhängen, sind ebenfalls nicht als Zuwendungen i. S. des § 10b Abs. 1 EStG steuerlich absetzbar (BFH-Urteil vom 2.8.2006, BStBl 2007 II S. 8).

2.5.3 Zuwendungsnachweise

2.5.3.1 Zuwendungsbestätigungen

Der **Erhalt** einer **Zuwendungsbestätigung** ist weiter Voraussetzung für die steuerliche Berücksichtigung von Spenden und Mitgliedsbeiträgen als Sonderausgaben nach § 10b EStG. Die Zuwendungsbestätigung muss aber nicht mehr zwingend mit der Steuererklärung eingereicht werden. Der Steuerpflichtige muss sie nur **vorhalten** und erst auf **Anforderung** des Finanzamts auf elektronischem Weg oder in Kopie **vorlegen** (vgl. Vorbemerkungen Tz 14.1). Entsprechendes gilt für die vereinfachten Spendennachweise nach Tz 2.5.3.4 (Bareinzahlungsbeleg, Buchungsbestätigung des Kreditinstituts), die der Steuerpflichtige erhalten hat.

Für die Zuwendungsbestätigungen, die nicht vom Finanzamt angefordert wurden, gilt eine besondere **Aufbewahrungsfrist** bis zum Ablauf eines Jahres nach Bekanntgabe des Steuerbescheides (§ 50 Abs. 8 Satz 2 EStDV); vgl. Vorbemerkungen Tz 14.3.

Der Zuwendungsempfänger muss in der Zuwendungsbestätigung versichern, dass der Zuwendungsbetrag (satzungsgemäß) nur für einen nach den §§ 52 bis 54 AO steuerbegünstigten gemeinnützigen, mildtätigen oder kirchlichen Zweck verwendet wird (§ 50 Abs. 1 EStDV). Zudem muss die Empfangsberechtigung des Zuwendungsempfängers nachgewiesen sein. Gemeinnützige Körperschaften i. S. des § 10b Abs. 1 Satz 2 Nr. 2 EStG dürfen Zuwendungsbestätigungen nur ausstellen, wenn

- das Datum der Anlage zum Körperschaftsteuerbescheid oder des Freistellungsbescheids nicht länger als fünf Jahre zurückliegt oder
- die Feststellung der Satzungsmäßigkeit nach § 60a Abs. 1 AO nicht länger als drei Kj. zurückliegt und bisher kein Freistellungsbescheid oder keine Anlage zum Körperschaftsteuerbescheid erteilt wurde (§ 63 Abs. 5 AO).

Die Körperschaft muss in der Zuwendungsbestätigung ausdrücklich versichern, dass diese Bedingungen erfüllt sind.

Die Zuwendungsbestätigung ist vom Zuwendungsempfänger nach **amtlich vorgeschriebenem Vordruck** auszustellen. Bei der Erstellung und Verwendung der verbindlichen Muster für die Zuwendungsbestätigungen sind die BMF-Schreiben vom 7.11.2013, BStBl I S. 1333 und vom 26.3.2014, BStBl I S. 791 zu beachten.

Der Steuerpflichtige darf auf die **Richtigkeit** einer Zuwendungsbestätigung über Spenden und Mitgliedsbeiträge **vertrauen** (§ 10b Abs. 4 EStG), es sei denn, dass er die Bestätigung durch unlautere Mittel oder falsche Angaben (z. B. Wertangabe bei Sachspenden) erwirkt hat oder dass ihm die Unrichtigkeit der Bestätigung bekannt oder infolge grober Fahrlässigkeit nicht bekannt war (z. B. der »Spende« steht eine Gegenleistung gegenüber). Der Schutz des Vertrauens in die Richtigkeit einer Zuwendungsbestätigung erfasst nicht Gestaltungen, in denen die Bescheinigung zwar inhaltlich unrichtig ist, der in ihr ausgewiesene Sachverhalt aber ohnehin keinen Abzug rechtfertigt (BFH-Urteil vom 5.4.2006, BStBl 2007 II S. 450). Das Gleiche gilt, wenn für den Leistenden der Zahlung klar erkennbar ist, dass die Zahlung in einem Gegenleistungsverhältnis steht (BFH-Urteil vom 2.8.2006, BStBl 2007 II S. 8).

Wer vorsätzlich oder grob fahrlässig eine unrichtige Bestätigung ausstellt oder veranlasst, dass Zuwendungen nicht zu den in der Bestätigung angegebenen steuerbegünstigten Zwecken verwendet werden, **haftet** für die entgangene Steuer. Diese ist gemäß § 10b Abs. 4 Satz 3 EStG mit 30 % des zugewendeten Betrags anzusetzen (BFH-Urteile vom 24.4.2002, BStBl 2003 II S. 128 und vom 10.9.2003, BStBl 2004 II S. 352).

Für nicht abzugsfähige **Mitgliedsbeiträge** darf keine Zuwendungsbestätigung ausgestellt werden. Hiervon betroffene steuerbegünstigte Körperschaften müssen bei einer **Geldspende** ausdrücklich bestätigen, dass es sich **nicht** um Mitgliedsbeiträge, sonstige Mitgliedsumlagen oder Aufnahmegebühren handelt.

2.5.3.2 Durchlaufspenden

Alle gemeinnützigen Körperschaften, die spendenbegünstigte Zwecke verfolgen, sind zum unmittelbaren Empfang und zur Bestätigung von Spenden berechtigt. Dennoch dürfen öffentlich-rechtliche Körperschaften oder öffentliche Dienststellen auch weiterhin als **Durchlaufstelle** auftreten und Zuwendungsbestätigungen ausstellen (sog. **Durchlaufspendenverfahren**). Auch im Durchlaufspendenverfahren sind die Zuwendungsbestätigungen nach amtlich vorgeschriebenem Vordruck auszustellen (BMF-Schreiben vom 7.11.2013, BStBl I S. 1333 ergänzt durch BMF-Schreiben vom 26.3.2014, BStBl I S. 791).

Eine Durchlaufspende ist aber nur dann absetzbar, wenn der Letztempfänger für denjenigen VZ, für den die Spende steuerlich berücksichtigt werden soll, wegen eines begünstigten Zwecks von der Körperschaftsteuer befreit ist (BFH-Urteil vom 5.4.2006, BStBl 2007 II S. 450).

2.5.3.3 Maschinelle Zuwendungsbestätigungen

Die Zuwendungsbestätigung muss grds. von mindestens einer durch Satzung oder Auftrag zur Entgegennahme von Zuwendungen (Zahlungen) berechtigten Person unterschrieben sein. Als Nachweis reicht aber auch eine **maschinell erstellte** Zuwendungsbestätigung **ohne** eigenhändige **Unterschrift** einer zeichnungsberechtigten Person aus, wenn der Zuwendungsempfänger die Nutzung eines entsprechenden Verfahrens dem zuständigen Finanzamt angezeigt hat. Mit der Anzeige ist insbesondere zu bestätigen, dass die Zuwendungsbestätigungen dem amtlich vorgeschriebenen Vordruck entsprechen und eine Angabe über die Anzeige an das Finanzamt enthalten. Zu den weiteren Voraussetzungen, die der Zuwendungsempfänger mit der Anzeige bestätigen muss, vgl. R 10b.1 Abs. 4 EStR.

Die Zuwendungsempfänger können die maschinell erstellten Zuwendungsbestätigungen nicht nur auf Papier, sondern auch auf **elektronischem Weg** in der Form schreibgeschützter Dateien (z. B. PDF-Dateien) an den Zuwendenden übermitteln (BMF-Schreiben vom 6.2.2017, BStBl I S. 287). Darüber hinaus lässt es die Finanzverwaltung zu, dass der Zuwendungsempfänger die Original-Zuwendungsbestätigungen in einem passwortgeschützten Bereich eines **digitalen Postfachs** zum **Download** für den Zuwendenden bereitstellt. Für die Abzugsberechtigung der Zuwendungen ist es dabei unerheblich, dass der Zuwendungsempfänger den Ausdruck des entsprechenden Dokuments nicht selbst übernimmt, sondern dem Zuwendenden überlässt.

2.5.3.4 Vereinfachter Spendennachweis

Bei Zuwendungen von nicht mehr als **300 €** genügt in bestimmten Fällen als **vereinfachter Spendennachweis** der **Bareinzahlungsbeleg** oder die **Buchungsbestätigung** eines Kreditinstituts. Auch für die vereinfachten Spendennachweise gilt die sog. Beleg**vorhaltepflicht**, d. h., dass sie nur auf Anforderung des Finanzamts auf elektronischem Weg oder in Kopie vorzulegen sind (vgl. Tz 2.5.3.1).

Das vereinfachte Nachweisverfahren wird anerkannt, wenn

- der Empfänger der Zuwendung eine inländische juristische Person des öffentlichen Rechts oder eine inländische öffentliche Dienststelle ist **oder**
- der Empfänger eine Körperschaft, Personenvereinigung oder Vermögensmasse i. S. des § 5 Abs. 1 Nr. 9 KStG ist, wenn der steuerbegünstigte Zweck, für den die Zuwendung verwendet wird, und die Angaben über die Freistellung des Empfängers von der Körperschaftsteuer auf einem von ihm hergestellten Beleg aufgedruckt sind und darauf angegeben ist, ob es sich bei der Zuwendung um eine Spende oder einen Mitgliedsbeitrag handelt (§ 50 Abs. 4 Satz 1 Nr. 2 EStDV).

Bei der **Buchungsbestätigung** kann es sich z. B. um den **Kontoauszug**, den **Lastschrifteinzugsbeleg** oder um eine gesonderte **Bestätigung** des **Kreditinstituts** handeln; beim Online-Banking genügt der **PC-Ausdruck**. Aus der Buchungsbestätigung müssen Name und Kontonummer oder ein sonstiges Identifizierungsmerkmal des Auftraggebers und des Empfängers, der Betrag, der Buchungstag sowie die tatsächliche Durchführung der Zahlung ersichtlich sein. Bei Spenden, die über **PayPal** durchgeführt werden, genügt als Buchungsbestätigung ein Kontoauszug des PayPal-Kontos, aus dem der Kontoinhaber und dessen E-Mail-Adresse ersichtlich sein müssen, und ein Ausdruck über die Transaktionsdetails der Spende.

Unabhängig von der Höhe der Zuwendung kann das **vereinfachte Nachweisverfahren** zugelassen werden, wenn die Zuwendung zur **Hilfe** in **Katastrophenfällen** innerhalb eines Zeitraums, den die obersten Finanzbehörden der Länder im Benehmen mit dem Bundesministerium der Finanzen bestimmen, auf ein für den Katastrophenfall eingerichtetes **Sonderkonto** einer inländischen juristischen Person des öffentlichen Rechts, einer inländischen öffentlichen Dienststelle oder eines inländischen amtlich anerkannten Verbandes der freien Wohlfahrtspflege einschließlich seiner Mitgliedsorganisationen eingezahlt worden ist (§ 50 Abs. 4 Satz 1 Nr. 1 Buchst. a EStDV). Spenden zur Hilfe in Katastrophenfällen, die vor Einrichtung eines solchen Sonderkontos geleistet werden oder zu denen nicht steuerbegünstigte Dritte aufgerufen hatten und die von diesen an den endgültigen Zuwendungsempfänger weitergeleitet wurden, können ebenfalls in einem vereinfachten Nachweisverfahren als Sonderausgaben geltend gemacht werden (§ 50 Abs. 4 Satz 1 Nr. 1 Buchst. b und Abs. 5 EStDV). Es können in diesem Rahmen auch Spendenaktionen von gemeinnützigen Körperschaften gebilligt werden, wenn diese die erhaltenen Mittel ohne Satzungsänderung für die Hilfe weitergeleitet haben. Wird die Zuwendung über ein als Treuhandkonto geführtes Konto eines Dritten auf eines der genannten Sonderkonten eingezahlt, genügt als Nachweis der Bareinzahlungsbeleg oder die Buchungsbestätigung des Kreditinstituts des Zuwendenden zusammen mit einer Kopie des Bareinzahlungsbelegs oder der Buchungsbestätigung des Kreditinstituts des Dritten.

»**Arbeitslohnspenden**« der Arbeitnehmer, die der Arbeitgeber zur Unterstützung der von den Naturkatastrophen Betroffenen auf ein Spendenkonto einer spendenempfangsberechtigten Einrichtung i. S. des § 10b Abs. 1 Satz 2 EStG überweist oder als Beihilfe an Arbeitnehmer des Unternehmens oder an Arbeitnehmer eines Geschäftspartners unmittelbar auszahlt, bleiben bei der Feststellung des stpfl. Arbeitslohns außer Ansatz; die steuerfrei belassenen Lohnteile dürfen dann aber nicht im Rahmen der Einkommensteuerveranlagung der Arbeitnehmer als Spende nach § 10b EStG berücksichtigt werden.

Auf dieser Grundlage hat die Finanzverwaltung eine entsprechende Verwaltungsanweisung zur Unterstützung der vom Krieg in der **Ukraine** Geschädigten erlassen (BMF-Schreiben vom 17.3.2022, BStBl I S. 330 und vom 7.6.2022, BStBl I S. 923). Die Finanzverwaltung hat den zeitlichen Anwendungsbereich der v. g. BMF-Schreiben aufgrund der Fortdauer des Ukrainekriegs auf alle begünstigten Maßnahmen erweitert, die bis zum **31.12.2025** durchgeführt werden (BMF-Schreiben vom 4.12.2024, BStBl I S. 1545).

Durch **Unwetter** mit Hochwasser und Starkregen im August 2024 ist es in Teilen Baden-Württembergs zu beträchtlichen Schäden gekommen. Für Unterstützungsleistungen an die unmittelbar vom Hochwasser geschädigten Personen gelten aufgrund eines entsprechenden Ländererlasses die o. a. Sonderregelungen zur Hilfe in Katastrophenfällen (Quelle: https://ofd-bw.fv-bwl.de/ unter »Aktuelles«). Das **vereinfachte Nachweisverfahren** gilt hiernach für Zuwendungen, die bis zum **31.3.2025** geleistet wurden.

2.5.4 Sachspenden

Steuerbegünstigt können nicht nur Geldspenden, sondern auch **Sachspenden** (Sachzuwendungen) sein. Als Sachspenden kommen Wirtschaftsgüter aller Art in Betracht. Der Spender muss bei Sachspenden der steuerbegünstigten Körperschaft oder im Rahmen des Durchlaufspendenverfahrens der Durchlaufstelle das Eigentum an dem Wirtschaftsgut verschaffen. Im Regelfall geschieht dies durch Einigung und Übergabe des Wirtschaftsgutes (Verschaffung der tatsächlichen Verfügungsmacht). Weitere Voraussetzung für die Steuerbegünstigung von Sachspenden (wie auch bei Geldspenden) ist, dass sie unmittelbar zur Förderung für gemeinnützige Zwecke der steuerbegünstigten Körperschaft geleistet werden. Daher sind Sachspenden für einen stpfl. wirtschaftlichen Geschäftsbetrieb (dazu gehören z. B. auch Fest-, Verkaufsveranstaltungen oder Altmaterialsammlungen, die an einen gewerblichen Altmaterialverwerter verkauft werden), der nicht unmittelbar der Verwirklichung gemeinnütziger Zwecke dient, nicht steuerbegünstigt.

Für die zutreffende Bewertung einer Sachspende ist es erforderlich, dass der Spender gegenüber der steuerbegünstigten Körperschaft ergänzende Angaben darüber macht, ob die Spende aus seinem **Privatvermögen** stammt oder ob sie unmittelbar zuvor aus dem **Betriebsvermögen** entnommen wurde:

Sachspenden aus dem **Privatvermögen** sind grds. mit dem **gemeinen Wert** (Verkehrswert einschließlich Umsatzsteuer) des Wirtschaftsgutes abziehbar. Das ist der Preis, der im gewöhnlichen Geschäftsverkehr nach der Beschaffenheit des Wirtschaftsgutes bei einer Veräußerung zu erzielen wäre. Bei Neuanschaffungen durch den Spender kann dieser Wert durch die Einkaufsrechnung nachgewiesen werden. Bei gebrauchten Wirtschaftsgütern (z.B. gebrauchter Kleidung) ist der Wert anhand des Anschaffungspreises, der Qualität, des Alters und des Erhaltungszustandes des Wirtschaftsgutes im Abgabezeitpunkt zu schätzen. Bei Sachspenden, die im Zeitpunkt der Zuwendung bei einer Veräußerung einen Besteuerungstatbestand erfüllen würden (z.B. bei Veräußerungstatbeständen, die unter § 17 oder § 23 EStG fallen), sind die fortgeführten Anschaffungs- oder Herstellungskosten als Wert der Zuwendung maßgebend (Tz 6 des BMF-Schreibens vom 7.11.2013, BStBl I S. 1333).

Wird ein Wirtschaftsgut gespendet, das unmittelbar zuvor aus dem **Betriebsvermögen** des Spenders entnommen wurde, so bemisst sich nach § 10b Abs. 3 Satz 2 EStG der für die Sachspende anzusetzende Wert nach dem bei der Entnahme des Wirtschaftsgutes angesetzten **Teilwert** (einschließlich Umsatzsteuer, die auf die Entnahme entfällt). Abweichend vom Teilwert kann das Wirtschaftsgut auch mit dem **Buchwert** entnommen werden (sog. **Buchwertprivileg** nach § 6 Abs. 1 Nr. 4 Satz 4 EStG). Die während der Zugehörigkeit des Wirtschaftsgutes zum Betriebsvermögen entstandenen Wertsteigerungen (stillen Reserven) werden insoweit nicht erfasst. Eine Gewinnrealisierung der stillen Reserven unterbleibt auch dann, wenn die steuerbegünstigte Körperschaft das gespendete Wirtschaftsgut zeitnah weiterveräußert (vgl. R 6.12 Abs. 3 EStR). Dadurch kann der Spender ESt und ggf. Gewerbesteuer sparen. Allerdings wird dadurch der Wert der Sachspende auf den **Buchwert** ggf. zzgl. Umsatzsteuer begrenzt (§ 10b Abs. 3 Satz 2 EStG). Das Buchwertprivileg gilt bei **Sachspenden** an Stiftungen (vgl. Tz 2.5.10) entsprechend.

Bei **Sachspenden** hat die steuerbegünstigte Körperschaft in der **Zuwendungsbestätigung** die der Wertermittlung zugrunde liegenden Angaben (genaue Bezeichnung der Sachspende mit Alter, Erhaltungszustand, historischer Kaufpreis, Herkunft des Wirtschaftsguts, bei Betriebsvermögen auch maßgeblicher Entnahmewert) und Unterlagen gesondert aufzuführen und die erforderlichen Nachweise und Unterlagen aufzubewahren (Tz 6 des o.a. BMF-Schreibens vom 7.11.2013 ergänzt durch BMF-Schreiben vom 26.3.2014, BStBl I S. 791).

2.5.5 Aufwands- und Rückspenden

Unter bestimmten Voraussetzungen ist auch der **Verzicht** auf einen zuvor vereinbarten **Aufwendungsersatz** (Aufwandsspende) oder einen **sonstigen Anspruch** (Rückspende) als Sonderausgabe nach § 10b EStG begünstigt. Unentgeltliche Nutzungen (z.B. kostenlose Überlassung von Räumen oder Gewährung eines zinslosen Darlehens) und Leistungen (z.B. ehrenamtliche Tätigkeit) können zwar nicht wie eine Sachspende behandelt werden, da dem Steuerpflichtigen insoweit kein finanzieller Aufwand entsteht (§ 10b Abs. 3 Satz 1 EStG). Auch die **unentgeltliche Arbeitsleistung** eines Vereinsmitglieds ist deshalb keine Spende. Werden die Nutzungen und Leistungen aber **entgeltlich** erbracht, kann bei Verzicht auf den rechtswirksam entstandenen **Aufwendungsersatzanspruch** nach § 10b Abs. 3 Satz 5 EStG eine steuerbegünstigte Spende vorliegen. Beispielsweise kann auf einen rechtswirksam entstandenen Anspruch auf Auszahlung einer Vergütung (z.B. für erbrachte Arbeitsleistung, für Überlassung von Räumen oder Darlehen) oder eines Aufwendungsersatzes (z.B. für den Verein verauslagte Aufwendungen in Form von Fahrt-, Reise-, Telefon- und Portokosten) bedingungslos verzichtet werden.

Nach den BMF-Schreiben vom 25.11.2014, BStBl I S. 1584 und vom 24.8.2016, BStBl I S. 994 gelten zur steuerlichen Anerkennung von Aufwandsspenden und Rückspenden an gemeinnützige Vereine die folgenden **Grundsätze**:

- Der Aufwendungsersatzanspruch muss durch einen **Vertrag** oder die **Satzung** eingeräumt worden sein, und zwar bevor die zum Aufwand führende Tätigkeit begonnen worden ist. Aufwendungsersatzansprüche aus einer auf einer entsprechenden Satzungsermächtigung beruhenden Vereinsordnung (z.B. Reisekostenordnung) sind Ansprüche aus einer Satzung i.S. des § 10b Abs. 3 Satz 5 EStG.
- Die Anerkennung eines Aufwendungsersatzanspruchs ist auch in den Fällen eines rechtsgültigen **Vorstandsbeschlusses** möglich, wenn der Vorstand dazu durch eine Regelung in der Satzung ermächtigt wurde. Eine nachträgliche rückwirkende Begründung von Ersatzpflichten des Zuwendungsempfängers, z.B. durch eine rückwirkende Satzungsänderung, reicht jedoch nicht aus. Wird bei einer gemeinnützigen Körperschaft, die vor dem 1.1.2015 gegründet wurde, Aufwendungsersatz lediglich aufgrund eines rechtsgültigen Vorstandsbeschlusses ohne ausdrückliche Satzungsermächtigung eingeräumt, so muss die Satzung allerdings nicht allein zur Einräumung dieser Ermächtigung geändert werden.
- Ansprüche auf einen Aufwendungsersatz oder auf eine Vergütung (z.B. Lohn- oder Honorarforderungen) müssen **ernsthaft** eingeräumt sein und dürfen **nicht** von vornherein unter der **Bedingung** des Verzichts stehen:
  Wesentliche Indizien für die **Ernsthaftigkeit** von Ansprüchen auf Aufwendungsersatz oder auf eine Vergütung sind auch die **zeitliche Nähe** der **Verzichtserklärung** zur Fälligkeit des Anspruchs und die **wirtschaftliche Leistungsfähigkeit** des Zuwendungsempfängers. Die Verzichtserklärung ist dann noch zeitnah, wenn bei einmaligen Ansprüchen innerhalb von **drei Monaten** und bei Ansprüchen aus einer regelmäßigen Tätigkeit innerhalb **eines Jahres** nach Fälligkeit des Anspruchs der Verzicht erklärt wird. Regelmäßig ist eine Tätigkeit, wenn sie gewöhnlich monatlich ausgeübt wird. Die wirtschaftliche Leistungsfähigkeit ist anzunehmen, wenn der Zuwendungsempfänger ungeachtet eines späteren Verzichts durch den Zuwendenden zum Zeitpunkt der Einräumung des Anspruchs auf den Aufwendungsersatz oder die Vergütung wirtschaftlich in der Lage ist, die eingegangene Verpflichtung auch zu erfüllen. Von der wirtschaftlichen Leistungsfähigkeit ist immer dann auszugehen, wenn die gemeinnützige Körperschaft offensichtlich über genügend liquide Mittel oder sonstiges Vermögen verfügt, das zur Begleichung der eingegangenen Verpflichtung herangezogen wird.
- Wird auf einen Anspruch verzichtet, muss dieser auch im Zeitpunkt des Verzichts tatsächlich **werthaltig** sein. Davon ist auszugehen, wenn der Verein im Zeitpunkt der Einräumung des Anspruchs auf einen Aufwendungsersatz oder eine Vergütung wirtschaftlich in der Lage ist, die eingegangene Verpflichtung zu erfüllen.
- Die Ausgabe muss beim Spender zu einer endgültigen **wirtschaftlichen Belastung** führen. Eine endgültige wirtschaftliche Belastung liegt nicht vor, soweit der Wertabgabe aus dem Vermögen des Steuerpflichtigen ein entsprechender Zufluss – im Falle der Zusammenveranlagung auch beim anderen Ehegatten/Lebenspartner – gegenübersteht (BFH-Urteil vom 20.2.1991, BStBl II S. 690). Die von der spendenempfangsberechtigten Einrichtung erteilten Aufträge und die mit deren Ausführung entstehenden Aufwendungen dürfen nicht, auch nicht z.T., im eigenen Interesse des Zuwendenden ausgeführt oder getätigt werden. Die Auszahlung von Aufwendungsersatz an den Spender führt insoweit nicht zu einem schädlichen Rückfluss, als der Aufwendungsersatz aufgrund eines ernsthaft eingeräumten Ersatzanspruchs geleistet wird, der nicht unter der Bedingung einer vorhergehenden Spende steht.
- Bei dem nachträglichen Verzicht auf den Ersatz der Aufwendungen oder auf einen sonstigen Anspruch handelt es sich um eine **Geldspende**, bei der entbehrlich ist, dass Geld zwischen dem Zuwendungsempfänger und dem Zuwendenden tatsächlich hin und her fließt. Dem Zuwendenden ist deshalb eine Zuwendungsbestätigung über eine Geldzuwendung zu erteilen, in der auch ausdrückliche Angaben darüber zu machen sind, ob es sich um den Verzicht auf die Erstattung von Aufwendungen handelt.
- Eine **Zuwendungsbestätigung** darf nur erteilt werden, wenn sich der Ersatzanspruch auf Aufwendungen bezieht, die zur Erfüllung

der satzungsmäßigen Zwecke des Zuwendungsempfängers erforderlich waren. Für die Höhe der Zuwendung ist der vereinbarte Ersatzanspruch maßgeblich. Allerdings kann ein unangemessen hoher Ersatzanspruch zum Verlust der Gemeinnützigkeit des Zuwendungsempfängers führen (§ 55 Abs. 1 Nr. 3 AO). Der Zuwendungsempfänger muss die zutreffende Höhe des Ersatzanspruchs, über den er eine Zuwendungsbestätigung erteilt hat, durch geeignete Unterlagen im Einzelnen belegen können.

2.5.6 Begünstigte Ausgaben

2.5.6.1 Keine Gegenleistung

Weitere Voraussetzung für den Spendenabzug ist, dass **steuerbegünstigte Ausgaben** (Zuwendungen) vorliegen, die **freiwillig** und **unentgeltlich**, d.h. ohne Gegenleistung zur Förderung steuerbegünstigter Zwecke geleistet werden. Ausgaben des Steuerpflichtigen, für die er eine **Gegenleistung** erhält, sind mangels Unentgeltlichkeit nicht steuerbegünstigt (vgl. H 10b.1 – Gegenleistung – EStH). Das gilt auch, wenn die Zuwendung den Wert der Gegenleistung übersteigt (z.B. Kauf einer Eintrittskarte für eine Benefizveranstaltung). Eine Ausnahme gilt für Mitgliedsbeiträge an Kulturfördervereine (vgl. Tz 2.5.2.4). Die **Zweckbindung** einer Zuwendung steht der **Unentgeltlichkeit** nicht per se entgegen (BFH-Urteil vom 16.3.2021, BStBl II S. 810).

Eine Aufteilung der Zuwendung in Gegenleistung und Spende ist nicht zulässig (BFH-Urteil vom 2.8.2006, BStBl 2007 II S. 8). Im Übrigen dürfen Ausgaben, die steuerbegünstigt sein sollen, nicht einem stpfl. wirtschaftlichen Geschäftsbetrieb der steuerbegünstigten Körperschaft zufließen.

Wer einen Geldbetrag als **Schenkung** mit der Auflage erhält, ihn einer steuerbegünstigten Körperschaft zuzuwenden, ist mit diesem Betrag grds. nicht wirtschaftlich belastet und daher nicht spendenabzugsberechtigt. Etwas anderes gilt aufgrund von § 26b EStG, wenn es sich bei den Parteien des zugrunde liegenden Schenkungsvertrags um zusammen veranlagte Eheleute/Lebenspartner handelt. In diesen Fällen ist die wirtschaftliche Belastung des Schenkers dem mit ihm zusammen veranlagten zuwendenden Ehegatten/Lebenspartners zuzurechnen (BFH-Urteil vom 15.1.2019, BStBl II S. 318).

Ein **Darlehen**, das einem Steuerpflichtigen von einer **Stiftung** im engen zeitlichen Zusammenhang mit der Zahlung in deren Vermögen gewährt wird, stellt **keine** den Spendenabzug ausschließende **Gegenleistung** dar, wenn es in fremdüblicher Weise gewährt und den vertraglichen Vereinbarungen entsprechend durchgeführt wird (BFH-Urteil vom 26.4.2023, BStBl II S. 1037). Für die Anerkennung des Spendenabzugs dürfen aber keinerlei Zweifel am Fremdkapitalcharakter der gespendeten Mittel vorliegen.

2.5.6.2 Nicht abziehbare Spenden

Nicht abzugsfähig sind Spenden, die z. B. bei einer **Straßensammlung** oder als sonntägliches Opfer in der Kirche gegeben werden, sowie der **Wohlfahrtszuschlag**, der beim Kauf der von der Deutschen Post herausgegebenen Wohlfahrtsmarken zu entrichten ist (BFH-Urteil vom 13.6.1969, BStBl II S. 701). Auch Aufwendungen für Lose einer **Wohlfahrtstombola** sind keine Spenden (BFH-Urteil vom 29.1.1971, BStBl II S. 799).

Zahlungen zugunsten gemeinnütziger Einrichtungen, die als **Bewährungsauflage** im Straf- oder Gnadenverfahren auferlegt werden, können ebenfalls nicht als Spende abgezogen werden (BFH-Urteil vom 8.4.1964, BStBl III S. 333). Gleiches gilt für Zahlungen an eine gemeinnützige Einrichtung zur Erfüllung einer **Auflage** nach § 153a StPO oder § 56b StGB (BFH-Urteil vom 19.12.1990, BStBl 1991 II S. 234; vgl. H 10b.1 – Auflagen – EStH), denn derartige Zahlungen erfolgen weder freiwillig noch unentgeltlich.

Aufwendungen des Erben zur Erfüllung von **Vermächtniszuwendungen** an gemeinnützige Einrichtungen sind weder beim Erben noch beim Erblasser als Spenden abziehbar (BFH-Urteile vom 22.9.1993, BStBl II S. 874 und vom 23.10.1996, BStBl 1997 II S. 239).

2.5.6.3 Schulvereine

Zuwendungen (Beiträge, Spenden, Patengelder) an **gemeinnützige Schulvereine** (Schulen in freier Trägerschaft) und entsprechende **Fördervereine** von Personen, die selbst keine Kinder in der betreffenden Schule haben (fördernde Personen), sind steuerbegünstigte Spenden, da in diesem Fall eine Verknüpfung der Zuwendung mit einer konkreten Gegenleistung des Vereins regelmäßig nicht besteht.

Bei Personen, deren Kinder die Schule besuchen, ist eine Aufteilung der Elternbeiträge in einen steuerlich abziehbaren Spendenanteil und in ein nicht als Spenden abziehbares Leistungsentgelt nicht möglich (BFH-Urteil vom 25.8.1987, BStBl II S. 850). Hiernach können Eltern, deren Kinder die Schule eines gemeinnützigen Schulvereins (Schulträgers), z.B. eine Waldorfschule, besuchen, nicht zur Deckung von Schulkosten ihrer Kinder steuerwirksam spenden. Dies gilt auch dann, wenn ein sozial gestaffeltes **Schulgeld** oder ein Schulgeld aufgrund einer Selbsteinschätzung der Eltern erhoben wird. Diese Beträge können aber im Rahmen des § 10 Abs. 1 Nr. 9 EStG als Sonderausgaben berücksichtigt werden (vgl. Tz 9.12).

Nach dem BMF-Schreiben vom 4.1.1991, BStBl 1992 I S. 266 ist im Einzelnen Folgendes zu beachten:

Als **Spenden** kommen bei Personen, deren Kinder die Schule besuchen, somit nur **freiwillige Leistungen** in Betracht, die über den festgesetzten Elternbeitrag hinausgehen (z. B. Übernahme von Patenschaften, Einzelspenden für besondere Veranstaltungen oder Anschaffungen außerhalb des normalen Betriebs der Schule). Hierzu gehören auch Zuwendungen für die Lehrerausbildung, z.B. auf einer Hochschule oder für Schulbaukosten (oder andere Investitionen), wenn hierfür allgemein zu Spenden aufgerufen wird; Zuwendungen der Eltern im Rahmen einer allgemeinen Kostenumlage sind deshalb nicht begünstigt. Außerdem muss sichergestellt sein, dass die festgesetzten Elternbeiträge zusammen mit etwaigen staatlichen Zuschüssen und Zuwendungen der fördernden Mitglieder die voraussichtlichen **Kosten** des **normalen Betriebs** der Schule decken. Zu den Kosten des normalen Schulbetriebs zählen insbesondere:

- laufende Sachkosten, z.B. Kosten für Lehrmittel, Versicherungen, Instandhaltung, Zinsen,
- laufende personelle Kosten, z.B. Lehrergehälter, Gehälter für sonstige Mitarbeiter, Versorgungsbezüge, Aufwendungen zur Lehrerfortbildung,
- nutzungsbezogene Aufwendungen, z.B. Mieten, Erbbauzins, Absetzungen für Abnutzung,
- Kosten für Klassenfahrten, Exkursionen und ähnliche übliche Veranstaltungen (falls sie von der Schule getragen werden).

Setzt der Schulträger die Elternbeiträge so niedrig fest, dass der normale Betrieb der Schule z. B. nur durch Zuwendungen der Eltern an einen Förderverein aufrechterhalten werden kann, die dieser satzungsgemäß an den Schulverein abzuführen hat, so handelt es sich wirtschaftlich betrachtet auch bei diesen Zuwendungen um ein Leistungsentgelt, für das die Spendenbegünstigung nicht in Betracht kommt. Deshalb werden Gestaltungen steuerlich nicht anerkannt, nach denen der von den Eltern zu leistende Beitrag formal in einen an den Schulverein zu entrichtenden Elternbeitrag (Leistungsentgelt) und in einen als Spende bezeichneten und an den Förderverein zu zahlenden Betrag aufgespalten wird (BFH-Urteil vom 12.8.1999, BStBl 2000 II S. 65). Die steuerliche Abziehbarkeit etwaiger über den Elternbeitrag hinausgehender freiwilliger und unentgeltlicher Zuwendungen hängt nicht von der Zwischenschaltung eines Fördervereins ab.

Entscheidend für die steuerliche Anerkennung spendenbegünstigter Zuwendungen ist, dass es sich hierbei wirtschaftlich nicht um Schulgeldzahlungen – gleich in welcher Form –, sondern um freiwillige Leistungen der Eltern ohne Entgeltcharakter handelt.

Die vorstehenden Grundsätze gelten für »Elternbeiträge«, die von nahen Angehörigen der Kinder i. S. des § 15 AO (z. B. den Großeltern) erbracht werden, entsprechend; ebenso für Spenden an andere Bildungseinrichtungen (z. B. Kindergärten).

2.5.6.4 Sponsoring

Zuwendungen eines **Sponsors**, die keine Betriebsausgaben darstellen, sind als Spenden abziehbar, wenn sie zur Förderung steuerbegünstigter Zwecke freiwillig oder aufgrund einer freiwillig eingegangenen Rechtspflicht erbracht werden, kein Entgelt für eine bestimmte Leistung des Empfängers sind und nicht in einem tatsächlichen wirtschaftlichen Zusammenhang mit dessen Leistungen stehen (siehe BFH-Urteile vom 25.11.1987, BStBl 1988 II S. 220 und vom 12.9.1990, BStBl 1991 II S. 258 sowie BMF-Schreiben vom 18.2.1998, BStBl I S. 212).

2.5.6.5 Crowdfunding

Crowdfunding bezeichnet eine Form der **Mittelakquise** unter Nutzung internetbasierter Strukturen, die die Beteiligung einer Vielzahl von Personen (der »Crowd«) ermöglicht. Dabei werden die einzelnen durch einen Dritten (»Projektveranstalter«) durchzuführenden Projekte oder zu entwickelnden Produkte auf einer Internetplattform (sog. »Crowdfunding-Portal«) vorgestellt und gezielt Gelder zur Erreichung eines häufig festen Finanzierungsziels eingeworben.

Das »klassische Crowdfunding« nutzen i. d. R. sog. Start-up-Unternehmen, um eine möglichst effiziente Form der Anlauffinanzierung zu erreichen. Die Unterstützer dieses »klassischen Crowdfunding« erhalten für ihren Beitrag zur Erreichung des Finanzierungsziels eine Gegenleistung. Ein Spendenabzug scheitert beim »klassischen Crowdfunding« regelmäßig deswegen, weil der Zuwendungsempfänger entweder nicht steuerbegünstigt ist oder weil der Zuwendende für seine Leistung eine Gegenleistung erhält; auf das Verhältnis von Leistung oder Gegenleistung kommt es dabei nicht an (BFH-Urteile vom 25.8.1987, BStBl II S. 850 und vom 12.8.1999, BStBl 2000 II S. 65).

Beim sog. »**Spenden Crowdfunding**«, die als anlassbezogene Spendensammlungen organisiert werden, hängt die Zulässigkeit des steuerlichen Spendenabzugs von den Eigenschaften der Beteiligten und den zwischen ihnen bestehenden rechtlichen Verbindungen ab. Wenn der Empfänger der Finanzierungsmittel aus dem Crowdfunding eine nach § 5 Abs. 1 Nr. 9 KStG i. V. mit §§ 51 ff. AO steuerbegünstigte Körperschaft oder juristische Person des öffentlichen Rechts ist, dann ist diese berechtigt, für die erhaltenen Mittel Zuwendungsbestätigungen nach § 50 Abs. 1 EStDV auszustellen. Das BMF-Schreiben vom 15.12.2017, BStBl 2018 I S. 246 ist dabei im Einzelnen zu beachten.

2.5.7 Spendenhöchstsätze

Spenden und Mitgliedsbeiträge zur Förderung steuerbegünstigter Zwecke können einheitlich

- bis zu **20 %** des Gesamtbetrags der Einkünfte oder
- alternativ bis zu **4 ‰** der Summe der gesamten Umsätze und der im Kj. aufgewendeten Löhne und Gehälter

als Sonderausgaben abgezogen werden (§ 10b Abs. 1 EStG). Für den Sonderausgabenabzug vorgetragener Spendenbeträge gelten diese **Höchstsätze** entsprechend. Zuwendungen, die im laufenden VZ geleistet wurden, und diejenigen aus dem Spendenvortrag sind zur Berechnung des Höchstbetrags zusammenzufassen. Ein hiernach ggf. verbleibender vortragsfähiger Spendenbetrag wird wiederum gesondert festgestellt.

BEISPIEL:

Zum 31.12.2024 beträgt der verbleibende Spendenvortrag i. S. des § 10b Abs. 1 Satz 9 EStG 8 000 €. Im Jahr 2025 werden weitere berücksichtigungsfähige Spenden von 15 000 € geleistet. Der maßgebende Gesamtbetrag der Einkünfte des VZ 2025 beträgt 100 000 €.

Die laufenden Spenden des VZ 2025 und die Spenden aus dem Vortrag sind als Sonderausgaben abziehbar, soweit sie zusammen den Höchstbetrag von 20 % des maßgebenden Gesamtbetrags der Einkünfte nicht übersteigen. Abziehbar sind somit:

aus Spendenvortrag	8 000 €
aus laufenden Spenden des VZ 2025	+ 15 000 €
Gesamtbetrag	23 000 €
Spendenhöchstbetrag = 20 % von 100 000 €	20 000 €
insgesamt als Spenden abziehbar	20 000 €

Die nicht berücksichtigten Spenden des laufenden VZ 2025 i. H. von 3 000 € (15 000 € ./. 12 000 €) werden zum 31.12.2025 als verbleibender vortragsfähiger Spendenbetrag gesondert festgestellt.

2.5.8 Spenden und Mitgliedsbeiträge an politische Parteien

Spenden und Mitgliedsbeiträge an **politische Parteien** i. S. des § 2 7
des Parteiengesetzes sind nur in beschränkter Höhe als **Sonderausgaben** abzugsfähig (§ 10b Abs. 2 EStG). Vorrangig werden diese Zuwendungen über eine **Ermäßigung** der **tariflichen ESt** berücksichtigt (§ 34g Nr. 1 EStG). Der Sonderausgabenabzug bzw. die Tarifermäßigung sind durch Eintragung der zugewendeten Beträge in **Zeile 7** geltend zu machen. Eine Berücksichtigung der Spenden und Mitgliedsbeiträge scheidet allerdings aus, sofern die politische Partei von der staatlichen Parteienfinanzierung ausgeschlossen ist.

Bei Steuerpflichtigen, die Mitgliedsbeiträge und Spenden an politische Parteien i. S. des § 2 des Parteiengesetzes leisten, ermäßigt sich die tarifliche ESt (vermindert um die sonstigen Steuerermäßigungen mit Ausnahme des sog. »Baukindergeldes« nach § 34f Abs. 3 EStG a. F.) um **50 %** dieser Ausgaben, höchstens um **825 €**, im Fall der Zusammenveranlagung von Ehegatten/Lebenspartnern höchstens um **1 650 €**. Diese Ermäßigung kann nicht zu einer negativen Steuerschuld führen. Bei zusammen veranlagten Ehegatten/Lebenspartnern spielt es insoweit keine Rolle, wer von den Ehegatten/Lebenspartnern die begünstigten Aufwendungen geleistet hat. Bei der Einzelveranlagung von Ehegatten/Lebenspartnern bemisst sich die Steuerermäßigung nach § 34g Nr. 1 EStG für jeden Ehegatten/Lebenspartner entsprechend den von ihm geleisteten Ausgaben zur Förderung staatspolitischer Zwecke.

Für den Sonderausgabenabzug von Spenden und Mitgliedsbeiträgen an politische Parteien gilt darüber hinaus eine Höchstgrenze von insgesamt **1 650 €**, im Fall der Zusammenveranlagung von Ehegatten/Lebenspartnern von insgesamt **3 300 €** im Kj. (§ 10b Abs. 2 EStG). Als **Sonderausgaben** können Mitgliedsbeiträge und Spenden an politische Parteien jedoch nur insoweit abgezogen werden, als für sie nicht ein Abzug von der tariflichen ESt nach § 34g EStG gewährt worden ist (siehe nachfolgendes **Beispiel**). Damit ist ein Sonderausgabenabzug auch möglich, soweit sich die Mitgliedsbeiträge und Spenden an politische Parteien nicht nach § 34g EStG auswirken, weil die tarifliche ESt zu niedrig ist. Ein Wahlrecht zwischen dem Abzug von der Steuer (§ 34g EStG) und dem Sonderausgabenabzug besteht **nicht**. Ein Abzug als Betriebsausgaben oder Werbungskosten ist nicht möglich (§ 4 Abs. 6, § 9 Abs. 5 EStG). Die genannten Höchstbeträge gelten **neben** den Höchstsätzen für Zuwendungen zur Förderung der anderen steuerbegünstigten Zwecke nach § 10b Abs. 1 EStG (siehe folgendes Beispiel).

BEISPIEL:

Ein alleinstehender Steuerpflichtiger mit einem Gesamtbetrag der Einkünfte im VZ 2025 von 50 000 € leistete im Kj. 2025 folgende Spenden:

für gemeinnützige Zwecke	500 €,
für kirchliche Zwecke	2 500 €,
an politische Parteien i. S. des § 2 Parteiengesetzes	3 500 €.

Abzugsfähig sind:

- Von den Spenden an politische Parteien werden **825 €** (50 % aus höchstens 1 650 €) nach § 34g EStG als Abzugsbetrag von der tariflichen ESt **berücksichtigt**.
- Von den verbleibenden Spenden an politische Parteien i. H. von 1 850 € (3 500 € ./. 1 650 €) sind höchstens **1 650 €** als Sonderausgaben abzugsfähig (§ 10b Abs. 2 EStG).

- Die Aufwendungen zur Förderung kirchlicher und gemeinnütziger Zwecke von **3 000 €** (2 500 € + 500 €) sind im Rahmen des Höchstbetrags von **10 000 €** (= 20 % von 50 000 €) in voller Höhe abzugsfähig (§ 10b Abs. 1 EStG).
- Insgesamt sind somit **4 650 €** (1 650 € + 3 000 €) als Sonderausgaben abzugsfähig.

Der Sonderausgabenabzug von Spenden und Mitgliedsbeiträgen an politische Parteien i. S. des § 2 des Parteiengesetzes ist weiter davon abhängig, dass der Zuwendende eine Zuwendungsbestätigung des Empfängers auf amtlich vorgeschriebenem Vordruck erhalten hat (§ 50 Abs. 1 EStDV). Die Zuwendungsbestätigung ist dem Finanzamt aber nur auf **Anforderung** auf elektronischem Weg oder in Kopie vorzulegen (vgl. Vorbemerkungen Tz 14.1); die Belegvorhalte- und Aufbewahrungspflichten (vgl. Tz 2.5.3.1) gelten gleichermaßen auch für Zuwendungen an politische Parteien.

Bei der Erstellung und Verwendung der verbindlichen Muster für die Zuwendungsbestätigungen sind die BMF-Schreiben vom 7.11.2013, BStBl I S. 1333 und vom 26.3.2014, BStBl I S. 791 zu beachten. Auch Zuwendungsbestätigungen der Parteien können dem Zuwendenden elektronisch in Form von schreibgeschützten Dateien übermittelt werden (vgl. Tz 2.5.3.3).

Bei Zuwendungen an politische Parteien reicht als **vereinfachter Nachweis** der Bareinzahlungsbeleg oder die Buchungsbestätigung eines Kreditinstituts, wenn die Zuwendung **300 €** nicht übersteigt und bei **Spenden** der Verwendungszweck auf dem vom Empfänger hergestellten Beleg aufgedruckt ist (§ 50 Abs. 4 Nr. 2 Buchst. c EStDV). Als Nachweis für die Zahlung von **Mitgliedsbeiträgen** an politische Parteien genügt ansonsten die Vorlage von Bareinzahlungsbelegen, Buchungsbestätigungen oder Beitragsquittungen (§ 50 Abs. 6 EStDV).

2.5.9 Unabhängige Wählervereinigungen

8 Nach § 34g Nr. 2 EStG ermäßigt sich die tarifliche ESt für Spenden und Mitgliedsbeiträge an **unabhängige Wählervereinigungen** um **50 %** dieser Ausgaben, höchstens um **825 €**, im Fall der Zusammenveranlagung von **Ehegatten/Lebenspartnern** höchstens um **1 650 €**. Diese Tarifermäßigung ist durch Eintragung der zugewendeten Beträge in **Zeile 8** geltend zu machen; die Tarifermäßigung kann nicht zu einer negativen Steuerschuld führen. Die genannten Höchstbeträge gelten gesondert **neben** den gleich hohen Grenzen für den Abzug von Spenden und Mitgliedsbeiträgen an politische Parteien nach § 34g Nr. 1 EStG (vgl. Tz 2.5.8). Anders als bei Zuwendungen an politische Parteien ist für Beiträge und Spenden an unabhängige Wählervereinigungen, die über die nach § 34g EStG berücksichtigungsfähigen Ausgaben hinausgehen, ein Sonderausgabenabzug nach § 10b EStG **nicht** möglich; zur Verfassungsmäßigkeit dieser Einschränkung siehe BFH-Urteil vom 20.3.2017, BStBl II S. 1122.

Begünstigt sind nur Beiträge und Spenden an unabhängige Wählervereinigungen, die die Rechtsform eines eingetragenen oder nicht rechtsfähigen **Vereins** haben und deren Zweck ausschließlich darauf gerichtet ist, durch Teilnahme mit eigenen Wahlvorschlägen an Wahlen auf Bundes-, Landes- oder Kommunalebene bei der politischen Willensbildung mitzuwirken. Weitere Voraussetzung ist, dass die unabhängige Wählervereinigung entweder bei der letzten Wahl, an der sie teilgenommen hat, wenigstens ein Mandat errungen hat, oder dass sie der zuständigen Wahlbehörde oder dem zuständigen Wahlorgan mitgeteilt hat, dass sie sich an der jeweils nächsten Wahl beteiligen will. Eine unabhängige Wählervereinigung, die entgegen dieser Mitteilung nicht an der nächsten Wahl teilnimmt, ist erst wieder zum Empfang steuerlich abziehbarer Zuwendungen berechtigt, wenn sie sich tatsächlich mit eigenen Wahlvorschlägen an einer späteren Wahl beteiligt hat. Die Steuerermäßigung wird in diesem Fall nur für Beiträge und Spenden gewährt, die nach Beginn des Jahres, in dem die Wahl stattfindet, geleistet werden. Wegen Einzelheiten (mit Beispielen) wird auf das BMF-Schreiben vom 16.6.1989, BStBl I S. 239 (abgedruckt zu H 34g EStH) hingewiesen.

Dass alle Voraussetzungen für die Gewährung der Tarifermäßigung nach § 34g EStG erfüllt sind, hat der Steuerpflichtige auf Anforderung des Finanzamts durch eine **Zuwendungsbestätigung** der unabhängigen Wählervereinigung nachzuweisen; die besonderen Belegvorhalte- und Aufbewahrungsfristen (vgl. Tz 2.5.3.1) gelten entsprechend. Verbindliche Muster der Bestätigung für Geld- und Sachzuwendungen an eine unabhängige Wählervereinigung sind als Anlagen zum BMF-Schreiben vom 7.11.2013, BStBl I S. 1333 abgedruckt.

2.5.10 Spenden in das zu erhaltende Vermögen einer Stiftung

Für die Berücksichtigung von Spenden zu steuerbegünstigten Zwe- 9–1
cken i. S. der §§ 52 bis 54 AO in das **zu erhaltende Vermögen** (Vermögensstock) einer **Stiftung**, die im VZ der Zuwendung und in den folgenden neun VZ neben den Höchstbeträgen nach § 10b Abs. 1 EStG als Sonderausgaben abgezogen werden können, gilt innerhalb dieses Zeitraums von **10 Jahren** ein gesonderter **Höchstbetrag** von **1 Mio. €** (§ 10b Abs. 1a Satz 1 EStG). Für zusammen veranlagte **Ehegatten/Lebenspartner** ist ein gemeinsamer Höchstbetrag von **2 Mio. €** maßgebend; hierdurch entfällt der Nachweis, dass jeder der Ehegatten/Lebenspartner aus seinem eigenen Vermögen höchstens 1 Mio. € gespendet hat. Der besondere Abzugsbetrag nach § 10b Abs. 1a Satz 1 EStG bezieht sich auf den gesamten **Zehnjahreszeitraum** und kann der Höhe nach innerhalb des Zehnjahreszeitraums **nur einmal** in Anspruch genommen werden.

Spenden in das **verbrauchbare Vermögen** einer Stiftung sind **nicht** nach § 10b Abs. 1a Satz 1 EStG abzugsfähig. Die Spenden in den Teil des Vermögens, der verbraucht werden kann, können jedoch im Rahmen der Spendenhöchstsätze des § 10b Abs. 1 EStG (vgl. Tz 2.5.7) berücksichtigt werden. Der Spender muss daher gegenüber der Stiftung deutlich machen, für welchen Teil des Vermögens der Stiftung seine Zuwendung erfolgt (BMF-Schreiben vom 15.9.2014, BStBl I S. 1278). Spenden an eine sog. **Vorstiftung** sind ebenfalls nicht als Sonderausgaben nach § 10b Abs. 1a Satz 1 EStG abziehbar (BFH-Urteil vom 11.2.2015, BStBl II S. 545). Spenden in den Vermögensstock einer rechtsfähigen Stiftung zur Förderung steuerbegünstigter Zwecke sind erst dann berücksichtigungsfähig, wenn sie geleistet werden, nachdem die Stiftung durch staatliche Anerkennung (§ 80 Abs. 1 BGB) zivilrechtlich wirksam geworden ist. Vorher erfolgte Zuwendungen können nur dann anerkannt werden, wenn der Spender auf die Richtigkeit der Spendenbescheinigung vertrauen durfte (§ 10b Abs. 4 EStG). Zur Berücksichtigung von Spenden im zeitlichen Zusammenhang mit einer **Darlehensgewährung** durch eine Stiftung vgl. Tz 2.5.6.1 a. E.

Begünstigt sind nicht nur Spenden, die in den Vermögensstock 9–
einer inländischen Stiftung des öffentlichen Rechts oder einer nach § 5 Abs. 1 Nr. 9 KStG steuerbefreiten inländischen Stiftung des privaten Rechts geleistet werden, sondern auch Spenden in den Vermögensstock einer Stiftung mit Sitz im **EU-/EWR-Ausland**. Zu beachten ist, dass die an Empfänger im Inland geleisteten Stiftungsspenden in **Zeile 9** und die an Empfänger im EU-/EWR-Ausland geleisteten Stiftungsspenden in **Zeile 10 getrennt** zu erklären sind.

Die zusätzlichen Fördervoraussetzungen des § 10b Abs. 1 Satz 2 bis 6 EStG sind für Stiftungen mit Sitz im **EU-/EWR-Ausland** entsprechend zu beachten. Auch für die Anerkennung von Spenden an **ausländische Stiftungen** ist ab dem VZ 2025 Voraussetzung, dass die Stiftung im **Zuwendungsempfängerregister** eingetragen ist (vgl. Tz 2.5.2.3) und dem Steuerpflichtigen eine **Zuwendungsbestätigung** nach amtlich vorgeschriebenem Vordruck ausgestellt hat (s. u.). Unterlagen zum Nachweis der steuerbegünstigten Zwecke der ausländischen Stiftung müssen nicht mehr mit der Einkommensteuererklärung eingereicht werden.

Der Sonderausgabenabzug nach § 10b Abs. 1a EStG wird nur auf **Antrag** des Steuerpflichtigen gewährt. Dieser Antrag kann durch Eintragung der in den Vermögensstock einer Stiftung geleisteten Spenden in den **Zeilen 9** und/oder 10 gestellt werden. Stellt der Steuerpflichtige keinen entsprechenden Antrag, gelten auch für Vermögensstockspenden die allgemeinen Spendenabzugsregelungen des § 10b Abs. 1 EStG (Tz 3 des BMF-Schreibens vom 18.12.2008, BStBl 2009 I S. 16). Der Steuerpflichtige kann den Antrag nach § 10b Abs. 1a EStG allerdings bis zur formellen Bestandskraft des Steuerbescheids nachholen (FG

Köln vom 23.3.2023, 11 K 1095/20, EFG 2023 S. 1296 – Revision eingelegt, Az. beim BFH: X R 2/24).

1–12 Im Antragsfall ist es dem begünstigten Spender **freigestellt**, wie er den Höchstbetrag von 1 bzw. 2 Mio. € auf das Jahr der Spende und die neun folgenden VZ verteilen will. Die Verteilung sollte zweckmäßigerweise so gewählt werden, dass unter Berücksichtigung der zu erwartenden Einkommensentwicklung, des progressiven Steuertarifs und sonstiger Abzugsmöglichkeiten eine möglichst hohe Steuerminderung erreicht werden kann. In **Zeile 11** ist dementsprechend anzugeben, welche von den in der Zeile 9 und 10 nachgewiesenen Spenden in 2025 berücksichtigt werden sollen. Der am Schluss des VZ des Zuwendungsjahrs verbleibende Spendenvortrag für eine Vermögensstockspende ist vom Finanzamt **gesondert festzustellen** (§ 10b Abs. 1a Satz 4 i. V. mit § 10d Abs. 4 EStG). In diesem Verfahren und nicht erst im Festsetzungsverfahren späterer VZ ist verbindlich zu klären, ob die tatbestandlichen Voraussetzungen für eine Vermögensstockspende i. S. des § 10b Abs. 1a EStG vorliegen. Der Feststellungsbescheid hat für die nachfolgenden Einkommensteuerbescheide insoweit Bindungswirkung (BFH-Urteil vom 6.12.2018, X R 11/17, BFH/NV 2019 S. 622).

In **Zeile 12** kann angegeben werden, in welcher Höhe bisher noch nicht berücksichtigte Spenden aus Vorjahren in den Vermögensstock einer Stiftung im VZ 2025 abgezogen werden sollen. Leistet ein Steuerpflichtiger einen höheren Betrag als 1 bzw. 2 Mio. € in den Vermögensstock einer Stiftung, kann er den übersteigenden Betrag zusätzlich im Rahmen der Höchstsätze nach § 10b Abs. 1 EStG (vgl. Tz 2.5.7) geltend machen.

Gefördert werden nicht nur Spenden anlässlich der **Neugründung** einer steuerbegünstigten Stiftung (so war die Rechtslage bis einschließlich VZ 2006), sondern auch Spenden als sog. **Zustiftungen** in das Vermögen bestehender Stiftungen. Die Rahmenbedingungen des § 10 Abs. 1a EStG gelten deshalb auch zugunsten bereits vor 2007 errichteter Stiftungen. Mit jeder Spende in den Vermögensstock beginnt insoweit ein neuer Zehnjahreszeitraum.

BEISPIEL:
In 2006 wurde eine Stiftung errichtet und mit einem Vermögen von 500 000 € ausgestattet. Davon waren 307 000 € (= bis einschließlich VZ 2006 geltender Höchstbetrag) über zehn Jahre abziehbar. In 2025 leistet der Steuerpflichtige in den Vermögensstock derselben Stiftung eine weitere Spende von 1 Mio. €, die wiederum über zehn Jahre (neuer Zehnjahreszeitraum) bis zum VZ 2034 abziehbar ist.

Voraussetzung für den Spendenabzug ist, dass der Zuwendende von der Stiftung eine Spendenbestätigung auf amtlich vorgeschriebenem Vordruck erhalten hat (§ 50 Abs. 1 EStDV). Die Spendenbestätigung ist dem Finanzamt aber nur auf **Anforderung** auf elektronischem Weg oder in Kopie vorzulegen (vgl. Vorbemerkungen Tz 14.1); die Belegvorhalte- und Aufbewahrungspflichten (vgl. Tz 2.5.3.1) gelten gleichermaßen auch für Spenden in den Vermögensstock einer Stiftung. Als Anlagen zum BMF-Schreiben vom 7.11.2013, BStBl I S. 1333 sind entsprechende verbindliche Vordruckmuster für die Bestätigung von Geld- und Sachzuwendungen an Stiftungen veröffentlicht worden.

2.6 Aufwendungen für die eigene Berufsausbildung

2.6.1 Abzugsverbot

Aufwendungen für die **erstmalige Berufsausbildung** oder ein **Erststudium**, das zugleich eine Erstausbildung vermittelt, sind nicht als Werbungskosten oder Betriebsausgaben abziehbar (§ 4 Abs. 9, § 9 Abs. 6 EStG); es kommt insoweit nur ein auf **6 000 €** im Kj. begrenzter **Sonderausgabenabzug** in Betracht (vgl. Tz 2.6.2). Vorweggenommene Werbungskosten oder Betriebsausgaben können nur dann berücksichtigt werden, wenn der Steuerpflichtige zuvor bereits eine Erstausbildung (Berufsausbildung oder Studium) abgeschlossen hat (vgl. Tz 2.6.5, Tz 2.6.7) oder wenn die Berufsausbildung oder das Erststudium Gegenstand eines Dienstverhältnisses ist (vgl. Tz 11.17.3).

Das BVerfG hat inzwischen mit mehreren Beschlüssen vom 19.11.2019 (Az. 2 BvL 22/14 bis 2 BvL 27/14) entschieden, dass der gesetzliche Ausschluss des Werbungskostenabzugs für Aufwendungen einer erstmaligen Berufsausbildung oder eines Erststudiums nach § 9 Abs. 6 EStG sowie die Begrenzung des Sonderausgabenabzugs in § 10 Abs. 1 Nr. 7 EStG **verfassungsgemäß** sind. In zwei Nachfolgeverfahren hat der BFH keine Bedenken § 9 Abs. 6 EStG rückwirkend ab dem VZ 2004 anzuwenden (BFH-Urteil vom 12.2.2020, BStBl II S. 719; BFH-Beschluss vom 7.7.2020, VI R 18/20, BFH/NV 2021 S. 9). Entsprechendes gilt auch für die rückwirkende Anwendung des Ausschlusses des Betriebsausgabenabzugs nach § 4 Abs. 9 EStG (BFH-Urteil vom 16.6.2020, BStBl 2021 II S. 11).

2.6.2 Sonderausgaben-Höchstbetrag

Nach der Grundentscheidung des Gesetzgebers (vgl. Tz 2.6.1) sind die erste Berufsausbildung und das Erststudium als »Erstausbildung« der privaten Lebensführung zuzuordnen. Die Aufwendungen des Steuerpflichtigen für die eigene Berufsausbildung können jedoch bis zum Abschluss der Erstausbildung bis zu **6 000 €** im Kj. als **Sonderausgaben** abgezogen werden (§ 10 Abs. 1 Nr. 7 EStG). Dieser Höchstbetrag ist personenbezogen, d. h., Aufwendungen des **Ehegatten** oder **Lebenspartners** für dessen Berufsausbildung sind im Rahmen eines eigenen Höchstbetrags von 6 000 € jährlich als Sonderausgaben berücksichtigungsfähig. Aufwendungen für die Ausbildung von Kindern sind dagegen nicht als Sonderausgaben abzugsfähig; wegen der hierfür vorgesehenen Vergünstigungen vgl. Tz 9 unter Erläuterungen zur Anlage Kind.

Die Summe der geleisteten Aufwendungen für die eigene Berufs- 13–14
ausbildung (»stpfl. Person/Ehemann/Person A«) ist in **Zeile 13** einzutragen. Aufwendungen des Ehegatten/Lebenspartners (»Ehefrau/Person B«) für die eigene Berufsausbildung sind bei der Zusammenveranlagung gesondert in **Zeile 14** einzutragen, damit der dem Ehegatten/Lebenspartner zustehende eigene Höchstbetrag von 6 000 € maschinell berücksichtigt werden kann. Die abziehbaren Aufwendungen (vgl. Tz 2.6.10) sollten ggf. in einer Aufstellung aufgegliedert und näher erläutert werden.

ELSTER:
ELSTER bietet zusätzliche Eintragungszeilen für die Eingabe der Einzelaufwendungen an, die per Mausklick der elektronischen Steuererklärung beliebig hinzugefügt werden können.

2.6.3 Begriff der Berufsausbildung

Aufwendungen für die **Berufsausbildung** sind solche, die geleistet werden, um die für die Aufnahme eines Berufes notwendigen fachlichen Fertigkeiten, Kenntnisse und Fähigkeiten zu erwerben (BFH-Urteil vom 17.11.1978, BStBl 1979 II S. 180). Es muss sich um Maßnahmen handeln, durch die eine nachhaltige berufsmäßige Ausübung der erlernten Fähigkeiten zur Erzielung von Einkünften angestrebt wird (BFH-Urteil vom 22.9.1995, BStBl 1996 II S. 8). Voraussetzung ist, dass der Beruf durch eine Ausbildung im Rahmen eines öffentlich-rechtlich geordneten Ausbildungsgangs erlernt wird und der Ausbildungsgang durch eine Prüfung abgeschlossen wird (siehe im Einzelnen Rz 4 bis 11 des BMF-Schreibens vom 22.9.2010, BStBl I S. 721). Neben staatlich anerkannten oder staatlich geregelten Ausbildungen kommen auch solche Berufsausbildungen in Betracht, die nach Richtlinien von Berufs- oder Wirtschaftsverbänden oder internen Vorschriften der Bildungsträger geordnet sind.

Die **Fort-** und **Weiterbildung** soll dagegen die Möglichkeit geben, die Kenntnisse und Fertigkeiten im bereits ausgeübten oder erlernten Beruf zu erhalten, zu erweitern und der Entwicklung der Verhältnisse anzupassen. Kosten, die der beruflichen Fort- und Weiterbildung dienen (**Fortbildungskosten**), sind bei Arbeitnehmern als Werbungskosten abzugsfähig (vgl. Tz 11.17); bei selbständig Tätigen liegen insoweit Betriebsausgaben vor (vgl. Teil II

Tz 2.11.1). Die Einstufung als Fortbildungskosten und damit als Werbungskosten bzw. Betriebsausgaben bedeutet, dass diese Kosten grds. voll (ohne Höchstbetrag) abzugsfähig sind. Soweit Aufwendungen im Rahmen eines **Ausbildungsdienstverhältnisses** entstehen (z. B. bei einer Ausbildung im Betrieb des Arbeitgebers oder bei Beamtenanwärtern), kommt nur ein Abzug als Werbungskosten in Betracht (vgl. Tz 11.17.3).

2.6.4 Nicht abziehbare Aufwendungen (Einzelfälle)

Aufwendungen eines in Deutschland lebenden Ausländers für einen **Deutschkurs** sind nicht als Aufwendungen für die Berufsausbildung abziehbar (BFH-Urteil vom 15.3.2007, BStBl II S. 814). Dies gilt auch dann, wenn zur Fortsetzung der bereits im Ausland ausgeübten beruflichen Tätigkeit ein ergänzendes Studium erforderlich ist, dessen Aufnahme den Nachweis von Deutschkenntnissen voraussetzt (BFH-Urteil vom 5.7.2007, VI R 72/06, BFH/NV 2007 S. 2096).

Kosten für die Erlangung des Pkw-**Führerscheins** dienen regelmäßig der Allgemeinbildung und sind deshalb grds. nicht abziehbar (BFH-Urteil vom 5.8.1977, BStBl II S. 834). Ein Abzug als Werbungskosten kommt nur dann in Betracht, wenn der Führerschein unmittelbare Voraussetzung für die Berufsausübung ist (vgl. Tz 11.18.3.10 unter »Führerschein«).

Aufwendungen für einen Lehrgang, bei dem nicht ein Beruf, sondern ein **Hobby** im Vordergrund steht (z. B. **Fotokurs**), sind nicht abzugsfähig (BFH-Urteil vom 17.11.1978, BStBl 1979 II S. 180). Dies gilt grds. auch für Aufwendungen zum Erwerb eines **Jagdscheins** (FG Münster vom 20.12.2018, 5 K 2031/18 E, EFG 2019 S. 338 – rkr.).

2.6.5 Erstmalige Berufsausbildung

Eine Berufsausbildung ist als **erstmalige Berufsausbildung** anzusehen, wenn ihr keine andere abgeschlossene Berufsausbildung bzw. kein abgeschlossenes berufsqualifizierendes Hochschulstudium vorausgegangen ist. Wird ein Steuerpflichtiger ohne entsprechende Berufsausbildung in einem Beruf tätig und führt er die zugehörige Berufsausbildung nachfolgend durch (nachgeholte Berufsausbildung), handelt es sich dabei ebenfalls um eine erstmalige Berufsausbildung (BFH-Urteil vom 6.3.1992, BStBl II S. 661).

Eine Berufsausbildung als Erstausbildung liegt nur vor, wenn sie in **Vollzeit** durchgeführt wird und für eine **Mindestdauer** von **12 Monaten** angelegt ist (§ 9 Abs. 6 Satz 2 EStG). »Vollzeit« bedeutet eine wöchentliche Dauer der Ausbildung von durchschnittlich mindestens **20 Stunden**. Um eine geordnete Berufsausbildung in diesem Sinne handelt es sich, wenn sie auf der Grundlage von Rechts- oder Verwaltungsvorschriften oder internen Vorschriften eines Bildungsträgers durchgeführt wird (§ 9 Abs. 6 Satz 3 EStG). Die Berufsausbildung muss zudem abgeschlossen sein, damit sie als erstmalige Berufsausbildung anerkannt werden kann. Ein Abschluss kann dabei durch Abschlussprüfung oder mittels planmäßiger Beendigung erfolgen (§ 9 Abs. 6 Satz 4 EStG). Eine abgebrochene Berufsausbildung ist damit keine abgeschlossene Berufsausbildung. Eine Erstausbildung liegt auch vor, wenn ein Steuerpflichtiger mit langjähriger Berufserfahrung die Abschlussprüfung einer durch Rechts- oder Verwaltungsvorschriften geregelten Berufsausbildung mit einer Mindestdauer von 12 Monaten bestanden hat, ohne dass er zuvor die entsprechende Berufsausbildung durchlaufen hat (§ 9 Abs. 6 Satz 5 EStG).

Berufsvorbereitende Maßnahmen oder Ausbildungen, die die o. a. gesetzliche Mindestausbildungsdauer von 12 Monaten unterschreiten, sind nach der Intention der vorliegenden Gesetzesänderung **keine Erstausbildungen**, weil sie nicht auf eine hinreichend qualifizierte berufliche Tätigkeit vorbereiten. Diese kurzen Ausbildungen erfolgen zwar auch oft auf der Grundlage von Rechts- und Verwaltungsvorschriften; es werden aber nur begrenzte berufliche Fähigkeiten für einfache Tätigkeiten erworben. Die Regelung geht bei diesen kurzen Ausbildungen typisierend davon aus, dass die auf eine solche Ausbildung folgende Berufsausbildung keine »Zweitausbildung« ist, für die ein Werbungskosten- oder Betriebsausgabenabzug gewährt werden kann. Keine erste Berufsausbildung i. S. dieser Regelung sind z. B. ein Kurs zur Berufsorientierung oder -vorbereitung, Kurse zur Erlangung der Fahrerlaubnis für Nutzfahrzeuge oder der Berechtigung zum Fahren von Flurförderfahrzeugen (Gabelstapler), ein Betriebspraktikum oder eine Maßnahme zur Vermittlung einfachster Berufstätigkeiten (Anlerntätigkeiten, kurzfristige Einweisungen). Auch der Abschluss mehrerer unabhängiger Kurse stellt keine erste Berufsausbildung dar; dies gilt auch dann, wenn die Kurse inhaltlich aufeinander aufbauen.

2.6.6 Weitere Berufsausbildung

Ist einer Berufsausbildung eine abgeschlossene erstmalige Berufsausbildung oder ein abgeschlossenes Erststudium vorausgegangen (**weitere Berufsausbildung**), handelt es sich bei den durch die weitere Berufsausbildung veranlassten Aufwendungen um **Werbungskosten** oder **Betriebsausgaben**, wenn ein hinreichend konkreter, objektiv feststellbarer Zusammenhang mit späteren im Inland stpfl. Einnahmen aus der angestrebten beruflichen Tätigkeit besteht. Entsprechendes gilt für ein Studium nach Abschluss einer nichtakademischen Berufsausbildung (vgl. Tz 2.6.7) oder nach einem abgeschlossenen Erststudium (**weiteres Studium**).

Die dargestellten Grundsätze gelten auch für die Behandlung von Aufwendungen für Anerkennungsjahre und praktische Ausbildungsabschnitte als Bestandteil einer Berufsausbildung. Soweit keine vorherige abgeschlossene Berufsausbildung vorangegangen ist, stellen sie Teil einer ersten Berufsausbildung dar (vgl. Tz 2.6.5). Nach einer vorherigen abgeschlossenen Berufsausbildung oder einem berufsqualifizierenden Studium können **Anerkennungsjahre** und **Praktika** einen Bestandteil einer weiteren Berufsausbildung darstellen oder bei einem entsprechenden Veranlassungszusammenhang als Fort- oder Weiterbildung anzusehen sein.

Zu weiteren Einzelheiten siehe Rz 4 ff. des BMF-Schreibens vom 22.9.2010, BStBl I S. 721.

2.6.7 Erststudium

Die Finanzverwaltung erkennt Aufwendungen für ein **Erststudium** dann als unbeschränkt abziehbare Werbungskosten an, wenn dem Erststudium eine **abgeschlossene nichtakademische Berufsausbildung** vorausgegangen ist. Sie folgt damit der BFH-Rspr. (u. a. BFH-Urteil vom 18.6.2009, BStBl 2010 II S. 816). Zum Begriff der Berufsausbildung vgl. Tz 2.6.3.

Ein **Studium** liegt dann vor, wenn es sich um ein Studium an einer Hochschule i. S. des § 1 Hochschulrahmengesetz handelt (BGBl 1999 I S. 18 zuletzt geändert durch Gesetz vom 12.4.2007, BGBl I S. 506, im Folgenden HRG). Nach dieser Vorschrift sind Hochschulen die Universitäten, die Pädagogischen Hochschulen, die Kunsthochschulen, die Fachhochschulen und die sonstigen Einrichtungen des Bildungswesens, die nach Landesrecht staatliche Hochschulen sind. Gleichgestellt sind private und kirchliche Bildungseinrichtungen sowie die Hochschulen des Bundes, die nach Landesrecht als Hochschule anerkannt werden (§ 70 HRG). Studien können auch als Fernstudien durchgeführt werden (§ 13 HRG). Auf die Frage, welche schulischen Abschlüsse oder sonstigen Leistungen den Zugang zum Studium eröffnet haben, kommt es nicht an.

Ein Studium stellt dann ein **erstmaliges Studium** dar, wenn ihm kein anderes durch einen berufsqualifizierenden Abschluss beendetes Studium oder keine andere abgeschlossene nicht akademische Berufsausbildung vorangegangen ist. In Fällen, in denen während des Studiums eine Berufsausbildung erst abgeschlossen wird, ist eine Berücksichtigung der Aufwendungen für das Studium als Werbungskosten oder Betriebsausgaben erst ab dem Zeitpunkt des Abschlusses der Berufsausbildung möglich. Davon ausgenommen ist ein Studium, das im Rahmen der Berufsausbildung stattfindet (vgl. Tz 11.17.3). Ein Studium wird aufgrund der entsprechenden Prüfungsordnung einer inländischen Hochschule durch eine Hochschulprüfung oder eine staatliche oder kirchliche Prüfung abgeschlossen (§§ 15, 16 HRG).

Bei der erstmaligen Aufnahme eines Studiums nach dem berufsqualifizierenden Abschluss einer **Fachschule** handelt es sich auch dann um ein Erststudium, wenn die von der Fachschule vermittelte Bildung und das Studium sich auf ein ähnliches Wissensgebiet beziehen. Bei einem **Wechsel** des **Studiums** – ohne Abschluss des zunächst betriebenen Studiengangs (z. B. von Rechtswissenschaften zu Medizin) – stellt das zunächst aufgenommene Studium kein abgeschlossenes Erststudium dar, sodass weiterhin nur ein Sonderausgabenabzug in Betracht kommt. Bei einer **Unterbrechung** eines Studiengangs ohne einen berufsqualifizierenden Abschluss und seiner späteren Weiterführung stellt der der Unterbrechung nachfolgende Studienteil kein weiteres Studium dar (Rz 18 und 19 des BMF-Schreibens vom 22.9.2010, BStBl I S. 721).

Werden zwei (oder ggf. mehrere) Studiengänge parallel studiert, die zu unterschiedlichen Zeiten abgeschlossen werden, handelt es sich bei dem nach dem berufsqualifizierenden Abschluss eines der Studiengänge weiter fortgesetzten anderen Studiengang vom Zeitpunkt des Abschlusses an um ein **weiteres Studium**, dessen Kosten als Werbungskosten oder Betriebsausgaben berücksichtigungsfähig sind. Da die Universitäten, Pädagogischen Hochschulen, Kunsthochschulen, Fachhochschulen sowie weitere entsprechende landesrechtliche Bildungseinrichtungen gleichermaßen Hochschulen i. S. des § 1 HRG darstellen, stellt ein Studium an einer dieser Bildungseinrichtungen nach einem abgeschlossenen Studium an einer anderen dieser Bildungseinrichtungen ein weiteres Studium dar. So handelt es sich bei einem Universitätsstudium nach einem abgeschlossenen Fachhochschulstudium um ein weiteres Studium mit der Folge, dass die Aufwendungen ebenfalls zu den Werbungskosten oder Betriebsausgaben zählen.

Postgraduale Zusatz-, Ergänzungs- und Aufbaustudien i. S. des § 12 HRG setzen den Abschluss eines ersten Studiums voraus und stellen daher ein weiteres Studium dar. Als berufsqualifizierender Studienabschluss gilt auch der Abschluss eines Studiengangs, durch den die fachliche Eignung für einen beruflichen Vorbereitungsdienst oder eine berufliche Einführung vermittelt wird (§ 10 Abs. 1 Satz 2 HRG). Dazu zählt z. B. der juristische Vorbereitungsdienst (Referendariat). Das erste **juristische Staatsexamen** stellt daher einen berufsqualifizierenden Abschluss dar (Rz 23 des o. a. BMF-Schreibens vom 22.9.2010).

Zu **Bachelor- und Masterstudiengängen** gilt nach Rz 24 des o. a. BMF-Schreibens vom 22.9.2010 Folgendes:

Nach § 19 Abs. 2 HRG stellt der Bachelor- oder Bakkalaureusgrad einer inländischen Hochschule einen berufsqualifizierenden Abschluss dar. Daraus folgt, dass der Abschluss eines Bachelorstudiengangs den Abschluss eines Erststudiums darstellt und ein nachfolgender Studiengang als weiteres Studium anzusehen ist.

Nach § 19 Abs. 3 HRG kann die Hochschule aufgrund von Prüfungen, mit denen ein weiterer berufsqualifizierender Abschluss erworben wird, einen Master- oder Magistergrad verleihen. Die Hochschule kann einen Studiengang ausschließlich mit dem Abschluss Bachelor anbieten (grundständig). Sie kann einen Studiengang mit dem Abschluss als Bachelor und einem inhaltlich darauf aufbauenden Masterstudiengang vorsehen (konsekutives Masterstudium). Sie kann aber auch ein Masterstudium anbieten, ohne selbst einen entsprechenden Bachelorstudiengang anzubieten (postgraduales Masterstudium).

Ein Masterstudium i. S. des § 19 HRG kann nicht ohne ein abgeschlossenes Bachelor- oder anderes Studium aufgenommen werden. Es stellt daher ein weiteres Studium dar. Dies gilt auch für den Master of Business Administration (MBA), das Studenten verschiedener Fachrichtungen ein anwendungsbezogenes Postgraduiertenstudium in den Wirtschaftswissenschaften ermöglicht. Die Aufwendungen für ein Masterstudium sind, da sie beruflich veranlasst sind, nach allgemeinen Grundsätzen als vorweggenommene Werbungskosten zu berücksichtigen (BFH-Urteil vom 12.2.2020, BStBl II S. 719).

2.6.8 Berufsakademien

Bei **Berufsakademien** handelt es sich nicht um Hochschulen i. S. des § 1 HRG. Einige Landeshochschulgesetze sehen allerdings vor, dass bestimmte an Berufsakademien erfolgreich absolvierte Ausbildungsgänge einem abgeschlossenen Studium an einer Fachhochschule gleichwertig sind und die gleichen Berechtigungen verleihen. Soweit dies der Fall ist, stellt ein entsprechend abgeschlossenes Studium an einer Berufsakademie unter der Voraussetzung, dass ihm kein anderes abgeschlossenes Studium oder keine andere abgeschlossene Berufsausbildung vorausgegangen ist, ein Erststudium dar (Rz 25 des BMF-Schreibens vom 22.9.2010, BStBl I S. 721). So sind z. B. die Berufsakademien in **Baden-Württemberg** den Fachhochschulen gleichgestellt; sie vermitteln dieselben Berechtigungen wie ein abgeschlossenes Studium an einer Fachhochschule (§ 1 Abs. 2 des Berufsakademiegesetzes von Baden-Württemberg vom 1.2.2000, GBl S. 197). Da das Studium an einer Berufsakademie nur im **dualen System** möglich ist (ständiger Wechsel zwischen Theoriephasen an der Akademie und berufspraktischen Phasen im Unternehmen/der sozialen Einrichtung), erfolgt dieses Studium im Rahmen eines **Ausbildungsdienstverhältnisses**. Die Aufwendungen sind daher als **Werbungskosten** abzugsfähig. Die Kosten eines anschließenden Hochschulstudiums sind Betriebsausgaben oder Werbungskosten, da das abgeschlossene Studium an einer Berufsakademie in Baden-Württemberg bereits ein Erststudium darstellt.

2.6.9 Ausbildungs-/Studiendarlehen

Die Aufwendungen für die eigene Berufsausbildung bzw. das Erststudium sind in dem Jahr abzugsfähig, in dem sie geleistet worden sind, und zwar auch dann, wenn sie mit Darlehensmitteln bestritten wurden. Aufwendungen zur **Tilgung** von Ausbildungs-/Studiendarlehen sind deshalb keine als Sonderausgaben abzugsfähigen Ausbildungskosten (BFH-Urteil vom 15.3.1974, BStBl II S. 513), wohl aber **Zinsen** für ein Ausbildungsdarlehen, auch wenn sie nach Abschluss der Berufsausbildung gezahlt werden (vgl. H 10.9 – Ausbildungsdarlehen/Studiendarlehen – EStH).

Die mithilfe von Darlehen bezahlten Ausbildungskosten (z. B. Studiengebühren) wirken sich hiernach im Regelfall steuerlich kaum aus, da die Studierenden im Allgemeinen keine oder nur geringe eigene Einkünfte haben. Es ist aber zulässig, für die Studienbeiträge eine staatliche Stundung der Beiträge und eine spätere einkommensabhängige Rückzahlung vorzusehen (sog. **nachlaufende Studiengebühren**). Dies hat zur Folge, dass die Aufwendungen für die Studiengebühren erst nach Abschluss des Studiums anfallen und der Steuerpflichtige sie erst nach Aufnahme der Berufstätigkeit im Rahmen des § 10 Abs. 1 Nr. 7 EStG geltend machen kann (vgl. R 10.9 Abs. 2 EStR).

2.6.10 Abziehbare Aufwendungen

Zu den abzugsfähigen Aufwendungen gehören insbesondere

- Lehrgangs-, Schul- und Studiengebühren,
- Ausgaben für Fachliteratur, Arbeitsmittel (z. B. Computer) und anderes Lernmaterial,
- Aufwendungen für ein häusliches Arbeitszimmer,
- Tagespauschale für Tätigkeiten in der häuslichen Wohnung (Homeoffice),
- Aufwendungen für die Wege zwischen Wohnung und Ausbildungsstätte sowie Unterkunftskosten und Verpflegungsmehraufwendungen bei einer auswärtigen Unterbringung.

Der Sonderausgabenabzug ist für **alle abzugsfähigen Aufwendungen** insgesamt auf den gesetzlichen Höchstbetrag von 6 000 € begrenzt (§ 10 Abs. 1 Nr. 7 Satz 1 EStG).

Eine **Bildungseinrichtung**, die außerhalb eines Dienstverhältnisses zum Zwecke eines **Vollzeitstudiums** oder einer **vollzeitigen Bildungsmaßnahme** aufgesucht wird, wird als »**erste Tätigkeitsstätte**« behandelt (§ 9 Abs. 4 Satz 8 EStG; vgl. Tz 11.12.2.11). Ein Vollzeitstudium oder eine vollzeitige Bildungsmaßnahme liegt insbesondere vor, wenn der Steuerpflichtige im Rahmen des Studiums oder im Rahmen der Bildungsmaßnahme für einen Beruf ausgebildet wird und daneben entweder keiner Erwerbstätigkeit nachgeht oder während der gesamten Dauer des Studiums oder der Bildungsmaßnahme eine Erwerbstätigkeit mit durchschnittlich bis zu 20 Stunden regelmäßiger wöchentlicher Arbeitszeit oder in Form eines geringfügigen Beschäftigungsverhältnisses i. S. der §§ 8 und 8a SGB IV ausübt. Einschränkend geht der BFH bei einem **Teilzeitstudium** an einer Fernuniversität eines nicht erwerbstätigen Steuerpflichtigen **nicht** von einem Vollzeitstudium i. S. des § 9 Abs. 4 Satz 8 EStG aus (BFH-Urteil vom 24.10.2024, BStBl 2025 II S. 354); vgl. Tz 11.12.2.11.

Bei einem Vollzeitstudium oder einer vollzeitigen Bildungsmaßnahme können **Fahrtkosten** zu der Bildungseinrichtung nur mit der **Entfernungspauschale** geltend gemacht werden; zur Höhe der Entfernungspauschale und den Abzugsmöglichkeiten vgl. Tz 11.12.3. Diese gelten auch für den Sonderausgabenabzug nach § 10 Abs. 1 Nr. 7 EStG (Rz 35 des BMF-Schreibens vom 25.11.2020, BStBl I S. 1228). Da in diesen Fällen keine Auswärtstätigkeit vorliegt, kommt ein Abzug von Verpflegungsmehraufwendungen nicht in Betracht.

Wird neben dem Studium oder der Bildungsmaßnahme eine Erwerbstätigkeit mit durchschnittlich **mehr als 20 Stunden** wöchentlicher Arbeitszeit ausgeübt, ist die Bildungseinrichtung nicht als »erste Tätigkeitsstätte« anzusehen. Dies hat für diesen Fall zur Folge, dass der Steuerpflichtige die tatsächlich entstandenen Aufwendungen oder die pauschalen Kilometersätze nach dem BRKG (beim Pkw 0,30 €, bei anderen motorbetriebenen Fahrzeugen z. B. Motorrad, Motorroller 0,20 € je gefahrenem Kilometer) als **Fahrtkosten** geltend machen kann, ebenso Verpflegungsmehraufwendungen im Rahmen der gesetzlichen Abzugsbeschränkungen (§ 9 Abs. 4a EStG).

Bei einer **auswärtigen Unterbringung** sind Unterkunftskosten und Mehraufwendungen für Verpflegung weiter als Sonderausgaben abziehbar. Der Abzug von Aufwendungen für eine auswärtige Unterbringung als Sonderausgaben ist grds. nicht davon abhängig, dass die Voraussetzungen einer doppelten Haushaltsführung vorliegen (BFH-Urteil vom 20.3.1992, BStBl II S. 1033; Rz 29 des BMF-Schreibens vom 22.9.2010, BStBl I S. 721). Es muss nur eine auswärtige Unterbringung i. S. von § 10 Abs. 1 Nr. 7 Satz 3 EStG vorliegen. Ein Student, der seinen Lebensmittelpunkt aber an den Studienort verlagert hat, ist regelmäßig dort nicht auswärts untergebracht (BFH-Urteil vom 19.9.2012, BStBl 2013 II S. 284). Bei Vorliegen eines doppelten Haushalts (vgl. Tz 12.2) gelten in diesem Fall die Regelungen in § 9 Abs. 1 Satz 3 Nr. 5 EStG entsprechend (§ 10 Abs. 1 Nr. 7 Satz 4 EStG).

Aufwendungen für ein **häusliches Arbeitszimmer** können grds. Berufsausbildungskosten i. S. des § 10 Abs. 1 Nr. 7 EStG sein. Auch bei den Berufsausbildungskosten ist zu beachten, dass die Aufwendungen für ein häusliches Arbeitszimmer nur dann berücksichtigt werden können, wenn das Arbeitszimmer der **Mittelpunkt** der **gesamten beruflichen und betrieblichen Betätigung** des Steuerpflichtigen bildet (§ 10 Abs. 1 Nr. 7 Satz 4 EStG i. V. mit § 4 Abs. 5 Satz 1 Nr. 6b Satz 2 EStG). Hierbei kommt es nach der Rspr. des BFH darauf an, ob das Arbeitszimmer in **qualitativer Hinsicht** als Mittelpunkt der gesamten beruflichen und betrieblichen Tätigkeit anzusehen ist. Dies dürfte z. B. bei einem Studium allenfalls noch für ein **Fernstudium** anzunehmen sein. Bei einer Berufsausbildung ist bezüglich der Abziehbarkeit der Aufwendungen für ein häusliches Arbeitszimmer u. U. eine **Prognose** in Bezug auf die künftig angestrebte Tätigkeit erforderlich (BFH-Urteile vom 2.12.2005, BStBl 2006 II S. 329 und vom 23.5.2006, BStBl II S. 600). Wird das häusliche Arbeitszimmer auch zur Einkunftserzielung genutzt, sind die Aufwendungen oder die Jahrespauschale (s. u.) entsprechend dem Nutzungsumfang den darin ausgeübten Tätigkeiten zuzuordnen (Rz 17 des BMF-Schreibens vom 15.8.2023, BStBl I S. 1551). Alternativ zum Abzug der tatsächlichen Aufwendungen für das häusliche Arbeitszimmer, kann seit dem VZ 2023 eine **Jahrespauschale** i. H. von **1 260 €** abgezogen werden (§ 4 Abs. 5 Satz 1 Nr. 6b Satz 3 EStG). Wird das Arbeitszimmer nicht ganzjährig für die Berufsausbildung genutzt, ermäßigt sich der Betrag von 1 260 € für jeden vollen Kalendermonat um ein Zwölftel. Zu weiteren Einzelheiten vgl. Tz 11.15.1.

Für Tätigkeiten in der häuslichen Wohnung (Homeoffice) kommt auch bei einer Berufsausbildung ein Abzug der **Tagespauschale** in Betracht (§ 10 Abs. 1 Nr. 7 Satz 4 EStG i. V. mit § 4 Abs. 5 Satz 1 Nr. 6c EStG). Diese beträgt seit dem VZ 2023 **6 €** für jeden Kalendertag, an dem die Berufsausbildung überwiegend in der häuslichen Wohnung ausgeübt und keine außerhalb der Wohnung belegene erste Tätigkeitsstätte aufgesucht wird, höchstens 1 260 € im Kj. Die Tagespauschale gilt auch für die Nutzung eines häuslichen Arbeitszimmers, wenn für die berufliche Tätigkeit (Berufsausbildung) dauerhaft kein anderer Arbeitsplatz zur Verfügung steht (vgl. Tz 11.16.3). Wird für eine betriebliche oder berufliche Tätigkeit in der häuslichen Wohnung die Tagespauschale als Betriebsausgaben oder Werbungskosten abgezogen, kommt daneben ein weiterer Abzug als Sonderausgaben nicht in Betracht (Rz 41 des o. a. BMF-Schreibens vom 15.8.2023).

Schafft ein Steuerpflichtiger für Zwecke seiner **Berufsausbildung** abnutzbare Wirtschaftsgüter mit mehrjähriger Nutzungsdauer an, so sind ebenso wie bei beruflichen Arbeitsmitteln grds. nur die auf die **Nutzungsdauer** verteilten Anschaffungskosten (d. h. nur die AfA-Beträge) als Sonderausgaben abziehbar (BFH-Urteil vom 7.5.1993, BStBl II S. 676). Die Anschaffungs- oder Herstellungskosten von Arbeitsmitteln – einschließlich der Umsatzsteuer – können jedoch im Jahr ihrer Verausgabung in voller Höhe als Sonderausgaben abgezogen werden, wenn sie für das einzelne Arbeitsmittel den Betrag von **952 €** einschl. Umsatzsteuer nicht übersteigen (vgl. H 10.9 »Aufwendungen i. S. des § 10 Abs. 1 Nr. 7 EStG – Arbeitsmittel« EStH). Für EStH). Für **Computerhardware** (einschließlich der dazugehörenden Peripheriegeräte) und Software gilt eine **einjährige Nutzungsdauer** (BMF-Schreiben vom 22.2.2022, BStBl I S. 187). Die Aufwendungen für im Rahmen der Berufsausbildung genutzte Computerhardware und Software sind grds. zeitanteilig (monatsweise) auf das Anschaffungsjahr und das Folgejahr zu verteilen. Es wird von der Finanzverwaltung jedoch nicht beanstandet, wenn die Abschreibung im Anschaffungsjahr – unabhängig von der o. a. Grenze von 952 € für geringwertige Wirtschaftsgüter – in **voller Höhe** vorgenommen wird.

2.6.11 Anrechnung steuerfreier Ausbildungsbeihilfen

Erhält der Steuerpflichtige zur unmittelbaren Förderung seiner Ausbildung steuerfreie Bezüge, mit denen Aufwendungen für die Berufsausbildung im o. g. Sinne abgegolten werden, so **entfällt** insoweit der Sonderausgabenabzug (BFH-Urteil vom 4.3.1977, BStBl II S. 503). Das gilt auch, wenn die zweckgebundenen steuerfreien Bezüge erst **nach** Ablauf des betreffenden Kj. gezahlt werden. Aus Vereinfachungsgründen wird eine **Kürzung** bei den abzugsfähigen Sonderausgaben nur vorgenommen, wenn die steuerfreien Bezüge ausschließlich zur Bestreitung der obengenannten Ausbildungsaufwendungen bestimmt sind (z. B. Leistungen für Lern- und Arbeitsmittel nach § 4 der VO über Zusatzleistungen in Härtefällen nach dem BAföG). Gelten die steuerfreien Bezüge dagegen ausschließlich oder teilweise Aufwendungen für den **Lebensunterhalt** – ausgenommen solche für auswärtige Unterbringung – ab (z. B. Berufsausbildungsbeihilfen nach § 59 SGB III, Leistungen nach den §§ 12 und 13 BAföG), so sind die als Sonderausgaben geltend gemachten Berufsausbildungsaufwendungen nicht zu kürzen (vgl. R 10.9 Abs. 1 Satz 4 EStR).

2.7 Weitere Aufwendungen

2.7.1 Versorgungsleistungen (Renten und dauernde Lasten)

2.7.1.1 Rechtslage seit VZ 2008

Den Sonderausgabenabzug für **Versorgungsleistungen** aufgrund von **Vermögensübertragungen**, die nach dem 31.12.2007 vereinbart worden sind (sog. »**Neufälle**«), hat der Gesetzgeber stark eingeschränkt. Es sind nur noch auf besonderen Verpflichtungsgründen beruhende lebenslange und wiederkehrende Versorgungsleistungen begünstigt, die im Zusammenhang mit der Übertragung

- eines **Mitunternehmeranteils** an einem land- und forstwirtschaftlichen, einem Gewerbebetrieb oder einer selbständigen Tätigkeit stehen,
- eines **Betriebs** oder **Teilbetriebs** stehen,
- eines mindestens 50 % betragenden **Anteils** an einer **GmbH** stehen, wenn der Übergeber Geschäftsführer war und der Übernehmer diese Tätigkeit übernimmt (§ 10 Abs. 1a Nr. 2 EStG).

Voraussetzung für den Sonderausgabenabzug ist seit dem VZ 2021 zudem die zwingende Angabe der **IdNr.** des **Empfängers** der Versorgungsleistungen in der Steuererklärung des Leistenden (vgl.

Tz 2.7.1.3). Zur Übergangsregelung in »**Altfällen**« (Vermögensübertragungen vor dem 1.1.2008) vgl. Tz 2.7.1.2.

Der Übergeber eines GmbH-Anteils muss nach dessen Übertragung seine Geschäftsführertätigkeit für die GmbH insgesamt aufgeben (BFH-Urteil vom 20.3.2017, BStBl II S. 985). Abzugsfähig ist auch der Teil der Versorgungsleistungen, der auf den **Wohnteil** eines Betriebs der Land- und Forstwirtschaft (insbesondere auf die von den Altenteilern genutzte Wohnung) entfällt.

Eine lebenslange und wiederkehrende Versorgungsleistung liegt auch dann vor, wenn die vereinbarten Leistungen der Höhe nach nicht gleich bleiben. Ausreichend ist, dass sämtliche Zahlungen auf einem **einheitlichen Verpflichtungsgrund** beruhen und diese ausschließlich für die Dauer der Lebenszeit des versorgten Altenteilers zu erbringen sind (FG Baden-Württemberg vom 21.3.2016, 9 K 1718/14, EFG 2016 S. 1089 – rkr.).

Versorgungsleistungen müssen dem Übernehmer grds. im **Übergabevertrag** selbst oder in einer **letztwilligen Verfügung** (z. B. Testament) auferlegt werden. Es kann jedoch auch ein **gesetzlicher Anspruch** des Versorgungsempfängers auf Versorgungsleistungen bestehen und damit ein »besonderer Verpflichtungsgrund« i. S. des § 10 Abs. 1a Nr. 2 EStG vorliegen (BFH-Urteil vom 16.6.2021, X R 4/20, BFH/NV 2022 S. 497 zu **Altenteilsleistungen** nach § 23 Abs. 2 bis 4 des Landesgesetzes über die Höfeordnung Rheinland-Pfalz – HO-RhPf). Eine die Höhe der Altenteilsleistungen konkretisierende nachträgliche Vereinbarung muss aber den Vorgaben der gesetzlichen Regelung (hier: § 23 Abs. 3 HO-RhPf) entsprechen, wenn die Leistungen als Sonderausgaben abziehbar sein sollen.

Zu **Zweifelsfragen** im Zusammenhang mit der gesetzlichen Neuregelung hat die Finanzverwaltung mit BMF-Schreiben vom 11.3.2010 (BStBl I S. 227) sowie ergänzend mit BMF-Schreiben vom 6.5.2016 (BStBl I S. 476) ausführlich Stellung genommen.

Aufgrund der v. g. gesetzlichen Einschränkung ist die Übertragung von **privatem Geld-**, **Grund-** und **Wertpapiervermögen** im Rahmen der vorweggenommenen Erbfolge **nicht** mehr begünstigt, wenn der Vermögensübergabevertrag nach dem 31.12.2007 abgeschlossen wurde. Entsprechendes gilt für die Übertragung von Anteilen an Kapitalgesellschaften nach dem 31.12.2007, die die Voraussetzungen des § 10 Abs. 1a Nr. 2 Satz 2 Buchst. c EStG nicht erfüllen. In diesen Fällen liegt aus der Sicht des Verpflichteten ein (teil-)entgeltliches Rechtsgeschäft vor, das bei ihm zu abschreibungsfähigen Anschaffungskosten führt, wenn die wiederkehrenden Leistungen für den Erwerb eines zur Einkunftserzielung dienenden abnutzbaren Wirtschaftsguts gezahlt werden (BFH-Urteil vom 29.9.2021, BStBl 2022 II S. 165). Der in den wiederkehrenden Zahlungen enthaltene Zinsanteil kann dann als Werbungskosten abziehbar sein (BFH-Urteil vom 9.2.1994, BStBl 1995 II S. 47); ein Abzug als Sonderausgaben i. S. des § 10 Abs. 1a Nr. 2 EStG kommt nicht in Betracht. Aus Sicht des Empfängers der wiederkehrenden Leistungen kann demgegenüber ein stpfl. Veräußerungsgeschäft vorliegen (Rz 74 des o. a. BMF-Schreibens vom 11.3.2010).

Nach Auffassung des FG Münster sind dauernde Lasten im Zusammenhang mit der Übertragung vermieteter Grundstücke, die aufgrund einer vor dem 1.1.2008 errichteten **Verfügung** von **Todes** wegen geleistet werden, nicht als Sonderausgaben abzugsfähig, wenn der Erbfall erst nach diesem Stichtag eingetreten ist (Urteil vom 13.12.2017, 7 K 572/16 F, EFG 2018 S. 296). Der BFH hat in dem sich anschließenden Revisionsverfahren die Frage der Anwendung von neuem oder altem Recht offen gelassen, weil im Streitfall die Voraussetzungen für den Sonderausgabenabzug nach beiden Rechtslagen nicht erfüllt gewesen sind (BFH-Urteil vom 9.9.2020, X R 3/18, BFH/NV 2021 S. 304). Nach neuem Recht liegt kein begünstigtes Vermögen i. S. des § 10 Abs. 1a Nr. 2 Satz 2 Buchst. a bis c EStG vor, das übertragen worden ist. Wenn ein Pflichtteilsberechtigter lediglich auf seinen Pflichtteilsanspruch verzichtet, können die im Gegenzug vereinbarten Versorgungsleistungen keine zurückbehaltenen Vermögenserträge sein, die den Sonderausgabenabzug nach altem Recht rechtfertigen.

Auf einem nach dem 31.12.2007 abgeschlossenen **Wirtschaftsüberlassungsvertrag** beruhende Leistungen des Nutzungsberechtigten an den Überlassenden sind nach der Neufassung des § 10 Abs. 1a Nr. 2 EStG ebenfalls nicht mehr als Sonderausgaben abziehbar (BFH-Urteil vom 25.6.2014, BStBl II S. 889). Bei einem Wirtschaftsüberlassungsvertrag wird kein Betriebsvermögen in Vorwegnahme der künftigen Erbfolge übertragen, sondern der Eigentümer behält sein Vermögen und überlässt dem Nutzungsberechtigten lediglich die Nutzung des Vermögens gegen Übernahme verschiedener Verpflichtungen. Die Aufwendungen des Wirtschaftsübernehmers für die altenteilsähnlichen Leistungen können bei diesem aber als Betriebsausgaben abziehbar sein.

2.7.1.2 Übergangsregelung in »Altfällen«

Für bis 31.12.2007 geschlossene Vereinbarungen (»Altfälle«) ist eine für die **volle Laufzeit** (i. d. R. bis zum Tod des Versorgungsberechtigten) geltende **Übergangsregelung** vorgesehen, mit der die frühere Rechtslage weiter angewendet wird (§ 52 Abs. 18 Satz 2 EStG). Im Rahmen der Vertrauensschutzregelung sind daher z. B. laufend zu erbringende Versorgungsleistungen wegen des Erhalts eines Mietwohngrundstücks im Rahmen **vorweggenommener Erbfolge** weiter begünstigt, wenn die notarielle Beurkundung bis zum 31.12.2007 erfolgte. Das Gleiche gilt für Versorgungsleistungen zur Ablösung eines **Nießbrauchrechts** im Zusammenhang mit einem vor dem 1.1.2008 unter Nießbrauchvorbehalt abgeschlossenen Übertragungsvertrag von Privatvermögen. Dabei kommt es nicht darauf an, in welchem Zeitpunkt der Nießbrauch abgelöst wurde und die Versorgungsleistung vereinbart worden ist. Unerheblich ist auch, ob die Ablösung des Nießbrauchs und der Zeitpunkt bereits im Übergabevertrag verbindlich vereinbart waren (BFH-Urteil vom 12.5.2015, BStBl 2016 II S. 331; zur Anwendung dieses BFH-Urteils siehe BMF-Schreiben vom 6.5.2016, BStBl I S. 476).

Die Vertrauensschutzregelung für »Altfälle« gilt nicht für **übertragenes Kapitalvermögen**, das der Übernehmer zur Schuldentilgung einsetzen muss, um aus den ersparten Schuldzinsen die wiederkehrenden Leistungen an den Übergeber zu zahlen. Das den Sonderausgabenabzug eröffnende BFH-Urteil vom 1.3.2005 (BStBl 2007 II S. 103) war bisher schon nicht allgemein anzuwenden. Im Übrigen bleibt in »Altfällen« das BMF-Schreiben vom 16.9.2004 (BStBl I S. 922) weiter anwendbar.

2.7.1.3 Korrespondenzprinzip, Angaben im Vordruck

Auf die Unterscheidung zwischen Renten und »Dauernde Lasten« wird in »**Neufällen**« verzichtet, sodass Versorgungsleistungen aufgrund von Vermögensübertragungen nach dem 31.12.2007 stets **im vollen Umfang** als Sonderausgaben nach § 10 Abs. 1a Nr. 2 EStG abziehbar sind, **korrespondierend** dazu aber vom Empfänger **in voller Höhe** nach § 22 Nr. 1a EStG versteuert werden müssen. **22–28**

Für die Geltendmachung der Versorgungsleistungen als Sonderausgaben müssen die im VZ 2025 tatsächlich gezahlten **Geldleistungen** für die erste empfangsberechtigte Person in **Zeile 22** und ggf. für die zweite empfangsberechtigte Person in **Zeile 25** eingetragen werden. Tatsächlich im VZ 2025 erbrachte **Sachleistungen** sind gesondert in **Zeile 23** und ggf. in **Zeile 26** anzugeben. In Zeile 22 und ggf. in Zeile 25 ist zudem auch der **Rechtsgrund** der Versorgungsleistungen sowie das **Datum** des **Vertrags** anzugeben.

In **Zeile 23** sind der **Name**, das **Geburtsdatum** sowie in **Zeile 24** die **IdNr.** der ersten **empfangsberechtigten Person** anzugeben. Die entsprechenden Angaben für die zweite empfangsberechtigte Person sind in den **Zeilen 26** und **27** einzutragen. Zusätzlich ist in den Zeilen 24 und/oder 27 mit »1 = Ja« bzw. »2 = Nein« zu erklären, ob die empfangsberechtigte Person ihren Wohnsitz / gewöhnlichen Aufenthalt im **Inland** hat. Hierdurch kann ermittelt werden, ob eine **zwingende Angabe** der **IdNr.** erforderlich ist und diese ggf. maschinell aus den Vorjahresdaten beigesteuert werden kann. Ohne diese Angaben kann das Finanzamt den Sonderausgabenabzug nicht gewähren. Die Angabe der IdNr. der empfangsberechtigten Person in der Steuererklärung des Leistenden gehört zu den **materiell-rechtlichen Voraussetzungen** für den Sonderausgabenabzug von Versorgungsleistungen (§ 10 Abs. 1a Nr. 2 Satz 4 EStG). Hierdurch wird die korrespondierende Versteuerung beim Empfänger der Versorgungsleistungen als sonstige Einkünfte nach § 22 Nr. 1a EStG sichergestellt. Dieser ist für diese Zwecke verpflichtet, dem

Leistenden seine IdNr. mitzuteilen. Kommt der Empfänger der Versorgungsleistungen dieser Verpflichtung nicht nach, ist der Leistende berechtigt, bei seinem Wohnsitzfinanzamt die IdNr. des Leistungsempfängers zu erfragen.

Gezahlte und erbrachte Versorgungsleistungen aus »**Dauernden Lasten**«, die im Rahmen einer gesonderten und einheitlichen **Feststellung** berücksichtigt wurden, sind gesondert in **Zeile 28** anzugeben.

Wird **erstmals** der Sonderausgabenabzug für eine Versorgungsleistung geltend gemacht, so empfiehlt es sich – auch wenn nur eine Belegvorhaltepflicht besteht –, der Steuererklärung eine Ausfertigung des **Vertrages** beizufügen, auf dem die Versorgungsleistung beruht. Ein entsprechender digitaler Beleg kann mit den Eingabefeldern in den Zeilen 22 und 25 verknüpft werden (vgl. Vorbemerkungen Tz 14.4). Hängt die Dauer der Versorgungsleistung nicht von der Lebenszeit des Steuerpflichtigen, sondern von der Lebenszeit einer anderen Person oder mehrerer Personen ab, so sollten die Namen, Anschriften und Geburtsdaten dieser Personen in einer formlosen Aufstellung angegeben werden, soweit sie nicht aus dem Vertrag ersichtlich sind.

15–21 Der Abzug von Versorgungsleistungen in »**Altfällen**« ist ebenfalls vom sog. **Korrespondenzprinzip** abhängig, d.h., die Zahlungen werden in der Höhe als Sonderausgaben berücksichtigt, wie sie beim Empfänger der Besteuerung unterliegen. Liegt beim Empfänger eine mit dem Ertragsanteil zu versteuernde Leibrente vor, kann der Verpflichtete auch nur in dieser Höhe den Sonderausgabenabzug beanspruchen. In diesem Fall sind vom Verpflichteten die im VZ tatsächlich gezahlten Versorgungsleistungen und der abziehbare Ertragsanteil (Prozentsatz) für die **erste** empfangsberechtigte **Person** in **Zeile 15** und für die **zweite** empfangsberechtigte **Person** in **Zeile 18** anzugeben. Zur Ermittlung des **Prozentsatzes** für den Ertragsanteil vgl. Tz 17.5. Die Begrenzung des Abzugs auf den Ertragsanteil unterliegt keinen verfassungsrechtlichen Bedenken (BFH-Urteil vom 16.12.1997, BStBl 1998 II S. 339). In den Zeilen 15 und 18 ist jeweils auch der Rechtsgrund der Versorgungsleistungen sowie das Datum des Vertrags anzugeben. Zur Sicherstellung der korrespondierenden Versteuerung beim Empfänger der Versorgungsleistungen sind – wie für den Abzug von Versorgungsleistungen in »Neufällen« (s. o.) – in **Zeile 16** der **Name**, das **Geburtsdatum** und in **Zeile 17** die **IdNr.** der ersten empfangsberechtigten Person anzugeben. Die entsprechenden Angaben für die zweite empfangsberechtigte Person sind in die **Zeilen 19** und **20** einzutragen. Zusätzlich ist in den Zeilen 17 und/oder 20 mit »1 = Ja« bzw. »2 = Nein« auch in »Altfällen« zu erklären, ob die empfangsberechtigte Person ihren Wohnsitz / gewöhnlichen Aufenthalt im **Inland** hat (s. o. die Erläuterungen zu den Zeilen 24 und 27).

Gezahlte Versorgungsleistungen in »**Altfällen**«, die im Rahmen einer gesonderten und einheitlichen **Feststellung** berücksichtigt wurden, sind gesondert in **Zeile 21** mit dem abziehbare Ertragsanteil (Prozentsatz) anzugeben.

Wird die Versorgungsleistung beim Empfänger (ausnahmsweise) in voller Höhe nachgelagert besteuert, sind die im VZ gezahlten Versorgungsleistungen auch in »Altfällen« für die erste empfangsberechtigte Person in den **Zeilen 22** und **23** bzw. für die zweite empfangsberechtigte Person in den **Zeilen 25** und **26** sowie bei Berücksichtigung im Rahmen einer gesonderten und einheitlichen Feststellung in **Zeile 28** einzutragen; sie werden dann ungekürzt als Sonderausgaben berücksichtigt.

> **ELSTER:**
> Leistet ein Steuerpflichtiger Versorgungsleistungen an mehr als zwei empfangsberechtigte Personen, kann er in ELSTER seiner elektronischen Steuererklärung per Mausklick zusätzliche Eintragungszeilen zu den Zeilen 15 bis 28 hinzufügen.

2.7.1.4 Allgemeine Abzugsvoraussetzungen

Allgemein gelten sowohl bezogen auf »Neufälle« als auch in »Altfällen« folgende **Abzugsvoraussetzungen**:

Der Sonderausgabenabzug setzt grds. voraus, dass der Empfänger der Versorgungsleistungen **unbeschränkt einkommensteuerpflichtig** ist. Leistungen an einen Empfänger mit Wohnsitz in einem EU-/EWR-Staat oder in der Schweiz sind dann abziehbar, wenn die Besteuerung der erhaltenen Versorgungsleistungen beim Empfänger durch eine Bescheinigung der ausländischen Steuerbehörde nachgewiesen wird (§ 1a Abs. 1 Nr. 1 EStG); wegen der weiteren Voraussetzungen vgl. Tz 33.5.2.

Die Versorgungsleistungen dürfen nicht mit Einkünften im wirtschaftlichen Zusammenhang stehen, die bei der Veranlagung **außer Betracht** bleiben (z. B. kein Abzug bei steuerfreien Einkünften aus übertragenem Auslandsbetrieb); siehe Rz 49 des BMF-Schreibens vom 11.3.2010 (BStBl I S. 227).

Wichtig ist die **vertragsgemäße Zahlung** der Versorgungsleistungen. Versorgungsleistungen, die in unregelmäßiger Höhe gezahlt werden und nicht durch Änderung der Verhältnisse gerechtfertigt sind, können nicht als Sonderausgaben abgezogen werden (BFH-Urteile vom 3.3.2004, BStBl I S. 826 und vom 15.9.2010, X R 16/09, BFH/NV 2011 S. 428; FG Münster vom 14.5.2020, 5 K 2761/18 E). Das Gleiche gilt bei fehlender zeitnaher Umsetzung einer in einem Versorgungsvertrag vereinbarten Erhöhung der Barleistungen (FG Niedersachsen vom 27.6.2019, 11 K 291/18, EFG 2020 S. 996). Auch nach Rückkehr zum vertragsgemäßen Verhalten aufgrund der Verurteilung zur Zahlung des Baraltenteils scheidet eine Berücksichtigung der Barleistungen als Sonderausgaben aus, da die steuerliche Abzugsfähigkeit der Aufwendungen vom Vorliegen eines **Rechtsbindungswillens** im steuerrechtlichen Sinne bereits zum Zeitpunkt des Vertragsabschlusses abhängt (FG Münster vom 7.12.2022, 6 K 2026/20 E, EFG 2024, 949 – Revision eingelegt, Az. beim BFH: X R 6/24).

Wiederkehrende Leistungen, die Gegenstand eines **entgeltlichen Rechtsgeschäfts** sind (z. B. Kauf auf Rentenbasis), sind ebenfalls keine abziehbaren Sonderausgaben i. S. des § 10 Abs. 1a Nr. 2 EStG. Wiederkehrende Leistungen im Austausch mit einer Gegenleistung enthalten bis zur Grenze der Angemessenheit eine nicht steuerbare oder steuerbare Vermögensumschichtung i. H. ihres Barwerts (Tilgungsanteil) und einen Zinsanteil. Weitere Einzelheiten zur entgeltlichen Vermögensübertragung gegen wiederkehrende Leistungen ergeben sich aus Abschnitt C des o. a. BMF-Schreibens vom 11.3.2010.

Unterhaltsleistungen (Zuwendungen) dürfen auch in Form von Renten und dauernden Lasten nach § 12 Nr. 2 EStG **nicht** abgezogen werden. Das Abzugsverbot umfasst sowohl freiwillige Zuwendungen, d. h. solche, denen keine rechtswirksam begründete Verpflichtung zugrunde liegt als auch Zuwendungen an gesetzlich unterhaltsberechtigte Personen (z. B. Eltern, Kinder) oder deren Ehegatten/Lebenspartner, auch wenn besondere Vereinbarungen vorliegen. Das Abzugsverbot gilt auch für Zuwendungen an eine lediglich dem Ehegatten/Lebenspartner gegenüber gesetzlich unterhaltsberechtigte Person, z. B. an die Schwiegermutter und für Zuwendungen aufgrund einer freiwillig begründeten Rechtspflicht an nicht unterhaltsberechtigte Personen. Wegen der Berücksichtigung von Unterhaltsleistungen an einen geschiedenen oder dauernd getrennt lebenden Ehegatten/Lebenspartner als Sonderausgaben vgl. Tz 2.7.2. Zur Frage, unter welchen Voraussetzungen Unterhaltszahlungen als außergewöhnliche Belastung berücksichtigt werden können, vgl. Tz 6.2.

Steht den Versorgungsleistungen eine **Gegenleistung** (z. B. die Übertragung von Vermögen) gegenüber, so ist der Sonderausgabenabzug u. a. davon abhängig, ob der Unterhaltscharakter der Zuwendungen oder der Gesichtspunkt der Gegenleistung überwiegt. Ein Überwiegen des Unterhaltscharakters ist anzunehmen, wenn der Barwert der wiederkehrenden Leistungen mehr als doppelt so hoch ist wie der Wert des übertragenen Vermögens. In diesem Fall liegt insgesamt eine Zuwendung i. S. des § 12 Nr. 2 EStG vor (Rz 66 des BMF-Schreibens vom 11.3.2010, BStBl I S. 227); vgl. Teil II Tz 7.3.5.

2.7.1.5 Einzelfragen zu Renten und dauernde Lasten

Dem Abzug von Rentenzahlungen als dauernde Last steht nicht entgegen, dass der Begünstigte durch **Erbeinsetzung** oder **Vermächtnis** existenzsicherndes Vermögen aus der Erbmasse erhält (BFH-Urteil vom 11.10.2007, BStBl 2008 II S. 123). Das Gleiche gilt für Vermögensübertragungen im Zusammenhang mit Versorgungsleistungen unter Vorbehalt eines **Nießbrauchs**, wenn der Nießbrauch lediglich Sicherungszwecken dient und der Vermögensübergeber gleichzeitig mit der Bestellung des Nießbrauchs dessen Ausübung nach § 1059 BGB dem Vermögensübernehmer überlässt. Weitere Einzelheiten zur Ablösung eines Nießbrauchs oder eines anderen Nutzungsrechts ergeben sich aus Rz 25 und 85 des BMF-Schreibens vom 11.3.2010 (BStBl I S. 227) unter Berücksichtigung der Änderungen durch das BMF-Schreiben vom 6.5.2016 (BStBl I S. 476) sowie aus Rz 55 bis 67 des BMF-Schreibens vom 30.9.2013 (BStBl I S. 1184).

Dauernde Lasten sind wiederkehrende Sach- und Geldleistungen, die in sachlichem Zusammenhang mit einer Vermögensübergabe (z. B. im Rahmen der vorweggenommenen Erbfolge) vertraglich vereinbart werden, wenn sie **abänderbar** sind (Beschluss des Großen Senats des BFH vom 15.7.1991, BStBl 1992 II S. 78). Für den Sonderausgabenabzug ist zudem Voraussetzung, dass sie nicht mit Einkünften i. S. des Einkommensteuerrechts zusammenhängen. Wiederkehrende Leistungen sind auch dann als **dauernde Last** anzusehen, wenn zwar die **Abänderbarkeit** der Barleistungen bei wesentlich veränderten Lebensbedürfnissen (Heimunterbringung, Pflegebedürftigkeit) teilweise ausgeschlossen wird, der Vermögensübernehmer sich aber im Übergabevertrag verpflichtet, im nennenswerten Umfang selbst **Pflege**- und **Betreuungsleistungen** zu erbringen (BFH-Urteil vom 23.11.2016, BStBl 2017 II S. 517) oder in entsprechendem Umfang die Kosten für die häusliche oder externe Pflege zu übernehmen (BFH-Urteil vom 16.6.2021, BStBl 2022 II S. 165). Wurde bei einer Vermögensübergabe des elterlichen Betriebs gegen monatliche Versorgungsleistungen die Übernahme von Mehrkosten für eine Unterbringung in einem Alten- oder Pflegeheim ausdrücklich ausgeschlossen, liegt nur eine mit dem Ertragsanteil als Sonderausgaben abzugsfähige **Leibrente** vor. Darauf, ob voraussichtlich ein Mehrbedarf aufgrund einer Pflegebedürftigkeit oder Heimunterbringung des Übergebers tatsächlich entstehen wird, kommt es nicht an (FG Rheinland-Pfalz vom 20.11.2019, 1 K 1899/18, EFG 2021 S. 752; bestätigt durch BFH-Urteil vom 15.11.2023, X R 3/21, BFH/NV 2024 S. 320). Für die Annahme einer dauernden Last nach der für bis zum 31.12.2007 abgeschlossene Verträge geltenden Rechtslage genügt es im Übrigen nicht, wenn substanziell nur eine Änderbarkeit zugunsten des Übernehmers, nicht aber auch zugunsten des Übergebers vereinbart ist.

Wurde die Abänderbarkeit der Versorgungsleistungen von Voraussetzungen abhängig gemacht, die einer Wertsicherungsklausel entsprechen, ist die Verpflichtung des Vermögensübernehmers zu wiederkehrenden Barleistungen ebenfalls nur als Leibrente zu beurteilen (BFH-Urteil vom 23.11.2016, BStBl 2017 II S. 512).

Dauernde Lasten müssen ebenso wie Renten auf rechtlich klagbaren **Verpflichtungsgründen** beruhen. Sie dürfen bei Vorliegen der v. g. Voraussetzungen in **voller Höhe** (in »Altfällen« nicht nur mit dem Ertragsanteil) abgesetzt werden. Ein voller Abzug als Sonderausgabe wirkt sich – nach dem Korrespondenzprinzip – andererseits auf die Höhe wiederkehrender Bezüge nach § 22 Nr. 1a EStG auf Seiten des Berechtigten entsprechend aus (vgl. Tz 20.2).

Der Höhe nach sind die bei einer **Vermögensübergabe** als dauernde Last abziehbaren Versorgungsleistungen durch den nach einer Prognose im Zeitpunkt der Übergabe erzielbaren **Nettoertrag** begrenzt. Zur Ermittlung der maßgebenden Erträge siehe Rz 32 ff. des BMF-Schreibens vom 11.3.2010 (BStBl I S 227). Zahlungen, die nicht mehr aus dem Ertrag des übergebenen Vermögens erbracht werden können, sind steuerlich nicht abziehbare freiwillige Leistungen i. S. des § 12 Nr. 2 EStG (BFH-Urteil vom 13.12.2005, BStBl II 2008 S. 16).

Nach der Rspr. des BFH sind z. B. **wiederkehrende Erbschaftsteuerzahlungen** für eine durch Vermächtnis erworbene Leibrente als dauernde Last zu behandeln (Urteil vom 5.4.1965, BStBl III S. 360). Nach dem BFH-Urteil vom 23.2.1994 (BStBl II S. 690) darf die aufgrund einer Erbschaftsteuerfestsetzung nach § 23 ErbStG gezahlte jährliche Erbschaftsteuer dann und insoweit als Sonderausgabe (dauernde Last) abgezogen werden, als Erbschafts- und Einkommensbesteuerung tatsächlich zu einer Doppelbelastung geführt haben.

Grabpflegekosten aus **Altverträgen**, die vom Erben aufgrund testamentarischer Anordnung erbracht werden, können – soweit sie den Wert des Nachlasses übersteigen – als dauernde Last abgezogen werden (BFH-Urteil vom 4.4.1989, BStBl II S. 779). Als dauernde Last sind in »Altfällen« auch aufgrund einer Verpflichtung im Altenteilsvertrag übernommene **Grabmalkosten** anzusehen, soweit sie angemessen sind (BFH-Urteil vom 15.2.2006, BStBl 2007 II S. 160); ebenso die Kosten für eine standesgemäße **Beerdigung**, soweit nicht der Vermögensübernehmer, sondern ein Dritter Erbe ist (BFH-Urteil vom 19.1.2010, BStBl II S. 544). **Beerdigungskosten** sind dagegen nicht als dauernde Last abziehbar, wenn der Vermögensübernehmer Alleinerbe ist (BFH-Urteil vom 19.1.2010, BStBl 2011 II S. 162). Ob solche einmaligen Kosten ab dem VZ 2008 zur »lebenslangen Versorgung« gehören, ist fraglich; ein Sonderausgabenabzug dürfte für »Neufälle« aufgrund des fehlenden steuerlichen Zuflusses beim Empfänger bereits scheitern.

Bei einer Wohnungsüberlassung im Fall der Übertragung eines landwirtschaftlichen Betriebs gegen **Altenteilsleistungen** erkennt die Finanzverwaltung bislang nur die mit der Nutzungsüberlassung **tatsächlich** zusammenhängenden **Aufwendungen** an. Hierzu gehören insbesondere Aufwendungen für Strom, Heizung und Wasser sowie Instandhaltungskosten, zu denen sich der Übernehmer aufgrund einer klaren und eindeutigen Bestimmung im Übertragungsvertrag verpflichtet hat (Rz 46 des o. a. BMF-Schreibens vom 11.3.2010). Strittig ist, ob auch der **Mietwert** der überlassenen **Altenteilerwohnung** als Sonderausgaben nach § 10 Abs. 1a Satz 1 Nr. 2 Satz 2 EStG abziehbar ist. Entgegen der Verwaltungsauffassung bejaht das FG Nürnberg den Sonderausgabenabzug beim Übernehmer des landwirtschaftlichen Betriebs, wenn die Wohnung nicht (mehr) dem notwendigen Betriebsvermögen zuzurechnen ist und keine Nutzungswertbesteuerung stattfindet (Urteil vom 6.2.2025, 4 K 1279/23, EFG 2025 S. 851). In Anlehnung an die zum Realsplitting ergangene Rspr. sieht das FG in der unentgeltlichen Überlassung einer Wohnung eine »Naturalversorgungsleistung«, die einer geldwerten Sachleistung (Ausgabe) gleichzusetzen ist. Das beklagte Finanzamt hat Revision gegen dieses Urteil eingelegt (Az. beim BFH: X R 5/25), sodass die Entscheidung des BFH in der vorliegenden Rechtsfrage abzuwarten bleibt. Einspruchsverfahren in vergleichbaren Fällen ruhen kraft Gesetzes (§ 363 Abs. 2 Satz 2 AO).

Zur steuerlichen Behandlung von **Altenteilsleistungen** im Zusammenhang mit einer **Hofübergabe** allgemein vgl. Teil II Tz 7.3.9.

Die Verpflichtung zur Zahlung wiederkehrender **Erbbauzinsen**, die im Zusammenhang mit der Selbstnutzung einer Wohnung im eigenen Haus anfallen, begründet keine dauernde Last (BFH-Urteil vom 24.10.1990, BStBl 1991 II S. 175). Hat jemand von seinen Eltern einen **Geldbetrag** erhalten und sich verpflichtet, ihnen »als Gegenleistung« Unterhalt zu zahlen, so führt dies nicht zu einer als Sonderausgabe abziehbaren dauernden Last (BFH-Urteil vom 27.2.1992, BStBl II S. 609). **Schuldzinsen**, die im wirtschaftlichen Zusammenhang mit der Finanzierung dauernder Lasten (private Versorgungsrente) gezahlt werden, sind nicht ihrerseits als dauernde Last abziehbar (BFH-Urteil vom 14.11.2001, BStBl 2002 II S. 413).

2.7.2 Unterhaltsleistungen als Sonderausgaben

2.7.2.1 Realsplitting

Unterhaltsleistungen an den geschiedenen Ehegatten, Lebenspartner einer aufgehobenen Lebenspartnerschaft oder dauernd getrennt lebenden Ehegatten/Lebenspartner sind nach § 10 Abs. 1a Nr. 1 EStG als Sonderausgaben abzugsfähig, wenn der Unterhaltsgeber dies mit **Zustimmung** des **Empfängers** beantragt (vgl. Tz 2.7.2.5) und der Empfänger im Inland lebt, d. h. unbeschränkt einkommensteuerpflichtig ist (sog. **Realsplitting**). Entsprechendes gilt auch für Unterhaltsleistungen in den Fällen der Nichtigkeit oder der Aufhebung der Ehe.

Die Berücksichtigung von Unterhaltsleistungen als Sonderausgaben ist auch dann möglich, wenn die dauernde Trennung der Ehegatten/Lebenspartner erst im Laufe des Kj. eingetreten ist oder die Ehe bzw. die Lebenspartnerschaft erst im Laufe des Kj. geschieden/aufgehoben wurde. Die Unterhaltsleistungen sind jedoch nicht als Sonderausgaben abzugsfähig, wenn die Ehegatten/Lebenspartner für das Jahr des Beginns der dauernden Trennung oder das Jahr der Scheidung/Aufhebung der Lebenspartnerschaft noch die Zusammenveranlagung wählen; ein Abzug kommt in diesen Fällen nur bei einer Einzelveranlagung nach § 26a EStG infrage.

Das Realsplitting gilt **nicht** für Unterhaltsleistungen an **Kinder**. Diese sind durch die staatlichen Leistungen im Rahmen des Familienleistungsausgleichs abgegolten (vgl. Tz 9.2). Die **Aufteilung** von einheitlichen Unterhaltsleistungen für Geschiedenen- und Kindesunterhalt ist nicht nach Köpfen, sondern nach **zivilrechtlichen Grundsätzen** vorzunehmen (BFH-Urteil vom 12.12.2007, XI R 36/05, BFH/NV 2008 S. 792).

2.7.2.2 Höchstbetrag

Der **Höchstbetrag** für den Abzug von Unterhaltsaufwendungen beträgt **13 805 €**. Dieser Betrag erhöht sich um die vom Steuerpflichtigen tatsächlich geleisteten Aufwendungen für die **Basis-Krankenversicherung** und gesetzliche **Pflegeversicherung** des unterstützten Ehegatten/Lebenspartners (Erhöhungsbetrag). Es ist dabei **ohne Bedeutung**, ob der Unterhaltsempfänger oder der Unterhaltsverpflichtete Versicherungsnehmer sind. Die vom Unterhaltsverpflichteten geleisteten Beiträge werden stets als eigene Beiträge des unterstützten Ehegatten/Lebenspartners behandelt (§ 10 Abs. 1 Nr. 3 Satz 3 EStG).

Die als Sonderausgaben beim Unterhaltsverpflichteten berücksichtigten Unterhaltsleistungen unterliegen beim Unterhaltsempfänger in gleicher Höhe der Besteuerung nach § 22 Nr. 1a EStG (Korrespondenzprinzip). Der Unterhaltsempfänger kann aber im Rahmen seiner Einkommensteuerveranlagung für die geleisteten Beiträge zur Basis-Krankenversicherung und zur gesetzlichen Pflegeversicherung den (erhöhten) Sonderausgabenabzug nach § 10 Abs. 1 Nr. 3 EStG geltend machen (vgl. Tz 3.2.4.4).

Leistet der Steuerpflichtige Unterhalt an mehrere Empfänger, so sind die Unterhaltsleistungen an jeden der Unterhaltsempfänger jeweils bis zum gesetzlichen Höchstbetrag abziehbar (vgl. R 10.2 Abs. 3 EStR).

2.7.2.3 Angaben im Vordruck

29–36 In den **Zeilen 29** bis **36** können Unterhaltsleistungen für zwei Unterhaltsempfänger geltend gemacht werden. Hierzu sind in **Zeile 29** der **Name** und das **Geburtsdatum** der ersten unterstützten Person sowie in **Zeile 30** die an diese Person vergebene **IdNr.** anzugeben. Die entsprechenden Angaben für die zweite unterstützte Person sind in den **Zeilen 33** und **34** einzutragen. Zusätzlich ist in den Zeilen 30 und/oder 34 mit »1 = Ja« bzw. »2 = Nein« zu erklären, ob die unterstützte Person ihren Wohnsitz / gewöhnlichen Aufenthalt im **Inland** hat. Hierdurch kann ermittelt werden, ob eine **zwingende Angabe** der **IdNr.** notwendig ist und diese ggf. maschinell aus den Vorjahresdaten beigesteuert werden kann. Ohne diese Angaben kann das Finanzamt den Sonderausgabenabzug nicht gewähren. Die Angabe der IdNr. des Unterhaltsempfängers gehört zu den materiell-rechtlichen Voraussetzungen für den Sonderausgabenabzug der Unterhaltsleistungen (§ 10 Abs. 1a Nr. 1 Satz 7 EStG). Hierdurch soll die korrespondierende Versteuerung der Unterhaltsleistungen beim Empfänger als »sonstige Einkünfte« nach § 22 Nr. 1a EStG (vgl. Tz 20.3) sichergestellt werden. Der Unterhaltsempfänger ist für diese Zwecke verpflichtet, dem Unterhaltsleistenden seine IdNr. mitzuteilen. Kommt dieser dem nicht nach, kann der Unterhaltsleistende bei seinem Wohnsitzfinanzamt die IdNr. der unterstützten Person erfragen (§ 10 Abs. 1a Nr. 1 Satz 8 und 9 EStG).

Die **tatsächlich** im VZ 2025 erbrachten **Unterhaltsleistungen** (Zeile 4 der Anlage U) und die darin enthaltenen Beiträge zur **Basis-Krankenversicherung** und gesetzlichen **Pflegeversicherung** des unterstützten Ehegatten/Lebenspartners (Zeile 5 der Anlage U) sind für die erste unterstützte Person in den **Zeilen 29** und **31** anzugeben, die entsprechenden Angaben für die zweite unterstützte Person in den **Zeilen 33** und **35**. In einheitlichen Unterhaltsleistungen enthaltener **Kindesunterhalt** ist **nicht** anzugeben (vgl. Tz 2.7.2.1). Die in **Zeile 31** und/oder **35** einzutragenden Beiträge zur **Basis-Krankenversicherung** und zur gesetzlichen **Pflegeversicherung** sind ggf. um die im VZ geleisteten Erstattungen der Krankenkasse und um steuerfreie Zuschüsse zu mindern. Zusätzlich wird in **Zeile 32** und **36** die Höhe der Krankenversicherungsbeiträge mit Anspruch auf **Krankengeld** (Zeile 6 der Anlage U) abgefragt; insoweit ist eine Kürzung der abzugsfähigen Beiträge um 4 % vorgeschrieben (§ 10 Abs. 1 Nr. 3 Buchst. a Satz 4 EStG, vgl. Tz 3.3.3.1). Dies hat entsprechende Auswirkungen auf den Höchstbetrag nach § 10 Abs. 1a Nr. 1 EStG (vgl. Tz 2.7.2.2).

Zu den Eintragungen in der **Anlage U** vgl. Tz 2.7.2.5.

ELSTER:
Leistet ein Steuerpflichtiger Unterhaltsleistungen i. S. des § 10 Abs. 1a Nr. 1 EStG an mehr als zwei Unterhaltsempfänger, kann er in ELSTER zusätzliche Eintragungszeilen zu den Zeilen 29 bis 36 per Mausklick seiner elektronischen Steuererklärung hinzufügen.

2.7.2.4 Begriff der Unterhaltsleistungen

Unerheblich ist, ob die **Unterhaltsleistungen** freiwillig oder aufgrund gesetzlicher Unterhaltspflicht erbracht werden. Ferner ist ohne Bedeutung, ob es sich um laufende oder einmalige Leistungen bzw. Nachzahlungen oder Vorauszahlungen handelt.

Zu **Abfindungen** von Unterhaltsansprüchen, die ebenfalls nur betragsmäßig begrenzt im Wege des Realsplittings nach § 10 Abs. 1a Nr. 1 EStG oder nach § 33a EStG abgezogen werden können, siehe BFH-Urteil vom 19.6.2008, BStBl II S. 365. Auch als Unterhalt erbrachte **Sachleistungen** können berücksichtigt werden (vgl. H 10.2 – Unterhaltsleistungen – EStH). Gleiches gilt für den **Mietwert** einer im Rahmen einer Unterhaltsvereinbarung **unentgeltlich** überlassenen Wohnung. Die ortsübliche Miete ist auch dann anzusetzen, wenn die Parteien unterhaltsrechtlich einen betragsmäßig geringeren Wohnvorteil vereinbart haben (BFH-Urteil vom 29.6.2022, BStBl 2023 II S. 237). Ein auf gemeinsame **Kinder** entfallender Wohnvorteil bleibt bei der Beurteilung der abziehbaren Unterhaltsleistungen allerdings außer Betracht. Befindet sich die überlassene Wohnung im **Miteigentum** des unterstützten Ehegatten/Lebenspartners, kann der überlassende Ehegatte/Lebenspartner neben dem Mietwert seines Miteigentumsanteils auch die von ihm aufgrund der Unterhaltsvereinbarung getragenen verbrauchsunabhängigen Kosten für den Miteigentumsanteil des anderen Ehegatten/Lebenspartners als Sonderausgaben abziehen (BFH-Urteil vom 12.4.2000, BStBl 2002 II S. 130). Die auf einem **entgeltlichen Rechtsverhältnis** (Mietvertrag) beruhende Überlassung einer Wohnung an den geschiedenen oder dauerhaft getrennt lebenden Ehegatten fällt nicht unter den Anwendungsbereich des § 10 Abs. 1a Nr. 1 EStG (vgl. Tz 24.2.5).

2.7.2.5 Anlage U – Antrag des Unterhaltsgebers / Zustimmung des Unterhaltsempfängers

Für den erstmaligen förmlichen **Antrag** des **Unterhaltsgebers** auf Abzug der Unterhaltsleistungen als Sonderausgaben und die Zustimmungserklärung des Unterhaltsempfängers im Rahmen der Einkommensteuererklärung 2025 ist der beim Finanzamt erhältliche Vordruck »**Anlage U (2025)**« zu verwenden, der von beiden Steuerpflichtigen zu unterschreiben ist. Der Antragsvordruck kann auch im Internet unter www.formulare-bfinv.de abgerufen werden. Vom Unterhaltsgeber sind zum Abzug von Unterhaltsleistungen als Sonderausgaben in **Abschnitt A** der Anlage U (2025) folgende Angaben zu machen:

Zeile	Angaben
1	In dieser Zeile sind die **tatsächlich** im Kj. 2025 erbrachten **Unterhaltsleistungen** anzugeben, getrennt nach Geld- und Sachleistungen.
2	In Zeile 2 sind die in einheitlichen Unterhaltszahlungen des Unterhaltsgebers ggf. enthaltene **Unterhaltsleistungen** für **Kinder** anzugeben, getrennt nach Geld- und Sachleistungen. Unterhaltsleistungen für Kinder sind **nicht** als Sonderausgaben abzugsfähig und müssen aus den einheitlichen Unterhaltszahlungen des Unterhaltsgebers herausgerechnet werden (vgl. Tz 2.7.2.1).

Zeile	Angaben
3	Die Differenz aus den Beträgen der Zeilen 1 und 2 ergibt die jeweils **verbleibenden Unterhaltsleistungen** (ohne Unterhaltsleistungen für Kinder), getrennt nach Geld- und Sachleistungen.
4	Die Summe der Geld- und Sachleistungen aus Zeile 3 ergibt in Zeile 4 den **abzugsfähigen Betrag**, der als Sonderausgaben in den **Zeilen 29** und **33** der Anlage Sonderausgaben geltend gemacht werden kann.
5	In dieser Zeile sind die in den Geldleistungen enthaltenen **Beiträge** (abzgl. etwaiger Erstattungen und Zuschüsse) für die **Basis-Krankenversicherung** und die gesetzliche **Pflegeversicherung** des unterstützten Ehegatten/Lebenspartners gesondert anzugeben. Hierdurch wird die steuerliche Berücksichtigung dieser Beiträge über den Unterhaltshöchstbetrag von 13 805 € hinaus (vgl. Tz 2.7.2.2) sichergestellt. Diese Beiträge sind sodann in die **Zeile 31** und **35** der Anlage Sonderausgaben zu übertragen.
6	Die in den Beiträgen für die Basis-Krankenversicherung (Zeile 5) ggf. enthaltenen **Krankenversicherungsbeiträge** mit Anspruch auf **Krankengeld** werden gesondert abgefragt, um die notwendige Kürzung der abzugsfähigen Beiträge um 4 % sicherzustellen (vgl. Tz 2.7.2.3). Die Beiträge mit Anspruch auf Krankengeld sind sodann in die **Zeilen 32** und **36** der Anlage Sonderausgaben zu übertragen.

Der **Antrag** auf Abzug von Unterhaltsaufwendungen als Sonderausgaben kann jeweils nur für ein Kj. gestellt und **nicht** zurückgenommen werden. Ein Antrag auf Sonderausgabenabzug, der für die Berücksichtigung eines Freibetrags beim Steuerabzug vom Arbeitslohn oder bei der Festsetzung von ESt-Vorauszahlungen schon gestellt worden ist, ist daher auch bei der Einkommensteuerveranlagung für dasselbe Kj. bindend.

Die **Zustimmung** des **Unterhaltsempfängers** (Abschnitt B der Anlage U) zum Antrag des Unterhaltsgebers auf Abzug der Unterhaltsleistungen als Sonderausgaben kann dem **Grunde nach** oder begrenzt auf einen **Teilbetrag** (s. u.) erfolgen. Diese Zustimmung schließt – unabhängig davon, wann diese erteilt wurde – eventuelle Erhöhungsbeträge des Höchstbetrags für die Kranken- und Pflegeversicherung des Unterhaltenen (vgl. Tz 2.7.2.2) mit ein. Die Zustimmungserklärung gilt – solange sie nicht widerrufen wird – auch für alle darauffolgenden Kj. Der **Widerruf** ist **vor Beginn** des Kj., für das die Zustimmung erstmals nicht gelten soll, gegenüber dem Finanzamt zu erklären. Die Zustimmung wirkt auch dann bis auf Widerruf, wenn sie im Rahmen eines **Vergleichs** erteilt wird (vgl. R 10.2 Abs. 2 EStR).

Wird ein Antrag auf Sonderausgabenabzug nicht gestellt oder fehlt hierzu die Zustimmung des Empfängers der Unterhaltsleistungen, so können diese im VZ 2025 nur als außergewöhnliche Belastungen nach § 33a Abs. 1 EStG bis zu einem Höchstbetrag von **12 096 €** (zzgl. tatsächlich geleisteter Beiträge für eine Basis-Kranken- und die gesetzliche Pflegeversicherung des Unterhaltsempfängers) geltend gemacht werden; vgl. Tz 6.2. In diesem Fall sind die Unterhaltsleistungen beim Empfänger **nicht** als stpfl. Einkünfte zu behandeln.

Die Unterhaltsleistungen können nur **insgesamt** als Sonderausgaben oder als außergewöhnliche Belastung berücksichtigt werden (BFH-Urteil vom 7.11.2000, BStBl 2001 II S. 338). Sind die Unterhaltsleistungen vom Finanzamt zunächst antragsgemäß als außergewöhnliche Belastungen berücksichtigt worden, so kann bis zur Bestandskraft des Steuerbescheids noch beantragt werden, dass der Abzug als Sonderausgaben nach § 10 Abs. 1a Nr. 1 EStG gewünscht wird. Darüber hinaus kann auch ein bestandskräftiger Einkommensteuerbescheid nach § 175 Abs. 1 Satz 1 Nr. 2 AO geändert werden, wenn erst nach Eintritt der Bestandskraft sowohl die Zustimmung des Empfängers zur Anwendung des Realsplittings erteilt, als auch der Antrag auf Berücksichtigung der Unterhaltsleistungen als Sonderausgaben nach § 10 Abs. 1a Nr. 1 EStG gestellt werden (BFH-Urteil vom 12.7.1989, BStBl II S. 957). Ein Einkommensteuerbescheid kann nach § 175 Abs. 1 Satz 1 Nr. 2 AO jedoch nicht geändert werden, wenn der Antrag auf Realsplitting erst nach Eintritt der Bestandskraft des Einkommensteuerbescheids gestellt wird, obwohl die Zustimmungserklärung des Unterhaltsempfängers dem Geber bereits vor Eintritt der Bestandskraft vorlag (BFH-Urteil vom 20.8.2014, BStBl 2015 II S. 138).

Der Antrag auf Abzug als Sonderausgaben nach § 10 Abs. 1a Nr. 1 EStG kann auf einen geringeren, unterhalb des Höchstbetrags (vgl. Tz 2.7.2.2) liegenden, **Teilbetrag** beschränkt werden (vgl. R 10.2 Abs. 1 EStR). Aber auch dies bedarf der Zustimmung des Empfängers (Abschnitt B der Anlage U), der in diesem Fall nur den geringeren Betrag als sonstige Einkünfte i. S. des § 22 Nr. 1a EStG anzusetzen hat. Ein betragsmäßig begrenzter Antrag zum Realsplitting kann auch nach der Bestandskraft des Einkommensteuerbescheides noch erweitert werden (BFH-Urteil vom 28.6.2006, BStBl 2007 II S. 5). Der erweiterte Antrag stellt i. V. mit der erweiterten Zustimmungserklärung ein rückwirkendes Ereignis i. S. des § 175 Abs. 1 Satz 1 Nr. 2 AO dar.

Verweigert der Unterhaltsempfänger **missbräuchlich** die Unterschrift im Vordruck »Anlage U«, obwohl z. B. bei ihm die Steuerpflicht der Unterhaltsleistungen zu keiner Steuerbelastung und zu keinem sonstigen Nachteil führen würde, so ist es Sache des Unterhaltsleistenden, seinen Anspruch auf Zustimmung ggf. in einem **zivilgerichtlichen Verfahren** geltend zu machen. Eine rechtskräftige Verurteilung zur Erteilung der Zustimmung wird als Zustimmung i. S. des § 10 Abs. 1a Nr. 1 EStG angesehen (BFH-Urteil vom 25.10.1988, BStBl 1989 II S. 192); diese wirkt jedoch nur für das Kj., das Gegenstand des Rechtsstreits war.

2.7.2.6 Erbe

Ein **Erbe** kann von ihm nach § 1586b BGB zu zahlende Unterhaltsleistungen an den geschiedenen Ehegatten/früheren Lebenspartner des Erblassers nicht als Sonderausgaben (Realsplitting) abziehen (BFH-Urteil vom 12.11.1997, BStBl 1998 II S. 148).

2.7.2.7 Unterhaltsempfänger im Ausland

Ist der Unterhaltsempfänger nicht unbeschränkt einkommensteuerpflichtig (weil er im Ausland lebt), hat er aber seinen Wohnsitz oder gewöhnlichem Aufenthalt in einem **EU-/EWR-Staat** oder in der **Schweiz**, kommt ein Abzug der Unterhaltsleistungen im Rahmen des § 1a Abs. 1 Nr. 1 EStG in Betracht; zur Anwendung des § 1a Abs. 1 Nr. 1 EStG, wenn der Unterhaltsempfänger seinen Wohnsitz oder gewöhnlichen Aufenthalt in der Schweiz hat, siehe BMF-Schreiben vom 16.9.2013, BStBl I S. 1325. Die Besteuerung der Unterhaltszahlungen beim Empfänger muss durch eine Bescheinigung der zuständigen ausländischen Steuerbehörde nachgewiesen werden; wegen der weiteren Voraussetzungen vgl. Tz 33.5.2.

Ein Abzug der Unterhaltsleistungen ist auch aufgrund bestimmter **DBA** möglich. Entsprechende Regelungen sind z. B. in den DBA mit Kanada (BStBl 2002 I S. 505, 521), und den USA (BStBl 2008 I S. 766) sowie in der mit der Schweiz getroffenen Verständigungsvereinbarung (BStBl 2011 I S. 146) enthalten.

2.7.3 Schuldrechtlicher Versorgungsausgleich

Während der Ehe/Lebenspartnerschaft erworbene **Versorgungsanwartschaften** wegen Alters sowie Berufs- oder Erwerbsunfähigkeit werden bei einer **Scheidung** der Ehe oder der **Aufhebung** einer eingetragenen **Lebenspartnerschaft** geteilt (§ 1 Abs. 1 Versorgungsausgleichgesetz – VersAusglG, § 20 Abs. 1 LPartG). Diese Anwartschaftsrechte werden grds. **intern** innerhalb des jeweiligen Versorgungssystems oder ausnahmsweise **extern** durch Begründung eines Anrechts außerhalb des auszugleichenden Versorgungssystems **geteilt**. Sowohl die interne als auch die externe Teilung lösen beim Ausgleichsverpflichteten und beim Ausgleichsberechtigten keine (belastenden) steuerlichen Konsequenzen aus. Die Übertragung von Anrechten ist im Zeitpunkt der internen Teilung nach § 3 Nr. 55a EStG steuerfrei; Entsprechendes gilt nach § 3 Nr. 55b EStG für die bei einer externen Teilung an ein neues Versorgungssystem zu leistenden Ausgleichswerte. Erst die späteren **Versorgungsleistungen** sind bei der ausgleichsberechtigten Person so zu besteuern, wie sie bei der ausgleichsverpflichteten Person ohne Berücksichtigung der Teilung zu besteuern gewesen wären (z. B. als Einkünfte aus nichtselbständiger Arbeit nach § 19 EStG oder als Leibrenten i. S. des § 22 Abs. 1 Nr. 1 Buchst. a EStG). Anders als beim schuldrechtlichen Versorgungsausgleich (s. u.) können im Fall der internen oder externen Teilung die Leistungen bei der ausgleichspflichtigen Person **nicht** als Sonderausgaben abgezogen werden. Die der ausgleichspflichtigen Person zuzurechnenden Leistungen sind bereits durch die Teilung der Versorgungsanwartschaften gemindert und müssen nur in dieser Höhe versteuert werden (Rz 21 des BMF-Schreibens vom 21.3.2023, BStBl I S. 611).

Bezieht eine ausgleichspflichtige Person eine laufende Versorgung aus einem noch nicht ausgeglichenen Anrecht, so kann die - ausgleichsberechtigte Person nach einer Scheidung von ihr den Ausgleichswert als schuldrechtliche Ausgleichsrente (§ 20 Abs. 1 VersAusglG), die Abtretung des Anspruchs gegen den Versorgungsträger i. H. der Ausgleichsrente (§ 21 Abs. 1 VersAusglG) oder den Ausgleichswert in Form einer Kapitalzahlung (§ 22 VersAusglG) verlangen. Solche **schuldrechtlichen Ausgleichszahlungen** des Ausgleichsverpflichteten sind bei der ausgleichspflichtigen Person als Sonderausgaben nach § 10 Abs. 1a Nr. 4 EStG zu berücksichtigen. Entsprechendes gilt in Fällen, in denen ein noch nicht ausgeglichenes Anrecht bei einem ausländischen, zwischen- oder überstaatlichen Versorgungsträger besteht und die Witwe oder der Witwer gegenüber dem geschiedenen Ehegatten nach § 26 VersAusglG zum Ausgleich verpflichtet ist. Der Sonderausgabenabzug gilt zudem für Ausgleichszahlungen nach § 1587f, § 1587g und § 1587i BGB in der bis zum 31.8.2009 geltenden Fassung sowie nach § 3 a des Gesetzes zur Regelung von Härten im Versorgungsausgleich (Rz 29 des o. a. BMF-Schreibens vom 21.3.2023).

Nach § 10 Abs. 1a Nr. 4 EStG begünstigte Ausgleichszahlungen können auch dann vorliegen, wenn Ehegatten bereits im **Ehevertrag** oder Lebenspartner in einem **Lebenspartnerschaftsvertrag** schuldrechtlichen Versorgungsausgleich geregelt und gleichzeitig den gesetzlichen Versorgungsausgleich ausgeschlossen haben (BFH-Urteil vom 22.8.2012, BStBl 2014 II S. 109). Entscheidend ist dabei, dass im Zuge der Ehescheidung oder Aufhebung einer eingetragenen Lebenspartnerschaft der versorgungsberechtigte Ehegatte/ Lebenspartner an den Versorgungsanwartschaften beteiligt wird und insoweit ein »Einkünftetransfer« stattfindet.

Der Umfang des Sonderausgabenabzugs richtet sich nach der Besteuerung der den Ausgleichszahlungen zugrunde liegenden Einnahmen (sog. **Korrespondenzprinzip**). Liegt der Leistung z. B. eine beim Ausgleichsverpflichteten nur mit dem **Ertragsanteil** zu besteuernde Leibrente zugrunde, ist beim Ausgleichsverpflichteten nur der entsprechende Ertragsanteil als Sonderausgaben abzugsfähig und beim Ausgleichsberechtigten auch nur dieser Ertragsanteil nach § 22 Nr. 1a EStG nach Abzug des Werbungskosten-Pauschbetrags von 102 € zu versteuern (Rz 34 und Beispiel 3 des o. a. BMF-Schreibens vom 21.3.2023). Entsprechendes gilt für Renten aus der Basisversorgung, die der sog. »**Kohortenbesteuerung**« mit einem Besteuerungsanteil unterliegen (Rz 32 und Beispiel 1 des v. g. BMF-Schreibens vom 21.3.2023; zur Ermittlung des Besteuerungsanteils vgl. Tz 17.3).

Handelt es sich dagegen um **Versorgungsbezüge** i. S. des § 19 EStG, kann der an den Ausgleichsberechtigten abgetretene Teil der Bezüge, die nach Abzug des Versorgungsfreibetrags und des Zuschlags zum Versorgungsfreibetrag nach § 19 Abs. 2 EStG beim Ausgleichspflichtigen der Besteuerung unterliegen, als Sonderausgaben nach § 10 Abs. 1a Nr. 4 EStG geltend gemacht werden (BFH-Urteil vom 9.12.2014, X R 7/14, BFH/NV 2015 S. 824). Der Ausgleichsberechtigte hat die empfangenen Leistungen in entsprechendem Umfang nach § 22 Nr. 1a EStG zu versteuern. Der BFH hat in dem v. g. Urteil im Übrigen die Verwaltungsauffassung bestätigt, dass die abgetretenen Bestandteile der Versorgungsbezüge zu den stpfl. Einkünften des ausgleichspflichtigen Versorgungsempfängers gehören; diese sind nicht nach § 3 Nr. 55a Satz 2 EStG steuerfrei.

BEISPIEL:
Der Ausgleichsverpflichtete A bezieht im Jahr 2025 (Versorgungsbeginn 1.1.2025) eine Pension i. H. von 20 000 €. Die Ausgleichsberechtigte B erhält eine Ausgleichsrente i. H. von 50 % der Versorgungsbezüge (= 10 000 € jährlich).
Nach Abzug der Freibeträge für Versorgungsbezüge nach § 19 Abs. 2 EStG i. H. von 1 287 € wird bei A ein Betrag von 18 713 € der Besteuerung zugrunde gelegt. A kann einen Betrag i. H. von 9 357 € (= 50 % von 18 713 €) als Sonderausgaben nach § 10 Abs. 1a Nr. 4 EStG geltend machen.
B hat einen Betrag i. H. von 9 255 € (= 9 357 € ./. 102 € Werbungskosten-Pauschbetrag) nach § 22 Nr. 1a EStG zu versteuern.

Bemisst sich die Ausgleichszahlung nach Leistungen aus einem Altersvorsorgevertrag (sog. Riester-Vertrag), einem Pensionsfonds, einer Pensionskasse oder einer Direktversicherung, kann die ausgleichspflichtige Person den Sonderausgabenabzug in der Höhe erhalten, wie die entsprechende Leistung anteilig bei ihr zu stpfl. Einnahmen nach § 22 Nr. 5 Satz 1 oder Satz 2 EStG führt. Der Ausgleichsberechtigte hat die Leistung ebenfalls in entsprechendem Umfang nach § 22 Nr. 1a EStG zu versteuern (Rz 35 und 36 sowie Beispiel 4 des o. a. BMF-Schreibens vom 21.3.2023).

Ausgleichszahlungen im Rahmen des schuldrechtlichen **Ver-** 37-
sorgungsausgleichs sind in **Zeile 37** geltend zu machen. Hier sind – neben dem Rechtsgrund und dem Datum der erstmaligen Zahlung – nur die tatsächlich gezahlten Leistungen anzugeben. Das Finanzamt stellt – abhängig von dem o. g. Korrespondenzprinzip – den abziehbaren Betrag fest und berücksichtigt diesen im Rahmen der Einkommensteuerveranlagung.

In **Zeile 38** sind der **Name**, das **Geburtsdatum** sowie in **Zeile 39** die **IdNr.** der **empfangsberechtigten Person** einzutragen. Hierdurch soll bei dieser Person die korrespondierende Versteuerung der Versorgungsleistungen nach § 22 Nr. 1a EStG sichergestellt werden. Zusätzlich ist in Zeile 39 mit »1 = Ja« bzw. »2 = Nein« zu erklären, ob die empfangsberechtigte Person ihren Wohnsitz / gewöhnlichen Aufenthalt im **Inland** hat. Hierdurch kann ermittelt werden, ob eine **zwingende Angabe** der **IdNr.** notwendig ist und diese ggf. maschinell aus den Vorjahresdaten beigesteuert werden kann. Ohne diese Angaben kann das Finanzamt den Sonderausgabenabzug nicht gewähren. Die Angabe der IdNr. gehört zu den materiell-rechtlichen Voraussetzungen für den Sonderausgabenabzug der Ausgleichszahlungen (§ 10 Abs. 1a Nr. 4 Satz 2 i. V. mit Nr. 3 Satz 3 EStG). Der Zahlungsempfänger ist für diese Zwecke verpflichtet, dem Ausgleichsverpflichteten seine IdNr. mitzuteilen. Kommt dieser dem nicht nach, kann der Ausgleichsverpflichtete bei seinem Wohnsitzfinanzamt die IdNr. des Zahlungsempfängers erfragen.

Werden **erstmals** entsprechende Sonderausgaben geltend gemacht, empfiehlt es sich, der Steuererklärung eine Ausfertigung des Vertrags oder der Versorgungsvereinbarung beizufügen. Es besteht für diese Unterlagen allerdings nur eine Beleg**vorhalte**pflicht; sie müssen daher grds. nur auf Anforderung des Finanzamts auf elektronischem Weg oder in Kopie vorgelegt werden (vgl. Vorbemerkungen Tz 14.1).

Die Berücksichtigung als Sonderausgaben ist für Ausgleichszahlungen im Rahmen des schuldrechtlichen Versorgungsausgleichs **nicht** von der Zustimmung des Empfängers der Ausgleichszahlungen abhängig; die Abgabe einer zusätzlichen **Anlage U** (vgl. Tz 2.7.2.5) ist daher in diesem Fall **nicht** erforderlich. Zur Berücksichtigung Ausgleichsleistungen zur Vermeidung des Versorgungsausgleichs als Sonderausgaben vgl. Tz 2.7.4.

ELSTER:
Für die Angaben zu Ausgleichszahlungen in den Zeilen 37 bis 39, die auf unterschiedlichen Rechtsgründen beruhen und an unterschiedliche Zahlungsempfänger geleistet werden, stehen in ELSTER gegenüber dem amtlichen Vordruck weitere Eintragungszeilen zur Verfügung. Diese können durch Mausklick der elektronischen Steuererklärung hinzugefügt werden.

Lebt die ausgleichsberechtigte Person **nicht** im **Inland** und ist diese nicht unbeschränkt einkommensteuerpflichtig, kann der Ausgleichsverpflichtete die Ausgleichszahlungen im Rahmen des Versorgungsausgleichs grds. **nicht** als Sonderausgaben nach § 10 Abs. 1a Nr. 4 EStG abziehen; der Ausgleichsberechtigte hat diese Zahlungen korrespondierend dazu auch nicht zu versteuern. Eine Ausnahme besteht dann, wenn die ausgleichsberechtigte Person ihren Wohnsitz oder gewöhnlichem Aufenthalt in einem **EU-/EWR-Staat** oder in der **Schweiz** hat. Die Ausgleichszahlungen können dann als Sonderausgaben i. S. des § 10 Abs. 1a Nr. 4 EStG abgezogen werden, wenn deren Besteuerung beim Empfänger durch eine Bescheinigung der ausländischen Steuerbehörde nachgewiesen wird (§ 1a Abs. 1 Nr. 1 EStG); wegen der weiteren Voraussetzungen vgl. Tz 33.5.2.

Weitere Einzelheiten zur steuerlichen Behandlung von Ausgleichszahlungen im Rahmen des schuldrechtlichen Versorgungsausgleichs ergeben sich im Übrigen aus dem o. a. BMF-Schreiben vom 9.4.2010.

2.7.4 Ausgleichsleistungen zur Vermeidung des Versorgungsausgleichs

Für **Ausgleichsleistungen** zur **Vermeidung** des **Versorgungsausgleichs** besteht nach § 10 Abs. 1a Nr. 3 EStG ein gesonderter Abzugstatbestand. Der Sonderausgabenabzug durch den Ausgleichsverpflichteten hängt hier aber von der **Zustimmung** des Ausgleichsberechtigten ab (s. u.). Eine Berücksichtigung der Ausgleichsleistungen als (vorweggenommene) Werbungskosten ist seit dem VZ 2015 grds. nicht mehr möglich (FG Köln vom 14.2.2019, 15 K 2800/17).

Als Sonderausgaben sind Ausgleichsleistungen nach § 6 Abs. 1 Satz 2 Nr. 2 und § 23 VersAusglG sowie nach § 1408 Abs. 2 und § 1587 BGB abzugsfähig, auch wenn diese aufgrund eines notariell beurkundeten Ehe-/Partnerschaftsvertrags oder eines gerichtlichen Vergleichs geleistet werden. Begünstigt sind danach insbesondere zweckgebundene **Abfindungen** für ein noch nicht ausgeglichenes Versorgungsanrecht (z. B. aus der gesetzlichen Rentenversicherung), die an den Versorgungsträger des Ausgleichsberechtigten zu zahlen sind, bei dem damit ein bestehendes Anrecht ausgebaut oder ein neues Anrecht begründet werden soll. Anstelle einer Einmalzahlung kommen auch Ratenzahlungen an den Versorgungsträger in Betracht. Darüber hinaus werden von der Vorschrift auch Ausgleichsleistungen für Anrechte aus der **Beamtenversorgung** (z. B. nach § 58 BeamtVG) erfasst, die bei der Ehescheidung oder der Auflösung einer Lebenspartnerschaft zur Vermeidung des Versorgungsausgleichs gezahlt werden. Begünstigt sind auch unmittelbare Leistungen der ausgleichspflichtigen Person an die ausgleichsberechtigte Person (Rz 13 des BMF-Schreibens vom 21.3.2023, BStBl I S. 611). Die ausgleichspflichtige Person kann jederzeit freiwillig Zahlungen vornehmen, um aufgrund eines durchgeführten Versorgungsausgleichs geminderte eigene Versorgungsanwartschaften **wieder aufzufüllen**. Beiträge in die gesetzlichen Rentenversicherungen, zur landwirtschaftlichen Alterskasse oder zu berufsständischen Versorgungseinrichtungen sowie zu zertifizieren Basisrentenverträgen können im Jahr der Zahlung als **Sonderausgaben** nach § 10 Abs. 1 Nr. 2 Buchst. a und b EStG im Rahmen des Höchstbetrages nach § 10 Abs. 3 EStG berücksichtigt werden (BFH-Urteil vom 19.8.2021, BStBl 2022 II S. 256; vgl. Tz 3.3.1.2). Zahlungen eines Beamten an den Dienstherrn zur Auffüllung seines geminderten Versorgungsanspruchs i. S. des § 19 EStG können im Jahr der Zahlung als vorweggenommene **Werbungskosten** berücksichtigt werden, da dies den Bezug höherer Versorgungsbezüge sichert (Rz 15 des o. a. BMF-Schreibens vom 21.3.2023; vgl. Tz 11.18.3.30).

41 Die **tatsächlich** im VZ 2025 erbrachten **Ausgleichsleistungen** zur **Vermeidung** des **Versorgungsausgleichs** können vom Steuerpflichtigen in **Zeile 40** geltend gemacht werden. Außerdem sind in dieser Zeile der **Name**, das **Geburtsdatum** sowie in **Zeile 41** die **IdNr.** des **Empfängers** der Ausgleichsleistungen anzugeben. Zusätzlich ist in Zeile 41 mit »1 = Ja« bzw. »2 = Nein« zu erklären, ob die empfangsberechtigte Person ihren Wohnsitz / gewöhnlichen Aufenthalt im **Inland** hat. Hierdurch kann ermittelt werden, ob eine **zwingende Angabe** der **IdNr.** notwendig ist und diese ggf. maschinell aus den Vorjahresdaten beigesteuert werden kann. Ohne diese Angaben kann das Finanzamt den Sonderausgabenabzug nicht gewähren. Die Angabe der IdNr. gehört zu den materiell-rechtlichen Voraussetzungen für den Sonderausgabenabzug der Ausgleichsleistungen (§ 10 Abs. 1a Nr. 3 Satz 3 EStG). Über die IdNr. des Empfängers der Ausgleichsleistungen wird bei diesem die Versteuerung als sonstige Einkünfte nach § 22 Nr. 1a EStG sichergestellt (s. u.). Dieser ist für diese Zwecke verpflichtet, dem Ausgleichsverpflichteten seine IdNr. mitzuteilen. Kommt er dem nicht nach, kann der Ausgleichsverpflichtete bei seinem Wohnsitzfinanzamt die IdNr. des Empfängers der Ausgleichsleistungen erfragen.

Dem Finanzamt ist mit der Steuererklärung zusätzlich der unterschriebene Vordruck »**Anlage U (2025)**« einzureichen, die den förmlichen Antrag des Ausgleichspflichtigen auf Abzug der im Kj. 2025 tatsächlich erbrachten Ausgleichsleistungen als Sonderausgaben (Zeile 7 der Anlage U) sowie die **Zustimmungserklärung** des Empfängers der Leistungen (Abschnitt B der Anlage U) enthält. Die »Anlage U« ist entweder beim Finanzamt erhältlich oder kann im Internet unter www.formulare-bfinv.de abgerufen werden.

Der Antrag auf Sonderausgabenabzug kann jeweils nur für ein Jahr gestellt und nicht zurückgenommen werden. Die Zustimmungserklärung gilt – solange sie nicht widerrufen wird – auch für alle darauffolgenden Kj. Der Empfänger der Ausgleichsleistung kann seine Zustimmung dem **Grunde nach** erteilen oder ggf. auf einen **Teilbetrag** begrenzen. Der Widerruf ist vor Beginn des Kj., für das die Zustimmung erstmals nicht gelten soll, gegenüber dem Finanzamt zu erklären. Im Übrigen gelten die allgemeinen Verfahrenshinweise zur Anlage U unter Tz 2.7.2.5 entsprechend.

Soweit der Ausgleichsverpflichtete die Ausgleichsleistungen zur Vermeidung des Versorgungsausgleichs mit Zustimmung des Ausgleichsberechtigten als Sonderausgaben geltend macht, sind die Ausgleichsleistungen beim Ausgleichsberechtigten in gleicher Höhe als **sonstige Einkünfte** nach § 22 Nr. 1a EStG zu versteuern (vgl. Tz 20.3). Es kommt nicht darauf an, dass sich der Sonderausgabenabzug tatsächlich steuermindernd auswirkt.

BEISPIEL:
Die Eheleute A und B haben im Scheidungsfolgeverfahren vereinbart, dass B auf den Versorgungsausgleich verzichtet (§ 6 Abs. 1 Satz 2 Nr. 2 VersAusglG). A zahlt im Gegenzug für diesen Verzicht 80 000 € an B. A beantragt im Rahmen der Einkommensteuererklärung für die Zahlung von 80 000 € den Sonderausgabenabzug und gibt die IdNr. von B an. B ist unbeschränkt einkommensteuerpflichtig und hat auf der Anlage U die Zustimmung erteilt.

Besteuerung bei A:
A kann die Ausgleichszahlung an B i. H. von 80 000 € als Sonderausgaben abziehen (§ 10 Abs. 1a Nr. 3 EStG).

Besteuerung bei B:
B muss korrespondierend 80 000 € abzgl. 102 € Werbungskosten-Pauschbetrag bzw. abzgl. tatsächlicher Werbungskosten als sonstige Einkünfte versteuern (§ 22 Nr. 1a EStG). Dies würde auch dann gelten, wenn sich im Rahmen der Einkommensteuerveranlagung von A die Ausgleichszahlung nicht in voller Höhe als Sonderausgaben auswirken sollte.

Lebt der Empfänger der Ausgleichsleistungen nicht im Inland und ist **nicht unbeschränkt einkommensteuerpflichtig**, kann der Ausgleichsverpflichtete die Ausgleichsleistungen zur Vermeidung des Versorgungsausgleichs grds. **nicht** als Sonderausgaben nach § 10 Abs. 1a Nr. 3 EStG geltend machen. Hat die ausgleichsberechtigte Person ihren Wohnsitz oder gewöhnlichen Aufenthalt in einem **EU-/EWR-Staat** oder in der **Schweiz**, können die Ausgleichsleistungen jedoch dann als Sonderausgaben i. S. des § 10 Abs. 1a Nr. 3 EStG abgezogen werden, wenn deren Besteuerung beim Empfänger durch eine Bescheinigung der ausländischen Steuerbehörde nachgewiesen wird (§ 1a Abs. 1 Nr. 1 EStG); wegen der weiteren Voraussetzungen vgl. Tz 33.5.2.

3. Anlage Vorsorgeaufwand 2025 – Vorsorgeaufwendungen

3.1 Vorbemerkungen

Zur Berücksichtigung von **Vorsorgeaufwendungen** als Sonderausgaben ist die »**Anlage Vorsorgeaufwand**« abzugeben. Zusammen veranlagte **Ehegatten/Lebenspartner** brauchen nur eine **gemeinsame** »Anlage Vorsorgeaufwand« ausfüllen; die Abfrage der von Ehegatten/Lebenspartnern geleisteten Beiträge erfolgt in gesonderten Spalten (»Ehemann/Person A«, »Ehefrau/Person B«). Die Berücksichtigung von zusätzlichen Beiträgen zur **Altersvorsorge** (sog. Riester-Rente) als Sonderausgaben kann nicht mit der Anlage Vorsorgeaufwand beantragt werden; hierfür ist die »**Anlage AV**« zu verwenden (vgl. Tz 4).

Arbeitgeber und Versicherungsunternehmen sind verpflichtet, die **Daten** zu den im VZ geleisteten Vorsorgeaufwendungen bis Ende Februar des Folgejahres **elektronisch** an die Finanzverwaltung zu übermitteln (§ 93 c Abs. 1 AO). Die der Finanzverwaltung vorliegenden »**eDaten**« sind **nicht** in die mit dem Logo »**e**« gekennzeichneten und dunkelgrün hervorgehobenen Zeilen/Bereichen der Anlage Vorsorgeaufwand einzutragen; sie werden **automatisch** in die Einkommensteuerveranlagung übernommen (vgl. Vorbemerkungen Tz 13). Welche eDaten dem Finanzamt bereits vorliegen, kann entweder dem vom Arbeitgeber ausgestellten Ausdruck der Lohnsteuerbescheinigung oder den Mitteilungen der Versicherungsunternehmen entnommen werden. Das bedeutet auch, dass die **Abgabe** der Anlage Vorsorgeaufwand **entfällt**, wenn über die eDaten hinaus keine weiteren Angaben zu den Vorsorgeaufwendungen erforderlich sind.

Eintragungen sind in den mit »**e**« gekennzeichneten Zeilen/Bereichen der Anlage Vorsorgeaufwand nur noch dann vorzunehmen, wenn von den eDaten **abweichende Angaben** berücksichtigt werden sollen oder der Arbeitgeber die Daten nicht elektronisch übermittelt und dem Arbeitnehmer stattdessen eine »Besondere Lohnsteuerbescheinigung« für das Kj. 2025 ausgehändigt hat (vgl. Tz 11.1 a.E.). Das Gleiche gilt, wenn die Versicherungsunternehmen die Daten aus technischen Gründen nicht (rechtzeitig) elektronisch übermitteln konnten und dem Versicherten eine »Bescheinigung zur Vorlage beim Finanzamt« über die geleisteten Beiträge erteilt haben (vgl. Tz 3.2.3.6).

Die Anlage Vorsorgeaufwand 2025 gliedert sich in folgende Abschnitte:

- Beiträge zur Altersvorsorge (Zeilen 4 bis 10),
- Beiträge zur inländischen gesetzlichen Kranken- und Pflegeversicherung (Zeilen 11 bis 22),
- Beiträge zur inländischen privaten Kranken- und Pflegeversicherung (Zeilen 23 bis 27),
- Beiträge zur ausländischen gesetzlichen oder privaten Kranken- und Pflegeversicherung (Zeilen 28 bis 33),
- steuerfreie Arbeitgeberzuschüsse zur Kranken- und Pflegeversicherung (Zeilen 34 bis 36),
- als Versicherungsnehmer für andere Personen übernommene Kranken- und Pflegeversicherungsbeiträge (Zeilen 37 bis 42),
- weitere sonstige Vorsorgeaufwendungen (Zeile 43 bis 48),
- ergänzende Angaben zu den Vorsorgeaufwendungen (Zeilen 49 bis 55).

Zu den als Sonderausgaben abziehbaren Vorsorgeaufwendungen wird in den nachfolgenden Erläuterungen zunächst die Rechtslage (insbesondere die einzelnen Höchstbetragsberechnungen) erläutert. Daran schließen sich die Erläuterungen zu den in der Anlage Vorsorgeaufwand einzutragenden Aufwendungen und Angaben an.

3.2 Vorsorgeaufwendungen

3.2.1 Rechtsentwicklung

Im Zuge der Neuregelung der Rentenbesteuerung durch das Alterseinkünftegesetz vom 5.7.2004 (BStBl I S. 554 und 740) wurde der Abzug von Vorsorgeaufwendungen als Sonderausgaben grundlegend geändert. Seit dem VZ 2005 wird zwischen Beiträgen für die Altersversorgung und den sonstigen Vorsorgeaufwendungen, wie den Beiträgen zu Kranken-, Pflege-, Unfall- oder Haftpflichtversicherungen unterschieden: **vor**

- Beiträge zur Altersvorsorge wurden bis einschließlich VZ 2014 bei der Einzelveranlagung bis zu einem Höchstbetrag von 20 000 € und bei der Zusammenveranlagung von Ehegatten/Lebenspartnern bis zu 40 000 € als Sonderausgaben berücksichtigt. Ab dem VZ 2015 wurde das Abzugsvolumen für die Basisversorgung im Alter an den Höchstbetrag zur knappschaftlichen Rentenversicherung gekoppelt. Für den VZ 2025 ergibt sich hiernach ein Höchstbetrag von 29 344 € bei der Einzelveranlagung bzw. von 58 688 € bei der Zusammenveranlagung (vgl. Tz 3.2.4.2).
- Seit dem VZ 2023 können die geleisteten Beiträge zur Altersvorsorge i.S. des § 10 Abs. 1 Nr. 2 EStG zu 100 % als Sonderausgaben berücksichtigt werden. Der ursprünglich erst ab dem Jahr 2025 vorgesehene vollständige Sonderausgabenabzug von Altersvorsorgeaufwendungen wurde im Rahmen des JStG 2022 vom 16.12.2022 (BGBl I S. 2294) auf das Jahr 2023 vorgezogen. Zur Altersvorsorge gehören insbesondere die Beiträge zur gesetzlichen Rentenversicherung, zu einer vergleichbaren berufsständischen Versorgungseinrichtung oder zu einem Basisrentenvertrag (sog. »Rürup-Rente«). Basisrentenverträge müssen seit dem VZ 2010 »zertifiziert« sein (vgl. Tz 3.2.3.4).
- Bis zum VZ 2019 wurde eine Günstigerprüfung nach der Rechtslage bis 2004 durchgeführt, um Schlechterstellungen gegenüber dem Abzugsvolumen ab 2005 zu vermeiden. Der nach der Rechtslage bis 2004 zu berücksichtigende Vorwegabzug wurde beginnend mit dem Jahr 2011 schrittweise bis zum VZ 2019 abgeschmolzen. Beiträge zu einem Basisrentenvertrag wurden im Rahmen der Günstigerprüfung ggf. durch einen Erhöhungsbetrag berücksichtigt. Seit dem VZ 2020 ist diese Günstigerprüfung entfallen.
- Der beschränkte Abzug von sonstigen Vorsorgeaufwendungen geriet sehr schnell auf den Prüfstand des BVerfG. Mit Beschlüssen vom 13.2.2008 (u.a. 2 BvL 1/06) hat das BVerfG festgestellt, dass die bestehenden Regelungen in § 10 EStG zum Umfang der steuerlichen Berücksichtigung von Beiträgen zu einer privaten Kranken- und Pflegeversicherung nicht mit dem Grundgesetz vereinbar sind, da sie nicht die volle steuerliche Abziehbarkeit der Beiträge zur sozialhilfegleichen Kranken- und Pflegeversorgung des Steuerpflichtigen und seiner Familie gewährleisten würden. Der Entscheidung des BVerfG lag zwar der Fall eines privat Krankenversicherten zugrunde, das Gericht machte jedoch deutlich, dass die Grundaussagen der Beschlüsse für privat und gesetzlich Krankenversicherte gleichermaßen gelten. Der Gesetzgeber wurde verpflichtet, den Sonderausgabenabzug von sonstigen Vorsorgeaufwendungen ab dem 1.1.2010 gesetzlich neu zu regeln. Diese Neuregelung ist mit dem Bürgerentlastungsgesetz Krankenversicherung vom 16.7.2009 (BStBl I S. 782) geschaffen worden. Im Wesentlichen gilt hiernach seit dem VZ 2010 Folgendes:
- Die vom Steuerpflichtigen tatsächlich geleisteten Beiträge für eine Absicherung auf sozialhilfegleichem Versorgungsniveau (Basisabsicherung) zur privaten und gesetzlichen Krankenversicherung und zur gesetzlichen Pflegeversicherung (soziale Pflegeversicherung und private Pflege-Pflichtversicherung) werden in vollem Umfang steuerlich berücksichtigt.

- Nicht der Basisabsicherung zuzurechnen ist der Beitragsanteil, der der Finanzierung des Krankengeldes dient. Dieser Anteil wird bei in der gesetzlichen Kranversicherung versicherten Personen mit einem pauschalen Abschlag i. H. von 4 % bemessen.
- Der Basisabsicherung in einer privaten Krankenversicherung dienen nur die jeweiligen Beitragsanteile, mit denen Versicherungsleistungen finanziert werden, die in Art, Umfang und Höhe den Pflichtleistungen der gesetzlichen Krankenversicherung vergleichbar sind und auf die ein Anspruch besteht. Nicht zur Basisabsicherung gehören Beitragsanteile, die der Finanzierung von Wahlleistungen (z. B. Chefarztbehandlung, Einbettzimmer), des Krankenhaustagegeldes oder des Krankentagegeldes dienen. Sind in einem Versicherungstarif begünstigte und nicht begünstigte Versicherungsleistungen abgesichert, muss der vom Versicherungsnehmer geleistete Beitrag durch das Krankenversicherungsunternehmen aufgeteilt werden. Diese Aufteilung erfolgt in typisierender Weise nach der »Krankenversicherungsbeitragsanteil-Ermittlungsverordnung – KVBEVO« (BGBl 2009 I S. 2730); vgl. Tz 3.3.4.2.
- Die Beiträge können grds. vom Versicherungsnehmer (einschließlich der Beiträge für mitversicherte Angehörige), aber abweichend auch vom Unterhaltsverpflichteten geltend gemacht werden, wenn dieser die eigenen Beiträge eines Kindes, für das ein Anspruch auf einen Kinderfreibetrag oder auf Kindergeld besteht, wirtschaftlich getragen hat.
- Beiträge zu Kranken- und Pflegeversicherungen werden nur dann als Sonderausgaben berücksichtigt, wenn der Steuerpflichtige gegenüber dem Versicherungsunternehmen oder dem Träger der gesetzlichen Kranken- und Pflegeversicherung seine Einwilligung zu einer elektronischen Datenübermittlung erteilt hat (vgl. Tz 3.2.3.5).
- Weitere sonstige Vorsorgeaufwendungen (z. B. Krankenversicherungsbeiträge, die auf Wahlleistungen entfallen, Beiträge zu Unfall- und Haftpflichtversicherungen) können nur berücksichtigt werden, soweit sie – zusammen mit den Beiträgen zur Basisabsicherung – die Höchstbeträge von 2 800 €/1 900 € nicht übersteigen. Der Höchstbetrag von 2 800 € gilt für Steuerpflichtige, die ihre Krankenversicherung alleine getragen haben (z. B. Selbständige), der Höchstbetrag von 1 900 € bei Steuerpflichtigen, die steuerfreie Zuschüsse zur Krankenversicherung oder steuerfreie Beihilfen erhalten haben (vgl. Tz 3.2.4.4, Tz 3.3.9.2).
- Bei der Einkommensteuerveranlagung wird aus Vereinfachungsgründen auf die Berücksichtigung einer Vorsorgepauschale verzichtet. Die Vorsorgepauschale wird nur noch im Lohnsteuerabzugsverfahren durch den Arbeitgeber berücksichtigt, allerdings auch in den Steuerklassen V und VI. Die Vorsorgepauschale setzt sich aus mehreren Teilbeträgen zusammen (§ 39b Abs. 2 Satz 5 Nr. 3 EStG); für Kranken- und Pflegeversicherungsbeiträge des Arbeitnehmers wird letztmals für das Kj. 2025 eine Mindestvorsorgepauschale berücksichtigt (12 % des Arbeitslohns, in den Steuerklassen I, II, IV, V und VI höchstens 1 900 €, in Steuerklasse III höchstens 3 000 €). Arbeitnehmer, bei denen die tatsächlichen Vorsorgeaufwendungen niedriger als die vom Arbeitgeber berücksichtigte Vorsorgepauschale waren, sind nach Ablauf des Kj. zur Abgabe einer Einkommensteuererklärung verpflichtet (§ 46 Abs. 2 Nr. 3 EStG; vgl. Vorbemerkungen Tz 7).
- Für die Berücksichtigung von Beiträgen zur Altersversorgung ergaben sich durch das Bürgerentlastungsgesetz Krankenversicherung keine Änderungen.

Mit dem Altersvorsorge-Verbesserungsgesetz vom 24.6.2013 (BGBl I S. 1667) wurden ab dem VZ 2014 Verbesserungen bei der **Basisversorgung** im **Alter** eingeführt. In Rahmen eines eigenen zertifizierten Absicherungsvertrags können seitdem auch Beiträge zur eigenständigen Absicherung gegen eine **verminderte Erwerbsfähig** und **Berufsunfähigkeit** als Sonderausgaben gelten gemacht werden (vgl. Tz 3.3.1.6).

Für zertifizierte **Basisrentenverträge** wurde ein standardisiertes **Produktinformationsblatt** eingeführt, das die Transparenz der steuerlich begünstigten Anlageprodukte für den Verbraucher erhöhen und die Vergleichbarkeit in einfacher Weise ermöglichen soll.

Neben den **Arbeitgebern** sind seit dem VZ 2016 auch **Behörden** und **öffentliche Dienststellen** verpflichtet, die als staatliche Leistungsträger einem Steuerpflichtigen für die von ihm geleisteten Vorsorgebeiträge steuerfreie Zuschüsse gewähren oder Vorsorgeaufwendungen steuerfrei erstatten, die betreffenden Daten der Finanzverwaltung über die Deutsche Rentenversicherung Bund elektronisch zu übermitteln. Diese Verpflichtung besteht auch für **Behördenteile**, wenn diese mit der Befugnis der Wahrnehmung öffentlicher Aufgaben betraut sind und nach außen Aufgaben der Verwaltung eigenständig wahrnehmen (z. B. Jugendamt, Sozialamt, Jobcenter einer Kommune). Durch die elektronische Übermittlung der steuerfreien Leistungen wird sichergestellt, dass die als Sonderausgaben abziehbaren Vorsorgeaufwendungen auch in diesen Fällen entsprechend gemindert werden. Stellt sich durch die Datenübermittlung nachträglich heraus, dass im Rahmen der Einkommensteuerveranlagung zu hohe Vorsorgeaufwendungen berücksichtigt wurden, kann ein Steuerbescheid vom Finanzamt geändert werden, wenn sich aufgrund dieser Daten eine Änderung der festgesetzten ESt ergibt (§ 175b Abs. 1 AO). Zu den Eintragungen der steuerfreien Beitragszuschüsse in der Anlage Vorsorgeaufwand vgl. Tz 3.3.1.5 zu Altersvorsorgebeiträgen, Tz 3.3.3.3, Tz 3.3.4.3 zu Kranken- und Pflegeversicherungsbeiträgen.

Mit dem JStG 2024 vom 2.12.2024 (BGBl I Nr. 387) wurde als Reaktion auf die BFH-Rspr. die gesetzliche **Ausnahmeregelung** zur Berücksichtigung von **Vorsorgeaufwendungen**, die mit steuerfreien **Auslandseinnahmen** zusammenhängen, erweitert. Bei der Beurteilung der Frage, ob der Beschäftigungsstaat »keinerlei steuerliche Berücksichtigung von Vorsorgeaufwendungen« im Rahmen der Besteuerung dort bezogener Einnahmen zulässt, stellt nun auch die Finanzverwaltung auf die **einzelnen Sparten** der Vorsorgeaufwendungen ab (vgl. Tz 3.2.3.2). Im Rahmen des JStG 2024 wurde auch die bisherige Verwaltungsvereinfachung zu **Bonusleistungen** der GKV gesetzlich verankert. Ab dem VZ 2025 gelten nun Bonusleistungen der GKV bis zur Höhe von 150 € je versicherter Person und Beitragsjahr dauerhaft nicht als **Beitragserstattung** und führen nicht zu einer Kürzung des Sonderausgabenabzugs (vgl. Tz 3.3.3.2).

3.2.2 Allgemeine Abzugsvoraussetzungen

Als **Vorsorgeaufwendungen** können nur die **tatsächlich** geleisteten **Ausgaben** berücksichtigt werden. Der Abzug erfolgt bei der Einkommensteuerveranlagung jeweils vom Gesamtbetrag der Einkünfte. Eine **Vorsorgepauschale** wird nur noch im Lohnsteuerabzugsverfahren, nicht bei der Einkommensteuerveranlagung berücksichtigt (vgl. Tz 3.2.1).

Der Sonderausgabenabzug setzt grds. voraus, dass es sich um Aufwendungen handelt, die der Steuerpflichtige aufgrund einer eigenen Verpflichtung als **Versicherungsnehmer** leistet (BFH-Urteile vom 19.4.1989, BStBl II S. 683 und 862, sowie vom 8.3.1995, BStBl II S. 637). Unerheblich ist, wer nach dem Versicherungsvertrag versicherte Person oder Bezugsberechtigter ist. Beiträge zur Kranken- und Pflegeversicherung für mitversicherte Angehörige (z. B. den Ehegatten, den Lebenspartner oder Kinder) kann der Steuerpflichtige daher als eigene Beiträge geltend machen, ebenso Beiträge zu einer die Basisrente-Alter ergänzenden Hinterbliebenenabsicherung (Rz 11 des BMF-Schreibens vom 24.5.2017, BStBl I S. 820).

Eltern können auch die im Rahmen der Unterhaltsverpflichtung für ein steuerlich zu berücksichtigendes Kind **übernommenen Beiträge** zur Kranken- und Pflegeversicherung geltend machen, die das **Kind** als Versicherungsnehmer selbst schuldet (z. B. Beiträge zu einer studentischen Krankenversicherung oder im Rahmen eines Ausbildungsdienstverhältnisses vom Arbeitslohn des Kindes durch den Arbeitgeber einbehaltene Beiträge zur gesetzlichen Kranken- und Pflegeversicherung; vgl. Tz 9.9). Eine Doppelberücksichtigung sowohl bei den Eltern als auch beim Kind muss jedoch ausgeschlossen sein. Ansonsten kommt der Sonderausgabenabzug von Aufwendungen eines Dritten auch nicht unter dem Gesichtspunkt der Abkürzung des Vertragswegs in Betracht (BMF-Schreiben vom 7.7.2008, BStBl I S. 717).

Bei **Ehegatten/Lebenspartnern**, die zusammen zur ESt veranlagt werden (§ 26b EStG), ist es für den Abzug von Sonderausgaben gleichgültig, wer sie geleistet hat (vgl. R 10.1 EStR). Werden Vorsorgeaufwendungen geltend gemacht, dann haben nicht dauernd getrennt lebende Ehegatten/Lebenspartner im Falle der **Zusammenveranlagung** die Anlage Vorsorgeaufwand gemeinsam auszufüllen.

Bei der **Einzelveranlagung** von Ehegatten/Lebenspartnern (§ 26a EStG) muss jeder der Ehegatten/Lebenspartner eine eigene Anlage Vorsorgeaufwand ausfüllen. Die Sonderausgaben werden dabei stets demjenigen Ehegatten/Lebenspartner zugerechnet, der sie aufgrund einer eigenen Verpflichtung wirtschaftlich getragen hat. Abweichend davon können auf übereinstimmenden Antrag der Ehegatten/Lebenspartner die Aufwendungen je zur Hälfte bei den Ehegatten/Lebenspartnern berücksichtigt werden, unabhängig davon wer die Aufwendungen getragen hat. Dieses Wahlrecht müssen die Ehegatten/Lebenspartner für Sonderausgaben, außergewöhnliche Belastungen und die Steuerermäßigungen nach § 35a und § 35c EStG allerdings **einheitlich** ausüben (vgl. Tz 10.8).

Übernimmt der Steuerpflichtige Beiträge zur Kranken- und Pflegeversicherung für den geschiedenen Ehegatten, den Lebenspartner nach Aufhebung einer Lebenspartnerschaft oder den dauernd getrennt lebenden Ehegatten/Lebenspartner, werden diese stets als **eigene Beiträge** des Ehegatten/Lebenspartners behandelt, auch wenn der Steuerpflichtige Versicherungsnehmer sein sollte (§ 10 Abs. 1 Nr. 3 Satz 3 EStG). Der Steuerpflichtige kann die für den Ehegatten/Lebenspartner übernommenen Beiträge zur Kranken- und Pflegeversicherung entweder als Unterhaltsleistungen i. S. des § 10 Abs. 1a Nr. 1 EStG (vgl. Tz 2.7.2.2) oder als außergewöhnliche Belastungen im Rahmen des § 33a Abs. 1 EStG (vgl. Tz 6.2) über die nach diesen Vorschriften geltenden Höchstbeträge hinaus geltend machen.

Erstattete Sonderausgaben mindern im Jahr der Erstattung die Ausgaben gleicher Art (BFH-Urteil vom 26.6.1996, BStBl II S. 646). Ob die Sonderausgaben gleichartig sind, richtet sich nach deren Sinn und Zweck sowie deren wirtschaftlicher Bedeutung und Auswirkungen für den Steuerpflichtigen. Bei **Versicherungsbeiträgen** kommt es auf die Funktion der Versicherung und das abgesicherte Risiko an (BFH-Urteil vom 21.7.2009, BStBl 2010 II S. 38). Für die zeitliche Zuordnung der erstatteten Beträge gilt das **Zuflussprinzip** des § 11 EStG. Für die Verrechnung erstatteter Krankenversicherungsbeiträge ist es unerheblich, ob und in welcher Höhe der Steuerpflichtige die erstatteten Beiträge im Jahr der Zahlung steuerlich abziehen kann (BFH-Urteil vom 6.7.2016, BStBl II S. 933).

Beitragserstattungen aus der gesetzlichen Rentenversicherung an einen Versicherten nach **Ausscheiden** aus der **Versicherungspflicht** nach § 210 SGB VI sind als Einkünfte i. S. des § 22 Nr. 1 Satz 3 Buchst a EStG steuerbar, aber nach § 3 Nr. 3 Buchst. b EStG steuerfrei. Sie sind jedoch **nicht** mit als Sonderausgaben abzugsfähigen Altersvorsorgeaufwendungen des laufenden VZ zu verrechnen (BFH-Urteil vom 7.7.2020, BStBl 2021 I S. 750). § 10 Abs. 4b EStG ist in diesen Fällen nicht anzuwenden (Rz 56a des BMF-Schreibens vom 28.9.2021, BStBl I S. 1833).

Verzichtet der Versicherungsnehmer auf die **Beitragsrückerstattung** und wird stattdessen mit dem Versicherungsunternehmen vereinbart, dass der zu erstattende Betrag für die Beitragsreduzierung zu einem späteren Zeitpunkt eingesetzt werden soll, handelt es sich gleichwohl im Zeitpunkt des Verzichts durch den Versicherungsnehmer um den Zufluss einer Beitragsrückerstattung. Auch diese Form der Betragsrückerstattung ist der Finanzverwaltung elektronisch zu melden (vgl. Tz 3.2.3.5). **Steuerfreie Zuschüsse** zu Vorsorgeaufwendungen i. S. des § 10 Abs. 1 Nr. 2 bis 3a EStG eines anderen VZ werden ebenfalls wie Beitragserstattungen behandelt und mit den laufenden Aufwendungen verrechnet.

Ist im Jahr der Erstattung ein Ausgleich mit gleichartigen Aufwendungen nicht oder nicht in voller Höhe möglich, ergibt sich ein sog. **Erstattungsüberhang**. Erstattungsüberhänge bei den Vorsorgeaufwendungen i. S. des § 10 Abs. 1 Nr. 2 bis 3a EStG werden im Jahr des Zuflusses zunächst mit anderen im Rahmen der jeweiligen Vorschrift (Nummer) anzusetzenden Aufwendungen verrechnet (z. B. Erstattungen bei der Haftpflichtversicherung mit Beiträgen zur Unfallversicherung). Ein verbleibender Erstattungsbetrag bei den voll abzugsfähigen Beiträgen zur Basis-Kranken- und gesetzlichen Pflegeversicherung nach § 10 Abs. 1 Nr. 3 EStG wird darüber hinaus dem Gesamtbetrag der Einkünfte **hinzugerechnet** (§ 10 Abs. 4b Satz 3 EStG). Dabei löst nach Ansicht des BFH auch die Erstattung von in der Vergangenheit geleisteten Beiträgen zur Krankenversicherung, die auf einer sozialversicherungsrechtlichen **Umqualifizierung** des **Versicherungsverhältnisses** beruht, einen Erstattungsüberhang aus (BFH-Urteil vom 22.3.2023, X R 27/21, BFH/NV 2023 S. 1105). Die Verrechnung und die Hinzurechnung nach § 10 Abs. 4b Satz 2 und 3 EStG sind **unabhängig** davon vorzunehmen, ob im Erstattungsjahr noch eine Änderung der Bescheide der Zahlungsjahre nach §§ 173 ff. AO möglich ist. Ein verbleibender Erstattungsüberhang, der sich bei den Aufwendungen nach § 10 Abs. 1 Nr. 2 und 3a EStG (Altersvorsorgeaufwendungen, sonstige Vorsorgeaufwendungen) ergibt, ist dagegen weiter in den VZ der ursprünglichen Verausgabung der Aufwendungen zurückzutragen (§ 175 Abs. 1 Satz 1 Nr. 2 AO); siehe Rz 203 und 204 des BMF-Schreibens vom 24.5.2017, BStBl I S. 820 in der durch BMF-Schreiben vom 28.9.2021, BStBl I S. 1833 geänderten Fassung.

3.2.3 Besonderheiten bei Vorsorgeaufwendungen

3.2.3.1 Kein Zusammenhang mit steuerfreien Einnahmen

Eine Berücksichtigung von **Vorsorgeaufwendungen** als Sonderausgaben ist nur zulässig, wenn diese **nicht** in unmittelbarem wirtschaftlichen Zusammenhang mit **steuerfreien Einnahmen** stehen (§ 10 Abs. 2 Satz 1 Nr. 1 1. Halbsatz EStG). Aufwendungen aus steuerfreien Mitteln, die nach ihrer Zweckbestimmung zur Leistung der Vorsorgeaufwendungen dienen, sind **nicht** als Sonderausgaben abziehbar. Dies gilt insbesondere für folgende zweckgebundenen Leistungen:

- Steuerfreie Zuschüsse zur Krankenversicherung der Rentner (z. B. nach § 106 SGB VI);
- steuerfreie Beträge, die Land- und Forstwirte nach § 32 des Gesetzes über die Alterssicherung der Landwirte vom 29.7.1994 (BGBl I S. 1890) zur Entlastung von Vorsorgeaufwendungen i. S. des § 10 Abs. 1 Nr. 2 Buchst. a EStG erhalten;
- nach § 3 Nr. 9 EStG steuerfreie Erstattungen der Träger von Kindertagespflegeeinrichtungen (z. B. des Jugendamts) an selbständige Tagespflegepersonen für Beiträge zu einer Unfallversicherung und zu einer angemessenen Alterssicherung.

Steuerfreie **Zuschüsse** des **Arbeitgebers** zu einer Kranken- oder Pflegeversicherung stehen **insgesamt** in unmittelbarem wirtschaftlichen Zusammenhang mit den Vorsorgeaufwendungen i. S. des § 10 Abs. 1 Nr. 3 EStG, mindern also in **vollem Umfang** die Beiträge zur **Basiskranken**- und gesetzlichen **Pflegeversicherung** (§ 10 Abs. 2 Satz 1 Nr. 1 2. Halbsatz EStG). Dies gilt auch, wenn der Arbeitnehmer Wahl- und Zusatzleistungen abgesichert hat. Eine Aufteilung des steuerfreien Zuschusses auf einen auf die Basisabsicherung und einen auf Wahlleistungen entfallenden Teil ist nicht vorgesehen. Dies hängt damit zusammen, dass für die Absicherung von Wahl- und Zusatzleistungen vom Arbeitgeber kein steuerfreier Zuschuss gezahlt werden kann. Die Steuerfreiheit entsprechender Zuschüsse ist auch bei einem privat versicherten Arbeitnehmer beschränkt auf den Betrag, der als Arbeitgeberanteil bei Versicherungspflicht in der gesetzlichen Krankenversicherung zu zahlen wäre. Für die Absicherung von Wahl- und Zusatzleistungen wird einem in der gesetzlichen Krankenversicherung pflichtversicherten Arbeitnehmer vom Arbeitgeber jedoch kein Zuschuss gewährt. Steuerfreie Zuschüsse zu einer Kranken- und Pflegeversicherung werden daher in voller Höhe auch auf Beiträge zu einer **privaten** Basiskrankenversicherung oder Pflege-Pflichtversicherung **angerechnet** (BFH-Urteil vom 2.9.2014, BStBl 2015 II S. 257).

Sozialversicherungsbeiträge, die von steuerfreien **Lohnersatzleistungen** abgeführt wurden, können weder als Sonderausgaben abgezogen werden, noch mindern sie die im Rahmen des Progressionsvorbehalts nach § 32b EStG zu erfassenden Lohnersatzleistungen (FG Rheinland-Pfalz, 3 K 1443/13, EFG 2015 S. 1196 – rkr.); siehe auch

Rz 201 des BMF-Schreibens vom 24.5.2017, BStBl I S. 820, Beispiel 1. Entsprechendes gilt für vom steuerfreien **Krankengeld** einbehaltene und abgeführte Pflichtbeiträge zur gesetzlichen Rentenversicherung (FG Köln vom 25.5.2023, 11 K 1306/20, EFG 2023 S. 1302 – rkr.).

Erfolgt wegen **rückwirkender Zubilligung** einer **Rente** eine **Verrechnung** mit vormals bezogenen steuerfreien Sozialleistungen (z. B. Kranken-, Arbeitslosengeld), stehen die bei Bezug dieser Sozialleistungen einbehaltenen Beiträge zur Kranken- und Pflegeversicherung nicht mehr in unmittelbarem Zusammenhang mit steuerfreien Einnahmen; diese sind daher als Sonderausgaben i. S. des § 10 Abs. 1 Nr. 3 EStG abziehbar. Unabhängig vom tatsächlichen Abfluss werden diese Beiträge aus Vereinfachungsgründen im jeweiligen VZ, in dem die Rente verrechnet wird, als Sonderausgaben berücksichtigt.

3.2.3.2 Sonderausgabenabzugsverbot bei steuerfreien Auslandstätigkeiten

Vorsorgeaufwendungen i. S. des § 10 Abs. 1 Nr. 2, 3 und 3a EStG (z. B. gesetzliche Arbeitnehmeranteile zur Sozialversicherung), die in unmittelbarem wirtschaftlichen Zusammenhang mit **steuerfreien Einnahmen** aus einer **Auslandstätigkeit** (z. B. aufgrund eines DBA oder nach dem ATE) stehen, fallen grds. unter das **Sonderausgabenabzugsverbot** des § 10 Abs. 2 Satz 1 Nr. 1 1. Halbsatz EStG. Vorsorgeaufwendungen sind jedoch gem. § 10 Abs. 2 Satz 1 Nr. 1 2. Halbsatz EStG – ungeachtet des Abzugsverbots – als **gesetzliche Rückausnahme** zu berücksichtigen, soweit

- sie in unmittelbaren wirtschaftlichen Zusammenhang mit in einem Mitgliedstaat der EU oder einem EWR-Vertragsstaat oder in der Schweizerischen Eidgenossenschaft erzielten **Einnahmen** stehen,
- diese Einnahmen nach einem **DBA** im Inland **steuerfrei** sind, und
- der ausländische Beschäftigungsstaat »**keinerlei steuerliche Berücksichtigung von Vorsorgeaufwendungen**« im Rahmen der Besteuerung dieser Einnahmen zulässt.

Mit dem JStG 2024 vom 2.12.2024 (BGBl I Nr. 387) wurde als Reaktion auf die BFH-Rspr. die bisherige Beschränkung der gesetzlichen Rückausnahme auf Einnahmen aus nichtselbständiger Tätigkeit aufgegeben. Der BFH hatte zuvor entschieden, dass vom Sonderausgabenabzugsverbot auch dann abzusehen ist, wenn der Steuerpflichtige im ehemaligen Beschäftigungsstaat eine vom Bestehen des Arbeitsverhältnisses abhängige gesetzliche **Altersrente** bezieht (BFH-Urteil vom 27.10.2021, X R 11/20, BStBl 2025 II S. 221) oder die Vorsorgeaufwendungen in unmittelbarem wirtschaftlichen Zusammenhang mit Einnahmen aus einer im EU-Ausland ausgeübten **freiberuflichen Tätigkeit** stehen (BFH-Urteil vom 24.5.2023, BStBl 2025 II S. 230).

Für die Frage, ob der Beschäftigungsstaat »keinerlei steuerliche Berücksichtigung von Vorsorgeaufwendungen« im Rahmen der Besteuerung dort bezogener Einnahmen zulässt, sind nach Auffassung des BFH die **einzelnen Sparten** der Vorsorgeaufwendungen **getrennt** zu beurteilen. Sofern der Beschäftigungsstaat bei einer grenzüberschreitenden Tätigkeit die Vorsorgeaufwendungen im Rahmen der dort erzielten und im Inland steuerfreien Einnahmen bereits zum Abzug zulässt, sind diese im Rahmen der inländischen Besteuerung aber **nicht** nochmals als Sonderausgaben zu berücksichtigen (BFH-Urteil vom 27.10.2021, X R 28/20, BStBl 2025 II S. 226).

Die Finanzverwaltung wendet die vorstehende BFH-Rspr. an und hat die Abzugsvoraussetzungen der Vorsorgeaufwendungen näher konkretisiert (BMF-Schreiben vom 3.4.2025, BStBl I S. 964):

- Vorsorgeaufwendungen, die in **keinem** unmittelbaren Zusammenhang mit steuerfreien Einnahmen stehen, d. h. keine durch den Bezug der steuerfreien Einnahmen auslösende Pflichtbeiträge an einen Sozialversicherungsträger darstellen, sind weiterhin als Sonderausgaben zu berücksichtigen. Dazu gehören z. B. Beiträge zur gesetzlichen Renten- und Krankenversicherung im Rahmen einer freiwilligen Versicherung, zu einer zusätzlichen privaten Kranken- oder Pflegeversicherung sowie zu einer freiwilligen Unfallversicherung.
- Zur Beantwortung der Frage, ob der andere Staat »keinerlei steuerliche Berücksichtigung von Vorsorgeaufwendungen« im Rahmen der Besteuerung dort bezogener Einnahmen zulässt, sind die **einzelnen Sparten der Vorsorgeaufwendungen getrennt zu beurteilen.** Zu differenzieren ist zwischen der gesetzlichen Renten-, Kranken- und Pflegeversicherung sowie der Arbeitslosenversicherung. Dabei müssen die geleisteten Aufwendungen in ihrem Kerngehalt den gemeinsamen und typischen Merkmalen der inländischen Aufwendungen vergleichbar sein.
- Die Abzugsfähigkeit von Aufwendungen einer Sparte im (ggf. ehemaligen) EU-/EWR-Staat oder der Schweizerischen Eidgenossenschaft hat nicht zur Folge, dass die Abzugsfähigkeit von Vorsorgeaufwendungen für andere Versicherungssparten im Inland ausgeschlossen ist.

Die vorstehenden Regelungen sind in allen noch offenen Fällen anzuwenden, also für den VZ 2025 uneingeschränkt.

Es bestehen im Übrigen noch folgende **Besonderheiten**:

Das Sonderausgabenabzugsverbot gem. § 10 Abs. 2 Satz 1 Nr. 1 1. Halbsatz EStG gilt **uneingeschränkt** für Steuerpflichtige, die steuerfreien Arbeitslohn aus einer Tätigkeit in einem **Drittstaat** außerhalb der EU / des EWR oder der Schweizerischen Eidgenossenschaft erzielt haben (BFH-Urteil vom 14.12.2022, X R 25/21, BFH/NV 2023 S. 755). Nach Ansicht des BFH ist das Sonderausgabenabzugsverbot in diesen Fällen verfassungsgemäß, auch wenn der Drittstaat keine steuerliche Entlastung für die geleisteten Sozialversicherungsbeiträge gewährt. Das Sonderausgabenabzugsverbot greift auch für von einer **internationalen Organisation** nach einem eigenen Sozialversicherungssystem erhobene Beiträge, wenn der von dieser Organisation an einen in Deutschland ansässigen Arbeitnehmer gezahlte Arbeitslohn nach einem ZÜ nicht der deutschen ESt unterliegt (BFH-Urteil vom 11.7.2023, X R 17/22, BFH/NV 2023 S. 1440).

Österreich berücksichtigt **Versorgungsbeiträge** zu einem inländischen Versorgungswerk als **Werbungskosten**, sodass die mit den nach dem DBA Österreich steuerfreien ausländischen Einkünfte zusammenhängenden Beiträge weder als Sonderausgaben noch im Rahmen des Progressionsvorbehalts zu berücksichtigen sind (FG Nürnberg vom 13.2.2019, 5 K 887/18, EFG 2019 S. 764; bestätigt durch BFH-Urteil vom 13.4.2021, I R 19/19, BFH/NV 2021 S. 1357). Entsprechendes gilt für in Österreich gezahlte Sozialversicherungsbeiträge, die dort von der Bemessungsgrundlage der LSt abgezogen werden (FG München vom 7.8.2020, 1 K 1501/18, EFG 2021 S. 626; bestätigt durch BFH-Beschluss vom 22.2.2023, I R 55/20, BFH/NV 2023 S. 801). Dies verstößt nach Ansicht des BFH nicht gegen die unionsrechtliche Arbeitnehmerfreizügigkeit.

Nach einer Ergänzung von § 10 Abs. 2 Satz Nr. 1 2. Halbsatz EStG gilt auch im Verhältnis zur **Schweizerischen Eidgenossenschaft** die gesetzliche Rückausnahme vom Sonderausgabenabzugsverbot (s. o.). Der Sonderausgabenabzug für die mit im Inland steuerfreien Arbeitslohn zusammenhängenden Altersvorsorgebeiträge zur deutschen Rentenversicherung hängt daher ebenfalls davon ab, ob die Schweiz als Beschäftigungsstaat im Rahmen der Besteuerung dieser Einnahmen die Vorsorgeaufwendungen in irgendeiner Weise steuerlich berücksichtigt (BFH-Urteil vom 5.11.2019, BStBl 2020 II S. 763). Zur Klärung dieser Frage hatte der BFH den Rechtsstreit an das FG zurückverwiesen. Im zweiten Rechtsgang hat das FG Rheinland-Pfalz nun entschieden, dass die auf den schweizerischen steuerfreien Lohnanteil entfallenden, an die Deutsche Rentenversicherung gezahlten Altersvorsorgeaufwendungen nicht als Sonderausgaben abzugsfähig sind, weil der Beschäftigungsstaat Schweiz bereits im Quellensteuerabzugsverfahren eine (pauschale) steuermindernde Berücksichtigung von Altersvorsorgebeiträgen des Klägers zugelassen hat (Urteil vom 2.8.2022, 5 K 1463/14 – rkr.).

Bei Bezug von nach einem DBA in Deutschland steuerfreiem **und** stpfl. Arbeitslohn ergibt sich der nach § 10 Abs. 2 Satz 1 Nr. 1 EStG abzugsfähige **Anteil** der – inländischen und ausländischen – Krankenversicherungsbeiträge für gesetzlich pflichtversicherte Steuerpflichtige aus dem **Verhältnis** des stpfl. Arbeitslohns zum gesamten Jahresarbeitslohn. Nicht der Sozialversicherungspflicht unterliegende Lohnanteile (z. B. Abfindungen) bleiben dabei unberücksichtigt.

3.2.3.3 Erlaubnis zum Geschäftsbetrieb im Inland

Als Sonderausgaben sind nur Beiträge abzugsfähig, die an Versicherungsunternehmen geleistet werden,

- die ihren Sitz oder ihre Geschäftsleitung in einem Mitgliedstaat der EU oder einem Vertragsstaat des Abkommens über den Europäischen Wirtschaftsraum (EWR) haben und das Versicherungsgeschäft im Inland betreiben dürfen, oder
- denen die Erlaubnis zum Geschäftsbetrieb im Inland erteilt ist.

Ob ein ausländisches Versicherungsunternehmen mit Sitz oder Geschäftsleitung außerhalb der EU-Mitgliedstaaten oder EWR-Vertragsstaaten eine Erlaubnis zum Geschäftsbetrieb im Inland besitzt, kann im Zweifel über die Bundesanstalt für Finanzdienstleistungsaufsicht (BaFin) ermittelt werden. Versicherungsunternehmen mit Sitz oder Geschäftsleitung in einem Mitgliedstaat der EU oder Vertragsstaat des EWR brauchen keine gesonderte Erlaubnis zum Geschäftsbetrieb im Inland; sie müssen sich lediglich bei der BaFin anmelden. Die BaFin führt über die Anmeldungen fortlaufend ein Register (siehe unter www.bafin.de). Ein ausländischer Sozialversicherungsträger benötigt ebenfalls keine besondere Zulassung oder Erlaubnis zum Geschäftsbetrieb im Inland.

Darüber hinaus kommt bei Vorliegen der übrigen Voraussetzungen der Sonderausgabenabzug auch für Beiträge zum Erwerb eines **Basiskrankenversicherungsschutzes** (§ 10 Abs. 1 Nr. 3 Satz 1 Buchst. a EStG) in Betracht, die an ein Versicherungsunternehmen oder eine andere Einrichtung **außerhalb** der EU-Mitgliedstaaten oder EWR-Vertragsstaaten geleistet werden, wenn mit ihnen »ein anderweitiger Anspruch auf Absicherung im Krankheitsfall« nach sozialrechtlichen Vorschriften oder ein der Beihilfe oder freien Heilfürsorge vergleichbarer Anspruch nach dem Versicherungsvertragsgesetz erreicht wird (§ 10 Abs. 2 Nr. 2 Buchst. a Satz 2 EStG). Dies gilt entsprechend, wenn ein Steuerpflichtiger, der weder seinen Wohnsitz noch seinen gewöhnlichen Aufenthalt im Inland hat, mit den Beiträgen einen Versicherungsschutz zur Basiskrankenversicherung und zur gesetzlichen **Pflegeversicherung** i. S. des § 10 Abs. 1 Nr. 3 Satz 1 EStG erwirbt.

Nicht der Versicherungsaufsicht unterliegende **Solidargemeinschaften** und **Solidarvereine**, die aus den Beiträgen ihrer Mitglieder im Krankheitsfall Leistungen erbringen, können ebenfalls die Voraussetzungen des § 10 Abs. 2 Nr. 2 Buchst. a Satz 2 EStG erfüllen. Dies hängt aber davon ab, ob die Mitglieder einen satzungsgemäßen unabänderlichen – ggf. einklagbaren – **Rechtsanspruch** »auf eine anderweitige Absicherung im Krankheitsfall« nach sozialversicherungsrechtlichen Vorschriften haben. Ist das der Fall, besteht auch für die Solidargemeinschaft die gesetzliche Verpflichtung zur elektronischen Übermittlung der Beiträge, die auf den Basiskrankenversicherungsschutz entfallen (vgl. Tz 3.2.3.5). Wegen der Frage des Vorliegens eines Rechtsanspruchs auf Leistungen im Krankheitsfall – mindestens entsprechend dem Leistungsniveau der gesetzlichen und privaten Krankenversicherung – sind die **Satzung** und die **Ordnungsregeln** des Solidarvereins in rechtskonformer Weise **auszulegen** (BFH-Urteil vom 23.8.2023, X R 15/22, BFH/NV 2023 S. 1397). Bei fehlendem Anspruch auf die Leistungen der Krankenversicherung kommt ggf. ein Abzug der Beiträge als **sonstige Vorsorgeaufwendungen** nach § 10 Abs. 1 Nr. 3a EStG in Betracht. Insoweit setzt der Abzug der Beiträge nicht das Bestehen eines Anspruchs auf Leistungen im Krankheitsfall voraus. Beiträge zur Absicherung eines **Pflegekostenrisikos**, die an einen nicht der Versicherungsaufsicht unterliegenden Solidarverein geleistet werden, können **nicht** als Sonderausgaben abgezogen werden, da ein solcher Verein weder zu den Trägern der sozialen Pflegeversicherung gehört noch eine private Pflicht-Pflegeversicherung anbietet (BFH-Urteil vom 23.8.2023, X R 21/22, BFH/NV 2024 S. 170).

3.2.3.4 Zertifizierung von Basisrentenverträgen

Bei privaten **Basisrentenverträgen** (sog. **Rürup-Verträge**) zum Aufbau einer eigenen kapitalgedeckten Altersversorgung (»**Basisrente-Alter**«) setzt der Sonderausgabenabzug zwingend voraus, dass die Beiträge zugunsten eines Vertrages geleistet werden, der nach § 5 a des Altersvorsorgeverträge-Zertifizierungsgesetzes **zertifiziert** ist. Entsprechendes gilt für Verträge zur Absicherung gegen den Eintritt der verminderten Erwerbsfähigkeit im Versicherungsfall (»**Basisrente-Erwerbsminderung**«), ggf. verbunden mit einer Absicherung gegen den Eintritt der Berufsunfähigkeit. Die Zertifizierung gilt dabei als **Grundlagenbescheid** nach § 171 Abs. 10 AO (§ 10 Abs. 2 Satz 2 EStG). Insoweit bedarf es im Rahmen der Einkommensteuerveranlagung keines weiteren Nachweises.

Das für die Zertifizierung der Vertragsmuster zuständige Bundeszentralamt für Steuern (BZSt) prüft insbesondere, ob die Vertragsbedingungen des Basisrentenvertrages die Voraussetzungen des § 10 Abs. 1 Nr. 2 Buchst. b EStG erfüllen. Die Zertifizierungsstelle beim BZSt prüft allerdings nicht die wirtschaftliche Tragfähigkeit, ob die Zusage des Anbieters erfüllbar ist und ob die Vertragsbedingungen zivilrechtlich wirksam sind (§ 3 Abs. 3 AltZertG). Jedes zertifizierungsfähige Vertragsmuster erhält ein Zertifikat mit einer Zertifizierungsnummer. Das BZSt hat im Internet (www.bzst.de) eine Liste aller bisher erteilten Zertifikate bereitgestellt.

Die Zertifizierungspflicht gilt nicht nur für neu abgeschlossene Verträge, sondern ebenfalls für Bestandsverträge. Hierbei war eine steuerunschädliche Vertragsumstellung zulässig, wenn im Rahmen des Zertifizierungsverfahrens festgestellt wurde, dass einzelne Vertragsbestandteile nicht die in § 10 Abs. 1 Nr. 2 Buchst. b EStG genannten Kriterien erfüllt haben. Die Bestandsverträge mussten bis spätestens 30.6.2011 auf zertifizierte Muster überführt werden.

3.2.3.5 Datenübermittlung

Der Sonderausgabenabzug von Vorsorgeaufwendungen wird auf der Grundlage der sog. **eDaten** durchgeführt (vgl. Tz 3.1). Für diese bestehen folgende elektronischen Übermittlungspflichten:

- Bei privaten Basisrentenverträgen i. S. des § 10 Abs. 1 Nr. 2 Buchst. b EStG hat der Anbieter als mitteilungspflichtige Stelle nach Maßgabe des § 93 c AO und unter Angabe der Vertrags- oder der Versicherungsdaten die Höhe der im jeweiligen Beitragsjahr **geleisteten Beiträge** und die **Zertifizierungsnummer** an die zentrale Stelle (= Deutsche Rentenversicherung Bund, siehe § 81 EStG) zu übermitteln (§ 10 Abs. 2a EStG).
- Bei Beiträgen zur Basis-Krankenversicherung und zur gesetzlichen Pflegeversicherung i. S. des § 10 Abs. 1 Nr. 3 EStG hat das Versicherungsunternehmen, der Träger der gesetzlichen Kranken- und Pflegeversicherung, die Künstlersozialkasse oder eine Einrichtung i. S. des § 10 Abs. 1 Nr. 2 Satz 2 EStG (vgl. Tz 3.2.3.3) als mitteilungspflichtige Stelle nach Maßgabe des § 93 c AO und unter Angabe der Vertrags- oder der Versicherungsdaten die Höhe der im jeweiligen Beitragsjahr **geleisteten** und **erstatteten Beiträge** sowie die **Personendaten** der versicherten Person (Familienname, Vorname, Geburtsdatum, Anschrift und IdNr.) an die zentrale Stelle zu übermitteln (§ 10 Abs. 2b EStG). Sind Versicherungsnehmer und versicherte Person nicht identisch, sind zusätzlich die IdNr. und das Geburtsdatum des Versicherungsnehmers anzugeben. Eine Übermittlungspflicht entfällt, soweit die Daten mit der elektronischen Lohnsteuerbescheinigung (§ 41 b Abs. 1 Satz 2 EStG) oder der Rentenbezugsmitteilung (§ 22 a Abs. 1 Satz 1 Nr. 4 EStG) zu übermitteln sind.

Die Verarbeitung personenbezogener Daten durch die Finanzverwaltung ist rechtmäßig, wenn sie für die Wahrnehmung einer im öffentlichen Interesse liegenden Aufgabe erforderlich ist (Art. 6 Abs. 1 Unterabsatz 1 Buchst. e der EU-Verordnung 2016/679). Eine gesonderte Einwilligung des Steuerpflichtigen zur Datenübermittlung ist danach **nicht** erforderlich.

Für die mitteilungspflichtigen Stellen besteht weiter die Möglichkeit, die steuerliche **IdNr.** der versicherten Person im Rahmen des bestehenden maschinellen Anfrageverfahrens zur Abfrage der IdNr. (§ 22 a Abs. 2 EStG) zu erheben. Die Datenübermittlung hat bis **Ende Februar** des dem Beitragsjahr **folgenden Kj.** zu erfolgen (§ 93 c Abs. 1 Nr. 1 AO). Die Daten stehen somit rechtzeitig vor dem Veranlagungsstart des jeweiligen VZ zur Verfügung.

Werden die Daten zu den geleisteten Vorsorgeaufwendungen erst nach dem gesetzlichen Übermittlungstermin übermittelt (z. B. aufgrund technischer Probleme des Datenübermittlers) oder später nachträglich korrigiert, so kann das Finanzamt den **Steuerbescheid** nach § 175 b Abs. 1 AO **ändern**, wenn bereits eine Einkommensteuerveranlagung durchgeführt wurde und sich durch die nunmehr vorliegenden Daten eine Änderung der festgesetzten Steuer ergibt (vgl. Vorbemerkungen Tz 12.7). Ob die elektronischen Daten zum Zeitpunkt der Erstveranlagung bereits vorgelegen haben, spielt dabei keine Rolle (BFH-Urteil vom 24.8.2016, BStBl 2017 II S. 375). Die Änderungsvorschrift des § 175 b Abs. 1 AO greift immer dann, wenn mitteilungspflichtige Daten bei der Steuerfestsetzung nicht oder nicht zutreffend berücksichtigt wurden. Dies gilt auch für den Fall, dass das Finanzamt die elektronisch übermittelten Daten zunächst fehlerhaft einer anderen Person zugeordnet hat (BFH-Urteil vom 8.9.2021, BStBl 2022 II S. 398).

3.2.3.6 Bescheinigungspflichten

Die mitteilungspflichtige Stelle hat den Steuerpflichtigen über die Höhe der übermittelten Basis-Kranken- und gesetzlichen Pflegeversicherungsbeiträge binnen angemessener Frist zu unterrichten (§ 93 c Abs. 1 Nr. 3 AO). Das Gleiche gilt für Anbieter eines privaten Basisrentenvertrages i. S. des § 10 Abs. 1 Nr. 2 Buchst. b EStG hinsichtlich der im Beitragsjahr geleisteten Beiträge. Für die Unterrichtung besteht **keine** besondere **Formvorschrift**. Sie bezieht sich auch nur auf die an die Finanzverwaltung übermittelten Beträge, z. B. zur Basis-Kranken- und gesetzlichen Pflegeversicherung. Für die insgesamt geleisteten Kranken- und Pflegeversicherungsbeiträge (einschließlich Wahlleistungen und Zusatzversicherungen) besteht **keine** gesetzliche **Bescheinigungspflicht** des Versicherungsunternehmens. Die in der Anlage Vorsorgeaufwand gesondert einzutragenden **Wahlleistungen** und **Zusatzversicherungen** sind daher ggf. aus den insgesamt geleisteten Beiträgen abzuleiten und in den Zeilen 22, 27, 33 und 42 gesondert einzutragen.

Werden die erforderlichen Daten aus Gründen, die der Steuerpflichtige nicht zu vertreten hat (z. B. technische Probleme), von der mitteilungspflichtigen Stelle nicht übermittelt, kann der Steuerpflichtige den **Nachweis** über die geleisteten und erstatteten Beiträge i. S. des § 10 Abs. 1 Nr. 3 EStG auch in anderer Weise erbringen (z. B. durch eine Bescheinigung des Versicherungsunternehmens oder des Trägers einer gesetzlichen Krankenversicherung; siehe Rz 193 des BMF-Schreibens vom 24.5.2017, BStBl I S. 820). Das Gleiche gilt, wenn ein Anbieter eines privaten Basisrentenvertrages i. S. des § 10 Abs. 1 Nr. 2 Buchst. b EStG die gesetzlich vorgeschriebene elektronische Datenübermittlung nicht rechtzeitig vornehmen konnte (Rz 194 des v. g. BMF-Schreibens vom 24.5.2017; vgl. Tz 3.3.1.6). Die Ausstellung einer Bescheinigung entbindet die mitteilungspflichtigen Stellen jedoch nicht von ihrer Verpflichtung zur Datenübermittlung; sie haben diese unverzüglich nachzuholen.

3.2.4 Höchstbeträge

3.2.4.1 Allgemeines

Die als Sonderausgaben begünstigten Vorsorgeaufwendungen unterliegen bestimmten **Höchstbeträgen**. Die Höhe der abziehbaren Aufwendungen richtet sich danach, ob es sich um Beiträge zugunsten einer **Altersversorgung**, um Beiträge zur **Basis-Krankenversicherung** und zur gesetzlichen **Pflegeversicherung** oder um weitere **sonstige Vorsorgeaufwendungen** handelt. Beiträge zur Basis-Krankenversicherung und zur gesetzlichen Pflegeversicherung i. S. des § 10 Abs. 1 Nr. 3 EStG werden stets in vollem Umfang berücksichtigt.

Bei zusammen veranlagten **Ehegatten/Lebenspartnern** ist zunächst für jeden Ehegatten/Lebenspartner nach dessen persönlichen Verhältnissen der ihm jeweils zustehende Höchstbetrag zu bestimmen. Die Summe der beiden Höchstbeträge ist der gemeinsame Höchstbetrag. Beantragen Ehegatten/Lebenspartner die Einzelveranlagung (§ 26 a EStG), so gelten für jeden Ehegatten/Lebenspartner die für Alleinstehende maßgebenden Höchstbeträge.

3.2.4.2 Beiträge zur Altersvorsorge

Zu den nach § 10 Abs. 1 Nr. 2 EStG als Sonderausgaben abziehbaren Beiträgen zur **Altersvorsorge** gehören insbesondere die Beiträge zu den gesetzlichen Rentenversicherungen, zur landwirtschaftlichen Alterskasse, zu berufsständischen Versorgungseinrichtungen sowie zu privaten Basisrentenverträgen (Basisrente-Alter, Basisrente-Erwerbsminderung). Der Höchstbetrag für diese Beiträge ist an das Abzugsvolumen für den Höchstbeitrag zur knappschaftlichen Rentenversicherung (Beitragsbemessungsgrenze × Beitragssatz) gekoppelt (§ 10 Abs. 3 Satz 1 EStG). Steigt der Höchstbeitrag zur knappschaftlichen Rentenversicherung, erhöht sich automatisch auch das Abzugsvolumen für eine Basisversorgung im Alter. Im VZ 2025 können demnach die Altersvorsorgebeiträge bei der Einzelveranlagung bis einem Höchstbetrag von **29 344 €** (118 800 € × 24,7 %) als Sonderausgaben abzogen werden. Bei zusammen veranlagten Ehegatten/Lebenspartnern verdoppelt sich der Höchstbetrag auf **58 688 €**. Diese Verdoppelung gilt unabhängig davon, wer von den Ehegatten/Lebenspartnern die begünstigten Beiträge entrichtet hat (Rz 60 des BMF-Schreibens vom 24.5.2017, BStBl I S. 820).

Im Jahr 2005 konnten nur **60 %** der **Altersvorsorgeaufwendungen** angesetzt werden. Der Prozentsatz erhöhte sich aber in den folgenden Jahren bis zum Kj. 2022 um jeweils 2 Prozentpunkte. Seit dem VZ 2023 können Altersvorsorgeaufwendungen **vollständig** als Sonderausgaben abgezogen werden, also zu **100 %** (§ 10 Abs. 3 Satz 6 2. Halbsatz EStG). Es gilt jedoch hierfür weiter ein Sonderausgaben-Höchstbetrag (s. o.). Bei bestimmten Arbeitnehmern und Steuerpflichtigen mit Abgeordnetenbezügen erfolgt weiterhin eine Kürzung dieses Höchstbetrags (vgl. Tz 3.2.4.3).

Zur Frage der **Verfassungsmäßigkeit** der **»doppelten Besteuerung«** von Altersvorsorgeaufwendungen und Altersbezügen und zur **Vorläufigkeit** von **Steuerbescheiden**, wenn Leibrenten und anderen Leistungen aus der Basisversorgung nach§ 22 Nr. 1 Satz 3 Buchst. a Doppelbuchst. aa EStG darin enthalten sind, vgl. Tz 17.1. Vor dem Hintergrund der BFH-Rspr. (BFH-Urteile vom 19.5.2021, X R 20/19, BFH/NV 2021 S. 980 und X R 33/19, BFH/NV 2021 S. 992) soll auch der vollständige Sonderausgabenabzug ab VZ 2023 in einem ersten Schritt dazu beitragen, auf langfristige Sicht eine »doppelte Besteuerung« von Renten aus der Basisversorgung zu vermeiden.

Im Rahmen der Höchstbetragsberechnung nach § 10 Abs. 3 EStG wird auch der nach § 3 Nr. 62 EStG steuerfreie **Arbeitgeberanteil** zur **gesetzlichen Rentenversicherung** und ein diesem gleichgestellter **steuerfreier Zuschuss** des Arbeitgebers berücksichtigt. Diese werden den abziehbaren Altersvorsorgeaufwendungen zunächst als »Aufwendungen« hinzugerechnet, bei der Berechnung des abzugsfähigen Höchstbetrags jedoch wieder in voller Höhe zum Abzug gebracht (§ 10 Abs. 3 Satz 5 EStG).

BEISPIEL 1:

Ein lediger Arbeitnehmer mit einem Jahresarbeitslohn von 40 000 € leistet 2025 folgende Beiträge zu seiner Altersversorgung:

Arbeitnehmerbeitrag zur gesetzlichen Rentenversicherung	3 720 €
steuerfreier Arbeitgeberbeitrag zur gesetzlichen Rentenversicherung	3 720 €
Beitrag zu einem privaten Basisrentenvertrag (Zeile 8 der Anlage Vorsorgeaufwand)	1 500 €
Beiträge insgesamt	8 940 €
Höchstbetragsberechnung für 2025:	
begünstigte Vorsorgeaufwendungen	8 940 €
Höchstbetrag nach § 10 Abs. 3 Satz 1 EStG	29 344 €
abzugsfähig sind **100 %** von 8 940 €	8 940 €
abzgl. steuerfreier Arbeitgeberanteil	3 720 €
abziehbare Vorsorgeaufwendungen	**5 220 €**

Steuerlich unbelastet bleiben somit Beiträge zum Aufbau der Altersversorgung i. H. von 8 940 € (steuerfreier Arbeitgeberbeitrag von 3 720 € und 5 220 € Vorsorgeaufwendungen).

BEISPIEL 2:
Ein selbständiger Arzt (verheiratet, Zusammenveranlagung) zahlt 2025 insgesamt 18 000 € in die berufsständische Versorgungseinrichtung ein, die der gesetzlichen Rentenversicherung vergleichbare Leistungen erbringt. Für die nichtselbständig tätige Ehefrau werden 2025 Beiträge zur Rentenversicherung von 11 000 € (5 500 € Arbeitnehmeranteil, 5 500 € Arbeitgeberanteil) entrichtet.

Höchstbetragsberechnung für 2025	
Beiträge insgesamt (18 000 € + 11 000 €)	29 000 €
Höchstbetrag nach § 10 Abs. 3 Satz 2 EStG	58 688 €
abzugsfähig sind 100 % von 29 000 €	29 000 €
abzgl. steuerfreier Arbeitgeberanteil	5 500 €
abziehbare Vorsorgeaufwendungen	**23 500 €**

3.2.4.3 Kürzung des Höchstbetrags für die Altersversorgung

Bei **Arbeitnehmern**, die während des ganzen oder eines Teils des Kj.

- in der gesetzlichen Rentenversicherung versicherungsfrei waren oder auf Antrag des Arbeitgebers von der Versicherungspflicht befreit waren und denen für den Fall ihres Ausscheidens aus der Beschäftigung aufgrund des Beschäftigungsverhältnisses eine lebenslängliche Versorgung oder an deren Stelle eine Abfindung zusteht oder die in der gesetzlichen Rentenversicherung nachzuversichern sind oder
- nicht der gesetzlichen Rentenversicherung unterliegen, eine Berufstätigkeit ausüben und im Zusammenhang damit aufgrund vertraglicher Vereinbarung Anwartschaftsrechte auf eine Altersversorgung erworben haben,

vermindert sich der **Höchstbetrag** für die **Altersversorgung** (VZ 2025: 29 344 €/58 688 €) um einen **fiktiven Gesamtbeitrag** (Arbeitnehmer- und Arbeitgeberanteil) zur **gesetzlichen Rentenversicherung** (§ 10 Abs. 3 Satz 3 EStG). Dabei sind alle Formen der betrieblichen Altersversorgung zu berücksichtigen (z. B. auch eine Direktversicherung, bei der der Arbeitgeber allerdings Versicherungsnehmer sein muss; Anwartschaftsrechte aus einer vom Arbeitnehmer fortgeführten Direktversicherung, bei der dieser selbst Versicherungsnehmer ist, führen nicht zur Kürzung des Höchstbetrags). Auf die Art der Finanzierung der Altersversorgung (arbeitgeberfinanziert oder durch Entgeltumwandlung) und die Höhe der Versorgungszusage kommt es nicht an (Rz 67 des BMF-Schreibens vom 24.5.2017, BStBl I S. 820). Es genügt, wenn die Kürzungsvoraussetzungen nur während eines Teils des VZ vorgelegen haben.

Von der Kürzung des Höchstbetrags für die Altersversorgung sind insbesondere in einem **Beamtenverhältnis** beschäftigte Personen, **Gesellschafter-Geschäftsführer** einer GmbH und **Vorstandsmitglieder** von Aktiengesellschaften betroffen, die im Zusammenhang mit ihrer ausgeübten Berufstätigkeit Anwartschaftsrechte auf eine Altersversorgung erworben haben. Die Kürzung des Höchstbetrags zur Basis-Altersversorgung ist **verfassungsgemäß**, auch wenn der Arbeitgeberbeitrag für die Altersversorgung eines Gesellschafter-Geschäftsführers im konkreten Einzelfall deutlich geringer ist als die dadurch hervorgerufene Kürzung des Höchstbetrags für den Abzug der Altersvorsorgeaufwendungen (BFH-Urteil vom 15.7.2014, BStBl 2015 II S. 213). Die erforderlichen ergänzenden Angaben, ob ein Steuerpflichtiger zu dem hiervon betroffenen Personenkreis gehört, sind in den Zeilen 50 bis 54 vorzunehmen, bei zusammen veranlagten Ehegatten/Lebenspartnern dort jeweils in getrennten Eintragungsspalten (vgl. Tz 3.3.9.3). Zu **Abgeordneten** mit Einkünften i. S. des § 22 Nr. 4 EStG, bei denen ebenfalls eine Kürzung des Höchstbetrags für die Basis-Altersversorgung infrage kommt, vgl. Tz 20.7 a. E.

Für die Berechnung des Kürzungsbetrags ist auf den zu Beginn des jeweiligen Kj. geltenden Beitragssatz in der allgemeinen Rentenversicherung abzustellen (für 2025: 18,6 %). Bemessungsgrundlage für den Kürzungsbetrag sind die erzielten stpfl. Einnahmen aus der Tätigkeit, die die Zugehörigkeit zu dem betroffenen Personenkreis begründet. Obergrenze ist die Beitragsbemessungsgrenze in der allgemeinen Rentenversicherung (2025 = 96 600 €).

BEISPIEL 1:
Ein lediger Beamter hat eine private Rentenversicherung (Basisrentenvertrag) abgeschlossen, die die Voraussetzungen des § 10 Abs. 1 Nr. 2 Buchst. b EStG (Zeile 8 der Anlage Vorsorgeaufwand) erfüllt. Er zahlte im Jahr 2025 Beiträge von 2 400 €. Seine Beamtenbezüge 2025 betragen 42 000 €.

Höchstbetragsberechnung für 2025:	
Beiträge für die private Rentenversicherung	2 400 €
Höchstbetrag nach § 10 Abs. 3 Satz 1 EStG	29 344 €
abzgl. fiktiver Gesamtbeitrag zur RV: 18,6 % von 42 000 €	7 812 €
höchstens abziehbar	21 532 €
abziehbar sind 100 % des geringeren Betrags: 100 % von 2 400 €	**2 400 €**

Bei zusammen veranlagten Ehegatten/Lebenspartnern ist für jeden Ehegatten/Lebenspartner gesondert zu prüfen, ob und ggf. in welcher Höhe der gemeinsame Höchstbetrag nach § 10 Abs. 3 Satz 2 EStG zu kürzen ist.

BEISPIEL 2:
Die Eheleute A und B zahlen im Jahr 2025 jeweils 12 000 € Beiträge für einen privaten Basisrentenvertrag i. S. des § 10 Abs. 1 Nr. 2 Buchst. b EStG. A ist im Jahr 2025 als selbständiger Steuerberater tätig und zahlt darüber hinaus 15 000 € in die berufsständische Versorgungseinrichtung der Steuerberater, die der gesetzlichen Rentenversicherung vergleichbare Leistungen erbringt. B ist Beamtin ohne eigene Aufwendungen für ihre künftige Pension. Ihre Einnahmen aus dem Beamtenverhältnis betragen 59 140 €.

Höchstbetragsberechnung für 2025:	
Beiträge an die berufsständische Versorgungseinrichtung	15 000 €
Beiträge zum privaten Basisrentenvertrag (2 × 12 000 €)	24 000 €
insgesamt	39 000 €
Höchstbetrag nach § 10 Abs. 3 EStG	58 688 €
abzgl. fiktiver Gesamtbeitrag zur RV: 18,6 % von 59 140 €	11 000 €
höchstens abziehbar	47 688 €
abziehbar sind 100 % des geringeren Betrags: 100 % von 39 000 €	**39 000 €**

3.2.4.4 Sonstige Vorsorgeaufwendungen

Innerhalb der sonstigen Vorsorgeaufwendungen zwischen den Beiträgen zur **Basis-Krankenversicherung** und den Beiträgen zur **gesetzlichen Pflegeversicherung** nach § 10 Abs. 1 Nr. 3 EStG sowie den **weiteren sonstigen Vorsorgeaufwendungen** nach § 10 Abs. 1 Nr. 3a EStG unterschieden. Zur gesetzlichen Pflegeversicherung gehören die Beiträge zur **sozialen Pflegeversicherung** bei bestehender Sozialversicherungspflicht und die Beiträge zur Pflege-Pflichtversicherung bei privat versicherten Personen. Zum Umfang der abziehbaren Aufwendungen vgl. Tz 3.3.3.1.

Vorsorgeaufwendungen i. S. des § 10 Abs. 1 Nr. 3 und Nr. 3a EStG können grds. nur bis zur Höhe von **2 800 €** abgezogen werden. Der Höchstbetrag von 2 800 € gilt für Steuerpflichtige, die die Aufwendungen für ihre Krankenversicherung und Krankheitskosten vollständig aus eigenen Mitteln tragen (z. B. Selbständige) oder bei Angehörigen von Beihilfeberechtigten, die nach den beihilferechtlichen Bestimmungen nicht über einen eigenen Beihilfeanspruch verfügen und sich deshalb selbst (z. B. in der freiwilligen gesetzlichen Krankenversicherung) versichern müssen.

Bei einem Steuerpflichtigen, der ganz oder teilweise ohne eigene Aufwendungen einen eigenen Anspruch auf vollständige oder teilweise Erstattung oder Übernahme von Krankheitskosten hat oder für dessen Krankenversicherung steuerfreie Leistungen i. S. des § 3 Nr. 9, Nr. 14, Nr. 57 oder Nr. 62 EStG erbracht werden, vermindert sich der Höchstbetrag auf **1 900 €** (vgl. Tz 3.3.2.1). In **Zeile 49** ist mit »2 = Nein« anzugeben, wenn **kein Anspruch** auf steuerfreie Zuschüsse, steuerfreie Arbeitgeberbeiträge oder steuerfreie Beihilfen bestand, also der Höchstbetrag von 2 800 € zur Anwendung kommt (vgl. Tz 3.3.9.2).

Übersteigen die vom Steuerpflichtigen geleisteten Beiträge für die Basis-Krankenversicherung und die gesetzliche Pflegeversicherung den **Höchstbetrag** von 2 800 € bzw. 1 900 €, sind diese Beiträge in **vollem Umfang** als Sonderausgaben abzugsfähig (sog. Mindestansatz). Insoweit erfolgt **keine** betragsmäßige **Deckelung** auf den jeweiligen Höchstbetrag. Ein zusätzlicher Abzug von Beiträgen nach § 10 Abs. 1 Nr. 3a EStG (Beiträge für Wahlleistungen und Zusatzversicherungen) ist daneben aber nicht möglich.

BEISPIEL 1:

Ein sozialversicherungspflichtiger Arbeitnehmer (ohne Kinder) erzielt im VZ 2025 einen stpfl. Bruttoarbeitslohn von 17 000 €. Er hat dem Grunde nach einen Anspruch auf Krankengeld. Neben den gesetzlichen Sozialversicherungsbeiträgen hat er 500 € jährlich zu Unfall- und Haftpflichtversicherungen aufgewendet. Für den Arbeitnehmer werden für 2025 folgende sonstige Vorsorgeaufwendungen berücksichtigt:

7,3 % AN-Anteil zur gesetzlichen Krankenversicherung + 1,25 % AN-Anteil am kassenindividuellen Zusatzbeitrag: 8,55 % von 17 000 € (aufgerundet)	1 454 €
AN-Anteil zur gesetzlichen Pflegeversicherung: 2,4 % von 17 000 €	408 €
Beiträge zu Unfall-/Haftpflichtversicherungen	500 €
Summe	2 471 €
höchstens abziehbar	1 900 €

Die tatsächlichen Beiträge zur Basis-Krankenversicherung und zur gesetzlichen Pflegeversicherung führen zu keinem höheren Abzugsbetrag, sodass **1 900 €** als Sonderausgaben abzugsfähig sind:

Basis-Krankenversicherung: 1 454 € abzgl. 4 % (Kürzung wegen Anspruch auf Krankengeld) aufgerundet	1 396 €
gesetzliche Pflegeversicherung	408 €
Summe	**1 804 €**

Bei zusammen veranlagten **Ehegatten/Lebenspartnern** ist zunächst für jeden Ehegatten/Lebenspartner nach dessen persönlichen Verhältnissen der ihm zustehende Höchstbetrag zu bestimmen. Die Summe der beiden Höchstbeträge ist der gemeinsame Höchstbetrag (§ 10 Abs. 4 Satz 3 EStG).

BEISPIEL 2:

Ehemann A ist selbständig tätig und privat versichert. Er leistet als Versicherungsnehmer für seine Basis-Kranken- und Pflege-Pflichtversicherung einen Jahresbeitrag i. H. von 6 000 € bei Versicherung X. Seine Ehefrau B ist Beamtin und privat versichert bei Versicherung Y. Der von B zu leistende Jahresbeitrag zur Basis-Kranken- und Pflegepflichtversicherung beträgt 3 500 €. Der gemeinsame Sohn S ist im Vertrag von B mitversichert. Der hierfür zu leistende Jahresbeitrag zur Basis-Kranken- und Pflegepflichtversicherung beträgt 1 000 €. Zu Unfall- und Haftpflichtversicherungen haben die Eheleute weitere 500 € aufgewendet. Bei den zusammen veranlagten Eheleuten A und B werden für 2025 folgende sonstige Vorsorgeaufwendungen berücksichtigt:

Basis-Kranken- und Pflege-Pflichtversicherung A	6 000 €
Basis-Kranken- und Pflege-Pflichtversicherung B	3 500 €
Basis-Kranken- und Pflege-Pflichtversicherung für mitversicherten Sohn	1 000 €
Zwischensumme	10 500 €
Unfall-/Haftpflichtversicherungen	500 €
Summe	11 000 €
Höchstbetrag A	2 800 €
Höchstbetrag B	1 900 €
Gesamthöchstbetrag	4 700 €

Der Höchstbetrag für sonstige Vorsorgeaufwendungen nach § 10 Abs. 4 EStG beträgt für A 2 800 €, da er seine Krankenversicherung vollständig aus eigenen Mitteln finanziert und auch keine steuerfreien Leistungen zu seinen Krankheitskosten erhält. Für B mindert sich der Höchstbetrag auf 1 900 €, da sie einen Anspruch auf steuerfreie Beihilfen zu ihren Krankheitskosten hat. Der gemeinsame Höchstbetrag der Eheleute A und B von 4 700 € wird bereits von den tatsächlichen Aufwendungen zur Basis-Kranken- und Pflege-Pflichtversicherung überschritten, sodass die insoweit aufgewendeten Beiträge i. H. von **10 500 €** (unbegrenzt) als Sonderausgaben berücksichtigt werden können. Ein zusätzlicher Sonderausgabenabzug der Beiträge zu Unfall- und Haftpflichtversicherungen ist daneben **nicht** möglich.

Wird von den Ehegatten/Lebenspartnern die **Einzelveranlagung** beantragt, wird der Höchstbetrag sowie der Mindestansatz für jeden Ehegatten/Lebenspartner gesondert ermittelt. Für die Berechnung des Mindestansatzes ist bei jedem Ehegatten/Lebenspartner der von ihm als Versicherungsnehmer geleistete Beitrag zur Basisabsicherung anzusetzen (Rz 131 bis 133 des BMF-Schreibens vom 24.5.2017, BStBl I S. 820 und das dort abgedruckte Beispiel 1).

Ist ein steuerlich zu berücksichtigendes Kind Versicherungsnehmer, werden die Beiträge zur Kranken- und Pflegeversicherung i. S. des § 10 Abs. 1 Nr. 3 Satz 2 EStG jedoch von den unterhaltsverpflichteten Elternteilen getragen, sind die Beiträge entsprechend der wirtschaftlichen Tragung von dem jeweiligen unterhaltsverpflichteten Elternteil in den **Zeilen 27** bis **38** der **Anlage Kind** zu beantragen und anzusetzen (Grundsatz der »Einmalberücksichtigung«). Innerhalb der Ehe bzw. Lebenspartnerschaft folgt die weitere Zuordnung den Regelungen des § 26 a Abs. 2 EStG (ggf. auf übereinstimmenden Antrag je zur Hälfte; vgl. Tz 10.8 unter Erläuterungen zur Anlage Sonstiges).

BEISPIEL 3:

A und B sind miteinander verheiratet. Ehefrau B ist die leibliche Mutter des Kindes K. Der Kindesvater ist C. Das Kind K ist selbst Versicherungsnehmer seiner Kranken- und Pflegeversicherung. Im Rahmen ihrer Unterhaltspflicht haben C und B die Beiträge des K wirtschaftlich getragen und zwar C zu 20 % und B zu 80 %. A und B beantragen die Einzelveranlagung nach § 26 a EStG, wobei § 26 a Abs. 2 Satz 2 EStG Anwendung finden soll (Aufteilung der Aufwendungen auf die Eheleute A und B je zur Hälfte).

Entsprechend der Lastentragung werden nach § 10 Abs. 1 Nr. 3 Satz 2 EStG bei C 20 % und bei B 80 % der jeweils für das Kind K getragenen Beiträge für die Absicherung im Krankheitsfall wie eigene Beiträge behandelt. Nach der Verteilungsregelung des § 26 a Abs. 2 Satz 2 EStG werden bei A und B sämtliche Sonderausgaben – und damit auch die der B nach § 10 Abs. 1 Nr. 3 Satz 2 EStG zugewiesenen Beiträge des Kindes – jeweils hälftig abgezogen, sodass im Ergebnis A und B jeweils 40 % der Beiträge des Kindes K absetzen können. Dass bei A keine Unterhaltsverpflichtung gegenüber K besteht, da es nicht sein leibliches Kind ist, ist für die Verteilung durch § 26 a Abs. 2 Satz 2 EStG ohne Belang.

Die Einzelveranlagung kann hiernach aufgrund der getrennten Ermittlung der mindestens abzugsfähigen Beiträge und des Ansatzes der unterschiedlichen Höchstbeträge sowie der (ggf. hälftigen) Zurechnung der für ein Kind geleisteten Beiträge gegenüber der Zusammenveranlagung zu einem günstigeren Ergebnis führen. Im

Einzelfall ist jedoch eine genaue Vergleichsberechnung (z. B. mittels eines entsprechenden Berechnungsprogramms) erforderlich.

3.3 Angaben in der Anlage Vorsorgeaufwand

3.3.1 Beiträge zur Altersvorsorge

3.3.1.1 Abzugsfähige Beiträge

Im Rahmen des Höchstbetrags nach § 10 Abs. 3 EStG (2025: 29 344 €/58 688 €; vgl. Tz 3.2.4.2) sind neben den Beiträgen zu **gesetzlichen Rentenversicherungen** oder zur **landwirtschaftlichen Alterskasse** auch Beiträge zu **berufsständischen Versorgungseinrichtungen** abzugsfähig, die den gesetzlichen Rentenversicherungen vergleichbare Leistungen erbringen (§ 10 Abs. 1 Nr. 2 Satz 1 Buchst. a EStG). Eine aktualisierte Liste dieser berufsständischen Versorgungseinrichtungen ist mit BMF-Schreiben vom 19.6.2020, BStBl I S. 617 veröffentlicht worden. Bei Arbeitnehmern wird auch der steuerfreie Arbeitgeberanteil in die Berechnung der abzugsfähigen Beiträge einbezogen (vgl. Tz 3.3.1.7). Außerdem sind nach § 10 Abs. 1 Nr. 2 Satz 1 Buchst. b EStG die Beiträge zu einem zertifizierten **Basisrentenvertrag** (Basisrente-Alter, Basisrente-Erwerbsunfähigkeit) bis zu dem o. a. Höchstbetrag abzugsfähig (vgl. Tz 3.3.1.6.).

3.3.1.2 Arbeitnehmerbeiträge zur Altersvorsorge

4

eDaten:
Die der Finanzverwaltung vorliegenden Daten zu den vom Arbeitnehmer geleisteten **Arbeitnehmer**anteilen zur gesetzlichen **Rentenversicherung** und an **berufsständische Versorgungseinrichtungen** werden aus der elektronischen Lohnsteuerbescheinigung (Nr. 23 a/b) automatisch in die Einkommensteuerveranlagung übernommen. Eintragungen in **Zeile 4** (Kennzahlen »300/400«) sind daher **nicht** erforderlich.

Neben den Beiträgen an inländische Sozialversicherungsträger sind auch vergleichbare Zahlungen an **ausländische Sozialversicherungsträger** begünstigt. Wird vom ausländischen Sozialversicherungsträger nicht nach den einzelnen Sozialversicherungszweigen unterschieden, sondern ein sog. **Globalbeitrag** erhoben, ist der vom Arbeitnehmer mitgetragene Globalbeitrag auf die einzelnen Versicherungszweige aufzuteilen. Für die Aufteilung des vom Arbeitnehmer geleisteten Globalbeitrags werden für die Länder Belgien, Irland, Lettland, Malta, Norwegen, Portugal, Spanien und Zypern jährlich staatenbezogene Prozentsätze festgelegt und durch BMF-Schreiben im BStBl Teil I veröffentlicht (für den VZ 2025 siehe BMF-Schreiben vom 28.11.2024, BStBl I S. 1430). Diese Prozentsätze muss der Arbeitgeber bei der Ausstellung von Lohnsteuerbescheinigungen für das Kj. 2025 bereits anwenden. Die unter Nr. 23 a) der Lohnsteuerbescheinigung ausgewiesenen Teilbeträge zur Rentenversicherung (einschließlich Globalbeiträge), die an einen ausländischen Sozialversicherungsträger geleistet wurden, werden deshalb ebenfalls aus den übermittelten eDaten in die Kennzahlen »300/400« der **Zeile 4** automatisch übernommen.

Die Aufteilung von Globalbeiträgen, die an Sozialversicherungsträger in Ländern außerhalb Europas geleistet werden, ist nach den Umständen des Einzelfalls vorzunehmen. Gleiches gilt auch für das Vereinigte Königreich (Großbritannien); Informationen zur Aufteilung der dortigen Globalbeiträge stehen nicht mehr zur Verfügung.

ELSTER:
Bei mit **»Mein ELSTER«** oder einer kommerziellen Software erstellten elektronischen Steuererklärungen erfolgt keine automatische Übernahme der eDaten. Steuerpflichtige, die in diesen Programmen den **Bescheinigungsabruf** nutzen (vgl. Vorbemerkungen Tz 12.6), können mit wenigen Mausklicks die Daten der Lohnsteuerbescheinigung(en) in ihre elektronische Steuererklärung übernehmen und ersparen sich dadurch den Eingabeaufwand. Ansonsten müssen sämtliche Daten in die jeweiligen Eingabezeilen der Anlage Vorsorgeaufwand aus dem Ausdruck der Lohnsteuerbescheinigung übertragen werden. Zusätzlich benötigte Eintragungszeilen können bei Bedarf per Mausklick der elektronischen Steuererklärung hinzugefügt werden.

Beiträge an **berufsständische Versorgungseinrichtungen**, die **nicht** in der Lohnsteuerbescheinigung ausgewiesen sind, weil der Arbeitnehmer diese als **Selbstzahler** direkt an die Einrichtung geleistet hat, sind in **Zeile 5** einzutragen. Dabei ist zu beachten, dass die in Zeile 5 einzutragenden Beiträge des Arbeitnehmers um die steuerfreien Arbeitgeberzuschüsse lt. Nr. 22b der Lohnsteuerbescheinigung personell zu mindern sind, also nur die vom Arbeitnehmer **selbst getragenen** Aufwendungen eingetragen werden dürfen. Die eDaten zum steuerfreien Zuschuss des Arbeitgebers lt. Nr. 22b der Lohnsteuerbescheinigung werden automatisch in die Kennzahlen »304/404« der **Zeile 9** übernommen (vgl. Tz 3.3.1.7).

In Zeile 5 können Arbeitnehmer nach einer **Ehescheidung** auch Zahlungen an ein berufsständisches Versorgungswerk geltend machen, mit denen eine infolge des Versorgungsausgleichs geminderte Rentenanwartschaft **wiederaufgefüllt** wird. Diese Zahlungen sind als Beiträge zur Altersvorsorge i. S. des § 10 Abs. 1 Nr. 2 Buchst. a EStG anzusehen und nicht als Werbungskosten (BFH-Urteil vom 19.8.2021, BStBl 2022 II S. 256).

3.3.1.3 Beiträge zur Altersvorsorge von Nichtarbeitnehmern

Besteht eine Befreiung von der gesetzlichen Rentenversicherung, sind 5
in **Zeile 5** die Beiträge von **Nichtarbeitnehmern** zu berufsständischen Versorgungseinrichtungen einzutragen, soweit diese den gesetzlichen Rentenversicherungen vergleichbare Leistungen i. S. des § 10 Abs. 1 Nr. 2 Satz 1 Buchst. a EStG erbringen; diese sind in der Anlage zum BMF-Schreiben vom 19.6.2020, BStBl I S. 617 abschließend aufgeführt. Nach der Rspr. des BFH gelten Versorgungsbeiträge, zu denen selbständig tätige **Kammermitglieder** bestimmter Berufsgruppen (z. B. Ärzte, Apotheker, Architekten, Ingenieure, Notare, Rechtsanwälte, Steuerberater, Wirtschaftsprüfer, Zahnärzte) gesetzlich verpflichtet sind, als **Sonderausgaben**, nicht etwa als Betriebsausgaben (BFH-Urteile vom 13.4.1972, BStBl II S. 728 und 730).

Beiträge zur **landwirtschaftlichen Alterskasse** sind ebenfalls in **Zeile 5** – ohne Kürzung um staatliche Beitragszuschüsse – einzutragen. Staatliche Beitragszuschüsse werden aus den vorliegenden eDaten automatisch in die Kennzahlen »309/409« der **Zeile 7** übernommen (vgl. Tz 3.3.1.5) und von den geleisteten Beiträgen lt. Zeile 5 programmgesteuert abgezogen.

In Zeile 5 können auch **beschränkt stpfl. Kammermitglieder** ihre Pflichtbeiträge zur berufsständischen Versorgungseinrichtung geltend machen, sofern ein unmittelbarer wirtschaftlicher Zusammenhang der Beiträge mit einer gewerblichen oder selbständigen Berufstätigkeit im **Inland** besteht. Zu den im Einzelnen zu erfüllenden Voraussetzungen vgl. Tz 34.10.2.

3.3.1.4 Freiwillige Versicherungen, Pflichtbeiträge von Nichtarbeitnehmern

In **Zeile 6** sind sowohl von Arbeitnehmern als auch von Selbständigen Beiträge für **freiwillige** (Weiter-)**Versicherungen** in den gesetzlichen **Rentenversicherungen** anzugeben. **Pflichtbeiträge** von **Nichtarbeitnehmern** (z. B. von selbständigen **Hebammen**, **Künstlern**, pflichtversicherten Kommanditisten von Personengesellschaften) zu den gesetzlichen Rentenversicherungen sind ebenfalls – ohne Kürzung um staatliche Beitragszuschüsse – in **Zeile 6** zu erklären, also zu 100 %. Staatliche Beitragszuschüsse werden aus den vorliegenden eDaten automatisch in die Kennzahlen »309/409« der **Zeile 7** übernommen (vgl. Tz 3.3.1.5) und von den geleisteten Beiträgen lt. Zeile 6 programmgesteuert abgezogen.

In Zeile 6 sind auch **freiwillige Beiträge** einzutragen, die pflichtversicherte **Arbeitnehmer** über ihre Pflichtbeiträge hinaus leisten (z. B. zur Vermeidung von Abschlägen bei Renteneintritt vor der Regelaltersgrenze).

3.3.1.5 Staatliche Beitragszuschüsse 7

> **eDaten:**
> **Staatliche Leistungsträger** (Behörden und öffentliche Dienststellen) sind verpflichtet, auch die Daten von **Nichtarbeitnehmern** elektronisch der zentralen Stelle (Deutsche Rentenversicherung Bund) mitzuteilen, wenn sie diesen Personen steuerfreie Beitragszuschüsse oder Erstattungen zu ihrer Altersversorgung gewährt haben (vgl. Tz 3.2.1). Die der Finanzverwaltung insoweit übermittelten eDaten werden automatisch in die Kennzahlen »309/409« der **Zeile 7** übernommen, sodass Eintragungen in dieser Zeile nicht erforderlich sind.

Durch die Erfassung der steuerfreien Beitragszuschüsse in diesen Kennzahlen wird sichergestellt, dass die in den Zeilen 4 bis 6 geltend gemachten Altersvorsorgebeiträge entsprechend programmgesteuert gemindert werden. Beitragszuschüsse, die schon von den Beiträgen lt. Zeile 8 abgezogen wurden, sowie steuerfreie Arbeitgeberanteile lt. den Zeilen 9 und 10 sind dabei **nicht** zu berücksichtigen.

Stellt sich nachträglich heraus (z. B. aufgrund fehlender Datenübermittlung zu Zeile 7), dass im Rahmen der Einkommensteuerveranlagung zu hohe Altersvorsorgebeiträge berücksichtigt worden sind, kann das Finanzamt einen Steuerbescheid nachträglich ändern (§ 175b Abs. 1 AO). Im Übrigen ist der Steuerpflichtige verpflichtet, das Finanzamt umgehend darüber zu informieren, wenn er erkennt, dass eDaten in seinem Steuerbescheid nicht und in unzutreffender Höhe berücksichtigt worden sind (§ 153 Abs. 1 Nr. 1 AO).

3.3.1.6 Private Basisrentenverträge

> **eDaten:**
> Bei privaten **»Rürup-Renten«**- oder **Basisrentenverträgen** mit Laufzeitbeginn nach dem 31.12.2004 hat der Anbieter die Höhe der im jeweiligen Beitragsjahr geleisteten Beiträge an die Finanzverwaltung elektronisch zu übermitteln (vgl. Tz 3.2.3.5). Die diesbezüglichen eDaten werden automatisch in die Kennzahlen »303/403« der **Zeile 8** übernommen, sodass Eintragungen in dieser Zeile entfallen.

Der **Versicherungsvertrag** muss durch das zuständige Bundeszentralamt für Steuern **zertifiziert** sein (vgl. Tz 3.2.3.4). Die Zertifizierung ersetzt den Nachweis, dass der Basisrentenvertrag die folgenden Voraussetzungen des § 10 Abs. 1 Nr. 2 Buchst. b Doppelbuchst. aa EStG erfüllt:

- Die durch den Basisrentenvertrag erworbenen Anwartschaften dürfen nicht vererblich, nicht übertragbar, nicht beleihbar, nicht veräußerbar und nicht kapitalisierbar sein, und es darf über den Leibrentenanspruch hinaus kein Anspruch auf Auszahlungen bestehen;
- der Basisrentenvertrag darf nur die Zahlung einer monatlichen, auf die Lebenszeit des Steuerpflichtigen bezogenen Leibrente vorsehen, die nicht vor Vollendung des 62. Lebensjahrs (bei Vertragsabschlüssen vor dem 1.1.2012 nicht vor Vollendung des 60. Lebensjahrs; zur Anhebung der Altersgrenzen siehe BMF-Schreiben vom 6.3.2012, BStBl I S. 238) beginnt;
- die ergänzende Absicherung des Eintritts von Berufsunfähigkeit (Berufsunfähigkeitsrente), von verminderter Erwerbsfähigkeit (Erwerbsminderungsrente) sowie von Hinterbliebenen (Witwen- oder Waisenrente) ist grds. unschädlich, wenn mehr als 50 % der Beiträge auf die eigene Altersversorgung des Steuerpflichtigen entfallen. Allerdings darf der Anspruch auf Waisenrente längstens für den Zeitraum bestehen, in dem rentenberechtigte Waisen die Voraussetzungen für die Berücksichtigung als Kind i. S. des § 32 EStG erfüllen (Rz 44 des BMF-Schreibens vom 24.5.2017, BStBl I S. 820). Für das Vorliegen einer begünstigten Hinterbliebenenversorgung gilt bei vor dem 1.1.2007 abgeschlossenen Verträgen in Bezug auf Kinder in Berufsausbildung in der Regel noch eine Altersgrenze von 27 Jahren (für Verträge ab 1.1.2007: 25 Jahre);
- sowohl die Altersversorgung als auch die ergänzenden Absicherungen müssen in einem einheitlichen Vertrag geregelt sein.

Ein privater Basisrentenvertrag i. S. des § 10 Abs. 1 Nr. 2 Buchst. b EStG liegt auch vor, wenn es sich um einen eigenen zertifizierten Vertrag zur Absicherung gegen den Eintritt der **verminderten Erwerbsfähigkeit** im Versicherungsfall (sog. **»Basisrente-Erwerbsminderung«**) handelt. Ein solcher Vertrag kann ggf. mit einer zusätzlichen Absicherung gegen den Eintritt der **Berufsunfähigkeit** verbunden werden. Der Sonderausgabenabzug der Beiträge setzt insoweit voraus, dass bei einem bis zur Vollendung des 67. Lebensjahrs eingetretenen Versicherungsfall vom Anbieter eine monatliche lebenslange Leibrente gezahlt wird. Die Höhe der zugesagten Rente kann vom Alter des Steuerpflichtigen bei Eintritt des Versicherungsfalls abhängig gemacht werden, wenn dieser das 55. Lebensjahr vollendet hat (§ 10 Abs. 1 Nr. 2 Buchst. b Doppelbuchst. bb EStG). Weitere Einzelheiten zu den vertraglichen Rahmenbedingungen der Basisrente-Erwerbsminderung ergeben sich aus Rz 45 bis 55 des o. a. BMF-Schreibens vom 24.5.2017.

3.3.1.7 Steuerfreie Arbeitgeberanteile und -zuschüsse 9

> **eDaten:**
> Die vom Arbeitgeber elektronisch übermittelten **Arbeitgeberanteile** zu gesetzlichen **Rentenversicherungen** sowie steuerfreie **Arbeitgeber**zuschüsse an berufsständische Versorgungseinrichtungen lt. Nr. 22 a/b der »elektronischen« Lohnsteuerbescheinigung werden automatisch in die Kennzahlen »304/404« der **Zeile 9** übernommen, sodass Eintragungen in dieser Zeile nicht erforderlich sind.

Die Angaben in **Zeile 9** werden für die Berechnung des Höchstbetrags der abzugsfähigen Altersvorsorgebeiträge durch das Finanzamt benötigt. Die steuerfreien Arbeitgeberanteile/-zuschüsse werden den als Sonderausgaben zu berücksichtigenden Aufwendungen zunächst hinzugerechnet (§ 10 Abs. 1 Nr. 2 Satz 6 EStG). Der sich danach ergebende Betrag wird sodann im Rahmen der Höchstbetragsberechnung angesetzt (ab VZ 2023: zu 100 %). Anschließend wird der steuerfreie Arbeitgeberanteil (in voller Höhe) wieder in Abzug gebracht (vgl. Tz 3.2.4.2).

10 Arbeitgeberanteile zur gesetzlichen Rentenversicherung im Rahmen einer pauschal besteuerten **geringfügigen Beschäftigung** (sog. **Minijob**) sind **auf Antrag** ebenfalls in die Höchstbetragsberechnung für die abziehbaren Aufwendungen zur Altersversorgung einzubeziehen (§ 10 Abs. 1 Nr. 2 Buchst. b Satz 7 EStG). Hiervon betroffen sind nur geringfügig beschäftigte Arbeitnehmer i. S. des § 8 Abs. 1 Nr. 1 und § 8a SGB IV, für die der Arbeitgeber **pauschale Abgaben** an die Minijobzentrale leistet. Falls der Arbeitnehmer in diesen Fällen **keine** Bescheinigung von seinem Arbeitgeber erhält, aus dem er den in **Zeile 10** einzutragenden Arbeitgeberanteil zur gesetzlichen Rentenversicherung übernehmen kann, muss er diesen Betrag ggf. hilfsweise aus dem erhaltenen Jahresarbeitsentgelt berechnen. Dabei ist für das Jahr 2025 bei Minijobs außerhalb von Privathaushalten von einem pauschalen Arbeitgeberbeitrag zur Rentenversicherung i. H. von 15 % des Arbeitsentgelts, bei in Privathaushalten beschäftigten Arbeitnehmern von 5 % des Arbeitsentgelts (z. B. bei einem Jahresarbeitsentgelt in 2025 von 6 672 € × 15 % = 1 001 € bzw. 6 672 € × 5 % = 334 €) auszugehen. Bei einem Minijob macht der Antrag auf Einbeziehung der Arbeitgeberanteile zur gesetzlichen Rentenversicherung allerdings im Normalfall **keinen Sinn**. Ein Vorteil kann sich nur dann ergeben, wenn der geringfügig beschäftigte Arbeitnehmer die pauschalen Arbeitgeberbeiträge zur Rentenversicherung durch **eigene Beiträge** auf den Regelbeitragssatz in der gesetzlichen Rentenversicherung aufstockt (für 2025 von 15 % bzw. 5 % auf 18,6 %). Diese **Arbeitnehmerbeiträge** können in **Zeile 6** geltend gemacht werden; insoweit erfolgt **keine** elektronische Datenübermittlung.

3.3.2 Sonstige Vorsorgeaufwendungen

3.3.2.1 Höchstbetrag

Sonstige Vorsorgeaufwendungen können grds. bis zu **2 800 €** als Sonderausgaben abgezogen werden, wenn der Steuerpflichtige die Beiträge zur Krankenversicherung **alleine** getragen hat. Der **Höchstbetrag** reduziert sich auf **1 900 €**, wenn der Steuerpflichtige seinen Krankenversicherungsschutz nicht vollständig alleine aufbringen muss, weil er z. B. steuerfreie Arbeitgeberzuschüsse oder Beihilfen erhalten hat. Bei zusammen veranlagten Ehegatten/Lebenspartnern ist für jeden Ehegatten/Lebenspartner nach dessen persönlichen Verhältnissen der ihm zustehende Höchstbetrag zu bestimmen. Beiträge zur Basis-Kranken- und zur gesetzlichen Pflegeversicherung werden allerdings über die genannten Höchstbeträge von 2 800 €/1 900 € hinaus in unbegrenzter Höhe als Mindestansatz berücksichtigt (vgl. Tz 3.2.4.4).

Der Höchstbetrag i. H. von 1 900 € gilt insbesondere für

- Rentner, die aus der gesetzlichen Rentenversicherung nach § 3 Nr. 14 EStG steuerfreie Zuschüsse zu den Krankenversicherungsbeiträgen erhalten, oder bei denen der Träger der gesetzlichen Rentenversicherung die Beiträge an die gesetzliche Krankenversicherung zahlt,
- sozialversicherungspflichtige Arbeitnehmer, für die der Arbeitgeber nach § 3 Nr. 62 EStG steuerfreie Beiträge zur Krankenversicherung leistet; das gilt auch dann, wenn der Arbeitslohn für eine Auslandstätigkeit aufgrund eines DBA steuerfrei gestellt wird,
- Besoldungsempfänger oder gleichgestellte Personen, die von ihrem Arbeitgeber nach § 3 Nr. 11 EStG steuerfreie Beihilfen zu Krankheitskosten erhalten,
- im VZ beihilferechtlich berücksichtigungsfähige Ehegatten/Lebenspartner (BFH-Urteil vom 23.1.2013, BStBl II S. 608),
- Beamte, die in der gesetzlichen Krankenversicherung freiwillig versichert sind und deshalb keine Beihilfe zu ihren Krankheitskosten – trotz eines grds. Anspruchs – erhalten,
- Versorgungsempfänger im öffentlichen Dienst mit Beihilfeanspruch oder gleichgestellte Personen,
- in der gesetzlichen Krankenversicherung ohne eigene Beiträge familienversicherte Angehörige,
- Personen, für die steuerfreie Leistungen der Künstlersozialkasse nach § 3 Nr. 57 EStG erbracht werden.

Zu den in **Zeile 49** erforderlichen ergänzenden Angaben, wenn **kein Anspruch** auf steuerfreie Zuschüsse, Arbeitgeberbeiträge oder Beihilfen bestand, vgl. Tz 3.3.9.2.

3.3.2.2 Abzugsfähige Beiträge

Innerhalb der sonstigen Vorsorgeaufwendungen wird zwischen den **Basis-Kranken-** und gesetzlichen **Pflegeversicherungsbeiträgen** und denjenigen Beiträgen bzw. Beitragsanteilen unterschieden, mit denen ein darüber hinausgehendes Absicherungsniveau (**Wahlleistungen**) erreicht wird. Die Beiträge zur gesetzlichen und privaten Basis-Krankenversicherung müssen zu Leistungen führen, auf die der Steuerpflichtige einen Anspruch hat.

Die tatsächlich geleisteten Beiträge zur privaten und gesetzlichen Krankenversicherung (ggf. einschließlich geleisteter Zusatzbeiträge) und zur gesetzlichen Pflegeversicherung (soziale Pflegeversicherung und private Pflege-Pflichtversicherung) für eine Absicherung auf sozialhilfegleichem Versorgungsniveau (Basisabsicherung) werden in **vollem Umfang** steuerlich berücksichtigt. Beiträge zu Kranken- und Pflegeversicherungen, die über die Basisabsicherung hinausgehen, sowie die weiteren sonstigen Vorsorgeaufwendungen (Beiträge zu Arbeitslosen-, Erwerbs- und Berufsunfähigkeitsversicherungen, zu Unfall- und Haftpflichtversicherungen sowie zu Renten- und Lebensversicherungen) können dagegen nur im Rahmen der **Höchstbeträge** von **2 800 €/1 900 €** geltend gemacht werden, soweit der maßgebende Höchstbetrag nicht bereits durch die Beiträge zu Basis-Kranken- und gesetzlichen Pflegeversicherungen ausgeschöpft worden ist (vgl. Tz 3.2.4.4).

Vorauszahlungen von Krankenversicherungsbeiträgen für künftige VZ sind im Zahlungsjahr abzugsfähig, soweit sie ab dem VZ 2020 das **Dreifache** des vertraglich geschuldeten Jahresbeitrags nicht übersteigen, der auf die Basisabsicherung entfällt. Dies gilt nun auch für Beiträge, soweit sie als »**Alterungsrückstellung**« zur unbefristeten Beitragsminderung nach der Vollendung des 62. Lebensjahrs dienen (vgl. Tz 3.3.4.1). Darüber hinaus gezahlte Beiträge sind erst in dem VZ zu berücksichtigen, für den sie gezahlt wurden (§ 10 Abs. 1 Nr. 3 Satz 4 EStG). Die steuerliche Behandlung von **Beitragsvorauszahlungen** wird ausführlich in Rz 134 bis 158 des BMF-Schreibens vom 24.5.2017, BStBl I S. 820 erläutert. Die Einhaltung der v. g. Abzugsbegrenzung auf das **Dreifache** des vertraglich geschuldeten Jahresbeitrags prüft das Finanzamt.

3.3.3 Inländische gesetzliche Kranken- und Pflegeversicherung

3.3.3.1 Allgemeines

Die Beiträge zur inländischen **gesetzlichen Krankenversicherung** **vor**
sowie die Beiträge zur **landwirtschaftlichen Krankenkasse** gehören grds. zu den in vollen Umfang abzugsfähigen Beiträgen für eine **Basis-Krankenversicherung**. Hierzu zählt auch der von der Krankenkasse erhobene kassenindividuelle **Zusatzbeitrag** i. S. des § 242 SGB V. Dieser wird von jedem Mitglied mit einem festen Prozentsatz der beitragspflichtigen Einnahmen erhoben. Der Zusatzbeitrag ist kein vom Hauptbeitrag unabhängig erhobener Geldbetrag, sondern originärer Bestandteil des Krankenversicherungsbeitrags (§ 220 Abs. 1 Satz 1 2. Halbsatz SGB V). Sowohl der Krankenversicherungsbeitrag als auch der kassenindividuelle Zusatzbeitrag werden von gesetzlich versicherten Arbeitnehmern und Arbeitgebern hälftig getragen.

Nicht der Basisabsicherung zuzurechnen ist der Beitragsanteil, der der Finanzierung des **Krankengeldes** dient. Dieser Anteil wird mit einem pauschalen **Abschlag** i. H. von **4 %** bemessen und im Rahmen der Einkommensteuerveranlagung programmgesteuert von den geleisteten Krankenversicherungsbeiträgen abgezogen. Dieser Abschlag ist allerdings nur dann vorzunehmen, wenn der Steuerpflichtige im Krankheitsfall einen Anspruch auf Krankengeldzahlung oder einen Anspruch auf eine Leistung hat, die anstelle von Krankengeld gewährt wird. Auch der kassenindividuelle Zusatzbeitrag i. S. des § 242 SGB V begründet einen Anspruch auf Krankengeld, sodass er in die Bemessungsgrundlage für die Ermittlung des Abschlags von 4 % einzubeziehen ist.

Werden über die gesetzliche Krankenversicherung auch Leistungen abgesichert, die über die Pflichtleistungen hinausgehen, so sind die darauf entfallenden Beitragsanteile nicht der Basisabsicherung zuzurechnen. Hierzu gehören Beiträge für **Wahl-** und **Zusatztarife**, die z. B. Leistungen wie **Chefarztbehandlung**, **Einbettzimmer** oder **Auslandskrankenversicherungsschutz** abdecken. Diese Beitragsanteile sind in den Zeilen 22, 27, 33 oder 42 gesondert anzugeben; sie werden bis zu den Höchstbeträgen für sonstige Vorsorgeaufwendungen von 2 800 €/1 900 € berücksichtigt (vgl. Tz 3.2.4.4).

3.3.3.2 Pflichtversicherte Arbeitnehmer

11

eDaten:
Bei pflichtversicherten **Arbeitnehmern** werden die Beiträge zur inländischen gesetzlichen **Krankenversicherung** und die Pflichtbeiträge zur inländischen sozialen **Pflegeversicherung** aus Nr. 25 und 26 der »elektronischen« Lohnsteuerbescheinigung automatisch in die **Zeilen 11** und **13** übernommen. Eintragungen in diesen Zeilen sind daher **nicht** erforderlich. Entsprechendes gilt für **freiwillig** in der gesetzlichen Krankenkasse versicherte Arbeitnehmer, für die der Arbeitgeber als **Firmenzahler** die Beiträge abführt; auch in diesem Fall übermittelt der Arbeitgeber die von ihm geleisteten Arbeitnehmerbeiträge unter Nr. 25 und 26 der Lohnsteuerbescheinigung.

Steuerfreie **Arbeitgeberzuschüsse** an freiwillig in der gesetzlichen Kranken- und Pflegeversicherung versicherte Arbeitnehmer darf der Arbeitgeber in der Lohnsteuerbescheinigung **nicht** von den unter Nr. 25 und 26 zu bescheinigenden Arbeitnehmerbeiträgen abziehen. Diese werden unter Nr. 24 a) und Nr. 24 c) der Lohnsteuerbescheinigung gesondert ausgewiesen und als »**Korrekturposten**« in die **Zeilen 34** und **36** übernommen (vgl. Tz 3.3.6).

> **ELSTER:**
> Steuerpflichtige, die in »Mein ELSTER« oder einer kommerziellen Steuererklärungssoftware den **Bescheinigungsabruf** im Rahmen der vorausgefüllten Steuererklärung nutzen (vgl. Vorbemerkungen Tz 12.6), können die Daten der Lohnsteuerbescheinigung(en) per Mausklick in ihre elektronische Steuererklärung übernehmen und ersparen sich dadurch den Eingabeaufwand. Ansonsten müssen sämtliche Daten zu den gesetzlichen Kranken- und Pflegeversicherungsbeiträgen aus dem Ausdruck der elektronischen Lohnsteuerbescheinigung in die jeweiligen Eingabezeilen der Anlage Vorsorgeaufwand übertragen werden.

Der Arbeitgeber übermittelt die Beiträge zur Basis-Krankenversicherung stets in voller Höhe, d.h. mit Beitragsteilen für das Krankengeld. Deshalb wird bei der Einkommensteuerveranlagung der geleistete Beitrag zur Basis-Krankenversicherung programmgesteuert pauschal um **4 %** gekürzt (§ 10 Abs. 1 Nr. 3 Buchst. a Satz 4 EStG; vgl. Tz 3.3.3.1).

12 Grds. besteht bei gesetzlich krankenversicherten Arbeitnehmern **ein Anspruch** auf **Krankengeld** oder eine Leistung, die anstelle von Krankengeld gewährt wird. Sofern das ausnahmsweise nicht zutrifft, sind in **Zeile 12** die Beiträge einzutragen, die **keinen Anspruch** auf Krankengeld begründen. Keinen Anspruch auf Krankengeld aus der gesetzlichen Krankenversicherung haben z. B. Personen in Einrichtungen der Jugendhilfe, Teilnehmer an beruflichen Rehabilitationsmaßnahmen ohne Anspruch auf Übergangsgeld, Studenten, Praktikanten sowie Familienversicherte (§ 44 Abs. 2 SGB V). Die Eintragung in Zeile 12 bewirkt, dass von dem dort eingetragenen Beitrag keine pauschale Kürzung um 4 % vorgenommen wird.

15

> **eDaten:**
> Die mitteilungspflichtigen Stellen sind verpflichtet, neben der Höhe der im jeweiligen Beitragsjahr geleisteten Beiträge auch die Höhe der **erstatteten Beiträge** auf elektronischem Weg der Finanzverwaltung mitzuteilen (vgl. Tz 3.2.3.5). Diese Daten werden automatisch in die **Zeilen 14** und **15** übernommen, sodass personelle Eintragungen in diesen Zeilen entfallen.

Von der gesetzlichen Kranken- und Pflegeversicherung **erstattete Beiträge mindern** die als Sonderausgaben abziehbaren Beiträge in dem Jahr, in dem sie zufließen (vgl. Tz 3.2.2, dort auch zum sog. Erstattungsüberhang). **Beitragsrückerstattungen** in diesem Sinne sind z. B. auch rückerstattete Prämien für nicht in Anspruch genommene **Leistungen** bei einem Wahltarif nach § 53 SGB V (BFH-Urteil vom 6.6.2018, BStBl II S. 648) oder **Rückzahlungen** von zu Unrecht geleisteten Beiträgen aus Vorjahren (z. B. infolge einer rückwirkenden Vertragsänderung). Hierzu gehört auch die sog. **TK-Dividende** (FG Hessen vom 22.2.2018, 4 K 174/17, EFG 2018 S. 1028 – rkr.). In diesen Fällen ist die Gleichartigkeit zwischen den Krankenversicherungsbeiträgen und den Prämienzahlungen gegeben, da anders als bei Bonuszahlungen die Prämie nicht der Förderung einer gesunden Lebensweise, sondern der »Beitragssenkung« dient.

Unerheblich ist, auf welcher Rechtsgrundlage die Erstattung beruht und/oder ob der der Erstattung zugrunde liegende Beitrag materiell zu Recht oder zu Unrecht geleistet worden sind (Rz 90 des BMF-Schreibens vom 24.5.2017, BStBl I S. 820). Keine Beitragsrückerstattung ist das sog. »Ersatz«-**Krankenhaustagegeld**. Diese Leistung erhält der Versicherte aufgrund vertraglicher Vereinbarungen, wenn während eines Krankenhausaufenthaltes auf die Inanspruchnahme bestimmter Wahlleistungen verzichtet wird (Rz 94 des o. a. BMF-Schreibens vom 24.5.2017).

In Bezug auf **Bonusleistungen** der gesetzlichen Krankenversicherungen (GKV) für **gesundheitsbewusstes Verhalten** ist Folgendes zu beachten:

- **Beitragsrückerstattungen** sind auch Prämienzahlungen nach § 53 SGB V und Bonusleistungen nach § 65 a SGB V, soweit diese Bonusleistungen nicht eine Leistung der GKV darstellen. Eine Beitragsrückerstattung **liegt vor**, wenn sich ein Bonus der GKV auf eine Maßnahme bezieht, die vom Basiskrankenversicherungsschutz umfasst ist (insbesondere gesundheitliche Vorsorge- oder Schutzmaßnahmen, z. B. zur Früherkennung bestimmter Krankheiten) oder für aufwandsunabhängiges Verhalten (z. B. Nichtraucherstatus, gesundes Körpergewicht) gezahlt wird (Rz 88 und 89a des BMF-Schreibens vom 16.12.2021, BStBl 2022 I S. 155).
- Werden von der GKV im Rahmen eines Bonusprogramms nach § 65 a SGB V Kosten für Gesundheitsmaßnahmen erstattet bzw. bonifiziert, die **nicht** im regulären Versicherungsumfang des Basiskrankenversicherungsschutzes enthalten sind (z. B. Osteopathiebehandlung) bzw. der Förderung gesundheitsbewussten Verhaltens dienen (z. B. Mitgliedschaft in einem Sportverein oder einem Fitnessstudio) und von den Versicherten privat finanziert werden bzw. worden sind, handelt es sich um eine »nicht steuerbare Leistung« der Krankenkasse und **nicht** um eine **Beitragsrückerstattung** (BFH-Urteile vom 6.5.2020, BStBl 2022 II S. 109 und X R 30/18, BFH/NV 2020 S. 1067). Die als Sonderausgaben abziehbaren Krankenversicherungsbeiträge sind daher nicht um den Betrag der Kostenerstattung oder des darauf entfallenden Bonus zu mindern. Auf den Zeitpunkt des Abflusses der Kosten kommt es nicht an (§ 11 Abs. 2 EStG). Eine pauschale Bonusleistung muss die tatsächlich entstandenen oder entstehenden Kosten zudem nicht exakt abdecken (Rz 89 des o. a. BMF-Schreibens vom 16.12.2021).
- Auf der Grundlage von § 65 a SGB V nach den Satzungen der GKV erbrachte **Bonusleistungen** gelten bis zur Höhe von **150 €** pro versicherter Person und Beitragsjahr nicht als **Beitragserstattung** und führen daher nicht zu einer Kürzung des Sonderausgabenabzugs. Übersteigen die Bonuszahlungen diesen Betrag, liegt i. H. des übersteigenden Betrags dagegen stets eine zu kürzende Beitragserstattung vor. Etwas anderes gilt nur, soweit der Steuerpflichtige im Einzelfall nachweist, dass Bonuszahlungen von mehr als 150 € auf »nicht steuerbare Leistungen« der GKV beruhen (s. o.) und deshalb nicht als Beitragserstattung zu qualifizieren sind. Die vorstehende **Vereinfachungsregelung** der Finanzverwaltung (Rz 89b des BMF-Schreibens vom 28.12.2023, BStBl 2024 I S. 209) wurde ab dem VZ 2025 dauerhaft in § 10 Abs. 2b Satz 2 und 3 EStG gesetzlich verankert.
- Die GKV müssen als mitteilungspflichtige Stellen (vgl. Tz 3.2.3.5) sicherstellen, dass nur diejenigen Bonuszahlungen als Beitragserstattungen **elektronisch** an die Finanzverwaltung **gemeldet** werden, die nach den v. g. Kriterien auch als solche zu werten sind. Beitragsrückerstattungen aus Bonusprogrammen sind dabei zu dem Zeitpunkt zu melden, zu dem der Vorteil aus der Bonusleistung dem Grunde nach verfügbar ist (Zufluss). Weitere Einzelheiten zu der Meldung durch die GKV ergeben sich aus Rz 88 des o. a. BMF-Schreibens vom 16.12.2021.

3.3.3.3 Pflichtversicherte und freiwillig versicherte Personen

16, 18

> **eDaten:**
> Die Angaben zu den Beiträgen zur Basis-Krankenversicherung und zur sozialen Pflegeversicherung von **pflichtversicherten Nichtarbeitnehmern** (z. B. Rentner, selbständige Künstler und Publizisten, pflichtversicherte Personen in der landwirtschaftlichen Krankenkasse) oder **freiwillig** in der inländischen gesetzlichen Krankenversicherung **versicherten Selbstzahlern** (Arbeitnehmer und Selbständige) werden aus den vorliegenden eDaten automatisch in die **Zeilen 16** und **18** übernommen, sodass in diesen Zeilen keine personellen Eintragungen erforderlich sind. Die eDaten werden aus den Rentenbezugsmitteilungen (§ 22 a EStG) sowie den elektronischen Mitteilungen der gesetzlichen Krankenkassen oder diesen gleichgestellten Einrichtungen (vgl. Tz 3.2.3.5) übernommen.

17, 20 Im Regelfall ergibt sich aus den Krankenversicherungsbeiträgen bei den o.g. Personengruppen (z.B. von pflichtversicherten Rentnern) **kein Anspruch** auf **Krankengeld** oder eine Leistung, die anstelle von Krankengeld gewährt wird (§ 44 Abs. 2 Nr. 4 SGB V). Sofern das ausnahmsweise nicht zutrifft, ist in **Zeile 17** und/oder **20** der Beitrag **einzutragen**, der **einen Anspruch** auf **Krankengeld** begründet. Hauptberuflich selbständig Erwerbstätige können beispielsweise bei einer freiwilligen Mitgliedschaft in der gesetzlichen Krankenkasse gegenüber der Krankenkasse erklären, dass die Mitgliedschaft auch den Anspruch auf Krankengeld umfassen soll (Wahlerklärung). In diesem Fall wird der geleistete Beitrag programmgesteuert um 4 % gemindert (vgl. Tz 3.3.3.1). Zur Behandlung der einzelnen Personengruppen siehe im Übrigen die Rz 167 bis 180 des BMF-Schreibens vom 24.5.2017, BStBl I S. 820.

21

> **eDaten:**
> Die von den Rentenversicherungsträgern (z.B. Deutsche Rentenversicherung) oder der Künstlersozialkasse übermittelten eDaten zu **steuerfreien Zuschüssen** werden über die Kennzahlen »332/432« der **Zeile 21** erfasst und bei der Einkommensteuerveranlagung programmgesteuert von den geleisteten Beiträgen abgezogen. Eine personelle Eintragung in dieser Zeile ist nicht erforderlich.

Soweit steuerfreie Zuschüsse zurückgezahlt wurden, werden diese im Jahr der Zahlung von den erhaltenen Zuschüssen abgezogen. Steuerfreie **Arbeitgeberzuschüsse** bei freiwillig in der gesetzlichen Kranken- und Pflegeversicherung versicherten Arbeitnehmern (Selbstzahler), die vom Arbeitgeber mit der Lohnsteuerbescheinigung (Nr. 24 a und 24 c) übermittelt werden, werden als »**Korrekturposten**« über die Kennzahlen der **Zeilen 34** und **36** erfasst (vgl. Tz 3.3.6).

3.3.3.4 Wahlleistungen, Zusatzversicherungen

22 Beiträge oder Beitragsanteile für **Wahlleistungen** (z.B. Chefarztbehandlung, Einbettzimmer), die über die inländische gesetzliche Krankenversicherung abgesichert werden, oder für bei diesen abgeschlossene **Zusatzversicherungen** (z.B. für einen zusätzlichen Auslandskrankenversicherungsschutz) sind in **Zeile 22** gesondert zu **erklären**; insoweit liegen **keine eDaten** vor. Die für Wahlleistungen und/oder Zusatzversicherungen geleisteten Beiträge gehören nicht zur Basisabsicherung und können nur im Rahmen des Abzugsvolumens für »sonstige Vorsorgeaufwendungen« bis zu 2 800 €/1 900 € berücksichtigt werden (vgl. Tz 3.2.4.4). Die in Zeile 22 einzutragenden Beiträge sind ggf. personell um von dritter Seite erstattete Beiträge zu **mindern**.

Über die Beiträge zur gesetzlichen Pflegeversicherung hinaus geleistete Beiträge zu einer **freiwilligen Pflegeversicherung** sind stets Beiträge zu einer privaten Pflegeversicherung. Diese Beiträge sind daher nicht in Zeile 22, sondern in **Zeile 27** einzutragen.

3.3.4 Inländische private Kranken- und Pflegeversicherung

3.3.4.1 Allgemeines

vor 23 Auch bei einer inländischen **privaten Krankenversicherung** sind nur die Beitragsanteile, die der **Basisabsicherung** dienen, in vollem Umfang als Sonderausgaben i.S. des § 10 Abs. 1 Nr. 3 Buchst. a EStG abzugsfähig. Dies sind im Grundsatz nur die jeweiligen Beitragsanteile, mit denen Versicherungsleistungen finanziert werden, die in Art, Umfang und Höhe den Pflichtleistungen der gesetzlichen Krankenversicherung vergleichbar sind und auf die ein Anspruch besteht.

Nicht zur Basisabsicherung gehören – wie bei der gesetzlichen Krankenversicherung – Beitragsanteile, die der Finanzierung von **Wahlleistungen** (z.B. Chefarztbehandlung, Einbettzimmer) oder **Zusatzversicherungen** (z.B. für Zahnersatz oder Krankenhaustagegeld) dienen. Dies gilt auch für freiwillige Beiträge an eine **private Pflegeversicherung** (FG Hessen vom 8.4.2020, 9 K 2170/17, EFG 2021 S. 95; bestätigt durch BFH-Urteil vom 24.7.2025, X R 10/20).

Zahlt der Versicherte für seine Basisabsicherung zunächst einen erhöhten Beitrag, um ab einem bestimmten Alter durch eine entsprechend erhöhte **Alterungsrückstellung** i.S. des § 12 Abs. 4a Versicherungsaufsichtsgesetz – VAG – eine zuvor vereinbarte zeitlich unbefristete Beitragsentlastung für seine Basisabsicherung zu erhalten, ist auch der auf die Basisabsicherung entfallende Beitragsanteil für die erhöhte Alterungsrückstellung nach § 10 Abs. 1 Nr. 3 Buchst. a EStG abziehbar (Rz 113 des BMF-Schreibens vom 24.5.2017, BStBl I S. 820).

Nicht als Sonderausgaben abziehbar ist der in einem privaten Krankenversicherungsvertrag vereinbarte und zu geringeren Versicherungsbeiträgen führende **Selbstbehalt** (BFH-Urteil vom 1.6.2016, BStBl 2017 II S. 55). Der Selbstbehalt stellt keine Gegenleistung für die Erlangung des Versicherungsschutzes dar und ist somit kein Beitrag zu einer Krankenversicherung nach § 10 Abs. 1 Nr. 3 Buchst. a EStG.

Rückerstattungen von Beiträgen zur Basis-Krankenversicherung können nicht um **selbst getragene Krankheitskosten** gemindert werden, auch wenn der Verzicht auf die Geltendmachung der Krankheitskosten ursächlich für die Beitragsrückerstattung gewesen ist (BFH-Urteil vom 29.11.2017, BStBl 2018 I S. 384). Zur Berücksichtigung der selbstgetragenen Krankheitskosten – im Fall des Selbstbehalts oder um in den Genuss einer Beitragsrückerstattung zu kommen – als außergewöhnliche Belastungen nach § 33 EStG vgl. Tz 5.5.3. **Bonuszahlungen** aus einer privaten Krankenkasse mindern als Beitragserstattung die abzugsfähigen Beitragsanteile zur Basis-Krankenversicherung, wenn diese unabhängig davon gezahlt werden, ob dem Versicherungsnehmer finanzieller Gesundheitsaufwand entstanden ist oder nicht (BFH-Urteil vom 16.12.2020, BStBl 2022 II S. 106).

Mit Beiträgen zugunsten einer sog. **Anwartschaftsversicherung** erwirbt der Versicherungsnehmer den Anspruch, zu einem späteren Zeitpunkt eine private Krankenversicherung zu einem ermäßigten Beitrag zu erhalten. Entsprechendes gilt für Beiträge zugunsten einer Anwartschaftsversicherung zur Pflegeversicherung. Der Versicherungsnehmer wird dabei hinsichtlich seines der Beitragsbemessung zugrunde gelegten Gesundheitszustands und ggf. auch hinsichtlich der Alterungsrückstellung so gestellt, als sei der Krankenversicherungsvertrag bereits zu einem früheren Zeitpunkt abgeschlossen worden. Übersteigen die Beiträge für eine Anwartschaftsversicherung jährlich nicht einen Betrag i.H. von **100 €**, sind sie aus Billigkeitsgründen insgesamt wie Beiträge zu einer Basis-Krankenversicherung zu behandeln. Die den Betrag von 100 € übersteigenden Beiträge für eine Anwartschaftsversicherung sind nur insoweit wie Beiträge zu einer Basis-Krankenversicherung zu behandeln, als sie auf die Minderung von Beitragsbestandteilen gerichtet sind, die der Basis-Krankenversicherung zuzurechnen sind.

Bei einer bestehenden Basisabsicherung durch die **gesetzliche Krankenversicherung** ist eine **zeitgleiche** zusätzliche **private Krankenversicherung** nicht erforderlich. Die zusätzlichen Beiträge zur privaten Krankenversicherung können in diesem Fall nicht als Sonderausgaben i.S. des § 10 Abs. 1 Nr. 3 Buchst. a EStG geltend gemacht werden; auch ein Abzug dieser Beiträge als außergewöhnliche Belastung ist nicht möglich (BFH-Urteil vom 29.11.2017, BStBl 2018 II S. 230; die hiergegen eingelegte Verfassungsbeschwerde wurde mit Beschluss des BVerfG vom 8.5.2019, Az. 2 BvR 1733/18 nicht zur Entscheidung angenommen). Eine Ausnahme besteht für beitragsfrei familienversicherte Personen (z.B. Ehegatten/Lebenspartner oder Kinder), bei denen die Finanzverwaltung den Sonderausgabenabzug der an die private Krankenversicherung gezahlten Basisbeiträge aus verwaltungsökonomischen Gründen zulässt (Rz 83 des BMF-Schreibens vom 24.5.2017, BStBl I S. 820).

3.3.4.2 Aufteilung der Beiträge

Sind in einem Versicherungstarif begünstigte und nicht begünstigte Versicherungsleistungen abgesichert, muss der vom Versicherungsnehmer geleistete Beitrag durch das Krankenversicherungsunternehmen **aufgeteilt** werden (Private Krankenversicherung). Wie diese Aufteilung in typisierender Weise zu erfolgen hat, wird durch die **Krankenversicherungsbeitragsanteil-Ermittlungsverordnung** – KVBEVO – (BGBl 2009 I S. 2730) geregelt. Darin sind für die Beitragsaufteilung die folgenden wesentlichen Grundsätze festgelegt (siehe auch Rz 111 des BMF-Schreibens vom 24.5.2017, BStBl I S. 820):

- Enthält ein Tarif nur Leistungen, mit denen eine Basisabsicherung gewährleistet wird, ist eine tarifbezogene Beitragsaufteilung nicht erforderlich. Der für diesen Tarif geleistete Beitrag ist insgesamt abziehbar. Dies gilt auch für Beiträge zum Basistarif i. S. des § 12 Abs. 1a VAG (Krankheitskostentarif mit Leistungen ähnlich der gesetzlichen Krankenversicherung). Ergibt sich im Rahmen des Basistarifs ein Anspruch auf Krankengeld, ist vom Beitrag ein Abschlag von 4 % vorzunehmen.
- Enthält ein Tarif nur Wahlleistungen, ist eine tarifbezogene Beitragsaufteilung nicht durchzuführen. Der für diesen Tarif geleistete Beitrag ist insgesamt nicht nach § 10 Abs. 1 Nr. 3 Buchst. a EStG abziehbar.
- Enthält ein Tarif sowohl Leistungen, mit denen eine Basisabsicherung gewährleistet wird, als auch solche, die darüber hinausgehen, hat das Krankenversicherungsunternehmen nach den Vorschriften der KVBEVO den nicht nach § 10 Abs. 1 Nr. 3 Buchst. a EStG abziehbaren Beitragsanteil zu ermitteln.
- Enthält ein erstmals nach dem 1.5.2009 für das Neugeschäft angebotener Tarif nur in geringerem Umfang Leistungen, mit denen eine Basisabsicherung gewährleistet wird, und ansonsten Leistungen, die diesem Niveau nicht entsprechen, hat das Krankenversicherungsunternehmen vom geleisteten Beitrag einen Abschlag i. H. von 99 % vorzunehmen. Gleiches gilt, wenn – mit Ausnahme des Basistarifs i. S. des § 12 Abs. 1a VAG – Krankentagegeld oder Krankenhaustagegeld zusammen mit anderen Leistungen in einem Tarif abgesichert ist.
- Die aufgrund der KVBEVO ermittelten Beiträge zur Basisabsicherung sind nach § 10 Abs. 1 Nr. 3 Buchst. a EStG unbegrenzt als Sonderausgaben abziehbar. Die sich nach der KVBEVO ergebenden nicht der Basisabsicherung dienende Beitragsanteile können – ggf. zusammen mit anderen weiteren Vorsorgeaufwendungen – dagegen nur im Rahmen des Höchstbetrags für »sonstige Vorsorgeaufwendungen« von 2800 €/1 900 € nach § 10 Abs. 4 EStG berücksichtigt werden.

BEISPIEL:
A ist privat krankenversicherter Arbeitnehmer und hat für seine Krankenversicherung einen Beitrag i. H. von insgesamt 6 000 € jährlich an seine Krankenversicherung zu leisten. Diese Summe setzt sich zusammen aus einem Beitrag i. H. von 500 € für einen Tarif, der ausschließlich Wahlleistungen abdeckt, und einem Beitrag i. H. von 5 500 € für einen Tarif, der sowohl Leistungen abdeckt, die der Basisabsicherung dienen als auch darüber hinausgehende Leistungen. A erhält von seinem Arbeitgeber jährlich einen steuerfreien Zuschuss i. H. von 3 000 € zu seinem Krankenversicherungsbeitrag.
Der Beitrag i. H. von 5 500 € für einen Tarif, der sowohl Leistungen abdeckt, die der Basisabsicherung dienen, als auch darüber hinausgehende Leistungen, ist durch das Versicherungsunternehmen nach der KVBEVO aufzuteilen. Nach der Aufteilung entfällt auf die Basisabsicherung ein Beitragsanteil i. H. von 4 500 € und auf die Absicherung von Leistungen, die nicht der Basisabsicherung dienen, ein Beitragsanteil i. H. von 1 000 €. Der Beitrag für die Basisabsicherung i. H. von 4 500 € wird um den vom Arbeitgeber steuerfrei gezahlten Zuschuss von 3 000 € in voller Höhe vermindert (vgl. Tz 3.3.6). Es verbleibt danach ein Beitrag i. H. von 1 500 €, der als sonstige Vorsorgeaufwendungen i. S. des § 10 Abs. 1 Nr. 3 EStG (unbegrenzt) zu berücksichtigen ist.
Der nicht der Basisabsicherung dienende Beitragsanteil von 1 000 € kann zusammen mit anderen weiteren Vorsorgeaufwendungen nur im Rahmen des Höchstbetrags von 2 800 €/1 900 € nach § 10 Abs. 4 EStG berücksichtigt werden. Das Gleiche gilt für den Beitrag i. H. von 500 € für den Tarif, der ausschließlich Wahlleistungen abdeckt; eine Aufteilung nach der KVBEVO ist insoweit nicht erforderlich. Diese Beiträge (zusammen 2 000 €) können nur im Rahmen des Höchstbetrags von 2 800 €/1 900 € (vgl. Tz 3.2.4.4) berücksichtigt werden. Es verbleibt aber nach Abzug des auf die Basisabsicherung entfallenden Beitragsanteils von 1 500 € insgesamt ein Abzugsvolumen von nur noch 1 300 €/400 €.

Bestehen **Einwendungen** gegen die von den privaten Krankenversicherungsunternehmen vorgenommene Aufteilung nach der KVBEVO, müssen sich betroffene Steuerpflichtige direkt mit dem Bundeszentralamt für Steuern in Verbindung setzen. Sollten die an die Finanzverwaltung übermittelten Daten unzutreffend sein, muss das Krankenversicherungsunternehmen eine geänderte Datenübermittlung veranlassen. Der Steuerbescheid wird dann vom Finanzamt nach § 175b Abs. 1 AO geändert. Es bestehen allerdings keine grds. Zweifel an der Rechtmäßigkeit der KVBEVO (BFH-Urteil vom 29.11.2017, X R 26/16, BFH/NV 2018 S. 424).

3.3.4.3 Angaben im Vordruck 23–27

eDaten:
Versicherungsunternehmen sind nach Ablauf des Beitragsjahrs verpflichtet, die Höhe der geleisteten und erstatteten Beiträge zu einer inländischen **privaten Krankenversicherung** (Basisabsicherung) und zur inländischen **Pflege-Pflichtversicherung** elektronisch an die Finanzverwaltung zu übermitteln (vgl. Tz 3.2.3.5). Entsprechendes gilt für Dritte (z. B. Künstlersozialkasse, Deutsche Rentenversicherung), die steuerfreien Zuschüsse zu den privaten Kranken- und Pflegeversicherungsbeiträgen des Steuerpflichtigen leisten. Die der Finanzverwaltung vorliegenden eDaten werden automatisch in die Kennzahlen der **Zeilen 23** bis **26** übernommen, sodass Eintragungen in diesen Zeilen – soweit die Daten zutreffend sind – nicht erforderlich sind.

Die eDaten aus der Lohnsteuerbescheinigung zu steuerfreien Arbeitgeberzuschüssen (Nr. 24b und Nr. 24c) werden gesondert über die Kennzahlen den **Zeilen 35** und **36** erfasst; diese werden im Rahmen der Einkommensteuerveranlagung programmgesteuert von den geleisteten Beiträgen abgezogen (vgl. Tz 3.3.6).

Krankenversicherungsbeiträge für **Wahlleistungen** und **Zusatzversicherungen** (z. B. für eine private Zahnzusatzversicherung, Krankenhaustagegeld- oder Auslandskrankenversicherung) sind – nach Abzug steuerfreier Zuschüsse und erstatteter Beiträge – in **Zeile 27** anzugeben. In Zeile 27 sind auch die Beiträge zu einer zusätzlichen **freiwilligen Pflegeversicherung** einzutragen, die über die Beiträge zur gesetzlichen Pflegeversicherung hinaus geleistet werden. Der gesonderte Höchstbetrag von 184 €, der für freiwillige Pflegeversicherungsbeiträge nach der Rechtslage bis 2004 für nach dem 31.12.1957 geborene Personen zu berücksichtigen war, ist seit dem VZ 2020 nicht mehr anzuwenden. Die Beiträge zu Wahlleistungen und Zusatzversicherungen werden insgesamt nur im Rahmen des Abzugsvolumens für »sonstige Vorsorgeaufwendungen« bis zu 2 800 €/1 900 € als Sonderausgaben berücksichtigt (vgl. Tz 3.2.4.4). 27

3.3.5 Ausländische gesetzliche und ausländische private Kranken- und Pflegeversicherung

3.3.5.1 Basisabsicherung

Pflichtbeiträge zu einer **ausländischen** gesetzlichen **Kranken-** und **Pflegeversicherung**, die mit der inländischen gesetzlichen Kranken- und Pflegeversicherung vergleichbar sind, werden grds. in vollem Umfang als Beiträge zur **Basisabsicherung** als Sonderausgaben i. S. des § 10 Abs. 1 Nr. 3 Buchst. a und b EStG berücksichtigt. Dies gilt nur dann nicht, wenn Erkenntnisse vorliegen oder sich im Einzelfall aus der Beitragsbescheinigung eindeutig ergibt, dass im Gesamtbeitrag neben den Pflichtbeiträgen auch zusätzliche Beiträge für Leistungen enthalten sind, die über eine Basisabsicherung hinausgehen (z. B. für Wahlleistungen). Bei einer **Mehrfachversiche-**

rung im Ausland sind Kranken- und Pflegeversicherungsbeiträge – wie bei einer vergleichbaren Versicherung im Inland (vgl. Tz 3.3.4.1) – nur i. H. der existenznotwendigen, für eine Basisabsicherung erforderlichen Aufwendungen (verfassungsrechtlich gebotenes Versorgungsniveau) unbegrenzt als Sonderausgaben abziehbar; Rz 83 des BMF-Schreibens vom 24.5.2017, BStBl I S. 820 ist für Fälle mit Auslandsbezug sinngemäß anzuwenden (siehe auch BFH-Urteil vom 29.11.2017, BStBl 2018 II S. 230).

28–33 Für Träger der ausländischen gesetzlichen Krankenversicherung sowie ausländische private Versicherungsunternehmen besteht keine Verpflichtung zur Übermittlung von eDaten. Die geleisteten und ggf. erstatteten Pflichtbeiträge zu einer **ausländischen** gesetzlichen **Kranken-** und **Pflegeversicherung** sind daher in den **Zeilen 28** bis **33** zu **erklären**. Dabei sind die Beiträge, aus denen sich **kein Anspruch** auf **Krankengeld** ergibt, in den Zeilen 29 und/oder 32 anzugeben; ansonsten wird ein Anspruch auf Krankengeld unterstellt und die in Zeile 28 eingetragenen Beiträge nach § 10 Abs. 1 Nr. 3 Buchst. a Satz 4 EStG pauschal um 4 % gekürzt (vgl. Tz 3.3.3.2).

In den Zeilen 28 bis 33 können auch **Beiträge** an eine **ausländische private Kranken-** und **Pflegeversicherung** geltend gemacht werden. Diese Beiträge sind unter den Abzugsvoraussetzungen des § 10 Abs. 2 Satz 1 Nr. 2 EStG (vgl. Tz 3.2.3.2) ebenfalls in **vollem Umfang** als Sonderausgaben zu berücksichtigen.

Hat der Steuerpflichtige die Höhe der von ihm geleisteten Beiträge in geeigneter Form nachgewiesen (z. B. durch eine Bescheinigung des ausländischen Versicherungsunternehmens oder des Trägers einer ausländischen gesetzlichen Krankenversicherung), werden die nach § 10 Abs. 1 Nr. 3 Buchst. a EStG abziehbaren Beiträge nach den Regelungen der KVBEVO ermittelt (vgl. Tz 3.3.4.2). Beiträge in ausländischer Währung sind nach dem Jahresdurchschnitt der monatlich festgesetzten und im BStBl Teil I veröffentlichten Umsatzsteuer-Umrechnungskurse zu berechnen (Rz 98 des o. a. BMF-Schreibens vom 24.5.2017).

Zur Aufteilung von sog. **Globalbeiträgen** an ausländische Sozialversicherungsträger aus bestimmten EU-/EWR-Staaten im VZ 2025 vgl. Tz 3.3.1.2. Der sich danach für die ausländische Krankenversicherung (**ohne** Krankengeldanteil) und Pflegeversicherung ergebende Teilbetrag des Globalbeitrags kann ebenfalls in den Zeilen 28 bis 33 eingetragen werden. Der Beitragsanteil des Globalbeitrags für das **Krankengeld**, gehört nur zu den beschränkt abziehbaren Sonderausgaben i. S. des § 10 Abs. 1 Nr. 3a EStG und ist daher in **Zeile 33** einzutragen (vgl. Tz 3.3.5.2) und nicht in Zeile 28.

3.3.5.2 Wahlleistungen, Zusatzversicherungen

33 Über die Basisabsicherung hinausgehende Beiträge für **Wahlleistungen** oder **Zusatzversicherungen,** die über eine ausländische gesetzliche oder private Kranken- und Pflegeversicherung abgesichert werden, können nur im Rahmen des Abzugsvolumens für »sonstige Vorsorgeaufwendungen« bis zu 2 800 €/1 900 € als Sonderausgaben berücksichtigt werden (vgl. Tz 3.2.4.4). Die Beiträge (z. B. auch für eine zusätzliche Pflegeversicherung) sind – nach Abzug steuerfreier Zuschüsse und erstatteter Beiträge – in **Zeile 33** einzutragen.

3.3.6 Steuerfreie Arbeitgeberzuschüsse

34–36

> **eDaten:**
> Steuerfreie **Arbeitgeberzuschüsse** zur gesetzlichen und privaten Krankenversicherung sowie zur gesetzlichen Pflegeversicherung werden in der **Lohnsteuerbescheinigung** getrennt unter Nr. 24 a, Nr. 24 b und Nr. 24 c ausgewiesen und vom Arbeitgeber elektronisch an die Finanzverwaltung übermittelt. Durch den getrennten Ausweis wird eine genaue Zuordnung zu den vom Arbeitnehmer geleisteten Beiträgen ermöglicht. Einen entsprechenden steuerfreien Zuschuss des Arbeitgebers erhalten nur Arbeitnehmer, die **nicht krankenversicherungspflichtig** sind (insbesondere, wenn der Bruttoarbeitslohn die maßgebende Beitragsbemessungsgrenze übersteigt) und die entweder **freiwillig** in der **gesetzlichen** Krankenversicherung oder in einer **privaten** Kranken- und Pflegeversicherung versichert sind. Die in der Lohnsteuerbescheinigung ausgewiesenen Beträge werden automatisch in die Kennzahlen der **Zeilen 34** bis **36** übernommen und im Rahmen der Einkommensteuerveranlagung **programmgesteuert** von den geleisteten Beiträgen abgezogen. Personelle Eintragungen sind in diesen Zeilen nicht erforderlich.

Die steuerfreien Arbeitgeberzuschüsse zur Kranken- und Pflegeversicherung stehen **insgesamt** in unmittelbarem wirtschaftlichen Zusammenhang mit den Vorsorgeaufwendungen i. S. des § 10 Abs. 1 Nr. 3 EStG, mindern also in voller Höhe die Beiträge zur **Basiskranken-** und **Pflegepflichtversicherung** (§ 10 Abs. 2 Satz 1 Nr. 1 1. Halbsatz EStG). Eine Aufteilung des steuerfreien Zuschusses auf einen auf die Basisabsicherung und einen auf Wahlleistungen entfallenden Teil ist nicht zulässig (vgl. Tz 3.2.3.1 a. E., Tz 3.3.4.2, Beispiel).

3.3.7 Übernommene Kranken- und Pflegeversicherungsbeiträge

Beiträge zu Kranken- und Pflegeversicherungen können grds. nur vom **Versicherungsnehmer** als Sonderausgaben geltend gemacht werden (vgl. Tz 3.2.2). Vom Steuerpflichtigen als Versicherungsnehmer übernommene Beiträge für bei ihm **mitversicherte Personen** (z. B. Kinder, für die **kein** Anspruch auf Kindergeld oder Kinderfreibetrag besteht), können von ihm als **»eigene«** Beiträge geltend gemacht werden. Auch hier ist zwischen Beiträgen, die der Basisabsicherung dienen, und Beiträgen für Wahlleistungen und Zusatzversicherungen zu unterscheiden. 37–

> **eDaten:**
> Die Versicherungsunternehmen sind verpflichtet, auch die für andere mitversicherte Personen geleisteten und erstatteten Beiträge des **Versicherungsnehmers** zur privaten Basis-Krankenversicherung und zur gesetzlichen Pflege-Pflichtversicherung auf elektronischem Weg an die Finanzverwaltung zu übermitteln (vgl. Tz 3.2.3.5). Die insoweit vorliegenden eDaten werden – nach Abzug steuerfreier Zuschüsse – automatisch in die Kennzahlen der **Zeilen 39** bis **41** übernommen; personelle Eintragungen sind in diesen Zeilen nicht erforderlich.

Damit die von den Versicherungsunternehmen für jede versicherte Person übermittelten Datensätze dem Steuerpflichtigen richtig zugeordnet werden können, müssen in **Zeile 37** die **IdNr.** und in **Zeile 38** die Personendaten (Name, Vorname, Geburtsdatum) der mitversicherten Person angegeben werden.

Beiträge für Wahlleistungen und Zusatzversicherungen können nur im Rahmen des Abzugsvolumens für »sonstige Vorsorgeaufwendungen« bis zu 2 800 €/1 900 € als Sonderausgaben berücksichtigt werden. Die insoweit für andere Personen als Versicherungsnehmer übernommenen Beiträge sind in **Zeile 42** – nach Abzug etwaiger erstatteter Beiträge – zu erklären.

In der Anlage Vorsorgeaufwand können die Angaben nur für eine mitversicherte Person gemacht werden. Für weitere mitversicherte Personen, die die o. g. Voraussetzungen erfüllen, sind dem Finanzamt die entsprechenden Angaben in einer formlosen Anlage mit der Überschrift »Ergänzende Angaben zur Steuererklärung« mitzuteilen. In diesem Fall ist in **Zeile 37** des **Hauptvordrucks ESt 1 A** zur Kennzahl »500« eine »1« einzutragen, damit die Steuererklärung von der automatisierten Verarbeitung ausgeschlossen wird (vgl. Tz 1.11).

> **ELSTER:**
> In ELSTER können bei Bedarf die Eintragungszeilen für die Angaben zu weiteren mitversicherten Personen durch Mausklick hinzugefügt werden. Eine gesonderte Anlage mit ergänzenden Angaben zu weiteren mitversicherten Personen ist dadurch entbehrlich, ebenso ein Eintrag zur Zeile 37.

Sind die o.g. mitversicherten Personen selbst Versicherungsnehmer, kommt eine Berücksichtigung der übernommenen Beiträge nur im Rahmen des Höchstbetrags für **Unterhaltsaufwendungen** nach § 33a Abs. 1 EStG in Betracht. Der nach dieser Vorschrift für den VZ 2025 maßgebende Unterhaltshöchstbetrag von 12 096 € erhöht sich um die für die unterhaltsberechtigte Person geleisteten Beiträge zur Basis-Kranken- und gesetzlichen Pflegeversicherung (vgl. Tz 6.2).

Für steuerlich zu berücksichtigende **Kinder** i.S. des § 32 EStG, die selbst Versicherungsnehmer sind, sind die Angaben zu den im Rahmen der Unterhaltspflicht von den Eltern übernommenen Beiträgen zu Kranken- und Pflegeversicherungen des Kindes in den **Zeilen 27** bis **38** der **Anlage Kind** vorzunehmen (vgl. Tz 9.9). Eine Berücksichtigung dieser Beiträge beim Kind ist dann aber ausgeschlossen. In der Anlage Vorsorgeaufwand des Kindes ist daher in den betreffenden Zeilen für die Beiträge zur Kranken- und Pflegeversicherung eine »**0**« einzutragen, auch wenn es sich um Zeilen mit eDaten handeln sollte.

3.3.8 Weitere sonstige Vorsorgeaufwendungen

3.3.8.1 Allgemeines

43 Weitere **sonstige Vorsorgeaufwendungen** sind nach § 10 Abs. 1 Nr. 3a EStG begünstigt. Hierzu gehören die Beiträge zu

- Versicherungen gegen Arbeitslosigkeit (gesetzliche Beiträge an die Bundesagentur für Arbeit und Beiträge zu privaten Versicherungen),
- Erwerbs- und Berufsunfähigkeitsversicherungen, die nicht Bestandteil einer Versicherung i.S. des § 10 Abs. 1 Nr. 2 Buchst. b EStG (Basisrentenvertrag) sind; dies gilt auch für Beitragsbestandteile einer kapitalbildenden Lebensversicherung i.S. des § 20 Abs. 1 Nr. 6 EStG, die bei der Ermittlung des stpfl. Ertrags nicht abgezogen werden dürfen,
- Unfallversicherungen, wenn es sich nicht um eine Unfallversicherung mit garantierter Beitragsrückzahlung handelt, die insgesamt als Rentenversicherung oder Kapitalversicherung behandelt wird,
- Haftpflichtversicherungen,
- Lebensversicherungen, die nur für den Todesfall eine Leistung vorsehen (Risikolebensversicherung),
- Rentenversicherungen und Kapitallebensversicherungen mit einem Laufzeitbeginn und erster Beitragszahlung vor dem 1.1.2005.

Die geleisteten Beiträge werden nur im Rahmen des Abzugsvolumens für »sonstige Vorsorgeaufwendungen« bis zu 2 800 €/1 900 € berücksichtigt (vgl. Tz 3.2.4.4). Es ist darauf zu achten, dass die in den **Zeilen 44** bis **48** eingetragenen Beiträge um etwaige steuerfreie Zuschüsse und erstattete Beiträge bereits gekürzt sind.

> **ELSTER:**
> Für die Einzeleingabe von sonstigen Vorsorgeaufwendungen i.S. des § 10 Abs. 1 Nr. 3a EStG in den Zeilen 44 bis 48 können in ELSTER bei Bedarf durch Mausklick weitere Eintragungszeilen hinzugefügt werden. Auch in ELSTER ist darauf zu achten, dass die zu erfassenden Versicherungsbeiträge um steuerfreie Zuschüsse und erstattete Beiträge gekürzt sind. Die erfassten Einzelbeträge werden automatisch aufaddiert.

Die **Verfassungsmäßigkeit** des beschränkten Abzugs von sonstigen Vorsorgeaufwendungen nach der Rechtslage ab dem VZ 2010 hat der BFH zuletzt mit Urteil vom 9.9.2015, BStBl II S. 1043 bestätigt. Die gegen dieses Urteil eingelegte Verfassungsbeschwerde wurde mit Beschluss des BVerfG vom 21.9.2017, 2 BvR 2445/15 nicht zur Entscheidung angenommen.

3.3.8.2 Arbeitslosenversicherungen 43–44

> **eDaten:**
> An die Bundesagentur für Arbeit geleistete **Arbeitnehmerbeiträge** zur **gesetzlichen Arbeitslosenversicherung** sind in der Lohnsteuerbescheinigung unter Nr. 27 ausgewiesen und werden vom Arbeitgeber elektronisch an die Finanzverwaltung übermittelt. Die vorliegenden eDaten werden automatisch in die Kennzahlen »370/470« der **Zeile 43** übernommen, sodass personelle Eintragungen in dieser Zeile nicht erforderlich sind.

Beiträge zu eigenen **freiwilligen** Versicherungen gegen **Arbeitslosigkeit**, die nicht auf einer Lohnsteuerbescheinigung enthalten sind, können in **Zeile 44** eingetragen werden. Entsprechendes gilt für Beiträge zur Arbeitslosenversicherung eines **ausländischen** Arbeitgebers, die dieser für den Arbeitnehmer an den inländischen Sozialversicherungsträger abführt.

Zur geklärten Frage der Verfassungsmäßigkeit des beschränkten Abzugs von sonstigen Vorsorgeaufwendungen i.S. des § 10 Abs. 1 Nr. 3a EStG nach der Rechtslage ab dem VZ 2010 vgl. Tz 3.3.8.1 a.E.

3.3.8.3 Erwerbs- und Berufsunfähigkeitsversicherungen

Beiträge zu freiwilligen **eigenständigen Erwerbs**- und **Berufsunfähigkeitsversicherungen** können in **Zeile 45** geltend gemacht werden, wenn kein zertifizierter »Basisrentenvertrag-Erwerbsminderung« vorliegt. Liegt ein zertifizierter »Basisrentenvertrag-Erwerbsminderung« vor, werden die Beiträge aus den der Finanzverwaltung vom Anbieter übermittelten eDaten in die Kennzahlen 303/404 der **Zeile 8** automatisch übernommen (vgl. Tz 3.3.1.6); in Zeile 45 sind in diesem Fall keine Eintragungen vorzunehmen. 45

3.3.8.4 Unfall- und Haftpflichtversicherungen

In **Zeile 46** können Beiträge für eine **private Unfallversicherung** oder **Haftpflichtversicherung** geltend gemacht werden. 46

Aufwendungen für eine freiwillige **Unfallversicherung**, die das Unfallrisiko sowohl im **beruflichen** als auch im **privaten** Bereich abdeckt, sind bezüglich des beruflichen Teils Werbungskosten oder Betriebsausgaben und bezüglich des privaten Teils Sonderausgaben. Die notwendige Aufteilung des Gesamtbeitrags richtet sich danach, welcher Anteil des Gesamtbeitrags das berufliche Unfallrisiko abdeckt. Fehlen derartige Angaben des Versicherungsunternehmens, bestehen nach dem BMF-Schreiben vom 28.10.2009 (BStBl I S. 1275) keine Bedenken, die Anteile auf **jeweils 50 %** des Gesamtbeitrags zu schätzen (vgl. Tz 11.18.3.29 unter »Versicherungsbeiträge«).

Beiträge für eine **Haftpflichtversicherung** sind Sonderausgaben, sofern sie nicht zu den Betriebsausgaben oder Werbungskosten gehören, wie dies z.B. bei Beiträgen zu einer Berufs- oder Gebäudehaftpflichtversicherung der Fall ist. Als Sonderausgaben können danach insbesondere Beiträge für die private persönliche Haftpflichtversicherung berücksichtigt werden, aber auch z.B. Aufwendungen für die Haftpflichtversicherung für einen Hund. Aufwendungen für eine **Kfz-Haftpflichtversicherung** können als Sonderausgaben geltend gemacht werden, soweit sie auf die private Nutzung des Kraftfahrzeugs entfallen. Beiträge für eine Voll- oder Teilkaskoversicherung gehören nicht zu den abzugsfähigen Sonderausgaben.

Wird ein **Kraftfahrzeug** teils für berufliche (betriebliche) und teils für private Zwecke benutzt, so gehört der Teil der Aufwendungen für die Kraftfahrzeug-Haftpflichtversicherung zu den Sonderausgaben, der dem Anteil der privaten Nutzung des Kraftfahrzeugs entspricht. **Arbeitnehmer**, die als Werbungskosten für Fahrten zwischen Wohnung und erster Tätigkeitsstätte oder für Familienheimfahrten im Rahmen der doppelten Haushaltsführung mit eigenem Kraftfahrzeug die **Entfernungspauschale** geltend machen, können die Beiträge für die Kfz-Haftpflichtversicherung aus Vereinfachungsgründen in voller Höhe (jedoch abzgl. Schadensfreiheitsrabatt und Rückvergütungen des Versicherungsunternehmens) als Sonderausgaben ansetzen (vgl. R 10.5 Satz 2 EStR).

3.3.8.5 Risikoversicherungen

46 Beiträge zu **Risikoversicherungen**, die nur für den Todesfall eine Leistung vorsehen (z. B. Risikolebensversicherung , ggf. kombiniert mit einer Berufs- oder Erwerbsunfähigkeitsversicherung), sind – neben den Beiträgen zu Unfall- und Haftpflichtversicherungen – ebenfalls in **Zeile 46** einzutragen. Hierunter fallen auch Beiträge zu **Witwen-**, **Waisen-** und **Sterbekassen** oder zu einer **Sterbegeldversicherung**.

3.3.8.6 »Alte« Renten- und Kapitallebensversicherungen

47–48 Bei **Renten-** und **Kapitallebensversicherungen** mit Vertragsbeginn **nach** dem **31.12.2004** ist sowohl der Sonderausgabenabzug als auch die Steuerfreistellung der Erträge weggefallen. Beiträge zu »alten« Kapitallebensversicherungen und zu Rentenversicherungen mit Kapitalwahlrecht sind aber noch dann als sonstige Vorsorgeaufwendungen im Rahmen des Höchstbetrags von 2 800 €/1 900 € als Sonderausgaben zu berücksichtigen, wenn die Laufzeit der Versicherung **vor dem 1.1.2005** begonnen hat und mindestens ein Versicherungsbeitrag bis zum 31.12.2004 entrichtet wurde (§ 10 Abs. 1 Nr. 3a EStG). Die Eintragung der Beiträge in den **Zeilen 47** und **48** bestimmt sich danach, ob die Versicherung **mit** oder **ohne Kapitalwahlrecht** abgeschlossen wurde.

Zu den in den Zeilen 47 und 48 einzutragenden Renten- und Lebensversicherungen gehören auch stpfl. Beiträge zu **Versorgungs-** und **Pensionskassen**, **Ausbildungs-** und **Aussteuerversicherungen**, **Erbschaftsteuerversicherungen** sowie **Unfallversicherungen** mit **Prämienrückgewähr**.

Erbringt der Arbeitgeber für seinen Arbeitnehmer Zukunftssicherungsleistungen (z. B. an **Zusatzversorgungskassen** oder an die **Versorgungsanstalt** des Bundes und der Länder – **VBL**), die zulasten des Arbeitnehmers besteuert worden sind, so sind diese in **Zeile 48** einzutragen. **Nicht** als Sonderausgaben begünstigt sind jedoch solche Aufwendungen, die vom Arbeitgeber **steuerfrei** gezahlt oder **pauschal** besteuert worden sind. Vom Arbeitnehmer geleistete **Eigenanteile** zu den Zusatzversorgungskassen oder an die VBL können ebenfalls in **Zeile 48** geltend gemacht werden.

Für die Berücksichtigung der in den Zeilen 48 und 48 bezeichneten Renten- und Lebensversicherungen gelten neben den im Erklärungsvordruck genannten Voraussetzungen (u. a. Laufzeitbeginn und erste Beitragszahlung vor dem 1.1.2005, Laufzeit von mindestens 12 Jahren) außerdem die Regelungen in § 10 Abs. 1 Nr. 2 Satz 2 bis 6 und Abs. 2 Satz 2 EStG in der am 31.12.2004 geltenden Fassung weiter (Rz 124 des BMF-Schreibens vom 24.5.2017, BStBl I S. 820). Dies bedeutet insbesondere, dass die Beiträge zu Rentenversicherungen mit Kapitalwahlrecht und Kapitallebensversicherungen (lt. Zeile 47) nur i. H. von **88 %** als Vorsorgeaufwendungen berücksichtigt werden können. Diese **Abzugsbegrenzung** wird bei der Einkommensteuerveranlagung programmgesteuert berücksichtigt. In **Zeile 47** sind daher die geleisteten Beiträge in ungekürzter Höhe anzugeben.

Soweit es sich bei Versicherungsbeiträgen um **vermögenswirksame Leistungen** handelt, für die ein Anspruch auf eine **Arbeitnehmer-Sparzulage** besteht, ist ein Sonderausgabenabzug ausgeschlossen. **Fondsgebundene Lebensversicherungen** und von anderen Personen abgeschlossene, entgeltlich erworbene (»gebrauchte«) Lebensversicherungen sind ebenfalls nicht als Sonderausgaben begünstigt.

Beiträge zu Renten- und Kapitalversicherungen i. S. der Zeilen 47 und 48 sind vom Sonderausgabenabzug zudem ausgeschlossen, wenn die Ansprüche aus den Versicherungsverträgen während deren Dauer im Erlebensfall der Tilgung oder Sicherung eines **Darlehens** dienen, dessen Finanzierungskosten Betriebsausgaben oder Werbungskosten sind. Dieses Abzugsverbot gilt jedoch nicht, wenn

- das Darlehen unmittelbar und ausschließlich der Finanzierung von Anschaffungs- oder Herstellungskosten eines Wirtschaftsguts dient, das dauernd zur Erzielung von Einkünften bestimmt und keine Forderung ist, und die ganz oder z. T. zur Tilgung oder Sicherung verwendeten Ansprüche aus Versicherungsverträgen die mit dem Darlehen finanzierten Anschaffungs- oder Herstellungskosten nicht übersteigen, oder
- die Ansprüche aus Versicherungsverträgen insgesamt nicht länger als drei Jahre der Sicherung betrieblich veranlasster Darlehen dienen; in diesen Fällen können die Versicherungsbeiträge in den VZ nicht als Sonderausgaben abgezogen werden, in denen die Ansprüche aus Versicherungsverträgen der Sicherung des Darlehens dienen.

Es ist unschädlich, wenn die vorbezeichneten Voraussetzungen bei Darlehen oder bei zur Tilgung oder Sicherung verwendeten Ansprüchen aus Versicherungsverträgen jeweils insgesamt für einen Teilbetrag, bis zu **2 556 €** nicht erfüllt sind (§ 10 Abs. 2 Satz 2 EStG a. F.).

Aufgrund der Ausnahmen vom Abzugsverbot ist die Abtretung von Lebensversicherungsansprüchen zur Sicherung eines Darlehens z. B. unschädlich, wenn das Darlehen der Anschaffung oder Herstellung von Anlagegütern bei den Gewinneinkünften oder der Anschaffung oder Herstellung von Gebäuden zur Vermietung dient. Die Abtretung von Lebensversicherungsansprüchen zur Sicherung von Krediten wegen Anschaffung oder Herstellung eigengenutzten Wohneigentums berührt den Sonderausgabenabzug der Versicherungsbeiträge und die Steuerfreiheit der Versicherungserträge ebenfalls nicht, denn diese Finanzierungskosten sind nicht als Werbungskosten, sondern in Altfällen allenfalls wie Sonderausgaben abzugsfähig (vgl. Tz 27 unter Erläuterungen zur Anlage FW). Dient das gesicherte Darlehen der Finanzierung von Umlaufvermögen oder von laufenden Betriebskosten (z. B. Löhne oder Renovierungsaufwendungen), sind die Versicherungsbeiträge nicht als Sonderausgaben abzugsfähig.

3.3.8.7 Nicht abzugsfähige Versicherungen

Beiträge zu **Sachversicherungen** (z. B. Hausrat-, Feuer-, Wasser- oder Diebstahlversicherung) sind **keine** als Sonderausgaben abzugsfähigen Versicherungsbeiträge. Versicherungsbeiträge zu **Sachversicherungen** von **Betriebsvermögen** sind aber Betriebsausgaben. Beiträge zu **Hausversicherungen** können Werbungskosten bei den Einkünften aus Vermietung und Verpachtung sein (vgl. Tz 24.12.1. unter Erläuterungen zur Anlage V). Beiträge zu Sachversicherungen anlässlich von **Urlaubsreisen** (z. B. Reisegepäckversicherung, Reiserücktrittsversicherung) sind weder Sonderausgaben noch Werbungskosten; dagegen zählen für die Urlaubsdauer abgeschlossene Auslandskrankenversicherungen und zusätzliche Unfall- oder Haftpflichtversicherungen anlässlich von Urlaubsreisen zu den abziehbaren Sonderausgaben; die Beiträge zu solchen Zusatzversicherungen können als »weitere sonstige Vorsorgeaufwendungen« in den Zeilen 22, 27, 33 und 42 geltend gemacht werden.

Nicht als Sonderausgaben können die Kosten für eine **Rechtsschutzversicherung** berücksichtigt werden. Beiträge zu Rechtsschutzversicherungen können aber u. U. Betriebsausgaben oder Werbungskosten sein, wenn die Versicherung im Rahmen eines Betriebs oder im Zusammenhang mit der Berufstätigkeit des Steuerpflichtigen abgeschlossen wird. Ein Abzug als Betriebsausgaben oder Werbungskosten lässt sich dann rechtfertigen, wenn nach der Sachlage des Einzelfalles angenommen werden kann, dass die Kosten (insbesondere für Rechtsverfolgung oder Rechtsverteidigung), von denen der Versicherte durch die Rechtsschutzversicherung befreit wird, im Nichtversicherungsfall Betriebsausgaben oder Werbungskosten darstellen würden. Die Prämie für eine kombinierte **Familien-** und **Verkehrsrechtsschutzversicherung** kann aufgeteilt werden, wenn der Versicherer bescheinigt, welcher Anteil der Gesamtprämie auf den beruflichen Versicherungsschutz entfällt (BFH-Urteil vom 31.1.1997, VI R 97/94, BFH/NV 1997 S. 346). Bei reinen **Automobil-Rechtsschutzversicherungen** für Kraftfahrzeuge, die nicht nur betrieblich, sondern auch privat genutzt werden, ist es vertretbar, die Beiträge in dem gleichen Verhältnis in Betriebsausgaben und nicht abzugsfähige Ausgaben der privaten Lebensführung aufzuteilen wie die übrigen Kosten der Kraftfahrzeughaltung. Der Anteil der Versicherungsprämie der auf die Wege zwischen Wohnung und erster Tätigkeitsstätte entfällt, ist jedoch durch die **Entfernungspauschale** abgegolten (vgl. Tz 11.12.9).

3.3.9 Ergänzende Angaben zu den Vorsorgeaufwendungen

3.3.9.1 Allgemeines

Bei den Vorsorgeaufwendungen gelten unterschiedliche Höchstbeträge. Dabei wird bei bestimmten Personengruppen der Höchstbetrag für die Altersversorgung gekürzt, wenn eine Anwartschaft auf eine Altersversorgung besteht (vgl. Tz 3.2.4.3). Für Personen mit Anspruch auf steuerfreie Leistungen zur Kranken- und Pflegeversicherung gilt für sonstige Vorsorgeaufwendungen ein verminderter Höchstbetrag von 1 900 € (vgl. Tz 3.2.4.4).

–55 Die Abfragen in den **Zeilen 49** bis **55** dienen dazu den von den o. a. Kürzungen betroffenem Personenkreis näher einzugrenzen. Bei zusammen veranlagten Ehegatten/Lebenspartnern sind die entsprechenden Angaben in diesen Zeilen jeweils in gesonderten Eintragungsspalten (»Ehemann/Person A«, »Ehefrau/Person B«) vorzunehmen.

3.3.9.2 Anspruch auf steuerfreie Leistungen

9 Für sonstige Vorsorgeaufwendungen i. S. des § 10 Abs. 1 Nr. 3a EStG gilt ein **Höchstbetrag** von **2 800 €/1 900 €**, sofern dieser nicht bereits durch Beiträge zur Basiskrankenversicherung und zur gesetzlichen Pflegeversicherung ausgeschöpft ist. Der Höchstbetrag von 2 800 € kommt nur dann zur Anwendung, wenn der Steuerpflichtige seine Krankenversicherungsbeiträge oder Krankheitskosten alleine getragen hat. Erhält der Steuerpflichtige steuerfreie Zuschüsse, steuerfreie Arbeitgeberbeiträge oder steuerfreie Beihilfen zu seinen Krankenversicherungsbeiträgen oder Krankheitskosten, beträgt der Höchstbetrag für sonstige Vorsorgeaufwendungen nur 1 900 € (vgl. Tz 3.3.2.1).

In **Zeile 49** wird danach gefragt, ob zur Krankenversicherung oder den Krankheitskosten ein Anspruch auf steuerfreie Zuschüsse, steuerfreie Arbeitgeberbeiträge oder steuerfreie Beihilfen bestand. Diese Frage ist nur dann zu beantworten (mit »2 = Nein« zu den Kennzahlen »307/407«), wenn – abweichend vom Grundfall – **kein Anspruch** auf entsprechende steuerfreie Leistungen bestand und deshalb der Höchstbetrag von 2 800 € zur Anwendung kommt. Insbesondere **Selbständige**, die ihre Kranken- und Pflegeversicherungsbeiträge ohne Beitragszuschüsse von dritter Seite alleine tragen, beantworten die Frage in Zeile 49 mit »Nein«. Ist der nicht berufstätige oder nur geringfügig beschäftigte Ehegatte/Lebenspartner eines privat versicherten Arbeitnehmers freiwillig gesetzlich krankenversichert, beantwortet dieser die Frage ebenfalls mit »Nein«.

Steuerpflichtige, die für mindestens einen Teil des Jahres oder bei mehreren Einkünften für mindestens eine Einkunftsquelle einen **Anspruch** auf entsprechende **steuerfreie Leistungen** haben, brauchen in Zeile 49 **keine** ergänzenden Angaben zu machen. Das Vorliegen dieses **Grundfalles** wird von der Finanzverwaltung unterstellt. Dies gilt auch für einen nicht erwerbstätigen Ehegatten/Lebenspartner, wenn für seine Krankheitskosten der andere Ehegatte/Lebenspartner einen Anspruch auf **steuerfreie Beihilfen** hat (BFH-Urteil vom 23.1.2013, BStBl II S. 608).

3.3.9.3 Angaben zum Höchstbetrag für die Altersversorgung

Der **Höchstbetrag** für die **Altersversorgung** (VZ 2025: 29 344 €/ 50–55
58 688 €) wird bei Arbeitnehmern, die während des ganzen oder eines Teils des Kj. nicht rentenversicherungspflichtig waren und ohne eigene Aufwendungen aufgrund der Beschäftigung eine Anwartschaft auf eine Altersversorgung erhalten, um einen **fiktiven Gesamtbeitrag** zur **gesetzlichen Rentenversicherung** gekürzt (vgl. Tz 3.2.4.3). Dies betrifft insbesondere

- in einem Beamtenverhältnis beschäftigte Personen,
- Berufs- und Zeitsoldaten,
- Geistliche und andere Personen mit beamtenähnlichen Versorgungsansprüchen,
- Personen, die Werkspensionen und Altersrenten beziehen,
- Personen, die Altersbezüge beziehen, weiter beschäftigt sind und nicht auf die Rentenversicherungsfreiheit verzichtet haben,
- Vorstandsmitglieder von Aktiengesellschaften und Gesellschafter-Geschäftsführer einer GmbH, die nicht in der gesetzlichen Rentenversicherung versichert sind.

In den **Zeilen 50** bis **54** sind nur von den v. g. Arbeitnehmern ergänzende Angaben zu ihren Vorsorgeaufwendungen zu machen, bei zusammen veranlagten Ehegatten/Lebenspartnern jeweils in getrennten Eintragungsspalten für »Steuerpflichtige Person/Ehemann/Person A« und »Ehefrau/Person B«, wenn beide Ehegatten/Lebenspartner zu dem v. g. Personenkreis gehören. In **Zeile 54** ist insbesondere mit »1 = Ja« oder »2 = Nein« anzugeben, ob aufgrund des nicht der Rentenversicherungspflicht unterliegenden Dienstverhältnisses oder der Tätigkeit eine **Anwartschaft** auf **Altersversorgung** bestand.

Arbeitnehmer, die Altersvorsorgebeiträge in ein **berufsständisches Versorgungswerk** eingezahlt haben und deshalb von der gesetzlichen Rentenversicherungspflicht befreit sind, gehören **nicht** zu dem Personenkreis, bei denen der Höchstbetrag für die Altersversorgung gekürzt wird. Bei dem berufsständischen Versorgungswerk handelt es sich um ein auf öffentlich-rechtlicher Grundlage beruhendes Ersatzsystem zur gesetzlichen Rentenversicherung. Diese Personen müssen daher in den Zeilen 52 bis 54 **keine** Angaben machen.

In **Zeile 55** können sich Steuerpflichtige (z. B. Frührentner, die eine Betriebsrente erhalten) erklären, die aus einem **nicht aktiven** Dienstverhältnis Arbeitslohn bezogen haben, bei dem es sich aber nicht um steuerbegünstigte Versorgungsbezüge (Zeilen 11 bis 16 der Anlage N) handelt. Bei **Altersteilzeit** ist in Zeile 55 **keine** Eintragung vorzunehmen.

4. Anlage AV 2025 – Altersvorsorgebeiträge als Sonderausgaben

4.1 Vorbemerkungen

Der Aufbau einer freiwilligen privaten Altersvorsorge oder betrieblichen Altersversorgung wird durch die sog. **Riester-Rente** gefördert. Für geleistete Altersvorsorgebeiträge zu einem zertifizierten Altersvorsorgevertrag (§ 82 EStG) kann zunächst beim Anbieter (Versicherungsunternehmen, Bank, Investmentfonds) eine **Altersvorsorgezulage** (Grundzulage und ggf. Kinderzulage) beantragt werden (§§ 83 bis 90a EStG). Darüber hinaus kann mit der **Anlage AV** ein zusätzlicher **Sonderausgabenabzug** geltend gemacht werden (§ 10a EStG). Die gleichen staatlichen Förderungen werden auch für Beiträge gewährt, die unschädlich zum Bau oder Erwerb von selbst genutzen Wohnimmobilien eingesetzt werden können (sog. »**Wohn-Riester**« oder »**Eigenheimrente**«); vgl. Tz 4.3.5.

Haben **Ehegatten/Lebenspartner** jeweils eigene Altersvorsorgeverträge abgeschlossen und gehören beide zum unmittelbar begünstigten Personenkreis (vgl. Tz 4.4.6), können die notwendigen Angaben zur Ermittlung des zusätzlichen Sonderausgabenabzugsbetrags in einer gemeinsamen Anlage AV (in getrennten Spalten für »stpfl. Person/Ehemann/Person A« und »Ehefrau/Person B«) gemacht werden. Hat nur einer von beiden mindestens einen Riester-Vertrag, dann muss nur diese Person die Anlage AV ausfüllen.

Die Anbieter von Altersvorsorgeverträgen sind nach Maßgabe des § 93c AO verpflichtet, die Höhe der zu berücksichtigenden Altersvorsorgebeiträge **elektronisch** an die Finanzverwaltung zu übermitteln (vgl. Tz 4.4.5); eine Einwilligung des Förderberechtigten zur Datenübermittlung ist nicht erforderlich. Mit der Abgabe der Anlage AV wird automatisch für alle übermittelten Altersvorsorgebeiträge der zusätzliche Sonderausgabenabzug geltend gemacht; Angaben zur Höhe der geleisteten Altersvorsorgebeiträge sind **nicht** erforderlich (vgl. Tz 4.4.4). Soll für einzelne Altersvorsorgeverträge der zusätzliche Sonderausgabenabzug ausgeschlossen werden, ist dies in den Zeilen 21 bis 30 gesondert anzugeben (vgl. Tz 4.4.12).

Es besteht die Möglichkeit, bereits beim Antrag auf Altersvorsorgezulage gegenüber dem Anbieter für den jeweiligen Vertrag zu erklären, dass man für die geleisteten Altersvorsorgebeiträge den zusätzlichen Sonderausgabenabzug nach § 10a EStG nicht geltend machen will (§ 10 Abs. 4 AltvDV). In diesem Fall übermittelt der Anbieter zu dem Altersvorsorgevertrag keine Daten an die Finanzverwaltung; zum Widerruf dieser Erklärung vgl. Tz 4.4.13.

Die späteren Leistungen aus den steuerlich geförderten Altersvorsorgebeiträgen unterliegen in **vollem Umfang** der **nachgelagerten Besteuerung**, soweit sie auf staatlich gefördertem Altersvorsorgevermögen beruhen (vgl. Tz 18.1).

4.2 Rechtsentwicklung

Der **EuGH** hat es mit Urteil vom 10.9.2009 (C-269/07) nicht mit EU-Recht als vereinbar angesehen, dass die Vorschriften zur Riester-Rente (§§ 79 bis 99 EStG) bisher Sparer mit **Auslandsbezug** weitestgehend von der staatlichen Förderung ausschließen. Im Rahmen des Gesetzes zur Umsetzung steuerlicher EU-Vorgaben vom 8.4.2010 (BStBl I S. 334) wurden daraufhin die bestehenden Regelungen zur Förderung der Riester-Rente wie folgt nachgebessert:

- **Grenzgängern** und deren Ehegatten/Lebenspartnern wird eine Altersvorsorgezulage gewährt, auch wenn sie in Deutschland **nicht** unbeschränkt stpfl. sind. Die in einer ausländischen gesetzlichen Rentenversicherung Pflichtversicherten gehören aber nur noch dann zum begünstigten Personenkreis, wenn die Pflichtmitgliedschaft **vor** dem 1.1.2010 begründet und der Riester-Vertrag **vor** diesem Zeitpunkt abgeschlossen wurde. Wurde die ausländische Pflichtmitgliedschaft erst ab dem 1.1.2010 begründet, besteht **kein** Anspruch auf die Riester-Förderung (BFH-Urteil vom 24.8.2016, X R 11/15, BFH/NV 2017 S. 300); der Ausschluss ausländischer Pflichtversicherter von der Altersvorsorgezulage verstößt nach Ansicht des BFH weder gegen Verfassungsrecht noch gegen EU-Recht;
- das geförderte Kapital kann auch für die Anschaffung oder Herstellung einer zu eigenen Wohnzwecken dienenden Wohnung oder eines selbst genutzten Hauses im **EU-/EWR-Ausland** verwendet werden;
- die Altersvorsorgezulage ist bei Beendigung der unbeschränkten Steuerpflicht im Falle des Wegzugs des Förderberechtigten in das EU-/EWR-Ausland **nicht** mehr zurückzuzahlen;

Ab dem VZ 2014 sind durch das Altersvorsorge-Verbesserungsgesetz vom 24.6.2013 (BGBl I S. 1667) weitere Änderungen in Kraft getreten:

- Bei der Eigenheimrente wurde die **Entnahmemöglichkeit** von angespartem Kapital zur Anschaffung, Herstellung oder dem altersgerechten Umbau einer selbst genutzten Immobilie verbessert (vgl. Tz 4.3.5).
- Riester-Verträge können nun auch gegen den Eintritt der **verminderten Erwerbsfähigkeit** und **Berufsunfähigkeit** abgesichert werden. Im Altersvorsorgeverträge-Zertifizierungsgesetz wurde zudem die Ausgestaltung der **genossenschaftlichen Anlageprodukte** verbessert (vgl. Tz 4.3.3).
- Es wurde ein standardisiertes **Produktinformationsblatt** eingeführt. Der Anbieter von Riesterrenten-Verträgen muss verschiedene Muster-Produktinformationsblätter im Internet für den Kunden bereitstellen, damit sich dieser bereits vor Vertragsabschluss über das von ihm ins Auge gefasste Anlageprodukt informieren kann. Hierdurch soll dem Verbraucher in gebündelter, leicht verständlicher und standardisierter Form ein Vergleich bei den steuerlich begünstigten Anlageprodukten ermöglicht werden. Kommt es zum Abschluss eines entsprechenden Vorsorgevertrags, muss der Anleger außerdem ein individuelles Produktinformationsblatt erhalten. Neben den Leistungen, Garantien und Kosten muss dieses den prognostizierten Vertragsverlauf auf der Grundlage der vom Verbraucher geplanten Einzahlungen und Dauer bis zum Beginn der Auszahlungsphase abbilden. Näheres zum Inhalt und zur Form des Produktinformationsblattes regelt § 13 der Altersvorsorge-Produktinformationsblattverordnung sowie das BMF-Schreiben vom 14.3.2019, BStBl I S. 240.

Im Rahmen des Betriebsrentenstärkungsgesetzes vom 17.8.2017 (BStBl I S. 1278) wurde ab dem Beitragsjahr 2018 die jährliche **Grundzulage** von 154 € auf **175 €** angehoben (vgl. Tz 4.3.1). Um die volle Zulage zu erhalten, muss ein Steuerpflichtiger weiterhin mindestens 4 % seiner Einkünfte in einen Riester-Vertrag oder Wohn-Riester-Vertrag einzahlen (vgl. Tz 4.3.3). Der für Altersvorsorgebeiträge geltende zusätzliche Sonderausgaben-Höchstbetrag wurde nicht erhöht; er beträgt unverändert jährlich 2 100 € (vgl. Tz 4.4.1).

Daneben wurden mit dem Betriebsrentenstärkungsgesetz ab dem VZ 2018 die gesetzlichen Rahmenbedingungen für die Riester-Rente in der Auszahlungsphase verbessert:

- **Kleinbetragsrenten**, die der Versicherer zu Beginn der Auszahlungsphase durch eine Einmalzahlung abfinden kann, können ermäßigt besteuert werden (§§ 22 Nr. 5 Satz 13, 93 Abs. 3 EStG).
- Leistungen aus einer Riester-Rente, die innerhalb einer betrieblichen Altersversorgung abgeschlossen wurde, sind in der Auszahlungsphase **nicht** mehr in der gesetzlichen Krankenversicherung **beitragspflichtig**.
- Für Personen, die im Alter auf die **Grundsicherung** angewiesen sind, wird die Riester-Rente **nicht** mehr voll auf die gesetzliche Rente **angerechnet**; es gilt insoweit ein Grundfreibetrag von 100 € und darüber hinaus bis 202 € ein anrechnungsfreier Betrag von 30 % der 100 € übersteigenden Beträge.

Um unbillige Härten im Rahmen der Riester-Förderung durch den »**Brexit**« zu verhindern, sieht das Brexit-Steuerbegleitgesetz vom

25.3.2019, BGBl 2019 I S. 357 Ausnahmen von der Annahme einer förderschädlichen Verwendung des Altersvorsorgekapitals vor, die allein der Austritt des Vereinigten Königreichs **Großbritanniens** aus der EU auslöst. So müssen infolge des »Brexits« von den bisher Förderberechtigten in Altfällen (= Vertragsabschluss und Wohnsitz oder gewöhnlicher Aufenthalt im Vereinigten Königreich Großbritannien und Nordirland vor dem Brexit-Referendum am 23.6.2016) die gewährten Altersvorsorgezulagen und Steuerermäßigungen nach § 10a EStG nicht zurückgezahlt werden (§ 95 Abs. 1 Satz 2 EStG). In Altfällen kann das angesparte Altersvorsorgekapital weiter förderunschädlich für eine im Vereinigten Königreich Großbritannien und Nordirland belegene Wohnung wohnwirtschaftlich verwendet werden (§ 92a Abs. 1 Satz 5 EStG). Die Möglichkeit der förderunschädlichen Kapitalübertragung bei Tod des Förderberechtigten bleibt in den o. g. Altfällen erhalten, in denen die Ehegatten/Lebenspartner ihren Wohnsitz oder gewöhnlichen Aufenthalt im Vereinigten Königreich hatten (§ 93 Abs. 1 Satz 4 Buchst. c EStG).

Im Rahmen des JStG 2022 vom 16.12.2022 (BGBl I S. 2294) wurde der Kreis der **unmittelbar** begünstigten **Personen** ab dem Beitragsjahr 2023 um Steuerpflichtige erweitert, die **Kindererziehungszeiten** nach § 56 SGB VI in der inländischen gesetzlichen Rentenversicherung nur aufgrund eines fehlenden oder eines noch nicht beschiedenen Antrags bislang nicht angerechnet bekommen haben (vgl. Tz 4.4.6).

Die vom Anbieter mitgeteilten Voraussetzungen für die Zulage und den zusätzlichen Sonderausgabenabzug nach § 10a EStG werden im Wege des **automatisierten Datenabgleichs** zwischen der ZfA und den Finanzämtern überprüft (§ 91 EStG). Bis einschließlich Kj. 2023 haben die Finanzämter die Besteuerungsgrundlagen für den zusätzlichen Sonderausgabenabzug nach § 10a EStG jedoch eigenständig ermittelt und waren nicht an Entscheidungen der ZfA gebunden. Ab dem Beitragsjahr 2024 sind die von der ZfA für die **Altersvorsorgezulage** gesondert festgesetzten **Besteuerungsgrundlagen** nun für die Finanzämter **bindend** (§ 91 Abs. 1 Satz 4 EStG) und von diesen ungeprüft für den Sonderausgabenabzug nach § 10a EStG zu übernehmen. Sofern allerdings eine Zulagenfestsetzung durch die ZfA nicht erfolgen kann (z. B. weil der Zulageberechtigte überhaupt keine Zulage oder die Zulage nicht fristgerecht beantragt hat oder die Frist des § 90 Abs. 3 Satz 1 EStG bereits abgelaufen ist), haben die Finanzämter auch weiterhin eine eigene Prüfkompetenz (Rn 303 des BMF-Schreibens vom 5.10.2023, BStBl I S. 1726).

Auch kann der Altersvorsorge-Eigenheimbetrag (vgl. Tz 4.3.5) ab 1.1.2024 für Aufwendungen für energetische Maßnahmen i. S. des § 35c Abs. 1 Satz 3 EStG bei einer selbst genutzten Wohnung in Anspruch genommen werden.

Die Finanzverwaltung hat sein **Anwendungsschreiben** zur steuerlichen Förderung der privaten Altersvorsorge aktualisiert (BMF-Schreiben vom 5.10.2023, BStBl I S. 1726). Das Schreiben ist grds. auf alle offenen Fälle anzuwenden (siehe Anwendungsregelung im Einleitungstext).

4.3 Altersvorsorgezulage

4.3.1 Höhe

4 Für die Altersvorsorgebeiträge kann beim Anbieter (§ 80 EStG) eine **Altersvorsorgezulage** (§§ 83 bis 90a EStG) beantragt werden, die sich aus der **Grundzulage** und ggf. der **Kinderzulage** zusammensetzt. Die Grundzulage beläuft sich auf jährlich **175 €**. Die Kinderzulage für jedes Kind, für das dem Zulageberechtigten Kindergeld für mindestens einen Zahlungszeitraum im Jahr ausgezahlt wird, beträgt jährlich **185 €**. Für ein nach dem 31.12.2007 geborenes Kind erhöht sich die Kinderzulage auf **300 €**.

4.3.2 Berufseinsteiger-Bonus

Um Riester-Verträge für **Berufseinsteiger** interessanter zu machen, erhalten Zulageberechtigte, die zu Beginn des Beitragsjahrs das 25. Lebensjahr noch nicht vollendet haben, für das erste Beitragsjahr **einmalig** eine um bis zu 200 € erhöhte Grundzulage (sog. **Berufseinsteiger-Bonus**). Der Berufseinsteiger-Bonus muss nicht gesondert beantragt werden, sondern wird im Rahmen des Antrags auf Altersvorsorgezulage automatisch gewährt.

Für die Berechnung des Mindesteigenbeitrags (vgl. Tz 4.3.3) ist in dem ersten Beitragsjahr, in dem die Voraussetzungen für die Gewährung des Erhöhungsbetrags vorliegen, die erhöhte Grundzulage zu berücksichtigen. Erbringt der Zulageberechtigte nicht den erforderlichen Mindesteigenbeitrag (§ 86 Abs. 1 EStG), erfolgt eine entsprechende Kürzung der Altersvorsorgezulage und damit auch des in der erhöhten Grundzulage enthaltenen einmalig zu gewährenden Erhöhungsbetrags. Es besteht keine Nachholungsmöglichkeit des gekürzten Erhöhungsbetrags in späteren Beitragsjahren (Rn 46 des BMF-Schreibens vom 5.10.2023, BStBl I S. 1726).

Der Berufseinsteiger-Bonus wird demgegenüber bei der Ermittlung des Zulageanspruchs im Rahmen der **Günstigerprüfung** für den zusätzlichen Sonderausgabenabzug **nicht** berücksichtigt (§ 10a Abs. 1 Satz 5 EStG). Er wird auch nicht bei der Berechnung des Mindesteigenbeitrags angesetzt.

BEISPIEL:

Der unmittelbar Zulageberechtigte Z hat im VZ 2025 sein 25. Lebensjahr noch nicht vollendet. Für seinen in 2025 neu abgeschlossenen Altersvorsorgevertrag beantragt er sowohl die Altersvorsorgezulage als auch den zusätzlichen Sonderausgabenabzug nach § 10a EStG. Z hat im Jahr 2025 Altersvorsorgebeiträge in Höhe von 66 € geleistet. Seine beitragspflichtigen Einnahmen des Vorjahres betrugen 14 946 €.

Die Altersvorsorgezulage berechnet sich für das erste Beitragsjahr 2025 unter Einbezug des Berufseinsteiger-Bonus wie folgt:

beitragspflichtige Einnahmen	14 946,00 €
hiervon 4 % maximal 2 100 €	597,84 €
abzgl. erhöhte Grundzulage	./. 375,00 €
Mindesteigenbeitrag	222,84 €
tatsächlich geleistet	66,00 €

Da Z nicht den erforderlichen Mindesteigenbeitrag geleistet hat, wird die Altersvorsorgezulage auf 29,62 % (66,00 € : 222,84 € × 100) gekürzt. Für das Beitragsjahr 2025 beträgt die Altersvorsorgezulage somit aufgerundet **112 €** (375,00 € × 29,62 %). Eine Nachholung des Erhöhungsbetrags in späteren Beitragsjahren ist nicht möglich.

Bei der Berechnung der nach § 10a EStG abzugsfähigen Sonderausgaben ist Berufseinsteiger-Bonus dagegen nicht zu berücksichtigen:

beitragspflichtige Einnahmen	14 946,00 €
hiervon 4 % maximal 2 100 €	597,84 €
abzgl. Grundzulage (ohne Berufseinsteiger-Bonus)	./. 175,00 €
Mindesteigenbeitrag	422,84 €
tatsächlich geleistet	66,00 €

Der Zulageanspruch wird vom Finanzamt bei der Einkommensteuerveranlagung auf 15,61 % (66,00 € : 422,84 € × 100) gekürzt. Als Sonderausgaben sind abziehbar:

geleistete Altersvorsorgebeiträge	66,00 €
zzgl. Zulageanspruch (ohne Berufseinsteiger-Bonus) aufgerundet: 175,00 € × 15,61 %	+ 28,00 €
als Sonderausgaben nach § 10a EStG abziehbar	**94,00 €**

Ist der Sonderausgabenabzug für Z günstiger als der Anspruch auf die Zulage, erhöht sich die unter Berücksichtigung des Sonderausgabenabzugs nach § 10a EStG ermittelte tarifliche ESt um 28 € (Anspruch auf Zulage **ohne** Berufseinsteiger-Bonus).

4.3.3 Mindesteigenbeitrag

Die Altersvorsorgezulage wird nur dann in voller Höhe gezahlt, wenn der Zulageberechtigte selbst die in § 86 EStG bestimmten **Mindesteigenbeiträge** leistet. Die Grund- und Kinderzulage werden

gekürzt, wenn die Einzahlungen des Steuerpflichtigen auf den Altersvorsorgevertrag nicht den Mindesteigenbeitrag erreichen (vgl. Tz 4.3.2, Beispiel). Der Mindesteigenbeitrag beträgt 4 % der maßgebenden Einnahmen, maximal 2 100 € abzgl. der Altersvorsorgezulage. Als **Sockelbetrag** sind jährlich aber mindestens 60 € zu leisten (§ 86 Abs. 1 Satz 4 EStG).

Wird die Zulage gekürzt, weil der Zulageberechtigte nicht den erforderlichen Mindesteigenbeitrag geleistet hat, wird auch der Berufseinsteiger-Bonus im gleichen Verhältnis wie die Zulage gekürzt (vgl. Tz 4.3.2).

4.3.4 Antrag auf Altersvorsorgezulage

Die Vordruckmuster für den **Antrag** auf **Altersvorsorgezulage** mit Erläuterungen werden jährlich im BStBl Teil I veröffentlicht. Ein bereits vorausgefülltes Antragsformular wird im Regelfall vom Anbieter des Altersvorsorgevertrags zur Verfügung gestellt. Dieses Formular ist vom Förderberechtigten ggf. nur um abweichende Daten zu ergänzen und unterschrieben beim Anbieter wieder einzureichen. Der Anbieter leitet die Antragsdaten vierteljährlich auf elektronischem Weg an die ZfA (Deutsche Rentenversicherung Bund) weiter. Der Antrag kann auch als **Dauerzulagenantrag** abgegeben werden, der den Anbieter des Altersvorsorgevertrages bevollmächtigt, die Zulage für den Zulageberechtigten für jedes Beitragsjahr erneut zu beantragen (§ 89 Abs. 1a EStG).

4.3.5 Eigenheimrente

Das geförderte Altersvorsorgekapital kann für den Erwerb oder den Bau **selbst genutzter Wohnimmobilien** eingesetzt werden (sog. »**Wohn-Riester**« oder »**Eigenheimrente**«). Es bestehen folgende förderunschädliche **Entnahmemöglichkeiten**:

- Das Altersvorsorgevermögen kann **jederzeit** für die **Umschuldung** eines für die Anschaffung oder Herstellung der Wohnimmobilie aufgenommenen **Darlehens** entnommen werden (§ 92a Abs. 1 Satz 1 Nr. 1 EStG). Dabei muss jedoch ein unmittelbarer zeitlicher Zusammenhang zwischen der Auszahlung des geförderten Kapitals und der Darlehenstilgung bestehen (BFH-Urteil vom 16.2.2022 – X R 26/20, BStBl II S. 611). Die Verwaltung (ZfA) akzeptiert eine unmittelbare Verwendung zur Darlehenstilgung innerhalb von 6 Monaten vor der Antragstellung bei der ZfA und innerhalb von bis zu 12 Monaten nach der Auszahlung des Altersvorsorgekapitals (Rn 258 des BMF-Schreibens vom 5.10.2023, BStBl I S. 1726). Weiterhin hat der BFH entschieden, dass die Tilgung eines von dem **Ehegatten** des Zulageberechtigten **aufgenommenen Darlehens keine** nach § 92a Abs. 1 Satz 1 Nr. 1 EStG **begünstigte** wohnwirtschaftliche **Verwendung** darstellt (BFH-Urteil vom 2.4.2025 – X R 6/22, juris).
- Für die Entnahme des angesparten geförderte Altersvermögen bestehen grds. keine Beschränkungen. Bei einer teilweisen Entnahme zu wohnwirtschaftlichen Zwecken muss aber ein **Restkapital** von 3 000 € auf dem Altersvorsorgevertrag verbleiben.
- Eine förderunschädliche Entnahme ist auch für die Finanzierung eines **altersgerechten Umbaus** oder der **energetischen Sanierung** der eigenen Wohnung möglich. Zu den dabei zu beachtenden Rahmenbedingungen siehe Rn 265 ff. des o. a. BMF-Schreibens vom 5.10.2023. Eine Mehrfachförderung (z. B. Berücksichtigung als außergewöhnliche Belastung, Steuerermäßigung nach § 35a EStG – haushaltsnaher Aufwand –, Steuerermäßigung nach § 35c EStG – energetische Gebäudesanierung – oder Inanspruchnahme von KfW-Leistungen) ist jedoch ausgeschlossen.
- Der Zulageberechtigte kann, wenn er die selbst genutzte **Wohnimmobilie wechselt**, die Förderung mitnehmen, indem er einen Betrag in Höhe des Wohnförderkontos (s. u.) in die neue selbst genutzte Wohnimmobilie investiert. Die Reinvestition muss dabei innerhalb von zwei Jahren vor und fünf Jahren nach Ablauf des VZ, in dem er die frühere Wohnung letztmals selbst nutzt, erfolgt sein.

Neben den **laufenden Beiträgen** sind auch **Tilgungsleistungen** zugunsten zertifizierter **Darlehensverträge** begünstigt, wenn die zugrunde liegenden Darlehen für die Finanzierung einer selbst genutzten Wohnimmobilie eingesetzt werden. Eine unmittelbare Selbstnutzung der Wohnimmobilie wird auch dann angenommen, wenn die Selbstnutzung durch den Zulageberechtigten spätestens innerhalb eines Jahres nach Ablauf des VZ aufgenommen wird, in dem die Darlehensauszahlung erfolgt (vgl. Rn 281 und 282 des o. a. BMF-Schreibens vom 5.10.2023). Wird die Selbstnutzung nicht innerhalb der genannten Fristen aufgenommen, ist der Vertrag rückwirkend wie ein nicht zertifizierter Vertrag zu behandeln. Ggf. auf Sparleistungen beruhende Erträge unterliegen (nachträglich) nach den allgemeinen Grundsätzen der Abgeltungsteuer (vgl. Rn 283 des o. a. BMF-Schreibens vom 5.10.2023).

Neben reinen **Darlehensverträgen** können auch **Bausparverträge** und vorfinanzierte Bausparverträge als zertifizierte Altersvorsorgeverträge abgeschlossen werden. Auch der Erwerb von **Genossenschaftsanteilen** wird gefördert, wenn man in der betreffenden Genossenschaft wohnt. Welches förderfähige Vertragsmodell vorliegt, ist für den Sonderausgabenabzug nach § 10a EStG grds. unmaßgeblich. Auch in Bezug auf »Wohn-Riesterverträge« wird von Amts wegen eine Günstigerprüfung zwischen dem Sonderausgabenabzug und dem Anspruch auf die Altersvorsorgezulage durchgeführt (vgl. Tz 4.4.2).

Das im Wohneigentum gebundene steuerlich geförderte **Altersvorsorgekapital** wird über ein besonderes vertragsbezogenes **Wohnförderkonto** erfasst. Das Wohnförderkonto dient als Grundlage für die spätere nachgelagerte Besteuerung der entnommenen Beträge in der (fiktiven) Auszahlungsphase. Als Ausgleich für die vorzeitige Nutzung des Altersvorsorgekapitals und zur Gleichstellung mit anderen Riester-Produkten wird der in das Wohnförderkonto eingestellte Betrag in der Ansparphase zwar jährlich weiter um **2 %** erhöht. Die **nachgelagerte Besteuerung** des Wohnförderkontos kann aber wahlweise während der gesamten Auszahlungsphase mit einem Abschlag von 30 % oder ratierlich über einen Zeitraum von 17 bis 25 Jahren zwischen dem vollendeten 60. und dem vollendeten 85. Lebensjahr erfolgen.

Das Wohnförderkonto wird ausschließlich von der **zentralen Stelle** (Deutsche Rentenversicherung Bund) und nicht mehr vom Anbieter geführt; die Anbieter haben dafür gegenüber der zentralen Stelle Informationspflichten. Der Zulageberechtigte hat die Verwendung geförderten Kapitals bei der zentralen Stelle spätestens **10 Monate** vor Beginn der Auszahlungsphase zu beantragen. Weitere Einzelheiten zum Wohnförderkonto ergeben sich aus Rn 169 bis 189 des o. a. BMF-Schreibens vom 5.10.2023.

Der Anbieter des Altersvorsorgevertrags muss die Höhe der zu berücksichtigenden Beiträge unter Angabe der Vertragsdaten, der IdNr. und der Zulage- oder Sozialversicherungsnummer **elektronisch** an die Finanzverwaltung **übermitteln** (vgl. Tz 4.4.5). Das gilt auch für »Wohn-Riesterverträge«.

4.3.6 Schädliche Verwendung

Wird das zur Altersvorsorge angesparte Kapital nicht als lebenslange Rente bzw. im Rahmen eines Auszahlungsplans mit Restkapitalverrentung ausgezahlt oder nicht im zulässigen Rahmen für die Bildung von **Wohneigentum** (Eigenheimrente, Wohn-Riester) verwendet, liegt grds. eine **schädliche Verwendung** vor (§ 93 EStG). In diesem Fall müssen die gewährten Altersvorsorgezulagen und die ggf. über den Sonderausgabenabzug gewährten Steuervorteile zurückgezahlt werden. Die Beendigung der unbeschränkten Steuerpflicht durch Wegzug in ein Land außerhalb der EU/EWR führt ebenfalls grds. zu einer Rückzahlung der steuerlichen Förderung (§ 95 Abs. 1 EStG); zu den Folgen des »Brexits« auf die Riester-Förderung vgl. Tz 4.2 a. E.

Erträge, die aus einer schädlichen Verwendung von gefördertem Altersvorsorgevermögen zufließen, stellen – wie die Leistungen aus Altersvorsorgeverträgen – sonstige Einkünfte i. S. des § 22 Nr. 5 EStG dar (vgl. Tz 18.1).

4.4 Zusätzlicher Sonderausgabenabzug

4.4.1 Höchstbeträge

Nach § 10a EStG sind geleistete Altersvorsorgebeiträge zzgl. der dafür zustehenden Zulage **bis zu 2 100 €** neben den Höchstbeträgen für Vorsorgeaufwendungen nach § 10 Abs. 3 und 4 EStG als Sonderausgaben **abziehbar**, wenn der Sonderausgabenabzug günstiger ist als der Anspruch auf Altersvorsorgezulage. Der zusätzliche Sonderausgaben-Höchstbetrag von 2 100 € gilt für den einzelnen Steuerpflichtigen. Er kann auch bei der Zusammenveranlagung von Ehegatten/Lebenspartnern nur dann zweimal abgezogen werden, wenn beide Ehegatten/Lebenspartner zu den unmittelbar begünstigten Personen gehören und beide entsprechend hohe Altersvorsorgebeiträge für eigene begünstigte Verträge geleistet haben.

Gehört ein Ehegatten/Lebenspartner zum unmittelbar begünstigten Personenkreis (vgl. Tz 4.4.6) und ist der andere Ehegatte/Lebenspartner nur mittelbar begünstigt (vgl. Tz 4.4.8), erhöht sich der Höchstbetrag von 2 100 € um 60 € auf **2 160 €**. Beim Abzugsbetrag werden vorrangig die von dem unmittelbar begünstigten Ehegatten/Lebenspartner geleisteten Altersvorsorgebeiträge berücksichtigt, aber auch mindestens 60 € der von dem mittelbar begünstigten Ehegatten/Lebenspartner geleisteten Beiträge (§ 10a Abs. 3 Satz 3 und 4 EStG). Darüber hinausgehende Altersvorsorgebeiträge des mittelbar begünstigten Ehegatten/Lebenspartners werden nur berücksichtigt, soweit der dem unmittelbar begünstigten Ehegatten/Lebenspartner zustehende Höchstbetrag von 2 100 € noch nicht ausgeschöpft ist.

4.4.2 Günstigerprüfung

Ein Sonderausgabenabzug wird nach § 10a Abs. 1 EStG nur gewährt, wenn er für den Steuerpflichtigen einkommensteuerlich **günstiger** ist als der Anspruch auf Altersvorsorgezulage nach Abschnitt XI EStG (§ 10a Abs. 2 Satz 1 und 2 EStG). Bei der Veranlagung zur ESt wird diese **Günstigerprüfung** von Amts wegen vorgenommen.

Im Rahmen der Günstigerprüfung werden grds. alle Altersvorsorgeverträge einbezogen, für die der Anbieter Daten elektronisch übermittelt hat. Der Steuerpflichtige kann allerdings für einzelne Verträge den zusätzlichen Sonderausgabenabzug ausschließen (vgl. Tz 4.4.12).

Kommt das Finanzamt bei der Günstigerprüfung zum Ergebnis, dass der Steuervorteil aufgrund des Sonderausgabenabzugs höher ist als der Anspruch auf die Altersvorsorgezulage, wird die nach erfolgtem Sonderausgabenabzug festgesetzte ESt um den Zulageanspruch erhöht, damit **keine Doppelförderung** eintritt (§ 10a Abs. 2 Satz 1 EStG). Durch diese Hinzurechnung wird erreicht, dass im Rahmen der Einkommensteuerveranlagung nur die über den Zulageanspruch hinausgehende Steuerermäßigung gewährt wird. Diese wird dem Steuerpflichtigen mit dem Einkommensteuerbescheid vom Finanzamt ausgezahlt bzw. mit Steuerrückständen verrechnet. Dagegen bleibt die von der zentralen Stelle (Deutsche Rentenversicherung Bund) gewährte Zulage auf dem begünstigten Anlage-/Wohnförderkonto oder im Rahmen der begünstigten betrieblichen Altersversorgung grds. bis zur Auszahlung der Versorgungsleistungen gebunden.

Die Reihenfolge der erforderlichen Rechenschritte, um von der tariflichen ESt zu der festzusetzenden ESt zu gelangen, ist in § 2 Abs. 6 Satz 1 EStG festgeschrieben. Danach ist die tarifliche ESt zunächst u. a. um Steuerermäßigungen zu vermindern und erst dann um die in dieser Vorschrift benannten Steuern zu erhöhen. § 2 Abs. 6 Satz 2 EStG regelt weiter, dass für die Ermittlung der festzusetzenden ESt der Anspruch auf Zulage nach Abschnitt XI des EStG der tariflichen ESt hinzuzurechnen ist, wenn der Gesamtbetrag der Einkünfte in den Fällen des § 10a Abs. 2 EStG um Sonderausgaben nach § 10a Abs. 1 EStG gemindert wurde. Diese Berechnungsreihenfolge zur Durchführung der Günstigerprüfung hat der BFH mit Urteil vom 9.4.2025 (X R 11/21, juris) bestätigt. Das FG Schleswig-Holstein als Vorinstanz war noch unter Anwendung des Grundsatzes der **Meistbegünstigung** der Ansicht, dass die Günstigerprüfung zwischen der Berücksichtigung der Altersvorsorgeaufwendungen und des Altersvorsorgezulageanspruchs **vor** dem Abzug der Steuerermäßigung nach § 35a EStG durchzuführen sei (Urteil vom 12.5.2021, 5 K 18/19, EFG 2021 S. 1454).

Bei **Ehegatten/Lebenspartnern** gilt für die Günstigerprüfung Folgendes (vgl. Rn 107 bis 113 des BMF-Schreibens vom 5.10.2023, BStBl I S. 1726):

- Ist nur ein Ehegatten/Lebenspartner unmittelbar begünstigt und hat der andere Ehegatte/Lebenspartner keinen Altersvorsorgevertrag abgeschlossen, wird die Steuerermäßigung für die von dem berechtigten Ehegatten/Lebenspartner geleisteten Altersvorsorgebeiträge berechnet und nur mit **seinem Zulageanspruch** verglichen.
- Haben beide unmittelbar begünstigten Ehegatten/Lebenspartner Altersvorsorgebeiträge geleistet, wird die Steuerermäßigung aus der **Summe** der für jeden Ehegatten/Lebenspartner anzusetzenden Aufwendungen berechnet und mit dem den Ehegatten/Lebenspartnern **insgesamt** zustehenden **Zulageanspruch** verglichen. Auch wenn nur für die von einem Ehegatten/Lebenspartner geleisteten Altersvorsorgebeiträge ein zusätzlicher Sonderausgabenabzug nach § 10a Abs. 1 EStG beantragt wird, wird bei der Ermittlung der über den Zulageanspruch hinausgehenden Steuerermäßigung die beiden Ehegatten/Lebenspartnern zustehende Zulage berücksichtigt (§ 10a Abs. 3 Satz 5 EStG).
- Ist nur ein Ehegatte/Lebenspartner **unmittelbar** begünstigt und hat der andere Ehegatte/Lebenspartner einen Anspruch auf Altersvorsorgezulage aufgrund seiner **mittelbaren** Zulageberechtigung (vgl. Tz 4.4.8), wird die Steuerermäßigung ebenfalls für die von beiden Ehegatten/Lebenspartnern geleisteten Altersvorsorgebeiträge einschließlich der hierfür zustehenden Zulagen berechnet und mit dem den Ehegatten/Lebenspartnern insgesamt zustehenden Zulageanspruch verglichen.
- Im Fall der **Einzelveranlagung** von Ehegatten/Lebenspartnern erfolgt die Günstigerprüfung getrennt für jeden Ehegatten/Lebenspartner; es wird dabei nur der dem jeweiligen Ehegatten/Lebenspartner zustehende Zulageanspruch angesetzt.

Die über den Zulageanspruch hinausgehende Steuerermäßigung aufgrund des zusätzlichen Sonderausgabenabzugs wird durch das Finanzamt **gesondert festgestellt** und der zentralen Stelle mitgeteilt (§ 10a Abs. 4 EStG). Wirkt sich eine Änderung der Einkommensteuerfestsetzung auf die Höhe der Steuerermäßigung aus, ist die Feststellung nach § 10a Abs. 4 Satz 1 i. V. mit § 10d Abs. 4 Satz 4 EStG ebenfalls zu ändern. Die gesonderte Feststellung der gewährten Steuerermäßigung hat in den Fällen Bedeutung, in denen der Steuerpflichtige später schädlich über einen Altersvorsorgevertrag verfügt, indem er z. B. den Vertrag kündigt und sich das Guthaben auszahlen lässt. In Fällen **schädlicher Verwendung** von gefördertem Altersvorsorgevermögen sind – neben den gewährten Zulagen – auch die vom Finanzamt gesondert festgestellten Steuerermäßigungen zurückzuzahlen (Rn 218 bis 226 des o. a. BMF-Schreibens vom 5.10.2023).

4.4.3 Abziehbare Beiträge

Als Sonderausgaben nach § 10a EStG sind die im Beitragsjahr geleisteten **Altersvorsorgebeiträge** i. S. des § 82 EStG abziehbar. Hierzu gehören insbesondere die zugunsten eines auf den Namen des Steuerpflichtigen lautenden zertifizierten **Altersvorsorgevertrags** geleisteten privaten Altersvorsorgebeiträge. Die Zertifizierung nach dem Altersvorsorge-Zertifizierungsgesetz ist dabei Grundlagenbescheid i. S. des § 171 Abs. 10 AO. Zinsen und Erträge, die lediglich dem Altersvorsorgevertrag gutgeschrieben werden, sind keine begünstigten Altersvorsorgebeiträge i. S. des § 82 EStG (BFH-Urteil vom 8.7.2015, BStBl 2016 II S. 525).

Ein Riester-Rentenvertrag kann auch zum Erwerb von Anteilen an **Wohnungsgenossenschaften** abgeschlossen werden, wenn damit eine lebenslange Verminderung des monatlichen Nutzungsentgelts für eine vom Vertragspartner selbst genutzte Genossenschaftswohnung vorgesehen ist. Zudem besteht die Möglichkeit, den Vertrag steuerlich gefördert gegen den Eintritt der verminderten **Erwerbsfähigkeit** und **Berufsunfähigkeit** abzusichern.

Begünstigt sind auch **Tilgungsleistungen**, die der Zulageberechtigte zugunsten eines auf seinen Namen lautenden **Eigenheimrentenvertrags** leistet (vgl. Tz 4.3.5). Zu den Altersvorsorgebeiträgen gehören darüber hinaus auch die **individuell** besteuerten (nicht: pauschal versteuerten oder steuerfreien) Beiträge zum Aufbau einer kapitalgedeckten **betrieblichen Altersversorgung** an einen Pensionsfonds, eine Pensionskasse oder eine Direktversicherung (§ 82 Abs. 2 EStG). Die Höhe der zu berücksichtigenden Altersvorsorgebeiträge wird von den Anbietern entsprechender Altersvorsorgeverträge oder Eigenheimrentenverträge elektronisch übermittelt (vgl. Tz 4.4.5).

Zu den geleisteten Altersvorsorgebeiträgen wird die dem Steuerpflichtigen zustehende **Altersvorsorgezulage** (Grund- und Kinderzulage) hinzugerechnet, sodass die geleisteten eigenen Beiträge entsprechend niedriger sein können, um den Sonderausgaben-Höchstbetrag von 2 100 € voll auszuschöpfen. Den Erhöhungsbetrag für die Altersvorsorgezulage berechnet das Finanzamt eigenständig. Hat der Zulageberechtigte nicht den erforderlichen Mindesteigenbeitrag geleistet, wird die Zulage anteilig gekürzt (vgl. Tz 4.3.3).

4.4.4 Antragstellung

vor 4 Der Sonderausgabenabzug nach § 10 a EStG setzt grds. voraus, dass der Steuerpflichtige die **Anlage AV** zur Einkommensteuererklärung abgibt (FG Hessen vom 28.1.2019, 9 K 1382/18, EFG 2019 S. 751 – rkr.). Mit der Abgabe der Anlage AV wird automatisch für **alle** vom Anbieter elektronisch übermittelten **Altersvorsorgebeiträge** der zusätzliche Sonderausgabenabzug nach § 10 a EStG geltend gemacht (Hinweis vor Zeile 4). Da die Daten zu den im Beitragsjahr geleisteten Altersvorsorgebeiträgen den Finanzbehörden vorliegen, sind dazu in der Anlage AV keine Angaben erforderlich. Die Angaben in den Zeilen 4 bis 20 der Anlage AV werden zur Ermittlung des Sonderausgabenabzugs nach § 10 a EStG benötigt und sind daher auszufüllen.

Für die Inanspruchnahme des Sonderausgabenabzugs nach § 10 a EStG hat der Steuerpflichtige ein **Wahlrecht**. Dieses Wahlrecht muss nach Ansicht des BFH nicht zwingend durch Abgabe der Anlage AV zur Einkommensteuererklärung ausgeübt, sondern kann auch **formlos** geltend gemacht werden. Die Änderung eines bestandskräftigen Einkommensteuerbescheids kommt jedoch nicht in Betracht, wenn der Steuerpflichtige den Sonderausgabenabzug nach § 10 a EStG erstmals nach Eintritt der materiellen Bestandskraft begehrt (BFH-Urteil vom 19.1.2022, BStBl II S. 617). Des Weiteren hat das FG Hessen entschieden, dass das Wahlrecht auf Inanspruchnahme des Sonderausgabenabzugs gem. § 10 a EStG nicht durch die (ursprüngliche) Einwilligung eines Steuerpflichtigen in die Datenübermittlung des Anbieters an die Finanzverwaltung (Wegfall der Notwendigkeit einer Einwilligung seit 1.1.2019) ausgeübt wird. Dies gelte auch für die Datenübermittlung des Anbieters nach § 10 a Abs. 5 Satz 1 EStG i.V. mit § 93 c AO (vgl. Tz 4.4.5). Auch aus der Fiktionswirkung des § 150 Abs. 7 Satz 2 AO und aus § 10 Abs. 4 AltvDV ergäbe sich nichts anderes (vgl. FG Hessen vom 19.9.2024, 10 K 932/22, EFG 2025 S. 82 bis 85 – Revision eingelegt, Az. beim BFH: X R 28/24).

Leistet der Zulageberechtigte Altersvorsorgebeiträge zugunsten **mehrerer Verträge**, so wird die Altersvorsorgezulage höchstens für **zwei Verträge** gewährt (§ 87 EStG). Für den Sonderausgabenabzug nach § 10 a Abs. 1 EStG besteht dagegen **keine Begrenzung** der Anzahl der zu berücksichtigenden Verträge. Der Steuerpflichtige kann im Rahmen des Sonderausgaben-Höchstbetrags von 2 100 € auch Altersvorsorgebeiträge für Verträge geltend machen, für die keine Zulage beantragt wurde oder aufgrund des § 87 EStG keine Zulage gewährt wird. In dem Umfang, in dem eine Berücksichtigung nach § 10 a EStG erfolgt, gelten die Beiträge als steuerlich gefördert.

Hat ein Steuerpflichtiger mehrere Riester-Verträge und möchte er für einzelne Verträge den zusätzlichen Sonderausgabenabzug ausschließen, muss er auf Seite 2 der Anlage AV die Vertragsdaten zu diesen Verträgen angeben (vgl. Tz 4.4.12). Möchte der Steuerpflichtige für alle seine Riester-Verträge auf den zusätzlichen Sonderausgabenabzug verzichten, dann braucht er lediglich die Anlage AV **nicht** abzugeben. Der Steuerpflichtige kann bereits bei seinem Antrag auf Altersvorsorgezulage gegenüber dem Anbieter erklären, dass er für die Altersvorsorgebeiträge keinen zusätzlichen Sonderausgabenabzug nach § 10 a EStG geltend machen wird (§ 10 Abs. 4 AltvDV); zum Widerruf dieser Erklärung vgl. Tz 4.4.13.

4.4.5 Datenübermittlung

Der Anbieter des Altersvorsorgevertrages ist als mitteilungspflichtige Stelle i. S. des § 93 c AO verpflichtet, die Höhe der im Beitragsjahr geleisteten Altersvorsorgebeiträge unter Angabe der Vertragsdaten, der IdNr. und der Zulage- oder Sozialversicherungsnummer auf **elektronischem Weg** an die ZfA zu übermitteln (§ 10 a Abs. 5 Satz 1 EStG). Eine schriftliche Einwilligung des Steuerpflichtigen und/oder seines Ehegatten/Lebenspartners zur Datenübermittlung ist nicht erforderlich. Die Verarbeitung personenbezogener Daten durch die Finanzverwaltung ist auch ohne Einwilligung des Steuerpflichtigen rechtmäßig, wenn sie für die Wahrnehmung einer im öffentlichen Interesse liegenden Aufgabe erforderlich ist (Art. 6 Abs. 1 Unterabsatz 1 Buchst. e der EU-Verordnung 2016/679). Der Anbieter muss die Daten bis **Ende Februar** des dem Beitragsjahr folgenden Kj. übermitteln (§ 93 c Abs. 1 Nr. 1 AO). Die Daten stehen somit rechtzeitig vor dem »Veranlagungsstart« des jeweiligen VZ zur Verfügung. Die Datenübermittlung erfolgt auch dann, wenn im Fall der mittelbaren Zulageberechtigung zu einem Altersvorsorgevertrag keine Altersvorsorgebeiträge geleistet worden sind.

Der Anbieter hat den Steuerpflichtigen darüber zu informieren, welche für seine Besteuerung relevanten Daten er an die Finanzbehörden übermittelt hat. Konnte der Anbieter die Daten bis Ende Februar des Folgejahres nicht rechtzeitig übermitteln (z. B. aus technischen Gründen), so kann dieser dem Steuerpflichtigen ersatzweise eine **Bescheinigung** über die geleisteten Altersvorsorgebeiträge und die Vertragsdaten ausstellen (siehe das mit BMF-Schreiben vom 18.8.2011, BStBl I S. 788 bekannt gegebene Vordruckmuster). Diese Bescheinigung ist dann zusammen mit der Anlage AV beim Finanzamt auf elektronischem Weg oder in Kopie einzureichen (vgl. Vorbemerkungen Tz 14.1). Der Anbieter muss aber dennoch die Datenübermittlung später nachholen (Rn 95 des BMF-Schreibens vom 5.10.2023, BStBl I S. 1726). Bei fristgerechter Datenübermittlung hat der Anbieter keine solche Bescheinigungspflicht, selbst wenn dem Finanzamt im Zeitpunkt der Veranlagung die erforderlichen Daten für den Sonderausgabenabzug (noch) nicht vorliegen sollten.

4.4.6 Unmittelbar begünstigte Personen

In **Zeile 4** ist durch Eintragung des Werts »**1** = Ja« bei den Kennzahlen »106/306« anzugeben, ob eine **unmittelbare Begünstigung** für den zusätzlichen Sonderausgabenabzug nach § 10 a EStG vorliegt. Bei zusammen veranlagten **Ehegatten/Lebenspartnern** ist von beiden die Art der Begünstigung (unmittelbar/mittelbar) in gesonderten Eintragungsspalten für »Steuerpflichtige Person/Ehemann/ Person A« bzw. »Ehefrau/Person B« anzugeben, wenn für jeden der Ehegatten/Lebenspartner mindestens ein Riester-Vertrag vorliegt. Hat nur einer der Ehegatten/Lebenspartner mindestens einen Riester-Vertrag, muss nur diese Person Angaben zur Art der Begünstigung machen.

Unmittelbar begünstigt sind Personen, die im Beitragsjahr 2025 – zumindest zeitweise – in der inländischen **gesetzlichen Rentenversicherung** pflichtversichert waren (Rn 2 bis 24 des BMF-Schreibens vom 5.10.2023, BStBl I S. 1726). Eine Pflichtversicherung in der gesetzlichen Rentenversicherung in früheren Jahren reicht nicht aus, einen Anspruch auf den Sonderausgabenabzug nach § 10 a EStG zu begründen (BFH-Urteile vom 29.7.2015, BStBl 2016 II S. 18 und vom 8.8.2018, X R 37/17, BFH/NV 2019 S. 199; siehe auch Rn 26 des o. a. BMF-Schreibens vom 5.10.2023).

Zu den in der inländischen gesetzlichen Rentenversicherung pflichtversicherten Personen gehören insbesondere

- Arbeitnehmer in einem versicherungspflichtigen Beschäftigungsverhältnis bei einem privaten, öffentlichen oder kirchlichen Arbeitgeber,
- Selbständige (z. B. Lehrer und Erzieher, Hebammen, Künstler, Handwerker und Hausgewerbetreibende sowie Selbständige mit einem Auftraggeber) bei bestehender Versicherungspflicht in der inländischen gesetzlichen Rentenversicherung (dies hat der Rentenversicherungsträger dem Betroffenen mitgeteilt),
- Kindererziehende für die ersten 36 Kalendermonate nach dem Monat der Geburt (sog. Kindererziehungszeiten),
- Personen, die einen Pflegebedürftigen mit mindestens Pflegegrad 2 nicht erwerbsmäßig wenigstens 10 Stunden wöchentlich in seiner häuslichen Umgebung pflegen (sog. Pflegepersonen),
- Bezieher von Entgeltersatzleistungen (z. B. Kranken- oder Arbeitslosengeld) oder sog. Arbeitslosengeld II,

- Bezieher von Vorruhestandsgeld,
- geringfügig Beschäftigte, die nicht von der Versicherungspflicht in der inländischen gesetzlichen Rentenversicherung befreit wurden (die Versicherungspflicht bedeutet, dass der pauschale Arbeitgeberbeitrag zur Rentenversicherung durch eigene Beitragsleistung auf den vollen Beitragssatz aufgestockt wird).

Zu den **unmittelbar** begünstigten Personen gehören aber auch
- Pflichtversicherte nach dem Gesetz über die Alterssicherung der **Landwirte** (z. B. neben den versicherungspflichtigen Landwirten auch deren versicherungspflichtige Ehegatten/Lebenspartner sowie ehemalige Landwirte, die unabhängig von einer Tätigkeit als Landwirt oder mithelfender Familienangehöriger versicherungspflichtig sind),
- Arbeitslose, die Anrechnungszeiten in der inländischen Rentenversicherung erhalten, weil sie Arbeitslosengeld II beziehen oder weil sie bei einer inländischen Agentur für Arbeit als Arbeitsuchende gemeldet sind und wegen des zu berücksichtigenden Vermögens oder Einkommens keine Leistung nach dem Zweiten Buch Sozialgesetzbuch erhalten, wenn sie unmittelbar vor der Arbeitslosigkeit zu den unmittelbar begünstigten Personen gehörten,
- Beamte, Richter und Berufssoldaten und diesen gleichgestellte Personen, wenn sie für das Beitragsjahr 2025 spätestens bis zum **31.12.2025** eine Einwilligung gegenüber der zuständigen Stelle (z. B. Dienstherr oder der zur Zahlung verpflichtete private Arbeitgeber bei beurlaubten Beamten) abgegeben oder in der Vergangenheit eingewilligt haben und diese Einwilligung nicht vor Beginn des Beitragsjahres widerrufen haben,
- beurlaubte Beamte, deren Beurlaubungszeit ruhegehaltsfähig ist,
- Minister, Senatoren und Parlamentarische Staatssekretäre mit inländischen Amtsbezügen, wenn sie eine Einwilligung zur Datenübermittlung und zum Datenabgleich fristgemäß gegenüber der zuständigen Stelle (z. B. Dienstherrn) abgegeben haben, sowie
- Empfänger einer **Rente** wegen voller Erwerbsminderung/Erwerbsunfähigkeit oder einer **Versorgung** wegen Dienstunfähigkeit aus einem der v. g. Alterssicherungssysteme (z. B. inländische gesetzliche Rentenversicherung, Beamtenversorgung), wenn sie unmittelbar vor dem Bezug der Leistung einer der v. g. Personengruppen angehörten. Versorgungsempfänger sind nur förderberechtigt, wenn sie für das Beitragsjahr 2025 spätestens bis zum **31.12.2025** eine Einwilligung gegenüber der zuständigen Stelle (z. B. die Versorgung anordnende Stelle) abgegeben oder in der Vergangenheit eingewilligt haben und diese Einwilligung nicht vor Beginn des Beitragsjahres widerrufen haben,
- Pflichtmitglieder in einem **ausländischen** gesetzlichen **Alterssicherungssystem**, wenn diese Pflichtmitgliedschaft der Pflichtmitgliedschaft in einem der v. g. inländischen Alterssicherungssysteme vergleichbar ist und diese **vor** dem 1.1.2010 begründet wurde sowie Empfänger einer Rente wegen voller Erwerbsminderung aus einem ausländischen gesetzlichen Alterssicherungssystem, wenn sie unmittelbar vor dem Bezug der Leistung einer der v. g. unmittelbar begünstigten Personengruppen angehörten. Altersvorsorgebeiträge werden bei diesen Personengruppen aber nur berücksichtigt, wenn sie zugunsten eines vor dem 1.1.2010 abgeschlossenen Vertrages geleistet wurden (§ 10 a Abs. 6 EStG; bestätigt für Altersvorsorgeverträge eines in Österreich arbeitenden Grenzpendlers durch FG Berlin-Brandenburg vom 5.11.2018, 10 K 10106/17, EFG 2019 S. 353). Im sich daran anschließenden Revisionsverfahren hat der BFH klargestellt, dass es nicht genügt, wenn der Steuerpflichtige zwar einen solchen Vertrag (beitragsfrei) unterhält, die Beiträge aber auf einen erst nach dem Stichtag 1.1.2010 abgeschlossenen Vertrag leistet (BFH-Urteil vom 3.12.2019, X R 33/18, BFH/NV 2020 S. 678).
- Steuerpflichtige, die **Kindererziehungszeiten** nach § 56 SGB VI in der inländischen gesetzlichen Rentenversicherung nur aufgrund eines fehlenden oder eines noch nicht beschiedenen Antrags bislang nicht angerechnet bekommen haben (§ 10 a Abs. 1 a EStG). Voraussetzung ist dabei, dass der Zulageberechtigte die Kinderzulage für ein Kind, für das gegenüber dem Steuerpflichtigen oder seinem Ehegatten/Lebenspartner Kindergeld festgesetzt worden ist, bei seinem Anbieter beantragt; das Kind darf im Beitragsjahr sein viertes Lebensjahr noch nicht vollendet haben. Da die ZfA keine abschließende Prüfung der Voraussetzungen des § 56 SGB VI vornehmen kann, ist der Steuerpflichtige – ebenfalls spätestens bis zur Vollendung des vierten Lebensjahres des maßgebenden Kindes – zudem verpflichtet, die Kindererziehungszeiten bei der gesetzlichen Rentenversicherung zu beantragen. Werden die Kindererziehungszeiten – z. B. aufgrund eines Ausschlussgrundes – vom Träger der gesetzlichen Rentenversicherung nicht anerkannt, entfällt die Förderberechtigung rückwirkend.

Weitere Einzelheiten zum unmittelbar begünstigten Personenkreis ergeben sich aus Rn 2 ff. des o. a. BMF-Schreibens vom 5.10.2023 sowie den Anlagen 1 und 2 zu diesem Schreiben.

Bei **Ehegatten/Lebenspartnern** ist gesondert zu prüfen, ob der einzelne Ehegatte/Lebenspartner zu den unmittelbar begünstigten Personen gehört oder etwa nur mittelbar begünstigt ist. Bei der Zusammenveranlagung von Ehegatten/Lebenspartnern, die beide zum unmittelbar begünstigten Personenkreis gehören, steht der Sonderausgabenabzug jedem Ehegatten/Lebenspartner gesondert zu. Es ist nicht möglich, den von einem Ehegatten/Lebenspartner nicht ausgeschöpften Sonderausgaben-Höchstbetrag von 2 100 € auf den anderen Ehegatten/Lebenspartner zu übertragen. Gehört nur ein Ehegatte/Lebenspartner zum unmittelbar begünstigten Personenkreis und ist der andere Ehegatte/Lebenspartner nur **mittelbar** begünstigt (vgl. Tz 4.4.8), können bei ihm die Altersvorsorgebeiträge des mittelbar begünstigten Ehegatten/Lebenspartners insoweit berücksichtigt werden, als der Sonderausgaben-Höchstbetrag durch die vom unmittelbar begünstigten Ehegatten/Lebenspartner geleisteten Altersvorsorgebeiträge sowie die hierfür zustehenden Zulagen noch nicht ausgeschöpft wird (siehe im Einzelnen Rn 107 bis 113 des o. a. BMF-Schreibens vom 5.10.2023 und die dortigen Berechnungsbeispiele). Der Höchstbetrag von 2 100 € erhöht sich in diesem Fall um 60 € (vgl. Tz 4.4.1).

4.4.7 Nicht unmittelbar begünstigte Personen

Nicht zum Kreis der **unmittelbar** Begünstigten gehören u. a.
- Pflichtversicherte einer berufsständischen Versorgungseinrichtung, sofern sie von der Versicherungspflicht in der inländischen gesetzlichen Rentenversicherung befreit sind; der Ausschluss dieses Personenkreises von der Riester-Förderung ist verfassungsgemäß (BFH-Urteil vom 6.4.2016, X R 42/14, BFH/NV 2016 S. 1157; die hiergegen eingelegte Verfassungsbeschwerde wurde durch Beschluss des BVerfG vom 27.3.2017, 2 BvR 1699/16 nicht zur Entscheidung angenommen);
- freiwillig in der inländischen gesetzlichen Rentenversicherung Versicherte,
- Selbständige ohne das Bestehen einer Versicherungspflicht in der inländischen gesetzlichen Rentenversicherung und
- geringfügig Beschäftigte, die von der Versicherungspflicht in der inländischen gesetzlichen Rentenversicherung befreit wurden (die Befreiung von der Versicherungspflicht bedeutet, dass nur der pauschale Arbeitgeberbeitrag zur inländischen gesetzlichen Rentenversicherung gezahlt wird), sowie
- Bezieher einer Vollrente wegen Alters nach Erreichen der Regelaltersgrenze oder Personen, die nach Erreichen einer Altersgrenze eine Versorgung (z. B. nach beamtenrechtlichen Vorschriften) beziehen.

Im Einzelnen wird auf Abschnitt C der Anlage 1 zu dem BMF-Schreiben vom 5.10.2023, BStBl I S. 1726 hingewiesen.

4.4.8 Mittelbar begünstigte Personen

Bei **Ehegatten/Lebenspartnern**, die nicht dauernd getrennt leben, ihren Wohnsitz oder gewöhnlichen Aufenthalt in einem Mitgliedstaat der Europäischen Union oder einem Staat haben, auf den das Abkommen über den Europäischen Wirtschaftsraum anwendbar ist, und von denen nur ein Ehegatte/Lebenspartner unmittelbar be- **14** günstigt ist (vgl. Tz 4.4.6), ist auch der andere Ehegatte/Lebenspartner **mittelbar** begünstigt, wenn

- beide Ehegatten/Lebenspartner jeweils einen auf ihren Namen lautenden, zertifizierten Altersvorsorgevertrag abgeschlossen haben oder
- der unmittelbar begünstigte Ehegatte/Lebenspartner über eine mit Zulage und Sonderausgaben förderfähige Versorgung im Rahmen der betrieblichen Altersversorgung bei einer Pensionskasse oder einem Pensionsfonds oder über eine nach § 82 Abs. 2 EStG förderbare Direktversicherung verfügt und der andere Ehegatte/Lebenspartner einen zertifizierten Altersvorsorgevertrag abgeschlossen hat. Es reicht nicht aus, wenn für den mittelbar begünstigten Ehegatten/Lebenspartner nur eine entsprechende betriebliche Altersversorgung besteht (BFH-Urteil vom 21.7.2009, BStBl II S. 995).

Der mittelbar begünstigte Ehegatte/Lebenspartner muss zudem eigene Beiträge von mindestens 60 € im jeweiligen Beitragsjahr geleistet haben. Außerdem darf die Auszahlungsphase des Altersvorsorgevertrages des mittelbar zulageberechtigten Ehegatten/Lebenspartners noch nicht begonnen haben.

In **Zeile 14** ist durch Eintragung des Wert »**2** = Ja« bei den Kennzahlen »106/306« anzugeben, ob einer der Ehegatten/Lebenspartner nicht zum unmittelbar begünstigten Personenkreis gehört, aber aufgrund des unmittelbar begünstigten Ehegatten/Lebenspartners **mittelbar** begünstigt ist.

Ein mittelbar begünstigter Ehegatte/Lebenspartner hat zwar Anspruch auf eine eigene Altersvorsorgezulage, wenn der unmittelbar begünstigte Ehegatte eigene Altersvorsorgebeiträge geleistet hat. Ist nur ein Ehegatte nach § 10 a Abs. 1 EStG unmittelbar begünstigt, kommt aber ein Sonderausgabenabzug bis zu der in § 10 a Abs. 1 EStG genannten Höhe grds. nur für seine Altersvorsorgebeiträge sowie für die beiden Ehegatten/Lebenspartnern zustehenden Zulagen in Betracht (Rn 101 des BMF-Schreibens vom 5.10.2023, BStBl I S. 1726). Der Höchstbetrag verdoppelt sich auch dann nicht, wenn der andere Ehegatte mittelbar zulageberechtigt ist. In diesem Fall erhöht sich allerdings der Höchstbetrag um 60 € auf 2 160 €, wenn der mittelbar zulageberechtigte Ehegatte/Lebenspartner eigene Beiträge von mindestens 60 € entrichtet hat (vgl. Tz 4.4.1). Hat der andere Ehegatte, ohne selbst unmittelbar zulageberechtigt zu sein, einen eigenen Altersvorsorgevertrag abgeschlossen, können die zugunsten dieses Vertrags geleisteten Altersvorsorgebeiträge beim Sonderausgabenabzug des unmittelbar zulageberechtigten Ehegatten/Lebenspartners berücksichtigt werden, wenn der Höchstbetrag durch die vom unmittelbar Zulageberechtigten geleisteten Altersvorsorgebeiträge sowie die zu berücksichtigenden Zulagen nicht ausgeschöpft wird.

Beantragt ein Ehegatte die **Einzelveranlagung** zur ESt (vgl. Tz 1.5.3), ist ein Sonderausgabenabzug beim mittelbar begünstigten Ehegatten/Lebenspartner nicht möglich. Seine geleisteten Altersvorsorgebeiträge sowie der insgesamt zustehende Zulageanspruch werden aber im Rahmen der Günstigerprüfung bei der Einkommensteuerveranlagung des **unmittelbar** begünstigten Ehegatten/Lebenspartners berücksichtigt.

Stellt sich erst über den **Datenabgleich** der zentralen Stelle für die Altersvorsorgezulage (ZfA) und der Finanzverwaltung nachträglich heraus, dass der Steuerpflichtige nur zum mittelbar begünstigten Personenkreis gehört, kann die Steuerfestsetzung sowie die gesonderte Feststellung der Steuerermäßigung nach § 91 Abs. 1 **Satz 3** 2. Halbsatz (bis Beitragsjahr 2023: § 91 Abs. 1 Satz 4 2. Halbsatz EStG) geändert werden. Hierbei handelt es sich um eine von der AO unabhängige **eigenständige Änderungsvorschrift** (Urteil des FG München vom 29.10.2014, 9 K 1277/14, EFG 2015 S. 228). Das Finanzamt ist im Rahmen des Datenabgleichs an die Mitteilung der ZfA allerdings inhaltlich nicht gebunden, wenn diese objektiv falsch ist. Die Mitteilung nach § 91 Abs. 1 Satz 3 1. Halbsatz EStG ist im Verhältnis zum Einkommensteuerbescheid weder ein Grundlagenbescheid, noch kommt ihr grundlagenbescheidähnliche Wirkung zu (Rn 321 des o. a. BMF-Schreibens vom 5.10.2023). Das Finanzamt darf daher die Mitteilung der ZfA nicht ungeprüft umsetzen (BFH-Urteil vom 8.9.2020, BStBl 2022 II S. 157). Wurde die Zulage nach § 90 Abs. 4 EStG allerdings von der ZfA unanfechtbar festgesetzt, sind (ab dem Beitragsjahr 2024) die gesondert festgesetzten Besteuerungsgrundlagen für das Finanzamt bindend und ungeprüft vom Finanzamt der gesonderten Feststellung nach § 10 a Abs. 4 EStG zugrunde zu legen (vgl. Tz 4.2 a. E.).

Die späteren **Leistungen** aus der Altersvorsorge an den mittelbar begünstigten Ehegatten/Lebenspartner unterliegen bei diesem in vollem Umfang der Besteuerung, soweit sie auf staatlich gefördertem Altersvorsorgevermögen beruhen (vgl. Tz 18.1).

4.4.9 Berechnungsgrundlagen

4.4.9.1 Ermittlung des Zulageanspruchs

Im Rahmen der Günstigerprüfung für den zusätzlichen Sonderausgabenabzug nach § 10 a EStG (vgl. Tz 4.4.2) ermittelt das Finanzamt den Zulageanspruch des Steuerpflichtigen eigenständig. Der Zulageanspruch ist wiederum abhängig von der Leistung eines bestimmten **Mindesteigenbeitrags**. Die Grund- und Kinderzulage wird **gekürzt**, wenn die Einzahlungen des Steuerpflichtigen auf den Altersvorsorgevertrag nicht den in § 86 EStG bestimmten Mindesteigenbeitrag erreichen. Der Mindesteigenbeitrag beträgt 4 % der maßgebenden Einnahmen, maximal 2 100 € abzgl. der Altersvorsorgezulage (vgl. Tz 4.3.3).

Zusätzlich ist der Mindesteigenbeitrag mit dem **Sockelbetrag** nach § 86 Abs. 1 Satz 4 EStG zu vergleichen. Als Sockelbetrag sind jährlich einheitlich 60 € zu leisten. Ist bei niedrigen Einkommen der Sockelbetrag höher als der Mindesteigenbeitrag, so ist der Sockelbetrag als Mindesteigenbeitrag zu leisten. Die Kürzung der Zulage ermittelt sich nach dem Verhältnis der vom Steuerpflichtigen geleisteten Altersvorsorgebeiträge zum Mindesteigenbeitrag.

Maßgebend für den individuell zu ermittelnden Mindesteigenbeitrag ist die Summe der in dem dem Beitragsjahr **vorangegangenen Kj.**

- erzielten beitragspflichtigen Einnahmen i. S. des SGB VI,
- der bezogenen inländischen Besoldung und Amtsbezüge,
- erzielten Einnahmen in den Fällen des § 10 a Abs. 1 Satz 1 Nr. 3 und 4 EStG, die beitragspflichtig gewesen wären, wenn die Versicherungsfreiheit in der inländischen gesetzlichen Rentenversicherung nicht bestanden hätte und
- der bezogenen Bruttorente wegen voller Erwerbsminderung oder Erwerbsunfähigkeit oder bezogenen Versorgungsbezüge wegen Dienstunfähigkeit.

Die entsprechenden Beträge sind auf volle Euro abzurunden.

Die nachfolgenden Angaben in den **Zeilen 5** bis **13** zu den maßgebenden Einnahmen dienen ausschließlich der Ermittlung des **Mindesteigenbeitrags**.

4.4.9.2 Beitragspflichtige Einnahmen

Die aus der Tätigkeit erzielten **beitragspflichtigen Einnahmen** i. S. der »inländischen gesetzlichen Rentenversicherung« **2024** sind in **Zeile 5** einzutragen. Diese können z. B. aus der Durchschrift der »Meldung zur Sozialversicherung nach der DEÜV« entnommen werden, die der Arbeitnehmer von seinem Arbeitgeber erhalten hat. Die in 2024 erzielten **Arbeitsentgelte** aus einer **geringfügigen Beschäftigung** sind ebenfalls in Zeile 5 einzutragen. Diese können z. B. aus der Durchschrift der Jahresmeldung für die Bundesknappschaft (Minijob-Zentrale) entnommen werden. Bei rentenversicherungspflichtigen **Selbständigen** ergeben sich die beitragspflichtigen Einnahmen aus der vom Rentenversicherungsträger erstellten Bescheinigung (Rn 71 des BMF-Schreibens vom 5.10.2023, BStBl I S. 1726).

Werden in den **Zeilen 7** und **8** Eintragungen vorgenommen (vgl. Tz 4.4.9.4, Tz 4.4.9.5), sind die beitragspflichtigen Einnahmen für den Zeitraum des Bezugs der Entgeltersatzleistungen, des sog. Arbeitslosengeldes II oder des tatsächlichen Entgelts nicht in **Zeile 5** anzugeben.

Ausländische Einkünfte sind grds. **nicht** bei den maßgebenden Einnahmen zu berücksichtigen. Eine Ausnahme besteht nur dann, wenn der Zulageberechtigte in dem dem Beitragsjahr vorangegangenen Kj. die Voraussetzungen für die Bestandsschutzregelung nach

§ 10 a Abs. 6 EStG erfüllt hat. Nach dieser Vorschrift gehören – unter bestimmten Voraussetzungen – auch Pflichtmitglieder in einem ausländischen gesetzlichen Alterssicherungssystem zum unmittelbar zulageberechtigten Personenkreis (vgl. Tz 4.4.6). In diesem Fall sind als maßgebende Einnahmen auch die Einnahmen aus der Tätigkeit zu berücksichtigen, die zur Erfüllung der Voraussetzungen nach § 10 a Abs. 6 EStG führten. Freistellungen nach dem jeweiligen DBA sind bei der Bestimmung der beitragspflichtigen Einnahmen unbeachtlich (Rn 72 des o. a. BMF-Schreibens vom 5.10.2023).

4.4.9.3 Inländische Besoldung und Amtsbezüge

6 Die in **Zeile 6** einzutragende Höhe der inländischen **Besoldung** und der **Amtsbezüge** für **2024** ergeben sich aus den Besoldungsmitteilungen bzw. den Mitteilungen über die Amtsbezüge der anordnenden Stelle (Rn 74 bis 76 des BMF-Schreibens vom 5.10.2023, BStBl I S. 1726). Der Besoldungsbegriff wird für die Mindesteigenbeitragsberechnung nach besoldungsrechtlichen Grundsätzen ausgelegt. Besoldungsbestandteile sind u. a. das Grundgehalt, Leistungsbezüge an Hochschulen, der Familienzuschlag, Zulagen und Vergütungen, ferner Anwärterbezüge, vermögenswirksame Leistungen, jährliche Sonderzahlungen (Sonderzuwendung, Urlaubsgeld), der Altersteilzeitzuschlag und die Sachbezüge. Nicht zur Besoldung in diesem Sinne gehören Fürsorgeleistungen (z. B. Beihilfen, Zuschüsse in der Zeit der Schutzfristen des Mutterschutzgesetzes oder der Elternzeit), die zwar z. T. zusammen mit der Besoldung ausgezahlt werden, aber auf gesetzliche Regelungen mit anderer Zielsetzung beruhen.

Der Sonderausgabenabzug nach § 10 a EStG hängt bei Besoldungsempfängern und Empfängern von Amtsbezügen davon ab, dass der Steuerpflichtige gegenüber der Besoldungsstelle eingewilligt hat, dass diese die für die Zulagegewährung erforderlichen Daten der zentralen Stelle elektronisch mitteilt. Eintragungen in Zeile 4 ff. sind daher nur zulässig, wenn der Steuerpflichtige tatsächlich eine **Einwilligung** zur **Datenübermittlung** fristgerecht erteilt hat. Fristgerecht bedeutet, dass die Einwilligung innerhalb des laufenden Beitragsjahrs gegenüber dem Dienstherrn erteilt sein muss, also für das Beitragsjahr 2025 bis spätestens 31.12.2025. Der Zulageberechtigte kann aber bis zum rechtskräftigen Abschluss des Festsetzungsverfahrens oder eines Einspruchverfahrens eine nicht fristgerecht abgegebene Einwilligung gegenüber der zuständigen Stelle nachholen (Rn 6 des o. a. BMF-Schreibens vom 5.10.2023). Ein ggf. zu Unrecht gewährter Sonderausgabenabzug wird dem Finanzamt durch den Datenabgleich nach § 91 EStG bekannt und kann dann rückgängig gemacht werden, wenn die erforderliche Einwilligung zur Datenübermittlung nicht erteilt wurde (Urteil des FG Berlin-Brandenburg vom 6.2.2014, 10 K 14215/12, EFG 2014 S. 1397). In einem solchen Fall ist bei Ehegatten allerdings zu prüfen, ob eine mittelbare Zulageberechtigung (vgl. Tz 4.4.8) des nicht unmittelbar begünstigten Ehegatten in Betracht kommt (BFH-Urteil vom 25.3.2015, BStBl II S. 709).

Bei **beurlaubten Beamten** sind in **Zeile 6** die während der Beurlaubungszeit bezogenen Einnahmen anzugeben (z. B. das Arbeitsentgelt aus einer rentenversicherungsfreien Beschäftigung). Die Einwilligung zur Datenübermittlung muss der beurlaubte Beamte innerhalb der Einwilligungsfrist gegenüber dem zur Zahlung des Arbeitsentgelts verpflichteten privaten Arbeitgeber abgeben und nicht gegenüber seinem – hierfür unzuständigen – öffentlich-rechtlichen Dienstherrn (BFH-Urteil vom 9.6.2015, BStBl II S. 931).

In Zeile 6 sind auch Einnahmen vergleichbarer Personengruppen einzutragen, die beitragspflichtig wären, wenn die Versicherungsfreiheit in der inländischen gesetzlichen Rentenversicherung nicht bestünde (z. B. bei Geistlichen, Kirchenbeamten, Lehrern und Erziehern an nicht öffentlichen Schulen und Anstalten).

4.4.9.4 Entgeltersatzleistungen

Im Jahr **2024** bezogene **Entgeltersatzleistungen** (z. B. Arbeitslosengeld oder Krankengeld) sind aus der Bescheinigung der auszahlenden Stelle ersichtlich und in **Zeile 7** einzutragen. Das **Elterngeld** ist keine »beitragspflichtige Einnahme« i. S. des § 86 EStG; es bleibt im Rahmen der Berechnung des Mindesteigenbeitrags außer Ansatz (Rn 81 des BMF-Schreibens vom 5.10.2023, BStBl I S. 1726).

Ist das der Rentenversicherung zugrunde liegende Entgelt höher als die aus den genannten Leistungen erzielten Einnahmen, sind für die Berechnung des individuellen Mindesteigenbeitrags die tatsächlichen Einnahmen zugrunde zu legen. Diese sind in **Zeile 8** einzutragen (vgl. Tz 4.4.9.5).

4.4.9.5 Tatsächliches Entgelt

Für bestimmte Personen, die in der gesetzlichen Rentenversiche- 8
rung pflichtversichert sind, werden abweichend vom **tatsächlich erzielten Entgelt** (§ 14 SGB IV) höhere Beträge als beitragspflichtige Einnahmen i. S. der Rentenversicherung berücksichtigt; dieses ist in **Zeile 8** einzutragen. Dies gilt z. B. für **Menschen mit Behinderungen**, die in Einrichtungen der Jugendhilfe, in anerkannten Werkstätten für Menschen mit Behinderungen oder in Blindenheimen beschäftigt werden, sowie für freiwillig **Wehrdienstleistende**. In solchen Fällen ist zur Berechnung des individuellen Mindesteigenbeitrags das tatsächlich erzielte Entgelt zugrunde zu legen (Rn 82 und 83 des BMF-Schreibens vom 5.10.2023, BStBl I S. 1726).

Bei **Altersteilzeitarbeit** ist das aufgrund der abgesenkten Arbeitszeit erzielte Arbeitsentgelt (ohne Aufstockungs- und Unterschiedsbetrag) maßgebend. Das im Jahr **2024** insoweit tatsächlich erzielte Entgelt kann z. B. aus einer Bescheinigung des Arbeitgebers entnommen werden.

Für die nicht erwerbsmäßig ausgeübte **Pflegetätigkeit** einer rentenversicherungspflichtigen Person ist für die Berechnung des Mindesteigenbeitrags statt der bei der Rentenversicherung fiktiv angesetzten beitragspflichtigen Einnahmen ein tatsächlich erzieltes Entgelt von **»0 €«** zu berücksichtigen (§ 86 Abs. 2 Satz 4 EStG). Damit muss die **Pflegeperson**, sofern sie nicht noch andere für die Mindesteigenbeitragsberechnung relevante Einnahmen hat, nur den Sockelbetrag von 60 € pro Jahr als Mindesteigenbeitrag leisten (vgl. Tz 4.4.9.1).

4.4.9.6 Erwerbsunfähigkeitsrente

Die Höhe des in **Zeile 9** einzutragenden Jahres(brutto)rentenbetrags 9
2024 wegen einer **Erwerbsunfähigkeit**, der i. d. R. nicht mit dem ausgezahlten Betrag identisch ist, kann aus der Renten(anpassungs)mitteilung entnommen werden. Bei Auszahlung der Rente einbehaltene eigene Beiträge zur Kranken- und Pflegeversicherung sind nicht vom Rentenbetrag abzuziehen. Zuschüsse eines Trägers der inländischen gesetzlichen Rentenversicherung zu den Aufwendungen zur Krankenversicherung sind nicht dem Rentenbetrag hinzuzurechnen.

4.4.9.7 Versorgungsbezüge wegen Dienstunfähigkeit

Versorgungsbezüge wegen **Dienstunfähigkeit** sind ebenfalls als 10
Einnahmen bei der Berechnung des Mindesteigenbeitrags zu berücksichtigen (Rn 79 des BMF-Schreibens vom 5.10.2023, BStBl I S. 1726). Die Höhe der in **Zeile 10** einzutragenden inländischen Versorgungsbezüge wegen Dienstunfähigkeit ergibt sich aus den Mitteilungen der anordnenden Zahlstelle für **2024**. Eintragungen in Zeile 10 sind jedoch nur zulässig, wenn der Steuerpflichtige eine fristgerechte Einwilligung zur Datenübermittlung gegenüber der die Bezüge festsetzenden Stelle erteilt hat (vgl. Tz 4.4.9.3).

4.4.9.8 Einkünfte aus Land- und Forstwirtschaft

Bei einem **Land-** und **Forstwirt**, der nach dem Gesetz über die Alters- 11–12
sicherung der Landwirte pflichtversichert ist, ist für die Berechnung des Mindesteigenbeitrags auf die land- und forstwirtschaftlichen Einkünfte i. S. des § 13 EStG des **zweiten** dem Beitragsjahr **vorangegangenen** VZ abzustellen (§ 86 Abs. 3 EStG). Die Höhe der in **Zeile 11** einzutragenden Einkünfte aus Land- und Forstwirtschaft ergibt sich aus dem **Einkommensteuerbescheid** für das Jahr **2023**.

Ist dieser Land- und Forstwirt neben seiner land- und forstwirtschaftlichen Tätigkeit auch als **Arbeitnehmer** tätig und in der gesetzlichen Rentenversicherung pflichtversichert, sind die beitragspflichtigen Einnahmen des Vorjahrs in **Zeile 5** und die positiven Einkünfte aus Land- und Forstwirtschaft i. S. des § 13 EStG des zweiten dem Beitragsjahr vorangegangenen VZ in **Zeile 11** einzutragen. Eine Saldierung mit negativen Einkünften i. S. des § 13 EStG ist nicht zulässig (Rn 77 des BMF-Schreibens vom 5.10.2023, BStBl I S. 1726).

Bei Bezug einer Rente wegen voller Erwerbsminderung oder Erwerbsunfähigkeit nach dem Gesetz über die **Alterssicherung der Landwirte** ist der in **2024** gezahlte Jahres(brutto)betrag der Rente in **Zeile 12** einzutragen. Die Höhe des Jahres(brutto)rentenbetrags, der i. d. R. nicht mit dem ausgezahlten Betrag identisch ist, kann aus der Renten(anpassungs)mitteilung entnommen werden. Bei Auszahlung der Rente einbehaltene eigene Beiträge zur Kranken- und Pflegeversicherung sind nicht vom Rentenbetrag abzuziehen. Zuschüsse eines Trägers der gesetzlichen Rentenversicherung zu den Aufwendungen zur Krankenversicherung sind nicht dem Rentenbetrag hinzuzurechnen.

4.4.9.9 Pflichtversicherte in einer ausländischen Rentenversicherung

13 Bei **Pflichtversicherten** in einer **ausländischen Rentenversicherung** sind die ausländischen beitragspflichtigen Einnahmen des Jahres **2024** in **Zeile 13** einzutragen. Bezieher einer ausländischen Erwerbsminderungs- oder Erwerbsunfähigkeitsrente tragen hier die Höhe ihrer Bruttorente ein. Wurden im Jahr 2024 sowohl Einnahmen aus einer Beschäftigung, die einer ausländischen gesetzlichen Rentenversicherung unterlag, als auch eine ausländische Erwerbsminderungs- oder Erwerbsunfähigkeitsrente bezogen, ist in Zeile 13 die Summe der Einnahmen anzugeben.

4.4.10 Sonstige Angaben

15 In **Zeile 15** ist die **Mitgliedsnummer** der **landwirtschaftlichen Alterskasse** anzugeben, wenn bei dieser ein Altersvorsorgevertrag besteht. Andere Anbieter von Altersvorsorgeverträgen übermitteln die Zulage- oder Sozialversicherungsnummer des Steuerpflichtigen elektronisch an die Finanzverwaltung (vgl. Tz 4.4.5); insoweit sind in der Anlage AV keine Angaben erforderlich.

Über die genannten Ordnungsmerkmale wird der nach § 91 EStG vorgesehene maschinelle **Datenabgleich** zwischen der ZfA und der Finanzverwaltung ermöglicht.

4.4.11 Angaben zu Kindern, für die ein Anspruch auf Kinderzulage besteht

vor 16 Eine **Kinderzulage** wird für jedes Kind gewährt, für das Kindergeld für mindestens einen Monat des Jahres 2025 gegenüber dem Zulageberechtigten festgesetzt worden ist. Die Kinderzulage beträgt für jedes vor dem 1.1.2008 geborene Kind jährlich 185 €, für ein nach dem 31.12.2007 geborenes Kind jährlich 300 €. Damit vom Finanzamt im Rahmen der Günstigerprüfung die zutreffende Kinderzulage berücksichtigt werden kann, sind ab dem VZ 2025 entsprechende Angaben auf den jeweiligen Anlagen Kind vorzunehmen (vgl. Tz 9.8 – Ausführungen zur Zeile 26 der Anlage Kind).

4.4.12 Verzicht auf den zusätzlichen Sonderausgabenabzug

16–25 Die **Zeilen 16** bis **25** sind nur dann auszufüllen, wenn der Steuerpflichtige in der Steuererklärung für bestimmte Altersvorsorgeverträge auf den zusätzlichen Sonderausgabenabzug nach § 10 a EStG **verzichten** möchte. Sofern der Steuerpflichtige bereits in einem früheren Jahr gegenüber seinem Anbieter des Altersvorsorgevertrages den Verzicht auf den zusätzlich Sonderausgabenabzug erklärt hat, sind diese Zeilen **nicht** auszufüllen. Wünscht er für alle Altersvorsorgeverträge keinen Sonderausgabenabzug nach § 10 a EStG, so braucht er lediglich die Anlage AV nicht abzugeben (vgl. Tz 4.4.4).

Möchte der Steuerpflichtige für bestimmte Altersvorsorgeverträge auf den zusätzlichen Sonderausgabenabzug verzichten, ist in **Zeile 16** und/oder **21** zur Kennzahl »200/400« der Wert »1 = Ja« anzugeben und die Vertragsdaten zu den vom Sonderausgabenabzug auszuschließenden Verträgen (Anbieter-, Zertifizierungs- und Vertragsnummer) in den **Zeilen 17** bis **20** (für »stpfl. Person/Ehemann/Person A«) und/oder **22** bis **25** (für »Ehefrau/Person B«) einzutragen. Diese Informationen können der jährlichen »Bescheinigung nach § 92 EStG« des Anbieters entnommen werden.

Durch den Verzicht auf den zusätzlichen Sonderausgabenabzug kann eine günstigere Besteuerung der Riester-Rente in der Auszahlungsphase erreicht werden. In diesem Fall werden die laufenden Versorgungsleistungen aus dem angesparten Altersvorsorgekapital nur mit dem niedrigeren Ertrags- oder Besteuerungsanteil besteuert (vgl. Tz 17.3, Tz 17.5). Zu solchen Verträgen geleistete Altersvorsorgebeiträge (z. B. zu Rentenversicherungen) können zudem ggf. im Rahmen der Höchstbeträge nach § 10 Abs. 4 EStG als »sonstige Vorsorgeaufwendungen« berücksichtigt werden (vgl. Tz 3.3.8.6).

4.4.13 Widerruf des Verzichts auf den zusätzlichen Sonderausgabenabzug

26– Der Zulageberechtigte kann bereits beim Antrag auf Altersvorsorgezulage gegenüber seinem Anbieter für den jeweiligen Vertrag erklären, dass er für die geleisteten Altersvorsorgebeiträge den zusätzlichen Sonderausgabenabzug nach § 10 a EStG **nicht** geltend machen will (§ 10 Abs. 4 Satz 1 AltvDV). In diesem Fall übermittelt der Anbieter zu dem Altersvorsorgevertrag ab dem Folgejahr nach der Erklärung keine Daten mehr an die Finanzverwaltung. Die Erklärung zum Verzicht auf den zusätzlichen Sonderausgabenabzug kann jedoch **widerrufen** werden (§ 10 Abs. 4 Satz 4 AltvDV). Dazu kann für den in den Sonderausgabenabzug wieder einzubeziehenden Altersvorsorgevertrag in **Zeile 26** und/oder **29** zur Kennzahl »204/404« der Wert »1« eingetragen werden. Die Vertragsdaten zu diesem Vertrag (Anbieter-, Zertifizierungs- und Vertragsnummer) sind in den **Zeilen 27** und **28** (für »stpfl. Person/Ehemann/Person A«) und/oder **30** und **31** (für »Ehefrau/Person B«) einzutragen. Diese Informationen können der jährlichen »Bescheinigung nach § 92 EStG« des Anbieters entnommen werden.

Steuerpflichtige können ihren Verzicht auf den zusätzlichen Sonderausgabenabzug nach § 10 a EStG auch gegenüber ihrem Anbieter des Altersvorsorgevertrages widerrufen. Eintragungen in den Zeilen 26 bis 31 sind dann künftig **nicht** mehr erforderlich.

5. Anlage Außergewöhnliche Belastungen 2025

5.1 Vorbemerkungen

Auf Antrag werden bei der Einkommensteuerveranlagung **außergewöhnliche Belastungen**, die dem Steuerpflichtigen **zwangsläufig** erwachsen, durch Abzug bei der Einkommensermittlung berücksichtigt, sodass hierdurch eine Ermäßigung der ESt eintritt. Dabei sind zwei Arten zu unterscheiden:

- Außergewöhnliche Belastungen **allgemeiner Art** nach § 33 EStG, die nur insoweit zu einer Steuerminderung führen, als sie die **zumutbare Belastung** (vgl. Tz 5.5.5) übersteigen;
- außergewöhnliche Belastungen in **besonderen Fällen** nach § 33 a und § 33 b EStG, die ohne Berücksichtigung einer zumutbaren Belastung bis zu bestimmten Höchstbeträgen vom Gesamtbetrag der Einkünfte abgezogen werden.

Mit der »**Anlage Außergewöhnliche Belastungen**« können nur Angaben zum **Behinderten-Pauschbetrag** (Zeilen 4 bis 9), zum **Hinterbliebenen-Pauschbetrag** (Zeile 10), zum **Pflege-Pauschbetrag** (Zeilen 11 bis 20), zur **behinderungsbedingten Fahrtkostenpauschale** (Zeilen 21 und 22) und zu **außergewöhnliche Belastungen allgemeiner Art** (Zeilen 23 bis 38) geltend gemacht werden.

Bei der Zusammenveranlagung von Ehegatten/Lebenspartnern ist die »Anlage Außergewöhnliche Belastungen« stets gemeinsam auszufüllen.

Zur Berücksichtigung von **Unterhaltsleistungen** an bedürftige Personen nach § 33 a Abs. 1 EStG ist die »**Anlage Unterhalt**« abzugeben (vgl. Tz 6).

Der Antrag auf Berücksichtigung des **Freibetrages** zur Abgeltung eines Sonderbedarfs bei **Berufsausbildung** volljähriger Kinder nach § 33 a Abs. 2 EStG ist in der »**Anlage Kind**« (Zeile 52 bis 55) zu stellen; vgl. Tz 9.12. Die Übertragung des Behinderten- und/oder Hinterbliebenen-Pauschbetrags für ein steuerlich zu berücksichtigendes Kind oder Enkelkind kann ebenfalls in der »Anlage Kind« (Zeilen 59 bis 63) beantragt werden; vgl. Tz 9.14. Das Gleiche gilt für die Übertragung der behinderungsbedingten Fahrtkostenpauschale, wenn das Kind die Voraussetzungen dafür erfüllt (Zeilen 64 bis 66 der Anlage Kind); vgl. Tz 9.15.

5.2 Menschen mit Behinderungen und Hinterbliebene

5.2.1 Behinderten-Pauschbetrag

5.2.1.1 Allgemeines

4 **Menschen** mit Behinderungen erhalten unter bestimmten Voraussetzungen einen **Behinderten-Pauschbetrag**. Mit dem Behinderten-Pauschbetrag sind die Aufwendungen für die Hilfe bei den gewöhnlichen und regelmäßig wiederkehrenden Verrichtungen des **täglichen Lebens**, die Ausgaben für einen erhöhten **Wäschebedarf** sowie die **Pflegeaufwendungen** abgegolten (vgl. Tz 5.2.1.6). Es handelt sich dabei um Aufwendungen, die behinderten Menschen erfahrungsgemäß durch ihre Krankheit bzw. Behinderung entstehen und deren alleinige behinderungsbedingte Veranlassung nur schwer nachzuweisen ist.

Wird der Behinderten-Pauschbetrag in Anspruch genommen, können **Pflegeaufwendungen** weder als außergewöhnliche Belastungen (vgl. Tz 5.5.6.20 unter »Eigene Pflegeaufwendungen«) noch die Steuerermäßigung für Pflegeleistungen im Haushalt (vgl. Tz 7.8 a. E.) geltend gemacht werden. Alle übrigen **behinderungsbedingten Aufwendungen** (z. B. Operationskosten, Kosten für Heilbehandlungen, Kuren, Arznei- und Arztkosten, Kosten für die behindertengerechte Ausgestaltung des eigenen Wohnhauses) können daneben als außergewöhnliche Belastung nach § 33 EStG berücksichtigt werden (vgl. Tz 5.5.6.10).

Fahrtkosten von Menschen mit Behinderungen werden durch eine **behinderungsbedingte Fahrtkostenpauschale** berücksichtigt, wenn sie die persönlichen Abzugsvoraussetzungen dafür erfüllen (vgl. Tz 5.4). Der Abzug von Fahrtkosten als außergewöhnliche Belastungen im Wege des Einzelnachweises ist nicht mehr vorgesehen.

5.2.1.2 Höhe des Pauschbetrags

Die **Höhe** des **Behinderten-Pauschbetrags** richtet sich nach dem **Grad der Behinderung**. Der Abzug erfolgt bei der Einkommensteuerveranlagung vom Gesamtbetrag der Einkünfte. Es werden folgende Pauschbeträge gewährt (§ 33 b Abs. 3 EStG):

bei einem Grad der Behinderung von mindestens	**Jahresbetrag €**
20	384
30	620
40	860
50	1 140
60	1 440
70	1 780
80	2 120
90	2 460
100	2 840

Die Behinderten-Pauschbeträge wurden im Rahmen des Gesetzes zur Erhöhung der Behinderten-Pauschbeträge und zur Anpassung weiterer steuerlicher Regelungen vom 9.12.2020 (BGBl I S. 2770) ab dem VZ 2021 **verdoppelt**. Durch die Angleichung an das Sozialrecht können nun auch Steuerpflichtige mit einem Grad der Behinderung von **20 ohne** besondere Voraussetzungen (vgl. Tz 5.2.1.4) die Gewährung eines Behinderten-Pauschbetrags beantragen. Die Behinderten-Pauschbeträge sind in 10er-Schritten bis zu einem Grad der Behinderung von 100 gestaffelt.

Blinde, Taubblinde sowie hilflose Menschen mit Behinderungen erhalten einen (ebenfalls verdoppelten) **erhöhten Behinderten-Pauschbetrag** von **7 400 €** jährlich. Dieser wird auch bei Vorlage des Bescheids über die Einstufung als schwerstpflegebedürftige Person in die Pflegegrade 4 oder 5 gewährt (vgl. Tz 5.2.1.5). Der Pauschbetrag von 7 400 € kann, sofern die Voraussetzungen dafür vorliegen, auch gewährt werden, wenn der Grad der Behinderung weniger als 50 beträgt. Das Gleiche gilt bei Einstufung einer schwerstpflegebedürftigen Person in die Pflegegrade 4 oder 5 auch **ohne** Feststellung eines **Grads** der **Behinderung**. Werden Aufwendungen für die behinderungsbedingte Heimunterbringung als außergewöhnliche Belastung nach § 33 EStG berücksichtigt, kann der Behinderten-Pauschbetrag von 7 400 € daneben **nicht** angesetzt werden (BFH-Urteil vom 4.11.2004, BStBl 2005 II S. 271); vgl. R 33.3 Abs. 4 Satz 1 EStR.

Bei **Ehegatten/Lebenspartnern**, die beide unbeschränkt stpfl. sind und nicht dauernd getrennt leben, kann jeder der Ehegatten/Lebenspartner den Behinderten-Pauschbetrag in Anspruch nehmen, wenn bei beiden die Voraussetzungen dafür vorliegen.

5.2.1.3 Antragstellung

Der **Antrag** auf Berücksichtigung des **Behinderten-Pauschbetrags** ist 4–9
von einzeln veranlagten stpfl. Personen in den **Zeilen 4** bis **6** zu stellen, bei Ehegatten/Lebenspartnern: für »Ehemann/Person A« in den **Zeilen 4** bis **6**, für »Ehefrau/Person B« in den **Zeilen 7** bis **9**. Der Grad der Behinderung ist (ohne Prozentzeichen) in den **Zeilen 4** und/oder **7** zu den Kennzahlen »105/155« anzugeben. Bei erstmaliger Antragstellung und Änderungen in späteren VZ sind mit der Einkommensteuererklärung entsprechende Nachweise (vgl. Tz 5.2.1.5) auf elektronischem Weg oder in Kopie vorzulegen (vgl. Vorbemerkungen Tz 14.1).

Voraussetzung für den Abzug der **behinderungsbedingten Fahrtkostenpauschale** als außergewöhnliche Belastungen (vgl. Tz 5.4) oder die Berücksichtigung der erhöhten Kilometersätze im Rahmen der **Entfernungspauschale** (vgl. Tz 11.12.8.1) ist neben einem bestimmten Grad der Behinderung das Vorliegen einer **Gehbehinderung**. Liegt eine erhebliche oder außergewöhnliche Gehbehinderung (Merkzeichen »G« oder »aG« im Schwerbehindertenausweis) vor, ist in den **Zeilen 5** und/oder **8** zu den Kennzahlen »104/154« der Wert »**1**« (= Ja) einzutragen.

Für die Berücksichtigung des **erhöhten Behinderten-Pauschbetrags** von **7 400 €** bei blinden, taubblinden und hilflosen Menschen (Merkzeichen »Bl«, »TBl« und/oder »H« im Schwerbehindertenausweis) sowie bei schwerstpflegebedürftigen Personen (Pflegegrad 4 oder 5) ist in den **Zeilen 6** und/oder **9** zu den Kennzahlen »103/153« der Wert »**1**« (= Ja) einzutragen.

5.2.1.4 Voraussetzungen für die Gewährung

Ein Behinderten-Pauschbetrag wird **ohne** weitere **Voraussetzungen** gewährt, wenn der Grad der Behinderung auf **mindestens 20** festgestellt ist. Die zusätzlichen Anspruchsvoraussetzungen des § 33b Abs. 2 EStG a F. sind ab dem VZ 2021 ersatzlos entfallen. Hiernach muss **nicht** mehr nachwiesen werden, dass die Behinderung zu einer dauerhaften Einbuße der körperlichen Beweglichkeit geführt hat oder auf einer typischen Berufskrankheit beruht oder dass dem Steuerpflichtigen wegen seiner Behinderung eine gesetzliche Rente oder andere laufende Bezüge zustehen.

Einem Steuerpflichtigen, der wegen der Behinderung aus mehreren Gründen Anspruch auf einen Behinderten-Pauschbetrag hat, kann dieser **nur ein Mal** gewährt werden. Dabei ist der Grad der Gesamtbehinderung maßgebend. Wird der Grad der Behinderung im Laufe des Kj. herauf- oder herabgesetzt, so ist stets der Pauschbetrag nach dem **höchsten Grad** zu gewähren, der im Kj. festgestellt war. Die Pauschbeträge werden nicht gekürzt, auch wenn die Voraussetzungen für ihre Gewährung nicht während des ganzen Kj. vorgelegen haben (vgl. R 33b Abs. 8 EStR).

5.2.1.5 Nachweise

An die für die Gewährung der Behinderten-Pauschbeträge vorzulegenden Bescheinigungen, Ausweise oder Bescheide (§ 65 Abs. 1 und 2 EStDV) sind die Finanzbehörden gebunden; diese sind **Grundlagenbescheide** i. S. des § 171 Abs. 10 Satz 2 AO (vgl. Tz 5.2.4). Die Behinderung und deren Ausmaß sind wie folgt **nachzuweisen**:

1. Steuerpflichtige, deren Grad der Behinderung auf **mindestens 50** festgestellt ist, haben die Voraussetzungen für die Gewährung eines Behinderten-Pauschbetrags durch Vorlage eines **Ausweises** nach dem SGB IX nachzuweisen (§ 65 Abs. 1 Nr. 1 EStDV). Als Nachweis über das Vorliegen einer Behinderung und den Grad der Behinderung genügen auch entsprechende Bescheide der für die Durchführung des Bundesversorgungsgesetzes zuständigen Behörden (Versorgungsämter) und den nach § 152 Abs. 1 Satz 7 SGB IX nach Landesrecht für zuständig erklärten Behörden (vgl. H 33b – Nachweis der Behinderung – EStH). Ist bei amtsärztlichen Bescheinigungen des Versorgungsamts ein Geltungszeitraum nicht angegeben, kann das Finanzamt bei berechtigtem Zweifel über deren Geltungsdauer die Vorlage eines neuen Nachweises verlangen.
2. Steuerpflichtige, deren Grad der Behinderung auf **weniger als 50**, aber **mindestens auf 20** festgestellt ist, haben die Voraussetzungen für die Gewährung eines Behinderten-Pauschbetrags durch Vorlage einer Bescheinigung oder Bescheids der nach § 152 Abs. 1 SGB IX für die Durchführung des Bundesversorgungsgesetzes zuständigen Behörde nachzuweisen (§ 65 Abs. 1 Nr. 2 EStDV). Sofern dem Steuerpflichtigen wegen seiner Behinderung nach den gesetzlichen Vorschriften Renten oder andere laufende Bezüge zustehen, genügt als Nachweis einer Behinderung weiter der **Rentenbescheid** oder der **Bescheid** über die anderen laufenden Bezüge (BMF-Schreiben vom 1.3.2021, BStBl I S. 300). Es kann sich dabei z. B. um Rentenbescheide eines Versorgungsamtes oder eines Trägers der gesetzlichen Unfallversicherung oder bei Beamten, die Unfallruhegeld beziehen, um einen entsprechenden Bescheid ihrer Behörde handeln. Der Rentenbescheid eines Trägers der gesetzlichen Rentenversicherung der Arbeiter und Angestellten genügt nicht (BFH-Urteil vom 25.4.1968, BStBl II S. 606).

Ist der Behinderte **verstorben** und kann sein Rechtsnachfolger (Erbe) einen **Nachweis** nach den Nrn. 1 und 2 **nicht** erbringen, so genügt zum Nachweis eine gutachterliche Stellungnahme vonseiten der für die Durchführung des Bundesversorgungsgesetzes zuständigen Behörde. Diese Stellungnahme hat das Finanzamt einzuholen.

Die Voraussetzungen für die Gewährung des **erhöhten Behinderten-Pauschbetrags** von **7 400 €** für Blinde, Taubblinde sowie für hilflose Menschen können durch einen Ausweis nach dem SGB IX, der mit den **Merkzeichen »Bl«, »TBl«** oder **»H«** gekennzeichnet ist, oder durch einen Bescheid des Versorgungsamts mit den entsprechenden Feststellungen nachgewiesen werden. Dem Merkzeichen »H« steht die Einstufung als pflegebedürftige Person mit schwersten Beeinträchtigungen der Selbständigkeit oder der Fähigkeiten in die **Pflegegrade 4** oder **5** nach dem SGB XI, dem SGB XII oder diesen entsprechenden Bestimmungen gleich (§ 65 Abs. 2 EStDV). Die Einstufung in die Pflegegrade 4 oder 5 hat der Steuerpflichtige durch Vorlage eines entsprechenden Bescheides nachzuweisen (§ 65 Abs. 2a EStDV).

Die v. g. **Nachweise** sind bei **erstmaliger Beantragung** oder 4,
einer späteren **Änderung** der Verhältnisse (z. B. des Grads der Behinderung oder des Gültigkeitszeitraums) im VZ 2025 weiter mit der Einkommensteuererklärung auf elektronischem Weg oder in Kopie einzureichen (Hinweis vor Zeile 4 bzw. Zeile 7); zur Belegvorlage vgl. Vorbemerkungen Tz 14.1. Außerdem ist in Zeile 4 und/ oder 7 stets die Dauer (Gültigkeitszeitraum des Ausweises/Rentenbescheids/der Bescheinigung) anzugeben. Liegt eine **unbefristete Behinderung** vor, ist zur Kennzahl 102/152 eine »1« (= Ja) einzutragen. In nachfolgenden VZ brauchen die Nachweise dem Finanzamt nicht nochmals vorgelegt zu werden.

Die papiergebundenen Nachweise für die Gewährung des Behinderten-Pauschbetrags werden mittelfristig durch ein **elektronisches Mitteilungsverfahren** ersetzt. Die für die Feststellung der Behinderung zuständigen Stellen sind auf Antrag des Steuerpflichtigen künftig verpflichtet, den Grad der Behinderung sowie die weiteren gesundheitlichen Merkmale (Merkzeichen) der zuständigen Finanzbehörde auf elektronischem Wege mitzuteilen. Die gesetzlichen Grundlagen hierfür wurden bereits im Rahmen des Gesetzes zur Modernisierung des Besteuerungsverfahrens vom 17.6.2016 (BGBl I S. 1679, BStBl I S. 694) in § 65 Abs. 3a EStDV geschaffen. Sobald die Programmierarbeiten für dieses Verfahren abgeschlossen sind, gibt das BMF den VZ bekannt, ab dem erstmals die Regelungen des § 65 Abs. 3a EStDV anzuwenden sind. Unabhängig davon werden noch gültige und dem Finanzamt vorliegende Feststellungen über eine Behinderung weiter bis zum Ende Ihrer Gültigkeit berücksichtigt, es sei denn die Feststellungen ändern sich vor Ablauf der Gültigkeit (§ 84 Abs. 3 f EStDV).

5.2.1.6 Abgeltungswirkung

Durch den Behinderten-Pauschbetrag werden die Aufwendungen, die dem Behinderten für die Hilfe bei den gewöhnlichen und regelmäßigen Verrichtungen des täglichen Lebens entstehen, **abgegolten**. Die Abgeltungswirkung von § 33b Abs. 1 EStG bezieht sich typischerweise auf **Pflege-** und **Heimkosten** sowie die Aufwendungen für den erhöhten **Wäschebedarf**. Der Behinderte hat allerdings ein Wahlrecht, wegen tatsächlich höherer nachgewiesener **Pflegeaufwendungen** aufgrund der Behinderung eine Steuerermäßigung nach § 33 EStG in **Zeile 26** zu beantragen und auf die Inanspruchnahme des Behinderten-Pauschbetrags nach § 33b EStG zu verzichten. Ein solcher Verzicht bezieht sich stets auf die gesamten vom Behinderten-Pauschbetrag erfassten Aufwendungen; ein Teilverzicht (z. B. für Pflegekosten) ist nicht möglich (§ 33b Abs. 1 Satz 2 EStG). Wird der Behinderten-Pauschbetrag gewählt, schließt das auch eine **Steuerermäßigung** für **Pflegeleistungen** im Haushalt nach § 35a Abs. 2 EStG aus (BFH-Urteil vom 5.6.2014, BStBl II S. 970; vgl. Tz 7.8 a. E.).

Außerordentliche **Krankheitskosten**, die durch einen akuten Anlass verursacht werden, können **neben** dem Behinderten-Pauschbetrag berücksichtigt werden, z. B. die Kosten einer Operation, auch wenn diese mit dem Leiden, das die Behinderung herbeigeführt hat, zusammenhängt oder die Behinderung erst verursacht hat (BFH-Urteil vom 26.3.1993, BStBl II S. 749). Dies gilt auch für Kosten der **häuslichen Intensiv-** und **Behandlungspflege**, die Teil - der Krankenpflege i. S. des § 37 Abs. 2 SGB V ist; die Aufwendungen dafür können neben dem Behinderten-Pauschbetrag als Krankheitskosten nach § 33 EStG berücksichtigt werden. Aufwendungen für eine **Heilkur** können bei nachgewiesener Zwangsläufigkeit ebenfalls **neben** dem Behinderten-Pauschbetrag als außergewöhnliche Belastung im Rahmen des § 33 EStG (vgl. Tz 5.5.6.39 unter »Kurkosten«) abgezogen werden. Zum Nachweis der Zwangsläufigkeit ist es regelmäßig erforderlich, dass der Steuerpflichtige ein **vor** Antritt der Kur ausgestelltes amtsärztliches Zeugnis über die Notwendigkeit der Kur vorlegt und sich am Kurort einer unter ärztlicher Kontrolle stehenden Heilbehandlung unterzieht (vgl. Tz 5.5.4).

5.2.2 Behinderte Kinder

Steht der Behinderten-Pauschbetrag einem **Kind** zu, für das der Steuerpflichtige Anspruch auf einen **Freibetrag für Kinder** oder **Kindergeld** hat, so wird der Pauschbetrag auf Antrag auf den Steuerpflichtigen **übertragen**, wenn das Kind ihn nicht selbst in Anspruch nimmt (§ 33 b Abs. 5 EStG). Die Übertragung kann auf Seite 4 der **Anlage Kind** in den **Zeilen 59** bis **61** beantragt werden (vgl. Tz 9.14).

Neben der Übertragung des einem Kind zustehenden Behinderten-Pauschbetrags können die Eltern ihre eigenen zwangsläufigen Aufwendungen für ihr behindertes Kind (z. B. für eine vollstationäre Heimunterbringung) als außergewöhnliche Belastungen nach § 33 EStG – unter Anrechnung der zumutbaren Belastung – geltend machen, weil der Pauschbetrag nur die Aufwendungen des Kindes abgilt (BFH-Urteil vom 11.2.2010, BStBl II S. 621); vgl. R 33b Abs. 2 EStR.

Fahrkosten für ein behindertes Kind werden nur noch i. H. der **behinderungsbedingten Fahrtkostenpauschale** berücksichtigt (vgl. Tz 5.4). Insoweit besteht die Möglichkeit, auf Seite 4 der **Anlage Kind** in **Zeile 64** und **65** die **Übertragung** der dem Kind zustehenden behinderungsbedingten Fahrtkostenpauschale zu beantragen, wenn das Kind die persönlichen Anspruchsvoraussetzungen dafür erfüllt (vgl. Tz 5.4) und die Fahrtkostenpauschale nicht selbst in Anspruch nimmt (vgl. Tz 9.15).

5.2.3 Hinterbliebenen-Pauschbetrag

Personen, denen laufende **Hinterbliebenenbezüge** bewilligt worden sind, wird auf Antrag ein **Hinterbliebenen-Pauschbetrag** von jährlich **370 €** gewährt, wenn die Hinterbliebenenbezüge

- nach dem SGB XIV oder einem anderen Gesetz, das die Vorschriften des SGB XIV über Hinterbliebenenbezüge für entsprechend anwendbar erklärt (vgl. H 33b – Hinterbliebenen-Pauschbetrag – EStH), oder
- nach den Vorschriften über die gesetzliche Unfallversicherung, oder
- nach den beamtenrechtlichen Vorschriften an Hinterbliebene eines an den Folgen eines Dienstunfalls verstorbenen Beamten, oder
- nach den Vorschriften des Bundesentschädigungsgesetzes über die Entschädigung für Schäden an Leben, Körper oder Gesundheit

geleistet werden (§ 33b Abs. 4 Satz 1 EStG). Der alleinige Bezug einer Witwen-/Witwerrente ist nicht ausreichend. Der Antrag auf Berücksichtigung des Hinterbliebenen-Pauschbetrags ist in **Zeile 10** zu stellen.

Der Pauschbetrag wird auch dann gewährt, wenn das Recht auf die Bezüge ruht oder der Anspruch auf die Bezüge durch Zahlung eines Kapitalbetrags abgefunden worden ist (§ 33b Abs. 4 Satz 2 EStG). Der Nachweis der Voraussetzungen für die Gewährung des Pauschbetrags ist bei der erstmaligen Beantragung durch **amtliche Unterlagen** zu erbringen (z. B. durch Vorlage des Rentenbescheids eines Versorgungsamts, der zuständigen Entschädigungsbehörde oder eines Trägers der gesetzlichen Unfallversicherung). Der Rentenbescheid eines Trägers der gesetzlichen Rentenversicherung der Arbeiter und Angestellten reicht nicht aus.

Steht der Hinterbliebenen-Pauschbetrag einem **Kind** des Steuerpflichtigen zu, für das dieser Anspruch auf einen Freibetrag für Kinder oder Kindergeld hat, so kann die **Übertragung** des Hinterbliebenen-Pauschbetrags auf den Steuerpflichtigen auf Seite 4 der **Anlage Kind** in **Zeile 62** beantragt werden (vgl. Tz 9.14).

5.2.4 Rückwirkende Anerkennung oder Änderung der Pauschbeträge

Wird einem Antrag auf Anerkennung der Behinderung, auf **Erhöhung** des **Grads** der **Behinderung** oder auf Bewilligung von Hinterbliebenenbezügen für **vorhergehende Kj**. entsprochen, so kann dies auch nach Bestandskraft der Steuerfestsetzungen für die vorhergehenden Jahre steuerlich berücksichtigt werden. Ausweise, Bescheide oder Bescheinigungen, die die Voraussetzungen für die Inanspruchnahme des Behinderten- oder Hinterbliebenen-Pauschbetrags feststellen, sind **Grundlagenbescheide** i. S. der § 171 Abs. 10 Satz 2 und § 175 Abs. 1 Satz 1 Nr. 1 AO (BFH-Urteil vom 5.2.1988, BStBl II S. 436). Ein Einkommensteuerbescheid kann demzufolge nach § 175 Abs. 1 Satz 1 Nr. 1 AO auch nach Bestandskraft entsprechend **geändert** werden, wenn der Steuerpflichtige nachträglich eine Bescheinigung des Versorgungsamts über die rückwirkende Anerkennung der Behinderung oder über die Erhöhung des Grads der Behinderung vorlegt. Dabei kommt es nicht darauf an, ob ein Antrag auf Berücksichtigung eines Behinderten-Pauschbetrags für den Besteuerungszeitraum dem Grunde nach bereits bis zur **Bestandskraft** der Steuerfestsetzung gestellt worden ist oder die Feststellung des **Versorgungsamts** über das Vorliegen und den Grad einer Behinderung bereits **vor** Erlass des Steuerbescheids getroffen war und der Steuerpflichtige den Antrag auf Berücksichtigung eines Behinderten-Pauschbetrags erst **nach** Eintritt der Bestandskraft des Steuerbescheids gestellt hat (BFH-Urteile vom 13.12.1985, BStBl 1986 II S. 245 und vom 22.2.1991, BStBl II S. 717). Der Grundlagenbescheid muss allerdings vor Ablauf der Festsetzungsfrist des Einkommensteuerbescheides bei der zuständigen Behörde beantragt worden sein (vgl. H 33b – Allgemeines – EStH).

5.3 Pflege-Pauschbetrag

5.3.1 Allgemeines

Steuerpflichtige, denen durch die persönliche Pflege einer **pflegebedürftigen Person** außergewöhnliche Belastungen erwachsen und die dafür keine Einnahmen erhalten, wird anstelle einer Steuerermäßigung nach § 33 EStG ein **Pflege-Pauschbetrag** gewährt (§ 33 b Abs. 6 EStG). Der Pflege-Pauschbetrag ist wie folgt gestaffelt:

bei Pflegegrad 2	600 €
bei Pflegegrad 3	1 100 €
bei Pflegegrad 4 oder 5 und/oder Merkzeichen »H«	1 800 €

Für die Berücksichtigung des Pflege-Pauschbetrags ist der höchste Pflegegrad maßgebend, der im Kj. festgestellt war. Eine Einstufung in den Pflegegrad 1 reicht für die Gewährung des Pflege-Pauschbetrags – anders als beim Abzug von Pflegeaufwendungen als außergewöhnliche Belastung allgemeiner Art nach § 33 EStG (vgl. R 33.3 Abs. 1 Satz 1 EStR) – nicht aus.

Tritt die Pflegebedürftigkeit erst im Laufe des Kj. ein oder verstirbt die pflegebedürftige Person im Laufe des Kj., so wird gleichwohl der volle Pflege-Pauschbetrag gewährt. Voraussetzung für die Gewährung des Pflege-Pauschbetrags ist die Angabe der **IdNr.** der pflegebedürftigen Person (vgl. Tz 5.3.2).

Der Pflege-Pauschbetrag ist **neben** einem **Behinderten-Pauschbetrag** nach § 33b Abs. 3 EStG zu gewähren, wenn der Behinderten-Pauschbetrag bei der Einkommensteuerveranlagung vom Ehegatten/Lebenspartner oder von den Kindern auf den pflegenden Steuerpflichtigen übertragen wird.

Der Pflege-Pauschbetrag kann auch für die häusliche Pflege im **EU-/EWR-Ausland** in Anspruch genommen werden (§ 33b Abs. 6 Satz 5 EStG). Voraussetzung ist dabei, dass die Hilfslosigkeit der im EU-/EWR-Ausland gepflegten Person – wie bei einer Pflege im Inland – nachgewiesen wird (vgl. Tz 5.3.3.1).

5.3.2 Antragstellung

11–20 Der Antrag auf Gewährung des Pflege-Pauschbetrags ist in den **Zeilen 11** bis **20** zu stellen. Im Einzelnen sind in diesen Zeilen folgende Angaben zu machen:

- In den **Zeilen 11** und **12** sind die Angaben zur **pflegebedürftigen Person** (Name, Anschrift, Geburtsdatum und Verwandtschaftsverhältnis der pflegebedürftigen Person) einzutragen.
- In **Zeile 13** ist die **IdNr.** der pflegebedürftigen Person anzugeben. Diese Angabe gehört zu den materiell-rechtlichen Voraussetzungen für die Gewährung des Pflege-Pauschbetrags (§ 33b Abs. 6 Satz 8 EStG). Zusätzlich ist in **Zeile 14** mit »1« (= Ja) bzw. »2« (= Nein) zu erklären, ob die pflegebedürftige Person ihren Wohnsitz oder gewöhnlichen Aufenthalt im **Inland** hat. Hierdurch kann ermittelt werden, ob eine **zwingende Angabe** der **IdNr.** erforderlich ist und diese ggf. maschinell aus den Vorjahresdaten beigesteuert werden kann. Ohne diese Angaben kann das Finanzamt den Pflege-Pauschbetrag nicht gewähren.
- Nach dem in **Zeile 15** anzugebenden **Pflegegrad** bestimmt sich die **Höhe** des **Pflege-Pauschbetrags** (vgl. Tz 5.3.1). Zur Kennzahl »203« ist in dieser Zeile bei Pflegegrad 2 der Wert »**2**«, bei Pflegegrad 3 der Wert »**3**« und bei Pflegegrad 4 oder 5 der Wert »**4**« einzutragen. Wurde für die pflegebedürftige Person das **Merkzeichen »H«** festgestellt, ist dies in **Zeile 16** mit »1« (= Ja) zur Kennzahl »205« gesondert anzugeben. Für die Pflege dieser Personen wird – wie für pflegebedürftige Personen mit den Pflegegraden 4 oder 5 – ein Pflege-Pauschbetrag von 1 800 € gewährt (§ 33b Abs. 6 Satz 4 EStG).
- In **Zeile 17** ist in dem Eintragungsfeld zur Kennzahl »200« anzugeben, durch **wen** die unentgeltliche persönliche Pflege der pflegebedürftigen Person in deren Wohnung oder in der Wohnung des Steuerpflichtigen im Inland oder in einem EU-/EWR-Staat durchgeführt wurde. Der Wert »**1**« ist einzutragen, wenn die Pflege durch die stpfl. Person, den Ehemann oder die Person A erfolgt ist. Sofern die Ehefrau oder die Person B die Pflege durchgeführt hat, ist der Wert »**2**« einzutragen und bei gemeinsamer Pflege durch beide Ehegatten/Lebenspartner der Wert »**3**«.
- In **Zeile 18** ist in dem Eintragungsfeld zur Kennzahl »201« die Anzahl der **weiteren** an der Pflege **beteiligten Personen** anzugeben sowie in den **Zeilen 19** und **20** deren Name, Anschrift, Geburtsdatum sowie das Verwandtschaftsverhältnis zur pflegebedürftigen Person. Sofern an der Pflege keine weiteren Personen beteiligt waren, ist in Zeile 18 der Wert »**0**« einzutragen.

Falls für mehr als eine pflegebedürftige Person ein Pflege-Pauschbetrag beantragt wird, sind die entsprechenden Angaben zu den Zeilen 11 bis 20 in einer formlosen Anlage mit der Überschrift »Ergänzende Angaben zur Steuererklärung« zu machen und der Steuererklärung beizufügen. In diesem Fall ist in **Zeile 37** des Hauptvordrucks ESt 1 A zur Kennzahl »500« eine »1« einzutragen, damit die Steuererklärung von der automatisierten Verarbeitung ausgeschlossen wird (vgl. Tz 1.11).

> **ELSTER:**
> Für den Fall der Pflege von mehreren pflegebedürftigen Personen bietet ELSTER zusätzliche Eintragungszeilen für die Eingabe der erforderlichen Daten an, die per Mausklick der elektronischen Steuererklärung hinzugefügt werden können. Eine gesonderte Anlage mit ergänzenden Angaben zu den weiteren pflegebedürftigen Personen ist dadurch entbehrlich, ebenso ein Eintrag zur Zeile 37 des Hauptvordrucks ESt 1 A.

5.3.3 Voraussetzungen für die Gewährung

Die Gewährung des Pflege-Pauschbetrags setzt voraus, dass

- der Steuerpflichtige die Pflege entweder in seiner Wohnung oder in der Wohnung der gepflegten Person im Inland oder in einem EU-/EWR-Staat in nicht unerheblichem Umfang **persönlich durchführt** und
- der Steuerpflichtige für die Pflege **keine Einnahmen** erhält.

Die Pflege wird auch dann persönlich durchgeführt, wenn sich der Steuerpflichtige zur Unterstützung zeitweise einer ambulanten Pflegekraft bedient (vgl. R 33b Abs. 4 EStR) oder die Nachbarschaftshilfe in Anspruch nimmt. Eine nur geringfügige Pflegeleistung des Steuerpflichtigen reicht allerdings für die Gewährung des Pflege-Pauschbetrags nicht aus (FG Sachsen vom 24.1.2024, 2 K 936/23, EFG 2024 S. 1394 – rkr.).

5.3.3.1 Nachweise

Das **Vorliegen** eines **Pflegegrades** 2, 3, 4 oder 5 bei der gepflegten Person ist durch Vorlage eines entsprechenden Bescheides (z. B. der Pflegekasse) nachzuweisen; vgl. § 65 Abs. 2a EStDV. Der **Nachweis** der **Hilflosigkeit** einer gepflegten Person ist durch einen Schwerbehindertenausweis mit dem **Merkzeichen »H«** oder durch einen Bescheid der für die Durchführung des Bundesversorgungsgesetzes zuständigen Behörde (z. B. des Versorgungsamts) mit den entsprechenden Feststellungen zu erbringen. Bei **erstmaliger Beantragung** des Pflege-Pauschbetrags oder einer späteren **Änderung** der Verhältnisse (z. B. Änderung des Pflegegrads) im VZ 2025 ist einer der v. g. Nachweise mit der Einkommensteuererklärung auf elektronischem Weg oder in Kopie einzureichen (Hinweis vor Zeile 11); zur Belegvorlage vgl. Vormerkungen Tz 14.1.

Bei **rückwirkender Anerkennung** der Hilflosigkeit einer gepflegten Person gelten die Ausführungen unter Tz 5.2.4 entsprechend.

5.3.3.2 Unentgeltlichkeit der Pflege

Ein Steuerpflichtiger kann den Pflege-Pauschbetrag nur geltend machen, wenn er für die Pflege **keine Einnahmen** erhält. Einnahmen liegen z. B. vor, wenn das Pflegegeld, das die gepflegte Person von der Pflegeversicherung erhält, an den Pflegenden weitergegeben wird, um seine Pflegedienstleistungen zu vergüten bzw. die ihm dabei entstandenen Aufwendungen zu ersetzen. Wird das Pflegegeld nur zur unmittelbaren Sicherung der erforderlichen Grundpflege sowie der hauswirtschaftlichen Versorgung der gepflegten Person (Anschaffung von pflegenotwendigen oder pflegeerleichternden Bedarfsgegenständen, Bezahlung einer fremden Pflegeperson) verwendet, sind keine »schädliche« Einnahmen i. S. des § 33b Abs. 6 Satz 1 EStG gegeben. Gleiches gilt, wenn die Pflegeperson durch den Pflegebedürftigen beauftragt ist, anfallende Kosten im Zusammenhang mit der häuslichen Pflege aus dem der Pflegeperson eigens zu diesem Zweck überlassenen Pflegegeld zu bestreiten. In solchen Fällen wird das Pflegegeld für eigene Aufwendungen der gepflegten Person verwendet; der Pflegende selbst erhält keine Einnahmen.

Eine der Gewährung des Pflege-Pauschbetrags entgegenstehende Einnahme i. S. des § 33b Abs. 6 Satz 1 EStG ist gegeben, wenn eine **Vergütung** für die Pflege an den Steuerpflichtigen gezahlt wird. Die einem amtlich bestellten **Betreuer** gewährte Aufwandsentschädigung nach § 1835a BGB stellt zwar keine Einnahme für die Pflege der betreuten Person dar, da sie nicht für die Pflege, sondern für den Beistand in Form von Rechtsfürsorge geleistet wird. Dem amtlich bestellten Betreuer ist der Pflege-Pauschbetrag jedoch nicht zu gewähren, wenn nur ein Betreuungsverhältnis und keine darüber hinausgehende enge persönliche Beziehung zu der betreuten Person besteht. Es fehlt insoweit an der Zwangsläufigkeit der Pflegeaufwendungen beim Betreuer, da durch das Betreuungsverhältnis keine Verpflichtung zur Erbringung pflegerischer Maßnahmen entsteht (BFH-Urteil vom 4.9.2019, BStBl 2020 II S. 97).

Nach dem BFH-Urteil vom 21.3.2002, BStBl II S. 417 ist die **Weiterleitung** des **Pflegegeldes** an die Pflegeperson unschädlich, wenn die Pflegeperson die Mittel lediglich treuhänderisch verwaltet und deren tatsächliche Verwendung für den Pflegebedürftigen nachweist. Typische Unterhaltsaufwendungen dürfen insoweit nicht gegengerechnet werden. Keine Einnahme i.S. des § 33b Abs. 6 Satz 1 EStG liegt vor, wenn die Pflegekasse während der **Pflegezeit** nach dem **Pflegezeitgesetz** die Sozialversicherungsbeiträge für die Pflegeperson übernimmt oder bezuschusst (vgl. R 33b Abs. 7 EStR).

Um den mit dem Nachweis verbundenen Arbeitsaufwand zu vermeiden, ist in § 33b Abs. 6 Satz 2 EStG bestimmt, dass das **Pflegegeld**, das Eltern für ihr **behindertes Kind** erhalten, **unabhängig** von seiner Verwendung keine Einnahme i.S. von § 33b Abs. 6 EStG darstellt und daher der Inanspruchnahme des Pflege-Pauschbetrags **nicht** entgegensteht.

5.3.3.3 Zwangsläufigkeit

Die Inanspruchnahme des Pflege-Pauschbetrags setzt das Vorliegen einer **Zwangsläufigkeit** voraus, d.h. eine rechtliche, tatsächliche oder sittliche Verpflichtung gegenüber dem Pflegebedürftigen. Eine Verpflichtung zur Pflege wird stets angenommen, wenn es sich bei den Pflegebedürftigen um nahe Angehörige (Ehegatte, Lebenspartner, Kinder, Eltern, Schwiegereltern, Großeltern, Geschwister, Onkel, Tante) handelt. Aufwendungen für andere Personen können ausnahmsweise zwangsläufig sein, wenn sich der Steuerpflichtige aufgrund **besonderer** Verhältnisse im Einzelfall zur Pflege verpflichtet fühlen konnte. Nach dem BFH-Urteil vom 29.8.1996, BStBl 1997 II S. 199 ist die Zwangsläufigkeit im Rahmen des § 33b Abs. 6 EStG (Pflege-Pauschbetrag) nach weniger strengen Kriterien zu beurteilen als nach § 33 Abs. 2 EStG (allgemeine außergewöhnliche Belastungen). Eine sittliche Verpflichtung zur Pflege ist danach bereits anzuerkennen, wenn eine enge persönliche Beziehung zu der gepflegten Person besteht.

5.3.4 Pflege durch mehrere Pflegepersonen

Wird ein Pflegebedürftiger von **mehreren Steuerpflichtigen** gepflegt, so ist der Pflege-Pauschbetrag (unabhängig vom Wert oder zeitlichen Umfang der Pflegeleistungen) nach der Zahl der Pflegepersonen aufzuteilen (BFH-Urteil vom 14.10.1997, BStBl 1998 II S. 20). In **Zeile 18** ist dazu die »Anzahl der weiteren an der Pflege beteiligten Personen« sowie in den **Zeilen 19** und **20** deren Name, Anschrift, Geburtsdatum sowie das Verwandtschaftsverhältnis zur pflegebedürftigen Person anzugeben (vgl. Tz 5.3.2).

Eine Aufteilung des Pflege-Pauschbetrags wird – trotz des v. g. BFH-Urteils – nur vorgenommen, wenn in der Person, die neben dem Steuerpflichtigen pflegerisch tätig wird, die unter Tz 5.3.3 genannten Voraussetzungen (insbesondere Zwangsläufigkeit) ebenfalls erfüllt sind. Ist das nicht der Fall, so steht dem Steuerpflichtigen der volle Pflege-Pauschbetrag zu, obwohl neben ihm noch andere Personen zeitweise die Pflege übernommen haben. Andererseits ist der Pflege-Pauschbetrag auch dann aufzuteilen, wenn nur eine von mehreren Pflegepersonen den Pauschbetrag in Anspruch nimmt, die anderen entweder nicht oder ihre Aufwendungen als außergewöhnliche Belastung allgemeiner Art im Rahmen des § 33 EStG geltend machen (vgl. R 33b Abs. 5 EStR). Erhält eine der Pflegepersonen für die Pflege »schädliche« Einnahmen (vgl. Tz 5.3.3.2) und liegen bei ihr daher die Voraussetzungen des § 33b Abs. 6 Satz 1 EStG nicht vor, ist diese Person **nicht** in die Aufteilung des Pflege-Pauschbetrags einzubeziehen. Hierdurch kommt es in diesem Fall nicht zu einer Kürzung des Anspruchs auf den Pflege-Pauschbetrag bei den anderen Pflegepersonen.

5.3.5 Abgeltungswirkung

Mit dem Pflege-Pauschbetrag sollen die Aufwendungen abgegolten werden, die dem Steuerpflichtigen durch die persönliche Pflegetätigkeit entstehen. Auf die Höhe der tatsächlichen Aufwendungen für die Pflege einer Person wie auch auf die Dauer der Pflege im Laufe des Kj. kommt es nicht an.

Die **tatsächlichen Aufwendungen** für die persönliche Pflegetätigkeit dürfen **nicht** neben dem Pflege-Pauschbetrag abgezogen werden. Sind sie höher als der jeweilige Pflege-Pauschbetrag, können sie insgesamt im Rahmen des § 33 EStG – d.h. unter Anrechnung der zumutbaren Belastung – als außergewöhnliche Belastung geltend gemacht werden (Zeilen 26 bis 28). Weitere Aufwendungen, die nicht infolge der persönlichen Pflegetätigkeit erwachsen, können ebenfalls als außergewöhnliche Belastungen nach § 33 EStG geltend gemacht werden (z.B. für Kosten der Unterbringung in einer Tagesstätte während der Arbeitszeit des Steuerpflichtigen), wobei strengere Anforderungen an den Nachweis der Zwangsläufigkeit gestellt werden (BFH-Urteil vom 22.10.1996, BStBl 1997 II S. 558). Alternativ kommt für Pflegeaufwendungen (z.B. für die zeitweise Beschäftigung einer ambulanten Pflegekraft) eine **Steuerermäßigung** für **haushaltsnahe Dienstleistungen** nach § 35a Abs. 2 EStG in Betracht (vgl. Tz 7.5.4).

5.4 Behinderungsbedingte Fahrtkostenpauschale

Zur Abgeltung der durch eine Behinderung veranlassten **Fahrtkosten** als außergewöhnliche Belastungen wurde im Rahmen des Gesetzes zur Erhöhung der Behinderten-Pauschbeträge und zur Anpassung weiterer steuerlicher Regelungen vom 9.12.2020 (BGBl I S. 2770) ab dem VZ 2021 eine **behinderungsbedingte Fahrtkostenpauschale** eingeführt (§ 33 Abs. 2a EStG). Menschen mit Behinderungen und einem Grad der Behinderung von mindestens 80 oder von mindestens 70 und dem Merkzeichen »G« haben Anspruch auf eine behinderungsbedingte Fahrtkostenpauschale i.H. von **900 €**. Wurde das Merkzeichen »aG«, »Bl«, »TBl« und/oder das Merkzeichen »H« festgestellt oder liegt der Pflegegrad 4 oder 5 vor, besteht Anspruch auf eine behinderungsbedingte Fahrtkostenpauschale i.H. von **4 500 €**. Darüber hinaus sind keine weiteren behinderungsbedingten Fahrtkosten im Wege des Einzelnachweises berücksichtigungsfähig. Erfüllt ein Steuerpflichtiger die v. g. Voraussetzungen erst im Laufe des Jahres, wird ihm die behinderungsbedingte Fahrtkostenpauschale vom Finanzamt in entsprechender Höhe für das gesamte Kj. gewährt.

Die behinderungsbedingte Fahrtkostenpauschale wird im Rahmen der Einkommensteuerveranlagung zusammen mit den anderen außergewöhnlichen Belastungen vom Finanzamt um die **zumutbare Belastung** (vgl. Tz 5.5.5) gemindert.

Der Antrag auf Berücksichtigung der behinderungsbedingten **21–22**
Fahrtkosten-Pauschale kann in den **Zeilen 21** und **22** gestellt werden. In diesen Zeilen ist durch Eintragung des Werts »1« (= Ja) bei den Kennzahlen »250, 251, 252, 253« jeweils anzugeben (getrennt für »stpfl. Person/Ehemann/Person A« und »Ehefrau/Person B«), ob die o. a. Voraussetzungen zum Grad der Behinderung und/oder zu genannten Merkzeichen erfüllt sind. Für den Nachweis der Anspruchsvoraussetzungen sind die Vorschriften des § 65 EStDV entsprechend anzuwenden (§ 64 Abs. 3 EStDV; vgl. Tz 5.2.1.5).

Die **Übertragung** der behinderungsbedingten Fahrtkostenpauschale für ein **Kind** oder **Enkelkind**, für das Anspruch auf Kindergeld oder Freibeträge für Kinder besteht, kann auf Seite 4 der **Anlage Kind** in den **Zeilen 64** und **65** beantragt werden (vgl. Tz 9.15). Eigene Fahrtkosten der Eltern, die ihnen aufgrund der Behinderung des Kindes entstanden sind, können jedoch **nicht** mehr im Wege des Einzelnachweises geltend gemacht werden. Dies gilt unabhängig davon, wer die behinderungsbedingte Fahrtkostenpauschale in Anspruch nimmt; eine analoge Anwendung von R 33b Abs. 2 EStR kommt nicht in Betracht.

5.5 Außergewöhnliche Belastungen allgemeiner Art

5.5.1 Antragsmöglichkeiten

Als **außergewöhnliche Belastungen allgemeiner Art** kommen ins- **23–38**
besondere Aufwendungen in Betracht, die durch **Krankheiten**, **Behinderung**, **Tod**, **Hochwasser-**, **Brand-** oder **Unwetterschäden** veranlasst sind. Erhaltene/Ansprüche auf Versicherungsleistungen, Beihilfen, Unterstützungen usw. **mindern** die als außergewöhnliche Belastungen abziehbaren Aufwendungen (vgl. Tz 5.5.3). Von den

Pflegekosten wird bei einer Haushaltsauflösung auch die sog. **Haushaltsersparnis** (vgl. Tz 5.5.6.31) abgezogen. **Bestattungskosten** für Angehörige sind als außergewöhnliche Belastungen abziehbar, soweit sie den in **Zeile 35** gesondert anzugebenden Gesamtwert des **Nachlasses** übersteigen (vgl. Tz 5.5.6.12).

In den **Zeilen 23** bis **38** sind die **Art** und die **Summe** der Aufwendungen sowie die als **Erstattung** erhaltenen Leistungen bzw. bestehende **Erstattungsansprüche** jeweils in gesonderten Eintragungszeilen anzugeben. Im Einzelnen sind hierzu die folgenden Angaben zu machen:

- **Krankheitskosten** (z. B. Arzt- und Behandlungskosten, Arznei, Heil- und Hilfsmittel, Kurkosten):
  Zeilen 23/24: Art und Summe der Aufwendungen;
  Zeile 25: Summe der erhaltenen und/oder zu erwartenden Versicherungsleistungen, Beihilfen, Unterstützungen usw. (ggf. »0« €).
- **Pflegekosten** (z. B. häusliche Pflege und Heimunterbringung):
  Zeilen 26/27: Art und Summe der Aufwendungen;
  Zeile 28: Haushaltsersparnis sowie Summe der erhaltenen und/oder zu erwartenden Versicherungsleistungen, Beihilfen, Unterstützungen usw. (ggf. »0« €).
- **Behinderungsbedingte Aufwendungen** (z. B. Umbaukosten):
  Zeilen 29/30: Art und Summe der Aufwendungen;
  Zeile 31: Summe der erhaltenen und/oder zu erwartenden Versicherungsleistungen, Beihilfen, Unterstützungen usw. (ggf. »0« €).
- **Bestattungskosten** (z. B. Grabstätte, Sarg, Todesanzeige):
  Zeilen 32/33: Art und Summe der Aufwendungen;
  Zeile 34: Summe der erhaltenen und/oder zu erwartenden Versicherungsleistungen, Beihilfen, Unterstützungen usw. (ggf. »0« €);
  Zeile 35: Gesamtwert des Nachlasses (z. B. Bargeld, Bankguthaben, Grundstücke, Wertpapiere, Lebensversicherungen, Nachlassverbindlichkeiten).
- **Sonstige außergewöhnliche Belastungen:**
  Zeilen 36/37: Art und Summe der Aufwendungen;
  Zeile 38: Summe der erhaltenen und/oder zu erwartenden Versicherungsleistungen, Beihilfen, Unterstützungen usw. (ggf. »0« €).

Die Art der außergewöhnlichen Belastung sowie die geleisteten Aufwendungen sind – soweit der Platz in der »Anlage Außergewöhnliche Belastungen« dazu nicht ausreicht – in einer gesonderten Aufstellung oder in einer Anlage zur Steuererklärung näher zu erläutern und aufzuschlüsseln. Die Summe der als außergewöhnliche Belastungen abzugsfähigen Aufwendungen wird im Rahmen der Einkommensteuerveranlagung aus den Kennzahlen der Zeilen 23 bis 38 automatisch gebildet.

> **ELSTER:**
> Für die detaillierte Geltendmachung außergewöhnlicher Belastungen bestehen in ELSTER zusätzliche Eingabemöglichkeiten, die per Mausklick der elektronischen Steuererklärung hinzugefügt werden können. Die Berechnung der Aufwendungen wird durch eine automatische Summenbildung unterstützt.

39–41 Für den Teil der Aufwendungen, der durch den Ansatz der **zumutbaren Belastung** nach § 33 Abs. 3 EStG nicht als außergewöhnliche Belastung berücksichtigt wird, kann der Steuerpflichtige in den **Zeilen 39** bis **41** die folgenden Steuerermäßigungen nach § 35 a EStG (vgl. Tz 7.8) beantragen:

- In **Zeile 39** können die in Zeile 27 enthaltenen **Pflegeleistungen** im Rahmen eines **geringfügigen Beschäftigungsverhältnisses** im Privathaushalt – sog. Minijob – (abzgl. Erstattungen) eingetragen werden.
- Die in Zeile 27 enthaltenen übrigen haushaltsnahen **Pflegeleistungen** (ohne Minijob) und in Heimunterbringungskosten enthaltene Aufwendungen für Dienstleistungen, die denen einer Haushaltshilfe vergleichbar sind, können (abzgl. Erstattungen) in **Zeile 40** eingetragen werden.
- Die in den Zeilen 27, 30 und 37 enthaltenen **Arbeitskosten** für **Handwerkerleistungen** (z. B. Handwerkerkosten beim behindertengerechten Umbau einer selbst genutzten Wohnung oder eines eigenen Hauses, vgl. Tz 5.5.6.10 unter »Behindertengerechte Ausstattung«) können (abzgl. Erstattungen) in **Zeile 41** geltend gemacht werden.

Die v. g. Aufwendungen dürfen **nicht** zusätzlich in den **Zeilen 4** bis **9** der »**Anlage Haushaltsnahe Aufwendungen**« eingetragen werden.

Darüber hinaus kann für Aufwendungen für die häusliche Pflege, die wegen der Anrechnung von **Pflegegeld** und **Pflegetagegeld** nicht als außergewöhnliche Belastungen abgezogen werden konnten, ebenfalls eine Steuerermäßigung für haushaltsnahe Dienstleistungen nach § 35a Abs. 2 EStG geltend gemacht werden. Diese Beträge sind nicht in Zeile 40, sondern in **Zeile 5** der »Anlage Haushaltsnahe Aufwendungen« einzutragen (vgl. Tz 7.8).

Für **Pflegeaufwendungen** besteht im Übrigen ein **Wahlrecht**, diese als außergewöhnliche Belastungen allgemeiner Art nach § 33 EStG geltend zu machen oder dafür insgesamt eine Steuerermäßigung für haushaltsnahe Dienstleistungen nach § 35 a Abs. 2 EStG zu beantragen. Letzteres kann bei einer (Grenz-)Steuerbelastung von nicht mehr als 20 % für den Steuerpflichtigen günstiger sein. Nimmt der Steuerpflichtige den Behinderten-Pauschbetrag in Anspruch, kann er allerdings die Pflegeaufwendungen nicht mehr zusätzlich nach § 33 oder § 35 a Abs. 2 EStG geltend machen (vgl. Tz 5.2.1.6).

Soweit für Aufwendungen (z. B. bei der Beseitigung von Schäden am eigengenutzten Wohngebäude aufgrund von Naturkatastrophen) neben der Berücksichtigung als außergewöhnliche Belastungen auch eine Steuerermäßigung nach § 35 c EStG für **energetische Sanierungsmaßnahmen** in Betracht kommt, besteht in der »**Anlage Energetische Maßnahmen**« in den Zeilen 25 und 26 die Möglichkeit, anstelle der Steuerermäßigung nach § 35 c EStG den Abzug der Aufwendungen als außergewöhnliche Belastungen zu beantragen (vgl. Tz 8.5).

5.5.2 Außergewöhnliche Belastungen bei Ehegatten/Lebenspartnern

Bei nicht dauernd getrennt lebenden **Ehegatten** und **Lebenspartnern** nach dem LPartG werden die geltend gemachten Aufwendungen stets zusammengerechnet, wenn die Ehegatten/Lebenspartner zusammen zur ESt veranlagt werden. Bei nach § 26 a EStG einzeln veranlagten Ehegatten/Lebenspartnern (vgl. Tz 1.5.3) wird die **zumutbare Belastung** (vgl. Tz 5.5.5) nach dem Gesamtbetrag der Einkünfte des einzeln veranlagten Ehegatten/Lebenspartners bestimmt.

5.5.3 Allgemeine Abzugsvoraussetzungen

Eine außergewöhnliche Belastung setzt dem Grunde nach voraus, dass der Steuerpflichtige **belastet** ist. Das bedeutet, dass in seine persönliche Lebenssphäre ein Ereignis eintritt, das für ihn eine Last darstellt (vgl. R 33.1 EStR). Eine Belastung liegt nur insoweit vor, als der Steuerpflichtige die **Ausgaben** selbst zu tragen hat. Der Abzug von Aufwendungen eines Dritten kommt auch unter dem Gesichtspunkt der Abkürzung des Vertragswegs nicht in Betracht (BMF-Schreiben vom 7.7.2008, BStBl I S. 717). Selbst erbrachte **Pflegeleistungen** sind keine Aufwendungen i. S. von § 33 Abs. 1 EStG (Urteil des FG Münster vom 15.4.2015, 11 K 1276/13 E, 11 K 1276/13 E, EFG 2015 S. 1198 – rkr.); der Abzug des Pflege-Pauschbetrags (vgl. Tz 5.3) bleibt davon unberührt.

Grds. müssen **Aufwendungen** vorliegen; darunter sind alle tatsächlichen Ausgaben zu verstehen. Aus dem Zusammenhang der Vorschriften von § 33 Abs. 1 EStG und § 11 Abs. 2 Satz 1 EStG folgt, dass außergewöhnliche Belastungen für das Kj. anzusetzen sind, in dem die Aufwendungen tatsächlich geleistet worden sind (BFH-Urteil vom 30.7.1982, BStBl II S. 744 und vom 10.6.1988, BStBl II S. 814). Dies gilt grds. auch, wenn die Aufwendungen (nachträgliche) Anschaffungs- oder Herstellungskosten eines mehrjährig nutzbaren Wirtschaftsguts darstellen (BFH-Urteil vom 22.10.2009, BStBl 2010 II S. 280 und unter Tz 5.5.6.10 unter »Behindertengerechte Ausstattung«). Die **Vorauszahlung** von **Krankheitskosten** in nicht unerheblicher Höhe (z. B. Kosten einer sich über mehrere Jahre erstreckenden Zahnbehandlung), kann als Missbrauch von rechtlichen Gestaltungsmöglichkeiten i. S. des § 42 AO zu werten sein, wenn kein wirtschaftlich vernünftiger außersteuerlicher Grund für die Vorauszahlung ersichtlich ist (Urteil des FG München vom 12.5.2014, 7 K 3486/11, EFG 2014 S. 1683 – rkr.).

Es sind nur solche Aufwendungen als außergewöhnliche Belastungen abziehbar, die den Steuerpflichtigen endgültig belasten. Etwaige **Unterstützungen**, die der Steuerpflichtige zum Ausgleich der Belastung von **dritter Seite** erhält (z. B. steuerfreie **Beihilfen** des Arbeitgebers in Krankheitsfällen), sind auf die abziehbaren Aufwendungen anzurechnen. Das Gleiche gilt für **Versicherungsleistungen** (z. B. Ersatzleistungen einer Krankenkasse für Arztkosten und Arzneimittel). Einkommensteuer**pflichtige Sterbegeldbezüge** aus öffentlichen Kassen sind dagegen **nicht** auf die als außergewöhnliche Belastungen abziehbaren **Bestattungskosten** anzurechnen (BFH-Urteil vom 15.6.2023, BStBl II S. 1031; vgl. Tz 5.5.6.12).

Erstattungen sind auch anzurechnen, wenn sie erst in einem **späteren Kj**. erfolgen, der Steuerpflichtige aber bereits in dem Kj., in dem die Ausgaben angefallen sind, mit der Erstattung rechnen konnte (BFH-Urteil vom 21.8.1974, BStBl 1975 II S. 14).

Werden **Ersatzansprüche** gegen **Dritte** nicht geltend gemacht, entfällt die Zwangsläufigkeit, wobei die Zumutbarkeit Umfang und Intensität der erforderlichen Rechtsverfolgung bestimmt (BFH-Urteile vom 20.9.1991, BStBl 1992 II S. 137 und vom 18.6.1997, BStBl II S. 805). Der Verzicht auf die Inanspruchnahme von staatlichen Transferleistungen (z. B. Eingliederungshilfe nach § 35 a SGB VIII) steht deshalb dem Abzug von **Krankheitskosten** als außergewöhnliche Belastungen nicht entgegen (BFH-Urteil vom 11.11.2010, BStBl 2011 II S. 969). Nicht anzurechnen sind bei **Krankenhauskosten** die so genannten Krankentagegelder, die von einer Versicherung gezahlt werden; dagegen sind die Leistungen aus einer Krankenhaustagegeldversicherung bis zur Höhe der durch einen Krankenhausaufenthalt verursachten Kosten anzurechnen (BFH-Urteil vom 22.10.1971, BStBl 1972 II S. 177). Das aus einer privaten **Pflegezusatzversicherung** bezogene Pflege(tage)geld mindert die abziehbaren Pflegekosten (BFH-Urteil vom 14.4.2011, BStBl II S. 701).

Das die Aufwendungen auslösende Ereignis muss zudem **außergewöhnlich** sein, d. h., dem Steuerpflichtigen müssen größere Aufwendungen als der überwiegenden Mehrzahl der Steuerpflichtigen gleicher Einkommens-, Vermögens- und Familienverhältnisse erwachsen (vgl. H 33.1–33.4 – Außergewöhnlich – EStH).

Das Ereignis und die Beseitigung seiner Folgen müssen darüber hinaus für den Steuerpflichtigen **zwangsläufig** sein, d. h., er muss sich ihnen aus **rechtlichen, tatsächlichen** oder **sittlichen Gründen** nicht entziehen können (vgl. H 33.1–33.4 – Rechtliche Pflicht, Sittliche Pflicht – EStH).

Operationskosten sind mangels **Zwangsläufigkeit** nicht als außergewöhnliche Belastungen abziehbar, wenn die Operation trotz einer Kostenübernahmezusage der Krankenkasse in einem Vertragskrankenhaus aufgrund einer freiwilligen Entscheidung des Steuerpflichtigen im Ausland durchgeführt wird (FG München vom 14.9.2021, 6 K 2485/20, EFG 2022 S. 43 – rkr.). Zum Nachweis der **Zwangsläufigkeit** bei **Krankheitskosten** vgl. Tz 5.5.4. Ist bei Krankheitskosten der Nachweis der Zwangsläufigkeit nach § 64 EStDV erbracht, ist die Zwangsläufigkeit der Aufwendungen nicht dadurch ausgeschlossen, dass der Steuerpflichtige seiner **Krankenversicherungspflicht** nicht nachkommt. Bei Nichtinanspruchnahme einer bestehenden Krankenversicherung, um z. B. in den Genuss einer **Beitragsrückerstattung** der Krankenversicherung zu kommen, sind die selbst getragenen Krankheitskosten dagegen mangels Zwangsläufigkeit keine außergewöhnliche Belastungen (FG Hamburg vom 26.8.2004, VI 167/02, EFG 2005 S. 444; FG Rheinland-Pfalz vom 31.1.2012, 2 V 1883/11, DStRE 2013 S. 467; FG Münster vom 17.11.2014, 5 K 149/14 E; FG Berlin-Brandenburg vom 19.4.2017, 11 K 11327/16, EFG 2017 S. 1265 – rkr.; FG Niedersachsen vom 20.2.2019, 9 K 325/16, EFG 2019 S. 712). Dagegen kann ein mit einer privaten Krankenversicherung vertraglich vereinbarter und vom Steuerpflichtigen getragener **Selbstbehalt** – nach Abzug der zumutbaren Belastung – als außergewöhnliche Belastungen anerkannt werden (BFH-Urteil vom 1.6.2016, BStBl 2017 II S. 55).

Vorgänge, die ausschließlich auf der **reinen Vermögensebene** liegen, können im Rahmen des § 33 EStG grds. **nicht** berücksichtigt werden (z. B. die Bezahlung von Schulden, die den Erben als solchen betreffen, oder Prozesskosten aus Anlass eines Erbstreits). Dagegen können Kosten zur **Beseitigung** von **Schäden** an einem Vermögensgegenstand (z. B. Wasserschaden im selbst bewohnten Einfamilienhaus) eine außergewöhnliche Belastung i. S. von § 33 EStG darstellen. Voraussetzung dafür ist, dass der Vermögensgegenstand für den Steuerpflichtigen von existenziell wichtiger Bedeutung ist, keine Anhaltspunkte für ein Verschulden des Steuerpflichtigen erkennbar und realisierbare Ersatzansprüche gegen Dritte nicht gegeben sind (vgl. H 33.1–33.4 – Vermögensebene – EStH). Außerdem darf das schädigende Ereignis nicht länger als drei Jahre zurückliegen (vgl. R 33.2 Nr. 8 EStR). Eine Berücksichtigung scheidet aber dann aus, wenn der Steuerpflichtige zumutbare Schutzmaßnahmen unterlassen oder eine allgemein zugängliche und übliche Versicherungsmöglichkeit nicht wahrgenommen hat (BFH-Urteil vom 6.5.1994, BStBl 1995 II S. 104). Dies gilt grds. auch, wenn lebensnotwendige Vermögensgegenstände, wie **Hausrat** und **Kleidung**, wiederbeschafft werden müssen (BFH-Urteil vom 26.6.2003, BStBl 2004 II S. 47). Das Fehlen einer sog. **Elementarschadensversicherung** ist jedoch unschädlich; diese stellt keine allgemein zugängliche und übliche Versicherungsmöglichkeit i. S. des R 33.2 Nr. 7 EStR dar.

Die Erlangung eines **Gegenwerts** schließt insoweit die Belastung des Steuerpflichtigen grds. aus. Ein Gegenwert liegt vor, wenn der betreffende Gegenstand oder die bestellte Leistung eine gewisse Marktfähigkeit besitzen, die in einem bestimmten Verkehrswert zum Ausdruck kommt (BFH-Urteile vom 4.3.1983, BStBl II S. 378 und vom 29.11.1991, BStBl 1992 II S. 290). Die etwaige Erlangung eines Gegenwerts kann aber aufgrund besonderer Umstände in den Hintergrund treten, z. B. bei unausweichlichen Aufwendungen für den behindertengerechten Umbau eines Hauses (vgl. Tz 5.5.6.10 unter »Behindertengerechte Ausstattung«) oder beim Austausch gesundheitsgefährdender Gegenstände des existenznotwendigen Bedarfs (BFH-Urteil vom 11.11.2010, BStBl 2011 II S. 966, Rz 26 der Urteilsgründe). Bei der Beseitigung eingetretener Schäden an einem Vermögensgegenstand, der für den Steuerpflichtigen von existenziell wichtiger Bedeutung ist, ergibt sich ein Gegenwert nur hinsichtlich von Wertverbesserungen, nicht jedoch hinsichtlich des verlorenen Aufwandes (BFH-Urteil vom 6.5.1994, BStBl 1995 II S. 104).

Aufwendungen, die zu den **Betriebsausgaben**, **Werbungskosten** oder **Sonderausgaben** gehören, sind auch dann **keine** außergewöhnliche Belastung, wenn sie sich steuerlich tatsächlich nicht ausgewirkt haben (BFH-Urteile vom 29.11.1991, BStBl 1992 II S. 290 und 293). Ein gesetzliches Abzugsverbot besteht darüber hinaus für Aufwendungen, die durch eine **Diätverpflegung** entstehen, sowie für **Prozesskosten** (§ 33 Abs. 2 Satz 3 und 4 EStG; vgl. Tz 5.5.6.46 unter »Prozesskosten«).

5.5.4 Nachweis der Zwangsläufigkeit bei Krankheitskosten

5.5.4.1 Allgemeine Grundsätze

Für den **Nachweis** der Zwangsläufigkeit, die Notwendigkeit und Angemessenheit von **Krankheitskosten** ist weiter § 64 Abs. 1 EStDV zu beachten und dem Finanzamt auf **Anforderung** entsprechende Belege auf elektronischem Weg oder in Kopie vorzulegen (vgl. Vorbemerkungen Tz 14.1).

Nach § 64 Abs. 1 EStDV sind die folgenden drei **Fallgruppen** zu unterscheiden:

1. Für **Arznei-**, **Heil-** und **Hilfsmittel** i. S. der §§ 2, 23, 31 bis 33 SGB V ist der Nachweis der medizinischen Notwendigkeit grds. durch eine **Verordnung** eines **Arztes** oder **Heilpraktikers** zu führen. Dies gilt auch für nicht verschreibungspflichtige Medikamente. Der zu erbringende Nachweis muss **vor** Beginn der Heilmaßnahme oder dem Erwerb des medizinischen Hilfsmittels ausgestellt worden sein (§ 64 Abs. 1 Satz 2 EStDV).

Sofern Arzneimittel per **elektronischem Rezept (E-Rezept)** verordnet wurden, genügt als Nachweis der Zwangsläufigkeit der **Kassenbeleg** der Apotheke, die **Rechnung** der Online-Apotheke oder bei Versicherten mit einer privaten Krankenversicherung alternativ der **Kostenbeleg** der Apotheke (BMF-Schreiben vom 26.11.2024, BStBl I S. 1429), wenn darauf folgende Angaben vermerkt sind:

- Name der versicherten Person,
- Art der Leistung (z. B. Name des Arzneimittels),
- (Zuzahlungs-)Betrag,
- Art des Rezeptes (z. B. Rezept mit Gebühr, grünes Rezept oder Privatrezept).

Die zusätzliche Vorlage der ärztlichen Verordnung oder der Verordnung eines Heilpraktikers ist dann nicht erforderlich.

Wurde die Notwendigkeit einer **Sehhilfe** durch einen Augenarzt festgestellt, genügt die Folgerefraktionsbestimmung durch einen Augenoptiker. Bei Aufwendungen für eine **Augen-Laser-Operation** ist die Vorlage eines amtsärztlichen Attests nicht erforderlich (vgl. R 33.4 Abs. 1 Satz 2 EStR).

Bei Aufwendungen für eine **Bewegungstherapie** (z. B. Funktionstraining im Bewegungsbad, Krankengymnastik und Gerätetraining) ist zur Berücksichtigung als außergewöhnliche Belastungen für jede durchgeführte Einzelmaßnahme deren Zwangsläufigkeit durch eine Verordnung eines Arztes oder Heilpraktikers nachzuweisen. Eine pauschale ärztliche Bescheinigung, nach der die beschriebenen Maßnahmen benötigt oder angeraten werden, reicht nicht aus (FG Köln vom 30.1.2019, 7 K 2297/17, EFG 2019 S. 1451 – rkr.). Aufwendungen für die **Mitgliedschaft** in einem **Fitnessstudio** erwachsen dem Steuerpflichtigen nicht zwangsläufig und können daher **nicht** als außergewöhnliche Belastungen berücksichtigt werden (BFH-Urteil vom 24.11.2024, BStBl 2025 II S. 348). Dies gilt nach Auffassung des BFH selbst dann, wenn die Teilnahme an einem im Fitnessstudio angebotenen, ärztlich verordneten Funktionstraining die Mitgliedschaft in dem Fitnessstudio voraussetzt.

Bei einer andauernden Erkrankung mit anhaltendem Verbrauch bestimmter Arznei-, Heil- und Hilfsmittel reicht die **einmalige Vorlage** einer Verordnung aus. Als Nachweis der angefallenen Krankheitsaufwendungen kann auch die Vorlage der **Erstattungsmitteilungen** der privaten Krankenversicherung oder der **Beihilfebescheid** einer Behörde ausreichen. Diese Erleichterung entbindet den Steuerpflichtigen aber nicht von der Verpflichtung, in Einzelfällen die Zwangsläufigkeit, Notwendigkeit und Angemessenheit nicht erstatteter Aufwendungen dem Finanzamt auf Verlangen nachzuweisen (vgl. R 33.4 Abs. 1 EStR).

2. Die Vorlage eines **vor** Kauf oder Behandlung ausgestellten **amtsärztlichen Gutachtens** oder einer ärztlichen **Bescheinigung** eines **Medizinischen Dienstes** der Krankenversicherung (§ 275 SGB V) ist weiterhin für folgende Maßnahmen erforderlich:
   a) Für **Bade-** oder **Heilkuren**; bei Vorsorgekuren muss auch die Gefahr einer durch die Kur abzuwendenden Krankheit, bei einer Klimakur der medizinisch angezeigte Kurort und die voraussichtliche Kurdauer bescheinigt werden,
   b) für eine **psychotherapeutische Behandlung**; die Fortführung einer Behandlung nach Ablauf der Bezuschussung durch die Krankenversicherung steht einem Behandlungsbeginn gleich,
   c) für eine medizinisch erforderliche auswärtige Unterbringung eines an **Legasthenie** oder einer anderen Behinderung leidenden **Kindes** des Steuerpflichtigen,
   d) für die Notwendigkeit der Betreuung des Steuerpflichtigen durch eine **Begleitperson**, sofern sich diese nicht bereits aus dem Nachweis der Behinderung nach § 65 Abs. 1 Nr. 1 EStDV (z. B. Schwerbehindertenausweis) ergibt,
   e) **medizinische Hilfsmittel**, die als allgemeine Gebrauchsgegenstände des täglichen Lebens i. S. von § 33 Abs. 1 SGB V anzusehen sind,
   f) für wissenschaftlich **nicht** anerkannte Behandlungsmethoden, wie z. B. Frisch- und Trockenzellenbehandlungen, Sauerstoff-, Chelat- und Eigenbluttherapie.
3. Für die Berücksichtigung von **Besuchsfahrten** zu einem für längere Zeit in einem Krankenhaus liegenden Ehegatten/Lebenspartner oder Kind des Steuerpflichtigen ist eine Bescheinigung des behandelnden **Krankenhausarztes** ausreichend. Darin muss der Arzt bestätigen, dass der Besuch des Steuerpflichtigen zur Heilung oder Linderung einer Krankheit entscheidend beitragen kann.

Die zuständigen **Gesundheitsbehörden** haben auf Verlangen des Steuerpflichtigen die für steuerliche Zwecke erforderlichen Gesundheitszeugnisse, Gutachten oder Bescheinigungen auszustellen (§ 64 Abs. 2 EStDV).

5.5.4.2 Einzelfälle zum »qualifizierten Nachweis«

Wurde die Notwendigkeit einer **Kur** offensichtlich im Rahmen der Bewilligung von Zuschüssen oder Beihilfen anerkannt, genügt bei Pflichtversicherten als Nachweis die Bescheinigung der Versicherungsanstalt und bei öffentlich Bediensteten die Bescheinigung der zuständigen Beihilfestelle (vgl. R 33.4 Abs. 1 Satz 7 EStR). Zur Verfassungsmäßigkeit der formellen Anforderungen an den qualifizierten Nachweis bestimmter Krankheitskosten siehe BFH-Urteil vom 19.4.2012, BStBl II S. 577.

Gebrauchsgegenstände des **täglichen Lebens** i. S. von § 33 Abs. 1 SGB V sind nur solche technischen Hilfen, die getragen oder mit sich geführt werden können, um sich im jeweiligen Umfeld zu bewegen, zurechtzufinden und die elementaren Grundbedürfnisse des täglichen Lebens zu befriedigen. Ein **Treppenlift** ist kein medizinisches **Hilfsmittel** i. S. dieser Legaldefinition, sodass für die Zwangsläufigkeit und damit die medizinische Notwendigkeit eines solchen Hilfsmittels kein qualifizierter Nachweis z. B. in Form eines amtsärztlichen Attestes oder Gutachtens des Medizinischen Dienstes der Krankenversicherung erforderlich ist (BFH-Urteil vom 6.2.2014, BStBl II S. 458). Der Steuerpflichtige hat die medizinische Notwendigkeit von medizinischen Hilfsmitteln, die nicht unter § 33 Abs. 1 SGB V fallen und die sowohl von kranken als auch gesunden Menschen angeschafft werden, vielmehr nach den allgemeinen Beweisregelungen nachzuweisen oder glaubhaft zu machen. Insoweit genügt u. U. die Vorlage eines Attestes des behandelnden Facharztes, aus dem sich die medizinische Indikation der Aufwendungen für das Finanzamt nachvollziehbar ergibt. Als Nachweis kommt auch ein Bescheid eines gesetzlichen Trägers der Sozialversicherung oder der Sozialleistungen über die Bewilligung eines pflege- bzw. behinderungsbedingten Zuschusses zu den Aufwendungen für den Treppenlift in Betracht (vgl. R 33.4 Abs. 5 Satz 3 EStR). Das FG Berlin-Brandenburg hat die Anschaffungskosten für eine medizinische **Therapieliege** als allgemeinen Gebrauchsgegenstand des täglichen Lebens i. S. von § 33 Abs. 1 SGB V eingeordnet, da es – entgegen dem o. a. BFH-Urteil vom 6.2.2014 – nicht auf das »Tragenkönnen« oder »Mitsichführenkönnen« ankommt, sondern maßgeblich darauf, ob das technische Hilfsmittel von Gesunden als auch Kranken genutzt werden kann (Urteil vom 20.1.2015, 13 K 13073/14, EFG 2015 S. 923 – rkr.). Die zur Abzugsfähigkeit der Aufwendungen als außergewöhnliche Belastung notwendige Zwangsläufigkeit ist daher durch ein vor dem Erwerb der Liege zu erbringendes amtsärztliches Gutachten oder eine Bescheinigung eines Medizinischen Dienstes der Krankenversicherung nachzuweisen (Anschluss an BSG-Urteil vom 16.9.1999, B 3 KR 1/99).

Für die Anerkennung von Aufwendungen für wissenschaftlich **umstrittene Behandlungsmethoden** hält der BFH die Vorlage einer Verordnung eines Arztes oder Heilpraktikers für ausreichend, wenn es sich dabei um ein **Heilmittel** i. S. des § 2 Abs. 1 Satz 2, § 32 SGB V handelt und darüber hinaus kein Ausschluss vom Leistungsrahmen der gesetzlichen Krankenversicherungen nach § 34 SGB V vorliegt (BFH-Urteil vom 26.2.2014, BStBl II S. 824 zu den Aufwendungen für eine **heileurythmische Behandlung**).

Ein qualifizierter Nachweis in der Form eines vor der Heilmaßnahme ausgestellten amtsärztlichen Gutachtens oder einer ärztlichen Bescheinigung des medizinischen Dienstes ist nach § 64 Abs. 1 Nr. 2 EStDV nur bei krankheitsbedingten Aufwendungen für **wissenschaftlich nicht anerkannte Behandlungsmethoden** erforderlich. Nach Ansicht des FG Rheinland-Pfalz reicht in diesen Fällen auch ein vor der Behandlung ausgestelltes amtsärztliches Attest, in dem der

Amtsarzt die Zwangsläufigkeit der Aufwendungen bestätigt (Urteil vom 4.7.2018, 1 K 1480/16, EFG 2019 S. 279 – rkr.). Wissenschaftlich nicht anerkannt ist eine Behandlungsmethode dann, wenn Qualität und Wirksamkeit nicht dem allgemein anerkannten Stand der medizinischen Erkenntnisse entsprechen (BFH-Urteil vom 26.6.2014, BStBl 2015 II S. 9). Hierzu gehört z. B. eine **Bioresonanztherapie** (FG Köln vom 21.3.2018, 3 K 544/17, EFG 2018 S. 1904 – rkr.). Der BFH stellt für die Frage der wissenschaftlichen Anerkennung und damit der Zwangsläufigkeit der Aufwendungen auf den konkreten **Zeitpunkt** der **Behandlung** des Steuerpflichtigen ab. Die Steuerermäßigung kommt daher nicht in Betracht, wenn sich ein Erkrankter einer noch nicht wissenschaftlichen anerkannten Behandlung unterzieht, die sich erst später in der Wissenschaft durchsetzt. Im Zweifel sollte vor Behandlungsbeginn der Amtsarzt oder der Medizinische Dienst der Krankenkassen konsultiert werden.

Bei einer **Liposuktion** zur Behandlung eines **Lipödems** handelt es sich – jedenfalls seit dem Jahr 2016 – unabhängig vom Stadium der Erkrankung nicht (mehr) um eine wissenschaftlich nicht anerkannte Behandlungsmethode (BFH-Urteil vom 23.3.2023, BStBl II S. 854). Entsprechende Aufwendungen werden daher regelmäßig **ohne** Vorlage eines vor den Operationen erstellten amtsärztlichen Gutachtens oder einer Bescheinigung eines Medizinischen Dienstes der Krankenversicherung als außergewöhnliche Belastung berücksichtigt. Die Finanzverwaltung wendet das o. a. BFH-Urteil vom 23.3.2023 allgemein an (vgl. H 33.1–33.4 – Wissenschaftlich nicht anerkannte Behandlungsmethoden – EStH). Der BFH hat inzwischen auch in den weiteren noch anhängigen Revisionsverfahren seine geänderte Rspr. zur Abzugsfähigkeit der Aufwendungen für eine Liposuktion als außergewöhnliche Belastungen bestätigt (BFH-Urteile vom 10.8.2023, VI R 36/20, BFH/NV 2024 S. 7 und VI R 18/21, BFH/NV 2024 S. 8).

Bei **plastischen Operationen** und anderen Behandlungen im Bereich der **Schönheitspflege** kann bislang aufgrund der abschließenden Aufzählung in § 64 Abs. 1 Nr. 2 EStDV kein amts- oder vertrauensärztliches Attest gefordert werden. Die medizinische Notwendigkeit der Behandlung hat der Steuerpflichtige in diesen Fällen anhand anderer geeigneter Unterlagen nachzuweisen, wobei die Finanzverwaltung ein Attest des behandelnden Arztes allein nicht als ausreichend ansieht. Die Umstände des Einzelfalles sind zu berücksichtigen (Art der Maßnahme, Krankheitsbild, Gründe für die fehlende Erstattung durch die Krankenkasse). Der Nachweis der medizinischen Notwendigkeit gilt stets dann als erbracht, wenn sich die Krankenversicherung oder der Beihilfeträger an den Behandlungskosten beteiligt.

Es bleibt im Übrigen abzuwarten, ob der Gesetzgeber in § 64 Abs. 1 Nr. 2 EStDV den Katalog der Einzelfälle noch erweitert, in denen ein qualifizierter Nachweis vorgelegt werden muss. Der BFH hat zuletzt mit Urteil vom 21.2.2018, BStBl II S. 469 die Verfassungsmäßigkeit der in § 64 Abs. 1 EStDV geregelten Nachweiserfordernisse bestätigt.

5.5.5 Zumutbare Belastung

Der **Höhe** nach setzt die Berücksichtigung außergewöhnlicher Belastungen nach § 33 EStG voraus, dass die Aufwendungen den Umständen nach **notwendig** sind und einen **angemessenen Eigenbetrag** übersteigen. Die Aufwendungen des Steuerpflichtigen werden erst bei Überschreiten der sog. **zumutbaren Belastung** (§ 33 Abs. 3 EStG) berücksichtigt. Liegen die Aufwendungen (z. B. für Krankheitskosten) unterhalb dieser Grenze, wird dem Steuerpflichtigen zugemutet, sie ohne steuerliche Entlastung selbst zu tragen.

Gegen den Abzug einer zumutbaren Belastung bestehen nach ständiger Rspr. des BFH **keine verfassungsrechtlichen** Bedenken (siehe zuletzt u. a. BFH-Urteile vom 2.9.2015, BStBl 2016 II S. 151; vom 29.9.2016, BStBl 2017 II S. 259; vom 19.1.2017, BStBl II S. 684 und vom 25.4.2017, BStBl II S. 949). Der Wortlaut der gesetzlichen Regelung sei eindeutig und differenziere bei der Ermittlung der zumutbaren Belastung nicht zwischen Aufwendungen für Krankheit und Pflege und anderen als außergewöhnliche Belastungen abziehbaren Aufwendungen. Die gegen die v. g. BFH-Urteile erhobenen Verfassungsbeschwerden wurden vom BVerfG nicht zur Entscheidung angenommen (Nichtannahmebeschlüsse vom 23.11.2016, 2 BvR 180/16, vom 6.6.2018, 2 BvR 1936/17, vom 17.9.2018, 2 BvR 1205/17 und vom 18.9.2018, 2 BvR 221/17). Der BFH hat die Verfassungsmäßigkeit des Ansatzes der zumutbaren Belastung im Anschluss daran nochmals bestätigt (BFH-Beschlüsse vom 1.9.2021, VI R 18/19, BFH/NV 2022 S. 13 und vom 4.11.2021, VI R 48/18, BFH/NV 2022 S. 120). Dies gelte auch für Krankheitskosten, die aufgrund eines vereinbarten Selbstbehalts von der privaten Krankenversicherung nicht erstattet werden. Der BFH sieht durch den Ansatz der zumutbaren Belastung bei beihilfefähigen Krankheitskosten zudem keine Benachteiligung von Steuerpflichtigen ohne Beihilfeanspruch gegenüber beihilfeberechtigten Beschäftigten im öffentlichen Dienst. Das BVerfG hat die gegen den v. g. BFH-Beschluss vom 1.9.2021, VI R 18/19 eingelegte Verfassungsbeschwerde inzwischen mit Beschluss vom 15.11.2023, 2 BvR 1579/22 ebenfalls nicht zur Entscheidung angenommen.

Als Reaktion auf die v. g. Rspr. hat die Finanzverwaltung den bisherigen **Vorläufigkeitsvermerk** zum Ansatz der zumutbaren Belastung in den Steuerbescheiden **aufgehoben** (BMF-Schreiben vom 28.3.2022, BStBl I S. 203 und zur Zurückweisung der insoweit anhängigen Einsprüche und offenen Änderungsanträge eine entsprechende **Allgemeinverfügung** erlassen (gleichlautender Ländererlass vom 7.4.2022, BStBl I S. 320).

Es ist inzwischen noch eine weitere Verfassungsbeschwerde eingelegt worden, über deren Annahme das BVerfG noch nicht entschieden hat (Az. beim BVerfG: 2 BvR 1554/23; Vorinstanz: o. a. BFH-Beschluss vom 4.11.2021, VI R 48/18). Gegen den Steuerbescheid sollte daher aufgrund des fehlenden Vorläufigkeitsvermerks weiter **Einspruch** eingelegt werden, wenn die als außergewöhnliche Belastungen geltend gemachten Aufwendungen um die zumutbare Belastung nach § 33 Abs. 3 EStG gekürzt wurden. Unabhängig von den Erfolgsaussichten ruhen die Einsprüche aufgrund dieses neuen Verfahrens kraft Gesetzes (§ 363 Abs. 2 Satz 2 AO).

Bemessungsgrundlage für die **Berechnung** der zumutbaren Belastung ist der **Gesamtbetrag** der **Einkünfte**. Die zumutbare Belastung wird in **drei Stufen** mit folgenden vom Familienstand und der Kinderzahl abhängigen Prozentsätzen berechnet:

Bei einem Gesamtbetrag der Einkünfte	**bis 15 340 €**	**über 15 340 € bis 51 130 €**	**über 51 130 €**
1. bei Steuerpflichtigen ohne Kinder, bei denen die ESt erhoben wird			
a) nach dem Grundtarif	5 %	6 %	7 %
b) nach dem Splittingtarif	4 %	5 %	6 %
2. bei Steuerpflichtigen mit			
a) einem Kind oder zwei Kindern	2 %	3 %	4 %
b) drei oder mehr Kindern	1 %	1 %	2 %

Als Kinder des Steuerpflichtigen zählen Kinder, für die er einen Anspruch auf einen (vollen oder halben) **Freibetrag für Kinder** (§ 32 Abs. 6 EStG) oder **Kindergeld** hat. Wegen Einzelheiten zur Kinderberücksichtigung vgl. Tz 9 unter Erläuterungen zur Anlage Kind. Bei einer Übertragung des halben Kinderfreibetrags auf den anderen Elternteil ist zu beachten, dass das Kind beim übertragenden Elternteil bei der Berechnung der zumutbaren Belastung nicht mehr berücksichtigt wird (vgl. Tz 9.10.1.8).

Mit Urteil vom 19.1.2017, BStBl II S. 684 hat der BFH die bisherige **Berechnungsweise** der zumutbaren Belastung, wonach der für den errechneten Gesamtbetrag der Einkünfte der in der o. a. Tabelle ausgewiesene Prozentsatz einheitlich angewandt wurde, verworfen. Die Regelung in § 33 Abs. 3 EStG sei nach Ansicht des BFH so zu verstehen, dass nur der Teil des Gesamtbetrags der Einkünfte, der den im Gesetz genannten Grenzbetrag übersteigt, mit dem jeweils höheren Prozentsatz belastet wird. Hiernach ist die zumutbare Belastung in drei Stufen zu ermitteln (Stufe 1 bis 15 340 €, Stufe 2 bis 51 130 €, Stufe 3 über 51 130 €).

BEISPIEL:
Die Eheleute E haben im VZ 2025 Krankheitskosten i. H. von 3 000 € aufgewendet. Ihr Gesamtbetrag der Einkünfte beträgt 60 000 €. Sie haben zwei steuerlich zu berücksichtigende Kinder. Die zumutbare Belastung ist für die Eheleute E nicht mehr einheitlich mit 4 % von 60 000 € = 2 400 €, sondern stufenweise wie folgt zu berechnen:

Stufe 1 bis 15 340 €:	15 340 € × 2 %	306,80 €
Stufe 2 bis 51 130 €:	51 130 € ./. 15 340 € = 35 790 € × 3 %	1 073,70 €
Stufe 3 über 51 130 €:	60 000 € ./. 51 130 € = 8 870 € × 4 %	354,80 €
Summe		1 735,30 €
zumutbare Belastung insgesamt (abgerundet)		**1 735 €**

Aufgrund der stufenweisen Berechnung der zumutbaren Belastung werden bei den Eheleuten E Krankheitskosten i. H. von 1 265 € (3 000 € ./. 1 735 €) als außergewöhnliche Belastungen steuermindernd berücksichtigt, also gegenüber der bisherigen Berechnungsweise zusätzlich 665 € (1 265 € ./. 600 €).

5.5.6 Einzelfälle außergewöhnlicher Belastungen (ABC)

5.5.6.1 Adoption

Aufwendungen im Zusammenhang mit einer **Adoption** eines Kindes (auch im Ausland) sind **keine** zwangsläufigen außergewöhnlichen Belastungen (BFH-Urteil vom 10.3.2015, BStBl II S. 695; die gegen dieses Urteil von den Klägern eingelegte Verfassungsbeschwerde wurde durch Beschluss des BVerfG vom 1.10.2015, 2 BvR 1208/15 nicht zur Entscheidung angenommen; FG Münster vom 25.6.2024, 14 K 1085/23 E, EFG 2024 S. 1678 – rkr.).

5.5.6.2 Anonyme Alkoholiker

Kosten, die einem Steuerpflichtigen durch den Besuch einer Gruppe der »**Anonymen Alkoholiker**« entstehen, werden als außergewöhnliche Belastung berücksichtigt, wenn die Teilnahme an den Gruppentreffen als therapeutische Maßnahme zur Heilung von Trunksucht medizinisch indiziert ist. Der Nachweis dieser Voraussetzungen ist durch ein vor Beginn der Therapie ausgestelltes **amtsärztliches Zeugnis** zu erbringen (vgl. Tz 5.5.4), das auch die voraussichtliche Dauer der empfohlenen Teilnahme an der Gruppentherapie enthält (BFH-Urteil vom 13.2.1987, BStBl II S. 427).

5.5.6.3 Asbestsanierung

Aufwendungen für die **Asbestsanierung** der Außenfassade eines eigengenutzten Wohnhauses können als außergewöhnliche Belastung zu berücksichtigen sein, wenn eine Sanierung zur Beseitigung einer von der Fassade ausgehenden **konkreten Gesundheitsgefährdung** infolge der Freisetzung von Asbestfasern in das Innere des Hauses unverzüglich erforderlich ist (BFH-Urteile vom 9.8.2001, BStBl 2002 II S. 240 und vom 23.5.2002, BStBl II S. 592); vgl. H 33.1–33.4 – Gesundheitsgefährdung – EStH. Bei der Beseitigung konkreter von einem Gegenstand des existenznotwendigen Bedarfs ausgehender Gesundheitsgefahren ist nach Ansicht des BFH ein vor Durchführung dieser Maßnahmen erstelltes technisches Gutachten **nicht** erforderlich (BFH-Urteil vom 29.3.2012, BStBl II S. 570). Gleichwohl hat der Steuerpflichtige nachzuweisen, dass er sich den Aufwendungen aus tatsächlichen Gründen nicht entziehen konnte.

Der Grund für die Sanierung darf allerdings weder beim Erwerb des Grundstücks erkennbar gewesen noch vom Grundstückseigentümer verschuldet worden sein. Auch muss der Steuerpflichtige realisierbare Ersatzansprüche gegen Dritte verfolgen, bevor er seine Aufwendungen steuerlich geltend machen kann, und er muss sich den aus der Erneuerung ergebenden Vorteil (»Neu für Alt«) anrechnen lassen; vgl. Tz 5.5.6.47 unter »Sanierungsaufwendungen für ein selbstgenutztes Gebäude«.

5.5.6.4 Asyl

Aus der Anerkennung als **Asylberechtigter** kann nicht ohne Weiteres auf ein unabwendbares Ereignis für den Verlust von **Hausrat** und **Kleidung** geschlossen werden (BFH-Urteil vom 26.4.1991, BStBl II S. 755).

5.5.6.5 Auflagen

Bei einer **Einstellung** eines **Strafverfahrens** nach § 153 a Abs. 2 StPO sind Aufwendungen zur Erfüllung von **Auflagen** nicht als außergewöhnliche Belastung zu berücksichtigen (BFH-Urteil vom 19.12.1995, BStBl 1996 II S. 197).

5.5.6.6 Aussiedlung

Aufwendungen für die **Wiederbeschaffung** von **Hausrat** oder **Kleidung** bei **Aussiedlung** oder **Übersiedlung** können nicht als außergewöhnliche Belastung anerkannt werden, es sei denn, es wird im Einzelfall ein unabwendbares Ereignis für die Aussiedlung oder Übersiedlung glaubhaft gemacht; vgl. Tz 5.5.6.32 unter »Hausrat und Kleidung«.

5.5.6.7 Außenseitermethoden

Aufwendungen für **Außenseitermethoden** zur Heilung oder Linderung einer Krankheit können zwangsläufig erwachsen, wenn der Steuerpflichtige an einer Erkrankung mit einer nur noch begrenzten Lebenserwartung leidet, die nicht mehr auf eine kurative Behandlung anspricht. Dies gilt selbst dann, wenn sich der Steuerpflichtige für eine aus schulmedizinischer oder naturheilkundlicher Sicht nicht anerkannte alternative Heilmethode (z. B. eine immunbiologische Krebsabwehrtherapie) entscheidet. Zum Nachweis der medizinischen Notwendigkeit vgl. Tz 5.5.4. Voraussetzung für den Abzug der Aufwendungen als außergewöhnliche Belastungen ist aber, dass die Behandlung von einer Person vorgenommen wird, die zur Ausübung der Heilkunde zugelassen ist (BFH-Urteil vom 2.9.2010, BStBl 2011 II S. 119).

5.5.6.8 Aussteuer

Zuwendungen der Eltern an die Kinder mit Rücksicht auf ihre Verheiratung oder zur Erlangung einer selbständigen Lebensstellung fallen unter den bürgerlich-rechtlichen Begriff der Ausstattung (Aussteuer). Für die Gewährung einer **Aussteuer** besteht für die Eltern keine rechtliche, sondern allenfalls eine sittliche Verpflichtung. Eine Berücksichtigung als außergewöhnliche Belastungen scheidet regelmäßig im Hinblick auf die fehlende Zwangsläufigkeit aus.

Aussteueraufwendungen für eine heiratende Tochter sind auch dann keine außergewöhnliche Belastung, wenn die Eltern ihrer Tochter keine Berufsausbildung ermöglicht haben (BFH-Urteil vom 3.6.1987, BStBl II S. 779). Der BFH verneinte in diesem Urteil eine sittliche Verpflichtung der Eltern zur Aussteuergewährung, obwohl die Tochter bis zu ihrer Eheschließung lediglich den Realschulabschluss erreicht hatte.

5.5.6.9 Ayur-Veda-Behandlung

Kosten für eine **Ayur-Veda-Behandlung** können nur dann als außergewöhnliche Belastung berücksichtigt werden, wenn die medizinische Notwendigkeit dieser Behandlung durch ein **vor** ihrem Beginn erstelltes amtsärztliches Attest nachgewiesen ist (BFH-Urteil vom 1.2.2001, BStBl II S. 543); vgl. Tz 5.5.4.

5.5.6.10 Behindertengerechte Ausstattung

Aufwendungen für den **behindertengerechten Umbau** oder **Neu-** 29
bau einer Wohnung oder eines Hauses können im VZ des Abflusses als außergewöhnliche Belastungen anzuerkennen sein, ohne dass sich der Steuerpflichtige eine Wertsteigerung als »**Gegenwert**« anrechnen lassen muss (vgl. H 33.1–33.4 – Behindertengerechte Ausstattung – EStH). Der BFH hält es zudem nicht für erforderlich, dass die Behinderung auf einem unvorhersehbaren Ereignis beruht und deshalb ein schnelles Handeln des Steuerpflichtigen oder seiner Angehörigen geboten ist (Urteil vom 24.2.2011, BStBl II S. 1012).

Mithin sind auch langfristig geplante bauliche Maßnahmen begünstigt (z. B. im Zuge der Modernisierung einer Alt-Immobilie wird ein Anbau behindertengerecht für ein behindertes Kind umgebaut). Weitere **Beispiele** für steuerlich begünstigte Umbaukosten:

- Einbau einer Rollstuhlrampe, Badvergrößerung, Umbau des Schlafzimmers und Türverbreiterungen aufgrund der Behinderung nach einem Schlaganfall (BFH-Urteil vom 22.10.2009, BStBl 2010 II S. 280) einschließlich der durch den Umbau notwendig gewordenen Folgekosten, wie z. B. Aufwendungen für eine neue Duschtür, neue Wandfliesen und Armaturen (Urteil des FG Baden-Württemberg vom 19.3.2014, 1 K 3301/12, EFG 2015 S. 406 – rkr.);
- Einbau eines **Treppenlifts** bei Gehbehinderung (BFH-Urteil vom 5.10.2011, VI R 14/11, BFH/NV 2012 S. 39) oder eines Treppenschräglifts nach unfallbedingter Querschnittslähmung des volljährigen Kindes (BFH-Urteil vom 30.10.2008, III R 97/06, BFH/NV 2009 S. 728).
- Aufwendungen für die Anschaffung von Spezial-**Rauchmeldern** für gehörlose Menschen und **Hausnotrufsystemen**; die laufenden Aufwendungen des Betriebs dieser Geräte können allerdings nur im Rahmen des § 33b EStG berücksichtigt werden (vgl. Tz 5.2.1.6).

Die begünstigten Aufwendungen können in den **Zeilen 29** und **30** geltend gemacht werden. Ggf. erhaltene Versicherungsleistungen, Unterstützungen oder Beihilfen sind auf die abzugsfähigen Aufwendungen anzurechnen und deshalb in **Zeile 31** gesondert anzugeben (vgl. Tz 5.5.1).

Aufwendungen, die in erster Linie Folge des frei gewählten Wohnflächenbedarfs oder des Konsumverhaltens des Steuerpflichtigen geschuldet sind, entstehen **nicht** zwangsläufig i. S. des § 33 EStG. Dementsprechend hat der BFH die Mehrkosten für die Anschaffung eines größeren **Grundstücks** zum Bau eines behindertengerechten Bungalows nicht als außergewöhnliche Belastungen anerkannt (Urteil vom 17.7.2014, BStBl II S. 931), ebenso nicht die Aufwendungen für den behindertengerechten Umbau einer **Motoryacht** (BFH-Beschluss vom 2.6.2015, BStBl II S. 775). Die Aufwendungen für die behindertengerechte Umgestaltung eines **Gartens** sind nur dann als außergewöhnliche Belastungen anzuerkennen, wenn dem behinderten Steuerpflichtigen der Zugang zum Garten und damit dessen Nutzung dem Grunde nach ermöglicht werden soll. Ist dagegen der Zugang zum Garten bereits gewährleistet, sind Aufwendungen für einen behindertengerechten Umbau eines zum selbst genutzten Einfamilienhaus gehörenden Gartens **keine** außergewöhnlichen Belastungen, da diese nicht zwangsläufig erwachsen (BFH-Urteil vom 26.10.2022, BStBl 2023 II S. 372). Die Aufwendungen hierfür sind nach Ansicht des BFH nicht vornehmlich einer Krankheit oder Behinderung geschuldet, sondern in erster Linie Folge eines frei gewählten Freizeit-/Konsumverhaltens.

Für den **Nachweis** der Zwangsläufigkeit der Aufwendungen ist die Vorlage folgender Unterlagen ausreichend (vgl. R 33.4 Abs. 5 Satz 3 EStR):

- der Bescheid eines gesetzlichen Trägers der Sozialversicherung oder der Sozialleistungen über die Bewilligung eines pflege- bzw. behinderungsbedingten Zuschusses (z. B. zur Verbesserung des individuellen Wohnumfeldes nach § 40 Abs. 4 SGB XI) oder
- das Gutachten des Medizinischen Dienstes der Krankenversicherung (MDK), des Sozialmedizinischen Dienstes (SMD) oder der Medicproof Gesellschaft für Medizinische Gutachten mbH.

Ein **Treppenlift** ist kein Hilfsmittel i. S. des § 33 Abs. 1 SGB V, sodass für die Zwangsläufigkeit und damit die medizinische Notwendigkeit eines solchen Hilfsmittels kein qualifizierter Nachweis z. B. in Form eines amtsärztlichen Attestes oder Gutachtens des MDK erforderlich ist (vgl. Tz 5.5.4). Entsprechendes dürfte für die o. g. Anschaffungskosten von Spezial-**Rauchmeldern** und von **Hausnotrufsystemen** gelten.

Als außergewöhnliche Belastungen können nur die auf die krankheits- oder behindertengerechte Ausgestaltung des individuellen Wohnumfelds beruhenden **Mehr**kosten berücksichtigt werden; diese sind ggf. durch ein Sachverständigengutachten näher zu spezifizieren. Das FG München erkennt auch eine zu zahlende **»Mehrmiete«** infolge des behindertengerechten Umbaus eines Anwesens als außergewöhnliche Belastungen an (Urteil vom 27.10.2022, 10 K 3292/18, EFG 2024 S. 15 – unstreitig, siehe BFH-Urteil vom 17.6.2025, VI R 15/23, Rn 33 und 34).

Die durch die Behinderung entstandenen reinen Umbaumehrkosten sind im **Jahr** der **Verausgabung** grds. in voller Höhe abzuziehen und **nicht** auf die Nutzungsdauer zu verteilen. Dies gilt unabhängig davon, ob diese aus eigenen oder fremden Mitteln bestritten werden. Wirken sich außergewöhnliche Belastungen in dem VZ, in dem sie geleistet werden, mangels eines hinreichenden Gesamtbetrags der Einkünfte nicht aus, sieht das Gesetz **keine** Möglichkeit vor, den restlichen Betrag in einen anderen VZ zu übertragen oder ähnlich den Regelungen in § 82b EStDV zu verteilen; auch ein Vor- oder Rücktrag analog § 10d EStG, der nur für Einkünfte anzuwenden ist, kommt für außergewöhnliche Belastungen nicht in Betracht. Eine abweichende Steuerfestsetzung nach § 163 AO ist atypischen Ausnahmefällen vorbehalten; sie kommt nicht bereits dann in Betracht, wenn sich Aufwendungen im VZ der Verausgabung nicht in vollem Umfang steuermindernd ausgewirkt haben (BFH-Beschluss vom 12.7.2017, BStBl II S. 979; vgl. R 33.4 Abs. 5 Satz 2 EStR). Die gegen diesen BFH-Beschluss eingelegte Verfassungsbeschwerde hat das BVerfG durch Beschluss vom 12.6.2018, 1 BvR 33/18 nicht zur Entscheidung angenommen.

Für den Teil der behinderungsbedingten Umbaukosten, der **41**
durch den Ansatz der **zumutbaren Belastung** nicht als außergewöhnliche Belastungen berücksichtigt wird, kann in **Zeile 41** eine Steuerermäßigung für Handwerkerleistungen nach § 35a Abs. 3 EStG beantragt werden (vgl. Tz 5.5.1).

5.5.6.11 Bekleidung und Ernährung

Mehraufwendungen, die Steuerpflichtigen mit überdurchschnittlicher Körpergröße (**»lange Menschen«**) durch ihre körperliche Beschaffenheit erwachsen (z. B. Kleidung und Ernährung), können nicht als außergewöhnliche Belastung berücksichtigt werden. Die Kosten für Bekleidung und Ernährung sind je nach den persönlichen Verhältnissen sehr unterschiedlich. Es besteht daher keine Möglichkeit, im Einzelfall den Normalbedarf und damit auch die Mehrkosten zu ermitteln (BFH-Urteil vom 21.6.1963, BStBl III S. 381). Dasselbe gilt für Aufwendungen, die infolge krankheitsbedingter starker Gewichtsabnahme für die Änderung oder Neuanschaffung von Kleidung entstehen.

5.5.6.12 Bestattungskosten

Bestattungskosten für Angehörige gehören zu den Nachlassverbind- **32–35**
lichkeiten. Sie stellen wegen des Zusammenhangs mit dem durch Erbgang erworbenen Vermögen beim Erben grds. keine außergewöhnliche Belastung dar, soweit sie den Gesamtwert des Nachlasses und etwaige Versicherungsleistungen nicht übersteigen (BFH-Urteile vom 24.7.1987, BStBl II S. 715; vom 4.4.1989, BStBl II S. 779 und vom 21.2.2018, BStBl II S. 469). Das gilt auch für einen Steuerpflichtigen, der seinen Ehegatten/Lebenspartner beerbt. Nicht stpfl. Leistungen aus einer **Sterbegeldversicherung** oder aus einer **Kapitallebensversicherung** sind auf die als außergewöhnliche Belastung anzuerkennenden Bestattungskosten anzurechnen (BFH-Urteile vom 19.10.1990, BStBl 1991 II S. 140 und vom 22.2.1996, BStBl II S. 413). Einkommensteuerpflichtige **Sterbegeldbezüge** aus öffentlichen Kassen führen dagegen **nicht** zu einer Kürzung der nach § 33 EStG abzugsfähigen Bestattungskosten (BFH-Urteil vom 15.6.2023, BStBl II S. 1031).

Die als außergewöhnliche Belastungen abzugsfähigen Bestattungskosten können in den **Zeilen 32** und **33** geltend gemacht werden. Die hiervon abzuziehenden Versicherungsleistungen, Beihilfen, Unterstützungen usw. sind in **Zeile 34** anzugeben. Der auf die Bestattungskosten anzurechnende Gesamtwert des Nachlasses ist gesondert in **Zeile 35** einzutragen (vgl. Tz 5.5.1).

Bei den Kosten der eigentlichen Bestattung eines Angehörigen (Sarg, Blumen, Kränze, Todesanzeigen usw.) einschließlich der Kosten für die **Grabstätte** (beim Tod des Ehegatten/Lebenspartners auch für den Erwerb eines Doppelgrabs) oder für ein angemessenes Grabmal handelt es sich um außergewöhnliche Belastungen, soweit den Beerdigungskosten kein Nachlass und keine Ersatzleistung gegenübersteht. Aufwendungen für die spätere **Grabpflege** und **Grabinstandhaltung** sind aber nicht abzugsfähig. Aufwendungen für die **Sanierung** einer alten **Familiengrabstätte** sind ebenfalls keine außergewöhnliche Belastung (BFH-Urteil vom 22.10.2019, VI R 48/17, BFH/NV 2020 S. 190).

Nur **mittelbar** mit einer Bestattung zusammenhängende Kosten werden mangels Zwangsläufigkeit nicht als außergewöhnliche Belastungen anerkannt. Hierzu gehören insbesondere die Aufwendungen für die **Bewirtung** von **Trauergästen** (BFH-Urteil vom 17.9.1987, BStBl 1988 II S. 130) und die Kosten der **Trauerkleidung** (BFH-Urteil vom 12.8.1966, BStBl 1967 III S. 364). **Reisekosten** für die Teilnahme an der Bestattung eines auswärtigen nahen Angehörigen (Kinder, Eltern, Großeltern, Geschwister) sind ebenfalls **nicht** als außergewöhnliche Belastung anzuerkennen sind (BFH-Urteil vom 17.6.1994, BStBl II S. 754). Das Gleiche gilt für Kosten eines auswärtigen Gräberbesuchs und für den Besuch von Kriegsgräbern im In- und Ausland.

5.5.6.13 Besuchsfahrten

Besuchsfahrten zu dem für längere Zeit in einem **Krankenhaus** liegenden **Ehegatten/Lebenspartner** können ausnahmsweise eine außergewöhnliche Belastung sein, wenn nach dem Attest des behandelnden Krankenhausarztes gerade der Besuch durch den Ehegatten/Lebenspartner zur Heilung oder Linderung einer bestimmten Krankheit entscheidend beitragen kann (BFH-Urteil vom 2.3.1984, BStBl II S. 484); vgl. Tz 5.5.4. Besuchsfahrten zu einem im Krankenhaus befindlichen **minderjährigen Kind** des Steuerpflichtigen werden als außergewöhnliche Belastung berücksichtigt, wenn der Aufenthalt der Eltern am Krankenbett des Kindes für dessen Gesundung aus ärztlicher Sicht nicht nur erwünscht, sondern therapeutisch unentbehrlich ist. Dass diese Voraussetzung vorliegt, ist durch eine Bescheinigung des behandelnden Arztes nachzuweisen (§ 64 Abs. 1 Nr. 3 EStDV). Bei Besuchsfahrten der Eltern zu einem Kleinkind bis zu einem Jahr, das über längere Zeit in einem Krankenhaus stationär behandelt wird, kann auch ohne besonderen ärztlichen Nachweis von der Zwangsläufigkeit der Kosten ausgegangen werden.

5.5.6.14 Betreuer

Vergütungen für einen ausschließlich zur **Vermögenssorge** bestellten **Betreuer** sind keine außergewöhnliche Belastung, sondern ggf. Betriebsausgaben oder Werbungskosten bei den mit dem verwalteten Vermögen erzielten Einkünften (BFH-Urteil vom 14.9.1999, BStBl 2000 II S. 69).

5.5.6.15 Betreute Wohngemeinschaft

Nicht erstattete Kosten für die behinderungsbedingte Unterbringung eines Menschen im arbeitsfähigen Alter in einer **betreuten Wohngemeinschaft** können außergewöhnliche Belastungen sein. Werden die Unterbringungskosten als Eingliederungshilfe teilweise vom Sozialhilfeträger übernommen, kann die Notwendigkeit der Unterbringung unterstellt werden (BFH-Urteil vom 23.5.2002, BStBl II S. 567).

Aufwendungen für die krankheits-, pflege- und behinderungsbedingte Unterbringung in einer nach dem jeweiligen Landesrecht unterliegenden **Pflege-Wohngemeinschaft** sind nach Abzug der Haushaltsersparnis als außergewöhnliche Belastungen zu berücksichtigen. Ausreichend ist, dass der Steuerpflichtige als (Mit-)Bewohner jenseits der Wohnraumüberlassung von einem oder mehreren Leistungsanbietern gemeinschaftlich organisiert Betreuungs-, Pflege- und Versorgungsleistungen bezieht (BFH-Urteil vom 10.8.2023, BStBl II S. 1107).

Im Fall der Unterbringung eines verhaltensauffälligen Jugendlichen in einer sozialtherapeutischen **Wohngruppe** sind die Aufwendungen der Eltern als außergewöhnliche Belastungen abziehbar, wenn durch ein vorher ausgestelltes amts- oder vertrauensärztliches Gutachten nachgewiesen wurde, dass die Verhaltensauffälligkeit krankheitsbedingt und die Unterbringung medizinisch notwendig ist (BFH-Urteil vom 21.4.2005, BStBl II S. 602; vgl. Tz 5.5.4). Dieser nach § 64 Abs. 1 Nr. 2 Satz 2 EStDV vorgeschriebene qualifizierte Nachweis kann im Falle von psychotherapeutischen Behandlungen und der medizinisch erforderlichen auswärtigen Unterbringung eines an einer **Behinderung** leidenden Kindes des Steuerpflichtigen nicht durch andere Unterlagen ersetzt werden (BFH-Urteil vom 15.1.2015, BStBl II S. 586). Ob eine »Behinderung« des Kindes vorliegt und daher die Nachweiserfordernisse des § 64 Abs. 1 Nr. 2 EStDV zu erfüllen sind, ist im Einzelfall anhand der Kriterien des § 2 Abs. 1 SGB IX festzustellen (BFH-Urteil vom 18.6.2015, BStBl 2016 II S. 40). Danach sind Menschen behindert, wenn ihre körperliche Funktion, geistige Fähigkeit oder seelische Gesundheit mit hoher Wahrscheinlichkeit länger als sechs Monate von dem für das Lebensalter typischen Zustand abweichen und daher ihre Teilhabe am Leben in der Gesellschaft beeinträchtigt ist.

5.5.6.16 Betrug

Vergebliche Zahlungen für den Grundstückserwerb und den Bau eines selbst zu nutzenden Einfamilienhauses, zu denen der Steuerpflichtige durch **Betrug** veranlasst worden ist, sind nicht als außergewöhnliche Belastung berücksichtigungsfähig (BFH-Urteil vom 19.5.1995, BStBl II S. 774).

5.5.6.17 Darlehen

Durch **Darlehen** finanzierte außergewöhnliche Belastungen sind bereits im Jahr der Verausgabung der Aufwendungen abziehbar, nicht erst im Jahr der Darlehenstilgung (BFH-Urteil vom 10.6.1988, BStBl II S. 814). **Schuldzinsen** können nur insoweit als außergewöhnliche Belastung berücksichtigt werden, als die Schuldaufnahme durch Aufwendungen veranlasst wurde, die ihrerseits eine Steuerermäßigung nach § 33 EStG begründeten (BFH-Urteil vom 6.4.1990, BStBl II S. 958).

5.5.6.18 Diätverpflegung

Aufwendungen, die durch eine **Diätverpflegung** entstehen, sind gesetzlich vom Abzug als außergewöhnliche Belastung ausgeschlossen (§ 33 Abs. 2 Satz 3 EStG). Ein Abzug kommt auch dann nicht in Betracht, wenn eine ärztliche Verordnung über die Notwendigkeit der Diätverpflegung beigebracht wird oder wenn die Diätverpflegung an die Stelle einer sonst erforderlichen medikamentösen Behandlung tritt (BFH-Urteil vom 21.6.2007, BStBl II S. 880). Das Abzugsverbot der Aufwendungen für eine Diätverpflegung ist verfassungsgemäß (BFH-Urteil vom 4.11.2021, VI R 48/18, BFH/NV 2022 S. 120).

Aufwendungen für ärztlich verordnete **Arzneimittel** i. S. von § 2 des Arzneimittelgesetzes (AMG) werden nach Auffassung des BFH nicht vom dem Abzugsverbot für Diätverpflegung erfasst (BFH-Urteil vom 14.4.2015, BStBl II S. 703). Im Einzelfall müsse aber festgestellt werden, ob es sich bei den eingenommenen Präparaten (im Streitfall: Vitamine und andere Mikronährstoffe) um Nahrungsergänzungsmittel i. S. des § 1 der Nahrungsmittelergänzungsverordnung oder um Arzneimittel i. S. von § 2 AMG handelt. Die Frage, ob ärztlich verordnete **Nahrungsergänzungsmittel** bei Krebserkrankungen vom Abzug als außergewöhnliche Belastungen gesetzlich ausgeschlossen sind, ist Gegenstand eines neuen Revisionsverfahrens (Az. beim BFH: VI R 23/24; abl. Vorinstanz FG München vom 25.7.2024, 15 K 286/23, EFG 2024 S. 1919).

5.5.6.19 Ehescheidung

Prozesskosten sind vom Abzug als außergewöhnliche Belastungen gesetzlich ausgeschlossen (§ 33 Abs. 2 Satz 4 EStG). Dies gilt im Rahmen einer Öffnungsklausel nur dann nicht, wenn der Steuerpflichtige darlegen kann, dass die Rechtsverfolgung für ihn existenziell und lebensnotwendig ist. Davon geht die Finanzverwaltung bei den Kosten des prozessual notwendigen Ehescheidungsverfahrens allerdings nicht aus. Der BFH hat diese Rechtsauffassung in einem Grundsatzurteil vom 18.5.2017, BStBl II S. 988 bestätigt, vgl. Tz 5.5.6.46 unter »Prozesskosten«.

Folgekosten eines **Ehescheidungsverfahrens** (z. B. Gerichtskosten wegen der Herausgabe und Räumung der ehelichen Wohnung, Kosten zur Durchsetzung vermögensrechtlicher Ansprüche) sind weiterhin nicht als außergewöhnliche Belastungen abziehbar (BFH-Urteil vom 20.1.2016, VI R 66/12, BFH/NV 2016 S. 998).

Detektivkosten gehören nicht zu den abzugsfähigen Scheidungskosten (BFH-Urteil vom 8.11.1974, BStBl 1975 II S. 111). Auch Aufwendungen für einen Detektiv in der Zeit des Getrenntlebens vor der Scheidung entstehen grds. nicht zwangsläufig (BFH-Urteil vom 21.2.1992, BStBl II S. 795).

Unterhaltszahlungen (auch in Form von Kapitalabfindungen) und der **Vermögensausgleich** sind nicht als außergewöhnliche Belastungen abzugsfähig. Ausgleichszahlungen im Rahmen des schuldrechtlichen **Versorgungsausgleichs** können aber als Sonderausgaben i. S. des § 10 Abs. 1a Nr. 4 EStG abzugsfähig sein (vgl. Tz 2.7.3). Ausgleichsleistungen, die ein zum Versorgungsausgleich verpflichteter Ehegatte aufgrund einer Vereinbarung nach dem Versorgungsausgleichsgesetz an den anderen Ehegatten leistet, um **Kürzungen** seiner **Versorgungsbezüge** zu vermeiden, sind nicht als Werbungskosten, sondern als Sonderausgaben nach § 10 Abs. 1a Nr. 3 EStG abzugsfähig (vgl. Tz 2.7.4).

5.5.6.20 Eigene Pflegeaufwendungen

–28 Aufwendungen eines Steuerpflichtigen, die ihm infolge seiner **Pflegebedürftigkeit** erwachsen, sind als außergewöhnliche Belastungen nach § 33 EStG berücksichtigungsfähig. Die abzugsfähigen Pflegekosten können in den **Zeilen 26** und **28** geltend gemacht werden. Die auf die Pflegekosten anzurechnende Haushaltsersparnis sowie Leistungen aus der Pflegeversicherung oder Beihilfen sind in **Zeile 29** gesondert anzugeben (vgl. Tz 5.5.1).

Abzugsfähig sind sowohl die Kosten für die Beschäftigung einer ambulanten Pflegekraft und/oder die Inanspruchnahme von Pflegediensten, von Einrichtungen der Tages- oder Nachtpflege, der Kurzzeitpflege oder von nach Landesrecht anerkannten niedrigschwelligen Betreuungsangeboten als auch Aufwendungen zur behinderungsbedingten Unterbringung in der **Pflegestation** eines **Altenheims**, in einem **Altenpflegeheim/Pflegeheim** oder in einer **sozialtherapeutischen Einrichtung** (BFH-Urteil vom 9.12.2010, BStBl 2011 II S. 1011). Die Abziehbarkeit von Pflegeaufwendungen für die eigene häusliche Pflege setzt nicht voraus, dass diese von besonders qualifizierten Fachkräften erbracht wird (FG Baden-Württemberg vom 21.6.2016, 5 K 2714/15, EFG 2016 S. 1258 – rkr.). Aufwendungen wegen Pflegebedürftigkeit können jedoch nur insoweit als außergewöhnliche Belastungen berücksichtigt werden, als die Pflegekosten die Leistungen der **Pflegepflichtversicherung** und das aus einer ergänzenden privaten Pflegekrankenversicherung bezogene **Pflege(tage)geld** übersteigen (BFH-Urteil vom 14.4.2011, BStBl II S. 701).

Die **Pflegebedürftigkeit** kann durch Einstufung in die Pflegegrade 1 bis 5 i. S. des § 15 SGB XI nachgewiesen werden (vgl. R 33.3 Abs. 1 EStR). Pflegekosten von Personen, die nicht zu dem begünstigten Personenkreis gehören und ambulant gepflegt werden, können ohne weiteren Nachweis auch dann als außergewöhnliche Belastungen berücksichtigt werden, wenn sie von einem anerkannten Pflegedienst nach § 89 SBG XI gesondert in Rechnung gestellt werden.

Der BFH hält darüber hinaus Kosten für eine **krankheitsbedingte Heimunterbringung** (z. B. in einem Seniorenheim oder Seniorenwohnstift) als außergewöhnliche Belastung auch dann für abziehbar, wenn **keine** ständige **Pflegebedürftigkeit** besteht und auch keine zusätzlichen Pflegekosten abgerechnet werden (Urteil vom 13.10.2010, BStBl 2011 II S. 1010). Die Kosten sind nach Maßgabe der für Krankheitskosten geltenden Grundsätze als außergewöhnliche Belastungen zu berücksichtigen, soweit sie nicht von der Pflegeversicherung übernommen wurden und sie nicht z. B. aufgrund der Größe des Apartments außerhalb des Rahmens des Üblichen liegen (BFH-Urteil vom 14.11.2013, BStBl 2014 II S. 456; FG Düsseldorf vom 5.4.2016, 10 K 1080/14 E, EFG 2016 S. 911 im 2. Rechtsgang zur Berechnung des nach § 33 EStG abziehbaren Teils der Heimunterbringungskosten). Auf die o. g. Nachweise der Pflegebedürftigkeit kommt es dabei nicht an (vgl. H 33.1–33.4 – Heimunterbringung – EStH). Einschränkend lehnt das FG Niedersachsen die Anwendung des § 33 EStG auf die Kosten eines Steuerpflichtigen für seine Heimunterbringung – trotz Einordnung in Pflegestufe I (ab VZ 2017: Pflegegrad 2) – ab, wenn dieser lediglich aus Altersgründen in ein Wohnstift umgezogen ist und erst während des Heimaufenthalts krank und pflegebedürftig wird (Urteil vom 15.12.2015, 12 K 206/14, EFG 2016 S. 647 – rkr.). In Abgrenzung zu dieser Entscheidung erkennt das FG Niedersachsen die Aufwendungen in einer Wohnanlage für **betreutes Wohnen** wegen Demenz als außergewöhnliche Belastung an, wenn die Heimunterbringung von Beginn an ausschließlich krankheitsbedingt erforderlich war und nicht erst während des Heimaufenthalts eingetreten ist (Urteil vom 20.9.2017, 9 K 257/16, EFG 2018 S. 124 – rkr.).

Zum Ansatz der **Haushaltsersparnis** bei einer nicht nur vorübergehenden Unterbringung in einem Alten- oder Pflegeheim und Auflösung des bisherigen Haushalts vgl. Tz 5.5.6.31 unter »Haushaltsersparnis«.

Eine Berücksichtigung von pflegebedingten Aufwendungen nach § 33 EStG scheidet aus, wenn der Steuerpflichtige einen **Behinderten-Pauschbetrag** nach § 33b Abs. 3 EStG in Anspruch nimmt (vgl. Tz 5.2.1.6). Dies gilt nicht, wenn es sich um das pflegebedürftige Kind eines Steuerpflichtigen handelt und dieser den Pauschbetrag auf sich hat übertragen lassen. In diesen Fällen kann der Steuerpflichtige zusätzlich die Pflegeaufwendungen für sein behindertes Kind nach § 33 EStG geltend machen, weil der Behinderten-Pauschbetrag nur die Aufwendungen des Kindes abgilt (BFH-Urteil vom 11.2.2010, BStBl II S. 621).

Für den Teil der haushaltsnahen Pflegekosten, der durch den **39–40** Ansatz der zumutbaren Belastung nicht als außergewöhnliche Belastung berücksichtigt wird, kann in den **Zeilen 39** und **40** eine Steuerermäßigung nach § 35a Abs. 1 und 2 EStG beantragt werden (vgl. Tz 5.5.1). Da außergewöhnliche Belastungen nur auf Antrag berücksichtigt werden, besteht zudem ein **Wahlrecht**, die **Pflegeaufwendungen** entweder als außergewöhnliche Belastungen allgemeiner Art nach § 33 EStG geltend zu machen oder dafür insgesamt eine Steuerermäßigung für haushaltsnahe Dienstleistungen nach § 35a Abs. 2 EStG zu beantragen. Ab einer (Grenz-) Steuerbelastung von mehr als 20 % dürfte allerdings der Abzug der Pflegeaufwendungen nach § 33 EStG für den Steuerpflichtigen günstiger sein.

5.5.6.21 Eltern-Kind-Verhältnis

Aufwendungen des nicht sorgeberechtigten Elternteils für **Besuche** seiner beim anderen Elternteil lebenden Kinder (**Umgangskosten**) sind **nicht** außergewöhnlich i. S. des § 33 EStG, sondern durch die Regelungen des Familienlastenausgleichs abgegolten (BFH-Urteil vom 27.9.2007, BStBl 2008 II S. 287).

5.5.6.22 Ergänzungspflegervergütung

Wird für einen **Minderjährigen** im Zusammenhang mit einer **Erbauseinandersetzung** die Anordnung einer **Ergänzungspflegschaft** erforderlich, können die an den Ergänzungspfleger gezahlten Vergütungen nicht als außergewöhnliche Belastungen berücksichtigt werden (BFH-Urteil vom 14.9.1999, BStBl 2000 II S. 69).

5.5.6.23 Erpressungsgelder

Erpressungsgelder sind mangels Zwangsläufigkeit nicht als außergewöhnliche Belastung abziehbar, wenn der Erpressungsgrund selbst und ohne Zwang geschaffen worden ist (BFH-Urteil vom 18.3.2004, BStBl II S. 867).

5.5.6.24 Fachliteratur

Aufwendungen für **medizinische Fachliteratur** sind auch dann keine außergewöhnliche Belastung, wenn die Literatur der Entscheidung für eine bestimmte Therapie oder für die Behandlung durch einen bestimmten Arzt dient (BFH-Urteile vom 6.4.1990, BStBl II S. 958 und vom 24.10.1995, BStBl 1996 II S. 88). Diese restriktive Rspr. spricht allerdings kein ausnahmsloses Abzugsverbot für medizinische Fachliteratur aus, was § 33 EStG, der eine Prüfung der Zwangsläufigkeit im Einzelfall gebietet, auch nicht gerecht würde. Vielmehr bleibt es dabei, dass sich die Zwangsläufigkeit aus einer nachgewiesenen konkreten medizinischen Indikation ergeben kann.

5.5.6.25 Fahrtkosten behinderter Menschen

Für **Fahrtkosten** von Menschen mit Behinderungen wird ab dem VZ 2021 eine **behinderungsbedingte Fahrtkostenpauschale** gewährt. Zu den Voraussetzungen und zur Höhe dieser Pauschale vgl. Tz 5.4.

5.5.6.26 Fahrzeugschenkung

Aufwendungen für die Anschaffung eines **Pkw**, den ein Steuerpflichtiger seinem behindertem Kind **schenkt**, sind nicht als außergewöhnliche Belastung abziehbar, wenn das behinderte Kind nach einer Querschnittslähmung auf die Nutzung eines Fahrzeugs angewiesen ist (BFH-Urteil vom 27.2.1987, BStBl II S. 432). Nach Auffassung des BFH besteht eine über den gesetzlichen Unterhaltsanspruch hinausgehende sittliche Verpflichtung zur Leistung solcher Zuwendungen im Allgemeinen nicht.

5.5.6.27 Formaldehydemission

Bei nachgewiesener konkreter **Gesundheitsgefährdung** aufgrund einer **Formaldehydemission** können Aufwendungen für den Austausch von schadstoffbelasteten Möbeln als außergewöhnliche Belastung zu berücksichtigen sein (BFH-Urteil vom 23.5.2002, BStBl II S. 592); vgl. H 33.1–33.4 – Gesundheitsgefährdung – EStH. Ergibt sich aus dem Gutachten, das vor Durchführung der Maßnahme von einer zuständigen amtlichen technischen Stelle erstellt wurde, die Zwangsläufigkeit von Aufwendungen nach § 33 Abs. 2 EStG, sind auch die Aufwendungen für das Gutachten berücksichtigungsfähig (vgl. H 33.1–33.4 – Gutachter – EStH). Eines amts- oder vertrauensärztlichen Gutachtens über die medizinische Indikation der Maßnahme bedarf es nicht. Tauscht der Steuerpflichtige gesundheitsgefährdende Gegenstände des existenznotwendigen Bedarfs aus, steht die sog. Gegenwertlehre dem Abzug der Aufwendungen als außergewöhnliche Belastungen nicht entgegen. Der sich aus der Erneuerung ergebende Vorteil (»Neu für Alt«) ist jedoch anzurechnen (BFH-Urteil vom 11.11.2010, BStBl 2011 II S. 966).

5.5.6.28 Frischzellenbehandlung

Kosten für eine **Frischzellenbehandlung** können nur berücksichtigt werden, wenn diese Behandlung zur Heilung oder Linderung einer **Krankheit** vorgenommen wird, die durch ein grds. vor Beginn der Behandlung erstelltes **amtsärztliches Gutachten** (vgl. Tz 5.5.4) nachgewiesen wird und der Amtsarzt außerdem bestätigt, dass diese Behandlung bei der vorliegenden Erkrankung angebracht sein kann (BFH-Urteil vom 17.7.1981, BStBl II S. 711).

5.5.6.29 Führerscheinkosten

Führerscheinkosten für ein außergewöhnlich gehbehindertes **Kind** können neben dem Behinderten-Pauschbetrag als außergewöhnliche Belastungen abziehbar sein (BFH-Urteil vom 26.3.1993, BStBl II S. 749).

5.5.6.30 Geburt

Kosten, die anlässlich der **Geburt** eines Kindes entstehen, werden als außergewöhnliche Belastung anerkannt (z. B. die Kosten für den Arzt, für die Hebamme und für das Krankenhaus). Kosten für eine Säuglingsschwester sind jedoch nur berücksichtigungsfähig, wenn die Inanspruchnahme ärztlich angeordnet war. Dagegen können Aufwendungen für die Beschaffung von **Babywäsche** oder eines **Kinderwagens** steuerlich nicht berücksichtigt werden (BFH-Urteil vom 28.2.1964, BStBl III S. 302), auch nicht bei Zwillingen (BFH-Urteil vom 19.12.1969, BStBl 1970 II S. 242).

5.5.6.31 Haushaltsersparnis

Aufwendungen für die krankheits- oder pflegebedingte nicht nur vorübergehende **Unterbringung** in einem Alten- oder Pflegeheim sind um eine **Haushaltsersparnis**, die der Höhe nach den ersparten Verpflegungs- und Unterbringungskosten entspricht, zu kürzen, es sei denn, der Pflegebedürftige behält seinen normalen Haushalt bei (BFH-Urteil vom 15.4.2010, BStBl II S. 794). Abzugsfähig sind damit nur die Aufwendungen, die über die üblichen Aufwendungen für die Unterhaltung eines Haushalts hinausgehen. Die Höhe der Haushaltsersparnis folgt dem jeweiligen Höchstbetrag für Unterhaltsaufwendungen nach § 33a Abs. 1 EStG und ist danach im VZ 2025 mit **33,60 €** täglich, **1 008 €** monatlich bzw. **12 096 €** jährlich anzusetzen (vgl. R 33.3 Abs. 2 Satz 2 EStR).

Im Übrigen gilt für den Ansatz der Haushaltsersparnis Folgendes:

- Verbleibt der nicht pflegebedürftige Ehegatte/Lebenspartner im eigenen Haushalt, entfällt eine Kürzung um die Haushaltsersparnis.
- Sind beide Ehegatten/Lebenspartner krankheits- oder pflegebedingt in einem Alten- und Pflegeheim untergebracht, ist für jeden der Ehegatten/Lebenspartner eine Haushaltsersparnis anzusetzen (BFH-Urteil vom 4.10.2017, BStBl 2018 II S. 179).
- Sofern der Steuerpflichtige seinen früheren Haushalt aufgegeben hat, sind auch die Unterbringungskosten in einer **Pflege-Wohngemeinschaft** um die Haushaltsersparnis zu kürzen (BFH-Urteil vom 10.8.2023, BStBl II S. 1107).
- Kosten der Unterbringung in einem **Krankenhaus** werden regelmäßig **ohne Kürzung** um eine **Haushaltsersparnis** als außergewöhnliche Belastung anerkannt (BFH-Urteil vom 22.6.1979 – BStBl II S. 646).

5.5.6.32 Hausrat und Kleidung

Aufwendungen für die **Wiederbeschaffung** von **Hausrat** und **Kleidung** sind dem Grunde nach eine außergewöhnliche Belastung, wenn Hausrat und Kleidung durch ein **unabwendbares Ereignis** (z. B. Brand, Hochwasser, Unwetter, Kriegseinwirkung, Vertreibung, politische Verfolgung) verloren wurden und wieder beschafft werden müssen (vgl. R 33.2 Nr. 2 EStR); dies gilt auch für die notwendigen und angemessenen Kosten der Schadensbeseitigung.

Ein unabwendbares Ereignis i. S. des § 33 EStG wegen **politischer Verfolgung** liegt nur vor, wenn ein Verbleiben im Heimatland mit Gefahr für Leib und Leben oder die persönliche Freiheit des Steuerpflichtigen verbunden wäre. Es reicht somit nicht aus, wenn das Heimatland in erster Linie z. B. aus beruflichen oder wirtschaftlichen Gründen verlassen wird. Der Steuerpflichtige muss vielmehr durch die Intensität und Schwere der Beeinträchtigung im Heimatland in seiner Menschenwürde verletzt sein und die Erschwernisse müssen über das hinausgehen, was die Bewohner des Heimatstaats aufgrund des dort herrschenden Systems allgemein hinzunehmen haben.

Entschädigungen und **Beihilfen**, die der Steuerpflichtige für den Verlust von Hausrat oder Kleidung erhält (z. B. von Versicherungsunternehmen oder aus öffentlichen Mitteln), sind von den zwangsläufig erwachsenen Wiederbeschaffungskosten abzuziehen (BFH-Urteil vom 28.2.1964, BStBl III S. 301).

Kosten für die Wiederinstandsetzung von Hausratsgegenständen, die durch ein unabwendbares Ereignis beschädigt wurden, werden ebenso behandelt wie Wiederbeschaffungskosten von verlorenem Hausrat. Aufwendungen für die Wiederbeschaffung von Kleidungsstücken, die auf einer **Urlaubsreise** entwendet wurden, können regelmäßig nicht als außergewöhnliche Belastung berücksichtigt werden (BFH-Urteil vom 3.9.1976, BStBl II S. 712). Nach dem BFH-Urteil vom 26.6.2003, BStBl 2004 II S. 47 ist die Ersatzbeschaffung lebensnotwendiger Vermögensgegenstände, wie Hausrat und Kleidung, die aufgrund eines unabwendbaren Ereignisses beschädigt oder zerstört wurden, keine außergewöhnliche Belastung, wenn der Geschädigte es unterlassen hat, eine allgemein übliche und zumutbare Versicherung (hier z. B. eine Hausratversicherung) abzuschließen.

Begünstigt sind unter den o. a. Voraussetzungen lediglich **Wiederbeschaffungen**, nicht aber **Ergänzungsbeschaffungen**. Aufgrund von R 33.2 Nr. 8 EStR sind nicht begünstigte Ergänzungsbeschaffungen zu vermuten, wenn das schädigende Ereignis länger als **drei Jahre** zurückliegt. Anschaffungen für Kinder, die erst nach dem schädigenden Ereignis geboren wurden, sind ebenfalls keine Wiederbeschaffungen. Nach dem Urteil des FG Baden-Württemberg vom 27.6.1996, 6 K 80/94, EFG 1996 S. 1224 können Aufwendungen für die Wiederbeschaffung von Hausrat und Kleidung nur dann als außergewöhnliche Belastungen berücksichtigt werden, wenn u. a. nachgewiesen wurde, welcher Hausrat und welche Kleidungsstücke im Ausreisestaat zurückgelassen werden mussten und welcher entsprechende Hausrat und welche entsprechenden Kleidungsstücke wiederbeschafft wurden.

Bei der Prüfung der **Angemessenheit** werden insgesamt nachgewiesene Wiederbeschaffungskosten bis 10 738 € für den Steuerpflichtigen, bis 7 158 € für seinen Ehegatten/Lebenspartner und bis 2 966 € für jede weitere zum Haushalt gehörige Person vom Finanzamt nicht beanstandet. Hat der Steuerpflichtige beim Zuzug nach Deutschland wesentliche Teile seines Hausrats mitgebracht, wird das Finanzamt die genannten Höchstbeträge kürzen.

5.5.6.33 Heimunterbringung des nicht pflegebedürftigen Ehegatten/Lebenspartners

Aufwendungen eines nicht pflegebedürftigen Steuerpflichtigen, der mit seinem pflegebedürftigen Ehegatten/Lebenspartner in ein **Wohnstift** übersiedelt, erwachsen nicht zwangsläufig i.S. des § 33 Abs. 2 Satz 1 EStG und sind somit nicht als außergewöhnliche Belastungen zu berücksichtigen (BFH-Urteil vom 15.4.2010, BStBl II S. 794).

5.5.6.34 Integrationskurse

Aufwendungen ausländischer Mitbürger für die verpflichtende Teilnahme an einem **Integrationskurs** sind zwangsläufig und daher als außergewöhnliche Belastung abziehbar. Die Teilnahmeverpflichtung nach § 6 Abs. 1 Satz 1 und 3 der Verordnung über die Durchführung von Integrationskursen für Ausländer und Spätaussiedler kann durch die Vorlage einer Bestätigung der verpflichtenden Stelle nachgewiesen werden. Bei der freiwilligen Teilnahme an einem Integrationskurs ist das Tatbestandsmerkmal der Zwangsläufigkeit – ähnlich wie bei einer Teilnahme an einem **Deutschkurs** – nicht erfüllt, sodass insoweit ein Abzug der Aufwendungen als außergewöhnliche Belastungen ausscheidet (vgl. R 33.4 Abs. 6 EStR).

5.5.6.35 Krankenversicherungsbeiträge

Da **Krankenversicherungsbeiträge** ihrer Art nach Sonderausgaben sind, können sie auch bei an sich beihilfeberechtigten Angehörigen des öffentlichen Dienstes nicht als außergewöhnliche Belastung berücksichtigt werden, wenn der Steuerpflichtige wegen seines von Kindheit an bestehenden Leidens keine Aufnahme in eine private Krankenversicherung gefunden hat (BFH-Urteil vom 29.11.1991, BStBl 1992 II S. 293).Ein Abzug der nicht als Sonderausgaben abziehbaren Krankenversicherungsbeiträge als außergewöhnliche Belastung scheidet aus (BFH-Urteil vom 29.11.2017, BStBl 2018 II S. 230).

5.5.6.36 Krankheitskosten

25 **Krankheitskosten** sind außergewöhnliche Belastungen. Abzugsfähig sind nicht nur die üblichen Aufwendungen für die ärztliche Behandlung, Medikamente, Heilbehandlungen (z.B. Physiotherapie, Bäder, Massagen usw.), sondern auch etwaige Kosten für ärztlich verordnete Hilfsmittel (z.B. Brillen, Hörgeräte, Orthesen, Schuheinlagen usw.). Die Aufwendungen können in den **Zeilen 23** und **24** geltend gemacht werden. Auf die Krankheitskosten anzurechnende Versicherungsleistungen, Beihilfen oder Unterstützungen sind in **Zeile 25** gesondert anzugeben (vgl. Tz 5.5.1).

Der Nachweis von Krankheitskosten ist unter Beachtung von § 64 EStDV zu führen; vgl. Tz 5.5.4. **Zuzahlungen** zu Krankheitskosten, die nicht von der Krankenversicherung übernommen wurden, sind dem Grunde nach als außergewöhnliche Belastungen anzuerkennen (BFH-Urteil vom 2.9.2015, BStBl 2016 II S. 151).

Nicht ersetzte Krankheitskosten, die im Zusammenhang mit einer **Berufskrankheit** stehen, sind als Werbungskosten abzugsfähig (vgl. Tz 11.18.3.4 unter »Berufskrankheiten«). Behandlungs- und Krankheitskosten, die durch einen **Unfall** auf der Fahrt zwischen Wohnung und erster Tätigkeitsstätte (mit-)verursacht wurden, sind ebenfalls vorrangig als Werbungskosten zu berücksichtigen; diese Kosten sind **nicht** durch die **Entfernungspauschale** abgegolten (vgl. Tz 11.12.10.1).

5.5.6.37 Krankheitskosten für Unterhaltsberechtigte

Für einen **Unterhaltsberechtigten** aufgewendete **Krankheitskosten** können beim Unterhaltspflichtigen grds. nur insoweit als außergewöhnliche Belastung anerkannt werden, als der Unterhaltsberechtigte nicht in der Lage ist, die Krankheitskosten selbst zu tragen (BFH-Urteil vom 11.7.1990, BStBl 1991 II S. 62). Ein schwerbehindertes Kind, das angesichts der Schwere und der Dauer seiner Erkrankung seinen Grundbedarf und behinderungsbedingten Mehrbedarf nicht selbst zu decken in der Lage ist und bei dem ungewiss ist, ob sein Unterhaltsbedarf im Alter durch Leistungen Unterhaltspflichtiger gedeckt werden kann, darf jedoch zur Altersvorsorge maßvoll Vermögen bilden. Die das eigene Vermögen des Unterhaltsempfängers betreffende Bestimmung des § 33a Abs. 1 Satz 4 EStG kommt im Rahmen des § 33 EStG nicht zur Anwendung (BFH-Urteil vom 11.2.2010, BStBl II S. 621).

5.5.6.38 Künstliche Befruchtung

Aufwendungen für eine **künstliche Befruchtung**, die einem Ehepaar zu einem gemeinsamen Kind verhelfen soll, das wegen Empfängnisunfähigkeit der Ehefrau sonst von ihrem Ehemann nicht gezeugt werden könnte (homologe künstliche Befruchtung), können nach dem BFH-Urteil vom 18.6.1997, BStBl II S. 805 außergewöhnliche Belastungen sein. Dies gilt auch für ein nicht verheiratetes Paar, wenn die empfängnisunfähige Frau in einer festen Partnerschaft lebt, der Mann die Vaterschaft anerkennt und die Maßnahmen in Übereinstimmung mit den Richtlinien der ärztlichen Berufsordnungen durchgeführt werden (BFH-Urteil vom 10.5.2007, BStBl II S. 871).

Aufwendungen für eine künstliche Befruchtung im **Ausland** können nicht als außergewöhnliche Belastungen abgezogen werden, wenn die Behandlung nach inländischen Maßstäben nicht mit dem Embryonenschutzgesetz (ESchG) oder anderen Gesetzen vereinbar ist (BFH-Urteil vom 17.5.2017, BStBl 2018 II S. 344). Im Einzelfall bedarf dies aber nach Ansicht des BFH einer näheren Prüfung, ggf. mithilfe eines Sachverständigengutachtens. Die Finanzverwaltung erkennt bei einer im Ausland durchgeführten künstlichen Befruchtung von bis zu fünf **eigenen Eizellen** und Einsetzung von nicht mehr als zwei Embryonen entsprechende Aufwendungen auch **ohne Sachverständigengutachten** als außergewöhnliche Belastungen an. Aufwendungen für eine künstliche Befruchtung unter Verwendung von **gespendeten Eizellen** im Ausland können jedoch nicht als außergewöhnliche Belastungen abgezogen werden, wenn diese Behandlung nicht mit dem deutschen ESchG vereinbar ist. Diese Beurteilung verstößt nach Ansicht des BFH weder gegen verfassungsrechtliche noch gegen europarechtliche Vorgaben (BFH-Urteile vom 25.1.2022, VI R 34/19, BFH/NV 2022 S. 585 und VI R 36/19, BFH/NV 2022 S. 593). Dementsprechend sind auch die Aufwendungen für eine im Ausland durchgeführte **Leihmutterschaft**, die ebenfalls nach innerstaatlichem Recht verboten ist, nicht als außergewöhnliche Belastungen abzugsfähig (BFH-Urteil vom 10.8.2023, BStBl II S. 1110).

Aufwendungen eines Ehepaars für eine medizinisch angezeigte künstliche Befruchtung mit dem Samen eines Dritten (sog. heterologe künstliche Befruchtung) erkennt der BFH im Hinblick auf die krankheitsbedingte Zeugungsunfähigkeit des Ehemannes als Krankheitskosten und damit ebenfalls als außergewöhnliche Belastung an (Urteil vom 16.12.2010, BStBl 2011 II S. 414). Das Gleiche gilt für eine heterologe künstliche Befruchtung durch **In-vitro-Fertilisation** einer in einer gleichgeschlechtlichen Partnerschaft lebenden unfruchtbaren Frau (BFH-Urteil vom 5.10.2017, BStBl 2018 II S. 350). Das FG Münster erkennt auch die krankheitsbedingten Kosten für die künstliche Befruchtung einer **alleinstehenden Frau** als außergewöhnliche Belastungen an (Urteil vom 24.6.2020, 1 K 3722/18 E, EFG 2020 S. 1420); auf den Beziehungsstatus der Frau komme es nicht an.

Aufwendungen einer gesunden Steuerpflichtigen für eine **Präimplantationsdiagnostik** (PID) mit nachfolgender künstlicher Befruchtung aufgrund einer Krankheit ihres Partners können als außergewöhnliche Belastungen abziehbar sein (BFH-Urteil vom 29.2.2024, BStBl II S. 514). Dies schließt aufgrund untrennbarer biologischer Zusammenhänge auch diejenigen erforderlichen Behandlungsschritte mit ein, die am Körper der nicht erkrankten Steuerpflichtigen vorgenommen werden. Der Abziehbarkeit steht es in diesem Fall nicht entgegen, dass die Partner nicht miteinander verheiratet sind.

Aufwendungen für eine künstliche Befruchtung nach vorangegangener **freiwilliger Sterilisation** sind weiter keine außergewöhnlichen Belastungen (BFH-Urteil vom 3.3.2005, BStBl II S. 566). Das Gleiche gilt nach Ansicht des FG Berlin-Brandenburg für die Kosten einer Kinderwunschbehandlung bei ausschließlich altersbedingter Kinderlosigkeit (Urteil vom 18.10.2018, 9 K 11390/16, EFG 2019 S. 106).

5.5.6.39 Kurkosten

- **Nachweise**
  Aufwendungen für **Kuraufenthalte** können – nach Anrechnung von Leistungen Dritter – als außergewöhnliche Belastung anerkannt werden, wenn die Notwendigkeit des Kuraufenthaltes durch ein **vor Kurantritt** ausgestelltes **amtsärztliches Gutachten** nachgewiesen wird (vgl. Tz 5.5.4). Bei Pflichtversicherten genügt die Bescheinigung der Versicherungsanstalt, bei öffentlich Bediensteten die Bescheinigung von Beihilfestellen in Behörden, wenn offensichtlich die Notwendigkeit der Kur im Rahmen der Bewilligung von Zuschüssen oder Beihilfen geprüft und anerkannt worden ist. Die Notwendigkeit der Kur kann jedoch nur unterstellt werden, wenn Versicherungszuschüsse auch zu den Kosten für Unterkunft und Verpflegung (Kurkosten) und nicht nur für Arzt-, Arznei- und Kurmittelkosten gegeben werden (BFH-Urteil vom 30.6.1995, BStBl II S. 614).
- **Erholungsreisen**
  Der Steuerpflichtige muss sich am Kurort grds. in ärztliche Behandlung begeben. Hat der Steuerpflichtige die Kur anstelle einer nach seinen Einkommensverhältnissen sonst üblichen **Erholungsreise** gemacht, können nur die die übliche Erholungsreise übersteigenden Kosten und die Aufwendungen für Arzt und Kurmittel berücksichtigt werden (BFH-Urteil vom 14.2.1980, BStBl II S. 295).
- **Klimakuren**
  Dient eine Badereise dazu, eine Krankheit allein durch den Klimawechsel zu beheben (sog. **Klimakur**), so sind die Kosten hierfür grds. auch dann keine außergewöhnlichen Belastungen, wenn die Klimakur vom Amtsarzt als erforderlich bezeichnet worden ist (BFH-Urteil vom 10.3.1972, BStBl II S. 534). Eine Klimakur kann aber unter besonderen Umständen zwangsläufig sein, selbst wenn ihre Durchführung nicht unter ärztlicher Kontrolle steht (BFH-Urteil vom 12.6.1991, BStBl II S. 763). Solche **besonderen Umstände**, die eine Berücksichtigung der entsprechenden Aufwendungen als außergewöhnliche Belastung rechtfertigen, können vorliegen, wenn zur Behebung oder Linderung eines beispielsweise an **Neurodermitis** (Hautkrankheit mit stark juckendem, nässendem Hautausschlag) oder an **Psoriasis** (Schuppenflechte) erkrankten Steuerpflichtigen eine Klimakur wegen der Schwere des Leidens medizinisch notwendig ist. In der vor der Kurmaßnahme erteilten **amtsärztlichen Bescheinigung** ist auch der medizinisch angezeigte Kurort – besondere Klimalage (z. B. Totes Meer) oder besondere Hochgebirgslage (z. B. Davos) – zu bezeichnen (vgl. Tz 5.5.4). Weitere Voraussetzung, unter der ausnahmsweise die Kosten für eine Klimakur eine außergewöhnliche Belastung sein können, ist, dass der bei einem Jahresurlaub durch Klimawechsel beabsichtigte Erholungszweck gegenüber dem besonderen Ziel der Klimakur, das schwere Leiden zu beheben oder zu lindern, deutlich in den Hintergrund tritt. Das ist nicht der Fall, wenn die Klimakur nach Art eines Familienurlaubs oder einer sonstigen Ferienreise durchgeführt wird, wie es für Erholungsurlaub allgemein üblich ist (vgl. H 33.1–33.4 – Kur – EStH).
- **Fahrtkosten**
  Als Fahrtkosten zum Kurort sind grds. die Kosten für öffentliche Verkehrsmittel anzusetzen (BFH-Urteil vom 12.6.1991, BStBl II S. 763). Eigene Kfz-Kosten sind nur berücksichtigungsfähig, wenn besondere persönliche Verhältnisse dies erforderlich machen (BFH-Urteil vom 30.6.1967, BStBl III S. 655). Bei alten, hilflosen oder schwer kranken Steuerpflichtigen können auch Kosten für eine **Begleitperson** berücksichtigt werden, wenn der **Amtsarzt** die Notwendigkeit der Betreuung durch eine Begleitperson vor Reiseantritt bestätigt hat (BFH-Urteil vom 17.12.1997, BStBl 1998 II S. 298; vgl. Tz 5.5.4). Die Notwendigkeit einer Begleitperson kann sich auch aus den Feststellungen im Schwerbehindertenausweis ergeben, z. B. dem Vermerk »Die Notwendigkeit ständiger Begleitung ist nachgewiesen« (BFH-Urteil vom 4.7.2002, BStBl II S. 765). **Besuchsfahrten** zu dem in einer Heilkur befindlichen Ehegatten/Lebenspartner sind keine außergewöhnlichen Belastungen (BFH-Urteil vom 16.5.1975, BStBl II S. 536). Der **Verpflegungsmehraufwand** anlässlich einer anzuerkennenden Kur kann nur in tatsächlicher Höhe nach Abzug der **Haushaltsersparnis** (1/5 der Aufwendungen) berücksichtigt werden (vgl. R 33.4 Abs. 3 Satz 2 EStR).
- **Kuren im Ausland**
  Kosten für Kuren im **Ausland** sind i. d. R. nur bis zur Höhe der Aufwendungen, die in einem dem Heilzweck entsprechenden inländischen Kurort entstehen würden, als außergewöhnliche Belastung anzuerkennen (vgl. R 33.4 Abs. 3 Satz 1 EStR; es sei denn, der Amtsarzt hat die Kur im Ausland ausdrücklich als notwendig bestätigt (s. o. unter »Klimakur«). Die Angabe »in tropischem Klima« in einem amtsärztlichen Attest reicht zur Bestimmung des Kurorts i. S. des § 64 Abs. 1 Satz 1 Nr. 2a EStDV nicht. Kosten für die Überwinterung eines an Kälteallodynie Leidenden in Thailand sind daher nicht als außergewöhnliche Belastungen abzugsfähig (FG Münster vom 23.2.2022, 7 K 2261/20 E, EFG 2022 S. 692).
- **Heilkuren von Kindern**
  Nach dem BFH-Urteil vom 12.6.1991, BStBl II S. 763 können die Kosten für Heilkuren von Kindern grds. nur dann als außergewöhnliche Belastung anerkannt werden, wenn die Notwendigkeit der Kur durch eine vor ihrem Antritt erstellte **amtsärztliche Bescheinigung** bestätigt wird (vgl. Tz 5.5.4) und das Kind während der Kur in einem **Kinderheim** untergebracht ist. Ist das Kind während einer Kur, bei der es von einem Elternteil begleitet wird, privat untergebracht, so ist nach diesem BFH-Urteil **zusätzlich** eine vor Antritt der Kur erstellte amtsärztliche Bescheinigung beizubringen, aus der sich ergibt, dass und warum der Kurerfolg auch bei einer Unterbringung außerhalb eines Kinderheims gewährleistet ist (siehe auch BFH-Urteil vom 2.4.1998, BStBl II S. 613).

5.5.6.40 Lebensmittelkosten

Bei erhöhten **Lebensmittelkosten** als Folge einer Bulimieerkrankung handelt es sich nicht um außergewöhnliche Belastungen, sondern um nicht abzugsfähige Kosten der privaten Lebensführung (FG Münster vom 19.2.2019, 12 K 302/17 E, EFG 2019 S. 623).

Aufwendungen für sog. »**Essen auf Rädern**« können nicht als außergewöhnliche Belastungen berücksichtigt werden. Derartige Aufwendungen sind ebenso wie Kosten für Verpflegung nicht nach § 33 Abs. 1 EStG abziehbar, da sie zu den üblichen Aufwendungen für die private Lebensführung zählen und nicht unmittelbar zur Heilung aufgewendet werden, sondern als Folgekosten gelegentlich einer Krankheit entstehen (FG Münster vom 27.4.2023, 1 K 759/21 E, DStRE 2024 S. 515 – rkr.).

Zu **Nahrungsergänzungsmitteln** vgl. Tz 5.5.6.18 unter »Diätverpflegung«.

5.5.6.41 Legasthenie

Aufwendung für die Behandlung eines an **Legasthenie** leidenden Kindes können nur dann als außergewöhnliche Belastung berücksichtigt werden, wenn vor Beginn der betreffenden Maßnahme durch ein **amtsärztliches Attest** bescheinigt wird, dass die Lese- und Rechtschreibschwäche Krankheitswert hat (§ 64 Abs. 1 Nr. 2 Buchst. c EStDV, vgl. Tz 5.5.4). Nach dem BFH-Urteil vom 7.6.2000, BStBl 2001 II S. 94 reichen Bescheinigungen eines Schulaufsichtsamtes oder eines einschlägig tätigen Universitätsprofessors nicht aus. Werden die Aufwendungen für ein an Legasthenie leidendes Kind als außergewöhnliche Belastungen i. S. des § 33 EStG berücksichtigt, kann daneben ein Freibetrag nach § 33 a Abs. 2 EStG wegen auswärtiger Unterbringung nicht beansprucht werden (BFH-Urteil vom 26.6.1992, BStBl 1993 II S. 278).

5.5.6.42 Medizinische Seminare

Die Kosten für **Schulungen** der Eltern eines frühtraumatisierten Kindes, welche eine die eigentliche Heilbehandlung des traumatisierten Pflegekindes begleitende Maßnahme darstellen, sind als außergewöhnliche Belastungen abziehbar, wenn die medizinische Indikation der Einbeziehung von Angehörigen in die Behandlung einer Krankheit durch eine amtsärztliche Bescheinigung nachgewiesen ist. Werden ausschließlich nicht erkrankte Kontaktpersonen im

Rahmen eines Seminars zur psychologischen Pflegefamilienberatung geschult, kann keine **psychotherapeutische Behandlung** i. S. von § 64 Abs. 1 Nr. 2 Buchst. b EStDV angenommen werden. Die Nachweisanforderungen des § 64 EStDV sind in diesem Fall nicht anzuwenden (FG Münster vom 21.1.2017, 4 K 3471/15 E, EFG 2017 S. 576 – rkr.).

5.5.6.43 Mietzahlungen

Mietzahlungen für eine ersatzweise angemietete Wohnung können als außergewöhnliche Belastung zu berücksichtigen sein, wenn eine Nutzung der bisherigen eigenen Wohnung wegen **Einsturzgefahr** amtlich untersagt ist. Dies gilt jedoch nur bis zur Wiederherstellung der Bewohnbarkeit oder bis zu dem Zeitpunkt, in dem der Steuerpflichtige die Kenntnis erlangt, dass eine Wiederherstellung der Bewohnbarkeit nicht mehr möglich ist (BFH-Urteil vom 21.4.2010, BStBl II S. 965).

5.5.6.44 Mittagsheimfahrten

Aufwendungen für **Mittagsheimfahrten** von der Arbeitsstätte stellen keine außergewöhnliche Belastung dar, auch wenn die Fahrten wegen des Gesundheitszustandes oder einer Behinderung des Steuerpflichtigen angebracht oder erforderlich sind (BFH-Urteil vom 4.7.1975, BStBl II S. 738).

5.5.6.45 Pflegeaufwendungen für Dritte

-28

- **Abzug als außergewöhnliche Belastungen**
  Pflegeaufwendungen (z. B. Kosten für die Unterbringung in einem Pflegeheim), die dem Steuerpflichtigen infolge der Pflegebedürftigkeit einer Person erwachsen, der gegenüber der Steuerpflichtige zum Unterhalt verpflichtet ist (z. B. seine Eltern oder Kinder), können grds. als außergewöhnliche Belastungen abgezogen werden, sofern die tatsächlich angefallenen Pflegekosten von den reinen Unterbringungskosten abgegrenzt werden können (BFH-Urteil vom 12.11.1996, BStBl 1997 II S. 387). Ob die Pflegebedürftigkeit bereits vor Beginn des Heimaufenthalts oder erst später eingetreten ist, ist ohne Bedeutung (BMF-Schreiben vom 20.1.2003, BStBl I S. 89). Macht ein Steuerpflichtiger Aufwendungen für die Beschäftigung von zusätzlichem privaten Pflegepersonal geltend, hat er auf Anforderung des Finanzamts nachvollziehbar darzulegen und nachzuweisen, welchen pflegerischen Bedarf er hatte, und dass und warum dieser nicht vom Pflegeheim gedeckt werden konnte (BFH-Urteil vom 30.3.2017, VI R 55/15, BFH/NV 2017 S. 1028).
  Aufwendungen, die einem Steuerpflichtigem für die krankheitsbedingte Unterbringung eines Angehörigen in einem Heim entstehen, stellen als Krankheitskosten eine außergewöhnliche Belastung i. S. des § 33 EStG dar (BFH-Urteil vom 30.6.2011, BStBl 2012 II S. 876). Dies gilt auch bei einer krankheitsbedingten Unterbringung eines Elternteils in einem Pflegeheim für die Zahlungen im Rahmen des Elternunterhalts; soweit diese die zumutbare Belastung nach § 33 Abs. 3 EStG nicht übersteigen, bleiben die Zahlungen ohne steuerliche Auswirkungen (FG Baden-Württemberg vom 13.3.2018, 11 K 3653/15, EFG 2019 S. 46 – rkr.).
  Abziehbar sind neben den Pflegekosten auch die im Vergleich zu den Kosten der normalen Haushaltsführung entstandenen Mehrkosten für Unterbringung und Verpflegung (BFH-Urteil vom 24.2.2000, BStBl II S. 294). Zwar sieht R 33.3 Abs. 2 Satz 2 EStR vor, dass eine **Haushaltsersparnis** mit dem in § 33 a Abs. 1 Satz 1 EStG genannten Unterhaltshöchstbetrag (im VZ 2025: 12 096 €) der abziehbaren Aufwendungen anzusetzen ist, wenn bei einer nicht nur vorübergehenden Heimunterbringung wegen Pflegebedürftigkeit der private Haushalt aufgelöst wurde (vgl. Tz 5.5.6.31 unter »Haushaltsersparnis«). Ein solcher Abzug kommt ausnahmsweise dann nicht in Betracht, wenn die eigenen Einkünfte und Bezüge der pflegebedürftigen Person, die diese für ihren Unterhalt einsetzt, sowohl über den Regelsätzen für die Grundsicherung nach dem SGB XII des betreffenden Jahres liegen, als auch über dem von der Finanzverwaltung als Haushaltsersparnis anzusetzenden Wert (FG Köln vom 26.1.2017, 14 K 2643/16, EFG 2017 S. 837 – rkr.). In solchen Fällen fehlt es an einer Haushaltsersparnis der unterhaltenen Person und erst recht der zum Unterhalt verpflichteten Person.
  Aufwendungen wegen Pflegebedürftigkeit sind nur insoweit als außergewöhnliche Belastungen zu berücksichtigen, als die Pflegekosten die Leistungen der Pflegepflichtversicherung und das aus einer ergänzenden privaten Pflegekrankenversicherung bezogene Pflege(tage)geld übersteigen (BFH-Urteil vom 14.4.2011, BStBl II S. 701); zur Berücksichtigung einer Steuerermäßigung nach § 35 a EStG für den Teil der Pflegeaufwendungen, der wegen der Gegenrechnung von Pflegegeld oder Pflegetagegeld nicht als außergewöhnliche Belastungen nach § 33 EStG berücksichtigt werden konnte, vgl. Tz 5.5.1.
  Die als außergewöhnliche Belastungen abzugsfähigen Pflegekosten sind in den **Zeilen 26** und **27** geltend zu machen. Auf die Pflegekosten anzurechnende Leistungen aus der Pflegeversicherung oder Beihilfen sind in **Zeile 28** gesondert anzugeben; ebenso die Haushaltsersparnis bei einer Heimunterbringung (s. o.).
- **Abgrenzung zu Unterhaltsaufwendungen**
  Entstehen einem Steuerpflichtigen Aufwendungen für typischen **Unterhalt** und zugleich für außergewöhnlichen Bedarf (z. B. wegen **Krankheit** oder **Pflegebedürftigkeit**) eines nahen **Angehörigen**, so sind diese Aufwendungen für die Anwendung des § 33 a Abs. 1 EStG und die Berücksichtigung als außergewöhnliche Belastung allgemeiner Art nach § 33 EStG voneinander abzugrenzen. Dabei ist weiter das BMF-Schreiben vom 2.12.2002, BStBl I S. 1389 zu beachten. Hiernach gehören die gesamten vom Heim in Rechnung gestellten Unterbringungskosten einschließlich der Kosten für die ärztliche Betreuung und Pflege, gemindert um die Haushaltsersparnis, zu den nach § 33 EStG zu berücksichtigenden Kosten (vgl. R 33.3 Abs. 2 EStR). Aufwendungen i. H. der Haushaltsersparnis können entsprechend den Grundsätzen des § 33 a Abs. 1 EStG als Unterhaltsaufwendungen berücksichtigt werden. Zur Berechnung der Abzugsbeträge nach den §§ 33 und 33a EStG vgl. Tz 6.4 unter Erläuterungen zur **Anlage Unterhalt**.
  Für die Frage der Zwangsläufigkeit der Pflegeaufwendungen ist es unschädlich, wenn ein schwerbehindertes Kind zur Altersversorgung ein maßvolles Vermögen bildet; § 33 a Abs. 1 Satz 4 EStG zur Berücksichtigung von eigenem Vermögen des Unterhaltsempfängers kommt im Rahmen des § 33 EStG nicht zur Anwendung (BFH-Urteil vom 11.2.2010, BStBl II S. 621).
- **Fahrtkosten**
  Aufwendungen für Fahrten, um einen kranken Angehörigen, der im eigenen Haushalt lebt, zu betreuen und zu versorgen, können unter besonderen Umständen außergewöhnliche Belastungen sein. Die Fahrten dürfen nicht lediglich der allgemeinen Pflege verwandtschaftlicher Beziehungen dienen (BFH-Urteile vom 6.4.1990, BStBl II S. 958 und vom 22.10.1996, BStBl 1997 II S. 558).
- **Übertragung des gesamten sicheren Vermögens**
  Hat der pflegebedürftige Dritte im Hinblick auf sein Alter oder eine etwaige Bedürftigkeit dem Steuerpflichtigen Vermögenswerte zugewendet, z. B. ein Hausgrundstück, kommt ein Abzug der Pflegeaufwendungen nur in der Höhe in Betracht, wie die Aufwendungen den Wert des hingegebenen Vermögens übersteigen (vgl. R 33.3 Abs. 5 EStR; siehe auch BFH-Urteil vom 12.11.1996, BStBl 1997 II S. 387).
- **Zwangsläufigkeit bei persönlicher Pflege**
  Aufwendungen, die durch die persönliche Pflege eines nahen Angehörigen entstehen, sind nur dann außergewöhnliche Belastungen, wenn die Übernahme der Pflege unter Berücksichtigung der näheren Umstände des Einzelfalls aus rechtlichen oder sittlichen Gründen i. S. des § 33 Abs. 2 EStG zwangsläufig ist. Allein das Bestehen eines nahen Verwandtschaftsverhältnisses reicht für die Anwendung des § 33 EStG nicht aus. Bei der erforderlichen Gesamtbewertung der Umstände des Einzelfalls sind u. a. der Umfang der erforderlichen Pflegeleistungen und die Höhe der für den Steuerpflichtigen entstehenden Aufwendungen zu berücksichtigen (BFH-Urteil vom 22.10.1996, BStBl 1997 II S. 558).

5.5.6.46 Prozesskosten

Prozesskosten sind vom Abzug als außergewöhnliche Belastungen gesetzlich ausgeschlossen worden (§ 33 Abs. 2 Satz 4 EStG). Ein Abzug kommt im Rahmen einer Öffnungsklausel in § 33 Abs. 2 Satz 4 EStG nur noch dann in Betracht, wenn der Steuerpflichtige ohne den Rechtsstreit Gefahr liefe, seine **Existenzgrundlage** zu verlieren **und** seine lebensnotwendigen Bedürfnisse in dem üblichen Rahmen nicht mehr befriedigen zu können; dabei müssen beide Tatbestandsvoraussetzungen kumulativ erfüllt sein. Die Finanzverwaltung legt diese Vorschrift allerdings als absolutes **Abzugsverbot** aus und hält extreme Ausnahmefälle, bei denen ein Abzug der Prozesskosten infrage kommt, nur theoretisch für möglich. Unter der »Existenzgrundlage« versteht der BFH nur die **materielle Lebensgrundlage** des Steuerpflichtigen (BFH-Urteile vom 5.11.2020, BStBl 2021 II S. 83 und 86). Prozesskosten anlässlich eines **Umgangsrechtsstreits** und der Rückführung eines minderjährigen Kindes aus dem Ausland zurück nach Deutschland sind daher nach § 33 Abs. 2 Satz 4 EStG vom Abzug als außergewöhnliche Belastungen ausgeschlossen. Das Gleiche gilt für Prozesskosten zur Abwehr einer **Kindeswohlgefährdung** sowie eines damit verbundenen Strafverfahrens (FG Sachsen-Anhalt vom 14.2.2023, 5 K 547/21, EFG 2023 S. 925). Prozesskosten zur Abwehr der Rückabwicklung eines **Übergabe**- und **Altenteilvertrags** können nach Ansicht des FG Niedersachsen dagegen als außergewöhnliche Belastungen anzuerkennen sein, wenn der Steuerpflichtige durch den Verlust des ertragbringenden Vermögens ansonsten Gefahr liefe, seine wesentliche Existenzgrundlage zu verlieren (FG Niedersachsen vom 15.5.2024, 9 K 28/23, EFG 2024 S. 1890 – Revision eingelegt, Az. beim BFH: VI R 22/24). Einspruchsverfahren in vergleichbaren Fällen ruhen kraft Gesetzes (§ 363 Abs. 2 Satz 2 AO).

Mit mehreren Grundsatzurteilen vom 18.5.2017 (u. a. VI R 9/16, BStBl II S. 988 und VI R 66/14, BFH/NV 2017 S. 1593) hat der BFH entschieden, dass die Kosten eines **Scheidungsverfahrens** ebenfalls unter das gesetzliche **Abzugsverbot** für **Prozesskosten** fallen und damit die Auslegung von § 33 Abs. 2 Satz 4 EStG durch die Finanzverwaltung in Bezug auf **Scheidungskosten** bestätigt. Der Ehegatte wendet nach Ansicht des BFH die Kosten für ein Scheidungsverfahren regelmäßig nicht zur Sicherung seiner Existenzgrundlage und seiner lebensnotwendigen Bedürfnisse auf. Hiervon könne nur ausgegangen werden, wenn die wirtschaftliche Lebensgrundlage des Steuerpflichtigen bedroht sei. Eine derartige existenzielle Betroffenheit liege aber bei Scheidungskosten nicht vor, selbst wenn das Festhalten an der Ehe für den Steuerpflichtigen eine starke Beeinträchtigung seines Lebens darstellt.

Von den unmittelbaren Scheidungskosten sind die Prozesskosten für sog. **Scheidungsfolgesachen** (Familienunterhalt, Ehewohnung und Haushalt, Güterrecht, Sorgerecht, Umgangsrecht, Zugewinnausgleich) zu unterscheiden. Diese Folgesachen werden nicht zwingend, sondern nur auf Antrag eines Ehegatten mit dem Scheidungsverfahren zusammen verhandelt und entschieden. Sie können auch in einer außergerichtlichen Scheidungsfolgevereinbarung geregelt werden. Derartige Kosten erwachsen daher nicht zwangsläufig i. S. des § 33 EStG, sodass ein Abzug als außergewöhnliche Belastungen insoweit schon dem Grunde ausscheidet (BFH-Urteil vom 20.1.2016, VI R 66/12, BFH/NV 2016 S. 998; Urteil des FG Rheinland-Pfalz vom 16.10.2014, 4 K 1976/14, EFG 2015 S. 39). Prozesskosten zur Erlangung von nachehelichem **Unterhalt** sind im Übrigen nicht als außergewöhnliche Belastungen abziehbar, wenn die unterhaltsberechtigte Person eigene Einkünfte über dem Existenzminimum hat (FG Münster vom 18.9.2024, 1 K 494/18 E, EFG 2024 S. 1972 – rkr.).

Nicht als außergewöhnliche Belastungen wurden bislang schon von der Rspr. die Kosten eines **Steuerprozesses**, eines **Strafprozesses** (zuletzt BFH-Urteil vom 16.4.2013, BStBl II S. 806; FG Münster vom 20.11.2018, 15 K 655/16 E, EFG 2019 S. 90 – rkr.; BFH-Beschluss vom 10.8.2022, BStBl 2022 S. 766 zu Prozesskosten für die Strafverteidigung eines heranwachsenden Kindes) oder eines verwaltungsgerichtlichen Verfahrens zur Erlangung eines dauerhaften **Aufenthaltsrechts** des ausländischen Partners (BFH-Urteil vom 20.4.2006, BStBl 2007 II S. 41) anerkannt; ebenso nicht für Anwalts- und Prozesskosten im **Unterhaltsprozess** eines dauernd getrennt lebenden Ehegatten oder eines Vaters eines nichtehelichen Kindes. Prozesskosten aus Anlass eines **Erbschaftsstreits** (z. B. bei Streit um ein Vermächtnis oder über die Nachlassauseinandersetzung) sind ebenfalls keine außergewöhnlichen Belastungen (FG Nürnberg vom 25.7.2018, 3 K 99/18, EFG 2018 S. 2040). Dies gilt auch für Prozesskosten, die Eltern aufwenden, um für ihr Kind einen **Studienplatz** in einem **Numerus-clausus-Fach** zu erstreiten (BFH-Urteil vom 9.11.1984, BStBl 1985 II S. 135).

Prozesskosten, die mit einer **Einkunftsart** zusammenhängen, zählen vorrangig zu den **Betriebsausgaben** oder, wie beim arbeitsrechtlichen Prozess, zu den **Werbungskosten**. Ein Betriebsausgaben- oder Werbungskostenabzug kommt allerdings nur bei solchen Prozesskosten in Betracht, die eindeutig der steuerbaren betrieblichen oder beruflichen Sphäre des Steuerpflichtigen zuzuordnen sind (BFH-Urteil vom 18.10.2007, BStBl 2008 II S. 223; FG Rheinland-Pfalz vom 22.1.2016, 4 K 1572/14, EFG 2016 S. 568 und vom 20.10.2020, 5 K 1613/17, EFG 2021 S. 92 – rkr. nach Rücknahme der Revision X R 34/20). Eine Berücksichtigung der Prozesskosten als außergewöhnliche Belastungen ist in diesen Fällen ausgeschlossen (§ 33 Abs. 2 Satz 2 EStG).

5.5.6.47 Sanierungsaufwendungen für ein (selbstgenutztes) Gebäude

Kosten für übliche Instandsetzungs- und Modernisierungsmaßnahmen oder die Beseitigung von Baumängeln eines selbstgenutzen Wohngebäudes sind **nicht** als außergewöhnliche Belastungen abzugsfähig. Ein Abzug als außergewöhnliche Belastung kommt aber bei Aufwendungen für die **Sanierung** eines selbst genutzten Wohngebäudes in Betracht, wenn durch die Baumaßnahmen **konkrete Gesundheitsgefährdungen**, etwa durch ein asbestgedecktes Dach, abgewehrt werden (BFH-Urteil vom 29.3.2012, BStBl II S. 570). Ein die Außergewöhnlichkeit der Aufwendungen ausschließender Baumangel liegt dann nicht vor, wenn der Einsatz mittlerweile verbotener schadstoffhaltiger Materialien noch zum Zeitpunkt der Errichtung des Gebäudes erlaubt war und das Gebäude später veräußert wird.

Aufwendungen zur Sanierung eines infolge von Brand- oder Hochwasserschäden mit »**Echtem Hausschwamm**« befallenen Gebäudes können im Einzelfall ebenfalls ein unabwendbares Ereignis sein, wenn der Befall unentdeckt bleibt, die konkrete Gefahr der Unbewohnbarkeit eines Gebäudes droht und daraus eine aufwendige Sanierung folgt (BFH-Urteil vom 29.3.2012, BStBl II S. 572). Das Gleiche gilt, wenn eine vom Gebäude ausgehende unzumutbare Beeinträchtigung behoben wird (BFH-Urteil vom 29.3.2012, BStBl II S. 574). Die Unzumutbarkeit ist anhand objektiver Kriterien zu bestimmen (z. B. bei Geruchsbelästigungen durch das Überschreiten von objektiv feststellbaren Geruchsschwellen). Aufwendungen für den **Abriss** eines **einsturzgefährdeten Gebäudes** sind mangels Zwangsläufigkeit dann nicht als außergewöhnliche Belastungen zu berücksichtigen, wenn die Instandhaltungspflicht zuvor verletzt wurde (FG Hamburg vom 23.1.2020, 5 K 132/18, EFG 2020 S. 580).

Der Grund für die Sanierung darf weder beim Erwerb des Grundstücks erkennbar gewesen noch vom Grundstückseigentümer verschuldet worden sein. Auch muss der Steuerpflichtige realisierbare Ersatzansprüche gegen Dritte verfolgen, bevor er seine Aufwendungen steuerlich geltend machen kann, und er muss sich den aus der Erneuerung ergebenden Vorteil anrechnen lassen (»Neu für Alt«).

Bei der Beseitigung konkreter von einem Gegenstand des existenznotwendigen Bedarfs ausgehender Gesundheitsgefahren ist nach Ansicht des BFH ein vor Durchführung dieser Maßnahmen erstelltes amtliches technisches Gutachten **nicht** erforderlich. Gleichwohl hat der Steuerpflichtige nachzuweisen, dass er sich den Aufwendungen aus tatsächlichen Gründen nicht entziehen konnte.

5.5.6.48 Schadensersatzleistungen

Schadensersatzleistungen im Zusammenhang mit einer betrieblichen oder beruflichen Tätigkeit sind vorrangig als Betriebsausgaben oder Werbungskosten zu berücksichtigten. In anderen Fällen können Schadensersatzleistungen zwangsläufig i. S. des § 33 EStG sein, wenn der Steuerpflichtige bei der Schädigung nicht vorsätzlich oder grob fahrlässig gehandelt hat (BFH-Urteil vom 3.6.1982, BStBl II S. 749). Im Rahmen der Gefährdungshaftung (z. B. bei der Tierhalterhaftung) dürfte jedoch auch bei schuldlosem Verhalten des Steuerpflichtigen eine Zwangsläufigkeit nicht gegeben sein, insbesondere wenn dieser auf den Abschluss einer möglichen Haftpflichtversicherung verzichtet hat.

5.5.6.49 Schulbesuch

Kosten für den **Schulbesuch** eines Kindes (z. B. Privatschule, Internat) werden durch die Vorschriften des **Familienleistungsausgleichs** abgegolten (vgl. Tz 9.2). Aufwendungen für den Schulbesuch sind daher grds. nur dann als außergewöhnliche Belastung berücksichtigungsfähig, wenn es sich dabei um unmittelbare **Krankheitskosten** handelt (BFH-Urteil vom 17.4.1997, BStBl II S. 752); vgl. R 33.4 Abs. 2 EStR für den Fall, dass bei einem behinderten Kind eine geeignete öffentliche Schule nicht zur Verfügung steht oder nicht in zumutbarer Weise erreichbar ist. Nach dem BFH-Urteil vom 23.11.2000 (BStBl 2001 II S. 132) sind Schulgeldzahlungen an eine fremdsprachliche Schule im Inland auch dann nicht als außergewöhnliche Belastung (oder Werbungskosten) abziehbar, wenn sich die ausländischen Eltern aus beruflichen Gründen nur vorübergehend im Inland aufhalten. Wegen eines etwaigen (beschränkten) Sonderausgabenabzugs von Schulgeld für den Besuch einer Privatschule durch Kinder, für die der Steuerpflichtige Anspruch auf einen Freibetrag für Kinder nach § 32 Abs. 6 EStG oder Kindergeld hat, vgl. Tz 9.13.

Aufwendungen von Eltern für die **auswärtige Unterbringung** eines an Asthma erkrankten Kindes in einem **Schulinternat** (auf einer Nordseeinsel) sind nach dem BFH-Urteil vom 26.6.1992 (BStBl 1993 II S. 212) als außergewöhnliche Belastung i. S. des § 33 EStG zu berücksichtigen, wenn der Aufenthalt aus klimatischen Gründen zur Heilung oder Linderung der Krankheit **nachweislich unabdingbar notwendig** ist und der Schulbesuch nur anlässlich dieser Heilbehandlung gleichsam nebenbei und nachrangig erfolgt (vgl. H 33a.2 – Auswärtige Unterbringung – EStH). Aufwendungen für den Besuch einer Schule für **Hochbegabte** können außergewöhnliche Belastungen sein, wenn dies medizinisch angezeigt ist und es sich hierbei um unmittelbare Krankheitskosten handelt. Dies gilt auch für die Kosten einer auswärtigen der Krankheit geschuldeten Internatsunterbringung, selbst wenn diese zugleich der schulischen Ausbildung dient. Ein zusätzlicher Freibetrag nach § 33 a Abs. 2 EStG kann dann aber nicht gewährt werden (BFH-Urteil vom 12.5.2011, BStBl II S. 783). Eine Berücksichtigung derartiger Aufwendungen als Krankheitskosten setzt bei auswärtiger Unterbringung des Kindes voraus, dass der Nachweis ihrer Zwangsläufigkeit vor Beginn der Heilmaßnahme durch Vorlage eines amtsärztlichen Gutachtens oder einer ärztlichen Bescheinigung eines Medizinischen Dienstes der Krankenversicherung geführt wird (FG Düsseldorf vom 14.3.2017, 13 K 4009/15 E, EFG 2017 S. 992).

5.5.6.50 Sicherheitsdienst

Die Kosten für die Beauftragung eines privaten **Sicherheitsdienstes** führen zu außergewöhnlichen Belastungen, wenn die Aufwendungen notwendig und angemessen sind, um eine Gefahr für Leib und Leben abzuwehren (FG Münster vom 11.10.2017, 13 K 1045/15 E, EFG 2018 S. 560 – rkr.).

5.5.6.51 Studiengebühren

Studiengebühren für die Hochschulausbildung eines Kindes sind weder nach § 33 a Abs. 2 EStG noch nach § 33 EStG als außergewöhnliche Belastung abziehbar (BFH-Urteil vom 17.12.2009, BStBl 2010 II S. 341).

5.5.6.52 Trinkgelder

Trinkgelder sind nicht zwangsläufig i. S. des § 33 Abs. 2 EStG und daher nicht als außergewöhnliche Belastung abzugsfähig, auch wenn die zugrunde liegende Leistung selbst als außergewöhnliche Belastung zu beurteilen ist (z. B. bei Trinkgeldern an Krankenhauspersonal, Masseure usw. im Zusammenhang mit einer ärztlichen Behandlung; siehe BFH-Urteile vom 30.10.2003, BStBl 2004 II S. 270 und vom 19.4.2012, BStBl II S. 577).

5.5.6.53 Umzugskosten

Kosten eines privaten **Umzuges** sind unabhängig von der Art der Wohnungskündigung durch den Mieter oder den Vermieter regelmäßig keine außergewöhnliche Belastung (BFH-Urteile vom 28.2.1975, BStBl II S. 482 und vom 23.6.1978, BStBl II S. 526). Bei Umzugsdienstleistungen durch selbständige Unternehmen kann jedoch u. U. eine Steuerermäßigung nach § 35 a EStG (vgl. Tz 7.5.1) in Betracht kommen. Wegen eines etwaigen Werbungskostenabzugs vgl. Tz 11.18.3.25 unter »Umzugskosten«.

5.5.6.54 Unterhaltsleistungen

Unterhaltsleistungen an in Deutschland (lediglich) geduldete, nicht unterhaltsberechtigte Angehörige können **nicht** als außergewöhnliche Belastungen nach § 33 EStG berücksichtigt werden. Dem steht § 33 a Abs. 4 EStG entgegen, der eine Anwendung von § 33 EStG auch dann ausschließt, wenn Aufwendungen für den Unterhalt einer nicht gesetzlich unterhaltsberechtigten Person geltend gemacht werden (BFH-Urteil vom 2.12.2021, BStBl 2023 II S. 229).

5.5.6.55 Verbraucherinsolvenzverfahren

Hat ein Steuerpflichtiger die entscheidende Ursache für seine Zahlungsschwierigkeiten selbst gesetzt, kann die **Insolvenztreuhändervergütung** nicht als außergewöhnliche Belastung berücksichtigt werden (BFH-Urteil vom 4.8.2016, BStBl 2017 II S. 273). Das Gleiche gilt mangels Außergewöhnlichkeit für eine zugunsten des Insolvenzverwalters festgesetzte **Tätigkeitsvergütung** (BFH-Urteil vom 16.12.2021, BStBl 2022 II S. 321).

5.5.6.56 Vermögensverluste

Verluste durch Einbußen am **Vermögen** können nicht als außergewöhnliche Belastung berücksichtigt werden (z. B. Diebstahl oder Brand des Pkw). So können Aufwendungen für einen Pkw, der zum Privatvermögen gehört und bei einer Privatfahrt zerstört wird, nicht als außergewöhnliche Belastung anerkannt werden (BFH-Urteil vom 17.10.1973, BStBl 1974 II S. 104). Gleiches gilt, wenn die Privatfahrt mit einem geliehenen Pkw durchgeführt wurde (BFH-Urteil vom 17.10.1973, BStBl 1974 II S. 105).

5.5.6.57 Wildtierschäden

Aufwendungen zur Behebung von **Wildtierschäden** am Grundstück oder für Schutzmaßnahmen zur Vermeidung solcher Schäden sind nicht mit anderen ungewöhnlichen Schadensereignissen i. S. des § 33 EStG (wie z. B. Brand oder Hochwasser) vergleichbar und daher nicht als außergewöhnliche Belastungen abzugsfähig (BFH-Urteil vom 1.10.2020, BStBl 2021 II S. 146; FG Hamburg vom 21.2.2020, 3 K 28/19, EFG 2020 S. 837 – rkr.).

5.5.6.58 Zwischenheimfahrten

Fahrtkosten aus Anlass von **Zwischenheimfahrten** können grds. nicht berücksichtigt werden. Wird aber ein Kind, das altersbedingt einer Begleitung bedarf, von einer Begleitperson zum Zwecke einer amtsärztlich bestätigten Heilbehandlung (vgl. Tz 5.5.4) von mehrstündiger Dauer zu einer besonderen Behandlungseinrichtung gefahren und von dort wieder abgeholt, so sind auch die Aufwendungen für die **Zwischenheimfahrten** der **Begleitperson** als außergewöhnliche Belastung anzuerkennen, wenn es der Begleitperson unzumutbar ist, die Behandlung abzuwarten (BFH-Urteil vom 3.12.1998, BStBl 1999 II S. 227). Der BFH hat in diesem Urteil bestätigt, dass die als außergewöhnliche Belastung zu berücksichtigenden Fahrtkosten bei Benutzung eines Pkw nur i. H. der Kosten für die Benutzung eines **öffentlichen Verkehrsmittels** abzugsfähig sind, es sei denn, es bestand keine zumutbare öffentliche Verkehrsverbindung; vgl. H 33.1–33.4 – Fahrtkosten, allgemein – EStH.

6. Anlage Unterhalt 2025 für die Geltendmachung von Unterhaltsleistungen an bedürftige Personen

6.1 Vorbemerkungen

Die für die Berücksichtigung von Unterhaltsleistungen erforderlichen Angaben sind auf der Anlage Unterhalt zu machen.

Für Unterhaltsleistungen an bedürftige Personen ist je Haushalt für alle im Haushalt lebenden Personen eine Anlage Unterhalt einzureichen. Bei mehr als zwei Unterhaltsempfängern (vgl. Tz 6.7) in einem Haushalt ist eine weitere Anlage Unterhalt abzugeben. In Zeile 3 des Vordrucks (rechts außen) ist die laufende Nr. der Anlage Unterhalt anzugeben.

6.2 Unterhalt für bedürftige Personen

vor 4 Der Abzug von Unterhaltsleistungen ist auf Leistungen an Personen beschränkt, die einen **gesetzlichen Unterhaltsanspruch** gegenüber dem Steuerpflichtigen oder seinem Ehegatten/Lebenspartner haben. Ob der Steuerpflichtige oder sein Ehegatte/Lebenspartner zum Unterhalt gesetzlich verpflichtet ist, ist dabei allein nach inländischen Maßstäben zu beurteilen (vgl. §§ 1360 ff. und 1601 ff. BGB). Dies gilt auch im Fall einer Unterhaltspflicht nach ausländischem Recht, wenn die Unterhaltspflicht nach internationalem Privatrecht im Inland verbindlich ist (BFH-Urteil vom 27.7.2011, BStBl 2012 II S. 965). Unterhaltspflichtig sind danach nur Ehegatten/Lebenspartner und Verwandte in **gerader** Linie, d. h. Kinder, Kindeskinder, Eltern, Großeltern, Urgroßeltern, nicht dagegen Verwandte in der Seitenlinie (Geschwister) und Verschwägerte. Unterhaltszahlungen an die Schwiegereltern können während der Ehe, ungeachtet des dauernden Getrenntlebens der Ehegatten, geltend gemacht werden (BFH-Urteil vom 27.7.2011, BStBl 2012 II S. 965). Eine gesetzliche Unterhaltspflicht besteht, wenn der Berechtigte außerstande ist, sich selbst zu unterhalten. Das ist auch der Fall, wenn die eigenen Mittel des Berechtigten zum Lebensunterhalt nicht ausreichen (§ 1602 BGB). Die Rangfolge der Unterhaltsverpflichteten bestimmt sich nach den §§ 1606, 1608 BGB. Die Tatsache, dass der Steuerpflichtige nur nachrangig zum Unterhalt verpflichtet ist, steht dem Abzug tatsächlich geleisteter Unterhaltsaufwendungen nicht entgegen. Für den Abzug reicht es aus, dass eine unbeschränkt stpfl. unterhaltsberechtigte Person dem Grunde nach gesetzlich unterhaltsberechtigt (verwandt in gerader Linie) und die tatsächliche Bedürftigkeit vorliegt (sog. konkrete Betrachtungsweise). Eine gesetzliche Unterhaltspflicht kann sich auch aus den Folgen einer Trennung, Scheidung von Ehegatten oder Aufhebung einer eingetragenen Lebenspartnerschaft ergeben (§§ 1361, 1569 BGB, § 12 LPartG). Nicht erforderlich ist, dass gesetzliche Unterhaltsansprüche gerichtlich geltend gemacht werden.

Nach § 1615l Abs. 2 BGB ist der Vater eines nichtehelichen Kindes verpflichtet, der Mutter des Kindes Unterhalt zu gewähren, soweit von ihr wegen der Pflege oder Erziehung des Kindes eine Erwerbstätigkeit nicht erwartet werden kann (vgl. Tz 6.7.5).

Leben die Eltern des nichtehelichen Kindes in eheähnlicher Gemeinschaft in einem gemeinsamen Haushalt, so kann davon ausgegangen werden, dass dem unterhaltsverpflichteten Steuerpflichtigen Unterhaltsaufwendungen in Höhe des maßgeblichen Höchstbetrags erwachsen – monatlich 1/12 von **12 096 €** zzgl. der aufgewandten Beiträge zur Basis-Krankenversicherung und gesetzlichen Pflegeversicherung der unterhaltsberechtigten Person), vgl. Tz 6.9.

Den gesetzlich Unterhaltsberechtigten stehen nach § 33 a Abs. 1 Satz 3 EStG Personen gleich, bei denen die inländische öffentliche Hand ihre Leistungen (z. B. Sozialhilfe oder Arbeitslosengeld II/Bürgergeld) wegen der Unterhaltsleistungen des Steuerpflichtigen ganz oder teilweise nicht gewährt oder, wenn ein entsprechender Antrag gestellt würde, ganz oder teilweise nicht gewähren würde (sog. sozialrechtliche Bedarfsgemeinschaft). Unterhaltsleistungen des Steuerpflichtigen für seinen bedürftigen im Inland lebenden ausländischen Lebensgefährten können auch nach § 33 a Abs. 1 Satz 3 EStG abziehbar sein, wenn der Lebensgefährte bei Inanspruchnahme von Sozialhilfe damit rechnen müsste, keine Aufenthaltsgenehmigung zu erhalten oder ausgewiesen zu werden (BFH-Urteil vom 20.4.2006, BStBl 2007 II S. 41).

Aufwendungen für den Unterhalt von Personen, die eine entsprechende Aufenthalts- oder Niederlassungserlaubnis nach § 23 Aufenthaltsgesetz haben, können nach § 33 a Abs. 1 EStG auch dann berücksichtigt werden, wenn diese Personen keine Angehörige in gerader Linie sind (BMF-Schreiben vom 27.5.2015, BStBl I S. 474). Bund und Länder haben nach § 23 Aufenthaltsgesetz Aufnahmeanordnungen erlassen, wonach Flüchtlinge bei Angehörigen in Deutschland aufgenommen werden können, wenn diese per Verpflichtungserklärung nach § 68 Aufenthaltsgesetz die Übernahme sämtlicher Unterhaltskosten garantieren. Die Gewährung von Leistungen bei Krankheit, Schwangerschaft und Geburt nach § 4 Asylbewerberleistungsgesetz ist unschädlich. Werden Kosten durch einen Dritten ersetzt, ist dies mindernd zu berücksichtigen. Ist die unterhaltene Person unbeschränkt stpfl., so gelten im Hinblick auf ihre Erwerbsobliegenheit die allgemeinen Grundsätze nach R 33a.1 Abs. 1 Satz 4 EStR. Unterhaltsleistungen an in Deutschland geduldete, nicht unterhaltsberechtigte Angehörige sind weder nach § 33 a EStG noch nach § 33 EStG als außergewöhnliche Belastungen zu berücksichtigen. Dies gilt auch dann, wenn sich der Unterhaltsleistende nach § 68 Aufenthaltsgesetz verpflichtet hat, die Kosten für den Lebensunterhalt seiner Angehörigen zu tragen (BFH-Urteil vom 2.12.2021, BStBl 2023 II S. 229).

Nach § 33 a Abs. 1 EStG können Unterhaltsleistungen an gesetzlich Unterhaltsberechtigte im Jahr 2025 für jede unterhaltene Person bis zu **12 096 €** zzgl. der aufgewandten Beiträge zur Basis-Krankenversicherung und gesetzlichen Pflegeversicherung der unterhaltsberechtigten Person jährlich berücksichtigt werden, vorausgesetzt, dass weder der Steuerpflichtige noch eine andere Person für den Unterhaltsempfänger Anspruch auf Kindergeld oder Freibeträge für Kinder (vgl. Tz 9.4, Tz 9.7 unter Erläuterungen zur Anlage Kind) hat und die unterhaltene Person **kein oder nur ein geringes Vermögen** besitzt (vgl. Tz 6.7.7). Der genannte Höchstbetrag ist zu kürzen, wenn die unterstützte Person in einem Land mit niedrigeren Lebenshaltungskosten lebt (vgl. Tz 6.6). Eigene Einkünfte und Bezüge der unterhaltenen Person im Unterhaltszeitraum sind auf den Höchstbetrag **anzurechnen,** soweit sie insgesamt **624 €** jährlich übersteigen. Ausbildungshilfen aus öffentlichen Mitteln oder von Förderungseinrichtungen, die hierfür öffentliche Mittel erhalten, sind dagegen in voller Höhe anzurechnen (vgl. Tz 6.8). Die Ausbildungshilfen werden nicht um die negativen Einkünfte der unterhaltenen Person gemindert (vgl. BFH-Urteil vom 8.6.2022, BStBl 2023 II S. 23).

> **Rechtsänderungen ab 2026:**
> Der Unterhaltshöchstbetrag beträgt ab VZ 2026 12 348 €.

Unterhaltszahlungen an einen **geschiedenen Ehegatten, Lebenspartner einer aufgehobenen Lebenspartnerschaft oder getrennt lebenden Ehegatten/Lebenspartner** sind ebenfalls außergewöhnliche Belastungen, die im Rahmen des § 33 a Abs. 1 EStG berücksichtigt werden können, sofern sich eine gesetzliche Unterhaltspflicht aus den Folgen der Scheidung oder Trennung ergibt (§§ 1361, 1569 BGB) und kein Abzug als Sonderausgaben geltend gemacht wird (vgl. Tz 2.7.2 unter Erläuterungen zur Anlage Sonderausgaben).

Im VZ des **Beginns** der dauernden Trennung sind Aufwendungen für den Unterhalt des dauernd getrennt lebenden Ehegatten/Lebenspartners nicht nach § 33 a Abs. 1 EStG als außergewöhnliche Belastung abziehbar, weil für dieses Jahr die Vorschriften über die

Ehegattenbesteuerung (mit der Wahlmöglichkeit der Zusammenveranlagung und damit des Splittingtarifs, vgl. Tz 1.5.2 unter Erläuterungen zum Hauptvordruck) noch uneingeschränkt Anwendung finden (BFH-Urteil vom 31.5.1989, BStBl II S. 658). Wegen weiterer Einzelheiten vgl. Tz 6.7.3.

Vom Unterhaltsempfänger muss grds. verlangt werden, dass er zunächst seine Arbeitskraft (sog. Erwerbsobliegenheit) und sein Vermögen einsetzt. Bei Personen im erwerbsfähigen Alter ist davon auszugehen, dass sie ihren Lebensunterhalt durch eigene Arbeit verdienen. Hierzu hat die unterhaltene Person ihre Arbeitskraft als die ihr zur Bestreitung ihres Lebensunterhalts zur Verfügung stehende Quelle in ausreichendem Maße auszuschöpfen (Erwerbsobliegenheit). Die unterstützende Person im erwerbsfähigen Alter muss grundsätzlich nachweisen, dass sich die unterhaltene Person um eine Beschäftigung bemüht hat. Fehlt es hieran, kommt bei im Ausland ansässigen Personen eine Schätzung der (fiktiven) Einkünfte in Betracht (BFH-Urteil vom 15.4.2015, BStBl 2016 II S. 148). Die Erwerbsobliegenheit ist bei allen unterhaltsberechtigten Personen, die nicht unbeschränkt einkommensteuerpflichtig sind, zu prüfen (BMF-Schreiben vom 15.10.2025 (Ausland), BStBl I S. n. n. v., Rz 10 und BFH-Urteil vom 9.3.2017, BStBl 2018 II S. 13). Bei dem im Ausland lebenden Ehegatten sind hingegen weder die Erwerbsobliegenheit noch die Bedürftigkeit zu prüfen (BFH-Urteil vom 5.5.2010, BStBl 2011 II S. 115). Der Einsatz der eigenen Arbeitskraft darf nicht gefordert werden, wenn die unterhaltsberechtigte Person aus gewichtigen Gründen keiner oder nur in geringem Umfang einer Beschäftigung gegen Entgelt nachgehen kann (BFH-Urteil vom 13.3.1987, BStBl II S. 599). Als Gründe kommen beispielsweise Alter (ab Erreichen der Regelaltersgrenze, die sich nach den Vorschriften des deutschen Sozialrechts richtet), Behinderung, schlechter Gesundheitszustand, die Erziehung oder Betreuung von Kindern unter sechs Jahren, ein ernsthaft und nachhaltig betriebenes Studium oder eine Berufsausbildung in Betracht und die Pflege von Angehörigen mit Behinderung. Das jederzeitige Bereitstehen für einen eventuellen Pflegeeinsatz bei behinderten Angehörigen (»Pflege auf Abruf«) ist jedoch kein besonderer Umstand, der die generelle Erwerbsobliegenheit volljähriger Personen entfallen lässt (BFH-Urteil vom 15.4.2015, BStBl 2016 II S. 148). Eine von den Heimatbehörden bestätigte Arbeitslosigkeit der unterhaltenen Person stellt grundsätzlich keinen gewichtigen Grund dar.

Bei nicht unbeschränkt stpfl. Personen unter 65 Jahren, die bereits eine Rente beziehen, kann auf den Einsatz der eigenen Arbeitskraft nur dann verzichtet werden, wenn die Rente aufgrund eines schlechten Gesundheitszustandes oder einer Behinderung gezahlt wird. Hierzu ist ein Nachweis des behandelnden Arztes zu erbringen, der Ausführungen zur Art der Krankheit, zum Krankheitsbild und den dadurch bedingten dauernden Beeinträchtigungen bzw. dem Grad der Behinderung der unterstützten Person enthalten muss (BMF-Schreiben vom 6.4.2022, BStBl I S. 623, Rz 12).

6.3 Eigene Einnahmen und Zahlungen der unterhaltsleistenden Person(en)

9

Bei der Berechnung der außergewöhnlichen Belastung nach § 33 a Abs. 1 EStG ist die sog. **Opfergrenze** (vgl. R 33a.1 Abs. 4 EStR) zu beachten (BMF-Schreiben vom 15.10.2025 (Allgemein), BStBl I S. n. n. v., Rz 16 ff). Die Opfergrenze bedeutet, dass Unterhaltsleistungen im Allgemeinen nur insoweit als außergewöhnliche Belastungen anerkannt werden, als sie in einem angemessenen Verhältnis zum Nettoeinkommen des Leistenden stehen und diesem nach Abzug der Unterhaltsleistungen noch genügend Mittel zur Bestreitung des Lebensbedarfs für sich und ggf. für seine Ehefrau/seinen Lebenspartner und seine Kinder verbleiben. Die Opfergrenze ist unabhängig davon zu beachten, ob die unterhaltene Person im Ausland oder im Inland lebt (R 33a.1 Abs. 4 EStR).

Bei der Ermittlung des verfügbaren Nettoeinkommens sind alle stpfl. Einkünfte i. S. des § 2 Abs. 1 EStG (Gewinneinkünfte i. S. der §§ 13–18 EStG – auch unter Berücksichtigung erhöhter Absetzungen – sowie sämtliche Überschusseinkünfte i. S. der §§ 19–23 EStG; auch Kapitalerträge, die der Abgeltungsteuer unterliegen, ohne Abzug des Sparer-Pauschbetrages nach § 20 Abs. 9 EStG), alle steuerfreien Einnahmen (z. B. Kindergeld und vergleichbare Leistungen nach dem SGB II, SGB III und BEEG [Bundeselterngeld- und Elternzeitgesetz], ausgezahlte Arbeitnehmer-Sparzulagen, das Baukindergeld und steuerfreier Teil der Rente) sowie Steuererstattungen (Einkommensteuer, Kirchensteuer, Solidaritätszuschlag) anzusetzen. Ein ggf. in Anspruch genommener Investitionsabzugsbetrag nach § 7g EStG ist dem Nettoeinkommen wieder hinzuzurechnen (vgl. BMF-Schreiben vom 15.10.202(Allgemein), BStBl I S. n. n. v., Rz 18).

Abzuziehen sind die entsprechenden Steuervorauszahlungen und -nachzahlungen sowie die Steuerabzugsbeträge (Lohn- und Kirchensteuern, Kapitalertragsteuer, Solidaritätszuschlag). Ferner sind die unvermeidbaren Versicherungsbeiträge mindernd zu berücksichtigen (gesetzliche Sozialabgaben bei Arbeitnehmern bzw. die gesetzlichen Kranken- und Pflegeversicherungsbeiträge bei Rentnern; für alle Übrigen die eigenen Beiträge zu einer Basiskranken- und Pflegepflichtversicherung). Der Arbeitnehmer-Pauschbetrag ist zur Ermittlung der Einkünfte auch dann abzuziehen, wenn der Steuerpflichtige keine Werbungskosten hatte. Entsprechendes gilt auch für den Abzug des Sparer-Pauschbetrags nach § 20 Abs. 9 EStG (ausgenommen der Abgeltungsteuer unterliegende Kapitalerträge) und die übrigen Werbungskosten-Pauschbeträge nach § 9 a EStG. Nach dem BFH-Urteil vom 6.2.2014, BStBl II S. 619 sind steuerrechtlich zulässige Gewinnminderungen zu korrigieren, soweit kein tatsächlicher Mittelabfluss vorliegt. Dies gilt etwa für Rücklagen und trifft auch auf den Investitionsabzugsbetrag zu.

Bei Selbständigen ist für die Ermittlung des verfügbaren Nettoeinkommens die Berechnung auf der Grundlage eines Dreijahreszeitraums vorzunehmen, weil diese Einkünfte naturgemäß stärkeren Schwankungen unterliegen (BFH-Urteile vom 28.3.2012, BStBl II S. 769 und 28.4.2016, BStBl II S. 742). Der BFH folgt damit den Grundsätzen der zivilrechtlichen Unterhaltsverpflichtung. Der Dreijahreszeitraum bezieht sich für den VZ 2025 auf die Jahre 2023 bis 2025. Die Steuerzahlungen sind für Zwecke der Ermittlung der Opfergrenze jedoch von dem hiernach zugrunde zu legenden Einkommen grundsätzlich in dem Jahr abzuziehen, in dem sie gezahlt wurden. Führen Steuernachzahlungen für mehrere Jahre jedoch zu nicht unerheblichen Verzerrungen des unterhaltsrechtlich maßgeblichen Einkommens im Streitjahr, sind die im maßgeblichen Dreijahreszeitraum geleisteten durchschnittlichen Steuerzahlungen zu ermitteln und vom »Durchschnittseinkommen« abzuziehen (vgl. BFH-Urteil vom 28.4.2016, BStBl II S. 742).

Aufwendungen für den Unterhalt können insoweit berücksichtigt werden, als sie 1 % je volle 500 € des verfügbaren Nettoeinkommens, höchstens 50 % übersteigen. Für den (ggf. auch geschiedenen) Ehegatten/Lebenspartner und für jedes Kind, für das der Steuerpflichtige Anspruch auf Kinderfreibeträge, Kindergeld oder eine andere Leistung für Kinder i. S. des § 65 EStG hat, ist der Prozentsatz um 5 % zu kürzen, höchstens jedoch um 25 %.

Die Opfergrenzenregelung gilt nicht bei Aufwendungen für den Unterhalt an den (ggf. auch geschiedenen) Ehegatten/Lebenspartner (ggf. einer aufgehobenen Lebenspartnerschaft) (BMF-Schreiben vom 15.10.2025 (Allgemein), BStBl I S. n. n. v., Rz 23) und an den in Haushaltsgemeinschaft lebenden nichtehelichen Partner (BFH-Urteil vom 29.5.2008, BStBl 2009 II S. 363).

In den Zeilen 4 bis 9 werden deshalb die Angaben zur Ermittlung der Opfergrenze abgefragt.

Zur Ermittlung des verfügbaren Nettoeinkommens bei einer Haushaltsgemeinschaft vgl. Tz 6.7.6.

6.4 Angaben zum Haushalt, in dem die unterstützte(n) Person(en) lebte(n)

Die hier vorgesehene Angabe dient der Feststellung, wo sich der 10
Haushalt der unterstützten Person(en) befindet. Die Namen und

persönlichen Daten der einzelnen unterstützten **Person(en)** sind auf Seite 2 bis 3 der Anlage Unterhalt anzugeben.

11 Die Angabe des ausländischen Wohnsitzstaates ist wichtig, weil Unterhaltsleistungen an im Ausland lebende Personen nur abgezogen werden können, soweit sie nach den Verhältnissen des Wohnsitzstaates der unterhaltenen Person notwendig und angemessen sind. Auf die **Ländergruppeneinteilung** (vgl. Tz 6.6) wird hingewiesen.

12 Werden Personen unterhalten, die in einem gemeinsamen Haushalt leben, werden die insgesamt nachgewiesenen bzw. glaubhaft gemachten Aufwendungen einheitlich nach Köpfen aufgeteilt, auch soweit unterhaltene Personen nicht zu den zum Abzug berechtigenden Unterhaltsempfängern gehören (BFH-Urteile vom 12.11.1993, BStBl 1994 II S. 731 und 19.6.2002, BStBl II S. 753). Eine Aufteilung einheitlicher Unterhaltszahlungen ist nur möglich, wenn die Unterhaltsempfänger gewissermaßen »aus einem Topf« wirtschaften (BFH-Urteil vom 30.6.2010, BStBl 2011 II S. 267).

ELSTER:
ELSTER sieht eine Eintragungsmöglichkeit für einen weiteren Unterstützungszeitraum vor, wenn eine Unterbrechung der Berücksichtigungszeiträume vorlag.

13–18 Wegen einer etwaigen zeitanteiligen Ermäßigung des Höchstbetrags für Unterhaltsaufwendungen (vgl. Tz 6.5) muss das Finanzamt feststellen, für welche Monate Unterhaltszahlungen geleistet wurden.

Begünstigt sind Aufwendungen für den typischen Unterhalt, d. h. zur Deckung der laufenden elementaren Lebensbedürfnisse sowie Aufwendungen für eine Berufsausbildung. Zu den typischen Unterhaltsaufwendungen gehören u. a. die Ausgaben für Ernährung, Wohnung (z. B. Miete, Nebenkosten), Kleidung, sonstige Gegenstände des täglichen Bedarfs (z. B. Kosmetikartikel, Haushaltsgeschirr, Zeitschriften) und unvermeidbare Versicherungsbeiträge.

Voraussetzung für den Abzug von Unterhaltsaufwendungen ist, dass bei Geldzuwendungen die Zahlung der Unterhaltsleistungen durch Überweisung auf das Konto der unterhaltenen Person erfolgt ist (§ 33 a Abs. 1 Satz 12 EStG).

Unterhaltsaufwendungen können nur abgezogen werden, soweit sie dem laufenden Lebensbedarf der unterhaltenen Person im Kj. der Leistung dienen. Gelegentliche oder einmalige Leistungen im Kj. können zwar Aufwendungen für den Unterhalt sein. Die Unterstützung und die Eignung der Leistungen zur Deckung des laufenden Unterhalts sind dabei aber besonders sorgfältig zu prüfen. Unterhaltsaufwendungen dürfen grundsätzlich nicht auf Monate vor ihrer Zahlung zurückbezogen werden. Dabei ist davon auszugehen, dass der Unterhaltsverpflichtete seine Zahlungen so einrichtet, dass sie zur Deckung des Lebensbedarfs der unterhaltenen Person bis zum Erhalt der nächsten Unterhaltszahlung dienen. Etwas anderes gilt, wenn damit Schulden getilgt werden, die der unterhaltenen Person in den vorangegangenen Monaten des Jahres durch Bestreitung von Lebenshaltungskosten entstanden sind, und wenn der Steuerpflichtige dies nachweist (BFH-Urteil vom 2.12.2004, BStBl 2005 II S. 483). Soweit Zahlungen auch dazu bestimmt sind, den Unterhaltsbedarf des folgenden Jahres abzudecken, können sie weder für das Jahr der Zahlung noch für das Folgejahr berücksichtigt werden (BFH-Urteil vom 22.5.1981, BStBl II S. 713 und BMF-Schreiben vom 15.10.2025 (Allgemein), BStBl I S. n. n. v., Rz 14).

Eine Unterhaltsleistung ist in dem Zeitpunkt abgeflossen, in dem der Steuerpflichtige die wirtschaftliche Verfügungsmacht über das Geld verliert. Für Überweisungen bedeutet dies, dass die Leistung spätestens mit der Lastschrift (Wertstellung) bei der unterstützenden Person abgeflossen ist (BFH-Urteil vom 6.3.1997, BStBl II S. 509 und BMF-Schreiben vom 15.10.2025 (Ausland), BStBl I S. n. n. v., Rz 29).

Die Anlage Unterhalt sieht in den Zeilen 13 bis 18 Eintragungsmöglichkeiten für zwei **Unterhaltszeiträume** vor. Diese liegen z. B. dann vor, wenn die Unterhaltsleistungen vorübergehend eingestellt werden, weil die unterstützte Person zeitweise erwerbstätig war und die Unterhaltsleistungen während der Zeit der Arbeitslosigkeit zu Beginn und Ende des Kj. geleistet wurden. Der Zeitraum vor der Erwerbstätigkeit ist in diesem Fall in Zeile 13, der Zeitraum nach der Erwerbstätigkeit in Zeile 16 einzutragen. Wird eine Person das gesamte Kj. unterstützt, reicht ein Eintrag in den Zeilen 13 bis 15 aus, weil nur ein zusammenhängender Unterhaltszeitraum vorliegt.

6.5 Höchstbetrag für Unterhaltsaufwendungen nach § 33 a Abs. 1 EStG

Der Jahreshöchstbetrag für berücksichtigungsfähige Unterhaltsleistungen beträgt für jede unterhaltene Person **12 096 €** zzgl. der aufgewandten Beiträge zur Basis-Krankenversicherung und gesetzlicher Pflegeversicherung der unterhaltsberechtigten Person. Dabei ist es nicht notwendig, dass die Beiträge tatsächlich von dem Unterhaltsverpflichteten gezahlt oder erstattet wurden. Für diese Erhöhung des Höchstbetrages genügt es, wenn der Unterhaltsverpflichtete seiner Unterhaltsverpflichtung nachkommt. Die Gewährung von Sachunterhalt wie Unterhalt und Verpflegung ist ausreichend (R 33a Abs. 5 EStR). Hat die unterhaltene Person eigene Einkünfte oder Bezüge (vgl. Tz 6.8), die zur Bestreitung des Unterhalts bestimmt oder geeignet sind, so werden diese auf den Höchstbetrag angerechnet, soweit sie **624 €** im Kj. übersteigen. Der Höchstbetrag und der anrechnungsfreie Betrag ist bei im Ausland ansässigen Personen entsprechend der Ländergruppenteinteilung (vgl. Tz 6.4) zu kürzen. Die Kürzung nach der Ländergruppeneinteilung gilt jedoch nicht für die zur Absicherung der unterhaltsberechtigten Person aufgewandten Beiträge zu einer Basiskranken- und Pflegeversicherung. Außerdem vermindert sich der Höchstbetrag stets (in voller Höhe) um die von der unterhaltenen Person als Ausbildungshilfe aus öffentlichen Mitteln oder von Förderungseinrichtungen, die hierfür öffentliche Mittel erhalten, bezogenen Zuschüsse (§ 33 a Abs. 1 Satz 5 EStG). Darlehensweise gewährte Leistungen sind nicht anzurechnen.

Der bei der Einkommensermittlung abziehbare Unterhalts-Freibetrag ist in der Regel auch dann für jede unterhaltsberechtigte (oder gleichgestellte) Person getrennt zu ermitteln, wenn der Steuerpflichtige mehrere Personen unterhält, die einen gemeinsamen Haushalt führen. Der insgesamt nachgewiesene Zahlungsbetrag ist unterschiedslos nach Köpfen aufzuteilen (BFH-Urteil vom 12.11.1993, BStBl 1994 II S. 731). Handelt es sich jedoch bei den unterhaltenen Personen um in **Haushaltsgemeinschaft** lebende Ehegatten/Lebenspartner (z. B. Eltern), so sind die Einkünfte und Bezüge zunächst für jeden Ehegatten/Lebenspartner gesondert festzustellen und sodann zusammenzurechnen. Die zusammengerechneten Einkünfte und Bezüge sind für jeden Ehegatten/Lebenspartner um 624 € d. h. insgesamt um 1 248 € zu kürzen. Der verbleibende Betrag ist von der Summe der beiden Höchstbeträge (2 × 12 096 € = **24 192 €** zzgl. der aufgewandten Beiträge zur Basis-Krankenversicherung und gesetzlicher Pflegeversicherung der unterhaltsberechtigten Personen) abzuziehen (vgl. – allerdings zu den früher maßgebenden Höchstbeträgen – BFH-Urteil vom 15.11.1991, BStBl 1992 II S. 245). Hilft der Unterhaltsempfänger im Haushalt des Steuerpflichtigen unentgeltlich mit, so wird dadurch der abziehbare Betrag nicht gemindert.

Für jeden vollen Kalendermonat, in dem die o. g. Voraussetzungen nicht vorgelegen haben, **ermäßigen** sich der maßgebende Höchstbetrag von 12 096 € und der anrechnungsfreie Betrag von 624 € bis zu dem die (anteiligen) eigenen Einkünfte und Bezüge des Unterhaltsempfängers unberücksichtigt bleiben, um je ein Zwölftel (vgl. BFH-Urteil vom 25.4.2018, BStBl II S. 643). Eigene Einkünfte und Bezüge der unterhaltenen Person, die auf diese Kalendermonate entfallen, vermindern den ermäßigten Höchstbetrag nicht. Als Ausbildungshilfe bezogene Zuschüsse mindern nur den zeitanteiligen Höchstbetrag der Kalendermonate, für die die Zuschüsse bestimmt sind.

BEISPIEL 1:
Die Tochter unterstützt ihre alleinstehende (im Inland wohnhafte) Mutter vom 1.4. bis 31.12.2025 mit insgesamt 2 000 €. Die Mutter hat im Jahr 2025 eigene Einkünfte und Bezüge in Höhe von monatlich 520 €, wobei Werbungskosten und die

Kostenpauschale bereits abgezogen sind. Außerdem wurden von der Tochter zusätzlich monatlich 125 € Beiträge für die Basis-Krankenversicherung und gesetzliche Pflegeversicherung aufgewendet.

Höchstbetrag für das Kj. 2025		12 096 €
anteiliger Höchstbetrag 9/12	9 072 €	
zzgl. Basis-Krankenversicherung und gesetzliche Pflegeversicherung 9 × 125 €	1 125 €	
Höchstbetrag	10 197 €	10 197 €
Einkünfte und Bezüge der Mutter von April bis Dezember 2025	4 680 €	
9/12 von 624 €	468 €	4 212 €
Höchstbetrag		5 985 €
Unterhaltsaufwendungen		2 000 €
zzgl. Versicherungsbeiträge 9 × 125 €		1 125 €
Summe		3 125 €
abziehbar		3 125 €

Wie das Beispiel zeigt, sind auf den anteiligen Höchstbetrag nur Einkünfte und Bezüge der unterhaltenen Person anzurechnen, die auf den **Unterhaltszeitraum entfallen,** d. h. ihm wirtschaftlich zuzuordnen sind. Bei typischerweise **regelmäßig in kürzeren Zeitabständen** (z. B. monatlich) fließenden Einkünften (z. B. Einkünfte aus nichtselbständiger Arbeit, Renten) sowie bei Bezügen sind die im Unterhaltszeitraum zugeflossenen (§ 11 EStG) Einkünfte und Bezüge anzusetzen. Der Jahresbetrag der eigenen Einkünfte und Bezüge der unterhaltenen Person ist insoweit nach dem Verhältnis der in den jeweiligen Zeiträumen zugeflossenen Einnahmen auf die Zeiten innerhalb und außerhalb des Unterhaltszeitraums aufzuteilen. Werbungskostenpauschbeträge i. S. des § 9 a EStG (einschließlich Arbeitnehmer-Pauschbetrag) sind hierbei **zeitanteilig** anzusetzen. Werbungskosten, die den Werbungskostenpauschbetrag übersteigen, sind den Zeiträumen zuzurechnen, in denen sie angefallen sind. Hat die unterhaltene Person **Gewinneinkünfte** oder andere Einkünfte, die **nicht** mit einer gewissen Regelmäßigkeit zufließen (z. B. Einkünfte aus Gewerbebetrieb oder aus Kapitalvermögen), so sind diese aus Vereinfachungsgründen dem Unterhaltszeitraum **zeitanteilig** (monatlich mit einem Zwölftel) zuzurechnen. Der Steuerpflichtige kann aber nachweisen, dass die Einkünfte und Bezüge der unterhaltenen Person auf **andere** Zeiträume des Kj. entfallen und deshalb eine andere Verteilung wirtschaftlich gerechtfertigt ist (R 33a.3 Abs. 2 EStR).

Erwachsen dem Steuerpflichtigen aufgrund besonderer Umstände zusätzliche Aufwendungen für die unterhaltene Person (z. B. **Krankheitskosten,** die der Unterhaltsberechtigte nicht selbst tragen kann; vgl. BFH-Urteil vom 11.7.1990, BStBl 1991 II S. 62), so können diese Aufwendungen neben dem o. a. Freibetrag als außergewöhnliche Belastung allgemeiner Art berücksichtigt werden (vgl. Tz 5.5 unter Erläuterungen zur Anlage Außergewöhnliche Belastungen). Ist ein gesetzlich unterhaltsberechtigter Angehöriger in einem **Altersheim** untergebracht, so kommt zunächst unter den o. a. Voraussetzungen nur der Höchstbetrag von 12 096 € zzgl. der aufgewandten Beiträge zur Basis-Krankenversicherung und gesetzlicher Pflegeversicherung der unterhaltsberechtigten Person für die Unterhaltsgewährung in Betracht (BFH-Urteile vom 12.1.1973, BStBl II S. 442 und vom 29.9.1989, BStBl 1990 II S. 418). Handelt es sich dagegen um eine Heimunterbringung wegen **Pflegebedürftigkeit** und kommt diese Heimunterbringung dem Aufenthalt in einer Krankenanstalt oder einem **Pflegeheim** gleich, so können die wegen der Pflege erwachsenden Aufwendungen als außergewöhnliche Belastung allgemeiner Art im Rahmen des § 33 EStG berücksichtigt werden (BFH-Urteil vom 11.2.1965, BStBl III S. 407). Nach dem BFH-Urteil vom 24.2.2000 (BStBl II S. 294) sind bei **krankheitsbedingter** Unterbringung eines nahen Angehörigen im Altenpflegeheim neben den Pflegekosten auch die Kosten berücksichtigungsfähig, die auf die Unterbringung und Verpflegung entfallen, soweit es sich hierbei um **Mehrkosten** gegenüber der normalen Lebensführung handelt. Beachten Sie auch die Hinweise zum Behinderten-Pauschbetrag, (vgl. Tz 5.2 unter Erläuterungen zur Anlage Außergewöhnliche Belastungen) Pflegepauschbetrag (vgl. Tz 5.3 unter Erläuterungen zur Anlage Außergewöhnliche Belastungen) und den außergewöhnlichen Belastungen allgemeiner Art (vgl. Tz 5.5 unter Erläuterungen zur Anlage Außergewöhnliche Belastungen) sowie die nachfolgenden **Beispiele.** Hat die pflegebedürftige unterhaltene Person im Hinblick auf ihr Alter oder eine etwaige Bedürftigkeit dem Steuerpflichtigen **Vermögenswerte zugewendet** (z. B. ein Hausgrundstück), so ist ein Abzug der Pflegeaufwendungen nach R 33.3 Abs. 5 EStR nur möglich, soweit die Aufwendungen den Wert des hingegebenen Vermögens übersteigen (BFH-Urteil vom 12.11.1996, BStBl 1997 II S. 387). Der Nachweis der Pflegebedürftigkeit kann durch Einstufung in die **Pflegegrade 1 bis 5** i. S. des § 15 SGB XI, durch eine Bescheinigung über die erhebliche Einschränkung der Alltagskompetenz nach § 45 a SGB XI oder durch Vorlage eines Schwerbehindertenausweises mit dem Merkzeichen »H« geführt werden (R 33.3 Abs. 1 EStR).

Im BMF-Schreiben vom 2.12.2002 (BStBl I S. 1389) ist geregelt, wie Aufwendungen, die einem Steuerpflichtigen für die **krankheits- oder behinderungsbedingte Unterbringung** eines nahen Angehörigen in einem Heim (§ 33 EStG) entstehen, von den Unterhaltsaufwendungen (§ 33 a Abs. 1 EStG) abzugrenzen sind.

Im Einzelnen gilt danach Folgendes:

1. Zu den Aufwendungen, die im Rahmen des **§ 33 EStG** zu berücksichtigen sind (vgl. Tz 5.5 unter Erläuterungen zur Anlage Außergewöhnliche Belastungen), gehören die gesamten vom Heim in Rechnung gestellten Unterbringungskosten einschließlich der Kosten für die ärztliche Betreuung und Pflege, gemindert um eine Haushaltsersparnis, die mit jährlich 12 096 € (monatlich 1 008 €) anzusetzen ist, es sei denn, der Pflegebedürftige behält seinen normalen Haushalt bei. Sind beide Ehegatten in einem Alten- und Pflegeheim untergebracht, ist für jeden Ehegatten eine Haushaltsersparnis anzusetzen (BFH-Urteil vom 4.10.2017, BStBl 2018 II S. 179).
   Die Übernahme der Kosten einer Heimunterbringung für einen nahen Angehörigen ist nur dann zwangsläufig i. S. des § 33 EStG, wenn die untergebrachte Person kein oder nur ein geringes Vermögen besitzt und soweit ihre eigenen Einkünfte und Bezüge zur Deckung dieser Kosten nicht ausreichen. Bei der Beurteilung, ob die eigenen Einkünfte und Bezüge nicht ausreichen, ist ein angemessener Betrag für einen zusätzlichen **persönlichen Bedarf** zu berücksichtigen. Als angemessen kann regelmäßig der für den zusätzlichen persönlichen Bedarf erklärte Betrag anerkannt werden, soweit er **1 550 €** jährlich nicht übersteigt. Die eigenen Renteneinkünfte der unterhaltenen Person werden auch dann in die Berechnung einbezogen, wenn sie vom Sozialamt in voller Höhe für die Heimunterbringungskosten einbehalten werden.
   Eine krankheits- oder behinderungsbedingte Unterbringung liegt nach dem BMF-Schreiben vom 2.12.2002, BStBl I S. 1389 vor, wenn eine Pflegestufe (jetzt Pflegegrad) nach dem Elften Buch Sozialgesetzbuch (R 33.3 Abs. 1 EStR) oder eine erhebliche Einschränkung der Alltagskompetenz nach § 45 a SGB XI festgestellt wurde. Der Nachweis ist durch eine Bescheinigung der sozialen Pflegekasse oder des privaten Versicherungsunternehmens, das die private Pflegepflichtversicherung durchführt, oder nach § 65 Abs. 2 EStDV zu erbringen (vgl. Tz 5.2 unter Erläuterungen zur Anlage Außergewöhnliche Belastungen). Dies gilt auch dann, wenn der nahe Angehörige bereits seit einem früheren Zeitpunkt aus anderen Gründen (z. B. wegen Alters) im Heim untergebracht ist. Werden die Kosten für eine behinderungsbedingte Unterbringung zum Teil vom Sozialhilfeträger übernommen (insbesondere durch die Gewährung einer Eingliederungshilfe nach § 53 SGB XII), braucht die Notwendigkeit der Unterbringung nicht nachgewiesen zu werden, da regelmäßig von einer sorgfältigen, ordnungsmäßigen Prüfung durch den Sozialhilfeträger und von der Richtigkeit seiner Entscheidung ausgegangen werden kann (BFH-Urteil vom

23.5.2002, BStBl II S. 567). Nach dem BMF-Schreiben vom 20.1.2003 (BStBl I S. 89) ist eine Berücksichtigung der Kosten ab dem Zeitpunkt zulässig, ab dem die vorgenannten Voraussetzungen vorliegen. Dabei ist ohne Bedeutung, ob die betreffende Person bereits vorher in das Heim übergesiedelt ist.

2. Aufwendungen in Höhe der Haushaltsersparnis können zusammen mit vom Steuerpflichtigen zusätzlich getragenen Kosten für die normale Lebensführung (z. B. Kleidung, Versicherung) nach **§ 33 a Abs. 1 EStG** als **Unterhaltsaufwendungen** berücksichtigt werden.

BEISPIEL 2:

Der pflegebedürftige (Pflegegrad 3) vermögenslose Vater A hat seinen eigenen Haushalt aufgelöst und ist während des gesamten Kj. in einem Pflegeheim untergebracht.

Für die Heimunterbringung werden insgesamt 33 000 € in Rechnung gestellt. Die Pflegeversicherung übernimmt hiervon 15 348 €. A zahlt aus seinen eigenen anrechenbaren Einkünften und Bezügen in Höhe von 4 500 € einen Betrag von 3 300 € auf die Heimkosten und behält 1 200 € für zusätzlichen persönlichen Bedarf zurück. Die restlichen Heimkosten von (33 000 € ./. 15 348 € ./. 3 300 € =) 14 352 € trägt der Sohn B. Für die Beiträge zur Basis-Krankenversicherung und zur gesetzlichen Pflegeversicherung wurden 800 € aufgewendet.

Die Abzugsbeträge für B berechnen sich wie folgt:

- nach § 33 a Abs. 1 EStG

• Anteil für den typischen Unterhalt in Höhe der Haushaltsersparnis (12 096 € ohne Krankenversicherungsbeiträge)		12 096 €
anrechenbare Einkünfte und Bezüge des A	4 500 €	
anrechnungsfreier Betrag	./. 624 €	
anzurechnende Einkünfte und Bezüge des A	3 876 €	./. 3 876 €
Zwischensumme		**8 220 €**
Krankenversicherungsbeiträge		800 €
zu berücksichtigender Betrag		9 020 €

Der Betrag von 9 020 € ist nach § 33 a Abs. 1 EStG in voller Höhe vom Gesamtbetrag der Einkünfte des B abzuziehen.

- nach § 33 EStG

Heimkosten		33 000 €
Pflegeversicherungsleistungen		./. 15 348 €
Anteil des A aufgrund seiner eigenen Einkünfte und Bezüge, mindestens aber die Haushaltsersparnis eigene Einkünfte und Bezüge des A	4 500 €	
gemindert um einen angemessenen Betrag für den zusätzlichen persönlichen Bedarf (pauschal)	./. 1 550 €	
verbleibender Betrag	2 950 €	
Dieser Betrag liegt unter der Haushaltsersparnis von	12 096 €	
Daher ist die Haushaltsersparnis anzusetzen		./. 12 096 €
Höchstbetrag der bei B zu berücksichtigenden Heimkosten		5 556 €

Da die eigenen Einkünfte und Bezüge des A nicht ausreichen, um dessen Kosten für die normale Lebensführung einschließlich der krankheitsbedingten Heimunterbringung zu bestreiten, ist der von B getragene Anteil, vermindert um die bereits nach § 33 a Abs. 1 EStG berücksichtigten Aufwendungen, bis zur Höhe von 5 556 € abzuziehen.

Von B getragene Heimkosten	14 352 €
davon nach § 33 a Abs. 1 EStG berücksichtigt	./. 9 020 €
verbleibende Heimkosten	**5 332 €**

Die verbleibenden Heimkosten in Höhe von 5 332 € liegen unter dem möglichen Höchstbetrag von 5 556 €. Somit beträgt der bei B nach § 33 EStG (vor Abzug der zumutbaren Eigenbelastung) zu berücksichtigende Betrag 5 332 €.

BEISPIEL 3:

Sachverhalt wie im Beispiel 2, jedoch hat A anrechenbare Einkünfte und Bezüge von 18 000 €. Er zahlt daraus auf die Gesamtkosten 15 000 € und behält 3 000 € für seinen zusätzlichen persönlichen Bedarf zurück. Die restlichen Heimkosten von 2 652 € (33 000 € ./. 15 348 € ./. 15 000 €) trägt der Sohn B.

Da die anrechenbaren eigenen Einkünfte und Bezüge des A höher sind als die Summe aus Höchstbetrag und anrechnungsfreiem Betrag (12 096 € + 800 € + 624 € = 13 520 €), scheidet ein Abzug nach § 33 a Abs. 1 EStG aus. Für B kommt nur ein Abzug nach **§ 33 EStG** in Betracht. Dieser berechnet sich wie folgt:

Heimkosten		33 000 €
Pflegeversicherungsleistungen		./. 15 348 €
Anteil des A aufgrund seiner eigenen Einkünfte und Bezüge, mindestens aber die Haushaltsersparnis		
eigene Einkünfte und Bezüge des A	18 000 €	
gemindert um einen angemessenen Betrag für den zusätzlichen persönlichen Bedarf (pauschal)	./. 1 550 €	
verbleibender Betrag (mindestens Haushaltsersparnis in Höhe von 12 096 €)		./. 16 450 €
Höchstbetrag der bei B zu berücksichtigenden Heimkosten		**1 202 €**

Der Höchstbetrag von **1 202 €**, der niedriger ist als die von B getragenen Aufwendungen von 2 652 €, ist nach Minderung um die zumutbare Belastung nach § 33 EStG vom Gesamtbetrag der Einkünfte des B abzuziehen.

Nach dem BFH-Urteil vom 12.11.1996 (BStBl 1997 II S. 387) sind Aufwendungen für die Unterbringung und Pflege eines bedürftigen Angehörigen **nicht** als außergewöhnliche Belastung zu berücksichtigen, soweit der Steuerpflichtige von dem Angehörigen dessen gesamtes sicheres Vermögen in einem Zeitpunkt übernommen hat, als dieser sich bereits im Rentenalter befand (vgl. auch R 33.3 Abs. 5 EStR).

ELSTER:
ELSTER sieht Eintragungsmöglichkeiten für insgesamt zwei Unterstützungszeiträume vor, falls eine Unterbrechung der Berücksichtigungszeiträume vorlag.

6.6 Unterhaltsleistungen an im Ausland lebende Personen

Ob Personen im Ausland gesetzlich unterhaltsberechtigt sind (vgl. Tz 6.2), ist nach inländischem Recht zu beurteilen. Dies gilt auch im Fall einer Unterhaltspflicht nach ausländischem Recht, wenn die Unterhaltspflicht nach internationalem Privatrecht im Inland verbindlich ist (BFH-Urteil vom 27.7.2011, BStBl 2012 II S. 965). Unterhaltsleistungen an nach den Vorschriften des BGB nicht unterhaltsberechtigte Angehörige in der Seitenlinie sind auch dann nicht abziehbar, wenn der Steuerpflichtige nach ausländischem Recht zu deren Unterhalt verpflichtet ist (BFH-Urteil vom 4.7.2002, BStBl II S. 760).

Hat die **unterhaltene Person** ihren Wohnsitz oder gewöhnlichen Aufenthalt nicht im Inland, so können Unterhaltsaufwendungen nur abgezogen werden, **soweit sie nach den Verhältnissen des Wohnsitzstaates** der unterhaltenen Person notwendig und angemessen sind. Nach dem BMF-Schreiben vom 18.12.2023 (BStBl I S. 2236) gelten für das Jahr 2025 folgende Beträge:

Höchstbetrag für Unterhaltsleistungen	Anrechnungsfreier Betrag	Land
		Ländergruppe 1
12 096 €	624 €	Amerikanische Jungferninseln, Andorra, Australien, Belgien, Bermuda, Britische Jungferninseln, Dänemark, Färöer, Finnland, Frankreich, Gibraltar, Grönland, Guam, Hongkong, Insel Man, Irland, Island, Israel, Italien, Japan, Kaiman-Inseln, Kanada, Kanalinseln, Katar, Republik Korea, Kuwait, Liechtenstein, Luxemburg, Macau, Malta, Monaco, Neukaledonien, Neuseeland, Niederlande, Norwegen, Österreich, Palästinensische Gebiete, San Marino, Schweden, Schweiz, Singapur, Taiwan, Vatikanstadt, Vereinigte Arabische Emirate, Vereinigte Staaten, Vereinigtes Königreich
		Ländergruppe 2
9 072 €	468 €	Antigua und Barbuda, Aruba, Bahamas, Bahrain, Barbados, Brunei Darussalam, Cookinseln, Curacao, Estland, Französisch-Polynesien, Griechenland, Kroatien, Lettland, Litauen, Nauru, Nördliche Marianen, Oman, Panama, Polen, Portugal, Puerto Rico, Saudi-Arabien, Slowakei, Slowenien, Spanien, St. Kitts und Nevis, St. Martin (französischer Teil), St. Martin (niederländischer Teil), Trinidad und Tobago, Tschechien, Turks- und Caicos-Inseln, Ungarn, Uruguay, Zypern

Höchstbetrag für Unterhaltsleistungen	Anrechnungsfreier Betrag	Land
		Ländergruppe 3
6 048 €	312 €	Albanien, Amerikanisch-Samoa, Argentinien, Armenien, Aserbaidschan, Belize, Bosnien und Herzegowina, Botsuana, Brasilien, Bulgarien, Chile, China, Costa Rica, Dominica, Dominikanische Republik, Ecuador, Gabun, Georgien, Grenada, Guatemala, Guyana, Jamaika, Kasachstan, Kolumbien, Kosovo, Kuba, Libyen, Malaysia, Malediven, Marshallinseln, Mauritius, Mexiko, Republik Moldau, Montenegro, Niue, Nordmazedonien, Palau, Paraguay, Peru, Rumänien, Russische Föderation, Serbien, Seychellen, St. Lucia, St. Vincent und die Grenadinen, Südafrika, Thailand, Türkei, Turkmenistan, Tuvalu, Weißrussland/Belarus
		Ländergruppe 4
3 024 €	156 €	Afghanistan, Ägypten, Algerien, Angola, Äquatorialguinea, Äthiopien, Bangladesch, Benin, Bhutan, Plurinationaler Staat Bolivien, Burkina Faso, Burundi, Cabo Verde, Côte d'Ivoire, Dschibuti, El Salvador, Eritrea, Eswatini, Fidschi, Gambia, Ghana, Guinea, Guinea-Bissau, Haiti, Honduras, Indien, Indonesien, Irak, Islamische Republik Iran, Jemen, Jordanien, Kambodscha, Kamerun, Kenia, Kirgisistan, Kiribati, Komoren, Kongo, Demokratische Republik Kongo, Demokratische Volksrepublik Korea, Demokratische Volksrepublik Laos, Lesotho, Libanon, Liberia, Madagaskar, Malawi, Mali, Marokko (einschl. Westsahara), Mauretanien, Föderierte Staaten von Mikronesien, Mongolei, Mosambik, Myanmar, Namibia, Nepal, Nicaragua, Niger, Nigeria, Pakistan, Papua Neuguinea, Philippinen, Ruanda, Salomonen, Sambia, Samoa, São Tomé und Principe, Senegal, Sierra Leone, Simbabwe, Somalia, Sri Lanka, Sudan, Südsudan, Suriname, Arabische Republik Syrien, Tadschikistan, Vereinigte Republik Tansania, Timor-Leste, Togo, Tonga, Tschad, Tunesien, Uganda, Ukraine, Usbekistan, Vanuatu, Venezuela (Bolivarische Republik), Vietnam, Zentralafrikanische Republik

Im Inland lebende Steuerpflichtige (z. B. ausländische Staatsangehörige) können für Unterhaltsleistungen an einen gesetzlich unterhaltsberechtigten Angehörigen, der im **Ausland** lebt, einen Freibetrag nach § 33a Abs. 1 EStG regelmäßig nur erhalten, wenn sie dessen **Unterhaltsbedürftigkeit** durch eine Unterhaltserklärung nachweisen und die Angaben zur unterhaltenen Person durch die Heimatbehörde bestätigen lassen. Diese Angaben können auch durch einen öffentlich bestellten Notar erfolgen, sofern die Heimatbehörde diesen hiermit beauftragt hat. Zur Erleichterung und Vereinheitlichung der insoweit vorzunehmenden Sachverhaltsaufklärung und zur erleichterten Beweisführung werden zweisprachige Unterhaltserklärungen in den gängigsten Sprachen aufgelegt und auf den Internetseiten des BMF (www.bundesfinanzministerium.de) zum Download bereitgestellt (vgl. Tz 6.7.8). Bei erstmaliger Antragstellung sind außerdem detaillierte Angaben erforderlich, wie der Unterhalt bisher bestritten worden ist, welche jährlichen Einnahmen vor der Unterstützung bezogen worden sind, ob eigenes Vermögen vorhanden war und welcher Wert davon auf Hausbesitz entfällt (vgl. R 33a.1 Abs. 2 Satz 4 Nr. 2 EStR). Die Einnahmen sind durch geeignete Unterlagen (z. B. Steuerbescheide, Rentenbescheide, Verdienstbescheinigungen, Bescheide der ausländischen Arbeits- oder Sozialverwaltung) zu belegen.

Einzelheiten zur steuerlichen Behandlung von Unterhaltsaufwendungen an Angehörige im Ausland, insbesondere auch zu den **Anforderungen an den Nachweis** und die Glaubhaftmachung geleisteter Unterhaltszahlungen, sind im BMF-Schreiben vom 15.10.2025 (Ausland), BStBl I S. n. n. v., Rz 6ff. sowie im BFH-Urteil vom 2.12.2004 (BStBl 2005 II S. 483) geregelt.

Der abziehbare Unterhaltshöchstbetrag für Unterhaltsempfänger mit Wohnsitz im Ausland richtet sich auch dann nach den Verhältnissen des Wohnsitzstaates, wenn sich der Unterhaltsberechtigte **vorübergehend zu Besuchen im Inland** aufhält. Nicht nachgewiesene Aufwendungen anlässlich solcher Besuche können in Höhe des inländischen existenznotwendigen Bedarfs je Tag geschätzt werden (BFH-Urteil vom 5.6.2003, BStBl II S. 714).

Nach der Entscheidung des Großen Senats des BFH vom 28.11.1988 (BStBl 1989 II S. 164) sind Unterhaltsleistungen eines Steuerpflichtigen an seinen von ihm **nicht dauernd getrennt lebenden, nicht unbeschränkt einkommensteuerpflichtigen** (d. h. im Ausland lebenden) **Ehegatten/Lebenspartner** als außergewöhnliche Belastung nach § 33a Abs. 1 EStG abziehbar. Ist die stpfl. Person Staatsangehöriger eines Mitgliedstaats der EU/des EWR und wohnt der Ehegatte/Lebenspartner einem EU-/EWR-Mitgliedstaat oder in der Schweiz, kann stattdessen unter den Voraussetzungen des § 1a EStG die Zusammenveranlagung mit Splittingtarif in Betracht kommen (vgl. Tz 33.5 unter Erläuterungen zur Anlage WA-ESt).

Für den **Nachweis von Unterhaltszahlungen** gilt nach dem BMF-Schreiben vom 6.4.2022, BStBl I S. 623, im Wesentlichen Folgendes:

Überweisungen müssen durch **Post- oder Bankbelege** (Buchungsbestätigung oder Kontoauszüge) nachweisbar sein, die die unterhaltene Person als Empfänger ausweisen. Werden mehrere Personen, die in einem gemeinsamen Haushalt leben, unterhalten, genügt es, wenn die Überweisungsbelege auf den Namen einer dieser Personen lauten.

6.7 Angaben zur unterstützten Person

19–30 Die Identifikationsnummer (vgl. Tz 1.4.1 unter Erläuterungen zum Hauptvordruck ESt 1 A) der **unterstützten** Person ist in Zeile 19 einzutragen. Für den Abzug von Unterhaltsaufwendungen gem. § 33a Abs. 1 EStG ist die Angabe der steuerlichen Identifikationsnummer der unterhaltenen Person erforderlich, wenn die unterhaltene Person der unbeschränkten oder beschränkten Steuerpflicht unterliegt (§ 33a Abs. 1 Satz 9 EStG). Die unterhaltene Person ist für diese Zwecke verpflichtet, dem Unterhaltsleistenden ihre Identifikationsnummer mitzuteilen (§ 33a Abs. 1 Satz 10 EStG). Kommt die unterhaltene Person dieser Verpflichtung nicht nach, ist der Unterhaltsleistende berechtigt, bei dem für ihn zuständigen Finanzamt die Identifikationsnummer der unterhaltenen Person zu erfragen (§ 33a Abs. 1 Satz 11 EStG).

Die hier für die einzelne unterstützte Person zu machenden Angaben dienen u. a. der Feststellung, ob eine gesetzliche Unterhaltspflicht besteht (vgl. Tz 6.2) und die übrigen Erfordernisse erfüllt sind (vgl. Tz 6.6). Außerdem sind die Angaben für die Ermittlung des abzugsfähigen Höchstbetrags (vgl. Tz 6.5) von Bedeutung.

Ist die unterhaltene Person **verheiratet oder lebt sie in einer eingetragenen Lebenspartnerschaft,** wird ihr grds. die Hälfte des verfügbaren Einkommens ihres Ehegatten/Lebenspartners als eigene Bezüge zugerechnet. In Zeile 22 werden deshalb die Angaben zum Ehegatten/Lebenspartner abgefragt.

6.7.1 Haushaltszugehörigkeit der unterstützten Person

In Zeile 23 ist anzugeben, ob und ggf. in welchem Zeitraum die 23
unterstützte Person im Haushalt des Steuerpflichtigen lebte. Gehörte die unterhaltsberechtigte Person **zum Haushalt** des Steuerpflichtigen, so kann regelmäßig davon ausgegangen werden, dass ihm dafür Unterhaltsaufwendungen in Höhe des maßgebenden Höchstbetrags entstanden sind (R 33a.1 Abs. 1 EStR). Eine gewisse räumliche Trennung ist aber unschädlich, wenn keine besonderen Umstände hinzukommen, die auf eine dauerhafte Trennung der unterhaltsberechtigten Person vom Haushalt der unterstützenden Person schließen lassen. Dies ist insbesondere bei einer auswärtigen Ausbildung oder bei einem auswärtigem Studium eines Kindes anzunehmen. Eine auswärtige Unterbringung der unterhaltsberechtigten Person, die nicht zu einer Beendigung der Haushaltszugehörigkeit führt, hat demzufolge keine Auswirkung auf die Annahme, dass Unterhaltsaufwendungen in Höhe des maßgeblichen Höchstbetrags erwachsen sind (BMF-Schreiben vom 15.10.2025 (Allgemein), BStBl I S. n. n. v., Rz 1). Die Beendigung der Haushaltszugehörigkeit ist beispielsweise anzunehmen, wenn ein verheiratetes Kind mit seinem Ehegatten eine eigene Wohnung bezogen hat.

6.7.2 Angaben zu Kindern

Unterhaltsleistungen nach § 33a EStG können nur dann berück- 2
sichtigt werden, wenn weder der Steuerpflichtige noch eine andere Person für den Unterhaltsempfänger Anspruch auf **Kindergeld** oder **Freibeträge für Kinder** (vgl. Tz 9 unter Erläuterungen zur Anlage Kind) hat. Bestand der Anspruch auf Kindergeld oder Freibeträge für Kinder für den Unterhaltsempfänger das gesamte Kj., sind die Unterhaltsleistungen mit der Gewährung der kindbezogenen Begünstigungen abgegolten. Endete oder begann der Anspruch auf Kindergeld oder Freibeträge für Kinder im Kj. 2025, ist dieser Zeitraum in Zeile 24 einzutragen.

6.7.3 Wahlrecht bei Ehegatten/Lebenspartnern

Es besteht die Möglichkeit, bei Unterhaltszahlungen an den Ehegat- 2
ten/Lebenspartner zwischen der Berücksichtigung als Sonderausgaben (§ 10 Abs. 1a Nr. 1 EStG) und der als außergewöhnliche Belastung (§ 33a Abs. 1 EStG) zu wählen (vgl. Tz 2.7.2 unter Erläuterungen zur Anlage Sonderausgaben). Der Abzug als **Sonderausgaben** ist bis zu einem Betrag von **13 805 €** zzgl. der aufgewendeten Basis-Kranken- und gesetzlichen Pflegeversicherungsbeiträge möglich, wenn der geschiedene Ehegatte, Lebenspartner einer aufgehobenen Lebenspartnerschaft oder dauernd getrennt lebende Ehegatte/Lebenspartner seinen Wohnsitz oder gewöhnlichen Aufenthalt im Inland hat oder die Voraussetzungen des **§ 1a EStG** vorliegen (vgl. Tz 33.5.2 unter Erläuterungen zur Anlage WA-ESt); ansonsten kommt nur ein Abzug als außergewöhnliche Belastung in Betracht. Der Abzug als Sonderausgaben setzt aber vor allem voraus, dass der Leistende dies mit Zustimmung des Empfängers beantragt (**sog. Realsplitting**). Wird ein solcher Antrag nicht gestellt oder fehlt die Zustimmung, so können die Unterhaltsleistungen nur als außergewöhnliche Belastung berücksichtigt werden. Der Abzug als Sonderausgaben hat zur Folge, dass die Unterhaltsleistungen insoweit beim Empfänger stpfl. sonstige Einkünfte i. S. des § 22 Nr. 1a EStG sind. Werden dagegen vom Leistenden außergewöhnliche Belastungen geltend gemacht, so sind die Unterhaltszahlungen beim Empfänger nicht zu versteuern (§ 22 Nr. 1 Satz 2 EStG). Wird von der Möglichkeit des Sonderausgabenabzugs ganz oder teilweise Gebrauch gemacht, können Unterhaltsleistungen an den geschiedenen Ehegatten, Lebenspartner einer eingetragenen Lebenspartnerschaft oder dauernd getrennt lebenden Ehegatten/Lebenspartner nicht als au-

ßergewöhnliche Belastungen berücksichtigt werden; dies gilt auch für diejenigen Unterhaltsleistungen, die über den als Sonderausgaben berücksichtigten Teil hinausgehen (H 10.2 – Allgemeines – EStH und BFH-Urteil vom 7.11.2000, BStBl 2001 II S. 338).

6.7.4 Unterstützung des Ehegatten/Lebenspartners

26 Unterhaltszahlungen können grds. nicht auf Monate vor ihrer Zahlung zurückbezogen werden. Bei Unterhaltsleistungen an den Ehegatten/Lebenspartner kann jedoch aus Vereinfachungsgründen davon ausgegangen werden, dass Zahlungen an den Ehegatten/Lebenspartner stets zur Deckung des Lebensbedarfs des **gesamten** Kj. bestimmt sind (vgl. BMF-Schreiben vom 15.10.2025 (Ausland), BStBl I S. n. n. v., Rz 28).

Unterstützt der im Inland lebende unbeschränkt Steuerpflichtige seinen mit ihm zusammenlebenden Ehegatten/Lebenspartner im EU-/EWR-Mitgliedstaat oder in der Schweiz besteht nach § 26 Abs. 1 Satz 1 i. V. mit § 1 a Abs. 1 Nr. 2 EStG ein Wahlrecht zur Zusammenveranlagung. Bei einer Zusammenveranlagung kommt der Abzug der Unterhaltsaufwendungen nicht in Betracht.

6.7.5 Unterstützung der Kindesmutter/des Kindesvaters

7 Nach § 1615l Abs. 2 BGB ist der Vater eines nichtehelichen Kindes **verpflichtet,** der Mutter des Kindes Unterhalt zu gewähren, soweit von ihr wegen der Pflege oder Erziehung des Kindes eine Erwerbstätigkeit nicht erwartet werden kann. Danach hat der Vater der Mutter mindestens für die Dauer von sechs Wochen vor und acht Wochen nach der Geburt Unterhalt zu gewähren (§ 1615l Abs. 1 Satz 1 BGB). Eine Unterhaltspflicht besteht ferner, soweit von der Mutter wegen der Pflege oder Erziehung des Kindes eine Erwerbstätigkeit nicht erwartet werden kann. Die Unterhaltspflicht besteht für mindestens drei Jahre nach der Geburt (§ 1570 Abs. 1 Satz 2 und 3 EStG und § 1615l Abs. 2 BGB). Sie verlängert sich, solange und soweit dies der Billigkeit entspricht (§ 1570 Abs. 2 BGB). Wegen des insoweit vorliegenden **gesetzlichen** Unterhaltsanspruchs richtet sich die Abziehbarkeit von Unterhaltsaufwendungen in solchen Fällen nach § 33 a Abs. 1 **Satz 1** EStG und nicht nach Satz 3 dieser Vorschrift (»gleichgestellte Personen«), womit sich die Prüfung, ob öffentliche Mittel gekürzt worden sind, bei einem solchen Tatbestand erübrigt. Auch der Vater eines nichtehelichen Kindes kann einen entsprechenden Unterhaltsanspruch gegen die Mutter haben, wenn er das Kind betreut (§ 1615l Abs. 4 BGB). Die vorstehenden Ausführungen gelten daher auch für den Fall, dass die Mutter den Unterhalt leistet, weil der Vater die Pflege und Erziehung des Kindes übernimmt.

6.7.6 Unterstützung nicht unterhaltsberechtigter Personen

Werden Unterhaltsaufwendungen **an andere Personen** als gesetzlich Unterhaltsberechtigte geleistet, so können die Unterhaltsaufwendungen nur berücksichtigt werden, wenn bei der unterhaltenen Person zum Unterhalt bestimmte **inländische öffentliche Mittel** (z. B. Arbeitslosengeld II/Bürgergeld Hilfe zum Lebensunterhalt, Grundsicherung im Alter und bei Erwerbsminderung) im Hinblick auf die Unterhaltsleistungen des Steuerpflichtigen **gekürzt oder nicht gewährt** worden sind oder, wenn ein entsprechender Antrag gestellt würde, ganz oder teilweise nicht gewährt worden wären (§ 33 a Abs. 1 **Satz 3** EStG). Insoweit besteht eine Gleichstellung mit einer gesetzlich unterhaltsberechtigten Person. Auf die Höhe der Kürzung kommt es nicht an.Nach dem BMF-Schreiben vom 15.10.2025 (Allgemein), BStBl I S. n. n. v., Rz 3. kommen als Personen, die gesetzlich unterhaltsberechtigten Personen **gleichstehen**, insbesondere Partner einer eheähnlichen Gemeinschaft in Betracht (**sozialrechtliche Bedarfsgemeinschaft**). Ob eine sozialrechtliche Bedarfsgemeinschaft vorliegt, ist ausschließlich nach sozialrechtlichen Kriterien zu beurteilen.

Hat die unterhaltene Person Leistungen der inländischen öffentlichen Hand erhalten, die zur Bestreitung des Unterhalts bestimmt oder geeignet sind, sind diese Beträge als Bezüge der unterhaltenen Person im Rahmen des § 33 a Abs. 1 Satz 5 EStG zu berücksichtigen.

Bei der Berechnung des Unterhaltshöchstbetrags nach § 33 a Abs. 1 EStG sind für eine gesetzlich unterhaltsberechtigte gleichgestellte Person keine fiktiven Einkünfte anzusetzen. Bei Vorliegen einer eheähnlichen Gemeinschaft zwischen der unterhaltenen Person und dem Steuerpflichtigen wird typischerweise Sozialhilfe wegen der Höhe des Einkommens des Steuerpflichtigen nicht gewährt, da nach dem SGB XII alle Unterhaltsleistungen Dritter als vorrangiges Einkommen des Antragstellers gelten. In die Prüfung eines Anspruchs auf Arbeitslosenhilfe sind nach dem SGB XII Einkünfte und Vermögen des Partners einer eheähnlichen Gemeinschaft einzubeziehen. Da die Vorschriften des § 20 SGB XII und des § 85 Abs. 1 SGB XII eheähnliche Gemeinschaften faktisch wie Ehegatten bzw. eingetragene Lebenspartner behandeln, bestehen keine Bedenken, wenn in diesen Fällen grds. davon ausgegangen wird, dass bei der unterstützten Person die Voraussetzungen des § 33 a Abs. 1 **Satz 3** EStG vorliegen, auch wenn sie keinen Antrag auf Sozialhilfe oder Arbeitslosengeld gestellt hat (weil dieser ohnehin abgelehnt worden wäre). Bei einer bestehenden Haushaltsgemeinschaft mit der unterhaltenen Person ist die Opfergrenzenregelung nicht anzuwenden (vgl. Tz 6.2). Bei Vorliegen einer Haushaltsgemeinschaft mit Verwandten oder Verschwägerten kann aus Vereinfachungsgründen ebenfalls auf die Vorlage eines Kürzungs- oder Ablehnungsbescheids verzichtet werden, obwohl in diesen Fällen lediglich die widerlegbare Vermutung einer Unterhaltsgewährung besteht (§ 36 SGB XII). In entsprechender Anwendung der R 33a.1 Abs. 1 Satz 5 EStR ist auch in diesen Fällen davon auszugehen, dass dem Steuerpflichtigen Unterhaltsaufwendungen in Höhe des maßgeblichen Höchstbetrags erwachsen.

Dass die oben bezeichneten öffentlichen Mittel mit Rücksicht auf Unterhaltsleistungen des Steuerpflichtigen gekürzt (oder versagt) worden sind, sollte durch entsprechende Unterlagen (Bescheid oder Bescheinigung der zuständigen Behörde) dargelegt werden können (wegen Ausnahmen vgl. unten sowie BFH-Urteil vom 18.3.2004, BStBl II S. 594).

Wird auf die Vorlage eines Kürzungs- oder Ablehnungsbescheids verzichtet, ist **Voraussetzung** für eine steuermindernde Berücksichtigung der Unterhaltsleistungen eine schriftliche Versicherung der unterstützten Person, in der sie darlegt,

- dass sie für den jeweiligen VZ keine zum Unterhalt bestimmten Mittel aus inländischen öffentlichen Kassen erhalten und auch keinen entsprechenden Antrag gestellt hat,
- dass im jeweiligen VZ eine sozialrechtliche Bedarfsgemeinschaft (§ 7 Abs. 3 Nr. 3c i. V. mit Abs. 3a, § 9 Abs. 2 SGB II und § 20 Satz 1 SGB XII) mit dem Steuerpflichtigen bestand und
- über welche anderen zum Unterhalt bestimmten Einkünfte und Bezüge sowie über welches Vermögen sie verfügt.

Bei einer sozialrechtlichen Bedarfsgemeinschaft wird zwar die Opfergrenzenregelung nicht angewendet, die Unterhaltsleistungen können aber – neben dem Höchstbetrag – nur in Höhe des maximal als Unterhaltszahlung zur Verfügung stehenden Betrages berücksichtigt werden. Für die Ermittlung dieses Betrages sind die **verfügbaren Nettoeinkommen** des Unterhaltsleistenden und der unterhaltenen Person(en) zusammenzurechnen und dann nach Köpfen auf diese Personen zu verteilen (vgl. BFH-Urteil vom 17.12.2009, BStBl 2010 II S. 343).

BEISPIEL 4:

A bildet mit seinem Sohn B (kein Anspruch auf Freibeträge für Kinder oder Kindergeld) eine Haushaltsgemeinschaft. B erhält eine – wegen des Vorliegens einer Haushaltsgemeinschaft – gekürzte Sozialhilfe in Höhe von 4 000 €. A erzielte in 2025 einen Bruttoarbeitslohn von 20 000 €. Davon wurden 1 500 € LSt und 4 000 € Sozialversicherungsbeiträge abgezogen. A erhält im April 2025 eine Einkommensteuererstattung über 1 000 €. Die Unterhaltsleistungen an den Sohn betragen 9 000 €.

Ermittlung des Höchstbetrags nach § 33 a Abs. 1 EStG:

Höchstbetrag gem. § 33 a Abs. 1 EStG		12 096 €
Bezüge des B	4 000 €	
Kostenpauschale	./. 180 €	
anrechnungsfreier Betrag	./. 624 €	
anzurechnende Bezüge	3 196 €	./. 3 196 €
verbleibender Höchstbetrag		8 900 €
Nettoeinkommen des A:		
Arbeitslohn	20 000 €	
abzgl. Arbeitnehmer-Pauschbetrag	1 230 €	
zzgl. Einkommensteuererstattung	1 000 €	
abzgl. Sozialversicherung	4 000 €	
abzgl. LSt	1 500 €	
Nettoeinkommen des A		14 270 €
Nettoeinkommen des B		4 000 €
gemeinsames Nettoeinkommen		18 270 €
Aufteilung nach Köpfen (A + B) geteilt durch		: 2
maximal als Unterhaltszahlung zur Verfügung stehender Betrag		9 135 €

Die Unterhaltsleistungen des A können in Höhe von 8 900 € berücksichtigt werden.

Gehören zur sozialrechtlichen Bedarfsgemeinschaft Kinder i. S. des § 32 EStG, die in einem Kindschaftsverhältnis zur unterstützenden Person stehen, sind das Kindergeld und der Kinderbonus in die Ermittlung des Nettoeinkommens einzubeziehen. Dabei sind folgende Fallgruppen zu unterscheiden:

Gehören zur sozialrechtlichen Bedarfsgemeinschaft gemeinsame Kinder, die sowohl zur unterstützenden Person als auch zur unterstützten Person in einem Kindschaftsverhältnis i. S. des § 32 EStG stehen, werden das Kindergeld und der Kinderbonus jeweils sowohl der unterstützenden als auch der unterstützten Person bei Ermittlung des Nettoeinkommens je zur Hälfte zugerechnet. Bei Ermittlung des gemeinsamen Nettoeinkommens ist der Mindestunterhalt in Höhe der nach § 1612 a BGB ermittelten Beträge zu kürzen und der verbleibende Betrag nach Köpfen zu verteilen.

Gehören zur Haushaltsgemeinschaft Kinder, die nur zur unterstützenden Person, nicht aber zur unterhaltenen Person in einem Kindschaftsverhältnis stehen, wird bei Ermittlung der maximal abziehbaren Unterhaltsaufwendungen das hälftige Kindergeld hinzugerechnet. Bei Ermittlung des gemeinsamen Nettoeinkommens ist der Mindestunterhalt um die Hälfte der nach § 1612 a BGB ermittelten Beträge zu kürzen und der verbleibende Betrag nach Köpfen zu verteilen.

Der Mindestunterhalt nach § 1612 a BGB bemisst sich nach dem steuerfrei zu stellenden sächlichen Existenzminimum des Kindes (= 6 648 €). Je nach Alter des Kindes wird dieser Betrag durch eine prozentuale Staffelung erhöht bzw. gemindert.

Die Jahresbeträge für das sächliche Existenzminimum betragen nach der Siebten Verordnung zur Änderung der Mindestunterhaltsverordnung vom 15.11.2024 (BGBl 2024 I Nr. 359) 2025:

1.	Altersstufe (bis Vollendung des 6. Lebensjahres)	5 784 €
2.	Altersstufe (vom 7. bis zur Vollendung des 12. Lebensjahres)	6 648 €
3.	Altersstufe (vom 13. Lebensjahr an)	7 788 €

BEISPIEL 5:

C lebt mit seiner Partnerin X in einer eheähnlichen Gemeinschaft. Zum gemeinsamen Haushalt gehört auch das gemeinsame Kind Z (4 Jahre alt). C erzielte 2025 einen Bruttoarbeitslohn von 21 345 €, dazu 1 530 € Kindergeld sowie eine Einkommensteuererstattung in Höhe von 41 €. Die Steuerabzüge vom Lohn betrugen 1 750 € und Sozialversicherungsbeiträge i. H. von 4 388 €. X bezog Lohnersatzleistungen von 253 €, aber keine Sozialleistungen. Die Unterhaltsaufwendungen des C betrugen 9 000 €.

Höchstbetrag gem. § 33 a Abs. 1 EStG		12 096 €
Bezüge der X	253 €	
Kostenpauschale	./. 180 €	
anrechnungsfreier Betrag	./. 624 €	
anzurechnende Bezüge	0 €	./. 0 €
verbleibender Höchstbetrag		12 096 €
Nettoeinkommen des C:		
Arbeitslohn	21 345 €	
abzgl. Arbeitnehmer-Pauschbetrag	1 230 €	
zzgl. Einkommensteuererstattung	41 €	
abzgl. Sozialversicherung	4 388 €	
abzgl. Steuerabzüge	1 750 €	
zzgl. Kindergeld	1 530 €	
Nettoeinkommen des C		15 548 €
Nettoeinkommen der X:		
Lohnersatzleistungen	253 €	
Kindergeld	1 530 €	
Nettoeinkommen der X		1 783 €
gemeinsames Nettoeinkommen		17 331 €
abzgl. Mindestunterhalt für 1 Kind		5 784 €
gemeinsames verfügbares Nettoeinkommen		11 547 €
Aufteilung nach Köpfen (C + X) geteilt durch		: 2
maximal als Unterhaltszahlung zur Verfügung stehender Betrag		5 774 €

Die Unterhaltsleistungen des C können in Höhe von 5 774 € berücksichtigt werden.

Soweit zu einer Haushaltsgemeinschaft Kinder gehören, die nicht in einem Kindschaftsverhältnis zur Unterhalt leistenden Person stehen und denen gegenüber die Unterhalt leistende Person nicht unterhaltsverpflichtet ist, ist aus Vereinfachungsgründen typisierend zu unterstellen, dass deren Unterhaltsbedarf in vollem Umfang durch das Kindergeld und die Unterhaltszahlungen des anderen Elternteils abgedeckt wird. Diese Kinder sind bei der Ermittlung und Verteilung des verfügbaren Nettoeinkommens nicht zu berücksichtigen. Auch das Kindergeld, das der unterhaltenen Person für ein solches Kind zufließt, ist demnach bei der Ermittlung des verfügbaren Nettoeinkommens nicht zu berücksichtigen.

6.7.7 Angaben zum Vermögen der unterstützten Person

Unterhaltsleistungen können nur dann berücksichtigt werden, wenn die unterhaltene Person kein oder nur ein geringes Vermögen besitzt. Angesparte und noch nicht verbrauchte Unterhaltsleistungen werden grds. erst nach Ablauf des Kj. ihres Zuflusses zu abzugsschädlichem Vermögen (BFH-Urteil vom 29.2.2024, BStBl II S. 594). Eine Verwertung des eigenen Vermögens wird nicht zugemutet, wenn dessen Verkehrswert 15 500 € nicht übersteigt. Vermögensgegenstände, deren Veräußerung offensichtlich eine Verschleuderung von Besitz bedeuten würde, sowie Vermögensgegenstände, die für den Unterhaltsempfänger entweder einen besonderen persönlichen Wert (z. B. Erinnerungswert) haben oder zu seinem Hausrat gehören, sowie ein angemessenes Hausgrundstück i. S. des § 90 Abs. 2 Nr. 8 SGB XII, das der Unterhaltsempfänger allein oder zusammen mit Angehörigen, denen es nach seinem Tod weiter als Wohnung dienen soll, ganz oder teilweise bewohnt, bleiben bei der Bemessung der Grenze von 15 500 € außer Ansatz (§ 33 a Abs. 1 Satz 4 EStG, R 33a.1 Abs. 4 EStR sowie BFH-Urteil vom 14.8.1997, BStBl 1998 II S. 241). Nach dem BFH-Urteil vom 12.12.2002

(BStBl 2003 II S. 655) handelt es sich bei einem Dreifamilienhaus nicht mehr um ein »angemessenes Hausgrundstück«. Vgl. auch H 33a.1 – Geringes Vermögen – EStH.

6.7.8 Unterhaltserklärung

30 Wird eine Person im Ausland unterstützt, kann ein Freibetrag nach § 33 a Abs. 1 EStG regelmäßig nur gewährt werden, wenn die **Unterhaltsbedürftigkeit** durch eine Unterhaltserklärung nachgewiesen wird und die Angaben zur unterhaltenen Person durch die Heimatbehörde bestätigt werden. Zur Erleichterung und Vereinheitlichung der insoweit vorzunehmenden Sachverhaltsaufklärung und zur erleichterten Beweisführung werden zweisprachige Unterhaltserklärungen in den gängigsten Sprachen aufgelegt und auf den Internetseiten des BMF (www.bundesfinanzministerium.de) zum Download bereitgestellt.

Weigert sich die Heimatbehörde, die Angaben auf der zweisprachigen Unterhaltserklärung zu bestätigen, kann die behördliche Bestätigung zum Verwandtschaftsverhältnis, zu Name, Geburtsdatum und -ort, zur beruflichen Tätigkeit und Anschrift, zum Familienstand der unterhaltenen Person sowie zu Haushaltsmitgliedern auf anderen Dokumenten erbracht werden.

6.8 Einkünfte und Bezüge der unterstützten Person

–40 Als »**Einkünfte**« sind die Einkünfte aus den sieben Einkunftsarten des EStG zu verstehen (vgl. Tz 6.2). Im Gegensatz zu »Bezügen« sind die »Einkünfte« stets in vollem Umfang zu berücksichtigen, also auch soweit sie zur Bestreitung des Unterhalts nicht zur Verfügung stehen oder die Verfügungsbefugnis beschränkt ist, z. B. bei Lohneinkünften vermögenswirksame Leistungen i. S. des Vermögensbildungsgesetzes. Als »**Bezüge**« werden alle Einnahmen in Geld oder Geldeswert angesehen, die nicht im Rahmen der einkommensteuerrechtlichen Einkunftsermittlung erfasst werden, also **nicht steuerbare** sowie durch besondere Vorschriften (z. B. § 3 EStG) für **steuerfrei** erklärte Einnahmen, nach den §§ 40, 40a EStG **pauschal versteuerter** Arbeitslohn (vgl. BFH-Urteil vom 6.4.1990, BStBl II S. 885) und Unterhaltsleistungen des geschiedenen Ehegatten oder des Lebenspartners einer aufgehobenen Lebenspartnerschaft, soweit sie nicht als sonstige Einkünfte i. S. des § 22 Nr. 1a EStG erfasst sind. Anders als bei »Einkünften« sind nur solche »Bezüge« anrechenbar, die zur Bestreitung des Unterhalts bestimmt oder geeignet sind. Hierunter fallen z. B. Wohngeld, Sozialgeld, Arbeitslosengeld, die über den Besteuerungs- bzw. Ertragsanteil hinausgehenden Bezüge aus Sozialversicherungsrenten (vgl. Tz 17.3 unter Erläuterungen zur Anlage R) und sonstigen Leibrenten (vgl. Tz 17.5 unter Erläuterungen zur Anlage R), die ausgezahlte Arbeitnehmer-Sparzulage nach dem Vermögensbildungsgesetz, die KB-Renten, die Einkünfte und Leistungen, die dem sog. Progressionsvorbehalt unterliegen (vgl. Tz 1.10 unter Erläuterungen zum Hauptvordruck) sowie laufende Zuwendungen aus öffentlichen, kirchlichen und privaten Mitteln (z. B. auch steuerfreie Zuschüsse nach dem Bundesausbildungsförderungsgesetz). Auch **Unterhaltsbeiträge des Sozialamts** gelten als anzurechnende Bezüge, soweit das Sozialamt von einer Rückforderung bei gesetzlich Unterhaltsverpflichteten abgesehen hat (BFH-Urteil vom 2.8.1974, BStBl 1975 II S. 139). Nach § 40 Abs. 2 Satz 2 EStG **pauschal versteuerter Werbungskostenersatz** für Fahrten eines Arbeitnehmers zwischen Wohnung und Arbeitsstätte mit dem Pkw zählt nicht als Bezüge.

Die durch den **Versorgungsfreibetrag nach § 19 Abs. 2 EStG** und den Zuschlag hierzu freigestellten Einnahmen aus nichtselbständiger Arbeit (vgl. Tz 11.4.2 unter Erläuterungen zur Anlage N) zählen zu den anrechenbaren **Bezügen.** Zu den Bezügen gehören auch **steuerfreie Veräußerungsgewinne** nach den § 14 EStG, § 16 Abs. 4 EStG, § 17 Abs. 3 EStG und § 18 Abs. 3 EStG (vgl. Tz 21.18.2 unter Erläuterungen zur Anlage G, Tz 21.18.10 unter Erläuterungen zur Anlage G und Tz 22.11 unter Erläuterungen zur Anlage S) sowie **Sonderabschreibungen und erhöhte Absetzungen,** soweit sie die höchstmöglichen Absetzungen für Abnutzung nach § 7 EStG übersteigen (§ 33 a Abs. 1 Satz 5 EStG).

Die nach den §§ 29 bis 33 Bundesversorgungsgesetz (BVG) gezahlten Grund- und Ausgleichsrenten sind zum Unterhalt der unterstützten Person bestimmt und deshalb, soweit sie – zusammen mit anderen Einkünften und Bezügen – den Betrag von 624 € übersteigen, auf den Unterstützungshöchstbetrag anzurechnen. Dagegen sind **zweckgebundene Zulagen** (z. B. Pflegezulage nach § 35 BVG, **Leistungen aus einer Pflegeversicherung** (§ 3 Nr. 1a EStG), Unterhaltsbetrag für einen Führhund nach § 14 BVG, der Pauschbetrag für erhöhten Kleider- und Wäscheverschleiß nach § 15 BVG und die Blindenhilfe sowie Pflegegelder nach dem SGB XII) nicht zum Unterhalt bestimmt oder geeignet und deshalb **nicht als Bezüge anzurechnen** (vgl. auch BFH-Urteile vom 22.7.1988, BStBl II S. 830 und 939 sowie H 33a.1 – Anrechnung eigener Einkünfte und Bezüge – EStH). Leistungen zur Sicherstellung des Unterhalts nach Maßgabe des SGB XII (z. B. Hilfe zum Lebensunterhalt, Eingliederungshilfe) gehören zu den anrechenbaren Bezügen, wenn von einer Rückforderung bei dem gesetzlich unterhaltspflichtigen Steuerpflichtigen abgesehen wurde (BFH-Urteil vom 14.6.1996, BStBl 1997 II S. 173).

Das Elterngeld (einschließlich Sockelbetrag) nach dem Bundeselterngeld- und Elternzeitgesetz (BEEG), das eine bedürftige Person erhält, ist als Bezug der unterhaltenen Person anzusetzen (BFH-Beschluss vom 20.10.2016, BStBl 2017 II S. 194). Soweit der Arbeitnehmer-Pauschbetrag nach § 9 a Satz 1 Nr. 1 EStG bei den Einnahmen aus nichtselbständiger Tätigkeit noch nicht ausgeschöpft ist, ist das Elterngeld zu mindern (BFH-Urteil vom 25.9.2014, BStBl 2015 II S. 182).

Zur Feststellung der »**Einkünfte**« sind von den (Brutto-)Einnahmen die tatsächlichen Werbungskosten oder Betriebsausgaben bzw. die Werbungskosten-Pauschbeträge und der **Arbeitnehmer-Pauschbetrag** abzuziehen. Darüber hinaus wird aus Vereinfachungsgründen bei der Feststellung der anzurechnenden »**Bezüge**« einschließlich der o. a. **Ausbildungshilfen** aus öffentlichen Mitteln eine **Kostenpauschale von 180 €** im Kj. abgesetzt, wenn nicht höhere Aufwendungen, die mit dem Zufluss der entsprechenden Einnahmen zusammenhängen, nachgewiesen oder glaubhaft gemacht werden. Die tatsächlich angefallenen Kosten zu den Bezügen sind in Zeile 40 einzutragen. Sowohl der Werbungskosten- und Arbeitnehmer-Pauschbetrag als auch der von den Bezügen einschließlich Ausbildungshilfen abzuziehende pauschale Betrag von 180 € dürfen aber nicht zu einem Verlust führen. Von den Einkünften und Bezügen sind die Pflichtbeiträge zur gesetzlichen Sozialversicherung, die Beiträge zur freiwilligen gesetzlichen Kranken- und Pflegeversicherung sowie die Beiträge zu einer privaten Kranken- und Pflegeversicherung nicht abzuziehen. Die unvermeidbaren Versicherungsbeiträge der unterhaltenen Person sind im Rahmen der Ermittlung der eigenen Einkünfte und Bezüge nicht zu berücksichtigen. Dies beruht auf dem Umstand, dass die Kranken- und Pflegeversicherungsbeiträge, die der Mindestversorgung dienen, bereits bei der Bemessung des Höchstbetrages berücksichtigt werden und daher zur Vermeidung einer Doppelberücksichtigung nicht zusätzlich die Einkünfte und Bezüge der unterhaltenen Person mindern dürfen.

Hat die unterstützte Person **Arbeitslohn** (auch Ruhegehaltsbezüge) bezogen, so ist dieser in vollem Umfang, also einschließlich der vermögenswirksamen Leistungen zu berücksichtigen. Vom Arbeitslohn werden ggf. der steuerfreie Teil der Versorgungsbezüge und die Werbungskosten (ggf. der Arbeitnehmer-Pauschbetrag von 1 230 € bzw. bei Versorgungsbezügen der Pauschbetrag von 102 €) abgezogen. Der sich danach ergebende Betrag stellt die »Einkünfte« dar. Bei Ermittlung der Einkünfte der unterhaltenen Person sind die Arbeitnehmerbeiträge zur gesetzlichen Sozialversicherung (Renten-, Arbeitslosen-, Kranken- und Pflegeversicherung) nicht abzuziehen (BFH-Urteil vom 18.6.2015, BStBl II S. 928).

Ist die unterstützte Person **Rentenempfänger,** so ist der Besteuerungs- bzw. Ertragsanteil der Rente um den Werbungskosten-Pauschbetrag von 102 € zu kürzen. Der sich danach ergebende Betrag stellt die »Einkünfte« dar. Die steuerfreien Teile der Rente und die Zuschüsse eines Trägers der gesetzlichen Rentenversicherung zu den Aufwendungen eines Rentners für seine Krankenversicherung sind »Bezüge«. Davon wird noch die o. a. **Kostenpauschale** von 180 € abgesetzt.

Erzielt die unterstützte Person auch **Kapitalerträge**, muss unterschieden werden, ob diese der tariflichen Einkommensteuer (Zeile 37, dritte Spalte) oder der Abgeltungsteuer (Zeile 37, letzte Spalte) unterliegen. Kapitalerträge, die der tariflichen Einkommensteuer unterliegen, sind (nach Berücksichtigung des Sparer-Pauschbetrages in Höhe von 1 000 € bzw. 2 000 € bei Ehegatten/Lebenspartnern) als Einkünfte zu berücksichtigen. Kapitalerträge, die der Abgeltungsteuer unterliegen, gehören (ohne Berücksichtigung des Sparer-Pauschbetrages) zu den Bezügen (§ 2 Abs. 5b Satz 1 EStG). Zum anrechnungsfreien Betrag eigener Einkünfte und Bezüge bei Unterhaltsleistungen ins Ausland vgl. Tz 6.6.

Wegen Besonderheiten bei den in Zeile 34 genannten **Versorgungsbezügen vgl. Tz 11.4 unter** Erläuterungen zur Anlage N. Zum stpfl. Teil von **Renten** und zu Werbungskosten bei Renten vgl. Tz 17 unter Erläuterungen zur Anlage R und Tz 20 unter Erläuterungen zur Anlage SO.

Einkünfte und Leistungen, soweit sie dem Progressionsvorbehalt unterliegen (vgl. Tz 11.8 unter Erläuterungen zur Anlage N und Tz 32.8 unter Erläuterungen zur Anlage AUS), stellen ebenfalls Bezüge dar.

Zu den Bezügen gehören außerdem: steuerfreie Leistungen aus einer Krankenversicherung, Pflegeversicherung und der gesetzlichen Unfallversicherung (§ 3 Nr. 1 Buchst. a EStG); steuerfreie Rentenabfindungen nach § 3 Nr. 3 EStG; steuerfreie Geld- und Sachbezüge von Wehrpflichtigen und Personen, die ein freiwilliges soziales Jahr oder einen Freiwilligendienst i. S. des § 32 Abs. 4 Nr. 2 Buchst. d EStG ableisten (§ 3 Nr. 5 EStG); steuerfreie Bezüge, die versorgungshalber an Wehrdienstbeschädigte und Zivildienstbeschädigte oder ihre Hinterbliebenen i. S. des § 3 Nr. 6 EStG gezahlt werden; Bezüge aus öffentlichen Mitteln oder aus Mitteln einer öffentlichen Stiftung, die wegen Hilfsbedürftigkeit oder als Beihilfe zu dem Zweck bewilligt werden, die Erziehung oder Ausbildung, die Wissenschaft oder Kunst unmittelbar zu fördern (§ 3 Nr. 11 EStG); der Grundbetrag der Produktionsaufgaberente i. S. des § 3 Nr. 27 EStG; Stipendien, die nach § 3 Nr. 44 EStG steuerfrei sind; Wohngeld nach dem Wohngeldgesetz, das nach § 3 Nr. 58 EStG steuerfrei ist; steuerfreie Zuschläge für Sonntags,- Feiertags- oder Nachtarbeit.

ELSTER:
ELSTER sieht zu den Eintragungsmöglichkeiten der Zeilen 31–40 weitere Eintragungsmöglichkeiten vor.

6.9 Beiträge zu Basis-Kranken- und gesetzlichen Pflegeversicherungen

41–44 Aufwendungen für den Unterhalt können bis zur Höhe von 12 096 €, zzgl. der im jeweiligen VZ aufgewendeten Beiträge zur Basis-Krankenversicherung und gesetzlichen Pflegeversicherung der unterhaltsberechtigten Person (§ 33a Abs. 1 Satz 2 EStG), berücksichtigt werden. Der Höchstbetrag wird aber nur dann um die Beiträge erhöht, wenn diese von der unterstützenden Person getragen und von der unterstützten Person als Versicherungsnehmer geschuldet wurden. Eine Erhöhung ist nicht vorzunehmen, wenn der Unterhaltsverpflichtete selbst als Versicherungsnehmer die Versicherungsbeiträge als Sonderausgaben geltend machen kann (vgl. Tz 3.3 unter Erläuterungen zur Anlage Vorsorgeaufwand).

Der Höchstbetrag einschließlich Erhöhungsbetrag für die Basis-Krankenversicherung und gesetzliche Pflegeversicherungsbeiträge nach § 33a Abs. 1 Sätze 1 und 2 EStG ist personenbezogen zu ermitteln, auch wenn die unterstützten Personen verheiratet sind, in einer eingetragenen Lebenspartnerschaft oder in einem gemeinsamen Haushalt leben. Die Anlage Unterhalt sieht deshalb für jede unterstützte Person eine Eintragungsmöglichkeit in Zeile 441für den ersten Unterhaltszeitraum (lt. Zeilen 13 bis 15) und in Zeile 43 für den zweiten Unterhaltszeitraum (lt. Zeilen 16 bis 18) vor.

Wenn sich aus den Basis-Krankenversicherungsbeiträgen ein Anspruch auf Krankengeld oder ein Anspruch auf eine Leistung, die anstelle von Krankengeld gewährt wird, ergeben kann, sind die Basis-Krankenversicherungsbeiträge pauschal um 4 % zu kürzen. Damit vermindert sich der Erhöhungsbetrag des § 33a Abs. 1 Satz 2 EStG entsprechend. In den Zeilen 42 und 44 wird deshalb die Höhe der Krankenversicherungsbeiträge abgefragt, für die sich für die jeweilige unterstützte Person ein Anspruch auf Krankengeld ergibt.

Anzugeben sind in den Zeilen 41 bis 44 nur die Beiträge zu den Basis-Kranken- und gesetzlichen Pflegeversicherungsbeiträgen, die auf den oder die Unterstützungszeiträume entfallen.

ELSTER:
ELSTER sieht für jeden Unterstützungszeitraum weitere Eintragungsmöglichkeiten für die Beiträge zu Basis-Kranken- und gesetzlichen Pflegeversicherungsbeiträge vor.

6.10 Angaben zu weiteren unterhaltsleistenden Personen

Werden Aufwendungen für eine unterhaltene Person von mehreren 45-
unbeschränkt Einkommensteuerpflichtigen getragen, so wird bei jedem **der Teil** des sich hiernach ergebenden Betrags abgezogen, der seinem Anteil am Gesamtbetrag der Leistung entspricht (§ 33a Abs. 1 Satz 7 EStG). Tragen mehrere Personen zum Unterhalt bei und ist eine davon im Inland nicht unbeschränkt einkommensteuerpflichtig, wird diese bei der Aufteilung des abziehbaren Betrags nicht berücksichtigt. Deren Unterhaltsleistungen sind aber bei der unterhaltenen Person als Bezüge zu erfassen.

Zur Ermittlung des Anteils am Gesamtbetrag der Unterhaltsleistungen werden deshalb in Zeile 47 die Unterhaltsleistung und in den Zeilen 48 und 49 die ggf. im Unterhaltsbetrag enthaltenen Krankenversicherungsbeiträge eingetragen (vgl. Tz 6.9).

6.11 Weitere unterstützte Personen

Werden mehrere Personen im selben Haushalt unterstützt, sind die Angaben für diese Personen in den Zeilen 50 bis 80 der Anlage Unterhalt und ggf. auf weiteren Anlagen Unterhalt zu machen.

7. Anlage Haushaltsnahe Aufwendungen 2025

7.1 Vorbemerkungen

Die »**Anlage Haushaltsnahe Aufwendungen**« ist ausschließlich für die Geltendmachung der Steuerermäßigung nach § 35a EStG für haushaltsnahe Beschäftigungsverhältnisse, haushaltsnahe Dienstleistungen und Handwerkerleistungen für Renovierungs-, Erhaltungs- und Modernisierungsmaßnahmen im eigenen Haushalt zu verwenden.

Ehegatten/Lebenspartner, die zusammen veranlagt werden, müssen die »Anlage Haushaltsnahe Aufwendungen« gemeinsam ausfüllen. Für die Inanspruchnahme der Steuerermäßigung nach § 35a EStG ist es unerheblich, wer von den zusammen veranlagten Ehegatten/Lebenspartnern die Aufwendungen getätigt hat. Zur haushaltsbezogenen Inanspruchnahme der Höchstbeträge des § 35a EStG vgl. Tz 7.12.

Für energetische Sanierungsmaßnahmen bei zu eigenen Wohnzwecken genutzten Gebäuden kann eine Steuerermäßigung nach Maßgabe des § 35c EStG in Anspruch genommen werden. Diese Steuerermäßigung kann mit der »**Anlage Energetische Maßnahmen**« beantragt werden (vgl. Tz 8). Für die energetische Sanierungsmaßnahme kommt wahlweise auch eine Steuerermäßigung nach § 35a EStG in Betracht, aber mit geringeren Höchstbeträgen z. B. für Handwerkerleistungen. Im Rahmen der Steuerermäßigung nach § 35c EStG sind allerdings nicht nur die Arbeitskosten des Handwerkers begünstigt (wie bei § 35a EStG), sondern auch die Aufwendungen für das verwendete Material. Eine Doppelförderung derselben Sanierungsmaßnahme über § 35a und § 35c EStG ist jedoch ausgeschlossen (§ 35c Abs. 3 Satz 2 EStG).

7.2 Ermäßigung der tariflichen Einkommensteuer

4 Aufwendungen für **haushaltsnahe Beschäftigungsverhältnisse**, **haushaltsnahe Dienstleistungen** und **Handwerkerleistungen**, die in einem inländischen oder in einem anderen EU-/EWR-Staat belegenen Haushalt angefallen, werden nach § 35a EStG über eine Ermäßigung der tariflichen ESt berücksichtigt. Hierdurch vermindert sich die festzusetzende ESt unmittelbar. Zur Anwendung dieser Vorschrift und bei Zweifelsfragen ist das BMF-Schreiben vom 9.11.2016, BStBl I S. 1213 zu beachten; zur Nichtbegünstigung von Maßnahmen der öffentlichen Hand, die nach öffentlich-rechtlichen Kriterien abgerechnet werden, siehe BMF-Schreiben vom 1.9.2021, BStBl I S. 1494.

Im Einzelnen können für folgende Aufwendungen eine Steuerermäßigung beantragt werden:

Aufwendungen für	Steuerermäßigung	anzugeben in der Anlage Haushaltsnahe Aufwendungen in
• geringfügige Beschäftigungen im Privathaushalt – sog. Minijobs;	20 % der Aufwendungen (abzgl. Erstattungen), höchstens 510 € jährlich	Zeile 4
• sozialversicherungspflichtige Beschäftigungen im Privathaushalt; • haushaltsnahe Dienstleistungen, Hilfe im eigenen Haushalt; • Pflege- und Betreuungsleistungen im Haushalt; • bei eigener Heimunterbringung in den Heimkosten enthaltene Aufwendungen für Dienstleistungen, die denen einer Haushaltshilfe vergleichbar sind (soweit nicht bereits in Zeile 26 der »Anlage Außergewöhnliche Belastungen« als außergewöhnliche Belastung berücksichtigt); • das in Zeile 28 der »Anlage Außergewöhnliche Belastungen« als Erstattung für häusliche Pflege- und Betreuungskosten berücksichtigte Pflegegeld (§ 37 SGB XI)/Pflegetagegeld;	20 % der Aufwendungen (abzgl. Erstattungen), höchstens 4 000 € jährlich	Zeile 5
• Handwerkerleistungen für Renovierungs-, Erhaltungs- und Modernisierungsmaßnahmen im eigenen Haushalt	20 % der Aufwendungen, höchstens 1 200 € jährlich	Zeilen 6 bis 9

Die o.a. Ermäßigungstatbestände des § 35a Abs. 1, 2 und 3 EStG können nebeneinander in Anspruch genommen werden; die maximale Steuerermäßigung (Abzugsbetrag von der tariflichen ESt) beträgt **5 710 €** (510 € + 4 000 € + 1 200 €).

BEISPIEL

Der Eigentümer E eines selbst bewohnten Einfamilienhauses hat im Jahr 2025 folgende Leistungen verschiedener Dienstleister in Anspruch genommen und die Aufwendungen durch Überweisung des Rechnungsbetrags bezahlt:

für laufende Gartenpflegearbeiten	2 000 €
für Pflegeleistungen für seine Ehefrau, die Leistungen der Pflegeversicherung erhält (Letztere sind bereits abgezogen)	8 000 €
für einen neuen Bodenbelag (Parkett) (es handelt sich jeweils um die reinen Arbeitskosten, ohne Material)	8 000 €
E erhält nach § 35 a EStG folgende **Steuerermäßigungen**:	
für Gartenarbeiten und Pflegeleistungen: 20 % von 10 000 €	2 000 €
für den Bodenbelag: 20 % von 8 000 € (= 1 600 €), höchstens 1 200 €	1 200 €
insgesamt	3 200 €

7.3 Haushaltsnahe Beschäftigungsverhältnisse

7.3.1 Begriff

Der Begriff des haushaltsnahen Beschäftigungsverhältnisses verlangt eine Tätigkeit, die einen engen Bezug zum **eigenen Haushalt** hat. Zu den haushaltsnahen Tätigkeiten gehören u. a. die Zubereitung von Mahlzeiten im eigenen Haushalt, die Reinigung der Wohnung des Steuerpflichtigen, die Gartenpflege und die Pflege, Versorgung und Betreuung von Kindern sowie von kranken, alten oder pflegebedürftigen Personen. Die Erteilung von Unterricht (z. B. Sprachunterricht), die Vermittlung besonderer Fähigkeiten, sportliche und andere Freizeitbetätigungen fallen nicht darunter.

7.3.2 Mehrere Beschäftigungsverhältnisse

4–5 Liegen mehrere nach § 35 a EStG begünstigte haushaltsnahe Beschäftigungsverhältnisse vor, sind in den **Zeilen 4** und **5** die Angaben für das jeweils erste Beschäftigungsverhältnis einzutragen. Aufwendungen für weitere Beschäftigungsverhältnisse sind auf einem besonderen Blatt anzugeben und zu erläutern.

> **ELSTER:**
> In ELSTER stehen für die Angaben zu mehreren begünstigten Beschäftigungsverhältnissen weitere Eingabemöglichkeiten zur Verfügung, die per Mausklick hinzugefügt werden können. Die Art der Tätigkeit kann dabei aus einer vorgegebenen Liste ausgewählt werden.

7.3.3 Geringfügige Beschäftigungen

4 Die Steuerermäßigung nach § 35 a Abs. 1 EStG kann der Steuerpflichtige nur beanspruchen, wenn es sich bei dem haushaltsnahen Beschäftigungsverhältnis um eine geringfügige Beschäftigung i. S. des § 8 a SGB IV (sog. **Minijob**) im Privathaushalt handelt. Es handelt sich nur dann um ein geringfügiges Beschäftigungsverhältnis i. S. dieser Vorschrift, wenn der Steuerpflichtige am sog. **Haushaltsscheckverfahren** teilnimmt. Es ist jedoch zu berücksichtigen, dass nicht jedes Beschäftigungsverhältnis i. S. des § 8 a SGB IV nach § 35 a Abs. 1 EStG begünstigt ist, weil hiernach nur geringfügige Beschäftigungsverhältnisse erfasst werden, die **in** einem inländischen oder in der Europäischen Union (EU) oder dem Europäischen Wirtschaftsraum (EWR) liegenden Haushalt ausgeübt werden (vgl. Tz 7.4.1). § 8 a SGB IV setzt dagegen lediglich voraus, dass die geringfügige Beschäftigung **durch** einen privaten Haushalt begründet ist. Da Wohnungseigentümergemeinschaften und Vermieter im Rahmen ihrer Vermietertätigkeit nicht am Haushaltsscheckverfahren teilnehmen können, sind von diesen eingegangene geringfügige Beschäftigungsverhältnisse nicht nach § 35 a Abs. 1 EStG begünstigt; es kommt insoweit aber eine Berücksichtigung als haushaltsnahe Dienstleistungen nach § 35 a Abs. 2 EStG in Betracht (vgl. Tz 7.5.1).

7.3.4 Beschäftigungsverhältnisse in nicht inländischen Haushalten

Bei einem nicht inländischen Haushalt, der in einem EU-/EWR-Staat liegt, setzt die Inanspruchnahme der Steuerermäßigung nach § 35 a Abs. 1 EStG voraus, dass das monatliche Arbeitsentgelt die Geringfügigkeitsgrenze von **450 €** nicht übersteigt, die Sozialversicherungsbeiträge ausschließlich von dem Arbeitgeber zu entrichten sind und von ihm auch entrichtet werden. Bei haushaltsnahen Beschäftigungsverhältnissen i. S. des § 35 a Abs. 2 EStG ist Voraussetzung, dass aufgrund des Beschäftigungsverhältnisses Arbeitgeber- und Arbeitnehmerbeiträge zur Sozialversicherung in dem jeweiligen EU-/EWR-Staat entrichtet werden.

7.3.5 Beschäftigungsverhältnisse mit nahen Angehörigen/dem Lebenspartner

Da familienrechtliche Verpflichtungen grds. nicht Gegenstand eines steuerlich anzuerkennenden Vertrags sein können, sind entsprechende Vereinbarungen zwischen in einem Haushalt zusammenlebenden **Ehegatten** (§§ 1360, 1356 Abs. 1 BGB) oder zwischen Eltern und in deren Haushalt lebenden **Kindern** (§ 1619 BGB) nicht begünstigt. Dies gilt entsprechend für die Lebenspartner nach dem LPartG. Auch bei in einem Haushalt zusammenlebenden Partnern einer nichtehelichen Lebensgemeinschaft oder einer nicht eingetragenen Lebenspartnerschaft kann regelmäßig nicht von einem begünstigten Beschäftigungsverhältnis ausgegangen werden, weil jeder Partner auch seinen eigenen Haushalt führt und es deshalb an dem für Beschäftigungsverhältnisse typischen Über- und Unterordnungsverhältnis fehlt.

Haushaltsnahe Beschäftigungsverhältnisse mit Angehörigen, die nicht im Haushalt des Steuerpflichtigen leben (z. B. mit Kindern, die in einem eigenen Haushalt leben), können steuerlich nur anerkannt werden, wenn die Verträge zivilrechtlich wirksam zustande gekommen sind, inhaltlich dem zwischen Fremden Üblichen entsprechen und tatsächlich auch so durchgeführt werden.

7.4 Haushalt des Steuerpflichtigen

7.4.1 Allgemeines

Das haushaltsnahe Beschäftigungsverhältnis, die haushaltsnahe Dienstleistung oder die Handwerkerleistung müssen in einem **inländischen** oder in einem anderen in der **Europäischen Union** oder im **Europäischen Wirtschaftsraum** (EU-/EWR-Staat) liegenden **eigenen Haushalt** des Steuerpflichtigen ausgeübt oder erbracht werden. Fraglich ist, ob der Ausschluss der Steuerermäßigung für in der **Schweiz** belegene Haushalte gegen das zwischen der EU und der Schweiz bestehende Freizügigkeitsabkommen verstößt. Das FG Köln hat diese Frage dem EuGH vorab zur Entscheidung vorgelegt (Beschluss vom 20.2.2025, 7 K 1204/22, EFG 2025 S. 793; Az. beim EuGH: C-22/25). Einspruchsverfahren in vergleichbaren Fällen ruhen kraft Gesetzes (§ 363 Abs. 2 Satz 2 AO).

Beschäftigungsverhältnisse oder Dienstleistungen, die ausschließlich Tätigkeiten zum Gegenstand haben, die **außerhalb** des **Privathaushalts** des Steuerpflichtigen ausgeübt bzw. erbracht werden, sind nicht begünstigt. Danach gehört z. B. die Tätigkeit einer **Tagesmutter** nur zu den begünstigten Tätigkeiten i. S. des § 35 a EStG, wenn die Betreuung **im Haushalt** des Steuerpflichtigen erfolgt. Auch die Begleitung von Kindern, kranken, alten oder pflegebedürftigen Personen bei Einkäufen und Arztbesuchen sowie kleine Botengänge usw. sind nur dann begünstigt, wenn sie zu den Nebenpflichten der Haushaltshilfe, des Pflegenden oder Betreuenden im Haushalt gehören. Pflege- und Betreuungsleistungen sind jedoch auch dann begünstigt, wenn die Pflege und Betreuung nicht im Haushalt des Steuerpflichtigen, sondern im Haushalt der gepflegten oder betreuten Person durchgeführt wird. In diesem Fall ist Voraussetzung, dass der Haushalt der gepflegten oder betreuten Person im Inland oder EU-/EWR-Staat liegt (§ 35 a Abs. 4 EStG).

Der **räumliche Bereich**, in dem sich der Haushalt entfaltet, wird regelmäßig durch die Grundstücksgrenzen abgesteckt. Ausnahmsweise können auch Leistungen, die jenseits der Grundstücksgrenzen auf fremdem, beispielsweise öffentlichem Grund erbracht werden, begünstigt sein. Es muss sich dabei allerdings um Leistungen handeln, die in unmittelbarem räumlichem Zusammenhang zum Haushalt durchgeführt werden und diesem dienen. Ein solcher unmittelbarer räumlicher Zusammenhang liegt nur vor, wenn beide Grundstücke eine gemeinsame Grenze haben oder dieser durch eine Grunddienstbarkeit vermittelt wird.

7.4.2 Wohnen in einem Heim

Eine Inanspruchnahme der Steuerermäßigung nach § 35 a Abs. 1 bis 3 EStG ist auch möglich, wenn sich der eigenständige und abgeschlossene Haushalt in einem **Heim**, wie z. B. einem Altenheim, einem Altenwohnheim, einem Pflegeheim oder einem Wohnstift befindet. Ein Haushalt in einem Heim ist gegeben, wenn die Räumlichkeiten des Steuerpflichtigen von ihrer Ausstattung für eine Haushaltsführung geeignet sind (Bad, Küche, Wohn- und Schlafbereich), individuell genutzt werden können (Abschließbarkeit) und eine eigene Wirtschaftsführung des Steuerpflichtigen nachgewiesen oder glaubhaft gemacht wird (Rz 4 des BMF-Schreibens vom 9.11.2016, BStBl I S. 1213). Auch das Heim muss in Inland oder einem anderen EU-/EWR-Staat liegen.

Nach Ansicht des FG Nürnberg muss die Wohnform, in der der Steuerpflichtige lebt, nicht zwingend eine von den Heimgesetzen erfasste Einrichtung sein (Urteil vom 13.2.2014, 6 K 1026/13, EFG 2014 S. 1312). Deshalb kann auch bei einem nicht unter die Heimgesetzgebung fallenden betreuten Wohnen innerhalb einer Seniorenresidenz der Heimbegriff nach § 35 a Abs. 2 Satz 2 2. Alternative EStG erfüllt sein.

Zu den begünstigten haushaltsnahen Dienstleistungen bei einer **Heimunterbringung** gehören neben den in dem eigenständigen und abgeschlossenen Haushalt des Steuerpflichtigen durchgeführten und individuell abgerechneten Leistungen (z. B. Reinigung des Appartements, Pflege- und Betreuungsleistungen, Handwerkerleistungen im Appartement) u. a. die Hausmeisterarbeiten, die Gartenpflege sowie kleinere Reparaturarbeiten, die Dienstleistungen des Haus- und Etagenpersonals sowie die Reinigung der Gemeinschaftsflächen, wie Flure, Treppenhäuser und Gemeinschaftsräume (BFH-Urteil vom 29.1.2009, BStBl 2010 II S. 166). Die Tätigkeit von **Haus-** und **Etagendamen**, deren Aufgabe neben der Betreuung des Bewohners noch zusätzlich in der Begleitung des Steuerpflichtigen, dem Empfang von Besuchern und der Erledigung kleiner Botengänge besteht, ist grds. den haushaltsnahen Dienstleistungen zuzurechnen.

Aufwendungen für **Reparatur-** und **Instandsetzungsarbeiten** sind nur begünstigt, wenn konkrete tatsächlich erbrachte Handwerkerleistungen mit dem Heimbewohner abgerechnet worden sind und von diesem getragen wurden. Dies ist z. B. der Fall, wenn die Aufwendungen durch eine Sonderumlage oder aus einer entsprechenden Rücklage beglichen worden sind. Demgegenüber sind die Kosten, die der Heimbetreiber zu tragen hat und die allenfalls im Rahmen des monatlich zu zahlenden Heimentgelts kalkulatorisch auf die Heimbewohner umgelegt wurden, nicht nach § 35 a EStG begünstigt. Diese Rechtsauffassung wird durch das BFH-Urteil vom 5.7.2012, BStBl 2013 II S. 14 gestützt, wonach monatliche Pauschalzahlungen für **Schönheitsreparaturen** an den Vermieter einer Wohnung, der nach dem Mietvertrag zur Durchführung der Schönheitsreparaturen verpflichtet ist, beim Mieter ebenfalls keine nach § 35 a EStG begünstigten Aufwendungen für Handwerkerleistungen darstellen.

7.4.3 Weitere Haushalte

Zum Haushalt des Steuerpflichtigen gehört auch eine Wohnung, die der Steuerpflichtige einem bei ihm steuerlich zu berücksichtigenden **Kind** (§ 32 EStG) zur unentgeltlichen Nutzung überlässt. Das Gleiche gilt für eine **Zweit-** und eigengenutzte **Wochenend-** oder **Ferienwohnung** (auch wenn diese in einem EU-/EWR-Staat belegen ist) sowie eine tatsächlich eigengenutzte geerbte Wohnung. Der Steuerpflichtige kann deshalb für Leistungen, die in diesen Wohnungen durchgeführt werden, bei Vorliegen der sonstigen Voraussetzungen die Steuerermäßigung nach § 35 a EStG in Anspruch nehmen. Dies gilt auch, wenn die Leistungen für die eigengenutzte geerbte Wohnung noch vom Erblasser in Anspruch genommen und die Rechnungsbeträge vom Erben überwiesen worden sind. Die Steuerermäßigung wird – auch bei Vorhandensein mehrerer Wohnungen – allerdings insgesamt nur einmal bis zu den jeweiligen Höchstbeträgen gewährt.

7.4.4 Zubehörräume, Außenanlagen

Zur Haushaltsführung gehört auch das Bewirtschaften von **Zubehörräumen** und **Außenanlagen**. Die Grenzen des Haushalts i. S. des § 35 a EStG werden daher regelmäßig – unabhängig von den Eigentumsverhältnissen – durch die Grundstücksgrenzen abgesteckt. Maßgeblich ist, dass der Steuerpflichtige den ggf. gemeinschaftlichen Besitz über diesen Bereich ausübt und für Dritte dieser Bereich nach der Verkehrsanschauung der (Wohn-)Anlage, in der der Steuerpflichtige seinen Haushalt betreibt, zugeordnet wird. So gehört z. B. auch eine an ein Mietwohngrundstück angrenzende, im Gemeinschaftseigentum der Wohnungseigentümer stehende **Gartenanlage** zum Haushalt der Bewohner, und zwar unabhängig davon, ob der Bewohner diese Gartenanlage als Miteigentümer kraft eigenen Rechts oder als Mieter kraft abgeleiteten Rechts bewirtschaften darf.

7.4.5 Wohnungswechsel, Umzug

Der Begriff **»im Haushalt«** ist nicht in jedem Fall mit »tatsächlichem Bewohnen« gleichzusetzen. Beabsichtigt der Steuerpflichtige umzuziehen und hat er für diesen Zweck bereits eine Wohnung oder ein Haus gemietet oder gekauft, gehört auch diese Wohnung oder dieses Haus zu seinem Haushalt, wenn er tatsächlich dorthin umzieht. Hat der Steuerpflichtige seinen Haushalt durch **Umzug** in eine andere Wohnung oder ein anderes Haus verlegt, gelten Maßnahmen zur Beseitigung der durch die bisherige Haushaltsführung veranlassten Abnutzung (z. B. Renovierungsarbeiten eines ausziehenden Mieters) noch als im Haushalt erbracht. Voraussetzung ist, dass die Maßnahmen in einem engen zeitlichen Zusammenhang zu dem Umzug stehen.

Für die Frage, ab wann oder bis wann es sich um einen Haushalt des Steuerpflichtigen handelt, kommt es im Übrigen grds. auf das wirtschaftliche Eigentum an. Bei einem **Mietverhältnis** ist deshalb der im Mietvertrag vereinbarte Beginn des Mietverhältnisses oder bei Beendigung das Ende der Kündigungsfrist und bei einem Kauf der Übergang von Nutzen und Lasten entscheidend. Ein früherer oder späterer Zeitpunkt für den Ein- oder Auszug ist durch geeignete Unterlagen (z. B. Meldebestätigung der Gemeinde, Bestätigung des Vermieters) nachzuweisen. In Zweifelsfällen kann auf das i. d. R. anzufertigende Übergabe-/Übernahmeprotokoll abgestellt werden (Rz 3 des BMF-Schreibens vom 9.11.2016, BStBl I S. 1213).

7.5 Haushaltsnahe Dienstleistungen

7.5.1 Begünstigte Tätigkeiten

Zu den **haushaltsnahen Dienstleistungen** (§ 35 a Abs. 2 Satz 1 EStG) 5
gehören nur Tätigkeiten, die nicht zu den Handwerkerleistungen i. S. des § 35 a Abs. 3 EStG zählen und gewöhnlich durch Mitglieder des privaten Haushalts erledigt werden (Rz 11 des BMF-Schreibens vom 9.11.2016, BStBl I S. 1213). Verrichtungen, die zwar im Haushalt des Steuerpflichtigen ausgeübt werden, aber keinen Bezug zur Hauswirtschaft haben (z. B. Maler- und Tapezierarbeiten an Innenwänden und Decken durch einen Handwerksbetrieb), zählen nicht zu den haushaltsnahen Dienstleistungen i. S. des § 35 a Abs. 2 EStG (BFH-Urteil vom 6.5.2010, BStBl 2011 II S. 909). Hierbei handelt es sich aber um handwerkliche Tätigkeiten, die als Handwerkerleistungen nach § 35 a Abs. 3 EStG begünstigt sind (vgl. Tz 7.6.1).

Als haushaltsnahe Dienstleistungen kommen z. B. die Inanspruchnahme haushaltsnaher Tätigkeiten über eine **Dienstleistungsagentur** (gewerblicher Dienstleistungsbetrieb), die Tätigkeit eines selbständigen Fensterputzers oder Pflegedienstes sowie Gartenpflegearbeiten (z. B. Rasenmähen, Heckenschneiden) durch einen selbständigen Gärtner in Betracht. Dazu gehören auch **geringfügige Beschäftigungsverhältnisse**, die durch Wohnungseigentümergemeinschaften und Vermieter im Rahmen ihrer Vermietertätigkeit eingegangen werden. **Umzugsdienstleistungen** für Privatpersonen gehören (abzgl. Erstattungen von Dritten) ebenfalls zu den haushaltsnahen Dienstleistungen. Dienstleistungen, bei denen die Lieferung von Waren im Vordergrund steht (z. B. **Partyservice** anlässlich einer Feier), sind **nicht** begünstigt; ebenso als eigenständige Leistung vergütete **Bereitschaftsdienste**. Etwas anderes gilt nur dann, wenn der Bereitschaftsdienst Nebenleistung einer ansonsten begünstigten Hauptleistung ist. Die Inanspruchnahme eines **Wasch-Services** (Waschen, Bügeln, Stärken, Mangeln), dessen Leistungen in einem außerhalb des Haushalts belegenen Gewerbebetrieb erbracht werden, sind **nicht** als haushaltsnahe Dienstleistungen begünstigt (FG Münster vom 15.12.2023, 12 K 1090/21 E, EFG 2024 S. 809 – rkr.).

Eine beispielhafte Auflistung begünstigter und nicht begünstigter haushaltsnaher Dienstleistungen enthält darüber hinaus die Anlage 1 des o. a. BMF-Schreibens vom 9.11.2016. Hiernach sind auch Aufwendungen für die Versorgung und Betreuung eines **Haustieres** zu Hause, wie etwa das Füttern, die Fellpflege, das Ausführen und die sonstige Beschäftigung des Tieres, als haushaltsnahe Dienstleistungen nach § 35 a Abs. 2 Satz 1 EStG begünstigt (vgl. BFH-Urteil vom 3.9.2015, BStBl 2016 II S. 47). Das gilt nach Ansicht des FG Hessen auch für Aufwendungen der Hundebetreuung in Form eines »**Gassi-Services**«, da diese Leistung im unmittelbaren räumlichen Zusammenhang mit dem Haushalt stehen und diesem bzw. dem haushaltszugehörigem Tier dienen (Urteil vom 1.2.2017, 12 K 902/16, EFG 2017 S. 1446 – bestätigt durch BFH-Beschluss vom 25.9.2017, VI B 25/17, BFH/NV 2018 S. 39). Der räumliche Bezug zum Haushalt ergibt sich daraus, dass ein wesentlicher Teil der Dienstleistung mit der Abholung und dem Zurückbringen des in den Haushalt des Steuerpflichtigen aufgenommenen Hundes räumlich »in« dem Haushalt des Steuerpflichtigen erbracht wird. Eine längerfristige außerhäusliche Tierbetreuung dürfte hiernach weiterhin nicht nach § 35 a EStG begünstigt sein.

Verschiedene Finanzgerichte haben bisher Aufwendungen für ein **Hausnotrufsystem** auch außerhalb des betreuten Wohnens als haushaltsnahe Dienstleistungen nach § 35 a Abs. 2 Satz 1 EStG anerkannt (u. a. FG Sachsen vom 14.10.2020, 2 K 323/20, EFG 2021 S. 217). Der BFH hat nun entschieden, dass die Steuerermäßigung nach § 35 a Abs. 2 Satz 1 EStG für ein Hausnotrufsystem **nicht** in Anspruch genommen werden kann, wenn dieses im Notfall lediglich den Kontakt zu einer 24-Stunden-Servicezentrale herstellt (BFH-Urteil vom 15.2.2023, BStBl II S. 647). Diese Dienstleistung werde nicht in der Wohnung des Steuerpflichtigen und damit nicht in dessen Haushalt erbracht. Aufwendungen für ein (internes) Notrufsystem im Rahmen des betreuten Wohnens (z. B. in einer Seniorenresidenz) bleiben demgegenüber aber weiter begünstigt (vgl. Tz 7.5.4).

> **ELSTER:**
> Gegenüber dem amtlichen Formular bietet ELSTER zusätzliche Eintragungsmöglichkeiten zu haushaltsnahen Dienstleistungen und Pflege- und Betreuungsleistungen im Haushalt (Zeile 5), die bei Bedarf per Mausklick hinzugefügt werden können.

7.5.2 Personenbezogene Dienstleistungen

Personenbezogene Dienstleistungen (z. B. Frisör- oder Kosmetikerleistungen) sind keine haushaltsnahen Dienstleistungen, selbst wenn sie im Haushalt des Steuerpflichtigen erbracht werden. Diese Leistungen können jedoch zu den Pflege- und Betreuungsleistungen gehören, wenn sie im Leistungskatalog der Pflegeversicherung aufgeführt sind (Rz 12 des BMF-Schreibens vom 9.11.2016, BStBl I S. 1213).

7.5.3 Dienstleistungen auf öffentlichem Gelände

Die Inanspruchnahme von Dienstleistungen, die jenseits der Grundstücksgrenze auf fremdem, beispielsweise öffentlichem Grund geleistet werden, können als haushaltsnahe Dienstleistung nach § 35 a Abs. 2 Satz 1 EStG begünstigt sein. Es muss sich dabei allerdings um Tätigkeiten handeln, die ansonsten üblicherweise von Familienmitgliedern erbracht und in unmittelbaren räumlichen Zusammenhang zum Haushalt durchgeführt werden und dem Haushalt dienen. Davon ist insbesondere auszugehen, wenn der Steuerpflichtige als Eigentümer oder Mieter zur Reinigung oder Schneeräumung von öffentlichen Straßen und (Geh-)Wegen verpflichtet ist (BFH-Urteil vom 20.3.2014, BStBl II S. 880). Die Finanzverwaltung wendet das v. g. BFH-Urteil bislang nur auf den konkret entschiedenen Sachverhalt an. Darüber hinaus dürften nun aber auch **Straßenreinigungsgebühren** der Gemeinde nach § 35 a Abs. 2 Satz 1 EStG begünstigt sein, wenn der Steuerpflichtige damit eine eigene Verpflichtung zur Straßenreinigung erfüllt. Es empfiehlt sich daher, entsprechende Aufwendungen in **Zeile 5** geltend zu machen. Bei Ablehnung der Aufwendungen durch das Finanzamt sollte dagegen unter Hinweis auf die o. a. BFH-Rspr. Einspruch eingelegt werden. Der BFH hat in einem neuen Urteil entschieden, dass die Aufwendungen für **Reinigung** der Fahrbahn einer **öffentlichen Straße** – anders als die Reinigung des öffentlichen Gehwegs vor dem Haus – **nicht** als haushaltsnahe Dienstleistungen begünstigt sind (BFH-Urteil vom 13.5.2020, BStBl 2021 II S. 669). Dementsprechend ist der **Winterdienst** nur auf dem eigenen Grundstück oder auf davor liegenden Gehwegen eine begünstigte haushaltsnahe Dienstleistung (BMF-Schreiben vom 1.9.2021, BStBl I S. 1494).

Müllentsorgungs- und **Abwassergebühren** fallen nach Ansicht des FG Münster **nicht** unter die Steuerermäßigung für haushaltsnahe Dienstleistungen (Urteil vom 24.2.2022, 6 K 1946/21 E, EFG 2022 S. 697 – **rkr.**; der BFH hat die hiergegen eingelegte Revision mit Beschluss vom 1.9.2022, VI R 8/22, BFH/NV 2022 S. 1190 aus formellen Gründen als unzulässig verworfen). Dem steht entgegen, dass solche Dienstleistungen regelmäßig nicht von Haushaltsangehörigen erledigt werden können, sondern typischerweise Aufgaben der Kommunen sind. Diese erbringen die Müllabfuhr- und Abwasserbeseitigungsleistungen nach der räumlich-funktionalen Auslegung des Haushaltsbegriffs zudem nicht im »Haushalt« des Steuerpflichtigen. Das Einsammeln und Befördern der Abfälle findet nicht auf dessen Grundstück statt, wobei das bloße Bereitstellen der Mülltonne dabei nicht die Hauptleistung der Kommunen darstellt. Gleiches gilt für die Entsorgung des Schmutzwassers, die frühestens ab der Einleitung in die öffentliche Kanalisation beginnt. Es bleibt abzuwarten, ob wegen der vorliegenden Rechtsfrage ein erneutes Verfahren bei den FG oder dem BFH anhängig wird.

Nicht begünstigt sind weiter Aufwendungen, bei denen die Entsorgung im Vordergrund steht (z. B. Müllabfuhr). Etwas anderes gilt, wenn die Entsorgung als Nebenleistung zur Hauptleistung anzusehen ist. Eine **Gutachtertätigkeit**, die nicht mit einer Handwerkerleistung oder haushaltsnahen Dienstleistung erbracht wird, ist nicht nach § 35 a EStG begünstigt (vgl. Tz 7.6.5). Das Gleiche gilt für **Verwaltergebühren**.

7.5.4 Pflege- und Betreuungsleistungen

Aufwendungen für **haushaltsnahe Pflege**- und **Betreuungsleistungen** werden von dem Fördertatbestand nach § 35 a Abs. 2 Satz 2 EStG erfasst. Die Feststellung und der Nachweis einer Pflegebedürftigkeit oder der Bezug von Leistungen der Pflegeversicherung sind **nicht** erforderlich; eine Unterscheidung nach Pflegestufen ist nicht vorgesehen. Es reicht aus, wenn Dienstleistungen zur Grundpflege, d. h. zur unmittelbaren Pflege am Menschen (Körperpflege, Ernährung und Mobilität) oder zur Betreuung in Anspruch genommen werden.

Die Steuerermäßigung steht neben der stpfl. pflegebedürftigen Person auch **anderen Personen** (z. B. Angehörigen) zu, wenn sie für **ambulante Pflege**- oder **Betreuungsleistungen** aufkommen, die in ihrem Haushalt oder im Haushalt der gepflegten oder betreuten Person durchgeführt wurden (Rz 13 des BMF-Schreibens vom 9.11.2016, BStBl I S. 1213; BFH-Urteil vom 12.4.2022, VI R 2/20, BFH/NV 2022 S. 974). Nach Ansicht des BFH ist in diesen Fällen für die Inanspruchnahme der Steuerermäßigung weder Voraussetzung, dass der Steuerpflichtige für die Aufwendungen eine Rechnung erhalten, noch, dass er in den Zahlungsvorgang ein Kreditinstitut eingebunden hat (entgegen Rz 49 des o. a. BMF-Schreibens vom 16.11.2016;vgl. Tz 7.10). Der Steuerpflichtige müsse lediglich nachweisen, dass er eigene von ihm selbst geschuldete Aufwendungen und keinen Drittaufwand (z. B. der pflegebedürftigen Person) getragen hat.

Die Steuerermäßigung ist haushaltsbezogen. Werden z. B. zwei pflegebedürftige Personen in einem Haushalt gepflegt, kann die Steuerermäßigung nur einmal in Anspruch genommen werden.

Bei einer **Heimunterbringung** sind auch die vom Heimbetreiber über eine **Betreuungspauschale** erhobenen Aufwendungen für die Möglichkeit, bei Bedarf bestimmte Pflege- oder Betreuungsleistungen in Anspruch zu nehmen, nach § 35 a Abs. 2 EStG begünstigt. Dazu gehört auch ein mit der Betreuungspauschale abgegoltenes **Notrufsystem**, das im Rahmen des »betreuten Wohnens« eine rund um die Uhr Hilfeleistung sicherstellt (BFH-Urteil vom 3.9.2015, BStBl 2016 II S. 272). Aufwendungen für Pflegekostenergänzungsregelungen oder Beiträge an Einrichtungen (z. B. Solidarkassen), durch welche der Heimbewohner ähnlich einer Versicherung Ansprüche erwirbt, in vertraglich definierten Sachverhalten (z. B. bei Eintritt der Pflegebedürftigkeit) eine Kostenfreistellung oder eine Kostenerstattung zu erhalten, sind dagegen nicht begünstigt (Rz 28 des BMF-Schreibens vom 9.11.2016, BStBl I S. 1213).

Für Pflegeleistungen und vergleichbare Heimunterbringungskosten besteht ein **Wahlrecht**, diese Aufwendungen als außergewöhnliche Belastungen allgemeiner Art nach § 33 EStG geltend zu machen (vgl. Tz 5.5.6.20 unter »Eigene Pflegeaufwendungen«). Für die durch den Abzug der zumutbaren Belastung nicht abziehbaren Pflegeaufwendungen kann gleichwohl eine Steuerermäßigung für haushaltsnahe Dienstleistungen nach § 35 a Abs. 2 EStG beantragt werden (vgl. Tz 5.5.1).

7.5.5 Vergleichbare Dienstleistungen mit einer Haushaltshilfe

Zu den nach § 35 a Abs. 2 EStG begünstigten Aufwendungen gehören auch in **Heimunterbringungskosten** enthaltene Aufwendungen für Dienstleistungen, die denen einer **Haushaltshilfe** vergleichbar sind. Das können z. B. Aufwendungen für die Raumreinigung, die Zubereitung und das Servieren der Mahlzeiten oder den Wäscheservice am Unterbringungsort sein. Das Vorhandensein eines eigenen Haushalts im Heim oder am Ort der dauernden Pflege ist dabei **nicht** erforderlich (Rz 14 des BMF-Schreibens vom 9.11.2016, BStBl I S. 1213).

Begünstigt sind nur Aufwendungen, die dem Steuerpflichtigen wegen seiner **eigenen Unterbringung** in einem Heim oder zu seiner eigenen dauernden **stationären Pflege** erwachsen (BFH-Urteil vom 3.4.2019, BStBl II S. 445). Die begünstigten Kosten sind durch entsprechende Unterlagen nachzuweisen (z. B. durch eine Bescheinigung der Heimleitung, aus der sich ergibt, in welcher Höhe das entrichtete Heimentgelt auf die begünstigten Leistungen entfällt).

Nicht begünstigt sind Mietzahlungen, wie z. B. die allgemeinen Aufwendungen für die Unterbringung in einem Alten(wohn)heim, einem Pflegeheim oder einem Wohnstift (BFH-Urteil vom 30.8.1972, BStBl 1973 II S. 159); ebenso Aufwendungen für den Hausmeister, den Gärtner sowie sämtliche Handwerkerleistungen. Nicht mit einer Hilfe im Haushalt vergleichbar sind Pflege- und Betreuungsleistungen (vgl. Tz 7.5.4). Aufwendungen für diese Leistungen können nur als haushaltsnahe Dienstleistungen bzw. Handwerkerleistungen berücksichtigt werden, wenn in dem Heim ein eigener abgeschlossener Haushalt geführt wird (vgl. Tz 7.4.2).

7.6 Handwerkerleistungen

7.6.1 Begünstigte Tätigkeiten

Die Steuerermäßigung nach § 35 a Abs. 3 EStG gilt für alle **handwerklichen Tätigkeiten** für Renovierungs-, Erhaltungs- und Modernisierungsmaßnahmen, die in einem inländischen oder in einem anderen EU-/EWR-Staat liegenden eigenen Haushalt des Steuerpflichtigen erbracht werden, unabhängig davon, ob es sich um regelmäßig vorzunehmende Renovierungsarbeiten oder kleine Ausbesserungsarbeiten handelt, die gewöhnlich durch Mitglieder des privaten Haushalts erledigt werden, oder um **Erhaltungs-** und **Modernisierungsmaßnahmen**, die im Regelfall nur von Fachkräften durchgeführt werden.

Zu den handwerklichen Tätigkeiten zählen u. a.:

- Streichen/Lackieren von Türen, Fenstern (innen und außen), Wandschränken, Heizkörpern und -rohren,
- Reparatur oder Austausch von Bodenbelägen (z. B. Teppichboden, Parkett, Fliesen),
- Reparatur oder Austausch von Fenstern und Türen,
- Reparatur, Wartung oder Austausch von Heizungsanlagen, Elektro-, Gas- und Wasserinstallationen,
- Reparatur, Wartung und Montage von Gegenständen im Haushalt des Steuerpflichtigen (z. B. Waschmaschine, Geschirrspüler, Herd, Fernseher, Personalcomputer und andere Gegenstände, die in der Hausratversicherung mitversichert werden können),
- Arbeiten an Innen- und Außenwänden,
- Arbeiten am Dach, an der Fassade, an Garagen, o. Ä.,
- Modernisierung des Badezimmers, der Küche,
- Maßnahmen der Gartengestaltung,
- Pflasterarbeiten auf dem Wohngrundstück.

Eine beispielhafte Aufzählung begünstigter und nicht begünstigter handwerklicher Tätigkeiten enthält die Anlage 1 des BMF-Schreibens vom 9.11.2016 (BStBl I S. 1213; ergänzt durch BMF-Schreiben vom 1.9.2021, BStBl I S. 1494).

Die Aufwendungen für Handwerkerleistungen (Rechnungsbeträge) können in den **Zeilen 6** bis **8** geltend gemacht werden. Nach § 35 a EStG sind jedoch nur die in den Rechnungsbeträgen enthaltenen Aufwendungen für die Leistung selbst begünstigt, also in Rechnung gestellte oder in der Betriebskostenabrechnung enthaltene Lohnanteile, Maschinen- und Fahrtkosten einschließlich der auf diese Kosten entfallenden Umsatzsteuer, nicht jedoch Materialkosten; vgl. Tz 7.9.2. In den Zeilen 6 bis 8 sind stets die beiden Spalten für »selbst getragene Rechnungsbeträge« und »darin enthaltenen Lohnanteile, Maschinen und Fahrtkosten inkl. Umsatzsteuer« auszufüllen. Darüber hinaus ist in **Zeile 9** darauf zu achten, dass zur Kennzahl »214« die Summe der steuerlich berücksichtigungsfähigen Lohnanteile, Maschinen und Fahrtkosten inkl. Umsatzsteuer angegeben wird. Es empfiehlt sich, ggf. die Aufwendungen in einer Aufstellung aufzuschlüsseln und gegenüber dem Finanzamt näher zu erläutern; zur Belegvorhaltepflicht vgl. Vorbemerkungen Tz 14.1, Tz 7.10. 6–9

ELSTER:
Gegenüber dem amtlichen Formular bietet ELSTER zusätzliche Eintragungsmöglichkeiten zu Handwerkerleistungen (Zeilen 6 bis 8), die bei Bedarf per Mausklick hinzugefügt werden können. Die Vorlage einer gesonderten Aufstellung erübrigt sich hierdurch. Die Summe der zu berücksichtigenden Aufwendungen (Zeile 9) wird automatisch gebildet.

7.6.2 Einzelfälle aus der Rechtsprechung

Soweit Arbeiten in der **Werkstatt** eines Handwerkers erbracht werden (z. B. das Beziehen von Polstermöbeln, das Restaurieren einer Haus-/Hoftür oder die Fertigung eines Geländers), sind die darauf entfallenden Lohnkosten **nicht** als Handwerkerleistungen nach § 35 a Abs. 3 EStG **begünstigt** (BFH-Urteil vom 13.5.2020, BStBl 2021 II S. 669). Diese Arbeiten weisen nach Ansicht des BFH keinen unmittelbaren räumlichen Zusammenhang mit dem Haushalt auf, für den sie erbracht werden. Die **Aufteilung** der **Arbeitskosten** in einen »Werkstattlohn« und einen »vor Ort Lohn« ist allerdings möglich.

Handwerkliche Leistungen für **Hausanschlüsse** (z. B. Anschlüsse für die Trink- und Abwasserversorgung, Kabel für Strom oder Fernsehen), soweit die Aufwendungen die Zuleitungen zum Haus oder zur Wohnung auf dem Privatgelände betreffen, sind nach § 35 a EStG begünstigt. Aufwendungen im Zusammenhang mit Zu- und Ableitungen, die jenseits der Grundstücksgrenze auf **fremdem**, beispielsweise öffentlichem **Grund** geleistet werden, können ebenfalls nach § 35 a Abs. 3 EStG begünstigt sein. Es muss sich dabei allerdings um Tätigkeiten handeln, die in unmittelbaren räumlichen Zusammenhang zum Haushalt durchgeführt werden und dem Haushalt dienen (vgl. Tz 7.4.1). Davon ist insbesondere auszugehen, wenn der Haushalt des Steuerpflichtigen an das öffentliche Versorgungsnetz angeschlossen wird (BFH-Urteil vom 20.3.2014, BStBl II S. 882). Der von § 35 a Abs. 4 Satz 1 EStG vorausgesetzte räumlich-funktionale Zusammenhang zum Haushalt des Steuerpflichtigen ist jedoch **nicht** gegeben, wenn für die Neuverlegung einer öffentlichen **Mischwasserleitung** als Teil des öffentlichen Sammelnetzes ein **Baukostenzuschuss** erhoben wird (BFH-Urteil vom 21.2.2018, BStBl II S. 641). Für die Berücksichtigung der Kosten im Rahmen des § 35 a Abs. 3 EStG kommt es danach darauf an, ob es um den eigentlichen Anschluss des Hauses oder Grundstücks an das öffentliche Versorgungsnetz geht (= Steuerermäßigung nach § 35 a EStG möglich) oder es sich um eine das öffentliche Versorgungsnetz selbst betreffende Maßnahme handelt (= keine Steuerermäßigung nach § 35 a EStG).

Die Finanzverwaltung wendet das v. g. BFH-Urteil vom 20.3.2014 bislang nur auf den konkret entschiedenen Sachverhalt an. Es empfiehlt sich dennoch vergleichbare Aufwendungen in den Zeilen 6 bis 9 geltend zu machen, wenn diese nicht im Zuge einer Neubaumaßnahme (vgl. Tz 7.6.4) angefallen sind. Bei Ablehnung der Aufwendungen durch das Finanzamt sollte dagegen unter Hinweis auf die o. a. BFH-Rspr. Einspruch eingelegt werden.

Für öffentlich-rechtliche **Erschließungs-** und **Straßenausbaubeiträge** lehnt die Finanzverwaltung eine Steuerermäßigung nach § 35 a Abs. 3 EStG weiterhin ab. **Maßnahmen**, die von der **öffentlichen Hand** oder einem von ihr beauftragten Dritten auf gesetzlicher Grundlage erbracht und mit dem Hauseigentümer nach öffentlich rechtlichen Kriterien abgerechnet werden, sind nicht im Rahmen des § 35 a EStG begünstigt (BMF-Schreiben vom 1.9.2021, BStBl I S. 1494). Inzwischen hat der BFH die vorstehende Verwaltungsauffassung bestätigt (BFH-Urteil vom 28.4.2020, BStBl 2022 II S. 18). Die Erschließung einer öffentlichen Straße steht nach Ansicht des BFH nicht im räumlich-funktionalen Zusammenhang zum Haushalt eines Steuerpflichtigen, der aufgrund öffentlich-rechtlicher Verpflichtung zum Erschließungsbeitrag herangezogen wird. Es ist dabei unerheblich, auf welcher Rechtsgrundlage die öffentliche Hand die Kosten für den Straßenausbau erhebt. Aufgrund der o. a. BFH-Entscheidung vom 28.4.2020 hat die Finanzverwaltung die bisher wegen der Frage der Anerkennung von Erschließungskosten eines Grundstücks als haushaltsnahe Handwerkerleistungen anhängigen Einsprüche und offenen Änderungsanträge durch **Allgemeinverfügung** zurückgewiesen (gleichlautender Ländererlass vom 28.2.2022, BStBl I S. 180).

7.6.3 Beauftragtes Unternehmen

Das beauftragte Unternehmen muss nicht in die Handwerksrolle eingetragen sein; es können auch Kleinunternehmer i. S. des § 19 Abs. 1 UStG mit der Leistung beauftragt werden (BFH-Urteil vom 6.11.2014, BStBl 2015 II S. 481).

7.6.4 Neubau- und Erweiterungsmaßnahmen

Handwerkliche Tätigkeiten im Rahmen einer **Neubaumaßnahme** sind **nicht** nach § 35 a Abs. 3 EStG begünstigt (vgl. Rz 21 des BMF-Schreibens vom 9.11.2016, BStBl I S. 1213). Als Neubaumaßnahmen gelten alle Maßnahmen, die im Zusammenhang mit der Errichtung eines neuen **Haushalts** (Nutz- oder Wohnflächenschaffung) bis zu dessen **Fertigstellung** (vgl. H 7.4 – Fertigstellung – EStH) anfallen. Ein Gebäude ist hiernach noch nicht fertiggestellt, wenn z. B. Türen, Boden und der Innenputz noch fehlen (BFH-Urteil vom 21.7.1989, BStBl II S. 906). Im Anschluss an die Fertigstellung (d. h. nach Bezugsfertigkeit) durchgeführte Arbeiten, wie z. B. die nachträgliche Errichtung eines Carports und letzte Maler- und Tapezierarbeiten, sind nach § 35 a Abs. 3 EStG begünstigt; das gilt ebenso Maßnahmen nach dem Einzug in ein neues Gebäude oder eine neue Wohnung (vgl. Tz 7.4.5).

Handwerkliche Tätigkeiten, die in einem **bestehenden Haushalt** durchgeführt werden, sind auch dann nach § 35 a EStG begünstigt, wenn durch die Baumaßnahme neue Wohnfläche geschaffen wird, wie z. B. durch einen Dachgeschoss- oder Kellerausbau (Rz 19 des o. a. BMF-Schreibens vom 9.11.2016, BStBl I S. 1213). Dies gilt auch für die erstmalige Gestaltung eines **Gartens**. Nach Auffassung des BFH ist ohne Belang, ob z. B. der Garten neu angelegt oder ein naturbelassener Garten umgestaltet wird (Urteil vom 13.7.2011, BStBl 2012 II S. 232). Eine (nachhaltige) Erhöhung des Gebrauchswerts der Immobilie durch die Baumaßnahme ist unbeachtlich und führt nicht zum Ausschluss der Gewährung der Steuerermäßigung nach § 35 a EStG.

7.6.5 Gutachtertätigkeiten

Aufwendungen für **Gutachtertätigkeiten**, die als Handwerkerleistungen erbracht werden, sind nach § 35 a Abs. 3 EStG begünstigt (Rz 20 des BMF-Schreibens vom 9.11.2016, BStBl I S. 1213). Hiernach sind insbesondere folgende Leistungen als begünstigte Tätigkeiten einzuordnen (siehe Anlage 1 des v. g. BMF-Schreibens vom 9.11.2016):

- Mess- oder Überprüfungsarbeiten sowie die Feuerstättenschau des **Schornsteinfegers**,
- die **Legionellenprüfung**,
- die Kontrolle von **Aufzügen** oder **Blitzschutzanlagen** durch die TÜVs.

Die Erhebung des unter Umständen mangelfreien Istzustands, z. B. die Prüfung der ordnungsgemäßen Funktion einer Anlage, ist ebenso eine Handwerkerleistung wie die Beseitigung eines bereits eingetretenen Schadens oder Maßnahmen zur vorbeugenden Schadensabwehr. Das gilt auch dann, wenn der Handwerker über den ordnungsgemäßen Istzustand eines Gewerkes oder einer Anlage eine Bescheinigung »für amtliche Zwecke« erstellt. Es ist nicht erforderlich, dass eine etwaige Reparatur- oder Instandhaltungsmaßnahme zeitlich unmittelbar nachfolgt. Sie kann auch durch einen anderen Handwerksbetrieb durchgeführt werden (BFH-Urteil vom 6.11.2014, BStBl 2015 II S. 481).

Für die Leistungen (hier: statische Berechnung) eines **Statikers** kann nach Ansicht des BFH die Steuerermäßigung nach § 35 a EStG auch dann nicht gewährt werden, wenn sie für die Durchführung einer Handwerkerleistung erforderlich war (BFH-Urteil vom 4.11.2021, BStBl 2022 II S. 320). Der BFH hat damit die Auffassung der Finanzverwaltung (Anlage 1 des o. a. BMF-Schreibens vom 9.11.2016) bestätigt.

Handelt es sich bei der gutachterlichen Tätigkeit weder um eine Handwerkerleistung, noch um eine haushaltsnahe Dienstleistung, kommt die Steuerermäßigung nach § 35 a EStG nicht in Betracht. Weder zu den haushaltsnahen Dienstleistungen noch zu den Handwerkerleistungen gehören beispielsweise

- Tätigkeiten, die der Wertermittlung dienen,
- die Erstellung eines Energiepasses,
- Tätigkeiten im Zusammenhang mit einer Finanzierung (z. B. zur Erlangung einer KfW-Förderung).

7.6.6 Öffentlich geförderte Maßnahmen

Die Steuerermäßigung für die Inanspruchnahme von Handwerkerleistungen ist nach § 35 a Abs. 3 Satz 2 EStG für **öffentlich geförderte Maßnahmen** vollständig ausgeschlossen, für die zinsverbilligte Darlehen oder steuerfreie Zuschüsse in Anspruch genommen werden. Hierunter fallen sämtliche wohnwirtschaftlichen Förderprogramme der **KfW Bankengruppe** oder ähnliche **Förderprogramme** der landeseigenen Förderbanken und der Kommunen, wie z. B. »Altersgerecht umbauen« oder, »energieeffizient Bauen und Sanieren«. Auch das Bundesamt für Wirtschaft und Ausfuhrkontrolle (BAFA) gewährt im Rahmen ihres BAFA-Programms öffentliche Zuschüsse (z. B. für die Errichtung von Solarthermieanlagen oder effizienten Wärmepumpen), die der Inanspruchnahme der Steuerermäßigung nach § 35 a Abs. 3 EStG entgegenstehen.

Das ebenfalls durch die KfW-Bankengruppe gewährte »**Baukindergeld**« schließt eine Inanspruchnahme der Steuerermäßigung nach § 35 a Abs. 3 EStG demgegenüber nicht aus. Mit dem Baukindergeld wird ausschließlich der erstmalige Erwerb von Wohneigentum oder die Neuanschaffung von Wohnraum gefördert. Handwerkerleistungen sind hingegen nicht Inhalt der Förderung, die über 10 Jahre ausgezahlt wird.

Der **Ausschluss** der Steuerermäßigung nach § 35 a Abs. 3 Satz 2 EStG greift nur bei **tatsächlicher Inanspruchnahme** eines zinsverbilligten Darlehens oder bei tatsächlichem Erhalt eines steuerfreien

Zuschusses. Dieser Ausschluss gilt immer für die **gesamten Aufwendungen** einer öffentlich geförderten (Einzel-)Maßnahme, auch wenn sich diese im Rahmen der öffentlichen Förderung teilweise nicht ausgewirkt haben, weil sie z. B. den Förderhöchstbetrag übersteigen.

Werden in einem Kj. mehrere Einzelmaßnahmen durchgeführt, kann für die einzelnen Maßnahmen, die nicht öffentlich gefördert werden, die Steuerermäßigung nach § 35 a EStG in Anspruch genommen werden (Rz 24 des BMF-Schreibens vom 9.11.2016, BStBl I S. 1213).

BEISPIEL:
Der Eigentümer E saniert sein Einfamilienhaus. Er lässt von einer Heizungsfirma eine neue energieeffiziente Heizungsanlage einbauen und erhält dafür öffentliche Fördergelder mit der Folge, dass die Inanspruchnahme der Steuerermäßigung nach § 35 a EStG für diese Maßnahme ausgeschlossen ist. Gleichzeitig lässt er an den Außenwänden eine Wärmedämmung anbringen. Hierfür beantragt er keine öffentliche Förderung, sondern macht für die darauf entfallenden Arbeitskosten die ihm für diese Maßnahme auch zu gewährende Steuerermäßigung nach § 35 a Abs. 3 EStG geltend.

7.7 Anspruchsberechtigte

Die Steuerermäßigung nach § 35 a EStG kann grds. nur in Anspruch genommen werden, wenn der Steuerpflichtige **Arbeitgeber** des haushaltsnahen Beschäftigungsverhältnisses oder **Auftraggeber** der haushaltsnahen Dienstleistung oder Handwerkerleistung ist.

Für **Wohnungseigentümergemeinschaften** gelten folgende Besonderheiten (Rz 26 des BMF-Schreibens vom 9.11.2016, BStBl I S. 1213):

Besteht ein Beschäftigungsverhältnis zu einer Wohnungseigentümergemeinschaft (z. B. bei Reinigung und Pflege von Gemeinschaftsräumen) oder ist eine Wohnungseigentümergemeinschaft Auftraggeber der haushaltsnahen Dienstleistung bzw. der handwerklichen Leistung, kommt für den **einzelnen Wohnungseigentümer** eine Steuerermäßigung in Betracht, wenn in der Jahresabrechnung

- die im Kj. unbar gezahlten Beträge nach den begünstigten haushaltsnahen Beschäftigungsverhältnissen, Dienstleistungen und Handwerkerleistungen jeweils gesondert aufgeführt sind,
- der Anteil der steuerbegünstigten Kosten (Arbeits- und Fahrtkosten) ausgewiesen ist und
- der Anteil des jeweiligen Wohnungseigentümers anhand seines Beteiligungsverhältnisses individuell errechnet wurde.

Hat die Wohnungseigentümergemeinschaft zur Wahrnehmung ihrer Aufgaben und Interessen einen **Verwalter** bestellt und ergeben sich die Angaben nicht aus der Jahresabrechnung, muss der Verwalter dem jeweiligen Wohnungseigentümer zur Vorlage beim Finanzamt eine entsprechende Bescheinigung über seinen Anteil ausstellen. Ein **Bescheinigungsmuster** ist dem o. a. BMF-Schreiben vom 9.11.2016 als Anlage 2 beigefügt. Das Datum über die Beschlussfassung der Jahresabrechnung kann formlos bescheinigt werden, ggf. auch an geeigneter Stelle auf der Bescheinigung.

Aufwendungen für **regelmäßig wiederkehrende Dienstleistungen** (wie z. B. Reinigung des Treppenhauses, Gartenpflege, Hausmeister) werden grds. anhand der geleisteten Vorauszahlungen im Jahr der Vorauszahlungen berücksichtigt, einmalige Aufwendungen (wie z. B. Handwerkerrechnungen) dagegen erst im Jahr der Genehmigung der Jahresabrechnung des Abflusses aus der Instandhaltungsrücklage. Es ist aber auch nicht zu beanstanden, wenn Wohnungseigentümer die gesamten Aufwendungen erst in dem Jahr geltend machen, in dem die Jahresabrechnung im Rahmen der Eigentümerversammlung genehmigt worden ist (Rz 47 des o. a. BMF-Schreibens vom 9.11.2016). Für die zeitliche Berücksichtigung von Nebenkosten bei Mietern(s. u.) gilt diese Vereinfachungsregelung entsprechend. Soweit ein Wohnungseigentümer oder Mieter die für eine Inanspruchnahme der Steuerermäßigung nach § 35 a EStG erforderliche Jahresrechnung oder Bescheinigung des Verwalters oder Vermieters erst nach Bestandskraft des Steuerbescheids vorlegt, kommt im Einzelfall eine Änderung des Steuerbescheids nach § 173 Abs. 1 Nr. 2 AO in Betracht (FG Köln vom 24.8.2016, 11 K 1319/16; bestätigt durch BFH-Beschluss vom 22.2.2017, VI B 75/16).

Schließen sich mehrere Steuerpflichtige als Arbeitgeber für ein haushaltsnahes Beschäftigungsverhältnis zusammen (sog. **Arbeitgeber-Pool**), kann jeder Steuerpflichtige die Steuerermäßigung für seinen Anteil an den Aufwendungen in Anspruch nehmen, wenn für die an dem Arbeitgeber-Pool Beteiligten eine Abrechnung über die im jeweiligen Haushalt ausgeführten Arbeiten vorliegt. Wird der Gesamtbetrag der Aufwendungen für das Beschäftigungsverhältnis durch ein Pool-Mitglied überwiesen, kann dieser den anderen Pool-Mitgliedern eine **Bescheinigung** über deren Anteil ausstellen.

Auch der **Mieter** einer Wohnung kann die Steuerermäßigung nach § 35 a EStG beanspruchen, wenn die von ihm zu zahlenden Nebenkosten Beträge umfassen, die für ein haushaltsnahes Beschäftigungsverhältnis, haushaltsnahe Dienstleistungen oder handwerkliche Tätigkeiten geschuldet werden und sein Anteil an den vom Vermieter unbar gezahlten Aufwendungen entweder aus der **Jahresnebenkostenabrechnung** hervorgeht oder durch eine **Bescheinigung** des Vermieters oder seines Verwalters (Muster lt. Anlage 2 des o. a. BMF-Schreibens vom 9.11.2016) nachgewiesen wird. Aus beiden Nachweisen müssen sich Art, Inhalt und Zeitpunkt der Leistung sowie Leistungserbringer und Leistungsempfänger nebst geschuldetem Entgelt einschließlich des Hinweises der unbaren Zahlung ergeben. Der Inanspruchnahme der Steuerermäßigung steht nicht entgegen, dass ein Mieter die Verträge mit den Leistungserbringern nicht selbst abgeschlossen hat (BFH-Urteil vom 20.4.2023, BStBl II S. 906). Die vorstehenden Grundsätze gelten für Wohnungseigentümergemeinschaften entsprechend.

Die Steuerermäßigung nach § 35 a EStG kann auch bei einer **unentgeltlichen Überlassung** einer **Wohnung** beansprucht werden, wenn der Nutzende die entsprechenden Aufwendungen getragen (Rz 27 des BMF-Schreibens vom 9.11.2016, BStBl I S. 1213) oder sich gegenüber einem Dritten zur Tragung der Aufwendungen verpflichtet hat (BFH-Urteil vom 20.4.2023, VI R 23/21, BFH/NV 2023 S. 955).

Eine Inanspruchnahme der Steuerermäßigung nach § 35 a Abs. 2 EStG ist auch möglich, wenn sich der Haushalt in einem **Heim** befindet (siehe Tz 7.4.2). In diesem Fall muss das Heim die entsprechenden Beträge und Rechnungen für Dienst- oder Handwerkerleistungen gesondert aufführen, den Anteil der steuerbegünstigten Arbeitskosten ausweisen und bezogen auf den jeweiligen Heimbewohner den individuellen Anteil errechnen sowie dem jeweiligen Heimbewohner zur Vorlage beim Finanzamt eine entsprechende Bescheinigung ausstellen. Alternativ kann als Nachweis für die Kostentragung durch den Heimbewohner auf die Vereinbarungen im Heimvertrag oder auf die Jahresabrechnung mit dem Heimbewohner abgestellt werden.

Gehört zum Haushalt des Steuerpflichtigen eine zu eigenen Wohnzwecken genutzte **geerbte Wohnung**, kann er für Leistungen, die in dieser Wohnung durchgeführt wurden, bei Vorliegen der sonstigen Voraussetzungen die Steuerermäßigung nach § 35 a EStG in Anspruch nehmen. Das gilt auch, wenn die Leistungen für diese Wohnung noch vom Erblasser in Anspruch genommen und die Rechnungsbeträge vom Erben überwiesen worden sind (Rz 30 des o. a. BMF-Schreibens vom 9.11.2016).

BEISPIEL:
Ein Steuerpflichtiger erbt Anfang des Jahres 2025 eine Wohnung von seinem verstorbenen Vater (Erblasser). Er zieht umgehend in die Wohnung ein und nutzt sie zu eigenen Wohnzwecken. Der Vater hatte Ende 2024 das Bad von einem Handwerksbetrieb sanieren lassen und hierfür eine Rechnung erhalten. Der Steuerpflichtige begleicht die Rechnung i. H. von 5 000 € (darin enthaltene Arbeits- und Fahrtkosten i. H. von 2 000 €) im Jahr 2025 durch Banküberweisung. Der Steuerpflichtige kann für die begünstigten Handwerkerleistungen (Arbeits- und Fahrtkosten) die Steuerermäßigung nach § 35 a Abs. 3 EStG in Anspruch nehmen (20 % von 2 000 € = 400 €).

7.8 Ausschluss der Steuerermäßigung

Eine Steuerermäßigung nach § 35 a EStG ist ausgeschlossen, soweit die Aufwendungen **Betriebsausgaben** oder **Werbungskosten** darstellen. Gemischte Aufwendungen (z. B. für eine Reinigungskraft, die auch das beruflich genutzte Arbeitszimmer reinigt) sind unter Berücksichtigung des zeitlichen Anteils der zu Betriebsausgaben oder Werbungskosten führenden Tätigkeiten an der Gesamtarbeitszeit sachgerecht aufzuteilen (Rz 31 des BMF-Schreibens vom 9.11.2016, BStBl I S. 1213).

Liegen die Voraussetzungen für einen Abzug von **Kinderbetreuungskosten** nach § 10 Abs. 1 Nr. 5 EStG dem Grunde nach vor (vgl. Tz 9.15 unter Erläuterungen zur Anlage Kind), schließt dies die Anwendung des § 35 a EStG ebenfalls aus. Dies gilt nicht nur für das nicht abzugsfähige Drittel der Aufwendungen, sondern für alle Kinderbetreuungskosten, die den Höchstbetrag von 4 000 € je Kind übersteigen. Bei Aufnahme eines **Au-pairs** in eine Familie fallen i. d. R. neben den Aufwendungen für die Betreuung der Kinder auch Aufwendungen für leichte Hausarbeiten an. Wird der Umfang der Kinderbetreuungskosten nicht nachgewiesen (Rz 35 des o. a. BMF-Schreibens vom 9.11.2016), kann ein Anteil von 50 % der Gesamtaufwendungen im Rahmen der Steuerermäßigung für haushaltsnahe Dienstleistungen nach § 35 a Abs. 2 Satz 1 EStG berücksichtigt werden, wenn die übrigen Voraussetzungen des § 35 a EStG (insbesondere die Zahlung auf ein Konto des Au-pairs) vorliegen.

Die Steuerermäßigung nach § 35 a EStG kommt nur in Betracht, soweit die Aufwendungen nicht vorrangig als **Sonderausgaben** (z. B. Erhaltungsmaßnahmen nach § 10f EStG, vgl. Tz 27.2 unter Erläuterungen zur Anlage FW) oder als **außergewöhnliche Belastungen** (z. B. bei haushaltsnahen Pflegeleistungen) zu berücksichtigen sind. Für haushaltsnahe **Pflegeleistungen** und entsprechende **Heimunterbringungskosten** besteht ein **Wahlrecht**, die Aufwendungen entweder als außergewöhnliche Belastungen allgemeiner Art nach § 33 EStG geltend zu machen oder die Steuerermäßigung für haushaltsnahe Dienstleistungen nach § 35 a Abs. 2 EStG in Anspruch zu nehmen (vgl. Tz 5.5.6.20 unter »Eigene Pflegeaufwendungen«). Entsprechendes gilt für Aufwendung für den behindertengerechten Umbau einer selbstgenutzten Wohnung oder einem Haus des Steuerpflichtigen (vgl. Tz 5.5.6.10 unter »Behindertengerechte Ausstattung«).

Bei haushaltsnahen Pflegeleistungen kann für die – wegen des Abzugs der zumutbaren Belastung – nicht abziehbaren Aufwendungen in den **Zeilen 39** und **40** der **»Anlage Außergewöhnliche Belastungen«** eine Steuerermäßigung nach § 35 a Abs. 1 und 2 EStG beantragt werden (vgl. Tz 5.5.1). Werden im Rahmen des § 33 EStG Aufwendungen geltend gemacht, die dem Grunde nach sowohl bei § 33 EStG als auch bei § 35 a EStG berücksichtigt werden können, ist davon auszugehen, dass die zumutbare Belastung vorrangig auf die nach § 35 a EStG begünstigten Aufwendungen entfällt. Der BFH hat in einem neuen Urteil klargestellt, dass in der **Haushaltsersparnis**, die bei der Ermittlung der abziehbaren außergewöhnlichen Belastungen für eine krankheitsbedingte Heimunterbringung zu berücksichtigen ist (vgl. Tz 5.5.6.31 unter »Haushaltsersparnis«), keine Aufwendungen enthalten sind, die eine Steuerermäßigung nach § 35 a Abs. 2 EStG rechtfertigen (BFH-Urteil vom 16.12.2020, BStBl 2021 II S. 913).

5 Eine Steuerermäßigung nach § 35 a EStG kommt auch für den Teil der Pflegeaufwendungen in Betracht, der wegen der Gegenrechnung von **Pflegegeld** (§ 37 SGB XI) oder **Pflegetagegeld** nicht als außergewöhnliche Belastungen nach § 33 EStG berücksichtigt werden konnte; im Rahmen des § 35 a EStG werden Pflegegelder und Pflegetagegelder nicht mindernd angerechnet (Rz 32 des o. a. BMF-Schreibens vom 9.11.2016). Die in **Zeile 28** der »Anlage Außergewöhnliche Belastungen« als Erstattung für häusliche Pflege- und Betreuungskosten berücksichtigten Pflegegelder und Pflegetagegelder können in **Zeile 5** eingetragen werden.

Nimmt eine pflegebedürftige Person einen **Behinderten-Pauschbetrag** nach § 33 b EStG in Anspruch, schließt dies vollumfänglich eine Berücksichtigung der Pflegeaufwendungen nach § 35 a EStG bei ihr aus (BFH-Urteil vom 5.6.2014, BStBl II S. 970). Das gilt nicht für einen Angehörigen, wenn der einem Kind zustehende Behinderten-Pauschbetrag auf ihn übertragen wird und dieser für Pflege- und Betreuungsaufwendungen des Kindes aufkommt (Rz 33 des o. a. BMF-Schreibens vom 9.11.2016).

7.9 Umfang der begünstigten Aufwendungen

7.9.1 Arbeitsentgelt

Zu den begünstigten Aufwendungen des Steuerpflichtigen für haushaltsnahe Beschäftigungsverhältnisse i. S. des § 35 a Abs. 1 und Abs. 2 Alt. 1 EStG gehören der **Bruttoarbeitslohn** oder das **Arbeitsentgelt** sowie die vom Steuerpflichtigen getragenen **Sozialversicherungsbeiträge**, die LSt zzgl. Solidaritätszuschlag und KiSt, die Umlagen nach dem Aufwendungsausgleichsgesetz (U 1 und U 2) und die Unfallversicherungsbeiträge, die an den Gemeindeversicherungsverband abzuführen sind. Nicht begünstigt sind Kosten für die Vermittlung einer Haushaltshilfe durch eine Agentur (FG Köln vom 21.10.2015, 3 K 2253/13, EFG 2016 S. 621 – rkr.).

Als Nachweis dient bei geringfügigen Beschäftigungsverhältnissen (Zeile 4), für die das sog. **Haushaltsscheckverfahren** anzuwenden ist, die dem Arbeitgeber von der Einzugstelle (Deutsche Rentenversicherung Knappschaft-Bahn-See, Minijob-Zentrale) zum Jahresende erteilte **Bescheinigung** (Rz 37 des BMF-Schreibens vom 9.11.2016, BStBl I S. 1213). Diese enthält den Zeitraum, für den Beiträge zur Rentenversicherung gezahlt wurden, die Höhe des Arbeitsentgelts sowie die vom Arbeitgeber getragenen Gesamtsozialversicherungsbeiträge und Umlagen. Zusätzlich wird in der Bescheinigung die Höhe der einbehaltenen Pauschsteuer beziffert.

Bei sozialversicherungspflichtigen haushaltsnahen Beschäftigungsverhältnissen, für die das allgemeine Beitrags- und Meldeverfahren zur Sozialversicherung gilt und bei denen die LSt pauschal oder nach Maßgabe der persönlichen Lohnsteuerabzugsmerkmale erhoben wird, sowie bei geringfügigen Beschäftigungsverhältnissen ohne Haushaltsscheckverfahren gelten für die Steuerermäßigung die allgemeinen Nachweisregeln (vgl. Tz 7.10).

7.9.2 Arbeitskosten, Materialkosten

Liegen begünstigte Dienst- oder Handwerkerleistungen vor, sind nur die Aufwendungen für die Inanspruchnahme der betreffenden Tätigkeit selbst einschließlich der in Rechnung gestellten Maschinen- und Fahrtkosten berücksichtigungsfähig. Kosten für verwendetes **Material** (wie z. B. Fliesen, Farbe, Tapeten usw.) oder sonstige im Zusammenhang mit der Dienstleistung gelieferte Waren (z. B. Pflegebett, Stützstrümpfe) sind nicht begünstigt und daher auszuscheiden. Dies gilt nicht für **Verbrauchsmittel** (z. B. Schmier-, Reinigungs- oder Spülmittel, Streugut). Aufwendungen, bei denen die Entsorgung im Vordergrund steht, sind nicht begünstigt. Etwas anderes gilt, wenn die Entsorgung als Nebenleistung zur Hauptleistung anzusehen ist (z. B. Fliesenabfuhr bei Neuverfliesung eines Bades, Grünschnittabfuhr bei Gartenpflege).

Der Anteil der **Arbeitskosten** muss grds. anhand der Angaben in der Rechnung gesondert ermittelt werden können. Auch eine **prozentuale Aufteilung** des Rechnungsbetrages in Arbeitskosten bzw. Materialkosten durch den Rechnungsaussteller ist zulässig. Eine **Schätzung** des Anteils der Arbeitskosten durch den Steuerpflichtigen ist nach Auffassung der Finanzverwaltung **nicht** zulässig und kann auch nicht auf die Entscheidung des BFH vom 20.3.2014, BStBl II S. 882 gestützt werden (Rz 40 des BMF-Schreibens vom 9.11.2016, BStBl I S. 1213). Der BFH hatte es in diesem Urteil nicht beanstandet, dass die begünstigten Arbeitskosten von Hausanschlusskosten geschätzt werden können, wenn diese seitens eines Zweckverbandes durch einen einheitlichen Bescheid über Kostenersatzbeträge festgesetzt wurden. Auch die Finanzgerichte halten eine Schätzung der Arbeitskosten aus einem einheitlichen Leistungsbescheid für zulässig (u. a. FG Nürnberg vom 24.6.2015, 7 K 1356/14, EFG 2016 S. 294 – rkr.).

Bei **Wartungsverträgen** ist es nicht zu beanstanden, wenn der Anteil der Arbeitskosten, der sich auch pauschal aus einer Mischkalkulation ergeben kann, aus einer Anlage zur Rechnung hervorgeht. Dienstleistungen, die sowohl im als auch außerhalb des räumlichen Bereichs des Haushalts durchgeführt werden, sind vom Rechnungsaussteller entsprechend aufzuteilen. Zur Aufteilung solcher Aufwendungen bei Wohnungseigentümergemeinschaften genügt eine Jahresbescheinigung des Grundstücksverwalters, die die betrags- oder verhältnismäßige Aufteilung auf öffentliche Flächen und

Privatgelände enthält. Entsprechendes gilt für die Nebenkostenabrechnung der Mieter.

Abschlagszahlungen können nur dann berücksichtigt werden, wenn hierfür eine Rechnung vorliegt, welche die Voraussetzungen des § 35 a EStG erfüllt. Ein gesonderter Ausweis der auf die Arbeitskosten entfallenden **Mehrwertsteuer** ist nicht erforderlich. **Pauschale Zahlungen** an den Vermieter zur Durchführung von **Schönheitsreparaturen**, die nicht nach den tatsächlichen Aufwendungen für die Wohnung abgerechnet werden, können **nicht** nach § 35 a EStG berücksichtigt werden (BFH-Urteil vom 5.7.2012, BStBl 2013 II S. 14). Das Gleiche gilt für **Vorauszahlungen**, wenn diese bereits im VZ vor der Ausführung von Handwerkerleistungen geleistet werden (FG Düsseldorf vom 18.7.2024, 14 K 1966/23 E, EFG 2024 S. 1760 – rkr.).

7.9.3 Versicherungsleistungen

Aufwendungen für haushaltsnahe Dienstleistungen oder Handwerkerleistungen, die im Zusammenhang mit **Versicherungsschadensfällen** entstehen, können nur berücksichtigt werden, soweit sie nicht von der Versicherung erstattet werden (FG Münster vom 6.4.2016, 13 K 136/15 E – rkr.). Dabei sind nicht nur erhaltene, sondern auch in späteren VZ zu erwartende Versicherungsleistungen zu berücksichtigen. Das gilt auch für Versicherungsleistungen, die zur medizinischen Rehabilitation erbracht werden, wie z. B. für **Haushaltshilfen**. Die begünstigten Aufwendungen sind daher in den **Zeilen 4** bis **8** nach Abzug etwaiger Erstattungen einzutragen.

Empfangene Leistungen der **Pflegeversicherung** des Steuerpflichtigen sowie die Leistungen im Rahmen des sog. Persönlichen Budgets (§ 17 SGB IX) sind von den Aufwendungen abzuziehen, soweit sie ausschließlich und zweckgebunden für Pflege- und Betreuungsleistungen sowie für haushaltsnahe Dienstleistungen gewährt werden (Rz 42 des BMF-Schreibens vom 9.11.2016, BStBl I S. 1213). Danach sind Pflegesachleistungen nach § 36 SGB XI und der Kostenersatz für zusätzliche Betreuungsleistungen nach § 45 b SGB XI auf die entstandenen Aufwendungen anzurechnen. Das sog. Pflegegeld (§ 37 SGB XI) ist dagegen nicht abzuziehen, weil es nicht zweckgebunden für professionelle Pflegedienste bestimmt ist, die die Voraussetzungen des § 35 a Abs. 5 EStG erfüllen (Ausstellung einer Rechnung, Überweisung auf ein Konto des Empfängers). Wird die Steuerermäßigung für Pflege- und Betreuungsaufwendungen von einem **Angehörigen** oder einer anderen Person geltend gemacht, sind die Leistungen der Pflegeversicherung entsprechend anzurechnen, wenn das Pflegegeld an diese Person weitergeleitet wird.

BEISPIEL:

A (GdB 100 %, Pflegestufe II) ist auf die Hilfe eines externen Pflegedienstes angewiesen. Er zahlt im Kj. 2025 an diesen Pflegedienst 18 000 €. Die Pflegeversicherung erstattet als Pflegesachleistung (§ 36 SGB XI) monatlich 980 € (im Jahr 11 760 €).

Da die Pflegesachleistung ausschließlich zweckgebunden ist, muss sie als Erstattung auf die Aufwendungen des A angerechnet werden. Für den verbleibenden Betrag von 6 240 € (18 000 € abzgl. 11 760 €) kann A eine Steuerermäßigung nach § 35 a Abs. 2 EStG von 1 248 € (6 240 € × 20 %) beanspruchen. Alternativ besteht auch die Möglichkeit, die eigenen Pflegeaufwendungen – ebenfalls nach Abzug der Erstattung durch die Pflegeversicherung – als außergewöhnliche Belastungen allgemeiner Art nach § 33 EStG geltend zu machen (vgl. Tz 5.5.6.20 unter »Eigene Pflegeaufwendungen«); der durch den Abzug der zumutbaren Belastung unberücksichtigte Betrag kann dann durch Eintragung der Pflegeleistungen in Zeile 40 der »Anlage Außergewöhnliche Belastungen« zusätzlich nach § 35 a EStG geltend gemacht werden (vgl. Tz 5.5.1). Nimmt A allerdings den Behinderten-Pauschbetrag nach § 33 b EStG in Anspruch, sind hierdurch die Pflegeaufwendungen pauschal abgegolten und es kommt keine zusätzliche Steuerermäßigung nach § 33 oder § 35 a EStG in Betracht (vgl. Tz 7.8).

Zu weiteren Berechnungsbeispielen im Zusammenhang mit der Anrechnung von Leistungen aus der Pflegeversicherung siehe Rz 42 und 43 des o. a. BMF-Schreibens vom 9.11.2016.

7.9.4 Zahlungszeitpunkt

Für die Inanspruchnahme der Steuerermäßigung ist auf den **VZ** der **Zahlung** abzustellen (§ 11 Abs. 2 EStG). Bei **regelmäßig wiederkehrenden Ausgaben** (z. B. nachträgliche monatliche Zahlung oder monatliche Vorauszahlung einer Pflegeleistung), die innerhalb eines Zeitraums von bis zu zehn Tagen nach Beendigung bzw. vor Beginn eines Kj. fällig und geleistet worden sind, werden die Ausgaben dem Kj. zugerechnet, zu dem sie wirtschaftlich gehören. Bei geringfügigen Beschäftigungsverhältnissen gehören die Abgaben für das in den Monaten Juli bis Dezember erzielte Arbeitsentgelt, die erst am 31. Januar des Folgejahres fällig werden, noch zu den begünstigten Aufwendungen des Vorjahres.

7.9.5 Dienst- oder Werkswohnung

Lässt der Arbeitgeber haushaltsnahe Dienstleistungen oder Handwerkerleistungen von einem (fremden) Dritten in einer vom Arbeitnehmer bewohnten **Dienst-** oder **Werkswohnung** durchführen, und trägt er hierfür die Aufwendungen, kann der Arbeitnehmer die Steuerermäßigung nach § 35 a EStG nur in Anspruch nehmen, wenn er die Aufwendungen – neben dem Mietwert der Wohnung – als Arbeitslohn (Sachbezug) versteuert hat und der Arbeitgeber eine Bescheinigung erteilt hat, aus der eine Aufteilung der Aufwendungen nach haushaltsnahen Dienstleistungen und Handwerkerleistungen, jeweils unterteilt nach Arbeitskosten und Materialkosten, hervorgeht. Zusätzlich muss aus der Bescheinigung hervorgehen, dass die Leistungen durch (fremde) Dritte ausgeführt worden sind und zu welchem Wert sie zusätzlich zum Mietwert der Wohnung als Arbeitslohn versteuert worden sind. Die Steuerermäßigung kann nicht in Anspruch genommen werden, wenn die haushaltsnahen Dienstleistungen oder Handwerkerleistungen durch eigenes Personal des Arbeitgebers durchgeführt worden sind. Auch pauschale Zahlungen des Mieters einer Dienstwohnung an den Vermieter für die Durchführung von Schönheitsreparaturen sind nicht begünstigt, wenn die Zahlungen unabhängig davon erfolgen, ob und ggf. in welcher Höhe der Vermieter tatsächlich Reparaturen an der Wohnung des Mieters in Auftrag gibt (BFH-Urteil vom 5.7.2012, BStBl 2013 II S. 14).

7.9.6 Altenteilerwohnung

Für empfangene Sachleistungen, die ein **Altenteiler** als wiederkehrende Bezüge versteuert, kann er die Steuerermäßigung für Handwerkerleistungen im Haushalt in Anspruch nehmen, soweit sie auf seinen Haushalt entfallen und in der Person des die Sachleistungen erbringenden Altenteilsverpflichteten alle Voraussetzungen für die Gewährung der Steuerermäßigung vorliegen (Rz 46 des BMF-Schreibens vom 9.11.2016, BStBl I S. 1213).

7.10 Nachweise

Die Inanspruchnahme der Steuerermäßigung nach § 35 a Abs. 2 und 3 EStG ist davon abhängig, dass der Steuerpflichtige für die Aufwendungen eine **Rechnung** erhalten hat und die **Zahlung** auf das **Konto** des Erbringers der haushaltsnahen Dienstleistung, der Handwerkerleistung oder der Pflege- oder Betreuungsleistung erfolgt ist (§ 35 a Abs. 5 Satz 3 EStG; Rz 49 des BMF-Schreibens vom 9.11.2016, BStBl I S. 1213). Dies gilt auch für Abschlagszahlungen.

Nach Ansicht des BFH ist – entgegen dem v. g. BMF-Schreiben vom 9.11.2016 – für die Inanspruchnahme der Steuerermäßigung für **ambulant** erbrachte **Pflege-** und **Betreuungsleistungen** weder Voraussetzung, dass der Steuerpflichtige für die Aufwendungen eine Rechnung erhalten noch in den Zahlungsvorgang ein Kreditinstitut eingebunden hat (BFH-Urteil vom 12.4.2022, VI R 2/20, BFH/NV 2022 S. 982). Die Nachweiserfordernisse des § 35 a Abs. 5 Satz 3 EStG bezögen sich nur auf haushaltsnahe Dienstleistungen nach § 35 a Abs. 2 Satz **1** EStG, jedoch nicht auf Pflege- und Betreuungsleistungen nach § 35 a Abs. 2 Satz **2** EStG. Es bleibt abzuwarten, ob die Finanzverwaltung dieser Gesetzesauslegung des BFH folgen und sein BMF-Schreiben anpassen wird.

Bei Wohnungseigentümern und Mietern müssen die unter Tz 7.7 beschriebenen **Nachweise** vorhanden sein. Es reicht aus, wenn der Steuerpflichtige die Nachweise auf **Verlangen** des Finanzamtes auf elektronischem Weg oder in Kopie vorlegen kann (vgl. Vorbemerkungen Tz 14.1).

Die Zahlung auf das **Konto** des **Erbringers** der Leistung erfolgt i. d. R. durch Überweisung. Beträge, für deren Begleichung ein Dauerauftrag eingerichtet worden ist oder die durch eine Einzugsermächtigung oder im SEPA-Lastschriftverfahren abgebucht oder im Wege des Online-Bankings überwiesen wurden, können i. V. mit dem Kontoauszug, der die Abbuchung ausweist, anerkannt werden. Dies gilt auch bei Übergabe eines Verrechnungsschecks oder der Teilnahme am Electronic-Cash-Verfahren oder am elektronischen Lastschriftverfahren. Die Inanspruchnahme der Steuerermäßigung durch den Steuerpflichtigen ist auch möglich, wenn die haushaltsnahe Dienstleistung, Pflege- oder Betreuungsleistung oder die Handwerkerleistung, für die der Steuerpflichtige den Auftrag erteilt und eine Rechnung erhalten hat, von dem Konto eines Dritten bezahlt worden ist (FG Münster vom 28.4.2016, 3 K 3025/14 E, EFG 2023 S. 98 – rkr.). Unschädlich ist auch der Einzug von Forderungen des Handwerksbetriebs durch **Inkassobüros** oder durch Factoring-Unternehmen. Eine Zahlung auf das Konto des Leistungserbringers liegt dagegen nicht vor, wenn ein Steuerpflichtiger Handwerkerleistung von einer GmbH in Anspruch genommen hat, an der er selbst beteiligt ist, und die Handwerkerrechnung lediglich durch Buchung auf dem Gesellschafterverrechnungskonto der GmbH beglichen wird. Die Gutschrift des Rechnungsbetrags im Wege der Aufrechnung durch Belastung des **Gesellschafterverrechnungskontos** des Steuerpflichtigen bei der leistungserbringenden GmbH genügt **nicht** den gesetzlichen Anforderungen an den Zahlungsvorgang (FG Thüringen vom 22.10.2019, 3 K 452/19, EFG 2020 S. 281; bestätigt durch BFH-Beschluss vom 9.6.2022, BStBl II S. 666).

Für **Barzahlungen**, Baranzahlungen oder Barteilzahlungen und Barschecks kann keine Steuerermäßigung nach § 35 a EStG gewährt werden (BFH-Urteil vom 20.11.2008, BStBl 2009 II S. 307). Das gilt selbst dann, wenn die Barzahlung von dem Erbringer der haushaltsnahen Dienstleistung, der Pflege- und Betreuungsleistung oder der Handwerkerleistung tatsächlich ordnungsgemäß verbucht worden ist und der Steuerpflichtige einen Nachweis über die ordnungsgemäße Verbuchung erhalten hat, oder wenn eine Barzahlung durch eine später veranlasste Zahlung auf das Konto des Erbringers der Leistung ersetzt wird.

Dienst- und Handwerkerleistungen werden auch über **Vermittlungsportale** angeboten. Diese treten dabei regelmäßig als Vermittler für die ausführenden Leistungskräfte, wie z. B. Reinigungskräfte oder Handwerker auf. Die Leistungskräfte stehen zu den Portalen nicht in einem abhängigen Arbeitsverhältnis. Die Leistungskräfte sind eigenverantwortlich, also gewerblich tätig. Es bestehen keine Bedenken, eine Rechnung, die das Portal im Auftrag der jeweiligen Leistungskraft erstellt, als Nachweis nach § 35 a Abs. 5 Satz 3 EStG anzuerkennen, wenn die nachfolgenden Voraussetzungen erfüllt sind:

- Aus der Rechnung müssen sich der Erbringer und der Empfänger der Leistung, ihre Art, der Zeitpunkt der Erbringung und der Inhalt der Leistung sowie die dafür vom Empfänger der Leistung jeweils geschuldeten Entgelte, ggf. aufgeteilt nach Arbeitszeit und Material, ergeben (BFH-Urteil vom 29.1.2009, BStBl 2010 II S. 166).
- Der Erbringer oder die Erbringerin der Leistung ist mindestens mit Name, Anschrift und Steuernummer zu bezeichnen.
- Erfolgt die – unbare – Bezahlung der Rechnung an den Betreiber des Portals, steht dies einer Anerkennung der Zahlung gem. § 35 a Abs. 5 Satz 3 EStG nicht entgegen.

7.11 Mehrfache Inanspruchnahme der Steuerermäßigung

Neben der Steuerermäßigung für ein **geringfügiges Beschäftigungsverhältnis** i. S. des § 8 a SGB IV kann der Steuerpflichtige auch die Steuerermäßigungen nach § 35 a Abs. 2 EStG (z. B. für ein **sozialversicherungspflichtiges Beschäftigungsverhältnis** oder für **haushaltsnahe Dienstleistungen**) beanspruchen.

BEISPIEL 1:
A beschäftigt das ganze Jahr eine Haushaltshilfe im Rahmen eines geringfügigen Beschäftigungsverhältnisses i. S. des § 8 a SGB IV. Seine Aufwendungen belaufen sich vom 1.1. bis 31.12.2025 auf insgesamt 4 000 €.
A kann hierfür lediglich eine Steuerermäßigung nach § 35 a Abs. 1 EStG i. H. von 510 € (20 % von 4 000 € = 800 €, höchstens 510 €) beanspruchen. Eine weitere Steuerermäßigung nach § 35 a Abs. 2 EStG (für die nicht ausgeschöpften Beträge von 4 000 € abzgl. 510 € = 3 490 €) ist für dieses Beschäftigungsverhältnis ausgeschlossen.

BEISPIEL 2:
Wie Beispiel 1, jedoch hat A außerdem im Jahr 2025 für die Gartenpflege einen selbständigen Gärtner beauftragt. Die Aufwendungen hierfür betragen 1 200 €. Die erforderlichen Belege (Rechnung, Zahlungsbeleg des Kreditinstituts) liegen A vor. A kann neben der Steuerermäßigung nach § 35 a Abs. 1 EStG i. H. von 510 € (siehe Beispiel 1) für die Gartenpflegearbeiten zusätzlich die Steuerermäßigung für haushaltsnahe Dienstleistungen nach § 35 a Abs. 2 Satz 1 EStG i. H. von 240 € (20 % von 1 200 €) und damit insgesamt 750 € erhalten.

7.12 Haushaltsbezogene Inanspruchnahme der Höchstbeträge

Die Höchstbeträge nach § 35 a EStG können nur **haushaltsbezogen** in 10
Anspruch genommen werden (§ 35 a Abs. 5 Satz 4 EStG). Sie stehen sowohl Ehegatten/Lebenspartnern als auch Partnern einer nichtehelichen Lebensgemeinschaft insgesamt jeweils nur einmal zu, wenn der gemeinsame Haushalt während des **gesamten VZ** bestanden hat. Dies gilt auch dann, wenn Ehegatten/Lebenspartner zwei Wohnungen an verschiedenen Orten nutzen und in beiden Wohnungen Leistungen durch Handwerksbetriebe durchführen lassen. Eine Verdoppelung oder Vervielfältigung des Höchstbetrags nach § 35 a EStG ist bei Nutzung mehrerer Wohnungen durch Ehegatten/Lebenspartner nicht zulässig (BFH-Urteil vom 29.7.2010, BStBl 2013 II S. 151).

Leben zwei oder mehrere Alleinstehende im gesamten VZ in einem Haushalt und sind diese gemeinsam Arbeitgeber haushaltsnaher Beschäftigungsverhältnisse bzw. Auftraggeber haushaltsnaher Dienstleistungen oder von Handwerkerleistungen, kann jeder seine tatsächlichen Aufwendungen grds. nur bis zur Höhe der anteiligen Abzugshöchstbeträge geltend machen. Etwas anderes gilt nur dann, wenn einvernehmlich eine andere Aufteilung der Abzugshöchstbeträge beantragt wird. Hierfür ist in den **Zeilen 10** und **11** durch Angabe der »Anzahl der weiteren Personen im Haushalt« (Kennzahl »223« in Zeile 10) und des Namens, Vornamens und des Geburtsdatums der anderen alleinstehenden Person zu erklären, ob mit dieser **ganzjährig** ein gemeinsamer Haushalt bestand. Bei mehreren in einem Haushalt zusammenlebenden alleinstehenden Personen ist der Steuererklärung eine gesonderte Aufstellung mit den persönlichen Angaben dieser Personen beizufügen.

ELSTER:
In ELSTER können für die Abgaben zu weiteren im Haushalt lebenden Personen weitere Eingabezeilen der elektronischen Steuererklärung per Mausklick hinzugefügt werden, sodass sich eine gesonderte Aufstellung erübrigt.

Die einvernehmliche andere **Aufteilung** der **Abzugshöchstbeträge** kann von den alleinstehenden Personen in den **Zeilen 12** bis **14** beantragt werden; der gemeinsame Antrag ist in diesem Fall mit der Steuererklärung einzureichen. Dabei ist zu beachten, dass in den Zeilen 12 bis 14 für **jeden** der in Betracht kommenden **Höchstbeträge** des § 35 a Abs. 1 bis 3 EStG eine **separate** abweichende **Aufteilung** erklärt werden kann. Hierdurch kann verhindert werden, dass Teile der Höchstbeträge verloren gehen, wenn die nach § 35 a EStG begünstigten Aufwendungen von den in einem Haushalt lebenden Personen entweder alleine oder in unterschiedlicher Höhe getragen wurden (siehe nachfolgendes Beispiel).

Eine entsprechende abweichende Aufteilung der Höchstbeträge nach § 35 a EStG können in diesen Zeilen auch Ehegatten/Lebenspartner im Fall der **Einzelveranlagung** nach § 26 a EStG beantragen. Der nach § 26 a Abs. 2 Satz 2 EStG für einzeln veranlagte Ehegatten/Lebenspartner nur noch mögliche einvernehmliche hälftige Abzug der **Aufwendungen** nach § 35 a EStG (vgl. Tz 10.8 unter Erläuterungen zur »Anlage Sonstiges«) gilt **nicht** entsprechend für die abweichende Verteilung der **Abzugshöchstbeträge** nach § 35 a EStG.

BEISPIEL 1:

Die Eheleute A und B beantragen für den VZ 2025 die Einzelveranlagung nach § 26 a EStG. A hat Aufwendungen i. H. von 4 000 € für einen neuen Fassadenanstrich getragen und beantragt in Zeile 6 hierfür die Steuerermäßigung nach § 35 a Abs. 3 EStG. Gleichzeitig beantragen die Eheleute in Zeile 21 der »Anlage Sonstiges« übereinstimmend die hälftige Verteilung der Aufwendungen nach § 26 a Abs. 2 Satz 2 EStG.

Bei der Einzelveranlagung sind A Aufwendungen i. H. von 4 000 € zuzurechnen, da er diese wirtschaftlich alleine getragen hat. B sind dementsprechend keine Aufwendungen zuzurechnen. Der Haushaltsgemeinschaft steht nach § 35 a Abs. 3 Satz 1 EStG insgesamt ein Höchstbetrag von 1 200 € zu. Bei hälftiger Verteilung ergibt sich für A und B jeweils ein Höchstbetrag i. H. von 600 €. Die Steuerermäßigung nach § 35 a EStG beträgt daher zunächst:

Für A: 4 000 € × 20 % = 800 €, aber Deckelung auf den hälftigen Höchstbetrag i. H. von 600 €, für B: 0 €, da B keine Aufwendungen getragen hat. Aufgrund des übereinstimmenden Antrags auf hälftige Verteilung der Steuerermäßigung nach § 26 a Abs. 2 Satz 2 EStG wird bei der Einzelveranlagung von A und B nur jeweils eine Steuerermäßigung von 300 € berücksichtigt, sodass im Ergebnis 200 € Steuerermäßigung verloren gingen.

Dieses Ergebnis kann nur dadurch vermieden werden, dass in Zeile 14 eine abweichende Verteilung des Höchstbetrags für Handwerkerleistungen von 1 200 € beantragt wird (z. B. mit 67 % bei A). Hierdurch kann erreicht werden, dass bei A die Steuerermäßigung nicht gedeckelt wird.

Für A ergibt sich dadurch ein anteiliger Höchstbetrag von 804 € (67 % von 1 200 €), sodass die Steuerermäßigung von 800 € in voller Höhe erhalten bleibt. Aufgrund des übereinstimmenden Antrags auf hälftige Verteilung der Steuerermäßigung wird bei der Einzelveranlagung von A und B jeweils eine Steuerermäßigung von 400 € berücksichtigt.

In Fällen, in denen von zwei alleinstehenden Steuerpflichtigen im Laufe des Kj. ein gemeinsamer **Haushalt begründet** oder **aufgegeben** wird, also der gemeinsame Haushalt nicht während des gesamten VZ bestanden hat, kann bei Vorliegen der übrigen Voraussetzungen jeder der Steuerpflichtigen die vollen Höchstbeträge des § 35 a EStG in Anspruch nehmen; in diesem Fall sind die Zeilen 10 bis 14 **nicht** auszufüllen. Für die Inanspruchnahme des vollen Höchstbetrages pro Person ist maßgebend, dass von der jeweiligen Person zumindest für einen Teil des VZ ein alleiniger Haushalt unterhalten worden ist. Es kommt nicht darauf an, in welchem der beiden Haushalte in diesem VZ die Aufwendungen angefallen sind. Das gilt unabhängig davon, ob im VZ der Begründung oder Auflösung des Haushalts auch die Eheschließung/Begründung einer Lebenspartnerschaft, die dauernde Trennung oder die Ehescheidung/Aufhebung der Lebenspartnerschaft erfolgt ist.

Für den Fall der Zusammenveranlagung oder der Einzelveranlagung von Ehegatten/Lebenspartnern, ist in **Zeile 15** von den Ehegatten/Lebenspartnern jeweils gesondert (mit »1 = Ja«) anzugeben, dass in »2025 ein gemeinsamer Haushalt begründet oder aufgelöst und für einen Teil des Kj. ein Einzelhaushalt geführt wurde«. Hierdurch wird sichergestellt, dass beide Ehegatten/Lebenspartner für diesen VZ jeweils die vollen Höchstbeträge nach § 35 a EStG erhalten.

BEISPIEL 2:

G und H begründen im Laufe des VZ 2025 einen gemeinsamen Haushalt und heiraten im November 2025. Vorher hatten beide jeweils einen eigenen Haushalt. Im Laufe des Jahres sind die folgenden Aufwendungen i. S. des § 35 a EStG angefallen:

Einzelhaushalt des G:

Aufwendungen für Renovierungsarbeiten der alten Wohnung im zeitlichen Zusammenhang mit dem Umzug i. H. von 12 000 €. Davon entfallen auf Arbeitskosten einschließlich Fahrtkosten 6 000 €.

Einzelhaushalt der H:

Aufwendungen für Renovierungsarbeiten der alten Wohnung im zeitlichen Zusammenhang mit dem Umzug i. H. von 2 500 €. Davon entfallen auf Arbeitskosten einschließlich Fahrtkosten 1 000 €.

Gemeinsamer Haushalt:

Handwerkerkosten (Arbeitskosten) für die Montage der neuen Möbel 500 €, für das Verlegen von Elektroanschlüssen 200 €, für den Einbau der neuen Küche 400 €. Für Wohnungsreinigungsarbeiten haben sie ein Dienstleistungsunternehmen beauftragt. Die Aufwendungen betragen (ohne Materialkosten) bis Jahresende 800 €. G und H treten gegenüber den jeweiligen Firmen gemeinsam als Auftraggeber auf. Die Kosten teilen sie sich zu gleichen Teilen.

G und H beantragen die Zusammenveranlagung und tragen beide in Zeile 15 »1 = Ja« ein, dass sie in 2025 einen gemeinsamen Haushalt begründet und für einen Teil des Kj. einen Einzelhaushalt geführt haben. Die Steuerermäßigung nach § 35 a EStG wird für 2025 wie folgt berechnet:

Handwerkerleistungen – Einzelhaushalt G (20 % von 6 000 €)	1 200 €
Handwerkerleistungen – Einzelhaushalt H (20 % von 1 000 €)	200 €
Handwerkerleistungen – gemeinsamer Haushalt (20 % von 1 100 €)	220 €
haushaltsnahe Dienstleistungen – gemeinsamer Haushalt (20 % von 800 €)	160 €
Steuerermäßigung nach § 35 a EStG insgesamt	**1 780 €**

Der Höchstbetrag für Handwerkerkosten ist beim Einzelhaushalt des H noch nicht ausgeschöpft. Deshalb können G und H für die Handwerkerleistungen im gemeinsamen Haushalt eine weitere Steuerermäßigung nach § 35 a Abs. 3 EStG erhalten; darauf, wer von beiden die Aufwendungen tatsächlich getragen hat, kommt es nicht an.

7.13 Anrechnungsüberhang

Kann sich wegen der Höhe der festgesetzten ESt (z. B. auf »0 €«) die Steuerermäßigung nach § 35 a EStG steuerlich nicht auswirken und entsteht hierdurch ein sog. **Anrechnungsüberhang**, kann der Steuerpflichtige weder die Festsetzung einer negativen ESt i. H. dieses Anrechnungsüberhangs noch die Feststellung einer rück- oder vortragsfähigen Steuerermäßigung beanspruchen (BFH-Urteil vom 29.1.2009, BStBl II S. 411). Der Verfall eines nicht ausgenutzten Steuerermäßigungsbetrags nach § 35 a EStG (z. B. für Handwerkerleistungen) ist nach Ansicht des BFH verfassungsgemäß.

8. Anlage Energetische Maßnahmen 2025

8.1 Vorbemerkungen

Mit dem Gesetz zur Umsetzung des Klimaschutzprogramms 2030 im Steuerrecht (BGBl 2019 I S. 2886) wurde eine Steuerermäßigung für energetische Sanierungsmaßnahmen an eigengenutzten Wohngebäuden eingeführt. Nach § 35c Abs. 1 Satz 3 EStG beschränkt sich die Förderung auf bestimmte Einzelmaßnahmen und auf Maßnahmen im Rahmen einer umfassenden Sanierung.

Die Steuerermäßigung kann nur vom bürgerlich-rechtlichen oder wirtschaftlichen **Eigentümer** (§ 39 Abs. 2 Satz 1 AO) in Anspruch genommen werden (BMF-Schreiben vom 21.8.2025, BStBl I S. 1609, Rz 5). Zur Definition des bürgerlich-rechtlichen und wirtschaftlichen Eigentums vgl. Teil II Tz 4.3.1. Steht das Eigentum am Grundstück oder am begünstigten Objekt mehreren Personen zu, können die der Steuerermäßigung zugrunde liegenden Aufwendungen nach § 35c Abs. 6 Satz 2 EStG einheitlich und gesondert festgestellt werden.

Die Steuerermäßigung beträgt im Kj. des Abschlusses der energetischen Maßnahme und im darauf folgenden Kj. jeweils 7 % der Aufwendungen des Steuerpflichtigen, höchstens jedoch 14 000 €, und im dritten Kj. 6 % der Aufwendungen, höchstens jedoch 12 000 €. Damit kann insgesamt ein Höchstbetrag von 40 000 € als Steuerermäßigung geltend gemacht werden. Voraussetzung ist, dass mit der Durchführung der energetischen Maßnahme nach dem 31.12.2019 begonnen wurde und diese vor dem 1.1.2030 abgeschlossen ist (BMF-Schreiben vom 21.8.2025, BStBl I S. 1609, Rz 80). Die Förderung kann auch für mehrere Einzelmaßnahmen an einem begünstigten Objekt in Anspruch genommen werden. Allerdings darf die Förderung je begünstigtes Objekt 40 000 € nicht überschreiten. Der Gesamtbetrag der Aufwendungen, die der Steuerermäßigung zugrunde liegen, darf also 200 000 € nicht überschreiten. Falls ein Objekt im Wege der Gesamtrechtsnachfolge erworben wurde, kann der erwerbende Eigentümer die Steuerermäßigung des Erblassers innerhalb des dreijährigen Abzugszeitraums fortführen, wenn der erwerbende Eigentümer das Objekt zu eigenen Wohnzwecken nutzt. Dies gilt aber nicht in Fällen einer Einzelrechtsnachfolge (Schenkung).

Die Steuerermäßigung ist erstmalig in dem Kj. zu gewähren, in dem die energetische Maßnahme abgeschlossen wurde. Die energetische (Einzel-)Maßnahme ist dann abgeschlossen, wenn die Leistung tatsächlich erbracht (vollständig durchgeführt) ist, die stpfl. Person eine Rechnung (Schlussrechnung) erhalten und den Rechnungsbetrag auf das Konto des Leistungserbringers eingezahlt hat. Bei einer Ratenzahlungsvereinbarung mit dem Leistungserbringer ist die energetische Maßnahme erst mit der vollständigen Zahlung des Rechnungsbetrags abgeschlossen (BFH-Urteil vom 13.8.2024, BStBl II S. 1467). Die Erledigung unwesentlicher Restarbeiten, die für die tatsächliche Reduzierung von Emissionen nicht hinderlich sind, ist unschädlich (BMF-Schreiben vom 21.8.2025, BStBl I S. 1609, Rz 80). Die energetische Maßnahme kann eine oder mehrere Einzelmaßnahmen i. S. des § 35c Abs. 1 Satz 3 Nr. 1 bis 8 EStG umfassen. Eine Einzelmaßnahme kann auch durch mehrere – voneinander getrennt zu beurteilende – energetische Maßnahmen umgesetzt werden. Eine einheitliche Maßnahme liegt aber vor, wenn die einzelnen Teilschritte, die für die Erfüllung der Mindestanforderungen nach der Energetischen Sanierungsmaßnahmen-Verordnung (ESanMV) notwendig sind, über mehrere VZ abgeschlossen werden. In diesem Fall ist die energetische Maßnahme erst mit dem letzten Teilschritt abgeschlossen.

Eine Steuerermäßigung nach § 35c EStG ist ausgeschlossen, soweit die Aufwendungen für die energetischen Maßnahmen bereits als Betriebsausgaben, Werbungskosten, Sonderausgaben oder außergewöhnliche Belastung berücksichtigt worden sind. Ein Eintrag in der Anlage »Energetische Maßnahmen« ist dennoch vorzunehmen, falls die Aufwendungen für die energetischen Maßnahmen als außergewöhnliche Belastung beantragt werden. Diese Aufwendungen sind dann nicht in der Anlage »Außergewöhnliche Belastungen« einzutragen (vgl. Tz 8.5).

Die Steuerermäßigung nach § 35c EStG ist vollständig ausgeschlossen, wenn für dieselbe energetische Maßnahme einschließlich der Kosten für den Energieberater

- eine Steuerbegünstigung nach § 10f EStG für zu eigenen Wohnzwecken genutzte Baudenkmale und Gebäude in Sanierungsgebieten und städtebaulichen Entwicklungsbereichen oder
- eine Steuerermäßigung nach § 35a EStG oder
- ein zinsverbilligtes Darlehen oder steuerfreie Zuschüsse

beansprucht werden.

Unschädlich ist, wenn ausschließlich für die Energieberatung Zuschüsse gezahlt wurden. In diesem Fall kann für die Kosten der Energieberatung keine Steuerermäßigung nach § 35c EStG beansprucht werden. Wird aufgrund dieser Energieberatung eine energetische Maßnahme durchgeführt und eine andere öffentliche Förderung nicht in Anspruch genommen, kann hierfür die Steuerermäßigung nach § 35c EStG beansprucht werden (BMF-Schreiben vom 21.8.2025, BStBl I S. 1609, Rz. 70).

Der Antrag auf die Steuerermäßigung nach § 35c EStG kann bis zur Unanfechtbarkeit des betreffenden ESt-Bescheides gestellt werden bzw. solange eine Änderung nach den Vorschriften der AO oder dem EStG möglich ist.

8.2 Begünstigtes Objekt

In den Zeilen 4 bis 8 werden die Angaben zum begünstigten Objekt 4– abgefragt. Begünstigt sind nur energetische Maßnahmen, die an einem in der EU oder dem EWR belegenen zu eigenen Wohnzwecken genutzten eigenen Gebäude durchgeführt werden. Hierzu gehört auch die Wohnung im eigenen Haus oder die eigene Eigentumswohnung, die der Steuerpflichtige zu eigenen Wohnzwecken nutzt. Eine Selbstnutzung zu eigenen Wohnzwecken liegt auch bei einem selbst genutzten eigenen Ferienhaus oder einer entsprechenden Ferienwohnung und bei einer im Rahmen einer doppelten Haushaltsführung selbst genutzten eigenen Zweitwohnung vor. Das Objekt muss ausschließlich zu eigenen Wohnzwecken genutzt werden und darf nicht – auch nicht kurzfristig – vermietet werden. Gefördert werden auch energetische Maßnahmen an Zubehörräumen eines begünstigten Objekts wie z. B. Kellerräume, Abstellräume, Bodenräume, Trockenräume, Heizungsräume und Garagen, wenn die energetische Maßnahme zusammen mit der energetischen Maßnahme des begünstigten Objekts erfolgt, z. B. Dämmung der Kellerdecke (BMF-Schreiben vom 21.8.2025, BStBl I S. 1609, Rz. 2).

Eine Wohnung ist nach § 181 Abs. 9 BewG die Zusammenfassung einer Mehrheit von Räumen, die die Führung eines selbständigen Haushalts ermöglicht. Die Zusammenfassung von Räumen muss eine in sich abgeschlossene Wohneinheit bilden, von anderen Wohnungen oder Räumen baulich getrennt sein und einen eigenen Zugang haben. Außerdem ist es erforderlich, dass die für die Führung eines selbständigen Haushalts notwendigen Nebenräume (Küche, Bad oder Dusche und Toilette) vorhanden sind. Nach § 181 Abs. 9 Satz 4 BewG muss die Wohnfläche mindestens 20 qm betragen.

Eine Wohnung wird zu eigenen Wohnzwecken genutzt, wenn sie zumindest zeitweise tatsächlich genutzt wird. Es ist auch ausreichend, wenn die Wohnung im Zusammenhang mit der energetischen Maßnahme für eigene Wohnzwecke nutzbar gemacht wird. Allein das Bereithalten einer leer stehenden Wohnung stellt keine Nutzung zu eigenen Wohnzwecken dar.

Eine Nutzung zu eigenen Wohnzwecken ist auch anzunehmen, wenn sie an ein einkommensteuerlich zu berücksichtigendes Kind i. S. des § 32 Abs. 1 bis 5 EStG überlassen wird, für das der Steuerpflichtige einen Anspruch auf Kindergeld hat, oder die Voraussetzungen für die Gewährung der Freibeträge für Kinder nach § 32 EStG erfüllt (vgl. Tz 9.7 unter Erläuterungen zur Anlage Kind).

Eine Steuerermäßigung kann auch in Anspruch genommen werden, wenn nur Teile einer im Übrigen zu eigenen Wohnzwecken genutzten Wohnung unentgeltlich zu Wohnzwecken überlassen werden (BMF-Schreiben vom 21.8.2025, BStBl I S. 1609, Rz. 13).

In den Zeilen 4 bis 5 sind die Angaben zum Standort des begünstigten Objekts zu machen.

Außerdem wird in Zeile 4 der Herstellungsbeginn des Gebäudes abgefragt, für das die Begünstigungen beantragt werden. Voraussetzung für die Gewährung der Steuerermäßigung ist nach § 35c Abs. 1 Satz 2, dass das begünstigte Objekt bei der Durchführung der energetischen Maßnahme älter als zehn Jahre ist. Maßgebend ist hierbei der Beginn der Herstellung des Gebäudes und der Beginn der energetischen Maßnahme (vgl. Tz 8.3).

Als Beginn der Herstellung gilt bei Gebäuden der Tag, an dem der Bauantrag gestellt wurde. Bei baugenehmigungsfreien Objekten, für die Bauunterlagen einzureichen sind, gilt der Tag, an dem die Bauunterlagen eingereicht wurden, als Baubeginn. Dies gilt auch, wenn eine Wohnung erst durch nachträgliche Baumaßnahmen in einem bereits bestehenden Gebäude hergestellt wurde.

Bei dem in Zeile 6 anzugebenden Aktenzeichen lt. Grundsteuermessbescheid handelt es sich um ein Zuordnungskriterium, das auf dem Bescheid des Finanzamts über den Grundsteuermessbetrag enthalten ist. Eine Eintragung kann unterbleiben, wenn für das Förderobjekt kein Bescheid über den Grundsteuermessbetrag erging. Dies kann z. B. bei Objekten vorkommen, die im EU-Ausland liegen.

In Zeile 7 werden die Gesamtfläche und die Fläche der ausschließlichen Nutzung zu eigenen Wohnzwecken oder die in Teilen unentgeltliche Überlassung zu Wohnzwecken an andere Personen abgefragt. Die Aufwendungen sind nach § 35c EStG nur insoweit begünstigt, als diese auf eine Wohnung entfallen, die zu eigenen Wohnzwecken genutzt wird. Bei einer gemischten Nutzung einer Wohnung (z. B. häusliches Arbeitszimmer oder nahezu ausschließlich für betriebliche oder berufliche Zwecke genutzte Räume) kann nur der Teil der Aufwendungen für die energetischen Maßnahmen berücksichtigt werden, der auf die zu Wohnzwecken genutzten Teile entfällt. Dabei ist es unerheblich, ob Aufwendungen für ein häusliches Arbeitszimmer in voller Höhe oder nach § 4 Abs. 5 Satz 1 Nr. 6b i. V. mit § 9 Abs. 5 EStG die Jahrespauschale von 1 260 € abgezogen wird.

Wird ein Teil der ansonsten zu eigenen Wohnzwecken genutzten Wohnung aufgrund eines vorbehaltenen obligatorischen oder dinglichen Wohnrechts durch eine dritte Person genutzt, liegt keine Nutzung zu eigenen Wohnzwecken vor. Die Aufwendungen für energetische Maßnahmen sind nicht begünstigt, soweit diese auf den wohnrechtsbelasteten Teil der Wohnung entfallen. Dies gilt auch, wenn ein Teil der selbst genutzten Wohnung untervermietet wird.

Die Berechnung des zu eigenen Wohnzwecken und nicht zu eigenen Wohnzwecken genutzten Teils bestimmt sich nach den §§ 1 bis 4 der Verordnung zur Berechnung der Wohnfläche vom 11.11.2003 (BGBl I S. 2346). Außerdem ist eine Aufteilung der Kosten erforderlich, wenn sich in einem Objekt neben der eigen genutzten Wohnung auch vermietete Wohnungen befinden. Um einen Aufteilungsschlüssel ermitteln zu können, werden in Zeile 7 die Abfragen vorgenommen.

Werden Teile einer Wohnung nicht zu eigenen Wohnzwecken genutzt, ist dies für die Gewährung der Steuerermäßigung nach § 35c EStG dem Grunde nach unschädlich. Die Aufwendungen für die energetischen Maßnahmen sind jedoch um den Teil der Aufwendungen zu kürzen, der auf den nicht zu eigenen Wohnzwecken genutzten Teil der Wohnung entfällt. Der Höchstbetrag der Steuerermäßigung mindert sich hierdurch nicht.

Die Gewährung einer Steuerermäßigung nach § 35c EStG ist personen- und objektbezogen. Die Abfrage in Zeile 8 soll sicherstellen, dass die steuerliche Förderung zutreffend gewährt wird.

8.3 Eigene Aufwendungen für energetische Maßnahmen

Die Steuerermäßigung nach § 35c EStG ist vollständig ausgeschlossen, wenn für dieselbe energetische Maßnahme einschließlich der Kosten für den Energieberater **9–10**

- ein zinsverbilligtes Darlehen oder
- steuerfreie Zuschüsse (KfW-Bank, BAFA, Gemeinden) oder
- eine Steuerbegünstigung nach § 10f EStG für zu eigenen Wohnzwecken genutzte Baudenkmale und Gebäude in Sanierungsgebieten und städtebaulichen Entwicklungsbereichen oder
- eine Steuerermäßigung nach § 35a EStG bei Aufwendungen für haushaltsnahe Beschäftigungsverhältnisse, haushaltsnahe Dienstleistungen und Handwerkerleistungen

beansprucht wurden.

Unschädlich ist, wenn ausschließlich für die Energieberatung Zuschüsse gewährt wurden. In diesem Fall kann für die Kosten der Energieberatung keine Steuerermäßigung nach § 35c EStG beansprucht werden (BMF-Schreiben vom 21.8.2025, BStBl I S. 1609, Rz. 70).

In Zeile 9 wird deshalb abgefragt, ob eine der Voraussetzungen vorliegt.

In Zeile 10 wird der Baubeginn der energetischen Maßnahme abgefragt. Als Beginn gilt bei Maßnahmen, für die eine Baugenehmigung erforderlich ist, der Tag, an dem der Bauantrag gestellt wurde. Bei baugenehmigungsfreien Maßnahmen, für die Bauunterlagen einzureichen sind, gilt der Tag als Beginn, an dem die Bauunterlagen eingereicht wurden, bei sonstigen Maßnahmen, die keiner Genehmigung oder Anzeige bedürfen, der tatsächliche Start der Bauarbeiten vor Ort. Planungs- und Beratungsleistungen sowie der Abschluss von Liefer- und Leistungsverträgen gelten nicht als Beginn der energetischen Maßnahme. Die Abfrage ist erforderlich, weil nach § 35c Abs. 1 Satz 2 EStG eine Steuerermäßigung nur dann möglich ist, wenn das Gebäude bei Beginn der Baumaßnahme älter als zehn Jahre ist.

Wird im Zusammenhang mit der energetischen Sanierung eines zu eigenen Wohnzwecken genutzten eigenen Gebäudes die Wohnfläche erweitert, sind auch die am neuen Gebäudeteil verwirklichten energetischen Maßnahmen nach § 35c EStG förderfähig.

Nach § 35c Abs. 1 Satz 3 EStG werden nur die dort genannten energetischen Maßnahmen gefördert. Begünstigt sind **11–22**

- Wärmedämmung von Wänden (Zeile 11),
- Wärmedämmung von Dachflächen (Zeile 12),
- Wärmedämmung von Geschossdecken (Zeile 13),
- Erneuerung der Fenster oder Außentüren (Zeile 14),
- Ersatz oder erstmaliger Einbau von sommerlichem Wärmeschutz (Zeile 15),
- Erneuerung oder Einbau einer Lüftungsanlage (Zeile 16),
- Erneuerung der Heizungsanlage (Zeile 17),
- Einbau von digitalen Systemen zur energetischen Betriebs- und Verbrauchsoptimierung (Zeile 18) und
- Optimierung bestehender Heizungsanlagen, sofern diese älter als zwei Jahre sind (Zeile 19).

Nach § 35 Abs. 7 EStG wurde die Bundesregierung ermächtigt, durch Rechtsverordnung die Mindestanforderung für energetische Maßnahmen zu bestimmen. Diese Verordnung zur Bestimmung von Mindestanforderungen für energetische Maßnahmen bei zu eigenen Wohnzwecken genutzten Gebäuden nach § 35c EStG (Energetische Sanierungsmaßnahmen-Verordnung – ESanMV) vom 2.1.2020 (BGBl I S. 3) enthält auch die Anforderungen an ein Fachunternehmen nach § 35c Abs. 1 Satz 6 EStG.

Förderfähig sind die Aufwendungen, die dem Steuerpflichtigen unmittelbar durch die fachgerechte Durchführung der energetischen Maßnahme entstehen. Von einer fachgerechten Durchführung ist auszugehen, wenn die energetische Maßnahme von einem Fachunternehmen gemäß § 2 Abs. 1 ESanMV vorgenommen wurde. Berücksichtigt werden können Aufwendungen für das Material sowie den fachgerechten Einbau bzw. die fachgerechte Installation, die Inbetriebnahme von Anlagen und die fachgerechte Verarbeitung durch das jeweilige Fachunternehmen einschließlich notwendiger

Umfeldmaßnahmen (Baustelleneinrichtung, Rüstarbeiten, Baustoffuntersuchungen oder bautechnischer Voruntersuchungen) sowie die Kosten für die Beratungs-, Planungs- und Baubegleitungsleistung durch den Energieberater. Berücksichtigt werden die Aufwendungen zzgl. USt.

Nicht berücksichtigungsfähig sind die Aufwendungen für die Beschaffung von Finanzierungsmitteln, Fremdfinanzierungsaufwendungen, Aufwendungen für Behörden- und Verwaltungsleistungen sowie Aufwendungen für einen Umzug oder ein Ausweichquartier.

Werden zeitgleich mit der energetischen Sanierung weitere, nicht förderfähige Maßnahmen durchgeführt, sind die den Einzelleistungen nicht direkt zurechenbaren Kosten in förderfähige und nicht förderfähige Maßnahmen nach einem nachvollziehbaren Schlüssel aufzuteilen.

Sofern das Material nicht über das ausführende Fachunternehmen, sondern vom Steuerpflichtigen selbst bezogen wird, können die Aufwendungen nur berücksichtigt werden, wenn die energetische Sanierungsmaßnahme von einem Fachunternehmen vorgenommen wird und dieses die Einhaltung der in der ESanMV aufgeführten Mindestanforderungen bescheinigt. Bei Maßnahmen, die ab dem 1.1.2024 begonnen wurden, ist der Aufwand für das selbst beschaffte Material nur förderfähig, wenn dieser in der Bescheinigung des Fachunternehmens ausgewiesen wird.

Von einer **fachgerechten Durchführung** ist auszugehen, wenn die energetische Sanierung von einem Fachunternehmen nach § 2 Abs. 1 ESanMV vorgenommen wurde. Nach § 35 c Abs. 1 Satz 7 EStG kann die Steuerermäßigung nur in Anspruch genommen werden, wenn durch eine nach amtlich vorgeschriebenem Muster erstellte Bescheinigung des ausführenden Fachunternehmens nachgewiesen wird, dass die Voraussetzungen der in der ESanMV aufgeführten Mindestanforderungen eingehalten wurden. Diese Bescheinigung ist beim Finanzamt einzureichen.
Mit BMF-Schreiben vom 23.12.2024, BStBl 2025 I S. 39, hat die Finanzverwaltung ein Muster für die Bescheinigung des ausführenden Fachunternehmens veröffentlicht.

Aufwendungen für die Erteilung der Bescheinigung nach § 2 ESanMV durch Personen mit Ausstellungsberechtigung nach § 88 Gebäudeenergiegesetz sind in Zeile 20 einzutragen. Diese sind zu unterscheiden von den Kosten für einen Energieberater (vgl. Erläuterungen zur Zeile 22).

22 Aufwendungen für einen **Energieberater**, der mit der planerischen Begleitung oder Beaufsichtigung der energetischen Maßnahmen beauftragt wurde, sind im Rahmen des § 35 c EStG begünstigt und werden gesondert in Zeile 22 abgefragt. Die Kosten für den Energieberater sind abweichend von § 35 c Abs. 1 Satz 1 EStG in Höhe von 50 % der Aufwendungen im Jahr des Abschlusses der Maßnahme zu berücksichtigen und nicht auf drei Jahre zu verteilen. Die Kosten für den Energieberater wie auch die Kosten für die Erteilung der Bescheinigung nach § 35 c Abs. 1 Satz 7 EStG sind jeweils – wie die Aufwendungen für die energetische Maßnahme selbst – vom Höchstbetrag der Steuerermäßigung von 40 000 € umfasst (BMF-Schreiben vom 21.8.2025, BStBl I S. 1609, Rz. 55).

Für die Inanspruchnahme der Steuerermäßigung nach § 35 c EStG ist es aber nicht erforderlich, einen Energieberater mit einzubeziehen. Für die Berücksichtigung der Aufwendungen für den Energieberater ist es erforderlich, dass mindestens eine energetische Maßnahme i. S. des § 35 c EStG durchgeführt wurde. Dabei ist es unerheblich, ob für die energetische Maßnahme selbst eine steuerliche Förderung oder eine andere öffentliche Förderung in Anspruch genommen wurde. Ist bereits ein KfW-Zuschuss für die Energieberaterkosten gewährt worden, scheidet eine weitere Förderung über § 35 c EStG aus.

8.4 Installation eines Gas-Brennwertkessels

23–24 Nach der Anlage 6.4 der ESanMV wird der Einbau eines effizienten Gas-Brennwertgerätes nur dann begünstigt, wenn dieses bereits weitestgehend auf die künftige Einbindung erneuerbarer Energien vorbereitet ist (»Renewable Ready«) und mit dem Einbau vor dem 1.1.2023 begonnen wurde. Dabei sind die dort genannten Mindestanforderungen an Energieeffizienz, Steuerungs- und Regelungstechnik, Feinplanung des erneuerbaren Anteils, Speicher und Nachweise an die Einhaltung der Anforderungen zu erfüllen. Die Umsetzung der Hybridisierung (Kombination verschiedener Energieträger in einem Heizsystem) muss innerhalb von zwei Jahren, gerechnet ab dem Datum der Installation des Gas-Brennwertkessels, nachgewiesen werden. Daneben muss auch die Maßnahme abgeschlossen sein.

In Zeile 23 wird deshalb der in Zeile 17 enthaltene Aufwand für die Installation eines Gas-Brennwertgerätes abgefragt. In Zeile 24 ist anzugeben, ob ein Nachweis über die Umsetzung der Hybridisierung vorliegt und ob dieser beim Finanzamt eingereicht wird.

8.5 Abzug als außergewöhnliche Belastungen

Nach § 35 c Abs. 3 Satz 1 EStG darf eine Steuerermäßigung nach 25–
§ 35 c EStG nicht gewährt werden, wenn die Aufwendungen für die energetischen Maßnahmen als außergewöhnliche Belastungen berücksichtigt worden sind. Sofern sich die Aufwendungen wegen der Berücksichtigung der zumutbaren Belastung nicht als außergewöhnliche Belastungen ausgewirkt haben, kann für diese Aufwendungen die Steuerermäßigung nach § 35 c EStG gewährt werden. In diesem Fall dürfen die Aufwendungen nicht in der Anlage »Außergewöhnliche Belastungen« eingetragen werden, sondern sind in den Zeilen 11 bis 20 und 22 der Anlage »Energetische Maßnahmen« einzutragen. Zusätzlich sind in Zeile 25 die Aufwendungen, die in den Zeilen 21 (Summe der Zeilen 11 bis 20) und in Zeile 26 die Aufwendungen, die in Zeile 22 enthalten sind, einzutragen, die als außergewöhnliche Belastungen berücksichtigt werden sollen. Die Finanzverwaltung wird den als Steuerermäßigung nach § 35 c EStG berücksichtigungsfähigen Betrag von Amts wegen ermitteln.

8.6 Energetische Maßnahmen aus den Vorjahren

Bei Gewährung einer Steuerermäßigung für energetische Maßnahmen in den Jahren 2023 und 2024 ist auch für den VZ 2025 eine 27
Anlage Energetische Maßnahmen einzureichen. Für die Berechnung des Abzugsbetrags 2025 sind in den Zeilen 27 bis 28 die für das Objekt lt. Zeilen 4 bis 8 anerkannten Aufwendungen erforderlich. Die anerkannten Aufwendungen können den Erläuterungen der Einkommensteuerbescheide für die Jahre 2023 und 2024 entnommen werden.

8.7 Angaben zu Miteigentumsanteilen

Steht das begünstigte Objekt im Eigentum mehrerer Personen, ist 29
grds. für die Inanspruchnahme der Steuerermäßigung für energetische Maßnahmen eine Erklärung zur einheitlichen und gesonderten Feststellung abzugeben. Auf die Abgabe kann bei Fällen von geringer Bedeutung verzichtet werden, wenn die Aufwendungen für die Steuerermäßigung einfach zu ermitteln sind und die Aufteilung auf die Miteigentümer feststeht. Hierzu ist in Zeile 29 der eigene Miteigentumsanteil in Prozent einzutragen.

In den folgenden Zeilen 30 bis 37 sind die Angaben zu den weiteren Miteigentümern zu machen.

8.8 Steuerermäßigung bei gesonderter und einheitlicher Feststellung

Steht das Miteigentum am begünstigten Objekt mehreren Personen 3
zu, kann die steuerliche Förderung für das Objekt nach § 35 c Abs. 6 EStG insgesamt nur ein Mal in Anspruch genommen werden. Die

Aufwendungen sind den Miteigentümern nach dem Verhältnis ihrer Miteigentumsanteile zuzurechnen. Dies gilt unabhängig davon, welcher Miteigentümer die Kosten für die energetischen Maßnahmen getragen hat. Bei Ehegatten oder Lebenspartnern, die zusammen veranlagt werden, ist eine Aufteilung der Aufwendungen nach dem Verhältnis ihrer Miteigentumsanteile nicht erforderlich.

Die Zeilen 38 bis 45 sind bei Einzelveranlagung oder im Falle einer Zusammenveranlagung vom Ehemann bzw. Person A auszufüllen. In Zeile 38 ist die Bezeichnung der Gemeinschaft/Gesellschaft einzutragen, in Zeile 39 das Feststellungsfinanzamt und in Zeile 40 die Steuernummer der Gemeinschaft/Gesellschaft sowie das Aktenzeichen lt. Grundsteuermessbescheid (vgl. Tz 8.2). Dies gilt entsprechend für die Zeilen 46 bis 53, wenn die Ehefrau oder Person B an einer Gemeinschaft/Gesellschaft beteiligt ist.

Wird das begünstigte Objekt nicht von allen Miteigentümern selbst genutzt, sind für die steuerliche Förderung nur diejenigen Aufwendungen zu berücksichtigen, die auf den/die selbst nutzenden Miteigentümer nach dem Verhältnis seines/ihres Miteigentumsanteils entfallen.

Besteht ein im Miteigentum mehrerer Personen befindliches Gebäude aus mehreren, rechtlich nicht nach dem Wohnungseigentumsgesetz getrennten Wohnungen und bewohnt ein Miteigentümer eine Wohnung allein, kann er die Steuerermäßigung nach § 35c EStG in Anspruch nehmen, soweit der Wert des Miteigentumsanteils den Wert der zu eigenen Wohnzwecken genutzten Wohnung nicht übersteigt. In Zeile 41 und 49 ist der Anteil an der Steuerermäßigung einzutragen. Falls der Miteigentumsanteil nach den vorgenannten Grundsätzen dem Wert der selbst genutzten Wohnung entspricht, ist in den Zeilen 41 und 49 der Anteil mit 100,00 % einzutragen. Der Wert einer Wohnung entspricht in der Regel dem Wert des Miteigentumsanteils, wenn der Nutzflächenanteil der Wohnung am Gesamtgebäude dem Miteigentumsanteil entspricht. Weicht der Anteil der Nutzfläche vom Miteigentumsanteil ab, spricht eine widerlegbare Vermutung dafür, dass der Wert der Wohnung dem Miteigentumsanteil entspricht, wenn keine Ausgleichszahlung vereinbart ist (BMF-Schreiben vom 21.8.2025, BStBl I S. 1609, Rz 35).

In den Zeilen 42 und 43 sind die gesondert und einheitlich festgestellten Aufwendungen für das Jahr 2025 einzutragen. Hierbei wird zwischen den Aufwendungen für energetische Maßnahmen und den Aufwendungen für den Energieberater unterschieden, weil die Aufwendungen für den Energieberater nur in Höhe von 50 % begünstigt sind (vgl. Tz 8.3). In den Zeilen 44 und 45 werden die gesondert und einheitlich festgestellten Aufwendungen für energetische Maßnahmen der beiden Vorjahre 2024 und 2023 abgefragt, um ggf. die Begrenzung auf den gesetzlichen Höchstbetrag vornehmen zu können. Diese können den Feststellungsbescheiden der Jahre 2024 und 2023 entnommen werden.

Dies gilt entsprechend auch für die Angaben der Ehefrau/Person B, die in den Zeilen 46 bis 53 einzutragen sind.

9. Anlage Kind 2025 – Angaben zu Kindern

9.1 Vorbemerkungen

Die »**Anlage Kind**« dient insbesondere für Angaben zur Berücksichtigung von Kindern im Rahmen des sog. **Familienleistungsausgleichs** (Freibeträge für Kinder oder Kindergeld). Die Abfragen auf Seite 1 der Anlage Kind stimmen weitestgehend mit dem Kindergeldantrag überein. Die Verwendung einheitlicher Formulare soll den Steuerpflichtigen das Ausfüllen des Kindergeldantrags bzw. der Anlage Kind erleichtern.

Neben den **allgemeinen Angaben** zum Kind (Zeilen 4 bis 9) und zum **Kindschaftsverhältnis** zu den Eltern oder anderen Personen (Zeilen 10 bis 15) enthält der Vordruck ausführliche Abfragen zu den **Berücksichtigungstatbeständen** eines **volljährigen Kindes** (Zeilen 16 bis 21) und zur **Erwerbstätigkeit** eines volljährigen Kindes, wenn das Kind bereits eine erstmalige Berufsausbildung oder ein Erststudium abgeschlossen hat (Zeilen 22 bis 25). Die verschiedenen Berücksichtigungszeiträume eines volljährigen Kindes können aus Vereinfachungsgründen in der Zeile 16 und/oder 18 zusammengefasst werden. Die Verkennzifferung der Zeitraumangaben in den Zeilen 16 bis 21 sowie der Abfrage zum Abschluss einer erstmaligen Berufsausbildung oder eines Erststudiums in Zeile 22 (Seite 2 der Anlage Kind) ermöglicht zudem eine automatisierte Verarbeitung der Erklärungsangaben auch für volljährige Kinder.

Auf Seite 2 der Anlage Kind (neue Zeile 26) wurde ab 2025 eine Abfrage zur **Kinderzulage** bei sog. **Riester-Verträgen** eingefügt. Ein Eintrag ist jedoch nur dann erforderlich, sofern mit der **Anlage AV** ein zusätzlicher **Sonderausgabenabzug** für Altersvorsorgebeiträge aus einem solchen Vertrag beantragt wird (vgl. Tz 9.8). In den nachfolgenden Eintragungszeilen (Zeilen 27 bis 38) können **Eltern** die Beiträge zu in- und ausländischen **Kranken-** und **Pflegeversicherungen** geltend machen, die diese im Rahmen ihrer Unterhaltsverpflichtung für ihr Kind übernommen haben. Diese Beiträge können bei den Eltern auch dann als Vorsorgeaufwendungen i.S. von § 10 Abs. 1 Nr. 3 EStG berücksichtigt werden, wenn sie das Kind als Versicherungsnehmer selbst schuldet (vgl. Tz 9.9.1). Vorliegenden **eDaten** des Kindes werden automatisch in die Einkommensteuerveranlagung der Eltern übernommen (vgl. Tz 9.9.2).

Auf den Seiten 3 und 4 des Vordrucks können Angaben zur **Übertragung** der **Freibeträge** für **Kinder** (Zeilen 39 bis 44), zum **Entlastungsbetrag** für **Alleinerziehende** (Zeilen 45 bis 51), zum **Freibetrag** zur **Abgeltung** eines **Sonderbedarfs** bei **Berufsausbildung** eines volljährigen Kindes (Zeilen 52 bis 55), zum **Schulgeld** für den Besuch einer Privatschule oder Schule in freier Trägerschaft (Zeilen 56 bis 58), zur **Übertragung** des **Behinderten-** und/oder **Hinterbliebenen-Pauschbetrags** für ein Kind (Zeilen 59 bis 63), zur **Übertragung** der **behinderungsbedingten Fahrtkostenpauschale** für ein Kind (Zeilen 64 bis 66) und zur Berücksichtigung von **Kinderbetreuungskosten** (Zeilen 67 bis 73) gemacht werden. Die Gewährung der vorstehenden Steuervergünstigungen ist davon abhängig, dass der Steuerpflichtige für ein Kind Anspruch auf einen Freibetrag für Kinder nach § 32 Abs. 6 EStG oder Kindergeld hat.

Neben den in der Anlage Kind enthaltenen Vergünstigungen ist auch die Höhe der **zumutbaren Belastung** nach § 33 Abs. 3 EStG davon abhängig, ob bei dem Steuerpflichtigen ein Kind steuerlich zu berücksichtigen ist (vgl. Tz 5.5.5). Zudem wird die Höhe des **Solidaritätszuschlags** und der **KiSt** durch die Kinderzahl beeinflusst (vgl. Tz 9.2.3.3).

3 Für **jedes** zu berücksichtigende Kind ist eine **eigene** »**Anlage Kind**« auszufüllen. Rechts oben in Zeile 3 ist – neben der Steuernummer – die laufende Nr. der jeweiligen Anlage Kind einzutragen.

9.2 Familienleistungsausgleich

9.2.1 Staatliche Leistungen für Kinder

vor 4 Der **Familienleistungsausgleich** wird auch im Jahr 2025 für die zu berücksichtigenden Kinder entweder durch die Zahlung von **Kindergeld** oder durch die steuerliche Berücksichtigung von **Freibeträgen für Kinder** bewirkt (§ 31 EStG). Neben dem **Kinderfreibetrag** für das sächliche Existenzminimum eines Kindes wird unter denselben Voraussetzungen ein weiterer Freibetrag abgezogen, der den **Betreuungs-** und **Erziehungs-** oder **Ausbildungsbedarf** des Kindes abdecken soll (§ 32 Abs. 6 Satz 1 EStG).

Ob die Inanspruchnahme von Kindergeld (§§ 62 bis 78 EStG) oder die Berücksichtigung der Freibeträge für Kinder im Einzelfall für den Steuerpflichtigen günstiger ist, wird erst im Rahmen der Einkommensteuerveranlagung nach Ablauf des Kj. durch das Finanzamt von Amts wegen geprüft (sog. **Günstigerprüfung**); vgl. Tz 9.2.4.1.

Während des Kj. wird ausschließlich **Kindergeld** als Steuervergütung gewährt. Damit wirken sich Kinderfreibeträge nicht auf die Berechnung der vom Arbeitslohn einzubehaltenden LSt aus. Sie wirken sich aber beim Steuerabzug vom Arbeitslohn mit den vollen Jahresfreibeträgen mindernd auf die Höhe der sog. **Annexsteuern** (Solidaritätszuschlag und KiSt) aus (§ 51 a Abs. 2a EStG).

Kinder, für die **keine** Freibeträge für Kinder gewährt werden können (z.B. wegen Überschreitens der **Altersgrenze**, vgl. Tz 9.7.2), sind nicht in der Anlage Kind einzutragen. Unterhaltsaufwendungen an diese Kinder können ggf. als außergewöhnliche Belastungen in der Anlage Unterhalt geltend gemacht werden (vgl. Tz 6.2 unter Erläuterungen zur **Anlage Unterhalt**).

9.2.2 Kindergeld

Das **Kindergeld** beträgt seit Januar 2025 einheitlich für alle Kinder monatlich **255 €** je Kind (§ 66 Abs. 1 EStG i. d. F. des Steuerfortentwicklungsgesetzes vom 23.12.2024, BGBl I Nr. 449). Zur Angabe des **Kindergeldanspruchs** in der Anlage Kind (Zeile 6) vgl. Tz 9.3.2.

> **Rechtsänderungen ab 2026:**
> Ab dem Kj. 2026 wird das **Kindergeld** regelmäßig entsprechend der prozentualen Entwicklung der **Freibeträge** für **Kinder** (vgl. Tz 9.2.3.1) angepasst. Hierdurch erhöht sich das Kindergeld mit Wirkung ab dem 1.1.2026 um weitere **4 €** auf monatlich **259 €** je Kind (Art. 2 Nr. 4 des v. g. Steuerfortentwicklungsgesetzes).

Der Kindergeldanspruch setzt voraus, dass das Kind entweder im Inland oder in einem EU- oder EWR-Mitgliedstaat seinen **Wohnsitz** oder **gewöhnlichen Aufenthalt** hat (BFH-Beschluss vom 18.2.2021, BStBl 2022 II S. 215). Zur Beibehaltung des inländischen Wohnsitzes, wenn sich ein Kind wegen einer Berufsausbildung oder eines Studiums nur vorübergehend im Ausland aufhält, vgl. Tz 9.3.3 a. E.

Kindergeldberechtigten, die unbeschränkt einkommensteuerpflichtig sind, wird das **Kindergeld** im Laufe des Kj. als monatliche Steuervergütung gezahlt. Das Kindergeld wird für alle Arbeitnehmer außerhalb des öffentlichen Dienstes nicht vom Arbeitgeber, sondern von der **Familienkasse** der **Bundesagentur für Arbeit** festgesetzt und ausgezahlt (§ 70 EStG). Selbständig Tätige und andere Berechtigte erhalten das Kindergeld ebenfalls von der Familienkasse. Bei Arbeitnehmern des **öffentlichen Dienstes** wird das Kindergeld noch teilweise von den Besoldungsstellen der Körperschaften, Anstalten oder Stiftungen des öffentlichen Rechts ausgezahlt. Diese sind insoweit Familienkassen (§ 72 Abs. 1 EStG). Zur Überprüfung der Rechtmäßigkeit des Bezugs von Kindergeld übermittelt das BZSt den Familienkassen bestimmte Meldedaten (z.B. bei Verzug des Kindes ins Ausland oder Abmeldung des Kindes von Amtswegen).

Einzelheiten zur Zahlung von Kindergeld sind in der **Dienstanweisung** des BZSt zum **Kindergeld** nach dem Einkommensteuergesetz – DA-KG 2025 – (BStBl 2025 I S. 1018) geregelt. Darüber hinaus enthält das vom BZSt herausgegebene **Kindergeldmerkblatt** ausführliche Informationen zum Antrag auf Kindergeld; dieses Merkblatt kann im Internet unter www.bzst.bund.de oder www.familienkasse.de abgerufen werden.

9.2.3 Freibeträge für Kinder

9.2.3.1 Höhe der Freibeträge

Bei der Veranlagung zur ESt für den VZ 2025 wird für jedes zu berücksichtigende Kind des Steuerpflichtigen ein **Kinderfreibetrag** i.H. von **3 336 €** für das **sächliche Existenzminimum** des Kindes abgezogen (§ 32 Abs. 6 Satz 1 EStG i.d.F. des Steuerfortentwicklungsgesetzes vom 23.12.2024, BGBl I Nr. 449). Für Ehegatten/Lebenspartner, die zusammen veranlagt werden, **verdoppelt** sich der Kinderfreibetrag von 3 336 € auf **6 672 €**, wenn das Kind zu beiden Ehegatten/Lebenspartnern in einem Kindschaftsverhältnis steht (§ 32 Abs. 6 Satz 2 EStG). Bei Lebenspartnern nach dem LPartG besteht zu beiden Lebenspartnern ein Kindschaftsverhältnis, wenn ein Lebenspartner das leibliche Kind seines Lebenspartners adoptiert hat (BMF-Schreiben vom 17.1.2014, BStBl I S. 109).

> **Rechtsänderungen ab 2026:**
> Ab dem VZ 2026 steigt der **Kinderfreibetrag** für das sächliche Existenzminimum auf **3 414 €**, für zusammen veranlagte Eltern auf **6 828 €** (Art. 2 Nr. 1 des v. g. Steuerfortentwicklungsgesetzes).

Für den **Betreuungs-** und **Erziehungs-** oder **Ausbildungsbedarf** des Kindes wird bei jedem Elternteil **zusätzlich** ein **Freibetrag** von jährlich **1 464 €** (bei zusammen veranlagten Eltern: **2 928 €**) berücksichtigt (§ 32 Abs. 6 Satz 1 EStG). Die **Freibeträge** für **Kinder** zusammen belaufen sich im VZ 2025 somit bei jedem Elternteil auf jährlich **4 800 €** (3 336 € + 1 464 €), bei zusammen veranlagten Eltern auf **9 600 €** (6 672 € + 2 928 €) je Kind. Zur Höhe der Freibeträge für Kinder in Ausnahmefällen vom Halbteilungsgrundsatz vgl. Tz 9.5.2.

Um die Prüfung durch das Finanzamt, ob das Kindergeld **oder** die Freibeträge für Kinder günstiger sind, zu erleichtern, sind die Voraussetzungen, unter denen ein Kind steuerlich zu berücksichtigen ist (§ 32 EStG), an die Voraussetzungen für die Gewährung von Kindergeld angeglichen. Für ein im **Ausland** lebendes Kind können die v. g. Freibeträge nur abgezogen werden, soweit sie nach den Verhältnissen seines Wohnsitzstaates notwendig und angemessen sind; die Freibeträge für Kinder werden nach der sog. **Ländergruppeneinteilung** gekürzt (vgl. Tz 9.3.3).

Die Finanzverwaltung führt aufgrund anhängiger Verfassungsbeschwerden Einkommensteuerfestsetzungen, einschließlich damit verbundenen Festsetzungen des Solidaritätszuschlags und der KiSt für VZ ab 2001 wegen der Höhe der kindbezogenen Freibeträge nach § 32 Abs. 6 Satz 1 und 2 EStG weiterhin **vorläufig** durch (BMF-Schreiben vom 26.5.2025, BStBl I S. 1178). Eine gesonderte Einlegung eines Einspruchs gegen den Steuerbescheid ist daher insoweit nicht erforderlich. Aktuell lehnt der BFH eine neue Vorlage an das BVerfG ab, da er für den streitigen VZ 2014 nicht von der Verfassungswidrigkeit der gewährten kindbedingten Freibeträge ausgeht (BFH-Urteil vom 23.1.2025, BStBl II S. 516).

9.2.3.2 Maßgebendes Monatsprinzip

Bei der Prüfung, ob die Voraussetzungen für die Inanspruchnahme der Freibeträge für Kinder vorliegen, ist auf den Kalendermonat abzustellen. Die Freibeträge für Kinder werden für jeden **Monat** mit 1/12 der Jahresbeträge gewährt, in dem die Anspruchsvoraussetzungen für die Berücksichtigung eines Kindes an wenigstens **einem Tag** vorgelegen haben.

Das **Monatsprinzip** hat vor allem Bedeutung,

- wenn ein Kind **geboren** wird. Die genannten Freibeträge werden ab dem Monat der Geburt gewährt. Dabei werden angefangene Monate zugunsten des Steuerpflichtigen berücksichtigt. Für ein Kind, das z.B. am 31.3.2025 geboren wurde, beträgt der Kinderfreibetrag in 2025 somit 2 780 € (3 336 € × 10/12) und der Freibetrag für den Betreuungs- und Erziehungs- oder Ausbildungsbedarf 1 220 € (1 464 € × 10/12), zusammen 4 000 €. Entsprechendes gilt, wenn auf andere Weise ein Kindschaftsverhältnis im Laufe des Kj. begründet wird, z.B. bei Adoptiv- und Pflegekindern,
- wenn das Kind das **18. Lebensjahr vollendet**. Ab dem Folgemonat werden keine Freibeträge für Kinder mehr gewährt, falls nicht aus anderen Gründen eine Berücksichtigung in Betracht kommt, etwa weil das volljährige Kind in Berufsausbildung steht,
- bei Kindern über 18 Jahren, wenn die **Berufsausbildung** im Laufe des Kj. **begonnen** bzw. **abgeschlossen** wird. Im letztgenannten Fall entfallen regelmäßig ab dem folgenden Monat die Freibeträge für Kinder. Entsprechendes gilt bei Unterbrechungen der Berufsausbildung von mehr als vier vollen Monaten.

9.2.3.3 Annexsteuern

Bei den sog. **Annexsteuern** (Solidaritätszuschlag, KiSt) werden die Freibeträge für Kinder stets mit den **vollen Jahresbeträgen** berücksichtigt. Bemessungsgrundlage für die Annexsteuern ist die ESt, die abweichend von § 2 Abs. 6 EStG unter Berücksichtigung der Freibeträge für Kinder nach § 32 Abs. 6 EStG festzusetzen wäre (§ 51 a Abs. 2 Satz 1 EStG). Für den Ansatz der Jahresfreibeträge reicht es hiernach aus, wenn die Voraussetzungen für die Berücksichtigung eines Kindes an **einem Kalendertag** im Jahr vorgelegen haben.

9.2.4 Günstigerprüfung

9.2.4.1 Prüfung der Steuerfreistellung

Die vom Finanzamt vorzunehmende Prüfung, ob der **Anspruch** auf **Kindergeld** oder der Abzug der **Freibeträge** für **Kinder** im Einzelfall für den Steuerpflichtigen **günstiger** ist, wird im Rahmen der Veranlagung zur ESt **für jeden Elternteil** programmgesteuert durchgeführt. Ergibt sich dabei, dass der Anspruch auf Kindergeld für das einzelne Kind niedriger ist als die Steuerentlastung, die sich beim Ansatz der Freibeträge für Kinder ergeben würde, so werden bei der Einkommensteuerveranlagung die Freibeträge für Kinder vom Einkommen abgezogen und der für das Kj. bestehende Anspruch auf Kindergeld nach § 2 Abs. 6 Satz 3, § 31 Satz 4 EStG bei der Ermittlung der festzusetzenden ESt der tariflichen ESt **hinzugerechnet**, weil ansonsten eine doppelte Begünstigung eintreten würde. Fällt die Prüfung beim jeweiligen Elternteil zugunsten des Kindergeldes aus, wird keine weitere Steuerentlastung durch die Freibeträge für Kinder gewährt.

Für die **Hinzurechnung** nach § 31 Satz 4 EStG ist entscheidend, ob ein **Anspruch** auf **Kindergeld** besteht. Der Kindergeldanspruch ist grds. unabhängig davon, ob das Kindergeld tatsächlich gezahlt worden ist, hinzuzurechnen, wenn die Berücksichtigung von Freibeträgen nach § 32 Abs. 6 EStG rechnerisch günstiger ist als der Kindergeldanspruch (BFH-Urteil vom 13.9.2012, BStBl 2013 II S. 228). Bei der Prüfung der Steuerfreistellung und der Hinzurechnung nach § 31 Satz 4 EStG bleibt aber der Anspruch auf Kindergeld für die Kalendermonate unberücksichtigt, in denen durch Bescheid der Familienkasse ein Anspruch auf Kindergeld zwar festgesetzt, aber rückwirkend aufgrund der gesetzlichen **Auszahlungsbeschränkung** nur für die letzten **sechs Monate** vor dem Monat der Antragstellung ausgezahlt wurde (§ 70 Abs. 1 Satz 2 EStG). Vom Finanzamt wird in diesen Fällen nur das tatsächlich ausgezahlte Kindergeld in die Günstigerprüfung einbezogen (§ 31 Satz 5 EStG). Zu den Eintragungen in der Anlage Kind vgl. Tz 9.3.2. Die Auszahlungsbeschränkung ist sowohl verfassungsgemäß als auch unionsrechtskonform (BFH-Beschluss vom 22.9.2022, BStBl 2023 II S. 249; BFH-Urteil vom 8.8.2024, BStBl 2025 II S. 156).

Der Abzug der Freibeträge für Kinder im Rahmen der Einkommensteuerveranlagung ist für den Steuerpflichtigen dann **günstiger**, wenn die **Einkommensteuerersparnis** hierdurch im Einzelfall höher ausfällt als der Anspruch auf Kindergeld oder vergleichbare Leistungen. Dies hängt insbesondere von der Höhe der Steuerbelastung und damit vom zu versteuernden Einkommen ab. Bei Steuerpflichtigen mit niedrigem zu versteuerndem Einkommen wird es häufig beim Kindergeld verbleiben und zu keiner zusätzlichen Entlastung durch die steuerlichen Freibeträge für Kinder kommen. Erst ab einer **Grenzsteuerbelastung** von **31,87 %** wirken sich im VZ 2025 bei zusammen veranlagten Eltern mit einem Kind die Freibeträge für Kinder steuerlich aus. Der Steuervorteil aus den Freibeträgen für Kinder (zusammen 9 600 €) ist erst ab diesem Grenzsteuersatz höher als der jährliche Kindergeldanspruch von 3 060 € (31,87 % von 9 600 € = 3 059,52 €).

Führt die Vergleichsrechnung zu dem Ergebnis, dass die Freibetragsgewährung für den Steuerpflichtigen günstiger ist, ist die Hinzurechnung des Kindergeldanspruchs erst **nach** Anwendung der **Steuerermäßigungsvorschriften** (z. B. nach § 34c Abs. 1, § 34g und 35a EStG) durchzuführen. Das hat zur Folge, dass sich aus dem hinzugerechneten Kindergeldanspruch bei Anwendung der Steuerermäßigungsvorschriften kein zusätzliches Verrechnungspotenzial ergibt (BFH-Urteil vom 14.4.2021, BStBl 2021 II S. 848). Es kann daher dazu kommen, dass eine Steuerermäßigung nicht in maximalem Umfang gewährt werden kann, weil sie durch die (korrigierte) tarifliche Einkommensteuer begrenzt wird. Gleichwohl kann dann durch das im letzten Schritt hinzuzurechnende Kindergeld aber eine positiv festzusetzende Einkommensteuer i. H. des Kindergeldanspruchs entstehen. Diese Konsequenz entspricht dem Sinn und Zweck der Günstigerrechnung nach § 31 Satz 4 EStG. Stellt sich danach die Freibetragslösung als günstiger dar, ist das Kindergeld vollständig zurückzugewähren, da anderenfalls eine doppelte Entlastung des kindbedingten Existenzminimums erfolgen würde, nämlich einmal durch die Freibeträge für Kinder und ein weiteres Mal durch das Kindergeld. Zudem besteht kein sachlicher Grund, weshalb die Entlastungswirkung etwa der Steuerermäßigungen für Parteispenden oder haushaltsnahe Dienstleistungen bei Steuerpflichtigen mit höheren Grenzsteuersätzen davon abhängig gemacht werden sollte, ob diese Kinder haben.

Die Prüfung, ob die sich bei Abzug der Freibeträge für Kinder ergebende Steuerersparnis den Kindergeldanspruch übersteigt, bezieht sich immer auf das **einzelne Kind** und richtet sich danach, ob das Einkommen um volle oder halbe Freibeträge für Kinder zu vermindern wäre. Dies gilt auch dann, wenn eine Zusammenfassung der Freibeträge für zwei und mehr Kinder wegen der Besteuerung außerordentlicher Einkünfte nach der sog. Fünftelregelung günstiger wäre (BFH-Urteil vom 28.4.2010, BStBl 2011 II S. 259). Der Günstigerprüfung ist stets das zu versteuernde Einkommen (Jahresbetrag) zugrunde zu legen.

9.2.4.2 Zivilrechtlicher Ausgleich

Im Rahmen der Günstigerprüfung wird bei nicht zusammen veranlagten Eltern der **Anspruch** auf **Kindergeld** grds. den beiden Elternteilen jeweils zur Hälfte zugerechnet (§ 31 Satz 4 EStG). Einen Anspruch auf Kindergeld oder vergleichbare Leistungen hat auch derjenige Elternteil, dem das Kindergeld nicht unmittelbar ausgezahlt, sondern bei der Bemessung seiner Unterhaltsverpflichtung angerechnet wird (§ 1612b BGB). Bei einem barunterhaltspflichtigen Elternteil gilt dies unabhängig davon, ob der **zivilrechtliche Ausgleich** tatsächlich in Anspruch genommen wird (vgl. R 31 Abs. 3 Satz 2 EStR). Demzufolge wird der das Kind betreuende Elternteil so behandelt, als würde er nur das entsprechend verminderte Kindergeld erhalten.

BEISPIEL:

Das 17 Jahre alte Kind geschiedener Eltern wohnt im Haushalt der Mutter. Der Vater erfüllt im Kj. 2025 seine Unterhaltsverpflichtung. Das Kindergeld i. H. von 255 € monatlich wird im Kj. 2025 nur an die Mutter ausgezahlt.

Obwohl die Mutter im Kj. 2025 das volle Kindergeld (12 × 255 € = 3 060 € jährlich) erhält, wird bei ihr im Rahmen der Günstigerprüfung nur der halbe Kindergeldanspruch i. H. von 1 530 € hinzugerechnet. Beim Vater wird die andere Hälfte des Kindergeldanspruchs (ebenfalls 1 530 €) angesetzt.

Verzichtet der zum Barunterhalt verpflichtete Elternteil durch gerichtlichen oder außergerichtlichen Vergleich auf die Anrechnung des hälftigen Kindergeldes auf den Kindesunterhalt, ist sein zivilrechtlicher Ausgleichsanspruch gleichwohl in die Prüfung der Steuerfreistellung des § 31 EStG einzubeziehen (BFH-Urteil vom 16.3.2004, BStBl 2005 II S. 332). Sieht das Zivilrecht eines anderen Staates nicht vor, dass das Kindergeld die Unterhaltszahlung an das Kind mindert, ist der für das Kind bestehende Kindergeldanspruch dennoch bei der Prüfung der Steuerfreistellung nach § 31 EStG anzusetzen (BFH-Urteile vom 13.8.2002, BStBl II S. 867 und vom 28.6.2012, BStBl 2013 II S. 655).

9.2.4.3 Kindergeldanspruch für Ausländer

Anspruch auf Kindergeld haben auch Steuerpflichtige **ohne** Wohnsitz oder gewöhnlichen Aufenthalt im Inland, wenn sie nach § 1 Abs. 2 EStG unbeschränkt stpfl. sind oder auf Antrag nach § 1 Abs. 3 EStG als unbeschränkt einkommensteuerpflichtig behandelt werden (§ 62 Abs. 1 Nr. 2 EStG). Werden Elternteile nach § 1 Abs. 3 EStG als unbeschränkt einkommensteuerpflichtig behandelt, kann sich ein Rechtsanspruch auf das inländische Kindergeld aufgrund der nach EU-Recht anzuwendenden Familienbetrachtung auch für den im anderen EU-Mitgliedstaat zusammen mit dem Kind wohnenden Elternteil ergeben (BFH-Urteil vom 2.2.2022, III R 7/20, BFH/NV 2022 S. 739). Die Kindergeldberechtigung bei unbeschränkter Einkommensteuerpflicht nach § 1 Abs. 3 EStG besteht allerdings nur für die Monate, in denen der Steuerpflichtige inländische Einkünfte i. S. des § 49 EStG erzielt hat (BFH-Urteil vom 14.3.2018, BStBl II S. 482). Dies steht nach Ansicht des BFH im Einklang mit Unionsrecht. Im v. g. Urteil stellt der BFH bei einem zeitweise im Inland selbständig Tätigen auf die inländische Tätigkeit und nicht auf den Zufluss des Entgelts ab. Eine Behandlung nach § 1 Abs. 3 EStG liegt im Übrigen nur dann vor, wenn sich dies aus dem Steuerbescheid des Finanzamts oder dem objektiven Erklärungsinhalt der Steuererklärung entnehmen lässt (BFH-Urteil vom 18.7.2013, BStBl 2014 II S. 843).

Ob ein **nichtfreizügigkeitsberechtigter Ausländer** einen Kindergeldanspruch hat oder nicht, richtet sich nach § 62 Abs. 2 EStG. Er erhält danach Kindergeld nur dann, wenn er einen in dieser Vorschrift genannten **Aufenthaltstitel** nach dem Aufenthaltsgesetz (AufenthG) besitzt, der zur Ausübung einer Erwerbstätigkeit in Deutschland berechtigt. Zum Kindergeldbezug berechtigte Aufenthaltstitel sind insbesondere die Niederlassungserlaubnis nach den § 9 und § 18c AufenthG, die Erlaubnis zum Daueraufenthalt-EU nach § 9a AufenthG oder die Beschäftigungsduldung nach den § 60d, § 60a Abs. 2 Satz 3 AufenthG. Ausländer, die eine Blaue Karte EU, eine ICT-Karte (ICT = intra-corporate transfer) oder eine Mobiler-ICT-Karte besitzen, die für einen Zeitraum von mindestens sechs Monaten zur Ausübung einer Erwerbstätigkeit in Deutschland berechtigen, haben ebenfalls Anspruch auf Kindergeld. **Keinen** Kindergeldanspruch haben trotz Berechtigung zur Erwerbstätigkeit insbesondere Personen, die eine Aufenthaltserlaubnis zu Ausbildungszwecken nach § 16e AufenthG oder einen Aufenthaltstitel zum Zweck der Beschäftigung als Au-Pair oder der Saisonbeschäftigung nach § 19c Abs. 1 AufenthG besitzen. Hiernach hängt der Kindergeldanspruch nicht freizügigkeitsberechtigter Ausländer, die im Besitz bestimmter Aufenthaltstitel sind, grds. von der Integration in den deutschen Arbeitsmarkt ab; dies begegnet keinen verfassungsrechtlichen Bedenken (BFH-Urteil vom 28.4.2010, BStBl II S. 980). Ein rückwirkend erteilter Aufenthaltstitel entfaltet kindergeldrechtlich allerdings keine Rückwirkung (BFH-Urteil vom 5.2.2015, BStBl II S. 840).

Das Erfordernis des Besitzes eines Aufenthaltstitels für die Gewährung von Kindergeld gilt nicht für **Staatsangehörige** der **EU-/EWR-Staaten** und ihre Familienangehörigen, deren Rechtsstellung von dem Gesetz über die allgemeine Freizügigkeit von Unionsbürgern geregelt ist (§ 1 Abs. 2 Nr. 1 AufenthG i. V. mit § 2 Abs. 2 und 3 Freizügigkeitsgesetz/EU). Das Gleiche gilt für in Deutschland arbeitende Arbeitnehmer aus der **Schweiz** und aus Staaten, mit denen ein zwischenstaatliches Abkommen besteht (vgl. Tz 9.2.4.4).

Für neu nach Deutschland zugezogene Staatsangehörige der EU-/EWR-Staaten, die nicht erwerbstätig sind, besteht in den ersten **drei Monaten** grds. kein Kindergeldanspruch. Dies gilt nicht, wenn inländische Einkünfte aus Land- und Forstwirtschaft, aus Gewerbebetrieb, aus selbständiger Arbeit oder aus nichtselbständiger Arbeit erzielt werden (§ 62 Abs. 1a Satz 1 und 2 EStG). Nach Ablauf der ersten drei Monate wird der Anspruch auf Kindergeld mit der Freizügigkeitsberechtigung der Betreffenden verknüpft (§ 62 Abs. 1a Satz 3 EStG). Sofern der Aufenthalt allein der Arbeitsuche dient, soll noch kein Kindergeldanspruch bestehen. Ob die Voraussetzungen für eine ausreichende Freizügigkeitsberechtigung vorliegen, prüft die Familienkasse in eigener Zuständigkeit und informiert ggf. die Ausländerbehörden über das Ergebnis der Prüfung.

Der EuGH hält die v. g. **Sperrfrist** von **drei Monaten** für nicht erwerbstätige EU-Ausländer beim Bezug von Kindergeld allerdings

nicht mit **EU-Recht** für vereinbar (Urteil vom 1.8.2022 in der Rechtssache C-441/20, »Familienkasse Niedersachsen-Bremen«). Ein Aufnahmemitgliedstaat könne zwar gem. einer im Unionsrecht zu diesem Zweck vorgesehenen Ausnahmebestimmung einem wirtschaftlich nicht aktiven Unionsbürger in den ersten drei Monaten seines Aufenthalts eine Sozialhilfeleistung verweigern. Das Kindergeld stellt aber keine Sozialhilfeleistung i. S. dieser Ausnahmebestimmung dar. Kindergeld wird unabhängig von der persönlichen Bedürftigkeit seines Empfängers gewährt und dient nicht der Sicherstellung seines Lebensunterhalts, sondern dem Ausgleich von Familienlasten. Da hinsichtlich solcher Familienleistungen eine Ausnahme vom Grundsatz der Gleichbehandlung von Inländern und Staatsangehörigen eines anderen Mitgliedstaats nicht vorgesehen ist, steht das Unionsrecht der vom deutschen Gesetzgeber eingeführten Ungleichbehandlung entgegen. Auf die Gleichbehandlung kann sich der betreffende Unionsbürger allerdings nur berufen, wenn er während der fraglichen ersten drei Monate tatsächlich seinen Wohnsitz oder gewöhnlichen Aufenthalt in dem Aufnahmemitgliedstaat begründet hat. Ein nur vorübergehender Aufenthalt genügt insoweit nicht. Die für die Kindergeldfestsetzung zuständigen Familienkassen wenden das v. g. EuGH-Urteil an (Fußnote zu A 4.2 DA-KG 2025, BStBl 2025 I S. 1018, 1044).

Der Kindergeldanspruch eines in Deutschland wohnenden Elternteils für sein Kind, das im EU-Ausland im Haushalt des anderen Elternteils lebt, wird durch den **vorrangigen** Kindergeldanspruch des anderen Elternteils verdrängt (BFH-Urteil vom 28.4.2016, BStBl II S. 776). Der Kindergeldanspruch steht in diesem Fall dem in Deutschland lebenden Elternteil selbst dann nicht zu, wenn der im EU-Ausland lebende Elternteil keinen Antrag auf das inländische Kindergeld gestellt hat (BFH-Urteil vom 4.2.2016, BStBl II S. 612). Der Anspruch des anderen Elternteils auf die kindbezogenen Leistungen wird gleichwohl in die Günstigerprüfung nach § 31 EStG (vgl. Tz 9.2.4.1) einbezogen, wenn der in Deutschland lebende Steuerpflichtige für das Kind die Freibeträge für Kinder geltend macht. Der Höhe nach wird die Hinzurechnung der kindbezogenen Leistungen zur tariflichen ESt aber auf die Höhe des inländischen Kindergeldes beschränkt (§ 31 Satz 6 EStG).

BEISPIEL:

Der in Deutschland lebende polnische Staatsangehörige V beantragt im Kj. 2025 Kindergeld für sein in Polen lebendes Kind. Dieses lebt im Haushalt der Kindesmutter M, die von V dauernd getrennt lebt.

Grds. besteht für Personen, die den deutschen Rechtsvorschriften unterliegen, für ein im EU-/EWR-Ausland oder der Schweiz lebendes Kind nach EU-Recht ein Anspruch auf Zahlung von inländischem Kindergeld oder Differenzkindergeld (A 29 Satz 2 DA-KG 2025, BStBl 2025 I S. 1018, 1084). Da das Kind des V jedoch nicht in seinem Haushalt lebt, ist die Kindesmutter M vorrangig kindergeldberechtigt (§ 64 Abs. 2 Satz 1 EStG). Dem steht nicht entgegen, dass M in Deutschland weder einen Wohnsitz noch einen gewöhnlichen Aufenthalt hat. V kann hiernach kein Kindergeld von der Familienkasse erhalten.

Im Rahmen der Einkommensteuerveranlagung 2025 steht V der volle Kinderfreibetrag zu, da der andere Elternteil nicht unbeschränkt einkommensteuerpflichtig ist; zur Kürzung des Kinderfreibetrags nach der Ländergruppeneinteilung vgl. Tz 9.3.3. Im Rahmen der Günstigerprüfung nach § 31 EStG muss sich V im Gegenzug den vollen Anspruch auf das Kindergeld zurechnen lassen (vgl. R 31 Abs. 3 Satz 3 EStR). Es kommt hierbei nicht darauf an, wem das Kindergeld ausgezahlt wurde.

Zu weiteren Einzelheiten hinsichtlich des Kindergeldanspruchs für Ausländer siehe A 4 DA-KG 2025 (BStBl 2025 I S. 1018, 1043).

9.2.4.4 Vergleichbare Leistungen für Kinder

Nach § 65 EStG wird Kindergeld **nicht** für ein Kind gezahlt, für das eine der folgenden **vergleichbaren Leistungen** zu zahlen ist oder bei entsprechender Antragsstellung zu zahlen wäre:

- Leistungen für Kinder, die im Ausland gewährt werden und dem Kindergeld, der Kinderzulage aus der gesetzlichen Unfallversicherung oder dem Kinderzuschuss aus der gesetzlichen Rentenversicherung vergleichbar sind (siehe hierzu die Länderübersicht im BStBl 2024 I S. 1143),
- Leistungen für Kinder, die von einer zwischen- oder überstaatlichen Einrichtung gewährt werden und dem Kindergeld vergleichbar sind.

Zu den vergleichbaren Leistungen gehört auch das Kindergeld nach zwischenstaatlichen Abkommen. Derzeit bestehen solche Abkommen z. B. mit dem Königreich **Marokko**, mit der Republik **Türkei** und der **Tunesischen Republik**. Darüber hinaus gilt das mit der früheren Republik **Jugoslawien** abgeschlossene Abkommen im Verhältnis zu den Nachfolgestaaten Bosnien und Herzegowina, Montenegro und Serbien uneingeschränkt fort, nicht jedoch im Verhältnis zur Republik Kroatien, zur Republik Mazedonien und zur Republik Slowenien. Zur Höhe des inländischen Kindergelds für Kinder in den einzelnen Abkommensstaaten vgl. H 31 – Über- und zwischenstaatliche Rechtsvorschriften – EStH. Eltern türkischer Abstammung, welche die deutsche Staatsangehörigkeit erworben haben, steht für ihre in der Türkei lebenden Kinder kein Kindergeld zu; sie fallen nicht unter die o. a. zwischenstaatlichen Abkommen (BFH-Urteil vom 15.7.2010, BStBl II 2012 S. 883).

Die vergleichbaren Leistungen für Kinder werden – wie der Anspruch auf Kindergeld – in die **Günstigerprüfung** des Finanzamts einbezogen (vgl. Tz 9.2.4.1) und ggf. der tariflichen ESt hinzugerechnet (§ 31 Satz 5 EStG). Wird nach ausländischem Recht ein höheres Kindergeld als nach inländischem Recht (§ 66 EStG) gezahlt, beschränkt sich die Hinzurechnung auf die Höhe des inländischen Kindergeldes (§ 31 Satz 6 EStG; vgl. R 31. Abs. 2 Satz 2 EStR).

9.2.4.5 Günstigerprüfung in Übertragungsfällen

Wegen der Möglichkeit einer **Übertragung** des Kinderfreibetrags sowie des Freibetrags für den Betreuungs- und Erziehungs- oder Ausbildungsbedarf auf den anderen Elternteil vgl. Tz 9.10.1. Hat ein Elternteil Anspruch auf die vollen Freibeträge für Kinder, weil die andere Hälfte der Freibeträge auf ihn übertragen wurde, ist – sofern die Freibeträge für Kinder günstiger sind – der **volle Kindergeldanspruch** seiner ESt hinzuzurechnen, und zwar unabhängig davon, an wen das Kindergeld ausgezahlt wurde (BFH-Urteil vom 16.3.2004, BStBl II S. 594).

BEISPIEL 1:

Sachverhalt wie im Beispiel unter Tz 9.2.4.2. Der dem Vater zustehende halbe Kinderfreibetrag und der halbe Freibetrag für den Betreuungs- und Erziehungs- oder Ausbildungsbedarf wird auf die Mutter übertragen, weil der Vater im Kj. 2025 seine Unterhaltsverpflichtung gegenüber dem Kind **nicht** im Wesentlichen erfüllt hat.

Bei der Mutter wird der volle Kindergeldanspruch (3 060 € jährlich) hinzugerechnet, weil ihr die vollen Freibeträge für Kinder zustehen.

Wird für ein Kind lediglich der Freibetrag für den Betreuungs- und Erziehungs- oder Ausbildungsbedarf übertragen (§ 32 Abs. 6 Satz 8 EStG), bleibt die Zurechnung des Anspruchs auf das hälftige Kindergeld hiervon unberührt.

BEISPIEL 2:

Sachverhalt wie Beispiel 1. Auf die Mutter wird nur der halbe Freibetrag für den Betreuungs- und Erziehungs- oder Ausbildungsbedarf übertragen, weil das Kind im Kj. 2025 nicht in der Wohnung des Vaters gemeldet war und dieser der Übertragung nicht widersprochen hat.

Es werden sowohl bei der Mutter als auch beim Vater der hälftige Kindergeldanspruch (1 530 € jährlich) hinzugerechnet, weil beiden Eltern – unabhängig von der Übertragung des halben Freibetrags für den Betreuungs- und Erziehungs- oder Ausbildungsbedarf – weiter ein hälftiger Kinderfreibetrag zusteht.

9.3 Angaben zu Kindern

9.3.1 Allgemeine Angaben

4–9 In den **Zeilen 4** bis **9** ist ein Kind unabhängig davon anzugeben, ob es minderjährig oder volljährig ist oder ob es in den elektronischen Lohnsteuerabzugsmerkmalen bzw. auf einer Bescheinigung für den Lohnsteuerabzug bereits berücksichtigt worden ist oder nicht. Die Angaben dienen insbesondere der Prüfung, ob für jedes einzelne Kind die Freibeträge für Kinder unter Anrechnung des Anspruchs auf Kindergeld abzuziehen sind oder ob es beim Kindergeld verbleibt (sog. Günstigerprüfung, vgl. Tz 9.2.4).

In **Zeile 4** ist wegen der erforderlichen Zuordnung zu den Eltern die **IdNr.** des Kindes anzugeben. Die Angabe der IdNr. ist Voraussetzung für die Berücksichtigung der Freibeträge für Kinder (§ 32 Abs. 6 Satz 12 EStG). Mit der IdNr. des Kindes erfolgt auch die Datenübermittlung der vom Kind geleisteten Beiträge zu Kranken- und Pflegeversicherungen. Diese können von den Eltern als Sonderausgaben geltend gemacht werden, wenn diese im Rahmen ihrer Unterhaltspflicht die Beiträge für das Kind übernommen haben (vgl. Tz 9.9.1). Die Angabe der IdNr. des Kindes ist zudem Voraussetzung für die Gewährung des Entlastungsbetrags für Alleinerziehende (vgl. Tz 9.11.1). Sollte an das Kind keine inländische IdNr. vergeben worden sein, sind zur Identifizierung des Kindes andere geeignete Nachweise auf elektronischem Weg oder in Kopie einzureichen (z. B. Ausweisdokumente, ausländische Urkunden); zur Belegvorlage vgl. Vorbemerkungen Tz 14.1. Sofern die IdNr. des Kindes nicht (mehr) vorliegt, kann diese auf der Internetseite des BZSt (www.bzst.de) über das Anfrageformular zur erneuten Mitteilung der IdNr. angefordert werden.

> **ELSTER:**
> Die IdNr. eines Kindes ist in der Anlage Kind in ELSTER **nicht** mehr **verpflichtend** anzugeben. Die elektronische Übermittlung der Steuererklärung ist damit auch **ohne Angabe** der IdNr. des Kindes möglich (Quelle: www.bzst.de, Rubrik »Privatpersonen/Identifikationsnummer/IdNr. Kind für ELSTER«).

In **Zeile 7** ist die für die Kindergeldfestsetzung zuständige **Familienkasse** anzugeben, um eine direkte Kontaktaufnahme und einen schnelleren Informationsaustausch zwischen den Finanzämtern und den Familienkassen zu ermöglichen. Die zuständige Familienkasse ist aus dem Bescheid über die Kindergeldfestsetzung ersichtlich.

In **Zeile 8** ist der **Wohnsitz** des Kindes im Inland nach Tag und Monat (im Jahr 2025) einzutragen und eine von der Adresse der Eltern ggf. abweichende Adresse anzugeben. Für die Berücksichtigung von Kinderfreibeträgen und deren Höhe gilt das sog. **Monatsprinzip** (vgl. Tz 9.2.3.2.).

9.3.2 Kindergeldanspruch

6 In **Zeile 6** (rechts außen) ist der für das gesamte Kj. 2025 bestehende Anspruch auf Kindergeld oder vergleichbare Leistungen einzutragen. Dieser beträgt für jedes Kind monatlich 255 € (Jahresbetrag 3 060 €). Die Betragsangabe ist erforderlich, damit das Finanzamt die **Günstigerprüfung** zwischen den Freibeträgen für Kinder und dem Anspruch auf Kindergeld oder vergleichbare Leistungen durchführen kann (vgl. Tz 9.2.4.5).

Auf das tatsächlich gezahlte Kindergeld und den Zuflusszeitpunkt kommt es für die in Zeile 6 vorzunehmende Eintragung grds. nicht an. Wurde z. B. für das im Dezember **2025** geborene Kind das zustehende Kindergeld von 255 € erst im Januar 2026 ausgezahlt, ist gleichwohl in Zeile 6 ein Kindergeldanspruch für 2025 von 255 € einzutragen. In den Fällen, in denen Kindergeld aufgrund der **Auszahlungsbeschränkung** für sechs Monate nicht ausgezahlt wurde (vgl. Tz 9.2.4.1), ist in Zeile 6 nur der **ausgezahlte Betrag** einzutragen. In diesem Fall ist zusätzlich in **Zeile 37** des **Hauptvordrucks ESt 1 A** zur Kennzahl »500« eine »1« einzutragen (vgl. Tz 11.1) und mit der Steuererklärung elektronisch oder in Kopie der entsprechende Kindergeldbescheid oder die Bescheinigung der Familienkasse über das ausgezahlte Kindergeld vorzulegen.

Bei einem **barunterhaltspflichtigen Elternteil** ist in Zeile 6 der (hälftige) Anspruch auf Kindergeld anzugeben, den er über den zivilrechtlichen Ausgleich bei der Bemessung seiner Unterhaltsverpflichtung angerechnet bekommt. Demzufolge ist bei dem betreuenden Elternteil nicht der volle Anspruch auf Kindergeld, sondern ebenfalls davon nur die Hälfte anzugeben (vgl. Tz 9.2.4.2). Dies gilt auch dann, wenn der Freibetrag für den Betreuungs- und Erziehungs- oder Ausbildungsbedarf auf einen Elternteil übertragen wurde (vgl. Tz 9.2.4.5).

Eine Hinzurechnung des Kindergeldanspruchs ist **nicht** vorzunehmen, wenn ein Anspruch auf **Kindergeld** nicht besteht (vgl. Tz 9.2.4.2) oder erloschen ist. In diesen Fällen ist in **Zeile 6** der Kindergeldanspruch mit »**0 €**« anzugeben.

9.3.3 Auslandskinder

In den Zeilen 4 bis 9 sind auch Kinder einzutragen, die im Jahr 2025 keinen Wohnsitz oder gewöhnlichen Aufenthalt im Inland hatten, sondern ganz oder zeitweise im **Ausland** lebten. In diesen Fällen ist in den **Zeilen 8** und **9** der **Wohnsitz** des Kindes im Inland und/oder Ausland nach Tag und Monat (im Jahr 2025) einzutragen. Dies hängt damit zusammen, dass für die Berücksichtigung von Kinderfreibeträgen und deren Höhe das sog. **Monatsprinzip** gilt (vgl. Tz 9.2.3.2). In **Zeile 9** ist – neben der ggf. abweichenden Adresse – auch der **Wohnsitzstaat** des Kindes anzugeben. 8–

Für im Ausland lebende Kinder wird ein Freibetrag nach § 32 Abs. 6 Satz 4 EStG nur in der Höhe berücksichtigt, als er nach den Verhältnissen des Wohnsitzstaates des Kindes notwendig und angemessen ist. Für die Kürzung des Kinderfreibetrags und des Freibetrags für den Betreuungs- und Erziehungs- oder Ausbildungsbedarf gilt die sog. **Ländergruppeneinteilung** ab 1.1.2024, wie sie für die Berücksichtigung von Unterhaltsleistungen an gesetzlich unterhaltsberechtigte Angehörige im Ausland maßgebend ist (BMF-Schreiben vom 18.12.2023, BStBl I S. 2236). Auf die Erläuterungen zur **Anlage Unterhalt** (vgl. Tz 6.5) wird hingewiesen.

Lebt das Kind in einem Land, das nach dieser Übersicht zur **Ländergruppe 1** gehört (z. B. in Frankreich, Italien, Schweiz), wird eine Kürzung der Freibeträge für Kinder nicht vorgenommen. Dagegen werden die Freibeträge für Kinder um **ein Viertel** gekürzt, wenn das Kind in einem Land lebt, das zur **Ländergruppe 2** zählt (z. B. Griechenland, Kroatien, Polen, Portugal, Slowenien, Spanien, Tschechische Republik, Ungarn). Lebt das Kind in einem Land der **Ländergruppe 3** (z. B. Albanien, Serbien, Türkei), vermindern sich die zu berücksichtigenden Freibeträge für Kinder um **die Hälfte** und bei Ländern der **Ländergruppe 4** (z. B. Indien) um **drei Viertel**. Für im Ausland lebende Kinder sind hiernach im VZ 2025 folgende Jahresfreibeträge zu berücksichtigen:

Kinder aus Staaten der	Kinderfreibetrag	Freibetrag für den Betreuungs-, Erziehungs- oder Ausbildungsbedarf	Gesamt
Ländergruppe 1	3 336 €	1 464 €	4 800 €
Ländergruppe 2	2 502 €	1 098 €	3 600 €
Ländergruppe 3	1 668 €	732 €	2 400 €
Ländergruppe 4	834 €	366 €	1 200 €

Die genannten Beträge **verdoppeln** sich, wenn der andere Elternteil nicht unbeschränkt einkommensteuerpflichtig ist (§ 32 Abs. 6 Satz 3 Nr. 1 EStG); in diesem Fall ist in **Zeile 13** anzugeben, in welchem Zeitraum im VZ der andere **Elternteil** im **Ausland** gelebt hat (vgl. Tz 9.5.2).

Bei Kindern, die sich im Kj. 2025 nur zum Zweck der Berufsausbildung oder eines Studiums im Ausland aufgehalten haben, aber weiterhin zum inländischen Haushalt der Eltern gehörten oder einen eigenen Haushalt im Inland hatten, ist in **Zeile 8** nur der **Wohnort** im **Inland** einzutragen. In diesen Fällen kommt aufgrund der weiter bestehenden **unbeschränkten Steuerpflicht** des Kindes eine Kürzung der Freibeträge für Kinder nicht in Betracht. Während eines mehrjährigen **Auslandsstudiums** behält ein Kind seinen inländischen Wohnsitz in der Wohnung der Eltern jedoch nur dann bei, wenn diesem in dieser Wohnung geeignete Räume zum dauerhaften Wohnen zur Verfügung stehen und das Kind diese Wohnung zumindest überwiegend in den ausbildungsfreien Zeiten tatsächlich nutzt (BFH-Urteile vom 25.9.2014, BStBl II 2015 S. 655, vom 23.6.2015, BStBl 2016 II S. 102 und vom 28.4.2022, BStBl II S. 681). Für die Berechnung, ob ein Kind in den **ausbildungsfreien Zeiten** überwiegend die elterliche Wohnung nutzt, ist im Regelfall auf das Ausbildungs-, Schul- oder Studienjahr abzustellen (BFH-Urteil vom 21.6.2023, BStBl II S. 970). Dabei bleiben Zeiten, in denen sich das Kind vor dem Beginn und nach dem Ende der Ausbildung im Inland aufhält, außer Betracht. **Übergangszeiten** zwischen einer Ausbildungsmaßnahme oder einem Freiwilligendienst im Ausland und einem anschließenden Auslandsstudium von höchsten **vier Monaten** sind wie ausbildungsfreie Zeiten zu behandeln und dem nachfolgenden Studienjahr zuzuordnen. Zeiten zwischen den Semestern oder Trimestern, die nach dem akademischen Kalender nicht eindeutig zu einem bestimmten Studienjahr gehören, sind jeweils dem nachfolgenden Studienjahr zuzurechnen (BFH-Urteil vom 20.2.2025, BStBl II S. 554). Steht während des laufenden Ausbildungs-, Schul- oder Studienjahres fest, dass das Kind nicht mehr als die Hälfte der ausbildungsfreien Zeit in der elterlichen Wohnung verbringen wird, spricht dies für eine **Aufgabe** des **inländischen Wohnsitzes** bereits zu diesem Zeitpunkt und nicht erst zum Ende des jeweiligen Ausbildungs-, Schul- oder Studienjahres.

9.4 Begünstigte Kindschaftsverhältnisse

Im Rahmen der Einkommensteuerveranlagung können nur solche Kinder berücksichtigt werden, die zum Steuerpflichtigen oder seinem von ihm nicht dauernd getrennt lebenden, unbeschränkt einkommensteuerpflichtigen Ehegatten/Lebenspartner in einem der in § 32 EStG bezeichneten **Kindschaftsverhältnisse** stehen. Die begünstigten Kindschaftsverhältnisse sind in **Zeile 10** bereits vorgedruckt, sodass nur die jeweils zutreffende Kennziffer (**1** = leibliches Kind/Adoptivkind, **2** = Pflegekind oder **3** = Enkelkind/Stiefkind) eingetragen werden muss.

Ist das Kindschaftsverhältnis zwischen den Eltern und ihrem leiblichen Kind vor dem 1.1.2025 erloschen, darf dieses Kind nicht mehr in der Anlage Kind angegeben werden. Für ein im Laufe des Kj. 2025 angenommenes Kind, ist dem Finanzamt das Datum der Adoption auf einer formlosen Anlage mit der Überschrift »Ergänzende Angaben zur Steuererklärung« mitzuteilen. In diesem Fall ist in **Zeile 37** des **Hauptvordrucks ESt 1 A** zur Kennzahl »500« eine »1« einzutragen, damit die Steuererklärung von der automatisierten Verarbeitung ausgeschlossen wird (vgl. Tz 1.11). Entsprechendes gilt, wenn das leibliche Kind im Laufe des Kj. 2025 bei einer anderen stpfl. Person Pflegekind oder Adoptivkind geworden ist.

9.4.1 Leibliche Kinder

Leibliche Kinder werden berücksichtigt, sofern das Verwandtschaftsverhältnis zum Steuerpflichtigen nicht durch Adoption erloschen ist. Hierunter fallen **eheliche** Kinder, für **ehelich erklärte** Kinder (nichteheliche Kinder, die die rechtliche Stellung ehelicher Kinder jeweils im Verhältnis zum leiblichen Vater erhalten haben) und **nichteheliche Kinder** (auch im Verhältnis zu ihrem leiblichen Vater). Zur rückwirkenden Berücksichtigung kindbedingter Steuervorteile bei nachträglicher Anerkennung der **Vaterschaft** siehe BFH-Urteil vom 28.7.2005, BStBl 2008 II S. 350.

9.4.2 Adoptivkinder

Adoptivkinder sind Kinder, die durch einen Beschluss des Familiengerichts als Kind angenommen worden sind; sie sind mit dem Berechtigten im ersten Grad verwandt (§ 32 Abs. 1 Nr. 1 EStG). Das Adoptivkindschaftsverhältnis wird noch nicht durch den Antrag, sondern erst durch die Zustellung des betreffenden Gerichtsbeschlusses begründet (§ 197 Abs. 2 FamFG).

Ein Adoptivkind wird bei den Adoptiveltern **vorrangig** berücksichtigt, wenn das Kindschaftsverhältnis zu den leiblichen Eltern weiter besteht (§ 32 Abs. 2 Satz 1 EStG). Dies ist allerdings nur selten der Fall. Denn mit der Annahme eines minderjährigen Kindes erlischt das Verwandtschaftsverhältnis zu seinen bisherigen Verwandten, bei Annahme des nichtehelichen Kindes des Ehegatten allerdings nur das Verwandtschaftsverhältnis zum anderen Elternteil und dessen Verwandten (§ 1755 Abs. 2 BGB). Auch eine Einzelperson, der gegenüber das Kind Adoptivkind ist, geht im Range vor.

Partner einer eingetragenen **Lebenspartnerschaft** können leibliche Kinder des anderen Partners annehmen (§ 9 Abs. 7 LPartG).

9.4.3 Pflegekinder

Pflegekinder sind Kinder, mit denen der Steuerpflichtige durch ein familienähnliches, auf längere Dauer berechnetes Band verbunden ist und die in seinem Haushalt ihr Zuhause haben. Die Pflegeperson(en) muss (müssen) zu dem Kind in einer familienähnlichen Beziehung wie zu einem eigenen Kind stehen. Hieran fehlt es, wenn ein Kind von vornherein nur für eine begrenzte Zeit im Haushalt des Steuerpflichtigen Aufnahme findet. Bei einer beabsichtigten Aufnahme eines Kindes in Pflege für mindestens zwei Jahre kann im Regelfall davon ausgegangen werden, dass ein Pflegekindschaftsverhältnis i.S. des EStG begründet worden ist. Das Gleiche gilt, wenn ein Kind mit dem Ziel der Annahme als Kind in Pflege genommen wird (vgl. R 32.2 Abs. 1 Satz 3 EStR; A 11.3 Abs. 2 DA-KG 2025, BStBl 2025 I S. 1018, 1050).

Anhaltspunkt für das Vorliegen einer familienähnlichen Bindung kann eine vom **Jugendamt** erteilte **Pflegeerlaubnis** nach § 44 SGB VIII sein. Sie ist jedoch nicht in jedem Fall vorgeschrieben, z.B. dann nicht, wenn das Kind der Pflegeperson vom Jugendamt vermittelt worden ist, wenn Pflegekind und Pflegeperson miteinander verwandt oder verschwägert sind oder wenn es sich um eine nicht gewerbsmäßige Tagespflege handelt. Wird eine amtliche Pflegeerlaubnis abgelehnt bzw. eine solche widerrufen, kann davon ausgegangen werden, dass ein familienähnliches, auf längere Dauer angelegtes Band zwischen Pflegeperson und Kind nicht bzw. nicht mehr vorliegt. Endet die Pflegeerlaubnis nur deshalb, weil das Pflegekind eine bestimmte Altersgrenze erreicht (z. B. Vollendung des 18. Lebensjahres), ist dies allein kein Grund anzunehmen, dass ein familienähnliches, auf längere Dauer angelegtes Band zwischen Pflegeperson und Kind nicht mehr vorliegt.

Kinder, die zu **Erwerbszwecken** in den Haushalt aufgenommen werden, sind keine Pflegekinder, sondern nicht zu berücksichtigende **Kostkinder**. Hat der Steuerpflichtige mehr als **sechs Kinder** in seinen Haushalt aufgenommen, so spricht eine Vermutung dafür, dass es sich um Kostkinder handelt. In einem erwerbsmäßig betriebenen **Heim** (z.B. **Kinderhaus**) oder in einer sonstigen **betreuten Wohnform** nach § 34 SGB VIII untergebrachte Kinder sind keine Pflegekinder (BFH-Urteile vom 23.9.1998, BStBl 1999 II S. 133 und vom 2.4.2009, BStBl 2010 II S. 345).

Die Berücksichtigung als Pflegekind setzt voraus, dass das Kind nicht mehr in einem **Obhuts-** und **Pflegeverhältnis** zu seinen leiblichen Eltern steht, d.h. die familiären Bindungen zu diesen auf Dauer aufgegeben sind. Gelegentliche Besuchskontakte allein stehen dem nicht entgegen. Ein Pflegekindschaftsverhältnis kann z.B. nicht anerkannt werden, wenn der Steuerpflichtige nicht nur mit dem Kind, sondern auch mit einem Elternteil des Kindes in häuslicher Gemeinschaft lebt. Dies gilt selbst dann, wenn der Elternteil durch eine Schul- oder Berufsausbildung in der Obhut und Pflege des Kindes beeinträchtigt ist (BFH-Urteil vom 9.3.1989, BStBl II S. 680). Ein zwischen einem alleinerziehenden Elternteil und seinem Kind im Kleinkindalter begründetes Obhuts- und Pflegeverhältnis wird durch die vorübergehende Abwesenheit des Elternteils nicht unterbrochen (BFH-Urteil vom 12.6.1991, BStBl 1992 II S. 20). I. d. R. kann jedoch angenommen werden, dass ein Obhuts- und Pflegeverhältnis zwischen einem allein erziehenden Elternteil und seinem bei Pflegeeltern lebenden, noch **nicht schulpflichtigen** Kind nicht mehr besteht, wenn der Elternteil mindestens **ein Jahr** lang keine für die Wahrung des Obhuts- und Pflegeverhältnisses ausreichenden Kontakte zu dem Kind hat (BFH-Urteil vom 20.1.1995, BStBl II S. 582). Bei **schulpflichtigen Kindern** kann davon ausgegangen werden, dass das Obhuts- und Pflegeverhältnis zu den leiblichen Eltern nicht mehr besteht, wenn zwischen den leiblichen Eltern und schulpflichtigen Kindern über **zwei Jahre** und länger keine entsprechenden Kontakte mehr bestanden haben (BFH-Urteil vom 7.9.1995, BStBl 1996 II S. 63). Bei unbegleiteten minderjährigen **Flüchtlingen** kann das fehlende Obhuts- und Pflegeverhältnis zu den Eltern unterstellt werden (A 11.4 Abs. 3 DA-KG 2025, BStBl 2025 I S. 1018, 1051).

Ein Altersunterschied wie zwischen Eltern und leiblichen Kindern braucht für ein Pflegekindschaftsverhältnis nicht unbedingt zu bestehen. Ein Pflegekindschaftsverhältnis kann daher auch zu jüngeren Geschwistern, z. B. **Waisen**, oder zu **Geschwistern**, die wegen körperlicher, geistiger oder seelischer Behinderung von Kind an pflegebedürftig sind, gegeben sein (BFH-Urteil vom 5.8.1977, BStBl II S. 832). Ist das zu betreuende Geschwister erst im **Erwachsenenalter** pflegebedürftig geworden, so kann im Allgemeinen ein dem Eltern-Kind-Verhältnis ähnliches Pflegeverhältnis **nicht** mehr begründet werden (vgl. R 32.2 Abs. 3 EStR). Die für die Annahme eines Pflegekindschaftsverhältnisses i. S. von § 32 Abs. 1 Nr. 2 EStG erforderliche Voraussetzung, dass der Steuerpflichtige mit der Person »durch ein familienähnliches, auf längere Dauer berechnetes Band verbunden ist«, lässt sich bei einer bereits **volljährigen Person** nur unter engen Voraussetzungen und bei Vorliegen besonderer Umstände begründen (BFH-Urteil vom 9.2.2012, BStBl II S. 739). Handelt es sich um eine geistig oder seelisch behinderte Person, muss die Behinderung so schwer sein, dass der geistige Zustand des Behinderten dem typischen Entwicklungsstand einer noch minderjährigen Person entspricht. Allein das Bestehen eines eigenen Haushalts des volljährigen Pflegekindes schließt eine Haushaltsaufnahme bei den Pflegeeltern jedoch nicht zwingend aus (BFH-Urteil vom 17.3.2020, III R 9/19, BFH/NV 2021 S. 4).

Wird eine Person mit schwerer geistiger oder seelischer Behinderung nach Eintritt der **Volljährigkeit** in den Haushalt aufgenommen, kommt unter sehr engen Voraussetzungen eine steuerliche Berücksichtigung als Pflegekind in Betracht (BFH-Urteil vom 9.2.2012, BStBl II S. 739). Nach Ansicht des BFH muss die betreute Person, um Pflegekind sein zu können, wie zur Familie gehörend angesehen und behandelt werden. Dies setzt ein Aufsichts-, Betreuungs- und Erziehungsverhältnis wie zwischen Eltern und ihren leiblichen Kindern voraus. Da die körperliche Versorgung und die Erziehung bei einem nicht behinderten Volljährigen i. d. R. keine entscheidende Rolle mehr spielt, kann ein behinderter Volljähriger nur dann Pflegekind sein, wenn die Behinderung so schwer ist, dass der geistige Zustand des Behinderten dem typischen Entwicklungsstand einer minderjährigen Person entspricht. Aus weiteren Umständen wie der Einbindung in die familiäre Lebensgestaltung, dem Bestehen erzieherischer Einwirkungsmöglichkeiten und einer über längere Zeit bestehenden und auf längere Zeit angelegten ideellen Beziehung muss auf eine Bindung wie zwischen Eltern und ihren leiblichen Kindern geschlossen werden können.

Falls ein Adoptivkind oder Pflegekind erst im Laufe des Jahres 2025 angenommen worden sind, sollte dem Finanzamt dieses Datum mitgeteilt werden. Gleiches gilt, wenn ein leibliches Kind im Laufe des Jahres 2025 bei einer anderen Person Pflegekind oder Adoptivkind geworden ist. Die Angabe des Datums ist wegen des bei den Freibeträgen für Kinder geltenden **Monatsprinzips** wichtig (vgl. Tz 9.2.3.2).

9.4.4 Enkelkinder

Enkelkinder sind in **Zeile 10** deshalb aufgeführt, weil eine **Übertragung** des Kinderfreibetrags und des Freibetrags für den Betreuungs- und Erziehungs- oder Ausbildungsbedarf auf **Großeltern** in Betracht kommt, wenn das Kind in den Haushalt der Großeltern aufgenommen worden ist oder diese einer Unterhaltspflicht gegenüber ihrem Enkelkind unterliegen (§ 32 Abs. 6 Satz 10 EStG). Die Berücksichtigung eines Enkelkindes kann in einem solchen Fall in **Zeile 42** beantragt werden. Die Übertragung der Freibeträge für Kinder auf die Großeltern kann auch mit Zustimmung des/der berechtigten Elternteils/Elternteile in **Zeile 43** beantragt werden; dazu ist die beim Finanzamt erhältliche **Anlage K** abzugeben (vgl. Tz 9.10.2).

9.4.5 Stiefkinder

Stiefkinder fallen **nicht** unter den einkommensteuerrechtlichen Kindbegriff. Dies schließt aber nicht aus, dass sich ein Stiefkind als **leibliches Kind** des anderen Ehegatten/Lebenspartners im Rahmen der Zusammenveranlagung auch beim Stiefelternteil steuermindernd auswirkt. Ist der leibliche Elternteil verstorben, bleibt zu prüfen, ob nunmehr beim Stiefelternteil die Voraussetzungen für ein Pflegekindschaftsverhältnis (vgl. Tz 9.4.3) gegeben sind. Ebenso besteht die Möglichkeit, die Freibeträge für Kinder – ggf. mit Zustimmung des leiblichen Elternteils – auf einen Stiefelternteil zu **übertragen**, wenn dieser das Kind in seinen Haushalt aufgenommen hat oder dieser einer Unterhaltspflicht gegenüber dem Stiefkind unterliegt (§ 32 Abs. 6 Satz 10 EStG); vgl. Tz 9.10.2.

9.5 Halbteilungsgrundsatz und Ausnahmen

9.5.1 Halbteilungsgrundsatz

Liegen bei einem unbeschränkt stpfl. Elternpaar die Voraussetzungen für eine Zusammenveranlagung nicht vor (wie z. B. bei dauernd getrennt lebenden Ehegatten/Lebenspartnern oder Eltern nichtehelicher Kinder) oder werden die Ehegatten/Lebenspartner auf Antrag nach § 26 a EStG einzeln veranlagt, ist im VZ 2025 bei der Ermittlung des zu versteuernden Einkommens jedes Elternteils für jedes zu berücksichtigende Kind der **halbe Kinderfreibetrag** i. H. von jährlich 3 336 € (monatlich 278 €) und der **halbe Freibetrag** für den Betreuungs- und Erziehungs- oder Ausbildungsbedarf von jährlich 1 464 € (monatlich 122 €) abzuziehen. Mit diesem sog. **Halbteilungsgrundsatz** hat der Gesetzgeber für Kinder dauernd getrennt lebender oder geschiedener Eltern sowie für nichteheliche Kinder zugleich dem Beschluss des Bundesverfassungsgerichts vom 8.6.1977 (BStBl II S. 526) Rechnung getragen. Das Bundesverfassungsgericht hatte damals entschieden, dass unterhaltspflichtige Elternteile, die ihrer Unterhaltszahlungspflicht gegenüber dem Kind nachkommen (z. B. geschiedener Vater, dessen Kind bei der Mutter lebt), von kindbedingten Steuervergünstigungen **nicht** ausgeschlossen werden dürfen. Dieser Grundsatz besteht bis heute unverändert fort.

9.5.2 Ausnahmen vom Halbteilungsgrundsatz

Den **vollen Kinderfreibetrag** von jährlich 6 672 € (monatlich 11
556 €) und den **vollen Freibetrag** für den Betreuungs- und Erziehungs- und Ausbildungsbedarf von jährlich 2 928 € (monatlich 244 €) je Kind erhalten im VZ 2025 Ehegatten/Lebenspartner, die beide unbeschränkt einkommensteuerpflichtig sind, nicht dauernd getrennt leben und die Zusammenveranlagung zur ESt wählen, wenn das Kind zu beiden Ehegatten/Lebenspartnern in einem Kindschaftsverhältnis steht (§ 32 Abs. 6 Satz 2 EStG). Die genannten vollen Freibeträge werden aber auch für ein Kind gewährt, das nur zu einer unbeschränkt einkommensteuerpflichtigen Person in einem Kindschaftsverhältnis steht. Deshalb stehen die vollen Freibeträge für ein Kind (zusammen jährlich 9 600 €, monatlich 800 €) einem Elternteil für den VZ 2025 auch dann zu, wenn

1. der andere Elternteil im Ausland gewohnt hat und in Deutschland nicht unbeschränkt einkommensteuerpflichtig war (**Zeile 13**);
2. der andere Elternteil verstorben ist (**Zeile 14**);
3. der Wohnsitz oder gewöhnliche Aufenthalt des anderen Elternteils nicht zu ermitteln oder der Vater des Kindes amtlich nicht feststellbar ist (**Zeile 15**);
4. der Steuerpflichtige allein das Kind adoptiert hat;
5. das Kind nur zum Steuerpflichtigen in einem Pflegekindschaftsverhältnis gestanden hat.

Da bei den Freibeträgen für Kinder das Monatsprinzip gilt (vgl. Tz 9.2.3.2), kann im VZ 2025 der Monatsbetrag von 800 € berücksichtigt werden, wenn der Steuerpflichtige wenigstens für einen Tag im Monat die genannten Voraussetzungen darlegen kann. Hierzu dienen die Angaben in den **Zeilen 11** bis **15** zu anderen Personen, zu denen im VZ 2025 das Kind in einem Kindschaftsverhältnis stand. Neben dem Namen, der zuletzt bekannten Adresse und dem Geburtsdatum dieser

Person ist in **Zeile 11** die Dauer des Kindschaftsverhältnisses und in **Zeile 12** die Art des Kindschaftsverhältnisses (1 = leibliches Kind/Adoptivkind, 2 = Pflegekind) zu dieser Person anzugeben.

Angaben zu den o.a. Sonderfällen der Nummern 4. und 5. (insbesondere das Datum, ab wann das Kindschaftsverhältnis besteht) sollten ggf. auf einer formlosen Anlage mit der Überschrift »Ergänzende Angaben zur Steuererklärung« gemacht werden, ebenso wenn ein Kindschaftsverhältnis zu mehr als einer anderen Person besteht. Damit die Steuererklärung in diesen Fällen von der vollautomatischen Verarbeitung ausgeschlossen wird, ist in **Zeile 37** des **Hauptvordrucks ESt 1 A** zur Kennzahl »500« eine »1« einzutragen (vgl. Tz 1.11).

> **ELSTER:**
> Bei ELSTER können die v. g. Zusatzangaben über ein **elektronisches Textfeld** gemacht werden. Die Steuererklärung wird aufgrund der Angaben im elektronischen Textfeld ebenfalls von der automatisierten Verarbeitung ausgeschlossen und einem Bearbeiter im Finanzamt zur personellen Prüfung zugeführt (vgl. Tz 1.11 a. E.).

9.6 Minderjährige Kinder

Ein minderjähriges Kind wird in dem Kalendermonat, in dem es lebend geboren wurde, und in jedem folgenden Kalendermonat, zu dessen Beginn es das **18. Lebensjahr** noch nicht vollendet hat, berücksichtigt. **Ohne Bedeutung** ist, ob sich ein solches Kind in der **Ausbildung** befindet oder ggf. schon **erwerbstätig** ist. Ein vermisstes Kind ist bis zur Vollendung des 18. Lebensjahres zu berücksichtigen.

Für Kinder unter 18 Jahren brauchen nur in den **Zeilen 4** bis **15** Angaben gemacht zu werden, da es auf besondere Berücksichtigungstatbestände, die ausschließlich für volljährige Kinder gelten, nicht ankommt.

Für die Frage, ob ein Kind lebend geboren wurde, ist im Zweifel das Personenstandsregister des Standesamtes maßgebend. Sofern das Kind **nicht** in der Wohnung des Steuerpflichtigen **gemeldet** war, hat daher der Steuerpflichtige ggf. durch Vorlage der Geburtsurkunde des Kindes nachzuweisen, dass das Kind ihm zuzurechnen ist. Dies entfällt, wenn das Kind in den elektronischen Lohnsteuerabzugsmerkmalen oder auf einer Bescheinigung für den Lohnsteuerabzug bei der Zahl der Kinderfreibeträge bereits berücksichtigt worden ist.

9.7 Volljährige Kinder

9.7.1 Allgemeines

16 Für die steuerliche Berücksichtigung eines volljährigen Kindes sind dessen eigene Einkünfte und Bezüge **unbeachtlich**. Dies gilt auch bei einem **verheirateten** Kind.

Ein volljähriges Kind wird allerdings grds. nur noch bis zum Abschluss einer **erstmaligen Berufsausbildung** oder eines **Erststudiums** berücksichtigt. Nach Abschluss einer erstmaligen Berufsausbildung wie auch nach Abschluss eines Erststudiums besteht die gesetzliche Vermutung, dass ein volljähriges Kind in der Lage ist, sich selbst zu unterhalten. Darüber hinaus wird das volljährige Kind nur noch berücksichtigt, wenn es einen der Berücksichtigungstatbestände des § 32 Abs. 4 Satz 1 Nr. 2 EStG erfüllt (z. B. wenn das Kind eine weitere Berufsausbildung beginnt) und keiner die Ausbildung hindernden **Erwerbstätigkeit** nachgeht, die die Zeit und Arbeitskraft des Kindes überwiegend beansprucht. Eine Erwerbstätigkeit mit bis zu **20 Stunden** regelmäßiger wöchentlicher Arbeitszeit, ein **Ausbildungsdienstverhältnis** oder ein **geringfügiges Beschäftigungsverhältnis** i. S. der §§ 8 und 8a SGB IV sind aber unschädlich. Zu weiteren Einzelheiten, die zum Ausschluss von Kindern aufgrund einer Erwerbstätigkeit führen, wird auf die A 20 DA-KG 2025, BStBl 2025 I S. 1018, 1072 sowie das BMF-Schreiben vom 8.2.2016, BStBl I S. 226 hingewiesen; vgl. Tz 9.7.4.

Die v. g. Einschränkungen hinsichtlich der Erwerbstätigkeit gelten **nicht** für die Berücksichtigung von Kindern bis zur Vollendung des 21. Lebensjahrs, die bei einer Agentur für Arbeit als **arbeitsuchend** gemeldet sind (§ 32 Abs. 4 Satz 1 Nr. 1 EStG; vgl. Tz 9.7.3.3), sowie für **behinderte Kinder**, die nach § 32 Abs. 4 Satz 1 Nr. 3 EStG (vgl. Tz 9.7.3.8) zu berücksichtigen sind.

9.7.2 Altersgrenze

Ein volljähriges Kind wird grds. nur bis zur Vollendung des **25. Lebensjahrs** berücksichtigt. Für bei einer Agentur für Arbeit arbeitsuchend gemeldete Kinder gilt eine Altersgrenze von **21 Jahren**. **Behinderte Kinder** werden unabhängig von einer Altersgrenze berücksichtigt, wenn die Behinderung **vor** Vollendung des 25. Lebensjahrs eingetreten ist. Zu den Übergangsregelungen zur Berücksichtigung behinderter Kinder, bei denen die Behinderung vor dem 1.1.2007 und vor Vollendung des 27. Lebensjahres eingetreten ist, vgl. Tz 9.7.3.8.

Zur **Verfassungsmäßigkeit** der Absenkung der **Altersgrenze** von 27 auf 25 Jahre für die Berücksichtigung volljähriger Kinder siehe u. a. die BFH-Urteile vom 17.6.2010, BStBl II 2011 S. 176 und vom 11.4.2013, III R 83/09, BFH/NV 2013 S. 1174. Die gegen das o. a. BFH-Urteil vom 17.6.2010 eingelegte Verfassungsbeschwerde wurde vom BVerfG mit Beschluss vom 22.10.2012 (2 BvR 2875/10) nicht zur Entscheidung angenommen.

9.7.3 Berücksichtigungsgründe

9.7.3.1 Angaben in der Anlage Kind

Vollendet das Kind im Laufe des Jahres das 18. Lebensjahr, so sind – 16–21
neben den Zeilen 4 bis 15 – zusätzliche Angaben in den **Zeilen 16, 18, 20** und **21** zu den in Betracht kommenden **Berücksichtigungszeiträumen** eines **volljährigen Kindes** zu machen. In den **Zeilen 17** und **19** können die Berücksichtigungszeiträume näher erläutert werden (z. B. Art der Schul- oder Berufsausbildung).

Folgen bei einem volljährigen Kind einzelne **Berücksichtigungsabschnitte** unmittelbar aufeinander, sind sie in den Zeilen 16 und/oder 18 zu einem Zeitraum **zusammenzufassen**.

> **BEISPIEL 1:**
> Der Sohn K (geboren am 3.1.2025) beendet die Schulausbildung im Mai 2025 mit dem Abitur und beginnt sein Studium im Oktober 2025.
> In den Monaten Januar bis Mai 2025 und vom Oktober bis Dezember 2025 war K in einer Schul- und Hochschulausbildung i. S. des § 32 Abs. 4 Satz 1 Nr. 2a EStG. In den Monaten Juni bis September 2025 befand sich K in einer Übergangszeit von höchstens vier Monaten zwischen zwei Ausbildungsabschnitten i. S. des § 32 Abs. 4 Satz 1 Nr. 2b EStG. K ist hiernach das ganze Kj. als Kind steuerlich zu berücksichtigen. In Zeile 16 ist daher als 1. Zeitraum »01012025« bis »31122025« einzutragen.

> **BEISPIEL 2:**
> Sachverhalt wie Beispiel 1. Das Studium beginnt K jedoch erst im November 2025.
> Der Übergangszeitraum zwischen der Schulausbildung und dem Studium beträgt mehr als vier volle Kalendermonate, sodass K in dieser Zeit nicht als Kind berücksichtigt werden kann. In Zeile 16 ist daher als 1. Zeitraum »01012025« bis »31052025« sowie in Zeile 18 als 2. Zeitraum »01112025« bis »31122025« einzutragen.

Die Verkennzifferung der Zeitraumangaben in den Zeilen 16, 18, 20 und 21 ermöglicht eine maschinelle Ermittlung der zu gewährenden Kinderfreibeträge auch für volljährige Kinder. Unterlagen oder Bescheinigungen (z. B. Schul- oder Studienbescheinigung, Ausbildungsvertrag, Bescheinigungen über einen Freiwilligendienst, Nachweis über das Vorliegen einer Behinderung) sind dem Finanzamt nur auf Anforderung auf elektronischem Weg oder in Kopie vorzulegen; zur Belegvorlage-/Belegvorhaltepflicht vgl. Vorbemerkungen Tz 14.1.

9.7.3.2 Gesetzliche Tatbestände

Ein Kind, das das **18. Lebensjahr**, aber noch nicht das **21. Lebensjahr** vollendet hat, wird nach § 32 Abs. 4 Satz 1 Nr. 1 EStG berücksichtigt, wenn es nicht in einem Beschäftigungsverhältnis stand und bei einer Agentur für Arbeit im Inland oder in einem EU-/EWR-Mitgliedstaaten als **Arbeitsuchender gemeldet** war (vgl. Tz 9.7.3.3).

Ein Kind, das das **18. Lebensjahr**, aber noch nicht das **25. Lebensjahr** vollendet hat, wird nach § 32 Abs. 4 Satz 1 Nr. 2 EStG berücksichtigt, wenn es

- für einen **Beruf ausgebildet** worden ist (vgl. Tz 9.7.3.4),
- sich in einer **Übergangszeit** von **höchstens vier Monaten** befunden hat, die zwischen zwei Ausbildungsabschnitten oder zwischen einem Ausbildungsabschnitt und der Ableistung eines der in § 32 Abs. 4 Satz 1 Nr. 2 Buchst. d EStG genannten **Freiwilligendienste** oder des **freiwilligen Wehrdienstes** nach § 58b Soldatengesetz (vgl. Tz 9.7.3.5) lag,
- eine Berufsausbildung **mangels Ausbildungsplatzes** nicht beginnen oder fortsetzen konnte (vgl. Tz 9.7.3.6),
- einen der in § 32 Abs. 4 Satz 1 Nr. 2 Buchst. d EStG genannten **Freiwilligendienste** (vgl. Tz 9.7.3.7) geleistet hat.

Ein volljähriges Kind, das einen der v. g. Tatbestände erfüllt und noch **keine Erstausbildung** (erstmalige Berufsausbildung oder Erststudium) abgeschlossen hat, wird bis zur Vollendung des 25. Lebensjahrs **ohne weitere Voraussetzungen** berücksichtigt. Nach Abschluss einer ersten Berufsausbildung oder eines Erststudiums wird ein volljähriges Kind in den v. g. Fällen nur berücksichtigt, wenn es keiner **»schädlichen« Erwerbstätigkeit** nachgeht (vgl. Tz 9.7.4).

Erwachsene Kinder, die wegen körperlicher, geistiger oder seelischer **Behinderung** außerstande sind, sich selbst zu unterhalten, werden nach § 32 Abs. 4 Satz 1 Nr. 3 EStG **ohne Altersgrenze** berücksichtigt. Voraussetzung ist, dass die Behinderung des Kindes **vor** Vollendung des 25. Lebensjahr eingetreten ist (vgl. Tz 9.7.3.8).

9.7.3.3 Arbeitsuchende Kinder

20 **»Arbeitsuchend«** sind Kinder, die vorübergehend nicht in einem Beschäftigungsverhältnis stehen und eine versicherungspflichtige, mindestens 15 Stunden wöchentlich umfassende Beschäftigung **suchen** (§ 138 SGB III). Die Suche setzt eigene Bemühungen des Kindes voraus, um seine Beschäftigungslosigkeit zu beenden. Außerdem muss das Kind der Arbeitsvermittlung der Agentur für Arbeit oder einem Jobcenter zur Verfügung stehen, also dort tatsächlich als Arbeitsuchender gemeldet sein (BFH-Urteil vom 18.6.2015, BStBl II S. 940).

Eine Berücksichtigung nach § 32 Abs. 4 Satz 1 Nr. 1 EStG ist auch in einem Zeitraum möglich, in dem das Kind wegen einer vorübergehenden **Erkrankung** nicht bei einer Agentur für Arbeit im Inland oder einem Jobcenter arbeitsuchend gemeldet ist. Von einer vorübergehenden Erkrankung ist auszugehen, wenn sie im Hinblick auf die ihrer Art nach zu erwartende Dauer der von ihr ausgehenden Funktionsbeeinträchtigung mit hoher Wahrscheinlichkeit regelmäßig nicht länger als **sechs Monate** währt (BFH-Urteil vom 31.8.2021, BStBl 2022 II S. 465). Die Erkrankung und ihr voraussichtliches Ende sind durch eine Bescheinigung des behandelnden Arztes nachzuweisen. Die Bescheinigung ist jeweils nach Ablauf von sechs Monaten zu erneuern; sie ist ggf. auch dem Finanzamt auf Anforderung auf elektronischem Weg oder in Kopie vorzulegen (vgl. Vorbemerkungen Tz 14.1). Ist nach den ärztlichen Feststellungen das voraussichtliche Ende der Erkrankung nicht absehbar oder währt die Erkrankung bzw. die von ihr ausgehende Beeinträchtigung länger als sechs Monate, ist zu prüfen, ob das Kind wegen einer **Behinderung** nach § 32 Abs. 4 Satz 1 Nr. 3 EStG berücksichtigt werden kann (vgl. Tz 9.7.3.8). Von der Vorlage einer ärztlichen Bescheinigung über das voraussichtliche Ende einer Erkrankung kann aber abgesehen werden, wenn das Kind zwischenzeitlich wieder arbeitsuchend gemeldet ist. Wurde das Kind nicht bereits vor der Erkrankung nach § 32 Abs. 4 Satz 1 Nr. 1 EStG berücksichtigt, muss es seinen Willen, sich unmittelbar nach Wegfall der Hinderungsgründe bei der zuständigen Agentur für Arbeit im Inland oder einem Jobcenter arbeitsuchend zu melden, durch eine schriftliche Erklärung glaubhaft machen (A 14.2 Abs. 1 DA-KG 2025, BStBl 2025 I S. 1018, 1052).

Ein Kind, das wegen eines Beschäftigungsverbots oder unzulässiger Tätigkeiten nach dem **Mutterschutzgesetz** (§ 3, § 11, § 12, § 13 Abs. 1 Nr. 3 oder § 16 MuSchG) nicht bei einer Agentur für Arbeit im Inland oder einem Jobcenter arbeitsuchend gemeldet ist, kann nach § 32 Abs. 4 Satz 1 Nr. 1 EStG berücksichtigt werden. Dies gilt auch, sofern das Kind nach dem Ende des Beschäftigungsverbots nach dem MuSchG die Meldung als Arbeitsuchender im Inland nicht erneut vornimmt (BFH-Urteil vom 13.6.2013, BStBl 2014 II S. 834). Die Schwangerschaft und der voraussichtliche Tag der Entbindung sind durch ein Attest eines Arztes, einer Hebamme oder eines Entbindungshelfers nachzuweisen. Befindet sich das Kind in **Elternzeit** nach dem Bundeselterngeld- und Elternzeitgesetz, wird es jedoch nur berücksichtigt, wenn es arbeitsuchend gemeldet ist (A 14.2 Abs. 2 DA-KG 2025).

Hat die Agentur für Arbeit ein arbeitsuchendes Kind aus der Vermittlung abgemeldet, fehlt es aber an einer wirksamen Bekanntgabe der Einstellungsverfügung nach § 38 Abs. 3 Satz 2 SGB III, hängt der Fortbestand der Arbeitsuchendmeldung i. S. des § 32 Abs. 4 Satz 1 Nr. 1 EStG davon ab, ob das arbeitsuchende Kind eine Pflichtverletzung begangen hat, welche die Agentur für Arbeit zur Einstellung der Vermittlung berechtigt hat. Ist in einem solchen Fall die Vermittlung mangels einer beachtlichen Pflichtverletzung des arbeitsuchenden Kindes zu Unrecht eingestellt worden, besteht die Arbeitsuchendmeldung zeitlich unbefristet – ggf. bis zum Erreichen des 21. Lebensjahres – fort (BFH-Urteile vom 10.4.2014, BStBl 2015 II S. 29 und vom 22.9.2022, BStBl 2024 II S. 649).

Eine **geringfügige Beschäftigung** i. S. von § 8 SGB IV oder § 8a SGB IV und Maßnahmen nach § 16d SGB II, bei denen kein Arbeitsentgelt, sondern neben dem Arbeitslosengeld II eine angemessene Entschädigung für Mehraufwendungen des Leistungsempfängers gewährt wird, steht einer Berücksichtigung des arbeitsuchenden Kindes nicht entgegen (A 14.1 Abs. 1 DA-KG 2025, BStBl 2025 I S. 1018, 1052). Eine **selbständige Betätigung** eines Kindes schließt jedoch eine Beschäftigungslosigkeit i. S. von § 32 Abs. 4 Satz 1 Nr. 1 EStG aus, wenn sie nicht nur gelegentlich mindestens 15 Stunden wöchentlich umfasst. Dies gilt auch dann, wenn die aus dieser Tätigkeit erzielten Einkünfte die Arbeitslohngrenze für ein geringfügiges Beschäftigungsverhältnis nach § 8 SGB IV nicht übersteigen (BFH-Urteil vom 18.12.2014, BStBl 2015 II S. 653).

Der **Nachweis**, dass ein volljähriges Kind bei einer Agentur für Arbeit im Inland oder einem Jobcenter als Arbeitsuchender gemeldet ist, hat durch eine Bescheinigung der v. g. Behörde zu erfolgen. Auch die Bescheinigung der Arbeitslosigkeit oder des Bezugs von Arbeitslosengeld nach § 136 SGB III sind ein ausreichender Nachweis der Meldung als Arbeitsuchender. Bei Arbeitslosigkeit in einem EU-/EWR-Staat oder der Schweiz ist durch eine Bestätigung der ausländischen Arbeitsverwaltung nachzuweisen, dass das Kind dort arbeitslos gemeldet ist und nach den dortigen Bestimmungen der staatlichen Arbeitsverwaltung zur Vermittlung zur Verfügung steht. Das Finanzamt wird im Rahmen der Bearbeitung der Steuererklärung ggf. entsprechende Nachweise anfordern; zur Belegvorhaltepflicht vgl. Vorbemerkungen Tz 14.1.

9.7.3.4 Kinder in Berufsausbildung

Als **Berufsausbildung** eines **Kindes** ist die Ausbildung für einen 16
künftigen Beruf anzusehen, z. B. die Ausbildung für einen handwerklichen, kaufmännischen, technischen oder wissenschaftlichen Beruf sowie die Ausbildung in der Hauswirtschaft aufgrund eines Berufsausbildungsvertrags oder an einer Lehranstalt, z. B. Haushaltsschule, Berufsfachschule. Die Berufsausbildung soll die für die Ausübung eines Berufs notwendigen fachlichen Fertigkeiten und Kenntnisse in einem geordneten Ausbildungsgang vermitteln. Darunter fällt auch der Besuch von Allgemeinwissen vermittelnden **Schulen** wie Grund-, Haupt und Oberschulen sowie von Fachschulen und Hochschulen. Auch der Besuch eines **Colleges** in den USA kann zur Berufsausbildung zählen (BFH-Urteil vom 9.6.1999, BStBl II S. 705).

In Berufsausbildung befindet sich, wer sein Berufsziel noch nicht erreicht hat, sich aber **ernsthaft** und **nachhaltig** darauf vorbereitet (BFH-Urteil vom 9.6.1999, BStBl II S. 706). Dieser Vorbereitung dienen alle Maßnahmen, bei denen Kenntnisse, Fähigkeiten und Erfahrungen erworben werden, die als Grundlage für die Ausübung des angestrebten Berufs geeignet sind. Der konkrete Bezug zu dem angestrebten Beruf ist in Fällen entscheidend, in denen der Ausbildungscharakter der Maßnahmen zweifelhaft ist. Der Besuch einer nicht allgemeinbildenden Missionsschule, der nicht der Vorbereitung auf einen konkret angestrebten Beruf, sondern vorrangig der Erlangung sozialer Erfahrungen und der Stärkung des Verantwortungsbewusstseins für das Gemeinwohl sowie der Persönlichkeitsbildung und Charakterbildung i. S. des Leitbilds der Schule dient, stellt daher keine Berufsausbildung i. S. des § 32 Abs. 4 Satz 1 Nr. 2 Buchst. a EStG dar (BFH-Urteil vom 13.12.2018, BStBl 2019 II S. 256).

Die Ausbildungsmaßnahme muss **Zeit** und **Arbeitskraft** des Kindes dermaßen in Anspruch nehmen, dass ein greifbarer Bezug zu dem angestrebten Berufsziel hergestellt wird und Bedenken gegen die **Ernsthaftigkeit** ausgeschlossen werden können. Eine tatsächliche Unterrichts- bzw. Ausbildungszeit von zehn Wochenstunden kann regelmäßig als ausreichende Ausbildung anerkannt werden (A 15.3 Abs. 3 DA-KG 2025, BStBl 2025 I S. 1018, 1054). Dass das Kind aufgrund der Art der jeweiligen Ausbildungsmaßnahme die Möglichkeit der Erzielung von Einnahmen erlangt, ist nicht relevant (BFH-Urteil vom 16.4.2002, BStBl II S. 523).

Zur Berufsausbildung gehört auch die **Schulausbildung**, an der das Kind teilnimmt, um der **Schulpflicht** nachzukommen. In diesem Fall kommt es nicht darauf an, ob die tatsächliche Unterrichtszeit (mindestens) zehn Wochenstunden beträgt. Entscheidend ist allein, ob das Kind an der entsprechenden Schulausbildung teilnimmt, wie sie durch die jeweiligen landesrechtlichen Regelungen zur Erfüllung der Schulpflicht vorgesehen ist (BFH-Urteil vom 28.4.2010, BStBl II S. 1060). Eine tatsächliche Unterrichts- bzw. Ausbildungszeit von weniger als zehn Wochenstunden wird ebenfalls dann als ausreichend anerkannt, wenn der zusätzliche ausbildungsbezogene Zeitaufwand über das übliche Maß hinausgeht (z. B. bei besonders umfangreicher Vor- und Nacharbeit oder wenn neben die Unterrichtseinheiten zusätzliche ausbildungsfördernde Aktivitäten bzw. die praktische Anwendung des Gelernten treten) oder die besondere Bedeutung der Maßnahme für das angestrebte Berufsziel dies rechtfertigt.

Unterbrechungszeiten wegen **Erkrankung** oder **Mutterschaft** zählen zur Berufsausbildung. Nicht zur Berufsausbildung zählen jedoch Unterbrechungszeiten wegen der **Betreuung** eines eigenen **Kindes** (BFH-Urteil vom 15.7.2003, BStBl II S. 848) oder der krankheitsbedingte **Abbruch** des **Ausbildungsverhältnisses** z. B. durch Abmeldung von der (Hoch-)Schule oder Kündigung des Ausbildungsverhältnisses (BFH-Urteil vom 31.8.2021, BStBl 2022 II S. 465). Eine Kindberücksichtigung für die Dauer der **Untersuchungshaft** setzt u. a. eine nur vorübergehende Unterbrechung der Ausbildung voraus (BFH-Urteil vom 18.1.2018, BStBl II S. 402).

Wird das Ausbildungsverhältnis eines Kindes **krankheitsbedingt** nicht nur unterbrochen, sondern durch Abmeldung von der (Hoch-)Schule oder Kündigung des Ausbildungsverhältnisses **abgebrochen**, kommt eine Kindberücksichtigung wegen einer Berufsausbildung i. S. des § 32 Abs. 4 Satz 1 Nr. 2 Buchst. a EStG ab dem Folgemonat des Abbruchs nicht mehr in Betracht (BFH-Urteil vom 31.8.2021, BStBl 2022 II S. 465). Handelt es sich um eine nur **vorübergehende** Erkrankung und ist das Kind nachweislich weiter ausbildungswillig, kann es als »ausbildungsplatzsuchendes Kind« behandelt werden (vgl. Tz 9.7.3.6). Eine Kindberücksichtigung wegen einer Berufsausbildung scheidet ebenfalls aus, wenn Ausbildungsmaßnahmen im Rahmen eines fortbestehenden Ausbildungsverhältnisses wegen einer **langfristigen Erkrankung** unterblieben sind (BFH-Urteil vom 21.12.2021, BStBl 2022 II S. 472). Bei einer voraussichtlich länger als **sechs Monate** andauernden Erkrankung ist aber zu prüfen, ob das Kind behinderungsbedingt außerstande war, sich selbst zu unterhalten, und deshalb als »behindertes Kind« nach § 32 Abs. 4 Satz 1 Nr. 3 EStG zu berücksichtigen ist (vgl. Tz 9.7.3.8).

Ein Kind befindet sich noch nicht in Ausbildung, wenn es sich zwar an einer Universität immatrikuliert, aber tatsächlich das **Studium** noch nicht aufgenommen hat und vorerst weiter einer Vollzeiterwerbstätigkeit nachgeht (BFH-Urteil vom 23.11.2001, BStBl 2002 II S. 484).

Die Berufsausbildung ist **abgeschlossen**, wenn das Kind einen Ausbildungsstand erreicht hat, der es zur Berufsausübung befähigt. In **Handwerksberufen** wird die Berufsausbildung regelmäßig mit der Ablegung der Gesellenprüfung abgeschlossen, es sei denn, dass das Kind im Anschluss hieran einen weiteren Handwerksberuf erlernt oder in eine weiterführende Ausbildung (z. B. durch den Besuch einer Fach- oder Meisterschule) eintritt. Besteht ein Auszubildender die Abschlussprüfung nicht, so ist er weiter als Kind in Berufsausbildung zu berücksichtigen, wenn sich das Ausbildungsverhältnis auf sein Verlangen bis zur nächstmöglichen Wiederholungsprüfung verlängert, er zur Prüfung weiterhin zugelassen wird und den erfolgreichen Prüfungsabschluss weiterhin ernsthaft verfolgt (A 15.10 Abs. 5 DA-KG 2025, BStBl 2025 I S. 1018, 1057). Nimmt das Kind an der erstmaligen Wiederholungsprüfung teil und besteht diese, ist i. d. R. zu unterstellen, dass sich das Kind ernsthaft und nachhaltig auf diese Prüfung vorbereitet hat (BFH-Urteil vom 2.4.2009, BStBl 2010 II S. 298). Ist die Ausbildungszeit durch eine Rechtsvorschrift festgelegt, endet eine Berufsausbildung nicht bereits mit der Bekanntgabe des Ergebnisses der Abschlussprüfung, sondern erst mit Ablauf der festgelegten Ausbildungszeit oder des Berufspraktikums (BFH-Urteil vom 14.9.2017, BStBl 2018 II S. 131; FG Baden-Württemberg vom 7.3.2017, 1 K 307/16 und vom 24.4.2018, 10 K 112/18 – rkr.).

In **akademischen Berufen** beginnt die Berufsausbildung in Form eines **Hochschulstudiums** nicht schon mit der Bewerbung um einen Studienplatz, sondern mit der erstmaligen Durchführung von Ausbildungsmaßnahmen. Das Hochschulstudium wird regelmäßig mit der Ablegung des Staatsexamens oder einer entsprechenden Abschlussprüfung abgeschlossen, es sei denn, dass sich ein ergänzendes oder ein Zweitstudium anschließt. Die Beendigung eines Hochschulstudiums setzt dabei grds. voraus, dass das Kind die letzte nach der einschlägigen Prüfungsordnung erforderliche Prüfungsleistung erfolgreich erbracht hat und dem Kind sämtliche Prüfungsergebnisse bekannt gegeben worden sind. Die Bekanntgabe erfordert regelmäßig, dass das Kind entweder eine schriftliche Bestätigung über den erfolgreichen Abschluss und die erzielten Abschlussnoten erhalten hat oder jedenfalls objektiv in der Lage war, eine solche schriftliche Bestätigung über ein Onlineportal der Hochschule erstellen zu können (BFH-Urteil vom 7.7.2021, BStBl II S. 864). Entscheidend ist, welches Ereignis früher eingetreten ist. Die Berufsausbildung endet jedoch ausnahmsweise bereits vor Bekanntgabe des Prüfungsergebnisses, wenn das Kind nach Erbringung aller Prüfungsleistungen eine Vollzeiterwerbstätigkeit aufnimmt (BFH-Urteil vom 24.5.2000, BStBl II S. 473). Das **Referendariat** im Anschluss an die erste juristische Staatsprüfung zählt zur erstmaligen Berufsausbildung (BFH-Beschluss vom 10.2.2000, BStBl II S. 398). Die Vorbereitung auf die **Promotion** gehört noch zur (erstmaligen) Berufsausbildung, wenn sie im direkten Anschluss an das (Erst-)Studium ernsthaft und nachhaltig durchgeführt wird (BFH-Urteil vom 9.6.1999, BStBl II S. 708).

Die Ausbildung zum **Arzt** endet mit dem Bestehen der ärztlichen Prüfung. Für die anschließende Zeit bis zur Erteilung der **Approbation** kann das Kind **nicht** berücksichtigt werden. Beginnt das Kind nach erfolgreich abgeschlossenem Medizinstudium ein Dienstverhältnis in einer Klinik, das als Vorbereitungszeit zur Erlangung der **Facharztqualifikation** dient, ist eine Kindberücksichtigung währenddessen ausgeschlossen, wenn der Erwerbscharakter und nicht der Ausbildungscharakter der Beschäftigung im Vordergrund steht (BFH vom 22.9.2022, BStBl 2023 II S. 251).

Eine Berufsausbildung liegt auch vor, wenn sie im Rahmen eines **Ausbildungsdienstverhältnisses** erfolgt, z. B. bei Beamtenanwärtern oder Offiziers- bzw. Unteroffiziersanwärtern (BFH-Urteile vom 15.7.2003, BStBl 2007 II S. 247 und vom 8.5.2014, BStBl II S. 717). Ein Kind kann bereits für die Zeit des **freiwilligen Wehrdienstes** zu berücksichtigen sein, wenn es im Anschluss daran als Soldat auf Zeit an der Ausbildung zum Unteroffizier teilnimmt (BFH-Urteil vom 30.7.2009, III R 77/06, BFH/NV 2010 S. 28). Ein **Soldat** auf Zeit, der für seine spätere Verwendung im Mannschaftsdienstgrad (z. B. als Kraftfahrer der Fahrerlaubnisklasse CE) unterwiesen wird, befindet sich ebenfalls in einer Berufsausbildung, solange der Ausbildungscharakter im Vordergrund seiner Tätigkeit steht (BFH-Urteil vom 10.5.2012, BStBl II S. 895). Die Ausbildung bei der Bundeswehr umfasst die dreimonatige Grundausbildung und die sich anschließende Dienstpostenausbildung. Ein Kind, das z. B. einen **freiwilligen Wehrdienst** nach § 58b Soldatengesetz leistet, kann daher ohne näheren

Nachweis für die ersten **vier Monate** dieses Dienstes berücksichtigt werden (BFH-Urteil vom 3.7.2014, BStBl 2015 II S. 282); eine längere Dauer der Dienstpostenausbildung als ein Monat muss im Einzelfall nachgewiesen werden. Das Ableisten des freiwilligen Wehrdienstes nach der Dienstpostenausbildung erfüllt **keinen** Berücksichtigungstatbestand i.S. des § 32 Abs. 4 Satz 1 Nr. 2 EStG (BFH-Urteil vom 20.2.2025, BStBl 2025 II S. 512). Ggf. kommt bei einem freiwillig Wehrdienst leistenden Kind aber eine Berücksichtigung nach § 32 Abs. 4 Satz 1 Nr. 2 Buchst. c EStG in Betracht, wenn das Kind sich ernsthaft um einen Ausbildungs- oder Studienplatz bemüht hat (vgl. Tz 9.7.3.6). Dabei führt die Beendigung der Grundausbildung im Rahmen des Freiwilligen Wehrdienstes nicht zu einem für die weitere Kindberücksichtigung ggf. »schädlichen Abschluss« einer erstmaligen Berufsausbildung i.S. des § 32 Abs. 4 Satz 2 EStG (vgl. Tz 9.7.4.2).

Die Berufsausbildung eines **Beamtenanwärters** endet grds. mit Ablauf des Vorbereitungsdienstes, bei **Offiziersanwärtern** i.d.R. mit der Ernennung zum Leutnant nach drei Jahren, bei **Unteroffiziersanwärtern** i.d.R. mit der Ernennung zum Unteroffizier nach einem Jahr. Nach der Ernennung zum Offizier oder Unteroffizier befindet sich ein Zeitsoldat nicht mehr in einem Ausbildungsdienstverhältnis. Die nach dem Erwerb der Laufbahnbefähigung in der Bundeswehr üblichen Verwendungslehrgänge im Rahmen der Tätigkeit als Zeitsoldat machen das Dienstverhältnis nicht zu einem Ausbildungsdienstverhältnis (BFH-Urteil vom 23.6.2015, BStBl 2016 II S. 55). Ein Kind, das sich in einem Dienstverhältnis eines Soldaten auf Zeit befindet, wird nur dann i.S. des § 32 Abs. 4 Satz 1 Nr. 2 Buchst. a EStG für einen Beruf ausgebildet, wenn die Erlangung beruflicher Qualifikationen, d.h. der Ausbildungscharakter, und nicht die Erbringung bezahlter Arbeitsleistungen, d.h. der Erwerbscharakter, im Vordergrund des Dienstverhältnisses steht (BFH-Urteil vom 16.9.2015, BStBl 2016 II S. 281). Kriterien dafür sind z.B. ein Ausbildungsplan, die Unterweisung in Tätigkeiten, welche qualifizierte Kenntnisse erfordern, die Erlangung eines die angestrebte Berufstätigkeit ermöglichenden Abschlusses und ein gegenüber einem normalen Arbeitsverhältnis geringeres Entgelt. Überwiegt bei einer Gesamtbetrachtung des Arbeits- oder Dienstverhältnisses der Erwerbscharakter, so scheidet trotz des für die Kindberücksichtigung geltenden Monatsprinzips eine Berücksichtigung auch für die Monate aus, in denen Ausbildungsmaßnahmen erfolgen (BFH-Urteile vom 22.2.2017, BStBl II S. 913 und vom 7.7.2021, III R 24/19, BFH/NV 2021 S. 1486).

Keine Berufsausbildung ist gegeben, wenn die Beschäftigung des Kindes ihrem Gesamtbild nach nicht mehr den Charakter einer Ausbildung hat. Dies ist z.B. der Fall, wenn das Kind nach Abbruch einer kaufmännischen Lehre im elterlichen Betrieb als Außendienstvertreter beschäftigt wird und dort lediglich einzelne Kenntnisse für die Vertretertätigkeit vermittelt erhält (BFH-Urteil vom 8.11.1972, BStBl 1973 II S. 141). Andererseits ist eine **Volontärtätigkeit**, die ein ausbildungswilliges Kind vor Annahme einer voll bezahlten Beschäftigung gegen geringe Entlohnung absolviert, als Berufsausbildung anzuerkennen, wenn das Volontariat der Erlangung der angestrebten beruflichen Qualifikation dient und somit der Ausbildungscharakter im Vordergrund steht. Es darf sich dagegen nicht lediglich um ein gering bezahltes Arbeitsverhältnis handeln (BFH-Urteil vom 9.6.1999, BStBl II S. 706).

Das **Anwaltspraktikum** eines Jurastudenten ist Berufsausbildung, weil dadurch Kenntnisse, Fähigkeiten und Erfahrungen vermittelt werden, die als Grundlagen für die Ausübung des angestrebten Berufs geeignet sind. Dies gilt unabhängig davon, ob das Praktikum nach der maßgeblichen Ausbildungs- oder Studienordnung vorgeschrieben ist. Es ist unschädlich, wenn das Kind für das Praktikum von einem Studium beurlaubt wird (BFH-Urteil vom 9.6.1999, BStBl II S. 713). Zur Berücksichtigung eines **Praktikums** als Zeit der Berufsausbildung vgl. H 32.5 – Praktikum – EStH mit Verweis auf A 15.8 DA-KG 2025, BStBl 2025 I S. 1018, 1056.

Sprachaufenthalte im **Ausland**, z.B. im Rahmen eines **Au-pair-Verhältnisses**, können grds. als Berufsausbildung anerkannt werden, wenn sie von einem theoretisch-systematischen Sprachunterricht von wöchentlich **zehn Unterrichtsstunden** zzgl. Zeit für Vor- und Nachbereitung sowie für praktische Anwendung der Fremdsprache begleitet werden (BFH-Urteil vom 15.3.2012, BStBl 2012 II S. 743). Eine geringere Stundenzahl kann im Einzelfall unschädlich sein, wenn der Auslandsaufenthalt von einer Ausbildungs- oder Prüfungsordnung vorausgesetzt wird. Gleiches gilt, wenn der Sprachaufenthalt der Vorbereitung auf einen für die Zulassung zum Studium oder zu einer anderen Ausbildung erforderlichen Fremdsprachentest dient (A 15.9 Abs. 2 DA-KG 2025, BStBl 2025 I S. 1018, 1056). Nicht erforderlich ist dabei, dass Zeit und Arbeitskraft des Kindes überwiegend in Anspruch genommen werden (BFH-Urteile vom 9.6.1999, BStBl II S. 701 und 710). Der Erwerb von **Sprachkenntnissen** ohne theoretisch-systematischen Sprachunterricht ist jedoch keine Berufsausbildung (BFH-Urteil vom 15.7.2003, BStBl II S. 843).

Ein berufsbegleitendes neben einer Erwerbstätigkeit unternommenes **Studium** erfüllt den Tatbestand der Berufsausbildung, wenn der Studierende diese Ausbildung ernsthaft und nachhaltig betreibt, d.h. dem Studium tatsächlich nachgeht (BFH-Urteil vom 8.9.2016, BStBl 2017 II S. 278). Aussagekräftige Semesterbescheinigungen sind dafür als Nachweis grds. ausreichend; ggf. kann die Ernsthaftigkeit eines Studium durch die Vorlage von Leistungsnachweisen belegt werden (A 15.3 Abs. 2 DA-KG 2025, BStBl 2025 I S. 1018, 1054). Eine wöchentliche Mindeststundenzahl ist nach Ansicht des BFH bei einer im Inland absolvierten Schul- oder Universitätsausbildung jedoch nicht erforderlich. Die Grundsätze, die die Rspr. für die Anerkennung eines Sprachschulunterrichts im Rahmen eines Au-Pair-Aufenthalts als Berufsausbildung aufgestellt hat (s. o.), finden insoweit **keine** Anwendung.

Ein **behindertes Kind** befindet sich auch dann in der Berufsausbildung, wenn es durch gezielte Maßnahmen auf eine – wenn auch einfache – Erwerbstätigkeit vorbereitet wird, die nicht spezifische Fähigkeiten oder Fertigkeiten erfordert. Bei einem behinderten Kind kann unter diesem Gesichtspunkt z.B. auch der Besuch einer Behindertenschule, einer Heimsonderschule oder das Arbeitstraining einer Anlern- oder beschützenden Werkstatt eine Berufsausbildung darstellen. Die Ausbildung des behinderten Kindes ist abgeschlossen, wenn ihm eine seinen Fähigkeiten angemessene Beschäftigung möglich ist. Im Zweifelsfall kann eine Bescheinigung der besuchten Einrichtung einen Anhaltspunkt für die Beurteilung geben.

9.7.3.5 Übergangszeiten zwischen zwei Ausbildungsabschnitten

Um für die Fälle der Unterbrechung der Berufsausbildung Härten 16
aufgrund des geltenden Monatsprinzips (vgl. Tz 9.2.3.2) zu vermeiden, werden die Freibeträge für Kinder auch für eine **Übergangszeit** zwischen **zwei Ausbildungsabschnitten** gewährt, allerdings nur dann, wenn diese Übergangszeit **nicht mehr als 4 Monate** beträgt. Gleiches gilt für eine Übergangszeit zwischen Beginn oder Ende eines Ausbildungsabschnitts und dem Beginn oder Ende eines **Freiwilligendienstes** i.S. des § 32 Abs. 4 Satz 1 Nr. 2 Buchst. d EStG oder eines **freiwilligen Wehrdienstes** nach § 58b Soldatengesetz.

Übergangszeiten, wenn sie im zeitlichen Rahmen von **vier Monaten** liegen, sind auch Zwangspausen zwischen zwei Ausbildungsabschnitten nach Zeiten einer Erkrankung, einer Behinderung oder eines Beschäftigungsverbots nach dem Mutterschutzgesetz.

Die Übergangszeit beginnt am Ende des unmittelbar vorangegangenen Ausbildungsabschnittes oder Dienstes, auch wenn das Kind zu diesem Zeitpunkt das 18. Lebensjahr noch nicht vollendet hat (BFH-Urteil vom 16.4.2015, BStBl 2016 II S. 25). Die Übergangszeit von höchstens vier Monaten ist **nicht taggenau** zu berechnen, sondern umfasst vier **volle** Kalendermonate (BFH-Urteil vom 15.7.2003, BStBl II S. 847). Endet z.B. der erste Ausbildungsabschnitt im Monat Juli 2025, so muss der zweite Ausbildungsabschnitt spätestens im Dezember 2025 beginnen (A 16 DA-KG 2025, BStBl 2025 I S. 1018, 1059); vgl. Tz 9.7.3.1, Beispiel 1.

Ein Kind ist während der Übergangszeit zu berücksichtigen, wenn es entweder bereits einen Ausbildungsplatz hat oder sich um einen Platz im nachfolgenden Ausbildungsabschnitt beworben hat, der **tatsächlich** innerhalb einer Frist von vier Monaten beginnt. Eine Übergangszeit i.S. des § 32 Abs. 4 Satz 1 Nr. 2 Buchst. b EStG liegt nicht vor, wenn sich ein Kind zwar um eine Ausbildung bemüht, diese aber erst nach Ablauf der Übergangszeit von vier Monaten beginnt (BFH-Urteil vom 7.7.2021, BStBl II S. 864).

9.7.3.6 Kinder ohne Ausbildungsplatz

16–19 Für die Berücksichtigung eines Kindes **ohne Ausbildungsplatz** ist Voraussetzung, dass es dem Kind trotz ernsthafter Bemühungen nicht gelungen ist, seine Berufsausbildung zu beginnen oder fortzusetzen. Grds. ist jeder Ausbildungswunsch des Kindes anzuerkennen, es sei denn, dass seine Verwirklichung wegen der persönlichen Verhältnisse des Kindes ausgeschlossen erscheint. Dies gilt auch dann, wenn das Kind bereits eine abgeschlossene Ausbildung in einem anderen Beruf besitzt. Ein Mangel eines Ausbildungsplatzes liegt sowohl vor, wenn das Kind noch keinen Ausbildungsplatz gefunden hat, als auch dann, wenn ihm ein solcher bereits zugesagt wurde, es diesen aber aus schul-, studien- oder betriebsorganisatorischen Gründen erst zu einem späteren Zeitpunkt antreten kann (BFH-Urteil vom 15.7.2003, BStBl II S. 843); A 17.1 Abs. 1 DA-KG 2025, BStBl 2025 I S. 1018, 1059.

Das Finanzamt kann verlangen, dass der Steuerpflichtige die ernsthaften Bemühungen des Kindes um einen Ausbildungsplatz durch geeignete Unterlagen nachweist oder zumindest glaubhaft macht. Als **Nachweise** kommen z. B. Bewerbungsschreiben an Ausbildungsstellen sowie deren Zwischennachricht oder Ablehnungsschreiben in Betracht. Sind Unterlagen, die auf den Willen zur Eingehung eines Berufsausbildungsverhältnisses schließen lassen, nicht vorhanden, kann u. U. die Agentur für Arbeit oder ein anderer zuständiger Leistungsträger (Jobcenter) bestätigen, dass das Kind dort als Bewerber für einen Ausbildungsplatz oder eine Bildungsmaßnahme gemeldet ist; in Zweifelsfällen ist die tatsächliche Bewerbereigenschaft – ggf. nach Rücksprache mit der zuständigen Agentur für Arbeit oder dem zuständigen Leistungsträger – festzustellen (BFH-Urteil vom 18.6.2015, BStBl II S. 940). Eine von der Agentur für Arbeit für den Rentenversicherungsträger erstellte Bescheinigung über Anrechnungszeiten der Ausbildungssuche (§ 58 Abs. 1 Satz 1 Nr. 3a SGB VI) kann ebenfalls als Nachweis für das ernsthafte Bemühen des Kindes um einen Ausbildungsplatz anerkannt werden. Als Nachweise kommen auch Unterlagen über eine (erfolglose) Bewerbung bei der Stiftung für Hochschulzulassung oder bei der Bundeswehr für den freiwilligen Wehrdienst in Betracht. Die Vermutung, dass das Kind keine weitere Berufsausbildung anstrebt, kann zudem durch den Nachweis eines sicheren Ausbildungsplatzes für das folgende Kj. widerlegt werden.

Die genannten Nachweise sind dem Finanzamt nur auf dessen **Anforderung** auf elektronischem Weg oder in Kopie vorzulegen (vgl. Vorbemerkungen Tz 14.1).

Ein Kind ohne Ausbildungsplatz kann dann nicht berücksichtigt werden, wenn es sich wegen Kindesbetreuung, beispielsweise in der **Elternzeit** nach dem BEEG, nicht um einen Ausbildungsplatz bemüht. Eine Berücksichtigung ist dagegen möglich, wenn das Kind infolge einer **vorübergehenden Erkrankung** oder wegen eines **Beschäftigungsverbots** nach §§ 3, 6 MuSchG daran gehindert ist, sich um eine Berufsausbildung zu bemühen, sie zu beginnen oder fortzusetzen; vgl. R 32.7 Abs. 4 Satz 2 EStR sowie A 17.2 DA-KG 2025, BStBl 2025 I S. 1018, 1061. Von einer vorübergehenden Erkrankung ist auszugehen, wenn sie im Hinblick auf die ihrer Art nach zu erwartende Dauer der von ihr ausgehenden Funktionsbeeinträchtigung mit hoher Wahrscheinlichkeit nicht länger als **sechs Monate** währt (BFH-Urteil vom 31.8.2021, BStBl 2022 II S. 465). Ein Kind, das wegen einer Erkrankung keine Berufsausbildung beginnen kann, ist jedoch nur dann als ausbildungsplatzsuchendes Kindes zu berücksichtigen, wenn die im Anspruchszeitraum bestehende Ausbildungswilligkeit nachgewiesen wird und das Ende der Erkrankung absehbar ist. Ist dieses nicht absehbar, reicht nach Ansicht des BFH der Wille des Kindes, sich nach dem Ende der Erkrankung um einen Ausbildungsplatz zu bemühen, nicht aus. In solchen Fällen ist aber zu prüfen, ob das Kind als »behindertes Kind« nach § 32 Abs. 4 Satz 1 Nr. 3 EStG berücksichtigt werden kann (BFH-Urteil vom 12.11.2020, BStBl 2021 II S. 390).

9.7.3.7 Kinder, die einen freiwilligen Dienst leisten

Es werden nur solche Kinder steuerlich berücksichtigt, die einen **Freiwilligendienst** leisten, der in § 32 Abs. 4 Satz 1 Nr. 2 Buchst. d EStG ausdrücklich genannt ist. Die Vorschrift ist **nicht** analog auf andere freiwillige soziale Dienste anwendbar (BFH-Urteil vom 18.3.2009, BStBl II S. 1010). Hiernach sind im VZ 2025 nur die folgenden Freiwilligendienste begünstigt: 16–19

- »Freiwilliges soziales Jahr« oder »Freiwilliges ökologisches Jahr« i. S. des Jugendfreiwilligendienstegesetzes – JFDG –;
- »Freiwilligentätigkeit« i. S. der Verordnung (EU) Nr. 2021/888 des Europäischen Parlaments und des Rates vom 20.5.2021 zur Aufstellung des Programms für das Europäische Solidarkorps (ABl. L 202 vom 8.6.2021, S. 32);
- »anderer Dienst im Ausland« i. S. von § 5 des Bundesfreiwilligendienstgesetzes – BFDG –;
- entwicklungspolitischer Freiwilligendienst »weltwärts« i. S. der Förderrichtlinie des Bundesministeriums für wirtschaftliche Zusammenarbeit und Entwicklung vom 1.1.2016;
- »Freiwilligendienst aller Generationen« i. S. von § 2 Abs. 1a SGB VII;
- »Internationaler Jugendfreiwilligendienst« i. S. der Richtlinie des Bundesministeriums für Familie, Senioren, Frauen und Jugend vom 4.1.2021 (GMBl S. 77);
- »Bundesfreiwilligendienst« i. S. des Bundesfreiwilligendienstgesetzes.

Eine Berücksichtigung als Kind i. S. des § 32 Abs. 4 Satz 1 Nr. 2 Buchst. d EStG ist auch bei der Leistung verschiedener Freiwilligendienste möglich. Nach einem **krankheitsbedingten Abbruch** eines Freiwilligendienstes kann das Kind nicht weiter nach § 32 Abs. 4 Satz 1 Nr. 2 Buchst. d EStG berücksichtigt werden, auch wenn es danach das freiwillige soziale Jahr bei einem anderen Träger fortsetzt (BFH-Urteil vom 9.9.2020, III R 15/20, BFH/NV 2021 S. 544).

Nach Abschluss eines Freiwilligendienstes stellt der jeweilige Träger des Freiwilligendienstes eine Bescheinigung als Nachweis über die Ableistung des Freiwilligendienstes und dessen Dauer aus. Dieser Nachweis ist dem Finanzamt nur auf Anforderung auf elektronischem Weg oder in Kopie vorzulegen (vgl. Vorbemerkungen Tz 14.1).

Bei den einzelnen Freiwilligendiensten ist im Übrigen Folgendes zu beachten:

Das »**freiwillige soziale Jahr**« oder das »**freiwillige ökologische Jahr**« nach dem JFDG (BGBl 2008 I S. 842) wird i. d. R. für die Dauer von zwölf zusammenhängenden Monaten abgeleistet. Das Kind muss sich mindestens für sechs Monate bei einem anerkannten Träger verpflichtet haben. Träger des freiwilligen sozialen Jahres sind die in der Bundesarbeitsgemeinschaft der freien Wohlfahrtspflege zusammengeschlossenen Verbände und ihre Untergliederungen, die Kirchen, die Gebietskörperschaften sowie nach näherer Bestimmung der Länder sonstige Körperschaften des öffentlichen Rechts. Die zuständige Landesbehörde kann darüber hinaus weitere Träger des sozialen oder ökologischen Jahres zulassen, wenn sie ihren Sitz im Inland haben und die Gewähr für die Durchführung eines Jugendfreiwilligendienstes bieten (§ 10 JFDG). Bei einem Dienst im **Inland** besteht die Möglichkeit der Verlängerung um bis zu sechs Monate. Bis zu einer Höchstdauer von insgesamt 18 Monaten können ein freiwilliges soziales Jahr und ein freiwilliges ökologische Jahr mit einer Mindestdauer von 6 Monaten nacheinander geleistet werden. Das freiwillige soziale oder ökologische Jahr kann auch im (nicht nur europäischen) **Ausland** abgeleistet werden, wenn der Träger seinen Sitz im Inland hat. Die Höchstdauer der Auslandsentsendung ist auf 12 Monate beschränkt. Der Jugendfreiwilligendienst wird sowohl im Inland als auch im Ausland pädagogisch begleitet.

»**Andere Dienste im Ausland**« i. S. von § 5 BFDG sind Dienste, die das friedliche Zusammenleben der Völker fördern und die von einem nach § 14b Abs. 3 Zivildienstgesetz anerkannten Träger im Ausland durchgeführt werden. Mit der Aussetzung der allgemeinen Wehrpflicht durch das Wehrrechtsänderungsgesetz 2011 (BGBl 2011 I S. 679) kann zwar auch ein anderer Dienst im Ausland nicht mehr als

Ersatzdienst für den Zivildienst abgeleistet werden. § 5 des BFDG führt den anderen Dienst im Ausland jedoch als Auslandsfreiwilligendienst fort, da der Bundesfreiwilligendienst nicht im Ausland geleistet werden kann. Mit dem Auslandsfreiwilligendienst ist eine pädagogische Begleitung des Kindes obligatorisch, die in Form von Seminaren im In- und Ausland, Sprachkursen und Rückkehrerseminaren erfolgt.

Der »**Europäische Freiwilligendienst**« wird seit dem VZ 2014 im Rahmen des EU-Programms »**Erasmus +**« durchgeführt. Das Programm war zunächst für eine Dauer von sieben Jahren bis zum Kj. 2020 ausgelegt und vereinigte alle EU-Programme für allgemeine und berufliche Bildung, Jugend und Sport auf europäischer und internationaler Ebene. Auch das frühere Förderprogramm »**Jugend in Aktion**« ist darin integriert worden. Erasmus + wird inzwischen über das Jahr 2020 hinaus weiter fortgeführt. Zum 5.10.2018 trat daneben das »**Europäische Solidaritätskorps**« in Kraft (EU-Verordnung 2018/1475), das u. a. auch den bisherigen Europäischen Freiwilligendienst beinhaltet. Im Europäischen Solidaritätskorps heißt der Freiwilligendienst nun »**Europäische Freiwilligentätigkeit**«. An den Antragsmodalitäten und -voraussetzungen hat sich durch das Programm gegenüber dem Europäischen Freiwilligendienst in Erasmus + keine Änderung ergeben. Grundlage für die Förderung ist ein privatrechtlicher Fördervertrag, der zwischen dem Freiwilligen, der (meist inländischen) Entsendeorganisation, der (meist im EU- bzw. EWR-Gebiet sitzenden) Aufnahmeorganisation und der die Förderung bewilligenden Stelle geschlossen wird. Der Vertrag kommt erst mit abschließender Unterzeichnung durch die bewilligende Stelle zustande; er ist zwingende Voraussetzung für die Berücksichtigung. Der Tätigkeitsort liegt regelmäßig, aber nicht notwendig im EU-/EWR-Gebiet. Die Dauer ist auf maximal zwölf Monate beschränkt; bis zu der Höchstdauer können auch mehrere Dienste bzw. die Arbeit in verschiedenen Projekten berücksichtigt werden. Weitere Einzelheiten zu den Zielen von Erasmus + und den Förderbedingungen können im Internet unter www.erasmusplus.de abgerufen werden.

In Deutschland sind die folgenden Nationalen Agenturen für die Genehmigung und Umsetzung von Projekten im Rahmen von »Erasmus + « bzw. des »Europäischen Solidaritätskorps« zuständig:

- Nationale Agentur »Jugend für Europa« für den Bereich Jugend (Godesberger Allee 142–148, 53175 Bonn; Internet: www.jugendfuereuropa.de),
- Nationale Agentur im Pädagogischen Austauschdienst (PAD) der Kultusministerkonferenz für den Schulbereich (Internet: www.kmk-pad.org),
- Nationale Agentur für EU-Hochschulzusammenarbeit beim DAAD für den Bereich der Hochschulbildung (Internet: www.eu.daad.de),
- Nationale Agentur »Bildung für Europa« beim Bundesinstitut für Berufsbildung für den Bereich der beruflichen Bildung und Erwachsenenbildung (Internet: www.na-bibb.de).

Ein Freiwilligendienst im Rahmen des Programms »Erasmus + « liegt nach Ansicht des BFH nur vor, wenn es sich um eine Tätigkeit im Rahmen eines von den v. g. Nationalen Agenturen anerkannten Projekts handelt. Nicht ausreichend ist, dass eine Organisation für das Programm »Erasmus + « lediglich als Veranstalter registriert und akkreditiert ist (BFH-Urteil vom 1.7.2020, BStBl 2021 II S. 23).

Das Bundesministerium für wirtschaftliche Zusammenarbeit und Entwicklung (BMZ) fördert interessierte junge Erwachsene mit dem **entwicklungspolitischen Freiwilligendienst »weltwärts«**. Näheres zu den Zielen und Rahmenbedingungen dieses Förderprogramms regelt eine Förderleitlinie des BMZ vom 1.1.2016 (Internet: www.weltwaerts.de). Mit der Aufnahme dieses Freiwilligendienstes in § 32 Abs. 4 Satz 1 Nr. 2 Buchst. d EStG werden für volljährige Kinder, die einen solchen Dienst leisten, ebenfalls die kindbedingten steuerlichen Entlastungen gewährt.

Seit dem VZ 2009 werden auch volljährige Kinder berücksichtigt, die nach Erfüllung der Schulpflicht auf der Grundlage einer schriftlichen Vereinbarung im Dienst eines geeigneten Trägers im Umfang von durchschnittlich mindestens acht Wochenstunden und für die Dauer von mindestens sechs Monaten als Freiwillige einen »**Freiwilligendienst aller Generationen**« i. S. von § 2 Abs. 1a SGB VII leisten. Als Träger des Freiwilligendienstes aller Generationen geeignet sind inländische juristische Personen des öffentlichen Rechts oder unter § 5 Abs. 1 Nr. 9 KStG fallende Einrichtungen zur Förderung gemeinnütziger, mildtätiger oder kirchlicher Zwecke (§§ 52 bis 54 AO), wenn sie die Haftpflichtversicherung und eine kontinuierliche Begleitung der Freiwilligen und deren Fort- und Weiterbildung im Umfang von mindestens durchschnittlich 60 Stunden je Jahr sicherstellen.

Kinder, die an dem – seit 1.1.2011 angebotenen – »**Internationalen Jugendfreiwilligendienst**« i. S. der Richtlinie des Bundesministeriums für Familie, Senioren, Frauen und Jugend vom 4.1.2021 (GMBl S. 77) teilnehmen, können bei Vorliegen der übrigen gesetzlichen Voraussetzungen ebenfalls im Rahmen des Familienleistungsausgleichs berücksichtigt werden. Nähere Informationen zu den Zielen und zur Arbeit dieses Freiwilligendienstes können unter »www.internationaler-jugend-freiwilligendienst.de« abgerufen werden.

Der »**Bundesfreiwilligendienst**« wurde 2011 als Reaktion auf die Aussetzung der allgemeinen Wehrpflicht und damit auch des Zivildienstes eingeführt. Er ergänzt die bestehenden Freiwilligendienste »Freiwilliges soziales Jahr« und »Freiwilliges ökologisches Jahr« und fördert das bürgerschaftliche Engagement. Weitere Informationen zum Bundesfreiwilligendienstgesetz sind unter www.bundesfreiwilligendienst.de erhältlich. Ziel dieses Gesetzes ist unter anderem auch, das Konzept des Freiwilligendienstes auf eine breitere gesellschaftliche Basis zu stellen, da der Bundesfreiwilligendienst nach oben auch für Erwachsene über 27 Jahre offen ist. Eine Berücksichtigung volljähriger Kinder, die den Bundesfreiwilligendienst leisten, ist jedoch nur bis zur Vollendung des **25. Lebensjahres** möglich (vgl. Tz 9.7.2).

9.7.3.8 Behinderte Kinder

Ein Kind, das das **18. Lebensjahr** vollendet hat, wird ohne Alters- 2
begrenzung (auch über das **25. Lebensjahr** hinaus) berücksichtigt, wenn es wegen körperlicher, geistiger oder seelischer **Behinderung außerstande** ist, sich **selbst zu unterhalten.**

Die Behinderung, derentwegen das Kind nicht in der Lage ist, sich selbst zu unterhalten, muss **vor** Vollendung des **25. Lebensjahres** eingetreten sein (§ 32 Abs. 4 Satz 1 Nr. 3 EStG; vgl. R 32.9 Satz 3 EStR). Ist die Behinderung ab dem **1.1.2007** nach Vollendung des 25. Lebensjahres eingetreten, kann eine Berücksichtigung als behindertes Kind **nicht** mehr erfolgen. Für behinderte Kinder, deren Behinderung **vor dem 1.1.2007** und vor Vollendung des 27. Lebensjahres eingetreten ist, ist weiter die frühere Altersgrenze von 27 Jahren ausschlaggebend, bis zu der die Behinderung eingetreten sein muss (§ 52 Abs. 32 Satz 1 2. Halbsatz EStG). Wird bei einem Kind mit angeborenem Gendefekt eine krankheitsbedingte Behinderung erst nach Erreichen der Altersgrenze diagnostiziert, erfordert die Kindberücksichtigung die Feststellung, dass der Gendefekt bereits vor Erreichen der Altersgrenze zu einer mit hoher Wahrscheinlichkeit länger als sechs Monate andauernden Funktionsstörung geführt hat und das Kind dadurch in seiner Teilhabe am gesellschaftlichen Leben beeinträchtigt gewesen ist (BFH-Urteil vom 17.11.2019, BStBl 2020 II S. 558). Eine »drohende Behinderung« vor Erreichen der Altersgrenze erfüllt nicht die Voraussetzungen des § 32 Abs. 4 Satz 1 Nr. 3 EStG.

Der **Nachweis** der Behinderung ist grds. durch Vorlage eines Ausweises nach dem SGB IX oder einen behördlichen Bescheid (z. B. Feststellungsbescheid des Versorgungsamtes bzw. der nach Landesrecht zuständigen Behörde, Rentenbescheid) zu erbringen; es genügt auch ein Bescheid über die Einstufung als schwerstpflegebedürftige Person in die Pflegegrade 4 oder 5 nach SGB XI oder diesen entsprechenden Bestimmungen. Von der Vorlage eines Behindertenausweises usw. kann ausnahmsweise abgesehen werden, wenn im Einzelfall, insbesondere bei seelischen Erkrankungen, die begründete Befürchtung besteht, dass sich das Verfahren zur Erlangung eines amtlichen Nachweises nachteilig auf den Gesundheitszustand und die weitere ärztliche Behandlung des Kindes auswirken könnte und aussagekräftige Gutachten vorgelegt werden. Die Behinderung eines Kindes kann auch mittels ärztlicher Bescheinigungen oder Gutachten nachgewiesen werden (BFH-Urteile vom 16.4.2002, BStBl II S. 738 und vom 16.1.2025, III R 9/23, BFH/NV 2025 S. 592). Zum erforderlichen Inhalt der Bescheinigung bzw. des ärztlichen Gutachtens siehe A 19.2 Abs. 1 DA-KG 2025, BStBl 2025 I S. 1018,

1065. Die v. g. Nachweise sind dem Finanzamt nur auf **Anforderung** auf elektronischem Weg oder in Kopie vorzulegen (vgl. Vorbemerkungen Tz 14.1).

Ein volljähriges behindertes Kind ist **außerstande**, sich selbst zu unterhalten, wenn es mit seinen eigenen Mitteln seinen gesamten notwendigen Lebensbedarf nicht bestreiten kann. Ist ein behindertes Kind trotz seiner Erwerbstätigkeit nicht in der Lage, seinen gesamten Lebensbedarf zu bestreiten, ist im Einzelfall zu entscheiden, ob die Behinderung für die mangelnde Fähigkeit zum Selbstunterhalt in erheblichem Maße (mit-)ursächlich ist (BFH-Urteil vom 15.3.2012, BStBl II S. 892). Die »**Ursächlichkeit** der Behinderung« hierfür ist anzunehmen, wenn

- das Kind in einer Werkstatt für behinderte Menschen, bei einem anderen Leistungsanbieter nach § 60 SGB IX oder in einer Tagesförderstätte betreut wird,
- das Kind in einer vollstationären Einrichtung für Menschen mit Behinderung oder einer besonderen Wohnform lebt,
- Leistungen der Grundsicherung im Alter und bei Erwerbsminderung nach dem SGB XII bezogen werden,
- das Kind das Regelrentenalter erreicht hat,
- der Grad der Behinderung 50 oder mehr beträgt und das Kind für einen Beruf ausgebildet wird,
- im Ausweis über die Eigenschaft als schwerbehinderter Mensch das Merkmal »H« (hilflos) eingetragen oder im Feststellungsbescheid festgestellt ist, dass die Voraussetzungen für das Merkmal »H« (hilflos) vorliegen oder
- eine volle Erwerbsminderungsrente gegenüber dem Kind bewilligt ist oder eine dauerhafte volle Erwerbsminderung nach § 45 SGB XII festgestellt ist.

Dem Merkzeichen »H« steht die Einstufung als pflegebedürftige Person mit schwersten Beeinträchtigungen der Selbständigkeit und der Fähigkeiten in die Pflegegrade 4 und 5 nach dem SGB XI oder diesem entsprechenden Bestimmungen gleich. Zu den erforderlichen Nachweisen s. o.

Die »Ursächlichkeit der Behinderung« für die Unfähigkeit des Kindes, sich selbst zu unterhalten, kann nicht angenommen werden, wenn es sich in Untersuchungs- oder Strafhaft befindet, auch dann nicht, wenn die Straftat durch die Behinderung gefördert wurde (BFH vom 30.4.2014, BStBl II S. 1014). Anders ist nach Ansicht des FG Hamburg der Fall eines psychisch erkrankten Kindes zu beurteilen, bei dem ein Grad der Behinderung von 80 mit dem Merkzeichen »H« (hilflos) festgestellt und das wegen im Zustand der Schuldunfähigkeit begangener rechtswidriger Taten nach § 63 StGB (einstweilen) in einem psychiatrischen Krankenhaus untergebracht wurde (Urteil vom 26.10.2022, 5 K 181/19, EFG 2023 S. 190; bestätigt durch BFH-Urteil vom 30.1.2024, BStBl 2025 II S. 16). In einem solchen Fall ist nach Auffassung des BFH eine erhebliche **Mitursächlichkeit** der Behinderung des Kindes für seine mangelnde Fähigkeit zum Selbstunterhalt für die Berücksichtigung nach § 32 Abs. 4 Satz 1 Nr. 3 EStG ausreichend.

Die Fähigkeit des Kindes zum Selbstunterhalt ist anhand zweier Bezugsgrößen zu prüfen, nämlich dem **gesamten notwendigen Lebensbedarf** des Kindes einerseits sowie der verfügbaren **finanziellen Mittel** des Kindes andererseits. Diese beiden Bezugsgrößen sind gegenüberzustellen:

Der notwendige Lebensbedarf des Kindes setzt sich typischerweise aus dem allgemeinen Lebensbedarf (**Grundbedarf**) und dem individuellen behinderungsbedingten **Mehrbedarf** zusammen. Der jährliche **Grundbedarf** beläuft sich für jedes Kind, gleichgültig ob behindert oder nicht, für das Jahr 2025 auf **12 096 €** (= Grundfreibetrag nach § 32 a Abs. 1 Satz 2 Nr. 1 EStG). Übersteigen die kindeseigenen Mittel nicht den allgemeinen Lebensbedarf, ist davon auszugehen, dass das Kind außerstande ist, sich selbst zu unterhalten. Bei dieser vereinfachten Berechnung zählen zum verfügbaren Nettoeinkommen und den Leistungen Dritter keine Leistungen, die dem Kind wegen eines behinderungsbedingten Bedarfs zweckgebunden zufließen (z. B. Pflegegeld aus der gesetzlichen Pflegeversicherung). Wird nach dieser Berechnung der allgemeine Lebensbedarf überschritten, ist eine ausführliche Berechnung unter Einbezug des behinderungsbedingten Mehrbedarfs des Kindes vorzunehmen (A 19.4 Abs. 3 DA-KG 2025, BStBl 2025 I S. 1018, 1066).

Der behinderungsbedingte Mehrbedarf umfasst Aufwendungen, die nicht behinderte Kinder nicht haben. Hierzu zählen insbesondere die Kosten für eine Heimunterbringung sowie der Pflegebedarf i. H. des gezahlten Pflegegeldes, unter bestimmten Voraussetzungen auch persönliche **Betreuungsleistungen** der **Eltern**, die mit **10 €** pro Stunde zu bewerten sind, sowie behinderungsbedingte **Fahrtaufwendungen** (A 19.4 Abs. 5 DA-KG 2025).

Falls das behinderte Kind nicht vollstationär in einem Heim untergebracht ist, kann, soweit kein Einzelnachweis erfolgt, der **Behinderten-Pauschbetrag** nach § 33 b EStG (vgl. Tz 5.2.1.2) als pauschaler **Mehrbedarf** angesetzt werden. Anstelle des Behinderten-Pauschbetrags kann das **Pflegegeld** als behinderungsbedingter Mehrbedarf angesetzt werden, wenn das Kind Pflegegeld aus der Pflegeversicherung erhält (BFH-Urteil vom 24.8.2004, BStBl 2010 II S. 1052). Dies gilt gleichermaßen für das **Blindengeld** (BFH-Urteil vom 31.8.2006, BStBl 2010 II S. 1054). Diese Regelung findet sowohl bei behinderten Kindern, die in eigener Wohnung (ohne Kostenbeteiligung Dritter) oder im Haushalt der Eltern leben, Anwendung als auch in Fällen teilstationärer Unterbringung.

Bei **vollstationärer** oder vergleichbarer **Unterbringung** des behinderten Kindes erfolgt die Ermittlung des behinderungsbedingten Mehrbedarfs regelmäßig durch **Einzelnachweis** der **Aufwendungen**, indem die im Wege der **Grundsicherung** nach SGB XII und ggf. durch die **Eingliederungshilfe** nach SGB IX übernommenen Kosten für die Unterbringung ggf. abzgl. des nach der Sozialversicherungsentgeltverordnung zu ermittelnden Wertes der Verpflegung angesetzt werden (A 19.4 Abs. 6 DA-KG 2025). Der Pauschbetrag für behinderte Menschen ist nicht neben den Kosten der Unterbringung zu berücksichtigen, da deren Ansatz einem Einzelnachweis entspricht. Eventuell gezahltes Pflege- oder Blindengeld kann ebenfalls nicht neben der Eingliederungshilfe als behinderungsbedingter Mehrbedarf berücksichtigt werden. Der Steuerpflichtige kann aber weiteren behinderungsbedingten Mehrbedarf für das Kind glaubhaft machen (z. B. Operationskosten und Heilbehandlungen, Kuren, Arzt- und Arzneikosten).

Die kindeseigenen **finanziellen Mittel** setzen sich aus dem **verfügbaren Nettoeinkommen** und den **Leistungen Dritter** zusammen, die das Kind für den behinderungsbedingten Mehrbedarf erhält. Bei der Ermittlung des verfügbaren Nettoeinkommens sind

- alle **stpfl. Einkünfte** i. S. des § 2 Abs. 1 EStG (Gewinneinkünfte i. S. der §§ 13 bis 18 EStG, Überschusseinkünfte i. S. der §§ 19 bis 23 EStG – auch unter Berücksichtigung privater Veräußerungsgeschäfte),
- alle **steuerfreien Einnahmen** (z. B. Leistungen nach dem SGB III, Eingliederungshilfe nach dem SGB IX, dem Bundeselterngeld- und Elternzeitgesetz oder aus der gesetzlichen Pflege- und Unfallversicherung) sowie
- etwaige **Steuererstattungen** (ESt, KiSt, Solidaritätszuschlag)

zu berücksichtigen.

Abzuziehen sind tatsächlich gezahlte **Steuern** (Steuervorauszahlungen und -nachzahlungen, Steuerabzugsbeträge) sowie die unvermeidbaren **Vorsorgeaufwendungen** (Beiträge zu einer Basiskranken- und Pflegepflichtversicherung, gesetzliche Sozialabgaben bei Arbeitnehmern). Zur Berechnung des verfügbaren Nettoeinkommens siehe im Einzelnen A 19.5 DA-KG 2025, BStBl 2025 I S. 1018, 1069.

Renten und **Versorgungsbezüge** des Kindes stellen Einkünfte oder nicht der Besteuerung unterliegende Einnahmen dar (A 19.5.3 Abs. 1 DA-KG 2025, BStBl 2025 I S. 1018, 1071). Einkünfte aus einer **privaten Rentenversicherung** gehören nur mit dem stpfl. Ertragsanteil zum verfügbaren Nettoeinkommen des Kindes; die den Ertragsanteil übersteigenden Teile der Rentenzahlungen sind nicht als Bezug zu berücksichtigen (BFH-Urteil vom 16.2.2023, BStBl II S. 714). Eine **Grundrente** nach dem **Opferentschädigungsgesetz** ist ebenfalls **nicht** als Bezug eines behinderten volljährigen Kindes zu berücksichtigen (BFH-Urteil vom 20.4.2023, BStBl II S. 911).

Das für ein behindertes Kind gezahlte **Pflegegeld** und der **Ehegattenunterhalt** sind bei der Ermittlung des dem Kind zur Verfügung stehenden finanziellen Mittel als Bezug zu berücksichtigen. Unterhaltsleistungen des Ehegatten an ein minderjähriges Kind mindern jedoch den zu berücksichtigenden Ehegattenunterhalt (BFH-Urteil vom 22.10.2022, BStBl 2023 II S. 655). Zum Ansatz des **Ehegattenunterhalts** als Leistungen Dritter siehe im Übrigen A 19.6 Abs. 2 DA-KG 2025, BStBl 2025 I S. 1018, 1072.

Bei **stationär** untergebrachten Kindern gehören zum verfügbaren Nettoeinkommen des Kindes die steuerfreie **Eingliederungshilfe** abzgl. des vom Kind erhobenen Kostenbeitrags für seine Unterbringung und Betreuung sowie ggf. vom Sozialleistungsträger erhobene Unterhaltsleistungen eines kindergeldberechtigten Elternteils. Allein aus dem Umstand, dass der Sozialleistungsträger den dem Grunde nach kindergeldberechtigten Elternteil auf Zahlung eines Unterhaltsbeitrags für das Kind in Anspruch nimmt, ist jedoch nicht abzuleiten, dass dieses zum Selbstunterhalt außerstande ist (BFH-Urteil vom 27.10.2021, BStBl 2022 II S. 469).

Vermögen eines behinderten Kindes gehört nicht zu den kindeseigenen Mitteln und wird daher nicht berücksichtigt (BFH-Urteile vom 19.8.2002, BStBl 2003 II S. 88 und 91). **Kindergeld** führt ebenfalls nicht zur Kürzung der dem Kind zur Verfügung stehenden Mittel (BFH-Urteil vom 27.11.2019, BStBl 2021 II S. 807). Zum verfügbaren Nettoeinkommen eines behinderten Kindes gehört zwar auch der Anteil der **Kapitalleistung** einer **Rentenversicherung** mit Gewinnbeteiligung (Altvertrag), welcher von der Versicherungsgesellschaft erwirtschaftet wurde. Bei dem Teil der Auszahlung, der auf angesparten Beiträgen beruht, handelt es sich jedoch um nicht zu berücksichtigendes Vermögen des Kindes (BFH-Urteil vom 15.12.2021, BStBl 2022 II S. 444).

Bei der Prüfung, ob ein behindertes Kind außerstande ist, sich selbst zu unterhalten, gilt grds. das **Monatsprinzip** (BFH-Urteil vom 4.11.2003, BStBl 2010 II S. 1046). Aus Vereinfachungsgründen ist aber bei der Ermittlung des individuellen behinderungsbedingten Mehrbedarfs sowie bei der Ermittlung der finanziellen Mittel des behinderten Kindes eine Monatsberechnung nur dann anzustellen, wenn ein nicht monatlich anfallender Sonderbedarf gegeben ist oder unregelmäßig anfallende Gratifikationen oder Sonderzuwendungen wie beispielsweise das Urlaubs- oder Weihnachtsgeld zugeflossen sind. Der **behinderungsbedingte Sonderbedarf**, der nicht jeden Monat anfällt, ist dabei nicht ausschließlich dem Monat zuzuordnen, in dem die Kosten angefallen sind, sondern gleichmäßig auf das Kj. zu verteilen (BFH-Urteil vom 24.8.2004, BStBl 2010 II S. 1048). Sonderzuwendungen, Gratifikationen – wie Weihnachts- oder Urlaubsgeld – sind auf den Zuflussmonat und die nachfolgenden elf Monate aufzuteilen (BFH-Urteil vom 24.8.2004, BStBl 2007 II S. 248).

Sind die finanziellen Mittel des behinderten Kindes geringer als dessen gesamter existenzieller Lebensbedarf, besteht ein Anspruch auf Kindergeld oder auf die Freibeträge für Kinder. Zu **Berechnungsbeispielen** siehe im Übrigen A 19.4 Abs. 6 und 7 DA-KG 2025.

Wegen der Berücksichtigung außergewöhnlicher Belastungen bei Aufwendungen von Eltern erwachsener behinderter Kinder in vollstationärer Heimunterbringung wird auf Tz 5.5.6, ABC »Heimunterbringung erwachsener behinderter Kinder« hingewiesen.

9.7.4 Erwerbstätigkeit

9.7.4.1 Ausschluss von Kindern aufgrund einer Erwerbstätigkeit

22–25 Ein volljähriges Kind wird unabhängig von der Höhe seiner Einkünfte und Bezüge steuerlich berücksichtigt (vgl. Tz 9.7.1). Zu prüfen ist jedoch, ob ein nach § 32 Abs. 4 Satz 1 Nr. 2 EStG zu berücksichtigendes Kind bereits eine **Erstausbildung** (erstmalige Berufsausbildung oder Erststudium) **abgeschlossen** hat und ob und in welchem Umfang das Kind eine »anspruchsschädliche« **Erwerbstätigkeit** ausgeübt hat (§ 32 Abs. 4 Satz 2 und 3 EStG). Dazu dienen die Angaben in den **Zeilen 22** bis **25** (vgl. Tz 9.7.4.3).

Nach Abschluss einer erstmaligen Berufsausbildung wie auch nach Abschluss eines Erststudiums gilt die gesetzliche Vermutung, dass ein volljähriges Kind in der Lage ist, sich selbst zu unterhalten. Dies hat zur Folge, dass ein solches Kind nicht mehr zu berücksichtigen ist. Die Vermutung des Gesetzgebers gilt aber als widerlegt, wenn der Nachweis erbracht wird, dass das Kind weiterhin für einen Beruf ausgebildet wird (§ 32 Abs. 4 Satz 1 Nr. 2 Buchst. a EStG) und tatsächlich keiner Erwerbstätigkeit nachgeht, die die Zeit und Arbeitskraft des Kindes überwiegend beansprucht. Eine »anspruchs**un**schädliche« **Erwerbstätigkeit** liegt vor, wenn die regelmäßige wöchentliche Arbeitszeit **nicht mehr** als **20 Stunden** beträgt, ein **Ausbildungsdienstverhältnis** oder ein **geringfügiges Beschäftigungsverhältnis** i. S. der §§ 8 und 8a SGB IV vorliegt (Rz 2 des BMF-Schreibens vom 8.2.2016, BStBl I S. 226).

Die vorstehenden Regelungen gelten **nicht** für Kinder bis zur Vollendung des 21. Lebensjahrs, die bei einer Agentur für Arbeit als **arbeitsuchend** gemeldet sind (§ 32 Abs. 4 Satz 1 Nr. 1 EStG), sowie für **behinderte Kinder**, die nach § 32 Abs. 4 Satz 1 Nr. 3 EStG zu berücksichtigen sind. Diese Kinder werden unabhängig vom Abschluss einer erstmaligen Berufsausbildung oder einem Erststudium berücksichtigt, sodass in diesen Fällen die Zeilen 22 bis 25 **nicht** auszufüllen sind.

9.7.4.2 Abschluss erstmalige Berufsausbildung oder Erststudium

In **Zeile 22** ist für ein nach § 32 Abs. 4 Satz 1 Nr. 2 EStG zu berücksichtigendes Kind anzugeben, ob das Kind bereits eine **erstmalige Berufsausbildung** oder ein **Erststudium** abgeschlossen hat (»1 = Ja«; »2 = Nein«). 2

Volljährige Kinder, die einen der vor **Zeile 16** genannten Tatbestände des § 32 Abs. 4 Satz 1 Nr. 2 EStG erfüllen und die noch keine Erstausbildung oder Erststudium abgeschlossen haben, werden **ohne weitere Voraussetzungen** steuerlich berücksichtigt. Nach Abschluss einer erstmaligen Berufsausbildung oder eines Erststudiums kann ein volljähriges Kind nur dann berücksichtigt werden, wenn es keiner »anspruchsschädlichen« **Erwerbstätigkeit** i. S. des § 32 Abs. 4 Satz 2 und 3 EStG nachgeht. Dies gilt auch dann, wenn die erstmalige Berufsausbildung vor Vollendung des 18. Lebensjahres abgeschlossen worden ist (A 20.1 Abs. 1 DA-KG 2025, BStBl 2025 I S. 1018, 1072). Nur wenn die Frage in **Zeile 22** mit »1 = Ja« beantwortet wird, sind die nachfolgenden Angaben zur Erwerbstätigkeit des Kindes in den **Zeilen 23** bis **25** auszufüllen.

Unter dem Begriff »**Berufsausbildung**« i. S. des § 32 Abs. 4 Satz 2 EStG ist eine berufliche Ausbildung unter Ausschluss eines Studiums zu verstehen. Eine Berufsausbildung in diesem Sinne liegt vor, wenn das Kind durch eine berufliche Ausbildungsmaßnahme die notwendigen fachlichen Fertigkeiten und Kenntnisse erwirbt, die zur Aufnahme eines Berufs befähigen. Voraussetzung ist, dass der Beruf durch eine Ausbildung in einem öffentlich-rechtlich geordneten **Ausbildungsgang** erlernt wird und der Ausbildungsgang durch eine **Prüfung** abgeschlossen wird (Rz 3 des BMF-Schreibens vom 8.2.2016, BStBl I S. 226). Eine Berufsausbildung im Ausland wird berücksichtigt, wenn deren Abschluss einem inländischen Abschluss gleichgestellt ist; davon ist bei Abschlüssen aus einem Mitgliedstaat der EU oder des EWR oder der Schweiz i. d. R. auszugehen (Rz 7 des o. a. BMF-Schreibens vom 8.2.2016).

Die Berufsausbildung ist als »**erstmalige Berufsausbildung**« anzusehen, wenn ihr keine andere abgeschlossene Berufsausbildung bzw. kein abgeschlossenes berufsqualifizierendes Hochschulstudium vorausgegangen ist. Wird ein Kind ohne entsprechende Berufsausbildung in einem Beruf tätig und führt es die zugehörige Berufsausbildung nachfolgend durch (nachgeholte Berufsausbildung), handelt es sich dabei um eine erstmalige Berufsausbildung (BFH-Urteil vom 6.3.1992, BStBl II S. 661).

Ein Studium stellt dann ein »**Erststudium**« i. S. des § 32 Abs. 4 Satz 2 EStG dar, wenn es sich um eine Erstausbildung handelt. Es darf ihm kein anderes durch einen berufsqualifizierenden Abschluss beendetes Studium bzw. keine andere abgeschlossene nichtakademische Berufsausbildung vorangegangen sein. Ein Studium wird aufgrund der entsprechenden Prüfungsordnung einer inländischen Hochschule durch eine Hochschulprüfung oder eine staatliche oder kirchliche Prüfung regelmäßig erst mit Bekanntgabe des Prüfungsergebnisses abgeschlossen.

Eine erstmalige Berufsausbildung oder ein Erststudium sind grds. **abgeschlossen**, wenn sie das Kind zur Aufnahme eines Berufs befähigen. Wenn das Kind später eine weitere Ausbildung aufnimmt (z. B. **Meisterausbildung** nach mehrjähriger Berufstätigkeit aufgrund abgelegter Gesellenprüfung oder **Masterstudium** nach mehrjähriger Berufstätigkeit), handelt es sich um eine **Zweitausbildung**.

Ist aufgrund objektiver Beweisanzeichen erkennbar, dass das Kind sein angestrebtes Berufsziel noch nicht erreicht hat, kann auch eine **weiterführende Ausbildung** noch als Teil der Erstausbildung zu qualifizieren sein (BFH-Urteil vom 3.7.2014, BStBl 2015 II S. 152, sog. »mehraktige Ausbildung«). Abzustellen ist dabei darauf, ob die weiterführende Ausbildung in einem **engen sachlichen Zusammenhang** mit der nichtakademischen Ausbildung oder dem Erststudium steht und im **engen zeitlichen Zusammenhang** durchgeführt wird (BFH-Urteil vom 15.4.2015, BStBl 2016 II S. 163). Ein enger sachlicher Zusammenhang kann vorliegen, wenn die nachfolgende Ausbildung z. B. dieselbe Berufssparte oder denselben fachlichen Bereich betrifft (BFH-Urteil vom 23.10.2019, BStBl 2020 II S. 785). Ein enger zeitlicher Zusammenhang liegt vor, wenn das Kind die weitere Ausbildung zum nächstmöglichen Zeitpunkt aufnimmt oder sich bei mangelndem Ausbildungsplatz zeitnah zum nächstmöglichen Zeitpunkt für die weiterführende Ausbildung bewirbt. Das bloße **Bemühen** um eine weitere Ausbildung reicht nicht, wenn sich die Aufnahme des zweiten Ausbildungsabschnitts über längere Zeit hinzieht. Die Berufstätigkeit führt zu einem Einschnitt, der den zeitlichen Zusammenhang zwischen den Ausbildungsabschnitten aufhebt. Auch der »Gesamtplan« des Kindes, sein Berufsziel erst durch eine weitere Ausbildung (z. B. zum Bankfachwirt) zu erreichen, ist nicht das allein maßgebliche Kriterium für die Annahme einer einheitlichen Erstausbildung i. S. des § 32 Abs. 4 Satz 2 EStG (BFH-Urteil vom 14.4.2021, BStBl II S. 866).

Setzt ein Kind nach Beendigung der Ausbildung zur **Steuerfachangestellten** seine Berufsausbildung mit den weiterführenden Berufszielen »Staatlich geprüfter Betriebswirt« und »Steuerfachwirt« nicht zum nächstmöglichen Zeitpunkt fort, handelt es sich daher bei der nachfolgenden Fachschulausbildung um eine Zweitausbildung i. S. des § 32 Abs. 4 Satz 2 EStG (BFH-Urteil vom 11.4.2018, BStBl II S. 548). Eine einheitliche Erstausbildung i. S. dieser Vorschrift ist nach Auffassung des BFH nicht mehr anzunehmen, wenn ein Kind nach Erlangung eines ersten Berufsabschlusses während einer beruflichen Weiterbildung eine Erwerbstätigkeit aufnimmt, die im Vergleich zur Weiterbildung als »**Hauptsache**« anzusehen ist (s. u.).

Auch ein **Jurastudium** nach dem Abschluss der Ausbildung zur **Diplom-Finanzwirtin** kann zwar grds. Teil einer einheitlichen »mehraktigen Erstausbildung« sein, wenn ein enger zeitlicher und sachlicher Zusammenhang zwischen den Ausbildungsabschnitten besteht. Das Jurastudium muss jedoch die **Haupttätigkeit** des Kindes sein und nicht hinter der Erwerbstätigkeit zurücktreten. Für die Frage, ob die Berufstätigkeit oder die Ausbildung im Vordergrund steht, kommt dem Berufsziel keine weitere Bedeutung zu (BFH-Urteil vom 7.4.2022, BStBl II S. 678). Wird das Jurastudium parallel zu einer Teilzeiterwerbstätigkeit in der Finanzverwaltung mit einer regelmäßigen Arbeitszeit von mehr als 20 Wochenstunden durchgeführt, ist das Jurastudium nicht die Haupttätigkeit des Kindes und daher als »Zweitausbildung« anzusehen. Aufgrund des Umfangs der Erwerbstätigkeit scheidet eine steuerliche Berücksichtigung des Kindes aus (vgl. Tz 9.7.4.3).

Beginnt ein Kind nach erfolgreich abgeschlossenem **Medizinstudium** ein Dienstverhältnis an einer Klinik, das als Vorbereitungszeit zur Erlangung der **Facharztqualifikation** dient, liegt während dieses Dienstverhältnisses keine Berufsausbildung i. S. des § 32 Abs. 4 Satz 1 Nr. 2 Buchst. a EStG vor (BFH-Urteil vom 22.9.2022, BStBl 2023 II S. 251). Bei einem solchen Dienstverhältnis steht nach Auffassung des BFH der Erwerbscharakter und nicht der Ausbildungscharakter im Vordergrund. Bisher insoweit ruhende Einsprüche in vergleichbaren Fällen wird die Finanzverwaltung nun zurückweisen.

Unschädlich sind Verzögerungen, die z. B. aus einem zunächst fehlenden oder einem aus schul-, studien- oder betriebsorganisatorischen Gründen erst zu einem späteren Zeitpunkt verfügbaren Ausbildungsplatz resultieren. Unschädlich ist es auch, wenn das Kind infolge Erkrankung oder wegen eines Beschäftigungsverbots nach den §§ 3 und 6 Mutterschutzgesetz daran gehindert ist, die weitere Ausbildung aufzunehmen. Erst wenn die für das von Kind und Eltern bestimmte Berufsziel geeigneten Grundlagen erreicht sind, stellt eine weitere Ausbildung eine Weiterbildung oder eine Zweitausbildung dar (Rz 12b des o. a. BMF-Schreibens vom 8.2.2016).

Zu **Einzelfragen** im Zusammenhang mit der Erstausbildung (z. B. zu Fachschulen, bei einem Wechsel oder einer Unterbrechung des Studiums, zu Bachelor- und Masterstudiengängen, Berufsakademien und anderen Ausbildungseinrichtungen, Promotionsstudium) siehe Rz 13 bis 20a des o. a. BMF-Schreibens vom 8.2.2016. Ein **Masterstudiengang**, der zeitlich und inhaltlich auf den vorangegangenen **Bachelorstudiengang** abgestimmt ist (sog. »konsekutives Masterstudium«), ist noch Teil der Erstausbildung (BFH-Urteil vom 3.9.2015, BStBl 2016 II S. 166). Schädlich ist, wenn das Kind zwischen dem Bachelor- und Masterstudium ein freiwilliges soziales Jahr mit Ausbildungscharakter ableistet und danach bis zum nächstmöglichen Beginn des Masterstudiums eine befristete Tätigkeit ausübt (BFH-Urteil vom 12.10.2023, BStBl 2024 II S. 267). Das Kind muss nach Ansicht des BFH den nächsten Teil einer mehraktigen Ausbildung stets zum nächstmöglichen Zeitpunkt aufnehmen.

Setzt die Aufnahme eines **Studiums** eine mehrjährige **Berufstätigkeit** oder **Berufspraxis** voraus oder nimmt das Kind vor Beginn des Studiums eine Berufstätigkeit auf, die nicht nur der zeitlichen Überbrückung bis zum Beginn der nächsten Ausbildung dient, liegt regelmäßig mangels notwendigen engen Zusammenhangs **keine** einheitliche Erstausbildung vor (BFH-Urteil vom 4.2.2016, BStBl II S. 615).

Eine einheitliche Erstausbildung muss von einer berufsbegleitend durchgeführten **Weiterbildung** abgegrenzt werden. Für diese Abgrenzung kommt es maßgeblich darauf an, ob nach Erlangung des ersten Abschlusses in einem öffentlich-rechtlichen Ausbildungsgang weiterhin die **Ausbildung** die hauptsächliche Tätigkeit des Kindes darstellt oder bereits die aufgenommene **Berufstätigkeit** im Vordergrund steht (BFH-Urteile vom 11.12.2018, BStBl 2019 II S. 765, vom 20.2.2019, BStBl II S. 769, vom 21.3.2019, BStBl II S. 772 und vom 19.2.2020, BStBl II S. 562). Die weiterführende Ausbildung darf sich danach **nicht** nur als eine auf Weiterbildung oder Aufstieg im ausgeübten Beruf gerichtete **Nebensache** darstellen. Für die Aufnahme einer Erwerbstätigkeit als Hauptsache spricht insbesondere eine **längerfristige Bindung** an den Arbeitgeber. Für die Beurteilung ist zudem das **zeitliche Verhältnis** zwischen Erwerbstätigkeit und Ausbildungsmaßnahme maßgebend. Werden für die Aufnahme der weiteren Ausbildungsmaßnahme berufspraktische Erfahrungen vorausgesetzt, führt dies zu einer Zäsur und damit grds. zum Wegfall des notwendigen Zusammenhangs zwischen den Ausbildungsabschnitten (BFH-Urteil vom 22.5.2019, III R 3/18, BFH/NV 2019 S. 1345). Eine Ausnahme kann bestehen, wenn die berufspraktischen Erfahrung oder die laufende Berufstätigkeit lediglich für die Zulassung zur Abschlussprüfung oder für deren Bestehen vorausgesetzt wird. Entscheidend ist, dass die Ausbildung nicht von der Erwerbstätigkeit geprägt ist. Weitere Erläuterungen zur Umsetzung der v. g. BFH-Urteile zur »mehraktigen Berufsausbildung« enthält A 20.2.4 DA-KG 2025, BStBl 2025 S. 1018, 1074.

Hat das angestrebte Berufsziel keinen weiterführenden Abschluss als Voraussetzung, handelt es sich bei weiteren Ausbildungsmaßnahmen nach Abschluss der erstmaligen Berufsausbildung um eine Weiterbildung oder eine Zweitausbildung. Eine Berücksichtigung des Kindes ist dann nach § 32 Abs. 4 Satz 2 EStG nur möglich, wenn das Kind keiner Erwerbstätigkeit nachgeht oder es sich bei den Ausbildungsmaßnahmen um ein Ausbildungsdienstverhältnis handelt (BFH-Urteil vom 23.6.2015, BStBl 2016 II S. 55), vgl. Tz 9.7.4.3.

Die eng gefasste Auslegung des Tatbestandsmerkmals »Berufsausbildung« in § 32 Abs. 4 Satz 2 EStG i. S. eines öffentlich-rechtlich geordneten Ausbildungsganges führt im Übrigen **nicht** zu einer Einschränkung des Berücksichtigungstatbestandes für volljährige Kinder nach § 32 Abs. 4 Satz 1 Nr. 2 Buchst. a EStG, die »für einen Beruf ausgebildet werden« (Rz 21 des o. a. BMF-Schreibens vom 8.2.2016). Für einen Beruf wird ausgebildet, wer sein Berufsziel noch nicht erreicht hat, sich aber ernstlich darauf vorbereitet (BFH-Urteil vom 9.6.1999, BStBl II S. 701). Der Vorbereitung auf ein Berufsziel dienen alle Maßnahmen, bei denen es sich um den Erwerb von Kenntnissen, Fähigkeiten und Erfahrungen handelt, die als

Grundlagen für die Ausübung des angestrebten Berufs geeignet sind, und zwar unabhängig davon, ob die Ausbildungsmaßnahmen in einer Ausbildungsordnung oder Studienordnung vorgeschrieben sind. Der Besuch beispielsweise einer **allgemein bildenden Schule** führt demnach regelmäßig zu einer Berücksichtigung des Kindes nach § 32 Abs. 4 Satz 1 Nr. 2 Buchst. a EStG, der Erwerb eines Schulabschlusses jedoch **nicht** zum »**Verbrauch**« der erstmaligen Berufsausbildung nach § 32 Abs. 4 Satz 2 EStG. Gleiches gilt für ein **Volontariat** (BFH-Urteil vom 9.6.1999, BStBl II S. 706), ein freiwilliges **Berufspraktikum** (BFH-Urteil vom 9.6.1999, BStBl II S. 713) oder eine nur wenige Wochen dauernde **Qualifikation** zur Rettungssanitäterin (FG Rheinland-Pfalz vom 14.8.2023, 4 K 1946/21, EFG 2024 S. 1834 – Revision eingelegt, Az. beim BFH: III R 14/24; FG Münster vom 28.8.2024, 9 K 108/24 Kg, AO, EFG 2025 S. 23 – Revision eingelegt, Az. beim BFH: III R 31/24).

9.7.4.3 Erwerbstätigkeit

23 In **Zeile 23** wird die Frage gestellt, ob das Kind **erwerbstätig** war (kein Ausbildungsdienstverhältnis). Unter dem Begriff »**Erwerbstätigkeit**« ist nicht nur eine nichtselbständige Tätigkeit zu verstehen. Ein Kind ist vielmehr erwerbstätig, wenn es einer auf die Erzielung von Einkünften gerichteten Beschäftigung nachgeht, die den Einsatz seiner persönlichen Arbeitskraft erfordert (BFH-Urteil vom 16.5.1975, BStBl II S. 537). Hieraus folgt, dass der Begriff »Erwerbstätigkeit« auch durch eine land- und forstwirtschaftliche, eine gewerbliche und eine selbständige Tätigkeit erfüllt werden kann. Die Verwaltung eigenen Vermögens ist demgegenüber keine anspruchsschädliche Erwerbstätigkeit. Das Gleiche gilt für ein **Au-Pair-Verhältnis** (A 20.3 DA-KG 2025, BStBl 2025 I S. 1018, 1076).

Ein **Ausbildungsdienstverhältnis** ist **keine** Erwerbstätigkeit in diesem Sinne und daher **unschädlich**. Es liegt dann vor, wenn die Ausbildungsmaßnahme Gegenstand des Dienstverhältnisses ist (vgl. R 9.2 LStR, H 9.2 – Ausbildungsdienstverhältnis – LStH, BFH-Urteil vom 23.6.2015, BStBl 2016 II S. 55). Dementsprechend liegt kein Ausbildungsdienstverhältnis vor, wenn die Berufsausbildung oder das Studium nicht Gegenstand des Dienstverhältnisses sind, auch wenn die Berufsbildungsmaßnahme oder das Studium seitens des Arbeitgebers durch Hingabe von Mitteln, z. B. eines Stipendiums, gefördert wird (A 20.3.2 Abs. 1 DA-KG 2025, BStBl 2025 I S. 1018, 1077).

Bei berufsbegleitenden und berufsintegrierten **dualen Studiengängen** fehlt es häufig an einer Ausrichtung der Tätigkeit für den Arbeitgeber auf den Inhalt des Studiums, sodass in solchen Fällen die Annahme eines Ausbildungsdienstverhältnisses grds. ausscheidet. Liegt hingegen eine Verknüpfung zwischen Studium und praktischer Tätigkeit vor, die über eine bloße thematische Verbindung zwischen der Fachrichtung des Studiengangs und der in dem Unternehmen ausgeübten Tätigkeit oder eine rein organisatorische Verzahnung hinausgeht, ist die Tätigkeit als im Rahmen eines Ausbildungsdienstverhältnisses ausgeübt zu betrachten. Eine entsprechende Ausrichtung der berufspraktischen Tätigkeit kann z. B. anhand der Studienordnung oder der Kooperationsvereinbarung zwischen Unternehmen und Hochschule glaubhaft gemacht werden (A 20.3.2 Abs. 2 DA-KG 2025).

War das Kind nicht erwerbstätig oder lag ein Ausbildungsdienstverhältnis vor, ist die Frage in **Zeile 23** mit »2 = Nein« zu beantworten; die weiteren Zeilen 24 und 25 zu Art und Umfang der Erwerbstätigkeit des Kindes brauchen dann **nicht** weiter ausgefüllt zu werden. Soweit in der **Zeile 23** angegeben wird, dass das Kind eine Erwerbstätigkeit ausgeübt und es sich dabei nicht um ein Ausbildungsdienstverhältnis gehandelt hat (»1 = Ja«), sind die folgenden Angaben zu Art und Umfang der Erwerbstätigkeit des Kindes in den **Zeilen 23** bis **25** zu machen:

24 In **Zeile 24** ist anzugeben, ob das Kind eine oder mehrere **geringfügige Beschäftigung(en)** i. S. der §§ 8 und 8a SGB IV (sog. »Minijob«) ausgeübt hat, und der Beschäftigungszeitraum einzutragen, wenn die Frage mit »1 = Ja« zu beantworten ist.

Eine geringfügige Beschäftigung i. S. der §§ 8 und 8a SGB IV ist allerdings für die Berücksichtigung des volljährigen Kindes **unschädlich**. Sie liegt vor, wenn das Arbeitsentgelt aus dieser Beschäftigung im Jahr 2025 regelmäßig im Monat **556 €** nicht überschreitet (geringfügig entlohnte Beschäftigung). Das gilt nicht, wenn gleichzeitig mehrere geringfügige Beschäftigungsverhältnisse bestehen und das Entgelt hieraus insgesamt mehr als 556 € beträgt. Die wöchentliche Arbeitszeit und die Anzahl der monatlichen Arbeitseinsätze sind dabei unerheblich. Eine geringfügige Beschäftigung liegt ebenfalls vor, wenn das Entgelt zwar 556 € im Monat übersteigt, die Beschäftigung aber innerhalb eines Kj. auf längstens drei Monate oder 70 Arbeitstage begrenzt ist (kurzfristige Beschäftigung i. S. des § 8 Abs. 1 Nr. 2 SGB IV). Bei der Beurteilung, ob ein geringfügiges Beschäftigungsverhältnis vorliegt, ist aus **Vereinfachungsgründen** die Einstufung des Arbeitgebers maßgeblich. Hierzu kann – soweit vom Finanzamt angefordert – eine Bescheinigung des Arbeitgebers oder ein anderer Nachweis vorgelegt werden (Rz 26 des BMF-Schreibens vom 8.2.2016; BStBl I S. 226).

Hat das Kind im Jahr 2025 **ausschließlich** eine oder mehrere geringfügige Beschäftigung(en) ausgeübt, sind in den Zeilen 24 und/oder 25 **keine Eintragungen** notwendig.

In **Zeile 25** wird gefragt, ob das Kind andere Erwerbstätigkeiten 25 (als die in Zeile 24 genannten geringfügigen Beschäftigungen) ausgeübt hat. Falls die Frage mit »1 = Ja« zu beantworten ist, ist der **Erwerbszeitraum** einzutragen. Angaben zu mehreren Erwerbstätigkeiten des Kindes sind auf einem besonderen Blatt zu machen.

> **ELSTER:**
> In ELSTER stehen für die Angaben zu mehreren Erwerbstätigkeiten des Kindes weitere Eingabezeilen zur Verfügung, die durch Mausklick der elektronischen Steuererklärung hinzugefügt werden können. Entsprechendes gilt für die Zeitraumangaben in **Zeile 24** bei mehreren geringfügigen Beschäftigungsverhältnissen des Kindes.

Eine Erwerbstätigkeit ist **unschädlich**, wenn die regelmäßige wöchentliche Arbeitszeit insgesamt nicht mehr als **20 Stunden** beträgt. Eine vorübergehende (höchstens zwei Monate andauernde) Ausweitung der Beschäftigung auf mehr als 20 Stunden ist unbeachtlich, wenn während des Zeitraumes innerhalb eines Kj., in dem einer der Berücksichtigungstatbestände des § 32 Abs. 4 Satz 1 Nr. 2 EStG erfüllt ist, die durchschnittliche wöchentliche Arbeitszeit nicht mehr als 20 Stunden beträgt. Eine **geringfügige Beschäftigung** kann neben einer Erwerbstätigkeit nur ausgeübt werden, wenn dadurch **insgesamt** die 20-Stunden-Grenze nicht überschritten wird. Für die Prüfung der 20-Stunden-Grenze ist von der individuell vertraglich vereinbarten wöchentlichen **Arbeitszeit** des Kindes auszugehen. In den **Zeilen 24** und **25** ist daher die regelmäßige wöchentliche Arbeitszeit der Tätigkeit(en) jeweils in Stunden anzugeben.

BEISPIEL 1:

Ein Kind schließt nach dem Abitur zunächst eine Berufsausbildung mit der Gesellenprüfung ab und studiert seit Oktober 2024. Gem. vertraglicher Vereinbarung ist das Kind ab dem 1.4.2025 mit einer wöchentlichen Arbeitszeit von 20 Stunden als Bürokraft beschäftigt. In den Semesterferien arbeitet das Kind – aufgrund einer zusätzlichen vertraglichen Vereinbarung – vom 1.8. bis zur Kündigung am 30.9.2025 in Vollzeit mit 40 Stunden wöchentlich. Ab dem 1.11.2025 ist das Kind gem. vertraglicher Vereinbarung mit einer wöchentlichen Arbeitszeit von 15 Stunden als Verkaufsaushilfe tätig. Somit ergeben sich folgende Arbeitszeiten pro voller Woche:

- vom 1.4. bis 31.7.2025 (17 Wochen): 20 Stunden pro Woche,
- vom 1.8. bis 30.9.2025 (8 Wochen): 40 Stunden pro Woche (= Ausweitung der Beschäftigung),
- vom 1.11. bis 31.12.2025 (8 Wochen): 15 Stunden pro Woche.

Die durchschnittliche wöchentliche Arbeitszeit beträgt 15 Stunden; Berechnung:
(17 Wochen × 20 Std.) + (8 Wochen × 40 Std.) + (8 Wochen × 15 Std.) : 52 Wochen = 15 Std.
Das Kind erfüllt aufgrund des Studiums das gesamte Jahr 2025 den Berücksichtigungstatbestand nach § 32 Abs. 4 Satz 1 Nr. 2 Buchst. a

EStG. Das Studium wird jedoch nach Abschluss einer erstmaligen Berufsausbildung durchgeführt, sodass das Kind nach § 32 Abs. 4 Satz 2 und 3 EStG nur berücksichtigt werden kann, wenn die ausgeübte Erwerbstätigkeit unschädlich ist. Da die Ausweitung der Beschäftigung des Kindes lediglich vorübergehend ist (= nicht mehr als 2 Monate) und gleichzeitig die durchschnittliche wöchentliche Arbeitszeit 20 Stunden nicht übersteigt, ist die Erwerbstätigkeit **insgesamt** unschädlich. Das Kind ist daher während des gesamten Kj. 2025 steuerlich zu berücksichtigen.

Ist lediglich eine monatliche Arbeitszeit vereinbart, ist diese durch 4,35 Wochen zu teilen, um die wöchentliche Arbeitszeit zu ermitteln. Bei der Ermittlung der regelmäßigen wöchentlichen Arbeitszeit sind im Übrigen nur Zeiträume ab dem Folgemonat nach Abschluss einer erstmaligen Berufsausbildung bzw. eines Erststudiums einzubeziehen (A 20.3.1 Abs. 1 DA-KG 2025, BStBl I 2025 S. 1018, 1076).

Hat ein Kind eine erstmalige Berufsausbildung oder ein Erststudium abgeschlossen und erfüllt es weiterhin einen Anspruchstatbestand des § 32 Abs. 4 Satz 1 Nr. 2 EStG, entfällt die steuerliche Berücksichtigung des Kindes nur in den **Monaten**, in denen die »anspruchsschädliche« Erwerbstätigkeit den gesamten Monat umfasst (A 20.4 DA-KG 2025, BStBl 2025 I S. 1018, 1077). Es genügt, wenn in dem jeweiligen Monat an einem Tag die Anspruchsvoraussetzungen vorliegen (Rz 28 des BMF-Schreibens vom 8.2.2016, BStBl I S. 226).

BEISPIEL 2:

Ein Kind schließt nach dem Abitur zunächst eine Berufsausbildung mit der Gesellenprüfung ab und studiert seit dem Jahr 2024. Ab dem 2.7.2025 nimmt es unbefristet eine Erwerbstätigkeit mit 30 Stunden pro Woche auf.

Aufgrund des Studiums ist das Kind nach § 32 Abs. 4 Satz 1 Nr. 2 Buchst. a EStG zu berücksichtigen. Das Studium wird jedoch nach Abschluss einer erstmaligen Berufsausbildung durchgeführt, sodass das Kind nach § 32 Abs. 4 Satz 2 EStG nur berücksichtigt werden kann, wenn es keiner »anspruchsschädlichen« Erwerbstätigkeit nachgeht. Eine solche »anspruchsschädliche« Erwerbstätigkeit liegt hier aber vor, da die regelmäßige wöchentliche Arbeitszeit mehr als 20 Stunden beträgt. Für die Monate August bis Dezember 2025 kann das Kind daher nicht berücksichtigt werden. Neben den Monaten Januar bis Juni 2025 kann das Kind auch im Juli 2025 berücksichtigt werden, da es wenigstens an einem Tag die Anspruchsvoraussetzung – keine »anspruchsschädliche« Erwerbstätigkeit – erfüllt.

9.8 Kinderzulage bei steuerlicher Förderung von Altersvorsorgebeiträgen (sog. Riester-Verträge)

Die bisher in der **Anlage AV** im Abschnitt »Angaben zu Kindern, für die ein Anspruch auf Kinderzulage besteht« (bisherige Zeilen 16 bis 20 der Anlage AV; vgl. Tz 4.4.11) enthaltenen Abfragen wurden neu strukturiert und in die **Anlage Kind** überführt. Ein Eintrag in der neuen **Zeile 26** zum Anspruch auf Kinderzulage ist jedoch nur dann erforderlich, sofern mit der **Anlage AV** ein zusätzlicher Sonderausgabenabzug für **Altersvorsorgebeiträge** aus einem sog. **Riester-Vertrag** beantragt wird.

Die **Kinderzulage** beträgt für jedes Kind, für das gegenüber dem Zulageberechtigten Kindergeld festgesetzt wurde, jährlich **185 €** (§ 85 Abs. 1 Satz 1 EStG). Für ein nach dem 31.12.2007 geborenes Kind erhöht sich die Kinderzulage auf **300 €** jährlich (§ 85 Abs. 1 Satz 2 EStG). Die unterschiedliche Höhe der Kinderzulage wird bei der Veranlagung zur ESt über das Geburtsdatum des Kindes (Zeile 6) automatisch berücksichtigt. Hat ein Zulageberechtigter für **mehrere Kinder** Anspruch auf Kinderzulage, sind die Angaben zur Kinderzulage in Zeile 26 für jedes Kind in einer eigenen Anlage Kind einzutragen.

Für den **Anspruch** auf **Kinderzulage** bei sog. Riester-Verträgen gilt im Einzelnen Folgendes:

- Ein Anspruch auf Kinderzulage besteht bei einer Zulageberechtigung für jedes Kind, für das für mindestens **einen Monat** im Jahr 2025 **Kindergeld** festgesetzt worden ist. Hat die Familienkasse das Kindergeld im Laufe des Jahres gegenüber mehreren zulageberechtigten Personen festgesetzt, ist der Bezug für den **ersten Anspruchszeitraum** im Jahr 2025 (i. d. R. für Januar) maßgebend (§ 85 Abs. 1 Satz 4 EStG; Rz 58 des BMF-Schreibens vom 5.10.2023, BStBl I S. 1726).
- Bei leiblichen Eltern, Adoptiv- oder Pflegeeltern, die ihren Wohnsitz oder gewöhnlichen Aufenthalt in einem EU-/EWR-Staat haben, die miteinander verheiratet sind und die im Jahr 2025 nicht oder nur teilweise dauernd getrennt gelebt haben, steht die Kinderzulage der **Mutter** zu. Dies gilt unabhängig davon, ob das Kindergeld gegenüber dem Vater oder der Mutter festgesetzt worden ist. Sie können aber gemeinsam festlegen, dass davon abweichend der **Vater** die Kinderzulage in Anspruch nimmt (§ 85 Abs. 2 Satz 1 EStG; Rz 51 des o. a. BMF-Schreibens vom 5.10.2023).
- Bei Eltern, die miteinander eine **gleichgeschlechtliche Ehe** oder eine **Lebenspartnerschaft** führen und die die v. g. Voraussetzungen zum Wohnsitz und zum Zusammenleben erfüllen, steht die Kinderzulage der Person zu, gegenüber der das Kindergeld festgesetzt worden ist. Sie können aber gemeinsam festlegen, dass davon abweichend der andere Elternteil die Kinderzulage in Anspruch nimmt (§ 85 Abs. 2 Satz 2 EStG; Rz 54 des o. a. BMF-Schreibens vom 5.10.2023).
- Sind nicht beide Ehegatten/Lebenspartner Eltern des Kindes, ist eine Übertragung des Anspruchs auf Kinderzulage nicht zulässig. Wird gegenüber einem Zulageberechtigten Kindergeld für ein in seinen Haushalt **aufgenommenes Kind** seines Ehegatten/Lebenspartners festgesetzt, steht nur ihm die Kinderzulage zu (Rz 56 des o. a. BMF-Schreibens vom 5.10.2023).
- Ein zulageberechtigter **Großelternteil** hat Anspruch auf die Kinderzulage, wenn das Kindergeld nur gegenüber ihm festgesetzt wurde (Rz 57 des o. a. BMF-Schreibens vom 5.10.2023). Das Gleiche gilt, wenn das Kindergeld gegenüber dem Großelternteil im Jahr 2025 zeitlich zuerst festgesetzt wurde (Rz 59 des o. a. BMF-Schreibens vom 5.10.2023, Beispiel).
- **Kein Anspruch** auf Kinderzulage besteht bei nicht miteinander verheirateten Eltern, wenn der Elternteil, gegenüber dem das Kindergeld festgesetzt wurde, keinen Riester-Vertrag abgeschlossen und daher keinen Anspruch auf die Grundzulage hat. Die gleichen Folgen ergeben sich für Eltern, die das ganze Jahr 2025 dauernd getrennt gelebt haben. Eine Übertragung des Anspruchs auf Kinderzulage ist in diesen Fällen nicht möglich (Rz 55 des o. a. BMF-Schreibens vom 5.10.2023).

In **Zeile 26** ist anzugeben, **welche Person** nach den vorstehenden Regelungen Anspruch auf die Kinderzulage hat. Es können folgende Werte eingetragen werden:

- »**1**« = stpfl. Person/Ehemann/Person A oder »**2**« = Ehefrau/Person B, wenn die Kinderzulage bei den veranlagten Personen zu berücksichtigen ist;
- »**3**« = andere Person, wenn die Kinderzulage nicht bei den veranlagten Personen zu berücksichtigen ist (z. B. bei einem zulageberechtigten Großelternteil, s. o.);
- »**4**« = keine Person (kein Anspruch auf Kinderzulage, s. o.).

Die Angaben zur Beantragung der Kinderzulage im Antrag auf Altersvorsorgezulage müssen mit dieser Angabe **übereinstimmen**. Dies gilt auch im Fall der Einzelveranlagung von Ehegatten/Lebenspartnern.

9.9 Übernommene Kranken- und Pflegeversicherungsbeiträge

9.9.1 Abzugsvoraussetzungen

Grds. kann nur der **Versicherungsnehmer** für seine Beiträge zur **Kranken**- und **Pflegeversicherung** den Sonderausgabenabzug geltend machen (vgl. Tz 3.2.2). Eine Ausnahme besteht für von den Eltern im Rahmen ihrer Unterhaltspflicht wirtschaftlich getragene Beiträge für ein Kind, für das ein Anspruch auf Freibeträge für Kinder nach § 32 Abs. 6 EStG oder auf Kindergeld besteht. Die Eltern können in diesen Fällen die für das Kind übernommenen Kranken- und Pflegeversicherungsbeiträge als eigene **Vorsorgeaufwendungen** geltend machen, auch wenn das Kind diese als Versicherungsnehmer selbst schuldet (§ 10 Abs. 1 Nr. 3 Satz 2 EStG). Das Gleiche gilt bei dauernd getrennt lebenden Eltern für die von einem Elternteil für ein Kind als versicherte Person im Rahmen seiner **Unterhaltsverpflichtung** getragenen Kranken- und Pflegeversicherungsbeiträge, die aber der andere Elternteil als Versicherungsnehmer formell schuldet (§ 10 Abs. 1 Nr. 3 Satz 3 EStG). Zu den Angaben in der Anlage Kind vgl. Tz 9.9.2.

Bei den Eltern können sowohl die Beiträge des Kindes, die der Basisabsicherung dienen (Basis-Kranken- und gesetzliche Pflegeversicherung), als auch – sofern die Eltern Versicherungsnehmer sind – die darüber hinaus geleistete Beiträge für Wahlleistungen und/oder Zusatzversicherungen geltend gemacht werden. Eine steuerliche Berücksichtigung derselben Beiträge beim Kind scheidet dann jedoch aus (Grundsatz der **Einmalberücksichtigung**). In der Einkommensteuererklärung des Kindes (Anlage Vorsorgeaufwand) ist daher in den entsprechenden Zeilen für die Beiträge zur Kranken- und Pflegeversicherung eine »**0**« einzutragen, auch wenn es sich um Zeilen mit eDaten handeln sollte.

Anwendungsfälle dafür sind

- in einer studentischen Krankenversicherung versicherte Kinder,
- freiwillig in der gesetzlichen Krankenversicherung versicherte behinderte Kinder von privat krankenversicherten Eltern (um vor allem Leistungsausschlüsse für das Kind durch eine private Krankenkasse zu vermeiden).

Ist das Kind sozialversicherungspflichtig beschäftigt und werden die Beiträge zur gesetzlichen Kranken- und Pflegeversicherung vom **Arbeitgeber** abgeführt, besteht hinsichtlich des vom Arbeitslohn einbehaltenen **Arbeitnehmeranteils** zur Sozialversicherung unter folgenden Voraussetzungen die Möglichkeit des Sonderausgabenabzugs bei den Eltern:

- Die Beiträge zur **Basisabsicherung** des Kindes können von den unterhaltspflichtigen Eltern als Sonderausgaben geltend gemacht werden, wenn diese die eigenen Beiträge des Kindes **wirtschaftlich** in Form von Bar- oder Sachunterhalt getragen haben, unabhängig von den Einkünften des Kindes (§ 10 Abs. 1 Nr. 3 Satz 2 EStG).
- Die Beiträge können insgesamt nur **einmal** als Vorsorgeaufwendungen steuerlich geltend gemacht werden (vgl. R 10.4 Satz 3 EStR). Beantragen die Eltern den Abzug der Kranken- und Pflegeversicherungsbeiträge des Kindes in voller Höhe als Sonderausgaben, scheidet demgegenüber ein Sonderausgabenabzug dieser Beiträge beim Kind aus.
- Die Beiträge können zwischen den Eltern und dem Kind unter Beachtung des Grundsatzes der Einmalberücksichtigung aufgeteilt werden (Rz 81 des BMF-Schreibens vom 24.5.2017, BStBl I S. 820).

Bei einer Berücksichtigung der gesetzlichen Kranken- und Pflegeversicherungsbeiträge des Kindes bei den Eltern ist noch Folgendes zu beachten:

Das Kind ist nach § 46 Abs. 2 Nr. 3 EStG für den VZ 2025 zur Abgabe einer eigenen Steuererklärung **verpflichtet**, wenn die beim Lohnsteuerabzug berücksichtigte **Vorsorgepauschale** für die Kranken- und Pflegeversicherung größer ist als die abziehbaren Vorsorgeaufwendungen und wenn der vom Kind im Kj. 2025 insgesamt erzielte Arbeitslohn 13 362 € bzw. 25 494 € bei Zusammenveranlagung übersteigt (vgl. Vorbemerkungen Tz 7). Dies kann im Einzelfall zu Steuernachzahlungen beim Kind führen und den Steuervorteil bei Eltern zumindest teilweise wieder kompensieren.

9.9.2 Angaben in den Vordrucken

4 Die Angaben zu den für ein Kind übernommenen Kranken- und Pflegeversicherungsbeiträgen, für das ein Anspruch auf Freibeträge für Kinder oder Kindergeld besteht, sind **nicht** in der **Anlage Vorsorgeaufwand**, sondern wegen der notwendigen Verknüpfung zum Kind in der **Anlage Kind** vorzunehmen. Es ist darauf zu achten, dass in **Zeile 4** stets die **IdNr.** des Kindes angegeben wird. Die Angabe ist Voraussetzung für den Sonderausgabenabzug der Basiskranken- und gesetzlichen Pflegeversicherungsbeiträge des Kindes bei den Eltern. Zudem wird über die IdNr. des Kindes die richtige Zuordnung der von den Versicherungsunternehmen übermittelten elektronischen Daten gewährleistet (vgl. Tz 9.9.2.1).

Ehegatten/Lebenspartner können bei einer **Einzelveranlagung** in der »**Anlage Sonstiges**« einvernehmlich eine hälftige Aufteilung der für ein gemeinsames Kind übernommenen Beiträge zur Kranken- und Pflegeversicherung beantragen (vgl. Tz 10.8). Eine beliebige Aufteilung der Abzugsbeträge kommt nicht in Betracht.

Werden von den Eltern für Kinder, für die **kein Anspruch** auf die Freibeträge für Kinder oder Kindergeld besteht (z. B. für ein volljähriges Kind nach Abschluss der Ausbildung), Beiträge zur Kranken- und Pflegeversicherung übernommen, können diese Beiträge in den **Zeilen 37** bis **42** der **Anlage Vorsorgeaufwand** geltend gemacht werden, wenn diese Kinder beim Steuerpflichtigen familienversichert sind und für die Kinder zusätzliche Beiträge gezahlt werden. Sind diese Kinder **selbst Versicherungsnehmer**, können die von den Eltern im Rahmen der Unterhaltspflicht übernommenen Beiträge als **Unterhaltsaufwendungen** nach § 33 a Abs. 1 EStG berücksichtigt werden (vgl. Tz 6.2).

9.9.2.1 Beiträge zur inländischen Kranken- und Pflegeversicherung

eDaten: 27-
Die geleisteten und/oder erstatteten Beiträge zur Basis-Krankenversicherung und zur gesetzlichen Pflegeversicherung des Kindes, die die Eltern als Versicherungsnehmer schulden, werden von den Versicherungsunternehmen nach Ablauf des Kj. unter Angabe der IdNr. des Kindes **elektronisch** an die Finanzverwaltung übermittelt (vgl. Tz 3.2.3.5). Die der Finanzverwaltung vorliegenden **eDaten** werden automatisch in die Kennzahlen der **Zeilen 27** bis **29** übernommen, sodass eine personelle Eintragung der Beiträge in diesen Zeilen grds. entfällt. Die richtige Zuordnung der eDaten zu den Eltern wird über die IdNr. des Kindes sichergestellt.

Beiträge zu Kranken- und Pflegeversicherungen des Kindes für **Wahlleistungen** und **Zusatzversicherungen** (ohne Basisabsicherung), bei denen die Eltern Versicherungsnehmer sind, werden von den Versicherungsunternehmen **nicht** elektronisch übermittelt. Die insoweit geleisteten Beiträge sind daher in **Zeile 30** einzutragen. Ein Abzug dieser Beiträge kommt allerdings nur im Rahmen der Höchstbeträge von 2 800 €/1 900 € in Betracht (vgl. Tz 3.2.4.4). 3

Entsprechende Beiträge des Kindes für Wahlleistungen und Zusatzversicherungen, die das Kind selbst als Versicherungsnehmer schuldet, können nur vom Kind als sonstige Vorsorgeaufwendungen i. S. des § 10 Abs. 3a EStG geltend gemacht werden.

Beiträge zur Basisabsicherung des Kindes, die das **Kind** selbst als **Versicherungsnehmer** schuldet und die von den Eltern **wirtschaftlich** getragen werden (vgl. Tz 9.9.1), können aus den der Finanzverwaltung vorliegenden eDaten (Mitteilungen der Versicherungsunternehmen, Lohnsteuerbescheinigung des Arbeitgebers) **nicht** automatisch den Eltern **zugeordnet** werden. Die insoweit geleisteten und/oder erstatteten Beiträge sowie Zuschüsse von dritter Seite sind daher in den **Zeilen 31** bis **36** personell einzutragen. Der bei dauernd getrennt lebenden Eltern **unterhaltsverpflichtete Elternteil** (vgl. Tz 9.9.1) kann seine für das Kind geleisteten Beiträge ebenfalls in den Zeilen 31 bis 36 als »wirtschaftlich belasteter Elternteil« erklären, auch wenn er formell im Versicherungsvertrag nicht als Versicherungsnehmer genannt ist. 31

Bei den Eintragungen in den Zeilen 31 bis 36 ist zudem Folgendes zu beachten:

- In **Zeile 31** sind nur die Beiträge zu Krankenversicherungen des Kindes (einschließlich kassenindividueller Zusatzbeiträge) einzutragen, die auf die sog. **Basisabsicherung** entfallen. In den Basis-Krankenversicherungsbeiträgen dürfen keine Beitragsanteile für Wahlleistungen (z. B. für Chefarztbehandlung) oder

Zusatzversicherungen (z. B. Krankenhaustagegeldversicherung) enthalten sein. Die auf Wahlleistungen entfallenden Beiträge, die vom Kind als Versicherungsnehmer geschuldet werden, können von den Eltern **nicht** als sonstige Vorsorgeaufwendungen i. S. des § 10 Abs. 3a EStG geltend gemacht werden.

- In **Zeile 32** sind die in Zeile 31 enthaltenen Beiträge zu Krankenversicherungen gesondert anzugeben, aus denen sich **ein Anspruch** des Kindes auf Krankengeld ergibt (z. B. der Arbeitnehmeranteil bei einem sozialversicherungspflichtig beschäftigten Kind, vgl. Tz 9.9.1). Insoweit ist eine pauschale Kürzung der abzugsfähigen Beiträge um 4 % gesetzlich vorgeschrieben (§ 10 Abs. 1 Nr. 3 Buchst. a Satz 4 EStG).
- Beiträge zur sozialen Pflegeversicherung und/oder zur privaten Pflege-Pflichtversicherung des Kindes sind in **Zeile 33** anzugeben.
- Von den Versicherungen erstattete Beiträge mindern im Erstattungsjahr die abziehbaren Beiträge. Erstattete Beiträge sind daher in **Zeile 34** anzugeben; sofern diese auf Beiträge **mit** Krankengeldanspruch entfallen, zusätzlich in **Zeile 35**.
- Zu den inländischen Kranken- und Pflegeversicherungsbeträgen des Kindes (Zeilen 31 und/oder 33) von **dritter Seite** gewährte steuerfreie **Zuschüsse** (z. B. der Zuschlag zur Kranken- und Pflegeversicherung nach § 13 a BAföG) sind gesondert in **Zeile 36** anzugeben; diese Zuschüsse werden nicht elektronisch an die Finanzverwaltung übermittelt, mindern aber die als Sonderausgaben abzugsfähigen Beiträge der Eltern.

9.9.2.2 Beiträge zur ausländischen Kranken- und Pflegeversicherung

-38 Für ein Kind übernommene Beiträge zu **ausländischen Kranken- und Pflegeversicherungen**, die mit der inländischen gesetzlichen Kranken- und Pflegeversicherung vergleichbar sind, können ebenfalls von den Eltern als eigene Vorsorgeaufwendungen geltend gemacht werden. Die Angabe der IdNr. des Kindes in **Zeile 4** ist auch in diesem Fall Voraussetzung für den Sonderausgabenabzug bei den Eltern. Da das ausländische Versicherungsunternehmen nicht zur elektronischen Datenübermittlung verpflichtet ist, sind die für ein Kind abziehbaren Beiträge (nur Basisabsicherung) – nach Abzug steuerfreier Zuschüsse und/oder Erstattungen – in **Zeile 37** gesondert einzutragen und auf Anforderung des Finanzamts in geeigneter Weise nachzuweisen. Wegen der vorgeschriebenen pauschalen Kürzung der Krankenversicherungsbeiträge mit Krankengeldanspruch um 4 % (§ 10 Abs. 1 Nr. 3 Buchst. a Satz 4 EStG) ist in **Zeile 38** zusätzlich der Beitragsanteil anzugeben, für den **ein** Krankengeldanspruch besteht (Ausnahmefall). Über die Basisabsicherung hinaus geleistete Beiträge zu einer ausländischen Kranken- und Pflegeversicherung, die von den Eltern als Versicherungsnehmer geschuldet und getragen wurden, sind (hilfsweise) in **Zeile 30** einzutragen; dieser Beitragsanteil ist nur im Rahmen der Höchstbeträge von 2 800 €/1 900 € für sonstige Vorsorgeaufwendungen i. S. des § 10 Abs. 1 Nr. 3a EStG abziehbar (vgl. Tz 3.2.4.4). Beiträge in ausländischer Währung sind nach dem Jahresdurchschnitt der monatlich festgesetzten und im BStBl Teil I veröffentlichten Umsatzsteuer-Umrechnungskurse zu berechnen (Rz 98 des BMF-Schreibens vom 24.5.2017, BStBl I S. 820).

Zur Aufteilung von sog. **Globalbeiträgen** an ausländische Sozialversicherungsträger aus bestimmten EU-/EWR-Staaten im VZ 2025 ist das BMF-Schreiben vom 28.11.2024, BStBl I S. 1430 zu beachten (vgl. Tz 3.3.1.2). Der sich aufgrund der Aufteilung des Globalbeitrags ergebende Beitragsanteil für die Krankenversicherung (**ohne** Krankengeldanteil) und Pflegeversicherung ist in **Zeile 37** einzutragen. Der Beitragsanteil des Globalbeitrags für das **Krankengeld**, ist (hilfsweise) in **Zeile 30** einzutragen, wenn die Aufwendungen von den Eltern als Versicherungsnehmer geschuldet werden. Sofern das Kind den Beitragsanteil des Globalbeitrags für das Krankengeld als Versicherungsnehmer selbst schuldet, kommt ein Sonderausgabenabzug bei den Eltern **nicht** in Betracht.

9.10 Übertragung der Freibeträge für Kinder

9.10.1 Übertragung auf den anderen Elternteil

Nach § 32 Abs. 6 Satz 6 EStG besteht für unbeschränkt einkommen- 39–44
steuerpflichtige **geschiedene Eltern** oder verheiratete, aber **dauernd getrennt lebende Eltern** eines Kindes sowie für unbeschränkt einkommensteuerpflichtige **Eltern** eines **nichtehelichen Kindes** die Möglichkeit, den einem Elternteil zu gewährenden (halben) Kinderfreibetrag unter den nachstehend erläuterten Voraussetzungen auf den anderen Elternteil zu **übertragen**. Auch ein zustehender (halber) Freibetrag für den Betreuungs-, Erziehungs- oder Ausbildungsbedarf kann (ggf. separat) übertragen werden, wofür aber z. T. andere Regeln gelten (vgl. Tz 9.10.1.6). Die Voraussetzungen für die Übertragung der Freibeträge für Kinder sind monatsweise zu prüfen (vgl. R 32.13 Abs. 4 Satz 4 EStR). Eine Übertragung der Freibeträge für Kinder kommt unter den gleichen Voraussetzungen auch für Lebenspartner nach dem LPartG in Betracht (BMF-Schreiben vom 17.1.2014, BStBl I S. 109).

9.10.1.1 Barunterhaltsverpflichtung

Eine Übertragung der (halben) Kinderfreibeträge ist **auf Antrag** möglich, wenn ein Elternteil seiner **Unterhaltsverpflichtung** gegenüber dem Kind für das Kj. **im Wesentlichen** nachgekommen ist, der andere Elternteil jedoch **nicht** oder nur zu einem unwesentlichen Teil (sog. »Mangelunterhaltsfall«). Ein Elternteil kommt seiner Barunterhaltsverpflichtung gegenüber dem Kind im Wesentlichen nach, wenn er sie **mindestens zu 75 %** erfüllt. Dabei sind auch Unterhaltszahlungen zu berücksichtigen, die erst nach Ablauf des Kj. oder des davon abweichenden Verpflichtungszeitraums geleistet werden. Nach dem BFH-Urteil vom 11.12.1992 (BStBl 1993 II S. 397) ist bei der Beurteilung der Frage, ob ein Elternteil seiner Unterhaltsverpflichtung gegenüber einem Kind nachgekommen ist, nicht auf den Zeitpunkt abzustellen, in dem der Unterhalt gezahlt worden ist, sondern auf den Zeitraum, für den der Unterhalt bestimmt ist. Bestehen Unterhaltsrückstände für mehrere Jahre, so beurteilt sich die Frage, auf welche Jahre die Zahlungen zu verteilen sind, nach den Tilgungsregelungen der §§ 366, 367 BGB (o. a. BFH-Urteil vom 11.12.1992).

Eine Übertragung der Kinderfreibeträge scheidet aus, wenn der Beitrag eines Elternteils zum Unterhaltsbedarf des Kindes zwar verhältnismäßig geringfügig ist, er durch den Beitrag aber seiner konkreten (durch ein Urteil oder einen sonstigen Titel festgelegten) Unterhaltsverpflichtung nicht nur zu einem unwesentlichen Teil nachkommt (BFH-Urteil vom 25.7.1997, BStBl 1998 II S. 433).

Der Elternteil, in dessen Obhut sich das Kind befindet, erfüllt seine Unterhaltsverpflichtung i. d. R. durch die **Pflege** und **Erziehung** des Kindes (§ 1606 Abs. 3 Satz 2 BGB). Eine Übertragung der auf den anderen Elternteil entfallenden Kinderfreibeträge kommt grds. nicht in Betracht, wenn nicht miteinander verheiratete Elternteile zusammen mit den minderjährigen Kindern in einem Haushalt leben (BFH-Urteil vom 15.12.2021, BStBl 2022 II S. 409). In diesem Fall kann davon ausgegangen werden, dass beide Elternteile ihrer auch in der Pflege und Erziehung bestehenden Unterhaltspflicht nachkommen.

Hat aus Gründen, die in der Person des Kindes liegen, oder wegen des Todes des Elternteils die Unterhaltsverpflichtung nicht während des ganzen Kj. bestanden, so ist für die Frage, inwieweit sie erfüllt worden ist, nur auf den Zeitraum des Bestehens der Verpflichtung abzustellen (vgl. R 32.13 Abs. 2 und 3 EStR, H 32.13 – Beispiele zu R 32.13 Abs. 3 – EStH).

9.10.1.2 Fehlende Unterhaltsverpflichtung

Ist ein Elternteil **nicht** zur Leistung von Unterhalt **verpflichtet** (z. B. weil er mangels ausreichender eigener Mittel nicht leistungsfähig ist), so kann der ihm zustehende Kinderfreibetrag auf den anderen Elternteil übertragen werden (§ 32 Abs. 6 Satz 6 EStG). Freiwillige Leistungen des nicht leistungsfähigen Elternteils können die Übertragung nicht verhindern (Rz 3 des BMF-Schreibens vom 28.6.2013, BStBl I S. 845). Sind Eltern einem Kind gegenüber dagegen **nicht unterhaltspflichtig**, weil das Kind ausreichende eigene Einkünfte oder Bezüge hat, so ist eine Übertragung des Kinderfreibetrags auch dann nicht möglich, wenn ein Elternteil freiwillig Unterhalt leistet, der andere jedoch nicht.

9.10.1.3 Freistellung von der Unterhaltsverpflichtung

Stellt ein Elternteil den anderen Elternteil von der Unterhaltsverpflichtung gegenüber einem gemeinsamen Kind **gegen** ein **Entgelt** frei, das den geschätzten Unterhaltsansprüchen des Kindes entspricht, und bestreitet er dann (auch) den vollen Kindesunterhalt, so liegt darin gleichzeitig eine Unterhaltserfüllung des **freigestellten** Elternteils. Nach dem BFH-Urteil vom 25.1.1996 (BStBl 1997 II S. 21) behält der freigestellte Elternteil bei ausreichend bemessenem Entgelt seinen Anspruch auf einen (halben) Kinderfreibetrag.

9.10.1.4 Unterhaltsleistungen nach dem Unterhaltsvorschussgesetz

Eine Übertragung der Kinderfreibeträge scheidet für solche Kalendermonate aus, für die **Unterhaltsleistungen** nach dem **Unterhaltsvorschussgesetz** gezahlt worden sind (§ 32 Abs. 6 Satz 7 EStG). Auf die Höhe der Unterhaltsleistungen kommt es dabei nicht an. Nachzahlungen sind auf die Kalendermonate zu verteilen, für die sie bestimmt sind (Rz 4 des BMF-Schreibens vom 28.6.2013, BStBl I S. 845).

Anspruch auf Unterhaltsleistungen nach dem Unterhaltsvorschussgesetz haben Kinder von alleinerziehenden Müttern oder Vätern, wenn der andere Elternteil keinen oder einen unterhalb des Unterhaltsvorschusssatzes liegenden Unterhaltsbeitrag leistet, also nach Einberechnung des Kindergeldes der Mindestunterhalt nicht gesichert ist. Unterhaltsleistungen nach dem Unterhaltsvorschussgesetz werden für Kinder ohne zeitliche Begrenzung bis zum vollendeten **18. Lebensjahr** gezahlt. Bei über 12 Jahre alten Kindern ist zusätzlich Voraussetzung, dass diese nicht auf Leistungen nach dem SGB II angewiesen sind oder der alleinerziehende Elternteil im SGB II-Bezug mindestens 600 € verdient. Unterbrechungen im Zahlungszeitraum sind möglich, z. B., weil der andere Elternteil vorübergehend genügend Unterhalt zahlt. Ist der andere Elternteil verstorben, so gilt die Waisenrente als durch diesen Elternteil gezahlter Unterhalt.

9.10.1.5 Antrag auf Übertragung des Kinderfreibetrags

39 Sofern ein Elternteil seiner gegenüber einem Kind bestehenden Unterhaltsverpflichtung nicht zu mindestens 75 % nachkommt oder mangels Leistungsfähigkeit nicht unterhaltspflichtig ist, kann der diesem Elternteil zustehende halbe Kinderfreibetrag auf Antrag auf den anderen Elternteil übertragen werden. Diesen Antrag kann der andere Elternteil in **Zeile 39** stellen. Der Antragsteller muss darlegen, dass die o. a. Voraussetzungen für die Übertragung des Kinderfreibetrags vorliegen. Eine Zustimmung des unterhaltspflichtigen Elternteils ist nicht erforderlich. In Zweifelsfällen gibt das Finanzamt dem anderen Elternteil Gelegenheit, sich zum Sachverhalt zu äußern. Einzelheiten zum Verfahren sind in R 32.13 Abs. 4 EStR geregelt.

40 Die Übertragung des Kinderfreibetrags scheidet sowohl in den »Mangelunterhaltsfällen« (vgl. Tz 9.10.1.1) als auch in Fällen mit fehlender Unterhaltspflicht mangels Leistungsfähigkeit eines Elternteils (vgl. Tz 9.10.1.2) für solche Zeiträume aus, für die Unterhaltsleistungen nach dem **Unterhaltsvorschussgesetz** gezahlt wurden (vgl. Tz 9.10.1.4). In **Zeile 40** sind hierzu ggf. entsprechende Zeitraumangaben zu machen.

9.10.1.6 Getrennte Übertragung der Freibeträge für Kinder

41 Wird der Kinderfreibetrag auf Antrag übertragen, weil der andere Elternteil seine Unterhaltsverpflichtung **nicht** zu mindestens 75 % erfüllt hat oder mangels Leistungsfähigkeit nicht unterhaltspflichtig ist, führte dies **stets** auch zur Übertragung des Freibetrags für den **Betreuungs-** und **Erziehungs-** oder **Ausbildungsbedarf** (§ 32 Abs. 6 Satz 6 2. Halbsatz EStG). Dies gilt sowohl für volljährige als auch für minderjährige Kinder.

Bei **minderjährigen Kindern** kann ein zustehender Freibetrag für den Betreuungs- und Erziehungs- oder Ausbildungsbedarf **abweichend** vom Kinderfreibetrag separat auf den anderen Elternteil **übertragen** werden (§ 32 Abs. 6 Satz 8 EStG). Der dem Elternteil, in dessen Wohnung das minderjährige Kind **nicht gemeldet** ist (weder mit Haupt- noch mit Nebenwohnung), zustehende (halbe) Freibetrag für den Betreuungs- und Erziehungs- oder Ausbildungsbedarf wird **auf Antrag** auf den anderen Elternteil übertragen. Diesen Antrag kann der andere Elternteil in **Zeile 41** stellen (»1 = Ja«). Zusätzlich ist der Zeitraum anzugeben, für den im VZ 2025 die Übertragung des Freibetrags für den Betreuungs- und Erziehungs- oder Ausbildungsbedarf beantragt wird. Eine Übertragung dieses Freibetrags scheidet aber aus, wenn das Kind in den Wohnungen beider Elternteile gemeldet oder bereits volljährig ist.

Bei minderjährigen Kindern kann der andere Elternteil, bei dem das Kind nicht gemeldet ist, der Übertragung des Freibetrags für den Betreuungs- und Erziehungs- oder Ausbildungsbedarf **widersprechen** (§ 32 Abs. 6 Satz 9 EStG), wenn er **Kinderbetreuungskosten** (z. B. Kindergartenbeiträge für das Kind oder Aufwendungen für die regelmäßige Unterbringung an Wochenenden) getragen oder das Kind regelmäßig in einem **nicht unwesentlichen Umfang** betreut hat (z. B. wenn eine gerichtliche oder außergerichtliche Vereinbarung über einen regelmäßigen Umgang mit dem Kind an Wochenenden und in den Ferien vorliegt). Entscheidend ist, dass der andere Elternteil die regelmäßige Betreuung in nicht unwesentlichem Umfang auch mit einer gewissen Nachhaltigkeit wahrnimmt; die Betreuung muss über lediglich kurzzeitige, anlassbezogene Kontakte hinausgehen. Bei einem zeitlichen **Betreuungsanteil** des anderen Elternteils von jährlich durchschnittlich **10 %** kann dieser der Übertragung des Freibetrags für den Betreuungs- und Erziehungs- oder Ausbildungsbedarf regelmäßig erfolgreich widersprechen (BFH-Urteil vom 8.11.2017, BStBl 2018 II S. 266). Selbst wenn der zeitliche Betreuungsanteil die Wesentlichkeitsgrenze von 10 % unterschreitet, kann sich aus den Umständen des Einzelfalles ergeben, dass der Betreuungsanteil des anderen Elternteils als nicht unwesentlich anzusehen ist, insbesondere bei einer großen Entfernung zwischen den Wohnorten der beiden Elternteile (FG Niedersachsen vom 19.2.2020, 9 K 20/19, EFG 2020 S. 934). Zweifelhaft ist, ob einem Elternteil ohne sein Zutun erbrachte Betreuungsleistungen anderer Familienangehöriger (hier: Großeltern) zugerechnet werden können, sodass dieser der Übertragung des Freibetrags für den Betreuungs- und Erziehungs- oder Ausbildungsbedarf auf den anderen Elternteil erfolgreich widersprechen kann (bejahend FG Rheinland-Pfalz vom 26.1.2023, 6 K 1165/21, EFG 2024 S. 1756 – Revision eingelegt, Az. beim BFH: III R 2/24). Zu Verfahrensfragen in diesem Zusammenhang siehe Rz 10 und 11 des BMF-Schreibens vom 28.6.2013, BStBl I S. 845.

BEISPIEL 1:

Die Eltern des Kindes (unter 18 Jahre alt) sind geschieden. Das Kind lebt im Haushalt der Mutter und ist im VZ 2025 nur bei ihr gemeldet. Der Vater kommt seiner Unterhaltsverpflichtung nicht (oder nur zu einem unwesentlichen Teil) nach.

Die Mutter kann den Kinderfreibetrag auf sich übertragen lassen, wenn ihr keine Unterhaltsleistungen nach dem Unterhaltsvorschussgesetz gezahlt wurden. Dieser Antrag (Zeile 39) zieht zugleich die Übertragung des Freibetrags für den Betreuungs- und Erziehungs- oder Ausbildungsbedarf nach sich (s. o.).

BEISPIEL 2:

Sachverhalt wie in Beispiel 1; der Vater kommt jedoch seiner Barunterhaltsverpflichtung gegenüber dem Kind für den VZ 2025 nach. Der Vater trägt aber weder Kinderbetreuungskosten für das Kind noch betreut er das Kind regelmäßig in einem nicht unwesentlichen Umfang.

Die Übertragung des hälftigen Kinderfreibetrags auf die Mutter kommt nicht in Betracht, da der Vater im VZ 2025 seiner Unterhaltsverpflichtung in vollem Umfang nachgekommen ist. Die Mutter kann aber (in Zeile 41) beantragen, dass der Freibetrag für den Betreuungs- und Erziehungs- oder Ausbildungsbedarf auf sie übertragen wird, weil das minderjährige Kind nur in ihrer Wohnung gemeldet ist und der Vater weder Kinderbetreuungskosten für das Kind getragen noch das Kind regelmäßig in einem nicht unwesentlichen Umfang betreut hat.

Bei der Mutter wird hiernach der halbe Kinderfreibetrag (2025: 3 336 €) und auf ihren Antrag der **volle Freibetrag** für den Betreuungs- und Erziehungs- oder Ausbildungsbedarf (2025: 2 928 €) berücksichtigt, sofern der hieraus insgesamt resultierende Steuervorteil höher ist als das ihr zuzurechnende halbe Kindergeld (2025: 1 530 €). Nach § 31 Satz 4 EStG richtet sich im Rahmen der Günstigerprüfung zwischen dem Kindergeld und den Freibeträgen für Kinder die Anrechnung des Kindergeldes nach der Verteilung des Kinderfreibetrags (vgl. Tz 9.2.4.4). Beim Vater kann nur der halbe Kinderfreibetrag (2025: 3 336 €) berücksichtigt werden, sofern der hieraus resultierende Steuervorteil höher ist als das ihm zuzurechnende halbe Kindergeld (2025: 1 530 €).

9.10.1.7 Keine einvernehmliche Übertragung

Bis 1995 war auch eine Übertragung des (halben) Kinderfreibetrags **mit Zustimmung** dann möglich, wenn sich beide Elternteile darüber einig waren, dass der halbe Kinderfreibetrag von einem Elternteil auf den anderen Elternteil übertragen werden soll. Diese Möglichkeit der einvernehmlichen Übertragung des Kinderfreibetrags auf den anderen Elternteil ist **schon seit 1996** weggefallen.

9.10.1.8 Folgewirkungen der Übertragung

Infolge der Übertragung der (halben) Freibeträge für Kinder können sich bei den kindbedingten Steuerentlastungen, die vom Anspruch auf Kindergeld oder den Freibeträgen für Kinder nach § 32 Abs. 6 EStG abhängen, Auswirkungen ergeben. Der Elternteil, der den (halben) Kinderfreibetrag und (halben) Freibetrag für den Betreuungs- und Erziehungs- oder Ausbildungsbedarf »verliert«, kann z. B. keinen **Entlastungsbetrag** für **Alleinerziehende** (Tz 9.11) oder Freibetrag zur Abgeltung eines Sonderbedarfs bei einer **Berufsausbildung** (Tz 9.12) mehr beanspruchen. Außerdem wird das Kind bei der Berechnung der **zumutbaren Belastung** für außergewöhnliche Belastungen allgemeiner Art (vgl. Tz 5.5.5) sowie bei der Berechnung des **Solidaritätszuschlags** und ggf. der **KiSt** (§ 51 a EStG) nicht mehr berücksichtigt. Zudem entfällt auch die Möglichkeit, einen dem Kind zustehenden **Behinderten-** und/oder **Hinterbliebenen-Pauschbetrag** auf sich **übertragen** zu lassen (vgl. Tz 9.14). Entsprechendes gilt für die Übertragung der dem Kind zustehenden **behinderungsbedingten Fahrtkostenpauschale** (vgl. Tz 9.15 a. E.).

9.10.2 Übertragung auf Stief- oder Großeltern

Die Freibeträge für Kinder können auf Antrag auf einen **Stief-** oder **Großelternteil** übertragen werden, wenn diese das Kind in ihren **Haushalt** aufgenommen haben. Diese Regelung geht konform damit, dass ein Stief- oder Großelternteil **Kindergeld** für ein Kind erhalten können, das sie in ihren Haushalt aufgenommen haben (§ 63 Abs. 1 Nr. 2 und 3 EStG). Stiefelternteil kann bei einer Lebenspartnerschaft nach dem LPartG auch ein Lebenspartner eines Elternteils sein (BMF-Schreiben vom 17.1.2014, BStBl I S. 109).

Die Übertragung der Freibeträge für Kinder kommt neben der Haushaltsaufnahme auch dann in Betracht, wenn Großelternteile aufgrund mangelnder Leistungsfähigkeit der Eltern oder eines Elternteils gegenüber dem Kind **unterhaltspflichtig** sind (§ 32 Abs. 6 Satz 10 EStG). Die Tatsache, dass der die Übertragung beantragende Großelternteil die Unterhaltsverpflichtung gegenüber seinem Enkelkind erfüllt, hat dieser ggf. auf Anforderung des Finanzamts in geeigneter Weise nachzuweisen (z. B. durch Vorlage von Zahlungsbelegen). Bei einer Haushaltsaufnahme erübrigt sich der Nachweis (Rz 14 des BMF-Schreibens vom 28.6.2013, BStBl I S. 845). Da ein **Stiefelternteil** keiner gesetzlichen Unterhaltspflicht gegenüber seinem Stiefkind unterliegt, kommt bei ihm eine Übertragung aus diesem Grund nicht in Betracht.

Der Antrag auf Übertragung der vollen Freibeträge für Kinder kann in den v. g. Fällen in **Zeile 42** gestellt werden. Hierfür ist eine Zustimmung der leiblichen Eltern **nicht** erforderlich.

44 Die Übertragung der (halben oder vollen) Freibeträge für Kinder kann auch mit **Zustimmung** des/der berechtigten **Elternteils/Elternteile** erfolgen; die Zustimmung kann nur für künftige Kj. widerrufen werden (§ 32 Abs. 6 Satz 11 EStG). In diesem Fall ist in **Zeile 43** anzugeben, ob die Zustimmung zur Übertragung der Freibeträge für Kinder nur eines Elternteils vorliegt (Wert »1« bei Kennzahl »41«) oder beide Elternteile der Übertragung zugestimmt haben (Wert »2« bei Kennzahl »41«). Stehen dem übertragenden Elternteil die Freibeträge für Kinder in voller Höhe zu (z. B. weil der andere Elternteil verstorben oder nicht unbeschränkt einkommensteuerpflichtig ist) ist in Zeile 43 ebenfalls der Wert »2« einzutragen. Außerdem ist mit der Steuererklärung zusätzlich der Vordruck »**Anlage K**« abzugeben, der die Zustimmungserklärung des/der berechtigten Elternteils/Elternteile enthält. Die berechtigten Elternteile müssen in ihrer Steuererklärung korrespondierend dazu in **Zeile 44** erklären, dass sie der Übertragung der Freibeträge für Kinder auf den Stief-/Großelternteil lt. Anlage K zugestimmt haben. Die Anlage K ist kostenlos bei jedem Finanzamt erhältlich; der Vordruck kann auch unter www.formulare-bfinv.de (unter »Steuern/Lohnsteuer«) abgerufen werden.

Werden die Freibeträge für Kinder auf einen Stief- oder Großelternteil übertragen, gehen auch die daran geknüpften sonstigen Steuervergünstigungen für das Kind auf diese Personen über (vgl. Tz 9.10.1.8).

9.11 Entlastungsbetrag für Alleinerziehende

9.11.1 Höhe und Abzugsvoraussetzungen

Alleinstehende Steuerpflichtige können einen **Entlastungsbetrag** 45–51
für **Alleinerziehende** von der Summe der Einkünfte abziehen, wenn zu ihrem Haushalt **mindestens** ein **Kind** gehört, für das ihnen ein Freibetrag für Kinder nach § 32 Abs. 6 EStG oder Kindergeld zusteht. Der Entlastungsbetrag für Alleinerziehende beträgt seit dem VZ 2023 **4 260 €** jährlich (§ 24 b Abs. 2 Satz 1 EStG). Ab dem zweiten Kind erhöht sich dieser Grundbetrag um einen sog. Erhöhungsbetrag von jeweils **240 €** je weiterem Kind. Bei z. B. drei zu berücksichtigenden Kindern im Haushalt des Steuerpflichtigen beträgt der Entlastungsbetrag für Alleinerziehende im Kj. 2025 insgesamt 4 740 € (4 260 € + 240 € + 240 €).

Voraussetzung für die Gewährung des Entlastungsbetrags für 4
Alleinerziehende ist die Identifizierung des Kindes durch die Angabe der an dieses Kind vergebenen **IdNr.** in **Zeile 4** (vgl. Tz 9.3.1). Hierdurch wird eine Mehrfachgewährung des Entlastungsbetrags, z. B. bei nur zeitanteiliger monatlicher Berücksichtigung (vgl. Tz 9.11.3), ausgeschlossen. Ist das Kind nicht nach einem Steuergesetz stpfl. (§ 139 a Abs. 2 AO), ist es in anderer geeigneter Weise zu identifizieren (z. B. durch Ausweisdokumente, ausländische Urkunden).

Ein Entlastungsbetrag kommt nicht nur für ein minderjähriges 45
Kind, sondern auch für ein volljähriges Kind, Enkelkind oder Stiefkind in Betracht, für das der alleinstehende Steuerpflichtige Anspruch auf einen Freibetrag für Kinder (§ 32 Abs. 6 EStG) oder Kindergeld hat. Die Zugehörigkeit zum Haushalt ist **unwiderlegbar** anzunehmen, wenn das Kind in der gemeinsamen Wohnung des alleinstehenden Steuerpflichtigen (mit Haupt- oder Nebenwohnsitz) gemeldet ist (BFH-Urteil vom 5.2.2015, BStBl II S. 926). In **Zeile 45** ist deshalb der Zeitraum anzugeben, in dem das Kind im betreffenden VZ in der Wohnung des Steuerpflichtigen gemeldet war.

Ist das Kind bei mehreren Steuerpflichtigen gemeldet (z. B. sowohl in der Wohnung der Mutter als auch in der Wohnung des von dieser getrennt lebenden Vaters), steht der Entlastungsbetrag demjenigen Alleinstehenden zu, der die Voraussetzungen auf **Auszahlung** des **Kindergeldes** nach § 64 Abs. 2 Satz 1 EStG erfüllt oder erfüllen würde in Fällen, in denen nur ein Anspruch auf einen Freibetrag nach § 32 Abs. 6 EStG besteht. Letzteres betrifft die Fälle, in denen der Steuerpflichtige mit seinem Kind in einem Staat außerhalb der EU und des EWR lebt (z. B. USA), nach § 1 Abs. 3 EStG als unbeschränkt einkommensteuerpflichtig behandelt wird (vgl. Tz 33.5.1) und deshalb einen Anspruch auf einen Freibetrag für Kinder hat, aber keinen Anspruch auf Kindergeld.

Ist ein Kind annähernd **gleichwertig** in die beiden Haushalte 46
seiner allein stehenden Eltern aufgenommen, können die Eltern – -

analog § 64 Abs. 2 Satz 2 EStG zur einvernehmlichen Bestimmung des Kindergeldberechtigten – untereinander bestimmen, wem der Entlastungsbetrag für Alleinerziehende zustehen soll, es sei denn, einer der Berechtigten hat bei seiner Einkommensteuerveranlagung oder durch Anwendung der Steuerklasse II beim Lohnsteuerabzug durch den Arbeitgeber diesen bereits in Anspruch genommen (BFH-Urteil vom 28.4.2010, BStBl 2011 II S. 30). Treffen die Eltern keine Bestimmung über die Zuordnung des Entlastungsbetrags, steht er demjenigen zu, an den das Kindergeld ausgezahlt wird. In **Zeile 46** ist daher anzugeben, für welchen Zeitraum das Kindergeld für das Kind dem antragstellenden Steuerpflichtigen ausgezahlt wurde.

Ist ein Kind in den Wohnungen beider Elternteile gemeldet und ist nur **ein Elternteil alleinstehend**, ist diesem Elternteil der Entlastungsbetrag für Alleinerziehende zu gewähren (FG Berlin-Brandenburg vom 13.8.2008, EFG 2008 S. 1959 – rkr.). Dies gilt unabhängig davon, ob dieser die Voraussetzungen für die Auszahlung des Kindergeldes erfüllt oder erfüllen würde (Rz 20 des BMF-Schreibens vom 23.11.2022, BStBl I S. 1634).

BEISPIEL:
Die geschiedenen Eltern M und V haben eine gemeinsame zehnjährige Tochter T. M hat erneut geheiratet und lebt mit dem neuen Ehegatten und T in einem gemeinsamen Haushalt. T ist sowohl in der Wohnung von M und als auch in der Wohnung von V gemeldet. M erhält das Kindergeld für T.
V ist alleinstehend i. S. des § 24b Abs. 3 EStG. Zudem gehört T zu seinem Haushalt. V kann den Entlastungsbetrag für Alleinerziehende in Anspruch nehmen, da ihn M nicht in Anspruch nehmen kann. Bei ihr sind die Voraussetzungen zur Anwendung des Splittingverfahrens erfüllt.

Als **alleinstehend** gelten Steuerpflichtige, die **nicht** die Voraussetzungen für die »**Ehegattenveranlagung**« nach § 26 Abs. 1 EStG mit Anwendung des Splittingverfahrens (Tz 1.5.2) erfüllen. Alleinstehend sind nur Steuerpflichtige, die

- während des gesamten VZ nicht verheiratet/verpartnert sind,
- verheiratet/verpartnert sind, aber seit dem vorangegangenen VZ dauernd getrennt leben,
- verwitwet sind sowie
- Steuerpflichtige, deren Ehegatte oder Lebenspartner im Ausland lebt und nicht unbeschränkt stpfl. i. S. des § 1 Abs. 1 oder 2 EStG oder des § 1 a EStG ist.

Einem alleinerziehenden Elternteil steht im **Jahr** der **Trennung** von seinem Ehegatten/Lebenspartner ein **zeitanteiliger** Entlastungsbetrag für Alleinerziehende zu, wenn er sich gegen das Splittingverfahren und für die Einzelveranlagung nach § 26 a EStG entschieden hat (BFH-Urteil vom 28.10.2021, BStBl 2022 II S. 797). Darüber hinaus ist der BFH der Ansicht, dass auch Ehegatten, die erst seit der Eheschließung zusammen wohnen und die Zusammenveranlagung wählen, den Entlastungsbetrag für Alleinerziehende für **Zeiträume vor** der **Eheschließung** in Anspruch nehmen können (BFH-Urteil vom 28.10.2021, BStBl 2022 II S. 799). Die Finanzverwaltung wendet die v. g. BFH-Urteile allgemein an (Rz 5, 25 und 25b des o. a. BMF-Schreibens vom 23.11.2022). Bisher insoweit ruhende Einspruchsverfahren werden die Finanzämter nun durch Stattgabe erledigen.

9.11.2 Haushaltsgemeinschaft mit anderen volljährigen Personen

47–50 In den **Zeilen 47** und **48** wird gefragt, ob in der gemeinsamen Wohnung andere volljährige Personen **gemeldet** waren, für die im VZ (zeitweise) kein Anspruch auf Kindergeld oder Freibeträge für Kinder bestand, und ob mit diesen eine **Haushaltsgemeinschaft** bestand. Sind diese Fragen mit »1 = Ja« zu beantworten, sind die weiteren Angaben in den Zeilen 47 bis 50 auszufüllen:

- Zeitraumangaben in den Zeilen 47 und 48;
- Name, Vorname, Verwandtschaftsverhältnis, Beschäftigung/Tätigkeit dieser Personen in den Zeilen 49 und 50 (ggf. in einer gesonderten Aufstellung, wenn der Platz in der Steuererklärung dafür nicht reichen sollte).

ELSTER:
In ELSTER stehen für die Angaben in den Zeilen 49 und 50 zusätzliche Eingabezeilen für weitere im gemeinsamen Haushalt lebende volljährige Personen zur Verfügung, die – soweit erforderlich – per Mausklick der elektronischen Steuererklärung hinzugefügt werden können.

Die Abfragen in den Zeilen 47 bis 50 haben folgenden Hintergrund:

Für den Abzug des Entlastungsbetrags für Alleinerziehende darf **keine Haushaltsgemeinschaft** mit einer anderen volljährigen Person bestehen, es sei denn, für diese Person steht dem Steuerpflichtigen ein Freibetrag für Kinder nach § 32 Abs. 6 EStG oder Kindergeld zu. Mit einem **volljährigen Kind**, für das dem Steuerpflichtigen **keine** Freibeträge für Kinder oder Kindergeld mehr zustehen, liegt eine Haushaltsgemeinschaft vor, die den Abzug des Entlastungsbetrags für Alleinerziehende ausschließt (BFH-Urteil vom 25.10.2007, III R 104/06, BFH/NV 2008 S. 545; die hiergegen eingelegte Verfassungsbeschwerde wurde nicht zur Entscheidung angenommen, Beschluss des BVerfG vom 25.9.2009, 2 BvR 266/08). Ein **gemeinsames Wirtschaften** i. S. von § 24b Abs. 3 Satz 2 EStG kann in diesen Fällen sowohl darin bestehen, dass das volljährige Kind zu den Kosten des gemeinsamen Haushalts beiträgt als auch in einer Entlastung durch die tatsächliche Hilfe und Zusammenarbeit im gemeinsamen Haushalt. Auf den Umfang der Hilfe oder des Anteils an den im Haushalt anfallenden Arbeiten kommt es grds. nicht an (BFH-Urteil vom 28.6.2012, BStBl II S. 815).

Eine Haushaltsgemeinschaft, d. h. das gemeinsame Wirtschaften in einer gemeinsamen Wohnung, wird immer dann vermutet, wenn eine andere Person mit Haupt- oder Nebenwohnsitz beim Steuerpflichtigen gemeldet ist. Die Vermutung des gemeinsamen Wirtschaftens kann **widerlegt** werden, wenn der Steuerpflichtige glaubhaft darlegt, dass eine Haushaltsgemeinschaft mit der anderen Person nicht vorliegt. Die Widerlegbarkeit der Vermutung ist jedoch ausgeschlossen, wenn der Steuerpflichtige und die andere Person in einer eheähnlichen Gemeinschaft leben. Kurze Abwesenheitszeiten von der gemeinsamen Wohnung (z. B. Krankenhausaufenthalt, Reisen, Auslandsaufenthalt eines Montagearbeiters) heben eine Haushaltsgemeinschaft nicht auf (Rz 10 des BMF-Schreibens vom 23.11.2022, BStBl I S. 1634 mit weiteren Abgrenzungsbeispielen). Bei Aufnahme von volljährigen **Flüchtlingen** kann die gesetzliche Vermutung des Bestehens einer Haushaltsgemeinschaft widerlegt werden, wenn mit den aufgenommenen Personen ein rechtsgültiges **Mietverhältnis** besteht (FG Berlin-Brandenburg vom 28.2.2023, 6 K 6205/19, EFG 2023 S. 751 – rkr.).

Mit einer anderen volljährigen Person besteht keine Haushaltsgemeinschaft, wenn diese sich **tatsächlich** und **finanziell** nicht an der Haushaltsführung beteiligt. Das ist grds. nur dann der Fall, wenn sie einen vollständig getrennten Haushalt führt oder, wenn – z. B. beim Zusammenleben mit einkommenslosen pflegebedürftigen Angehörigen – jedwede Unterstützungsleistung durch die andere Person ausgeschlossen erscheint. So fehlt bei Personen die Fähigkeit, sich tatsächlich an der Haushaltsführung zu beteiligen, bei denen eine Pflegebedürftigkeit i. S. der Pflegegrade 1 bis 5 besteht oder die blind/taubblind sind. Die Fähigkeit, sich finanziell an der Haushaltsführung zu beteiligen, fehlt bei einer Person, die kein oder nur geringes Vermögen (bis 15 500 €) besitzt und deren Einkünfte und Bezüge den Unterhaltshöchstbetrag nach § 33 a Abs. 1 Satz 1 EStG (für VZ 2025: 12 096 €) nicht übersteigen (Rz 13 des o. a. BMF-Schreibens vom 23.11.2022).

9.11.3 Zeitanteilige Gewährung

Der Entlastungsbetrag für Alleinerziehende wird **zeitanteilig** gewährt. Für jeden **vollen Kalendermonat**, in dem die unter Tz 9.11.1 und 9.11.2 beschriebenen Voraussetzungen nicht vorgelegen haben, ermäßigt sich der Entlastungsbetrag für Alleinerziehende (Grund- und Erhöhungsbetrag) um ein Zwölftel, im VZ 2025 z. B. bei einem Kind um monatlich 355 €, bei zwei Kindern um monatlich 375 €.

BEISPIEL 1:
Die alleinstehende Mutter M bringt am 30. April 2025 ihr erstes Kind zur Welt. M lebt in ihrem Haushalt mit keiner weiteren volljährigen Person zusammen.
Ab April 2025 kann M den Entlastungsbetrag für Alleinerziehende zeitanteilig i. H. von 3 195 € (= Grundbetrag 4 260 € × 9/12) in Anspruch nehmen.

BEISPIEL 2:
Die alleinstehende Mutter M bringt im Juni 2025 ihr zweites Kind zur Welt. M lebt in ihrem Haushalt mit keiner weiteren volljährigen Person zusammen.
Für den VZ 2025 kann M den Entlastungsbetrag für Alleinerziehende zeitanteilig i. H. von 4 400 € (4 260 € + 240 € × 7/12) in Anspruch nehmen.

Im Fall des Zusammenlebens mit einer anderen volljährigen Person ist der Entlastungsbetrag zeitanteilig für volle Kalendermonate zu kürzen, in denen eine Haushaltsgemeinschaft mit der anderen volljährigen Person besteht.

BEISPIEL 3:
Im Haushalt einer alleinerziehenden Mutter L leben im Kj. 2025 zwei volljährige Kinder. Das erste Kind (geb. 1.12.2000) studiert bis 29.2.2025, das zweite Kind (geb. 10.4.2002) studiert in 2025 ganzjährig. Das erste Kind zieht am 31.10.2025 aus der Wohnung der L aus.
Die Voraussetzungen für die Gewährung des Entlastungsbetrags für Alleinerziehende liegen bei der alleinerziehenden L im VZ 2025 nicht ganzjährig vor. Das erste Kind bildet nach Abschluss des Studiums ab 1.3.2025 bis zum Auszug am 31.10.2025 für 8 Monate mit L eine »schädliche Haushaltsgemeinschaft« i. S. der Tz 9.11.2. Der Grundbetrag kommt daher nur für vier Monate (Januar, Februar, November, Dezember) zum Ansatz, der Erhöhungsbetrag nur für zwei Monate (Januar, Februar). Insgesamt hat L im VZ 2025 Anspruch auf einen Entlastungsbetrag für Alleinerziehende von 1 460 € (4 × 355 € + 2 × 20 €).

Im VZ der **Trennung** von Ehegatten/Lebenspartnern ist eine zeitanteilige Inanspruchnahme des Entlastungsbetrages für Alleinerziehende möglich, sofern die übrigen Voraussetzungen des § 24b EStG erfüllt sind (Rz 25 des BMF-Schreibens vom 23.11.2022, BStBl I S. 1634). Bei dauerndem Getrenntleben kann der Entlastungsbetrag zeitanteilig ab dem Monat der Trennung der Ehegatten/Lebenspartner beansprucht werden. Der Steuerpflichtige kann den Entlastungsbetrag für Alleinerziehende auch im Jahr der **Eheschließung/Verpartnerung** zeitanteilig in Anspruch nehmen, sofern er die übrigen Voraussetzungen des § 24 b EStG erfüllt, insbesondere nicht bereits in einer Haushaltsgemeinschaft mit dem späteren Ehegatten/Lebenspartner gelebt hat (Rz 25b des v. g. BMF-Schreibens vom 23.11.2022).

BEISPIEL 4:
Die Mutter M ist alleinstehend und lebt mit ihren minderjährigen Kindern K und L in einem gemeinsamen Haushalt zusammen. Am 15.8.2025 zieht der neue Partner P in die Wohnung von M mit ein. M und P heiraten am 12.12.2025 und wählen für den VZ 2025 die Zusammenveranlagung. Bis einschließlich August 2025 kann M den Entlastungsbetrag für Alleinerziehende zeitanteilig i. H. von 3 000 € (4 500 € × 8/12) in Anspruch nehmen.

Bei **verwitweten Alleinerziehenden** kommt der Entlastungsbetrag zeitanteilig erstmals für den Monat des Todes des Ehegatten oder Lebenspartners in Betracht (Rz 25c des o. a. BMF-Schreibens vom 23.11.2022).

Die zeitanteilige Berücksichtigung des Entlastungsbetrags kann bei der Zusammenveranlagung im Jahr der Eheschließung, der Trennung oder des Todes eines Elternteils in **Zeile 51** beantragt werden. Es ist dort mit »1 = Ehemann/Person A« oder »2 = Ehefrau/Person B« anzugeben, für wen der Antrag gestellt wird.

9.11.4 Lohnsteuerabzugsverfahren

Damit sich ein dem Steuerpflichtigen zustehender Entlastungsbetrag für Alleinerziehende schon im **Lohnsteuerabzugsverfahren** steuermindernd auswirkt, ist der Grundbetrag i. H. von 4 260 € in die Steuerklasse II eingearbeitet (§ 38b Satz 2 Nr. 2 EStG). Der Erhöhungsbetrag von 240 € für weitere Kinder wird im Lohnsteuerabzugsverfahren über einen antragsgebundenen Freibetrag – ggf. mit einer Gültigkeit für zwei Jahre – berücksichtigt (§ 39 a Abs. 1 Satz 1 Nr. 4a EStG). Bei **Verwitweten**, die nicht in Steuerklasse II gehören (sondern im Kj. des Todes des Ehegatten/Lebenspartners und im folgenden Jahr unter das sog. Witwensplitting und damit in Steuerklasse III fallen), kann der Entlastungsbetrag für Alleinerziehende insgesamt nur als Freibetrag über die (elektronischen) Lohnsteuerabzugsmerkmale berücksichtigt werden (§ 39 a Abs. 1 Nr. 8 EStG). Entsprechendes gilt für die zeitanteilige Berücksichtigung des Entlastungsbetrags im Jahr der **Trennung** von Ehegatten/Lebenspartnern, soweit die übrigen Voraussetzungen des § 24 b erfüllt sind (§ 39 a Abs. 1 Satz 1 Nr. 9 EStG i. d. F. des JStG 2024 vom 2.12.2024, BGBl 2024 I Nr. 387). In Folgejahren kann der Entlastungsbetrag für Alleinerziehende bei getrennt lebenden Ehegatten/Lebenspartnern nur über die Steuerklasse II berücksichtigt werden (s. o.).

Aufgrund der Berücksichtigung des Entlastungsbetrags für Alleinerziehende als Freibetrag im Lohnsteuerabzugsverfahren ergibt sich **keine** Verpflichtung zur Abgabe einer Einkommensteuererklärung nach § 46 Abs. 2 Nr. 4 EStG (vgl. Vorbemerkungen Tz 7).

9.11.5 Verfassungsmäßigkeit der gesetzlichen Regelung

Das Bundesverfassungsgericht sieht durch die Gewährung des Entlastungsbetrags nach § 24b EStG nur für Alleinerziehende unter gleichzeitigem Ausschluss von Steuerpflichtigen, die die Voraussetzungen für eine »Ehegattenveranlagung« erfüllen, **keine Verletzung** von **Grundrechten** (Nichtannahmebeschluss des BVerfG vom 22.5.2009, BStBl II S. 884; Vorinstanz: BFH vom 19.10.2006, BStBl 2008 II S. 637).

Die **alleinige Zuordnung** des Entlastungsbetrags für Alleinerziehende zu lediglich einem Elternteil verstößt auch im Fall des »**paritätischen Wechselmodells**« **nicht** gegen den Gleichheitssatz des Grundgesetzes (BFH-Urteil vom 10.7.2024, BStBl 2024 I S. 865). Beim »paritätischem Wechselmodell« lebt ein Kind abwechselnd in annähernd gleichem Umfang in den Haushalten beider Elternteile, die sich – unter Berücksichtigung ihrer jeweiligen Einkommen – die Unterhaltskosten teilen.

9.12 Freibetrag zur Abgeltung eines Sonderbedarfs bei Berufsausbildung

9.12.1 Höhe des Freibetrags

Der **Ausbildungsbedarf** eines Kindes wird grds. im Rahmen des Familienleistungsausgleichs durch die Gewährung von Kindergeld oder Freibeträgen für Kinder berücksichtigt. Ein zusätzlicher Sonderbedarf wird nur für ein **auswärtig** untergebrachtes **volljähriges Kind** (18. Lebensjahr vollendet) anerkannt, das sich in **Berufsausbildung** befindet. Für diesen Sonderbedarf kann seit dem VZ 2023 ein **Freibetrag** i. H. von **1 200 €** je Kj. vom Gesamtbetrag der Einkünfte abgezogen werden (§ 33 a Abs. 2 EStG). Wegen des Begriffs der Berufsausbildung vgl. Tz 9.7.3.4; unter diesen Begriff fällt auch die Schulausbildung. **52–55**

Bei Kindern mit Wohnsitz oder gewöhnlichem Aufenthalt im **Ausland** ermäßigt sich der Freibetrag von 1 200 € ggf. analog der Ländergruppeneinteilung für die Berücksichtigung von Unterhaltsleistungen an im Ausland lebende Personen (vgl. Tz 6.5).

Voraussetzung für den Abzug des Freibetrags zur Abgeltung eines Sonderbedarfs bei Berufsausbildung ist, dass der Steuerpflichtige für das volljährige Kind Anspruch auf einen Freibetrag für Kinder (§ 32 Abs. 6 EStG) oder Kindergeld hat. Für die Berücksichtigung des Freibetrags kommt es auf die **tatsächliche Höhe** der **Aufwendungen nicht** an; es genügt das Vorliegen des gesetzlichen Tatbestands.

Für jeden vollen Kalendermonat, in dem die Voraussetzungen des § 33 a Abs. 2 EStG nicht vorgelegen haben, **ermäßigt** sich der Freibetrag von 1 200 € um je ein **Zwölftel** (§ 33 a Abs. 3 Satz 1 EStG); z. B. wenn der Anspruch auf den Freibetrag für Kinder nicht ganzjährig bestand oder das Kind nicht ganzjährig auswärtig untergebracht war (vgl. Tz 9.12.3). Werden die Aufwendungen für den Schulbesuch der Kinder krankheitsbedingt als außergewöhnliche Belastungen berücksichtigt (vgl. Tz 5.5.6.49 unter »Schulbesuch«), kann kein zusätzlicher Freibetrag nach § 33 a Abs. 2 EStG gewährt werden (BFH-Urteil vom 12.5.2011, BStBl II S. 783).

Eigene **Einkünfte** und **Bezüge** des volljährigen Kindes werden **nicht** auf den Freibetrag nach § 33 a Abs. 2 EStG angerechnet. Das Gleiche gilt für Zuschüsse, die das Kind als **Ausbildungshilfen** aus **öffentlichen Mitteln** (z. B. BAföG) erhalten hat.

9.12.2 Verfassungsmäßigkeit des Freibetrags

Der BFH hat mit Urteil vom 25.11.2010 (BStBl 2011 II S. 281) entschieden, dass der Mehrbedarf, der Eltern für den Unterhalt eines auswärtig zu Ausbildungszwecken untergebrachten Kindes entsteht, **verfassungskonform** in ausreichendem Maße steuerlich berücksichtigt wird. Nach Auffassung des BFH darf der Ausbildungsfreibetrag nach § 33 a Abs. 2 EStG aber nicht isoliert betrachtet werden; vielmehr seien bei Prüfung einer »ausreichenden steuerlichen Entlastung« auch die Freibeträge für Kinder nach § 32 Abs. 6 EStG (Kinderfreibetrag und Freibetrag für den Betreuungs- und Erziehungs- oder Ausbildungsbedarf) einzubeziehen. Das BVerfG hat mit Beschluss vom 23.10.2012, 2 BvR 451/11 die gegen das o. a. BFH-Urteil vom 25.11.2010 gerichtete Verfassungsbeschwerde nicht zur Entscheidung angenommen.

Für ein **minderjähriges** auswärts untergebrachtes **Kind** steht einem Steuerpflichtigen nach dem Wortlaut des § 33 a Abs. 2 EStG kein Ausbildungsfreibetrag zu; dies ist verfassungsrechtlich nicht zu beanstanden (siehe zuletzt FG Rheinland-Pfalz vom 27.3.2018, 3 K 1651/16, EFG 2018 S. 1269 - rkr.).

9.12.3 Auswärtige Unterbringung

52–54 In den **Zeilen 52** und **53** sind der Zeitraum und die Anschrift der auswärtigen Unterbringung des volljährigen Kindes anzugeben. Aufgrund einer möglichen Unterbrechung der auswärtigen Unterbringung kann in Zeile 52 ein »2. Zeitraum« angegeben werden. Der Freibetrag von 1 200 € vermindert sich in diesem Fall für jeden vollen Kalendermonat, in dem das Kind nicht auswärts untergebracht war, um je ein Zwölftel (§ 33 a Abs. 3 Satz 1 EStG). Über die Verkennzifferung der Zeitraumangaben in Zeile 52 ist auch bei nicht ganzjähriger auswärtiger Unterbringung eine maschinelle Ermittlung des Freibetrags möglich.

Der Freibetrag zur Abgeltung eines Sonderbedarfs bei Berufsausbildung ist auch für ein Kind zu gewähren, das nicht unbeschränkt einkommensteuerpflichtig ist und (zeitweise) im **Ausland** auswärtig untergebracht ist, wenn die übrigen Voraussetzungen wie Berufsausbildung, Anspruch auf Freibeträge für Kinder oder Kindergeld vorliegen. In diesem Fall ermäßigt sich der Freibetrag ggf. entsprechend der sog. Ländergruppeneinteilung (§ 33 a Abs. 2 Satz 2 EStG; vgl. Tz 6.5). Falls ein solcher Sachverhalt vorliegt, ist in der **Zeile 54** die Abfrage mit »1 = Ja« zu beantworten. Außerdem ist in **Zeile 53** neben der/den Anschrift(en) auch der/die Staat(en) der auswärtigen Unterbringung anzugeben.

Zur Frage, wann eine **auswärtige Unterbringung** eines volljährigen Kindes vorliegt, ist im Übrigen Folgendes zu beachten:

Eine auswärtige Unterbringung ist bei einem in Berufsausbildung stehenden Kind des Steuerpflichtigen gegeben, wenn das Kind außerhalb des Haushalts der Eltern wohnt. Das ist nur anzunehmen, wenn für das Kind außerhalb des Haushalts der Eltern eine Wohnung ständig bereitgehalten und das Kind auch außerhalb des elterlichen Haushalts verpflegt wird. Die auswärtige Unterbringung muss auf eine **gewisse Dauer** angelegt sein (z. B. während eines Studiensemesters oder -trimesters); die Teilnahme an Klassenfahrten und Schullandheimaufenthalten oder an einem dreiwöchigen Sprachkurs stellt keine auswärtige Unterbringung in diesem Sinne dar (BFH-Urteile vom 5.11.1982, BStBl 1983 II S. 109, vom 25.3.1983, BStBl II S. 457 und vom 29.9.1989, BStBl 1990 II S. 62).

Eine auswärtige Unterbringung kann ausnahmsweise auch in derselben politischen Gemeinde vorliegen (BFH-Urteil vom 26.5.1971, BStBl II S. 627). Das betreffende Kind muss aber sowohl räumlich als auch hauswirtschaftlich aus dem Haushalt der Eltern ausgegliedert sein, sodass es nicht mehr am häuslichen Leben der Eltern teilnimmt (BFH-Urteil vom 6.11.1987, BStBl 1988 II S. 138).

Führen die Eltern getrennte Haushalte und wohnt das Kind bei einem Elternteil, so ist es, vom anderen Elternteil aus gesehen, nicht auswärtig untergebracht. Anders liegt es, wenn das Kind auch den Haushalt des betreffenden Elternteils verlässt. Dann ist das Kind, von beiden Elternteilen aus gesehen, auswärtig untergebracht (BFH-Urteil vom 5.2.1988, BStBl II S. 579; vgl. H 33a.2 – Auswärtige Unterbringung – EStH).

Führt das studierende Kind in einer dem Vater oder den Eltern gehörenden **Eigentumswohnung** einen selbständigen Haushalt, liegt eine auswärtige Unterbringung vor (BFH-Urteile vom 26.1.1994, BStBl II S. 544 und vom 25.1.1995, BStBl II S. 378). Der Freibetrag würde aber dann entfallen, wenn die Wohnung von den Eltern oder einem Elternteil mitbewohnt würde und als Teil des elterlichen Haushalts anzusehen wäre. Vorübergehende Aufenthalte der Eltern, die als Besuche im Haushalt des Kindes zu werten sind, begründen keinen (Teil-)Familienhaushalt und stehen somit dem Freibetrag zur Abgeltung eines Sonderbedarfs bei Berufsausbildung nicht entgegen.

9.12.4 Mehrere Anspruchsberechtigte

Für dasselbe Kind kann der Freibetrag zur Abgeltung eines Sonderbe- 5
darfs bei Berufsausbildung **insgesamt nur einmal** gewährt werden. Das gilt auch, wenn **mehrere Steuerpflichtige** für dasselbe Kind die Voraussetzungen für die Berücksichtigung des Freibetrags erfüllen. Steht das Kind zu **zwei** Steuerpflichtigen, die nicht zusammen zur ESt veranlagt werden, in einem Kindschaftsverhältnis (z. B. bei geschiedenen oder dauernd getrennt lebenden Eltern oder Eltern eines nichtehelichen Kindes), so erhält grds. jeder Elternteil die **Hälfte** des Freibetrags. Auf gemeinsamen Antrag der Eltern ist eine andere Aufteilung möglich (§ 33 a Abs. 2 Satz 5 EStG). In diesem Fall ist der gemeinsame Antrag der Elternteile der Steuererklärung (auf besonderem Blatt) beizufügen und der beim Steuerpflichtigen zu berücksichtigende Anteil in **Zeile 55** mit dem gewünschten Prozentsatz anzugeben. Die vorstehenden Ausführungen gelten für **Großelternteile** sinngemäß, wenn diese für das Kind einen Anspruch auf die Freibeträge für Kinder oder das Kindergeld haben (vgl. Tz 9.10.2).

Bei der **Einzelveranlagung** von Ehegatten/Lebenspartnern nach § 26 a EStG können die Ehegatten/Lebenspartner ebenfalls einvernehmlich eine beliebige Aufteilung des Freibetrags zur Abgeltung eines Sonderbedarfs bei Berufsausbildung beantragen. Der gemeinsame Antrag nach § 33 a Abs. 2 Satz 5 EStG hat insoweit Vorrang gegenüber der Verteilungsregelung des § 26 a Abs. 2 EStG (vgl. Tz 10.8).

9.13 Schulgeld für den Besuch einer Privatschule

9.13.1 Abziehbare Schulgeldzahlungen

Für die steuerliche Absetzbarkeit von **Schulgeldzahlungen** für den 56
Besuch einer inländischen oder in einem ausländischem EU-/EWR-Staat belegenen Privatschule in freier Trägerschaft oder einer überwiegend **privat** finanzierten Schule durch Kinder kommt es allein auf den dort erreichten oder beabsichtigten **Abschluss** an. Die Klassifizierung der Schule (z. B. als Ersatz- oder Ergänzungsschule) ist für die Berücksichtigung von Schulgeldzahlungen **nicht** von Bedeutung. Führt eine im Inland oder in einem ausländischem EU-/EWR-Staat belegene Privatschule oder eine »Deutsche Schule« im Ausland zu einem anerkannten Schul-, Jahrgangs- oder Berufsabschluss oder bereitet sie hierauf vor, kommt für ein Kind, für das der Steuerpflichtige Anspruch auf einen Freibetrag für Kinder oder Kindergeld hat, ein Abzug der Schulgeldzahlungen i. H. von **30 %**

des **Entgelts**, höchstens **5 000 €** als Sonderausgaben in Betracht (§ 10 Abs. 1 Nr. 9 EStG).

Neben dem eigentlichen Schulgeld sind auch von den Eltern erhobene **Investitionsbeiträge**, **Ergänzungsbeiträge** und ähnlich bezeichnete Beiträge, die die Kosten des laufenden Schulbetriebs decken sollen, nach § 10 Abs. 1 Nr. 9 EStG abziehbar. Auch Leistungen von Eltern an einen gemeinnützigen **Förderverein**, der die Zahlungen zur Deckung der Betriebskosten an den Schulträger weiterleitet, erfüllen nach Ansicht des FG Münster den **Entgeltbegriff** des § 10 Abs. 1 Nr. 9 EStG (Urteil vom 25.10.2023, 13 K 841/21 E, EFG 2024 S. 199 – Revision eingelegt, Az. beim BFH: X R 27/23). Freiwillige Leistungen der Eltern (ohne Entgeltcharakter) an gemeinnützige Schul- oder Fördervereine können als **Spenden** nach § 10b EStG berücksichtigt werden (vgl. Tz 2.5.6.3).

Für die Anerkennung des Sonderausgabenabzugs nach § 10 Abs. 1 Nr. 9 EStG kommt es nicht darauf an, wer **Vertragspartner** der Schule ist oder von wem das Schulgeld tatsächlich gezahlt wurde (BFH-Urteil vom 9.11.2011, BStBl 2012 II S. 321). Bei volljährigen Kindern, für die ein Anspruch auf Kindergeld oder die Freibeträge für Kinder besteht, kann davon ausgegangen werden, dass die Eltern das Schulgeld im Rahmen ihrer gegenüber dem Kind bestehenden Unterhaltspflicht getragen haben, auch wenn das Kind selbst Vertragspartner der Schule ist (vgl. R 10.10 Abs. 1 EStR). Für den Sonderausgabenabzug nach § 10 Abs. 1 Nr. 9 EStG sind die Aufwendungen als abzugsfähiger »Drittaufwand« daher bei den Eltern anzuerkennen.

Zur Berücksichtigung von Aufwendungen für den Schulbesuch der Kinder als außergewöhnliche Belastungen, wenn es sich hierbei um unmittelbare Krankheitskosten handelt, vgl. Tz 5.5.6.49 unter »Schulbesuch«.

9.13.2 Angaben im Vordruck und Nachweise

5 Die von den Eltern insgesamt geleisteten **Schulgelder** sind in **Zeile 56** einzutragen; die gesetzlichen Abzugsbegrenzungen (30 % des Entgelts, höchstens 5 000 €) werden bei der Einkommensteuerveranlagung automatisch berücksichtigt. Außerdem ist in Zeile 56 die Bezeichnung der Schule oder deren Schulträger anzugeben. **Nicht** nach § 10 Abs. 1 Nr. 9 EStG **begünstigt** sind die Aufwendungen für die Beherbergung, Betreuung und Verpflegung des Kindes; die hierauf entfallenden Schulgelder sind von den Gesamtaufwendungen der Eltern abzuziehen und nur der verminderte Betrag in Zeile 56 einzutragen. Im Zweifel ist (z. B. durch eine Bescheinigung der Schule oder des Schulträgers) glaubhaft zu machen, zur Deckung welcher Kosten die Elternbeiträge erhoben werden.

Die begünstigten Schulen stellen im Regelfall eine Bescheinigung aus, aus der sich ergibt, dass die Voraussetzungen für den Sonderausgabenabzug nach § 10 Abs. 1 Nr. 9 EStG vorliegen, insbesondere, dass die Schule zu einem von dem inländischen Kultusministerium eines Landes, von der Kultusministerkonferenz der Länder oder von einer inländischen Zeugnisanerkennungsstelle anerkannten bzw. einem inländischen Abschluss als gleichwertig anerkannten allgemein bildenden oder berufsbildenden Schul-, Jahrgangs- oder Berufsabschluss führt.

Für die Anerkennung mehrjähriger Auslandsschulbesuche ist die Vorlage einer einmaligen Prognosebescheinigung der im Einzelfall zuständigen Behörde (z. B. Zeugnisanerkennungsstelle) ausreichend (vgl. R 10.10 Abs. 2 Satz 2 EStR). Soweit inländische Privatschulen bzw. deren jeweilige Bildungsgänge als Ersatzschulen staatlich anerkannt oder genehmigt sind, werden auch die dort vermittelten Abschlüsse anerkannt. Es ist deshalb ausreichend, wenn die Eltern in diesen Fällen entsprechende Bescheinigung der Schulen über die staatliche Anerkennung oder Genehmigung vorlegen können.

Die genannten Bescheinigungen und Nachweise sind dem Finanzamt nur noch auf dessen **Anforderung** auf elektronischem Weg oder in Kopie vorzulegen (vgl. Vorbemerkungen Tz 14.1).

9.13.3 Prüfung der schulrechtlichen Kriterien

Die Prüfung und Feststellung der schulrechtlichen Kriterien obliegt allein dem zuständigen inländischen Landesministerium (z. B. dem Schul- oder Kultusministerium), der Kultusministerkonferenz der Länder oder der zuständigen inländischen Zeugnisanerkennungsstelle. Die Finanzverwaltung ist an deren Entscheidung gebunden und führt keine eigenen Prüfungen durch (Tz 1 des BMF-Schreibens vom 9.3.2009, BStBl I S. 487).

9.13.4 Begünstigte Schulen

Begünstigt sind Entgelte an staatlich genehmigte oder nach Landesrecht erlaubte allgemeinbildende und berufsbildende Ersatzschulen sowie an allgemeinbildende anerkannte Ergänzungsschulen im Inland. Auch Entgelte an private **Grundschulen** sind nach § 10 Abs. 1 Nr. 9 EStG abzugsfähig; der Schulbesuch von Grund- oder Förderschulen wird von der Norm durch den Verweis auf Jahrgangsabschlüsse umfasst. Dies gilt aber regelmäßig erst ab Beginn der öffentlich-rechtlichen Schulpflicht in Deutschland (BFH-Urteil vom 16.11.2005, BStBl 2006 II S. 377; FG Münster vom 14.11.2024, 8 K 2742/22 E, EFG 2025 S. 243 – rkr.).

Es sind aber auch Schulgeldzahlungen an »**andere Einrichtungen**« i. S. des § 10 Abs. 1 Nr. 9 Satz 3 EStG absetzbar, die auf einen Beruf oder einen allgemeinbildenden Abschluss **vorbereiten** (z. B. berufsbildende Ergänzungsschulen einschließlich der Schulen des Gesundheitswesens). Zu den »anderen Einrichtungen«, die auf einen Schul-, Jahrgangs- oder Berufsabschluss ordnungsgemäß vorbereiten, gehören solche, die nach einem staatlich vorgegebenen, genehmigten oder beaufsichtigten Lehrplan ausbilden. Hierzu gehören auch **Volkshochschulen** und Einrichtungen der Weiterbildung in Bezug auf die Kurse zur Vorbereitung auf die Prüfungen für Nichtschülerinnen und Nichtschüler zum Erwerb des Haupt- oder Realschulabschlusses, der Fachhochschulreife oder des Abiturs, wenn die Kurse hinsichtlich der angebotenen Fächer sowie in Bezug auf Umfang und Niveau des Unterrichts den Anforderungen und Zielsetzungen der für die angestrebte Prüfung maßgeblichen Prüfungsordnung entsprechen.

Die Prüfung und Feststellung der **schulrechtlichen Kriterien** in Bezug auf die ordnungsgemäße Vorbereitung eines schulischen Abschlusses gem. § 10 Abs. 1 Nr. 9 Satz 3 EStG obliegt nach Auffassung des BFH nicht den Schulbehörden, sondern ist Aufgabe der Finanzbehörden (BFH-Urteil vom 20.6.2017, BStBl 2018 II S. 58). Das bedeutet aber, dass nun erstmal die Eltern, deren Kinder auf Abschlussprüfungen vorbereitende Privatschulen besuchen, in Bezug auf die schulischen Kriterien (z. B. die Einhaltung des Lehrplans und den Unterricht) gegenüber dem Finanzamt darlegungspflichtig sind. Es empfiehlt sich daher, dem Finanzamt auf Anforderung entsprechende Unterlagen oder Bescheinigungen der Privatschule als Nachweise auf elektronischem Weg oder in Kopie vorzulegen (vgl. Vorbemerkungen Tz 14.1). Im Zweifel wird das Finanzamt eine Einschätzung der Schulbehörden zur Erfüllung der schulischen Kriterien durch die Einrichtung einholen.

Schulgeldzahlungen für den Besuch eines **Studienkollegs** oder einer **Privatschule** im **EU-/EWR-Ausland**, der mit dem »International Baccalaureate« (Internationales Abitur) abschließt, sind als Sonderausgaben nach § 10 Abs. 1 Nr. 9 EStG zu berücksichtigen (vgl. R 10.10 Abs. 2 Satz 1 EStR). Schulgeldzahlungen an Privatschulen außerhalb des EU-/EWR-Raums (z. B. an Privatschulen in der **Schweiz**) sind dagegen nicht als Sonderausgaben abzugsfähig (BFH-Urteil vom 9.5.2012, BStBl II S. 585). Insoweit besteht kein Anspruch auf Gleichbehandlung mit Privatschulen, die im EU-/EWR-Raum belegen sind.

9.13.5 Nicht begünstigte Aufwendungen

Nicht begünstigt sind Aufwendungen für Besuche von **Nachhilfeeinrichtungen**, **Musikschulen**, **Sportvereinen**, **Ferienkursen** (z. B. Feriensprachkursen) und Ähnlichem.

Hochschulen einschließlich der **Fachhochschulen** und die ihnen im EU-/EWR-Ausland gleichstehenden Einrichtungen, sind **keine** begünstigten Schulen i. S. des § 10 Abs. 1 Nr. 9 EStG, sodass Entgelte für den Besuch dieser Einrichtungen **nicht** berücksichtigt werden können. Entsprechendes gilt für Berufsakademien oder Duale Hochschulen, die im Anschluss an einen Abschluss im Sekundarbereich II (z. B. Fachabitur) mit dem Ziel eines akademischen Abschlusses (z. B. Bachelor) besucht werden. Ein Abzug von **Studiengebühren** im Rahmen des § 10 Abs. 1 Nr. 9 EStG ist hiernach ausgeschlossen (BFH-Urteil vom 9.11.2011, BStBl 2012 II S. 321 zu Studiengebühren für den Besuch einer niederländischen Kunsthochschule). Studiengebühren sind im Übrigen auch keine außergewöhnlichen Belastungen (BFH-Urteil vom 17.12.2009, BStBl 2010 II S. 341; bestätigt durch BFH-Urteil vom 10.10.2017, X R 32/15, BFH/NV 2018 S. 414).

9.13.6 Höchstbetrag bei nicht zusammen veranlagten Eltern

57–58 Der Höchstbetrag der abziehbaren Schulgeldzahlungen beläuft sich auch bei **Eltern**, die **nicht** zusammen zur ESt veranlagt werden, auf 5 000 € je Kind; der Höchstbetrag kann also je Elternpaar nur **einmal** gewährt werden. Die Schulgeldzahlungen sind dabei grds. bei dem Elternteil zu berücksichtigen, der sie getragen hat. Dieser Betrag ist von dem leistenden Elternteil jeweils gesondert in **Zeile 57** anzugeben. Haben beide Elternteile entsprechende Aufwendungen getragen, sind sie bei jedem Elternteil nur bis zu einem hälftigen Höchstbetrag von 2 500 € zu berücksichtigen, es sei denn, die Eltern beantragen einvernehmlich eine andere Aufteilung. Eine abweichende Aufteilung kommt z. B. in Betracht, wenn die von einem Elternteil getragenen Aufwendungen den anteiligen Höchstbetrag von 2 500 € überschreiten, während die von dem anderen Elternteil getragenen Aufwendungen den anteiligen Höchstbetrag nicht erreichen. Soll der Höchstbetrag für das Schulgeld in einem anderen Verhältnis als je zur Hälfte aufgeteilt werden, ist in **Zeile 58** der zu berücksichtigende Anteil in Prozent anzugeben und der gemeinsame Antrag der Eltern auf besonderem Blatt der Steuererklärung beizufügen.

9.14 Übertragung des Behinderten-/Hinterbliebenen-Pauschbetrags

59–63 Steht der **Behinderten-** und/oder **Hinterbliebenen-Pauschbetrag** einem Kind oder Enkelkind zu, für das der Steuerpflichtige Anspruch auf einen Freibetrag für Kinder oder Kindergeld hat, so wird auf Antrag der Pauschbetrag auf den Steuerpflichtigen **übertragen**, wenn das Kind diesen nicht selbst in Anspruch nimmt (§ 33 b Abs. 5 EStG).

4 Voraussetzung für Übertragung des dem Kind zustehenden Behinderten-/Hinterbliebenen-Pauschbetrags ist die Angabe der **IdNr.** des Kindes in **Zeile 4** (§ 33 b Abs. 5 Satz 5 EStG). Zu den übrigen Voraussetzungen, die das Kind für die Gewährung des Behinderten-/Hinterbliebenen-Pauschbetrags erfüllen muss, und den erforderlichen Nachweisen vgl. Tz 5.2. Bei erstmaliger Antragstellung oder bei späteren Änderungen (z. B. bei Feststellung eines höheren Grads der Behinderung) sind die Nachweise vom Steuerpflichtigen zusammen mit der Anlage Kind beim Finanzamt auf elektronischem Weg oder in Kopie einzureichen; zur Belegvorlage-/Belegvorhaltepflicht vgl. Vorbemerkungen Tz 14.1.

59 Der Antrag auf Übertragung des **Behinderten-Pauschbetrags** kann in **Zeile 59** gestellt werden. Hierfür ist die Gültigkeit des Ausweises, des Rentenbescheids oder der Bescheinigung der für die Durchführung des Bundesversorgungsgesetzes zuständigen Behörde (»von … bis« oder »unbefristet«) sowie der Grad der Behinderung des Kindes (ohne Prozentzeichen) anzugeben.

60 In **Zeile 60** kann zusätzlich angegeben werden, ob das Kind **erheblich gehbehindert** (Merkzeichen »G«) oder **außergewöhnlich gehbehindert** (Merkzeichen »aG«) ist. Diese Angabe ist für die Berücksichtigung der **behinderungsbedingten Fahrtkostenpauschale** als außergewöhnliche Belastungen von Bedeutung (vgl. Tz 5.4). Auch die dem Kind zustehende behinderungsbedingte Fahrtkostenpauschale kann auf Antrag auf den Steuerpflichtigen übertragen werden (vgl. Tz 9.15).

61 Für ein Kind, das **blind, taubblind, ständig hilflos** (Merkzeichen »Bl«, »TBl« und/oder »H«) oder **schwerstpflegebedürftig** (Pflegegrad 4 oder 5) ist, wird ein erhöhter Behinderten-Pauschbetrag von **7 400 €** berücksichtigt (vgl. Tz 5.2.1.2). Soll der erhöhte Behinderten-Pauschbetrag auf den Steuerpflichtigen übertragen werden, ist in **Zeile 61** bei der Kennzahl »55« der Wert »1 = Ja« einzutragen.

Die Übertragung des einem Kind zustehenden **Hinterbliebenen-** 62
Pauschbetrags kann in **Zeile 62** gesondert beantragt werden (Angabe von »1« = Ja bei der Kennzahl »26«).

Bei einer **Übertragung** des **Kinderfreibetrags** (vgl. Tz 9.10.1) ist auch stets der volle Behinderten-Pauschbetrag oder der volle Hinterbliebenen-Pauschbetrag auf den betreuenden Elternteil zu übertragen. Eine Zustimmung des anderen Elternteils muss dafür vom antragstellenden Elternteil nicht eingeholt werden. Die Übertragung des vollen Pauschbetrags erfolgt zudem auch dann, wenn der Kinderfreibetrag nur für einen Teil des Kj. übertragen wird (Rz 16 des BMF-Schreibens vom 28.6.2013, BStBl I S. 845).

Nach R 33b Abs. 3 EStR ist eine Übertragung des Behinderten-Pauschbetrags auf die Eltern eines Kindes mit Wohnsitz oder gewöhnlichem Aufenthalt im **Ausland** nur zulässig, wenn das Kind als **unbeschränkt** stpfl. zu behandeln ist (vgl. Tz 33.5.1). Das Kind muss dafür insbesondere die Einkommensgrenzen des § 1 Abs. 3 Satz 2 EStG erfüllen. Der Behinderten-Pauschbetrag für ein behindertes Kind kann nicht auf einen im Inland unbeschränkt stpfl. Elternteil übertragen werden, wenn das Kind im Ausland **außerhalb** eines **EU-/EWR-Staates** seinen Wohnsitz oder gewöhnlichen Aufenthalt hat und im Inland keine eigenen Einkünfte erzielt (BFH-Urteil vom 2.6.2005, BStBl II S. 828). Für den **Nachweis** der **Behinderung** – bei erstmaliger Beantragung oder Änderung des Grads der Behinderung – kann sich das in einem EU-/EWR-Staat ansässige behinderte Kind oder sein Erziehungsberechtigter an das zuständige **Auslandsversorgungsamt** wenden und im förmlichen Verfahren einen Antrag auf Feststellung über das Vorliegen einer Behinderung und den Grad der Behinderung stellen. Dieses wird den Antragsteller auffordern, ärztliche Befundberichte zu übersenden, wonach das Versorgungsamt den Grad der Behinderung bestimmen kann. Daraufhin wird dem Behinderten ein Feststellungsbescheid erteilt, der gegenüber dem deutschen Finanzamt, bei dem der stpfl. Elternteil steuerlich geführt wird, als Nachweis dient (BMF-Schreiben vom 8.8.1997, BStBl I S. 1016). Für jeden Staat ist ein bestimmtes Auslandsversorgungsamt zuständig (siehe die Auslandszuständigkeitsverordnung vom 28.5.1991, BGBl I S. 1204).

Die Inanspruchnahme eines Behinderten-Pauschbetrags nach § 33 b Abs. 3 EStG schließt grds. die Berücksichtigung von Aufwendungen infolge von **Pflegebedürftigkeit** als außergewöhnliche Belastung nach § 33 EStG aus. Dies gilt jedoch **nicht**, wenn es sich um das pflegebedürftige Kind des Steuerpflichtigen handelt und der Behinderten-Pauschbetrag des Kindes auf den Steuerpflichtigen übertragen worden ist (BFH-Urteil vom 11.2.2010, BStBl II S. 621). Zusätzliche Pflegeaufwendungen für das behinderte Kind können unabhängig von der Übertragung des Behinderten-Pauschbetrags bei den Eltern als außergewöhnliche Belastungen nach § 33 EStG berücksichtigt werden, weil der Behinderten-Pauschbetrag nur die Aufwendungen des Kindes abgilt (vgl. R 33b Abs. 2 EStR).

Der einem Kind **geschiedener** oder **dauernd getrennt lebender Eltern** zustehende Behinderten-/Hinterbliebenen-Pauschbetrag wird grds. auf jeden Elternteil **zur Hälfte** übertragen, wenn das Kind den Pauschbetrag nicht selbst in Anspruch nimmt. Gleiches gilt für die Übertragung des einem **nichtehelichen Kind** zustehenden Pauschbetrags (sofern beide Elternteile unbeschränkt stpfl. sind). Voraussetzung ist, dass beide Elternteile Anspruch auf einen (halben) Freibetrag für Kinder oder Kindergeld haben. Auf **gemeinsamen Antrag** beider Elternteile kann der zu übertragende Pauschbetrag für Behinderte oder Hinterbliebene in einem beliebigen Verhältnis aufgeteilt werden (§ 33 b Abs. 5 Satz 3 EStG). Ggf. ist dieser gemeinsame Antrag der Steuererklärung auf besonderem Blatt beizufügen und der beim Steuerpflichtigen zu berücksichtigende Anteil in **Zeile 63** mit dem gewünschten Prozentsatz anzugeben.

Bei der **Einzelveranlagung** von Ehegatten/Lebenspartnern nach § 26 a EStG können die Ehegatten/Lebenspartner ebenfalls einvernehmlich eine beliebige Aufteilung des zu übertragenden Pauschbetrags für Behinderte oder Hinterbliebene beantragen. Der gemeinsame Antrag nach § 33 b Abs. 5 Satz 3 EStG hat insoweit Vorrang gegenüber der Verteilungsregelung des § 26 a Abs. 2 EStG (vgl. Tz 10.8).

9.15 Übertragung der behinderungsbedingten Fahrtkostenpauschale

Fahrtkosten von Menschen mit Behinderungen werden nur noch über eine **behinderungsbedingte Fahrtkostenpauschale** berücksichtigt (§ 33 Abs. 2a EStG; vgl. Tz 5.4). Hiernach haben auch Kinder mit Behinderungen und einem Grad der Behinderung von mindestens 80 oder von mindestens 70 und dem Merkzeichen »G« Anspruch auf eine behinderungsbedingte Fahrtkostenpauschale i. H. von **900 €**. Wurde das Merkzeichen »aG«, »Bl«, »TBI« und/oder das Merkzeichen »H« festgestellt oder liegt bei dem Kind der Pflegegrad 4 oder 5 vor, besteht Anspruch auf eine behinderungsbedingte Fahrtkostenpauschale i. H. von **4 500 €**. Erfüllt das Kind die v. g. Voraussetzungen erst im Laufe des Jahres, berücksichtigt das Finanzamt die behinderungsbedingte Fahrtkostenpauschale für das Kind in entsprechender Höhe für das gesamte Kj.

Darüber hinaus sind **keine** weiteren behinderungsbedingten Fahrtkosten im Wege des Einzelnachweises als außergewöhnliche Belastungen berücksichtigungsfähig (§ 33 Abs. 2a Satz 6 EStG). Das gilt auch für eigene Fahrtkosten der Eltern, die diesen aufgrund der Behinderung des Kindes entstanden sind, und unabhängig davon, wer die behinderungsbedingte Fahrtkostenpauschale in Anspruch nimmt; eine analoge Anwendung von R 33b Abs. 2 EStR kommt nicht in Betracht.

-65 Nimmt ein Kind oder Enkelkind die behinderungsbedingte Fahrtkostenpauschale nicht selbst in Anspruch, kann diese analog den Regeln für die Übertragung des Behinderten-/Hinterbliebenen-Pauschbetrags auf die Eltern bzw. Großeltern **übertragen** werden (§ 33 Abs. 2a Satz 8 und 9 EStG). Der **Antrag** auf Übertragung der behinderungsbedingten Fahrtkostenpauschale kann in den **Zeilen 64** oder **65** gestellt werden. In diesen Zeilen ist durch Eintragung des Werts »1« (= Ja) bei den Kennzahlen »91« und »92« jeweils anzugeben, ob bei dem Kind die o. a. Voraussetzungen zum Grad der Behinderung und/oder zu genannten Merkzeichen vorliegen. Für den Nachweis der Anspruchsvoraussetzungen sind die Vorschriften des § 65 EStDV entsprechend anzuwenden (§ 64 Abs. 3 EStDV; vgl. Tz 5.2.1.5). Bei erstmaliger Antragstellung oder bei späteren Änderungen (z. B. bei Feststellung eines höheren Grads der Behinderung) sind die Nachweise vom Steuerpflichtigen zusammen mit der Anlage Kind beim Finanzamt auf elektronischem Weg oder in Kopie einzureichen; zur Belegvorlage-/Belegvorhaltepflicht vgl. Vormerkungen Tz 14.1.

Die behinderungsbedingte Fahrtkostenpauschale wird im Rahmen der Einkommensteuerveranlagung zusammen mit den anderen außergewöhnlichen Belastungen vom Finanzamt um die »**zumutbare Belastung**« (vgl. Tz 5.5.5) gemindert.

6 Ist bei geschiedenen oder dauernd getrennt lebenden Eltern oder bei Eltern nichtehelicher Kinder eine dem Kind zustehende Fahrtkostenpauschale zu übertragen, wird dieser Betrag grundsätzlich je zur **Hälfte** auf die Eltern aufgeteilt. Wurde der Kinderfreibetrag auf den anderen Elternteil übertragen (vgl. Tz 9.10.1.8), ist stets auch die volle behinderungsbedingte Fahrtkostenpauschale zu übertragen. Auf gemeinsamen Antrag beider Eltern, der der Steuererklärung jeweils beizufügen ist, kann die behinderungsbedingte Fahrtkostenpauschale in einem **beliebigen Verhältnis** aufgeteilt werden. Hierzu kann in **Zeile 66** ein entsprechender Prozentsatz angegeben werden.

9.16 Kinderbetreuungskosten

9.16.1 Rechtsentwicklung

73 **Kinderbetreuungskosten** sind nur einheitlich als Sonderausgaben abziehbar (§ 10 Abs. 1 Nr. 5 EStG). Auf persönliche Anspruchsvoraussetzungen bei den Eltern (Erwerbstätigkeit, Krankheit oder Behinderung) kommt es nicht an.

Kinderbetreuungskosten können für Kinder i. S. des § 32 Abs. 1 EStG **ab** der **Geburt** des Kindes berücksichtigt werden, jedoch grds. nur bis zur Vollendung des **14. Lebensjahres des Kindes**. Darüber hinaus können Aufwendungen für Kinder berücksichtigt werden, die wegen einer **vor** Vollendung des 25. Lebensjahres eingetretenen körperlichen, geistigen oder seelischen **Behinderung** außerstande sind, sich selbst zu unterhalten (vgl. Tz 9.7.2). Für behinderte Kinder, deren Behinderung vor dem 1.1.2007 in der Zeit ab der Vollendung des 25. Lebensjahres und vor Vollendung des 27. Lebensjahres eingetreten ist (Geburtsjahrgänge 1980 bis 1982), ist weiter die frühere Altersgrenze von 27 Jahren ausschlaggebend, bis zu der die Behinderung eingetreten sein muss (vgl. Tz 9.7.3.8).

Der Abzug von Kinderbetreuungskosten war bis einschließlich VZ 2024 auf zwei Drittel der Aufwendungen, höchstens 4 000 € je Kind und Kj., beschränkt. Ab dem VZ 2025 wurde der **Prozentsatz** der abzugsfähigen **Aufwendungen** je Kind auf **80 %** und der **Höchstbetrag** auf **4 800 €** je Kind und Kj. erhöht (§ 10 Abs. 1 Nr. 5 EStG i. d. F. des JStG 2024 vom 2.12.2024, BGBl 2024 I Nr. 387; vgl. Tz 9.16.2.4). Steuerfreie Ersatzleistungen sind von den berücksichtigungsfähigen Aufwendungen der Eltern vor der Anwendung der Abzugsbeschränkungen abzuziehen (vgl. Tz 9.16.2.2). Die doppelte Abzugsbeschränkung der Kinderbetreuungskosten ist nach Ansicht des BFH **verfassungsgemäß** (BFH-Urteile vom 9.2.2012, BStBl II S. 567, vom 5.7.2012, BStBl II S. 816 und vom 14.11.2013, BStBl 2014 II S. 383). Die gegen das v. g. BFH-Urteil vom 5.7.2012 eingelegte Verfassungsbeschwerde hat das BVerfG mit Beschluss vom 7.5.2014–2 BvR 2454/12 nicht zur Entscheidung angenommen.

Zum Abzug von Kinderbetreuungskosten ist grds. nur der Elternteil berechtigt, der die Aufwendungen getragen hat (BFH-Urteil vom 10.7.2024, BStBl II S. 865) und zu dessen **Haushalt** das Kind gehört; zur Haushaltszugehörigkeit des Kindes vgl. Tz 9.16.2.3. Trifft dies auf beide Elternteile zu, kann jeder seine tatsächlichen Aufwendungen grds. nur bis zur Höhe des **hälftigen** Abzugshöchstbetrages geltend machen (vgl. Tz 9.16.4). Es ist **verfassungsrechtlich** nicht zu beanstanden, dass bei geschiedenen wie auch bei nicht verheirateten oder dauernd getrennt lebenden Eltern nur derjenige Elternteil zum Abzug von Kinderbetreuungskosten berechtigt ist, der die Aufwendungen getragen hat und zu dessen Haushalt das Kind gehört (BFH-Urteil vom 11.5.2023, BStBl II S. 861). Die gegen das v. g. BFH-Urteil eingelegte Verfassungsbeschwerde hat das BVerfG mit Beschluss vom 22.2.2024, 2 BvR 1041/23 **nicht** zur Entscheidung angenommen.

Aufwendungen zur Betreuung von **Stiefkindern** und **Enkelkindern** können **nicht** berücksichtigt werden, da es sich insoweit nicht um Kinder i. S. des § 32 Abs. 1 EStG handelt. Bei **beschränkter Steuerpflicht** ist ein Abzug von Kinderbetreuungskosten i. S. des § 10 Abs. 1 Nr. 5 EStG ebenfalls ausgeschlossen (§ 50 Abs. 1 Satz 3 EStG); vgl. Tz 34.2.5.

9.16.2 Abzugsvoraussetzungen

9.16.2.1 Dienstleistungen zur Betreuung

Als Sonderausgaben begünstigt sind Aufwendungen für **Dienstleistungen** zur **Betreuung** eines Kindes, das die unter Tz 9.16.1 genannten Altersvoraussetzungen erfüllt (vgl. Tz 9.16.1). »**Betreuung**« in diesem Sinne ist die behütende oder beaufsichtigende Betreuung, d. h., die persönliche Fürsorge für das Kind muss der Dienstleistung erkennbar zugrunde liegen und im Vordergrund stehen. Berücksichtigt werden können danach z. B. Aufwendungen für

- die Unterbringung von Kindern in Kindergärten (auch Kosten für die Unterbringung von Kindern in einem zweisprachig geführtem Kindergarten, siehe BFH-Urteil vom 19.4.2012, BStBl II S. 862), Kindertagesstätten, Kinderhorten, Kinderheimen und Kinderkrippen sowie bei Tagesmüttern, Wochenmüttern und in Ganztagespflegestellen,
- die Beschäftigung von Kinderpflegern und Kinderpflegerinnen oder -schwestern, Erziehern und Erzieherinnen,
- die Beschäftigung von Hilfen im Haushalt, soweit sie ein Kind betreuen,
- die Beaufsichtigung des Kindes bei Erledigung seiner häuslichen Schulaufgaben (BFH-Urteil vom 17.11.1978, BStBl 1979 II S. 142).

Aufwendungen für die Unterbringung in einem **Internat** sind ebenfalls als Kinderbetreuungskosten abziehbar (FG Thüringen vom 25.10.2016, 2 K 95/15, EFG 2016 S. 1940). Da die Aufwendungen für Unterricht, die Vermittlung besonderer Fähigkeiten, sportliche und andere Freizeitbetätigungen sowie die Verpflegung des Kindes vom Sonderausgabenabzug nach § 10 Abs. 1 Nr. 5 EStG ausgeschlossen sind (vgl. Tz 9.16.3), ist bei einer Internatsunterbringung ggf. eine Aufteilung der Aufwendungen vorzunehmen.

Aufwendungen für Kinderbetreuung durch **Angehörige** des Steuerpflichtigen können nur berücksichtigt werden, wenn den Leistungen klare und eindeutige Vereinbarungen zugrunde liegen, die zivilrechtlich wirksam zustande gekommen sind, inhaltlich dem zwischen Fremden Üblichen entsprechen, tatsächlich so auch durchgeführt werden und die Leistungen nicht üblicherweise auf familienrechtlicher Grundlage unentgeltlich erbracht werden. So können z. B. Aufwendungen für Betreuung durch die Mutter des Kindes, die zusammen mit dem gemeinsamen Kind im Haushalt des Steuerpflichtigen lebt, nicht berücksichtigt werden (BFH-Urteil vom 6.11.1997, BStBl 1998 II S. 187). Auch bei einer eheähnlichen Lebensgemeinschaft oder einer Lebenspartnerschaft zwischen dem Steuerpflichtigen und der Betreuungsperson ist eine Berücksichtigung von Kinderbetreuungskosten nicht möglich. Leistungen an eine Person, die für das betreute Kind Anspruch auf einen Freibetrag für Kinder nach § 32 Abs. 6 EStG oder auf Kindergeld hat, können nicht als Kinderbetreuungskosten anerkannt werden.

9.16.2.2 Begünstigte Aufwendungen

Begünstigt sind **Ausgaben** in Geld oder Geldeswert (Wohnung, Kost, Waren, sonstige Sachleistungen) für **Dienstleistungen** zur Betreuung eines Kindes. Berücksichtigungsfähig ist auch die Erstattung von **Fahrtkosten** an die Betreuungsperson, wenn sie in der Rechnung oder im Vertrag aufgeführt ist. Bei einer ansonsten unentgeltlich erbrachten Betreuung (z. B. durch die Großeltern der Kinder) ist der Fahrtkostenersatz nur dann abzugsfähig, wenn tatsächlich entsprechende Aufwendungen an die Betreuungspersonen geleistet wurden und kein Rückfluss der erhaltenen Beträge an den Steuerpflichtigen erfolgt ist. Zudem müssen die formalen Voraussetzungen erfüllt sein, d. h., dass eine von den Betreuungspersonen unterschriebene Rechnung über die jeweils vom Steuerpflichtigen geschuldeten und erhaltenen Fahrtkosten vorliegen muss. Eine undatierte Aufstellung des Steuerpflichtigen über die von den Betreuungspersonen getätigten Fahrten ist in formeller Hinsicht nicht für deren Anerkennung ausreichend (FG Nürnberg vom 12.8.2019, 4 K 936/18, EFG 2020 S. 707). Die formellen Anforderungen für den Sonderausgabenabzug sind nach Ansicht des FG München auch dann nicht erfüllt, wenn der Fahrtkostenersatz in **bar** geleistet wird (Urteil vom 24.8.2021, 12 K 912/20); vgl. Tz 9.16.3.

Aufwendungen für **Unterricht** (z. B. Schulgeld, Nachhilfe oder Fremdsprachenunterricht), die Vermittlung besonderer Fähigkeiten (z. B. Musikunterricht, Computerkurse) oder für **sportliche** und andere **Freizeitbetätigungen** (z. B. Mitgliedschaft in Sportvereinen oder anderen Vereinen, Tennis- oder Reitunterricht) sind **nicht** als Kinderbetreuungskosten abzugsfähig (§ 10 Abs. 1 Nr. 5 Satz 2 EStG). Das Gleiche gilt für **Ferienaufenthalte** der Kinder in einem Ferienlager, weil es sich dabei vordergründig um eine Freizeitbetätigung handelt (BFH-Beschluss vom 17.1.2017, III B 20/16, BFH/NV 2017 S. 740; BFH-Urteil vom 23.1.2025, III R 33/24, vormals III R 50/17, BStBl II S. 516). Auch Aufwendungen für die **Verpflegung** des Kindes können nicht berücksichtigt werden (BFH-Urteil vom 28.11.1986, BStBl 1987 II S. 490). Das Gleiche gilt für Nebenkosten, die nicht unmittelbar der Betreuung des Kindes dienen, z. B. **Fahrtkosten** des Kindes zum Betreuungsort oder zur Betreuungsperson (BFH-Urteil vom 29.8.1986, BStBl 1987 II S. 167). Eine Gehaltsreduzierung, die dadurch entsteht, dass der Steuerpflichtige seine Arbeitszeit zugunsten der Betreuung seines Kindes kürzt, stellt keinen Aufwand für Kinderbetreuung dar.

Wird ein einheitliches Entgelt sowohl für Betreuungsleistungen als auch für andere Leistungen gezahlt, ist ggf. eine **Aufteilung** im Schätzungswege vorzunehmen. Werden z. B. für eine Nachmittagsbetreuung in der Schule Elternbeiträge erhoben und umfassen diese nicht nur eine Hausaufgabenbetreuung, sind Entgeltanteile, die z. B. auf Nachhilfe oder bestimmte Kurse (z. B. Computerkurs) oder auf eine etwaige Verpflegung entfallen, nicht zu berücksichtigen. Ein Abzug von Kinderbetreuungskosten ist nur möglich, wenn eine entsprechende Aufschlüsselung der Beiträge vorliegt.

Bei einem **Au-pair-Arbeitsverhältnis** können aus Vereinfachungsgründen 50 % der Gesamtaufwendungen als Kinderbetreuungskosten angesetzt werden (Rz 7 des BMF-Schreibens vom 14.3.2012, BStBl I S. 307). Die andere Hälfte der Aufwendungen kann als haushaltsnahe Dienstleistungen i. S. von § 35 a Abs. 2 Satz 1 EStG berücksichtigt werden (vgl. Tz 7.8).

Die als Kinderbetreuungskosten berücksichtigungsfähigen Gesamtaufwendungen der Eltern sind in **Zeile 67** zu erklären. Neben der Art der Dienstleistung, dem Namen und der Anschrift des Dienstleisters ist in dieser Zeile auch der Zeitraum anzugeben, für den im VZ 2025 Kinderbetreuungskosten geleistet wurden. Der Höchstbetrag von 4 800 € je Kind wird jedoch nicht zeitanteilig gekürzt (vgl. Tz 9.16.2.4) 67

Steuerfreie Ersatzleistungen und **Zuschüsse** für die Kinderbetreuung (z. B. des Arbeitgebers für die Unterbringung und Betreuung von nicht schulpflichtigen Kindern seiner Arbeitnehmer in Kindergärten nach § 3 Nr. 33 EStG) sind von den berücksichtigungsfähigen Gesamtaufwendungen der Eltern **abzuziehen**. Insoweit wird der Steuerpflichtige nicht belastet (BFH-Beschluss vom 14.4.2021, BStBl II S. 772; BFH-Urteil vom 1.9.2021, III R 54/20, BFH/NV 2022 S. 225). Die erhaltenen steuerfreien Ersatzleistungen und Zuschüsse sind daher in **Zeile 68** gesondert anzugeben (ebenfalls mit Zeitraumangabe); bei der Einkommensteuerveranlagung wird dieser Betrag programmgesteuert von den berücksichtigungsfähigen Gesamtaufwendungen der Eltern gekürzt. Der verbleibende Betrag wird erst anschließend auf 80 % der Aufwendungen, maximal auf 4 800 € begrenzt. 68

Das Eltern für ein Kind gewährte **Betreuungsgeld** nach § 4 a Bundeselterngeld- und Elternzeitgesetz wird sowohl bei staatlicher als auch bei privat organisierter Betreuung des Kindes **nicht** auf die als Sonderausgaben abziehbaren Kinderbetreuungskosten angerechnet.

9.16.2.3 Haushaltszugehörigkeit

Ein Kind gehört zum **Haushalt** des Steuerpflichtigen, wenn es dort lebt oder mit seiner Einwilligung vorübergehend auswärtig untergebracht ist. Auch wenn der Steuerpflichtige mit seinem Kind in der Wohnung seiner Eltern oder Schwiegereltern oder in Wohngemeinschaft mit anderen Personen lebt, ist die Haushaltszugehörigkeit des Kindes als gegeben anzusehen. Eine **Heimunterbringung** ist unschädlich, wenn die Wohnverhältnisse in der Familienwohnung die speziellen Bedürfnisse des Kindes berücksichtigen und es sich im Haushalt des Steuerpflichtigen regelmäßig aufhält (BFH-Urteil vom 14.11.2001, BStBl 2002 II S. 244). Bei nicht zusammenlebenden Elternteilen ist grds. die Meldung des Kindes maßgebend.

Gleichwohl kann ein Kind ausnahmsweise zum Haushalt eines Elternteils gehören, bei dem es nicht gemeldet ist, wenn der Steuerpflichtige dies nachweist oder glaubhaft macht. Die Zahlung des Kindergeldes an einen Elternteil ist ein weiteres Indiz für die Zugehörigkeit des Kindes zu dessen Haushalt. In Ausnahmefällen kann ein Kind auch wechselseitig zu den Haushalten von getrennt lebenden Elternteilen gehören (BFH-Urteile vom 14.12.2004, BStBl 2008 II S. 762 und vom 28.4.2010, BStBl 2011 II S. 30).

Die notwendigen Zeitraumangaben zum Bestehen eines gemeinsamen Haushalts der Elternteile und zur Haushaltszugehörigkeit des Kindes sind in den **Zeilen 69** bis **71** zu machen. 69

9.16.2.4 Höchstbetrag

Kinderbetreuungskosten sind ab dem VZ 2025 i. H. von **80 %** der Aufwendungen, höchstens **4 800 €** je Kind und Kj. abziehbar. Der **Höchstbetrag** ist ein **Jahresbetrag**. Eine zeitanteilige Aufteilung findet auch dann nicht statt, wenn für das Kind nicht im gesamten Kj. Betreuungskosten angefallen sind.

BEISPIEL:
Das Kind eines verheirateten Elternpaares geht von Januar bis Juni 2025 in den Kindergarten. Die Sommermonate Juli bis zu seiner Einschulung Ende September 2025 lebt es bei seinen Großeltern. Ab der Einschulung geht es nachmittags in den Kinderhort. Den Eltern sind im Kj. 2025 Kinderbetreuungskosten i. H. von insgesamt 4 000 € entstanden. Davon können sie 80 % der Aufwendungen, also 3 200 €, als Sonderausgaben geltend machen. Es findet keine zeitanteilige Kürzung des Höchstbetrags statt, weil das Kind nicht ganzjährig im Haushalt der Eltern gelebt hat.

Der Höchstbetrag beläuft sich auch bei einem Elternpaar, das entweder gar nicht oder nur zeitweise zusammengelebt hat, auf 4 800 € je Kind für das gesamte Kj. Eine Aufteilung auf die Zeiträume des gemeinsamen Haushalts oder der getrennten Haushalte ist nicht vorzunehmen. Haben beide Elternteile entsprechende Aufwendungen getragen, sind diese bei jedem Elternteil grds. nur bis zum hälftigen Höchstbetrag von 2 400 € zu berücksichtigen.

Hat das zu betreuende Kind seinen Wohnsitz oder gewöhnlichen Aufenthalt im Ausland und ist daher nicht nach § 1 Abs. 1 oder 2 EStG unbeschränkt einkommensteuerpflichtig, **ermäßigt** sich der Höchstbetrag von 4 800 € ggf. entsprechend der sog. **Ländergruppeneinteilung** (§ 10 Abs. 1 Nr. 5 Satz 3 EStG; vgl. Tz 6.5).

9.16.3 Nachweise

Zu den gesetzlichen Voraussetzungen für den Abzug von Kinderbetreuungskosten gehört, dass der Steuerpflichtige für die Aufwendungen eine **Rechnung** erhalten hat und die Zahlung unbar auf das **Konto** des **Leistungserbringers** erfolgt ist. Es muss sich nicht um eine Rechnung i. S. des UStG handeln. Die Rechnung sowie die Zahlungsnachweise sind nur auf Anforderung des Finanzamts auf elektronischem Weg oder in Kopie vorzulegen, sodass diese Belege auch nach der Abgabe der Steuererklärung weiter aufbewahrt werden müssen; zur Belegvorlage-/Belegvorhaltepflicht vgl. Vorbemerkungen Tz 14.1.

Als Rechnung gilt auch der Bescheid über die Höhe der zu zahlenden **Kindergartengebühren** oder ein abgeschlossener schriftlicher **Arbeitsvertrag** mit einer Betreuungskraft, bei Au-pair-Verhältnissen ein Au-pair-Vertrag, aus dem ersichtlich ist, dass ein Anteil der Gesamtaufwendungen auf die Kinderbetreuung entfällt. Eine Quittung über Nebenkosten zur Betreuung (z. B. Fahrtkosten der Betreuungsperson) wird anerkannt, wenn die Quittung genaue Angaben über die Art und die Höhe der Nebenkosten enthält. Ansonsten sind Nebenkosten nur zu berücksichtigen, wenn sie in den Vertrag oder die Rechnung aufgenommen worden sind (Rz 21 des BMF-Schreibens vom 14.3.2012, BStBl I S. 307).

Die Zahlung auf das Konto des Erbringers der Leistung erfolgt i. d. R. durch Überweisung. Beträge, für deren Begleichung ein Dauerauftrag eingerichtet worden ist oder die durch eine Einzugsermächtigung abgebucht oder im Wege des Online-Bankings überwiesen wurden, werden i. V. mit dem Kontoauszug, der die Abbuchung ausweist, anerkannt. Dies gilt auch bei Übergabe eines Verrechnungsschecks, der Teilnahme am Electronic-Cash-Verfahren oder am elektronischen Lastschriftverfahren.

Barzahlungen und **Barschecks** können jedoch in keinem Fall anerkannt werden. Das gilt selbst dann, wenn die Barzahlung von dem Erbringer der Betreuungsleistung tatsächlich ordnungsgemäß verbucht worden ist und der Steuerpflichtige einen Nachweis über die ordnungsgemäße Buchung erhalten hat oder wenn eine Barzahlung durch eine später veranlasste Zahlung auf das Konto des Erbringers der Leistung ersetzt wird (Rz 23 des o. a. BMF-Schreibens vom 14.3.2012). Auch bei einer im Rahmen eines geringfügigen Beschäftigungsverhältnisses angestellten Betreuungskraft ist der Abzug der Kinderbetreuungskosten davon abhängig, dass die Lohnzahlung nicht in bar, sondern über das Konto der Betreuungskraft abgewickelt wird (BFH-Urteil vom 18.12.2014, BStBl 2015 II S. 583).

Der Sonderausgabenabzug durch den Steuerpflichtigen ist auch möglich, wenn die Betreuungsleistung, für die der Steuerpflichtige eine Rechnung erhalten hat, von dem Konto eines Dritten bezahlt worden ist (abgekürzter Zahlungsweg). Wenn von zusammenlebenden, nicht miteinander verheirateten Eltern aber nur ein Elternteil den Kinderbetreuungsvertrag (z. B. mit der Kindertagesstätte) abschließt und das Entgelt von seinem Konto zahlt, kann dieses weder vollständig noch anteilig dem anderen Elternteil als von ihm getragener **Drittaufwand** zugerechnet werden (BFH-Urteil vom 25.11.2010, BStBl 2011 II S. 450).

9.16.4 Aufteilung des Abzugsbetrags bei nicht zusammen veranlagten Eltern

Für den Abzug von Kinderbetreuungskosten als Sonderausgaben kommt es bei verheirateten Eltern, die **zusammen** zur ESt **veranlagt** werden, nicht darauf an, welcher Elternteil die Aufwendungen geleistet hat oder ob sie von beiden getragen wurden. **72–73**

Bei **nicht** zusammen veranlagten Eltern (z. B. nicht verheirateten, dauernd getrennt lebenden oder geschiedenen Eltern) ist derjenige Elternteil zum Abzug von Kinderbetreuungskosten berechtigt, der die Aufwendungen persönlich getragen hat (BFH-Urteil vom 25.11.2010, BStBl 2011 II S. 450) und zu dessen Haushalt das Kind gehört. Trifft dies auf beide Elternteile zu, können beide Elternteile ihre berücksichtigungsfähigen Aufwendungen in **Zeile 72** geltend machen. Die Aufwendungen werden aber grds. nur bis zur Höhe des hälftigen Abzugshöchstbetrages berücksichtigt. Etwas anderes gilt nur dann, wenn die Eltern einvernehmlich eine abweichende Aufteilung des **Höchstbetrages** für die Kinderbetreuung wählen. In diesem Fall ist in **Zeile 73** der von den Steuerpflichtigen gewünschte Prozentsatz des Abzugshöchstbetrags anzugeben und der gemeinsame formlose Antrag der Eltern zur abweichenden Verteilung des Höchstbetrags der Steuererklärung auf besonderem Blatt beizufügen. Hat nur ein Elternteil die Kinderbetreuungskosten tatsächlich getragen, kommt bei dem anderen Elternteil ein entsprechender (hälftiger) Abzug **nicht** in Betracht, auch wenn das Kind (wechselseitig) wochenweise in seinem Haushalt lebt. Der Steuerpflichtige kann sich in diesem Fall nicht erfolgreich darauf berufen, dass der Ausgleich der Kinderbetreuungskosten durch die Überlassung des Kindergeldes an den anderen Elternteil erfolgt sei (BFH-Urteil vom 10.7.2024, BStBl 2024 I S. 865).

Bei einer **Einzelveranlagung** von Ehegatten/Lebenspartnern nach § 26 a EStG können die Ehegatten/Lebenspartner zwar nur eine hälftige Aufteilung der von ihnen getragenen Kinderbetreuungskosten i. S. des § 10 Abs. 1 Nr. 5 EStG beantragen (vgl. Tz 10.8). Für den **Höchstbetrag** für die Kinderbetreuung (4 800 € jährlich je Kind) kommt aber auf übereinstimmenden Antrag der Ehegatten/Lebenspartner in Zeile 73 ebenfalls eine beliebige Aufteilung in Betracht (Tz 27 des BMF-Schreibens vom 14.3.2012, BStBl I S. 307).

10. Anlage Sonstiges 2025

10.1 Vorbemerkungen

Für **sonstige Angaben** und **bestimmte Anträge** zur Einkommensteuererklärung ist die »**Anlage Sonstiges**« zu verwenden. Im Einzelnen können hiermit folgende Angaben gemacht bzw. Anträge gestellt werden:

- Zeilen 4 bis 8: Steuerermäßigung bei Belastung mit Erbschaftsteuer nach § 35b EStG,
- Zeilen 9 bis 15: Steuerbegünstigung für schutzwürdige Kulturgüter nach § 10g EStG,
- Zeile 16: Spendenvortrag nach § 10b EStG,
- Zeilen 17 und 18: Verlustvortrag nach § 10d EStG; Antrag auf Beschränkung des Verlustrücktrags,
- Zeile 19: Verbleibende negative Einkünfte mit Bezug zu Drittstaaten,
- Zeile 20: Verbleibende Freibeträge für bestandsgeschützte Alt-Anteile an Investmentfonds,
- Zeile 21: Antrag zur Aufteilung der Abzugsbeträge bei Einzelveranlagung von Ehegatten/Lebenspartnern,
- Zeile 22: Antrag auf Zurückstellung der Einkommensteuerfestsetzung bei einem Antrag auf Forschungszulage,
- Zeile 23 (neu ab 2025): Steuerabzug bei Bauleistungen (Bauabzugsteuer).

Ehegatten/Lebenspartner, die zusammen veranlagt werden, müssen die »Anlage Sonstiges« gemeinsam ausfüllen.

Die »Anlage Sonstiges« kann auch von **beschränkt stpfl. Personen** zur Geltendmachung der Steuerbegünstigung für schutzwürdigen Kulturgüter, für Angaben zu Spendenvorträgen und Verlustabzügen sowie für den Antrag auf Zurückstellung der Einkommensteuerfestsetzung bei einem Antrag auf Forschungszulage verwendet und zusammen mit dem **Hauptvordruck ESt 1 C** (vgl. Tz 34) abgegeben werden.

10.2 Steuerermäßigung bei Belastung mit Erbschaftsteuer

4–8 Sind bei der Ermittlung des Einkommens Einkünfte berücksichtigt worden, die im aktuellen VZ oder in den vier vorangegangenen VZ als Erwerb von Todes wegen (also nicht etwa bei **Schenkungen** zu Lebzeiten) der **Erbschaftsteuer** unterlegen haben, wird auf Antrag die um sonstige Steuerermäßigungen gekürzte tarifliche ESt, die auf diese Einkünfte entfällt, **ermäßigt** (§ 35b Satz 1 EStG). Für die Berücksichtigung einer entsprechenden Steuerermäßigung im aktuellen VZ 2025 muss hiernach der mit Erbschaftsteuer belastete Erbfall nach dem 31.12.2020 eingetreten sein. Der 5-jährige Begünstigungszeitraum beginnt mit Entstehung der Erbschaftsteuer (§ 9 ErbStG), also regelmäßig mit dem Tod des Erblassers. Für **außerhalb** des **Begünstigungszeitraums** erzielte mit Erbschaftsteuer belastete Einkünfte kann **keine Steuerermäßigung** in Anspruch genommen werden. Dies gilt auch dann, wenn diese aufgrund einer langjährigen Erbenermittlung unverschuldet nicht innerhalb des Begünstigungszeitraums beantragt werden konnte (BFH-Urteil vom 28.11.2023, BStBl 2024 II S. 470).

Die nach § 35b Satz 1 EStG begünstigten Einkünfte müssen aus der Veräußerung eines Vermögensgegenstandes herrühren, der sowohl von Todes wegen erworben worden ist als auch tatsächlich der Erbschaftsteuer unterlegen hat; der in Anspruch genommene persönliche Freibetrag (§ 16 ErbStG) ist anteilig abzuziehen. Die auf die begünstigten Einkünfte anteilig entfallende Einkommensteuer ist nach dem Verhältnis der begünstigten Einkünfte zur Summe der Einkünfte zu ermitteln (BFH-Urteil vom 13.3.2018, BStBl II S. 593).

Der Antrag auf Berücksichtigung einer entsprechenden Steuerermäßigung kann in **Zeile 4** durch Eintragung des Werts »**1**« = Ja zur Kennzahl 185 gestellt werden. Für die Bestimmung des Prozentsatzes, um den sich die tarifliche ESt ermäßigt, sind folgende zusätzliche Angaben erforderlich:

- **Zeile 5**: Höhe der Einkünfte, für die die Ermäßigung wegen Erbschaftsteuer in Betracht kommt (ohne Einkünfte, die der Abgeltungsteuer nach § 32d Abs. 1 EStG unterliegen),
- **Zeile 6**: Höhe der insgesamt festgesetzten Erbschaftsteuer,
- **Zeile 7**: Höhe des erbschaftsteuerpflichtigen Erwerbs (§ 10 Abs. 1 ErbStG) zzgl. der Freibeträge nach den § 16, § 17 ErbStG und des steuerfreien Betrags nach § 5 ErbStG.

Sofern in Zeile 5 Einkünfte enthalten sind, die bei der ESt ermäßigt besteuert werden, ist dies in **Zeile 8** mit »1« = Ja anzugeben.

10.3 Steuerbegünstigung für schutzwürdige Kulturgüter

Aufwendungen für Herstellungs- oder Erhaltungsmaßnahmen an 9
schutzwürdigen Kulturgütern im Inland, wenn diese weder zur Einkunftserzielung noch zu eigenen Wohnzwecken genutzt werden, können nach § 10g EStG im Kj. des Abschlusses der Maßnahme und in den neun folgenden Kj. jeweils bis zu **9 %** wie **Sonderausgaben** abgezogen werden. Für vor dem 1.1.2004 begonnene Herstellungs- und Erhaltungsmaßnahmen beträgt der Abzugsbetrag 10 % der Aufwendungen. Erhaltene Zuschüsse und aus dem Kulturgut erzielte Einnahmen sind von den begünstigten Aufwendungen abzuziehen. Für die Inanspruchnahme der Steuerbegünstigung müssen die Maßnahmen nach Maßgabe der geltenden Bestimmungen der Denkmal- oder Archivpflege erforderlich gewesen und in Abstimmung mit der nach Landesrecht zuständigen oder von der Landesregierung bestimmten Stelle durchgeführt worden sein (§ 10g Abs. 1 Satz 3 EStG).

Die Steuerbegünstigung nach § 10g EStG kann durch Eintragung des zu berücksichtigenden Abzugsbetrags in der **Zeile 9** geltend gemacht werden. Die Voraussetzung für die Behandlung als Kulturgut und die Erforderlichkeit der Aufwendungen sind durch eine Bescheinigung der nach Landesrecht zuständigen oder von der Landesregierung bestimmten Stelle (siehe die mit BMF-Schreiben vom 4.6.2015, BStBl I S. 506 veröffentlichte Übersicht) nachzuweisen; zu den länderspezifischen Bescheinigungsrichtlinien (Stand Januar 2020) siehe die mit BMF-Schreiben vom 21.1.2020, BStBl I S. 169 veröffentlichte Übersicht. Zum Verzicht auf die vorherige Abstimmung mit der Bescheinigungsbehörde bei Baumaßnahmen zur Beseitigung der Schäden durch die Flutkatastrophe vom Juli 2021 siehe BMF-Schreiben vom 14.10.2021, BStBl I S. 1806.

Sofern Anteile an der Steuerbegünstigung nach § 10g EStG geson- 10
dert und einheitlich **festgestellt** wurden, können die Besteuerungsgrundlagen für die stpfl. Person/Ehemann/Person A in den **Zeilen 10** bis **12** und für die Ehefrau/Person B in den **Zeilen 13** bis **15** eingetragen werden. Anzugeben ist jeweils der Name, das Finanzamt und die Steuernummer der Gemeinschaft/Gesellschaft sowie der gesondert und einheitlich festgestellte Betrag nach § 10g EStG.

10.4 Spendenvortrag

Als Sonderausgaben abziehbare Spenden und Mitgliedsbeiträge, die im VZ der Verausgabung die Höchstbeträge des § 10b Abs. 1 Satz 1 EStG überschreiten oder die den um die Vorsorgeaufwendungen, den Sonderausgaben-Pauschbetrag und die Verlustabzüge geminderten Gesamtbetrag der Einkünfte übersteigen, werden **zeitlich uneingeschränkt** vorgetragen (§ 10b Abs. 1 Satz 9 EStG); ein Spendenrücktrag in vorangegangene VZ ist nicht vorgesehen. Die Verfahrensregelungen des § 10d Abs. 4 EStG sind dabei entsprechend anzuwenden, das heißt, der **verbleibende Spendenvortrag** wird jeweils zum Schluss des Kj. vom Finanzamt gesondert festgestellt und bei der Einkommensteuerveranlagung des folgenden VZ berücksichtigt. Zur Berechnung des verbleibenden vortragsfähigen Spendenbetrags vgl. Tz 2.5.7.

Wurde für den Steuerpflichtigen oder seinen Ehegatten/Lebenspartner zum 31.12.2024 ein verbleibender Spendenvortrag festgestellt, kann dies in **Zeile 16** durch Angabe des Werts »**1**« = Ja (getrennt für die/den »stpfl. Person/Ehemann/Person A« und »Ehefrau/Person B«) kenntlich gemacht werden. Der Spendenvortrag wird dann vom Finanzamt **von Amts** wegen berücksichtigt. Sollte der Feststellungsbescheid zum 31.12.2024 von einem anderen Finanzamt unter einer anderen Steuernummer erlassen worden sein (z. B. wegen Umzug oder Heirat), empfiehlt es sich, diese Steuernummer und das betreffende Finanzamt gesondert anzugeben (ggf. auf einem besonderen Blatt).

Entsprechend den Grundsätzen zur Vererbbarkeit von Verlusten (vgl. Tz 10.5.5), ist ein Spendenvortrag des Erblassers nicht auf den **Erben** übertragbar (BFH-Urteil vom 21.10.2008, X R 44/05, BFH/NV 2009 S. 375).

10.5 Verlustabzug

10.5.1 Höhe des Verlustabzugs

Negative Einkünfte (Verluste), die bei der Ermittlung des Gesamtbetrags der Einkünfte im laufenden VZ nicht ausgeglichen werden, sind bis zu einem Höchstbetrag von **1 Mio. €**, bei zusammen veranlagten Ehegatten/Lebenspartnern bis zu einem Höchstbetrag von **2 Mio. €** vom Gesamtbetrag der Einkünfte der beiden unmittelbar vorangegangenen VZ als **Verlustrücktrag** abziehbar. Der Verlustrücktrag erfolgt zunächst in den unmittelbar vorangegangenen VZ (§ 10d Abs. 1 Satz 1 EStG), für nicht ausgeglichene Verluste des VZ 2025 folglich in den VZ 2024. Sollte ein Ausgleich der negativen Einkünfte in diesem VZ nicht oder nur teilweise möglich sein, erfolgt der Verlustrücktrag insoweit in den zweiten, dem Verlustentstehungsjahr vorangegangenen VZ (§ 10d Abs. 1 Satz 2 EStG), für nicht in 2024 ausgeglichene Verluste des VZ 2025 folglich in den VZ 2023. Der Verlustrücktrag kann in den beiden unmittelbar vorangehenden Jahren nicht der Höhe nach auf einen bestimmten Betrag begrenzt werden. Es ist nur möglich, den Verlustrücktrag in Anspruch zu nehmen oder zugunsten des Verlustvortrags ganz darauf zu verzichten (vgl. Tz 10.5.4).

Die **Verdoppelung** des **Höchstbetrags** für den Verlustrücktrag bei zusammen veranlagten Ehegatten/Lebenspartnern bedeutet, dass der Höchstbetrag von 1 Mio. € je Ehegatte/Lebenspartner bei Zusammenveranlagung auch vom anderen Ehegatten/Lebenspartner ausgeschöpft werden kann und es unerheblich ist, welcher der beiden den Verlust oder die positiven Einkünfte erzielt hat.

Die Begrenzung des Verlustrücktrags auf 1 Mio. € bezieht sich auf den einzelnen Steuerpflichtigen, der die negativen Einkünfte erzielt hat. Bei **Personengesellschaften** und Personengemeinschaften ist diese Grenze daher nicht auf die Gesellschaft oder Gemeinschaft, sondern auf **jede** der an der Gesellschaft (Gemeinschaft) beteiligten **Personen** (Mitunternehmer) anzuwenden.

Nicht ausgeglichene Verluste, die nicht in die beiden vorangegangenen VZ zurückgetragen worden sind, sind im jeweils **folgenden VZ** bis zu einem Gesamtbetrag der Einkünfte von **1 Mio. €** unbeschränkt und darüber hinaus bis einschließlich VZ 2027 bis zu **70 %** des 1 Mio. € übersteigenden Gesamtbetrags der Einkünfte als **Verlustvortrag** abzuziehen (§ 10d Abs. 2 Satz 1 EStG i. d. F. des Wachstumschancengesetzes vom 27.3.2024, BGBl I Nr. 108). Bei zusammen veranlagten Ehegatten/Lebenspartnern verdoppelt sich der Sockelbetrag, bis zu dem Verluste im Rahmen des Verlustvortrags unbeschränkt vom Gesamtbetrag der Einkünfte abgezogen werden können, auf **2 Mio. €** (§ 10d Abs. 2 Satz 2 EStG). Durch die 70 %-Deckelung bei übersteigendem Gesamtbetrag der Einkünfte wird der Verlustvortrag zeitlich gestreckt, es gehen dadurch aber keine Verluste endgültig verloren. In späteren VZ ist ein Verlustvortrag nur insoweit zulässig, als er nicht in den vorangegangenen VZ vorgenommen werden konnte.

10.5.2 Gesonderte Verlustfeststellung

Der am Schluss eines VZ verbleibende Verlustvortrag wird vom Finanzamt **gesondert festgestellt** (§ 10d Abs. 4 EStG). Dies gilt auch dann, wenn keine Verpflichtung zur Abgabe einer Einkommensteuererklärung besteht und kein Antrag auf Einkommensteuerveranlagung gestellt wird. Ein **isolierter Antrag** zur Feststellung eines verbleibenden Verlustvortrags ist mit den amtlichen Steuererklärungsvordrucken (Hauptvordruck ESt 1 A, Anlage-Vordrucke) innerhalb der **siebenjährigen Feststellungsfrist** zu stellen; zur Feststellungsverjährung vgl. Vorbemerkungen Tz 5.

Bei der Feststellung des verbleibenden Verlustvortrags sind die Besteuerungsgrundlagen so zu berücksichtigen, wie sie den Steuerfestsetzungen des VZ, auf dessen Schluss der verbleibende Verlustvortrag festgestellt wird, und des VZ, in dem ein Verlustrücktrag vorgenommen werden kann, zugrunde gelegt worden sind. Für den Verlustfeststellungsbescheid besteht hiernach eine **inhaltliche Bindung** an die bei der Einkommensteuerfestsetzung zugrunde gelegten Beträge. Der Einkommensteuerbescheid wirkt dabei wie ein **Grundlagenbescheid** (Verweis auf § 175 Abs. 1 Satz 1 Nr. 1 AO), obwohl er verfahrensrechtlich kein Grundlagenbescheid ist. Eine erstmalige oder geänderte Verlustfeststellung mit vom Einkommensteuerbescheid abweichenden Inhalt ist hiernach grds. ausgeschlossen (vgl. H 10d – Bindungswirkung – EStH). Ist der Einkommensteuerbescheid des Verlustentstehungsjahres **bestandskräftig** geworden und auch nicht nach den Vorschriften der AO änderbar, kann einem später gestellten Antrag auf Verlustfeststellung für einen nicht bei der Einkommensteuerveranlagung berücksichtigten Verlust **nicht** entsprochen werden (BFH-Urteil vom 9.5.2017, BStBl II S. 1049; vom 12.7.2016, BStBl 2018 II S. 699 und vom 16.5.2018, BStBl II S. 752). Auch eine nach § 351 Abs. 1 AO beschränkte Anfechtbarkeit einer geänderten Steuerfestsetzung ist zu beachten (BFH-Urteil vom 12.7.2016, BStBl 2018 II S. 699). Der erstmalige Erlass oder die Korrektur des Feststellungsbescheids ist jedoch dann möglich, wenn der Einkommensteuerbescheid dem Grunde nach (das heißt nach dem steuerlichen Verfahrensrecht) zwar korrigiert werden kann, dies aber allein deshalb unterbleibt, weil sich die Höhe der festzusetzenden Steuer nicht ändert (§ 10d Abs. 4 Satz 5 EStG).

Der BFH hat klargestellt, dass die **Bindungswirkung** an die Einkommensteuerfestsetzung **entfällt**, wenn für das Verlustentstehungsjahr keine Einkommensteuerveranlagung durchgeführt worden ist (BFH-Urteil vom 13.1.2015, BStBl II S. 829). Das bedeutet, dass ein verbleibender Verlustvortrag auch dann erstmals gesondert festzustellen ist, wenn ein Einkommensteuerbescheid für das Verlustentstehungsjahr wegen Eintritt der Festsetzungsverjährung (z. B. bei einer Antragsveranlagung) nicht mehr erlassen werden kann.

BEISPIEL:
Im Zusammenhang mit einer Berufsausbildung nach einem abgeschlossenem Erststudium sind einem Steuerpflichtigen im Kj. 2020 vorweggenommene Werbungskosten i. H. von 10 000 € entstanden. Der Steuerpflichtige erzielte in diesem Kj. keine stpfl. Einnahmen. Im Dezember 2025 reicht er eine Einkommensteuererklärung für das Kj. 2020 ein und macht darin die entstandenen Werbungskosten als Verlust bei den Einkünften aus nichtselbständiger Arbeit geltend.
Da es sich um eine Antragsveranlagung handelt, kann ein Einkommensteuerbescheid für den VZ 2020 wegen des Ablaufs der vierjährigen Verjährungsfrist zum 31.12.2024 zwar nicht mehr ergehen. Für die Verlustfeststellung zum 31.12.2020 ist dagegen aufgrund der dreijährigen Anlaufhemmung in § 170 Abs. 2 Nr. 1 AO noch keine Feststellungsverjährung eingetreten (vgl. Vorbemerkungen Tz 5). Die Bindungswirkung i. S. des § 10d Abs. 4 Satz 4 EStG greift hier nicht, weil für das Verlustentstehungsjahr 2020 kein Steuerbescheid erteilt wurde. Somit kann der Verlust zum 31.12.2020 i. H. von 10 000 € gesondert festgestellt und mit positiven Einkünften in späteren VZ noch ausgeglichen werden.

Bei **Unterbrechung** der **unbeschränkten Steuerpflicht** gilt für die Verlustfeststellung Folgendes (vgl. R 10d Abs. 8 EStR):

Der auf den Schluss eines VZ gesondert festgestellte verbleibende Verlustvortrag eines unbeschränkt oder beschränkt Steuerpflichtigen kann nach mehreren VZ, in denen der Steuerpflichtige weder unbeschränkt noch beschränkt stpfl. war, mit positiven Einkünften, die der Steuerpflichtige nach erneuter Begründung der Steuerpflicht erzielt, verrechnet werden. Dies gilt selbst dann, wenn in der Zwischenzeit keine gesonderte Feststellung des verbleibenden Verlustvortrags nach § 10d Abs. 4 EStG beantragt und durchgeführt wurde. Folgejahr ist in diesen Fällen der VZ, in dem erstmals wieder die rechtlichen Voraussetzungen für einen Verlustabzug nach § 10d Abs. 2 EStG vorliegen.

10.5.3 Berücksichtigung des Verlustabzugs

17 Wurde für den Steuerpflichtigen oder seinen Ehegatten/Lebenspartner zum 31.12.2024 ein **verbleibender Verlustvortrag** nach § 10d EStG festgestellt, kann dies in **Zeile 17** durch Angabe des Werts »**1**« = Ja (getrennt für die/den »stpfl. Person/Ehemann/Person A« und »Ehefrau/Person B«) kenntlich gemacht werden. Der Verlustvortrag wird dann vom Finanzamt **von Amts** wegen berücksichtigt. Sollte der Verlustfeststellungsbescheid zum 31.12.2024 von einem anderen Finanzamt unter einer anderen Steuernummer erlassen worden sein (z.B. wegen Umzug oder Heirat), empfiehlt es sich, diese Steuernummer und das betreffende Finanzamt gesondert anzugeben (ggf. auf einem besonderen Blatt).

Der Verlustabzug nach § 10d EStG (Verlustrücktrag und Verlustvortrag) erfolgt vom **Gesamtbetrag** der **Einkünfte vorrangig** vor Sonderausgaben, außergewöhnlichen Belastungen und sonstigen Abzugsbeträgen. Der Vorrang des Verlustabzugs gegenüber den Sonderausgaben und außergewöhnlichen Belastungen begegnet dabei keinen verfassungsrechtlichen Bedenken (BFH-Beschlüsse vom 9.4.2010, IX B 191/09, BFH/NV 2010 S. 1270 und vom 3.9.2021, IX B 14/21, BFH/NV 2021 S. 1488). Die gegen den v. g. BFH-Beschluss vom 9.4.2010 eingelegte Verfassungsbeschwerde wurde nicht zur Entscheidung angenommen (Beschluss des BVerfG vom 13.4.2012, 2 BvR 1175/10).

Sind für die dem Verlustentstehungsjahr unmittelbar **vorangegangenen beiden VZ** bereits **Steuerbescheide** erlassen worden, so werden diese vom Finanzamt insoweit **geändert**, als der Verlustrücktrag erstmals zu gewähren oder ein gewährter Verlustrücktrag zu ändern ist (§ 10d Abs. 1 Satz 4 EStG). Dies gilt auch, wenn bereits bestandskräftige Steuerbescheide vorliegen (§ 10d Abs. 1 Satz 5 EStG). Im Verlustentstehungsjahr nicht ausgeglichene Verluste sind in die vorangegangenen, nicht festsetzungsverjährten beiden VZ auch dann zurückzutragen, wenn für das Verlustentstehungsjahr selbst bereits **Festsetzungsverjährung** eingetreten ist (BFH-Urteil vom 27.1.2010, BStBl II S. 1009).

Verluste, die der Steuerpflichtige vor und während eines **Insolvenzverfahrens** erlitten hat, sind dem Grunde nach in vollem Umfang ausgleichsfähig und nach § 10d EStG abzugsfähig (BFH-Urteil vom 4.9.1969, BStBl II S. 726).

Nach § 56 Satz 2 EStDV besteht eine **Steuererklärungspflicht** für den folgenden VZ, wenn auf den Schluss des vorangegangenen VZ ein verbleibender Verlustabzug festgestellt worden ist (vgl. Vorbemerkungen Tz 7). Zu Besonderheiten bei einem Wechsel von der Zusammenveranlagung zur Einzelveranlagung von Ehegatten/Lebenspartnern und dem Verlustabzug nach § 10d EStG siehe § 62d Abs. 2 EStDV.

10.5.4 Verzicht auf den Verlustrücktrag

18 Ergibt sich bei der Einkommensteuerveranlagung **2025** ein nicht ausgeglichener Verlust, so wird dieser **von Amts wegen** in die **Jahre 2024** und **2023** zurückgetragen (vgl. Tz 10.5.3). Hierfür ist in den Vordrucken **keine Eintragung** erforderlich. Ein Verlustrücktrag in weiter zurückliegende Jahre vor 2023 ist nicht zulässig.

Es besteht die Möglichkeit, zugunsten des Verlustvortrags in künftigen Jahren auf den Verlustrücktrag **zu verzichten** (§ 10d Abs. 1 Satz 6 EStG). Der Verlustrücktrag kann aber nicht der Höhe nach auf einen bestimmten Betrag begrenzt werden. Es ist nur möglich, den Verlustrücktrag in Anspruch zu nehmen oder insgesamt zugunsten des Verlustvortrags darauf zu verzichten. In **Zeile 18** kann für nicht ausgeglichene Verluste des VZ 2025 durch Eintragung des Werts »**1**« = Ja (bei Kennzahl »802«) beantragt werden, dass von einem Verlustrücktrag in die Jahre 2024 und 2023 abgesehen werden soll. Zusammen veranlagte Ehegatten/Lebenspartner können diesen Antrag aufgrund des zu ermittelnden gemeinsamen Gesamtbetrags der Einkünfte nur **einheitlich** stellen. Das Finanzamt stellt daraufhin zum Schluss des Kj. 2025 einen entsprechenden verbleibenden **Verlustvortrag** gesondert fest, der in künftigen Jahren berücksichtigt werden kann.

10.5.5 Verlustabzug im Erbfall

Der Große Senat des BFH hat mit Beschluss vom 17.12.2007 – GrS 2/04 (BStBl 2008 II S. 608) entschieden, dass ein **Erbe** den vom **Erblasser** nicht genutzten Verlustabzug nach § 10d EStG **nicht** bei seiner eigenen Veranlagung zur ESt geltend machen kann. Im Todeszeitpunkt noch nicht ausgeglichene Verluste des Erblassers können hiernach im Todesjahr nur in den Verlustausgleich nach § 2 Abs. 3 EStG bei der Veranlagung des Erblassers einfließen und mit positiven Einkünften des Erblassers ausgeglichen werden.

Bei der Veranlagung von **Ehegatten/Lebenspartnern** gilt davon abweichend Folgendes (vgl. R 10d Abs. 9 EStR):

Hier können im Todesjahr, soweit der überlebende Ehegatte/Lebenspartner Erbe ist und die Ehegatten/Lebenspartner zusammen veranlagt werden, die Verluste des verstorbenen Ehegatten/Lebenspartners mit positiven Einkünften des überlebenden Ehegatten/Lebenspartners ausgeglichen werden. Erfolgt für das Vorjahr ebenfalls eine Zusammenveranlagung, ist ein Rücktrag des nicht ausgeglichenen Verlustes des Erblassers in das Vorjahr möglich. Werden die Ehegatten/Lebenspartner für das Todesjahr zusammen veranlagt und erfolgt für das Vorjahr aber eine Einzelveranlagung nach § 26a EStG, ist ein Rücktrag des noch nicht ausgeglichenen Verlustes des Erblassers nur bei der Veranlagung des Erblassers zu berücksichtigen (§ 62d Abs. 1 EStDV).

Im Fall der Einzelveranlagung nach § 26a EStG im Todesjahr und einer Zusammenveranlagung im Vorjahr ist der Verlust aus dem Todesjahr des Erblassers nach § 10d Abs. 1 EStG i. V. mit § 62d Abs. 2 EStDV zurückzutragen. Bei Einzelveranlagung nach § 26a EStG in beiden Jahren kommt ein Rücktrag des noch nicht ausgeglichenen Verlustes des Erblassers nur in dessen Veranlagung des Vorjahres in Betracht.

10.5.6 Besondere Verrechnungskreise

Der Verlustabzug im vorstehend behandelten Sinne gilt nicht für Verluste aus **gewerblicher Tierzucht** oder **gewerblicher Tierhaltung** und aus **gewerblichen Termingeschäften** (§ 15 Abs. 4 EStG) sowie aus **Beteiligungen** nach dem **REIT-Gesetz** (§ 19 Abs. 4 REITG). Derartige Verluste mindern nach Maßgabe des § 10d EStG nur die **Gewinne**, die der Steuerpflichtige in dem unmittelbar vorangegangenen Wj. und in den folgenden Wj. aus diesen gewerblichen Tätigkeiten oder Beteiligungen erzielt hat oder erzielt. Entsprechendes gilt für Verluste aus **Leistungen** i. S. des § 22 Nr. 2 und 3 EStG sowie Verluste aus **privaten Veräußerungsgeschäften** i. S. des § 23 EStG (BMF-Schreiben vom 29.11.2004, BStBl I S. 1097). Verluste aus Beteiligungen nach dem REIT-Gesetz können analog zum Verlustrücktrag (vgl. Tz 10.5.1) auf die unmittelbar vorangegangenen zwei Wj. zurückgetragen werden (vgl. Tz 21.23).

Zur **Verfassungsmäßigkeit** der besonderen **Verlustverrechnungskreise** für **Stillhaltergeschäfte** nach § 22 Nr. 3 Satz 3 und 4 EStG siehe BFH-Urteil vom 10.2.2015, IX R 8/14, BFH/NV 2015 S. 830. Die Ausgleichs- und Abzugsbeschränkung für Verluste aus betrieblichen **Termingeschäften** nach § 15 Abs. 4 Satz 3 EStG ist in den Fällen, in denen es nicht zu einer Definitivbelastung kommt, ebenfalls verfassungsgemäß (BFH-Urteil vom 28.4.2016, BStBl II S. 739); zur Verfassungsmäßigkeit und Reichweite der Verlustausgleichs- und Abzugsbeschränkung für betriebliche Termingeschäfte siehe auch BFH-Urteil vom 6.7.2016, BStBl 2018 II S. 124.

Ein Normenkontrollverfahren ist beim BVerfG zur Verfassungsmäßigkeit der **Verlustverrechnungsbeschränkung** für **Aktienveräußerungsverluste** nach § 20 Abs. 6 Satz 4 EStG anhängig (Az. beim BVerfG: 2 BvL 3/21; vorgehend BFH-Beschluss vom 17.11.2020, BStBl II S. 562). Verluste aus Aktienverkäufen dürfen nach dieser Vorschrift nur mit Gewinnen aus der Veräußerung von Aktien ausgeglichen werden. Die Finanzverwaltung führt aufgrund des v. g. Verfahrens beim BVerfG

Einkommensteuerfestsetzungen für VZ ab 2009 wegen der Verlustverrechnungsbeschränkung für Aktienveräußerungsverluste **vorläufig** durch (BMF-Schreiben vom 26.5.2025, BStBl I S. 1178). Die gesonderte Einlegung eines Einspruchs ist daher nicht erforderlich.

Ebenso scheidet ein Verlustabzug i. S. des § 10d EStG aus, wenn es sich um nicht ausgleichbare **Auslandsverluste** nach § 2a Abs. 1 EStG handelt. Solche Verluste dürfen im Jahr ihrer Entstehung und in den folgenden VZ nur mit positiven ausländischen Einkünften der **jeweils selben Art** aus **demselben Staat** verrechnet werden (vgl. Tz 10.6). Ein besonderer **Verlustverrechnungskreis** besteht auch für Verluste im Zusammenhang mit **Steuerstundungsmodellen** nach § 15b EStG (vgl. Tz 21.11 unter Erläuterungen zur Anlage G; BMF-Schreiben vom 17.7.2007, BStBl I S. 542). Solche Verluste sind ebenfalls nur mit positiven Einkünften aus derartigen Modellen verrechenbar. Die Verlustausgleichs- und -abzugsbeschränkung nach § 15b Abs. 1 EStG verstößt auch im Fall sog. definitiver Verluste nicht gegen Art. 3 Abs. 1 GG (BFH-Urteil vom 21.11.2024, BStBl 2025 II S. 283).

Die Rspr. des Großen Senats des BFH zum Verlustabzug in Erbfällen (vgl. Tz 10.5.5) findet grds. auch bei Verlusten des Erblassers aus besonderen Verrechnungskreisen Anwendung, es sei denn der Verlust kann einer bestimmten Einkunftsart oder -quelle zugerechnet werden (z. B. bei Übergang des Betriebs/Mitunternehmeranteils auf den Erben nach § 6 Abs. 3 EStG oder in den Fällen der § 15a, § 15b EStG) oder der Einkunftserzielungstatbestand wurde teils durch den Rechtsvorgänger und teils durch den Rechtsnachfolger verwirklicht (sog. gespaltene Tatbestandsverwirklichung). Letzteres ist dann der Fall, wenn der Erbfall nach dem Anschaffungsvorgang aber vor dem Veräußerungsgeschäft i. S. des § 23 EStG eintritt (vgl. R 10d Abs. 9 Satz 9 ff. EStR).

10.6 Negative Einkünfte mit Bezug zu Drittstaaten

19 Wurden für den Steuerpflichtigen oder seinen Ehegatten/Lebenspartner zum 31.12.2024 **verbleibende negative Einkünfte** nach § 2a Abs. 1 Satz 5 EStG festgestellt, kann dies in **Zeile 19** durch Angabe des Werts »**1**« = Ja (getrennt für die/den »stpfl. Person/Ehemann/Person A« und »Ehefrau/Person B«) kenntlich gemacht werden. Der personell festgestellte Verlustvortrag wird dann vom Finanzamt bei der Veranlagung im Folgejahr von Amts wegen berücksichtigt. Sollte der Verlustfeststellungsbescheid zum 31.12.2024 von einem anderen Finanzamt unter einer anderen Steuernummer erlassen worden sein (z. B. wegen Umzug oder Heirat), empfiehlt es sich, diese Steuernummer und das betreffende Finanzamt gesondert anzugeben (ggf. auf einem besonderen Blatt).

§ 2a Abs. 1 EStG begründet als »lex specialis« zu § 10d EStG lediglich einen eigenen **Verlustkreislauf**, indem die vorgetragenen Verluste in späteren VZ mit positiven Einkünften derselben Art aus demselben Staat bereits bei der Ermittlung der Einkünfte nach § 2 Abs. 1 EStG – und nicht erst bei der Ermittlung des Einkommens – verrechnet werden. Auch § 2a Abs. 1 EStG dient damit – in den von ihm gezogenen tatbestandlichen Grenzen – der Verwirklichung des Leistungsfähigkeitsprinzips. Verbliebene negative Einkünfte eines **Erblassers** aus der Vermietung eines Hauses in der Schweiz i. S. des § 2a Abs. 1 Satz 1 Nr. 6 Buchst. a Satz 5 EStG gehen daher nicht im Wege der Erbfolge auf den Erben über (BFH-Urteil vom 23.10.2019, BStBl 2021 II S. 138).

10.7 Freibetrag für bestandsgeschützte Alt-Anteile an Investmentfonds

Bestandsgeschütze **Alt-Anteile** an **Investmentfonds** liegen vor, wenn die Wertpapiere **vor** dem **1.1.2009** (Einführung der Abgeltungsteuer) angeschafft und seit der Anschaffung nicht im Betriebsvermögen gehalten wurden. Veräußerungsgewinne aus solchen Alt-Anteile sind mit den ab 1.1.2018 eingetretenen und durch Veräußerung realisierten Wertveränderungen stpfl.; sie bleiben aber im Rahmen eines persönlichen **Freibetrags** von **100 000 €** steuerfrei (vgl. Tz 14.6.5). Bei Inanspruchnahme dieses Freibetrags wird der am Schluss des Kj. verbleibende Freibetrag bis zu seinem vollständigen Verbrauch jährlich vom Finanzamt gesondert festgestellt (§ 56 Abs. 6 Satz 2 InvStG).

Wurde für den Steuerpflichtigen oder seinen Ehegatten/Lebenspartner zum 31.12.2024 ein **verbleibender Freibetrag** für bestandsgeschützte Alt-Anteile an Investmentfonds festgestellt, ist dies in **Zeile 20** durch Angabe des Werts »**1**« = Ja (getrennt für die/den »stpfl. Person/Ehemann/Person A« und »Ehefrau/Person B«) kenntlich zu machen. Hierdurch wird insbesondere sichergestellt, dass bei Wohnungswechsel das neu zuständige Finanzamt die verbleibenden Freibeträge fortführen kann.

10.8 Antrag zur Aufteilung der Abzugsbeträge bei Einzelveranlagung von Ehegatten/Lebenspartnern

Ehegatten und Lebenspartner nach dem LPartG haben ein Wahlrecht 21
zwischen der **Einzelveranlagung** nach § 26a EStG und der **Zusammenveranlagung** nach § 26b EStG. Wählen die Ehegatten/Lebenspartner die Einzelveranlagung zur ESt, werden Sonderausgaben, außergewöhnliche Belastungen und die Steuerermäßigungen nach den § 35a, § 35c EStG grds. demjenigen zugerechnet, der sie **wirtschaftlich** getragen hat. Auf **übereinstimmenden Antrag** der Ehegatten/Lebenspartner, der der Steuererklärung beizufügen ist, werden die genannten **Abzugsbeträge** davon abweichend bei den Ehegatten/Lebenspartnern jeweils zur Hälfte abgezogen (§ 26a Abs. 2 Satz 2 EStG). Der Antrag des Ehegatten/Lebenspartners, der die Aufwendungen wirtschaftlich getragen hat, ist in begründeten Einzelfällen ausreichend (§ 26a Abs. 2 Satz 3 EStG). Sollen die Abzugsbeträge bei jedem der Ehegatten/Lebenspartner **einheitlich** je zur **Hälfte** berücksichtigt werden, ist in **Zeile 21** bei der Kennzahl 222 eine »1 = Ja« einzutragen. Eine **steueroptimierende Verteilung** von Sonderausgaben, außergewöhnliche Belastungen und der Steuerermäßigung nach § 35a EStG auf die Ehegatten/Lebenspartner ist bei der Einzelveranlagung nach § 26a EStG allerdings **nicht** möglich (vgl. Tz 1.5.3).

Zur Frage der **Berechnung** von Sonderausgaben bei der Einzelveranlagung ist der BFH – abweichend von der Finanzverwaltung – der Auffassung, dass die **Aufwendungen** bei einem Antrag nach § 26a Abs. 2 Satz 2 EStG zunächst hälftig auf die Ehegatten/Lebenspartner aufzuteilen und erst danach in einem zweiten Rechenschritt die Höchstbetragsberechnungen für den Sonderausgabenabzug bei jedem der Ehegatten/Lebenspartner durchzuführen sind (BFH-Urteil vom 28.11.2019, III R 11/18, BFH/NV 2020 S. 626). Durch die hälftige Aufteilung der Aufwendungen erübrigt sich die Prüfung, wer von beiden Ehegatten/Lebenspartnern die jeweilige wirtschaftliche Belastung getragen hat.

Personenbezogene **Frei-** und **Pauschbeträge** werden auf übereinstimmenden Antrag der Ehegatten/Lebenspartner ebenfalls in die hälftige Aufteilung der Aufwendungen nach § 26a Abs. 2 Satz 2 EStG einbezogen. Dies gilt nicht nur für den **Behinderten-Pauschbetrag** nach § 33b Abs. 1 bis 3 EStG (BFH-Urteil vom 20.12.2017, BStBl 2018 II S. 468), sondern auch für den Hinterbliebenen-Pauschbetrag nach § 33b Abs. 4 EStG und den Pflege-Pauschbetrag nach § 33b Abs. 6 EStG. Darüber hinaus wendet die Finanzverwaltung das v. g. BFH-Urteil analog auch für den Freibetrag zur Abgeltung eines Sonderbedarfs bei Berufsausbildung (§ 33a Abs. 2 EStG), die Übertragung des Behinderten-/Hinterbliebenen-Pauschbetrags für ein Kind (§ 33b Abs. 5 EStG) sowie die Übertragung der behinderungsbedingten Fahrtkostenpauschale eines Kindes (§ 33 Abs. 2a Satz 8 und 9 EStG) an. Dabei gehen allerdings die besonderen **Aufteilungsregelungen** nach § 33a Abs. 2 EStG und § 33b Abs. 5 EStG vor, wenn es sich um ein gemeinsames Kind der Ehegatten/Lebenspartner handelt. Das bedeutet, dass die genannten Abzugsbeträge in diesen Fällen im Rahmen der Einzelveranlagung des jeweiligen Ehegatten zu berücksichtigen sind, entweder hälftig oder auf gemeinsamen Antrag mit einem davon abweichenden Prozentsatz (vgl. Tz 9.12.4, Tz 9.14, Tz 9.15).

Kinderbetreuungskosten nach § 10 Abs. 1 Nr. 5 EStG können bei der Einzelveranlagung von Ehegatten/Lebenspartnern zwar ebenfalls nur hälftig verteilt werden. Dies gilt aber nicht für den **Höchstbetrag** für **Kinderbetreuungskosten** von 4 800 € jährlich je Kind. Dieser Höchstbetrag kann in **Zeile 73** der **Anlage Kind** auf übereinstimmenden Antrag der Eltern in einem anderen Verhältnis als je zur Hälfte (also beliebig) aufgeteilt werden (vgl. Tz 9.16.4).

10.9 Forschungszulage

22 Nach § 10 Forschungszulagengesetz (FZulG) wird die **Forschungszulage** nicht sofort nach der Festsetzung ausgezahlt, sondern erst mit der nächsten (erstmaligen) Festsetzung von ESt durch Anrechnung auf die festgesetzte Steuer berücksichtigt. Bei **Mitunternehmerschaften** werden die Anteile der einzelnen Mitunternehmer an der anzurechnenden Forschungszulage durch das Feststellungsfinanzamt gesondert und einheitlich festgestellt. Die Anrechnung erfolgt anteilig im Rahmen der nächsten (erstmaligen) Einkommensteuerfestsetzung des einzelnen Mitunternehmers.

Sofern der Steuerpflichtige oder eine Personengesellschaft, an der der Steuerpflichtige beteiligt ist, einen Antrag auf Forschungszulage beim zuständigen Finanzamt gestellt hat, kann die Bearbeitung der Einkommensteuererklärung auf Antrag bis zur Festsetzung der Forschungszulage **zurückgestellt** werden, um eine zeitnahe Anrechnung sicherzustellen. Dieser Antrag kann in **Zeile 22** durch Eintragung des Werts »**1**« = Ja gestellt werden. Bei einer Beteiligung an einer anspruchsberechtigten Personengesellschaft sind nähere Erläuterungen (z. B. zur Steuernummer und dem Namen dieser Personengesellschaft) in einer gesonderten Aufstellung beizufügen.

Zur Anrechnung der Forschungszulage auf die ESt sind im Übrigen die Rz 258 bis 269 des BMF-Schreibens vom 7.2.2023, BStBl I S. 364 zu beachten.

10.10 Steuerabzug bei Bauleistungen (Bauabzugsteuer)

Bauabzugsteuer, die der Leistungsempfänger bei inländischen Bau- 23
leistungen nach den §§ 48 ff. EStG einbehalten und beim zuständigen Finanzamt angemeldet hat, werden auf die vom Leistenden zu entrichtenden Steuern **angerechnet**. Die Reihenfolge der Anrechnung richtet sich zwingend nach § 48 c Abs. 1 Satz 1 EStG. Nach dieser Vorschrift erfolgt die Anrechnung der Bauabzugsteuer vorrangig auf die vom Leistenden einbehaltene und angemeldete LSt sowie auf Vorauszahlungen des Leistenden auf die ESt, erst danach auf seine ESt des VZ, in dem die Leistung erbracht worden ist.

Sofern der Steuerpflichtige im Jahr 2025 **Bauleistungen** erbracht und der Leistungsempfänger von der Gegenleistung einen Steuerabzug i. H. von 15 % vorgenommen hat, kann der Steuerabzugsbetrag ggf. auf die ESt angerechnet werden. In diesem Fall ist in **Zeile 23** eine »**1**« (= Ja) einzutragen. Das Finanzamt prüft dann, ob und, wenn ja, in welcher Höhe ein entsprechendes Guthaben im Rahmen der Veranlagung zur ESt angerechnet werden kann. Die Höhe des Steuerabzugsbetrags ergibt sich aus dem Abrechnungsbeleg des Leistungsempfängers.

11. Anlage N 2025 – Angaben zum Arbeitslohn und zu Werbungskosten

11.1 Vorbemerkungen

Die »**Anlage N**« ist vor allem für die Angaben zum **Arbeitslohn** einschließlich **Versorgungsbezüge**, zu den einbehaltenen **Steuerabzugsbeträgen** und zu bestimmten **Lohnersatzleistungen** des Arbeitgebers vorgesehen. Sie ist aber auch für die Angaben über **steuerfreien Arbeitslohn** bei **Auslandstätigkeiten** sowie für die Geltendmachung von **Werbungskosten** (ohne doppelte Haushaltsführung) zu verwenden.

Mehraufwendungen für **doppelte Haushaltsführung** sind bei Einkünften aus nichtselbständiger Arbeit mit der »**Anlage N-Doppelte Haushaltsführung**« geltend zu machen (vgl. Tz 12.1).

Ehegatten oder **Lebenspartner** nach dem LPartG, die beide in 2025 Arbeitslohn bezogen haben, müssen jeweils eine **eigene** »**Anlage N**« ausfüllen und abgeben. Unterhalb von Zeile 3 (rechts außen) ist durch Ankreuzen kenntlich zu machen, für welche Person (»Stpfl. Person/Ehemann/Person A« oder »Ehefrau/Person B«) die »Anlage N« abgegeben wird. Bei Ehegatten einer gleichgeschlechtlichen Ehe und Lebenspartnern nach dem LPartG ist die festgelegte alphabetische Reihenfolge unbedingt einzuhalten (vgl. Tz 1.4.2).

11.2 Elektronische Lohnsteuerbescheinigung (eDaten)

Arbeitgeber, die zum Lohnsteuerabzug gesetzlich verpflichtet sind, müssen die Daten der **Lohnsteuerbescheinigung 2025** bis spätestens **28.2.2026** zwingend unter Verwendung der **IdNr.** des Arbeitnehmers elektronisch an die Finanzverwaltung übermitteln (§ 41b Abs. 1 EStG i. V. mit § 93c Abs. 1 Nr. 2 Buchst. a AO); zur Ermittlung einer vom Arbeitnehmer bisher nicht mitgeteilten IdNr. durch den Arbeitgeber siehe BMF-Schreiben vom 23.1.2024, BStBl I S. 211.

Die der Finanzverwaltung vorliegenden »**eDaten**« der Lohnsteuerbescheinigung brauchen **nicht** in die mit dem Logo »**e**« gekennzeichneten und dunkelgrün hervorgehobenen Zeilen der »Anlage N« eingetragen werden. Diese werden über die Identifikationsnummer dem Arbeitnehmer zugeordnet und **automatisch** in die Einkommensteuerveranlagung übernommen (vgl. Vorbemerkungen Tz 13). Eintragungen sind in diesen Zeilen nur noch dann vorzunehmen, wenn von den eDaten **abweichende Angaben** berücksichtigt werden sollen (z. B. ein geringerer Bruttoarbeitslohn für die private Firmenwagennutzung, vgl. Tz 11.3.5) oder nicht elektronisch übermittelte Daten aufgrund einer »Besonderen Lohnsteuerbescheinigung« (s. u.). Welche eDaten dem Finanzamt bereits vorliegen, kann dem Ausdruck der elektronischen Lohnsteuerbescheinigung des Arbeitgebers entnommen werden, den der Arbeitnehmer nach Ablauf des Kj. oder bei Beendigung des Dienstverhältnisses von seinem Arbeitgeber erhält. Das bedeutet auch, dass die **Abgabe** der Anlage N **entfällt**, wenn

- keine weiteren Eintragungen zum Arbeitslohn in den Zeilen 10, 18 und 19 sowie 21 bis 26 vorzunehmen sind und/oder
- die Werbungskosten (Seiten 2 bis 4 der »Anlage N« sowie »Anlage N-Doppelte Haushaltsführung«) den Arbeitnehmer-Pauschbetrag von 1 230 € oder den Werbungskosten-Pauschbetrag von 102 € bei Versorgungsbezügen nicht übersteigen.

Der Ausdruck der elektronischen Lohnsteuerbescheinigung ist nur für die persönlichen Unterlagen des Arbeitnehmers bestimmt und muss **nicht** mit der Steuererklärung eingereicht werden.

Hat der Arbeitgeber dem Arbeitnehmer im Ausnahmefall noch eine »Besondere Lohnsteuerbescheinigung« für 2025 auf Papier erteilt, müssen die Angaben zum Arbeitslohn, zu den einbehaltenen Steuerabzugsbeträgen usw. in die dafür vorgesehenen Eintragungszeilen der »Anlage N« und der »Anlage Vorsorgeaufwand« (vgl. Tz 3) übertragen werden, auch wenn diese mit dem Logo »**e**« gekennzeichnet sind. Die »Besondere Lohnsteuerbescheinigung« ist zudem als Beleg der Steuererklärung beizufügen.

ELSTER:
Die automatische Übernahme von eDaten, die von Dritten (z. B. Arbeitgeber, Versicherungen) elektronisch an die Finanzverwaltung übermittelt werden, gilt erstmal nur für die auf Papier abgegebenen Steuererklärungen (vgl. Vorbemerkungen Tz 13). Bei Abgabe einer elektronischen Steuererklärung online mit »**Mein ELSTER**« (www.elster.de) oder mithilfe einer kommerziellen Steuersoftware müssen die Daten aus der/den Lohnsteuerbescheinigung(en) vorerst weiter in die jeweiligen Eingabezeilen der Anlage N übertragen werden. Dies gilt auch für die mit dem Logo »**e**« gekennzeichneten Zeilen der Anlage N, sofern für die Erfassung der eDaten nicht der nachfolgend beschriebene **Bescheinigungsabruf** genutzt wird.
Steuerpflichtige, die den Bescheinigungsabruf im Rahmen der »**vorausgefüllten Steuererklärung**« nutzen (vgl. Vorbemerkungen Tz 12.6), können mit wenigen Mausklicks die eDaten der Lohnsteuerbescheinigung(en) in ihre elektronische Steuererklärung übernehmen und ersparen sich dadurch den Eingabeaufwand. Dies gilt sowohl für mit »Mein ELSTER« als auch für mithilfe einer kommerziellen Steuersoftware erstellte elektronische Steuererklärungen.

11.3 Arbeitslohn und einbehaltene Steuerabzugsbeträge

11.3.1 Arbeitslohnbegriff

Arbeitslohn sind alle Einnahmen, die dem Arbeitnehmer aus dem Dienstverhältnis zufließen. Es ist unerheblich, unter welcher Bezeichnung oder in welcher Form die Einnahmen gewährt werden (§ 2 Abs. 1 LStDV). Zum **Arbeitslohnbegriff** vgl. R 19.3 LStR, H 19.3 LStH.

Im Rahmen der Einkommensteuerveranlagung wird nur der **stpfl. Bruttoarbeitslohn** erfasst. Den Gesamtbetrag des stpfl. Bruttoarbeitslohns einschließlich des Werts der Sachbezüge, den der Arbeitnehmer aus dem Dienstverhältnis im Kj. bezogen hat, ist vom Arbeitgeber unter Nr. 3 der Lohnsteuerbescheinigung zu bescheinigen und elektronisch an die Finanzverwaltung zu übermitteln (vgl. Tz 11.2). Der Bruttoarbeitslohn wird grds. aus den vorliegenden eDaten in die Einkommensteuerveranlagung übernommen (vgl. Tz 11.3.3). **Steuerfreier Arbeitslohn** und **pauschal besteuerte Bezüge** bleiben bei der Einkommensteuerveranlagung **außer Ansatz** und sind daher nicht in dem unter Nr. 3 der Lohnsteuerbescheinigung bescheinigten Bruttoarbeitslohn enthalten.

11.3.2 Arbeitnehmerbegriff

Wer **Arbeitnehmer** ist, ist unter Beachtung der Vorschriften des § 1 LStDV nach dem Gesamtbild der Verhältnisse zu beurteilen. Die arbeitsrechtliche und sozialversicherungsrechtliche Behandlung ist unmaßgeblich (BFH-Urteil vom 2.12.1998, BStBl 1999 II S. 534). Hiernach kann auch ein **Gesellschafter-Geschäftsführer** einer Kapitalgesellschaft steuerlich ein Arbeitnehmer sein. Es ist anhand der allgemeinen Abgrenzungsmerkmale zu entscheiden, ob die Geschäftsführungsleistung selbständig oder nichtselbständig erbracht wird (vgl. H 19.0 – Gesellschafter-Geschäftsführer – LStH). Entsprechendes gilt für die Tätigkeit eines **Gesellschafters** gegenüber einer **Personenhandelsgesellschaft** oder Partnerschaftsgesellschaft, wenn die Gesellschaft für nach dem 31.12.2021 beginnende Wj. die Möglichkeit genutzt hat, zur **Körperschaftsbesteuerung** zu **optieren** (§ 1a KStG). Einnahmen, die der Gesellschafter von der Gesellschaft für seine Tätigkeit im Dienst der Gesellschaft bezieht, führen zu Einkünften aus nichtselbständiger Arbeit i. S. des § 19 EStG (§ 1a Abs. 3 Satz 2 Nr. 2 KStG; Rz 81 des BMF-Schreibens vom 10.11.2021, BStBl II S. 2212).

4–9 ### 11.3.3 Angaben in der Anlage N 2025

> **eDaten:**
> Die für die Anlage N 2025 relevanten Angaben in den **Zeilen 4** bis **9** zur Steuerklasse, zum Bruttoarbeitslohn und den einbehaltenen Steuerabzugsabzugsbeträgen (LSt, Solidaritätszuschlag, KiSt) werden aus den Daten der elektronischen **Lohnsteuerbescheinigung** automatisch in die Einkommensteuerveranlagung übernommen (vgl. Tz 11.2). Personelle Eintragungen sind in diesen Zeilen grds. nicht erforderlich; zu Ausnahmen vgl. Tz 11.3.5.

War ein Arbeitnehmer im VZ 2025 bei **mehreren Arbeitgebern** beschäftigt, werden die Daten aus der »Lohnsteuerbescheinigung Steuerklasse 1–5« über die Kennzahlen der ersten Spalte der Zeilen 5 bis 9 erfasst, die zusammengerechneten Beträge aus allen weiteren »Lohnsteuerbescheinigungen Steuerklasse 6 oder einer Urlaubskasse« über die Kennzahlen der zweite Spalte der Zeilen 5 bis 9.

11.3.4 Steuerabzugsbeträge

Die vom Arbeitgeber einbehaltenen **Steuerabzugsbeträge** (LSt, Solidaritätszuschlag, KiSt) werden im Rahmen der Einkommensteuerveranlagung auf die festgesetzte ESt angerechnet. Das gilt auch für die von der **Urlaubskasse** des **Baugewerbes** von **Urlaubsentschädigungen** mit 20 % einbehaltene LSt (zzgl. Solidaritätszuschlag und ggf. KiSt). Übersteigen die einbehaltenen Steuerabzugsbeträge die im Rahmen der Einkommensteuerveranlagung festgesetzten Steuerbeträge, so werden die Mehrbeträge vom Finanzamt **erstattet**. Bei der Berechnung von Steuervorauszahlungen werden die Steuerabzugsbeträge der letzten Veranlagung berücksichtigt.

11.3.5 Korrektur des Bruttoarbeitslohns im Veranlagungsverfahren

Hat ein Arbeitgeber den Bruttoarbeitslohn der Höhe nach **unzutreffend** bescheinigt und ist eine **Korrektur** der (elektronischen) Lohnsteuerbescheinigung nicht mehr möglich, kann er dem Arbeitnehmer für die Berücksichtigung im Rahmen der Einkommensteuerveranlagung eine Bescheinigung mit den zutreffenden Daten ausstellen. Eine nachträgliche Korrektur des bescheinigten Bruttoarbeitslohns kommt auch dann in Betracht, wenn ein Arbeitgeber für Sachzuwendungen an den Arbeitnehmer zulässigerweise anstelle der individuellen Besteuerung nachträglich die Pauschalierung nach § 37b Abs. 2 EStG anwendet (Rz 8 des BMF-Schreibens vom 19.5.2015, BStBl I S. 468).

5 Bei der **Rückzahlung** von **Arbeitslohn** handelt es sich um **negative Einnahmen** und nicht um Werbungskosten des Arbeitnehmers. Zurückgezahlter Arbeitslohn ist erst im Zeitpunkt des Abflusses steuermindernd zu berücksichtigen (BFH-Urteile vom 4.5.2006, BStBl II S. 830 und 832). Das gilt auch dann, wenn sich die Rückzahlung im Folgejahr steuerlich nicht mehr auswirkt (BFH-Urteil vom 7.11.2006, BStBl 2007 II S. 315); in diesem Fall ist der negative Arbeitslohn aufgrund der Arbeitslohnrückzahlung im Wege des Verlustrücktrags oder -vortrags nach § 10d EStG zu berücksichtigen. Konnte der Arbeitgeber zurückgezahlten Arbeitslohn bis zur Erstellung der Lohnsteuerbescheinigung nicht mehr berücksichtigen (z. B. bei einem ausgeschiedenen Arbeitnehmer), ist in **Zeile 5** der um die Arbeitslohnrückzahlung geminderte Bruttoarbeitslohns einzutragen. Die Höhe der Arbeitslohnrückzahlung ist ggf. auf Aufforderung des Finanzamts in geeigneter Weise nachzuweisen (z. B. durch eine Bescheinigung des Arbeitgebers).

Besonderheiten in Bezug auf die Rückzahlung von Arbeitslohn bestehen bei Vorliegen einer **Nettolohnvereinbarung**. Ist in diesen Fällen eine Einkommensteuererstattung arbeitsvertraglich an den Arbeitgeber auszukehren, reduziert dies den Bruttoarbeitslohn im Kj. der tatsächlichen Zahlung an den Arbeitgeber. Entsprechendes gilt für Kindergeld, das bei einer Nettolohnvereinbarung an den Arbeitgeber ausgezahlt wird (BFH-Urteil vom 8.2.2024, BStBl II S. 574). Steht ein Arbeitnehmer im Zeitpunkt der Rückzahlung von Arbeitslohn nicht mehr in einem Dienstverhältnis zu dem Arbeitgeber, kann der zurückgezahlte Betrag nur bei einer Veranlagung zur ESt berücksichtigt werden.

Überlässt der Arbeitgeber einem Arbeitnehmer einen **Firmenwagen** unentgeltlich oder teilentgeltlich zur privaten Nutzung, so ist dem Arbeitslohn ein geldwerter Vorteil hinzuzurechnen. Der Arbeitgeber hat den privaten Nutzungswert entweder nach der **1 %-Methode** (monatlich 1 % Listenpreis des Fahrzeugs) oder nach der sog. **Fahrtenbuchmethode** (mit den auf die nachgewiesenen Privatfahrten entfallenden anteiligen Gesamtkosten) zu versteuern. Der Arbeitgeber muss sich für jedes Jahr einheitlich festlegen, nach welcher Methode er die Versteuerung des geldwerten Vorteils durchführt. Der Arbeitnehmer ist aber bei der Einkommensteuerveranlagung nicht an das für die Erhebung der LSt gewählte Verfahren gebunden (vgl. R 8.1 Abs. 9 Nr. 3 Satz 5 LStR). Weist der Arbeitnehmer z. B. durch Vorlage eines ordnungsgemäßen Fahrtbuchs einen niedrigeren geldwerten Vorteil nach, als vom Arbeitgeber nach der 1 %-Methode versteuert, kann er im Rahmen der Einkommensteuerveranlagung eine Herabsetzung seines Bruttoarbeitslohns verlangen. In diesem Fall ist der geminderte Bruttoarbeitslohn in **Zeile 5** einzutragen sowie in **Zeile 10** mit »**1**« (= Ja) anzugeben, dass in Zeile 5 ein von der Lohnsteuerbescheinigung abweichender Bruttoarbeitslohn wegen einer Korrektur der Firmenwagenbesteuerung erklärt wurde. 5, 1

Entsprechendes gilt für den zusätzlichen geldwerten Vorteil für Fahrten zwischen Wohnung und erster Tätigkeitsstätte nach der **0,03 %-Methode**, wenn der Arbeitnehmer den Firmenwagen nachweislich nur an einzelnen Arbeitstagen oder für Teilstrecken (z. B. nur für die Fahrt von der Wohnung zum nächstgelegenen Bahnhof) einsetzt. Um im Veranlagungsverfahren von der **pauschalen Bewertungsmethode** zur **Einzelbewertung** der tatsächlichen Fahrten zwischen Wohnung und erster Tätigkeitsstätte wechseln zu können, muss der Arbeitnehmer fahrzeugbezogen darlegen, an welchen Tagen (mit Datumsangabe) er das betriebliche Kraftfahrzeug tatsächlich für Fahrten zwischen Wohnung und erster Tätigkeitsstätte genutzt hat. Zudem hat er durch geeignete Belege glaubhaft zu machen, dass und in welcher Höhe der Arbeitgeber den Zuschlag mit 0,03 % des Listenpreises für jeden Kilometer der Entfernung zwischen Wohnung und erster Tätigkeitsstätte ermittelt und versteuert hat (z. B. Gehaltsabrechnung, die die Besteuerung des Zuschlags erkennen lässt; Bescheinigung des Arbeitgebers); siehe Rz 13 Buchst. g des BMF-Schreibens vom 3.3.2022, BStBl I S. 232. Den Nachweis, dass der Firmenwagen nur für Teilstrecken eingesetzt wird, kann der Arbeitnehmer z. B. durch Vorlage einer auf ihn ausgestellten Jahres-Bahnfahrkarte erbringen (BFH-Urteil vom 4.4.2008, BStBl II S. 890). Die o. a. Nachweise sind dem Finanzamt nur auf Anforderung auf elektronischem Weg oder in Kopie vorzulegen (vgl. Vorbemerkungen Tz 14.1).

Hat der Arbeitnehmer im Rahmen der privaten Nutzung des Firmenwagens einzelne **Kosten** (z. B. Benzinkosten, Versicherungsbeiträge) **selbst getragen**, mindern diese im Zahlungsjahr als **Nutzungsentgelt** den geldwerten Vorteil aus der Nutzungsüberlassung des Firmenwagens sowohl bei der pauschalen Bewertungsmethode nach der 1 %-Regelung (BFH-Urteil vom 30.11.2016, BStBl 2017 II S. 1014) als auch bei Anwendung der Fahrtenbuchmethode (BFH-Urteil vom 30.11.2016, BStBl 2017 II S. 1011). Diese Kosten sind nicht als Werbungskosten, sondern auf der Einnahmenseite vorteilsmindernd zu berücksichtigen, also – sofern der Arbeitgeber sie beim laufenden Lohnsteuerabzug noch nicht berücksichtigt hat – im Rahmen der Einkommensteuerveranlagung durch nachträgliche **Herabsetzung** des **Bruttoarbeitslohns**. Für den Fall, dass die Eigenleistungen des Arbeitnehmers den privaten Nutzungsvorteil übersteigen, führt der übersteigende Betrag aber weder zu negativem Arbeitslohn noch zu Werbungskosten (o. a. BFH-Urteil vom 30.11.2016, BStBl 2017 S. 1011; Rz 56 des o. a. BMF-Schreibens vom 3.3.2022).

Es können nur solche vom Arbeitnehmer getragenen Aufwendungen den geldwerten Vorteil aus der Überlassung des Fahrzeugs als Einzelkosten mindern, die bei einer (hypothetischen) Kostentragung durch den Arbeitgeber Bestandteil dieses Vorteils und somit von der Abgeltungswirkung der 1 %-Regelung erfasst wären (BFH-Urteil vom 18.6.2024, BStBl 2025 II S. 168). Die Abgeltungswirkung der 1 %-Regelung gilt daher nicht für Kosten, die ausschließlich von der Entscheidung des Arbeitnehmers abhängen, ein privates Ziel aufzusuchen (u. a. **Fähr-**, **Maut-** oder **Vignettenkosten**). Werden solche Kosten vom Arbeitnehmer getragen, mindern diese den nach der 1 %-Regelung ermittelten geldwerten Vorteil aus der Nutzungsüberlassung des Firmenwagens **nicht** (BFH-Urteil vom 23.1.2025, BStBl II S. 516). Für vom Arbeitnehmer für seine **Garage** getragene **AfA** kommt eine Minderung des geldwerten Vorteils aus der Firmenwagenüberlassung **nicht** in Betracht, wenn **keine rechtliche Verpflichtung** des Arbeitnehmers gegenüber dem Arbeitgeber besteht, das Fahrzeug in der Garage unterzustellen (BFH-Urteil vom 4.7.2023, BStBl II S. 1005). Anders beurteilt das FG Köln die vom Arbeitnehmer getragenen Kosten für einen **Parkplatz** am Arbeitsort, weil der Betrieb eines Firmenwagens essenziell als notwendiger Bestandteil der Fahrzeugnutzung eine Parkmöglichkeit voraussetzt (Urteil vom 20.4.2023, 1 K 1234/22, EFG 2024 S. 150 – Revision eingelegt, Az. beim BFH: VI R 7/23); diese vom Arbeitnehmer getragenen Kosten mindern nach Ansicht des FG den geldwerten Vorteil aus der privaten Firmenwagennutzung.

11.4 Versorgungsbezüge

11.4.1 Besteuerungsgrundsätze

1

eDaten:
Die steuerbegünstigten laufenden **Versorgungsbezüge**, die im Bruttoarbeitslohn (Zeile 5) enthalten sind, werden aus Nr. 8 der elektronischen Lohnsteuerbescheinigung automatisch über die Kennzahlen »200/210« (für den 1. und/oder 2. Versorgungsbezug) der **Zeile 11** in die Einkommensteuerveranlagung übernommen. Eine personelle Eintragung dieser Bezüge in Zeile 11 ist grds. nicht erforderlich; eine Ausnahme besteht für Pensionszahlungen von internationalen Organisationen, die nicht zur elektronischen Datenübermittlung verpflichtet sind (vgl. Tz 11.4.1 a. E.).

Von den steuerbegünstigten Versorgungsbezügen werden bei der Einkommensteuerveranlagung der **Versorgungsfreibetrag** und der **Zuschlag** zum **Versorgungsfreibetrag** abgezogen (vgl. Tz 11.4.2). **Versorgungsbezüge** für **mehrere Jahre** (z. B. Nachzahlungen) werden nicht über die Kennzahlen der Zeile 11 erfasst, sondern davon **getrennt** über die Kennzahlen »209/219« der **Zeile 16**, weil für diese Bezüge im Rahmen der Einkommensteuerveranlagung eine **ermäßigte** Besteuerung nach der sog. **Fünftelregelung** in Betracht kommt (vgl. Tz 11.5.2).

Versorgungsbezüge sind Bezüge und Vorteile aus früheren Dienstverhältnissen, die als Ruhegehälter, Witwen- oder Waisengelder, Unterhaltsbeiträge oder gleichartige Bezüge aufgrund **beamtenrechtlicher** oder entsprechender gesetzlicher **Vorschriften** im **öffentlichen Dienst** (auch von Körperschaften, Anstalten oder Stiftungen des öffentlichen Rechts oder öffentlich-rechtlichen Verbänden von Körperschaften) gezahlt werden (§ 19 Abs. 2 Satz 2 Nr. 1 Buchst. a EStG). Versorgungsbezüge sind auch entsprechende Zahlungen nach **beamtenrechtlichen Grundsätzen** von Körperschaften, Anstalten oder Stiftungen des öffentlichen Rechts oder öffentlich-rechtlichen Verbänden von Körperschaften (§ 19 Abs. 2 Satz 2 Nr. 1 Buchst. b EStG). Die zugesagte Versorgung muss dabei nach Voraussetzung, Art und Umfang ungeachtet gewisser Abweichungen einer beamtenrechtlichen Versorgung gleichstehen. Nicht erforderlich ist, dass auch das vorangegangene Dienstverhältnis beamtenrechtlichen Grundsätzen entsprach (BFH-Urteil vom 16.12.2020, BStBl 2021 II S. 399). Die v. g. Versorgungsbezüge sind **ohne Altersgrenze** nach Maßgabe des § 19 Abs. 2 EStG steuerbegünstigt (vgl. Tz 11.4.2).

Zu den steuerbegünstigten Versorgungsbezügen gehören auch Bezüge und Vorteile, die in anderen Fällen, z. B. von privaten Arbeitgebern als **Betriebsrente** wegen **Erreichens** einer **Altersgrenze**, wegen **Berufs-** oder **Erwerbsunfähigkeit** oder an **Hinterbliebene** (z. B. Witwen oder Waisen) gezahlt werden. Versorgungsbezüge wegen Erreichens einer Altersgrenze gehören erst dann zu den steuerbegünstigten Versorgungsbezügen, wenn der Steuerpflichtige das **63. Lebensjahr** oder, wenn er schwerbehindert ist, das **60. Lebensjahr** vollendet hat. Die v. g. Altersgrenzen für Versorgungsbezüge im privaten Dienst (z. B. aufgrund einer Pensionszusage) sind im Verhältnis zu Versorgungsbezügen aufgrund beamtenrechtlicher Vorschriften, die ohne Altersgrenze steuerbegünstigt sind, **verfassungsgemäß** (BFH-Urteil vom 7.2.2013, BStBl II S. 576). Verfassungsgemäß ist auch die (volle) nachgelagerte Besteuerung von Versorgungsbezügen im Verhältnis zur Besteuerung von Renten aus der gesetzlichen Sozialversicherung, die in einer Übergangszeit bis einschließlich VZ 2057 nur mit einem Besteuerungsanteil erfasst werden (BFH-Urteil vom 7.2.2013, BStBl II S. 573).

Ob der Arbeitgeber die Versorgungsbezüge selbst zahlt oder ob sie aus einer Unterstützungskasse gezahlt werden, ist für die Frage, ob steuerbegünstigte Versorgungsbezüge vorliegen, ohne Bedeutung; ebenso, ob es sich um einmalige oder laufende Zahlungen handelt.

Zu den Versorgungsbezügen gehören auch **Sachbezüge**, die ein Arbeitnehmer nach dem Ausscheiden aus dem aktiven Dienst zusammen mit dem Ruhegehalt erhält. Hierunter fallen z. B. stpfl. Fahrtkostenzuschüsse, Freifahrtberechtigungen oder Kontoführungsgebühren. Hiernach sind auch Fahrvergünstigungen für Ruhestandsbeamte der Deutschen Bahn **Versorgungsbezüge**, da sie keine Gegenleistung für Dienstleistungen des Ruhebeamten darstellen (BFH-Urteil vom 11.3.2020, BStBl II S. 565). Dies gilt auch, wenn die Fahrvergünstigungen aufgrund eines vor der Altersgrenze abgeschlossenen privatrechtlichen Vertrags geleistet werden. Auf die den Ruhestandsbeamten gewährten Fahrvergünstigungen ist allerdings aufgrund einer Sondervorschrift im Deutsche Bahn Gründungsgesetz der Rabattfreibetrag nach § 8 Abs. 3 EStG entsprechend anwendbar, sodass die geldwerten Vorteile bis zur Höhe von 1 080 € unversteuert bleiben (BFH-Urteil vom 26.6.2014, BStBl 2015 II S. 39). Der Rabattfreibetrag gilt auch für an Ruhestandsbeamte ausgegebenen besonderen Tagestickets, auch wenn diese Tickets nicht im freien Handel erhältlich sind (BFH-Urteil vom 26.9.2019, BStBl 2020 II S. 162).

An nicht beamtete Versorgungsempfänger gezahlte **Beihilfen** im **Krankheitsfall** gehören bei Erfüllung der altersmäßigen Voraussetzungen ebenfalls zu den Versorgungsbezügen i. S. des § 19 Abs. 2 Satz 2 Nr. 2 EStG (BFH-Urteil vom 6.2.2013, BStBl II S. 572).

R 19.8 Abs. 1 LStR enthält eine nicht abschließende Aufzählung von nach § 19 Abs. 2 EStG steuerbegünstigten Versorgungsbezügen. Zu den steuerbegünstigten Versorgungsbezügen gehört hiernach auch das nach beamtenrechtlichen Vorschriften an die Hinterbliebenen eines verstorbenen Beamten oder Ruhestandsbeamten gezahlte **Sterbegeld** sowie entsprechende Bezüge im privaten Dienst, außerdem auch Bezüge, die Hinterbliebene lediglich für den Sterbemonat und je nach Dauer der Betriebszugehörigkeit auch für die folgenden, höchstens jedoch drei Monate noch erhalten (BFH-Urteil vom 8.2.1974, BStBl II S. 303; vgl. R 19.8 Abs. 1 Nr. 1 LStR, H 19.8 – Sterbegeld – LStH). Das nach beamtenrechtlichen Grundsätzen gezahlte Sterbegeld ist keine steuerfreie Beihilfe nach § 3 Nr. 11 EStG (BFH-Urteil 19.4.2021, BStBl II S. 909).

Nicht zu den steuerbegünstigten Versorgungsbezügen gehören die Bezüge, die für den **Sterbemonat** aufgrund des Arbeitsvertrags als **Arbeitsentgelt** gezahlt werden. Das gilt allgemein für die Nachzahlung von Arbeitslohn an die Hinterbliebenen, auf den der verstorbene Arbeitnehmer bereits einen Rechtsanspruch hatte, z. B. auf Gratifikation oder Tantieme. Bei derartigen Zahlungen werden die **Erben** oder **Hinterbliebenen** steuerlich zu Arbeitnehmern; vgl. R 19.9 LStR, H 19.9 LStH.

Zahlt ein Beamter während seiner Beurlaubung im dienstlichen Interesse **Versorgungszuschläge**, um die Anerkennung von ruhegehaltsfähigen Dienstzeiten zu erlangen, und kann er die Zahlungen als Werbungskosten abziehen (vgl. Tz 11.18.3.31 unter »Versorgungszuschläge«), dienen sie rechtlich und wirtschaftlich der Erhöhung seiner Einnahmen aus nichtselbständiger Arbeit. Die späteren Versorgungsleistungen des Dienstherrn sind daher nach § 19 Abs. 1 Satz 1 Nr. 2 EStG als **Versorgungsbezüge** und nicht als sonstige Einkünfte zu versteuern. Der Beamte erwirbt durch die Zahlung der Versorgungszuschläge kein Rentenrecht (BFH-Urteil vom 23.11.2016, X R 39/14, BFH/NV 2017 S. 888).

Auch **Vorruhestandsleistungen** sind Versorgungsbezüge, wenn der Arbeitnehmer im Lohnzahlungszeitraum das 63., bei Schwerbehinderten das 60. Lebensjahr vollendet hat (vgl. R 19.8 Abs. 1 Nr. 21 LStR). **Nicht** zu den steuerbegünstigten Versorgungsbezügen gehören dagegen das **Übergangsgeld** nach dem Beamtenversorgungsgesetz (§ 47, § 67 Abs. 4, § 47a BeamtVG) und nach dem Bundesministergesetz (§ 14) sowie entsprechende Leistungen nach Ländergesetzen. Bezüge, die in der Freistellungsphase im Rahmen der **Altersteilzeit** nach dem sog. Blockmodell erzielt werden, sind ebenfalls keine Versorgungsbezüge (BFH-Urteil vom 21.3.2013, BStBl II S. 611).

11–15 Bei Pensionszahlungen an ehemalige Bedienstete von **internationalen Organisationen** (z. B. ESA, EUMETSAT, Europäisches Patentamt, Europarat, NATO) handelt es sich um stpfl. Versorgungsbezüge i. S. des § 19 Abs. 2 EStG, wenn der Pensionär nach seiner aktiven Dienstzeit in Deutschland lebt (vgl. Tz 13.2.2). Die Pensionsbezüge einschließlich der Zulagen (Steuerausgleichszahlung, Familienzulagen und andere) sind in diesen Fällen personell in **Zeile 11** einzutragen und zusätzlich die **Zeilen 12** bis **15** (vgl. Tz 11.4.4) sowie die **Zeile 18** (vgl. Tz 11.6) auszufüllen. Da die internationalen Organisationen nicht zur elektronischen Datenübermittlung verpflichtet sind, liegen zu den Pensionszahlungen **keine eDaten** vor. Zu den infrage kommenden internationalen Organisationen, deren Pensionszahlungen der inländischen Besteuerung unterliegen, siehe im Übrigen Rz 168 des BMF-Schreibens vom 19.8.2013, BStBl I S. 1087 zuletzt geändert durch BMF-Schreiben vom 10.1.2022, BStBl I S. 36. Eine Ausnahme von der nationalen Besteuerung besteht für **Pensionszahlungen** an ehemalige Bedienstete von Organisationen der EU (vgl. Tz 13.2.2).

11.4.2 Freibeträge für Versorgungsbezüge

Von den Versorgungsbezügen bleibt ein **Versorgungsfreibetrag**, der nach einem Prozentsatz ermittelt wird und auf einen Höchstbetrag begrenzt ist, sowie (zusätzlich) ein **Zuschlag** zum **Versorgungsfreibetrag** steuerfrei. Die Höhe dieser Beträge bestimmt sich nach dem **Jahr** des **Versorgungsbeginns**. Das ist grds. das Jahr, in dem der Anspruch auf die Versorgungsbezüge entstanden ist.

Bei Versorgungsbezügen wegen Erreichens einer Altersgrenze i. S. des § 19 Abs. 2 Satz 2 Nr. 2 EStG (vgl. Tz 11.4.1) ist das Jahr des Versorgungsbeginns das Jahr, in dem erstmals zum einen der Anspruch auf die Bezüge besteht **und** zum anderen das 60. bzw. 63. Lebensjahr vollendet ist. Der Versorgungsbeginn tritt dagegen nicht ein, solange der Arbeitnehmer von einer bloßen Option, Versorgungsleistungen für einen Zeitraum ab dem Erreichen der maßgeblichen Altersgrenze zu beanspruchen, tatsächlich keinen Gebrauch macht, z. B. weil er die Leistungen erst ab einem späteren Zeitpunkt in Anspruch nehmen will (Rz 171a des BMF-Schreibens vom 19.8.2013, BStBl I S. 1087, geändert durch BMF-Schreiben vom 10.4.2015, BStBl I S. 256).

Der maßgebende **Prozentsatz**, der **Höchstbetrag** des Versorgungsfreibetrags und der **Zuschlag** zum Versorgungsfreibetrag können aus der **Tabelle** in § 19 Abs. 2 Satz 3 EStG abgelesen werden. Danach beträgt der Versorgungsfreibetrag bei Beginn der Versorgung bis zum Ende des Jahres 2005 40 % der Versorgungsbezüge, höchstens 3 000 €; dazu kommt ein Zuschlag zum Versorgungsfreibetrag von 900 €.

BEISPIEL 1:
Versorgungsbeginn **2005** oder früher, maßgeblicher Versorgungsbezug 10 000 €. Der Versorgungsfreibetrag beträgt 40 % der Versorgungsbezüge = 4 000 €, höchstens 3 900 € (3 000 € Höchstbetrag + 900 € Zuschlag zum Versorgungsfreibetrag); steuerfrei sind somit **3 900 €**.

Der Versorgungsfreibetrag und der Zuschlag zum Versorgungsfreibetrag werden für jeden **ab 2006** neu (!) in den Ruhestand tretenden Jahrgang abgeschmolzen, d. h., sie werden verringert. Beginnend mit dem Jahr 2023 werden die Freibeträge für Versorgungsbezüge jedoch in **geringerem Umfang** als bisher abgeschmolzen. Der maßgebende **Prozentsatz** für den Versorgungsfreibetrag verringert sich nur noch in jährlichen Schritten von **0,4 %** (anstatt von 0,8 %). Der **Höchstbetrag** für den Versorgungsfreibetrag sinkt ab dem Jahr 2023 nur noch um jährlich 30 € und der **Zuschlag** zum **Versorgungsfreibetrag** um jährlich 9 €. Der Berücksichtigungszeitraum für die Freibeträge für Versorgungsbezüge verlängert sich hierdurch bis zum Jahr 2057 (§ 19 Abs. 2 Satz 3 EStG).

BEISPIEL 2:
Versorgungsbeginn **2025**, maßgeblicher Versorgungsbezug 10 000 €. Der Versorgungsfreibetrag beträgt 13,2 % der Versorgungsbezüge = 1 320 €, höchstens 1 287 € (990 € Höchstbetrag + 297 € Zuschlag zum Versorgungsfreibetrag); steuerfrei sind somit **1 287 €**.

Der im Jahr des Versorgungsbeginns maßgebende Versorgungsfreibetrag und Zuschlag zum Versorgungsfreibetrag gelten grds. für die **gesamte Laufzeit** des Versorgungsbezugs. Regelmäßige Anpassungen des Versorgungsbezugs führen grds. nicht zu einer Neuberechnung (Ausnahme: § 19 Abs. 2 Satz 10 EStG, wenn sich der Versorgungsbezug wegen der Anwendung von Anrechnungs-, Ruhens-, Erhöhungs- oder Kürzungsregelungen erhöht oder vermindert). Für jeden vollen Kalendermonat, für den keine Versorgungsbezüge gezahlt wurden, ermäßigen sich der Versorgungsfreibetrag und der Zuschlag zum Versorgungsfreibetrag in diesem Kj. um je ein Zwölftel (§ 19 Abs. 2 Satz 12 EStG). Wegen der Berechnung im Einzelnen siehe § 19 Abs. 2 EStG und Rz 170 ff. des BMF-Schreibens vom 19.8.2013, BStBl I S. 1087, geändert durch BMF-Schreiben vom 10.4.2015, BStBl I S. 256.

Bei **mehreren Versorgungsbezügen** mit unterschiedlichem Bezugsbeginn bestimmen sich der insgesamt berücksichtigungsfähige Höchstbetrag des Versorgungsfreibetrags und der Zuschlag zum Versorgungsfreibetrag nach dem Jahr des Beginns des **ersten Versorgungsbezugs** (§ 19 Abs. 2 Satz 6 EStG), was zur günstigsten Lösung für den Versorgungsempfänger führt. Die Versorgungsfreibeträge können insgesamt nur **einmal** in Anspruch genommen werden. Im Sonderfall von Versorgungsbezügen nach § 19 Abs. 2 EStG und § 22 Nr. 5 Satz 11 EStG (Versorgungsleistungen aufgrund einer bestehenden Versorgungsverpflichtung, die auf einen Pensionsfonds übertragen wurde) sind die Versorgungsfreibeträge **anteilig** auf die beiden Einkünfte aufzuteilen (FG Hessen vom 6.5.2021, 8 K 1565/19, EFG 2021 S. 1991 – rkr.; die hiergegen eingelegte Revision wurde mit BFH-Beschluss vom 24.5.2023, X R 13/21 als unzulässig verworfen).

Werden mehrere Versorgungsbezüge von **unterschiedlichen Arbeitgebern** gezahlt, ist die Begrenzung der Versorgungsfreibeträge im LSt-Abzugsverfahren nicht anzuwenden. Die Gesamtbetrachtung und ggf. die Begrenzung erfolgt erst im Veranlagungsverfahren, da in solchen Fällen unabhängig von Einkommensgrenzen stets eine Einkommensteuerveranlagung durchzuführen ist (§ 46 Abs. 2 Nr. 2 EStG und Rz 178 des o. a. BMF-Schreibens vom 19.8.2013).

Folgt ein **Hinterbliebenenbezug** einem Versorgungsbezug, bestimmen sich der Prozentsatz, der Höchstbetrag und der Zuschlag für den Hinterbliebenenbezug nach dem Jahr des Beginns des Versorgungsbezugs des **Verstorbenen** (§ 19 Abs. 2 Satz 7 EStG und Rz 180 des o. a. BMF-Schreibens vom 19.8.2013). Bei Bezug von **Witwen-** und **Waisengeld** ist für die Berechnung der Versorgungsfreibeträge das Jahr des Versorgungsbeginns des Verstorbenen maßgebend, der diesen Versorgungsanspruch zuvor begründete. Dies gilt entsprechend auch für das **Sterbegeld** an Hinterbliebene, das ebenfalls einen Versorgungsbezug darstellt (Rz 182 des o. a. BMF-Schreibens vom 19.8.2013). Das Sterbegeld ist ein eigenständiger, zusätzlicher Versorgungsbezug (vgl. hierzu Tz 11.4.4).

11.4.3 Werbungskosten bei Versorgungsbezügen

Für Versorgungsbezüge ist der allgemeine Arbeitnehmer-Pauschbetrag von 1 230 € (vgl. Tz 11.11.2) **nicht** anzuwenden. Stattdessen wird nur ein **Werbungskosten-Pauschbetrag** von **102 €** berücksichtigt (§ 9a Satz 1 Nr. 1 Buchst. b EStG). Als Ausgleich für diese Kürzung ist der Zuschlag zum Versorgungsfreibetrag eingeführt worden (vgl. Tz 11.4.2); dieser Zuschlag wird allerdings sukzessive abgeschmolzen (vgl. Tz 11.4.2).

Voraussetzung für den Abzug höherer Werbungskosten ist, dass die Aufwendungen im **Veranlassungszusammenhang** mit den Versorgungsbezügen stehen. Pensionierte **Berufssoldaten**, die **Reservistendienst** leisten, können hiernach die durch diesen Dienst entstehende Aufwendungen nicht als Werbungskosten abziehen (FG Berlin-Brandenburg vom 16.8.2017, 3 K 3118/17, EFG 2017 S. 1665 – rkr.). Die durch den Reservistendienst entstandenen Aufwendungen stehen nicht im Veranlassungszusammenhang mit den Versorgungsbezügen, sondern mit den anlässlich der Dienstleistung zusätzlich erhaltenen steuerfreien Beträgen aufgrund des Unterhaltssicherungsgesetzes. Bei Aufwendungen einer **Ruhestandsbeamtin** im Zusammenhang mit ihrer **ehrenamtlichen Gewerkschaftstätigkeit** besteht dagegen ein hinreichender Zusammenhang mit dem Erhalt und der Sicherung ihrer Versorgungsbezüge, sodass diese als Werbungskosten zu berücksichtigen sind (BFH-Urteil vom 28.6.2023, BStBl 2024 II S. 274).

Tatsächliche **Werbungskosten** zu den steuerbegünstigten Versorgungsbezügen lt. Zeile 11 können im Abschnitt »Werbungskosten in Sonderfällen« auf Seite 4 der Anlage N in **Zeile 78** angegeben werden (vgl. Tz 11.20). Dabei ist zu beachten, dass die in dieser Zeile erklärten Werbungskosten **nicht** zusätzlich in den **Zeilen 27** bis **77** und in der **Anlage N-Doppelte Haushaltsführung** angegeben werden dürfen.

Liegen sowohl Einnahmen aus nichtselbständiger Arbeit aus einem aktiven Arbeitsverhältnis (§ 19 Abs. 1 EStG) als auch Versorgungsbezüge (§ 19 Abs. 2 EStG) vor, kommen der Arbeitnehmer-Pauschbetrag von 1 230 € und der Werbungskosten-Pauschbetrag von 102 € **nebeneinander** zur Anwendung. Höhere Werbungskosten, die in diesen Mischfällen auf die Versorgungsbezüge entfallen, können ebenfalls in Zeile 78 angegeben werden, die Werbungskosten aus dem aktiven Arbeitsverhältnis ansonsten in den Zeilen 27 bis 77 sowie in der Anlage N-Doppelte Haushaltsführung.

11.4.4 Bemessungsgrundlage für den Versorgungsfreibetrag

-15

eDaten:
Die Bemessungsgrundlagen für den Versorgungsfreibetrag werden automatisch aus der Lohnsteuerbescheinigung (Nr. 29 bis Nr. 32) über die Kennzahlen der **Zeilen 12** bis **15** in die Einkommensteuerveranlagung übernommen, sodass Eintragungen in diesen Zeilen grds. nicht erforderlich sind. Aus den der Finanzverwaltung vorliegenden eDaten wird der Versorgungsfreibetrag maschinell ermittelt.

Die unter Nr. 29 der Lohnsteuerbescheinigung ausgewiesene **Bemessungsgrundlage** für die Berechnung des Versorgungsfreibetrags (Zeile 12) ist

- bei Versorgungsbeginn **vor 2005** das Zwölffache des Versorgungsbezugs für Januar 2005,
- bei Versorgungsbeginn **ab 2005** das Zwölffache des Versorgungsbezugs für den ersten vollen Monat,
- jeweils **zzgl.** voraussichtlicher Sonderzahlungen im Kj., auf die zu diesem Zeitpunkt ein Rechtsanspruch besteht (§ 19 Abs. 2 Satz 4 EStG).

Das **maßgebende Kj.** des **Versorgungsbeginns** (Zeile 13) ergibt sich sowohl für laufende Versorgungsbezüge als auch für Einmalzahlungen (z. B. Sterbegeld, Kapitalauszahlungen/Abfindungen von Versorgungsbezügen) aus Nr. 30 der Lohnsteuerbescheinigung.

Da sich der Versorgungsfreibetrag und der Zuschlag zum Versorgungsfreibetrag für jeden vollen Kalendermonat, für den keine Versorgungsleistungen gezahlt wurden, um ein Zwölftel ermäßigt (vgl. Tz 11.4.1), sind unter Nr. 31 der Lohnsteuerbescheinigung bei **unterjährigem Versorgungsbeginn** oder **Versorgungsende** der erste und letzte Monat, für den Versorgungsbezüge gezahlt wurden (Zeile 14), gesondert ausgewiesen.

Auf Versorgungsbezüge, die als **Sterbegeld**, **Kapitalauszahlungen**, **Abfindungen** oder als **Nachzahlungen** geleistet werden (Zeile 15), ist die Zwölftelregelung für den Versorgungsfreibetrag und den Zuschlag zum Versorgungsfreibetrag **nicht** anzuwenden. Bemessungsgrundlage für den Versorgungsfreibetrag ist in diesen Fällen jeweils die Höhe des gezahlten Betrags, der unter Nr. 32 der Lohnsteuerbescheinigung gesondert ausgewiesen ist (Rz 184 bis 187 des BMF-Schreibens vom 19.8.2013, BStBl I S. 1087 geändert durch BMF-Schreiben vom 10.4.2015, BStBl I S. 256).

11.5 Ermäßigt zu besteuernde außerordentliche Einkünfte

11.5.1 Besteuerungsgrundsätze

Versorgungsbezüge für **mehrere Jahre** (vgl. Tz 11.5.2), **Entschädigungen** (vgl. Tz 11.5.3.2) und **Arbeitslohn** für **mehrere Jahre** (vgl. Tz 11.5.3.6) sind außerordentliche Einkünfte, für die unter bestimmten Voraussetzungen eine ermäßigte Besteuerung nach § 34 EStG in Betracht kommt. Die ermäßigte Besteuerung dieser Bezüge wird ab 2025 jedoch nicht mehr beim Lohnsteuerabzug durch den Arbeitgeber (Aufhebung von § 39b Abs. 3 Satz 9 und 10 EStG im Rahmen des Wachstumschancengesetzes vom 27.3.2024, BGBl I Nr. 108), sondern **ausschließlich** im Rahmen der Veranlagung zur ESt berücksichtigt.

Liegen außerordentliche Einkünfte i. S. des § 34 EStG vor, erfolgt die Steuerermäßigung grds. durch die sog. »**Fünftelregelung**«:

Für Zwecke der Steuerberechnung nach § 34 Abs. 1 EStG ist zunächst für den VZ, in dem die außerordentlichen Einkünfte erzielt worden sind, die ESt zu ermitteln, die sich ergibt, wenn die in dem zu versteuernden Einkommen enthaltenen außerordentlichen Einkünfte nicht in die Bemessungsgrundlage einbezogen werden. Sodann ist in einer Vergleichsberechnung die ESt zu errechnen, die sich unter Einbeziehung eines **Fünftels** der außerordentlichen Einkünfte ergibt. Bei diesen nach den allgemeinen Tarifvorschriften vorzunehmenden Berechnungen sind dem Progressionsvorbehalt (§ 32b EStG) unterliegende Einkünfte zu berücksichtigen. Der Unterschiedsbetrag zwischen beiden Steuerbeträgen ist zu verfünffachen und der sich so ergebende Steuerbetrag der nach Satz 1 ermittelten ESt hinzuzurechnen; zu Berechnungsbeispielen vgl. H 34.2 EStH. Die Fünftelregelung wird allerdings nur dann angewendet, wenn sie für Steuerpflichtigen günstiger ist als die Besteuerung nach dem allgemeinen Steuertarif.

Vertragsunterlagen (z. B. Arbeitsvertrag, Kündigungsschreiben, Aufhebungsvertrag, Versorgungsvereinbarung, sonstige Nebenabreden im Zusammenhang mit der Auflösung des Dienstverhältnisses) aus denen sich Art, Höhe und Zahlungszeitpunkt der ermäßigt zu besteuernden außerordentlichen Einkünfte ergeben, sind auf Anforderung dem Finanzamt auf elektronischem Weg oder in Kopie vorzulegen (vgl. Vorbemerkungen Tz 14.1).

11.5.2 Versorgungsbezüge für mehrere Jahre

eDaten: 16
Für **Versorgungsbezüge** für **mehrere Jahre** (z. B. Nachzahlungen von Versorgungsbezügen, die als Ruhegehalt für eine ehemalige Arbeitnehmertätigkeit geleistet werden) kommt eine ermäßigte Besteuerung nach der sog. **Fünftelregelung** in Betracht (§ 34 Abs. 1 und Abs. 2 Nr. 4 EStG). Die vom Arbeitgeber unter Nr. 9 der Lohnsteuerbescheinigung gesondert bescheinigten Beträge werden automatisch in die Kennzahlen »209/219« der **Zeile 16** übernommen, sodass eine personelle Eintragung in dieser Zeile entfällt. Die Finanzverwaltung unterstellt insoweit einen Antrag des Steuerpflichtigen auf die ermäßigte Besteuerung dieser im Bruttoarbeitslohn (Zeile 5) enthaltenen Bezüge.

Handelt es sich sowohl bei den laufenden Einnahmen als auch bei den außerordentlichen Bezügen um Versorgungsbezüge nach § 19 Abs. 2 EStG, können die im Kj. des Zuflusses in Betracht kommenden **Freibeträge** für **Versorgungsbezüge** (Versorgungsfreibetrag und Zuschlag zum Versorgungsfreibetrag) nur **einmal** abgezogen werden; sie werden zugunsten des Steuerpflichtigen zunächst bei den nicht nach § 34 EStG begünstigten Einkünften berücksichtigt. Nur insoweit nicht verbrauchte Freibeträge für Versorgungsbezüge sind bei den nach § 34 EStG begünstigten Einkünften abzuziehen (vgl. R 34.4 Abs. 3 EStR). Zur Ermittlung der Freibeträge für Versorgungsbezüge bei mehreren Versorgungsleistungen mit unterschiedlichem Bezugsbeginn vgl. Tz 11.4.2.

11.5.3 Entschädigungen/Arbeitslohn für mehrere Jahre

11.5.3.1 Eintragungen in der Anlage N 2025

17

eDaten:
Vom Arbeitgeber gezahlte **Entschädigungen** und **Arbeitslohn** für **mehrere Jahre** werden aus Nr. 10 der Lohnsteuerbescheinigung automatisch über die Kennzahl »165« der **Zeile 17** in die Einkommensteuerveranlagung übernommen, sodass personelle Eintragungen in dieser Zeile nicht erforderlich sind. Die Finanzverwaltung unterstellt insoweit einen Antrag des Steuerpflichtigen auf die ermäßigte Besteuerung dieser im Bruttoarbeitslohn (Zeile 5) enthaltenen Bezüge. Die ermäßigte Besteuerung (Fünftelregelung) wird allerdings programmgesteuert nur dann angewendet, wenn sie für den Steuerpflichtigen gegenüber der Besteuerung nach dem allgemeinen Steuertarif günstiger ist (vgl. Tz 11.5.1).

11.5.3.2 Entschädigungsbegriff

Unter **Entschädigungen** sind Zahlungen (auch »**Abfindungen**«) zu verstehen, die als **Ersatz für entgangene** oder entgehende **Einnahmen** (§ 24 Nr. 1 Buchst. a EStG) oder für die **Aufgabe** oder **Nichtausübung** einer **Tätigkeit** (§ 24 Nr. 1 Buchst. b EStG) gewährt worden sind.

Bei den Einnahmen, deren Ausfall ersetzt werden soll, muss es sich um **steuerbare** und **stpfl. Einnahmen** handeln. Sie müssen im Erfüllungsfall einer der sieben Einkunftsarten des EStG (vgl. Vorbemerkungen Tz 3) zugeordnet werden können, weil über § 24 Nr. 1 Buchst. a EStG keine eigene Einkunftsart geschaffen wird. Eine stpfl. Entschädigung liegt z. B. bei Versicherungsleistungen wegen einer Körperverletzung infolge eines Unfalls nur i. H. des sog. **Verdienstausausfalls** vor (BFH-Urteil vom 21.1.2004, BStBl II S. 716). Bei einem im Zeitpunkt des schädigenden Ereignisses **erwerbslosen Leistungsempfänger** kommt es darauf an, ob mit der Zahlung steuerbarer und stpfl. Verdienstausfall ersetzt werden soll oder der Wegfall des Anspruchs auf **steuerfreie Sozialleistungen** wie das Arbeitslosengeld oder das Arbeitslosengeld II (BFH-Urteil vom 20.7.2018, BStBl 2020 II S. 186). Leistungen, die Ansprüche ersetzen sollen, die bei ihrer Erfüllung zu nicht steuerbaren Einnahmen geführt hätten, sind keine Entschädigungen i. S. des § 24 Nr. 1 Buchst. a EStG. Dies gilt insbesondere für **Schadenersatzleistungen** wegen der Verletzung anderer Rechtsgüter (z. B. Gesundheit), Ansprüche auf Ausgleich eines **behinderungsbedingten Mehrbedarfs** oder auf Zahlung eines **Schmerzensgelds.**

Für den Begriff der Entschädigung nach § 24 Nr. 1 Buchst. a EStG ist nicht entscheidend, ob das zur Entschädigung führende Ereignis ohne oder gegen den Willen des Arbeitnehmers eingetreten ist; er darf das schadenstiftende Ereignis aber nicht aus eigenem Antrieb herbeigeführt haben (vgl. H 24.1 – Entschädigungen i. S. des § 24 Nr. 1 Buchst. a – EStH). Zahlt der Arbeitgeber einem Arbeitnehmer im Zuge der (einvernehmlichen) Auflösung des Arbeitsverhältnisses eine Abfindung, sind tatsächliche Feststellungen zu der Frage, ob der Arbeitnehmer dabei unter tatsächlichem Druck stand, regelmäßig entbehrlich (BFH-Urteil vom 13.3.2018, BStBl II S. 709). Auch Schadensersatz für eine schuldhaft verweigerte Wiedereinstellung kann eine Entschädigung i. S. des § 24 Nr. 1 Buchst. a EStG sein (BFH-Urteil vom 6.7.2005, BStBl 2006 II S. 55). Entschädigungszahlungen eines Arbeitgebers nach dem Allgemeinen Gleichbehandlungsgesetz führen aber nicht zu stpfl. Arbeitslohn (Urteil des FG Rheinland-Pfalz vom 21.3.2017, 5 K 1594/14, EFG 2017 S. 835 – rkr.).

Eine Entschädigung ist nach ständiger Rspr. grds. nur dann tarifbegünstigt, wenn sie zu einer **Zusammenballung** von Einkünften innerhalb **eines VZ** führt (zu den Ausnahmen vgl. Tz 11.5.3.4). Der Zufluss mehrerer Teilbeträge in unterschiedlichen VZ ist deshalb in aller Regel steuerlich nicht begünstigt (BFH-Urteil vom 3.7.2002, BStBl 2004 II S. 447); dies ist **nicht** verfassungswidrig (FG Niedersachsen vom 17.3.2023, 15 K 19/21, EFG 2023 S. 928). Für die ermäßigte Besteuerung einer nach der Nettolohnmethode ermittelten **Verdienstausfallentschädigung** ist die **Übernahme** der darauf **entfallenden Steuerlast** in einem späteren VZ nach der Durchführung der Einkommensteuerveranlagung **schädlich** (BFH-Urteile vom 15.10.2024, IX R 5/23, BFH/NV 2025 S. 309 und IX R 26/23, BFH/NV 2025 S. 268). Der Ersatz eines Verdienstausfallschadens stellt im Übrigen keine Vergütung für eine mehrjährige Tätigkeit gem. § 34 Abs. 2 Nr. 4 EStG dar (vgl. Tz 11.5.3.6).

Unschädlich ist eine im Verhältnis zur Hauptleistung stehende **geringe Zahlung**, die in einem anderen VZ zufließt (BFH-Urteil vom 13.10.2015, BStBl II S. 214). Eine geringe Zahlung ist anzunehmen, wenn diese **nicht** mehr als **10 %** der **Hauptleistung** beträgt oder sie niedriger ist als die tarifliche Steuerbegünstigung der Hauptleistung (Rz 8 des BMF-Schreibens vom 1.11.2013, BStBl I S. 1326 geändert durch BMF-Schreiben vom 4.3.2016, BStBl I S. 277).

11.5.3.3 Abfindungen bei Auflösung des Dienstverhältnisses

Abfindungen wegen einer vom Arbeitgeber veranlassten oder gerichtlich ausgesprochenen Auflösung des Dienstverhältnisses gehören in voller Höhe zum stpfl. Arbeitslohn; es kommt aber grds. eine ermäßigte Besteuerung nach der **Fünftelregelung** in Betracht. **Nicht tarifbegünstigt** ist im Falle einer betriebsbedingten Kündigung eine Abfindung, wenn der Arbeitnehmer ein unbefristetes **Rückkehrrecht** zu seinem früheren Arbeitgeber hat und bei diesem das Arbeitsverhältnis im Wesentlichen unverändert fortsetzt (FG Niedersachsen vom 15.2.2024, 2 K 52/23, EFG 2024 S. 1301 – rkr.; die hiergegen eingelegte Nichtzulassungsbeschwerde hat der BFH mit Beschluss vom 20.9.2024, IX B 34/24 als unbegründet zurückgewiesen). Ein **Arbeitsplatzverlust**, der eine ermäßigte Besteuerung der Abfindung rechtfertigen könnte, ist in diesem Fall nicht gegeben.

Der Grundsatz, dass Entschädigungen, die aus Anlass der Auflösung eines Arbeitsverhältnisses gewährt werden, **einheitlich** zu beurteilen sind, entbindet nicht von der Prüfung, ob sämtliche Teile der Entschädigung »als Ersatz für entgangene oder entgehende Einnahmen« i. S. des § 24 Nr. 1 Buchst. a EStG gewährt worden sind (BFH-Urteil vom 11.7.2017, BStBl 2018 II S. 86). Ist neben einer Entschädigung für entgangene Einnahmen, die sich ihrer Höhe nach im Rahmen des Üblichen bewegt, eine **weitere Zahlung** vereinbart worden, die den Rahmen des Üblichen in besonderem Maße überschreitet, spricht dies dafür, dass es sich insoweit nicht um eine Entschädigung für entgangene Einnahmen handelt. Von einer Überschreitung in besonderem Maß ist auszugehen, wenn durch die zweite Teilzahlung die Höhe der Gesamtzahlung verdoppelt wird (BFH-Urteil vom 9.1.2018, BStBl II S. 582). Eine einheitliche, in unterschiedlichen VZ ausgezahlte Entschädigung kann vorliegen, wenn alle Teilleistungen auf die Beendigung des Arbeitsverhältnisses zurückzuführen sind. Dies gilt auch, soweit eine Teilentschädigung als sog. **Startprämie** dafür geleistet wird, dass der Arbeitnehmer sein Beschäftigungs- und Qualifizierungsverhältnis bei der Transfergesellschaft vorzeitig kündigt, weil er bei einem anderen Arbeitgeber ein neues Arbeitsverhältnis beginnt (BFH-Urteil vom 6.12.2021, IX R 10/21, BFH/NV 2022 S. 717). Die Teilleistungen sind aufgrund der fehlenden Zusammenballung in einem VZ (vgl. Tz 11.5.3.4) nicht tarifbegünstigt.

11.5.3.4 Zusammenballung von Einkünften

Stpfl. **Entlassungsentschädigungen** werden nach der sog. »**Fünftelregelung**« ermäßigt besteuert, falls eine **Zusammenballung** von Einkünften innerhalb eines VZ vorliegt (Entschädigung i. S. der § 24 Nr. 1 Buchst. a, § 34 Abs. 2 Nr. 2 EStG). Dabei gilt Folgendes:

- Übersteigt die anlässlich der Beendigung eines Arbeitsverhältnisses gezahlte Entschädigung die bis zum Ende des VZ entgehenden Einnahmen, die der Arbeitnehmer bei Fortsetzung des Arbeitsverhältnisses bezogen hätte, so ist das Merkmal der Zusammenballung der Einkünfte **stets** erfüllt (so auch Rz 9 des

BMF-Schreibens vom 1.11.2013, BStBl I S. 1326 sowie BFH-Urteil vom 27.1.2010, IX R 31/09, BFH/NV 2010 S. 1324).

- Übersteigt dagegen die anlässlich der Beendigung eines Arbeitsverhältnisses gezahlte Entschädigung die bis zum Ende des VZ entgehenden Einnahmen nicht und bezieht der Steuerpflichtige keine weiteren Einnahmen, die er bei Fortsetzung des Arbeitsverhältnisses nicht bezogen hätte, so ist das Merkmal der Zusammenballung von Einkünften nicht erfüllt (Rz 10 des o.a. BMF-Schreibens vom 1.11.2013 und BFH-Urteil vom 4.3.1998, BStBl II S. 787 m. w. N.).
- Bei Berechnung der Einkünfte, die der Steuerpflichtige beim Fortbestand des Vertragsverhältnisses im VZ bezogen hätte, ist grds. auf die Einkünfte des Vorjahres abzustellen (siehe o.a. BFH-Urteil vom 4.3.1998), es sei denn, die Einnahmesituation ist in diesem Jahr durch außergewöhnliche Ereignisse geprägt (BFH-Urteil vom 27.1.2010, BStBl 2011 II S. 28 zu einem Fall mit stark schwankenden variablen Gehaltsbestandteilen).
- Ohne Bedeutung ist es, ob die Entschädigung für den Einnahmeverlust mehrerer Jahre gewährt werden soll. Auch auf eine im Einzelfall eintretende konkrete Progressionserhöhung kommt es nicht an (BFH-Urteil vom 17.12.1982, BStBl II S. 221 und vom 21.3.1996, BStBl II S. 416).

Eine tarifbegünstigte Zusammenballung liegt auch dann vor, wenn im Jahr des Zuflusses der Entschädigung **weitere Einkünfte** erzielt werden, die der Arbeitnehmer nicht bezogen hätte, wenn das Dienstverhältnis ungestört fortgesetzt worden wäre (z. B. aus einer neuen Tätigkeit) und er dadurch mehr erhält, als er bei normalem Ablauf der Dinge erhalten hätte (o.a. BFH-Urteil vom 4.3.1998); siehe im Einzelnen Rz 11 des o.a. BMF-Schreibens vom 1.11.2013 und die dortigen Beispiele.

Eine Entlassungsentschädigung bleibt ausnahmsweise auch dann steuerbegünstigt, wenn in einem späteren VZ aus Gründen der **sozialen Fürsorge** für eine gewisse Übergangszeit in späteren VZ ergänzende **Zusatzleistungen** gewährt werden, die Teil einer einheitlichen Entschädigung sind. Nach Rz 14 des o. a. BMF-Schreibens vom 1.11.2013, sind diese für die Beurteilung der Hauptleistung als einer zusammengeballten Entschädigung **unschädlich**, wenn sie **weniger als 50 %** der Hauptentschädigung betragen. Als solche kommen z. B. Leistungen in Betracht, die zur Erleichterung des Arbeitsplatz- oder Berufswechsels erbracht werden (BFH-Urteil vom 14.8.2001, BStBl 2002 II S. 180) oder als Anpassung an eine dauerhafte Berufsaufgabe und Arbeitslosigkeit. Ergänzende Zusatzleistungen in diesem Sinne können aber auch die befristete Weiterbenutzung des **Firmenwagens** (BFH-Urteil vom 3.7.2002, BStBl 2004 II S. 447), die befristete Übernahme von Versicherungsleistungen (BFH-Urteil vom 11.12.2002, XI R 54/01, BFH/NV 2003 S. 607), die befristete Zahlung von Zuschüssen zum Arbeitslosengeld (BFH-Urteil vom 24.1.2002, BStBl 2004 II S. 442) und Zahlungen zur Verwendung für die Altersversorgung (BFH-Urteil vom 15.10.2003, BStBl 2004 II S. 264) sein. Auch die Zahlung einer **Jubiläumszuwendung** im folgenden VZ berührt die Tarifvergünstigung der Hauptentschädigung nicht (BFH-Urteil vom 14.5.2003, BStBl 2004 II S. 451). Die ermäßigte Besteuerung der Entlassungsentschädigung wird auch nicht dadurch ausgeschlossen, dass dem Arbeitnehmer im Rahmen der Ausscheidensvereinbarung erstmals laufende Versorgungsbezüge oder lebenslängliche Sachleistungen, wie z. B. ein verbilligtes oder unentgeltliches **Wohnrecht**, zugesagt werden (Rz 4 des o. a. BMF-Schreibens vom 1.11.2013).

11.5.3.5 Einzelfälle zu Entschädigungen

Vorruhestandsleistungen können auch dann begünstigte Entschädigungen sein, wenn sie bereits im Arbeitsvertrag oder in einem Tarifvertrag für den Fall der betriebsbedingten Kündigung vereinbart worden sind, falls die Zahlung zusammengeballt erfolgt und sich nicht über mehr als einen VZ erstreckt (BFH-Urteile vom 16.6.2004, BStBl II S. 1055 und vom 10.9.2003, BStBl 2004 II S. 349). Der **Zufluss** der Entschädigungen in **verschiedenen VZ** steht der tarifbegünstigten Besteuerung jeder dieser Entschädigungen dann nicht entgegen, wenn z. B. ein Arbeitnehmer wegen der **Körperverletzung** durch einen Dritten aufgrund von mehreren gesonderten und unterschiedliche Zeiträume betreffenden Vereinbarungen mit dessen **Versicherung** Entschädigungen als Ersatz für entgangene und entgehende Einnahmen erhält (BFH-Urteil vom 21.1.2004, BStBl II S. 716). Bei einem zeitlichen Abstand zweier selbständiger Entschädigungszahlungen von sechs Jahren fehlt der für die Beurteilung der Einheitlichkeit einer Entschädigungsleistung erforderliche zeitliche Zusammenhang (BFH-Urteil vom 11.10.2017, BStBl 2018 II S. 706).

Die für die ermäßigte Besteuerung von Entschädigungen maßgebenden Kriterien gelten grds. auch für die **Abfindung** von **Pensionsansprüchen** (BFH-Urteil vom 16.4.1980, BStBl II S. 393). Eine Entschädigung i. S. des § 24 Nr. 1 Buchst. a EStG liegt auch dann vor, wenn bereits bei Beginn des Dienstleistungsverhältnisses ein Ersatzanspruch für den Fall der betriebsbedingten Kündigung oder Nichtverlängerung des Dienstverhältnisses vereinbart wird (BFH-Urteil vom 10.9.2003, BStBl 2004 II S. 349). Widerruft der Arbeitgeber einseitig die bisherige betriebliche **Versorgungszusage** und bietet er den Beschäftigten eine neue betriebliche Altersversorgung an, die zu wesentlich niedrigeren Versorgungsansprüchen führt, so handelt es sich bei einer Zahlung des Arbeitgebers, die den zukünftigen Einnahmeverlust teilweise ausgleichen soll, um eine Entschädigung i. S. von § 24 Nr. 1 Buchst. a EStG (BFH-Urteil vom 13.3.2018, IX R 12/17, BFH/NV 2018 S. 715). Eine begünstigte Entschädigung kann dagegen **nicht** angenommen werden, wenn eine Abfindung einen künftig entstehenden Pensionsanspruch in kapitalisierter Form abgilt und damit lediglich die **Zahlungsmodalitäten** für den Versorgungsausgleich geändert werden (BFH-Urteil vom 6.3.2002, BStBl II S. 516). Eine Pensionsabfindung ist auch dann keine Entschädigung, wenn ein Arbeitnehmer von sich aus das die Entschädigung auslösende Ereignis herbeigeführt hat (z. B. durch Kündigung wegen Wohnsitzverlegung nach Eheschließung, siehe BFH-Urteil vom 21.6.1990, BStBl II S. 1020). Zahlungen zur Abfindung von Pensionsanwartschaften können aber ggf. als **Arbeitslohn** für **mehrere Jahre** steuerbegünstigt sein (vgl. Tz 11.5.3.7).

Weder Abfindungen noch Entschädigungen sind Zahlungen zur **Abgeltung vertraglicher Ansprüche**, die der Arbeitnehmer aus dem Dienstverhältnis bis zum Zeitpunkt der Auflösung erlangt hat (BFH-Urteil vom 24.4.1991, BStBl II S. 723), wie z. B. **rückständiger Arbeitslohn**, anteiliges **Urlaubsgeld**, **Urlaubsabgeltung**, **Weihnachtsgeld**, **Gratifikationen**, **Tantiemen** oder bei rückwirkender Beendigung des Dienstverhältnisses noch zustehende **Gehaltsansprüche** bis zum steuerlich anzuerkennenden Zeitpunkt der Auflösung. Das gilt auch für freiwillige Leistungen, wenn sie in gleicher Weise den verbleibenden Arbeitnehmern tatsächlich zugewendet werden (Rz 3 des BMF-Schreibens vom 1.11.2013, BStBl I S. 1326). Für die Abgrenzung zwischen arbeitsvertraglicher Erfüllungsleistungen und Entschädigung ist der im Aufhebungsvertrag vereinbarte Zeitpunkt der Beendigung des Arbeitsverhältnisses maßgebend (BFH-Urteil vom 15.10.2003, BStBl 2004 II S. 264). Dies gilt auch für Zahlungen, die aufgrund eines arbeitsgerichtlichen **Vergleichs** bis zum vereinbarten Ende des Arbeitsverhältnisses geleistet werden, selbst wenn der Arbeitnehmer für den Abgeltungszeitraum von der Arbeit freigestellt worden ist (BFH-Urteil vom 27.4.1994, BStBl II S. 653). Wird bei Ablauf eines **befristeten Dienstverhältnisses** eine Gratifikation oder eine besondere Zuwendung geleistet, so ist dies keine steuerbegünstigte Abfindung (BFH-Urteil vom 18.9.1991, BStBl 1992 II S. 34 betr. tarifliches Übergangsgeld). Zahlt der Arbeitgeber seinem Arbeitnehmer eine Abfindung, weil dieser seine Wochenarbeitszeit aufgrund einer **Änderung** des **Arbeitsvertrags** (Änderungskündigung) unbefristet reduziert, so kann darin eine begünstigt zu besteuernde Entschädigung liegen (BFH-Urteil vom 25.8.2009, BStBl 2010 II S. 1030).

Aufstockungsbeträge zum sog. **Transferkurzarbeitergeld** aufgrund betriebsbedingter Umstrukturierungen werden nicht für entgangene oder entgehende Einnahmen aus dem bisherigen Arbeitsverhältnis gezahlt und können daher nicht ermäßigt besteuert werden (BFH-Urteil vom 12.3.2019, BStBl II S. 574; FG Köln vom 6.12.2017, 14 K 1918/17, EFG 2018 S. 540 – rkr.). Die Aufstockungsbeträge sind vielmehr eine regulär zu besteuernde laufende Vergütung aus der neuen befristeten Anstellung bei der Transfergesellschaft, die den Arbeitnehmer für Qualifizierungsmaßnahmen übernommen hat.

11.5.3.6 Arbeitslohn für mehrere Jahre

Zu den außerordentlichen Einkünften, die nach der sog. »**Fünftelregelung**« ermäßigt besteuert werden, gehören auch **Vergütungen** für **mehrjährige Tätigkeiten**, also auch **Arbeitslohn** für **mehrere Jahre**.

»**Mehrjährig**« in diesem Sinne ist eine Tätigkeit, die sich mindestens über **zwei VZ** erstreckt und einen Zeitraum von **mehr als 12 Monaten** umfasst (§ 34 Abs. 2 Nr. 4 EStG). Das folgt aus dem Sinn und Zweck der Regelung nur bei zusammengeballten Vergütungen die Progression des Steuertarifs zu mildern. Für die Zahlung in einer Summe – und damit der Zusammenballung der Zahlung – müssen wirtschaftlich vernünftige Gründe vorliegen (vgl. R 34.4 Abs. 1 EStR), die sowohl in der Person des Arbeitnehmers wie auch des Arbeitgebers liegen können. Um einmalige (Sonder-)Einkünfte, die für die konkrete Berufstätigkeit unüblich sind und nicht regelmäßig anfallen, muss es sich nicht handeln. Insbesondere ist es nicht erforderlich, dass die Tätigkeit selbst von der regelmäßigen Erwerbstätigkeit abgrenzbar ist oder die in mehreren VZ erdiente Vergütung auf einem besonderen Rechtsgrund beruht, der diese von den laufenden Einkünften unterscheidbar macht (BFH-Urteil vom 7.5.2015, BStBl II S. 890).

Die Tarifbegünstigung setzt voraus, dass die Entlohnung aus wirtschaftlich vernünftigen Gründen in zusammengeballter Form erfolgt. Die Vergütungen für eine mehrjährige Tätigkeit können während eines Kj. auch in mehreren **Teilbeträgen** gezahlt werden (BFH-Urteil vom 11.6.1970, BStBl II S. 639). Es kommt nicht darauf an, dass die Vergütung für eine abgrenzbare Sondertätigkeit gezahlt wird, dass auf sie ein Rechtsanspruch besteht oder dass sie eine zwangsläufige Zusammenballung von Einnahmen darstellt (vgl. R 34.4 Abs. 2 EStR). Es ist auch nicht Voraussetzung, dass der Arbeitnehmer die Arbeitsleistung erbringt; es genügt, dass der Arbeitslohn für mehrere Jahre gezahlt worden ist (vgl. H 34.4 – Arbeitslohn für mehrere Jahre – EStH).

Eine Vergütung für eine mehrjährige Tätigkeit liegt nicht schon bei einer bloßen **Nachzahlung** von im Vorjahr verdienten Vergütungen vor (BFH-Urteile vom 14.10.2004, BStBl 2005 II S. 289 und vom 16.12.2021, VI R 10/18, BFH/NV 2022 S. 325). **Überstundenvergütungen**, die aufgrund eines Aufhebungsvertrages für mehrere zurückliegende Jahre in einer Summe ausgezahlt werden, können dagegen ermäßigt besteuert werden (BFH-Urteil vom 2.12.2021, BStBl 2022 II S. 442). Der BFH hat klargestellt, dass die Tarifermäßigung nicht nur auf die Nachzahlung von Festlohnbestandteilen, sondern auch auf Nachzahlungen von variablen Lohnbestandteilen (hier in Form der Überstundenvergütungen) Anwendung findet. Es ist in beiden Fällen allein entscheidend, ob die nachgezahlte Vergütung für einen Zeitraum von mehr als zwölf Monaten VZ-übergreifend geleistet worden ist. Zahlt ein Arbeitgeber seinen Arbeitnehmern bei deren Ausscheiden wegen Erreichens der Altersgrenze einen der Höhe nach entsprechend der **Dauer** der **Betriebszugehörigkeit** gestaffelten Geldbetrag, so kann in dem einmaligen Bezug ebenfalls eine tariflich begünstigte Entlohnung für eine mehrjährige Tätigkeit liegen (BFH-Urteil vom 10.6.1983, BStBl II S. 575).

11.5.3.7 Einzelfälle zum Arbeitslohn für mehrere Jahre

Einmalzahlungen an den Steuerpflichtigen, die als Abfindung von **Pensionsanwartschaften** geleistet werden, gehören ebenfalls zu den Vergütungen für mehrjährige Tätigkeiten, die bei Zusammenballung als außerordentliche Einkünfte nach § 34 Abs. 1 EStG ermäßigt zu besteuern sind. Dies gilt auch dann, wenn der Ablösungsbetrag nicht an den Steuerpflichtigen, sondern z. B. bei einer Abtretung an einen Dritten gezahlt worden ist (BFH-Urteil vom 12.4.2007, BStBl II S. 581). Die Gründe, die zu der Kapitalisierung der Versorgungsbezüge geführt haben, sind dabei unerheblich. Arbeitslohn für mehrere Jahre liegt auch vor, wenn ein Gesellschafter-Geschäftsführer auf eine im Anstellungsvertrag zugesagte und bereits erdiente (werthaltige) Pensionsanwartschaft verzichtet (BFH-Urteil vom 23.8.2017, BStBl 2018 II S. 208).

Anders als im Fall der Kapitalauszahlung aus einem/einer inländischen Pensionsfond, Pensionskasse oder Direktversicherung i. S. des § 22 Nr. 5 EStG (siehe hierzu BFH-Urteil vom 20.9.2016, BStBl 2017 II S. 347) ist bei **Versorgungsleistungen** aufgrund einer **Direktzusage** oder aus einer **Unterstützungskasse** ein vertraglich vereinbartes **Wahlrecht** des Arbeitnehmers auf **Kapitalauszahlung nicht** für die ermäßigte Besteuerung nach § 34 Abs. 1 EStG schädlich. Im Fall von **Teilkapitalauszahlungen** von Pensionsanwartschaften in mehreren Kj. ist der Tatbestand der Zusammenballung allerdings nicht erfüllt; eine Anwendung des § 34 EStG kommt daher für diese Teilzahlungen nicht in Betracht (Rz 147 des BMF-Schreibens vom 12.8.2021, BStBl I S. 1050 geändert durch BMF-Schreiben vom 18.3.2022, BStBl I S. 333). Unschädlich sind lediglich **geringfügige Teilleistungen** (nicht mehr als 10 % der Hauptleistung). Eine als Einmalbetrag vereinbarte Kapitalauszahlung aus einer Pensionszusage kann nicht ermäßigt besteuert werden, wenn diese in eine Hauptzahlung und zwei Restzahlungen aufgeteilt und in **drei** aufeinanderfolgenden **VZ** ausgezahlt wird (BFH-Urteil vom 15.12.2022, VI R 19/21, BFH/NV 2023 S. 542). Ein einheitlicher Ruhegehaltsanspruch unterliegt mangels Zusammenballung nicht der ermäßigten Besteuerung, wenn dieser teilweise als **monatliche Versorgungsleistung** und teilweise als **Kapitalleistung** ausgezahlt wird (BFH-Urteil vom 22.11.2023, VI R 5/21, BFH/NV 2024 S. 382). **Keine** für die ermäßigte Besteuerung **schädliche Teilkapitalauszahlung** eines einheitlichen Versorgungsanspruchs liegt vor, wenn die Beiträge zu einer Pensionszusage getrennt auf einem arbeitgeberfinanzierten »Basiskonto« und einem arbeitnehmerfinanzierten »Aufbaukonto« angesammelt werden und der Arbeitnehmer sich nur das von ihm auf dem »Aufbaukonto« angesparte Versorgungsguthaben als Einmalbetrag auszahlen lässt (BFH-Urteil vom 23.4.2021, BStBl II S. 692).

Ermäßigt zu besteuernder Arbeitslohn für mehrere Jahre liegt nicht vor, wenn eine in einem vergangenen Jahr erdiente variable Vergütung (Bonus) in **Versorgungsleistungen** aus einer **Pensionszusage** umgewandelt wird (BFH-Urteil vom 31.8.2016, BStBl 2017 II S. 322).

Geldwerte Vorteile aus der Ausübung von **Aktienoptionen** bilden im Regelfall Anreizlohn für die Laufzeit der Option bis zu ihrer Erfüllung. Entsprechende geldwerte Vorteile werden dann als Vergütungen für eine mehrjährige Tätigkeit behandelt, wenn die Laufzeit zwischen Einräumung und Ausübung der Optionsrechte mehr als zwölf Monate beträgt und der Arbeitnehmer in dieser Zeit bei seinem Arbeitgeber beschäftigt ist (BFH-Urteil vom 18.12.2007, BStBl 2008 II S. 294). Der Anwendung der Tarifermäßigung des § 34 EStG steht dabei nicht entgegen, dass dem Arbeitnehmer wiederholt Aktienoptionen eingeräumt worden sind und die jeweilige Option nicht in vollem Umfang einheitlich ausgeübt worden ist.

Für die Frage der **Mehrjährigkeit** i. S. von § 34 Abs. 2 Nr. 4 EStG rechnet das FG Berlin-Brandenburg Tätigkeiten im **Konzern** bei einem nur formellen Arbeitgeberwechsel zu einem anderen Konzernunternehmen als einheitliche Tätigkeit zusammen (Urteil vom 9.4.2019, 8 K 8153/15, EFG 2019 S. 1093 – rkr.). Eine Einmalzahlung für den Ausstieg aus einem **Inzentivprogramm** (Managementbeteiligung) kann nach Ansicht des FG Berlin-Brandenburg auch dann ermäßigt besteuert werden, wenn die Tätigkeit beim ersten Arbeitgeber nicht mehr als 12 Monate gedauert hat.

Zu den außerordentlichen Einkünften gehören dagegen nicht die zwischen Arbeitgeber und Arbeitnehmer vereinbarten und regelmäßig ausgezahlten gewinnabhängigen **Tantiemen**, deren Höhe erst nach Ablauf des Wj. festgestellt werden kann; es handelt sich hierbei nicht um die Abgeltung einer mehrjährigen Tätigkeit (BFH-Urteil vom 30.8.1966, BStBl III S. 545). Fließen diese aber für mehrere Jahre in einem Kj. zusammengeballt zu, so kann die Tarifvergünstigung gewährt werden (BFH-Urteil vom 11.6.1970, BStBl II S. 639). Dies gilt auch für besonders gelagerte Ausnahmefälle, wenn die Vergütung aus wirtschaftlich vernünftigen Gründen nicht in einem Kj., sondern in zwei Kj. in Teilbeträgen zusammengeballt ausgezahlt wird (BFH-Urteil vom 16.9.1966, BStBl 1967 III S. 2).

Zum Arbeitslohn für mehrere Jahre gehören auch **Jubiläumszuwendungen** aus Anlass eines **Arbeitnehmer-Jubiläums**, die eine mehrjährige Tätigkeit abgelten sollen. Zuwendungen, die ohne Rücksicht auf die Dauer der Betriebszugehörigkeit lediglich aus Anlass eines **Firmenjubiläums** gewährt werden, erfüllen diese Voraussetzungen jedoch nicht (BFH-Urteil vom 3.7.1987, BStBl II S. 820).

Die einem Arbeitnehmer gewährte **Prämie** für einen **Verbesserungsvorschlag** stellt keine Entlohnung für eine mehrjährige Tätigkeit dar, wenn sie nicht nach dem Zeitaufwand des Arbeitnehmers, sondern ausschließlich nach der Kostenersparnis des Arbeitgebers in einem bestimmten künftigen Zeitraum berechnet wird (BFH-Urteil vom 31.8.2016, BStBl 2017 II S. 322).

Arbeitnehmer-Erfindervergütungen unterliegen der Besteuerung nach den allgemeinen Vorschriften. Sie sind daher im Bruttoarbeitslohn (Nr. 3 der Lohnsteuerbescheinigung) enthalten. Bei Vergütungen nach dem Arbeitnehmer-Erfindungsgesetz handelt es sich nicht um eine Gegenleistung für eine konkrete Arbeitsleistung und damit nicht um ein Entgelt für eine frühere Tätigkeit (BFH-Urteil vom 21.10.2009, I R 70/08, BFH/NV 2010 S. 350). Das hat zur Folge, dass eine ermäßigte Besteuerung nach der sog. Fünftelregelung nicht in Betracht kommt.

11.5.4 Werbungskosten/Arbeitnehmer-Pauschbetrag

Bei der Ermittlung der der tarifermäßigten Besteuerung unterliegenden Einkünfte können die im VZ des Zuflusses bei diesen Einkünften angefallenen **Werbungskosten** abgezogen werden. Werden außerordentliche Einkünfte aus nichtselbständiger Arbeit neben laufenden Einkünften dieser Art bezogen, so ist auch der **Arbeitnehmer-Pauschbetrag** (1 230 €) oder der **Werbungskosten-Pauschbetrag** nach § 9a Satz 1 Nr. 1 Buchst. b EStG (102 €) insgesamt nur einmal abzuziehen, wenn insgesamt keine höheren Werbungskosten nachgewiesen werden. Ansonsten sind die auf die jeweiligen Einnahmen entfallenden tatsächlichen Werbungskosten bei diesen Einnahmen zu berücksichtigen.

Sind die gesamten Werbungskosten nicht höher als der Arbeitnehmer-Pauschbetrag/Werbungskosten-Pauschbetrag, ist dieser zunächst bei den nicht nach § 34 EStG begünstigten Einkünften zu berücksichtigen. Nur ein insoweit nicht verbrauchter Pauschbetrag ist bei den nach § 34 EStG begünstigten Einkünften abzuziehen (BFH-Urteil vom 29.10.1998, BStBl 1999 II S. 588); vgl. R 34.4 Abs. 3 EStR. Tatsächlich höhere Werbungskosten, die in diesen Mischfällen auf die außerordentlichen Einkünfte lt. den Zeilen 16 und 17 entfallen, können im Abschnitt »Werbungskosten in Sonderfällen« auf Seite 4 der Anlage N wie folgt eingetragen werden (vgl. Tz 11.20):

- in **Zeile 79** – »Werbungskosten zu steuerbegünstigten Versorgungsbezügen für mehrere Jahre lt. Zeile 16«,
- in **Zeile 80** – »Werbungskosten zu Arbeitslohn für mehrere Jahre, Entschädigungen lt. Zeile 17«.

Dabei ist zu beachten, dass die in diesen Zeilen erklärten Werbungskosten **nicht** zusätzlich in den **Zeilen 27** bis **77** und in der **Anlage N-Doppelte Haushaltsführung** angegeben werden dürfen.

11.6 Steuerpflichtiger Arbeitslohn ohne Steuerabzug

18 In **Zeile 18** ist stpfl. Arbeitslohn zu erklären, von dem kein Steuerabzug vorgenommen worden ist. Es sind nur solche Beträge anzugeben, die **nicht** automatisch über die eDaten zum Bruttoarbeitslohn in Zeile 5 erfasst werden.

Zum **stpfl. Arbeitslohn**, von dem zu Recht **kein Steuerabzug** vorgenommen worden ist, gehören z. B.:

- Arbeitslohn für eine Tätigkeit im Inland von einem **ausländischen Arbeitgeber**, der nicht zum Lohnsteuerabzug verpflichtet ist (wegen der Lohnzahlungen an Grenzgänger vgl. Tz 11.10.2);
- von **Dritten** (also von anderen als dem Arbeitgeber) gezahlter Arbeitslohn;
- **Verdienstausfallentschädigungen** einer beruflichen **Unfallversicherung;**
- aus öffentlichen Kassen geleistete stpfl. Teile der **Ausgleichszahlungen** nach dem Gesetz zur Förderung der Einstellung der landwirtschaftlichen Erwerbstätigkeit – **FELEG** –; die nach diesem Gesetz nach § 3 Nr. 27 EStG bis zum Höchstbetrag von 18 407 € gezahlten steuerfreien Leistungen sollten auf einem besonderen Blatt erläutert werden. Die vom Bund nach § 15 FELEG übernommenen Beiträge für die gesetzliche Rentenversicherung und Arbeitgeberanteile zur Kranken- und Pflegeversicherung stellen bei den ehemaligen Arbeitnehmern der stillgelegten landwirtschaftlichen Betriebe jedoch keinen Arbeitslohn dar (BFH-Urteil vom 14.4.2005, BStBl II S. 569); die Beiträge können dafür aber nicht mehr als Sonderausgaben berücksichtigt werden;
- steuerbegünstigte **Versorgungsbezüge** von ehemaligen Bediensteten bestimmter internationaler **Organisationen** (vgl. Tz 11.4.1 a. E.).

Werbungskosten, die mit stpfl. Arbeitslohn lt. Zeile 18 zusammenhängen, können in den **Zeilen 27** bis **77** und/oder in der **Anlage N-Doppelte Haushaltsführung** eingetragen werden. Zusätzlich ist die Summe dieser Werbungskosten in der **Zeile 82** anzugeben (vgl. Tz 11.20). Diese zusätzliche Angabe wird für die Berechnung eines ggf. in Betracht kommenden Härteausgleichs nach § 46 Abs. 3 und 5 EStG, § 70 EStDV benötigt, wenn die stpfl. Einkünfte nach Abzug der Werbungskosten nicht mehr als 410 € bzw. 820 € betragen. Zur analogen Berücksichtigung des Härteausgleichs in diesen Fällen siehe BFH-Urteil vom 27.11.2014, BStBl 2015 II S. 793.

Streikgelder sind weder stpfl. Arbeitslohn i. S. des § 19 EStG noch stpfl. Entschädigungen nach § 24 Nr. 1 Buchst. a EStG (BFH-Urteil vom 24.10.1990, BStBl 1991 II S. 337) und daher **nicht** in Zeile 18 anzugeben. Dies gilt auch für **Aussperrungsunterstützungen**. Mit Streikunterstützungen zusammenhängende Aufwendungen sind dann allerdings auch nicht als Werbungskosten abzugsfähig.

11.7 Steuerfrei erhaltene Aufwandsentschädigungen/Einnahmen

In **Zeile 19** sind nur **Aufwandsentschädigungen** oder **Einnahmen** 19
anzugeben, die im Kj. 2025 im Rahmen eines Dienstverhältnisses gezahlt und vom Arbeitgeber aufgrund besonderer Vorschriften steuerfrei belassen wurden. Sind die steuerfrei erhaltenen Zahlungen höher als die gesetzlichen Freibeträge (s. u.), ist in Zeile 19 nur der **steuerfreie Teil** der Aufwandsentschädigung/Einnahmen einzutragen. Die übersteigenden stpfl. Beträge

- werden entweder über die Kennzahlen »110/111« der **Zeile 5** im Bruttoarbeitslohn erfasst, wenn der Arbeitgeber davon LSt einbehalten und diese mit der Lohnsteuerbescheinigung elektronisch an die Finanzverwaltung übermittelt hat (vgl. Tz 11.3.3),

oder

- sind in **Zeile 18** zu erklären, wenn davon keine LSt einbehalten wurde (vgl. Tz 11.6) und der Arbeitgeber auch keine Pauschalversteuerung dieser Beträge durchgeführt hat.

Steuerfrei sind insbesondere die aus **öffentlichen Kassen** gezahlten **Aufwandsentschädigungen.** Die von einer inländischen Bundes- oder Landeskasse gezahlten Bezüge, die durch ein Bundes- oder Landesgesetz oder durch Rechtsverordnung als Aufwandsentschädigung festgesetzt **und** die im Haushaltsplan als solche ausgewiesen sind, sind in **voller Höhe** steuerfrei (§ 3 Nr. 12 Satz 1 EStG). Das Gleiche gilt auch für andere Bezüge, die als Aufwandsentschädigung aus öffentlichen Kassen für öffentliche Dienste leistende Personen gezahlt werden, soweit nicht festgestellt wird, dass sie für Verdienstausfall oder Zeitverlust gewährt werden oder den Aufwand, der dem Empfänger überwächst, offenbar übersteigen (§ 3 Nr. 12 Satz 2 EStG). Selbst wenn die Aufwandsentschädigung nicht durch Gesetz oder Rechtsverordnung bestimmt ist, kann bei **hauptamtlich** und **ehrenamtlich** tätigen **Personen** i. d. R. ohne weiteren Nachweis ein Betrag von **250 € monatlich** als steuerfreier Aufwand anerkannt werden. Ist die Aufwandsentschädigung niedriger als 250 € monatlich, so bleibt nur der tatsächlich geleistete Betrag steuerfrei (vgl. R 3.12 Abs. 3 LStR).

Die Empfänger von Aufwandsentschädigungen nach § 3 Nr. 12 EStG können gegenüber dem Finanzamt einen höheren steuerlich abziehbaren Aufwand glaubhaft machen; der die Aufwandsentschädigung **übersteigende Aufwand** ist als Werbungskosten oder Betriebsausgaben abziehbar. Wenn einer hauptamtlich tätigen Person neben den Aufwendungen, die durch die Aufwandsentschädigung ersetzt werden sollen, andere beruflich veranlasste Aufwendungen entstehen, sind diese unabhängig von der Aufwandsentschädigung als Werbungskosten abziehbar. Bei ehrenamtlich tätigen Personen sind alle durch die Tätigkeit veranlassten Aufwendungen als durch die steuerfreie Aufwandsentschädigung ersetzt anzusehen, sodass nur ein die Aufwandsentschädigung übersteigender Aufwand als Werbungskosten oder Betriebsausgaben abziehbar ist (vgl. R 3.12 Abs. 4 LStR). Die Werbungskosten, die mit nach § 3 Nr. 12 EStG steuerfreien Einnahmen in Zusammenhang stehen, können in den **Zeilen 27** bis **77** und/oder in der **Anlage N-Doppelte Haushaltsführung** eingetragen werden.

In **Zeile 19** sind auch **steuerfreie Einnahmen** einzutragen, die im Kj. 2025 im Rahmen eines Dienstverhältnisses aus

- einer nebenberuflichen Tätigkeit als **Übungsleiter**, **Ausbilder**, **Erzieher**, **Betreuer** oder einer hiermit vergleichbaren nebenberuflichen Tätigkeit,
- einer nebenberuflichen **künstlerischen Tätigkeit**,
- der **nebenberuflichen Pflege** alter oder kranker Menschen oder Menschen mit Behinderungen oder
- einer **sonstigen nebenberuflichen Tätigkeit** im gemeinnützigen, mildtätigen oder kirchlichen Bereich

erzielt wurden.

Einnahmen aus den v. g. nebenberuflichen Tätigkeiten als Übungsleiter usw. sind insgesamt bis zu **3 000 €** im Kj. steuerfrei (§ 3 Nr. 26 EStG). Vergütungen für eine sonstige **ehrenamtliche Nebentätigkeit** im gemeinnützigen, mildtätigen oder kirchlichen Bereich sind bis zu **840 €** im Jahr steuerfrei (§ 3 Nr. 26a EStG).

> **Rechtsänderungen ab 2026:**
> Nach dem Entwurf des Steueränderungsgesetzes 2025 soll ab dem 1.1.2026 die sog. **Übungsleiterpauschale** auf **3 300 €** jährlich und die sog. **Ehrenamtspauschale** auf **960 €** jährlich steigen.
> Das Gesetzgebungsverfahren zu dem v. g. Gesetz war bei Redaktionsschluss (1.11.2025) noch nicht abgeschlossen, sodass die endgültige Gesetzesfassung nach der Verabschiedung durch die Gesetzgebungsorgane abzuwarten bleibt.

Die Werbungskosten, die mit nach § 3 Nr. 26 und Nr. 26a EStG steuerfreien Einnahmen in Zusammenhang stehen, können in den **Zeilen 27** bis **77** und/oder in der **Anlage N-Doppelte Haushaltsführung** eingetragen werden. Hierbei ist jedoch Folgendes zu beachten:

Überschreiten die Einnahmen aus den begünstigten Nebentätigkeiten den steuerlichen Freibetrag von 3 000 €, so dürfen die hiermit in unmittelbarem wirtschaftlichen Zusammenhang stehenden **Ausgaben** (z. B. Reisekosten) nur insoweit als Betriebsausgaben oder Werbungskosten abgezogen werden, als sie ihrerseits ebenfalls den Betrag von 3 000 € übersteigen (§ 3 Nr. 26 Satz 2 EStG). Betragen z. B. die Einnahmen 3 400 € und die Werbungskosten 3 100 €, so sind neben dem Freibetrag von 3 000 € nur zusätzlich 100 € (3 100 € abzgl. 3 000 €) als Werbungskosten abzugsfähig. Sowohl die Einnahmen aus der Tätigkeit als auch die jeweiligen Ausgaben müssen hiernach den Freibetrag übersteigen (vgl. R 3.26 Abs. 9 Satz 1 LStR). Sofern die Einnahmen den Betrag von 3 000 € nicht übersteigen, können damit zusammenhängende niedrigere Ausgaben daher nicht als Werbungskosten abgezogen werden.

Bei steuerfreien Einnahmen unterhalb des Übungsleiterfreibetrags nach § 3 Nr. 26 EStG können die damit zusammenhängenden Aufwendungen grds. als Verlust bzw. Werbungskostenüberschuss abgezogen werden, soweit sie die steuerfreien Einnahmen übersteigen (BFH-Urteile vom 20.12.2017, BStBl 2019 II S. 469 und vom 20.11.2018, BStBl 2019 II S. 422). Dies gilt jedoch nur, wenn im Einzelfall die Tätigkeit mit **Einkünfteerzielungsabsicht** ausgeübt wird (vgl. R 3.26 Abs. 9 Satz 2 LStR). Dies kann dazu führen, dass das Finanzamt die nebenberufliche Tätigkeit der steuerlich nicht relevanten »**Liebhaberei**« zuordnet, bei der ein Werbungskostenabzug bereits dem Grunde nach ausgeschlossen ist (vgl. Tz 11.11.1 a. E.).

Unabhängig davon wird in Arbeitnehmerfällen von den stpfl. Einnahmen der Arbeitnehmer-Pauschbetrag von 1 230 € abgezogen, soweit er nicht bei anderen Dienstverhältnissen schon verbraucht ist (vgl. R 3.26 Abs. 9 Satz 4 LStR); der Arbeitnehmer-Pauschbetrag wird aber nur bis zur Höhe der stpfl. Einnahmen berücksichtigt, also nur bis »0 €«.

Die genannten Steuerbefreiungsvorschriften gelten grds. auch für ehrenamtlich gewerblich oder selbständig tätige Personen. Die Einnahmen sind in diesen Fällen jedoch nicht in Zeile 19 der Anlage N, sondern entweder in der **Anlage G** (Zeile 103 und 104) oder in der **Anlage S** (Zeile 57 und 58) zu erklären. Zu den Voraussetzungen für die Steuerfreiheit der Einnahmen und der unter diese Regelungen fallenden Personen- und Berufsgruppen wird im Einzelnen auf die Erläuterungen zur **Anlage G** (vgl. Tz 21.22) bzw. **Anlage S** (vgl. Tz 22.15) verwiesen.

11.8 Lohn- und Einkommensersatzleistungen

11.8.1 Lohnersatzleistungen des Arbeitgebers

Lohnersatzleistungen, die der Arbeitgeber an seine Arbeitnehmer auszahlt, sind zwar steuerfrei; sie wirken sich aber im Rahmen der Einkommensteuerveranlagung auf die Höhe des persönlichen Steuersatzes für den stpfl. Arbeitslohn und etwaige weitere Einkünfte aus (sog. **Progressionsvorbehalt**). Um dies sicherzustellen, sind die Arbeitgeber verpflichtet, die an die Arbeitnehmer im Kj. 2025 gezahlten Lohnersatzleistungen unter **Nr. 15** der **Lohnsteuerbescheinigung** elektronisch an die Finanzverwaltung zu übermitteln (§ 41 b Abs. 1 Satz 2 Nr. 5 EStG). 2

> **eDaten:**
> Die von den Arbeitgebern übermittelten eDaten zu Lohnersatzleistungen werden im Rahmen der Einkommensteuerveranlagung automatisch über die Kennzahl »119« der **Zeile 20** mit den tatsächlichen Leistungsbeträgen erfasst. Personelle Eintragungen in dieser Zeile sind daher nicht erforderlich.

Dem Progressionsvorbehalt nach § 32b Abs. 1 Satz 1 Nr. 1 EStG unterliegen im Einzelnen folgende steuerfreie Lohnersatzleistungen des Arbeitgebers:

- **Kurzarbeitergeld** und **Saison-Kurzarbeitergeld** nach § 3 Nr. 2 EStG,
- **Qualifizierungsgeld** nach § 82 a SGB III,
- **Zuschüsse** zum **Mutterschaftsgeld** nach § 3 Nr. 1d EStG,
- **Verdienstausfallentschädigungen** nach dem **IfSG** nach § 3 Nr. 25 EStG,
- **Aufstockungsbeträge** nach dem **Altersteilzeitgesetz** nach § 3 Nr. 28 EStG.

Die steuerfreien Lohnersatzleistungen werden im Rahmen der Einkommensteuerveranlagung bei der Ermittlung des anzuwendenden **Steuersatzes** fiktiv dem zu versteuernden Einkommen hinzugerechnet. Dadurch ergibt sich ein höherer Steuersatz, der im zweiten Schritt auf das zu versteuernde Einkommen (ohne die Lohnersatzleistungen) angewendet wird. Bei der Einkommensteuerveranlagung kann es deshalb regelmäßig zu Steuernachforderungen kommen.

BEISPIEL:

Bei der Zusammenveranlagung von Ehegatten/Lebenspartnern ergibt sich ein zu versteuerndes Einkommen von	50 000 €
im Jahr 2025 vom Arbeitgeber erhaltene Lohnersatzleistungen (z. B. Aufstockungsbeträge nach dem Altersteilzeitgesetz oder Kurzarbeitergeld)	5 000 €
für die Berechnung des Steuersatzes maßgebendes zu versteuerndes Einkommen	55 000 €
ESt nach dem Splittingtarif	7 208 €
durchschnittlicher Steuersatz (bezogen auf 55 000 €)	13,10 %

Die Anwendung des durchschnittlichen Steuersatzes auf das zu versteuernde Einkommen von 50 000 € ergibt als **festzusetzende ESt**	6 550 €
Zum Vergleich: Ohne Anwendung des Progressionsvorbehalts hätte sich aus dem zu versteuernden Einkommen von 50 000 € eine ESt ergeben von	5 854 €
auf die Lohnersatzleistungen von 5 000 € entfallende ESt (6 550 € abzgl. 5 854 €)	696 €

Der **Arbeitnehmer-Pauschbetrag** wird im Rahmen der Einkommensteuerveranlagung von den dem Progressionsvorbehalt unterliegenden Lohnersatzleistungen abgezogen, soweit er nicht bei der Ermittlung der Einkünfte aus nichtselbständiger Arbeit schon berücksichtigt wurde (§ 32b Abs. 2 Satz 1 Nr. 1 EStG).

ELSTER:
Bei der Erstellung der elektronischen Steuererklärung über »Mein ELSTER« sind die Angaben zu Lohnersatzleistungen des Arbeitgebers aus Nr. 15 der Lohnsteuerbescheinigung direkt in die Zeile 20 zu übertragen, sofern nicht der Bescheinigungsabruf im Rahmen der vorausgefüllten Steuererklärung genutzt wird (vgl. Vorbemerkungen Tz 12.6). Entsprechendes gilt für elektronische Steuererklärungen, die mithilfe eines kommerziellen Steuersoftware-Produkts erstellt werden.

11.8.2 Einkommensersatzleistungen

Die nicht vom Arbeitgeber, sondern von anderen Leistungsträgern (z. B. der Bundesagentur für Arbeit) gezahlten **Einkommensersatzleistungen**, die ebenfalls dem Progressionsvorbehalt unterliegen (z. B. Arbeitslosengeld, Elterngeld, Insolvenzgeld, Krankengeld, Mutterschaftsgeld und vergleichbare Leistungen aus einem EU-/EWR-Staat oder der Schweiz), werden nicht über die Anlage N erfasst, sondern **ausschließlich** über die **Zeilen 35** und **36** des Hauptvordrucks ESt 1 A; vgl. Tz 1.10.1.

11.9 Steuerfreier Arbeitslohn bei Auslandstätigkeiten

24 Einkünfte aus einer nichtselbständigen Arbeit im **Ausland** können nach einem **Doppelbesteuerungsabkommen** (DBA), nach dem **Auslandstätigkeitserlass** (ATE) oder nach einem sonstigen **zwischenstaatlichen Übereinkommen** (ZÜ) von der deutschen Besteuerung **befreit** sein. Über die endgültige Steuerfreistellung dieses Arbeitslohns und die Erfassung im Rahmen des Progressionsvorbehalts (s. u.) entscheidet das Wohnsitzfinanzamt erst im Veranlagungsverfahren. Hierzu ist von den betreffenden Arbeitnehmern die »**Anlage N-AUS**« mit ergänzenden Angaben (z. B. zu einem weiteren Wohnsitz im Ausland, zum Mittelpunkt der Lebensinteressen, zur Anschrift des Arbeitgebers, zur Art der im Ausland ausgeübten Tätigkeit, zur Anzahl der Kalendertage im Ausland und zum Anlass für die Auslandstätigkeit) abzugeben. Für jeden ausländischen Staat ist dabei eine **eigene** Anlage N-AUS auszufüllen.

Wie die **Anlage N-AUS** richtig auszufüllen ist, wird im Einzelnen unter Tz 13 erläutert.

In der Anlage N (**Zeile 24**) ist anzugeben, wie viele Anlagen N-AUS der Steuererklärung beigefügt sind. Zudem sind die Beträge aus der/den Anlage(n) N-AUS wie folgt in die Anlage N zu übertragen:

- In **Zeile 21** gehört der nach **DBA** oder sonstigen **ZÜ** steuerfreie Arbeitslohn (**Summe** aus den Zeilen 47, 56 und/oder 63 aller Anlagen N-AUS).
- **Zeile 22** ist für die Angabe des nach dem **ATE** steuerfreien Arbeitslohns vorgesehen (**Summe** aus den Zeilen 52 aller Anlagen N-AUS).
- In **Zeile 23** sind besondere Lohnbestandteile (z. B. Entschädigungen, Abfindungen) aus einer Tätigkeit im Ausland einzutragen (**Summe** aus den Zeilen 62 aller Anlagen N-AUS).

Die in die Zeilen 21 bis 23 übertragenen Beträge unterliegen dem sog. **Progressionsvorbehalt** nach § 32b Abs. 1 Nr. 3 EStG und werden im Rahmen der Einkommensteuerveranlagung bei der Bemessung des Steuersatzes berücksichtigt. Nach § 34 Abs. 1 EStG ermäßigt zu besteuernde **besondere Lohnbestandteile** (Zeile 23) werden bei der Steuerberechnung nach der sog. »**Fünftelregelung**« hinzugerechnet.

Bei der Ermittlung der dem Progressionsvorbehalt unterliegenden steuerfreien ausländischen Einkünfte aus nichtselbständiger Arbeit werden die damit im Zusammenhang stehenden **tatsächlichen Werbungskosten** abgezogen, soweit sie den Arbeitnehmer-Pauschbetrag übersteigen. Der Arbeitnehmer-Pauschbetrag ist abzuziehen, soweit er nicht bei den stpfl. Einkünften aus nichtselbständiger Arbeit bereits berücksichtigt wurde. Werbungskosten im Zusammenhang mit steuerfreiem Arbeitslohn lt. den Zeilen 21 und 22 werden in der **Anlage N-AUS** (Zeilen 57 bis 59 und 64) gesondert abgefragt. Die Summe aus den Zeilen 59 und 64 aller Anlagen N-AUS ist sodann im Abschnitt »Werbungskosten in Sonderfällen« auf Seite 4 der Anlage N in die **Zeile 81** einzutragen (vgl. Tz 11.20). Die in dieser Zeile erklärten Werbungskosten dürfen jedoch **nicht** in den Zeilen 27 bis 77 und/oder in der Anlage N-Doppelte Haushaltsführung enthalten sein.

11.10 Sonderregelungen zu Grenzpendlern/Grenzgängern

11.10.1 Ansässigkeit von Grenzpendlern in Belgien

Der Arbeitslohn von im Inland arbeitenden **Grenzpendlern** aus dem Ausland unterliegt nach den bestehenden DBA im Regelfall der deutschen Besteuerung (Art. 15 OECD-MA). Um eine Doppelbesteuerung zu vermeiden, stellt der ausländische Wohnsitzstaat diese Einkünfte grds. von der dortigen Besteuerung frei (Art. 23A OECD-MA).

Punkt 11 des Schlussprotokolls zu Art. 23 DBA-Belgien i. d. F. des Zusatzabkommens vom 5.11.2002 (BGBl 2003 II S. 1615) enthält eine **Sonderregelung**. Danach rechnet Deutschland die von **belgischen Gemeinden** erhobene **Gemeindesteuer** pauschal i. H. von **8 %** auf die deutsche tarifliche ESt an. Die danach verbleibende ESt ist sodann Bemessungsgrundlage für den Solidaritätszuschlag und die KiSt. Die pauschale Anrechnung erfolgt jedoch nur, soweit Belgien nach Art. 4 DBA-Belgien als Ansässigkeitsstaat des Arbeitnehmers anzusehen ist und Deutschland als Quellenstaat für die der deutschen ESt zugrunde liegenden Einkünfte aus unselbständiger Arbeit nach Art. 15 DBA-Belgien das Besteuerungsrecht hat (Rz 38 des BMF-Schreibens vom 12.12.2023, BStBl I S. 2179). Diese Voraussetzungen sind insbesondere bei **Grenzpendlern** aus Belgien erfüllt, die bei einem inländischen Arbeitgeber beschäftigt sind und arbeitstäglich oder wochenweise nach Deutschland zur Arbeit pendeln. Ob der Steuerpflichtige nach § 1 Abs. 1 EStG unbeschränkt einkommensteuerpflichtig ist, weil er in Deutschland einen weiteren Wohnsitz hat, oder unter den Voraussetzungen des § 1 Abs. 3 EStG auf Antrag unbeschränkt einkommensteuerpflichtig oder nach § 1 Abs. 4 EStG nur beschränkt einkommensteuerpflichtig ist, spielt für die Anwendung der Sonderregelung nach dem DBA Belgien keine Rolle. Die Minderung der tariflichen ESt gilt jedoch **nicht** für Einkünfte i. S. des Art. 16 Abs. 2 DBA-Belgien (Arbeitslohn von Geschäftsführern und Vorständen von inländischen Kapitalgesellschaften).

Damit das Finanzamt prüfen kann, ob nach der vorstehenden 25
Sonderregelung eine Minderung der tariflichen ESt infrage kommt, ist in **Zeile 25** die **Adresse** in Belgien sowie der im Kj. 2025 erzielte **Arbeitslohn** einzutragen, für den Deutschland das Besteuerungsrecht hat. **Werbungskosten**, die mit diesem Arbeitslohn zusammenhängen, können in den **Zeilen 27** bis **77** und/oder in der **Anlage N-Doppelte Haushaltsführung** eingetragen werden. Zusätzlich ist die Summe dieser Werbungskosten in **Zeile 83** anzugeben (vgl. Tz 11.20).

11.10.2 Grenzgänger

Arbeitnehmer, die in **Frankreich**, **Österreich** oder der **Schweiz** ihren Arbeitsort haben und arbeitstäglich zu ihrem Wohnort in Deutschland zurückkehren, werden als »**Grenzgänger**« bezeichnet. Wohnsitz und Arbeitsort müssen sich im Grenzgebiet befinden, das sich je nach DBA bis zu einer Tiefe von 20 bis 30 km Luftlinie erstreckt; im DBA-Schweiz ist der Ausweis eines Grenzgebiets allerdings ganz entfallen. Grenzgänger werden nach den DBA mit Frankreich, Österreich und der Schweiz regelmäßig im **Wohnsitzstaat** besteuert. Das Besteuerungsrecht des Wohnsitzstaates entfällt jedoch bei einer berufsbedingten Nichtrückkehr an den Wohnsitz von mehr als **60 Tagen** (Art. 15a Abs. 2 Satz 2 DBA-Schweiz) bzw. von mehr als **45 Tagen** (Art. 13 Abs. 5 DBA-Frankreich). Für die Bestimmung der Grenzgängereigenschaft nach dem DBA Schweiz sind bei einem Arbeitnehmer, der **nicht ganzjährig** in dem anderen Staat beschäftigt ist, die nicht schädlichen Tage der Nichtrückkehr in der Weise zu berechnen, dass für einen vollen Monat der Beschäftigung fünf Tage und für jede volle Woche der Beschäftigung ein Tag anzusetzen ist (FG München vom 15.3.2024, 8 K 883/23, EFG 2024 S. 1372 – Revision eingelegt, Az. beim BFH: VI R 12/24). Fraglich ist, ob bei einem in **Teilzeit** beschäftigten Arbeitnehmer die nach dem DBA Schweiz zulässigen 60 Nichtrückkehrtage entsprechend seiner **Teilzeitquote** zu kürzen sind (bejahend FG Baden-Württemberg vom 12.6.2024, 2 K 2189/21, EFG 2025 S. 779 – Revision eingelegt, Az. beim BFH: VI R 31/24).

Zur Berücksichtigung von **Dienstreisetagen** bei Anwendung der 60-Tage-Regelung nach dem **DBA-Schweiz** siehe BFH-Urteile vom 11.11.2009, BStBl 2010 II S. 602 und 781. Tage, an denen der Steuerpflichtige von einer **Geschäftsreise** aus einem Drittland tatsächlich an seinen Wohnsitz zurückkehrt, gehören nicht zu den Nichtrückkehrtagen i. S. des DBA-Schweiz (BFH-Urteil vom 30.9.2020, I R 37/17, BFH/NV 2021 S. 698). Bei **Krankenhauspersonal** mit 24-Stunden-Diensten liegt ein mehrtägiger ununterbrochener Arbeitseinsatz vor, der als Einheit zu behandeln ist. Ob ein sog. Nichtrückkehrtag nach dem DBA-Schweiz vorliegt, richtet sich dann allein nach der Rückkehr oder Nichtrückkehr am **Ende** des **mehrtägigen Arbeitseinsatzes** (BFH-Urteile vom 13.11.2013, BStBl 2014 II S. 508 und vom 1.6.2022, I R 32/19, BFH/NV 2023 S. 54). Arbeitstage, an denen ein Grenzgänger **ganztägig** am Wohnsitz im **Ansässigkeitsstaat** arbeitet, gelten nach einer ergänzenden Konsultationsvereinbarung mit der Schweiz ebenfalls nicht als **Nichtrückkehrtage** (BMF-Schreiben vom 26.7.2022, BStBl I S. 1227). Grenzgänger nach dem DBA-Schweiz kann auch ein **geringfügig beschäftigter Arbeitnehmer** sein, der arbeitsvertraglich nur drei Arbeitstage im Monat schuldet und lediglich an ein bis zwei Tagen an seinen Wohnsitz in Deutschland im Monat zurückkehrt (BFH-Urteil vom 28.6.2022, I R 24/21, BFH/NV 2023 S. 57). Der **Grenzgängerbegriff** des Art. 15a Abs. 2 DBA-Schweiz 1971/2010 setzt nach Ansicht des BFH **keine Mindestanzahl** an Grenzüberquerungen pro Woche oder Monat voraus. Die Grenzgängerregelung nach dem DBA-Schweiz gilt **nicht** für den Arbeitslohn, den ein in Deutschland ansässiger Arbeitnehmer von seinem Schweizer Arbeitgeber für die Phase einer unwiderruflichen **Freistellung** erhält; das Besteuerungsrecht steht in diesem Fall ausschließlich Deutschland als Ansässigkeitsstaat zu (BFH-Urteil vom 1.8.2024, VI R 23/22, BFH/NV 2024 S. 1446).

HINWEIS:

Nach § 50d Abs. 15 EStG i. d. F. des JStG 2024 (BGBl 2024 I Nr. 387) steht das Besteuerungsrecht für den in der **Freistellungsphase** bis zur Beendigung des Arbeitsverhältnisses gezahlten **Arbeitslohn** grds. dem **Tätigkeitsstaat** zu, es sei denn, das in Betracht kommende DBA sieht für solchen Arbeitslohn eine ausdrückliche abweichende Regelung vor (vgl. Tz 34.6.8 unter Erläuterungen zum Hauptvordruck ESt 1 C). Diese gesetzliche Neuregelung gilt ab dem VZ 2024, sodass das v. g. BFH-Urteil vom 1.8.2024 für den aktuellen VZ 2025 keine Bedeutung mehr hat.

Zur Grenzgängerregelung nach dem **DBA-Frankreich** und zur Anwendung der 45-Tage-Regelung siehe die BMF-Schreiben vom 3.4.2006, BStBl I S. 304 und vom 28.12.2021, BStBl 2022 I S. 92 sowie das BFH-Urteil vom 11.11.2009, BStBl 2010 II S. 390; zur Durchführung des Grenzgängerfiskalausgleichs mit Frankreich siehe BMF-Schreiben vom 30.3.2017, BStBl I S. 753. Die Grenzgängerregelung nach dem DBA-Frankreich ist nicht auf **Abfindungszahlungen** anlässlich der Beendigung des Arbeitsverhältnisses anwendbar (FG Baden-Württemberg vom 11.2.2020, 6 K 1055/18, EFG 2020 S. 1419; nicht abschließend geklärt durch BFH-Urteil vom 1.8.2024, VI R 52/20, BFH/NV 2024 S. 1453). Die Anwendung der **Kassenstaatsklausel** nach Art. 14 Abs. 1 DBA-Frankreich hat **Vorrang** vor der Anwendung der Grenzgängerregelung, sodass Deutschland den Arbeitslohn eines in Frankreich im Grenzgebiet wohnenden Lehrers einer inländischen öffentlichen Schule besteuern darf (BFH-Urteil vom 22.2.2023, I R 45/19, BFH/NV 2023 S. 947).

Die **Grenzgängerregelung** nach dem **DBA-Österreich** wurde mit Wirkung ab dem 1.1.2024 neu gefasst (Änderungsprotokoll zum DBA vom 21.8.2023, BGBl II Nr. 335). Die Grenzgängereigenschaft erfüllen Personen bereits dann, wenn sie in der Grenzzone arbeiten und dort ihren Hauptwohnsitz haben. Ein tägliches Pendeln über die Grenze ist nicht mehr erforderlich. Arbeitstage im **Homeoffice** sind demnach keine schädlichen Tage i. S. der Grenzgängerregelung mehr. Eine Tätigkeit außerhalb der Grenzzone (z. B. aufgrund von Dienstreisen) ist bis zu **45 Tagen** im Kj. bzw. bis höchstens **20 %** der tatsächlichen **Arbeitstage** unschädlich. Die Grenzgängerregelung gilt nun auch für Beschäftigte im öffentlichen Dienst. Weitere Einzelheiten regelt eine Konsultationsvereinbarung zwischen Deutschland und Österreich (BMF-Schreiben vom 20.12.2023, BStBl 2024 I S. 29). Diese enthält für die Bestimmung der Grenzzone jeweils eine Liste der Gemeinden in Österreich und Deutschland, die ganz oder teilweise in einer Zone von jeweils 30 km der Grenze liegen.

Da ein **ausländischer Arbeitgeber** grds. nicht zum Lohnsteuer- 2
abzug verpflichtet ist, wird der ausländische Arbeitslohn eines in Deutschland ansässigen Grenzgängers im Wege der Einkommensteuerveranlagung der Besteuerung unterworfen. Arbeitnehmer, die nach den o. g. Grundsätzen als »Grenzgänger« einzustufen sind, müssen den im Beschäftigungsland erzielten Arbeitslohn daher ausschließlich in **Zeile 26** erklären. Anzugeben ist hier das **Beschäftigungsland** (bei Kennzahl »117« mit »**2**« = Frankreich, »**3**« = Schweiz, wenn der Arbeitslohn in CHF gezahlt wird, »**0**« = Schweiz, wenn der Arbeitslohn in € gezahlt wird, »**4**« = Österreich) sowie der **Arbeitslohn** in Euro oder in Schweizer Franken (CHF). Die Umrechnung des Grenzgängerlohns von Schweizer Franken in Euro erfolgt durch das Finanzamt mit dem durchschnittlichen Euro-Referenzkurs der Europäischen Zentralbank (BFH-Urteil vom 3.12.2009, BStBl 2010 II S. 698).

Grenzgänger, die in der Schweiz Arbeitslohn beziehen, können zudem in Zeile 26 die vom Arbeitgeber einbehaltene **Schweizerische Abzugsteuer** in CHF oder in Euro angeben. Diese Abzugsteuer beträgt (höchstens) **4,5 %** des Bruttoarbeitslohns, wenn die Ansässigkeit durch eine amtliche Bescheinigung der zuständigen Finanzbehörde des Ansässigkeitsstaats nachgewiesen wird (BMF-Schreiben vom 7.12.2023, BStBl I S. 2150). Die einbehaltene Abzugsteuer wird bei der Einkommensteuerveranlagung des Arbeitnehmers in Deutschland bei entsprechendem **Nachweis** angerechnet. Auf Verlangen des Arbeitnehmers ist vom schweizerischen Arbeitgeber eine gesonderte Steuerbescheinigung über die Höhe des Arbeitslohns und der einbehaltenen Abzugsteuer auszustellen (siehe im Einzelnen Tz 20 ff. des BMF-Schreibens vom 19.9.1994, BStBl I S. 683).

Werbungskosten aus einer Tätigkeit als Grenzgänger lt. Zeile 26 können in den **Zeilen 27** bis **77** sowie in der **Anlage N-Doppelte Haushaltsführung** eingetragen werden. Für die Abzugsfähigkeit der Aufwendungen gelten die gleichen Grundsätze wie bei im Inland tätigen Arbeitnehmern.

Arbeitnehmer, die in **anderen Staaten** arbeiten und arbeitstäglich zu ihrem Wohnort in Deutschland zurückkehren oder die die Voraussetzungen nach den DBA mit Frankreich, Österreich oder der Schweiz als »Grenzgänger« nicht erfüllen, werden als sog. »**Grenzpendler**« bezeichnet. Der im Ausland erzielte Arbeitslohn ist in diesen Fällen nicht in Zeile 26, sondern in den **Zeilen 5** oder **21** (vgl. Tz 11.9) sowie in der **Anlage N-AUS** (vgl. Tz 13) zu erklären.

11.11 Werbungskosten – Allgemeine Grundsätze

11.11.1 Werbungskostenbegriff

vor 27 Die stpfl. Einkünfte aus nichtselbständiger Arbeit werden durch Abzug der Werbungskosten von den Bruttoeinnahmen ermittelt. **Werbungskosten** eines Arbeitnehmers sind die **Aufwendungen** zur **Erwerbung**, **Sicherung** und **Erhaltung** des Arbeitslohnes. Werbungskosten sind alle Aufwendungen, die durch das Arbeitsverhältnis, d. h. durch die Erzielung von stpfl. Einnahmen veranlasst sind. Eine auf die Einnahmeerzielung bezogene Veranlassung von Aufwendungen ist dann zu bejahen, wenn objektiv ein Zusammenhang mit dem Beruf besteht und die Aufwendungen i. d. R. auch subjektiv zur Förderung dieses Berufs getätigt werden (BFH-Urteil vom 28.11.1980, BStBl 1981 II S. 368). Ein Zusammenhang mit dem Beruf ist gegeben, wenn die Aufwendungen in einem wirtschaftlichen Zusammenhang mit der auf Einnahmeerzielung gerichteten Tätigkeit des Arbeitnehmers stehen (BFH-Urteil vom 1.10.1982, BStBl 1983 II S. 17).

Es kommt grds. nicht darauf an, ob die Werbungskosten **notwendig** sind; eine Ausnahme gilt für die doppelte Haushaltsführung, bei der nur die notwendigen Mehraufwendungen als Werbungskosten abzugsfähig sind (vgl. Tz 12.2). Es steht im Ermessen des Arbeitnehmers, welche Kosten er im beruflichen Interesse aufwenden will. Die Bestimmung des § 4 Abs. 5 Satz 1 Nr. 7 EStG, wonach die »die Lebensführung berührenden Aufwendungen« nicht als Betriebsausgaben abzugsfähig sind, soweit sie nach der allgemeinen Verkehrsauffassung als **unangemessen** anzusehen sind, ist aber auch auf die Werbungskosten sinngemäß anzuwenden (§ 9 Abs. 5 EStG). Dieses Abzugsverbot betrifft jedoch nur seltene Ausnahmefälle; solche Werbungskosten müssen erhebliches Gewicht haben und die Grenze der Angemessenheit **erheblich** überschreiten, wie z. B. die Aufwendungen für die Nutzung eines Privatflugzeugs zu einer **Auswärtstätigkeit** (vgl. R 9.1 Abs. 1 LStR; bestätigt durch BFH-Urteil vom 19.1.2018, BStBl II S. 526). Der BFH hat allerdings in dem entschiedenen Fall darauf hingewiesen, dass der Werbungskostenabzug nicht gänzlich versagt werden kann, sondern lediglich auf den – aus Sicht eines ordentlichen und gewissenhaften Arbeitnehmers – angemessenen Teil der Werbungskosten zu begrenzen ist. Das könnten z. B. für dienstliche Flugreisen die Kosten für entsprechende Linienflüge sein.

Die Auslagen müssen **tatsächlich entstanden** sein. Ersparte Aufwendungen (z. B. Fahrgeldersparnis, wenn der Arbeitnehmer mit der Deutschen Bahn 2. Klasse fährt, aber auch 1. Klasse fahren könnte) sind keine Werbungskosten.

Berühren Aufwendungen sowohl Einnahmen aus der Arbeitnehmertätigkeit als auch solche aus **anderen Einkunftsarten**, so sind sie ggf. schätzungsweise auf die verschiedenen Einkunftsarten aufzuteilen (BFH-Urteil vom 10.6.2008, BStBl II S. 937). Aufwendungen eines Arbeitnehmers im Zusammenhang mit einer **ehrenamtlichen Tätigkeit** (z. B. für seinen Berufsverband) können nur dann Werbungskosten sein, wenn zwischen der ehrenamtlichen Tätigkeit und dem Beruf objektiv ein Zusammenhang besteht und subjektiv die Aufwendungen zur Förderung des Berufs gemacht werden (BFH-Urteil vom 28.11.1980, BStBl 1981 II S. 368 zur Anerkennung der Aufwendungen eines Arbeitnehmers für ein gewerkschaftliches Ehrenamt).

Aufwendungen im Zusammenhang mit einer Tätigkeit, die unentgeltlich ausgeübt wird oder die nicht auf die Erzielung von Einnahmen ausgerichtet ist (sog. **Liebhaberei**), können nicht als Werbungskosten geltend gemacht werden. Dies gilt auch für ehrenamtliche Tätigkeiten, bei denen eine Einkünfteerzielungsabsicht fehlt (BFH-Urteil vom 20.12.2017, III R 23/15, BFH/NV 2018 S. 672).

11.11.2 Arbeitnehmer-Pauschbetrag

Werden im Einzelnen keine höheren Werbungskosten nachgewiesen oder glaubhaft gemacht, so berücksichtigt das Finanzamt bei der Einkommensteuerveranlagung 2025 einen **Arbeitnehmer-Pauschbetrag** von **1 230 €** jährlich (§ 9a Satz 1 Nr. 1 Buchst. a EStG).

Der Arbeitnehmer-Pauschbetrag wird unabhängig davon berücksichtigt, ob die Einnahmen aus einem oder mehreren Dienstverhältnissen bezogen worden sind. Haben Ehegatten oder Lebenspartner nach dem LPartG beide Einnahmen aus nichtselbständiger Arbeit erzielt, so wird bei jedem von ihnen – bis zur Höhe seiner Einnahmen – der Arbeitnehmer-Pauschbetrag abgezogen. Auch wenn die unbeschränkte Steuerpflicht nicht während des vollen Kj. bestanden hat, ist der Arbeitnehmer-Pauschbetrag von 1 230 € (bis zur Höhe der jeweiligen Einnahmen) in voller Höhe abzugsfähig, d. h., es erfolgt keine Zwölftelung des Pauschbetrags. Hat der Arbeitnehmer neben dem laufenden Arbeitslohn auch begünstigte außerordentliche Einnahmen aus nichtselbständiger Arbeit, so ist der Arbeitnehmer-Pauschbetrag zugunsten des Arbeitnehmers vorrangig vom laufenden Arbeitslohn abzuziehen (BFH-Urteil vom 29.10.1998, BStBl 1999 II S. 588; vgl. Tz 11.5.4).

Bei der **Rückzahlung** von **Arbeitslohn** handelt es sich nicht um Werbungskosten, sondern um **negative Einnahmen** aus nichtselbständiger Arbeit ohne Anrechnung auf den Arbeitnehmer-Pauschbetrag (vgl. Tz 11.3.5). Zu Vertragsstrafen bei einem Ausbildungsdienstverhältnis als Werbungskosten vgl. Tz 11.18.3.18 unter »Schadensersatzleistungen, Vertragsstrafen«.

Wird nur der Arbeitnehmer-Pauschbetrag von 1 230 € in Anspruch genommen, so brauchen die **Zeilen 27** bis **77** sowie die Anlage N-Doppelte Haushaltsführung **nicht** ausgefüllt zu werden. Das Finanzamt berücksichtigt den Arbeitnehmer-Pauschbetrag **von Amts wegen**. Eine pauschale Anerkennung von Berufsausgaben darüber hinaus – analog der steuerfreien **Abgeordnetenpauschale** – haben sowohl der BFH (Urteil vom 11.9.2008, BStBl II S. 928) als auch das BVerfG (Beschluss vom 26.7.2010, 2 BvR 2227/08 und 2 BvR 2228/08, BFH/NV 2010 S. 1983) abgelehnt.

Bei den steuerbegünstigten **Versorgungsbezügen** wird anstelle des Arbeitnehmer-Pauschbetrags ein **Werbungskosten-Pauschbetrag** von **102 €** abgezogen, sofern keine mit den Versorgungsbezügen zusammenhängenden höheren Werbungskosten zu berücksichtigen sind. Als Ausgleich hierfür wird bei Versorgungsempfängern ein Zuschlag zum Versorgungsfreibetrag berücksichtigt, der aber bis zum Jahr 2040 schrittweise abgeschmolzen wird (vgl. Tz 11.4.2).

Sind die tatsächlichen Werbungskosten höher als der Arbeitnehmer-Pauschbetrag von 1 230 €, so müssen sie nachgewiesen oder glaubhaft gemacht werden. Für diesen Fall sind die **Zeilen 27** bis **77** auszufüllen. Für die Geltendmachung von Mehraufwendungen für eine oder mehrere doppelte Haushaltsführung(en) ist die neue **Anlage N-Doppelte Haushaltsführung** zu verwenden (vgl. Tz 12.1). Belege und Nachweise sind nur auf Anforderung des Finanzamts auf elektronischem Weg oder in Kopie vorzulegen; zur Belegvorlage-/Belegvorhaltepflicht vgl. Vorbemerkungen Tz 14.1.

11.11.3 Verlustabzug

Das Vorliegen von Werbungskosten setzt nicht voraus, dass im selben Kj., in dem die Aufwendungen geleistet werden, Arbeitslohn zufließt. Die tatsächlichen Werbungskosten können auch abgezogen werden, wenn sie **höher** sind als der stpfl. Bruttoarbeitslohn. Bei Geltendmachung der **tatsächlichen** Werbungskosten kann sich deshalb unter Umständen auch ein **Verlust** bei den Einkünften aus nichtselbständiger Arbeit ergeben, der – soweit er nicht im laufenden VZ mit anderen Einkünften ausgeglichen und nicht im Wege des **Verlustrücktrags** berücksichtigt werden kann – dann zum Schluss des VZ als verbleibender **Verlustvortrag** gesondert festgestellt wird (§ 10d Abs. 4 EStG); vgl. Tz 10.5.2.

11.11.4 Steuerfreier und pauschal besteuerter Arbeitgeberersatz

Werbungskosten können immer nur insoweit berücksichtigt werden, als die Aufwendungen **steuerfreie** oder **pauschal besteuerte Ersatzleistungen** des Arbeitgebers übersteigen. Dieser aus § 3c Abs. 1 EStG abgeleitete Grundsatz gilt dann nicht, wenn die Werbungskosten (z. B. für Fahrten zur ersten Tätigkeitsstätte) in **keinem** unmittelbaren wirtschaftlichen Zusammenhang mit den steuerfreien Einnahmen stehen. Eine Kürzung der Werbungskosten kommt deshalb beispielsweise **nicht** in Betracht, wenn der Arbeitnehmer während der Arbeitsphase steuerfreie **Aufstockungsbeträge** wegen **Altersteilzeit** nach § 3 Nr. 28 EStG oder Zuschläge für **Sonntags-**, **Feiertags-**

oder **Nachtarbeit** nach § 3 b EStG erhält; ebenso nicht für Werbungskosten, die auf den Zeitraum entfallen, für den der Arbeitnehmer steuerfreies **Insolvenzgeld** erhält. Das zum Werbungskostenabzug bei Bezug von Konkursausfallgeld ergangene BFH-Urteil vom 23.11.2000 (BStBl 2001 II S. 199) gilt analog auch für den Bezug von Insolvenzgeld.

Werbungskosten liegen ebenfalls grds. **nicht** vor, wenn die Ausgaben mit nach DBA oder dem ATE steuerfreiem **ausländischem Arbeitslohn**, in unmittelbarem wirtschaftlichem **Zusammenhang** stehen (BFH-Urteile vom 9.11.1976, BStBl 1977 II S. 207, vom 14.11.1986, BStBl 1987 II S. 385 und vom 24.4.1992, BStBl II S. 666). Diese Werbungskosten werden aber im Rahmen des Progressionsvorbehalts von den steuerfreien ausländischen Einkünften aus nichtselbständiger Arbeit abgezogen (vgl. Tz 11.9 a. E.). Die auf eine Auslandstätigkeit (z. B. eines Auslandslehrers, Berufssoldaten oder eines Referendars) entfallenden Werbungskosten, die nicht eindeutig den steuerfreien oder stpfl. Bezügen zugeordnet werden können, sind regelmäßig zu dem Teil nicht abziehbar, der dem Verhältnis der steuerfreien Einnahmen zu den Gesamteinnahmen während der Auslandstätigkeit entspricht (BFH-Urteile vom 11.2.1993, BStBl II S. 450, vom 13.8.1997, BStBl 1998 II S. 21 und vom 11.2.2009, BStBl 2010 II S. 536).

Der Arbeitgeber kann **steuerfreien Werbungskostenersatz** grds. nur bei **Reisekosten**, **Umzugskosten** und **doppelter Haushaltsführung** leisten (§ 3 Nr. 13 und Nr. 16 EStG); außerdem kann er **Werkzeuggeld** steuerfrei gewähren (§ 3 Nr. 30 EStG) sowie typische **Berufskleidung** (§ 3 Nr. 31 EStG) steuerfrei überlassen und notwendige **Sammelbeförderungen** von Arbeitnehmern zwischen Wohnung und erster Tätigkeitsstätte, Sammelpunkt oder weiträumigem Tätigkeitsgebiet für den betrieblichen Einsatz steuerfrei übernehmen (§ 3 Nr. 32 EStG). Übernimmt der Arbeitgeber darüber hinaus Aufwendungen, die beim Arbeitnehmer als Werbungskosten abziehbar sind (z. B. für die Anschaffung von Arbeitsmitteln), sind die Arbeitgeberleistungen zwar zunächst als Sachbezüge zu versteuern, der Arbeitnehmer kann jedoch im Rahmen der Einkommensteuerveranlagung in entsprechender Höhe Werbungskosten geltend machen (vgl. R 9.1 Abs. 4 Satz 2 LStR).

11.11.5 Vorab entstandene/nachträgliche Werbungskosten

Auslagen, die im Bestreben gemacht werden, künftigen Arbeitslohn zu erzielen, können **vorab entstandene Werbungskosten** sein (z. B. für Reisen zu Vorstellungsgesprächen oder für Qualifizierungsmaßnahmen während der Elternzeit); dabei bedarf der berufliche Verwendungsbezug – wenn er sich nicht aus den Umständen ergibt – einer ins Einzelne gehenden Begründung (BFH-Urteil vom 22.7.2003, BStBl 2004 II S. 888). Es ist jedoch unerheblich, ob die erwarteten Einnahmen später auch tatsächlich zufließen; es können auch **erfolglose Werbungskosten** anfallen. Aufwendungen, die zur Vorbereitung der Berufstätigkeit, also vor deren Beginn, gemacht werden, können nur nach den Einkünften beurteilt werden, deren Erzielung erstrebt wird. Vorbereitende Aufwendungen für eine **im Ausland beabsichtigte Tätigkeit** können im Inland nicht als Werbungskosten berücksichtigt werden, wenn die im Ausland zu erzielenden Einkünfte (z. B. nach dem maßgeblichen DBA) im Inland steuerfrei sind (BFH-Urteil vom 20.7.1973, BStBl II S. 732).

Werbungskosten können auch **nachträglich** dadurch entstehen, dass der Arbeitnehmer **nach Beendigung** des Dienstverhältnisses noch Aufwendungen tätigen muss, die unmittelbar mit dem früheren Arbeitsverhältnis zusammenhängen (z. B. Aufwendungen, die schon während der Einkunftserzielung angefallen sind, aber erst nach Aufgabe derselben geleistet werden; aber auch Schadensersatzleistungen oder Haftung eines ehemaligen Geschäftsführers einer GmbH).

11.11.6 Abgrenzung zu den Kosten der Lebensführung

Keine Werbungskosten sind Aufwendungen, die durch die **allgemeine Lebensführung** bedingt sind. Entsprechendes gilt für den Abzug von Betriebsausgaben (vgl. Teil II Tz 2.1). Aufwendungen für den **Haushalt** des Steuerpflichtigen und für den **Unterhalt** seiner **Familienangehörigen** sind nach § 12 Nr. 1 Satz 1 EStG vollständig vom Werbungskostenabzug ausgeschlossen und demzufolge auch nicht nach der Rspr. des BFH (Beschluss des GrS des BFH vom 21.9.2009, BStBl 2010 II S. 672) in einen abziehbaren und nicht abziehbaren Teil aufzuteilen. Sie sind durch die Vorschriften zur Berücksichtigung des steuerlichen Existenzminimums (Grundfreibetrag, Freibeträge für Kinder) pauschal abgegolten und weder als Sonderausgaben noch als außergewöhnliche Belastungen abziehbar. Kosten der Lebensführung in diesem Sinne sind insbesondere Aufwendungen für Wohnung, Ernährung, bürgerliche Kleidung, allgemeine Schulausbildung, Kindererziehung, persönliche Bedürfnisse des täglichen Lebens, z. B. Erhaltung der Gesundheit, Pflege, Hygieneartikel, Zeitung, Rundfunk oder Besuch kultureller und sportlicher Veranstaltungen (Rz 4 des BMF-Schreibens vom 6.7.2010, BStBl I S. 614).

Aufwendungen nach § 12 Nr. 1 Satz 2 EStG sind ebenfalls vollumfänglich nicht abziehbar und demzufolge nicht aufzuteilen. Das sind Aufwendungen für die Lebensführung, die zwar der Förderung des Berufs oder der Tätigkeit dienen können, die aber grds. die **wirtschaftliche** oder **gesellschaftliche Stellung** des Steuerpflichtigen mit sich bringt. Hierbei handelt es sich um Aufwendungen, die mit dem persönlichen Ansehen des Steuerpflichtigen in Zusammenhang stehen, d. h. der Pflege der sozialen Verpflichtungen dienen (vgl. Tz 11.18.3.17 unter »Repräsentationsaufwendungen«). Aufwendungen nach § 12 Nr. 1 EStG sind selbst im Falle einer beruflichen Mitveranlassung nicht als Werbungskosten abziehbar (Rz 6 des o. a. BMF-Schreibens vom 6.7.2010).

11.11.7 Gemischte Aufwendungen

11.11.7.1 BFH-Rechtsprechung

Der GrS des BFH hat mit Beschluss vom 21.9.2009, BStBl 2010 II S. 672 seine Rspr. zur Beurteilung **gemischt** (beruflich und privat) **veranlasster Aufwendungen** geändert und Aufwendungen für gemischt veranlasste Reisen anteilig zum Abzug als Betriebsausgaben oder Werbungskosten zugelassen. Ein Abzug der Aufwendungen kommt nach der Entscheidung des GrS nur dann insgesamt nicht in Betracht, wenn die – für sich gesehen jeweils nicht unbedeutenden – beruflichen und privaten Veranlassungsbeiträge (z. B. bei einer beruflich/privaten Doppelmotivation für eine Reise) so ineinandergreifen, dass eine Trennung nicht möglich ist, wenn es also an objektivierbaren Kriterien für eine Aufteilung fehlt.

Die Finanzverwaltung hat als Reaktion auf diese Rspr. mit BMF-Schreiben vom 6.7.2010, BStBl I S. 614 zur steuerlichen Beurteilung gemischter Aufwendungen und deren Aufteilung ausführlich Stellung genommen. Im Nachfolgenden hat auch der BFH seine Rspr. weiterentwickelt (siehe u. a. BFH-Urteile vom 21.4.2010, BStBl II S. 685 und 687, vom 24.2.2011, BStBl II S. 796 und vom 8.7.2015, BStBl II S. 1013). In diesen Verfahren ging es um die Aufteilung von Aufwendungen für eine gemischt veranlasste **Fortbildungsveranstaltung** (vgl. Tz 11.17.9), den Aufteilungsmaßstab bei einer gemischt veranlassten **Auslandsgruppenreise** (vgl. Tz 11.19.3), den Abzug von Reisekosten bei einem **Sprachkurs** im Ausland (vgl. Tz 11.17.6) und um die Aufteilung von Aufwendungen für eine privat und beruflich veranlasste **Feier** (vgl. Tz 11.18.3.7 unter »Bewirtungskosten«).

11.11.7.2 Aufteilungsgrundsätze

Für die Aufteilung gemischter Aufwendungen lassen sich hiernach folgende Grundsätze aufstellen:

- Aufwendungen, die eindeutig und klar abgrenzbar **ausschließlich** betrieblich/beruflich oder privat veranlasst sind, sind unmittelbar dem betrieblichen/beruflichen oder privaten Teil der Aufwendungen zuzuordnen.
- Eine Aufteilung der Aufwendungen kommt nur in Betracht, wenn der Steuerpflichtige die betriebliche oder berufliche Veranlassung im Einzelnen umfassend **dargelegt** und **nachgewiesen** hat. Bestehen gewichtige Zweifel an einer betrieblichen oder beruflichen (Mit-)Veranlassung der Aufwendungen, so kommt

für die Aufwendungen schon aus diesem Grund ein Abzug insgesamt nicht in Betracht.

- Die Aufteilung gemischt veranlasster Aufwendungen hat nach einem an **objektiven Kriterien** orientierten Maßstab der **Veranlassungsbeiträge** zu erfolgen. Ist eine verlässliche Aufteilung nur mit unverhältnismäßigem Aufwand möglich, erfolgt die Aufteilung im Wege der Schätzung. Fehlt es an einer geeigneten Schätzungsgrundlage oder sind die Veranlassungsbeiträge nicht trennbar, gelten die Aufwendungen als insgesamt privat veranlasst.
- Bei einer **untergeordneten privaten Mitveranlassung** (< 10 %) sind die Aufwendungen in vollem Umfang als Betriebsausgaben/Werbungskosten abziehbar; die Abzugsbeschränkungen des § 4 Abs. 5 EStG und § 9 Abs. 4a, 5 EStG bleiben davon unberührt.
- Bei einer **untergeordneten betrieblichen/beruflichen Mitveranlassung** (< 10 %) sind die Aufwendungen in vollem Umfang **nicht** als Betriebsausgaben/Werbungskosten abziehbar. Wird ein Sachverhalt insgesamt als privat veranlasst gewürdigt und werden die Aufwendungen dementsprechend steuerlich nicht berücksichtigt, so können zusätzliche ausschließlich betrieblich/beruflich veranlasste Aufwendungen für sich genommen als Betriebsausgaben oder Werbungskosten abzuziehen sein.

BEISPIEL:
Ein Arbeitnehmer nimmt während seiner 14-tägigen Urlaubsreise an einem eintägigen Fachseminar teil.
Die Aufwendungen für die Urlaubsreise sind nicht abziehbar. Die Aufwendungen, die unmittelbar mit dem Fachseminar zusammenhängen (Seminargebühren, Fahrtkosten vom Urlaubsort zum Tagungsort, ggf. Pauschbetrag für Verpflegungsmehraufwendungen), sind als Werbungskosten abziehbar.

11.11.7.3 Höhe der abziehbaren Aufwendungen

Sind die Aufwendungen sowohl durch betriebliche/berufliche als auch private Gründe von jeweils nicht untergeordneter Bedeutung veranlasst, ist nach Möglichkeit eine Aufteilung der Aufwendungen nach den **Veranlassungsbeiträgen** vorzunehmen (BFH-Urteil vom 21.4.2010, BStBl II S. 685). Es ist ein geeigneter, den Verhältnissen im Einzelfall gerecht werdender Aufteilungsmaßstab zu finden. Der Maßstab muss nach objektivierbaren, d. h. nach außen hin erkennbaren und nachvollziehbaren Kriterien ermittelt und hinsichtlich des ihm zugrunde liegenden Veranlassungsbeitrags dokumentiert werden. Der betrieblich/beruflich und privat veranlasste Teil der Aufwendungen kann insbesondere nach folgenden Kriterien ermittelt werden:

- Zeit-, Mengen- oder Flächenanteile,
- Aufteilung nach Köpfen.

Bestehen keine Zweifel daran, dass ein nach objektivierbaren Kriterien abgrenzbarer Teil der Aufwendungen betrieblich/beruflich veranlasst ist, bereitet seine Quantifizierung aber Schwierigkeiten, so ist dieser Anteil unter Berücksichtigung aller maßgeblichen Umstände zu **schätzen** (§ 162 AO). Ist also zweifelsfrei ein betrieblicher/beruflicher Kostenanteil entstanden, kann aber dessen jeweiliger Umfang mangels geeigneter Unterlagen nicht belegt werden, ist eine Schätzung geboten.

11.11.7.4 Nicht aufteilbare gemischte Aufwendungen

Ein Abzug der Aufwendungen kommt insgesamt nicht in Betracht, wenn die – für sich gesehen jeweils nicht unbedeutenden – betrieblichen/beruflichen und privaten Veranlassungsbeiträge so ineinander greifen, dass eine Trennung nicht möglich und eine Grundlage für die Schätzung nicht erkennbar ist. Das ist insbesondere der Fall, wenn es an objektivierbaren Kriterien für eine Aufteilung fehlt.

Beispiele, in denen nach der Rspr. weiter von der Nichtabziehbarkeit der Aufwendungen auszugehen ist:

- Aufwendungen für **Sicherheitsmaßnahmen** eines Steuerpflichtigen zum Schutz von Leben, Gesundheit, Freiheit und Vermögen seiner Person (BFH-Urteil vom 5.4.2006, BStBl II S. 541);
- Aufwendungen eines in Deutschland lebenden Ausländers für das Erlernen der **deutschen Sprache** (BFH-Urteil vom 15.3.2007, BStBl II S. 814; vgl. Tz 11.17.6);
- Aufwendungen einer Landärztin für einen **Schutzhund** (BFH-Urteil vom 29.3.1979, BStBl II S. 512);
- **Einbürgerungskosten** zum Erwerb der deutschen Staatsangehörigkeit (BFH vom 18.5.1984, BStBl II S. 588);
- Kosten für den Erwerb eines **Führerscheins** (BFH-Urteile vom 8.4.1964, BStBl III S. 431 und vom 5.8.1977, BStBl II S. 834; vgl. Tz 11.18.3.10 unter »Führerschein«);
- Aufwendungen für **Reisen** an ausländische Ferienorte zur Erholung und zur Aktualisierung und Anfertigung von Lehrbüchern (BFH-Urteil vom 7.5.2013, BStBl II S. 808);
- Aufwendungen für eine **»Arbeitsecke«** in gemischt genutzten Räumen (BFH-Beschluss vom 27.7.2015, BStBl 2016 II S. 265; vgl. Tz 11.15.7);
- Aufwendungen einer Kunstlehrerin für Besuche von **Kunstausstellungen** und **Vernissagen** (FG Baden-Württemberg vom 19.2.2016, 13 K 2981/13, EFG 2016 S. 627);
- Aufwendungen einer Religionslehrerin für eine vom Schulträger organisierte **Israelreise** zu typischen touristischen Zielen (FG Münster vom 27.1.2022, 1 K 224/21 E, EFG 2022 S. 487).

11.12 Entfernungspauschale

11.12.1 Gesetzesentwicklung

Das Bundesverfassungsgericht hat mit Urteil vom 9.12.2008 (BGBl I S. 2888) die im Rahmen des Steueränderungsgesetzes 2007 eingeführte gesetzliche Beschränkung der **Entfernungspauschale** auf Aufwendungen ab dem 21. Kilometer (sog. Werkstorprinzip) rückwirkend zum 1.1.2007 für verfassungswidrig erklärt. Die Gesetzeslage zur Entfernungspauschale bis VZ 2006 wurde im Anschluss daran mit dem Gesetz zur Fortführung der Gesetzeslage 2006 bei der Entfernungspauschale vom 20.4.2009 (BGBl I S. 774, BStBl I S. 536) rückwirkend ab 1.1.2007 wieder in Kraft gesetzt.

Seit dem VZ 2012 wird bei der Vergleichsrechnung zwischen Entfernungspauschale und den tatsächlichen Aufwendungen für öffentliche Verkehrsmittel nur noch das **Jahresprinzip** angewendet (§ 9 Abs. 2 Satz 2 EStG i. d. F. des Steuervereinfachungsgesetzes 2011); vgl. Tz 11.12.11.

Ab dem VZ 2014 wurde für den von der Rspr. des BFH geprägten Begriff der »regelmäßigen Arbeitsstätte« eine gesetzliche Definition geschaffen (§ 9 Abs. 4 EStG i. d. F. des Gesetzes zur Änderung und Vereinfachung der Unternehmensbesteuerung und des steuerlichen Reisekostenrechts vom 20.2.2013, BStBl I S. 188). Die Entfernungspauschale gilt hiernach für die Wege zur sog. **»ersten Tätigkeitsstätte«**. Diese bestimmt sich rein nach den arbeits- oder dienstrechtlichen Festlegungen des Arbeitgebers oder dem zeitlichen Umfang der Tätigkeit des Arbeitnehmers in der betrieblichen Einrichtung. Ist der Arbeitnehmer dauerhaft in einer betrieblichen Einrichtung eines mit dem Arbeitgeber verbundenen Unternehmens oder eines vom Arbeitgeber bestimmten Dritten (z. B. Kunden) tätig, kann sich auch dort die erste Tätigkeitsstätte des Arbeitnehmers befinden (vgl. Tz 11.12.2.1). Als erste Tätigkeitsstätte gilt zudem auch eine **Bildungseinrichtung**, die der Arbeitnehmer außerhalb eines Dienstverhältnisses zum Zwecke eines Vollzeitstudiums oder einer vollzeitlichen Bildungsmaßnahme aufsucht (vgl. Tz 11.12.2.11). Für Fahrten zwischen der Wohnung und einem gleichbleibenden **Ort** – sog. **»Sammelpunkt«** (vgl. Tz 11.12.2.12) – oder der Wohnung und dem nächstgelegenen Zugang zu einer **weiträumigen Tätigkeitsstätte** (vgl. Tz 11.12.2.13) gelten die Regelungen zur Entfernungspauschale entsprechend, wenn der Arbeitnehmer diesen **Ort** oder die **weiträumige Tätigkeitsstätte** nach den arbeitsrechtlichen Festlegungen des Arbeitgebers arbeitstäglich dauerhaft aufsuchen muss.

Fahrten zu weiteren Tätigkeitsstätten des Arbeitnehmers, die **nicht** als erste Tätigkeitsstätte anzusehen sind, können nach den für Auswärtstätigkeiten geltenden Grundsätzen mit den tatsächlichen Kosten oder mit den pauschalen Kilometersätzen nach dem

BRKG (beim Pkw 0,30 €, bei anderen motorbetriebenen Fahrzeugen wie z.B. Motorrad, Motorroller 0,20 € je gefahrenem Kilometer) geltend gemacht werden.

Der BFH hat mit einem Grundsatzurteil vom 4.4.2019, BStBl II S. 536 das **Reisekostenrecht**, das seit dem Jahr 2014 den Werbungskostenabzug für nicht ortsfest eingesetzte Arbeitnehmer einschränkt, als **verfassungsgemäß** bestätigt. Der Gesetzgeber habe sein Regelungsermessen nicht überschritten, da sich Arbeitnehmer in unterschiedlicher Weise auf die immer gleichen Wege einstellen und so auf eine Minderung der Wegekosten hinwirken könnten. Im Anschluss daran hat der BFH weitere Entscheidungen getroffen, die die Folgen der geänderten Rechtslage für bestimmte Berufsgruppen – wie etwa Piloten, Luftsicherheitskontrollkräfte, Postzusteller, Rettungssanitäter, Müllwerker (vgl. Tz 11.12.2.2), Arbeitnehmer im öffentlichen Dienst (vgl. Tz 11.12.2.3) oder Leiharbeitnehmer (vgl. Tz 11.12.2.5) – verdeutlichen.

Zur steuerlichen Beurteilung von Reisekosten der Arbeitnehmer ist im Einzelnen das BMF-Schreiben vom 25.11.2020 (BStBl I S. 1228) zu beachten. Die neue BFH-Rspr., insbesondere zum Vorliegen einer ersten Tätigkeitsstätte, ist darin berücksichtigt.

Durch das Gesetz zur Umsetzung des Klimaschutzprogramms 2030 im Steuerrecht vom 21.12.2019 (BGBl I S. 2886) wurde die Entfernungspauschale im ersten Schritt ab dem Jahr 2021 um 5 Cent auf **0,35 €** und im zweiten Schritt ab dem Jahr 2024 um weitere 3 Cent auf **0,38 €** angehoben. Die Anhebung gilt jedoch erst ab dem **21. Entfernungskilometer** und ist bis zum Jahr 2026 befristet. Hierdurch sollen Fernpendler zumindest teilweise für die durch die CO_2-Bepreisung sich ergebenden höheren Aufwendungen für Fahrten zwischen Wohnung und erster Tätigkeitsstätte entlastet werden. Als Ausgleich für erheblich gestiegene Kraftstoffpreise wurde dann im Rahmen des Steuerentlastungsgesetzes 2022 vom 23.5.2022 (BGBl I S. 749) die ab dem Jahr 2024 vorgesehene Erhöhung der Entfernungspauschale für Fernpendler ab dem 21. Entfernungskilometer auf das **Jahr 2022** vorgezogen. Sie beträgt nun rückwirkend zum 1.1.2022 für Entfernungen ab dem 21. Kilometer **0,38 €** je Entfernungskilometer. Diese Erhöhung gilt weiter nur befristet bis zum Jahr 2026. Für Entfernungen zwischen Wohnung und erster Tätigkeitsstätte bis 20 Kilometer bleibt es unverändert bei einer Entfernungspauschale von 0,30 € je Entfernungskilometer. Die Differenzierung der Entfernungspauschale für die ersten 20 km und die darüber hinausgehende Wegstrecke ab dem 21. Entfernungskilometer zwischen Wohnung und Arbeitsstätte ist nach Ansicht des FG Berlin-Brandenburg **verfassungsgemäß** (Urteil vom 20.3.2024, 16 K 16092/23, EFG 2024 S. 1205 – rkr.).

Zur Ermittlung der (erhöhten) Entfernungspauschale ab dem 1.1.2021 ist das BMF-Schreiben vom 18.11.2021, BStBl I S. 2315 unter Berücksichtigung der auf das Jahr 2022 vorgezogenen Anhebung der Entfernungspauschale ab dem 21. Entfernungskilometer auf 0,38 € zu beachten.

Die erhöhte Entfernungspauschale ab dem 21. Kilometer (ab VZ 2022: 0,38 €) gilt entsprechend auch für **Familienheimfahrten** im Rahmen einer beruflich veranlassten **doppelten Haushaltsführung** (vgl. Tz 12.7.4) sowie bei der Ermittlung der **Betriebsausgaben** für die Wege zwischen Wohnung und Betriebsstätte und für Familienheimfahrten (vgl. Teil II Tz 2.7).

Rechtsänderungen ab 2026:
Nach dem Entwurf des Steueränderungsgesetzes 2025 soll die **Entfernungspauschale** ab 2026 allen Steuerpflichtigen bereits ab dem ersten vollen Entfernungskilometer und nicht mehr erst ab dem 21. Entfernungskilometer mit **0,38 €** gewährt werden. Dies soll entsprechend auch für Familienheimfahrten im Rahmen einer doppelten Haushaltsführung und beim Betriebsausgabenabzug für die Wege zwischen Wohnung und Betriebsstätte gelten.
Das Gesetzgebungsverfahren zu dem v. g. Gesetz war bei Redaktionsschluss (1.11.2025) noch nicht abgeschlossen, sodass die endgültige Gesetzesfassung nach der Verabschiedung durch die Gesetzgebungsorgane abzuwarten bleibt.

Berufspendler, die mit ihrem zu versteuernden Einkommen unterhalb des Grundfreibetrags liegen und bei denen sich die erhöhte Entfernungspauschale ab dem 21. Kilometer deshalb steuerlich nicht als Betriebsausgaben oder Werbungskosten auswirkt, können seit dem VZ 2021 eine **Mobilitätsprämie** i. H. von 14 % der erhöhten Entfernungspauschale beantragen (§ 101 Satz 1 EStG). 14 % entspricht dem Eingangssteuersatz im Einkommensteuertarif (vgl. Tz 1.5.5). Die auf das Jahr 2022 vorgezogene Erhöhung der Entfernungspauschale ab dem 21. Entfernungskilometer auf 0,38 € (s. o.) wirkt sich auch auf die Höhe der Mobilitätsprämie aus. Die Mobilitätsprämie wird auf **Antrag** vom zuständigen Wohnsitzfinanzamt nach Ablauf des Kj. gewährt (vgl. Tz 35 unter Erläuterungen zur »Anlage Mobilitätsprämie«).

11.12.2 Erste Tätigkeitsstätte

Die erste Tätigkeitsstätte ist die **ortsfeste** betriebliche **Einrichtung** des **Arbeitgebers**, eines **verbundenen Unternehmens** oder eines vom Arbeitgeber bestimmten **Dritten** (z. B. eines Kunden), der der Arbeitnehmer **dauerhaft zugeordnet** ist (§ 9 Abs. 4 Satz 1 EStG). Die Bestimmung der ersten Tätigkeitsstätte erfolgt vorrangig anhand der **dienst-** oder **arbeitsrechtlichen** Festlegungen durch den Arbeitgeber (vgl. Tz 11.12.2.2). Sind solche nicht vorhanden oder sind die getroffenen Festlegungen nicht eindeutig, werden hilfsweise quantitative Kriterien (vgl. Tz 11.12.2.9) herangezogen. Voraussetzung ist zudem, dass der Arbeitnehmer in einer der in § 9 Abs. 4 Satz 1 EStG genannten ortsfesten Einrichtungen (vgl. Tz 11.12.2.1) **dauerhaft** (vgl. Tz 11.12.2.4) tätig werden soll. Ein Arbeitnehmer ohne erste Tätigkeitsstätte ist außerhalb seiner Wohnung immer **auswärts** tätig.

11.12.2.1 Tätigkeitsstätte

Tätigkeitsstätte ist eine von der Wohnung getrennte, ortsfeste betriebliche Einrichtung, die räumlich zusammengefasste Sachmittel umfasst, die der Tätigkeit des Arbeitgebers, eines verbundenen Unternehmens oder eines vom Arbeitgeber bestimmten Dritten dienen und mit dem Erdboden verbunden oder dazu bestimmt sind, überwiegend standortgebunden genutzt zu werden (BFH-Urteil vom 11.4.2019, BStBl II S. 551). So stellen auch **Baucontainer**, die z. B. auf einer Großbaustelle längerfristig fest mit dem Erdreich verbunden sind und in denen sich z. B. Baubüros, Aufenthaltsräume oder Sanitäreinrichtungen befinden, ortsfeste betriebliche Einrichtungen dar.

Eine (**großräumige**) erste Tätigkeitsstätte liegt auch vor, wenn eine Vielzahl solcher Mittel, die für sich betrachtet selbständige betriebliche Einrichtungen darstellen können, räumlich abgrenzbar in einem organisatorischen, technischen oder wirtschaftlichen Zusammenhang mit der betrieblichen Tätigkeit des Arbeitgebers, eines verbundenen Unternehmens oder eines vom Arbeitgeber bestimmten Dritten stehen. Demgemäß kommt als eine solche erste Tätigkeitsstätte auch ein großflächiges und entsprechend infrastrukturell erschlossenes Gebiet (z. B. Werksanlage, Betriebsgelände, Zechengelände, Bahnhof oder Flughafen) in Betracht (BFH-Urteile vom 11.4.2019, BStBl II S. 546 und 551). Der Abzug von **Verpflegungsmehraufwendungen** scheidet aus, wenn eine (großräumige) erste Tätigkeitsstätte vorhanden ist.

Ein Arbeitnehmer, der auf einem **Flughafen** an wechselnden Kontrollstellen zur Durchführung von Sicherheitskontrollen eingesetzt wird, hat auf dem Flughafengelände hiernach seine erste (großräumige) erste Tätigkeitsstätte (BFH-Urteil vom 11.4.2019, BStBl II S. 551). Bei einem **Lokführer** ist das Bahnhofsgelände der Dienststelle als großräumige erste Tätigkeitsstätte anzusehen, wenn er dort zumindest in geringem Umfang arbeitsvertraglich geschuldete, berufsbildbezogene Tätigkeiten ausübt (FG Sachsen-Anhalt vom 26.2.2020, 1 K 629/19, EFG 2020 S. 912 – rkr.). Bei einem Lokführer einer **Werksbahn**, dessen Tätigkeit sich auf das werkseigene Schienennetz als Verbindung zwischen den betrieblichen Einrichtungen beschränkt, liegt ebenfalls eine großräumige erste Tätigkeitsstätte vor (BFH-Urteil vom 1.10.2020, VI R 36/18, BFH/NV 2021 S. 309). Dies gilt auch dann, wenn die einzelnen betrieblichen Einrichtungen nicht direkt örtlich aneinander angrenzen.

Fahrzeuge, Flugzeuge, Schiffe oder Tätigkeitsgebiete ohne ortsfeste betriebliche Einrichtungen sind **keine** Tätigkeitsstätten in diesem Sinne, ebenso nicht das häusliche **Arbeitszimmer** des Arbeitnehmers. Dies gilt auch, wenn der Arbeitgeber vom Arbeitnehmer einen oder mehrere Arbeitsräume anmietet, die der Wohnung des Arbeitnehmers zuzurechnen sind (Rz 4 des BMF-Schreibens vom 25.11.2020, BStBl I S. 1228).

Nicht entscheidend ist, ob an der vom Arbeitgeber festgelegten Tätigkeitsstätte der **qualitative Schwerpunkt** der Tätigkeit liegt oder liegen soll. Für die **Zuordnung** ist lediglich entscheidend, ob der Arbeitnehmer bei einer in die Zukunft gerichteten Prognose nach den dienst- oder arbeitsrechtlichen Festlegungen an einer ortsfesten betrieblichen Einrichtung des Arbeitgebers, eines verbundenen Unternehmens oder eines vom Arbeitgeber bestimmten Dritten tätig werden soll. Auf den Umfang der Tätigkeit an der vom Arbeitgeber zugewiesenen Tätigkeitsstätte kommt es grds. nicht an. Erforderlich, aber ausreichend ist, dass der Arbeitnehmer am Ort der ersten Tätigkeitsstätte zumindest in **geringem Umfang** Tätigkeiten zu erbringen hat, die er arbeitsvertraglich oder dienstrechtlich schuldet und die zu dem von ihm ausgeübten Berufsbild gehören (Rz 9 des o. a. BMF-Schreibens vom 25.11.2020).

BEISPIEL:

Der Vertriebsmitarbeiter V für die Region A soll einmal wöchentlich an den Firmensitz nach B fahren, dem er zugeordnet ist. Dort soll er die anfallenden Bürotätigkeiten erledigen und an Dienstbesprechungen teilnehmen. B ist aufgrund der arbeitsrechtlichen Zuordnung die erste Tätigkeitsstätte des V. Dabei ist unerheblich, dass V überwiegend in der Region A und nicht in B tätig werden soll.

11.12.2.2 Dienst- oder arbeitsrechtliche Zuordnung

Die Zuordnung zu einer ersten Tätigkeitsstätte wird vorrangig durch die **dienst-** oder **arbeitsrechtlichen Festlegungen** sowie die diese ausfüllenden Absprachen oder Weisungen des Arbeitgebers bestimmt (§ 9 Abs. 4 Satz 2 EStG). Diese können sich insbesondere aus dem Arbeitsvertrag oder dienstrechtlichen Verfügungen ergeben (Rz 11 des BMF-Schreibens vom 25.11.2020, BStBl I S. 1228). Die arbeitsrechtliche Zuordnungsentscheidung des Arbeitgebers als solche muss für ihre steuerliche Wirksamkeit nicht dokumentiert werden (BFH-Urteil vom 10.4.2019, BStBl II S. 539); eine Dokumentationspflicht ist § 9 Abs. 4 Satz 2 EStG nicht zu entnehmen. Ob sich der Arbeitgeber der steuerlichen Folgen seiner Zuordnungsentscheidung bewusst ist, spielt im Übrigen keine Rolle.

Bei fliegendem Personal – wie **Piloten** oder **Flugbegleitern** – kann hiernach der im Anstellungsvertrag dauerhaft zugewiesene Heimatflughafen eine erste Tätigkeitsstätte sein (BFH-Urteile vom 10.4.2019, VI R 17/17, BFH/NV 2019 S. 904 und vom 11.4.2019, BStBl II S. 546). Für die Annahme einer ersten Tätigkeitsstätte am Flughafen ist es auch bei im internationalen Flugverkehr tätigen Piloten und Flugbegleitern ausreichend, wenn diese in den auf dem Flughafengelände gelegenen Räumen der Airline zumindest in geringem Umfang Tätigkeiten erbringen, die arbeitsrechtlich geschuldet werden (z. B. Flugvor- und Flugnachbereitungen). Das FG Köln ist darüber hinaus der Ansicht, dass für das Vorliegen einer »**großräumigen ersten Tätigkeitsstätte**« am Flughafen auch die Tätigkeiten im Flugzeug bis zum Abheben von der Rollbahn zu berücksichtigen sind (Urteil vom 4.12.2024, 12 K 1369/21, EFG 2025 S. 930 – Revision eingelegt, Az. beim BFH: VI R 4/25). Das Vorliegen einer ersten Tätigkeitsstätte am Flughafen hat zur Folge, dass die Fahrten zwischen der Wohnung und dem Flughafen nur mit der **Entfernungspauschale** berücksichtigt werden können. Dabei ist die Entfernungspauschale lediglich nur **hälftig** anzusetzen, wenn aufgrund eines mehrtägigen Flugeinsatzes täglich nur jeweils eine Strecke zwischen Wohnung und Flughafen zurücklegt wird (vgl. Tz 11.12.4).

Sofern der Arbeitsvertrag keine ausdrückliche Zuordnung zu einer bestimmten Tätigkeitsstätte enthält, kann sich im Einzelfall eine Zuordnung zu einer ersten Tätigkeitsstätte aus weiteren Unterlagen (z. B. Dienst- oder Einsatzplänen), aufgrund von mündlichen Weisungen des Arbeitgebers oder auch konkludent aufgrund der vorgegebenen Arbeitsabläufe ergeben:

- Im Fall eines **Postzustellers** ist das FG Nürnberg vom Vorliegen einer ersten Tätigkeitsstätte im **Zustellzentrum** ausgegangen, weil sich die Zuordnung aufgrund der konkreten Arbeitsabläufe ergebe (FG Nürnberg vom 3.5.2018, 6 K 1031/17 und 6 K 1033/17, EFG 2019 S. 1576; bestätigt durch BFH-Urteile vom 30.9.2020, BStBl 2021 II S. 306 und VI R 12/19, BFH/NV 2021 S. 307). Die Tätigkeit muss notwendigerweise täglich am Zustellzentrum mit Sortierarbeiten begonnen und mit Nacharbeiten (z. B. Abschreibpost, Abrechnungen) beendet werden. Diese Tätigkeiten weisen einen inhaltlichen Bezug zum Zustelldienst auf und sind nicht nur rein organisatorischer Art. Dazu habe der Arbeitgeber entsprechende Weisungen (ggf. mündlich) erteilt.
- Bei einem **Rettungsassistenten** ist die **Rettungswache** die erste Tätigkeitsstätte, bei der der Arbeitnehmer aufgrund eines vom Dienstherrn vorgegebenen Dienstplans seine Schicht beginnen und beenden muss. Darin ist nach Ansicht des FG Nürnberg eine Zuordnung durch den Dienstherrn zu sehen (Urteil vom 3.5.2018, 6 K 1218/17; bestätigt durch BFH-Urteil vom 30.9.2020, BStBl 2021 II S. 308). Die arbeitstägliche Vorbereitung des Rettungsfahrzeugs auf den Einsatz (z. B. das Reinigen des Fahrzeugs, Auffüllen von fehlenden Medikamenten und Verbrauchsmaterial) ist eine für die Annahme einer ersten Tätigkeitsstätte in der Rettungswache ausreichende Tätigkeit, die der Rettungssanitäter arbeitsvertraglich schuldet und die zu dem von ihm ausgeübten Berufsbild gehören. Die Auswärtstätigkeit beginnt demnach erst ab Verlassen der ersten Tätigkeitsstätte, sodass der Abzug von Verpflegungsmehraufwendungen erst dann in Betracht kommt, wenn die Abwesenheitsdauer von der ersten Tätigkeitsstätte nachweislich mehr als 8 Stunden beträgt.
  Ordnet der Arbeitgeber seine **Rettungssanitäter** einem Versorgungsbereich (Kreisgebiet) zu, innerhalb dessen sie dauerhaft, aber rollierend auf Basis monatlich erstellter Dienstpläne in **verschiedenen Rettungswachen** eingesetzt werden, liegt eine dauerhafte Zuordnung zu einer bestimmten Rettungswache **nicht vor** (BFH-Beschluss vom 8.2.2024, VI B 46/23, BFH/NV 2024 S. 391). Der Arbeitnehmer kann Fahrtkosten und Verpflegungsmehraufwendungen in diesem Fall nach Reisekostengrundsätzen (vgl. Tz 11.19) geltend machen, da die jeweilige Rettungswache als auswärtige Tätigkeitsstätte anzusehen ist.
- Nach Auffassung des BFH ist der **Betriebshof** eines Entsorgers keine erste Tätigkeitsstätte eines **Müllwerkers**, wenn dieser dort nur **geringfügige Tätigkeiten** ausübt, wie die Ansage der Einsatzleitung entgegenzunehmen, das Tourenbuch und die Fahrzeugschlüssel abzuholen und die Beleuchtung der Müllfahrzeuge zu kontrollieren. Der BFH hat auf die Revision des Klägers das (gegenteilige) Urteil der Vorinstanz aufgehoben und die Sache an das FG zur anderweitigen Verhandlung und Entscheidung zurückverwiesen (BFH-Urteil vom 2.9.2021, VI R 25/19, BFH/NV 2022 S. 18; Vorinstanz: FG Berlin-Brandenburg vom 23.5.2019, 4 K 4259/17, EFG 2019 S. 1442). Im zweiten Rechtsgang hat das FG belastbar festzustellen, welche Tätigkeiten der Kläger in den von ihm angegebenen Zeiträumen auf dem Betriebshof tatsächlich ausgeführt hat und ob er diese arbeitsrechtlich schuldete, sowie zu prüfen, ob sie zum Berufsbild des Klägers gehören. Aufgrund der nachgeholten Feststellungen kommt nun auch das FG Berlin-Brandenburg zu dem Ergebnis, dass der klagende Müllwerker am Betriebshof des Entsorgers keine erste Tätigkeitsstätte hat (Gerichtsbescheid vom 16.6.2022, 16 K 4259/17, EFG 2023 S. 106). Die am Betriebshof während des 45-minütigen Aufenthalts vom Müllwerker ausgeübten Tätigkeiten (Parkplatzsuche für den eigenen Pkw; Umkleiden; Anhörung der Ansage der Einsatzleitung; Abholen des Tourenbuchs, der Fahrzeugpapiere und des Fahrzeugschlüssels; Kontrollieren der Blinker und Beleuchtung des Müllfahrzeugs; Wartezeit aufgrund der zeitgleichen Abfahrt von 120 Fahrzeugen) reichen nicht aus, um dort eine erste Tätigkeitsstätte zu begründen.
- Ein **Feuerwehrmann**, der nach seinem Arbeitsvertrag vier Einsatzstellen zugewiesen werden kann, hat nach Ansicht des FG Rheinland-Pfalz keine erste Tätigkeitsstätte, auch wenn er im gesamten Kj. tatsächlich nur an einem der Einsatzorte beschäftigt war (Urteil vom 28.11.2019, 6 K 1475/18, EFG 2020 S. 269). Der BFH hat auf die Revision des beklagten Finanzamts das v. g. Urteil

des FG Rheinland-Pfalz vom 28.11.2019 aufgehoben und die Sache an das FG zur anderweitigen Verhandlung und Entscheidung zurückverwiesen (BFH-Urteil vom 26.10.2022, BStBl 2023 II S. 582). Das FG wird im zweiten Rechtsgang festzustellen haben, ob der Kläger aus Sicht »ex ante« einer Einsatzstelle dauerhaft zugeordnet war. Dabei sind nach Ansicht des BFH bei einem Angehörigen der Betriebs-/Werksfeuerwehr auch die **Arbeitsbereitschafts-** und **Bereitschaftsruhezeiten** in einer Einrichtung des Arbeitgebers als Tätigkeiten i. S. des § 9 Abs. 4 EStG anzusehen, die arbeitsvertraglich geschuldet werden und dem Berufsbild der Betriebs-/Werksfeuerwehr entsprechen. Sollte sich im zweiten Rechtsgang eine dienstrechtliche Festlegung auf eine Tätigkeitsstätte nicht feststellen lassen oder ist sie nicht eindeutig, wird das FG des Weiteren die »quantitativen« Tatbestandsmerkmale des § 9 Abs. 4 Satz 4 EStG zu prüfen haben (vgl. Tz 11.12.2.9).

- Ein **Bauleiter** hat in der **Niederlassung** eines international tätigen Bauunternehmens **keine** erste Tätigkeitsstätte, wenn dieser die Niederlassung nur gelegentlich zur Ausübung seiner beruflichen Tätigkeit (z. B. für Besprechungen) aufsuchen muss, im Übrigen aber seine Arbeitsleistung ganz überwiegend außerhalb auf **auswärtigen Baustellen** erbringt (BFH-Urteil vom 14.9.2023, BStBl 2024 II S. 38). Daraus kann nach Ansicht des BFH keine (stillschweigende) Zuordnungsentscheidung des Arbeitgebers zu der Niederlassung abgeleitet werden. Bisher in vergleichbaren Fällen ruhende Einspruchsverfahren wird die Finanzverwaltung nun fortführen und den Einsprüchen stattgeben.

11.12.2.3 Arbeitnehmer im öffentlichen Dienst

Bei Arbeitnehmern im **öffentlichen Dienst** ist die vom Dienstherrn durch dienstrechtliche Verfügung festgelegte **Dienststelle** die erste Tätigkeitsstätte, z. B. bei einem **Polizist** die Polizeidienststelle, bei der er seinen Streifendienst beginnt und beendet (BFH-Urteil vom 4.4.2019, BStBl II S. 536). Ausreichend ist, dass der Arbeitnehmer am Ort der ersten Tätigkeitsstätte zumindest in geringem Umfang Tätigkeiten zu erbringen hat, die er arbeitsvertraglich oder dienstrechtlich schuldet und die zu dem von ihm ausgeübten Berufsbild gehören (z. B. Dienstantrittsbesprechungen oder Schreibarbeiten). Diese Grundsätze haben sowohl der BFH als auch die FG in nachfolgenden Entscheidungen wiederholt bestätigt:

- Bei einem **Gerichtsvollzieher** eines Amtsgerichtes ist der Sitz des **Amtsgerichts** kraft Zuordnung durch den Dienstherrn die erste Tätigkeitsstätte. Dazu gehört auch ein vom Gerichtsvollzieher angemietetes Geschäftszimmer, das er am Sitz des Amtsgerichts auf eigene Kosten vorzuhalten hat (BFH-Urteil vom 16.12.2020, BStBl II S. 525).
- Aufgrund der Einsatzplanungsentscheidung der Bundeswehr hat ein **Zeitsoldat** seine erste Tätigkeitsstätte an dem **Stützpunkt**, dem er während seiner Dienstzeit dauerhaft zugeordnet ist. Der Umstand, dass ein Soldat (auf Zeit) unter Beachtung der dienstrechtlichen Vorschriften (jederzeit) auch einem anderen Bundeswehrstandort zugeordnet werden kann, steht einer dauerhaften Zuordnung nicht entgegen (BFH-Urteil vom 22.11.2022, VI R 6/21, BFH/NV 2023 S. 532).
- Bei einer **Zeitsoldatin**, die sich in der **Freistellung** vom militärischen Dienst für eine **Bildungsmaßnahme** befindet, ist nach Ansicht des FG Nürnberg nicht mehr der letzte militärische Dienstort, sondern der Sitz der **Bildungsstätte** die erste Tätigkeitsstätte. Fahrtkosten vom Wohnort zur Bildungsstätte können daher nur i. H. der Entfernungspauschale berücksichtigt werden; der Abzug von Verpflegungsmehraufwendungen scheidet aus (Urteil vom 8.3.2023, 5 K 211/22, EFG 2023 S. 1000 – rkr.).
- Eine überwiegend im Außendienst tätige Mitarbeiterin des allgemeinen **Ordnungsdienstes** hat im **Ordnungsamt**, dem sie zugeordnet ist, ihre erste Tätigkeitsstätte, wenn sie dort zumindest in geringem Umfang Tätigkeiten zu erbringen hat, die sie dienstrechtlich schuldet und die zu dem Berufsbild einer Mitarbeiterin des allgemeinen Ordnungsdienstes gehören (BFH-Urteil vom 12.7.2021, VI R 9/19, BFH/NV 2022 S. 11).

Dienststelle/Dienststätte i. S. des öffentlichen Reisekosten-, Umzugskosten- und Trennungsgeldrechts ist die Stelle, bei der der Arbeitnehmer eingestellt oder zu der er versetzt, abgeordnet, zugeteilt, zugewiesen oder kommandiert worden ist. Jede dieser dienstlichen Maßnahmen führt dazu, dass diese Stelle zur neuen dienstrechtlichen Dienststelle/Dienststätte wird, unabhängig davon, ob die Maßnahme dauerhaft oder nur vorübergehend ist (Rz 22 des BMF-Schreibens vom 25.11.2020, BStBl I S. 1228). Für die steuerrechtliche Beurteilung der dauerhaften Zuordnung zu einer bestimmten Tätigkeitsstätte gilt aber Folgendes:

- Eine **Versetzung** oder **Abordnung** ohne zeitliche Befristung an eine neue Dienststelle sind als »dauerhafte Zuordnung« i. S. des § 9 Abs. 4 Satz 3 EStG anzusehen. Der Arbeitnehmer begründet an dieser Dienststelle eine neue erste Tätigkeitsstätte, sodass Fahrten zwischen der Wohnung und der neuen Dienststelle nur mit der Entfernungspauschale abzugsfähig sind. Dies gilt z. B. bei einem **Soldaten**, dem ab der Ernennung zum **Berufssoldaten** von der Bundeswehr ein fest eingerichteter Dienstposten ohne zeitliche Befristung zugewiesen wurde (FG Hessen vom 17.1.2025, 4 K 561/21 – rkr. nach Rücknahme der eingelegten Nichtzulassungsbeschwerde Az. VI B 5/25). Einschränkend hat das FG Niedersachsen entschieden, dass eine Versetzung eines **Finanzbeamten** an ein Finanzamt für Großbetriebsprüfung und gleichzeitiger Rückabordnung an sein ursprüngliches Finanzamt im Rahmen der Ausbildung zum Großbetriebsprüfer **nicht** als dauerhafte Zuordnung zu einer neuen Dienststelle angesehen werden kann, weil der Beamte dort keine wesentlichen Arbeitsleistungen erbringt (Urteil vom 14.6.2022, 13 K 82/21, EFG 2022 S. 1902 – rkr.). Das ursprüngliche Finanzamt ist aufgrund der »quantitativen Kriterien« (vgl. Tz 11.12.2.9) daher weiterhin die erste Tätigkeitsstätte des Beamten und die Fahrten dorthin sind nur mit der Entfernungspauschale zu berücksichtigen.
- Eine Versetzung oder Abordnung mit einer **zeitlichen Befristung** bis zu 48 Monaten stellt dagegen keine dauerhafte Zuordnung dar. Da der Arbeitnehmer in diesen Fällen an der neuen Dienststelle keine neue erste Tätigkeitsstätte begründet, sind seine Aufwendungen (Fahrtkosten zu dieser Dienststelle und ggf. Verpflegungsmehraufwendungen) nach den für Auswärtstätigkeiten geltenden Grundsätzen (vgl. Tz 11.19) als Werbungskosten zu berücksichtigen.
- Die vorstehenden Ausführungen gelten entsprechend für abordnungs- oder versetzungsgleiche Maßnahmen (z. B. Kommandierung, Zuteilung, Zuweisung).
- Der Umstand, dass ein Beamter unter Beachtung der dienstrechtlichen Vorschriften (jederzeit) auch einer anderen Dienststelle zugeordnet werden könnte, führt nicht zur Annahme einer befristeten Zuordnung (BFH-Urteil vom 4.4.2019, BStBl II S. 536).

11.12.2.4 Dauerhafte Zuordnung

Die dienst- oder arbeitsvertragliche Zuordnung zu einer ersten Tätigkeitsstätte i. S. des § 9 Abs. 4 EStG muss »**dauerhaft**« sein. Davon ist insbesondere auszugehen, wenn der Arbeitnehmer dort **unbefristet**, für die **Dauer** des **Dienstverhältnisses** oder über einen **Zeitraum** von **48 Monaten** hinaus an einer bestimmten betrieblichen Einrichtung tätig werden soll (§ 9 Abs. 4 Satz 3 EStG). Eine Zuordnung ist **unbefristet**, wenn die Dauer der Zuordnung zu einer Tätigkeitsstätte nicht kalendermäßig bestimmt ist und sich auch nicht aus Art, Zweck oder Beschaffenheit der Arbeitsleistung ergibt. Auch der Umstand, dass der Arbeitnehmer jederzeit einer anderen Tätigkeitsstätte zugeordnet werden könnte, führt nicht zur Annahme einer befristeten Zuordnung (BFH-Urteil vom 4.4.2019, BStBl II S. 536).

BEISPIEL 1:

Der Arbeitnehmer A ist unbefristet beschäftigt. Für einen Zeitraum von 36 Monaten soll er überwiegend in der Filiale X arbeiten. In der Filiale Y soll er nur an Teambesprechungen, Mitarbeiterschulungen und sonstigen Firmenveranstaltungen teilnehmen. Diese finden voraussichtlich einmal pro Monat statt. Der Arbeitgeber hat A der Filiale Y arbeitsrechtlich dauerhaft zugeordnet.

Erste Tätigkeitsstätte ist die Filiale Y, da A dort arbeitsrechtlich dauerhaft zugeordnet ist.

BEISPIEL 2:
Der Arbeitnehmer B ist von der Firma Z als technischer Zeichner ausschließlich für ein Projekt für 2 Jahre befristet eingestellt worden. Das Arbeitsverhältnis von B soll vertragsgemäß nach Ablauf der Befristung enden.
B hat ab dem ersten Tag der Tätigkeit bei Z aufgrund der arbeitsrechtlichen Zuordnung des Arbeitgebers seine erste Tätigkeitsstätte.

Die Zuordnung »**bis auf Weiteres**« ist eine Zuordnung ohne Befristung und damit dauerhaft. Ein an eine **Hochschule** »bis auf Weiteres« abgeordneter **Dozent** hat daher dort seine erste Tätigkeitsstätte (FG Hessen vom 15.7.2021, 7 K 603/19, EFG 2021 S. 2044 – rkr.). Entscheidend sind dabei allein die Festlegungen des Arbeitgebers und die dienstlich erteilten Weisungen (Rz 14 des BMF-Schreibens vom 25.11.2020, BStBl I S. 1228). Für die Beurteilung, ob eine dauerhafte Zuordnung vorliegt, ist die auf die Zukunft gerichtete **prognostische Betrachtung** (»Ex-ante-Betrachtung«) maßgebend. Die Änderung einer Zuordnung durch den Arbeitgeber ist mit Wirkung für die Zukunft zu berücksichtigen (Rz 15 des o. a. BMF-Schreibens vom 25.11.2020).

BEISPIEL 3:
Der in H wohnende Arbeitnehmer C ist »bis auf Weiteres« an drei Tagen in der Woche in einer Filiale seines Arbeitgebers in H und an zwei Tagen in der Woche in einer Filiale seines Arbeitgebers in S tätig. Der Arbeitgeber hatte zunächst die Filiale in S als erste Tätigkeitsstätte festgelegt. Ab 1.7.2025 legt er H als erste Tätigkeitsstätte fest.
Bis 30.6.2025 hat der Arbeitnehmer C in S seine erste Tätigkeitsstätte. Ab 1.7.2025 ist die erste Tätigkeitsstätte in H.

Eine dauerhafte Zuordnung ist auch gegeben, wenn das Dienstverhältnis auf einen anderen Arbeitgeber **ausgelagert** wird und der Arbeitnehmer für die gesamte Dauer des neuen Beschäftigungsverhältnisses oder länger als 48 Monate weiterhin an seiner früheren Tätigkeitsstätte des bisherigen Arbeitgebers tätig werden soll (sog. **Outsourcing**). Auch die betriebliche Einrichtung eines **Kunden** kann nunmehr eine erste Tätigkeitsstätte sein, wenn der Arbeitnehmer aufgrund arbeitsvertraglicher Regelungen dort dauerhaft i. S. des § 9 Abs. 4 Satz 3 EStG tätig werden soll.

11.12.2.5 Leiharbeitnehmer

Ein **Leiharbeitnehmer** kann dauerhaft dem Betrieb des Entleihers zugeordnet sein, wenn er dort nach den vertraglichen Vereinbarungen »bis auf Weiteres«, also unbefristet, für die gesamte Dauer des Leiharbeitsverhältnisses oder länger als 48 Monate – tätig werden soll.

BEISPIEL:
Der Arbeitnehmer A ist von der Zeitarbeitsfirma Z als technischer Zeichner ausschließlich für die Überlassung an die Projektentwicklungsfirma P eingestellt worden. Das Arbeitsverhältnis von A endet vertragsgemäß nach Abschluss des aktuellen Projekts bei P.
A hat ab dem ersten Tag der Tätigkeit bei der Projektentwicklungsfirma P seine erste Tätigkeitsstätte, da er seine Tätigkeit bei P für die gesamte Dauer seines Dienstverhältnisses bei Z und damit dort dauerhaft ausüben soll.
Abwandlung:
Der Arbeitnehmer A ist von der Zeitarbeitsfirma Z unbefristet als technischer Zeichner eingestellt worden und wird »bis auf Weiteres« an die Projektentwicklungsfirma P überlassen.
A hat ab dem ersten Tag der Tätigkeit bei der Projektentwicklungsfirma P seine erste Tätigkeitsstätte, da er seine Tätigkeit bei P ohne Befristung und damit dort dauerhaft ausüben soll.

Nach Auffassung der Finanzverwaltung entfalten die Regelungen des § 1 Abs. 1 Satz 4 i. V. mit Abs. 1b AÜG zur befristeten Beschäftigung von Leiharbeitnehmern mit einer **Überlassungshöchstdauer** von **18 Monaten** für das Steuerrecht **keine** Wirkung (Rz 21 des BMF-Schreibens vom 25.11.2020, BStBl I S. 1228; **a. A.** FG Düsseldorf vom 20.11.2024, 15 K 1490/24 E, EFG 2025 S. 165 – rkr. nach Rücknahme der Revision Az. VI R 32/24). Ob die Finanzverwaltung weiter an dieser Auffassung festhalten kann, ist nicht nur wegen des v. g. FG-Urteils fraglich:

Im Fall einer Arbeitnehmerüberlassung nach dem AÜG ist (lohnsteuerrechtlicher) Arbeitgeber der **Verleiher**. Für die Frage, ob der Arbeitnehmer einer betrieblichen Einrichtung i. S. des § 9 Abs. 4 Satz 1 bis 3 EStG dauerhaft zugeordnet ist, ist **ausschließlich** das zwischen dem Arbeitgeber (Verleiher) und dem (Leih-)Arbeitnehmer bestehende unbefristete Arbeitsverhältnis maßgebend. Besteht der Einsatz des Arbeitnehmers bei dem **Entleiher** in wiederholten, aber **befristeten Einsätzen**, fehlt es nach Ansicht des BFH an einer dauerhaften Zuordnung zu einer ersten Tätigkeitsstätte i. S. des § 9 Abs. 4 Satz 3 EStG (BFH-Urteil vom 12.5.2022, BStBl 2023 II S. 32). In einer neuen Entscheidung hält der BFH an diesen Grundsätzen fest und geht noch einen Schritt weiter. Ein beim Verleiher unbefristet beschäftigter Leiharbeitnehmer könne nach **Vorschriften** des **AÜG** stets nur **vorübergehend** einem Entleiher überlassen werden, sodass bei diesem eine dauerhafte Zuordnung zu einer ersten Tätigkeitsstätte i. S. des § 9 Abs. 4 Satz 1 bis 3 EStG regelmäßig **nicht** in Betracht kommt (BFH-Urteil vom 17.6.2025, VI R 22/23). Der Leiharbeitnehmer kann daher seine Fahrten zum Betrieb des Entleihers grds. nach Reisekostengrundsätzen geltend machen. Es bleibt allerdings abzuwarten, wie die Finanzverwaltung auf das v. g. BFH-Urteil reagieren wird.

War der Arbeitnehmer im Rahmen eines **befristeten Leiharbeitsverhältnisses** bereits einer ersten Tätigkeitsstätte zugeordnet und wird er im weiteren Verlauf einer neuen Tätigkeitsstätte zugeordnet, erfolgt diese zweite Zuordnung nicht mehr nach § 9 Abs. 4 Satz 3 2. Alternative EStG für die gesamte Dauer des Dienstverhältnisses (BFH-Urteil vom 10.4.2019, BStBl II S. 539). In diesem Fall sind die Aufwendungen des **Leiharbeitnehmers** für die Fahrten von seiner Wohnung zu der neuen Tätigkeitsstätte nach Reisekostengrundsätzen zu berücksichtigen. Das bedeutet **nicht**, dass bei einem Leiharbeitnehmer nun generell das Vorliegen einer ersten Tätigkeitsstätte zu verneinen ist. Insbesondere steht der auf dem Direktionsrecht stehende Vorbehalt der jederzeitigen Umsetzung oder Versetzung im Arbeitsvertrag einer dauerhaften Zuordnung an sich nicht entgegen (FG Niedersachsen vom 13.7.2021, 13 K 63/20, EFG 2022 S. 45 – rkr.). Wird ein **befristetes Beschäftigungsverhältnis** vor Ablauf der Befristung schriftlich durch bloßes Hinausschieben des Beendigungszeitpunkts bei ansonsten unverändertem Vertragsinhalt verlängert, liegt ein einheitliches befristetes Beschäftigungsverhältnis vor. Für die Frage, ob eine Zuordnung für die Dauer des Dienstverhältnisses erfolgt, ist nach dem o. a. BFH-Urteil vom 10.4.2019 auf das einheitliche Beschäftigungsverhältnis und nicht lediglich auf den Zeitraum der Verlängerung abzustellen.

Zum Fall eines **Hafenarbeiters**, der regelmäßig auf **einen Tag befristet** bei verschiedenen Hafenbetrieben beschäftigt wurde, können nach Ansicht des BFH aufgrund der Zuordnung nur für jeweils einen Tag bereits dauerhafte Zuordnungen i. S. des § 9 Abs. 4 Satz 3 2. Alternative EStG und damit erste Tätigkeitsstätten vorliegen (BFH-Urteil vom 11.4.2019, BStBl II S. 543). Klärungsbedürftig ist lediglich, ob bei einem Hafenarbeiter die dauerhaften Zuordnungen jeweils auch zu ortsfesten betrieblichen Einrichtungen i. S. des § 9 Abs. 4 Satz 1 EStG erfolgt sind (vgl. Tz 11.12.2.1). Der Hafen kann bei einem Hafenarbeiter, der im Rahmen einer Arbeitnehmerüberlassung in verschiedenen ortsfesten betrieblichen Einrichtungen der Kunden seines Arbeitgebers eingesetzt wird, **nicht** als **weiträumiges Tätigkeitsgebiet** angesehen werden (vgl. Tz 11.12.2.13).

11.12.2.6 Geänderte Zuordnung

Eine Änderung der Zuordnung kann auch vorliegen, wenn sich das **Berufsbild** des Arbeitnehmers aufgrund der Vorgaben des Arbeitgebers dauerhaft **ändert**, so z. B. wenn ein Außendienstmitarbeiter auf Dauer in den Innendienst wechselt (Rz 16 des BMF-Schreibens vom 25.11.2020, BStBl I S. 1228).

BEISPIEL 1:
Der Arbeitnehmer A ist von seinem Arbeitgeber unbefristet eingestellt worden, um dauerhaft in der Filiale Y zu arbeiten. In den ersten 36 Monaten seiner Beschäftigung soll A aber zunächst ausschließlich die Filiale X führen. In der Filiale Y soll er während dieser Zeit nicht, auch nicht in ganz geringem Umfang, tätig werden.
Die Filiale X ist keine erste Tätigkeitsstätte, da A dort lediglich für 36 Monate und damit nicht dauerhaft tätig werden soll (unabhängig vom quantitativen Umfang der Tätigkeit). Die Filiale Y wird erst nach Ablauf von 36 Monaten erste Tätigkeitsstätte, wenn A dort tätig werden soll.

Weichen die tatsächlichen Verhältnisse durch unvorhersehbare Ereignisse, wie etwa Krankheit, politische Unruhen am Tätigkeitsort, Insolvenz des Kunden o.ä. von der ursprünglichen Festlegung (Prognose) der dauerhaften Zuordnung ab, bleibt die zuvor getroffene **Prognoseentscheidung** für die Vergangenheit bezüglich des Vorliegens der ersten Tätigkeitsstätte maßgebend (Rz 17 des o.a. BMF-Schreibens vom 25.11.2020).

BEISPIEL 2:
Der Kundendienstmonteur K soll an der betrieblichen Einrichtung seines Arbeitgebers in A lediglich in unregelmäßigen Abständen seine Aufträge abholen und abrechnen, Urlaubsanträge abgeben und gelegentlich an Besprechungen teilnehmen. K ist der betrieblichen Einrichtung in A nicht arbeitsrechtlich zugeordnet. Seine eigentliche berufliche Tätigkeit soll K ausschließlich bei verschiedenen Kunden ausüben. Aufgrund ungeplanter betrieblicher Abläufe ergibt es sich, dass K über einen Zeitraum von 12 Monaten nun die betriebliche Einrichtung in A arbeitstäglich aufsuchen soll und auch aufsucht, um dort seine Berichte zu verfassen (= Teil seiner eigentlichen beruflichen Tätigkeit).
Auch wenn K für einen Zeitraum von 12 Monaten arbeitstäglich einen Teil seiner beruflichen Tätigkeit in der betrieblichen Einrichtung in A ausüben soll, führt dies mangels Dauerhaftigkeit noch nicht zu einer ersten Tätigkeitsstätte. Die ursprüngliche Prognose sah dies nicht vor und nach der neuen Prognose sollen diese Arbeiten am Betriebssitz in A nur vorübergehend ausgeübt werden.

11.12.2.7 Verlängerung der Auswärtstätigkeit

Wird eine auf weniger als **48 Monate** geplante Auswärtstätigkeit des Arbeitnehmers verlängert, kommt es darauf an, ob dieser vom Zeitpunkt der **Verlängerungsentscheidung** an noch mehr als 48 Monate an der Tätigkeitsstätte eingesetzt werden soll (Rz 18 des BMF-Schreibens vom 25.11.2020, BStBl I S. 1228).

BEISPIEL:
Der unbefristet beschäftigte Arbeitnehmer A wird für eine Projektdauer von voraussichtlich 18 Monaten der betrieblichen Einrichtung in M zugeordnet. Nach 18 Monaten wird die Zuordnung um 36 Monate verlängert.
Obwohl A insgesamt 54 Monate in M tätig wird, hat er dort keine erste Tätigkeitsstätte. Die vom Gesetz vorgegebene Prognose-Betrachtung bedeutet, dass A weder im Zeitpunkt der erstmaligen Zuordnung noch im Zeitpunkt der Verlängerungsentscheidung für mehr als 48 Monate in M eingesetzt werden sollte.
Abwandlung:
Die Zuordnung von A wird bereits nach drei Monaten um 36 Monate auf insgesamt 54 Monate verlängert.
Ab dem Zeitpunkt der Verlängerungsentscheidung hat A seine erste Tätigkeitsstätte in M, da er ab diesem Zeitpunkt noch 51 Monate und somit dauerhaft in M tätig werden soll. Das gilt auch, wenn A für diese Tätigkeit neu eingestellt und eine Probezeit vereinbart wurde oder das Projekt planwidrig bereits nach 12 Monaten beendet wird. Die steuerliche Beurteilung der ersten drei Monate als beruflich veranlasste Auswärtstätigkeit bleibt von der Verlängerungsentscheidung unberührt.

Bei einer sog. **Kettenabordnung** ist keine dauerhafte Zuordnung zu einer Tätigkeitsstätte gegeben, wenn die einzelne Abordnung jeweils einen Zeitraum von weniger als 48 Monaten umfasst (Rz 19 des o.a. BMF-Schreibens vom 25.11.2020). Dies gilt auch bei einem Beamten, dessen ursprünglich auf 48 Monate befristete Versetzung an eine Ausbildungsstätte des Landes mehrfach um jeweils 24 Monate verlängert wurde (FG Münster vom 2.9.2024, 15 K 698/22 E, EFG 2024 S. 1968 – rkr.). Die Bezeichnung der befristeten Abordnung als »Versetzung« spielt keine Rolle (vgl. Tz 11.12.2.3).

11.12.2.8 Grenzüberschreitende Arbeitnehmerentsendung

Zum Vorliegen einer ersten Tätigkeitsstätte bei einer **grenzüberschreitenden Arbeitnehmerentsendung** zwischen verbundenen Unternehmen siehe Rz 23 bis 25 des BMF-Schreibens vom 25.11.2020, BStBl I S. 1228. Die Finanzverwaltung macht hiernach das Vorliegen einer ersten Tätigkeitsstätte davon abhängig, ob der Arbeitnehmer im Rahmen eines **eigenständigen Arbeitsvertrags** mit dem aufnehmenden Unternehmen einer ortsfesten betrieblichen Einrichtung dieses Unternehmens unbefristet zugeordnet ist, die Zuordnung die Dauer des gesamten – befristeten oder unbefristeten – Dienstverhältnisses umfasst oder die Zuordnung über einen Zeitraum von 48 Monaten hinausreicht.

BEISPIEL:
Der Arbeitnehmer A ist von der ausländischen Muttergesellschaft M für zwei Jahre an die inländische Tochtergesellschaft T entsandt worden. A hat mit T einen eigenständigen Arbeitsvertrag über zwei Jahre abgeschlossen, in dem er der inländischen Hauptniederlassung von T zugeordnet wurde.
A hat für die gesamte Dauer der befristeten Tätigkeit im Inland bei T seine erste Tätigkeitsstätte.

Diese Grundsätze gelten auch bei einer (befristeten) Entsendung ins Ausland, wenn der Arbeitnehmer – neben den Entsendevertrag mit dem inländischen Unternehmen – für die Dauer des Auslandseinsatzes mit dem ausländischen Gastunternehmen einen lokalen Arbeitsvertrag abschließt (BFH-Urteil vom 17.12.2020, BStBl 2021 II S. 506). In diesem Fall befindet sich die erste Tätigkeitsstätte des entsandten Arbeitnehmers am Betriebssitz des ausländischen Unternehmens. Das hat zur Folge, dass Reiseaufwendungen und Unterkunftskosten am ausländischen Beschäftigungsort nur bei Vorliegen einer doppelten Haushaltsführung (vgl. Tz 12.2) als Werbungskosten geltend gemacht werden können.

11.12.2.9 Quantitative Kriterien

Fehlt es an einer dauerhaften Zuordnung des Arbeitnehmers zu einer betrieblichen Einrichtung durch dienst- oder arbeitsrechtliche Festlegung nach den vorstehenden Kriterien (z.B. weil der Arbeitgeber ausdrücklich auf eine Zuordnung verzichtet hat oder ausdrücklich erklärt, dass organisatorische Zuordnungen keine steuerliche Wirkung entfalten sollen) oder ist die getroffene Festlegung nicht eindeutig, ist von einer ersten Tätigkeitsstätte an der betrieblichen Einrichtung auszugehen, wenn der Arbeitnehmer dort **dauerhaft**

- typischerweise **arbeitstäglich** oder
- je Arbeitswoche **zwei** volle **Arbeitstage** oder
- mindestens **ein Drittel** seiner vereinbarten regelmäßigen **Arbeitszeit**

tätig werden soll (»quantitative Kriterien« nach § 9 Abs. 4 Satz 4 EStG).

BEISPIEL 1:
Der Arbeitnehmer A ist von seinem Arbeitgeber unbefristet eingestellt worden, um dauerhaft in der Filiale Y zu arbeiten. In den ersten 36 Monaten seiner Tätigkeit soll er an drei Tagen wöchentlich in der Filiale X und zwei volle Tage wöchentlich in der Filiale Y arbeiten. Der Arbeitgeber hat A für die ersten 36 Monate Filiale X zugeordnet.
In diesen 36 Monaten seiner Tätigkeit hat A in der Filiale X keine erste Tätigkeitsstätte, da er dort nicht dauerhaft zugeordnet ist.

Erste Tätigkeitsstätte ist jedoch – auch ohne Zuordnung i. S. des § 9 Abs. 4 Satz 2 EStG – die Filiale Y, da A dort dauerhaft typischerweise an zwei vollen Tagen i. S. des § 9 Abs. 4 Satz 4 EStG tätig werden soll.

Bei der quantitativen Zuordnung muss der Arbeitnehmer an der betrieblichen Einrichtung seine eigentliche berufliche Tätigkeit **ausüben**. Allein ein regelmäßiges Aufsuchen der betrieblichen Einrichtung, z. B. für kurze Rüstzeiten, zur Berichtsfertigung, zur Vorbereitung der Zustellroute, zur Wartung und Pflege des Fahrzeugs, zur Abholung oder Abgabe von Kundendienstfahrzeugen, Material, Auftragsbestätigungen, Stundenzetteln, Krankmeldungen und Urlaubsanträgen führt noch nicht zu einer Qualifizierung der betrieblichen Einrichtung als erste Tätigkeitsstätte (Rz 27 des o. a. BMF-Schreibens vom 25.11.2020, BStBl I S. 1228).

BEISPIEL 2:
Der Kundendienstmonteur K, der von seinem Arbeitgeber keiner betrieblichen Einrichtung dauerhaft zugeordnet ist, sucht den Betrieb seines Arbeitgebers regelmäßig auf, um den Firmenwagen samt Material zu übernehmen, die Auftragsbestätigungen in Empfang zu nehmen und die Stundenzettel vom Vortag abzugeben.
K hat keine erste Tätigkeitsstätte. Der Betrieb seines Arbeitgebers wird auch durch das regelmäßige Aufsuchen nicht zur ersten Tätigkeitsstätte, da er seine eigentliche berufliche Tätigkeit an diesem Ort nicht ausübt. Allerdings handelt es sich in diesem Fall bei dem Betriebssitz um einen sog. »Sammelpunkt« i. S. des § 9 Abs. 1 Satz 3 Nr. 4a Satz 3 EStG (vgl. Tz 11.12.2.12).

Das Merkmal »dauerhaft« muss auch bei den quantitativen Kriterien erfüllt sein; maßgebend ist auch hierfür eine auf die Zukunft gerichtete Prognose (»ex-ante-Betrachtung«). Wird ein Arbeitnehmer wiederholt befristet für weniger als 48 Monate auf einer Baustelle des Auftraggebers eingesetzt, begründet er dort **keine** erste Tätigkeitsstätte, wenn der Einsatz insgesamt ununterbrochen länger als 4 Jahre dauert (FG Münster vom 25.3.2019, 1 K 447/16 E, DStRE 2019 S. 1255).

11.12.2.10 Mehrere erste Tätigkeitsstätten

Je Dienstverhältnis kann höchstens **eine** erste Tätigkeitsstätte vorliegen (§ 9 Abs. 4 Satz 5 EStG). Hingegen kann ein Arbeitnehmer mit mehreren Dienstverhältnissen auch mehrere erste Tätigkeitsstätten haben (je Dienstverhältnis jedoch höchstens eine). Erfüllen **mehrere Tätigkeitsstätten** in einem Dienstverhältnis die quantitativen Kriterien für die Annahme einer ersten Tätigkeitsstätte, kann der Arbeitgeber die erste Tätigkeitsstätte **bestimmen** (§ 9 Abs. 4 Satz 6 EStG). Dabei muss es sich nicht um die Tätigkeitsstätte handeln, an der der Arbeitnehmer den zeitlich überwiegenden oder qualitativ bedeutsameren Teil seiner beruflichen Tätigkeit ausüben soll.

BEISPIEL 1:
Der in H wohnende Filialleiter A ist an drei Tagen in der Woche in einer Filiale seines Arbeitgebers in H und an zwei Tagen in der Woche in einer Filiale seines Arbeitgebers in S tätig. Der Arbeitgeber bestimmt die Filiale in S zur ersten Tätigkeitsstätte.
Durch die Bestimmung seines Arbeitgebers hat der Filialleiter A in der betrieblichen Einrichtung in S seine erste Tätigkeitsstätte. Unerheblich ist, dass er dort lediglich zwei Tage und damit nicht zeitlich überwiegend beruflich tätig ist.

Macht der Arbeitgeber von seinem **Bestimmungsrecht** nach § 9 Abs. 4 Satz 6 EStG **keinen Gebrauch** oder ist die Bestimmung **nicht eindeutig**, ist die der Wohnung des Arbeitnehmers örtlich am **nächsten liegende** Tätigkeitsstätte die erste Tätigkeitsstätte (§ 9 Abs. 4 Satz 7 EStG). Die Fahrten zu weiter entfernt liegenden Tätigkeitsstätten werden in diesem Fall als Auswärtstätigkeit qualifiziert.

BEISPIEL 2:
Der in H wohnende Filialleiter B soll typischerweise arbeitstäglich in drei Filialen (X, Y und Z) seines Arbeitgebers tätig werden. Er fährt morgens mit seinem eigenen PKW regelmäßig zur Filiale X, dann zur Filiale Y, von dort zur Filiale Z und von dieser zur Wohnung. Die Filiale in Y liegt der Wohnung am nächsten. Der Arbeitgeber ordnet B arbeitsrechtlich keine Filiale (als erste Tätigkeitsstätte) zu.
Erste Tätigkeitsstätte ist die Filiale Y, da diese der Wohnung des B am nächsten liegt. Die Tätigkeit in X und Z sind beruflich veranlasste Auswärtstätigkeiten. Da B von seiner Wohnung zu einer auswärtigen Tätigkeitsstätte, von dort zur ersten Tätigkeitsstätte und von dort wieder zu einer anderen auswärtigen Tätigkeitsstätte fährt, liegen keine Fahrten zwischen Wohnung und erster Tätigkeitsstätte vor, sondern Fahrten, für die ein Werbungskostenabzug nach Reisekostengrundsätzen in Betracht kommt.

11.12.2.11 Bildungseinrichtungen

Als erste Tätigkeitsstätte gilt auch eine **Bildungseinrichtung**, die der Arbeitnehmer **außerhalb** eines **Dienstverhältnisses** zum Zwecke eines Vollzeitstudiums oder einer vollzeitlichen Bildungsmaßnahme aufsucht (§ 9 Abs. 4 Satz 8 EStG). Zur Verfassungsmäßigkeit dieser Regelung siehe FG Sachsen vom 13.12.2017, 5 K 133/17, EFG 2018 S. 363 – rkr.

Ein Studium oder eine Bildungsmaßnahme finden insbesondere dann außerhalb eines Dienstverhältnisses statt, wenn

- diese nicht Gegenstand des Dienstverhältnisses sind, auch wenn sie seitens des Arbeitgebers durch Hingabe von Mitteln, wie z. B. eines Stipendiums, gefördert werden oder
- diese ohne arbeitsvertragliche Verpflichtung absolviert werden und die Beschäftigung lediglich das Studium oder die Bildungsmaßnahme ermöglicht.

Zur Abgrenzung gegenüber einem Studium oder einer Bildungsmaßnahme innerhalb eines Dienstverhältnisses vgl. R 9.2, R 19.7 LStR.

Ein **Vollzeitstudium** oder eine **vollzeitige Bildungsmaßnahme** liegen insbesondere vor, wenn der Steuerpflichtige im Rahmen des Studiums oder im Rahmen der Bildungsmaßnahme für einen Beruf ausgebildet wird und daneben entweder **keiner Erwerbstätigkeit** nachgeht oder während der gesamten Dauer des Studiums oder der Bildungsmaßnahme eine **Erwerbstätigkeit** mit durchschnittlich bis zu **20 Stunden** regelmäßiger wöchentlicher Arbeitszeit oder in Form eines **geringfügigen Beschäftigungsverhältnisses** i. S. der § 8, § 8a SGB IV ausübt (Rz 34 des BMF-Schreibens vom 25.11.2020, BStBl I S. 1228). Einschränkend geht der BFH nur dann von einem Vollzeitstudium i. S. des § 9 Abs. 4 Satz 8 EStG aus, wenn das Studium nach der Studienordnung darauf ausgelegt ist, dass sich die Studierenden diesem – vergleichbar einem vollbeschäftigten Arbeitnehmer – **vollumfänglich** widmen müssen. Bei einem **Teilzeitstudium** an einer Fernuniversität eines **erwerbslosen Steuerpflichtigen** mit einem zeitlichen Umfang von etwa 20 Stunden wöchentlich liege daher **kein Vollzeitstudium** vor (BFH-Urteil vom 24.10.2024, BStBl 2025 II S. 354). Aus § 9 Abs. 4 Satz 8 EStG lasse sich nicht herleiten, dass ein Studium eines erwerbslosen Steuerpflichtigen stets als Vollzeitstudium zu qualifizieren sei (entgegen Rz 34 des v. g. BMF-Schreibens vom 25.11.2020). Da die nur gelegentlich aufgesuchte Fernuniversität nicht als erste Tätigkeitsstätte anzusehen sei, können die Fahrtkosten zur Fernuniversität nicht auf die Entfernungspauschale beschränkt, sondern müssten nach Reisekostengrundsätzen anerkannt werden. Bisher wegen des v. g. BFH-Verfahrens ruhende Einspruchsverfahren wird die Finanzverwaltung nun fortführen und den Einsprüchen stattgeben.

Die **Dauer** einer vollzeitigen Bildungsmaßnahme ist für die Einordnung einer Bildungseinrichtung als erste Tätigkeitsstätte i. S. des § 9 Abs. 4 Satz 8 EStG **unerheblich** (BFH-Urteil vom 14.5.2020, BStBl II S. 770). Das Gesetz verlangt insoweit **keine Mindestdauer** der Bildungsmaßnahme. Deshalb ist es ausreichend, wenn der Steuerpflichtige im Rahmen einer zeitlich befristeten Bildungsmaßnahme die Bildungseinrichtung nicht nur gelegentlich, sondern mit einer gewissen Nachhaltigkeit, d. h. fortdauernd und immer wieder (dauerhaft) aufsucht. Hiernach geht der BFH im Fall eines auf etwas mehr als drei Monate angelegten Fortbildungslehrgangs, der in Vollzeit außerhalb eines Arbeitsverhältnisses absolviert wurde, vom Vorliegen einer ersten Tätigkeitsstätte in der Bildungseinrichtung aus. Kosten für die Unterkunft sowie Mehraufwendungen für Verpflegung können daher **nicht** als (vorweggenommene) Werbungskosten berücksichtigt werden.

Im Rahmen eines **Vollzeitstudiums** können sich Studienorte ändern; mancher Studienort wird nur für ein einzelnes Auslandssemester aufgesucht. Während eines **Auslandssemesters** bleibt nach Ansicht des BFH die **inländische Hochschule** die erste Tätigkeitsstätte des Studierenden, sodass die Kosten für die Unterkunft und den Verpflegungsmehraufwand im Ausland als (vorweggenommene) Werbungskosten steuerlich zu berücksichtigen sind (BFH-Urteil vom 14.5.2020, BStBl 2021 II S. 302).

11.12.2.12 Sammelpunkt

Liegt **keine** erste Tätigkeitsstätte vor und **bestimmt** der **Arbeitgeber**, dass der Arbeitnehmer sich dauerhaft typischerweise arbeitstäglich an einem festgelegten **Ort** einfinden soll (z. B. an einem Treffpunkt für einen betrieblichen Sammeltransport, am Busdepot, am Fährhafen oder am Betrieb des Arbeitgebers), um von dort seine berufliche Tätigkeit aufzunehmen oder seine Einsatzorte aufzusuchen, werden die Fahrten des Arbeitnehmers von der Wohnung zu diesem »**Sammelpunkt**« wie Fahrten zu einer ersten Tätigkeitsstätte behandelt (§ 9 Abs. 1 Satz 3 Nr. 4a Satz 3 EStG). Für diese Fahrten **gilt** ebenfalls die **Entfernungspauschale** (gesetzliche Fiktion).

BEISPIEL 1:

Bus- oder **Lkw-Fahrer** haben regelmäßig keine erste Tätigkeitsstätte. Lediglich, wenn dauerhaft und typischerweise **arbeitstäglich** ein vom Arbeitgeber festgelegter Ort aufgesucht werden soll, werden die Fahrten von der Wohnung zu diesem Ort/Sammelpunkt gleich behandelt mit den Fahrten von der Wohnung zu einer ersten Tätigkeitsstätte (FG Nürnberg vom 13.5.2016, 4 K 1536/15, EFG 2016 S. 1240 – rkr.).

BEISPIEL 2:

Kundendienstmonteure und **Montagearbeiter** haben ebenfalls i. d. R. keine erste Tätigkeitsstätte. Nur dann, wenn dauerhaft und typischerweise **arbeitstäglich** ein vom Arbeitgeber festgelegter Ort aufgesucht werden soll, werden die Fahrten von der Wohnung zu diesem Ort/Sammelpunkt ebenso behandelt wie die Fahrten von der Wohnung zu einer ersten Tätigkeitsstätte. Dies kann auch der Betrieb des Arbeitgebers sein (vgl. Tz 11.12.2.1)

BEISPIEL 3:

Seeleute, die auf einem Schiff tätig werden sollen, haben i. d. R. keine erste Tätigkeitsstätte, da das Schiff keine **ortsfeste** betriebliche Einrichtung des Arbeitgebers ist. Soll der Dienstantritt, die Ein- und Ausschiffung aber typischerweise arbeitstäglich von dem gleichen Anleger (wie z. B. einem Fähranleger, Liegeplatz des Seenotrettungskreuzers, Anleger des Fahrgastschiffes) erfolgen, werden die Fahrten zu diesem Ort/Sammelpunkt ebenso behandelt wie die Fahrten von der Wohnung zu einer ersten Tätigkeitsstätte.

BEISPIEL 4:

Angestellte **Lotsen** haben üblicherweise keine erste Tätigkeitsstätte, wenn sie ihre Tätigkeit typischerweise auf verschiedenen Schiffen ausüben sollen. Fahrten von der Wohnung zu einer vom Arbeitgeber festgelegten Lotsenstation oder Lotsenwechselstation, um von dort zum Einsatz auf ein Schiff verbracht zu werden, werden ebenso behandelt wie die Fahrten von der Wohnung zu einer ersten Tätigkeitsstätte.

Nicht ausreichend ist es, wenn der Arbeitnehmer die betriebliche Einrichtung nur einmal pro Woche aufsuchen muss, z. B. um Material abzuholen oder Urlaubs- und Stundenzettel abzugeben. In diesem Fall sucht der Arbeitnehmer dauerhaft denselben Ort **nicht** typischerweise **arbeitstäglich** auf, sodass nicht nur die Fahrten mit dem eigenen Pkw von der Wohnung zu den auswärtigen Baustellen, sondern auch die Fahrten von der Wohnung zum Betrieb und ggf. Verpflegungsmehraufwendungen nach den für Auswärtstätigkeiten geltenden Grundsätzen geltend gemacht werden können (FG Nürnberg vom 8.7.2016, 4 K 1836/15, EFG 2016 S. 1692 – rkr.). Entsprechendes gilt bei einem **Lkw-Fahrer**, der den Lkw im Betrieb überwiegend zu mehrtägigen Fahrten übernimmt (FG Niedersachsen Urteil vom 15.6.2017, 10 K 139/16 – rkr.).

Was unter »**typischerweise arbeitstägliches**« Aufsuchen eines vom Arbeitgeber dauerhaft festgelegten gleichbleibenden Ortes zu verstehen ist, hat der BFH in einem neuen Grundsatzurteil geklärt (BFH-Urteil vom 19.4.2021, BStBl II S. 727). Ein »typischerweise arbeitstägliches« Aufsuchen erfordert nach Ansicht des BFH kein **ausnahmsloses** Aufsuchen des vom Arbeitgeber festgelegten Orts an sämtlichen Arbeitstagen des Arbeitnehmers; ein nach Weisung »typischerweise fahrtägliches« Aufsuchen genügt aber nicht. Im Einzelfall muss aufgeklärt werden, ob der Arbeitnehmer gem. den Weisungen seines Arbeitgebers bei einer vorausschauenden (»ex ante«) Betrachtung den Betriebssitz oder einen anderen Ort als vom Arbeitgeber festgelegten Sammelpunkt typischerweise arbeitstäglich aufsuchen sollte. Wenn z. B. von vornherein feststand, dass der Arbeitnehmer nicht nur auf eintägigen Baustellen eingesetzt werden würde, sondern auch auf mehrtägigen Fernbaustellen, dann liegt aus vorausschauender Sicht kein typischerweise arbeitstägliches Aufsuchen des Betriebssitzes des Arbeitgebers vor. Da es sich bei »Sammelpunktfahrten« dem Grunde nach um eine berufliche Auswärtstätigkeit handelt, trägt das Finanzamt die Feststellungslast für eine auf die Entfernungspauschale beschränkte Abziehbarkeit der Fahrtkosten. Den Steuerpflichtigen trifft jedoch bei der Aufklärung des Sachverhalts eine Mitwirkungspflicht, da es sich bei den arbeitsrechtlichen Festlegungen um Tatsachen aus seiner beruflichen Sphäre handelt.

Treffen sich mehrere Arbeitnehmer typischerweise arbeitstäglich an einem bestimmten Ort, um von dort aus gemeinsam zu ihren Tätigkeitsstätten zu fahren (privat organisierte **Fahrgemeinschaft**, vgl. Tz 11.12.7.4), liegt **kein** »Sammelpunkt« nach § 9 Abs. 1 Satz 3 Nr. 4a Satz 3 EStG vor. Es fehlt insoweit an einer dienst- oder arbeitsrechtlichen Festlegung des Arbeitgebers. Das Gleiche gilt, wenn ein **Möbelmonteur** den mit Möbeln beladenen Lkw an wechselnden öffentlichen Parkplätzen abends abstellt und diesen am nächsten Arbeitstag dort wieder abholt (FG Mecklenburg-Vorpommern vom 1.9.2022, 2 K 104/19, EFG 2023 S. 186 – rkr.). Die Fahrten von der Wohnung des Monteurs zu dem Abstellplatz des Lkw sind nach Reisekostengrundsätzen (vgl. Tz 11.19.4) abzugsfähig.

Die gesetzliche Einschränkung bezüglich des Fahrtkostenabzugs zu einem vom Arbeitgeber festgelegten »Sammelpunkt« hat auf die Berücksichtigung von Verpflegungspauschalen oder Übernachtungskosten als Werbungskosten **keinen Einfluss**, da der Arbeitnehmer auch in diesen Fällen weiterhin außerhalb einer ersten Tätigkeitsstätte und somit **auswärts** beruflich tätig wird (Rz 40 des BMF-Schreibens vom 25.11.2020, BStBl I S. 1228).

11.12.2.13 Weiträumiges Tätigkeitsgebiet

Ein **weiträumiges Tätigkeitsgebiet** liegt vor, wenn die vertraglich vereinbarte Arbeitsleistung auf einer festgelegten Fläche und nicht innerhalb einer ortsfesten betrieblichen Einrichtung des Arbeitgebers, eines verbundenen Unternehmens oder bei einem vom Arbeitgeber bestimmten Dritten ausgeübt werden soll. Nicht erforderlich ist, dass das Tätigkeitsgebiet dem Arbeitgeber als Betriebsgelände zuzuordnen ist. Als weiträumiges Tätigkeitsgebiet kommen etwa **Häfen**, **Forstgebiete** oder **Briefzustellbezirke** in Betracht. Hingegen sind z. B. **Bezirksleiter** und **Vertriebsmitarbeiter**, die verschiedene Niederlassungen betreuen, oder mobile **Pflegekräfte**, die verschiedene Personen in deren Wohnungen in einem festgelegten Gebiet betreuen, sowie **Schornsteinfeger** von dieser Regelung nicht betroffen (Rz 42 des BMF-Schreibens vom 25.11.2020, BStBl I S. 1228). Der Versicherungsbezirk ist bei einem im Werbebereich tätigen **Versicherungskaufmann** kein weiträumiges Tätigkeitsgebiet (FG Berlin-Brandenburg vom 9.4.2019, 5 K 5269/17, EFG 2019 S. 1088). Ein **Flughafengelände** ist ebenfalls kein weiträumiges Tätigkeitsgebiet; das Betriebsgelände des Flughafenbetreibers kann jedoch eine (**großräumige**) erste Tätigkeitsstätte eines an täglich wechselnden Kontrollstellen zur Durchführung von Sicherheitskontrollen eingesetzten Arbeitnehmers sein (vgl. Tz 11.12.2.1). Bei einem **Hafenarbeiter** liegt kein weiträumiges Tätigkeitsgebiet vor, wenn dieser innerhalb des **Hafens** an verschiedenen ortsfesten betrieblichen Einrichtungen der Kunden seines Arbeitgebers eingesetzt wird (BFH-Urteil vom 15.2.2023, BStBl II S. 829). Aufgrund des Fehlens einer ersten Tätigkeitsstätte können die vom Hafenarbeiter geltend gemachten Fahrtkosten nach Reisekostengrundsätzen (vgl. Tz 11.19.4) berücksichtigt werden.

Soll der Arbeitnehmer seine berufliche Tätigkeit »**typischerweise arbeitstäglich**« (zur Auslegung dieses Merkmals vgl. Tz 11.12.2.12) in einem weiträumigen Tätigkeitsgebiet ausüben, werden die Fahrten des Arbeitnehmers von der Wohnung zu dem **nächstgelegenen Zugang** des weiträumigen Tätigkeitsgebiets wie Fahrten zu einer ersten Tätigkeitsstätte behandelt. Wird das weiträumige Tätigkeitsgebiet immer von verschiedenen Zugängen aus betreten oder befahren, ist die Entfernungspauschale bei diesen Fahrten nur für die kürzeste Entfernung von der Wohnung zu dem nächstgelegenen Zugang anzuwenden.

Für alle Fahrten **innerhalb** des weiträumigen Tätigkeitsgebietes sowie für die zusätzlichen Kilometer bei den Fahrten von der Wohnung zu einem weiter entfernten Zugang können weiterhin entweder die tatsächlichen Aufwendungen oder für jeden gefahrenen Kilometer die pauschalen Kilometersätze nach dem BRKG (beim Pkw 0,30 €, bei anderen motorbetriebenen Fahrzeugen z. B. Motorrad, Motorroller 0,20 €) angesetzt werden. Diese Fahrtaufwendungen können in **Zeile 66** als Reisekosten bei beruflich veranlassten Auswärtstätigkeiten geltend gemacht werden (vgl. Tz 11.19.4).

BEISPIEL:

Der Forstarbeiter A fährt an 150 Tagen mit dem PKW von seiner Wohnung zu dem 15 km entfernten, nächstgelegenen Zugang des von ihm täglich zu betreuenden Waldgebietes (weiträumiges Tätigkeitsgebiet). An 70 Tagen fährt A von seiner Wohnung über einen weiter entfernt gelegenen Zugang (20 km) in das Waldgebiet.

Die Fahrten von der Wohnung zu dem weiträumigen Tätigkeitsgebiet werden wie die Fahrten von der Wohnung zu einer ersten Tätigkeitsstätte behandelt. A kann somit für diese Fahrten lediglich die Entfernungspauschale i. H. von 0,30 € je Entfernungskilometer (= 15 km × 0,30 €) als Werbungskosten ansetzen. Die Fahrten innerhalb des Waldgebietes können mit den tatsächlichen Kosten oder mit dem pauschalen Kilometersatz i. H. von 0,30 € je tatsächlich gefahrenem Kilometer berücksichtigt werden.

Bei den Fahrten zu dem weiter entfernt gelegenen Zugang werden ebenfalls nur 15 Kilometer mit der Entfernungspauschale (15 km × 0,30 €) berücksichtigt. Die jeweils zusätzlichen fünf Kilometer für den tatsächlich längeren Hin- und Rückweg werden ebenso wie die Fahrten innerhalb des weiträumigen Tätigkeitsgebietes mit den tatsächlichen Kosten oder mit dem pauschalen Kilometersatz i. H. von 0,30 € je gefahrenem Kilometer berücksichtigt.

Somit sind für insgesamt 220 Tage jeweils 15 km mit der Entfernungspauschale (Eintragung in den Zeilen 27 bis 31) und die restlichen tatsächlich gefahrenen Kilometer mit den tatsächlichen Kosten oder mit dem pauschalen Kilometersatz i. H. von 0,30 € anzusetzen (Eintragung in Zeile 66).

Die gesetzliche Einschränkung bezüglich des Fahrtkostenabzugs zu einem weiträumigen Tätigkeitsgebiet hat auf die Berücksichtigung von Verpflegungspauschalen oder Übernachtungskosten als Werbungskosten **keinen Einfluss**, da der Arbeitnehmer auch in diesen Fällen weiterhin außerhalb einer ersten Tätigkeitsstätte und somit auswärts beruflich tätig wird (Rz 45 des o. a. BMF-Schreibens vom 25.11.2020).

Soll der Arbeitnehmer in mehreren ortsfesten Einrichtungen seines Arbeitgebers, eines verbundenen Unternehmens oder eines Dritten, die innerhalb eines bestimmten Bezirks gelegen sind, beruflich tätig werden, wird er **nicht** in einem weiträumigen Tätigkeitsgebiet, sondern an verschiedenen, ggf. sogar ständig wechselnden Tätigkeitsstätten tätig (Rz 46 des o. a. BMF-Schreibens vom 25.11.2020).

11.12.3 Abzugsmöglichkeiten

Die Entfernungspauschale wird grds. **unabhängig** von dem benutzten Verkehrsmittel gewährt. Ihrem Wesen als Pauschale entsprechend kommt es grds. nicht auf die Höhe der tatsächlichen Aufwendungen an.

Die **Entfernungspauschale** beträgt ab dem VZ 2022 für **jeden vollen Entfernungskilometer** zwischen Wohnung und erster Tätigkeitsstätte, Sammelpunkt oder nächstgelegenem Zugang zu einem weiträumigem Tätigkeitsgebiet **0,30 €** für die ersten 20 Kilometer und **0,38 €** für jeden weiteren vollen Kilometer (§ 9 Abs. 1 Satz 3 Nr. 4 Satz 8 EStG); vgl. Tz 11.12.1. Für die Jahre 2022 bis 2026 ist die anzusetzende Entfernungspauschale, in denen die Entfernung mindestens 21 Kilometer beträgt, hiernach wie folgt zu berechnen:

Zahl der Arbeitstage × 20 Entfernungskilometer × 0,30 € zzgl.
Zahl der Arbeitstage × restliche Entfernungskilometer × 0,38 €.

BEISPIEL:

Der Arbeitnehmer A fährt im Kj. 2025 an 220 Tagen arbeitstäglich mit seinem eigenen Pkw von seiner Wohnung zu seiner ersten Tätigkeitsstätte. Die einfache Entfernung beträgt 30,8 km. A hat ansonsten keine weiteren Werbungskosten.

A kann für das Jahr 2025 eine Entfernungspauschale von **2 156 €** (220 Tage × 20 km × 0,30 € zzgl. 220 Tage × 10 km × 0,38 €) als Werbungskosten geltend machen. Die einfache Entfernung wird stets auf volle Entfernungskilometer **abgerundet**. Über den Arbeitnehmer-Pauschbetrag von 1 230 € (vgl. Tz 11.11.2) hinaus wirken sich aber nur 926 € (2 156 € abzgl. 1 230 €) steuermindernd aus, da A keine weiteren Werbungskosten hat.

Ein Abzug der im Einzelnen nachgewiesenen tatsächlichen Kfz-Kosten anstelle der Entfernungspauschale kommt nur bei behinderten Arbeitnehmern in Betracht; zu den Abzugsvoraussetzungen vgl. Tz 11.12.8. Neben der Entfernungspauschale werden bei allen Arbeitnehmern **Unfallkosten** als außergewöhnliche Aufwendungen berücksichtigt, sofern diese auf Wegen zwischen Wohnung und erster Tätigkeitsstätte, Sammelpunkt oder weiträumigem Tätigkeitsgebiet entstanden sind (vgl. Tz 11.12.10). Bei Nutzung einer Fähre werden die tatsächlich geleisteten **Fährkosten** ebenfalls neben der Entfernungspauschale vom Finanzamt anerkannt (vgl. Tz 11.12.5.3).

Auch bei Benutzung **öffentlicher Verkehrsmittel** wird grds. nur die Entfernungspauschale angesetzt. Übersteigen die jährlichen Aufwendungen für öffentliche Verkehrsmittel, z. B. bei geringer Entfernung zwischen Wohnung und erster Tätigkeitsstätte, den im Kj. insgesamt als Entfernungspauschale anzusetzenden Betrag, können die übersteigenden Aufwendungen zusätzlich angesetzt werden (vgl. Tz 11.12.11). Hierdurch ist gegenüber dem Nutzer eines eigenen PKWs, der im Normalfall seine nachgewiesenen tatsächlichen Kosten nicht anstelle der Entfernungspauschale geltend machen kann, kein Verstoß gegen den allgemeinen Gleichheitsgrundsatz zu sehen (BFH-Beschlüsse vom 15.11.2016, VI R 4/15, BStBl 2017 II S. 228 und VI R 48/15, BFH/NV 2017 S. 284). Die gegen den BFH-Beschluss in dem Verfahren VI R 4/15 eingelegte Verfassungsbeschwerde wurde vom BVerfG nicht zur Entscheidung angenommen (Beschluss vom 7.7.2017, 2 BvR 308/17).

Die Entfernungspauschale gilt **nicht** für **Flugstrecken** und Strecken mit steuerfreier **Sammelbeförderung**. Für Flugstrecken sind die tatsächlichen Aufwendungen anzusetzen (BFH-Urteil vom 26.3.2009, BStBl II S. 724); diese können in **Zeile 61** eingetragen werden (vgl. Tz 11.18.2). Die Entfernungspauschale gilt aber für die An- und Abfahrten zu und von Flughäfen. Bei einer **verbilligten Sammelbeförderung** durch den Arbeitgeber sind die vom Arbeitnehmer getragenen Aufwendungen als Werbungskosten anzusetzen (Rz 4 des BMF-Schreibens vom 18.11.2021, BStBl I S. 2315); diese Beträge sind unter »Weitere Werbungskosten« in den **Zeilen 62** bis **64** einzutragen.

Die anzusetzende Entfernungspauschale ist grds. auf einen **Höchstbetrag** von **4 500 €** im Kj. begrenzt; Ausnahme: Der Arbeitnehmer nutzt für die Wege zwischen Wohnung und erster Tätigkeitsstätte einen eigenen oder ihm zur Nutzung überlassenen Pkw (vgl. Tz 11.12.6).

Auf die Entfernungspauschale sind steuerfreie und pauschal besteuerte Arbeitgeberleistungen anzurechnen (vgl. hierzu Tz 11.12.12).

11.12.4 Mehrere/einfache Wege an einem Arbeitstag

Auch wenn sich der Arbeitnehmer wegen Unterbrechung der Arbeitszeit **mehrfach** an einem Tag zurück zur Wohnung und zu derselben ersten Tätigkeitsstätte begibt (»**Zwischenheimfahrten**«), kann die Entfernungspauschale für **jeden Arbeitstag** nur **einmal** angesetzt werden (Rz 23 des BMF-Schreibens vom 18.11.2021, BStBl I S. 2315). Dies gilt auch bei mehreren täglichen Fahrten zur ersten Tätigkeitsstätte, z. B. bei geteilter Arbeitszeit, wenn der Betrieb eine Mittagspause von zwei Stunden Dauer vorschreibt (BFH-Urteil vom 13.2.1970, BStBl II S. 391); ebenso bei einer Arbeitszeitunterbrechung von vier Stunden und mehr oder wenn ein zusätzlicher Arbeitseinsatz eine weitere Fahrt zur ersten Tätigkeitsstätte erforderlich macht (BFH-Urteil vom 11.9.2003, BStBl II S. 893).

Zwischenheimfahrten zur Einnahme des Mittagessens in der Wohnung sind als Teil der Lebensführung ohnehin keine Werbungskosten (BFH-Urteil vom 18.12.1992, BStBl 1993 II S. 505), selbst wenn vom Arzt Diät oder gar anschließende Bettruhe verordnet ist; in diesem Fall liegt auch keine außergewöhnliche Belastung vor (BFH-Urteile vom 7.12.1962, BStBl 1963 III S. 134 und vom 13.3.1964, BStBl III S. 342).

Auch bei Arbeitnehmern mit **Behinderungen** kann nur eine Hin- und Rückfahrt täglich berücksichtigt werden; ggf. kann zusätzlich eine Rück- und Hinfahrt als **Leerfahrt** anerkannt werden (vgl. Tz 11.12.8.6).

Wird arbeitstäglich nur **ein Hin**- oder **Rückweg** zwischen Wohnung und erster Tätigkeitsstätte zurückgelegt, weil sich z. B. an die Hinfahrt eine Auswärtstätigkeit anschließt, die an der Wohnung des Arbeitnehmers endet, so ist die Entfernungspauschale nur **zur Hälfte** anzusetzen (BFH-Urteil vom 26.7.1978, BStBl II S. 661; vgl. H 9.10 – Fahrtkosten bei einfacher Fahrt – LStH). Dasselbe gilt, wenn Hin- und Rückfahrt sich auf unterschiedliche Wohnungen oder erste Tätigkeitsstätten beziehen (BFH-Urteil vom 9.12.1988, BStBl 1989 II S. 296) oder aufgrund mehrtägiger Auswärtstätigkeiten an unterschiedlichen Arbeitstagen erfolgt ist (BFH-Urteil vom 12.2.2020, BStBl II S. 473); ebenso bei einer Schichtarbeit über Nacht, bei der die Hinfahrt zur ersten Tätigkeitsstätte vor 24 Uhr und die Rückfahrt zur Wohnung nach 24 Uhr an unterschiedlichen Arbeitstagen erfolgt ist. In diesen Fällen sind die **Arbeitstage**, an denen die erste Tätigkeitsstätte aufgesucht wurde, in den **Zeilen 29**, **37** und ggf. **45** nur mit der **halben Anzahl** anzugeben; eine ungerade Anzahl (z. B. 100,5 Tage) kann auf volle Arbeitstage aufgerundet werden.

Werden auf dem Weg zwischen Wohnung und erster Tätigkeitsstätte gleichzeitig berufliche Angelegenheiten für den Arbeitgeber erledigt (z. B. Abholen der Post) und ist allenfalls ein geringer Umweg erforderlich, so ändert das den Charakter der Fahrt nicht; die **Umwegstrecke** ist als »Auswärtstätigkeit« zu werten und kann mit den tatsächlichen Kosten oder den pauschalen Kilometersätzen nach dem BRKG (beim Pkw 0,30 €, bei anderen motorbetriebenen Fahrzeugen z. B. Motorrad, Motorroller 0,20 € je gefahrenem Kilometer) geltend gemacht werden (BFH-Urteil vom 12.10.1990, BStBl 1991 II S. 134).

11.12.5 Bestimmung der Entfernung

11.12.5.1 Kürzeste Straßenverbindung

Für die Bestimmung der maßgeblichen Entfernung ist grds. die »**kürzeste Straßenverbindung**« zwischen Wohnung und erster Tätigkeitsstätte maßgebend; diese ist unabhängig vom tatsächlich benutzten Verkehrsmittel für alle Fahrzeuge **einheitlich** zu bestimmen. Die kürzeste Straßenverbindung ist auch dann maßgeblich, wenn diese mautpflichtig ist oder mit dem vom Arbeitnehmer tatsächlich verwendeten Verkehrsmittel (hier: Moped) straßenverkehrsrechtlich nicht benutzt werden darf (BFH-Urteil vom 24.9.2013, BStBl 2014 II S. 259). Bei Benutzung öffentlicher Verkehrsmittel kommt es nicht auf die damit zurückgelegte Tarifentfernung an (FG Baden-Württemberg vom 30.3.2009, EFG 2009 S. 926). Ebenso ist die vom Arbeitnehmer tatsächlich benutzte Straßenverbindung grds. ohne Bedeutung. Dies gilt auch bei Benutzung **verschiedener Verkehrsmittel**, wie z. B. bei »**Park & Ride**« (vgl. Tz 11.12.7.3). Für die Berechnung der Entfernungspauschale sind im Übrigen nur volle Entfernungskilometer anzusetzen; ein angefangener Kilometer bleibt unberücksichtigt.

BEISPIEL:

Ein Arbeitnehmer fährt mit der U-Bahn zur ersten Tätigkeitsstätte. Einschließlich der Fußwege und der U-Bahnfahrt beträgt die zurückgelegte Entfernung 15 km. Die kürzeste Straßenverbindung beträgt 10,5 km.
Für die Ermittlung der Entfernungspauschale ist eine (abgerundete) Entfernung von **10 km** anzusetzen.

11.12.5.2 Verkehrsgünstigere Strecke

Bei Benutzung eines Pkw kann auch eine andere als die kürzeste Straßenverbindung zugrunde gelegt werden, wenn sie »**offensichtlich verkehrsgünstiger**« ist **und** vom Arbeitnehmer auch tatsächlich **regelmäßig benutzt** wird (§ 9 Abs. 1 Satz 3 Nr. 4 Satz 4 EStG), wie z. B. eine 10 km längere Autobahnstrecke, um ein Stadtgebiet zu umfahren. Dies gilt auch dann, wenn der Arbeitnehmer ein öffentliches Verkehrsmittel benutzt, dessen Linienführung direkt über die verkehrsgünstigere Straßenverbindung geführt wird (Rz 12 des BMF-Schreibens vom 18.11.2021, BStBl I S. 2315).

Nach Ansicht des BFH ist die vom Arbeitnehmer gewählte Straßenverbindung »offensichtlich verkehrsgünstiger«, wenn sich jeder unvoreingenommene, verständige Verkehrsteilnehmer unter den gegebenen Verkehrsverhältnissen für die Benutzung der Strecke entschieden hätte (BFH-Urteile vom 16.11.2011, BStBl II S. 520 und 470). Bei dieser Beurteilung sind alle Umstände des Einzelfalls zu berücksichtigen (z. B. die Streckenführung, die Schaltung von Ampeln o. Ä.). Deshalb kann eine »offensichtlich verkehrsgünstigere« Straßenverbindung auch vorliegen, wenn nur eine relativ geringe oder gar keine Zeitersparnis zu erwarten ist, sich die Strecke jedoch aufgrund anderer Umstände als verkehrsgünstiger erweist als die kürzeste Verbindung. Wenn eine längere Verkehrsstrecke nur bei bestimmten Verkehrslagen Vorteile gegenüber der kürzesten nutzbaren Straßenverbindung bietet und vor jeder Fahrt anhand der aktuellen Verkehrslage neu entschieden werden müsste, welche Strecke genutzt wird, ist eine längere Fahrstrecke nicht »offensichtlich verkehrsgünstiger« (FG Rheinland-Pfalz vom 21.2.2013, 4 K 1810/11, EFG 2013 S. 1100).

Zu vergleichen sind stets die kürzeste und die vom Arbeitnehmer regelmäßig für Fahrten zwischen Wohnung und erster Tätigkeitsstätte benutzte längere Straßenverbindung. Weitere mögliche, vom Arbeitnehmer tatsächlich aber nicht benutzte Fahrtstrecken zwischen Wohnung und erster Tätigkeitsstätte bleiben dagegen unberücksichtigt.

11.12.5.3 Fährverbindung

Eine **Fährverbindung** ist, soweit sie zumutbar erscheint und wirtschaftlich sinnvoll ist, sowohl im Rahmen der Ermittlung der kürzesten Straßenverbindung (vgl. Tz 11.12.5.1) als auch bei der Ermittlung der verkehrsgünstigsten Straßenverbindung (vgl. Tz 11.12.5.2) in die Entfernungsberechnung mit einzubeziehen. Die Fahrtstrecke der Fähre selbst ist dann jedoch nicht Teil der maßgebenden Entfernung. Besonderheiten einer Fährverbindung wie Wartezeiten, technische Schwierigkeiten oder Auswirkungen der Witterungsbedingungen auf den Fährbetrieb können aber dazu führen, dass eine andere Straßenverbindung als »offensichtlich verkehrsgünstiger« anzusehen ist als die kürzeste Straßenverbindung (BFH-Urteil vom 19.4.2012, BStBl II S. 802).

Ist für die Entfernungsbestimmung die kürzeste Straßenverbindung maßgebend, können – neben der Entfernungspauschale – die **tatsächlichen Fährkosten** berücksichtigt werden; diese sind in **Zeile 61** gesondert einzutragen (vgl. Tz 11.18.2).

BEISPIEL:

Ein Arbeitnehmer wohnt an einem Fluss und hat seine erste Tätigkeitsstätte auf der anderen Flussseite. Die Entfernung zwischen Wohnung und erster Tätigkeitsstätte beträgt über die nächstgelegene Brücke 80 km und bei Benutzung einer Autofähre 25 km. Die Fährstrecke beträgt 0,8 km, die tatsächlichen Fährkosten betragen 800 € jährlich.

Für die Berechnung der Entfernungspauschale ist eine (abgerundete) Entfernung von **24 km** (ohne die Fahrstrecke der Fähre) anzusetzen. Daneben können die Fährkosten i. H. von **800 €** als Werbungskosten berücksichtigt werden.

Gebühren für die Benutzung eines **Straßentunnels** oder einer **mautpflichtigen Straße** dürfen dagegen **nicht** neben der Entfernungspauschale berücksichtigt werden, weil sie nicht für die Benutzung eines Verkehrsmittels entstehen.

11.12.6 Höchstbetrag

Die Entfernungspauschale ist grds. auf einen **Höchstbetrag** von **4 500 €** im Kj. begrenzt (§ 9 Abs. 1 Satz 3 Nr. 4 Satz 2 EStG). Dieser Höchstbetrag ist ein Jahresbetrag, der sich auch dann nicht vermindert, wenn die erste Tätigkeitsstätte nicht das ganze Jahr über aufgesucht wird. Er gilt ab dem VZ 2022 auch für die auf 0,38 € erhöhte Entfernungspauschale ab dem 21. Entfernungskilometer (§ 9 Abs. 1 Satz 3 Nr. 4 Satz 8 EStG). Die niedrigere Entfernungspauschale für die ersten 20 Kilometer (0,30 €) ist bei Benutzung verschiedener Verkehrsmittel in Bezug auf den Höchstbetrag vorrangig bei den öffentlichen Verkehrsmitteln zu berücksichtigen (vgl. Tz 11.12.7.3).

Der Höchstbetrag wird für Wege zu verschiedenen ersten Tätigkeitsstätten nicht zeitanteilig auf die Entfernungspauschale aufgeteilt.

BEISPIEL:

Im 1. Halbjahr 2025 fährt der Arbeitnehmer A an 110 Tagen mit öffentlichen Verkehrsmitteln zu seiner 100 km entfernt liegenden ersten Tätigkeitsstätte. Nach dem Wechsel zu einem neuen Arbeitgeber beträgt die Entfernung zur neuen ersten Tätigkeitsstätte im 2. Halbjahr 2025 nur noch 50 km, bei ebenfalls 110 Fahrten mit öffentlichen Verkehrsmitteln. Die tatsächlichen Kosten für die öffentlichen Verkehrsmittel betragen bis 30.6.2025: 2 700 €, ab 1.7.2025: 1 500 €.

Für die zutreffende Ermittlung der Entfernungspauschale sind die Angaben zu den Arbeitstagen, zur einfachen Entfernung und zu den Aufwendungen für Fahrten mit öffentlichen Verkehrsmitteln für jede erste Tätigkeitsstätte getrennt in den Zeilen 27 bis 34 (Abschnitt »1. Angabe«) bzw. Zeilen 35 bis 42 (Abschnitt »2. Angabe«) einzutragen. Unter Berücksichtigung des **jahresbezogenen Vergleichs** zwischen der Entfernungspauschale und den tatsächlichen Kosten für öffentliche Verkehrsmittel (vgl. Tz 11.12.11) ergibt sich folgende Berechnung der abziehbaren Werbungskosten:

erste Tätigkeitsstätte	Berechnung Entfernungspauschale (EP)	Summe EP	Kosten ÖPNV
1	110 Tage × 20 km × 0,30 €	660 €	2 700 €
	110 Tage × 80 km × 0,38 €	3 344 €	
		4 004 €	
2	110 Tage × 20 km × 0,30 €	660 €	1 500 €
	110 Tage × 30 km × 0,38 €	1 254 €	
		1 914 €	
Summe (im VZ)		5 918 €	4 200 €
anzusetzen ist der höhere Betrag:			5 918 €

Der Höchstbetrag von 4 500 € jährlich ist jedoch überschritten, sodass als Werbungskosten für Fahrten zwischen Wohnung und erster Tätigkeitsstätte nur **4 500 €** abgezogen werden können.

Die **Beschränkung** auf 4 500 € kann sich nur auswirken,

- wenn der Weg zwischen Wohnung und erster Tätigkeitsstätte mit einem Motorrad, Motorroller, Moped, Fahrrad oder zu Fuß zurückgelegt wird,
- bei Benutzung eines Pkw für die Teilnehmer an einer Fahrgemeinschaft und zwar für die Tage, an denen der Arbeitnehmer seinen eigenen oder zur Nutzung überlassenen Pkw **nicht** einsetzt (vgl. Tz 11.12.7.4),
- bei Benutzung öffentlicher Verkehrsmittel, soweit im Kj. insgesamt keine höheren Aufwendungen glaubhaft gemacht oder nachgewiesen werden.

Ein **höherer Betrag** als 4 500 € wird bei Benutzung eines **eigenen** oder **zur Nutzung überlassenen Pkw** anerkannt. Ein Pkw ist dem Arbeitnehmer zur Nutzung überlassen, wenn ihn der Arbeitnehmer von dritter Seite geliehen, gemietet oder geleast hat (vgl. R 9.10 Abs. 2 Satz 1 LStR) oder wenn dem Arbeitnehmer vom Arbeitgeber für die Wege zwischen Wohnung und erster Tätigkeitsstätte ein **Firmenwagen** unentgeltlich oder teilentgeltlich überlassen worden ist. Dies gilt auch dann, wenn der Arbeitnehmer oder ein Dritter diesen Firmenwagen für Wege zwischen Wohnung und erster Tätigkeitsstätte im Rahmen eines anderen Dienstverhältnisses nutzt (vgl. R 9.10 Abs. 2 Satz 2 und 3 LStR). Zur Steuerpflicht des geldwerten Vorteils aus der Überlassung eines Firmenwagens an Arbeitnehmer vgl. Tz 11.12.13.

Die auf die Fahrten zwischen Wohnung und erster Tätigkeitsstätte entfallenden tatsächlichen Kosten müssen bei Nutzung eines Pkw nicht im Einzelnen nachgewiesen oder glaubhaft gemacht werden. Es genügt, wenn neben der Zahl der Arbeitstage und der Entfernung nachgewiesen oder glaubhaft gemacht wird, dass die Wege zwischen Wohnung und erster Tätigkeitsstätte mit dem eigenen oder zur Nutzung überlassenen Pkw zurückgelegt wurden (Rz 11 des BMF-Schreibens vom 18.11.2021, BStBl I S. 2315). In Zweifelsfällen kann die Finanzverwaltung nähere Angaben (z. B. zum Kilometerstand zu Beginn und am Ende des Jahres) verlangen.

11.12.7 Ermittlung der Entfernungspauschale

Die **Ermittlung** der **Entfernungspauschale** erfolgt anhand der Angaben des Steuerpflichtigen in den **Zeilen 27** bis **50**. In diesen Zeilen können bis zu **drei** verschiedene **Wege** zwischen Wohnung und erster Tätigkeitsstätte, Sammelpunkt oder weiträumigem Tätigkeitsgebiet in **getrennten Abschnitten** (»1. Angabe«: Zeilen 27 bis 34; »2. Angabe«: Zeilen 35 bis 42; »3. Angabe«: Zeilen 43 bis 50) erklärt werden. **Ersatzleistungen** des Arbeitgebers/der Agentur für Arbeit werden gesondert in den **Zeilen 51** und **52** abgefragt; diese mindern die als Werbungskosten abziehbare Entfernungspauschale (vgl. Tz 11.12.12). **27–52**

Falls der Platz in den Zeilen 27 bis 50 für die Angaben zu den Wegen zwischen Wohnung und erster Tätigkeitsstätte, Sammelpunkt oder weiträumigem Tätigkeitsgebiet nicht ausreichen sollte, ist eine gesonderte Aufstellung der Anlage N beizufügen.

> **ELSTER:**
> In ELSTER können für die Angaben zu weiteren ersten Tätigkeitsstätten, Sammelpunkten oder weiträumigen Tätigkeitsgebieten bei Bedarf per Mausklick zusätzliche Eintragungszeilen hinzugefügt werden.

11.12.7.1 Schlüssigkeitsprüfung

Die Angaben in den **Zeilen 27** und **28**, **35** und **36** sowie **43** und **44** ermöglichen dem Finanzamt in Bezug auf die geltend gemachten Wege zwischen Wohnung und erster Tätigkeitsstätte, Sammelpunkt oder weiträumigem Tätigkeitsgebiet eine **Schlüssigkeitsprüfung.** Dazu ist in den Zeilen 27, 35 und ggf. 43 zunächst kenntlich zu machen, ob es sich bei den gemachten Angaben um eine **erste Tätigkeitsstätte** (Eintragung des Werts »**1**«) oder um einen **Sammelpunkt / ein weiträumiges Tätigkeitsgebiet** (Eintragung des Werts »**2**«) handelt. Nachfolgend sind in diesen Zeilen die **Anschrift** der ersten Tätigkeitsstätte oder des Sammelpunkts/nächstgelegenen Zugangs zum weiträumigen Tätigkeitsgebiet, der **Zeitraum** von wann bis wann diese/dieser aufgesucht wurde sowie in den Zeilen 28, 36 und ggf. 44 die Zahl der **Arbeitstage** je Woche anzugeben. **27–28, 35–36, 43–44**

Tage, an denen die erste Tätigkeitsstätte im Jahr 2025 **nicht** aufgesucht wurde (z.B. wegen Krankheit, Urlaub, Auswärtstätigkeit/Dienstreisen, Heim-/Telearbeit oder Kurzarbeit), sind bei der Ermittlung der Entfernungspauschale **nicht** zu berücksichtigen; diese Tage sind daher in den Zeilen 28, 36 und ggf. 44 gesondert anzugeben.

Ein Arbeitnehmer mit mehreren Dienstverhältnissen kann auch mehrere erste Tätigkeitsstätten haben, je Dienstverhältnis zeitgleich jedoch höchstens eine (vgl. Tz 11.12.2.10). Bei mehreren Arbeitgebern ist/sind daher die Anschrift(en) der weiteren ersten Tätigkeitsstätte(n) jeweils in einem gesonderten Abschnitt (»2. Angabe« in Zeile 35 und ggf. »3. Angabe« in Zeile 43) einzutragen. Das Gleiche gilt, wenn innerhalb desselben Dienstverhältnisses im laufenden Jahr die erste Tätigkeitsstätte gewechselt hat (vgl. Tz 11.12.2.4, Beispiel 3).

11.12.7.2 Berechnungsgrundlagen

29–34, 37–42, 45–50 Das Finanzamt berechnet die Entfernungspauschale programmgesteuert. Maßgebend sind die (vollständigen) Eintragungen des Steuerpflichtigen

- in den **Zeilen 29**, **37** und **45** zu den **tatsächlichen Arbeitstagen**, an denen die erste Tätigkeitsstätte, der Sammelpunkt oder das weiträumige Tätigkeitsgebiet aufgesucht wurde, und
- in den **Zeilen 30**, **38** und **46** zur **einfachen Entfernung** in Kilometern.

Die Finanzverwaltung geht grds. bei der 5-Tage-Woche von bis zu 230 Arbeitstagen und bei der 6-Tage-Woche von bis zu 280 Arbeitstagen im Kj. aus (jeweils unter Berücksichtigung des Urlaubs und üblicher Feiertage). Davon **abzuziehen** sind die Arbeitstage, an denen die erste Tätigkeitsstätte, der Sammelpunkt oder das weiträumige Tätigkeitsgebiet (z.B. wegen Krankheit, Auswärtstätigkeit/Dienstreisen, Heim-/Telearbeit oder Kurzarbeit) im Jahr 2025 **nicht** aufgesucht wurde (vgl. Tz 11.12.7.1).

Die Entfernungskilometer sind auf volle Kilometer **abzurunden**. Außerdem sind die jeweiligen Entfernungskilometer anzugeben, die davon im Jahr 2025

- mit eigenem oder zur Nutzung überlassenem Pkw (Zeilen 31, 39 und 47),
- mit Sammelbeförderung des Arbeitgebers (Zeilen 32, 40 und 48),
- mit öffentlichen Verkehrsmitteln, Motorrad, Fahrrad oder Ähnlichem, als Fußgänger und/oder als Mitfahrer einer Fahrgemeinschaft (Zeilen 33, 41 und 49)

zurückgelegt wurden.

Diese Kilometerangaben beziehen sich auf den Fall, dass die Wege zwischen Wohnung und erster Tätigkeitsstätte, Sammelpunkt oder weiträumigem Tätigkeitsgebiet das ganze Jahr 2025 über **nur** mit dem Pkw oder **nur** auf eine der dort bezeichneten anderen Weise (z.B. mit öffentlichen Verkehrsmitteln oder als Mitfahrer einer Fahrgemeinschaft) zurückgelegt wurden. Sie gelten aber auch für den Fall, dass im Laufe des Jahres **verschiedene Verkehrsmittel** benutzt wurden (z.B. Januar bis April die Bahn, Mai bis Dezember ein Pkw), oder für den Fall, dass für den **einzelnen Weg verschiedene Verkehrsmittel** benutzt wurden (z.B. für eine Teilstrecke ein Pkw, für die restliche Teilstrecke öffentliche Verkehrsmittel: **Park & Ride**). Bei Nutzung verschiedener Verkehrsmittel im Jahr 2025 können die mit dem Pkw zurückgelegten Kilometer und die restlichen Entfernungskilometer mit anderen Verkehrsmitteln in die jeweils nachfolgenden Zeilen des gleichen Abschnitts eingetragen werden. Falls dagegen einige Monate im Kj. nur der Pkw und die übrigen Monate nur andere Verkehrsmittel benutzt wurden, sollten die Angaben jeweils in einem getrennten Abschnitt gemacht werden (z.B. die Angaben zum Pkw unter »1. Angabe« in den Zeilen 27 bis 31, die Angaben zu anderen Verkehrsmitteln unter »2. Angabe« in den Zeilen 35 bis 38 und 41), auch wenn es sich um dieselbe erste Tätigkeitsstätte handelt. Diese etwas umständliche Unterscheidung ist vor allem wegen der Berücksichtigung des Höchstbetrags von jährlich 4 500 € (vgl. Tz 11.12.6) erforderlich.

Für Strecken, die mit einer steuerfreien **Sammelbeförderung** des Arbeitgebers zurückgelegt wurden, kommt eine Entfernungspauschale **nicht** in Betracht (vgl. Tz 11.12.3). Zahlt der Arbeitnehmer für die Sammelbeförderung an den Arbeitgeber ein Entgelt, so kann er diese Beträge als »Weitere Werbungskosten« in den **Zeilen 62** bis **64** geltend machen (vgl. Tz 11.12.3).

Zusätzlich können in **Zeile 34** sowie ggf. in den **Zeilen 42** und **50** die tatsächlichen **Aufwendungen** für **öffentliche Verkehrsmittel** (ohne Flug- und Fährkosten) angegeben werden. Das Finanzamt führt insoweit eine teilstreckenbezogene und jahresbezogene Günstigerrechnung durch (vgl. Tz 11.12.7.3).

11.12.7.3 Benutzung verschiedener Verkehrsmittel

Die Arbeitnehmer legen die Wege zwischen Wohnung und erster Tätigkeitsstätte oftmals auf unterschiedliche Weise zurück, d.h., für eine arbeitstägliche Teilstrecke werden der Pkw und für die weitere Teilstrecke öffentliche Verkehrsmittel benutzt (sog. »**Park & Ride**«) oder es werden für einen Teil des Jahres der eigene Pkw und für den anderen Teil öffentliche Verkehrsmittel benutzt. In derartigen **Mischfällen** ist zur Berechnung der Entfernungspauschale zunächst die maßgebende Entfernung für die kürzeste Straßenverbindung der Gesamtstrecke von der Wohnung zur ersten Tätigkeitsstätte zu ermitteln (vgl. Tz 11.12.5.1). Auf der Grundlage dieser Entfernung ist sodann die anzusetzende Entfernungspauschale für die Teilstrecken der jeweiligen Verkehrsmittel wie folgt zu berechnen:

- Die Teilstrecke, die mit dem eigenen Pkw zurückgelegt wird, ist in voller Höhe anzusetzen; für diese Teilstrecke kann ggf. die verkehrsgünstigere Strecke angesetzt werden. Der verbleibende Teil der maßgebenden Entfernung ist die Teilstrecke, die auf öffentliche Verkehrsmittel entfällt.
- Die anzusetzende Entfernungspauschale ist sodann für die Teilstrecke und Arbeitstage zu ermitteln, an denen der Arbeitnehmer seinen eigenen oder ihm zur Nutzung überlassenen Pkw eingesetzt hat.
- Anschließend ist die insgesamt auf den Höchstbetrag von 4 500 € begrenzte Entfernungspauschale für die Teilstrecke und Arbeitstage zu ermitteln, an denen der Arbeitnehmer öffentliche Verkehrsmittel benutzt. Dabei ist die niedrigere Entfernungspauschale für die ersten 20 Kilometer in Bezug auf den Höchstbetrag ab dem VZ 2021 vorrangig bei den öffentlichen Verkehrsmitteln zu berücksichtigen (Rz 22 des BMF-Schreibens vom 18.11.2021, BStBl I S. 2315).
- Beide Beträge ergeben die insgesamt anzusetzende Entfernungspauschale, sodass sich in Mischfällen ein höherer Abzugsbetrag als 4 500 € ergeben kann.
- Die tatsächlichen Aufwendungen für öffentliche Verkehrsmittel können nur angesetzt werden, soweit sie den im Kj. insgesamt als Entfernungspauschale abziehbaren Betrag übersteigen (§ 9 Abs. 2 Satz 2 EStG).

BEISPIEL 1:

Ein Arbeitnehmer fährt im Kj. 2025 an 220 Arbeitstagen mit dem eigenen Pkw 30 km zur nächsten Bahnstation und von dort 100 km mit der Bahn zur ersten Tätigkeitsstätte. Die kürzeste maßgebende Entfernung (Straßenverbindung) beträgt 100 km. Die Aufwendungen für die Bahnfahrten betragen (monatlich 180 € × 12 =) 2 160 € im Jahr.

Von der maßgebenden Entfernung von 100 km entfällt eine Teilstrecke von 30 km auf Fahrten mit dem eigenen Pkw, sodass sich hierfür eine Entfernungspauschale von 220 Arbeitstagen × 30 km × 0,38 € = 2 508 € ergibt.

Die niedrigere Entfernungspauschale für die ersten 20 km von 0,30 € ist vorrangig bei den öffentlichen Verkehrsmitteln zu berücksichtigen. Für die verbleibende Teilstrecke mit der Bahn von (100 km abzgl. 30 km =) 70 km ist die Entfernungspauschale dementsprechend wie folgt zu berechnen:

220 Arbeitstage × 20 km × 0,30 € =	1 320 €
220 Arbeitstage × 50 km × 0,38 € =	4 180 €
Summe	5 500 €

Dieser Betrag ist auf den Höchstbetrag von 4 500 € zu begrenzen, sodass sich insgesamt eine anzusetzende Entfernungspauschale von **7 008 €** (2 508 € + 4 500 €) ergibt. Die tatsächlichen Aufwendungen für die Bahnfahrten i. H. von 2 160 € bleiben unberücksichtigt, weil sie den im Kj. insgesamt als Entfernungspauschale abziehbaren Betrag von 7 008 € nicht übersteigen.

BEISPIEL 2:
Ein Arbeitnehmer fährt im Kj. 2025 die ersten drei Monate mit dem eigenen Pkw und die letzten neun Monate mit öffentlichen Verkehrsmitteln zur 120 km entfernten ersten Tätigkeitsstätte. Die entsprechende Monatskarte kostet 190 €.
Bei 220 Arbeitstagen beträgt die Entfernungspauschale an sich 9 680 € (220 Arbeitstage × 20 km × 0,30 € = 1 320 € zzgl. 220 Arbeitstage × 100 km × 0,38 € = 8 360 €). Da jedoch für einen Zeitraum von neun Monaten öffentliche Verkehrsmittel benutzt worden sind, ist der Höchstbetrag von 4 500 € zu beachten und die Entfernungspauschale wie folgt zu berechnen:

Öffentliche Verkehrsmittel:		
165 Arbeitstage × 20 km × 0,30 €	990 €	
165 Arbeitstage × 100 km × 0,38 €	6 270 €	
Summe	7 260 €	
begrenzt auf den Höchstbetrag von		4 500 €
Pkw-Nutzung:		
55 Arbeitstage × 20 km × 0,30 €	330 €	
55 Arbeitstage × 100 km × 0,38 €	2 090 €	
Summe	2 420 €	+ 2 420 €
anzusetzende Entfernungspauschale insgesamt		**6 920 €**

Die Aufwendungen für die Monatskarten i. H. von insgesamt 1 710 € (9 × 190 €) übersteigen nicht den im Kj. insgesamt als Entfernungspauschale abziehbaren Betrag von **6 920 €**, sodass die Entfernungspauschale zum Ansatz kommt.

11.12.7.4 Fahrgemeinschaften

Die Entfernungspauschale steht **jedem** einzelnen der **Mitfahrer** (auch Ehegatten/Lebenspartnern) einer **Fahrgemeinschaft** zu, die gemeinsam zur Arbeit fahren, selbst dann, wenn sie bei demselben Arbeitgeber beschäftigt sind. Die Höhe der jeweiligen Entfernungspauschale richtet sich nach der für den einzelnen Mitfahrer kürzesten Straßenverbindung zu seiner ersten Tätigkeitsstätte. Diese ist mit der einfachen Entfernung von jedem Mitfahrer der Fahrgemeinschaft in seiner Anlage N einzutragen (vgl. Tz 11.12.7.2). **Umwegstrecken**, die zum Abholen der Mitfahrer zurückgelegt werden müssen, sind nicht in die Entfernungsermittlung einzubeziehen (Rz 19 des BMF-Schreibens vom 18.11.2021, BStBl I S. 2315). Ein von der Fahrgemeinschaft privat organisierter Treffpunkt ist im Übrigen kein »**Sammelpunkt**« i. S. des § 9 Abs. 1 Satz 3 Nr. 4a Satz 3 EStG (vgl. Tz 11.12.2.12).

Für die Tage, an denen der Arbeitnehmer mit dem eigenen oder zur Nutzung überlassenen Pkw fährt, gilt der **Höchstbetrag** von 4 500 € **nicht**, gleichgültig, ob nur ein Teilnehmer der Fahrgemeinschaft seinen Pkw einsetzt und seine Kollegen jeweils abholt oder die Arbeitnehmer sich abwechseln. Für die Mitfahrer der Fahrgemeinschaft ist die Entfernungspauschale dagegen an den Arbeitstagen, an denen sie ihren Pkw nicht einsetzen, auf 4 500 € **begrenzt**. Deshalb sind die Angaben zu den Arbeitstagen und Entfernungskilometern jeweils in einem getrennten Abschnitt einzutragen, z. B. unter »1. Angabe« in den Zeilen 29 bis 31 für die Tage, an denen der Arbeitnehmer mit dem eigenen Pkw gefahren ist, und unter »2. Angabe« in den Zeilen 37, 38 und 41 für die Tage, an denen der Arbeitnehmer Mitfahrer war.

Die Berechnung der Entfernungspauschale ist wie folgt vorzunehmen:

Bei wechselseitigen Fahrgemeinschaften kann zunächst der Höchstbetrag von 4 500 € durch die Wege an den Arbeitstagen ausgeschöpft werden, an denen der Arbeitnehmer mitgenommen wurde. Deshalb ist zunächst die (auf 4 500 € begrenzte) anzusetzende Entfernungspauschale für die Tage zu berechnen, an denen der Arbeitnehmer mitgenommen wurde. Anschließend ist die anzusetzende (unbegrenzte) Entfernungspauschale für die Tage zu ermitteln, an denen der Arbeitnehmer seinen eigenen oder zur Nutzung überlassenen Pkw benutzt hat. Beide Beträge zusammen ergeben die insgesamt anzusetzende Entfernungspauschale (Rz 18 des BMF-Schreibens vom 18.11.2021, BStBl I S. 2315).

BEISPIEL:
A, B und C bilden eine wechselseitige Fahrgemeinschaft in der Weise, dass A von den insgesamt 210 Arbeitstagen an 70 Arbeitstagen die Arbeitnehmer B und C mit seinem Pkw von ihren Wohnungen abholt, um dann gemeinsam zur gleichen Arbeitsstätte zu fahren. An den übrigen 140 Tagen ist A Mitfahrer bei B und C. Die für A maßgebende kürzeste Straßenverbindung zwischen seiner Wohnung und der ersten Tätigkeitsstätte beträgt 100 km.
Die Entfernungspauschale ist für A wie folgt zu ermitteln:

Tage, an denen A mitgenommen wurde:		
140 Arbeitstage × 20 km × 0,30 €	840 €	
140 Arbeitstage × 80 km × 0,38 €	4 256 €	
Summe	5 096 €	
Der Höchstbetrag von 4 500 € ist überschritten, anzusetzen sind daher		4 500 €
zzgl. Tage, an denen A selbst gefahren ist (unbegrenzt abziehbar):		
70 Arbeitstage × 20 km × 0,30 €	420 €	
70 Arbeitstage × 80 km × 0,38 €	2 128 €	
Summe	2 548 €	+ 2 548 €
anzusetzende Entfernungspauschale insgesamt		**7 048 €**

Die Umwege des A zu den Wohnungen des B und des C bleiben unberücksichtigt; es ist allein die kürzeste Straßenverbindung zwischen seiner Wohnung und seiner ersten Tätigkeitsstätte maßgebend.

Setzt bei einer Fahrgemeinschaft nur ein Teilnehmer seinen Pkw ein, kann er die Entfernungspauschale ohne Begrenzung auf den Höchstbetrag von 4 500 € für Entfernung zwischen seiner Wohnung und ersten Tätigkeitsstätte geltend machen; eine Umwegstrecke zum Abholen der Mitfahrer ist nicht mit in die Entfernungsermittlung einzubeziehen. Den Mitfahrern wird gleichfalls die Entfernungspauschale gewährt, allerdings bei ihnen begrenzt auf den Höchstbetrag von 4 500 €. Ein Entgelt für die Mitnahme beeinflusst die Entfernungspauschale nicht. Die Einkünfte hieraus können allerdings – sofern sie die Freigrenze von 256 € erreichen oder übersteigen – als sonstige Einkünfte nach § 22 Nr. 3 EStG einkommensteuerpflichtig sein (BFH-Urteil vom 15.3.1994, BStBl II S. 516). Bei den mitfahrenden Arbeitskollegen ist das von ihnen gezahlte Entgelt durch die Entfernungspauschale abgegolten und daher nicht zusätzlich als Werbungskosten abzugsfähig.

11.12.7.5 Mehrere Tätigkeitsstätten

Ein Arbeitnehmer kann innerhalb desselben Dienstverhältnisses **nur eine** erste **Tätigkeitsstätte** innehaben (vgl. Tz 11.12.2.10). Entstehen einem Arbeitnehmer Aufwendungen für Wege zu mehreren räumlich auseinanderliegenden Tätigkeitsstätten, so stellt sich die Frage, wo sich die erste Tätigkeitsstätte des Arbeitnehmers befindet und ob der Arbeitnehmer vor der Fahrt zu einer weiteren Tätigkeitsstätte in seine Wohnung zurückkehrt (z. B. X ist vormittags bei der ersten Tätigkeitsstätte in A, nachmittags in der Betriebsstätte B desselben Arbeitgebers beschäftigt). Kehrt der Arbeitnehmer zwischenzeitlich zu seiner Wohnung zurück, so ist die Entfernungspauschale nur für den Weg von der Wohnung des X zur ersten Tätigkeitsstätte in A anzusetzen.

Die Fahrten von der Wohnung zur Betriebsstätte in B und zurück können nach Reisekostengrundsätzen berücksichtigt werden, d. h. bei Nutzung des eigenen Pkw mit einem Kilometersatz von 0,30 € je gefahrenen Kilometer. Wird die weitere Tätigkeitsstätte **ohne** zwischenzeitliche Rückkehr in die Wohnung aufgesucht (z. B. bei Einsatz auf mehreren Zweigstellen desselben Arbeitgebers), gelten für die unmittelbaren Fahrten zwischen den einzelnen Tätigkeitsstätten bereits nach geltendem Recht ebenfalls die Reisekostengrundsätze. Die einfache Fahrt zu/von der ersten Tätigkeitsstätte wird in diesen Fällen mit der **halben Entfernungspauschale** angesetzt (vgl. H 9.10 – Fahrtkosten bei einfacher Fahrt – LStH).

BEISPIEL:

X fährt im Kj. 2025 von seiner Wohnung in A zur ersten Tätigkeitsstätte nach B (30 km), im Rahmen desselben Arbeitsverhältnisses fährt er nachmittags direkt zu einer weiteren Tätigkeitsstätte nach C (20 km) und abends zurück zur Wohnung nach A (52 km).

X kann für die täglichen einfachen Fahrten von A nach B eine (halbe) Entfernungspauschale i. H. von 4,90 € (20 km × 0,15 € zzgl. 10 km × 0,19 €) als Werbungskosten geltend machen. Für die Fahrten zwischen den beiden Tätigkeitsstätten von B nach C (20 km) und abends für die Heimfahrt von C nach A (52 km) sind zusätzlich je gefahrenen km 0,30 € × 72 km = 21,60 € nach Reisekostengrundsätzen zu berücksichtigen. Insgesamt sind arbeitstäglich **26,50 €** (4,90 € + 21,60 €) als Werbungskosten abzugsfähig.

11.12.7.6 Mehrere Dienstverhältnisse

Bei Arbeitnehmern, die in **mehreren Dienstverhältnissen** stehen und denen Aufwendungen für die Wege zu mehreren auseinanderliegenden ersten Tätigkeitsstätten entstehen, ist die Entfernungspauschale für jeden Weg zur ersten Tätigkeitsstätte anzusetzen, wenn der Arbeitnehmer am Tag zwischenzeitlich in die Wohnung zurückkehrt. Die erhöhte Entfernungspauschale (ab VZ 2022: 0,38 €) ist für **jeden Weg** zu den ersten Tätigkeitsstätten erst ab dem 21. Entfernungskilometer zu berücksichtigen. Die Einschränkung, dass täglich nur eine Fahrt zu berücksichtigen ist, gilt nur für den Fall einer, nicht aber für den Fall mehrerer erster Tätigkeitsstätten (Rz 24 des BMF-Schreibens vom 18.11.2021, BStBl II S. 2315).

BEISPIEL 1:

Ein Arbeitnehmer mit zwei Dienstverhältnissen fährt im Kj. 2025 mit öffentlichen Verkehrsmitteln an 220 Arbeitstagen vormittags von seiner Wohnung in A zur ersten Tätigkeitsstätte in B, mittags zurück zur Wohnung in A, nachmittags zur ersten Tätigkeitsstätte in C und abends zur Wohnung in A zurück. Die Entfernungen betragen zwischen A und B 25 km und zwischen A und C 35 km, insgesamt 60 km. Die Monatskarte für die öffentlichen Verkehrsmittel kostet 250 € monatlich. Die Entfernungspauschale beträgt:

a) Fahrt zur ersten Tätigkeitsstätte in B	
220 Arbeitstage × 20 km × 0,30 € =	1 320 €
220 Arbeitstage × 5 km × 0,38 € =	418 €
Zwischensumme	1 738 €
b) Fahrt zur ersten Tätigkeitsstätte in C	
220 Arbeitstage × 20 km × 0,30 € =	1 320 €
220 Arbeitstage × 15 km × 0,38 € =	1 254 €
Zwischensumme	2 574 €
Summe Entfernungspauschale (a + b)	4 312 €

Die tatsächlichen Kosten für die Benutzung der öffentlichen Verkehrsmittel (12 × 250 € = 3 000 €) übersteigen die im Kj. insgesamt anzusetzende Entfernungspauschale nicht; anzusetzen ist also die Entfernungspauschale i. H. von **4 312 €**. Der Höchstbetrag von 4 500 € ist nicht überschritten.

Werden täglich mehrere erste Tätigkeitsstätten ohne Rückkehr zur Wohnung nacheinander angefahren, so ist für die Entfernungsermittlung der Weg zur zuerst aufgesuchten ersten Tätigkeitsstätte als »Umwegstrecke« zur nächsten ersten Tätigkeitsstätte zu berücksichtigen; die für die Ermittlung der Entfernungspauschale anzusetzende Entfernung darf höchstens die Hälfte der Gesamtstrecke betragen.

BEISPIEL 2:

X fährt im Kj. 2025 an 220 Tagen vormittags von seiner Wohnung in A zur ersten Tätigkeitsstätte nach B (30 km), nachmittags weiter zur ersten Tätigkeitsstätte bei einem anderen Arbeitgeber nach C (40 km) und abends zur Wohnung in A (50 km) zurück.

Da die Hälfte der tatsächlichen Gesamtfahrtstrecke von 60 km (= 30 km + 40 km + 50 km = 120 km : 2) niedriger ist als die unmittelbaren Fahrten von A nach B und von C nach A (30 km + 50 km = 80 km), wird nur der niedrigere Betrag von 60 km für die Berechnung der Entfernungspauschale zugrunde gelegt.

Da die erhöhte Entfernungspauschale (ab VZ 2022: 0,38 €) für **jeden Weg** zu den ersten Tätigkeitsstätten erst ab dem 21. Entfernungskilometer zu berücksichtigen ist, beträgt die Entfernungspauschale für die Fahrten zur ersten Tätigkeitsstätte in B und C

220 Tage × 20 km × 0,30 € =	1 320 €
220 Tage × 20 km × 0,30 € =	1 320 €
220 Tage × 20 km × 0,38 € =	1 672 €
Summe	**4 312 €**

Diese Rechtsauffassung ist allerdings nicht zweifelsfrei (BFH-Urteil vom 8.11.1974, BStBl 1975 II S. 177; im BFH-Urteil vom 9.12.1988, BStBl 1989 II S. 296 wird die Frage offen gelassen). Im vergleichbaren Fall der Fahrten eines **Gewerbetreibenden** zwischen mehreren selbständigen Betrieben hat der BFH jedenfalls den vollen Fahrtkostenabzug nach Reisekostengrundsätzen anerkannt (BFH-Urteil vom 4.11.1986, BStBl 1987 II S. 259), bezogen auf das Beispiel wäre dies die Fahrt zwischen B und C (40 km).

11.12.7.7 Fahrten zu mehreren Wohnungen

Hat ein Arbeitnehmer **mehrere Wohnungen**, so kommt als Ausgangspunkt für die Entfernungspauschale jede Wohnung in Betracht, die er regelmäßig zur Übernachtung nutzt und von der aus er seine erste Tätigkeitsstätte aufsucht. Als Wohnung ist z. B. auch ein möbliertes Zimmer, eine Schiffskajüte, ein Gartenhaus, ein auf eine gewisse Dauer abgestellter Wohnwagen oder ein Schlafplatz in einer Massenunterkunft anzusehen (vgl. R 9.10 Abs. 1 LStR), nicht dagegen ein Hotelzimmer oder eine fremde Wohnung, in denen der Arbeitnehmer nur kurzfristig aus privaten Gründen übernachtet (BFH-Urteile vom 25.3.1988, BStBl II S. 706 und vom 26.8.1988, BStBl 1989 II S. 144). Hat ein Arbeitnehmer mehrere Wohnungen, so können Aufwendungen für die Wege von und zu der von der ersten Tätigkeitsstätte **weiter entfernt liegenden Wohnung** nur dann berücksichtigt werden, wenn sich dort der **Mittelpunkt** der **Lebensinteressen** des Arbeitnehmers befindet und die Wohnung **nicht nur gelegentlich aufgesucht** wird (§ 9 Abs. 1 Satz 3 Nr. 4 Satz 6 EStG). Dies ist anhand einer Gesamtwürdigung der Umstände im Einzelfall zu beurteilen (BFH-Urteile vom 13.12.1985, BStBl 1986 II S. 221, vom 20.12.1982, BStBl 1983 II S. 306, vom 25.3.1988, BStBl II S. 706 und vom 26.11.2003, BStBl 2004 II S. 233).

Der Mittelpunkt der Lebensinteressen wird bestimmt durch die persönlichen Beziehungen zu diesem Ort und die Art und Weise, wie die Beziehungen aufrechterhalten werden. Bei einem **verheirateten Arbeitnehmer** befindet sich der Mittelpunkt der Lebensinteressen im Allgemeinen am tatsächlichen Wohnort seiner Familie (BFH-Urteile vom 3.10.1985, BStBl 1986 II S. 95). Die Finanzverwaltung erkennt die weiter entfernt liegende Wohnung **ohne nähere Prüfung** aber nur dann an, wenn der verheiratete Arbeitnehmer sie mindestens **sechsmal** im Kj. aufsucht (vgl. R 9.10 Abs. 1 Satz 5 LStR). Nach dem o. a. BFH-Urteil vom 26.11.2003 können bei besonderen Umständen auch fünf Besuchsfahrten im Kj. ausreichend sein.

Bei **anderen Arbeitnehmern** befindet sich der Mittelpunkt der Lebensinteressen an dem Wohnort, zu dem die engeren persönlichen Beziehungen bestehen (BFH-Urteil vom 20.11.1991, BStBl II 1992 S. 306). Diese können ihren Ausdruck besonders in Bindungen an Personen (Eltern, Verlobte, Freundes- und Bekanntenkreis) finden, aber auch in Vereinszugehörigkeiten und anderen Aktivitäten. Nach Auffassung der Finanzverwaltung ist es ausreichend, wenn der Arbeitnehmer diese Wohnung im Durchschnitt mindestens **zweimal monatlich** aufsucht (vgl. R 9.10 Abs. 1 Satz 8 LStR). Auch bei **Eheleuten**, die zwei gemeinsame Wohnungen haben und die am selben Ort beschäftigt sind, kann die weiter vom Beschäftigungsort entfernt liegende Wohnung der örtliche Mittelpunkt der Lebensinteressen sein (BFH-Urteil vom 2.2.1979, BStBl II S. 338). Eine andere Beurteilung kann sich ergeben, wenn Arbeitnehmer mit einer Stadtwohnung während einiger Sommermonate oder in den Ferien in einem Wohnwagen auf einem weiter entfernt liegenden **Campingplatz** leben und von dort aus zu ihrer ersten Tätigkeitsstätte fahren; dann ist der Wohnwagen nicht als »Wohnung« anzusehen. Die Arbeitnehmer sind demzufolge so zu behandeln, wie wenn sie von ihrer Stadtwohnung aus zur ersten Tätigkeitsstätte gefahren wären (BFH-Urteil vom 15.11.1974, BStBl 1975 II S. 278). Entsprechendes dürfte für **Wochenendwohnungen** oder **Wochenendhäuser** gelten (BFH-Urteil vom 10.11.1978, BStBl 1979 II S. 219), wie auch dann, wenn eine Familie neben der Erstwohnung am Arbeitsort an den Wochenenden und in den Schulferien eine weiter entfernt liegende **Ferienwohnung** (Zweitwohnung) benutzt (BFH-Urteil vom 3.10.1985, BStBl 1986 II S. 95). Dagegen ist es unschädlich, wenn die Fahrt zum weiter entfernten Mittelpunkt der Lebensinteressen an einer näher zum Arbeitsplatz belegenen Wohnung des Arbeitnehmers unterbrochen wird (BFH-Urteil vom 20.12.1991, BStBl 1992 II S. 306).

11.12.8 Arbeitnehmer mit Behinderungen

11.12.8.1 Behinderungsgrad

36, 4 In den **Zeilen 28** sowie ggf. in den **Zeilen 36** und **44** ist durch Eintragung des Werts »1« = Ja kenntlich zu machen, ob ein Behinderungsgrad **von mindestens 70** oder von **weniger als 70**, aber **mindestens 50** und gleichzeitig eine erhebliche Beeinträchtigung der Bewegungsfähigkeit im Straßenverkehr (**Merkzeichen »G«** oder »**aG**«) vorliegt. Arbeitnehmer mit Behinderungen, die diese Voraussetzungen erfüllen, können für die Wege zwischen Wohnung und erster Tätigkeitsstätte statt der Entfernungspauschale ihre nachgewiesenen **tatsächlichen Kfz-Kosten** einschließlich AfA als Werbungskosten abziehen (§ 9 Abs. 2 Satz 3 EStG) oder die pauschalen **Kilometersätze** nach dem BRKG je gefahrenem Kilometer geltend machen (vgl. Tz 11.12.8.2). Der **Nachweis** der Behinderung ist ggf. durch Vorlage eines Schwerbehindertenausweises nach dem SGB IX oder einer Bescheinigung der für die Durchführung des Bundesversorgungsgesetzes zuständigen Behörden (§ 65 EStDV) zu führen.

Für die Anerkennung der tatsächlichen Aufwendungen oder der pauschalen Kilometersätze ist bei rückwirkender Festsetzung oder Änderung des Grads der Behinderung das Gültigkeitsdatum des entsprechenden Nachweises maßgebend (vgl. R 9.10 Abs. 3 Satz 4 LStR). Entsprechendes gilt für die Berücksichtigung von sog. Leerfahrten (vgl. Tz 11.12.8.6). Wird bei einem schwerbehinderten Arbeitnehmer der Grad der Behinderung auf weniger als 50 herabgesetzt, kommt ab dem in dem Herabsetzungsbescheid genannten Zeitpunkt eine Berücksichtigung der tatsächlichen Kfz-Kosten oder der pauschalen Kilometersätze anstelle der Entfernungspauschale nicht mehr infrage (BFH-Beschluss vom 11.3.2014, BStBl II S. 525).

11.12.8.2 Pauschale Kilometersätze

Ohne Einzelnachweis der tatsächlichen Kfz-Kosten wird bei einem behinderten Arbeitnehmer bei Benutzung des eigenen Pkw aus Vereinfachungsgründen ein pauschaler Kilometersatz von **0,60 €** je Entfernungskilometer (0,30 € je gefahrenem Kilometer) anerkannt, bei Benutzung eines Motorrads oder Motorrollers ein pauschaler Kilometersatz von **0,40 €** (0,20 € je gefahrenem Kilometer); vgl. R 9.10 Abs. 3 Satz 1 LStR, Rz 29 des BMF-Schreibens vom 18.11.2021, BStBl I S. 2315. Für die Geltendmachung dieser pauschalen Kilometersätze müssen die Angaben in der Anlage N (vgl. Tz 11.12.7.2) vollständig ausgefüllt werden. Die erhöhte Entfernungspauschale ab dem 21. Entfernungskilometer (ab VZ 2022: 0,38 €) hat keine Auswirkungen auf den Ansatz der v. g. pauschalen Kilometersätze.

Neben den pauschalen Kilometersätzen können auch **Unfallkosten** (vgl. Tz 11.12.10, H 9.5 – Pauschale Kilometersätze – LStH) sowie **Parkgebühren** am Arbeitsplatz berücksichtigt werden; diese Aufwendungen sind unter »Weitere Werbungskosten« in den **Zeilen 62** bis **64** einzutragen.

11.12.8.3 Einzelnachweis der Kfz-Kosten

Entscheidet sich der behinderte Arbeitnehmer für den **Einzelnachweis** der Kfz-Kosten, so sind grds. sämtliche Aufwendungen für das Kfz durch Belege nachzuweisen. Diese Belege sind allerdings nur auf Anforderung des Finanzamts auf elektronischem Weg oder in Kopie vorzulegen; zur Belegvorlage-/Belegvorhaltepflicht vgl. Vorbemerkungen Tz 14.1. Die für den Einzelnachweis von Fahrtkosten bei Auswärtstätigkeiten geltenden Grundsätze (vgl. Tz 11.19.5.5) sind entsprechend zu beachten. Bei Einzelnachweis der Kfz-Kosten sind die Aufwendungen in den **Zeilen 62** bis **64** unter »Weitere Werbungskosten« einzutragen; die Berechnung ist ggf. im Einzelnen auf einem besonderen Blatt zu erläutern.

11.12.8.4 Entfernungspauschale oder tatsächliche Kosten (Wahlrecht)

Der behinderte Arbeitnehmer kann die Berechnungsart wählen, die für ihn die **Günstigste** ist. Tritt der für einen Ansatz der tatsächlichen Kosten erforderliche Grad der Behinderung erst im Laufe des Jahres ein, besteht für den Zeitraum ab Eintritt der Behinderung die Wahlmöglichkeit, anstelle der Entfernungspauschale die tatsächlichen Kosten anzusetzen. Für den Zeitraum bis zum Eintritt der Behinderung bleibt es hingegen bei der Entfernungspauschale (Rz 29 des BMF-Schreibens vom 18.11.2021, BStBl I S. 2315, Beispiel 13). Wird bei einem behinderten Menschen der Grad der Behinderung herabgesetzt und liegen die Voraussetzungen des § 9 Abs. 2 Satz 3 EStG nach der Herabsetzung nicht mehr vor, ist dies ab dem im Bescheid genannten Zeitpunkt zu berücksichtigen. Aufwendungen für Wege zwischen Wohnung und erster Tätigkeitsstätte sowie für Fahrten nach § 9 Abs. 1 Satz 3 Nr. 4a Satz 3 EStG können daher ab diesem Zeitpunkt nicht mehr nach § 9 Abs. 2 Satz 3 EStG bemessen werden (BFH-Urteil vom 11.3.2014, BStBl II S. 525).

Darüber hinaus ist zu beachten, dass bei einem behinderten Arbeitnehmer ein taggenaues Wahlrecht hinsichtlich des Ansatzes der tatsächlichen Kosten oder der Entfernungspauschale i. S. einer **Meistbegünstigung** besteht. Werden die Wege zwischen Wohnung und erster Tätigkeitsstätte mit **verschiedenen Verkehrsmitteln** zurückgelegt, kann das Wahlrecht für beide zurückgelegten Teilstrecken allerdings im Kj. nur einheitlich ausgeübt werden (BFH-Urteil vom 5.5.2009, BStBl II S. 729). Die niedrigere Entfernungspauschale für die ersten 20 Kilometer (0,30 €) ist bei Benutzung verschiedener Verkehrsmittel vorrangig bei den öffentlichen Verkehrsmitteln zu berücksichtigen (vgl. Tz 11.12.7.3)

BEISPIEL:

Ein behinderter Arbeitnehmer (Grad der Behinderung von 90) fährt im Kj. 2025 an 220 Arbeitstagen mit dem eigenen Pkw 17 km zum Bahnhof und von dort 82 km mit der Bahn zur ersten Tätigkeitsstätte. Die tatsächlichen Bahnkosten betragen 240 € im Monat.

A wählt das günstigste Ergebnis, das sich aufgrund der Höchstgrenze von 4 500 € der Entfernungspauschale für die Teilstrecke mit der Bahn ergibt. Dies erreicht er mit dem Ansatz der Entfernungspauschale für **152 Tage** (4 500 € Höchstbetrag : tägliche Entfernungspauschale für 82 km von 29,56 € [20 km × 0,30 € = 6,00 € zzgl. 62 km × 0,38 € = 23,56 €] = 152 Tage) und dem Ansatz der tatsächlichen Kosten für **68 Tage**.

Ermittlung der Entfernungspauschale für 152 Tage:

a) Teilstrecke mit dem eigenen Pkw:	
152 Tage × 17 km × 0,38 € =	981,92 €
b) Teilstrecke mit der Bahn:	
152 Tage × 20 km × 0,30 € =	912,00 €
152 Tage × 62 km × 0,38 € =	3 581,12 €
Zwischensumme	4 493,12 €
Summe Entfernungspauschale (a + b)	5 475,04 €

Ermittlung der tatsächlichen Kosten für 68 Tage:

Teilstrecke mit dem eigenen Pkw (pauschaler Kilometersatz):	
68 Tage × 17 km × 2 × 0,30 € =	693,60 €
Teilstrecke mit der Bahn (tatsächliche Aufwendungen):	
240 € × 12 Monate = 2 880 € : 220	
Tage = 13,09 € × 68 Tage =	+ 890,12 €
Summe tatsächliche Kosten	1 583,72 €

Insgesamt kann somit ein Betrag von (aufgerundet) **7 059 €** (152 Tage Entfernungspauschale: 5 475,04 € + 68 Tage tatsächliche Kosten: 1 583,72 €) abgezogen werden.

11.12.8.5 Nutzung öffentlicher Verkehrsmittel

34, 42, 50 Behinderte Arbeitnehmer, die die unter Tz 11.12.8.1 genannten Voraussetzungen erfüllen, können bei der Nutzung öffentlicher Verkehrsmittel anstelle der Entfernungspauschale auch ihre höheren tatsächlichen Aufwendungen geltend machen. Diese sind in den **Zeilen 34** sowie ggf. in den **Zeilen 42** und **50** einzutragen; für die Günstigerrechnung gegenüber der Entfernungspauschale sind auch stets die Angaben zur Berechnung der Entfernungspauschale (Arbeitstage, einfache Entfernung usw.) vollständig auszufüllen (vgl. Tz 11.12.7.2).

11.12.8.6 Weitere Einzelfragen

Die Beschränkung des Werbungskostenabzugs auf arbeitstäglich nur **eine Hin-** und **Rückfahrt** (vgl. Tz 11.12.4) gilt auch für behinderte Arbeitnehmer (BFH-Urteil vom 2.4.1976, BStBl II S. 452).

In der tatsächlichen Höhe oder mit den pauschalen Kilometersätzen können auch Aufwendungen geltend gemacht werden, die einem **Blinden** dadurch entstehen, dass er von einem Dritten (z. B. dem Ehegatten) mit dem eigenen Kraftfahrzeug zur ersten Tätigkeitsstätte gebracht und später wieder abgeholt wird. Das Gleiche gilt für einen Behinderten, der keine gültige Fahrerlaubnis besitzt oder der infolge seiner Behinderung nicht selbst mit dem Kraftfahrzeug zu seiner ersten Tätigkeitsstätte fahren kann; es kann in diesen Fällen auch die **Leerfahrt** (also insgesamt **zwei** Hin- und Rückfahrten täglich) berücksichtigt werden (BFH-Urteil vom 2.12.1977, BStBl 1978 II S. 260; vgl. R 9.10 Abs. 3 LStR, H 9.10 – Behinderte Menschen – LStH).

Die als Zuschuss für die Beschaffung eines Kraftfahrzeugs sowie für eine behindertengerechte Zusatzausstattung gewährten Leistungen nach der **Kraftfahrzeughilfe-Verordnung** mindern die tatsächlichen Aufwendungen für die Wege zwischen Wohnung und erster Tätigkeitsstätte, indem die AfA-Bemessungsgrundlage um den Zuschuss gekürzt wird (BFH-Urteil vom 14.6.2012, BStBl II S. 835). Der Ansatz der tatsächlichen Wegekosten mit dem pauschalen Kilometersatz von 0,30 € je gefahrenem Kilometer (vgl. Tz 11.12.8.2) bleibt davon aber unberührt.

Privatfahrten von behinderten Arbeitnehmern werden ab dem VZ 2021 über eine **behinderungsbedingte Fahrtkostenpauschale** als **außergewöhnliche Belastungen** berücksichtigt (§ 33 Abs. 2a EStG). Zu den zu erfüllenden Voraussetzungen, zur Höhe und zur Abgeltungswirkung dieser Fahrtkostenpauschale vgl. Tz 5.4.

11.12.9 Abgeltungswirkung der Entfernungspauschale

Durch die Entfernungspauschale sind sämtliche Aufwendungen, die durch die Wege zwischen Wohnung und erster Tätigkeitsstätte veranlasst sind, **abgegolten** (§ 9 Abs. 2 Satz 1 EStG). Zu den abgegoltenen Aufwendungen gehören neben der **Abschreibung für Abnutzung (AfA)** und den Aufwendungen für **Benzin, Reparaturen, Wagenpflege** auch die **Kraftfahrzeugsteuer, Garagenmiete, Teil- oder Vollkasko-, Insassenunfall-, Feuer-, Diebstahl-** und **Automobil-Rechtsschutz-Versicherungen**. Dies gilt auch für **Parkgebühren** für das Abstellen des Kfz während der Arbeitszeit (BFH-Urteil vom 2.2.1979, BStBl II S. 372), für eine **Leasingsonderzahlung** (BFH-Urteil vom 15.4.2010, BStBl II S. 805), für **Finanzierungskosten** (s. u.), Beiträge für Kraftfahrerverbände sowie für die Kosten eines **Austauschmotors** anlässlich eines **Motorschadens** auf einer Fahrt zwischen Wohnung und erster Tätigkeitsstätte oder einer Familienheimfahrt (Rz 30 des BMF-Schreibens vom 18.11.2021, BStBl I S. 2315). Zu **Reparaturkosten** aufgrund einer **Falschbetankung** eines Kfz auf dem Weg zur Arbeit siehe BFH-Urteil vom 20.3.2014, BStBl II S. 849, die der BFH nicht neben der Entfernungspauschale als Werbungskosten anerkannt hat.

Aufwendungen, die durch den **Diebstahl** eines Kraftfahrzeugs entstanden sind, sind ebenfalls durch die Entfernungspauschale abgegolten (FG Hamburg vom 5.7.2006, 1 K 4/06, EFG 2006 S. 1822). Das gilt auch für Aufwendungen infolge eines Diebstahls eines Motorrollers (FG Hessen vom 18.3.2005, DStRE 2006 S. 268). Zum Abzug von Aufwendungen bei einem Diebstahl eines privaten Pkw auf einer **Dienstreise** siehe BFH-Urteil vom 25.5.1992, BStBl 1993 II S. 44. Zu **Unfallkosten** vgl. Tz 11.12.10.

Die Beiträge zur **Kfz-Haftpflichtversicherung** sind aus Vereinfachungsgründen in **voller Höhe** als **Sonderausgaben** im Rahmen der Höchstbeträge nach § 10 Abs. 4 EStG (2 800 €/1 900 €) berücksichtigungsfähig, wenn der Arbeitnehmer die Aufwendungen für Fahrten zwischen Wohnung und erster Tätigkeitsstätte oder Familienheimfahrten mit der Entfernungspauschale geltend macht (vgl. R 10.5 Satz 2 EStR). Werden diese Aufwendungen jedoch vom Arbeitnehmer in zulässiger Weise im Einzelnen nachgewiesen (z. B. von behinderten Arbeitnehmern, vgl. Tz 11.12.8.3) oder nimmt der Arbeitnehmer an Stelle des Einzelnachweises die für Auswärtstätigkeiten maßgeblichen Kilometersätze in Anspruch, so können nur die anteiligen, auf die Privatfahrten entfallenden Beiträge für die Kraftfahrzeug-Haftpflichtversicherung als Sonderausgaben berücksichtigt werden.

Wegen der Beiträge zu einer **Insassen-Unfallversicherung** vgl. Tz 11.18.3.29 unter »Versicherungsbeiträge«.

Zinsen für einen **Kredit** sowie sonstige Kosten für ein **Darlehen** zur **Anschaffung** eines privaten Kfz sind nicht als Werbungskosten abzugsfähig (BFH-Urteil vom 30.11.1979, BStBl 1980 II S. 138), und zwar auch dann nicht, wenn die Kreditfinanzierung des Fahrzeugs wegen Verlusts eines anderen Kfz auf einer Fahrt von der Wohnung zur ersten Tätigkeitsstätte erforderlich geworden ist (vgl. Tz 11.12.10.3). Etwas anderes gilt nur, wenn das Fahrzeug **ausschließlich** beruflich als **Arbeitsmittel** genutzt wird (etwa beim angestellten Taxifahrer).

Die Auslagen für einen **Führerschein** können nicht gesondert geltend gemacht werden, wenn das Fahrzeug nur privat und zu Fahrten zwischen Wohnung und erster Tätigkeitsstätte benutzt wird (zu Ausnahmen vgl. Tz 11.18.3.10 unter »Führerschein«).

11.12.10 Unfallkosten

11.12.10.1 Berücksichtigung von Unfallkosten

Unfallkosten, die auf einer Fahrt zwischen Wohnung und erster 62
Tätigkeitsstätte oder auf einer zu berücksichtigenden Familienheimfahrt im Rahmen der doppelten Haushaltsführung entstehen, können als allgemeine Werbungskosten nach § 9 Abs. 1 Satz 1 EStG **neben** der **Entfernungspauschale** berücksichtigt werden (Rz 30 des BMF-Schreibens vom 18.11.2021, BStBl I S. 2315). Dies gilt nicht nur für behinderte Arbeitnehmer i. S. des § 9 Abs. 2 Satz 3 EStG sondern allgemein für **alle Arbeitnehmer.** Hiernach können auch **Krankheitskosten** aufgrund eine Unfalls zwischen Wohnung und erster Tätigkeitsstätte neben der Entfernungspauschale als Werbungskosten geltend gemacht werden (BFH-Urteil vom 19.12.2019, BStBl 2020 II S. 291). Die Abgeltungswirkung der Entfernungspauschale erstreckt sich nur auf Fahrzeug- und wegstreckenbezogene Aufwendungen (vgl. Tz 11.12.9).

Die Unfallkosten brauchen nicht außergewöhnlich hoch zu sein; sie sind unabhängig von ihrer Höhe abzugsfähig (BFH-Urteil vom 14.7.1978, BStBl II S. 595). Zu weiteren Einzelheiten vgl. H 9.10 – Unfallschäden – LStH.

Die Aufwendungen können im Abschnitt »Weitere Werbungskosten« in den **Zeilen 62** bis **64** eingetragen und sollten gegenüber dem Finanzamt auf einem besonderen Blatt näher erläutert werden, insbesondere die berufliche Veranlassung des Verkehrsunfalls (vgl. Tz 11.12.10.2).

11.12.10.2 Berufliche Veranlassung von Verkehrsunfällen

Werbungskosten liegen selbst dann vor, wenn der Unfall darauf beruht, dass der Arbeitnehmer **bewusst** und **leichtfertig** gegen Verkehrsvorschriften verstoßen hat, z. B. weil er zu schnell gefahren ist, die Straßenverhältnisse falsch eingeschätzt hat, auf verbotenem Weg sein berufliches Ziel erreichen wollte, unvorsichtig überholte oder übermüdet gefahren ist, durch Rauchen einer Zigarette oder durch Auswechseln einer Musik-CD abgelenkt wurde, einen Schwächeanfall erlitten hat oder mit abgefahrenen Reifen gefahren ist (BFH-Beschluss vom 28.11.1977, BStBl 1978 II S. 105). Der Unfall ist aber durch **private Gründe** (mit-)veranlasst bzw. überlagert, wenn er **absichtlich** oder infolge **alkoholbedingter** Fahruntüchtigkeit (BFH-Urteil vom 6.4.1984, BStBl II S. 434) oder z. B. wegen einer Wettfahrt geschieht; dann kommt ein Abzug der Unfallkosten als Werbungskosten nicht in Betracht.

Unfallkosten bei **mittäglicher Heimfahrt** sind keine Werbungskosten. Solche Fahrtkosten und Unfallkosten sind auch dann nicht als Werbungskosten abziehbar, wenn der Arbeitnehmer arbeitstäglich zur Einnahme des Mittagessens von seiner ersten Tätigkeitsstätte zu einer nahe gelegenen Gaststätte (Kantine) fährt, selbst wenn am Arbeitsort keine entsprechende Verpflegungsmöglichkeit vorhanden ist (BFH-Urteil vom 18.12.1992, BStBl 1993 II S. 505).

Verlässt ein Arbeitnehmer die regelmäßige **Fahrtstrecke** aus **privaten Gründen** (z. B. um einen Arzt aufzusuchen oder um Lebensmittel einzukaufen oder einen Krankenbesuch zu machen oder um ein Kleinkind vor Arbeitsbeginn in einen Kinderhort zu bringen) – **Umwegfahrt** – und wird er auf dieser Fahrtstrecke in einen Unfall verwickelt, so kann er die entstandenen Auslagen **nicht** als Werbungskosten geltend machen (BFH-Urteil vom 13.3.1996, BStBl II S. 375). Dagegen sind Unfallschäden auf einer Umwegstrecke zur Abholung der Mitfahrer einer Fahrgemeinschaft unabhängig von deren Gestaltung abzugsfähige Werbungskosten (BFH-Urteil vom 11.7.1980, BStBl I S. 655). Eine berufliche Veranlassung wird z. B. aber dann nicht anerkannt, wenn ein(e) Steuerpflichtige(r) seine(n)/ihre(n) Freund(in) besucht und von dort aus am nächsten Morgen zur ersten Tätigkeitsstätte fährt und dabei einen Verkehrsunfall verursacht. Die Kosten sind nicht abzugsfähig, wenn die Fahrt nicht von der eigenen Wohnung aus angetreten oder an der eigenen Wohnung beendet wird (BFH-Urteil vom 25.3.1988, BStBl II S. 706 und vom 26.8.1988, BStBl 1989 II S. 144). Verlässt der Arbeitnehmer aber die Fahrtroute nur, um sein Kfz zu **betanken**, so sind die nicht ersetzten Unfallkosten abzugsfähige Werbungskosten (BFH-Urteil vom 11.10.1984, BStBl 1985 II S. 10).

Fahren Ehegatten gemeinsam zur ersten Tätigkeitsstätte des Ehemannes und benutzt die Ehefrau den Pkw alsdann, um zu ihrer ersten Tätigkeitsstätte zu weiterzufahren, so ist die abendliche **Abholfahrt (Leerfahrt)** der Ehefrau zur ersten Tätigkeitsstätte des Mannes durch dessen Berufstätigkeit veranlasst. Die hierbei angefallenen **Unfallkosten** sind daher beim Ehemann als Werbungskosten zu berücksichtigen (BFH-Urteile vom 11.7.1980, BStBl II S. 655 und vom 3.8.1984, BStBl II S. 800). Entsprechendes kann ausnahmsweise auch bei einer **Leerfahrt** des Ehegatten zwischen der Wohnung und der Haltestelle eines öffentlichen Verkehrsmittels gelten (BFH-Urteil vom 26.6.1987, BStBl II S. 818). Nach dem BFH-Urteil vom 11.2.1993, BStBl II S. 518 handelt es sich bei den vorstehenden Entscheidungen des BFH jedoch um besonders gelagerte Ausnahmefälle. Solche Ausnahmefälle können auch bei Abholfahrten von Lebenspartnern nach dem LPartG vorliegen (vgl. H 9.10 – Unfallschäden – LStH).

11.12.10.3 Abziehbare Kosten

Zu den abziehbaren Unfallkosten gehören vor allem Kosten zur Beseitigung von **Körper-** oder **Sachschäden** (z. B. die **Reparaturaufwendungen** eines Pkws, **Behandlungs-** und **Krankheitskosten**, die durch einen Unfall auf dem Weg zur Arbeitsstätte verursacht wurden). Abziehbar sind auch **Gutachterkosten**, **Schadensersatzleistungen**, **Gerichts-** und **Anwaltskosten** im Zusammenhang mit einem Verkehrsunfall auf dem Weg zur Arbeitsstätte, soweit nicht von dritter Seite Ersatz geleistet wird (z. B. durch Haftpflicht- oder Kaskoversicherung oder durch den Schädiger). Werbungskosten können auch insoweit geltend gemacht werden, als der Arbeitnehmer auf **Ersatzansprüche gegenüber Dritten** verzichtet, z. B. gegenüber seiner Haftpflichtversicherung bei einem Unfallschaden am Kfz eines anderen zur Erhaltung seines Schadenfreiheitsrabatts.

Lässt der Arbeitnehmer das beschädigte Kfz **reparieren**, so sind (nur) die Reparaturkosten in vollem Umfang absetzbar (BFH-Urteil vom 27.8.1993, BStBl 1994 II S. 235); lässt er das Kfz **nicht reparieren**, so kann die durch den Unfall herbeigeführte **Wertminderung** durch Absetzung für außergewöhnliche Abnutzung (»**AfaA**« nach § 7 Abs. 1 Satz 7 i. V. mit § 9 Abs. 1 Satz 3 Nr. 7 EStG) als Werbungskosten berücksichtigt werden, aber nur im VZ des Schadenseintritts (BFH-Urteil vom 13.3.1998, BStBl II S. 443). Absetzungen sind ausgeschlossen, wenn die gewöhnliche Nutzungsdauer des Fahrzeugs bereits abgelaufen ist (BFH-Urteil vom 21.8.2012, BStBl 2013 II S. 171). Die Höhe der AfaA richtet sich nach dem Unterschied zwischen dem »fiktiven Buchwert« des Kfz vor dem Unfall (d. h. Anschaffungskosten abzgl. normaler AfA; zur Berechnung vgl. Tz 11.19.4.5) und dem Wert des Kfz nach dem Unfall (z. B. Totalschaden) oder dem Verkaufserlös. Die nach der Reparatur evtl. verbleibende schlechtere Verkäuflichkeit als Unfallwagen, der sog. **merkantile Minderwert**, kann nicht als Werbungskosten berücksichtigt werden (BFH-Urteile vom 31.1.1992, BStBl II S. 401 und vom 27.8.1993, BStBl 1994 II S. 235). Erhöhen sich infolge des Unfalls im Folgejahr die **Beiträge** zur **Haftpflichtversicherung**, so können die Erhöhungsbeiträge (nur) als Sonderausgaben geltend gemacht werden (BFH-Urteil vom 11.7.1986, BStBl II S. 866).

Nicht berücksichtigungsfähig sind **Finanzierungskosten**. Dies gilt auch dann, wenn die Kreditfinanzierung eines neu angeschafften Fahrzeugs wegen Verlusts eines anderen Kraftfahrzeugs auf einer Fahrt von der Wohnung zur ersten Tätigkeitsstätte erforderlich geworden ist (BFH-Urteil vom 1.10.1982, BStBl 1983 II S. 17).

11.12.11 Aufwendungen für Fahrten mit öffentlichen Verkehrsmitteln

Auch für **Fahrten** mit **öffentlichen Verkehrsmitteln** wird grds. nur **34, 42,**
die Entfernungspauschale berücksichtigt. Übersteigen die tatsäch- **50**
lichen Aufwendungen für die Benutzung öffentlicher Verkehrsmittel den im Kj. insgesamt als Entfernungspauschale anzusetzenden Betrag, können die übersteigenden tatsächlichen Aufwendungen **zusätzlich** als Werbungskosten angesetzt werden (§ 9 Abs. 2 Satz 2 EStG); zur Verfassungsmäßigkeit dieser Regelung vgl. Tz 11.12.3. Abzugsfähig sind auch die Aufwendungen für eine **Zeitfahrkarte**, die in Erwartung einer regelmäßigen Benutzung für den Weg zur ersten Tätigkeitsstätte erworben wurde, die aber dann nicht im geplanten Umfang eingesetzt werden konnte (z. B. durch eine Tätigkeit im Homeoffice).

Ein im Gelegenheitsverkehr genutztes **Taxi** gehört nach Auffassung des BFH nicht zu den »öffentlichen Verkehrsmitteln« i. S. des § 9 Abs. 2 Satz 2 EStG (BFH-Urteil vom 9.6.2022, BStBl 2023 II S. 43). Aufwendungen für Fahrten zwischen Wohnung und erster Tätigkeitsstätte mit einem Taxi können daher lediglich i. H. der **Entfernungspauschale** als Werbungskosten berücksichtigt werden.

Das Finanzamt führt zwischen der Entfernungspauschale und den tatsächlichen Aufwendungen für öffentliche Verkehrsmittel eine **jahresbezogene Günstigerrechnung** durch. Hierzu müssen für jede erste Tätigkeitsstätte oder Teilstrecke die Angaben zur Entfernungspauschale (Anzahl der Arbeitstage, Kilometerangaben) sowie die tatsächlichen Aufwendungen für öffentliche Verkehrsmittel in den **Zeilen 27** bis **50** vollständig ausgefüllt sein (vgl. Tz 11.12.7.2).

BEISPIEL 1:
Ein Arbeitnehmer benutzt im Kj. 2025 für die Fahrten von der Wohnung zur ersten Tätigkeitsstätte den Bus und die Bahn. Die kürzeste benutzbare Straßenverbindung beträgt 20 km. Die Monatskarte für den Bus kostet 50 € und für die Bahn 65 € (insgesamt 115 €).
Für das gesamte Kj. ergibt sich eine Entfernungspauschale von 220 Tagen × 20 km × 0,30 € = 1 320 €. Die für die Nutzung von Bus und Bahn im Kj. angefallenen Aufwendungen betragen 1 380 € (12 × 115 €). Da die tatsächlich angefallenen Kosten für die Benutzung der öffentlichen Verkehrsmittel die insgesamt im Kj. anzusetzende Entfernungspauschale übersteigen, kann der übersteigende Betrag von 60 € zusätzlich angesetzt werden; insgesamt sind somit 1 380 € als Werbungskosten abzugsfähig.

BEISPIEL 2:
Ein Arbeitnehmer benutzte von Januar bis September 2025 (an 165 Arbeitstagen) für die Wege von seiner Wohnung zur 80 km entfernten ersten Tätigkeitsstätte und zurück den eigenen Pkw. Dann verlegte er seinen Wohnsitz. Von der neuen Wohnung aus gelangte er ab Oktober 2025 (an 56 Arbeitstagen) zur nunmehr nur noch 5 km entfernten ersten Tätigkeitsstätte mit dem öffentlichen Bus. Hierfür entstehen ihm tatsächliche Kosten i. H. von (3 × 70 € =) 210 €.
Für die Strecken mit dem eigenen Pkw ergibt sich für 2025 eine Entfernungspauschale von 4 752 € (165 Arbeitstagen × 20 km × 0,30 € = 990 € zzgl. 165 Arbeitstagen × 60 km × 0,38 € = 3 762); für die Strecke mit dem Bus errechnet sich eine Entfernungspauschale von 56 Arbeitstagen × 5 km × 0,30 € = 84 €. Da die jährlichen Aufwendungen für öffentliche Verkehrsmittel (210 €) niedriger sind als der insgesamt als Entfernungspauschale anzusetzende Betrag von 4 836 € (4 752 € + 84 €), wirken sich diese steuerlich nicht aus.

11.12.12 Anrechnung von Arbeitgeberleistungen/ Fahrtkostenzuschüssen

51 **eDaten:**
Jeder Arbeitnehmer erhält die Entfernungspauschale grds. unabhängig von der Höhe seiner Aufwendungen für die Wege zwischen Wohnung und erster Tätigkeitsstätte. Steuerfreie oder mit 15 % LSt pauschalbesteuerte Arbeitgeberleistungen für Fahrten zwischen Wohnung und erster Tätigkeitsstätte sowie für Fahrten nach § 9 Abs. 1 Satz 3 Nr. 4a Satz 3 EStG (»Sammelpunktfahrten«, Fahrten zu einem weiträumigen Tätigkeitsgebiet) **mindern** jedoch die als Werbungskosten abziehbare **Entfernungspauschale.** Diese Leistungen muss der Arbeitgeber unter den Nrn. 17 und 18 der Lohnsteuerbescheinigung gesondert ausweisen und die Daten elektronisch an die Finanzverwaltung übermitteln. Die insoweit vorliegenden eDaten werden im Rahmen der Einkommensteuerveranlagung automatisch in die Kennzahlen »290« und »295« der **Zeile 51** übernommen; personelle Eintragungen in dieser Zeile sind daher nicht notwendig.

Zu den auf die Entfernungspauschale anzurechnenden Arbeitgeberleistungen gehören:

- Steuerfreie **Zuschüsse** des Arbeitgebers, die dieser zusätzlich zum ohnehin geschuldeten Arbeitslohn zu den Aufwendungen des Arbeitnehmers für Fahrten mit **öffentlichen Verkehrsmitteln** im Linienverkehr (ohne Luftfahrtverkehr) zwischen Wohnung und erster Tätigkeitsstätte und nach § 9 Abs. 1 Satz 3 Nr. 4a Satz 3 EStG sowie für Fahrten im öffentlichen Personennahverkehr zahlt (§ 3 Nr. 15 Satz 1 EStG);
- steuerfreie **Sachbezüge** für die unentgeltliche oder verbilligte Nutzung öffentlicher Verkehrsmittel im Linienverkehr (ohne Luftfahrverkehr) für Fahrten zwischen Wohnung und erster Tätigkeitsstätte und nach § 9 Abs. 1 Satz 3 Nr. 4a Satz 3 EStG sowie für Fahrten im öffentlichen Personennahverkehr, die der Arbeitnehmer aufgrund seines Dienstverhältnisses zusätzlich zum ohnehin geschuldeten Arbeitslohn erhält (§ 3 Nr. 15 Satz 2 EStG);
- **Sachbezüge**, die im Rahmen des § 8 Abs. 2 Satz 11 EStG (z. B. Job-Tickets, die aufgrund der 50 €-Freigrenze für Sachbezüge steuerfrei sind) oder § 8 Abs. 3 EStG (z. B. Freifahrtberechtigungen eines Verkehrsträgers bei Anwendung des Rabattfreibetrags) steuerfrei bleiben;
- **Fahrtkostenzuschüsse** und **Sachbezüge** des Arbeitgebers einschließlich unentgeltlicher oder verbilligter Job-Tickets für Fahrten zwischen Wohnung und erster Tätigkeitsstätte und nach § 9 Abs. 1 Satz 3 Nr. 4a Satz 3 EStG, die dieser nach § 40 Abs. 2 Satz 2 EStG mit **15 %** LSt **pauschal versteuert** hat.

Eine nach Anrechnung der steuerfreien oder pauschal versteuerten Arbeitgeberleistungen verbleibende positive Differenz wird im Rahmen der Einkommensteuerveranlagung als Werbungskosten berücksichtigt. Die Minderung der Entfernungspauschale erfolgt maximal bis auf »**0 €**«; der stpfl. Bruttoarbeitslohn wird nicht automatisch um die Beträge erhöht, die die Entfernungspauschale übersteigen. Ggf. wird das Finanzamt aber in einem solchen Fall eine nähere Überprüfung der Arbeitgeberleistungen vornehmen.

Bei behinderten Arbeitnehmern, die mit dem eigenen Pkw zur ersten Tätigkeitsstätte fahren und die nach § 9 Abs. 2 Satz 3 EStG die tatsächlichen Aufwendungen anstelle der Entfernungspauschale geltend machen, unterbleibt die Anrechnung von nach § 3 Nr. 15 EStG steuerfreien Arbeitgeberleistungen (Rz 37 des BMF-Schreibens vom 15.8.2019, BStBl I S. 875). Sofern der Arbeitgeber aber steuerfreie Zuschüsse zu einer vom Arbeitnehmer selbst erworbenen Fahrberechtigung geleistet hat, ist § 3 c Abs. 1 EStG zu beachten und eine Anrechnung vorzunehmen.

Die regionalen **Agenturen** für **Arbeit** oder **Jobcenter** gewähren 5
ehemals Arbeitslosen nach einer Beschäftigungsaufnahme außerhalb des Wohnsitzortes oder von Arbeitslosigkeit bedrohten Arbeitssuchenden sog. **Mobilitätsbeihilfen** zur Abgeltung von Fahrtkosten und anderer Aufwendungen, z. B. anlässlich einer doppelten Haushaltsführung. Die gezahlten Fahrkostenzuschüsse sind nach § 3 Nr. 2 EStG steuerfrei; sie sind aber ebenfalls auf die Entfernungspauschale anzurechnen. Da der Finanzverwaltung insoweit keine eDaten vorliegen, müssen die von der Agentur für Arbeit oder dem Jobcenter gezahlten steuerfreien Fahrtkostenzuschüsse personell in die **Zeile 52** eingetragen werden.

11.12.13 Sonderfall »Firmenwagen«

Die unentgeltliche oder verbilligte Gestellung eines **Firmenwagens** durch den Arbeitgeber steht der Berücksichtigung der Entfernungspauschale als Werbungskosten grds. nicht entgegen. Die **Entfernungspauschale** wird bei Nutzung eines dem Arbeitnehmer vom Arbeitgeber unentgeltlich oder verbilligt überlassenen Fahrzeugs **nicht** gekürzt. Auf der Einnahmenseite muss der Arbeitnehmer für die unentgeltliche oder verbilligte Firmenwagengestellung für Privatfahrten und für Fahrten zwischen Wohnung und erster Tätigkeitsstätte einen **geldwerten Vorteil** versteuern.

Als Wert der privaten Firmenwagennutzung ist für jeden Kalendermonat einheitlich **1 %** des inländischen Listenpreises im Zeitpunkt der Erstzulassung zzgl. der Kosten für werkseitig eingebaute Sonderausstattungen und einschließlich der Umsatzsteuer anzusetzen (BFH-Urteil vom 6.3.2003, BStBl II S. 704). **Zuzahlungen** eines Arbeitnehmers zu den **Anschaffungskosten** eines auch zur privaten Nutzung überlassenen Firmenwagens werden nicht als Werbungskosten berücksichtigt, sondern auf den geldwerten Vorteil aus der Firmenwagenüberlassung angerechnet (vgl. R 8.1 Abs. 9 Nr. 4a LStR).

Laufende Zuzahlungen des Arbeitnehmers in Geld mindern ebenfalls den pauschalen Nutzungswert nach der 1 %-Methode (vgl. R 8.1 Abs. 9 Nr. 4 Satz 1 LStR). Das Gleiche gilt für individuelle Sachleistungen des Arbeitnehmers, wenn dieser im Rahmen der Privatnutzung z. B. die Benzinkosten oder die Beiträge zur Kfz-Versicherung für den Firmenwagen übernimmt (BFH-Urteil vom 30.11.2016, BStBl 2017 II S. 1014). Für den Fall, dass die Eigenleistungen des Arbeitnehmers den privaten Nutzungsvorteil übersteigen, führt der übersteigende Betrag aber weder zu negativem Arbeitslohn noch zu Werbungskosten (BFH-Urteil vom 30.11.2016, BStBl 2017 II S. 1011; vgl. Tz 11.3.5). Soweit der Arbeitnehmer auch im Rahmen der beruflichen Nutzung Aufwendungen des Firmenwagens trägt, liegen (ggf. anteilige) Werbungskosten i. S. von Reisekosten vor; die tatsächlichen Aufwendungen können insoweit in **Zeile 66** eingetragen werden.

Kann das Kfz auch für Fahrten zwischen Wohnung und erster Tätigkeitsstätte oder für Fahrten zu einem Sammelpunkt/weiträumigen Tätigkeitsgebiet i. S. des § 9 Abs. 1 Satz 3 Nr. 4a Satz 3 EStG genutzt werden, so erhöht sich der Nutzungswert der privaten Firmenwagennutzung von 1 % für jeden Kalendermonat um **0,03 %** des Listenpreises des Fahrzeugs für jeden Entfernungskilometer zwischen Wohnung und erster Tätigkeitsstätte. Es ist grds. unerheblich, ob und wie oft im Kalendermonat das Kraftfahrzeug tatsächlich zu Fahrten zwischen Wohnung und erster Tätigkeitsstätte genutzt wird. Es kommt aber unter bestimmten Voraussetzungen eine Einzelbewertung der tatsächlichen Fahrten zwischen Wohnung und erster Tätigkeitsstätte mit 0,002 % des Listenpreises i. S. des § 6 Abs. 1 Nr. 4 Satz 2 EStG je Entfernungskilometer für höchstens 180 Tage in Betracht (Rz 13 des BMF-Schreibens vom 3.3.2022, BStBl II S. 232). Diese Einzelbewertung kann noch im Veranlagungsverfahren nachgeholt werden (vgl. Tz 11.3.5).

Der geldwerte Vorteil für die Privatfahrten und die Fahrten zwischen Wohnung und erster Tätigkeitsstätte kann alternativ auch nach der sog. **Fahrtenbuchmethode** ermittelt werden. Dabei muss das Verhältnis der privaten Fahrten und der Fahrten zwischen Wohnung und erster Tätigkeitsstätte, Sammelpunkt oder weiträumigem Tätigkeitsgebiet zu den übrigen (beruflichen) Fahrten durch ein ordnungsmäßig geführtes **Fahrtenbuch** für das ganze Kj. nachgewiesen werden (§ 8 Abs. 2 EStG i. V. mit § 6 Abs. 1 Nr. 4 Satz 3 EStG). Zum Inhalt des Fahrtenbuchs vgl. Tz 11.19.4.5, R 8.1 Abs. 9 Nr. 2 LStR. Die im Einzelnen nachzuweisenden Gesamtkosten des Kfz sind sodann entsprechend diesem Verhältnis aufzuteilen. Wegen weiterer Einzelheiten zur Gestellung von Firmenwagen durch den Arbeitgeber vgl. R 8.1 Abs. 9 und 10 LStR, H 8.1 (9–10) LStH. Bei Anwendung der Fahrtenbuchmethode vom Arbeitnehmer selbst getragene Aufwendungen des Firmenwagens (z. B. Treibstoffkosten) können **nicht** als Werbungskosten berücksichtigt werden; diese mindern auch bei der Fahrtenbuchmethode den Wert des Nutzungsvorteils (siehe o. a. BFH-Urteil vom 30.11.2016, VI R 49/14).

Da bei der Ermittlung des Nutzungswerts mit 0,03 % und dessen Besteuerung eine Kürzung dieses Betrags um die abzugsfähigen Werbungskosten (Entfernungspauschale) durch den Arbeitgeber nicht vorgesehen ist, kann der Arbeitnehmer allgemein die Aufwendungen für die Wege zwischen Wohnung und erster Tätigkeitsstätte, Sammelpunkt oder weiträumigem Tätigkeitsgebiet mit der Entfernungspauschale als Werbungskosten geltend machen (vgl. Tz 11.12.6). Hierbei ist von den **Arbeitstagen** auszugehen, an denen der Arbeitnehmer die erste Tätigkeitsstätte, den Sammelpunkt oder das weiträumige Tätigkeitsgebiet **tatsächlich** aufsucht; bei der Ermittlung des pauschalen Nutzungswerts mit 0,03 % kann der Arbeitgeber davon abweichend aus Vereinfachungsgründen von 15 Arbeitstagen monatlich oder 180 Arbeitstagen jährlich ausgehen (vgl. Rz 36 des BMF-Schreibens vom 18.11.2021, BStBl I S. 2315).

BEISPIEL:

Ein Arbeitnehmer nutzt das firmeneigene Fahrzeug, das ihm unentgeltlich zur Verfügung steht, im Kj. 2025 an 220 Arbeitstagen zu Fahrten zwischen Wohnung und erster Tätigkeitsstätte. Einfache Entfernung 30 km. Der Listenpreis des Kfz beträgt 35 000 €.

Neben dem geldwerten Vorteil für die Überlassung des firmeneigenen Kfz von monatlich 1 % des Listenpreises ist ein zusätzlicher Nutzungswert für Fahrten zwischen Wohnung und erster Tätigkeitsstätte anzusetzen:

monatlich 30 km × 0,03 % von 35 000 € =	315 €
jährlich: 315 € × 12 =	3 780 €

Der Arbeitnehmer kann für die Wege zwischen Wohnung und erster Tätigkeitsstätte – unabhängig vom versteuerten geldwerten Vorteil – folgende Entfernungspauschale geltend machen:

220 Arbeitstage × 20 km × 0,30 € =	1 320 €
220 Arbeitstage × 10 km × 0,38 € =	836 €
Summe	**2 156 €**

Wird der Nutzungswert anhand eines **Fahrtenbuchs** (s. o.) unter Berücksichtigung der Arbeitstage, an denen das Kfz **tatsächlich** zu Fahrten zwischen Wohnung und erster Tätigkeitsstätte, Sammelpunkt oder weiträumigem Tätigkeitsgebiet benutzt wurde, ermittelt, so kann auch nur die Zahl dieser **Arbeitstage** bei der Ermittlung der Entfernungspauschale berücksichtigt werden. Das Gleiche gilt für die Einzelbewertung einer Firmenwagengestellung nach der 0,002 %-Methode anhand der vom Arbeitnehmer erklärten Anzahl der tatsächlichen Tage mit Fahrten zwischen Wohnung und erster Tätigkeitsstätte (Rz 13 Buchst. d des BMF-Schreibens vom 3.3.2022, BStBl I S. 232).

Pauschal mit 15 % **versteuerte** geldwerte Vorteile aus der Firmenwagengestellung für Fahrten zwischen Wohnung und erster Tätigkeitsstätte werden ebenfalls auf die Entfernungspauschale angerechnet (vgl. Tz 11.12.12). Der Arbeitgeber könnte im vorstehenden Beispiel 1 764 € (15 Tage × 0,30 € × 20 km × 12 Monate zzgl. 15 Tage × 0,38 € × 10 km × 12 Monate) mit 15 % LSt pauschal versteuern. In diesem Fall wären nur 392 € (2 156 € abzgl. 1 764 €) als Werbungskosten abzugsfähig.

11.13 Beiträge zu Berufsverbänden

In **Zeile 53** können **Beiträge** zu **Berufsverbänden** als Werbungskosten geltend gemacht werden. Neben den geleisteten Aufwendungen ist in dieser Zeile die Bezeichnung der Verbände anzugeben. Zu den als Werbungskosten abziehbaren Aufwendungen gehören Mitgliedsbeiträge, Aufnahmegelder und Umlagen. 53

Berufsverbände von Arbeitnehmern sind Vereinigungen zur gemeinsamen Interessenvertretung, wie z. B. Gewerkschaften, Referendarverbände, Richtervereine, der Beamtenbund, der Marburger Bund, der Verein der Handlungsgehilfen oder der Kaminfeger. Beiträge an einen solchen Interessenverband sind abzugsfähige Werbungskosten, wenn dieser als Berufsverband auch die spezifischen beruflichen Interessen des Arbeitnehmers vertritt, was nicht nur nach der Satzung, sondern auch nach der tatsächlichen Verbandstätigkeit zu beurteilen ist (BFH-Urteil vom 13.8.1993, BStBl II 1994 S. 33). Dies gilt ebenso für Beiträge früherer Arbeitnehmer, die noch Arbeitslohn, z. B. in Form einer Betriebsrente oder Pension, beziehen.

Ein Werbungskostenabzug ist auch für Beiträge an **ausländische** Berufsverbände möglich, wenn sie die beruflichen Interessen des Arbeitnehmers vertreten und dessen Arbeitslohn der inländischen Besteuerung unterliegt. Steuerlich nicht begünstigt sind dagegen Leistungen an Organisationen, deren Zweck auf einen wirtschaftlichen Geschäftsbetrieb gerichtet ist.

Werden neben den Pflichtbeiträgen **zusätzliche Beiträge** an Berufsverbände gezahlt, gehören diese ebenfalls zu den Werbungskosten, soweit sie zur Förderung der beruflichen Interessen verwendet werden. Darunter fallen aber lediglich die satzungsgemäßen und vertraglichen, nicht auch zusätzliche freiwillige Leistungen; diese können u. U. als **Spenden** zur Förderung steuerbegünstigter Zwecke abzugsfähig sein (vgl. Tz 2.5).

Mitgliedsbeiträge an **politische Parteien** können nur dann als Werbungskosten anerkannt werden, wenn die Zugehörigkeit zur Partei Voraussetzung für das Beschäftigungsverhältnis ist (z. B. bei Angestellten von politischen Parteien). Wegen der Abzugsfähigkeit von Spenden an politische Parteien nach § 34g EStG oder als Sonderausgaben vgl. Tz 2.5.8.

Keine Werbungskosten, sondern Kosten der Lebensführung sind Ausgaben bei **Veranstaltungen** der Berufsverbände, die der Förderung des Allgemeinwissens der Teilnehmer dienen oder Aufwendungen aus Anlass von gesellschaftlichen Veranstaltungen der bezeichneten Organisationen; dies gilt auch dann, wenn die gesellschaftliche Veranstaltung im Zusammenhang mit einer rein fachlichen oder beruflichen Tagung oder Sitzung steht (vgl. R 9.3 Abs. 1 LStR). Handelt es sich dagegen um eine **Fortbildungsveranstaltung** des Berufsverbands, so kommt ein Werbungskostenabzug in Betracht (vgl. Tz 11.17.2).

Aufwendungen eines Arbeitnehmers im Zusammenhang mit einer **ehrenamtlichen Tätigkeit** für seine **Gewerkschaft** oder seinen **Berufsverband** (z.B. nicht erstattete Reisekosten) können Werbungskosten bei den Einkünften aus nichtselbständiger Arbeit sein (BFH-Urteile vom 28.11.1980, BStBl 1981 II S. 368 und vom 2.10.1992, BStBl II 1993 S. 53); dies gilt nicht für Reiseaufwendungen im Zusammenhang mit einer solchen ehrenamtlichen Tätigkeit, wenn der Schwerpunkt der Reise allgemeintouristischen Zwecken dient (BFH-Urteil vom 25.3.1993, BStBl II S. 559).

Beiträge zu **geselligen Vereinigungen** können grds. nicht abgesetzt werden, auch wenn die Mitgliedschaft vom Arbeitgeber erwünscht ist. Mitgliedsbeiträge an den **Verein Deutscher Ingenieure** (VDI) sind, obwohl der Verein ausschließlich und unmittelbar gemeinnützige (wissenschaftliche) Zwecke verfolgt, als Werbungskosten abzugsfähig, soweit sie von persönlichen Mitgliedern entrichtet werden.

Nachweise über Beiträge an Berufsverbände müssen bei Abgabe der Steuererklärung zunächst nicht beim Finanzamt eingereicht werden. Diese Unterlagen sollten aber bis zur Bestandskraft des Steuerbescheides aufbewahrt und dem Finanzamt auf Verlangen vorgelegt werden; zur Belegvorhaltepflicht vgl. Vorbemerkungen Tz 14.1.

ELSTER:
In ELSTER können für die Geltendmachung von Beiträgen zu Berufsverbänden bei Bedarf zusätzliche Eintragungszeilen zu Zeile 53 per Mausklick hinzugefügt werden. Die erfassten Beträge werden automatisch aufsummiert.

11.14 Aufwendungen für Arbeitsmittel

11.14.1 Allgemeine Grundsätze

54–56 Aufwendungen des Arbeitnehmers für **Arbeitsmittel**, die zur Ausführung der beruflichen Tätigkeit gebraucht und die nicht vom Arbeitgeber gestellt werden, sind Werbungskosten (§ 9 Abs. 1 Nr. 6 und Nr. 7 EStG). Die Aufwendungen für Arbeitsmittel können in den **Zeilen 54** und **55** geltend gemacht werden. Um die Erfassung im Rahmen der Einkommensteuerveranlagung sicherzustellen, ist darauf zu achten, dass in **Zeile 56** in dem Betragsfeld zur Kennzahl »320« zusätzlich die **Summe** der in den Zeilen 54 und 55 geltend gemachten Aufwendungen angegeben ist. Hat der Arbeitnehmer steuerfreie Arbeitgeberleistungen für Arbeitsmittel (z.B. steuerfreies Werkzeuggeld nach § 3 Nr. 30 EStG oder steuerfreie Barablösungen für typische Berufskleidung nach § 3 Nr. 31 EStG) erhalten, werden diese auf die abziehbaren Werbungskosten angerechnet. In den Zeilen 54 bis 56 sind daher nur die entsprechend **geminderten Beträge** anzugeben.

Arbeitsmittel sind alle Wirtschaftsgüter, die unmittelbar der Erledigung beruflicher Arbeiten dienen (BFH-Urteil vom 31.1.1986, BStBl II S. 355). Bei Gegenständen, die auch im Rahmen der allgemeinen Lebensführung nutzbar sind, ist für die Einordnung eines Gegenstandes als Arbeitsmittel grds. der tatsächliche Verwendungszweck im Einzelfall entscheidend (BFH-Urteil vom 23.10.1992, BStBl II 1993). Dieser ist nicht immer leicht feststellbar, was im Zweifel zulasten des Steuerpflichtigen geht. Ggf. kommt aber eine anteilige Berücksichtigung der Aufwendungen im Schätzungswege infrage (vgl. Tz 11.14.5.3 unter »Computer«)

In den Zeilen 54 und 55 ist auch die Art der Arbeitsmittel anzugeben (ggf. in einer gesonderten Aufstellung). Arbeitsmittel sind zweifelsohne z.B. Werkzeuge, typische Berufskleidung, Fachzeitschriften und Fachbücher. Darüber hinaus werden Bücher und Zeitschriften nur dann als Arbeitsmittel angesehen, wenn sichergestellt ist, dass diese ausschließlich oder ganz überwiegend beruflichen Zwecken dienen (vgl. Tz 11.14.5.6 unter »Fachliteratur«). Auch ein Kfz kann ein Arbeitsmittel in diesem Sinne sein (z.B. ein Taxi eines angestellten Taxifahrers, vgl. Tz 11.14.5.9 unter »Kraftfahrzeug«). Von der Abzugsbeschränkung der Aufwendungen für ein **häusliches Arbeitszimmer** werden die Anschaffungskosten für Arbeitsmittel, die zur Ausstattung des Arbeitszimmers gehören, nicht berührt (Rz 11 des BMF-Schreibens vom 15.8.2023, BStBl I S. 1551).

Es können nicht nur die Anschaffungskosten der Arbeitsmittel, sondern auch Kosten für deren **Reparaturen** und **Reinigung**, z.B. der Arbeitskleidung, angesetzt werden (vgl. Tz 11.14.5.1 unter »Berufskleidung«).

Belege zu Arbeitsmitteln müssen bei Abgabe der Steuererklärung zunächst nicht beim Finanzamt eingereicht werden. Diese Nachweise müssen aber bis zur Bestandskraft des Steuerbescheides aufbewahrt und dem Finanzamt auf Anforderung auf elektronischem Weg oder in Kopie vorgelegt werden; zur Belegvorlage-/Belegvorhaltepflicht vgl. Vorbemerkungen Tz 14.1.

ELSTER:
In ELSTER können für die Geltendmachung von Aufwendungen für Arbeitsmittel bei Bedarf zusätzliche Eintragungszeilen zu den Zeilen 54 und 55 per Mausklick hinzugefügt werden. Hierdurch erübrigt sich eine gesonderte Aufstellung über die angeschafften Arbeitsmittel. Die erfassten Beträge werden automatisch aufsummiert.

11.14.2 Nichtbeanstandungsgrenze

Der Arbeitnehmer muss die Werbungskosten grds. durch Vorlage von Belegen nachweisen oder glaubhaft machen, sofern das Finanzamt diese im Rahmen der Bearbeitung der Steuererklärung anfordert (vgl. Vorbemerkungen Tz 14.1). Es gibt keinen besonderen Pauschbetrag für Arbeitsmittel, aber eine sog. **Nichtbeanstandungsgrenze** von **102 €/110 €** im Kj. für **sämtliche Aufwendungen** des Arbeitnehmers für die Anschaffung, Instandhaltung und Reinigung von Arbeitsmitteln (also einschließlich Fachliteratur, Werkzeuge, typische Berufskleidung usw.). Bis zu dieser Nichtbeanstandungsgrenze verzichtet die Finanzverwaltung im Regelfall auf einen belegmäßigen Nachweis der Aufwendungen und auf Rückfragen. In Zweifelsfällen muss der Arbeitnehmer seine Aufwendungen aber der Art und Höhe nach einzeln bezeichnen (vgl. Tz 11.14.5.1, Tz 11.14.5.6 unter »Berufskleidung« und »Fachliteratur«). Ein **Rechtsanspruch** auf Anwendung der Nichtbeanstandungsgrenze besteht **nicht**.

11.14.3 Angemessenheit der Aufwendungen

Werbungskosten können auch vorliegen, wenn die Aufwendungen **ungewöhnlich hoch** sind. Dies gilt z.B. bei Anschaffung eines neuen Flügels durch eine Dozentin an einem Konservatorium und Korrepetitorin für Examenskandidaten (BFH-Urteil vom 21.10.1988, BStBl 1989 II S. 356) oder bei Anschaffung eines alten Schreibtisches und Schreibtischsessels (Antiquität) durch eine Richterin (BFH-Urteil vom 31.1.1986, BStBl II S. 355). Eine andere Frage ist es, ob die Höhe der Aufwendungen und die berufliche Tätigkeit nicht auf eine private Mitveranlassung bei der Anschaffung schließen lassen und deshalb mangels Trennbarkeit der Aufwendungen nicht abzugsfähige gemischte Aufwendungen vorliegen (vgl. Tz 11.11.7). Berühren die Aufwendungen die Lebensführung des Arbeitnehmers, so ist zu prüfen, ob diese Aufwendungen nach allgemeiner Verkehrsauffassung als **unangemessen** anzusehen sind (§ 4 Abs. 5 Nr. 7, § 9 Abs. 5 EStG).

11.14.4 Absetzung für Abnutzung

Häufig werden Arbeitsmittel angeschafft, deren Verwendung oder Nutzung sich erfahrungsgemäß über einen Zeitraum von mehr als einem Jahr erstreckt. Musikinstrumente des Musiklehrers, Zeichengeräte des technischen Zeichners oder Einrichtungsgegenstände eines Arbeitszimmers haben eine längere Nutzungsdauer als ein Jahr. In diesem Fall kann der Kaufpreis nicht bereits im Jahr der

Anschaffung in voller Höhe als Werbungskosten abgesetzt werden. Vielmehr ist jährlich nur ein der Gesamtnutzungsdauer entsprechender Teil der Anschaffungskosten im Wege der **Absetzung für Abnutzung** (AfA) abzugsfähig (BFH-Urteil vom 8.2.1974, BStBl II S. 306). Die Anschaffungskosten sind dabei gleichmäßig auf die Gesamtdauer der Verwendung oder Nutzung zu verteilen (sog. lineare AfA). Im Jahr der Anschaffung oder Herstellung des Arbeitsmittels **vermindert** sich für dieses Jahr der Absetzungsbetrag um jeweils ein **Zwölftel** für jeden vollen Monat, der dem Monat der Anschaffung oder Herstellung vorangeht (§ 7 Abs. 1 Satz 4 EStG).

Eine **degressive AfA** nach § 7 Abs. 2 EStG, die sich nach fallenden Jahresbeträgen bemisst, kommt bei den Überschusseinkünften **nicht** in Betracht. Die degressive AfA gilt nur für bewegliche Wirtschaftsgüter des sog. »Anlagevermögens« im **betrieblichen Bereich**; zu den Voraussetzungen vgl. Teil II Tz 1.2.

AfA, die unterblieben ist, um dadurch unberechtigte Steuervorteile zu erlangen, darf in späteren Jahren nicht nachgeholt werden (BFH-Urteile vom 3.7.1980, BStBl 1981 II S. 255 und vom 20.7.1987, BStBl II S. 491). Dagegen kann eine versehentlich unterlassene AfA im darauf folgenden Kj. nachgeholt und nach der verbleibenden Restnutzungsdauer bemessen werden (BFH-Urteile vom 21.2.1967, BStBl III S. 386 und vom 3.7.1980, BStBl 1981 II S. 255; vgl. H 7.4 – Unterlassene oder überhöhte AfA – EStH).

Die betriebsgewöhnliche Nutzungsdauer eines Arbeitsmittels, nach der sich die Höhe der AfA richtet, kann der amtlichen **AfA-Tabelle** für allgemein verwendbare Anlagegüter entnommen werden (BMF-Schreiben vom 15.12.2000, BStBl I S. 1532). Hiernach beträgt die betriebsgewöhnliche Nutzungsdauer z. B. für Büromöbel **13 Jahre**.

Für **Computerhardware** und **Software**, die nach dem 31.12.2020 angeschafft wurden, hat die Finanzverwaltung die **Nutzungsdauer** von drei Jahren auf **ein Jahr** verkürzt (BMF-Schreiben vom 22.2.2022, BStBl I S. 187). Die Aufwendungen für beruflich genutzte Computerhardware und Software sind hiernach grds. zeitanteilig (monatsweise) auf das Anschaffungsjahr und das Folgejahr zu verteilen (§ 7 Abs. 1 Satz 4 EStG). Es wird von der Finanzverwaltung jedoch nicht beanstandet, wenn die Abschreibung im Anschaffungsjahr – unabhängig von der Grenze für die Sofortabschreibung von geringwertigen Wirtschaftsgütern i. H. von 952 € (s. u.) – in **voller Höhe** vorgenommen wird. Der Begriff Computerhardware umfasst praktisch sämtliche Wirtschaftsgüter einer PC-Anlage (z. B. Desktop-Computer, Notebooks, Tablets, Drucker) einschließlich Peripheriegeräten (z. B. Tastatur, Maus, Scanner, Headset). Unter Software ist jegliche Betriebs- und Anwendersoftware zu verstehen.

Die Grenze für die Sofortabschreibung von **geringwertigen Wirtschaftsgütern** beträgt **800 €** (ohne Umsatzsteuer). Diese Grenze gilt nicht nur im betrieblichen Bereich, sondern analog auch beim Werbungskostenabzug (§ 9 Abs. 1 Satz 3 Nr. 7 Satz 2 i. V. mit § 6 Abs. 2 Satz 1 EStG). Die Anschaffungs- oder Herstellungskosten von Arbeitsmitteln einschließlich der Umsatzsteuer können danach von Arbeitnehmern im Jahr der Anschaffung oder Herstellung in voller Höhe als Werbungskosten abgesetzt werden, wenn sie für das einzelne Arbeitsmittel **952 €** (800 € zzgl. 152 € Umsatzsteuer) nicht übersteigen. Im betrieblichen Bereich gelten Besonderheiten bei der Sofortabschreibung von geringwertigen Wirtschaftsgütern (§ 6 Abs. 2, Abs. 2a EStG); vgl. Teil II Tz 6.1.

Eine außergewöhnliche technische Abnutzung (z. B. bei einer Zerstörung) oder wirtschaftliche Abnutzung des Arbeitsmittels kann ebenfalls berücksichtigt werden (BFH-Urteil vom 29.4.1983, BStBl II S. 586); sie ist nur im VZ des **Schadenseintritts** abziehbar, spätestens aber im Jahr der Entdeckung des außergewöhnlichen Schadens (BFH-Urteil vom 13.3.1998, BStBl II S. 443). Bei ständig als Arbeitsmittel in Gebrauch befindlichen Gegenständen kann eine AfA wegen technischer Abnutzung auch dann in Betracht kommen, wenn wirtschaftlich kein Wertverzehr eintritt (wie z. B. bei antiken Möbeln im Arbeitszimmer, BFH-Urteil vom 31.1.1986, BStBl II S. 355 oder bei einer im Konzertalltag regelmäßig bespielten Meistergeige, BFH-Urteil vom 26.1.2001, BStBl II S. 194). Wird ein als Arbeitsmittel genutztes Wirtschaftsgut veräußert, so ist ein sich eventuell ergebender »Veräußerungsgewinn« bei den Einkünften aus nichtselbständiger Arbeit steuerlich **nicht** zu erfassen.

Wegen der Abschreibung von zunächst privat angeschafften oder unentgeltlich erworbenen Gegenständen, die später als Arbeitsmittel oder als Einrichtung im häuslichen Arbeitszimmer verwendet werden (sog. Umwidmung), vgl. Tz 11.15.7, H 9.12 – Absetzung für Abnutzung – LStH.

11.14.5 Einzelfälle (ABC)

11.14.5.1 Berufskleidung

Ausgaben für die **bürgerliche Kleidung** sind regelmäßig nicht abzugsfähige **Kosten** der **Lebensführung**. Der Arbeitnehmer kann diese Aufwendungen selbst dann nicht geltend machen, wenn er die Kleidung auch im Beruf benutzt. **Dienstkleidung**, die auch als Straßenkleidung getragen werden kann, wird steuerlich nicht berücksichtigt. Das Gleiche gilt etwa für die Lederjacke eines Kraftfahrers oder für das normale Schuhwerk. Der Mehrverbrauch an bürgerlicher Kleidung, den etwa ein Reisevertreter, ein leitender Ingenieur eines Betriebs oder ein Malermeister infolge Verschmutzungsgefahr hat, kann nicht abgesetzt werden (BFH-Urteil vom 24.7.1981, BStBl II S. 781; ebenso abl. FG Hamburg vom 26.3.2014, 6 K 231/12, EFG 2014 S. 1377 zu Business-Kleidung eines Rechtsanwalts; auch nicht außergewöhnlich hohe Aufwendungen für bürgerliche Kleidung (und Kosmetika) einer Schauspielerin und Fernsehansagerin (BFH-Urteil vom 6.7.1989, BStBl 1990 II S. 49) oder für die Abendgarderobe einer Instrumentalsolistin (BFH-Urteil vom 18.4.1991, BStBl II S. 751). Selbst der Trachtenanzug des Geschäftsführers eines typisch bayerischen Lokals wurde vom BFH nicht als Berufskleidung anerkannt (BFH-Urteil vom 20.11.1979, BStBl 1980 II S. 73). Ein seinem Charakter nach zur bürgerlichen Kleidung gehörendes Kleidungsstück (hier: Lodenmantel eines Leiters des staatlichen Forstamts) wird nicht dadurch zur typischen Berufskleidung, dass es nach der Dienstanweisung des Arbeitgebers zur Dienstbekleidung zählt und mit einem Dienstabzeichen versehen ist (BFH-Urteil vom 19.1.1996, BStBl II S. 202). Dagegen sind Kleidungsstücke mit angenähten oder eingewebten Bundes- oder Landeswappen, Dienstabzeichen, Posthorn u. Ä. als typische Berufskleidung anzuerkennen (siehe DB 1996 S. 2414).

Aufwendungen für **typische Berufskleidung** sind dagegen stets Werbungskosten. Sowohl die **Anschaffungskosten** als auch die Kosten für **Waschen**, **Reinigen**, **Pflegen** und **Reparieren** sind abzugsfähig. Eine typische Berufskleidung setzt voraus, dass sie ausschließlich für den Beruf verwendet wird. Sie muss wegen der Eigenart des Berufs beschafft worden sein. Darunter fallen z. B. die Uniform der Uniformträger, die Diensthemden eines Polizeibeamten (BFH-Urteil vom 29.6.1993, BStBl II S. 837), die Robe und das Barett der Richter (BFH-Urteil vom 3.7.1959, BStBl III S. 328), Trainingsanzug und Turnschuhe des Sportlehrers (BFH-Urteile vom 21.11.1986, BStBl 1987 II S. 262 und vom 23.2.1990, VI R 149/87, BFH/NV 1990 S. 765), der Arztmantel und außerberuflich nicht verwendbare weiße (Operations-)Hosen, nicht aber weiße Hemden und Schuhe (BFH-Urteil vom 6.12.1990, BStBl 1991 II S. 348), aber der blaue Arbeitsanzug, der Büromantel, auf die jeweilige Berufstätigkeit zugeschnittene Arbeitsschutzkleidung (z. B. bei Bergarbeitern), der Friseurmantel, Spezialschuhe, Gummistiefel und Schutzbrillen.

Zur Abzugsfähigkeit der Aufwendungen für einen **schwarzen Anzug** hat der BFH klargestellt, dass Aufwendungen für **bürgerliche Kleidung** als unverzichtbare Aufwendungen der Lebensführung nach § 12 Nr. 1 Satz 2 EStG grds. **nicht** als Betriebsausgaben abziehbar und aufteilbar sind (BFH-Urteil vom 16.3.2022, BStBl II S. 614). Sie könnten nur dann berücksichtigt werden, wenn es sich um »typische Berufskleidung« nach § 9 Abs. 1 Satz 3 Nr. 6 EStG handelt, die nicht auch zu privaten Anlässen getragen werden kann. Der BFH sieht damit seine älteren Entscheidungen, mit denen er in Ausnahmefällen auch bürgerliche Kleidung (z. B. den schwarzen Anzug eines katholischen Geistlichen, Leichenbestatters oder Trauerredners) als typische Berufskleidung angesehen hat, unter Hinweis auf die Rspr. des GrS des BFH zu gemischten Aufwendungen (vgl. Tz 11.11.7) als **überholt** an. Der BFH weist im Übrigen noch auf Folgendes hin:

- Aufwendungen für bürgerliche Kleidung führen selbst dann nicht zum Betriebsausgabenabzug, wenn diese Kleidung **ausschließlich** bei der **Berufsausübung** benutzt oder das Tragen schwarzer Kleidung z. B. von den Trauernden erwartet wird.
- Auch ein **erhöhter**, beruflich veranlasster **Verschleiß** von bürgerlicher Kleidung kann grds. nicht zu einem Betriebsausgabenabzug führen.
- Dies gilt ebenfalls, wenn die konkreten Kleidungsstücke ohne die beruflichen Gründe überhaupt nicht angeschafft worden wären.

Die v. g. Grundsätze gelten uneingeschränkt auch für den **Werbungskostenabzug** entsprechender Aufwendungen. Die Finanzverwaltung wendet das neue Grundsatzurteil des BFH aufgrund der Veröffentlichung im BStBl Teil II allgemein an.

Aufwendungen für die **Fremdreinigung** typischer Berufskleidung sind aufgrund eines Einzelnachweises berücksichtigungsfähig. Wird typische Berufskleidung mit der **privaten Waschmaschine** im eigenen Haushalt gewaschen, ggf. auch in einheitlichen Waschvorgängen mit anderer Wäsche, so können die hierdurch anfallenden (anteiligen) Waschkosten anhand von Erfahrungswerten der Verbraucherverbände (z. B. Ermittlungen der Verbraucherzentrale Bundesverband e. V.) oder der Hersteller geschätzt und als Werbungskosten berücksichtigt werden (BFH-Urteile vom 29.6.1993, BStBl II S. 837 und 838; Urteil des FG Nürnberg vom 24.10.2014, 7 K 1704/13, EFG 2015 S. 1162). Abziehbar sind sowohl die unmittelbaren Kosten des Waschvorgangs (Wasser- und Energiekosten, Wasch- und Spülmittel), als auch die Aufwendungen in Form der Abnutzung sowie Instandhaltung und Wartung der eingesetzten Waschmaschine oder eines Wäschetrockners.

Steuerfreie **Dienstbekleidungszuschüsse** (Beihilfen, Entschädigungen) sind auf die Aufwendungen für die Anschaffung und Instandhaltung von Dienstkleidung **anzurechnen**. Die steuerfreie unentgeltliche oder verbilligte Überlassung von typischer Berufskleidung wie auch die Barablösung von Ansprüchen aus Tarifvertrag oder Betriebsvereinbarung durch den Arbeitgeber ist möglich (§ 3 Nr. 31 EStG).

Der Arbeitnehmer hat seine Aufwendungen für typische Berufskleidung grds. durch Vorlage von **Belegen** nachzuweisen oder glaubhaft zu machen; die Belege sind dem Finanzamt aber nur auf Anforderung auf elektronischem Weg oder in Kopie vorzulegen; zur Belegvorlage-/Belegvorhaltepflicht vgl. Vorbemerkungen Tz 14.1. Die Finanzverwaltung verzichtet bis zu einem Betrag von insgesamt **102 €/110 €** im Kj. auf einen belegmäßigen Nachweis und auf Rückfragen. Zur Anwendung dieser **Nichtbeanstandungsgrenze** vgl. Tz 11.14.2.

11.14.5.2 Brille

Aufwendungen für die Anschaffung einer **Brille**, die zur Korrektur einer Sehschwäche dient und deshalb als medizinisches Hilfsmittel anzusehen ist, sind selbst dann nicht als Werbungskosten abziehbar, wenn die Brille ausschließlich am Arbeitsplatz (z. B. bei einer Bildschirmtätigkeit) getragen wird (BFH-Urteil vom 23.10.1992, BStBl II 1993 S. 193). Anders ist zu entscheiden, wenn die Brille eine Schutzfunktion gegenüber besonderen Gefahren einer bestimmten Berufstätigkeit hat oder wenn eindeutig ein ursächlicher Zusammenhang zwischen der Sehschwäche und dem Beruf (also eine Berufskrankheit) besteht (o. a. BFH-Urteil vom 23.10.1992).

11.14.5.3 Computer

Ein privat angeschaffter und in der privaten Wohnung aufgestellter, aber beruflich genutzter **Personalcomputer** kann ein Arbeitsmittel des Arbeitnehmers sein (BFH-Urteil vom 19.2.2004, BStBl II S. 958). Unzutreffend ist die Annahme, bei einem häuslichen PC sei typischerweise davon auszugehen, dass die private Nutzung deutlich überwiege. Es gibt allerdings keinen allgemeinen Erfahrungssatz zur Höhe des privaten Nutzungsanteils. Die private Mitbenutzung ist unschädlich, soweit sie einen Nutzungsanteil von 10 % nicht übersteigt (d. h. dann kann die volle AfA des PC als Werbungskosten angesetzt werden). Wird der PC in nicht unwesentlichem Umfang auch privat genutzt, sind die Aufwendungen entsprechend aufzuteilen.

Lässt sich der konkrete Umfang der beruflichen Nutzung nach den allgemeinen Regeln des Beweisrechts nicht näher bestimmen, ist dieser zu schätzen (§ 162 AO). Kann ein Arbeitnehmer nachweisen oder zumindest glaubhaft machen, dass er den PC in einem nicht unwesentlichen Umfang beruflich nutzt bzw. genutzt hat, kann – aus Vereinfachungsgründen – von einer jeweils **hälftigen** privaten bzw. beruflichen Nutzung des PC ausgegangen werden. Will der Steuerpflichtige oder das Finanzamt von diesem Aufteilungsmaßstab abweichen, so bedarf es zusätzlicher Anhaltspunkte und Nachweise (z. B. Aufzeichnungen über die tatsächliche Nutzung des PC).

Die **Zubehörteile** wie z. B. Maus und Verbindungskabel gehören zum PC. Aber auch **Drucker** und **Scanner** sind regelmäßig keine geringwertigen Wirtschaftsgüter. Solche Peripheriegeräte einer Computer-Anlage sind i. d. R. zwar selbständig bewertungsfähig, aber nicht selbständig nutzungsfähig. Eine Ausnahme bilden insofern Kombinationsgeräte, die z. B. auch als Fax oder Kopierer genutzt werden könnten; dies gilt auch für externe Datenspeicher (BFH-Urteil vom 19.2.2004, BStBl II S. 958).

Die **Nutzungsdauer** von Computerhardware und Software wurde ab dem VZ 2021 von drei Jahren auf **ein Jahr** verkürzt (BMF-Schreiben vom 22.2.2022, BStBl I S. 187). Die Aufwendungen für die Anschaffung eines PC einschließlich Peripheriegeräten und von Software sind hiernach grds. im Anschaffungsjahr ab dem Monat der Anschaffung und im Folgejahr zeitanteilig (gezwölftelt) als Werbungskosten abziehbar (§ 7 Abs. 1 Satz 4 EStG). Von der Finanzverwaltung wird es jedoch nicht beanstandet, wenn die AfA davon abweichend im Anschaffungsjahr in **voller Höhe** vorgenommen wird; vgl. Tz 11.14.4, Teil II Tz 1.1.

Auf der **Einnahmenseite** sind geldwerte Vorteile eines Arbeitnehmers aus der privaten Nutzung von **betrieblichen Datenverarbeitungs-** und **Telekommunikationsgeräten** – also von Geräten, die nicht in das Eigentum des Arbeitnehmers übergehen – nach § 3 Nr. 45 EStG steuerfrei. Die Steuerfreiheit umfasst auch die Nutzung von Zubehör und Software. Sie ist nicht auf die private Nutzung im Betrieb beschränkt, sondern gilt beispielsweise auch für Mobiltelefone im Auto, Personalcomputer in der Wohnung des Arbeitnehmers oder Laptops sowie für die üblichen Telefone, Handys, Smartphones oder Faxgeräte. Eine Begrenzung der Höhe nach besteht nicht. Die Steuerfreiheit gilt nur für die Überlassung zur Nutzung durch den Arbeitgeber oder aufgrund des Dienstverhältnisses durch einen Dritten. In diesen Fällen sind auch die vom Arbeitgeber getragenen Verbindungsentgelte (Grundgebühr und sonstige laufende Kosten) steuerfrei (vgl. R 3.45 LStR). Dies gilt bei der privaten Internetnutzung durch den Arbeitnehmer auch für die anfallenden Netzgebühren und für die Gebühren des Providers. Ein Werbungskostenabzug des Arbeitnehmers ist bei Anwendung des § 3 Nr. 45 EStG grds. ausgeschlossen, es sei denn, der Arbeitgeber hat dem Arbeitnehmer z. B. die Aufwendungen für die berufliche Internetnutzung eines überlassenen PC nicht ersetzt. Allgemein zur Abzugsfähigkeit von **Telekommunikationsaufwendungen** als Werbungskosten vgl. Tz 11.14.5.14 unter »Telekommunikationsaufwendungen, …«.

11.14.5.4 Diensthunde

Die Aufwendungen eines Polizei-Hundeführers für einen **Diensthund** sind Werbungskosten, soweit der Dienstherr keinen steuerfreien Ersatz leistet (BFH-Urteil vom 30.6.2010, BStBl 2011 II S. 45), ebenso die Aufwendungen eines Försters für einen Jagdhund (BFH-Urteil vom 29.1.1960, BStBl III S. 163).

Aufwendungen einer Lehrerin für einen sog. **Schulhund** können nach Ansicht des BFH teilweise als Werbungskosten abgezogen werden. Die Anschaffung und Haltung eines Hundes sei zwar stets auch privat (mit)veranlasst. Der BFH stellte aber klar, dass eine Aufteilung der Aufwendungen für die Hunde im Wege der Schätzung zu erfolgen habe, wenn diese aufgrund vorliegender Pädagogikkonzepte arbeitstäglich im Schulunterricht eingesetzt würden. Aufgrund der privaten Mitveranlassung könnten in einem solchen Fall 50 % der Aufwendungen für einen Schulhund als Werbungskosten anerkannt werden (BFH-Urteile vom 14.1.2021, VI R 15/19, BStBl II S. 453 und VI R 52/18, BFH/NV 2021 S. 626). Die Aufwendungen für die Ausbildung des Schulhundes zum Therapiehund erkannte der BFH in dem Verfahren VI R 15/19 darüber hinaus in voller Höhe als Werbungskosten an, da diese spezielle Ausbildung ersichtlich nur durch den Schuleinsatz veranlasst und eine private Mitveranlassung nicht ersichtlich sei.

11.14.5.5 Diktiergeräte

Ein **Diktiergerät** wird nach der Lebenserfahrung von der überwiegenden Zahl der Käufer als Arbeitsmittel zu beruflichen Zwecken erworben. Die Anschaffungskosten hierfür sind daher im Regelfall als Werbungskosten abziehbar (BFH-Urteil vom 29.1.1971, BStBl II S. 327).

11.14.5.6 Fachliteratur

Aufwendungen für **Fachbücher** und **Fachzeitschriften**, die ausschließlich oder zumindest weitaus überwiegend der Berufsausübung dienen, sind Werbungskosten. Betrifft die Literatur sowohl den beruflichen als auch den privaten Bereich des Arbeitnehmers und lässt sich der auf den privaten Bereich entfallende Teil nicht leicht und einwandfrei ermitteln, so gehören die gesamten Ausgaben zu den nicht abzugsfähigen Kosten der Lebensführung (BFH-Urteile vom 16.10.1981, BStBl II 1982 S. 67 und vom 28.4.1972, BStBl II S. 723; vgl. Tz 11.11.7.4).

Ein allgemeines **Lexikon** oder **Nachschlagewerk** (z. B. »Großer Brockhaus«) gehört im Regelfall nicht zu den als Werbungskosten abziehbaren Fachbüchern, und zwar auch dann nicht, wenn der Arbeitnehmer **Lehrer** ist (BFH-Urteil vom 29.4.1977, BStBl II S. 716 m. w. N.). Die Abgrenzung ist im Einzelfall oft schwierig (wie z. B. bei einem angestellten Kunsthistoriker oder Deutschlehrer in der Oberstufe) und führt nicht immer zu befriedigenden Ergebnissen. In Grenzfällen kommt es besonders darauf an, dass die konkrete Verwendung der Fachliteratur im ausgeübten Beruf dem Finanzamt hinreichend dargelegt wird. Bei einem **Pädagogen** gehört zur beruflichen Tätigkeit auch die Unterrichtsvor- und -nachbereitung oder die Vorbereitung von Unterrichtseinheiten, die letztlich nicht abgehalten werden. Bücher und Zeitschriften, die dafür angeschafft werden, können ebenfalls als Werbungskosten anerkannt werden (BFH-Urteil vom 20.5.2010, BStBl 2011 II S. 723). Es ist aber für jedes einzelne Buch zu prüfen, ob es sich um einen Gegenstand der Lebensführung, um ein Arbeitsmittel oder um einen gemischt genutzten Gegenstand handelt. Dafür muss sich aus den **Kaufbelegen** der konkrete Titel der angeschafften Fachliteratur ergeben (!); die Angabe »**Fachliteratur**« reicht nicht aus.

Auch bei einem **Publizisten** können grds. nur Aufwendungen für Fachbücher, nicht dagegen für Bücher allgemeinbildenden Inhalts anerkannt werden, selbst wenn diese Bücher bei der Abfassung einer eigenen Veröffentlichung mit herangezogen worden sind (BFH-Urteil vom 21.5.1992, BStBl II S. 1015). Eine steuerliche Berücksichtigung kommt allerdings dann in Betracht, wenn ein Buch zum Zwecke einer (sekundärliterarischen) Besprechung angeschafft worden ist oder bei einem **Literaturwissenschaftler** zum konkreten Einsatz bei bestimmten Forschungsarbeiten oder Lehrveranstaltungen (BFH-Urteil vom 18.10.1990, BStBl 1991 II S. 92). Die Aufwendungen eines **Englischlehrers** zur Anschaffung eines allgemeinen Nachschlagewerks in englischer Sprache (z. B. der Encyclopaedia Britannica) sind ebenfalls abzugsfähige Werbungskosten (o. a. BFH-Urteil vom 16.10.1981).

Tageszeitung und Konversationslexikon sind für einen Rechtsanwalt keine Fachliteratur (BFH-Urteil vom 5.4.1962, BStBl III S. 368). Dagegen kann der Schriftsetzer die Kosten für einen »**Duden**« oder ein ähnliches Nachschlagewerk als Werbungskosten absetzen. Überregionale **Tageszeitungen** und **Wochenzeitschriften** sind selbst bei einem Kunsthistoriker und Kulturkritiker keine Fachliteratur, auch nicht »Die Zeit« oder »Der Spiegel« (BFH-Urteil vom 7.9.1989, BStBl 1990 II S. 19) oder die »FAZ« (BFH-Urteil vom 30.6.1983, BStBl II S. 715). Dagegen können beim »**Handelsblatt**«, das sich ganz überwiegend mit Wirtschaftsfragen befasst, wegen der besonderen Umstände des Einzelfalls – ähnlich wie bei einer Fachzeitschrift – die nahezu ausschließliche berufliche Veranlassung und damit Werbungskosten zu bejahen sein (BFH-Urteile vom 12.11.1982, DB 1983 S. 372 und vom 19.1.1996, VI R 64/95, BFH/NV 1996 S. 402; BGH-Urteil vom 5.11.2009, DB 2009 S. 2711 zu einem Anlageberater, der im Hinblick auf die von ihm vertriebenen Anlageprodukte verpflichtet ist, die Wirtschaftspresse regelmäßig durchzusehen). Aufwendungen für **Computerzeitschriften** eines Netzwerkadministrators sind keine Werbungskosten, wenn der Steuerpflichtige die konkrete Verwendung im Beruf nicht darlegen kann; ein allgemeiner Hinweis auf die Notwendigkeit der Weiterbildung genügt hierfür nicht (Urteil des FG Münster vom 21.7.2014, 5 K 2767/13 E, BB 2014 S. 2457 – rkr.).

Zur Anwendung der **Nichtbeanstandungsgrenze** von **102 €/110 €** im Kj. für sämtliche Arbeitsmittel vgl. Tz 11.14.2, die auch hier von Bedeutung sein kann. Es besteht kein Rechtsanspruch auf Anwendung dieser Nichtbeanstandungsgrenze.

Aufwendungen für Fachliteratur sind bei einem sich in der **Ausbildung** befindenden Arbeitnehmer entweder unbeschränkt abziehbare Fortbildungskosten oder beschränkt abziehbare Ausbildungskosten (zur Abgrenzung vgl. Tz 11.17.2). Bei einem **Arbeitslosen**, der bei einer Agentur für Arbeit als arbeitsuchend gemeldet ist, können Aufwendungen für Fachliteratur vorab entstandene Werbungskosten sein (BFH-Urteil vom 13.6.1996, VI R 89/95, BFH/NV 1997 S. 98).

11.14.5.7 Fernseh- und Rundfunkgeräte

Aufwendungen für ein **Fernseh-** und **Rundfunkgerät** (auch **Autoradio**) einschließlich der zu zahlenden Gebühren können – selbst von Kulturkritikern und Schriftstellern für Fernsehen und Rundfunk, die das Gerät teils beruflich, teils privat benutzen – grds. nicht als Werbungskosten geltend gemacht werden (BFH-Urteil vom 7.9.1989, BStBl 1990 II S. 19). Etwas anderes gilt nur, wenn die nahezu ausschließliche Verwendung dieser Geräte für berufliche Zwecke nachgewiesen wird.

Die Aufwendungen für ein **Sky-Bundesliga-Abo** können bei einem Fußballtrainer Werbungskosten bei den Einkünften aus nichtselbständiger Arbeit sein, wenn tatsächlich eine berufliche Verwendung für die berufliche Tätigkeit vorliegt (BFH-Urteil vom 16.1.2019, BStBl 2019 II S. 376; bestätigt im 2. Rechtsgang durch FG Düsseldorf vom 5.11.2019, 15 K 1338/19 E, EFG 2020 S. 90).

11.14.5.8 Fotoausrüstung

Eine **Fotoausrüstung** (einschließlich Zubehör) gehört grds. nicht zu den steuerlich begünstigten Arbeitsmitteln eines Lehrers oder Geistlichen, es sei denn, dass die nahezu ausschließliche Verwendung im Rahmen der beruflichen Tätigkeit (z. B. im Unterricht) nachgewiesen wird. Ein Fotograf oder ein Fotoreporter kann die Anschaffungskosten (AfA) hierfür unzweifelhaft als Werbungskosten geltend machen, weil er für die Ausübung seines Berufs auf eine entsprechende Ausrüstung angewiesen ist.

11.14.5.9 Kraftfahrzeug

Ein Kfz, das von einem Arbeitnehmer nahezu **ausschließlich** beruflich genutzt wird (mindestens zu 90 %), ist ein **Arbeitsmittel** (vgl. Tz 11.14.1). Wird ein solcher Pkw entwendet und später in stark beschädigtem Zustand wieder aufgefunden, so kann der dem Steuerpflichtigen entstandene und von der Versicherung nicht ersetzte Schaden als Absetzung für außergewöhnliche Abnutzung – **AfaA** – zu Werbungskosten führen (BFH-Urteil vom 29.4.1983, BStBl II S. 586). Eine AfaA ist grds. nur im VZ des Schadenseintritts, ausnahmsweise im Jahr der Entdeckung des Schadens abziehbar (BFH-Urteil vom 13.3.1998, BStBl II S. 443).

Zinsen für einen Kredit, den ein Arbeitnehmer zur Anschaffung eines **privaten Pkw** aufnimmt, sind auch dann keine Werbungskosten, wenn die Anschaffung durch die Beschädigung des früheren Pkw auf einer beruflichen Fahrt bedingt war. Beim Einzelnachweis von Fahrtkosten anlässlich von Auswärtstätigkeiten (vgl. Tz 11.19.4.5), können jedoch die anteiligen Schuldzinsen für einen solchen Kredit, soweit sie auf berufliche Fahrten entfallen, als Werbungskosten berücksichtigt werden (BFH-Urteil vom 1.10.1982, BStBl 1983 II S. 17).

11.14.5.10 Musikinstrumente

Musiklehrer können die Anschaffungskosten für **Musikinstrumente** als Werbungskosten geltend machen. Im Einzelfall wird das Finanzamt den Umfang der beruflichen Nutzung näher prüfen (BFH-Urteil vom 30.4.1993, VI R 99/89, BFH/NV 1993 S. 722).

Die Höhe der Anschaffungskosten ist grds. unbeachtlich. Probleme können sich nur dann ergeben, falls hieraus auf eine private Mitveranlassung der Anschaffung geschlossen werden kann und deshalb mangels Trennbarkeit insgesamt nicht abzugsfähige gemischte Aufwendungen vorliegen (vgl. Tz 11.11.7.4) oder die Grenzen der Angemessenheit i. S. des § 4 Abs. 5 Satz 1 Nr. 7 EStG überschritten sind. Ist der angeschaffte Gegenstand als nahezu ausschließlich beruflich eingesetztes Arbeitsmittel anzusehen, so wird von der Rspr. die Anschaffung eines neuen Flügels durch eine Musikpädagogin als Werbungskosten i. H. der jährlichen **AfA** anerkannt (BFH-Urteil vom 21.10.1988, BStBl 1989 II S. 356, FG München vom 27.5.2009, 9 K 859/08, EFG 2009 S. 1447); vgl. Tz 11.14.4. Zur Berücksichtigung von AfA für eine über 300 Jahre alte, regelmäßig im Konzertalltag bespielten **Meistergeige** (Anschaffungskosten damals 247 000 DM) wegen **technischem Verschleiß** trotz wirtschaftlichem Wertzuwachs siehe BFH-Urteil vom 26.1.2001, BStBl II S. 194.

11.14.5.11 Musik-CD

Aufwendungen eines Gymnasiallehrers für die Anschaffung von einer **Musik-CD** sind regelmäßig keine Werbungskosten, es sei denn, dass die konkrete Verwendung im Unterricht nachgewiesen wird (FG München vom 11.5.1999, EFG 1999 S. 891).

11.14.5.12 Sportgeräte, Sportkleidung

Aufwendungen für die Anschaffung von **Sportgeräten** und **Sportkleidung** und für deren Reinigung können bei Diplom-Pädagogen (und vergleichbaren Erzieherberufen) Werbungskosten sein, wenn die private Nutzung der Sportsachen von ganz untergeordneter Bedeutung ist (BFH-Urteil vom 21.12.1986, BStBl 1987 II S. 262); eine private Nutzung bis 10 % ist unschädlich. Ablehnend aber BFH-Urteil vom 24.10.1974, BStBl 1975 II S. 407 betr. die Skiausrüstung für nebenberuflichen Skilehrer (anders aber bei einem hauptberuflichen Skilehrer).

11.14.5.13 Schutzmasken

Aufwendungen eines Steuerpflichtigen, die im Zusammenhang mit dem Erwerb von **Schutzmasken** anfallen, sind typischerweise Kosten der privaten Lebensführung nach § 12 Nr. 1 EStG und damit grds. steuerlich nicht berücksichtigungsfähig. Die Aufwendungen des Arbeitnehmers für Schutzmasken, die für die berufliche Nutzung angeschafft werden, erkennt die Finanzverwaltung als Werbungskosten an (Quelle: »FAQ Corona Steuern« unter www.bundesfinanzministerium.de). Für den Werbungskostenabzug ist es in diesem Fall unschädlich, wenn die Schutzmasken auch auf den Wegen zwischen Wohnung und erster Tätigkeitsstätte getragen werden.

Darüber hinaus können die Aufwendungen für die Anschaffung von (Atem-)Schutzmasken weder als Sonderausgaben noch als außergewöhnliche Belastungen abgezogen werden.

11.14.5.14 Telekommunikationsaufwendungen, Telefon-/Internetkosten

Telekommunikationsaufwendungen sind Werbungskosten, soweit sie beruflich veranlasst sind. Für die berufliche Veranlassung des Telefonanschlusses spricht insbesondere, wenn der Arbeitgeber den Telefonanschluss verlegen lässt, damit der Arbeitnehmer jederzeit erreichbar ist (BFH-Urteile vom 26.7.1974, BStBl II S. 777 und vom 20.5.1976, BStBl II S. 507).

Zu den berücksichtigungsfähigen Aufwendungen gehören die Ausgaben für den Telefon-/Internetanschluss, die Telefoneinrichtung, die monatliche Grundgebühr und die Gesprächs-/Internetgebühren. Der beruflich veranlasste Anteil ist aus dem Verhältnis der Zahl der beruflich und privat geführten Gespräche zu ermitteln (BFH-Urteile vom 21.11.1980, BStBl 1981 II S. 131 und vom 25.10.1985, BStBl 1986 II S. 200), wobei auch ankommende Gespräche zu berücksichtigen sind (BFH-Urteil vom 20.5.1976, BStBl II S. 507). Bei der Ermittlung des beruflich veranlassten Teils der Telefonkosten ist der Steuerpflichtige zur Mitwirkung verpflichtet. Seiner Mitwirkungspflicht kommt er am besten dadurch nach, dass er geeignete Aufzeichnungen führt (BFH-Beschluss vom 22.12.2000, IV B 4/00, BFH/NV 2001 S. 774). Auf die **Aufzeichnung** der Gesprächsdauer kann aber z. B. dann verzichtet werden, wenn eine automatische Gebührenzähleinrichtung benutzt wird oder ein Einzelverbindungsnachweis vorliegt.

Zur Berücksichtigung von Telekommunikationsaufwendungen hat die Finanzverwaltung folgende **Vereinfachungsregelung** zugelassen (vgl. R 9.1 Abs. 5 LStR):

Weist der Arbeitnehmer den Anteil der beruflich veranlassten Aufwendungen an den Gesamtaufwendungen für einen **repräsentativen Zeitraum** von **drei Monaten** im Einzelnen nach, kann dieser berufliche Anteil für den gesamten VZ zugrunde gelegt werden. Dabei können die Aufwendungen für das Nutzungsentgelt der Telefonanlage sowie für den Grundpreis der Anschlüsse entsprechend dem beruflichen Anteil der Verbindungsentgelte an den gesamten Verbindungsentgelten für **Telefon** und **Internet** abgezogen werden. Fallen erfahrungsgemäß beruflich veranlasste Telekommunikationsaufwendungen an, können aus Vereinfachungsgründen ohne Einzelnachweis bis zu **20 %** des **Rechnungsbetrags**, jedoch **höchstens 20 € monatlich** als Werbungskosten anerkannt werden. Zur weiteren Vereinfachung kann der monatliche Durchschnittsbetrag, der sich aus den Rechnungsbeträgen für einen repräsentativen Zeitraum von drei Monaten ergibt, für den gesamten VZ zugrunde gelegt werden.

Vom Arbeitgeber **steuerfrei ersetzte** Telekommunikationsaufwendungen (vgl. R 3.50 Abs. 2 LStR) mindern den als Werbungskosten abziehbaren Betrag.

Die vorstehenden Ausführungen zu Telekommunikationsaufwendungen (Aufteilung entsprechend dem beruflichen Anteil der Verbindungsentgelte, Vereinfachungsregelung bis zu 20 %, höchstens 20 € monatlich usw.) gelten auch für **Autotelefone**. Bei der steuerlichen Behandlung eines Autotelefons ist allerdings zu beachten, dass dieses, bezogen auf den Pkw, als selbständiges Wirtschaftsgut anzusehen ist, das mit den Aufwendungen für die Anschaffung, den Einbau und den Anschluss auch gesondert abzuschreiben ist (BFH-Urteil vom 20.2.1997, BStBl II S. 360). Eine fünfjährige Nutzungsdauer (nach der AfA-Tabelle für Mobilfunkendgeräte, siehe BMF-Schreiben vom 15.12.2000, BStBl I S. 1532) erscheint für den Regelfall angemessen. Für die Aufteilung der AfA kann derselbe Maßstab wie bei der Aufteilung der Telefongebühren angewandt werden. Betragen die Anschaffungskosten des Autotelefons ohne Umsatzsteuer nicht mehr als 800 €, kann der beruflich veranlasste Anteil an den Anschaffungskosten des Autotelefons in voller Höhe im Jahr der Anschaffung als Werbungskosten berücksichtigt werden.

11.14.5.15 Tonbandgeräte

Bei einem hauptberuflich tätigen Musiker oder Musiklehrer kann ein **Tonbandgerät** oder ein nach dem heutigen Stand der Technik vergleichbares Aufnahme-/Wiedergabegerät als Arbeitsmittel abzugsfähig sein (BFH-Urteil vom 29.1.1971, BStBl II S. 459).

11.14.5.16 Videorecorder

Die nahezu ausschließliche berufliche Nutzung eines **Videorecorders** oder eines vergleichbaren **Aufnahmegeräts** (z. B. DVD- oder Festplattenrecorder) ist auch von einem Gymnasiallehrer grds. darzulegen und nachzuweisen (BFH-Urteil vom 27.9.1991, BStBl 1992 II S. 195), ebenso bei Musikdozenten und Musiktherapeuten (BFH-Urteil vom 27.5.1993, VI R 54/90, BFH/NV 1994 S. 18). Dabei kommt es auf den konkreten Einsatz im Unterricht an. Sofern das vom Lehrer angeschaffte Gerät ausschließlich in den Unterrichtsräumen der Schule verwendet wird und dort fest installiert ist, genügt als Nachweis auch eine entsprechende Bescheinigung der Schule. Fehlt ein Nachweis, geht die Rspr. der Finanzgerichte nach der Lebenserfahrung von einer nicht untergeordneten Privatnutzung der Geräte aus, die den Abzug als Werbungskosten grds. ausschließt (vgl. Tz 11.11.7.4).

11.15 Aufwendungen für ein häusliches Arbeitszimmer

11.15.1 Rechtslage ab VZ 2023

Aufwendungen für ein häusliches Arbeitszimmer sowie die Kosten der Ausstattung dürfen grds. **nicht** als Werbungskosten oder Betriebsausgaben abgezogen werden (§ 4 Abs. 5 Satz 1 Nr. 6b Satz 1, § 9 Abs. 5 Satz 1 EStG). Dieses **gesetzliche Abzugsverbot** bleibt auch für VZ ab 2023 weiter bestehen. Die bisher vom Gesetzgeber vom Abzugsverbot zugelassenen **Ausnahmen** wurden jedoch wie folgt eingeschränkt:

- Die Aufwendungen für das häusliche Arbeitszimmer sind seit dem VZ 2023 nur noch dann abziehbar, wenn das Arbeitszimmer den **Mittelpunkt** der gesamten betrieblichen und beruflichen Betätigung bildet (§ 4 Abs. 5 Satz 1 Nr. 6b Satz 2 EStG). Es muss hiernach nur noch im sog. »Mittelpunktfall« der Typusbegriff des häuslichen Arbeitszimmers (vgl. Tz 11.15.4) erfüllt sein.
- Für »Mittelpunktfälle« bleiben die **tatsächlichen Aufwendungen** – wie bisher – weiterhin in unbegrenzter Höhe abziehbar. Bildet das häusliche Arbeitszimmer **nicht** das **ganze Jahr** den Mittelpunkt der gesamten betrieblichen und beruflichen Tätigkeit, können die tatsächlichen Aufwendungen nur **zeitanteilig** geltend gemacht werden (vgl. Tz 11.15.3.5).
- Es besteht in »Mittelpunktfällen« ein **Wahlrecht,** anstelle der tatsächlichen Aufwendungen eine **Jahrespauschale** i. H. von **1 260 €** geltend zu machen; der Nachweis der tatsächlichen Aufwendungen entfällt dadurch. Der Betrag von 1 260 € ist ein **Pauschbetrag**, mit dem die Aufwendungen für die gesamte betriebliche und berufliche Betätigung im häuslichen Arbeitszimmer abgegolten sind. Die Jahrespauschale kann auch dann angesetzt werden, wenn die tatsächlichen Aufwendungen für das häusliche Arbeitszimmer im Kj. **niedriger** als 1 260 € sein sollten. Das Wahlrecht zum Abzug der Jahrespauschale anstelle der tatsächlichen Aufwendungen kann nur **einheitlich** für das gesamte Wj. oder Kj. ausgeübt werden. Die Ausübung des Wahlrechts ist bis zur Unanfechtbarkeit der Steuerfestsetzung möglich.
- Bei der **Jahrespauschale** handelt es sich um einen **personenbezogenen Betrag**. Wird ein häusliches Arbeitszimmer von mehreren Personen gemeinsam genutzt (z. B. von Ehegatten) und bildet das Arbeitszimmer bei diesen Personen jeweils den Mittelpunkt der gesamten betrieblichen und beruflichen Betätigung, so kann die Jahrespauschale von jeder das Arbeitszimmer nutzenden Person in Anspruch genommen werden (vgl. Tz 11.15.3.4). Sie kann jedoch nicht mehrfach für **verschiedene Tätigkeiten** in Anspruch genommen werden, sondern ist ggf. auf die unterschiedlichen Tätigkeiten aufzuteilen oder einer Tätigkeit zuzuordnen (vgl. Tz 11.15.2). Auch bei der Nutzung **mehrerer** häuslicher **Arbeitszimmer** ist die Jahrespauschale aufgrund ihrer Personenbezogenheit nur **ein Mal** anzuwenden.
- Für jeden vollen Monat, in dem die Voraussetzungen für den Abzug der Jahrespauschale nicht vorliegen (also kein »Mittelpunktfall« vorliegt), **ermäßigt** sich der Betrag von 1 260 € um ein **Zwölftel** (§ 4 Abs. 5 Satz 1 Nr. 6b Satz 3 EStG). Für den Kürzungszeitraum kann aber ggf. die **Tagespauschale** (vgl. Tz 11.16.1) zu gewähren sein.
- Die Aufwendungen für das häusliche Arbeitszimmer sind in den »Mittelpunktfällen« auch dann abziehbar, wenn dem Steuerpflichtigen für die Tätigkeit ein **anderer Arbeitsplatz** zur Verfügung steht.
- Steuerpflichtige, denen für die im häuslichen Arbeitszimmer ausgeübte Tätigkeit dauerhaft **kein anderer Arbeitsplatz** zur Verfügung steht, konnten bis einschließlich VZ 2022 die Aufwendungen für das häusliche Arbeitszimmer bis zu einem Höchstbetrag von 1 250 € geltend machen. Diese Abzugsmöglichkeit ist zwar ab dem VZ 2023 **entfallen;** dieser Personenkreis kann jedoch für berufliche Tätigkeiten im Homeoffice nun die **Tagespauschale** (frühere Homeoffice-Pauschale) geltend machen (§ 4 Abs. 5 Satz 1 Nr. 6c Satz 1 EStG). Um Schlechterstellungen gegenüber der bisherigen Rechtslage zu vermeiden, wurde die Tagespauschale auf **6 €**, der Höchstbetrag auf **1 260 €** angehoben (vgl. Tz 11.16.1).

Die gesetzlichen Regelungen zum Abzug der Aufwendungen für ein häusliches Arbeitszimmer gelten für sämtliche Einkunftsarten des § 2 Abs. 1 Satz 1 Nr. 1 bis 7 EStG. Weitere Einzelheiten zum Abzug dieser Aufwendungen als Betriebsausgaben oder Werbungskosten sind in einem neuen Anwendungsschreiben der Finanzverwaltung geregelt (Rz 1 bis 26 des BMF-Schreibens vom 15.8.2023, BStBl I S. 1551).

11.15.2 Geltendmachung der Aufwendungen

Aufwendungen für ein **häusliches Arbeitszimmer** sind seit dem VZ 2023 nur noch abzugsfähig, wenn sich dort der **Mittelpunkt** der gesamten betrieblichen und beruflichen Tätigkeit befindet (vgl. Tz 11.15.1). Liegen diese Voraussetzungen vor, können in **Zeile 57** 57

- die tatsächlichen auf das häusliche Arbeitszimmer entfallenden **Aufwendungen** (wie bisher in unbegrenzter Höhe) oder
- alternativ die seit dem VZ 2023 geltende **Jahrespauschale** von **1 260 €**

als Betriebsausgaben oder Werbungskosten geltend gemacht werden (Wahlrecht).

Die Zeile 57 ist **nur** auszufüllen, wenn für **denselben Zeitraum** keine Eintragungen zur **Tagespauschale** in den Zeilen 58 und 59 vorgenommen werden.

Bildet das häusliche Arbeitszimmer **nicht** das **ganze Jahr** den Mittelpunkt der gesamten betrieblichen und beruflichen Tätigkeit, können die tatsächlichen Aufwendungen in Zeile 57 nur **zeitanteilig** eingetragen werden. Auch die Jahrespauschale von 1 260 € ist für jeden vollen Kalendermonat, in dem die Voraussetzungen für die Berücksichtigung eines häuslichen Arbeitszimmers nicht vorliegen, um jeweils ein **Zwölftel** (105 €/Monat) zu **mindern** und in Zeile 57 mit dem verbleibenden Betrag einzutragen.

Wird das häusliche Arbeitszimmer für **mehrere** betriebliche und berufliche **Tätigkeiten** nebeneinander genutzt und bildet dieses den Mittelpunkt der gesamten betrieblichen und beruflichen Tätigkeiten, sind die tatsächlichen Aufwendungen des Arbeitszimmers oder die Jahrespauschale entsprechend dem Nutzungsumfang auf die verschiedenen Tätigkeiten **aufzuteilen** (vgl. Tz 11.15.3.4). In Zeile 57 ist in diesem Fall nur der auf die berufliche Tätigkeit entfallende Betrag einzutragen. Der auf die betriebliche Tätigkeit entfallende Betrag ist als Betriebsausgaben Teil der Gewinnermittlung. Die Finanzverwaltung beanstandet es jedoch aus Vereinfachungsgründen nicht, wenn der Steuerpflichtige auf eine Aufteilung der Aufwendungen oder der Jahrespauschale auf die verschiedenen Tätigkeiten verzichtet und diese **insgesamt** einer Tätigkeit **zuordnet** (Rz 17 des BMF-Schreibens vom 15.8.2023, BStBl I S. 1551).

BEISPIEL:

A nutzt das häusliche Arbeitszimmer zu 60 % für eine nichtselbständige Arbeit und zu 40 % für eine gewerbliche Nebentätigkeit. Der Mittelpunkt der gesamten betrieblichen und beruflichen Betätigung liegt im häuslichen Arbeitszimmer. A verzichtet auf die Ermittlung der tatsächlichen Gesamtaufwendungen und zieht stattdessen die Jahrespauschale ab. Die Abzugsvoraussetzungen liegen für das ganze Kj. vor.

Die Jahrespauschale von 1 260 € ist nach dem Nutzungsverhältnis der Tätigkeiten aufzuteilen. Auf die nichtselbständige Tätigkeit entfallen 60 % von 1 260 € = 756 €, die als Werbungskosten abgezogen werden können (Eintragung in Zeile 57 der Anlage N). Auf die gewerbliche Nebentätigkeit entfallen 40 % von 1 260 € = 504 €, die als Betriebsausgaben im Rahmen der Gewinnermittlung abgezogen werden können. Aus Vereinfachungsgründen kann A die Jahrespauschale auch insgesamt bei der nichtselbständigen Arbeit oder der gewerblichen Nebentätigkeit abziehen.

Belege zu den Aufwendungen für ein häusliches Arbeitszimmer müssen zunächst nicht mit der Steuererklärung eingereicht werden. Diese Unterlagen müssen aber bis zur Bestandskraft des Steuerbescheides aufgehoben und auf Anforderung des Finanzamts auf elektronischem Weg oder in Kopie vorgelegt werden; zur Belegvorlage-/Belegvorhaltepflicht vgl. Vorbemerkungen Tz 14.1. Bei der **erstmaligen Geltendmachung** eines häuslichen Arbeitszimmers empfiehlt es sich, der Steuererklärung weitere Erläuterungen zu Art und Umfang der beruflichen Nutzung, zur Beschaffenheit, Lage und Ausstattung des Arbeitszimmers und nähere Angaben zu den geltend gemachten Aufwendungen beizufügen. Die Finanzämter halten auch einen entsprechenden **Fragebogen** zur Überprüfung der Abzugsfähigkeit der Aufwendungen bereit.

> **ELSTER:**
> In ELSTER können für die Geltendmachung von Aufwendungen für ein häusliches Arbeitszimmer bei Bedarf zusätzliche Eintragungszeilen zu Zeile 57 per Mausklick hinzugefügt werden. Die erfassten Beträge werden automatisch aufsummiert.

11.15.3 Mittelpunkt der gesamten betrieblichen und beruflichen Betätigung

11.15.3.1 Auslegung durch die Rechtsprechung

Die bisherige Rspr., wann ein häusliches Arbeitszimmer den **Mittelpunkt** der gesamten **beruflichen und betrieblichen Betätigung** bildet, ist weiter zu beachten (Rz 12 bis 16 des BMF-Schreibens vom 15.8.2023, BStBl I S. 1551). Ein häusliches Arbeitszimmer bildet danach den Mittelpunkt der gesamten betrieblichen und beruflichen Betätigung des Steuerpflichtigen, wenn nach Würdigung des Gesamtbildes der Verhältnisse und der Tätigkeitsmerkmale dort diejenigen Handlungen vorgenommen und Leistungen erbracht werden, die für die konkret ausgeübte betriebliche oder berufliche Tätigkeit **wesentlich** und **prägend** sind. Bei der Gesamtbetrachtung zur Beurteilung des Mittelpunktes der gesamten betrieblichen und beruflichen Betätigung sind nur solche Einkünfte zu berücksichtigen, die grds. ein Tätigwerden des Steuerpflichtigen im jeweiligen VZ erfordern; Versorgungsbezüge bleiben bei dieser Betrachtung daher außen vor (BFH-Urteil vom 11.11.2014, BStBl 2015 II S. 382).

11.15.3.2 Bestimmung des Tätigkeitsmittelpunkts

Der Mittelpunkt der gesamten betrieblichen und beruflichen Betätigung i. S. des § 4 Abs. 5 Satz 1 Nr. 6b Satz 2 EStG bestimmt sich nach dem **inhaltlichen** (qualitativen) **Schwerpunkt** der betrieblichen und beruflichen Betätigung des Steuerpflichtigen. Dem **zeitlichen** (quantitativen) **Umfang** der Nutzung des häuslichen Arbeitszimmers kommt im Rahmen dieser Würdigung lediglich eine **indizielle Bedeutung** zu; das zeitliche Überwiegen der außerhäuslichen Tätigkeit schließt einen unbeschränkten Abzug der Aufwendungen für das häusliche Arbeitszimmer allerdings nicht von vornherein aus. In Fällen, in denen die das Berufsbild prägende Tätigkeit außerhalb des häuslichen Arbeitszimmers stattfindet, kann auch eine zeitlich weit überwiegende Nutzung des häuslichen Arbeitszimmers keine Verlagerung des Mittelpunktes der gesamten betrieblichen und beruflichen Betätigung bewirken. In diesen Fällen erübrigen sich Feststellungen zum jeweiligen zeitlichen Umfang der betrieblichen oder beruflichen Nutzung eines häuslichen Arbeitszimmers (BFH-Urteil vom 27.10.2011, BStBl 2012 II S. 234).

Übt ein Steuerpflichtiger nur eine betriebliche oder berufliche Tätigkeit aus, die in qualitativer Hinsicht gleichwertig sowohl im häuslichen Arbeitszimmer als auch am außerhäuslichen Arbeitsort erbracht wird, so liegt der Mittelpunkt der gesamten betrieblichen und beruflichen Betätigung dann im häuslichen Arbeitszimmer, wenn der Steuerpflichtige mehr als die Hälfte der Arbeitszeit im häuslichen Arbeitszimmer tätig wird (BFH-Urteil vom 23.5.2006, BStBl II S. 600 zum Telearbeitsplatz eines Versicherungsmathematikers). Wird die Tätigkeit am häuslichen **Tele-** oder **Heimarbeitsplatz** zeitlich nicht überwiegend ausgeübt (z. B. nur an zwei Tagen in der Woche), sind die Aufwendungen nicht abzugsfähig. Für Tage, an denen in diesen Fällen die berufliche Tätigkeit ganz oder überwiegend in der häuslichen Wohnung ausgeübt und die erste Tätigkeitsstätte nicht aufgesucht wurde, kommt seit dem VZ 2023 der Abzug der **Tagespauschale** von 6 € je Kalendertag in Betracht (vgl. Tz 11.16.1).

Das häusliche Arbeitszimmer und der außerhäusliche Arbeitsort (Außendienst) können **nicht** gleichermaßen »Mittelpunkt« der gesamten betrieblichen und beruflichen Betätigung eines Steuerpflichtigen sein (BFH-Urteil vom 21.2.2003, BStBl II 2004 S. 68).

Beispiele aus der Rspr. des BFH, in denen das häusliche Arbeitszimmer den Mittelpunkt der gesamten betrieblichen und beruflichen Betätigung bilden kann:

- Bei einem **Verkaufsleiter**, der zur Überwachung von Mitarbeitern und zur Betreuung von Großkunden auch im Außendienst tätig ist, kann das häusliche Arbeitszimmer Mittelpunkt der beruflichen Betätigung sein, wenn er dort die für den Beruf wesentlichen Leistungen (z. B. Organisation der Betriebsabläufe) erbringt (BFH-Urteil vom 13.11.2002, BStBl 2004 II S. 65).
- Bei einem **Ingenieur**, dessen Tätigkeit durch die Erarbeitung theoretischer, komplexer Problemlösungen im häuslichen Arbeitszimmer geprägt ist, kann das häusliche Arbeitszimmer auch dann der Mittelpunkt der beruflichen Betätigung sein, wenn die Betreuung von **Kunden** im **Außendienst** ebenfalls zu seinen Aufgaben gehört (BFH-Urteil vom 13.11.2002, BStBl 2004 II S. 59).
- Bei einem **Praxis-Consultant**, der ärztliche Praxen in betriebswirtschaftlichen Fragen berät, betreut und unterstützt, kann das häusliche Arbeitszimmer auch dann den Mittelpunkt der gesamten beruflichen Betätigung bilden, wenn er einen nicht unerheblichen Teil seiner Arbeitszeit im **Außendienst** verbringt (BFH-Urteil vom 29.4.2003, BStBl 2004 II S. 76).

Beispiele aus der Rspr. des BFH, in denen das häusliche Arbeitszimmer **nicht** den Mittelpunkt der gesamten betrieblichen und beruflichen Betätigung bildet:

- Bei einem (freien oder angestellten) **Handelsvertreter** liegt der Tätigkeitsschwerpunkt außerhalb des häuslichen Arbeitszimmers, wenn die Tätigkeit nach dem Gesamtbild der Verhältnisse durch die Arbeit im **Außendienst** geprägt ist, auch wenn die im häuslichen Arbeitszimmer verrichteten Tätigkeiten zur Erfüllung der betrieblichen oder beruflichen Aufgaben unerlässlich sind (BFH-Urteil vom 13.11.2002, BStBl 2004 II S. 62).
- Bei einer **Ärztin**, die Gutachten über die Einstufung der Pflegebedürftigkeit erstellt und dazu ihre Patienten ausschließlich außerhalb des häuslichen Arbeitszimmers untersucht und dort (vor Ort) alle erforderlichen Befunde erhebt, liegt der qualitative Schwerpunkt nicht im häuslichen Arbeitszimmer, in welchem lediglich die Tätigkeit begleitende Aufgaben erledigt werden (BFH-Urteil vom 23.1.2003, BStBl 2004 II S. 43).
- Bei einem **Architekten**, der neben der Planung auch mit der Ausführung der Bauwerke (Bauüberwachung) betraut ist, kann diese Gesamttätigkeit keinem konkreten Tätigkeitsschwerpunkt zugeordnet werden. Das häusliche Arbeitszimmer bildet in diesem Fall nicht den Mittelpunkt der gesamten betrieblichen und beruflichen Betätigung (BFH-Urteil vom 26.6.2003, BStBl 2004 II S. 50).
- Bei **Lehrern** befindet sich der Mittelpunkt der beruflichen Betätigung regelmäßig nicht im häuslichen Arbeitszimmer, weil die berufsprägenden Merkmale eines Lehrers im Unterrichten bestehen und diese Leistungen in der Schule o. Ä. erbracht werden (BFH-Urteil vom 26.2.2003, BStBl 2004 II S. 72). Deshalb sind die Aufwendungen für das häusliche Arbeitszimmer oder die Jahrespauschale auch dann nicht abziehbar, wenn die überwiegende Arbeitszeit auf die Vor- und Nachbereitung des Unterrichts verwendet und diese Tätigkeit im häuslichen Arbeitszimmer ausgeübt wird. Auch bei einem **Hochschullehrer** ist das häusliche Arbeitszimmer grds. nicht der Mittelpunkt der beruflichen Tätigkeit (BFH-Urteil vom 27.10.2011, BStBl 2012 II S. 234).
- Bei einem **Richter** liegt der Mittelpunkt der beruflichen Tätigkeit im Gericht (BFH-Urteil vom 8.12.2011, BStBl 2012 II S. 236).

11.15.3.3 Mehrere Tätigkeiten, einschließlich Nebentätigkeiten

Übt ein Steuerpflichtiger **mehrere** betriebliche und/oder berufliche **Tätigkeiten** nebeneinander aus, ist der Mittelpunkt der gesamten betrieblichen und beruflichen Tätigkeit anhand einer Gesamtbetrachtung aller von ihm ausgeübten Tätigkeiten zu bestimmen (BFH-Urteile vom 23.9.1999, BStBl 2000 II S. 7 und vom 16.12.2004, BStBl 2005 II S. 212). Bilden die im häuslichen Arbeitszimmer verrichteten Arbeiten den **qualitativen Schwerpunkt**, so liegt dort auch der Mittelpunkt der Gesamttätigkeit. Bei der Beurteilung des qualitativen Schwerpunkts der Gesamttätigkeit kommt allerdings der Bestimmung des Mittelpunkts der Haupttätigkeit indizielle Bedeutung zu. Liegt der Mittelpunkt der Haupttätigkeit nicht im häuslichen Arbeitszimmer, indiziert dies regelmäßig, dass sich auch der qualitative Schwerpunkt der Gesamttätigkeit nicht im häuslichen Arbeitszimmer befindet (o. a. BFH-Urteil vom 16.12.2004). Geht der Steuerpflichtige mehreren Erwerbstätigkeiten nach, kann das häusliche Arbeitszimmer aber auch den Betätigungsmittelpunkt bilden, obwohl der qualitative Schwerpunkt einzelner Tätigkeiten nicht im häuslichen Arbeitszimmer liegt. Abzustellen ist stets auf das Gesamtbild der Verhältnisse und auf die Verkehrsanschauung, nicht auf die Vorstellung des betroffenen Steuerpflichtigen (siehe die Urteilsgründe der o. g. BFH-Urteile vom 13.10.2003 und vom 16.12.2004 sowie Rz 15 des BMF-Schreibens vom 15.8.2023, BStBl I S. 1551). Einkünfte aus früheren Erwerbstätigkeiten (z. B. Versorgungsbezüge), die nicht mehr ausgeübt werden, sind nicht in diese Gesamtbetrachtung mit einzubeziehen (BFH-Urteil vom 11.11.2014, BStBl 2015 II S. 382).

Befindet sich der Mittelpunkt der Gesamttätigkeit hiernach nicht im häuslichen Arbeitszimmer, scheidet der Abzug der Aufwendungen aus. Ist z. B. ein **kaufmännischer Angestellter** nebenbei noch für eine Bausparkasse oder als Mitarbeiter für einen Lohnsteuerhilfeverein selbständig tätig und wickelt er Beratungsgespräche und den anfallenden Schriftverkehr (Steuererklärungen, Rechtsbehelfe) in seinem häuslichen Arbeitszimmer ab, so ist dieses für seine **Nebentätigkeit** zwar der Mittelpunkt. Aufgrund der erforderlichen Gesamtbetrachtung ist das Arbeitszimmer jedoch nicht Mittelpunkt seiner gesamten betrieblichen und beruflichen Betätigung (o. a. BFH-Urteil vom 23.9.1999). Ein Abzug der Aufwendungen für das häusliche Arbeitszimmer kommt daher nicht in Betracht. Diese Beurteilung gilt auch, wenn eine berufliche Tätigkeit mehrere unterschiedliche Aufgabenbereiche umfasst. Auch bei einem freien **Bildjournalisten** kann das häusliche Arbeitszimmer regelmäßig nicht Mittelpunkt der beruflichen Betätigung sein (BFH-Urteil vom 28.8.2003, BStBl 2004 II S. 53). Für die Tage, an denen in den v. g. Fällen die berufliche (Neben-)Tätigkeit in der häuslichen Wohnung ausgeübt wurde, kommt ggf. der Abzug der **Tagespauschale** von 6 € je Kalendertag in Betracht (vgl. Tz 11.16).

Bildet das häusliche Arbeitszimmer bei mehreren Tätigkeiten den Mittelpunkt der gesamten betrieblichen und beruflichen Betätigung, so sind die Aufwendungen für das häusliche Arbeitszimmer oder die Jahrespauschale entweder entsprechend dem Nutzungsumfang der Tätigkeiten anteilig als Betriebsausgaben bzw. Werbungskosten abziehbar oder aus Vereinfachungsgründen einer Tätigkeit ganz zuzuordnen (vgl. Tz 11.15.2). Liegt dabei der Mittelpunkt einzelner Tätigkeiten außerhalb des häuslichen Arbeitszimmers, ist der Abzug der anteiligen Aufwendungen auch für diese Tätigkeiten möglich. Eine Vervielfachung der Jahrespauschale entsprechend der Anzahl der im häuslichen Arbeitszimmer ausgeübten Tätigkeiten ist ausgeschlossen (Rz 18 des o. a. BMF-Schreibens vom 15.8.2023).

11.15.3.4 Nutzung des Arbeitszimmers durch mehrere Personen

Nutzen mehrere Personen, wie z. B. Ehegatten, ein häusliches Arbeitszimmer gemeinsam, sind die Voraussetzungen des § 4 Abs. 5 Satz 1 Nr. 6b Satz 2 EStG bezogen auf die einzelne stpfl. Person zu prüfen (BFH-Urteile vom 15.12.2016, BStBl 2017 II S. 938 und 941). Liegen diese Voraussetzungen jeweils vor, kann jeder das häusliche Arbeitszimmer Nutzende die Aufwendungen abziehen, die dieser getragen hat oder die ihm im Wege des abgekürzten Zahlungsweges zuzurechnen sind, weil ein Dritter die Schuld des Nutzenden erfüllt hat; zur Berücksichtigung von »Drittaufwand« vgl. Tz 11.15.9.

BEISPIEL 1:

A und B nutzen gemeinsam ein häusliches Arbeitszimmer jeweils zu 50 % (zeitlicher Nutzungsanteil). Nur für A bildet das häusliche Arbeitszimmer den Mittelpunkt der gesamten betrieblichen und beruflichen Betätigung. Die Gesamtaufwendungen betragen 4 000 € und werden entsprechend dem Nutzungsanteil getragen. A kann 2 000 € als Betriebsausgaben oder Werbungskosten abziehen. B kann für die im häuslichen Arbeitszimmer ausgeübte betriebliche oder berufliche Tätigkeit keine Aufwendungen für ein häusliches Arbeitszimmer abziehen. Bei Vorliegen der Voraussetzungen für den Abzug der Tagespauschale (vgl. Tz 11.16) kann B 6 € pro Tag als Betriebsausgaben oder Werbungskosten abziehen.

Die Jahrespauschale ist personenbezogen anzuwenden. Wird dieser Abzug gewählt, kommt es nicht darauf an, wie viele Personen das häusliche Arbeitszimmer nutzen (Rz 20 des BMF-Schreibens vom 15.8.2023, BStBl I S. 1551).

BEISPIEL 2:

A und B nutzen gemeinsam ein häusliches Arbeitszimmer, das für beide während des gesamten Kj. den Mittelpunkt der gesamten betrieblichen und beruflichen Betätigung bildet. Sie verzichten auf die Ermittlung der dafür angefallenen Aufwendungen und können jeweils die Jahrespauschale von 1 260 € als Betriebsausgaben oder Werbungskosten abziehen.

11.15.3.5 Nicht ganzjährige Nutzung des häuslichen Arbeitszimmers

Ändern sich die **Nutzungsverhältnisse** innerhalb eines Wj. oder Kj., können nur die auf den Zeitraum, in dem das Arbeitszimmer den Mittelpunkt der gesamten betrieblichen und beruflichen Betätigung bildet, entfallenden Aufwendungen abgezogen werden. Dementsprechend **ermäßigt** sich auch die **Jahrespauschale** von 1 260 € für jeden vollen Kalendermonat, in dem das häusliche Arbeitszimmer nicht den Mittelpunkt der gesamten betrieblichen und beruflichen Betätigung bildet, um ein Zwölftel. Für den übrigen Zeitraum kommt ggf. ein Abzug der **Tagespauschale** in Betracht, wenn die Abzugsvoraussetzungen dafür vorliegen (vgl. Tz 11.16).

BEISPIEL:

A hat ab dem 15. Juni den Mittelpunkt der gesamten betrieblichen und beruflichen Betätigung im häuslichen Arbeitszimmer. Die tatsächlichen Gesamtaufwendungen ermittelt A nicht. Stattdessen macht A die Jahrespauschale geltend.

A kann für sieben Monate (Juni bis Dezember) die zeitanteilige Jahrespauschale abziehen, d. h. sieben Zwölftel von 1 260 € = 735 €. Für den Zeitraum bis zum 31. Mai kann A ggf. die Tagespauschale abziehen, sofern die Abzugsvoraussetzungen dafür erfüllt sind. Ein Abzug der Tagespauschale für den (halben) Monat Juni ist neben der Jahrespauschale nicht zulässig (§ 4 Abs. 5 Satz 1 Nr. 6c Satz 3 EStG).

11.15.3.6 Nutzung eines häuslichen Arbeitszimmers in Zeiten der Nichtbeschäftigung

Die Aufwendungen für ein häusliches Arbeitszimmer oder die Jahrespauschale können in Zeiten der Nichtbeschäftigung (z. B. Erwerbslosigkeit, Mutterschutz, Elternzeit) nach den Regeln zu vorweggenommenen Betriebsausgaben oder Werbungskosten abgezogen werden, wenn und soweit dem Steuerpflichtigen der Abzug der Aufwendungen oder der Jahrespauschale auch unter den zu **erwartenden Umständen** der späteren betrieblichen oder beruflichen Tätigkeit zustehen würde (BFH-Urteil vom 2.12.2005, BStBl 2006 II S. 329).

Wird das häusliche Arbeitszimmer für eine spätere Nutzung **vorbereitet**, bei der der Mittelpunkt der gesamten betrieblichen und beruflichen Betätigung im häuslichen Arbeitszimmer liegt, und liegen die übrigen Abzugsvoraussetzungen vor, sind die darauf entfallenden Aufwendungen entsprechend zu berücksichtigen (BFH-Urteil vom 23.5.2006, BStBl II S. 600).

11.15.4 Häusliches Arbeitszimmer

11.15.4.1 Begriffsdefinition

Der **Typusbegriff** des **häuslichen Arbeitszimmers** muss seit dem VZ 2023 nur noch erfüllt sein, wenn das häusliche Arbeitszimmer den Mittelpunkt der gesamten betrieblichen und beruflichen Betätigung bildet (vgl. Tz 11.15.1).

Ein »**häusliches Arbeitszimmer**« i. S. des EStG ist ein Raum, der seiner Lage, Funktion und Ausstattung nach in die häusliche Sphäre des Steuerpflichtigen eingebunden ist und vorwiegend der Erledigung gedanklicher, schriftlicher oder verwaltungstechnischer bzw. -organisatorischer Arbeiten dient und ausschließlich oder nahezu ausschließlich zu betrieblichen/beruflichen Zwecken genutzt wird (BFH-Urteile vom 19.9.2002, BStBl 2003 II S. 139 und vom 16.10.2002, BStBl 2003 II S. 185), wie das regelmäßig für das häusliche Büro eines selbständigen **Übersetzers** oder eines selbständigen **Journalisten** und für das ausschließlich beruflich genutzte Musikzimmer der freiberuflich tätigen **Konzertpianistin** zutrifft, die dort Musikunterricht erteilt (Rz 3 des BMF-Schreibens vom 15.8.2023, BStBl I S. 1551). Das Gleiche gilt für das Übungszimmer eines **Musikers** (BFH-Urteil vom 10.10.2012, VIII R 44/10, BFH/NV 2013 S. 359) oder **Schauspielers** (BFH-Urteil vom 9.8.2011, VIII R 4/09, BFH/NV 2012 S. 200). Ein häusliches Arbeitszimmer setzt in diesen Fällen nicht zwingend voraus, dass es mit bürotypischen Einrichtungsgegenständen ausgestattet ist und nur für Bürotätigkeiten genutzt wird. Auch ein Raum, in dem ein Arbeitnehmer zu Hause einen **Telearbeitsplatz** unterhält, kann dem Typus des häuslichen Arbeitszimmers entsprechen (BFH-Urteil vom 26.2.2014, BStBl II S. 568). Ohne Bedeutung ist, ob der Raum eine Betriebsstätte i. S. des § 12 AO ist (BFH-Urteile vom 16.12.2004, BStBl 2005 II S. 212).

Unerheblich ist, ob ein häusliches Arbeitszimmer für die Tätigkeit **erforderlich** ist. Weder aus dem Gesetzeswortlaut noch aus der Gesetzesbegründung des § 4 Abs. 5 Satz 1 Nr. 6b EStG lässt sich ein ungeschriebenes Tatbestandsmerkmal der Erforderlichkeit oder Notwendigkeit für die Fälle, in denen Aufwendungen für ein häusliches Arbeitszimmer abzugsfähig sind, ableiten. Für die Abzugsfähigkeit der Aufwendungen für ein häusliches Arbeitszimmer genügt die Veranlassung durch die Einkünfteerzielung (BFH-Urteil vom 3.4.2019, BStBl 2022 II S. 358).

11.15.4.2 Keller- und Dachräume

Unstreitig ist, dass ein häusliches Arbeitszimmer auch vorliegen kann, wenn es nicht unmittelbar Teil der Wohnung ist. So kann z. B. ein im **Keller** eines selbst bewohnten Ein- oder Zweifamilienhauses gelegener Raum, den der Arbeitnehmer zusätzlich zu einem häuslichen Arbeitszimmer als **Archiv** nutzt, zusammen mit diesem unter die Abzugsbeschränkung fallen, wie generell ein **Kellerraum**, wenn er seiner Funktion und Ausstattung nach ein Arbeitszimmer ist (BFH-Urteil vom 19.9.2002, BStBl 2003 II S. 139; FG Nürnberg vom 12.11.2015, 4 K 129/14, EFG 2016 S. 188 – rkr.); dies gilt ebenso für einen Raum im **Dachgeschoss** (Mansarde) eines Einfamilienhauses wie für einen zur Wohnung gehörenden **Hobbyraum** im Keller eines Mehrfamilienhauses (BFH-Urteile vom 26.2.2003, BStBl 2004 II S. 74 und 75) wie auch bei einer im **Souterrain** gelegenen Arztpraxis einer als Gutachterin tätigen Ärztin, jedenfalls dann, wenn die Räumlichkeit der Erledigung schriftlicher oder verwaltungstechnischer Arbeiten dient und nicht erkennbar besonders für die Behandlung von Patienten eingerichtet ist und auch kein Publikumsverkehr stattfindet, weil die erforderlichen Befunde alle außerhalb des häuslichen Arbeitszimmers erhoben werden (BFH-Urteil vom 23.1.2003, BStBl 2004 II S. 43).

11.15.4.3 Abgrenzung häusliches oder außerhäusliches Arbeitszimmer

Werden im Dachgeschoss oder im Keller eines Mehrfamilienhauses Räumlichkeiten, die nicht zur Privatwohnung gehören, zusätzlich angemietet und als Arbeitszimmer genutzt, so handelt es sich im Regelfall um ein »**außerhäusliches**« Arbeitszimmer, das **nicht** unter die **Abzugsbeschränkung** des § 4 Abs. 5 Satz 1 Nr. 6b EStG fällt (BFH-Urteil vom 26.2.2003, BStBl II S. 515). Etwas anderes kann dann gelten, wenn die Räumlichkeiten aufgrund der räumlichen Nähe mit den privaten Wohnräumen des Steuerpflichtigen als gemeinsame Wohneinheit verbunden sind (BFH-Urteil vom 18.8.2005, BStBl 2006 II S. 428). Der Begriff »**häuslich**« erschöpft sich nicht in Formulierungen wie »räumlicher Zusammenhang«, »bauliche Einheit« oder »in demselben Gebäude«. Er setzt vielmehr eine innere Verbindung mit der privaten Lebenssphäre des Steuerpflichtigen voraus. Nutzt jemand, der in einem Mehrfamilienhaus wohnt, eine zusätzliche Wohnung als Arbeitszimmer, fällt diese jedenfalls dann noch unter die gesetzliche Abzugsbeschränkung, wenn sie an die Privatwohnung **unmittelbar angrenzt** (BFH-Urteil vom 26.2.2003, BStBl 2004 II S. 69) oder dieser **auf derselben Etage unmittelbar gegenüberliegt** (BFH-Urteil vom 26.2.2003, BStBl 2004 II S. 72). Das Gleiche gilt für eine als Büro eingerichtete zweite Wohnung in einem Zweifamilienhaus, das ansonsten nur durch den Steuerpflichtigen und seine Familie genutzt wird (BFH-Urteil vom 15.1.2013, BStBl II S. 374). Die unmittelbare räumliche Nähe der zusätzlichen Wohnung begründet in einem solchen Fall die notwendige innere Verbindung mit der privaten Lebenssphäre des Steuerpflichtigen. Dies gilt selbst dann, wenn sich das Arbeitszimmer in einem **Anbau** zum Wohnhaus des Steuerpflichtigen befindet und nur über einen separaten Eingang betreten werden kann (BFH-Urteil vom 13.11.2002, BStBl 2003 II S. 350).

Kein »häusliches Arbeitszimmer« (das bedeutet, volle Abzugsfähigkeit der Aufwendungen) liegt in aller Regel bei einer **Arzt-**, **Steuerberater-** oder **Anwaltspraxis** vor, die an das Einfamilienhaus angrenzt oder sich in demselben Gebäude wie die Privatwohnung befindet, wenn diese Räume für einen intensiven und dauerhaften **Publikumsverkehr** geöffnet sind. Deshalb ist eine ärztliche **Notfallpraxis** auch dann **kein** häusliches Arbeitszimmer, wenn sie mit Wohnräumen des Arztes räumlich verbunden ist, wobei unter Notfallpraxis Räume zu verstehen sind, die erkennbar für Patientenbesuche und ärztliche Untersuchungen eingerichtet und für die Patienten leicht zugänglich sind (BFH-Urteil vom 5.12.2002, BStBl 2003 II S. 463). Zum Teil strengere Voraussetzungen fordert das BFH-Urteil vom 20.11.2003, BStBl 2005 II S. 203. Hiernach kommt es bei einer ärztlichen Notfallpraxis im selbstgenutzten Wohnhaus darauf an, ob sie nach außen erkennbar dem Publikumsverkehr gewidmet ist. Allein der Umstand, dass die Patienten den Behandlungsraum nur über einen dem privaten Bereich zuzuordnenden Flur erreichen können, begründet jedoch keine Abzugsbeschränkung nach § 4 Abs. 5 Satz 1 Nr. 6b EStG (BFH-Urteil vom 29.1.2020, BStBl II S. 445). Entsprechendes kann ebenso für das Büro eines **Handwerksmeisters** gelten, in dessen Geschäftshaus mit mehreren Betriebsräumen sich neben der Wohnung auch das Büro befindet; ähnlich bei einem **Vertriebsingenieur** mit mehreren beruflich genutzten Räumen, die mit den Wohnräumen verbunden sind (BFH-Urteil vom 26.3.2009, BStBl II S. 598). Im Einzelfall ist das **Gesamtbild** der **Verhältnisse** maßgebend (Rz 5 des BMF-Schreibens vom 15.8.2023, BStBl I S. 1551).

11.15.4.4 Lagerräume

Auch ein als **Lager**, **Werkstatt** oder **Ausstellungsraum** genutzter Raum ist bei einer für ein Arbeitszimmer **atypischen** Ausstattung und Funktion selbst dann kein häusliches Arbeitszimmer, wenn er seiner Lage nach in die häusliche Sphäre des Steuerpflichtigen eingebunden ist (BFH-Urteil vom 19.9.2002, BStBl 2003 II S. 139 m. w. N. sowie Rz 6 des BMF-Schreibens vom 15.8.2023, BStBl I S. 1551). Ein als **Büroarbeitsplatz** und zugleich als **Warenlager** genutzter Raum unterliegt der Abzugsbeschränkung für häusliche Arbeitszimmer, wenn der Raum aufgrund seiner Ausstattung und Funktion ein typisches häusliches Büro ist und die Ausstattung und Funktion des Raumes als Lager dahinter zurücktritt (BFH-Urteil vom 22.11.2006, BStBl II S. 304; ebenso FG Nürnberg vom 7.12.2017, 6 K 1148/16, EFG 2018 S. 935 – rkr.).

11.15.4.5 Vermietung eines häuslichen Arbeitszimmers

Die gesetzliche Abzugsbeschränkung kann bei einer **Vermietung** des Arbeitszimmers als Büroraum an den **Arbeitgeber** u. U. vermieden werden (BFH-Urteile vom 16.9.2004, BStBl 2006 II S. 10 und vom 17.4.2018, BStBl 2019 II S. 219). Die Finanzverwaltung wendet diese Urteile wie folgt an (BMF-Schreiben vom 18.4.2019, BStBl 2019 I S. 461):

Die Beurteilung von Leistungen des Arbeitgebers für ein im Haus oder in der Wohnung des Arbeitnehmers gelegenes Arbeitszimmer oder für eine Wohnung des Arbeitnehmers, die dieser zweckfremd als **Homeoffice** nutzt, als Arbeitslohn oder als Einnahmen aus Vermietung und Verpachtung ist daran auszurichten, in wessen **vorrangigem Interesse** die Nutzung erfolgt. Dient das Arbeitszimmer oder die als Homeoffice genutzte Wohnung in erster Linie den **Interessen** des **Arbeitnehmers**, ist davon auszugehen, dass die Leistungen des Arbeitgebers als Gegenleistung für das Zurverfügungstellen der individuellen Arbeitskraft des Arbeitnehmers erfolgen. Die Einnahmen sind als Arbeitslohn zu beurteilen. In diesem Fall unterliegt der Abzug der Aufwendungen für das Arbeitszimmer oder die als Homeoffice genutzte Wohnung ggf. der Abzugsbeschränkung des § 4 Abs. 5 Satz 1 Nr. 6b EStG.

Eine für die Zuordnung der Leistungen des Arbeitgebers an den Arbeitnehmer zu den Einnahmen aus Vermietung und Verpachtung i. S. von § 21 Abs. 1 Nr. 1 EStG erforderliche, neben dem Dienstverhältnis gesondert bestehende Rechtsbeziehung setzt voraus, dass das Arbeitszimmer oder die als Homeoffice genutzte Wohnung vorrangig im betrieblichen **Interesse** des **Arbeitgebers** genutzt wird und dieses Interesse über die Entlohnung des Arbeitnehmers sowie über die Erbringung der jeweiligen Arbeitsleistung hinaus geht. Die Ausgestaltung der Vereinbarung zwischen Arbeitgeber und Arbeitnehmer als auch die tatsächliche Nutzung des angemieteten Arbeitszimmers oder der als Homeoffice genutzte Wohnung des Arbeitnehmers müssen maßgeblich und objektiv nachvollziehbar von den Bedürfnissen des Arbeitgebers geprägt sein. Anhaltspunkte, die für das Vorliegen eines betrieblichen Interesses des Arbeitgebers sprechen, enthält das o. g. BMF-Schreiben vom 18.4.2019 in Abschnitt II. Liegen die Voraussetzungen für die Zuordnung der Leistungen des Arbeitgebers an den Arbeitnehmer zu den Einkünften aus Vermietung und Verpachtung vor, sind die das Arbeitszimmer oder die als Homeoffice genutzte Wohnung betreffenden Aufwendungen in **vollem Umfang** als Werbungskosten zu berücksichtigen. Sie fallen nicht unter die Abzugsbeschränkung des § 4 Abs. 5 Satz 1 Nr. 6b EStG.

Bei der zweckentfremdeten Vermietung von Wohnraum an den Arbeitgeber zu dessen betrieblichen Zwecken (z. B. Arbeitszimmer, als Homeoffice genutzte Wohnung) handelt es sich um **Gewerbeimmobilien**, für die die Einkünfteerzielungsabsicht ohne typisierende Vermutung durch objektbezogene Überschussprognose festzustellen ist (siehe o. a. BFH-Urteil vom 17.4.2018). Ist das vorrangige betriebliche Interesse des Arbeitgebers an der Vermietung des Arbeitszimmers oder der als Homeoffice genutzten Wohnung vom Arbeitnehmer an den Arbeitgeber nachgewiesen, mangelt es aber an der Einkünfteerzielungsabsicht nach § 21 Abs. 1 Satz 1 Nr. 1 EStG infolge negativer Überschussprognose, handelt es sich um einen steuerlich unbeachtlichen Vorgang auf der privaten Vermögensebene. Eine Zuordnung der Leistungen des Arbeitgebers an den Arbeitnehmer als Arbeitslohn kommt dann im Hinblick auf § 21 Abs. 3 EStG nicht mehr in Betracht. Bei vor dem 1.1.2019 abgeschlossenen Mietverträgen wird es jedoch aus Vertrauensschutzgründen nicht beanstandet, wenn bei den Einkünften aus Vermietung und Verpachtung weiter eine Einkünfteerzielungsabsicht unterstellt wird.

Zum Vorliegen von **gewerblichen Einkünften** bei der Vermietung eines häuslichen Arbeitsraums an den Auftraggeber eines Gewerbetreibenden siehe BFH-Urteil vom 13.12.2016, BStBl 2017 II S. 450.

11.15.5 Ausstattung des Arbeitszimmers, Einrichtungsgegenstände

Zu den unter die Abzugsbeschränkung fallenden Aufwendungen für ein häusliches Arbeitszimmer gehören auch die Kosten der **Ausstattung** des **Arbeitszimmers**; dazu gehören unstreitig Tapeten, Teppiche, Fenstervorhänge, Gardinen und Lampen (Rz 7 des BMF-Schreibens vom 15.8.2023, BStBl I S. 1551). Die ganz überwiegend für berufliche Zwecke genutzte Zimmereinrichtung, wie z. B. Bücherschränke, Schreibtisch, Stühle, Aktenschränke und Schreibtischlampe, ist von der Abzugsbeschränkung **nicht** betroffen, ebenso wenig wie **typische Arbeitsmittel**, z. B. Faxgerät, Werkzeuge, das Klavier eines Musiklehrers oder der beruflich genutzte **Computer** (BFH-Urteil vom 21.11.1997, BStBl 1998 II S. 351; Rz 11 des o. a. BMF-Schreibens vom 15.8.2023; vgl. Tz 11.14.5.3 unter »Computer«). Nach § 9 Abs. 1 Satz 3 Nr. 6 EStG sind Arbeitsmittel nach den allgemeinen Grundsätzen abschreibungsfähig und zwar auch dann, wenn ein Abzug der Aufwendungen für das häusliche Arbeitszimmer ausscheidet (vgl. Tz 11.14.4).

Aufwendungen für **Luxusgegenstände** wie z. B. **Kunstgegenstände**, die vorrangig zur Ausschmückung des häuslichen Arbeitszimmers dienen, gehören zu den nach § 12 Nr. 1 EStG **nicht** abziehbaren Aufwendungen (BFH-Urteile vom 30.10.1990, BStBl II 1991 S. 340 zu einem Gobelinbild im häuslichen Arbeitszimmer). Zum Werbungskostenabzug für einen »durchschnittlichen« Orientteppich (damals 3 900 DM) als Gebrauchsteppich siehe BFH-Urteil vom 8.11.1996, VI R 22/96, BFH/NV 1997 S. 341.

11.15.6 Berufsausbildung und Weiterbildung im Arbeitszimmer

Die Abzugsbeschränkungen des § 4 Abs. 5 Satz 1 Nr. 6b EStG gelten auch für Aufwendungen für ein häusliches Arbeitszimmer, das für die eigene erstmalige **Berufsausbildung** oder im Rahmen eines **Erststudiums** genutzt oder mitgenutzt wird (§ 10 Abs. 1 Nr. 7 Satz 4 EStG). Aufwendungen für die Erstausbildung können nach § 10 Abs. 1 Nr. 7 Satz 1 EStG nur bis zu insgesamt 6 000 € als Sonderausgaben abgezogen werden. Bei einer Nutzung des häuslichen Arbeitszimmers zu **Erwerbszwecken** und Mitbenutzung zu **Ausbildungszwecken** liegen **anteilig** Sonderausgaben vor (BFH-Urteil vom 22.6.1990, BStBl II S. 901, vgl. Tz 2.6.10). Die Kosten sind in diesem Fall entsprechend dem Nutzungsumfang der im Arbeitszimmer ausgeübten Tätigkeiten aufzuteilen; sie können aber auch aus Vereinfachungsgründen einer Tätigkeit ganz zugeordnet werden (Rz 41 und 17 des BMF-Schreibens vom 15.8.2023, BStBl I S. 1551).

11.15.7 Berufliche Nutzung

Eine **geringfügige private Nutzung** des häuslichen Arbeitszimmers (< 10 %) ist **unschädlich** (BFH-Urteil vom 10.3.1970, BStBl II S. 458), z. B. zur Erledigung der üblicherweise anfallenden privaten Post (BFH-Urteil vom 19.5.1985, VI R 198/83, BFH/NV 1986 S. 202). Für die Feststellung, ob eine außerberufliche Nutzung von so untergeordneter Bedeutung ist, dass der Raum die Eigenschaft als Arbeitszimmer nicht verliert, dienen regelmäßig die **Größe** der **Wohnung** und die **Zahl** der **Familienmitglieder** sowie die **Ausstattung** des Raumes als wichtige Anhaltspunkte:

- Die anderen Wohnräume müssen für den nach der Lebenserfahrung notwendigen **Wohnbedarf** des Arbeitnehmers und seiner Familie zweifelsfrei ausreichen.
- Enthält das Zimmer außer dem Schreibtisch den erforderlichen Stühlen und Bücherregalen noch weitere in Wohnräumen übliche **Einrichtungsgegenstände** (z. B. Sessel, Couch mit Couchtisch, Fernseher, Kleiderschränke usw.), so wird regelmäßig davon auszugehen sein, dass es in nicht untergeordnetem Umfang auch außerberuflichen Zwecken dient. Das Vorhandensein einer Liege kann allerdings unschädlich sein (BFH-Urteil vom 18.3.1988, VI R 27/85, BFH/NV 1988 S. 773).
- Ein steuerlich anzuerkennendes Arbeitszimmer liegt nur dann vor, wenn das zu betrieblichen oder beruflichen Zwecken genutzte Arbeitszimmer von den übrigen Wohnräumen **räumlich abgetrennt** ist. Deshalb sind Aufwendungen für einen beruflich genutzten Bereich auf einer **Empore** (offenen **Galerie**) nicht abzugsfähig (BFH-Urteile vom 6.2.1992, BStBl II S. 528 und vom 6.12.1991, BStBl 1992 II S. 304), auch nicht für einen Raum, der ohne Türabschluss betreten werden kann (BFH-Urteil vom 28.10.1977, BStBl II 1978 S. 151). Ein Arbeitszimmer kann auch nicht Teil eines Raumes sein, der durch Querstellen eines Schrankes, durch sons-

tige der Möblierung dienende **Raumteiler**, durch einen Vorhang oder durch eine ähnliche Gestaltung geschaffen wird.

- Muss das Arbeitszimmer **durchquert** (sog. »Durchgangszimmer«) werden, um alle übrigen oder mehrere privat benutzten Räume in der Wohnung zu erreichen, so ist die private Mitbenutzung nicht nur von untergeordneter Bedeutung (BFH-Urteil vom 18.10.1983, BStBl 1984 II S. 110). Unschädlich ist es aber, wenn das Arbeitszimmer nur durchquert werden muss, um z. B. das Schlafzimmer zu erreichen (BFH-Urteil vom 19.8.1988, BStBl II S. 1000).

Nach Aufgabe der Rspr. zum **Aufteilungs-** und **Abzugsverbot** durch den GrS des BFH (Beschluss vom 21.9.2001, BStBl 2010 II S. 672; vgl. Tz 11.11.7.1) ergab sich auch bei einem sowohl beruflich als auch privat genutzten Raum die Frage, ob die Aufwendungen z. B. für eine darin beruflich genutzte »**Arbeitsecke**« in einen beruflichen und privaten Teil **aufgeteilt** werden können. Diese Frage hat der GrS des BFH in einer weiteren **Grundsatzentscheidung** verneint (BFH-Beschluss vom 27.7.2015, BStBl 2016 II S. 265):

Ein häusliches Arbeitszimmer setzt schon vom Begriff her voraus, dass der jeweilige Raum ausschließlich oder nahezu ausschließlich für betriebliche oder berufliche Zwecke genutzt wird. Das ist bei einem in nicht unerheblichen Umfang auch privat genutzten Raum nicht der Fall, sodass ein Abzug der Aufwendungen **insgesamt ausscheidet**. Nach Auffassung des GrS steht seine ablehnende Entscheidung zum Arbeitszimmer auch in Einklang mit seiner o. a. Entscheidung zum Aufteilungs- und Abzugsverbot. Die Abzugsbeschränkung für ein häusliches Arbeitszimmer nach § 4 Abs. 5 Satz 1 Nr. 6b EStG ist eine allgemeinen Grundsätzen vorgehende Spezialregelung. Diese bestimmt abschließend, unter welchen Voraussetzungen und in welcher Höhe Aufwendungen für ein häusliches Arbeitszimmer abziehbar sind. In Anknüpfung daran hat der BFH entschieden, dass auch bei betrieblich oder beruflich mitgenutzten **Nebenräumen** (z. B. Flur, Küche, Bad) keine Aufteilung der Aufwendungen infrage kommt, wenn ein berücksichtigungsfähiges häusliches Arbeitszimmer existiert (BFH-Urteil vom 17.2.2016, BStBl II S. 611).

Der Beschluss des GrS vom 27.7.2015 lässt lediglich offen, wo die Grenze zwischen einer nur »unwesentlichen« und »erheblichen« privaten (Mit-)Nutzung eines häuslichen Arbeitszimmers liegen soll. Das FG Rheinland-Pfalz vertritt hierzu die Auffassung, dass es keine allgemeingültige Grenze gebe, sondern auf eine am Umfang der betrieblichen/beruflichen Nutzung im Einzelfall orientierte »Wesentlichkeitsgrenze« abzustellen sei (Urteil vom 25.1.2018, 6 K 2234/17, EFG 2018 S. 449 – rkr.). Bei einer nur geringfügigen betrieblichen/beruflichen Nutzung des häuslichen Arbeitszimmers (z. B. für die Verwaltung einer Photovoltaikanlage) sei dementsprechend schon eine vereinzelte Privatnutzung für die Anerkennung der Aufwendungen schädlich.

11.15.8 Abzugsfähige Aufwendungen

Sofern das häusliche Arbeitszimmer den **Mittelpunkt** der gesamten betrieblichen und beruflichen Betätigung bildet und die das Arbeitszimmer nutzende Person die Aufwendungen **selbst getragen** hat (BFH-Beschlüsse vom 23.8.1999, BStBl II S. 782 und 787), sind folgende Aufwendungen als Betriebsausgaben oder Werbungskosten abzugsfähig:

- Bei einer **Mietwohnung** die anteilige **Miete**, die anteiligen Raumkosten, soweit sie der Mieter getragen hat, z. B. die anteiligen Kosten für Strom, Heizung, Wasser, Müllabfuhr, Schornsteinfeger, Hausratsversicherung und Hausreinigung. Vergütungen an die **Ehefrau** für die **Reinigung** des Arbeitszimmers sind keine Werbungskosten oder Betriebsausgaben, da es sich um eine Hilfeleistung auf familienrechtlicher Grundlage handelt (BFH-Urteil vom 27.10.1978, BStBl 1979 II S. 80). Außerdem sind in voller Höhe diejenigen Ausgaben zu berücksichtigen, die nur das Arbeitszimmer betreffen, wie z. B. Schönheitsreparaturen und Renovierung des Arbeitszimmers;
- bei einem Arbeitszimmer im **selbstgenutzten eigenen Haus** (oder in einer selbstgenutzten Eigentumswohnung) neben den anteiligen abziehbaren Aufwendungen wie oben, auch die anteiligen **Schuldzinsen** im Zusammenhang mit dem Gebäude, die anteilige **Gebäude-AfA**, **Grundsteuer**, **Gebäudeversicherungen** (Brand-, Glas- und Haftpflichtversicherung) und die anteiligen **Reparaturaufwendungen**, die das ganze Haus betreffen (z. B. für den Außenputz oder für das Dach) und die weit über Renovierungsmaßnahmen i. S. von Schönheitsreparaturen hinausgehen (BFH-Urteil vom 18.10.1983, BStBl II 1984 S. 112). Kosten für den Umbau eines privat genutzten **Badezimmers** gehören nicht zu den abziehbaren Aufwendungen für ein häusliches Arbeitszimmer (BFH-Urteil vom 14.5.2019, BStBl II S. 510); sie sind auch **nicht** als allgemeine Gebäudekosten über den Flächenanteil des Arbeitszimmers zu berücksichtigen. Aufwendungen für **Außenanlagen** (Garten) sind grds. nicht berücksichtigungsfähig. Die Kosten einer Gartenerneuerung können aber anteilig den Kosten des häuslichen Arbeitszimmers zugerechnet werden, wenn bei einer Reparatur des Gebäudes, zu dem das Arbeitszimmer gehört, Schäden am Garten verursacht worden sind (Rz 8 des BMF-Schreibens vom 15.8.2023, BStBl I S. 1551). Zu berücksichtigen sind allerdings nur diejenigen Aufwendungen, die der Wiederherstellung des ursprünglichen Zustands dienen (BFH-Urteil vom 6.10.2004, BStBl II S. 1071). Vergrößert sich in einem eigenen Haus mit Arbeitszimmer die Gesamtwohnfläche durch **Erweiterungsbaumaßnahmen**, so kann sich ein veränderter, günstigerer Aufteilungsmaßstab z. B. hinsichtlich eventueller Kreditzinsen ergeben, auch wenn die Baumaßnahmen das Arbeitszimmer nicht unmittelbar betroffen haben (BFH-Urteil vom 21.8.1995, BStBl II S. 729). Ein **Mietwert** kann für das Arbeitszimmer im eigenen Haus oder in einer Eigentumswohnung nicht angesetzt werden;
- in beiden Fällen ist außerdem die **Abschreibung (AfA)** für die **Einrichtungsgegenstände** zu berücksichtigen. Für die Ermittlung der AfA gelten die Erläuterungen zu den Arbeitsmitteln (vgl. Tz 11.14.4) entsprechend. Hiernach sind Anschaffungskosten von **mehr als 800 €** (ohne Umsatzsteuer) auf die Kj. der voraussichtlichen Nutzungsdauer zu verteilen und in jedem dieser Jahre **anteilig** als Werbungskosten zu berücksichtigen. Im Jahr der Anschaffung der Einrichtungsgegenstände vermindert sich der Absetzungsbetrag um jeweils 1/12 für jeden vollen Monat, der dem Monat der Anschaffung vorausgeht (§ 7 Abs. 1 Satz 4 EStG). Bei **Anschaffungskosten** für den einzelnen Einrichtungsgegenstand von nicht mehr als **952 €** (einschließlich Umsatzsteuer) ist eine sofortige volle Absetzung im Jahr der Verausgabung möglich.
- Werden **privat angeschaffte** oder **unentgeltlich erworbene** Einrichtungsgegenstände oder Arbeitsmittel, die bisher nicht der Einkünfteerzielung dienten, zu einem späteren Zeitpunkt als Arbeitsmittel im häuslichen Arbeitszimmer (oder auch sonst) verwendet (sog. **Umwidmung**), so sind für die nunmehr steuerlich relevanten Abschreibungen (§ 7 Abs. 1 EStG) die Anschaffungs- oder Herstellungskosten auf die **Gesamtnutzungsdauer** des Wirtschaftsguts einschließlich der Zeit vor der Nutzung zur Einkünfteerzielung zu verteilen. Als AfA ist nur der Teil der Anschaffungs- oder Herstellungskosten abziehbar, der auf die Zeit **ab** der **Nutzung** als Arbeitsmittel entfällt (BFH-Urteile vom 14.2.1989, BStBl II S. 922 und vom 2.2.1990, BStBl II S. 684). Der auf den Zeitraum vor der Verwendung als Arbeitsmittel entfallende Teil der Anschaffungs- oder Herstellungskosten des Gegenstandes (fiktive AfA) gilt als verbraucht. Dies gilt auch für Arbeitsmittel, die der Arbeitnehmer geschenkt bekommen und zunächst privat genutzt hat (BFH-Urteil vom 16.2.1990, BStBl II S. 883). Der Betrag, der nach Abzug der fiktiven AfA von den Anschaffungs- oder Herstellungskosten verbleibt, kann aus Vereinfachungsgründen im Jahr der erstmaligen Verwendung als Arbeitsmittel in voller Höhe als Werbungskosten abgezogen werden, wenn er 800 € nicht übersteigt (vgl. H 9.12 – Absetzung für Abnutzung – LStH).

Alternativ zu den tatsächlichen Aufwendungen kommt seit dem VZ 2023 der Abzug einer **Jahrespauschale** i. H. von **1 260 €** in Betracht (vgl. Tz 11.15.1). Der Nachweis der tatsächlichen Aufwendungen **entfällt** dadurch.

11.15.9 Drittaufwand

Es gilt der Grundsatz, dass – auch bei zusammen veranlagten Ehegatten/Lebenspartnern nach dem LPartG – nur derjenige die Aufwendungen steuerlich abziehen kann, der sie tatsächlich getragen hat. Daraus ergeben sich für die Abziehbarkeit der Aufwendungen für das häusliche Arbeitszimmer bei (Mit-) Eigentum des Ehegatten – analog auch bei (Mit)-Eigentum eines Lebenspartners – am Gebäude die folgenden Konsequenzen:

11.15.9.1 Miteigentum am Gebäude

Ehegatten, die gemeinsam die Herstellungskosten des von ihnen bewohnten im **Miteigentum** (z. B. hälftigen Eigentum) stehenden Hauses getragen haben und die darin **beide jeweils einen Raum** für betriebliche oder berufliche Zwecke nutzen, können jeweils die auf diesen Raum entfallenden Herstellungskosten für die Dauer der betrieblichen/beruflichen Nutzung als Betriebsausgaben oder Werbungskosten in Form von AfA geltend machen (Beschluss des GrS des BFH vom 23.8.1999, BStBl II S. 774). Dabei geht der BFH davon aus, dass jeder der Ehegatten die Anschaffungs- oder Herstellungskosten aufgewendet hat, um einen Raum insgesamt zur Erzielung von Einkünften zu nutzen.

Nutzt ein Miteigentümer **allein** ein Arbeitszimmer zu betrieblichen/beruflichen Zwecken, kann er **AfA** und Schuldzinsen nur entsprechend seinem **Miteigentumsanteil** als Betriebsausgaben oder Werbungskosten geltend machen, wenn die Darlehen zum Erwerb der Wohnung gemeinsam aufgenommen wurden und Zins und Tilgung von einem gemeinsamen Konto beglichen werden. Entsprechendes gilt für gemeinschaftlich getragene andere **grundstücksorientierte Aufwendungen**, z. B. Grundsteuer, allgemeine Reparaturkosten, Versicherungsprämien (BFH-Urteil vom 6.12.2017, BStBl 2018 II S. 355). Dem steht der o. a. Beschluss des BFH vom 23.8.1999 nicht entgegen. Auch dieser Beschluss begrenzt den Betriebsausgaben-/Werbungskostenabzug bei den Ehegatten auf die jeweils selbst getragenen Aufwendungen. Er geht nur davon aus, dass dieser Aufwand primär auf die Anschaffungskosten oder Herstellungskosten des beruflich genutzten Raums entfällt. Die grundstücksbezogenen Aufwendungen können auch nicht als sog. Drittaufwand berücksichtigt werden. **Nutzungsorientierte Aufwendungen** (z. B. Energie- und Wasserkosten, Reinigungskosten, Reparatur- und Renovierungskosten des Arbeitszimmers) sind dagegen, auch wenn sie vom gemeinsamen Konto der Ehegatten beglichen werden, in voller Höhe als Betriebsausgaben oder Werbungskosten abzugsfähig.

Nutzen Miteigentümer das Arbeitszimmer gemeinsam zur Erzielung von Einkünften, kann jeder die seinem Anteil entsprechenden und von ihm getragenen Aufwendungen als Betriebsausgaben oder Werbungskosten abziehen, wenn das Arbeitszimmer bei diesen jeweils den Mittelpunkt der gesamten betrieblichen und beruflichen Betätigung bildet. Alternativ kommt jeweils ein Abzug der personenbezogenen Jahrespauschale i. H. von 1 260 € in Betracht (vgl. Tz 11.15.3.4).

11.15.9.2 Aufwendungen des Nichteigentümers

Die Rechtslage im Falle des **Alleineigentums** des anderen Ehegatten ist seit dem Beschluss des BFH vom 23.8.1999, BStBl II S. 778 grds. geklärt. Danach kann auch der **Nichteigentümer-Ehegatte** AfA-Berechtigter sein und die auf das von ihm beruflich genutzte Arbeitszimmer entfallenden **eigenen Aufwendungen** grds. als Werbungskosten oder Betriebsausgaben i. H. der AfA (nach Gebäudegrundsätzen) geltend machen, wenn er sich an den Anschaffungs- oder Herstellungskosten des Gebäudes beteiligt (vgl. H 4.7 – Eigenaufwand für ein fremdes Wirtschaftsgut – EStH). Bemessungsgrundlage der AfA sind die auf das Arbeitszimmer entfallenden Anschaffungs- oder Herstellungskosten, soweit sie der Kostenbeteiligung des Nichteigentümer-Ehegatten entsprechen. Es genügt also sein finanzieller Beitrag; zu den Berechnungsgrundlagen im Einzelnen vgl. Tz 11.15.9.

Eine Mitfinanzierung im v. g. Sinne ist auch dann anzunehmen, wenn der Nichteigentümer-Ehegatte (Mit-)Schuldner (§ 421 BGB) eines Darlehens ist, mit dem die Anschaffung oder Herstellung des Gebäudes finanziert worden ist und bei dem er die Tilgungen mitträgt. Der BFH lehnt es aber für diesen Fall ausdrücklich ab, dem Nichteigentümer-Ehegatten Aufwendungen mittels einer tatsächlichen Vermutung oder Fiktion unabhängig davon zuzurechnen, ob er tatsächlich derartige Aufwendungen getragen hat. Die Eheleute müssen also im Zweifel nachweisen, wer von ihnen welche Anschaffungs- oder Herstellungskosten getragen hat (BFH-Beschluss vom 23.8.1999, BStBl II S. 787).

Zur AfA-Befugnis des Nichteigentümer-Ehegatten bei gleichzeitigem Erwerb von jeweils einer Eigentumswohnung für jeden Ehegatten aus gemeinsamen Mitteln siehe BFH-Beschluss vom 23.8.1999, BStBl II S. 782.

11.15.9.3 Mietwohnungen

Haben Ehegatten oder Lebenspartner eine Wohnung gemeinsam gemietet, so können die Ehegatten/Lebenspartner die auf ein von ihnen (ggf. gemeinsam) genutztes häusliches Arbeitszimmer entfallenden Mietaufwendungen einschließlich Nebenkosten grds. nur anteilig als Werbungskosten geltend machen (BFH-Urteile vom 15.12.2016, BStBl 2017 II S. 938 und 941). Der das Arbeitszimmer Nutzende kann in diesem Fall die auf die berufliche Nutzung entfallenden Aufwendungen vorrangig ansetzen, soweit der Nutzungsumfang des häuslichen Arbeitszimmers nicht mehr als die Hälfte der gesamten Wohnfläche beträgt.

BEISPIEL:

Die Eheleute A und B mieten gemeinsam eine 100 m^2 große Wohnung an. Die Miete einschließlich Nebenkosten beträgt monatlich 800 €; sie wird vom gemeinsamen Konto gezahlt. A nutzt in der Mietwohnung einen 15 m^2 großen Raum als häusliches Arbeitszimmer (Mittelpunkt der beruflichen Tätigkeit).
A kann die auf das Arbeitszimmer entfallenden anteiligen Mietaufwendungen i. H. von monatlich 120 € (800 € : 100 m^2 × 15 m^2) in voller Höhe als Werbungskosten geltend machen. Es wird dabei unterstellt, dass A bei der Begleichung der Aufwendungen zunächst das allein genutzte Arbeitszimmer »finanziert« hat.

Zu diesem Ergebnis kommt auch das FG Düsseldorf im Fall einer gemeinsam von Partnern einer **nichtehelichen Lebensgemeinschaft** angemieteten Wohnung, in der einer der Partner ein häusliches Arbeitszimmer alleine nutzt (Urteil vom 9.9.2022, 3 K 2483/20 E, EFG 2022 S. 1825 – rkr.). Die Finanzverwaltung erkennt Mietzahlungen für eine gemeinsam gemietete Wohnung ebenfalls unabhängig davon an, ob es sich um Ehegatten, Lebenspartner oder nichteheliche Lebensgemeinschaften handelt (Rz 19 des BMF-Schreibens vom 15.8.2023, BStBl I S. 1551).

Der Abzug der Aufwendungen für ein Arbeitszimmer kommt **nicht** in Betracht, wenn die Miete aufgrund des Mietvertrags **allein** vom nicht nutzenden **Ehegatten** des Arbeitnehmers geschuldet und vom gemeinsamen Konto der Ehegatten bezahlt werden. Die Mietzahlungen sind in diesem Fall dem die Miete schuldenden Ehegatten zuzurechnen. Eine Berücksichtigung der Zahlungen ist auch nicht unter dem Gesichtspunkt des sog. abgekürzten Vertragsweges möglich (BMF-Schreiben vom 7.7.2008, BStBl I S. 717).

Bei Zahlung der Miete vom alleinigen Konto des nutzenden Ehegatten liegt – unabhängig von der Frage, wer die Aufwendungen schuldet – berücksichtigungsfähiger »**Eigenaufwand**« vor. Dies gilt entsprechend für die weiteren grundstücksorientierte Aufwendungen (z. B. Grundsteuer, Hausratsversicherung). Nutzungsorientierte Nebenkosten (z. B. Energie, Reinigungskosten) sind steuerlich stets demjenigen zuzurechnen, der sie finanziell getragen hat.

11.15.9.4 Drittaufwand bei nichtehelichen Lebensgemeinschaften

Sofern die Partner einer **nichtehelichen Lebensgemeinschaft** eine Wohnung oder ein Gebäude gemeinsam erwerben, ist grds. davon auszugehen, dass jeder Miteigentümer die Anschaffungskosten entsprechend seinem Miteigentumsanteil getragen hat. Dies gilt unabhängig davon, wie viel jeder Partner tatsächlich an eigenen Mitteln aufgewendet hat. Dieser vom BFH in Ehegatten-Fällen aufgestellte Grundsatz kann nach Auffassung des FG Düsseldorf auch auf Partner einer nichtehelichen Lebensgemeinschaft übertragen werden (Urteil vom 21.10.2014, 13 K 1554/12 E, EFG 2015 S. 709 - rkr.). Die auf das Arbeitszimmer anteilig entfallenen Schuldzinsen kann der Steuerpflichtige daher nur entsprechend seinem Miteigentumsanteil zur Hälfte absetzen, auch wenn er das Arbeitszimmer allein nutzt und die Schuldzinsen allein von seinem Konto gezahlt wurden.

11.15.10 Berechnungsgrundlagen

Die **Berechnung** der anteiligen Werbungskosten oder Betriebsausgaben erfolgt nach dem **Verhältnis** der Fläche des Arbeitszimmers zur gesamten Wohnfläche der Wohnung einschließlich des Arbeitszimmers (BFH-Urteile vom 10.4.1987, BStBl II S. 500 und vom 5.9.1990, BStBl 1991 II S. 389; vgl. R 4.2 Abs. 6 EStR). Die gesamte Wohnfläche, die nach der Verordnung zur Berechnung der Wohnfläche vom 25.11.2003 - WoFlV - (EStH, Anhang 5 II) zu ermitteln ist, kann im Allgemeinen dem Anerkennungsbescheid entnommen werden, der nach §§ 82, 83 des Zweiten Wohnungsbaugesetzes durch die zuständige kommunale Behörde ergeht. Danach sind **Nebenräume** (Zubehörräume i. S. des § 2 Abs. 3 Nr. 1 der WoFlV), wie Keller, Waschküchen, Abstellräume außerhalb der Wohnung, Dachböden, Trockenräume, Schuppen (Holzlegen), Garagen und ähnliche Räume grds. **nicht** in die Flächenberechnung mit einzubeziehen (BFH-Urteile vom 10.4.1987, BStBl II S. 500 und vom 18.10.1983, BStBl 1984 II S. 112), was in aller Regel der Interessenlage des Steuerpflichtigen entgegenkommt. Der BFH hat diese Berechnung mit Erwägungen der Praktikabilität, der Vereinfachung und auch damit gerechtfertigt, dass sich dies zugunsten des Steuerpflichtigen auswirke.

BEISPIEL:

Wohnfläche nach WoFlV ohne Zubehörräume einschließlich Arbeitszimmer	150 m^2
auf das Arbeitszimmer entfallen	12 m^2
anteilige Werbungskosten hiernach	12 : 150 = 8 %

Diese Berechnungsmethode gilt nicht nur für die Überschusseinkünfte (z. B. aus nichtselbständiger Arbeit), sondern für alle betrieblich und beruflich genutzten Räume (BFH-Urteil vom 5.9.1990, BStBl 1991 II S. 389). Der Steuerpflichtige kann aber auch die **Nebenräume** in die Flächenberechnung einbeziehen. Er muss dann allerdings die **gesamten** beruflich genutzten **Räume** (Haupt- und Nebenräume) zu der Gesamtfläche (Haupt- und alle Nebenräume) ins Verhältnis zueinander setzen (o. a. BFH-Urteil vom 5.9.1990). Bei einem im **Keller** belegenen Arbeitszimmer ist die Gesamtwohnfläche ins Verhältnis zur Fläche dieses Arbeitszimmers zu setzen, ohne die übrigen Zubehörräume im Kellergeschoss in die Berechnung einzubeziehen (BFH-Urteil vom 11.11.2014, BStBl 2015 II S. 382).

11.15.11 Aufwandsentschädigung und Arbeitszimmer

Erhält der Bezieher von Einkünften aus nichtselbständiger Arbeit eine nach § 3 Nr. 12 EStG **steuerfreie Aufwandsentschädigung** (z. B. als Landrat, haupt- oder ehrenamtlicher Bürgermeister), so ist selbst im Fall der steuerlichen Anerkennung des häuslichen Arbeitszimmers, der damit zusammenhängende Aufwand grds. durch die steuerfreie Aufwandsentschädigung abgegolten. Nur ein die Aufwandsentschädigung insgesamt übersteigender Aufwand ist als Werbungskosten abzugsfähig (vgl. R 3.12 Abs. 4 LStR). Auf der Einnahmenseite ist eine vom Arbeitgeber für die berufliche Nutzung von Wohnraum gezahlte Aufwandsentschädigung (z. B. nach § 17 Bundesbesoldungsgesetz) nur dann steuerfrei, wenn die Voraussetzungen für einen Werbungskostenabzug der Aufwendungen für das häusliche Arbeitszimmer gegeben sind (BFH-Urteil vom 29.11.2006, BStBl 2007 S. 309).

11.15.12 Aufzeichnungspflichten beim Arbeitszimmer

Für Aufwendungen im Zusammenhang mit einem betrieblich genutzten Arbeitszimmer bestehen nach § 4 Abs. 7 EStG besondere **Aufzeichnungspflichten**. Die mit dem Arbeitszimmer zusammenhängenden Betriebsausgaben sind bei der Gewinnermittlung einzeln und getrennt von den anderen Betriebsausgaben aufzuzeichnen. Zu den möglichen Aufzeichnungserleichterungen für Finanzierungskosten, verbrauchsabhängige Kosten (z. B. Wasser- und Energiekosten) und Abschreibungsbeträge siehe Rz 25 des BMF-Schreibens vom 15.8.2023, BStBl I S. 1551.

Beim Abzug der **Jahrespauschale** bestehen die besonderen Aufzeichnungspflichten nach § 4 Abs. 7 EStG **nicht**; ebenso **nicht** für den Bereich der **Überschusseinkünfte**, also z. B. für Arbeitnehmer (§ 9 Abs. 5 EStG).

11.16 Tagespauschale bei Tätigkeit im Homeoffice

11.16.1 Rechtslage ab VZ 2023

Für den Abzug der **Tagespauschale** (frühere Homeoffice-Pauschale) bei betrieblicher oder beruflicher Tätigkeit im **Homeoffice** gelten seit dem VZ 2023 folgende Regelungen:

- Für jeden Kalendertag, an dem die betriebliche oder berufliche Tätigkeit **ganz** oder **überwiegend** in der häuslichen Wohnung ausgeübt **und** keine außerhalb der Wohnung belegene erste Tätigkeitsstätte aufgesucht wurde, kann eine **Tagespauschale** von **6 €**, höchstens **1 260 €** im Wj. oder Kj., als Betriebsausgaben oder Werbungskosten abgezogen werden (§ 4 Abs. 5 Satz 1 Nr. 6c Satz 1 EStG n. F.). Der neue Höchstbetrag von 1 260 € wird dann voll ausgeschöpft, wenn der Steuerpflichtige seine betriebliche oder berufliche Tätigkeit an **210 Arbeitstagen** im Jahr in der häuslichen Wohnung ausübt. Ein häusliches Arbeitszimmer ist für den Abzug der Tagespauschale **nicht** erforderlich.
- Die Tagespauschale gilt – anders als die Homeoffice-Pauschale – zeitlich **unbefristet**.
- Die Tagespauschale kann auch von Steuerpflichtigen mit **häuslichem Arbeitszimmer** geltend gemacht werden, wenn dieses **nicht** den Mittelpunkt der gesamten betrieblichen oder beruflichen Betätigung bildet (vgl. Tz 11.15.1). Dies betrifft vor allem Steuerpflichtige, die bis einschließlich VZ 2022 die Aufwendungen für das häusliche Arbeitszimmer bis zu einem Höchstbetrag von 1 250 € geltend machen konnten, weil ihnen für die im Arbeitszimmer ausgeübten Tätigkeiten kein anderer Arbeitsplatz zur Verfügung stand. Der Typusbegriff des häuslichen Arbeitszimmers (vgl. Tz 11.15.4) muss in diesen Fällen nicht mehr erfüllt sein.
- Steht für die betriebliche oder berufliche Tätigkeit dauerhaft **kein anderer Arbeitsplatz** zur Verfügung (vgl. Tz 11.16.3), ist ein Abzug der Tagespauschale auch dann zulässig, wenn die Tätigkeit am gleichen Kalendertag auch **auswärts** oder an der **ersten Tätigkeitsstätte** ausgeübt wurde (§ 4 Abs. 5 Satz 1 Nr. 6c Satz 2 EStG n. F.).
- Der Abzug der Tagespauschale für eine berufliche Tätigkeit in der Wohnung am Ort der ersten Tätigkeitsstätte kommt **nicht** (mehr) in Betracht, soweit für diese Wohnung **Unterkunftskosten** im Rahmen einer **doppelten Haushaltsführung** abgezogen werden können (vgl. Tz 12.7.5.1) oder ein Abzug nach den Regelungen zum **häuslichen Arbeitszimmer** (vgl. Tz 11.15.2) vorgenommen wird (§ 4 Abs. 5 Satz 1 Nr. 6c Satz 3 EStG n. F.).

Weitere Einzelheiten zum Abzug der Tagespauschale sind in einem neuen Anwendungsschreiben der Finanzverwaltung geregelt (Rz 27 bis 40 des BMF-Schreibens vom 15.8.2023, BStBl I S. 1551).

11.16.2 Geltendmachung der Tagespauschale

Steht für die berufliche Tätigkeit ein **anderer Arbeitsplatz** zur Verfügung, ist für die Geltendmachung der **Tagespauschale in Zeile 58** die »Anzahl der Kalendertage« anzugeben, an denen die berufliche Tätigkeit **ganz** oder **überwiegend** in der häuslichen Wohnung ausgeübt und **keine** erste Tätigkeitsstätte aufgesucht wurde. Anhand dieser Angabe berechnet das Finanzamt die Tagespauschale programmgesteuert und begrenzt diese ggf. auf den Höchstbetrag von jährlich 1 260 €. Mangels Fahrten zwischen Wohnung und erster Tätigkeitsstätte kommt für diese Tage ein Abzug der Entfernungspauschale **nicht** in Betracht; zu der insoweit erforderlichen Kürzung der Tagesangaben vgl. Tz 11.12.7.2.

Auch für Tage, an denen der Steuerpflichtige **zeitlich überwiegend** in der häuslichen Wohnung beruflich tätig gewesen ist und daneben auch eine auswärtige Tätigkeitsstätte aufgesucht hat, kann er neben den Reisekosten die Tagespauschale geltend machen (Rz 27 des BMF-Schreibens vom 15.8.2023, BStBl I S. 1551).

BEISPIEL 1:

Der angestellte Bauingenieur B fährt an einem Tag erst zur Baustelle (Auswärtstätigkeit). Anschließend erledigt B die Büroarbeiten nicht am Arbeitsplatz des Arbeitgebers (erste Tätigkeitsstätte), sondern in der häuslichen Wohnung. B kann für diesen Tag sowohl Reisekosten für die Fahrt zur Baustelle als auch die Tagespauschale abziehen, wenn die Arbeit zeitlich überwiegend in der häuslichen Wohnung ausgeübt wird, d. h. die Arbeitszeit in der häuslichen Wohnung mehr als die Hälfte der Gesamtarbeitszeit des Tages beträgt.

9 In **Zeile 59** ist die »Anzahl der Kalendertage« anzugeben, an denen die berufliche Tätigkeit (auch) in der häuslichen Wohnung ausgeübt wurde, wenn dem Steuerpflichtigem **dauerhaft kein anderer Arbeitsplatz** zur Verfügung stand. Für diese Tage kann **neben** der Tagespauschale auch die Entfernungspauschale für die Wege zwischen Wohnung und erster Tätigkeitsstätte, Sammelpunkt oder weiträumigem Tätigkeitsgebiet geltend gemacht werden. Die Tagesangaben für die Entfernungspauschale sind in diesem Fall **nicht** zu kürzen. Zusätzlich können für diese Tage auch Reisekosten zu auswärtigen Tätigkeitsstätten berücksichtigt werden. Für den Abzug der Tagespauschale ist in diesen Fällen kein zeitlich überwiegendes Tätigwerden in der häuslichen Wohnung erforderlich (Rz 31 des o. a. BMF-Schreibens vom 15.8.2023).

BEISPIEL 2:

A ist Lehrer. Er unterrichtet täglich von 8:00 bis 13:00 Uhr an der Schule und erledigt nachmittags von 15:00 bis 18:00 Uhr in der häuslichen Wohnung die Vor- und Nachbereitung des Unterrichts und korrigiert Klassenarbeiten. Für die Unterrichtsvor- und -nachbereitung steht A in der Schule kein anderer Arbeitsplatz zur Verfügung. A kann neben der Entfernungspauschale für die Fahrten zur Schule (erste Tätigkeitsstätte) auch die Tagespauschale für die berufliche Tätigkeit in der häuslichen Wohnung abziehen.

Es ist darauf zu achten, dass die in Zeile 58 angegebenen Kalendertage **nicht** in Zeile 59 enthalten sein dürfen. Entsprechendes gilt für die in Zeile 59 angegebenen Kalendertage, die **nicht** in Zeile 58 enthalten sein dürfen. Die Tagespauschale darf im Übrigen **nicht** für **denselben Zeitraum** angegeben werden, in denen Aufwendungen für ein **häusliches Arbeitszimmer** in **Zeile 57** geltend gemacht werden.

Die Kalendertage, an denen die Voraussetzungen für die Inanspruchnahme der Tagespauschale erfüllt sind, sind vom Steuerpflichtigen aufzuzeichnen und bei Rückfragen in geeigneter Form gegenüber dem Finanzamt glaubhaft zu machen (Rz 30 des o. a. BMF-Schreibens vom 15.8.2023).

Die Tagespauschale von 6 € bezieht sich auf den Kalendertag und erhöht sich auch dann nicht, wenn an einem Kalendertag **verschiedene** betriebliche oder berufliche **Betätigungen** ausgeübt werden, für die jeweils die Abzugsvoraussetzungen vorliegen. Bei einer Aufteilung der Tagespauschale auf die verschiedenen Tätigkeiten sind in den Zeilen 58 und 59 **keine Eintragungen** vorzunehmen. Soweit die Tagespauschale auf die Einnahmen aus nichtselbständiger Arbeit entfällt, ist dieser Anteil unter »Weitere Werbungskosten« in den **Zeilen 62** bis **64** einzutragen. Der auf die betriebliche Tätigkeit entfallende Teil der Tagespauschale ist als Betriebsausgaben Teil der Gewinnermittlung. Die Finanzverwaltung beanstandet es jedoch nicht, wenn der Steuerpflichtige auf eine Aufteilung der Tagespauschale auf die verschiedenen Tätigkeiten verzichtet und diese **insgesamt** einer **Tätigkeit zuordnet**, für die die Voraussetzungen für den Abzug der Tagespauschale vorliegen (Rz 29 des o. a. BMF-Schreiben vom 15.8.2023).

Mit der Tagespauschale sind alle Aufwendungen abgegolten, die dem Steuerpflichtigen durch die betriebliche oder berufliche Betätigung in der häuslichen Wohnung entstehen. Aufwendungen für **Arbeitsmittel** (vgl. Tz 11.14.1) und **Telefon-/Internetkosten** (vgl. Tz 11.14.5.14) sind durch die Tagespauschale **nicht abgegolten** und daher neben der Tagespauschale abzugsfähig. Die Tagespauschale kann auch für Arbeitstage in Anspruch genommen werden, an denen die berufliche Tätigkeit in der Wohnung am **Hauptwohnsitz** ausgeübt wird, sofern eine **doppelte Haushaltsführung** auch in dieser Zeit fortbesteht (Rz 38 des o. a. BMF-Schreibens vom 15.8.2023).

11.16.3 Vorliegen eines anderen Arbeitsplatzes

Die bisherige Rspr., wann dem Steuerpflichtigen ein **anderer Arbeitsplatz** zur Verfügung steht, ist zwar zum (begrenzten) Abzug der Aufwendungen für ein häusliches Arbeitszimmer ergangen. Da in den Rechtsvorschriften aber der gleiche steuerliche Begriff verwendet wird, ist diese Rspr. für den Abzug der Tagespauschale weiter zu beachten:

Anderer Arbeitsplatz i. S. des § 4 Abs. 5 Satz 1 Nr. 6c Satz 2 EStG n. F. ist grds. jeder **Arbeitsplatz**, der zur Erledigung **büromäßiger Arbeiten** geeignet ist (BFH-Urteil vom 7.8.2003, BStBl 2024 II S. 78). Weitere Anforderungen an die Beschaffenheit des Arbeitsplatzes werden nicht gestellt. Unbeachtlich sind mithin grds. die konkreten Arbeitsbedingungen und Umstände, wie z. B. Lärmbelästigung oder Publikumsverkehr (BFH-Urteil vom 7.8.2003, BStBl 2004 II S. 83). Voraussetzung ist auch nicht das Vorhandensein eines eigenen, räumlich abgeschlossenen Arbeitsbereiches oder eines individuell zugeordneten Arbeitsplatzes, sodass auch ein Arbeitsplatz in einem **Großraumbüro** oder in der **Schalterhalle** einer Bank ein anderer Arbeitsplatz i. S. der Vorschrift ist. Die Ausstattung mit Arbeitsmitteln, die im Betrieb oder an dem vom Arbeitgeber zur Verfügung gestellten Arbeitsplatz nicht vorhanden sind, ist ohne Bedeutung. Ob ein anderer Arbeitsplatz vorliegt, ist nach objektiven Gesichtspunkten zu beurteilen. Subjektive Erwägungen des Steuerpflichtigen zur Annehmbarkeit des Arbeitsplatzes sind unbeachtlich.

Ein anderer Arbeitsplatz steht dem Steuerpflichtigen dann zur Verfügung, wenn dieser ihn in dem konkret erforderlichen Umfang und in der konkret erforderlichen Art und Weise **tatsächlich** nutzen kann. Der Arbeitsplatz muss grds. so beschaffen sein, dass der Steuerpflichtige auf die häusliche Tätigkeit nicht angewiesen ist. Ein anderer Arbeitsplatz steht auch dann zur Verfügung, wenn dieser außerhalb der üblichen Arbeitszeiten, wie z. B. am Wochenende oder in den Ferien, nicht zugänglich ist.

Geht ein Steuerpflichtiger nur einer betrieblichen oder beruflichen Tätigkeit nach, muss ein vorhandener anderer Arbeitsplatz auch tatsächlich für **alle Aufgabenbereiche** dieser Erwerbstätigkeit genutzt werden können. Der Steuerpflichtige ist auch dann auf die Betätigung in der häuslichen Wohnung angewiesen, wenn er dort einen nicht unerheblichen Teil seiner betrieblichen oder beruflichen Tätigkeit verrichten muss. Es genügt allerdings nicht, wenn er in der häuslichen Wohnung Arbeiten verrichtet, die er grds. auch an einem anderen Arbeitsplatz verrichten könnte.

Beispiele (kein anderer Arbeitsplatz vorhanden):

- Ein Lehrer hat für die Unterrichtsvorbereitung in der Schule keinen Schreibtisch. Das jeweilige Klassen- oder Lehrerzimmer stellt keinen anderen Arbeitsplatz dar.
- Ein angestellter oder selbständiger Orchestermusiker hat im Konzertsaal keine Möglichkeit zu üben. Hierfür wird die häusliche Wohnung genutzt.
- Kein anderer Arbeitsplatz steht zur Verfügung, wenn der dem Steuerpflichtigen zur Verfügung gestellte Arbeitsplatz wegen Gesundheitsgefahr nicht nutzbar ist (BFH-Urteil vom 26.2.2014, BStBl II S. 674).

Beispiele (vorhandener anderer Arbeitsplatz steht nicht in dem konkret erforderlichen Umfang und in der konkret erforderli-

chen Art und Weise für alle Aufgabenbereiche der Erwerbstätigkeit zur Verfügung):

- Ein EDV-Berater übt außerhalb der regulären Arbeitszeit in der häuslichen Wohnung Bereitschaftsdienst aus und kann dafür den Arbeitsplatz beim Arbeitgeber tatsächlich nicht nutzen (BFH-Urteil vom 7.8.2003, BStBl II 2004 S. 80).
- Einem Grundschulleiter, der zu 50 % von der Unterrichtsverpflichtung freigestellt ist, steht für die Verwaltungstätigkeit ein Dienstzimmer von 11 m^2 zur Verfügung. Das Dienstzimmer bietet keinen ausreichenden Platz zur Unterbringung der für die Vor- und Nachbereitung des Unterrichts erforderlichen Gegenstände (BFH-Urteil vom 7.8.2003, BStBl 2004 II S. 77).

Ein anderer Arbeitsplatz darf **dauerhaft** nicht zur Verfügung stehen (§ 4 Abs. 5 Satz 1 Nr. 6c Satz 2 EStG). Bei der Beurteilung des Kriteriums der Dauerhaftigkeit ist für die voraussichtliche Dauer der jeweiligen Tätigkeit und unter Berücksichtigung der Umstände des Einzelfalles (z. B. Sachverhalt, dienst- oder arbeitsrechtliche Vereinbarungen sowie Weisungen und Absprachen) anhand einer **Prognose** zu entscheiden, ob dem Steuerpflichtigen ein anderer Arbeitsplatz zur Verfügung steht. Ändern sich die Verhältnisse (z. B. aufgrund eines Arbeitsplatzwechsels oder geänderter dienst- oder arbeitsrechtlicher Vereinbarungen), ist der Sachverhalt ab diesem Zeitpunkt neu zu würdigen und eine neue Prognoseentscheidung zu treffen.

Steht dem Steuerpflichtigen regelmäßig nur tage- oder wochenweise kein anderer Arbeitsplatz zur Verfügung (z. B. Poolarbeitsplatz), ist ein Abzug der Tagespauschale nur für solche Tage zulässig, an denen der Steuerpflichtige die (erste) Betriebsstätte oder erste Tätigkeitsstätte nicht aufsucht und zeitlich überwiegend in der häuslichen Wohnung tätig wird (§ 4 Abs. 5 Satz 1 Nr. 6c Satz 1 EStG n. F.). Dabei kommt es nicht darauf an, ob zeitlich überwiegend kein anderer Arbeitsplatz zur Verfügung steht. Ein anderer Arbeitsplatz darf generell nicht zur Verfügung stehen. Steht für einen Zeitraum von mindestens einem Monat kein anderer Arbeitsplatz zur Verfügung, ist es nicht zu beanstanden, wenn für diesen Zeitraum von einer Dauerhaftigkeit i. S. des § 4 Abs. 5 Satz 1 Nr. 6c Satz 2 EStG n. F. ausgegangen wird.

BEISPIEL 1:

L ist Lehrer. Der Mittelpunkt der Tätigkeit liegt in der Schule (erste Tätigkeitsstätte). Die Vor- und Nachbereitung des Unterrichts erledigt er im häuslichen Arbeitszimmer, weil ihm für diese Tätigkeiten in der Schule dauerhaft kein anderer Arbeitsplatz zur Verfügung steht. Die Aufwendungen für die Tätigkeit im häuslichen Arbeitszimmer kann L nur in Form der Tagespauschale abziehen (kein Mittelpunkt der gesamten betrieblichen und beruflichen Betätigung), dies aber auch für die Tage, an denen er zuvor oder danach in der Schule an seiner ersten Tätigkeitsstätte gearbeitet hat.

BEISPIEL 2:

B ist Betriebsprüfer. Im Finanzamt (erste Tätigkeitsstätte) steht B an einem Tag in der Woche ein Arbeitsplatz in einem Gemeinschaftsbüro (Desk Sharing) zur Verfügung. B arbeitet entweder im Außendienst, in der häuslichen Wohnung oder an der ersten Tätigkeitsstätte. B steht nicht dauerhaft kein anderer Arbeitsplatz für seine berufliche Tätigkeit zur Verfügung. B kann deshalb die Tagespauschale nur für die Kalendertage abziehen, an denen er überwiegend in der häuslichen Wohnung gearbeitet und die erste Tätigkeitsstätte nicht aufgesucht hat.

11.16.4 Mehrere Tätigkeiten

Übt ein Steuerpflichtiger mehrere betriebliche oder berufliche Tätigkeiten nebeneinander aus, sind die Voraussetzungen für den Abzug der Tagespauschale **tätigkeitsbezogen** zu prüfen. Eine Tagespauschale kann danach abgezogen werden, wenn

- der Steuerpflichtige bezogen auf die jeweilige Tätigkeit zeitlich überwiegend in der häuslichen Wohnung gearbeitet und keine erste Tätigkeitsstätte aufgesucht hat (§ 4 Abs. 5 Satz 1 Nr. 6c Satz 1 EStG) oder
- dem Steuerpflichtigen bezogen auf die jeweilige Tätigkeit dauerhaft kein anderer Arbeitsplatz zur Verfügung steht und der Steuerpflichtige diese Tätigkeit in der häuslichen Wohnung ausgeübt hat (§ 4 Abs. 5 Satz 1 Nr. 6c Satz 2 EStG).

Die Tagespauschale kann auch bei mehreren betrieblichen oder beruflichen Tätigkeiten in der häuslichen Wohnung je Kalendertag nur **einmal** abgezogen werden. Zur Zuordnung zu einer Einkunftsart vgl. Tz 11.16.2.

BEISPIEL:

R ist angestellter Rechtsanwalt. Neben der nichtselbständigen Tätigkeit ist R freiberuflich als Schriftsteller tätig; zudem erzielt er Einkünfte aus Vermietung und Verpachtung. R nutzt für seine selbständige Tätigkeit und die Vermietungstätigkeit die häusliche Wohnung; ein anderer Arbeitsplatz steht ihm dafür dauerhaft nicht zur Verfügung. Daher kann R für jeden Tag, an dem er die schriftstellerische Tätigkeit und/oder die durch die Vermietung veranlassten Tätigkeiten in der häuslichen Wohnung ausübt, eine Tagespauschale von 6 €, insgesamt höchstens 1 260 € im Kj., abziehen. Dass R am selben Tag auch der nichtselbständigen Tätigkeit nachgeht, ist für den Abzug der Tagespauschale für die weiteren Tätigkeiten unschädlich. R kann die Tagespauschale entweder anteilig den Einkünften aus freiberuflicher Tätigkeit und den Einkünften aus Vermietung und Verpachtung oder einer dieser beiden Einkunftsarten in voller Höhe zuordnen.

11.17 Fortbildungskosten

11.17.1 Allgemeine Grundsätze

Aufwendungen, die ein Arbeitnehmer leistet, um seine Kenntnisse 6
und Fertigkeiten **im** bereits ausgeübten und erlernten Beruf zu erhalten, zu erweitern oder den sich ändernden Anforderungen anzupassen, sind **Fortbildungskosten** und in unbegrenzter Höhe als Werbungskosten abzugsfähig, wenn berufsbezogener Lehrstoff vermittelt wird. Dies gilt auch für **Umschulungsmaßnahmen**, die einen Berufswechsel vorbereiten. Dazu gehört z. B. der Besuch von Fachlehrgängen, Kursen, Tagungen und Vortragsveranstaltungen sowie von Tages- und Abendschulen.

Auch **vorab entstandene Werbungskosten**, wie Aufwendungen für Fachliteratur oder für Arbeitsmittel sind anzuerkennen, wenn die Aufwendungen in einem hinreichend konkreten und objektiv feststellbaren Zusammenhang mit erwarteten steuerbaren Einnahmen stehen, wie das z. B. bei einer im **Erziehungsurlaub** oder in **Elternzeit** befindlichen Lehrerin der Fall sein kann (BFH-Urteil vom 22.7.2003, BStBl 2004 II S. 888). Auch die Aufwendungen eines **Arbeitslosen** für seine Fortbildung können vorab entstandene Werbungskosten sein (BFH-Urteil vom 18.4.1996, BStBl II S. 482).

Der berufliche Verwendungsbezug der Aufwendungen – wenn er sich nicht bereits aus den Umständen ergibt – ist vom Steuerpflichtigen im Einzelnen darzulegen. Die in **Zeile 60** einzutragenden Fortbildungskosten sollten daher gegenüber dem Finanzamt dementsprechend in einer gesonderten Aufstellung näher erläutert werden. **Nachweise** (z. B. Fortbildungszertifikate, Ausbildungsverträge, Gebührenbescheide), die den beruflichen Bezug der Aufwendungen belegen, brauchen dem Finanzamt aber nur auf Anforderung auf elektronischem Weg oder in Kopie vorgelegt werden; zur Belegvorlage-/Belegvorhaltepflicht vgl. Vorbemerkungen Tz 14.1.

11.17.2 Abgrenzung zu Berufsausbildungskosten

Von den als Werbungskosten abzugsfähigen Fortbildungskosten sind die Aufwendungen für die **eigene Berufsausbildung** zu unterscheiden, die nur bis zur Höhe von **6 000 €** im Kj. als **Sonderausgaben** geltend gemacht werden können (§ 10 Abs. 1 Nr. 7 EStG). Unter diesen Höchstbetrag fallen vor allem Aufwendungen für die **erstmalige Berufsausbildung** in einem Beruf und für ein **Erststudium**, das zugleich eine Erstausbildung vermittelt. Diese Aufwendungen können weiter nicht als Betriebsausgaben oder Werbungskosten abgezogen werden. Dies hat der Gesetzgeber als Reaktion auf die davon abweichende BFH-Rspr. (BFH-Urteile vom 28.7.2011, BStBl 2012 II S. 557 und 561) rückwirkend ab dem VZ 2004 in § 4

Abs. 9, § 9 Abs. 6 EStG klargestellt. Inzwischen haben sowohl das BVerfG als auch der BFH die **Verfassungsmäßigkeit** des o. a. **Abzugsverbots** bestätigt (vgl. Tz 2.6.1).

Aufwendungen für den Besuch **allgemein bildender Schulen** sind regelmäßig keine als Werbungskosten abziehbaren Fortbildungskosten (BFH-Urteil vom 22.6.2006, BStBl II S. 717; FG Hessen vom 3.7.2019, 9 K 22/18, EFG 2020 S. 87 zu einem ausländischen Internatsaufenthalt vor dem Abitur). Dies gilt auch für ein (berufsbegleitendes) **Erststudium**. Aufwendungen für ein Erststudium **nach** einer **abgeschlossenen Berufsausbildung** können dagegen als unbeschränkt abziehbare Fortbildungskosten anerkannt werden (BFH-Urteil vom 18.6.2009, BStBl 2010 II S. 816; vgl. Tz 2.6.7). Das Gleiche gilt für Aufwendungen für eine **weitere Berufsausbildung**, wenn eine erstmalige Berufsausbildung bereits in einem anderen Beruf erfolgreich abgeschlossen wurde. Eine erstmalige Berufsausbildung in diesem Sinne liegt jedoch nur dann vor, wenn sie in **Vollzeit** durchgeführt wird und für eine **Mindestdauer** von **12 Monaten** angelegt ist (§ 9 Abs. 6 Satz 2 EStG); vgl. Tz 2.6.5. Aufwendungen für eine Berufsausbildung sind **ohne** den vorherigen Abschluss einer Erstausbildung **nicht** als Werbungskosten abzugsfähig, auch wenn der Steuerpflichtige zuvor langjährig Einkünfte aus einer gewerblichen Tätigkeit erzielt und hierfür ein Praktikum absolviert hat (BFH-Urteil vom 15.2.2023, VI R 22/21, BFH/NV 2023 S. 712).

Zu Zweifelsfragen, die sich bei der Abgrenzung von Fortbildungs- und Berufsausbildungskosten ergeben haben, siehe im Übrigen das BMF-Schreiben vom 22.9.2010, BStBl I S. 721.

11.17.3 Ausbildungsdienstverhältnis

Ein **unbegrenzter Abzug** als Werbungskosten kommt stets in Betracht, wenn die erstmalige Berufsausbildung oder das Erststudium **Gegenstand** eines **Ausbildungsdienstverhältnisses** ist (§ 9 Abs. 6 Satz 1 EStG). Ein Ausbildungsdienstverhältnis liegt z. B. vor bei Referendaren im Rahmen der Vorbereitung auf das zweite Staatsexamen, Beamtenanwärtern, für das Studium abkommandierten oder beurlaubten Bundeswehroffizieren, für ein Promotionsstudium beurlaubte Geistliche (vgl. H 9.2 – Ausbildungsdienstverhältnis – LStH und die dort zit. Rspr.). **Kein** Ausbildungsdienstverhältnis liegt vor, wenn die Berufsausbildung oder das Studium nicht Gegenstand des Dienstverhältnisses ist, auch wenn die Berufsausbildungsmaßnahme oder das Studium seitens des Arbeitgebers durch Hingabe von Mitteln, z. B. eines Stipendiums gefördert wird (Rz 27 und 28 des BMF-Schreibens vom 22.9.2010, BStBl I S. 721). Zum Ausbildungs- oder Fortbildungsdienstverhältnis zwischen **Eltern** und **Kindern** vgl. Teil II Tz 2.11.1 unter »Berufsfortbildung/Berufsausbildung«.

Das Studium an einer **Berufsakademie** im sog. **dualen System** kann ebenfalls Gegenstand eines Ausbildungsdienstverhältnisses sein (vgl. Tz 2.6.8). Die damit zusammenhängenden Aufwendungen können daher in unbeschränkter Höhe als Werbungskosten berücksichtigt werden, sofern der Arbeitgeber diese nicht steuerfrei übernimmt (z. B. die **Studiengebühren**); zur steuerfreien Übernahme von Studiengebühren durch den Arbeitgeber im eigenbetrieblichen Interesse siehe BMF-Schreiben vom 13.4.2012, BStBl I S. 531.

11.17.4 Zweitstudium

Kosten eines **Zweitstudiums** sind schon nach der früheren Rspr. des BFH Fortbildungskosten, wenn bereits das Erststudium zu einem Berufsabschluss geführt hatte und es sich um ein Zusatzstudium, Ergänzungsstudium oder Aufbaustudium handelt. Bei einem **Masterstudium** handelt es sich um ein Aufbaustudium, das hinsichtlich der Anwendung von § 9 Abs. 6 EStG als Zweitstudium einzuordnen ist (Rz 24 des BMF-Schreibens vom 22.9.2010, BStBl I S. 721). Dies gilt unabhängig von der Einordnung eines konsekutiven Masterstudiums bei der Berücksichtigung von volljährigen Kindern nach § 32 Abs. 4 EStG (Rz 12d des BMF-Schreibens vom 8.2.2016, BStBl I S. 226; vgl. Tz 9.7.4.2).

Nach der neueren BFH-Rspr. ist nicht mehr von Bedeutung, ob das abgeschlossene Erststudium ergänzt und vertieft wird, und ob das Zweitstudium einen Wechsel in eine andere Berufsart eröffnet oder nicht. Es genügt, dass die Aufwendungen für ein weiteres Studium in einem hinreichend konkreten, objektiv feststellbaren Zusammenhang mit späteren stpfl. Einnahmen aus der angestrebten beruflichen Tätigkeit stehen (vgl. R 9.2 Satz 4 LStR).

Beispiele, in denen der BFH die Aufwendungen für das Zweitstudium als Werbungskosten anerkannt hat:

- **Gymnasiallehrer** – Aufwendungen zur Erlangung der Befähigung zum Lehramt der Sekundarstufe II (BFH-Urteil vom 14.2.1992, BStBl II S. 556),
- **Kirchenmusiker** – Aufwendungen zur Ablegung des A-Examens (BFH-Urteil vom 14.2.1992, BStBl II S. 961),
- **Grund- und Hauptschullehrer** – Aufwendungen zur Erlangung der Zweiten Staatsprüfung oder Dienstprüfung als Realschullehrer (BFH-Urteil vom 14.2.1992, BStBl II S. 962),
- **Humanmediziner** – Aufwendungen zur Qualifizierung als Mund-Kiefer-Gesichts-Chirurg (BFH-Urteil vom 8.5.1992, BStBl II S. 965),
- **Diplom-Ingenieur** – Aufwendungen zur Erlangung der Berufsbezeichnung Diplom-Wirtschaftsingenieur (BFH-Urteil vom 10.7.1992, BStBl II S. 966),
- Zweitstudium zum **Tonmeister** nach einem Studium der Musiktheorie (BFH-Urteil vom 18.4.1996, BStBl II S. 449),
- **Betriebswirt** mit abgeschlossenem Betriebswirtschaftsstudium, der ein aufbauendes Zweitstudium mit dem Abschluss »Master of Business Administration« (MBA) absolviert (BFH-Urteil vom 19.4.1996, BStBl II S. 452),
- Diplom-**Bauingenieur** (FH), der Betriebswirtschaft studiert mit dem Ziel, Großprojektleiter oder selbständiger Bauunternehmer zu werden (BFH-Urteil vom 19.6.1997, BStBl 1998 II S. 239),
- Diplom-**Verwaltungswirt** (FH) – Aufwendungen für ein Jurastudium (BFH-Urteil vom 26.6.2003, VI R 114/00, BFH/NV 2003 S. 1416),
- Diplom-**Ingenieur** (FH) – Aufwendungen für ein Maschinenbaustudium an einer Technischen Universität (BFH-Urteil vom 22.7.2003, BStBl 2004 II S. 889).

11.17.5 Promotionskosten

Bei der steuerlichen Beurteilung von **Promotionskosten** ist nach Ansicht des BFH darauf abzustellen, ob ein berufsbezogener Veranlassungszusammenhang bejaht werden kann (BFH-Urteil vom 4.11.2003, BStBl 2004 II S. 891). Promotionskosten können – ggf. vorab entstandene – Werbungskosten oder Betriebsausgaben sein, falls das Promotionsvorhaben auf das Erzielen stpfl. Einnahmen gerichtet sei. Der Steuerpflichtige trägt insoweit aber die Feststellungslast. Im zugunsten des Steuerpflichtigen entschiedenen BFH-Urteil vom 4.11.2003 handelte es sich um eine **berufsbegleitende Promotion** (langjährige Krankengymnastin, die Medizin studiert, strebt Promotion auf dem Gebiet der Orthopädie an). Die Finanzverwaltung wendet diese Rspr. jedoch auch dann an, wenn das Promotionsstudium bzw. die Promotion im Einzelfall ohne vorhergehenden berufsqualifizierenden Studienabschluss durchgeführt wird (Rz 26 des BMF-Schreibens vom 22.9.2010, BStBl I S. 721).

Habilitationskosten sind stets abzugsfähige Werbungskosten (BFH-Urteil vom 7.8.1967, BStBl III S. 778); zu Kosten für eine Habilitationsfeier vgl. Tz 11.18.3.7 unter »Bewirtungskosten«.

11.17.6 Sprachkurse

Aufwendungen für einen **Sprachkurs** sind als Werbungskosten abzugsfähig, wenn der Lehrgang zwischen der jeweiligen Fremdsprache und der (inländischen) beruflichen Tätigkeit ein (z. B. durch eine Bewerbung) hinreichend konkretisierter, sachlicher und enger zeitlicher Zusammenhang besteht (BFH-Urteile vom 26.11.1993, BStBl 1994 II S. 248 und vom 20.10.1978, BStBl 1979 II S. 114, z. B. bei einer Hotelsekretärin; zu einem Sprachkurs im Ausland: BFH-Urteil vom 31.7.1980, BStBl II S. 746). Auch wenn ein auswärtiger Sprachkurs nur Grundkenntnisse oder allgemeine Kenntnisse in einer Fremdsprache vermittelt, diese aber für die berufliche Tätigkeit ausreichen, kann der Kurs beruflich veranlasst sein und deshalb die **Kursgebühr** als Werbungskosten abgezogen werden (BFH-Urteil vom 24.2.2011, BStBl 2011 II S. 796).

Nach der Rspr. des EuGH und BFH kann die steuerliche Berücksichtigung von Aufwendungen für einen Sprachkurs nicht mit der Begründung versagt werden, er habe in einem anderen **Mitgliedstaat der EU** stattgefunden (BFH-Urteil vom 13.6.2002, BStBl 2003 II S. 765). Die Finanzverwaltung wendet dieses Urteil auch auf andere Länder an, mit denen ein Europäisches oder bilaterales Wirtschaftsabkommen besteht, wie Island, Liechtenstein, Norwegen und die Schweiz (BMF-Schreiben vom 26.9.2003, BStBl I S. 447).

Die Wahl einen **auswärtigen Sprachkurs** (= nicht am Wohnort des Steuerpflichtigen oder in dessen Nähe) zu besuchen, ist nach Ansicht des BFH allerdings regelmäßig privat mitveranlasst (siehe o. a. BFH-Urteil vom 24.2.2011). Der vollständige Abzug auch dieser Aufwendungen setzt voraus, dass die Reise ausschließlich oder nahezu ausschließlich der beruflichen Sphäre zuzuordnen ist. Das ist bei auswärtigen Sprachlehrgängen ebenso wie bei sonstigen Reisen vor allem dann der Fall, wenn ihnen offensichtlich ein unmittelbarer beruflicher Anlass zugrunde liegt und die Verfolgung privater Reiseinteressen nicht den Schwerpunkt bildet (BFH-Urteile vom 27.8.2002, BStBl 2003 II S. 369, vom 27.7.2004, VI R 81/00, BFH/NV 2005 S. 42 und vom 19.12.2005, VI R 88/02, BFH/NV 2006 S. 730). Liegt der Reise kein unmittelbarer beruflicher Anlass zugrunde, sind nach den Grundsätzen, die der GrS des BFH in seinem Beschluss vom 21.9.2009 (BStBl 2010 II S. 672) aufgestellt hat, die mit dem Sprachkurs verbundenen Reisekosten **aufzuteilen**, sofern der erwerbsbezogene Anteil nicht von untergeordneter Bedeutung ist. Bei der Aufteilung der Reisekosten in Werbungskosten und Kosten der privaten Lebensführung kann auch ein anderer als der zeitliche Aufteilungsmaßstab angezeigt sein, wenn wie bei einer Sprachreise die beruflichen und privaten Teile der Reise nicht nacheinander, sondern gleichzeitig verwirklicht werden. Eine Aufteilung ist selbst bei einem Intensivsprachkurs vorzunehmen, der in der Woche nur wenig Zeit für touristische Aktivitäten lässt. Sofern ein Aufteilungsmaßstab nicht schlüssig begründet werden kann, hat der BFH keine Bedenken, die Reisekosten jeweils **hälftig** den Werbungskosten und den Kosten der privaten Lebensführung zuzurechnen.

Ein Werbungskostenabzug scheidet stets aus, wenn eine Fremdsprache wegen einer im **Ausland** angestrebten Tätigkeit erlernt wird und die Einkünfte nicht der inländischen Besteuerung unterliegen (BFH-Urteil vom 24.4.1992, BStBl II S. 666). Dagegen können nachgewiesene Kosten für **Sprachkurse** in **Deutsch** für ausländische Arbeitnehmer Werbungskosten sein, wenn sie berufsbedingt sind. Aufwendungen eines in Deutschland lebenden Ausländers für das Erlernen der deutschen Sprache gehören jedoch regelmäßig auch dann zu den nichtabziehbaren Kosten der Lebensführung, wenn ausreichende Deutschkenntnisse für einen angestrebten **Ausbildungsplatz** förderlich sind (BFH-Urteil vom 15.3.2007, BStBl II S. 814). Hierbei handelt es sich zwar um sog. »gemischte Aufwendungen«, die aber mangels objektiver Aufteilungskriterien nicht in einen beruflichen und privaten Anteil aufgeteilt werden können.

Aufwendungen für Fremdsprachenunterricht können auch Kosten der erstmaligen Berufsausbildung oder eines Erststudiums (also begrenzt abzugsfähige Sonderausgaben, vgl. Tz 11.17.2) sein, wenn z. B. ein **Student** der Germanistik und Anglistik ein Auslandspraktikum als Fremdsprachenassistent an einer Schule in Großbritannien absolviert (BFH-Urteil vom 14.1.2000, BStBl II S. 199) oder bei einem Sprachaufenthalt eines **Au-pairs**, wenn dieser von einem theoretisch-systematischen Sprachunterricht begleitet wird, der grds. wöchentlich zehn Unterrichtsstunden umfassen muss (BFH-Urteile vom 9.6.1999, BStBl II S. 701 und 710; vgl. Tz 9.7.3.4).

Aufwendungen für eine zur Erteilung von berufsbezogenem Fremdsprachenunterricht in den eigenen Haushalt aufgenommene Person sind nicht als Werbungskosten abziehbar (BFH-Urteil vom 8.10.1993, BStBl 1994 II S. 114).

11.17.7 Umschulungsmaßnahmen

Kosten für **Umschulungsmaßnahmen**, die die Grundlage dafür bilden, von einer Berufs- oder Erwerbsart zu einer anderen überzuwechseln, sind uneingeschränkt als Werbungskosten abziehbar (vgl. R 9.2 Satz 3 LStR). Dies gilt unabhängig davon, ob die Bildungsmaßnahme eine neue Basis für andere Berufsfelder schafft. Mit Urteil vom 4.12.2002, BStBl 2003 II S. 403 hat der BFH deshalb die Aufwendungen einer längere Zeit nicht mehr berufstätigen Industriekauffrau für die Ausbildung zur (zunächst angestellten, dann selbständigen) Fahrlehrerin (Besuch der Fahrlehrerakademie u. a.) als vorab entstandene Werbungskosten anerkannt. In Fortsetzung dieser Rspr. hat der BFH mit Urteil vom 13.2.2003, BStBl II S. 698 entschieden, dass Aufwendungen eines Steuerpflichtigen mit einer abgeschlossenen Berufsausbildung für die Umschulung in einen **neuen Beruf** vorweggenommene Werbungskosten/Betriebsausgaben sind, wenn sie in einem hinreichend konkreten, objektiv feststellbaren Zusammenhang mit erwarteten späteren Einnahmen aus dem neuen Beruf stehen; zur Feststellungslast siehe BFH-Urteil vom 26.1.2005, BStBl II S. 349. Dies gelte jedenfalls dann, wenn die Ausbildung für den neuen Beruf der Überwindung oder Vermeidung von Arbeitslosigkeit diene (betr. eine **Bilanzbuchhalterin**, die sich wegen drohender Arbeitslosigkeit zur **Heilpraktikerin** ausbilden ließ). Auch die Aufwendungen für den Erwerb des **Verkehrsflugzeugführerscheins** einschließlich der Musterberechtigung werden – anders als die Aufwendungen für den Erwerb eines Privatflugzeugführerscheins – als vorab entstandene Werbungskosten anerkannt, wobei ein enger sachlicher und zeitlicher Zusammenhang mit der Erzielung von steuerbaren Einnahmen aus der angestrebten und alsbald aufgenommenen Tätigkeit als Verkehrsflugzeugführerin bestehen muss (BFH-Urteil vom 27.10.2011, BStBl 2012 II S. 825; vgl. H 9.2 – Fortbildung – LStH). Beim Erwerb eines Verkehrsflugzeugführerscheins in durchgehender Schulung, die den Erwerb des Privatflugzeugführerscheins einschließt, können auch die darauf entfallenden Kosten als (vorab entstandene) Werbungskosten geltend gemacht werden (BFH-Urteil vom 30.9.2008, BStBl 2009 II S. 111).

Weitere **Beispiele**, in denen die BFH-Rspr. Umschulungskosten steuerlich anerkannt hat:

- Aufwendungen einer arbeitslosen **Verkäuferin** für die Umschulung zur Arzthelferin (BFH-Urteil vom 17.12.2002, VI R 42/00, BFH/NV 2003 S. 474),
- Aufwendungen eines arbeitslosen **Landwirts** für die Umschulung zum Dachdecker (BFH-Urteil vom 17.12.2002, VI R 121/01, BFH/NV 2003 S. 477),
- Aufwendungen eines arbeitslosen **Dipl.-Betriebswirts** zur Vorbereitung auf eine gewerbliche Tätigkeit als Immobilien- und Finanzmakler (BFH-Urteil vom 17.12.2002, VI R 20/01, BFH/NV 2003 S. 476).

11.17.8 Weitere Einzelfälle von Fortbildungskosten

Aufwendungen für die **Meisterausbildung** sind Fortbildungskosten im ausgeübten Beruf und daher Werbungskosten (BFH-Urteile vom 15.12.1989, BStBl 1990 II S. 692 und vom 18.4.1996, BStBl II S. 529). Dies gilt auch für Aufwendungen (anteilige AfA) bei Herstellung eines marktgängigen abnutzbaren Meisterstücks (z. B. Schmuckstück).

Aufwendungen eines in einem Wirtschaftsprüfungs- oder Steuerberatungsunternehmen angestellten Diplomkaufmanns, Diplom-Betriebswirts oder Wirtschaftsprüfers zur Vorbereitung auf die **Steuerberaterprüfung** waren schon immer abzugsfähige Fortbildungskosten (BFH-Urteil vom 19.1.1990, BStBl II S. 572), wie auch die Kosten eines Steuerberaters für das **Wirtschaftsprüfer-Examen**, ebenso die Aufwendungen eines graduierten **Finanzbeamten** zur Vorbereitung auf die Steuerberaterprüfung (BFH-Urteil vom 6.11.1992, BStBl 1993 II S. 108), oder eines **Gerichts-(Rechts-)referendars** auf die zweite juristische Staatsprüfung (BFH-Urteil vom 7.4.1972, BStBl II S. 643: hier zu Kosten des Repetitors und Gebühren).

Fortbildungskosten sind auch Aufwendungen eines Beamten des mittleren Dienstes oder eines Verwaltungsangestellten zur Vorbereitung auf die **Inspektorenprüfung** (BFH-Urteil vom 18.8.1967, BStBl III S. 792), ebenso Aufwendungen für **Fernlehrgänge**, wenn die Weiterbildung dem ausgeübten Beruf nicht wesensfremd ist und objektiv mit der ausgeübten Tätigkeit zusammenhängt. Deshalb sind auch Aufwendungen einer **Krankenschwester** für einen Lehrgang mit dem Ziel, Lehrerin für Pflegeberufe zu werden, als Werbungskosten anzuerkennen (BFH-Urteil vom 22.7.2003, BStBl 2004 II S. 886; vgl. H 9.2 – Fortbildung – LStH).

Aufwendungen eines **Industriekaufmanns** für die Teilnahme an **psychologischen Seminaren** können nur dann Werbungskosten sein, wenn in den Seminaren primär auf den konkreten Beruf zugeschnittene psychologische Kenntnisse vermittelt werden und der Teilnehmerkreis des Seminars entsprechend homogen zusammengesetzt ist (BFH-Urteil vom 6.3.1995, BStBl II S. 393). Nach Auffassung des BFH liegt ein homogener Teilnehmerkreis auch dann vor, wenn die Teilnehmer zwar unterschiedlichen Berufsgruppen angehören, aber aufgrund der Art ihrer beruflichen Tätigkeit – hier: **Führungspositionen** – gleichgerichtete Interessen haben (BFH-Urteile vom 28.8.2008, VI R 44/04, BStBl 2009 II S. 106 zu »**NLP-Kursen**« zur Verbesserung der beruflichen Kommunikation und VI R 35/05, BStBl 2009 II S. 108 zu Aufwendungen für Seminare zur Persönlichkeitsentfaltung).

Nach der neueren Rspr. kommt es für die steuerliche Berücksichtigung der Aufwendungen nicht mehr darauf an, ob ein neuer, ein anderer oder ein erstmaliger Beruf ausgeübt werden soll. Zudem verlangt der BFH nur noch einen **erwerbsbezogenen Veranlassungszusammenhang**. So können beispielsweise auch Aufwendungen eines Lehrers für einen **Snowboardkurs** als Werbungskosten bei den Einkünften aus nichtselbständiger Arbeit abziehbar sein, wenn ein konkreter Zusammenhang mit der Berufstätigkeit besteht (BFH-Urteil vom 22.6.2006, BStBl II S. 782).

Aufwendungen für eine **Auslandsgruppenreise**, die der beruflichen Fortbildung dient, sind nur dann als Werbungskosten abziehbar, wenn sie unmittelbar beruflich veranlasst sind und die Verfolgung privater Interessen nicht den Schwerpunkt der Reise bildet (BFH-Urteil vom 21.9.2009, BStBl 2010 II S. 672). Ein unmittelbarer beruflicher Anlass liegt nicht vor, wenn der Arbeitnehmer mit der Teilnahme an der Auslandsgruppenreise lediglich eine allgemeine Verpflichtung zur beruflichen Fortbildung erfüllt oder die Reise von einem Fachverband angeboten wird (BFH-Urteil vom 19.1.2012, BStBl II S. 416). Zur Abgrenzung gegenüber einer konkreten Verpflichtung zur Reiseteilnahme siehe BFH-Urteil vom 9.12.2010, BStBl 2011 II S. 522; zur Aufteilung gemischt veranlasster Aufwendungen bei auch beruflicher Veranlassung der Auslandsgruppenreise vgl. Tz 11.11.7.

11.17.9 »Gemischte« Fortbildungsveranstaltungen

Mit Urteil vom 21.4.2010 (BStBl II S. 685) hat der BFH entschieden, dass Aufwendungen eines **Arztes** für die Teilnahme an einem Fortbildungskurs, der mit bestimmten Stundenzahlen auf die Voraussetzungen zur Erlangung der Zusatzbezeichnung »**Sportmedizin**« angerechnet werden kann, zumindest teilweise als Werbungskosten zu berücksichtigen sind, auch wenn der Lehrgang in nicht unerheblichem Umfang Gelegenheit zur Ausübung verbreiteter Sportarten zulässt. Bei sowohl durch betriebliche oder berufliche als auch private Gründe veranlassten Fortbildungsveranstaltungen, die jeweils nicht von untergeordneter Bedeutung sind, ist entsprechend dem Beschluss des GrS des BFH vom 21.9.2009 (BStBl 2010 II S. 672) eine **Aufteilung** der (gemischten) Aufwendungen in abziehbare Werbungskosten und nicht abziehbare Aufwendungen für die private Lebensführung vorzunehmen. Aufteilungsmaßstab sind die »Veranlassungsbeiträge«, konkret die Zeitanteile, die auf die beruflich veranlassten Vorträge und privat veranlassten Aktivitäten entfallen (vgl. Tz 11.11.7). Zur Aufteilung der Aufwendungen für einen auswärtigen Sprachkurs vgl. Tz 11.17.6.

11.17.10 Abziehbare Aufwendungen

Als unbegrenzt abzugsfähige **Fortbildungskosten** kommen vor allem die Aufwendungen in Betracht, die sich direkt auf die Fortbildung beziehen, wie z. B. Kurs- und Prüfungsgebühren, Fachliteratur (vgl. Tz 11.14.5.6 unter »Fachliteratur«), Lehrbücher, Schreibmaterial, Übungsunterlagen. Sind Fortbildungskosten mit **Darlehensmitteln** verausgabt worden, sind nicht die zur Rückzahlung des Darlehens geleisteten Beträge, sondern die zur Begleichung der Fortbildungskosten geleisteten **Ausgaben** als Werbungskosten abzugsfähig (BFH-Urteil vom 10.12.1971, BStBl 1972 II S. 250).

Auch die durch die Fortbildung veranlassten **Reisekosten**, wie **Fahrtkosten** zur Fortbildungsstätte, **Verpflegungsmehraufwendungen** und ggf. **Übernachtungskosten** sind Werbungskosten. Diese Aufwendungen sind grds. nach den für berufliche veranlasste **Auswärtstätigkeiten** geltenden Regelungen steuerlich berücksichtigungsfähig (vgl. Tz 11.19). Zu vollzeitigen Bildungsmaßnahmen außerhalb eines Dienstverhältnisses vgl. Tz 11.17.11. **Fahrtkosten** können für die gesamte Dauer der Tätigkeit an der auswärtigen Fortbildungsstätte nach Reisekostengrundsätzen mit den tatsächlichen Kosten oder den pauschalen Kilometersätzen nach dem BRKG (beim Pkw 0,30 €, bei anderen motorbetriebenen Fahrzeugen z. B. Motorrad, Motorroller 0,20 € je gefahrenem Kilometer) und nicht nur i. H. der Entfernungspauschale von 0,30 € für jeden Entfernungskilometer angesetzt werden. Das Gleiche gilt für nachgewiesene **Übernachtungskosten**.

Mietzahlungen der Eltern für ein studierendes Kind, die diese im Wege des **abgekürzten Vertragsweges** getragen haben, sind nicht als (vorweggenommene) Werbungskosten abzugsfähig (FG Niedersachsen vom 25.2.2016, 1 K 169/15, EFG 2016 S. 891 – rkr.). Die steuerlichen Grundsätze des abgekürzten Vertragsweges sind auf **Dauerrechtsverhältnisse** nicht anwendbar (BMF-Schreiben vom 7.7.2008, BStBl I S. 717). Eine von den Eltern getragene Maklerprovision kann jedoch dem Kind als Werbungskosten zugerechnet werden, da insoweit kein Dauerschuldverhältnis vorliegt und über den abgekürzten Vertragsweg eine Aufwandszurechnung zu dem Kind erfolgen kann.

Der Abzug von **Verpflegungsmehraufwendungen** i. H. der **Verpflegungspauschalen** (vgl. Tz 11.19.5.1) ist gesetzlich auf die ersten drei Monate der Tätigkeit an derselben Fortbildungsstätte beschränkt (§ 9 Abs. 4a Satz 6 EStG). Sucht der Arbeitnehmer die Fortbildungsstätte (z. B. die Berufsschule) jedoch an nicht mehr als ein bis zwei Tagen wöchentlich auf, ist jeweils von einer neuen Auswärtstätigkeit auszugehen, sodass die Dreimonatsfrist nicht anzuwenden ist. Für diese Tage können daher auch nach Ablauf von drei Monaten Verpflegungsmehraufwendungen geltend gemacht werden (vgl. Tz 11.19.5.3).

11.17.11 Vollzeitige Bildungsmaßnahmen

Die Aufwendungen für die Wege zu einer »**ersten Tätigkeitsstätte**« sind mit dem Ansatz der **Entfernungspauschale** abgegolten (§ 9 Abs. 1 Satz 3 Nr. 4 EStG; vgl. Tz 11.12.1). Als erste Tätigkeitsstätte wird auch eine **Bildungseinrichtung** behandelt, die außerhalb eines Dienstverhältnisses zum Zwecke eines Vollzeitstudiums oder einer vollzeitigen Bildungsmaßnahme aufgesucht wird (§ 9 Abs. 4 Satz 8 1. Halbsatz EStG; vgl. Tz 11.12.2.11). Da der Steuerpflichtige in diesen Fällen keinem Direktionsrecht eines Arbeitgebers unterliegt, sondern selbst die Entscheidung für den Besuch der jeweiligen Bildungseinrichtung trifft, hat er – vergleichbar mit dem Arbeitnehmer, der einer betrieblichen Einrichtung dauerhaft zugeordnet ist – die Möglichkeit, sich auf die ihm entstehenden Wegekosten einzurichten und deren Höhe zu beeinflussen. Zu weiteren Einzelheiten siehe Rz 33 bis 35 des BMF-Schreibens vom 25.11.2020, BStBl I S. 1228.

Ist der Arbeitnehmer dagegen auf **Weisung** seines **Arbeitgebers** an eine außerhalb der ersten Tätigkeitsstätten liegenden Bildungseinrichtung abgeordnet, begründet er dort im Regelfall keine erste Tätigkeitsstätte i. S. des § 9 Abs. 4 EStG.

Für den Umfang des Werbungskostenabzugs enthält § 9 Abs. 4 Satz 8 2. Halbsatz EStG einen Verweis auf § 9 Abs. 1 Satz 3 Nr. 4 und 5 sowie Abs. 4a EStG. Das bedeutet, dass der Abzug von Fahrtaufwendungen auf die Entfernungspauschale begrenzt ist und der Abzug von Unterkunftskosten sowie Verpflegungsmehraufwendungen nur bei Vorliegen einer doppelten Haushaltsführung in Betracht kommt. Eine an einer deutschen Hochschule eingeschriebene Studentin, welche bereits eine Erstausbildung abgeschlossen hat, kann daher für die Zeit des Studiums keine Aufwendungen für die Unterkunft und Verpflegung am Studienort geltend machen, wenn sie keinen eigenen Haushalt unterhält (§ 9 Abs. 4 Satz 8 2. Halbsatz i. V. mit § 9 Abs. 1 Satz 3 Nr. 5 EStG). Während eines **Auslandssemesters** befindet sich nach Ansicht des BFH die erste Tätigkeitsstätte der Studentin weiter an der inländischen Fachhochschule, sodass die Kosten für die Unterkunft und den Verpflegungsmehraufwand im Ausland als (vorweggenommene) Werbungskosten steuerlich zu berücksichtigen sind (BFH-Urteil vom 14.5.2020, BStBl 2021 II S. 302).

11.17.12 Anrechnung von steuerfreien Ersatzleistungen

Hat der **Arbeitgeber** Fortbildungskosten für den Arbeitnehmer steuerfrei **übernommen**, weil sie in seinem ganz überwiegenden betrieblichen Interesse liegen (vgl. R 19.7 LStR), so kommt ein Abzug als Werbungskosten insoweit nicht in Betracht. Wegen der **Ersatzleistungen von dritter Seite** und ggf. deren Anrechnung auf die Berufsausbildungskosten vgl. Tz 2.6.11.

Ein Abzug von Fortbildungskosten als Werbungskosten ist dann **nicht** möglich, wenn diese Ausgaben mit **steuerfreien Einnahmen** in unmittelbarem **wirtschaftlichen Zusammenhang** stehen (§ 3 c Abs. 1 EStG). Dies gilt beispielsweise für Aufwendungen im Zusammenhang mit einem nach § 3 Nr. 44 EStG steuerfrei gewährten **Stipendium** für Studien- oder Forschungszwecke (BFH-Urteile vom 9.11.1976, BStBl 1977 II S. 207 und vom 4.11.2003, VI R 28/03, BFH/NV 2004 S. 928; FG Münster vom 15.10.2019, 12 K 1794/16 E, EFG 2019 S. 1973 – rkr.) oder für vom Arbeitgeber übernommene **Studiengebühren** für ein berufsbegleitendes Studium (BMF-Schreiben vom 13.4.2012, BStBl I S. 531). Bei steuerfreien Stipendiumszahlungen ist grds. zwischen Stipendiumsleistungen für die Kosten der allgemeinen Lebensführung und zur Bestreitung von Bildungsaufwendungen zu unterscheiden. Nur soweit mit den Stipendiumszahlungen Bildungsaufwendungen ausgeglichen werden, liegen keine Werbungskosten vor (FG Köln vom 15.11.2018, 1 K 1246/16, EFG 2019 S. 541). Dementsprechend sind steuerfreie BAföG-Leistungen nur soweit sie für die Ausbildung und nicht für den Lebensunterhalt geleistet werden auf die Werbungskosten anzurechnen (FG Münster vom 24.1.2018, 7 K 1007/17 E, F, EFG 2018 S. 549). Werden bei einem Auslandsstudium **Mietaufwendungen** wegen einer doppelten Haushaltsführung und **Verpflegungsmehraufwendungen** als berufliche Aufwendungen geltend gemacht, sind auch monatliche Stipendiumszahlungen für den Lebensunterhalt auf diese Werbungskosten anzurechnen (BFH-Urteil vom 29.9.2022, BStBl 2023 II S. 142). Zwischen steuerfreien Stipendienleistungen und beruflich veranlassten (Fort-)Bildungsaufwendungen besteht nach Ansicht des BFH immer dann ein unmittelbarer wirtschaftlicher Zusammenhang i. S. von § 3c Abs. 1 EStG, wenn das Stipendium dazu dient, die beruflich veranlassten Aufwendungen auszugleichen oder zu erstatten.

Nach Auffassung des FG Berlin-Brandenburg kommt bei einem **Lehramtsstipendium** eine Kürzung der Werbungskosten nicht in Betracht, wenn damit nach erfolgreichem Abschluss des Studiums eine Verpflichtung zur Ausübung eines Lehramts für mindestens drei Jahre verbunden ist. Die Stipendiumszahlungen seien in diesem Fall jedoch als stpfl. Einnahmen für eine zukünftige Tätigkeit anzusehen (Urteil vom 30.3.2022, 16 K 2083/20, EFG 2022 S. 1186 – rkr. nach Zurückweisung der Revision Az. VI R 13/22 als unzulässig).

Ein **Meisterbonus**, der nach erfolgreich abgelegter Prüfung von staatlicher Seite gewährt wird, rechtfertigt keine Kürzung der Werbungskosten. Insoweit besteht zwischen den geltend gemachten Fortbildungskosten und dem Meisterbonus kein unmittelbarer wirtschaftlicher Zusammenhang i. S. des § 3c Abs. 1 EStG (FG München vom 30.5.2016, 15 K 474/16, EFG 2016 S. 1513 – rkr.). Da der Meisterbonus keiner ertragsteuerlichen Einkunftsart zugeordnet werden kann, ist dieser zudem nicht steuerbar. Anders verhält es sich für staatliche Zuschüsse für die Existenzgründung nach der Meisterausbildung; staatliche Finanzierungshilfen zur Aufnahme einer selbständigen Erwerbsgrundlage gehören zu den stpfl. Betriebseinnahmen. Ein **Teilerlass** eines nach dem Aufstiegsfortbildungsförderungsgesetz von der KfW-Bank gewährten **Darlehens** nach bestandener Abschlussprüfung gehört zum stpfl. Arbeitslohn (BFH-Urteil vom 23.11.2023, BStBl 2024 II S. 718).

11.18 Weitere Werbungskosten

11.18.1 Allgemeines

61–64 Außer den Aufwendungen für die Wege zwischen Wohnung und erster Tätigkeitsstätte (Zeilen 27 bis 52), Beiträgen zu Berufsverbänden (Zeile 53), Arbeitsmitteln (Zeilen 54 bis 56), Aufwendungen für das häusliche Arbeitszimmer (Zeile 57), die Tagespauschale bei beruflicher Tätigkeit im Homeoffice (Zeilen 58 und 59) und Fortbildungskosten (Zeile 60) kommen noch **weitere**, als **Werbungskosten** abzugsfähige Aufwendungen in Betracht. Diese sind in den **Zeilen 61** bis **63** geltend zu machen. Um die Erfassung im Rahmen der Einkommensteuerveranlagung sicherzustellen, ist darauf zu achten, dass in **Zeile 64** in dem Betragsfeld zur Kennzahl »380« zusätzlich die **Summe** der in den Zeilen 61 bis 63 geltend gemachten Aufwendungen angegeben ist.

Sofern der Platz für die Eintragungen nicht ausreicht und um Nachfragen des Finanzamts möglichst zu vermeiden, sind ergänzende Angaben und Erläuterungen in einer gesonderten Aufstellung oder Anlage beizufügen. **Belege** müssen dem Finanzamt nur auf Anforderung auf elektronischem Weg oder in Kopie vorgelegt werden; zur Belegvorlage-/Belegvorhaltepflicht vgl. Vorbemerkungen Tz 14.1. Die objektive Beweislast für steuermindernde Tatsachen, wie Werbungskosten, trägt nach ständiger Rspr. des BFH der Steuerpflichtige; verbleibende Ungewissheiten gehen zu seinen Lasten.

> **ELSTER:**
> In ELSTER stehen für die Eingabe von weiteren Werbungskosten bei Bedarf weitere Eintragungszeilen zur Verfügung, die per Mausklick hinzugefügt werden können. Die Werte werden automatisch aufaddiert.

11.18.2 Flug- und Fährkosten bei Wegen zwischen Wohnung und erster Tätigkeitsstätte

Bei Benutzung eines Flugzeugs für die Wege zwischen Wohnung 6
und erster Tätigkeitsstätte sind nur die tatsächlichen **Flugkosten** als Werbungskosten zu berücksichtigen; diese sind in **Zeile 61** gesondert einzutragen. Die Entfernungspauschale ist für **Flugstrecken** nicht anwendbar (§ 9 Abs. 1 Satz 3 Nr. 4 Satz 3 EStG), sie gilt aber für An- und Abfahrten zu und von Flughäfen (vgl. Tz 11.12.3).

Die tatsächlichen Aufwendungen für die Benutzung einer **Fähre** können neben der Entfernungspauschale geltend gemacht (vgl. Tz 11.12.5.3). Diese Kosten sind ebenfalls in **Zeile 61** geltend zu machen.

Die tatsächlichen Flug- und Fährkosten sind entsprechend auch für Wege zwischen der Wohnung und einem Sammelpunkt oder weiträumigen Tätigkeitsgebiet i. S. des § 9 Abs. 1 Satz 3 Nr. 4a Satz 3 EStG zu berücksichtigen.

11.18.3 Weitere Werbungskosten (ABC)

11.18.3.1 Aktienoptionen

Erhält ein Arbeitnehmer von seinem Arbeitgeber nicht handelbare 62
Aktienoptionsrechte, können die von ihm getragenen Aufwendungen **nicht** als Werbungskosten bei den Einkünften aus nichtselbständiger Arbeit berücksichtigt werden; sie mindern erst im Jahr der Verschaffung der verbilligten Aktien den geldwerten Vorteil. Verfällt das Optionsrecht, sind die Optionskosten im Jahr des Verfalls als vergebliche Werbungskosten abziehbar (BFH-Urteil vom 3.5.2007, BStBl II S. 647).

11.18.3.2 Arbeitsgerichtlicher Vergleich

Bei Aufwendungen für zivil- und arbeitsgerichtlichen Streitigkeiten aus dem Arbeitsverhältnis spricht regelmäßig eine Vermutung dafür, dass die Aufwendungen in einem konkreten, den Werbungskostenabzug rechtfertigenden Veranlassungszusammenhang mit der Berufstätigkeit stehen. Dies gilt grds. auch, wenn sich Arbeitgeber und Arbeitnehmer über solche streitigen Ansprüche im Rahmen eines **arbeitsgerichtlichen Vergleichs** einigen (BFH-Urteil vom 9.2.2012, BStBl II S. 829).

11.18.3.3 Ausgleichszahlungen bei beamtenrechtlicher Versorgung

Ausgleichszahlungen, die ein Arbeitnehmer, dem eine Altersversorgung nach beamtenrechtlichen Grundsätzen zugesagt worden ist, leistet, um bei einem **Arbeitgeberwechsel** die Anrechnung von Dienstzeiten durch den neuen Arbeitgeber zu erreichen, sind als vorab entstandene Werbungskosten abziehbar (BFH-Urteil vom 19.10.2016, BStBl 2017 II S. 999).

Zu Ausgleichsleistungen zur **Vermeidung** des **Versorgungsausgleichs** und **Wiederauffüllzahlungen** nach dem Beamtenversorgungsgesetz vgl. Tz 11.18.3.30 unter »Versorgungsausgleich«.

11.18.3.4 Berufskrankheiten

Aufwendungen im Zusammenhang mit **Berufskrankheiten** können Werbungskosten sein, soweit sie nicht von dritter Seite ersetzt wurden. Dabei muss es sich um typische Berufskrankheiten handeln, was im Zweifel durch ein amtsärztliches Gutachten zu belegen ist (BFH-Urteil vom 26.3.1965, BStBl III S. 358), oder um eine Erkrankung, die nachweislich durch den Beruf oder bei Ausübung des Berufs entstanden ist (BFH-Urteil vom 6.6.1957, BStBl III S. 286), z. B. bei Unfällen im Betrieb oder anlässlich eines Betriebsausflugs. **Kurkosten** sind als Werbungskosten abziehbar, wenn sie zur Heilung einer typischen Berufskrankheit oder Vorbeugung gegen eine solche aufgewandt werden (BFH-Urteil vom 17.7.1992, VI R 96/88, BFH/NV 1993 S. 19).

Bei inneren Erkrankungen (z. B. Kreislaufstörungen, Diabetes) oder bei Herzinfarkt wurde ein Zusammenhang mit einer Berufskrankheit von der Rspr. bisher **nicht** anerkannt (BFH-Urteile vom 9.12.1961, BStBl 1962 III S. 235 und vom 4.10.1968, BStBl 1969 II S. 179), ebenso nicht bei Gelenkarthrose eines Sportlehrers (FG Berlin vom 10.6.1991, EFG 1992 S. 322) oder psychischen oder psychosomatischen Krankheiten wie z. B. »Burn-Out« (FG München vom 26.4.2013, 8 K 3159/10, EFG 2013 S. 1387 – bestätigt durch BFH-Beschluss vom 9.11.2015, VI R 36/13, BFH/NV 2016 S. 194). In diesen Fällen sind die entstandenen Krankheitskosten grds. nicht als Werbungskosten, sondern als außergewöhnliche Belastungen abzugsfähig (vgl. Tz 5.5.6.36 unter »Krankheitskosten«).

Bei Aufwendungen einer Orchestermusikerin für Dispokinesesitzungen zur Behandlung motorischer und psychosomatischer Spielprobleme hält der BFH eine Berücksichtigung als Werbungskosten für möglich (BFH-Urteil vom 11.7.2013, BStBl 2013 II S. 815). Diese Entscheidung verdeutlicht die Tendenz des BFH, bei gesundheitlichen Beeinträchtigungen durch die Berufstätigkeit den Anwendungsbereich des Werbungskostenabzugs nicht über Gebühr einzuschränken. Auch wenn Krankheitskosten grds. dem Bereich der außergewöhnlichen Belastungen zuzuordnen sind, können gesundheitliche Beschwerden, die durch den Beruf veranlasst sind, oder Maßnahmen, die der besseren Ausführung des Berufs förderlich sind, zu Werbungskosten führen. Dies wird inzwischen so auch von der Finanzverwaltung anerkannt (vgl. H 9.1 – Berufskrankheit – LStH).

11.18.3.5 Beteiligungsverluste am Unternehmen des Arbeitgebers

Der wirtschaftliche **Verlust** einer **Beteiligung** an einer **GmbH** führt selbst dann nicht zu Werbungskosten, wenn die Beteiligung des Arbeitnehmers am Stammkapital der GmbH Voraussetzung für seine Beschäftigung als Arbeitnehmer der GmbH war (BFH-Urteil vom 12.5.1995, BStBl II S. 644). Der Veräußerungsverlust aus einer Kapitalbeteiligung am Unternehmen des Arbeitgebers führt nur dann zu Werbungskosten, wenn ein erheblicher Veranlassungszusammenhang zum Dienstverhältnis besteht und nicht vorrangig auf der Nutzung der Beteiligung als Kapitalertragsquelle beruht (BFH-Urteil vom 17.9.2009, BStBl 2010 II S. 198). Ein solcher Veranlassungszusammenhang zum Dienstverhältnis ist allerdings für vergebliche Aufwendungen im Zusammenhang mit einer angestrebten Anstellung als Vorstand einer noch zu gründenden Kapitalgesellschaft und mit einer geplanten Gesellschafterstellung zu verneinen (BFH-Urteil vom 17.5.2017, BStBl II S. 1073).

Gewährt der nicht nur unwesentlich beteiligte **Gesellschafter-Geschäftsführer** einer **GmbH** einen **verlorenen Zuschuss**, so ist die Zuwendung regelmäßig durch das Gesellschaftsverhältnis veranlasst; nur bei Vorliegen besonderer Umstände können Werbungskosten im Zusammenhang mit dem bestehenden Arbeitsverhältnis angenommen werden (BFH-Urteil vom 26.11.1993, BStBl 1994 II S. 242); vgl. H 9.1 – Verlorener Zuschuss eines Gesellschafter-Geschäftsführers – LStH.

11.18.3.6 Bewerbungskosten

Bewerbungskosten, die bei der Suche nach einer (neuen) Arbeitsstelle angefallen sind, können als vorweggenommene Werbungskosten berücksichtigt werden. Hierzu gehören z. B. Inseratskosten, Telefonkosten, Porto, Kosten für Fotokopien von Zeugnissen und Reisekosten anlässlich von Vorstellungsgesprächen oder Eignungstests. Es kommt nicht darauf an, ob die Bewerbung Erfolg hatte. Soweit die Bewerbungskosten steuerfrei ersetzt wurden (z. B. von der Agentur für Arbeit), sind sie jedoch nicht abzugsfähig.

11.18.3.7 Bewirtungskosten

Aufwendungen für die Bewirtung von Geschäftsfreunden, Mitarbeitern und Arbeitskollegen können aus sehr unterschiedlichen Anlässen anfallen. Aufwendungen eines Arbeitnehmers zur **Bewirtung** von **Kunden** seines Arbeitgebers können Werbungskosten sein, wenn der Arbeitnehmer darlegen kann, dass allein berufliche Gründe Veranlassung für diese Ausgaben waren (BFH-Urteil vom 16.3.1984, BStBl II S. 433). Die berufliche Veranlassung der Aufwendungen hängt grds. nicht davon ab, ob sie sich konkret auf die Höhe des Arbeitslohns auswirkt, wie z. B. bei Arbeitnehmern mit erfolgsabhängigen Bezügen (BFH-Urteil vom 28.11.1980, BStBl 1981 II S. 368). Das Vorliegen erfolgsabhängiger bzw. erfolgsunabhängiger Bezüge kann aber als gewichtiges Indiz für die berufliche oder private Veranlassung der Aufwendungen herangezogen werden (BFH-Urteile vom 1.2.2007, BStBl II S. 459 zu einem ausschließlich für Mitarbeiter veranstalteten Gartenfest zum 25-jährigen Dienstjubiläum eines angestellten **Geschäftsführers** mit variablen Bezügen und vom 24.5.2007, BStBl II S. 721 zu einem Außendienstmitarbeiter mit einer teilweisen erfolgsabhängigen Entlohnung). Die berufliche Veranlassung kann sich aber auch bei Arbeitnehmern mit Festbezügen aus anderen Umständen (z. B. Motivation der Mitarbeiter) ergeben.

Bewirtet ein Arbeitnehmer anlässlich einer **Auswärtstätigkeit** einen **Geschäftsfreund** seines Arbeitgebers auf eigene Kosten, so gelten die gleichen Grundsätze. Ersetzt der Arbeitgeber in einem solchen Fall dem Arbeitnehmer die gesamten Bewirtungskosten, also einschließlich des Anteils des Arbeitnehmers, liegt nach § 3 Nr. 50 EStG steuerfreier Auslagenersatz vor. Der Arbeitnehmer muss wegen der Teilnahme an einer geschäftlich veranlassten Bewirtung jedoch keinen Sachbezugswert versteuern (vgl. R 8.1 Abs. 8 Nr. 1 LStR). Außerdem kann der Arbeitgeber neben den Bewirtungskosten die aus Anlass der Auswärtstätigkeit entstandenen Verpflegungsmehraufwendungen in voller Höhe mit dem maßgebenden Pauschbetrag (vgl. Tz 11.19.5.1) steuerfrei ersetzen.

Die BFH-Rspr. hat in der Vergangenheit **Bewirtungskosten** eines Arbeitnehmers anlässlich **persönlicher Ereignisse** (z. B. Geburtstag) nicht als Werbungskosten anerkannt, sondern den nicht abzugsfähigen Kosten der Lebensführung zugeordnet, da sie regelmäßig auch durch die gesellschaftliche Stellung des Arbeitnehmers veranlasst sind (BFH-Urteile vom 19.2.1993, BStBl II S. 403 und vom 15.7.1994, BStBl II S. 896; vgl. H 9.1 – Bewirtungskosten – LStH). Davon ist im Grundsatz weiter auszugehen. Der BFH hat allerdings mit Urteil vom 11.1.2007 (BStBl II S. 317) klargestellt, dass es für die berufliche Veranlassung von Bewirtungskosten nicht allein auf den Anlass der Veranstaltung ankommt, sondern auf die **Gesamtwürdigung** aller Umstände des Einzelfalles. Dabei kann auf die Gesichtspunkte zurückgegriffen werden, die der BFH in seiner Rspr. zur Abgrenzung einer Feier des Arbeitgebers von einem privaten Fest des Arbeitnehmers auf der Einnahmenseite entwickelt hat (BFH-Urteil vom 28.1.2003, BStBl II S. 724). So ist von Bedeutung, wer als Gastgeber auftritt, wer die Gästeliste bestimmt, ob es sich bei den Gästen um Kollegen, Geschäftsfreunde oder Mitarbeiter (des Steuerpflichtigen oder des Arbeitgebers), um Angehörige des öffentlichen Lebens, der Presse, um Verbandsvertreter oder um private Bekannte oder Angehörige des Steuerpflichtigen handelt. Zu berücksichtigen ist außerdem, an welchem Ort die Veranstaltung stattfindet, ob sich die finanziellen Aufwendungen im Rahmen vergleichbarer betrieblicher Veranstaltungen bewegen und ob das Fest den Charakter einer privaten Feier aufweist oder ob das nicht der Fall ist.

Bewirtungsaufwendungen, die einem **Offizier** für einen Empfang aus Anlass der Übergabe der Dienstgeschäfte (Kommandoübergabe) und der Verabschiedung in den Ruhestand entstehen, können hiernach als Werbungskosten zu berücksichtigen sein; ebenso Kosten für eine Verabschiedungsfeier eines angestellten **Oberarztes** anlässlich des Eintritts in den Ruhestand (FG Hamburg vom 24.6.2009, EFG 2009 S. 1633 – bestätigt durch BFH-Beschluss vom 26.1.2010, VI B 95/09, BFH/NV 2010 S. 875) oder bei Bewirtungsaufwendungen eines **Behördenleiters** für eine Weihnachtsfeier mit seinen Mitarbeitern (BFH-Urteil vom 6.3.2008, VI R 68/06, BFH/NV 2008 S. 1316).

Die Frage der Abziehbarkeit von Aufwendungen für Feiern aus verschiedenen Anlässen hat die Finanzgerichte und den BFH wiederholt beschäftigt:

- Aufwendungen für eine Feier bei einem gleichzeitigen beruflichen und privaten **Doppelanlass** (z.B. Bestellung zum Steuerberater und runder Geburtstag) können nach Auffassung des BFH unter Anwendung der vom BFH aufgestellten Aufteilungsgrundsätze (vgl. Tz 11.11.7) anteilig als Werbungskosten abziehbar sein. Der als Werbungskosten abziehbare Betrag kann dabei anhand der Herkunft der Gäste aus dem beruflichen und dem privaten Umfeld abgegrenzt werden (BFH-Urteil vom 8.7.2015, BStBl II S. 1013).
- Aufwendungen für eine betriebsinterne Feier anlässlich des 40jährigen **Dienstjubiläums** eines Arbeitnehmers erkennt der BFH dann in vollen Umfang als Werbungskosten an, wenn der Arbeitnehmer die Gäste nach abstrakten berufsbezogenen Kriterien eingeladen hat (BFH-Urteil vom 20.1.2016, BStBl II S. 744).
- Die Aufwendungen für eine Abschiedsfeier anlässlich des **Arbeitgeberwechsels** können ebenfalls als Werbungskosten abzugsfähig sein, wenn die Gäste ausschließlich aus dem beruflichen Umfeld des Arbeitnehmers stammen und der bisherige Arbeitgeber in die Organisation der Feier eingebunden ist (FG Münster vom 29.5.2015, 4 K 3236/12 E, EFG 2015 S. 1520).
- Aufwendungen für die Gäste einer **Habilitationsfeier** aus dem beruflichen Umfeld eines Arbeitnehmers können (nahezu) ausschließlich beruflich veranlasst und damit als Werbungskosten bei den Einkünften aus nichtselbständiger Arbeit zu berücksichtigen sein, wenn der Arbeitnehmer (hier: ein angestellter Klinikarzt) die Gäste nach abstrakten allgemeinen berufsbezogenen Kriterien eingeladen hat (BFH-Urteil vom 18.8.2016, VI R 52/15, BFH/NV 2017 S. 151).
- In besonders gelagerten Einzelfällen können auch die Kosten für eine Feier anlässlich eines runden **Geburtstags** als Werbungskosten abzugsfähig sein, wenn der Teilnehmerkreis an einer solchen Feier ausschließlich dem beruflichen Umfeld des Arbeitnehmers zuzuordnen ist, Ehepartner, Verwandte und Freunde des Arbeitnehmers daran nicht teilnehmen und die Feier zumindest teilweise während der Arbeitszeit in den Räumlichkeiten des Arbeitgebers oder des Betriebs stattfindet (BFH-Urteil vom 10.11.2016, BStBl 2017 II S. 409).
- Unangemessene Aufwendungen für eine **Abschiedsfeier** können nach § 4 Abs. 5 Satz 1 Nr. 4 EStG zu insgesamt nicht abziehbarem Repräsentationsaufwand führen – dies hat das FG Nürnberg zu einer exklusiven Abschiedsfeier eines Gesellschafter-Geschäftsführers entschieden (Urteil vom 19.10.2022, 3 K 51/22). Die Unangemessenheit ergab sich für das FG vor allem aufgrund der hohen Kosten für die Anmietung der (luxuriösen) Lokalität, aus dem umfangreichen Unterhaltungsprogramm und den unüblich hohen Pro-Kopf-Kosten der Veranstaltung gegenüber vergleichbaren betrieblichen Veranstaltungen.

Sind die Bewirtungskosten als Werbungskosten zu berücksichtigen, ist der Abzug auf **70 %** der Aufwendungen beschränkt, wenn der Arbeitnehmer selbst als bewirtende Person auftritt (§ 9 Abs. 5 EStG i. V. mit § 4 Abs. 5 Satz 1 Nr. 2 EStG). Ein Arbeitnehmer, der aus beruflichem Anlass Kosten für eine Bewirtung im Namen seines Arbeitgebers übernimmt, darf diese Kosten dagegen ungekürzt und ohne Verpflichtung zur Benennung der Gäste als Werbungskosten abziehen (BFH-Urteil vom 19.6.2008, BStBl II S. 870). Die Abzugsbeschränkung gilt ebenfalls nicht, wenn der Arbeitnehmer nur Arbeitnehmer des eigenen Arbeitgebers bewirtet (BFH-Urteil vom 19.6.2008, BStBl 2009 II S. 11).

Zu weiteren Einzelheiten vgl. Teil II Tz 2.3, dort auch zu den formellen und inhaltlichen Anforderungen an die **Bewirtungsbelege** (z. B. Gaststättenrechnung).

11.18.3.8 Bürgschaftsverpflichtungen

Aufwendungen aus einer **Bürgschaftsverpflichtung** werden den Einkünften zugerechnet, zu denen der engere und wirtschaftlich vorrangige **Veranlassungszusammenhang** besteht. Die Inanspruchnahme eines Arbeitnehmers aus einer Bürgschaft, die der Arbeitnehmer für seinen Arbeitgeber zur Erhaltung seines Arbeitsplatzes oder im Hinblick auf seine künftige berufliche Tätigkeit übernommen hat, kann bei Vorliegen besonderer Umstände zu Werbungskosten bei den Einkünften aus nichtselbständiger Arbeit führen (BFH-Urteile vom 29.2.1980, BStBl II S. 395 und vom 14.5.1991, BStBl II S. 758). Bei einem **Gesellschafter-Geschäftsführer** einer Kapitalgesellschaft besteht demgegenüber umso mehr eine engere wirtschaftliche Verbindung zu den Einkünften aus Kapitalvermögen, je höher die Beteiligung des Gesellschafter-Geschäftsführers ist (BFH-Urteile vom 17.7.1992, BStBl 1993 II S. 111 und vom 16.11.2011, BStBl 2012 II S. 343). Die Bürgschaftsübernahme ist in diesem Fall durch die **Gesellschafterstellung** veranlasst und führt ggf. zu nachträglichen Anschaffungskosten der Beteiligung i. S. des § 17 EStG.

Es kann nicht ausgeschlossen werden, dass auch im Fall einer gegenwärtig ausgeübten nichtselbständigen Erwerbstätigkeit die Inanspruchnahme aus einer Bürgschaftsverpflichtung wirtschaftlich vorrangig durch eine zunächst nur angestrebte andere Erwerbstätigkeit (z. B. Beteiligung an einer Gesellschaft) veranlasst und dementsprechend dieser zuzurechnen ist. Eine solche Zurechnung setzt allerdings voraus, dass diese künftige Erwerbstätigkeit schon hinreichend konkret feststeht; nur dann kann zwischen dieser und den Aufwendungen auch ein hinreichend konkreter und objektiv feststellbarer Veranlassungszusammenhang bestehen, der eine entsprechende Zurechnung rechtfertigt (BFH-Urteil vom 8.7.2015, BStBl 2016 II S. 60).

Tilgungskosten aus einer Bürgschaftsverpflichtung durch den Arbeitnehmer einer Gesellschaft können Werbungskosten bei den Einkünften aus nichtselbständiger Arbeit sein, wenn eine Gesellschafterstellung zwar vereinbart, aber nicht zustande gekommen ist (o. a. BFH-Urteil vom 16.11.2011, VI R 97/10). Die bei **Insolvenz** des Arbeitgebers erlittenen Bürgschaftsverluste eines Arbeitnehmers können auch bei einer mittelbaren Beteiligung an der Gesellschaft vorrangig durch das Arbeitsverhältnis veranlasst sein (BFH-Urteil vom 3.9.2015, BStBl 2016 II S. 305). Übernimmt ein angestellter Steuerberater, der nur gering am Stammkapital einer Steuerberatungs-GmbH beteiligt ist, eine Bürgschaft für einen von ihm im Rahmen seines Arbeitsverhältnisses betreuten Mandanten, so können die Aufwendungen für die Inanspruchnahme aus dieser Bürgschaft ebenfalls Werbungskosten bei den Einkünften aus nichtselbständiger Arbeit sein (FG Münster vom 15.10.2015, 3 K 472/14 E, EFG 2016 S. 282 – rkr.).

11.18.3.9 Darlehen, Darlehensverluste

Ein **Darlehen** eines Arbeitnehmers an seinen Arbeitgeber, das angemessen **verzinst** werden soll, ist eine Kapitalforderung i. S. des § 20 EStG. Der **Verlust** eines solchen Darlehens berührt grds. die steuerlich unbeachtliche Vermögensebene. Der wirtschaftliche Verlust der Darlehensforderung kann aber bei Vereinbarung einer normalen Zinshöhe dann als Werbungskosten bei den Einkünften aus nichtselbständiger Arbeit zu berücksichtigen sein, wenn der Arbeitnehmer das Risiko des Darlehensverlustes aus beruflichen Gründen bewusst auf sich genommen hat. Auch wenn eine Darlehensgewährung durch einen **Gesellschafter-Geschäftsführer** zunächst aus im Gesellschaftsverhältnis liegenden Gründen erfolgt ist, kann der spätere Verzicht darauf durch das Arbeitsverhältnis (z. B. zur Rettung des Arbeitsplatzes) veranlasst sein und dann zu Werbungskosten bei den Einkünften aus nichtselbständiger Arbeit führen, allerdings nur soweit die Darlehensforderung noch werthaltig ist (BFH-Urteil vom 25.11.2010, BStBl 2012 II S. 24). Für die Höhe des Werbungskostenabzugs ist daher der Wert der Darlehensforderung entscheidend und entsprechend festzustellen.

Berufliche Gründe können dann angenommen werden, wenn ein Außenstehender, insbesondere eine Bank, mit Rücksicht auf die Gefährdung der Darlehensforderung das Darlehen dem Arbeitgeber nicht gewährt hätte (BFH-Urteil vom 7.5.1993, BStBl II S. 663). Dies ist aber nicht unabdingbare Voraussetzung für den Werbungskostenabzug eines Darlehensverlustes (BFH-Urteil vom 10.4.2014, BStBl II S. 850 zum Verlust einer aus einer Gehaltsumwandlung entstandenen Darlehensforderung, ohne die der Arbeitnehmer keine Entlohnung für seine geleisteten Überstunden erhalten hätte).

Die berufliche Veranlassung einer Darlehensvereinbarung wird nicht zwingend dadurch ausgeschlossen, dass das Darlehen nicht unmittelbar mit dem insolvenzbedrohten Arbeitgeber (GmbH), sondern mit dem alleinigen Gesellschafter-Geschäftsführer der GmbH geschlossen wurde und die Darlehensvaluta an diesen geflossen ist. Maßgeblich sind der berufliche Veranlassungszusammenhang und der damit verbundene konkrete Verwendungszweck des Darlehens (BFH-Urteil vom 7.2.2008, BStBl 2010 II S. 48).

Gewährt ein Arbeitnehmer seinem künftigen Arbeitgeber zur Erlangung oder Sicherung des Arbeitsplatzes eine **Kaution** oder ein niedrig verzinsliches oder ein **unverzinsliches Darlehen**, so kann der Verlust der Forderung beim Arbeitnehmer zu Werbungskosten aus nichtselbständiger Arbeit führen und zwar auch dann, wenn das Arbeitsverhältnis nicht zustande kommt. Ist zwischen dem Verlust des gewährten Betrags und der in Aussicht genommenen Tätigkeit ein ausreichender Zusammenhang festzustellen, so liegen Werbungskosten (nur) in dem Jahr vor, in dem für den Arbeitnehmer die Wertlosigkeit der Forderung erkennbar wird (BFH-Urteil vom 13.1.1989, BStBl II S. 382).

11.18.3.10 Führerschein

Aufwendungen zur Erlangung eines Pkw-Führerscheins dienen regelmäßig der Allgemeinbildung und sind deshalb grds. **nicht** abziehbar (BFH-Urteil vom 5.8.1977, BStBl II S. 834). Sie sind nur dann Werbungskosten oder Betriebsausgaben, wenn sie unmittelbar beruflich veranlasst sind, z. B. wenn ein Reisevertreter, ein Chauffeur, ein Taxi- oder Lkw-Fahrer die Fahrprüfung ablegt oder die erstmalige Anstellung vom Besitz des Führerscheins abhängt (BFH-Urteile vom 8.4.1964, BStBl III S. 431 und vom 20.2.1969, BStBl II S. 433).

Nach dem Berufskraftfahrer-Qualifizierungsgesetz sind grds. alle im Personenverkehr und Güterkraftverkehr tätigen **Berufskraftfahrer** gesetzlich verpflichtet, als **Berufseinsteiger** neben dem Erwerb des **Führerscheins** auch eine **Grundqualifikation** zu durchlaufen. Die Qualifikation dient der Verbesserung der Sicherheit im Straßenverkehr und den allgemeinen Fähigkeiten des Fahrers durch die Vermittlung besonderer tätigkeitsbezogener Fertigkeiten und Kenntnisse. Diese Kenntnisse sind grds. alle fünf Jahre mittels einer **Weiterbildung** aufzufrischen. Fahrzeuglenker, die bereits im Besitz des entsprechenden Führerscheins sind, benötigen zwar keine Grundqualifikation, müssen jedoch ebenfalls alle fünf Jahre eine Weiterbildung durchlaufen. Aufwendungen für den Erwerb der Grundqualifikation und des Führerscheins fallen unter die als Sonderausgaben beschränkt abziehbaren Ausbildungskosten nach § 10 Abs. 1 Nr. 7 EStG, wenn es sich dabei um eine **erstmalige Berufsausbildung** handelt und die Ausbildungsmaßnahme nicht Gegenstand eines Dienstverhältnisses ist (vgl. Tz 2.6.5). Bei den Aufwendungen im Zusammenhang mit der sich alle fünf Jahre anschließenden Weiterbildung handelt es sich dagegen um **unbeschränkt** abziehbare **Fortbildungskosten**. Zur Abgrenzung beschränkt abziehbarer Berufsausbildungskosten von den unbeschränkt abziehbaren Fortbildungs-/Umschulungskosten vgl. Tz 11.17.2.

11.18.3.11 Geldstrafen, Geldbußen, Gerichtskosten

In einem Strafverfahren festgesetzte **Geldstrafen** (§ 12 Nr. 4 EStG) und **Geldbußen**, die von einem Gericht oder einer Behörde im Inland oder von Organen der EU festgesetzt werden, sind ebenso wie **Ordnungsgelder** und **Verwarnungsgelder** keine Werbungskosten, auch nicht, wenn sie im Zusammenhang mit der beruflichen Tätigkeit verwirkt wurden (§ 9 Abs. 5, § 4 Abs. 5 Nr. 8 EStG). **Bewährungsauflagen** zur Wiedergutmachung eines durch die Tat verursachten Schadens können dagegen Werbungskosten sein. Nach Ansicht des BFH steht das Abzugsverbot des § 12 Nr. 4 EStG dem Werbungskostenabzug der Bewährungsauflage nicht entgegen (BFH-Urteil vom 15.1.2009, BStBl 2010 II S. 111). Geldbußen, die nicht der Wiedergutmachung des durch die Tat verursachten Schadens dienen, sind dagegen nicht als Werbungskosten abziehbar (BFH-Urteil vom 22.7.2008, BStBl 2009 II S. 151).

Zu Geldstrafen, Geldbußen, sowie zu Auflagen oder Weisungen des Gerichts oder einer Behörde, wird im Übrigen auf die Erläuterungen in Teil II Tz 2.11.7 hingewiesen.

11.18.3.12 Kassenfehlbeträge

Kassenfehlbeträge, die der Arbeitnehmer dem Arbeitgeber ersetzen muss, sind Werbungskosten (BFH-Urteil vom 11.7.1969, BStBl 1970 II S. 69).

11.18.3.13 Kinderbetreuungskosten

Kinderbetreuungskosten sind – auch wenn sie erwerbsbedingt sind – nur einheitlich als Sonderausgaben abzugsfähig (§ 10 Abs. 1 Nr. 5 EStG). Entsprechende Aufwendungen sind in der Anlage Kind, Zeilen 67 bis 73 geltend zu machen. Zu den weiteren Voraussetzungen für die steuerliche Abzugsfähigkeit von Kinderbetreuungskosten vgl. Tz 9.16.

11.18.3.14 Kongresse

Vgl. Tz 11.18.3.24 unter »Studienreisen, Kongresse«

11.18.3.15 Kontoführungsgebühren

Entstandene **Kontoführungsgebühren** sind Werbungskosten, soweit sie auf die Gutschrift von Arbeitslohn und auf beruflich veranlasste Überweisungen entfallen (BFH-Urteil vom 9.5.1984, BStBl II S. 560). Ohne Einzelnachweis werden vom Finanzamt **16 €** im Kj. (Nichtbeanstandungsgrenze) anerkannt. Der Ersatz von Kontoführungsgebühren durch den Arbeitgeber ist stpfl. Arbeitslohn (vgl. R 19.3 Abs. 3 Nr. 1 LStR). Kontoeröffnungsgebühren sind mangels sachgerechter Abgrenzung zwischen beruflichem und privatem Anlass keine Werbungskosten.

11.18.3.16 Prozesskosten

Prozesskosten (Gerichtskosten, Anwaltskosten) sind dann Werbungskosten, wenn der Prozess unmittelbar und ausschließlich mit der beruflichen Tätigkeit zusammenhängt, wie bei einem Rechtsstreit um die Zahlung von Arbeitslohn, die Kündigung oder das Fortbestehen eines Arbeitsverhältnisses (BFH-Urteil vom 5.7.1963, BStBl III S. 499). Bei einem **Beamten** oder **Berufssoldaten** sind die Rechtsanwalts- und Gerichtskosten aufgrund eines **(Wehr-)Disziplinarverfahrens** wegen der Verletzung von Dienstpflichten als Werbungskosten abziehbar, weil die Aufwendungen durch ihren Zweck, einen drohenden Schaden abzuwenden und die künftige Alimentation unverändert zu erhalten, untrennbar mit dem Dienstverhältnis zusammenhängen (FG Köln vom 17.6.2021, 14 K 997/20, EFG 2021 S. 1983; bestätigt durch BFH-Beschluss vom 10.1.2024, BStBl II S. 442). Die zur Abzugsfähigkeit von Prozesskosten eines Strafverfahrens ergangene Rspr. ist auf Rechtsverfolgungskosten für ein (Wehr-)Disziplinarverfahren **nicht** übertragbar.

Auch Kosten eines Folgeprozesses können Werbungskosten sein (BFH-Urteil vom 6.12.1983, BStBl 1984 II S. 314). Die Kosten der **Strafverteidigung** sind ebenfalls Werbungskosten, wenn der strafrechtliche Schuldvorwurf durch das berufliche Verhalten des Steuerpflichtigen veranlasst gewesen ist (BFH-Urteil vom 18.10.2007, BStBl 2008 II S. 223). Dies gilt auch dann, wenn es zu einer Bestrafung des Arbeitnehmers oder der Auferlegung einer Geldbuße gekommen ist (BFH-Urteil vom 19.2.1982, BStBl II S. 467).

Zum Abzug von Prozesskosten als Werbungskosten oder Betriebsausgaben vgl. Teil II Tz 2.11.7.

11.18.3.17 Repräsentationsaufwendungen

Aufwendungen für Ernährung, Kleidung und Wohnung sind i. d. R. Kosten der Lebensführung und daher keine Werbungskosten (vgl. Tz 11.11.6). Bei solchen Aufwendungen besteht oft ein Zusammenhang mit der beruflichen Tätigkeit des Steuerpflichtigen. In Fällen dieser Art kommt es darauf an, ob und in welchem Umfang die Aufwendungen ausschließlich beruflichen Zwecken dienen und nichts mit dem Privatleben zu tun haben, z. B. bei der **Bewirtung** von **Geschäftsfreunden** außerhalb des Haushalts. Sind die Aufwendungen nur z. T. durch berufliche Zwecke veranlasst worden und lässt sich dieser Teil der Aufwendungen von den Ausgaben, die der privaten Lebensführung gedient haben, leicht und einwandfrei trennen, so sind die Aufwendungen insoweit Werbungskosten. Lässt sich eine Trennung der Aufwendungen in Werbungskosten und in Kosten der Lebensführung **nicht** leicht und einwandfrei durchführen – wie dies z. B. bei der **häuslichen Bewirtung** oder bei der Benutzung von **Kleidung** und **Schuhen** der Fall ist – oder ist nur schwer erkennbar, ob sie mehr dem Beruf oder mehr der privaten Lebensführung gedient haben, so gehört der gesamte Aufwand zu den nicht abzugsfähigen Ausgaben.

Bei Veranstaltungen, die vom Steuerpflichtigen ausgerichtet werden, stellt ein persönlicher Anlass (z. B. Geburtstag, Trauerfeier) regelmäßig ein bedeutendes Indiz für die Annahme nicht abziehbarer Repräsentationsaufwendungen dar. Auch Aufwendungen für gesellschaftliche Veranstaltungen fallen i. d. R. unter § 12 Nr. 1 Satz 2 EStG (Rz 5 des BMF-Schreibens vom 6.7.2010, BStBl I S. 614). Aufwendungen für die Teilnahme von **Ehegatten** oder **Lebenspartnern** an Treffen des Steuerpflichtigen mit Geschäftspartnern sind ebenfalls insgesamt nicht abziehbare Repräsentationsaufwendungen, es sei denn deren Teilnahme folgt protokollarischen Erfordernissen z. B. bei Staatsbesuchen (BFH-Urteil vom 9.3.2010, VIII R 32/07, BFH/NV 2010 S. 1330).

Zu den **Bewirtungskosten** allgemein oder aus Anlass persönlicher Ereignisse des Arbeitnehmers (wie z. B. Geburtstag, Hochzeit, Geburt eines Kindes, Taufe, aber auch bei Dienstjubiläum, Beförderung, Amtseinführung und Verabschiedung) und zu der auch für Arbeitnehmer entsprechend geltenden **70 %**-Begrenzung, wenn der Arbeitnehmer selbst als bewirtende Person auftritt, vgl. Tz 11.18.3.7 unter »Bewirtungskosten« und Teil II Tz 2.3; zu **Geschenken** vgl. Tz 11.18.3.33 unter »Werbegeschenke« sowie Teil II Tz 2.2.1.

11.18.3.18 Schadensersatzleistungen, Vertragsstrafen

Schadensersatzleistungen und **Vertragsstrafen**, die der Arbeitnehmer aufgrund seiner Tätigkeit als Arbeitnehmer zu zahlen hat, z. B. wegen **Dienstpflichtverletzung** oder **schlechter Geschäftsführung**, sind Werbungskosten. Auch Schadensersatzleistungen aus deliktischer Haftung (z. B. Sachbeschädigung) oder strafbaren Handlungen (z. B. Bilanzfälschung), die im Zusammenhang mit einer beruflichen Tätigkeit stehen, können Werbungskosten für einen Arbeitnehmer sein, wenn nicht private Gründe ursächlich waren. Solche Gründe sind z. B. anzunehmen, wenn ein Arbeitnehmer **Schadensersatz** an seinen Arbeitgeber leisten muss, weil er sich oder seinen Angehörigen einen rechtswidrigen Vorteil verschaffen wollte (BFH-Urteil vom 6.2.1981, BStBl II S. 362; BFH-Beschluss vom 20.10.2016, BStBl 2018 II S. 441). Wegen Schadensersatzleistungen im Zusammenhang mit einem Verkehrsunfall vgl. Tz 11.12.10.

Vertragsstrafen, die Arbeitnehmer wegen Verstoßes gegen ein Wettbewerbsverbot zu zahlen haben, sind Werbungskosten. Das Gleiche gilt für sonstige Vertragsstrafen, die in Tarifverträgen, Betriebsordnungen und in Einzelarbeitsverträgen vorgesehen sind sowie für Vertragsstrafen wegen Nichtantritts des Dienstes (BFH-Urteil vom 28.2.1999, BStBl II S. 834). Die Zahlung einer in einem **Ausbildungsdienstverhältnis** begründeten **Vertragsstrafe** kann ebenfalls zu Werbungskosten führen (BFH-Urteil vom 22.6.2006, BStBl 2007 II S. 4).

11.18.3.19 Schmiergelder, Bestechungsgelder

Zahlt ein Arbeitnehmer an einen Dritten **Schmiergelder**, so können Werbungskosten vorliegen, wenn ein unmittelbarer Zusammenhang mit der beruflichen Tätigkeit besteht, die Zahlung hinreichend nachgewiesen oder glaubhaft gemacht ist und der Empfänger des Schmiergelds auf Verlangen des Finanzamts benannt wird (§ 160 AO). Ein Werbungskostenabzug ist jedoch ausgeschlossen, wenn die Zuwendung eine rechtswidrige Handlung darstellt (z. B. Bestechung, Vorteilsgewährung, Bestechung im geschäftlichen Verkehr), die mit Strafe oder Geldbuße belegt ist; vgl. Teil II Tz 2.2.2 und BMF-Schreiben vom 10.10.2002, BStBl I S. 1031.

11.18.3.20 Schuldzinsen bei Einkünften aus nichtselbständiger Arbeit

Schuldzinsen sind nur dann Werbungskosten bei den Einkünften aus nichtselbständiger Arbeit, wenn ein unmittelbarer Zusammenhang mit der Arbeitnehmertätigkeit besteht, wie das bei der Anschaffung eines Arbeitsmittels (z. B. eines ausschließlich beruflich genutzten Kfz) mit Kredit der Fall ist (BFH-Urteile vom 21.10.1988, BStBl 1989 II S. 356 und vom 1.10.1982, BStBl 1983 II S. 17). Schuldzinsen für Darlehen mit denen Arbeitnehmer den Erwerb von **Gesellschaftsanteilen** an ihrer Arbeitgeberin finanzieren, um damit die arbeitsvertragliche Voraussetzung für die Erlangung einer höher dotierten Position zu erfüllen, sind regelmäßig **nicht** bei den Einkünften aus nichtselbständiger Arbeit zu berücksichtigen (BFH-Urteil vom 5.4.2006, BStBl II S. 654).

11.18.3.21 Statusfeststellungsverfahren

Die Aufwendungen für ein **Statusfeststellungsverfahren** nach § 7 a SGB IV, das den Beteiligten Rechtssicherheit verschafft, ob sie sozialversicherungsrechtlich selbständig tätig oder abhängig beschäftigt sind, können als Werbungskosten berücksichtigt werden (BFH-Urteil vom 6.5.2010, BStBl II S. 851).

11.18.3.22 Steuerberatungskosten

Steuerberatungskosten, wozu auch Aufwendungen für **Steuerfachliteratur** (z. B. für die »Anleitung zur Einkommensteuererklärung«) und Beiträge zu **Lohnsteuerhilfevereinen** gehören, sind Betriebsausgaben oder Werbungskosten, wenn und soweit sie der **Einkünfteermittlung** dienen. Zu den Steuerberatungskosten gehören auch **Fahrtkosten** und **Unfallkosten** auf der Fahrt zum Steuerberater (BFH-Urteil vom 12.7.1989, BStBl II S. 967). Aufwendungen für die **Verteidigung** in einem **Steuerstrafverfahren** sind keine Steuerberatungskosten (BFH-Urteil vom 20.9.1989, BStBl 1990 II S. 20); sie können aber u. U. als Kosten der Strafverteidigung abzugsfähige Werbungskosten sein; vgl. Tz 11.18.3.16 unter »Prozesskosten«, Teil II Tz 2.11.7.2.

Bis einschließlich **VZ 2005** waren Steuerberatungskosten (d. h. soweit sie Sonderausgaben, außergewöhnliche Belastungen, sonstige Freibeträge, Tarifvorschriften betreffen) als **Sonderausgaben** abzugsfähig (vgl. Tz 2.3.2). Für in **nachfolgenden VZ** gezahlte Steuerberaterkosten ist der Sonderausgabenabzug entfallen. Betroffen sind hiervon nur die privat veranlassten Steuerberatungskosten, nicht dagegen beruflich oder betrieblich veranlasste Ausgaben, diese können weiterhin als Betriebsausgaben oder Werbungskosten abgezogen werden. Das bedeutet, dass Steuerberatungskosten natürlicher Personen für die Erstellung der Einkommensteuererklärung stets **aufgeteilt** und **anteilig** den abziehbaren Betriebsausgaben oder Werbungskosten sowie den nicht abziehbaren privaten Kosten der Lebensführung zugeordnet werden müssen; vgl. Teil II Tz 2.11.14.

Für die **Zuordnung** von Steuerberatungskosten (einschließlich Beiträgen zu **Lohnsteuerhilfevereinen**) zu den Betriebsausgaben, Werbungskosten und Kosten der Lebensführung ist das BMF-Schreiben vom 21.12.2007 (BStBl 2008 I S. 256) zu beachten. Hiernach wird es von der Finanzverwaltung nicht beanstandet, wenn **Beiträge** an **Lohnsteuerhilfevereine** sowie Aufwendungen für **steuerliche Fachliteratur** und **Software** i. H. von 50 % den Betriebsausgaben oder Werbungskosten zugeordnet werden. Dessen ungeachtet ist aus Vereinfachungsgründen der Zuordnung des Steuerpflichtigen bei Aufwendungen für gemischte Steuerberatungskosten bis zu einem Betrag von **100 €** im VZ zu folgen (Rz 8 des o. a. BMF-Schreibens vom 21.12.2007). Diese Nichtbeanstandungsgrenze von 100 € ist veranlagungsbezogen und nicht ehegattenbezogen anzuwenden.

BEISPIEL:
Die als Arbeitnehmer tätigen Ehegatten erklären 220 € Beitragszahlungen an einen Lohnsteuerhilfeverein. Davon können für beide Eheleute insgesamt 110 € (= 50 % der Aufwendungen) als Werbungskosten berücksichtigt werden. Die Nichtbeanstandungsgrenze von 100 € geht hier ins Leere; es ist nicht zulässig, bei beiden Ehegatten jeweils 100 € zu berücksichtigen.
Die Aufteilung der abzugsfähigen Werbungskosten von 110 € auf die Ehegatten ist jedoch in das Belieben der Eheleute gestellt. Dies gilt auch dann, wenn nur ein Ehegatte Arbeitslohn bezogen hat.

11.18.3.23 Steuer-, Haftungsschulden

Eigene **Personensteuern** und Nebenleistungen dürfen nach § 12 Nr. 3 EStG weder bei den einzelnen Einkunftsarten noch vom Gesamtbetrag der Einkünfte abgezogen werden. Das Abzugsverbot nach § 12 Nr. 3 EStG greift jedoch **nicht**, wenn ein angestellter Geschäftsführer für **rückständige LSt** einer GmbH im Wege der **Geschäftsführerhaftung** nach §§ 69, 34 AO in Anspruch genommen wird. Die Aufwendungen zur Tilgung von **Haftungsschulden** sind auch insoweit als Werbungskosten abziehbar, soweit einbehaltene LSt für den Geschäftsführer selbst als Arbeitnehmer nicht abgeführt worden ist. Das Abzugsverbot des § 12 Nr. 3 EStG steht dem nach Ansicht des BFH nicht entgegen, da mit der Zahlung nicht die eigene Lohnsteuerschuld, sondern die auf den §§ 69, 34 AO beruhenden Haftungsschulden getilgt werden (BFH-Urteil vom 8.3.2022, BStBl II S. 633).

11.18.3.24 Studienreisen, Kongresse

Kosten einer **Studienreise** stellen nur dann Werbungskosten dar, wenn die Reise ausschließlich oder weitaus überwiegend im beruflichen Interesse erfolgt und die gesamte Reiseplanung nach Art und Umfang auf den beruflichen Zweck ausgerichtet und straff lehrgangsmäßig organisiert ist. Es muss stets ein konkreter Bezug zur beruflichen Tätigkeit des jeweiligen Teilnehmers bestehen, was nur dann der Fall ist, wenn die Reise gerade durch die besonderen Belange des Berufs oder die spezielle Tätigkeit des Arbeitnehmers veranlasst ist, und damit ein persönlicher Erlebniswert gegenüber der beruflichen Veranlassung nicht ins Gewicht fällt (abl. z. B. BFH-Urteil vom 22.1.1993, BStBl II S. 612 betr. Japangruppenreise von Richtern zur Information über das japanische Gerichtswesen und BFH-Urteil vom 21.8.1995, BStBl II 1996 S. 10 betr. die Reise einer Lehrerin für Englisch nach England mit allgemeintouristischen Ausflügen). Der enge Bezug einer Gruppenreise zur beruflichen Tätigkeit muss nachgewiesen werden (z. B. bei einem Geographieprofessor durch einen Forschungsauftrag, durch eine anschließende Vorlesungsveranstaltung oder durch die Veröffentlichung eines wissenschaftlichen Buches: BFH-Urteil vom 27.3.1991, BStBl II S. 575). Ist die Organisation und Durchführung einer solchen Reise jedoch **Dienstaufgabe** des damit betrauten Arbeitnehmers, kann ein hinreichend beruflicher Anlass vorliegen (BFH-Urteile vom 27.8.2002, BStBl 2003 II S. 369 und vom 9.12.2010, BStBl 2011 II S. 522). Zu Auslandsreisen von Hochschullehrern im Zusammenhang mit einem **Forschungsaufenthalt** siehe auch BFH-Beschluss vom 23.10.2000, VI B 200/97, BFH/NV 2001 S. 443 und in der Funktion eines (stellvertretenden) Exkursionsleiters BFH-Beschluss vom 6.5.2002, VI B 34/00, BFH/NV 2002 S. 1030. Zu den Aufwendungen für Reisen eines Gesellschafter-Geschäftsführers, die von der Kapitalgesellschaft getragen wurden, siehe BFH-Urteil vom 8.4.2005, BStBl II S. 666.

Die umfangreiche Rspr. des BFH ist besonders bei Auslandsreisen außerordentlich streng und ganz überwiegend ablehnend (BFH-Beschluss vom 27.11.1978, BStBl 1979 II S. 213). Insbesondere sprechen ein häufiger Ortswechsel im Ausland und die Befriedigung eines nicht unbedeutenden allgemein-touristischen Interesses gegen die berufliche Veranlassung der Reise. Auch die Wahl des Beförderungsmittels (Schiff statt Flugzeug, Pkw mit Anhänger), insbesondere aber der Reiseort, die Reisezeit und die Reisedauer können von Bedeutung sein. Die Mitreise des Ehegatten/Lebenspartners spricht eher für den privaten Charakter der Reise (BFH-Urteil vom 25.3.1993, BStBl II S. 639). Die Finanzverwaltung verlangt u. a. die Vorlage des Reiseprogramms und Angaben über die Reiseteilnehmer. Wegen möglicher Werbungskosten eines Arbeitnehmers der im Auftrag seines Arbeitgebers (hier: Kath. Pfarrverband) eine Bildungsgruppenreise vorzubereiten und als Reiseleiter durchzuführen hat, siehe BFH-Urteil vom 30.4.1993, BStBl II S. 674.

Aufwendungen für die Teilnahme an nationalen oder internationalen **Fachtagungen** und **Fachkongressen** an einem Ort, die lehrgangsmäßig organisiert und nur von kurzer Dauer sind, die neben dem Kongress weder Gelegenheit zum Besuch anderer interessanter Orte bietet, noch mit einem privaten Reiseteil verbunden sind usw., und außerdem die Teilnahme am Kongress gewährleistet ist (BFH-Urteil vom 13.2.1980, BStBl II S. 386), können Werbungskosten oder Betriebsausgaben sein; das gilt besonders, wenn das Tagungsprogramm nach Inhalt und Umfang nur an diesem ausländischen Tagungsort durchgeführt werden kann. Für den Abzug der Aufwendungen kommt es entscheidend auf den konkreten Zusammenhang mit der Berufstätigkeit an (BFH-Urteil vom 11.1.2007, BStBl II S. 457).

Der steuerlichen Abzugsfähigkeit der Kosten für die Teilnahme an einem Fortbildungskurs steht nicht entgegen, dass mit dieser Veranstaltung ein Urlaubsaufenthalt an demselben Ort verbunden wird (Rz 11 des BMF-Schreibens vom 6.7.2010, BStBl I S. 614). Bei einer nicht untergeordneten betrieblichen/beruflichen Mitveranlassung der Reise können die Aufwendungen für die Reise zum Veranstaltungsort und zurück einschließlich der Reisenebenkosten nach den Veranlassungsbeiträgen in einen betrieblichen/beruflichen und einen privat veranlassten Teil aufgeteilt werden (vgl. Tz 11.17.9). Hält der Steuerpflichtige selbst einen Vortrag auf dem Kongress oder ist er Mitveranstalter, so können die Reiseaufwendungen in voller Höhe Betriebsausgaben oder Werbungskosten sein (Rz 15 des o. a. BMF-Schreibens vom 6.7.2010); dies gilt aber nicht unter allen Umständen (BFH-Urteile vom 23.1.1997, BStBl II S. 357).

Eine Aufteilung der Kosten und damit ein teilweiser Abzug als Betriebsausgaben oder Werbungskosten kommt bei Studien- und Kongressreisen regelmäßig nur in Betracht, soweit die beruflichen und privaten Veranlassungsbeiträge voneinander abgrenzbar sind (BFH-Urteil vom 21.4.2010, BStBl II S. 687). Die Reisekosten sind nur dann als Werbungskosten steuerlich abziehbar, wenn sie beruflich veranlasst sind. Sind diese Aufwendungen sowohl beruflich als auch privat veranlasst (sog. gemischte Aufwendungen), so können sie nach der geänderten Rspr. des GrS des BFH (Beschluss vom 21.9.2009, BStBl 2010 II S. 672) grds. in abziehbare Werbungskosten und nicht abziehbare Aufwendungen für die private Lebensführung nach Maßgabe der beruflich und privat veranlassten Zeitanteile der Reise aufgeteilt werden, wenn die beruflich veranlassten Zeitanteile feststehen und nicht von untergeordneter Bedeutung sind (vgl. Tz 11.11.7). Eine mangelnde Aufteilungsmöglichkeit nach **objektiven Kriterien** verhindert jedoch die steuerliche Berücksichtigung der Reiseaufwendungen insgesamt. Es reicht nicht aus, wenn der Steuerpflichtige mit der Teilnahme an der Reise eine allgemeine Verpflichtung zur beruflichen Fortbildung erfüllt oder die Reise von einem Fachverband angeboten wird (BFH-Urteil vom 19.1.2012, BStBl II S. 416 zu Auslandsgruppenreisen einer Lehrerin nach China und Frankreich); vgl. Tz 11.17.8 a. E.

11.18.3.25 Umzugskosten

Umzugskosten, die einem Arbeitnehmer durch einen beruflich veranlassten Umzug an einen anderen Ort entstehen, sind Werbungskosten. Ein beruflicher Anlass ist auch die **erstmalige Aufnahme** einer **beruflichen Tätigkeit** oder ein **Wechsel** des **Arbeitgebers** oder eine **Versetzung**. Gibt ein Arbeitnehmer seine unselbständige Tätigkeit auf, um an einem anderen Ort eine gleichartige **freiberufliche Tätigkeit** aufzunehmen oder zieht ein Freiberufler in die Nähe seiner Praxis, so sind die Umzugskosten i. d. R. Betriebsausgaben (BFH-Urteile vom 28.4.1988, BStBl II S. 777 und vom 1.12.1993, BStBl 1994 II S. 323).

Bei **Umzügen** am **Ort** oder im Einzugsbereich des Ortes liegt eine berufliche Veranlassung dann vor, wenn der Arbeitgeber den Umzug aus beruflichen Gründen fordert, z. B. weil (wegen jederzeitiger Einsatzmöglichkeit) eine Werks- oder Dienstwohnung bezogen oder geräumt werden muss (o. a. BFH-Urteil vom 28.4.1988, BStBl II

S. 777) oder wenn der Arbeitnehmer als Folge des Wechsels seines Arbeitgebers oder aus betrieblichen Gründen eine **neue Arbeitsstätte** erhalten hat und er mit seiner Familie in die Nähe seines neuen Arbeitsplatzes zieht, um so die Zeitspanne für die täglichen Fahrten zwischen Wohnung und erster Tätigkeitsstätte erheblich zu vermindern (BFH-Urteil vom 15.10.1976, BStBl 1977 II S. 117).

Ein Wohnungswechsel ist beruflich veranlasst, wenn der Arbeitnehmer zwar seinen Arbeitsplatz **nicht** wechselt, sich aber durch den Umzug die **Fahrzeit** (Hin- und Rückfahrt) um wenigstens zeitweise mindestens **eine Stunde** täglich ermäßigt (BFH-Urteile vom 22.11.1991, BStBl 1992 II S. 494 und vom 16.10.1992, BStBl 1993 II S. 610). Dies gilt auch, wenn der Umzug im Zusammenhang mit privaten Begleitumständen – wie Heirat, Begründung einer Lebenspartnerschaft oder erhöhter Wohnbedarf wegen Geburt eines Kindes – steht (BFH-Urteile vom 23.3.2001, BStBl II S. 585 und BStBl 2002 II S. 56). Es ist nicht erforderlich, dass der Umzug mit einem Wohnortwechsel verbunden ist. In einer **Großstadt** kann auch eine Erreichbarkeit der Arbeitsstätte ohne Verkehrsmittel zu einer beruflichen Veranlassung eines Umzugs führen (FG Köln vom 24.2.2016, 3 K 3502/13 EFG 2016 S. 991 – rkr.). Eine Zusammenrechnung oder Saldierung der **Fahrzeitersparnisse** beiderseits berufstätiger Ehegatten/Lebenspartner ist nicht zulässig (BFH-Urteile vom 27.7.1995, BStBl II S. 728 und vom 21.2.2006, BStBl II S. 598). Eine Fahrzeitverkürzung von lediglich 20 Minuten arbeitstäglich reicht aber nicht aus, auch wenn durch den Umzug die Einrichtung eines beruflich genutzten Arbeitszimmers ermöglicht wird (BFH-Urteil vom 16.10.1992, BStBl 1993 II S. 610).

Die Entscheidung, in einer neuen, größeren Wohnung (erstmals) ein **häusliches Arbeitszimmer** einzurichten, beruht nach Ansicht des BFH auch in Zeiten einer gewandelten Arbeitswelt **nicht** auf nahezu ausschließlich objektiven beruflichen Kriterien (BFH-Urteil vom 5.2.2025, BStBl II S. 650). Dies gilt auch dann, wenn der Arbeitnehmer über keinen anderen (außerhäuslichen) Arbeitsplatz verfügt oder durch die Arbeit im Homeoffice Berufs- und Familienleben besser vereinbaren kann. Umzugskosten sind in solchen Fällen **nicht** als Werbungskosten abziehbar.

Im Einzelfall kann bei einem Umzug die berufliche Veranlassung von **privaten Motiven** überlagert sein, sodass ein Abzug als Werbungskosten ausscheidet (§ 12 Nr. 1 EStG), z. B. wenn die neue Wohnung nur deshalb bezogen wird, weil sie schöner ist oder weil sich die Familie vergrößert hat. Aber selbst bei einem Umzug in ein zuvor erworbenes Eigenheim (Eigentumswohnung) können nach den Umständen des Einzelfalles ausnahmsweise Werbungskosten vorliegen, z. B. dann, wenn der Arbeitnehmer in dasselbe Eigenheim oder in eine nach Lage und Ausstattung ähnliche Wohnung auch dann umgezogen wäre, wenn sie hätte gemietet werden müssen (BFH-Urteil vom 6.11.1986, BStBl 1987 II S. 81).

Wird vom Arbeitgeber eine vorgesehene Versetzung rückgängig gemacht, können die dem Arbeitnehmer hierdurch entstandenen vergeblichen Aufwendungen Werbungskosten sein (BFH-Urteil vom 24.5.2000, BStBl II S. 584). Erfolgt ein Umzug aus Anlass einer **Eheschließung** von getrennten Wohnorten in eine gemeinsame Familienwohnung, so ist die berufliche Veranlassung des Umzugs eines jeden Ehegatten gesondert zu beurteilen (o. a. BFH-Urteil vom 23.3.2001). Entsprechendes gilt für Lebenspartnerschaften nach dem LPartG.

Die berufliche Veranlassung eines Umzugs endet regelmäßig mit dem Einzug in die erste Wohnung am neuen Arbeitsort. Die Aufwendungen für die **Einlagerung** von **Möbeln** für die Zeit vom Bezug dieser Wohnung bis zur Fertigstellung eines Wohnhauses am oder in der Nähe des neuen Arbeitsorts sind daher keine Werbungskosten (BFH-Urteil vom 21.9.2000, BStBl 2001 II S. 70).

Bei einem Umzug an den Ort der Familienwohnung aus Anlass der Beendigung einer steuerlich anerkannten **doppelten Haushaltsführung** liegen Werbungskosten selbst dann vor, wenn ein Arbeitsplatzwechsel nicht vorliegt und private Motive für die Aufgabe der Zweitwohnung ausschlaggebend waren (BFH-Urteil vom 29.4.1992, BStBl II S. 667). Zur Berücksichtigung von Umzugskosten infolge der Wegverlegung des Lebensmittelpunktes vom Beschäftigungsort gelten Besonderheiten (vgl. Tz 12.7.7.3).

Sind die Umzugskosten steuerlich anzuerkennen, so sind sie grds. bis zur Höhe der Beträge als Werbungskosten abzugsfähig, die nach dem Bundesumzugskostenrecht als **Umzugskostenvergütung** höchstens gezahlt werden könnten (vgl. R 9.9 Abs. 2 Satz 1 LStR).

Die Umzugskostenvergütung umfasst insbesondere

- die notwendigen Auslagen für die **Beförderung** des **Umzugsguts** von der bisherigen zur neuen Wohnung;
- die **Reisekosten** (Verpflegungsmehraufwendungen nach Maßgabe des § 9 Abs. 4a EStG, Übernachtungskosten) des Umziehenden und der zu seiner häuslichen Gemeinschaft gehörenden Personen;
- die **Mietentschädigung**, wenn für dieselbe Zeit Miete für die alte und neue Wohnung gezahlt werden muss (sog. »doppelter Mietaufwand«). Die Mietaufwendungen können jedoch nur zeitanteilig, und zwar für die neue Familienwohnung ab dem Kündigungs- bis zum Umzugstag und für die bisherige Wohnung ab dem Umzugstag, längstens bis zum Ablauf der Kündigungsfrist des bisherigen Mietverhältnisses, als Werbungskosten abgezogen werden (BFH vom 13.7.2011, BStBl 2012 II S. 104). Eine »Mietausfallentschädigung« für das nach dem Umzug ungenutzte Einfamilienhaus erfüllt nicht den Aufwendungsbegriff und ist daher nicht als Werbungskosten abzugsfähig (BFH-Urteil vom 19.4.2012, VI R 25/10, BFH/NV 2012 S. 1531);
- die Ausgaben für einen **Kochherd** bis zu einem Betrag von 230 €, wenn seine Beschaffung beim Bezug der neuen Wohnung notwendig ist; bei einer Mietwohnung werden auch die Auslagen für **Öfen** bis zu einem Betrag von 164 € je Zimmer anerkannt;
- die umzugsbedingten **Unterrichtskosten** für jedes Kind, das die Schule wechseln muss. Der **Höchstbetrag** nach § 9 Abs. 2 BUKG, der für die Anerkennung von Auslagen für den durch den Umzug bedingten zusätzlichen Unterricht für ein Kind des Berechtigten maßgebend ist, beträgt für Umzüge ab 1.3.2024: **1 286 €** (BMF-Schreiben vom 28.12.2023, BStBl 2024 I S. 84). Für die Anwendung des Höchstbetrags ist der Tag vor dem Einladen des Umzugsguts maßgebend;
- die notwendigen **Maklergebühren** für die Vermittlung einer **Mietwohnung** und einer Garage oder die entsprechenden Auslagen bis zu dieser Höhe für eine eigene Wohnung. Maklergebühren für einen **Grundstückskauf** sind dagegen **keine** Werbungskosten, auch nicht soweit sie auf die Vermittlung einer vergleichbaren Mietwohnung entfallen würden (BFH-Urteil vom 24.8.1995, BStBl II S. 895 und vom 24.5.2000, BStBl II S. 586). Dies gilt ebenso für Aufwendungen (wie Maklerkosten und bezahlte Vorfälligkeitsentschädigung) aufgrund der Veräußerung eines Eigenheims anlässlich eines beruflich bedingten Umzugs (BFH-Urteil vom 24.5.2000, BStBl II S. 476);
- einen **Pauschbetrag** für die **sonstigen Umzugsauslagen** (§ 10 Abs. 1 BUKG). Für die Höhe des Pauschbetrags ist in der nachstehenden Tabelle auf den Tag vor dem Einladen des Umzugsguts abzustellen. Für sonstige Umzugsauslagen werden für den VZ 2025 die folgenden Pauschbeträge berücksichtigt (BMF-Schreiben vom 28.12.2023, BStBl 2024 I S. 84):

	Personenkreis	**Umzüge ab 1.3.2024**
–	Für Berechtigte i. S. des § 10 Abs. 1 Satz 2 Nr. 1 BUKG:	964 €
–	für jede andere Person (Ehegatte, der Lebenspartner sowie die ledigen Kinder, Stief- und Pflegekinder, die auch nach dem Umzug mit dem Berechtigten in häuslicher Gemeinschaft leben):	643 €
–	für Berechtigte, die am Tage vor dem Einladen des Umzugsgutes keine Wohnung hatten oder nach dem Umzug keine eigene Wohnung eingerichtet haben:	193 €

Werden höhere Umzugskosten im Einzelnen nachgewiesen, so prüft die Finanzverwaltung, ob und inwieweit die Aufwendungen Werbungskosten oder nicht abziehbare Lebenshaltungskosten sind (z.B. Aufwendungen für die Neuanschaffung von Ausstattungs- und Einrichtungsgegenständen wie Gardinen, Rollos, Lampen, Telefonanschluss, Wasserboiler und Renovierungsmaterial: BFH-Urteile vom 17.12.2002, BStBl 2003 II S. 314 und vom 1.3.1972, BStBl II S. 458; vgl. R 9.9 Abs. 2 Satz 6 LStR). Anstelle der v. g. Pauschbeträge können die im Einzelfall nachgewiesenen höheren sonstigen Umzugskosten als Werbungskosten abgezogen werden (vgl. R 9.9 Abs. 2 Satz 7 LStR); dies sind z.B. Kosten für Anzeigen zum Zwecke der Wohnungsbeschaffung, Aufwendungen für den Abbau und Anschluss von Herden, Öfen und anderen Heizgeräten, für Änderung und Erweiterung von Installationen, für Änderungen bisher verwendeter Elektro- und Gasgeräte, für Abbau und Anbringung von Antennen und Fernsprechanschlüssen, für Anschaffung von Vorhängen usw.

Der Einzelnachweis der Umzugskosten (statt des Pauschbetrags) ist bei einem Umzug anlässlich der Begründung, Beendigung oder des Wechsels einer **doppelten Haushaltsführung** erforderlich; die o.a. Pauschbeträge können in diesem Fall **nicht** anerkannt werden, weil die Familienwohnung bei der doppelten Haushaltsführung beibehalten wird bzw. wurde (vgl. Tz 12.7.7.3).

Erstattet ein **Arbeitgeber** Umzugsauslagen, so ist der Ersatz bis zu der Höhe **steuerfrei**, in der die beruflich veranlassten Umzugskosten als Werbungskosten berücksichtigt werden könnten (vgl. R 9.9 Abs. 3 LStR). Insoweit entfällt aber der Werbungskostenabzug (§ 3c Abs. 1 EStG).

Für **Auslandsumzüge** gelten besondere Grundsätze, die sich aus der Auslandsumzugskostenverordnung – AUV – vom 26.11.2012, BGBl I S. 2349 ergeben (vgl. LStH 2025, Anhang 29 III).

Bei einem Umzug **aus** dem **Ausland** in das **Inland** sind die Aufwendungen nur dann Werbungskosten, wenn bereits im Zeitpunkt des Umzugs konkrete Anhaltspunkte für einen künftigen inländischen Arbeitsplatz vorgelegen haben (BFH-Urteil vom 6.11.1986, BStBl 1987 II S. 188). Ist dies der Fall, können die dem Arbeitnehmer entstandenen sonstigen Umzugsauslagen als Werbungskosten i.H. der sich aus § 18 Abs. 1 und 2 AUV ergebenden **Pauschbeträge** für **Auslandsumzüge** vergleichbarer Beamter geschätzt werden. Bei einem Umzug vom **Inland** in das **Ausland** können **keine** Werbungskosten geltend gemacht werden, wenn es sich um Aufwendungen handelt, die der Erzielung ausländischen Arbeitslohns dienen, der **nicht** der inländischen Besteuerung unterliegt (z.B. bei Auswanderung: BFH-Urteil vom 20.9.2006, BStBl 2007 II S. 756). Wird ein ausländischer Arbeitnehmer von seiner Firma für eine von vornherein bestimmte Zeit (z.B. fünf Jahre) in das Inland versetzt, so sind auch die Kosten seines **Rückumzugs** in sein Heimatland durch die Erzielung inländischer Einkünfte veranlasst und als Werbungskosten anzuerkennen (BFH-Urteil vom 4.12.1992, BStBl 1993 II S. 722). Zu den Kosten des Rückumzugs eines ausländischen Arbeitnehmers bei Erreichen der Altersgrenze vgl. H 9.9 – Rückumzug ins Ausland – LStH.

Ein **Ausstattungsbeitrag** für die Wohnungsausstattung, wie er bei einer ersten Verwendung im Ausland vorgesehen ist, und Aufwendungen zur Anschaffung **klimabedingter Kleidung** (§ 19, § 21 AUV) sind nicht als Werbungskosten abziehbar (vgl. H 9.9 – Höhe der Umzugskosten – LStH und die dort zit. Rspr.).

11.18.3.26 Unterarbeitsverhältnis

Vergütungen, die ein Arbeitnehmer an von ihm beauftragte dritte Personen für Arbeitsleistungen bezahlt, die im Zusammenhang mit seinem Dienstverhältnis anfallen (sog. **Unterarbeitsverhältnis**), können Werbungskosten sein. Die Anerkennung eines Arbeitsverhältnisses mit nahen Angehörigen (z.B. dem Ehegatten) setzt voraus, dass der Arbeitnehmern aufgrund eines wirksamen, inhaltlich dem zwischen Fremden üblichen Arbeitsvertrags beschäftigt wird, die vertraglich geschuldete Arbeitsleistung erbringt und der Steuerpflichtige seinerseits die Arbeitgeberpflichten, insbesondere die der Lohnzahlung, erfüllt (ständige BFH-Rspr.). Bei der nicht vollzeitigen Beschäftigung Angehöriger sind nach Ansicht des BFH Unklarheiten bei der Wochenarbeitszeit für die steuerliche Anerkennung des (geringfügigen) Arbeitsverhältnisses unschädlich, wenn die konkrete Arbeitszeit des Angehörigen von den beruflichen Erfordernissen des Steuerpflichtigen abhängt und Unklarheiten deshalb auf die Eigenart des Arbeitsverhältnisses und nicht auf eine unübliche Gestaltung zurückzuführen sind. Aufzeichnungen betreffend die Arbeitszeit, z.B. Stundenzettel, dienen lediglich Beweiszwecken. Sie sind für die steuerliche Anerkennung eines Arbeitsverhältnisses zwischen nahen Angehörigen daher nicht zwingend erforderlich (BFH-Urteil vom 18.11.2020, BStBl 2021 II S. 450).

Ein Arbeitsverhältnis mit nahen Angehörigen wird nicht anerkannt, wenn die »Unterbeschäftigung« auf **familienrechtlicher Grundlage** (z.B. zwischen Ehegatten oder Eltern und Kindern) geschieht, wie dies z.B. bei gelegentlichen oder geringfügigen Hilfeleistungen im häuslichen Bereich oder durch Unterstützung beim Telefondienst zutrifft (BFH-Urteil vom 22.11.1996, BStBl 1997 II S. 187); vgl. Teil II Tz 2.12, Tz 2.14.

11.18.3.27 Unterkunftskosten

Ein bei einem **Soldaten** für die Gestellung einer **Gemeinschaftsunterkunft** durch die Bundeswehr versteuerter geldwerter Vorteil kann als allgemeine Werbungskosten i.S. des § 9 Abs. 1 Satz 1 EStG berücksichtigt werden, wenn dieser die Gemeinschaftsunterkunft als »Heimschläfer« tatsächlich nicht nutzt (BFH-Urteil vom 28.4.2020, BStBl 2021 II S. 715).

Die Kosten für gelegentliche **Hotelübernachtungen** am Ort der ersten Tätigkeitsstätte sind Werbungskosten, wenn sie beruflich veranlasst sind (vgl. H 9.1 – Übernachtung an der ersten Tätigkeitsstätte – LStH).

11.18.3.28 Vermögensverluste

In Ausnahmefällen können auch **Vermögensverluste** Werbungskosten sein. Der Aufwendungsbegriff umfasst den Abfluss aller Güter in Geldeswert, also auch Vermögensminderungen im Rahmen einer Einkunftsart (BFH-Urteile vom 13.1.1989, BStBl II S. 382 und vom 19.1.1982, BStBl II S. 533). Deshalb können Substanzverluste in Form von **unfreiwilligen Ausgaben** und **Zwangsaufwendungen** ausnahmsweise Werbungskosten sein, wenn der Verlust des Wirtschaftsguts entweder bei der beruflichen Verwendung eingetreten oder die Einwirkung aus in der Berufssphäre liegenden Gründen erfolgt ist (BFH-Urteil vom 13.1.1989, BStBl II S. 382), wie das z.B. zu bejahen ist, wenn ein privates Wirtschaftsgut eines Arbeitnehmers aus in seiner Berufssphäre liegenden Gründen durch Einwirkung Dritter zerstört wird (z.B. das Kfz eines Polizeibeamten durch Brandstiftung einer bestimmten Tätergruppe; BFH-Urteil vom 19.3.1982, BStBl II S. 442). Dies gilt auch, wenn der private Pkw eines Arbeitnehmers für eine Dienstreise verwendet und dabei gestohlen wird (BFH-Urteil vom 25.5.1992, BStBl II 1993 S. 44).

Wertverluste eines Arbeitnehmers aufgrund eines Schadens an mitgeführten Gegenständen, die er auf einer Dienstreise verwenden musste, sind als **Reisenebenkosten** abziehbar, wenn der Schaden sich als Konkretisierung einer typischen Gefahr des Reisens (z.B. Diebstahl-, Transport- oder Unfallschaden) erweist (BFH-Urteil vom 30.11.1993, BStBl 1994 II S. 256; zur Ermittlung der Höhe des Schadens und zur erhöhten Nachweispflicht vgl. Tz 11.19.7).

Leistet ein Arbeitnehmer **Anzahlungen** für einen Pkw, die vom Verkäufer **veruntreut** werden, so liegen keine Werbungskosten vor, weil erst die tatsächliche Verwendung des Kfz eine Abgrenzung zwischen Aufwendungen für die Lebensführung und Werbungskosten zulässt (BFH-Urteil vom 21.3.1975, BStBl II S. 641). Eine von Unbekannten verursachte Beschädigung eines bei der Dienstwohnung abgestellten privaten Pkw ist nicht ohne Weiteres als beruflich veranlasst anzusehen (BFH-Urteil vom 28.1.1994, BStBl II S. 355). Ein ausreichend enger Zusammenhang mit der Berufstätigkeit besteht z.B. auch dann nicht, wenn einem Arbeitnehmer auf einer beruflich veranlassten Vortragsreise eine **Geldbörse** oder **Privatschmuck gestohlen** wird (BFH-Urteil vom 4.7.1986, BStBl II S. 771). Werden dem Arbeitnehmer aber während einer Dienstreise trotz zumutbarer Sicherheitsvorkehrungen Gegenstände seines notwendigen **persönlichen Gepäcks** gestohlen, so liegen dem Grunde nach Werbungskosten vor; der Höhe nach kommt nur der Teil der Anschaffungskosten des jeweiligen Gegenstands als Werbungskosten in Betracht, der bei einer Verteilung der Anschaffungskosten auf die geschätzte Gesamtnutzungsdauer des Gegenstands auf die Zeit nach dem Diebstahl entfällt (BFH-Urteil vom 30.6.1995, BStBl II S. 744). Der endgültige **Verlust** eines **Arbeitsmittels** durch **Diebstahl** oder **Unterschlagung** kann ebenfalls zu Werbungskosten in Form einer AfaA führen. Dies kann nach den Umständen des Einzelfalles selbst dann der Fall sein, wenn der Ehepartner des Steuerpflichtigen den Verlust herbeiführt (BFH-Urteil vom 9.12.2003, BStBl 2004 II S. 491 zur Violine einer Orchestermusikerin). Ein Vermögensschaden aus einem (illegalen) **Geldwechselgeschäft** kann als Werbungskosten abgezogen werden, wenn der erlittene Verlust beruflich veranlasst ist (FG Hessen vom 11.3.2019, 9 K 593/18, EFG 2019 S. 689 – rkr.).

Zu Darlehensverlusten vgl. Tz 11.18.3.9 unter »Darlehen, Darlehensverluste«.

11.18.3.29 Versicherungsbeiträge

Die berufliche Veranlassung von **Versicherungsbeiträgen** richtet sich nach der Art des versicherten Risikos. Beiträge zu einer **Risikolebensversicherung** auf das Leben eines Mitgesellschafters einer Kapitalgesellschaft sind daher keine abzugsfähigen Werbungskosten (FG Nürnberg vom 17.10.2018, 5 K 663/17, EFG 2019 S. 259). Beiträge für eine beruflich veranlasste **Rechtsschutzversicherung** können dagegen als Werbungskosten abzugsfähig sein. Die Prämie für eine kombinierte Familien- und Verkehrsrechtsschutzversicherung kann aufgeteilt werden, wenn der Versicherer bescheinigt, welcher Anteil der Gesamtprämie auf den beruflichen Versicherungsschutz entfällt (BFH-Urteil vom 31.1.1997, VI R 97/94, BFH/NV 1997 S. 346). Zur Berücksichtigung einer **Reisegepäckversicherung** als Reisenebenkosten vgl. Tz 11.19.7.

Beiträge zu einer **Berufshaftpflichtversicherung** sind ebenfalls Werbungskosten. Das gilt auch für den Fall, dass der Arbeitgeber diese Beiträge übernommen hat. Der Arbeitnehmer muss zwar auf der Einnahmenseite einen geldwerten Vorteil versteuern, wenn der Arbeitgeber die Beiträge zu einer Berufshaftpflichtversicherung übernimmt (BFH-Urteile vom 1.10.2020, BStBl 2021 II S. 352 und 356). Dies gilt grds. auch für den Fall, dass die Versicherungssumme die Mindestdeckungssumme übersteigt (BFH-Urteil vom 26.7.2007, BStBl II S. 892). Auf der Ausgabenseite liegen i. H. der versteuerten Beiträge aber Werbungskosten vor.

Zur einkommen-(lohn-)steuerlichen Behandlung von freiwilligen **Unfallversicherungen** der Arbeitnehmer siehe BMF-Schreiben vom 28.10.2009, BStBl I S. 1275. Danach sind Aufwendungen des Arbeitnehmers für eine Unfallversicherung, die ausschließlich die Unfälle umfasst, die mit der beruflichen Tätigkeit in unmittelbarem Zusammenhang stehen (einschließlich der Unfälle auf dem Weg von und zur ersten Tätigkeitsstätte), **Werbungskosten**. Aufwendungen des Arbeitnehmers für eine Versicherung gegen außerberufliche Unfälle sind **Sonderausgaben**. Werden sowohl berufliche als auch private Unfälle durch die Unfallversicherung abgedeckt, so ist der Gesamtbeitrag einschließlich Versicherungssteuer auf beide Risiken nach den Angaben des Versicherungsunternehmens entsprechend **aufzuteilen**. Im Zweifelsfall können die Anteile auf jeweils **50 %** des Gesamtbetrags geschätzt werden. Wegen der Übernahme der Beiträge durch den Arbeitgeber sowie zu vom Arbeitgeber abgeschlossenen Unfallversicherungen seiner Arbeitnehmer und zu den Leistungen aus Unfallversicherungen siehe das o. a. BMF-Schreiben vom 28.10.2009.

Die FG erkennen Beiträge zu einer **Sportunfähigkeits-** oder **Sportinvaliditätsversicherung** eines Berufssportlers grds. nicht als Werbungskosten, sondern nur als Sonderausgaben an, wenn die Versicherung nicht auf berufsspezifische Unfälle oder Erkrankungen beschränkt ist (FG Düsseldorf vom 12.1.2021, 10 K 2192/17 E, EFG 2021 S. 446 – rkr.; FG Niedersachsen vom 12.1.2022, 9 K 165/20, EFG 2022 S. 665 – rkr.). Ohne eine solche Beschränkung kommt ein Abzug als Werbungskosten nur dann in Betracht, wenn die berufliche Veranlassung bei Weitem überwiegt und das Hineinspielen der privaten Lebensführung nicht ins Gewicht fällt oder soweit sich der berufliche Teil der Aufwendungen anhand von Unterlagen nach objektiv nachprüfbaren Merkmalen leicht und einwandfrei von den nicht abziehbaren Kosten der Lebensführung trennen lässt.

11.18.3.30 Versorgungsausgleich

Ausgleichsleistungen zur **Vermeidung** des **Versorgungsausgleichs** nach einer Ehescheidung oder Auflösung einer eingetragenen Lebenspartnerschaft sind als **Sonderausgaben** abzugsfähig (§ 10 Abs. 1a Nr. 3 EStG). Dieser gesonderte Abzugstatbestand korrespondiert mit einem entsprechenden Besteuerungstatbestand in § 22 Nr. 1a EStG beim Ausgleichsberechtigten (vgl. Tz 20.3). Die Ausgleichsleistungen zur Vermeidung des Versorgungsausgleichs kann der Steuerpflichtige in den **Zeilen 40** und **41** der Anlage Sonderausgaben geltend machen. Er muss dafür allerdings die Zustimmung des Empfängers der Leistungen lt. Anlage U einholen. Im Einzelnen wird auf die Erläuterungen unter Tz 2.7.4 hingewiesen.

Wiederauffüllzahlungen nach § 58 Beamtenversorgungsgesetz oder entsprechenden Landesgesetzen sind dagegen weiter als Werbungskosten abzugsfähig, wenn beamtenrechtliche Versorgungsanwartschaften im Rahmen des öffentlich-rechtlichen Versorgungsausgleichs auf den ausgleichsberechtigten Ehegatten/Lebenspartner übertragen wurden, der Beamte aber entsprechende Auffüllzahlungen an den **Dienstherrn** leistet, um hierdurch die Kürzung seiner Versorgungsbezüge zu verhindern.

11.18.3.31 Versorgungszuschläge

Zahlt der Arbeitgeber bei ohne Bezüge beurlaubten Beamten **Versorgungszuschläge** zur Erhaltung der künftigen (vollen) **Versorgungsbezüge**, handelt es sich dabei zunächst um stpfl. Arbeitslohn. In gleicher Höhe liegen jedoch Werbungskosten vor; dies gilt auch, wenn der Arbeitnehmer den Versorgungszuschlag zahlt (BMF-Schreiben vom 22.2.1991, BStBl I S. 951). Zur Vermeidung des Lohnsteuerabzugs im laufenden Kj. kann der Arbeitnehmer bei seinem Finanzamt i. H. der vom Arbeitgeber gezahlten Versorgungszuschläge die Berücksichtigung eines Freibetrags beantragen.

11.18.3.32 Wahlkampfkosten

Aufwendungen für die **Wahl** in ein **kommunales Spitzenamt** (z. B. Oberbürgermeister) werden als Werbungskosten bei den Einkünften aus nichtselbständiger Arbeit anerkannt, wenn mit der Erlangung des Amts stpfl. Einnahmen verbunden sind. Bei dem mit der Wahl angestrebten Amt muss es sich um eine hauptberufliche Tätigkeit i. S. einer Vollbeschäftigung handeln. Ob es sich um eine Volkswahl oder um eine Wahl durch ein Gremium, z. B. eine Stadt- oder Landkreisvertretung handelt, ist unerheblich (BFH-Urteil vom 8.3.1974, BStBl II S. 407). Unerheblich ist auch, ob der Kandidat tatsächlich gewählt wird. Ggf. liegen erfolglose Werbungskosten vor. Zu den Wahlkampfkosten rechnen alle Ausgaben, die im Zusammenhang mit der Kandidatur stehen, also auch Spenden an die örtlichen Vereine im Interesse der Werbung für den Kandidaten. Wird ein **Ehrenamt** angestrebt, sind die Wahlkampfkosten **keine** Werbungskosten (anders dagegen bei einem Bewerber um ein sog. ehrenamtliches Stadtratsmandat in Bayern, siehe BFH-Urteil vom 25.1.1996, BStBl II S. 431).

Wahlkampfkosten eines **Bundestags-** oder **Landtagskandidaten** oder eines Kandidaten für das **Europäische Parlament** sind ebenfalls **nicht** abzugsfähig (§ 22 Nr. 4 Satz 3 EStG).

11.18.3.33 Werbegeschenke

Werbegeschenke eines Arbeitnehmers an die **Kunden** seines Arbeitgebers sind als Werbungskosten abzugsfähig, wenn es sich um beruflich veranlasste Ausgaben handelt, die der Arbeitnehmer zu dem Zweck getätigt hat, die Umsätze seines Arbeitgebers und damit seinen erfolgsabhängigen Arbeitslohn zu steigern (BFH-Urteil vom 13.1.1984, BStBl II S. 315). Liegt indessen keine erfolgsabhängige Entlohnung vor, so verlieren die Aufwendungen nach Ansicht des BFH nicht ohne Weiteres ihren beruflichen Charakter; der Erwerbsbezug kann sich auch aus anderen Umständen ergeben (BFH-Urteil vom 24.5.2007, BStBl II S. 721).

Für den Abzug von Aufwendungen für Geschenke als Betriebsausgaben gilt seit dem VZ 2024 je Empfänger eine jährliche **Frei-**

grenze von **50 €** (§ 4 Abs. 5 Satz 1 Nr. 1 Satz 2 EStG). Diese Freigrenze gilt auch für den Abzug von entsprechenden Aufwendungen des Arbeitnehmers als Werbungskosten (§ 9 Abs. 5 EStG).

Geschenke eines Arbeitnehmers anlässlich persönlicher Feiern sind **nicht** als Werbungskosten abziehbar (BFH-Urteil vom 1.7.1994, BStBl 1995 II S. 273).

11.18.3.34 Wohnungskosten

Aufwendungen für das »**Wohnen**« gehören grds. zu den nicht abzugsfähigen privaten Lebensführungskosten i. S. des § 12 Nr. 1 Satz 1 EStG. Im Einzelfall können die Aufwendungen für eine Wohnung der Erwerbsphäre zuzuordnen sein, wenn ein hinreichend konkreter Veranlassungszusammenhang mit stpfl. Einnahmen erkennbar ist. So kann z. B. die **Miete** für eine ursprünglich im Rahmen der doppelten Haushaltsführung genutzten **Wohnung** nach Beendigung des Arbeitsverhältnisses für die Dauer einer neuen Arbeitsplatzsuche als vorweggenommene Werbungskosten geltend gemacht werden (FG Münster vom 12.6.2019, 7 K 57/18 E, EFG 2019 S. 1278). Aufwendungen für das **Vorhalten** einer (ungenutzten) Wohnung sind nur dann als vorab entstandene Werbungskosten abziehbar, wenn der Entschluss des Steuerpflichtigen, die (Zweit-)Wohnung zukünftig im Rahmen einer steuerlich anzuerkennenden doppelten Haushaltsführung zu nutzen, endgültig feststeht (BFH-Urteil vom 23.10.2019, VI R 1/18, BFH/NV 2020 S. 354). Mietet ein Steuerpflichtige die Wohnung an, ohne dass die Voraussetzungen einer doppelten Haushaltsführung vorliegen, kann er die Aufwendungen nicht »ersatzweise« als allgemeine Werbungskosten nach § 9 Abs. 1 Satz 1 EStG abziehen.

11.19 Reisekosten bei beruflich veranlassten Auswärtstätigkeiten

11.19.1 Allgemeine Grundsätze

65 **Reisekosten** des Arbeitnehmers bei **beruflich veranlassten Auswärtstätigkeiten** sind als **Werbungskosten** abzugsfähig, soweit die Aufwendungen durch den Arbeitgeber **nicht steuerfrei ersetzt** wurden. Zum Begriff der Auswärtstätigkeit vgl. Tz 11.19.2, zur beruflichen Veranlassung einer Auswärtstätigkeit vgl. Tz 11.19.3.

Zu den als Werbungskosten abziehbaren Reisekosten gehören **Fahrtkosten, Verpflegungsmehraufwendungen, Übernachtungskosten** und **Reisenebenkosten**. Fahrt-, Übernachtungs- und Reisenebenkosten sind in die **Zeilen 66** bis **68** jeweils getrennt einzutragen. Um die Erfassung im Rahmen der Einkommensteuerveranlagung sicherzustellen, ist darauf zu achten, dass in **Zeile 69** in dem Betragsfeld zur Kennzahl »410« zusätzlich die **Summe** der in den Zeilen 66 bis 68 geltend gemachten Aufwendungen angegeben ist.

Berufskraftfahrer können bei Übernachtung im Kfz für Reisenebenkosten in **Zeile 70** eine Pauschale von täglich **9 €** geltend machen (vgl. Tz 11.19.6.6).

Mehraufwendungen für **Verpflegung** bei beruflich veranlassten Auswärtstätigkeiten können nur mit den in § 9 Abs. 4a EStG festgelegten Pauschbeträgen als Werbungskosten berücksichtigt werden (vgl. Tz 11.19.5). Diese Pauschbeträge können in den **Zeilen 72** bis **76** geltend gemacht werden.

ELSTER:
Bei Erstellung der elektronischen Steuererklärung über »Mein ELSTER« oder mithilfe einer kommerziellen Steuersoftware sind die Angaben zu Reisekosten bei beruflich veranlassten Auswärtstätigkeiten in den vorgesehenen Eingabezeilen der Anlage N zu erfassen. Entsprechendes gilt für die Angaben zu den Pauschbeträgen für Mehraufwendungen für Verpflegung im In- und Ausland; zur Höhe der staatenbezogen anzugebenden Verpflegungspauschalen bei Auswärtstätigkeiten im Ausland vgl. Tz 11.19.5.6. Per Mausklick können für weitere zu erfassende Daten zusätzliche Eingabezeilen der elektronischen Steuererklärung hinzugefügt werden; es erfolgt eine automatische Aufsummierung der eingegebenen Beträge.

11.19.2 Begriff der Auswärtstätigkeit

Voraussetzung für den Abzug von Reisekosten ist, dass diese durch eine **beruflich veranlasste Auswärtstätigkeit** des Arbeitnehmers entstanden sind. Eine Auswärtstätigkeit liegt vor, wenn der Arbeitnehmer außerhalb seiner **Wohnung** und außerhalb seiner **ersten Tätigkeitsstätte** beruflich tätig wird (§ 9 Abs. 4a Satz 2 EStG). Wohnung in diesem Sinne ist der Hausstand, der den Mittelpunkt der Lebensinteressen des Arbeitnehmers bildet sowie eine Unterkunft am Ort der ersten Tätigkeitsstätte im Rahmen der doppelten Haushaltsführung (§ 9 Abs. 4a Satz 4 2. Halbsatz EStG). Es kommt nicht darauf an, ob der Arbeitnehmer die politische Gemeinde verlässt, in der seine Wohnung und/oder seine erste Tätigkeitsstätte liegen. Ebenso ist es grds. unerheblich, ob die Auswärtstätigkeit von der ersten Tätigkeitsstätte oder von der Wohnung aus angetreten wird.

Da steuerlich anzuerkennende Reisekosten nur vorliegen, wenn der Arbeitnehmer außerhalb seiner ersten Tätigkeitsstätte tätig wird, hat die Feststellung, ob beim Arbeitnehmer eine **erste Tätigkeitsstätte** i. S. von § 9 Abs. 4 EStG vorliegt, grundsätzliche Bedeutung. Die erste Tätigkeitsstätte wird anhand

- der arbeits-/dienstrechtlichen Festlegungen (dauerhafte Zuordnung durch den Arbeitgeber),
- quantitativer Kriterien (Umfang der an der Tätigkeitsstätte zu leistenden arbeitsvertraglichen Arbeitszeit: arbeitstäglich, je Arbeitswoche zwei volle Arbeitstage oder mindestens ein Drittel der vereinbarten regelmäßigen Arbeitszeit) und
- der räumlichen Nähe zur Wohnung des Arbeitnehmers (bei mehreren Tätigkeitsstätten, die als »erste Tätigkeitsstätte« infrage kommen)

bestimmt (vgl. Tz 11.12.2).

Eine erste Tätigkeitsstätte kann sich auch in einer betrieblichen Einrichtung eines mit dem Arbeitgeber **verbundenen Unternehmens** oder eines vom Arbeitgeber bestimmten **Dritten** (z. B. Kunden) befinden, der der Arbeitnehmer **dauerhaft** zugeordnet ist. Erste Tätigkeitsstätte ist zudem eine **Bildungseinrichtung**, die der Arbeitnehmer außerhalb eines Dienstverhältnisses zum Zwecke des Vollzeitstudiums oder einer vollzeitigen Bildungsmaßnahme aufsucht (vgl. Tz 11.12.2.11).

Im Umkehrschluss liegt **keine** erste Tätigkeitsstätte vor, wenn der Arbeitnehmer an der betrieblichen Einrichtung des Arbeitgebers oder des Dritten nur **vorübergehend tätig** wird. Dies gilt z. B. auch dann, wenn der Arbeitnehmer aufgrund eines **unabwendbaren Ereignisses** an seinem eigentlichen Arbeitsplatz (z. B. bei einer Sanierung des Gebäudes oder nach einem Brand) vorübergehend an einem anderen Ort tätig werden muss.

BEISPIEL:
Die Arbeitnehmer der Firma S haben ihre erste Tätigkeitsstätte aufgrund einer dauerhaften arbeitsvertraglichen Zuordnung im Firmengebäude in D. Da dieses Gebäude grundlegend saniert werden muss, werden sie für den Zeitraum von zwei Jahren bis zum voraussichtlichen Abschluss der Baumaßnahme in einem angemieteten Gebäude in K tätig.
Die Arbeitnehmer haben in K keine erste Tätigkeitsstätte, da sie dort nur vorübergehend und nicht dauerhaft tätig werden. Fahrtkosten und Verpflegungsmehraufwendungen können die Arbeitnehmer für den gesamten Zeitraum der Tätigkeit in K nach den für Auswärtstätigkeiten geltenden Grundsätzen als Werbungskosten geltend machen.

Fahrtkosten zur ersten Tätigkeitsstätte sind nur in beschränktem Umfang als Werbungskosten i. H. der **Entfernungspauschale** (ab VZ 2022: 0,30 €/0,38 € je Entfernungskilometer und Arbeitstag) abziehbar. Fahrtkosten zu den übrigen Tätigkeitsstätten, die nicht die erste Tätigkeitsstätte sind, können ohne zeitliche Begrenzung nach den für **Auswärtstätigkeiten** geltenden Grundsätzen als Werbungskosten geltend gemacht werden (vgl. Tz 11.19.4.3).

Die Entfernungspauschale gilt auch für Fahrten zu einem **gleichbleibenden Ort/Sammelpunkt** (z. B. zur Übernahme eines Fahrzeugs im Rahmen einer Fahrtätigkeit) oder dem nächstgelegenen

Zugang zu einer **weiträumigen Tätigkeitsstätte**, wenn der Arbeitnehmer den Sammelpunkt oder die weiträumige Tätigkeitsstätte nach den arbeitsrechtlichen Festlegungen des Arbeitgebers **arbeitstäglich** dauerhaft aufsuchen muss (§ 9 Abs. 1 Satz 3 Nr. 4a Satz 3 EStG); vgl. Tz 11.12.2.12, Tz 11.12.2.13. Die Berücksichtigung von Verpflegungsmehraufwendungen oder Übernachtungskosten als Werbungskosten bleibt davon aber unberührt, da der Arbeitnehmer – trotz der gesetzlichen Einschränkung bei den Fahrtkosten – weiterhin außerhalb einer ersten Tätigkeitsstätte und somit auswärts beruflich tätig wird (Rz 40 und 45 des BMF-Schreibens vom 25.11.2020, BStBl I S. 1228).

11.19.3 Berufliche Veranlassung

Reisekosten sind nur dann als Werbungskosten steuerlich abziehbar, wenn sie **beruflich veranlasst** sind. Sind die Aufwendungen sowohl beruflich als auch privat veranlasst (sog. gemischte Aufwendungen), so können sie nach der geänderten Rspr. des GrS des BFH (Beschluss vom 21.9.2009, BStBl 2010 II S. 672) grds. in abziehbare Werbungskosten und nicht abziehbare Aufwendungen für die private Lebensführung nach Maßgabe der beruflich und privat veranlassten Zeitanteile der Reise aufgeteilt werden, wenn die beruflich veranlassten Zeitanteile feststehen und nicht von untergeordneter Bedeutung sind (vgl. Tz 11.11.7). Ist das nicht – auch nicht durch Schätzung – möglich, gehören die gesamten Aufwendungen zu den nach § 12 EStG nicht abziehbaren Aufwendungen für die Lebensführung (z. B. Bekleidungskosten und andere allgemeine Reiseausrüstungen). Wegen des anlässlich der Reise erlittenen Verlusts von Vermögensgegenständen als Werbungskosten vgl. Tz 11.18.3.28 unter »Vermögensverluste«.

Die **berufliche Veranlassung**, die **Reisedauer** und den **Reiseweg** hat der Arbeitnehmer aufzuzeichnen und anhand geeigneter Unterlagen, z. B. Fahrtenbuch, Tankquittungen, Hotelrechnungen, Schriftverkehr, Reisekostenabrechnungen, nachzuweisen oder glaubhaft zu machen (vgl. R 9.4 Satz 5 LStR); zum Inhalt eines ordnungsgemäßen Fahrtenbuchs vgl. R 8.1 Abs. 9 Nr. 2 Satz 3 LStR. Entsprechende Belege sind dem Finanzamt aber nur auf Anforderung auf elektronischem Weg oder in Kopie vorzulegen; zur Belegvorlage-/Belegvorhaltepflicht vgl. Vorbemerkungen Tz 14.1.

Die Kosten für die **Mitreise** einer **Begleitperson** (z. B. Mitarbeiter, Assistent, Fahrer, Sekretärin) können Werbungskosten sein, ebenso die Kosten für die mitreisende Ehefrau, wenn diese eine notwendige Begleitperson ersetzt, wie z. B. eine Dolmetscherin oder Sekretärin oder wenn sie im Betrieb in führender Position mitarbeitet oder überdurchschnittliche Spezialkenntnisse hat oder wenn für die Mitnahme zwingende berufliche Gründe (z. B. eine schwere Behinderung) vorliegen.

Aufwendungen für **Besuchsfahrten** eines Ehepartners zur auswärtigen Tätigkeitsstätte des anderen Ehepartners sind auch bei einer längerfristigen Auswärtstätigkeit des anderen Ehepartners nicht als Werbungskosten abziehbar (BFH-Urteil vom 22.10.2015, BStBl 2016 II S. 179). Beruflich veranlasst sind nur die Mobilitätskosten des Arbeitnehmers selbst für seine eigenen beruflichen Fahrten.

11.19.4 Fahrtkosten

11.19.4.1 Abzug als Werbungskosten

66, 69 Der Arbeitnehmer kann für die **gesamte Dauer** der Auswärtstätigkeit seine Fahrtkosten entweder mit den **tatsächlich nachgewiesenen Aufwendungen** oder mit **pauschalen Kilometersätzen** nach dem **BRKG** als Werbungskosten geltend machen. Die Aufwendungen sind in **Zeile 66** einzutragen und ggf. auf einem besonderen Blatt oder einer Anlage näher zu erläutern. Zusätzlich ist in **Zeile 69** darauf zu achten, dass die Gesamtsumme aus Fahrt-, Übernachtungs- und Reisenebenkosten in dem Betragsfeld zur Kennzahl »410« angegeben ist.

11.19.4.2 Ausschlussfälle

65 Wird dem Arbeitnehmer für berufliche Fahrten vom Arbeitgeber ein **Firmenwagen** zur Verfügung gestellt, ist ein Fahrtkostenabzug für die mit dem Firmenwagen zurückgelegten Fahrten **mangels Aufwand** ausgeschlossen. Dies gilt auch bei einer unentgeltlichen **Sammelbeförderung** durch den Arbeitgeber (BFH-Urteil vom 11.5.2005, BStBl II S. 785). In der **Zeile 65** ist dementsprechend anzugeben, ob die Fahrten ganz oder teilweise mit einem Firmenwagen oder im Rahmen einer unentgeltlichen Sammelbeförderung des Arbeitgebers durchgeführt wurden (»1 = Ja« oder »2 = Nein« zur Kennzahl »401«). Falls die Frage mit »1 = Ja« beantwortet wird, dürfen für die Fahrten mit dem Firmenwagen oder im Rahmen einer unentgeltlichen Sammelbeförderung mangels Aufwands **keine Eintragungen** zu Fahrtkosten in **Zeile 66** vorgenommen werden.

Ein Abzug von Fahrtkosten als Werbungskosten kommt nur für **separate Fahrten** mit dem privaten Kfz, für zusätzlich vom Arbeitnehmer getragene **Kosten** für **öffentliche Verkehrsmittel** (vgl. Tz 11.19.4.4) oder bei einer **entgeltlichen Sammelbeförderung** für den **Eigenanteil** des Arbeitnehmers in Betracht. In welchem Umfang Fahrtkosten mit dem privaten Kfz abgezogen werden können, wenn dem Arbeitnehmer für die beruflichen Fahrten vom Arbeitgeber ein **Dienstwagen** zur Verfügung gestellt wird, ist derzeit Gegenstand eines neuen Revisionsverfahrens (Az. beim BFH: VI R 30/24). Nach Auffassung des FG Niedersachsen steht die Dienstwagengestellung durch den Arbeitgeber dem Werbungskostenabzug dann **nicht** entgegen, wenn der Arbeitnehmer den Nachweis der tatsächlichen beruflichen Nutzung des privaten Kfz hinreichend erbracht hat (Urteil vom 18.9.2024, 9 K 183/23, EFG 2025 S. 1067).

Sachleistungen für den **Firmenwagen**, die der Arbeitnehmer aus eigener Tasche übernimmt (z. B. Treibstoffkosten bei beruflichen Fahrten), sind ebenfalls als Werbungskosten abzugsfähig (vgl. Tz 11.12.13). Die für den Firmenwagen vom Arbeitnehmer getragenen Aufwendungen können allerdings nur in tatsächlicher Höhe geltend gemacht werden; ein Ansatz der pauschalen Kilometersätze ist nicht möglich, da diese an die Stelle der gesamten Aufwendungen treten (vgl. Tz 11.19.4.6).

11.19.4.3 Begünstigte Fahrten

Die Aufwendungen werden für folgende **Fahrten** mit den tatsächlichen Aufwendungen oder mit den pauschalen Kilometersätzen nach dem BRKG berücksichtigt:

- Fahrten zwischen der Wohnung oder **ersten Tätigkeitsstätte** und **auswärtiger Tätigkeitsstätte** oder **Unterkunft** am Ort der auswärtigen Tätigkeitsstätte (oder ihrem Einzugsbereich) einschließlich aller **Zwischenheimfahrten** (BFH-Urteile vom 15.11.1991, BStBl 1992 II S. 266 und vom 24.4.1992, BStBl II S. 664);
- innerhalb desselben Dienstverhältnisses Fahrten zwischen **mehreren auswärtigen Tätigkeitsstätten** (z. B. als angestellter Reisevertreter oder Kundendiensttechniker oder Gebäudereiniger, BFH-Urteile vom 2.2.1994, BStBl II S. 422 und vom 7.6.2002, BStBl II S. 878 und 881) oder innerhalb eines **weiträumigen Tätigkeitsgebiets** (§ 9 Abs. 1 Satz 3 Nr. 4a Satz 4 EStG);
- Fahrten zwischen einer **Unterkunft** am Ort der auswärtigen Tätigkeitsstätte (oder in ihrem Einzugsbereich) und **auswärtiger Tätigkeitsstätte** (BFH-Urteil vom 17.12.1976, BStBl 1977 II S. 294).

Nicht als Reisekosten, sondern nur mit der **Entfernungspauschale** sind die Aufwendungen für folgende Fahrten anzusetzen:

- Fahrten von der Wohnung zu einem vom Arbeitgeber bestimmten **Sammelpunkt** (vgl. Tz 11.12.2.12);
- Fahrten von der Wohnung zu einem **weiträumigen Tätigkeitsgebiet** (vgl. Tz 11.12.2.13).

11.19.4.4 Aufwendungen für öffentliche Verkehrsmittel

Bei Benutzung **öffentlicher Verkehrsmittel** kann der Arbeitnehmer seine Aufwendungen (z. B. für Fahrkarten einschließlich EC-, IC-, ICE-Zuschläge, Flugtickets, Taxiquittungen, Fährkosten) in tatsächlicher Höhe als Werbungskosten ansetzen. Ein Ansatz der pauschalen Kilometersätze (vgl. Tz 11.19.4.6) ist **nicht** möglich, wenn die Fahrten mit regelmäßig verkehrenden öffentlichen Verkehrsmitteln durchgeführt wurden (BFH-Urteil vom 11.2.2021, BStBl II S. 440).

Die Aufwendungen für eine **Bahncard**, die zum Erwerb von Fahrkarten mit einer Ermäßigung von 50 % oder 25 % berechtigt, sind dann Werbungskosten, wenn der Erwerb im Hinblick auf eine ausgeprägte berufliche Reisetätigkeit und damit allein aus beruflichen Gründen erfolgt ist und wenn die Aufwendungen für den Erwerb der Bahncard zusammen mit den in der Folgezeit mit einer Ermäßigung erworbenen Fahrkarten für die Durchführung von Dienstfahrten geringer sind als die Aufwendungen, die für den Erwerb der Fahrkarten ohne Ermäßigung entstanden wären. Dem Abzug dieser Aufwendungen als Werbungskosten steht dann nicht entgegen, dass der Arbeitnehmer mit dieser Bahncard auch Fahrkarten mit dem halben Preis zur Durchführung von Privatfahrten erwerben kann; die private Mitbenutzung ist von untergeordneter Bedeutung.

11.19.4.5 Einzelnachweis der Fahrtkosten bei Benutzung des eigenen Kfz

Bei Benutzung des eigenen Kfz können die gesamten auf die Auswärtstätigkeit anteilig entfallenden laufenden und festen Kosten entweder durch **Einzelnachweis** oder mit den **pauschalen Kilometersätzen** nach dem BRKG (vgl. Tz 11.19.4.6) geltend gemacht werden.

Der **Einzelnachweis** kann **nicht** mithilfe der Kilometersätze nach den **ADAC-Tabellen** geführt werden (BFH-Urteile vom 17.12.1976, BStBl 1977 II S. 295 und vom 27.6.1980, BStBl II S. 651). Entscheidet sich der Arbeitnehmer für den Einzelnachweis, so sind vielmehr sämtliche Aufwendungen für das Kfz durch Belege auf Anforderung des Finanzamts nachzuweisen; zur Belegvorlage-/Belegvorhaltepflicht vgl. Vorbemerkungen Tz 14.1.

Berücksichtigungsfähig sind z. B. die Kosten für Kfz-Steuer, Haftpflichtversicherung, Kaskoversicherung, Benzin, Öl, Reparaturen, Inspektion, Reifen, Finanzierung, laufende Leasingraten, Garagenmiete, die anteiligen **Schuldzinsen** für einen Kredit zur Anschaffung des Pkw, soweit sie auf berufliche Fahrten entfallen (BFH-Urteil vom 1.10.1982, BStBl 1983 II S. 17). Zu berücksichtigen sind auch die Beiträge für die **Automobil-Rechtsschutzversicherung**; sie sind für Kfz, die nicht nur betrieblich, sondern auch privat genutzt werden im gleichen Verhältnis wie die anderen Aufwendungen aufzuteilen (Berechnungsbeispiel s. u.). Abzugsfähig sind zudem die anteiligen **Absetzungen für Abnutzung** (AfA) des Kfz; wegen der Höhe s. u.

Leasingsonderzahlungen bei Leasingbeginn gehörten bislang i. H. der anteiligen beruflichen Nutzung des Pkw zu den sofort abziehbaren Werbungskosten und nicht etwa nur i. H. der AfA eines Nutzungsrechts an dem Pkw (BFH-Urteile vom 5.5.1994, BStBl II S. 643 und vom 15.4.2010, BStBl II S. 805). Bei einem Leasingfahrzeug wurde hiernach die Leasingsonderzahlung im Kj. der Zahlung in voller Höhe in die Ermittlung der Gesamtkosten einbezogen (vgl. H 9.5 – Einzelnachweis – LStH 2025, 2. Spiegelstrich). Der BFH hält an dieser Rspr. **nicht** mehr fest und verteilt eine Leasingsonderzahlung nunmehr **periodengerecht** auf die einzelnen VZ während der Laufzeit des Leasingvertrags (BFH-Urteil vom 21.11.2024, BStBl 2025 II S. 626). Das Gleiche gelte für andere (Voraus-)Zahlungen (z. B. Fahrzeugzubehörkosten), die sich wirtschaftlich auf die Dauer des Leasingvertrags erstrecken. Aufgrund der geänderten BFH-Rspr. ist der v. g. Hinweis im LStH 2025 überholt und muss angepasst werden.

Nicht zu den maßgeblichen Gesamtkosten gehören z. B. Aufwendungen infolge von Verkehrsunfällen, Park- und Straßenbenutzungsgebühren (Autobahngebühren, Maut), Kosten für Insassen- und Unfallversicherungen, sowie Geldstrafen, Verwarnungs-, Ordnungs- und Bußgelder (vgl. H 9.5 – Einzelnachweis – LStH, 1. Spiegelstrich); mit Ausnahme der Geldstrafen, Verwarnungs-, Ordnungs- und Bußgelder handelt es sich dabei aber ggf. um abzugsfähige **Reisenebenkosten** (vgl. Tz 11.19.7). Ebenfalls nicht zu den Gesamtkosten gehören die nach § 3 Nr. 46 EStG steuerfreien Vorteile sowie die nach § 40 Abs. 2 Satz 1 Nr. 6 EStG pauschal besteuerten Leistungen und Zuschüsse des Arbeitgebers für die **Ladevorrichtung** eines **Elektro-** oder **Hybridelektrofahrzeugs** (Rz 33 des BMF-Schreibens vom 29.9.2020, BStBl II S. 972).

Bemessungsgrundlage für die **AfA** sind im Privatvermögen die Anschaffungskosten des Fahrzeugs einschließlich Sonderausstattung und Umsatzsteuer, wobei Zuschüsse nach der Kraftfahrzeughilfe-Verordnung für die Beschaffung eines Kraftfahrzeugs oder den Erwerb einer behinderungsbedingten Zusatzausstattung die Anschaffungskosten mindern (BFH-Urteil vom 14.6.2012, BStBl II S. 835). Hinsichtlich der Höhe der AfA erkennt die Finanzverwaltung für Pkw und Kombifahrzeuge sowohl des Privatvermögens wie des Betriebsvermögens grds. eine **Nutzungsdauer** von **sechs Jahren** an (BMF-Schreiben vom 15.12.2000, BStBl I S. 1532). Der Steuerpflichtige kann dementsprechend bei der Gesamtkostenermittlung des Fahrzeugs für die Höhe der AfA eine sechsjährige Nutzungsdauer zugrunde legen. Bei einer hohen Fahrleistung kann aber auch eine kürzere Nutzungsdauer (z. B. vier bzw. fünf Jahre) anerkannt werden. Im Jahr der Anschaffung vermindert sich der Absetzungsbetrag um jeweils ein Zwölftel für jeden vollen Monat, der dem Monat der Anschaffung vorangeht (§ 7 Abs. 1 Satz 4 EStG). War das Fahrzeug im Zeitpunkt der Anschaffung nicht neu, also ein **Gebrauchtwagen**, so ist die entsprechende »Rest-Nutzungsdauer« maßgebend. Sie ist im Einzelfall unter Berücksichtigung aller Umstände, nämlich Alter, Beschaffenheit und voraussichtlichem Einsatz des Kfz zu schätzen (vgl. H 9.5 – Einzelnachweis – LStH, 3. Spiegelstrich).

Benzinkosten können – trotz des grundsätzlichen Erfordernisses des Einzelnachweises durch Vorlage der Tankstellenbelege – auch geschätzt werden (z. B. wie folgt: typenabhängiger Verbrauch je 100 km = 8 l × durchschnittlicher Benzinpreis z. B. 1,45 € = 11,60 € je 100 km). Mit Urteil vom 7.4.1992, BStBl II S. 854 hat der BFH eine solche **Teilschätzung** für zulässig erklärt, dabei allerdings zugelassen, dass das Finanzamt hierbei von den für den Steuerpflichtigen ungünstigsten Umständen (z. B. hinsichtlich Verbrauch und Benzinpreis) ausgehen darf. Auch wenn die Rspr. inzwischen eine Schätzung von belegmäßig nicht nachgewiesenen Aufwendungen – hier: Treibstoffkosten – bei Anwendung der **Fahrtenbuchmethode** zur Ermittlung des geldwerten Vorteils ausschließt (BFH-Urteil vom 15.12.2022, BStBl 2023 II S. 442), hält die Finanzverwaltung beim Einzelnachweis von Fahrtkosten als Reisekosten an dem o. a. BFH-Urteil vom 7.4.1992 weiter fest (vgl. H 9.5 – Einzelnachweis – LStH, 4. Spiegelstrich).

BEISPIEL:

Die Anschaffungskosten für ein im Januar 2025 von einem Arbeitnehmer erworbenes, neues Kfz betrugen einschließlich Sonderausstattung und Mehrwertsteuer 25 000 €.

AfA bei einer unterstellten Nutzungsdauer von 6 Jahren (17 % aus 25 000 €)	4 250 €
Garagenmiete 12 × 35 €	420 €
Kraftfahrzeugsteuer	185 €
Haftpflichtversicherung	160 €
Teilkaskoversicherung	45 €
Treibstoff, Öl lt. Tankstellenbelegen	1 330 €
Reparaturen, Wartung lt. Rechnungen	750 €
Finanzierungskosten (Schuldzinsen)	460 €
Gesamtkosten des Kfz im Kj.	**7 600 €**

Da der Anteil an den **Gesamt-Kfz-Kosten** eines Kj., der auf Auswärtstätigkeiten entfällt, zu ermitteln ist, empfiehlt sich die Führung eines **Fahrtenbuches**. Es genügt aber auch, wenn der Teilbetrag der jährlichen Gesamtkosten des eigenen Kfz ermittelt wird, der dem Anteil der zu berücksichtigenden Fahrten an der Jahresfahrtleistung entspricht (vgl. R 9.5 Abs. 1 Satz 3 LStR). In diesem Fall müssen neben den jährlichen Gesamtkosten (s. o.) mindestens die im Kj. insgesamt gefahrenen Kilometer sowie die auf die Dienstreisen entfallenden Kilometer im Einzelnen nachgewiesen werden.

Wird ein **Fahrtenbuch** geführt, so sind die folgenden zwingenden Angaben erforderlich:

- Datum und Kilometerstand zu Beginn und am Ende jeder einzelnen Auswärtstätigkeit,

- Reiseziel und Reiseroute,
- Reisezweck und
- aufgesuchte Geschäftspartner.

Für **Privatfahrten** genügen jeweils Kilometerangaben. Fahrten zwischen Wohnung und erster Tätigkeitsstätte sind nur zu vermerken. Soweit Verpflegungsmehraufwendungen geltend gemacht werden (vgl. Tz 11.19.5), ist auch die jeweilige Abfahrts- und Ankunftszeit aufzuzeichnen. Ein ordnungsmäßiges Fahrtenbuch muss zeitnah und in geschlossener Form geführt werden und die zu erfassenden Fahrten einschließlich des an ihrem Ende erreichten Gesamtkilometerstands vollständig und in ihrem fortlaufenden Zusammenhang wiedergeben (BFH-Urteil vom 9.11.2005, BStBl 2006 II S. 408). Kleinere Mängel (z.B. die fehlende Aufzeichnung einzelner Fahrten zum Betanken des Fahrzeugs oder eine abweichende Aufzeichnung des Kilometerstandes in einer Inspektionsrechnung) führen nicht zur Verwerfung des Fahrtenbuchs, wenn die Angaben ansonsten insgesamt plausibel sind (BFH-Urteil vom 10.4.2008, BStBl II S. 768). Die erforderlichen Angaben müssen sich dem Fahrtenbuch selbst entnehmen lassen. Ein Verweis auf ergänzende Unterlagen ist nur zulässig, wenn der geschlossene Charakter der Fahrtenbuchaufzeichnungen dadurch nicht beeinträchtigt wird (BFH-Urteil vom 16.3.2006, BStBl II S. 625). Es liegt aber kein ordnungsgemäßes Fahrtenbuch vor, wenn die unzureichenden Angaben im Fahrtenbuch durch vom Arbeitgeber stammende Listen und Ausdrucke des Terminkalenders ergänzt oder vervollständigt werden (BFH-Urteil vom 13.11.2012, VI R 3/12, BFH/NV 2013 S. 526). Zu den Anforderungen, die von der Rspr. an ein ordnungsgemäßes Fahrtenbuch gestellt werden, vgl. H 8.1 (9–10) – Ordnungsgemäßes Fahrtenbuch – LStH.

BEISPIEL (FORTSETZUNG):
Wurden nach dem Fahrtenbuch im Abrechnungszeitraum 2025 z.B. insgesamt 20 000 km gefahren, so ergibt sich für **1 km** ein tatsächlicher Aufwand von (7 600 € : 20 000 km =) **0,38 €**.
Entfallen von den gefahrenen Kilometern z.B.

• auf Fahrten aus Anlass von Auswärtstätigkeiten	10 000 km,
• auf Fahrten zwischen Wohnung und erster Tätigkeitsstätte	5000 km,
• auf Privatfahrten	5000 km,
• so betragen demnach die auf Auswärtstätigkeiten entfallenden abzugsfähigen Fahrtkosten 10 000 km × 0,38 €	**3 800 €**.

Hat der Arbeitnehmer die Gesamtkosten für das Kraftfahrzeug nach den obigen Grundsätzen für einen **Zeitraum** von **zwölf Monaten** ermittelt, so ist es zulässig, den so ermittelten Kilometersatz so lange als Werbungskosten geltend zu machen, bis sich die der Gesamtkostenermittlung zugrunde liegenden Verhältnisse wesentlich ändern, z.B. bis zum Ablauf des Abschreibungszeitraums oder bis zum Eintritt veränderter Leasingbelastungen (vgl. R 9.5 Abs. 1 Satz 4 LStR). Eine wesentliche Änderung der Verhältnisse liegt insbesondere vor, wenn vor Ablauf des Abschreibungszeitraums für das bisherige Kfz ein neues Kfz angeschafft wird, nicht dagegen, wenn sich allein die Höhe der Haftpflichtversicherungsbeiträge oder die Benzinkosten ändern. Der Zeitraum von zwölf Monaten ist als zusammenhängender Zeitraum zu verstehen; er muss nicht mit dem Kj. identisch sein.

11.19.4.6 Pauschale Kilometersätze

Statt der tatsächlichen Aufwendungen können aus Vereinfachungsgründen die folgenden **pauschalen Kilometersätze** angesetzt werden, die als höchste Wegstreckenentschädigung nach dem BRKG für das jeweils benutzte Beförderungsmittel festgesetzt sind:

bei einem Kraftwagen (z.B. Pkw)	0,30 €,
bei anderen motorbetriebenen Fahrzeugen (z.B. Motorrad oder Motorroller)	0,20 €.

Eine Prüfung der tatsächlichen Kilometerkosten ist nicht erforderlich, wenn der Arbeitnehmer von der gesetzlichen Typisierung in § 9 Abs. 1 Satz 3 Nr. 4a Satz 2 EStG Gebrauch macht. Die pauschalen Kilometersätze können aus Vereinfachungsgründen auch dann angesetzt werden, wenn der Arbeitnehmer nach § 3 Nr. 46 EStG steuerfreie Vorteile oder nach § 40 Abs. 2 Satz 1 Nr. 6 EStG pauschal besteuerte Leistungen und Zuschüsse vom Arbeitgeber für die **Ladevorrichtung** eines **Elektro-** oder **Hybridelektrofahrzeugs** erhält (Rz 32 des BMF-Schreibens vom 29.9.2020, BStBl I S. 972).

Die in einzelnen Bundesländern im **öffentlichen Dienst** unter bestimmten Voraussetzungen gezahlte Wegstreckenentschädigung für die Nutzung eines dienstlich anerkannten Privat-Pkw von 0,35 €/km gilt **nicht** analog für den Werbungskosten- oder Betriebsausgabenabzug. Insoweit bleibt es bei dem o.g. Kilometersatz von höchstens 0,30 €/km (FG Baden-Württemberg vom 22.10.2010, EFG 2011 S. 225 – bestätigt durch BFH-Beschluss 15.3.2011, VI B 145/10, BFH/NV 2011 S. 983). Die gegen den v. g. BFH-Beschluss eingelegte Verfassungsbeschwerde 2 BvR 1008/11 wurde mit Beschluss des BVerfG vom 20.8.2013 nicht zur Entscheidung angenommen.

Mit der Gewährung der pauschalen Kilometersätze sind die Kosten für die **Mitnahme** weiterer **Dienstreisender** sowie die Mitnahme von dienstlichem und persönlichem **Gepäck** abgegolten, sodass dafür **keine** pauschalen Zuschläge mehr berücksichtigt werden können (bestätigt durch FG Rheinland-Pfalz vom 8.11.2016, 3 K 2578/14, EFG 2016 S. 2035 – rkr.).

Neben den pauschalen Kilometersätzen können anfallende **Parkgebühren** (sie sind Reisenebenkosten; vgl. Tz 11.19.7) und **außergewöhnliche Kosten** für nicht voraussehbare Reparaturen, die nicht auf Verschleiß beruhen (BFH-Urteil vom 17.10.1973, BStBl 1974 II S. 186) berücksichtigt werden. Auch **Unfallkosten** (vgl. Tz 11.12.10) und Absetzungen für **außergewöhnliche technische Abnutzung** sowie Aufwendungen infolge eines Schadens, der durch den **Diebstahl** des Fahrzeugs entstanden ist (BFH-Urteil vom 25.5.1992, BStBl 1993 II S. 44) – unter Anrechnung von Schadensersatzleistungen Dritter – sind daneben abzugsfähig (vgl. H 9.5 – Pauschale Kilometersätze – LStH), jedoch grds. nur im VZ des Schadenseintritts (BFH-Urteil vom 13.3.1998, BStBl II S. 443).

Die Aufwendungen für einen **Austauschmotor** können dagegen i.d.R. nicht als außergewöhnliche Kosten berücksichtigt werden, wenn der Schaden bei einer hohen Fahrleistung (im Streitfall 42 000 km) eingetreten ist (o.a. BFH-Urteil vom 17.10.1973). Für die Feststellung, ob die Kosten für den Austauschmotor außergewöhnlich sind, gibt es keine typisierende Regelung; es sind vielmehr alle Umstände des konkreten Einzelfalles zu würdigen (BFH-Urteil vom 29.1.1982, BStBl II S. 325). Handelt es sich nicht um einen normalen Verschleiß des Motors, tritt also der Schaden nach einer relativ niederen Fahrleistung ein, können die Aufwendungen für den Austauschmotor neben den Kilometersätzen als Werbungskosten berücksichtigt werden; in diesem Fall sind die Kosten im Verhältnis der privat zu den beruflich gefahrenen Strecken aufzuteilen (FG Baden-Württemberg, Urteil vom 28.6.1979, EFG 1979 S. 441).

Auch Kosten, die mit dem laufenden Betrieb eines Fahrzeugs zusammenhängen, wie z.B. Aufwendungen für eine **Fahrzeug-Vollversicherung** (Vollkasko) sind keine außergewöhnlichen Kosten, die neben den pauschalen Kilometersätzen geltend gemacht werden können (BFH-Urteile vom 8.11.1991, BStBl 1992 II S. 204 und vom 21.6.1991, BStBl II S. 814). Andererseits führt auch eine vom Arbeitgeber abgeschlossene **Dienstreise-Kaskoversicherung** für ein Fahrzeug des Arbeitnehmers nicht zur Kürzung der pauschalen Kilometersätze. Darüber hinaus führt die Prämienzahlung des Arbeitgebers für eine Dienstreise-Kaskoversicherung nicht zu einem Lohnzufluss beim Arbeitnehmer (BMF-Schreiben vom 9.9.2015, BStBl I S. 734).

Mit den pauschalen Kilometersätzen ist auch eine **Leasingsonderzahlung** abgegolten (BFH-Urteil vom 15.4.2010, BStBl II S. 805). **Schuldzinsen** für einen Kredit zur Anschaffung des Pkw sind bei Inanspruchnahme der Pauschbeträge – anders als beim Einzelnachweis (s.o.) – ebenfalls nicht neben den Kilometersätzen abzugsfähig (BFH-Urteil vom 30.11.1979, BStBl 1980 II S. 141).

11.19.4.7 Steuerfreier Ersatz des Arbeitgebers

71 Vom Arbeitgeber bei beruflich veranlassten Auswärtstätigkeiten **steuerfrei** ersetzte Fahrt-, Übernachtungs- und Reisenebenkosten sind in **Zeile 71** in einer **Summe** gesondert anzugeben. Im Rahmen der Einkommensteuerveranlagung werden die steuerfreien Arbeitgeberleistungen automatisch von der Gesamtsumme der abzugsfähigen Reisekosten abgezogen (§ 3c Abs. 1 EStG). Es erfolgt aber **keine** automatische Hinzurechnung zum stpfl. Arbeitslohn, wenn der steuerfreie Ersatz des Arbeitgebers die Werbungskosten übersteigt. Der steuerfreie Fahrtkostenersatz kann z. B. im öffentlichen Dienst auf vom Steuerrecht abweichenden Reisekostenregelungen beruhen (vgl. Tz 11.19.4.6) und bleibt auch hinsichtlich des die Werbungskosten übersteigenden Teils weiter steuerfrei.

Soll eine nach § 3 Nr. 12 Satz 2 EStG steuerfrei gewährte **Dienstaufwandsentschädigung** eines hauptamtlichen Bürgermeisters seinen gesamten beruflich veranlassten Aufwand ersetzen, so kann dieser Werbungskosten nur insoweit geltend machen, als diese die Entschädigung übersteigen (FG Baden-Württemberg vom 21.9.2022, 2 K 842/20, EFG 2023 S. 974). Dies gilt auch für die nicht durch die steuerfreien Reisekostenvergütungen nach § 3 Nr. 13 EStG abgegoltenen Reisekosten, wenn auch diese durch die Dienstaufwandsentschädigung abgegolten werden (BFH-Urteil vom 19.10.2016, BStBl 2017 II S. 345).

Ersetzt der Arbeitgeber nicht die pauschalen Kilometersätze, sondern **Pauschvergütungen** in bestimmter Höhe für einen bestimmten Zeitabschnitt (z. B. Monat) ohne Rücksicht auf den Umfang der tatsächlich ausgeführten Fahrten, so gehören diese zum stpfl. Arbeitslohn. Der Arbeitnehmer kann dann seine Reisekosten in vollem Umfang als Werbungskosten geltend machen. Dies gilt auch, wenn der Arbeitnehmer vertraglich von seinem Arbeitgeber Fahrauslagenersatz verlangen könnte, auf seinen Anspruch jedoch verzichtet (BFH-Urteil vom 30.5.1967, BStBl III S. 570).

11.19.5 Verpflegungsmehraufwendungen

11.19.5.1 Höhe der Verpflegungspauschalen

-74 Aufwendungen für **Verpflegung** gehören grds. zu den nicht abziehbaren Kosten der Lebensführung. Steuerlich berücksichtigt werden deshalb nur die **Mehraufwendungen**, die dem Arbeitnehmer unmittelbar durch die Auswärtstätigkeit, d. h. durch die Verpflegung außerhalb des Haushalts, tatsächlich entstanden sind.

Für jeden Kalendertag können bei einer beruflich veranlassten Auswärtstätigkeit im **Inland** die folgenden **Verpflegungspauschalen** geltend gemacht werden (§ 9 Abs. 4a Satz 3 EStG):

	Verpflegungspauschale	einzutragen in Zeile
• Abwesenheit von mehr als 8 Stunden (bei einer Auswärtstätigkeit ohne Übernachtung)	14 €	72
• An- und Abreisetage (bei einer mehrtägigen Auswärtstätigkeit mit Übernachtung)	14 €	73
• Abwesenheit von 24 Stunden (voller Kalendertag)	28 €	74

In den **Zeilen 72** bis **74** braucht der Steuerpflichtige nur jeweils die »Anzahl der Tage« angegeben; die als Werbungskosten abzugsfähigen Verpflegungspauschalen werden im Rahmen der Einkommensteuerveranlagung daraus automatisch berechnet. Zur Ermittlung der Abwesenheitsdauer vgl. Tz 11.19.5.2.

Als **An-** und **Abreisetage** sind alle Tage anzusehen, an denen der Arbeitnehmer nicht 24 Stunden von der Wohnung und der ersten Tätigkeitsstätte abwesend ist und an denen er im Rahmen der Auswärtstätigkeit an einem der nachfolgenden oder vorhergehenden Tage übernachtet. Eine Mindestabwesenheitsdauer ist an diesen Tagen **nicht** erforderlich.

Bei Auswärtstätigkeiten ohne Übernachtung kommt bei einer Abwesenheit von nicht mehr als **8 Stunden** eine Verpflegungspauschale weiter nicht in Betracht. Die Verpflegungspauschalen gelten für **alle** Einkunftsarten i. S. des EStG. Ein **Einzelnachweis** höherer Verpflegungsmehraufwendungen ist **nicht** möglich (vgl. R 9.6 Abs. 1 Satz 2 LStR).

Bei den Verpflegungspauschalen ist – wie bei den pauschalen Kilometersätzen für Fahrtkosten (vgl. Tz 11.19.4.6) – **nicht** zu prüfen, ob der Ansatz der Pauschalen zu einer **offensichtlich unzutreffenden Besteuerung** führen würde. Vielmehr besteht ein Rechtsanspruch auf die Gewährung der gesetzlichen Pauschbeträge (BFH-Urteil vom 4.4.2006, BStBl II S. 567).

11.19.5.2 Ermittlung der Abwesenheitsdauer

Für die Höhe der Verpflegungspauschalen ist allein die **Dauer** der **Auswärtstätigkeit** maßgeblich. Sie **beginnt**, wenn der Arbeitnehmer seine **Wohnung** oder seine **erste Tätigkeitsstätte** verlässt; sie **endet**, wenn der Arbeitnehmer nach Beendigung der Auswärtstätigkeit zu seiner Wohnung oder seiner ersten Tätigkeitsstätte zurückkehrt.

Hat der Arbeitnehmer **keine** erste Tätigkeitsstätte (vgl. Tz 11.12.2) oder ist der Arbeitnehmer nur an ständig **wechselnden Tätigkeitsstätten** beschäftigt oder auf einem **Fahrzeug**, ist für den Abzug von Verpflegungsmehraufwendungen allein auf die **Abwesenheitsdauer** von der **Wohnung** abzustellen, auch wenn der Arbeitnehmer den Betrieb des Arbeitgebers aufsucht, um z. B. dort Material einzuladen oder ein Fahrzeug zu übernehmen. Ggf. liegt dort zwar ein »Sammelpunkt« i. S. des § 9 Abs. 1 Satz 3 Nr. 4a Satz 3 EStG vor, der aber dem Abzug von Verpflegungspauschalen nicht entgegensteht (vgl. Tz 11.12.2.12). Bei Übernachtung an einem auswärtigen Tätigkeitsort richtet sich die Höhe des Verpflegungsmehraufwands nach der Abwesenheit des Arbeitnehmers von der Wohnung am Ort des Lebensmittelpunkts, nicht nach der Abwesenheitsdauer von der Unterkunft am Einsatzort (BFH-Urteil vom 11.5.2005, BStBl II S. 782). Dies gilt für Arbeitnehmer mit ständig wechselnden Tätigkeitsstätten auch dann, wenn sie stets in derselben auswärtigen Unterkunft übernachten (BFH-Urteil vom 8.10.2014, BStBl 2015 II S. 231).

Die Pauschale wird grds. nach der Dauer der jeweiligen auswärtigen Beschäftigung **am Kalendertag** bemessen. Bei mehreren Auswärtstätigkeiten am Kalendertag sind die Abwesenheitszeiten **zusammenzurechnen** (Rz 47 des BMF-Schreibens vom 25.11.2020, BStBl I S. 1228).

BEISPIEL:

A beginnt im Kj. 2025 eine Auswärtstätigkeit um 6.00 Uhr in seiner Wohnung und kehrt um 13.30 Uhr an seine erste Tätigkeitsstätte zurück. Um 15.00 Uhr beginnt er eine neue Auswärtstätigkeit, von der er um 22.00 Uhr in seine Wohnung zurückkehrt.

A steht eine Pauschale von 14 € zu, da er am Kalendertag (7 1/2 + 7 Std. =) 14 1/2 Std. auswärts tätig war. Ohne die Zusammenrechnung der Abwesenheitszeiten käme eine Verpflegungspauschale nicht in Betracht.

Obwohl es grds. auf die auswärtige Beschäftigung am Kalendertag ankommt, kann eine Zusammenrechnung der Abwesenheitszeiten über die **Mitternachtsgrenze** hinaus erfolgen, wenn der Arbeitnehmer seine berufliche Auswärtstätigkeit über Nacht an zwei Kalendertagen ausübt (ohne Übernachtung) und dadurch insgesamt mehr als acht Stunden von der Wohnung und der ersten Tätigkeitsstätte abwesend ist. Die Tätigkeit ist dann mit der gesamten Abwesenheitsdauer dem Kalendertag der überwiegenden Abwesenheit zuzuordnen (§ 9 Abs. 4a Satz 3 Nr. 3 2. Halbsatz EStG). Mit dieser Regelung wird den besonderen Verhältnissen der Arbeitnehmer, die typischerweise ihre Auswärtstätigkeit zur Nachtzeit ausüben (wie z. B. Berufskraftfahrer) Rechnung getragen.

11.19.5.3 Dreimonatsfrist

Bei einer **längerfristigen** beruflichen Tätigkeit an **derselben Tätigkeitsstätte** ist für den Abzug von Verpflegungsmehraufwendungen die gesetzliche **Dreimonatsfrist** zu beachten, d. h., die Verpflegungspauschalen werden nur für die ersten drei Monate gewährt (§ 9 Abs. 4a Satz 6 EStG). Eine Unterbrechung dieser beruflichen Tätigkeit an derselben Tätigkeitsstätte führt zu einem Neubeginn der Dreimonatsfrist, wenn die Unterbrechung **mindestens vier Wochen** gedauert hat (§ 9 Abs. 4a Satz 7 EStG). Der Grund für die Unterbrechung ist unbeachtlich. Es zählt nur noch die reine Unterbrechungsdauer, sodass auch Unterbrechungstage wegen **Urlaub** oder **Krankheit** einzubeziehen sind.

BEISPIEL 1:
Der Arbeitnehmer A musste seine Tätigkeit in B wegen einer Krankheit ab dem 15.12.2024 unterbrechen. Er nimmt seine Tätigkeit in B am 20.1.2025 wieder auf. Die berufliche Tätigkeit des A in B wurde für mehr als vier Wochen unterbrochen. A kann somit im Kj. 2025 für weitere drei Monate seiner Tätigkeit in B die Verpflegungspauschalen als Werbungskosten geltend machen.

Eine berufliche Tätigkeit an derselben Tätigkeitsstätte liegt nur vor, wenn der Arbeitnehmer an dieser mindestens an drei Tagen wöchentlich tätig wird. Die Dreimonatsfrist beginnt daher nicht, solange die auswärtige Tätigkeitsstätte an nicht mehr als **zwei Tagen wöchentlich** aufgesucht wird (Rz 55 des BMF-Schreibens vom 25.11.2020, BStBl I S. 1228).

BEISPIEL 2:
Der Berufsschüler B besucht im Jahr 2025 jeweils an zwei Tagen in der Woche die Berufsschule. Seine erste Tätigkeitsstätte befindet sich im Ausbildungsbetrieb.
Da die Berufsschule als auswärtige Tätigkeitsstätte anzusehen ist und B diese jeweils nur zweimal wöchentlich aufsucht, ist für die Anwendung der Dreimonatsfrist nicht von derselben Auswärtstätigkeit auszugehen. B kann daher für die Tage, an denen er die Berufsschule mehr als acht Stunden arbeitstäglich besucht, zeitlich nicht begrenzt (also auch nach Ablauf von drei Monaten) Verpflegungsmehraufwendungen als Werbungskosten geltend machen.

Die Prüfung des Unterbrechungszeitraums und des Ablaufs der Dreimonatsfrist erfolgt stets im Nachhinein mit Blick auf die zurückliegende Zeit (»Ex-post-Betrachtung«).

BEISPIEL 3:
Der Bauarbeiter A soll ab März 2025 arbeitstäglich an der Baustelle in H für fünf Monate tätig werden. Am 1.4.2025 nimmt er dort seine Tätigkeit auf. Ab 20.5.2025 wird er nicht nur in H, sondern für einen Tag wöchentlich auch an der Baustelle in B tätig, da dort ein Kollege ausgefallen ist. Für die Tätigkeit an der Baustelle in H beginnt die Dreimonatsfrist am 1.4.2025 und endet am 30.6.2025. Eine vierwöchige Unterbrechung liegt nicht vor (immer nur eintägige Unterbrechung). Für die Tätigkeit an der Baustelle in B greift die Dreimonatsfrist hingegen nicht, da A dort lediglich einen Tag wöchentlich tätig wird.

Die Dreimonatsfrist findet bei einer beruflichen Tätigkeit auf **mobilen**, nicht ortsfesten betrieblichen **Einrichtungen** wie z.B. Fahrzeugen, Flugzeugen, Schiffen weiter **keine** Anwendung (BFH-Urteil vom 24.2.2011, BStBl 2012 II S. 27 zu einem technischen Offizier auf einem Hochseeschiff). Entsprechendes gilt für eine Tätigkeit in einem weiträumigen Tätigkeitsgebiet (Rz 56 des BMF-Schreibens vom 25.11.2020, a.a.O.). **Leiharbeitnehmern** steht dagegen Verpflegungsmehraufwand nur in den Grenzen der Dreimonatsfrist zu. Insoweit gilt nach Ansicht des BFH für Leiharbeitnehmer nichts anderes als für andere auswärts tätige Arbeitnehmer (BFH-Urteil vom 15.5.2013, BStBl II S. 704).

11.19.5.4 Kürzungsbeträge für die Mahlzeitengewährung

75 Der Abzug der Verpflegungspauschalen ist nur dann möglich, soweit dem Arbeitnehmer auch tatsächlich ein **Aufwand** dafür entstanden ist. Wird der Arbeitnehmer bei einer Auswärtstätigkeit durch den Arbeitgeber oder in dessen Auftrag durch einen Dritten **unentgeltlich** oder **verbilligt verpflegt**, kann der Arbeitgeber auf der Einnahmenseite zwar auf die Besteuerung der **Sachbezugswerte** für die **Mahlzeiten** verzichten, wenn beim Arbeitnehmer für die Verpflegungsmehraufwendungen ein Abzug als Werbungskosten in Betracht kommt (§ 8 Abs. 2 Satz 9 EStG). Die beim Arbeitnehmer abziehbaren **Verpflegungspauschalen** werden jedoch beim Werbungskostenabzug wie folgt **gekürzt** (§ 9 Abs. 4a Satz 8 EStG):

- für ein Frühstück um **20 %** und
- für ein Mittag- und Abendessen um jeweils **40 %**

der maßgebenden Verpflegungspauschale für einen vollen Kalendertag. Die Kürzung darf die ermittelte Verpflegungspauschale nicht übersteigen, sodass nur eine Kürzung bis auf 0 € in Betracht kommt. Bei einer Auswärtstätigkeit im Inland sind dementsprechend die Verpflegungspauschalen für ein Frühstück um **5,60 €** (20 % von 28 €) und für ein Mittag- oder Abendessen um jeweils **11,20 €** (40 % von 28 €) tageweise zu kürzen.

BEISPIEL:
Der Arbeitnehmer A ist im Kj. 2025 auf einer dreitägigen Dienstreise im Inland. Der Arbeitgeber hat für den Arbeitnehmer in einem Hotel zwei Übernachtungen jeweils mit Frühstück sowie am Zwischentag ein Mittag- und ein Abendessen gebucht und bezahlt. Der Arbeitnehmer A erhält vom Arbeitgeber keine weiteren Reisekostenerstattungen.
Der Arbeitgeber muss für die Mahlzeiten keinen geldwerten Vorteil versteuern, da beim Arbeitnehmer für die Verpflegungsmehraufwendungen grds. ein Abzug als Werbungskosten in Betracht kommt. Der Arbeitnehmer kann in seiner Einkommensteuererklärung für die dreitägige Dienstreise folgende Verpflegungspauschalen als Werbungskosten geltend machen:

		Kürzungsbeträge	Verpflegungspauschale
Anreisetag:			14,00 €
Zwischentag:		28,00 €	
Kürzung:	Frühstück	./. 5,60 €	
	Mittagessen	./. 11,20 €	
	Abendessen	./. 11,20 €	
verbleiben für Zwischentag			0,00 €
Abreisetag:		14,00 €	
Kürzung:	Frühstück	./. 5,60 €	
verbleiben für den Abreisetag			8,40 €
Insgesamt abziehbar			22,40 €

Um die Kürzungsbeträge für die Mahlzeitengestellung bei der Einkommensteuerveranlagung berücksichtigen zu können, sind diese bei Auswärtstätigkeiten im Inland in der **Zeile 75** in einer Summe zu erklären; im vorstehenden Beispiel wären dort »**33,60 €**« (28 € + 5,60 €) als Kürzungsbeträge anzugeben. Zahlt der Arbeitnehmer für die Mahlzeitengewährung bei einer Auswärtstätigkeit ein **Entgelt**, ist dieses bei den Kürzungsbeträgen mindernd gegenzurechnen. Müsste der Arbeitnehmer in dem vorstehenden Beispiel für das Mittag- und Abendessen insgesamt 10 € aus eigener Tasche zahlen, wären in Zeile 75 als Kürzungsbeträge nur »23,60 €« (33,60 € abzgl. 10 €) anzugeben; zu ausführlichen Berechnungsbeispielen siehe Rz 73 ff. des BMF-Schreibens vom 25.11.2020, BStBl I S. 1228.

Die Kürzung der anzusetzenden Verpflegungspauschalen ist unabhängig davon vorzunehmen, ob der Arbeitnehmer die ihm zur Verfügung gestellten Mahlzeiten **tatsächlich eingenommen** hat (BFH-Urteil vom 7.7.2020, BStBl II S. 783) oder über **keine erste Tätigkeitsstätte** verfügt (BFH-Urteil vom 12.7.2021, BStBl II S. 642 zur Mahlzeitengestellung an Seeleute). Eine Mahlzeitengestellung des Arbeitgebers liegt auch vor, wenn sich der Arbeitnehmer am Kauf der Lebensmittel finanziell beteiligt (FG Niedersachsen vom 27.11.2019, 1 K 167/17, EFG 2020 S. 438). Ob ein Arbeitgeber anlässlich einer Auswärtstätigkeit Mahlzeiten zur Verfügung gestellt hat und deshalb entsprechende Kürzungsbeträge von den Verpflegungspauschalen abzuziehen sind, lässt sich im Regelfall den Reisekostenabrechnungen des Arbeitgebers entnehmen. Zur Berücksichtigung entsprechender Kürzungsbeträge für die Mahlzeitengestellung bei Auswärtstätigkeiten im Ausland vgl. Tz 11.19.5.6 a. E.

11.19.5.5 Konkurrenzregelung

In Fällen, in denen für **denselben Kalendertag** Verpflegungsmehraufwendungen sowohl wegen einer Auswärtstätigkeit als auch wegen einer doppelten Haushaltsführung anzuerkennen sind, ist jeweils der **höchste** in Betracht kommende **Pauschbetrag** anzusetzen (§ 9 Abs. 4a Satz 12 2. Halbsatz EStG, vgl. R 9.6 Abs. 2 LStR).

BEISPIEL:

Ein Arbeitnehmer mit doppelter Haushaltsführung macht in den ersten drei Monaten seit deren Begründung im Kj. 2025 eine Dienstreise mit einer Dauer von 10 Stunden.

Von den beiden in Betracht kommenden Verpflegungspauschbeträgen von 28 € für die tägliche Abwesenheitsdauer in den ersten drei Monaten der doppelten Haushaltsführung und 14 € für die Abwesenheit von mehr als 8 Stunden bei der Dienstreise kann nur der höhere Pauschbetrag von 28 € als Werbungskosten geltend gemacht werden.

11.19.5.6 Auswärtstätigkeiten im Ausland

6 Bei **Auswärtstätigkeiten** im **Ausland** gelten für den Ansatz von Verpflegungsmehraufwendungen nach Staaten unterschiedliche Pauschbeträge (Auslandstagegelder nach dem BRKG). Diese sind in **Zeile 76** einzutragen und ggf. in einer gesonderten Aufstellung zu berechnen. Auch bei Dienst- und Geschäftsreisen ins Ausland werden die Verpflegungspauschbeträge schon bei einer Abwesenheit von mehr als acht Stunden sowie für den An- und Abreisetag (ebenfalls ohne Prüfung einer Mindestabwesenheitsdauer) gewährt. Dabei bestimmt sich der Pauschbetrag nach dem Ort, den der Steuerpflichtige vor 24 Uhr Ortszeit zuletzt erreicht hat, oder, wenn dieser Ort im Inland liegt, nach dem letzten Tätigkeitsort im Ausland. Zu weiteren Besonderheiten bei Auswärtstätigkeiten im Ausland, insbesondere bei Flug- und Schiffsreisen, vgl. R 9.6 Abs. 3 LStR; Rz 51 und 52 des BMF-Schreibens vom 25.11.2020, BStBl I S. 1228.

Die ab 1.1.2025 jeweils geltenden Pauschbeträge für Verpflegungsmehraufwendungen für beruflich und betrieblich veranlasste Auswärtstätigkeiten im Ausland können für die wichtigsten Reiseländer aus der nachstehenden Tabelle entnommen werden (Änderungen gegenüber der Länderliste ab 1.1.2024, BStBl 2023 I S. 2076 sind in Fettdruck hervorgehoben):

	Pauschbeträge für Verpflegungsmehraufwendungen	
Reiseland	**bei einer Abwesenheitsdauer von mindestens 24 Stunden (voller Kalendertag) €**	**für den An- und Abreisetag sowie bei einer Abwesenheitsdauer von mehr als 8 Stunden je Kalendertag €**
Afghanistan	30	20
Ägypten	50	33
Albanien	27	18
Algerien	47	32
Andorra	41	28
Argentinien	35	24
Aserbaidschan	44	29
Australien		
– Canberra	74	49
– Sydney	57	38
– im Übrigen	57	38
Bahrain	48	32
Belgien	59	40
Bolivien	46	31
Bosnien und Herzegowina	23	16
Brasilien		
– Brasilia	51	34
– Rio de Janeiro	69	46
– Sao Paulo	46	31
– im Übrigen	46	31
Bulgarien	22	15
Chile	44	29
China		
– Chengdu	41	28
– Hongkong	71	48
– Kanton	36	24
– Peking	30	20
– Shanghai	58	39
– im Übrigen	48	32
Dänemark	75	50
Estland	29	20
Finnland	54	36
Frankreich	58	39
– Paris sowie die Departments 77, 78, 91 bis 95		
– im Übrigen	53	36
Griechenland		
– Athen	40	27
– im Übrigen	36	24
Großbritannien		
– London	66	44
– im Übrigen	52	35
Indien		
– Bangalore	**42**	**28**
– Chennai	**22**	**15**
– Kalkutta	**32**	**21**
– Mumbai	**53**	**36**
– Neu-Delhi	**46**	**31**
– im Übrigen	**22**	**15**
Indonesien	**45**	**30**
Iran	33	22
Irland	58	39
Island	62	41
Israel	66	44
Italien		
– Mailand	42	28
– Rom	48	32
– im Übrigen	42	28
Japan		
– Tokio	50	33
– Osaka	**33**	**22**
– im Übrigen	**33**	**22**
Jordanien	57	38
Kanada		
– Ottawa	62	41
– Toronto	54	36

Reiseland	Pauschbeträge für Verpflegungsmehraufwendungen bei einer Abwesenheitsdauer von mindestens 24 Stunden (voller Kalendertag) €	für den An- und Abreisetag sowie bei einer Abwesenheitsdauer von mehr als 8 Stunden je Kalendertag €
– Vancouver	63	42
– im Übrigen	54	36
Kasachstan	**33**	**22**
Korea, Republik	48	32
Kosovo	24	16
Kroatien	**46**	**31**
Kuwait	56	37
Lettland	35	24
Libanon	69	46
Liechtenstein	56	37
Litauen	26	17
Luxemburg	63	42
Malaysia	36	24
Malta	46	31
Mazedonien	29	20
Mexiko	48	32
Monaco	52	35
Montenegro	32	21
Neuseeland	58	39
Niederlande	47	32
Nordmazedonien	27	18
Norwegen	75	50
Österreich	50	33
Oman	64	43
Polen		
– Breslau	**34**	**23**
– Warschau	**40**	**27**
– im Übrigen	**34**	**23**
Portugal	32	21
Rumänien		
– Bukarest	32	21
– im Übrigen	27	18
Russische Föderation		
– Moskau	30	20
– St. Petersburg	**28**	**19**
– im Übrigen	**28**	**19**
Saudi-Arabien		
– Djidda	57	38
– Riad	56	37
– im Übrigen	56	37
Schweden	66	44
Schweiz		
– Genf	66	44
– im Übrigen	64	43
Serbien	27	18
Singapur	**71**	**48**
Slowakische Republik	33	22
Slowenien	38	25
Spanien		
– Barcelona	34	23
– Kanarische Inseln	36	24
– Madrid	42	28
– Palma de Mallorca	44	29
– im Übrigen	34	23
Südafrika		
– Kapstadt	33	22
– Johannesburg	36	24
– im Übrigen	29	20
Thailand	**36**	**24**
Tschechische Republik	32	21
Türkei		
– **Ankara**	**32**	**21**
– Izmir	**44**	**29**
– im Übrigen	**24**	**16**
Ukraine	26	17
Ungarn	32	21
USA		
– Atlanta	77	52
– Boston	63	42
– Chicago	65	44
– Houston	62	41
– Los Angeles	64	43
– Miami	65	44
– New York City	66	44
– San Francisco	59	40
– Washington D. C.	66	44
– im Übrigen	59	40
Vatikanstaat	52	35
Venezuela	45	30
Vereinigte Arabische Emirate	65	44
Weißrussland	20	13
Zypern	42	28

Die vollständige Länderliste für Auslandsdienstreisen ab dem 1.1.2025 wurde mit BMF-Schreiben vom 2.12.2024, BStBl I S. 1549 bekannt gegeben. Für die in dieser Bekanntmachung nicht erfassten Staaten sind die für **Luxemburg** geltenden Pauschbeträge von 63 €/42 € (je nach Abwesenheitsdauer) maßgebend; für nicht erfasste Übersee- und Außengebiete eines Landes gilt der für das Mutterland geltende Pauschbetrag.

Bei einer **Mahlzeitengestellung** durch den Arbeitgeber sind auch bei Auswärtstätigkeiten im Ausland für jeden Reisetag die ermittelten Verpflegungspauschalen für ein Frühstück um 20 %, für Mittag- und Abendessen um jeweils 40 % der jeweils maßgebenden Verpflegungspauschale für einen vollen Kalendertag zu kürzen (§ 9 Abs. 4a Satz 8 EStG). Dies gilt unabhängig davon, in welchem Land die jeweilige Mahlzeit zur Verfügung gestellt wurde.

BEISPIEL:

Der Ingenieur I kehrt am Dienstag von einer mehrtägigen Auswärtstätigkeit in Straßburg (Frankreich) zu seiner Wohnung zurück. Nachdem er Unterlagen und neue Kleidung eingepackt hat, reist er zu einer weiteren mehrtägigen Auswärtstätigkeit nach Kopenhagen (Dänemark) weiter. I erreicht Kopenhagen

um 23 Uhr. Die Übernachtungen – jeweils mit Frühstück – wurden vom Arbeitgeber im Voraus gebucht und bezahlt.
Für den Dienstag ist nur die höhere Verpflegungspauschale von **50 €** (Rückreisetag von Straßburg: 36 €, Anreisetag nach Kopenhagen 50 €) anzusetzen. Aufgrund der Gestellung des Frühstücks im Rahmen der Übernachtung in Straßburg ist die Verpflegungspauschale um **15 €** (20 % der Verpflegungspauschale Kopenhagen für einen vollen Kalendertag = 75 €, siehe »Ländertabelle«) auf **35 €** zu kürzen.

Im Übrigen sind die gleichen Grundsätze wie bei der Mahlzeitengestellung bei Auswärtstätigkeiten im Inland anzuwenden (vgl. Tz 11.19.5.4). Bei Eintragung der Verpflegungspauschbeträge für Auswärtstätigkeiten im Ausland in **Zeile 76** ist darauf zu achten, dass die Kürzungsbeträge in der beizufügenden gesonderten Aufstellung bereits abgezogen sind und nur der geminderte Betrag dort eingetragen werden darf.

ELSTER:
In ELSTER steht für Eingabe der Kürzungsbeträge wegen Mahlzeitengestellung bei Auswärtstätigkeiten im Ausland eine gesonderte Eingabezeile zur Verfügung. Die über die staatenbezogene Eingabe der Verpflegungspauschalen ermittelten Werbungskosten (vgl. Tz 11.19.1 a. E.) werden hierdurch automatisch um die dort eingegebenen Kürzungsbeträge gemindert.

11.19.5.7 Steuerfreier Arbeitgeberersatz

Der **Arbeitgeber** kann Mehraufwendungen für Verpflegung bis zu den unter Tz 11.19.5.1, Tz 11.19.5.6 genannten Pauschbeträgen **steuerfrei erstatten** (§ 3 Nr. 13 und Nr. 16 EStG). Insoweit ist beim Arbeitnehmer jedoch der Werbungskostenabzug ausgeschlossen (§ 3c Abs. 1 EStG). Erhält der Arbeitnehmer niedrigere Beträge steuerfrei erstattet, so kann er den **Unterschiedsbetrag** zwischen steuerfreiem Arbeitgeberersatz und den Verpflegungspauschalen ohne Einzelnachweis als **Werbungskosten** geltend machen.

7 Die vom Arbeitgeber insgesamt steuerfrei erstatteten Verpflegungsmehraufwendungen sind in **Zeile 77** gesondert anzugeben. Falls der Arbeitgeber die »steuerfreien Verpflegungszuschüsse bei Auswärtstätigkeit« unter Nr. 20 der **Lohnsteuerbescheinigung** bescheinigt hat, kann der dort ausgewiesene Betrag personell in die Zeile 77 übertragen werden; insoweit erfolgt **keine** automatische **Datenübernahme** aus der Lohnsteuerbescheinigung. Im Rahmen der Einkommensteuerveranlagung werden die steuerfreien Arbeitgeberleistungen programmgesteuert von der Summe der abzugsfähigen Verpflegungspauschbeträge abgezogen.

Vergütet der Arbeitgeber höhere Beträge als die Pauschalen, so kann er diese Vergütungen mit einem Pauschsteuersatz von 25 % besteuern, soweit sie die steuerfreien Pauschalen um nicht mehr als 100 % übersteigen (§ 40 Abs. 2 Satz 1 Nr. 4 EStG). Noch höhere Vergütungen kann der Arbeitgeber auf Antrag beim Betriebsstättenfinanzamt mit einem besonders zu ermittelnden Steuersatz pauschal besteuern (§ 40 Abs. 1 Satz 1 Nr. 1 EStG). Die pauschal versteuerten Verpflegungsmehraufwendungen bleiben bei der Veranlagung zur ESt außer Ansatz; die pauschal versteuerten Beträge sind daher **nicht** in Zeile 77 einzutragen.

11.19.6 Übernachtungskosten

11.19.6.1 Abziehbare Aufwendungen

69 **Unterkunfts-** und **Übernachtungskosten** im Rahmen einer beruflich veranlassten Auswärtstätigkeit sind sowohl im Inland als auch im Ausland nur in der **nachgewiesenen Höhe** als Werbungskosten abzugsfähig (z. B. durch Vorlage einer auf den Namen des Arbeitnehmers lautenden Rechnung des Hotels, Gasthofs usw., wenn das Finanzamt entsprechende Belege anfordert); zur Belegvorlage-/Belegvorhaltepflicht vgl. Vorbemerkungen Tz 14.1. Liegen Übernachtungsbelege nicht vor, ist aber die Entstehung von Übernachtungskosten dem Grunde nach unbestritten, so kann ausnahmsweise die Höhe der Kosten geschätzt werden (BFH-Urteile vom 17.7.1980, BStBl 1981 II S. 14 und vom 12.9.2001, BStBl II S. 775). Die tatsächlichen Übernachtungskosten können in **Zeile 67** geltend gemacht werden. Zudem muss in **Zeile 69** in dem Betragsfeld zur Kennzahl »410« die Gesamtsumme aus Fahrt-, Übernachtungs- und Reisenebenkosten eingetragen werden.

Ein Werbungskostenabzug i. H. der **Pauschbeträge** für **Übernachtungskosten** nach dem BRKG ist **nicht** möglich. Dies gilt für den Abzug von Übernachtungskosten bei **Geschäftsreisen** als Betriebsausgaben entsprechend; als Betriebsausgaben können ebenfalls nur die tatsächlichen Übernachtungskosten berücksichtigt werden.

Übernachtungskosten sind die tatsächlichen Aufwendungen für die persönliche Inanspruchnahme einer Unterkunft zur Übernachtung (§ 9 Abs. 1 Satz 3 Nr. 5b Satz 2 EStG; vgl. R 9.7 Abs. 1 Satz 1 LStR). Hierzu zählen z. B. Kosten für die Nutzung eines Hotelzimmers, Mietaufwendungen für die Nutzung eines (ggf. möblierten) Zimmers oder einer Wohnung sowie Nebenleistungen (z. B. Kultur- und Tourismusförderabgabe, Kurtaxe/Fremdenverkehrsabgabe, bei Auslandsübernachtungen die besondere Kreditkartengebühr bei Zahlungen in Fremdwährungen). Auch die Kosten einer vom Lebensmittelpunkt entfernten Zweitwohnung, die für Übernachtungen im Rahmen einer wechselnden Auswärtstätigkeit sowie als Büroarbeitsplatz genutzt wird, sind nach § 9 Abs. 1 Satz 3 Nr. 5a EStG als Werbungskosten abzugsfähig (FG Hamburg vom 24.10.2019, 6 K 35/19, EFG 2020 S. 189 – rkr.). Das Finanzamt prüft lediglich die berufliche Veranlassung der Übernachtungskosten, nicht aber die Angemessenheit der Unterkunft (z. B. bestimmte Hotelkategorie oder Größe der Unterkunft).

11.19.6.2 Maßgebende Wohnung

Die Anerkennung von Unterkunftskosten im Rahmen einer auswärtigen beruflichen Tätigkeit erfordert, dass noch eine andere »**Wohnung**« besteht, an der der Arbeitnehmer seinen Lebensmittelpunkt hat, ohne dass dort jedoch ein eigener Hausstand vorliegen muss. Für die Berücksichtigung von Unterkunftskosten anlässlich einer Auswärtstätigkeit wird somit – anders als bei der doppelten Haushaltsführung – nicht vorausgesetzt, dass der Arbeitnehmer eine Wohnung aus eigenem Recht oder als Mieter innehat und eine finanzielle Beteiligung an den Kosten der Lebensführung leistet. Es genügt, wenn der Arbeitnehmer z. B. im Haushalt der Eltern ein Zimmer bewohnt (Rz 119 des BMF-Schreibens vom 25.11.2020, BStBl I S. 1228). Ist die Unterkunft am auswärtigen Tätigkeitsort die **einzige Wohnung/Unterkunft** des Arbeitnehmers, liegt allerdings kein beruflich veranlasster Mehraufwand vor (vgl. R 9.7 Abs. 1 Satz 2 LStR). Die Aufwendungen sind in diesem Fall durch den Grundfreibetrag abgegolten.

11.19.6.3 Längerfristige Auswärtstätigkeiten

Bei einer **längerfristigen** beruflichen **Auswärtstätigkeit an derselben Tätigkeitsstätte** im **Inland**, die nicht erste Tätigkeitsstätte ist, können nach Ablauf von **48 Monaten** die tatsächlich entstehenden Unterkunftskosten höchstens noch bis zur Höhe von **1 000 €** im **Monat** als Werbungskosten abgezogen werden (§ 9 Abs. 1 Satz 3 Nr. 5a Satz 4 EStG). Das gilt auch für Hotelübernachtungen. Die Höchstgrenze von 1 000 € monatlich gilt nicht für Auswärtstätigkeiten im Ausland; insoweit gelten die bisherigen Grundsätze zur beruflichen Veranlassung und Notwendigkeit der entstandenen Aufwendungen unverändert weiter (vgl. Tz 11.19.6.4).

Eine längerfristige berufliche Tätigkeit an derselben Tätigkeitsstätte liegt nur vor, wenn der Arbeitnehmer an dieser mindestens an drei Tagen wöchentlich tätig wird. Die 48-Monatsfrist beginnt daher nicht, solange die auswärtige Tätigkeitsstätte nur an zwei Tagen wöchentlich aufgesucht wird. Eine **Unterbrechung** von weniger als **sechs Monaten**, z. B. wegen Urlaub, Krankheit, beruflicher Tätigkeit an einer anderen Tätigkeitsstätte führt nicht zu einem Neubeginn der 48-Monatsfrist. Die Prüfung des Unterbrechungszeitraums und des Ablaufs der 48-Monatsfrist erfolgt stets im Nachhinein mit Blick auf die zurückliegende Zeit (»Ex-post-Betrachtung«).

BEISPIEL 1:
Der Arbeitnehmer A ist seit 1.4.2025 in der sich an seinem Wohnort befindlichen ersten Tätigkeitsstätte in H an zwei Tagen in der Woche tätig. An den anderen drei Tagen betreut er aufgrund arbeitsrechtlicher Festlegungen eine 200 km entfernte Filiale in B. Dort übernachtet er regelmäßig zweimal wöchentlich. Da A längerfristig infolge seiner beruflichen Tätigkeit an drei Tagen in der Woche an derselben Tätigkeitsstätte in B, die nicht erste Tätigkeitsstätte ist, tätig wird und dort übernachtet, können von ihm die tatsächlich entstehenden Übernachtungskosten nach Ablauf von 48 Monaten nur noch bis zur Höhe von 1 000 € monatlich als Werbungskosten geltend gemacht werden. Die unbegrenzte Berücksichtigung der entstandenen Aufwendungen in den ersten 48 Monaten bleibt davon unberührt.

Maßgeblich für den Beginn der **48-Monatsfrist** ist der jeweilige Beginn der längerfristigen beruflichen Tätigkeit an derselben Tätigkeitsstätte im Inland. Aus Vereinfachungsgründen ist es nicht zu beanstanden, wenn die abziehbaren Übernachtungskosten erst ab dem ersten vollen Kalendermonat, der auf den Monat folgt, in dem die 48-Monatsfrist endet, auf 1 000 € begrenzt werden (Rz 128 des BMF-Schreibens vom 25.11.2020, BStBl I S. 1228).

BEISPIEL 2:
Der Arbeitnehmer A hat seine Tätigkeit am 15.7.2021 an einer auswärtigen Tätigkeitsstätte aufgenommen und soll dort bis zum 31.12.2025 tätig sein. Die 48-Monatsfrist beginnt am 15.7.2021 und endet mit Ablauf des 14.7.2025. Unter Anwendung der o. a. Vereinfachungsregelung können ab August 2025 Übernachtungskosten nur noch bis zur Höhe von 1 000 € monatlich berücksichtigt werden.

11.19.6.4 Notwendige Mehraufwendungen

Soweit höhere Übernachtungskosten anfallen, weil der Arbeitnehmer eine Unterkunft oder Wohnung gemeinsam mit Personen nutzt, die in keinem Dienstverhältnis zum selben Arbeitgeber stehen, sind nur diejenigen Aufwendungen anzusetzen, die bei **alleiniger Nutzung** durch den Arbeitnehmer angefallen wären. Nicht abziehbar sind somit **Mehrkosten**, die aufgrund der Mitnutzung der Übernachtungsmöglichkeit durch eine Begleitperson entstehen, insbesondere wenn die Begleitung privat und nicht beruflich veranlasst ist. Bei Mitnutzung eines Mehrbettzimmers (z. B. Doppelzimmer) können die Aufwendungen angesetzt werden, die bei Inanspruchnahme eines Einzelzimmers im selben Haus entstanden wären (Rz 121 des BMF-Schreibens vom 25.11.2020, BStBl I S. 1228).

BEISPIEL 1:
Der Arbeitnehmer A wird aus persönlichen Gründen auf einer Auswärtstätigkeit von seiner Ehefrau begleitet. Für die Übernachtung im Doppelzimmer entstehen Kosten von 150 €. Ein Einzelzimmer hätte 90 € gekostet. Als Werbungskosten sind nur 90 € abziehbar.

Bei **Mitnahme** der **Familie** an den auswärtigen Beschäftigungsort gilt Folgendes:

Bei Nutzung einer Wohnung am auswärtigen Tätigkeitsort zur Übernachtung während einer beruflich veranlassten Auswärtstätigkeit kann im Inland aus Vereinfachungsgründen – entsprechend der Regelungen für Unterkunftskosten bei einer längerfristigen Auswärtstätigkeit von mehr als 48 Monaten (vgl. Tz 11.19.6.3) – bei Aufwendungen bis zu einem Betrag von 1 000 € monatlich von einer ausschließlichen beruflichen Veranlassung ausgegangen werden. Betragen die Aufwendungen im Inland mehr als 1 000 € monatlich oder handelt es sich um eine Wohnung im Ausland, können nur die Aufwendungen berücksichtigt werden, die durch die beruflich veranlasste, alleinige Nutzung des Arbeitnehmers verursacht werden; dazu kann z. B. die ortsübliche Miete für eine nach Lage und Ausstattung durchschnittliche Wohnung am Ort der auswärtigen Tätigkeitsstätte mit einer Wohnfläche bis zu 60 qm als Vergleichsmaßstab herangezogen werden (Rz 122 des o. a. BMF-Schreibens vom 25.11.2020). Das FG Niedersachsen hält diesen Maßstab allerdings für zu niedrig und ermittelt den beruflich veranlassten Teil der Übernachtungskosten zunächst durch eine modifizierte Aufteilung nach Köpfen und berücksichtigt zusätzlich 20 % der Gesamtaufwendungen zur Abdeckung der Kosten, die unabhängig von der Mitnahme der Familie anfallen (Urteil vom 30.10.2015, 9 K 105/12; EFG 2016 S. 557; bestätigt durch BFH-Beschluss vom 3.7.2018, VI R 55/16, BFH/NV 2018 S. 1145). Die v. g. Entscheidungen sind zwar zum »alten« Reisekostenrecht bis einschließlich 2013 ergangen, sie können jedoch auf das neue Reisekostenrecht ab 2014 angewendet werden.

BEISPIEL 2:
Ein nach Deutschland entsandter Arbeitnehmer wohnt mit seiner Ehefrau und einem Kind in einem 200 qm großen Haus am auswärtigen Beschäftigungsort. Die Aufwendungen für das Haus betragen im Kj. 2025 monatlich 2 000 € (pro Jahr 24 000 €). Es ergibt sich folgende steuerlich anzuerkennende Berechnung:

1. Schritt: Aufteilung nach Köpfen (hier 3 Personen)	
24 000 € : 3 Personen =	8 000 €
Mehraufwand für die Familie (nicht abzugsfähig)	
8 000 € × 2 Personen =	16 000 €
auf den Arbeitnehmer entfallender beruflicher Aufwand	8 000 €
2. Schritt: Korrektur Mehraufwand i. H. des Sockelbetrags für Einpersonenhaushalt:	
24 000 € × 20 % =	4 800 €
Beruflich veranlasste Übernachtungskosten (8 000 € + 4 800 € =)	**12 800 €**

11.19.6.5 Einheitliche Hotelrechnung

Wird in der Hotelrechnung nur ein Gesamtpreis für Übernachtung und Verpflegung ausgewiesen und lässt sich der Preis für die Verpflegung nicht feststellen (z. B. Tagungspauschale), so ist aus Vereinfachungsgründen der **Gesamtpreis** zur Ermittlung der Übernachtungskosten wie folgt **zu kürzen**:

- für das **Frühstück** um **20 %**,
- für **Mittag-** und **Abendessen** um jeweils **40 %**

des für den Unterkunftsort maßgebenden Pauschbetrags für Verpflegungsmehraufwendungen bei einer Auswärtstätigkeit mit einer Abwesenheitsdauer von mindestens 24 Stunden (Rz 118 des BMF-Schreibens vom 25.11.2020, BStBl I S. 1228). Bei einer Inlandsübernachtung beträgt hiernach der für das Frühstück zu kürzende Anteil stets **5,60 €** (20 % von 28 €).

Ist in einer Rechnung neben der Beherbergungsleistung ein **Sammelposten** für andere, dem allgemeinen Umsatzsteuersatz unterliegende Leistungen einschließlich Frühstück ausgewiesen, und liegt keine Frühstücksgestellung durch den Arbeitgeber vor (vgl. Tz 11.19.5.4), so ist die Kürzungsregelung für das Frühstück (Kürzung um 20 % des maßgebenden Pauschbetrags für Verpflegungsmehraufwendungen; im Inland: 5,60 €) auf diesen Sammelposten entsprechend anzuwenden (Rz 16 des BMF-Schreibens vom 5.3.2010, BStBl I S. 259). Der verbleibende Teil dieses Sammelpostens ist als Reisenebenkosten zu behandeln, wenn kein Anlass für die Vermutung besteht, dass in diesem Sammelposten etwaige nicht als Reisenebenkosten anzuerkennende Nebenleistungen enthalten sind (etwa Pay-TV, private Telefonate, Massagen). Wird glaubhaft gemacht, dass in der Hotelrechnung Kosten für ein Frühstück nicht enthalten sind, so ist der Gesamtbetrag als Kosten der Unterbringung anzusehen.

11.19.6.6 Übernachtung in einem Fahrzeug (Berufskraftfahrer)

Übernachtet ein **Berufskraftfahrer** bei einer mehrtägigen beruflichen 70
Fahrtätigkeit in der **Schlafkabine** seines Kfz, kann er anstelle der tatsächlich entstandenen Kosten (z. B. für die Nutzung von Duschen und Toiletten auf Rastplätzen, Reinigung der Schlafgelegenheit) ab

dem VZ 2024 einen Pauschbetrag i. H. von **9 €** pro **Kalendertag** geltend machen (§ 9 Abs. 1 Satz 3 Nr. 5b Satz 2 EStG). Voraussetzung hierfür ist, dass er für diesen Tag auch eine Verpflegungspauschale beanspruchen könnte. Der Pauschbetrag kann auch von **mitfahrenden Arbeitnehmern** beansprucht werden, die ebenfalls im Fahrzeug übernachten (Rz 131 des BMF-Schreibens vom 25.11.2020, BStBl I S. 1228). Für Kalendertage, an denen der Arbeitnehmer nur eine Verpflegungspauschale bei einer eintägigen Auswärtstätigkeit **ohne Übernachtung** mit Abwesenheit von mehr als acht Stunden beanspruchen kann, kann die Pauschale nicht geltend gemacht werden. Zweifelhaft ist, ob einem Berufskraftfahrer mit mehrtägiger Auswärtstätigkeit die Pauschale auch für **sämtliche An-** und **Abreisetage** zusteht, wenn er an einzelnen Tagen nicht im Fahrzeug übernachtet hat (abl. FG Thüringen vom 18.6.2024, 2 K 534/22, EFG 2025 S. 849 – Revision eingelegt, Az. beim BFH: VI R 6/25).

Das **Wahlrecht** zwischen tatsächlichen Kosten und dem Pauschbetrag von 9 € kann im Kj. nur **einheitlich** ausgeübt werden. Zur Geltendmachung des Pauschbetrags genügt es, in **Zeile 70** die »Anzahl der Tage« anzugeben. Ggf. vom Arbeitgeber bereits steuerfrei ersetzt Beträge sind gesondert in **Zeile 71** anzugeben; sie werden auf die abziehbaren Werbungskosten angerechnet (vgl. Tz 11.19.6.7).

11.19.6.7 Steuerfreier Arbeitgeberersatz

1 Anders als beim Werbungskostenabzug kann der Arbeitgeber sowohl bei Übernachtungen im Inland als auch im Ausland die Übernachtungskosten entweder mit den **tatsächlichen Aufwendungen** oder mit den festgelegten **Pauschbeträgen steuerfrei erstatten** (§ 3 Nr. 13 und Nr. 16 EStG). Für jede Übernachtung im **Inland** darf der Arbeitgeber ohne Einzelnachweis einen Pauschbetrag von **20 €** steuerfrei zahlen; die bei Übernachtungen im **Ausland** ab dem 1.1.2025 geltenden **Pauschbeträge** für **Übernachtungskosten** können dem BMF-Schreiben vom 2.12.2024, BStBl I S. 1549 entnommen werden. Die Pauschbeträge dürfen nicht steuerfrei erstattet werden, wenn der Arbeitnehmer die Unterkunft vom Arbeitgeber oder aufgrund seines Dienstverhältnisses von einem Dritten unentgeltlich oder teilentgeltlich erhalten hat (vgl. R 9.7 Abs. 3 Satz 6 LStR). Bei der Einkommensteuerveranlagung werden die in **Zeile 67** und **69** geltend gemachten Übernachtungskosten automatisch um den insgesamt in **Zeile 71** anzugebenden steuerfreien Reisekostenersatz (einschließlich Übernachtungskosten) gekürzt.

11.19.7 Reisenebenkosten

69 **Reisenebenkosten** sind die tatsächlichen Aufwendungen z. B.

- für die Beförderung und Aufbewahrung von **Gepäck**,
- für **Telefon, Fax, Internet, Schriftverkehr** beruflichen Inhalts mit dem Arbeitgeber oder dessen Geschäftspartnern,
- für **Visa** und sonstige Reisepapiere,
- für die medizinische Vorbereitung (z. B. **Impfungen**),
- Gebühren für **Straßenbenutzung** (Autobahngebühr, Maut, Straßenvignetten) und **Parkgebühren**, Unkosten für Garage,
- für den Transport des Kfz (z. B. Autoreisezug, Fähren),
- für Zahlungsmittel (z. B. Reisescheckgebühren, Gebühren für den Ankauf von Devisen und des Verlustes beim Rücktausch).

Die entstandenen Reisenebenkosten können in **Zeile 68** als Werbungskosten geltend gemacht werden. Zudem muss in **Zeile 69** in dem Betragsfeld zur Kennzahl »410« die **Gesamtsumme** aus Fahrt-, Übernachtungs- und Reisenebenkosten eingetragen werden.

Keine Reisenebenkosten sind die Aufwendungen z. B. für private Ferngespräche, Massagen, Minibar oder Pay-TV (Rz 132 des BMF-Schreibens vom 25.11.2020, BStBl I S. 1228). Kosten, die bei einer mindestens einwöchigen Auswärtstätigkeit für Telefonate mit nahen Angehörigen entstehen, können dagegen nach Ansicht des BFH als beruflich veranlasste Werbungskosten abzugsfähig sein (BFH-Urteil vom 5.7.2012, BStBl 2013 II S. 282 zu den Kosten für Telefongespräche eines Soldaten der Marine während des Einsatzes auf eine Schiff).

Ein in einer Hotelrechnung neben der Beherbergungsleistung ausgewiesener **Sammelposten** für andere, dem allgemeinen Umsatzsteuersatz unterliegende Leistungen einschließlich Frühstück kann nach Abzug des Frühstücksanteils als Reisenebenkosten berücksichtigt werden (vgl. Tz 11.19.6.5). Unschädlich ist, wenn dieser Sammelposten mit »Internetzugang«, »Zugang zu Kommunikationsnetzen«, näher bezeichnet wird und der hierzu ausgewiesene Betrag nicht so hoch ist, dass er offenbar den Betrag für Frühstück und steuerlich anzuerkennende Reisenebenkosten übersteigt. Andernfalls ist dieser Sammelposten steuerlich in voller Höhe als privat veranlasst zu behandeln (Rz 16 des BMF-Schreibens vom 5.3.2010, BStBl I S. 259).

Soweit **Trinkgeldzahlungen** für den Transport des Gepäcks und an das Hotelpersonal (Kofferträger, Reinemachefrauen) regelmäßig geleistet werden, wie das z. B. durch die Luftverkehrsgesellschaften von ihrem fliegenden Personal erwartet wird, kommt ein Abzug als Werbungskosten in Betracht, wenn eine Glaubhaftmachung durch Einzelaufzeichnungen des Arbeitnehmers erfolgt.

Auch **Schadensersatzleistungen** infolge von **Verkehrsunfällen** anlässlich einer Dienstreise sind Reisenebenkosten (Rz 129 des o. a. BMF-Schreibens vom 25.11.2020). Dazu gehören auch Beiträge zu **Unfallversicherungen**, soweit diese Versicherungen Berufsunfälle außerhalb einer ortsgebundenen ersten Tätigkeitsstätte abdecken (vgl. H 9.8 – Unfallversicherung – LStH); wegen der steuerlichen Behandlung von Unfallversicherungen, die das Unfallrisiko sowohl im beruflichen als auch im außerberuflichen Bereich abdecken siehe BMF-Schreiben vom 28.10.2009, BStBl I S. 1204 (vgl. Tz 11.18.3.29 unter »Versicherungsbeiträge«). Wegen erlittener **Vermögensschäden** während der Dienstreise als Reisenebenkosten vgl. Tz 11.18.3.28 unter »Vermögensverluste«. Die Aufwendungen sind in der nachgewiesenen oder glaubhaft gemachten Höhe abzugsfähig. **Buß-** und **Verwarnungsgelder**, die im Zusammenhang mit der auswärtigen Tätigkeit verhängt werden, gehören nicht zu den absetzbaren Reisenebenkosten.

Prämien für eine **Reisegepäckversicherung** werden als Reisenebenkosten anerkannt, wenn sich der Versicherungsschutz auf die beruflich bedingte Abwesenheit von der ortsgebundenen ersten Tätigkeitsstätte beschränkt (BFH-Urteil vom 19.2.1993, BStBl II S. 519, auch zur Aufteilung der Aufwendungen für eine gemischte Reisegepäckversicherung).

Steuerfreier Ersatz durch den Arbeitgeber ist aufgrund vorgelegter Unterlagen möglich, soweit die tatsächlichen Aufwendungen nicht überschritten werden (§ 3 Nr. 16 EStG). Die in den **Zeilen 68** und **69** geltend gemachten Reisenebenkosten werden bei der Einkommensteuerveranlagung automatisch um die in **Zeile 71** insgesamt einzutragenden steuerfreien Ersatzleistungen (einschließlich Reisenebenkosten) gekürzt. 71

11.20 Werbungskosten in Sonderfällen

Für Werbungskosten in Sonderfällen (z. B. Werbungskosten im Zusammenhang mit Entschädigungen/Arbeitslohn für mehrere Jahre oder mit steuerfreien Arbeitslöhnen für eine Tätigkeit im Ausland) sind in den **Zeilen 78** bis **83** folgende Abfragen vorgesehen bzw. Eintragungen erforderlich: 78–83

- **Zeile 78**: »Werbungskosten zu steuerbegünstigten Versorgungsbezügen lt. Zeile 11« (vgl. Tz 11.4.3). In der Freitextzeile ist die Art der Aufwendungen einzutragen. Die mit steuerbegünstigten Versorgungsbezügen zusammenhängenden Werbungskosten werden vom Finanzamt über die Betragsangabe zur Kennzahl »682« erfasst.
- **Zeile 79**: »Werbungskosten zu steuerbegünstigten Versorgungsbezügen für mehrere Jahre lt. Zeile 16« (vgl. Tz 11.5.4). In der Freitextzeile ist die Art der Aufwendungen einzutragen. Die Werbungskosten, die sich bei der Berechnung der Progressionseinkünfte mindernd auswirken, werden über die Eintragung in Zeile 79 zur Kennzahl »659« berücksichtigt.
- **Zeile 80**: »Werbungskosten zu Arbeitslohn für mehrere Jahre, Entschädigungen lt. Zeile 17« (vgl. Tz 11.5.4). In der Freitextzeile ist die Art der Aufwendungen einzutragen. Die Werbungskosten werden über die Betragsangabe in Zeile 80 zur Kennzahl »660« erfasst. Hierdurch können sie bei der Berechnung der Progressionseinkünfte mindernd berücksichtigt werden.

- **Zeile 81**: »Werbungskosten zu steuerfreiem Arbeitslohn lt. Zeile 21 und 22«. Werbungskosten im Zusammenhang mit steuerfreiem Arbeitslohn für eine Tätigkeit im Ausland (z.B. nach DBA oder dem Auslandstätigkeitserlass) werden für jeden Staat in einer eigenen Anlage N-AUS (Zeilen 57 bis 59 und 64) gesondert abgefragt. Die Summe der Beträge aus den Zeilen 59 und 64 aller Anlagen N-AUS sind in die Zeile 81 (Kennzahl »657«) zu übertragen, damit sie bei der Berechnung der Progressionseinkünfte mindernd berücksichtigt werden kann (vgl. Tz 11.7).
- **Zeile 82**: »Werbungskosten zu steuerpflichtigem Arbeitslohn, von dem kein Steuerabzug vorgenommen worden ist lt. Zeile 18«. Werbungskosten sind in diesen Fällen grds. in den Zeilen 27 bis 77 und in der Anlage N-Doppelte Haushaltsführung geltend zu machen. **Zusätzlich** ist für Zwecke der Berücksichtigung eines evtl. Härteausgleichs nach § 46 Abs. 3 und 5 EStG in Zeile 82 die Summe dieser Werbungskosten anzugeben (vgl. Tz 11.6).
- **Zeile 83**: »Werbungskosten zu Arbeitslohn für eine Tätigkeit im Inland, wenn die Ansässigkeit in Belgien gegeben ist«. Werbungskosten sind in diesen Fällen grds. in den Zeilen 27 bis 77 und in der Anlage N-Doppelte Haushaltsführung geltend zu machen. **Zusätzlich** ist in Zeile 83 die Summe dieser Werbungskosten anzugeben. Hierdurch kann bei einer ausschließlichen Ansässigkeit in Belgien (Art. 4 Abs. 1 DBA Belgien) oder einer Ansässigkeit in Deutschland bei einem doppelten Wohnsitz (Art. 4 Abs. 2 DBA Belgien) die nach dem Zusatzabkommen zum DBA Belgien infrage kommende Minderung der tariflichen ESt zutreffend berechnet werden (vgl. Tz 11.10.1).

Bei den Angaben in den **Zeilen 78** bis **81** ist unbedingt darauf zu achten, dass die dort erklärten Werbungskosten **nicht zusätzlich** in den **Zeilen 27** bis **77** und in der **Anlage N-Doppelte Haushaltsführung** enthalten sein dürfen! Ansonsten werden diese Beträge nochmals von dem Bruttoarbeitslohn lt. Zeile 6 abgezogen, also somit im Ergebnis in unzutreffender Weise doppelt berücksichtigt.

12. Anlage N-Doppelte Haushaltsführung 2025

12.1 Vorbemerkungen

Für die Geltendmachung von Mehraufwendungen für doppelte Haushaltsführung ist die »**Anlage N-Doppelte Haushaltsführung**« zu verwenden. Ehegatten/Lebenspartner, die beide Mehraufwendungen für doppelte Haushaltsführung haben, müssen jeweils eine eigene »Anlage N-Doppelte Haushaltsführung« abgeben.

12.2 Vorliegen eines doppelten Haushalts

Werbungskosten sind auch die **notwendigen** Mehraufwendungen, die einem Arbeitnehmer wegen einer aus beruflichem Anlass begründeten **doppelten Haushaltsführung** entstehen (§ 9 Abs. 1 Satz 3 Nr. 5 Satz 1 EStG), soweit sie vom Arbeitgeber nicht ersetzt werden.

Eine doppelte Haushaltsführung liegt nur vor, wenn der Arbeitnehmer außerhalb des Ortes seiner ersten Tätigkeitsstätte einen **eigenen Haushalt** unterhält und auch **am Ort der ersten Tätigkeitsstätte wohnt** (§ 9 Abs. 1 Nr. 5 Satz 2 EStG). Als **Zweitwohnung** am Beschäftigungsort kommt jede dem Arbeitnehmer zur Verfügung stehende Unterkunft in Betracht (z. B. möbliertes Zimmer, Hotelzimmer, Gemeinschaftsunterkunft, ein Gleisbauzug, aber auch eine Eigentumswohnung). Die Anzahl der Übernachtungen in der Zweitwohnung ist unerheblich (Rz 100 des BMF-Schreibens vom 25.11.2020, BStBl I S. 1228). Der Abzug von Mehraufwendungen für doppelte Haushaltsführung ist nicht auf die Fälle beschränkt, in denen der Arbeitnehmer ausschließlich außerhalb des Ortes seiner Hauptwohnung beschäftigt ist. Eine doppelte Haushaltsführung liegt auch dann vor, wenn ein Arbeitnehmer neben einer Beschäftigung am Ort der Zweitwohnung **zugleich** am Ort seiner **Hauptwohnung** beschäftigt ist (BFH-Urteil vom 24.5.2007, BStBl II S. 609).

Zur Anerkennung der Kosten einer doppelten Haushaltsführung muss sich der **Zweithausstand** am **Ort der ersten Tätigkeitsstätte** befinden. Eine Zweitwohnung in der **Nähe** des Beschäftigungsorts steht einer Zweitwohnung am Beschäftigungsort gleich (vgl. R 9.11 Abs. 4 LStR). Die Finanzverwaltung geht aus Vereinfachungsgründen davon aus, dass die Zweitwohnung noch am Ort der ersten Tätigkeitsstätte belegen ist, wenn die Entfernung der kürzesten Straßenverbindung zwischen Zweitwohnung oder -unterkunft und erster Tätigkeitsstätte **nicht** mehr als **50 km** beträgt (Rz 103 des o. a. BMF-Schreibens vom 25.11.2020). Liegt die Zweitwohnung mehr als 50 km von dem Ort der ersten Tätigkeitsstätte entfernt, ist zu prüfen, ob die erste Tätigkeitsstätte von der Zweitwohnung oder -unterkunft noch in zumutbarer Weise täglich erreicht werden kann. Eine Fahrzeit von bis zu einer Stunde je Wegstrecke unter Zugrundelegung individueller Verkehrsverbindungen und Wegezeiten ist dabei als zumutbar anzusehen (BFH-Urteil vom 19.4.2012, BStBl II S. 833).

Als weitere Voraussetzung einer doppelten Haushaltsführung müssen der **Ort** des eigenen **Hausstands** und der **Beschäftigungsort** i. S. von § 9 Abs. 1 Satz 3 Nr. 5 Satz 2 EStG **auseinanderfallen**. Liegt die Wohnung am Ort des eigenen Hausstands nicht außerhalb des Beschäftigungsorts oder dessen Einzugsgebiet (z. B. innerhalb einer Großstadt), dann sind die Aufwendungen für eine Zweitwohnung auch dann nicht als Werbungskosten abzugsfähig, wenn diese aus beruflichem Anlass begründet worden ist (BFH-Urteil vom 16.1.2018, VI R 2/16, BFH/NV 2018 S. 712). Ein Arbeitnehmer hat seine **Hauptwohnung** i. S. von § 9 Abs. 1 Satz 3 Nr. 5 Satz 2 EStG bereits am Beschäftigungsort, wenn er von dort aus ungeachtet von Gemeinde- und Landesgrenzen seine Arbeitsstätte in zumutbarer Weise täglich aufsuchen kann. Dabei liegen unter Berücksichtigung der Entfernung und der Verkehrsanbindung im Einzelfall Fahrzeiten von etwa einer Stunde für die einfache Strecke noch in einem zeitlichen Rahmen, in dem es einem Arbeitnehmer zugemutet werden kann, von seinem Hausstand die Arbeitsstätte aufzusuchen (BFH-Urteil vom 16.11.2017, BStBl 2018 II S. 404; FG Münster vom 6.2.2024, 1 K 1448/22 E, EFG 2024 S. 947 – rkr.). Aus Vereinfachungsgründen kann für die Frage, ob die Hauptwohnung am Ort der ersten Tätigkeitsstätte belegen ist oder nicht, z. B. wenn beide innerhalb derselben politischen Gemeinde, Stadt oder in deren unmittelbaren Umkreis liegen, die Entfernung der kürzesten Straßenverbindung zwischen Hauptwohnung und erster Tätigkeitsstätte herangezogen werden. Beträgt die Entfernung zwischen Hauptwohnung und erster Tätigkeitsstätte **mehr** als **50 km**, geht die Finanzverwaltung davon aus, dass sich die Hauptwohnung außerhalb des Ortes der ersten Tätigkeitsstätte befindet (Rz 102 des o. a. BMF-Schreibens vom 25.11.2020; vgl. Tz 12.3.2 im Beispiel).

Zum Vorliegen eines »**eigenen Hausstands**« vgl. Tz 12.5. Der Arbeitnehmer muss sich zwingend an den Kosten der Lebensführung des eigenen Hausstands beteiligen (§ 9 Abs. 1 Satz 3 Nr. 5 Satz 3 EStG). Es kommt weiter nicht darauf an, warum der Arbeitnehmer seinen Hausstand nicht an den Beschäftigungsort verlegt oder warum er nicht täglich an den Ort des eigenen Hausstands zurückkehrt. Eine doppelte Haushaltsführung liegt auch dann vor, wenn der Arbeitnehmer seinen Familienwohnsitz aus privaten Gründen vom Beschäftigungsort dauerhaft **wegverlegt** und die bisherige Wohnung am Beschäftigungsort als Zweitwohnung nutzt (vgl. Tz 12.3.3). Eine **doppelte Haushaltsführung** liegt **nicht** vor, solange die auswärtige Beschäftigung als »**Auswärtstätigkeit**« anzuerkennen ist (vgl. R 9.11 Abs. 1 Satz 2 LStR). Zur Anrechnung der Dauer einer unmittelbar vorhergehenden Auswärtstätigkeit am selben Beschäftigungsort auf die Dreimonatsfrist für Verpflegungsmehraufwendungen bei doppelter Haushaltsführung vgl. Tz 12.7.6.2.

Eine **Bildungseinrichtung**, die außerhalb des Dienstverhältnisses zum Zwecke des Vollzeitstudiums oder eines Vollzeitunterrichts besucht wird (z. B. Universität oder Hochschule), gilt ebenfalls als erste Tätigkeitsstätte (vgl. Tz 11.12.2.11), sodass der Ort der Ausbildung auch »Beschäftigungsort« i. S. des § 9 Abs. 1 Satz 3 Nr. 5 EStG sein kann. Der Werbungskostenabzug richtet sich in diesen Fällen deshalb nach den Grundsätzen der doppelten Haushaltsführung.

12.3 Berufliche Veranlassung

12.3.1 Berufliche Gründe

Voraussetzung für die Anerkennung der notwendigen Mehraufwendungen als Werbungskosten ist, dass die Begründung des doppelten Haushalts durch die **berufliche Beschäftigung** veranlasst ist. Ein beruflicher Anlass liegt i. d. R. vor bei einer **Versetzung**, beim **erstmaligen Antritt** einer Arbeitsstelle oder bei einem **Wechsel** des **Arbeitgebers**. Auch die nachträgliche Begründung eines doppelten Haushalts kann beruflich veranlasst sein (BFH-Urteil vom 2.3.1979, BStBl II S. 520), ebenso wie ein Umzug aus einer privat begründeten Zweitwohnung (BFH-Urteil vom 26.8.1988, BStBl 1989 II S. 89). Zur Begründung einer doppelten Haushaltsführung durch **Ehegatten/ Lebenspartner** im Zeitpunkt der Eheschließung bzw. Begründung einer Lebenspartnerschaft vgl. Tz 12.3.4.

Ist der doppelte Haushalt aus beruflichem Anlass begründet worden, ist es unerheblich, ob in der **Folgezeit** auch die Beibehaltung beider Wohnungen beruflich veranlasst ist (BFH-Urteil vom 30.9.1988, BStBl 1989 II S. 103) oder ob der gemeinsame Wohnsitz beiderseits berufstätiger Ehegatten/Lebenspartner über die Jahre gleich bleibt oder verändert wird (BFH-Urteil vom 30.10.2008, BStBl 2009 II S. 153). Nach einer mehrmonatigen **Beurlaubung** kann in der alten Wohnung am früheren Beschäftigungsort auch erneut eine doppelte Haushaltsführung begründet werden (BFH-Urteil vom 8.7.2010, BStBl 2011 II S. 47).

Bei **Arbeitslosigkeit** kann für einen begrenzten Zeitraum die **Beibehaltung** einer doppelten Haushaltsführung im Zusammenhang mit einer künftigen Beschäftigung stehen, wenn der Arbeitnehmer am bisherigen Beschäftigungsort wohnen bleibt in der Annahme, dort alsbald einen neuen Arbeitsplatz zu finden. Dies gilt nicht mehr ab Eintritt in den **Vorruhestand** oder bei **Altersteilzeit** ab der Freistellungsphase.

12.3.2 Verkürzung der Fahrstrecke/Fahrtzeit

Das Beziehen der Zweitwohnung oder -unterkunft ist aus beruflichen Gründen veranlasst, wenn dadurch die **Fahrtstrecke** oder **Fahrzeit** zur ersten Tätigkeitsstätte **wesentlich verkürzt** wird. Aus Vereinfachungsgründen geht die Finanzverwaltung von einer beruflichen Veranlassung des Beziehens der Zweitwohnung oder -unterkunft aus, wenn die kürzeste Straßenverbindung von der Zweitwohnung oder -unterkunft zur ersten Tätigkeitsstätte **weniger als die Hälfte** der kürzesten Straßenverbindung zwischen der Hauptwohnung (Mittelpunkt der Lebensinteressen) und der ersten Tätigkeitsstätte beträgt oder die Fahrzeit zur ersten Tätigkeitsstätte für eine Wegstrecke halbiert wird (Rz 104 des BMF-Schreibens vom 25.11.2020, BStBl I S. 1228). Sind die Voraussetzungen dieser Vereinfachungsregelung nicht erfüllt, ist das Vorliegen einer beruflich veranlassten doppelten Haushaltsführung auf andere Weise anhand der konkreten Umstände des Einzelfalles darzulegen.

BEISPIEL:

Der Arbeitnehmer A hat seine Hauptwohnung in B und seine erste Tätigkeitsstätte in C. Die Entfernung von B (Hauptwohnung) nach C beträgt 100 km und die einfache Fahrzeit mit dem ICE 50 Minuten. Der Arbeitnehmer nimmt sich in Z eine Zweitwohnung. Die Entfernung von dieser Zweitwohnung in Z nach C (erste Tätigkeitsstätte) beträgt 30 km.

Aufgrund der Entfernung von mehr als 50 km zwischen Hauptwohnung und erster Tätigkeitsstätte liegt die Hauptwohnung nicht am Ort der ersten Tätigkeitsstätte (vgl. Tz 12.2). Eine Prüfung der Fahrzeit zwischen Hauptwohnung und erster Tätigkeitsstätte ist nicht erforderlich. Die Zweitwohnung in Z liegt 30 km entfernt und damit noch am Ort der ersten Tätigkeitsstätte. Es liegt daher eine doppelte Haushaltsführung vor. Da die kürzeste Straßenverbindung von der Zweitwohnung zur ersten Tätigkeitsstätte (30 km) auch weniger als die Hälfte der Straßenverbindung zwischen Hauptwohnung in B und erster Tätigkeitsstätte beträgt (1/2 von 100 km = 50 km), kann auch von einer beruflichen Veranlassung der doppelten Haushaltsführung ausgegangen werden.

Abwandlung 1:

Die Entfernung von B (Hauptwohnung) zur ersten Tätigkeitsstätte beträgt 56 km und die einfache Fahrzeit 65 Minuten. Die Zweitwohnung in Z ist 30 km von der ersten Tätigkeitsstätte entfernt und die tägliche Fahrzeit beträgt 25 Minuten.

Aufgrund der Entfernung von mehr als 50 km zwischen Hauptwohnung und erster Tätigkeitsstätte liegt die Hauptwohnung nicht am Ort der ersten Tätigkeitsstätte (vgl. Tz 12.2). Eine weitergehende Prüfung der Fahrzeit zwischen Hauptwohnung und erster Tätigkeitsstätte ist insoweit nicht erforderlich. Die Zweitwohnung in Z liegt 30 km entfernt und damit noch am Ort der ersten Tätigkeitsstätte. Es liegt daher eine doppelte Haushaltsführung vor. Zwar beträgt die kürzeste Straßenverbindung von der Zweitwohnung zur ersten Tätigkeitsstätte (30 km) mehr als die Hälfte der kürzesten Straßenverbindung zwischen Hauptwohnung und erster Tätigkeitsstätte (28 km). Allerdings kann A darlegen, dass sich die Fahrzeit zur ersten Tätigkeitsstätte von der Zweitwohnung um mehr als die Hälfte und damit wesentlich verkürzt (Fahrzeit nur noch 25 Minuten); daher kann gleichwohl von einer beruflichen Veranlassung der doppelten Haushaltsführung ausgegangen werden.

Abwandlung 2:

Die Entfernung von B (Hauptwohnung) nach C beträgt 250 km. Die Zweitwohnung in Z ist 60 km von der ersten Tätigkeitsstätte entfernt. A legt den Weg zwischen Z und C mit einer günstigen Zugverbindung täglich in jeweils 40 Minuten zurück.

Die Hauptwohnung liegt mehr als 50 km von der ersten Tätigkeitsstätte entfernt und damit außerhalb des Orts der ersten Tätigkeitsstätte. Die Zweitwohnung dient, auch wenn sie mehr als 50 km von der ersten Tätigkeitsstätte entfernt liegt, noch dem Wohnen am Ort der ersten Tätigkeitsstätte, weil A von der Zweitwohnung aus seine erste Tätigkeitsstätte mit dem von ihm genutzten Verkehrsmittel in zumutbarer Weise täglich erreichen kann, da die Fahrzeit weniger als eine Stunde beträgt. Es liegt daher eine doppelte Haushaltsführung vor. Die doppelte Haushaltsführung ist auch beruflich veranlasst, da die kürzeste Straßenverbindung zwischen der Zweitwohnung und der ersten Tätigkeitsstätte weniger als die Hälfte der kürzesten Straßenverbindung zwischen der Hauptwohnung und der ersten Tätigkeitsstätte beträgt.

Abwandlung 3:

Die Entfernung von B (Hauptwohnung) nach C beträgt 150 km und die Fahrzeit mit dem ICE 90 Minuten. Die Zweitwohnung in Z ist 74 km von der ersten Tätigkeitsstätte entfernt und die Fahrzeit beträgt 65 Minuten je Wegstrecke.

Aufgrund der Entfernung von mehr als 50 km zwischen Hauptwohnung und erster Tätigkeitsstätte liegt die Hauptwohnung nicht am Ort der ersten Tätigkeitsstätte (vgl. Tz 12.2). Da die Entfernung von der Zweitwohnung in Z zur ersten Tätigkeitsstätte in C mehr als 50 km beträgt und die erste Tätigkeitsstätte in C auch nicht innerhalb einer Fahrzeit von einer Stunde erreicht werden kann, liegt keine doppelte Haushaltsführung vor.

12.3.3 Wegverlegungsfall

Der berufliche Veranlassungszusammenhang wird nicht dadurch beendet, dass ein Steuerpflichtiger seinen Familienhausstand innerhalb desselben Ortes verlegt (BFH-Urteil vom 4.4.2006, BStBl II S. 714). Das Gleiche gilt, wenn der Arbeitnehmer aus **privaten** Gründen seinen Familienwohnsitz vom Beschäftigungsort dauerhaft **wegverlegt** und von der bisherigen Wohnung oder einer neuen Wohnung am Beschäftigungsort seiner bisherigen Beschäftigung weiter nachgeht (BFH-Urteile vom 5.3.2009, BStBl II S. 1016 und 1012). Es kommt hiernach darauf an, dass der zweite Haushalt am Beschäftigungsort aus beruflichen Gründen unterhalten wird und der Arbeitnehmer diesen nutzt, um seine erste Tätigkeitsstätte von dort aus zu erreichen. Auf die Motive für die Aufspaltung der Haushaltsführung oder die Wahl des Ortes des Haupthausstandes kommt es nicht an. Unerheblich ist auch der Familienstand des Steuerpflichtigen (BFH-Urteil vom 10.3.2010, VI R 47/09, BFH/NV 2010 S. 1269). Sofern sich allerdings nach den Umständen des Einzelfalles der gemeinsame **Lebensmittelpunkt** von Ehegatten weiter in der Wohnung am Beschäftigungsort befindet, liegt kein Wegverlegungsfall vor (FG Köln vom 22.6.2023, 11 K 3123/18, EFG 2023 S. 1753 – rkr.).

Eine beruflich veranlasste doppelte Haushaltsführung liegt allerdings nur dann vor, wenn die Wegverlegung des Lebensmittelpunktes vom Beschäftigungsort **voraussichtlich auf Dauer** erfolgt (vgl. R 9.11 Abs. 3 Satz 4 LStR). In den Fällen, in denen bereits zum Zeitpunkt der Wegverlegung des Lebensmittelpunktes vom Beschäftigungsort ein **Rückumzug** an den Beschäftigungsort geplant ist oder feststeht, handelt es sich nicht um eine doppelte Haushaltsführung i.S. von § 9 Abs. 1 Satz 3 Nr. 5 EStG.

BEISPIEL:

Eine Familie verlegt über die Sommermonate oder während der Ferien ihren bisherigen Lebensmittelpunkt z.B. in ein **Ferienhaus** oder Ähnliches. Die Wohnung am Beschäftigungsort wird nur noch tageweise von einem der beruflich und/oder betrieblich tätigen Ehegatten genutzt.

In diesem Fall liegt keine aus beruflichem Anlass begründete doppelte Haushaltsführung vor. Der Zeitraum zwischen Hin- und Rückumzug ist hierbei unerheblich. Für die tatsächlich durchgeführten Fahrten zwischen Wohnung und erster Tätigkeitsstätte – ausgehend von der jeweils tatsächlich genutzten Wohnung – kann lediglich die Entfernungspauschale geltend gemacht werden.

Zur Berücksichtigung von Mehraufwendungen für Verpflegung für die ersten drei Monate nach der Wegverlegung des Haupthausstandes vgl. Tz 12.7.6.2.

12.3.4 Eheschließung/Begründung einer Lebenspartnerschaft

Richten sich Arbeitnehmer im Zeitpunkt der **Eheschließung** am Beschäftigungsort eines **Ehegatten** eine gemeinsame Familienwohnung ein und behält der andere Ehegatte auch weiterhin wegen seiner auswärtigen Beschäftigung sein möbliertes Zimmer bei, so liegt eine beruflich veranlasste doppelte Haushaltsführung vor (BFH-Urteile vom 6.9.1977, BStBl 1978 II S. 32 und vom 20.3.1980, BStBl II S. 455). Dies gilt gleichermaßen, wenn die Ehegatten schon vor ihrer Eheschließung die spätere Familienwohnung an einem der beiden Beschäftigungsorte gemeinsam bewohnt haben (BFH-Urteil vom 4.10.1989, BStBl 1990 II S. 321) oder wenn sie den Familienhausstand wegen der Aufnahme einer Berufstätigkeit des Ehegatten an dessen Beschäftigungsort verlegt und dadurch am Beschäftigungsort des Arbeitnehmers eine Zweitwohnung begründet haben (BFH-Urteil vom 2.10.1987, BStBl II S. 852).

Die vorstehenden Grundsätze gelten bei **Begründung** einer **Lebenspartnerschaft** entsprechend.

12.3.5 Ehegatten/Lebenspartner

Bei **Ehegatten** können Mehraufwendungen wegen doppelter Haushaltsführung grds. nur bei dem Ehegatten berücksichtigt werden, durch dessen Arbeitsverhältnis sie veranlasst worden sind (BFH-Urteil vom 16.4.1980, BStBl II S. 512). Bei verheirateten Arbeitnehmern kann aber für **jeden Ehegatten** eine doppelte Haushaltsführung beruflich veranlasst sein, wenn die Ehegatten außerhalb des Orts ihres gemeinsamen Hausstands an verschiedenen Orten beschäftigt sind und am jeweiligen Beschäftigungsort eine Zweitwohnung beziehen (BFH-Urteil vom 6.10.1994, BStBl II 1995 S. 184). Entsprechendes gilt, wenn beiderseits berufstätige Ehegatten am gemeinsamen Beschäftigungsort eine gemeinsame Zweitwohnung beziehen (FG Münster vom 26.9.2018, 7 K 3215/16 E, EFG 2018 S. 1793). Selbst die Mitnahme des nicht berufstätigen Ehegatten an den Beschäftigungsort steht der beruflichen Veranlassung einer doppelten Haushaltsführung nicht entgegen (vgl. R 9.11 Abs. 2 Satz 3 LStR).

Die vorstehenden Grundsätze gelten bei **Lebenspartnern** einer **Lebenspartnerschaft** entsprechend.

Ehegatten/Lebenspartner, die dauernd getrennt leben, geschiedene Ehegatten oder Lebenspartner nach Aufhebung der Lebenspartnerschaft führen grds. keinen doppelten Haushalt mehr.

12.3.6 Wohngemeinschaften

Die Lebensführung des Steuerpflichtigen am Beschäftigungsort ist einkommensteuerrechtlich grds. unerheblich. Die doppelte Haushaltsführung ist deshalb auch dann beruflich veranlasst, wenn der Steuerpflichtige den **Zweithaushalt** am Beschäftigungsort in einer **Wohngemeinschaft** einrichtet. Lebt der Steuerpflichtige am Beschäftigungsort z. B. mit einer Frau und deren Kindern in einem eigenen Hausstand, während Ehefrau und gemeinsame Kinder am bisherigen Familienwohnort verblieben sind, so entfällt die berufliche Veranlassung einer doppelten Haushaltsführung erst, wenn der Hausstand am Beschäftigungsort zum Mittelpunkt der Lebensinteressen des Steuerpflichtigen wird. Solange aber nicht sicher ist, ob der Steuerpflichtige die Wohnung oder das Haus am Beschäftigungsort zu seinem Lebensmittelpunkt gemacht hat, darf nach Ansicht des BFH die Anerkennung einer doppelten Haushaltsführung nicht daran scheitern, dass er diesen Zweithaushalt in einer Art Wohngemeinschaft führt (BFH-Urteil vom 28.3.2012, BStBl II S. 831).

12.4 Begründung der doppelten Haushaltsführung

Eine **neue** doppelte Haushaltsführung wird **begründet**, wenn der Arbeitnehmer an einem anderen Ort als dem bisherigen Beschäftigungsort unter Beibehaltung seines Familienwohnsitzes eine Beschäftigung aufnimmt und seine zweite Wohnung dorthin verlegt (BFH-Urteil vom 26.8.1988, BStBl 1989 II S. 89). Entsprechendes gilt, wenn ein Arbeitnehmer seinen Haupthausstand aus privaten Gründen vom Beschäftigungsort **wegverlegt** und er daraufhin in einer Wohnung am Beschäftigungsort einen Zweithaushalt begründet, um von dort seiner bisherigen Beschäftigung weiter nachgehen zu können (vgl. Tz 12.3.3).

In den **Zeilen 4** bis **8** sind zur doppelten Haushaltsführung und zu 4–8
ihrer **zeitlichen Dauer** einige allgemeine Angaben zu machen:

In den **Zeilen 4** und **5** ist anzugeben, ab welchem Datum und aus welchem beruflichen Anlass der doppelte Haushalt begründet wurde; zur beruflichen Veranlassung einer doppelten Haushaltsführung vgl. Tz 12.3. Wenn der doppelte Haushalt im VZ 2025 das ganze Jahr fortbestanden haben sollte, ist in **Zeile 6** als Datum »31122025« anzugeben. Ein davon abweichendes Datum ist bei Beendigung der doppelten Haushaltsführung (vgl. Tz 12.6) im laufenden Jahr einzutragen.

Bei den Eintragungen in den **Zeilen 7** und **8** zum Beschäftigungsort und zum Ort der doppelten Haushaltsführung (Ort, an dem sich die Zweitwohnung/-unterkunft befindet) ist Folgendes zu beachten:

- Der Beschäftigungsort in **Zeile 7** ist unabhängig davon anzugeben, ob sich dieser im In- oder Ausland befindet. Befindet sich der Beschäftigungsort im Ausland, der doppelte Haushalt aber in einem anderen Staat (auch z. B. in Deutschland), ist in Zeile 7 zusätzlich anzugeben, in welchem Staat der Beschäftigungsort liegt. Diese Angabe hat Bedeutung für die Höhe der abzugsfähigen Verpflegungspauschalen. Bei einem Beschäftigungsort im Ausland gelten insoweit die Regelungen zu Auswärtstätigkeiten im Ausland sowie die Ländertabelle mit den Auslandstagegeldern entsprechend (vgl. Tz 12.7.6.3). Am An- und Abreisetag gelten für die Höhe der Verpflegungspauschalen zudem Besonderheiten (vgl. Tz 11.19.5.6).
- In **Zeile 8** ist gesondert anzugeben, ob der »doppelte Haushalt im Ausland liegt« und – falls ja – in welchem Staat. Hintergrund für diese Angabe ist, dass der Werbungskostenabzug für Unterkunftskosten bei einer doppelten Haushaltsführung im Inland gesetzlich auf 1 000 € monatlich begrenzt ist (§ 9 Abs. 1 Satz 3 Nr. 5 Satz 4 EStG), während die Unterkunftskosten für einen doppelten Haushalt im Ausland weiter ohne eine betragsmäßige Beschränkung auf 1 000 € monatlich anerkannt werden (vgl. Tz 12.7.5.3). Durch die Angabe von »1 = Ja« in Zeile 8 werden die in **Zeile 23** eingetragenen Aufwendungen für die Kosten der Unterkunft an einem ausländischen Beschäftigungsort **nicht** programmgesteuert auf monatlich 1 000 € begrenzt.

12.5 Eigener Hausstand

Das Vorliegen eines eigenen Hausstands setzt allgemein das Innehaben einer Wohnung sowie eine finanzielle Beteiligung an den Kosten der Lebensführung voraus (§ 9 Abs. 1 Satz 3 Nr. 5 Satz 3 EStG).

12.5.1 Unterhalten eines Hausstands am Lebensmittelpunkt

Ein **eigener Hausstand** ist unter folgenden Voraussetzungen anzu- 9–10
erkennen:

- Der Arbeitnehmer muss eine eingerichtete, seinen Lebensbedürfnissen entsprechende **Wohnung** innehaben (vgl. R 9.11 Abs. 3 Satz 1 LStR);
- er muss die **Haushaltsführung** bestimmen oder wesentlich mitbestimmen (vgl. Tz 12.5.2);
- er muss sich an den laufenden Kosten der Haushaltsführung **finanziell** (vgl. Tz 12.5.2) beteiligen;
- die Wohnung muss außerdem der auf Dauer angelegte **Mittelpunkt** der **Lebensinteressen** des Arbeitnehmers sein (vgl. R 9.11 Abs. 3 Satz 4 LStR).

Der Steuerpflichtige hat die **Wohnung** inne, wenn er sie aus **eigenem Recht** (z. B. als Eigentümer oder Mieter) nutzt. Allerdings kann auch ein **abgeleitetes Recht** i. S. einer geschützten Rechtsposition ausreichend sein (BFH-Urteil vom 5.10.1994, BStBl 1995 II S. 180; Rz 101 des BMF-Schreibens vom 25.11.2020, BStBl I S. 1228). Davon ist insbesondere auszugehen, wenn der Ehepartner, Lebensgefährte oder ein sonstiger Familienangehöriger (z. B. die Eltern) Eigentümer oder Mieter der Wohnung ist und diese dem Steuerpflichtigen (unentgeltlich) zur Nutzung überlässt (BFH-Urteile vom 12.9.2000, BStBl 2001 II S. 29 und vom 12.1.2023, BStBl II S. 747).

Ein **Vorbehaltsnießbrauch** zugunsten der Eltern an einem Zweifamilienhaus eines unverheirateten Arbeitnehmers schließt nicht aus, dass dieser dort einen eigenen Hausstand unterhält, wenn gesichert ist, dass er die Wohnung nicht nur vorübergehend nutzen kann; bei dieser Prüfung kommt es auf den Fremdvergleich nicht an (BFH-Urteil vom 4.11.2003, BStBl 2004 II S. 16). Unterhält ein unverheirateter Arbeitnehmer am Ort des Lebensmittelpunkts seinen Haupthausstand, so kommt es für das Vorliegen einer doppelten Haushaltsführung nicht darauf an, ob die ihm dort zur ausschließlichen Nutzung zur Verfügung stehenden Räumlichkeiten den bewertungsrechtlichen Anforderungen an eine Wohnung gerecht werden (BFH-Urteil vom 14.10.2004, BStBl 2005 II S. 98).

Zur Frage, wo sich der **Mittelpunkt** der **Lebensinteressen** des Arbeitnehmers befindet, vgl. Tz 11.12.7.7, R 9.10 Abs. 1 LStR. Hiernach reicht es aus, dass die Wohnung am Ort des Lebensmittelpunkts von einem Verheirateten (= Wohnort der Familie) mindestens sechsmal im Kj. und von einem anderen Arbeitnehmer im Durchschnitt mindestens zweimal monatlich aufgesucht wird. Bei größerer Entfernung zwischen dem eigenen Hausstand und der Zweitwohnung (insbesondere im Ausland) kann auch der Nachweis nur einer Heimfahrt zum eigenen Hausstand im Kj. oder bei weit entfernten Ländern innerhalb von zwei Jahren ausreichend sein (vgl. R 9.11 Abs. 3 Satz 5 und 6 LStR).

Ob die außerhalb des Beschäftigungsortes belegene Wohnung des Arbeitnehmers als Mittelpunkt seiner Lebensinteressen anzusehen ist und deshalb seinen Hausstand darstellt, ist im Übrigen anhand einer Gesamtwürdigung aller Umstände des Einzelfalls festzustellen (BFH-Urteil vom 8.10.2014, BStBl 2015 II S. 511). Das gilt auch dann, wenn **beiderseits berufstätige** Ehegatten, Lebenspartner oder Lebensgefährten während der Woche (und damit den weitaus überwiegenden Teil des Jahres) am Beschäftigungsort zusammenleben. Daraus kann nicht allein geschlossenen werden, dass sich der Lebensmittelpunkt des Steuerpflichtigen und seiner (Haupt-)Bezugsperson dahin verlagert hat (vgl. Tz 12.3.5). I. d. R. verlagert sich indes der Mittelpunkt der Lebensinteressen eines Arbeitnehmers an den Beschäftigungsort, wenn er dort mit seinem Ehegatten, Lebenspartner oder Lebensgefährten und Kindern in eine familiengerechte Wohnung einzieht, auch wenn die frühere Wohnung beibehalten und zeitweise noch genutzt wird (BFH-Urteil vom 1.10.2019, VIII R 29/16, BFH/NV 2020 S. 349).

12.5.2 Beteiligung an der Haushaltsführung

Eine doppelte Haushaltsführung erfordert eine maßgebliche **persönliche** und **finanzielle Beteiligung** an der Haushaltsführung des eigenen Hausstands. Es kommt allerdings nicht darauf an, dass am Ort des eigenen Hausstands während der beruflichen Abwesenheit des Arbeitnehmers **hauswirtschaftliches Leben** herrscht, weil dort vom Arbeitnehmer finanziell abhängige Angehörige – sog. Zurechnungspersonen – leben. Deshalb wird eine doppelte Haushaltsführung auch dann anerkannt, wenn der Arbeitnehmer mit seinem nicht berufstätigen Ehegatten am Beschäftigungsort gemeinsam eine Zweitwohnung bezieht, die bisherige Familienwohnung jedoch nicht aufgibt (BFH-Urteile vom 5.10.1994, BStBl 1995 II S. 180 und vom 6.10.1994, BStBl II S. 184). Der eigene Hausstand muss vom Arbeitnehmer »**unterhalten**« werden, d. h., er muss die Haushaltsführung bestimmen oder wesentlich mitbestimmen (o. a. BFH-Urteil vom 5.10.1994; vgl. R 9.11 Abs. 3 Satz 2 LStR).

Das Vorliegen eines eigenen Hausstandes setzt zwingend eine **finanzielle Beteiligung** an den Kosten der Lebensführung (laufende Kosten der Haushaltsführung) voraus, wenn der Steuerpflichtige am Lebensmittelpunkt einem **Mehrpersonenhaushalt** angehört. Es genügt nicht, wenn der Arbeitnehmer z. B. im Haushalt der Eltern lediglich ein oder mehrere Zimmer unentgeltlich bewohnt (FG Düsseldorf vom 28.5.2020, 9 K 719/17 E, EFG 2020 S. 1233 – rkr.; FG Münster vom 7.10.2020, 13 K 1756/18 E, EFG 2021 S. 29 – rkr.). Die finanzielle Beteiligung an den Kosten der gemeinsamen Haushaltsführung ist im Einzelfall darzulegen; sie kann auch bei volljährigen Kindern, die bei ihren Eltern oder einem Elternteil wohnen, nicht generell unterstellt werden.

Eine Beteiligung an den Kosten der Lebensführung mit **Bagatellbeträgen** ist **nicht** ausreichend. Die Finanzverwaltung geht von einer ausreichenden finanziellen Beteiligung an den Kosten der Haushaltsführung aus, wenn die **Barleistungen** des Arbeitnehmers mehr als **10 %** der monatlich regelmäßig anfallenden laufenden Kosten der Haushaltsführung (z. B. Miete, Mietnebenkosten, Kosten für Lebensmittel und andere Dinge des täglichen Bedarfs) betragen (Rz 101 des BMF-Schreibens vom 25.11.2020, BStBl I S. 1228). Liegen die Barleistungen darunter, kann der Arbeitnehmer eine hinreichende finanzielle Beteiligung auch auf andere Art und Weise darlegen. Nach der Rspr. des BFH darf die finanzielle Beteiligung an den Kosten des Haupthausstandes im Einzelfall »**nicht erkennbar unzureichend**« sein (BFH-Urteil vom 2.9.1977, BStBl 1978 II S. 26). Eine bestimmte betragliche Grenze sehe das Gesetz allerdings nicht vor; ebenso wenig sei eine laufende Beteiligung erforderlich, sodass auch Einmalzahlungen (z. B. auch am Jahresende) berücksichtigt werden können (BFH-Urteil vom 12.1.2023, BStBl II S. 747). Eine Haushaltsbeteiligung in sonstiger Form (z. B. durch die Übernahme von Arbeiten im Haushalt oder Dienstleistungen für den Haushalt) genügt insoweit jedoch nicht.

Die Finanzverwaltung **unterstellt** im Übrigen bei Arbeitnehmern, die mit ihrem Ehegatten oder Lebenspartner einen gemeinsamen Haushalt führen, eine finanzielle Beteiligung an den Kosten der Lebensführung **ohne** entsprechenden **Nachweis** (Rz 101 und 114 des o. a. BMF-Schreibens vom 25.11.2020). Das FG Niedersachsen hält diese Regelung bei Fällen mit Auslandsbezug für nicht anwendbar und verlangt auch von verheirateten Arbeitnehmern mit eigenem Hausstand im Ausland den Nachweis einer finanziellen Beteiligung an den Kosten der Lebensführung von mehr als 10 % (Urteil vom 21.9.2022, 9 K 309/20, EFG 2023 S. 109 – rkr.). Da die Verwaltungsregelung keine Einschränkung für Auslandssachverhalte enthält, sollte sich hierauf bei ablehnenden Entscheidungen der Finanzämter berufen werden.

Führt der Steuerpflichtige einen **Ein-Personen-Haushalt** als eigenen Hausstand, stellt sich die Frage nach der finanziellen Beteiligung an den Kosten dieses Haushalts nicht (BFH-Urteil vom 29.4.2025, VI R 12/23, BFH/NV 2025 S. 1350). Die Kosten der Lebensführung eines Ein-Personen-Haushalts werden denknotwendig nur von dieser einen Person getragen. Woher die hierfür erforderlichen Mittel stammen, ist nach Ansicht des BFH unerheblich. Der Umstand, dass dem Steuerpflichtigen eine Wohnung kostenfrei und nicht zur Miete überlassen wurde, steht im Übrigen der Anerkennung des eigenen Hausstandes nicht entgegen (vgl. Tz 12.5.1).

12.5.3 Angaben zum eigenen Hausstand

Nur wer einen **eigenen Hausstand** am **Lebensmittelpunkt** unterhält, kann Mehraufwendungen wegen doppelter Haushaltsführungen geltend machen. In den **Zeilen 9** und **10** sind dementsprechend zum Vorliegen eines eigenen Hausstands die folgenden Angaben zu machen: 9-

- Liegt ein eigener Hausstand vor, ist in **Zeile 9** zur Kennzahl 503 der Wert »1 = Ja« einzutragen. In **Zeile 10** ist zudem anzugeben, in welchem Ort sich der eigene Hausstand befindet und seit wann dieser besteht.
- Wird vom Steuerpflichtigen kein eigener Hausstand unterhalten (Angabe von »2 = Nein« in Zeile 9), kann er gleichwohl die **Heimfahrten** vom auswärtigen Beschäftigungsort zum Heimatwohnort mit der **Entfernungspauschale** geltend machen, wenn sich dort der Mittelpunkt seiner Lebensinteressen befindet (vgl. R 9.10 Abs. 1 LStR). In diesem Fall sind die Heimfahrten nicht in den **Zeilen 17** bis **21** einzutragen, sondern die **Zeilen 27** bis **50** der **Anlage N** auszufüllen.

12.6 Beendigung der doppelten Haushaltsführung

Die steuerliche Anerkennung von Mehraufwendungen wegen doppelter Haushaltsführung ist grds. **zeitlich unbefristet** möglich. Eine doppelte Haushaltsführung wird jedoch **beendet** durch

- Verlegung des Haupthausstandes an den Beschäftigungsort oder in dessen Einzugsbereich;
- Verlegung des Mittelpunkts der Lebensinteressen wegen Eheschließung oder Begründung einer Lebenspartnerschaft und Zuzug des Ehegatten/Lebenspartners oder Zuzug des nichtehelichen Partners in die Wohnung am Beschäftigungsort;
- Aufgabe der Unterkunft am Beschäftigungsort (dies gilt auch, wenn der Haushalt in der Wohnung am – früheren – Beschäftigungsort nicht mehr geführt wird – BFH-Urteil vom 8.7.2010, BStBl 2011 II S. 47);
- Ausscheiden aus dem aktiven Dienstverhältnis, z.B. wegen Erreichens der Altersgrenze.

Bei einem **Alleinstehenden**, der am Beschäftigungsort wohnt und an einem anderen Ort einen eigenen Hausstand unterhält, besteht mit zunehmender Dauer ein besonderer Anlass zu prüfen, wo sich sein Lebensmittelpunkt befindet (BFH-Urteil vom 9.8.2007, BStBl II S. 820). Je länger die doppelte Haushaltsführung besteht, umso mehr ist zu vermuten, dass die eigentliche Haushaltsführung und auch der Mittelpunkt der Lebensinteressen an den Beschäftigungsort verlegt wurden und die Heimatwohnung nur noch zu Besuchszwecken vorgehalten wird. Ein Indiz dafür kann auch die **Beschaffenheit** der jeweiligen Unterkunft sein. Sollte die Wohnung am Beschäftigungsort der Wohnung am Heimatwohnort in Bezug auf die Größe und die Ausstattung entsprechen oder sie sogar übertreffen, spricht dies im Zweifelsfall dafür, dass der Lebensmittelpunkt an den Beschäftigungsort verlagert wurde und dort nun der Haupthausstand geführt wird. Dient dagegen die Wohnung am Beschäftigungsort dem Steuerpflichtigen lediglich als **Schlafstätte**, ist nach Ansicht des BFH regelmäßig davon auszugehen, dass der Mittelpunkt der Lebensführung sich noch am Heimatort befindet und dort der Haupthausstand geführt wird (BFH-Urteil vom 16.1.2013, BStBl II S. 627).

Eine bisher bestehende doppelte Haushaltsführung wird in den folgenden Fällen **nicht** beendet:

- Bei einem verheirateten Arbeitnehmer wird die doppelte Haushaltsführung nicht durch den besuchsweisen Aufenthalt des Ehegatten in der Zweitwohnung beendet. Bei der Einreise des Ehegatten aus dem Ausland hängt es bei einer Aufenthaltsdauer von bis zu einem Jahr von den Einzelumständen ab, ob es sich lediglich um einen Besuch oder die Verlegung des Familienhausstandes mit Aufgabe der doppelten Haushaltsführung handelt (BFH-Urteil vom 19.11.1989, BStBl 1990 II S. 308);
- bei Umzug der Familienwohnung bzw. des Haupthausstandes innerhalb desselben Ortes oder einer Gemeinde (z.B. weil sich der Raumbedarf geändert hat; BFH-Urteil vom 4.4.2006, BStBl II S. 714). Dies berührt die berufliche Fortdauer der doppelten Haushaltsführung grds. nicht und gilt gleichermaßen für verheiratete, ledige als auch für in Trennung befindliche Steuerpflichtige; zur Gleichstellung siehe auch BFH-Urteil vom 5.10.1994, BStBl 1995 II S. 180;
- wenn die Wohnung am bisherigen Mittelpunkt der Lebensinteressen aus privaten Gründen an einen anderen Ort als den Beschäftigungsort wegverlegt wird, die Zweitwohnung am Beschäftigungsort aber beibehalten wird (vgl. Tz 12.3.3);
- bei Verlegung der Zweitwohnung am Beschäftigungsort unter Beibehaltung des bisherigen Mittelpunkts der Lebensinteressen am Ort des eigenen Hausstandes (z.B. Arbeitnehmer zieht am Beschäftigungsort von einer 40-qm-Wohnung in eine 60-qm-Wohnung).

12.7 Abziehbare Aufwendungen

12.7.1 Doppelte Haushaltsführung oder Entfernungspauschale (Wahlrecht)

Liegen die Voraussetzungen einer doppelten Haushaltsführung vor 12
und führt der Arbeitnehmer **mehr** als eine **Heimfahrt** wöchentlich durch, so hat er ein **Wahlrecht**, ob er

- die notwendigen Mehraufwendungen wegen **doppelter Haushaltsführung** als Werbungskosten, d.h. neben den notwendigen Unterkunftskosten und Verpflegungspauschalen **nur eine Familienheimfahrt wöchentlich** zum Ort des eigenen Hausstands (vgl. Tz 12.7.4), **oder**
- **nur** die Aufwendungen für die Wege zwischen Wohnung und erster Tätigkeitsstätte mit der **Entfernungspauschale**, aber für **sämtliche wöchentliche Fahrten** (vgl. R 9.11 Abs. 5 Satz 2, R 9.10 LStR)

geltend machen will.

Dieses Wahlrecht kann der Steuerpflichtige in **Zeile 12** ausüben (Angabe »1 = Ja«, wenn er für sämtliche wöchentlichen Fahrten die Entfernungspauschale geltend machen möchte).

Wählt der Arbeitnehmer die erste Alternative, sind die **Zeilen 13** bis **32** zu den Mehraufwendungen bei doppelter Haushaltsführung auszufüllen, bei der zweiten Alternative ausschließlich die **Zeilen 27** bis **50** der **Anlage N** zu den Wegen zwischen Wohnung und erster Tätigkeitsstätte.

Das Wahlrecht kann bei derselben doppelten Haushaltsführung für jedes Kj. nur **einmal** ausgeübt werden (vgl. R 9.11 Abs. 5 Satz 3 LStR). Entscheidet sich der Arbeitnehmer für die zweite Alternative, so kommt ein Abzug von Verpflegungsmehraufwendungen und Kosten der Unterkunft am Beschäftigungsort nicht in Betracht (BFH-Urteile vom 9.6.1988, BStBl II S. 990 und vom 18.5.1990, BStBl II S. 863). Dies gilt selbst dann nicht, wenn der Arbeitnehmer an bestimmten Tagen nur deshalb nicht zu seiner Erstwohnung zurückfährt, weil er sich (z.B. als Angehöriger der Flugsicherung) in **Rufbereitschaft** halten muss oder mehrere Arbeitsschichten nacheinander abzuleisten hat (BFH-Urteil vom 9.10.1992, BStBl II 1993 S. 113).

12.7.2 Ausschluss des Fahrtkostenabzugs

Wird dem Arbeitnehmer für die Fahrten im Rahmen der doppelten 13
Haushaltsführung (Fahrtkosten zu Beginn und Ende, Familienheimfahrten) vom Arbeitgeber ein **Firmenwagen** zur Verfügung gestellt, ist ein Fahrtkostenabzug für die mit dem Firmenwagen zurückgelegten Fahrten gesetzlich ausgeschlossen (§ 9 Abs. 1 Satz 3 Nr. 5 Satz 8 EStG). Dies gilt auch dann, wenn dem Arbeitnehmer für die Überlassung eines Firmenwagen tatsächlich Kosten entstehen, z.B. ein pauschaler monatlicher Zuzahlungsbetrag an den Arbeitgeber zzgl. einer kilometerabhängigen Tankkostenzuzahlung (BFH-Urteil vom 4.8.2022, BStBl II S. 802). Das Werbungskostenabzugsverbot greift auch bei einer unentgeltlichen **Sammelbeförderung** durch den Arbeitgeber. In **Zeile 13** ist dementsprechend anzugeben, ob die Fahrten im Kj. mit einem Firmenwagen oder im Rahmen einer unentgeltlichen Sammelbeförderung des Arbeitgebers durchgeführt wurden (»1 = Ja, insgesamt«, »2 = Nein«, »3 = Ja, teilweise«). Wird die Frage mit »1 = Ja« beantwortet, dürfen Eintragungen zu den Fahrtkosten in den **Zeilen 14**, **15**, **17** und **19** nicht vorgenommen werden. Werden die Familienheimfahren im Kj. auch teilweise mit dem privatem Kfz durchgeführt, ist die Frage in Zeile 13 mit »3 = Ja, teilweise« zu beantworten und die Eintragungen in den Zeilen 14, 15, 17 und 19 sind nur für die mit dem eigenen oder zur Nutzung überlassenen privaten Kfz durchgeführten Fahrten vorzunehmen.

Ein Abzug von Fahrtkosten als Werbungskosten kommt darüber hinaus nur für zusätzlich vom Arbeitnehmer getragene Kosten für öffentliche Verkehrsmittel (einschließlich Flug- und Fährkosten) oder bei einer entgeltlichen Sammelbeförderung in Betracht. Diese Kosten sind in den **Zeilen 21** und/oder **22** anzugeben.

12.7.3 Fahrtkosten zu Beginn und am Ende

14–16 Als notwendige Kosten der doppelten Haushaltsführung sind die tatsächlichen Aufwendungen für die Fahrten aus Anlass des Wohnungswechsels zu Beginn und am Ende der doppelten Haushaltsführung anzuerkennen, also die Kosten für die **erste Fahrt** zum Ort der ersten Tätigkeitsstätte und für die **letzte Fahrt** zum Ort des eigenen Hausstands. Bei Benutzung eines eigenen Kraftfahrzeugs können – wie bei Auswärtstätigkeiten – die nachgewiesenen Aufwendungen oder ohne Einzelnachweis je gefahrenen Kilometer die pauschalen Kilometersätze nach dem BRKG (für einen Kraftwagen z. B. Pkw 0,30 €/km und für ein anderes motorbetriebenes Fahrzeug z. B. Motorrad oder Motorroller 0,20 €/km) als Werbungskosten geltend gemacht werden. Zusätzlich können etwaige Nebenkosten berücksichtigt werden; vgl. Tz 11.19.7.

Bei Nutzung des privaten Kfz sind die damit zu Beginn und Ende einer doppelten Haushaltsführung gefahrenen Kilometer in **Zeile 14** einzutragen. Bei einem Einzelnachweis der Kosten für das private Kfz (vgl. Tz 11.19.4.5) ist zusätzlich der ermittelte Kilometersatz anzugeben und ein besonderes Blatt beizufügen, aus dem sich die Berechnung dieses Kilometersatzes ergibt. Aus diesen Angaben berechnet das Finanzamt die abziehbaren Fahrtkosten. Entsprechende Angaben bei Nutzung eines privaten Motorrads/Motorrollers können in **Zeile 15** eingetragen werden.

Bei Nutzung öffentlicher Verkehrsmittel oder entgeltlicher Sammelbeförderung sind die tatsächlichen Aufwendungen in **Zeile 16** einzutragen.

12.7.4 Familienheimfahrten

Familienheimfahrten vom Ort der ersten Tätigkeitsstätte zum Ort des eigenen Hausstands und zurück können für **eine Fahrt wöchentlich** geltend gemacht werden. Zum **Wahlrecht** des Arbeitnehmers anstelle der Kosten der doppelten Haushaltsführung für mehr als eine wöchentliche Fahrt die **Entfernungspauschale** geltend zu machen vgl. Tz 12.7.1.

Für Familienheimfahrten im Rahmen der doppelten Haushaltsführung gilt ebenfalls die **Entfernungspauschale**, die vom benutzten Verkehrsmittel unabhängig ist (§ 9 Abs. 1 Satz 3 Nr. 5 Satz 6 EStG). Die Entfernungspauschale kann selbst dann in Anspruch genommen werden, wenn der Steuerpflichtige für die Familienheimfahrten **keine Kosten** hat (z. B. bei einer Freifahrtberechtigung mit öffentlichen Verkehrsmitteln). Steuerfrei geleistete **Reisekostenvergütungen** oder steuerfreie **Sachbezüge** des Arbeitgebers sind jedoch auf die Pauschalen anzurechnen (BFH-Urteil vom 18.4.2013, BStBl II S. 735; vgl. Tz 12.7.9). Zum Ausschluss des Fahrtkostenabzugs bei Nutzung eines Firmenwagens oder einer unentgeltlichen Sammelbeförderung vgl. Tz 12.7.2.

Für die **ersten 20 Kilometer** der Entfernung zwischen dem Ort des eigenen Hausstands und dem Ort der ersten Tätigkeitsstätte beträgt die Entfernungspauschale für jeden vollen Entfernungskilometer **0,30 €**. Befristet für die Kj. 2022 bis 2026 erhöht sich die Entfernungspauschale ab dem **21. Entfernungskilometer** einer Familienheimfahrt auf **0,38 €** je Entfernungskilometer (§ 9 Abs. 1 Satz 3 Nr. 5 Satz 9 EStG). Zu beachten ist, dass der für Wege zwischen Wohnung und erster Tätigkeitsstätte geltende Höchstbetrag von 4 500 € (vgl. Tz 11.12.6) für Familienheimfahrten im Rahmen der doppelten Haushaltsführung **nicht** gilt (Rz 28 des BMF-Schreibens vom 18.11.2021, BStBl I S. 2315).

Rechtsänderungen ab 2026:
Nach dem Entwurf des Steueränderungsgesetzes 2025 soll die **Entfernungspauschale** ab 2026 auch für Familienheimfahrten im Rahmen einer doppelten Haushaltsführung bereits ab dem ersten vollen Entfernungskilometer und nicht mehr erst ab dem 21. Entfernungskilometer mit **0,38 €** berücksichtigt werden.
Das Gesetzgebungsverfahren zu dem v. g. Gesetz war bei Redaktionsschluss (1.11.2025) noch nicht abgeschlossen, sodass die endgültige Gesetzesfassung nach der Verabschiedung durch die Gesetzgebungsorgane abzuwarten bleibt.

Die Entfernungspauschale für die wöchentlichen Familienheimfahrten berechnet das Finanzamt im Rahmen der Einkommensteuerveranlagung aus den Angaben in **Zeile 17** (»einfache Entfernung in km (ohne Flugstrecken)«, »Anzahl der Familienheimfahrten«). Hat der Arbeitnehmer die Familienheimfahrten mit öffentlichen Verkehrsmitteln durchgeführt, kann er – anstelle der Entfernungspauschale – in **Zeile 18** die dafür tatsächlich entstandenen Kosten geltend machen. **Flug** und **Fährkosten** und Kosten für eine **entgeltliche Sammelbeförderung** durch den Arbeitgeber bei Heimfahrten werden auch bei der doppelten Haushaltsführung neben der Entfernungspauschale berücksichtigt. Diese Kosten sind daher nicht in **Zeile 16**, sondern in **Zeile 22** gesondert einzutragen. 17–22

Behinderte Arbeitnehmer (mit einem Grad der Behinderung von mindestens 70 oder von mindestens 50 und Merkzeichen »G«) können in den **Zeilen 19** bis **21** anstelle der Entfernungspauschale ihre **tatsächlichen** Kfz-Kosten sowie die Kosten für öffentliche Verkehrsmittel geltend machen (vgl. Tz 11.12.8). Bei Benutzung eines privaten Kfz gilt für behinderte Arbeitnehmer entweder ein pauschaler Kilometersatz von 0,30 € je **gefahrenen** Kilometer (= 0,60 € je Entfernungskilometer) oder ein individueller Kilometersatz aufgrund eines Einzelnachweises. Für die Berechnung des pauschalen Kilometersatzes ist in **Zeile 19** die »einfache Entfernung in km« (ohne Flugstrecken), »davon mit privatem Kfz zurückgelegt in km« und die »Anzahl der Familienheimfahren« anzugeben. Bei einem Einzelnachweis der tatsächlichen Kosten für das private Kfz (vgl. Tz 11.19.4.5) ist in **Zeile 20** zusätzlich der ermittelte Kilometersatz anzugeben und ein besonderes Blatt beizufügen, aus dem sich die Berechnung dieses Kilometersatzes ergibt. Hat der behinderte Arbeitnehmer die Familienheimfahrten mit öffentlichen Verkehrsmitteln durchgeführt, kann er – anstelle der pauschalen oder individuellen Kilometersätze – in **Zeile 21** die dafür tatsächlich entstandenen Kosten geltend machen. Aufwendungen für eventuelle **Mehrkilometer** gegenüber der einfachen Entfernung, die z. B. durch Umwegfahrten entstehen können, sind in **Zeile 32** bei den »sonstigen Aufwendungen« geltend zu machen.

Im Übrigen gelten die Ausführungen zur Entfernungspauschale entsprechend (Rz 28 des o. a. BMF-Schreibens vom 18.11.2021). Dies gilt insbesondere

- für die Bestimmung der maßgebenden **Entfernung** (vgl. Tz 11.12.5),
- für die grds. **Abgeltung** der Aufwendungen des genutzten Kfz durch die **Entfernungspauschale** (vgl. Tz 11.12.9),
- für die Berücksichtigung von **Unfallkosten** (vgl. Tz 11.12.10).

Stellplatz- und **Garagenkosten** für die Unterstellung des Kfz am Beschäftigungsort gehören nach Ansicht der Finanzverwaltung zu den Kosten der **Unterkunft**, die bei einer doppelten Haushaltsführung im Inland zusammen mit den Wohnungs-/Unterkunftskosten nur im Rahmen des **Höchstbetrags** von monatlich **1 000 €** geltend gemacht werden können (vgl. Tz 12.7.5.2).

Aufwendungen für **Besuchsfahrten** der mit dem Arbeitnehmer in der Hauptwohnung lebenden Personen an den Ort der ersten Tätigkeitsstätte des den doppelten Haushalt führenden Arbeitnehmers sind **Werbungskosten**, wenn der Arbeitnehmer aus **beruflichen Gründen** an einer Familienheimfahrt gehindert ist (vgl. R 9.11 Abs. 6 Nr. 2 Satz 3 LStR). In diesem Fall können die (notwendigen) Aufwendungen für die Besuchsfahrt in Höhe der Entfernungspauschale als Werbungskosten geltend gemacht werden, nicht jedoch eventuelle Mehraufwendungen für die Verpflegung und Unterkunft der den Arbeitnehmer besuchenden Personen. Tritt der den doppelten Haushalt führende Arbeitnehmer die wöchentliche Besuchsfahrt aus **privaten Gründen** nicht an, sind die Aufwendungen für die stattdessen durchgeführte Besuchsfahrt des Ehegatten zum Beschäftigungsort weiter keine Werbungskosten (BFH-Urteil vom 2.2.2011, BStBl II S. 456). Entsprechendes dürfte gelten, wenn nach den Begleitumständen der Besuchsfahrt diese nicht mehr mit einer üblichen Familienheimfahrt vergleichbar ist (z. B. bei einem 24 Tage dauernden Besuch des Ehegatten/Lebenspartners im Ausland oder bei einer Flugreise, die mit einer Ferienreise vergleichbar ist). Die Reisekosten des Ehegatten/Lebenspartners gehören in solchen Fällen insgesamt zu den nicht abzugsfähigen Kosten der Lebensführung.

12.7.5 Unterkunft/Zweitwohnung am Ort der ersten Tätigkeitsstätte

12.7.5.1 Höchstbetrag für Unterkunftskosten im Inland

Als **Unterkunftskosten** für eine doppelte Haushaltsführung im **Inland** werden die dem Arbeitnehmer tatsächlich entstandenen Aufwendungen für die Nutzung der Wohnung oder Unterkunft **höchstens** bis zu einem nachgewiesenen Betrag von **1 000 €** im Monat anerkannt (§ 9 Abs. 1 Satz 3 Nr. 5 Satz 4 EStG). Die Prüfung der Notwendigkeit und Angemessenheit entfällt; auch auf die Zahl der Wohnungsbenutzer (Angehörige) kommt es nicht an. Steht die Zweitwohnung oder -unterkunft im **Eigentum** des Arbeitnehmers, sind die tatsächlichen Aufwendungen (z. B. AfA, Schuldzinsen, Reparaturkosten, Nebenkosten) ebenfalls nur bis zum Höchstbetrag von 1 000 € monatlich zu berücksichtigen. Insoweit gelten die Grundsätze der BFH-Rspr. (BFH-Urteil vom 3.12.1982, BStBl 1983 II S. 467) weiter.

3 Die Kosten für die Unterkunft am Ort der ersten Tätigkeitsstätte können in **Zeile 23** eingetragen werden. Die betragsmäßige Begrenzung der Unterkunftskosten auf monatlich 1 000 € wird bei der Einkommensteuerveranlagung programmgesteuert berücksichtigt. Eine Eintragung der Wohnungsgröße (Zeile 24) ist bei einer doppelten Haushaltsführung im Inland nicht erforderlich.

Der **Höchstbetrag** von 1 000 € ist ein **Monatsbetrag**, der nicht auf einen Kalendertag umzurechnen ist und grds. für jede doppelte Haushaltsführung des Arbeitnehmers gesondert gilt. Beziehen mehrere berufstätige Arbeitnehmer (z. B. beiderseits berufstätige Ehegatten, Lebenspartner, Lebensgefährten, Mitglieder einer Wohngemeinschaft) am gemeinsamen Beschäftigungsort eine gemeinsame Zweitwohnung, handelt es sich jeweils um eine doppelte Haushaltsführung, sodass jeder Arbeitnehmer den Höchstbetrag für die tatsächlich von ihm getragenen Aufwendungen jeweils für sich beanspruchen kann (Rz 111 des o. a. BMF-Schreibens vom 25.11.2020).

BEISPIEL 1:

Die beiderseits berufstätigen Ehegatten bewohnen an ihrem Beschäftigungsort in M (jeweils Ort der ersten Tätigkeitsstätte) gemeinsam eine möblierte Unterkunft. Ihren Hausstand sowie ihren Lebensmittelpunkt haben die Eheleute nachweislich im eigenen Einfamilienhaus in B. Die Aufwendungen für die Nutzung der Unterkunft am Beschäftigungsort betragen inkl. sämtlicher Nebenkosten 1 200 € im Monat. Diese werden aufgrund gemeinsamer Verpflichtung von beiden Ehegatten zu gleichen Anteilen gezahlt. Kosten für Einrichtung sind sonstige Kosten der doppelten Haushaltsführung und nicht auf 1.000 € beschränkt abziehbar, Tz 12.7.7.1.

Die tatsächlichen Aufwendungen für die Nutzung der Unterkunft können bei jedem Ehegatten jeweils i. H. von 600 € als Werbungskosten angesetzt werden.

Bei der Anwendung des Höchstbetrags ist grds. § 11 EStG zu beachten. Soweit der monatliche Höchstbetrag von 1 000 € **nicht** ausgeschöpft wird, ist eine **Übertragung** des nicht ausgeschöpften Volumens in andere Monate des Bestehens der doppelten Haushaltsführung im selben Kj. möglich.

BEISPIEL 2:

Der Arbeitnehmer A bewohnt am Ort seiner ersten Tätigkeitsstätte in M eine Zweitwohnung. Die Aufwendungen für die Nutzung dieser Unterkunft (Miete inkl. sämtlicher berücksichtigungsfähiger Nebenkosten) betragen bis zum 30.6.2025 monatlich 980 €. Ab 1.7.2025 wird die Miete um 50 € erhöht, sodass ab diesem Zeitpunkt die monatlichen Aufwendungen für die Nutzung der Unterkunft 1 030 € betragen.

In den Monaten Januar bis Juni 2025 können die Aufwendungen für die Nutzung der Unterkunft in voller Höhe von A als Werbungskosten geltend gemacht werden. Ab Juli 2025 ist grds. die Beschränkung auf den Höchstbetrag von 1 000 € zu beachten. Die den Höchstbetrag übersteigenden Aufwendungen von monatlich 30 € können jedoch mit dem noch nicht aufgebrauchten Höchstbetragsvolumen der Monate Januar bis Juni 2025 (6 × 20 € = 120 €) verrechnet und insoweit als Werbungskosten geltend gemacht werden.

12.7.5.2 Abziehbare Unterkunftskosten

Zu den im Rahmen des Höchstbetrags von 1 000 € **abziehbaren Aufwendungen** gehören insbesondere die Miete, Betriebskosten, Kosten der laufenden Reinigung und Pflege der Zweitwohnung oder -unterkunft, Zweitwohnungsteuer, Rundfunkbeitrag, Aufwendungen für Sondernutzung (wie Garten), die vom Arbeitnehmer selbst getragen werden. Auch Aufwendungen für einen separat angemieteten **Kfz-Stell-** oder **Garagenplatz** sind nach Ansicht der Finanzverwaltung in den Höchstbetrag einzubeziehen und können nicht als »sonstige« notwendige Mehraufwendungen zusätzlich berücksichtigt werden. Die anderslautenden rkr. Urteile des FG Saarland vom 20.5.2020 (Az. 2 K 1251/17, EFG 2020 S. 1408) und des FG Mecklenburg-Vorpommern vom 21.9.2022 (Az. 3 K 48/22, EFG 2023 S. 114) wendet die Finanzverwaltung nicht an (Rz 108 des BMF-Schreibens vom 25.11.2020, BStBl I S. 1228). Insoweit zeichnet sich jedoch eine Klärung der Rechtslage durch den BFH in einem neuen Revisionsverfahren ab (Az. beim BFH: VI R 4/23; Vorinstanz: FG Niedersachsen vom 16.3.2023, 10 K 202/22, EFG 2023 S. 1679). Einspruchsverfahren in vergleichbaren Fällen, in denen sich Steuerpflichtige auf das v. g. Revisionsverfahren beziehen, ruhen nach § 363 Abs. 2 Satz 2 AO kraft Gesetzes.

Der BFH hat die Auffassung der Finanzverwaltung bestätigt, dass die **Zweitwohnungssteuer** für das Unterhalten einer Wohnung am Ort der ersten Tätigkeitsstätte nur zu den im Rahmen einer doppelten Haushaltsführung **beschränkt** abziehbaren **Unterkunftskosten** gehört (BFH-Urteil vom 13.12.2023, BStBl 2024 II S. 402). Bei der Zweitwohnungssteuer handelt es sich um tatsächlichen Aufwand für die Nutzung der Unterkunft am Beschäftigungsort und nicht um notwendige sonstige Kosten der doppelten Haushaltsführung. Die Finanzverwaltung wird bislang ruhende Einspruchsverfahren in vergleichbaren Fällen nun fortführen.

Die betragsmäßige Begrenzung des Abzugs der Unterkunftskosten auf 1 000 € monatlich bezieht sich **nicht** auf die Kosten für **Einrichtungsgegenstände** und **Hausrat**. Diese Kosten gehören zu den »sonstigen Mehraufwendungen« einer doppelten Haushaltsführung, die unter den allgemeinen Voraussetzungen des § 9 Abs. 1 Satz 3 Nr. 5 EStG als Werbungskosten abziehbar sind (BFH-Urteil vom 4.4.2019, BStBl II S. 449). Zu den insoweit abziehbaren Aufwendungen vgl. Tz 12.7.7.1. Wird die Zweitwohnung oder -unterkunft **möbliert** oder **teilmöbliert** angemietet, überschreitet die Miete den Höchstbetrag von 1 000 € und enthält der Mietvertrag keine Aufteilung der Miete für die Überlassung der Wohnung und der Möbelstücke, ist die Miete im Schätzungswege in die nur begrenzt abziehbaren Unterkunftskosten und die voll abziehbaren Kosten für die Möbelüberlassung aufzuteilen (BFH-Urteil vom 4.4.2019, BStBl II S. 449).

Maklerkosten, die für die Anmietung einer Zweitwohnung oder -unterkunft am Ort der ersten Tätigkeitsstätte entstehen, sind als **Umzugskosten** ebenfalls zusätzlich als Werbungskosten abziehbar (vgl. Tz 12.7.7.3). Sie sind nicht in die 1000 €-Grenze mit einzubeziehen (Rz 108 des o. a. BMF-Schreibens vom 25.11.2020).

Erhält der Arbeitnehmer **Erstattungen**, z. B. für Nebenkosten, mindern diese Erstattungen im Zeitpunkt des Zuflusses die Unterkunftskosten der doppelten Haushaltsführung.

Ein **häusliches Arbeitszimmer** in der Zweitwohnung am Ort der ersten Tätigkeitsstätte ist bei der Ermittlung der anzuerkennenden Unterkunftskosten nicht einzubeziehen; der Abzug der hierauf entfallenden Aufwendungen richtet sich weiterhin nach § 4 Abs. 5 Satz 1 Nr. 6b EStG (vgl. Tz 11.15). Der Abzug der **Tagespauschale** für berufliche Tätigkeiten in der Wohnung am Ort der ersten Tätigkeitsstätte kommt **nicht** mehr in Betracht, soweit für diese Wohnung **Unterkunftskosten** im Rahmen einer doppelten Haushaltsführung abgezogen werden können (vgl. Tz 11.16.1).

Übernachtungskosten können dann **nicht** als Werbungskosten berücksichtigt werden, wenn die Übernachtung in einer vom **Arbeitgeber unentgeltlich** zur Verfügung gestellten **Unterkunft** erfolgt. Das Gleiche gilt, wenn sie aufgrund eines Dauerschuldverhältnisses von einem **Dritten** (z. B. aufgrund eines Mietvertrages durch die Eltern) getragen werden (BFH-Urteil vom 13.3.1996, BStBl II

S. 375 und vom 24.2.2000, BStBl II S. 314). Bei **Dauerschuldverhältnissen** (z. B. Miet- und Pachtverträgen) kommt eine Berücksichtigung der Zahlung unter dem Gesichtspunkt der Abkürzung des Vertragswegs weiterhin nicht in Betracht (BMF-Schreiben vom 7.7.2008, BStBl I S. 717).

12.7.5.3 Unterkunftskosten im Ausland

23–24 Bei doppelter Haushaltsführung im **Ausland** sind die Unterkunftskosten zwar nicht auf einen Höchstbetrag begrenzt, sie werden aber nur soweit sie **notwendig** und **angemessen** sind als Werbungskosten berücksichtigt (vgl. R 9.11 Abs. 8 Satz 2 LStR). Die Aufwendungen für die Unterkunft/Zweitwohnung am ausländischen Beschäftigungsort sind in tatsächlicher Höhe nur insoweit **notwendig**, als sie die ortsübliche Miete für eine nach Lage und Ausstattung durchschnittliche Wohnung am Ort der ersten Tätigkeitsstätte mit einer Wohnfläche bis zu 60 m^2 nicht überschreiten (Rz 112 des o. a. BMF-Schreibens vom 25.11.2020). Neben den in **Zeile 23** anzugebenden tatsächlichen Aufwendungen für die Unterkunft/Zweitwohnung im Ausland ist in **Zeile 24** zusätzlich die Größe der Zweitwohnung des doppelten Haushalts im Ausland in m^2 anzugeben. Im Zweifel kann dem Finanzamt der Miet- oder Kaufvertrag vorgelegt werden, aus dem sich die genaue Wohnungsgröße der Zweitwohnung ergibt.

BEISPIEL 1:
Ein Arbeitnehmer mietet eine Wohnung an seinem ausländischen Beschäftigungsort mit 80 m^2 an und entrichtet hierfür eine vereinbarte Miete i. H. von 1 200 € (= 15 € pro m^2). Die monatlichen Nebenkosten belaufen sich auf 200 €. Für eine – nach Lage und Ausstattung – durchschnittliche 60-m^2-Wohnung am Beschäftigungsort sind 720 € Mietzins (= 12 € je m^2) zu bezahlen.
Die als Werbungskosten abzugsfähige »notwendige« ortsübliche Miete beträgt 720 €. Daneben sind die anteiligen Betriebs-/Nebenkosten der Wohnung zu berücksichtigen. Dabei bestehen keine Bedenken, wenn für Zwecke der Ermittlung der ortsüblichen »Warm«-Miete die tatsächlichen Nebenkosten der angemieteten Wohnung als Schätzungsgrundlage herangezogen werden. Somit wären 150 € Nebenkosten (200 € : 80 m^2 × 60 m^2 = 150 €) zum Werbungskostenabzug zuzulassen.
Im Beispielsfall sind also insgesamt als Obergrenze Aufwendungen (Warmmiete) i. H. von 870 € (720 € + 150 €) als notwendige Kosten der Zweitwohnung zu berücksichtigen.

Steht die Zweitwohnung im Ausland im **Eigentum** des Arbeitnehmers, sind die Aufwendungen in der Höhe als notwendig anzusehen, in der sie der Arbeitnehmer als Mieter für eine nach Größe, Ausstattung und Lage angemessene Wohnung tragen müsste (vgl. R 9.11 Abs. 8 Satz 3 LStR).

BEISPIEL 2:
Der Arbeitnehmer E erwirbt 2025 am ausländischen Beschäftigungsort eine 80 m^2 große Eigentumswohnung. Für diese Wohnung fallen im Jahr 2025 folgende Kosten an:

Jahres-AfA	1 800 €
Schuldzinsen	500 €
Erhaltungsaufwand	3 000 €
Betriebskosten	2 000 €
Gesamt	7 300 €

Für eine 60-m^2-Mietwohnung beträgt die fiktive ortsübliche Durchschnittsmiete am Beschäftigungsort jährlich 4 000 € (warm).
Als Werbungskosten kann E nur die fiktiven Mietkosten der 60-m^2-Wohnung mit 4 000 € abziehen, da die tatsächlichen Kosten diese übersteigen. Daneben kann auch nicht der angefallene Erhaltungsaufwand i. H. von 3 000 € in Abzug gebracht werden.

Die strikte »60-m^2-Begrenzung« der Aufwendungen für die Zweitwohnung im Ausland hält das FG Rheinland-Pfalz bei Vorliegen von **unvermeidbaren Aufwendungen** nicht für anwendbar (Urteil vom 22.6.2021, 3 K 1255/20, EFG 2021 S. 1708). Wird einem Beamten im Ausland (hier: Botschafter) eine Dienstwohnung mit der Verpflichtung, diese zu beziehen, zugewiesen, stellen die hierfür anfallenden Kosten nach Ansicht des FG **unabhängig** von der **Wohnfläche** bei Vorliegen einer doppelten Haushaltsführung notwendige Mehraufwendungen i. S. des § 9 Abs. 1 Satz 3 Nr. 5 EStG dar. Der BFH hat das v. g. Urteil des FG Rheinland-Pfalz vom 22.6.2021 bestätigt und die Revision des Finanzamts als unbegründet zurückgewiesen (BFH-Urteil vom 9.8.2023, VI R 20/21, BFH/NV 2024 S. 86). Bei einer doppelten Haushaltsführung im Ausland ist nach Auffassung des BFH unabhängig von der Wohnungsgröße im **Einzelfall** zu **prüfen**, welche **Unterkunftskosten notwendig** sind. Bei einer beamtenrechtlich zugewiesenen **Dienstwohnung** sind die Unterkunftskosten am ausländischen Beschäftigungsort stets in tatsächlicher Höhe als Werbungskosten im Rahmen einer doppelten Haushaltsführung abzugsfähig. In einem ähnlich gelagerten Einzelfall (200 qm große Dienstwohnung eines stellvertretenden Botschaftsleiters) hat der BFH mit einer weiteren Entscheidung seine neue Rspr. bestätigt und die Kosten der Dienstwohnung im Ausland – unabhängig von der Wohnungsgröße – in tatsächlicher Höhe anerkannt (BFH-Urteil vom 17.6.2025, VI R 21/23). Es bleibt nun abzuwarten, wie die Finanzverwaltung auf die der bestehenden Verwaltungsanweisung (Rz 112 des BMF-Schreibens vom 25.11.2020, BStBl I S. 1228) entgegenstehenden BFH-Urteile reagieren wird.

12.7.6 Verpflegungsmehraufwendungen

12.7.6.1 Abzugsgrundsätze

Die dem Arbeitnehmer im Rahmen einer doppelten Haushaltsführung tatsächlich entstandenen, beruflich veranlassten **Verpflegungsmehraufwendungen** werden in Höhe der **Verpflegungspauschalen** für **Auswärtstätigkeiten** berücksichtigt (§ 9 Abs. 4a Satz 12 EStG). Ein **Einzelnachweis** der Verpflegungsmehraufwendungen anstelle des Ansatzes der Pauschalen ist **nicht** zugelassen. Es besteht ein **Rechtsanspruch** auf Berücksichtigung der Verpflegungspauschalen (BFH-Urteil vom 4.4.2006, BStBl II S. 567).

Zur **Konkurrenzregelung**, wenn für denselben Kalendertag Verpflegungsmehraufwendungen sowohl wegen einer Auswärtstätigkeit als auch wegen einer doppelten Haushaltsführung anzuerkennen sind, vgl. Tz 11.19.5.5. Nur die jeweils höchste in Betracht kommende Verpflegungspauschale ist in diesen Fällen abzugsfähig.

12.7.6.2 Dreimonatsfrist

Der Abzug der Verpflegungspauschalen ist auf die ersten **drei Monate** nach dem Bezug der Unterkunft am Ort der ersten Tätigkeitsstätte beschränkt; diese Beschränkung ist **verfassungsgemäß** (BFH-Urteil vom 8.7.2010, BStBl 2011 II S. 32).

Ist der Tätigkeit am Beschäftigungsort eine **Auswärtstätigkeit** an diesen Ort unmittelbar vorausgegangen, so ist deren Dauer auf die Dreimonatsfrist **anzurechnen** (§ 9 Abs. 4a Satz 13 EStG). Zum Vorliegen einer Auswärtstätigkeit vgl. Tz 11.19.2.

BEISPIEL:
Nach einer Abordnung von einem Jahr an einen auswärtigen Beschäftigungsort (= Auswärtstätigkeit) erfolgt die endgültige Versetzung eines Arbeitnehmers an diesen Ort. Nachdem für einen Zeitraum von drei Monaten während der Abordnungsphase bereits Verpflegungsmehraufwendungen anzuerkennen waren, kommt dies für die sich daran zeitlich anschließende doppelte Haushaltsführung nicht mehr in Betracht.

Damit das Finanzamt für die Anrechnung auf die Dreimonatsfrist entsprechende Fälle mit einer unmittelbar vorhergehenden Auswärtstätigkeit am selben Beschäftigungsort erkennen kann, ist dies in **Zeile 11** mit »1 = Ja« gesondert anzugeben.

Für den Ablauf und den Neubeginn der **Dreimonatsfrist** gelten die Ausführungen zur Berücksichtigung von Verpflegungsmehraufwendungen bei Auswärtstätigkeiten entsprechend (vgl. Tz 11.19.5.3). Das bedeutet, dass auch bei einer Unterbrechung der doppelten Haushaltsführung von mindestens 4 Wochen eine neue Dreimonatsfrist beginnt; dies gilt auch bei einer Unterbrechung wegen Urlaub oder Krankheit. Wurde eine doppelte Haushaltsführung beendet, kann sie am früheren Beschäftigungsort auch in der dazu schon früher genutzten Wohnung erneut begründet werden. Verpflegungsmehraufwendungen können auch in diesen Fällen erneut für drei Monate berücksichtigt werden (BFH-Urteil vom 8.7.2010, BStBl 2011 II S. 47).

Auch in den sog. **Wegverlegungsfällen**, in denen der Steuerpflichtige seinen Lebensmittelpunkt aus privaten Gründen vom Beschäftigungsort wegverlegt und in seiner bisherigen Wohnung oder einer anderen Unterkunft am Beschäftigungsort einen Zweithaushalt begründet, liegt eine beruflich veranlasste doppelte Haushaltsführung vor (vgl. Tz 12.3.3). Die doppelte Haushaltsführung wird mit der Umwidmung der bisherigen Wohnung des Steuerpflichtigen in einen Zweithaushalt neu begründet, sodass die Dreimonatsfrist für die Abzugsfähigkeit der Verpflegungsmehraufwendungen daher im Zeitpunkt der Umwidmung neu zu laufen beginnt (BFH-Beschluss vom 8.10.2014, BStBl 2015 II S. 336).

12.7.6.3 Verpflegungspauschbeträge

–26 Bei einer doppelten Haushaltsführung im **Inland** werden die folgenden **Verpflegungspauschbeträge** als Werbungskosten berücksichtigt:

	Verpflegungs-pauschale	einzutragen in Zeile
– An- und Abreisetage	14 €	25
– Abwesenheit von 24 Stunden (voller Kalendertag)	28 €	26

In den **Zeilen 25** und **26** braucht der Steuerpflichtige nur jeweils die Anzahl der Tage angeben; die als Werbungskosten abzugsfähigen Verpflegungspauschbeträge werden im Rahmen der Einkommensteuerveranlagung daraus programmgesteuert berechnet.

Als An- und Abreisetage sind alle Tage anzusehen, an denen der Arbeitnehmer nicht 24 Stunden von der Wohnung und der ersten Tätigkeitsstätte abwesend ist, also auch Tage, an denen der Arbeitnehmer Familienheimfahrten durchgeführt hat. Auf eine Mindestabwesenheitsdauer kommt es an diesen Tagen nicht an. Für den Abzug des vollen Verpflegungspauschbetrags von 28 € ist allein die Abwesenheit von der Wohnung am Ort des eigenen Hausstands (Lebensmittelpunkt) maßgebend.

Die Verpflegungspauschalen sind zu **kürzen**, wenn dem Arbeitnehmer im Rahmen der doppelten Haushaltsführung vom Arbeitgeber oder auf dessen Veranlassung von einem Dritten **unentgeltliche** oder **verbilligte Mahlzeiten** zur Verfügung gestellt werden. Analog zu der gesetzlichen Regelung zur Auswärtstätigkeit in § 9 Abs. 4a Satz 8 EStG (vgl. Tz 11.19.5.4) sind die folgenden pauschalen **Kürzungsbeträge** zu berücksichtigen:

- für Frühstück 20 %,
- für Mittag- und Abendessen jeweils 40 %

der maßgebenden Verpflegungspauschalen für einen vollen Kalendertag.

Bei einer doppelten Haushaltsführung im **Inland** ist danach der maßgebende Verpflegungspauschbetrag von 28 € täglich für das Frühstück um **5,60 €** (20 % von 28 €) und für das Mittag- und Abendessen um jeweils **11,20 €** (40 % von 28 €) – ggf. bis auf 0 € – zu kürzen. Die Kürzungsbeträge sind für die Fälle der doppelten Haushaltsführung im Inland in einer Summe in **Zeile 27** einzutragen; eigene Zuzahlungen des Arbeitnehmers zu den Mahlzeiten sind gegenzurechnen.

31 Bei einer doppelten Haushaltsführung im **Ausland** werden die **Verpflegungspauschbeträge** in gleicher Höhe wie bei **Auswärtstätigkeiten** im **Ausland** gewährt. Zur Höhe der ab 1.1.2025 geltenden Verpflegungspauschbeträge vgl. Tz 11.19.5.6 »Ländertabelle« sowie das BMF-Schreiben vom 2.12.2024, BStBl I S. 1549. Bei einer unentgeltlichen oder verbilligten **Mahlzeitengestellung** durch den Arbeitgeber oder einem von ihm beauftragten Dritten sind auch bei einer doppelten Haushaltsführung im Ausland die o. g. **Kürzungsregelungen** anzuwenden. Die für den jeweiligen Staat maßgebende Verpflegungspauschale für den vollen Kalendertag ist dementsprechend für ein Frühstück um 20 %, für Mittag- und Abendessen um jeweils 40 % (ggf. bis auf 0 €) zu kürzen.

Die insgesamt abzugsfähigen Verpflegungsmehraufwendungen bei einer doppelten Haushaltsführung im Ausland sind in den **Zeilen 28** bis **31** vom Steuerpflichtigen wie folgt anzugeben und zu berechnen:

Zeile					**€**
28	Anzahl der An- und Abreisetage ___	×	Pauschbetrag für An- und Abreisetage ___ €	=	
29	Anzahl der Tage mit einer Abwesenheit von 24 Stunden ___	×	Pauschbetrag bei Abwesenheit von 24 Stunden ___ €	=	+
30	Kürzungsbetrag wegen Mahlzeitengestellung (eigene Zuzahlungen sind ggf. gegenzurechnen)				./.
31	**Summe** der Verpflegungsmehraufwendungen bei einer doppelten Haushaltsführung im Ausland				=

12.7.7 Sonstige Aufwendungen

Als **sonstige Aufwendungen** einer doppelten Haushaltsführung können insbesondere Kosten für die **Einrichtung** und den **Hausrat** für die Unterkunft/Zweitwohnung am Ort der ersten Tätigkeitsstätte, **Telefonkosten** anstelle von Familienheimfahrten sowie **Umzugskosten** bei der Begründung, Beendigung oder dem Wechsel einer doppelten Haushaltsführung geltend gemacht werden. Die tatsächlichen Aufwendungen können in **Zeile 32** eingetragen werden. 32

12.7.7.1 Einrichtungsgegenstände, Hausrat

Kosten für notwendige **Einrichtungsgegenstände** und **Hausrat** in der Zweitwohnung oder -unterkunft am Beschäftigungsort gehören **nicht** zu den Aufwendungen für die Nutzung der Unterkunft, die nach § 9 Abs. 1 Satz 3 Nr. 5 Satz 4 EStG im Inland nur mit höchstens 1 000 € im Monat angesetzt werden können. Hierbei handelt es sich vielmehr um sonstige Mehraufwendungen einer doppelten Haushaltsführung, die unter den allgemeinen Voraussetzungen des § 9 Abs. 1 Satz 3 Nr. 5 EStG als Werbungskosten abziehbar sind (BFH-Urteil vom 4.4.2019, BStBl II S. 449). Übersteigen die Anschaffungskosten des Arbeitnehmers für Einrichtung und Ausstattung der Zweitwohnung (ohne Arbeitsmittel) insgesamt nicht den Betrag von **5 000 €** einschließlich USt (»Nichtbeanstandungsgrenze«), geht die Finanzverwaltung aus Vereinfachungsgründen davon aus, dass es sich um notwendige Mehraufwendungen der doppelten Haushaltsführung handelt (Rz 108 des BMF-Schreibens vom 25.11.2020, BStBl I S. 1228).

Zu den sonstigen Mehraufwendungen einer doppelten Haushaltsführung gehört auch der auf die **Möblierung** entfallende Teil der Miete, wenn die Zweitwohnung oder -unterkunft möbliert oder teilmöbliert angemietet wurde. Soweit die Miete den Höchstbetrag von 1 000 € überschreitet und der Mietvertrag keine Aufteilung der Miete für die Überlassung der Wohnung und der Möbelstücke enthält, ist die Miete in die nur begrenzt abziehbaren Unterkunftskosten und die voll abziehbaren Kosten für die Möbelüberlassung im Schätzwege aufzuteilen (vgl. Tz 12.7.5.2).

Als notwendige **Einrichtungsgegenstände** können insbesondere ein Bett (aber kein Luxusbett), Bettwäsche, Geschirr, ein Herd, Kochtöpfe, ein Radio oder ein Fernseher (aber keine aufwendige Anlage) – einschließlich dafür zu entrichtender Gebühren –, ein Kühlschrank, Kleider- und Küchenschrank, Lampen, ein Spüle, eine Spülmaschine, Stühle, Teppich, Tisch und Vorhänge geltend gemacht werden. Was notwendig ist, bestimmt sich unabhängig vom Lebensstil und Geschmack des Steuerpflichtigen nach objektiven Kriterien (FG Köln vom 5.2.1992, 4 K 5056/87, EFG 1993 S. 144); die Regelsätze nach dem Sozialhilferecht können als Orientierungshilfe und zur Verdeutlichung des Ausmaßes ihrer Überschreitung herangezogen werden (FG Köln vom 6.11.2014, 13 K 1665/12, EFG 2015 S. 544). Betragen die Anschaffungskosten für notwendige Einrichtungsgegenstände nicht mehr als 952 € (einschließlich USt), können diese sofort abgezogen werden; andernfalls sind diese auf die gewöhnliche Nutzungsdauer der Gegenstände zu verteilen und nur in

Höhe der jährlichen AfA als Werbungskosten abzugsfähig. Zur Ermittlung der AfA vgl. Tz 11.14.4.

12.7.7.2 Telefonkosten

Anstelle der Aufwendungen für eine Familienheimfahrt an den Ort des eigenen Hausstands sind die **Gebühren** für ein **Ferngespräch** bis zu einer Dauer von 15 Minuten mit Angehörigen, die zum eigenen Hausstand des Arbeitnehmers gehören, als Werbungskosten zu berücksichtigen (BFH-Urteil vom 18.3.1988, BStBl II S. 988).

12.7.7.3 Umzugskosten

Umzugskosten anlässlich der Begründung, Beendigung oder des Wechsels einer doppelten Haushaltsführung können als »sonstige Aufwendungen« geltend gemacht werden. Zu den Umzugskosten gehören auch **Maklerkosten**, die für die Anmietung einer Unterkunft/Zweitwohnung am Ort der ersten Tätigkeitsstätte entstehen (Rz 108 des BMF-Schreibens vom 25.11.2020, BStBl I S. 1228). Die Aufwendungen sind auf Anforderung des Finanzamts im Einzelnen auf elektronischem Weg oder in Kopie **nachzuweisen**; zur Belegvorlage-/Belegvorhaltepflicht vgl. Vorbemerkungen Tz 14.1. Die **Pauschbeträge** für Umzugskosten, z. B. für sonstige Umzugsauslagen (vgl. Tz 11.18.3.25 unter »Umzugskosten«), können **nicht** berücksichtigt werden (vgl. R 9.11 Abs. 9 Satz 2 LStR).

Umzugskosten, die nach Wegverlegung des Lebensmittelpunktes vom Beschäftigungsort durch die endgültige Aufgabe der Zweitwohnung am Beschäftigungsort entstehen, sind nur dann entsprechend R 9.11 Abs. 9 LStR als Werbungskosten abziehbar, wenn die Auflösung **ausschließlich beruflich veranlasst** ist, wie z. B. im Falle eines **Arbeitsplatzwechsels**. In allen anderen Fällen der Auflösung, wie z. B. infolge des Eintritts in den **Ruhestand**, handelt es sich grds. um Kosten der privaten Lebensführung, die dem Abzugsverbot des § 12 Nr. 1 EStG unterliegen (vgl. R 9.11 Abs. 9 Satz 4 und 5 LStR).

Die Vorschriften über den Abzug notwendiger Mehraufwendungen wegen einer aus beruflichem Anlass begründeten doppelten Haushaltsführung stehen dem allgemeinen Werbungskostenabzug umzugsbedingt geleisteter Mietzahlungen nicht entgegen (BFH-Urteil vom 13.7.2011, BStBl 2012 II S. 104); vgl. H 9.9 – Doppelter Mietaufwand – LStH.

12.7.7.4 Vorfälligkeitsentschädigung

Wird die Zweitwohnung am Beschäftigungsort anlässlich der Beendigung einer aus beruflichem Anlass begründeten doppelten Haushaltsführung veräußert, ist eine dabei anfallende **Vorfälligkeitsentschädigung nicht** als Werbungskosten bei den Einkünften aus nichtselbständiger Arbeit zu berücksichtigen (BFH-Urteil vom 3.4.2019, BStBl II S. 446). Die Vorfälligkeitsentschädigung, die für die vorzeitige Rückzahlung eines für die Wohnung aufgenommenen Finanzierungsdarlehens angefallen ist, ist dem – vorliegend unstreitig – nicht steuerbaren privaten Veräußerungsgeschäft zuzuordnen.

12.8 Weitere doppelte Haushaltsführungen

Die Mehraufwendungen für weitere beruflich veranlasste doppelte Haushaltsführungen in einem Kj. (z. B. bei einem Arbeitsplatzwechsel im laufenden Kj. an einem anderen Beschäftigungsort) kann der Steuerpflichtige in einer Summe in **Zeile 33** erklären. Für die allgemeinen Angaben zu den weiteren doppelten Hausführungen und zur Ermittlung der jeweiligen Aufwendungen bietet es sich an, eine eigene Anlage N-Doppelte Haushaltsführung zu verwenden und dem Finanzamt mit der Steuererklärung einzureichen; alternativ kann die Berechnung auch in einer gesonderten Aufstellung erfolgen. 33

> **ELSTER:**
> Hat ein Steuerpflichtiger in einem Kj. mehrere doppelte Haushaltsführungen aus beruflichem Anlass begründet, können in ELSTER die Angaben zu weiteren doppelten Haushaltsführungen auf eigenen Eingabeteilseiten erfasst werden; diese können bei Bedarf der elektronischen Steuererklärung per Mausklick hinzugefügt werden.

12.9 Steuerfreie Ersatzleistungen

Die Summe der vom Arbeitgeber steuerfrei ersetzten Beträge, wie Trennungsentschädigungen, Auslösungen, Fahrtkostenersatz, Kostenersatz für die Zweitwohnung/-unterkunft oder Verpflegungspauschbeträge während der doppelten Haushaltsführung, ist in **Zeile 34** anzugeben; ggf. können die »steuerfreien Arbeitgeberleistungen bei doppelter Haushaltsführung« aus Nr. 21 der **Lohnsteuerbescheinigung** übernommen werden, falls der Arbeitgeber sie dort bescheinigt hat. Ggf. vorliegende eDaten werden **nicht** automatisch in die Einkommensteuerveranlagung übernommen. 34

Anzugeben sind auch steuerfreie **Sachbezüge** des Arbeitgebers (z. B. eine Freifahrtberechtigung für öffentliche Verkehrsmittel, die für Familienheimfahrten genutzt wird), vgl. Tz 12.7.2. Zum steuerfreien Ersatz durch den Arbeitgeber im Einzelnen vgl. R 9.11 Abs. 10 Satz 2 ff. LStR. Neben dem steuerfreien Arbeitgeberersatz sind in Zeile 34 auch von der Agentur für Arbeit gezahlte steuerfreie **Mobilitätsbeihilfen** (vgl. Tz 11.12.12) anzugeben.

Die steuerfrei ersetzten Beträge werden im Rahmen der Einkommensteuerveranlagung programmgesteuert von der Summe der abziehbaren Werbungskosten abgezogen.

13. Anlage N-AUS 2025 – Ausländische Einkünfte aus nichtselbständiger Arbeit

13.1 Vorbemerkungen

Arbeitnehmer mit Wohnsitz oder gewöhnlichem Aufenthalt im Inland sind grds. mit ihren **in-** und **ausländischen Einkünften** stpfl. (sog. **Welteinkommensprinzip**). Somit unterliegt auch der Arbeitslohn, den ein im Inland ansässiger Arbeitnehmer von seinem inländischen Arbeitgeber für eine im **Ausland** ausgeübte Tätigkeit bezieht, grds. der deutschen Besteuerung. Einkünfte aus einer nichtselbständigen Arbeit im Ausland können aber nach einem **Doppelbesteuerungsabkommen** (DBA), einem sonstigen **zwischenstaatlichen Übereinkommen** (ZÜ) oder dem **Auslandstätigkeitserlass** (ATE) von der deutschen Besteuerung **befreit** sein.

Die Steuerfreistellung nach diesen Abkommen kann der Arbeitgeber bereits beim laufenden Lohnsteuerabzug berücksichtigen und den Arbeitslohn steuerfrei an den Arbeitnehmer auszahlen, soweit dieser auf eine begünstigte Auslandstätigkeit entfällt; zur Ermittlung des steuerfreien und stpfl. Arbeitslohns im Lohnsteuerabzugsverfahren siehe BMF-Schreiben vom 8.10.2024, BStBl I S. 1308. Über die endgültige Steuerfreistellung dieses Arbeitslohns und die Erfassung im Rahmen des Progressionsvorbehalts nach § 32b Abs. 1 Nr. 3 EStG (bei nicht ganzjähriger unbeschränkter Steuerpflicht nach § 32b Abs. 1 Nr. 2 EStG) entscheidet jedoch das Wohnsitzfinanzamt erst im Veranlagungsverfahren. Hierzu dient die »**Anlage N-AUS**«, die von allen unbeschränkt stpfl. Personen abzugeben ist, die im Ausland eine nichtselbständige Arbeit ausgeübt haben.

Für **jeden Staat** ist eine **gesonderte** »Anlage N-AUS« auszufüllen. Zu den aus der/den Anlage/-n N-AUS für Zwecke des Progressionsvorbehalts in die Anlage N zu übertragenden Einkünfte vgl. Tz 11.9. Die Summe der Werbungskosten aus der/den Anlage/-n N-AUS ist in der Anlage N gesondert anzugeben (vgl. Tz 11.20); diese wird bei der Berechnung der Progressionseinkünfte mindernd berücksichtigt.

Bei **Auslandssachverhalten** sind erhöhte **Mitwirkungspflichten** des Steuerpflichtigen gesetzlich vorgeschrieben (§ 90 Abs. 2 AO). **Unterlagen**, die zur Überprüfung des Auslandssachverhalts benötigt werden (z. B. Bescheinigungen des Arbeitgebers über die Auslandstätigkeit und die Besteuerung des Arbeitslohns im Ausland, Reisekalender, arbeitsvertragliche Grundlagen im Zusammenhang mit der Auslandstätigkeit; siehe im Einzelnen BMF-Schreiben vom 12.12.2023, BStBl I S. 2179), sind daher bereits mit der Steuererklärung vollständig in Kopie **einzureichen**. Entsprechende digitale Belege können direkt mit den Eingabefeldern der Anlage N-AUS verknüpft werden, sodass sich bei elektronischen Steuererklärungen eine Belegvorlage erübrigt (vgl. Vorbemerkungen Tz 14.4).

Die in der Anlage N-AUS anzugebenden Einkünfte sind nach **deutschem Steuerrecht** zu ermitteln.

Für bestimmte **Grenzgänger**, die im Grenzgebiet wohnen und arbeitstäglich über die Grenze zur Arbeitsstätte in den anderen Staat pendeln, bestehen nach den DBA mit **Österreich**, der **Schweiz** oder **Frankreich** Sonderregelungen (vgl. Tz 11.10.2). Diese Arbeitnehmer müssen anstelle der Anlage N-AUS weiterhin den von der Finanzverwaltung in Baden-Württemberg aufgelegten spezifischen Landesvordruck »**Anlage N-Gre**« ausfüllen. Die DBA mit den anderen Anrainerstaaten Belgien, Dänemark, Luxemburg, Niederlande, Polen und Tschechien enthalten keine Grenzgängerregelung. Die Besteuerung der sog. Grenzpendler aus diesen Staaten richtet sich nach allgemeinen Grundsätzen unter Anwendung der 183-Tage-Regelung; zu Besonderheiten nach dem DBA-Luxemburg vgl. Tz 13.3.3.

13.2 Steuerfreistellungen für die Auslandstätigkeit

In **Zeile 5** ist mit Wert »1«, »2« oder »3« anzugeben, nach welchem Abkommen der im Kj. 2025 aus einer Tätigkeit im Ausland bezogene Arbeitslohn im Rahmen der Einkommensteuerveranlagung steuerfrei zu stellen ist:

- »**1**« = Steuerfreistellung nach Doppelbesteuerungsabkommen (DBA),
- »**2**« = Steuerfreistellung nach dem Auslandstätigkeitserlass (ATE),
- »**3**« = Steuerfreistellung aufgrund eines sonstigen zwischenstaatlichen Übereinkommens (ZÜ).

13.2.1 Steuerfreistellung nach den DBA

13.2.1.1 Allgemeine Grundsätze

Nach den DBA gilt im Allgemeinen der **Grundsatz**, dass Arbeitslöhne nur in dem Staat besteuert werden, in dem der Arbeitnehmer tätig wird (= **Tätigkeitsstaat**) – sog. »**Arbeitsortsprinzip**«. Ist der Arbeitnehmer im VZ in mehreren DBA-Staaten tätig, so erfolgt eine Aufteilung des Arbeitslohns auf die einzelnen Staaten. Grundlage für die Aufteilung ist die Zahl der tatsächlichen Arbeitstage innerhalb des Kj., an denen der Arbeitnehmer die Tätigkeit in den verschiedenen Staaten ausgeübt und für die er Arbeitslohn bezogen hat. Das sog. Arbeitsortsprinzip gilt jedoch dann **nicht**, wenn im Ausland nur eine **vorübergehende Tätigkeit** ausgeübt wird. Dann steht das Besteuerungsrecht unter bestimmten Voraussetzungen nur dem **Ansässigkeitsstaat** zu. Ansässigkeitsstaat ist der **Wohnsitzstaat** des Arbeitnehmers, bei mehreren ständigen Wohnstätten der Staat, in dem sich der Mittelpunkt der Lebensinteressen des Arbeitnehmers (z. B. der Familienwohnsitz) befindet. Diesem Ansässigkeitsstaat steht für eine im Ausland ausgeübte Tätigkeit das Besteuerungsrecht jedoch nur zu, wenn

- sich der Arbeitnehmer **nicht länger als 183 Tage** im maßgeblichen Zeitraum (s. u.) im Tätigkeitsstaat aufgehalten hat **und**
- die Vergütungen nicht von einer Betriebsstätte, die der Arbeitgeber im Tätigkeitsstaat hat, getragen wurden **und**
- der Arbeitgeber, der die Vergütungen zahlt, nicht im Tätigkeitsstaat ansässig ist.

Nur wenn alle drei der genannten Voraussetzungen **zusammen vorliegen**, hat Deutschland als Ansässigkeitsstaat des Arbeitnehmers das Besteuerungsrecht für Vergütungen, die für eine vorübergehende Tätigkeit im Ausland gezahlt werden. Ansonsten sind die Einkünfte in Deutschland steuerfrei zu stellen und nur im Rahmen des sog. Progressionsvorbehalts zu erfassen. Die Steuerfreistellung des Arbeitslohns bei der Veranlagung setzt aber den Nachweis voraus, dass der ausländische Staat entweder auf sein Besteuerungsrecht verzichtet hat oder, dass die in diesem Staat festgesetzten Steuern entrichtet wurden (vgl. Tz 13.2.1.2).

Bei der Ermittlung der o. g. **183-Tage-Frist** ist – je nach der Regelung im jeweiligen DBA – auf unterschiedliche Zeiträume abzustellen. Im Allgemeinen beziehen sich die 183 Tage auf das **Kj.** In einigen DBA ist bei einem vom Kj. abweichenden Steuerjahr das **Steuerjahr** des Tätigkeitsstaates maßgebend (zu Länderbesonderheiten siehe Rz 128 bis 132 des BMF-Schreibens vom 12.12.2023, BStBl I S. 2179). Schließlich wird in neueren DBA auf einen jahresübergreifenden Zeitraum von **zwölf** aufeinander folgenden **Monaten** abgestellt (Rz 124 bis 127 des v. g. BMF-Schreibens vom 12.12.2023).

Für bestimmte Arbeitnehmer, wie z. B. **Berufskraftfahrer** (vgl. Tz 13.3.4), **Studenten**, **Gastlehrkräfte**, **Künstler**, **Sportler**, **Leiharbeitnehmer**, **Personal** auf **Schiffen** oder **Flugzeugen** (vgl. Tz 13.3.5) und für **Zahlungen aus öffentlichen Kassen** (vgl. Tz 13.9) enthalten die DBA von den o. g. Grundsätzen abweichende Sonderregelungen.

Ruhegehälter einschließlich **Vorruhestandsgelder**, die Versorgungscharakter haben, sind grds. im Ansässigkeitsstaat zu besteuern (Art. 18 OECD-MA; Rz 364, 366 und 367 des o. a. BMF-Schreibens vom 12.12.2023). Nach bestimmten DBA ist auch eine begrenzte

Besteuerung im **Quellenstaat** vorgesehen (z.B. nach Art 18 Abs. 2 DBA Türkei, siehe hierzu BMF-Schreiben vom 11.12.2014, BStBl 2015 I S. 92 oder Art. 17 DBA Niederlande, siehe hierzu BMF-Schreiben vom 24.1.2017, BStBl I S. 147). Einzelne DBA enthalten sog. **Förderstaatsklauseln** (z.B. Art. 17 Abs. 3 DBA-Vereinigtes Königreich, Art. 17 Abs. 3 DBA-Luxemburg, Art. 17 Abs. 3 DBA-Spanien). Danach ist die Besteuerung von Renten und Ruhegehältern in der Auszahlungsphase davon abhängig, in welchem Vertragsstaat eine Förderung in der Aufbauphase erfolgte (Rz 31 des o.a. BMF-Schreibens vom 12.12.2023). Das Besteuerungsrecht für Ruhegehälter an ehemalige Beschäftigte des **öffentlichen Dienstes** hat grds. der **Kassenstaat**, es sei denn, der Empfänger der Versorgungsleistungen ist im anderen Staat ansässig und hat dessen Staatsangehörigkeit (Art. 19 Abs. 2 OECD-MA). Abweichend hiervon hat Frankreich aufgrund einer Konsultationsvereinbarung mit Deutschland das alleinige Besteuerungsrecht für beitragsfinanzierte Altersbezüge, die an ehemalige Bedienstete des französischen öffentlichen Dienstes gezahlt werden (BMF-Schreiben vom 19.5.2025, BStBl I S. 1179).

Organe von **Kapitalgesellschaften**, wie **Geschäftsführer** und **Vorstandsmitglieder** von Körperschaften üben ihre Tätigkeit grds. an dem Ort aus, an dem sie sich persönlich aufhalten (BFH-Urteil vom 5.10.1994, BStBl 1995 II S. 95); siehe im Einzelnen Rz 352 bis 360 des o.a. BMF-Schreibens vom 12.12.2023. Zu beachten sind jedoch die in einigen DBA enthaltenen Sonderregelungen, nach denen sich das Besteuerungsrecht an den Geschäftsführervergütungen nach dem Sitz der Geschäftsleitung der Gesellschaft richtet (z.B. Art. 16 DBA-Belgien; Art. 15 Abs. 4 DBA-Schweiz; Art. 16 DBA-Österreich; Art. 15 Abs. 2 DBA-Niederlande; Art. 16 DBA-Schweden; Art. 16 Abs. 2 DBA-Polen).

13.2.1.2 Rückfallklausel

Eine Freistellung ausländischer Einkünfte aus nichtselbständiger Arbeit aufgrund von DBA ist nach § 50d Abs. 8 EStG nur möglich, soweit der Steuerpflichtige nachweist, dass die in diesem Staat auf die Einkünfte festgesetzten **Steuern entrichtet** wurden **oder** dass der Staat, dem nach dem DBA das Besteuerungsrecht zusteht, auf sein Besteuerungsrecht **verzichtet** hat. Dies gilt auch dann, wenn nach dem einschlägigen DBA eine sog. **Rückfallklausel** nicht vorgesehen ist; zu den in den DBA enthaltenen Rückfallklauseln siehe BMF-Schreiben vom 20.6.2013, BStBl I S. 980.

Der Nachweis über die Zahlung der festgesetzten Steuern ist grds. durch Vorlage des **Steuerbescheids** der ausländischen Behörde und des Zahlungsbelegs (Überweisungs- bzw. Einzahlungsbeleg der Bank oder Finanzbehörde) zu erbringen. Sofern der andere Staat ein **Selbstveranlagungsverfahren** vorsieht und daher keinen Steuerbescheid erteilt (z.B. USA), reicht die Vorlage des Zahlungsbelegs und einer Kopie der Steuererklärung aus. Besteht im Ausland **keine** Verpflichtung zur Abgabe einer Steuererklärung, ist die Vorlage einer **behördlichen Bescheinigung** (z.B. der ausländischen Finanzbehörde) oder einer **Bescheinigung** des zivilrechtlichen oder wirtschaftlichen **Arbeitgebers** ausreichend, aus der sich die Dauer der Tätigkeit im Ausland, die darauf entfallenden Vergütungen und die Höhe der im Ausland abgeführten Steuerbeträge ergeben (Rz 67 des BMF-Schreibens vom 12.12.2023, BStBl I S. 2179; siehe auch »Hinweis bei Freistellung nach einem DBA« nach **Zeile 47**). Wird ein solcher Nachweis erst geführt, nachdem die Einkünfte in eine Einkommensteuerveranlagung einbezogen wurden, kann der Steuerbescheid insoweit nach § 175 Abs. 1 Satz 2 AO geändert werden (BFH-Urteil vom 11.6.1996, BStBl 1997 II S. 117).

Der Pflicht zum Nachweis der tatsächlichen Besteuerung von Lohnbezügen im Ausland ist **ausschließlich** im **Veranlagungsverfahren** nachzukommen. Im Lohnsteuerabzugsverfahren erteilt das Betriebsstättenfinanzamt auf Antrag des Arbeitnehmers oder des Arbeitgebers ohne Vorlage entsprechender Nachweise eine **Freistellungsbescheinigung** (§ 39 Abs. 4 Nr. 5 EStG).

Mit Beschluss vom 15.12.2015 (Az. 2 BvL 1/12, HFR 2016 S. 405) hat das BVerfG entschieden, dass § 50d Abs. 8 EStG mit dem Grundgesetz vereinbar ist. Zudem ist nach Auffassung des BVerfG eine »Überschreibung« eines Doppelbesteuerungsabkommens durch ein innerstaatliches Gesetz (»Treaty Override«) verfassungsrechtlich zulässig.

13.2.1.3 Auskunftsaustausch

Unter bestimmten Voraussetzungen wird dem anderen Staat die Höhe des in Deutschland nach einem DBA steuerfrei gelassenen Arbeitslohns mitgeteilt. Einzelheiten zum zwischenstaatlichen **Auskunftsaustausch** in Steuersachen sind in einem Merkblatt des BMF (BStBl 2019 I S. 480) geregelt. Der Steuerpflichtige ist grds. vor der Mitteilung an den anderen Staat anzuhören. Im Fall des nach DBA steuerfreien Arbeitslohns verzichtet die Finanzverwaltung jedoch auf eine förmliche Anhörung. Einwände, die insoweit gegen den Auskunftsaustausch bestehen, sollten deshalb auf einem besonderen Blatt zusammen mit der Anlage N-AUS geltend werden.

13.2.2 Sonstige zwischenstaatliche Übereinkommen (ZÜ)

Ob im Einzelfall eine Steuerbefreiung nach sonstigen ZÜ greift, muss anhand des Inhaltes des jeweiligen Abkommens oder Privilegienprotokolls genau geprüft werden. So gelten z.B. die Vorrechte und Befreiungen der EU nicht für **EU-Tagegelder**, die von Organisationen der EU an für sie vorübergehend tätige nationale Sachverständige gezahlt werden. Die erhaltenen EU-Tagegelder sind bei diesem Personenkreis Arbeitslohn; sie bleiben jedoch nach § 3 Nr. 64 EStG steuerfrei, soweit sie auf steuerfreie Auslandsdienstbezüge angerechnet werden (BMF-Schreiben vom 12.4.2006, BStBl I S. 340). Gelder der EU, die an einen **Polizeibeamten** mit Wohnsitz im Inland für dessen Tätigkeit im Rahmen von **Frontex-Einsätzen** in Griechenland gezahlt werden, unterliegen der inländischen Steuerpflicht (BFH-Urteil vom 16.5.2024, BStBl II S. 646); eine Steuerfreistellung dieser Gelder nach § 3 Nr. 64 EStG oder nach dem DBA-Griechenland kommt nicht in Betracht.

Arbeitslohn, den ein Arbeitnehmer mit Wohnsitz in Deutschland für seine Tätigkeit bei der **ISAF** (International Security Assitance Force) in Afghanistan von der **NATO** erhalten hat, ist in Deutschland einkommensteuerpflichtig und nicht steuerfrei. Völkerrechtliche Vereinbarungen stehen dieser Besteuerung nicht entgegen (BFH-Urteil vom 13.10.2021, I R 43/19, BFH/NV 2022 S. 509). Der im Zusammenhang mit einer Tätigkeit für die ISAF gezahlte **Gefahren-** und **Erschwerniszuschlag** ist zudem nicht nach § 3 Nr. 64 EStG steuerfrei (BFH-Urteil vom 24.11.2021, I R 17/20, BFH/NV 2022 S. 711). Eine Steuerbefreiung nach Art. X Abs. 1 Satz 2 des **NATO-Truppenstatuts** kommt nur für Zahlungen des Entsendestaats an **Mitglieder** einer **Truppe** und des **zivilen Gefolges** während ihres Aufenthalts im Hoheitsgebiet einer Vertragspartei des Nordatlantikvertrages in Betracht. Für die Anwendung dieser Steuerbefreiung ist nach Ansicht des FG Rheinland-Pfalz nicht erforderlich, dass sich das Truppenmitglied nur in dieser Eigenschaft im Hoheitsgebiet des Aufnahmestaats (hier: Deutschland) aufhält (Urteil vom 27.9.2022, 3 K 1372/20, EFG 2023 S. 262 – rkr.). Die persönliche Beziehung des Truppenmitglieds zu seiner deutschen Ehefrau als weiterer Grund für den Inlandsaufenthalt schließe die Steuerbefreiung nach Art. X Abs. 1 Satz 2 des NATO-Truppenstatuts nicht aus. Auch die Finanzverwaltung folgt inzwischen dieser Auslegung (BMF-Schreiben vom 26.7.2023, BStBl I S. 1565).

Im Regelfall wird der Arbeitslohn, der von einer unter ein ZÜ fallenden Organisation gezahlt wird, **ohne** Anwendung des **Progressionsvorbehalts** steuerfrei gestellt. Eine Erfassung des Arbeitslohns im Rahmen des Progressionsvorbehalts ist nur dann zulässig, wenn dessen Anwendung im ZÜ ausdrücklich geregelt ist.

Die von den internationalen **koordinierten Organisationen** (z.B. ESA, EUMETSAT, Europarat, NATO) an ehemalige Bedienstete gezahlten **Ruhegehälter** und **Pensionen** einschließlich der Zulagen (Steuerausgleichszahlung, Familienzulagen und andere) fallen grds. **nicht** unter die jeweiligen Abkommen oder Privilegienprotokolle dieser Organisationen über die Steuerfreistellung der Gehälter und Bezüge der aktiven Bediensteten. Sie unterliegen als **Versorgungsbezüge** i.S. des § 19 Abs. 2 EStG der nationalen Besteuerung. Dies gilt auch für eine **Einmalzahlung** zur Abgeltung von Versorgungsbezügen der **NATO** an einen ehemaligen Angestellten (FG Münster vom 17.5.2023, 14 K 3421/20 E, EFG 2023 S. 1223 – Revision eingelegt, Az. beim BFH: VI R 24/23). Zu den stpfl. Versorgungsbezügen gehören auch Altersversorgungsleistungen, die ein ehemaliger Bediensteter des **Europäischen Patentamts** (EPA) aus dem Reservefonds der Europäischen Patentorganisation bezieht (BFH-Urteil vom 23.2.2017, BStBl II S. 636). Hat ein ehemaliger Bediensteter des EPA von seinem Recht Gebrauch gemacht, eine zuvor aufgebaute Anwartschaft bei der deutschen gesetzlichen Rentenversicherung auf das Versorgungssystem des EPA zu übertragen, und ist diese Übertragung vor dem 1.1.2011 erfolgt, muss nach Ansicht des BFH die Grundversorgung des Ruhegehalts in Versorgungsbezüge nach § 19 Abs. 1 Satz 1 Nr. 2, Abs. 2 EStG und sonstige Einkünfte nach § 22 Nr. 1 Satz 3 Buchst. a EStG (Leibrente) **aufgeteilt** werden (BFH-Urteil vom 15.12.2021, BStBl 2024 II S. 894). Soweit das Ruhegehalt als Leibrente zu besteuern ist, ist es für VZ ab 2005 der Basisversorgung zuzuordnen (§ 22 Nr. 1 Satz 3 Buchst. a Doppelbuchst. aa EStG).

Zu den infrage kommenden internationalen Organisationen, deren Pensionszahlungen der inländischen Besteuerung unterliegen, siehe im Einzelnen Rz 168 des BMF-Schreibens vom 19.8.2013, BStBl I S. 1087 in der zuletzt durch BMF-Schreiben vom 10.1.2022, BStBl I S. 36 geänderten Fassung. Von den Pensionszahlungen können die Freibeträge für Versorgungsbezüge abgezogen werden (vgl. Tz 11.4.1 a. E., dort auch zu den erforderlichen Eintragungen in der Anlage N). Sofern es sich bei dem Alterssicherungssystem der jeweiligen Organisation um ein System handelt, das mit der inländischen gesetzlichen Rentenversicherung vergleichbar ist, unterliegen die Ruhegehaltszahlungen an die ehemaligen Bediensteten der internationalen Organisationen der Besteuerung als **Leibrente** nach § 22 Nr. 1 Satz 3 Buchst. a Doppelbuchst. aa EStG (Rz 199 des o. a. BMF-Schreibens vom 19.8.2013 in der zuletzt durch o. a. BMF-Schreiben vom 10.1.2022 geänderten Fassung). **Kinderzulagen** (sog. »childallowance«), die der Ruhegehaltsempfänger als mit dem Kindergeld vergleichbare Leistungen erhält, sind dagegen nicht stpfl.; sie werden jedoch in den Familienleistungsausgleich nach § 31 EStG einbezogen (vgl. Tz 9.2.4.3).

Eine Ausnahme von der nationalen Besteuerung stellt insbesondere das Protokoll über die Vorrechte und Befreiungen der EU (ABl. C 202 vom 7.6.2016, S. 266) dar. Gem. Art. 12 dieses Protokolls unterliegen die Gehälter, Löhne und anderen Bezüge der Steuer der EU gem. Verordnung Nr. 260/68 des Rates vom 29.2.1968 und sind von innerstaatlichen Steuern insoweit befreit. **Pensionen** und **Ruhegehälter** ehemaliger Bediensteter von Organisationen, auf die dieses Protokoll anzuwenden ist, sind danach von innerstaatlichen Steuern ab dem Zeitpunkt befreit, ab dem eine **EU-interne Steuer** erhoben wird (Rz 168 des o. a. BMF-Schreibens vom 10.1.2022).

13.2.3 Anwendung des Auslandstätigkeitserlasses (ATE)

Seit dem VZ 2023 gilt für die Steuerfreistellung des Arbeitslohns bei bestimmten Auslandstätigkeiten ein neuer ATE (BMF-Schreiben vom 10.6.2022, BStBl I S. 997, vgl. Anhang 7 LStH). Eine Anwendung des ATE kommt hiernach weiter nur bei einer Tätigkeit in einem ausländischen Staat in Betracht, wenn mit diesem Staat **kein DBA** besteht (z. B. Saudi-Arabien, Brasilien, Chile, Hongkong, Libyen, Peru) und für die Tätigkeit **kein** Arbeitslohn aus inländischen **öffentlichen Kassen** (z. B. im Rahmen der deutschen Entwicklungshilfe) gezahlt wird. Bei **kofinanzierten Projekten** durch andere Träger bzw. weitere Institutionen, die keine inländische öffentliche Kasse sind (z. B. Institutionen der EU), ist der Arbeitslohn aufzuteilen und nur i. H. der kofinanzierten Mittel nach dem ATE steuerfrei.

BEISPIEL 1:

Das Unternehmen A (inländische öffentliche Kasse) entsendet seinen Arbeitnehmer B im Rahmen eines zu 75 % mit Haushaltsmitteln des Bundes und zu 25 % mit Mitteln der EU dotierten Entwicklungshilfeprojekts für drei Jahre in den Staat S (kein DBA mit Deutschland). B behält seinen Wohnsitz in Deutschland bei und bezieht sein Gehalt weiterhin ausschließlich von A.

Im Rahmen der unbeschränkten Einkommensteuerpflicht (§ 1 Abs. 1 EStG) unterliegt der Arbeitslohn des B der Besteuerung. Der ATE findet grds. Anwendung, da eine Projektförderung aus inländischen öffentlichen Mitteln zu mindestens 75 % vorliegt (s. u. »Begünstigte Tätigkeiten«). Soweit das Projekt aus einer inländischen öffentlichen Kasse finanziert wird, ist die Anwendung aber ausgeschlossen. Soweit das Projekt aus Mitteln der EU finanziert wird, liegt hingegen kein Arbeitslohn aus inländischen öffentlichen Kassen vor. Somit sind 25 % des Gehalts des B steuerfrei und unterliegen dem Progressionsvorbehalt.

Nach dem ATE sind nur unbeschränkt einkommensteuerpflichtige Arbeitnehmer begünstigt, die ihre Auslandstätigkeit in einem **gegenwärtigen Dienstverhältnis** für einen **Arbeitgeber** mit Sitz, Geschäftsleitung, Betriebsstätte oder einem ständigen Vertreter in einem **EU-/EWR-Staat** (EU-/EWR-Arbeitgeber) ausüben. Zweifelhaft ist, ob der ATE auch für einen unbeschränkt einkommensteuerpflichtigen Arbeitnehmer gilt, der von seinem Arbeitgeber mit Sitz in der **Schweiz** zu einer Baustelle in einem Drittland entsandt wird, mit dem kein DBA besteht (bejahend FG Hessen vom 13.11.2024, 1 K 792/21, EFG 2025 S. 1230 – Revision eingelegt, Az. beim BFH: VI R 3/25). Zum begünstigten Personenkreis zählen weiter auch **Leiharbeitnehmer**, die für einen EU-/EWR-Arbeitgeber arbeiten, dessen Unternehmenszweck die **Arbeitnehmerüberlassung** ist.

Voraussetzung für die Anwendung des ATE ist seit dem VZ 2023 eine **ausländische Mindestbesteuerung**, um sog. »weiße Einkünfte« zu vermeiden. Die Einkünfte aus nicht selbständiger Arbeit müssen in dem Staat, in dem die Tätigkeit ausgeübt wird, einer der **deutschen ESt** entsprechenden **Steuer** in einer durchschnittlichen Höhe von mindestens **10 %** unterliegen.

BEISPIEL 2:

Der Angestellte eines international tätigen Unternehmens im Bereich des Anlagenbaus erhält für seinen zehnmonatigen Einsatz zur Inbetriebnahme einer Fabrik im Staat S (kein DBA mit Deutschland) ein Gehalt i. H. von 110 000 €. Die nach dem EStG ermittelten Werbungskosten, die mit dieser begünstigten Tätigkeit in Zusammenhang stehen, betragen 10 000 €. Seinen Wohnsitz in Deutschland behält er bei. Auf das Gehalt zahlt er in S ausweislich des von ihm vorgelegten Steuerbescheides eine der deutschen ESt entsprechende Steuer i. H. von umgerechnet 9 000 €.

Bezogen auf die Einkünfte von 100 000 € ergibt sich ein durchschnittlicher Steuersatz von 9 %. Da dieser unter 10 % liegt, findet die Steuerbefreiung nach dem ATE keine Anwendung. Die im Ausland gezahlte Steuer kann unter den Voraussetzungen des § 34c EStG auf die deutsche ESt angerechnet oder bei der Ermittlung der Einkünfte abgezogen werden (vgl. Tz 32 unter Erläuterungen zur Anlage AUS).

Die **Nachweise** zur Besteuerung der Einkünfte im Tätigkeitsstaat und die Höhe der dort abgeführten Steuer sind in Kopie der Steuererklärung beizufügen (siehe auch Hinweis vor **Zeile 48**). Ohne Vorlage dieser Nachweise ist eine Steuerfreistellung des Arbeitslohns im Veranlagungsverfahren **nicht** möglich.

Eine Anwendung des ATE kommt weiter nur bei bestimmten Tätigkeiten im ausländischen Staat in Betracht:

Begünstigt ist die Auslandstätigkeit für einen EU-/EWR-Arbeitgeber im Zusammenhang mit

- der Planung, Errichtung, Einrichtung, Erweiterung, Instandsetzung, Modernisierung, Überwachung oder Wartung von Fabriken, Bauwerken, ortsgebundenen Maschinen oder ähnlichen Anlagen (z. B. Kläranlagen, Bewässerungssystemen, Kraftwerken, Flugplätzen, Kanälen, Straßen, Bergwerken, Brücken, Bohrinseln); außerdem ist das Betreiben der Anlagen bis zur Übergabe an den Auftraggeber (Probelauf) begünstigt; **nicht begünstigt** sind insbesondere Sanierungs-, Restaurierungs-, Reinigungs- und Sicherungsarbeiten an Bauwerken **ohne** industrielle bzw. technische Nutzung,
- dem Einbau, der Aufstellung, der Instandsetzung oder Wartung sonstiger Wirtschaftsgüter; diese Wirtschaftsgüter müssen ausschließlich von EU-/EWR-Arbeitgebern hergestellt oder instandgesetzt bzw. gewartet werden; zu den sonstigen Wirtschaftsgütern zählen auch Militärflugzeuge und -fahrzeuge,
- dem Aufsuchen oder der Gewinnung von Bodenschätzen,

- der Beratung ausländischer Auftraggeber oder Organisationen im Hinblick auf eine der v. g. begünstigten Vorhaben,
- der deutschen öffentlichen **Entwicklungshilfe** im Rahmen der technischen oder finanziellen Zusammenarbeit, wenn eine Projektförderung unmittelbar oder mittelbar aus inländischen öffentlichen Mitteln zu mindestens 75 % vorliegt.

Zu den begünstigten Tätigkeiten gehören auch die **Schulung** von Ortskräften sowie alle **Hilfstätigkeiten**, z. B. durch Ärzte, Krankenpfleger, Köche, Schreibkräfte, Magazinverwalter, Transportkräfte. Es sind auch eigene Investitionen inländischer Unternehmen im Ausland begünstigt (z. B. die Erweiterung einer eigenen Betriebsstätte). Ein ausländischer Auftraggeber ist für die Anwendung des ATE grds. nicht erforderlich.

Nicht begünstigt sind

- die Tätigkeit des Bordpersonals auf Seeschiffen,
- die Produktion von Schiffen oder Flugzeugen im Ausland,
- die finanzielle Beratung (mit Ausnahme der Tätigkeit im Rahmen der deutschen öffentlichen Entwicklungshilfe),
- das Einholen von Aufträgen (Akquisition), ausgenommen die Beteiligung an Ausschreibungen sowie
- die Tätigkeit im Bereich der humanitären Hilfe.

In zeitlicher Hinsicht setzt die Steuerbefreiung nach dem ATE voraus, dass die begünstigte Auslandstätigkeit **mindestens drei Monate** (nicht auf das Kj. bezogen) **ununterbrochen** in Staaten ausgeübt werden muss, mit denen kein DBA besteht. Die Dreimonatsfrist stellt auf die Tätigkeit insgesamt in allen Staaten ohne DBA ab. Die Frist beginnt mit dem Antritt der Reise ins Ausland und endet mit der Rückkehr. Beides braucht nicht im selben Kj. zu liegen. Unterbrechungen des Auslandsaufenthalts durch Rückkehr ins Inland oder in ein DBA-Land bis zu insgesamt **zehn** Kalendertagen sind unbeachtlich, wenn sie zu weiteren Durchführungen des begünstigten Vorhabens notwendig sind. Unterbrechungen durch Urlaub oder Krankheit sind zwar ebenfalls unschädlich, werden bei der Berechnung der Dreimonatsfrist aber nicht mitgezählt; das Gleiche gilt auch für Freizeitblöcke einschließlich arbeitsfreier Wochenenden und Feiertage während der begünstigten Auslandstätigkeit.

BEISPIEL 3:
Der Arbeitnehmer ist vom 1.3. bis 25.5. im Ausland tätig (kein DBA-Staat). Am 26.5. kehrt er ins Inland zurück und bereitet dort eine neue Auslandstätigkeit vor. Er beginnt die neue Auslandstätigkeit am 1.7. in einem Staat, mit dem ebenfalls kein DBA besteht. Die Dreimonatsfrist ist erfüllt, da die Auslandstätigkeit einschließlich der unschädlichen Unterbrechung von 10 Tagen (27.5. bis 5.6.) mindestens 3 Monate beträgt. Der Arbeitslohn vom 1.3. bis 5.6. ist nach dem ATE steuerfrei; der während der Inlandstätigkeit erzielte Arbeitslohn vom 6.6. bis 30.6. ist stpfl. Ab dem 1.7. beginnt für die Anwendung des ATE eine neue Dreimonatsfrist zu laufen.

Nach dem ATE ist der Arbeitslohn steuerfrei, den der Arbeitnehmer für die Tätigkeit im Ausland erhält (einschließlich der höchstens zehn unschädlichen Unterbrechungstage). In die Steuerfreiheit sind auch Zulagen, Prämien, Einkleidungsbeihilfen usw. eingeschlossen, soweit sie für die begünstigte Tätigkeit bezahlt werden. **Sonstige Bezüge** wie Weihnachtsgratifikation, Erfolgsprämien, Tantiemen, Urlaubsgeld usw. sind steuerfrei, wenn die begünstigte Auslandstätigkeit während des ganzen Kj. ausgeübt worden ist; ansonsten sind sie nach den tatsächlichen Arbeitstagen im In- und Ausland aufzuteilen (vgl. Tz 13.5.2).

Der nach dem ATE steuerfrei gestellte Arbeitslohn unterliegt dem sog. **Progressionsvorbehalt** nach § 32b Abs. 1 EStG. Zu den insoweit erforderlichen Eintragungen in der **Anlage N** vgl. Tz 11.9.

13.2.4 Steueranrechnung bei ausländischem Arbeitslohn

Sofern die Tätigkeit in einem Staat ohne DBA erfolgt und der ATE nicht anzuwenden ist oder ausnahmsweise das DBA eine Steueranrechnung vorsieht (z. B. für Fälle der gewerbsmäßigen Arbeitnehmerüberlassung nach den DBA mit Dänemark, Frankreich, Italien, Norwegen, Polen oder Schweden oder für Vergütungen des Bordpersonals von Schiffen und Luftfahrzeugen), sind die Angaben zum ausländischen Arbeitslohn, zu den entsprechenden Werbungskosten in der Anlage N und der im Ausland gezahlten und um einen Ermäßigungsanspruch gekürzten Steuer in der **Anlage AUS** (Zeile 12) vorzunehmen; vgl. Tz 32.2.3. Entsprechende Nachweise über die im Ausland gezahlten Steuern sollten mit der Steuererklärung eingereicht werden.

13.3 Allgemeine Angaben

13.3.1 Ansässigkeit

Die allgemeinen Angaben in den **Zeilen 6** bis **10** dienen dazu, die **Ansässigkeit** des Arbeitnehmers für die Anwendung eines DBA zu bestimmen. Der abkommensrechtliche Begriff der Ansässigkeit entspricht nicht dem im innerstaatlichen Recht verwendeten Begriff der unbeschränkten Steuerpflicht. Während die unbeschränkte Steuerpflicht eine umfassende Steuerpflicht begründet, führt die Ansässigkeit einer Person in einem der Vertragsstaaten zu ihrer Abkommensberechtigung. Zugleich wird mit der Bestimmung der Ansässigkeit einer Person in einem Vertragsstaat dieser Staat für die Anwendung des Abkommens zum Ansässigkeitsstaat; der andere Vertragsstaat ist Quellenstaat. Eine Person kann zwar in beiden Vertragsstaaten z. B. aufgrund doppelten Wohnsitzes unbeschränkt stpfl. sein, dagegen kann sie nur in einem der beiden Vertragsstaaten als ansässig i. S. eines DBA gelten. 6–1

Eine natürliche Person ist in einem Staat ansässig, wenn sie dort aufgrund ihres Wohnsitzes, ihres ständigen Aufenthaltes oder eines anderen ähnlichen Merkmals stpfl. ist. Ist die Person danach in beiden Vertragsstaaten ansässig, ist nach der im Art. 4 Abs. 2 OECD-MA festgelegten Prüfungsreihenfolge (ständige Wohnstätte, Mittelpunkt der Lebensinteressen, gewöhnlicher Aufenthalt, Staatsangehörigkeit, Verständigungsvereinbarung) festzustellen, in welchem Vertragsstaat die Person als ansässig gilt. Bestand im Kj. 2025 neben dem Wohnsitz im Inland ein Wohnsitz im Ausland (Angabe von »1 = Ja« in **Zeile 6**), ist in den **Zeilen 7** bis **9** die Anschrift des ausländischen Wohnsitzes anzugeben. Zum Mittelpunkt der Lebensinteressen ist in **Zeile 10** mit »1 = Ja« oder »2 = Nein« anzugeben, ob zu dem ausländischen Staat die engeren persönlichen und wirtschaftlichen Beziehungen bestehen. Falls »Ja«, sind diese Beziehungen in einer gesonderten Aufstellung gegenüber dem Finanzamt näher darzulegen. Bei Angabe von »2 = Nein« in Zeile 6 erübrigen sich die Angaben zum weiteren Wohnsitz im Ausland.

13.3.2 Arbeitgeber/Sitz der Geschäftsleitung

In den **Zeilen 11** bis **14** sind der Name und die Anschrift des **Arbeitgebers** bzw. der Sitz der **Geschäftsleitung** anzugeben. Der Sitz der Geschäftsleitung ist für das Besteuerungsrecht beim Personal an Bord von Seeschiffen oder Luftfahrzeugen im internationalen Verkehr bedeutsam (vgl. Tz 13.3.3 a. E.). Nur für die Anwendung des **ATE** sind in den **Zeilen 15** und **16** Angaben zum **Wirtschaftszweig** des Arbeitgebers und zur **Art** des **begünstigten Vorhabens** (vgl. Tz 13.2.3) erforderlich. 11-

13.3.3 Art der Tätigkeit, Aufenthaltstage

In den **Zeilen 17** bis **21** sind nähere Angaben zu der im ausländischen Staat ausgeübten Tätigkeit erforderlich (Art der Auslandstätigkeit, Dauer, Anzahl der Kalendertage im Ausland, Unterbrechungen). Hierdurch kann festgestellt werden, ob der Arbeitnehmer zu einer Berufsgruppe gehört, für die nach dem DBA eine Sonderregelung greift (z. B. Berufskraftfahrer, Personal auf Seeschiffen oder Flugzeugen, Tätigkeit als Organ einer Kapitalgesellschaft; vgl. Tz 13.2.1.1). Zudem werden sowohl für die Prüfung der **183-Tage-Regelung** nach DBA (vgl. Tz 13.2.1.1) bzw. die **Dreimonatsfrist** nach ATE (vgl. Tz 13.2.3) als auch für die vorzunehmende (tageweise) Aufteilung des Arbeitslohns, der nicht einer konkreten inländi- 17-

schen oder ausländischen Arbeitsleistung zugeordnet werden kann (vgl. Tz 13.5.2), nähere Angaben zu den im Ausland verbrachten Aufenthaltstagen benötigt. Hierbei ist im Regelfall nicht die Dauer der Tätigkeit, sondern die körperliche Anwesenheit im Tätigkeitsstaat maßgebend. Den Aufenthaltstagen im Ausland werden auch Ankunfts- und Abreisetage, die arbeitsfreien Wochenendtage, öffentliche Feiertage, die Tage der Anwesenheit während einer Arbeitsunterbrechung (z. B. Streik), Krankheitstage sowie im Tätigkeitsstaat verbrachte Urlaubstage zugerechnet (Rz 108 des BMF-Schreibens vom 12.12.2023, BStBl I S. 2179). Zur Erläuterung der Angaben sollte der Steuererklärung ggf. eine Aufstellung aus den Reisekostenabrechnungen beigefügt werden.

In der Anlage N-AUS sind folgende Eintragungen vorzunehmen: In **Zeile 19** sind die **Aufenthaltstage** im ausländischen Staat anzugeben; hierzu gehören auch arbeitsfreie Tage. Eine nur kurzfristige Anwesenheit im ausländischen Staat ist als voller Tag zu zählen. Es muss sich nicht um einen zusammenhängenden Aufenthalt handeln; mehrere Aufenthalte sind zusammenzurechnen. Unterbrechungszeiten sind in den **Zeilen 20** und **21** gesondert anzugeben. Wenn der Aufenthalt mehrere Kj. betrifft, ist in den **Zeilen 17** und **18** der gesamte Zeitraum des Auslandsaufenthalts anzugeben. Tage, die ausschließlich außerhalb des Tätigkeitsstaats verbracht werden, unabhängig davon, ob aus beruflichen oder privaten Gründen, werden nicht mitgezählt. Zur Erläuterung der Angaben ist ggf. eine Aufstellung beizufügen.

ELSTER:
Zu Art und Dauer der Auslandstätigkeit (Zeile 17 und 18) und zu Unterbrechungen der Tätigkeit (Zeilen 20 und 21) können in ELSTER für die Eingabe weiterer Daten bei Bedarf zusätzliche Eintragungszeilen per Mausklick hinzugefügt werden.

BEISPIEL 1:
A ist für seinen deutschen Arbeitgeber mehrere Monate lang jeweils von Montag bis Freitag in den Niederlanden tätig. Seine Wochenenden verbringt er bei seiner Familie in Deutschland. Dazu fährt er an jedem Freitag nach Arbeitsende nach Deutschland. Er verlässt Deutschland jeweils am Montagmorgen, um in den Niederlanden seiner Berufstätigkeit nachzugehen.
Die Tage von Montag bis Freitag sind jeweils als volle Anwesenheitstage in den Niederlanden zu berücksichtigen, weil sich A dort zumindest zeitweise aufgehalten hat. Dagegen können die Samstage und Sonntage mangels Aufenthalt in den Niederlanden nicht als Anwesenheitstage i. S. der 183-Tage-Klausel berücksichtigt werden.

BEISPIEL 2:
Wie Beispiel 1. Jedoch fährt A an jedem Samstagmorgen von den Niederlanden nach Deutschland und an jedem Sonntagabend zurück in die Niederlande.
Bei diesem Sachverhalt sind auch die Samstage und Sonntage als volle Anwesenheitstage in den Niederlanden i. S. der 183-Tage-Klausel zu berücksichtigen, weil sich A an diesen Tagen zumindest zeitweise dort aufgehalten hat.

BEISPIEL 3:
B ist für seinen deutschen Arbeitgeber vom 1.1. bis 15.6. in Schweden tätig. Im Anschluss daran hielt er sich zu Urlaubszwecken bis einschließlich 24.6. in Deutschland auf. Vom 25.6. bis 24.7. verbringt er seinen weiteren Urlaub in Schweden.
Das Besteuerungsrecht für den Arbeitslohn hat Schweden, weil sich B länger als 183 Tage im Kj. in Schweden aufgehalten hat (Art. 15 DBA-Schweden), denn die Urlaubstage, die B im Anschluss an seine Tätigkeit in Schweden verbringt, stehen in einem engen zeitlichen Zusammenhang mit dieser Tätigkeit und werden daher für die Aufenthaltsdauer berücksichtigt.

BEISPIEL 4:
C (kein Berufskraftfahrer) fährt für seinen deutschen Arbeitgeber an einem Montag mit dem Pkw von Hamburg nach Mailand, um dort eine Montagetätigkeit auszuüben. Er unterbricht seine Fahrt in Österreich, wo er übernachtet. Am folgenden Tag fährt C weiter nach Mailand. Am Freitag fährt C von Mailand über Österreich nach Hamburg zurück. C durchquert Österreich lediglich für Zwecke des Transits.
Zur Berechnung der Aufenthaltstage in Österreich werden die Tage, die C auf seiner Fahrt von und nach Mailand in Österreich verbringt, nicht gezählt; damit sind für Italien vier Tage zu zählen, für Österreich ist kein Tag zu berücksichtigen.

Bei einer Tätigkeit in **Belgien** oder **Dänemark** sind nur die Tage zu zählen, an denen der Arbeitnehmer sich zur **Arbeitsausübung** im anderen Staat tatsächlich aufgehalten hat. Im Verhältnis zu Belgien sind jedoch übliche Arbeitsunterbrechungen (Samstage, Sonntage, gesetzliche Feiertage) mitzuzählen, auch wenn sie nicht in Belgien verbracht wurden (Rz 120 bis 122 des o. a. BMF-Schreibens vom 12.12.2023).

Zur Ermittlung der Aufenthaltstage nach dem DBA mit **Frankreich** wird auf die Verständigungsvereinbarung vom 16.2.2006 (BMF-Schreiben vom 3.4.2006, BStBl 2006 I S. 304) und deren Umsetzung ins nationale Recht durch die »Deutsch-Französische Konsultationsvereinbarungsverordnung« vom 20.12.2010 (BStBl 2011 I S. 104) hingewiesen. Bei der Berechnung der Dauer des Aufenthalts nach der 183-Tage-Regelung gem. Art. 13 Abs. 4 Nr. 1 DBA-Frankreich sind nur solche Tage zu berücksichtigen, an denen sich der Arbeitnehmer tatsächlich (»physisch«) im Tätigkeitsstaat aufgehalten hat (BFH-Urteil vom 12.10.2011, BStBl 2012 II S. 548).

Arbeitnehmer aus Deutschland, die grenzüberschreitend in **Luxemburg** beschäftigt sind (sog. Grenzpendler), versteuern ihren Arbeitslohn grds. in Luxemburg. Ist der Arbeitnehmer teilweise auch in Deutschland (z. B. im Homeoffice) oder in einem Drittstaat tätig, wird seit dem VZ 2024 bis zu einer Bagatellgrenze von **34 Arbeitstagen** der auf diese Tätigkeiten entfallende Teil des Arbeitslohns ebenfalls in Luxemburg besteuert (Art. 14 Abs. 1a DBA-Luxemburg i. d. F. des Änderungsprotokolls zum DBA vom 6.7.2023, BGBl II Nr. 334). Wird diese Bagatellgrenze überschritten, ist der Arbeitslohn auf der Grundlage der Zahl der tatsächlichen Arbeitstage innerhalb eines Kj. aufzuteilen und den beiden Vertragsstaaten zuzuweisen. Nähere Einzelheiten zur Anwendung der Bagatellgrenze regelt Abschnitt III. der Verständigungsvereinbarung vom 11.1.2024 (BMF-Schreiben vom 15.1.2024, BStBl I S. 201). Eine entsprechende Bagatellregelung ist auch im Verhältnis zu den **Niederlanden** im Rahmen eines Änderungsprotokolls zum DBA-Niederlande vereinbart worden, die allerdings noch von beiden Staaten ratifiziert werden muss.

13.3.4 Besonderheiten bei Berufskraftfahrern

Zu Besonderheiten bei im Inland ansässigen **Berufskraftfahrern** siehe Rz 380 bis 391 des BMF-Schreibens vom 12.12.2023, BStBl I S. 2179. Soweit der Berufskraftfahrer seine Tätigkeit in einem anderen Staat ausübt, ist anhand der 183-Tage-Regelung zu prüfen, welchem der beiden Vertragsstaaten das Besteuerungsrecht für die auf das Ausland entfallenden Einkünfte zusteht. Die Berechnung der 183 Tage ist dabei für jeden Vertragsstaat gesondert durchzuführen. Durchquert der Fahrer an einem Tag mehrere Staaten, so zählt dieser Tag für Zwecke der Ermittlung der 183-Tage-Frist in jedem dieser Staaten als voller Anwesenheitstag. Für Arbeitstage, an denen der Berufskraftfahrer im grenzüberschreitenden Verkehr Fahrstrecken in mehreren Staaten zurücklegt, ist der Arbeitslohn nach den tatsächlichen Fahrzeiten in den jeweiligen Staaten aufzuteilen (FG Düsseldorf vom 13.11.2018, 10 K 2203/16 E, EFG 2019 S. 52; bestätigt durch BFH-Beschluss vom 1.6.2022, BStBl II S. 646).

Im Verhältnis zu **Luxemburg** gilt folgende Sonderregelung:

Vergütungen von Personen, die im Bereich des grenzüberschreitenden **Güter-** und **Personentransports** in Luxemburg, Deutschland oder Drittstaaten beschäftigt sind, werden aus Vereinfachungsgründen – unabhängig von den tatsächlichen Fahrzeiten – **tageweise** zu **gleichen Teilen** auf die entsprechenden Staaten aufgeteilt und das Besteuerungsrecht den beiden Vertragsstaaten zugewiesen. Der Anteil der Vergütung, der auf einen Drittstaat entfällt, wird dem

Vertragsstaat zugewiesen, in dem die Person ansässig ist (Art. 14 Abs. 1 Satz 3 ff. DBA-Luxemburg i. d. F. des o. a. Änderungsprotokolls vom 6.7.2023).

BEISPIEL:
Ein Lkw-Fahrer mit Ansässigkeit in Deutschland ist bei einer Spedition in Luxemburg angestellt. Er holt täglich Waren aus einem Lager in Deutschland ab und transportiert sie mit dem Lkw über Luxemburg nach Frankreich. Nach der Tour kehrt er am selben Tag mit dem Lkw wieder nach Deutschland zurück.
Der Lkw-Fahrer übt seine Tätigkeit arbeitstäglich in Deutschland, Luxemburg und Frankreich (Drittstaat) aus. Die Vergütung ist daher tageweise zu gleichen Teilen auf diese Staaten aufzuteilen. Für den Anteil der Vergütung, der auf den Drittstaat entfällt, hat Deutschland als Ansässigkeitsstaat das Besteuerungsrecht. Mithin werden 2/3 der Vergütung in Deutschland und 1/3 der Vergütung in Luxemburg besteuert (Abschnitt II der Verständigungsvereinbarung vom 11.1.2024, BMF-Schreiben vom 15.1.2024, BStBl I S. 201). Auf die tatsächlichen Fahrzeiten in den jeweiligen Staaten kommt es nicht an.

13.3.5 Personal auf Schiffen und Flugzeugen

Bei einer Tätigkeit an Bord eines **Seeschiffs** oder **Luftfahrzeugs**, das im **internationalen Verkehr** betrieben wird, sowie an Bord von **Binnenschiffen** sind Angaben zu den Aufenthaltstagen grds. **nicht** erforderlich. Diese Ausnahme gilt aber nur für die Staaten, bei denen im DBA eine **Sonderregelung** zur Besteuerung dieses Personals enthalten ist (ausführlich Rz 392 bis 402 des BMF-Schreibens vom 12.12.2023, BStBl I S. 2179). Nach diesen Sonderregelungen hat der Vertragsstaat das Besteuerungsrecht, in dem sich der Ort der tatsächlichen **Geschäftsleitung** des die Schifffahrt oder Luftfahrt betreibenden **Unternehmens** befindet (»Unternehmensstaat«).

Enthält das anzuwendende DBA keine gesonderte Regelung für die Besteuerung der Vergütungen von Bordpersonal auf Schiffen oder Flugzeugen, richtet sich die Aufteilung der Besteuerungsrechte nach den allgemeinen Bestimmungen entsprechend Art. 15 Abs. 1 und 2 OECD-MA 2014/2017. Hiernach wird die Vergütung des Arbeitnehmers grds. im **Ansässigkeitsstaat** (vgl. Tz 13.3.1) besteuert, es sei denn, die **183-Tage-Regelung** (vgl. Tz 13.2.1.1) kommt zur Anwendung und der **Tätigkeitsstaat** hat für den (anteiligen) Arbeitslohn das Besteuerungsrecht. Abweichend von diesen Grundsätzen hat die Finanzverwaltung bisher **Schiffe** auf **hoher See** für die Anwendung von DBA als schwimmende Gebietsteile des Staates angesehen, dessen **Flagge** sie führen. Damit wurde das Besteuerungsrecht für das Bordpersonal von Schiffen unter deutscher Flagge – unabhängig davon, aus welchen Staaten die Besatzung stammte – regelmäßig von Deutschland ausgeübt. An dieser »Flaggenstaatsregelung« hält die Finanzverwaltung für nach dem 31.12.2025 beginnende VZ nicht mehr fest (BMF-Schreiben vom 15.4.2025, BStBl I S. 1008).

Das o. a. BMF-Schreiben vom 12.12.2023 enthält in den Rz 403 bis 417 einige staatenbezogene **Beispiele** für vom OECD-MA 2014 abweichende Regelungen für die Besteuerung der Vergütungen des Bordpersonals auf Schiffen oder Flugzeugen. Nach dem **DBA-Schweiz** gilt insbesondere Folgendes:

- Art. 15 Abs. 3 Satz 1 DBA-Schweiz regelt zwar die Besteuerung der Vergütungen des Bordpersonals entsprechend Art. 15 Abs. 3 OECD-MA 2014. Der Arbeitslohn eines in **Deutschland** ansässigen **Piloten**, der von einem in der **Schweiz** ansässigen Unternehmen im **internationalen Luftverkehr** eingesetzt wird, ist jedoch nur insoweit von der deutschen ESt (unter Progressionsvorbehalt) freizustellen, als er seine Tätigkeit nach dem Territorialitätsprinzip auf Schweizer Boden und im Schweizer Luftraum ausübt (BFH-Urteil vom 24.10.2024, BStBl 2025 II S. 240). Für die Tätigkeit außerhalb der Schweiz hat Deutschland als Ansässigkeitsstaat das vollumfängliche Besteuerungsrecht. Eine Doppelbesteuerung wird in diesen Fällen durch Anrechnung der anteiligen schweizerischen Quellensteuer auf die deutsche ESt vermieden (vgl. Rz 410 des o. a. BMF-Schreibens vom 12.12.2023).
- Die inländischen Einkünfte eines in der **Schweiz** ansässigen **Piloten** aus nichtselbständiger Arbeit, die an Bord eines Luftfahrzeugs im internationalen Luftverkehr ausgeübt wird, das von einem Unternehmen mit Geschäftsleitung im **Inland** betrieben wird, können nach Art. 15 Abs. 3 Satz 1 DBA-Schweiz in Deutschland besteuert werden. Dieses Besteuerungsrecht wird nach Ansicht des BFH **nicht** durch die **Grenzgängerregelung** des Art. 15a DBA Schweiz (vgl. Tz 11.10.2) eingeschränkt, da ein im internationalen Luftverkehr tätiger Pilot kein **Grenzgänger** i. S. dieser Regelung ist (BFH-Urteil vom 1.8.2024, BStBl 2025 II S. 182). Der Arbeitslohn des in der Schweiz ansässigen Piloten unterliegt hiernach in Deutschland vollumfänglich der beschränkten Einkommensteuerpflicht (§ 1 Abs. 4, § 49 Abs. 1 Nr. 4 Buchst. e EStG).

13.3.6 Arbeitgeberbegriff i. S. des DBA

Für die Zuweisung des Besteuerungsrechts ist der **Arbeitgeber-** 22–
begriff nach **DBA** von besonderer Bedeutung. Dazu sind in den **Zeilen 22** bis **27** der jeweils vorliegende Sachverhalt anzukreuzen und in den **Zeilen 28** bis **31** nähere Angaben zum aufnehmenden Unternehmen (verbundenes Unternehmen, Betriebsstätte oder Entleiher) zu machen. In der freien **Zeile 27** kann z. B. angegeben werden, dass eine gelegentliche Arbeitnehmerüberlassung zwischen fremden Unternehmen vorliegt.

Die im Ausland ausgeübte unselbständige Tätigkeit eines Arbeitnehmers kann für seinen **zivilrechtlichen Arbeitgeber** im Rahmen einer **Arbeitnehmerentsendung** zwischen verbundenen Unternehmen oder aber für einen **fremden dritten Arbeitgeber** erfolgen. Sofern der im Inland ansässige Arbeitnehmer für seinen zivilrechtlichen Arbeitgeber z. B. im Rahmen einer **Lieferung** oder **Werkleistung** bei einem nicht verbundenen Unternehmen im Ausland tätig ist, ist regelmäßig davon auszugehen, dass der zivilrechtliche Arbeitgeber auch der Arbeitgeber i. S. des DBA ist.

Arbeitgeber i. S. des DBA kann aber nicht nur der zivilrechtliche Arbeitgeber, sondern auch eine andere natürliche oder juristische Person sein, die die Vergütung für die ihr gegenüber geleistete nichtselbständige Arbeit **wirtschaftlich** trägt (BFH-Urteil vom 23.2.2005, BStBl II S. 547). Wird die unselbständige Tätigkeit eines im Inland ansässigen Arbeitnehmers bei einem im Ausland ansässigen verbundenen Unternehmen ausgeübt, ist zu prüfen, welches dieser Unternehmen als Arbeitgeber i. S. des DBA anzusehen ist. Hierbei ist auf den wirtschaftlichen Gehalt und die tatsächliche Durchführung der zugrunde liegenden Vereinbarungen abzustellen.

Das aufnehmende verbundene Unternehmen wird Arbeitgeber im abkommensrechtlichen Sinne (»**wirtschaftlicher Arbeitgeber**«), wenn

- der Arbeitnehmer in das aufnehmende Unternehmen eingebunden ist und
- das aufnehmende Unternehmen den Arbeitslohn (infolge seines eigenen betrieblichen Interesses an der Entsendung des Arbeitnehmers) wirtschaftlich trägt.

Hierbei ist es unerheblich, ob die Vergütungen unmittelbar dem betreffenden Arbeitnehmer ausgezahlt werden, oder ein anderes Unternehmen mit diesen Arbeitsvergütungen in Vorlage tritt. Bei einer Entsendung von nicht mehr als **drei Monaten** (jahresübergreifend für sachlich zusammenhängende Tätigkeiten) spricht eine widerlegbare Anscheinsvermutung dafür, dass das aufnehmende Unternehmen mangels Einbindung des Arbeitnehmers nicht als wirtschaftlicher Arbeitgeber anzusehen ist. Ergibt sich nach den tatsächlich feststellbaren Verhältnissen eine Eingliederung in das aufnehmende Unternehmen, ist dieses auch bei Tätigkeiten von bis zu drei Monaten als wirtschaftlicher Arbeitgeber i. S. des DBA anzusehen.

Bei einer grenzüberschreitenden **Arbeitnehmerüberlassung** nimmt der Entleiher grds. die wesentlichen Arbeitgeberfunktionen wahr. Die entliehenen Arbeitnehmer sind regelmäßig in den Betrieb des Entleihers eingebunden. Dementsprechend ist mit Aufnahme der Tätigkeit des Leiharbeitnehmers beim Entleiher dieser als Arbeitgeber i. S. des DBA anzusehen. In Einzelfällen, z. B. bei nur **kurzfristiger** Überlassung (BFH-Beschluss vom 4.9.2002, BStBl 2003 II S. 306), können auch wesentliche Arbeitgeberfunktionen beim Verleiher verbleiben. In diesen Fällen ist zu prüfen, ob nach dem Gesamtbild der Verhältnisse der Verleiher oder der Entleiher überwiegend die wesentlichen Arbeitgeberfunktionen wahrnimmt und damit als Arbeitgeber i. S. des DBA anzusehen ist.

Nach einigen DBA ist die 183-Tage-Regelung auf **Leiharbeitnehmer** nicht anwendbar (z. B. Art. 13 Abs. 6 DBA mit Frankreich; Protokoll Ziffer 13 zum DBA mit Italien; Art. 15 Abs. 4 DBA mit Schweden). In diesen Fällen haben beide Vertragsstaaten das Besteuerungsrecht. Die Doppelbesteuerung wird durch **Steueranrechnung** vermieden (vgl. Tz 13.2.4).

Maßgebend für den Begriff der »**Betriebsstätte**« ist die Definition in dem jeweiligen Abkommen. Nach vielen DBA ist z. B. eine Bau- oder Montagestelle (anders als nach § 12 AO nach 6 Monaten) erst ab einem Zeitraum von mehr als 12 Monaten eine Betriebsstätte. Der Arbeitslohn wird zulasten einer Betriebsstätte gezahlt, wenn die Zahlungen **wirtschaftlich** der Betriebsstätte zuzuordnen sind. Nicht entscheidend ist, wer die Vergütungen ausbezahlt oder wer die Vergütungen in seiner Teilbuchführung abrechnet. Entscheidend ist allein, ob und ggf. in welchem Umfang die ausgeübte Tätigkeit des Arbeitnehmers nach dem jeweiligen DBA der Betriebsstätte zuzuordnen ist und die Vergütung deshalb wirtschaftlich zulasten der Betriebsstätte geht (BFH-Urteil vom 24.2.1988, BStBl II S. 819). Wenn der Arbeitslohn lediglich Teil von Verrechnungen für Lieferungen oder Leistungen im Verhältnis zur Betriebsstätte ist, wird der Arbeitslohn als solcher nicht von der Betriebsstätte getragen.

Zu weiteren Erläuterungen und Beispielen zum Arbeitgeberbegriff nach DBA siehe Rz 141 bis 212 des BMF-Schreibens vom 12.12.2023, BStBl I S. 2179.

13.4 Angaben zum Arbeitslohn

–42 Die Angaben zum Arbeitslohn in den **Zeilen 32** bis **42** werden sowohl für die Ermittlung des nach **DBA** als auch für die Ermittlung des nach **ATE** steuerfreien Arbeitslohns benötigt und sind daher in beiden Fällen stets vollständig auszufüllen.

Zunächst ist in den **Zeilen 32** bis **38** die Summe des in- und ausländischen Arbeitslohns (ohne besondere Lohnbestandteile lt. Zeile 60) zu ermitteln. Grundlage dafür bildet

- der Bruttoarbeitslohn lt. Nr. 3 der Lohnsteuerbescheinigung (Zeile 32),
- Arbeitslohn, von dem kein inländischer Steuerabzug vorgenommen worden ist, z. B. Bruttoarbeitslohn von einem ausländischen Arbeitgeber oder einer ausländischen Betriebsstätte (Zeile 33) und
- vom Arbeitgeber gezahlter steuerfreier Arbeitslohn nach DBA/ATE lt. Nr. 16 a/b der Lohnsteuerbescheinigung (Zeile 34).

Von der Zwischensumme (Zeile 35) ist der darin ggf. enthaltene nach ausländischem Recht stpfl. und nach deutschem Recht steuerfreie Arbeitslohn (Zeile 36) abzuziehen. Der in Zeile 35 ggf. nicht enthaltene nach ausländischem Recht steuerfreie und nach deutschem Recht stpfl. Arbeitslohn (Zeile 37) ist hinzuzurechnen. Nach DBA oder ATE steuerfreier Arbeitslohn (Zeile 34) bleibt bei dieser Zwischenrechnung außen vor.

Sofern eine Tätigkeit in mehreren ausländischen Staaten ausgeübt wurde, ist in den Zeilen 32 bis 38 der insgesamt bezogene in- und ausländische Arbeitslohn anzugeben.

Die Ermittlung des steuerfrei zu stellenden ausländischen Arbeitslohns erfolgt sodann in **zwei Schritten** über eine **direkte Zuordnung** der Arbeitslohnteile (Zeilen 39 bis 41) sowie durch eine **rechnerische Aufteilung** des verbleibenden Arbeitslohns (Zeile 42).

Arbeitslohnteile, die unmittelbar aufgrund einer konkreten inländischen oder ausländischen Arbeitsleistung gewährt werden, sind vorab **direkt zuzuordnen**. Dies können z. B. Reisekosten, Überstundenvergütungen, Zuschläge für Sonntags-, Feiertags- und Nachtarbeit, Auslandszulagen, projektbezogene Erfolgsprämien oder der Wert der Gestellung einer Wohnung im Tätigkeitsstaat sein. Die direkt der Tätigkeit im Inland oder Ausland zuzuordnenden Arbeitslohnteile (Zeilen 39 bis 41) sind von der ermittelten Summe des in- und ausländischen Arbeitslohns (Zeile 38) abzuziehen. Bei einer Tätigkeit in mehreren ausländischen Staaten sind in **Zeile 41** die direkt zuzuordnenden Arbeitslohnteile aus Zeile 40 der übrigen Anlage(n) N-AUS als Summe zu übertragen. Der verbleibende Arbeitslohn (Zeile 42) wird im zweiten Schritt **rechnerisch aufgeteilt**:

13.5 Rechnerische Aufteilung des verbleibenden Arbeitslohns

13.5.1 Arbeitslohn nach DBA

Die **Aufteilung** des verbleibenden Arbeitslohns erfolgt nach den Grundsätzen des BMF-Schreibens vom 12.12.2023 (BStBl I S. 2179), 43–47
Rz 228 bis 247. Grundlage für die Berechnung des steuerfreien Arbeitslohns ist die Zahl der **tatsächlichen Arbeitstage** innerhalb eines Kj. im In- und Ausland (Zeile 43) sowie die davon auf die Tätigkeit entfallenden Tage, für die der ausländische Staat das Besteuerungsrecht hat (Zeile 44). Die tatsächlichen Arbeitstage sind alle Tage innerhalb eines Kj., an denen der Arbeitnehmer seine Tätigkeit im In- und Ausland tatsächlich ausgeübt und für die er Arbeitslohn bezogen hat. Krankheitstage mit oder ohne Lohnfortzahlung, Urlaubstage und Tage des ganztägigen Arbeitszeitausgleichs sind folglich keine zu berücksichtigenden Arbeitstage. Dagegen können auch Wochenend- oder Feiertage grds. als tatsächliche Arbeitstage zu zählen sein, wenn der Arbeitnehmer an diesen Tagen seine Tätigkeit tatsächlich ausübt und diese durch den Arbeitgeber vergütet wird. Eine solche Vergütung liegt auch vor, wenn dem Arbeitnehmer ein entsprechender Arbeitszeitausgleich gewährt wird. Es kommt weder auf die Zahl der Kalendertage im Jahr (365) noch auf die Anzahl der vertraglich vereinbarten Arbeitstage an.

BEISPIEL 1:

C ist laut Arbeitsvertrag von montags bis freitags verpflichtet zu arbeiten. Er macht eine Auslandsdienstreise von Freitag bis Montag, wobei C auch am Samstag und Sonntag für seinen Arbeitgeber tätig ist. Von seinem Arbeitgeber erhält C für Samstag eine Überstundenvergütung und für Sonntag einen ganztägigen Freizeitausgleich, den er bereits am Dienstag in Anspruch nimmt. Außer dem Dienstag sind alle Tage als Arbeitstage zu zählen, da C an diesen Tagen tatsächlich und entgeltlich gearbeitet hat. An dem Dienstag wurde jedoch tatsächlich keine Tätigkeit ausgeübt.

Den tatsächlichen Arbeitstagen (Zeilen 43 und 44) ist das für die entsprechende Zeit vereinbarte und nicht direkt zugeordnete Arbeitsentgelt (verbleibender Arbeitslohn lt. Zeile 42) gegenüberzustellen und in Zeile 45 rechnerisch aufzuteilen. Hierzu gehören neben den laufenden Vergütungen (z. B. Lohn, Gehalt, sonstige Vorteile) auch Zusatzvergütungen, die auf die unselbständige Arbeit des Arbeitnehmers innerhalb des gesamten Berechnungszeitraums entfallen (z. B. Weihnachtsgeld, Urlaubsgeld). Hat sich das vereinbarte Gehalt während des Kj. verändert (z. B. bei unterjährig beginnenden oder endenden Auslandstätigkeiten), muss der nach DBA steuerfreie Arbeitslohn nach dem jeweiligen **Erdienungszeitraum** ermittelt werden. Hierzu ist eine gesonderte Aufstellung der in diesem Zeitraum bezogenen Vergütungen einzureichen. Entsprechendes gilt auch für Lohnbestandteile mit abweichendem Erdienungszeitraum (z. B. Jahresbonus, Aktienoptionen, Abfindungen; vgl. Tz 13.8).

Bei einem nicht vollständig verbrachten Arbeitstag im anderen Staat (z. B. an Reisetagen) ist das Arbeitsentgelt für diesen Arbeitstag zeitanteilig aufzuteilen. Dies muss ggf. im Schätzungswege erfolgen. Hierbei ist die für diesen Tag tatsächliche Arbeitszeit zugrunde zu legen. Darüber hinaus ist bei der Aufteilung zu berücksichtigen, dass tatsächliche Arbeitszeiten, die in Transitländern verbracht werden, dem Ansässigkeitsstaat zuzuordnen sind.

Der sich aufgrund der rechnerischen Aufteilung ergebende verbleibende ausländische Arbeitslohn (Zeile 45) zzgl. des direkt zuzuordnenden Arbeitslohns, der auf den ausländischen Staat entfällt (Zeile 46), ergibt den **insgesamt** steuerfrei zu stellenden **ausländischen Arbeitslohn** (Zeile 47). Dieser Betrag ist – ggf. zusammen mit nach DBA steuerfrei zu stellenden ausländischen Arbeitslöhnen aus weiteren Anlagen(n) N-AUS – in **Zeile 21** der **Anlage N** zu übertragen (vgl. Tz 11.9). Der im Inland **stpfl. Arbeitslohn** (Ergebnis aus Zeile 42 zzgl. Zeile 39 abzgl. Zeile 45 sämtlicher Anlagen N-AUS) ist – ggf. abweichend von den eDaten, Wert lt. Nr. 3 der elektronischen Lohnsteuerbescheinigung(en) – in **Zeile 5** der Anlage N einzutragen.

BEISPIEL 2:

A war vom 1.1.2025 bis 31.7.2025 für seinen deutschen Arbeitgeber in Japan tätig. Seinen Familienwohnsitz in Deutschland behielt er bei. A erzielte im Jahr 2025 einen Bruttoarbeitslohn (einschließlich Weihnachtsgeld und Urlaubsgeld) i. H. von 100 000 €. Für die Tätigkeit in Japan erhielt er zusätzlich eine Erfolgsprämie i. H. von 10 000 €, die vom Arbeitgeber nicht dem Lohnsteuerabzug unterworfen wurde, sowie eine nach japanischen Recht steuerfreie Überstundenvergütung i. H. von 3 000 €. Da Anfang des Kj. 2025 noch nicht genau abzusehen war, wie lange die Tätigkeit in Japan andauern würde, hatte A bei seinem Finanzamt keine Steuerfreistellung des Arbeitslohns vom Lohnsteuerabzug beantragt. A ist im Kj. 2025 laut Arbeitsvertrag verpflichtet gewesen an 220 Tagen zu arbeiten. Er übte seine Tätigkeit jedoch tatsächlich an 230 Tagen aus; davon entfielen 155 Tage auf die Zeit der Tätigkeit in Japan.

Deutschland hat für den Arbeitslohn, der auf die Tätigkeit in Japan entfällt, kein Besteuerungsrecht, da sich A länger als 183 Tage im Kj. 2025 in Japan aufgehalten hat (Art. 15, 23 Abs. 1 Buchst. a DBA-Japan). Der bei A steuerfrei bleibende Arbeitslohn ist nach dem Berechnungsschema der Anlage N-AUS wie folgt zu ermitteln:

Ermittlung des »verbleibenden Arbeitslohns«:

Angaben zum Arbeitslohn	einzutragen in Zeile	Betrag in €
Bruttoarbeitslohn lt. Nr. 3 der Lohnsteuerbescheinigung	32	100 000
Bruttoarbeitslohn ohne inländischen Steuerabzug	33	+ 10 000
Steuerfreier Bruttoarbeitslohn nach DBA lt. Nr. 16 der Lohnsteuerbescheinigung	34	+ 0
Zwischensumme	35	110 000
zzgl. nicht enthaltener nach deutschem Recht stpfl. Arbeitslohn: »Überstundenvergütung Japan«	37	+ 3 000
Summe in- und ausländischer Arbeitslohn	38	113 000
abzgl. direkt zuzuordnender Arbeitslohn im Ausland: »Erfolgsprämie, Überstundenvergütung Japan«	40	./. 13 000
Verbleibender Arbeitslohn	42	100 000

Ermittlung des nach DBA steuerfreien Arbeitslohns:

Angaben	einzutragen in Zeile	Anzahl
Zahl der tatsächlichen Arbeitstage im Kj.	43	230
davon entfallen auf die Tätigkeit, für die Japan das Besteuerungsrecht hat	44	155
		Betrag in €
verbleibender ausländischer Arbeitslohn: 100 000 (Zeile 42) × 155 (Zeile 44) : 230 (Zeile 43)	45	67 391
zzgl. direkt zuzuordnender Arbeitslohn im Ausland (Zeile 40)	46	+ 13 000
Summe des steuerfrei zustellenden ausländischen Arbeitslohns (Betrag übertragen in Zeile 21 der Anlage N)	47	**80 391**

Der auf die Tätigkeit in Japan entfallende Arbeitslohn i. H. von 80 391 € ist im Inland steuerfrei zu stellen und nur im Wege des Progressionsvorbehalts nach § 32 b Abs. 1 Nr. 3 EStG zu berücksichtigen. Der übrige Arbeitslohn i. H. von 32 609 € (Zeile 42 abzgl. Zeile 45: 100 000 € abzgl. 67 391 €) ist im Inland stpfl. und in Zeile 5 der Anlage N einzutragen (unabhängig von den vom Arbeitgeber übermittelten eDaten).

ELSTER:
ELSTER unterstützt die Rechenschritte der Anlage N-AUS (Summenbildung, Aufteilung des verbleibenden Arbeitslohns) programmgesteuert, sodass nur die notwendigen Angaben zum in- und ausländischen Arbeitslohn und den tatsächlichen Arbeitstagen im In- und Ausland erfasst werden müssen.

13.5.2 Arbeitslohn nach ATE

Bei Anwendung des ATE sind die Grundsätze für die Aufteilung des verbleibenden Arbeitslohns nach den DBA entsprechend anzuwenden (Rz 25–26 des BMF-Schreibens vom 8.10.2024, BStBl I S. 1308; Rz 228 ff. des BMF-Schreibens vom 12.12.2023, BStBl I S. 2179). Danach ist der nicht direkt zuordenbare, verbleibende Arbeitslohn bei der Veranlagung zur ESt nach der Zahl der **tatsächlichen Arbeitstage** (anzugeben in den Zeilen 48 und 49) innerhalb eines Kj. aufzuteilen; zur Ermittlung der tatsächlichen Arbeitstage vgl. Tz 13.5.1. 48–

Der sich aufgrund der rechnerischen Aufteilung ergebende verbleibende ausländische Arbeitslohn (Zeile 50) zzgl. des direkt zuzuordnenden Arbeitslohns, der auf den ausländischen Staat entfällt (Zeile 51), ergibt den **insgesamt** nach dem ATE steuerfrei zu stellenden **ausländischen Arbeitslohn** (Zeile 52). Dieser Betrag ist – ggf. zusammen mit nach dem ATE steuerfrei zu stellenden ausländischen Arbeitslöhnen aus weiteren Anlagen(n) N-AUS – in **Zeile 22** der **Anlage N** zu übertragen (vgl. Tz 11.9). Der im Inland **stpfl. Arbeitslohn** (Ergebnis aus Zeile 42 zzgl. Zeile 39 abzgl. Zeile 50 sämtlicher Anlagen N-AUS) ist – ggf. abweichend von den eDaten, Wert lt. Nr. 3 der elektronischen Lohnsteuerbescheinigung(en) – in **Zeile 5** der Anlage N einzutragen.

BEISPIEL:

B war vom 1.4.2025 bis 30.6.2025 (= 91 Tage) für seinen deutschen Arbeitgeber in Brasilien tätig. Er hat dort den Bau einer Industrieanlage überwacht. Im Anschluss an die Auslandstätigkeit machte B in Brasilien noch 10 Tage Urlaub. Im Jahr 2025 (Beschäftigungszeitraum: 1.1. bis 31.12.2025) erzielte B einen Bruttoarbeitslohn einschließlich Weihnachts- und Urlaubsgeld i. H. von 90 000 €. Für die Auslandstätigkeit in Brasilien erhielt er zusätzlich eine Erfolgsprämie i. H. von 5 000 €, die vom Arbeitgeber nicht dem Lohnsteuerabzug unterworfen wurde. Da zu Beginn der Auslandstätigkeit noch nicht genau abzusehen war, wie lange die Tätigkeit in Brasilien andauern würde, hatte B bei seinem Finanzamt keinen Antrag auf Freistellung des Arbeitslohns vom Lohnsteuerabzug gestellt. B hat im Kj. 2025 an insgesamt 240 Tagen seine Arbeit ausgeübt, davon 82 Tage in Brasilien.

Bei der Tätigkeit in Brasilien (Nicht-DBA-Staat) handelt es sich um eine nach dem ATE begünstigte Tätigkeit für einen EU-/EWR-Arbeitgeber. Die Auslandstätigkeit wurde dort auch mindestens für drei Monate ununterbrochen ausgeübt (vgl. Tz 13.2.3), sodass der Arbeitslohn, der auf diese Tätigkeit entfällt, im Rahmen der Einkommensteuerveranlagung nachträglich steuerfrei gestellt werden kann. Die von B in Brasilien verbrachten 10 Urlaubstage bleiben aber sowohl für die Prüfung der Dreimonatsfrist als auch bei der rechnerischen Aufteilung des Arbeitslohns außer Betracht. Nach dem Berechnungsschema der Anlage N-AUS ist der bei B steuerfrei bleibende Arbeitslohn wie folgt zu ermitteln:

a) Ermittlung des »verbleibenden Arbeitslohns«:

Angaben zum Arbeitslohn	**einzutragen in Zeile**	
Bruttoarbeitslohn lt. Nr. 3 der Lohnsteuerbescheinigung	32	90 000 €
zzgl. Bruttoarbeitslohn ohne inländischen Steuerabzug	33	+ 5 000 €
zzgl. steuerfreier Bruttoarbeitslohn nach ATE lt. Nr. 16b der Lohnsteuerbescheinigung	34	+ 0 €
Zwischensumme	35	95 000 €
Summe in- und ausländischer Arbeitslohn	38	95 000 €
abzgl. direkt zuzuordnender Arbeitslohn im Ausland: »Erfolgsprämie Brasilien«	40	./. 5 000 €
Verbleibender Arbeitslohn	42	90 000 €

a) Aufteilung des »verbleibenden Arbeitslohns«:

Angaben	**Zeile**	
Tatsächliche Arbeitstage im Kj. im In- und Ausland	48	240 Tage
davon entfallen auf die Tätigkeit im ausländischen ATE-Staat	49	82 Tage
verbleibender ausländischer Arbeitslohn: 90 000 € (Zeile 42) × 82 (Zeile 49) : 240 (Zeile 48)	50	30 750 €
zzgl. direkt zuzuordnender Arbeitslohn im Ausland (Zeile 40)	51	+ 5 000 €
Summe des steuerfrei zu stellenden ausländischen Arbeitslohns (Betrag übertragen in Zeile 22 der Anlage N)	52	**35 750 €**

Der auf die Tätigkeit in Brasilien entfallende Arbeitslohn i. H. von 35 750 € ist im Inland steuerfrei zu stellen und nur im Wege des Progressionsvorbehalts nach § 32b Abs. 1 Nr. 3 EStG zu berücksichtigen. Der übrige Arbeitslohn i. H. von 59 250 € (Zeile 42 abzgl. Zeile 50: 90 000 € abzgl. 30 750 €) ist im Inland stpfl. und in Zeile 5 der Anlage N einzutragen (unabhängig von den vom Arbeitgeber übermittelten eDaten).

13.6 Steuerbefreiung aufgrund sonstiger ZÜ

56 Für die Prüfung, ob der Arbeitslohn nach einem **sonstigen ZÜ** steuerfrei bleiben kann, ist anzugeben, auf welchem sonstigen ZÜ die Tätigkeit beruht (Zeile 53), für welche Organisation die Tätigkeit erfolgt (Zeile 54) sowie die genaue Art der ausgeübten Tätigkeit (Zeile 55). Dabei ist von Bedeutung, ob die Tätigkeit als Angestellter der internationalen Organisation oder als selbständiger Sachverständiger für diese Organisation erfolgt. Ggf. sollten dem Finanzamt entsprechende Unterlagen (z. B. Arbeitsvertrag, Beratervertrag) als Nachweis vorgelegt werden.

Der nach einem sonstigen ZÜ steuerfreie Arbeitslohn (Zeile 56) ist nur dann in **Zeile 21** der **Anlage N** zu übertragen, sofern das ZÜ die ausdrückliche Anwendung des Progressionsvorbehalts vorsieht (vgl. Tz 13.2.2).

13.7 Werbungskosten zu steuerfreiem Arbeitslohn nach DBA/ATE/ZÜ

Neben der Aufteilung des Arbeitslohns sind auch die dazugehörigen 57–59
Werbungskosten auf die steuerfreien und stpfl. Einnahmen aufzuteilen. Dabei sind zunächst in **Zeile 57** die Werbungskosten einzutragen, die dem steuerfreien Arbeitslohn **direkt** zugeordnet werden können (z. B. Fahrtkosten, Verpflegungsmehraufwendungen und Übernachtungskosten, die während der Auslandstätigkeit entstanden sind).

Die **verbleibenden Werbungskosten**, die dem steuerfreien Arbeitslohn nicht direkt zugeordnet werden können (z. B. Beiträge zu Berufsverbänden, Aufwendungen für Arbeitsmittel oder Berufsbekleidung), sind im Verhältnis der steuerfreien Einnahmen zu den Gesamteinnahmen aufzuteilen. Gleiches gilt für auf die Werbungskosten anzurechnenden steuerfreien Ersatzleistungen des Arbeitgebers. Nur die auf die steuerfreien Einnahmen entfallenden Werbungskosten sind – ggf. nach Abzug der anteiligen steuerfreien Ersatzleistungen des Arbeitgebers – in **Zeile 58** einzutragen.

Die **Summe** der Werbungskosten (Zeile 59) ist – ggf. zusammen mit den Werbungskosten zu steuerfreiem Arbeitslohn nach DBA/ATE/ZÜ aus weiteren Anlagen(n) N-AUS – in die **Zeile 81** der **Anlage N** zu übertragen (vgl. Tz 11.20). Da die auf steuerfreien Arbeitslohn nach DBA/ZÜ/ATE entfallenden Werbungskosten bei der Berechnung der dem Progressionsvorbehalt unterliegenden Einkünfte mindernd berücksichtigt werden, dürfen sie **nicht** noch einmal von den in die Zeilen 21 und 22 der Anlage N zu übertragenden Beträge lt. den Zeilen 47, 52 und 62 (Summe des steuerfrei zu stellenden ausländischen Arbeitslohns nach DBA oder dem ATE, steuerfreier Arbeitslohn nach ZÜ) abgezogen werden.

Liegen die gesamten verbleibenden Werbungskosten nach Abzug der Erstattungen (zu steuerfreien und stpfl. Einnahmen) unterhalb des Arbeitnehmer-Pauschbetrages, ist der Pauschbetrag vorrangig bei den stpfl. Einnahmen abzuziehen. Nur ein noch nicht ausgeschöpfter Betrag ist bei der Steuerberechnung im Rahmen des Progressionsvorbehalts von dem nach DBA/ZÜ/ATE steuerfreien Arbeitslohn abzuziehen (§ 32b Abs. 2 Satz 1 Nr. 2 Satz 2 EStG; vgl. R 32b Abs. 2 EStR).

13.8 Besondere Lohnbestandteile

Für die Behandlung von »**besonderen Lohnbestandteilen**« (z. B. Abfindungen, Stock Options) nach den DBA gelten Sonderregelungen; siehe im Einzelnen Rz 248 ff. des BMF-Schreibens vom 12.12.2023, BStBl I S. 2179. Soweit das jeweilige DBA keine abweichende Regelung trifft, gelten **Abfindungen** anlässlich der Beendigung des Dienstverhältnisses für Zwecke der Anwendung des DBA als zusätzliches **Entgelt** für die **frühere Tätigkeit** (§ 50d Abs. 12 EStG). War ein Arbeitnehmer bis zur Beendigung des Dienstverhältnisses teilweise im Ansässigkeitsstaat und teilweise in Deutschland sowie in Drittstaaten tätig, unterliegen eine anlässlich der Freisetzung zugesagte Abfindung sowie geldwerte Vorteile aus der früher zugesagten Teilnahme an einem Aktienoptionsprogramm in dem Umfang **anteilig** dem deutschen Besteuerungsrecht, in dem der Arbeitnehmer bis zu seiner Freistellung in Deutschland tätig war (BFH-Urteil vom 20.11.2024, VI R 33/21, BFH/NV 2025 S. 506). Bei grenzüberschreitenden Sachverhalten richtet sich eine etwaige abkommensrechtliche Freistellung der Einkünfte aus sog. **Stock-Options** nach der Tätigkeit im **Erdienenszeitraum** (= Zeitraum zwischen der Gewährung der Stock-Options und deren erstmaliger Ausübbarkeit; BFH-Urteil vom 21.12.2022, BStBl 2023 II S. 825).

Abweichende **Konsultationsvereinbarungen** zur Besteuerung von **Abfindungen** bestehen insbesondere mit **Belgien** (BStBl 2007 I S. 261), **Großbritannien** (BStBl 2011 I S. 1221) und der **Schweiz** (BStBl 2010 I S. 268). Im Verhältnis zu diesen Staaten richtet sich die steuerliche Behandlung von Abfindungen nach dem Charakter der Abfindungszahlung. Während Abfindungen mit Versorgungscharakter als Ruhegehälter im **Ansässigkeitsstaat** besteuert werden können, steht das Besteuerungsrecht für Abfindungen, bei denen es sich um Lohn- oder Gehaltsnachzahlungen oder andere Vergütungen aus dem früheren Arbeitsverhältnis handelt oder die allgemein für das vorzeitige Ausscheiden aus dem Dienst gewährt werden, dem (früheren) **Tätigkeitsstaat** zu, sofern diesem das Besteuerungsrecht für die aktive Tätigkeit zustand.

60–62 Besondere Lohnbestandteile, die in nach DBA, ZÜ oder ATE steuerfreiem Arbeitslohn enthalten sind, sind gesondert in **Zeile 60** anzugeben. Sofern sich aufgrund von DBA-Regelungen die Steuerfreiheit im Inland ergibt, werden die nach § 34 Abs. 1 EStG ermäßigt zu besteuernden besonderen Lohnbestandteile im Rahmen des Progressionsvorbehalts nach der sog. **Fünftelregelung** berücksichtigt (vgl. R 34.2 EStR, H 34.2 EStH unter den Berechnungsbeispielen 3 und 4).

Werbungskosten, die mit nach DBA steuerfreien besonderen Lohnbestandteilen zusammenhängen, sind in **Zeile 61** einzutragen und bei der Ermittlung der steuerfrei zu stellenden besonderen Lohnbestandteile direkt abzuziehen. Diese Werbungskosten dürfen daher **nicht** nochmal in der Anlage N (Zeilen 27 bis 77) oder in der Anlage N-Doppelte Haushaltsführung eingetragen werden.

Der verbleibende Betrag (Zeile 62) ist – ggf. zusammen mit verbleibenden Beträgen zu besonderen Lohnbestandteilen aus weiteren Anlagen(n) N-AUS – in **Zeile 23** der Anlage N zu übertragen. Aufgrund von DBA-Regelungen ausschließlich im **Inland** stpfl. besondere Lohnbestandteile sind dagegen in **Zeile 17** der Anlage N einzutragen.

13.9 Steuerfreier Arbeitslohn nach DBA in Sonderfällen

Nach DBA steuerfreier Arbeitslohn, der z. B. aus einer ausländischen öffentlichen Kasse oder an das Bordpersonal auf Seeschiffen gezahlt wird, ist gesondert in **Zeile 63** anzugeben; die weiteren Angaben zum **Arbeitslohn** lt. den **Zeilen 32** bis **62** sind in diesen **Sonderfällen nicht** erforderlich. Der Betrag ist sodann ohne Kürzung um damit zusammenhängende Werbungskosten in **Zeile 21** der **Anlage N** zu übertragen. Die auf den steuerfreien Arbeitslohn in Sonderfällen entfallenden Werbungskosten sind gesondert in **Zeile 64** anzugeben; der Betrag lt. Zeile 64 ist zusätzlich in die **Zeile 81** der Anlage N zu übertragen (vgl. Tz 11.20). Außerdem ist/sind in **Zeile 65** die Staatsangehörigkeit/-en des Steuerpflichtigen anzugeben, da diese für die Steuerfreistellung des Arbeitslohns entscheidend sein kann/können. Erläuterungen zur Art des Sonderfalls sind auf einem besonderen Blatt anzugeben. **63–**

14. Anlage KAP 2025 für Einkünfte aus Kapitalvermögen

14.0 Vorbemerkung

Mit Einführung der Abgeltungsteuer ab 2009 ist grds. die ESt auf Kapitalerträge durch den Steuerabzug abgegolten und von der Abgabe der Anlage KAP kann abgesehen werden.

Die Anlage KAP ist jedoch trotzdem auszufüllen, wenn

- Kapitalerträge nicht dem Steuerabzug unterlegen haben (vgl. Tz 14.7) oder
- ein Antrag auf Günstigerprüfung gestellt wird (vgl. Tz 14.2) oder
- eine Überprüfung des Steuereinbehalts dem Grunde oder der Höhe nach vorgenommen werden soll (vgl. Tz 14.3) oder
- keine KiSt auf Kapitalertragsteuer einbehalten wurde, obwohl eine Kirchensteuerpflicht bestand (vgl. Tz 14.4) oder
- Bestandsgeschützte Alt-Anteile i. S. des § 56 Abs. 6 Satz 1 Nr. 2 InvStG veräußert wurden (vgl. Tz 14.6.5) oder
- Verluste aus Termingeschäften erzielt wurden (vgl. Tz 14.6.9) oder
- Verluste aus der ganzen oder teilweisen Uneinbringlichkeit einer Kapitalforderung aus der Ausbuchung oder Übertragung wertloser Wirtschaftsgüter oder aus einem sonstigen Ausfall solcher Wirtschaftsgüter erzielt wurden (vgl. Tz 14.6.10) oder
- eine abgeltende Wirkung des Steuerabzugs aufgrund der Ausnahmeregelung des § 32d Abs. 2 EStG nicht in Betracht kommt (vgl. Tz 14.8, Tz 14.9) oder
- einbehaltene inländische Kapitalertragsteuer, einbehaltener Solidaritätszuschlag und einbehaltene KiSt im Zusammenhang mit anderen Einkunftsarten anzurechnen oder zu erstatten sind.

14.1 Einkünfte aus Kapitalvermögen

4 Durch das Unternehmensteuerreformgesetz 2008 vom 14.8.2007 (BStBl I S. 630) wird seit 1.1.2009 eine **Abgeltungsteuer** i. H. von 25 % für Kapitalerträge, Veräußerungs- und Terminmarktgeschäfte einbehalten. Die Abgeltungsteuer gilt nur für Einnahmen aus Kapitalanlagen, die im Privatvermögen gehalten werden. Sie ist erstmals auf Erträge anzuwenden, die nach dem 31.12.2008 zufließen. Die ESt ist grds. durch den Steuerabzug i.H. von 25 % abgegolten (§ 43 Abs. 5 EStG). Zu Einzelfragen zur Abgeltungsteuer hat die Finanzverwaltung mit BMF-Schreiben vom 14.5.2025 (BStBl I S. 1330) Stellung genommen.

Bei der Eintragung der Angaben zu den Einkünften aus Kapitalvermögen (§ 20 EStG) ist nach dem Vordruck Anlage KAP zwischen folgenden Kapitalerträgen zu unterscheiden:

- Erträge, die dem Steuerabzug unterlegen haben (vgl. Tz 14.6),
- Erträge, die nicht dem Steuerabzug unterlegen haben (vgl. Tz 14.7),
- Erträge, die der tariflichen ESt unterliegen (vgl. Tz 14.8),
- Kapitalerträge, für die die ermäßigte Besteuerung anzuwenden ist (vgl. Tz 14.11),
- Einkünfte aus einer ausländischen Familienstiftung (vgl. Tz 14.17).

Bei der Ermittlung der Einkünfte aus Kapitalvermögen wird lediglich der Sparer-Pauschbetrag in Höhe von 1 000 € – bei zusammen veranlagten Ehegatten 2 000 € – abgezogen. Ein Abzug der tatsächlichen Werbungskosten ist nach § 20 Abs. 8 EStG grds. ausgeschlossen (vgl. Tz 14.6.11).

14.1.1 Überblick über die Kapitalerträge

Kapitalerträge sind neben den **Zinsen und anderen Erträgen des Vermögens** ab 1.1.2009 auch **Stillhalterprämien** (§ 20 Abs. 1 Nr. 11 EStG), **Veräußerungsgewinne** aus der Veräußerung von Wertpapieren, wenn die Anteile nach dem 31.12.2008 erworben wurden und Gewinne bei **Termingeschäften**, wenn der Rechtserwerb nach dem 31.12.2008 erfolgte und ein Differenzausgleich gezahlt wird oder ein glattstellendes Gegengeschäft vorliegt. Wird bei einem Termingeschäft dagegen das Wirtschaftsgut geliefert, liegt ggf. ein Veräußerungsgeschäft i. S. des § 23 Abs. 1 Nr. 2 EStG vor (vgl. Tz 20.9 unter Erläuterungen zur Anlage SO). Die Kapitalerträge unterliegen einem Steuerabzug in Höhe von 25 %, der grds. abgeltende Wirkung hat (§ 43 Abs. 5 EStG). Dies gilt jedoch nicht in den Fällen des § 32d Abs. 2 EStG (vgl. Tz 14.8) und für Kapitalerträge, die zu den Einkünften aus Land- und Forstwirtschaft, aus Gewerbebetrieb, aus selbständiger Arbeit oder aus Vermietung und Verpachtung gehören. Im Fall der Veräußerung einer wesentlichen Beteiligung i. S. des § 17 EStG vgl. Tz 21.18.10 unter Erläuterungen zur Anlage G.

Bei Ehegatten/Lebenspartner, die Zusammenveranlagung beantragen, muss jeder Ehegatte/Lebenspartner seine Kapitalerträge auf einer eigenen Anlage KAP erklären. Dies ist z. B. wichtig für die zutreffende Ermittlung eines etwaigen **Altersentlastungsbetrags** durch das Finanzamt für den einzelnen Ehegatten/Lebenspartner (vgl. Tz 1.6 unter Erläuterungen zum Hauptvordruck ESt 1 A), falls z. B. die Kapitaleinkünfte im Rahmen der Günstigerprüfung in die Summe der Einkünfte einzubeziehen sind (vgl. Tz 14.2). **Kapitalertragsteuerpflichtige Einnahmen** können auch **anderen Einkunftsarten** zuzuordnen sein. Soweit aus Kapitalvermögen stammende Erträge im Rahmen der Einkunftsarten Gewerbebetrieb, Land- und Forstwirtschaft, selbständige Arbeit oder Vermietung und Verpachtung anfallen, sind sie diesen Einkunftsarten zuzurechnen. Wenn z. B. Wertpapiere zum Betriebsvermögen eines Gewerbetreibenden gehören, so sind die Erträge aus diesen Wertpapieren Einnahmen aus Gewerbebetrieb. Derartige Kapitalerträge sind zwar in den Gewinnbeträgen der **Anlagen G, S und L** bzw. in **Zeile 29 der Anlage V** mit zu erklären. Die von solchen Kapitalerträgen einbehaltenen Steuerabzugsbeträgen sind jedoch in den **Zeilen 43 bis 45 der Anlage KAP** mit einzutragen, damit diese Steuerbeträge vom Finanzamt auf die festzusetzende ESt angerechnet werden können.

Bei **Anteilen an gemeinschaftlichen** Einkünften aus Kapitalvermögen (z. B. Miteigentum, Erbengemeinschaft) sind die **anteiligen Kapitalerträge** und die davon ggf. einbehaltenen Steuerabzugsbeträge in der **Anlage KAP-BET** anzugeben.

Als **Kapitalerträge** sind die Erträge nach Verlustverrechnung und vor Berücksichtigung des Sparer-Pauschbetrags anzugeben. Kapitalerträge, die von einer inländischen Stelle (z. B. Kreditinstitut) ausgezahlt werden, können der Steuerbescheinigung entnommen werden, die von der inländischen Stelle auf Verlangen auszustellen ist (§ 45a Abs. 2 Satz 1 EStG). Ein Muster der Steuerbescheinigung wurde mit BMF-Schreiben vom 16.5.2025, BStBl I S. 1388 veröffentlicht. In den anderen Fällen (z. B. ausländische Zahlstelle) sind alle Arten von Kapitalerträgen in einer Gesamtsumme anzugeben (vgl. Tz 14.7.1, Tz 14.7.2). Bei Ermittlung der Gesamtsumme der Kapitalerträge sind die Bruttoerträge anzusetzen, also ohne Abzug der einbehaltenen Kapitalertragsteuer, des Solidaritätszuschlags und der KiSt bei inländischen Einnahmen bzw. ohne Abzug der ausländischen Quellensteuer bei ausländischen Erträgen. Der sich ergebende Einnahmenbetrag ist – gesondert für **Ehemann und Ehefrau/Lebenspartner(in) A und Lebenspartner(in) B** – in die jeweilige Anlage KAP einzutragen. Die anzurechnende Kapitalertragsteuer ist – je nach steuerlicher Würdigung der Erträge – in Zeile 37 oder 43 einzutragen (vgl. Tz 14.12). Bei einem Antrag auf Günstigerprüfung für sämtliche Kapitalerträge (vgl. Tz 14.2) bzw. auf Überprüfung des Steuereinbehalts für bestimmte Kapitalerträge (vgl.Tz 14.3), ist die Steuerbescheinigung nur auf Anforderung des Finanzamts einzureichen (§ 36 Abs. 2 Nr. 2 Satz 3 EStG). Der Solidaritätszuschlag zur Kapitalertragsteuer ist in Zeile 38 oder 44 (vgl. Tz 14.12) anzugeben, die Summe der KiSt in Zeile 39 oder 45 (vgl. Tz 14.12).

Kapitalerträge sind grds. als Einnahmen des Kj. zu behandeln, in dem sie dem Steuerpflichtigen, z. B. durch Zahlung, Gutschrift, **zugeflossen** sind, und zwar ohne Rücksicht auf den Zeitraum, auf den sie sich beziehen. Es ist also gleichgültig, für welchen Zeitraum ein Betrag vereinnahmt wird. Eine Ausnahme von diesem Grundsatz gilt nur für **regelmäßig wiederkehrende** Einnahmen, die kurze

Zeit vor Beginn oder kurze Zeit nach Beendigung des Kj., zu dem sie wirtschaftlich gehören, zugeflossen sind. Sie gelten als in **dem** Kj. bezogen, zu dem sie wirtschaftlich gehören (§ 11 Abs. 1 Satz 2 EStG). Als kurze Zeit in diesem Sinne ist in der Regel ein Zeitraum bis zu 10 Tagen anzusehen.

Nach der Rspr. des BFH stellen im sog. **Schneeballsystem** gutgeschriebene und wiederangelegte oder ausgezahlte »Gewinnanteile« (»Renditen«) Kapitalertrag dar, keine Kapitalrückzahlung (BFH-Urteile vom 22.7.1997, BStBl II S. 761 und 767). Gutschriften aus Schneeballsystemen führen dann zu Einnahmen aus Kapitalvermögen, wenn der Betreiber des Schneeballsystems bei entsprechendem Verlangen des Anlegers zur Auszahlung der gutgeschriebenen Beträge leistungsbereit und leistungsfähig gewesen wäre. An der Leistungsbereitschaft des Betreibers des Schneeballsystems kann es fehlen, wenn er auf einen Auszahlungswunsch des Anlegers hin eine sofortige Auszahlung ablehnt und stattdessen über anderweitige Zahlungsmodalitäten verhandelt (BFH-Urteile vom 16.3.2010, BStBl 2014 II S. 147, vom 11.2.2014, BStBl II S. 461 und vom 2.4.2014, BStBl II S. 698). Im Zweifel ist darauf abzustellen, wie sich das jeweilige Rechtsgeschäft aus Sicht des Kapitalanlegers bei objektiver Betrachtungsweise darstellt (BFH-Urteile vom 14.12.2004, BStBl 2005 II S. 739 und 746).

Werden Zinsen aus festverzinslichen Wertpapieren während des Zinszahlungszeitraums **im Erbgang** oder durch **Schenkung** unentgeltlich erworben, so gehören diese Zinsen beim Erben bzw. Beschenkten auch insoweit zu den Einnahmen aus Kapitalvermögen, als sie auf den Zeitraum bis zum Tod des Erblassers bzw. bis zum Zeitpunkt der Schenkung entfallen. Eine zeitanteilige Aufteilung dieser Zinsen auf den Erblasser und Erben bzw. den Schenker und Beschenkten findet sonach nicht statt. Gleiches gilt im Hinblick auf das Zuflussprinzip des § 11 EStG auch für Dividenden aus Aktien, für Gewinnanteile aus GmbH-Anteilen und für Zinsen aus Sparguthaben, Festgeldern und sonstigen Forderungen.

Bei Vorliegen **gemeinschaftlicher Kapitalerträge** (z. B. aus Erbengemeinschaft) vgl. Tz 15 unter Erläuterungen zur Anlage KAP-BET.

Beruhen Zinseinnahmen auf einem **Darlehen unter nahen Angehörigen**, das einem Fremdvergleich **nicht** standhält und deshalb steuerlich nicht anerkannt wird, bilden sie beim Gläubiger keine Kapitalerträge i. S. des § 20 Abs. 1 Nr. 7 EStG (BFH-Urteil vom 2.8.1994, BStBl 1995 II S. 264).

14.1.2 Kapitalertragsteuer von 25 %

Ab 2009 unterliegen die Einkünfte aus Kapitalvermögen grds. nicht mehr dem progressiven Einkommensteuertarif, sondern einem gesonderten Steuersatz in Höhe von 25 %, der abgeltende Wirkung hat (§ 43 Abs. 5 EStG) und deshalb als Abgeltungsteuer bezeichnet wird. Dem gesonderten Steuersatz für Einkünfte aus Kapitalvermögen unterliegen sämtliche Erträge i. S. des § 20 Abs. 1 und 2 EStG, die nicht anderen Einkunftsarten zuzurechnen sind (§ 32d Abs. 1 EStG). Erfasst werden insbesondere Gewinnanteile (Dividenden), Ausbeuten und sonstige Bezüge **aus Aktien,** Genussrechten, Anteilen an Gesellschaften mit beschränkter Haftung sowie an Erwerbs- und Wirtschaftsgenossenschaften, Erträge aus Investmentanteilen, Einnahmen aus der Beteiligung an einem Handelsgewerbe als stiller Gesellschafter oder aus partiarischen Darlehen, Erträge aus Kapitallebensversicherungen, Erträge aus Stillhaltergeschäften, Gewinne aus der Veräußerung von Aktien und GmbH-Anteilen, Gewinne bei Termingeschäften, Gewinne aus der Veräußerung von Anteilen an einer stillen Gesellschaft und Gewinne aus der Veräußerung von Lebensversicherungsansprüchen.

Die Einkünfte aus Kapitalvermögen, die der Abgeltungsteuer unterliegen, werden nicht in die Ermittlung des zu versteuernden Einkommens einbezogen. Die einbehaltene Kapitalertragsteuer wird deshalb auch nicht mehr nach § 36 Abs. 2 Nr. 2 EStG auf die ESt angerechnet.

Die Abgeltungswirkung nach § 43 Abs. 5 Satz 1 EStG tritt auch dann ein, wenn die bei der Auszahlung der Kapitalerträge einbehaltene Kapitalertragsteuer nicht beim Finanzamt angemeldet und abgeführt wird und kein die Abgeltungswirkung des Steuerabzugs ausschließender Fall nach § 43 Abs. 5 Satz 1 Halbsatz 2, Satz 2 oder Satz 3 EStG vorliegt. Dies gilt auch dann, wenn der Steuerpflichtige Kapitaleinkünfte in Form von Scheinrenditen aus einem betrügerischen Schneeballsystem erzielt hat, für die aus seiner Sicht Kapitalertragsteuer nach § 43 Abs. 5 Satz 1 EStG einbehalten worden ist (BFH-Urteil vom 29.9.2020, BStBl II 2021 S. 468).

Von einem Steuerabzug i. S. des § 43 Abs. 1 EStG kann bei losen Personenzusammenschlüssen (z. B. Sparclubs, Schulklassen, Sportgruppen), die aus mindestens sieben Mitgliedern bestehen, aus Vereinfachungsgründen Abstand genommen werden (BMF-Schreiben vom 14.5.2025, BStBl I S. 1330, Tz 291). Voraussetzung ist, dass

- das Konto neben dem Namen des Kontoinhabers einen Zusatz enthält, der auf den Personenzusammenschluss hinweist (z. B. Sparclub XX, Klassenkonto der Realschule YY, Klasse 5 A),
- die Kapitalerträge bei den einzelnen Guthaben des Personenzusammenschlusses im Kj. den Betrag von 10 €, vervielfältigt mit der Anzahl der Mitglieder, höchstens 300 € im Kj., nicht übersteigen und
- Änderungen der Anzahl der Mitglieder dem Kreditinstitut zu Beginn eines Kj. mitgeteilt werden.

Die Anwendung der Vereinfachungsregelung setzt grds. voraus, dass die insgesamt – d. h. auch bei Aufsplittung des Guthabens auf mehrere Konten und auch ggf. verteilt auf mehrere Kreditinstitute – zugeflossenen Kapitalerträge die genannten Grenzen im Kj. nicht übersteigen. Ein »loser Personenzusammenschluss« i. S. dieser Vereinfachungsregel ist z. B. nicht gegeben bei Grundstücksgemeinschaften, Erbengemeinschaften, Wohnungseigentümergemeinschaften, Mietern im Hinblick auf gemeinschaftliche Mietkautionskonten.

Von der Einbehaltung der Abgeltungsteuer kann abgesehen werden, wenn der Gläubiger im Zeitpunkt des Zufließens unbeschränkt einkommensteuerpflichtig ist und anzunehmen ist, dass für ihn auch in Fällen der Günstigerprüfung nach § 32d Abs. 6 EStG (vgl. Tz 14.2) keine Steuer entsteht (§ 44a Abs. 2 Nr. 2 EStG). Die Abstandnahme vom Zinsabschlag setzt stets die Vorlage einer Nichtveranlagungs-Bescheinigung voraus, die beim zuständigen Wohnsitzfinanzamt zu beantragen ist.

Die die Kapitalerträge auszahlende Stelle (Bank, Sparkasse, Bausparkasse usw.) kann auch von der Einbehaltung der Kapitalertragsteuer **absehen,** soweit die Kapitalerträge den **Sparer-Pauschbetrag von 1 000 € bzw. 2 000 €** bei zusammen veranlagten Ehegatten/Lebenspartner (vgl. Tz 14.6.11) nicht übersteigen. Voraussetzung hierfür ist, dass der Gläubiger der Kapitalerträge der auszahlenden Stelle einen sog. **Freistellungsauftrag** vorlegt. Der Freistellungsauftrag ist nach amtlich vorgeschriebenem Muster zu erteilen. Das Freistellungsvolumen in Höhe des vorstehend genannten Gesamtbetrags kann nach Belieben auf verschiedene auszahlende Stellen aufgeteilt werden. Eine beschränkte Anwendung auf einzelne Konten bei einem Kreditinstitut ist ab dem Jahr 2009 nicht mehr möglich (BMF-Schreiben vom 14.5.2025, BStBl I S. 1330, Tz 259). Ein Freistellungsauftrag ist nur wirksam, wenn der Meldestelle i. S. des § 45d Abs. 1 Satz 1 EStG (z. B. Kreditinstitut, das zum Einbehalt der Kapitalertragsteuer verpflichtet ist) die steuerliche Identifikationsnummer des Gläubigers der Kapitalerträge und bei gemeinsamen Freistellungsaufträgen auch die der Ehegatten/Lebenspartner vorliegt (§ 44a Abs. 2a Satz 2 EStG). Ein erteilter Freistellungsauftrag gilt weiter, solange er nicht widerrufen oder geändert wird. Nicht dauernd getrennt lebende Ehegatten/Lebenspartner können entweder einen gemeinsamen Freistellungsauftrag oder Einzel-Freistellungsaufträge erteilen. Der gemeinsame Freistellungsauftrag gilt sowohl für Gemeinschaftskonten als auch für Konten oder Depots, die auf den Namen nur eines Ehegatten/Lebenspartners geführt werden. Partner einer nichtehelichen Lebensgemeinschaft können nur für ihre eigenen Konten, nicht aber für gemeinsame Konten einen Freistellungsauftrag erteilen. Das Muster des Freistellungsauftrags für Kapitalerträge ist in der Anlage des BMF-Schreibens vom 14.5.2025, BStBl I S. 1330, veröffentlicht. Heiratet ein alleinstehender Kontoinhaber, kann der gemeinsame Freistellungsauftrag für den VZ der Eheschließung erteilt werden. Wird nach der Heirat ein gemeinsamer Freistellungsauftrag erteilt und übersteigt das Volumen die bisher erzielten Kapitalerträge, kann die bisher einbehaltene Kapitalertragsteuer rückwirkend erstattet werden, soweit die bisherigen Erträge im betreffenden Kj. unter dem Freistellungsauftrag liegen. Dies gilt entsprechend für Lebenspartner einer eingetragenen Lebenspartnerschaft.

Mit dem **Tod eines Kontoinhabers** sind dessen Erben Gläubiger der Kapitalerträge geworden. Der durch den Verstorbenen erteilte Freistellungsauftrag kann nicht mehr Grundlage für eine Abstandnahme vom Steuerabzug sein. Das Kreditinstitut hat grds. Kapitalertragsteuer einzubehalten, wenn nicht der Erbe einen Freistellungsauftrag erteilt. Für Erträge, die einer Erbengemeinschaft zuzurechnen sind, kann allerdings kein Freistellungsauftrag erteilt werden. Wegen Besonderheiten im Todesjahr beim Tod eines **Ehegatten/Lebenspartners** wird auf das BMF-Schreiben vom 14.5.2025, BStBl I S. 1330, Tz 278 ff.) hingewiesen.

Weitere Einzelfragen zur im Zusammenhang mit der Abgeltungsteuer (z.B. bei Zinsen aus **Mietkautionskonten** oder aus der Anlage von Instandhaltungsrücklagen bei Wohnungseigentümergemeinschaften) sind im BMF-Schreiben vom 16.5.2025, BStBl I S. 1388, Rz 17 geregelt.

14.1.3 Solidaritätszuschlag

Ab 1.1.1995 wurde durch das Solidaritätszuschlagsgesetz 1995 (Art. 31 des Gesetzes zur Umsetzung des Föderalen Konsolidierungsprogramms vom 23.6.1993, BStBl I S. 510, 523) wieder ein Solidaritätszuschlag zur ESt und Körperschaftsteuer für alle Steuerpflichtigen eingeführt. Der Zuschlag hat im Gesetz keine zeitliche Begrenzung erhalten, ist aber nach der Gesetzesbegründung mittelfristig zu überprüfen. Der Solidaritätszuschlag beträgt 5,5 % der Kapitalertragsteuer.

Mit Einführung der Abgeltungsteuer ab 1.1.2009 hat auch der hierauf erhobene Solidaritätszuschlag Abgeltungscharakter. Eine Anrechnung auf den festgesetzten Solidaritätszuschlag wird in diesen Fällen nicht vorgenommen. Lediglich der erhobene Solidaritätszuschlag auf die Kapitalerträge nach § 32 d Abs. 2 EStG (vgl. Tz 14.8) wird auf die Festsetzung des Solidaritätszuschlags (vgl. Tz 14.14) angerechnet. Außerdem erfolgt eine Anrechnung in den Fällen der Günstigerprüfung, vgl. Tz 14.2.

Die Freigrenze beträgt 19 950 bzw. 39 900 € bei Zusammenveranlagung. Diese Anhebung der Freigrenze wirkt sich aber nur bei Kapitalerträgen aus, die der tariflichen ESt (vgl. Tz 14.8) unterliegen. Sofern Kapitalerträge der Abgeltungsteuer (vgl. Tz 14.1.2) unterliegen, wird auf diese weiterhin ein Solidaritätszuschlag erhoben (§ 3 Abs. 1 Nr. 5 SolzG).

Rechtsänderung ab 2026:
Die Freigrenze für die Festsetzung des Solidaritätszuschlags wurde durch das Steuerfortentwicklungsgesetz ab 1.1.2026 auf 20 350 € bei Einzelveranlagung und auf 40 700 € bei Zusammenveranlagung angehoben.

14.1.4 Kirchensteuer

Auf Kapitalerträge sind ab 2009 nicht nur Abgeltungsteuer zzgl. Solidaritätszuschlag, sondern auch die darauf entfallende KiSt (§ 51 a Abs. 2b EStG) einzubehalten. Bei einer gemeinschaftlichen Beteiligung an Kapitalerträgen (z.B. bei Erbengemeinschaften oder Wohnungseigentümergemeinschaften) kann ein Kirchensteuereinbehalt nur dann erfolgen, wenn das Gemeinschaftskonto Ehegatten gehört oder wenn alle Beteiligten derselben Religionsgemeinschaft angehören. Bei Ehegattenkonten ist zusätzlich noch anzugeben, in welchem Verhältnis der auf jeden Ehegatten entfallende Anteil der Kapitalerträge zu diesen Erträgen steht (§ 51 a Abs. 2c EStG).

Da Kapitalerträge wegen des Abgeltungscharakters möglichst nicht mehr über die Anlage KAP erklärt werden sollen, wurde der Sonderausgabenabzug auf KiSt – soweit dieser auf Kapitalerträge entfällt – gestrichen (vgl. Tz 2.4 unter Erläuterungen zur Anlage Sonderausgaben). Im Falle einer Kirchensteuerpflicht ermäßigt sich anstelle dessen die Steuer um 25 % der auf die Kapitalerträge entfallenden KiSt (§ 32 d Abs. 1 Satz 3 EStG).

Nur wenn der Kirchensteuerpflichtige die KiSt nicht als Steuerabzug einbehalten lässt, wird eine Veranlagung zur KiSt durchgeführt (vgl. Tz 14.4).

Die Erhebung der auf die Kapitalerträge anfallenden KiSt wird grds. durch Steuerabzug an der Quelle vorgenommen. Diesem Ziel soll die Errichtung einer Datenbank beim Bundeszentralamt für Steuern dienen, die die konfessionsrelevanten Daten wie Kirchenmitgliedschaft und den geltenden Kirchensteuersatz enthält. Die Geldinstitute rufen ihrerseits von dieser Datei alle Daten ab, um die KiSt automatisch abgelten zu können (§ 51 a Abs. 2c EStG).

Der Kapitalanleger kann aber nach § 51 a Abs. 2e EStG unter Angabe seiner Identifikationsnummer (vgl. Tz 1.4.1 unter Erläuterungen zum Hauptvordruck) schriftlich beim Bundeszentralamt für Steuern beantragen, dass der automatisierte Datenabruf seiner rechtlichen Zugehörigkeit zu einer steuererhebenden Religionsgemeinschaft bis zum schriftlichen Widerruf unterbleibt (Sperrvermerk). In diesem Fall ist die Abgabe einer Anlage KAP erforderlich, weil zur Erhebung der KiSt eine Veranlagung durchzuführen ist (vgl. Tz 14.4).

14.1.5 Nießbrauch bei Einkünften aus Kapitalvermögen

Für die steuerliche Behandlung eines **Nießbrauchs** bei Einkünften aus Kapitalvermögen kommt es insbesondere darauf an, ob ein Zuwendungsnießbrauch (vgl. Tz 14.1.5.1) vorliegt, d.h. ein Nießbrauch, der vom Eigentümer dem Berechtigten bestellt worden ist, oder ob ein Vorbehalts- oder Vermächtnisnießbrauch (vgl. Tz 14.1.5.2) gegeben ist. Innerhalb eines Zuwendungsnießbrauchs ist zu unterscheiden, ob der Nießbrauch unentgeltlich oder entgeltlich bestellt worden ist. Nach dem BMF-Schreiben vom 30.9.2013, BStBl I S. 1184, gilt im Wesentlichen:

14.1.5.1 Zuwendungsnießbrauch

Bei **unentgeltlicher** Bestellung eines Nießbrauchs sind die Einnahmen dem Nießbrauchbesteller zuzurechnen, auch wenn sie dem Nießbraucher zufließen (BFH-Urteile vom 14.12.1976, BStBl 1977 II S. 115 und vom 22.8.1990, BStBl 1991 II S. 38).

Bei **entgeltlicher** Bestellung eines Nießbrauchs an Kapitalvermögen ist dem Nießbrauchbesteller das hierfür gezahlte Entgelt nach § 20 Abs. 2 Nr. 2 EStG zuzurechnen. Entsprechend zieht der Nießbraucher lediglich eine Forderung ein, sodass die Kapitalerträge bei ihm nicht zu besteuern sind (vgl. BFH-Urteil vom 12.12.1969, BStBl 1970 II S. 212).

14.1.5.2 Vorbehalts- und Vermächtnisnießbrauch

Behält sich jemand anlässlich der schenkweisen Übertragung von Kapitalvermögen an den übertragenen Wirtschaftsgütern den Nießbrauch vor oder ist der Nießbrauch an Kapitalvermögen durch einen Erben als neuen, zur Verfügung über das Kapitalvermögen Berechtigten aufgrund einer letztwilligen Verfügung bestellt worden, sind die Einnahmen dem Nießbraucher zuzurechnen.

Mit Einführung der Abgeltungsteuer ab 1.1.2009 hat die Zurechnung der Kapitalerträge nur noch Bedeutung, wenn mit dem Einbehalt der Kapitalertragsteuer keine Abgeltungswirkung eintritt.

14.2 Antrag auf Günstigerprüfung

Ist die Einbeziehung der Kapitalerträge in die Ermittlung der Einkünfte und Anwendung des persönlichen Steuersatzes günstiger als die einbehaltene Abgeltungsteuer, kann dies durch Eintragung einer »1« in Zeile 4 beantragt werden (Günstigerprüfung). Bei Ehegatten/Lebenspartner, die zusammen veranlagt werden, kann der Antrag nur für sämtliche Kapitalerträge gemeinsam gestellt werden. In diesem Fall muss jeder Ehegatte/Lebenspartner seine Kapitalerträge in einer eigenen Anlage KAP erklären. Im Rahmen der Günstigerprüfung können Verluste aus anderen Einkunftsarten ausgeglichen werden. 4

Bei Antrag auf Günstigerprüfung prüft das Finanzamt, ob die Besteuerung der Kapitalerträge mit dem persönlichen Steuersatz günstiger ist als die Besteuerung mit abgeltender Wirkung. Falls die Günstigerprüfung ergibt, dass die Abgeltungsteuer auf Kapitalerträge niedriger ist als die auf die Kapitalerträge entfallende tarifliche ESt, gilt der Antrag auf Günstigerprüfung als nicht gestellt. In die Günstigerprüfung werden auch die Zuschlagsteuern (Solidaritätszuschlag und KiSt) einbezogen.

Für die Günstigerprüfung sind sämtliche Kapitalerträge zu erklären. Kapitalerträge, die von einer inländischen auszahlenden Stelle (z. B. Kreditinstitut) gutgeschrieben werden, sind der Steuerbescheinigung zu entnehmen, die auf Antrag ausgestellt wird (vgl. Tz 14.5). Nicht ausgeglichene Verluste bei inländischen Instituten sind nur zu berücksichtigen, wenn die Verlustbescheinigung nach § 43 a Abs. 4 Satz 4 EStG vorgelegt wird (vgl. Tz 14.6.7, Tz 14.6.8). Andere Kapitalerträge sind in den Zeilen 18 ff. ggf. auch in der Anlage KAP-BET und/oder in der Anlage KAP-INV einzutragen (vgl. Tz 14.7, vgl. Tz 15.3 unter Erläuterungen zur Anlage KAP-BET).

Bei Antrag auf Günstigerprüfung entfällt ein Eintrag in Zeile 17, weil sämtliche Kapitalerträge in der Anlage KAP einzutragen sind.

Die nach § 32 d Abs. 5 EStG ermittelte ausländische Steuer wird auch im Falle der Günstigerprüfung nach § 32 d Abs. 6 EStG angerechnet. Dabei ist die Anrechnung auf die tarifliche ESt beschränkt, die auf die hinzugerechneten Kapitaleinkünfte entfällt (§ 32 d Abs. 6 Satz 2 EStG).

Auch bei Antragstellung auf Günstigerprüfung ist der Abzug der tatsächlichen Werbungskosten ausgeschlossen (§ 20 Abs. 9 EStG).

Unterliegen die Kapitalerträge der tariflichen ESt, ist auch die KiSt als Sonderausgabe abzugsfähig (vgl. Tz 14.4).

14.3 Überprüfung des Steuereinbehalts

5 Trotz abgeltender Wirkung bei Einbehalt der Kapitalertragsteuer kann ein Antrag auf Veranlagung gem. § 32 d Abs. 4 EStG gestellt werden. In diesen Fällen werden – anders als bei der Günstigerprüfung – die Kapitalerträge nicht in die Einkunftsermittlung einbezogen, sondern mit dem gesonderten Steuertarif in Höhe von 25 % besteuert. Dies kann insbesondere dann günstiger sein, wenn sich durch bestimmte steuermindernde Tatsachen die Bemessungsgrundlage für die Abgeltungsteuer verringert und der Steuerabzug im Ergebnis zu hoch war. Zu diesen steuermindernden Tatsachen gehören:

- Abzug eines nicht voll ausgeschöpften Sparer-Pauschbetrags nach § 20 Abs. 9 EStG (vgl. Tz 14.6.11),
- Anwendung der Ersatzbemessungsgrundlage nach § 43 a Abs. 2 Satz 7 EStG (vgl. Tz 14.6.6),
- Verrechnung von positiven und negativen Erträgen bei mehreren Banken (beim Steuerabzug noch nicht berücksichtigte Verluste),
- Berücksichtigung eines Verlustvortrags (§ 20 Abs. 6 EStG),
- Berücksichtigung ausländischer Steuern (§ 32 d Abs. 5 EStG),
- Überprüfung des Steuereinbehalts dem Grunde und der Höhe nach.

Es müssen – falls nur die Überprüfung des Steuereinbehalts erfolgen soll – nur die Erträge erklärt werden, bei denen der Steuerabzug zu hoch war bzw. die zur Minderung der Steuer führen. Die Erklärung aller Kapitalerträge ist in diesen Fällen nicht erforderlich.

Zur Korrektur der Bemessungsgrundlage von einzelnen Geschäftsvorfällen im Rahmen des Veranlagungsverfahrens ist daher nur die Vorlage der entsprechenden Unterlagen erforderlich, die zur Korrektur des steuerlichen Geschäftsvorfalls notwendig sind.

Die vom Kreditinstitut einbehaltene und bescheinigte Kapitalertragsteuer wird nach § 36 Abs. 2 Nr. 2 EStG auf die für Einkünfte aus Kapitalvermögen festgesetzte **Abgeltungsteuer** angerechnet (BMF-Schreiben vom 14.5.2025, BStBl I S. 1330, Rz 145).

Der Antrag auf Überprüfung des Steuereinbehalts nach § 32 d Abs. 4 EStG kann zeitlich auch nach Abgabe der Einkommensteuererklärung gestellt werden, sofern die Steuerfestsetzung zu diesem Zeitpunkt verfahrensrechtlich noch änderbar ist. Bei der Entscheidung, ob die nachträglich bekannt gewordene Tatsache der Erzielung von Einkünften aus Kapitalvermögen zu einer höheren oder niedrigeren Steuer führt, ist nicht nur die festgesetzte ESt, sondern auch die durch den Abzug vom Kapitalertrag abgegoltene ESt in den Vergleich einzubeziehen (BFH-Urteil vom 21.8.2019, BStBl 2020 II S. 99).

14.4 Kirchensteuerpflicht

Der Schuldner der Kapitalerträge oder die auszahlende Stelle (z. B. Kreditinstitut) hat auch KiSt von den Kapitalerträgen einzubehalten 6
(§ 51 a Abs. 2c EStG). Um dem Schuldner den Abzug der KiSt zu ermöglichen, pflegt das Bundeszentralamt für Steuern eine Datenbank. Die Geldinstitute rufen für den Kirchensteuerabzug die erforderlichen Daten ab. Der Kapitalanleger kann aber unter Angabe seiner Identifikationsnummer nach amtlich vorgeschriebenen Vordruck schriftlich beim Bundeszentralamt für Steuern beantragen, dass der Datenabruf unterbleibt (Sperrvermerk). Hat der Kapitalanleger einen Sperrvermerk beantragt, und wurde deshalb von den Kapitalerträgen zwar Kapitalertragsteuer einbehalten, aber keine KiSt, ist eine Veranlagung gem. § 51 a Abs. 2d EStG durchzuführen. Hierzu hat er die einbehaltene Kapitalertragsteuer zu erklären und eine Bescheinigung der Bank vorzulegen. Bemessungsgrundlage für die KiSt ist allerdings nicht die einbehaltene Kapitalertragsteuer, sondern die geminderte Steuer auf Kapitalerträge, die sich bei einer Berechnung gemäß § 32 d Abs. 1 Satz 4 und 5 EStG ergibt. Damit auch bei der Veranlagung der KiSt die Wirkung des Sonderausgabenabzugs berücksichtigt wird, sind in den Zeilen 7 ff. auch die jeweiligen Kapitalerträge einzutragen. Hierzu ist außerdem in den Zeilen 5 und 6 eine »1« und die Höhe der Kapitalertragsteuer und des Solidaritätszuschlags in den Zeilen 37 und 38 einzutragen. Wurde nur teilweise von den Kapitalerträgen KiSt einbehalten, weil z. B. die Religionszugehörigkeit der einen Bank und aufgrund eines Sperrvermerks nicht der anderen Bank bekannt war, ist in Zeile 37 lediglich die Kapitalertragsteuer einzutragen, von der kein Kirchensteuerabzug vorgenommen wurde. Sofern jedoch auch eine Überprüfung des Steuereinbehalts beantragt wird (vgl. Tz 14.3) sind alle Kapitalerträge und die damit zusammenhängenden einbehaltenen Steuerabzugsbeträge zu erklären.

14.5 Kapitalerträge im Einzelnen

Die Anlage KAP unterscheidet zwischen Kapitalerträgen, die dem 7–
inländischen Steuerabzug (Zeilen 7 bis 17) und nicht dem inländischen Steuerabzug (Zeile 18 bis 26a) unterlegen haben. Bei ausländischen Kapitalerträgen wird mit Einführung der Abgeltungsteuer eine ggf. einbehaltene ausländische Quellensteuer bereits auf die einbehaltene Kapitalertragsteuer angerechnet.

Anzugeben ist jeweils der Saldo aller **Bruttokapitalerträge einschließlich** vom Steuerabzug **freigestellter Einnahmen** und **einschließlich Kapitalertragsteuer, Solidaritätszuschlag, KiSt und ggf. ausländische Quellensteuer** unter **Beifügung der Belege** (Nachweise über anzurechnende Kapitalertragsteuer, Solidaritätszuschlag, KiSt und ausländische Quellensteuer).

Ein Abzug der tatsächlichen **Werbungskosten,** die im Zusammenhang mit den Kapitalerträgen stehen, ist ab 2009 grds. ausgeschlossen (§ 20 Abs. 9 Satz 1 EStG). Ein Werbungskostenabzug scheidet auch dann aus, wenn der individuelle Steuersatz mehr als 25 % beträgt (BFH-Urteil vom 12.1.2016, BStBl II S. 456). Ein Abzug laufender Kosten im Zusammenhang mit Kapitalerträgen ist nur noch in Ausnahmefällen zulässig (vgl. Tz 14.8).

14.5.1 Dividenden und ähnliche Erträge und Veräußerungen von Anteilen an Kapitalgesellschaften

Gewinnausschüttungen von Kapitalgesellschaften (Dividenden) unterliegen ab 2009 grds. der Abgeltungsteuer (zu den Ausnahmen vgl. Tz 14.8). Unter die Einnahmen fallen auch den Dividenden gleichgestellte Einnahmen, z. B. Bezüge im Rahmen einer Kapitalherabsetzung oder Liquidation einer GmbH oder aus der Veräußerung von Dividendenscheinen.

Erträge aus **Aktien** und anderen **Anteilen** (z. B. an einer GmbH oder Genossenschaft) sind insbesondere die Dividenden und Gewinnanteile; d. h. die Beträge, die Kapitalgesellschaften oder Genossenschaften von ihrem Gewinn an die Aktionäre, Anteilseigner oder Genossen **ausschütten.** Eine Ausschüttung ist stets dann gegeben, wenn die Dividenden ausgezahlt oder gutgeschrieben werden. Die Gutschrift gilt als Zufluss der Kapitalerträge, wenn der Gläubiger jederzeit darüber verfügen kann. Zu den **Einnahmen** aus Kapitalvermögen **gehört auch** die einbehaltene **Kapitalertragsteuer;** deshalb sind in der Einnahmenspalte die **Brutto**einnahmen anzugeben (ggf. **gesondert für Ehemann und Ehefrau/Lebenspartner(in) A und Lebenspartner(in) B** jeweils in einer eigenen Anlage KAP).

Besondere Entgelte und Vorteile, die Gesellschaftern von Kapitalgesellschaften oder Genossen aufgrund ihrer Beteiligung zufließen, zählen wie die Dividenden zu den stpfl. Einnahmen aus Kapitalvermögen. Dazu gehören z. B. Bonusaktien, **Freiaktien**, **Freianteile** und **verdeckte Gewinnausschüttungen**. Unter Freianteilen sind Anteilsrechte an Kapitalgesellschaften zu verstehen, die von der Gesellschaft oder einem Dritten ohne zusätzliches Entgelt an die Anteilseigner ausgegeben werden und nicht aus einer Kapitalerhöhung aus Gesellschaftsmitteln stammen, sodass die Gesellschafter die neuen Anteilsrechte ohne unmittelbare Gegenleistung erhalten. Bei inländischen Sachverhalten ist davon auszugehen, dass die Erträge aus Freianteilen durch entsprechende Angaben des Emittenten zu ermitteln sein werden. § 20 Abs. 4a Satz 5 EStG findet insoweit keine Anwendung. Bei einer späteren Veräußerung der Freianteile werden als Anschaffungskosten zur Ermittlung eines Veräußerungsgewinns die Werte angesetzt, die bei ihrem Bezug als Einkünfte angesetzt wurden (BMF-Schreiben vom 14.5.2025, BStBl I S. 1330, Tz 112). Bei ausländischen Sachverhalten sind dagegen die Einkünfte und die Anschaffungskosten von Freianteilen nach § 20 Abs. 4a Satz 5 EStG mit 0 € anzusetzen, wenn die Ermittlung der Höhe des Kapitalertrags nicht möglich ist (BMF-Schreiben vom 14.5.2025, BStBl I S. 1330, Tz 111).

Einnahmen aus Kapitalvermögen sind auch die Erträge aus der **Veräußerung von Dividendenscheinen** und sonstigen Ansprüchen aus Anteilen an Kapitalgesellschaften, wenn die dazugehörigen Aktien nicht mit veräußert werden.

Dem **beherrschenden** oder sonst verfügungsberechtigten Gesellschafter einer GmbH fließen Gewinnanteile aus der Beteiligung regelmäßig schon dann zu, wenn sie ihm z. B. auf einem Verrechnungskonto der Kapitalgesellschaft gutgeschrieben werden (BFH-Urteil vom 11.7.1973, BStBl II S. 806) oder wenn sie fällig werden und die Gesellschaft leistungsfähig ist (BFH-Urteil vom 14.2.1984, BStBl II S. 480). Von einem Zufluss ist nach dem zuletzt genannten Urteil auch dann auszugehen, wenn der Gesellschafter seine Gewinnanteile aus eigenem Interesse in der Gesellschaft belässt. Ausschüttungen an den **Alleingesellschafter** einer Kapitalgesellschaft sind diesem in der Regel auch dann **im Zeitpunkt der Beschlussfassung über die Gewinnverwendung** zugeflossen, wenn sie erst später ausgezahlt oder gutgeschrieben werden (BFH-Urteil vom 30.4.1974, BStBl II S. 541). Nach dem BFH-Urteil vom 17.11.1998 (BStBl 1999 II S. 223) gilt dies regelmäßig auch bei einem **beherrschenden** Gesellschafter einer zahlungsfähigen GmbH, selbst wenn die Gesellschafterversammlung eine spätere Fälligkeit des Auszahlungsanspruchs beschlossen hat. Zur Frage des Zeitpunkts des Zuflusses bei Verschiebung des Auszahlungstags, wenn eine Kapitalgesellschaft von mehreren Personen gemeinsam beherrscht wird oder die Satzung Bestimmungen über Gewinnabhebungen oder Auszahlungen zu einem späteren Zeitpunkt als dem Gewinnverteilungsbeschluss enthält, wird auf das BFH-Urteil vom 21.10.1981 (BStBl 1982 II S. 139) hingewiesen (H 20.2 – Zuflusszeitpunkt bei Gewinnausschüttungen – EStH).

Bei einer Beteiligung an einer ausländischen Gesellschaft fließt dem beherrschenden Gesellschafter ein Gewinnanteil im Zeitpunkt des Gewinnausschüttungsbeschlusses zu, wenn die Gesellschaft zahlungsfähig ist und er nach Maßgabe des ausländischen Rechts zu diesem Zeitpunkt wirtschaftlich über den Gewinnanteil verfügen kann (vgl. BFH-Urteil vom 14.2.2022, BStBl 2023 II S. 101).

Überlässt eine AG ihren Aktionären satzungsgemäß **Ferienwohnungen** zur zeitlich vorübergehenden Nutzung nach Maßgabe eines Wohnungsberechtigungspunktesystems, so erzielt der Aktionär einen **sonstigen Bezug aus Aktien,** der zu den Einnahmen aus Kapitalvermögen gehört und im Zeitpunkt der Nutzungsüberlassung der Wohnung zufließt. Der geldwerte Vorteil ist mit dem üblichen Mittelpreis des Verbrauchsortes zu bewerten (BFH-Urteil vom 16.12.1992, BStBl 1993 II S. 399).

Die Dividenden und ähnliche Erträge unterliegen ab 2009 grds. der Abgeltungsteuer (zu den Ausnahmen vgl. Tz 14.8.5, Tz 14.9, Tz 14.10). Der Abgeltungsteuersatz von 25 % ist auf die ungekürzte Bruttodividende anzuwenden. Das Teileinkünfteverfahren gilt grds. nicht für Einnahmen aus Kapitalvermögen im Privatvermögen (zu den Ausnahmen vgl. Tz 14.8.5, Tz 14.9, Tz 14.10).

Die Veräußerung von Anteilen an Körperschaften gehört ab 2009 auch zu den Einkünften aus Kapitalvermögen (§ 20 Abs. 2 Satz 1 Nr. 1 EStG), wenn die Anteile nach dem 31.12.2008 erworben wurden. Bei Veräußerung einer wesentlichen Beteiligung geht nach § 20 Abs. 8 EStG die Anwendung des § 17 EStG vor (vgl. Tz 21.18.10 unter Erläuterungen zur Anlage G). Veräußerungsgewinne aus der Veräußerung von Anteilen an Körperschaften unterliegen grds. der Abgeltungsteuer. Zu den Ausnahmen vgl. Tz 14.8.5, Tz 14.9, Tz 14.10.

14.5.2 Kapitalerträge aus Investmentanteilen

Erträge aus Investmentanteilen gehören zu den Einkünften aus Kapitalvermögen, wenn der Anleger seine Anteile im Privatvermögen hält. Erträge aus inländischen Investmentfonds können der Steuerbescheinigung entnommen werden. Ein Muster der Steuerbescheinigung wurde mit BMF-Schreiben vom 16.5.2025, BStBl I S. 1388 veröffentlicht. Zur Besteuerung der Erträge aus Investmentanteilen vgl. Tz 16 unter Erläuterungen zur Anlage KAP-INV.

14.5.3 Dividenden und ähnliche Erträge aus Aktien einer REIT-AG

Der Unternehmensgegenstand der **REIT-AG** ist darauf beschränkt, Eigentum oder dingliche Nutzungsrechte an inländischem oder ausländischem unbeweglichen Vermögen sowie an anderen Vermögensgegenständen zu erwerben, zu halten, im Rahmen der Vermietung, der Verpachtung und des Leasings einschließlich notwendiger immobiliennaher Hilfstätigkeiten zu verwalten und zu veräußern. Die Ausschüttungen der REIT-Aktiengesellschaft und anderer REIT-Körperschaften, -Personenvereinigungen oder -Vermögensmassen sowie sonstige Vorteile, die neben oder an Stelle der Ausschüttungen gewährt werden, gehören zu den Einkünften aus Kapitalvermögen i. S. des § 20 Abs. 1 Nr. 1 EStG, wenn die Anteile im Privatvermögen gehalten werden (§ 19 Abs. 1 REIT-Gesetz). Sie unterliegen der Abgeltungsteuer.

Die Veräußerung von Aktien einer REIT-AG, die zu keinem Betriebsvermögen gehören und auch keine wesentliche Beteiligung i. S. des § 17 EStG darstellen, sind den Einkünften aus Kapitalvermögen zuzurechnen (§ 19 Abs. 2 REIT-Gesetz), wenn die Aktien nach dem 31.12.2008 erworben wurden.

14.5.4 Erträge aus der Beteiligung als stiller Gesellschafter

Eine **stille Beteiligung** liegt dann vor, wenn der Steuerpflichtige an einem Handelsgewerbe mit einer Vermögenseinlage in der Weise beteiligt ist, dass er für die Gewährung der Einlage keine Zinsen, sondern Gewinnanteile erhält. Die Einlage kann auch durch Einbringen der Arbeitskraft des stillen Gesellschafters geleistet werden. Voraussetzung ist, dass der Gesellschafter oder Darlehensgeber **nicht** als Mitunternehmer (vgl. Tz 21.8 unter Erläuterungen zur **Anlage G**) anzusehen ist.

Ist derjenige, der die Einlage tätigt, auch am Kapital beteiligt und besteht ein Unternehmerrisiko, so liegt keine (echte oder typisch) stille Gesellschaft, sondern eine Mitunternehmerschaft vor. Der stille Gesellschafter muss am Gewinn beteiligt sein.

Zu den Einnahmen aus Kapitalvermögen gehört alles, was der stille Gesellschafter als Gegenleistung für die Überlassung der Einlage erhält, z. B. auch Bezüge aufgrund von Wertsicherungsklauseln oder von Kursgarantien, ein Damnum und ein Aufgeld. Auch Gewinnanteile des stillen Gesellschafters, die zur Wiederauffüllung seiner durch Verluste geminderten Einlage dienen, stellen Einnahmen aus Kapitalvermögen dar. Die zur Auffüllung der Einlage verwendeten Beträge fließen dem stillen Gesellschafter mit der Gutschrift auf seinem Einlagekonto zu. Dem steht nicht entgegen, dass der stille Gesellschafter den gutgeschriebenen Betrag infolge der Wiederauffüllung der durch Verluste geschmälerten Einlage nicht abrufen kann (Beschluss des BFH vom 24.1.1990, BFH/NV 1991 S. 683). Zu den Einkünften aus Kapitalvermögen gehören auch der unter Berücksichtigung der §§ 15a, 15b EStG zuzurechnende Verlust (BMF-Schreiben 14.5.2025, BStBl I S. 1330, Tz 4).

Verträge über die Gründung einer stillen Gesellschaft **zwischen Eltern und Kindern** und die Schenkung des Kapitalanteils durch die Eltern an das Kind müssen **notariell beurkundet** sein. Wenn das Kind minderjährig ist, bedarf es für den Abschluss des Vertrags auch der Bestellung eines **Pflegers**. Wegen der zu beachtenden weiteren Besonderheiten vgl. Tz 21.9 unter Erläuterungen zur Anlage G, vgl. Tz 14.8. Bestellt ein typisch stiller Gesellschafter **unentgeltlich** einen **Nießbrauch** an seiner stillen Beteiligung, so sind die Einnahmen aus der Beteiligung weiterhin dem stillen Gesellschafter zuzurechnen (BFH-Urteil vom 22.8.1990, BStBl 1991 II S. 38).

Ausgabenaufgelder für den Erwerb einer stillen Beteiligung sind nicht als Werbungskosten abziehbar, sondern stellen Anschaffungskosten der Beteiligung dar (BFH-Urteil vom 23.2.2000, BStBl 2001 II S. 24).

Die Erträge aus stillen Beteiligungen unterliegen der Abgeltungsteuer, es sei denn, die Voraussetzungen des § 32d Abs. 2 Nr. 1 Buchst. a–c EStG liegen vor (vgl. Tz 14.8.2).

Auch die **Veräußerung** einer typischen stillen Beteiligung an Dritte ist den Einkünften aus Kapitalvermögen zuzurechnen (§ 20 Abs. 2 Nr. 4 EStG), wenn die stille Beteiligung nach dem 31.12.2008 erworben oder geschaffen wurde (§ 52 Abs. 28 Satz 11 EStG). Bei der Ermittlung des Veräußerungsgewinns ist zu beachten, dass die als laufende Einkünfte berücksichtigten Gewinne oder Verlustanteile, die das Auseinandersetzungsguthaben erhöht oder gemindert haben, vom Gewinn abgerechnet oder dem Gewinn hinzugerechnet werden (BMF-Schreiben vom 15.5.2025, BStBl I S. 1330, Tz 4). Ein Kapitalertragsteuerabzug ist bei einer Veräußerung der Beteiligung an der stillen Gesellschaft nicht vorzunehmen. Die Gewinne sind deshalb in der Anlage KAP entweder in Zeile 18, 19 oder 29 zu erklären (vgl. Tz 14.7, Tz 14.8).

14.5.5 Erträge aus einem partiarischen Darlehen

Ein partiarisches Darlehen ist gegeben, wenn sich der Darlehensgeber mit dem Darlehensnehmer nicht zur Verfolgung eines gemeinsamen Gesellschaftszwecks verbindet, jedoch als Entgelt für die Hingabe des Darlehens keine Zinsen, sondern Anteile am Gewinn vereinbart sind. Zinserträge eines solchen Darlehens unterliegen der Abgeltungsteuer, es sei denn, die Voraussetzungen des § 32d Abs. 2 Nr. 1 Buchst. a–c EStG liegen vor (vgl. Tz 14.8.2).

Bei Veräußerung der Darlehensforderung sind ab 2009 nach § 20 Abs. 2 Satz 1 Nr. 4 EStG auch die Wertzuwächse steuerbar, wenn das Darlehen nach dem 31.12.2008 erworben oder geschaffen wurde (§ 52 Abs. 28 Satz 13 EStG). Gleiches gilt für Mehrbeträge bei der Darlehensrückzahlung. Ein Kapitalertragsteuerabzug ist bei einer Veräußerung oder Rückzahlung des Darlehens von der Gesellschaft nicht vorzunehmen. Die Gewinne sind deshalb entweder in Zeile 18, 19 oder 29 zu erklären (vgl. Tz 14.7, Tz 14.8).

Beruhen Zinseinnahmen auf einem **Darlehen unter nahen Angehörigen,** das einem Fremdvergleich **nicht** standhält und deshalb steuerlich nicht anerkannt wird, bilden sie beim Gläubiger keine Kapitalerträge i. S. des § 20 Abs. 1 Nr. 7 EStG (BFH-Urteil vom 2.8.1994, BStBl 1995 II S. 264).

14.5.6 Erträge aus Lebensversicherungen

14.5.6.1 Vertragsabschluss vor dem 1.1.2005 (Altverträge)

Bei Versicherungsverträgen, die **vor dem 1.1.2005 abgeschlossen** wurden, rechnen zu den Kapitalerträgen auch **außerrechnungsmäßige** und **rechnungsmäßige Zinsen** aus solchen Lebensversicherungen, deren Versicherungsbeiträge **nicht** als Sonderausgaben begünstigt sind. Die Steuerpflicht besteht sonach bei Kapitalversicherungen gegen Einmalbeitrag, bei Rentenversicherungen mit Kapitalwahlrecht gegen Einmalbeitrag, bei Rentenversicherungen mit Kapitalwahlrecht gegen laufende Beitragsleistung, bei denen die Auszahlung des Kapitals zu einem Zeitpunkt vor Ablauf von zwölf Jahren seit Vertragsabschluss verlangt werden kann, bei Kapitalversicherungen gegen laufende Beitragsleistung, wenn der Vertrag nicht für die Dauer von mindestens zwölf Jahren abgeschlossen ist, sowie bei fondsgebundenen Lebensversicherungen und u. U. bei Finanzierung durch sog. Policen-Darlehen vgl. Tz 3.3.8.6 unter **Erläuterungen zur Anlage Vorsorgeaufwand**.

Zinsen aus Lebensversicherungen, deren Beiträge als Sonderausgaben nach § 10 Abs. 1 Nr. 3a EStG begünstigt sind, rechnen grds. nicht zu den Einnahmen aus Kapitalvermögen. Die Zinsen gehören bei diesen Verträgen jedoch zu den hier anzusetzenden Kapitalerträgen, soweit sie zu dem laufenden Vertrag oder im Fall des Rückkaufs des Vertrags vor Ablauf von zwölf Jahren seit dem Vertragsabschluss mit dem Rückkaufswert ausgezahlt werden.

Beim Erwerb einer »**gebrauchten**«, d. h. von einer anderen Person abgeschlossenen Lebensversicherung handelt es sich nicht um einen der langfristigen Altersvorsorge dienenden Lebensversicherungsvertrag, sondern um eine Geldanlage, die zu Einnahmen aus Kapitalvermögen führt. Zur Vermeidung einer missbräuchlichen Ausnutzung von Steuervergünstigungen sind solche Lebensversicherungen vom Sonderausgabenabzug ausgeschlossen und Zinsen aus den Sparanteilen solcher Lebensversicherungen sind **stpfl.** (§ 20 Abs. 1 Nr. 6 Satz 3 EStG a. F.), wenn die Ansprüche **nach dem 31.12.1996** übertragen worden sind. Diese Regelung gilt allerdings nicht, wenn durch die Übertragung der Lebensversicherungsverträge aus anderen Rechtsverhältnissen entstandene Abfindungs- und Ausgleichsansprüche arbeitsrechtlicher oder familienrechtlicher Art (z. B. im Rahmen der vorweggenommenen Erbfolge oder Erbauseinandersetzung) erfüllt werden.

Außerrechnungsmäßige Zinsen sind die zur Beitragsrückerstattung oder Erhöhung der Versicherungssumme verwendeten Zinsen; **rechnungsmäßige** Zinsen sind die von vornherein garantierten und mit der fälligen Versicherungssumme zufließenden Zinsen aus Sparanteilen, die in den Beiträgen zu Versicherungen auf den Erlebens- oder Todesfall enthalten sind. Die Höhe der stpfl. Kapitalerträge wird vom Versicherer ermittelt, die der Abgeltungsteuer unterliegen. Ob und in welcher Höhe derartige Zinsen vorliegen und Kapitalertragsteuer einbehalten wurde, ist aus der vom Versicherer auszustellenden Kapitalertragsteuerbescheinigung ersichtlich. Wegen Einzelheiten vgl. BMF-Schreiben vom 13.11.1985 (BStBl I S. 661) und vom 15.6.2000 (BStBl I S. 1118). Nach § 52 Abs. 28 EStG ist für vor dem 1.1.2005 abgeschlossene Versicherungsverträge die vorstehend dargestellte Rechtslage weiterhin anzuwenden (R 20.2 EStR). Wegen der Auswirkung von Vertragsänderungen bei solchen Altverträgen vgl. BMF-Schreiben vom 1.10.2009, BStBl I S. 1172, Rz 92 ff.

14.5.6.2 Vertragsabschluss nach dem 31.12.2004 (Neuverträge)

Nach dem **Alterseinkünftegesetz** vom 5.7.2004 (BStBl I S. 554) sind Erträge aus **Kapitallebensversicherungen,** deren Verträge **nach dem 31.12.2004** abgeschlossen wurden (werden), steuerpflichtig. Der Besteuerung als Kapitaleinkünfte unterliegen auch Erträge aus nach dem 31.12.2004 abgeschlossenen Rentenversicherungen mit Kapitalwahlrecht, soweit nicht die Rentenzahlung gewählt wird, und Unfallversicherungen mit garantierter Beitragsrückzahlung (Näheres vgl. BMF-Schreiben vom 1.10.2009, BStBl 2009 I S. 1172, geändert durch BMF-Schreiben vom 6.3.2012, BStBl I S. 238). Nach § 20 Abs. 1 Nr. 6 EStG gehört bei Kapitalauszahlungen der Unterschiedsbetrag zwischen der Versicherungsleistung und der Summe der auf sie entrichteten Beiträge (Erträge) zu den Einkünften aus Kapitalvermögen. Wird die Versicherungsleistung nach Vollendung des 60. Lebensjahres des Steuerpflichtigen und nach Ablauf von 12 Jahren seit dem Vertragsabschluss ausgezahlt, ist nur die **Hälfte** des Unterschiedsbetrags anzusetzen (vgl. Tz 14.8.4 und BMF-Schreiben vom 1.10.2009, Rz 54 bis 78). Für Vertragsabschlüsse nach dem 31.12.2011 ist die hälftige Besteuerung der Erträge aus Lebensversicherungen nach § 20 Abs. 1 Nr. 6 Satz 2 EStG nur dann vorzunehmen, wenn die Versicherungsleistung nach Vollendung des 62. Lebensjahres ausgezahlt wird (§ 52 Abs. 28 Satz 7 EStG). Für das Vorliegen einer kapitalbildenden Lebensversicherung i. S. des § 20 Abs. 1 Nr. 6 EStG ist weder ein Mindesttodesfallschutz noch eine laufende Beitragsleistung für mindestens 5 Jahre ab dem Zeitpunkt des Vertragsabschlusses erforderlich, sofern es sich um eine Lebensversicherung oder Unfallversicherung mit garantierter Beitragsrückzahlung i. S. des Versicherungsaufsichtsrechts handelt und der Versicherungsvertrag vor dem 1.4.2009 abgeschlossen wurde (vgl. BMF-Schreiben vom 1.10.2009, BStBl I S. 1188, Tz 78a). Die vorstehenden Ausführungen zur Bemessung und Ansatz der Einkünfte gelten für Erträge aus **fondsgebundenen** Lebensversicherungen entsprechend.

Bei inländischen Versicherungen dient als Nachweis für die Höhe der Kapitalerträge (§ 20 Abs. 1 Nr. 6 EStG) die Steuerbescheinigung über den Kapitalertragsteuerabzug. Negative Kapitalerträge (z. B. bei frühzeitigem Rückkauf des Versicherungsvertrags) sind in der Regel durch eine Berechnung des Versicherungsunternehmens zu belegen. Bei ausländischen Versicherungen sind die für die Besteuerung nach § 20 Abs. 1 Nr. 6 EStG erforderlichen Unterlagen zu beschaffen und der Steuererklärung beizufügen.

Im Zusammenhang mit der Einführung der Abgeltungsteuer wurden zunehmend Versicherungsverträge mit einem minimalistischen Versicherungsschutz hinsichtlich des biometrischen Risikos angeboten. Bei diesen Verträgen tritt der Vorsorgecharakter einer Lebensversicherung so weit hinter dem Zweck der Kapitalanlage zurück, dass eine privilegierte Besteuerung, d. h. die Versteuerung nur des hälftigen Unterschiedsbetrags nach einer Laufzeit von mindestens 12 Jahren und einem Lebensalter von 60 bzw. 62 Jahren, dem Gesetzgeber nicht angemessen erschien, weil nicht die Vorsorge durch eine Versicherung, sondern die Erzielung steuerlicher Vorteile im Vordergrund stand. Bei Kapitallebensversicherungen mit vereinbarter laufender Beitragsleistung in mindestens gleichbleibender Höhe bis zum Zeitpunkt des Erlebensfalls ist deshalb nach § 20 Abs. 1 Nr. 6 Satz 6 EStG bei Eintritt des versicherten Risikos ein Mindesttodesfallschutz von mindestens 50 % der Summe der über die gesamte Laufzeit zu zahlenden Beiträge erforderlich. Unabhängig von der Art der Beitragsleistung (Einmalbeitrag oder abgekürzte Beitragszahlungsdauer) muss die vereinbarte Leistung für den Todesfall zudem spätestens 5 Jahre nach Vertragsabschluss mindestens 10 % über dem Deckungskapital, dem Zeitwert oder der Summe der gezahlten Beiträge liegen. Dieser Prozentsatz darf bis zum Ende der Vertragslaufzeit in jährlich gleichen Schritten auf null sinken. Die durch das JStG 2009 eingeführten Neuregelungen hinsichtlich des Mindesttodesfallschutzes gelten nach § 52 Abs. 28 Satz 8 EStG für alle Versicherungsverträge, die nach dem 31.3.2009 abgeschlossen werden oder bei denen die erstmalige Beitragsleistung nach dem 31.3.2009 erfolgt.

Erträge aus Neuverträgen (nach dem 31.12.2004 abgeschlossene Verträge), unterliegen im Regelfall der Abgeltungsteuer nach § 32d Abs. 1 EStG. Bei Neuverträgen, die nach dem 60. Lebensjahr und nach Ablauf von zwölf Jahren ausgezahlt werden, ist nur die Hälfte des Unterschiedsbetrags zwischen der Versicherungsleistung und den geleisteten Beiträgen als Ertrag anzusetzen (§ 20 Abs. 1 Nr. 6 Satz 2 EStG). Für Vertragsabschlüsse nach dem 31.12.2011 ist die hälftige Besteuerung der Erträge aus Lebensversicherung nach § 20 Abs. 1 Nr. 6 Satz 2 EStG nur dann vorzunehmen, wenn die Versicherungsleistung nach Vollendung des 62. Lebensjahres ausgezahlt wird (§ 52 Abs. 28 Satz 7 EStG). Die **stpfl. Hälfte** unterliegt nach § 32d Abs. 2 Nr. 2 EStG nicht dem abgeltenden Steuersatz von 25 %, sondern mit den übrigen Einkünften aus den anderen Einkunftsarten der tariflichen ESt. Die Kapitalerträge aus solchen Lebensversicherungsverträgen sind auf der Steuerbescheinigung gesondert ausgewiesen und in Zeile 30 der Anlage KAP einzutragen, vgl. Tz 14.8.4.

Bei einem entgeltlichen Erwerb eines Versicherungsanspruchs ist bei einer Versicherungsleistung, die aufgrund eines nach dem 31.12.2014 eingetretenen Versicherungsfalles ausgezahlt worden ist, auch der Unterschiedsbetrag zwischen der Versicherungsleistung und den Aufwendungen für den Erwerb des Versicherungsanspruchs als Kapitalerträge anzusetzen. Dieser Unterschiedsbetrag ist in voller Höhe als Ertrag anzusetzen (§ 20 Abs. 1 Nr. 6 Satz 7 EStG).

Kapitalauszahlungen und Rentenzahlungen aus einer reinen **Risikoversicherung**, also einer Versicherung ohne Sparanteil (z. B. Risikolebensversicherung, Unfallversicherung ohne garantierte Beitragsrückzahlung, Berufsunfähigkeits- bzw. Erwerbsunfähigkeitsversicherung, Pflegeversicherung) fallen nicht unter § 20 Abs. 1 Nr. 6 EStG. Bei einer Rentenzahlung kann sich jedoch eine Besteuerung aus anderen Vorschriften, insbesondere § 22 Nr. 1 Satz 1 EStG oder § 22 Nr. 1 Satz 3 Buchst. a Doppelbuchst. bb EStG ergeben.

14.5.7 Erträge aus sonstigen Kapitalforderungen jeder Art

Zu den **Kapitalerträgen** gehören insbesondere **Zinsen aus Sparguthaben** und Zinsen aus **sonstigen Kapitalforderungen** jeder Art, z. B. aus Einlagen und Guthaben (auch Festgeldkonten und Sparbriefen) bei Kreditinstituten einschließlich **Bausparkassen**, aus privaten **Darlehen**, aus **festverzinslichen Wertpapieren**, wie z. B. **Anleihen**, **Pfandbriefen**, **Bundesschatzbriefen**, **Finanzierungsschätzen** einschließlich Erträge aus sog. Finanzinnovationen. Wegen der Frage, wann Guthabenzinsen aus Bausparverträgen zu den Einnahmen aus Vermietung und Verpachtung gehören können, vgl. Tz 24.3 unter Erläuterungen zur Anlage V. Zu den Einnahmen aus Kapitalvermögen gehören auch **Prozess- und Verzugszinsen** (vgl. BFH-Urteile vom 29.9.1981, BStBl 1982 II S. 113, und vom 25.10.1994, BStBl 1995 II S. 121), Diskontbeträge von Wechseln und Anweisungen einschließlich der Schatzwechsel. Zinsen für Rentennachzahlungen aus der gesetzlichen Rentenversicherung, landwirtschaftlichen Alterskassen und Versorgungswerke sind nach dem BFH-Urteil vom 9.6.2015, BStBl 2016 II S. 523, Einnahmen aus Kapitalvermögen. (vgl. BMF-Schreiben vom 19.8.2013, BStBl I S. 1087, Tz 196, geändert durch das BMF-Schreiben vom 4.7.2016, BStBl I S. 645). Auch die Verzinsung eines fälligen Zahlungsanspruchs wegen des Verzichts auf künftige Pflichtteilsansprüche eines Kindes gegenüber den Eltern stellen Kapitalerträge i. S. des § 20 Abs. 1 Nr. 7 EStG dar (BFH-Urteil vom 6.8.2019, BStBl II 2020 S. 92).

14.5.7.1 Zinsen aus Sparguthaben

Zinsen aus **Sparguthaben**, die zu Beginn eines Jahres für das vergangene Jahr gutgeschrieben werden, sind steuerlich als Einnahmen des Vorjahres anzusetzen, wenn über diese Zinsen rechtlich und wirtschaftlich bereits am Ende des Vorjahres hätte verfügt werden können, wie dies regelmäßig der Fall ist (§ 11 Abs. 1 EStG). Auf den Zeitpunkt des Eintrags der Zinsen im Sparbuch kommt es nicht an (vgl. BFH-Urteil vom 8.10.1991, BStBl 1992 II S. 174).

Zu den Zinsen aus Sparguthaben gehören auch Bausparzinsen, die ebenfalls grds. der Abgeltungsteuer unterliegen. Werden Guthabenzinsen aus Bausparverträgen, die mit sog. Auffüllkrediten bzw. Vorfinanzierungsdarlehen aus Bausparverträgen gekoppelt sind, zur Finanzierung einer selbstgenutzten Immobilie eingesetzt, sind die Guthabenzinsen aus Billigkeitsgründen einkommensteuerlich unbeachtlich, sofern die Finanzierungsverträge bis zum 30.6.2010 abgeschlossen wurden (BMF-Schreiben vom 14.5.2025, BStBl I S. 1330, Tz 126 ff.). Da die Bausparkasse in diesen Fällen zunächst die Abgeltungsteuer einzubehalten hat, muss die Anrechnung der

Kapitalertragsteuer in diesen Fällen durch einen Antrag auf Überprüfung des Steuereinbehalts dem Grunde nach gem. § 32d Abs. 4 EStG gestellt werden. (vgl. Tz 14.3).

Richten Eltern ein **Sparkonto zugunsten eines minderjährigen Kindes** ein, sind die Zinsen dem **Kind** zuzurechnen und das Kind kann den **Sparer-Pauschbetrag von 1 000 €** (vgl. Tz 14.6.11) ausnutzen, wenn die Eltern bei Abschluss des Vertrags über die Einrichtung des Sparkontos und bei der Einzahlung der Einlagen den Willen hatten, die Guthabenforderung dem Kind sofort zuzuwenden, und dieser Wille für die Bank erkennbar war. Richten die Eltern dagegen zwar ein Sparkonto auf den Namen eines Kindes ein, verwalten sie dieses Vermögen aber nicht entsprechend den bürgerlich-rechtlichen Vorschriften über die elterliche Vermögenssorge, sondern wie eigenes Vermögen, so sind die Zinsen weiterhin den **Eltern** zuzurechnen. Auslegungsschwierigkeiten können vermieden werden, wenn bei Errichten des Sparkontos klargestellt wird, dass eine Verfügungsbefugnis der Eltern nur auf dem elterlichen Sorgerecht entsprechend den §§ 1626 ff. BGB beruht (BFH-Urteil vom 24.4.1990, BStBl II S. 539).

Kapitalerträge aus einem geschenkten und vom Beschenkten angelegten Geldbetrag sind dem Schenkungsempfänger auch dann zuzurechnen, wenn er die Erträge entsprechend einer Auflage (z. B. an sein Kind) weiterzuleiten hat. Die weitergeleiteten Zahlungen sind nicht als Sonderausgabe (dauernde Last) abziehbar (BFH-Urteil vom 26.11.1997, BStBl 1998 II S. 190).

Werden von der Bank aufgrund unwirksamer Vereinbarungen im Darlehensvertrag zu den Bearbeitungsgebühren neben der zurückgezahlten Gebühr auch Zinsen gezahlt, stellen diese Kapitalerträge i. S. des § 20 Abs. 1 Nr. 7 EStG dar.

Werden durch ein inländisches Kreditinstitut negative Einlagezinsen für die Überlassung von Kapital einbehalten, stellen diese negativen Einlagezinsen keine Zinsen i. S. des § 20 Abs. 1 Nr. 7 EStG dar, da sie nicht von der Bank an den Sparer als Entgelt für die Überlassung von Kapital gezahlt werden. Wirtschaftlich gesehen handelt es sich um eine Art Verwahr- oder Einlagegebühr, die bei den Einkünften aus Kapitalvermögen als Werbungskosten vom Sparer-Pauschbetrag nach § 20 Abs. 9 Satz 1 EStG erfasst sind.

14.5.7.2 Sparschuldverschreibungen und Sparbriefe

Sparschuldverschreibungen und **Sparbriefe** werden von Kreditinstituten in zwei Typen herausgegeben. Beim einen Typ hat der Sparer den Nennwert einzuzahlen und die Zinsen werden nachträglich halbjährlich oder jährlich gutgeschrieben. In diesem Fall sind die Zinsen mit der Gutschrift zugeflossen (§ 11 Abs. 1 EStG). Beim zweiten Typ zahlt der Sparer einen unter dem Nennwert liegenden (abgezinsten) Betrag ein und erhält nach Ablauf der unkündbaren Laufzeit (z. B. von fünf Jahren) den vollen Nennwert. Dieser Zuwachsbetrag ist bei der gebotenen wirtschaftlichen Betrachtungsweise als **Zins** anzusehen. Wenn der Sparer grds. erst bei der Einlösung des Sparbriefs über die Zuwachsbeträge verfügen kann, sind die Steigerungsbeträge (d. h. die aufgelaufenen Zinsen) nicht jährlich, sondern für die gesamte Laufzeit erst im Jahr der Rückgabe oder Einlösung zugeflossen und damit als Kapitalerträge anzusetzen. Macht der Sparer von einem etwaigen früheren Einlösungsrecht Gebrauch oder veräußert er die Sparschuldverschreibung oder den Sparbrief, so sind ihm die Steigerungsbeträge (aufgelaufene Zinsen) in dem Zeitpunkt zugeflossen, in dem sich ein solcher Vorgang tatsächlich abspielt. Bei den sog. **»Kapital-Sparbüchern«** wird der Zins mit steigenden Sätzen dem Kapital zugerechnet. Da über die Spareinlage einschließlich der aufgelaufenen Zinsen und Zinseszinsen grds. jederzeit (wenn u. U. auch nur in vollem Umfang, nicht in Teilbeträgen) verfügt werden kann, fließen die Zinsen steuerlich laufend zu und sind daher schon während der Laufzeit als Einnahmen anzusetzen. Im Zweifelsfalle kann das betroffene Kreditinstitut Auskunft darüber geben, **wann** der Zinsbetrag als zugeflossen anzusehen ist.

Bei den **Bundesschatzbriefen Typ A** werden die Zinsen jeweils jährlich ausgezahlt oder gutgeschrieben und sind im Jahr der Auszahlung oder Gutschrift als Einnahmen aus Kapitalvermögen anzusetzen. Bei den **Bundesschatzbriefen Typ B** werden die Zinsen mit Zinseszinsen erst bei der Rückzahlung dem Kapitalbetrag zugeschlagen (Rückzahlungswert). Der Anleger kann jedoch nach einer Sperrfrist von zwölf Monaten jederzeit die Rückzahlung des Kapitals zum Rückzahlungswert verlangen und hierdurch auch über die aufgelaufenen Zinsen verfügen. Der Zufluss der Zinsen bei den **Bundesschatzbriefen Typ B** wird erst am **Ende** der Laufzeit oder bei Rückgabe nach Ablauf der Sperrfrist in **einem** Betrag angenommen. Werden bei Bundesschatzbriefen Typ B die Geldbeträge bei Endfälligkeit ausbezahlt, entgeltlich übertragen oder vorzeitig zurückgegeben, liegen Einnahmen aus einer Veräußerung einer Kapitalanlage i. S. des § 20 **Abs. 2** Satz 1 Nr. 7 EStG vor und keine laufenden Zinseinnahmen i. S. des § 20 **Abs. 1** Nr. 7 EStG (BMF-Schreiben vom 14.5.2025, BStBl I S. 1330, Tz 53). Diese Auslegung hat insbesondere Bedeutung bei der Verrechnung mit Verlusten (vgl. Tz 14.6.7).

Finanzierungsschätze des Bundes werden von der Bundesrepublik Deutschland zur Finanzierung laufender Aufwendungen ausgegeben. Es handelt sich hierbei um ein sog. Abzinsungspapier, d. h. beim Erwerb wird ein **unter** dem Nennwert liegender Betrag gezahlt. Bei Fälligkeit wird der Nennwert ausgezahlt. Die auf die gesamte Laufzeit entfallenden **Zinsen** und Zinseszinsen ergeben sich aus dem **Unterschiedsbetrag** zwischen Ausgabepreis und Nennwert. Diese Kapitalerträge fließen erst im Zeitpunkt der Gutschrift bei Fälligkeit zu und sind dann als Einnahmen aus Kapitalvermögen anzusetzen.

Bei Anlageprodukten mit gestaffelten Zinskomponenten (»Staffelzinsen«) ist die Gesamtverzinsung im Zeitpunkt des Zuflusses zu betrachten. Ist die Gesamtverzinsung positiv, so handelt es sich insgesamt um Einnahmen i. S. des § 20 Abs. 1 Nr. 7 EStG. Eine negative Gesamtverzinsung ist hingegen stets insgesamt als Verwahr- oder Einlagegebühr zu behandeln (BMF-Schreiben vom 19.2.2021, BStBl I S. 296).

14.5.7.3 Anleihen

Anleihen im obigen Sinne sind die in öffentlichen Schuldbüchern eingetragenen Schuldbuchforderungen und solche Anleihen, über die Teilschuldverschreibungen (Schuldverschreibungen des Bundes, der Länder und Gemeinden, Industrieobligationen) ausgegeben sind. Ob Wertpapiere in einem Bankdepot geführt oder vom Steuerpflichtigen selbst oder in einem Schließfach verwahrt werden, ist für die Zugehörigkeit zu den Kapitalerträgen ohne Bedeutung.

14.5.7.4 Zero Coupon Bonds (Nullkupon-Anleihen)

Zero Coupon Bonds (Nullkupon-Anleihen) sind ihrer Natur nach festverzinsliche Wertpapiere, bei denen die **Zinsen** nicht wie gewöhnlich zu bestimmten Terminen in festen Beträgen an den Inhaber geleistet werden, sondern in dem **Unterschiedsbetrag** zwischen Emissionspreis und Einlösungspreis (Diskont) liegen. Dieser Kapitalertrag fließt dem Inhaber bei der Einlösung und Rückzahlung am Ende der Laufzeit zu oder bei Veräußerung an einen Zweiterwerber; er zählt nach § 20 Abs. 2 Satz 1 Nr. 7 EStG zu den Einnahmen aus Kapitalvermögen (BMF-Schreiben vom 14.5.2025, BStBl I S. 1330, Tz 55). Dies gilt auch für Bonds, die vor dem 1.1.2009 angeschafft wurden.

14.5.7.5 Stückzinsen

Vereinnahmte **Stückzinsen** bei Veräußerung **festverzinslicher Wertpapiere** unterliegen nicht mehr aufgrund einer gesonderten Regelung der Besteuerung, weil bei einer **Veräußerung** ab 2009 der gesamte Gewinn stpfl. (§ 20 Abs. 2 Satz 1 Nr. 7 EStG) und die gesonderte Ermittlung der Stückzinsen für eine Besteuerung nicht mehr erforderlich ist. Für bis zum 31.12.2008 erworbene Rentenpapiere, die bisher nicht als Finanzinnovation eingeordnet waren, gilt die neue Veräußerungsgewinnbesteuerung nicht. Es bleibt bei der bisherigen Regelung, dass eine Steuerpflicht nur bei Veräußerung innerhalb eines Jahres nach Anschaffung eintritt (vgl. Tz 20.9 unter Erläuterungen zur Anlage SO) und eine nicht steuerbare Wertrealisierung auf der Vermögensebene bei einer späteren Veräußerung vorliegt. Beim **Erwerber** der festverzinslichen Wertpapiere stellen die Stückzinsen (d. h. die Zinsen, die auf die Zeit vor dem Erwerb entfallen) **negative Einnahmen** dar. Verausgabte Stückzinsen können im Kj. ihres Abfließens als negative Einnahmen berücksichtigt, d. h. mit positiven Einnahmen aus Kapitalvermögen verrechnet werden. Die Verlustverrechnung mit positiven Kapitalerträgen und auch den Verlustvortrag wird von einer inländischen auszahlenden Stelle (z. B. Kreditinstitut) vorgenommen. Eine Veranlagung ist deshalb nicht zwingend erforderlich, vgl. aber Erläuterungen zur Zeile 5. Für welches Wertpapier die Stückzinsen gezahlt wurden und wann die Erträge daraus zufließen, ist nicht von Bedeutung. Werden in einem Kj. lediglich Stückzinsen gezahlt, aber keine Zinsen (oder Stückzinsen) vereinnahmt, führt dies zu negativen Einkünften (**Verlust**) aus Kapitalvermögen. Der Veräußerer hat die vereinnahmten Stückzinsen als Einkünfte aus Kapitalvermögen i. S. des § 20 **Abs. 2** Satz 1 Nr. 7 EStG zu versteuern. Dies gilt auch bei Wertpapieren, die vor dem 1.1.2009 angeschafft wurden (vgl. BMF-Schreiben vom 14.5.2025, BStBl I S. 1330, Tz 50). Beim Erwerber der Wertpapiere sind die von ihm entrichteten Stückzinsen im Zeitpunkt des Abflusses negative Einnahmen i. S. des § 20 **Abs. 1** Nr. 7 EStG und in den Verlustverrechnungstopf (vgl. Tz 14.7) einzustellen.

14.5.7.6 Finanzinnovationen

Handelte es sich nach bisheriger Auffassung um eine Finanzinnovation, unterliegt die Veräußerung der Abgeltungsteuer, wenn der Veräußerungspreis ab 2009 zufließt. Für diese Kapitalforderungen gewährt der Gesetzgeber keinen Bestandsschutz, da ja auch schon bis 2008 der Veräußerungsvorgang nach der Emissionsrendite oder Marktrendite (§ 20 Abs. 2 Satz 1 Nr. 4 Sätze 1 und 2 EStG a. F.) zu versteuern war (§ 52 Abs. 28 Satz 16 EStG).

Der BFH hat in der Vergangenheit entschieden, dass für bestimmte Finanzinnovationen wie z. B. Floater, Ratinganleihen oder auch Teilgarantiezertifikate eine Veräußerungsgewinnbesteuerung nach der bis 2008 geltenden Rechtslage nicht durchzuführen ist. Nach § 52 Abs. 28 Satz 15 EStG gilt für diese Wertpapiere kein Bestandsschutz. Die Gewinne aber auch Verluste aus der Veräußerung oder Einlösung dieser Papiere gehören ab 2009 zu den stpfl. Kapitalerträgen. Erfolgte die Anschaffung dieser Wertpapiere in einer Fremdwährung, ist es nicht zu beanstanden, wenn bei der Veräußerung oder Einlösung der Unterschiedsbetrag weiterhin in der Fremdwährung ermittelt wird und sich der ergebene Gewinn mit dem Umrechnungskurs zum Zeitpunkt der Veräußerung oder Einlösung umgerechnet wird (BMF-Schreiben vom 14.5.2025, BStBl I S. 1330, Tz 56).

14.5.7.7 Zinsen aus Instandhaltungsrücklagenkonten

Zu den Kapitalerträgen gehören u. a. auf den Wohnungseigentümer entfallende Zinsen aus der Anlage von Instandhaltungsrücklagen bei Wohnungseigentümergemeinschaften (R 21.2 Abs. 2 EStR). Im Regelfall ist von einer gesonderten Feststellung der Anteile, die auf die einzelnen Miteigentümer entfallen, abzusehen. Es reicht aus, wenn der Verwalter die anteiligen Zinserträge in der Abrechnung mitteilt. Eine ggf. vorzunehmende Anrechnung der Kapitalertragsteuer bei dem einzelnen Beteiligten ist nur möglich, wenn neben der Mitteilung des Verwalters über die Aufteilung der Einnahmen und der Kapitalertragsteuer eine Ablichtung der Steuerbescheinigung des Kreditinstituts vorgelegt wird (BMF-Schreiben vom 16.5.2025, BStBl I S. 1388, Rz 21 und 22).

Die Vereinfachungsregel bei losen Zusammenschlüssen (vgl. Tz 14.1.2), die eine Abstandnahme vom Steuerabzug vorsieht, kann bei Wohnungseigentümergemeinschaften nicht angewendet werden (vgl. BMF-Schreiben vom 14.5.2025, BStBl I S. 1330, Tz 294).

14.5.7.8 Zinsen aus Mietkautionen

Mit der Vereinbarung im Mietvertrag, dem Vermieter für dessen etwaige nachvertragliche Ansprüche eine Geldsumme als Sicherheit zu leisten, trifft der Mieter eine Vorausverfügung über die Zinsen, die ihm nach § 551 Abs. 3 BGB zustehen und die Sicherheit erhöhen. Die Zinsen fließen dem Mieter deshalb in dem Zeitpunkt zu, in dem sie auf dem vom Vermieter für die Sicherheit eingerichteten Konto fällig werden, und sind vom Mieter zu versteuern. Hat der Vermieter ein für das Kreditinstitut als Treuhandkonto erkennbares Sparkonto eröffnet, wie es seinen Verpflichtungen nach § 551 Abs. 3 BGB entspricht, und weiß das Kreditinstitut, wer der Treugeber ist, hat es die Steuerbescheinigung auf den Namen des Treugebers auszustellen. Der Vermieter hat dem Mieter die Steuerbescheinigung zur Verfügung zu stellen (§ 34 Abs. 1 und 3 AO). Hat das Kreditinstitut von dem Treuhandverhältnis Kenntnis, ohne zu wissen, ob der Kontoinhaber Anspruch auf die Zinsen hat, ist die Steuerbescheinigung auf den Namen des Kontoinhabers auszustellen und mit dem Vermerk »Treuhandkonto« zu versehen. Auch in diesem Fall hat der Vermieter dem Mieter die Steuerbescheinigung zur Verfügung zu stellen (BMF-Schreiben vom 16.5.2025, BStBl I S. 1388, Rz 18–20).

14.5.7.9 Steuererstattungszinsen

Zu den Einnahmen aus Kapitalvermögen gehören auch Erträge aus steuer- und prämienbegünstigten sowie vermögenswirksam angelegten Beträgen. Auch **Zinsen,** die **für Steuererstattungsbeträge** vom Finanzamt nach §§ 233 a oder § 236 AO gezahlt werden, sind Einnahmen aus Kapitalvermögen (vgl. Tz 14.7.6).

14.5.7.10 Optionsscheine

Optionsscheine sind Kapitalforderungen i. S. des § 20 Abs. 1 Nr. 7 EStG. Bei Optionsscheinen ist das Optionsrecht in einem Wertpapier verbrieft. Der Erwerber des Optionsscheins nimmt stets die Position des Berechtigten ein. Er erwirbt entweder eine Kaufoption oder eine Verkaufsoption, während der Emittent die Stillhalter-Position einnimmt. Optionsscheine sehen überwiegend einen Barausgleich vor. Das Optionsrecht kann nicht durch ein glattstellendes Gegengeschäft zum Erlöschen gebracht werden.

Optionsscheine können auch mit Zusatzvereinbarungen ausgestattet sein, die neben dem Optionsrecht z. B.

- eine Zusatzprämie beim Eintritt bestimmter Bedingungen gewähren,
- hinsichtlich des Barausgleichs mit einer Obergrenze (»cap«) ausgestattet sind,
- besondere Berechnungsmodalitäten für den Barausgleich vorsehen oder
- Zusatzvereinbarungen über Ausübung oder Verfall des Optionsrechts beinhalten.

14.5.8 Stillhalterprämien

Stillhalterprämien gehören zu den Einkünften aus Kapitalvermögen (§ 20 Abs. 1 Nr. 11 EStG). Die bezogene Stillhalterprämie stellt dabei das Entgelt dar, das der Stillhalter als Entschädigung für die Bindung und die Risiken, die er durch die Begebung eines Optionsrechts – unabhängig vom Zustandekommen eines möglichen weiteren Wertpapiergeschäfts – erhält.

Bei der Ermittlung der Einkünfte werden die Einnahmen aus den Stillhalterprämien um die im Glattstellungsgeschäft gezahlten Prämien gemindert. Zur einkommensteuerlichen Behandlung des Stillhalters bei einer Kaufoption und Verkaufsoption vgl. BMF-Schreiben vom 14.5.2025, BStBl I S. 1330, Tz 25 ff. bzw. 33 ff.

14.5.9 Termingeschäfte

Der Begriff des Termingeschäfts umfasst sämtliche als Options- oder Festgeschäft ausgestaltete Finanzinstrumente sowie die Kombinationen zwischen Options- und Festgeschäften, die zeitlich verzögert zu erfüllen sind und deren Preis unmittelbar oder mittelbar von dem Börsen- oder Marktpreis von Wertpapieren oder Geldmarktinstrumenten, dem Devisenkurs oder Rechnungseinheiten, von Zinssätzen oder anderen Erträgen oder dem Börsen- oder Marktpreis von Waren oder Edelmetallen abhängt.

Zu den Termingeschäften gehören insbesondere Optionsgeschäfte, Swaps, Devisentermingeschäfte und Forwards oder Futures sowie Contracts for Difference (CFDs). CFDs sind Verträge zwischen zwei Parteien, die auf die Kursentwicklung eines bestimmten Basiswerts spekulieren. Basiswerte können beispielsweise Aktien, Indizes, Währungspaare oder Zinssätze sein. Zertifikate und Optionsscheine gehören nicht zu den Termingeschäften (BMF-Schreiben vom 14.5.2025, BStBl I S. 1330, Rz 9).

Bei Termingeschäften findet eine Besteuerung der Wertzuwächse nach § 20 Abs. 2 Satz 1 Nr. 3 EStG unabhängig vom Zeitpunkt der Beendigung des Rechts statt. Ein Verlust aus einem Termingeschäft mindert die Kapitalerträge. Sofern dadurch ein Verlust entsteht, sind die Erläuterungen zu den Zeilen 12 und 22 zu beachten. Nach den BFH-Urteilen vom 12.1.2016, BStBl II S. 456, 459 und 462, liegen Einkünfte aus einem Termingeschäft auch dann vor, wenn der Steuerpflichtige die Option nicht veräußert, sondern bei Fälligkeit verfallen lässt (BMF-Schreiben vom 14.5.2025, BStBl II S. 1330, Rz 27 und 32).

Wegen der Berücksichtigung von Verlusten aus Termingeschäften vgl. Tz 14.6.9.

14.6 Kapitalerträge, die dem inländischen Steuerabzug unterlegen haben

7–15 In den Zeilen 7 bis 15 sind nur die Kapitalerträge einzutragen, von denen ein Steuerabzug vorgenommen wurde oder ein Steuerabzug unterblieben ist, weil ein Freistellungsauftrag erteilt wurde bzw. eine Nichtveranlagungsbescheinigung vorgelegt wurde. Die Kapitalerträge, die in die Zeilen 7 bis 15 einzutragen sind, können der Steuerbescheinigung der auszahlenden Stelle (z.B. Kreditinstitut) entnommen werden. Falls keine Steuerbescheinigung ausgestellt wurde, kann diese auch dann vom Kreditinstitut verlangt werden, wenn kein Steuerabzug einbehalten wurde. Ein **Muster für die Steuerbescheinigung** ist in den BMF-Schreiben vom 16.5.2025 (BStBl I S. 1388) veröffentlicht.

Wird für Ehegatten/Lebenspartner ein gemeinschaftliches Konto oder Depot unterhalten, lautet die Steuerbescheinigung auf den Namen beider Ehegatten/Lebenspartner. Die Kapitalerträge, die auf den einzelnen Ehegatten/Lebenspartner entfallen, sind von jedem Ehegatten in einer eigenen Anlage KAP einzutragen. Unterhalten Partner einer nichtehelichen Lebensgemeinschaft Gemeinschaftskonten, wird ebenfalls nur eine Steuerbescheinigung ausgestellt. In diesen Fällen ist eine einheitliche und gesonderte Feststellung nicht erforderlich, wenn auf der Original-Steuerbescheinigung vermerkt wird, wie die Erträge auf die Kontoinhaber zu verteilen sind. Von dieser Steuerbescheinigung mit dem Vermerk ist eine Kopie zu fertigen, die von beiden Kontoinhabern zu unterschreiben ist.

Die Anlage KAP sieht in den Zeilen 7 bis 15 zwei Eintragungsspalten vor. Die Kapitalerträge, die der Steuerbescheinigung entnommen werden, sind in der ersten Spalte einzutragen. Falls dem Steuerabzugsverpflichteten (z.B. Kreditinstitut) die richtige Höhe der Bemessungsgrundlage für den Steuerabzug nicht bekannt war, sind in der zweiten Spalte die korrigierten Beträge (die für die Besteuerung maßgeblichen Beträge) einzutragen und auf besonderem Blatt zu erläutern. Die richtige Höhe der Bemessungsgrundlage ist unbekannt, wenn z.B. bei einer Veräußerung eines Wertpapiers Transaktionskosten anfallen, von der die Bank keine Kenntnis erlangt oder die Höhe der Anschaffungskosten für ein Wertpapier nicht vorliegen, weil ein Depotübertrag vorgenommen wurde. Bei der Ermittlung der Kapitalerträge können ab 2009 tatsächliche Werbungskosten über den Sparer-Pauschbetrag grds. nicht mehr abgezogen werden.

14.6.1 Kapitalerträge

7 Die in Zeile 7, erste Spalte, einzutragenden Kapitalerträge können der Steuerbescheinigung entnommen werden, die vom Kreditinstitut ausgestellt werden. Das Kreditinstitut bescheinigt die Höhe aller **Kapitalerträge** nach Verlustverrechnung und vor Berücksichtigung des Sparer-Pauschbetrags. Grundsätzlich sind alle Arten von inländischen und ausländischen Kapitalerträgen – außer z.B. Kapitalerträge aus einem anderen Staat, die aufgrund eines Doppelbesteuerungsabkommens mit diesem Staat in Deutschland steuerfrei sind – in einer Gesamtsumme enthalten. Es wird nicht nach der Quelle der Kapitalerträge unterschieden. Ab dem 1.1.2018 sind Investmenterträge i.S. des § 16 InvStG (Ausschüttungen, Vorabpauschalen und Gewinne aus der Veräußerung von Investmentanteilen) aus in- und ausländischen Investmentfonds grds. in den zu bescheinigenden Kapitalerträgen enthalten, die der Steuerbescheinigung zu entnehmen und in Zeile 7 der Anlage KAP einzutragen sind. Unterliegen die Investmenterträge einer Teilfreistellung nach § 20 InvStG für Aktienfonds (§ 20 Abs. 1 InvStG), für Mischfonds (§ 20 Abs. 2 InvStG) oder für Immobilienfonds (§ 20 Abs. 3 InvStG), werden nur die stpfl. Teile in der Steuerbescheinigung ausgewiesen (vgl. Tz 16 unter Erläuterungen zur Anlage KAP-INV).

Bei thesaurierenden ausländischen Investmentfonds (Fonds, die ihre Erträge nicht ausschütten), musste der Anleger bis zum 31.12.2017 die Erträge als ausschüttungsgleiche Erträge versteuern. Diese wurden im nachrichtlichen Teil der Steuerbescheinigung unter »Höhe der ausschüttungsgleichen Erträge aus ausländischen thesaurierenden Investmentfonds« ausgewiesen. Waren die zuzurechnenden Erträge aus ausländischen thesaurierenden Investmentfonds im Zeitpunkt der Erstellung der Steuerbescheinigung noch nicht bekannt, musste der Anleger die Erträge selbst ermitteln und versteuern. Ein Kapitalertragsteuerabzug konnte von der Bank im Jahr des fiktiven Zuflusses mangels Ausschüttung nicht vorgenommen werden, sondern wurde im Zeitpunkt der Veräußerung nachgeholt (§ 7 Abs. 1 Satz 1 Nr. 3 InvStG a.F.). Die akkumulierten ausschüttungsgleichen Erträge aus Anteilen an ausländischen thesaurierenden Investmentfonds sind auch bei tatsächlicher Veräußerung oder bei Rückgabe der Investmentanteile nach dem 31.12.2017 dem Steuerabzug zu unterwerfen (§ 56 Abs. 3 Satz 6 InvStG n.F.). Bei Anteilen an ausländischen thesaurierenden Investmentfonds sind diese akkumulierten ausschüttungsgleichen Erträge im Rahmen der Steuererklärung und des Veranlagungsverfahrens von der bescheinigten Summe der Kapitalerträge abzuziehen. In diesen Fällen handelt es sich nicht um Kapitalerträge im Veräußerungszeitpunkt, sondern um einen nachholenden Steuerabzug auf die während der Haltedauer der Investmentanteile zuzurechnenden ausschüttungsgleichen Erträge. Zu den Voraussetzungen der Anrechnung dieser Kapitalertragsteuer vgl. das BMF-Schreiben vom 17.12.2012, BStBl 2013 I S. 54. Aufgrund des Abzugs der akkumulierten ausschüttungsgleichen Erträge (Bemessungsgrundlage für den Kapitalertragsteuerabzug nach § 7 Abs. 1 Satz 1 Nr. 3 InvStG a.F.) von den Kapitalerträgen können negative Kapitalerträge vorliegen. Ein negativer Betrag der Kapitalerträge ist in Zeile 12 der Anlage KAP zu erfassen.

In der Steuerbescheinigung wird nur der Saldo aller Kapitalerträge ausgewiesen. Bei einem negativen Saldo erfolgt ein Ausweis in den entsprechenden Zeilen für Verluste, sofern ein Antrag auf Ausstellung einer Verlustbescheinigung gestellt wurde (vgl. Tz 14.6.7, Tz 14.6.8). Die Verluste sind nicht in Zeile 7, sondern in den Zeilen 12 bis 13 einzutragen (vgl. Tz 14.6.7, Tz 14.6.8).

Die Verlustverrechnungsbeschränkung aus Termingeschäften und aus der ganzen oder teilweisen Uneinbringlichkeit von Forderung oder Ausbuchung wertloser Wirtschaftgüter (§ 20 Abs. 6 Satz 5 und 6 EStG a.F.) ist auf alle offenen Fälle nicht mehr anzuwenden (vgl. Tz 14.6.9 und Tz 14.6.10). Aufgrund einer Übergangsregelung können Kreditinstiute diese Verluste im Jahr 2025 in der Steuerbescheinigung noch ausweisen.

Hat das Kreditinstitut für den Steuerabzug bestimmte Tatbestände nicht berücksichtigen können, sind in der zweiten Spalte der Zeile 7ff. die korrigierten Beträge unter Berücksichtigung der Tatbestände, die bisher außer Acht gelassen wurden, einzutragen und auf besonderem Blatt zu erläutern. Einzutragen sind die **korrigierten Beträge** und nicht die noch zu berücksichtigenden Tatbestände. In Betracht kommen insbesondere Aufwendungen, die im unmittelbaren sachlichen Zusammenhang mit einem Veräußerungsgeschäft stehen und von dem Kreditinstitut mangels Kenntnis dieser Aufwendungen nicht berücksichtigt wurden.

BEISPIEL:

Die am 2.1.2025 für 10 000 € entgeltlich erworbenen Aktien wurden am 14.12.2025 für 15 000 € verkauft. Im Zusammenhang mit An- und Verkauf wurden von der Bank Aufwendungen in Höhe von 100 € berücksichtigt. Der Gewinn in Höhe von 4 900 € unterlag der Kapitalertragsteuer und wurde in der auf Verlangen ausgestellten Steuerbescheinigung ausgewiesen. Keine Berücksichtigung fanden Transaktionskosten in Höhe von 50 €. Es besteht keine Kirchensteuerpflicht.

In Zeile 7 sind in der ersten Spalte die **Kapitalerträge** lt. Steuerbescheinigung einzutragen (Bemessungsgrundlage für den Kapitalertragsteuerabzug = 4 900 €). Der korrigierte Betrag in Höhe von 4 850 € (4 900 € lt. Steuerbescheinigung ./. 50 € Transaktionskosten) ist in der zweiten Spalte in Zeile 7 einzutragen. Die Kapitalertragsteuer in Höhe von 1 225 € (25 % von 4 900 €) ist in Zeile 37, der Solidaritätszuschlag in Höhe von 67,37 € (5,5 % von 1 225 €) ist in Zeile 38 einzutragen. Im Rahmen der Veranlagung wird der richtige Steuerabzug berechnet und die zu viel einbehaltene Kapitalertragsteuer und Solidaritätszuschlag erstattet.

14.6.2 Veräußerungsvorgänge

In der Steuerbescheinigung des Kreditinstituts ausgewiesenen Kapitalerträgen sind auch die Veräußerungsgewinne i. S. des § 20 Abs. 2 EStG enthalten. Der Gewinn aus Kapitalerträgen i. S. des § 20 Abs. 2 EStG ist die Summe der positiven, uneingeschränkt verrechenbaren Gewinne aus § 20 Abs. 2 EStG zzgl. der positiven Differenz zwischen Aktiengewinnen und -verlusten, jedoch begrenzt auf die Höhe der Kapitalerträge. Eine Veräußerung von Wertpapieren i. S. des § 20 Abs. 2 EStG liegt auch dann vor, wenn die Höhe der Gegenleistung geringer ist als die Höhe der anfallenden Veräußerungskosten (vgl. BMF-Schreiben vom 14.5.2025, BStBl I S. 1330, Rz 59). Die Finanzverwaltung hat sich der Auffassung des BFH angeschlossen (Urteil vom 12.6.2018, BStBl 2019 II S. 221). Gewinne aus dem Verkauf von Lebensversicherungsverträgen werden hier nicht angegeben, da hierauf keine Kapitalertragsteuer erhoben wird.

Nach § 20 Abs. 2 EStG unterliegen ab 2009 alle Veräußerungs- oder Einlösungsvorgänge der Abgeltungsteuer, wenn diese nicht den Einkünften aus Land- und Forstwirtschaft, Gewerbebetrieb, selbständiger Arbeit oder Vermietung und Verpachtung zuzurechnen sind (§ 20 Abs. 8 EStG). Für Veräußerungsvorgänge von Kapitalanlagen, die vor dem 1.1.2009 angeschafft wurden und nach der bis 2008 geltenden Rechtslage als sonstige Einkünfte aus privaten Veräußerungsgeschäften zu besteuern waren, gilt die bisherige Rechtslage weiter (vgl. Tz 20.9 unter Erläuterungen zur Anlage SO).

Ab 2009 fallen insbesondere folgende Tatbestände unter § 20 Abs. 2 EStG:

- die Veräußerung von Anteilen an Körperschaften;
- die Veräußerung von Dividenden- und Zinsscheinen ohne das jeweilige Stammrecht;
- Gewinne bei Termingeschäften sowie die Veräußerung eines solchen Finanzinstruments;
- die Veräußerung eines Anteils an einer stillen Gesellschaft/eines partiarischen Darlehens;
- die Rechtsübertragung bei Hypotheken, Grundschulden, Renten i. S. des § 20 Abs. 1 Nr. 5 EStG;
- die Veräußerung von sonstigen Kapitalforderungen i. S. des § 20 Abs. 1 Nr. 7 EStG;
- die Veräußerung einer Rechtsposition i. S. des § 20 Abs. 1 Nr. 9 EStG.

14.6.3 Gewinne aus Aktienveräußerungen

Der Gewinn aus Aktienveräußerungen i. S. des § 20 Abs. 2 Satz 1 Nr. 1 EStG wird in der Steuerbescheinigung gesondert ausgewiesen und ist in Zeile 8, erste Spalte, einzutragen. Bescheinigt wird der positive Unterschiedsbetrag zwischen Aktiengewinnen und -verlusten. Hat das Kreditinstitut für den Steuerabzug bestimmte Tatbestände nicht berücksichtigen können, sind in der zweiten Spalte der Zeile 8 die korrigierten Beträge unter Berücksichtigung der Tatbestände, die bisher außer Acht gelassen wurden, einzutragen und auf besonderem Blatt zu erläutern (vgl. Tz 14.6.1).

Eine gesonderte Abfrage in Zeile 8 ist erforderlich, weil Verluste aus Aktienveräußerungen nur mit Gewinnen aus Aktienveräußerungen verrechnet werden können (vgl. Tz 14.6.8).

Bei vertretbaren Wertpapieren, die einem Verwahrer zur Sammelverwahrung i. S. des § 5 des Depotgesetzes anvertraut worden sind, wird unterstellt, dass die zuerst angeschafften Wertpapiere zuerst veräußert wurden (§ 20 Abs. 4 Satz 7 EStG). Insoweit hat der Gesetzgeber die bisher im Rahmen des § 23 EStG geltende Regelung des Fifo-Verfahrens (First in first out) auch für Zwecke des § 20 EStG übernommen. Einzelanweisungen an die Bank, welches Wertpapier zuerst veräußert werden soll, sind für ertragsteuerliche Zwecke unbeachtlich. Nach Auffassung der Finanzverwaltung ist die Fifo-Methode depotbezogen zu berechnen; auch ein Unterdepot ist ausreichend (vgl. BMF-Schreiben vom 14.5.2025, BStBl I S. 1330, Tz 97 ff.). Bei einem unentgeltlichen Erwerb sind dem Einzelrechtsnachfolger zur Ermittlung des Veräußerungsgewinns die Anschaffungskosten des Rechtsvorgängers maßgebend.

14.6.4 Einkünfte aus Stillhalterprämien und Termingeschäften

Einkünfte aus Stillhalterprämien (vgl. Tz 14.5.8) und Gewinne aus 9
Termingeschäften (vgl. Tz 14.5.9) werden in Zeile 9 gesondert abgefragt, weil Verluste aus Termingeschäften – auch im Wege des Verlustvortrags – nur mit diesen Einkünften verrechnet werden konnten. Diese Verlustverrechnungsbeschränkung wurde mit dem JStG 2024 gestrichen und ist auf alle offenen Fälle nicht mehr anzuwenden (vgl. Tz 14.6.9 und Tz 14.6.10). Aufgrund einer Übergangsregelung können Kreditinstiute diese Einkünfte im Jahr 2025 in der Steuerbescheinigung noch ausweisen. Falls diese Einkünfte in der Steuerbescheinigung noch ausgewiesen werden, sind diese in Zeile 9 einzutragen.

14.6.5 Gewinne aus der Veräußerung bestandsgeschützter Alt-Anteile

Bei Anschaffungen von Investmentanteilen vor dem 1.1.2009 (Einfüh- 10
rung der Abgeltungsteuer) waren Veräußerungsgewinne nach § 23 Abs. 1 Nr. 2 EStG nur dann stpfl., wenn diese Wertpapiere innerhalb eines Jahres wieder veräußert wurden. Bei diesen Anteilen sind ab dem 1.1.2018 Wertsteigerungen im Jahr der Veräußerung als Erträge aus Investmentfonds zu versteuern. Die Wertsteigerungen bis zum 31.12.2017 bleiben weiterhin steuerfrei (§ 16 Abs. 1 Nr. 3 i. V. mit § 56 Abs. 6 InvStG). Voraussetzung ist, dass diese Investmentanteile vor dem 1.1.2009 erworben wurden und seit der Anschaffung nicht im Betriebsvermögen gehalten wurden (sog. bestandsgeschützte Alt-Anteile im Sinne des § 56 Abs. 6 Satz 1 InvStG mit Ausnahme der Anteile i. S. des § 56 Abs. 6 Satz 6 InvStG). Die Veräußerungsgewinne unterliegen mit den ab dem 1.1.2018 eingetretenen und durch Veräußerung realisierten Wertveränderungen nach § 43 Abs. 1 Satz 1 Nr. 9 EStG dem Kapitalertragsteuerabzug (vgl. Tz 16 unter Erläuterungen zur Anlage KAP-INV). Für die bestandsgeschützten Anteile wird ein persönlicher Freibetrag nach § 56 Abs. 6 Satz 1 Nr. 2 InvStG in Höhe von insgesamt 100 000 € gewährt. Den Freibetrag kann der Steuerpflichtige ausschließlich im Rahmen der Einkommensteuerveranlagung geltend machen. In Zeile 10 wird für die Gewährung des Freibetrags der Gewinn aus der Veräußerung bestandsgeschützter Alt-Anteile abgefragt. Einzutragen ist die Summe aller Veräußerungs**gewinne** von bestandsgeschützten Alt-Anteilen. Sofern aus der Veräußerung von bestandsgeschützten Anteilen Verluste erzielt werden, dürfen diese in Zeile 10 nicht enthalten sein. Hierfür ist im nachrichtlichen Teil der Steuerbescheinigung jeweils die Summe der Gewinne aus bestandsgeschützten Alt-Anteilen und die Summe der Verluste aus bestandsgeschützten Alt-Anteilen gesondert auszuweisen.

14.6.6 Ersatzbemessungsgrundlage i. S. des § 43 a Abs. 2 Satz 7, 10, 13 und 14 EStG

Ab 2009 stellen auch die Gewinne aus der Veräußerung oder Ein- 11
lösung von Wirtschaftsgütern (z. B. Aktien) Kapitalerträge dar, wenn der Erwerb nach dem 31.12.2008 erfolgte. Für die Ermittlung des Veräußerungsgewinns muss die inländische auszahlende Stelle (z. B. Kreditinstitut) die Anschaffungskosten aufzeichnen. Liegen der auszahlenden Stelle die Anschaffungskosten nicht vor, muss der Kapitalertragsteuerabzug von der Ersatzbemessungsgrundlage vorgenommen werden. Die Ersatzbemessungsgrundlage kommt z. B. zur Anwendung, wenn bei einem Depotübertrag auf ein anderes Kreditinstitut die ursprünglichen Anschaffungskosten dem übernehmenden Kreditinstitut nicht mitgeteilt und Wertpapiere veräußert wurden. Die Bemessungsgrundlage beträgt in diesen Fällen 30 % der Einnahmen aus der Veräußerung oder Einlösung der Wirtschaftsgüter (§ 43 a Abs. 2 Satz 7 EStG).

Bei einer Depotübertragung auf einen anderen Gläubiger ist nach § 43 Abs. 1 Satz 4 EStG eine Veräußerung anzunehmen, wenn der auszahlenden Stelle (z.B. Kreditinstitut) nicht mitgeteilt wird, dass es sich um eine unentgeltliche Übertragung handelt. Als Einnahmen aus der Veräußerung ist der Börsenpreis anzusetzen. Ist der Börsenpreis nicht bekannt ist die Ersatzbemessungsgrundlage mit 30 % der Anschaffungskosten anzuwenden (§ 43a Abs. 2 Satz 10 EStG). Veräußert der neue Gläubiger nach einer Depotübertragung i.S. des § 43 Abs. 1 Satz 4 EStG die Wirtschaftsgüter, sind als Anschaffungskosten der Börsenpreis der abgebenden Stelle anzusetzen. Liegt ein Börsenpreis nicht vor, beträgt der Steuerabzug 30 % der Einnahmen aus der Veräußerung oder Einlösung der Wirtschaftsgüter (§ 43a Abs. 2 Satz 13 EStG).

Die Ersatzbemessungsgrundlage nach § 43a Abs. 2 Satz 14 EStG galt bereits vor Einführung der Abgeltungsteuer und regelt die Ermittlung der Bemessungsgrundlage für Kursdifferenz-Veräußerungserträge.

Wurde für den Steuerabzug die Ersatzbemessungsgrundlage angewendet, ist diese in Zeile 9, erste Spalte, einzutragen. Die Ersatzbemessungsgrundlage i.S. des § 43a Abs. 2 Satz 7, 10, 13 und 14 EStG sowie § 56 Abs. 3 Satz 4 InvStG ist ein Bruttobetrag, d.h. vor Berücksichtigung von Verlusten und Freistellungsauftrag. Sie wird unabhängig von einem Kapitalertragsteuerabzug auf der Steuerbescheinigung ausgewiesen. Der tatsächliche Veräußerungsgewinn kann in der zweiten Spalte der Zeile 9 erklärt werden und ist auf einem besonderen Blatt zu erläutern.

14.6.7 Nicht ausgeglichene Verluste

12 In Zeile 12, erste Spalte, sind die nicht ausgeglichenen Verluste ohne die Verluste aus der Veräußerung von Aktien lt. Steuerbescheinigung einzutragen. Die auszahlende Stelle hat negative Einkünfte aus Kapitalvermögen einschließlich gezahlter Stückzinsen zunächst mit positiven Kapitalerträgen auszugleichen oder falls keine Verrechnungsmöglichkeit mangels positiver Kapitalerträge besteht, betragsmäßig festzuhalten (Verlustverrechnungstopf). Verluste aus der Veräußerung von Aktien können nach § 20 Abs. 6 Satz 4 EStG allerdings nur mit Gewinnen aus Aktienveräußerungen verrechnet werden (vgl. Tz 14.6.8) und dürfen deshalb nicht in diesen Verlusten enthalten sein. Ein nicht ausgeglichener Verlust ist grds. von der auszahlenden Stelle auf das nächste Kj. zu übertragen. Wurden im VZ 2025 noch positive Kapitalerträge erzielt (z.B. bei einem anderen Kreditinstitut), können diese Verluste mit diesen Erträgen verrechnet werden. Hierzu ist auf Antrag von der auszahlenden Stelle eine Bescheinigung auszustellen, die bis zum 15.12. des laufenden Jahres unwiderruflich beantragt werden kann. Ein Verlustübertrag in das nächste Jahr darf die auszahlende Stelle bei Bescheinigung des Verlustes allerdings dann nicht mehr vornehmen.

Hat das Kreditinstitut für die Ermittlung der Verluste bestimmte Tatbestände nicht berücksichtigen können, sind in der zweiten Spalte der Zeile 12 die korrigierten Beträge unter Berücksichtigung der Tatbestände, die bisher außer Acht gelassen wurden, einzutragen und auf besonderem Blatt zu erläutern (vgl. Tz 14.6.1).

Verluste aus Kapitalvermögen dürfen nicht mit Einkünften aus anderen Einkunftsarten ausgeglichen und auch nicht als Verlust nach § 10d EStG zurückgetragen werden. Die Verluste mindern jedoch die Einkünfte, die in den folgenden VZ aus Kapitalvermögen erzielt werden. Bei Zusammenveranlagung werden positive Kapitalerträge des einen Ehegatten aber mit den Verlusten des anderen Ehegatten verrechnet.

Nach dem BFH-Urteil vom 30.11.2016, BStBl 2017 II S. 443, können bei einem Antrag auf Günstigerprüfung nach § 32d Abs. 6 EStG (vgl. Tz 14.2) die negativen Einkünfte, die der Abgeltungsteuer unterliegen, mit positiven tariflich besteuerten Einkünften aus Kapitalvermögen verrechnet werden.

Auch der endgültige Ausfall einer Kapitalforderung i.S. des § 20 Abs. 1 Nr. 7 EStG in der privaten Vermögenssphäre führt nach Einführung der Abgeltungsteuer zu einem steuerlich anzuerkennenden Verlust. Von einem Forderungsausfall ist aber erst dann auszugehen, wenn endgültig feststeht, dass keine weiteren Rückzahlungen mehr erfolgen werden (BFH-Urteil vom 24.10.2017, BStBl 2020 II S. 831). Dies gilt grds. nur, wenn die Kapitalforderung nach dem 31.12.2008 begründet worden ist und die Kapitalerträge nach dem 31.12.2008 zugeflossen sind. Die Uneinbringlichkeit einer Kapitalforderung liegt vor, wenn dem Gläubiger keine gesetzlich gebilligte Möglichkeit zur Durchsetzung des Anspruchs offensteht. Davon ist insbesondere dann auszugehen, wenn das Insolvenzverfahren mangels Masse abgelehnt wurde. Nicht ausreichend ist die bloße Eröffnung des Insolvenzverfahrens über das Vermögen des Schuldners. Der Veräußerungsverlust errechnet sich aus dem Unterschied zwischen den Einnahmen aus der Rückzahlung nach Abzug der Aufwendungen, die im unmittelbaren sachlichen Zusammenhang mit dem Ausfall der Kapitalforderung stehen und den Anschaffungskosten der Kapitalforderung (BMF-Schreiben vom 14.5.2025, BStBl I S. 1330, Rz 60).

Auch der Verzicht auf eine nicht werthaltige Forderung steht einem Forderungsausfall gleich und führt zu einem steuerlich anzuerkennenden Veräußerungsverlust (BFH-Urteil vom 6.8.2019, BStBl 2020 II S. 833). Der Anerkennung des Verlustes steht die Freiwilligkeit des Verzichts nicht entgegen.

Die Einziehung wertloser Wertpapiere führt ebenfalls zu einem steuerlich anzuerkennenden Veräußerungsverlust. Ein Wertpapier ist wertlos, wenn es

- aufgrund der Insolvenz des Emittenten eingezogen,
- infolge der Herabsetzung des Kapitals ausgebucht (BFH-Urteil vom 3.12.2019, VIII R 34/16, BStBl 2020 II S. 836) oder
- infolge des Erreichens der Knock-out-Schwelle ausgebucht

wurde.

Dies gilt grds. nur für Wertpapiere, die nach dem 31.12.2008 erworben wurden (BMF-Schreiben vom 14.5.2025, BStBl I S. 1330, Rz 63).

14.6.8 Nicht ausgeglichene Verluste aus der Veräußerung von Aktien

In Zeile 13, erste Spalte, sind die nicht ausgeglichenen Verluste aus 1
der Veräußerung von Aktien lt. Steuerbescheinigung einzutragen. Verluste aus der Veräußerung von Aktien dürfen nur mit Gewinnen aus Aktienveräußerungen ausgeglichen werden (§ 20 Abs. 6 Satz 5 EStG). Ein nicht ausgeglichener Verlust aus Aktienveräußerungen ist grds. von der auszahlenden Stelle auf das nächste Kj. zu übertragen. Wurden im VZ 2025 noch Gewinne aus Aktienveräußerungen erzielt (z.B. bei einem anderen Kreditinstitut), können diese Verluste mit diesen Erträgen verrechnet werden. Hierzu ist auf Antrag von der auszahlenden Stelle eine Bescheinigung auszustellen, die bis zum 15.12. des laufenden Jahres unwiderruflich beantragt werden kann. Ein Verlustübertrag in das nächste Jahr darf die auszahlende Stelle bei Bescheinigung des Verlustes allerdings nicht mehr vornehmen. Das Verlustverrechnungsverbot gilt nur für Aktienveräußerungsverluste und für Verluste aus der Veräußerung oder Einlösung von ADR und GDR, nicht für ähnliche Investitionen wie z.B. Aktienzertifikate, Aktienfonds oder Bezugsrechte.

Hat das Kreditinstitut für die Ermittlung der Verluste bestimmte Tatbestände nicht berücksichtigen können, sind in der zweiten Spalte der Zeile 13 die korrigierten Beträge unter Berücksichtigung der Tatbestände, die bisher außer Acht gelassen wurden, einzutragen und auf besonderem Blatt zu erläutern (vgl. Tz 14.6.1).

Ein Verlust aus der Veräußerung von Aktien liegt auch vor, wenn die Gegenleistung höher ist als die angefallenen Veräußerungskosten (BFH-Urteil vom 29.9.2020, BStBl 2021 II S. 385). Ein Veräußerungsverlust liegt auch dann vor, wenn eine Aktiengesellschaft bei Vermögenslosigkeit im Register gelöscht wird und das Mitgliedschaftsrecht des Aktionärs erlischt. Bei einer früheren Ausbuchung der Aktien aus dem Depot durch die Depotbank wird der Tatbestand schon zu diesem Zeitpunkt verwirklicht. Der Veräußerungstatbestand ist aber noch nicht verwirklicht, wenn der Aktionär schon vor der Löschung der Aktiengesellschaft mit einer Auskehrung von Vermögen im Rahmen der Schlussverteilung des Vermögens der AG objektiv nicht mehr rechnen kann (BFH-Urteil vom 17.11.2020, BStBl 2021 II S. 378).

14.6.9 Verluste aus Termingeschäften

Verluste aus Termingeschäften, insbesondere aus dem Verfall von Optionen und Glattstellungsgeschäften, konnten nur mit Gewinnen aus Termingeschäften und mit Einkünften aus Stillhalterprämien ausgeglichen werden. Die Verlustverrechnungsbeschränkung wurde durch das JStG 2024 rückwirkend aufgehoben und ist auf alle offenen Fälle nicht mehr anzuwenden. Aufgrund einer Übergangsregelung können Kreditinstiute diese Verluste im Jahr 2025 in der Steuerbescheinigung noch ausweisen. Falls diese Verluste in der Steuerbescheinigung noch ausgewiesen werden, sind diese in Zeile 14 einzutragen.

Noch nicht verrechnete Verluste können vollumfänglich mit anderen Einkünften aus Kapitalvermögen verrechnet werden.

14.6.10 Einschränkung der Verlustverrechnung

15 Verluste aus Kapitalvermögen

- aus der ganzen oder teilweisen Uneinbringlichkeit einer Kapitalforderung,
- aus der Ausbuchung wertloser Wirtschaftsgüter i.S. des § 20 Abs. 1 EStG,
- aus der Übertragung wertloser Wirtschaftsgüter i.S. des § 20 Abs. 1 EStG auf einen Dritten oder
- aus einem sonstigen Ausfall von Wirtschaftsgütern i.S. des § 20 Abs. 1 EStG

konnten bisher nur bis zu 20 000 € mit anderen Einkünften aus Kapitalvermögen ausgeglichen werden. Die Verlustverrechnungsbeschränkung wurde durch das JStG 2024 rückwirkend aufgehoben und ist auf alle offenen Fälle nicht mehr anzuwenden. Aufgrund einer Übergangsregelung können Kreditinstiute diese Verluste im Jahr 2025 in der Steuerbescheinigung noch ausweisen. Falls diese Verluste in der Steuerbescheinigung noch ausgewiesen werden, sind diese in Zeile 15 einzutragen. Noch nicht verrechnete Verluste können vollumfänglich mit anderen Einkünften aus Kapitalvermögen verrechnet werden.

14.6.11 Sparer-Pauschbetrag

–17 Der Sparer-Pauschbetrag beträgt 1 000 €. Bei Ehegatten/Lebenspartner, die zusammen veranlagt werden, wird ein gemeinsamer Sparer-Pauschbetrag von 2 000 € gewährt. Der gemeinsame Sparer-Pauschbetrag wird bei jedem Ehegatten/Lebenspartner je zur Hälfte abgezogen, sind die Kapitalerträge allerdings niedriger als 1 000 €, wird beim anderen Ehegatten/Lebenspartner der nicht in Anspruch genommene Betrag berücksichtigt. Ein Abzug der tatsächlichen Werbungskosten ist ausgeschlossen, zu den Ausnahmen vgl. Tz 14.8 (vgl. BFH-Urteil vom 2.12.2014, BStBl 2015 II S. 387). Nach dem BFH-Urteil vom 12.1.2016, BStBl II S. 456 ist die Abschaffung des Werbungskostenabzugs nicht verfassungswidrig.

Der Sparerpauschbetrag wird bereits bei der Ermittlung der Bemessungsgrundlage für den Kapitalertragsteuerabzug von der auszahlenden Stelle (z.B. Kreditinstitut) berücksichtigt, wenn ein Freistellungsauftrag erteilt wurde. Wurde der Sparer-Pauschbetrag in Höhe von 1 000 € bzw. 2 000 € bei Ehegatten/Lebenspartner, die zusammen veranlagt werden, nicht ausgeschöpft, kann der Steuereinbehalt überprüft werden (vgl. Tz 14.3). In diesen Fällen ist der in Anspruch genommene Sparer-Pauschbetrag, der auf die in den Zeilen 7 bis 15 erklärten Kapitalerträge entfällt, in Zeile 16 einzutragen sowie der in Anspruch genommene Sparer-Pauschbetrag, der auf nicht erklärte Kapitalerträge entfällt, in Zeile 17 und die Kapitalerträge in Zeile 7 sowie die einbehaltenen Steuerabzugsbeträge in Zeile 37 ff. einzutragen. Die zu hoch einbehaltene Abgeltungsteuer wird im Rahmen der Veranlagung erstattet.

Bei einem Antrag auf Günstigerprüfung (vgl. Tz 14.2) sind sämtliche Kapitalerträge in der Anlage KAP einzutragen. Ein Eintrag in Zeile 17 kommt deshalb gar nicht in Betracht.

Durch das JStG 2009 wurde ab 2010 die Möglichkeit einer Verlustverrechnung zwischen Ehegatten/Lebenspartner eingeräumt. Demnach erfolgt die Verlustverrechnung beider Ehegatten/Lebenspartner mit Kapitalerträgen beider Ehegatten/Lebenspartner, die aus bei einem Kreditinstitut geführten Konten und Depots herrühren. Voraussetzung ist, dass die Ehegatten/Lebenspartner einen gemeinsamen Freistellungsauftrag erteilen (§ 43a Abs. 3 Satz 2 2. Halbsatz EStG).

14.7 Kapitalerträge, die nicht dem inländischen Steuerabzug unterlegen haben

Kapitalerträge, die nicht dem inländischen Steuerabzug unterlegen haben, sind in der Anlage KAP in den Zeilen 18 bis 26a zu erklären. 18–26a
Für diese Kapitalerträge erhöht sich die tarifliche ESt um die Abgeltungsteuer von 25 %. Die anrechenbare ausländische Steuer und die Ermäßigung bei Kirchensteuerpflicht werden vom Finanzamt berücksichtigt.

14.7.1 Inländische Kapitalerträge ohne Steuerabzug

In Zeile 18 ist der positive Saldo aller inländischen Kapitalerträge 18
(ohne Steuererstattungszinsen, vgl. Tz 14.7.6 und Prozess- und Verzugszinsen, vgl. Tz 14.7.7) nach Verlustverrechnung einzutragen, die nicht dem inländischen Steuerabzug unterlegen haben. Wurde von der auszahlenden Stelle ein Steuerabzug nur deshalb nicht vorgenommen, weil ein Freistellungsauftrag erteilt wurde oder eine NV-Bescheinigung vorlag, ist der Eintrag nicht in Zeile 18, sondern in Zeile 7 vorzunehmen. Bei negativer Saldogröße erfolgt der Ausweis in den entsprechenden Zeilen für allgemeine Verluste (Zeile 22) oder Aktienveräußerungsverluste (Zeile 23). Grundsätzlich sind alle Arten von inländischen Kapitalerträgen in einer Gesamtsumme einzutragen. Es wird nicht nach der Quelle der Kapitalerträge unterschieden. Hierzu gehören z.B. Erträge, die bisher nicht dem Steuerabzug durch eine inländische Zahlstelle unterlegen haben (z.B. Privatdarlehen unter fremden Dritten) und alle Gewinne aus Veräußerungen von Kapitalanlagen, die nach dem 31.12.2008 erworben wurden und nicht nach § 17 EStG zu besteuern sind. Veräußerungstatbestände sind zusätzlich in die Zeilen 20 bis 23 einzutragen.

Ein Werbungskostenabzug ist ab 2009 grundsätzlich ausgeschlossen (zu den Ausnahmen vgl. Tz 14.8). Die laufenden Kapitalerträge (insbesondere Zinsen) sind deshalb ohne Abzüge von Werbungskosten zu ermitteln und mit den übrigen Kapitalerträgen aus Veräußerungstatbeständen in Zeile 18 einzutragen.

Die Gewinne und Verluste aus Kapitalanlagen (insbesondere Kapitalforderungen jeder Art) sind auf besonderem Blatt zu berechnen und der Steuererklärung beizufügen.

Für reine Spekulationspapiere nach alter Rechtslage (z.B. Zertifikate ohne Garantien) gelten besondere Übergangsregelungen. Zertifikate sind Schuldverschreibungen, bei denen die Höhe der Rückzahlungsverpflichtung typischerweise von dem jeweiligen Stand eines vereinbarten Basiswerts abhängt. Übliche Basiswerte sind Wertpapierindizes (z.B. DAX), einzelne Wertpapiere oder der Marktpreis von Rohstoffen. Wurden diese vor dem 14.3.2007 erworben, können diese auch nach 2009 steuerfrei veräußert/eingelöst werden.

14.7.2 Ausländische Kapitalerträge ohne Steuerabzug

In Zeile 19 ist der positive Saldo aller ausländischen Kapitalerträge 19
nach Verlustverrechnung einzutragen, die nicht dem inländischen Steuerabzug unterlegen haben. Bei negativer Saldogröße erfolgt der Ausweis in den entsprechenden Zeilen für allgemeine Verluste (Zeile 22) oder Verluste aus der Veräußerung von Aktien (Zeile 23). Grundsätzlich sind alle Arten von ausländischen Kapitalerträgen – außer z.B. Kapitalerträge aus einem anderen Staat, die aufgrund eines Doppelbesteuerungsabkommens mit diesem Staat in Deutschland steuerfrei sind – in einer Gesamtsumme einzutragen. Es wird nicht nach der Quelle der Kapitalerträge unterschieden. Hierzu gehören z.B. Erträge aus ausländischen thesaurierenden Investmentfonds (auch wenn diese in einem inländischen Bankdepot verwahrt werden), Erträge bei ausländischen Kreditinstituten (z.B. Dividenden, Zinsen) und weitere Kapitalerträge, die bisher nicht dem Steuerabzug durch eine inländische Zahlstelle unterlegen haben (z.B. Privatdarlehen unter fremden Dritten), und alle Gewinne aus Veräußerungen von Kapitalanlagen, die nach dem 31.12.2008 erworben wurden und nicht nach § 17 EStG zu besteuern sind. Veräußerungstatbestände sind zusätzlich in die Zeilen 20 bis 23 einzutragen.

Kapitalerträge sind ab 2009 auch die Stillhalterprämien, die für die Einräumung von Optionen vereinnahmt werden (§ 20 Abs. 1 Nr. 11 EStG) und müssen auch in Zeile 19 enthalten sein.

Ein Werbungskostenabzug ist ab 2009 grds. ausgeschlossen (zu den Ausnahmen vgl. Tz 14.8). Die laufenden ausländischen Kapitalerträge (Dividenden, Zinsen usw.) sind deshalb ohne Abzüge von Werbungskosten oder ausländischer Quellensteuer zu ermitteln und mit den übrigen Kapitalerträgen aus Veräußerungstatbeständen in Zeile 19 einzutragen. Die ausländische Quellensteuer ist in Zeile 41 einzutragen (vgl. Tz 14.12).

Die Gewinne und Verluste aus ausländischen Kapitalanlagen (z.B. Aktien, Fondsanteile, Termingeschäfte, weitere Kapitalforderungen jeder Art) sind auf besonderem Blatt zu berechnen und der Steuererklärung beizufügen.

14.7.3 Gewinne aus Aktienveräußerungen

20 In Zeile 20 ist der positive Unterschiedsbetrag zwischen Aktiengewinnen und -verlusten einzutragen.

Eine gesonderte Abfrage in Zeile 20 ist erforderlich, weil Verluste aus Aktienveräußerungen nur mit Gewinnen aus Aktienveräußerungen verrechnet werden können (vgl. Tz 14.6.8).

Bei vertretbaren Wertpapieren, die einem Verwahrer zur Sammelverwahrung i.S. des § 5 des Depotgesetzes anvertraut worden sind, wird unterstellt, dass die zuerst angeschafften Wertpapiere zuerst veräußert wurden (§ 20 Abs. 4 Satz 7 EStG). Insoweit hat der Gesetzgeber die bisher im Rahmen des § 23 EStG geltende Regelung des Fifo-Verfahrens (First in first out) auch für Zwecke des § 20 EStG übernommen. Einzelanweisungen an die Bank, welches Wertpapier zuerst veräußert werden soll, sind für ertragsteuerliche Zwecke unbeachtlich. Nach Auffassung der Finanzverwaltung ist die Fifo-Methode depotbezogen zu berechnen; auch ein Unterdepot ist ausreichend (vgl. BMF-Schreiben 14.5.2025, BStBl I S. 1330, Tz 97 ff.). Bei einem unentgeltlichen Erwerb sind dem Einzelrechtsnachfolger zur Ermittlung des Veräußerungsgewinns die Anschaffungskosten des Rechtsvorgängers maßgebend.

14.7.4 Nicht ausgeglichene Verluste

22 In Zeile 22 sind die nicht ausgeglichenen Verluste ohne die Verluste aus der Veräußerung von Aktien einzutragen.

Verluste aus Kapitalvermögen dürfen nicht mit Einkünften aus anderen Einkunftsarten ausgeglichen und auch nicht als Verlust nach § 10d EStG zurückgetragen werden. Die Verluste mindern jedoch die Einkünfte, die in den folgenden VZ aus Kapitalvermögen erzielt werden. Bei Zusammenveranlagung werden positive Kapitalerträge des einen Ehegatten/Lebenspartners aber mit den Verlusten des anderen Ehegatten/Lebenspartners verrechnet.

14.7.5 Nicht ausgeglichene Verluste aus der Veräußerung von Aktien

23 In Zeile 23 sind die nicht ausgeglichenen Verluste aus der Veräußerung von Aktien und Veräußerung oder Einlösung von ADR und GDR einzutragen. Diese dürfen nicht in Zeile 22 enthalten sein. Verluste aus der Veräußerung von Aktien bzw. Veräußerung oder Einlösung von ADR und GDR dürfen nur mit Gewinnen aus Aktienveräußerungen und aus der Veräußerung oder Einlösung von ADR und GDR ausgeglichen werden (§ 20 Abs. 6 Satz 4 EStG). Das Verlustverrechnungsverbot gilt nur für Aktienveräußerungsverluste, ADR und GDR nicht für ähnliche Investitionen wie z.B. Aktienzertifikate, Aktienfonds oder Bezugsrechte. Verluste aus den letztgenannten Anlagen sind in Zeile 22 einzutragen.

14.7.6 Steuererstattungszinsen

26 Zu den Einnahmen aus Kapitalvermögen gehören auch Zinsen, die für Steuererstattungsbeträge vom Finanzamt nach § 233a oder § 236 AO gezahlt werden (§ 20 Abs. 1 Nr. 7 Satz 3 EStG). Das BFH-Urteil vom 15.6.2010, BStBl 2011 II S. 503 wird wegen der gesetzlichen Klarstellung nicht angewendet und verstößt auch im Hinblick auf die rückwirkende Geltung nicht gegen Verfassungsrecht (BFH-Urteil vom 12.11.2013, BStBl 2014 II S. 168). Einnahmen aus Kapitalvermögen liegen auch vor, wenn es sich um Prozesszinsen auf erstattete Grunderwerbsteuer handelt (BFH-Urteil vom 8.4.1986, BStBl II S. 557). Von den Erstattungszinsen wird keine Abgeltungsteuer einbehalten. Die Zinsen sind deshalb in Zeile 26 einzutragen.

Erstattungszinsen, die aufgrund einer erneuten Zinsfestsetzung im Jahr 2025 an das Finanzamt zurückgezahlt wurden, sind nicht in Zeile 26, sondern in Zeile 18 und zusätzlich in Zeile 22 einzutragen.

14.7.7 Prozess- und Verzugszinsen

Verzugszinsen nach § 286 Abs. 1 BGB wie auch Prozesszinsen nach 26a
§ 291 BGB sind Kapitalerträge i.S. von § 20 Abs. 1 Nr. 7 EStG (vgl. BFH-Urteil vom 24.5.2011, BStBl 2012 II S. 254). Die Steuerbarkeit der Prozess- und Verzugszinsen ist darin begründet, dass diese bei wirtschaftlicher Betrachtung Entgelt für eine Kapitalnutzung sind. Unerheblich ist es, ob der Überlassung von Kapital ein Darlehensvertrag oder ein anderer Rechtsgrund zugrunde liegt. Auch eine erzwungene Kapitalüberlassung kann danach zu Einnahmen führen. Verzugszinsen stellen aus ertragsteuerlicher Sicht keinen Schadensersatz für die Verletzung privater Güter dar, sondern sind Entgelt für die unfreiwillige Vorenthaltung des dem Steuerpflichtigen zustehenden Kapitals.

Die vereinnahmten Prozess- und Verzugszinsen sind in Zeile 26a einzutragen, soweit diese nicht den Einkünften aus Land- und Forstwirtschaft, selbständiger Arbeit, Gewerbebetrieb oder Vermietung und Verpachtung zugerechnet werden.

14.8 Kapitalerträge, die der tariflichen Einkommensteuer unterliegen

Obwohl grds. alle Kapitalerträge der Abgeltungsteuer unterliegen 27–
sollen, hat der Gesetzgeber bestimmte Erträge hiervon ausgenommen (§ 32d Abs. 2 EStG). Hierdurch soll u.a. ein Steuervorteil (sog. Steuersatzspreizung) vermieden werden (z.B. Abzug von Darlehenszinsen mit dem progressiven Steuersatz sowie Ansatz der Einnahmen lediglich mit 25 %).

In diesen Fällen entfaltet der Steuerabzug keine Abgeltungswirkung (§ 43 Abs. 5 Satz 2 EStG) und die Einnahmen unterliegen der tariflichen ESt. Die Werbungskosten sind abzugsfähig und Verluste können abweichend von § 20 Abs. 6 EStG mit anderen positiven Einkünften ausgeglichen werden. Diese Erträge sind nur in Zeile 27 bis 34 anzugeben und dürfen nicht in den Zeilen 7, 18 und 19 enthalten sein. Einzutragen sind in den Zeilen 27 bis 29 und 32b jeweils die Erträge abzgl. Werbungskosten. Bei diesen Erträgen, die der tariflichen ESt unterliegen, greift das Abzugsverbot für Werbungskosten nicht. Ein Abzug eines Sparer-Pauschbetrages ist allerdings bei diesen Erträgen ausgeschlossen (BFH-Urteil vom 30.11.2016, BStBl 2017 II S. 443). Bei Erträgen aus Lebensversicherungen i.S. des § 20 Abs. 1 Nr. 6 Satz 2 EStG können keine tatsächlichen Werbungskosten berücksichtigt werden (vgl. Tz 14.8.4).

14.8.1 Hinzurechnungsbetrag nach § 10 AStG

In Zeile 27 ist der Hinzurechnungsbetrag nach § 10 AStG einzutra- 27–
gen. Wegen des Hinzurechnungsbetrags nach § 10 AStG vgl. Tz 32.5 unter Erläuterungen zur Anlage AUS.

Grundsätzlich sieht das AStG nach § 7 Abs. 5 Satz 1 AStG vor, dass das Investmentsteuergesetz vorrangig anzuwenden ist. Dies gilt jedoch nicht, wenn die Zwischengesellschaft ihre den Einkünften zugrunde liegenden Geschäfte zu mehr als einem Drittel mit dem Steuerpflichtigen oder ihm nahestehenden Personen betreibt (§ 7 Abs. 5 Satz 2 AStG). Da in diesem Fall das InvStG und das AStG gleichzeitig Anwendung finden, sieht § 10 Abs. 6 AStG eine Minderung des Hinzurechnungsbetrags vor, um eine daraus resultierende Doppelbesteuerung zu vermeiden. Die Minderung des Hinzurechnungsbetrages ist nicht Teil des Feststellungsverfahrens der Besteuerungsgrundlagen der Zwischengesellschaft nach § 18 AStG, sondern in der Anlage KAP zur Einkommensteuererklärung zu erklären. Die Minderung ist in Zeile 27a einzutragen.

14.8.2 Kapitalerträge aus stiller Gesellschaft, partiarischen Darlehen und sonstigen Kapitalforderungen

28 In Zeile 28 sind die laufenden Erträge (abzgl. Werbungskosten) aus der Beteiligung an einem Handelsgewerbe als stiller Gesellschafter, aus partiarischen Darlehen oder sonstigen Kapitalforderungen jeder Art einzutragen, die der tariflichen ESt unterliegen.

Erträge unterliegen der tariflichen ESt,

- wenn Darlehen an nahestehenden Personen gewährt werden. Eine nahe stehende Person ist anzunehmen, wenn die Person auf den Steuerpflichtigen oder umgekehrt der Steuerpflichtige auf diese Person oder eine dritte Person auf beide einen beherrschenden Einfluss ausüben kann oder wenn einer von ihnen ein eigenes wirtschaftliches Interesse an der Erzielung der Einkünfte des anderen hat (§ 32d Abs. 2 Nr. 1 Buchst. a EStG). Von einem solchen Beherrschungsverhältnis ist auszugehen, wenn der beherrschten Person aufgrund eines absoluten Abhängigkeitsverhältnisses im Wesentlichen kein eigener Entscheidungsspielraum verbleibt (vgl. BMF-Schreiben vom 14.5.2025, BStBl I S. 1330, Tz 136). Gewährt jedoch ein Steuerpflichtiger seinem Ehegatten ein Darlehen zur Anschaffung einer fremdvermieteten Immobilie und erzielt er hieraus Kapitalerträge, ist die Anwendung des gesonderten Steuertarifs (Abgeltungsteuersatz mit 25 %) für Einkünfte aus Kapitalvermögen ausgeschlossen, wenn der Steuerpflichtige auf den von ihm finanziell abhängigen Ehegatten bei der Gewährung des Darlehens einen beherrschenden Einfluss ausüben kann (BFH-Urteil vom 28.1.2015, BStBl II S. 397). Die Darlehenszinsen unterliegen allerdings dann nicht der tariflichen ESt, soweit beim Schuldner die Zinsen nicht als Betriebsausgaben oder Werbungskosten berücksichtigt werden können.
- wenn diese von einer Kapitalgesellschaft oder Genossenschaft an einen Anteilseigner gezahlt wurden, der zu mindestens 10 % beteiligt ist. Dies gilt auch, wenn Erträge an eine dem Anteilseigner nahestehende Personen gezahlt werden (§ 32d Abs. 2 Nr. 1 Buchst. b EStG).
- wenn diese für sog. Back-to-back-Finanzierungen gezahlt werden. Eine Back-to-back-Finanzierung liegt vor, wenn die Kapitalüberlassung und Kapitalanlage auf einem einheitlichen Plan beruhen. Hiervon ist insbesondere dann auszugehen, wenn – ein enger zeitlicher Zusammenhang besteht oder – die Zinsvereinbarungen (Kreditzinssatz und Anlagezinssatz) miteinander verknüpft sind.

Entspricht die Kreditlaufzeit nicht in etwa der Laufzeit der Kapitalanlage, ist nach der Gesetzesbegründung nicht von einem »einheitlichen Plan« auszugehen, da kein zeitlicher Zusammenhang vorliegt. Ein »einheitlicher Plan« liegt ebenfalls vor, wenn die jeweiligen Zinsvereinbarungen miteinander verknüpft sind. Nach der Gesetzesbegründung reicht auch eine mittelbare Verknüpfung aus. Eine unmittelbare Verknüpfung liegt danach vor, wenn bei einem eventuell schwankenden Darlehenszins ein Guthabenzins vereinbart wird, der konstant einen Prozentpunkt weniger als der Kreditzins beträgt. Eine mittelbare Verknüpfung kann durch eine feste Koppelung sowohl des Kredit- als auch des Guthabenzinses an einen bestimmten Referenzzinssatz wie z. B. den LIBOR (London Interbank Offered Rate) erfolgen (z. B. Kreditzins einen halben Prozentpunkt über LIBOR/Guthabenzins einen halben Prozentpunkt unter LIBOR). In diesem Falle ist ein zeitlicher Zusammenhang zwischen Einlage und Kreditgewährung nicht erforderlich.

Von einem Zusammenhang ist jedoch nicht auszugehen, wenn die Zinsvereinbarungen marktüblich sind oder die Anwendung des § 32d Abs. 1 EStG beim Steuerpflichtigen zu keinem Belastungsvorteil führt. Somit sind sämtliche Fälle, in denen z. B. eine »normal« verzinsliche Kapitalanlage der Absicherung eines marktüblich verzinsten Darlehens dient, nicht von der Regelung betroffen. Ob die Vereinbarungen marktüblich sind, kann nur durch einen Vergleich mit anderen Kapitalanlagen/Krediten ermittelt werden. Bei den Einlagen wird man sich an Festgeldkonditionen bzw. bei längerer Laufzeit an vergleichbaren Anleihen orientieren können. Bei der Darlehensverzinsung sind auch die besonderen Kreditrisiken des Kreditnehmers zu berücksichtigen. Sind die Vereinbarungen nicht marktüblich, ist auf den Belastungsvorteil des Steuerpflichtigen abzustellen.

Bei einer stillen Beteiligung kann auch eine Beteiligung am Verlust vorgesehen sein. Wegen der Begrenzung der Verlustverrechnungsmöglichkeiten nach § 15a EStG vgl. Tz 21.10 unter Erläuterungen zur **Anlage G.** Nach dem BFH-Urteil vom 23.7.2002 (BStBl II S. 858) gilt die Vereinbarung einer Beteiligung des stillen Gesellschafters am Gewinn des Geschäftsinhabers im Zweifel auch für seine Beteiligung am Verlust (H 20.1 – Stiller Gesellschafter – EStH). Besteht eine typische **stille Unterbeteiligung,** gelten die gleichen Grundsätze (BFH-Urteil vom 28.11.1990, BStBl 1991 II S. 313). Die Verluste sind ebenfalls in Zeile 28 einzutragen. Der Verlust kann auch mit Einkünften aus anderen Einkunftsarten ausgeglichen werden, weil § 20 Abs. 6 EStG in diesen Fällen nicht anzuwenden ist (§ 32d Abs. 2 Satz 2 EStG).

14.8.3 Gewinn aus der Veräußerung oder Einlösung von Kapitalanlagen

Werden Kapitalanlagen veräußert, deren Erträge der tariflichen ESt 29 unterliegen, ist auch der Gewinn aus der Veräußerung oder Einlösung der tariflichen ESt zu unterwerfen. In Betracht kommt die Veräußerung einer stillen Beteiligung, eines partiarischen Darlehens oder einer sonstigen Kapitalforderung. Der Gewinn wird durch Abzug der Anschaffungskosten vom Veräußerungserlös ermittelt und ist in Zeile 29 einzutragen.

In Zeile 29 müssen auch die Verluste aus Kapitalvermögen

- aus der ganzen oder teilweisen Uneinbringlichkeit einer Kapitalforderung,
- aus der Ausbuchung wertloser Wirtschaftsgüter i. S. des § 20 Abs. 1 EStG,
- aus der Übertragung wertloser Wirtschaftsgüter i. S. des § 20 Abs. 1 EStG auf einen Dritten oder
- aus einem sonstigen Ausfall von Wirtschaftsgütern i. S. des § 20 Abs. 1 EStG

enthalten sein, die dem Grunde nach nach § 32d Abs. 2 Nr. 1 bis 3 EStG der tariflichen ESt unterliegen.

14.8.4 Kapitalerträge aus Lebensversicherungen

Nach § 20 Abs. 1 Nr. 6 EStG gehören auch der Unterschiedsbetrag 30 zwischen der Versicherungsleistung und der Summe der auf sie entrichteten Beiträge zu den Kapitalerträgen, wenn die Versicherung nach dem 31.12.2004 abgeschlossen wurde. In Zeile 30 werden nur die Erträge aus Kapitallebensversicherungen nach § 20 Abs. 1 Nr. 6 Satz 2 EStG eingetragen, die nur hälftig angesetzt werden. Voraussetzung für den hälftigen Ansatz ist ein Vertragsabschluss nach dem 31.12.2004, mindestens zwölf Jahre Laufzeit und Auszahlung der Versicherungsleistung nach Vollendung des 60. Lebensjahres des Steuerpflichtigen. Bei Vertragsabschluss nach dem 31.12.2011 ist ein hälftiger Ansatz nach § 20 Abs. 1 Nr. 6 Satz 2 EStG vorzunehmen, wenn bei mindestens zwölfjähriger Laufzeit die Auszahlung der Versicherungsleistung nach dem 62. Lebensjahr erfolgt. Diese Erträge unterliegen der tariflichen ESt (§ 32d Abs. 2 Nr. 2 EStG). Hierdurch wird eine doppelte Förderung dieser Kapitalerträge vermieden. Ein Abzug der tatsächlichen Werbungskosten (z. B. Schuldzinsen) ist nicht zulässig (§ 32d Abs. 2 Nr. 2 Satz 2 EStG). Evtl. erlittene Verluste (z. B. bei fondsgebundenen Lebensversicherungen) sind jedoch mit anderen Einkünften verrechenbar, da § 20 Abs. 6 EStG ausdrücklich keine Anwendung findet. Die Kapitalerträge von inländischen Versicherungsinstituten sind der Steuerbescheinigung zu entnehmen.

Obwohl nur der hälftige Unterschiedsbetrag als Kapitalertrag anzusetzen ist, ist in Zeile 30 der bescheinigte volle Betrag einzutragen. Der hälftige Ansatz erfolgt von Amts wegen.

Die Steuerabzugsbeträge, die von diesen Lebensversicherungserträgen einbehalten wurden, sind in den Zeilen 43 bis 45 einzutragen.

14.8.5 Erträge aus Unternehmensbeteiligungen

Nach § 32d Abs. 2 Nr. 3 EStG unterliegen auf Antrag für laufende 31–32f Kapitalerträge i. S. des § 20 Abs. 1 Nr. 1 und Nr. 2 EStG (Dividenden und ähnliche Erträge) aus einer Beteiligung an einer Kapitalgesellschaft der tariflichen ESt, wenn der Steuerpflichtige im VZ, für den der Antrag erstmals gestellt wird, unmittelbar oder mittelbar

- zu mindestens 25 % an der Kapitalgesellschaft beteiligt ist oder
- zu mindestens 1 % an der Kapitalgesellschaft beteiligt und durch eine berufliche Tätigkeit für diese maßgeblichen unternehmerischen Einfluss auf deren wirtschaftliche Tätigkeit nehmen kann. Es ist aber nicht erforderlich, dass der Anteilseigner aufgrund seiner beruflichen Tätigkeit auf die Geschäftsführung der Kapitalgesellschaft einen maßgeblichen unternehmerischen Einfluss auf deren wirtschaftlichen Tätigkeit ausüben kann (§ 32d Abs. 2 Nr. 3 Buchst. b EStG).

Diese Kapitalerträge unterliegen dem Teileinkünfteverfahren nach § 3 Nr. 40 EStG. Darüber hinaus ist auch der Abzug der Werbungskosten zugelassen; ein Sparer-Pauschbetrag kann nicht abgezogen werden. Aufwendungen können nach § 3c EStG ebenfalls nur in Höhe von 60 % abgezogen werden. Verluste können mit anderen Einkünften verrechnet werden. Das Verlustausgleichsverbot nach § 20 Abs. 6 EStG gilt in diesen Fällen nicht.

Die Ausübung der Option wird regelmäßig günstiger sein, wenn die Beteiligung refinanziert ist und entsprechend hohe Schuldzinsen zu zahlen sind.

Der Antrag, diese Erträge der tariflichen ESt zu unterwerfen, wird in Zeile 31 mit Abgabe der Einkommensteuererklärung gestellt. Eine Nachholung des Antrags nach erstmaliger Abgabe der Einkommensteuererklärung (z. B. im Einspruchsverfahren) ist für das betreffende Kj. nicht möglich. Mit der wirksamen Antragstellung gilt der Antrag auch für die vier nachfolgenden VZ; das Vorliegen der Antragsvoraussetzungen wird insoweit unterstellt. Deshalb können auch nachlaufende Aufwendungen für die Beteiligung auch dann in den vier folgenden VZ berücksichtigt werden, wenn die beruflichen Voraussetzungen wegfallen, die Beteiligung selbst veräußert wurde oder die erforderliche Beteiligungshöhe unterschritten wird (BFH-Urteil vom 12.12.2023, BStBl 2024 II S. 350 und BFH-Urteil vom 17.7.2024, BStBl 2024 II S. 745 und BMF-Schreiben vom 14.5.2025, BStBl I S. 1330, Rz 139). Wird der Antrag widerrufen, kann kein erneuter Antrag für diese Beteiligung gestellt werden (§ 32d Abs. 2 Satz 1 Nr. 3 Sätze 3 bis 6 EStG).

Hierdurch soll ein steueroptimierter Wechsel der Besteuerungsnormen verhindert werden. Weiterhin kann der Antrag für die Anteile an der jeweiligen Beteiligung nur einheitlich gestellt werden. Dies gilt auch, wenn später weitere Anteile hinzuerworben werden.

Liegen mehrere Beteiligungen an unterschiedlichen Kapitalgesellschaften vor, kann der Antrag auf Anwendung der tariflichen ESt auf Beteiligungserträge für jede Beteiligung gesondert gestellt werden. Für weitere Anträge auf Anwendung der tariflichen ESt sind die Angaben (Gesellschaft, Finanzamt und Steuernummer der Gesellschaft) auf besonderem Blatt zu machen.

In Zeile 32b sind die Erträge aller Unternehmensbeteiligungen nach Abzug der Werbungskosten in voller Höhe einzutragen, für die die Anwendung der tariflichen ESt beantragt wird. Die Kürzung der Kapitalerträge wegen der Anwendung des Teileinkünfteverfahrens wird vom Finanzamt vorgenommen.

Die auf diese Kapitalerträge entfallenden Steuerabzugsbeträge sind in den Zeilen 43 bis 45 einzutragen, die ggf. einbehaltene ausländische Quellensteuer ist nicht in der Anlage KAP, sondern in der Anlage AUS zu erklären.

Die **in der Praxis am häufigsten vorkommenden Werbungskosten** bei den Einkünften aus Kapitalvermögen sind folgende: Depotkosten und andere Verwaltungsgebühren, Safemiete, Beratungskosten, Porto, Telefonkosten. **Wertminderungen** und **Verluste** des Kapitals sind keine Werbungskosten; sie betreffen den einkommensteuerlich nicht relevanten Vermögensbereich (vgl. Tz 14.6.1, vgl. Tz 20.9 unter Erläuterungen zur Anlage SO, vgl. Tz 21.18.10 unter Erläuterungen zur Anlage G). **Steuerberatungskosten** zählen zu den hier anzusetzenden Werbungskosten, soweit sie durch diese Einkünfte veranlasst sind (vgl. Tz 11.18.3.22 unter Erläuterungen zur Anlage N).

Schuldzinsen für mit Kredit erworbene Unternehmensbeteiligungen sind **Werbungskosten** bei den Einkünften aus Kapitalvermögen, wenn auf Dauer gesehen ein Überschuss der Einnahmen über die Ausgaben erwartet werden kann (BFH-Urteile vom 21.7.1981, BStBl 1982 II S. 36, 37 und 40, und vom 23.3.1982, BStBl II S. 463).

Der Antrag auf Anwendung der tariflichen ESt für eine unternehmerischen Beteiligung kann auch widerrufen werden. Der Widerruf muss spätestens mit der Steuererklärung für den VZ beim zuständigen Finanzamt abgegeben werden, für den die Anwendung der tariflichen Steuer erstmals nicht mehr gelten soll (§ 32d Abs. 2 Nr. 3 Satz 5 EStG). Der Widerruf kann in Zeile 32c erklärt werden. Die Gesellschaft, an der eine Beteiligung gehalten wird, ist in Zeile 32d bis 32f einzutragen. Nach einem Widerruf ist ein erneuter Antrag für diese Beteiligung an der Kapitalgesellschaft nicht mehr zulässig.

14.9 Bezüge und Einnahmen i. S. des § 32d Abs. 2 Nr. 4 EStG

Bezüge und Einnahmen i. S. des § 20 Abs. 1 Nr. 1 und 9 EStG unterliegen der tariflichen ESt, wenn sie das Einkommen der leistenden Körperschaft gemindert haben. Dies gilt insbesondere für verdeckte Gewinnausschüttungen. Eine Anwendung der Abgeltungsteuer soll nur dann erfolgen, soweit Kapitalerträge das Einkommen der ausschüttenden Körperschaft nicht gemindert haben. Andernfalls sind die Erträge mit der tariflichen ESt zu versteuern (sog. Korrespondenzprinzip). 33

In Zeile 33 werden außerdem die Kapitalerträge nach § 11 StAbwG abgefragt. Diese Regelung beinhaltet steuerliche Sonderregleungen für Gewinnausschüttungen und Anteilsveräußerungen, die von einer in einem nicht kooperativen Steuerhoheitsgebiet ansässigen Körperschaft geleistet werden. Danach ist die Anwendung des Abgeltungsteuersatzes ausgeschlossen. Die Erträge unterliegen der tariflichen ESt, für die das Teileinkünfteverfahren nicht angewendet wird. Von diesen Erträgen wird aber der Sparer-Pauschbetrag abgezogen.

In Zeile 33 sind die Erträge einzutragen, die nach den o.g. Ausführungen der tariflichen ESt unterliegen.

14.10 Einkünfte aus Spezial-Investmentanteilen i. S. des § 20 Abs. 1 Nr. 3a EStG

Ein Spezial-Investmentfonds liegt vor, wenn eine Gewerbesteuerbefreiung nach § 15 Abs. 2 und 3 InvStG vorliegt und nicht wesentlich gegen die sog. Anlagebestimmungen i. S. des § 26 Nr. 1 bis 10 InvStG verstößt (z. B. Anlegerbegrenzung auf höchstens 100 Anleger, die grds. keine natürlichen Personen sein dürfen). 34

Nach § 51 InvStG sind die Einkünfte aus einem Spezial-Investmentfonds gesondert und einheitlich festzustellen. Die Erklärung zur einheitlichen und gesonderten Feststellung steht nach § 51 Abs. 5 InvStG einer gesonderten und einheitlichen Feststellung gleich.

Sofern eine Beteiligung an einem Spezial-Investmentfonds vorliegt und Spezial-Investmenterträge nach § 34 InvStG erzielt werden, sind diese nach § 20 Abs. 1 Nr. 3a EStG als Einkünfte aus Kapitalvermögen zu versteuern. In diesem Fall ist ein Eintrag in Zeile 34 erforderlich und die Angaben in einer gesonderten Aufstellung mit der Steuererklärung einzureichen.

14.11 Ermäßigte Besteuerung

In den Zeilen 35 bis 36 sind Kapitalerträge einzutragen, für die die ermäßigte Besteuerung nach § 34 Abs. 1 EStG anzuwenden ist. In Zeile 35 sind die Kapitalerträge einzutragen, für die der Abgeltungsteuertarif anzuwenden ist und in den Zeilen 7, 18, 19, 26, 26a und/oder 52 sowie in den Zeilen 8, 16 und/oder 24 der Anlage KAP-BET enthalten sein müssen. Eine steuerliche Auswirkung in Zeile 35 ergibt sich dann, wenn im Rahmen der Günstigerprüfung eine ermäßigte Besteuerung nach § 34 Abs. 1 i. V. mit Abs. 2 Nr. 2 EStG vorzunehmen ist. 35

Ermäßigt zu besteuernde Kapitalerträge, die dem Grunde nach der tariflichen ESt unterliegen, sind in der Zeile 36 einzutragen und müssen in den Zeilen 27 bis 30, 32b, 33 und/oder 54 der Anlage KAP sowie in den Zeilen 25 bis 28 der Anlage KAP-BET enthalten sein.

Ein ermäßigt zu besteuernder Kapitalertrag kann vorliegen, wenn eine Zahlung für mehrere Jahre erfolgt und eine Zusammenballung von Einkünften angenommen werden kann. Leistet z. B. eine Bausparkasse im Rahmen einer gerichtlichen oder außergerichtlichen Vergleichsvereinbarung nicht konkretisierte Zahlungen für den Zeitraum ab Beendigung des Bausparvertrags, sind diese als Zahlungen für entgehende Zinsen zu behandeln und daher als Entschädigung für sonstige Kapitalforderungen nach §§ 24 Nr. 1 Buchst. a, 20 Abs. 1 Nr. 7 EStG zu erfassen und nach § 34 Abs. 1 i. V. mit Abs. 2 Nr. 2 EStG ermäßigt zu besteuern, wenn es sich dabei nach den Umständen des Einzelfalles tatsächlich um außerordentliche (zusammengeballte) Einkünfte handelt.

14.12 Steuerabzugsbeträge

–42 In den Zeilen 37 bis 42 sind nur die Steuerabzugsbeträge einzutragen, die auf Kapitalerträge entfallen, die abgeltungsteuerpflichtig sind. Dies sind nur die Kapitalerträge, die in den Zeilen 7 bis 23 enthalten sind. Ein Eintrag in den Zeilen 37 bis 42 ist nur erforderlich, wenn

- die Günstigerprüfung beantragt wird (vgl. Tz 14.2). In diesem Fall sind die Steuerabzugsbeträge für alle Kapitalerträge einzutragen,
- die Überprüfung des Steuereinbehalts für bestimmte Kapitalerträge beantragt wird (vgl. Tz 14.3). In diesem Fall sind nur die Steuerabzugsbeträge einzutragen, die auf Kapitalerträge entfallen, für die eine Überprüfung des Steuereinbehalts beantragt wird. In Fällen der Verlustverrechnung sind auch die Steuerabzugsbeträge einzutragen, die auf positive Kapitalerträge entfallen und mit negativen Kapitalerträgen verrechnet werden können,
- wenn KiSt nach zu erheben ist, weil Kapitalerträge erzielt wurden, von denen Kapitalertragsteuer, aber keine KiSt einbehalten wurde. In diesem Fall reicht es aus, wenn nur die entsprechende Kapitalertragsteuer und der darauf entfallende Solidaritätszuschlag sowie die entsprechenden Kapitalerträge in Zeile 7 eingetragen werden,
- ausländische Steuern noch anzurechnen sind, die auf einbehaltene Kapitalertragsteuer noch nicht angerechnet wurde.

Ausländische Steuern auf Kapitalerträge werden ab 2009 auf die inländische Kapitalertragsteuer bereits vom Kreditinstitut angerechnet. Voraussetzung hierfür ist, dass die Steuer der deutschen ESt entspricht oder nach einem DBA anrechenbar ist (§ 32d Abs. 5 EStG). Wie bisher müssen die ausländischen Steuern um einen entstandenen Ermäßigungsanspruch gekürzt werden. Der Höchstbetrag der anrechenbaren ausländischen Steuern nach § 34c Abs. 1 EStG musste bis 2008 aus jedem Staat bzw. aus jedem Fonds gesondert ermittelt werden. Diese Regelung ist nach § 32d Abs. 5 EStG ab 2009 nicht mehr anzuwenden. Auch eine fiktive Quellensteuer wird vom Kreditinstitut auf die inländische Kapitalertragsteuer angerechnet. In Ausnahmefällen kann das Kreditinstitut die Abzugsfähigkeit von fiktiver Quellensteuer nicht beurteilen. In diesen Fällen sind die Beträge, die in der Steuerbescheinigung ausgewiesen sind, in Zeile 42 einzutragen.

Ein Abzug der ausländischen Steuer »wie« Werbungskosten kommt ab 2009 für diese Erträge nicht mehr in Betracht (§ 32d Abs. 5 EStG).

14.13 Anrechnung von Steuerabzugsbeträgen

45 Kapitalerträge können auch bei **anderen Einkunftsarten** anfallen, z. B. im Rahmen der Einkunftsart Gewerbebetrieb, selbständige Arbeit, Land- und Forstwirtschaft oder Vermietung und Verpachtung (vgl. Tz 14.1). In solchen Fällen ist in Zeile 43 die **anzurechnende Kapitalertragsteuer,** in Zeile 44 der anzurechnende Solidaritätszuschlag und in Zeile 45 die anzurechnende KiSt zur Kapitalertragsteuer für diejenigen Kapitalerträge einzutragen, die zu einer **anderen** Einkunftsart als den Einkünften aus Kapitalvermögen gehören.

Die Angaben in den Zeile 43 bis 45 sind deshalb wichtig, weil die dort genannten Steuern auf die festzusetzende ESt, Solidaritätszuschlag und KiSt **angerechnet** werden. Übersteigen die anzurechnenden Steuerbeträge die veranlagte ESt, so wird der **Mehrbetrag** durch das Finanzamt **erstattet.**

14.14 Solidaritätszuschlag

Bei einer **Einkommensteuerveranlagung** bemisst sich der Zuschlag 44
nach der festgesetzten ESt. Verbleibt es für Kinder statt des Kinderfreibetrags und des Betreuungs-, Erziehungs- und Ausbildungsfreibetrags beim Kindergeld (vgl. Tz 9.3 unter Erläuterungen zur **Anlage Kind),** ist als Bemessungsgrundlage für den Solidaritätszuschlag jedoch die ESt zu ermitteln, die **unter Berücksichtigung der genannten Freibeträge für Kinder** festzusetzen wäre. Der Zuschlag 2025 beträgt **5,5 %** der Bemessungsgrundlage. Er ist in dieser Höhe auch bei der Erhebung der Steuerabzugsbeträge **(Lohnsteuer, Kapitalertragsteuer,** Steuerabzug nach § 50a EStG bei **beschränkt** Steuerpflichtigen) einzubehalten (abzuführen) und auch bei den **Vorauszahlungen** zur ESt und Körperschaftsteuer zu leisten.

Von einkommensteuerpflichtigen Personen ist der Solidaritätszuschlag nur zu erheben, wenn die o. a. Bemessungsgrundlage bei Anwendung des **Splittingtarifs** (vgl. Tz 1.5 unter Erläuterungen zum Hauptvordruck ESt 1 A) 39 900 **€** und bei Anwendung des **Grundtarifs 19 950 €** übersteigt. Entsprechende **Freigrenzen** gelten nach § 3 Abs. 4 des Solidaritätszuschlaggesetzes auch für den Steuerabzug vom **Arbeitslohn.** Außerdem besteht nach § 4 Satz 2 des Gesetzes eine sog. **Gleitregelung,** wonach der volle Zuschlag von 5,5 % der Bemessungsgrundlage erst erhoben wird, wenn er bei Anwendung der Splittingtabelle höher ist als 11,9 % des 39 900 € **übersteigenden Teils** der Bemessungsgrundlage und bei Anwendung der Grundtabelle höher ist als 11,9 % des 19 950 € übersteigenden Teils der Bemessungsgrundlage.

Im Wege des Steuerabzugs erhobener (jedoch ohne Solidaritätszuschlag, der auf Abgeltungsteuer erhoben wird) oder durch Vorauszahlungen geleisteter Solidaritätszuschlag wird auf den im Rahmen der Einkommensteuerveranlagung festzusetzenden Solidaritätszuschlag angerechnet und ggf. erstattet, wenn sich bei der Jahresfestsetzung ein niedrigerer oder kein Solidaritätszuschlag ergibt.

14.15 Beschränkung der Anrechenbarkeit der Kapitalertragsteuer nach § 36a EStG

Nach § 36a EStG ist die Anrechnung von Kapitalertragsteuer einge- 46
schränkt, wenn diese von Dividendenerträgen aus girosammelverwahrten inländischen Aktien oder eigenkapitalähnlichen Genussscheinen inländischer Emittenten stammen und die Erträge mehr als 20 000 € betragen. Die Kapitalertragsteuer kann in diesen Fällen nur in Höhe von 2/5 angerechnet werden, wenn

- der Anleger innerhalb eines Zeitraums von 45 Tagen vor und nach der Fälligkeit der Kapitalerträge nicht an mindestens 45 Tagen ununterbrochen wirtschaftlicher Eigentümer der Wertpapiere war (Mindesthaltedauer) oder
- der Anleger oder ihm nahestehende Personen während der o. g. Mindesthaltedauer ununterbrochen ein Risiko des Wertverlustes in Höhe von weniger als 70 % des gemeinen Werts der Wertpapiere getragen hat (Mindestveränderungsrisiko) oder
- der Anleger verpflichtet war, die Kapitalerträge ganz oder überwiegend, unmittelbar oder mittelbar anderen Personen zu vergüten.

Sofern die Kapitalertragsteuer nur eingeschränkt anrechenbar ist, ist in Zeile 46 eine »1« einzutragen. Die in Zeile 37 und/oder in Zeile 43 einzutragende Kapitalertragsteuer ist in diesen Fällen in Höhe von

3/5 nicht anrechenbar und muss entsprechend um den nicht abziehbaren Betrag gekürzt werden. Auf Antrag kann die nicht abziehbare Kapitalertragsteuer nach § 36a Abs. 1 Satz 3 EStG bei Ermittlung der Einkünfte abgezogen werden. In diesem Fall erläutern Sie die Ermittlung der Einkünfte in einer gesonderten Aufstellung.

Zu Anwendungsfragen zur Beschränkung der Anrechenbarkeit der Kapitalertragsteuer nach § 36 a EStG wird auf das BMF-Schreiben vom 3.4.2017, BStBl I S. 726 hingewiesen.

14.16 Kürzungsbetrag nach § 11 AStG

47–48 Beteiligungserträge aus einer Zwischengesellschaft unterliegen der regulären Besteuerung (entweder Teileinkünfteverfahren oder Abgeltungsteuer). Die dadurch eintretende Doppelbesteuerung wird durch einen Kürzungsbetrag, der von der Summe der Einkünfte abgezogen wird, nach § 11 AStG vermieden. Der Kürzungsbetrag wird abgezogen, soweit in den Vorjahren Hinzurechnungsbeträge als Hinzurechnungskorrekturvolumen gesondert festgestellt wurden. Dies gilt auch in Fällen, in denen Gewinne aus der Veräußerung von Anteilen an der ausländischen Gesellschaft oder an einer die Beteiligung vermittelnden Gesellschaft erzielt werden.

Nach § 11 Abs. 2 Satz 1 AStG ist der Kürzungsbetrag auf den stpfl. Bezug begrenzt, der nach Anwendung des Teileinkünfteverfahrens bzw. nach Abzug der Teilfreistellungen nach dem InvStG verbleibt.

Der Kürzungsbetrag ist in Zeile 47 einzutragen, wenn die Erträge der Abgeltungsteuer unterliegen, in Zeile 48, wenn die Erträge der tariflichen ESt unterliegen.

14.17 Familienstiftungen nach § 15 AStG

In den Zeilen 49 bis 54 sind die Einkünfte einer ausländischen Familienstiftung lt. gesonderter Feststellung einzutragen (vgl. Tz 32.6 unter Erläuterungen zur Anlage AUS). 49–54

14.18 Steuerstundungsmodelle

Die Beschränkung der Verlustverrechnung nach **§ 15b EStG** gilt nicht nur für gewerbliche Steuerstundungsmodelle; sie kann auch bei den Einkünften aus Kapitalvermögen in Betracht kommen (§ 20 Abs. 1 Nr. 4 Satz 2 EStG). Im Einzelnen vgl. Tz 21.11 unter Erläuterungen **zur Anlage G**. 55

Liegen im Bereich der Kapitaleinkünfte Einkünfte aus Modellen i.S. des **§ 15b EStG** vor, sind diese Einkünfte ausschließlich in **Zeile 55** einzutragen. Derartige Einnahmen und Werbungskosten dürfen nicht in den vorangegangenen Zeilen der Anlage KAP enthalten sein. Weitere Angaben zur Bezeichnung der Steuerstundungsmodelle sowie zur Höhe der Einnahmen und der Werbungskosten sind auf besonderem Blatt zu machen.

15. Anlage KAP-BET 2025 für Einkünfte aus Kapitalvermögen, die gesondert und einheitlich festgestellt werden

15.0 Vorbemerkung

Die Anlage KAP-BET ist nur für Einkünfte aus Kapitalvermögen sowie die Anrechnung von Steuern, die auf diese Beteiligungseinkünfte entfallen, zu verwenden. In die Anlage KAP-BET ist nur der **Anteil** des Beteiligten **an gemeinschaftlichen** inländischen und ausländischen **Kapitalerträgen** (z. B. aus einer Erbengemeinschaft) anzugeben. Bei Zusammenveranlagung ist für jeden Ehegatten/Lebenspartner eine eigene Anlage KAP-BET abzugeben. Hinsichtlich der Kapitalerträge, die eine Gemeinschaft erzielen kann, vgl. Tz 14.6, Tz 14.7 unter Erläuterungen zur Anlage KAP.

15.1 Angaben zur Beteiligung

-7 In den Zeilen 4 und 5 sind die Angaben zur ersten Beteiligung einzutragen. Anzugeben ist die Bezeichnung der Gemeinschaft/Gesellschaft, das zuständige Finanzamt und die Steuernummer der Gemeinschaft/Gesellschaft. Falls eine weitere Beteiligung besteht, sind die betreffenden Angaben in den Zeilen 6 und 7 einzutragen.

15.2 Kapitalerträge mit inländischem Steuerabzug

15 In den Zeilen 8 bis 15 sind Angaben zu Kapitalerträgen zu machen, die dem inländischen Steuerabzug unterlagen, vgl. Tz 14.6 unter Erläuterungen zur Anlage KAP.

15.3 Kapitalerträge ohne inländischen Steuerabzug

24 In den Zeilen 16 bis 24 werden die Angaben zu den Kapitalerträgen ohne inländischen Steuerabzug abgefragt.

In Zeile 16 ist die Summe der Kapitalerträge einzutragen, die nicht dem inländischen Steuerabzug unterlagen. Die Gewinne aus der Veräußerung anteiliger Wirtschaftsgüter bei Veräußerung einer unmittelbaren oder mittelbaren Beteiligung an einer Personengesellschaft (insbesondere Anteile an sog. Aktienclubs) werden gesondert in Zeile 22 bis 28 abgefragt. Diese dürfen deshalb nicht in Zeile 16 enthalten sein. Die Einkünfte aus einer Familienstiftung nach § 15 AStG sind ebenfalls nicht in Zeile 16 einzutragen, sondern in den Zeilen 49 bis 54 der Anlage KAP (vgl. Tz 14.17 unter Erläuterungen zur Anlage KAP).

In Zeile 17 ist der positive Unterschiedsbetrag zwischen Aktiengewinnen und -verlusten einzutragen. Eine gesonderte Abfrage in Zeile 17 ist erforderlich, weil Verluste aus Aktienveräußerungen nur mit Gewinnen aus Aktienveräußerungen verrechnet werden können (vgl. Tz 14.6.8 unter Erläuterungen zur Anlage KAP).

In Zeile 18 werden die Gewinne aus der Veräußerung sog. bestandsgeschützter Anteile abgefragt. Bei Anschaffungen von Investmentanteilen vor dem 1.1.2009 (Einführung der Abgeltungsteuer) waren Veräußerungsgewinne nach § 23 Abs. 1 Nr. 2 EStG nur dann stpfl., wenn diese Wertpapiere innerhalb eines Jahres wieder veräußert wurden. Bei diesen Anteilen sind ab dem 1.1.2018 Wertsteigerungen im Jahr der Veräußerung als Erträge aus Investmentfonds zu versteuern. Die Wertsteigerungen bis zum 31.12.2017 bleiben weiterhin steuerfrei (§ 16 Abs. 1 Nr. 3 i. V. mit § 56 Abs. 6 InvStG). Voraussetzung ist, dass diese Investmentanteile vor dem 1.1.2009 erworben wurden und seit der Anschaffung nicht im Betriebsvermögen gehalten wurden (sog. bestandsgeschützte Alt-Anteile i. S. des § 56 Abs. 6 Satz 1 InvStG mit Ausnahme der Anteile i. S. des § 56 Abs. 6 Satz 6 InvStG). Die Veräußerungsgewinne mit den ab dem 1.1.2018 eingetretenen und durch Veräußerung realisierten Wertveränderungen sind stpfl. (vgl. Tz 16 unter Erläuterungen zur Anlage KAP-INV). Für die bestandsgeschützten Anteile wird ein persönlicher Freibetrag nach § 56 Abs. 6 Satz 1 Nr. 2 InvStG in Höhe von insgesamt 100 000 € gewährt. Den Freibetrag kann der Steuerpflichtige ausschließlich im Rahmen der Einkommensteuerveranlagung geltend machen. In Zeile 18 wird für die Gewährung des Freibetrags der Gewinn aus der Veräußerung bestandsgeschützter Alt-Anteile abgefragt.

Zu den Eintragungen in den Zeilen 19 und 20 wird auf die Erläuterungen zu den Zeilen 22 bis 23 der Anlage KAP verwiesen (vgl. Tz 14.7.4 unter Erläuterungen zur Anlage KAP, vgl. Tz 14.7.5 unter Erläuterungen zur Anlage KAP).

In Zeile 21 sind die erhaltenen Prozess- und Verzugszinsen einzutragen, auf die Ausführungen zur Anlage KAP wird verwiesen, vgl. Tz 14.7.7 unter Erläuterungen zur Anlage KAP).

In Zeile 22 ist der Gewinn oder Verlust aus der Veräußerung anteiliger Wirtschaftsgüter bei Veräußerung einer unmittelbaren oder mittelbaren Beteiligung an einer Personengesellschaft einzutragen. Eine solche Personengesellschaft liegt insbesondere bei sog. Aktienclubs oder Investmentclubs vor. Bei Ausscheiden aus einer solchen Personengesellschaft werden auch anteilig die Wertpapiere veräußert, die diese Gesellschaft in ihrem Vermögen hält. Der hierdurch erzielte Veräußerungsgewinn ist in Zeile 22 einzutragen.

In Zeile 23 ist der in Zeile 22 enthaltene Gewinn oder Verlust einzutragen, der auf die Veräußerung von Aktien entfällt. Eine gesonderte Abfrage in Zeile 23 ist erforderlich, weil Verluste aus Aktienveräußerungen nur mit Gewinnen aus Aktienveräußerungen verrechnet werden können (vgl. Tz 14.6.8 unter Erläuterungen zur Anlage KAP).

In Zeile 24 sind die Gewinne aus der Veräußerung bestandsgeschützter Alt-Anteile einzutragen. Auf die Ausführungen in der Anlage KAP wird verwiesen (vgl. Tz 14.6.5).

15.4 Kapitalerträge, die der tariflichen Einkommensteuer unterliegen

Wegen der Zuordnung zu den Zeilen 25 bis 28 wird auf die Erläuterungen zur Anlage KAP Bezug genommen, vgl. Tz 14.8 unter Erläuterungen zur Anlage KAP. 25–28

15.5 Steuerabzugsbeträge

Die auf die Kapitalerträge der Zeilen 8 bis 24 entfallenden **anteiligen Steuerabzugsbeträge** sind in den **Zeilen 29 bis 34**, soweit sie die Zeilen 25 bis 28 betreffen, in den Zeilen 35 bis 37 anzugeben. 29–37

16. Anlage KAP-INV 2025 für Investmenterträge, die nicht dem inländischen Steuerabzug unterlegen haben

16.0 Vorbemerkung

Investmenterträge werden nach § 20 Abs. 1 Nr. 3 EStG den Einkünften aus Kapitalvermögen zugeordnet, soweit sie nicht nach § 20 Abs. 8 EStG bei einer anderen Einkunftsart zugehören. Investmenterträge von betrieblichen Anlegern gehören demnach zu den gewerblichen Einkünften i. S. des § 15 EStG oder gegebenenfalls zu den Einkünften aus Land- und Forstwirtschaft i. S. des § 13 EStG oder zu den Einkünften aus selbständiger Arbeit i. S. des § 18 EStG. Sofern Investmenterträge den Einkünften aus Kapitalvermögen zuzurechnen sind und dem inländischen Steuerabzug unterlagen, werden diese als Kapitalerträge auf der Steuerbescheinigung ausgewiesen. Diese Erträge sind **nicht** auf der Anlage KAP-INV, sondern – sofern Einkünfte aus Kapitalvermögen vorliegen – auf der Anlage KAP, Zeile 7, einzutragen. Die Anlage KAP-INV ist nur auszufüllen, wenn Erträge aus Investmentanteilen erzielt wurden, die nicht dem inländischen Steuerabzug unterlegen haben (z. B. bei im Ausland verwahrten Investmentanteilen).

16.1 Besteuerung der Investmenterträge ab 1.1.2018

Mit dem Investmentsteuerreformgesetz vom 19.7.2016, BGBl I S. 1730 trat zum 1.1.2018 eine Reform des Investmentsteuerrechts in Kraft. Bei der Besteuerung der Erträge aus Investmentanteilen wird nicht mehr zwischen in- und ausländischen Investmentfonds unterschieden. Die Besteuerung der Investmenterträge der Anleger eines Investmentfonds erfolgt nach den §§ 16 bis 22 InvStG. Zu den stpfl. Kapitalerträgen zählen nach § 20 Abs. 1 Nr. 3 EStG die Investmenterträge i. S. des § 16 InvStG. Darunter fallen

- die Ausschüttungen des Investmentfonds (§ 2 Abs. 11 InvStG),
- die Vorabpauschalen (§ 18 InvStG) sowie
- die Gewinne aus der Veräußerung von Investmentanteilen (§ 19 InvStG).

Zu den Investmenterträgen gehören auch besondere Entgelte oder Vorteile nach § 20 Abs. 3 i. V. mit Abs. 1 Nr. 3 EStG, die neben den Investmenterträgen oder an deren Stelle gewährt werden. Als Ausschüttungen sind auch Schadenersatz- und Kulanzzahlungen zu erfassen, die Sie als Ausgleich für Verluste erhalten haben, die aufgrund von Beratungsfehlern im Zusammenhang mit der Anlage in Investmentanteilen entstanden sind. Dies gilt auch für die Erstattung von Bestandsprovisionen durch Kredit- oder Finanzdienstleistungsinstitute.

Nach § 2 Abs. 11 InvStG gelten als **Ausschüttungen** alle dem Anleger gezahlten oder gutgeschriebenen Beträge einschließlich des Steuerabzugs auf den Kapitalertrag. Als Ausschüttung sind insbesondere Barausschüttungen, die Wiederanlage der Erträge unter Ausgabe neuer Anteile und evtl. Sachausschüttungen anzusehen. Die Erträge sind nach § 11 EStG im Zeitpunkt des Zuflusses zu versteuern.

Die bisherigen ausschüttungsgleichen Erträge (von einem Investmentfonds nicht zur Ausschüttung verwendete Erträge) wurden durch die **Vorabpauschale** nach § 18 InvStG ersetzt. Im Rahmen der Vorabpauschale werden die thesaurierten Erträge eines Fonds nicht in der tatsächlichen Höhe, sondern aus Vereinfachungsgründen pauschal ermittelt. Grundlage für die Ermittlung der Vorabpauschale ist der Basisertrag (vgl. Tz 16.3).

Nach § 19 Abs. 1 Satz 1 InvStG ist für die Ermittlung des **Gewinns aus der Veräußerung** von Investmentanteilen, die nicht zu einem Betriebsvermögen gehören, § 20 Abs. 4 EStG entsprechend anzuwenden. Um eine doppelte Besteuerung auszuschließen, ist der Gewinn um die während der Besitzzeit angesetzten Vorabpauschalen zu vermindern (§ 19 Abs. 1 Satz 3 InvStG). Die angesetzten Vorabpauschalen sind dabei ungeachtet einer möglichen Teilfreistellung (vgl. Tz 16.2) in voller Höhe zu berücksichtigen. Die angesetzten Vorabpauschalen mindern den Veräußerungsgewinn auch dann, wenn diese zwar angesetzt, aber aufgrund des Sparer-Pauschbetrags nicht besteuert wurden. Durch den Abzug der Vorabpauschalen kann es auch zu einem Verlust kommen.

Bei in fremden Währungen notierten Investmentanteilen sind für die Umrechnung in Euro die am jeweiligen Stichtag (Jahresanfang, Ausschüttungstermin, Jahresende) geltenden Referenzkurse der Europäischen Zentralbank (EZB) zugrunde zu legen (BMF-Schreiben vom 21.5.2019, BStBl I S. 527, Tz 18.6).

16.2 Ausschüttungen nach § 2 Abs. 11 InvStG

Nach § 2 Abs. 11 InvStG gelten als Ausschüttungen alle dem Anleger 4–
gezahlten oder gutgeschriebenen Beträge einschließlich des ausländischen Steuerabzugs auf den Kapitalertrag. Als Ausschüttung sind insbesondere Barausschüttungen, die Wiederanlage der Erträge unter Ausgabe neuer Anteile und evtl. Sachausschüttungen anzusehen.

Bei Erträgen aus Investmentanteilen wird je nach Anlageschwerpunkt des Investmentfonds nach § 20 InvStG eine Teilfreistellung gewährt, die typisierend die steuerliche Vorbelastung des Investmentfonds ausgleichen soll. Hierzu werden die Investmenterträge (Ausschüttungen, Vorabpauschalen und Veräußerungsgewinne) bei den Anlegern teilweise von der Besteuerung freigestellt. Die Teilfreistellungen werden pauschal gewährt und korrespondieren nicht mit den tatsächlichen vorbelasteten Erträgen. Es ist also unerheblich, ob und in welchem Umfang der Fonds tatsächlich besteuert wurde.

Die Investmenterträge aus

- Aktienfonds i. S. des § 2 Abs. 6 InvStG (nach den Anlagebedingungen müssen fortlaufend mehr als 50 % ihres Wertes in Kapitalbeteiligungen angelegt werden),
- Mischfonds nach § 2 Abs. 7 InvStG (nach den Anlagebedingungen müssen fortlaufend mindestens 25 % ihres Wertes in Kapitalbeteiligungen angelegt werden) und
- Immobilienfonds nach § 2 Abs. 9 InvStG (nach den Anlagebedingungen müssen fortlaufend mehr als 50 % ihres Wertes in Immobilien und Immobilien-Gesellschaften angelegt werden);

werden zu einem bestimmten pauschalen Prozentsatz steuerfrei gestellt. Bei sonstigen Fonds sind die Investmenterträge von den Anlegern voll zu versteuern.

Nach § 20 InvStG sind für Anteile im Privatvermögen folgende Teilfreistellungssätze anzuwenden:

Aktienfonds	30 %
Mischfonds	15 %
Immobilienfonds	60 %
Immobilienfonds mit überwiegenden Auslandsimmobilien	80 %

Die Teilfreistellung für den einzelnen Fonds wird von Amts wegen berücksichtigt. Die Ausschüttungen sind in den Zeilen 4 bis 8 jeweils in voller Höhe – also ohne Berücksichtigung einer Teilfreistellung – einzutragen. Die Kapitalerträge sind – jeweils getrennt nach Fondsart – einschließlich einer evtl. einbehaltenen ausländischen Quellensteuer mit dem Bruttobetrag in die Zeilen 4 bis 8 einzutragen.

Die Teilfreistellung ist gleichermaßen anzuwenden, wenn negative Erträge bzw. Verluste erzielt werden. Somit mindert die Teilfreistellung den steuerlich anzusetzenden Verlust (vgl. BMF-Schreiben vom 21.5.2019, BStBl I S. 527, Tz 20.2).

16.3 Vorabpauschale nach § 18 InvStG

–13 Die Vorabpauschale ist eine pauschal bemessene, jährlich nachträgliche Mindestbesteuerung, soweit diese nicht bereits über entsprechende Ausschüttungen des Investmentfonds innerhalb des Kj. erreicht wurde. Die ermittelte Vorabpauschale gilt nach § 18 Abs. 3 InvStG am ersten Werktag des folgenden Kj. als zugeflossen. Die Vorabpauschale für 2024 gilt also am 2.1.2025 als zugeflossen und ist deshalb in der Anlage KAP-INV 2025 anzugeben. Je nach Anlageschwerpunkt des Investmentfonds i. S. des § 20 InvStG wird auch für die Vorabpauschale eine Teilfreistellung gewährt, die typisierend die steuerliche Vorbelastung des Investmentfonds ausgleichen soll (vgl. Tz 16.2). Aus diesem Grund werden in den Zeilen 9 bis 13 je nach Anlageschwerpunkt des Fonds die Höhe der Vorabpauschale abgefragt, die nicht dem inländischen Steuerabzug unterlag. Die Höhe der Vorabpauschale wird in den Zeilen 30 bis 45 ermittelt, es sei denn, dem Steuerpflichtigen liegt eine Aufstellung des ausländischen Kreditinstituts über die Höhe der Vorabpauschalen vor. In diesem Fall können die Beträge aus dieser Aufstellung entnommen werden. Die Vorabpauschale ist in voller Höhe einzutragen, also ohne Berücksichtigung der Teilfreistellung. Die Teilfreistellung wird durch das Finanzamt berücksichtigt. Zur Berechnung der Vorabpauschale vgl. Tz 16.6.

16.4 Gewinne und Verluste aus der Veräußerung von Investmentanteilen

–28 Die Gewinne oder Verluste aus der Veräußerung von Investmentanteilen werden in den Zeilen 46 bis 56 ermittelt (vgl. Tz 16.7). Sofern eine Aufstellung des ausländischen Kreditinstituts über die Höhe der Veräußerungsgewinne vorliegt, können diese Werte in die Zeilen 14 bis 28 eingetragen werden. Eine Ermittlung des Veräußerungsgewinns in den Zeilen 46 bis 56 ist in diesem Fall entbehrlich. In die Zeilen 14 bis 28 ist die Summe aller Gewinne und Verluste aus der Veräußerung von Investmentanteilen, die nicht dem inländischen Steuerabzug unterlegen haben, einzutragen. Auch bei Veräußerungen von mehreren Investmentfonds sind die Zeilen 14 bis 28 nur auf der ersten Anlage KAP-INV auszufüllen.

Die Teilfreistellungen nach § 20 InvStG sind auch auf die Veräußerungsgewinne anzuwenden (vgl. Tz 16.2). Deshalb wird auch zwischen Aktienfonds (Zeilen 14 bis 16), Mischfonds (Zeilen 17 bis 19), Immobilienfonds (Zeilen 20 bis 22), Auslands-Immobilienfonds (Zeilen 23 bis 25) und sonstigen Investmentfonds (Zeilen 26 bis 28) unterschieden.

In den Zeilen 14, 17, 20, 23 und 26 ist der Saldo aller Gewinne und Verluste aus den Veräußerungen der Investmentanteile einzutragen, die nicht dem inländischen Steuerabzug unterlegen haben. Je nach Anlageschwerpunkt ist ein Eintrag in die zutreffende Zeile vorzunehmen. Zur Einordnung der jeweiligen Fonds vgl. Erläuterungen zu den Zeilen 4 bis 8. Die Veräußerungsgewinne sind jeweils in voller Höhe einzutragen. Eine evtl. zu berücksichtigende Teilfreistellung erfolgt von Amts wegen.

In den Zeilen 15, 18, 21, 24 und 27 sind jeweils die Gewinne aus der Veräußerung sog. **bestandsgeschützter Alt-Anteile** i. S. des § 56 Abs. 6 Satz 1 Nr. 2 InvStG vor Teilfreistellung einzutragen. Bestandsgeschützte Anteile liegen nach § 56 Abs. 6 InvStG vor, wenn die Wertpapiere vor dem 1.1.2009 (Einführung der Abgeltungsteuer) angeschafft und seit der Anschaffung nicht im Betriebsvermögen gehalten wurden. Nachdem Veräußerungsgewinne nach § 23 Abs. 1 Nr. 2 EStG nur dann stpfl. waren, wenn diese Wertpapiere innerhalb eines Jahres wieder veräußert wurden, bleiben die Wertveränderungen, die zwischen dem Anschaffungszeitpunkt und dem 31.12.2017 eingetreten sind, steuerfrei (§ 56 Abs. 6 Satz 1 Nr. 1 InvStG). Die Veräußerungsgewinne sind mit den ab dem 1.1.2018 eingetretenen und durch Veräußerung realisierten Wertveränderungen stpfl. (§ 56 Abs. 6 Satz 1 Nr. 2 InvStG). Nachdem nach der alten Rechtslage die Veräußerungsgewinne für die vor dem 1.1.2009 angeschafften Anteile bei Veräußerungen außerhalb der Ein-Jahres-Frist nicht steuerbar waren, wird für die bestandsgeschützten Anteile ein persönlicher Freibetrag nach § 56 Abs. 6 Satz 1 Nr. 2 InvStG in Höhe von insgesamt 100 000 € gewährt. Den Freibetrag kann der Steuerpflichtige ausschließlich im Rahmen der Einkommensteuerveranlagung geltend machen. In den Zeilen 15, 18, 21, 24 und 27 wird deshalb für die Gewährung des Freibetrags der Gewinn aus der Veräußerung bestandsgeschützter Alt-Anteile abgefragt. Einzutragen ist jeweils die Summe aller Veräußerungs**gewinne** von bestandsgeschützten Alt-Anteilen. Sofern aus der Veräußerung von bestandsgeschützten Anteilen Verluste erzielt werden, dürfen diese nicht in den Zeilen 15, 18, 21, 24 und 27 enthalten sein.

Die Gewinne der bestandsgeschützten Alt-Anteile sind der Zeile 54 zu entnehmen, sofern die Anteile die Voraussetzungen für bestandsgeschützte Alt-Anteile erfüllen. Die Summe aller Gewinne muss in den Zeilen 14, 17, 20, 23 und 26 enthalten sein.

In den Zeilen 16, 19, 22, 25 und 28 ist die Summe der Gewinne und Verluste aus der **fiktiven Veräußerung** von **nicht bestandsgeschützten Alt-Anteilen** i. S. des § 56 Abs. 2 i. V. mit Abs. 3 Satz 1 InvStG einzutragen, wenn die Anteile, auf die der fiktive Veräußerungsgewinn entfällt, auch tatsächlich im VZ 2025 veräußert wurden. Nicht bestandsgeschützte Alt-Anteile liegen vor, wenn Investmentanteile nach dem 31.12.2008 (nach Einführung der Abgeltungsteuer) und vor dem 1.1.2018 (Anwendungszeitpunkt des neuen Investmentsteuergesetzes) angeschafft wurden. Diese Anteile gelten nach § 56 Abs. 2 InvStG mit Ablauf des 31.12.2017 als veräußert und mit Beginn des 1.1.2018 als angeschafft. Als Veräußerungserlös und Anschaffungskosten ist der letzte im Kj. 2017 festgesetzte Rücknahmepreis anzusetzen.

Der fiktive Veräußerungsgewinn ist nach § 56 Abs. 3 InvStG erst zu dem Zeitpunkt zu berücksichtigen, zu dem der Alt-Anteil tatsächlich veräußert wird. Bei der tatsächlichen Veräußerung gelten die zuerst angeschafften Anteile als zuerst veräußert.

16.5 Zwischengewinne nach dem Investmentsteuergesetz 2004

Nicht alle Zwischengewinnbestandteile nach § 1 Abs. 4 Nr. 1 bis 4 29
InvStG a. F. wandeln sich aufgrund des Rumpfgeschäftsjahres zum 31.12.2017 nach § 56 Abs. 1 Satz 3 InvStG n. F. und der Zuflussfiktion für ordentliche Alterträge nach § 56 Abs. 7 Satz 1 InvStG in ausschüttungsgleiche Erträge um. Der als Restgröße zu ermittelnde Zwischengewinn zum 31.12.2017 in Höhe von unrealisierten Gewinnen aus Kapitalforderungen, die nicht in § 1 Abs. 3 Satz 3 Nr. 1 Buchst. a bis f InvStG a. F. genannt sind, ist bei der Ermittlung des fiktiven Veräußerungsgewinns zum 31.12.2017 abzuziehen. Dieser Zwischengewinn muss dann aber beim tatsächlichen Verkauf der Anteile, unabhängig ob es sich um bestandsgeschützte oder nicht bestandsgeschützte Alt-Anteile handelt, als Kapitalertrag versteuert werden. Der Zwischengewinn zum 31.12.2017 war vom Investmentfonds zu ermitteln und zu veröffentlichen. Dieser fiktive Veräußerungsgewinn ist in Zeile 29 zu erklären.

16.6 Ermittlung der Vorabpauschalen

Der Zufluss der Vorabpauschale 2024 gilt nach § 18 Abs. 3 InvStG am 30–45
2.1.2025 als zugeflossen, weshalb für die Ermittlung die Besitzverhältnisse 2024 ausschlaggebend sind. Die Vorabpauschale ist nur für die Investmentanteile zu ermitteln, für deren Erträge nach dem InvStG kein inländischer Steuerabzug durchgeführt wurde. Wurden Investmentanteile im Jahr 2024 in unterschiedlichen Monaten angeschafft, sind diese jeweils in einer eigenen Spalte zu erfassen. Dies ist erforderlich, weil die zeitanteilige Kürzung bei unterjährigem Erwerb im Jahr 2024 nicht korrekt ermittelt werden kann (vgl. Tz 16.6.4). Die Art des Investmentfonds ist mit der im Vordruck angegebenen Schlüsselzahl einzutragen. Die Unterscheidung ist erforderlich, weil je nach Anlageschwerpunkt des Fonds unterschiedlich hohe Teilfreistellungen gewährt werden (vgl. Tz 16.2).

Im Veräußerungsjahr kommt es zu keinem – auch nicht teilweise – steuerlichen Ansatz der Vorabpauschale.

Die Vorabpauschale ergibt sich aus der Korrektur des Basisertrags um die tatsächlich erfolgten Ausschüttungen. Zudem darf der Basisertrag nicht höher sein als die Wertsteigerung zwischen dem ersten und dem letzten Rücknahmepreis des Kj. zzgl. der Ausschüttungen, um eine Überbesteuerung zu vermeiden. Die Vorabpauschale ermittelt sich wie folgt:

	Rücknahmepreis des Investmentanteils zu Beginn des Kj.
×	70 % des Basiszinses
=	Basisertrag (max. tatsächliche Wertsteigerung des Investmentanteils im Kj. zzgl. der Ausschüttungen des Investmentfonds im Kj.)
–	Ausschüttungen des Investmentfonds im betreffenden Kj.
=	Vorabpauschale (sofern der Betrag positiv ist)

Rechtsänderungen 2026:
Der Basiszins für die Vorabpauschale 2025 wurde zum 2.1.2025 mit einem Wert von 2,53 % errechnet (vgl. BMF-Schreiben vom 10.1.2025, BStBl I S. 273).

16.6.1 Angaben zum Investmentfonds

30–32 In den Zeilen 30 bis 32 sind die Angaben zum Investmentfonds zu machen. In Zeile 30 ist die ISIN (International Securities Identification Number), die internationale Wertpapierkennnummer, einzutragen. In Zeile 31 wird die Fondsbezeichnung abgefragt. Die Art des Investmentfonds ist mit der im Vordruck angegebenen Schlüsselzahl in Zeile 32 einzutragen. Die Unterscheidung ist erforderlich, weil je nach Anlageschwerpunkt des Fonds unterschiedlich hohe Teilfreistellungen gewährt werden (vgl. Tz 16.2).

16.6.2 Basisertrag

33–34 Für die Berechnung des Basisertrags wird der Rücknahme-, Börsen- oder Marktpreis des Fonds zu Beginn des Kj. 2024, der in Zeile 33 einzutragen ist, mit 70 % des Basiszinssatzes nach § 18 Abs. 4 InvStG multipliziert. Der maßgebliche Basiszinssatz wird von der Deutschen Bundesbank anhand der Zinsstrukturdaten errechnet und vom BMF im BStBl veröffentlicht. Hierfür wurde ein Wert von 2,29 % errechnet (vgl. BMF-Schreiben vom 5.1.2024, BStBl I S. 154). Für die Ermittlung der Vorabpauschale ist ein Rechnungszins mit (mindestens) drei Nachkommastellen zu verwenden. Als Rechnungszins sind für das Kj. 2024 demnach 1,603 % anzusetzen, der in Zeile 34 bereits vorgedruckt ist. Das Ergebnis des Basisertrags ist in Zeile 34 einzutragen.

16.6.3 Mehrbetrag nach § 18 Abs. 1 Satz 3 InvStG

35–41 Nach § 18 Abs. 1 Satz 3 InvStG wird der Basisertrag auf den Mehrbetrag begrenzt, der sich zwischen dem ersten und dem letzten im Kj. festgesetzten Rücknahmepreis zzgl. der Ausschüttungen innerhalb eines Kj. ergibt. Zur Ermittlung der Wertsteigerung ist in Zeile 35 der letzte Rücknahmepreis 2024 einzutragen und davon der erste Rücknahmepreis 2024 lt. Zeile 33 abzuziehen. Das Ergebnis ist in Zeile 36 einzutragen. Bei unterjähriger Neuauflage eines Investmentfonds ist der erste festgesetzte Rücknahmepreis oder, falls dieser nicht vorhanden ist, der erste für diesen Investmentfonds ermittelte Börsen- oder Marktpreis bei der Ermittlung der Vorabpauschale zugrunde zu legen. Darüber hinaus ist die Vorabpauschale nach § 18 Abs. 2 InvStG zeitanteilig anzusetzen (vgl. Tz 16.6.4).

Eine ggf. vorgenommene Ausschüttung erhöht den Mehrbetrag nach § 18 Abs. 1 Satz 3 EStG und ist in Zeile 38 einzutragen. Für die Ermittlung der Vorabpauschale ist der Basisertrag lt. Zeile 34 auf den Mehrbetrag zu begrenzen. In Zeile 39 ist deshalb der niedrigere Wert aus Zeile 34 (Basisertrag) und Zeile 38 (Mehrbetrag anzusetzen). Ein negativer Wert darf in Zeile 39 nicht eingetragen werden. Sofern der niedrigere Wert negativ ist, ist in Zeile 39 »0« einzutragen. Der so ermittelte Basisertrag ist um die in 2024 vorgenommenen Ausschüttungen zu vermindern (§ 18 Abs. 1 Satz 1 InvStG). Die vorgenommenen Ausschüttungen werden in Zeile 40 abgefragt.

16.6.4 Zeitanteilige Kürzung nach § 18 Abs. 2 InvStG

Im Erwerbsjahr vermindert sich die Vorabpauschale um ein Zwölftel 42
für jeden vollen Monat, der dem Monat des Erwerbs vorangeht (§ 18 Abs. 2 InvStG). In Zeile 42 ist deshalb 1/12 des Basisertrags lt. Zeile 41 für jeden vollen Monat einzutragen, wenn im Kj. 2024 unterjährig ein Investmentfonds erworben wurde.

16.6.5 Anzusetzende Vorabpauschale

In Zeile 43 wird als Zwischenergebnis die Vorabpauschale je Fonds- 43–
anteil durch Berücksichtigung einer eventuell zeitanteiligen Kürzung lt. Zeile 42 ermittelt. Dieser Wert ist mit der Anzahl der Fondsanteile, die in Zeile 44 einzutragen sind, zu multiplizieren. Bei der Anzahl der Fondsanteile sind auch die Nachkommastellen zu berücksichtigen. Die Anzahl der Anteile kann z. B. dem Depotauszug entnommen werden.

Die Vorabpauschale ist je nach Fondsart in die Zeilen 9, 10, 11, 12 und/oder 13 der Anlage KAP-INV einzutragen. Sofern für mehrere Fonds eine Vorabpauschale zu ermitteln war, ist je Fondsart (vgl. Erläuterungen zu den Zeilen 31 bis 33) eine Summe für die Vorabpauschale zu bilden und in die Zeilen 9, 10, 11, 12 und/oder 13 der ersten Anlage KAP-INV einzutragen.

16.7 Ermittlung der Gewinne und Verluste aus der Veräußerung von Investmentanteilen

Die Zeilen 46 bis 56 sehen für zwei Investmentfonds ein Berech- 46–
nungsschema zur Ermittlung des Veräußerungsgewinns vor, der je nach Anlageschwerpunkt des Fonds in die Zeilen 14 bis 28 zu übertragen ist. Sofern in einem VZ mehr als zwei Investmentfonds veräußert werden, sind weitere Anlagen KAP-INV abzugeben. Falls Anteile an einem Investmentfonds mit unterschiedlichen Anschaffungszeitpunkten angeschafft wurden, soll zur Ermittlung des Gewinns jeweils eine eigene Spalte ausgefüllt werden.

In Zeile 46 ist die ISIN (International Securities Identification Number), die internationale Wertpapierkennnummer, einzutragen. In Zeile 47 wird die Fondsbezeichnung abgefragt. Die Art des Investmentfonds ist mit der im Vordruck angegebenen Schlüsselzahl einzutragen. Die Unterscheidung ist erforderlich, weil je nach Anlageschwerpunkt des Fonds unterschiedlich hohe Teilfreistellungen gewährt werden (vgl. Tz 16.2). Die vom Veräußerungspreis abzuziehenden Anschaffungskosten werden in der Zeile 51 abgefragt. Sofern bestandsgeschützte Altanteile und nicht bestandsgeschützte Altanteile vorliegen (vgl. Tz 16.4) sind in Zeile 51 nicht die tatsächlichen, sondern die fiktiven Anschaffungskosten i. S. des § 56 Abs. 2 InvStG einzutragen (vgl. Tz 16.4). Bei Veräußerungen von Investmentanteilen, die nach dem 31.12.2017 angeschafft wurden, sind in Zeile 51 die tatsächlichen Anschaffungskosten einzutragen. Um eine Doppelbesteuerung zu vermeiden, sind in Zeile 53 die während der Besitzzeit der veräußerten Investmentanteile angesetzten Vorabpauschalen einzutragen. Die während der Besitzzeit angesetzten Vorabpauschalen sind vor Teilfreistellung anzugeben. Die Vorabpauschalen bei Investmentanteilen, die nicht dem inländischen Steuerabzug unterlegen haben, mindern den Veräußerungsgewinn nur, soweit diese der Besteuerung unterworfen wurden (vgl. Tz 16.3). Ggf. muss dem Finanzamt dargelegt werden, dass die Vorabpauschale in der Steuererklärung angegeben wurde oder die gesamten Kapitaleinkünfte in den betreffenden Veranlagungszeiträumen den Sparer-Pauschbetrag nicht überschritten haben. Der in Zeile 54 einzutragende Gewinn oder Verlust ist je nach Anlageschwerpunkt des Investmentfonds in den Zeilen 14, 17, 20, 23 und/oder 26 einzutragen. Bei mehreren Investmentfonds ist die Summe der Gewinne und Verluste in die Zeilen 14, 17, 20, 23 und/oder 26 in der ersten Anlage KAP-INV einzutragen.

Wurden bestandsgeschützte Altanteile (vgl. Tz 16.4) veräußert, ist der Veräußerungsgewinn oder Verlust zusätzlich in Zeile 55 zu übertragen. Die Summe der Veräußerungs**gewinne** (Veräußerungs**verluste** dürfen **nicht** in die Summe einbezogen werden) ist je nach Anlageschwerpunkt des Veräußerungsgewinns (vgl. Tz 16.4) in die Zeilen 15, 18, 21, 24 und/oder 27 der ersten Anlage KAP-INV einzutragen. Der Eintrag muss zusätzlich zu dem Eintrag in die Zeilen 14, 17, 20, 23 und/oder 26 erfolgen.

Der fiktive Veräußerungsgewinn von nicht bestandsgeschützten Alt-Anteilen (vgl. Tz 16.4), der auf die tatsächlich veräußerten Investmentanteile entfällt, ist in Zeile 56 einzutragen. Die Summe der Gewinne **und** Verluste des fiktiven Veräußerungsgewinns ist – je nach Anlageschwerpunkt des Investmentfonds – in die Zeilen 16, 19, 22, 25 und/oder 28 zu übertragen.

17. Anlage R 2025 für Renten und andere Leistungen

17.0 Vorbemerkung

Aufgrund der Neuregelung der Rentenbesteuerung musste für die Einkünfte aus Leibrenten sowie für Leistungen aus Altersvorsorgeverträgen und bestimmten Betriebsrenten ab 2005 eine **neue Anlage R** geschaffen werden. Vor dem Hintergrund des weiter zunehmenden Datenabgleichs wurde die bis 2019 bestehende einheitliche Anlage R **ab 2020** auf insgesamt 3 Anlagen aufgeteilt: Die Anlage R dient nur noch der Erklärung von inländischen Leistungen der gesetzlichen Rentenversicherungen, der landwirtschaftlichen Alterskasse und berufsständischen Versorgungseinrichtungen. Für Leistungen aus der – inländischen – betrieblichen Altersversorgung und aus Altersvorsorgeverträgen steht die Anlage R-AV / bAV (vgl. Tz 18) zur Verfügung. Leistungen ausländischer Versorgungssysteme (einschließlich aus betrieblicher Altersversorgung, die mit inländischen Leistungen vergleichbar sind) sind in der Anlage R-AUS (vgl. Tz 19) zu erklären.

Jeder **Ehegatte/Lebenspartner,** der solche Einkünfte bezieht, hat eine **eigene Anlage R** abzugeben.

Wegen der grundsätzlichen Möglichkeit, an die Finanzverwaltung **übermittelte Daten** (sog. eDaten) übernehmen lassen zu können und nur bei Abweichung/fehlender Übermittlung eigene Erklärungsdaten zu liefern, vgl. Vormerkungen Tz 13.

In einem Pilotprojekt der Länder Brandenburg, Bremen, Mecklenburg-Vorpommern und Sachsen wird seit 2018 eine vereinfachte Erklärung für Rentner angeboten. Darüber hinaus bietet die Finanzverwaltung über www.einfach.elster.de die Möglichkeit einer vereinfachten Online-Steuererklärung für Rentnerinnen und Rentner an, weitere Einzelheiten vgl. Vorbemerkungen Tz 12.3.2). Beschrieben und erläutert wird im Folgenden aber das Bundesmuster der Anlage R als Teil der »normalen« Einkommensteuererklärung.

Die im Oktober 2023 gebildete Expertenkommission des BMF »Bürgernahe Einkommensteuer« kommt in ihrem Abschlussbericht vom Juli 2024 zu dem Schluss, dass die Besteuerung von Alterseinkünften aufgrund der damit verbundenen Verwaltungskosten in der Finanzverwaltung, der Belastung der Rentenbeziehenden durch notwendige Steuernachzahlungen, der Belastung durch die Entrichtung von Einkommensteuervorauszahlungen sowie der Unsicherheit bei der Feststellung der Steuererklärungspflicht zur Entlastung um Bürokratiekosten vereinfacht werden müsse. Die Kommission schlägt vor, eine Rentenabzugsteuer einzuführen, die von den Rentenversicherungsträgern einzubehalten und für die Rentenbeziehenden an die Finanzverwaltung abzuführen wäre. Die Höhe der Rentenabzugsteuer sollte sich nach den Vorstellungen der Kommission an der Höhe der Renteneinkünfte des Vorjahres ergeben. Auch der Koalitionsvertrag »Verantwortung für Deutschland« zwischen CDU, CSU und SPD zur 21. Legislaturperiode fordert eine Vereinfachung der Besteuerung von Rentnerinnen und Rentnern sowie eine möglichst weit gehende Entlastung von den Erklärungspflichten. Bislang wurde allerdings noch kein Entwurf einer Gesetzesänderung ins Gesetzgebungsverfahren eingebracht. Die weitere Entwicklung bleibt daher zunächst abzuwarten.

17.1 Änderungen bei der Rentenbesteuerung ab 2005

vor 4 Durch das Gesetz zur Neuordnung der einkommensteuerrechtlichen - Behandlung von Altersvorsorgeaufwendungen und Altersbezügen (**Alterseinkünftegesetz**) vom 5.7.2004 (BStBl I S. 554) wurde aufgrund der Entscheidung des Bundesverfassungsgerichts vom 6.3.2002 (BStBl II S. 618) ab 2005 die steuerliche Gleichbehandlung der Renten aus gesetzlichen Rentenversicherungen und vergleichbaren Renten mit den staatlichen Pensionen eingeleitet. Das bisherige System der Rentenbesteuerung wird in einem Übergangszeitraum von 2005 bis 2040 (durch das Wachstumschancengesetz vom 27.3.2024, BGBl I Nr. 108, verlängert auf 2058) schrittweise so umgestaltet, dass die während des Erwerbslebens gezahlten Beiträge zur Altersversorgung durch den Abzug als Sonderausgaben sukzessive steuerfrei gestellt werden und im Gegenzug die im Alter zufließenden Renten voll besteuert werden (**nachgelagerte Besteuerung**). Dieses System ist **verfassungsgemäß** (BVerfG-Beschluss vom 29.9.2015, BStBl 2016 II S. 310; BFH-Urteil vom 6.4.2016, BStBl II S. 733, BFH-Urteil vom 18.5.2020, X B 84/19, juris). Mit den beiden Urteilen vom 19.5.2021 (X R 20/19 und X R 33/19) hat der BFH dies auch nochmals bestätigt, jedoch Kriterien festgelegt, wie im Einzelfall eine verfassungswidrige Doppelbesteuerung auszurechnen ist. Danach ist der voraussichtlichen Gesamtsumme (ggf. einschließlich bei Rentenbeginn erwartbarer Hinterbliebenenbezüge) aller steuerfreien Rentenanteile die Summe der Beiträge gegenüberzustellen, die aus versteuertem Einkommen geleistet worden waren. Nach dem BFH-Urteil vom 6.4.2022 (X R 27/20, juris) kann sich eine Doppelbesteuerung jedoch nicht ergeben, wenn Altersvorsorgeaufwendungen in der Vergangenheit nicht geltend gemacht wurden, obwohl sie einkommensteuerrechtlich abziehbar gewesen wären. Bei der Prognose erwartbarer Renten ist von der statistischen Lebenserwartung zu Rentenbeginn auszugehen. Für die Ermittlung der in Veranlagungszeiträumen bis 2004 aus versteuertem Einkommen geleisteten Teile der Altersvorsorgeaufwendungen sind die Beiträge zu den verschiedenen Sparten der gesetzlichen Sozialversicherung (einschließlich der ihnen gleichgestellten Teile der Vorsorgeaufwendungen nicht gesetzlich Versicherter) gleichrangig zu berücksichtigen. Alle anderen nach damaliger Rechtslage dem Grunde nach abziehbaren Vorsorgeaufwendungen werden im Rahmen der retrospektiv vorzunehmenden Prüfung, in welchem Umfang Altersvorsorgeaufwendungen in früheren Veranlagungszeiträumen als aus versteuertem Einkommen geleistet gelten, lediglich nachrangig berücksichtigt. In Fällen der Zusammenveranlagung von Eheleuten, die jeweils eigene Vorsorgeaufwendungen getragen haben, sollen danach die gemeinsamen Sonderausgaben-Höchstbeträge im Verhältnis der vorrangig zu berücksichtigenden Vorsorgeaufwendungen beider Eheleute aufgeteilt werden. Eine Kürzung um Beitragsanteile, die nach der Finanzierungs- und Ausgabenstruktur der Träger der gesetzlichen Rentenversicherung kalkulatorisch nicht auf die Leistung von Alters- oder Hinterbliebenenrenten entfallen, sei nicht vorzunehmen. Für Altersvorsorgeaufwendungen ab 2005 ergibt sich der aus versteuertem Einkommen geleistete Anteil aus der Differenz zwischen den Zahlungsbeträgen (einschließlich Beitrag des Arbeitgebers) und den im Steuerbescheid berücksichtigten Aufwendungen. Zur Behandlung der Beitragszahlung in die freiwillige Zusatzversicherung des DDR-Rentensystems vgl. Urteil des Sächsischen FG vom 25.5.2022 (6 K 449/20, juris, Revision beim BFH anhängig unter Az. X R 18/23). Gegen beide o. a. BFH-Entscheidungen vom 19.5.2021 (X R 20/19 und X R 33/19) wurde **Verfassungsbeschwerde** erhoben. Die Verfahren waren unter Az. **2 BvR 1140/21** (gg. BFH-Urteil vom 19.5.2021, X R 33/19) und Az. **2 BvR 1143/21** (gg. BFH-Urteil vom 19.5.2021, X R 20/19) anhängig. Mit den Beschlüssen vom 7.11.2023 wurden jedoch beide Verfassungsbeschwerden vom BVerfG **nicht** zur Entscheidung angenommen. Das BVerfG hat hierbei in seiner Begründung ausdrücklich ausgeführt, dass nicht ein strenges einzelfallbezogenes Verbot der Doppelbesteuerung geboten sei. Vielmehr sei eine strukturelle doppelte Besteuerung von ganzen Rentnergruppen bzw. -jahrgängen zu verhindern. Der bisherige mit BMF-Schreiben vom 30.8.2021 (BStBl I S. 1042) eingeführte Vorläufigkeitsvermerk zur Frage der Verfassungsmäßigkeit der Besteuerung von Leibrenten und anderen Leistungen aus der Basisversorgung nach § 22 Nr. 1 Satz 3 Buchst. a Doppelbuchst. aa EStG wurde nunmehr mit BMF-Schreiben vom 10.3.2025 (BStBl I S. 656) mit sofortiger Wirkung aufgehoben.

Allerdings ist noch ein Revisionsverfahren (Az. X R 9/24) gegen die Entscheidung des FG Saarland vom 27.3.2024 (3 K 1072/20, juris) zur Frage der rechnerischen Ausgestaltung zur Vermeidung einer Dobbelbesteuerung anhängig. Neue und nach Aufhebung der Vorläufikeit bestehende Einsprüche, die sich auf das Revisionsverfahren X R 9/24 beziehen, ruhen nach § 363 Abs. 2 Satz 2 AO.

Nach der **Tabelle** in § 22 Nr. 1 Satz 3 Buchst. a Doppelbuchst. aa EStG beträgt der der Besteuerung unterliegende Anteil für am 31.12.2004 **bestehende** und im Jahr **2005 begonnene** Renten aus den gesetzlichen Rentenversicherungen und vergleichbaren Renten (z. B. aus der landwirtschaftlichen Alterskasse und berufsständischen Versorgungseinrichtungen) **50 %**. Der **Besteuerungsanteil** steigt für jeden **neu hinzukommenden Rentnerjahrgang** ab 2006 bis 2020 in Schritten von 2 %, ab dem Rentnerjahrgang 2021 in Schritten von 1 % und ab dem Rentnerjahrgang 2023 in Schritten von 0,5 %, sodass erstmals bei im Jahr 2058 beginnenden Renten die volle Besteuerung (100 %) erreicht ist (sog. **Kohortenmodell**). Bei **Beginn** der Rente im Jahr **2025** beträgt der Besteuerungsanteil somit **83,5 %**.

Der **steuerfreie Teil** der Rente, d.h. der Unterschiedsbetrag zwischen dem Jahresbetrag der Rente und dem nach der Tabelle zu besteuernden Anteil der Rente, wird für jede Rente auf die Dauer ihrer Laufzeit **festgeschrieben**. Abweichend hiervon ist der steuerfreie Teil der Rente bei einer Veränderung des Jahresbetrags der Rente in dem Verhältnis **anzupassen**, in dem der veränderte Jahresbetrag der Rente zum Jahresbetrag der Rente steht, der der Ermittlung des steuerfreien Teils der Rente zugrunde liegt. Das bedeutet, dass die Veränderung der Jahresrente im gleichen Maße den ursprünglichen steuerfreien Teil der Rente verändert. Das gilt auch bei der sog. Mütterrente (vgl. Tz 17.3). **Regelmäßige** Anpassungen des Jahresbetrags der Rente führen jedoch nicht zu einer Neuberechnung (siehe nachfolgende Beispiele 1 und 2). Auch die reguläre Anpassung der Renten anhand des aktuellen Rentenwertes (Ost) gemäß § 255a SGB VI stellt nach dem BFH-Urteil vom 3.12.2019 (BStBl 2020 II S. 386) eine regelmäßige Anpassung in diesem Sinne dar und führt nicht zur Neuberechnung des steuerfreien Teils der Altersrente (zur Frage der rechnerischen Einbeziehung in die Prüfung einer möglichen Doppelbesteuerung vgl. die anhängige Revision beim BFH unter X R 18/23). **Folgen** nach dem 31.12.2004 **Renten** aus derselben Versicherung **einander nach** (**z. B.** eine Erwerbsminderungsrente wird bei Erreichen des 65. Lebensjahres durch die Altersrente ersetzt), so gilt für die spätere Rente, dass sich der Prozentsatz nach dem Jahr richtet, das sich ergibt, wenn die Laufzeit der vorhergehenden Rente von dem Jahr des Beginns der späteren Rente abgezogen wird; der Prozentsatz kann jedoch nicht niedriger bemessen werden als der für das Jahr 2005 (**50 %**). D. h., geht z.B. einer im Februar 2025 beginnenden Altersrente eine Erwerbsminderungsrente voran, deren Laufzeit drei Jahre und drei Monate betrug, wird zur Ermittlung des maßgeblichen Prozentsatzes für die Altersrente die Laufzeit von drei Jahren und drei Monaten vom Rentenbeginn der Altersrente (Februar 2025) abgezogen. Der fiktive Rentenbeginn (= November 2020) führt zum Besteuerungsanteil von 80 %. Diese Regelung gilt auch, wenn die jeweiligen Rentenempfänger nicht identisch sind (Beispiel: eine Witwenrente folgt der Altersrente des Verstorbenen). Im Einzelnen vgl. BMF-Schreiben vom 19.8.2013, BStBl I S. 1087, Rz 225 und 226.

Für **andere** als die oben bezeichneten **Leibrenten**, die auch nicht der Basisversorgung i. S. des § 10 Abs. 1 Nr. 2 Buchst. b EStG zuzurechnen sind (z. B. Renten aus vor dem 1.1.2005 abgeschlossenen Rentenversicherungen und Veräußerungsleibrenten), bestimmt sich der zu besteuernde **Ertragsanteil** nach der **Tabelle** in § 22 Nr. 1 Satz 3 Buchst. a Doppelbuchst.bb EStG. Diese Tabelle enthält gegenüber dem vor 2005 geltenden Recht abgesenkte Ertragsanteile. So beträgt z. B. der Ertragsanteil bei einem Rentenbeginn mit dem vollendeten 65. Lebensjahr nicht mehr 27 % – wie noch bis 2004 –, sondern 18 % (vgl. Erläuterungen zu den Zeilen 13 bis 18).

Durch das Alterseinkünftegesetz ergaben sich ab 2005 außerdem erhebliche Änderungen beim **Sonderausgabenabzug** für Vorsorgeaufwendungen, insbesondere auch bei der **Höchstbetragsberechnung** und der **Vorsorgepauschale** (vgl. Tz 3.2.1, Tz 3.2.4.1 unter Erläuterungen zur Anlage Vorsorgeaufwand) sowie bei **Kapitallebensversicherungen** (vgl. Tz 3.3.8.6 unter Erläuterungen zur Anlage Vorsorgeaufwand). Durch das Bürgerentlastungsgesetz vom 16.7.2009 kam es ab 2010 hierbei zu einer grundsätzlichen Neustrukturierung des Abzugs von Vorsorgeaufwendungen (vgl. Tz 3.2.1 unter Erläuterungen zur Anlage Vorsorgeaufwand).

Das Alterseinkünftegesetz führte aber ab 2005 auch zu Änderungen beim **Versorgungsfreibetrag** (vgl. Tz 11.4 unter Erläuterungen zur Anlage N, Zeile 11), beim **Altersentlastungsbetrag** (vgl. Tz 1.6 unter Erläuterungen zum Hauptvordruck ESt 1 A) und bei der **betrieblichen** Altersversorgung (insbesondere bei § 3 Nr. 63 und § 40 b EStG, vgl. Tz 18 unter Erläuterungen zur Anlage R-AV / bAV).

17.2 Renten, insbesondere Leibrenten

eDaten:
Die der Finanzverwaltung vorliegenden Daten zum gezahlten Rentenbetrag (**Zeile 4**), Rentenanpassungsbetrag (**Zeile 5**), Beginn der Rente (**Zeile 6**) sowie bei vorhergehenden Renten Beginn und Ende dieser Rente (**Zeilen 7 und 8**) und ein ggf. gezahlter Nachzahlungsbetrag (**Zeile 9**) werden bereits seit dem VZ 2019 aus der Rentenbezugsmitteilung (§ 22 a EStG) des Rentenversicherungsträgers automatisch in die Einkommensteuerveranlagung übernommen. Eintragungen in den **Zeilen 4–9** sind daher – soweit die Daten zutreffend sind – **nicht** erforderlich.

Bei der Besteuerung der Renten als sonstige Einkünfte wird entsprechend ihrer Laufzeit zwischen **Leibrenten, abgekürzten Leibrenten** und **Zeitrenten** unterschieden. Für die in den Zeilen 4 bis 12 der Anlage R relevante Besteuerung nach § 22 Nr. 1 Satz 3 Buchst. a Doppelbuchst. aa EStG (dem Grunde nach) ist diese Unterscheidung nur bei Anwendung der sog. Öffnungsklausel (vgl. Zeilen 10–12) von Bedeutung.

Der Begriff **Leibrente** i. S. des § 22 EStG ist ein vom bürgerlichen Recht (§§ 759 ff. BGB) abweichender steuerrechtlicher Begriff und erfordert **gleichmäßige**, zahlen- oder wertmäßig festgelegte Bezüge, die **periodisch** wiederkehren und auf einem einheitlichen Stammrecht (Rentenrecht) beruhen und deren Dauer von der **Lebenszeit** einer Person abhängt. Unbedeutende Schwankungen in der Bemessungsgrundlage der Bezüge oder Veränderungen in der absoluten Höhe, die sich ergeben, weil die Bezüge aus gleichmäßigen Sachleistungen bestehen, schließen die Annahme einer Leibrente nicht aus (R 22.3 EStR). Mit den Änderungen durch das JStG 2020 ist die Rente im Sterbemonat des Berechtigten diesem als Leistungsbetrag zuzurechnen. Dies entspricht beim Regelfall nachschüssig gezahlter Renten nicht der zivilrechtlichen Lösung, nach der gem. § 1922 BGB der Erbe als Rechtsnachfolger Berechtigter des Rentenbezugs wird. Nach der Gesetzesbegründung soll durch die Neuregelung der Aufwand wegfallen, den Erben, insbesondere für die Rentenbezugsmitteilung, zu ermitteln.

Ein Leibrentenvertrag im steuerlichen Sinn liegt nicht vor, wenn die Leistungen von den jeweiligen wirtschaftlichen Verhältnissen des Gebers oder des Empfängers abhängig und damit veränderlich sind, oder wenn die Bezüge sich nach dem gewerblichen Gewinn oder Umsatz eines fremden Unternehmens richten (BFH-Urteile vom 10.10.1963, BStBl III S. 592, vom 27.5.1964, BStBl III S. 475, und vom 25.11.1966, BStBl 1967 III S. 178). Der Annahme einer Leibrente stehen aber eine Wertsicherungsklausel oder sog. Währungsklauseln, das Erlöschen der Zahlungspflicht bei Wiederverheiratung und die Anrechnung einer Sozialversicherungsrente nicht entgegen (BFH-Urteil vom 5.12.1980, BStBl 1981 II S. 265). Durch die Einräumung eines lebenslänglichen Wohnrechts und die Versorgung mit Strom und Heizung wird eine Leibrente nicht begründet (BFH-Urteile vom 2.12.1966, BStBl 1967 III S. 243 und vom 12.9.1969, BStBl II S. 706).

Abgekürzte Leibrenten sind Leibrenten, die auf eine bestimmte Zeit beschränkt sind. Sie erlöschen, wenn die Person, von deren Lebenszeit sie abhängen, vor Ablauf der zeitlichen Begrenzung stirbt. Überlebt die Person die zeitliche Begrenzung, so endet die abgekürzte Leibrente mit ihrem Zeitablauf.

Zeitrenten sind wiederkehrende Bezüge, die nicht von der Lebenszeit eines Menschen abhängen, sondern auf eine bestimmte Zeit befristet sind. Anders als bei Leibrenten ist die Laufzeit von

Zeitrenten von vornherein fest begrenzt. Private Zeitrenten sind beim Empfänger grundsätzlich in voller Höhe als sonstige Einkünfte zu erfassen (wegen Einzelheiten vgl. **Tz 20.2 unter** Erläuterungen zur **Anlage SO,** Zeile 4**)**.

Als sonstige Einkünfte kommen nur die **privaten** Leibrenten, d. h. nicht betriebliche Renten in Betracht. Dazu zählen jedoch auch Renten, die anlässlich des unentgeltlichen Übergangs eines Betriebs zwischen Eltern und Kindern vereinbart werden (sog. Versorgungsrenten), oder Leibrenten, die durch einmalige Zahlungen (z. B. an Versicherungsgesellschaften) oder in bestimmten Fällen gegen Hingabe bestimmter Vermögensgegenstände (z. B. Grundstücke; vgl. BMF-Schreiben vom 11.3.2010, BStBl I S. 227 und vgl. Teil II Tz 7.3) erworben worden sind.

Versorgungsbezüge, die vom früheren Arbeitgeber direkt gezahlt werden, stellen keine sonstigen Einkünfte i. S. des § 22 EStG, sondern **Arbeitslohn** dar (vgl. Tz 11.4 der Erläuterungen zur Anlage N, Zeile 11). Dazu gehören auch Ruhegeldzahlungen an ehemalige NATO-Bedienstete (vgl. BFH-Urteil vom 22.11.2006, BStBl 2007 II S. 402) und Altersversorgungsleistungen, die ein ehemaliger Bediensteter des Europäischen Patentamts von dem Reservefonds der Europäischen Patentorganisation bezieht (vgl. BFH-Urteil vom 23.2.2017, BStBl II S. 636). Hingegen unterliegen Ruhegehälter, die ehemaligen Bediensteten in internationalen Organisationen gezahlt werden, der Besteuerung nach § 22 Abs. 1 Satz 3 Buchst. a Doppelbuchst. aa EStG, sofern es sich bei dem Alterssicherungssystem der jeweiligen Organisation um ein System handelt, das mit der inländischen gesetzlichen Rentenversicherung vergleichbar ist (z. B. Bank für Internationalen Zahlungsausgleich – BIZ, Europäische Organisation für astronomische Forschung in der südlichen Hemisphäre – ESO, Europäische Organisation für Kernforschung – CERN, Europäisches Laboratorium für Molekularbiologie – EMBL oder Vereinte Nationen – VN), vgl. Rz. 199 des BMF-Schreibens vom 19.8.2013 (BStBl I S. 1087), geändert mit BMF-Schreiben vom 10.1.2022 (BStBl I S. 36).

Versorgungsbezüge über einen vom (ehemaligen) Arbeitgeber beauftragten externen Versorgungsträger können dagegen zu sonstigen Einkünften i. S. des § 22 Nr. 5 EStG führen (vgl. Tz 18.1 unter Erläuterungen zur Anlage R-AV / bAV, Zeilen 4 bis 26).

Nach § 3 EStG sind nur wenige Leibrenten in vollem Umfang **steuerfrei** und brauchen deshalb **nicht angegeben** zu werden, nämlich insbesondere

- der Grundrentenzuschlag (vgl. Tz 17.3),
- Leistungen aus der **gesetzlichen Unfallversicherung** (z. B. Berufsunfähigkeits- oder Erwerbsminderungsrenten der Berufsgenossenschaft), auch wenn sie an die Hinterbliebenen des Rentenberechtigten gezahlt werden,
- Wehrdienst-, Kriegs- und Schwerbeschädigtenrenten (Leistungen an Wehrdienst- und Zivildienstbeschädigte oder ihre Hinterbliebenen, an Kriegsbeschädigte, Kriegshinterbliebene und ihnen gleichgestellte Personen),
- Wiedergutmachungsrenten (Leistungen zur Wiedergutmachung nationalsozialistischen oder DDR-Unrechts).

Wird Steuerpflichtigen, die von einem Sozialversicherungsträger **Hinterbliebenenrente** erhalten, **rückwirkend** von der Berufsgenossenschaft eine Rente **aus der gesetzlichen Unfallversicherung** gewährt, hat dies gem. Urteil des FG Düsseldorf vom 15.9.2022 (12 K 2702/21 E, juris; eine zunächst beim BFH eingelegte Revision wurde mit Beschluss vom 31.1.2023 – X R 22/22 zurückgenommen) angesichts der sozialversicherungsrechtlichen Erfüllungsfiktion des § 107 SBG X zur Folge, dass die Zahlungen des Sozialversicherungsträgers in Höhe seines Erstattungsanspruchs gegen die Berufsgenossenschaft seit Bekanntgabe des Bescheids der Berufsgenossenschaft über die Bewilligung der Unfallrente als Leistungen der Berufsgenossenschaft gelten. Dabei ist die **Umqualifizierung in eine steuerfreie Leistung im Zuflussjahr** zu berücksichtigen. Das FG bestätigte somit die Auffassung der Finanzverwaltung im BMF-Schreiben zum Rentenbezugsmitteilungsverfahren (vgl. Tz 17.3) vom 7.12.2011 (BStBl I S. 1223) in Rz. 49 und 50. Die Erstattung der Rentenversicherungsbeiträge nach § 210 Abs. 1a SGB VI ist nach dem BFH-Urteil vom 7.7.2020 (BStBl II 2021 S. 750) gem. § 3 Nr. 3 Buchst. b steuerfrei. Schmerzensgeldrenten nach § 253 Abs. 2 BGB (früher: § 847 BGB) und Schadensersatzrenten zum Ausgleich vermehrter Bedürfnisse, sog. Mehrbedarfsrenten nach § 843 Abs. 1, 2. Alternative BGB, zählen ebenso nicht zu den Einkünften wie Unterhaltsrenten nach § 844 Abs. 2 BGB (vgl. Tz 20.2 – Ausführungen zur Zeile 4 der Anlage SO sowie BMF-Schreiben vom 15.7.2009, BStBl I S. 836). Erziehungsrenten der gesetzlichen Rentenversicherung sind mit dem Besteuerungsanteil gemäß § 22 Nr. 1 Satz 3 Buchst. a Doppelbuchst. aa EStG der Besteuerung zu unterwerfen. Sie unterscheiden sich nach dem BFH-Urteil vom 19.8.2013 (BStBl 2014 II S. 557) von den nicht steuerbaren Schadensersatzrenten oder Unterhaltsrenten gemäß § 844 Abs. 2 BGB, weil sie auf steuerlich abziehbaren Beiträgen in der gesetzlichen Rentenversicherung beruhen. Die Einbeziehung der Erziehungsrenten in § 22 Nr. 1 Satz 3 Buchst. a Doppelbuchst. aa EStG ist nach dem v. g. BFH-Urteil vom 19.8.2013 verfassungsgemäß. Bei der seit 1.7.2014 gewährten sog. Mütterrente (vgl. Tz 17.3) handelt es sich um einen Teil der Altersrente, der ebenso stpfl. ist.

Kinderzuschüsse aus der gesetzlichen Rentenversicherung sind im Gegensatz zu solchen aus berufsständischen Versorgungswerken steuerfrei. Diese Unterscheidung verstößt nach BFH-Auffassung (BFH-Urteil vom 31.8.2011, BStBl 2012 II S. 312) nicht gegen das grundgesetzlich geschützte Gleichbehandlungsgebot.

Wie oben bereits ausgeführt, gilt **seit 2005** eine **neue Rentenbesteuerung**. Dabei sind nach § 22 EStG n. F. folgende drei Gruppen zu unterscheiden:

1. Leibrenten aus den inländischen gesetzlichen Rentenversicherungen, der landwirtschaftlichen Alterskasse, den berufsständischen Versorgungseinrichtungen (für Berufsträger der kammerfähigen freien Berufe, wie z. B. für Ärzte, Notare, Rechtsanwälte) und Renten aus eigenen kapitalgedeckten Leibrentenversicherungen, wenn die Laufzeit dieser Versicherungen nach dem 31.12.2004 begonnen hat – sog. Basis-Versorgung oder »Rürup«-Rente – (betrifft Zeilen 4 bis 12),
2. sonstige – insbesondere private – Leibrenten (betrifft Zeilen 13 bis 18),
3. Leistungen aus Altersvorsorgeverträgen (sog. Riester-Rente) und aus der betrieblichen Altersversorgung, wenn diese über eine Pensionskasse, einen Pensionsfonds oder eine Direktversicherung durchgeführt wird, auch soweit es sich um Leibrenten aus dem umlagefinanzierten Teil von Zusatzversorgungskassen handelt, wie z. B. der Versorgungsanstalt des Bundes und der Länder für Beschäftigte im öffentlichen Dienst – VBL oder einer kommunalen Zusatzversorgungskasse – ZVK (betrifft Anlage R-AV / bAV, vgl. Tz 18).

17.3 Leibrenten, für die der Besteuerungsanteil nach § 22 Nr. 1 Satz 3 Buchst. a Doppelbuchst. aa EStG gilt

In den **Zeilen 4 bis 12** der Anlage R sind die **oben in Buchst. a** bezeichneten Leibrenten zu erklären. Wurde der Anspruch auf die Rente bereits vor 2005 oder erstmals im Jahr 2005 begründet (Renteneintrittsjahr), war diese Rente in 2005 **zur Hälfte steuerfrei**. Dies galt auch für Leistungen aus einer nach dem 31.12.2004 abgeschlossenen privaten kapitalgedeckten Leibrentenversicherung. Anstelle des bis 2004 maßgebenden Ertragsanteils (z. B. 27 % bei Rentenbeginn mit dem 65. Lebensjahr) betrug der **Besteuerungsanteil** 2005 sonach **50 %**. Hierbei bleibt es grundsätzlich auch im Jahr **2025** und in Zukunft (vgl. aber nächsten Absatz und die folgenden Beispiele 1 und 2). Der Besteuerungsanteil der Rente erhöht sich bei einem Renten**beginn** im Jahr 2025 auf **83,5 %** und bei einem Rentenbeginn im Jahr 2026 auf 84 % usw. (siehe Tabelle in § 22 Nr. 1 Satz 3 Buchst. a Doppelbuchst. aa EStG).

Der **nicht** der Besteuerung unterliegende Teil wird vom Finanzamt für jede Rente auf die Dauer ihrer Laufzeit **festgeschrieben** und in den Folgejahren als **Festbetrag** vom Jahres(brutto)rentenbetrag abgezogen. Die Festschreibung erfolgt erstmals ab dem Jahr, das auf das Jahr des Rentenbeginns folgt. Bei Renten, die vor dem 1.1.2005 begonnen haben, ist der steuerfreie Teil der Rente des Jahres 2005 maßgebend (vgl. Tz 17.1 sowie BMF-Schreiben vom 19.8.2013, BStBl I S. 1087, Rz 230 bis 235).

Die **betragsmäßige Festschreibung** des steuerfreien Teils der Rente gilt für die gesamte Laufzeit des Rentenbezugs. Bei einer **Veränderung** des Jahresbetrags der Rente ist der steuerfreie Rentenanteil jedoch entsprechend **anzupassen**. Maßgebend hierfür ist das Verhältnis des neuen Jahresbetrags zu demjenigen Jahresbetrag der Rente, nach dem der steuerfreie Teil der Rente zunächst festgelegt wurde (BMF-Schreiben vom 19.8.2013, a. a. O., Rz 232 ff.). Insbesondere aufgrund der seit dem 1.7.2014 gezahlten **Mütterrente** war eine Anpassung sowohl im Erstjahr 2014 als auch im ersten Folgejahr 2015 erforderlich. Die Erhöhung des Rentenfreibetrags beruht auf den Wertverhältnissen im Jahr der erstmaligen Festschreibung des Rentenfreibetrags der Altersrente. Der Wert der Mütterrente wird anhand der in diesem Jahr gültigen Rentenentgeltpunkte errechnet. Auf diesen Wert ist der Besteuerungsanteil anzuwenden, der im Jahr des Rentenbeginns der Altersrente gilt, um den steuerfreien Teil der Rente zu ermitteln. Er bildet – zusammen mit dem bisher steuerfreien Betrag der gesetzlichen Rente – den neu festzustellenden Rentenfreibetrag (bestätigt mit BFH-Urteil vom 14.12.2022, X R 24/20, juris; die dagegen unter dem Az. 2 BvR 953/23 erhobene Verfassungsbeschwerde wurde mit Beschluss vom 31.10.2023 nicht zur Entscheidung angenommen). Die enthaltenen regelmäßigen Rentenanpassungen unterliegen vollständig der Besteuerung (vgl. nachfolgendes Beispiel 3).

Etwas anderes gilt für den Grundrentenzuschlag, der mit dem Gesetz zur Einführung der **Grundrente** für langjährige Versicherung in der gesetzlichen Rentenversicherung mit unterdurchschnittlichem Einkommen und für weitere Maßnahmen zur Erhöhung der Alterseinkommen (Grundrentengesetz) vom 12.8.2020 (BGBl I S. 1879) ab 1.1.2021 zu einer Anpassung niedriger Renten geführt hat/weiterhin noch führen wird. Mit dem JStG 2022 vom 16.12.2022 (BGBl I S. 2294) wurde mit § 3 Nr. 14a EStG die Steuerfreiheit – rückwirkend ab 1.1.2021 – gesetzlich geregelt. Nach der Gesetzesbegründung wurde damit das Ziel verfolgt, das Vertrauen in das Grundversprechen des Sozialstaates auf Absicherung und in die Leistungsfähigkeit der gesetzlichen Rentenversicherung zu stärken. Vor diesem Hintergrund sollte danach auch aus steuerlicher Sicht sichergestellt werden, dass der die Lebensleistung der berechtigten Person anzuerkennende Grundrentenzuschlag nicht geschmälert wird. Nach den Verlautbarungen aus dem Bundesministerium für Arbeit und Soziales sollen 1,3 Mio. Menschen vom Grundrentenzuschlag profitieren. Die Nachberechnung hatte Mitte 2021 begonnen und ist inzwischen abgeschlossen. Der durchschnittliche Zuschlag sollte 75 € betragen und hängt von den Grundrentenzeiten (Beitragsjahre und Anrechnungstatbestände), dem Abstand vom Durchschnittsverdienst und anzurechnendem (anderen) Einkommen (ab 1 251 €/Monat) ab. Dafür werden die in die Veranlagung einbezogenen Einkünfte aus anderen Einkunftsarten an die Träger der gesetzlichen Rentenversicherung automatisch übermittelt. Aufgrund des rückwirkenden Anwendungszeitraums ab 2021 hatten die Rentenversicherungsträger geänderte Rentenbezugsmitteilungen bis spätestens Ende Februar 2024 an die Finanzverwaltung zu übermitteln. Sollten Grundrentenzuschläge in Veranlagungen für 2021 und 2022 bereits stpfl. behandelt worden sein, war dieser Einkommensteuerbescheid durch das Finanzamt von Amts wegen zu ändern.

BEISPIEL 1:
Eine Witwe bezog im Jahr 2005 eine Rente von 10 000 €. Für das Jahr 2025 wird die Witwenrente wegen der Anrechnung eigener Einkünfte um 1 000 € auf 9 000 € gekürzt.
Im Jahr 2005 belief sich der stpfl. Teil der Rente auf 50 %, d. h. ein Teilbetrag von 5 000 € war steuerfrei. Dieser steuerfreie Betrag ist wegen der Rentenkürzung für das Jahr 2025 im Verhältnis 9:10 anzupassen. Somit beträgt der steuerfreie Teil der Rente im Jahr **2025** nur 4 500 €.

Regelmäßige Anpassungen des Jahresbetrags der Rente führen jedoch nicht zu einer Neuberechnung des steuerfreien Teils der Rente. Dies bedeutet im Ergebnis, dass bei regelmäßigen Rentenanpassungen jeder **Erhöhungsbetrag** der Rente in **voller Höhe** der Besteuerung unterliegt. Durch diese Regelung soll vermieden werden, dass Rentenerhöhungen nur anteilig, Pensionsanhebungen dagegen voll der Besteuerung unterworfen werden.

BEISPIEL 2:
Ein alleinstehender Rentner bezog im Jahr 2005 eine Jahresrente aus einer berufsständischen Versorgungseinrichtung von 16 000 €. Ab dem Jahr 2007 wird die Jahresrente im Rahmen einer regelmäßigen Rentenanpassung auf 16 100 € und ab dem Jahr 2008 auf 16 200 € erhöht. In den folgenden Jahren wurde die Rente nicht erhöht.
Der stpfl. Teil der Rente betrug 50 %. Damit war im Jahr 2005 ein Teilbetrag von 8 000 € steuerfrei. Dieser steuerfreie Betrag bleibt grundsätzlich über die gesamte Rentenbezugszeit unverändert. Somit beläuft sich der stpfl. Teil der Rente im Jahr **2025** auf 8 200 € (16 200 € ./. 8 000 €).

BEISPIEL 3:
Eine Steuerpflichtige, die 2007 in Rente gegangen ist, erhält seit dem 1.7.2014 eine »**Mütterrente**« für ein Kind (1 Entgeltpunkt × Rentenwert (West) für 2014 = 28,61 €). Ihre Rente erhöhte sich somit in 2014 um insgesamt 171,66 € (6 × 28,61 €). Bezogen auf den Besteuerungsanteil waren das Jahr 2007 und auf den Rentenfreibetrag die Wertverhältnisse des Jahres 2008 maßgebend, sodass ein Besteuerungsanteil von 54 % gilt und die verbleibenden 46 % steuerfrei bleiben. Für 2008 lag der Rentenwert (West) bis zum 30.6. bei 26,27 € und ab 1.7. bei 26,56 €, im Durchschnitt also bei aufgerundet 26,42 €. Da 2008 der durchschnittliche Rentenwert (West) bei 26,42 € lag, führte dies zu einer Erhöhung des Rentenfreibetrags um 69,75 € ([6 × 26,42 €] × 44 % steuerfreier Anteil) im Jahr 2014. Da im Jahr 2015 die Mütterrente für 12 Monate gezahlt wurde, im Erstjahr 2014 dagegen nur 6 ×, musste der Rentenfreibetrag im Jahr 2015 erneut angepasst werden. Bei späterem Renteneintritt wird die Mütterrente gleich von Anfang an im Rentenbetrag berücksichtigt.

Zur **Sicherstellung der Besteuerung** müssen ab dem Jahr 2005 die gesetzlichen Rentenversicherungsträger, die Landwirtschaftliche Alterskasse, Pensionskassen, Pensionsfonds, berufsständische Versorgungseinrichtungen sowie Versicherungsgesellschaften an die zentrale Stelle bei der Deutsche Rentenversicherung Bund (bis 2005: Bundesversicherungsanstalt für Angestellte) **Rentenbezugsmitteilungen** gem. § 22a EStG elektronisch übermitteln (BMF-Schreiben vom 7.12.2011, BStBl I S. 1223). Die Zuordnung zwischen den Daten der Träger der Rentenversicherungen und der Daten der Finanzverwaltung wird dabei anhand der sog. Identifikationsnummer nach § 139b AO getroffen, die im Laufe des Jahres 2008 an die Steuerbürger versandt wurde. Nach § 22 a Abs. 1 Satz 1 EStG i.V. mit § 93 c AO hat eine Übermittlung der Daten an die Finanzverwaltung bis zum letzten Tag des Monats Februar des auf den Zufluss der Leistung folgenden Jahres zu erfolgen. Eine Pflicht zur Übersendung der übermittelten Daten an den Rentenempfänger enthält das Gesetz nicht. Auf Antrag erstellt aber die Deutsche Rentenversicherung Bund eine jahresbezogene Ausfüllhilfe für die Steuererklärung (sog. »Information über die Meldung an die Finanzverwaltung«). Die »Mütterrente« wird weder in der Rentenbezugsmitteilung für die Finanzverwaltung noch in der Ausfüllhilfe der Deutschen Rentenversicherung Bund gesondert ausgewiesen.

Bereits seit 2010 ist bei den Rentenleistungen zu unterscheiden, ob diese von inländischen oder ausländischen Versicherungsträgern gezahlt wurden. Hintergrund könnte sein, dass ausländische Versicherungsträger nicht verpflichtet sind, die Daten der Finanzverwaltung elektronisch zu übermitteln (vgl. die Ausführungen im vorherigen Absatz). Beim automationsgestützten Abgleich zwischen erklärten und gemeldeten Daten wäre eine Differenz in Höhe des Betrags, der einer ausländischen Rente zugeordnet wurde, somit für die Finanzämter nicht mehr zweifelhaft. Zur weiteren Beschleunigung des Datenabgleichs (und der Bearbeitung erklärter Daten) wurden ab 2020 die Leistungen ausländischer Versorgungsträger in die Anlage R-AUS ausgelagert, und die Anlage R ist nur noch für inländische Leistungen der gesetzlichen Rentenversicherungen, der landwirtschaftlichen Alterskasse und der berufsständischen Versorgungseinrichtungen zu verwenden.

Als Leibrenten kommen insbesondere in Betracht: Altersrenten, Erwerbsminderungsrenten, Erwerbs- und Berufsunfähigkeitsrenten, Hinterbliebenenrenten als Witwen-/Witwerrenten, Waisen- oder Erziehungsrenten. Anzugeben sind auch einmalige Leistungen, die z. B. als Sterbegeld oder als Abfindung von Kleinbetragsrenten ausgezahlt werden (BMF-Schreiben vom 19.8.2013, BStBl I S. 1087, Rz 195). Erwerbsminderungsrenten aus den gesetzlichen Rentenversicherungen sind nach den BFH-Urteilen vom 13.4.2011 (X R 54/09, BStBl I S. 910, X R 19/09, BFH/NV 2011 S. 1489 und X R 33/09, BFH/NV 2011 S. 1496, die dagegen unter 2 BvR 1808/11 geführte Verfassungsbeschwerde wurde mit Beschluss des BVerfG vom 5.6.2013 nicht zur Entscheidung angenommen) wie Altersrenten voll in die Besteuerung einzubeziehen. Das gilt nach den BFH-Urteilen ebenfalls vom 13.4.2011 (X R 1/10, BStBl II 2011 S. 915, X R 19/09, a. a. O. und X R 17/10, BFH/NV 2011 S. 1501) selbst in den Fällen, in denen Rentennachzahlungen für Zeiträume vor 2005 erfolgen, aber erst nach dem 31.12.2004 bewilligt und zugeflossen sind. Hat ein Steuerpflichtiger zunächst von einem Jobcenter Leistungen nach dem SGB II bezogen und erstattet der gesetzliche Rentenversicherungsträger infolge der späteren Bewilligung einer Erwerbsminderungsrente dem Jobcenter diese Leistungen, gilt nach dem Urteil des BFH vom 15.5.2018 (X R 18/16, juris) sein Rentenanspruch insoweit gemäß § 107 Abs. 1 SGB X als erfüllt (Zwar wurde das BFH-Urteil vom 15.5.2018 mit BFH-Beschluss vom 10.10.2018, X R 18/16 aus Gründen der Rechtsklarheit wieder aufgehoben, da es in Unkenntnis der Eröffnung des Insolvenzverfahrens erging und daher ohne rechtliche Wirkung war. Gleichwohl kann die ursprünglich geäußerte Rechtsansicht u. E. weiterhin als Orientierung bei vergleichbaren Sachverhalten dienen.). Die Erwerbsminderungsrente unterliegt aber bereits im Zeitpunkt des Zuflusses der Leistungen nach dem SGB II im Umfang der Erfüllungsfiktion mit ihrem Besteuerungsanteil der Einkommensteuer (vgl. BFH-Urteil vom 9.12.2015, X R 30/14, BStBl II 2016 S. 624, zum vorherigen Bezug von Krankengeld). Die Erfüllungsfiktion tritt nach BFH-Auffassung auch dann ein, wenn die Sozialleistungen nach dem SGB II ggf. zu Unrecht gewährt worden sein sollten, sofern die Leistungen auf wirksamen und nicht offensichtlich fehlerhaften Bescheiden des Sozialleistungsträgers beruhen und tatsächlich eine Erstattung zwischen den beteiligten Sozialleistungsträgern gemäß §§ 102 ff. SGB X vorgenommen wurde.

Zinsen (z. B. Nachzahlungszinsen aus späterer Zuerkennung einer Leistungspflicht) zählten nach Verwaltungsauffassung zunächst ebenfalls zu den nach § 22 Nr. 1 Satz 3 Buchst. a Doppelbuchst. aa EStG anzusetzenden anderen Leistungen (vgl. o. a. BMF-Schreiben, Rz 196). Mit Urteil vom 13.11.2007 (BStBl 2008 II S. 292) hat der BFH aber entschieden, dass solche Zinsen zu den Einkünften aus Kapitalvermögen i. S. des § 20 Abs. 1 Nr. 7 EStG gehören. In einer Fußnote zur Veröffentlichung hatte die Finanzverwaltung jedoch die Anwendung der BFH-Feststellungen auf VZ vor 2005 beschränkt und für VZ ab 2005 auf die umfassende Besteuerung nach § 22 Nr. 1 Satz 3 Buchst. a Doppelbuchst. aa EStG hingewiesen. Mit Urteil vom 9.6.2015 (BStBl 2016 II S. 523) hat der BFH allerdings auch für Neufälle (VZ ab 2005) entsprechende Zinsen nicht zu den sonstigen Leistungen angesehen und damit der Verwaltungsauffassung widersprochen. Mit BMF-Schreiben vom 4.7.2016 (BStBl I S. 645) hat sich dem die Finanzverwaltung angeschlossen und o. a. Rz 196 des BMF-Schreibens geändert.

4 In Zeile 4 ist der aus der Renten(anpassungs)mitteilung zu errechnende **Jahres(brutto)rentenbetrag** einzutragen, **soweit er nicht aus den übermittelten eDaten übernommen werden soll**. Anzugeben sind hier auch im Jahr 2025 zugeflossene Rentennachzahlungen, Einmalzahlungen und Leistungen. Die Unterscheidung zwischen Leibrente, abgekürzter Leibrente (vgl. oben) und Einmalzahlungen ist hier ohne Bedeutung (H 22.3 – Allgemeines – EStH). Bei der Rentenauszahlung einbehaltene eigene Beiträge zur **Kranken- und Pflegeversicherung** dürfen nicht vom einzutragenden Rentenbetrag abgezogen werden. Diese Beiträge sind in **der Anlage Vorsorgeaufwand** als Sonderausgaben geltend zu machen. Mit den seit 2014 abgefragten **»Leistungen«** sind insbesondere unselbständige Bestandteile der Rente, wie z. B. Kinderzuschüsse, und einmalige Leistungen, wie z. B. (Teil-)Kapitalauszahlungen, Sterbegeld und die Abfindung von Kleinbetragsrenten gemeint, BMF-Schreiben vom 19.8.2013 (a. a. O., Rz 204) i. d. F. des Schreibens vom 10.1.2014 (BStBl I S. 70). Vgl. hierzu auch das BFH-Urteil vom 23.10.2013 (BStBl 2014 II S. 58) zur Steuerpflicht von Kapitalleistungen von berufsständigen Versorgungsleistungen.

Zuschüsse eines Trägers der gesetzlichen Rentenversicherung zu Aufwendungen des Rentners **zur Krankenversicherung** sind nach § 3 Nr. 14 EStG **steuerfrei** und daher nicht dem Rentenbetrag hinzuzurechnen. Diese Zuschüsse mindern jedoch die eigenen Aufwendungen und sind deshalb von den in der Anlage Vorsorgeaufwand geltend zu machenden Aufwendungen für die Krankenversicherung abzuziehen. Ebenfalls nach § 3 Nr. 14 EStG steuerfrei ist der Anteil des Rentenversicherungsträgers am Gesamtversicherungsbeitrag zur Krankenversicherung der Rentner bei gesetzlicher Krankenversicherung.

Hier ist die – in Zeile 4 enthaltene – Summe der Beträge einzutragen, um den der Jahresrentenbetrag im Vergleich zum Zeitpunkt der **5**
erstmaligen Festschreibung des steuerfreien Teils der Rente aufgrund **regelmäßiger Anpassungen (vgl. oben)** geändert wurde, **soweit die übermittelten eDaten nicht übernommen werden sollen**. Die Angabe dient der Ermittlung des stpfl. Teils der Rente durch das Finanzamt (vgl. vorstehendes Beispiel 2), insbesondere der vollen Besteuerung des Anpassungsbetrags. Sog. **unregelmäßige Anpassungen** bleiben in diesem Zusammenhang außen vor. Diese liegen z. B. dann vor, soweit Renten wegen der Anrechnung anderer Einkünfte erhöht oder herabgesetzt werden, oder wenn Teil-Altersrenten in volle Altersrenten umgewandelt werden oder umgekehrt (vgl. BMF-Schreiben vom 19.8.2013, a. a. O., Rz 223), aber auch in Fällen, in denen Nachzahlungsbeträge geflossen sind oder die Rente, z. B. aufgrund Todes des Berechtigten wegfällt. Soweit Renten wegen unregelmäßiger Anpassungen geändert werden, ist der festzuschreibende Teil der Rente, der steuerfrei bleibt, neu zu ermitteln.

Für einen Eintrag in Zeile 5 ist Voraussetzung, dass im Jahr der (regelmäßigen) Anpassung der steuerfreie Teil der Rente **bereits festgeschrieben** wurde. Dies ist dann nicht der Fall, wenn der Rentenbeginn im Jahr der Rentenanpassung liegt oder im Vorjahr kein volles Rentenjahr bestanden hat. In beiden Fällen konnte noch kein steuerfreier Teil (vor dem Jahr, in dem die Rente angepasst wird) festgeschrieben werden. Die Rentenanpassung geht in diesen beiden Fällen in die Ermittlung des steuerfreien Teils der Rente ein und ist nicht gesondert in Zeile 5 auszuweisen.

Im Zweifel ist dieser Betrag beim Versorgungsträger oder der Versicherung zu erfragen.

Soweit nicht die übermittelten eDaten übernommen werden sollen, ist als Beginn der Rente der Zeitpunkt einzutragen, **ab dem** die Rente (u. U. nach rückwirkender Zubilligung) tatsächlich bewilligt worden ist. Dies ergibt sich aus dem Rentenbescheid. Ist im Jahr 2025 eine Einmalzahlung zugeflossen, ist hier das Datum des Zuflusses der Einmalzahlung anzugeben.

Ist der in Zeile 4 und 5 bezeichneten Rente (z. B. einer Alters- oder **7**
Witwenrente) eine **andere Rente (z. B.** eine Erwerbsminderungsrente oder eine Altersrente des verstorbenen Ehegatten) **vorangegangenen,** so sind hier Beginn und Ende dieser vorhergehenden Rente einzutragen, **soweit die übermittelten eDaten nicht übernommen werden sollen**. Die Angaben dienen der Ermittlung des Besteuerungsanteils der Rente durch das Finanzamt (vgl. obige Erläuterungen vor Zeile 4, a. E.).

Im Jahr 2025 zugeflossene Nachzahlungen **für mehrere Jahre** müssen zwar bereits in **Zeile 4** enthalten sein. Sie sind jedoch – **soweit die übermittelten eDaten nicht übernommen werden sollen** – hier zusätzlich einzutragen, damit das Finanzamt prüfen kann, ob für diese Nachzahlungen eine **Tarifvergünstigung** nach der sog. Fünftel-Regelung des § 34 Abs. 1 EStG in Betracht kommt. Nachzahlungen, die nur **ein** Kj. betreffen, sind hier nicht einzutragen. Teilbeträge in der Summe der Nachzahlungen für das laufende Jahr (2025) sind nach BMF-Schreiben vom 7.12.2011 (BStBl I S. 1223, Rz 63) nicht begünstigt, sondern **nur** – so auch die Formulierung im Vordruck – Teilbeträge für **vorangegangene Jahre**. Mit den Urteilen vom 23.10.2013 (X R 3/12, BStBl 2014 II S. 58 und X R 33/10, BStBl II S. 103) hat der BFH entschieden, dass eine ermäßigte Besteuerung auch für Teilkapitalauszahlungen gewährt werden kann. Entsprechend wird seit 2014 auch nach Kapitalauszahlungen gefragt (vgl. BMF-Schreiben vom 19.8.2013, a. a. O., Rz 204, i. d. F. des Schreibens vom 10.1.2014, a. a. O.).

17.4 Öffnungsklausel

-12 Durch die **Öffnungsklausel** in § 22 Nr. 1 Satz 3 Buchst. a Doppelbuchst. bb Satz 2 EStG werden auf Antrag **Teile** der Leibrenten oder anderer Leistungen, die andernfalls der nachgelagerten Besteuerung mit dem o. a. Besteuerungsanteil unterliegen würden, mit einem **Ertragsanteil** (siehe nachfolgende Erläuterungen zu den **Zeilen 13 bis 18**) besteuert. Für den **Antrag** sind die Eintragungen in den Zeilen 10–12 ausreichend. Die Anwendung der Öffnungsklausel setzt voraus, dass bis zum 31.12.2004 in **mindestens zehn Jahren** Beiträge **oberhalb** des Betrags des **Höchstbeitrags** zur gesetzlichen Rentenversicherung gezahlt wurden. Dabei ist jedes Kj. getrennt zu betrachten; die Jahre müssen nicht unmittelbar aufeinander folgen. Der gesetzlich geforderte Zehnjahreszeitraum begegnet nach dem BFH-Urteil vom 4.2.2010 (BStBl 2011 II S. 579) keinen verfassungsrechtlichen Bedenken. Beiträge, die nach dem 31.12.2004 gezahlt wurden, werden nicht mit in die Prüfung einbezogen. Bezieht ein Steuerpflichtiger Altersrenten sowohl aus einer berufsständischen Versorgungseinrichtung als auch aus der gesetzlichen Rentenversicherung und kann er grds. nach den v. g. Voraussetzungen die Öffnungsklausel beanspruchen, erstreckt sich die Anwendung der Ertragsanteilsbesteuerung gem. BFH-Urteil vom 14.12.2022 (X R 24/20, juris) nur auf die Rente aus der berufsständigen Versorgseinrichtung, nicht auch auf die gesetzliche Rente, wie es der Steuerpflichtige im finanzgerichtlichen Verfahren begehrt hatte. Für die Prüfung, ob Beiträge oberhalb des Betrags des Höchstbetrags gezahlt wurden, ist nach BMF-Schreiben vom 19.8.2013 (a. a. O., Rz 238 bis 269) der Höchstbetrag zur gesetzlichen Rentenversicherung der Angestellten und Arbeiter (West) im Jahr der Zahlung heranzuziehen. Dagegen sind nach dem BFH-Urteil vom 19.1.2010 (BStBl 2011 II S. 567) die Beiträge für die Jahre maßgebend, für die sie gezahlt wurden. Dem hat sich auch die Finanzverwaltung angeschlossen (vgl. BMF-Schreiben vom 19.8.2013, a. a. O., Rz 240). Die Höchstbeiträge ergeben sich für die Jahre 1927 bis 2004 aus der dem BMF-Schreiben vom 19.8.2013 (a. a. O.) beigefügten Tabelle. Der Versorgungsträger hat dem Steuerpflichtigen auf dessen Verlangen den **Prozentanteil** der Leistung zu bescheinigen, der der Ertragsanteilsbesteuerung unterliegt. Für Besonderheiten zur Aufteilung bei Beiträgen an mehr als einen Versorgungsträger vgl. BMF-Schreiben vom 19.8.2013 (a. a. O., Rz 251 bis 255). Der Nachweis ist durch **Bescheinigungen/Bestätigungen** der Versorgungsträger zu erbringen. Der bescheinigte Prozentanteil ist in **Zeile 10** einzutragen.

Einmalige Leistungen (Zeile 12) unterliegen nicht der Besteuerung, **soweit** auf sie die Öffnungsklausel (Ertragsanteilsbesteuerung) Anwendung findet. Weitere Einzelheiten (z. B. zum Antrag, zur 10-Jahres-Grenze, zum maßgeblichen Höchstbeitrag, zur Ermittlung der geleisteten Beiträge, zum Nachweis der geleisteten Beiträge, zur Ermittlung des auf Beiträgen oberhalb des Betrags des Höchstbeitrags beruhenden Teils der Leistung, zur Aufteilung bei Beiträgen an mehr als einen Versorgungsträger, zur Anwendung bei einmaligen Leistungen, zum Versorgungsausgleich unter Ehegatten/Lebenspartnern sowie zur Bescheinigung der begünstigten Anteils der Rente, auf den die Öffnungsklausel Anwendung finden soll) sind im BMF-Schreiben vom 19.8.2013 (a. a. O., Rz 238 bis 269) geregelt (mit Beispielen) sowie in H 22.3 – Öffnungsklausel – EStH.

17.5 Leibrenten, die mit dem Ertragsanteil nach § 22 Nr. 1 Satz 3 Buchst. a Doppelbuchst. bb EStG besteuert werden

eDaten:
Die der Finanzverwaltung vorliegenden Daten zum gezahlten Rentenbetrag (**Zeile 13**), Beginn der Rente (**Zeile 14**) sowie bei zeitlich befristeten Renten Ende dieser Rente (**Zeile 17**) und ein ggf. gezahlter Nachzahlungsbetrag (**Zeile 18**) werden seit dem VZ 2019 aus der Rentenbezugsmitteilung (§ 22a EStG) des Rentenversicherungsträgers automatisch in die Einkommensteuerveranlagung übernommen. Eintragungen in den **Zeilen 13 und 14 sowie 17 und 18** sind daher – soweit die Daten zutreffend sind – **nicht** erforderlich.

Die in Zeile 13 der Anlage R bezeichneten Leibrenten sind **nur in Höhe des Ertragsanteils** stpfl. (vgl. Teil II Tz 7 und 8). In der Regel handelt es sich um Leistungen aus Lebens- und Rentenversicherungen, die in der Sparphase weder die Voraussetzungen für den Sonderausgabenabzug nach § 10 Abs. 1 Nr. 2 Buchst. b EStG (sog. Rürup-Rente, siehe Zeile 8 der Anlage Vorsorgeaufwand) noch für die sog. Riester-Förderung nach § 10a EStG und §§ 79–99 EStG (vgl. Tz 4 unter Ausführungen zur Anlage AV) erfüllt haben, aber auch keine Steuerfreiheit nach § 3 Nr. 63 EStG für die geförderte betriebliche Altersversorgung (zur Besteuerung vgl. Ausführungen zur Anlage R-AV / bAV) in Anspruch nehmen konnten. Zu privaten Rentenversicherungen mit zeitlich befristeter Laufzeit zählen z. B. private Berufsunfähigkeits- oder Erwerbsminderungsrenten, die im Regelfall mit Beginn der Altersrente wegfallen. 13–18

Eine Besonderheit sah der BFH in seinem Urteil vom 1.7.2021 (VIII R 4/18, juris) bei Versicherungsverträgen, die vor dem 1.1.2005 abgeschlossen wurden und mit einem Kapitalwahlrecht ausgestattet sind. Demnach ist bei gewählter Rentenauszahlung eine Zuordnung zu den Einkünften aus Kapitalvermögen vorzunehmen. Eine Steuerpflicht von Erträgen soll aber erst vorliegen, wenn mit den zugeflossenen Renten die Höhe des angesparten Kapitals überschritten wird, was erst sehr weit in der Zukunft liegen wird. Der Gesetzgeber hat auf diese BFH-Rspr. mit der gesetzlichen Änderung des § 52 Abs. 28 Satz 5 EStG durch Art. 3 des JStG 2024 vom 2.12.2024 (BGBl I Nr. 387) reagiert. Nach § 52 Abs. 28 Satz 5 EStG unterliegen Rentenzahlungen aus Rentenversicherungen mit Kapitalwahlrecht – entsprechend der bisherigen Verwaltungsauffassung – einheitlich der Ertragsanteilsbesteuerung. Die geänderte Fassung des § 52 Abs. 28 Satz 5 EStG ist in allen offenen Fällen anzuwenden (vgl. Art. 56 Abs. 1 des JStG 2024). Allerdings ist nunmehr vor dem FG Nürnberg unter dem Az. 6 K 1408/24 ein Verfahren zur Frage der Verfassungsmäßigkeit des § 52 Abs. 28 Satz 5 EStG anhängig. Der weitere Verfahrensgang sowie die Reaktion der Finanzverwaltung hierauf bleibt abzuwarten.

Andere private Renten können z. B. aus privaten Veräußerungsgeschäften stammen, bei der der Veräußerer seine Gegenleistung auf Rentenbasis erhält (vgl. Teil II Tz 7.3.6); diese sind in den Zeilen 19–24 einzutragen.

Bei der **Ermittlung des Ertragsanteils** ist von dem vollendeten Lebensjahr im Zeitpunkt des Rentenbeginns (d. h. des Entstehens des **Rentenanspruchs**) auszugehen.

BEISPIEL:

Bei Beginn der Rente vollendetes Lebensjahr des Berechtigten	Ertragsanteil in % (seit 2005)
30	44
40	38
50	30
58	24

Bei Beginn der Rente vollendetes Lebensjahr des Berechtigten	Ertragsanteil in % (seit 2005)
59	23
60	22
61	22
62	21
63	20
64	19
65	18
70	15
80	8

Der sich aus der Tabelle in § 22 Nr. 1 Satz 3 Buchst. a Doppelbuchst.bb EStG ergebende **Ertragsanteil** (vorstehend handelt es sich nur um einen **Auszug**) bleibt grundsätzlich während der gesamten Laufzeit der jeweiligen Rente **unverändert**. Werden Rentenleistungen aufgrund einer Überschussbeteiligung erhöht, sind die der Überschussbeteiligung dienenden Erhöhungsbeträge keine eigenständigen Renten. Das gilt nach dem BFH-Urteil vom 22.8.2012 (BStBl II 2013 S. 158) auch dann, wenn darüber eine Mitgliederversammlung entscheiden muss und satzungsgemäß eine andere Verwendung des Überschusses z. B. in Form einer Beitragsminderung möglich wäre, sofern der Überschuss nur zugunsten der Versicherten zu verwenden ist. Die Rentenleistungen unterliegen insgesamt mit dem Ertragsanteil der Besteuerung, der dem Alter des Steuerpflichtigen bei Beginn der Rentenzahlung entspricht.

Wegen der Eintragungen in **Zeilen 13 und 14** wird auf die obigen Ausführungen zu **Zeilen 4 und 6** hingewiesen, **soweit keine Übernahme der übermittelten eDaten erfolgen soll**. In **Zeile 13** sind dann auch Rentennachzahlungen anzugeben, jedoch nicht eine Einmalzahlung.

Wird eine Leibrente durch eine **Kapitalabfindung abgelöst**, unterliegt diese nicht der Besteuerung nach § 22 Nr. 1 Satz 3 Buchst. a Doppelbuchst. **bb** EStG (H 22.4 – Kapitalabfindung – EStH). Eine Besonderheit gilt in bestimmten Fällen bei der Ermittlung des in Zeile 14 einzutragenden Beginns der Rente: Setzt der Beginn des Rentenbezugs die Vollendung eines bestimmten Lebensjahres der Person voraus, von deren Laufzeit die Dauer der Rente abhängt, und wird die Rente schon von Beginn des Monats an gewährt, in dem die Person das bestimmte Lebensjahr vollendet hat, ist dieses Lebensjahr bei der Ermittlung des Ertragsanteils maßgebend (R 22.4 Abs. 3 EStR).

BEISPIEL:

Ein Rentner vollendet am 9.6.2025 das 60. Lebensjahr. Der Versicherer als Rententräger zahlt jedoch bereits am 1.6.2025 die Leistungen aus. In Zeile 14 ist nicht der 1.6.2025, sondern der 9.6.2025 einzutragen, soweit die übermittelten eDaten insoweit nicht stimmen, da anderenfalls (bei 1.6.2025) der Ertragsanteil 23 % (statt 22 %) beträgt. Zu diesem Datum (1.6.2025) hatte der Rentner nämlich noch nicht das 60. Lebensjahr vollendet (vgl. obige Tabelle).

Die im Vordruck enthaltene Abfrage des für die Ermittlung des Ertragsanteils maßgeblichen Geburtsdatums der (verstorbenen) versicherten Person in **Zeile 15** dient der zutreffenden Ermittlung des Ertragsanteils für den Fall, dass die rentenberechtigte Person innerhalb der Rentengarantiezeit verstirbt und Rente an die Erben ausbezahlt wird. Regelanwendungsfall und daher im Vordruck beispielhaft erwähnt ist somit der Erblasser bei einer Garantiezeitrente, dessen Geburtsdatum in Zeile 15 einzutragen ist. Nach dem BMF-Schreiben vom 1.10.2009 (BStBl I S. 1172, Rz 20) zur Besteuerung von Versicherungserträgen erfolgt die Besteuerung nach denselben Grundsätzen, wie sie für den Erblasser galten, sodass auf den Beginn der Rentenzahlung des Erblassers abgestellt wird. D. h. der auf den Erblasser angewandte Ertragsanteil wird fortgeführt.

Die Eintragungen in **Zeile 17 – soweit keine Übernahme der übermittelten eDaten erfolgen soll** – sind erforderlich, wenn die Leibrente **zeitlich befristet** ist, d. h. eine sog. **abgekürzte** Leibrente vorliegt. In diesem Fall richtet sich der Ertragsanteil nicht nach dem Lebensalter des Berechtigten bei Rentenbeginn, sondern nach der voraussichtlichen Laufzeit der Rente. Hierunter kann z. B. eine Berufsunfähigkeits- oder Erwerbsminderungsrente aus einer privaten Rentenversicherung fallen (vgl. BMF-Schreiben vom 19.8.2013, BStBl I S. 1087, Rz 214).

Für **abgekürzte Leibrenten** mit einer Laufzeit bis zu zehn Jahren können die maßgebenden Ertragsanteile dem folgenden **Auszug** aus der Tabelle in **§ 55 Abs. 2 EStDV** entnommen werden:

Beschränkung der Laufzeit der Rente auf ... Jahre ab Beginn des Rentenbezugs	Der Ertragsanteil beträgt grundsätzlich %	Der Ertragsanteil richtet sich nach der Tabelle in § 22 Nr. 1 Satz 3 Buchst. a, Doppelbuchst.bb EStG, wenn der Berechtigte bei Rentenbeginn das ...te Lebensjahr vollendet hatte
1	0	–
2	1	–
3	2	97
4	4	92
5	5	88
6	7	83
7	8	81
8	9	80
9	10	78
10	12	75

Ab **2005** wurde auch diese Tabelle neu gefasst. Bemisst sich die Laufzeit der abgekürzten Leibrente nicht auf volle Jahre, ist sie bei Anwendung der Tabelle auf volle Jahre abzurunden (R 22.4 Abs. 4 EStR).

Für die in **Zeile 18** einzutragenden Nachzahlungen **für mehrere Jahre** gelten die obigen Ausführungen zu **Zeile 9** sinngemäß, **soweit nicht die übermittelten eDaten übernommen werden sollen**. Dies gilt insbesondere für die Einschränkung auf vorangegangene Jahre.

Ebenfalls zu sonstigen Einkünften aus Leibrenten können Gegen- 19-
leistungen **aus Veräußerungsgeschäften** führen. Hauptanwendungsfall ist die **Vermögensübertragung von Privatvermögen gegen wiederkehrende Leistungen im Rahmen einer vorweggenommenen Erbfolge**. Darunter versteht man die Eigentumsübertragung von Vermögensgegenständen unter Lebenden mit Rücksicht auf die künftige Erbfolge. Die Übertragungen erfolgen im Wege der Einzelrechtsnachfolge durch vertragliche Vereinbarung. Nach dem Willen der Vertragsbeteiligten soll in der Regel der Vermögensübernehmer die Vermögensgegenstände wenigstens teilweise unentgeltlich erhalten. In der weitaus überwiegenden Zahl der Fälle werden die Vertragsbeteiligten (übertragender Rechtsträger und übernehmender Rechtsträger) wohl nahe Angehörige sein. Bei einer Vermögensübertragung auf einen nahen Angehörigen (z. B. das Kind) wird zunächst vermutet, dass diese Übertragung unentgeltlich oder zumindest teilentgeltlich ist. Diese Vermutung ist jedoch widerlegbar. Es bleibt den Eltern unbenommen, ihr Vermögen zu den am Markt erzielbaren Preisen (Verkehrswert oder Teilwert) an ihre Kinder zu veräußern. In diesen Fällen sind die Vermögensübertragungen nach den allgemeinen steuerlichen Regelungen zu den Veräußerungsgeschäften mit fremden Dritten zu beurteilen.

Zur Vermeidung von Wiederholungen vgl. Teil II Tz 7.3.6, auch zur Abgrenzung von Vermögensübertragungen, die beim Vermögensübergeber zu sonstigen Leistungen i. S. des § 22 Nr. 1a EStG führen (vgl. Tz 20.2 unter Erläuterungen zur Anlage SO, Zeile 4).

Zur Eintragung in den Zeilen 19–24 vgl. die Ausführungen zu den Zeilen 13–18, die hier entsprechend gelten. Unterschied ist lediglich, dass für die Werte der Zeilen 19–24 keine Datenübermittlung im Rahmen der eDaten erfolgt, sodass bei Erzielung entsprechender wiederkehrender Leistungen aus der Übertragung von Privatvermögen die bezogenen Renten stets zu erklären sind.

17.6 Tatsächliche Werbungskosten, Werbungskostenpauschbetrag

-26 Hier sind **Werbungskosten in tatsächlicher Höhe** geltend zu machen, die mit Leibrenten und anderen in der Anlage R bezeichneten Leistungen in wirtschaftlichem Zusammenhang stehen. Zu den Werbungskosten gehören z. B. Kosten für Rentenberater und/oder Rechtsberatungs- und Prozesskosten, die im Zusammenhang mit Ansprüchen aus den gesetzlichen Rentenversicherungen aufgewendet werden (vgl. BMF-Schreiben vom 20.11.1997, BStBl 1998 I S. 126). Sind im Jahr 2025 noch keine Einnahmen aus Renten zugeflossen, aber bereits Werbungskosten (z. B. für Rentenberatung) entstanden, sind diese Kosten ebenfalls hier einzutragen. Hierdurch entstehen **negative sonstige Einkünfte**, die mit anderen Einkünften verrechnet werden und sich steuermindernd auswirken.

Schuldzinsen für einen **Kredit** zur Nachentrichtung freiwilliger Beiträge zur Angestelltenversicherung sind in voller Höhe **Werbungskosten** bei den sonstigen Einkünften (BFH-Urteil vom 21.7.1981, BStBl 1982 II S. 41). Nach den Urteilsgründen ist es belanglos, in welchem zeitlichen Zusammenhang die Kreditkosten mit den späteren Rentenbezügen stehen oder ob der Versicherungsfall wirklich eintritt.

Beiträge eines Arbeitnehmers zur **gesetzlichen Rentenversicherung** sind **nicht** als vorab entstandene **Werbungskosten** zur Erlangung späterer sonstiger Einkünfte berücksichtigungsfähig. Sie sind nur als **Sonderausgaben** (Vorsorgeaufwendungen) **im Rahmen der geltenden Höchstbeträge** (vgl. Tz 3 unter Erläuterungen zur Anlage Vorsorgeaufwand, vor Zeile 4) abziehbar (BFH-Urteile vom 18.11.2009, BStBl 2010 II S. 282 und 414, BFH-Urteil vom 9.12.2009, BStBl 2010 II S. 348). Weder die gesetzgeberische Einordnung als Sonderausgaben noch die Beschränkung beim Sonderausgabenabzug der Höhe nach sind nach BFH-Auffassung verfassungswidrig. Gegen die o. a. BFH-Urteile vom 18.11.2009 wurden zwar Verfassungsbeschwerden eingelegt (Az.: 2 BvR 290/10 und 2 BvR 288/10). Mit Beschlüssen vom 14.6.2016 (2 BvR 290/10) und vom 13.7.2016 (2 BvR 288/10) wurden diese aber nicht zur Entscheidung angenommen und damit die BFH-Auffassung bestätigt. Mit Allgemeinverfügung (vgl. § 367 Abs. 2b und § 172 Abs. 3 AO) der obersten Finanzbehörden der Länder vom 16.12.2016 (BStBl I S. 1404) wurden aus diesem Grund anhängige Einsprüche als unbegründet zurückgewiesen. Hat im Rahmen der Ehescheidung die Durchführung des Versorgungsausgleichs im Wege der internen Teilung zu einer Kürzung der Anwartschaft des Steuerpflichtigen gegenüber dem berufsständischen Versorgungswerk geführt, so stellt nach Auffassung des FG Baden-Württemberg (Urteil vom 11.2.2019, 9 K 376/18) eine vom Steuerpflichtigen an den Versorgungsträger geleistete »Wiederauffüllungszahlung«, die die Wiederherstellung des teilweise entzogenen Anwartschaftsrechts bezweckt und damit entscheidenden Einfluss auf die Höhe der stpfl. Einkünfte des Steuerpflichtigen bei Rentenbeginn hat, ihrer Rechtsnatur nach Erwerbsaufwendungen und damit vorweggenommene Werbungskosten dar. Gleichwohl ordnete das FG Baden-Württemberg die Wiederauffüllungszahlung trotz ihrer Rechtsnatur aber nach § 10 Abs. 1 Nr. 2 Buchst. a EStG nur den Sonderausgaben zu. Im dagegen geführten Revisionsverfahren hat der BFH mit Urteil vom 19.8.2021 (BStBl II 2022 S. 256) diese Auffassung bestätigt.

Finanzierungskosten, die durch den Abschluss eines Vertrages über eine **sofort beginnende Leibrentenversicherungsleistung** gegen Zahlung eines Einmalbetrages veranlasst sind, können als Werbungskosten abziehbar sein, wenn der Rentenberechtigte (Steuerpflichtiger) nach den gegebenen Umständen, vor allem im Hinblick auf seine (statistische) Lebenserwartung bei Vertragsabschluss, damit rechnen kann, dass die Einnahmen (in Höhe der Ertragsanteile) den Finanzierungsaufwand übersteigen (BFH-Urteil vom 15.12.1999, BStBl 2000 II S. 267, und vom 16.9.2004, BStBl 2006 II S. 228 und 234). Im Rahmen der Überschussprognose für einen Rentenversicherungsvertrag, der nach dem Zeitpunkt der Einbringung des Entwurfs des AltEinkG in den Bundestag (9.12.2003) abgeschlossen wurde, sind nach dem BFH-Urteil vom 17.4.2013 (BStBl 2014 II S. 15) bereits die durch das AltEinkG mit Wirkung ab dem 1.1.2005 herabgesetzten Ertragsanteile anzusetzen. Wird in diesem Zusammenhang sowohl eine garantierte »Grundrente« als auch eine nicht garantierte »Bonusrente aus der Überschussbeteiligung« bezogen, so sind beide Bestandteile der wiederkehrenden Bezüge einheitlich zu beurteilen und trotz der durch die fehlende Gleichmäßigkeit der Leistungen bedingten Nichterfüllung des Leibrentenbegriffs lediglich mit ihrem Ertrags- oder Zinsanteil der Einkommensbesteuerung zu unterwerfen (BFH-Urteil vom 20.6.2006, BStBl II S. 870). Dies gilt nach dem BFH-Urteil vom 17.4.2013 (a. a. O.) unabhängig davon, ob die Überschussbeteiligung als konstanter Betrag oder in degressiver Form ausgezahlt wird. Erwirbt zudem der Steuerpflichtige eine Leibrente unter Einschluss einer lebenslänglichen Hinterbliebenenrente zugunsten eines jüngeren Angehörigen (im Urteilsfall der Sohn des Steuerpflichtigen), so sind die ihm erwachsenen Erwerbsaufwendungen (Werbungskosten) nicht nach den Grundsätzen über die Nichtabziehbarkeit von Drittaufwand zu kürzen (BFH-Urteil vom 22.11.2006, BStBl 2007 II S. 390). Zur Höhe der auf die Kreditvermittlung entfallenden Provision vgl. BFH-Urteile vom 30.10.2001 (BStBl 2006 II S. 223) und vom 16.9.2004 (BStBl 2006 II S. 238). Zur Frage, ob ein vertraglich bestehendes Kündigungsrecht der Einkünfteerzielungsabsicht widerspricht, hat der BFH in seinem nicht zur Veröffentlichung vorgesehenen Urteil vom 19.1.2010 (X R 2/07, BFH/NV 2010 S. 1251) Stellung bezogen und zur weiteren Aufklärung an das FG zurückverwiesen. Der BFH hat jedoch klargestellt, dass die Existenz eines Kündigungsrechts, gleich, ob es sich um ein gesetzliches, nicht abdingbares Kündigungsrecht handelt oder ob es vertraglich eingeräumt wurde, allein kein Indiz für die Absicht eines Vertragspartners ist, dieses Kündigungsrecht auch auszuüben. Ob eine solche Absicht bestand, sei anhand der Gesamtumstände zu beurteilen. Die Finanzierungskosten für den Erwerb einer sog. Sicherheits-Kompakt-Rente, die den Abschluss einer Rentenversicherung als Versorgungskomponente und einer Lebensversicherung als Tilgungskomponente zum Gegenstand hat, sind nach Auffassung des BFH in seinem Urteil vom 11.12.2018 (BStBl 2019 II S. 231; bestätigt mit BFH-Urteil vom 27.10.2020, BStBl II 2021 S. 927) auch nach der Einführung des Werbungskostenabzugsverbots nach § 20 Abs. 9 EStG zum 1.1.2009 aufzuteilen in Werbungskosten, die anteilig den Einkünften aus Kapitalvermögen i. S. des § 20 Abs. 1 Nr. 6 EStG und den sonstigen Einkünften i. S. des § 22 Nr. 1 EStG zuzuordnen sind. Dies hat zur Folge, dass der auf die Einkünfte aus Kapitalvermögen entfallende Anteil der Finanzierungskosten im Ergebnis unberücksichtigt bleibt.

Vom **Finanzamt** wird für Werbungskosten bei wiederkehrenden Bezügen (einschließlich der Renten und Leistungen aus Altersvorsorgeverträgen) **mindestens** ein **Pauschbetrag von 102 €** berücksichtigt, wenn keine höheren Werbungskosten geltend gemacht werden. Dieser Pauschbetrag wird für jeden Steuerpflichtigen nur **einmal** bis zur Höhe seiner jeweiligen Einnahmen abgezogen. Der Pauschbetrag darf zu keinem Verlust führen. Werden **Ehegatten** zusammen veranlagt und haben beide Ehegatten wiederkehrende Bezüge, so erhält **jeder Ehegatte** den Pauschbetrag.

Der Werbungskostenpauschbetrag von **102 €** gilt für **alle** wiederkehrenden Bezüge (einschließlich Leibrenten, Leistungen aus Altersvorsorgeverträgen der Anlage R-AV / bAV und ausländische Renten der Anlage R-AUS sowie der in Zeilen 4 und 5 der **Anlage SO** zu erklärenden Bezüge und Unterhaltsleistungen) **eines Steuerpflichtigen**. Tatsächliche Werbungskosten, die in den **Zeilen 25 und 26** geltend gemacht werden, wirken sich daher steuerlich nur aus, wenn sie beim einzelnen Steuerpflichtigen **insgesamt 102 €** übersteigen. Die **Zeilen 25 und 26** brauchen somit **nicht ausgefüllt** werden, wenn **nur der Pauschbetrag** in Anspruch genommen wird. Der Werbungskostenpauschbetrag wird nicht ermäßigt, wenn die persönliche Steuerpflicht nur während eines Teils des Kj. bestanden hat.

Tatsächliche Werbungskosten sind entsprechend ihrer sachlichen Zugehörigkeit zu den einzelnen Erträgen in die jeweilige Zeile 25 und 26 einzutragen. Werte der Zeile 25 (Werbungskosten zu den Zeilen 4, 13 und 19) dienen nur dem Abgleich mit dem Pauschbetrag für Werbungskosten in Höhe von 102 €. Die Werbungskosten zu den Zeilen 9, 18 und 24 (einzutragen in Zeile 26) werden vom Finanzamt ggf. im Rahmen einer **Tarifvergünstigung** berücksichtigt (vgl. obige Erläuterungen zur Zeile 9).

17.7 Ansässigkeit in Belgien (gem. Art. 4 DBA Belgien)

27–28 Für Steuerpflichtige mit einem (weiteren) Wohnsitz in **Belgien** gelten folgende Besonderheiten:

Das Besteuerungsrecht für **Renten aus der gesetzlichen Rentenversicherung** steht grds. der Bundesrepublik Deutschland zu. Belgien kann jedoch die in Belgien freigestellten Einkünfte bei der Festsetzung der belgischen **Gemeindesteuern** berücksichtigen, wenn der Steuerpflichtige einen Wohnsitz in **Belgien** unterhält. Zum Ausgleich hierfür wird die deutsche Einkommensteuer nach Art. 19 des Zusatzabkommens zum DBA Belgien vom 5.11.2002 (BGBl 2003 II S. 1615) um **8 %** gemindert. Einem Steuerpflichtigen, der sowohl in Deutschland als auch in Belgien einen Wohnsitz hat und nach Art. 4 Abs. 2 DBA Belgien in Deutschland als ansässig gilt, z. B. beim Mittelpunkt der Lebensinteressen, steht der Minderungsbetrag von 8 % nicht zu. Die Minderung der Einkommensteuer um 8 % wird im Übrigen auch bei der Ermittlung der Bemessungsgrundlage für den **Solidaritätszuschlag** berücksichtigt, wenn die maßgebenden Freigrenzen (vgl. Tz 1.5.6) überschritten sind.

Der Minderungsbetrag betrifft jedoch nur die Einkommensteuer, die auf die nach dem v. g. Art. 19 DBA Belgien erfassten stpfl. Einkünfte entfällt. D. h., dass hierfür die insoweitigen Einnahmen und Werbungskosten separiert werden müssen. Für die Berücksichtigung der Minderung der Einkommensteuer nach Art. 19 des Zusatzabkommens zum DBA Belgien sind daher die bereits in Zeile 4 enthaltenen Einnahmen in Zeile 27 und die dazugehörigen Werbungskosten, die in den Zeilen 25 und 26 enthalten sein müssen, in Zeile 28 einzutragen.

17.8 Steuerstundungsmodelle

Die Beschränkung der Verlustverrechnung nach § 15b EStG gilt 2
nicht nur für gewerbliche Steuerstundungsmodelle; sie kann auch bei Verlusten bei den sonstigen Einkünften in Betracht kommen (§ 22 Nr. 1 Satz 1 EStG i. d. F. des Gesetzes vom 22.12.2005, BStBl 2006 I S. 80).

Auf die Erläuterungen zur Anlage G, Zeile 44 (vgl. Tz 21.11) wird zur Vermeidung von Wiederholungen Bezug genommen.

18. Anlage R-AV / bAV 2025 für Leistungen aus zertifizierten Altersvorsorgeverträgen und aus der betrieblichen Altersversorgung

18.0 Vorbemerkung

Aufgrund der Erweiterung des Datenabgleichs mussten für die Einkünfte aus Leibrenten sowie für Leistungen aus Altersvorsorgeverträgen und bestimmten Betriebsrenten ab 2020 **neue Anlagen R** geschaffen werden. Für Leistungen aus zertifizierten Altersvorsorgeverträgen (sog. Riester-Rente) und aus der betrieblichen Altersversorgung ist die Anlage R-AV / bAV vorgesehen.

Jeder **Ehegatte/Lebenspartner,** der solche Einkünfte bezieht, hat eine **eigene Anlage R-AV / bAV** abzugeben.

Wegen der grundsätzlichen Möglichkeit, an die Finanzverwaltung **übermittelte Daten** (sog. eDaten) übernehmen lassen zu können und nur bei Abweichung/fehlender Übermittlung eigene Erklärungsdaten zu liefern, vgl. **Vorbemerkungen Tz 13.**

18.1 Leistungen aus zertifizierten Altersvorsorgeverträgen und aus der betrieblichen Altersversorgung bei bestimmten Durchführungswegen

eDaten:
Die der Finanzverwaltung vorliegenden Daten zu Leistungen der betrieblichen Altersvorsorge und aus privaten Altersvorsorgeverträgen werden seit dem VZ 2019 aus der Rentenbezugsmitteilung (§ 22 a EStG) des jeweiligen Datenlieferers (z. B. Anbieter von sog. Riester-Renten) automatisch in die Einkommensteuerveranlagung übernommen. Eintragungen in den **Zeilen 4 und 5, 9 bis 16, 18 bis 23 sowie 25 und 26** sind daher – soweit die Daten zutreffend sind – **nicht** erforderlich.

Nach § 22 Nr. 5 EStG unterliegen Leistungen (Einnahmen) aus zertifizierten Altersvorsorgeverträgen als sonstige Einkünfte **in vollem Umfang** der Besteuerung, soweit sie auf Kapital beruhen, dessen Ansammlung steuerlich begünstigt wurde (vgl. Tz 4.1 unter Erläuterungen zur **Anlage AV**). Gleiches gilt für Leistungen aus der – geförderten – betrieblichen Altersversorgung. Beruhen Leistungen auf nicht geförderten Beiträgen, kommt es bei der Besteuerung auf die Art dieser Leistungen an. **Nicht geförderte Beiträge** sind in diesem Zusammenhang alle Einzahlungen, für die die folgenden Vorschriften nicht zur Anwendung kommen:

- § 3 Nr. 63 EStG (lohnsteuerfreie Leistungen des Arbeitgebers aus dem ersten Dienstverhältnis bis zu 8 % der Beitragsbemessungsgrenze in der allgemeinen gesetzlichen Rentenversicherung – 2025: 8 % von 96 600 € = 7 728 € – an kapitalgedeckt finanzierte Pensionskassen, Pensionsfonds oder Direktversicherungen mit weiterer Fördermöglichkeit bei aus Anlass des Dienstverhältnisses geleisteten Beiträgen),
- § 10 a EStG (zusätzliche Steuerermäßigung aufgrund des zusätzlichen Sonderausgabenabzugs, vgl. Tz 4.3 unter Erläuterungen zur Anlage AV),
- §§ 79–99 EStG (Altersvorsorgezulagen, vgl. Tz 4.2 unter Erläuterungen zur Anlage AV),
- § 3 Nr. 66 EStG (Lohnsteuerfreiheit für Leistungen des Arbeitgebers oder einer Unterstützungskasse an einen Pensionsfonds zur Übernahme bestehender Versorgungsanwartschaften unter bestimmten Bedingungen),
- § 3 Nr. 56 EStG (an § 3 Nr. 63 EStG angelehnte Lohnsteuerfreiheit für Lohnzahlungszeiträume ab 2008 für Beiträge an umlagefinanzierte Pensionskassen, wie z. B. die VBL),
- § 100 EStG (BAV-Förderbetrag).

D. h., bei nicht geförderten Beiträgen handelt es sich um solche, die zugunsten eines zertifizierten Altersvorsorgevertrags in einem Beitragsjahr eingezahlt wurden, in dem der Anleger nicht zum begünstigten Personenkreis gehört, oder für die keine Altersvorsorgezulage und kein steuerlicher Vorteil aus dem Sonderausgabenabzug nach § 10 a EStG erhalten wurde oder Beiträge eingezahlt wurden, die den Höchstförderbetrag überschritten haben (sog. »Überzahlungen«).

Betriebliche Altersversorgung liegt nach Rn 1 des BMF-Schreibens vom 12.8.2021 (BStBl I S. 1050) vor, wenn dem Arbeitnehmer aus Anlass seines Arbeitsverhältnisses vom Arbeitgeber Leistungen oder Beiträge zur Absicherung mindestens eines biometrischen Risikos (Alter, Tod, Invalidität) zugesagt und Ansprüche auf diese Leistungen erst mit dem Eintritt des biologischen Ereignisses fällig werden (§ 1 BetrAVG). Die Zusage des Arbeitgebers muss somit einem im Betriebsrentengesetz geregelten Versorgungszweck dienen, die Leistungspflicht nach dem Inhalt der Zusage durch ein im Gesetz genanntes biologisches Ereignis ausgelöst und durch die vorgesehene Leistung ein im Gesetz angesprochenes biometrisches Risiko teilweise übernommen werden (BAG-Urteil vom 16.3.2010, 3 AZR 594/09, Rn 23 ff.). Werden mehrere biometrische Risiken abgesichert, ist aus steuerrechtlicher Sicht die gesamte Vereinbarung/Zusage nur dann als betriebliche Altersversorgung anzuerkennen, wenn für alle Risiken die Vorgaben der Rn 1 bis 7 des BMF-Schreibens vom 12.8.2021 (a. a. O.) beachtet werden. Keine betriebliche Altersversorgung in diesem Sinne liegt vor, wenn vereinbart ist, dass ohne Eintritt eines biometrischen Risikos die Auszahlung an beliebige Dritte (z. B. die Erben) erfolgt. Dies gilt für alle Auszahlungsformen (z. B. lebenslange Rente, Auszahlungsplan mit Restkapitalverrentung, Einmalkapitalauszahlung und ratenweise Auszahlung). Als Durchführungswege der betrieblichen Altersversorgung kommen die Direktzusage (§ 1 Abs. 1 Satz 2 BetrAVG), die Unterstützungskasse (§ 1 b Abs. 4 BetrAVG), die Direktversicherung (§ 1 b Abs. 2 BetrAVG), die Pensionskasse (§ 1 b Abs. 3 BetrAVG, § 232 VAG) oder der Pensionsfonds (§ 1 b Abs. 3 BetrAVG, § 236 VAG) in Betracht. Eine der betrieblichen Altersversorgung zuzuordnende Direktversicherung nach Maßgabe der auch steuerrechtlich geltenden Definition in § 1 Abs. 1 Satz 1, § 1 b Abs. 2 Satz 1 BetrAVG fordert nach BFH-Auffassung (BFH-Urteil vom 16.3.2021, X R 44/18, juris) lediglich einen Kausalzusammenhang zwischen der Zusage des Arbeitgebers und dem Arbeitsverhältnis, nicht aber dessen Fortbestand. Dementsprechend können auch Zusagen anlässlich der Beendigung eines Arbeitsverhältnisses der betrieblichen Altersversorgung unterfallen.

Eintragungen in der Anlage R-AV / bAV sind auf Leistungen inländischer Anbieter zertifizierter Altersvorsorgeverträge und inländischer Pensionsfonds, Pensionskassen und Direktversicherungen beschränkt. Leistungen aus ausländischen Versorgungssystemen sind in der Anlage R-AUS (vgl. Tz 19) zu erfassen.

Nach § 22 Nr. 5 Satz 2 Buchst. a EStG sind bei lebenslangen Renten sowie bei Berufsfähigkeits-, Erwerbsminderungs- und Hinterbliebenenrenten die **auf nicht geförderten Beiträgen beruhenden Leistungen** aus Lebensversicherungsverträgen (einschließlich Direktversicherungen), Pensionsfonds und Pensionskassen (einschließlich umlagefinanzierten Versorgungseinrichtungen, wie z. B. VBL) nur mit dem **Ertragsanteil** zu besteuern. Steht keine lebenslange Versorgung der zuvor genannten Leistungen im Vordergrund, sind entsprechende Leistungen nach § 22 Nr. 5 Satz 2 Buchst. b EStG, die auf nicht geförderten Beiträgen beruhen, wie Erträge aus Lebensversicherungen nach § 20 Abs. 1 Nr. 6 EStG, steuerpflichtig. Aufgrund der vorrangigen Zuordnung zu den sonstigen Einkünften sind die Zinserträge nicht mit dem gesonderten Tarif nach § 32 d Abs. 1 EStG, sondern regulär-tariflich gem. § 32 a EStG zu besteuern (BFH-Urteil vom 16.3.2021, X R 44/18, juris). Geht die private Altersversorgung auf einen begünstigten Vertrag zurück, der kein

Lebensversicherungsvertrag ist (z. B. Anteile an Investmentfonds), zählen nach § 22 Nr. 5 Satz 2 Buchst. c EStG zu den voll zu besteuernden Leistungen auch solche Erträge, die auf nicht gefördertes Kapital entfallen. Die Besteuerung solcher Leistungen erfolgt in entsprechender Anwendung des § 20 Abs. 1 Nr. 6 Satz 2 EStG i. H. des Unterschiedsbetrags zwischen der Leistung und der Summe der auf sie entrichteten Beiträge. In § 22 Nr. 5 Satz 3 und 4 EStG sind weitere Fälle geregelt, u. a. die Besteuerung von **Erträgen aus schädlicher Verwendung** von gefördertem Altersvorsorgevermögen als sonstige Einkünfte. Im Einzelnen vgl. **BMF-Schreiben vom 5.10.2023** (BStBl I S. 1726).

4–26 Zur steuerlichen Erfassung der in den Zeilen 4 bis 26 bezeichneten sonstigen Einkünfte muss der Anbieter von Altersvorsorgeverträgen sowie der im Rahmen des § 22 Nr. 5 EStG zu versteuernden Leistungen aus einer betrieblichen Altersversorgung Verpflichtete (§ 80 EStG) dem Leistungsempfänger nach amtlich vorgeschriebenem Vordruck eine Bescheinigung über den Betrag der im abgelaufenen Kj. zugeflossenen Leistungen erteilen, wenn Altersvorsorgeleistungen / Leistungen der betrieblichen Altersversorgung erstmals bezogen werden oder sich deren Höhe ändert oder Erträge aus einer schädlichen Verwendung zufließen (§ 22 Nr. 5 Satz 7 EStG). Mit BMF-Schreiben vom 9.11.2020 (BStBl I S. 1061) wurde das amtlich vorgeschriebene Vordruckmuster über die Mitteilung stpfl. Leistungen aus einem Altersvorsorgevertrag oder aus einer betrieblichen Altersversorgung ab dem Kj. 2020 bekannt gegeben. Nach der Neufassung durch das Dritte Bürokratieentlastungsgesetz vom 22.11.2019 (BGBl I S. 1746) kann die Mitteilung mit Einverständnis des Steuerpflichtigen elektronisch bereitgestellt werden. In der Mitteilung ist zu unterscheiden zwischen Leistungen, die nur mit dem Ertragsanteil zu versteuern sind, und Leistungen, die in vollem Umfang der Besteuerung unterliegen. Das amtliche Muster (mit Hinweisen zur Besteuerung der jeweiligen Leistungen) wurde mit BMF-Schreiben vom 2.10.2019 (BStBl I S. 978) bekannt gegeben. Die bescheinigten Leistungen sowie ggf. Leistungsbeginn und -ende sind in die entsprechenden Zeilen 4 bis 26 einzutragen, soweit die übermittelten eDaten nicht übernommen werden sollen. Einzelheiten zur Besteuerung von Leistungen aus der betrieblichen Altersversorgung sind in den Rn 145 bis 175 des BMF-Schreibens vom 12.8.2021 (BStBl I S. 1050), zuletzt geändert durch BMF-Schreiben vom 18.3.2022 (BStBl I S. 333), geregelt.

5–8 Bei Leistungen aus Pensionsfonds kann es – abweichend vom Grundsatz der vollen Besteuerung nach § 22 Nr. 5 Satz 1 EStG – zu einer Begünstigung kommen. In den Fällen, in denen die Ansprüche gegen den früheren Arbeitgeber nach § 3 Nr. 66 EStG steuerbegünstigt auf einen Pensionsfonds übertragen wurden, ist die teilweise Steuerfreistellung als sog. **Versorgungsbezug** mit dem Versorgungsfreibetrag und dem Zuschlag zum Versorgungsfreibetrag möglich. D. h., die Leistungen werden wie Leistungen vom früheren Arbeitgeber besteuert (vgl. Tz 11.4 unter Erläuterungen zur Anlage N, Zeilen 11–16).

9 Mit der Änderung durch das Betriebsrentenstärkungsgesetz vom 17.8.2017 (BGBl I S. 3214) stellen Auszahlungen zur Abfindung von Leistungen aus Altersvorsorgeverträgen (für sog. Kleinbetragsrenten) im Jahr des Beginns der Auszahlungsphase und im darauffolgenden Jahr keine schädliche Verwendung dar. Dies gilt erstmals für Leistungen, die **nach dem 31.12.2017** gezahlt (abgefunden) werden. Bei Kapitalabfindungen einer Kleinbetragsrente bis einschließlich VZ 2017 ist dagegen nach Verwaltungsauffassung keine ermäßigte Besteuerung möglich.

Eine Kleinbetragsrente nach § 93 Abs. 3 EStG liegt vor, wenn bei gleichmäßiger Verteilung des zu Beginn der Auszahlungsphase zur Verfügung stehenden geförderten Kapitals – einschließlich einer eventuellen Teilkapitalauszahlung, jedoch ohne einen eventuellen Altersvorsorge-Eigenheimbetrag – über die gesamte Auszahlungsphase der Wert von 1 % der monatlichen Bezugsgröße nach § 18 SGB VI nicht überschritten wird (vgl. Rn 202 des BMF-Schreibens vom 5.10.2023, BStBl I S. 1726). Der BFH hat zwischenzeitlich zur Frage, ob Einmalzahlungen von Kleinbetragsrenten bereits vor dem 1.1.2018 ermäßigt zu besteuern sind, mit Urteil vom 11.6.2019 – X R 7/18 (BStBl II S. 583) entschieden, dass aufgrund der mehrjährigen Beitragszahlung grds. von einer Vergütung für mehrjährige Tätigkeit i. S. des § 34 Abs. 2 Nr. 4 EStG auszugehen ist und damit eine ermäßigte Besteuerung grds. in Betracht kommt. Die Anwendung des ermäßigten Steuersatzes auf Vergütungen für mehrjährige Tätigkeiten erfordert jedoch zusätzlich die Außerordentlichkeit dieser Einkünfte. Hierfür sei im Falle der Kapitalisierung von Altersbezügen entscheidend, dass eine solche Zusammenballung der Einkünfte in dem betreffenden Lebens-, Wirtschafts- und Regelungsbereich nicht dem typischen Ablauf entspricht. Ob darüber hinaus in dem konkreten Vertrag die Möglichkeit einer Kapitalabfindung bereits von Anfang an vorgesehen war oder nicht, habe demgegenüber nur indizielle Bedeutung. Die Anwendung des ermäßigten Steuersatzes auf Kapitalabfindungen von Kleinbetragsrenten aus Altersvorsorgeverträgen könne in der Zeit vor dem Inkrafttreten des § 22 Nr. 5 Satz 13 EStG nicht allein mit der Begründung verneint werden, eine solche Kapitalisierungsmöglichkeit sei in dem betreffenden Altersvorsorgevertrag von Anfang an vorgesehen gewesen. Entscheidend sei vielmehr, ob die Kapitalisierung laufender Rentenansprüche im Bereich der Altersvorsorgeverträge (§§ 82 ff. EStG) als atypisch anzusehen ist. Das Verfahren wurde an das FG Berlin-Brandenburg zurückverwiesen, um dies zu prüfen. Mit Urteil vom 26.10.2020 – 7 K 7032/16 kam das FG Berlin-Brandenburg zu dem Ergebnis, dass bei der Inanspruchnahme einer nach § 93 Abs. 3 EStG möglichen förderunschädlichen Kapitalauszahlung keine Atypik vorliegt und somit die Voraussetzung für eine ermäßigte Besteuerung nicht gegeben ist.

Darüber hinaus wurden die weiteren zur Anwendung der ermäßigten Besteuerung auf Kapitalabfindungen vor dem 1.1.2018 anhängigen BFH-Verfahren X R 39/17 und X R 24/18 im Wesentlichen inhaltsgleich entschieden und ebenfalls an die Vorinstanzen FG Köln und FG Nürnberg zurückverwiesen, um die o. a. Prüfung vorzunehmen. Mit Urteil vom 12.8.2020 (5 K 3136/16, juris) hat das FG Köln im zweiten Rechtsgang entschieden, dass die Kapitalisierung laufender Rentenansprüche im Bereich der Altersvorsorgeverträge nicht als atypisch bzw. nicht als außerordentlich anzusehen ist, und eine Ermäßigung versagt. Zur Anwendung der ermäßigten Besteuerung auf einmalige Kapitalleistungen bei einer betrieblichen Altersversorgung mittels Pensionskasse durch Entgeltumwandlung nach Ausüben eines vorgesehenen Wahlrechts vgl. das beim BFH unter Az. X R 28/23 anhängige Verfahren gegen das Urteil des Thüringer FG vom 13.12.2023 (4 K 294/20, juris), das hierin keine Atypik erkannte und damit die begehrte Steuerermäßigung versagte. Unter dem Az. X R 25/23 beim BFH anhängig ist ein ähnliches Verfahren (gg. Urteil des FG Münster vom 24.10.2023, 1 K 1990/22 E, juris), in dem bei einem vorher vereinbartem Kapitalwahlrecht bei einer Durchführung mittels Direktversicherung ebenfalls in erstinstanzlicher Entscheidung die Steuerermäßigung versagt wurde.

Zur Berücksichtigung im Rahmen der Ermäßigung für außerordentliche Einkünfte sind darauf beruhende Einmalzahlungen in Zeile 9 einzutragen, **soweit die übermittelten eDaten nicht übernommen werden sollen**.

Nach dem BMF-Schreiben vom 7.12.2011 (BStBl I S. 1223, Rz 92) **12–**
ist in Fällen, in denen nach dem 31.12.2004 eine Rente einer anderen Rente aus derselben Versicherung nachfolgt und in denen die Leistung ganz oder teilweise der Besteuerung mit dem Besteuerungsanteil (vgl. Tz 17.3) unterliegt, aufgrund der vorhergehenden Rente ein fiktiver Rentenbeginn zur Bestimmung des Besteuerungsanteils der nachfolgenden Rente zu ermitteln. Dafür sind Beginn (Zeile 12) und Ende (Zeile 13) der vorhergehenden Rente einzutragen, **soweit die übermittelten eDaten nicht übernommen werden sollen**.

Die im Vordruck enthaltene Abfrage des für die Ermittlung des Ertragsanteils maßgeblichen Geburtsdatums der (verstorbenen) versicherten Person in **Zeile 17** dient der zutreffenden Ermittlung des Ertragsanteils für den Fall, dass die rentenberechtigte Person innerhalb der Rentengarantiezeit verstirbt und Rente an die Erben ausbezahlt wird. Regelanwendungsfall und daher im Vordruck beispielhaft erwähnt ist somit der Erblasser bei einer Garantiezeitrente, dessen Geburtsdatum in Zeile 17 einzutragen ist. Nach dem BMF-Schreiben vom 1.10.2009 (BStBl I S. 1172, Rz 20) zur Besteuerung von Versicherungserträgen erfolgt die Besteuerung nach denselben Grundsätzen, wie sie für den Erblasser galten, sodass auf den Beginn der Rentenzahlung des Erblassers abgestellt wird. D. h., der auf den Erblasser angewandte Ertragsanteil wird fortgeführt.

26 Nachzahlungen **für mehrere vorangegangene Jahre** in **Zeile 26** dienen der Prüfung durch das Finanzamt, ob hierfür eine **Tarifvergünstigung** in Betracht kommt. Die Erläuterungen zu **Zeile 9 (vgl. Tz 17.1) und 18 (vgl. Tz 17.2)** der Anlage R gelten hier entsprechend. Von Nachzahlungen zu trennen sind jedoch (Teil-)Kapitalauszahlungen aus zertifizierten Altersvorsorgeverträgen (sog. Riester-Rente). Für diese wird keine ermäßigte Besteuerung gewährt. Dies hat der BFH bestätigt und entschieden, dass die einmalige Kapitalabfindung laufender Ansprüche gegen eine der betrieblichen Altersversorgung dienende Pensionskasse nach dem BFH-Urteil vom 20.9.2016 (BStBl 2017 II S. 347) jedenfalls dann dem regulären Einkommensteuertarif unterliegt, wenn das Kapitalwahlrecht schon in der ursprünglichen Versorgungsregelung enthalten war. Es handelt sich insoweit nicht um ermäßigt zu besteuernde außerordentliche Einkünfte. Der BFH bestätigte damit die Auffassung des BMF (BMF-Schreiben vom 12.8.2021, BStBl I S. 1050, Rn 149). Eine Vergütung für mehrjährige Tätigkeit i. S. des § 34 Abs. 2 Nr. 4 EStG ist nach dem BFH-Urteil vom 23.4.2021 (BStBl II S. 692) auch dann anzunehmen, wenn mit dem Teil einer Abfindung ein arbeitnehmerfinanziertes Aufbaukonto neben einem arbeitgeberfinanzierten Basiskonto bespart wurde und die Auszahlung aus dem Aufbaukonto als Einmalbetrag bei weiterhin bestehender Anwartschaft im Basiskonto erfolgt.

18.2 Tatsächliche Werbungskosten, Werbungskostenpauschbetrag

-37 Hier sind **Werbungskosten in tatsächlicher Höhe** geltend zu machen, die mit Leibrenten und anderen in der Anlage R bezeichneten Leistungen in wirtschaftlichem Zusammenhang stehen. Zu den Werbungskosten gehören z. B. Kosten für Rentenberater und/oder Rechtsberatungs- und Prozesskosten, die im Zusammenhang mit Ansprüchen aus den gesetzlichen Rentenversicherungen aufgewendet werden (BMF-Schreiben vom 20.11.1997, BStBl 1998 I S. 126). Sind im Jahr 2025 noch keine Einnahmen aus Renten zugeflossen, aber bereits Werbungskosten (z. B. für Rentenberatung) entstanden, sind diese Kosten ebenfalls hier einzutragen. Hierdurch entstehen **negative sonstige Einkünfte**, die mit anderen Einkünften verrechnet werden und sich steuermindernd auswirken.

Schuldzinsen für einen **Kredit** zur Nachentrichtung freiwilliger Beiträge zur Angestelltenversicherung sind in voller Höhe **Werbungskosten** bei den sonstigen Einkünften (BFH-Urteil vom 21.7.1981, BStBl 1982 II S. 41). Nach den Urteilsgründen ist es belanglos, in welchem zeitlichen Zusammenhang die Kreditkosten mit den späteren Rentenbezügen stehen oder ob der Versicherungsfall wirklich eintritt. Sind Schuldzinsen für die Nachentrichtung von Beiträgen für Altersvorsorgeverträge und/oder die betriebliche Altersversorgung entstanden und in 2025 getragen worden, sind sie ebenfalls abzugsfähig.

Vom **Finanzamt** wird für Werbungskosten bei wiederkehrenden Bezügen (einschließlich der Renten und Leistungen aus den Anlagen R und R-AUS) **mindestens** ein **Pauschbetrag von 102 €** berücksichtigt, wenn keine höheren Werbungskosten geltend gemacht werden. Dieser Pauschbetrag wird für jeden Steuerpflichtigen nur **einmal** bis zur Höhe seiner jeweiligen Einnahmen abgezogen. Der Pauschbetrag darf zu keinem Verlust führen. Werden **Ehegatten** zusammen veranlagt und haben beide Ehegatten wiederkehrende Bezüge, so erhält **jeder Ehegatte** den Pauschbetrag.

Der Werbungskostenpauschbetrag von **102 €** gilt für **alle** wiederkehrenden Bezüge (einschließlich Leibrenten, Leistungen aus Altersvorsorgeverträgen und der in Zeilen 4 und 5 der **Anlage SO** zu erklärenden Bezüge und Unterhaltsleistungen) **eines Steuerpflichtigen**. Tatsächliche Werbungskosten, die in den **Zeilen 27 bis 33** geltend gemacht werden, wirken sich daher steuerlich nur aus, wenn sie beim einzelnen Steuerpflichtigen **insgesamt 102 €** übersteigen. Die **Zeilen 27 bis 33** brauchen somit **nicht ausgefüllt** werden, wenn **nur der Pauschbetrag** in Anspruch genommen wird. Der Werbungskostenpauschbetrag wird nicht ermäßigt, wenn die persönliche Steuerpflicht nur während eines Teils des Kj. bestanden hat.

Tatsächliche Werbungskosten sind entsprechend ihrer sachlichen Zugehörigkeit zu den einzelnen Erträgen in die jeweilige Zeile 27 bis 33 einzutragen. Werte der Zeile 27 (Werbungskosten zu den Zeilen 4 und 21) dienen nur dem Abgleich mit dem Pauschbetrag für Werbungskosten i. H. von 102 €, beschränkt jedoch auf Leistungen i. S. des § 22 Nr. 5 EStG. Die gesonderte Angabe der Werbungskosten zu Zeile 5 (in Zeile 28) ist notwendig, weil diese Werbungskosten in die Berechnung des Altersentlastungsbetrags einzubeziehen sind, aber auch für den Versorgungsfreibetrag und Zuschlag zum Versorgungsfreibetrag i. S. des § 19 Abs. 2 EStG (vgl. Tz 11.4 unter Erläuterungen zur Anlage N, Zeile 11) eine Rolle spielen. Werbungskosten der Zeile 29 (zu Einnahmen, die in die Zeilen 10, 15 und 18 einzutragen sind) dienen überwiegend dem gesonderten Ausweis von sog. Ertragsanteilsrenten im Steuerbescheid. Werbungskosten zu den Zeilen 22 und 23 sind in den Zeilen 30 und 31 einzutragen und stehen mit Zahlungen im Zusammenhang, die auf der sog. Eigenheimrente beruhen. Die Werbungskosten zur Zeile 26 (einzutragen in Zeile 32 und 33) werden vom Finanzamt ggf. im Rahmen einer **Tarifvergünstigung** berücksichtigt (siehe Erläuterungen zur Zeile 9 (vgl. Tz 17.1) und 18 (vgl. Tz 17.2) der Anlage R).

19. Anlage R-AUS 2025 für Renten und andere Leistungen aus ausländischen Versicherungen/ausländischen Rentenverträgen/ausländischen betrieblichen Versorgungseinrichtungen

19.0 Vorbemerkung

Aufgrund der Neugliederung der früheren Anlage R zum verbesserten Datenabgleich bei der Übermittlungspflicht wurden Leistungen aus dem Ausland, die zu sonstigen Einkünften für Renten und ähnliche Leistungen führen, ab 2020 in die neue Anlage R-AUS ausgegliedert (vgl. Tz 17 unter Erläuterungen zur Anlage R, Vorbemerkungen). Jeder **Ehegatte/Lebenspartner,** der solche Einkünfte bezieht, hat eine **eigene Anlage R-AUS** abzugeben. Die Anlage R-AUS dient dabei der Berücksichtigung der unterschiedlichen Begünstigungen zur Ermittlung der Einkünfte für sonstige Einkünfte aus Renten und ähnlichen Leistungen. Zur Anrechnung der im ausländischen Staat einbehaltenen Quellensteuer ist die Anlage AUS zu verwenden. **Liegt das Besteuerungsrecht für aus dem Ausland bezogene Renten ausschließlich im ausländischen (Quellen-)Staat, sind lediglich Angaben in den Zeilen 34 bis 38 der Anlage AUS erforderlich.** In die Anlage R-AUS können Renten aus zwei Staaten eingetragen werden. Sollten weitere Renten zugeflossen sein, sind diese Werte in weiteren Anlagen R-AUS einzutragen und die Nummerierung über die Zeile 3 der Anlage(n) R-AUS vorzunehmen.

Im Übrigen ist zu beachten, dass bei Auslandssachverhalten erhöhte Mitwirkungspflichten nach § 90 Abs. 2 AO bestehen. Auch sieht § 68b Satz 1 EStDV vor, dass **Nachweise** über die Höhe von ausländischen Einkünften und über die Festsetzung und Zahlung von ausländischen Steuern **durch Vorlage** entsprechender Urkunden (z.B. Steuerbescheid, Quittung über die Zahlung) zu führen sind. Insofern gilt in Bezug auf die Anlage R-AUS nicht die allgemeine Belegvorhaltepflicht, sondern die **Belegvorlagepflicht** (vgl. Vorbemerkungen Tz 14.1). Belege sind daher in Kopie zusammen mit der Einkommensteuererklärung einzureichen oder bei der Erstellung und elektronischen Übermittlung der Einkommensteuererklärung beispielsweise über »Mein ELSTER« direkt digital mit den entsprechenden Eingabefeldern zu verknüpfen (vgl. Vorbemerkungen Tz 14.4).

19.1 Ausländische Leibrenten und Leistungen, die mit Leistungen eines inländischen Versorgungsträgers (gesetzliche Rentenversicherung, landwirtschaftliche Alterskasse und berufsständische Versorgungseinrichtungen) vergleichbar sind

vor 4 Zur grundsätzlichen Neuregelung der Rentenbesteuerung ab 2005 wird zur Vermeidung von Wiederholungen auf die Ausführungen zur Anlage R (vgl. Tz 17.1) verwiesen.

In die Anlage R-AUS sind **nur** diejenigen Renten und anderen Leistungen einzutragen, für die **Deutschland das Besteuerungsrecht** hat. Dabei ist zwischen Staaten zu unterscheiden, mit denen Deutschland zur Besteuerung von Renten/Altersbezügen ein DBA abgeschlossen hat, und solchen, mit denen es kein DBA gibt, das diese Besteuerung regelt. Eine Zusammenfassung der Staaten, mit denen Deutschland ein DBA abgeschlossen hat, ist im BMF-Schreiben vom 17.1.2019 (BStBl I S. 31) enthalten. Stammt die Rente aus einem Staat, mit dem insoweit kein DBA besteht, unterliegt die Rente aufgrund des nach § 2 Abs. 1 EStG bei unbeschränkter ESt-Pflicht umfassenden Welteinkommensprinzips der deutschen (Doppel-)Besteuerung. Die Anrechnung der im Ausland angefallenen Quellensteuer ist bei Nachweis der Zahlung und mangels dortiger Ermäßigung nach § 34c EStG auf die deutsche ESt anrechenbar (vgl. Ausführungen zur Anlage AUS). Bei den Staaten, mit denen Deutschland ein DBA geschlossen hat, ist nur bei deutschem Besteuerungsrecht als Wohnsitzstaat eine Eintragung in der Anlage R-AUS erforderlich. Das ist z.B. für Albanien, Armenien, Aserbaidschan, Australien, Bolivien, Bosnien-Herzegowina, Ecuador, Elfenbeinküste, Estland, Frankreich (nur für Ruhegehälter aus der gesetzlichen Sozialversicherung), Griechenland, Indien, Indonesien, Iran, Island, Israel, Italien (ohne italienische Staatsbürgerschaft, bestätigt mit BFH-Urteil vom 17.8.2022, I R 17/19, BStBl II 2023 S. 554), Jamaika, Japan, Kosovo, Kuwait, Lettland, Liberia, Litauen, Marokko, Moldau, Mongolei, Montenegro, Namibia, Pakistan, Portugal (offen für Rentenzahlungen, die ein früherer Freiberufler aus einem berufsständischen Versorgungswerk erhält, vgl. Revision beim BFH unter Az. X R 1/24 gegen FG Rheinland-Pfalz vom 15.11.2023, 1 K 2026/22), Russland, Sambia, Schweden (ohne schwedische Staatsbürgerschaft), Schweiz, Serbien, Slowakei, Slowenien, Sri Lanka, Südafrika, Thailand, Tschechien, Tunesien, Turkmenistan, USA, Venezuela, Vereinigte Arabische Emirate, Vietnam und Zypern der Fall. Eine Anrechnung ausländischer Steuern (über die Anlage AUS) ist somit nicht erforderlich. Besteht dagegen das ausschließliche Besteuerungsrecht im (ausländischen) **Quellenstaat,** sind die Renten und anderen Leistungen in Deutschland steuerfrei. Dies gilt für Ägypten, Algerien, Belarus (Weißrussland), Belgien, Bulgarien, Dänemark (vgl. BFH-Urteil vom 14.7.2010, X R 37/08, juris), Finnland, Frankreich (nur für Ruhegehälter von ehemals im öffentlichen Dienst Beschäftigten; zur Abgrenzung für aus öffentlichen Kassen bezogene Pensionen vgl. das beim BFH anhängige Revisionsverfahren X R 10/24 gegen das Urteil des FG Berlin-Brandenburg vom 21.3.2024, 12 K 12067/21), Georgien, Ghana, Großbritannien, Irland, Italien (mit italienischer Staatsbürgerschaft), Jersey, Kasachstan, Kirgisien, Korea, Kroatien, Liechtenstein, Luxemburg, Malaysia, Malta, Mauritius, Mazedonien, Mexiko, Neuseeland, Österreich, Philippinen, Polen, Rumänien, Schweden (mit schwedischer Staatsbürgerschaft), Simbabwe, Singapur, Syrien, Tadschikistan, Taiwan, Ukraine, Ungarn, Uruguay und Usbekistan. Ein Eintrag in der **Anlage R-AUS** ist in diesen Fällen **nicht** vorzunehmen. Zur Ermittlung des besonderen Steuersatzes für Progressionseinkünfte sind die Einkünfte daraus aber in **Anlage AUS** einzutragen. Für Bulgarien, Dänemark, Großbritannien, Irland, Luxemburg, Neuseeland und Ungarn gilt dies allerdings nur, wenn die Renten dort trotz Zuweisung des Besteuerungsrechts auch tatsächlich besteuert worden sind. Sind Renten und andere Leistungen der Altersversorgung nach DBA sowohl in Deutschland als auch im Quellenstaat (z.B. Argentinien, Bangladesch, China, Kanada, Niederlande, Norwegen, Spanien, Trinidad/Tobago und Türkei) zu besteuern, sind die **Renten in der Anlage R-AUS** und die **Quellensteuer in der Anlage AUS** einzutragen.

Darüber hinaus ist für die Zuordnung von ausländischen Leibrenten und Leistungen die Vergleichbarkeit mit den in der Überschrift aufgeführten inländischen Versorgungsträgern entscheidend. Da bei der Rentenbesteuerung zwischen Besteuerungsanteil, Ertragsanteil und voller Besteuerung unterschieden wird, ist eine Qualifizierung nach deutschem Recht vorzunehmen. Im Wesentlichen ist dabei auf die Vergleichbarkeit der ausländischen Renten und Leistungen mit der gesetzlichen Sozialversicherung bzw. der individuellen (privaten) Altersvorsorge nach deutschem Recht abzustellen. So handelt es sich z.B. bei Leistungen aus einem US-amerikanischen Altervorsorgeplan (»*401(k) pension plan*«) nach dem BFH-Urteil vom 28.10.2020 (BStBl II 2021 S. 675) um sonstige Einkünfte gem. § 22 Nr. 5 Satz 1 EStG, d.h. um Leistungen aus einem geförderten Altersvorsorgesystem. Dabei sind nach § 22 Nr. 5 Satz 2 EStG die Einkünfte der Unterschiedsbetrag zwischen Kapitalauszahlung und Einzahlungen, sofern der Steuerpflichtige während der Ansparphase nicht der inländischen Besteuerung unterlag, sodass die in § 22 Nr. 5 EStG abschließend aufgezählten steuerrechtlichen Freistellungen oder sonstigen Förderungen von Beiträgen nicht gewährt werden konnten. Um allerdings eine Besserstellung von Leistungen aus ausländischen betrieblichen Altersversorgungseinrichtungen, die auf im Ausland begünstigten oder steuerfrei gestellten Beiträgen beruhen, zu vermeiden, hat der Gesetzgeber mit dem JStG 2024 vom 2.12.2024 (BGBl I Nr. 387) eine ab dem 1.1.2025 geltende Anpassung des § 22 Nr. 5 Satz 2 EStG vorgenommen. Danach tritt die volle Besteuerung nach § 22 Nr. 5 Satz 1 EStG auch ein, wenn die ausgezahlten Leistungen auf Beiträgen in eine ausländische Versorgungseinrichtung beruhen, für die bei der deutschen Besteuerung oder der Besteuerung in einem anderen Staat eine (mit der im Inland) vergleichbare steuerliche Freistellung oder Begünstigung gewährt wurde.

Altersbezüge aus früheren Dienstverhältnissen, die vom früheren Arbeitgeber ausgezahlt werden oder durch ihn bei einem Dienstleister angespart wurden, sind nicht in der Anlage R-AUS einzutragen, sondern bei Zuweisung des deutschen Steuerrechts in der Anlage N (vgl. Tz 11.4 unter Erläuterungen zur Anlage N, Zeilen 11 bis 15). Solche Renten/Leistungen liegen vor, wenn der Leistungsempfänger (Arbeitnehmer) im Rahmen der Ansparphase keine eigenen Beiträge für den Erwerb des Leistungsanspruchs erbracht hat. Typische Beispiele sind Beamtenpensionen sowie Werks- bzw. Betriebsrenten, die durch den Arbeitgeber angespart und ausgezahlt wurden. Zur Abgrenzung zwischen Versorgungsbezügen und Renten ist vor allem der Zahler zu betrachten, in Kombination mit den Angaben zur Art und Charakteristik der Leistung.

19.2 Renten, insbesondere Leibrenten

Bei der Besteuerung der Renten als sonstige Einkünfte wird entsprechend ihrer Laufzeit zwischen **Leibrenten, abgekürzten Leibrenten** und **Zeitrenten** unterschieden. Für die in den Zeilen 4 bis 13 der Anlage R-AUS relevante Besteuerung nach § 22 Nr. 1 Satz 3 Buchst. a Doppelbuchst. aa EStG (dem Grunde nach) ist diese Unterscheidung nur bei Anwendung der sog. Öffnungsklausel (vgl. Zeilen 11–13) von Bedeutung.

Der Begriff **Leibrente** i. S. des § 22 EStG ist ein vom bürgerlichen Recht (§§ 759 ff. BGB) abweichender steuerrechtlicher Begriff und erfordert **gleichmäßige**, zahlen- oder wertmäßig festgelegte Bezüge, die **periodisch** wiederkehren und auf einem einheitlichen Stammrecht (Rentenrecht) beruhen und deren Dauer von der **Lebenszeit** einer Person abhängt. Unbedeutende Schwankungen in der Bemessungsgrundlage der Bezüge oder Veränderungen in der absoluten Höhe, die sich ergeben, weil die Bezüge aus gleichmäßigen Sachleistungen bestehen, schließen die Annahme einer Leibrente nicht aus (R 22.3 EStR).

Ein Leibrentenvertrag im steuerlichen Sinn liegt nicht vor, wenn die Leistungen von den jeweiligen wirtschaftlichen Verhältnissen des Gebers oder des Empfängers abhängig und damit veränderlich sind, oder wenn die Bezüge sich nach dem gewerblichen Gewinn oder Umsatz eines fremden Unternehmens richten (BFH-Urteile vom 10.10.1963, BStBl III S. 592, vom 27.5.1964, BStBl III S. 475, und vom 25.11.1966, BStBl 1967 III S. 178). Der Annahme einer Leibrente stehen aber eine Wertsicherungsklausel oder sog. Währungsklauseln, das Erlöschen der Zahlungspflicht bei Wiederverheiratung und die Anrechnung einer Sozialversicherungsrente nicht entgegen (BFH-Urteil vom 5.12.1980, BStBl 1981 II S. 265). Durch die Einräumung eines lebenslänglichen Wohnrechts und die Versorgung mit Strom und Heizung wird eine Leibrente nicht begründet (BFH-Urteile vom 2.12.1966, BStBl 1967 III S. 243 und vom 12.9.1969, BStBl II S. 706).

Abgekürzte Leibrenten sind Leibrenten, die auf eine bestimmte Zeit beschränkt sind. Sie erlöschen, wenn die Person, von deren Lebenszeit sie abhängen, vor Ablauf der zeitlichen Begrenzung stirbt. Überlebt die Person die zeitliche Begrenzung, so endet die abgekürzte Leibrente mit ihrem Zeitablauf.

Zeitrenten sind wiederkehrende Bezüge, die nicht von der Lebenszeit eines Menschen abhängen, sondern auf eine bestimmte Zeit befristet sind. Anders als bei Leibrenten ist die Laufzeit von Zeitrenten von vornherein fest begrenzt. Private Zeitrenten sind beim Empfänger grds. in voller Höhe als sonstige Einkünfte zu erfassen (wegen Einzelheiten vgl. **Tz 20.2 unter Erläuterungen zur Anlage SO,** Zeile 4).

Als sonstige Einkünfte kommen nur die **privaten** Leibrenten, d. h. nicht betriebliche Renten in Betracht. Dazu zählen jedoch auch Renten, die anlässlich des unentgeltlichen Übergangs eines Betriebs zwischen Eltern und Kindern vereinbart werden (sog. Versorgungsrenten), oder Leibrenten, die durch einmalige Zahlungen (z. B. an Versicherungsgesellschaften) oder in bestimmten Fällen gegen Hingabe bestimmter Vermögensgegenstände (z. B. Grundstücke; vgl. BMF-Schreiben vom 11.3.2010, BStBl I S. 227, und Teil II Tz 7.3) erworben worden sind.

Versorgungsbezüge, die vom früheren Arbeitgeber direkt gezahlt werden, stellen keine sonstigen Einkünfte i. S. des § 22 EStG, sondern **Arbeitslohn** dar (vgl. Tz 11.4 unter Erläuterungen zur Anlage N, Zeile 11). Dazu gehören auch Ruhegeldzahlungen an ehemalige NATO-Bedienstete (vgl. BFH-Urteil vom 22.11.2006, BStBl 2007 II S. 402) und Altersversorgungsleistungen, die ein ehemaliger Bediensteter des Europäischen Patentamts von dem Reservefonds der Europäischen Patentorganisation bezieht (vgl. BFH-Urteil vom 23.2.2017, BStBl II S. 636). Hingegen unterliegen Ruhegehälter, die ehemaligen Bediensteten in internationalen Organisationen gezahlt werden, der Besteuerung nach § 22 Abs. 1 Satz 3 Buchst. a Doppelbuchst. aa EStG, sofern es sich bei dem Alterssicherungssystem der jeweiligen Organisation um ein System handelt, das mit der inländischen gesetzlichen Rentenversicherung vergleichbar ist (z. B. Bank für Internationalen Zahlungsausgleich – BIZ, Europäische Organisation für astronomische Forschung in der südlichen Hemisphäre – ESO, Europäische Organisation für Kernforschung – CERN, Europäisches Laboratorium für Molekularbiologie – EMBL oder Vereinte Nationen – VN), vgl. Rz. 199 des BMF-Schreibens vom 19.8.2013 (BStBl I S. 1087), geändert mit BMF-Schreiben vom 10.1.2022 (BStBl I S. 36).

Versorgungsbezüge über einen vom (ehemaligen) Arbeitgeber beauftragten externen Versorgungsträger können dagegen zu sonstigen Einkünften i. S. des § 22 Nr. 5 EStG führen (vgl. Tz 18.1 unter Erläuterungen zur Anlage R-AV / bAV, Zeilen 4 bis 26).

Schmerzensgeldrenten nach § 253 Abs. 2 BGB (früher: § 847 BGB) und Schadensersatzrenten zum Ausgleich vermehrter Bedürfnisse, sog. Mehrbedarfsrenten nach § 843 Abs. 1, 2. Alternative BGB, zählen ebenso nicht zu den Einkünften wie Unterhaltsrenten nach § 844 Abs. 2 BGB (vgl. Tz 20.2 – Ausführungen zur Zeile 4 der Anlage SO – sowie BMF-Schreiben vom 15.7.2009, BStBl I S. 836). Erziehungsrenten der gesetzlichen Rentenversicherung sind mit dem Besteuerungsanteil gemäß § 22 Nr. 1 Satz 3 Buchst. a Doppelbuchst. aa EStG der Besteuerung zu unterwerfen. Sie unterscheiden sich nach dem BFH-Urteil vom 19.8.2013 (BStBl 2014 II S. 557) von den nicht steuerbaren Schadensersatzrenten oder Unterhaltsrenten gemäß § 844 Abs. 2 BGB, weil sie auf steuerlich abziehbaren Beiträgen in der gesetzlichen Rentenversicherung beruhen. Die Einbeziehung der Erziehungsrenten in § 22 Nr. 1 Satz 3 Buchst. a Doppelbuchst. aa EStG ist nach dem v. g. BFH-Urteil vom 19.8.2013 verfassungsgemäß.

Kinderzuschüsse aus der gesetzlichen Rentenversicherung sind im Gegensatz zu solchen aus berufsständischen Versorgungswerken steuerfrei. Diese Unterscheidung verstößt nach BFH-Auffassung (Urteil vom 31.8.2011, BStBl 2012 II S. 312) nicht gegen das grundgesetzlich geschützte Gleichbehandlungsgebot. Zwar ist das BFH-Urteil zu Leistungen aus der inländischen gesetzlichen Rentenversicherung ergangen; u. E. ist es jedoch auf analog gezahlte Kinderzuschüsse ausländischer gesetzlicher Rentenversicherungen übertragbar.

Seit 2005 gilt eine **neue Rentenbesteuerung** (vgl. Tz 17.1). Dabei sind nach § 22 EStG n. F. folgende drei Gruppen zu unterscheiden:

1. Leibrenten aus gesetzlichen Rentenversicherungssystemen (betrifft Zeilen 4 bis 13),
2. sonstige – insbesondere private – Leibrenten (betrifft Zeilen 14 bis 20),
3. Leistungen aus ausländischen betrieblichen Altersversorgungseinrichtungen, wenn diese mit inländischen betrieblichen Altersvorsorgeeinrichtungen vergleichbar sind (betrifft Zeilen 21 bis 31).

19.3 Leibrenten, für die der Besteuerungsanteil nach § 22 Nr. 1 Satz 3 Buchst. a Doppelbuchst. aa EStG gilt

In den **Zeilen 4 bis 13** der Anlage R sind die **oben in Buchst. a** bezeichneten Leibrenten zu erklären.

Ausländische Leibrenten und Leistungen, die mit Leistungen der inländischen Rentenversicherung vergleichbar sind, sind vor allem Leistungen aus den ausländischen Sozialversicherungssystemen, die erst bei Erreichen einer bestimmten Altersgrenze bzw. bei Erwerbsunfähigkeit gezahlt werden und als Entgeltersatzleistung der Lebensunterhaltssicherung dienen. Eine Vergleichbarkeit mit Leibrenten und Leistungen der inländischen Landwirtschaftlichen Alterskasse ist dann herzustellen, wenn für in der Landwirtschaft Tätige ein gesondertes Sozialversicherungssystem besteht, das vergleichbare Leistungen wie aus einem gesetzlichen – allgemeinen – Sozialversicherungssystem erbringt. Leibrenten und Leistungen berufsständischer Versorgungseinrichtungen müssen aus gesonderten, an die gesetzlichen Sozialversicherungen angelehnten Versorgungsträgern für Angehörige bestimmter Berufsgruppen stammen und i. d. R. eine Verpflichtung zur Beitragspflicht bei – zumindest teilweiser – Befreiung von der gesetzlichen Sozialversicherungspflicht beinhalten.

Wurde der Anspruch auf die Rente bereits vor 2005 oder erstmals im Jahr 2005 begründet (Renteneintrittsjahr), war diese Rente in 2005 **zur Hälfte steuerfrei**. Dies galt auch für Leistungen aus einer nach dem 31.12.2004 abgeschlossenen privaten kapitalgedeckten Leibrentenversicherung. Anstelle des bis 2004 maßgebenden Ertragsanteils (z. B. 27 % bei Rentenbeginn mit dem 65. Lebensjahr) betrug der **Besteuerungsanteil** 2005 sonach **50 %**. Hierbei bleibt es grds. auch im Jahr **2025** und in Zukunft (vgl. aber nächsten Absatz und die folgenden Beispiele 1 und 2). Der Besteuerungsanteil der Rente erhöht sich bei einem Renten**beginn** im Jahr 2025 auf **83,5 %** und bei einem Rentenbeginn im Jahr 2026 auf 84 % usw. (vgl. Tabelle in § 22 Nr. 1 Satz 3 Buchst. a Doppelbuchst. aa EStG). Zur Übergangsregelung ab 2005 insgesamt vgl. Tz 17.1.

Der **nicht** der Besteuerung unterliegende Teil wird vom Finanzamt für jede Rente auf die Dauer ihrer Laufzeit **festgeschrieben** und in den Folgejahren als **Festbetrag** vom Jahres(brutto)rentenbetrag abgezogen. Die Festschreibung erfolgt erstmals ab dem Jahr, das auf das Jahr des Rentenbeginns folgt. Bei Renten, die vor dem 1.1.2005 begonnen haben, ist der steuerfreie Teil der Rente des Jahres 2005 maßgebend (vgl. Tz 17.1 unter Erläuterungen zur Anlage R sowie BMF-Schreiben vom 19.8.2013, BStBl I S. 1087, Rz 230 bis 235).

Die **betragsmäßige Festschreibung** des steuerfreien Teils der Rente gilt für die gesamte Laufzeit des Rentenbezugs. Bei einer **Veränderung** des Jahresbetrags der Rente ist der steuerfreie Rentenanteil jedoch entsprechend **anzupassen**. Maßgebend hierfür ist das Verhältnis des neuen Jahresbetrags zu demjenigen Jahresbetrag der Rente, nach dem der steuerfreie Teil der Rente zunächst festgelegt wurde (Rz 232 ff. des o. a. BMF-Schreibens vom 19.8.2013

BEISPIEL 1:

Eine Witwe bezog im Jahr 2005 eine Rente von 10 000 €. Für das Jahr 2025 wird die Witwenrente wegen der Anrechnung eigener Einkünfte um 1 000 € auf 9 000 € gekürzt.

Im Jahr 2005 belief sich der stpfl. Teil der Rente auf 50 %, d. h. ein Teilbetrag von 5 000 € war steuerfrei. Dieser steuerfreie Betrag ist wegen der Rentenkürzung für das Jahr 2025 im Verhältnis 9:10 anzupassen. Somit beträgt der steuerfreie Teil der Rente im Jahr **2025** nur 4 500 €.

Regelmäßige Anpassungen des Jahresbetrags der Rente führen jedoch nicht zu einer Neuberechnung des steuerfreien Teils der Rente. Dies bedeutet im Ergebnis, dass bei regelmäßigen Rentenanpassungen jeder **Erhöhungsbetrag** der Rente in **voller Höhe** der Besteuerung unterliegt. Durch diese Regelung soll vermieden werden, dass Rentenerhöhungen nur anteilig, Pensionsanhebungen dagegen voll der Besteuerung unterworfen werden.

BEISPIEL 2:

Ein alleinstehender Rentner bezog im Jahr 2005 eine Jahresrente aus einer berufsständischen Versorgungseinrichtung von 16 000 €. Ab dem Jahr 2007 wird die Jahresrente im Rahmen einer regelmäßigen Rentenanpassung auf 16 100 € und ab dem Jahr 2008 auf 16 200 € erhöht. In den folgenden Jahren wurde die Rente nicht erhöht.

Der stpfl. Teil der Rente betrug 50 %. Damit war im Jahr 2005 ein Teilbetrag von 8 000 € steuerfrei. Dieser steuerfreie Betrag bleibt grds. über die gesamte Rentenbezugszeit unverändert. Somit beläuft sich der stpfl. Teil der Rente im Jahr **2025** auf 8 200 € (16 200 € ./. 8 000 €).

Analog zur Anlage AUS (vgl. Tz 32.2.2 unter Erläuterungen zur 4
Anlage AUS, Zeile 4) sind Angaben zum Staat, aus dem die ausländischen Renteneinkünfte stammen, vorzunehmen. Durch den Eintrag kann das Finanzamt einen Abgleich mit den dazugehörigen Anrechnungen einbehaltener ausländischer Steuern in der Anlage AUS prüfen.

Als Leibrenten kommen insbesondere in Betracht: Altersrenten, 5
Erwerbsminderungsrenten, Erwerbs- und Berufsunfähigkeitsrenten, Hinterbliebenenrenten als Witwen-/Witwerrenten, Waisen- oder Erziehungsrenten. Anzugeben sind auch einmalige Leistungen, die z. B. als Sterbegeld oder als Abfindung von Kleinbetragsrenten ausgezahlt werden (BMF-Schreiben vom 19.8.2013, BStBl I S. 1087, Rz 195). Erwerbsminderungsrenten aus den gesetzlichen Rentenversicherungen sind nach den BFH-Urteilen vom 13.4.2011 (X R 54/09, BStBl I S. 910, X R 19/09, BFH/NV 2011 S. 1489 und X R 33/09, BFH/NV 2011 S. 1496, die dagegen unter 2 BvR 1808/11 geführte Verfassungsbeschwerde wurde mit Beschluss des BVerfG vom 5.6.2013 nicht zur Entscheidung angenommen) wie Altersrenten voll in die Besteuerung einzubeziehen. Das gilt nach den BFH-Urteilen ebenfalls vom 13.4.2011 (X R 1/10, BStBl 2011 S. 915, X R 19/09, a. a. O. und X R 17/10, BFH/NV 2011 S. 1501) selbst in den Fällen, in denen Rentennachzahlungen für Zeiträume vor 2005 erfolgen, aber erst nach dem 31.12.2004 bewilligt und zugeflossen sind.

Zinsen (z. B. Nachzahlungszinsen aus späterer Zuerkennung einer Leistungspflicht) zählten nach Verwaltungsauffassung in Bezug auf die Besteuerung inländischer Leibrenten zunächst ebenfalls zu den nach § 22 Nr. 1 Satz 3 Buchst. a Doppelbuchst. aa EStG anzusetzenden anderen Leistungen (BMF-Schreiben vom 19.8.2013, a. a. O., Rz 196). Mit Urteil vom 13.11.2007 (BStBl 2008 II S. 292) hat der BFH aber entschieden, dass solche Zinsen zu den Einkünften aus Kapitalvermögen i. S. des § 20 Abs. 1 Nr. 7 EStG gehören. In einer Fußnote zur Veröffentlichung hatte die Finanzverwaltung jedoch die Anwendung der BFH-Feststellungen auf VZ vor 2005 beschränkt und für VZ ab 2005 auf die umfassende Besteuerung nach § 22 Nr. 1 Satz 3 Buchst. a Doppelbuchst. aa EStG hingewiesen. Mit Urteil vom 9.6.2015 (BStBl 2016 II S. 523) hat der BFH allerdings auch für Neufälle (VZ ab 2005) entsprechende Zinsen nicht zu den sonstigen Leistungen angesehen und damit der Verwaltungsauffassung widersprochen. Mit BMF-Schreiben vom 4.7.2016 (BStBl I S. 645) hat sich dem die Finanzverwaltung angeschlossen und o. a. Rz 196 des BMF-Schreibens geändert. Dies gilt u. E. analog auch für Zinsen bei der Nachzahlung ausländischer Renten.

In Zeile 6 ist der aus der Renten(anpassungs)mitteilung zu errechnende **Jahres(brutto)rentenbetrag** einzutragen. Anzugeben sind hier auch im Jahr 2025 zugeflossene Rentennachzahlungen, Einmalzahlungen und Leistungen. Die Unterscheidung zwischen Leibrente, abgekürzter Leibrente (vgl. oben) und Einmalzahlungen ist hier ohne Bedeutung (H 22.3 – Allgemeines – EStH). Bei der Rentenauszahlung einbehaltene eigene Beiträge zur **Kranken- und Pflegeversicherung** dürfen nicht vom einzutragenden Rentenbetrag abgezogen werden. Diese Beiträge sind in **der Anlage Vorsorgeaufwand** als Sonderausgaben geltend zu machen. Mit den seit 2014 abgefragten **»Leistungen«** sind insbesondere unselbständige Bestandteile der Rente, wie z. B. Kinderzuschüsse, und einmalige Leistungen, wie z. B. (Teil-)Kapitalauszahlungen, Sterbegeld und die Abfindung von Kleinbetragsrenten gemeint, BMF-Schreiben vom 19.8.2013 (a. a. O., Rz 204) i. d. F. des Schreibens vom 10.1.2014 (BStBl I S. 70). Siehe hierzu auch das BFH-Urteil vom 23.10.2013

(BStBl 2014 II S. 58) zur Steuerpflicht von Kapitalleistungen von berufsständigen Versorgungsleistungen.

Zuschüsse eines Trägers der gesetzlichen Rentenversicherung zu Aufwendungen des Rentners **zur Krankenversicherung** sind nach § 3 Nr. 14 EStG **steuerfrei** und daher nicht dem Rentenbetrag hinzuzurechnen. Diese Zuschüsse mindern jedoch die eigenen Aufwendungen und sind deshalb von den in der Anlage Vorsorgeaufwand geltend zu machenden Aufwendungen für die Krankenversicherung abzuziehen. Ebenfalls nach § 3 Nr. 14 EStG steuerfrei ist der Anteil des Rentenversicherungsträgers am Gesamtversicherungsbeitrag zur Krankenversicherung der Rentner bei gesetzlicher Krankenversicherung.

Hier ist die – in Zeile 5 enthaltene – Summe der Beträge einzutragen, um den der Jahresrentenbetrag im Vergleich zum Zeitpunkt der erstmaligen Festschreibung des steuerfreien Teils der Rente aufgrund **regelmäßiger Anpassungen (vgl. oben)** geändert wurde. Die Angabe dient der Ermittlung des stpfl. Teils der Rente durch das Finanzamt (vgl. vorstehendes Beispiel 2), insbesondere der vollen Besteuerung des Anpassungsbetrags. Sog. **unregelmäßige Anpassungen** bleiben in diesem Zusammenhang außen vor. Diese liegen z. B. dann vor, soweit Renten wegen der Anrechnung anderer Einkünfte erhöht oder herabgesetzt werden, oder wenn Teil-Altersrenten in volle Altersrenten umgewandelt werden oder umgekehrt (BMF-Schreiben vom 19.8.2013, a. a. O., Rz 223), aber auch in Fällen, in denen Nachzahlungsbeträge geflossen sind oder die Rente, z. B. aufgrund Todes des Berechtigten wegfällt. Soweit Renten wegen unregelmäßiger Anpassungen geändert werden, ist der festzuschreibende Teil der Rente, der steuerfrei bleibt, neu zu ermitteln.

Für einen Eintrag in Zeile 6 ist Voraussetzung, dass im Jahr der (regelmäßigen) Anpassung der steuerfreie Teil der Rente **bereits festgeschrieben** wurde. Dies ist dann nicht der Fall, wenn der Rentenbeginn im Jahr der Rentenanpassung liegt oder im Vorjahr kein volles Rentenjahr bestanden hat. In beiden Fällen konnte noch kein steuerfreier Teil (vor dem Jahr, in dem die Rente angepasst wird) festgeschrieben werden. Die Rentenanpassung geht in diesen beiden Fällen in die Ermittlung des steuerfreien Teils der Rente ein und ist nicht gesondert in Zeile 6 auszuweisen.

Im Zweifel ist dieser Betrag beim Versorgungsträger zu erfragen.

Als Beginn der Rente der Zeitpunkt einzutragen, **ab dem** die Rente (u. U. nach rückwirkender Zubilligung) tatsächlich bewilligt worden ist. Dies ergibt sich aus dem Rentenbescheid. Ist im Jahr 2025 eine Einmalzahlung zugeflossen, ist hier das Datum des Zuflusses der Einmalzahlung anzugeben.

9 Ist der in Zeile 5 bezeichneten Rente (z. B. einer Alters- oder Witwenrente) eine **andere Rente (z. B.** eine Erwerbsminderungsrente oder eine Altersrente des verstorbenen Ehegatten) **vorangegangen,** so sind hier Beginn und Ende dieser vorhergehenden Rente einzutragen, **soweit die übermittelten eDaten nicht übernommen werden sollen**. Die Angaben dienen der Ermittlung des Besteuerungsanteils der Rente durch das Finanzamt (vgl. obige Erläuterungen vor Zeile 4).

Im Jahr 2025 zugeflossene Nachzahlungen **für mehrere Jahre** müssen zwar bereits in **Zeile 5** enthalten sein. Sie sind jedoch – **soweit die übermittelten eDaten nicht übernommen werden sollen** – hier zusätzlich einzutragen, damit das Finanzamt prüfen kann, ob für diese Nachzahlungen eine **Tarifvergünstigung** nach der sog. Fünftel-Regelung des § 34 Abs. 1 EStG (vgl. Tz 22.12 unter Erläuterungen zur Anlage S, Zeile 45) in Betracht kommt. Nachzahlungen, die nur **ein** Kj. betreffen, sind hier nicht einzutragen. Teilbeträge in der Summe der Nachzahlungen für das laufende Jahr (2025) sind nach BMF-Schreiben vom 7.12.2011 (BStBl I S. 1223, Rz 63) nicht begünstigt, sondern **nur** – so auch die Formulierung im Vordruck – Teilbeträge für **vorangegangene Jahre**.

19.4 Öffnungsklausel

13 Durch die **Öffnungsklausel** in § 22 Nr. 1 Satz 3 Buchst. a Doppelbuchst. bb Satz 2 EStG werden auf Antrag **Teile** der Leibrenten oder anderer Leistungen, die andernfalls der nachgelagerten Besteuerung mit dem o. a. Besteuerungsanteil unterliegen würden, mit einem **Ertragsanteil** (vgl. nachfolgende Erläuterungen zu den **Zeilen 14 bis 20**) besteuert. Die Öffnungsklausel kann aber auch bei Beiträgen zu einer ausländischen gesetzlichen Rentenversicherung sowie an Alterssicherungssysteme von internationalen Organisationen, die mit der gesetzlichen Rentenversicherung vergleichbar sind, zur Anwendung kommen (BMF-Schreiben vom 19.8.2013, a. a. O., Rz 242). Ausländische Versorgungsträger stellen jedoch eine solche Bescheinigung i. d. R. nicht aus. Lt. amtlicher Anleitung sind in diesen Fällen die tatsächlich geleisteten Beiträge nachzuweisen.

Für den **Antrag** sind die Eintragungen in den Zeilen 11–13 ausreichend. Die Anwendung der Öffnungsklausel setzt voraus, dass bis zum 31.12.2004 in **mindestens zehn Jahren** Beiträge **oberhalb** des Betrags des **Höchstbeitrags** zur gesetzlichen Rentenversicherung gezahlt wurden. Dabei ist jedes Kj. getrennt zu betrachten; die Jahre müssen nicht unmittelbar aufeinander folgen. Der gesetzlich geforderte Zehnjahreszeitraum begegnet nach dem BFH-Urteil vom 4.2.2010 (BStBl 2011 II S. 579) keinen verfassungsrechtlichen Bedenken. Beiträge, die nach dem 31.12.2004 gezahlt wurden, werden nicht mit in die Prüfung einbezogen. Bezieht ein Steuerpflichtiger Altersrenten sowohl aus einer berufsständischen Versorgungseinrichtung als auch aus der gesetzlichen Rentenversicherung und kann er grds. nach den v. g. Voraussetzungen die Öffnungsklausel beanspruchen, erstreckt sich die Anwendung der Ertragsanteilsbesteuerung gem. BFH-Urteil vom 14.12.2022 (X R 24/20, juris) nur auf die Rente aus der berufsständischen Versorgseinrichtung, nicht auch auf die gesetzliche Rente, wie es der Steuerpflichtige im finanzgerichtlichen Verfahren begehrt hatte. Für die Prüfung, ob Beiträge oberhalb des Betrags des Höchstbetrags gezahlt wurden, ist nach BMF-Schreiben vom 19.8.2013 (a. a. O., Rz 238 bis 269) der Höchstbetrag zur gesetzlichen Rentenversicherung der Angestellten und Arbeiter (West) im Jahr der Zahlung heranzuziehen. Dagegen sind nach dem BFH-Urteil vom 19.1.2010 (BStBl 2011 II S. 567) die Beiträge für die Jahre maßgebend, für die sie gezahlt wurden. Dem hat sich auch die Finanzverwaltung angeschlossen (BMF-Schreiben vom 19.8.2013, a. a. O., Rz 240). Für Besonderheiten zur Aufteilung bei Beiträgen an mehr als einen Versorgungsträger siehe BMF-Schreiben vom 19.8.2013 (a. a. O., Rz 251 bis 255). Der ermittelte und nachgewiesene Prozentanteil ist in **Zeile 11** einzutragen.

Einmalige Leistungen (Zeile 13) unterliegen nicht der Besteuerung, **soweit** auf sie die Öffnungsklausel (Ertragsanteilsbesteuerung) Anwendung findet. Weitere Einzelheiten (z. B. zum Antrag, zur 10-Jahres-Grenze, zum maßgeblichen Höchstbeitrag, zur Ermittlung der geleisteten Beiträge, zum Nachweis der geleisteten Beiträge, zur Ermittlung des auf Beiträgen oberhalb des Betrags des Höchstbeitrags beruhenden Teils der Leistung, zur Aufteilung bei Beiträgen an mehr als einen Versorgungsträger, zur Anwendung bei einmaligen Leistungen, zum Versorgungsausgleich unter Ehegatten/Lebenspartnern sowie zur Bescheinigung der begünstigten Anteils der Rente, auf den die Öffnungsklausel Anwendung finden soll) sind im BMF-Schreiben vom 19.8.2013 (a. a. O., Rz 238 bis 269) geregelt (mit Beispielen) sowie in H 22.3 – Öffnungsklausel – EStH.

19.5 Leibrenten, die mit dem Ertragsanteil nach § 22 Nr. 1 Satz 3 Buchst. a Doppelbuchst. bb EStG besteuert werden

Die in Zeile 15 bezeichneten Leibrenten sind **nur in Höhe des Ertragsanteils** stpfl. (vgl. Teil II Tz 7 und 8). Zu privaten Renten- 14–20
versicherungen mit zeitlich befristeter Laufzeit zählen z. B. private Berufsunfähigkeits- oder Erwerbsminderungsrenten, die im Regelfall mit Beginn der Altersrente wegfallen. Andere private Renten können z. B. aus privaten Veräußerungsgeschäften stammen, bei der der Veräußerer seine Gegenleistung auf Rentenbasis erhält (vgl. Teil II Tz 7.3.6).

Bei der **Ermittlung des Ertragsanteils** ist von dem vollendeten Lebensjahr im Zeitpunkt des Rentenbeginns (d.h. des Entstehens des **Rentenanspruchs)** auszugehen.

BEISPIEL:

Bei Beginn der Rente vollendetes Lebensjahr des Berechtigten	Ertragsanteil in % (seit 2005)
30	44
40	38
50	30
58	24
59	23
60	22
61	22
62	21
63	20
64	19
65	18
70	15
80	8

Der sich aus der Tabelle in § 22 Nr. 1 Satz 3 Buchst. a Doppelbuchst.bb EStG ergebende **Ertragsanteil** (vorstehend handelt es sich nur um einen **Auszug**) bleibt grds. während der gesamten Laufzeit der jeweiligen Rente **unverändert**. Werden Rentenleistungen aufgrund einer Überschussbeteiligung erhöht, sind die der Überschussbeteiligung dienenden Erhöhungsbeträge keine eigenständigen Renten. Das gilt nach dem BFH-Urteil vom 22.8.2012 (BStBl 2013 II S. 158) auch dann, wenn darüber eine Mitgliederversammlung entscheiden muss und satzungsgemäß eine andere Verwendung des Überschusses z.B. in Form einer Beitragsminderung möglich wäre, sofern der Überschuss nur zugunsten der Versicherten zu verwenden ist. Die Rentenleistungen unterliegen insgesamt mit dem Ertragsanteil der Besteuerung, der dem Alter des Steuerpflichtigen bei Beginn der Rentenzahlung entspricht.

Wegen der Eintragungen in **Zeile 16** wird auf die obigen Ausführungen zu **Zeile 7** hingewiesen. In **Zeile 20** sind dann auch Rentennachzahlungen anzugeben, jedoch nicht eine Einmalzahlung.

Wird eine Leibrente durch eine **Kapitalabfindung abgelöst**, unterliegt diese nicht der Besteuerung nach § 22 Nr. 1 Satz 3 Buchst. a Doppelbuchst.**bb** EStG (H 22.4 – Kapitalabfindung – EStH). Eine Besonderheit gilt in bestimmten Fällen bei der Ermittlung des in Zeile 16 einzutragenden Beginns der Rente: Setzt der Beginn des Rentenbezugs die Vollendung eines bestimmten Lebensjahres der Person voraus, von deren Laufzeit die Dauer der Rente abhängt, und wird die Rente schon von Beginn des Monats an gewährt, in dem die Person das bestimmte Lebensjahr vollendet hat, ist dieses Lebensjahr bei der Ermittlung des Ertragsanteils maßgebend (R 22.4 Abs. 3 EStR).

BEISPIEL:
Ein Rentner vollendet am 9.6.2025 das 60. Lebensjahr. Der Versicherer als Rententräger zahlt jedoch bereits am 1.6.2025 die Leistungen aus. In Zeile 16 ist nicht der 1.6.2025, sondern der 9.6.2025 einzutragen, da anderenfalls (bei 1.6.2025) der Ertragsanteil 23 % (statt 22 %) beträgt. Zu diesem Datum (1.6.2025) hatte der Rentner nämlich noch nicht das 60. Lebensjahr vollendet (vgl. obige Tabelle).

Die Abfrage des für die Ermittlung des Ertragsanteils maßgeblichen Geburtsdatums der (verstorbenen) versicherten Person in **Zeile 17** dient der zutreffenden Ermittlung des Ertragsanteils für den Fall, dass die rentenberechtigte Person innerhalb der Rentengarantiezeit verstirbt und Rente an die Erben ausbezahlt wird. Regelanwendungsfall und daher im Vordruck beispielhaft erwähnt ist somit der Erblasser bei einer Garantiezeitrente, dessen Geburtsdatum in Zeile 17 einzutragen ist. Nach dem BMF-Schreiben vom 1.10.2009 (BStBl I S. 1172, Rz 20) zur Besteuerung von Versicherungserträgen erfolgt die Besteuerung nach denselben Grundsätzen, wie sie für den Erblasser galten, sodass auf den Beginn der Rentenzahlung des Erblassers abgestellt wird. D. h., der auf den Erblasser angewandte Ertragsanteil wird fortgeführt. Die Eintragungen in **Zeilen 18 und 19** sind erforderlich, wenn die Leibrente **zeitlich befristet** ist, d. h. eine sog. **abgekürzte** Leibrente vorliegt. In diesem Fall richtet sich der Ertragsanteil nicht nach dem Lebensalter des Berechtigten bei Rentenbeginn, sondern nach der voraussichtlichen Laufzeit der Rente. Hierunter kann z.B. eine Berufsunfähigkeits- oder Erwerbsminderungsrente aus einer privaten Rentenversicherung fallen (BMF-Schreiben vom 19.8.2013, a. a. O., Rz 214).

Für **abgekürzte Leibrenten** mit einer Laufzeit bis zu zehn Jahren können die maßgebenden Ertragsanteile dem folgenden **Auszug** aus der Tabelle in **§ 55 Abs. 2 EStDV** entnommen werden:

Beschränkung der Laufzeit der Rente auf ... Jahre ab Beginn des Rentenbezugs	Der Ertragsanteil beträgt grds. %	Der Ertragsanteil richtet sich nach der Tabelle in § 22 Nr. 1 Satz 3 Buchst. a, Doppelbuchst.bb EStG, wenn der Berechtigte bei Rentenbeginn das ...te Lebensjahr vollendet hatte
1	0	–
2	1	–
3	2	97
4	4	92
5	5	88
6	7	83
7	8	81
8	9	80
9	10	78
10	12	75

Ab **2005** wurde auch diese Tabelle neu gefasst. Bemisst sich die Laufzeit der abgekürzten Leibrente nicht auf volle Jahre, ist sie bei Anwendung der Tabelle auf volle Jahre abzurunden (R 22.4 Abs. 4 EStR).

Für die in **Zeile 20** einzutragenden Nachzahlungen **für mehrere Jahre** gelten die obigen Ausführungen zu **Zeile 10** sinngemäß. Dies gilt insbesondere für die Einschränkung auf vorangegangene Jahre.

19.6 Leistungen aus ausländischen betrieblichen Altersversorgungseinrichtungen, die mit inländischen betrieblichen Altersversorgungseinrichtungen vergleichbar sind

Nach § 22 Nr. 5 EStG unterliegen Leistungen (Einnahmen) aus Al- **21**
tersvorsorgeverträgen als sonstige Einkünfte **in vollem Umfang** der Besteuerung, soweit sie auf Kapital beruhen, dessen Ansammlung steuerlich begünstigt wurde. Das gilt insbesondere für Leistungen aus der geförderten betrieblichen Altersversorgung. Beruhen die Leistungen sowohl auf steuerlich geförderten als auch auf nicht geförderten Beiträgen, ist eine Aufteilung vorzunehmen (Rn 139 ff. des BMF-Schreibens vom 21.12.2017, BStBl 2018 I S. 93; geändert durch das BMF-Schreiben vom 17.2.2020, BStBl I S. 213), was i. d. R. vom Vertragsanbieter zur zutreffenden Bescheinigung der Leistungen zu machen ist. Beruhen Leistungen auf nicht geförderten Beiträgen, kommt es bei der Besteuerung auf die Art dieser Leistungen an. Zum Aufteilungsmaßstab vgl. das BMF-Schreiben vom 11.11.2004 (BStBl I S. 1061) unter Berücksichtigung der Änderungen durch das BMF-Schreiben vom 14.3.2012 (BStBl I S. 311). **Nicht geförderte**

Beiträge sind in diesem Zusammenhang alle Einzahlungen, für die z. B.

- § 3 Nr. 63 EStG (lohnsteuerfreie Leistungen des Arbeitgebers aus dem ersten Dienstverhältnis bis zu 8 % der Beitragsbemessungsgrenze in der allgemeinen gesetzlichen Rentenversicherung an kapitalgedeckt finanzierte Pensionskassen, Pensionsfonds oder Direktversicherungen mit weiterer Fördermöglichkeit bei aus Anlass des Dienstverhältnisses geleisteten Beiträgen),
- § 3 Nr. 66 EStG (Lohnsteuerfreiheit für Leistungen des Arbeitgebers oder einer Unterstützungskasse an einen Pensionsfonds zur Übernahme bestehender Versorgungsanwartschaften unter bestimmten Bedingungen),

nicht zur Anwendung kommen. D. h., bei nicht geförderten Beiträgen handelt es sich um Beiträge, die den Höchstförderbetrag überschritten haben (sog. »Überzahlungen«).

Für die Vergleichbarkeit der ausländischen Versorgungsträger ist damit entscheidend, ob sie dem Typus inländischer betrieblicher Altersvorsorgeeinrichtungen entsprechen. Nach – maßgebendem – deutschem Recht liegt **betriebliche Altersversorgung** nach Rn. 1 des BMF-Schreibens vom 12.8.2021 (BStBl I S. 1050) vor, wenn dem Arbeitnehmer aus Anlass seines Arbeitsverhältnisses vom Arbeitgeber Leistungen oder Beiträge zur Absicherung mindestens eines biometrischen Risikos (Alter, Tod, Invalidität) zugesagt werden und Ansprüche auf diese Leistungen erst mit dem Eintritt des biologischen Ereignisses fällig werden (§ 1 BetrAVG). Die Zusage des Arbeitgebers muss somit einem im Betriebsrentengesetz geregelten Versorgungszweck dienen, die Leistungspflicht nach dem Inhalt der Zusage durch ein im Gesetz genanntes biologisches Ereignis ausgelöst werden und durch die vorgesehene Leistung ein im Gesetz angesprochenes biometrisches Risiko teilweise übernommen werden (BAG-Urteil vom 16.3.2010, 3 AZR 594/09, Rn. 23 ff.). Werden mehrere biometrische Risiken abgesichert, ist aus steuerrechtlicher Sicht die gesamte Vereinbarung/Zusage nur dann als betriebliche Altersversorgung anzuerkennen, wenn für alle Risiken die Vorgaben der Rn. 1 bis 7 des BMF-Schreibens vom 12.8.2021 (a. a. O.) beachtet werden. Keine betriebliche Altersversorgung in diesem Sinne liegt vor, wenn vereinbart ist, dass ohne Eintritt eines biometrischen Risikos die Auszahlung an beliebige Dritte (z. B. die Erben) erfolgt. Dies gilt für alle Auszahlungsformen (z. B. lebenslange Rente, Auszahlungsplan mit Restkapitalverrentung, Einmalkapitalauszahlung und ratenweise Auszahlung). Als Durchführungswege der betrieblichen Altersversorgung kommen die Direktzusage (§ 1 Abs. 1 Satz 2 BetrAVG), die Unterstützungskasse (§ 1b Abs. 4 BetrAVG), die Direktversicherung (§ 1b Abs. 2 BetrAVG), die Pensionskasse (§ 1b Abs. 3 BetrAVG, § 232 VAG) oder der Pensionsfonds (§ 1b Abs. 3 BetrAVG, § 236 VAG) in Betracht. Eine der betrieblichen Altersversorgung zuzuordnende Direktversicherung nach Maßgabe der auch steuerrechtlich geltenden Definition in § 1 Abs. 1 Satz 1, § 1b Abs. 2 Satz 1 BetrAVG fordert nach BFH-Auffassung (BFH-Urteil vom 16.3.2021, X R 44/18, juris) lediglich einen Kausalzusammenhang zwischen der Zusage des Arbeitgebers und dem Arbeitsverhältnis, nicht aber dessen Fortbestand. Dementsprechend können auch Zusagen anlässlich der Beendigung eines Arbeitsverhältnisses der betrieblichen Altersversorgung unterfallen. **Pensionsfonds** sind nach § 236 Abs. 1 Satz 1 VAG rechtsfähige Versorgungseinrichtungen, die im Wege des Kapitaldeckungsverfahrens Leistungen der betrieblichen Altersversorgung für einen oder mehrere Arbeitgeber zugunsten von Arbeitnehmern erbringen, die Höhe der Leistungen oder die Höhe der für diese Leistungen zu entrichtenden künftigen Beiträge nicht für alle vorgesehenen Leistungsfälle durch versicherungsförmige Garantien zusagen dürfen, den Arbeitnehmern einen eigenen Anspruch auf Leistung gegen den Pensionsfonds einräumen und verpflichtet sind, die Altersversorgungsleistung als lebenslange Zahlung oder als Einmalkapitalzahlung zu erbringen. **Pensionskassen** sind nach § 232 Abs. 1 VAG rechtlich selbständige Lebensversicherungsunternehmen, deren Zweck die Absicherung wegfallenden Erwerbseinkommens wegen Alters, Invalidität oder Todes ist und die das Versicherungsgeschäft im Wege des Kapitaldeckungsverfahrens betreiben, Leistungen grds. erst ab dem Zeitpunkt des Wegfalls des Erwerbseinkommens vorsehen (soweit das Erwerbseinkommen teilweise wegfällt, können die allgemeinen Versicherungsbedingungen anteilige Leistungen vorsehen), Leistungen im Todesfall nur an Hinterbliebene erbringen dürfen, wobei für Dritte ein Sterbegeld – begrenzt auf die Höhe der gewöhnlichen Bestattungskosten – vereinbart werden kann, und der versicherten Person einen eigenen Anspruch auf Leistung gegen die Pensionskasse einräumen oder Leistungen als Rückdeckungsversicherung erbringen. **Direktversicherungen** sind nach R 40b.1 Abs. 1 Satz 1 LStR Lebensversicherungen auf das Leben des Arbeitnehmers, die durch den Arbeitgeber bei einem inländischen oder ausländischen Versicherungsunternehmen abgeschlossen worden sind und bei denen der Arbeitnehmer oder seine Hinterbliebenen hinsichtlich der Versorgungsleistungen des Versicherers ganz oder teilweise bezugsberechtigt sind (§ 1b Abs. 2 Satz 1 BetrAVG).

Wurde die Altersversorgung – mindestens teilweise – im Aufbau (insbesondere durch Steuerfreiheit der Beiträge) **im Inland oder im Ausland steuerlich gefördert** (vgl. Tz 19.1), sind die in 2025 zugeflossenen Leistungen – staatenbezogen – in **Zeile 22** einzutragen. Nach § 22 Nr. 5 Satz 2 Buchst. a EStG sind bei lebenslangen Renten sowie bei Berufsfähigkeits-, Erwerbsminderungs- und Hinterbliebenenrenten die auf im Inland und Ausland **nicht geförderten Beiträgen** beruhenden Leistungen aus Lebensversicherungsverträgen (einschließlich Direktversicherungen), Pensionsfonds und Pensionskassen (einschließlich umlagefinanzierte Versorgungseinrichtungen) nur mit dem **Ertragsanteil** zu besteuern. In 2025 zugeflossene Renten und andere Leistungen sind hierfür – staatenbezogen – **in Zeile 23** einzutragen. Zur Abfrage des Rentenbeginns (Zeile 24) und Geburtsdatums bei Garantiezeitrenten (Zeile 25) siehe die Ausführungen zu den Zeilen 16 und 17 (vgl. Tz 19.5).

Steht keine lebenslange Versorgung der zuvor genannten Leistungen im Vordergrund, kann es sich um sog. **abgekürzte Leibrenten** handeln (vgl. Tz 17.5 mit Ausführungen zu den Zeilen 18 und 19). Ein Eintrag in **Zeile 26** ist jedoch nur erforderlich, wenn die Rente auf Beiträgen beruht, die nicht im Inland gefördert (insbesondere durch Steuerfreiheit der Beiträge) worden waren. In diesem Fall sind der Rentenbeginn (Zeile 27) und das Rentenende (Zeile 28) zur automatischen Ermittlung der Laufzeit und damit des gesonderten Ertragsanteils nach § 55 EStDV (vgl. Tz 19.5 mit der dort abgebildeten Tabelle) anzugeben.

Weitere Einzelheiten zur Besteuerung von Leistungen aus der betrieblichen Altersversorgung sind in den Rn 145 bis 175 des BMF-Schreibens vom 12.8.2021 (BStBl I S. 1050) zuletzt geändert durch BMF-Schreiben vom 18.3.2022 (BStBl I S. 333) geregelt.

Nach dem BMF-Schreiben vom 7.12.2011 (BStBl I S. 1223, Rz 92) ist in Fällen, in denen nach dem 31.12.2004 eine Rente einer anderen Rente aus derselben Versicherung nachfolgt und in denen die Leistung ganz oder teilweise der Besteuerung mit dem Besteuerungsanteil (vgl. Tz 19.3) unterliegt, aufgrund der vorhergehenden Rente ein fiktiver Rentenbeginn zur Bestimmung des Besteuerungsanteils der nachfolgenden Rente zu ermitteln. Dafür sind Beginn (Zeile 27) und Ende (Zeile 28) der vorhergehenden Rente notwendig, die einzutragen sind.

In **Zeile 29** einzutragende Einmalleistungen dienen der Prüfung durch das Finanzamt, ob hierfür eine **Tarifvergünstigung** in Betracht kommt. Die Erläuterungen zu **Zeile 10** gelten hier entsprechend. Das in **Zeile 30** einzutragende Datum des Vertragsabschlusses dient der Sicherstellung der zutreffenden Besteuerung und meint das Datum des Vertrags, in dem die Leistungen auf Gewährung betrieblicher Altersversorgungsleistungen – erstmals – vom Arbeitgeber oder dem Versorgungsträger, der mit inländischen Pensionsfonds, Pensionskassen oder einer Direktversicherung (vgl. obige Ausführungen) vergleichbar ist, zugesagt worden oder wesentlich (in seinen wesentlichen Vertragsbestandteilen) geändert worden ist.

Nachzahlungen **für mehrere vorangegangene Jahre** in **Zeile 31** dienen der Prüfung durch das Finanzamt, ob hierfür eine **Tarifvergünstigung** in Betracht kommt. Die Erläuterungen zu **Zeile 9 (vgl. Tz 17.1) und 18 (vgl. Tz 17.2)** der Anlage R gelten hier entsprechend. Von Nachzahlungen zu trennen sind jedoch (Teil-)Kapitalauszahlungen aus zertifizierten Altersvorsorgeverträgen (sog. Riester-Rente). Für diese wird keine ermäßigte Besteuerung gewährt. Dies hat der BFH bestätigt und entschieden, dass die einmalige Kapitalabfindung laufender Ansprüche gegen eine der betrieblichen Altersversorgung dienende Pensionskasse nach dem BFH-Urteil vom 20.9.2016 (BStBl 2017 II S. 347) jedenfalls dann dem regulären Einkommensteuertarif unterliegt, wenn das Kapitalwahlrecht schon in der ursprünglichen Versorgungsregelung enthalten war. Es handelt sich insoweit nicht um ermäßigt zu besteuernde außerordentliche Einkünfte. Der BFH bestätigte damit die Auffassung des BMF (BMF-Schreiben vom 12.8.2021, BStBl 2021 I S. 1050, Rn 149). Derzeit sind allerdings erneut zwei Revisionsverfahren vor dem BFH zu der Frage anhängig, ob Kapitalauszahlungen aus einer Direktversicherung (Az. X R 25/23) bzw. einer Pensionskasse (Az. X R 28/23), deren Beiträge nach § 3 Nr. 63 EStG steuerfrei behandelt wurden, dem ermäßigten Steuersatz i. S. des § 34 Abs. 1 EStG unterliegen.

19.7 Tatsächliche Werbungskosten, Werbungskostenpauschbetrag

32–36 Hier sind **Werbungskosten in tatsächlicher Höhe** geltend zu machen, die mit Leibrenten und anderen in der Anlage R-AUS bezeichneten Leistungen in wirtschaftlichem Zusammenhang stehen. Sind Renten und andere Leistungen in mehreren Anlagen R-AUS enthalten, reicht für die Werbungskosten die Zusammenfassung in der ersten Anlage R-AUS.

Zu den Werbungskosten gehören z. B. Kosten für Rentenberater und/oder Rechtsberatungs- und Prozesskosten, die im Zusammenhang mit Ansprüchen aus den gesetzlichen Rentenversicherungen aufgewendet werden (BMF-Schreiben vom 20.11.1997, BStBl 1998 I S. 126), aber auch entsprechende Steuerberatungskosten. Sind im Jahr 2025 noch keine Einnahmen aus Renten zugeflossen, aber bereits Werbungskosten (z. B. für Rentenberatung) entstanden, sind diese Kosten ebenfalls hier einzutragen. Hierdurch entstehen **negative sonstige Einkünfte**, die mit anderen Einkünften verrechnet werden und sich steuermindernd auswirken.

Schuldzinsen für einen **Kredit** zur Nachentrichtung freiwilliger Beiträge zur Angestelltenversicherung sind in voller Höhe **Werbungskosten** bei den sonstigen Einkünften (BFH-Urteil vom 21.7.1981, BStBl 1982 II S. 41). Nach den Urteilsgründen ist es belanglos, in welchem zeitlichen Zusammenhang die Kreditkosten mit den späteren Rentenbezügen stehen oder ob der Versicherungsfall wirklich eintritt. U. E. ist die Entscheidung auf die Nachentrichtung freiwilliger Beiträge in die ausländischen Versorgungssysteme übertragbar.

Finanzierungskosten, die durch den Abschluss eines Vertrages über eine **sofort beginnende Leibrentenversicherungsleistung** gegen Zahlung eines Einmalbetrages veranlasst sind, können als Werbungskosten abziehbar sein, wenn der Rentenberechtigte (Steuerpflichtiger) nach den gegebenen Umständen, vor allem im Hinblick auf seine (statistische) Lebenserwartung bei Vertragsabschluss, damit rechnen kann, dass die Einnahmen (in Höhe der Ertragsanteile) den Finanzierungsaufwand übersteigen (BFH-Urteil vom 15.12.1999, BStBl 2000 II S. 267, und vom 16.9.2004, BStBl 2006 II S. 228 und 234) und bei ausländischen Renten Deutschland für aus diesem Vertrag erbrachte Renten das Besteuerungsrecht zusteht. Im Rahmen der Überschussprognose für einen Rentenversicherungsvertrag, der nach dem Zeitpunkt der Einbringung des Entwurfs des AltEinkG in den Bundestag (9.12.2003) abgeschlossen wurde, sind nach dem BFH-Urteil vom 17.4.2013 (BStBl 2014 II S. 15) bereits die durch das AltEinkG mit Wirkung ab dem 1.1.2005 herabgesetzten Ertragsanteile anzusetzen. Wird in diesem Zusammenhang sowohl eine garantierte »Grundrente« als auch eine nicht garantierte »Bonusrente aus der Überschussbeteiligung« bezogen, so sind beide Bestandteile der wiederkehrenden Bezüge einheitlich zu beurteilen und trotz der durch die fehlende Gleichmäßigkeit der Leistungen bedingten Nichterfüllung des Leibrentenbegriffs lediglich mit ihrem Ertrags- oder Zinsanteil der Einkommensbesteuerung zu unterwerfen (BFH-Urteil vom 20.6.2006, BStBl I S. 870). Dies gilt nach dem BFH-Urteil vom 17.4.2013 (a. a. O.) unabhängig davon, ob die Überschussbeteiligung als konstanter Betrag oder in degressiver Form ausgezahlt wird. Erwirbt zudem der Steuerpflichtige eine Leibrente unter Einschluss einer lebenslänglichen Hinterbliebenenrente zugunsten eines jüngeren Angehörigen (im Urteilsfall der Sohn des Steuerpflichtigen), so sind die ihm erwachsenen Erwerbsaufwendungen (Werbungskosten) nicht nach den Grundsätzen über die Nichtabziehbarkeit von Drittaufwand zu kürzen (BFH-Urteil vom 22.11.2006, BStBl 2007 II S. 390). Zur Höhe der auf die Kreditvermittlung entfallenden Provision siehe BFH-Urteile vom 30.10.2001 (BStBl 2006 II S. 223) und vom 16.9.2004 (BStBl 2006 II S. 238). Zur Frage, ob ein vertraglich bestehendes Kündigungsrecht der Einkünfteerzielungsabsicht widerspricht, hat der BFH in seinem nicht zur Veröffentlichung vorgesehenen Urteil vom 19.1.2010 (X R 2/07, BFH/NV 2010 S. 1251) Stellung bezogen und zur weiteren Aufklärung an das FG zurückverwiesen. Der BFH hat jedoch klargestellt, dass die Existenz eines Kündigungsrechts, gleich, ob es sich um ein gesetzliches, nicht abdingbares Kündigungsrecht handelt oder ob es vertraglich eingeräumt wurde, allein kein Indiz für die Absicht eines Vertragspartners ist, dieses Kündigungsrecht auch auszuüben. Ob eine solche Absicht bestand, sei anhand der Gesamtumstände zu beurteilen.

Vom **Finanzamt** wird für Werbungskosten bei wiederkehrenden Bezügen (einschließlich der Renten und Leistungen aus Altersvorsorgeverträgen) **mindestens** ein **Pauschbetrag von 102 €** berücksichtigt, wenn keine höheren Werbungskosten geltend gemacht werden. Dieser Pauschbetrag wird für jeden Steuerpflichtigen nur **einmal** bis zur Höhe seiner jeweiligen Einnahmen abgezogen. Der Pauschbetrag darf zu keinem Verlust führen. Werden **Ehegatten** zusammen veranlagt und haben beide Ehegatten wiederkehrende Bezüge, so erhält **jeder Ehegatte** den Pauschbetrag.

Der Werbungskostenpauschbetrag von **102 €** gilt für **alle** wiederkehrenden Bezüge (einschließlich Leibrenten, Leistungen aus Altersvorsorgeverträgen der Anlagen R und R-AV/bAV und der in Zeilen 4 und 5 der **Anlage SO** zu erklärenden Bezüge und Unterhaltsleistungen) **eines Steuerpflichtigen**. Tatsächliche Werbungskosten, die in den **Zeilen 32 bis 36** geltend gemacht werden, wirken sich daher steuerlich nur aus, wenn sie beim einzelnen Steuerpflichtigen **insgesamt 102 €** übersteigen. Die **Zeilen 32 bis 36** brauchen somit **nicht ausgefüllt** werden, wenn **nur der Pauschbetrag** in Anspruch genommen wird. Der Werbungskostenpauschbetrag wird nicht ermäßigt, wenn die persönliche Steuerpflicht nur während eines Teils des Kj. bestanden hat.

Tatsächliche Werbungskosten sind entsprechend ihrer sachlichen Zugehörigkeit zu den einzelnen Erträgen in die jeweilige Zeile 32 bis 36 einzutragen. Werte der Zeile 32 (Werbungskosten zu den Zeilen 5 und 15) dienen nur dem Abgleich mit dem Pauschbetrag für Werbungskosten i. H. von 102 €, beschränkt jedoch auf Leistungen i. S. des § 22 Nr. 1 EStG. Die Werbungskosten zu den Zeilen 10, 20 und 31 (einzutragen in Zeile 33) werden vom Finanzamt ggf. im Rahmen einer **Tarifvergünstigung** berücksichtigt (vgl. obige Erläuterungen zur Zeile 31). Voraussetzung ist jedoch, dass Werbungskosten zu Einnahmen geltend gemacht werden, die in den Zeilen 23 und 26 enthalten sind. Damit soll sichergestellt werden, dass ausschließlich Werbungskosten zu Nachzahlungen in die Berechnung einfließen, auf die der Altersentlastungsbetrag nicht zu gewähren ist. Für Werbungskosten im Zusammenhang mit Leistungen aus einer betrieblichen Altersversorgung stehen die Zeilen 34 (für Leistungen, die in den Zeilen 22 oder 29 einzutragen sind) und 35 (für Leistungen, die in den Zeilen 23 und/oder 26 einzutragen sind) zur Verfügung, um die Einkünfte im Rahmen des § 22 Nr. 5 EStG zutreffend zu ermitteln. Zeile 36 dient der Eintragungsmöglichkeit für Werbungskosten zu Nachzahlungen, auf die der Altersentlastungsbetrag zu gewähren ist. Dies sind in Zeile 31 enthaltene Nachzahlungen zu Einnahmen, die in Zeile 22 zu erklären sind.

19.8 Steuerstundungsmodelle

Die Beschränkung der Verlustverrechnung nach **§ 15 b EStG** gilt nicht 3
nur für gewerbliche Steuerstundungsmodelle; sie kann auch bei Verlusten bei den sonstigen Einkünften in Betracht kommen (§ 22 Nr. 1 Satz 1 EStG i. d. F. des Gesetzes vom 22.12.2005, BStBl 2006 I S. 80). Zur Vermeidung von Wiederholungen vgl. Tz 21.11.

20. Anlage SO 2025 für sonstige Einkünfte

20.1 Begriff der sonstigen Einkünfte

Zu den sonstigen Einkünften gehören nur die in § 22 EStG abschließend aufgezählten Arten, nämlich

1. Renten und andere wiederkehrende Bezüge – Leibrenten sind in der **Anlage R oder Anlage R-AUS** zu erklären – (Zeile 4),
2. Unterhaltsleistungen vom geschiedenen Ehegatten, Lebenspartner einer aufgehobenen Lebenspartnerschaft oder dauernd getrennt lebenden Ehegatten/Lebenspartner, Versorgungsleistungen, die auf besonderen Verpflichtungsgründen beruhen, Ausgleichsleistungen zur Vermeidung eines Versorgungsausgleichs, soweit sie der Geber mit Zustimmung des im Inland lebenden Empfängers als Sonderausgaben abzieht, und Ausgleichszahlungen im Rahmen des Versorgungsausgleichs (Zeile 5 bis 10),
3. Andere Wiederkehrende Bezüge/Unterhaltsleistungen, die dem Teileinkünfteverfahren unterliegen (Zeilen 12 bis 13),
4. Einkünfte aus Leistungen, z. B. aus gelegentlichen Vermittlungen oder aus der Vermietung beweglicher Gegenstände (Zeilen 14 bis 22),
5. Abgeordnetenbezüge (Zeilen 23 bis 32),
6. Leistungen aus Altersvorsorgeverträgen (§ 1 Abs. 1 des Altersvorsorgeverträge-Zertifizierungsgesetzes), sog. Riester-Renten (in der **Anlage R-AV / bAV** zu erklären),
7. Einkünfte aus privaten Veräußerungsgeschäften i. S. des § 23 EStG (Zeilen 34 bis 66).

Einzelheiten sind in den nachfolgenden Ausführungen zum Vordruck Anlage SO bzw. in den Erläuterungen zur Anlage R, Anlage R-AUS oder Anlage R-AV / bAV dargestellt.

20.2 Wiederkehrende Bezüge

Hier sind **wiederkehrende Bezüge** einzutragen, die nicht als Leibrenten in der Anlage R, Anlage R-AUS oder Anlage R-AV/bAV zu erklären sind. Dazu gehören Bezüge in Geld oder Geldeswert, die in gewissen Zeitabständen wiederkehren. Sie brauchen im Gegensatz zu den Leibrenten **nicht** auf einem **Stammrecht** zu beruhen, dürfen aber auch nicht nur von Fall zu Fall aufgrund eines jeweils neu gefassten Entschlusses gegeben werden. Sie müssen vielmehr auf einer **einheitlichen Rechtsgrundlage** oder einem **einheitlichen Entschluss** des Gebers beruhen.

Dass die wiederkehrenden Bezüge stets in derselben Höhe geleistet werden, ist nicht erforderlich. Bezüge, die freiwillig oder aufgrund einer freiwillig begründeten Rechtspflicht oder an eine gesetzlich unterhaltsberechtigte Person gezahlt werden, sind keine wiederkehrende Bezüge i. S. des § 22 EStG. Dies gilt auch dann, wenn der Geber nicht unbeschränkt stpfl. ist.

Als sonstige Einkünfte nach § 22 EStG sind wiederkehrende Bezüge nur zu erfassen und damit hier einzutragen, wenn sie nicht zu einer anderen Einkunftsart (z. B. aus Gewerbebetrieb) gehören und soweit sie sich bei wirtschaftlicher Betrachtung nicht als Kapitalrückzahlungen (z. B. Kaufpreisraten) darstellen. Wiederkehrende Bezüge können z. B. **Zeitrenten** sein oder wiederkehrende Versorgungsleistungen, die anlässlich der **Übertragung von Vermögen** aufgrund eines abgeschlossenen Übertragungsvertrages z. B. im Wege der vorweggenommenen Erbfolge vom Übernehmer zugesagt und erbracht werden; wegen Einzelheiten vgl. BMF-Schreiben vom 11.3.2010 (BStBl I S. 227) sowie vgl. Teil II Tz 7.3. Der Höhe nach begrenzte laufende Zahlungen anstelle eines Einmalbetrags bei Verzicht des zur gesetzlichen Erbfolge Berufenen auf den künftigen Erb- und Pflichtteil sind keine wiederkehrenden Bezüge (BFH-Urteil vom 20.10.1999, BStBl 2000 II S. 82). Auch Zahlungen aufgrund eines vor Eintritt des Erbfalls erklärten Erb- und/oder Pflichtteilsverzichts sind nicht einkommensteuerbar (BFH-Urteil vom 20.11.2012, BStBl 2014 I S. 56). Im Gegensatz zu Leibrenten sind **Zeitrenten** nicht von der Lebenszeit einer Person abhängig, sondern von vornherein auf eine bestimmte Zeit befristet.

Schadensersatzrenten zum Ausgleich vermehrter Bedürfnisse (sog. **Mehrbedarfsrenten** nach § 843 Abs. 1, 2. Alternative BGB) sind nach dem BFH-Urteil vom 25.10.1994 (BStBl 1995 II S. 121) weder als Leibrente noch als sonstige wiederkehrende Bezüge einkommensteuerbar. Der BFH hat damit den Grundsatz der Steuerbarkeit nur aufgrund der äußeren Form der Wiederkehr aufgegeben und die Steuerbarkeit von Schadensersatzrenten auf die Fälle beschränkt, in denen Ersatz für andere, bereits steuerbare Einkünfte geleistet wird. Die Urteilsgründe gelten gleichermaßen für **Schmerzensgeld** nach § 263 Abs. 2 BGB, das **in Form einer Rente** gezahlt wird; denn wie die Mehrbedarfsrente i. S. des § 843 BGB wird auch die Schmerzensgeldrente nach § 263 Abs. 2 BGB nicht als Ersatz für steuerbare Einkünfte gezahlt (vgl. auch BMF-Schreiben vom 15.7.2009, BStBl I S. 836). Nach diesem Schreiben sind Unterhaltsrenten und Schadensersatzrenten, die auf der Rechtsgrundlage von § 844 Abs. 2, § 845 BGB **für den Verlust von Unterhaltsansprüchen** oder als Ersatz entgangener Dienste gezahlt werden, nicht steuerbar (BFH-Urteil vom 26.11.2008, BStBl 2009 II S. 651). Zahlungen zum Ausgleich von Einkünften sind dagegen voll als wiederkehrende Bezüge zu besteuern (BFH-Urteil vom 19.10.1978, BStBl 1979 II S. 133).

Wiederkehrende Bezüge – mit Ausnahme der Leibrenten – sind (nach Abzug von Werbungskosten) grundsätzlich **in voller Höhe** als Einkünfte anzusetzen; das gilt auch für **unentgeltlich erworbene Zeitrenten** (BFH-Urteil vom 25.11.1980, BStBl 1981 II S. 358).

Wiederkehrende Bezüge, die **freiwillig** oder aufgrund einer **freiwillig begründeten Rechtspflicht** oder zur Erfüllung einer **gesetzlichen Unterhaltspflicht** gewährt werden, sind dem Empfänger **nicht** zuzurechnen, d. h. bei ihm **nicht** anzusetzen (zu den Unterhaltsleistungen an Ehegatten oder Lebenspartner vgl. Tz 20.3). Wegen der Behandlung beim Zahlenden vgl. Tz 2.7.2 unter Erläuterungen zur Anlage Sonderausgaben.

Unter gesetzlicher Unterhaltspflicht ist die Unterhaltspflicht auf familienrechtlicher Grundlage nach dem bürgerlichen Recht zu verstehen. Die Unterhaltsberechtigung setzt insoweit zivilrechtlich die Unterhaltsbedürftigkeit der unterhaltenen Person voraus (H 12.6 – Gesetzlich unterhaltsberechtigt – EStH).

Zu den wiederkehrenden Bezügen gehören außerdem Leistungen aufgrund eines **schuldrechtlichen Versorgungsausgleichs**. Zu einem Versorgungsausgleich kommt es im Regelfall im Zuge der Scheidung von Ehegatten oder der Aufhebung einer eingetragenen Lebenspartnerschaft (§ 20 Abs. 1 LPartG). Hierbei werden die in der Ehezeit erworbenen Anrechte geteilt (§ 1 Abs. 1 VersAusglG bzw. § 20 Abs. 1 LPartG). Kann der Ausgleichsverpflichtete die schuldrechtlichen Ausgleichszahlungen als Sonderausgaben nach § 10 Abs. 1a Nr. 3 EStG abziehen (vgl. Tz 2.7.2 unter Erläuterungen zur Anlage Sonderausgaben und Teil II Tz 7.3), sind diese vom Ausgleichsberechtigten als Einkünfte nach § 22 Nr. 1a EStG zu versteuern. Bei der Ermittlung der Einkünfte können von den Ausgleichszahlungen der Werbungskosten-Pauschbetrag nach § 9 a Satz 1 Nr. 3 EStG in Höhe von 102 € abgezogen werden, soweit dieser nicht bereits bei Ermittlung der Renteneinkünfte berücksichtigt wurde. Ist der Ausgleichsverpflichtete nicht unbeschränkt stpfl., weil er weder einen Wohnsitz (§ 8 AO) oder gewöhnlichen Aufenthalt (§ 9 AO) im Inland hat, kann er die Ausgleichszahlungen im Rahmen des Versorgungsausgleichs nicht als Sonderausgaben abziehen. In diesem Fall hat der Ausgleichsberechtigte diese Leistungen nicht zu versteuern (vgl. auch BMF-Schreiben vom 21.3.2023, BStBl I S. 611).

20.3 Unterhaltsleistungen vom geschiedenen oder dauernd getrennt lebenden Ehegatten, Versorgungsleistungen, Ausgleichsleistungen zur Vermeidung des Versorgungsausgleichs und Ausgleichszahlungen im Rahmen des Versorgungsausgleichs

20.3.1 Unterhaltsleistungen

5–7 Unterhaltsleistungen, die der Empfänger vom **geschiedenen Ehegatten, Lebenspartner einer aufgehobenen Lebenspartnerschaft** oder **dauernd getrennt lebenden Ehegatten/Lebenspartner** erhalten hat, gehören nach § 22 Nr. 1a EStG zu den sonstigen Einkünften, **soweit** der Geber die Unterhaltsleistungen mit Zustimmung des Empfängers als Sonderausgaben abzieht (sog. Realsplitting). Zu dem zu beachtenden **Höchstbetrag** (13 805 € jährlich zzgl. Basis-Kranken- und gesetzliche Pflegeversicherungsbeiträge) vgl. Tz 2.7.2 unter Erläuterungen zur Anlage Sonderausgaben.

In Zeile 5 sind die tatsächlich vom Unterhaltsleistenden gezahlten Beträge einzutragen. Falls der Empfänger dem Abzug der Unterhaltsleistungen nur begrenzt zugestimmt hat, ist in Zeile 5 nur der Betrag einzutragen, dem zugestimmt wurde. Der Höchstbetrag wird ggf. vom Finanzamt begrenzt. Dieser erhöht sich ggf. um die übernommenen Beiträge zu einer Basis-Kranken- und gesetzlichen Pflegeversicherung des unterstützten Ehegatten/Lebenspartners. Die in Zeile 6 einzutragenden Beiträge zur Basis-Krankenversicherung und zur gesetzlichen Pflegeversicherung sind ggf. um die im VZ geleisteten Erstattungen der Krankenkasse und um steuerfreie Zuschüsse zu mindern. Zusätzlich wird in Zeile 7 die Höhe der Krankenversicherungsbeiträge mit Anspruch auf Krankengeld abgefragt; insoweit ist eine Minderung der abzugsfähigen Beiträge um 4 % vorgeschrieben (§ 10 Abs. 1 Nr. 3 Buchst. a Satz 4 EStG, vgl. Tz 3.3.3.1 unter Erläuterungen zur Anlage Vorsorgeaufwand).

Unterhaltsleistungen eines **nicht unbeschränkt stpfl.** Ehegatten/Lebenspartners sind nicht steuerbar, weil die steuerliche Erfassung von Unterhaltsleistungen des geschiedenen Ehegatten/Lebenspartners einer aufgehobenen Lebenspartnerschaft oder dauernd getrennt lebenden Ehegatten/Lebenspartners in § 22 Nr. 1a EStG abschließend geregelt ist und ein Sonderausgabenabzug wegen der beschränkten Steuerpflicht ausscheidet (BFH-Urteil vom 31.3.2004, BStBl II S. 1047).

20.3.2 Versorgungsleistungen, die auf besonderen Verpflichtungsgründen beruhen

8 Versorgungsleistungen, die im Zusammenhang mit der Übertragung

- eines Mitunternehmeranteils an einem land- und forstwirtschaftlichen Betrieb, einem Gewerbebetrieb oder einer selbständigen Tätigkeit stehen,
- eines Betriebs oder Teilbetriebs stehen,
- eines mindestens 50 % betragenden Anteils an einer GmbH stehen, wenn der Übergeber Geschäftsführer war und der Übernehmer diese Tätigkeit übernimmt,

stellen sonstige Einkünfte dar (§ 10 Abs. 1a Nr. 2, § 22 Nr. 1a EStG), wenn der Zahlungsverpflichtete die Voraussetzungen für den Sonderausgabenabzug erfüllt, vgl. Tz 2.7.1.1 unter Erläuterungen zur Anlage Sonderausgaben. Diese lebenslangen wiederkehrenden Leistungen sind in Zeile 8 einzutragen.

20.3.3 Ausgleichsleistungen zur Vermeidung des Versorgungsausgleichs

9 Bei Ehescheidung und bei Aufhebung einer Lebenspartnerschaft soll durch den Versorgungsausgleich eine Teilhabe beider Partner an den in der Ehe- bzw. Lebenspartnerschaftszeit erworbenen Anrechten erreicht werden (§ 1 ff. VersAusglG und § 20 LPartG). Nach § 6 Abs. 1 Satz 2 Nr. 2 und § 23 des Versorgungsausgleichsgesetzes sowie § 1408 Abs. 2 BGB und § 1587 BGB kann auf eine Ausgleichsleistung verzichtet werden, wenn die ausgleichspflichtige Person eine Abfindung erbringt. Diese Leistung zur Vermeidung eines Versorgungsausgleichs kann nach § 10 Abs. 1a Nr. 3 EStG beim Verpflichteten nach den dort genannten Voraussetzungen als Sonderausgaben berücksichtigt werden (vgl. Tz 2.7.4 unter Erläuterungen zur Anlage Sonderausgaben). Sofern der Verpflichtete die Ausgleichsleistungen mit Zustimmung des Berechtigten als Sonderausgaben abzieht, sind diese Leistungen beim Berechtigten als sonstige Einkünfte nach § 22 Nr. 1a EStG zu versteuern. Ein Höchstbetrag ist – anders als bei den Unterhaltsleistungen an den geschiedenen oder dauernd getrennt lebenden Ehegatten/Lebenspartner – nicht zu beachten. Ausgleichsleistungen, die aufgrund eines Vertrags oder gerichtlichen Vergleichs zur Vermeidung eines Versorgungsausgleichs gezahlt wurden, können ebenfalls einbezogen werden, wenn hierüber ein notariell beurkundeter Vertrag abgeschlossen wurde. Die Leistungen zur Vermeidung eines Versorgungsausgleichs sind in Zeile 9 einzutragen.

20.3.4 Ausgleichszahlungen im Rahmen des Versorgungsausgleichs

Ehegatten oder Lebenspartner können vereinbaren, Ausgleichsansprüche auf erworbene Versorgungsanwartschaften ganz oder teilweise vorzubehalten. Dies hat zur Folge, dass der Versorgungsausgleich durch schuldrechtliche Ausgleichszahlungen (§ 6 Abs. 1 Satz 2 Nr. 3 i.V. mit § 20 VersAusglG) erfolgt. Die ausgleichsberechtigte Person erlangt durch die schuldrechtlichen Ausgleichszahlungen keine eigenen Anrechte gegenüber dem Versorgungsträger. 10

Diese schuldrechtlichen Ausgleichszahlungen von der ausgleichspflichtigen an die ausgleichsberechtigte Person sind nach § 22 Nr. 1a EStG als sonstige Einkünfte zu versteuern. Die Besteuerung bei der ausgleichsberechtigten Person richtet sich nach der Besteuerung der Einnahmen bei der ausgleichspflichtigen Person (sog. Korrespondenzprinzip). Zur steuerlichen Behandlung der Zahlungen der ausgleichspflichtigen Person als Sonderausgaben vgl. Tz. 2.7.3 unter Erläuterungen zur Anlage Sonderausgaben.

Bemessen sich die Ausgleichszahlungen nach Leistungen aus der Basisversorgung (z. B. Rente aus der gesetzlichen Rentenversicherung), werden bei der ausgleichspflichtigen Person die Leistungen nicht in voller Höhe, sondern mit dem sog. Besteuerungsanteil versteuert. Die Ausgleichszahlung unterliegt bei der ausgleichsberechtigten Person mit dem entsprechenden Anteil der Besteuerung (vgl. BMF-Schreiben vom 21.3.2023, BStBl I S. 611, Rn 32).

Handelt es sich dagegen um Versorgungsbezüge i. S. des § 19 Abs. 2 EStG, sind bei der ausgleichspflichtigen Person die Versorgungsbezüge um den Versorgungsfreibetrag und einen Zuschlag zum Versorgungsfreibetrag zu kürzen. Bei der ausgleichsberechtigten Person sind deshalb die Ausgleichszahlungen nur in entsprechendem Umfang zu versteuern.

Entsprechendes gilt auch bei laufender Versorgung in Form einer privaten Rente, die der sog. Ertragsanteilsbesteuerung unterliegt (vgl. BMF-Schreiben vom 21.3.2023, BStBl I S. 611, Rn 34).

Zu anderen Leistungen vgl. BMF-Schreiben vom 21.3.2023, BStBl I S. 611, Rn 35 ff.

In Zeile 10 sind die Ausgleichszahlungen aufgrund eines schuldrechtlichen Ausgleichs einzutragen.

20.4 Werbungskosten

Hier können **Werbungskosten in tatsächlicher Höhe** geltend gemacht werden, die mit wiederkehrenden Bezügen i. S. der Zeile 4, Ausgleichsleistungen zur Vermeidung des Versorgungsausgleichs i. S. der Zeile 5 bzw. mit Unterhaltsleistungen i. S. der Zeile 6 zusammenhängen.

Prozesskosten zur Erlangung nachehelichen Unterhalts sind privat veranlasst und stellen keine vorweggenommenen Werbungskosten bei späteren Unterhaltseinkünften dar, weil erst der mit Zustimmung des Empfängers gestellte Antrag des Gebers eine Umqualifizierung der Unterhaltsleistungen zu Sonderausgaben beim Geber und steuerbaren Einkünften beim Empfänger bewirkt und sie erst dann rechtsgestaltend in den steuerrechtlich relevanten Bereich überführt werden (BFH-Urteil vom 18.10.2023, BStBl 2024 II S. 288).

Wegen des Werbungskostenbegriffs und wegen des vom Finanzamt **mindestens** zu berücksichtigenden **Werbungskostenpauschbetrags** vgl. Tz 17.6 unter Erläuterungen zur Anlage R und Tz 18.2 unter Erläuterungen zur Anlage R-AV / bAV.

Da der Werbungskostenpauschbetrag von 102 € bei jedem Steuerpflichtigen für alle seine wiederkehrenden Bezüge (einschließlich Leibrenten und Leistungen aus Altersvorsorgeverträgen) nur einmal gewährt wird, kommt sein Abzug bei den in der Anlage SO zu erklärenden wiederkehrenden Bezügen, den in Zeile 9 genannten Ausgleichsleistungen, den in Zeile 5 bezeichneten Unterhaltsleistungen oder den in Zeile 12 genannten anderen wiederkehrenden Bezüge/Unterhaltsleistungen nur in Betracht, soweit der Pauschbetrag nicht bereits bei den Leibrenten oder bei Leistungen aus Altersvorsorgeverträgen (zu erklären in der Anlage R, Anlage R-AV / bAV und Anlage R-AUS) berücksichtigt wird.

20.5 Andere Wiederkehrende Bezüge/Unterhaltsleistungen (Teileinkünfteverfahren)

-13 Nach § 22 Nr. 1 Satz 2 EStG sind auch Bezüge von einer Stiftung, die nicht von der Körperschaftsteuer befreit ist, sonstige Einkünfte. Diese sog. Destinatszahlungen stellen beim Destinatär wiederkehrende Bezüge dar, die nach § 3 Nr. 40 Buchst. i EStG dem Teileinkünfteverfahren unterliegen. Diese Zahlungen sind in Zeile 12 einzutragen. Die damit zusammenhängenden Werbungskosten sind nicht in Zeile 11, sondern in Zeile 13 einzutragen.

20.6 Einkünfte aus Leistungen

20.6.1 Allgemeine Ausführungen

-22 Einkünfte aus **Leistungen,** z.B. aus **Tätigkeiten im Zusammenhang mit Einheiten virtueller Währungen und sonstiger Token, gelegentlichen Vermittlungen** oder aus der **Vermietung beweglicher Gegenstände** gehören zu den sonstigen Einkünften, wenn sie nicht bereits einer anderen Einkunftsart zuzurechnen sind (vgl. R 15.7 Abs. 3 EStR). Einkünfte aus Leistungen sind **steuerfrei,** wenn sie weniger als **256 €** im Kj. betragen haben (§ 22 Nr. 3 EStG). Übersteigen die Werbungskosten die Einnahmen, so darf der übersteigende Betrag **(Verlust aus Leistungen)** bei der Ermittlung des Einkommens nicht mit anderen Einkünften ausgeglichen und auch nicht durch einen Verlustabzug nach § 10d EStG berücksichtigt werden. Die Verluste mindern jedoch nach Maßgabe des § 10d EStG die Einkünfte, die der Steuerpflichtige in dem unmittelbar vorangegangenen VZ oder in den folgenden VZ **aus Leistungen** erzielt hat oder erzielt.

Haben **zusammen veranlagte Ehegatten/Lebenspartner** jeweils für sich Einkünfte aus Leistungen bezogen, so steht **jedem** Ehegatten/Lebenspartner die bezeichnete Freigrenze zu, höchstens jedoch bis zur Höhe seiner Einkünfte aus Leistungen. Durch Eintragung in die vorgesehenen Spalten des Vordrucks ist anzugeben, ob es sich um Einkünfte des Ehemanns oder der Ehefrau handelt. Dies gilt auch in Fällen einer eingetragenen Lebenspartnerschaft.

Der Begriff **Leistung** ist weit zu fassen; er umfasst jedes Tun, Unterlassen oder Dulden, das Gegenstand eines entgeltlichen Vertrags sein kann und das eine Gegenleistung auslöst, sofern es sich nicht um Veräußerungsvorgänge oder veräußerungsähnliche Vorgänge im privaten Bereich handelt, bei denen ein Entgelt dafür erbracht wird, dass ein Vermögenswert in seiner Substanz endgültig aufgegeben wird (BFH-Urteile vom 10.9.2003, BStBl 2004 II S. 218 und vom 21.9.2004, BStBl 2005 II S. 44). Unter den Leistungsbegriff kann z. B. auch die Übernahme eines finanziellen Wagnisses gegen Entgelt (BFH-Urteil vom 22.1.1965, BStBl III S. 313) oder der Verzicht auf den gesetzlich vorgeschriebenen Grenzabstand auf das Nachbargrundstück (BFH-Urteil vom 5.8.1976, BStBl 1977 II S. 26) fallen. Auch der Verzicht des Inhabers eines eingetragenen Warenzeichens auf Abwehransprüche ist eine Leistung i. S. des § 22 Nr. 3 EStG (BFH-Urteil vom 25.9.1979, BStBl 1980 II S. 114). Der Erhalt von virtuellen Währungen und sonstiger Token führt zu Einkünften aus einer Leistung i. S. des § 22 Nr. 3 EStG, wenn von den Interessenten eine Leistung zu erbringen ist, insbesondere bei aktivem Tun wie der Nennung des Airdrops (unentgeltliche Verteilung von Einheiten einer virtuellen Währung oder sonstigen Token) oder der Nennung der Projektinitiatoren in Beiträgen in sozialen Medien (vgl. BMF-Schreiben vom 6.3.2025, BStBl I S. 658, Rz 70). Außerdem sind auch Einkünfte aus Mining, Forging, Staking und Lending als sonstige Einkünfte anzusehen, sofern keine Einkünfte aus Gewerbebetrieb vorliegen. In diesen Fällen ist die Frage in Zeile 14 mit »Ja« zu beantworten, also eine »1« in das Eintragungsfeld einzutragen. Die Einnahmen hierzu sind in Zeile 15 einzutragen. Die Werbungskosten im Zusammenhang mit diesen Einnahmen sind mit allen weiteren Werbungskosten zu den Einkünften aus Leistungen in Zeile 19 einzutragen.

Zu den Einkünften aus Leistungen gehört auch das Entgelt für die zeitweise Vermietung eines Wohnmobils an wechselnde Mieter (BFH-Urteil vom 12.11.1997, BStBl 1998 II S. 774) oder das Entgelt für eine Vereinbarung, durch die sich der Zahlungsempfänger verpflichtet, das Bauvorhaben des Zahlenden zu dulden (BFH-Urteil vom 26.10.1982, BStBl 1983 II S. 404) oder das Entgelt für ein vertraglich vereinbartes umfassendes Wettbewerbsverbot ohne einen bestimmten Bezug zu einer weiterhin oder ehemals ausgeübten Tätigkeit (BFH-Urteile vom 12.6.1996, BStBl II S. 516 und vom 23.2.1999, BStBl II S. 590). Die Aufwandsentschädigungen nach § 1835 a BGB der rechtlichen Betreuer (§ 1896 BGB), ehrenamtlichen Vormünder (§ 1793 BGB) und ehrenamtlichen Pfleger (§§ 1909 ff. BGB) gehören zu den Einkünften aus sonstiger selbständiger Arbeit.

Einem Arbeitnehmer von Dritten gezahlte Bestechungsgelder sind ebenfalls sonstige Einkünfte i. S. des § 22 Nr. 3 EStG (BFH-Urteil vom 26.1.2000, BStBl II S. 396). Bekundet jemand einem anderen gegenüber seine Bereitschaft, mit seinen persönlichen Beziehungen bei einer geschäftlichen Transaktion behilflich zu sein und erhält er dafür eine Provision, so ist dieses Verhalten nach § 22 Nr. 3 EStG steuerbar (BFH-Urteil vom 20.4.2004, BStBl II S. 1072). Vergütungen für die Rücknahme des Widerspruchs gegen Bau und Betrieb eines Kraftwerks (BFH-Urteil vom 12.11.1985, BStBl 1986 II S. 890) stellen ebenfalls Leistungseinkünfte dar (vgl. auch H 22.8 – Einnahmen aus Leistungen i. S. des § 22 Nr. 3 EStG – EStH).

Nach dem BFH-Urteil vom 26.5.1993 (BStBl 1994 II S. 96) setzt der Begriff »Leistung« keinen gegenseitigen Vertrag voraus. Es kann genügen, dass diese Leistung als Gesellschafterbeitrag erbracht und erfolgsabhängig entgolten wird. Erhält jemand im wirtschaftlichen Zusammenhang mit einer von ihm erbrachten Tätigkeit eine Provision und nimmt er sie als Gegenleistung an, ist das Entgelt nach § 22 Nr. 3 EStG steuerbar (BFH-Urteil vom 21.9.2004, BStBl 2005 II S. 44). Vergütungen für die regelmäßige **Mitnahme eines Arbeitskollegen im Pkw** auf der Fahrt zwischen **Wohnung und Arbeitsstätte** können Leistungseinkünfte sein (BFH-Urteil vom 15.3.1994, BStBl II S. 516). Als Werbungskosten können nach diesem Urteil bei den Leistungseinkünften nur die durch die Mitnahme veranlassten **Mehraufwendungen** abgezogen werden.

Die **Veräußerung** von Wirtschaftsgütern wird vom Leistungsbegriff i. S. des § 22 Nr. 3 EStG **nicht** erfasst; die Veräußerung kann aber zu einer Steuerpflicht nach § 23 EStG führen (vgl. Tz 20.9). Die entgeltliche Abtretung von Rückkaufsrechten an Grundstücken ist eine Veräußerung eines Wirtschaftsguts und damit keine Leistung i. S. dieser Vorschrift (BFH-Urteil vom 14.11.1978, BStBl 1979 II S. 298). Die Entschädigung für eine faktische Bausperre gehört nicht zu den Einkünften aus Leistungen (BFH-Urteil vom 12.9.1985, BStBl 1986 II S. 252); wohl aber die Vergütung für die Bestellung eines Vorkaufsrechts an einem Grundstück. Wird ein nach § 22 Nr. 3 EStG steuerbares Entgelt für die Einräumung eines Vorkaufsrechts auf den Kaufpreis eines später zustande kommenden Kaufvertrages angerechnet, ist dies ein rückwirkendes Ereignis, das den zunächst angenommenen Tatbestand der »Einkünfte aus Leistungen« entfallen lässt (BFH-Urteil vom 10.8.1994, BStBl 1995 II S. 57). Auch beim Entgelt für den Verzicht auf ein dingliches Recht eines Grundstückseigentümers am Nachbargrundstück (Aufhebung einer eingetragenen Dienstbarkeit alten Rechts) handelt es sich nicht um Einkünfte aus Leistungen (BFH-Urteil vom 19.12.2000, BStBl 2001 II S. 391); ebenso nicht beim Verzicht auf Nachbarrechte im Zusammenhang mit der Veräußerung des betreffenden Grundstücks (BFH-Urteil vom 18.5.2004, BStBl II S. 874). Eine einmalige Entschädigung, die für das mit einer immerwährenden Dienstbarkeit gesicherte und zeitlich begrenzte Recht auf Überspannung eines zum Privatvermögen gehörenden Grundstücks mit einer Hochspannungsleitung gezahlt wird, zählt nicht zu den steuerbaren Einkünften (vgl. BFH-Urteil vom 2.7.2018, BStBl II S. 759). Zum Vorliegen eines Veräußerungsgewinns nach § 23 EStG vgl. Tz 20.9.

Preise, die ohne Gegenleistung erzielt werden (z. B. Goethepreis und ähnliche Preise) unterliegen nicht der ESt. Das Gleiche gilt für Einnahmen, die mit keiner Tätigkeit in ursächlichem Zusammenhang stehen und nicht unter eine andere Einkunftsart fallen, z. B. Rennwetten, Totogewinne, Lottogewinne, Streikgelder (wegen Letzterer vgl. BFH-Urteil vom 24.10.1990, BStBl 1991 II S. 337). Zur Abgrenzung gegenüber **Preisgeldern** (insbesondere für wissenschaftliche oder künstlerische Leistungen), die im Zusammenhang mit einer Einkunftsart stehen und daher der ESt unterliegen, wurde im BMF-Schreiben vom 5.9.1996, BStBl I S. 1150 Stellung genommen.

Preisgelder für die **Teilnahme als Kandidat an einer Fernsehshow** können als sonstige Einkünfte gem. § 22 Nr. 3 EStG steuerbar sein (BFH-Urteile vom 28.11.2007, BStBl 2008 II S. 469 und vom 24.4.2012, BStBl II S. 581). Zu den Abgrenzungskriterien hat das BMF mit Schreiben vom 30.5.2008, BStBl I S. 645 Stellung genommen. Danach liegen sonstige Einkünfte vor, wenn der Auftritt des Kandidaten und das gewonnene Preisgeld in einem gegenseitigen Leistungsverhältnis stehen.

Nach dem BFH-Urteil vom 3.6.1992 (BStBl II S. 1017) sind **Werbungskosten** bei den Einkünften aus **einmaligen** Leistungen auch dann im Jahr des Zuflusses der Einnahme abziehbar, wenn sie **vor** diesem Jahr angefallen sind oder **nach** diesem Jahr mit Sicherheit anfallen werden. Entstehen künftig Werbungskosten, die im Zuflussjahr noch nicht sicher vorhersehbar waren, ist die Veranlagung des Zuflussjahres gemäß § 175 Abs. 1 Satz 1 Nr. 2 AO zu ändern.

Werden Einnahmen aus Leistungen in einem späteren VZ **zurückgezahlt,** ist die Rückzahlung im Abflusszeitpunkt in voller Höhe steuermindernd zu berücksichtigen. Das Verlustausgleichsverbot und Verlustabzugsverbot stehen nicht entgegen (BFH-Urteil vom 26.1.2000, BStBl II S. 396).

20.6.2 Einnahmen für häusliche Pflegeleistungen

Seit 1.4.1995 werden Leistungen aus der **Pflegeversicherung** gewährt. Nach § 37 des Elften Buches des Sozialgesetzbuchs (SGB XI) können pflegebedürftige Personen anstelle der häuslichen Pflegehilfe ein **Pflegegeld** erhalten, wenn sie die erforderliche Grundpflege sowie die hauswirtschaftliche Versorgung (häusliche Pflege) durch eine Pflegeperson selbst sicherstellen.

Nach § 3 Nr. 36 EStG sind Einnahmen der Pflegeperson für Leistungen zur Grundpflege oder hauswirtschaftlichen Versorgung bis zur Höhe des dem Pflegebedürftigen nach § 37 SGB XI gewährten Pflegegeldes **steuerfrei**, wenn diese Leistungen **von Angehörigen** des Pflegebedürftigen oder von **anderen** Personen erbracht werden, die damit eine **sittliche Verpflichtung** i. S. des § 33 Abs. 2 EStG gegenüber dem Pflegebedürftigen erfüllen. Entsprechendes gilt für diese Einnahmen, wenn der Pflegebedürftige Pflegegeld aus privaten Versicherungsverträgen nach den Vorgaben des SGB XI (private Pflegepflichtversicherung) oder eine Pauschalbeihilfe nach Beihilfevorschriften für häusliche Pflege erhält.

Sind die gesetzlichen Voraussetzungen für eine Steuerfreiheit **nicht** erfüllt, rechnet das Entgelt für die Pflegeleistung bei der Pflegeperson bei Anstellung aufgrund eines Dienstverhältnisses zu den Einnahmen aus nichtselbständiger Arbeit oder bei selbständiger Pflegetätigkeit zu den Einkünften aus Gewerbebetrieb oder aus selbständiger Arbeit i. S. von § 18 EStG (z. B. bei Pflege durch selbständige Krankenpfleger). Bei nicht berufsmäßiger Tätigkeit können Einkünfte aus Leistungen i. S. des § 22 Nr. 3 EStG vorliegen. Zahlungen für die Pflege von Angehörigen **im Rahmen des familiären Zusammenlebens** führen jedoch grundsätzlich nicht zu Einkünften i. S. des Einkommensteuerrechts (BFH-Urteil vom 14.9.1999, BStBl II S. 776).

> **ELSTER:**
> ELSTER sieht 15 Eintragungsmöglichkeiten für Einnahmen aus Leistungen vor.

20.6.3 Wirtschafts-Identifikationsnummer

In Zeile 21 ist die W-IdNr. einzutragen. Die W-IdNr. wird an wirtschaftlich Tätige vergeben. Für jede wirtschaftliche Tätigkeit wird eine eigene W-IdNr. vergeben, vgl. Vorbemerkungen Tz 15. In Zeile 21 ist deshalb die W-IdNr. einzutragen, die für eine Tätigkeit vergeben wurde, durch die Einkünfte aus Leistungen lt. den Zeilen 16 und 17 erzielt wurden. 21

20.6.4 Verluste aus Leistungen

Wie unter Tz 20.6.1 bereits ausgeführt, dürfen Verluste aus Leistungen nicht mit anderen Einkünften ausgeglichen werden (§ 22 Nr. 3 EStG). Ein Ausgleich (eine Verrechnung) ist jedoch mit Überschüssen (Gewinnen) aus Leistungen möglich. 22

Kann ein im Jahr 2025 entstandener Verlust aus Leistungen nicht mit Gewinnen 2025 aus Leistungen desselben Steuerpflichtigen ausgeglichen (verrechnet) werden, so ist dieser Verlust nach Maßgabe des § 10d EStG rück- bzw. vortragsfähig, d. h. er mindert die im Jahr 2024 oder in den folgenden Jahren erzielten Gewinne aus Leistungen (vgl. Tz 10.5 unter Erläuterungen zur Anlage Sonstiges). Falls von einem Verlustrücktrag nach 2024 abgesehen werden soll, ist in **Zeile 22** der Anlage SO ein entsprechender Eintrag vorzunehmen. Ein etwaiger Verlustvortrag aus 2024 wird vom Finanzamt von Amts wegen vorgenommen, wenn im Feststellungsbescheid zum **31.12.2024** ein verbleibender Verlustvortrag unter der jetzigen Steuernummer festgestellt worden ist. Im Fall einer Änderung der Steuernummer (z. B. wegen Umzug oder Heirat) empfiehlt es sich, die bisherige Steuernummer und das betreffende Finanzamt auf besonderem Blatt anzugeben.

20.7 Abgeordnetenbezüge

Entschädigungen, Amtszulagen, Zuschüsse zu Kranken- und Pflegeversicherungsbeiträgen, Übergangsgelder, Überbrückungsgelder, Sterbegelder, Versorgungsabfindungen und Versorgungsbezüge, die **aufgrund des Abgeordnetengesetzes** gezahlt werden, gehören zu den sonstigen Einkünften i. S. des § 22 EStG und sind somit einkommensteuerpflichtig. Dasselbe gilt für vergleichbare Abgeordnetenbezüge, die aufgrund entsprechender Gesetze der **Länder** oder des **Europaabgeordnetengesetzes** gezahlt werden. 23-

Sind in den stpfl. Einnahmen (Zeile 23) **Versorgungsbezüge** enthalten, so sind diese in **Zeile 24** besonders anzugeben, weil vom Finanzamt ein **Versorgungsfreibetrag** gewährt wird. Dieser beträgt bei Beginn des Versorgungsbezugs im Jahr 2025 13,2 % der Bemessungsgrundlage, höchstens 990 €. Der maßgebende Prozentsatz und der Höchstbetrag des Versorgungsfreibetrags bestimmen sich ab 2005 nach dem Zeitpunkt des Versorgungs**beginns**. Sie werden für jeden ab 2006 neu in den Versorgungsstand tretenden Jahrgang abgeschmolzen (§ 19 Abs. 2 i. V. mit § 22 Nr. 4 EStG). Werden Versorgungsbezüge nur für einen Teil des Kj. gezahlt, ermäßigt sich der Versorgungsfreibetrag für jeden vollen Kalendermonat, für den keine Versorgungsbezüge geleistet werden, in diesem Jahr um ein Zwölftel. Zu den Ausführungen zur Bemessung und Höhe des Versorgungsfreibetrags vgl. Tz 11.4.2 unter Erläuterungen zur **Anlage N**, die hier entsprechend gelten. Der Zuschlag zum Versorgungsfreibetrag entfällt hier allerdings. Erhält der Abgeordnete auch Versor- 2 gungsbezüge aus einem früheren Dienstverhältnis (vgl. Tz 11.4 unter Erläuterungen zur Anlage N), so wird der Höchstbetrag des Versorgungsfreibetrags insgesamt nur einmal berücksichtigt.

Sind im Kj. 2025 **Vergütungen als Abgeordneter für mehrere Jahre** zugeflossen (z. B. Versorgungsabfindung), so wird hierfür die Tarifvergünstigung des § 34 Abs. 1 EStG (sog. Fünftel-Regelung) angewendet. Wegen der Einzelheiten dieser Vergünstigung vgl. Tz 22.12 unter Erläuterungen zur **Anlage S**. In Zeile **29** (nicht auch in Zeile 23) sind lediglich die zugeflossenen Vergütungen für mehrere Jahre einzutragen und auf einem besonderen Blatt näher zu erläutern. In **Zeile 30** ist anzugeben, mit welchem Betrag **Versorgungsbezüge** in den Vergütungen für mehrere Jahre in Zeile 29 enthalten sind. Dies kann für den Versorgungsfreibetrag (vgl. oben) bedeutsam sein.

31 Soweit Abgeordnete zur Abgeltung ihrer durch das Mandat veranlassten Aufwendungen steuerfreie **Aufwandsentschädigungen** erhalten, dürfen die mit dem Mandat verbundenen Aufwendungen, auch Sonderbeiträge an eine Partei, **nicht** als Werbungskosten von den vorstehend genannten stpfl. Einnahmen abgezogen werden (BFH-Urteil vom 29.3.1983, BStBl II S. 601 und H 22.9 – Werbungskosten – EStH). Auch Wahlkampfkosten zur Erlangung eines Mandats im Bundestag, im Europäischen Parlament oder im Parlament eines Landes sind in diesen Fällen nicht abzugsfähig. Dies gilt selbst dann, wenn es sich um Kosten eines erfolglosen Wahlkampfes handelt (vgl. BFH-Urteile vom 8.12.1987, BStBl 1988 II S. 433 und 435, BFH-Urteil vom 10.12.2019, BStBl 2020 II S. 389). Zu den steuerfreien Aufwandsentschädigungen gehören auch die gesondert gezahlten **Tage- oder Sitzungsgelder** (R 22.9 EStR). Dies gilt jedoch nicht für Landtagsabgeordnete, die keine steuerfreien Entschädigungen zur Abgeltung der durch das Mandat veranlassten Aufwendungen mehr erhalten z. B. für Abgeordnete in Nordrhein-Westfalen (Abgeordnetengesetz des Landes Nordrhein-Westfalen vom 5.4.2005 [GV NRW 2005 S. 252], das am 8.6.2005 in Kraft getreten ist), Schleswig-Holstein (Gesetz zur Änderung des Schleswig-Holsteinischen Abgeordnetengesetzes [GVOBl. Schl.-H. 2006 S. 128], das am 1.1.2007 in Kraft getreten ist) und Brandenburg (Gesetz zur Regelung der Rechtsverhältnisse der Mitglieder des Landtags Brandenburg vom 19.6.2013 [GVBl. BB I 13 Nr. 23], das am 8.10.2014 in Kraft getreten ist). Dies hat zur Folge, dass für diese Abgeordneten das Abzugsverbot des § 22 Nr. 4 Satz 3 EStG nicht anzuwenden ist. Mandatsbedingte Aufwendungen können nach den allgemeinen Grundsätzen als Werbungskosten abgezogen werden (vgl. Tz 11.11 unter Erläuterungen zur **Anlage N**). Die entstandenen Werbungskosten sind auf besonderem Blatt anzugeben.

32 Bei Abgeordneten, denen eine eigene Altersversorgung ohne oder weitgehend ohne eigene Beitragsleistungen zugesagt wird, ist der Höchstbetrag nach § 10 Abs. 3 Satz 1 EStG um einen fiktiven Gesamtbeitrag zur gesetzlichen Rentenversicherung (Arbeitnehmer- und Arbeitgeberanteil) zu kürzen. Mit dieser Kürzungsregelung sollen diese Abgeordneten im Hinblick auf das Abzugsvolumen für die Altersversorgung mit rentenversicherungspflichtigen Arbeitnehmern gleichgestellt werden. In manchen Bundesländern erhalten (i. d. R. neu in den Landtag gewählte) Landtagsabgeordnete eine Altersversorgung ohne eigene Beitragsleistung. Um den Höchstbetrag nach § 10 Abs. 3 EStG ermitteln zu können, wird in Zeile 32 abgefragt, ob eine Altersversorgung ohne eigene Beitragsleistung zugesagt wurde.

20.8 Steuerstundungsmodelle

33 In Zeile 33 sind die Einkünfte aus Gesellschaften/Gemeinschaften/ähnlichen Modellen i. S. des § 15b EStG einzutragen, vgl. Tz 17.8 unter Erläuterungen zur Anlage R, vgl. Tz 14.18 unter Erläuterungen zur Anlage KAP, vgl. Tz 21.11 unter Erläuterungen zur Anlage G.

20.9 Einkünfte aus privaten Veräußerungsgeschäften

In den Zeilen 34 bis 59 der Anlage SO kann in jedem Abschnitt des Vordrucks grundsätzlich die Veräußerung **eines** Wirtschaftsguts erklärt werden. Erst nach der einheitlichen Ermittlung des Ergebnisses aus diesem Veräußerungsgeschäft erfolgt die Zurechnung (Zeile 43 und 58). Die Veräußerung weiterer Wirtschaftsgüter kann unter Verwendung weiterer Anlagen SO oder nach gleichem Schema auf besonderem Blatt erklärt werden. Das Gesamtergebnis aus weiteren Veräußerungen ist dann in Zeile 44 und 59 zu übertragen. **34–59**

20.9.1 Umfang der Steuerpflicht

Einkünfte aus privaten Veräußerungsgeschäften gehören zu den sonstigen Einkünften und unterliegen damit der Einkommensbesteuerung, wenn die Voraussetzungen des § 23 EStG vorliegen.

Nach § 23 Abs. 1 EStG sind private Veräußerungsgeschäfte in diesem Sinn:

1. Veräußerungsgeschäfte bei **Grundstücken** und Rechten, die den Vorschriften des bürgerlichen Rechts über Grundstücke unterliegen (z. B. Erbbaurecht, Mineralgewinnungsrecht), bei denen der Zeitraum zwischen Anschaffung und Veräußerung nicht mehr als **zehn Jahre** beträgt. **Gebäude** und Außenanlagen sind einzubeziehen, soweit sie innerhalb des Zeitraums von zehn Jahren errichtet, ausgebaut oder erweitert worden sind. Dies gilt entsprechend für **selbständige Gebäudeteile, Eigentumswohnungen** oder im Teileigentum stehende Räume. Von der Besteuerung **ausgenommen** sind Wirtschaftsgüter, die im Zeitraum zwischen Anschaffung oder Fertigstellung und Veräußerung **ausschließlich zu eigenen Wohnzwecken** oder im Jahr der Veräußerung und in den beiden vorangegangenen Jahren **zu eigenen Wohnzwecken** genutzt wurden **(siehe Zeilen 34 bis 44** der Anlage SO);
2. Veräußerungsgeschäfte bei **anderen** Wirtschaftsgütern, bei denen der Zeitraum zwischen Anschaffung und Veräußerung nicht mehr als **ein Jahr** beträgt **(siehe Zeilen 45 bis 59** der Anlage SO). Werden Wirtschaftsgüter veräußert, aus deren Nutzung als Einkunftsquelle zumindest in einem Kj. Einkünfte erzielt wurden (z. B. Container-Leasing-Geschäfte), beträgt die Veräußerungsfrist für diese Wirtschaftsgüter zehn Jahre, soweit es sich nicht um virtuelle Währungen handelt;
3. Veräußerungsgeschäfte bei anderen Wirtschaftsgütern, bei denen die Veräußerung früher erfolgt als der Erwerb (siehe **Zeilen 52 bis 59** der Anlage SO).

Der Erwerb und die Veräußerung einer Fremdwährung innerhalb eines Jahres ist ebenfalls ein privates Veräußerungsgeschäft (BFH-Urteil vom 21.1.2014, BStBl II S. 385). Nach dem BFH-Urteil vom 29.10.2019, BStBl 2020 II S. 258, zählen auch Champions-League-Tickets zu den anderen Wirtschaftsgütern, da sie Gegenstand eines privaten Veräußerungsgeschäfts i. S. des § 23 Abs. 1 Satz 1 Nr. 2 EStG sein können. Diese Tickets sind keine Gegenstände des täglichen Gebrauchs. Ein Mobilheim ist ebenfalls ein anderes Wirtschaftsgut und kein Gegenstand des täglichen Gebrauchs (vgl. BFH-Urteil vom 24.5.2022, BStBl 2023 II S. 108).

Nach § 23 Abs. 1 Satz 1 Nr. 2 Satz 3 EStG wird bei Ermittlung eines Veräußerungsgewinns unterstellt, dass die zuerst angeschafften Beträge zuerst veräußert wurden.

Als Anschaffung gilt auch die **Überführung eines Wirtschaftsgutes in das Privatvermögen** des Steuerpflichtigen durch **Entnahme** oder **Betriebsaufgabe** sowie der Antrag nach § 21 Abs. 2 Satz 1 Nr. 1 des Umwandlungssteuergesetzes in der am 12.12.2006 geltenden Fassung auf Besteuerung stiller Reserven bei sog. **einbringungsgeborenen Anteilen** an einer Kapitalgesellschaft (vgl. Tz 21.18.5 unter Erläuterungen zur Anlage G). Die Anschaffung oder Veräußerung einer unmittelbaren oder mittelbaren Beteiligung an einer Personengesellschaft gilt als Anschaffung oder Veräußerung der anteiligen Wirtschaftsgüter.

Als Veräußerung eines Grundstücks oder grundstücksgleichen Rechts gilt auch die **Einlage in das Betriebsvermögen**, wenn die

Veräußerung aus dem Betriebsvermögen innerhalb eines Zeitraums von **zehn Jahren** seit Anschaffung (also nicht seit der Einlage) des Grundstücks oder grundstücksgleichen Rechts erfolgt (§ 23 Abs. 1 Satz 5 Nr. 1 EStG). In diesem Fall sind die Wertsteigerungen des Grundstücks, die in der Zeit von der Anschaffung **bis zur Einlage** eingetreten sind, als (privater) Veräußerungsgewinn zu erfassen, aber **erst** in dem Kj., in dem der Preis für die Veräußerung aus dem Betriebsvermögen dem Steuerpflichtigen zugeflossen ist (§ 23 Abs. 3 Satz 6 EStG). Bei der Berechnung des Veräußerungsgewinns ist in diesem Fall an Stelle des Veräußerungspreises auf den für die (betriebliche) Gewinnermittlung tatsächlich angesetzten **Einlagewert** abzustellen (§ 23 Abs. 3 Satz 2 EStG). Vgl. nachfolgende **Beispiele 1 und 2** sowie BMF-Schreiben vom 5.10.2000, BStBl I S. 1383, Rz 3 bis 8 und 35 ff.).

Ein privates Veräußerungsgeschäft liegt auch vor, wenn innerhalb der zehnjährigen Veräußerungsfrist ein Grundstück im Privatvermögen angeschafft und aus dem Privatvermögen wieder veräußert wird. Die Wertsteigerungen im Privatvermögen seit der Anschaffung sind auch dann zu versteuern, wenn das Grundstück zeitweise im Betriebsvermögen gehalten wird. Der Gewinn aus dem privaten Veräußerungsgeschäft ist in diesem Fall um den im Betriebsvermögen zu erfassenden Gewinn (Unterschied zwischen Einlage- und Entnahmewert) zu korrigieren (BFH-Urteil vom 23.8.2011, BStBl 2013 II S. 1002).

Ebenfalls als Veräußerung gilt die **verdeckte Einlage** eines Grundstücks oder grundstücksgleichen Rechts **in eine Kapitalgesellschaft**. Eine solche liegt vor, wenn ein Grundstück unentgeltlich auf eine Kapitalgesellschaft übertragen oder zu einem Kaufpreis unterhalb des Verkehrswerts an sie veräußert wird. Für die Berechnung eines evtl. Veräußerungsgewinns ist der **gemeine Wert** (Verkehrswert) anzusetzen (§ 23 Abs. 3 Satz 2 EStG). Die Besteuerung erfolgt im Jahr der verdeckten Einlage (der Übertragung auf die Kapitalgesellschaft).

Für die Berechnung der dargelegten Fristen ist grundsätzlich jeweils das obligatorische (schuldrechtliche) Anschaffungs- und Veräußerungsgeschäft maßgebend (z. B. der notarielle Kaufvertrag), nicht etwa der Zeitpunkt des Eigentumsübergangs (BFH-Urteil vom 15.12.1993, BStBl 1994 II S. 687). Die Abgabe eines Meistgebots in einer Zwangsversteigerung ist ebenfalls eine Anschaffung (BFH-Urteil vom 27.8.1997, BStBl 1998 II S. 135). Ist der Grundstückskaufvertrag mit einem sog. befristeten Erwerberbenennungsrecht ausgestattet, kommt es im Zeitpunkt der Selbstbenennung (Selbsteintritt) zur Anschaffung, selbst wenn der Benennungsberechtigte das Grundstück mit dem späteren Fristablauf ohnehin erworben hätte (BFH-Urteil vom 26.10.2021, BStBl 2022 II S. 400).

Ein privates Veräußerungsgeschäft liegt auch vor, wenn die rechtsgeschäftlichen Erklärungen beider Vertragspartner innerhalb der Veräußerungsfrist bindend abgegeben worden ist und eine vereinbarte aufschiebende Bedingung erst außerhalb der Veräußerungsfrist eingetreten ist (BFH-Urteil vom 10.2.2015, BStBl 2015 II S. 487 und BFH-Urteil vom 25.3.2021, BStBl II S. 758). Unter besonderen Umständen kann bei einer Veräußerung auch der Zeitpunkt der Abgabe eines bindenden Angebots maßgebend sein (BFH-Urteile vom 23.9.1966, BStBl 1967 III S. 73, und vom 19.10.1971, BStBl 1972 II S. 452). Die Abgabe eines Verkaufsangebots zusammen mit einer Darlehensgewährung in Höhe des späteren Kaufpreises und dem Abschluss eines auf eine Eigentumsverschaffung am Grundstück gerichteten »Erbbauvertrags« kann z. B. zu einer so starken Bindung führen, dass dies bereits als Veräußerung anzusehen ist (BFH-Urteil vom 15.1.1974, BStBl II S. 606). Auch ein bürgerlich-rechtlich wirksamer, beide Vertragsparteien **bindender Vorvertrag** ist bereits als Veräußerung zu werten (BFH-Urteil vom 13.12.1983, BStBl 1984 II S. 311). Ebenso kann unter den Voraussetzungen des § 41 Abs. 1 AO ein unvollständig beurkundeter und deshalb nach §§ 313 BGB, 125 HGB **formunwirksamer Grundstückskaufvertrag** eine für die Berechnung der oben bezeichneten Frist maßgebende Veräußerung sein (vgl. BFH-Urteil vom 15.12.1993, BStBl 1994 II S. 687). Die nachträgliche Genehmigung eines zunächst schwebend unwirksamen Vertrags durch einen der Vertragspartner wirkt für die Fristberechnung nicht auf den Zeitpunkt der Vornahme des Rechtsgeschäfts zurück (BFH-Urteil vom 2.10.2001, BStBl 2002 II S. 10). Die Daten der Anschaffung und der Veräußerung sind in **Zeilen 35, 47 und/oder 53** der Anlage SO einzutragen.

Eine Anschaffung bzw. Veräußerung i. S. des § 23 EStG liegt nicht vor, wenn der Verlust des Eigentums am Grundstück ohne maßgeblichen Einfluss des Steuerpflichtigen stattfindet. Ein Entzug des Eigentums durch Sonderungsbescheid nach dem Bodensonderungsgesetz (sog. Zwangsenteignung) ist danach keine Veräußerung i. S. des § 23 Abs. 1 Satz 1 Nr. 1 EStG. Der entgeltliche Erwerb – die Anschaffung – und die entgeltliche Übertragung des nämlichen Wirtschaftsguts auf eine andere Person – die Veräußerung – müssen wesentlich vom Willen des Steuerpflichtigen abhängen. Es fehlt am willentlichen Erwerb bzw. an einer willentlichen Übertragung auf eine andere Person, wenn – wie im Falle einer Enteignung oder Umlegung – die Begründung oder der Verlust des Eigentums am Grundstück ohne maßgeblichen Einfluss des Steuerpflichtigen stattfindet (vgl. BFH-Urteil vom 23.7.2019, BStBl II S. 701).

Lediglich **selbst bewohnte Objekte** sind unter den Voraussetzungen des § 23 Abs. 1 Nr. 1 Satz 3 EStG von der Besteuerung ausgenommen (vgl. Tz 20.9.2). Gegenstand von Veräußerungsgeschäften i. S.des § 23 EStG können grundsätzlich alle Wirtschaftsgüter des Privatvermögens außer Wertpapieren (vgl. Tz 14.6.2 unter Erläuterungen zur Anlage KAP) sein.

Nach dem BFH-Urteil vom 22.4.2008 (BStBl 2009 II S. 296) können zwar auch Gegenstände des täglichen Gebrauchs aus steuerlicher Sicht Gegenstand eines Veräußerungsgeschäfts sein. Nach § 23 Abs. 1 Satz 1 Nr. 2 EStG sind Gegenstände des täglichen Gebrauchs von der Besteuerung ausgenommen, wenn das Wirtschaftsgut aufgrund eines nach dem 13.12.2010 abgeschlossenen Vertrages oder gleichstehenden Rechtsakts angeschafft wurde. Gegenstände des täglichen Gebrauchs sind z. B. sog. Jahreswagen. Champions-League-Tickets sind hingegen keine Gegenstände des täglichen Gebrauchs i. S. des § 23 Abs. 1 Satz 1 Nr. 2 Satz 2 EStG (vgl. BFH-Urteil vom 29.10.2019, BStBl 2020 II S. 258).

Bei allen Veräußerungsgeschäften braucht eine Spekulationsabsicht nicht vorzuliegen. Der **unentgeltliche** Erwerb eines Gegenstandes (z. B. durch Erbschaft, Vermächtnis, Schenkung) stellt keine Anschaffung i. S. des § 23 EStG dar. Ein unentgeltlicher Erwerb i. S. des § 23 Abs. 1 Satz 3 EStG liegt auch vor, wenn im Rahmen der Übertragung eines Grundstücks im Wege der vorweggenommenen Erbfolge dem Übergeber ein (dingliches) Wohnrecht eingeräumt wird und die durch Grundschulden auf dem Grundstück abgesicherten Darlehen des Rechtsvorgängers nicht übernommen werden (vgl. BFH-Urteil vom 3.9.2019, BStBl 2020 II S. 122). Bei der Veräußerung eines unentgeltlich erworbenen Gegenstandes wird aber für die Berechnung der maßgebenden Frist von dem Zeitpunkt des entgeltlichen Erwerbs durch den **Rechtsvorgänger** ausgegangen. Bei der Bemessung des vom Veräußerer zu versteuernden Veräußerungsgewinns sind in diesem Fall die Anschaffungs- oder Herstellungskosten des Erblassers, Schenkers oder Vermächtnisgebers zugrunde zu legen. Gehören Wirtschaftsgüter zu einem **Betriebsvermögen,** so ist ein im Fall ihrer Veräußerung sich ergebender Gewinn oder Verlust im Rahmen der betreffenden Einkunftsart zu erfassen, ohne dass es auf irgendwelche Fristen ankommt (vgl. Tz 21.3.1.1 unter Erläuterungen zur **Anlage G**).

Wird ein Wirtschaftsgut durch **Entnahme** oder **Betriebsaufgabe** aus dem Betriebsvermögen in das Privatvermögen überführt und innerhalb der bezeichneten Fristen veräußert, so liegt nach § 23 EStG ein steuerbares Veräußerungsgeschäft vor, weil der Übergang aus dem Betriebsvermögen in das Privatvermögen als **Anschaffung** gilt. Mit dieser Ausdehnung der Steuerpflicht sollte dem Umstand entgegengewirkt werden, dass bei Entnahmen u. U. Werte angesetzt werden, die sich aufgrund nachfolgender Veräußerung aus dem Privatvermögen als zu niedrig erweisen.

Bei der Veräußerung eines Grundstücks des Betriebsvermögens, das innerhalb eines Zeitraums von zehn Jahren vor Veräußerung **im Privatvermögen angeschafft** und später – z. B. wegen Aufnahme einer eigenbetrieblichen Nutzung – in das Betriebsvermögen **eingelegt** wurde, kommt es nach § 23 EStG auch zur Nachversteuerung der bis zur Einlage angewachsenen stillen Reserven, da der Veräußerungsgewinn dem betrieblichen Bereich nur zugeordnet wird, **soweit** er diesen Bereich betrifft (§ 23 Abs. 2 EStG).

BEISPIEL 1:

A hatte im Mai 2016 ein unbebautes Grundstück für 55 000 € angeschafft, das zunächst zu seinem Privatvermögen gehörte. Ab Februar 2023 wurde das Grundstück als Lagerplatz für das Einzelunternehmen des A (Holzhandlung) verwendet; dadurch wurde das Grundstück notwendiges Betriebsvermögen. Der Wert des Grundstücks im Einlagezeitpunkt (Februar 2023) betrug 100 000 €. Im März 2025 wurde das Grundstück für 140 000 € veräußert.

Mit der Veräußerung aus dem Betriebsvermögen erzielt A im März 2025 zunächst einen Gewinn von 40 000 € (Veräußerungspreis von 140 000 € abzgl. Einlagewert von 100 000 € der zu den **Einkünften aus Gewerbebetrieb** gehört (und auch der Gewerbesteuer unterliegt). Darüber hinaus muss A nach § 23 Abs. 1 Satz 5 EStG auch einen **privaten Veräußerungsgewinn** versteuern, weil zum Zeitpunkt der Veräußerung aus dem Betriebsvermögen noch keine 10 Jahre seit der Anschaffung des Grundstücks (im Privatvermögen) vergangen sind. Damit gilt die Einlage im Februar 2023 nunmehr als Veräußerung, die jedoch erst im Jahr 2025 besteuert wird. Der Gewinn aus dem privaten Veräußerungsgeschäft i. S. des § 23 EStG beträgt 45 000 € (Unterschiedsbetrag zwischen dem Einlagewert von 100 000 € und den ursprünglichen Anschaffungskosten von 55 000 €).

BEISPIEL 2:

Sachverhalt wie im Beispiel 1; die Veräußerung findet jedoch erst im Juli 2026 statt.

Mit der Veräußerung aus dem Betriebsvermögen erzielt A wiederum einen Gewinn aus Gewerbebetrieb von 40 000 € der im Jahr 2026 besteuert wird. Es ist jedoch **kein Gewinn aus privaten Veräußerungsgeschäften** zu besteuern, weil die Veräußerung aus dem Betriebsvermögen nicht innerhalb der Zehnjahresfrist seit der Anschaffung des Grundstücks erfolgt. In diesem Fall greift die Veräußerungsfiktion bezüglich der Einlage in das Betriebsvermögen nicht.

Die Finanzverwaltung dehnt den Anwendungsbereich der dargestellten Regelung aus, indem **veräußerungsähnliche** Geschäfte, bei denen das zuvor eingelegte Grundstück das Betriebsvermögen wieder verlässt, umfassend einbezogen werden. Nach dem BMF-Schreiben vom 5.10.2000 (BStBl I S. 1383, Rz 4) gilt als Veräußerung aus dem Betriebsvermögen für die Anwendung des § 23 Abs. 1 Satz 5 Nr. 1 EStG unter anderem:

- die Veräußerung des Grundstücks im Rahmen der Veräußerung des gesamten Betriebs oder eines Teilbetriebs. Bei einer Personengesellschaft gilt dies bei Veräußerung des Betriebs, eines Teilbetriebs oder eines Mitunternehmeranteils, wenn das Grundstück zum Sonderbetriebsvermögen des Mitunternehmers gehört oder ohne Gewährung von Gesellschaftsrechten in das Gesamthandsvermögen eingelegt worden ist;
- die Überführung eines zuvor in das Betriebsvermögen eingelegten Grundstücks in eine Kapitalgesellschaft im Wege einer verschleierten Sachgründung oder einer verschleierten Sacheinlage im Zusammenhang mit einer Kapitalerhöhung;
- die Einbringung des zuvor eingelegten Grundstücks zusammen mit einem Betrieb, Teilbetrieb oder Mitunternehmeranteil in eine Kapitalgesellschaft oder in das Gesamthandsvermögen einer Personengesellschaft gegen Gewährung von Gesellschaftsrechten;
- die Übertragung eines Grundstücks aus dem betrieblichen Gesamthandsvermögen einer Personengesellschaft in das Privatvermögen oder das Sonderbetriebsvermögen eines Gesellschafters, soweit das Grundstück vorher in das Vermögen der Gesellschaft ohne Gewährung von Gesellschaftsrechten eingelegt wurde;
- die verdeckte Einlage des Grundstücks in eine Kapitalgesellschaft, wenn die Anteile an der Kapitalgesellschaft zum Betriebsvermögen des Steuerpflichtigen gehören (hier ist kein Fall des § 23 Abs. 1 Satz 5 **Nr. 2** EStG gegeben, weil das Grundstück gleichzeitig in das Betriebsvermögen des Steuerpflichtigen eingelegt wird).

Kein Fall des § 23 Abs. 1 Satz 5 Nr. 1 EStG, sondern eine **Veräußerung** i. S. von **1.** in Tz 20.9.1 ist die Übertragung eines Grundstücks aus dem Privatvermögen in das betriebliche Gesamthandsvermögen einer Personengesellschaft oder in das Vermögen einer Kapitalgesellschaft, soweit sie gegen Gewährung von Gesellschaftsrechten erfolgt (vgl. hierzu im Übrigen BMF-Schreiben vom 29.3.2000, BStBl I S. 462 und vom 26.11.2004, BStBl I S. 1190). Entsprechendes gilt bei der Übertragung eines Grundstücks in das Vermögen einer Gemeinschaft mit betrieblichem Vermögen oder aus dem betrieblichen Gemeinschaftsvermögen in das Vermögen eines Mitglieds der Gemeinschaft. Die Übertragung eines Grundstücks auf eine Personengesellschaft oder Gemeinschaft ohne Betriebsvermögen gegen Entgelt oder gegen Gewährung von Gesellschaftsrechten ist **insoweit nicht** als Veräußerung anzusehen, als der bisherige Eigentümer nach der Übertragung am Vermögen der Gesellschaft oder Gemeinschaft beteiligt ist. Gleiches gilt, wenn das Grundstück von der Personengesellschaft oder Gemeinschaft auf einen Gesellschafter oder ein Mitglied der Gemeinschaft übertragen wird (im Einzelnen vgl. Rz 6 bis 8 des BMF-Schreibens vom 5.10.2000, BStBl I S. 1383 und das dortige Zahlenbeispiel).

Ein Veräußerungsgeschäft i. S. des § 23 EStG setzt **Nämlichkeit** zwischen dem angeschafften und dem veräußerten Wirtschaftsgut voraus; hierbei genügt jedoch eine **Identität** im wirtschaftlichen Sinne. Nämlichkeit ist deshalb anzunehmen, wenn ein **unbebautes Grundstück parzelliert** und eine Parzelle innerhalb der in § 23 EStG genannten Frist veräußert wird (BFH-Urteil vom 19.7.1983, BStBl 1984 II S. 26). Für die Annahme eines privaten Veräußerungsgeschäfts ist dem Erfordernis der Nämlichkeit zwischen dem angeschafften und veräußerten Wirtschaftsgut teilweise genügt, wenn ein mit einem Erbbaurecht belastetes Grundstück angeschafft und – nach Löschung des Erbbaurechts – kurzfristig lastenfrei weiterveräußert wird. Der Ermittlung des Gewinns aus einem solchen Veräußerungsgeschäft ist nur der anteilige Veräußerungspreis zugrunde zu legen, der – wirtschaftlich gesehen – auf das Grundstück im belasteten Zustand entfällt (BFH-Urteil vom 12.6.2013, BStBl I S. 1011). Herstellungsmaßnahmen, die nach der Anschaffung eines Wirtschaftsguts vom Erwerber vorgenommen werden, schließen die wirtschaftliche Identität von angeschafftem und veräußertem Wirtschaftsgut nur dann aus, wenn durch die Herstellungsmaßnahmen das angeschaffte Wirtschaftsgut bei wirtschaftlicher Betrachtung in ein **anderes** Wirtschaftsgut umgewandelt wird. Dies dürfte nur äußerst selten der Fall sein. Bei **Gebäuden** und Außenanlagen, die wie unter Tz 20.9.1, 1. angeführt **einzubeziehen** sind, kommt es auf eine Identität nicht mehr an.

Bei Anschaffung eines **unbebauten** Grundstücks, nachfolgender **Errichtung** eines Gebäudes und Veräußerung des nunmehr bebauten Grundstücks innerhalb von zehn Jahren (gerechnet ab dem Grundstückskauf) ist nach § 23 EStG **auch der auf das Gebäude** entfallende Gewinn steuerpflichtig. Dies gilt auch dann, wenn das Gebäude in **teilfertigem Zustand** veräußert wird. Für die Fristberechnung ist auf die Anschaffung (oder Entnahme) des Grund und Bodens abzustellen; durch die Errichtung des Gebäudes entsteht keine neue Frist.

Ein Gebäude auf einem angemieteten Grundbesitz stellt kein grundstücksgleiches Recht i. S. des § 23 Abs. 1 Nr. 1 EStG dar (vgl. BFH-Urteil vom 24.5.2022, BStBl 2023 II S. 76).

BEISPIEL 3:

A hatte am 31.3.2015 ein unbebautes Grundstück angeschafft. Im Jahr 2020 stellte er darauf ein Einfamilienhaus fertig, das er seither vermietet.

Ab 1.4.2025 kann A das bebaute Grundstück veräußern, ohne dass der Gewinn nach § 23 EStG besteuert wird. Wird das bebaute Grundstück vorher veräußert, ist auch der auf das Gebäude entfallende Gewinn zu besteuern.

BEISPIEL 4:
A errichtete auf dem von ihm im Jahr 2017 angeschafften Grund und Boden im Jahr 2019 ein Einfamilienhaus, das seither zu Wohnzwecken vermietet wird. Im Jahr 2024 begann er mit dem Ausbau des bisher nicht nutzbaren Dachgeschosses zu einer zweiten, zur Vermietung bestimmten Wohnung. Im März 2025 veräußerte A das Grundstück mit dem teilfertigen Zweifamilienhaus.
In die Ermittlung des stpfl. Veräußerungsgewinns ist auch der auf das Gebäude – einschließlich des noch nicht fertiggestellten Dachgeschossausbaus – entfallende Teil des Veräußerungserlöses einzubeziehen.

20.9.2 Ausnahme von der Besteuerung für selbst genutztes Wohneigentum

Um berufliche Mobilität oder Veräußerungen wegen Familienzuwachses nicht zu behindern, wird **selbst genutztes** Wohneigentum in § 23 Abs. 1 Nr. 1 Satz 3 EStG von der Besteuerung privater Veräußerungsgewinne **ausgenommen,** soweit das Wohneigentum im Jahr der Veräußerung und in den beiden vorangegangenen Jahren zu eigenen Wohnzwecken genutzt wurde. Erfolgt die Veräußerung kürzere Zeit nach der Anschaffung, wird von der Besteuerung abgesehen, wenn das Wohneigentum zwischen Anschaffung oder Fertigstellung und Veräußerung **ausschließlich** zu eigenen Wohnzwecken genutzt wurde. Das EStG spricht nicht von Wohnungen, sondern von **Wirtschaftsgütern**. Darunter fallen Gebäude, selbständige Gebäudeteile, Eigentumswohnungen oder in Teileigentum stehende Räume, die im maßgeblichen Zeitraum zu eigenen Wohnzwecken genutzt wurden. Gebäude, bei denen die genannten Voraussetzungen des Selbstbewohnens vorliegen, sind **einschließlich des dazugehörenden Grund und Bodens** von der Veräußerungsgewinnbesteuerung ausgenommen. Der »dazugehörende Grund und Boden« umfasst nur die für die entsprechende Gebäudenutzung erforderlichen und üblichen Flächen. Dabei ist auch deren künftige Nutzung zu berücksichtigen.

Die steuerfreie Veräußerung weiterer Flächen ist selbst dann ausgeschlossen, wenn diese im Veräußerungszeitpunkt als Hausgarten genutzt werden (vgl. BFH-Urteil vom 24.10.1996, BStBl 1997 II S. 50). Dies gilt insbesondere, soweit Teilflächen parzelliert werden und dadurch ein verkehrsfähiges Grundstück entstanden ist, das in absehbarer Zeit einer anderen Nutzung (z. B. als Bauland) zugeführt werden kann. Wird nur ein **Gebäudeteil** zu eigenen Wohnzwecken genutzt, ist nur dieser Gebäudeteil und der darauf entfallende **Teil** des Grund und Bodens steuerbefreit. Der Veräußerungsgewinn ist entsprechend aufzuteilen. Die Aufteilung hat nach dem Verhältnis der Wohn-/Nutzflächen zu erfolgen (vgl. BFH-Urteil vom 19.7.2022, BStBl 2023 II S. 234). **Nicht** zu eigenen Wohnzwecken genutzt ist z. B. eine zu Wohnzwecken vermietete Wohnung oder eine tageweise Vermietung von Räumen in einem Haus an Dritte (vgl. BFH-Urteil vom 19.7.2022, BStBl 2023 II S. 234), ein unbebautes Grundstück (Gartenland), auch wenn es vom Steuerpflichtigen und seiner Familie ausschließlich zu Erholungszwecken genutzt wird. Bei Veräußerung eines bisher zu eigenen Wohnzwecken genutzten Gebäudes mit einem **häuslichen Arbeitszimmer** bleibt der Veräußerungsgewinn auch insoweit nach § 23 Abs. 1 Satz 1 Nr. 1 EStG von der Besteuerung ausgenommen, als er auf ein zur Erzielung von Überschusseinkünften genutztes häusliches Arbeitszimmer (vgl. Tz 11.15.3 unter Erläuterungen zur Anlage N) entfällt (BFH-Urteil vom 1.3.2021, BStBl II S. 680). Der BFH widersprach damit der Auffassung der Finanzverwaltung (BMF-Schreiben vom 5.10.2000, BStBl I S. 1383, Rz 21). Angaben zur Nutzung von Grundstücken und Grundstücksteilen sind in **Zeile 36 bis 37 der Anlage SO** vorgesehen.

BEISPIEL 5:
A veräußert innerhalb der Zehnjahresfrist ein Grundstück, das mit einem Zweifamilienhaus bebaut ist. Die Erdgeschosswohnung wird seit der Fertigstellung durch A und seine Familie zu eigenen Wohnzwecken genutzt. Die Wohnung im Obergeschoss ist fremdvermietet.
Als privates Veräußerungsgeschäft sind **nur die** Wertsteigerungen des Grund und Bodens und Gebäudes zu besteuern, die auf den fremdvermieteten Anteil am Grundstück, d. h. auf die Wohnung im Obergeschoss und den anteiligen Grund und Boden entfallen.

Eine Nutzung zu **eigenen Wohnzwecken** liegt vor, wenn der Steuerpflichtige das Wirtschaftsgut allein, mit seinen Familienangehörigen oder gemeinsam mit einem Dritten bewohnt hat. Unschädlich ist, wenn der Steuerpflichtige Teile des Wirtschaftsguts einem Dritten unentgeltlich zu Wohnzwecken überlassen hat. Die dem Steuerpflichtigen zu eigenen Wohnzwecken verbleibenden Räume müssen jedoch noch den Wohnungsbegriff erfüllen und ihm die Führung eines selbständigen Haushalts ermöglichen. Ein Wirtschaftsgut wird auch dann zu eigenen Wohnzwecken genutzt, wenn es vom Steuerpflichtigen nur zeitweise bewohnt wird, in der übrigen Zeit ihm jedoch als Wohnung zur Verfügung steht, vgl. BFH-Urteil vom 27.6.2017, BStBl II S. 1192, (z. B. Wohnung im Rahmen einer doppelten Haushaltsführung, nicht zur Vermietung bestimmte Ferienwohnung; auf die Belegenheit der Wohnung in einem Sondergebiet für Ferien- oder Wochenendhäuser kommt es nicht an). Eine Nutzung zu eigenen Wohnzwecken liegt auch dann vor, wenn der Steuerpflichtige ein Grundstück, das mit einem Gartenhaus bebaut ist, welches nach seiner Beschaffenheit dazu bestimmt und geeignet ist, Menschen auf Dauer Aufenthalt und Unterkunft zu gewähren, baurechtswidrig dauerhaft bewohnt (BFH-Urteil vom 26.10.2021, BStBl 2022 II S. 403).

Eine Nutzung zu eigenen Wohnzwecken wird auch bejaht, wenn der Steuerpflichtige das Wirtschaftsgut einem Kind, für das er Anspruch auf Kindergeld oder einen Kinderfreibetrag hat, unentgeltlich zu Wohnzwecken überlassen hat.

Eine Nutzungsüberlassung zu eigenen Wohnzwecken an ein minderjähriges Kind liegt hingegen nicht vor, wenn das zuvor gemeinsam genutzte Objekt nach Auszug des (Mit-)Eigentümerelternteils dieser dem anderen Elternteil und dem gemeinsamen minderjährigen Kind das Objekt zur Nutzung überlässt (vgl. BFH-Urteil vom 14.2.2023, BStBl II S. 642).

Eine Nutzung zu eigenen Wohnzwecken liegt ebenfalls nicht vor, wenn die Nutzungsüberlassung an die (Schwieger-)Mutter des Steuerpflichtigen erfolgt (BFH-Urteil vom 14.11.2023, BStBl 2024 II S. 173).

Eine Nutzung zu eigenen Wohnzwecken setzt voraus, dass das Wirtschaftsgut vom Steuerpflichtigen selbst tatsächlich und auf Dauer angelegt bewohnt wird. Ertragsteuerlich bilden das Wohngebäude und der dazugehörende Grund und Boden unterschiedliche Wirtschaftsgüter. Begrifflich kann aber nur das Wohngebäude zu eigenen Wohnzwecken genutzt werden. Gleichwohl erstreckt sich die Ausnahme auch auf den Grund und Boden, auf dem das Wohngebäude steht, soweit ein einheitlicher Nutzungs- und Funktionszusammenhang zwischen der Nutzung des Gebäudes zu eigenen Wohnzwecken und der Nutzung des Grundstücks besteht. Ein einheitlicher Nutzungs- und Funktionszusammenhang zwischen dem zu eigenen Wohnzwecken genutzten Gebäude und dem dazugehörenden Grundstück entfällt, wenn ein Teil des Grundstücks abgetrennt wird. Mit der Teilung entstehen zwei neue Grundstücke, deren Nutzung zu eigenen Wohnzwecken jeweils getrennt zu betrachten ist (BFH-Urteil vom 26.9.2023, BStBl 2024 II S. 256).

Die unentgeltliche Überlassung eines Wirtschaftsguts an andere – auch unterhaltsberechtigte – Angehörige stellt dagegen keine Nutzung zu eigenen Wohnzwecken i. S. des § 23 Abs. 1 Satz 1 Nr. 1 Satz 3 EStG dar. Bewohnt ein Miteigentümer eines Zwei- oder Mehrfamilienhauses eine Wohnung allein, liegt eine Nutzung zu eigenen Wohnzwecken vor, **soweit** er die Wohnung aufgrund eigenen Rechts nutzt, also der Wert der selbst genutzten Wohnung einschließlich des dazugehörenden Grund und Bodens den Wert des Miteigentumsanteils nicht übersteigt (vgl. BMF-Schreiben vom 5.10.2000, BStBl I S. 1383, Rz 16 bis 24).

Einzelheiten zum notwendigen **zeitlichen Umfang** der Nutzung zu eigenen Wohnzwecken sind in Rz 25 ff. des BMF-Schreibens vom 5.10.2000, BStBl I S. 1383, geregelt. Danach sind nur solche Wirtschaftsgüter von der Besteuerung des Veräußerungsgewinns ausgenommen, die **ausschließlich**, d.h. **ununterbrochen,**

- vom Zeitpunkt der Anschaffung oder Fertigstellung bis zur Veräußerung zu eigenen Wohnzwecken genutzt wurden. Für die Bestimmung des Zeitpunkts der Anschaffung und der Veräußerung ist hierbei jeweils auf den Zeitpunkt der Übertragung des wirtschaftlichen Eigentums abzustellen. Ein Leerstand vor Beginn der Nutzung zu eigenen Wohnzwecken ist unschädlich, wenn er mit der beabsichtigten Nutzung des Wirtschaftsguts zu eigenen Wohnzwecken in Zusammenhang steht (z.B. Leerstand wegen Renovierung vor Bezug). Dies gilt auch für einen Leerstand zwischen Beendigung der Nutzung zu eigenen Wohnzwecken und Veräußerung des Gebäudes, wenn der Steuerpflichtige die bestehende Veräußerungsabsicht nachweist;
- im Jahr der Veräußerung und in den beiden vorangegangenen Jahren zu eigenen Wohnzwecken genutzt wurden. Dabei muss die Nutzung zu eigenen Wohnzwecken über einen zusammenhängenden Zeitraum vorliegen, der sich über drei Kj. erstreckt. Es genügt hierbei, dass der Steuerpflichtige das Wirtschaftsgut im Jahr der Veräußerung zumindest am 1. Januar, im Vorjahr der Veräußerung durchgehend sowie im zweiten Jahr vor der Veräußerung mindestens am 31. Dezember zu eigenen Wohnzwecken genutzt hat. Es ist mithin unschädlich, wenn das Wirtschaftsgut im Anschluss an die Nutzung zu eigenen Wohnzwecken nach den vorgenannten zeitlichen Kriterien im Jahr der Veräußerung vermietet wird. Wird das Wirtschaftsgut hingegen im Vorjahr der Veräußerung kurzfristig zu anderen Zwecken genutzt (z.B. vorübergehende Vermietung) oder kommt es im Vorjahr der Veräußerung zu einem vorübergehenden Leerstand, ist der Veräußerungsgewinn zu versteuern (vgl. BMF-Schreiben vom 17.6.2020, BStBl I S. 576 und BFH-Urteil vom 3.9.2019, BStBl 2020 II S. 310)., d.h. in einem zusammenhängenden Zeitraum innerhalb der letzten drei Kj., der nicht die vollen drei Kj. umfassen muss, zu eigenen Wohnzwecken genutzt wurden. Ein Leerstand zwischen Beendigung der Selbstnutzung und Veräußerung ist unschädlich, wenn das Wirtschaftsgut im Jahr der Beendigung der Nutzung zu eigenen Wohnzwecken und in den beiden vorangegangenen Jahren zu eigenen Wohnzwecken genutzt wurde.

BEISPIEL 6:

A veräußert ein Grundstück, das mit einem Einfamilienhaus bebaut ist. Er hatte das Grundstück im Mai 2018 angeschafft und das Einfamilienhaus an den bisherigen Eigentümer vermietet. Erst im Juli 2023 zog der frühere Eigentümer aus, sodass A das Einfamilienhaus im September 2023 mit seiner Familie beziehen konnte. Aus beruflichen Gründen wird das Grundstück im April 2025 veräußert und von A geräumt.

Ein privater Veräußerungsgewinn wird nicht besteuert, denn A hat das Einfamilienhaus im Jahr der Veräußerung und in den beiden vorangegangenen Jahren zu eigenen Wohnzwecken genutzt. Dass die Eigennutzung in den Jahren 2023 und 2025 jeweils nur rund vier Monate betrug, ist unerheblich.

BEISPIEL 7:

Sachverhalt wie im Beispiel 6; jedoch konnte das Einfamilienhaus, das A wegen der beabsichtigten Veräußerung im April 2025 geräumt hatte, erst im November 2025 veräußert werden, weil ein Käufer vorher trotz intensiver Bemühungen nicht zu finden war.

Ein privater Veräußerungsgewinn wird aus den in Beispiel 6 genannten Gründen nicht besteuert. Der rd. siebenmonatige Leerstand im Veräußerungsjahr ist unschädlich.

Werden in das zu eigenen Wohnzwecken genutzte Wirtschaftsgut (z.B. Einfamilienhaus) innerhalb des Zehnjahreszeitraums bisher zu anderen Zwecken genutzte Räume einbezogen (z.B. ein untervermietetes Zimmer wird nun als Kinderzimmer verwendet), unterliegt ein auf diese Räume entfallender Veräußerungsgewinn nur dann nicht der Besteuerung, wenn die bisher zu anderen Zwecken genutzten Räume in einem zusammenhängenden Zeitraum innerhalb der letzten drei Kj. vor der Veräußerung zu eigenen Wohnzwecken genutzt wurden. Bei unentgeltlichem Erwerb (Erbschaft, Schenkung) ist die Nutzung des Wirtschaftsguts zu eigenen Wohnzwecken durch den Rechtsvorgänger dem Rechtsnachfolger (Erben, Beschenkten) zuzurechnen (BMF-Schreiben vom 5.10.2000, BStBl I S. 1383, Rz 26 und 27).

Wurde im Jahr 2025 ein selbst bewohntes Grundstück veräußert, bei dem nur ein Teil der Besteuerung unterliegt (z.B. vermietete Räume), sind in den **Zeilen 38 bis 44** der Anlage SO nur Angaben zum stpfl. Teil zu machen.

Zu den anderen Wirtschaftsgütern gehören auch virtuelle Währungen (z.B. Bitcoin, Ether, Litecoin und Ripple) und Token (digitale Einheiten, denen bestimmte Ansprüche oder Rechte zugeordnet werden), vgl. BFH-Urteil vom 14.2.2023, BStBl II S. 571.

Gewinne aus der Veräußerung von im Privatvermögen gehaltenen Einheiten einer virtuellen Währung und sonstigen Token können private Veräußerungsgeschäfte darstellen, wenn der Zeitraum zwischen der Anschaffung und der Veräußerung nicht mehr als ein Jahr beträgt (BMF-Schreiben vom 6.3.2025, BStBl I S. 668, Rz 53).

Falls Einkünfte aus der Veräußerung von virtuellen Währungen und/oder Token erzielt wurden, ist in Zeile 45 eine »1« einzutragen.

Ein Anschaffungsvorgang einer virtuellen Währung liegt nicht nur bei einem entgeltlichen Erwerb von Dritten vor, sondern auch bei einer im Zusammenhang mit der Blockerstellung und gegebenenfalls durch ein ICO (Initial Public Offering) oder Airdrop erlangten Einheit. Erträge im Zusammenhang mit der Blockerstellung werden durch das Zusammenführen von Transaktionen in neuen Blöcken und das Anfügen derselben an die Blockchain in Form von neu ausgeschütteten Einheiten einer virtuellen Währung oder sonstigen Token gewährt. Bei einem ICO handelt es sich um die Ausgabe von Token im Tausch gegen Einheiten einer virtuellen oder staatlichen Währung. Bei einem Airdrop werden Einheiten einer virtuellen Währung oder sonstige Token unentgeltlich verteilt, dabei handelt es sich in der Regel um Marketingaktionen.

Zur Ermittlung des Gewinns aus der Veräußerung von virtuellen Währungen und sonstigen Token sind in den Zeilen 48 bis 51 die Angaben für ein Veräußerungsgeschäft zu machen. Weitere Veräußerungsgeschäfte sind auf einer gesonderten Aufstellung aufzuführen. Der Gewinn oder Verlust aus den weiteren Veräußerungen sind in Zeile 59 einzutragen.

In den **Zeilen 52 bis 59** der Anlage SO sind Veräußerungen von anderen Wirtschaftsgütern zu erklären, die nicht Grundstücke oder grundstücksgleiche Rechte sind und bei denen der Zeitraum zwischen Anschaffung und Veräußerung nicht mehr als **ein Jahr** beträgt oder die Veräußerung früher erfolgt als der Erwerb. Hierunter fallen alle Wirtschaftsgüter des Privatvermögens, deren Wertverzehr nicht typischerweise der privaten Lebensführung zuzurechnen ist. Veräußerungsgewinne aus der Veräußerung von Wertpapieren, die nach dem 31.12.2008 erworben wurden, stellen Einkünfte aus Kapitalvermögen dar (vgl. Tz 14.6.2 unter Erläuterungen zur Anlage KAP).

20.9.3 Unentgeltlicher oder entgeltlicher Erwerb

Wird ein Wirtschaftsgut unentgeltlich erworben (z.B. durch Erbschaft, Vermächtnis, Schenkung) liegt hierin keine Anschaffung i.S. des § 23 EStG. Für die Berechnung der maßgebenden Frist wird aber von dem Zeitpunkt des entgeltlichen Erwerbs durch den Rechtsvorgänger ausgegangen.

Auch ein unentgeltlich bestelltes Erbbaurecht stellt keine Anschaffung i.S. des § 23 EStG dar. Die Anschaffung eines Erbbaurechts setzt voraus, dass das Recht im Zeitpunkt der Übertragung bereits bestellt war und der Inhaber des bestehenden Rechts dieses auf den Erwerber entgeltlich überträgt (vgl. BFH-Urteil vom 8.11.2017, BStBl 2018 II S. 132). Der **Große Senat** des BFH hat im **Grundsatzbeschluss vom 5.7.1990** (BStBl II S. 837) zur einkommensteuerlichen Behandlung der **Erbauseinandersetzung** entschieden, dass Erbfall und Erbauseinandersetzung selbständige Rechtsvorgänge und als solche unabhängig voneinander zu beurteilen sind. Der Erbfall vollzieht sich danach in der einkommensteuerneutralen Vermögenssphäre, nicht jedoch die Erbauseinandersetzung, und zwar ohne Rücksicht darauf, in welcher Zeitspanne nach dem Erbfall sie vorgenommen wird. Nach diesem Grundsatzbeschluss des BFH und dem dazu ergangenen **BMF-Schreiben vom 14.3.2006** (BStBl I S. 253) ist zu unterscheiden, ob das zum Nachlass gehörende Privatvermögen entsprechend den Erbquoten, d.h. **ohne Abfindungszahlungen real geteilt** wird oder ob eine Teilung **mit** Abfindungszahlungen stattfindet.

Im erstgenannten Fall handelt es sich um einen **unentgeltlichen** Erwerb, nämlich um eine Konkretisierung des von Anfang an gegebenen Auseinandersetzungsanspruchs der Miterben. Ein unentgeltlicher Vorgang (d.h. keine Anschaffung bzw. Veräußerung) liegt auch vor, wenn Gesamthandseigentum in Bruchteilseigentum umgewandelt wird und ein Miterbe Anteile an der Bruchteilsgemeinschaft von einem anderen Miterben im Tauschwege gegen eigene Anteile erwirbt. Ein unentgeltlicher Erwerb i.S. des § 23 Abs. 1 Satz 3 EStG liegt auch vor, wenn im Rahmen der Übertragung eines Grundstücks im Wege der vorweggenommenen Erbfolge dem Übergeber ein (dingliches) Wohnrecht eingeräumt wird und die durch Grundschulden auf dem Grundstück abgesicherten Darlehen des Rechtsvorgängers nicht übernommen werden (BFH-Urteil vom 3.9.2019, BStBl 2020 II S. 122).

Wird dagegen **im Rahmen einer Erbauseinandersetzung** ein Nachlass real geteilt und erhält ein Miterbe wertmäßig **mehr**, als ihm nach seiner Erbquote zusteht, und zahlt er für dieses »Mehr« an seine Miterben eine **Abfindung,** so liegt insoweit ein **Anschaffungs- und Veräußerungsvorgang** vor. In Höhe der Abfindungszahlung entstehen **Anschaffungskosten** und beim weichenden Miterben ein **Veräußerungserlös.** Nach dem Beschluss des Großen Senats, der gleichermaßen für Privat- und Betriebsvermögen gilt, ist hierauf ohne Einfluss, ob die Leistungen aus dem erlangten Nachlassvermögen erbracht werden. Wird ein Wirtschaftsgut gegen Abfindungszahlung erworben, berechnen sich der entgeltlich und der unentgeltlich erworbene Teil des Wirtschaftsguts nach dem Verkehrswert (vgl. BFH-Urteil vom 29.10.1991, BStBl 1992 II S. 512). In der Regel kann davon ausgegangen werden, dass der Verkehrswert dem Wert entspricht, den die Miterben der Erbauseinandersetzung zugrunde legen (Anrechnungswert).

Teilerbauseinandersetzungen werden als entgeltliche Anschaffungs- bzw. Veräußerungsgeschäfte gewertet, wenn Abfindungszahlungen geleistet werden. Wegen Einzelfragen, die sich aus der geänderten Rspr. des BFH zur Behandlung der Erbengemeinschaft und der Erbauseinandersetzung ergeben, wird auf das BMF-Schreiben vom 14.3.2006, BStBl I S. 253 und die dort gebildeten Beispiele hingewiesen.

Die Übertragung von Wirtschaftsgütern (insbesondere von Grundstücken) auf nahestehende Personen **außerhalb von Erbauseinandersetzungen** kann voll entgeltlich, teilweise entgeltlich (gemischte Schenkung) oder unentgeltlich (Schenkung, evtl. unter Auflage) erfolgen. Eine Anschaffung oder Veräußerung i.S. von § 23 EStG liegt vor, **wenn** und **soweit Entgeltlichkeit** gegeben ist (voll entgeltliches Geschäft oder entgeltlicher Teil einer gemischten Schenkung). Für die Abgrenzung gelten folgende Grundsätze:

Ein **voll entgeltliches** Geschäft liegt vor, wenn die Beteiligten subjektiv Leistung und Gegenleistung wie unter Fremden gegeneinander abgewogen haben (vgl. BFH-Urteile vom 26.1.1978, BStBl II S. 301 und vom 22.9.1982, BStBl 1983 II S. 99). Dies ist insbesondere der Fall, wenn die Beteiligten einen Kaufvertrag geschlossen und darin einen Kaufpreis vereinbart haben, der dem Wert des Grundstücks annähernd entspricht.

Ein **teilentgeltliches Geschäft** (gemischte Schenkung) ist gegeben, wenn in dem Vertrag (z.B. über die Grundstücksübertragung) eine Gegenleistung vereinbart wurde, die **unter** dem Verkehrswert des Grundstücks liegt und die Parteien dies wussten oder für möglich hielten (BFH-Urteile vom 17.7.1980, BStBl 1981 II S. 11, vom 18.3.1980, BStBl 1981 II S. 794 und vom 21.10.1981, BStBl 1982 II S. 83). Davon kann ausgegangen werden, wenn die Beteiligten in einem notariellen Kaufvertrag in Kenntnis eines möglichen höheren Verkehrswerts den Kaufpreis für das Grundstück bewusst ermäßigt haben. Im Zweifelsfall ist der tatsächliche Parteiwille im Zeitpunkt des Vertragsschlusses anhand der feststellbaren objektiven Kriterien zu ermitteln. Dabei kann auch den Formulierungen in dem zugrunde liegenden Vertrag Bedeutung zukommen. So spricht der Abschluss eines »Kaufvertrages« für eine gemischte Schenkung, der Abschluss eines »Schenkungs- oder Übergabevertrages« oder die Bezeichnung als »vorweggenommene Erbfolge« für eine Schenkung unter Auflage. Die Übernahme von Verbindlichkeiten des Übertragenden wird auch bei einer gemischten Schenkung Entgelt sein. Bei der gemischten Schenkung ist nach der sog. Trennungstheorie der voll entgeltliche und der voll unentgeltliche Teil getrennt zu beurteilen.

Eine **Schenkung unter Auflage** (z.B. Vermögensübertragung an Kinder im Rahmen einer vorweggenommenen Erbfolge) wurde **früher** aufgrund der bisherigen Rspr. einkommensteuerlich als **voll unentgeltlicher** Vorgang angesehen. Nach der **Grundsatzentscheidung** des Großen Senats des BFH **vom 5.7.1990** (BStBl II S. 847) zur **Vermögensübertragung in vorweggenommener Erbfolge** und Änderung des § 10 Abs. 1 Nr. 1a EStG durch das JStG 2008 (jetzt § 10 Abs. 1a Nr. 2 EStG) ist jedoch zu unterscheiden:

1. »Überträgt ein Vermögensinhaber Privatvermögen im Wege der vorweggenommenen Erbfolge, so stellen vom Vermögensübernehmer zugesagte **wiederkehrende Leistungen** in Höhe des Barwerts Veräußerungsentgelt beim Übergeber bzw. Anschaffungskosten beim Übernehmer dar.
2. Sagt der Vermögensübernehmer im Hinblick auf die Vermögensübergabe **sog. Gleichstellungsgelder** an Angehörige zu, führt dies zu einem Veräußerungsentgelt des Übergebers und zu Anschaffungskosten des Übernehmers.
3. Zum Veräußerungsentgelt und zu den Anschaffungskosten gehören auch die **Übernahme von Verbindlichkeiten** und die Zusage einer **Abstandszahlung.**«

Aus dieser Entscheidung des BFH und der Gesetzesänderung ist zu folgern, dass z.B. bezüglich der Zahlung von wiederkehrenden Leistungen an den Übergeber und von Gleichstellungsgeldern an künftige Miterben oder der Übernahme von Verbindlichkeiten des Schenkers ein entgeltliches **Anschaffungs- bzw. Veräußerungsgeschäft** auch i.S. des § 23 EStG vorliegt. Einzelheiten zur Behandlung der **vorweggenommenen Erbfolge** und zur Anwendung der neuen Rspr.-Grundsätze sind im **BMF-Schreiben vom 13.1.1993** (BStBl I S. 80), geändert durch das BMF-Schreiben vom 26.2.2007 (BStBl I S. 269) geregelt. Wegen der Abgrenzung zwischen entgeltlichem oder unentgeltlichem Erwerb vgl. Teil II Tz 4.3.3.3 sowie das BMF-Schreiben vom 16.9.2004 (BStBl I S. 922).

Wird ein teilweise entgeltlich, teilweise unentgeltlich oder im Wege der **Erbauseinandersetzung mit Abfindungszahlung** erworbenes Grundstück veräußert, berechnet sich der Veräußerungsgewinn i.S. des § 23 EStG für den entgeltlich erworbenen Teil durch Gegenüberstellung des anteiligen Veräußerungserlöses zu den tatsächlichen Anschaffungskosten. Der anteilige Veräußerungserlös bestimmt sich nach dem Verhältnis der aufgewendeten Anschaffungskosten zum Verkehrswert des Grundstücks im Zeitpunkt des Erwerbs (BMF-Schreiben vom 5.10.2000, BStBl I S. 1383, Rz 30). Die Werbungskosten sind, soweit sie nicht eindeutig dem entgeltlichen oder unentgeltlichen Teil zugeordnet werden können, im Verhältnis des Entgelts (ohne Anschaffungsnebenkosten) zum Verkehrswert des Grundstücks im Zeitpunkt des Erwerbs aufzuteilen (BFH-Urteile vom 24.3.1993, BStBl II S. 704 und vom 1.10.1997, BStBl 1998 II S. 247).

BEISPIEL 8:

Der im Mai 2020 verstorbene V hinterließ ein Grundstück im Wert von 1 Mio. €, das er 2009 für 500 000 € angeschafft hatte, sowie Wertpapiere, deren Kurswert im Zeitpunkt des Erbfalls 600 000 € betrug. Erben wurden der Sohn S und die Tochter T je zur Hälfte. Vom Nachlass, der einen Gesamtwert von 1,6 Mio. € hatte, entfielen auf S und T je 800 000 €. Die Miterben setzten den Nachlass in der Weise auseinander, dass S das Grundstück und T die Wertpapiere erhielt. Wegen der Wertdifferenz erhielt T von S eine Ausgleichszahlung von 200 000 € (Spitzenausgleich). S veräußert das Grundstück im Jahr 2024 an X für 1,2 Mio. €.

S erzielt nur insoweit einen nach § 23 EStG stpfl. Veräußerungsgewinn, als er das Grundstück im Rahmen der Erbauseinandersetzung entgeltlich erworben hatte. Die Vorbesitzzeit des Erb-

lassers, nach der die Zehnjahresfrist abgelaufen ist, ist nur bezüglich des unentgeltlich erworbenen Grundstücksteils anzurechnen. Für den Erwerb des Grundstücks im Wert von 1 Mio. € hat S eine Ausgleichszahlung an T von 200 000 € geleistet. Somit hat S das Grundstück zu 20 % entgeltlich und zu 80 % unentgeltlich erworben.
Der stpfl. Gewinn aus dem privaten Veräußerungsgeschäft ist wie folgt zu berechnen:

Erlös, der auf den entgeltlich erworbenen Grundstücksteil entfällt (20 % aus 1 200 000 €)	240 000 €
./. Ausgleichszahlung an T (Anschaffungskosten)	200 000 €
steuerpflichtiger Gewinn (sonstige Einkünfte)	40 000 €

Wird ein teilweise entgeltlich oder im Wege der **Erbauseinandersetzung gegen Abfindungszahlung** erworbenes Grundstück während der Zehnjahresfrist nach Anschaffung bebaut und veräußert, ist der auf das Gebäude entfallende Teil des Veräußerungserlöses in die Berechnung des Veräußerungsgewinns einzubeziehen, soweit das Grundstück als entgeltlich erworben gilt (vgl. BMF-Schreiben vom 5.10.2000, BStBl I S. 1383, Rz 31 und dortiges Beispiel).

20.9.4 Ermittlung der Einkünfte

Gewinn oder Verlust aus Veräußerungsgeschäften i. S. des § 23 EStG ist der Unterschied zwischen dem **Veräußerungspreis** einerseits und den Anschaffungskosten oder Herstellungskosten und den Werbungskosten andererseits. In den einer Anschaffung gleichgestellten Fällen der **Entnahme usw.** (vgl. oben) tritt an die Stelle der Anschaffungs- oder Herstellungskosten der nach § 6 Abs. 1 Nr. 4 EStG, § 16 Abs. 3 EStG oder nach §§ 20, 21 UmwStG in der am 12.12.2006 geltenden Fassung angesetzte Wert. Ist eine Entnahme aus dem Betriebsvermögen steuerlich nicht erfasst worden, ist der angesetzte Wert der Buchwert des Grundstücks zum Zeitpunkt der Entnahme aus dem Betriebsvermögen (vgl. BFH-Urteil vom 15.12.2021, BStBl 2022 II S. 406).

Die Anschaffungs- oder Herstellungskosten sind um etwaige **Absetzungen für Abnutzung, erhöhte Absetzungen** und **Sonderabschreibungen zu mindern,** soweit sie bei der Ermittlung der **Einkünfte aus nichtselbständiger Arbeit, Kapitalvermögen, Vermietung und Verpachtung oder sonstigen Einkünfte** abgezogen wurden. Dies bedeutet, dass in Anspruch genommene Absetzungen und Sonderabschreibungen durch einen entsprechend höheren Veräußerungsgewinn insoweit wieder verloren gehen, als sie tatsächlich bei der Ermittlung anderer Einkünfte (z. B. aus nichtselbständiger Arbeit oder Vermietung und Verpachtung) abgezogen wurden (siehe **Zeile 40** der Anlage SO). Nicht rückgängig gemacht werden jedoch »wie Sonderausgaben« abgezogene Abzugsbeträge nach den §§ 10e, 10f, 10g und 10h EStG oder § 7 FördG, die Eigenheimzulage und die Investitionszulage nach dem InvZulG 1999. Die Hinzurechnung der AfA-Beträge, soweit sie bei der Ermittlung der **sonstigen Einkünfte** abgezogen wurden, ist vorzunehmen, wenn das Wirtschaftsgut nach dem 31.12.2008 angeschafft oder hergestellt wurde (§ 52 Abs. 31 Satz 4 EStG). Hiervon sind insbesondere die sog. Container-Leasing-Geschäfte betroffen.

Bei der Ermittlung des Veräußerungsgewinns im Fall der Veräußerung eines vermieteten Gebäudes können die **Schuldzinsen,** die auf den Zeitraum zwischen der Beendigung der Nutzung zur Erzielung von Einkünften aus Vermietung und Verpachtung und der Veräußerung entfallen, als Werbungskosten abgezogen werden. Nach dem BFH-Urteil vom 17.7.1991 (BStBl II S. 916) sind die durch ein privates Veräußerungsgeschäft veranlassten **Werbungskosten** – abweichend vom Abflussprinzip des § 11 Abs. 2 EStG – in **dem** Kj. zu berücksichtigen, in dem der Veräußerungserlös zufließt. Fließt der Verkaufserlös in mehreren Kj. zu, sind sämtliche Werbungskosten zunächst mit dem im ersten Zuflussjahr erhaltenen Teilerlös und ein etwa verbleibender Werbungskostenüberschuss mit den in den Folgejahren erhaltenen Teilerlösen zu verrechnen (BFH-Urteil vom 3.6.1992, BStBl II S. 1017).

Bei Veräußerungsgeschäften gegen **wiederkehrende Leistungen** (Renten oder dauernde Lasten) ist als Veräußerungspreis zunächst der Barwert der wiederkehrenden Leistungen zu ermitteln (vgl. BMF-Schreiben vom 16.9.2004, BStBl I S. 922). Ein Gewinn aus Veräußerungsgeschäften entsteht erstmals in dem VZ, in dem der in der Summe der jährlichen Zahlungen enthaltene Veräußerungspreis die ggf. um die Absetzungen für Abnutzung, erhöhten Absetzungen und Sonderabschreibungen verminderten Anschaffungs- oder Herstellungskosten sowie die zugehörigen Werbungskosten übersteigt (BMF-Schreiben vom 16.9.2004, BStBl I S. 922, Rz 56).

Fließt das **Entgelt** aus einem Veräußerungsgeschäft in **mehreren Jahresraten** zu, so ist als Veräußerungsgewinn der Einnahmenüberschuss in den Jahren zu berücksichtigen, in denen er tatsächlich erzielt wurde (BFH-Urteil vom 13.4.1962, BStBl III S. 306). Das gilt auch für die Prüfung der Frage, ob der aus Veräußerungsgeschäften erzielte Gesamtgewinn im Kj. weniger als 1 000 € betragen hat, sowie für die Behandlung einer teilweisen Rückzahlung eines vereinnahmten Kaufpreises in einem späteren Jahr (BFH-Urteil vom 2.4.1974, BStBl II S. 540).

Wird ein Grundstück in ein **Umlegungsverfahren** eingebracht und erhält der Steuerpflichtige dafür ein anderes Grundstück zugeteilt, so ist diese Zuteilung keine Anschaffung. Die Zehnjahresfrist des § 23 EStG beginnt in einem solchen Fall bereits mit dem Erwerb des in das Umlegungsverfahren eingebrachten Grundstücks (BFH-Urteil vom 15.1.1974, BStBl II S. 606). Wird einem Grundstückseigentümer im Rahmen eines Umlegungsverfahrens ein Grundstück gegen **Zuzahlung eines Geldbetrages** zugeteilt, liegt ein Anschaffungsgeschäft **insoweit** vor, als die Zuzahlung für eine den Sollanspruch (§ 56 Abs. 1 Satz 1 BauGB) nicht unwesentlich übersteigende Mehrzuteilung zu leisten ist (BFH-Urteil vom 29.3.1995, BB 1995 S. 1630). Die **Rückübertragung von enteignetem Grundbesitz** oder dessen Rückgabe nach Aufhebung der staatlichen Verwaltung aufgrund des **Gesetzes zur Regelung offener Vermögensfragen** vom 23.9.1990 i. d. F. der Bekanntmachung vom 21.12.1998 (BGBl I S. 4026) ist keine Anschaffung (vgl. auch BMF-Schreiben vom 11.1.1993, BStBl I S. 18 und H 23 – Anschaffung – EStH).

Aufwendungen für eine gescheiterte Grundstücksveräußerung können nicht als Verluste aus privaten Veräußerungsgeschäften berücksichtigt werden (BFH-Urteil vom 1.8.2012, BStBl II S. 781).

20.9.5 Freigrenze, Verluste

Gewinne aus Veräußerungsgeschäften i. S. des § 23 EStG bleiben **steuerfrei**, wenn der aus den privaten Veräußerungsgeschäften erzielte Gesamtgewinn im Kj. **weniger als 1 000 €** betragen hat. Haben **zusammen veranlagte Ehegatten** jeweils für sich Veräußerungsgewinne bezogen, so steht jedem Ehegatten die genannte Freigrenze zu (höchstens jedoch bis zur Höhe seines Gesamtgewinns aus privaten Veräußerungsgeschäften). Wird die genannte Freigrenze überschritten, ist der gesamte Gewinn zu versteuern.

Verluste aus privaten Veräußerungsgeschäften (d. h. Verluste, die innerhalb der oben genannten Fristen des § 23 EStG realisiert wurden) dürfen nur bis zur Höhe des Gewinns, den der Steuerpflichtige im gleichen Kj. aus privaten Veräußerungsgeschäften erzielt hat, ausgeglichen werden; ein Verlustabzug nach § 10d EStG ist ausgeschlossen. Die Verluste mindern jedoch nach Maßgabe des § 10d EStG die Einkünfte, die der Steuerpflichtige im Vorjahr oder in den Folgejahren aus privaten Veräußerungsgeschäften i. S. des § 23 EStG erzielt hat oder erzielt (vgl. Tz 20.9.7).

> **ELSTER:**
> ELSTER sieht für Grundstücke und für die übrigen Wirtschaftsgüter mehrere Eintragungsmöglichkeiten vor.

20.9.6 Anteile an Einkünften

Sind an Einkünften aus privaten Veräußerungsgeschäften **mehrere Personen** (außer zusammen veranlagte Ehegatten oder Lebenspartner) **beteiligt** (z. B. bei Erbengemeinschaften, Grundstücksgemeinschaften), so ist in **Zeile 62** für die stpfl. Person bei Einzelveranla- **60–65** gung, für den Ehemann oder Person A der **Anteil** des Beteiligten an diesen Einkünften zu erklären. Außerdem sollen die Bezeichnung der Gemeinschaft, das zuständige Finanzamt und die Steuernummer der Gemeinschaft in den Zeilen 60 bis 61 angegeben werden. Die Angaben für die Ehefrau oder Person B sind entsprechend in den Zeilen 63 bis 65 einzutragen.

ELSTER:
ELSTER sieht mehrere Eintragungsmöglichkeiten für Beteiligungseinkünfte vor.

20.9.7 Verluste aus privaten Veräußerungsgeschäften

66 Verluste aus privaten Veräußerungsgeschäften i. S. des § 23 EStG dürfen nur mit Gewinnen, die der Steuerpflichtige im gleichen Kj. aus privaten Veräußerungsgeschäften erzielt hat, ausgeglichen werden (§ 23 Abs. 3 Satz 7 EStG). Kann ein im Jahr **2025** entstandener Verlust aus privaten Veräußerungsgeschäften nicht mit Gewinnen **2025** aus privaten Veräußerungsgeschäften ausgeglichen (verrechnet) werden, so ist dieser Verlust nach Maßgabe des § 10d EStG rück- bzw. vortragsfähig, d. h. er mindert die im Jahr 2024 oder in den folgenden Jahren erzielten Gewinne aus privaten Veräußerungsgeschäften (BMF-Schreiben vom 29.11.2004, BStBl I S. 1097). Von einem Verlustrücktrag kann abgesehen werden, vgl. Tz 10.5 unter Erläuterungen zur Anlage Sonstiges. Wenn für Verluste (nicht ausgeglichene negative Einkünfte) 2025 aus privaten Veräußerungsgeschäften von einem Verlustrücktrag abgesehen werden soll, ist in Zeile 66 der Anlage SO ein entsprechender Eintrag vorzunehmen. Im Übrigen gelten die Erläuterungen zu **Zeile 22 der Anlage SO** hier entsprechend, vgl. Tz 20.6.4.

Bei der **Zusammenveranlagung von Ehegatten/Lebenspartnern** ist der Gesamtgewinn aus privaten Veräußerungsgeschäften für jeden Ehegatten/Lebenspartner zunächst getrennt zu ermitteln. Dabei ist für den Gewinn eines jeden Ehegatten/Lebenspartner die Freigrenze von 1 000 € gesondert zu berücksichtigen. Die ggf. von einem Ehegatten/Lebenspartner nicht ausgeschöpfte Freigrenze kann nicht beim anderen Ehegatten/Lebenspartner berücksichtigt werden. Nicht ausgeglichene **Verluste** aus privaten Veräußerungsgeschäften des einen Ehegatten/Lebenspartners sind mit Gewinnen des anderen Ehegatten/Lebenspartners aus privaten Veräußerungsgeschäften auszugleichen. Ein Ausgleich ist jedoch nicht vorzunehmen, wenn der erzielte Gesamtgewinn des anderen Ehegatten/Lebenspartners steuerfrei bleibt, weil er weniger als 1 000 € im Kj. betragen hat (im Einzelnen vgl. BMF-Schreiben vom 5.10.2000, BStBl I S. 1383, Rz 41).

21. Anlage G 2025 für Einkünfte aus Gewerbebetrieb

21.1 Allgemeines

Jeder **Ehegatte/Lebenspartner**, der Einkünfte aus Gewerbebetrieb bezieht, hat eine **eigene Anlage G** abzugeben (vgl. anzukreuzende Kästchen rechts oben).

Zur verpflichtenden Abgabe auf elektronischem Weg vgl. Vorbemerkungen Tz 12.1

Wurden sog. **Corona-Hilfen** des Bundes, der Länder oder Gemeinden bezogen, kann es ggf. zu Rückforderungen in 2025 gekommen sein oder es wurden in 2024 **zurückgefordert**e Corona-Hilfen an die entsprechende Bewilligungsbehörde in 2025 zurückgezahlt. Hierzu vgl. die Hinweise in **Teil II Tz 36**.

Zur Auskunftspflicht nach § 138 Abs. 1b AO bei Betriebseröffnung (Fragebogen zur steuerlichen Erfassung) mit erstmaligem Anwendungszeitpunkt der elektronischen Übermittlungspflicht wird auf das BMF-Schreiben vom 17.9.2021 (BStBl I S. 1762) hingewiesen.

21.2 Einkünfte aus Gewerbebetrieb

21.2.1 Allgemeine Grundsätze

r 4

Einkommensteuerrechtlich versteht man unter einem **Gewerbebetrieb eine auf Gewinnerzielung gerichtete selbständige nachhaltige Betätigung, die sich als Beteiligung am allgemeinen wirtschaftlichen Verkehr darstellt und weder land- und forstwirtschaftlicher Art sein noch in den Bereich der selbständigen Arbeit** fallen darf (§ 15 Abs. 2 EStG). Die für die Bejahung eines Gewerbebetriebs erforderliche Abgrenzung zwischen einem »am Markt orientierten«, einkommensteuerbaren Verhalten und einer nicht steuerbaren Tätigkeit muss stets anhand des konkret zu beurteilenden Einzelfalls vorgenommen werden. Sie wird sich praktisch in erster Linie nach den Tatbestandsmerkmalen der Nachhaltigkeit und der Gewinnerzielungsabsicht, ggf. auch nach dem ungeschriebenen negativen Tatbestandsmerkmal der Nichterfüllung der Voraussetzungen einer privaten Vermögensverwaltung, richten (BFH-Urteil vom 16.9.2015, BStBl 2016 II S. 48, zur Teilnahme an Turnierpokerspielen, hier: in den Varianten »Texas Hold'em« und »Omaha«; gilt auch bei nachhaltiger Betätigung eines Pokerspielers bei Spielen in Casinos, BFH-Urteil vom 25.2.2021, III R 67/18, juris; zu Gewinnen aus Online-Poker in der Variante »Texas Hold'em« vgl. BFH-Urteil vom 22.2.2023, X R 8/21, BStBl II 2023 S. 811; zu Online-Poker in der Variante »Pot Limit Omaha« vgl. BFH-Urteil vom 2.4.2025, X R 26/21, juris). Einen Gewerbebetrieb unterhalten danach z. B. Handwerker, Fabrikanten, Händler, Wirte, Spediteure, Handelsvertreter, Makler, Bauunternehmer. Werden privat und ohne Veräußerungsabsicht angeschaffte bewegliche Wirtschaftsgüter veräußert, kann dies nach dem BFH-Urteil vom 17.6.2020 (BStBl II 2021 S. 213) auch dann der letzte Akt der privaten Vermögensverwaltung sein, wenn die Veräußerung über einen langen Zeitraum und in zahlreichen Einzelakten ausgeführt wird. Allein die Verwendung einer auch von gewerblichen Händlern genutzten Internetplattform soll nach BFH-Auffassung zu keinem anderen Ergebnis führen. Steht eine – an sich nicht steuerbare – sportliche Betätigung mit ihrer gewerblichen Vermarktung im Rahmen von Sponsorenverträgen in einem untrennbaren Sachzusammenhang, bilden beide Tätigkeiten nach dem BFH-Urteil vom 15.12.2021 (X R 19/19, BStBl II 2023 S. 319) einen einheitlichen Gewerbebetrieb, sodass auch die Sporttätigkeit von der Steuerpflicht erfasst wird. Liegt ein einheitlicher Gewerbebetrieb als Sportler vor, stellen finanzielle Unterstützungsmaßnahmen der Sportförderung aufgrund des weiten Verständnisses des Veranlassungsbegriffs Betriebseinnahmen dar.

Zur Frage, wann im Zusammenhang mit der Blockerstellung bei Kryptowerten in der sog. Blockchain gewerbliche Einkünfte erzielt werden: Dies liegt i. d. R. vor, wenn Steuerpflichtige am Prozess der Blockerstellung beteiligt sind, da sie für die zusätzlichen Kryptowerte eine Dienstleistung, u. a. in Form einer bereitgestellten Rechenleistung erbringen, vgl. BMF-Schreiben vom 6.3.2025 (BStBl I S. 658). Geregelt sind dort ebenfalls die Veräußerung von Kryptowerten, die sich im Betriebsvermögen befindet, sowie Erträge aus der Überlassung von dem Betriebsvermögen zuzuordnenden Kryptowerten.

Selbständigkeit liegt vor, wenn die Tätigkeit auf eigene Rechnung und auf eigene Verantwortung erfolgt. Entscheidend ist dabei das **Gesamtbild** der Verhältnisse, wobei die für und gegen die Selbständigkeit sprechenden Umstände gegeneinander abgewogen werden müssen (wegen der Abgrenzungsmerkmale siehe im Einzelnen H 19.0 – Arbeitnehmer – LStH und BFH-Urteil vom 22.2.2012, BStBl II S. 511, am Beispiel der Werbeeinnahmen eines Fußball-Nationalspielers). **Versicherungsvertreter**, die Versicherungsverträge selbst vermitteln (sog. Spezialagenten), sind in vollem Umfang als selbständig anzusehen. Beim sog. Generalagenten kommt eine Aufteilung der Tätigkeit in eine selbständige und in eine unselbständige Tätigkeit im Allgemeinen nicht in Betracht. Er ist entweder nur Gewerbetreibender oder nur Angestellter. Hierbei kommt im Rahmen des Gesamtbildes seiner Stellung dem **Unternehmerrisiko** eine besondere Bedeutung zu. Bei einem **Reisevertreter** ist im Allgemeinen Selbständigkeit anzunehmen, wenn er die typische Tätigkeit eines Handelsvertreters ausübt. Unselbständigkeit ist jedoch gegeben, wenn der Reisevertreter in das Unternehmen seines Auftraggebers derart eingegliedert ist, dass er dessen Weisungen zu folgen verpflichtet ist, wobei der Annahme von Unselbständigkeit nicht ohne Weiteres entgegensteht, dass die Entlohnung nach dem Erfolg der Tätigkeit vorgenommen wird (H 15.1 EStH). Zur Zuordnung zu den Einkünften aus Gewerbebetrieb bei einem international tätigen (Fußball-)Schiedsrichter siehe BFH-Urteil vom 20.12.2017 (I R 98/15, BFH/NV 2018 S. 497). Wegen der Abgrenzung zwischen gewerblicher und **freiberuflicher** Tätigkeit wird auf die Ausführungen zu **Zeile 4** der Anlage S (vgl. Tz 22.1) hingewiesen.

Die sozialversicherungsrechtlichen Regelungen zur sog. **Scheinselbständigkeit** haben keine unmittelbaren Auswirkungen auf das Steuerrecht. Ob jemand selbständig oder als Arbeitnehmer tätig ist, ist steuerlich nach eigenen Vorschriften und Abgrenzungsmerkmalen zu entscheiden. Nach § 1 Abs. 2 LStDV liegt ein nichtselbständiges Arbeitsverhältnis (Dienstverhältnis) vor, wenn der Angestellte (Beschäftigte) dem Arbeitgeber seine Arbeitskraft schuldet. Dies ist der Fall, wenn die tätige Person in der Betätigung ihres geschäftlichen Willens unter der Leitung des Arbeitgebers steht oder im geschäftlichen Organismus des Arbeitgebers dessen Weisungen zu folgen verpflichtet ist. Nach ständiger Rspr. des BFH ist die Frage, wer Arbeitnehmer ist, unter Beachtung dieser Bestimmung nach dem Gesamtbild der Verhältnisse im Einzelfall zu beurteilen. Eine gesetzliche Vermutung – wie im Sozialversicherungsrecht – gibt es steuerlich nicht. Arbeitnehmerähnliche Selbständige i. S. des § 2 Satz 1 Nr. 9 SGB VI sind nach R 15.1 Abs. 3 EStR steuerlich regelmäßig selbständig tätig.

Die Absicht, durch Verluste das Einkommen und dadurch die Einkommensteuerbelastung der übrigen Einkunftsteile zu mindern, kann nicht als **Gewinnerzielungsabsicht** gewertet werden. Von besonderer Bedeutung ist dies für Gesellschafter von **Verlustzuweisungsgesellschaften**. Sie werden nur dann als Mitunternehmer eines Gewerbebetriebs angesehen, wenn sie für den Zeitraum ihrer Zugehörigkeit zur Gesellschaft im Rahmen ihrer Beteiligung eine Mehrung des ihnen zuzurechnenden Betriebsvermögens erstreben (vgl. BFH-Urteile vom 21.8.1990, BStBl 1991 II S. 564, und vom 10.9.1991, BStBl 1992 II S. 328), wonach bei Verlustzuweisungsgesellschaften das Fehlen der Gewinnerzielungsabsicht vermutet wird. Zur Bedeutung dieser Vermutung für die Feststellung der Gewinnerzielungsabsicht hat der BFH im Urteil vom 12.12.1995 (BStBl 1996 II S. 219) Stellung genommen. Ein Gewerbebetrieb liegt jedoch – wenn seine Voraussetzungen im Übrigen gegeben sind – auch dann vor, wenn die Gewinnerzielungsabsicht nur ein Nebenzweck ist. Verluste der Anlaufzeit werden steuerliche nicht anerkannt, wenn die Tätigkeit von Anfang an erkennbar ungeeignet ist, auf Dauer einen Gewinn zu erbringen (BFH-Urteile vom 23.5.1985, BStBl II S. 515, und vom 28.8.1987, BStBl 1988 II S. 10).

Beruht die Entscheidung zur Neugründung eines Gewerbebetriebs im Wesentlichen auf den persönlichen Interessen und Neigungen des Steuerpflichtigen, sind nach dem BFH-Urteil vom 23.5.2007 (BStBl II S. 874) die entstehenden Verluste nur dann für die Dauer einer betriebsspezifischen Anlaufphase steuerlich zu berücksichtigen, wenn der Steuerpflichtige zu Beginn seiner Tätigkeit ein schlüssiges Betriebskonzept erstellt hat, das ihn zu der Annahme veranlassen durfte, durch die gewerbliche Tätigkeit werde insgesamt ein positives Gesamtergebnis erzielt werden können. Besteht ein solches Betriebskonzept hingegen nicht und war der Betrieb bei objektiver Betrachtung nach seiner Art, nach der Gestaltung der Betriebsführung und nach den gegebenen Ertragsaussichten von vornherein zur Erzielung eines Totalgewinns nicht in der Lage, folgt nach dem BFH-Urteil vom 23.5.2007 (a. a. O.), dass der Steuerpflichtige die verlustbringende Tätigkeit nur aus im Bereich seiner Lebensführung liegenden persönlichen Gründen und Neigungen ausgeübt hat. Als betriebsspezifische Anlaufzeit bis zum Erforderlichwerden größerer Korrektur- und Umstrukturierungsmaßnahmen wird ein Zeitraum von weniger als 5 Jahren nur in Ausnahmefällen in Betracht kommen. Daneben ist die Anlaufphase vor allem vom Gegenstand und von der Art des jeweiligen Betriebs abhängig, sodass sich der Zeitraum, innerhalb dessen das Unterbleiben einer Reaktion auf bereits eingetretene Verluste für sich betrachtet noch nicht als Beweisanzeichen für eine mangelnde Gewinnerzielungsabsicht herangezogen werden kann, nicht allgemeinverbindlich festlegen lässt (BFH-Urteil vom 23.5.2007). Im Übrigen wird auch auf H 15.3 EStH verwiesen. Zum Fall eines **aufgrund Betrugs entstandenen Verlustes** hat sich der BFH mit Urteil vom 7.2.2018 (X R 10/16, BStBl II S. 630) geäußert und Maßstäbe für die Verlustberücksichtigung festgelegt. Entschließt sich danach der Steuerpflichtige, eine Investition zu tätigen, die letztlich nicht durchgeführt werden kann, weil sein Geschäftspartner ihm die – tatsächlich niemals gegebene – Lieferbarkeit des Investitionsobjekts in betrügerischer Absicht nur vorgespiegelt hat, ist die einkommensteuerrechtliche Qualifikation der Einkunftsart, der die verlorenen Aufwendungen zuzuordnen sind, nicht objektiv-rückblickend nach den tatsächlichen Verhältnissen vorzunehmen, sondern nach der Sichtweise des Steuerpflichtigen im Zeitpunkt des Abschlusses der maßgebenden Verträge. Spiegelt ein Geschäftspartner dem Steuerpflichtigen vor, er könne durch den Erwerb eines – tatsächlich nicht existierenden – Blockheizkraftwerks elektrischen Strom erzeugen und im eigenen Namen sowie für eigene Rechnung, wenn auch durch Einschaltung eines Geschäftsbesorgers, vermarkten, sind die dem Steuerpflichtigen zur Durchführung dieser Investition entstandenen Aufwendungen auf die Erzielung von Einkünften aus Gewerbebetrieb gerichtet und daher als vorweggenommene Betriebsausgaben abziehbar. Eine nur schwach ausgeprägte, aber im Kern gleichwohl gegebene Unternehmerinitiative kann durch ein eindeutig vorhandenes Unternehmerrisiko dergestalt ausgeglichen werden, dass in der Gesamtschau die – für die Annahme gewerblicher Einkünfte erforderliche – Selbständigkeit der Betätigung zu bejahen ist. Der BFH hat den Fall allerdings nicht abschließend entschieden, sondern an das FG der Vorinstanz zurückverwiesen, damit geklärt werde, ob ein Steuerstundungsmodell i. S. des § 15b EStG (vgl. Tz 21.11 unter Erläuterungen zur **Zeile 46**) vorliegt.

Eine Besonderheit besteht bei **kleinen Photovoltaikanlage**n und vergleichbaren **Blockheizkraftwerke**n (BHKW). Nach dem BMF-Schreiben vom 2.6.2021 (BStBl I S. 722), neu gefasst mit BMF-Schreiben vom 29.10.2021 (BStBl I S. 2202) konnten **auf** schriftlichen **Antrag** diese Betriebe **in Liebhabereibetriebe umqualifiziert** werden. Der Antrag sollte ohne weitere Prüfung für alle verfahrensrechtlich noch offenen Fälle und auch für Folgejahre gelten (BMF-Schreiben vom 29.10.2021, a. a. O., Rn 6). Begründet wurde dies mit der Vereinfachung des Verwaltungsverfahrens, da bei Inanspruchnahme der Vereinfachungsregelung aufwändige und streitanfällige Ergebnisprognosen für die Beurteilung der Gewinnerzielungsabsicht weder erstellt noch geprüft werden müssten (BMF-Schreiben vom 29.10.2021, a. a. O., vor Rn 1). Da die Entscheidung ausschließlich auf dem Antrag (Erklärung über fehlende Gewinnerzielungsabsicht) beruhte, konnte die Regelung **auch** von Steuerpflichtigen beansprucht werden, die eine kleine Photovoltaikanlage oder ein vergleichbares Blockheizkraftwerk **mit steuerlich positiven Einkünften** beitreiben. Mit dem JStG 2022 vom 16.12.2022 (BGBl I S. 2294) wurde eine gesetzliche Steuerbefreiung für **Einnahmen und Entnahmen** im Zusammenhang mit kleinen Photovoltaikanlagen beschlossen. Für Einnahmen und Entnahmen, die **nach dem 31.12.2021** erzielt oder getätigt werden, besteht nach **§ 3 Nr. 72 EStG** eine **ESt-Freiheit**. Im Zusammenhang mit der gesetzlichen Neuregellung aufgekommene Zweifelsfragen wurden mit **BMF-Schreiben vom 17.7.2023** (BStBl I S. 1494) geklärt. Anwendbar ist die Steuerbefreiung für Anlagen auf, an oder in Einfamilienhäusern (einschließlich Nebengebäuden) oder nicht Wohnzwecken dienenden Gebäuden mit einer installierten Bruttoleistung lt. Markstammdatenregister von bis zu 30 kW (peak) und auf, an oder in sonstigen Gebäuden (in Abgrenzung zum v. g. müssten das Wohngebäude und gemischt genutzte Gebäude sein, die keine Einfamilienhäuser sind) installierten Anlagen mit einer registrierten Bruttoleistungen von bis zu 15 kW (peak) je Wohn- oder Gewerbeeinheit, insgesamt jedoch höchstens 100 kW (peak) pro Steuerpflichtiger. Für Gewerbeimmobilien mit einer Gewerbeeinheit gelten 30 kW (peak), für Gewerbeimmobilien mit mehreren Gewerbeeinheiten 15 kW (peak) je Gewerbeeinheit als maßgeblicher Höchstbetrag, Rn. 3 des o. a. BMF-Schreibens vom 17.7.2023 (a. a. O.). Durch das JStG 2024 vom 2.12.2024 (BGBl I Nr. 387) wurden für **erstmals nach dem 31.12.2024** angeschaffte / in Betrieb genommene oder erweiterte Photovoltaikanlagen die Grenzen auf **30 kW (peak)** ver**einheitlicht**. Die max. Grenze von 100 kW (peak) je Steuerpflichtiger bei mehreren Anlagen ist geblieben. Ehegatten, die zusammen zur Einkommensteuer veranlagt werden und von denen beide jeweils Photovoltaikanlagen betreiben, können die Steuerbefreiung jeweils bis den Höchstgrenzen beanspruchen, Rn. 1 des o. a. BMF-Schreibens vom 17.7.2023 (a. a. O.). Die kW (peak)-Beträge sind als Freigrenzen zu verstehen, nicht als Freibeträge (BT-Drs. 20/5683, Antwort der Bundesregierung auf eine parlamentarische Frage). Werden die Voraussetzungen unterjährig erstmalig oder letztmalig erfüllt (z. B. aufgrund von Veränderungen bei den Wohn-/Gewerbeeinheiten im Gebäude, Änderung der maßgeblichen Leistung der Photovoltaikanlage), findet nach Rn. 18 des o. a. BMF-Schreibens (a. a. O.) die Steuerbefreiung nur bis zu bzw. ab diesem Zeitpunkt Anwendung. Mit der Steuerfreiheit werden die Einnahmen und Entnahmen erfasst. Zu den Einnahmen gehören lt. Rn. 9 des o. a. BMF-Schreibens die Einspeisevergütung, Entgelte für anderweitige Stromlieferungen (z. B. an Mieter), Vergütungen für das Aufladen von Elektro- oder Hybridelektrofahrzeugen, Zuschüsse und bei der EÜR vereinnahmte und erstattete USt. Der Steuerpflichtige erzielt aber weiterhin gewerbliche Einkünfte und hat damit auch Betriebsvermögen (BT-Drs. 20/5683). Aufgrund der Steuerfreiheit der Einnahmen und Entnahmen können gem. § 3c Abs. 1 EStG keine damit im Zusammenhang stehenden Betriebsausgaben (insbesondere AfA und Schuldzinsen) abgezogen werden, vgl. auch Rn. 21 des o. a. BMF-Schreibens vom 17.7.2023 (a. a. O.). Dies betrifft Betriebsausgaben für die Photovoltaikanlage, die nach Rn. 2 des o. a. BMF-Schreibens (a. a. O.) im Wesentlichen aus den Solarmodulen, dem Wechselrichter und dem Einspeisezähler besteht (vgl. auch BFH-Urteil vom 19.7.2011, XI R 29/09, BStBl II 2012 S. 430), darüber hinaus aber auch mit durch den Betreib der Anlage verursachte Kosten (z. B. bezogener Strom, Beratungskosten, Reisekosten, Kontoführungsentgelte, Wartungskosten, Versicherungsbeitäge etc.). Wird der mit einer Photovoltaikanlage selbst erzeugte Strom teilweise in einem anderen Betrieb des Steuerpflichtigen verbraucht, ist nach Rn. 26 des o. a. BMF-Schreibens nach dem Gesamtbild der Verhältnisse im Einzelfall unter Berücksichtigung der Verkehrsanschauung zu beurteilen, ob es sich um zwei selbständige Betriebe oder einen einheitlichen Betrieb handelt. Unter Bezugnahme auf das BFH-Urteil vom 17.6.2020 (X R 15/18, BStBl II 2021 S. 157) ist dabei ein einheitlicher Betrieb nur dann anzunehmen, wenn die beiden Betriebe einander stützen und sich gegenseitig ergänzen. Als gewichtiges Indiz soll nach BMF-Auffassung der Verbrauch von mehr als 50 % des mit der Photovoltaikanlage erzeugten Stroms im anderen Betrieb sein. In diesem Fall bleibt der Betriebsausgabenabzug für die Photovoltaikanlage erhalten. Haben Steuerpflichtige die o. a. Vereinfachungsregelung mit Annahme eines Liebhabereibetriebs in Anspruch genommen, ist die Steuerfreiheit nicht anwendbar, da diese Steuerpflichtigen keine gewerblichen Einkünfte erzielen.

Nach § 15 b EStG dürfen **negative** Einkünfte im Zusammenhang mit **Steuerstundungsmodellen** nur noch mit positiven Einkünften in den Folgejahren aus derselben Einkunftsquelle abgezogen werden (vgl. Tz 21.11). Verluste aus gewerblicher Tierzucht/-haltung (vgl. Tz 21.23 unter Erläuterungen zu den Zeilen 105 und 106), aus gewerblichen Termingeschäften (vgl. Tz 21.23 unter Erläuterungen zu den Zeilen 107 und 108) sowie aus Beteiligungen an einer REIT-Aktiengesellschaft, anderen REIT-Körperschaften, -Personenvereinigungen oder -Vermögensmassen (vgl. Tz 21.24 unter Erläuterungen zu den Zeilen 109 und 110) unterliegen ebenfalls einer Ausgleichsbeschränkung.

Nach § 15 Abs. 3 Nr. 2 EStG gilt die mit Einkünfteerzielungsabsicht unternommene Tätigkeit einer Personengesellschaft in vollem Umfang als gewerblich, wenn ausschließlich eine oder mehrere Kapitalgesellschaften persönlich haftende Gesellschafter sind und nur diese oder Personen, die nicht Gesellschafter sind, zur Geschäftsführung befugt sind **(gewerblich geprägte Personengesellschaft)**. Ist eine gewerblich geprägte Personengesellschaft als persönlich haftender Gesellschafter an einer anderen Personengesellschaft beteiligt, so steht für die Beurteilung, ob die Tätigkeit dieser Personengesellschaft als Gewerbebetrieb gilt, die gewerblich geprägte Personengesellschaft einer Kapitalgesellschaft gleich. Bei einer GbR liegt keine gewerbliche Prägung i. S. des § 15 Abs. 3 Nr. 2 EStG vor, wenn lediglich die GmbH persönlich haftende Gesellschafterin ist und die Haftung der übrigen Gesellschafter durch individualvertragliche Vereinbarungen ausgeschlossen ist (sog. »GmbH & Co. GbR«), BMF-Schreiben vom 17.3.2014 (BStBl I S. 555). Nach dem BFH-Urteil vom 10.7.1986 (BStBl II S. 811) bestehen gegen die rückwirkende Wiedereinführung der sog. Geprägetheorie durch § 15 Abs. 3 Nr. 2 EStG keine verfassungsrechtlichen Bedenken. Der gewerblichen Prägung einer »Einheits-GmbH & Co. KG« steht nach dem BFH-Urteil vom 13.7.2017 (BStBl II S. 1126) nicht entgegen, dass der im Grundsatz allein geschäftsführungsbefugten Komplementärin im Gesellschaftsvertrag der KG die Geschäftsführungsbefugnis betreffend die Ausübung der Gesellschafterrechte aus oder an den von der KG gehaltenen Geschäftsanteilen an der Komplementär-GmbH entzogen und diese auf die Kommanditisten übertragen wird.

Von besonderer Wichtigkeit ist neben der Abgrenzung der gewerblichen Tätigkeit von anderen Tätigkeitsarten bei den Einkünften aus Gewerbebetrieb die Frage, von wann ab und bis zu welchem Zeitpunkt Einkünfte aus Gewerbebetrieb vorliegen. Die Entscheidung dieser Frage hängt davon ab, wann die gewerbliche Tätigkeit **beginnt** und wann sie **endet**. Ein gewerbliches Unternehmen beginnt bereits mit der auf Eröffnung eines Gewerbebetriebs gerichteten vorbereitenden Tätigkeit. Hat z. B. jemand einen Betrieb gekauft oder gepachtet, so sind die **vor** Betriebseröffnung – z. B. zur Besichtigung des Betriebs – aufgewendeten Kosten bereits Betriebsausgaben. Ist es nicht zur Aufnahme der geplanten geschäftlichen Tätigkeit gekommen, so können trotzdem Betriebsausgaben vorliegen (sog. erfolglose Betriebsausgaben). Dies gilt aber dann nicht, wenn die Vorbereitungen für die künftige Tätigkeit bereits in einem so frühen Stadium stecken geblieben sind, dass der Zusammenhang zwischen den Kosten und der beabsichtigten Betriebseröffnung nur schwer herstellbar ist. Das gewerbliche Unternehmen **endet**, wenn alle im Zusammenhang mit dem Betrieb entstandenen Geschäfte abgewickelt sind. Deshalb zählen zu den Einkünften aus Gewerbebetrieb auch noch alle Einnahmen und Ausgaben, die aus der früher ausgeübten gewerblichen Tätigkeit herrühren; es kann sich also auch ein nachträglicher **Verlust** ergeben (siehe H 24.2 EStH).

Schuldzinsen für ehemalige Betriebsschulden können nach der Betriebsveräußerung (Betriebsaufgabe) insoweit als nachträgliche Betriebsausgaben abgezogen werden, als die Zinsen nicht auf Verbindlichkeiten entfallen, die durch den Veräußerungspreis und die Verwertung von zurückbehaltenen Wirtschaftsgütern hätten abgedeckt werden können (BFH-Urteile vom 19.1.1982, BStBl II S. 321 und vom 12.11.1997, BStBl 1998 II S. 144). Diese Schuldzinsen können jedoch Werbungskosten bei einer anderen Einkunftsart sein (vgl. BFH-Urteile vom 19.8.1998, BStBl 1999 II S. 353, und vom 23.3.2007, BStBl II S. 642). Bestehen hinsichtlich des Veräußerungserlöses Auszahlungshindernisse oder hinsichtlich des zurückbehaltenen Aktivvermögens Verwertungshindernisse oder hinsichtlich der früheren Betriebsschuld Rückzahlungshindernisse, ist der Steuerpflichtige so zu behandeln, als ob die nicht tilgbare frühere Betriebsschuld ihren betrieblichen Charakter beibehält, bis die genannten Hindernisse entfallen sind (BFH-Urteil vom 27.11.1984, BStBl 1985 II S. 323). Bestrittene Schadensersatzforderungen bleiben auch nach der Betriebsaufgabe noch Betriebsvermögen; spätere Ersatzleistungen sind als rückwirkendes Ereignis dem Aufgabegewinn im Aufgabezeitpunkt zuzuordnen (BFH-Urteil vom 10.2.1994, BStBl II S. 564).

Zahlt der **Gesellschafter einer Personengesellschaft** Zinsen für Verbindlichkeiten, die die Gesellschaft bei Aufgabe ihres Betriebs nicht getilgt hat, obwohl ihr bei ordnungsgemäßer Abwicklung ausreichende Mittel zur Verfügung gestanden hätten, kann er die Zinsen **nicht** als (nachträgliche) Betriebsausgaben abziehen. Das gilt auch für Zinsen auf Verbindlichkeiten, die einem Gesellschafter im wirtschaftlichen Zusammenhang mit seinem Sonderbetriebsvermögen entstanden sind, wenn er die Aktivwerte dieses Vermögens bei Beendigung seiner Mitunternehmerstellung nicht zur Tilgung der Verbindlichkeiten verwendet. Zahlt ein Gesellschafter aber Zinsen für fortbestehende Gesellschaftsverbindlichkeiten, so muss er sich nicht entgegenhalten lassen, dass er die Aktivwerte seines Sonderbetriebsvermögens zur Tilgung dieser Verbindlichkeiten hätte einsetzen können (BFH-Urteil vom 13.2.1996, BStBl II S. 291 sowie H 4.2 Abs. 15 – Betriebsaufgabe oder -veräußerung im Ganzen, 4. Tiret – EStH).

Unternehmer eines Gewerbebetriebs ist, wer ihn auf eigene Rechnung und Gefahr führt. Es kommt darauf an, wer wirtschaftlich das **Risiko** des Unternehmens trägt und bei wem die Erträge tatsächlich verbleiben. Unternehmer eines Betriebs ist nicht immer derjenige, dem das Betriebsvermögen gehört. So sind z. B. auch **Pächter** und **Nießbraucher** eines Gewerbebetriebs gewerbliche Unternehmer.

21.2.2 Betriebsaufspaltung

Eine gewerbliche Betätigung im Rahmen einer sog. **Betriebsaufspaltung** liegt vor, wenn ein Unternehmen (Besitzunternehmen) Wirtschaftsgüter, die zu den **wesentlichen Grundlagen** des Betriebs gehören (z. B. Grundstücke und Maschinen), miet- oder pachtweise einer von ihm **beherrschten Kapitalgesellschaft** (Betriebsunternehmen) überlässt. Im Fall der Betriebsaufspaltung ist das Besitzunternehmen am allgemeinen wirtschaftlichen Verkehr beteiligt und erzielt **Einkünfte aus Gewerbebetrieb**, die auch der Gewerbesteuer unterliegen (BFH-Urteile vom 24.6.1969, BStBl 1970 II S. 17, vom 21.5.1974, BStBl II S. 613, und vom 28.11.1979, BStBl 1980 II S. 162, sowie H 15.7 Abs. 4 EStH). Die Begründung einer Betriebsaufspaltung durch Vermietung wesentlicher Betriebsgrundlagen an eine GmbH schließt die vorangehende steuerbegünstigte Aufgabe eines land- und forstwirtschaftlichen Betriebs, zu dessen Betriebsvermögen die zur Nutzung überlassenen Wirtschaftsgüter gehörten, nicht aus, wenn der Steuerpflichtige zuvor seine landwirtschaftliche Betätigung beendet hat (BFH-Urteil vom 30.3.2006, BStBl II S. 652). Nach dem BFH-Urteil vom 14.9.1999 (BStBl 2000 II S. 255) sind Gewinnausschüttungen einer Betriebs-GmbH an den Besitzunternehmer auch insoweit als Einnahmen aus Gewerbebetrieb zu qualifizieren, als sie die Zeiträume vor Begründung der Betriebsaufspaltung betreffen, der betreffende Gewinnverteilungsbeschluss aber erst nach Begründung der Betriebsaufspaltung gefasst worden ist. Die Grundsätze der Betriebsaufspaltung kommen nach dem BFH-Urteil vom 17.11.2020 (BStBl II 2021 S. 484) auch dann zur Anwendung, wenn ein inländisches Besitzunternehmen ein im Ausland belegenes Grundstück an eine ausländische Betriebskapitalgesellschaft verpachtet.

In mehreren Urteilen hat der BFH entschieden, wann eine enge **sachliche und personelle Verflechtung zwischen dem Besitzun-**

ternehmen und der Betriebskapitalgesellschaft besteht und damit eine Betriebsaufspaltung vorliegt (Urteile vom 30.7.1985, BStBl 1986 II S. 359, vom 27.11.1985, BStBl 1986 II S. 362, und vom 18.2.1986, BStBl II S. 611).

Sachliche Verflechtung meint dabei die Überlassung wesentlicher Betriebsgrundlagen vom Besitz- an das Betriebsunternehmen. Wesentliche Betriebsgrundlage sind Wirtschaftsgüter dann, wenn sie zur Erreichung des Betriebszwecks erforderlich sind und ein besonderes wirtschaftliches Gewicht für die Betriebsführung bei der Betriebsgesellschaft besitzen (BFH-Urteil vom 26.1.1989, BStBl II S. 455). Das ist vor allem für Wirtschaftsgüter des Anlagevermögens anzunehmen, die für den Betriebsablauf unerlässlich sind, sodass ein Erwerber des Betriebs diesen nur mit ihrer Hilfe in der bisherigen Form fortführen könnte (BFH-Urteil vom 24.8.1989, BStBl II S. 1014).

Danach stellt die Überlassung eines **bebauten Grundstücks** eine wesentliche Betriebsgrundlage des Betriebsunternehmens dar, wenn der Betrieb derart von der Verbindung mit dem Gebäudegrundstück abhängig ist, dass er an anderer Stelle nicht in der bisherigen Weise fortgeführt werden kann. Dies ist für bebaute Grundstücke anzunehmen, bei denen die Gebäude durch ihre Gliederung oder sonstige Bauart dauernd für den Betrieb eingerichtet sind; hierbei genügt es, dass Gebäude nach ihrer Lage, ihrer Größe und ihrem Grundriss auf das Tätigkeitsfeld des Betriebsunternehmens zugeschnitten sind. Eine spezielle Gestaltung i. S. einer ausschließlichen Nutzbarkeit des Grundstücks durch die jeweilige Betriebsgesellschaft ist nicht erforderlich. Daher werden z. B. Fabrikationsgrundstücke ohne weitere Unterscheidung zu den wesentlichen Betriebsgrundlagen gerechnet (BFH-Urteile vom 5.9.1991, BStBl 1992 II S. 349, vom 12.9.1991, BStBl 1992 II S. 347 und vom 26.3.1992, BStBl II S. 830). Ein ausschließlich zu büro- oder verwaltungsmäßiger Nutzung vermietetes Bürogebäude bildete früher grds. keine wesentliche Betriebsgrundlage. Im Einzelfall war aber zu prüfen, ob ein Bürogebäude aufgrund der besonderen Lage, des baulichen Zuschnitts auf die Bedürfnisse des Betriebsunternehmens oder, weil das Betriebsunternehmen aus anderen innerbetrieblichen Gründen ohne ein Grundstück dieser Art den Betrieb nicht fortführen konnte, eine wesentliche Betriebsgrundlage darstellte (BFH-Urteil vom 2.4.1997, BStBl II S. 565). Nach dem BFH-Urteil vom 23.5.2000 (BStBl II S. 621) ist ein Büro- und Verwaltungsgebäude jedenfalls dann eine wesentliche Betriebsgrundlage, wenn es die räumliche und funktionale Grundlage für die Geschäftstätigkeit der Betriebsgesellschaft bildet (BMF-Schreiben vom 18.9.2001, BStBl I S. 634).

Nach dem BFH-Urteil vom 26.5.1993 (BStBl II S. 718) kann ein Grundstück (mit aufstehenden Baulichkeiten) nicht nur wegen seiner Lage und seines Zuschnitts wesentliche Betriebsgrundlage sein, sondern auch deswegen, weil das Betriebsunternehmen aus anderen innerbetrieblichen Gründen auf das Grundstück angewiesen ist. Eine sachliche Verflechtung wird nach diesem Urteil nicht dadurch ausgeschlossen, dass das Betriebsunternehmen jederzeit am Markt ein für seine Belange gleichwertiges Grundstück mieten oder kaufen könnte (H 15.7 Abs. 5 – Wesentliche Betriebsgrundlage – Ersetzbarkeit – EStH). Auch nach der **neuen Rspr.** ist ein Grundstück jedoch dann keine wesentliche Betriebsgrundlage, wenn es für das Betriebsunternehmen lediglich von geringer wirtschaftlicher Bedeutung ist (BFH-Urteil vom 4.11.1992, BStBl 1993 II S. 245). So ist z. B. nach dem BFH-Urteil vom 19.3.2009 (BStBl II S. 803) das einzelne Geschäftslokal eines Filialeinzelhandelsbetriebs in aller Regel auch dann eine wesentliche Betriebsgrundlage, wenn auf das Geschäftslokal weniger als 10 % der gesamten Nutzfläche des Unternehmens entfällt. Dabei soll es sogar unbeachtlich sein, wenn das einzelne Geschäftslokal Verluste erwirtschaftet. **Mitverpachtete Grundstücke** gehören auch dann zum notwendigen Betriebsvermögen des Besitzunternehmens, wenn sie nicht wesentliche Betriebsgrundlage des Betriebsunternehmens werden (BFH-Urteil vom 17.11.1992, BStBl 1993 II S. 233).

Vom Besitzunternehmen überlassene **unbebaute Grundstücke** können eine wesentliche Betriebsgrundlage für das Betriebsunternehmen bilden, wenn sie von diesem entsprechend seinen Bedürfnissen bebaut oder in anderer Weise gestaltet worden sind. Mithin sind z. B. die für einen Kfz-Handel mit Reparaturbetrieb benötigten Grundstücke insgesamt als wesentliche Betriebsgrundlage anzusehen, obwohl sie erfahrungsgemäß auch Verkehrs- und Abstellplätze enthalten. Bei der Überlassung **beweglicher** Wirtschaftsgüter (z. B. Maschinen und Einrichtungsgegenstände) an das Betriebsunternehmen zählen auch Serienfabrikate zu den wesentlichen Betriebsgrundlagen (BFH-Urteil vom 24.8.1989, BStBl II S. 1014). Auch eine leihweise Überlassung wesentlicher Betriebsgrundlagen kann eine Betriebsaufspaltung begründen (BFH-Urteil vom 24.4.1991, BStBl II S. 713). Es ist auch ausreichend, wenn dem Betriebsunternehmen **immaterielle** Wirtschaftsgüter, z. B. der Firmenname oder Erfindungen, überlassen werden, die dem Besitzunternehmen gehören (BFH-Urteile vom 11.8.1966, BStBl III S. 601 und vom 26.1.1989, BStBl II S. 455). Nach dem BFH-Urteil vom 6.11.1991 (BStBl 1992 II S. 415) kann eine Betriebsaufspaltung auch durch die Einräumung des Nutzungsrechts an einer ungeschützten Erfindung entstehen. Wird ein Teil eines normalen Einfamilienhauses von den Gesellschaftern der Betriebs-GmbH an diese als einziges Büro (Sitz der Geschäftsleitung) vermietet, so stellen nach dem BFH-Urteil vom 13.7.2006 (BStBl II S. 804) die Räume eines Gebäudeteils, der nicht die in § 8 EStDV genannten Grenzen unterschreitet, auch dann eine wesentliche, die sachliche Verflechtung begründende Betriebsgrundlage i. S. der Rspr. zur Betriebsaufspaltung dar, wenn sie nicht für Zwecke des Betriebsunternehmens besonders hergerichtet und gestaltet sind.

Bestellt der Eigentümer an einem unbebauten Grundstück ein **Erbbaurecht** und errichtet der Erbbauberechtigte ein Gebäude, das er an ein Betriebsunternehmen vermietet, fehlt nach dem BFH-Urteil vom 24.9.2015 (BStBl 2016 II S. 154) zwischen dem Eigentümer und dem Betriebsunternehmen die für die Annahme einer Betriebsaufspaltung erforderliche sachliche Verflechtung.

Eine **personelle Verflechtung** zwischen Besitz- und Betriebsunternehmen liegt vor, wenn die hinter beiden Unternehmen stehenden Personen einen einheitlichen geschäftlichen Betätigungswillen haben. Das verlangt nach dem BFH-Urteil vom 14.4.2021 (X R 5/19, BStBl II 2021 S. 851) eine Stimmenmehrheit der das Besitzunternehmen beherrschenden Gesellschafter auch in der Betriebskapitalgesellschaft; eine Beteiligung von exakt 50 % der Stimmen reicht demnach nicht aus. Zur Frage, wann Ehegattenanteile bei der Beurteilung der personellen Verflechtung zwischen Besitz- und Betriebsunternehmen zusammenzurechnen sind, siehe BFH-Urteil vom 24.7.1986 (BStBl II S. 913) sowie BMF-Schreiben vom 18.11.1986 (BStBl I S. 537) und H 15.7 Abs. 7 EStH. Nach dem BFH-Urteil vom 24.2.2000 (BStBl II S. 417) ist ein **einheitlicher geschäftlicher Betätigungswille** der beteiligten Personen und damit eine personelle Verflechtung beider Unternehmen auch bei wechselseitiger Mehrheitsbeteiligung von zwei Personen am Besitzunternehmen und am Betriebsunternehmen anzunehmen (auch H 15.7 Abs. 6 EStH). Zur Bedeutung von Einstimmigkeitsabreden beim Besitzunternehmen für das Vorliegen einer personellen Verflechtung und zur Anwendung der BFH-Urteile in BStBl 2002 II S. 722, 771 und 774 wird im BMF-Schreiben vom 7.10.2002 (BStBl I S. 1028) Stellung genommen. Nach dem BFH-Urteil vom 30.11.2005 (BStBl 2006 II S. 415) beherrscht ein Besitzunternehmer die Betriebskapitalgesellschaft auch dann personell, wenn er zwar über die einfache Stimmrechtsmehrheit und nicht über die im Gesellschaftsvertrag vorgeschriebene qualifizierte Mehrheit verfügt, er aber als Gesellschafter-Geschäftsführer deren Geschäfte des täglichen Lebens beherrscht, sofern ihm die Geschäftsführungsbefugnis nicht gegen seinen Willen entzogen werden kann (Anschluss an BFH-Urteil vom 21.8.1996, BStBl 1997 II S. 44). Die personelle Verflechtung einer BGB-Gesellschaft mit einer GmbH ist nach dem BFH-Urteil vom 24.8.2006 (BStBl 2007 II S. 165) auch dann gegeben, wenn der Gesellschafter-Geschäftsführer der GbR, der zugleich alleiniger Geschäftsführer der GmbH ist, zwar von der GbR nicht vom Verbot des Selbstkontrahierens befreit ist, aufgrund seiner beherrschenden Stellung in der GmbH aber bewirken kann, dass auf Seiten der GmbH nicht er selbst als deren Vertreter auftritt. Mit BFH-Urteil vom 28.5.2020 (BStBl II S. 71) wurde entschieden, dass die personelle Verflechtung vorliegt, wenn die personenidentischen Gesellschafter-Geschäftsführer der Besitz-GbR und der Betriebs-GmbH die laufenden Geschäfte der Besitz-GbR bestimmen können und der Nutzungsüberlassungsvertrag der Besitz-GbR mit der Betriebs-GmbH nicht gegen den Willen dieser Personengruppe geändert oder beendet werden kann. Das Doppelvertretungsverbot des § 181 BGB soll danach der Annahme einer Beherrschungsidentität von Gesellschafter-Geschäftsführern aus Besitz-GbR und Betriebs-GmbH nicht entgegenstehen, wenn die gesellschaftsrechtlichen Grundlagen die Umgehung dieses Verbots durch Übertragung der Vertretung auf eine andere Person ermöglichen. Nach dem **BFH-Urteil vom 16.9.2021** (IV R 7/18, BStBl II 2022 S. 767) ist auch eine **Beteiligung** der **an** der **Betriebsgesellschaft** beteiligten Gesellschafter an einer Besitz-Personengesellschaft, die lediglich **mittelbar über eine Kapitalgesellschaft** besteht, bei der Beurteilung einer personellen Verflechtung als eine der Voraussetzungen einer Betriebsaufspaltung zu berücksichtigen. Da dies von der bisherigen Rspr. (und Verwaltungsauffassung) abweicht, hatte die Finanzverwaltung mit BMF-Schreiben vom 21.11.2022 (BStBl S. 1515) entschieden, dass aus Vertrauensschutzgründen eine solche Beteiligung bei der Beurteilung einer personellen Verflechtung **erst ab VZ 2024** zu berücksichtigen war. Die Rspr. des BFH zur fehlenden personellen Verflechtung war weiterhin anzuwenden.

Der Wegfall der personellen Verflechtung zwischen Besitzunternehmen und Betriebs-GmbH, z. B. durch Veräußerung der GmbH-Anteile, führt in der Regel zu einer Betriebsaufgabe mit der Folge, dass die bis dahin gebildeten stillen Reserven aufzulösen und zu versteuern sind (BFH-Urteil vom 25.8.1993, BStBl 1994 II S. 23). Fällt die personelle Verflechtung durch **Eintritt der Volljährigkeit** bisher minderjähriger Kinder weg, so wird dem Steuerpflichtigen jedoch nach R 16 Abs. 2 Satz 3 EStR aus **Billigkeitsgründen** das Wahlrecht zur Fortsetzung der gewerblichen Tätigkeit im Rahmen einer Betriebsverpachtung **auf Antrag** auch dann eingeräumt, wenn keine Betriebsverpachtung im Ganzen vorliegt, d. h. nicht alle wesentlichen Betriebsgrundlagen an das Betriebsunternehmen verpachtet sind (vgl. Tz 21.18.4 unter Erläuterungen zu den Zeilen 58 bis 79). Nach dem BFH-Urteil vom 28.11.2001 (BStBl 2002 II S. 363) wird der beherrschende Einfluss auf das Betriebsunternehmen nicht dadurch ausgeschlossen, dass das Betriebsgrundstück einer zwischengeschalteten GmbH zur Weitervermietung an das Betriebsunternehmen überlassen wird.

Die Eröffnung des **Insolvenzverfahrens** (früher Konkurs oder Gesamtvollstreckung) über das Vermögen des Betriebsunternehmens führt regelmäßig zur **Beendigung** der personellen Verflechtung mit dem Besitzunternehmen und damit einer bestehenden Betriebsaufspaltung. Dieser Vorgang ist – wenn nicht das laufende Insolvenzverfahren mit anschließender Fortsetzung des Betriebsunternehmens aufgehoben oder eingestellt wird – in der Regel als Betriebsaufgabe des Besitzunternehmens zu beurteilen mit der Folge, dass die in seinem Betriebsvermögen enthaltenen stillen Reserven aufzulösen sind (BFH-Urteil vom 6.3.1997, BStBl II S. 460). Vgl. Tz 21.18.1 unter Erläuterungen zu den Zeilen 58 bis 79.

Zur Anwendung des Teileinkünfteverfahrens auf Aufwendungen im Zusammenhang mit der Überlassung von Wirtschaftsgütern im Rahmen einer Betriebsaufspaltung vgl. Tz 21.12.

21.2.3 Gewerblicher Grundstückshandel und andere Objekthandel

Auch beim **An- und Verkauf von Grundstücken (Eigentumswohnungen)** können die Merkmale eines Gewerbebetriebs vorliegen, z. B. wenn Eigenheime oder Eigentumswohnungen in der Absicht errichtet werden, sie an verschiedene Erwerber zu veräußern, oder wenn ein Grundstückseigentümer (ähnlich wie ein Grundstückshändler oder ein Baulandaufschließungsunternehmen) seinen Grundbesitz ganz oder teilweise durch Baureifmachung in Baugelände umzugestalten beginnt, das Gelände in einzelne Parzellen aufteilt und diese an Interessenten veräußert (BFH-Urteile vom 31.1.1980, BStBl II S. 318, und vom 22.3.1990, BStBl II S. 637, sowie insbesondere **BMF-Schreiben** zur Abgrenzung zwischen privater Vermögensverwaltung und gewerblichem Grundstückshandel vom **26.3.2004**, BStBl I S. 434). Ein bebautes Grundstück, das durch den Steuerpflichtigen langjährig im Rahmen privater Vermögensverwaltung genutzt wird, kann nach dem BFH-Urteil vom 15.1.2020 (BStBl II S. 538) auch Gegenstand eines gewerblichen Grundstückshandels werden, wenn der Steuerpflichtige im Hinblick auf eine Veräußerung Baumaßnahmen ergreift, die derart umfassend sind, dass hierdurch das bereits bestehende Gebäude nicht nur erweitert oder über seinen ursprünglichen Zustand hinausgehend wesentlich verbessert wird, sondern ein neues Gebäude hergestellt wird. Allerdings setzt auch ein gewerblicher Grundstückshandel voraus, dass Gewinnerzielungsabsicht vorliegt (BFH-Urteil vom 5.4.2017, BStBl II S. 1130). Nach dem BFH-Beschluss (GrS) vom 3.7.1995 (BStBl II S. 617) können Grundstücksverkäufe einer Personengesellschaft einem Gesellschafter, der auch eigene Grundstücke veräußert, in der Weise zugerechnet werden, dass unter **Einbeziehung** dieser Veräußerungen ein gewerblicher Grundstückshandel des Gesellschafters besteht. Auch wenn ein Steuerpflichtiger in eigener Person kein einziges Objekt veräußert, sondern nur eine vermögensverwaltende Grundstücksgemeinschaft, an der er beteiligt ist, kann er nach dem BFH-Urteil vom 22.8.2012 (BStBl II S. 865) allein durch die Zurechnung der Grundstücksverkäufe einer (anderen), einer gewerblichen Grundstückshandel betreibenden Personengesellschaft selbst einen gewerblichen Grundstückshandel betreiben. Auch die Einbringung von Grundstücken in diese Personengesellschaft ist als Veräußerung durch den Steuerpflichtigen anzusehen (BFH-Urteil vom 28.10.2015, BStBl 2016 II S. 95). Allerdings gilt die Überführung eines Grundstücks ins Privatvermögen durch Entnahme oder Betriebsaufgabe nach dem BFH-Urteil vom 27.6.2018 (X R 26/17, BFH/NV 2018 S. 1255) nicht als maßgebliche Anschaffung.

Die Grenze, ab der ein gewerblicher Grundstückshandel angenommen wird, liegt nach der Rspr. beim Verkauf von mehr als drei Objekten (siehe aber BMF-Schreiben vom 26.3.2004, a. a. O., Tz 5 bis 30, und BFH-Beschluss (GrS) vom 10.12.2001, BStBl 2002 II S. 291) innerhalb von fünf Jahren. Nach dem BFH-Urteil vom 16.5.2002 (BStBl II S. 571) ist jedes zivilrechtliche Wohnungseigentum ein Objekt i. S. der **»Drei-Objekt-Grenze«**, auch wenn mehrere Objekte nach Vertragsabschluss baulich zu einem Objekt zusammengefasst werden. Ein ungeteiltes Grundstück mit fünf freistehenden Mehrfamilienhäusern ist nach dem BFH-Urteil vom 5.5.2011 (BStBl II S. 787) ebenfalls nur ein Objekt. Die Bestellung eines Erbbaurechts ist jedoch kein Objekt i. S. der »Drei-Objekt-Grenze« (BFH-Urteil vom 12.7.2007, BStBl II S. 885). Bei Beantwortung der Frage, ob die »Drei-Objekt-Grenze« überschritten ist, sind die Veräußerungen von Anteilen an Grundstücksgemeinschaften mit einzubeziehen (BFH-Urteil vom 7.3.1996, BStBl II S. 369). Der Erwerb eines Grundstücks, dessen anschließende Bebauung mit einem Sechsfamilienhaus und die hiermit in sachlichem und zeitlichem Zusammenhang stehende Veräußerung führen nach dem BFH-Urteil vom 14.1.1998 (BStBl II S. 346) ebenfalls zu Einkünften aus Gewerbebetrieb. Mit Urteil vom 22.4.2015 (BStBl II S. 897) hat der BFH entschieden, dass ein Steuerpflichtiger nachhaltig im Rahmen eines Grundstückshandels tätig wird, wenn zehn Personengesellschaften, an denen er beteiligt ist, in einer notariellen Urkunde, die eigenständige und voneinander unabhängige Kaufverträge beinhaltet, insgesamt zehn Grundstücke innerhalb von fünf Jahren nach dem jeweiligen Erwerb an acht verschiedene Erwerber-Kapitalgesellschaften veräußern, selbst wenn diese Kapitalgesellschaften jeweils dieselbe Muttergesellschaft haben.

Mit Beschluss vom 10.12.2001 (BStBl 2002 II S. 291) hat der GrS des BFH entschieden, dass in Ausnahmefällen auch der Verkauf von weniger als 4 Objekten in zeitlicher Nähe zu ihrer Errichtung zu einer gewerblichen Tätigkeit führen kann. Bei Veräußerungen von Großobjekten kann generell ein gewerblicher Grundstückshandel vorliegen. Nach dem BFH-Urteil vom 18.9.2002 (BStBl 2003 II S. 286) kann ein gewerblicher Grundstückshandel schon bei **An- und Verkauf von nur 2 Grundstücken** gegeben sein, wenn sie der Erwerber mit unbedingter Veräußerungsabsicht erworben hat (auch BFH-Urteil vom 1.12.2005, BStBl 2006 II S. 259; und vom 5.4.2017, BStBl II S. 1130 zu Ein-Objekt-Fällen), oder im Fall der Bebauung, wenn der (unbedingte) Entschluss zur Grundstücksveräußerung spätestens im Zeitpunkt des Abschlusses der auf die Bebauung gerichteten Verträge gefasst worden ist (BFH-Urteil vom 17.12.2008, BStBl 2009

II S. 791). Auch die entgeltliche Übertragung eines Objekts auf eine vom Steuerpflichtigen beherrschte GmbH vor Fertigstellung des Objekts ist nach dem BFH-Urteil vom 24.6.2009 (BStBl 2010 II S. 171) als Anhaltspunkt für das Vorliegen einer unbedingten Veräußerungsabsicht heranzuziehen. Allerdings führt die bloße Übernahme der Erschließungskosten eines land- und forstwirtschaftlichen Grundstücks aufgrund eines Vertrags mit dem von der Gemeinde beauftragten Erschließungsträger gem. BFH-Urteilen vom 14.5.2025 (VI R 9-11/23, juris) noch nicht zu einer gewerblichen Tätigkeit, wenn allein der Erschließungsträger die wertsteigernde gewerbliche Tätigkeit entfaltet und dadurch die Grundstücke zu Objekten anderer Marktgängigkeit gemacht hat.

Andererseits ist ein **gewerblicher Grundstückshandel** trotz des Überschreitens der »Drei-Objekt-Grenze« **ausnahmsweise nicht** anzunehmen, wenn aufgrund besonderer vom Steuerpflichtigen darzulegender Umstände eindeutige Anhaltspunkte gegen eine von Anfang an bestehende Veräußerungsabsicht sprechen (BFH-Urteil vom 20.2.2003, BStBl II S. 510). Allerdings hat der BFH in seinem Urteil vom 17.12.2009 (BStBl 2010 II S. 541) entschieden, dass die **persönlichen oder finanziellen Beweggründe** für die Veräußerung von Immobilien für die Zuordnung zum gewerblichen Grundstückshandel oder zur Vermögensverwaltung **unerheblich** seien, was selbst für wirtschaftliche Zwänge, wie z. B. Druck der finanzierenden Bank und Androhung von Zwangsmaßnahmen gelte (bestätigt mit BFH-Urteil vom 27.9.2012, BStBl 2013 II S. 433 für die Ankündigung von Zwangsmaßnahmen durch einen Grundpfandgläubiger). Ferner hat der BFH in dem vorgenannten Urteil vom 17.12.2009 festgelegt, dass die vom Finanzamt bei Veräußerung von mehr als 3 Objekten unterstellte Veräußerungsabsicht nur durch objektive Umstände widerlegt werden könne, nicht aber durch Erklärungen des Steuerpflichtigen über seine Absichten. Solche objektiven Umstände sieht der BFH etwa in Gestaltungen des Steuerpflichtigen in zeitlicher Nähe zum Erwerb, die eine spätere Veräußerung wesentlich erschweren oder unwirtschaftlicher machen. Die Veräußerung von Grundstücken eines land- und forstwirtschaftlichen Betriebs (vgl. Tz 28.13 unter Erläuterungen zur der Anlage L, Zeilen 71 bis 72) ist nur dann Gegenstand eines selbständigen gewerblichen Grundstückhandels, wenn über die Parzellierung und Veräußerung hinausgehende Tätigkeiten erbracht werden (BFH-Urteil vom 8.9.2005, BStBl 2006 II S. 166). Durchgehandelte und erschlossene Objekte sind nach dem BFH-Urteil vom 20.4.2006 (BStBl 2007 II S. 375) Zählobjekte für die Bestimmung des gewerblichen Grundstückshandels; hinsichtlich der sog. Drei-Objekt-Grenze sind sie zu addieren. Dabei kann gewerblicher Grundstückshandel auch vorliegen, wenn auf die Veräußerung des ersten Objektes eine mehr als zweijährige inaktive Phase folgt, in der die späteren Grundstücksgeschäfte noch nicht konkret absehbar sind und während der keine Grundstücke im Umlaufvermögen gehalten werden. Erfolgen innerhalb von fünf Jahren nach dem jeweiligen Grundstückserwerb weder Grundstücksveräußerungen noch diese vorbereitende Maßnahmen, kann bei Veräußerung einer zweistelligen Anzahl von Objekten im sechsten Jahr aufgrund der besonderen Umstände des Einzelfalls nach dem BFH-Beschluss vom 20.3.2025 (III R 14/23, BStBl II S. 566) ein gewerblicher Grundstückshandel zu verneinen sein.

Ein enger zeitlicher Zusammenhang zwischen Erwerb oder Bebauung und (nachfolgender) Veräußerung eines Grundstücks gestattet nach den Feststellungen des BFH in seinem Urteil vom 27.11.2008 (BStBl 2009 II S. 278) für sich genommen nicht den Schluss, dass der Grundbesitz mit der unbedingten Absicht erworben oder bebaut worden ist, ihn alsbald zu verkaufen. Nur wenn schon andere Umstände dafürsprechen, dass bereits beim Erwerb oder bei der Bebauung des Grundstücks eine unbedingte Veräußerungsabsicht bestand, kann nach BFH-Auffassung die Indizwirkung dieser Umstände durch die Kürze der zwischen Erwerb oder Bebauung und Verkauf liegenden Zeit verstärkt werden. Auf den zeitlichen Zusammenhang zwischen Erwerb oder Bebauung und (nachfolgender) Veräußerung ist der BFH nochmals in seinem Urteil vom 17.12.2008 (BStBl 2009 II S. 529) eingegangen und hat dabei festgestellt, dass ein solcher zeitlicher Zusammenhang von mehr als zwei Jahren zwischen Erwerb/Bebauung und Veräußerung für sich genommen nicht den Schluss gestattet, dass der Grundbesitz mit der unbedingten Absicht erworben oder bebaut worden ist, ihn alsbald zu veräußern. Das soll danach selbst dann gelten, wenn der Veräußerer Grundstücksmakler ist oder der Baubranche angehört. Ein gewerblicher Grundstückshandel liegt aber nicht schon vor, weil der Steuerpflichtige seine Tätigkeit selbst so beurteilt (BFH-Urteil vom 14.10.2009, BStBl II S. 965), sondern nur – wie vorstehend mehrfach dargestellt – aufgrund objektiver Umstände. Dazu gehört u. a. die Gewinnerzielungsabsicht (BFH-Urteil vom 5.4.2017, BStBl II S. 1130). Die Drei-Objekt-Grenze hat also die Bedeutung eines Anscheinsbeweises, der – ohne dass es dafür weiterer Indizien bedarf – den Schluss auf die innere Tatsache des Erwerbs des jeweiligen Grundstücks in bedingter Veräußerungsabsicht zulässt (BFH-Urteil vom 27.9.2012, BStBl 2013 II S. 433). Ihre Geltungskraft kann im Einzelfall durch den Nachweis eines atypischen Sachverhaltsverlaufs erschüttert werden. Dafür kommen indes nach dem vorgenannten BFH-Urteil grds. weder die Gründe der Veräußerung noch Absichtserklärungen in Betracht, sondern vornehmlich Gestaltungen des Steuerpflichtigen in zeitlicher Nähe zum Erwerb, die eine Veräußerung innerhalb eines Zeitrahmens von etwa fünf Jahren erschweren oder unwirtschaftlicher machen.

Die vorgenannten Grundsätze zum Handel mit Grundstücken sind auch auf **andere Wirtschaftsgüter** übertragbar. So hat der BFH in seinem Urteil vom 26.6.2007 (BStBl 2009 II S. 289) festgestellt, dass der Erwerb, die Vermietung und Veräußerung von in der Luftfahrzeugrolle eingetragenen Flugzeugen gewerbliche Tätigkeiten sind, wenn die Vermietung mit dem An- und Verkauf aufgrund eines einheitlichen Geschäftskonzepts verklammert ist. Im Schreiben vom 1.4.2009 (BStBl I S. 515) hat sich das BMF daraufhin ausführlich mit der Abgrenzung von vermögensverwaltender und gewerblicher Tätigkeit insbesondere von sog. Einzelobjekt- oder auch Ein-Objekt-Gesellschaften auseinandergesetzt. Die im vorgenannten BFH-Urteil vom 26.6.2007 genannte Verklammerung von Vermietungstätigkeit mit dem An- und Verkauf sieht das BMF in Rz 5 des o. a. Schreibens vom 1.4.2009 darin, wenn von Anfang an ein Verkauf des vermieteten Wirtschaftsguts vor Ablauf von dessen gewöhnlicher oder tatsächlicher Nutzungsdauer geplant ist und die Erzielung eines Totalgewinns diesen Verkauf notwendig macht. In dem Fall besteht die Tätigkeit in ihrer Gesamtheit nicht mehr allein aus der Vermietung, sondern aus dem Ankauf, der Vermietung und dem Verkauf des einzelnen Wirtschaftsguts. Der BFH hat die Voraussetzungen zur Verklammerung in seinen Urteilen vom 8.6.2017 (IV R 6/14, BStBl II S. 1053; und IV R 30/14, BStBl II S. 1061) konkretisiert und ausgeführt, dass wenn das Geschäftskonzept einer Fondsgesellschaft (GmbH & Co. KG) in dem Ankauf, der Vermietung und dem Verkauf beweglicher Wirtschaftsgüter besteht, eine Verklammerung dieser Teilakte zu einer einheitlichen Tätigkeit rechtlich nur dann zulässig ist, wenn bereits im Zeitpunkt der Aufnahme der Geschäftstätigkeit festgestanden hat, dass sich das erwartete positive Gesamtergebnis nur unter Einbeziehung des Erlöses aus dem Verkauf der vermieteten (verleasten) Wirtschaftsgüter erzielen lässt. Die Verklammerung der Teilakte bedingt, dass der Verkauf der vermieteten (verleasten) Wirtschaftsgüter als Teilakt der laufenden Geschäftstätigkeit anzusehen ist, selbst wenn die bisherige unternehmerische Tätigkeit insgesamt eingestellt wird. Wird im Prospekt der Fondsgesellschaft dagegen (auch) ein Geschäftskonzept vorgestellt, dessen Ergebnisprognose ein positives Gesamtergebnis ohne Einbeziehung eines Veräußerungserlöses in Aussicht stellt, spricht dies nach BFH-Auffassung regelmäßig gegen die Annahme einer einheitlichen Tätigkeit. Nach dem BFH-Urteil vom 28.9.2017 (BStBl 2018 II S. 89) kann eine Verklammerung auch dann zu bejahen sein, wenn die (beweglichen oder unbeweglichen) Wirtschaftsgüter veräußert werden, nachdem die in § 23 Abs. 1 Satz 1 EStG genannten Haltefristen für die Annahme eine privaten Veräußerungsgeschäfts (vgl. Tz 20.9 unter Erläuterungen zur Anlage SO) abgelaufen sind.

21.3 Gewinnermittlungsarten

Im Einkommensteuerrecht ist zwischen verschiedenen **Arten der Gewinnermittlung** zu unterscheiden, und zwar insbesondere zwischen der Gewinnermittlung durch **Bestandsvergleich** (Betriebsvermögensvergleich) und der **Einnahmenüberschussrechnung** (Gegenüberstellung der Betriebseinnahmen und der Betriebsausgaben):

21.3.1 Gewinnermittlung durch Bestandsvergleich

1. Wer **nach anderen Gesetzen als den Steuergesetzen** Bücher und Aufzeichnungen zu führen hat, die für die Besteuerung von Bedeutung sind, hat die Verpflichtungen, die ihm nach den anderen Gesetzen obliegen, auch für die Besteuerung zu erfüllen (§ 140 AO). Als »andere Gesetze« kommen insbesondere die handelsrechtlichen Buchführungsvorschriften (§§ 238, 240, 241a, 242, 264–264c, 336, 340a und 341a HGB) in Betracht (H 5.1 – Gesetzliche Vorschriften – EStH).
2. Unabhängig hiervon sind **gewerbliche Unternehmer** sowie **Land- und Forstwirte** stets verpflichtet, für ihren Betrieb Bücher zu führen und aufgrund jährlicher Bestandsaufnahmen Abschlüsse zu machen, wenn sie nach den Feststellungen der Finanzbehörde für den einzelnen Betrieb
   a) Umsätze einschließlich der steuerfreien Umsätze, ausgenommen die Umsätze nach § 4 Nr. 8 bis 10 des UStG, von mehr als 800 000 € (vor 2024: 600 000 €, vor 2016: 500 000 €) im Kj. oder
   b) selbst bewirtschaftete land- und forstwirtschaftliche Flächen mit einem Wirtschaftswert (§ 46 BewG) von mehr als 25 000 € oder
   c) einen Gewinn aus Gewerbebetrieb von mehr als 80 000 € (vor 2024: 60 000 €, vor 2016: 50 000 €) im Wj. oder
   d) einen Gewinn aus Land- und Forstwirtschaft von mehr als 50 000 € (vor 2008: 30 000 €) im Kj.

   gehabt haben (§ 141 AO). Mit dem Gesetz zur Entlastung insbesondere der mittelständischen Wirtschaft von Bürokratie (Bürokratieentlastungsgesetz) vom 28.7.2015 (BGBl I S. 1400) wurde für Wj./Kj., die nach dem 31.12.2015 beginnen, die unter a) aufgeführte Umsatzgrenze auf 600 000 € und die unter c) aufgeführte Gewinngrenze auf 60 000 € und mit dem Wachstumschancengesetz vom 27.3.2024 (BGBl I Nr. 108) wurden die Grenzen auf 800 000 € sowie 80 000 € für **nach dem 31.12.2023** beginnende Wj. erhöht. Die §§ 238, 240, 241, 242 Abs. 1 und die §§ 243 bis 256 HGB gelten sinngemäß, sofern sich nicht aus Steuergesetzen etwas anderes ergibt. Bei Land- und Forstwirten, die nach a), c) oder d) zur Buchführung verpflichtet sind, braucht sich die Bestandsaufnahme nicht auf das stehende Holz zu erstrecken.

   Die oben genannte Verpflichtung ist vom **Beginn** des Wj. an zu erfüllen, das auf die Bekanntgabe der Mitteilung folgt, durch die die Finanzbehörde auf den Beginn dieser Verpflichtung hingewiesen hat. Die Verpflichtung **endet** mit dem Ablauf des Wj., das auf das Wj. folgt, in dem die Finanzbehörde feststellt, dass die o. g. Voraussetzungen nicht vorliegen.

   Steuerpflichtige, deren Umsätze, Vermögen oder Einkünfte die oben genannten Grenzen **nicht übersteigen, können** ihren Gewinn durch Bestandsvergleich nach § 4 Abs. 1 EStG oder – soweit sie Gewerbetreibende sind – durch Bestandsvergleich nach § 5 EStG ermitteln; sie sind aber auch berechtigt, ihren Gewinn durch Gegenüberstellung der Betriebseinnahmen und Betriebsausgaben nach § 4 Abs. 3 EStG festzustellen, vorausgesetzt, dass der Gewinn nicht – wie z. B. bei nichtbuchführenden Landwirten – nach Durchschnittsätzen zu ermitteln ist (vgl. Tz 22.2.1 unter Erläuterungen zur Anlage S, Zeile 4). Nach dem BFH-Urteil vom 19.10.2005 (BStBl 2006 II S. 509) hat der Steuerpflichtige sein Wahlrecht auf Gewinnermittlung durch Bestandsvergleich erst dann wirksam ausgeübt, wenn er zeitnah eine Eröffnungsbilanz aufstellt, eine ordnungsmäßige kaufmännische Buchführung einrichtet und aufgrund von Bestandsaufnahmen einen Abschluss macht.

   Angehörige der freien Berufe können ihren Gewinn auch dann durch Überschussrechnung nach § 4 Abs. 3 EStG ermitteln, wenn die oben genannten Grenzen überschritten sind.
3. Der Gewinn ist jeweils **für ein Wj.** zu errechnen. Das Wj. bildet die zeitliche Grundlage des Gewinns. Es deckt sich im Allgemeinen mit dem **Kj. Ausnahmen** sind bei Vollkaufleuten möglich, die im Handelsregister eingetragen sind, außerdem bei Land- und Forstwirten und in den Fällen, in denen Buch führende Gewerbetreibende gleichzeitig Buch führende Land- und Forstwirte sind sowie bei Eröffnung und Aufgabe des Betriebs. Näheres ist den Ausführungen zu den **Zeilen 4 bis 6 »Gewinnermittlung bei abweichendem Wirtschaftsjahr« (vgl. Tz 21.5) zu entnehmen.** Nach § 5b EStG besteht die **Verpflichtung**, den Inhalt der Bilanz sowie der Gewinn- und Verlustrechnung nach amtlich vorgeschriebenem Datensatz (sog. Taxonomie) **durch Datenfernübertragung** zu übermitteln (verfassungsgemäß, vgl. BFH-Urteil vom 21.4.2021, BStBl II 2022 S. 52). § 5b EStG ist erstmals **für Wj.** anzuwenden, die **nach** dem **31.12.2011** beginnen (§ 52 Abs. 11 EStG i. V. mit § 1 der Verordnung zur Festlegung eines späteren Anwendungszeitpunktes der Verpflichtungen nach § 5b des Einkommensteuergesetzes – AnwZpvV). Mit dem JStG 2024 vom 2.12.2024 (BGBl I Nr. 387) wurde für Wj., die erstmals **nach dem 31.12.2024** beginnen, mit der Änderung in § 5b Abs. 1 EStG n. F. bestimmt, zusätzlich Kontennachweise zu übermitteln.

   Eine **Taxonomie** ist ein Datenschema für Jahresabschlussdaten. Durch die Taxonomie werden die verschiedenartigen Positionen definiert, aus denen z. B. eine Bilanz oder eine Gewinn- und Verlustrechnung bestehen kann (also etwa die Firma des Kaufmanns oder die einzelnen Positionen von Bilanz und Gewinn- und Verlustrechnung), und entsprechend ihrer Beziehungen zueinander geordnet. Das Datenschema der Taxonomien wird als **amtlich vorgeschriebener Datensatz** nach § 5b EStG veröffentlicht (letzte Aktualisierung vor Redaktionsschluss mit BMF-Schreiben vom 10.6.2025, BStBl I S. 1450). Die Taxonomien stehen unter www.esteuer.de zur Ansicht und zum Abruf bereit. Eine Visualisierung bietet www.taxonomie.hessen.de. Die elektronische Übermittlung der Inhalte der Bilanz und der Gewinn- und Verlustrechnung erfolgt grds. nach der Kerntaxonomie. Sie beinhaltet die Positionen für alle Rechtsformen, wobei im jeweiligen Einzelfall nur die Positionen zu befüllen sind, zu denen auch tatsächlich Geschäftsvorfälle vorliegen. Individuelle Erweiterungen der Taxonomien können nicht übermittelt werden. Eine Taxonomie ist so lange zu verwenden, bis eine aktualisierte Taxonomie veröffentlicht wird.

   Zur Abstandnahme von der Pflicht zur elektronischen Übermittlung auf Antrag vgl. Vorbemerkungen Tz 12.1.

   > **Hinweis für künftige Jahre:**
   > Mit dem JStG 2024 vom 2.12.2024 (BGBl I Nr. 387) wurde für Wj., die erstmals nach dem 31.12.2024 beginnen, mit der Änderung in § 5b Abs. 1 EStG n. F. bestimmt, zusätzlich Kontennachweise zu übermitteln. Für Wj., die erstmals nach dem 31.12.2027 beginnen, sind durch eine weitere Änderung in § 5b Abs. 1 EStG auch Anlagespiegel und Anlagenverzeichnis zu übermitteln. Mit dem Entwurf einer Siebten Verordnung zur Änderung steuerlicher Verordnungen ist vorgesehen, § 60 Abs. 1 EStDV weiter zu konkretisieren. Danach ist Bestandteil der einzureichenden Gewinnermittlung bei Befreiung von der Datenübermittlung eine Abschrift der Bilanz, der Gewinn- und Verlustrechnung jeweils einschließlich der unverdichteten Kontennachweise mit Kontensalden sowie der Anlagenspiegel und das diesem zugrunde liegende Anlagenverzeichnis. Damit soll – so die Begründung zum Entwurf – ein Gleichklang zwischen Datenübermittlung und, bei der Befreiung davon, zum Umfang der Unterlagen, die neben der Gewinnermittlung dem Finanzamt zu übermitteln oder bei diesem einzureichen sind, erreicht werden.

4. Das Einkommensteuergesetz unterscheidet **zwei Arten** der Gewinnermittlung durch Betriebsvermögensvergleich (**Bestandsvergleich**):
   a) den Bestandsvergleich nach § 4 Abs. 1 EStG für Land- und Forstwirte (soweit diese nicht den Gewinn nach Durchschnittsätzen ermitteln, § 13a EStG) und Angehörige der freien Berufe (es sei denn, dass sie die Gewinnermittlung durch Überschussrechnung nach § 4 Abs. 3 EStG vorziehen);

b) den Bestandsvergleich nach den handelsrechtlichen Grundsätzen ordnungsmäßiger Buchführung nach § 5 EStG für Buch führende Gewerbetreibende (gleichgültig, ob ihre Firma im Handelsregister eingetragen ist oder nicht; außerdem ist gleichgültig, ob eine Verpflichtung zur Buchführung besteht oder ob freiwillig Bücher geführt werden).

Bei Gewerbetreibenden, die nicht zur Buchführung verpflichtet sind und die auch freiwillig keine Bücher führen und für die nicht festgestellt werden kann, dass sie die Gewinnermittlung durch Überschussrechnung nach § 4 Abs. 3 EStG gewählt haben (BFH-Urteil vom 30.9.1980, BStBl 1981 II S. 301), ist der Gewinn **nach § 4 Abs. 1 EStG** unter Berücksichtigung der Verhältnisse des Einzelfalles, u. U. unter Anwendung von Richtsätzen, **zu schätzen**. Ist der Gewinn im Vorjahr nach § 4 Abs. 3 EStG ermittelt worden, so handelt es sich bei der erstmaligen Anwendung von Richtsätzen um einen **Wechsel der Gewinnermittlungsart** (vgl. Tz 22.2.2 unter Erläuterungen zur Anlage S, Zeile 4). Hat der Steuerpflichtige dagegen für den Betrieb zulässigerweise die Gewinnermittlung durch Überschussrechnung nach § 4 Abs. 3 EStG gewählt, so ist ggf. auch eine Gewinnschätzung in dieser Gewinnermittlungsart durchzuführen (BFH-Urteil vom 2.3.1982, BStBl 1984 II S. 504).

21.3.1.1 Gewinnermittlung durch Bestandsvergleich nach § 4 Abs. 1 EStG

21.3.1.1.1 Bestandsvergleich

Nach § 4 Abs. 1 Satz 1 EStG ist **Gewinn der Unterschiedsbetrag** zwischen dem **Betriebsvermögen** am Schluss des Wj. und dem **Betriebsvermögen** am Schluss des vorangegangenen Wj., **vermehrt** um den Wert der Entnahmen und **vermindert** um den Wert der Einlagen.

Es ist also das für den Schluss des Wj. ermittelte Betriebsvermögen mit dem Betriebsvermögen am Schluss des vorangegangenen Wj. **zu vergleichen**. Dabei ist das Vorjahrsvermögen so anzusetzen, wie es der Veranlagung für das vorangegangene Wj. zugrunde gelegt worden ist. Das Endvermögen für ein Wj. ist zugleich das Anfangsvermögen für das folgende Wj.; es ist deshalb für die Gewinnermittlung von **zwei** Wj. von Bedeutung. Dadurch ergibt sich, dass die Ermittlung dieses Vermögens **zweischneidig** wirkt: Eine zu niedrige Feststellung des **Endvermögens** vermindert zwar den Gewinn des laufenden Wj., sie bewirkt aber gleichzeitig, dass sich in gleichem Umfang der Gewinn des folgenden oder eines späteren Wj. **erhöht**. Dieser **»Bilanzenzusammenhang«** gilt sowohl beim Bestandsvergleich nach § 5 EStG als auch nach § 4 Abs. 1 EStG. Der Unterschiedsbetrag, der sich durch Gegenüberstellung des Betriebsvermögens zu Beginn und am Ende des Wj. ergibt, ist gleichbedeutend mit dem Gewinn oder Verlust, **wenn** das Betriebsvermögen durch außerbetriebliche Vorgänge (Entnahmen oder Einlagen) nicht berührt worden ist. Andernfalls müssen die **außerbetrieblichen** Betriebsvermögensänderungen noch in der Weise berücksichtigt werden, dass die Entnahmen dem Unterschiedsbetrag hinzugerechnet und die Einlagen davon abgezogen werden.

21.3.1.1.2 Betriebsvermögen

Das **Betriebsvermögen** ist die Summe aller Wirtschaftsgüter, die dem Betrieb dienen. Wirtschaftsgüter sind alle im wirtschaftlichen Verkehr nach der Verkehrsanschauung selbständig bewertbaren Güter jeder Art. Dazu gehören also nicht nur körperliche Gegenstände (z. B. Gebäude, Maschinen, Waren, Kraftwagen usw.), sondern auch Rechte (z. B. Forderungen, Wertpapiere) und sonstige Vermögenswerte (z. B. Geschäftswert, Erfindungen und dgl.). Eine Beteiligung gehört nach dem BFH-Urteil vom 2.9.2008 (BStBl 2009 II S. 634) zum notwendigen Betriebsvermögen, wenn sie dazu bestimmt ist, die betriebliche Betätigung des Steuerpflichtigen entscheidend zu fördern oder wenn sie dazu dient, den Absatz von Produkten des Steuerpflichtigen zu gewährleisten. Auch Schulden und sonstige Verpflichtungen, deren Entstehung auf betriebliche Vorgänge zurückgeht, gehören zum Betriebsvermögen. Entscheidend ist (im Falle einer Abweichung gegenüber dem bürgerlichrechtlichen Eigentum) das **wirtschaftliche** Eigentum, d. h. demjenigen wird steuerlich das Wirtschaftsgut zugerechnet, der die tatsächliche Herrschaft über das Wirtschaftsgut ausübt. Zu Kryptowerten (im Urteilsfall Bitcoin, Ether und Monero) hat der BFH mit Urteil vom 14.2.2023 (IX R 3/22, BStBl II S. 571) entschieden, dass es sich dabei steuerrechtlich ebenfalls um Wirtschaftsgüter handelt. Ob sie Betriebsvermögen darstellen, hängt vom Zugang der Kryptowerte ab. Ist der Steuerpflichtige als Miner/Forger tätig, ist der Zugang als Blockreward Betriebsvermögen, vgl. Rn. 41 bis 44 des BMF-Schreibens vom 6.3.2025 (BStBl I S. 658).

Die Feststellung des Betriebsvermögens setzt eine klare **Abgrenzung** zum Privatvermögen voraus. **Notwendiges Privatvermögen**, d. h. Wirtschaftsgüter, die infolge ihrer Zweckbestimmung nicht geeignet sind, dem Betrieb des Steuerpflichtigen zu dienen (z. B. die Wohnungseinrichtung), bleiben für den Bestandsvergleich **außer Betracht**. Die Abgrenzung ist wichtig im Hinblick auf die Abschreibungen wegen Wertminderung (Abschreibungen auf den Teilwert), die nur bei Wirtschaftsgütern des Betriebsvermögens zulässig sind, sowie für den Fall der **Veräußerung von Wirtschaftsgütern**. Gehören die Wirtschaftsgüter zum Betriebsvermögen, so ergibt sich auch im Fall ihrer Veräußerung ein einkommensteuerlich zu berücksichtigender Gewinn oder ein Verlust. Die Veräußerung von Wirtschaftsgütern des Privatvermögens berührt dagegen nur die Vermögenssphäre und hat, sofern nicht ein Veräußerungsgeschäft i. S. des § 20 Abs. 2 EStG (vgl. Tz 14.6.2 zur Anlage KAP), i. S. des § 23 EStG (vgl. **Tz 20.9.1 unter** Erläuterungen **zur Anlage SO, Zeilen 32 bis 57**) oder die Veräußerung einer Beteiligung an Kapitalgesellschaften i. S. des § 17 EStG (vgl. Tz 21.18.10) vorliegt, keine einkommensteuerliche Auswirkung. Zum Betriebsvermögen gehört das sog. **»notwendige Betriebsvermögen«**, d. h. alle Wirtschaftsgüter des Steuerpflichtigen, die ihrer Natur nach mit dem Betrieb des Steuerpflichtigen eng zusammenhängen und für die Führung des Betriebs wesentlich oder unentbehrlich sind (R 4.2 Abs. 1 EStR und, soweit es sich um eine Personengesellschaft handelt, R 4.2 Abs. 2 EStR).

Zwischen den beiden Gruppen des »notwendigen Betriebsvermögens« und des »notwendigen Privatvermögens« steht das so genannte **»gewillkürte Betriebsvermögen«**, das die Wirtschaftsgüter umfasst, die ihrer Art nach nicht eindeutig in den betrieblichen oder privaten Bereich gehören und bei denen der Unternehmer die Wahl hat, ob er sie zum Betriebsvermögen oder zum Privatvermögen rechnen will. Es muss sich um Gegenstände handeln, die in einem gewissen objektiven Zusammenhang mit dem Betrieb stehen und ihn zu fördern bestimmt und geeignet sind. Auch das gewillkürte Betriebsvermögen muss sonach **Beziehungen zum Betrieb** haben. **Betriebsfremde Güter können kein** gewillkürtes Betriebsvermögen sein; diese gehören zum **notwendigen Privatvermögen**. Die Grenze zwischen beiden Vermögensarten ist fließend. Für die Entscheidung kommt es weitgehend auf die Verhältnisse des Einzelfalls an.

Grds. ist gewillkürtes Betriebsvermögen bei allen Steuerpflichtigen möglich, die ihren Gewinn nach dem Vermögensvergleich ermitteln. In Grenzfällen hat der Steuerpflichtige darzulegen, welche Beziehung das betreffende Wirtschaftsgut zu seinem Betrieb hat und welche vernünftigen wirtschaftlichen Überlegungen ihn zur Behandlung des Wirtschaftsguts als gewillkürtes Betriebsvermögen veranlasst haben (BFH-Urteil vom 24.2.2000, BStBl II S. 297). Gewillkürtes Betriebsvermögen eines Gewerbetreibenden können z. B. Wertpapiere sein, wenn nicht bereits bei ihrem Erwerb erkennbar ist, dass sie dem Betrieb keinen Nutzen, sondern nur Verluste bringen werden. Branchenuntypische Termin- und Optionsgeschäfte sind dagegen dem betrieblichen Bereich regelmäßig auch dann nicht zuzuordnen, wenn generell die Möglichkeit besteht, damit Gewinne zu erzielen (BFH-Urteil vom 19.2.1997, BStBl II S. 399 und H 4.2 Abs. 1 – Termin- und Optionsgeschäfte – EStH). Bei der Berechnung des Gewinns nach dem Überschuss der Betriebseinnahmen über die Betriebsausgaben nach § 4 Abs. 3 EStG kam gewillkürtes Betriebsvermögen früher nur in den Fällen des Wechsels der Gewinnermittlungsart und der Nutzungsänderung in Betracht (siehe noch R 13 Abs. 16 EStR 2003). Nach dem BFH-Urteil vom 2.10.2003 (BStBl 2004 II S. 985) ist die Bildung von gewillkürtem Betriebsvermögen aber **auch** bei der Gewinnermittlung durch **Einnahmenüberschussrechnung** zulässig (BMF-Schreiben vom 17.11.2004, BStBl I S. 1064).

Wegen der **Abgrenzung von Betriebsvermögen und Privatvermögen bei Grundstücken, Gebäuden und anderen Wirtschaftsgütern** wird auf R 4.2 Abs. 3 bis 4.2 Abs. 16 EStR hingewiesen. Einzelheiten der Abschreibung (AfA) bei Gebäuden und Gebäudeteilen sind in **Teil II (vgl. Teil II Tz 1.7)** dargestellt.

21.3.1.1.3 Entnahmen

Entnahmen (Privatentnahmen) sind nach § 4 Abs. 1 Satz 2 EStG alle Wirtschaftsgüter, die der Steuerpflichtige aus dem Betrieb für sich, für seinen Haushalt oder für andere betriebsfremde Zwecke im Lauf des Wj. entnommen hat. Die Entnahmen können in Geld, Waren, Leistungen oder Nutzungen bestehen. Im Fall des gewerblichen Betriebs einer Photovoltaikanlage ist nach R 4.3 Abs. 4 Satz 2 EStR der private Verbrauch des Stroms keine private Verwendung der Anlage, sondern eine Sachentnahme des produzierten Stroms. Gleiches gilt für die Wärmeenergie aus einem Blockheizkraftwerk (BFH-Urteil vom 12.3.2020, BStBl II 2021 S. 226). Zur Besonderheit der Steuerfreiheit bei kleinen Anlagen vgl. Tz 21.2.1 sowie das BMF-Schreiben vom 17.7.2023 (BStBl I S. 1494). Vermindert sich lediglich der Umfang der betrieblichen Nutzung eines Pkw, der dem gewillkürten Betriebsvermögen eines Unternehmens in einem früheren VZ wegen einer mehr als 10%igen betrieblichen Nutzung zugeordnet wurde, in einem Folgejahr auf unter 10 %, so ändert dies nach dem BFH-Urteil vom 21.8.2012 (BStBl 2013 II S. 117) nichts an der Zuordnung zum gewillkürten Betriebsvermögen, weil eine solche Nutzungsänderung allein keine Entnahme darstellt. Da die Entnahmen nicht durch einen Betriebsvorgang verursacht sind, dürfen sie den Betriebsgewinn nicht vermindern, sie müssen deshalb dem Unterschiedsbetrag zwischen dem Betriebsvermögen am Anfang und am Schluss des Wj. wieder **zugerechnet** werden. Zum Ansatz von Pauschbeträgen vgl. Teil II Tz 3.

Bei der Entnahme eines Wirtschaftsgutes aus dem Betrieb ist der **Teilwert** anzusetzen. Der Teilwert ist ein ausschließlich objektiver Wert, der von der Marktlage am Bilanzstichtag bestimmt wird; es ist unerheblich, ob die Zusammensetzung und Nutzbarkeit eines Wirtschaftsguts von besonderen Kenntnissen und Fertigkeiten des Betriebsinhabers abhängt (BFH-Urteil vom 31.1.1991, BStBl II S. 627). Der Teilwert kann nur im Wege der Schätzung nach den Verhältnissen des Einzelfalles ermittelt werden. Dabei gelten die Wiederbeschaffungskosten als Ober- und der Einzelveräußerungspreis als Untergrenze (BFH-Urteil vom 25.8.1983, BStBl 1984 II S. 33). Zur Ermittlung des Teilwerts verweist R 6.7 Satz 2 EStR auf von der Rspr. des BFH aufgestellte **Teilwertvermutungen** (H 6.7 – Teilwertvermutungen – EStH). Der Teilwert entspricht danach z. B. bei

- nicht abnutzbaren Wirtschaftsgütern des Anlagevermögens grds. den (ursprünglichen) Anschaffungs- oder Herstellungskosten (BFH-Urteil vom 21.7.1982, BStBl II S. 758),
- abnutzbaren Wirtschaftsgütern des Anlagevermögens den unter Berücksichtigung von linearer AfA fortgeführten Anschaffungs- oder Herstellungskosten (BFH-Urteil vom 30.11.1988, BStBl 1989 II S. 183) und
- Wirtschaftsgütern des Umlaufvermögens grds. den Wiederbeschaffungskosten, wobei diese nach dem BFH-Urteil vom 29.4.1999 (BStBl 2004 II S. 639) auch die Anschaffungsnebenkosten umfassen.

Bei **Leistungen** eines Betriebs für private Zwecke des Gewerbetreibenden, z. B. Errichtung eines Eigenheims für den Bauunternehmer auf seinem Privatgrundstück, bestimmt sich die Höhe der Entnahme durch die **Wertabgabe** des Betriebs, wobei die eigene Arbeitsleistung des Gewerbetreibenden nicht anzusetzen ist. D. h. die Entnahme ist mit den tatsächlichen Selbstkosten des Steuerpflichtigen zu bewerten (BFH-Urteil vom 24.5.1989, BStBl 1990 II S. 8).

Gegenstand einer Entnahme können auch immaterielle Einzelwirtschaftsgüter, z. B. ein Verlagswert, sein. Ein **Geschäfts- oder Firmenwert** kann jedoch nicht wie andere Einzelwirtschaftsgüter für sich entnommen werden, da er nur im Rahmen eines lebenden Betriebs, Teilbetriebs oder Mitunternehmeranteils übertragen werden kann (BFH-Urteil vom 24.11.1982, BStBl 1983 II S. 113).

Bei Sachzuwendungen für steuerbegünstigte Zwecke i. S. des § 10b Abs. 1 Satz 1 i. V. mit Abs. 3 EStG (Sachspenden) wird auf die Versteuerung der stillen Reserven verzichtet, d. h. diese Entnahmen können mit dem Buchwert angesetzt werden – sog. »Buchwertprivileg« (§ 6 Abs. 1 Nr. 4 Satz 4 EStG). Dies gilt allerdings nicht für die Entnahme von Nutzungen und Leistungen.

Die Überführung von Wirtschaftsgütern **in eine ausländische Betriebsstätte**, deren Einkünfte aufgrund eines **Doppelbesteuerungsabkommens** nicht der inländischen Besteuerung unterliegen, stellt nach § 4 Abs. 1 Satz 3 EStG i. d. F. des Gesetzes vom 7.12.2006 (BGBl I S. 2782 – SEStEG) eine mit dem gemeinen Wert nach § 6 Abs. 1 Nr. 4 Satz 1 2. Halbsatz EStG zu bewertende Entnahme dar (sog. **allgemeiner Entstrickungstatbestand**). Mit Urteil vom 17.7.2008 (BStBl 2009 II S. 464) hat der BFH seine finale Entnahmetheorie zur Überführung von Wirtschaftsgütern in ausländische Betriebsstätten und mit Urteilen vom 28.10.2009 (I R 99/08 BStBl 2011 II S. 1019 und I R 28/08, BFH/NV 2010 S. 432) seine sog. finale Betriebsaufgabetheorie zur Betriebsverlegung ins Ausland aufgegeben. Beide Vorschriften betreffen zwar den Rechtszustand vor Einführung der o. a. Entstrickungsnorm. Gleichwohl hat der Gesetzgeber mit dem neuen Satz 4 des § 4 Abs. 1 EStG durch das Jahressteuergesetz 2010 vom 8.12.2010 (BGBl I S. 1768) die bisherige – langjährige – Verwaltungspraxis manifestiert und bestimmt, dass die Zuordnung eines Wirtschaftsguts zu einer ausländischen Betriebsstätte zur sofortigen Aufdeckung der stillen Reserven führt. Die bereits für vor dem 1.1.2006 endende Wj. geltende Neureglung ist aber gem. BFH-Urteil vom 26.3.2025 (I R 5/24, juris) verfassungsrechtlich unbedenklich. Mit einer Änderung in § 6 Abs. 5 Satz 1 EStG wird die steuerneutrale Übertragung von Wirtschaftsgütern in diesen Fällen durch Verweis auf § 4 Abs. 1 Satz 4 EStG ausgeschlossen. Eine lediglich nur für die Zukunft wirkende Anwendung dieser Neuregelung hat der Gesetzgeber verwehrt. Nach § 52 Abs. 6 Satz 1 EStG gilt diese für alle noch offenen Fälle. Zur Problematik siehe auch BMF-Schreiben vom 18.11.2011 (BStBl I S. 1278).

Ausgenommen hiervon sind nur Überführungen in Betriebsstätten einer Europäischen Gesellschaft – SE – oder Europäischen Genossenschaft – SEC – (§ 4 Abs. 1 Satz 5 EStG). Werden dagegen Wirtschaftsgüter des Anlagevermögens in eine innerhalb der EU belegene Betriebsstätte verbracht, für deren Überführung eine Entnahme nach § 4 Abs. 1 Satz 3 EStG anzunehmen ist, kann auf Antrag ein **Ausgleichsposten nach § 4g EStG** in Höhe der Differenz zwischen dem Buchwert und dem für diese Entnahme anzusetzenden gemeinen Wert gebildet werden. Dieser Antrag kann innerhalb eines VZ und nur einheitlich für alle in eine Betriebsstätte überführten Wirtschaftsgüter gestellt werden. Der für jedes Wirtschaftsgut getrennt auszuweisende Ausgleichsposten ist im Wj. der Bildung und in den vier folgenden Wj. zu jeweils einem Fünftel gewinnerhöhend aufzulösen. Der Ausgleichsposten ist nach den Änderungen durch das Gesetz zur Umsetzung der Anti-Steuervermeidungsrichtlinie (ATADUmsG) vom 25.6.2021 (BGBl I S. 2035) aufzulösen, wenn ein künftiger Steueranspruch aus der Auflösung des Ausgleichspostens gefährdet erscheint und der Steuerpflichtige dem Verlangen der zuständigen Finanzbehörde auf Leistung einer Sicherheit nicht nachkommt (§ 4g Abs. 2 EStG).

Die Regelungen des § 4g EStG können nach dessen Abs. 4 auch bei Einnahmen-Überschuss-Rechnung nach § 4 Abs. 3 EStG angewendet werden.

Nach dem Gesetz über steuerliche und weitere Begleitregelungen zum Austritt des Vereinigten Königreichs Großbritannien und Nordirland aus der Europäischen Union (Brexit-Steuerbegleitgesetz – **Brexit**-StBG) vom 25.3.2019 (BGBl I S. 357) hat der Austritt aus der EU nicht dazu geführt, dass ein als entnommen geltendes Wirtschaftsgut als aus der Besteuerungshoheit der Mitgliedstaaten der Europäischen Union ausgeschieden gilt.

21.3.1.1.4 Einlagen

Einlagen sind nach § 4 Abs. 1 Satz 8 EStG alle Wirtschaftsgüter (Bareinzahlungen und das Einbringen von Sachwerten), die der Steuerpflichtige dem Betrieb im Lauf des Wj. zugeführt hat. Da die Einlagen – ebenso wie die Entnahmen – nicht durch einen Betriebsvorgang verursacht sind, dürfen sie den Betriebsgewinn nicht erhöhen; sie müssen deshalb von dem Unterschiedsbetrag zwischen dem Betriebsvermögen am Anfang und am Schluss des Wj. wieder **abgerechnet** werden. Einlagen sind – wie Entnahmen – mit dem Teilwert anzusetzen (vgl. Tz 21.3.1.1.3 zu Entnahmen). Einer Einlage gleich steht die Begründung des inländischen Besteuerungsrechts hinsichtlich des Gewinns aus der Veräußerung eines Wirtschaftsgutes (§ 4 Abs. 1 Satz 8 2. Halbsatz EStG).

21.3.1.1.5 Buchführungssystem

Die Ausgestaltung der **Buchführung**, die notwendig ist, um den Gewinn nach § 4 Abs. 1 EStG ermitteln zu können, richtet sich nach den besonderen Erfordernissen des einzelnen Wirtschaftszweigs. Ein bestimmtes **Buchführungssystem ist nicht** vorgeschrieben. Verlangt wird, dass die Buchführung den Grundsätzen der Bilanzwahrheit (Wahrheit in den Aufzeichnungen, Bewertungen und Abschlüssen) und der Bilanzklarheit (fortlaufende, vollständige, übersichtliche und klare Aufzeichnungen, klarer Einblick in die geschäftliche Lage des Betriebs) entspricht. Dabei sind bestimmte, von der Rspr. entwickelte allgemeine Grundsätze zu beachten, deren Darstellung den Rahmen dieser Ausführungen übersteigen würde (R 5.2 bis 5.4 EStR). Welche Anforderungen an die Buchführung auf **Datenträgern** (DV-gestützte Buchführungssysteme) gestellt werden, ergibt sich aus dem BMF-Schreiben vom 28.11.2019 (BStBl I S. 1269), geändert durch BMF-Schreiben vom 11.3.2024 (BStBl I S. 374) und vom 14.7.2025 (BStBl I S. 1502), das die Grundsätze zur ordnungsmäßigen Führung und Aufbewahrung von Büchern, Aufzeichnungen und Unterlagen in elektronischer Form sowie zum Datenzugriff (**GoBD**) enthält. Nach § 147 Abs. 6 AO hat das Finanzamt im Rahmen von Außenprüfungen das Recht auf **Datenzugriff** und Prüfung digitaler Unterlagen. Nach dem BFH-Urteil vom 24.6.2009 (BStBl 2010 II S. 452) bezieht sich diese Befugnis aber nur auf Unterlagen, die der Steuerpflichtige nach § 147 Abs. 1 AO aufzubewahren hat. Das sind alle Unterlagen, die zum Verständnis und zur Überprüfung der für die Besteuerung gesetzlich vorgeschriebenen Aufzeichnungen im Einzelfall von Bedeutung sein können. Führt der Steuerpflichtige Aufzeichnungen, zu denen er gesetzlich nicht verpflichtet ist, so sind die Aufzeichnungen dann nicht gem. § 146 Abs. 6 AO »für die Besteuerung von Bedeutung«, wenn sie der Besteuerung nicht zugrunde zu legen sind. Für die Auswertung auf mobilen Rechnern der Prüfer ist nach dem BFH-Urteil vom 16.12.2014 (VIII R 52/12, BFH/NV 2015 S. 1455) Voraussetzung, dass Datenzugriff und Auswertung in den Geschäftsräumen des Steuerpflichtigen oder in den Diensträumen der Finanzverwaltung stattfinden. Eine Speicherung von Daten über den tatsächlichen Abschluss der Prüfung hinaus ist durch § 147 Abs. 6 Satz 2 AO nach Auffassung des BFH nur gedeckt, soweit und solange die Daten noch für Zwecke des Besteuerungsverfahrens (z. B. bis zum Abschluss etwaiger Rechtsbehelfsverfahren) benötigt werden.

21.3.1.2 Gewinnermittlung durch Bestandsvergleich nach § 5 EStG

1. Die Gewinnermittlung durch Bestandsvergleich (Betriebsvermögensvergleich) nach § 5 EStG gilt für alle **Gewerbetreibenden**, die zur Buchführung verpflichtet sind oder freiwillig Bücher führen und regelmäßig Abschlüsse machen. Ob die Gewerbetreibenden im Handelsregister eingetragen sind, ist ohne Bedeutung. Alle Gewerbetreibenden haben die bilanzmäßigen Gestaltungsmöglichkeiten, die sich bei der Gewinnermittlung nach § 5 EStG, insbesondere durch den Ansatz von gewillkürtem Betriebsvermögen, ergeben.
2. Der Betriebsvermögensvergleich nach § 5 EStG ist zwar, ebenso wie auch der Begriff der Entnahmen und der Einlagen, der gleiche wie bei der Gewinnermittlung nach § 4 Abs. 1 EStG. Für die Feststellung des Betriebsvermögens ist aber vorgeschrieben, dass es nach den **handelsrechtlichen Grundsätzen ordnungsmäßiger Buchführung** auszuweisen ist.
3. Steuerrechtliche Wahlrechte bei der Gewinnermittlung sind in Übereinstimmung mit der handelsrechtlichen Jahresbilanz auszuüben. Außerdem **unterscheidet** sich die Gewinnermittlung durch Bestandsvergleich nach § 5 EStG in folgenden Punkten von der Gewinnermittlung durch Bestandsvergleich nach § 4 Abs. 1 EStG:

a) Vor dem 1.7.1970 blieb der Wert des zum Anlagevermögen gehörenden **Grund und Bodens** bei der Gewinnermittlung nach § 4 Abs. 1 EStG außer Ansatz. Dies bedeutete, dass sich Wertveränderungen des Grund und Bodens bis 30.6.1970 steuerlich nicht auswirkten, auch nicht bei Veräußerung oder Entnahme von Grund und Boden. Durch die ersatzlose Streichung dieser Bestimmung (§ 4 Abs. 1 Satz 5 EStG a. F.) gelten nunmehr bezüglich der **Bodengewinnbesteuerung** die allgemeinen Gewinnermittlungsgrundsätze mit den in **Anlage L, Zeile 5 (vgl. Tz 28.1** in 6. dargestellten Einschränkungen zugunsten des betroffenen Personenkreises (vor allem hinsichtlich der **Ermittlung fiktiver Anschaffungskosten** für damals bereits zum Betriebsvermögen gehörenden Grund und Boden). Nach § 55 EStG hatten nicht nur Land- und Forstwirte, sondern auch Kleingewerbetreibende und selbständig Tätige ein Wahlrecht, ob als Ausgangswert für die spätere Ermittlung eines Bodengewinns solcher Grundstücke ein **Pauschalwert oder** ein vom Finanzamt auf Antrag festzustellender **Teilwert zum 1.7.1970** angesetzt werden soll. Die Feststellung dieses Teilwerts konnte nach § 55 Abs. 5 EStG nur bis zum **31.12.1975** beim zuständigen Finanzamt beantragt werden. Wurde die Feststellung des (höheren) Teilwerts nicht beantragt, so gilt als Anschaffungskosten solchen Grund und Bodens **das Zweifache des in § 55 Abs. 4 EStG genannten Ausgangsbetrags**. Bei Kleingewerbetreibenden und selbständig Tätigen ist danach als Ausgangsbetrag für **unbebaute** Grundstücke der auf den 1.1.1964 festgestellte Einheitswert anzusetzen; für **bebaute** Grundstücke ist der Wert anzusetzen, der sich ergeben würde, wenn das Grundstück unbebaut wäre. Dieser Ausgangsbetrag ist für die Ermittlung des **Pauschalwerts** – wie schon erwähnt – mit 2 zu multiplizieren. Im Übrigen besteht insoweit kein Unterschied mehr zwischen der Gewinnermittlung nach § 4 Abs. 1 EStG und der nach § 5 EStG.

b) Während der Steuerpflichtige, der seinen Gewinn nach § 4 Abs. 1 EStG ermittelt, nur an die Bewertungsvorschriften des EStG gebunden ist, sind beim Bestandsvergleich nach § 5 EStG **auch** die Bewertungsvorschriften des Handelsrechts zu beachten. Die Bewertungsgrundsätze des Handelsrechts werden beim **Umlaufvermögen durch das Niederstwertprinzip** beherrscht. Durch die Verweisung auf die handelsrechtlichen Grundsätze ordnungsmäßiger Buchführung in § 5 EStG ist das Niederstwertprinzip für die unter § 5 EStG fallenden Steuerpflichtigen steuerlich verbindlich. Diese Steuerpflichtigen **müssen** also beim Umlaufvermögen den **Teilwert** ansetzen, wenn er nicht nur vorübergehend **niedriger** ist als die Anschaffungs- oder Herstellungskosten. Das Wahlrecht nach § 6 Abs. 1 Nr. 2 EStG zwischen dem Ansatz der Anschaffungs- oder Herstellungskosten und dem niedrigeren Teilwert entfällt. Nach den handelsrechtlichen Grundsätzen **ist** nämlich beim Umlaufvermögen der Börsen- oder Marktpreis anzusetzen, wenn er niedriger als die Anschaffungs- oder Herstellungskosten ist. Diese Bewertungsvorschrift ist für alle Steuerpflichtigen, die ihren Gewinn nach § 5 EStG ermitteln, auch für die Steuerbilanz zwingend. Anders ist es für den Landwirt oder Freiberufler, der den Gewinn nach § 4 Abs. 1 EStG ermittelt und für den die handelsrechtlichen Bewertungsvorschriften nicht verbindlich sind.

c) Die Gewerbetreibenden, die ihren Gewinn nach § 5 EStG ermitteln, haben gegenüber den Landwirten und selbständig Tätigen, die den Gewinn nach § 4 Abs. 1 oder 3 EStG ermitteln, **weitergehende Möglichkeiten, gewillkürtes Betriebsvermögen** zu bilden (siehe die Einschränkungen bei der Bildung von gewillkürtem Betriebsvermögen bei der Gewinnermittlung nach § 4 Abs. 3 EStG nach dem BMF-Schreiben vom 17.11.2004, BStBl I S. 1064, zur Anwendung des BFH-Urteils vom 2.10.2003, BStBl II S. 985).

d) Durch das Gesetz zur Modernisierung des Bilanzrechts (**BilMoG** vom 25.5.2009, BGBl I S. 1102) wurde § 5 Abs. 1

EStG **ab VZ 2009** geändert. Danach ist für den Schluss des Wj. das Betriebsvermögen anzusetzen, das nach den handelsrechtlichen Grundsätzen ordnungsmäßiger Buchführung auszuweisen ist, es sei denn, im Rahmen der Ausübung eines steuerlichen Wahlrechts wird oder wurde ein anderer Wertansatz gewählt (§ 5 Abs. 1 Satz 1 EStG). § 5 Abs. 1 Satz 2 und 3 EStG knüpfen die Ausübung steuerlicher Wahlrechte an bestimmte Dokumentationspflichten. Anwendungshinweise hierzu hat das BMF in seinem Schreiben vom 12.3.2010 bekannt gegeben (BStBl I S. 239), z. T. geändert mit BMF-Schreiben vom 22.6.2010 (BStBl I S. 597), auf die in diesem Zusammenhang verwiesen wird. Mit den Änderungsrichtlinien EStÄR 2012 wurde der steuerliche **Herstellungskostenbegriff** nach Verwaltungsauffassung konkretisiert. So wurde dieser erweitert um die angemessenen Kosten der allgemeinen Verwaltung (z. B. Aufwendungen für Geschäftsleitung, Einkauf und Wareneingang, Betriebsrat, Personalbüro, Nachrichtenwesen, Ausbildungswesen, Rechnungswesen (z. B. Buchführung, Betriebsabrechnung, Statistik und Kalkulation), Feuerwehr, Werkschutz sowie allgemeine Fürsorge einschließlich Betriebskrankenkasse), der angemessenen Aufwendungen für soziale Einrichtungen des Betriebs (z. B. Aufwendungen für Kantine einschließlich der Essenszuschüsse sowie für Freizeitgestaltung der Arbeitnehmer), für freiwillige soziale Leistungen (z. B. Jubiläumsgeschenke, Wohnungs- und andere freiwillige Beihilfen, Weihnachtszuwendungen), soweit diese nicht arbeitsvertraglich oder tarifvertraglich vereinbart worden sind, und für die betriebliche Altersversorgung im neuen Abs. 3 von R 6.3 EStR. Das nach R 6.3 Abs. 4 EStR 2008 bislang bestehende Bewertungswahlrecht wurde damit abgeschafft. Für die erstmalige Anwendung dieser Änderung sieht R 6.3 Abs. 9 EStR 2012 zwar eine Übergangsregelung vor: Soweit die o. a. Neuregelungen von R 6.3 Abs. 4 EStR 2008 abweichen, soll es nicht beanstandet werden, wenn für Wj., die vor der Veröffentlichung der EStÄR 2012 im BStBl enden, noch nach R 6.3 Abs. 4 EStR 2008 verfahren wird. Nach dem BMF-Schreiben vom 25.3.2013 (BStBl I S. 296) war es zudem gestattet, Teile der angemessenen Kosten der allgemeinen Verwaltung, der angemessenen Aufwendungen für soziale Einrichtungen des Betriebs, für freiwillige soziale Leistungen und für die betriebliche Altersversorgung (R 6.3 Abs. 3 EStR) in die Ermittlung der Herstellungskosten einzubeziehen, wenn bis zur Verifizierung des damit verbundenen Erfüllungsaufwandes, spätestens aber bis zu einer Neufassung der Einkommensteuer-Richtlinien bei der Ermittlung der Herstellungskosten weiterhin nach der Richtlinie R 6.3 Abs. 4 EStR 2008 verfahren wird. Mit dem Gesetz zur Modernisierung des Besteuerungsverfahrens vom 18.7.2016 (BGBl I S. 1679) wurde in der neuen Nr. 1b des § 6 Abs. 1 EStG jedoch gesetzlich geregelt, dass bei der Berechnung der Herstellungskosten angemessene Teile der Kosten der allgemeinen Verwaltung sowie angemessene Aufwendungen für soziale Einrichtungen des Betriebs, für freiwillige soziale Leistungen und für die betriebliche Altersversorgung i. S. des § 255 Abs. 2 Satz 3 HGB nicht einbezogen werden brauchen, soweit diese auf den Zeitraum der Herstellung entfallen und dieses Wahlrecht in Übereinstimmung mit der Handelsbilanz ausgeübt wird. Damit ist die o. a. Richtlinienregelung (R 6.3 Abs. 9 EStR) – ohne zur Anwendung gekommen zu sein – hinfällig, da die EStG-Änderung auch für Altfälle angewendet werden darf (§ 52 Abs. 12 Satz 1 EStG).

21.3.2 Gewinnermittlung durch Überschussrechnung nach § 4 Abs. 3 EStG

Außer der Gewinnermittlung durch Bestandsvergleich lässt das Einkommensteuergesetz als **weitere Gewinnermittlungsart** auch die Gewinnermittlung durch Feststellung des **Überschusses der Betriebseinnahmen über die Betriebsausgaben** zu. Die Anwendung dieser Gewinnermittlungsart setzt aber voraus, dass der Steuerpflichtige nicht zur Buchführung verpflichtet ist und auch nicht freiwillig Bücher führt und dass außerdem sein Gewinn nicht nach Durchschnittsätzen (§ 13 a EStG) ermittelt wird. Einzelheiten ergeben sich aus den Ausführungen zur Zeile 4 der Anlage S (vgl. Tz 22.2.1).

Einzelfragen zu den Betriebsausgaben sind in Teil II (vgl. Teil II Tz 2) behandelt. Sonderabschreibungen, erhöhte Absetzungen, Bewertungsfreiheiten und andere **Steuervergünstigungen** sind in **Teil II (vgl. Teil II Tz 1 und Tz 6)** dargestellt. Zur Anwendbarkeit des Ausgleichspostens nach § 4 g EStG bei Überführung von Wirtschaftsgütern in Betriebsstätten des EU-Auslands vgl. Tz 21.3.1.1.3 zu Erläuterungen vor Zeile 4.

21.4 Gewinn als Einzelunternehmer

Im Wirtschaftsleben werden viele Gewerbebetriebe als **Einzelunternehmen** unterhalten. Ein solches ist immer dann gegeben, wenn eine natürliche Person ein Gewerbe als **Alleininhaber** betreibt. Eine natürliche Person ist auch dann Einzelunternehmer, wenn sie **mehrere selbständige Gewerbebetriebe** besitzt, z. B. eine Gastwirtschaft und eine Schlosserei oder ein Tabakwarengeschäft. Über die Fälle, in denen **Ehegatten/Lebenspartner** gemeinsam einen Betrieb unterhalten, vgl. die Ausführungen zu Zeilen 7 bis 33 (vgl. Tz 1.4.2 unter Erläuterungen zum Hauptvordruck) und zu Zeile 18 des Hauptvordrucks (vgl. Tz 1.4.4 unter Erläuterungen zum Hauptvordruck) sowie zu Zeilen 42 bis 45 der Anlage G. Die Gewinne (Verluste) aus sämtlichen Gewerbebetrieben, die sich in der Hand einer Person befinden, werden bei der Einkommensteuerveranlagung zusammengerechnet und in einer Summe erfasst. Wird z. B. im ersten Betrieb ein Gewinn von 90 000 € erzielt und entsteht in einem weiteren Betrieb ein Verlust von 6 000 €, so beträgt der einkommensteuerlich anzusetzende Gewinn aus Gewerbebetrieb 84 000 €. 4–9

Deckt sich das Wj. mit dem Kj., so ergibt sich der hier einzusetzende Gewinn aus der Bilanz auf den 31.12.2025. Ist der Steuerpflichtige Inhaber **mehrerer** Gewerbebetriebe, so ist grds. nur **eine** Anlage G auszufüllen. Das Ergebnis aus einem zweiten Betrieb ist in Zeile 9 und die Ergebnisse aus **weiteren** Einzelbetrieben sind in Zeile 10 sowie bei gesonderter Feststellung des Gewinns in Zeile 13 einzutragen.

Zur Wirtschafts-Identifikationsnummer (W-IdNr.), die in den Zeilen 6 (1. Betrieb) und 9 (2. Betrieb) einzutragen ist, vgl. die Ausführungen in Tz 15 der Vorbemerkungen. Die Steuernummer (Zeile 5 für den 1. Betrieb; Zeile 8 für den 2. Betrieb) unterscheidet sich von der Steuernummer in Zeile 3. Die Steuernummer, die in Zeile 3 einzutragen ist, ist die sog. Leit-Steuernummer, unter der die Einkommensteuerfestsetzung (vgl. letzter Einkommensteuerbescheid) erfolgt. Die Steuernummer der Zeile 5 (1. Betrieb) und Zeile 8 (2. Betrieb) wurden gesondert vom Finanzamt bekannt gegeben.

Sind im Gewinn aus Gewerbebetrieb Kapitalerträge enthalten, von denen **Kapitalertragsteuer einbehalten** wurde, so sind diese auf die ESt anzurechnenden Steuerbeträge in **Zeile 43 der Anlage KAP** einzutragen (vgl. Tz 14.1 unter Erläuterungen zur Anlage KAP, vor Zeile 4 und vgl. Tz 14.13 unter Erläuterungen zur Anlage KAP, Zeilen 43 bis 45), bei Kapitalerträgen aus Beteiligungen, die gesondert und einheitlich festgestellt wurde (vgl. Tz 21.8), ist zur Anrechnung die Anlage KAP-BET zu verwenden (vgl. Tz 15) und die anzurechnende Kapitalertragsteuer in **Zeile 35 der Anlage KAP-BET einzutragen**. Sollte noch eine **Anrechnung von Körperschaftsteuer** in Betracht kommt, ist dies gesondert (auf besonderem Blatt) zu beantragen und nachzuweisen, da die Verwaltung hierfür keine praktische Bedeutung mehr erkennt und deshalb keine Erklärungsmöglichkeit vorsieht. Zum Anrechnungsverfahren vgl. Anleitung zur Einkommensteuererklärung 2006, Anlage KAP, Zeilen 18 bis 20.

21.5 Gewinnermittlung bei abweichendem Wirtschaftsjahr

Gewerbetreibende, deren Firma im **Handelsregister** eingetragen ist, können **wählen, ob sie regelmäßig** für einen anderen Zeitraum als das Kj. Abschlüsse machen und ihren Gewinn ermitteln wollen. Die **Umstellung** des Wj. auf einen vom Kj. abweichenden Zeitraum ist steuerlich nur wirksam, wenn sie im **Einvernehmen mit dem Finanzamt** vorgenommen wird.

Die Zustimmung zur Umstellung des Wj. auf einen vom Kj. abweichenden Zeitraum wird nur dann erteilt, wenn der Steuerpflichtige wirtschaftlich einleuchtende Gründe für die Umstellung anführen kann. Über einen außerhalb des Veranlagungsverfahrens gestellten Antrag auf Erteilung der Zustimmung zur Umstellung des Wj. hat das Finanzamt durch besonderen Bescheid zu entscheiden. Die Entscheidung ist im Einspruchsverfahren anfechtbar. Es bedarf auch dann der Zustimmung des Finanzamts, wenn ein vom Kj. abweichendes Wj. auf ein anderes, ebenfalls vom Kj. abweichendes Wj. umgestellt wird. Nur der Übergang von einem abweichenden Wj. auf das Kj. ist ohne Zustimmung des Finanzamts steuerlich wirksam. **Gewerbetreibende**, deren Firma **nicht** im Handelsregister eingetragen ist, können ihren Gewinn **nur** nach dem Kj. ermitteln. Eine Ausnahme gilt allerdings für buchführende Gewerbetreibende, die **gleichzeitig buchführende Land- und Forstwirte** sind; sie können mit Zustimmung des Finanzamts das landwirtschaftliche Wj. auch als Wj. für den Gewerbebetrieb bestimmen (§ 4 a Abs. 1 Nr. 3 EStG).

Das Wj. darf nie mehr als zwölf Monate umfassen. Es darf nur dann weniger betragen, wenn ein Betrieb eröffnet, erworben, aufgegeben oder veräußert wird oder wenn der Abschlusszeitpunkt – mit Zustimmung des Finanzamts – durch Einlegung eines Rumpf-Wj. gewechselt wird. Im VZ der Umstellung von einem zulässigerweise abweichenden Wj. eines Gewerbetreibenden auf das Kj. enden zwei Wj. (letztes abweichendes Wj. und Rumpf-Wj.). Diese Grundsätze gelten nach dem BFH-Urteil vom 12.7.2007 (BStBl II S. 775) für die Umstellung von einem unzulässigerweise gewählten abweichenden Wj. auf das Kj. im Jahr der letzten noch änderbaren Veranlagung entsprechend.

Bei **Gewerbetreibenden gilt der Gewinn** eines abweichenden Wj. als **in dem Kj. bezogen,** in dem das **Wj. endet**. Dementsprechend bildet der Gewinn des Wj. 2024/2025 (z.B. vom 1.7.2024 bis 30.6.2025 die Besteuerungsgrundlage für 2025. Das Ergebnis eines Rumpf-Wj. ist ebenfalls in dem Besteuerungszeitraum zu berücksichtigen, in dem es endet. Gegebenenfalls ist daher auch der Gewinn eines solchen Rumpf-Wj. in der Steuererklärung anzugeben.

BEISPIEL:
Der Gewerbetreibende hat seinen Gewinn bisher für ein abweichendes Wj. vom 1.7. bis 30.6. ermittelt. Er entschließt sich, künftig zur Gewinnermittlung auf das Kj. überzugehen. Zu diesem Zweck bildet er im Jahr 2025 für die Zeit vom 1.7. bis 31.12.2025 ein Rumpf-Wj. Infolgedessen enden im Jahr 2025 zwei Wj., nämlich das Wj. vom 1.7.2024 bis 30.6.2025 und das Rumpf-Wj. vom 1.7.2025 bis 31.12.2025. Bei der Veranlagung 2025 sind die Ergebnisse beider Wj. zu erfassen.

Der Steuererklärung müssen die **Bilanz** und die **Verlust- und Gewinnrechnung** beigefügt/elektronisch übermittelt (vgl. Tz 21.3.1) werden. Gegebenenfalls sind auch die Bilanz und die Verlust- und Gewinnrechnung des Rumpf-Wj. beizufügen/elektronisch zu übermitteln. Liegt ein Anhang, ein Lagebericht oder ein Prüfungsbericht vor, ist nach § 60 Abs. 3 Satz 1 EStDV eine Abschrift davon der Steuererklärung beizufügen.

21.6 Besonderheiten bei bestimmten Betriebsausgaben, Gewinnen und Verlusten

Über Aufwendungen für die **Bewirtung von Geschäftsfreunden** und für **Geschenke** sowie über Mehraufwendungen für Verpflegung bei **Geschäftsreisen**, Aufwendungen für **Wege zwischen Wohnung und Betriebsstätte** und über **Einzelfälle** von Betriebsausgaben siehe **Teil II (vgl. Teil II Tz 2)**. Zur Anwendung der Beschränkung des Betriebsausgabenabzugs bei Besteuerungsinkongruenzen gem. § 4 k EStG vgl. BMF-Schreiben vom 5.12.2024 (BStBl I S. 1578) und der Beschränkung für Aufwendungen für Rechteüberlassung (sog. **Lizenzschranke**) nach § 4 j EStG vgl. BMF-Schreiben vom 5.1.2022 (BStBl I S. 100).

> **Geplante Gesetzesänderung:**
> Mit dem Entwurf eines Gesetzes zur Anpassung des Mindeststeuergesetzes und zur Umsetzung weiterer Maßnahmen ist geplant, **§ 4 j EStG** zu **streichen**. Die sog. Lizenzschranke soll danach **letztmalig** für den VZ **2024** anzuwenden sein.

Die Behandlung von **Verlusten** (Gewinnen) aus **gewerblicher Tierzucht** oder **gewerblicher Tierhaltung**, aus **gewerblichen Termingeschäften** (§ 15 Abs. 4 EStG) sowie aus Verlusten aus Beteiligungen an einer REIT-Aktiengesellschaft, anderen REIT-Körperschaften, -Personenvereinigungen oder -Vermögensmassen (§ 19 Abs. 4 REITG) ist in den Erläuterungen zu Zeilen 105 bis 110 dieses Vordrucks dargestellt.

Soll für nicht entnommene Gewinne die Tarifbegünstigung des § 34 a EStG zur Anwendung kommen, ist dies über die Zeile 33 und – betriebsbezogen – die Anlage 34a zu beantragen. Auf die diesbzgl. Ausführungen zur **Anlage 34a** (vgl. Tz 2) sowie nachfolgend zu Zeile 49 (vgl. Tz 21.15) wird verwiesen. Wegen der Steuerfreiheit von **Sanierungsgewinnen** siehe die Ausführungen im **Teil II** (vgl. Teil II Tz 11) sowie nachfolgend zu Zeile 50 (vgl. Tz 21.10).

21.7 Gesonderte Feststellung von Einkünften

Hier ist der gesondert festzustellende Gewinn oder Verlust aus **11–**
einem gewerblichen Einzelunternehmen einzutragen. Eine solche **gesonderte Feststellung** wird vom Finanzamt bei Einkünften aus Gewerbebetrieb vorgenommen, wenn das Finanzamt, in dessen Bezirk sich die Geschäftsleitung des Betriebs und/oder die maßgebende Betriebsstätte befindet, nicht auch für die ESt örtlich zuständig ist. Entsprechendes gilt bei Einkünften aus freiberuflicher Tätigkeit oder aus Land- und Forstwirtschaft (§ 180 Abs. 1 Nr. 2 Buchst. b AO). In derartigen Fällen ist **neben** der Einkommensteuererklärung an das Wohnsitzfinanzamt zusätzlich eine Erklärung zur gesonderten Feststellung der Einkünfte **(Vordruck ESt 1 D)** an das Betriebsfinanzamt abzugeben, der die Bilanz und die Verlust- und Gewinnrechnung beizufügen sind. Diese Regelung gilt für **Einzelunternehmer** mit Einkünften aus Land- und Forstwirtschaft, Gewerbebetrieb oder aus freiberuflicher Tätigkeit, die ihren Wohnsitz und ihren Betrieb in den Bezirken verschiedener Finanzämter und verschiedener Gemeinden haben oder die innerhalb derselben Wohnsitzgemeinde, aber in den Bezirken mehrerer Finanzämter Betriebe unterhalten.

21.8 Einkünfte als Mitunternehmer

Sind mehrere Personen an einem Unternehmen beteiligt, das keine **14**
eigene Rechtspersönlichkeit besitzt, so spricht man von **Mitunternehmerschaft**. Voraussetzung für die Mitunternehmerschaft ist regelmäßig eine Beteiligung am Gewinn und Verlust des Unternehmens sowie insbesondere auch an den im Gewerbebetrieb vorhandenen **stillen Reserven** einschließlich des so genannten Geschäftswerts (vgl. BFH-Urteil vom 28.10.1999, BStBl 2000 II S. 183). **Mitunternehmerrisiko** setzt einen Gesellschafterbeitrag voraus, durch den das Vermögen des Gesellschafters belastet werden kann (vgl. BFH-Urteil vom 13.7.2017, BStBl II S. 1133). Je nach den Umständen des Einzelfalles können jedoch auch andere Gesichtspunkte, z.B. eine besonders ausgeprägte **unternehmerische Initiative**, verbun-

den mit einem bedeutsamen Beitrag zur Kapitalausstattung des Unternehmens, in den Vordergrund treten (BFH-Urteile vom 27.2.1980, BStBl 1981 II S. 210, und vom 28.10.1981, BStBl 1982 II S. 186, sowie H 15.8 Abs. 1 EStH).

Die Mitunternehmerschaft beruht in der Regel auf der formellen (zivilrechtlichen) Stellung als **Gesellschafter einer Personengesellschaft.** In besonders gelagerten **Ausnahmefällen** kann allerdings Mitunternehmer auch sein, wer zivilrechtlich nicht Gesellschafter einer Personengesellschaft ist, sofern er im Rahmen einer – auch stillschweigend eingegangenen – **Innengesellschaft Mitunternehmerinitiative** entfaltet und **Mitunternehmerrisiko** trägt (vgl. BFH-Urteile vom 5.6.1986, BStBl II S. 798 und 802 sowie vom 22.10.1987, BStBl 1988 II S. 62). Man spricht in solchen Fällen von einer **verdeckten Mitunternehmerschaft** (BFH-Urteil vom 6.12.1988, BStBl 1989 II S. 705). Nach dem BFH-Urteil vom 13.7.1993 (BStBl 1994 II S. 282) setzt die Annahme einer – verdeckten – Mitunternehmerstellung ein gemeinsames Handeln zu einem gemeinsamen Zweck einander gleichgeordneter Personen voraus. Mitunternehmerinitiative und -risiko dürfen nicht lediglich auf einzelne Schuldverhältnisse als gegenseitige Austauschverhältnisse zurückzuführen sein. Die Bündelung von Risiken aus derartigen Austauschverhältnissen unter Vereinbarung angemessener und leistungsbezogener Entgelte begründet noch kein gesellschaftsrechtliches Risiko. Der alleinige Gesellschafter-Geschäftsführer der Komplementär-GmbH ist verdeckter Mitunternehmer der Familien-GmbH & Co. KG, wenn er für die Geschäftsführung unangemessene gewinnabhängige Bezüge erhält und sich – wie bisher als Einzelunternehmer – als Herr des Unternehmens verhält (BFH-Urteil vom 21.9.1995, BStBl 1996 II S. 66; H 15.8 Abs. 1 – Verdeckte Mitunternehmerschaft – EStH). Wegen Beteiligungen an **Verlustzuweisungsgesellschaften**, insbesondere in der Rechtsform der **GmbH & Co. KG**, vgl. Tz 21.1 unter Erläuterungen vor **Zeile 4** und vgl. Tz 21.11 zu Zeile 46.

Die einfachste Form der Personengesellschaft ist die **Gesellschaft des bürgerlichen Rechts**, die vor allem für Handwerksbetriebe Bedeutung hat. Für größere Betriebe, insbesondere Fabrikations- und Handelsbetriebe, kommen die **Personengesellschaften des Handelsrechts**, nämlich die offene Handelsgesellschaft **(OHG)** und die Kommanditgesellschaft **(KG)** in Betracht. Die **stille Gesellschaft** zählt **nicht** zu den Personengesellschaften. Deshalb ist der **echte (typische) stille Gesellschafter kein Mitunternehmer;** er hat Einkünfte aus Kapitalvermögen (vgl. Tz 14.5.4 unter Erläuterungen zur Anlage KAP).

Zu den Mitunternehmergemeinschaften gehören auch die **Erbengemeinschaft**, wenn zum Nachlass ein Betrieb gehört (siehe Grundsatzbeschluss des BFH vom 5.7.1990, BStBl II S. 837; sowie vgl. Tz 21.18.3) und die **Arbeitsgemeinschaft**, wenn sie nach außen im eigenen Namen auftritt.

Zu den Einkünften aus Gewerbebetrieb eines Mitunternehmers gehören:

1. die **Gewinnanteile** an einer der oben genannten Personengesellschaften und die **Vergütungen**, die der Mitunternehmer von der Gesellschaft für seine Tätigkeit im Dienst der Gesellschaft oder für die Hingabe von Darlehen oder für die Überlassung von Wirtschaftsgütern bezogen hat;
2. die **Gewinnanteile der persönlich haftenden Gesellschafter einer KGaA**, soweit sie nicht auf Anteile am Grundkapital entfallen, und ferner wieder die unter a) genannten Vergütungen (H 15.8 Abs. 4 – Allgemeines – EStH).

BEISPIEL:

Vergütungen, die ein Mitunternehmer von der Gesellschaft bezieht und die zu seinem Gewinnanteil gehören:

A, B und C sind Mitunternehmer einer OHG mit gleicher Gewinnbeteiligung. C erhält als Geschäftsführer ein Gehalt von jährlich 90 000 €. Der Gewinn der OHG beträgt 180 000 €. Der steuerliche Gewinn beträgt nicht 180 000 €, sondern 180 000 € + 90 000 € = 270 000 €. Von diesem Gewinn entfallen als Gewinnanteile auf A und B je 60 000 € und auf C 150 000 €.

Nach § 15 Abs. 1 Satz 1 Nr. 2 EStG ist ein **mittelbar** über eine oder mehrere Personengesellschaften **Beteiligter** einem unmittelbar Beteiligten gleichgestellt. Dieser ist danach als Mitunternehmer des Betriebs der Gesellschaft anzusehen, an der er mittelbar beteiligt ist, wenn er und die Personengesellschaften, die seine Beteiligung vermitteln, jeweils als Mitunternehmer der Betriebe der Personengesellschaften anzusehen sind, an denen sie unmittelbar beteiligt sind.

Die Einkünfte der Mitunternehmer einer Personengesellschaft, insbesondere die auf die einzelnen Gesellschafter entfallenden Gewinnanteile, werden **einheitlich**, d.h. mit Wirkung für und gegen alle, festgestellt. Dieses Verfahren nennt man die **gesonderte und einheitliche Feststellung**. Zuständig dafür ist das Finanzamt, in dessen Bezirk der Betrieb der Personengesellschaft seinen Sitz hat (§ 18 Abs. 1 Nr. 2 AO). Die Gewinnermittlung selbst geht im Prinzip genauso wie bei einem Einzelunternehmen vor sich. Der festgestellte Gewinn oder Verlust wird aber dann entsprechend der vertraglich vereinbarten Gewinnverteilung auf die einzelnen Mitunternehmer aufgeteilt und deren Wohnsitzfinanzämtern mitgeteilt, die dann diesen Betrag der ESt-Veranlagung des Mitunternehmers zugrunde legen. Zur Durchführung der gesonderten und einheitlichen Feststellung hat die Gesellschaft (Gemeinschaft) den **Erklärungsvordruck ESt 1 B** mit weiteren Anlagevordrucken abzugeben. Welche Anlagevordrucke in Betracht kommen können, ist in der Anleitung hierzu im Einzelnen aufgeführt. Die Anlage G (vor 2008: Anlage GSE) gehört bereits seit dem Feststellungszeitraum 2002 nicht mehr dazu, da die in der Anlage G (vor 2008: Anlage GSE) zu erklärenden Tatbestände in den Vordruck FE-G integriert wurden und Letzterer dem Vordruck ESt 1 B beizufügen ist.

Die Feststellung, ob steuerlich eine Personengesellschaft anzuerkennen ist oder nicht, kann nicht im Veranlagungsverfahren des einzelnen Gesellschafters, sondern nur im gesonderten und einheitlichen Feststellungsverfahren getroffen werden. Wird von den Gesellschaftern das Vorliegen einer Personengesellschaft geltend gemacht, so ist dies als **Antrag auf Vornahme einer gesonderten und einheitlichen Feststellung** zu werten. Über eine **Ablehnung** dieses Antrags ist vom Finanzamt ein schriftlicher Bescheid zu erteilen, der von den Beteiligten im **Einspruchsverfahren** anfechtbar ist.

ELSTER:
Während im amtlichen Vordruckmuster Eintragungsmöglichkeiten für Gewinne/Verluste aus bis zu neun mitunternehmerischen Beteiligungen bestehen, stehen bei Verwendung der amtlichen Steuererklärungssoftware Felder für mehr Beteiligungen zur Verfügung.

Wegen der **Begrenzung der Verlustverrechnungsmöglichkeiten bei beschränkt haftenden Mitunternehmern,** soweit ein negatives Kapitalkonto entsteht oder sich erhöht, wird auf die nachfolgenden Ausführungen (vgl. Tz 21.10) hingewiesen und wegen der Steuerpflicht nach dem **Außensteuergesetz** (insbes. bei Beteiligungen an ausländischen Gesellschaften, die zum Betriebsvermögen gehören) vgl. **Tz 32.5 unter Erläuterungen zur Anlage AUS, Zeilen 17 bis 22.**

Die Personengesellschaften sind nicht mit den **Kapitalgesellschaften** zu verwechseln, deren gebräuchlichste Form die AG und die GmbH sind. Diese sind juristische Personen und unterliegen der Körperschaftsteuer, während die Personengesellschaften keine eigene Rechtspersönlichkeit besitzen. Personengesellschaften können auch aus rein steuerlichen Gründen vereinbart werden; das gilt auch für Familiengesellschaften.

Mit dem Gesetz zur Modernisierung des Körperschaftsteuerrechts vom 25.6.2021 (BGBl I S. 2050) wurde mit § 1a KStG **Personenhandelsgesellschaften** (OHG und KG) und Partnerschaftsgesellschaften die Möglichkeit eingeräumt, sich steuerrechtlich **wie eine Kapitalgesellschaft** behandeln zu lassen. Ab 2024 ist die Anwendung für alle Personengesellschaften möglich. Die Neuregelung diente der Umsetzung der Änderungen durch das Personengesellschaftsrechtsmodernisierungsgesetz mit der neuen Rechtsform einer im Gesellschaftsregister eingetragenen Gesellschaft bürgerlichen Rechts. Erstmalig war eine Option für nach dem 31.12.2021 beginnende Wj. möglich (§ 34 Abs. 1a KStG), wenn der Antrag hierzu spätestens 1 Monat vor Beginn (damals bis 30.11.2021; für 2023 bis 30.11.2022; für 2024 bis 30.11.2023; für 2025 bis 30.11.2024; für 2026 bis 30.11.2025) elektronisch gestellt wurde, § 1a Abs. 1 Satz 2 KStG. Der Übergang zur Körperschaftsbesteuerung gilt nach § 1a Abs. 2 Satz 1 KStG als Formwechsel i. S. § 1 Abs. 3 Nr. 3 UmwStG. Wird danach ein zulässiger Antrag gestellt, wird die zivil- und gesellschaftsrechtlich weiter bestehende Personengesellschaft **für steuerliche Zwecke** wie eine Kapitalgesellschaft behandelt und unterliegt mit ihrem Einkommen der Körperschaftsteuer. Bei den Beziehungen (Arbeits-/Dienstvertrag, Mietvertrag, Darlehensvertrag etc.) zwischen Gesellschafter und Gesellschaft gelten abweichend von § 15 Abs. 1 Satz 1 Nr. 2 Satz 1 EStG nicht die Grundsätze für gewerbliche Einkünfte, sondern es werden vom Gesellschafter (bei steuerlicher Wirksamkeit der Verträge) Einkünfte aus nichtstselbständiger Arbeit i. S. § 19 EStG (bei Arbeits-/Dienstvertrag), aus Vermietung und Verpachtung i. S. § 21 EStG (bei Mietvertrag) oder aus Kapitalvermögen i. S. § 20 EStG (bei Darlehensvertrag) erzielt, § 1a Abs. 3 Satz 1 KStG.

Eine gesonderte Feststellung von Einkünften, die mehreren zustehen, unterbleibt nach § 180 Abs. 3 Satz 1 Nr. 2 AO, wenn es sich um einen Fall einer Mitunternehmerschaft von geringer Bedeutung handelt. Nach AEAO zu § 180, Nr. 4 sind dies Fälle von Ehegatten/Lebenspartnern, die gemeinschaftlich Einkünfte erzielen, wenn der Gewinn verhältnismäßig einfach zu ermitteln ist und die Aufteilung feststeht. Betreiben zusammen veranlagte Ehegatten in GbR eine Photovoltaikanlage auf ihrem eigengenutzten Wohnhaus, so war nach dem BFH-Urteil vom 6.2.2020 (BStBl 2021 II S. 17) eine gesonderte und einheitliche Feststellung der Besteuerungsgrundlagen regelmäßig zu unterbleiben, wenn kein Streit über Höhe und Aufteilung der daraus resultierenden Einkünfte besteht. Dem stand nach BFH-Auffassung nicht entgegen, dass die GbR keinen Gebrauch von der Nichterhebung der Umsatzsteuer als Kleinunternehmer macht. Wg. der Steuerfreiheit der Einnahmen und Entnahmen bei kleinen Photovoltaikanlagen sowie der Möglichkeit in Zeiträumen vor der Einführung des § 3 Nr. 72 EStG, diese als Liebhabereibetrieb zu behandeln, vgl. Tz 21.2.1.

Da es sich dem Grunde nach dennoch um eine Mitunternehmerschaft handelt, stehen zum Abgleich mit (insoweit fehlenden) Daten aus den Feststellungsstellen der Finanzämter (Zeilen 14 bis 41) seit 2021 Eintragungsmöglichkeiten in den Zeilen 42 und 45 zur Verfügung.

21.9 Bildung von Familiengesellschaften

Die Gründung einer Familiengesellschaft, bei der z. B. der Vater, der bisher alleiniger Inhaber eines Betriebs war, seinen Sohn oder seine Tochter als Mitgesellschafter in den Betrieb aufnimmt, hat den Vorteil, dass die Einkunftsquelle auf mehrere stpfl. Personen verteilt und damit die Progression des Einkommensteuertarifs für die Familie insgesamt abgemildert werden kann sowie der Grundfreibetrag der Steuertabelle mehrfach wirksam werden kann. Die im Rechtsleben geltende Vertrags- und Gestaltungsfreiheit wird grds. auch bei einer zwischen Familienangehörigen vereinbarten Gesellschaft anerkannt. Einer zivilrechtlichen Unwirksamkeit des Vertragsabschlusses bei Verträgen zwischen nahen Angehörigen ist zwar nach dem BFH-Urteil vom 7.6.2006 (BStBl 2007 II S. 294) steuerrechtlich nur indizielle Bedeutung beizumessen. Die Finanzverwaltung wendete dieses Urteil jedoch nicht über den entschiedenen Einzelfall hinaus an (BMF-Schreiben vom 2.4.2007, BStBl I S. 441). Strittig war eine nachträglich herbeigeführte zivilrechtliche Wirksamkeit, die nach Auffassung des BFH, aber nicht des BMF auch steuerrechtlich wirken sollte. Mit Urteil vom 22.2.2007 (BStBl 2011 II S. 20) sieht der BFH bei zivilrechtlicher Formunwirksamkeit nunmehr allerdings eine Indizwirkung gegen die steuerliche Anerkennung des Vertrags (bestätigt mit Urteil vom 12.5.2009, BStBl 2011 II S. 24).

Bei Familiengesellschaften ist zu prüfen, ob eine Mitunternehmerschaft oder eine stille Gesellschaft zwischen Familienangehörigen anzunehmen ist. Dabei ist zu beachten:

1. Es muss eine **ernsthafte, klare und eindeutige Vereinbarung** über den Gesellschaftsvertrag vorliegen. Ein wesentliches Merkmal für die Ernsthaftigkeit ist, dass die Abmachungen, die für den Gesellschaftsvertrag von Bedeutung sind, wie z. B. über die Gewinnbeteiligung, die Höhe der Einlagen und die Entnahmebefugnis, genau umschrieben werden (im Einzelnen siehe unten).

2. Beim Vertragsabschluss müssen die **Formvorschriften des bürgerlichen Rechts** beachtet werden. Ihre Nichtbeachtung spricht gegen die Ernsthaftigkeit des Gesellschaftsvertrags.

Das bedeutet, dass z. B. bei der schenkweisen Einräumung einer **stillen Beteiligung** (typische und atypische) im Wege der **Umbuchung vom Kapitalkonto** des Vaters auf ein solches des Kindes eine **notarielle Beurkundung** des Schenkungsversprechens erforderlich ist (BFH-Urteil vom 19.9.1974, BStBl 1975 II S. 141 und die dort zitierte Rspr.). Für den Abschluss des Vertrags muss ein **Pfleger bestellt** werden, wenn das Kind minderjährig ist; bei einem Vertragsabschluss mit mehreren Kindern sind mehrere Pfleger erforderlich. Auch auf eine **familiengerichtliche Genehmigung** kann regelmäßig nicht verzichtet werden (H 15.9 Abs. 2 – Familiengerichtliche Genehmigung – EStH).

Bei schenkweiser Übertragung von **Kommanditbeteiligungen** oder anderen **Mitunternehmeranteilen** an einer **KG oder OHG** ist an sich ebenfalls eine **notarielle Beurkundung** des Schenkungsversprechens erforderlich; der Mangel der Form wird aber hier durch Bewirken der versprochenen Leistung, d. h. durch Einräumung der Gesamthänderstellung für das Kind im Wege der Umbuchung, geheilt. In jedem Falle muss jedoch bei Minderjährigkeit ein (ggf. mehrere) **Abschlusspfleger** bestellt werden. Ein Dauerergänzungspfleger für die gesamte Zeit der Mitunternehmerschaft und Minderjährigkeit wird aber nicht gefordert (BFH-Urteil vom 29.1.1976, BStBl II S. 328). Bei Beteiligung eines Minderjährigen an einer OHG oder KG bedarf es außerdem stets einer **vormundschaftsgerichtlichen Genehmigung**.

3. Die tatsächlichen Verhältnisse müssen den vertraglichen Abmachungen entsprechen, d. h. es muss **Übereinstimmung zwischen dem Vertrag und den tatsächlichen Verhältnissen** bestehen. Die im Wirtschaftsleben geltende Vertragsfreiheit hat steuerlich da ihre Grenzen, wo die getroffenen Maßnahmen nicht ernst gemeint sind und sich mit den wahren und wirtschaftlichen Absichten der Beteiligten nicht in Einklang bringen lassen (H 15.9 Abs. 1 – Allgemeines – und Abs. 2 – Allgemeines – EStH).

Die aufgenommenen Familienangehörigen müssen auch **tatsächlich** die Stellung von **vollberechtigten Gesellschaftern** innehaben. Sie müssen das Recht haben, entsprechend ihrer Gesellschafterstellung in geschäftlichen Dingen mitzureden und mitzubestimmen. Ist die Stellung der eintretenden Familienmitglieder derart schwach, dass in Wirklichkeit nur der bisherige Inhaber weiterhin allein entscheidet, so kann steuerlich eine Mitunternehmerschaft nicht anerkannt werden. Eine **Mitunternehmerschaft wäre z. B. zu verneinen**, wenn die Festsetzung der Gewinnanteile für die Angehörigen allein dem Vater zustände oder wenn die Kinder dem Vater unwiderrufliche Vollmacht erteilt hätten, sie in allen geschäftlichen Angelegenheiten zu vertreten, oder wenn dem Vater allein die Geschäftsführung und die Aufstellung der Bilanzen oblägen und den anderen Beteiligten nur ein beschränktes Recht auf Bucheinsicht eingeräumt würde (siehe BFH-Urteile vom 8.2.1979, BStBl II S. 405, und vom 8.8.1979, BStBl II S. 768). Behalten sich die Eltern die Verwaltung der Kommanditbeteiligungen der Kinder vor, so sind die Kinder nicht Mitunternehmer (BFH-Urteil vom 25.6.1981, BStBl II S. 779). Darf ein Kommanditist in der Gesellschafterversammlung nicht mitstimmen und ist für ihn das Widerspruchsrecht nach § 164 HGB abbedungen, ist er kein Mitunternehmer. Dem Ausschluss des Stimmrechts steht gleich, wenn Kommanditisten in keinem Fall den Mehrheitsgesellschafter an einer Beschlussfassung hindern können, z. B. auch dann nicht, wenn es um die Änderung der Satzung oder die Auflösung der Gesellschaft geht (BFH-Urteil vom 11.10.1988, BStBl 1989 II S. 762; sowie BMF-Schreiben vom 5.10.1989, BStBl I S. 378).

Eine besondere Bedeutung kommt der **Regelung über die Entnahmebefugnis** zu. Ist die Verfügungsbefugnis z. B. der Kinder über ihre Gewinnanteile als **Mitunternehmer oder stille Beteiligte** stark eingeschränkt, so wird die Familiengesellschaft steuerlich nicht anerkannt. Dies ist immer dann der Fall, wenn **Entnahmebeschränkungen** vertraglich vereinbart sind, **denen sich ein fremder Dritter nicht unterwerfen würde,** z. B. wenn überhaupt keine Entnahmen zulässig sind oder nur zur Bestreitung des angemessenen Lebensunterhalts, der Ausbildungskosten und der Entrichtung von Steuern oder wenn nur die Zinsen auf die Gewinnanteile entnommen werden dürfen. Auf die BFH-Urteile vom 21.2.1974 (BStBl II S. 404), vom 8.8.1974 (BStBl 1975 II S. 34) und vom 20.2.1975 (BStBl II S. 569) sowie auf H 15.9 Abs. 2 – Verfügungsbeschränkungen – EStH wird hingewiesen.

Auch Vereinbarungen über die **Beendigung** des Gesellschaftsverhältnisses bei Erreichen eines bestimmten Lebensalters können der Anerkennung der Familiengesellschaft entgegenstehen (BFH-Urteil vom 29.1.1976, BStBl II S. 324). Ein Kommanditist, der vom persönlich haftenden Gesellschafter ohne Weiteres zum Buchwert aus der Gesellschaft ausgeschlossen werden kann, ist nicht Mitunternehmer (BFH-Urteil vom 29.4.1981, BStBl II S. 663). Gleiches gilt, wenn die für den Fall des jederzeit möglichen Ausschlusses vereinbarte Abfindung nicht auch die Beteiligung am Firmenwert umfasst (BFH-Urteil vom 15.10.1981, BStBl 1982 II S. 342).

Behält sich ein Elternteil bei der unentgeltlichen Einräumung einer Unterbeteiligung an einem Kommanditanteil das Recht vor, jederzeit eine **unentgeltliche Rückübertragung** der Kapitalanteile von dem Kind zu verlangen, so wird keine Einkunftsquelle auf das Kind übertragen. Gleiches gilt bei schenkweiser Übertragung eines Kommanditanteils mit Rückübertragungsverpflichtung (BFH-Urteil vom 16.5.1989, BStBl II S. 877). Die Gewinngutschriften auf die Unterbeteiligung sind in diesen Fällen bei dem Elternteil keine Sonderbetriebsausgaben, sondern nicht abzugsfähige Zuwendungen i. S. des § 12 EStG (BFH-Beschluss vom 18.7.1974, BStBl II S. 740). Ist die Gesellschafterstellung eines Kindes **von vornherein nur befristet** – etwa auf die Zeit, in der das Kind vermutlich unterhaltsbedürftig ist und eine persönliche Aktivität als Gesellschafter noch nicht entfalten wird –, kann eine Mitunternehmerschaft des Kindes nicht anerkannt werden (vgl. o.a. BFH-Urteil vom 29.1.1976). Dagegen kann eine Mitunternehmerschaft minderjähriger Kinder, die als Kommanditisten einer Familien-KG im Schenkungswege beteiligt wurden, nicht schon deshalb verneint werden, weil der Vater nach dem Gesellschaftsvertrag berechtigt ist, die Gesellschafterstellung eines Kindes zum Ende des Jahres der Erreichung der Volljährigkeit zu kündigen (BFH-Urteil vom 23.6.1976, BStBl II S. 678).

Ist der Komplementär nach dem Gesellschaftsvertrag berechtigt, nach freiem Ermessen weitere Kommanditisten in die KG aufzunehmen, und kann er dadurch die für eine Änderung des Gesellschaftsvertrags im Einzelfall erforderlichen Mehrheitsverhältnisse (z. B. Erfordernis einer 2/3-Mehrheit) zu seinen Gunsten so verändern, dass die als Kommanditisten in die KG aufgenommenen minderjährigen Kinder gegen ihren Willen aus der KG verdrängt werden können, so spricht dies **gegen** eine Mitunternehmerstellung der Kinder. Das gilt auch dann, wenn der Komplementär tatsächlich noch keine weiteren Kommanditisten in die KG aufgenommen hat. Der BFH hat im Urteil vom 10.11.1987 (BStBl 1989 II S. 758) allein die Tatsache, dass der Komplementär derzeit nicht die im Einzelfall erforderliche Stimmrechtsmehrheit bezüglich der Änderung des Gesellschaftsvertrags und der Auflösung der Gesellschaft hat, für ausreichend gehalten, um die Mitunternehmerinitiative der Kommanditisten – und zwar auch bei Ausschluss des Widerspruchsrechts nach § 164 HGB – zu bejahen. Die Grundsätze dieses BFH-Urteils werden insoweit durch die Finanzverwaltung nicht über den entschiedenen Einzelfall hinaus angewandt (o. a. BMF-Schreiben vom 5.10.1989, BStBl I S. 378).

Für die steuerliche Anerkennung einer Familiengesellschaft ist andererseits unbeachtlich, dass außerbetriebliche, z. B. steuerliche oder familienrechtliche Gesichtspunkte, den Abschluss des Gesellschaftsvertrags veranlasst haben.

4. Unabhängig von der Frage der steuerlichen Anerkennung einer Familiengesellschaft ist die Frage zu entscheiden, ob die vereinbarte **Gewinnverteilung** steuerlich gebilligt werden kann. Die Gewinnverteilung muss so geregelt sein, dass sie dem wirtschaftlichen Einsatz der Gesellschafter an Kapital und an Arbeitskraft entspricht, d. h., dass sie der Kapitaleinlage und der Tätigkeit des einzelnen Gesellschafters im Betrieb in angemessener Weise Rechnung trägt. Ist das nicht der Fall, so ist das Finanzamt berechtigt, eine solche Gewinnverteilung abzulehnen. Die Folge einer nur aus den Familienbeziehungen erklärbaren und wirtschaftlich nicht gerechtfertigten Gewinnverteilung ist sonach nicht die steuerliche Nichtanerkennung der Familiengesellschaft oder gar die Korrektur des handelsrechtlichen Gesellschaftsvertrags. Die Verwerfung der Gewinnverteilung führt im Allgemeinen nur dazu, dass durch das Finanzamt eine **steuerliche Korrektur** in dem Sinne vorgenommen wird, dass ungerechtfertigte Gewinnanteile bei einem anderen Gesellschafter (z. B. dem Vater) versteuert werden (H 15.9 Abs. 3 – Allgemeines – EStH).

Werden **Kinder als Komplementäre** in das väterliche Unternehmen aufgenommen und wird ihnen neben dem Vater eine gleichwertige Geschäftsführertätigkeit übertragen, so ist im Allgemeinen nichts dagegen einzuwenden, dass alle Gesellschafter ohne Rücksicht auf die Höhe ihrer Kapitalanteile nach angemessener Vorwegverzinsung eine Kopfbeteiligung am Restgewinn erhalten. **Wesentlich anders** liegen die Verhältnisse bei einem **nicht tätigen Kommanditisten.** Es ist zwar im Allgemeinen zulässig, dass der Kommanditist neben einer niedrig gehaltenen festen Verzinsung noch in irgendeiner Weise am Restgewinn beteiligt wird. Hierin kann aber nur eine zusätzliche Verzinsung gesehen werden, die sich deshalb nach dem Verhältnis der Beteiligungswerte richtet und **innerhalb eines angemessenen Rahmens bleiben muss.**

Der **Große Senat des BFH** hat bereits mit Beschluss vom 29.5.1972 (BStBl 1973 II S. 5) zu der Frage Stellung genommen, **welcher Gewinnanteil** bei einem nicht mitarbeitenden Familienangehörigen – als **Kommanditist oder atypischer stiller Gesellschafter – angemessen** ist. Er hat insbesondere geprüft, ob der steuerlich anzuerkennende Gewinnanteil des Kindes, das seinen **Kapitalanteil geschenkt** erhalten hat, eine bestimmte Höchstverzinslichkeitsgrenze, wie sie z. B. durch die frühere Rspr. des BFH bei 20–25 % der Einlage festgelegt wurde, nicht übersteigen dürfe und wo bejahendenfalls diese Grenze zu ziehen sei. Dabei ging der BFH davon aus, dass die Geschäftsführertätigkeit und das Haftungsrisiko des persönlich haftenden Gesellschafters vorweg angemessen abgegolten werden.

Der Große Senat hat wie folgt entschieden:

»Ein Gewerbetreibender, der mit Kindern eine steuerrechtlich anzuerkennende KG gründet, seinen Gewerbebetrieb in diese einbringt und seinen Kindern aus seinem Kapitalanteil Anteile **schenkweise** überträgt, kann mit steuerrechtlicher Wirkung nur eine **Gewinnverteilung** vereinbaren, die, falls die Kinder nicht mitarbeiten, auf längere Sicht zu einer auch unter Berücksichtigung der gesellschaftsrechtlichen Beteiligung der Kommanditisten **angemessenen Verzinsung des tatsächlichen Werts des Gesellschaftsanteils** führt.

Für atypische stille Beteiligungen gilt Entsprechendes.«

Eine angemessene Verzinsung ist nach den weiteren Ausführungen des Großen Senats anzuerkennen und die **Gewinnverteilung nicht zu beanstanden, wenn der Gewinnverteilungsschlüssel,** wie er im Gesellschaftsvertrag vereinbart ist, eine **durchschnittliche Rendite von nicht mehr als 15 % des tatsächlichen Werts der Beteiligung** ergibt. Ein niedrigerer Satzkönne unter besonderen Umständen gerechtfertigt sein. Maßgebend für die Beurteilung der Angemessenheit einer Gewinnbeteiligung sei der Zeitpunkt, in dem die Gesellschafter den Gewinnverteilungsschlüssel vereinbarten. Für die Beurteilung der Angemessenheit einer Gewinnverteilung seien nicht die Verhältnisse nur eines Jahres von Bedeutung. In der Regel dürfte von einem Zeitraum von fünf Wj. auszugehen sein. Daraus folgt im Einzelnen:

a) Der Gewinnanteil nicht mitarbeitender Kinder (minderjähriger und volljähriger), die ihre Kapitaleinlage von den Eltern geschenkt erhalten haben, ist auf seine Angemessenheit hin zu überprüfen. Entsprechendes gilt für Ehegatten (BFH-Urteil vom 4.6.1973, BStBl II S. 866).
b) Dabei ist der vereinbarte Gewinnverteilungs**schlüssel** und nicht der jährlich zufließende Gewinnanteil einer Prüfung zu unterziehen.

c) Der Gewinnverteilungsschlüssel darf nicht zu einer höheren durchschnittlichen Rendite als **15 % des Realwerts** der Beteiligung führen. Das Nominalkapital ist deshalb hier ohne Bedeutung. Ist allerdings vertraglich bestimmt, dass der Gesellschafter nicht oder unter bestimmten Voraussetzungen nicht an den stillen Reserven beteiligt sein soll, so ist ein Abschlag zu machen (siehe BFH-Urteile vom 29.3.1973, BStBl II S. 489; und vom 24.7.1986, BStBl 1987 II S. 54).

d) Sonach muss nach der Ermittlung (Schätzung) des Realwerts des gesamten Betriebsvermögens der Realwert des Kindesanteils geschätzt werden.

e) Alsdann ist die künftige **durchschnittliche Jahresrendite** griffweise zu ermitteln, wobei von einem Zeitraum von fünf Jahren auszugehen ist. Darauf ist der im Gesellschaftsvertrag vereinbarte Gewinnverteilungsschlüssel anzuwenden.

f) Führt diese Berechnung zu einer jährlichen Rendite von **nicht mehr als 15 % des Realwerts** (im Falle c) Satz 3 des Buchwerts) des Kindesanteils, so ist der **Gewinnverteilungsschlüssel angemessen;** andernfalls ist er zu korrigieren. Ist die Angemessenheit **im Zeitpunkt der Vereinbarung der Gewinnverteilung** zu bejahen, so kommt es nicht darauf an, wie hoch der Gewinnanteil in den Folgejahren ist, es sei denn, es träte eine wesentliche Veränderung der Verhältnisse ein, sodass auch bei einer Gesellschaft zwischen fremden Personen eine Revision des Gewinnverteilungsschlüssels vorgenommen würde.

5. Zur Gewinnverteilung bei **typischen stillen Gesellschaften**, zu denen der Große Senat keine Stellung genommen hatte, hat der IV. Senat des BFH mit Urteil vom 29.3.1973 (BStBl II S. 650) ähnlich entschieden:

»Die Gewinnverteilung einer typischen stillen Gesellschaft zwischen Familienangehörigen ist grds. angemessen, wenn der Gewinnverteilungsschlüssel im Zeitpunkt seiner Vereinbarung angemessen war.

Stammt die Kapitaleinlage des stillen Gesellschafters in vollem Umfang aus einer Schenkung des Unternehmers, so sind die vom Großen Senat zur Angemessenheit der Gewinnverteilung bei Familienpersonengesellschaften entwickelten Rechtsgrundsätze **sinngemäß anzuwenden**. Demgemäß ist in der Regel eine Gewinnverteilungsabrede angemessen, die im Zeitpunkt der Vereinbarung bei vernünftiger kaufmännischer Beurteilung eine durchschnittliche Rendite von bis zu **15 %** des tatsächlichen Werts der stillen Beteiligung erwarten lässt.

Der tatsächliche Wert einer typischen stillen Beteiligung i. S. dieser Rechtsgrundsätze ist regelmäßig **gleich ihrem Nennwert** (Wert der Einlage). Erweist sich die im Einzelfall vereinbarte Gewinnverteilung als unangemessen, so ist die Besteuerung so vorzunehmen, als ob eine angemessene Gewinnverteilungsabrede getroffen worden wäre.«

Es ergibt sich aus dem Wesen der stillen Beteiligung als einer Geldforderung, dass hier der tatsächliche Wert der Beteiligung dem Nennwert entspricht. Der oben genannte Satz von **15 %** gilt dann, wenn der beschenkte stille Gesellschafter am Gewinn und am Verlust beteiligt ist. Nach dem BFH-Urteil vom 29.3.1973 (BStBl II S. 650) wird in der Regel eine Verzinsung von **nur 12 % als angemessen** angesehen, wenn der stille Gesellschafter **nicht am Verlust beteiligt** ist (vgl. Tz 14.5.4 unter Erläuterungen zur Anlage KAP).

Stammt die Kapitaleinlage des stillen Gesellschafters **nicht aus einer Schenkung** des Unternehmers, sondern wird sie aus eigenen Mitteln des stillen Gesellschafters geleistet **und** ist der stille Gesellschafter **am Verlust beteiligt**, so ist nach dem BFH-Urteil vom 16.12.1981 (BStBl 1982 II S. 387) eine durchschnittliche Rendite **bis zu 35 %** des tatsächlichen Werts der stillen Beteiligung noch angemessen. Hat der stille Gesellschafter die Kapitaleinlage **aus eigenen Mitteln** geleistet und ist er **nicht am Verlust beteiligt**, gilt in der Regel ein Satz von **25 %** der Einlage als angemessen (BFH-Urteil vom 14.2.1973, BStBl II S. 395; und H 15.9 Abs. 5 – Eigene Mittel – EStH).

Mit der **Aufnahme von Kindern** als Mitunternehmer ist in vielen Fällen eine **Schenkung** von Teilen des Betriebsvermögens verbunden. Solche Schenkungen werden vom Finanzamt ohne Rücksicht auf Freibeträge dem für die Erbschaft- und Schenkungsteuer zuständigen Finanzamt mitgeteilt.

21.10 Verlustverrechnung bei beschränkter Haftung; negatives Kapitalkonto (§ 15 a EStG)

21.10.1 Ausgangslage

Der Kommanditist haftet den Gläubigern der KG bis zur Höhe seiner Einlage unmittelbar; die Haftung ist jedoch ausgeschlossen, soweit die Einlage geleistet ist (§ 171 Abs. 1 HGB). Wegen dieses beschränkten Risikos des Kommanditisten bestimmt § 167 Abs. 3 HGB, dass der Kommanditist am Verlust der Gesellschaft nur bis zum Betrage seines Kapitalanteils und seiner rückständigen Einlage teilnimmt. Nach herrschender handelsrechtlicher Meinung ist § 167 Abs. 3 HGB jedoch abdingbar und bestimmt lediglich die Grenzen der endgültigen Verlusttragung bei der Auseinandersetzung nach Beendigung der Gesellschaft oder der Kommanditbeteiligung. Deshalb können dem Kommanditisten Verlustanteile zunächst auch dann zugerechnet werden, wenn sein Kapitalkonto dadurch negativ wird. Ein Ausgleich erfolgt durch die Gutschrift späterer Gewinnanteile, bis das Kapitalkonto des Kommanditisten wieder die ursprüngliche Einlage ausweist. Scheidet der Kommanditist aus der KG aus und übernehmen die Mitgesellschafter sein negatives Kapitalkonto, ohne dass er einen Ausgleich leistet, dann entsteht für den ausscheidenden Kommanditisten in Höhe des negativen Kapitalkontos ein Gewinn, den er gemäß §§ 16 und 34 EStG zu versteuern hat (so schon BFH-Urteil vom 13.3.1964, BStBl III S. 359).

In der Zwischenzeit hat der Große Senat des BFH mit Beschluss vom 10.11.1980 (BStBl 1981 II S. 164) das negative Kapitalkonto bei einem Kommanditisten auch steuerlich anerkannt. Hiernach kann dem Kommanditisten ein Verlustanteil, der nach dem allgemeinen Gewinn- und Verlustverteilungsschlüssel der KG auf ihn entfällt, einkommensteuerrechtlich auch insoweit zugerechnet werden, als er zu einem negativen Kapitalkonto führt oder ein bereits bestehendes negatives Kapitalkonto erhöht. Dies gilt jedoch nur solange, als bei Aufstellung der Bilanz nach den Verhältnissen am Bilanzstichtag damit gerechnet werden kann, dass die Verluste durch künftige Gewinne wieder ausgeglichen werden können.

Steht bei Aufstellung der Bilanz nach den Verhältnissen am Bilanzstichtag fest, dass ein Ausgleich des negativen Kapitalkontos mit künftigen Gewinnanteilen des Kommanditisten nicht mehr in Betracht kommt, so hat das zur Folge, dass

- dem Kommanditisten keine Verluste mehr zugerechnet werden können;
- in Höhe des negativen Kapitalkontos ein zu versteuernder Gewinn entsteht. Dieser Gewinn ist als laufender Gewinn zu versteuern, wenn er nicht mit der Veräußerung oder der Aufgabe des Betriebs der KG zusammenfällt;
- die Verluste und der Nachversteuerungsbetrag in Höhe des negativen Kapitalkontos dem Komplementär und ggf. den anderen Kommanditisten, die noch ein positives Kapitalkonto haben, in Höhe dieses positiven Kapitalkontos zugerechnet werden.

Unabhängig hiervon hat der Gesetzgeber wegen steuersystematischer Bedenken und wegen der Entwicklung in der Praxis, die das negative Kapitalkonto zu einem planmäßigen Instrument der Steuerminimierung gemacht hat, eine besondere Regelung in § 15 a EStG getroffen. Die folgenden Ausführungen können lediglich einen **Überblick** über diese komplizierte steuerliche Vorschrift vermitteln.

21.10.2 Grundkonzeption des § 15 a EStG

Tragender Grundgedanke des § 15 a EStG ist zunächst, dass der Verlust, der beim Kommanditisten zu einem negativen Kapitalkonto führt oder ein schon vorhandenes negatives Kapitalkonto erhöht, auch weiterhin steuerlich dem Kommanditisten zugerechnet wird. Er wird also nicht etwa anderen Gesellschaftern, wie z. B. dem Komplementär, zugeordnet. Der Kommanditist darf den Verlust jedoch

nicht mit seinen positiven anderen Einkünften ausgleichen. Vielmehr muss er ihn vortragen und mit späteren Gewinnen aus der Beteiligung an der KG verrechnen = **verrechenbarer Verlust**.

BEISPIEL:
Der Kommanditist A ist am Gewinn und Verlust einer KG zu 1/ 3 beteiligt. Sein Kapitalkonto beträgt am 31.12. des Jahres 110 000 €. Im Jahr 2 hat die KG einen Verlust in Höhe von 90 000 €, wovon auf A 30 000 € entfallen. Dadurch wird sein Kapitalkonto negativ (10 000 € ./. 30 000 € = ./. 20 000 €). A kann im Jahr 2 von seinem Verlustanteil von 30 000 € nur 10 000 € mit seinen positiven Einkünften ausgleichen. Der nicht ausgeglichene Verlust von 20 000 € wird zum verrechenbaren Verlust.
Im Jahr 3 erzielt die KG einen Gewinn von 120 000 €, wovon 40 000 € auf A entfallen. Hiervon kann A den verrechenbaren Verlust des Jahres 2 abziehen und braucht folglich im Jahr 3 nur zu versteuern:

Gewinnanteil Jahr 3	40 000 €
verrechenbarer Verlust aus Jahr 2	./. 20 000 €
zu versteuern im Jahr 3	20 000 €

Soweit ein Verlustausgleich ausgeschlossen ist, weil sich durch den Verlustanteil des Kommanditisten ein negatives Kapitalkonto ergibt oder sich erhöht, kann der Verlust **auch nicht im Wege des Verlustabzugs nach § 10 d EStG** durch Verlustrücktrag oder Verlustvortrag berücksichtigt werden. Ein Kapitalkonto i. S. des § 15 a EStG liegt gem. BFH-Urteil vom 16.1.2025 (IV R 28/23, BStBl II S. 389) i. d. R. vor, wenn auf dem Konto auch Verluste verbucht werden, die auf diese Weise stehen gebliebene Gewinne aufzehren können. Kann der Kommanditist frei über das auf dem für ihn geführten Gesellschafterkonto bestehende Guthaben verfügen, spricht dies gegen die Einordnung des Kontos als Kapitalkonto i. S. des § 15 a EStG.

Die Regelung des § 15 a EStG ist zwingendes öffentliches Recht; sie kann mithin durch abweichende vertragliche Vereinbarungen der Gesellschafter nicht ausgeschlossen oder eingeschränkt werden.

21.10.3 Begrenzung des Verlustabzugs bei Kommanditisten

§ 15 a Abs. 1 bis 4 EStG gilt für Kommanditisten einer KG i. S. des HGB. Kommanditist einer KG kann nicht nur eine natürliche Person, sondern auch eine Personengesellschaft oder eine Kapitalgesellschaft sein. Der Verlustanteil einer als Kommanditistin beteiligten OHG darf also z. B. bei deren Gesellschaftern nur berücksichtigt werden, soweit bei der OHG kein negatives Kapitalkonto entsteht oder sich erhöht.

Im BMF-Schreiben vom 30.5.1997 (BStBl I S. 627) ist im Einzelnen geregelt, wie der **Umfang des Kapitalkontos** i. S. des § 15 a EStG unter Zugrundelegung der Rspr. zu bestimmen ist (siehe auch H 15a EStH). Darüber hinaus hat der BFH in seinem Urteil vom 15.5.2008 (BStBl II S. 812) festgestellt, dass bei einem als »Darlehenskonto« bezeichneten Konto eines Kommanditisten, das im Rahmen des sog. Vier-Konten-Modells dazu bestimmt ist, die nicht auf dem Rücklagenkonto verbuchten Gewinnanteile aufzunehmen, es sich auch dann um ein Kapitalkonto i. S. des § 15 a Abs. 1 Satz 1 EStG handeln kann, wenn es gewinnunabhängig zu verzinsen ist. Voraussetzung sei allerdings, dass entweder auf diesem Konto die Verluste der Gesellschaft verbucht werden oder dass das Konto im Fall der Liquidation der Gesellschaft oder des Ausscheidens des Gesellschafters mit einem etwa bestehenden negativen Kapitalkonto zu verrechnen ist.

Wird das Kapitalkonto eines Kommanditisten unter Berücksichtigung einer negativen **Ergänzungsbilanz**, welche infolge der Wahlrechtsausübung nach § 6 b EStG aufzustellen war, negativ, sind Verluste, die zu einer Erhöhung des Negativsaldos führen, nicht ausgleichsfähig (BFH-Urteil vom 18.5.2017, BStBl II S. 905). Eine tatsächlich geleistete Einlage steht damit bis zur Höhe des in der negativen Ergänzungsbilanz ausgewiesenen Negativkapitals nicht als Verlustausgleichsvolumen zur Verfügung. Das Kapitalkonto aus den für die Kommanditisten gebildeten **Sonderbilanz**en bleiben danach ebenfalls i. S. des § 15 a Abs. 1 EStG außer Ansatz (bestätigt mit BFH-Urteil vom 16.1.2025, IV R 28/23, BStBl II S. 389). Dies bedingt, dass etwaige Sondergewinne oder Sonderverluste bei der Feststellung der Höhe des für den Kommanditisten festzustellenden verrechenbaren Verlustes nicht zu berücksichtigen sind. Entsprechndes gilt für eine außerbilanzielle Hinzurechnung nach § 7 g Abs. 2 Satz 1 EStG (BFH-Urteil vom 16.1.2025, IV R 28/23, a. a. O.) und die Übertragung stiller Reserven nach § 6 b EStG (vgl. BFH-Urteil vom 12.12.2024, IV R 24/22, BStBl II 2025 S. 188).

21.10.4 Erweiterter Verlustausgleich

Haftet der Kommanditist am Bilanzstichtag den Gläubigern der Gesellschaft aufgrund des § 171 Abs. 1 HGB wegen einer **noch nicht geleisteten Einlage** unmittelbar mit seinem Vermögen, so kommt ein **erweiterter Verlustabzug** in Betracht. Der Kommanditist kann dann den Verlust bis zur Höhe des Betrages, um den die im Handelsregister eingetragene Einlage seine geleistete Einlage übersteigt, auch ausgleichen oder abziehen, soweit durch den Verlust ein negatives Kapitalkonto entsteht oder sich erhöht. Der erweiterte Verlustausgleich mindert sich jedoch in dem Umfang, in dem ein anderer am Anteil des Kommanditisten atypisch still unterbeteiligt ist (vgl. BFH-Urteil vom 19.4.2007, BStBl II S. 868). Um missbräuchliche Gestaltungen zu verhindern, müssen allerdings verschiedene Voraussetzungen erfüllt und nachgewiesen werden. Leistet der Kommanditist zusätzlich zu der im Handelsregister eingetragenen Pflichteinlage eine weitere Sacheinlage, so kann er nach dem BFH-Urteil vom 11.10.2007 (BStBl 2009 II S. 135) im Wege einer negativen Tilgungsbestimmung die Reihenfolge herbeiführen, dass die Haftungsbefreiung nach § 171 Abs. 1 2. Halbsatz HGB nicht eintritt. Das soll nach BFH-Auffassung dazu führen, dass die Einlage nicht mit der eingetragenen Pflichteinlage zu verrechnen ist, sondern im Umfang ihres Wertes die Entstehung oder Erhöhung eines negativen Kapitalkontos verhindert und auf diese Weise nach § 15 a Abs. 1 Satz 1 EStG zur Ausgleichs- und Abzugsfähigkeit von Verlusten führt. Mit Urteil vom 16.10.2008 (BStBl 2009 II S. 272) hat der BFH diese Auffassung in einem anderen Verfahren nochmals bestätigt und darüber hinaus Einzelfragen zum Darlehenskonto im sog. Vier-Konten-Modell geklärt. Wird danach dieses Darlehenskonto des Gesellschafters infolge gesellschaftsvertraglich nicht vorgesehener Auszahlungen negativ, so weist das nunmehr aktivische Darlehenskonto eine Forderung der Gesellschaft gegenüber dem Gesellschafter aus mit der Folge, dass es in die Ermittlung des Kapitalkontos des Kommanditisten nach § 15 a Abs. 1 EStG nicht einzubeziehen ist. Ein Kommanditist kann sein **Verlustausgleichsvolumen** i. S. des § 15 a Abs. 1 Satz 1 EStG nach dem BFH-Urteil vom 10.11.2022 (IV R 8/19, BStBl II 2023 S. 332) **auch durch** die Erbringung einer **freiwilligen Einlage erhöhen**. Eine derartige freiwillige Einlage ist allerdings nur dann gegeben, wenn sie gesellschaftsrechtlich, insbesondere nach dem Gesellschaftsvertrag, zulässig ist. Dementsprechend führt die Buchung einer freiwillig vom Kommanditisten erbrachten Einlage auf einem variablen Eigenkapitalkonto nur dann zu einer Erhöhung des Verlustausgleichsvolumens, wenn es sich um eine gesellschaftsrechtlich zulässige Einlage in das Gesamthandsvermögen der Gesellschaft handelt.

Wegen der Einzelheiten siehe § 15 a Abs. 1 Satz 2 und 3 EStG sowie R 15a Abs. 3 EStR.

21.10.5 Verlustverrechnung mit späteren Gewinnen

Soweit der Verlust nach § 15 a EStG nicht ausgeglichen oder abgezogen werden kann, erfolgt eine Verrechnung mit Gewinnen, die dem Kommanditisten in späteren Wj. aus seiner Beteiligung an der KG zuzurechnen sind (§ 15 a Abs. 2 EStG).

BEISPIEL:
Auf den Kommanditisten X entfällt im Jahr 1 ein nicht ausgleichsfähiger Verlust von 50 000 €. In den Jahren 2, 3 und 4 entfallen auf X Gewinnanteile von je 20 000 €. Der nicht ausgleichsfähige Verlust aus dem Jahr 1 wird zunächst mit den Gewinnanteilen der Jahre 2 und 3 verrechnet, sodass X von den Gewinnanteilen dieser

Jahre nichts versteuern muss. Der dann noch verrechenbare Verlust von 10 000 € wird mit dem Gewinn des Jahres 4 verrechnet,

sodass für das Jahr 4	20 000 €
	./. 10 000 €
	10 000 €

zu versteuern sind.

Die Verrechnung mit späteren Gewinnen ist nicht auf die Anteile am laufenden Gewinn beschränkt. Veräußerungsgewinne nach § 16 EStG sind ebenfalls einzubeziehen. Die Verlustverrechnung gemäß § 15a Abs. 2 EStG erfolgt von Amts wegen; eines besonderen Antrags bedarf es daher nicht. Sie ist zeitlich nicht beschränkt.

21.10.6 Gewinnzurechnung bei Einlagen- oder Haftungsminderung

Da für die Bestimmung des Kapitalkontos der Stand **am Bilanzstichtag** maßgebend ist, könnte das Gesetz ohne eine entsprechende Absicherung verhältnismäßig leicht umgangen werden. Daher enthält § 15a Abs. 3 EStG sowohl eine besondere Regelung im Falle der **Einlageminderung** als auch im Falle der **Haftungsminderung**. Nach dem BFH-Urteil vom 20.6.2024 (IV R 17/21, BStBl II S. 898) sind diese Regelungen **gesellschafterbezogen** auszulegen. Danach ist der fiktive Gewinn demjenigen Kommanditisten zuzurechnen, der die für die Einlageminderung erforderliche Entnahme tätigt oder für den die im Handelsregister eingetragene Haftsumme gemindert wird. Die gesellschafterbezogene Betrachtung der Gewinnhinzurechnung gilt **auch** dann, wenn der **Kommanditanteil unterjährig übertragen** wird.

Zu beachten sind dabei jedoch die Urteile des BFH vom 14.10.2003 (BStBl 2004 II S. 359) und vom 26.6.2007 (BStBl II S. 934), wonach – über den Wortlaut des § 15a Abs. 1 EStG hinaus – Einlagen, die zum Ausgleich eines negativen Kapitalkontos geleistet und im Wj. der Einlage nicht durch ausgleichsfähige Verluste verbraucht werden, regelmäßig zum Ansatz eines Korrekturpostens führen mit der weiteren Folge, dass Verluste späterer Wj. bis zum Verbrauch dieses Postens auch dann als ausgleichsfähig zu qualifizieren sind, wenn hierdurch (erneut) ein negatives Kapitalkonto entsteht oder erhöht. Dem hat sich auch die Finanzverwaltung angeschlossen (BMF-Schreiben vom 19.11.2007, BStBl I S. 823). Mit Urteil vom 20.9.2007 (BStBl 2008 II S. 118) hat der BFH darüber hinaus entschieden, dass auch Einlagen eines atypisch stillen Gesellschafters, die er zum Ausgleich seines negativen Kapitalkontos geleistet hat und die nicht durch ausgleichsfähige Verluste verbraucht wurden (sog. vorgezogene Einlagen), geeignet sind, die Verluste späterer Wj. als ausgleichsfähig zu qualifizieren.

Eine die Haftsumme übersteigende Pflichteinlage – also auch das Agio, das vereinbarungsgemäß den Kapitalanteil des Kommanditisten mehren und der Stärkung des Eigenkapitals der Gesellschaft dienen soll – steht als »Polster« für haftungsunschädliche Entnahmen nicht zur Verfügung, wenn sie durch Verluste verbraucht ist. Das hat nach dem BFH-Urteil vom 6.3.2008 (BStBl II S. 676) für die Gewinnzurechnung wegen Einlageminderung nach § 15a Abs. 3 EStG zur Folge, dass bei Bestehen eines negativen Kapitalkontos eine Entnahme auch insoweit, als sie die Differenz zwischen Haftsumme und überschießender Pflichteinlage nicht überschreitet, zum Wiederaufleben der nach § 15a Abs. 1 Satz 2 EStG zu berücksichtigenden Haftung führt und mithin eine Zurechnung nach § 15a Abs. 3 EStG zu unterbleiben hat.

Mit der Änderung des § 15a EStG durch das JStG 2009 vom 19.12.2008 (BGBl I S. 2794) kann – lt. Gesetzesbegründung – bei einem negativen Kapitalkonto durch Einlagen kein Verlustausgleichsvolumen für künftige Wj. mehr geschaffen werden (neuer Abs. 1a des § 15a EStG). Das o.a. BFH-Urteil vom 26.6.2007 sollte damit ausgehebelt werden. Die Neuregelung gilt erstmals für Einlagen, die nach dem Tag der Verkündung des JStG 2009 (= 24.12.2008, d.h. ab 25.12.2008) getätigt werden.

21.10.7 Gesonderte Feststellung des verrechenbaren Verlustes

Es entspricht verwaltungsökonomischen Grundsätzen, den Teil des Kommanditistenverlusts, der nicht ausgleichs- oder abzugsfähig ist, aber die Gewinne späterer Jahre mindert, bereits im Jahr der Entstehung des KG-Verlusts durch **gesonderten Bescheid** festzustellen. Deshalb ist nach § 15a Abs. 4 EStG durch das Finanzamt eine gesonderte Feststellung des verrechenbaren Verlusts durchzuführen.

21.10.8 Ausscheiden eines Kommanditisten mit einem nicht verrechneten Verlust

Bei **entgeltlicher** Anteilsveräußerung erzielt der Kommanditist einen Veräußerungsgewinn i.S. der §§ 16, 34 EStG. Der Veräußerungsgewinn wird zunächst mit dem verrechenbaren Verlust ausgeglichen. Der übersteigende Betrag ist steuerpflichtig.

Bei **unentgeltlichem** Übergang der Anteile (Erbfolge, Schenkung) tritt der Anteilserwerber in die Rechtsstellung des bisher Beteiligten ein. Er führt dessen Buchwerte fort (§ 6 Abs. 3 EStG). Mit dem Anteil gehen auch die verrechenbaren Verluste auf den unentgeltlichen Erwerber über.

Bei **Liquidation** der Gesellschaft mindern eventuelle Gewinne, die durch die Aufdeckung stiller Reserven entstehen, den verrechenbaren Verlust nach § 15a Abs. 2 EStG. Wird die Gesellschaft durch die Eröffnung des Insolvenzverfahrens aufgelöst, wird der Veräußerungsgewinn regelmäßig erst im Zeitpunkt des Abschlusses der Liquidation der Gesellschaft oder, soweit die Gesellschaft ihren Gewerbebetrieb schon vor dem Abschluss des Insolvenzverfahrens einstellt, im Zeitpunkt der Betriebsaufgabe realisiert (BFH-Urteil vom 20.3.2017, BStBl II S. 896). Der Veräußerungsgewinn aufgrund der Auflösung der Gesellschaft ist zu einem früheren Bilanzstichtag ausnahmsweise nur dann realisiert, wenn zu diesem Bilanzstichtag feststeht, dass eine Auffüllung des negativen Kapitalkontos durch den Kommanditisten unter keinem denkbaren Gesichtspunkt mehr in Betracht kommen wird. Ist ein solcher Ausgleich mangels stiller Reserven nicht möglich, so ist der Verlust bei demjenigen zu berücksichtigen, der ihn endgültig zu tragen hat (in der Regel der Komplementär).

21.10.9 Vergleichbare Unternehmer (§ 15a Abs. 5 EStG)

Die oben genannten Grundsätze gelten sinngemäß auch für andere Unternehmer (Mitunternehmer), soweit deren Haftung der eines Kommanditisten vergleichbar ist. Dies gilt z.B. für folgende Unternehmen:

- die stille Gesellschaft i.S. des § 230 HGB, bei der der stille Gesellschafter als Mitunternehmer anzusehen ist (atypische stille Gesellschaft),
- die Gesellschaft bürgerlichen Rechts, soweit die Inanspruchnahme des Gesellschafters für Schulden im Zusammenhang mit dem Betrieb durch Vertrag ausgeschlossen oder nach Art und Weise des Geschäftsbetriebs unwahrscheinlich ist (siehe die BMF-Schreiben vom 30.6.1994, BStBl I S. 355, vom 18.7.2000, BStBl I S. 1198, und vom 28.8.2001, BStBl I S. 614),
- ausländische Personengesellschaften (Mitunternehmerschaften), bei denen die Haftung in gleicher Weise wie bei den oben genannten Unternehmen beschränkt, ausgeschlossen oder unwahrscheinlich ist,
- unabhängig von der Rechtsform für alle Unternehmen, soweit Verbindlichkeiten nur in Abhängigkeit von Erlösen oder Gewinnen aus der Nutzung, Veräußerung oder sonstigen Verwertung von Wirtschaftsgütern zu tilgen sind (zur Besonderheit bei Verlustanteilen typischer stiller Gesellschafter siehe BFH-Urteil vom 16.10.2007, BStBl 2008 II S. 126).

§ 15a EStG gilt entsprechend bei den Einkünften aus Land- und Forstwirtschaft und aus selbständiger Arbeit.

21.10.10 Übergangsvorschriften

§ 15a EStG gilt grds. erstmals für Verluste, die in dem Wj. entstehen, das nach dem 31.12.1979 begonnen hat. Wegen der umfangreichen Übergangs- und Anwendungsvorschriften wird im Übrigen auf **§ 52 Abs. 24 EStG** verwiesen.

21.10.11 Ausscheiden eines Kommanditisten mit negativem Kapitalkonto

Als Folge der zum Teil für mehrere Jahre wirksamen Übergangsvorschriften kann es bei Kommanditisten und stillen Gesellschaftern zur Entstehung von negativen Kapitalkonten mit steuerlicher Auswirkung kommen. Deshalb war eine Regelung erforderlich, die im Ergebnis zu einer »**Nachversteuerung**« des negativen Kapitalkontos führt, wenn die **Gesellschaft liquidiert wird oder der Gesellschafter ausscheidet**, ohne das negative Kapitalkonto ausgleichen zu müssen. Schon nach der alten BFH-Rspr. erzielt der Kommanditist in diesen Fällen in Höhe des nicht auszugleichenden negativen Kapitalkontos einen Veräußerungsgewinn i. S. des § 16 EStG. Eine entsprechende gesetzliche Regelung enthält § 52 Abs. 24 Satz 3 EStG. Diese Vorschrift gilt nicht nur für Fälle, in denen negative Kapitalkonten aufgrund der oben genannten Übergangsregelung gebildet werden, sondern auch in allen Fällen, in denen negative Kapitalkonten aufgrund alten Rechts mit steuerlicher Wirkung gebildet worden sind. Der frühere Verlustausgleich wird durch die nunmehrige Gewinnhinzurechnung egalisiert. Deshalb sind bei den anderen Gesellschaftern in Höhe des fingierten Gewinns Verlustanteile anzusetzen (§ 52 Abs. 24 Satz 4 EStG).

Wurde für die Gesellschaft ein Antrag nach § 1 a KStG auf Option zur Körperschaftsbesteuerung gestellt (vgl. Tz 21.8), geht ein vorgetragener Verlust nach § 15 a EStG unter (BMF-Schreiben vom 10.11.2021, BStBl I S. 2212, Rn 47).

21.10.12 Sinngemäße Anwendung des § 15 a EStG bei anderen Einkunftsarten

§ 15 a EStG gilt sinngemäß für Verluste aus einer Beteiligung des **typischen stillen Gesellschafters** (vgl. Tz 14.5.4 unter Erläuterungen zur Anlage KAP) und für Verluste aus **Vermietung und Verpachtung** (vgl. die Ausführungen zur Anlage V). Bei den Vermietungseinkünften hat diese Regelung u. a. für die so genannte vermögensverwaltende KG (geschlossene Immobilienfonds) Bedeutung. Siehe auch BMF-Schreiben vom 15.9.2020, BStBl I 2020 S. 919 sowie BFH-Urteil vom 2.9.2014 (BStBl 2015 II S. 263). Mit diesem Urteil hat der BFH entschieden, dass der einem Kommanditisten zuzurechnende nicht ausgeglichene oder abgezogene Werbungskostenüberschuss mit Überschüssen zu verrechnen ist, die dem Kommanditisten in späteren Jahren aus seiner Beteiligung an der Kommanditgesellschaft zuzurechnen sind, und zwar unabhängig von der Einkunftsart. Dafür ist nach dem v. g. BMF-Schreiben vom 15.9.2020 (a. a. O.) ein fiktives Kapitalkonto für den Kommanditisten zu bilden, das das nach den Grundsätzen des § 15 a EStG zur Verfung stehende Verlustausgleichsvolumen abbildet. Das fiktive Kapitalkonto ermittelt sich aus der von dem jeweiligen Kommanditisten tatsächlich geleisteten Einlage, erhöht um weitere Einzahlungen während der Zeit der Zurechnung der Beteiligung sowie um positive Einkünfte aus seiner Beteiligung und vermindert um die Entnahmen und negativen Einkünfte aus seiner Beteiligung. Die bei einem entgeltlichen Gesellschafterwechsel vom Erwerber aufgewendeten Anschaffungskosten sind bei Ermittlung des fiktiven Kapitalkontos zu berücksichtigen (BFH-Urteil vom 29.10.2019, IX R 38/17, BStBl II 2021 S. 202). Maßgeblich ist der Stand des fiktiven Kapitalkontos am Ende des Veranlagungszeitraums bzw. am Ende der Beteiligtenstellung. Nach Rz 4 im v.g. BMF-Schreiben vom 15.9.2020 (a. a. O.) sind die Grundsätze des BMF-Schreibens vom 30.5.1997 (BStBl I S. 627) zum Umfang des Kapitalkontos entsprechend anzuwenden. D. h., in die Berechnung des fiktiven Kapitalkontos fließen unabhängig von der Einkunftsart alle Vermögenszuflüsse und -abflüsse ein, die durch die Kommanditgesellschaft im Gesamthandsvermögen realisiert werden und dem Kommanditisten aus seiner Beteiligung zuzurechnen sind. Damit gehen unter anderem auch folgende Vermögenszu- und -abflüsse wertmäßig ein:

- Kapitalerträge einschließlich der Gewinne/Verluste aus der Veräußerung von Kapitalvermögen (einschließlich derjenigen, die dem gesonderten Steuertarif nach § 32 d Abs. 1 EStG unterliegen),
- tatsächliche Werbungskosten bei den Einkünften aus Kapitalvermögen – unabhängig von dem Werbungskostenabzugsverbot des § 20 Abs. 9 EStG,
- Verluste aus Kapitalvermögen – unabhängig von den Verlustverrechnungsbeschränkungen des § 20 Abs. 6 EStG,
- steuerbare Veräußerungsgewinne und -verluste i. S. des § 22 Nr. 2 i. V. mit § 23 EStG,
- nicht steuerbare Veräußerungsgewinne und -verluste,
- steuerfreie Erträge und
- nicht abziehbare Werbungskosten.

21.11 Steuerstundungsmodelle

Durch **§ 15 b EStG** i. d. F. des Gesetzes vom 22.12.2005 (BStBl 2006 I 46
S. 80) sollte die Attraktivität sog. Steuerstundungsmodelle durch eine **Verlustverrechnungsbeschränkung** vermindert werden. Die Beschränkung ist grds. verfassungsgemäß (BFH-Urteil vom 17.1.2017, BStBl II S. 700; auch im Hinblick auf die sog. unechte Rückwirkung, vgl. BFH-Urteil vom 25.3.2021, BStBl II 2021 S. 814; ebenso im Fall sog. definitiver Verluste, vgl. BFH-Urteil vom 21.11.2024, IV R 6/22, BStBl II 2025 S. 283). Insbesondere ist nach BFH-Auffassung das Tatbestandsmerkmal einer »modellhaften Gestaltung« hinreichend bestimmt (BFH-Urteile vom 6.2.2014, BStBl II S. 465; und vom 17.1.2017, a. a. O.). Im Einzelnen gilt Folgendes:

Verluste im Zusammenhang mit einem Steuerstundungsmodell dürfen weder mit Einkünften aus Gewerbebetrieb noch mit Einkünften aus anderen Einkunftsarten ausgeglichen werden; sie dürfen auch nicht nach § 10 d EStG (vgl. Tz 10.5 unter Erläuterungen zur Anlage Sonstiges, **Zeilen 17 und 18**) abgezogen werden. Die Verluste mindern jedoch die Einkünfte, die der Steuerpflichtige in den folgenden Wj. aus derselben Einkunftsquelle (= dem nämlichen Steuerstundungsmodell) bezieht. Mit Schreiben vom 17.7.2007 (BStBl I S. 542) hat das BMF Anwendungshinweise zu § 15 b EStG bekannt gegeben und bis dahin aufgelaufene Zweifelsfragen geklärt. Mit Urteil vom 6.2.2014 (BStBl II S. 465) hat der BFH die grds. Beschränkung des Ausgleichs von Verlusten nach § 15 b EStG zwar bestätigt, jedoch auch festgestellt, dass es für die Annahme einer modellhaften Gestaltung erforderlich ist, dass das vertriebene Konzept **ausdrücklich steuerliche Verluste** vorsieht. Aufwendungen für die Fondsetablierung und die laufende Verwaltung sind nach dem BFH-Urteil vom 26.4.2018 (IV R 33/15, BStBl II 2020 S. 645) dabei als sofort – innerhalb der Restriktion des § 15 b EStG – abzugsfähige Betriebsausgaben zu behandeln und nicht als Anschaffungskosten der Zielfondsbeteiligung (hier: Beteiligung an einem Schiffsfonds). Mit Einführung des neuen § 6 e EStG durch das Gesetz zur weiteren steuerlichen Förderung der Elektromobilität und zur Änderung weiterer steuerlicher Vorschriften vom 12.12.2019 (BGBl I S. 2451) wurden die strittigen Fondsetablierungskosten gesetzgeberisch den Anschaffungskosten zugeordnet und damit die o. a. BFH-Rspr. ausgehebelt. Nach § 52 Abs. 14a EStG gilt dies auch in Wj., die vor dem 18.12.2019 enden, d. h. in allen offenen Fällen.

Eine »normale« (d. h. nicht »modellhafte«) unternehmerische Tätigkeit, wie z. B. eines Existenz- und Firmengründers, der Anlaufverluste erwirtschaftet, fällt nicht unter § 15 b EStG (BMF-Schreiben vom 17.7.2007, a. a. O., Rz 1). Die Anwendung des § 15 b EStG setzt jedoch eine einkommensteuerrechtlich relevante Tätigkeit voraus. Nach Rz 2 des BMF-Schreibens ist die Gewinnerzielungsabsicht daher vorrangig zu prüfen (vgl. Tz 21.1 unter Erläuterungen Zeile 4). Die Ursache für die negativen Einkünfte sollen dagegen ohne Belang sein (BMF-Schreiben vom 17.7.2007, a. a. O., Rz 3). Ein Steuerstundungsmodell kann nach dem BFH-Urteil vom 6.6.2019 (IV R 7/19, BStBl II S. 51) auch dann vorliegen, wenn die prognostizierten Verluste auf gesetzlichen Abschreibungsmethoden (degressive AfA, Sonderabschreibungen) beruhen. Dies hat der BFH in seinem Urteil vom 21.11.2024 (IV R 6/22, BStBl II 2025 S. 283) nochmals bestätigt. Sind mehrere Personen beteiligt, soll nach BMF-Schreiben vom 17.7.2007 (a. a. O., Rz 5) die Verlustverrechnungsbeschränkung sowohl für die Gesellschaft/Gemeinschaft als auch für die einzelnen Gesellschafter/Gemeinschafter, d. h. anlegerbezogen durchgeführt werden. Negative Zwischengewinne stellen nach dem BFH-Urteil vom 7.5.2019 (BStBl II S. 751) grds. keine Verluste i. S. des § 15 b Abs. 1 EStG dar.

Ein Steuerstundungsmodell liegt vor, wenn aufgrund einer **modellhaften Gestaltung** steuerliche Vorteile in Form negativer Einkünfte erzielt werden sollen (BMF-Schreiben vom 17.7.2007, a. a. O., Rz 7). Dies ist der Fall, wenn dem Steuerpflichtigen aufgrund eines vorgefertigten Konzepts die Möglichkeit geboten werden soll, zumindest in der Anfangsphase der Investition Verluste mit übrigen Einkünften zu verrechnen. Die Annahme eines Steuerstundungsmodells ergibt sich nach dem BFH-Urteil vom 17.1.2017 (BStBl II S. 700) nicht ohne Weiteres aus dem bloßen Aufgreifen einer bekannten Gestaltungsidee. Es handelt sich danach mangels vorgefertigten Konzepts nicht um ein Steuerstundungsmodell, wenn ein Anleger eine von ihm selbst oder von seinem Berater entwickelte oder modifizierte und individuell angepasste Investition umsetzt. Für die Annahme eines Steuerstundungsmodells genüge es nach BFH-Auffassung nicht, dass eine rechtliche Gestaltung vorliege, die auf steuerliche Vorteile durch Verlustabzug/-verrechnung ausgelegt sei und ohne die Möglichkeit einer (sofortigen) Verlustverrechnung nicht gewählt worden wäre. Voraussetzung sei stets die Nutzung eines vorgefertigten Konzeptes, was bedeute, dass eine von einem Anbieter abstrakt entwickelte Investitionskonzeption am Markt zur Verfügung stehe, auf die der Anleger »nur« noch zugreifen müsse. Nach § 15b Abs. 3 EStG ist die Verlustverrechnungsbeschränkung nur anzuwenden, wenn innerhalb der **Anfangsphase** das Verhältnis der Summe der prognostizierten Verluste zur Höhe des gezeichneten und nach dem Konzept auch aufzubringenden Kapitals **10 % übersteigt**. Bei Einzelinvestoren wird auf das Verhältnis zur Höhe des eingesetzten Eigenkapitals abgestellt. Anfangsphase ist der Zeitraum, bis zu dem nach dem Konzept keine nachhaltig positiven Einkünfte erzielt werden. Der nicht ausgleichsfähige Verlust ist vom Finanzamt jährlich **gesondert** festzustellen (§ 15b Abs. 4 EStG). Das gilt nach dem BFH-Urteil vom 11.11.2015 (BStBl 2016 II S. 388) auch für Einzelinvestitionen.

Die Verlustverrechnungsbeschränkung nach § 15b EStG gilt nicht nur für gewerbliche Steuerstundungsmodelle, sondern auch für:

- Verluste aus selbständiger Arbeit (Anlage S, Zeile 17),
- Verluste aus typisch stillen Gesellschaften (Anlage KAP, Zeile 55),
- Verluste aus Vermietung und Verpachtung (Anlage V-Sonstiges, Zeile 39),
- Verluste bei den sonstigen Einkünften (Anlage R, Zeile 29; Anlage R-AUS, Zeile 37 und Anlage SO, Zeile 31),
- Verluste aus Land- und Forstwirtschaft (Anlage L, Zeile 36).

Steuerstundungsmodelle sind meist vermögensverwaltende oder gewerblich geprägte Kommanditgesellschaften, die zwar einen Totalüberschuss bzw. Totalgewinn erzielen, ihren Anlegern aber in der Anfangsphase hohe Verluste zuweisen. Betroffen sind z. B. Medienfonds, New Energy Fonds, Schiffsbeteiligungen, Wertpapierhandelsfonds, Leasingfonds oder geschlossene Immobilienfonds. Nach BMF-Schreiben vom 17.7.2007 (a. a. O., Rz 12) auszuschließen sind jedoch rein vermögensverwaltende Venture Capital und Private Equity Fonds, weil danach die Erzielung negativer Einkünfte grds. nicht Gegenstand des Fondskonzepts sein soll. Es ist jedoch nicht erforderlich, dass mehrere Steuerpflichtige im Hinblick auf die Einkünfteerzielung gemeinsam tätig werden. Betroffen sind daher auch Aktivitäten einzelner Steuerpflichtiger mit dem Ziel der Steuerstundung (z. B. fremdfinanzierte Lebens- und Rentenversicherungen gegen Einmalbeitrag, bei denen sich steuerliche Verluste aus der günstigen Leibrenten-Besteuerung und der Ansammlung sofort abzugsfähiger Werbungskosten ergeben). Für die o. a. Modellhaftigkeit spricht ein **vorgefertigtes Konzept**, das mittels Anlegerprospekt oder in vergleichbarer Form (lt. Rz 10 des BMF-Schreibens vom 17.7.2007, a. a. O., sind dies z. B. Kataloge, Verkaufsunterlagen, Beratungsbögen usw.) vermarktet wird und auf die Erzielung steuerlicher Vorteile aufgrund negativer Einkünfte ausgerichtet ist. Daneben müssen gleichgerichtete Leistungsbeziehungen vorliegen, d. h. Abschluss gleichartiger Verträge mit mehreren identischen Vertragsparteien, wie z. B. mit demselben Treuhänder, demselben Vermittler, derselben Finanzierungsbank (BMF-Schreiben vom 17.7.2007, a. a. O., Rz 11). Erzielt ein Steuerpflichtiger negative Einkünfte aus Kapitalvermögen durch die Beteiligung an einer Gesellschaft im Wege einer sog. Einzelinvestition, erfordert das Ausnutzen einer modellhaften Gestaltung zur Verlusterzielung aufgrund eines vorgefertigten Konzepts nach dem BFH-Urteil vom 16.3.2023 (VIII R 10/19, BStBl II 2023 S. 817), dass er sich bei der Entwicklung der Geschäftsidee, der Vertragsgestaltung und der Vertragsumsetzung wie ein passiver Kapitalanleger verhält (Bestätigung des o. a. BFH-Urteils vom 17.1.2017, a. a. O.).

Wurde für eine Personenhandelsgesellschaft (ab 2024: Personengesellschaft) ein Antrag nach § 1 a KStG auf Option zur Körperschaftsbesteuerung gestellt (vgl. Tz 21.8), geht ein vorgetragener Verlust nach § 15b EStG für den Beteiligten unter (BMF-Schreiben vom 10.11.2021, BStBl I S. 2212, Rn 47).

Nach § 52 Abs. 25 EStG ist die Verlustverrechnungsbeschränkung des § 15b EStG auf Verluste aus Steuerstundungsmodellen anzuwenden, denen der Steuerpflichtige **nach dem 10.11.2005** beigetreten ist oder für die nach diesem Stichtag mit dem Außenvertrieb begonnen wurde. Der Außenvertrieb beginnt in dem Zeitpunkt, in dem die Voraussetzungen für die Veräußerung der konkret bestimmbaren Fondsanteile erfüllt sind und die Gesellschaft selbst oder über ein Vertriebsunternehmen mit Außenwirkung an den Markt herangetreten ist. Die Verlustverrechnungsbeschränkung ist zur Vermeidung von Umgehungen zudem auf bereits bestehende Steuerstundungsmodelle anzuwenden, wenn diese Modelle nach dem 10.11.2005 Kapitalerhöhungen beschließen oder Investitionen in neue Objekte tätigen. Außerhalb geschlossener Fonds ist § 15b EStG anzuwenden, wenn die Investition nach dem 10.11.2005 rechtsverbindlich getätigt wurde (z. B. bei einem am 11.11.2005 unterzeichneten, modellhaft fremdfinanzierten Rentenversicherungsvertrag). Als geschlossener Fonds in diesem Sinn ist ein Fonds anzusehen, der mit einem festen Anlegerkreis begründet wird. Ein Außenvertrieb ist nicht notwendiger Bestandteil geschlossener Fonds (BFH-Urteil vom 1.9.2016, BStBl II S. 1003).

Wegen der Vorgängervorschrift – **§ 2b EStG** –, die Beteiligungen an Verlustzuweisungsgesellschaften und ähnlichen Modellen betrifft, wird auf die Ausführungen zu Zeile 91 des Hauptvordrucks in den Vorauflagen (bis 2014) hingewiesen.

21.12 Teileinkünfteverfahren

Das Teileinkünfteverfahren greift nur dann ein, wenn sich die Beteiligungen (Aktien, GmbH- oder Genossenschaftsanteile) im **Betriebsvermögen** befinden. Danach bleiben z. B. Ausschüttungen, Veräußerungs- und Entnahmegewinne für solche Anteile auch bei Zugehörigkeit zu den Gewinneinkünften gem. § 3 Nr. 40 EStG **zu 40 % steuerfrei**. Entsprechend können Aufwendungen für solche Anteile (z. B. Finanzierungskosten), aber auch Veräußerungs- oder Entnahmeverluste und Teilwertabschreibungen für solche Anteile nur zu **40 %** abgezogen werden. Nach § 3c Abs. 2 EStG gilt das anteilige Abzugsverbot unabhängig davon, in welchem VZ die Einnahmen oder Betriebsvermögensmehrungen anfallen. Danach sind auch **vorab** entstandene Aufwendungen auf 40 % zu kürzen, wenn ein wirtschaftlicher Zusammenhang mit später möglichen Einnahmen (Betriebsvermögensmehrungen) besteht, die nach neuem Recht nur zu 60 % zu versteuern sind. Mit Urteil vom 19.6.2007 (BStBl 2008 II S. 551) hat der BFH im Übrigen festgestellt, dass die anteilige Kürzung nach § 3c Abs. 2 EStG mit dem Grundgesetz vereinbar ist. 4

Zur Anwendung des Teileinkünfteverfahrens auf Aufwendungen im Zusammenhang mit der Überlassung von Wirtschaftsgütern im Rahmen einer Betriebsaufspaltung und auf Teilwertabschreibungen von betrieblichen Darlehensforderungen sowie zu weiteren Fragen zur Anwendung des Teileinkünfteverfahrens hat das BMF mit Schreiben vom 8.11.2010 (BStBl I S. 1292), maßgeblich geändert durch das BMF-Schreiben vom 23.10.2013 (BStBl I S. 1269), Stellung genommen, auf das in diesem Zusammenhang verwiesen wird. Insbesondere zu Aufwendungen im Zusammenhang mit einer Betriebsaufspaltung gilt danach Folgendes:

- Erfolgt die Überlassung der Wirtschaftsgüter vom Besitzunternehmen an die Betriebskapitalgesellschaft voll entgeltlich, d. h. zu fremdüblichen Konditionen, ist § 3c Abs. 2 EStG nicht anwendbar, d.h. es kommt nicht zur Kürzung der Betriebsausgaben auf 60 % (bestätigt durch BFH-Urteil vom 17.7.2013, BStBl II S. 817).

- Erfolgt die Überlassung dagegen unentgeltlich oder teilentgeltlich, d.h. zu nicht fremdüblichen Konditionen, ist nach BMF-Auffassung § 3c Abs. 2 EStG anzuwenden, weil in diesem Fall die Aufwendungen ganz oder teilweise mit den aus der Betriebsgesellschaft erwarteten Einkünften des Gesellschafters, nämlich den Beteiligungserträgen in Form von Gewinnausschüttungen/ Dividenden und den Gewinnen aus einer zukünftigen Veräußerung oder Entnahme des Anteils zusammenhängen. Das bedeutet, die Aufwendungen dürfen nur zu 60 % den Gewinn mindern. Nach dem BFH-Urteil vom 28.2.2013 (BStBl II S. 802) ist die Kürzung jedoch nicht vorzunehmen, wenn Aufwendung durch voll stpfl. Einnahmen veranlasst sind, wie z.B. substanzbezogene Wertminderungen und Aufwendungen, d.h. Absetzungen für Abnutzung und Erhaltungsaufwendungen.
  Werden Wirtschaftsgüter teilentgeltlich überlassen, ist eine Aufteilung in eine voll entgeltliche und eine unentgeltliche Überlassung vorzunehmen. Die Aufteilung muss dabei im Verhältnis der vereinbarten Konditionen zu den fremdüblichen Konditionen unter ansonsten gleichen Verhältnissen vorgenommen werden. In den Fällen der Betriebsaufspaltung beruhen die fehlende Fremdüblichkeit und damit die Teilentgeltlichkeit im Regelfall auf einem zu niedrigen Pachtentgelt. Als Aufteilungsmaßstab ist in diesen Fällen grds. das Verhältnis des tatsächlich gezahlten Pachtentgelts zum fremdüblichen Pachtentgelt heranzuziehen (siehe BFH-Urteile vom 28.2.2013, BStBl II S. 802 und vom 17.7.2013, BStBl II S. 817).
- Der für die vorgenannte Einordnung maßgebliche Veranlassungszusammenhang hinsichtlich des überlassenen Wirtschaftsguts oder des gewährten Darlehens kann sich ändern. Nach dem Grundsatz der Abschnittsbesteuerung ist für jeden VZ zu prüfen, ob und ggf. durch welche Einkunftsart oder Einnahmen die geltend gemachten Aufwendungen (vorrangig) veranlasst sind (BFH-Urteil vom 28.2.2013, BStBl II S. 802). Das ist z.B. dann der Fall, wenn sich mit dem Abschluss einer Vereinbarung über den künftigen Verzicht auf Erhebung eines marktüblichen Miet- oder Pachtzinses ein Übergang von einer voll entgeltlichen Überlassung zu einer voll unentgeltlichen Überlassung vollzieht. In Fällen also, in denen zwar die Pachtentgelte zu fremdüblichen Bedingungen vereinbart worden sind, der Verpächter aber zu einem späteren Zeitpunkt auf die Pachtzahlungen ganz oder teilweise verzichtet hat, ist darauf abzustellen, ob der Verzicht schuldrechtlich veranlasst ist oder auf dem Gesellschaftsverhältnis beruht. Ein (teilweiser) Verzicht ist z.B. schuldrechtlich veranlasst, wenn die vergleichbaren marktüblichen Pachtentgelte generell gesunken sind und fremde Dritte eine Pachtanpassung vereinbart hätten oder wenn der Verzicht im Rahmen von Sanierungsmaßnahmen, an denen auch gesellschaftsfremde Personen teilnehmen, zeitlich befristet ist. War der Verzicht des Verpächters dagegen durch das Gesellschaftsverhältnis veranlasst, weil ein fremder Dritter den vereinbarten Verzicht weder in zeitlicher Hinsicht noch der Höhe nach akzeptiert hätte, unterliegen die mit der Nutzungsüberlassung zusammenhängenden Aufwendungen nach dem Wechsel des Veranlassungszusammenhangs in voller Höhe – bei teilweisem Verzicht anteilig – dem Teileinkünfteverfahren.

Sind in den gewerblichen Einkünften 2025 (Zeilen 6 bis 45 und 102 unter das Teileinkünfteverfahren fallende Einkünfte enthalten, so ist der steuerfreie Teil dieser Einkünfte in Zeile 47 anzugeben und mit Berechnung auf besonderem Blatt zu erläutern.

Mit dem Gesetz zur Anpassung der Abgabenordnung an den Zollkodex der Union und zur Änderung weiterer steuerlicher Vorschriften vom 22.12.2014 (BGBl I S. 2417) wurde **§ 3c Abs. 2 EStG ab 2015 erweitert**. Zum einen wurde der Anwendungsbereich auch auf die Fälle von Substanzverlusten aufgrund der Hingabe von Darlehen an eine Körperschaft zu aus gesellschaftsrechtlichen Gründen nicht fremdüblichen Konditionen ausgedehnt, wenn die maßgebliche Beteiligung mittel- oder unmittelbar zu mehr als einem Viertel an der Kapitalgesellschaft besteht. Zum anderen wurde die bisherige Auffassung der Finanzverwaltung gesetzlich abgesichert, dass bei Überlassung von Wirtschaftsgütern an eine Kapitalgesellschaft, an der der Überlassende zu mehr als einem Viertel beteiligt ist (insbesondere in Betriebsaufspaltungsfällen) und bei einer aus gesellschaftsrechtlichen Gründen fehlenden Fremdüblichkeit der Überlassung das Teilabzugverbot des § 3c Abs. 2 EStG auch für die Betriebsvermögensminderungen, Betriebsausgaben oder Veräußerungskosten – wie beispielsweise Refinanzierungskosten oder Unterhaltsaufwendungen des Besitzunternehmens – eingreift. Die Änderungen gelten erstmals für Wj., die **nach dem 31.12.2014** beginnen.

21.13 Veräußerungsgewinne bei der Veräußerung von Vermögen an eine REIT-AG oder an einen Vor-REIT

Mit dem Gesetz zur Schaffung deutscher Immobilien-Aktiengesellschaften mit börsennotierten Anteilen vom 28.5.2007 (BGBl I S. 914) wurde mit **§ 3 Nr. 70 EStG** eine neue Steuerbefreiung eingeführt. **Steuerfrei waren danach die Hälfte der Betriebsvermögensmehrungen und Einnahmen aus der Veräußerung von Grund und Boden und Gebäuden**, die bestimmte Zugehörigkeitsvoraussetzungen zu einem Betriebsvermögen erfüllen, wenn diese Vermögensgegenstände **in den Jahren 2007 bis 2010 an eine REIT-Aktiengesellschaft**, einen Vor-REIT oder ein inländisches Immobilen-Sondervermögen **veräußert wurden** (sog. **Exit-Tax**). Hintergrund ist die Förderung des nach Auffassung der Bundesregierung neu zu schaffenden Instruments zur indirekten Immobilienanlage mit transparenter Besteuerung. Für weitere Erläuterungen vgl. »Anleitung zur Einkommensteuererklärung 2011«.

21.14 Verlustausgleichsverbot nach § 2 Abs. 4 UmwStG

Im Rahmen des AmtshilfeRLUmsG vom 26.6.2013 (BGBl I S. 1809) wurde die Vorschrift des § 2 Abs. 4 UmwStG neu gefasst. Die Neuregelung war erstmalig auf Umwandlungen anzuwenden, bei denen die Anmeldung zur Eintragung in das für die Wirksamkeit maßgebende Register (des übernehmenden Rechtsträgers) nach dem 6.6.2013 erfolgt war. Hintergrund war die gesetzgeberisch gewollte Vermeidung von missbräuchlichen Gestaltungen im Zusammenhang mit einer – zumindest zunächst – steuerneutralen Realisierung von stillen Reserven des übertragenden Rechtsträgers im Rückwirkungszeitraum (= Zeitraum zwischen dem Zeitpunkt der Wirksamkeit der Umwandlung und dem ertragsteuerlich rückbezogenen Übertragungsstichtag) durch den gezielten Einsatz eines bei dem übernehmenden Rechtsträger bestehenden Verlustverrechnungspotenzials. Seit der Gesetzesänderung ist der Ausgleich oder die Verrechnung von positiven Einkünften des übertragenden Rechtsträgers nach einer Umwandlung mit Verlusten sowie Zinsvorträgen des übernehmenden Rechtsträgers im Rückwirkungszeitraum nicht (mehr) zulässig. Der Gewinn aus dem Rückwirkungszeitraum darf nicht mit Verlustvorträgen jeglicher Art verrechnet werden; dieser Gewinn ist immer als laufender Gewinn im VZ der vollen Besteuerung zu unterwerfen.

48

Ist übernehmender Rechtsträger eine Personengesellschaft, sind die Verlustnutzungsbeschränkungen auf Ebene der Gesellschafter zu berücksichtigen, § 2 Abs. 4 Satz 5 UmwStG.

Der in den Zeilen 6 bis 45 und 102 enthaltene Anteil positiver Einkünfte ist zur technischen Verarbeitung und finanzamtsseitigen Auswertung in Zeile 48 einzutragen.

21.15 Steuerbegünstigung für nicht entnommene Gewinne

49 **Seit** dem VZ **2008** besteht für Steuerpflichtige mit Gewinnen aus Land- und Forstwirtschaft, Gewerbebetrieb oder selbständiger Arbeit unter bestimmten Voraussetzungen die Möglichkeit einer Tarifermäßigung (§ 34a EStG i. d. F. des Unternehmensteuerreformgesetzes 2008 vom 14.8.2007, BGBl I S. 1912). Die tarifliche ESt wird für diese Gewinne auf **28,25 %** (zzgl. Solidaritätszuschlag) herabgesenkt, die Ermäßigung wird dabei **betriebs- und personenbezogen** gewährt. Bei Personengesellschaften kann der einzelne Mitunternehmer einen entsprechenden Antrag nur stellen, wenn sein Gewinnanteil 10 % oder 10 000 € absolut übersteigt. Soweit der begünstigt besteuerte Gewinn in späteren Jahren entnommen wird, erfolgt eine **Nachversteuerung i. H. von 25 %** des Nachversteuerungsbetrags.

Grundsätzliche Voraussetzung ist die **Thesaurierung** des Gewinns. Dies ist der nach § 4 Abs. 1 Satz 1 oder § 5 EStG ermittelte Gewinn vermindert um den positiven Saldo aus Entnahmen und Einlagen. Gewinn, der nach § 4 Abs. 3 EStG (Einnahmenüberschussrechnung) oder nach §§ 5a und 13a EStG pauschaliert ermittelt wurde, ist nicht begünstigt. Dem Steuerpflichtigen wird ein weit reichendes Wahlrecht eingeräumt: Er kann **für jeden Betrieb/Mitunternehmeranteil gesondert** wählen, ob er auf den gesamten nicht entnommenen Gewinn den ermäßigten Steuersatz anwenden oder er die Begünstigung auf einen Teil des nicht entnommenen Gewinns beschränken will. Von der Begünstigung ausgeschlossen sind bereits anderweitig geförderte Gewinne, wie z. B. Carried Interest i. S. des § 18 Abs. 1 Nr. 4 EStG, Veräußerungsgewinne i. S. der §§ 16 und/oder 34 EStG.

Der **Begünstigungsbetrag** ist der Betrag, für den der Steuerpflichtige die Begünstigung aufgrund des ihm zustehenden Wahlrechts für den nicht entnommenen Gewinn tatsächlich in Anspruch nimmt. Aus diesem Betrag wird auch der Nachversteuerungsbetrag entwickelt. Der Nachversteuerungsbetrag wird jährlich zum Ende des VZ fortgeschrieben, indem er um den nachversteuerungspflichtigen Betrag des laufenden VZ erhöht und im Nachversteuerungsfall um den Nachversteuerungsbetrag vermindert wird. Ein **Nachversteuerungsbetrag** ergibt sich jedoch erst, wenn der Saldo der Entnahmen und Einlagen des laufenden Wj. den in diesem Wj. erzielten Gewinn übersteigt. Die Übertragung und Überführung von Wirtschaftsgütern zu Buchwerten auf einen anderen Betrieb oder Mitunternehmeranteil des Steuerpflichtigen und die Entnahme von Geldbeträgen, um die Erbschaft-/Schenkungsteuer zu zahlen, die aufgrund der unentgeltlichen Übertragung des Betriebs/Mitunternehmeranteils entstanden ist, führt jedoch nicht zur Nachversteuerung. Anders dagegen ist es bei Betriebsaufgabe/-veräußerung/Einbringung/Formwechsel in eine Kapitalgesellschaft: Ein in der Vergangenheit gebildeter nachversteuerungspflichtiger Betrag ist vollständig aufzulösen und eine Nachversteuerung durchzuführen. Gleiches gilt z. B. beim Wechsel der Gewinnermittlungsart zur Einnahmenüberschussrechnung nach § 4 Abs. 3 EStG. Eine Nachversteuerung kann vom Steuerpflichtigen aber auch beantragt werden. Ist Grund der Nachversteuerung eine o. a. Betriebsaufgabe/-veräußerung/Einbringung/Formwechsel, wird die ESt auf den Nachversteuerungsbetrag in regelmäßigen Teilbeträgen für einen Zeitraum von höchstens zehn Jahren seit Eintritt der ersten Fälligkeit auf Antrag in Härtefällen zinslos gestundet.

Der Nachversteuerungsbetrag zum Ende des VZ wird **jährlich vom Finanzamt gesondert festgestellt**.

Für Vorauszahlungszwecke bleibt § 34a EStG außer Ansatz (§ 37 Abs. 3 Satz 5 EStG).

Weitere Ausführungen hierzu enthalten die Hinweise zur hierfür ab 2008 neu geschaffenen **Anlage 34a** (vgl. Tz 23).

Zum Antrag dieser Begünstigung (und ab 2009 zur Angabe von Nachversteuerungstatbeständen) ist in Zeile 49 die Anzahl der beigefügten Anlagen 34a einzutragen. Dies gilt sowohl für Betriebe als Einzelunternehmer (Zeilen 4 bis 10 und 102), als auch für Betriebe oder Anteilen daran, deren Besteuerungsgrundlagen gesondert – und ggf. einheitlich – festgestellt worden sind (Zeilen 11 bis 13 für Betriebe aus einer gesonderten Feststellung; Zeilen 14 bis 45 für Betriebe, an denen der Steuerpflichtige als Mitunternehmer beteiligt ist).

21.16 Steuerfreie Sanierungsgewinne i. S. des § 3a EStG

Für Gewinne, die dadurch entstehen, dass Gläubiger auf ihre Forde- 5
rungen verzichten, und wenn dieser Verzicht der Sanierung des Betriebs des Steuerpflichtigen dienen soll, sieht § 3a EStG unter gewissen Voraussetzungen eine Steuerbefreiung vor. Für weitere Einzelheiten, insbesondere zu den Voraussetzungen für die Steuerfreiheit sowie die Folgewirkungen vor allem auf Verlustvorträge vgl. Teil II Tz 11.

Mit Zeile 50 wird zwar keine Erklärungsmöglichkeit im eigentlichen Sinne geschaffen. Mit dem Eintrag »1« (= Ja) wird jedoch auf den Umstand hingewiesen, dass im erklärten Gewinn lt. Zeilen 6–45 und 102 der Anlage G Sanierungsgewinne enthalten sind, die steuerfrei gestellt wurden. Wir empfehlen, zur Vermeidung von Rückfragen, weitere Angaben zur Inanspruchnahme der Steuerfreiheit und der damit verbundenen Betriebsausgaben zu machen.

21.17 Steuerermäßigung wegen Gewerbesteuer

Durch das Steuersenkungsgesetz (BStBl 2000 I S. 1428) wurde in 51–
§ 35 EStG ab dem Jahr 2001 eine pauschalierte Anrechnung von Gewerbesteuer auf die ESt eingeführt. Die Vorschrift soll dazu dienen, die Doppelbelastung gewerblicher Einkünfte mit Einkommen- und Gewerbesteuer zu beseitigen und eine Benachteiligung von Einzelunternehmen und Personengesellschaften gegenüber Kapitalgesellschaften zu vermeiden. Aufgrund der Neuregelung in § 35 EStG wurde die frühere Tarifbegrenzung bei gewerblichen Einkünften in § 32c EStG aufgehoben. Mit dem Unternehmensteuerreformgesetz 2008 (BGBl I S. 1912) wurde die Anrechnung zwar erhöht (vom 1,8-Fachen des Gewerbesteuer-Messbetrags auf das 3,8-Fache), jedoch gleichzeitig durch die Deckelung auf die tatsächlich zu zahlende Gewerbesteuer eingeschränkt. Mit dem Jahressteuergesetz 2008 (BGBl I S. 3150) kam eine weitere Einschränkung hinzu: Bei negativen Einkünften aus anderen Einkunftsarten reduziert sich der Ermäßigungshöchstbetrag. Die Abfragen zur Steuerermäßigung nach § 35 EStG wurden hierzu umfangreich geändert. Mit dem Zweiten Corona-Steuerhilfegesetz vom 29.6.2020 (BGBl I S. 1512) wurde die Anrechnung auf das **4-Fache des Gewerbesteuer-Messbetrags** angehoben. Dies gilt nach § 52 Abs. 35a EStG erstmals ab VZ 2020.

Der betriebsbezogenen Betrachtungsweise folgend (siehe hierzu bereits die Gesetzesbegründung zum Steuersenkungsgesetz) sind Angaben zum Gewerbesteuer-Messbetrag je Betrieb zu machen. Die Anlage G sieht hierzu Eintragungsmöglichkeiten für bis zu zwei eindeutig identifizierbare Betriebe/Mitunternehmeranteile vor (vgl. Zeilen 51 und 53), wenn in Zeile 55 Angaben zu allen weiteren Betrieben/Mitunternehmeranteilen enthalten sind oder für drei Betriebe/Mitunternehmeranteile, wenn in Zeile 55 ausschließlich Angaben zu einem weiteren Betrieb/Mitunternehmeranteil gemacht werden. Zur Deckelung auf die tatsächlich zu zahlende Gewerbesteuer stehen – nach der gleichen Systematik wie bei der Eintragung des Gewerbesteuer-Messbetrags – die Zeilen 52, 54 und 56 zur Verfügung sowie bei mittelbaren Beteiligungen die Zeile 57.

Nach § 35 Abs. 1 EStG **ermäßigt sich die tarifliche ESt**, vermindert um die sonstigen Steuerermäßigungen mit Ausnahme der §§ 34f und 34g EStG, soweit sie **anteilig auf** im zu versteuernden Einkommen enthaltene **gewerbliche Einkünfte entfällt**,

- bei gewerblichen **Einzelunternehmern** um das **4-Fache** (bis 2019: 3,8-Fache) des jeweils für den dem VZ entsprechenden Erhebungszeitraum nach § 14 GewStG für das Unternehmen festgesetzten **Gewerbesteuer-Messbetrags**,

- Einkünften aus Gewerbebetrieb als **Mitunternehmer** um das **4-Fache** (bis 2019: 3,8-Fache) des jeweils für den dem VZ entsprechenden Erhebungszeitraum festgesetzten **anteiligen** Gewerbesteuer-Messbetrags.

Die Erhöhung ab 2008 dient nach der Gesetzesbegründung zum Unternehmensteuerreformgesetz 2008 in erster Linie als Ausgleich für den Wegfall des Betriebsausgabenabzugs der Gewerbesteuer (§ 4 Abs. 5b EStG) und die Erhöhung ab 2020 der Anpassung an die höheren Gewerbesteuer-Hebesätze und zur Liquiditätsstärkung von Unternehmen in der Corona-Pandemie. Einzelheiten der Steuerermäßigung in der bis 2007 geltenden Fassung waren im Anwendungsschreiben des BMF vom 19.9.2007 (BStBl I S. 709) geregelt (mit Beispielen). Im BMF-Schreiben vom 24.2.2009 (BStBl I S. 440) wurde dieses an die Rechtslage ab 2008 angepasst. Für Problemfälle bei mehrstöckigen Personengesellschaften wurden einzelne Tz des Schreibens mit BMF-Schreiben vom 25.11.2010 (BStBl I S. 1312) geändert. Mit Schreiben vom 3.11.2016 (BStBl I S. 1187) wurden die v. g. Schreiben vom 24.2.2009 und vom 25.11.2010 ersetzt. Einvernehmlich können Mitunternehmer Rn. 30 des BMF-Schreibens vom 24.2.2009 (a. a. O.) für VZ 2017 letztmalig anwenden. Änderungen in der Rspr. zu mehrstöckigen Personengesellschaften (BFH-Urteile vom 20.3.2017, siehe unten) machten eine erneute Änderung einzelner Rn. notwendig, siehe BMF-Schreiben vom 17.4.2019 (BStBl I S. 459), auf die unten weiter eingegangen wird.

Die Steuerermäßigung nach § 35 EStG wirkt sich wegen der Änderung des § 51 a Abs. 2 EStG nicht bei der Festsetzung von Kirchensteuer aus, ggf. aber bei der Festsetzung des Solidaritätszuschlags, soweit er noch erhoben wird.

Gewerbliche Einkünfte i. S. des § 35 EStG sind die der Gewerbesteuer unterliegende Gewinn und Gewinnanteile, soweit sie nicht nach anderen Vorschriften von der Steuerermäßigung nach § 35 EStG ausgenommen sind. Begünstigt sind insbesondere Einkünfte aus Gewerbebetrieb i. S. des § 15 EStG; **Einkünfte aus Veräußerungen** (Betriebsaufgaben) i. S. der §§ 16 und 17 EStG (siehe Erläuterungen zu den Zeilen 58 bis 79 und 82 bis 96) gehören damit grds. **nicht** dazu. In die gewerblichen Einkünfte i. S. des § 35 EStG einzubeziehen sind jedoch die gewerbesteuerpflichtigen Veräußerungsgewinne aus der 100 %igen Beteiligung an einer Kapitalgesellschaft, wenn die Veräußerung nicht im engen Zusammenhang mit der Aufgabe des Gewerbebetriebs erfolgt (R 7 Abs. 3 GewStR) sowie die Veräußerungsgewinne, die nach § 7 Satz 2 GewStG gewerbesteuerpflichtig sind. Der Gewinn aus der Veräußerung eines Teils eines Mitunternehmeranteils i. S. des § 16 Abs. 1 Satz 2 EStG gehört als laufender Gewinn auch zu den gewerblichen Einkünften i. S. des § 35 EStG. Die auf einen Veräußerungs- oder Aufgabegewinn nach **§ 18 Abs. 3** Sätze 1 und 2 **UmwStG** i. d. F. des SEStEG (vorher: § 18 Abs. 4 UmwStG) entfallenden gewerblichen Einkünfte sind nicht in die gewerblichen Einkünfte i. S. des § 35 EStG einzubeziehen; der darauf entfallende GewSt-Messbetrag bleibt unberücksichtigt (BMF-Schreiben vom 3.11.2016, a. a. O., Rz 14).

Bei Beteiligungen an **Personengesellschaften** ist zu beachten, dass die Gewerbesteuer auf der Ebene der Gesellschaft, die ESt jedoch gegenüber den Gesellschaftern festgesetzt wird. Die Steuerermäßigung beim einzelnen Mitunternehmer erfolgt auf der Grundlage des **anteiligen** GewSt-Messbetrags (§ 35 Abs. 2 EStG). Der jedem Mitunternehmer zuzurechnende Anteil bestimmt sich nach dem gesellschaftsvertraglich vereinbarten **allgemeinen Gewinnverteilungsschlüssel**. Bei der Ermittlung des Aufteilungsmaßstabs für den Gewerbesteuer-Messbetrag sind Vorabgewinnanteile nicht zu berücksichtigen. Mit Beschluss vom 7.4.2009 (BStBl 2010 II S. 116) hat der BFH entschieden, dass keine ernstlichen Zweifel daran bestehen, dass Vorabgewinnanteile für die Bemessung des Anteils eines Mitunternehmers am Gewerbesteuermessbetrag nicht zu berücksichtigen sind. Nach dem BFH-Urteil vom 10.4.2025 (IV R 21/22, juris) ist bei der Bestimmung der Steuerermäßigung nach § 35 EStG auf die Mitunternehmer abzustellen, die am Ende des (ggf. abweichenden) Wj. an der Mitunternehmerschaft beteiligt waren (Bestätigung der BFH-Urteile vom 14.1.2016, IV R 5/14, BStBl II S. 875, und IV R 48/12, juris).

Auch Sondervergütungen i. S. des § 15 Abs. 1 Satz 1 Nr. 2 EStG sowie die Ergebnisse aus Sonder- und Ergänzungsbilanzen sind nicht bei der Ermittlung des Aufteilungsmaßstabs für den Gewerbesteuer-Messbetrag zu berücksichtigen (zur zeitlichen Anwendung aufgrund des o. a. BFH-Beschlusses vom 7.4.2009 siehe obige Ausführungen zu den Vorabgewinnanteilen).

Die Aufteilung des festgesetzten Gewerbesteuermessbetrags für Zwecke der Feststellung der Steuerermäßigung gemäß § 35 EStG erfolgt ausschließlich nach dem Verhältnis des der Steuerermäßigung unterliegenden Gewinns zu dem gesamten Gewinn aus Gewerbebetrieb. Eine fiktive Zuordnung des Freibetrags nach § 11 Abs. 1 Satz 3 Nr. 1 GewStG zu den nicht der Steuerermäßigung unterliegenden Gewinnen unter Heranziehung des Meistbegünstigungsprinzips kommt nicht in Betracht (BFH-Urteil vom 4.12.2014, BStBl 2015 II S. 278).

Ergibt sich bei einem Gesellschafter ein Gewinnanteil, bei einem anderen dagegen ein Verlustanteil (z. B. wegen hoher Verluste aus einer Ergänzungsbilanz), ändert sich am Verteilungsschlüssel für den GewSt-Messbetrag nichts, d. h. auch dem Gesellschafter mit Verlustanteil wird ein Anteil am GewSt-Messbetrag nach dem **allgemeinen** Gewinnverteilungsschlüssel zugewiesen. Damit geht bei diesem Gesellschafter die Steuerermäßigung ins Leere; den anderen Gesellschaftern kann deswegen kein höherer Anteil am GewSt-Messbetrag zugewiesen werden. Der GewSt-Messbetrag und der **Anteil** eines jeden Mitunternehmers daran (als Prozentsatz mit zwei Nachkommastellen) ist vom Betriebsfinanzamt **gesondert und einheitlich festzustellen** (§ 35 Abs. 3 EStG). Bei der ESt-Veranlagung der Gesellschafter wird der bindend festgestellte Anteil am GewSt-Messbetrag zur Berechnung der Steuerermäßigung übernommen. Ist im Betriebsvermögen der Personengesellschaft eine Beteiligung an einem anderen gewerbesteuerpflichtigen Betrieb enthalten (sog. **Unterbeteiligung**), fließen die insoweit anteiligen Ermäßigungshöchstbeträge nach § 35 EStG in die vorgenannte Feststellung der Besteuerungsgrundlagen des Anteils an der Personengesellschaft ein. Die Begrenzung des Steuerermäßigungsbetrags nach § 35 Abs. 1 Satz 5 EStG ist nach Auffassung des BFH (Urteile vom 20.3.2017, X R 62/14, BStBl 2019 II S. 244; X R 12/15, BStBl 2019 II S. 249) betriebsbezogen zu ermitteln. Bei mehrstöckigen Mitunternehmerschaften ist dabei der für den Schlussgesellschafter festgestellte anteilige Gewerbesteuer-Messbetrag zum Zwecke dieser Ermittlung aufzuteilen, soweit er auf verschiedene Mitunternehmerschaften entfällt. Entsprechende anteilige Ermäßigungen sind lt. amtlichen Hinweise gesondert zu ermitteln und in Zeile 41 zu erklären, denn die tatsächlich zu zahlende Gewerbesteuer ist bei mehrstöckigen Mitunternehmerschaften betriebsbezogen jeweils getrennt für Obergesellschaft und Untergesellschaft(en) zu ermitteln (BMF-Schreiben i. d. F. vom 17.4.2019, BStBl I S. 459, Rn 25a). Allerdings gilt dies nach dem BMF-Schreiben vom 17.4.2019 (BStBl I S. 459) erst ab VZ 2020. Auf Antrag des Steuerpflichtigen durfte die Neuregelung schon für VZ vor 2020 angewendet werden.

Der je vor den Zeilen 51, 53 und in Zeile 55 der Anlage G erwähnte § 5a EStG betrifft die Gewinnermittlung bei Handelsschiffen im internationalen Verkehr. Auf Gewinne, die der sog. Tonnagebesteuerung nach § 5a EStG unterliegen, findet die Steuerermäßigung nach § 35 EStG keine Anwendung (§ 5a Abs. 5 EStG).

Die Steuerermäßigung nach § 35 EStG setzt voraus, dass im zu versteuernden Einkommen gewerbesteuerpflichtige Einkünfte, d. h. **positive gewerbliche Einkünfte** enthalten sind; denn nur die **darauf entfallende anteilige ESt** kann ermäßigt werden (ggf. bis auf 0 €). Wird die ESt auf 0 € festgesetzt, z. B. aufgrund von Verlusten aus anderen Einkunftsarten, scheidet die Steuerermäßigung aus. Die Steuerermäßigung kann nicht zu einer negativen ESt führen; auch ein Rück- oder Vortrag einer nicht ausgenutzten Steuerermäßigung ist nicht möglich. Den Verfall des Anrechnungsüberhangs in diesem Fall hat der BFH mit Urteil vom 23.4.2008 (BStBl 2009 II S. 7) als verfassungsgemäß festgestellt. Die dagegen gerichtete Verfassungsbeschwerde (Az. 2 BvR 1540/08) wurde mit Entscheidung vom 29.6.2009 zurückgewiesen.

Die auf die gewerblichen Einkünfte entfallende ESt wird nach dem Verhältnis der gewerblichen Einkünfte i. S. des § 35 EStG zur Summe der **positiven** Einkünfte ermittelt (vgl. nachfolgendes Zahlenbeispiel).

Bei der Ermittlung, in welchem Umfang gewerbliche Einkünfte i. S.des § 35 EStG in der Summe der Einkünfte enthalten sind, galt zunächst nach BMF-Schreiben vom 19.9.2007 (a. a. O., Rn 12 und 13), dass negative Einkünfte vorrangig mit nicht gemäß § 35 EStG tarifbegünstigten gewerblichen Einkünften zu verrechnen waren (sog. Meistbegünstigungsprinzip). Nur wenn solche nicht oder nicht in ausreichender Höhe zur Verfügung standen, war der Verlustausgleich mit den tarifbegünstigten Einkünften durchzuführen (BFH-Urteil vom 27.9.2006, BStBl 2007 II S. 694). Aufgrund der Änderung durch das Jahressteuergesetz 2008 ist diese Regelung hinfällig geworden (siehe auch die neuen Ausführungen hierzu im BMF-Schreiben vom 3.11.2016, a. a. O.). Danach ist eine gesonderte Berechnungsformel für den Ermäßigungshöchstbetrag in § 35 Abs. 1 EStG aufgenommen worden, der die geminderte tarifliche ESt nach dem Verhältnis der Summe der positiven gewerblichen Einkünfte zur Summe aller positiven Einkünfte gewichtet. Die »Summe der positiven gewerblichen Einkünfte« und die »Summe aller positiven Einkünfte« i. S. dieser Berechnungsformel sind die positiven Einkünfte aus der jeweiligen Einkunftsart. Positive und negative Einkünfte innerhalb einer Einkunftsart sind zu saldieren (sog. horizontaler Verlustausgleich). Eine negative Summe der Einkünfte aus einer Einkunftsart kann nicht mit der positiven Summe der Einkünfte aus einer anderen Einkunftsart verrechnet werden (sog. vertikaler Verlustausgleich).

Bei zusammen veranlagten Ehegatten/Lebenspartnern ist für jeden Ehegatten/Lebenspartner getrennt zu prüfen, ob positive Einkünfte i. S. der Berechnungsformel vorliegen. Positive Einkünfte eines Ehegatten/Lebenspartners sind nicht mit negativen Einkünften des anderen Ehegatten/Lebenspartners aus derselben Einkunftsart zu verrechnen.

Bei der Ermittlung der »Summe der positiven gewerblichen Einkünfte« i. S. der Berechnungsformel sind nur positive und negative gewerbliche Einkünfte i. S. des § 35 EStG zu berücksichtigen (BMF-Schreiben vom 3.11.2016, a. a. O., vgl. Rn 14 ff.). Andere gewerbliche Einkünfte bleiben unberücksichtigt. Dagegen sind bei der Ermittlung der Summe aller positiven Einkünfte i. S. der Berechnungsformel jegliche positiven und negativen gewerblichen Einkünfte – also auch solche, die nicht gewerbesteuerpflichtig oder von der Anwendung des § 35 EStG ausgeschlossen sind – zu saldieren. Bei der Ermittlung der »Summe der positiven gewerblichen Einkünfte« und der »Summe aller positiven Einkünfte« i. S. des § 35 Abs. 1 Satz 2 EStG sind zudem die bei der Ermittlung der Summe der Einkünfte geltenden Verlustverrechnungsbeschränkungen (z. B. § 15 Abs. 4, §§ 15 a, 15b, § 23 Abs. 3 Satz 7 EStG) zu beachten.

Die geminderte tarifliche Steuer ist in diesem Zusammenhang die ESt nach Minderung um den Betrag nach Punkt 11 Ziffer 2 des Schlussprotokolls zu Art. 23 DBA Belgien in der durch Art. 2 des Zusatzabkommens vom 5.11.2002 geänderten Fassung (BGBl 2003 II S. 1615) und der anzurechnenden ausländischen Steuern nach § 34c Abs. 1 und 6 EStG und § 12 AStG sowie vor Abzug von Steuerermäßigungen nach den §§ 34f und 34g EStG.

Sind die gewerblichen Einkünfte insgesamt negativ, kann dennoch Gewerbesteuer anfallen (z. B. wegen gewerbesteuerlicher Hinzurechnungen). In diesem Fall ist trotz der bestehenden GewSt-Belastung keine Steuerermäßigung nach § 35 EStG möglich.

Bis 2007 kam es auf die tatsächliche Höhe der Gewerbesteuer bei der pauschalen Ermäßigung nicht an, weil die Ermäßigung nur an den GewSt-Messbetrag (nicht an die festgesetzte Gewerbesteuer) anknüpfte. Die Ergänzung des § 35 Abs. 1 EStG durch Art. 1 des Steuervergünstigungsabbaugesetzes vom 16.5.2003 (BStBl I S. 321), wonach eine Steuerermäßigung unterbleibt, wenn der von der Gemeinde bestimmte GewSt-Hebesatz 200 % unterschreitet, ist ab 2004 aufgehoben worden, denn nach § 16 Abs. 4 GewStG (BStBl 2004 I S. 20) müssen die Gemeinden bereits einen Mindesthebesatz von 200 % bestimmen.

Ab 2008 enthält § 35 Abs. 1 Satz 2 EStG jedoch eine **Abzugsbeschränkung**: Der Abzug des Steuerermäßigungsbetrags ist auf die **tatsächlich zu zahlende Gewerbesteuer** begrenzt. Dies ist im VZ 2025 der Betrag, der insgesamt im Erhebungszeitraum 2025 an Gewerbesteuer festgesetzt wurde. Er ergibt sich aus den entsprechenden Steuerbescheiden der jeweiligen hebeberechtigten Gemeinden. Erfolgt die Festsetzung der ESt vor Bekanntgabe des Gewerbesteuerbescheides durch die Gemeinde, soll nach BMF-Schreiben vom 3.11.2016 (a. a. O., Rz 6) das Finanzamt die zu zahlende Gewerbesteuer auf der Grundlage des festgestellten Gewerbesteuer-Messbetrags und des Hebesatzes ansetzen. Im Rahmen der Steuererklärung sollte u. E. in einem solchen Fall analog verfahren werden. Eine Billigkeitsmaßnahme im Erhebungsverfahren gem. § 227 AO oder eine Verjährung im Erhebungsverfahren gem. § 228 AO sind für die Ermittlung des Anrechnungshöchstbetrags nach dem BMF-Schreiben vom 24.2.2025 (BStBl I S. 649) nicht zu berücksichtigen.

Der GewSt-Messbescheid ist Grundlagenbescheid für die Steuerermäßigung bei der ESt (§ 35 Abs. 3 EStG). Wird der GewSt-Messbescheid geändert, ist der Einkommensteuerbescheid nach § 175 Abs. 1 Satz 1 Nr. 1 AO als Folgebescheid ebenfalls zu ändern.

Bei Zerlegung der Gewerbesteuer auf mehrere Gemeinden sind die Gewerbesteuerbeträge betriebsbezogen zusammenzufassen. Der Betrag ist für den ersten Betrieb oder den ersten Mitunternehmeranteil in Zeile 52 einzutragen und nach den Hinweisen im amtlichen Vordruck zu Zeile 52 auf besonderem Blatt zu berechnen. Für weitere Betriebe/Mitunternehmeranteile stehen die Zeilen 54 und 56 zur Verfügung (vgl. obige Erläuterungen hierzu).

Die Regelung des § 35 EStG gewährleistet nicht, dass die Belastung mit Gewerbesteuer voll ausgeglichen wird. Insbesondere bei hohen GewSt-Hebesätzen ist die Entlastung unvollständig; es bleibt noch eine Teilbelastung durch die Gewerbesteuer.

BEISPIEL:

Ein unverheirateter Einzelunternehmer hat im Jahr 2025 einen Gewinn aus Gewerbebetrieb (§ 15 EStG) von 70 000 €. Der Gewerbeertrag für 2025 ist wegen der Hinzurechnung von Entgelten für Schulden (= Schuldzinsen) nach § 8 Nr. 1 Buchst. a GewStG höher, sodass sich der GewSt-Messbetrag 2025 auf 1 400 € beläuft. Im zu versteuernden Einkommen von 95 000 € sind in die Veranlagung einzubeziehende Einkünfte aus Kapitalvermögen von 20 000 €, die der tariflichen ESt unterliegen, und solche aus Vermietung und Verpachtung von 20 000 € enthalten. Die für den Erhebungszeitraum 2025 zu zahlende Gewerbesteuer beträgt 5 880 € bei einem Hebesatz von 420 %.

Bei der Einkommensteuerveranlagung ergibt sich folgende Berechnung:

Gewerbliche Einkünfte	70 000 €
Summe der Einkünfte	110 000 €
zu versteuerndes Einkommen	95 000 €
tarifliche ESt nach Grundtarif (bei Außerachtlassen der Ermäßigung nach § 34 a EStG, vgl. die Ausführungen zur Anlage 34a dieser Anleitung)	28 988 €

Anteilig auf die gewerblichen Einkünfte entfallende ESt:
28 988 € × 70 000 € / 110 000 € = 18 446 €

./. Ermäßigung nach § 35 EStG GewSt-Messbetrag 1 400 € × 4,0 = 5 600 €	./. 5 600 €
festzusetzende Einkommensteuer	23 388 €

Weder die Beschränkung auf die tatsächlich zu zahlende Gewerbesteuer i. H. von 5 880 € noch die gesetzliche Beschränkung des Ermäßigungshöchstbetrags auf die geminderte tarifliche Steuer, bezogen auf das Verhältnis der Summe der positiven gewerblichen Einkünfte zur Summe aller positiven Einkünfte (hier nur positive Einkünfte aus Kapitalvermögen und aus Vermietung und Verpachtung) ändern die Steuerermäßigung im Beispielsfall.

Für die mit dem Jahressteuergesetz 2008 eingeführte Beschränkung des Ermäßigungshöchstbetrags reichen seit 2016 die Angaben aus der Anlage G und den übrigen Anlagen zur Steuererklärung.

Eintragungen wie in den Vorjahren (siehe noch Anleitung zur Einkommensteuererklärung 2015, Anlage G, Zeilen 21 bis 28) sind nicht mehr erforderlich. Hintergrund ist das BFH-Urteil vom 23.6.2015 (BStBl 2016 II S. 871), wonach bei der Ermittlung des Ermäßigungshöchstbetrags nach § 35 EStG keine quellenbezogene Betrachtung anzustellen ist (vgl. obige Erläuterungen).

21.18 Veräußerungsgewinne

21.18.1 Begriffe »Veräußerung« und »Aufgabe«

-98 Zu den Einkünften aus Gewerbebetrieb gehören auch Gewinne, die bei der **Veräußerung oder Aufgabe eines Betriebs**, eines **Teilbetriebs** oder bei der Veräußerung von **Mitunternehmeranteilen** erzielt werden **(§ 16 EStG)**. Eine Veräußerung des **ganzen** Betriebs liegt vor, wenn der Betrieb mit seinen wesentlichen Grundlagen gegen Entgelt in der Weise auf einen Erwerber übertragen wird, dass der Betrieb als geschäftlicher Organismus fortgeführt werden kann. Es ist also nicht erforderlich, dass der Erwerber den Betrieb tatsächlich fortführt. Der Veräußerer kann auch einzelne Wirtschaftsgüter, die für sich keinen Betrieb mehr darstellen, zurückbehalten, um sie später bei sich bietender Gelegenheit zu veräußern. Wird eine eingeführte Bezeichnung für einen Betrieb jedoch nicht mitverkauft, sondern lediglich im Rahmen eines Franchisevertrags zur Nutzung überlassen, sind nach dem BFH-Urteil vom 20.3.2017 (X R 11/16, BStBl II S. 992) nicht alle wesentlichen Betriebsgrundlagen übertragen worden; deshalb ist der Gewinn aus der Veräußerung als laufender Gewinn zu besteuern. Werden nicht der Betriebsorganismus, sondern nur wichtige Betriebsmittel übertragen, während das Unternehmen in derselben oder in veränderter Form fortgeführt wird, so liegt ebenfalls keine Betriebsveräußerung vor. Nach dem BFH-Urteil vom 12.6.1996 (BStBl II S. 527) setzt eine Betriebsveräußerung voraus, dass der Gewerbetreibende nicht nur Betriebsmittel überträgt, sondern auch seine mit dem veräußerten Betriebsvermögen verbundene Tätigkeit aufgibt (H 16 Abs. 1 – Aufgabe der bisherigen Tätigkeit – EStH). Dabei ist jedoch zu beachten, dass sich z. B. die gelegentliche Vermittlung von Verträgen durch einen aus dem aktiven Erwerbsleben ausgeschiedenen Versicherungsvertreter in finanzieller, wirtschaftlicher und organisatorischer Hinsicht grundlegend von dem Gewerbebetrieb, den er als Versicherungsbezirksdirektor unterhalten hat, unterscheiden kann und in diesem Fall einer Betriebsveräußerung nicht entgegensteht (BFH-Urteil vom 18.12.1996, BStBl 1997 II S. 573). Keine steuerneutrale Übertragung nach § 6 Abs. 3 EStG der einzigen wesentlichen Betriebsgrundlage und somit eine Betriebsveräußerung liegt nach dem BFH-Urteil vom 25.1.2017 (X R 59/14, BStBl II 2019 S. 730) bei Fortführung der bisherigen gewerblichen Tätigkeit durch den Übergeber vor. Diese Steuerschädlichkeit nimmt der BFH an, wenn sich der Betriebsübergeber den Nießbrauch vorbehält und damit seine bisherige gewerbliche Tätigkeit fortführt. Voraussetzung für die Steuerneutralität nach § 6 Abs. 3 EStG wäre nämlich, dass der Übertragende seine bisherige gewerbliche Tätigkeit einstellt. Daran fehlt es, wenn die einzige wesentliche Betriebsgrundlage aufgrund des vorbehaltenen Nießbrauchs vom bisherigen Betriebsinhaber weiterhin gewerblich genutzt wird. Gleiches gilt für die unentgeltliche Übertragung eines verpachteten Gewerbebetriebes unter Nießbrauchsvorbehalt (vgl. BFH-Urteil vom 8.8.2024, IV R 1/20, BStBl II 2025 S. 122). Dies hat danach zur Folge, dass die übertragenen Wirtschaftsgüter – nicht begünstigt – entnommen werden.

Durch Art. 1 des Unternehmenssteuerfortentwicklungsgesetzes vom 20.12.2001 (BStBl 2002 I S. 35) wurde § 16 Abs. 1 EStG dahingehend geändert, dass nur noch die entgeltliche Übertragung **ganzer** Mitunternehmeranteile begünstigt ist. Gewinne, die bei der Veräußerung **eines Teils** eines Mitunternehmeranteils erzielt werden, sind **laufende** Gewinne. Dies gilt für Veräußerungen, die nach dem 31.12.2001 erfolgen.

Veräußerung eines **Teilbetriebs** ist gegeben, wenn der Gewerbetreibende eine bestimmte gewerbliche Tätigkeit aufgibt und ein mit einer gewissen Selbständigkeit ausgestatteter, **organisch geschlossener Teil** eines Gesamtbetriebs, der für sich betrachtet alle Merkmale eines Betriebs aufweist und für sich lebensfähig ist, veräußert wird, wie z. B. ein Zweigbetrieb (vgl. BFH-Urteil vom 3.10.1984, BStBl 1985 II S. 245). Eine völlig selbständige Organisation mit eigener Buchführung ist **nicht** erforderlich. Eine Teilbetriebsveräußerung erfordert nicht, dass der Veräußerer seine gewerblichen Tätigkeiten in vollem Umfang beendet. Es ist ausreichend, wenn er die gewerbliche Tätigkeit aufgibt, die sich auf die veräußerten wesentlichen Betriebsgrundlagen bezieht (BFH-Urteil vom 9.8.1989, BStBl II S. 973).

Als Veräußerung eines Teilbetriebs **gilt** auch die Veräußerung einer im Betriebsvermögen eines einzelnen Steuerpflichtigen oder einer Personengesellschaft geführten **100%igen Beteiligung an einer Kapitalgesellschaft** im Laufe des Wj. Die Fiktion eines Teilbetriebs gilt auch dann, wenn die veräußerte 100%ige Beteiligung an einer Kapitalgesellschaft im Eigentum nur eines oder mehrerer Mitunternehmer derselben Personengesellschaft stand und steuerlich voll zum Betriebsvermögen der Personengesellschaft gehörte (R 16 Abs. 3 Sätze 6 und 7 EStR). Gleiches hat der BFH in seinem Urteil vom 20.7.2005 (BStBl 2006 II S. 457) für die verdeckte Einlage einer im Betriebsvermögen gehaltenen 100-%igen Beteiligung an einer Kapitalgesellschaft in eine andere Kapitalgesellschaft, an welcher der einlegende Steuerpflichtige ebenfalls zu 100% beteiligt ist, angenommen, wenn auch die Beteiligung an der Zielkapitalgesellschaft zum Betriebsvermögen des Steuerpflichtigen gehört. Werden dagegen Anteile an einer Betriebskapitalgesellschaft des Besitzeinzelunternehmens nicht mitveräußert, liegt nach den Feststellungen des BFH in seinem Urteil vom 4.7.2007 (BStBl II S. 772) keine privilegierte Teilbetriebsveräußerung i. S. des § 16 Abs. 1 Nr. 1 EStG vor. Wird eine Kapitalgesellschaft in der Weise aufgelöst, dass ihr Vermögen auf den Alleingesellschafter übertragen wird, der die gesamte Beteiligung im Betriebsvermögen hält, liegt nach dem BFH-Urteil vom 4.10.2006 (BStBl 2009 II S. 772) darin eine begünstigte Betriebsaufgabe, deren Begünstigung auch nicht entgegensteht, dass die untergehende Kapitalgesellschaft Betriebsunternehmen im Rahmen einer Betriebsaufspaltung war. Der Gewinn aus der Aufgabe eines Betriebs unterliegt aber nach dem BFH-Urteil vom 28.5.2015 (BStBl II S. 797) auch dann der Tarifbegünstigung gemäß § 34 EStG, wenn zuvor im engen zeitlichen Zusammenhang mit der Betriebsaufgabe eine das gesamte Nennkapital umfassende Beteiligung an einer Kapitalgesellschaft zum Buchwert in ein anderes Betriebsvermögen übertragen oder überführt worden ist.

Wird eine Zweigniederlassung oder Filiale eines Unternehmens veräußert, so ist die Annahme einer Teilbetriebsveräußerung nicht deshalb ausgeschlossen, weil das Unternehmen im Übrigen **andernorts weiterhin eine gleichartige gewerbliche Tätigkeit** ausübt; erforderlich für die Annahme einer Teilbetriebsveräußerung ist aber, dass das Unternehmen mit der Veräußerung des entsprechenden Betriebsteils einen eigenständigen Kundenkreis aufgibt (BFH-Urteil vom 24.8.1989, BStBl 1990 II S. 55). Bei **Einzelhandelsfilialen** reichen eigenes Personal, eigenes Anlagevermögen, eigener Kundenstamm, eigene Kassenführung und die räumliche Trennung nicht aus, um die einzelnen Filialgeschäfte als Teilbetriebe anzusehen (BFH-Urteil vom 12.2.1992, BFH/NV 1992 S. 516). Erforderlich ist, dass dem in der Einzelhandelsfiliale beschäftigten leitenden Personal eine Mitwirkung beim Wareneinkauf und bei der Preisgestaltung dieser Filiale eingeräumt ist (BFH-Urteil vom 12.9.1979, BStBl 1980 II S. 51 sowie H 16 Abs. 3 – Filialen und Zweigniederlassungen – EStH). Mit Urteil vom 17.7.2008 (BStBl 2009 II S. 43) hat der BFH festgestellt, dass eine Betriebsveräußerung selbst dann vorliegt, wenn der Übertragende als selbständiger Unternehmer (im Urteilsfall als kaufmännischer Berater) nach der Veräußerung des (Teil-)Betriebs für den Erwerber tätig wird.

Die **Aufgabe** des Gewerbebetriebs ist der Veräußerung gleichgestellt. Die Aufgabe eines Betriebs ist anzunehmen, wenn der bisherige Betrieb als wirtschaftlicher Organismus zu bestehen aufgehört hat. Hierzu gehört aber auch die Umsetzung des Entschlusses zur Betriebsaufgabe (BFH-Urteil vom 30.8.2007, BStBl 2008 II S. 113). Die wesentlichen Grundlagen des Betriebs müssen in einem einheitlichen Vorgang innerhalb eines kurzen Zeitraums an eine oder mehrere Personen veräußert **oder** ganz oder teilweise ins Privatvermögen überführt werden (in der Regel nach Einstellung des Betriebs). Der »kurze Zeitraum« bemisst sich nach den Umständen des Einzelfalls; maßgebend ist, ob man die Aufgabehandlungen wirtschaftlich noch als einen einheitlichen Vorgang beurteilen kann. Die Betriebsaufgabe kann sich auch über einen Zeitraum von mehr als einem halben Jahr hinziehen (wegen Einzelheiten zur Bemessung des Aufgabezeitraums siehe BFH-Urteil vom 26.5.1993, BStBl II S. 710). Eine Betriebsaufgabe liegt nicht vor, wenn die Wirtschaftsgüter nach und nach im Laufe mehrerer Wj. an Dritte veräußert oder ins Privatvermögen überführt werden. Der **Strukturwandel zur Liebhaberei** stellt keine gewinnrealisierende Betriebsaufgabe dar (BFH-Urteile vom 11.5.2016, BStBl II S. 939 und BStBl 2017 II S. 112). Die weiterhin in dem – nun nicht mehr einkommensteuerrelevanten – Betrieb genutzten Wirtschaftsgüter bleiben Betriebsvermögen. Wertänderungen dieses Betriebsvermögens, die während der Zeit der Liebhaberei eintreten, sind einkommensteuerrechtlich allerdings irrelevant. Ermittelt der Steuerpflichtige seinen Gewinn durch Einnahmen-Überschuss-Rechnung nach § 4 Abs. 3 EStG, ist er nicht verpflichtet, im Zeitpunkt des Strukturwandels zur Liebhaberei zum Betriebsvermögensvergleich überzugehen und einen daraus resultierenden Übergangsgewinn zu ermitteln und zu versteuern. Hat ein solcher Steuerpflichtiger in dem Zeitraum, in dem er noch mit Einkunftserzielungsabsicht handelte, die Anschaffungskosten für ein Wirtschaftsgut des Umlaufvermögens als Betriebsausgaben abgesetzt, so stellt auch nach Wegfall der Einkunftserzielungsabsicht die Verwirklichung eines Realisationsakts in Bezug auf dieses Wirtschaftsgut (Veräußerung oder Entnahme des Wirtschaftsguts, Veräußerung oder Aufgabe des Liebhabereibetriebs) dem Grunde nach einen Steuertatbestand dar. Der Höhe nach ist derjenige Betrag als nachträgliche Betriebseinnahme anzusetzen und zu versteuern, der für das einzelne Wirtschaftsgut des Umlaufvermögens im Zeitpunkt des Strukturwandels zur Liebhaberei in eine Übergangsbilanz einzustellen gewesen wäre. Die **Veräußerung oder Aufgabe eines Liebhabereibetriebs** ist eine Betriebsveräußerung oder -aufgabe nach § 16 Abs. 1, Abs. 3 EStG. Der Veräußerungs- oder Aufgabegewinn hieraus ist stpfl., soweit er auf die einkommensteuerlich relevante Phase des Betriebs entfällt und im Jahr der Veräußerung oder Aufgabe zu versteuern. Er entspricht der Höhe nach im Grundsatz den nach § 8 der VO zu § 180 Abs. 2 AO auf den Zeitpunkt des Übergangs zur Liebhaberei gesondert festgestellten stillen Reserven. Eine negative Wertentwicklung während der Liebhabereiphase berührt die Steuerpflicht des auf die einkommensteuerlich relevante Phase entfallenden Gewinnanteils nicht. Die Veräußerung eines Liebhabereibetriebs kann daher auch dann zu einem stpfl. Gewinn führen, wenn der erzielte Erlös die festgestellten stillen Reserven nicht erreicht.

Eine Betriebsaufgabe kann auch dann gegeben sein, wenn der Steuerpflichtige einen neuen Betrieb – auch gleicher Art – beginnt, sofern der bisher geführte betriebliche Organismus aufhört zu bestehen. Eine Betriebsaufgabe kann auch die Stilllegung eines Betriebs gegen Entschädigung sein. Eine **Betriebsverlagerung ins Ausland gilt** nach § 16 Abs. 3a EStG i. d. F. des Jahressteuergesetzes 2010 vom 8.12.2010 (BGBl I S. 1768) **als Betriebsaufgabe**, wenn dadurch das inländische Besteuerungsrecht entfällt. Wegen der Abgrenzung zwischen einer Betriebsunterbrechung und einer Betriebsaufgabe wird auf die BFH-Urteile vom 28.9.1995 (BStBl 1996 II S. 276), vom 22.9.2004 (BStBl 2005 II S. 160) und vom 14.3.2006 (BStBl II S. 591) sowie auf die Ausführungen in H 16 Abs. 2 – Betriebsunterbrechung – EStH hingewiesen. Wie die Aufgabe eines Betriebs wird auch die **Aufgabe eines Teilbetriebs** behandelt. Die Grundsätze über die Veräußerung eines Teilbetriebs (siehe oben) gelten für die Aufgabe eines Teilbetriebs entsprechend.

Noch keine Betriebsaufgabe ist im Allgemeinen die Eröffnung des Insolvenzverfahrens (früher Konkurs oder Gesamtvollstreckung); denn diese bewirkt in steuerrechtlicher Hinsicht keine Trennung des Vermögens des Gemeinschuldners und der Insolvenzmasse. Der Gemeinschuldner bleibt vielmehr Steuerschuldner (BFH-Urteil vom 19.1.1993, BStBl II S. 594). Ein Buchgewinn, der aufgrund der Erteilung einer Restschuldbefreiung entsteht, ist nach dem BFH-Urteil vom 13.12.2016 (X R 4/15, BStBl 2017 II S. 786) grds. im Jahr der Rechtskraft des gerichtlichen Beschlusses zu erfassen (vgl. auch BFH-Urteil vom 3.2.2016, BStBl 2016 II S. 391). Die Erteilung der Restschuldbefreiung im Rahmen eines Insolvenzverfahrens stellt für die Ermittlung des Gewinns aus einer Betriebsaufgabe gem. BFH-Urteil vom 6.4.2022 (X R 28/19, BStBl II 2023 S. 341) auch dann ein rückwirkendes Ereignis dar, wenn der Betrieb erst nach der Eröffnung des Insolvenzverfahrens aufgegeben worden ist. Die aus der Restschuldbefreiung resultierenden Steuern sind im Fall der Betriebsaufgabe nach Eröffnung des Insolvenzverfahrens Masseverbindlichkeiten i. S. des § 55 Abs. 1 Nr. 1 InsO, da sie Folge der Verwaltung durch den Insolvenzverwalter sind. Wurde der Betrieb vor Eröffnung des Insolvenzverfahrens aufgegeben, liegt allerdings ein in das Jahr der Aufstellung der Aufgabebilanz zurückwirkendes Ereignis vor. Zur grds. ertragsteuerlichen Behandlung von Gewinnen aus einem Planinsolvenzverfahren (§§ 217 ff. InsO), aus einer erteilten Restschuldbefreiung (§§ 286 ff. InsO) oder einer Verbraucherinsolvenz (§§ 304 ff. InsO) wird auf das BMF-Schreiben vom 22.12.2009 (BStBl 2010 I S. 18) und ab 9.2.2017 auf § 3 a Abs. 5 EStG i. d. F. des Gesetzes gegen schädliche Steuerpraktiken im Zusammenhang mit Rechteüberlassungen vom 27.6.2017 (BGBl I S. 2074, vgl. Teil II Tz 11 zur Anwendung) hingewiesen. Mit BMF-Schreiben vom 8.4.2022 (BStBl I S. 632) wurde – abweichend vom v. g. BMF-Schreiben vom 22.12.2009 (a. a. O.) – aus Billigkeitsgründen die Rückwirkung auf den Zeitpunkt der Betriebsaufgabe auch für Fälle zugelassen, in denen der Betrieb nach Eröffnung des Insolvenzverfahrens aufgegeben wurde. Das Insolvenzverfahren einer Betriebsgesellschaft beendet jedoch regelmäßig eine bestehende **Betriebsaufspaltung** und führt zur Betriebsaufgabe der Besitzgesellschaft (BFH-Urteil vom 6.3.1997, BStBl II S. 460). Die **Beendigung einer Betriebsaufspaltung** führt allerdings nicht zur Betriebsaufgabe bei der Besitzpersonengesellschaft, wenn auch die Voraussetzungen einer **Betriebsverpachtung im Ganzen** (siehe unten) vorlagen (BMF-Schreiben vom 17.10.1994, BStBl I S. 771; sowie BFH-Urteile vom 23.4.1996, BStBl 1998 II S. 325; und vom 17.4.2002, BStBl II S. 527). Die **Ausgleichszahlung an einen Handelsvertreter** nach § 89 b HGB gehört auch dann zum **laufenden Gewinn**, wenn der Anspruch auf Ausgleichszahlung durch den Tod des Handelsvertreters entstanden ist und der Erbe des Handelsvertreters den Betrieb aufgibt (BFH-Urteil vom 9.2.1983, BStBl II S. 271). Zahlungen des nachfolgenden Handelsvertreters an seinen Vorgänger gehören grds. zum **laufenden** Gewinn, wenn der Nachfolger die vertretenen Firmen von Ausgleichsansprüchen nach § 89 b HGB freistellt (BFH-Urteil vom 25.7.1990, BStBl 1991 II S. 218). Wegen eines Antrags auf **ermäßigte Besteuerung** vgl. **Tz 21.18.9 unter** Erläuterungen zu den **Zeilen 65 und 73**.

Die **Abgrenzung zwischen Veräußerungs- oder Aufgabegewinn und laufendem** Gewinn ist deshalb wichtig, weil für einen Veräußerungs- oder Aufgabegewinn neben der erwähnten **ermäßigten Besteuerung auch ein Freibetrag** in Betracht kommen kann (siehe unten). Außerdem unterliegen laufende gewerbliche Gewinne der **Gewerbesteuer**. Wegen Einzelheiten dieser Abgrenzung wird auf H 16 Abs. 9 EStH hingewiesen.

Veräußerungsgewinn ist bei der Veräußerung des **ganzen** Gewerbebetriebs oder eines **Teil**betriebs der Betrag, um den der Veräußerungspreis nach Abzug der **Veräußerungskosten** den Buchwert des Betriebsvermögens im Zeitpunkt der Veräußerung übersteigt. Werden die einzelnen dem Betrieb dienenden Wirtschaftsgüter im Rahmen der Aufgabe des Betriebs veräußert, so sind die Veräußerungspreise anzusetzen; werden die Wirtschaftsgüter jedoch nicht veräußert, sondern in das Privatvermögen des Betriebsinhabers überführt, so ist der gemeine Wert, d. h. der Einzelveräußerungspreis, im Zeitpunkt der Aufgabe maßgebend. Nutzte in der Vergangenheit ein Ehegatte ein Gebäudeteil, der im Miteigentum der Eheleute stand, für betriebliche Zwecke und machte hierfür entstandene Raumkosten in vollem Umfang als Betriebsausgaben geltend, so erhöht nach dem BFH-Urteil vom 29.4.2008 (BStBl II S. 749) dennoch nur der auf den nutzenden Ehegatten entfallende Miteigentumsanteil der stillen Reserven den Veräußerungsgewinn. Das Ende der betrieblichen Nutzung des dem Ehegatten gehörenden Grundstücksteils führt zu keiner

Auswirkung auf seinen Gewinn. Ein noch nicht abgeschriebener Restbetrag der Aufwendungen ist erfolgsneutral auszubuchen (BFH-Urteil vom 19.12.2012, BStBl 2013 II S. 387).

Zum **Veräußerungspreis** zählt alles, was der Veräußerer im Zusammenhang mit der Veräußerung vom Erwerber erhält (z.B. auch eine Entschädigung für den Verzicht auf das noch bestehende Mietrecht an den Geschäftsräumen). Der Gewinn aus der Auflösung einer Rückstellung ist nicht zum Veräußerungsgewinn zu rechnen, wenn die Auflösung der Rückstellung und die Betriebsveräußerung in keinem rechtlichen oder ursächlichen, sondern lediglich in einem gewissen zeitlichen Zusammenhang miteinander stehen (BFH-Urteil vom 15.11.1979, BStBl 1980 II S. 150). Bei der Berechnung des Gewinns aus einer Betriebsveräußerung sind vom Erwerber übernommene betriebliche Verbindlichkeiten, die aufgrund von Rückstellungsverboten (im Urteilsfall: für Jubiläumszuwendungen und für drohende Verluste aus schwebenden Geschäften) in der Steuerbilanz nicht passiviert worden sind, nicht gewinnerhöhend zum Veräußerungspreis hinzuzurechnen (BFH-Urteil vom 17.10.2007, BStBl 2008 II S. 555). Gewinne, die während und nach der Aufgabe eines Betriebs **aus normalen Geschäften** und ihrer Abwicklung anfallen, gehören **nicht** zum begünstigten Veräußerungsgewinn, sondern stellen **laufenden** Gewinn dar (BFH-Urteil vom 25.6.1970, BStBl II S. 719). Das gilt auch für den Gewinn aus einem **Räumungsverkauf** (BFH-Urteil vom 29.11.1988, BStBl 1989 II S. 602). Sind neben dem Festkaufpreis auch gewinn- oder umsatzabhängige Kaufpreisbestandteile (sog. **Earn-Out-Zahlungen**) zu leisten, sind diese nach dem BFH-Urteil vom 9.11.2023 (IV R 9/21, BStBl II 2024 S. 510) erst im Zeitpunkt des Zuflusses als nachträgliche Betriebseinnahmen zu versteuern. Sie erhöhen den im Veräußerungsjahr entstandenen Veräußerungsgewinn nach § 16 EStG nicht. Dies soll nach BFH-Auffassung auch für sog. Earn-Out-Klauseln gelten, bei denen das Entstehen der sich hieraus ergebenden variablen Kaufpreisbestandteile sowohl dem Grunde als auch der Höhe nach ungewiss ist.

Gewinne aus der Veräußerung von **Umlaufvermögen** zählen nur dann zum Aufgabegewinn, wenn die Veräußerung nicht den Charakter einer normalen gewerblichen Betätigung hat, sondern die Waren z.B. an frühere Lieferanten veräußert werden (BFH-Urteil vom 2.7.1981, BStBl II S. 798). Veräußert ein gewerblicher Grundstückshändler seinen gesamten Grundstücksbestand (Umlaufvermögen) an einen oder zwei Erwerber, ist ein laufender Gewinn – kein Veräußerungs- oder Aufgabegewinn – gegeben (BFH-Urteile vom 25.1.1995, BStBl II S. 388, und vom 23.1.2003, BStBl II S. 467; BMF-Schreiben vom 26.3.2004, BStBl I S. 434, Tz 35). Die Veräußerung des zum Umlaufvermögen eines gewerblichen Grundstückshändlers gehörenden Grundstücks ist auch bei Zusammentreffen mit der Betriebsaufgabe nicht tarifbegünstigt (BFH-Urteil vom 5.7.2005, BStBl 2006 II S. 160). Gleiches gilt bei Einbringung eines Grundstückshandelsbetriebs in eine GmbH, soweit der Veräußerungsgewinn auf die eingebrachten Grundstücke des Umlaufvermögens entfällt (BFH-Urteil vom 24.6.2009, BStBl 2010 II S. 171) sowie nach dem BFH-Urteil vom 1.8.2013 (BStBl II S. 910) bei der Veräußerung des Wirtschaftsguts bei sog. Ein-Objekt-Gesellschaften (vgl. Tz 21.2.3 a. E.).

Der Gewinn aus der Veräußerung von Wirtschaftsgütern des Anlagevermögens gehört auch zum nicht begünstigten laufenden Gewinn, wenn die Veräußerung Bestandteil eines einheitlichen Geschäftskonzepts der unternehmerischen Tätigkeit ist, wie z.B. bei sog. Ein-Objekt-Gesellschaften (siehe BMF-Schreiben vom 1.4.2009, BStBl I S. 515; vgl. Tz 21.2.3). Wird ein Betrieb (auch Teilbetrieb oder Mitunternehmeranteil) gegen eine **Leibrente** oder gegen einen in **Raten** zu zahlenden Kaufpreis **zur Verschaffung einer Versorgung** (mehr als **10 Jahre** Laufzeit) veräußert, hat der Veräußerer die Wahl zwischen der sofortigen Besteuerung eines Veräußerungsgewinns oder einer nicht tarifbegünstigten Besteuerung als nachträgliche Betriebseinnahmen im Jahr des Zuflusses (R 16 Abs. 11 EStR). Einzelheiten – auch zur Anwendung des bis 2008 geltenden Halbeinkünfteverfahrens, wenn die Zuflussbesteuerung gewählt wird – sind im **BMF-Schreiben vom 3.8.2004** (BStBl I S. 1187) geregelt. Für das ab 2009 geltende Teileinkünfteverfahren ist u.E. das BMF-Schreiben analog anzuwenden. Gehören zum Veräußerungspreis laufende Zahlungen für einen fest bestimmten Zeitraum (**Kaufpreisraten**), so werden diese, auch wenn über eine Verzinsung nichts vereinbart ist, bei der Berechnung des Veräußerungsgewinns mit dem **abgezinsten Wert** (Barwert) – also nicht mit der vollen Summe der Raten – angesetzt (H 16 Abs. 11 – Ratenzahlungen – EStH). Vgl. Teil II Tz 7.4 und Tz 8.2 zur Betriebsveräußerung gegen **Rentenzahlungen**.

Veräußerungskosten sind solche Aufwendungen, die in unmittelbarer sachlicher Beziehung zum Veräußerungsvorgang stehen, wie z.B. Maklerprovisionen, Notariatskosten und Verkehrsteuern. Sie sind nach dem BFH-Urteil vom 6.10.1993 (BStBl 1994 II S. 287) **ohne Rücksicht auf ihre zeitliche Entstehung** bei der Ermittlung des tarifbegünstigten Veräußerungsgewinns abzuziehen, auch wenn sie bereits im vorangegangenen Jahr angefallen sind (R 34.1 Abs. 4 EStR).

Bei der **Einbringung** eines Betriebs zu Buchwerten in eine Personengesellschaft ist der Gewinn aus der Überführung eines nicht zu den wesentlichen Betriebsgrundlagen gehörenden Wirtschaftsguts in das Privatvermögen kein begünstigter Veräußerungsgewinn (BFH-Urteil vom 29.10.1987, BStBl 1988 II S. 374). Durch die Änderungen des § 24 UmwStG i. d. F. des **SEStEG ab 13.12.2006** ist die Übertragung zu Buchwerten jedoch nur noch möglich, soweit das Besteuerungsrecht Deutschlands hinsichtlich der Besteuerung des eingebrachten Betriebsvermögens nicht ausgeschlossen oder beschränkt und der **Buchwertansatz beantragt** wird. **Andernfalls** gilt nach § 24 Abs. 2 Satz 1 UmwStG der Grundsatz der Gewinnrealisierung (**Ansatz des eingebrachten Betriebsvermögens mit dem gemeinen Wert**). Veräußert der Gesellschafter einer Personengesellschaft seinen gesamten Mitunternehmeranteil an einen Mitgesellschafter und entnimmt er im Einverständnis mit dem Erwerber und den Mitgesellschaftern vor der Übertragung des Gesellschaftsanteils bestimmte Wirtschaftsgüter des Gesellschaftsvermögens, gehört der daraus entstehende Entnahmegewinn zum begünstigten Veräußerungsgewinn (BFH-Urteil vom 24.8.1989, BStBl 1990 II S. 132).

Seit 1994 werden durch die geänderte Fassung des § 16 **Abs. 2** EStG aufgrund des Missbrauchsbekämpfungs- und Steuerbereinigungsgesetzes vom 21.12.1993 (BStBl 1994 I S. 50) **Veräußerungsgewinne als laufende Gewinne qualifiziert, soweit** auf der Seite des Veräußerers und auf der Seite des Erwerbers **dieselben Personen** Unternehmer oder Mitunternehmer sind. Bei **Betriebsaufgabe** wird nach § 16 **Abs. 3** EStG seit 1994 ein **laufender** Gewinn angenommen, soweit einzelne dem Betrieb gewidmete Wirtschaftsgüter im Rahmen der Aufgabe des Betriebs veräußert werden und soweit auf der Seite des Veräußerers und auf der Seite des Erwerbers dieselben Personen Unternehmer oder Mitunternehmer sind. Gleiches galt bei Einbringung eines Betriebs, Teilbetriebs oder Mitunternehmeranteils in eine Personengesellschaft vor dem 13.12.2006 nach **§ 24 UmwStG a.F.**, soweit der Einbringende selbst an der Personengesellschaft beteiligt ist (Art. 11 des Missbrauchsbekämpfungs- und Steuerbereinigungsgesetzes vom 21.12.1993, a.a.O.). Bei Einbringungen **nach dem 12.12.2006** ist für die Begünstigung die **volle Aufdeckung der stillen Reserven** und kein Ausschluss des inländischen Besteuerungsrechts Voraussetzung. Soweit danach **laufende** Gewinne vorliegen, ist der Veräußerer (Einbringende) von der Vergünstigung eines Freibetrags nach § 16 Abs. 4 EStG und der ermäßigten Besteuerung nach § 34 EStG (vgl. Tz 21.18.9 unter Erläuterungen zu den **Zeilen 65 und 73**) ausgeschlossen. Außerdem unterliegt der laufende Gewinn der Gewerbesteuer. Hierdurch sollen Veräußerungs- oder Einbringungsgewinne nur noch insoweit begünstigt sein, als sie durch Veräußerung an **Fremde** erzielt werden. Die Steuervergünstigungen nach §§ 16 und 34 EStG sollen dagegen entfallen, soweit – bei wirtschaftlicher Betrachtung – nicht an Dritte, sondern an den Veräußernden (Einbringenden) selbst veräußert wird. Liegt einer der genannten Fälle vor, ist **Zeile 80 anzukreuzen** und der Sachverhalt auf besonderem Blatt (mit Zahlenangaben) zu erläutern.

21.18.2 Freibetrag nach § 16 Abs. 4 EStG

21.18.2.1 Vor dem 1.1.1996

Bei Betriebsveräußerungen und -aufgaben **bis 31.12.1995** wurde der **Veräußerungsgewinn** zur ESt **nur** herangezogen, soweit er bei der Veräußerung des **ganzen** Gewerbebetriebs den Betrag von

30 000 DM und bei der Veräußerung eines Teilbetriebs oder Mitunternehmeranteils den entsprechenden Teil von 30 000 DM überstieg. Der **Freibetrag** von 30 000 DM wurde bis zu einem Veräußerungsgewinn von 100 000 DM voll gewährt. Überstieg der Veräußerungsgewinn 100 000 DM, so verringerte sich der Freibetrag von 30 000 DM um den 100 000 DM übersteigenden Betrag des Veräußerungsgewinns. Der Freibetrag lief sonach bei einem Veräußerungsgewinn von 130 000 DM aus. Bei Veräußerung eines **Teil**betriebs oder Mitunternehmeranteils ermäßigten sich der Freibetrag von 30 000 DM und die Höchstgrenze von 100 000 DM auf **den** Teil von 30 000 DM oder 100 000 DM, der dem Verhältnis des bei der Veräußerung des Teilbetriebs oder Mitunternehmeranteils tatsächlich entstandenen **Gewinns** zu dem bei einer (unterstellten) Veräußerung des **ganzen Betriebs erzielbaren** Gewinn entsprach (BFH-Urteile vom 17.4.1980, BStBl II S. 566 und 642). Der Freibetrag galt auch für **begünstigte** Gewinne aus Betriebsaufgabe. Der Freibetrag von 30 000 DM erhöhte sich auf 120 000 DM, wenn der Steuerpflichtige **nach Vollendung seines 55. Lebensjahres** oder wegen **dauernder Berufsunfähigkeit** seinen Gewerbebetrieb veräußerte oder aufgab. In diesen Fällen begann die Kürzung des Freibetrags erst bei Veräußerungsgewinnen von mehr als 300 000 DM; der Freibetrag minderte sich dann um den 300 000 DM übersteigenden Teil des Veräußerungsgewinns bis auf 0 DM, sobald er einen Veräußerungsgewinn von 420 000 DM erreichte. Bei der Veräußerung von Teilbetrieben oder Mitunternehmeranteilen wurde ein dem veräußerten Teilbetrieb oder Anteil entsprechender Freibetrag gewährt, der sich nach dem Anteil am erzielbaren gesamten Veräußerungsgewinn bestimmte (R 139 Abs. 13 EStR 1993).

21.18.2.2 Nach dem 31.12.1995

Bei Betriebsveräußerungen und -aufgaben **nach dem 31.12.1995** und **vor dem 1.1.2001** wurde nur noch ein **Freibetrag** von 60 000 DM gewährt, **sofern** der Steuerpflichtige im Zeitpunkt der Veräußerung oder Aufgabe entweder das **55. Lebensjahr vollendet** hatte oder er **im sozialversicherungsrechtlichen Sinne dauernd berufsunfähig** war. Durch das Steuersenkungsgesetz (BStBl 2000 I S. 1428) wurde der Freibetrag von 60 000 DM für Betriebsveräußerungen und -aufgaben nach dem 31.12.2000 bei ansonsten unveränderter Regelung auf 100 000 DM angehoben. Ab 1.1.2002 belief sich der Freibetrag auf 51 200 €. Durch Art. 9 des Haushaltsbegleitgesetzes 2004 vom 29.12.2003 (BStBl 2004 I S. 120) ist der Freibetrag **ab 1.1.2004 auf 45 000 €** herabgesetzt worden. Auch dieser Freibetrag setzt voraus, dass der Steuerpflichtige im Zeitpunkt der Veräußerung/Aufgabe das **55. Lebensjahr** vollendet hat oder im sozialversicherungsrechtlichen Sinne dauernd berufsunfähig ist. Der Freibetrag von ursprünglich 60 000 DM oder später 51 200 € und jetzt 45 000 € ist antragsgebunden und wird dem Steuerpflichtigen **nur noch einmal** im Leben – nicht etwa einmal pro Einkunftsart – gewährt (Objektbeschränkung; R 16 Abs. 13 Satz 5 EStR). Diese Beschränkung hat der BFH in seinem Urteil vom 21.7.2009 (BStBl II S. 963) bestätigt und mit Urteil vom 27.10.2015 (BStBl 2016 II S. 278) insoweit konkretisiert, dass bei Veräußerung oder Aufgabe mehrerer Betriebe, Teilbetriebe oder Mitunternehmeranteile innerhalb desselben Veranlagungszeitraums der Freibetrag nur für einen einzigen Veräußerungs- oder Aufgabegewinn in Anspruch genommen werden kann. Die **Gewährung eines Freibetrags ist** daher **ausgeschlossen**, wenn der Steuerpflichtige für eine Betriebsveräußerung oder -aufgabe **nach dem 31.12.1995 bereits** einen **Freibetrag in Anspruch genommen** hat (gleichgültig, ob bei den Einkünften aus Gewerbebetrieb, aus selbständiger Arbeit oder aus Land- und Forstwirtschaft). Nach dem BFH-Urteil vom 28.9.2021 (BStBl II 2022 S. 169) ist der Antrag auch dann verbraucht, wenn das Finanzamt die Ermäßigung zu Unrecht gewährt hat und der Steuerpflichtige für diese Ermäßigung auch keinen Antrag gestellt hatte. Wie früher **ermäßigt** sich der **Freibetrag** um den Betrag, um den der **Veräußerungs- oder Aufgabegewinn** (ab 2004) **136 000 € übersteigt** (§ 16 Abs. 4 EStG). Bei einem Veräußerungs- oder Aufgabegewinn von (ab 2004) 181 000 € entfällt deshalb der Freibetrag ganz. Bei dem Grenzbetrag von 136 000 € ist auf den Veräußerungs- oder Aufgabevorgang abzustellen, nicht etwa auf einen Veranlagungs- oder Lebenszeitraum. Bis 31.12.2003 betrug der Grenzbetrag 154 000 €.

Vollendet der Steuerpflichtige das 55. Lebensjahr zwar nach Beendigung der Betriebsaufgabe oder -veräußerung, aber noch vor Ablauf des VZ der Betriebsaufgabe, sind weder der Freibetrag nach § 16 Abs. 4 EStG noch die Tarifermäßigung nach § 34 Abs. 3 EStG (vgl. **Tz 21.18.9 unter Erläuterungen zu den Zeilen 65 und 73**) zu gewähren (vgl. auch BFH-Urteil vom 28.11.2007, BStBl 2008 II S. 193, wonach der BFH entschieden hat, dass der Freibetrag des § 16 Abs. 4 EStG nur gewährt werden kann, wenn der Veräußerer das 55. Lebensjahr bereits **im Zeitpunkt der Veräußerung** des Betriebs, Teilbetriebs oder Mitunternehmeranteils vollendet hat). Vollendet der Steuerpflichtige das 55. Lebensjahr bei einer Betriebsaufgabe über mehrere VZ zwar vor Beendigung der Betriebsaufgabe, aber erst im zweiten Veranlagungsjahr, sind der (anteilige) Freibetrag und die Tarifermäßigung auch für den ersten VZ zu gewähren (BMF-Schreiben vom 20.12.2005, BStBl 2006 I S. 7).

Für die Höhe des Freibetrags ist unerheblich, ob der Steuerpflichtige einen ganzen Betrieb, einen Teilbetrieb oder einen ganzen Mitunternehmeranteil veräußert oder aufgibt. Der Steuerpflichtige, der die o. a. persönlichen Voraussetzungen erfüllt, kann wählen, für welchen (begünstigten) Veräußerungs- oder Aufgabefall er den Freibetrag beanspruchen will, falls er nacheinander mehrere Betriebe, Teilbetriebe oder ganze Mitunternehmeranteile veräußert oder aufgibt. Ein beantragter Freibetrag führt aber auch dann zu einem Verbrauch i. S. der o. a. Objektbeschränkung, wenn der Freibetrag nicht voll ausgeschöpft werden kann, weil der betreffende Veräußerungs- oder Aufgabegewinn niedriger ist als der mögliche Freibetrag. Durch entsprechende Gestaltung kann der Steuerpflichtige u. U. die Voraussetzungen für einen Freibetrag schaffen (R 16 Abs. 13 EStR).

BEISPIEL:
Das Unternehmen des Steuerpflichtigen, der über 55 Jahre alt ist, besteht aus 2 Teilbetrieben. Bei Veräußerung des ganzen Betriebs könnte ein Veräußerungsgewinn von 400 000 € erzielt werden. Im Jahr 2024 veräußert der Steuerpflichtige nur den Teilbetrieb 1 und erzielt einen Veräußerungsgewinn von 130 000 €. Nach Abzug des beantragten Freibetrags von 45 000 € ergibt sich ein stpfl. Veräußerungsgewinn von 85 000 €. Dass der Veräußerungswert des Teilbetriebs 2 gegenwärtig 450 000 € beträgt und dieser Teilbetrieb möglicherweise später mit hohem Gewinn veräußert werden wird, beeinflusst den Freibetrag nicht.

Erstreckt sich eine Betriebsaufgabe über zwei Kj. und fällt der Aufgabegewinn daher in zwei VZ an, wird der Freibetrag nach § 16 Abs. 4 EStG insgesamt nur einmal gewährt. Er bezieht sich auf den gesamten Betriebsaufgabegewinn und ist im Verhältnis der Gewinne auf beide VZ zu verteilen. Die **Tarifermäßigung** nach § 34 Abs. 3 EStG (vgl. **Tz 21.18.9 zu den Zeilen 65 und 73**) kann für diesen Gewinn auf Antrag in beiden VZ gewährt werden. Der Höchstbetrag von 5 Mio. € ist dabei aber insgesamt nur einmal zu gewähren (vgl. BMF-Schreiben vom 20.12.2005, BStBl 2006 I S. 7 und dortiges Zahlenbeispiel). Ergibt sich im zweiten VZ durch den Gewinn oder Verlust eine Über- oder Unterschreitung der o. a. Kappungsgrenze oder insgesamt ein Verlust, ist der im ersten VZ berücksichtigte Freibetrag rückwirkend zu ändern. Diese Tatsache stellt ein Ereignis mit steuerlicher Rückwirkung dar (§ 175 Abs. 1 Satz 1 Nr. 2 AO). Entsteht in einem VZ ein Gewinn und in dem anderen ein Verlust, ist die Tarifermäßigung des § 34 EStG nur auf den saldierten Betrag anzuwenden. Sowohl nach § 16 Abs. 4 EStG als auch nach § 34 Abs. 3 EStG ist in dem jeweiligen VZ maximal der Betrag begünstigt, der sich insgesamt aus dem einheitlich zu beurteilenden Aufgabevorgang ergibt (o. a. BMF-Schreiben in BStBl 2006 I S. 7). Die Tatsache, dass sich eine Betriebsaufgabe über zwei Kj. erstreckt, kann durch Ankreuzen in Zeile 81 gesondert erklärt werden.

Hat der Steuerpflichtige bei Betriebsveräußerungen oder -aufgaben **vor 1996** einen Freibetrag nach § 16 Abs. 4 EStG **a. F.** erhalten, so bleibt dieser unberücksichtigt, d. h. der frühere Freibetrag führt nicht zur Versagung eines Freibetrags bei einer nach dem 31.12.1995 erfolgenden Betriebsveräußerung oder -aufgabe. Ist dagegen ein

Freibetrag für eine Betriebsveräußerung oder -aufgabe **nach dem 31.12.1995** in Anspruch genommen worden, so ist eine nochmalige Freibetragsgewährung auch bei einer Betriebsveräußerung/-aufgabe i. S. des § 18 Abs. 3 EStG (vgl. Tz 22.11.1 unter Erläuterungen zur Anlage S) oder des § 14 EStG (vgl. Tz 28.10 unter Erläuterungen zur Anlage L) ausgeschlossen.

Unabhängig vom Alter kann der Freibetrag bei **dauernder Berufsunfähigkeit** gewährt werden. Gem. BFH-Urteil vom 14.12.2022 (X R 10/21, BStBl II 2023 S. 807) gelten für die Feststellung der dauernden Berufsunfähigkeit i. S. des § 16 Abs. 4 Satz 1 EStG die allgemeinen Beweisregeln. Daher darf ein Gericht im Rahmen seiner freien Beweiswürdigung auch nichtamtliche Unterlagen, z. B. Gutachten und andere Äußerungen von Fachärzten und sonstigen Medizinern, heranziehen. Nach H 16 Abs. 14 – Berufsunfähigkeit im sozialversicherungsrechtlichen Sinne – EStH betrifft dies in Anlehnung an § 240 Abs. 2 SGB VI Personen, deren Erwerbsfähigkeit wegen Krankheit oder Behinderung im Vergleich zur Erwerbstätigkeit von körperlich, geistig und seelisch gesunden Versicherten mit ähnlicher Ausbildung und gleichwertigen Kenntnissen und Fähigkeiten auf weniger als sechs Stunden gesunken ist. Die dauernde Berufsunfähigkeit muss dabei im Zeitpunkt der Veräußerung oder Aufgabe vorliegen; eine Kausalität zwischen der Veräußerung oder Aufgabe und der Berufsunfähigkeit ist nach R 16 Abs. 14 Satz 3 EStR nicht erforderlich. Als Nachweis der dauernden Berufsunfähigkeit reicht die Vorlage eines Bescheids des Rentenversicherungsträgers aus, wonach Berufs- oder Erwerbsunfähigkeit i. S. der gesetzlichen Rentenversicherung vorliegt. Der Nachweis kann auch durch amtsärztliche Bescheinigungen erbracht werden (R 16 Abs. 14 Satz 1 EStR). Nicht ausreichend ist nach dem BFH-Urteil vom 14.12.2022 (X R 10/21, a. a. O.) eine Bescheinigung nach § 65 EStDV für behinderungsbedingte außergewöhnliche Belastungen.

Liegen die o. a. Voraussetzungen für einen Freibetrag vor **und wird dieser beantragt**, so ist der entsprechende Veräußerungs- oder Aufgabegewinn in **Zeile 61** einzutragen, ansonsten in Zeile 69. Ein etwaiger **Freibetrag** ist dabei **nicht abzuziehen**; er wird vom Finanzamt berücksichtigt.

Tritt bei der Betriebsveräußerung oder Betriebsaufgabe (ggf. nach Berücksichtigung eines beantragten Freibetrags) Einkommensteuerpflicht ein, so wird der begünstigte Veräußerungs- oder Aufgabegewinn **auf Antrag** nicht nach dem Einkommensteuertarif (Grund- oder Splittingtarif nach § 32 a EStG), sondern im Rahmen des § 34 EStG **ermäßigt besteuert** (vgl. Tz 21.18.9 unter Erläuterungen zu **Zeilen 65 und 73**). Erzielt der Steuerpflichtige einen Veräußerungsgewinn, der sowohl dem Teileinkünfteverfahren unterliegende als auch in voller Höhe zu besteuernde Gewinne enthält, wird der Freibetrag gemäß § 16 Abs. 4 EStG für Zwecke der Ermittlung der nach § 34 Abs. 1 und 3 EStG tarifermäßigt zu besteuernden Gewinne nach dem BFH-Urteil vom 14.7.2010 (BStBl II S. 1011, allerdings noch zum Halbeinkünfteverfahren) vorrangig mit dem Veräußerungsgewinn verrechnet, auf den das Teileinkünfteverfahren anzuwenden ist.

Zum Ausschluss der gleichzeitigen Begünstigung nach § 34 a EStG vgl. Tz 23.1 unter Erläuterungen zur Anlage 34a, Zeilen 8 und 9.

Zu den Auswirkungen im **Erbfall**, wenn ein Veräußerungsgeschäft vor einem Erbfall zwar abgeschlossen, aber erst nach einem Erbfall wirksam wurde, siehe BFH-Urteil vom 9.6.2015 (BStBl 2016 II S. 216).

Bei der vollständigen Veräußerung von **Mitunternehmer**anteilen ist Veräußerungsgewinn der Betrag, um den der Veräußerungspreis nach Abzug der Veräußerungskosten den Buchwert des Anteils am Betriebsvermögen übersteigt. Erhält der ausscheidende Gesellschafter mehr als sein Kapitalkonto beträgt, so liegt ein Veräußerungsgewinn vor, der als Einkünfte aus Gewerbebetrieb zur ESt herangezogen wird. Da der **Freibetrag nach § 16 Abs. 4 EStG** seit **1996** nicht mehr betriebsbezogen, sondern personenbezogen ist, kann jeder Mitunternehmer, der die o. a. Voraussetzungen (über 55 Jahre alt oder dauernd berufsunfähig) erfüllt, den Freibetrag von nunmehr **45 000 €** voll beanspruchen, wenn bei der Veräußerung **seines** Anteils ein Gewinn von nicht mehr als 136 000 € entsteht. Im Gegensatz zu der bis 31.12.1995 geltenden Rechtslage wird für die Berechnung des zulässigen Freibetrags nicht mehr auf die stillen Reserven des gesamten Betriebs abgestellt. In der Praxis wird der ausscheidende Gesellschafter häufig nicht mit einem festen Kaufpreis, sondern mit **Ratenzahlungen** oder mit einer **betrieblichen Leibrente** abgefunden (vgl. Teil II Tz 7.4 und Tz 8.2).

Die Tarifvergünstigung der §§ 16 und 34 EStG ist **nicht** anwendbar, wenn ein Mitunternehmeranteil veräußert wird und gleichzeitig wesentliche Betriebsgrundlagen des Sonderbetriebsvermögens zum Buchwert in ein anderes Betriebs- oder Sonderbetriebsvermögen des Mitunternehmers überführt werden. Dabei bedeutet »gleichzeitig«, dass zwischen der Veräußerung und der Überführung ein zeitlicher und wirtschaftlicher Zusammenhang besteht (BFH-Urteile vom 19.3.1991, BStBl II S. 635 und vom 6.9.2000, BStBl 2001 II S. 229 sowie H 16 Abs. 4 – Sonderbetriebsvermögen – EStH).

21.18.3 Folgerungen bei Erbauseinandersetzung

Zur **Rspr.** des BFH zur einkommensteuerlichen **Beurteilung der Erbauseinandersetzung** durch den **Beschluss des Großen Senats vom 5.7.1990** (BStBl II S. 837) wird auf die Ausführungen zur **Anlage SO** (vgl. Tz 20.9) und in **Teil II (vgl. Teil II Tz 4.3.3)** sowie insbesondere auf das BMF-Schreiben vom 14.3.2006 (BStBl I S. 253) unter Berücksichtigung der Änderungen durch das BMF-Schreiben vom 27.12.2018 (BStBl 2019 I S. 11) hingewiesen. Danach sind insbesondere nachstehende Folgerungen zu ziehen:

21.18.3.1 Mitunternehmerschaft

Gehört zum Nachlass ein Betrieb, so geht dieser mit dem Erbfall auf die **Erbengemeinschaft** über. Die einzelnen Miterben erzielen als Beteiligte der Erbengemeinschaft vom ersten Tag an als **Mitunternehmer** Einkünfte aus Gewerbebetrieb oder aus Land- und Forstwirtschaft. War der Erblasser Angehöriger eines freien Berufs i. S. des § 18 EStG, so erzielt die Erbengemeinschaft in der Regel gleichwohl **gewerbliche** Einkünfte, es sei denn, dass alle Erben die entsprechende freiberufliche Qualifikation besitzen (vgl. Tz 22.1 unter Erläuterungen zur Anlage S, Zeile 4 sowie BMF-Schreiben vom 14.3.2006 (a. a. O., Tz 4 und 5)).

21.18.3.2 Abfindungsleistungen

Scheidet ein Miterbe aus der von weiteren Erben fortgeführten Gemeinschaft aus, so ist dies steuerlich nach denselben Grundsätzen zu behandeln wie das Ausscheiden eines Mitunternehmers aus einer Personengesellschaft. Erhält der **ausscheidende Miterbe eine Geldabfindung**, die sein Kapitalkonto übersteigt, erzielt er mithin einen Veräußerungsgewinn, der auf Antrag (vgl. Tz 21.18.9 zu den **Zeilen 65 und 73**) tarifbegünstigt besteuert werden kann. Bei den übernehmenden Miterben sind die Buchwerte entsprechend aufzustocken.

Wird der ausscheidende Miterbe in **Sachwerten** abgefunden, so erzielen der ausscheidende Miterbe einen begünstigten Veräußerungsgewinn wie bei der Geldabfindung und die **verbleibenden** Miterben einen **laufenden** Gewinn in Höhe des Unterschieds zwischen dem Teilwert und dem aufgestockten Buchwert des hingegebenen Wirtschaftsguts.

21.18.3.3 Realteilung ohne Abfindungszahlung

Veräußern die **Miterben** den geerbten Betrieb oder geben sie ihn auf, so erzielen sie (nicht der Erblasser) einen nach §§ 16, 34 EStG begünstigten Veräußerungs- oder Aufgabegewinn (BMF-Schreiben vom 14.3.2006, a. a. O., Tz 53 und 54). Lediglich in Fällen der **Realteilung ohne Abfindungszahlungen** haben die Miterben die Buchwerte fortzuführen, wenn die bei der Realteilung erworbenen Wirtschaftsgüter **in ein anderes Betriebsvermögen** der einzelnen Mitunternehmer überführt werden (siehe § 16 Abs. 3 EStG sowie nachstehende Ausführungen zur Realteilung).

Wird ein Nachlass im Rahmen einer Erbauseinandersetzung real geteilt und erhält ein Miterbe wertmäßig **mehr**, als ihm nach seiner Erbquote zusteht, und zahlt er für dieses »Mehr« an seine Miterben eine **Abfindung**, so liegt insoweit ein Anschaffungs- und Veräußerungsgeschäft vor. In Höhe der Abfindungszahlung liegen Anschaffungskosten vor. Derjenige, der die Abfindung erhält, erzielt einen Veräußerungserlös.

Diese Grundsätze gelten auch, soweit sich die Erbengemeinschaft durch Zwangsversteigerung zum Zwecke der Aufhebung der Gemeinschaft auseinandersetzt und die Erben dabei Nachlassgegenstände erwerben (BFH-Urteil vom 29.4.1992, BStBl II S. 727). Wegen Einzelheiten siehe BMF-Schreiben vom 14.3.2006 (a. a. O., Tz 10 bis 21).

21.18.3.4 Übertragung auf Miterben

Wird der **Betrieb** auf einen der **Miterben übertragen**, so gelten die gleichen Grundsätze wie beim Ausscheiden eines Mitunternehmers aus einer Personengesellschaft. Der ausscheidende Miterbe erzielt einen tarifbegünstigten Veräußerungsgewinn; der den Betrieb übernehmende Miterbe stockt die Buchwerte auf. Erfolgt die Abfindung durch Übertragung eines Wirtschaftsguts des Betriebs, so erzielt zusätzlich der den Betrieb übernehmende Miterbe einen nicht tarifbegünstigten Veräußerungsgewinn in Höhe des Unterschieds zwischen Teilwert und aufgestocktem Buchwert des Wirtschaftsguts.

21.18.3.5 Mischvermögen

Gehört zum Nachlass **sowohl Betriebs- als auch Privatvermögen**, so erzielt die Erbengemeinschaft nebeneinander Gewinn- und Überschusseinkünfte. Die Vorschrift des § 15 Abs. 3 Nr. 1 EStG, wonach einheitlich ein Gewerbebetrieb angenommen wird, gilt nicht bei Erbengemeinschaften (BFH-Urteil vom 23.10.1986, BStBl 1987 II S. 120). Wird ein aus Privat- und Betriebsvermögen bestehender **Nachlass** in der Weise **real geteilt**, dass einer der Miterben den Betrieb, der andere Miterbe gleichwertiges Privatvermögen erhält, kommt es weder im privaten noch im betrieblichen Bereich zu Anschaffungs- und Veräußerungsgeschäften, weil **keine Abfindung** gezahlt werden muss. Die Erbquote des Miterben kann sowohl mit Betriebsvermögen als auch mit Privatvermögen abgegolten werden. Es werden daher die Buchwerte im Betrieb und die Steuerwerte im Privatvermögen nach § 6 Abs. 3 EStG, § 11d Abs. 1 EStDV fortgeführt (BMF-Schreiben vom 14.3.2006, a. a. O., Tz 32 ff. und dortige Beispiele).

21.18.3.6 Erbprätendent

Abfindungszahlungen aufgrund eines gerichtlichen Vergleichs an **angebliche Miterben** unterliegen den steuerlichen Regeln über die Erbauseinandersetzung (BFH-Urteil vom 14.3.1996, BStBl II S. 310, und vom 16.5.2013, BStBl II S. 858). Überlässt der Testamentserbe der das Testament anfechtenden Person, die zugleich als Pflichtteilsberechtigte in Betracht kommt, zur Vermeidung weiterer Streitigkeiten Wirtschaftsgüter aus dem Nachlass, so wird der Empfänger steuerlich wie ein Erbe behandelt (BFH-Urteil vom 13.2.1997, BStBl II S. 535).

21.18.3.7 Vorweggenommene Erbfolge

Zur Übertragung von Betriebsvermögen im Rahmen der **vorweggenommenen Erbfolge** hat das BMF in den Schreiben vom 13.1.1993 (BStBl I S. 80) und vom 11.3.2010 (BStBl I S. 227) Stellung genommen. Abweichend von Tz 36 des o.a. BMF-Schreibens in BStBl 1993 I S. 80 ist bei Übertragungen von Betrieben, Teilbetrieben oder Mitunternehmeranteilen im Wege der vorweggenommenen Erbfolge der Freibetrag nach § 16 Abs. 4 EStG auch in den Fällen, in denen das Entgelt den Verkehrswert des Betriebs, Teilbetriebs oder Mitunternehmeranteils nicht erreicht (teilentgeltliche Veräußerung), in voller Höhe zu gewähren (BMF-Schreiben vom 20.12.2005, BStBl 2006 I S. 7).

21.18.3.8 Realteilung einer Personengesellschaft

Bei der **Realteilung einer Personengesellschaft** (Mitunternehmerschaft) wurde auf eine sofortige Versteuerung der stillen Reserven verzichtet, wenn die bisherigen Gesellschafter bei der Realteilung nach früherer Verwaltungsauffassung einen **Teilbetrieb** oder einen **Mitunternehmeranteil** der zu teilenden Personengesellschaft an einer anderen Mitunternehmerschaft erhalten und die spätere Besteuerung der stillen Reserven sichergestellt ist. Nach § 16 Abs. 3 EStG gilt die Buchwertfortführung auch dann, wenn im Rahmen der Beendigung der Mitunternehmerschaft durch Realteilung dem bisherigen Mitunternehmer **einzelne Wirtschaftsgüter** zugewiesen werden, die er in einem Einzelunternehmen als Betriebsvermögen fortführt. Die **vorherige Einbringung** der Anteile an einer Mitunternehmerschaft in andere Personengesellschaften steht nach Auffassung des BFH (Urteil vom 16.12.2015, BStBl 2017 II S. 766) einer Realteilung der Mitunternehmerschaft mit Buchwertfortführung nicht entgegen, wenn an den anderen Personengesellschaften vermögensmäßig nur die Personen beteiligt sind, die zuvor auch an der Mitunternehmerschaft vermögensmäßig beteiligt waren. Im Fall der Übertragung einzelner Wirtschaftsgüter ist die Buchwertfortführung allerdings mit einer **3-jährigen Sperrfrist** verbunden. Denn nach § 16 Abs. 3 Satz 3 EStG ist für den jeweiligen Übertragungsvorgang **rückwirkend der gemeine Wert** anzusetzen, soweit bei einer Realteilung, bei der **einzelne** Wirtschaftsgüter übertragen worden sind, zum Buchwert übertragener **Grund und Boden**, übertragene **Gebäude** oder andere übertragene **wesentliche Betriebsgrundlagen** innerhalb einer Sperrfrist nach der Übertragung **veräußert oder entnommen** werden. Diese Sperrfrist endet drei Jahre nach Abgabe der Steuererklärung (Feststellungserklärung) der Mitunternehmerschaft für den VZ der Realteilung. Die Nachversteuerung beschränkt sich somit auf das jeweilige Wirtschaftsgut, das innerhalb der Sperrfrist veräußert oder ins Privatvermögen entnommen wird. Bei den übrigen Wirtschaftsgütern bleibt es beim ursprünglichen Buchwertansatz. Der durch den nachträglichen Ansatz des gemeinen Werts entstehende Gewinn ist als laufender Gewinn der Mitunternehmerschaft zu behandeln, der den früheren Mitunternehmern zuzurechnen ist, wenn nicht schriftlich abweichende Vereinbarungen getroffen worden sind (BMF-Schreiben vom 19.12.2018, BStBl 2019 I S. 6, Rn. 29). Nach dem BFH-Urteil vom 23.11.2021 (BStBl II 2022 S. 371) ist der Gewinn bei Veräußerung seiner zu Buchwerten übertragenen wesentlichen Betriebsgrundlagen allein dem die Sperrfrist verletzenden Realteiler zuzurechnen.

Von der Realteilung ist die Veräußerung eines Mitunternehmeranteils bei Fortbestehen der Mitunternehmerschaft zu unterscheiden. Scheidet ein Mitunternehmer aus einer mehrgliedrigen Mitunternehmerschaft aus und wird diese im Übrigen von den verbleibenden Mitunternehmern fortgeführt, lag nach früherer Verwaltungsauffassung kein Fall der Realteilung vor. Dies sollte auch dann gelten, wenn der ausscheidende Mitunternehmer wesentliche Betriebsgrundlagen des Gesamthandsvermögens erhält. Es handelte sich in diesen Fällen um den Verkauf oder die Aufgabe eines Mitunternehmeranteils nach § 16 Abs. 1 Satz 1 Nr. 2 oder § 16 Abs. 3 Satz 1 EStG. Ggf. war eine Buchwertfortführung nach § 6 Abs. 3 oder 5 EStG unter den dort genannten Voraussetzungen vorzunehmen. Dies galt insbesondere auch im Fall des Ausscheidens eines Mitunternehmers aus einer zweigliedrigen Mitunternehmerschaft unter Fortführung des Betriebes als Einzelunternehmen durch den verbleibenden Mitunternehmer (BFH-Urteil vom 10.3.1998, BStBl 1999 II S. 269). Eine begünstigte Realteilung lag abweichend von den oben genannten Grundsätzen jedoch dann vor, wenn ein oder mehrere Mitunternehmer unter Mitnahme jeweils eines Teilbetriebs (§ 16 Abs. 1 Satz 1 Nr. 1 EStG) aus der Mitunternehmerschaft ausscheidet/ausscheiden und die Mitunternehmerschaft von den verbleibenden Mitunternehmern oder – wenn nur noch ein Mitunternehmer verbleibt – von diesem als Einzelunternehmen fortgeführt wird (BFH-Urteil vom 17.9.2015, BStBl 2017 II S. 37). Entsprechendes galt im Fall von doppelstöckigen Personengesellschaften beim Ausscheiden aus der Mutter-Personengesellschaft für die Mitnahme eines ganzen Mitunternehmeranteils an einer Tochter-Personengesellschaft. Scheidet ein Mitunternehmer aus einer mehrgliedrigen Mitunternehmerschaft in der Weise aus, dass sein Mitunternehmeranteil allen verbleibenden Mitunternehmern anwächst und er einen Abfindungsanspruch gegen die Gesellschaft erhält (Sachwertabfindung), lag nach Verwaltungsauffassung kein Fall der Realteilung vor.

Wichtige Einzelfragen zur Realteilung waren im **BMF-Schreiben vom 20.12.2016** (BStBl 2017 I S. 36) geregelt. In bestimmten Fällen gilt auf einvernehmlichen Antrag aller Mitunternehmer der real geteilten Mitunternehmerschaft für Realteilungen, die vor dem 1.1.2016 stattgefunden haben, das BMF-Schreiben vom 28.2.2006 (BStBl I S. 228) weiter (BMF-Schreiben vom 19.12.2018, BStBl 2019 I S. 6, Rn. 32).

Mit Urteilen vom 16.3.2017 (IV R 31/14, BStBl 2019 II S. 24) und vom 30.3.2017 (IV R 11/15, BStBl 2019 II S. 29) wendete sich der BFH ausdrücklich gegen die Auffassung im v. g. BMF-Schreiben vom 20.12.2016, wenn der ausscheidende Gesellschafter lediglich **Einzelwirtschaftsgüter** ohne sog. Teilbetriebseigenschaft erhält. Eine gewinnneutrale Realteilung liegt damit in allen Fällen der Sachwertabfindung eines ausscheidenden Gesellschafters vor, wenn der Gesellschafter die erhaltenen Wirtschaftsgüter weiter als Betriebsvermögen verwendet. Der Auflösung der Gesellschaft mit anschließender Verteilung der Wirtschaftsgüter des Gesellschaftsvermögens unter den Gesellschaftern wird damit das Ausscheiden eines Gesellschafters aus einer fortbestehenden Gesellschaft gleichgestellt. Den ersten Fall bezeichnet der BFH als »echte Realteilung«, beim Ausscheiden aus der fortbestehenden Gesellschaft gegen Abfindung mit Gesellschaftsvermögen handelt es sich um eine »unechte Realteilung«. Mit Schreiben vom **19.12.2018** (BStBl 2019 I S. 6) hat sich das **BMF** dieser **Auffassung angeschlossen**, sodass im Ergebnis bei der Übertragung von Wirtschaftsgütern in ein anderes Betriebsvermögen (ohne Betriebsvermögen einer Körperschaft, Personenvereinigung oder Vermögensmasse) bei Ausscheiden aus der bisherigen Gesellschaft keine stillen Reserven aufzudecken sind.

Wird im Rahmen einer Realteilung ein **Spitzen- oder Wertausgleich** gezahlt, liegt im Verhältnis des Spitzenausgleichs zum Wert des übernommenen Betriebsvermögens ein entgeltliches Geschäft vor. In Höhe des um den anteiligen Buchwert verminderten Spitzenausgleichs entsteht für den veräußernden Realteiler ein Veräußerungsgewinn, der jedoch nicht nach §§ 16 und 34 EStG begünstigt, sondern als laufender Gewinn zu versteuern ist. Die dargestellten Grundsätze gelten auch bei Realteilungen im Rahmen einer Erbauseinandersetzung. Setzen sich die Gesellschafter zweier personenidentischer Gesellschaften, die jeweils einen Betrieb unterhalten, dergestalt auseinander, dass jeder der Gesellschafter einen Betrieb als Einzelunternehmen fortführt, lag nach dem BFH-Urteil vom 20.2.2003 (BStBl II S. 700) zwar keine Realteilung vor. Im Hinblick auf die geänderte BFH- und Verwaltungsauffassung kann dies aber als überholt angesehen werden. Die Übertragung **einzelner Wirtschaftsgüter** aus dem Gesamthandsvermögen einer bestehenden Mitunternehmerschaft in das Betriebsvermögen des Mitunternehmers (z. B. dessen Einzelunternehmen) erfolgt seit 1.1.2001 **erfolgsneutral**. Bei der Übertragung von Einzelwirtschaftsgütern innerhalb von Mitunternehmerschaften ist die Buchwertfortführung davon abhängig, dass das Wirtschaftsgut innerhalb einer Sperrfrist von 3 Jahren vom Übernehmer nicht veräußert oder entnommen wird (im Einzelnen siehe § 6 Abs. 5 EStG). Der **Tausch von Mitunternehmeranteilen** führt grds. zur Gewinnrealisierung (BFH-Urteil vom 8.7.1992, BStBl II S. 946).

Aufgrund der Neukonzeption des Einbringungsteils und der damit verbundenen Aufgabe des Systems der einbringungsgeborenen Anteile wurde § 8b Abs. 4 KStG für Neufälle durch das SEStEG für Übertragungsvorgänge **nach dem 12.12.2006** aufgehoben (für Umwandlungsvorgänge vgl. auch die nachfolgenden Ausführungen). Da § 8b Abs. 4 KStG jedoch nicht nur Fälle im Zusammenhang mit der Einbringung in eine Kapitalgesellschaft umfasste, sondern auch Anteilsübertragungen unter dem gemeinen Wert von natürlichen Personen auf Kapitalgesellschaften auf anderem Wege (z. B. durch Realteilung) mit einschloss, werden diese Fälle ab 13.12.2006 in einem neuen Abs. 5 des § 16 EStG geregelt. Es kommt somit für Übertragungen nach dem 12.12.2006 **nicht** mehr zu einer **vollen Besteuerung** der Anteilsveräußerung durch die übernehmende Mitunternehmerkapitalgesellschaft (§ 8b Abs. 4 Satz 1 Nr. 2 KStG a. F.). Vielmehr wird durch die Anteilsveräußerung oder ein gleichgestelltes Ereignis i. S. von § 22 Abs. 2 i. V. mit Abs. 1 Satz 6 Nr. 1 bis 5 UmwStG eine **rückwirkende Besteuerung** der durch die Realteilung im Rahmen eines Teilbetriebs übertragenen Anteile durch Ansatz des gemeinen Werts ausgelöst, wenn die **Veräußerung innerhalb von sieben Jahren** nach der Realteilung erfolgt. Die Besteuerung erfolgt rückwirkend **im Zeitpunkt der Realteilung**. Die Siebtelregelung des § 22 Abs. 2 Satz 3 UmwStG n. F. ist anzuwenden. Die Anteilsveräußerung oder das gleichgestellte Ereignis stellt insoweit ein rückwirkendes Ereignis i. S. von § 175 Abs. 1 Satz 1 Nr. 2 AO dar.

BEISPIEL:

Die AB-OHG (Gesellschafter sind zu je 50 % die natürliche Person A und die B-GmbH) hält im Gesamthandsvermögen eine 100 %-Beteiligung an der Y-GmbH. Bei der OHG wird eine Realteilung durchgeführt, bei der die 100 %-Beteiligung an der Y- GmbH auf die B-GmbH übertragen wird. Im Anschluss an die Realteilung veräußert die B-GmbH die Beteiligung an der Y- GmbH.

Die Übertragung der Beteiligung auf die B-GmbH im Rahmen der Realteilung erfolgt nach § 16 Abs. 3 Satz 2 EStG zum Buchwert. Die Anteilsveräußerung durch die B-GmbH stellt ein schädliches Ereignis dar, was im Zeitpunkt der Realteilung zum rückwirkenden Ansatz des gemeinen Werts und damit insoweit zu einer nachträglichen Besteuerung des Veräußerungsgewinns nach § 16 EStG führt, als stille Reserven aus den Anteilen von A auf die B-GmbH übertragen wurden (50 %). Die Siebtelregelung ist insoweit anzuwenden.

Der Charakter eines Gewinns als Veräußerungsgewinn wird **nicht** dadurch berührt, dass für einen **Teil dieses Gewinns** die Vergünstigung des § 6b EStG (Übertragung stiller Reserven) in Anspruch genommen wird. In diesem Fall kommt aber für den verbleibenden Gewinn (= Restveräußerungsgewinn abzgl. etwaiger Freibetrag) eine Tarifermäßigung nach § 34 Abs. 1 EStG oder ein ermäßigter Steuersatz nach § 34 Abs. 3 EStG nicht in Betracht. Die spätere Auflösung einer anlässlich der Betriebsveräußerung gebildeten Rücklage nach § 6b EStG ist kein begünstigter Veräußerungsgewinn (BFH-Urteil vom 4.2.1982, BStBl II S. 348, und H 16 Abs. 9 – Rücklage – EStH).

Die Veräußerungsgewinne sind in der Steuererklärung auch insoweit anzugeben, als sie nicht zur ESt heranzuziehen sind. Den in Betracht kommenden **Freibetrag berücksichtigt das Finanzamt** bei der Veranlagung in der Weise, dass bei der Ermittlung der Einkünfte nur der um den Freibetrag geminderte Veräußerungsgewinn angesetzt wird.

21.18.3.9 Unentgeltliche Übertragung

Bei der **unentgeltlichen** Übertragung eines Betriebs, eines Teilbetriebs oder Mitunternehmeranteils entfällt nach § 6 Abs. 3 EStG eine Realisierung der stillen Reserven. Dies gilt auch bei der unentgeltlichen Aufnahme einer natürlichen Person in ein bestehendes Einzelunternehmen sowie bei der unentgeltlichen Übertragung eines Teils eines Mitunternehmeranteils auf eine natürliche Person. Eine unentgeltliche Übertragung setzt voraus, dass alle wesentlichen Grundlagen des Betriebs, Teilbetriebs oder Mitunternehmeranteils in einem einheitlichen Übertragungsvorgang auf einen Erwerber unentgeltlich übertragen werden (BFH-Urteil vom 12.4.1989, BStBl II S. 653). Werden nicht die wesentlichen Grundlagen des Betriebs (Teilbetriebs), sondern nur Teile des Betriebsvermögens unentgeltlich übertragen, während der andere Teil der Wirtschaftsgüter in das Privatvermögen übernommen wird, so liegt eine **Betriebsaufgabe** vor. Überträgt der Steuerpflichtige die **wesentlichen** Grundlagen des Betriebs (Teilbetriebs) unentgeltlich, **behält er aber Wirtschaftsgüter zurück**, die innerhalb eines kurzen Zeitraums veräußert oder in das Privatvermögen überführt werden, so ist die teilweise Aufdeckung der stillen Reserven ein **laufender** Gewinn und nicht tariflich begünstigt (BFH-Urteil vom 19.2.1981, BStBl II S. 566). Siehe hierzu auch das BMF-Schreiben vom 3.3.2005 (BStBl I S. 458). Die Übertragung eines Betriebs zwischen Ehegatten im Rahmen einer Vermögensauseinandersetzung nach Scheidung ist ein **entgeltliches Geschäft** (BFH-Urteil vom 31.7.2002, BStBl 2003 II S. 282). Trotz des Grundsatzes des formellen Bilanzenzusammenhangs können nach dem BFH-Urteil vom 6.5.2024 (III R 7/22, BStBl II S. 740) im Anschluss an eine unentgeltliche Betriebsübertragung nachträgliche Betriebsausgaben des Betriebsübergebers vorliegen, wenn dieser Aufwendungen trägt, die im Zusammenhang mit seiner früheren Betriebsführung stehen.

21.18.3.10 Kaufpreisänderungen

Wird der Kaufpreis für eine Betriebsveräußerung aufgrund von Einwendungen des Käufers gegen die Rechtswirksamkeit des Kaufvertrags **herabgesetzt**, ist dies ein rückwirkendes Ereignis, das zur Änderung des Steuerbescheids führt, dem der nach dem ursprünglich vereinbarten Kaufpreis ermittelte Veräußerungsgewinn zugrunde liegt (BFH-Urteil vom 23.6.1988, BStBl 1989 II S. 41). Ebenso liegt ein Ereignis mit steuerlicher **Rückwirkung** auf den Zeitpunkt der Veräußerung vor, wenn eine **gestundete Kaufpreisforderung** für die Betriebsveräußerung später ganz oder teilweise **uneinbringlich** wird oder wenn der Betriebserwerber seine Zusage, den Veräußerer von der **Haftung** für alle vom Erwerber übernommenen Betriebsschulden **freizustellen**, nicht einhält und der Betriebsveräußerer **später** aus einem Grundpfandrecht **in Anspruch genommen** wird (Beschlüsse des BFH vom 19.7.1993, BStBl 1993 II S. 894 und 897). Bereits bestandskräftige Einkommensteuerbescheide können insoweit nach § 175 Abs. 1 Satz 1 Nr. 2 AO geändert werden (BFH-Urteil vom 10.2.1994, BStBl II S. 564). Auch das spätere **Wertloswerden** eines anlässlich des Ausscheidens aus der Gesellschaft nicht getilgten **Gesellschafterdarlehens** führt zu einer nachträglichen Korrektur des Veräußerungsgewinns (BFH-Urteil vom 14.12.1994, BStBl 1995 II S. 465). Der Tod des Rentenberechtigten ist bei Betriebsveräußerung gegen abgekürzte Leibrente und sog. Sofortversteuerung des Veräußerungsgewinns kein rückwirkendes Ereignis im obigen Sinn (BFH-Urteil vom 19.8.1999, BStBl 2000 II S. 179).

21.18.4 Betriebsverpachtung im Ganzen

Bereits seit der Entscheidung des Großen Senats des BFH vom 13.11.1963 (BStBl 1964 III S. 124) kann der Verpächter eines Gewerbebetriebs **wählen**, ob er die Verpachtung als **Betriebsaufgabe** i. S. von §§ 16 Abs. 3 und 4, 34 EStG behandeln und damit die Wirtschaftsgüter seines Betriebs in sein Privatvermögen überführen will mit der Folge der sofortigen Versteuerung der in den Buchwerten dieser Wirtschaftsgüter enthaltenen stillen Reserven, **oder** ob er den Betrieb als nicht aufgegeben ansehen und das bisherige **Betriebsvermögen** auch während der Verpachtung **als solches fortführen** will. Nach dem BFH-Urteil vom 20.4.1989 (BStBl II S. 863) besteht dieses Verpächterwahlrecht allerdings nur, wenn der Betrieb zuvor von dem Verpächter oder im Fall des unentgeltlichen Erwerbs von seinem Rechtsvorgänger selbst bewirtschaftet worden ist (H 16 Abs. 5 – Eigenbewirtschaftung – EStH). Wegen der Übergangsregelung zum BFH-Urteil vom 20.4.1989 siehe BMF-Schreiben vom 23.11.1990, BStBl I S. 770. Wird ein im Ganzen verpachteter Betrieb teilentgeltlich veräußert, setzt sich das Verpächterwahlrecht nach Auffassung des BFH beim Erwerber fort, siehe BFH-Urteil vom 6.4.2016 (BStBl II S. 710).

Erklärt der Steuerpflichtige, dass er den Betrieb mit der Verpachtung **nicht aufgeben will oder gibt er keine Erklärung** ab, so gilt der Betrieb als fortbestehend. Die verpachteten Wirtschaftsgüter des Betriebs bleiben dann Betriebsvermögen mit allen sich daraus ergebenden steuerlichen Folgen. Der Steuerpflichtige hat in diesem Fall weiterhin Einkünfte aus Gewerbebetrieb; Wertschwankungen des verpachteten Betriebsvermögens sind im Rahmen des § 6 EStG zu berücksichtigen. Die in dem verpachteten Betriebsvermögen enthaltenen stillen Reserven sind erst zu versteuern, wenn der Steuerpflichtige die verpachteten Wirtschaftsgüter in sein Privatvermögen überführt oder sie veräußert. Dabei sind die im Zeitpunkt der Überführung oder der Veräußerung vorhandenen stillen Reserven zu erfassen. Hat der Steuerpflichtige bei Einstellung der werbenden Tätigkeit von der Möglichkeit Gebrauch gemacht, die Aufdeckung der stillen Reserven zu vermeiden und den Betrieb fortzuführen, kann eine spätere Betriebsaufgabe nur dann angenommen werden, wenn sie nach den äußeren Umständen nach klar zu erkennen und der Zeitpunkt eindeutig zu bestimmen ist. Dazu bedarf es nach dem BFH-Urteil vom 19.3.2009 (BStBl II S. 902) in der Regel einer ausdrücklichen Betriebsaufgabeerklärung.

Nach dem Steuervereinfachungsgesetz 2011 ist ab **5.11.2011** mit einem neu eingefügten Abs. 3b in § 16 EStG ein **Aufgabezeitpunkt** des Betriebs in den Fällen der Betriebsunterbrechung und der Betriebsverpachtung **gesetzlich verankert** worden. Danach gilt der Betrieb erst dann als aufgegeben, wenn

- der Steuerpflichtige die Aufgabe gegenüber dem Finanzamt ausdrücklich erklärt (auch rückwirkend bis zu drei Monate) oder
- dem Finanzamt Tatsachen bekannt werden, die zur Betriebsaufgabe geführt haben.

Zur Anwendung des § 16 Abs. 3b EStG siehe BMF-Schreiben vom 22.11.2016 (BStBl I S. 1326). Dieses ist für Betriebsaufgaben nach dem 4.11.2011 anzuwenden. Für frühere Betriebsaufgaben gelten R 16 Abs. 5 EStR 2008 und H 16 (5) EStH 2011 unverändert fort.

Die Grundsätze der o. g. BFH-Entscheidung vom 13.11.1963 sind bei der Verpachtung eines land- und forstwirtschaftlichen Betriebs entsprechend anzuwenden. Wegen Besonderheiten, die nur im Bereich der Land- und Forstwirtschaft gelten, wird auf die Erläuterungen zur Anlage L, **Zeile 69 (vgl. Tz 28.12 unter Erläuterungen zur Anlage L)** hingewiesen.

Der Verpachtung eines Betriebs im Ganzen steht die **Verpachtung eines Teilbetriebs** gleich. Ein **unentgeltlicher Betriebsüberlassungsvertrag** wird einem Pachtvertrag gleichgestellt (BFH-Urteil vom 7.8.1979, BStBl 1980 II S. 181). Geht ein verpachteter Betrieb unter Fortbestand des Pachtvertrags im Wege der **Erbfolge** auf einen Dritten über, so tritt dieser hinsichtlich des Wahlrechts, die Betriebsaufgabe zu erklären, in die Rechtsstellung des bisherigen Verpächters ein (BFH-Urteil vom 17.10.1991, BStBl 1992 II S. 392).

21.18.4.1 Voraussetzungen für die Verpachtung des Betriebs im Ganzen

Der Verpächter eines Betriebs kann die Fortführung des Betriebs und damit das Hinausschieben der Versteuerung der stillen Reserven nur wählen, wenn und solange eine Verpachtung des Betriebs **im Ganzen** vorliegt, d. h. solange **die wesentlichen Grundlagen des Betriebs als einheitliches Ganzes verpachtet** sind und für den Steuerpflichtigen oder seinen Rechtsnachfolger objektiv die Möglichkeit besteht, den Betrieb später ohne wesentliche Änderung wieder aufzunehmen und fortzuführen (BFH-Urteil vom 28.8.2003, BStBl 2004 II S. 10). Entfällt diese Voraussetzung, so muss eine Aufgabe des Betriebs angenommen werden mit der Folge, dass die vorhandenen stillen Reserven zu versteuern sind, auch wenn der Verpächter die Aufgabe des Betriebs nicht erklärt (siehe BFH-Urteile vom 3.6.1997, BStBl 1998 II S. 373; und vom 16.12.1997, BStBl 1998 II S. 379 sowie § 16 Abs. 3b Satz 1 Nr. 2 EStG und Tz IV.3 des o. a. BMF-Schreibens vom 22.11.2016, BStBl I S. 1326). Die für die Ausübung des Verpächterwahlrechts erforderliche Absicht der Wiederaufnahme umfasst den Betrieb in dem Zustand, in dem sich das Unternehmen befand, als die letzte werbende Tätigkeit eingestellt wurde (BFH-Urteil vom 8.2.2007, BStBl 2009 II S. 699).

Eine Betriebsverpachtung erfordert die Überlassung aller wesentlichen Betriebsgrundlagen, sodass bei wirtschaftlicher Betrachtung das bisherige Unternehmen in seinen wesentlichen Grundlagen zur Fortsetzung des Betriebs übergeben wird und der Verpächter oder sein Rechtsnachfolger bei Beendigung des Vertrags den Betrieb wieder aufnehmen und fortsetzen kann. Dies wurde z. B. verneint, wenn eine Metzgerei oder Bäckerei mit erheblichen Investitionen in einen Lebensmittel-Supermarkt umgebaut wird (BFH-Urteil vom 12.12.1973, BStBl 1974 II S. 209). Wesentlich ist nach dem BFH-Urteil vom 18.8.2009 (BStBl 2010 II S. 222) auch nicht das jederzeit wiederbeschaffbare Werkstattinventar bei einem Handwerksbetrieb. Nach dem BFH-Urteil vom 28.8.2003 (BStBl 2004 II S. 10) scheitert die Annahme einer Betriebsverpachtung im Ganzen nicht bereits an einer **branchenfremden Verpachtung**. Der BFH ist damit von dem früheren Erfordernis der Branchengleichheit abgerückt. In den Urteilsgründen führt der BFH aber aus, die Verpachtung an einen Branchenfremden habe vielfach zur Folge, dass das Nutzungsobjekt baulich umgestaltet wird und damit nicht mehr zu den bisherigen Zwecken genutzt werden kann. Auch könne die branchenfremde Vermietung zusammen mit anderen Beweisanzeichen darauf hindeuten, dass die Absicht, den Betrieb später fortzuführen, entfallen ist. Dies würde eine Aufgabe des Betriebs bedeuten. An einer Verpachtung des Betriebs fehlt es auch, wenn der bisherige

Gewerbetreibende das Betriebsvermögen auflöst und **nur das bisherige Betriebsgrundstück fremd vermietet** (BFH-Urteil vom 12.4.1967, BStBl III S. 420). Wird lediglich das Betriebsgrundstück verpachtet, kann hierin eine Betriebsverpachtung im Ganzen nur gesehen werden, wenn das Betriebsgrundstück die alleinige wesentliche Betriebsgrundlage darstellt (BFH-Urteile vom 4.11.1965, BStBl 1966 III S. 49; vom 15.11.1984, BStBl 1985 II S. 205; und vom 17.4.1997, BStBl 1998 II S. 388). Dies ist regelmäßig bei Groß- und Einzelhandelsunternehmen sowie bei Hotel- und Gaststättenbetrieben der Fall (BFH-Urteil vom 28.8.2003, BStBl 2004 II S. 10). Keine Betriebsverpachtung liegt nach dem BFH-Urteil vom 22.5.1990 (BStBl II S. 780) vor, wenn wesentliche Betriebsgegenstände dem Verpächter und Pächter gemeinsam (z. B. als Miterben) gehören und der Betrieb vor der Verpachtung gemeinsam (z. B. in der Rechtsform einer GbR) geführt worden ist (H 16 Abs. 5 – Gemeinsames Eigentum von Pächter und Verpächter an wesentlichen Betriebsgrundlagen – EStH). Einzelfragen zur Ausübung des Verpächterwahlrechts sind im BMF-Schreiben vom 17.10.1994 (BStBl I S. 771) geregelt.

Was als **wesentliche Grundlage eines Betriebs oder Teilbetriebs** anzusehen ist, kann nur im Einzelfall bestimmt werden (H 16 Abs. 8 – Begriff der wesentlichen Betriebsgrundlage – EStH). Zu berücksichtigen sind nach dem BFH-Urteil vom 11.10.2007 (BStBl 2008 II S. 220) aber auch die spezifischen Verhältnisse des betreffenden Betriebs. Dabei ist maßgeblich auf die sachlichen Erfordernisse des Betriebs abzustellen (sog. funktionale Betrachtungsweise). Wesentliche Betriebsgrundlagen sind jedenfalls die Wirtschaftsgüter, die zur Erreichung des Betriebszwecks erforderlich sind und denen ein besonders wirtschaftliches Gewicht für die Betriebsführung zukommt. Für diese Beurteilung kommt es auf die Verhältnisse des verpachtenden (nicht auf diejenigen des pachtenden) Unternehmens an. Ein dem Betrieb dienendes Wirtschaftsgut ist in der Regel schon dann als wesentliches Wirtschaftsgut anzusehen, wenn in ihm erhebliche stille Reserven ruhen, wie z. B. in einem Gebäude oder Grundstück (BFH-Urteil vom 26.4.1979, BStBl II S. 557). Dieser Grundsatz gilt jedoch nur für den Regelfall. Er ist nach der hier maßgeblichen funktionalen Betrachtungsweise z. B. dann nicht anzuwenden, wenn sich die Unwesentlichkeit eines Wirtschaftsguts als Betriebsgrundlage aus dessen tatsächlicher Nutzung im Betrieb ergibt (BFH-Urteil vom 1.10.1986, BStBl 1987 II S. 113).

Zu den wesentlichen Betriebsgrundlagen können jedenfalls aber auch Wirtschaftsgüter gehören, die keine erheblichen stillen Reserven enthalten, wie z. B. Maschinen (BFH-Urteil vom 19.1.1983, BStBl II S. 312). Bei einem Produktionsunternehmen (Fabrikationsbetrieb) gehören zu den wesentlichen Betriebsgrundlagen die für die Produktion bestimmten und auf die Produktion abgestellten Betriebsgrundstücke und Betriebsvorrichtungen sowie die Maschinen mit dem notwendigen Zubehör (BFH-Urteil vom 13.12.1983, BStBl 1984 II S. 474, 479). Maschinen und Einrichtungsgegenstände rechnen ganz allgemein zu den wesentlichen Betriebsgrundlagen, soweit sie für die Fortführung des Betriebs unentbehrlich oder nicht jederzeit ersetzbar sind. Bei einem Möbeleinzelhändler ist z. B. das Grundstück, in dem sich die Ausstellungs- und Lagerräume befinden, die wesentliche Betriebsgrundlage (BFH-Urteile vom 4.11.1965, BStBl 1966 III S. 49; und vom 7.8.1990, BStBl 1991 II S. 336). Das Gleiche gilt für ein Grundstück, das zum Zweck des Betriebs einer Bäckerei und Konditorei sowie eines Café-Restaurants und Hotels besonders gestaltet ist (BFH-Urteil vom 7.8.1979, BStBl 1980 II S. 181).

Wirtschaftsgüter des Umlaufvermögens, die ihrem Zweck nach zur Veräußerung oder zum Verbrauch bestimmt sind, bilden allein regelmäßig nicht die wesentliche Grundlage eines Betriebs. Der Warenbestand ist keine wesentliche Grundlage des Unternehmens, wenn er, wie z. B. bei einem Lebensmitteleinzelhändler, in seiner konkreten Zusammensetzung jederzeit wieder kurzfristig beschaffbar ist, sofern nur das dafür benötigte Kapital zur Verfügung steht (BFH-Urteil vom 24.6.1976, BStBl II S. 672). Bei einem »Autohaus« (Handel mit Neu- und Gebrauchtfahrzeugen eines bestimmten Automobilfabrikanten einschließlich angeschlossenem Werkstattservice) bilden das speziell auf dessen Betrieb hergerichtete Betriebsgrundstück samt Gebäuden und Aufbauten sowie die fest mit dem Grund und Boden verbundenen Betriebsvorrichtungen im Regelfall die alleinigen wesentlichen Betriebsgrundlagen (BFH-Urteil vom 11.10.2007, BStBl 2008 II S. 220). Demgegenüber gehören die beweglichen Anlagegüter, insbesondere die Werkzeuge und Geräte, regelmäßig auch dann nicht zu den wesentlichen Betriebsgrundlagen, wenn diese im Hinblick auf die Größe des »Autohauses« ein nicht unbeträchtliches Ausmaß einnehmen.

21.18.4.2 Ermittlung des Gewinns aus der Betriebsverpachtung

Der Verpächter eines Gewerbebetriebs im Ganzen hat weiterhin **Einkünfte aus Gewerbebetrieb**, solange er nicht die Aufgabe des Betriebs erklärt. Zur Rechtsänderung mit dem Steuervereinfachungsgesetz 2011 vgl. Tz 21.18.4. Es gelten deshalb für ihn die allgemeinen Vorschriften über die Gewinnermittlung, die Bilanzierung und die Buchführung weiter (vgl. Tz 21.3, Tz 21.4 und Tz 21.5).

21.18.4.3 Gewerbesteuer

Mit der Verpachtung eines Gewerbebetriebs im Ganzen **erlischt regelmäßig die Gewerbesteuerpflicht des Verpächters**. Gewerbesteuerpflichtig ist nunmehr der Pächter. Die Pachteinnahmen des Verpächters gehören zwar, solange der Verpächter nicht die Betriebsaufgabe erklärt, einkommensteuerlich zu den Einkünften aus Gewerbebetrieb; sie unterliegen jedoch **nicht** mehr der Gewerbesteuer (R 2.2 GewStR).

21.18.4.4 Wechsel der Gewinnermittlungsart

Ist der Gewinn vor der Betriebsverpachtung nach der Einnahmen-Überschuss-Rechnung ermittelt worden, so ist für die Ermittlung des Gewerbeertrags bis zum Pachtbeginn für diesen Zeitpunkt der **Übergang zum Vermögensvergleich** zu unterstellen. Die dabei erforderlichen Zu- und Abrechnungen sind bei der Ermittlung des Gewerbeertrags zu berücksichtigen.

Geht ein Verpächter, der die Aufgabe des Betriebs nicht erklärt hat, von der Gewinnermittlung durch Vermögensvergleich nach § 5 EStG zur Gewinnermittlung durch Einnahmen-Überschuss-Rechnung nach § 4 Abs. 3 EStG über, so sind die stillen Reserven, die in dem bisherigen Wertansatz des zum **notwendigen** Betriebsvermögen gehörenden Grund und Bodens enthalten sind, im Zeitpunkt des Übergangs nicht zu versteuern. Der bisherige Wertansatz gilt dann im Fall einer späteren Veräußerung oder Entnahme des Grund und Bodens als Anschaffungs- oder Herstellungskosten i. S. des § 4 Abs. 3 Sätze 4 und 5 EStG. Auch Wirtschaftsgüter, die zulässigerweise zum **gewillkürten** Betriebsvermögen gezogen worden waren, gelten mit dem Übergang von der Gewinnermittlung nach § 5 EStG zu der nach § 4 Abs. 3 EStG nicht als entnommen.

21.18.4.5 Erklärung der Aufgabe des Betriebs

Der Verpächter kann bei Beginn der Verpachtung oder auch jederzeit während der Verpachtung dem Finanzamt gegenüber die »Aufgabe« des Betriebs erklären und damit das bisherige Betriebsvermögen in das Privatvermögen überführen mit der Folge, dass dann die vorhandenen **stillen Reserven zu versteuern** sind. Der Freibetrag nach **§ 16 Abs. 4 EStG** (wegen der zu beachtenden Voraussetzungen siehe die obigen Ausführungen) und die Tarifvergünstigung des **§ 34 EStG** (Zeilen 58 und 65 sowie 73) sind anwendbar. Dabei braucht ein etwa vorhandener **originärer Geschäfts- oder Firmenwert** nicht sofort erfasst zu werden. Wird jedoch das verpachtete Unternehmen später veräußert, so stellt ein für den Geschäfts- oder Firmenwert bezahltes Entgelt eine nachträgliche, nicht tarifbegünstigte Betriebseinnahme dar (BFH-Urteile vom 14.2.1978, BStBl 1979 II S. 99; und vom 30.1.2002, BStBl II S. 387; sowie BMF-Schreiben vom 15.8.1984, BStBl I S. 461). Nach dem BFH-Urteil vom 4.4.1989 (BStBl II S. 606) ist bei der Ermittlung des Aufgabegewinns nach erklärter Betriebsaufgabe auch ein **derivativer Geschäftswert** nicht anzusetzen.

Für die abzugebende Erklärung ist keine bestimmte Form vorgeschrieben. Aus Beweisgründen sollte die Aufgabeerklärung jedoch schriftlich und unter Angabe eines Aufgabedatums abgegeben werden (BMF-Schreiben vom 22.11.2016, BStBl I S. 1326, Tz III). Bei

Mitunternehmerschaften muss die Betriebsaufgabeerklärung einvernehmlich von allen Mitunternehmern abgegeben werden. Gibt ein Verpächter keine eindeutige Erklärung ab, führt er die Einkünfte aus der Verpachtung in seiner Einkommensteuererklärung jedoch unter den Einkünften aus Vermietung und Verpachtung auf, so gilt dies grds. **nicht** als Aufgabeerklärung.

Hat der Verpächter die Aufgabe des Betriebs erklärt und damit das verpachtete Betriebsvermögen unter Versteuerung der stillen Reserven in sein Privatvermögen überführt, so kann er, solange der Betrieb verpachtet bleibt, nicht wieder die Fortführung des Betriebs wählen und die verpachteten Wirtschaftsgüter nicht erneut als Betriebsvermögen behandeln.

Die Aufgabe des Betriebs ist für den vom Steuerpflichtigen gewählten Zeitpunkt anzuerkennen, wenn die Aufgabeerklärung **spätestens drei Monate** nach diesem Zeitpunkt abgegeben wird (§ 16 Abs. 3b Satz 2 EStG). Nach dem BFH-Urteil vom 18.8.2005 (BStBl 2006 II S. 581) gilt dies jedoch nur unter der Voraussetzung, dass sich die gemeinen Werte in diesem Zeitraum nicht wesentlich geändert haben. Die 3-Monats-Frist ist jedoch auch dann anzuwenden, wenn der vom Steuerpflichtigen gewählte und innerhalb der 3-Monats-Frist dem Finanzamt **mitgeteilte** Aufgabezeitpunkt in einem zurückliegenden Kj. liegt, für das hinsichtlich der Besteuerung des Aufgabegewinns eine gegenüber dem Kj. des Zugangs der Betriebsaufgabeerklärung abweichende gesetzliche Regelung zur Anwendung kommt. Wird die Aufgabeerklärung erst nach Ablauf der 3-Monats-Frist abgegeben, so gilt der Betrieb erst im Zeitpunkt des Eingangs der Erklärung beim Finanzamt als aufgegeben. Teilt der Steuerpflichtige mit, dass er den Betrieb als aufgegeben ansieht, so ist die **Abgabe der Einkommensteuererklärung**, in der die Einkünfte aus der Betriebsverpachtung als Einkünfte aus Vermietung und Verpachtung aufgeführt sind, **als Aufgabeerklärung** anzusehen. Da die Steuererklärung regelmäßig nicht innerhalb von drei Monaten nach dem Zeitpunkt beim Finanzamt eingeht, von dem an die Einkünfte aus der Betriebsverpachtung als Einkünfte aus Vermietung und Verpachtung erklärt werden, gilt der Betrieb in der Regel im Zeitpunkt des Eingangs der Steuererklärung beim Finanzamt als aufgegeben.

Hat der Verpächter ausdrücklich die Betriebsaufgabe erklärt, kann er sich später nicht darauf berufen, diese rechtsgestaltende Erklärung sei wirkungslos, weil ihm nicht bewusst gewesen sei, dass mit der Betriebsaufgabe auch die stillen Reserven des verpachteten Betriebsgrundstücks aufzudecken seien (BFH-Urteil vom 22.9.2004, BStBl 2005 II S. 160).

Zum Zeitpunkt der Betriebsaufgabe bei Erklärung durch den Steuerpflichtigen siehe auch BMF-Schreiben vom 22.11.2016 (BStBl I S. 1326, Tz IV.1)

Wird die Aufgabe **im Erbfall durch** den oder die **Rechtsnachfolger** erklärt, ist innerhalb der 3-Monats-Frist eine Betriebsaufgabe auch für einen Zeitpunkt vor Eintritt des Erbfalls zulässig, frühestens jedoch mit der Einstellung der aktiven Tätigkeit durch den Erblasser (BMF-Schreiben vom 22.11.2018, a. a. O., Tz IV.2). Bei mehreren Rechtsnachfolgern ist die rückwirkende Betriebsaufgabeerklärung einvernehmlich vorzunehmen. Der Aufgabegewinn ist dem Erblasser zuzurechnen. Wenn die übrigen Voraussetzungen erfüllt sind, kommt für den Erblasser der Freibetrag nach § 16 Abs. 4 EStG und eine Tarifbegünstigung nach § 34 Abs. 1 oder 3 EStG in Betracht. Im Fall der **vorweggenommenen Erbfolge** ist eine Betriebsaufgabeerklärung durch den oder die Rechtsnachfolger frühestens für den Zeitpunkt des Übergangs des Betriebs auf den oder die Rechtsnachfolger möglich. Der Rechtsvorgänger kann die Betriebsaufgabe innerhalb der 3-Monats-Frist nur bis zum Tag der Betriebsübergabe erklären. Der Aufgabegewinn ist nach Verwaltungsauffassung in diesem Fall dem oder den Rechtsvorgänger/Rechtsvorgängern zuzurechnen.

21.18.5 Veräußerungsgewinn i. S. des § 21 UmwStG

§ 21 UmwStG in der am 21.5.2003 geltenden Fassung betraf die **Veräußerung von Anteilen an einer Kapitalgesellschaft**, die der Veräußerer oder – bei unentgeltlichem Erwerb der Anteile – der Rechtsvorgänger **durch eine Sacheinlage i. S. des § 20 Abs. 1 UmwStG erworben** hat. Nach § 27 Abs. 2 UmwStG i. d. F. des SEStEG war das alte Umwandlungsteuerrecht und in diesem Zusammenhang das **Rechtsinstitut der einbringungsgeborenen Anteile, letztmalig** auf **Umwandlungen und Einbringungen** anzuwenden, bei denen die Anmeldung zur Eintragung in das für die Wirksamkeit des jeweiligen Vorgangs maßgebende öffentliche Register **bis zum 12.12.2006 erfolgt** ist. War keine Registereintragung erforderlich, war dies nur der Fall, wenn das wirtschaftliche Eigentum an den eingebrachten Wirtschaftsgütern bis zum 12.12.2006 übergegangen ist. Wegen weiterer Hinweise des insoweit ausgelaufenen Rechts vgl. Erläuterungen zu Tz 21.18.5 der Anleitung zur Einkommensteuererklärung 2024.

21.18.6 Veräußerungsgewinn i. S. des § 22 UmwStG

Nach § 20 UmwStG besteht die Möglichkeit, einen **Betrieb oder Teilbetrieb oder einen ganzen Mitunternehmeranteil** ohne Gewinnrealisierung, d. h. zu Buchwerten, in eine unbeschränkt körperschaftsteuerpflichtige Kapitalgesellschaft einzubringen. Voraussetzung ist, dass die **wesentlichen Grundlagen** des Betriebs eingebracht und dem Einbringenden als Gegenleistung für die Einbringung des Betriebs, Teilbetriebs oder ganzen Mitunternehmeranteils **neue Gesellschaftsanteile** an der aufnehmenden Kapitalgesellschaft gewährt werden. Im Falle einer derartigen Einbringung räumt § 20 Abs. 2 UmwStG ein **Wahlrecht** ein: Das eingebrachte Betriebsvermögen kann von der aufnehmenden Kapitalgesellschaft mit dem Buchwert, dem Teilwert oder mit einem Zwischenwert (zwischen Buchwert und Teilwert) angesetzt werden. Zum Begriff der wesentlichen Betriebsgrundlagen siehe BMF-Schreiben vom 2.1.2025 (BStBl I S. 92, Rn 20.06). Nach § 20 UmwStG ist die **Bewertung mit dem gemeinen Wert der Grundfall** mit der Folge, dass die in den eingebrachten Wirtschaftsgütern enthaltenen stillen Reserven zwingend aufzudecken sind (BMF-Schreiben vom 2.1.2025, a. a. O., Rn 20.01 unter Verweis auf Rz 00.02). **Ausnahmsweise ist auf Antrag ein Buchwertansatz** (oder Zwischenwert) möglich, soweit sichergestellt ist, dass er später bei der übernehmenden Körperschaft der Besteuerung mit Körperschaftsteuer unterliegt, die Passivposten des eingebrachten Betriebsvermögens (ohne Eigenkapital) die Aktivposten nicht übersteigen und das inländische Besteuerungsrecht hinsichtlich des Gewinns aus der Veräußerung des eingebrachten Betriebsvermögens bei der übernehmenden Gesellschaft nicht ausgeschlossen oder beschränkt wird (§ 20 Abs. 2 Satz 2 UmwStG).

Da der Wertansatz der Kapitalgesellschaft nach § 20 Abs. 3 UmwStG zugleich als **Veräußerungspreis** für das eingebrachte Betriebsvermögen **und als Anschaffungskosten für die erhaltenen Gesellschaftsanteile** gilt, bestimmt sich die Frage, ob und inwieweit beim Einbringenden aus dem Einbringungsvorgang ein Veräußerungsgewinn entsteht, danach, wie die aufnehmende Kapitalgesellschaft das eingebrachte Betriebsvermögen ansetzt (BMF-Schreiben vom 2.1.2025, a. a. O., Rn 20.23). Wird das übernommene Betriebsvermögen bei der Betriebseinbringung durch die Kapitalgesellschaft mit dem **Buchwert** angesetzt (nach § 20 Abs. 2 UmwStG antragsgebunden; zum Antrag siehe BMF-Schreiben vom 2.1.2025, a. a. O., Rz 20.21–20.24), ist die Einbringung **erfolgsneutral**. Setzt die Kapitalgesellschaft das übernommene Betriebsvermögen mit einem **höheren Wert** als dem Buchwert des Einbringenden an, so entsteht beim Einbringenden ein entsprechender **Veräußerungsgewinn**. Das Wahlrecht darf die aufnehmende Kapitalgesellschaft nur bis zur erstmaligen Abgabe der steuerlichen Schlussbilanz beim Finanzamt ausüben (§ 20 Abs. 2 Satz 3 UmwStG). Mit der »steuerlichen Schlussbilanz« ist nach dem BFH-Urteil vom 15.6.2016 (BStBl 2017 II S. 75) die nächste auf den Einbringungszeitpunkt folgende steuerliche Jahresschlussbilanz der übernehmenden Gesellschaft gemeint, in der der Einbringungsgegenstand erstmals anzusetzen ist. Für den Ablauf der Frist kommt es aber nicht darauf an, ob die eingereichte Bilanz den Grundsätzen ordnungsmäßiger Buchführung oder den steuerbilanzrechtlichen Sonderregeln entspricht.

Auf Veräußerungsgewinne, die bei Einbringungen nach dem **12.12.2006** entstehen, ist § 16 Abs. 4 EStG nur anzuwenden, wenn es sich nicht um die Einbringung von Teilen eines Mitunternehmeranteils handelt und die übernehmende Gesellschaft das eingebrachte Betriebsvermögen **mit dem gemeinen Wert ansetzt**. § 34 EStG ist im Übrigen nur anwendbar, soweit der Veräußerungsgewinn nicht nach § 3 Nr. 40 Buchst. b und c i. V. mit § 3c Abs. 2 EStG teilweise steuerbefreit ist, d. h. nach dem **Teileinkünfteverfahren** nur zu 60 % besteuert wird (vgl. Tz 21.18.7 unter Erläuterungen zu den Zeilen 62, 70 und 74). Als Einschränkungen des o. a. Wahlrechts zu beachten ist, dass die Kapitalgesellschaft das eingebrachte Betriebsvermögen mit seinem Teilwert anzusetzen hat, wenn die inländische Besteuerung des Gewinns aus einer Veräußerung der dem Einbringenden gewährten Gesellschaftsanteile im Zeitpunkt der Sacheinlage (z. B. durch ein DBA) ausgeschlossen ist.**Für nach dem 12.12.2006 erfolgte Einbringungen** richtet sich die Besteuerung des Anteilseigners nach § 22 UmwStG. Die Neuregelung geht dabei zum **Grundsatz der nachträglichen Besteuerung** der im Zeitpunkt der Einbringung vorhandenen stillen Reserven beim Einbringenden über. Die Veräußerung der Anteile gilt insoweit als **rückwirkendes Ereignis** i. S. von § 175 Abs. 1 Satz 1 Nr. 2 AO. Dabei ist nach dem rechtskräftigen Urteil des FG Düsseldorf vom 21.6.2017 (2 K 4074/15 F, EFG 2017 S. 1326) jedoch nur die Tatsache der Veräußerung und nicht auch die Höhe des Veräußerungserlöses materiell-rechtlicher Tatbestand des § 22 Abs. 1 UmwStG. Für die Ermittlung des Einbringungsgewinns ist vielmehr der gemeine Wert des eingebrachten Betriebsvermögens im Einbringungszeitpunkt zugrunde zu legen. Im Gegensatz zu § 16 Abs. 2 EStG (»Veräußerungspreis«) ist also eine materiell-rechtliche Verknüpfung mit der Höhe des erzielten Veräußerungserlöses gesetzlich nicht vorgesehen, was bedeutet, dass in der Zukunft liegende Minderungen des Kaufpreises (im Urteilsfall nach einem Schiedsverfahren) den Einbringungsgewinn I nicht ändern. Zu einem nachträglich entstehenden stpfl. Einbringungsgewinn kommt es immer dann, wenn eine Veräußerung der erhaltenen Anteile durch den Einbringenden innerhalb der Sperrfrist von sieben Jahren erfolgt (sog. **Einbringungsgewinn I**). Für den Einbringungsgewinn I sind nach § 22 Abs. 1 Satz 1 a. E. UmwStG. **weder der Freibetrag nach § 16 Abs. 4 EStG noch** die **ermäßigte Besteuerung nach § 34 (Abs. 1 und Abs. 3!) EStG** anzuwenden (BMF-Schreiben vom 2.1.2025, a. a. O., Rn 22.07). Da nach der Gesetzesbegründung die Vermutung für einen Missbrauch i. S.von Art. 11 Abs. 1 Buchst. a der Europäischen Fusionsrichtlinie mit zunehmendem Abstand zum Einbringungszeitpunkt abnimmt, werden die nachträglich zu versteuernden stillen Reserven jährlich linear um ein Siebtel abgebaut.

Die steuerliche Behandlung der Veräußerung von aufgrund einer Einbringung erhaltenen Anteilen erfolgt nach den allgemeinen Vorschriften über die Veräußerung von Kapitalanteilen. Diese werden jedoch ergänzt durch die Regeln in § 22 UmwStG. Dabei ist beim Einbringenden in den Fällen der Sacheinlage (§ 20 Abs. 1 UmwStG) mit Buchwertfortführung oder in den Fällen mit Zwischenwertansatz eine nachträgliche Besteuerung der auf den steuerlichen Übertragungsstichtag zu ermittelnden stillen Reserven vorgesehen, wenn die Veräußerung der erhaltenen Anteile durch den Einbringenden oder bei unentgeltlichem Erwerb der Anteile durch den Rechtsnachfolger innerhalb einer Sperrfrist von sieben Jahren nach dem steuerlichen Einbringungszeitpunkt erfolgt. Der gemäß § 16 EStG zu besteuernde Gewinn berechnet sich nach BMF-Schreiben vom 2.1.2025 (a. a. O., Rn 22.08) wie folgt:

Gemeiner Wert des eingebrachten Betriebsvermögens
(ohne miteingebrachte Anteile an Kapitalgesellschaften und Genossenschaften)
./. Kosten des Vermögensübergangs
./. Wertansatz der übernehmenden Gesellschaft
= Einbringungsgewinn I vor Siebtelregelung
./. Verringerung um je 1/7 pro abgelaufenes Zeitjahr seit Einbringung
= zu versteuernder Einbringungsgewinn I

Der im Rahmen der Einkünfte nach §§ 13, 15, 16, 17, 18 oder 23 EStG entstehende Gewinn aus der Veräußerung der Anteile mindert sich und ein Verlust erhöht sich entsprechend (BMF-Schreiben vom 2.1.2025, a. a. O., Rn 22.10). Dies bedeutet, dass der insgesamt entstandene Veräußerungsgewinn zerlegt wird, in einen Gewinn nach § 16 EStG (= zum Veräußerungszeitpunkt maßgebender Einbringungsgewinn I), auf den weder das Teileinkünfteverfahren (§ 3 Nr. 40 EStG) noch die Steuerfreistellung nach § 8 b KStG zur Anwendung kommt, und einen Gewinn aus dem Anteilsverkauf (= nach dem Einbringungszeitpunkt entstandene stille Reserven und dem linearen Abbaubetrag der im Einbringungszeitpunkt vorhandenen stillen Reserven), der durch Teileinkünfteverfahren (§ 3 Nr. 40 EStG) oder die Steuerfreistellung nach § 8b Abs. 2 KStG begünstigt ist. Die übernehmende Gesellschaft kann den besteuerten Einbringungsgewinn I in der Steuerbilanz bei den jeweiligen Wirtschaftsgütern aktivieren.

In den Fällen des Anteilstauschs (§ 21 Abs. 1 UmwStG) und der Einbringung von Anteilen im Rahmen einer Sacheinlage (§ 20 Abs. 1 UmwStG) kommt es dann zur nachträglichen Besteuerung der stillen Reserven, wenn der Einbringende eine nicht von § 8b Abs. 2 KStG begünstigte Person ist und die eingebrachten Anteile durch die erwerbende oder übernehmende Gesellschaft oder bei unentgeltlichem Erwerb der Anteile durch deren Rechtsnachfolger innerhalb der Sperrfrist veräußert werden. Der Einbringende erzielt dabei in Höhe des im Veräußerungszeitpunkt maßgebenden **Einbringungsgewinns II** einen im Rahmen der Einkünfte nach §§ 13, 15, 16, 17, 18 oder 23 EStG entstehenden Gewinn aus der Veräußerung von Anteilen, der dem Teileinkünfteverfahren unterliegt. Dieser berechnet sich nach BMF-Schreiben vom 2.1.2025 (a. a. O., Rn 22.14) wie folgt:

Gemeiner Wert des eingebrachten Betriebsvermögens
./. Kosten des Vermögensübergangs
./. Wertansatz der erhaltenen Anteile beim Einbringenden
= Einbringungsgewinn II vor Siebtelregelung
./. Verringerung um je 1/7 pro abgelaufenes Zeitjahr seit Einbringung
= zu versteuernder Einbringungsgewinn II

Da in den Fällen des Anteilstauschs die Rückwirkungsfiktion nicht gilt, ist für die Bestimmung des Einbringungszeitpunkts das Datum des Vertragsabschlusses maßgebend. Der bei der erwerbenden Gesellschaft nach § 8b Abs. 2 KStG begünstigte Veräußerungsgewinn aus den eingebrachten Anteilen verringert sich entsprechend. Für den Einbringungsgewinn II kommt nach § 22 Abs. 2 Satz 1 a. E. UmwStG der Freibetrag des § 16 Abs. 4 EStG nicht zum Ansatz (im Gegensatz zum Einbringungsgewinn I [siehe obige Ausführungen], jedoch die ermäßigte Besteuerung nach § 34 EStG).

Wird nur ein Teil der Anteile veräußert, ist der Einbringungsgewinn anteilig zu besteuern. Gehen im Rahmen einer Gesellschaftsgründung oder einer Kapitalerhöhung aus Fremdmitteln stille Reserven aus einer Sacheinlage (§ 20 Abs. 1 UmwStG) oder aus auf einer Sacheinlage beruhenden Anteilen auf andere Anteile desselben Gesellschafters oder unentgeltlich auf Anteile Dritter über, werden diese Anteile ebenfalls von der Steuerverstrickung nach § 22 UmwStG erfasst (BFH-Urteile vom 8.4.1992, BStBl II S. 761 und BFH/NV S. 778). Werden im Rahmen einer Kapitalerhöhung aus Fremdmitteln stille Reserven von neuen Geschäftsanteilen auf Altanteile verlagert, gilt dies entsprechend. Dies gilt auch in den Fällen des Anteilstauschs.

Nach § 22 Abs. 3 UmwStG gelten jedoch folgende **Nachweispflichten**: Der Einbringende ist danach verpflichtet, innerhalb der Sperrfrist **jährlich** auf den Tag, der dem steuerlichen Einbringungszeitpunkt entspricht, jeweils spätestens **bis zum 31.5. nachzuweisen**, in wessen Hand sich in den Fällen der Sacheinlage (§ 22 Abs. 1 UmwStG) die erhaltenen Anteile und in den Fällen des Anteilstauschs die eingebrachten Anteile und in den Fällen einer Weitereinbringung dieser Anteile auch die auf der Weitereinbringung dieser Anteile beruhenden Anteile befinden. Einzelheiten hierzu enthalten die Rn 22.28–22.33 des BMF-Schreibens vom 2.1.2025

(a. a. O.). Die Frist für die Nachweispflicht kann **nicht verlängert** werden. Erfolgt die Einbringung nach dem 31.5. eines Jahres, ist der erstmalige Nachweis zum 31.5. des übernächsten Jahres zu erbringen (BMF-Schreiben vom 2.1.2025, a. a. O., Rn 22.31).

Der Nachweis ist bei einer Sacheinlage durch schriftliche Erklärung des Einbringenden abzugeben, wem seit der Einbringung die erhaltenen Anteile zuzurechnen sind. Ist dies der Einbringende selbst, muss er zusätzlich eine Bestätigung der übernehmenden Gesellschaft über seine Gesellschafterstellung vorzulegen (BMF-Schreiben vom 2.1.2025, a. a. O., Rn 22.30).

Bei einem Anteilstausch ist nach BMF-Auffassung eine entsprechende Bestätigung der übernehmenden Gesellschaft über das wirtschaftliche Eigentum und zur Gesellschafterstellung ausreichend (z. B. auch durch Vorlage der Steuerbilanz der übernehmenden Gesellschaft). Andere Nachweise, wie z. B. die Vorlage eines Auszugs aus dem Aktienregister (§ 67 AktG), einer Gesellschafterliste (§ 40 GmbHG) oder einer Mitgliederliste (§ 30 GenG) sind zum jeweiligen Stichtag auch möglich.

Wird der **Nachweis** für einen VZ der Sperrfrist **nicht erbracht, gelten** die **Anteile als** am Tag nach dem Einbringungszeitpunkt oder an dem entsprechenden Tag eines Folgejahres **veräußert**. Bei verspätetem Nachweis können nach BMF-Schreiben vom 2.1.2025 (a. a. O., Rn 22.32 und 22.33) die Angaben seitens des Finanzamts nur berücksichtigt werden, wenn eine Änderung der betroffenen Bescheide nach der AO noch möglich ist. Der zu Beginn des VZ maßgebende Einbringungsgewinn wird von der Finanzverwaltung von Amts wegen nach § 22 Abs. 1 oder 2 UmwStG besteuert.

21.18.7 Teileinkünfteverfahren

62, 70, 74, 79 Die 40 %ige Steuerbefreiung für Gewinne aus der Veräußerung oder Entnahme von **Anteilen an Körperschaften** (**z. B.** Aktien, GmbH-Anteilen) sowie die nur 60 %ige Berücksichtigung entsprechender Veräußerungs- oder Entnahmeverluste (vgl. **Tz 21.12 unter** Erläuterungen zu **Zeile 47**) gilt nach § 3 Nr. 40 Buchst. b i. V. mit § 3c Abs. 2 EStG auch dann, wenn diese Gewinne bzw. Verluste im Rahmen einer **Betriebsveräußerung** oder **Betriebsaufgabe** anfallen. Nach den zeitlichen Anwendungsvorschriften in § 52 Abs. 4b und 8a EStG a. F. fielen bei Veräußerung von Anteilen an **inländischen** Körperschaften diejenigen Veräußerungsgewinne/-verluste erstmals unter das Halbeinkünfteverfahren, die nach Ablauf des ersten Wj. entstanden, für das das KStG **n. F.** galt. Maßgebend war das Wj. der Kapitalgesellschaft, deren Anteile veräußert (entnommen) werden. Stimmte das Wj. **mit dem Kj. überein**, galt das Halbeinkünfteverfahren sonach bei Anteilsveräußerungen (Entnahmen), die **nach dem 31.12.2001 und vor dem 31.12.2008** erfolgten. Hatte die Kapitalgesellschaft ein abweichendes Wj., konnte sich die erstmalige Anwendung des Halbeinkünfteverfahrens in den VZ **2003** verschieben. Bei Veräußerung von Anteilen an **ausländischen** Kapitalgesellschaften galt das Halbeinkünfteverfahren bereits ab dem VZ 2001. Für die Veräußerung oder Entnahme von Anteilen aus Kapitalgesellschaften **nach dem 31.12.2008** gilt gem. § 3 Nr. 40 Buchst. b und § 3c Abs. 2 EStG das **Teileinkünfteverfahren**.

Ist im Veräußerungsgewinn lt. Zeile **61, 69 oder 73** der Anlage G ein stpfl. Teil enthalten, für den das Teileinkünfteverfahren gilt, so ist dieser Teilbetrag in Zeile **62, 70 oder 74** einzutragen und in einer besonderen Anlage zu erläutern. Nach § 34 Abs. 2 Nr. 1 EStG wird für die stpfl. Teile von Veräußerungsgewinnen, die nach § 3 Nr. 40 Buchst. b i. V. mit § 3c Abs. 2 EStG teilweise steuerbefreit sind, die Steuerermäßigung für außerordentliche Einkünfte (Zeile 65 oder 73, vgl. Tz 21.18.9) **nicht** gewährt. Damit soll eine Doppelbegünstigung dieser Gewinne vermieden werden. Andererseits wird der nach § 3 Nr. 40 Buchst. b EStG steuerfrei bleibende Teil des Veräußerungsgewinns für die Berechnung des **Freibetrags nach § 16 Abs. 4 EStG** (siehe Erläuterungen zu den Zeilen 58 bis 65) nicht berücksichtigt (R 16 Abs. 13 Satz 10 EStR). Der Freibetrag nach § 16 Abs. 4 EStG war entsprechend den Anteilen der Gewinne, die dem ermäßigten Steuersatz nach § 34 EStG unterliegen, und der Gewinne, die im Teil-/Halbeinkünfteverfahren zu versteuern sind, am Gesamtgewinn aufzuteilen (siehe noch Zahlenbeispiel in H 16 Abs. 13 – Teileinkünfteverfahren – EStH). Nach dem BFH-Urteil vom 14.7.2010 (BStBl II S. 1011, noch zum Halbeinkünfteverfahren) ist der Freibetrag allerdings nunmehr vorrangig mit dem Veräußerungsgewinn verrechnet, auf den das Teileinkünfteverfahren anzuwenden ist.

Zur Anwendung des Teileinkünfteverfahrens für Vermögensübertragungen, für die das UmwStG in der **ab 13.12.2006** geltenden Fassung Anwendung findet, vgl. Tz 21.18.5 und Tz 21.18.6.

21.18.8 Ausschluss bei Anwendung von § 6b oder § 6c EStG für bestimmte Veräußerungsgewinne

Wird im Rahmen von Veräußerungsvorgängen eine Rücklage nach **63–6**
§ 6b EStG gebildet, ist eine Anwendung der Tarifvergünstigung nach **71–7**
§ 34 EStG für die jeweilige Veräußerung ausgeschlossen, § 34 Abs. 1 Satz 4 EStG. Bei Anwendung der Einnahmenüberschussrechnung zur Gewinnermittlung gilt dies (und das Nachfolgende) nach § 6c EStG analog. Die Anwendung des § 34 Abs. 1 EStG ist nach Ansicht des BFH (Urteil vom 14.2.2007, XI R 16/05, BFH/NV 2007 S. 1293) nur gerechtfertigt, wenn alle stillen Reserven in einem einheitlichen Vorgang aufgedeckt werden. Das ist bei der Bildung einer § 6b EStG – Rücklage nicht der Fall; durch die Rücklage werden stille Reserven der Besteuerung entzogen.

Der Ausschluss der Tarifermäßigung betrifft dabei Rücklagen, in denen stille Reserven enthalten sind, die bei der Veräußerung einer wesentlichen Betriebsgrundlage aufgedeckt worden sind, R 6b.2 Abs. 10 Satz 3 EStR. Gewinne aus der Auflösung von Rücklagen, die nicht im Rahmen eines Gewinns aus einer Betriebsveräußerung oder -aufgabe angefallen sind, sind nach dem BFH-Urteil vom 4.2.1982 (BStBl II S. 348) nicht tarifbegünstigt.

Damit entsprechende Fälle durch die Finanzverwaltung maschinell berechnet und zur Überprüfung erkannt werden können, stehen in den Zeilen 63–64 und 71–72 Abfragen zur Verfügung, um die unterschiedlichen Auswirkungen der Inanspruchnahme der § 6b oder § 6c EStG auf den Freibetrag nach § 16 Abs. 4 EStG sowie § 34 EStG maschinell gewährleisten zu können. Die Zeilen 64 und 72 sind dabei für Steuerpflichtige mit Einkünften aus der Vermögensverwaltung durch Anteile an Kapitalgesellschaften vorgesehen und dienen der zutreffenden Berücksichtigung des Teileinkünfteverfahrens (vgl. Tz 21.18.7), da die Übertragung des Gewinns aus der Veräußerung einer Beteiligung an einer Kapitalgesellschaft oder eines Teils davon oder die Bildung einer Rücklage hierfür nach § 6b Abs. 10 EStG der Anwendung der Steuerermäßigung nach § 34 Abs. 1 EStG nicht entgegensteht (Urteil des FG Münster vom 23.9.2015, 10 K 4079/14 F, rkr.; die zunächst dagegen eingelegte Revision beim BFH unter IV R 48/15 wurde nach Rücknahme durch BFH-Beschluss vom 2.3.2016 eingestellt).

21.18.9 Ermäßigter Steuersatz für bestimmte Veräußerungsgewinne

Zur Sicherung der Altersvorsorge von aus dem Berufsleben aus- **65,**
scheidenden Unternehmern wurde durch das Steuersenkungsergänzungsgesetz (BStBl 2001 I S. 25) in § 34 Abs. 3 EStG für außerordentliche Einkünfte i. S. des § 34 Abs. 2 Nr. 1 EStG, d. h. für Gewinne aus den dort bezeichneten **Betriebsveräußerungen** und **Betriebsaufgaben** ab 1.1.2001 wieder ein ermäßigter Steuersatz eingeführt (vgl. Tz 21.18.14.2 und vgl. Tz 21.18.14.5 unter Erläuterungen zur Zeile 59). Die Anwendung des ermäßigten Steuersatzes setzt voraus, dass der Steuerpflichtige das **55. Lebensjahr** vollendet hat oder er im sozialversicherungsrechtlichen Sinn **dauernd berufsunfähig** ist. Der ermäßigte Steuersatz beträgt für den Teil des begünstigten Veräußerungs- oder Aufgabegewinns, der 5 Mio. € nicht übersteigt, **56 % des durchschnittlichen Steuersatzes**, der sich ergäbe, wenn die tarifliche ESt nach dem gesamten zu versteuernden Einkommen (zzgl. der dem sog. Progressionsvorbehalt unterliegenden Einkünfte) zu bemessen wäre, **mindestens jedoch 14 %** (Eingangssteuersatz für den jeweiligen VZ). Der Mindestsatz von 14 % wurde zwar erst mit dem Jahressteuergesetz 2010 vom 8.12.2010 (BGBl I S. 1768) eingeführt, gilt aber nach den Anwendungsvorschriften bereits – rückwirkend – ab 2009. Auf das restliche zu versteuernde Einkommen ist vorbehaltlich des § 34 Abs. 1 EStG der allgemeine Einkommensteuertarif anzuwenden (R 34.5 Abs. 1 EStR). Jeder Steuerpflichtige kann den ermäßigten Steuersatz **nur einmal im**

Leben in Anspruch nehmen. Der Freibetrag wird personenbezogen gewährt; er steht dem Steuerpflichtigen für alle Gewinneinkunftsarten nur einmal zu (BFH-Urteil vom 21.7.2009, BStBl II S. 963). Bei dieser Objektbeschränkung werden aber ermäßigt besteuerte Veräußerungs- und Aufgabegewinne vor dem 1.1.2001 nicht mitgezählt. Hierauf weist im Vordruck aufgenommene Erläuterungstext ausdrücklich hin.

Als außerordentliche Einkünfte, für die unter den o.a. Voraussetzungen **auf Antrag** ein ermäßigter Steuersatz angewendet wird, kommen nach § 34 Abs. 2 EStG nur gewerbliche Veräußerungsgewinne (§ 16 EStG), land- und forstwirtschaftliche Veräußerungsgewinne (§ 14 EStG, vgl. Tz 28.10 unter Erläuterungen zur Anlage L) und Veräußerungsgewinne nach § 18 Abs. 3 EStG (vgl. Tz 22.11.4 unter Erläuterungen zur Anlage S) in Betracht, **soweit** sie **nicht** nach § 3 Nr. 40 Buchst. b i. V. mit § 3 c Abs. 2 EStG teilweise steuerbefreit sind, d. h. nach dem **Teileinkünfteverfahren** (vgl. Tz 21.18.7 unter Erläuterungen zu den Zeilen 62 und 74) nur zu 60 % besteuert werden.

Liegt ein begünstigter Veräußerungsgewinn vor, steht dem Steuerpflichtigen ein **Wahlrecht** zu, ob er die Besteuerung mit dem ermäßigten Steuersatz (hier in Zeile 65 oder 73) beantragt oder die tarifbegünstigte Besteuerung nach der Fünftel-Regelung (siehe Erläuterungen zur Zeile 67) wünscht. Erzielt der Steuerpflichtige in einem Jahr mehrere Veräußerungsgewinne (z. B. aus dem Verkauf zweier verschiedener Betriebe), darf er nur für den Gewinn aus **einer** dieser Veräußerungen den ermäßigten Steuersatz in Anspruch nehmen (R 34.5 Abs. 2 EStR); für den anderen Veräußerungsgewinn kommt u. E. die Fünftel-Regelung in Betracht. Auch in anderen Fällen kann die Fünftel-Regelung ausnahmsweise neben dem ermäßigten Steuersatz Anwendung finden, z. B. wenn der Steuerpflichtige in demselben Jahr sowohl eine Entschädigung nach § 34 Abs. 2 Nr. 2 EStG (siehe Erläuterungen zur Zeile 49) als auch einen Gewinn aus einer Betriebsveräußerung zu versteuern hat. Wird ein zum Betriebsvermögen eines Einzelunternehmers gehörender Mitunternehmeranteil im Zusammenhang mit der Veräußerung des Einzelunternehmens veräußert, ist die Anwendbarkeit des ermäßigten Steuersatzes nach § 34 Abs. 3 EStG für beide Vorgänge **getrennt** zu prüfen. Liegen die Voraussetzungen des § 34 Abs. 3 EStG hinsichtlich beider Vorgänge vor, kann der ermäßigte Steuersatz entweder für die Veräußerung des Einzelunternehmens **oder** für die Veräußerung des Mitunternehmeranteils beantragt werden.

Der ermäßigte Steuersatz wie auch die Fünftel-Regelung können nicht angewendet werden, wenn der Steuerpflichtige für Veräußerungsgewinne ganz oder teilweise die Begünstigung für Gewinne aus der Veräußerung bestimmter Anlagegüter nach **§ 6 b oder § 6 c EStG** (Übertragung stiller Reserven) in Anspruch nimmt, vgl. Tz 21.18.8 unter Erläuterungen zu den Zeilen 63 bis 64 und 71 bis 72.

79 In diesen Zeilen sind Veräußerungs**verluste** i. S. des § 16 EStG gesondert einzutragen. Der gesonderte Ausweis solcher Verluste kann für die Ermittlung des Höchstbetrags nach **§ 35 EStG** durch das Finanzamt (vgl. **Tz 21.17** unter Erläuterungen zu den **Zeilen 51–57**) von Bedeutung sein. Sind im Veräußerungsverlust Berechnungsanteile enthalten, auf die das Teileinkünfteverfahren Anwendung findet, sind diese zur zutreffenden Ermittlung des Veräußerungsverlusts gesondert in Zeile 79 mit ihrem stpfl. Teil einzutragen.

Auf die vorstehenden Erläuterungen zu den **Zeilen 58 bis 79**, die hier entsprechend gelten, wird Bezug genommen.

21.18.10 Beteiligung an Kapitalgesellschaften oder Genossenschaften mit mindestens 1 %

98 Zu den Einkünften aus Gewerbebetrieb gehört nach **§ 17 EStG** auch der **Gewinn** aus der **Veräußerung von Anteilen** an einer **Kapitalgesellschaft oder Genossenschaft**, wenn der Veräußerer **innerhalb der letzten fünf Jahre** am Kapital der Gesellschaft/Genossenschaft **wesentlich** beteiligt war, d. h. zu **mindestens 1 %** (siehe unten). Voraussetzung für die Anwendung des § 17 EStG ist außerdem, dass die Beteiligung **nicht** zum Betriebsvermögen gehört (zur Abgrenzung, wann eine Managementbeteiligung zum Betriebsvermögen eines freiberuflich tätigen Beraters gehört, siehe BFH-Urteil vom 1.12.2020, VIII R 21/17, BStBl II 2021 S. 609). Die Beteiligung kann in Aktien, Anteilen an einer GmbH, Genussscheinen oder ähnlichen Beteiligungen und Anwartschaften auf solche Beteiligungen bestehen. Jedoch bewirkt die Übertragung einer Anwartschaft noch keinen Übergang der Beteiligung (BFH-Urteil vom 19.12.2007, BStBl 2008 II S. 475). Anwartschaften sind keine Beteiligungen und mithin bei der Bestimmung der Beteiligungshöhe nicht zu berücksichtigen, und zwar ungeachtet ihrer Eigenschaft als möglicher Gegenstand einer Veräußerung i. S. von § 17 Abs. 1 Satz 1 EStG (BFH-Urteile vom 14.3.2006, BStBl II S. 746, 748 und in BStBl 2008 II S. 475 sowie BFH-Urteil vom 19.2.2013, BStBl II S. 578). Unter einschränkenden Bedingungen kann eine solche maßgebliche Beteiligung auch eine wirtschaftliche Inhaberschaft an einem Kapitalgesellschaftsanteil sein (BFH-Urteil vom 11.7.2006, BStBl 2007 II S. 296). Zur Abgrenzung zwischen Arbeitslohn und Veräußerungsgewinn i. S. des § 17 EStG siehe BFH-Urteil vom 30.6.2011 (BStBl II S. 948). Anteile an einer »Corporation« nach US-amerikanischem Recht gehören gem. BFH-Urteil vom 14.2.2023 (IX R 23/21, BStBl II 2023 S. 557) zu den ähnlichen Beteiligungen i. S. des § 17 Abs. 1 Satz 3 EStG. § 17 Abs. 1 Satz 1 EStG knüpft typisierend an die Höhe der nominellen Beteiligung am Grund- oder Stammkapital der (inländischen) Kapitalgesellschaft an. Die Vorschrift spricht in Satz 1 ausdrücklich von der Beteiligung am »Kapital der Gesellschaft«. Kapital ist nach den gesetzlichen Vorschriften des § 5 Abs. 1 GmbHG und der §§ 6 ff. AktG das Stamm- bzw. Grundkapital der Gesellschaft, das mit einem festen Betrag in der Satzung auszuweisen ist. Es bezeichnet das durch Einlagen oder Einlageverpflichtungen der Gesellschafter aufzubringende Gesellschaftsvermögen. Der »Anteil an einer Kapitalgesellschaft« bemisst sich deshalb nach dem betragsmäßig bestimmten (festen) Anteil am Stamm- oder Grundkapital der Gesellschaft (vgl. BFH-Urteil vom 25.11.1997, VIII R 29/94, BStBl II 1998 S. 257). Bei Auslandskapitalgesellschaften ist auf eine entsprechende Bezugsgröße abzustellen, die die kapitalmäßige Beteiligung des Gesellschafters in vergleichbarer Weise wiedergibt. Diese Bezugsgröße muss bei Auslandskapitalgesellschaften, die nicht dem deutschen Gesellschaftsrecht unterliegen, Auskunft über das tatsächlich übernommene Gesellschaftskapital geben. Maßgeblich ist nach BFH-Auffassung, welchen Beitrag der Gesellschafter zu dem durch Einlagen gebildeten Gesellschaftsvermögen erbracht hat; damit korrespondiert sein Anspruch auf Beteiligung an der Substanz der Kapitalgesellschaft. Auf eine Größe, die dem genehmigten Kapital nach deutschem Recht entspricht, kann in diesem Zusammenhang auch dann nicht abgestellt werden, wenn sie sich als Einzige aus einem öffentlichen Register ergibt. Personenhandelsgesellschaften (ab 2024: Personengesellschaften) werden für § 17 EStG als Anwendungsfälle betrachtet, wenn für die Ertragsbesteuerung der Antrag nach § 1 a KStG gestellt worden war.

Eine wesentliche Beteiligung lag seit 1.1.1999 dann vor, wenn der Veräußerer innerhalb der letzten fünf Jahre zu mindestens 10 % unmittelbar oder mittelbar an der Gesellschaft beteiligt war. Bei Veräußerungen vor 1999 war eine Beteiligungsquote von mehr als 25 % erforderlich.

Mit **Beschluss vom 7.7.2010** (BStBl 2011 II S. 86 zu Az.: 2 BvR 748/05, 2 BvR 753/05 und 2 BvR 1738/05) hat das BVerfG die Besteuerung von Veräußerungen in der Übergangszeit von alter (25 %) zu neuer Wesentlichkeitsgrenze (10 %) als verfassungswidrig eingestuft, weil sie gegen den Grundsatz des Vertrauensschutzes verstießen. Die Grenze von 10 % selbst sei verfassungsrechtlich jedoch nicht zu beanstanden. Mit Schreiben vom 20.12.2010 (BStBl 2011 I S. 16) hat das BMF zur Anwendung Stellung genommen. Insbesondere für Beteiligungen in Höhe von mindestens 10 %, aber höchstens 25 % mit Anschaffungen vor dem 1.4.1999 und Veräußerungen ab dem 1.4.1999 sind zu beachtende Aussagen enthalten. Der Beteiligungsbegriff gemäß § 17 Abs. 1 Satz 4 EStG i. d. F. des StEntlG 1999/2000/2002 (mit Wirkung am 1.4.1999) ist nach den BFH-Urteilen vom 11.12.2012 (IX R 7/12, BStBl 2013 II S. 372) und vom 12.3.2024 (IX R 9/23, zur Veröffentlichung im BStBl II vorgesehen) VZ-bezogen so auszulegen, dass das Tatbestandsmerkmal »innerhalb der letzten fünf Jahre am Kapital der Gesellschaft wesentlich beteiligt« in § 17 Abs. 1 Satz 1 EStG für jeden abgeschlossenen VZ nach der in diesem VZ jeweils geltenden Beteiligungsgrenze zu bestimmen ist. Der Gewinn aus der Veräußerung ist nach BMF-Schreiben vom 20.12.2010 (a. a. O., Tz C.II.1) **insoweit nicht steuerbar**, als er auf den **Wertzuwachs bis zum 31.3.1999 entfällt**. Zur Ermittlung des Veräußerungsgewinns tritt der gemeine Wert der Anteile zum 31.3.1999 an die Stelle der ursprünglichen Anschaffungskosten. Dies ist nach dem BMF-Schreiben bei börsennotierten Anteilen der Börsenkurs zum 31.3.1999 oder mangels Notierung am 31.3.1999 der letzte innerhalb von 30 Tagen im regulierten Markt notierte Kurs. Handelt es sich dagegen nicht um börsennotierte Anteile, wie das z.B. bei Anteilen an einer GmbH der Fall ist, soll aus Vereinfachungsgründen der Wertzuwachs zeitanteilig auf die Haltedauer aufgeteilt werden. Mit BMF-Schreiben vom 16.12.2015 (BStBl 2016 I S. 10) wurde zur Zuordnung der in diesem Zusammenhang angefallenen Veräußerungskosten bestimmt, dass diese nicht anteilig zugeordnet werden müssen, sondern unter Beachtung von § 3c Abs. 2 EStG in vollem Umfang vom steuerbaren Veräußerungserlös abzuziehen sind.

BEISPIEL 1 (ANGELEHNT AN DAS BEISPIEL HIERZU AUS VORGENANNTEM BMF-SCHREIBEN):

A hat am 15.1.1999 Anteile in Höhe von 20 % an der C-GmbH erworben (Anschaffungskosten damals – umgerechnet – 100 000 €). Am 3.8.2025 veräußert A die Anteile für 500 000 €.
Die Gesamtbesitzzeit für die Anteile an der C-GmbH beträgt 318 volle und einen angefangenen Monat (= aufgerundet 319 Monate). Auf den Zeitraum 31.3.1999 bis 3.8.2025 entfallen 314 volle und ein angefangener Monat (= abgerundet 314 Monate). Der Wertzuwachs von (500 000 € Veräußerungspreis ./. 100 000 € Anschaffungskosten =) 400 000 € für die Anteile ist zu 314/319 = 393 730 € steuerbar. Unter Berücksichtigung des Teileinkünfteverfahrens beträgt der stpfl. Veräußerungsgewinn im Jahr 2025 (393 730 € × 60 % =) 236 238 €.
Nach BMF-Schreiben vom 20.12.2010 (a. a. O., Tz C.II.1 b) und c)) sind aber andere Aufteilungen möglich, soweit die – hier vorgestellte – Vereinfachungsregelung zu offensichtlichen Widersprüchen führt. Hierzu sind nach dem vorgenannten BMF-Schreiben Gutachten oder Nachweise über tatsächliche Veräußerungen in zeitlicher Nähe zum 31.3.1999 vorzubringen. Auch für die Berücksichtigung **zwischenzeitlicher Wertminderungen** sind Aussagen im vorgenannten BMF-Schreiben enthalten. Wertminderungen, die bis zum 31.3.1999 eingetreten sind, jedoch anschließend (nach dem 31.3.1999) wieder aufgeholt wurden, bleiben nach BMF-Auffassung ohne steuerliche Auswirkung. Fand allerdings bis zum 31.3.1999 eine Werterhöhung statt und wurde diese durch eine spätere Wertminderung vollständig kompensiert, tritt nach BMF-Auffassung (Tz C.II.3 b)) des vorgenannten BMF-Schreibens der Wert der Anteile zum 31.3.1999 nach Maßgabe der o. a. Grundsätze nicht an Stelle der ursprünglichen Anschaffungskosten mit der Folge, dass sowohl die Werterhöhung als auch die spätere Wertminderung außer Ansatz bleiben.

BEISPIEL 2 (ANGELEHNT AN DAS BEISPIEL HIERZU AUS VORGENANNTEM BMF-SCHREIBEN):

A war seit 1990 zu 10 % an der C-GmbH (Anschaffungskosten damals – umgerechnet – 100 000 €) beteiligt. Am 31.3.1999 belief sich der Wert seiner Anteile auf umgerechnet 500 000 €. Am 2.8.2025 veräußert A seine Anteile für 100 000 €.
Aus dem Verkauf entsteht ein Veräußerungsgewinn von (100 000 € Veräußerungspreis ./. 100 000 € Anschaffungskosten =) 0 €.

BEISPIEL 3 (ANGELEHNT AN DAS BEISPIEL HIERZU AUS VORGENANNTEM BMF-SCHREIBEN):

A war seit 1990 zu 10 % an der C-GmbH (Anschaffungskosten damals – umgerechnet – 100 000 €) beteiligt. Am 31.3.1999 belief sich der Wert seiner Anteile auf umgerechnet 500 000 €. Am 2.8.2025 veräußert A seine Anteile für 300 000 €.
Aus dem Verkauf entsteht ein Veräußerungsgewinn von (300 000 € Veräußerungspreis ./. 100 000 € Anschaffungskosten =) 200 000 €. Da dieser Veräußerungsgewinn auf eine Werterhöhung zurückgeht, die vor dem 31.3.1999 eingetreten ist, ist der Gewinn nicht steuerbar.

Auf **Veräußerungsverluste** findet der Beschluss des BVerfG nach Auffassung des BMF (BMF-Schreiben vom 20.12.2010, a. a. O., Tz C.II.2) **keine Anwendung**. D. h., bei der Ermittlung des Veräußerungsverlustes sind die ursprünglichen Anschaffungskosten maßgebend und kein Wert zum 31.3.1999 (so auch das BFH-Urteil vom 5.4.2022, IX R 19/20, BStBl II 2023 S. 18).

Durch das Steuersenkungsgesetz (BStBl 2000 I S. 1428) ist die Grenze für eine wesentliche Beteiligung von 10 % **auf 1 % herabgesetzt** worden. Zur Verfassungsmäßigkeit der 1 %-Grenze siehe BFH-Urteil vom 24.10.2012 (BStBl 2013 II S. 164). Die neue Beteiligungsgrenze gilt erstmals für Veräußerungen, die nach Ablauf des ersten Wj. der Gesellschaft vorgenommen werden, für das das neue KStG (Art. 3 des Steuersenkungsgesetzes) erstmals anzuwenden ist (§ 52 Abs. 34a EStG a. F.). Stimmt das Wj. einer inländischen Kapitalgesellschaft mit dem Kj. überein, ist die **1 %-Grenze** für Veräußerungen ab **1.1.2002** maßgebend. Eine analoge Anwendung des VZ-bezogenen Beteiligungsbegriffes aus dem o. a. BFH-Urteil vom 11.12.2012 (a. a. O.) auf die Absenkung der Beteiligungsgrenze durch das Steuersenkungsgesetz auf 1 % ist nach dem BMF-Schreiben vom 27.5.2013 (BStBl I S. 721) nicht vorzunehmen. Das BMF begründet dies damit, dass seit der Absenkung der Beteiligungsgrenze auf 1 % durch das StSenkG nach dem Gesetzeswortlaut des § 17 Abs. 1 Satz 1 EStG Tatbestandsvoraussetzung sei, dass der Steuerpflichtige »innerhalb der letzten fünf Jahre am Kapital der Gesellschaft unmittelbar oder mittelbar zu mindestens 1 % beteiligt war«. Anders als die Fassung des Steuerentlastungsgesetzes 1999/2000/2002 ab dem VZ 1999 enthält § 17 Abs. 1 EStG i. d. F. des StSenkG den Begriff der Wesentlichkeit der Beteiligung nicht mehr.

Die ursprünglich für die Veräußerung von Anteilen an ausländischen Kapitalgesellschaften geltende frühere Anwendung der Wesentlichkeitsgrenze von 1 % bereits am 1.1.2001 wurde mit Urteil des EuGH vom 18.12.2007 (Rs. C-436/06 »Grønfeldt«, BStBl 2009 II S. 437) als europarechtswidrig beurteilt mit der Folge, dass auch hierfür der 1.1.2002 als erster Zeitpunkt für die herabgesetzte Grenze gilt. Ab diesem Zeitpunkt gilt dann auch das **Halbeinkünfteverfahren/seit 2009: Teileinkünfteverfahren** (vgl. Tz 21.18.7 unter Erläuterungen zu den Zeilen 62, 70 und 74). Durch die mehrfache Absenkung der Wesentlichkeitsgrenze sind viele früher nicht steuerverhaftete Beteiligungen in die Steuerverhaftung hineingewachsen. Bei der Veräußerung einer jetzt wesentlichen Beteiligung werden auch schon in früheren Jahren eingetretene Wertsteigerungen in die Besteuerung einbezogen. Es **genügt**, dass die wesentliche Beteiligung innerhalb des maßgebenden Fünfjahreszeitraums **nur kurzfristig** bestanden hat (BFH-Urteil vom 7.7.1992, BStBl 1993 II S. 331). Ein zivilrechtlicher Durchgangserwerb (in Gestalt einer logischen Sekunde) hat allerdings nach den BFH-Urteilen vom 26.1.2011 (BStBl II S. 540) und vom 5.10.2011 (BStBl 2012 II S. 318) nicht zwangsläufig auch einen steuerrechtlichen Durchgangserwerb i. S. des Innehabens wirtschaftlichen Eigentums in der Person des zivilrechtlichen Durchgangserwerbers zur Folge; vielmehr ist die steuerrechtliche Zuordnung nach Maßgabe des § 39 Abs. 2 Nr. 1 AO zu beurteilen. Für die Feststellung des wirtschaftlichen Eigentums i. S. von § 39 Abs. 2 Nr. 1 AO kommt es entscheidend auf das wirtschaftlich Gewollte und das tatsächlich Bewirkte an, also auf konkrete tatsächliche Umstände; daher ist eine – nicht reale – logische Sekunde als lediglich gedankliche Hilfskonstruktion für eine solche tatsächliche Feststellung unerheblich. Wird die Übertragung eines Anteils durch die Parteien des Kaufvertrags wegen Wegfalls der Geschäftsgrundlage rückgängig gemacht, kann nach dem BFH-Urteil vom 9.5.2025 (IX R 4/23, juris) dieses Ereignis steuerlich auf den Zeitpunkt der Veräußerung zurückwirken (Anschluss an BFH-Urteil vom 28.10.2009, IX R 17/09, BStBl II 2010 S. 539).

Bei der Feststellung, ob eine wesentliche Beteiligung vorliegt, waren früher zu den dem Steuerpflichtigen gehörenden Anteilen auch die Anteile hinzuzurechnen, die sich im Besitz seiner Angehörigen befanden. Diese Vorschrift ist weggefallen. Die Steuerpflicht tritt nur ein, wenn der Steuerpflichtige an der Kapitalgesellschaft **allein** zu mindestens 1 % unmittelbar oder mittelbar beteiligt ist. Um eine Umgehung der Steuerpflicht durch Aufspaltung einer wesentlichen Beteiligung auf die Angehörigen zu erschweren, kommt jedoch eine Steuerpflicht auch dann in Betracht, wenn der Veräußerer zwar nicht selbst wesentlich beteiligt ist, er aber den veräußerten Anteil **innerhalb der letzten fünf Jahre** vor der Veräußerung **unentgeltlich** erworben hat **und der Rechtsvorgänger** – bei mehrmaliger unentgeltlicher Übertragung des Anteils einer der Rechtsvorgänger – **innerhalb der letzten fünf Jahre** an der Kapitalgesellschaft zu mindestens 1 % unmittelbar oder mittelbar beteiligt war. § 17 Abs. 1 Satz 4 EStG ist nach dem BFH-Urteil vom 12.3.2024 (IX R 9/23, BStBl II S. 737) dabei veranlagungszeitraumbezogen auszulegen. Mithin ist erforderlich, dass der Übertragende innerhalb des maßgeblichen Fünfjahreszeitraums nach der für diesen Zeitraum jeweils gültigen Rechtslage wesentlich/maßgeblich beteiligt war. Nach dem BFH-Urteil vom 24.1.2012 (BStBl II S. 308) zählen Gesellschaftsanteile, die im Rahmen einer vorweggenommenen Erbfolge unter dem Vorbehalt des Nießbrauchs übertragen werden, nicht zum unentgeltlichen Erwerb i. S. von § 17 Abs. 2 Satz 5 EStG, wenn sie weiterhin dem Nießbraucher nach § 39 Abs. 2 Nr. 1 AO zuzurechnen sind. Dies zu prüfen, gab der BFH dem FG durch Rückverweisung auf. Im zweiten Rechtszug klärte das FG die Frage dahingehend, dass nach seinen Feststellungen der unentgeltliche Erwerber bereits anlässlich der Übertragung das wirtschaftliche Eigentum an den nießbrauchsbelasteten Anteilen erlangt habe. § 17 Abs. 2 Satz 5 EStG sei daher anwendbar. Die dagegen vom Finanzamt eingelegte Revision wies der BFH mit Urteil vom 18.11.2014 (BStBl 2015 II S. 224) zurück und stellte fest, dass nach § 17 Abs. 2 Satz 5 EStG im Fall der unentgeltlichen Rechtsnachfolge der Rechtsnachfolger die Anschaffungskosten des Rechtsvorgängers ohne jede Einschränkung (durch Nießbrauchsrechte o. Ä.) fortführt. Nach Ablauf der fünfjährigen Sperrfrist kann die unentgeltlich erworbene, nicht wesentliche Beteiligung steuerfrei veräußert werden. Bei der Entscheidung, ob die Beteiligungsgrenze von 1 % erreicht wird, ist von dem um eigene Anteile der Kapitalgesellschaft verminderten Nennkapital auszugehen (H 17 Abs. 2 – Eigene Anteile – EStH).

Der Gesellschafter einer Kapitalgesellschaft ist auch dann wesentlich Beteiligter i. S. des § 17 EStG, wenn sich die Anteilsquote von mindestens 1 % **erst durch – anteilige – Hinzurechnung von Beteiligungen** an der Kapitalgesellschaft ergibt, welche unmittelbar oder mittelbar von einer Personenhandelsgesellschaft gehalten werden, an welcher der Gesellschafter der Kapitalgesellschaft als Mitunternehmer beteiligt ist (BFH-Urteil vom 10.2.1982, BStBl II S. 392). Entsteht durch den Erwerb weiterer Anteile (z. B. an einer GmbH) eine Beteiligung von mindestens 1 %, so kann diese nicht dadurch beseitigt werden, dass die erworbenen Anteile rückwirkend verschenkt werden (BFH-Urteil vom 18.9.1984, BStBl 1985 II S. 55). Kapitalersetzende Maßnahmen erhöhen den Anteil an einer GmbH nicht; sie begründen oder erhöhen auch nicht eine ähnliche Beteiligung i. S. des § 17 Abs. 1 EStG (BFH-Urteil vom 19.5.1992, BStBl II S. 902). Nach dem BFH-Urteil vom 20.4.1999 (BStBl II S. 650) ist der Gewinn aus der Veräußerung einer Beteiligung von weniger als 1 % auch dann nach § 17 EStG zu erfassen, wenn der Gesellschafter die Beteiligung erst neu erworben hat, nachdem er zuvor innerhalb des Fünfjahreszeitraums eine Beteiligung von mindestens 1 % insgesamt veräußert hat und mithin vorübergehend überhaupt nicht an der Kapitalgesellschaft beteiligt war (BFH-Urteil vom 1.3.2005, BStBl II S. 436). Verzichtet der Gesellschafter zugunsten eines Mitgesellschafters unentgeltlich auf die Teilnahme an einer Kapitalerhöhung mit der Folge, dass seine bisher wesentliche Beteiligung zu einer unwesentlichen wird, beginnt nach dem BFH-Urteil vom 14.3.2006 (BStBl II S. 746) der Lauf der Fünf-Jahres-Frist erst mit der Eintragung der Kapitalerhöhung im Handelsregister.

Ob eine wesentliche Beteiligung i. S. des § 17 EStG vorliegt, ist bei einer GmbH **aus den Geschäftsanteilen** zu berechnen. Nach dem BFH-Urteil vom 25.11.1997 (BStBl 1998 II S. 257) gilt dies auch dann, wenn in der GmbH-Satzung die Stimmrechte oder die Verteilung des Gewinns und des Liquidationserlöses abweichend von §§ 29, 72 GmbHG geregelt sind. Bei einem Nießbrauch an einem GmbH-Anteil ist zu ermitteln, wem das wirtschaftliche Eigentum an den Anteilen zuzurechnen ist. Ist der Nießbrauchsberechtigte nicht wirtschaftlicher Eigentümer der GmbH-Anteile, ist nach dem BFH-Urteil vom 11.2.2025 (IX R 14/24, juris) die entgeltliche Ablösung des Nießbrauchs für diesen ein nichtsteuerbarer Vorgang.

Veräußerungsgewinn ist der Betrag, um den der Veräußerungspreis nach Abzug der Veräußerungskosten die Anschaffungskosten übersteigt. Zur Berechnung des Veräußerungs- oder Auflösungsgewinns aus einer in ausländischer Währung angeschafften und veräußerten Beteiligung an einer Kapitalgesellschaft sind nach dem BFH-Urteil vom 24.1.2012 (BStBl II S. 564) sowohl die Anschaffungskosten als auch der Veräußerungspreis zum Zeitpunkt ihres jeweiligen Entstehens in Euro umzurechnen und nicht lediglich der Saldo des in ausländischer Währung errechneten Veräußerungsgewinns/Veräußerungsverlustes zum Zeitpunkt der Veräußerung. Veräußerungspreis ist die Gegenleistung des Erwerbers. Beim Tausch von Anteilen an Kapitalgesellschaften sind Anteile, die der Tauschpartner im Gegenzug hingibt, mit dem gemeinen Wert nach § 9 BewG zu bemessen (BFH-Urteil vom 28.10.2008, BStBl 2009 II S. 45). Für die Bewertung der Gegenleistung kommt es nach dem BFH-Urteil vom 13.10.2015 (BStBl 2016 II S. 212) auf die Verhältnisse im Zeitpunkt der Erfüllung der Gegenleistungspflicht an, wenn diese von den Verhältnissen im Zeitpunkt der Entstehung des Veräußerungsgewinns abweichen. Eine Veränderung der wertbestimmenden Umstände wirkt materiell-rechtlich auf den Zeitpunkt der Entstehung des Veräußerungsgewinns zurück. Anschaffungskosten sind dabei analog zu § 255 Abs. 1 HGB zu bestimmen, da § 17 Abs. 2a Satz 1 EStG insoweit keinen anderen Wortlaut enthält. Das gilt auch bei einer Einlage eines Anteils an einer Kapitalgesellschaft, wenn der Steuerpflichtige an der Gesellschaft im Zeitpunkt der Einlage wesentlich i. S. von § 17 EStG beteiligt ist (BFH-Urteil vom 5.6.2008, BStBl II S. 965). Der Nachweis der Einzahlung einer Stammeinlage im Hinblick auf daraus resultierende Anschaffungskosten muss nach 20 Jahren seit Eintragung der GmbH nicht zwingend allein durch den entsprechenden Zahlungsbeleg geführt werden (BFH-Urteil vom 8.2.2011, BStBl II S. 718). Gehörten die Anteile vorher zum Betriebsvermögen des Steuerpflichtigen, so tritt nach dem BFH-Urteil vom 13.4.2010 (BStBl II S. 790) der Teilwert oder der gemeine Wert dieser Anteile nur dann an die Stelle der (historischen) Anschaffungskosten, wenn durch die Entnahme aus dem Betriebsvermögen die stillen Reserven tatsächlich aufgedeckt und bis zur Höhe des Teilwerts/gemeinen Werts steuerrechtlich erfasst sind oder noch erfasst werden können. Bei unentgeltlich erworbenen Anteilen sind als Anschaffungskosten der Anteile die Anschaffungskosten des Rechtsvorgängers maßgebend, der den Anteil zuletzt entgeltlich erworben hat. Nach dem BFH-Urteil vom 25.2.2009 (BStBl II S. 658) umfasst der unentgeltliche Erwerb von Anteilen auch die nach einer Kapitalerhöhung aus Gesellschaftsmitteln dem unentgeltlichen Erwerber der Altaktien zugeteilten neuen Aktien. Wegen der Ermittlung des Veräußerungsgewinns bei unterschiedlichen Anschaffungskosten einzelner GmbH-Anteile siehe BFH-Urteil vom 10.10.1978 (BStBl 1979 II S. 77). Danach kann der Steuerpflichtige aufgrund der Selbständigkeit der Anteile frei entscheiden, welche Anteile er veräußert und damit auch über die Zuordnung der dazugehörigen Anschaffungskosten die Höhe des Veräußerungsgewinns. Der – bislang nicht realisierte – Gewinnanteil des Veräußerers ist nach dem BFH-Urteil vom 8.2.2011 (BStBl II S. 684) aber preisbildender Bestandteil des veräußerten Anteils und nicht als Anschaffungskosten oder sonst den Veräußerungsgewinn mindernd zu berücksichtigen.

Abweichend von diesem grds. im Bereich des § 17 EStG geltenden Begriffsverständnis sind nach dem BFH-Urteil vom 14.1.2020, IX R 5/18 (BStBl 2021 II S. 335) die Anschaffungskosten von Anteilen an einer Agrargenossenschaft, die durch Umwandlung einer landwirtschaftlichen Produktionsgenossenschaft i. S. des Rechts der DDR entstanden ist und die eine Eröffnungsbilanz in Deutscher Mark entsprechend den Verpflichtungen des DMBilG (vgl. § 1 DMBilG) aufgestellt hat, nach Maßgabe der Regelungen des DMBilG zu bestimmen, wenn das Genossenschaftsmitglied den maßgeblichen Anteil im Zuge der Gründung der Genossenschaft erworben hat. Da für die genannten, schon vor dem 1.7.1990 auf dem Gebiet der DDR bestehenden Betriebe »tatsächliche« Anschaffungskosten nicht ermittelt werden können und diese auch nicht in Deutscher Mark erbracht wurden, hat der Gesetzgeber mit den maßgeblichen Regelungen in §§ 52 Abs. 2 Satz 1, 11 DMBilG eine Ermittlungstechnik geschaffen, mit der der Wert der Beteiligung an diesen Betrieben zum 1.7.1990 durch in der DM-Eröffnungsbilanz ausgewiesene Eigenkapitalbeträge – ggf. unter Berücksichtigung berichtigter Wertansätze aufgrund des § 36 DMBilG – anteilig widergespiegelt werden kann (sog. Equity-Methode); diese Beteiligungswerte gelten fiktiv als Anschaffungskosten der Genossenschaftsanteile (§ 7 Abs. 1 Satz 4 DMBilG). Die genannten gesetzlichen Regelungen gehen in ihrem Anwendungsbereich den Bestimmungen des § 255 Abs. 1 HGB vor. Mithin sind in solchen Fällen die Aufwendungen, die nach Maßgabe der Vorschriften des DMBilG als Anschaffungskosten der maßgeblichen Kapitalgesellschaftsanteile »gelten«, auch als solche bei der Ermittlung des Gewinns oder Verlusts i. S. des § 17 EStG zu berücksichtigen. Im Urteil vom 26.9.2023 (IX R 19/21, BStBl 2024 II S. 43) hat der BFH seine Auffassungen zu Genossenschaften weiter konkretisiert. So hat er festgehalten, dass die Kündigung des Geschäftsguthabens an einer Genossenschaft nach § 65 GenG als Veräußerungstatbestand i. S. des § 17 Abs. 1 Satz 1 i. V. mit Abs. 7 EStG zu werten sei. Bei der Ermittlung des Veräußerungsgewinns aus der Kündigung von Genossenschaftsanteilen, die aus eigenen Mitteln der Genossenschaft geschaffen wurden, ist nach dem v.g. BFH-Urteil vom 26.9.2023 (a. a. O.) der Anwendungsbereich des § 3 i. V. mit § 1 KapErhStG nicht eröffnet.

Nach der Rspr. des BFH (vom 24.4.1997, BStBl 1999 II S. 339, 342; vom 4.11.1997, BStBl 1999 II S. 344; sowie vom 10.11.1998, BStBl 1999 II S. 348) gehören zu den **Anschaffungskosten** einer wesentlichen Beteiligung auch nachträgliche Aufwendungen auf die Beteiligung, wenn sie durch das Gesellschaftsverhältnis veranlasst und weder Werbungskosten bei den Einkünften aus Kapitalvermögen noch Veräußerungskosten sind. Als nachträgliche Anschaffungskosten können Aufwendungen des Steuerpflichtigen dessen Auflösungsverlust nur erhöhen, wenn sie sich auf die konkrete Beteiligung beziehen. Befriedigt ein Gesellschafter einer GmbH einen Gläubiger der GmbH, obschon diese Verbindlichkeit wegen der Vollbeendigung der GmbH nicht mehr besteht, ist der entsprechende Aufwand nach dem BFH-Urteil vom 9.6.2010 (BStBl II S. 1102) nicht – mehr – durch das Gesellschaftsverhältnis veranlasst. Zahlungen für die Ablösung eines (Vorbehalts-)Nießbrauchs an einer Beteiligung i. S. von § 17 EStG stellen im Rahmen der Ermittlung der Einkünfte nach § 17 EStG nachträgliche Anschaffungskosten auf die Beteiligung dar (BFH-Urteil vom 18.11.2014, BStBl 2015 II S. 220).

Zu **nachträglichen Anschaffungskosten** zählen auch die Wertminderung des Rückzahlungsanspruchs aus einem der Gesellschaft gewährten Darlehen. Nach Auffassung des BFH muss der Begriff der nachträglichen Anschaffungskosten in § 17 EStG weit ausgelegt werden. Als nachträgliche Anschaffungskosten kommen deshalb nicht nur Aufwendungen in Betracht, die auf der Ebene der Gesellschaft als Nachschüsse oder verdeckte Einlagen zu werten sind, sondern auch sonstige, durch das Gesellschaftsverhältnis veranlasste Aufwendungen des Gesellschafters, sofern diese nicht Werbungskosten bei den Einkünften aus Kapitalvermögen oder Veräußerungskosten i. S. von § 17 Abs. 2 EStG sind. So hat der BFH in seinem Urteil vom 27.3.2007 (BStBl 2010 II S. 159) Gutachterkosten, die im Zusammenhang mit der Anschaffung von GmbH-Geschäftsanteilen anfallen, nicht den Werbungskosten, sondern den Anschaffungsnebenkosten zugeordnet, wenn sie nach einer grds. gefassten Erwerbsentscheidung entstehen und die Erstellung des Gutachtens nicht lediglich eine Maßnahme zur Vorbereitung einer noch unbestimmten, erst später zu treffenden Erwerbsentscheidung darstellt (Anschluss an BFH-Urteil vom 20.4.2004, BStBl II S. 597). Mit Urteil vom 16.3.2010 (BStBl II S. 787) hat der BFH seine bisherige Rspr. zur Behandlung von Darlehenszinsen einer bereits veräußerten Beteiligung geändert. Danach sollen Schuldzinsen für die Anschaffung einer Beteiligung i. S. des § 17 EStG, die auf Zeiträume nach Veräußerung der Beteiligung oder Auflösung der Gesellschaft entfallen, bereits ab dem VZ 1999 grds. wie nachträgliche Betriebsausgaben als Werbungskosten bei den Einkünften aus Kapitalvermögen abgezogen werden, seit Geltung der Abgeltungsteuer ab 2009 jedoch nur noch in den Fällen der sog. unternehmerischen Beteiligung und auf Antrag des Steuerpflichtigen (vgl. Tz 14.8.5 unter Erläuterungen zur Anlage KAP).

Ein Darlehen ist nach Auffassung des BFH durch das Gesellschaftsverhältnis u. a. dann veranlasst, wenn im Zeitpunkt seiner Gewährung oder Weitergewährung die Gesellschaft entweder konkursreif ist oder wenn die Konkursreife zwar noch nicht eingetreten ist, die Rückzahlung des Darlehens aber angesichts der finanziellen Situation der Gesellschaft in dem Maße gefährdet ist, dass ein ordentlicher Kaufmann das Risiko einer Kreditgewährung zu denselben Bedingungen wie der Gesellschafter nicht mehr eingegangen wäre (sog. Krise). Nach Auffassung des BFH ist dies im Anschluss an die Rspr. des BGH zu kapitalersetzenden Gesellschafterdarlehen danach zu beurteilen, ob die Gesellschaft unter den bestehenden Verhältnissen von einem Dritten noch einen Kredit zu marktüblichen Bedingungen erhalten hätte. Für die Frage, inwieweit **Darlehensverluste** eines wesentlich beteiligten Gesellschafters nachträgliche Anschaffungskosten der Beteiligung darstellen, unterscheidet der BFH vier Fallgruppen, deren steuerliche Beurteilung im BMF-Schreiben vom 8.6.1999 (BStBl I S. 545) im Einzelnen dargestellt war; aufgrund der Neureglung des Eigenkapitalersatzrechts ab November 2008 gelten die dort dargestellten Hinweise nach dem BMF-Schreiben vom 21.10.2010 (BStBl I S. 832) nur noch für Fälle vor Inkrafttreten des MoMiG. Zur Neuregelung im Rahmen des § 17 Abs. 2a EStG siehe unten. Nach dem BFH-Urteil vom 6.7.1999 (BStBl II S. 817) können Zahlungen aufgrund einer **Bürgschaftsinanspruchnahme** zu nachträglichen Anschaffungskosten i. S. von § 17 EStG führen, wenn sie durch das Gesellschaftsverhältnis veranlasst sind. Vgl. auch H 17 Abs. 5 – Bürgschaft – EStH. Die Übernahme von kapitalersetzenden Bürgschaften für eine Gesellschaft selbst, an der der Anteilseigner nur mittelbar beteiligt ist, führt nach dem BFH-Urteil vom 4.3.2008 (BStBl II S. 575) nicht zu nachträglichen Anschaffungskosten der (unmittelbaren) wesentlichen Beteiligung. Verbürgt sich ein wesentlich an einer GmbH Beteiligter dagegen zugunsten eines Dritten, um zu ermöglichen, dass dieser mit der GmbH ein für sie günstiges Geschäfts abschließt, so kann nach dem BFH-Urteil vom 4.3.2008 (BStBl II S. 577) eine einem Darlehen wirtschaftlich vergleichbare Rechtshandlung (§ 32 a Abs. 3 Satz 1 GmbHG a. F.) darin liegen, dass der Gesellschafter nach seiner Inanspruchnahme aus der Bürgschaft einen Aufwendungsersatzanspruch gegen die GmbH nicht geltend macht und in der Liquidation endgültig mit ihm ausfällt.

Die Gewährung eines Darlehens oder die Übernahme einer Bürgschaft für eine Aktiengesellschaft durch einen Aktionär, der an der Gesellschaft nicht unternehmerisch beteiligt ist, führt nicht zu nachträglichen Anschaffungskosten der wesentlichen Beteiligung (BFH-Urteil vom 2.4.2008, BStBl II S. 706; bestätigt durch BFH-Urteil vom 25.6.2009, BStBl 2010 II S. 220). Bei insolvenzfreier Liquidation einer GmbH realisiert sich der durch eine eigenkapitalersetzende Finanzierungshilfe als nachträgliche Anschaffungskosten bedingte Veräußerungsverlust eines ehemals wesentlich beteiligten Gesellschafters nach dem BFH-Urteil vom 22.7.2008 (BStBl 2009 II S. 227) bereits in dem Zeitpunkt, in dem er erklärt, mit seiner Forderung gegenüber allen gegenwärtigen und künftigen Verbindlichkeiten der vermögenslosen und überschuldeten GmbH aus einer bankmäßigen Geschäftsverbindung im Rang zurückzutreten.

Mit Wirkung ab **1.11.2008** wurde das vorstehende **Konzept des Eigenkapitalersatzrechts** mit dem Gesetz zur Modernisierung des GmbH-Rechts und zur Bekämpfung von Missbräuchen (MoMiG vom 23.10.2008, BGBl I S. 2026) **abgeschafft.** **§ 32 a GmbHG** wurde **gestrichen.** Gemäß § 39 Abs. 1 Nr. 5 InsO können Gesellschafterdarlehen im Insolvenzverfahren nur noch als nachrangige Insolvenzforderungen geltend gemacht werden.

Gleichwohl wurde nach dem BMF-Schreiben vom 21.10.2010 (BStBl I S. 832) für Insolvenzverfahren, die nach dem 31.10.2008 eröffnet wurden, für die Frage, ob nachträgliche Anschaffungskosten im Rahmen des § 17 Abs. 2 EStG vorliegen, auf die o.a. gesellschaftsrechtliche Veranlassung abgestellt. Das bedeutet, dass wie auch im o.a. BMF-Schreiben vom 8.6.1999 (a. a. O.) unter Heranziehung der Figur des ordentlichen und gewissenhaften Geschäftsführers zu fragen ist, ob der Rückzahlungsanspruch des Gesellschafters aus gesellschaftsrechtlicher Veranlassung uneinbringlich geworden ist. Die vom BFH entwickelten und bereits im BMF-Schreiben vom 8.6.1999 (a.a.O.) aufgeführten vier Fallgruppen bestehen nach dem o.a. BMF-Schreiben vom 21.10.2010 daher auch im Geltungsbereich des MoMiG für Veräußerungen vor dem 1.8.2019 und ohne Antrag nach § 52 Abs. 25a Satz 2 EStG zur Anwendung des § 17 Abs. 2a EStG (s.u.) fort:

- Hingabe des Darlehens in der Krise:
  Bei Uneinbringlichkeit werden nachträgliche Anschaffungskosten i.H. des Nennwerts des Darlehens angesetzt.
- Stehen gelassenes Darlehen:
  Bei Uneinbringlichkeit kann das Darlehen nur mit dem gemeinen Wert, ggf. nur mit 0 € angesetzt werden, wenn die Krise zeitlich bereits vor Beginn des Anfechtungszeitraums nach § 6 AnfG entstanden ist; andernfalls gelten die für »krisenbestimmte« Darlehen aufgestellten Grundsätze.
- Finanzplandarlehen:
  Dabei handelt es sich um solche Darlehen, die von vornherein in die Finanzplanung der Gesellschaft in der Weise einbezogen werden, dass die zur Aufnahme von Geschäften erforderliche Kapitalausstattung der Gesellschaft krisenunabhängig durch eine Kombination von Eigen- und Fremdfinanzierung erreicht werden soll. Nach dem BFH-Urteil vom 29.11.2017 (BStBl 2018 II S. 426) setzt die Annahme eines Finanzplandarlehens im Regelfall u.a. voraus, dass der Darlehensgeber verpflichtet ist, das Kapital dem Schuldner langfristig zu überlassen. Eine solche Verpflichtung kann sich auch dann, wenn das gesetzliche Kündigungsrecht im Darlehensvertrag nicht ausdrücklich ausgeschlossen worden ist, aus den objektiven Umständen der Darlehenshingabe ergeben. Diese Darlehen werden gesellschaftsrechtlich den Einlagen (= Anschaffungskosten) gleichgestellt. Bei Verlust kommt es daher zum Abzug als nachträgliche Anschaffungskosten i.H. des Nennwerts.
- Krisenbestimmte Darlehen:
  Nach dem o.a. BMF-Schreiben vom 21.10.2010 soll grds. das Gleiche gelten wie bei den zuvor beschriebenen Finanzplandarlehen. Allerdings unterscheidet das BMF-Schreiben, ob die Krisenbindung des Darlehens auf vertraglicher Vereinbarung beruht oder auf den gesetzlichen Neuregelungen der InsO und des AnfG seit Inkrafttreten des MoMiG. Bei Krisenbestimmung aufgrund vertraglicher Vereinbarung ist bei Ausfall der Nennwert des Darlehens im Rahmen des Veräußerungsgewinns nach § 17 Abs. 2 EStG als nachträgliche Anschaffungskosten abzuziehen, bei Krisenbestimmung aufgrundlage der gesetzlichen Neuregelung soll dies nach BMF-Auffassung nur der gemeine Wert sein.

Darüber hinaus nahm das BMF-Schreiben vom 21.10.2010 (a.a.O.) noch Bezug auf das sog. Sanierungsprivileg und das Kleinanlegerprivileg.

Bei dem Sanierungsprivileg handelte es sich um eine Sonderregelung nach § 32a Abs. 3 Satz 3 GmbHG a.F., die Anreize dafür zu bieten sollte, einer GmbH in der Krise Risikokapital zur Verfügung zu stellen und sich an der Sanierung zu beteiligen. Das BMF-Schreiben vom 21.10.2010 lässt auch diese Regelung nach Inkrafttreten des MoMiG fortgelten mit der Folge, dass zur Sanierung hingegebene Darlehen im Verlustfall mit ihren Anschaffungskosten (i.H. des Darlehensnennwerts) abzuziehen sind.

Beim Kleinanlegerprivileg nach § 32a Abs. 3 Satz 2 GmbHG a.F. ging es dagegen um die Freistellung von Finanzierungsverantwortung von nicht geschäftsführenden Gesellschaftern mit nur geringer Kapitalbeteiligung (d.h. nicht mehr als 10 % des Stammkapitals). Fällt ein Darlehen für einen solcherart beteiligten Gesellschafter aus, wird es nicht berücksichtigt (BFH-Urteil vom 2.4.2008, BStBl II S. 706, auf das das BMF in diesem Zusammenhang verweist). Mit Urteil vom 6.5.2014 (BStBl II S. 781) hat der BFH entschieden, dass bei einer Vereinbarung der darlehensgebenden Gesellschafter mit der Gesellschaft mit dem Inhalt, das Darlehen solle »wie Eigenkapital« behandelt werden, bei der sich die Beteiligten in der Insolvenz der Gesellschaft an diese Abrede halten, der endgültige Ausfall des Darlehensrückforderungsanspruchs zu nachträglichen Anschaffungskosten der Beteiligung führt, auch wenn der Gesellschafter mit nicht mehr als 10 % am Stammkapital der Gesellschaft beteiligt war. D. h. am o.a. grundsätzlichen Abzugsverbot wird nicht mehr festgehalten. Ist der Gesellschafter Aktionär, sind nach dem BFH-Urteil vom 6.12.2016 (BStBl 2017 II S. 388) die Grundsätze des Eigenkapitalrechts a.F. auf seine Finanzierungshilfen nur dann sinngemäß anzuwenden, wenn er mehr als 25 % der Aktien der Gesellschaft hält oder – bei geringerer, aber nicht unbeträchtlicher Beteiligung – verbunden mit weiteren Umständen über gesellschaftsrechtlich fundierte Einflussmöglichkeiten in der Gesellschaft als Grundlage für eine (innergesellschaftliche) Finanzierungsverantwortung verfügt, die einer Sperrminorität vergleichbar sind. Eine Mitgliedschaft im Aufsichtsrat oder eine Vorstandsfunktion genügen dafür nicht. Da Finanzierungsmaßnahmen lediglich unter diesen Voraussetzungen als funktionelles Eigenkapital zu beurteilen sind, führen sie nur dann zu nachträglichen Anschaffungskosten gemäß § 255 Abs. 1 Satz 2 HGB, wenn der Aktionär an der Aktiengesellschaft im vorgenannten Sinne unternehmerisch beteiligt ist (BFH-Urteile vom 2.4.2008, BStBl 2008 II S. 706; vom 8.2.2011, IX R 53/10, juris).

Die zuvor beschriebene Neuregelung der Behandlung von »Krisendarlehen« als nachträgliche Anschaffungskosten sollte nach dem BMF-Schreiben vom 21.10.2010 auf alle noch offenen Fälle anzuwenden sein, bei denen auf die Darlehensbehandlung die Vorschriften nach MoMiG anzuwenden sind, d.h. wenn das Insolvenzverfahren bei einer GmbH nach dem 31.10.2008 eröffnet worden ist. Mit dem Urteil vom 11.1.2017 (BStBl 2017 II S. 683) hat der BFH jedoch das BMF aufgefordert, einem Verfahren beizutreten, um zu der Frage Stellung zu nehmen, ob und unter welchen Voraussetzungen nach Inkrafttreten des MoMiG Aufwendungen des Gesellschafters aus einer zugunsten der Gesellschaft geleisteten Finanzierungshilfe als nachträgliche Anschaffungskosten im Rahmen der Ermittlung eines Veräußerungs- oder Auflösungsverlusts nach § 17 EStG zu berücksichtigen sind.

Mit **Urteil vom 11.7.2017** (IX R 36/15, BStBl 2019 II S. 208) hat der **BFH** entschieden, dass mit der Aufhebung des Eigenkapitalersatzrechts die gesetzliche Grundlage für die bisherige Annahme von nachträglichen Anschaffungskosten entfallen ist. **Nachträgliche Anschaffungskosten der Beteiligung sind nur noch nach Maßgabe des § 255 HGB anzuerkennen.** Allerdings hat der BFH aus Gründen des Vertrauensschutzes eine zeitliche Anwendungsregelung für das Urteil getroffen. Zwar sei der Kläger nach dem neuen Urteil eigentlich nicht mehr berechtigt, seinen Forderungsausfall als nachträgliche Anschaffungskosten geltend zu machen. Der BFH gewährt jedoch Vertrauensschutz in die bisherige Rspr. für alle Fälle, in denen der Gesellschafter eine eigenkapitalersetzende Finanzierungshilfe bis zum Tag der Veröffentlichung des Urteils am 27.9.2017 geleistet habe oder wenn eine Finanzierungshilfe des Gesellschafters bis zu diesem Tag eigenkapitalersetzend geworden ist. Diese Fälle sind daher, wenn es für die Steuerpflichtigen günstiger sei, weiterhin nach den bisher geltenden Grundsätzen zu beurteilen. Mit Urteil vom 18.4.2018 (3 K 3138/15, Revision beim BFH unter Az. IX R 13/18) hat das FG Berlin-Brandenburg der Berechtigung des BFH, eine Übergangsregelung aus Vertrauensschutzgründen zu schaffen, widersprochen (zurückgewiesen und BFH-Auffassung bestätigt mit folgendem BFH-Urteil vom 2.7.2019, BStBl 2020 II S. 89). Mit **BMF-Schreiben vom 5.4.2019** (BStBl I S. 257) hat sich die Verwaltung der Auffassung des BFH angeschlossen und verfügt, dass das o.a. BMF-Schreiben vom 21.10.2010 aus **Vertrauensschutzgründen** weiterhin in allen offenen Fällen anzuwenden ist, bei denen auf die Behandlung des Darlehens/der Bürgschaft die Vorschriften des MoMiG anzuwenden sind, wenn die bisher als eigenkapitalersetzend angesehene **Finanzierungshilfe bis einschließlich 27.9.2017 gewährt** wurde oder wenn die Finanzierungshilfe bis einschließlich 27.9.2017 eigenkapitalersetzend geworden ist. Ein Darlehen ist nach den Vorschriften des MoMiG zu behandeln, wenn das Insolvenzverfahren bei einer GmbH nach dem 31.10.2008 eröffnet wurde oder wenn Rechtshandlungen, die nach § 6 AnfG der Anfechtung unterworfen sind, nach dem 31.10.2008 vorgenommen wurden. **In** sog. **Neufällen** soll ausschließlich der **Anschaffungskostenbegriff des § 255 HGB** maßgebend sein. Nachträgliche Anschaffungskosten stellen damit nur noch solche Aufwendungen dar, die nach handels- und bilanzsteuerrechtlichen Grundsätzen zu einer offenen und verdeckten Einlage in das Kapital der Gesellschaft führen. Hierzu zählen insbesondere Nachschüsse (§§ 26 ff GmbHG) und sonstige Zuzahlungen (§ 272 Abs. 2 Nr. 4 HGB) wie Einzahlungen in die Kapitalrücklage, Barzuschüsse oder der Verzicht auf eine werthaltige Forderung. Aufwendungen aus Fremdkapitalhilfen wie der Ausfall eines Darlehens oder der Ausfall mit einer Bürgschaftsregressforderung führen hingegen grds. nicht mehr zu Anschaffungskosten der Beteiligung. Etwas anderes soll gelten, wenn die vom Gesellschafter gewährte Fremdkapitalhilfe aufgrund der vertraglichen Abreden mit der Zuführung einer Einlage in das Gesellschaftsvermögen wirtschaftlich vergleichbar ist. Dies kann der Fall sein bei einem Gesellschafterdarlehen, dessen Rückzahlung aufgrundlage der von den Beteiligten getroffenen Vereinbarungen, wie beispielsweise der Vereinbarung eines Rangrücktritts i. S. des § 5 Abs. 2a EStG, im Wesentlichen denselben Voraussetzungen unterliegt wie die Rückzahlung von Eigenkapital (BFH-Urteil vom 30.11.2011, I R 100/10, BStBl 2012 II S. 332). In einem solchen Fall kommt dem Darlehen auch bilanzsteuerrechtlich die Funktion von zusätzlichem Eigenkapital zu (BFH-Urteil vom 15.4.2015, I R 44/14, BStBl II S. 769). Die rein gesellschaftsintern wirkende Umgliederung einer freien Gewinnrücklage in eine zweckgebundene Rücklage führt demnach gleichfalls nicht zu nachträglichen Anschaffungskosten auf den Geschäftsanteil des veräußernden Gesellschafters. Haben die Gesellschafter einer GmbH durch Feststellung des Jahresabschlusses untereinander und im Verhältnis zur Gesellschaft rechtsverbindlich bestätigt, dass eine im Jahresabschluss ausgewiesene Verbindlichkeit der Gesellschaft gegenüber einem Gesellschafter in der ausgewiesenen Höhe besteht, ist dies nach dem BFH-Urteil vom 2.7.2019 (BStBl 2020 II S. 89) auch für die Besteuerung des Gesellschafters von Bedeutung; die Feststellung des Jahresabschlusses spricht dann zumindest indiziell für das Bestehen der Forderung des Gesellschafters gegen die Gesellschaft dem Grunde und der Höhe nach.

Nach dem Gesetz zur weiteren steuerlichen Förderung der Elektromobilität und zur Änderung weiterer steuerlichen Vorschriften vom 12.12.2019 (BGBl I S. 2451) wurden mit **§ 17 Abs. 2a EStG** die im Rahmen der Gewinnermittlung maßgeblichen Anschaffungskosten gesetzlich definiert. D. h., jetzt gehören auch wieder Darlehensverluste zu den Anschaffungskosten, wenn bereits die Gewährung des Darlehens oder das Stehenlassen bei einer Krise der darlehensnehmenden Kapitalgesellschaft gesellschaftsrechtlich veranlasst war. Hiermit soll lt. Gesetzesbegründung sichergestellt werden, dass solche Darlehensverluste – abweichend von den BFH-Urteilen vom 11.7.2017 (IX R 36/15, BStBl 2019 II S. 208) und vom 20.7.2018 (IX R 5/15, BStBl 2019 II S. 194) – auch dann gewinnmindernd zu berücksichtigen sind, wenn das Darlehen nach den Grundsätzen des MoMiG zu behandeln ist. Die Regelung sei erforderlich, da eine Berücksichtigung der Darlehensverluste aufgrund der Änderung in § 20 Abs. 6 EStG im Rahmen der Einkünfte aus Kapitalvermögen ab VZ 2020 nur bis zu 20 000 € möglich ist. Mit der Einführung von § 17 Abs. 2a Satz 3 EStG soll sichergestellt werden, dass die Finanzierungsfreiheit der Gesellschafter nicht durch steuerliche Regelungen behindert wird und Anteilseigner weiterhin ihrer Kapitalgesellschaft Kapital in Form von Darlehen zuwenden können.

Voraussetzung für die Berücksichtigung von Darlehensverlusten als nachträgliche Anschaffungskosten ist die gesellschaftsrechtliche Veranlassung. Hierzu definiert § 17 Abs. 2a Satz 4 EStG, dass eine gesellschaftsrechtliche Veranlassung gegeben ist, wenn ein fremder Dritter das Darlehen oder Sicherungsmittel i. S. von § 17 Abs. 2a Nr. 2 oder 3 bei sonst gleichen Umständen zurückgefordert oder nicht gewährt hätte, d. h. wenn die Hingabe oder das Stehenlassen von Darlehen an die Kapitalgesellschaft nicht zu fremdüblichen Konditionen gewährt wurde. Dabei soll insbesondere geprüft werden, ob die Gesellschaft unter den bestehenden Verhältnissen von einem Dritten (insbesondere einem Kreditinstitut) noch ein Darlehen zu marktüblichen Bedingungen erhalten hätte. Eine gesellschaftsrechtliche Veranlassung des Stehenlassens eines Darlehens soll dann gegeben sein, wenn der Gesellschafter das Darlehen stehen lässt, obwohl er es hätte abziehen können, und es angesichts der veränderten finanziellen Situation der Gesellschaft absehbar war, dass die Rückzahlung gefährdet sein wird. § 17 Abs. 2a Satz 3 Nr. 3 EStG stellt klar, dass auch der Ausfall von Bürgschaftsregressforderungen oder vergleichbare Forderungsausfälle als nachträgliche Anschaffungskosten zu berücksichtigen sind. Bürgschaftsregressforderungen entstehen, wenn der Anteilseigner aufgrund von gewährten Bürgschaften Zahlungen geleistet hat. Auch hier ist eine gesellschaftsrechtliche Veranlassung Voraussetzung für die Berücksichtigung als nachträgliche Anschaffungskosten.

Darlehen und sonstige Sicherheiten, die aus betrieblichen Gründen gewährt wurden, sollen – weiterhin – nicht als nachträgliche Anschaffungskosten zu berücksichtigen sein. Im Anwednungsbereich des § 17 Abs. 2a EStG ist ein in der Krise stehen gelassenes Darlehen als gesellschaftsrechtlich veranlasst mit dem zum Zeitpunkt des Eintritts der Krise bestehenden Teilwert zu bewerten (bestätigt mit BFH-Urteil vom 18.7.2023, IX R 21/21, BStBl 2024 II S. 169).

Eine Berücksichtigung von nachträglichen Anschaffungskosten i. S. von § 17 Abs. 2a Satz 3 EStG soll unabhängig von der Beteiligungshöhe des Gesellschafters sein. Auch Kleinanleger (Beteiligungshöhe unter 10 %) sollen nach der Gesetzesbegründung gesellschaftsrechtliche Darlehensverluste und Verluste aus sonstigen Sicherheiten gewinnmindernd geltend machen können. Bis zur Einführung von § 17 Abs. 2a EStG konnten Kleinanleger nachträgliche Anschaffungskosten nur geltend machen, wenn sie zur Geschäftsführung befugt waren (BMF-Schreiben vom 21.10.2010, a. a. O.). § 17 Abs. 2a Satz 5 EStG regelt ferner, dass geleistete Einzahlungen des Anteilseigners über den Nennbetrag seiner Anteile hinaus gleichmäßig auf seine gesamten Anteile an der Kapitalgesellschaft (inkl. etwaiger im Rahmen der Kapitaleinzahlung geschaffener neuer Anteile) zu verteilen sind, und zwar auch dann, wenn diese zivilrechtlich nur auf einen Teil der Anteile des Anteilseigners geleistet werden. Diese Regelung soll lt. Gesetzesbegründung lediglich deklaratorischen Charakter haben, da sie inhaltlich der bisherigen Verwaltungsauffassung entspricht. Die gesetzliche Klarstellung soll lt. Gesetzesbegründung der Missbrauchsbekämpfung dienen, da Fälle bekannt wurden, in denen die Zahlung eines Aufgeldes im Rahmen einer Kapitalerhöhung bzw. die Zahlung eines Nachschusses auf einen konkret bezeichneten Geschäftsanteil zur gezielten Generierung eines Veräußerungsverlustes genutzt wurden.

Zur Anwendung des § 17 Abs. 2a EStG nimmt das **BMF-Schreiben vom 7.6.2022** (BStBl I S. 897) Stellung. Da – wie oben bereits beschrieben –mit § 17 Abs. 2a EStG die Rechtslage zum Eigenkapitalersatz bei Gesellschafterdarlehen wiederhergestellt werden sollte, definiert das BMF-Schreiben in Rn 9 die gesellschaftrechtliche Veranlassung i. S. § 17 Abs. 2a Satz 4 EStG für Krisendarlehen, stehen gelassene Darlehen, krisenbestimmte Darlehen und Finanzplandarlehen und gibt in Rn 11–17 Hinweise zur Wertermittlung der Höhe zu berücksichtigender nachträglicher Anschaffungskosten. Dies unterscheidet sich im Ergebnis nicht von den Ausführungen im o. a. BMF-Schreiben vom 21.10.2020 (a. a. O.), weshalb darauf verwiesen wird. Die Neuregelung mit **§ 17 Abs. 2a EStG** gilt nach § 52 Abs. 25a EStG **erstmals für Veräußerungen nach dem 31.7.2019**. Auf Antrag ist die Neuregelung auch schon für frühere Zeiträume möglich (Rn 32 und 33 des BMF-Schreibens vom 7.6.2022, a. a. O.). Jedoch ist nach dem BFH-Urteil vom 20.2.2024 (IX R 12/23, BStBl II 2025 S. 13) zu beachten, dass das Wahlrecht, auch für Veräußerungen vor dem 31.7.2019 rückwirkend die Neuregelung des § 17 Abs. 2a EStG anzuwenden, die mit BFH-Urteil vom 11.7.2017 (IX R 36/15, a. a. O.) angeordnete befristete Fortgeltung der herkömmlichen Rechtsgrundsätze zur Behandlung von ehemals eigenkapitalersetzenden Finanzierungshilfen nicht entfallen lässt. D.h., Steuerpflichtige können im Fall der Nichtausübung des Wahlrechts nach § 52 Abs. 25a EStG nicht auf die Anwendung der Fortgeltungsanordnung lt. BFH verzichten.

Als **Veräußerungskosten** können nur solche Aufwendungen abgezogen werden, die in unmittelbarer Beziehung zu dem einzelnen Veräußerungsgeschäft stehen. Fehlgeschlagene Veräußerungskosten können nicht berücksichtigt werden (BFH-Urteil vom 17.4.1997, BStBl 1998 II S. 102).

Der Veräußerungsgewinn i. S. des § 17 Abs. 2 EStG entsteht **im Zeitpunkt der Veräußerung**; hierunter ist die entgeltliche Übertragung des wirtschaftlichen Eigentums an den veräußerten Anteilen auf den Erwerber zu verstehen (BFH-Urteile vom 7.3.1995, BStBl II S. 693, und vom 2.4.2008, BFH/NV 2008 S. 1658). Eine durch ein notariell beurkundetes Verkaufsangebot erlangte Option auf den Erwerb von Aktien begründet nach dem BFH-Urteil vom 4.7.2007 (BStBl II S. 937) regelmäßig noch kein wirtschaftliches Eigentum des potenziellen Erwerbers, mithin liegt auch noch keine Veräußerung zu diesem Zeitpunkt vor. Allerdings hat der BFH mit Urteil vom 19.12.2007 (BStBl 2008 II S. 475) entschieden, dass auch eine schuldrechtliche Option auf den Erwerb einer Beteiligung (Call-Option) eine Anwartschaft sein kann, deren Veräußerung unter den sonstigen tatbestandlichen Voraussetzungen zu einem steuerbaren Gewinn nach § 17 EStG führt, wenn und soweit sie die wirtschaftliche Verwertung des bei der Kapitalgesellschaft eingetretenen Zuwachses an Vermögenssubstanz ermöglicht. Bei der Ermittlung des Veräußerungsgewinns ist für alle beeinflussenden Faktoren eine Stichtagsbewertung auf den Zeitpunkt der Veräußerung vorzunehmen. Das Zuflussprinzip des § 11 EStG, wonach Einnahmen im jeweiligen Zeitpunkt des Zufließens anzusetzen sind, gilt insoweit nicht (BFH-Urteil vom 12.2.1980, BStBl II S. 494). Wird eine wesentliche Beteiligung i. S. des § 17 EStG gegen eine **Leibrente** oder gegen einen in **Raten** zu zahlenden Kaufpreis **zur Verschaffung einer Versorgung** (mehr als zehn Jahre Laufzeit) veräußert, hat der Veräußerer die Wahl zwischen der sofortigen Besteuerung eines Veräußerungsgewinns oder einer nicht tarifbegünstigten Besteuerung im Jahr des Zuflusses (R 17 Abs. 7 Satz 2 EStR, die insoweit auf R 16 Abs. 11 EStR verweist). Nach dem BFH-Urteil vom 20.7.2010 (BStBl II S. 969) kommt die wahlweise Zuflussbesteuerung des Veräußerungsgewinns nur in Betracht, wenn die wiederkehrenden Zahlungen Versorgungscharakter haben. Weitere Einzelheiten – auch zur Anwendung des Halbeinkünfteverfahrens – sind im BMF-Schreiben vom **3.8.2004** (BStBl I S. 1187) geregelt, das u. E. grds. auch für das Teileinkünfteverfahren ab 2009 anzuwenden ist. Mit Urteil vom 18.11.2014 (BStBl 2015 II S. 526) hat der BFH hierzu entschieden, dass sich die Besteuerung nach dem im Zeitpunkt des Zuflusses geltenden Rechts und nicht nach dem Recht im Zeitpunkt der Veräußerung richtet. D. h., das Teileinkünfteverfahren ist bei einer Veräußerung gegen wiederkehrende Leistung und Wahl der Zuflussbesteuerung anwendbar, auch wenn die Veräußerung vor Einführung des Halbeinkünfteverfahrens stattgefunden hat, wenn im Zeitpunkt des Zuflusses für laufende Ausschüttungen aus der Gesellschaft das Halbeinkünfteverfahren anwendbar gewesen wäre. Soweit ein **gestundeter Kaufpreis** später nicht mehr entrichtet wird, ist dies ein Ereignis mit steuerlicher Rückwirkung auf den Veräußerungszeitpunkt (BFH-Urteil vom 21.12.1993, BStBl 1994 II S. 648). Die Steuerfestsetzung für das Veräußerungsjahr kann insoweit nach § 175 Abs. 1 Satz 1 Nr. 2 AO geändert werden. Gleiches gilt, wenn der Verkauf eines Anteils an einer Kapitalgesellschaft durch die Parteien des Kaufvertrags wegen Wegfalls des Geschäftsgrundlage tatsächlich und vollständig rückgängig gemacht wird (BFH-Urteil vom 28.10.2009, BStBl 2010 II S. 539) oder wenn der Gesellschafter vom Gläubiger der Kapitalgesellschaft aus einer eigenkapitalersetzenden Bürgschaft in Anspruch genommen wird und er seine Schuld vereinbarungsgemäß ratierlich begleicht (BFH-Urteil vom 20.11.2012, BStBl 2013 II S. 378). Nachträgliche Anschaffungskosten entstehen danach nur in Höhe des Tilgungsanteils (Anschluss an BFH-Urteil vom 26.1.1999, BFH/NV 1999 S. 922). Eine Teilzahlungsvereinbarung wirkt somit materiellrechtlich und damit als rückwirkendes Ereignis i. S. von § 175 Abs. 1 Satz 1 Nr. 2 AO auf den Zeitpunkt des Entstehens des Auflösungsverlusts zurück. Die Vereinbarung eines Rückkaufrechts steht der Annahme eines Veräußerungsgeschäfts nicht entgegen (H 17 Abs. 7 – Rückkaufsrecht – EStH). Vereinbaren die Vertragsparteien beim Verkauf des Anteils eine Besserungsoption, welche dem Verkäufer ein Optionsrecht auf Abschluss eines Änderungsvertrages zum Kaufvertrag mit dem Ziel einer nachträglichen Beteiligung an der Wertentwicklung des Kaufgegenstandes einräumt, stellt die spätere Ausübung des Optionsrechts nach BFH-Auffassung (BFH-Urteil vom 23.5.2012, BStBl II S. 675) kein rückwirkendes Ereignis dar. Die **Rückabwicklung** eines noch nicht beiderseits vollständig erfüllten Kaufvertrags ist aus der Sicht des früheren Veräußerers keine Anschaffung der zurückübertragenen Anteile, sondern sie führt bei ihm zum rückwirkenden Wegfall eines bereits entstandenen Veräußerungsgewinns; beim früheren Erwerber liegt keine Veräußerung vor (BFH-Urteil vom 6.12.2016, BStBl 2017 II S. 673).

Der Veräußerungsgewinn wird zur ESt nur herangezogen, soweit er den Teil von 9 060 € übersteigt, der dem veräußerten Anteil an der Kapitalgesellschaft entspricht. Der Freibetrag ermäßigt sich um den Betrag, um den der Veräußerungsgewinn den Teil von 36 100 € übersteigt, der dem veräußerten Anteil an der Kapitalgesellschaft entspricht. Ist der Gewinn hiernach stpfl., so konnte er – solange nicht das Halbeinkünfteverfahren galt – unter Anwendung der **Fünftel-Regelung** des § 34 Abs. 1 EStG besteuert werden (vgl. **Tz 21.18.14 unter Erläuterungen** zur **Zeile 63**). Ein ermäßigter Steuersatz nach § 34 Abs. 3 EStG ist nicht möglich. Die genannten Beträge gelten ab **2004;** bis 2003 beliefen sich die Beträge auf 10 300 € oder 41 000 € (Art. 9 des Haushaltsbegleitgesetzes 2004, BStBl 2004 I S. 120). Für die Berechnung des Freibetrags ist der nach § 3 Nr. 40 Buchst. c i. V. mit § 3c Abs. 2 EStG steuerfrei bleibende Teil des Veräußerungsgewinns nicht zu berücksichtigen (R 17 Abs. 9 EStR).

BEISPIEL (BERECHNUNG DES VERÄUSSERUNGSGEWINNS):
A ist an einer Kapitalgesellschaft zu 100 % beteiligt. Er veräußert 10 % dieser Anteile. Der Veräußerungsgewinn nach Anwendung des Teileinkünfteverfahrens beträgt 4 300 €. Der Freibetrag von 9 060 € ermäßigt sich zunächst auf 906 € (10 % von 9 060 €). Er ermäßigt sich wegen der Höchstbegrenzung weiter um 690 € (um den 10 % von 36 100 € = 3 610 € übersteigenden Betrag des Veräußerungsgewinns) auf 216 €. Der Veräußerungsgewinn von 4 300 € ist danach in Höhe von (4 300 € ./. 216 € =) 4 084 € steuerpflichtig.

Verluste, die bei der Veräußerung von nicht zum Betriebsvermögen gehörenden **wesentlichen Beteiligungen** entstehen, dürfen seit 1996 nur noch in eingeschränktem Maße berücksichtigt werden. In § 17 Abs. 2 Satz 4 EStG 1999 wurde die Verlustausgleichsbeschränkung neu geregelt. Danach ist ein Veräußerungsverlust **nicht** zu berücksichtigen, soweit er auf Anteile entfällt, die:

- vom Steuerpflichtigen innerhalb der letzten fünf Jahre unentgeltlich erworben wurden (Ausnahme: der Rechtsvorgänger hätte den Verlust geltend machen können), oder
- entgeltlich erworben wurden und nicht innerhalb der gesamten letzten fünf Jahre zu einer wesentlichen Beteiligung des Steuerpflichtigen gehört haben (Ausnahme: Anteile, deren Erwerb zur Begründung einer wesentlichen Beteiligung geführt hat oder die nach Begründung der wesentlichen Beteiligung erworben worden sind, BFH-Urteil vom 20.4.2004, BStBl II S. 556). Dabei ist ein Auflösungsverlust auch dann zu berücksichtigen, wenn der Steuerpflichtige eine wesentliche Beteiligung an einer Kapitalgesellschaft erwirbt, die Beteiligung aber innerhalb der letzten 5 Jahre vor der Auflösung der Gesellschaft auf einen Prozentsatz unterhalb der Grenze des § 17 Abs. 1 EStG abgesenkt wird (BFH-Urteil vom 1.4.2009, BStBl II S. 810).

Die erstmals mit dem Jahressteuergesetz 1996 eingeführte Beschränkung der Verlustberücksichtigung soll verhindern, dass durch bestimmte Gestaltungen, insbesondere durch Hinzuerwerb von Anteilen zu einer zunächst nicht wesentlichen Beteiligung. Veräußerungsverluste steuerlich abziehbar gemacht werden. Mit der Neuregelung in § 17 EStG 1999 ist das Abzugsverbot klarer gefasst und auf die eigentlichen Missbrauchsfälle beschränkt worden. Durch die Neufassung wird erstens klargestellt, dass der Verlustabzug nicht dadurch erreicht werden kann, dass ein nicht wesentlich Beteiligter seine Beteiligung einem wesentlich beteiligten Gesellschafter **schenkt**. Zweitens ist nach der Neuregelung die Verlustberücksichtigung bei der **entgeltlichen Aufstockung** zur Erreichung einer wesentlichen Beteiligung nicht mehr generell ausgeschlossen. Durch die oben beschriebene Herabsetzung der Beteiligungsgrenze **auf 1 %** verliert das Verlustausgleichsverbot des § 17 Abs. 2 Satz 4 EStG weitgehend seine Bedeutung. Es findet nur noch Anwendung, wenn zeitweise eine Beteiligung von weniger als 1 % vorgelegen hat. Dies gilt – wie oben ausgeführt – im Regelfall ab 2002. Die Wesentlichkeit einer Beteiligung ist nach dem BFH-Urteil vom 29.5.2008 (BStBl II S. 856) in diesem Zusammenhang VZ-bezogen zu beurteilen. Die verlustbringende Veräußerung eines Anteils an einen Mitgesellschafter ist nach Auffassung des BFH in seinem Urteil vom 7.12.2010 (IX R 40/09, BStBl 2011 II S. 427) nicht deshalb rechtsmissbräuchlich i. S. des § 42 AO, weil der Veräußerer in engem zeitlichen Zusammenhang von einem anderen Mitgesellschafter dessen in gleicher Höhe bestehenden Gesellschaftsanteil an derselben Gesellschaft erwirbt (sog. **ringweise Anteilsveräußerung**). Diese Vorgänge heben sich nach BFH-Auffassung nämlich nicht auf. Vielmehr ändert sich durch den erneuten Anteilserwerb die steuerrechtliche Ausgangslage: Bei einer späteren Veräußerung dieser Anteile oder bei einer Liquidation der GmbH ist der Gewinn oder Verlust unter Berücksichtigung der niedrigeren Anschaffungskosten zu ermitteln. **Dagegen** führt gem. BFH-Urteil vom 20.9.2022 (IX R 18/21, BStBl II 2023 S. 315) ein »Verlust« i. S. des § 17 Abs. 1 Satz 1, Abs. 2 Satz 1 EStG, der im Zuge einer Anteilsrotation lediglich wegen der Vereinbarung eines den Wert des veräußerten Anteils **krass verfehlenden Kaufpreis**es entsteht, zu einem gesetzlich nicht vorgesehenen Steuervorteil und stellt einen Missbrauch von Gestaltungsmöglichkeiten des Rechts (§ 42 Abs. 1 Satz 1, Abs. 2 Satz 1 AO) dar. Mit dieser Entscheidung grenzt sich der BFH ausdrücklich vom o. a. BMF-Urteil vom 7.12.2010 (a. a. O) ab.

Entsteht der Verlust durch Einziehung eines GmbH-Anteils gem. § 34 Abs. 2 GmbHG, ist der Verlust nach dem BFH-Urteil vom 22.7.2008 (BStBl II S. 927) frühestens mit der zivilrechtlichen Wirksamkeit der Einziehung zu berücksichtigen. Das frühere (siehe oben) Sanierungsprivileg des § 32 a Abs. 3 Satz 3 GmbHG schloss den Ansatz von Darlehensverlusten als nachträgliche Anschaffungskosten i. S. des § 17 Abs. 2 EStG danach nicht aus.

Die für die Veräußerung von wesentlichen Beteiligungen maßgebenden Regelungen gelten nach § 17 Abs. 4 EStG entsprechend, wenn eine Kapitalgesellschaft **aufgelöst (liquidiert) wird oder wenn ihr Kapital herabgesetzt und zurückgezahlt** wird oder wenn Beträge aus dem steuerlichen Einlagekonto i. S. des § 27 KStG ausgeschüttet oder zurückgezahlt werden. In diesen Fällen ist als Veräußerungspreis der gemeine Wert des dem Steuerpflichtigen zugeteilten oder zurückgezahlten Vermögens der Kapitalgesellschaft anzusetzen. Das zurückgezahlte Kapital ist jedoch nur als Veräußerungserlös anzusetzen, soweit es nicht nach § 20 EStG zu den Einnahmen aus Kapitalvermögen gehört (vgl. **Tz 14.5.1** unter Erläuterungen **zur Anlage KAP**).

Bei **Auflösung** der Kapitalgesellschaft ist der Gewinn in dem Jahr zu erfassen, in dem das auf die wesentliche Beteiligung entfallende Vermögen der Gesellschaft verteilt wird. Ein **Verlust** kann unter den **o. a. Voraussetzungen** bereits in dem Jahr berücksichtigt werden, in dem mit einer wesentlichen Änderung des bereits feststehenden Verlustes nicht mehr zu rechnen ist (BFH-Urteil vom 27.11.2001, BStBl 2002 II S. 731). Letztmöglicher Zeitpunkt der Erfassung des Auflösungsgewinns oder -verlustes ist der förmliche Abschluss der Abwicklung der Kapitalgesellschaft (BFH-Urteile vom 2.10.1984, BStBl 1985 II S. 428; und vom 3.6.1993, BStBl 1994 II S. 162). Im Insolvenzverfahren über das Vermögen einer GmbH ist der Auflösungsverlust i. S. von § 17 Abs. 4 EStG regelmäßig erst mit Abschluss des Insolvenzverfahrens realisiert (BFH-Urteile vom 25.1.2000, BStBl II S. 343; und vom 21.1.2004, BStBl II S. 551). Das gilt nach dem BFH-Urteil vom 1.7.2014 (BStBl II S. 786) auch im Falle einer Nachtragsliquidation; fallen im Rahmen der Nachtragsliquidation Aufwendungen an, die nachträgliche Anschaffungskosten der Beteiligung i. S. des § 17 Abs. 2 Satz 1 EStG sind, handelt es sich nach BFH-Auffassung um ein nachträgliches Ereignis, das die Höhe des Auflösungsgewinns oder -verlusts beeinflusst und nach § 175 Abs. 1 Satz 1 Nr. 2 AO auf den Zeitpunkt der Auflösung zurückzubeziehen ist.

Die **verdeckte Einlage einer wesentlichen Beteiligung** oder eines Teils einer wesentlichen Beteiligung in eine Kapitalgesellschaft steht nach § 17 Abs. 1 Satz 2 EStG der Veräußerung der Anteile gleich; sie führt somit (entgegen dem BFH-Urteil vom 27.7.1988, BStBl 1989 II S. 271) zu einer Gewinnverwirklichung. Für die Berechnung des Veräußerungsgewinns ist anstelle eines Veräußerungserlöses der gemeine Wert der eingebrachten wesentlichen Beteiligung den Anschaffungskosten gegenüberzustellen. Sinkt der Wert im Zeitpunkt der Einlage allerdings unter die Anschaffungskosten, sind die Anschaffungskosten maßgebend (BFH-Urteile vom 25.7.1995, BStBl 1996 II S. 684; vom 2.9.2009, BStBl 2010 II S. 162).

Im Urteil vom 19.10.1998 (BStBl 2000 II S. 230) behandelt der BFH die Einbringung einer wesentlichen Beteiligung i. S. des § 17 EStG aus dem Privatvermögen in das betriebliche Gesamthandsvermögen einer Personengesellschaft gegen Gewährung von Gesellschaftsrechten als tauschähnlichen Vorgang, der beim einbringenden Gesellschafter zu einer entgeltlichen **Veräußerung i. S. des § 17 EStG** und bei der aufnehmenden Personengesellschaft zu einem Anschaffungsgeschäft führt. Die sich aus der Anwendung dieses Urteils ergebenden Folgerungen sind im BMF-Schreiben vom 29.3.2000 (BStBl I S. 462) und vom 26.11.2004 (BStBl I S. 1190) dargestellt.

Die Vorschrift des § 17 EStG gilt auch für die Veräußerung von Anteilen an einer **ausländischen** Kapitalgesellschaft, wenn die ausländische Gesellschaft mit einer deutschen AG oder GmbH vergleichbar ist (BFH-Urteil vom 21.10.1999, BStBl 2000 II S. 424). Als Auflösung i. S. des § 17 Abs. 4 EStG ist auch die Umwandlung einer ausländischen Kapitalgesellschaft in eine Personengesellschaft anzusehen, wenn das maßgebende ausländische Recht in der Umwandlung eine Auflösung sieht (vgl. dazu BFH-Urteil vom 22.2.1989, BStBl II S. 794). Wegen der **nur eingeschränkten Möglichkeit der Verrechnung von Verlusten** bei Beteiligungen an **ausländischen** Körperschaften wird auf die Ausführungen zu den Zeilen 17 bis 22 der Anlage AUS hingewiesen.

Gehört die wesentliche Beteiligung nicht zum Privatvermögen, sondern z. B. zum gewerblichen **Betriebsvermögen** des Veräußerers, so ist die Veräußerung ein normaler Betriebsvorgang, der sich im **laufenden Gewinn aus Gewerbebetrieb** (siehe Erläuterungen zu den Zeilen 4 bis 45) auswirkt. In diesem Fall sind die Zeilen 82–98 des Vordrucks nicht auszufüllen. Die Veräußerung einer im Betriebsvermögen eines einzelnen Steuerpflichtigen oder einer Personengesellschaft geführten **100 %igen** Beteiligung an einer Kapitalgesellschaft im Laufe des Wj. gilt als Veräußerung eines Teilbetriebs i. S. des § 16 EStG (vgl. **Tz 21.18.1 unter Erläuterungen** zu den **Zeilen 58 bis** 79).

Die Veräußerung von Gesellschaftsanteilen an einer **vermögensverwaltenden Personengesellschaft**, die eine Beteiligung von mindestens 1 % an einer Kapitalgesellschaft hält, fällt unter § 17 EStG (BFH-Urteil vom 13.7.1999, BStBl II S. 820). Nach dem BFH-Urteil vom 9.5.2000 (BStBl II S. 686) sind Kapitalbeteiligungen einer vermögensverwaltenden Personengesellschaft den Gesellschaftern der Personengesellschaft für die Bestimmung des Veräußerungstatbestands nach § 17 EStG anteilig zuzurechnen (sog. Bruchteilsbetrachtung).

Die Vordruckgestaltung wurde **ab 2024** vollständig geändert. In den Zeilen 82 bis 84 ist zunächst die Beteiligung zu identifizieren. In Zeile 85 ist zu kennzeichnen, um was für einen Veräußerungs- oder gleichgestellten Fall es sich handelt. Die Zeilen 86 und 875 dienen der Erklärung, welche Anteilsquote in der Anlage G hierzu betrachtet wird.

Veräußerungsgewinne und Veräußerungs**verluste** werden in den Zeilen 88 bis 94 berechnet und als Ergebnis in Zeile 93 erklärt. Anschließend wird in Zeile 94 das Teileinkünfteverfahren berücksichtigt, in dem der Wert lt. Zeile 93 mit 60 % multipliziert wird. Das in den Erläuterungen zu Zeile 62, 70 und 74 beschriebene **Teileinkünfteverfahren (vgl. Tz 21.18.7)** gilt grds. auch bei Veräußerung von Anteilen an Kapitalgesellschaften i. S. des § 17 EStG. Mit Urteil vom 25.6.2009 (BStBl 2010 II S. 220) hat der BFH allerdings entschieden, dass der Abzug von Erwerbsaufwand jedenfalls dann nicht durch das Abzugsverbot nach § 3 c Abs. 2 Satz 1 EStG begrenzt wird, wenn der Steuerpflichtige in der Vergangenheit keinerlei durch seine Beteiligung vermittelte Einnahmen erzielt hat. Die Finanzverwaltung hatte zunächst entschieden, die Grundsätze des o. g. BFH-Urteils vom 25.6.2009 nicht über den entschiedenen Einzelfall hinaus anzuwenden (BMF-Schreiben vom 15.2.2010, BStBl I S. 181). Nachdem der BFH jedoch in einem weiteren Urteil an seiner Rechtsauffassung festgehalten hatte (BFH-Urteil vom 18.3.2010, BStBl II S. 627), hat das BMF sein o. a. Nichtanwendungsschreiben vom 15.2.2010 mit Schreiben vom 28.6.2010 (BStBl I S. 599) aufgehoben. Bislang offen war die höchstrichterliche Klärung der Frage, ob bei der Prüfung der Einnahmeseite auch solche Einnahmen einzubeziehen sind, die dem Steuerpflichtigen noch unter Geltung des Anrechnungsverfahrens zugeflossen sind. Nach dem BFH-Urteil vom 6.4.2011 (BStBl II S. 814) ist das Halbabzugsverbot (ab 2009: Berücksichtigung der Ausgaben zu 60 %) in diesen Fällen ausgeschlossen, d.h. dass es nicht zur entsprechenden Verlustkürzung kommt. Strittig war jedoch noch die Frage, ob auch nur geringfügige Einnahmen die Anwendung des § 3 c Abs. 2 EStG auslösen. Mit Urteil vom 6.4.2011 (BStBl 2012 II S. 8) hat der BFH entschieden, dass die Abzugsbeschränkung bei einem symbolischen Kaufpreis von 1 € nicht anzuwenden ist, wenn die Anteile objektiv wertlos sind. Hingegen sieht der BFH mit Urteil vom 6.4.2011 (BStBl II S. 785) keinen Anlass, von der Anwendung der Abzugsbeschränkung Abstand zu nehmen, wenn der Steuerpflichtige wegen nur geringer Veräußerungseinnahmen einen Verlust erwirtschaftet hat. **Ab 2011** ist durch die Änderung in § 3 c Abs. 2 EStG durch das Jahressteuergesetz 2010 vom 8.12.2010 (BGBl I S. 1768) eine Verschärfung und damit eine Aushebelung der im o.a. Urteil vom 25.6.2009 (a.a.O.) durch den BFH geäußerten Rechtsauffassung eingetreten. Ab VZ 2011 **reicht** für die Anwendung des § 3c Abs. 2 EStG und der nur anteiligen Berücksichtigung lediglich die Absicht von unter das Teileinkünfteverfahren fallenden Einnahmen aus. Dies ist nach dem BFH-Urteil vom 2.9.2014 (BStBl 2015 II S. 257) verfassungsgemäß. Sollten nach dem mit dem Gesetz zur Anpassung der Abgabenordnung an den Zollkodex der Union und zur Änderung weiterer steuerlicher Vorschriften vom 22.12.2014 (BGBl I S. 2417) neu eingeführten § 3 Nr. 71 EStG öffentliche Zuschüsse als Teil der Anschaffungskosten zum Erwerb der Beteiligung steuerfrei gestellt worden sein, sind diese bei der Ermittlung des Veräußerungsgewinns auszuscheiden.

Mit Fragen, wie bei der Veranlagung von Einkünften nach § 17 EStG, die durch Veräußerung von in inländischen Depots verwahrten Beteiligungen an börsennotierten Gesellschaften realisiert werden, die vor Veranlagung der Einkünfte erfolgte Abwicklung des Veräußerungsgeschäftes durch das depotführende Institut berücksichtigt wird, beschäftigt sich das BMF-Schreiben vom 16.12.2014 (BStBl 2015 I S. 24). Denn durch dieses Institut wurde ein Veräußerungstatbestand nach § 20 Abs. 2 Satz 1 Nr. 1 EStG erfasst und im Falle eines Veräußerungsgewinns ein Steuerabzug nach § 43 Abs. 1 Satz 1 Nr. 9 EStG bzw. im Falle eines Veräußerungsverlustes ggf. eine Verlustverrechnung nach § 43a Abs. 3 EStG vorgenommen. Danach ist die Behandlung als Veräußerungstatbestand nach § 20 Abs. 2 Satz 1 Nr. 1 EStG beim Kapitalertragsteuerabzug im Rahmen der Veranlagung durch das Finanzamt zu korrigieren, wenn festgestellt wird, dass es sich um einen Veräußerungsgewinn oder -verlust aus einer nach § 17 EStG relevanten Beteiligung handelt. In diesen Fällen ist einerseits bei Veranlagung der Einkünfte die kapitalertragsteuerliche Behandlung durch das depotführende Institut zu berücksichtigen, andererseits sind aber auch beim depotführenden Institut die Folgewirkungen aus der Umqualifizierung der Einkünfte durch das Finanzamt zu beachten. Im BMF-Schreiben werden dafür 5 Fallgruppen unterschieden:

1. Der Steuerpflichtige hat einen Veräußerungsgewinn erzielt. Das depotführende Institut hat den Veräußerungsgewinn gemäß § 20 Abs. 2 Satz 1 Nr. 1 EStG berücksichtigt und Kapitalertragsteuer einbehalten. In diesem Fall ist die Anrechnung der einbehaltenen Kapitalertragsteuer auf den nach § 17 EStG zu besteuernden Veräußerungsgewinn im Rahmen der Einkommensteuererklärung zu beantragen.
2. Der Steuerpflichtige hat einen Veräußerungsgewinn erzielt. Der Gewinn wurde teilweise mit anderen Aktienverlusten oder mit allgemeinen Verlusten durch das depotführende Institut verrechnet. Auf der Steuerbescheinigung gemäß des Musters I wird im Davon-Ausweis Gewinn aus Aktienveräußerungen i.S. des § 20 Abs. 2 Satz 1 Nr. 1 EStG ein Betrag ausgewiesen, der niedriger ist als der im Rahmen der Veranlagung als Gewinn nach § 17 EStG geltend gemachte Betrag.
3. Der Steuerpflichtige hat einen Veräußerungsverlust erzielt, den das depotführende Institut nach § 20 Abs. 2 Satz 1 Nr. 1 EStG berücksichtigt hat. Das depotführende Institut hat eine Verlustbescheinigung i.S. des § 43a Abs. 3 Satz 4 EStG gemäß des Musters I erstellt. In der Verlustbescheinigung wird unter der Position Höhe des nicht ausgeglichenen Verlustes aus der Veräußerung von Aktien i.S. des § 20 Abs. 2 Satz 1 Nr. 1 EStG ein Betrag ausgewiesen, der nicht geringer ist als der nach § 17 EStG erklärte Verlust.
4. Der Steuerpflichtige hat einen Veräußerungsverlust erzielt, den das depotführende Institut nach § 20 Abs. 2 Satz 1 Nr. 1 EStG berücksichtigt hat. Das depotführende Institut hat den Verlust in den Aktienverlusttopf eingebucht und auf Antrag eine Verlustbescheinigung i.S. des § 43a Abs. 3 Satz 4 EStG gemäß des Musters I erstellt. Diese weist infolge der Verrechnung des Verlustes mit Aktiengewinnen einen niedrigeren Verlust aus als der gemäß § 17 EStG ermittelte Verlustbetrag.
5. Der Steuerpflichtige hat einen Veräußerungsverlust erzielt, den das depotführende Institut nach § 20 Abs. 2 Satz 1 Nr. 1 EStG berücksichtigt hat. Das depotführende Institut hat den Verlust in den Aktienverlusttopf eingebucht. Es wurde keine Verlustbescheinigung erstellt.

Zu den Einzelheiten wird auf das o.a. BMF-Schreiben vom 16.12.2014 (a.a.O.) verwiesen.

21.18.11 Vermögenszuwachs i.S. des § 6 AStG

§ 6 AStG wurde zunächst mit dem Gesetz vom 12.12.2006 (SEStEG) geändert und war in der geänderten Version erstmals für den VZ 2007 anzuwenden (§ 21 Abs. 13 AStG). Hintergrund war ein von der Kommission der EG gegen die Bundesrepublik Deutschland eingeleitetes Vertragsverletzungsverfahren wegen der Besteuerung nicht realisierter Wertzuwächse wesentlicher Beteiligungen bei einem Wegzug aus Deutschland in einen Mitgliedstaat der EU oder des EWR. Bis zur Neuregelung war die nach § 6 Abs. 1 und/oder Abs. 3 Nr. 2 AStG festgesetzte ESt in den genannten Fällen von Amts wegen zinslos gestundet (BMF-Schreiben vom 8.6.2005, BStBl I S. 714). Allerdings hat der BFH in einem Aussetzungsbeschluss (Beschluss vom 23.9.2008, BStBl 2009 II S. 524) entschieden, dass es nicht ernstlich zweifelhaft sei, dass die sog. »Wegzugsteuer« nach § 6 Abs. 1 AStG i.d.F. bis zur Änderung durch das SEStG weder gegen Gemeinschaftsrecht noch gegen Verfassungsrecht verstößt. Dies hat der BFH in seinem Urteil vom 25.8.2009 (BStBl 2016 II S. 438) nochmals bestätigt. Mit Urteil vom 26.4.2017 (BStBl 2017 II S. 1194) hat der BFH betont, dass § 6 Abs. 1 Satz 1 AStG auch nach den Modifikationen durch das SEStEG dahin auszulegen ist, dass er nur für die Fälle auf § 17 EStG verweist, in denen der gemeine Wert der Anteile zu dem für die Besteuerung maßgebenden Zeitpunkt die Anschaffungskosten übersteigt. Nach dem EuGH-Urteil vom 26.2.2019 (*Wächter* – C-581/17 unter Berücksichtigung des BFH-Urteils vom 6.9.2023, I R 35/20, BStBl II 2025 S. 436) erstreckt sich der Anwendungsbereich der Stundung auch auf die Schweiz. Zu den Folgen im Zusammenhang mit § 6 AStG in seiner bis zum 30.6.2021 geltenden Fassung wird auf das BMF-Schreiben vom 2.6.2025 (BStBl I S. 1448) verwiesen.

Mit dem Gesetz zur Umsetzung der Anti-Steuervermeidungsrichtlinie (ATADUmsG) vom 25.6.2021 (BGBl I S. 2035) wurde § 6 AStG **ab VZ 2022 umfassend geändert**. Die davor geltende Fassung ist nach § 21 Abs. 3 AStG nur noch auf noch am 31.12.2021 laufende Stundungen nach damaligen Recht sowie die damit verbundenen Fristen anzuwenden. Mit BMF-Schreiben vom 15.7.2024 (BStBl I S. 1109) wurden Vordrucke zur Anwendung dieser alten Rechtslage veröffentlicht.

Im Folgenden wird daher sowohl auf die vor 2022 als auch auf die ab 2022 geltende Rechtslage eingegangen. Zur neuen Rechtslage ist dabei das BMF-Schreiben vom 29.12.2023 (BStBl I Sondernummer 1/2023, Tz 6 = Rn 61–197) zu beachten.

§ 6 Abs. 1 AStG regelt die Behandlung der im Privatvermögen befindlichen wesentlichen Beteiligungen bei **Wohnsitzwechsel ins Ausland**. Verlegt eine im Inland unbeschränkt einkommensteuerpflichtige natürliche Person ihren Wohnsitz oder gewöhnlichen Aufenthalt ins Ausland, wobei ihre unbeschränkte Steuerpflicht endet, so treten für ihre wesentlichen Beteiligungen an inländischen Kapitalgesellschaften die Rechtsfolgen des § 17 EStG (vgl. Tz 21.18.10) **auch dann** ein, wenn keine Veräußerung der Beteiligung erfolgt (§ 6 Abs. 1 Satz 1 AStG). Nach dem BFH-Urteil vom 8.12.2021 (I R 30/19, BStBl II 2022 S. 763) ist die Vorschrift des § 6 Abs. 1 Satz 2 Nr. 1 AStG jedoch nicht einschränkend dahingehend auszulegen, dass durch die unentgeltliche Anteilsübertragung auf den beschränkt Steuerpflichtigen das inländische Besteuerungsrecht der in den unentgeltlich übertragenden Anteilen ruhenden stillen Reserven ausgeschlossen oder beschränkt werden müsste. Bei Sitzverlegungen vor dem 1.1.2022 musste die unbeschränkte Einkommensteuerpflicht für mindestens 10 Jahre bestanden haben. Durch die Änderung mit dem ATADUmsG **ab 2022** betrifft dies nun Steuerpflichtige, die innerhalb der letzten 12 Jahre vor Verlegung mindestens 7 Jahre unbeschränkt stpfl. gewesen sind. Es ist also aufgrund dieses einer Veräußerung gleichgestellten Vorgangs der **Vermögenszuwachs** zu versteuern. Der Beendigung gleichgestellte Fälle sind z. B. die Übertragung der Anteile durch ganz oder teilweise unentgeltliches Rechtsgeschäft unter Lebenden oder durch Erwerb von Todes wegen auf nicht unbeschränkt stpfl. Personen oder die Einlage der Anteile in einen Betrieb oder eine Betriebsstätte des Steuerpflichtigen in einem ausländischen Staat. Über diese, einem Wohnsitzwechsel ins Ausland **gleichgestellten Vorgänge**, erteilen die Finanzämter nähere Auskunft.

Bei der Ermittlung der Besteuerungsgrundlage ist als Veräußerungspreis der **gemeine Wert** der Anteile im Zeitpunkt der Beendigung der unbeschränkten Steuerpflicht anzusetzen. Um die Steuerpflicht auf den **Vermögenszuwachs** zu beschränken, der dem Steuerpflichtigen während seiner Ansässigkeit im deutschen Inland zugewachsen ist, wird in den Fällen, in denen die Anteile dem Steuerpflichtigen bei Begründung seines inländischen Wohnsitzes bzw. gewöhnlichen Aufenthalts schon gehörten, ihr gemeiner Wert in diesem Zeitpunkt für die Ermittlung des Vermögenszuwachses als Anschaffungskosten angesetzt. Ein Gewinn aus dem Wegzugsteuertatbestand des § 6 Abs. 1 Satz 2 Nr. 4 AStG a. F. ist gem. BFH-Urteil vom 16.4.2024 (IX R 38/21, juris) unmittelbar vor dem Zeitpunkt zu berücksichtigen, zu dem der Ausschluss oder die Beschränkung des Besteuerungsrechts der Bundesrepublik Deutschland eintritt.

Die **Steuerpflicht entfällt, wenn der Steuerpflichtige nur vorübergehend** seinen Wohnsitz oder gewöhnlichen Aufenthalt ins Ausland verlegt **und** innerhalb von fünf Jahren bei Beendigung vor dem 1.1.2022 oder sieben Jahren bei Beendigung ab 1.1.2022 wieder zurückkehrt und wieder unbeschränkt einkommensteuerpflichtig wird, soweit die Anteile in der Zwischenzeit nicht veräußert worden sind. Diese Frist kann vom Finanzamt auf höchstens zehn Jahre bei Beendigung vor dem 1.1.2022 und um höchstens fünf Jahre bei Beendigung ab dem 1.1.2022 verlängert werden, wenn die Abwesenheit auf beruflichen Gründen beruht und die Absicht zur Rückkehr unverändert fortbesteht.

Die geschuldete ESt kann in regelmäßigen Teilbeträgen über einen Zeitraum von höchstens fünf Jahren (bei Beendigungen ab 2022 nur noch gleichmäßig verteilte Ratenzahlung über 7 Jahre) gegen Sicherheitsleistung gestundet werden, wenn ihre alsbaldige Entrichtung mit erheblichen Härten für den Steuerpflichtigen verbunden wäre. Werden die Anteile tatsächlich veräußert oder verdeckt in einer Gesellschaft i. S. des § 17 Abs. 1 Satz 1 EStG eingelegt oder einer der Tatbestände des § 17 Abs. 4 EStG verwirklicht, so endet die Stundung.

Die oben genannte Regelung berührt nicht die allgemeine Steuerpflicht für Veräußerungsgewinne bei wesentlichen Beteiligungen. Um jedoch bei späterer tatsächlicher Veräußerung der Beteiligungen eine doppelte Besteuerung zu vermeiden, wird in einem solchen Fall der anzusetzende Gewinn um den bereits besteuerten Vermögenszuwachs gekürzt.

Vor dem Hintergrund der Niederlassungsfreiheit in der EU und dem dieser innewohnenden Behinderungsverbots **bei grenzüberschreitendem Wohnsitzwechsel** wird (bis VZ 2021 erfolgte Besteuerungstatbestände) nach § 6 Abs. 5 AStG die geschuldete **ESt von Amts wegen zinslos und ohne Sicherheitsleistung gestundet,** wenn der Steuerpflichtige bei **Umzug in einen EU-Mitgliedstaat** einer der deutschen unbeschränkten Einkommensteuerpflicht vergleichbaren Steuerpflicht unterliegt. Für Besteuerungszeiträume **ab VZ 2022** ist nur noch eine **Ratenzahlung** vorgesehen. Auch hierbei ist der Widerruf der Stundung möglich (§ 6 Abs. 5 Satz 4 AStG a. F. bei Beendigungen der unbeschränkten Steuerpflicht vor dem 1.1.2022) oder das Ende der Ratenzahlung (§ 6 Abs. 4 Satz 4 AStG n. F. bei Beendigungen ab dem 1.1.2022), insbesondere wenn die Anteile veräußert oder verdeckt in eine Gesellschaft i. S. des § 17 Abs. 1 Satz 1 EStG eingelegt werden oder einer der Tatbestände des § 17 Abs. 4 EStG erfüllt ist. Umwandlungsvorgänge nach den §§ 11, 15 oder 21 UmwStG gelten auf Antrag nicht als den Widerruf auslösende Veräußerungstatbestände, wenn der Steuerpflichtige nach den dortigen Vorschriften einen Antrag auf Buchwertansatz stellen konnte und gestellt hat, da die Umwandlung insoweit erfolgsneutral stattfindet und keine Gewinnrealisierung eintritt. Die Verwirklichung der Tatbestände nach § 6 Abs. 5 Satz 4 AStG a. F. bzw. § 6 Abs. 4 Satz 4 AStG n. F. ist dem Finanzamt nach amtlich vorgeschriebenem Vordruck mitzuteilen (§ 6 Abs. 7 AStG a. F. bzw. § 6 Abs. 5 Satz 1 AStG n. F. mit weiteren Nachweispflichten), dessen Muster sowohl für § 6 AStG in der bis zum 30.6.2021 als auch in der ab 1.7.2021 geltenden Fassung mit BMF-Schreiben vom 15.7.2024 (BStBl I S. 1109) veröffentlicht wurden.

Einzelheiten zur Anwendung des § 6 AStG a. F. sind im BMF-Schreiben vom 14.5.2004 (BStBl 2004 I, Sondernummer 1/2004 S. 20) geregelt. Weitere Hinweise zum § 6 AStG n. F. sind dem BMF-Schreiben vom 22.12.2023 (BStBl I Sondernummer 1/2023, Tz 6) zu entnehmen.

Anwendungsfälle des § 6 AStG sind durch Identifikation in Zeile 85 zu kennzeichnen. Der Wegzug ist in Zeile 8 der Anlage WA-ESt zu dokumentieren (vgl. Tz 33.4 zu Zeilen 8 bis 10 der Anlage WA-ESt).

21.18.12 Besteuerung der Gesellschafter der übertragenden Körperschaft nach § 13 UmwStG

§ 13 UmwStG behandelt die Auswirkungen der Verschmelzung von Körperschaften bei den Anteilseignern der übertragenden Körperschaft, soweit diese Anteile an der übernehmenden Körperschaft erhalten. Abs. 1 a. F. der Vorschrift regelte den Fall, dass sich die Anteile an der übertragenden Körperschaft in einem **Betriebsvermögen** des Gesellschafters befinden. Solche Anteile galten im Umwandlungsvorgang als zum Buchwert veräußert, sodass durch den Austausch der Anteile an der übertragenden Körperschaft mit den Anteilen an der übernehmenden Körperschaft kein Veräußerungsgewinn entsteht. Die aufgrund der Umwandlung erhaltenen Anteile galten als zum Buchwert der bisherigen Anteile angeschafft. Nach Abs. 1 des § 13 UmwStG **n. F.** ist vom grundsätzlichen **Teilwertansatz** auszugehen. **Auf Antrag** kann nach § 13 Abs. 2 UmwStG der **Buchwertansatz** gewählt werden, wenn das Besteuerungsrecht Deutschlands nicht beschränkt ist.

Befinden sich die Anteile an der übertragenden Körperschaft im **Privatvermögen** des Gesellschafters, können sich steuerliche Auswirkungen für vor dem 13.12.2006 erfolgte Übertragungen ergeben, wenn es sich um eine wesentliche Beteiligung i. S. des § 17 EStG oder um einbringungsgeborene Anteile i. S. des § 21 UmwStG a. F. (vgl. Tz 21.18.5) handelte oder ein privates Veräußerungsgeschäft i. S. des § 23 EStG (vgl. Tz 20.9 unter Erläuterungen zur Anlage SO) in Betracht kommt:

1. Lag eine wesentliche Beteiligung i. S. des § 17 EStG vor, galten die Anteile an der übertragenden Körperschaft (wesentliche Beteiligung) als zu den Anschaffungskosten veräußert und die an ihre Stelle tretenden Anteile als mit diesem Wert angeschafft (§ 13 Abs. 2 Satz 1 UmwStG a. F.). Der Austausch der Anteile führte sonach zu keinem Veräußerungsgewinn.
   Stellen die **erhaltenen Anteile** (im Gegensatz zur bisherigen Beteiligung) **keine** wesentliche Beteiligung an der übernehmenden Körperschaft dar, gelten die Anteile nach § 13 Abs. 2 Satz 2 UmwStG a. F. weiterhin als **wesentliche** Beteiligung i. S. des § 17 EStG. Die neuen Anteile verlieren diese Eigenschaft erst, wenn die Beteiligung sich so vermindert, dass auch die ihr nach den Umtauschverhältnissen entsprechende Beteiligung an der übertragenden Körperschaft keine wesentliche Beteiligung mehr dargestellt hätte.
   Wird aus einer nicht wesentlichen Beteiligung eine **wesentliche** Beteiligung i. S. des § 17 EStG (z. B. bei einer nicht verhältniswahrenden Spaltung), bestimmt § 13 Abs. 2 Satz 3 UmwStG a. F., dass für die Bewertung der neuen Anteile der gemeine Wert am steuerlichen Übertragungsstichtag als Anschaffungs-

kosten gilt. Dadurch soll klargestellt werden, dass die in der Zeit der »Nichtverstrickung« angesammelten stillen Reserven durch die Umwandlung nicht in die Besteuerung einbezogen werden. Der Besteuerung sollen nur die stillen Reserven unterliegen, die nach dem steuerlichen Übertragungsstichtag in den Anteilen entstehen.

2. Besaß im Fall der Verschmelzung der Anteilseigner **einbringungsgeborene** Anteile i. S. des **§ 21 UmwStG a. F.** (vgl. Tz 21.18.5) an der übertragenden Körperschaft, so traten die erworbenen Anteile an die Stelle der hingegebenen Anteile. Die im Zuge der Verschmelzung gewährten Anteile galten weiterhin als einbringungsgeborene Anteile i. S. des § 21 UmwStG a. F. Die bisherigen Anschaffungskosten galten auch als Anschaffungskosten der neuen Anteile.
3. Der Austausch der Anteile führt nicht zu einem Veräußerungsgewinn i. S. des § 23 EStG (vgl. Tz 20.9 unter Erläuterungen zur Anlage SO). Die Verschmelzung setzte jedoch eine neue 1-jährige Behaltensfrist i. S. des § 23 Abs. 1 Nr. 2 EStG in Gang, deren Lauf mit der Eintragung der Umwandlung in das Handelsregister beim übernehmenden Rechtsträger begann (BMF-Schreiben vom 25.10.2004, BStBl I S. 1034, Rz 27 ff.). Zur Neuregelung ab 2009 vgl. Tz 14.6.2 unter Erläuterungen zur Anlage KAP.

Wegen Einzelheiten zu § 13 UmwStG a. F. siehe BMF-Schreiben vom 25.3.1998 (BStBl I S. 268, Tz 13 unter Berücksichtigung der Änderungen durch BMF-Schreiben vom 21.8.2001, BStBl I S. 543). Mit Urteil vom 24.6.2008 (BStBl II S. 872) hat der BFH darüber hinaus festgestellt, dass ursprünglich einbringungsgeborene Anteile an einer GmbH, die durch einen Antrag nach § 21 Abs. 2 Satz 1 Nr. 1 UmwStG a. F. entstrickt wurden, ebenfalls der Besteuerung nach § 17 Abs. 1 EStG unterfallen. Veräußerungsgewinn nach § 17 Abs. 2 EStG in Bezug auf derartige Anteile ist der Betrag, um den der Veräußerungspreis den gemeinen Wert der Anteile (§ 21 Abs. 2 Satz 2 UmwStG a. F.) übersteigt.

Anwendungsfälle des § 13 UmwStG sind durch Identifikation in Zeile 85 zu kennzeichnen.

21.18.13 Behandlung des Veräußerungsgewinns als laufender Gewinn

0 Seit 1994 werden durch die geänderte Fassung des § 16 **Abs. 2** EStG aufgrund des Missbrauchsbekämpfungs- und Steuerbereinigungsgesetzes vom 21.12.1993 (BStBl 1994 I S. 50) **Veräußerungsgewinne als laufende Gewinne qualifiziert, soweit** auf der Seite des Veräußerers und auf der Seite des Erwerbers **dieselben Personen** Unternehmer oder Mitunternehmer sind. Bei **Betriebsaufgabe** wird nach § 16 **Abs. 3** EStG seit 1994 ein **laufender** Gewinn angenommen, soweit einzelne dem Betrieb gewidmete Wirtschaftsgüter im Rahmen der Aufgabe des Betriebs veräußert werden und soweit auf der Seite des Veräußerers und auf der Seite des Erwerbers dieselben Personen Unternehmer oder Mitunternehmer sind. Gleiches gilt bei Einbringung eines Betriebs, Teilbetriebs oder Mitunternehmeranteils in eine Personengesellschaft nach **§ 24 UmwStG a. F.**, soweit der Einbringende selbst an der Personengesellschaft beteiligt ist (Art. 11 des Missbrauchsbekämpfungs- und Steuerbereinigungsgesetzes vom 21.12.1993, a. a. O., sowie BMF-Schreiben vom 25.3.1998, BStBl I S. 268, Tz 24.15 ff. unter Berücksichtigung der Änderungen durch BMF-Schreiben vom 21.8.2001, BStBl I S. 543). Soweit danach **laufende** Gewinne vorliegen, kann der Veräußerer (Einbringende) keinen Freibetrag nach § 16 Abs. 4 EStG (vgl. Tz 21.18.2.2 unter Erläuterungen zu den **Zeilen 58 bis 65**) und keine Tarifermäßigung nach § 34 EStG (vgl. Erläuterungen zu den Zeilen 65 und 73) erhalten. Außerdem unterliegt der laufende Gewinn der Gewerbesteuer. Durch die vorstehenden Regelungen wollte der Gesetzgeber erreichen, dass Veräußerungs- bzw. Einbringungsgewinne nur noch insoweit begünstigt sind, als sie durch Veräußerung an **Fremde** erzielt werden. Die Steuervergünstigungen nach §§ 16 und 34 EStG sollen dagegen entfallen, soweit – bei wirtschaftlicher Betrachtung – nicht an Dritte, sondern an den Veräußernden (Einbringenden) selbst veräußert wird.

In § 24 UmwStG **n. F.** sind hierzu keine abweichenden Regelungen enthalten.

Liegt einer der genannten Fälle vor oder ist Erwerber eine Gesellschaft, an der die veräußernde Person oder ein Angehöriger beteiligt ist, ist **Zeile 80 anzukreuzen** und der Sachverhalt lt. gesonderter Aufstellung (mit Zahlenangaben) zu erläutern.

21.18.14 Tarifvergünstigung nach § 34 EStG für außerordentliche Einkünfte

21.18.14.1 Ausgangslage

Der Einkommensbegriff des Einkommensteuergesetzes hat zur Fol- 99
ge, dass auch solche Einkünfte, die dem Steuerpflichtigen nur einmal oder selten zufließen, der ESt unterliegen. In solchen Fällen kann die Progression des Steuertarifs zu einer nicht zumutbaren steuerlichen Belastung führen. Deshalb sieht die Bestimmung des § 34 Abs. 1 EStG unter bestimmten Voraussetzungen eine Tarifvergünstigung vor.

21.18.14.2 Umfang der Tarifvergünstigung

Sind in dem zu versteuernden Einkommen eines Steuerpflichtigen **außerordentliche** Einkünfte i. S.des § 34 Abs. 2 EStG enthalten, so war die darauf entfallende ESt bis 31.12.1998 nach einem **ermäßigten Steuersatz** zu bemessen. Der ermäßigte Steuersatz betrug grds. die **Hälfte des durchschnittlichen Steuersatzes** (§ 34 Abs. 1 EStG 1998). Auf das restliche zu versteuernde Einkommen war die Einkommensteuertabelle anzuwenden. Vergütungen für eine mehrjährige Tätigkeit konnten bis 31.12.1998 nach der sog. Drittel-Regelung des § 34 Abs. 3 EStG 1998 besteuert werden (im Einzelnen siehe Anleitung zur ESt-Erklärung 1998, Anlage GSE, Zeilen 17 und 49).

Ab dem Kj. 1999 ist § 34 EStG durch das Steuerentlastungsgesetz 1999/2000/2002 (BStBl 1999 I S. 304) in der Weise umgestaltet worden, dass eine Besteuerung außerordentlicher Einkünfte mit dem ermäßigten (halben) Steuersatz und die o. a. Drittel-Regelung weggefallen sind. Stattdessen werden **außerordentliche Einkünfte** – zu denen jetzt auch Vergütungen für mehrjährige Tätigkeiten zählen – nach § 34 Abs. 1 EStG mit 1/5 steuerlich erfasst und die hierauf entfallende ESt verfünffacht (sog. **Fünftel-Regelung**; siehe unten). Dies bewirkt gegenüber der früheren Besteuerung mit dem halben durchschnittlichen Steuersatz regelmäßig eine weitaus geringere Progressionsminderung. Eine Ausnahme gilt jedoch für die unter **Tz 21.18.14.4** bezeichneten **Veräußerungsgewinne, für die auf Antrag der seit 2001 wieder eingeführte ermäßigte Steuersatz** nach § 34 Abs. 3 EStG in Betracht kommt (vgl. Tz 21.18.14.5).

21.18.14.3 Begriff der außerordentlichen Einkünfte

Der Tarifvergünstigung nach der sog. Fünftel-Regelung kann nur auf außerordentliche Einkünfte i. S. des § 34 Abs. 2 EStG angewandt werden. Hierunter fallen:

1. **Veräußerungsgewinne** aus der Veräußerung eines land- und forstwirtschaftlichen Betriebs (§§ 14, 14a Abs. 1 EStG), eines gewerblichen Betriebs (§ 16 EStG, siehe Erläuterungen zu den Zeilen 58 bis 79) und eines der selbständigen Arbeit dienenden Vermögens (§ 18 Abs. 3 EStG), jeweils mit Ausnahme des stpfl. Teils der Veräußerungsgewinne, die nach dem **Teileinkünfteverfahren** (§ 3 Nr. 40 Buchst. b i. V. mit § 3c Abs. 2 EStG) teilweise steuerbefreit sind;
2. **Entschädigungen**, die gewährt worden sind als Ersatz für entgangene oder entgehende Einnahmen oder für die Aufgabe oder Nichtausübung einer Tätigkeit, für die Aufgabe einer Gewinnbeteiligung oder einer Anwartschaft auf eine solche (§ 24 Nr. 1 Buchst. a und b EStG). Hierher gehört z. B. der stpfl. Teil von **Entlassungsabfindungen an Arbeitnehmer** (vgl. Tz 11.5.3 unter Erläuterungen zur Anlage N, Zeile 17). Entschädigungen in diesem Sinne können begünstigt sein, gleichgültig im Rahmen welcher Einkunftsart sie anfallen. Im Rahmen von Einkünften aus **Gewerbebetrieb, selbständiger Arbeit** oder **Land- und Forstwirtschaft** anfallende Entschädigungen sind **nicht tarifbegünstigt**, wenn der zur Entschädigung führende Sachverhalt einen normalen und üblichen Geschäftsvorfall dar-

stellt, z.B. Warenumsatzgeschäfte eines Handelsbetriebs, Architektenverträge eines Architekten, Bauaufträge eines Bauunternehmens (BFH-Urteile vom 27.7.1978, BStBl 1979 II S. 66, 69 und 71). Es ist jedoch nicht mehr Voraussetzung, dass das zur Entschädigung führende Ereignis ohne oder gegen den Willen des Steuerpflichtigen eintrat. Eine »Entschädigung« kann vielmehr auch bei Mitwirkung des Steuerpflichtigen gegeben sein, wenn dieser unter erheblichem rechtlichen, wirtschaftlichen oder tatsächlichen Druck an dem Ereignis mitwirkte (BFH-Urteil vom 20.7.1978, BStBl 1979 II S. 9 sowie H 24.1 – Entschädigungen i.S. des § 24 Nr. 1 Buchst. a EStG – EStH). Als außerordentliche Einkünfte werden aber regelmäßig nur solche Entschädigungen angesehen, die durch einen einmaligen größeren Betrag entgangene oder entgehende Einnahmen mehrerer Jahre abgelten und zu einer **Zusammenballung** von Einkünften innerhalb eines VZ führen (H 34.3 – Zusammenballung von Einkünften – EStH und vgl. **Tz 22.12 unter** Erläuterungen zur Anlage S). Wegen Entschädigungen bei **Arbeitnehmern** vgl. Tz 11.5.3.2 und Tz 11.5.3.4 unter Erläuterungen zur **Anlage N, Zeile 17**;

3. **Ausgleichszahlungen** an ausgeschiedene **Handelsvertreter** nach § 89 b HGB (siehe Erläuterungen zu den Zeilen 58 bis 79);
4. **Nutzungsvergütungen** für die Inanspruchnahme von Grundstücken für öffentliche Zwecke sowie Zinsen auf solche Nutzungsvergütungen und auf Entschädigungen, die mit der Inanspruchnahme von Grundstücken für öffentliche Zwecke zusammenhängen, sofern die Nutzungsvergütungen und Zinsen für einen Zeitraum **von mehr als drei Jahren nachgezahlt** werden (BFH-Urteil vom 14.3.1985, BStBl I S. 463). Nach R 34.3 Abs. 2 EStR muss die Nachzahlung einen Zeitraum von mehr als 36 Monaten umfassen; dass die Nachzahlung auf drei Kj. entfällt, genügt nicht (BFH-Urteil vom 19.4.1994, BStBl II S. 640 und H 34.3 – Nutzungsvergütungen i.S. des § 24 Nr. 3 EStG – EStH);
5. **Vergütungen für mehrjährige Tätigkeiten** (vgl. Tz 11.5.3.1 unter Erläuterungen zur Anlage N, Zeile 17, und vgl. Tz 22.12 unter Erläuterungen zur Anlage S);
6. **Einkünfte aus außerordentlichen Holznutzungen** i.S. des § 34 b Abs. 1 Nr. 1 EStG (vgl. Tz 29 unter Erläuterungen zur Anlage 34b).

Nach ständiger Rspr. des BFH (BFH-Urteile vom 16.3.1993, BStBl II S. 497; und vom 4.3.1998, BStBl II S. 787 m.w.N.) setzt die begünstigte Besteuerung nach § 34 EStG u.a. voraus, dass die Entschädigungsleistungen **zusammengeballt in einem VZ** zufließen. Der Zufluss mehrerer Teilbeträge in unterschiedlichen VZ ist deshalb grds. schädlich (BFH-Urteil vom 3.7.2002, BStBl 2004 II S. 447, sog. erste Prüfung), soweit es sich dabei nicht um eine im Verhältnis zur Hauptleistung stehende geringe Zahlung (nach BFH-Urteil vom 25.8.2009, BStBl 2011 II S. 27, maximal 5 % der Hauptleistung) handelt, die in einem anderen VZ zufließt. Nach dem BFH-Urteil vom 13.10.2015 (BStBl 2016 II S. 214) steht die Auszahlung einer einheitlichen Abfindung in zwei Teilbeträgen der Anwendung des ermäßigten Steuersatzes ausnahmsweise nicht entgegen, wenn sich die Teilzahlungen im Verhältnis (8,87 % der Gesamtabfindung oder 9,73 % der Hauptleistung) zueinander eindeutig als Haupt- und Nebenleistung darstellen und wenn die Nebenleistung geringfügig ist, was bei einer Nebenleistung unter Berücksichtigung der konkreten individuellen Steuerbelastung als geringfügig anzusehen sein soll, wenn sie niedriger ist als die tarifliche Steuerbegünstigung der Hauptleistung. Mit BMF-Schreiben vom 4.3.2016 (BStBl I S. 277) wurde Rz 8 des o.a. BMF-Schreibens vom 1.11.2013 geändert. Danach ist in allen noch offenen Fällen aus Vereinfachungsgründen eine geringfügige Zahlung anzunehmen, wenn diese nicht mehr als 10 % der Hauptleistung beträgt. Darüber hinaus kann eine Zahlung unter Berücksichtigung der konkreten individuellen Steuerbelastung als geringfügig anzusehen sein, wenn die Nebenleistung insgesamt niedriger ist als die tarifliche Steuerbegünstigung der Hauptleistung. Die vorher genannten Grundsätze gelten nach dem BFH-Urteil vom 20.7.1988 (BStBl II S. 936) auch für **Ausgleichszahlungen an Handelsvertreter** nach § 89b HGB; laufende vorzeitige Teilzahlungen auf einen solchen Anspruch oder auf eine künftige Wettbewerbsentschädigung (§ 90a HGB) sind daher nicht tarifbegünstigt.

Bei der Ermittlung des steuerbegünstigten Entschädigungsbetrags sind die Einnahmen **vermindert** um die damit in unmittelbarem Zusammenhang stehenden Betriebsausgaben anzusetzen; die **anteilige Gewerbesteuer** ist hierbei **nicht** mindernd zu berücksichtigen (BFH-Urteil vom 26.1.1984, BStBl II S. 347).

Sind in den **Zeilen 6 bis 45** derartige außerordentliche Einkünfte enthalten, so ist der Betrag in Zeile 97 anzugeben und zur Vermeidung von Rückfragen näher zu erläutern.

Wegen der Anwendung eines ermäßigten Steuersatzes bei bestimmten **Veräußerungsgewinnen** vgl. **Tz 21.18.9 unter** Erläuterungen zu den **Zeilen 65 und 73**.

21.18.14.4 Berechnung der Steuer nach der Fünftel-Regelung

Nach § 34 Abs. 1 EStG ist die auf die außerordentlichen Einkünfte entfallende ESt wie folgt zu berechnen: Zunächst wird die ESt für das zu versteuernde Einkommen **ohne** die außerordentlichen Einkünfte (verbleibendes zu versteuerndes Einkommen) ermittelt. In einem 2. Schritt wird die ESt, die auf das zu versteuernde Einkommen **einschließlich eines Fünftels** dieser außerordentlichen Einkünfte entfällt, berechnet. Der Differenzbetrag zwischen den beiden Steuerbeträgen ist zu **verfünffachen.** Die so ermittelte ESt ist die im Rahmen der Einkommensteuerveranlagung festzusetzende ESt für die außerordentlichen Einkünfte.

Durch Hinzurechnung zur ESt aus dem 1. Schritt ergibt sich die insgesamt festzusetzende ESt (R 34.2 Abs. 1 Satz 4 EStR). Die früher bestehende Antragspflicht zur Anwendung der Fünftel-Regelung wurde durch das Steueränderungsgesetz 2001 (BStBl 2002 I S. 4) ab 2001 aufgehoben.

BEISPIEL 1:
Im Rahmen einer Zusammenveranlagung von Ehegatten/Lebenspartnern ergibt sich für das Jahr **2025** ein zu versteuerndes Einkommen von 125 000 €. Hierin sind außerordentliche Einkünfte (z.B. stpfl. Entlassungsabfindung, Ausgleichszahlung an Handelsvertreter nach § 89 b HGB) von 75 000 € enthalten.

Steuerberechnung

1.	Zu versteuerndes Einkommen **ohne** außerordentliche Einkünfte	50 000 €	
	daraus ESt nach Splittingtarif		5 854 €
2.	obiges zu versteuerndes Einkommen zzgl. 1/5 der außerordentlichen Einkünfte von 75 000 €	65 000 €	
	daraus ESt (Splittingtarif)		10 048 €
	Differenzbetrag		4 194 €
	Differenzbetrag × 5		20 970 €
	zzgl. obige ESt (1. Schritt)		5 854 €
	ESt insgesamt		**26 824 €**

Ohne Tarifermäßigung durch Anwendung der Fünftel-Regelung hätte sich aus einem zu versteuernden Einkommen von 125 000 € eine ESt (Splittingtarif) von 30 802 € ergeben.

Eine **besondere** Berechnung gilt, wenn das zu versteuernde Einkommen **ohne** die außerordentlichen Einkünfte (verbleibendes zu versteuerndes Einkommen) **negativ** ist und das zu versteuernde Einkommen positiv. Nach § 34 Abs. 1 Satz 3 EStG beträgt die ESt in diesem Fall das Fünffache der auf ein Fünftel des zu versteuernden Einkommens entfallenden ESt.

BEISPIEL 2:
Das zu versteuernde Einkommen **2025** von Ehegatten/Lebenspartnern (Zusammenveranlagung) beläuft sich auf 200 000 €. Es setzt sich zusammen aus außerordentlichen Einkünften von

250 000 € und einem **negativen verbleibenden** zu versteuernden Einkommen (ohne außerordentliche Einkünfte) von 50 000 €. Der Ansatz 1/5 aus 250 000 € würde zu keiner ESt führen, weil sich dieses Fünftel und das negative verbleibende zu versteuernde Einkommen (./. 50 000 €) ausgleichen.

Nach § 34 Abs. 1 S. 3 EStG ergibt sich folgende **Steuerberechnung**:

1/5 aus 200 000 €	40 000 €	
daraus ESt (Splittingtarif)		3 278 €
multipliziert mit 5 ergibt dies eine ESt 2025 von		**16 390 €**

Weitere Berechnungsbeispiele (u. a. bei Einkünften, die dem Progressionsvorbehalt unterliegen – vgl. Tz 1.10.3 unter Erläuterungen zum Hauptvordruck, Zeile 35) sind in H 34.2 – Berechnungsbeispiele – EStH enthalten. Mit Urteil vom 15.11.2007 (BStBl 2008 II S. 375) hat der BFH entschieden, dass eine integrierte Steuerberechnung nach dem Prinzip der Meistbegünstigung durchzuführen ist, wenn der Betrag sowohl der Tarifermäßigung nach § 34 Abs. 1 EStG als auch dem negativen Progressionsvorbehalt des § 32 b EStG unterliegt. Danach sollten die Ermäßigungsvorschriften in der Reihenfolge anzuwenden sein, die zu einer geringeren Steuerbelastung führt, als dies bei ausschließlicher Anwendung des negativen Progressionsvorbehalts der Fall wäre. In Abgrenzung dazu hat der BFH mit Urteil vom 17.1.2008 (BStBl 2011 II S. 21) entschieden, dass die Progressionseinkünfte bei der Steuerberechnung nach § 34 Abs. 1 EStG steuersatzerhöhend berücksichtigt werden. Übersteigen die der Tarifermäßigung unterliegenden außerordentlichen Einkünfte dabei das zu versteuernde Einkommen, so richtet sich nach BFH-Auffassung die Steuerberechnung nach § 34 Abs. 1 Satz 3 EStG. Die Progressionseinkünfte sind hierbei nur insoweit zu berücksichtigen, als sich nach einer Verrechnung mit dem negativen verbleibenden zu versteuernden Einkommen ein positiver Differenzbetrag ergibt. Mit Urteil vom 22.9.2009 (BStBl 2010 II S. 1032) hat der BFH ausgeführt, dass die dem Progressionsvorbehalt unterliegenden Einnahmen in voller Höhe dem zu versteuernden Einkommen hinzugerechnet werden sollen.

Wurden Entschädigungen i. S. des § 24 Nr. 1 EStG oder Vergütungen für eine mehrjährige Tätigkeit im Lohnsteuerabzugsverfahren durch Anwendung der Fünftel-Regelung ermäßigt besteuert, sind Arbeitnehmer verpflichtet, eine Einkommensteuererklärung abzugeben (§ 46 Abs. 2 Nr. 5 EStG). Durch die **Pflichtveranlagung** soll sichergestellt werden, dass eine ggf. unzutreffende Anwendung der Steuerermäßigung im Lohnsteuerverfahren im Rahmen der Einkommensteuerveranlagung korrigiert werden kann.

21.18.14.5 Wiedereinführung des ermäßigten Steuersatzes für bestimmte Veräußerungsgewinne

Durch das Steuersenkungsergänzungsgesetz (BStBl 2001 I S. 25) ist der bis 31.12.1998 geltende ermäßigte Steuersatz (vgl. Tz 21.18.14.2) ab 2001 wieder eingeführt worden, allerdings mit erheblichen Einschränkungen. Der **ermäßigte Steuersatz** darf nach § 34 Abs. 3 EStG nur für Gewinne aus **Betriebsveräußerungen** und **Betriebsaufgaben** bis 5 Mio. € und unter der Voraussetzung in Anspruch genommen werden, dass der Steuerpflichtige das **55. Lebensjahr** vollendet hat oder im sozialversicherungsrechtlichen Sinn **dauernd berufsunfähig** ist. Ab **2004** beträgt der ermäßigte Steuersatz **56 %** des **durchschnittlichen** Steuersatzes (bis 2003: 50 %). Außerdem darf der ermäßigte Steuersatz den Eingangssteuersatz des Einkommensteuertarifs (im Jahr 2023: **14 %**) nicht unterschreiten und **nur einmal im Leben** in Anspruch genommen werden (Objektbeschränkung). Wegen Einzelheiten wird auf die Erläuterungen zu **Zeilen 65 und 73** (Tz 21.18.9) hingewiesen. Sind die Voraussetzungen für den ermäßigten Steuersatz erfüllt, kann der Steuerpflichtige stattdessen auch die oben bezeichnete Fünftel-Regelung in Anspruch nehmen (Wahlrecht).

21.19 Einkommen der Organgesellschaft bei Gewinnabführungsverträgen

Hat sich eine **Organgesellschaft** durch einen **Gewinnabführungsvertrag** i. S. des § 291 Abs. 1 AktG verpflichtet, ihren ganzen Gewinn an **ein** anderes inländisches gewerbliches Unternehmen abzuführen, so ist das **Einkommen** der Organgesellschaft unter den in § 14 KStG genannten Voraussetzungen dem **Träger des Unternehmens** (Organträger) **zuzurechnen**. Das Einkommen der Organgesellschaft gehört beim Organträger zu den Einkünften aus **Gewerbebetrieb**. **100–102**

Nach der Regelung in § 14 ff. KStG a. F. konnte Organgesellschaft nur eine inländische **Kapitalgesellschaft** sein. Ein Organverhältnis ist im Übrigen nur möglich, wenn der Organträger (natürliche Person oder Personengesellschaft) ebenfalls ein **gewerbliches** Unternehmen unterhält und die Organgesellschaft in dieses Unternehmen **finanziell** eingegliedert ist. Einzelheiten sind bislang im BMF-Schreiben vom 26.8.2003 (BStBl I S. 437) geregelt. Durch die sog. »Kleine Organschaftsreform« (Art. 2 des Gesetzes zur Änderung und Vereinfachung der Unternehmensbesteuerung und des steuerlichen Reisekostenrechts vom 20.2.2013, BGBl I S. 285) ist § 14 KStG umfangreich geändert worden. U. A. wurde die Inlandsansässigkeit aufgehoben und auch zugelassen, dass Sitz der Organgesellschaft in einem EU-/EWR-Mitgliedstaat liegt. Bislang hat die Finanzverwaltung das vorgenannte BMF-Schreiben vom 26.8.2003 aber noch nicht angepasst.

Die hier vorgesehenen Angaben sollen auf eine etwaige Steuerpflicht i. S. der Zeilen 58 bis 79 und 82 bis 96 aufmerksam machen (siehe obige Erläuterungen hierzu). **97**

21.20 Abzugsbeschränkung für Schuldzinsen wegen Überentnahmen

Nach § 4 Abs. 4a EStG sind betrieblich veranlasste Schuldzinsen nach näherer Bestimmung **nicht** als Betriebsausgabe abziehbar, wenn **Überentnahmen** getätigt worden sind. Eine Überentnahme ist der Betrag, um den die **Entnahmen** (Privatentnahmen) die Summe des Gewinns und der **Einlagen** des Wj. übersteigen. Der Begriff der »Einlagen« ist mangels einer besonderen Bestimmung in § 4 Abs. 4a EStG i. S. des legaldefinierten Einlagebegriffs in § 4 Abs. 1 Satz 8 EStG zu verstehen. Für die Annahme einer »fiktiven Einlage« im Rahmen des § 4 Abs. 4a EStG fehlt es nach dem rkr. Urteil des FG München vom 26.1.2007 (EFG 2007 S. 902) an einer Rechtsgrundlage. Die nicht abziehbaren Schuldzinsen werden **pauschal in Höhe von 6 %** der Überentnahme des Wj. zzgl. der Überentnahmen vorangegangener Wj. und abzgl. der Beträge, um die in den vorangegangenen Wj. der Gewinn und die Einlagen die Entnahmen überstiegen haben (Unterentnahmen), ermittelt. Bei der Ermittlung der Überentnahme ist vom Gewinn ohne Berücksichtigung der nach § 4 Abs. 4a EStG nicht abziehbaren Schuldzinsen auszugehen. Hierbei ist der Gewinnbegriff des § 4 Abs. 1 EStG maßgebend (BFH-Urteil vom 7.3.2006, BStBl II S. 588). Der sich dabei ergebende Betrag, höchstens jedoch der um **2 050 €** verminderte Betrag der im Wj. angefallenen **Schuldzinsen** ist dem Gewinn hinzuzurechnen. Einzelheiten sind in den BMF-Schreiben vom 17.11.2005 (BStBl I S. 1019) und vom 12.6.2006 (BStBl I S. 416) geregelt. Siehe auch die Ausführungen im **Teil II** (vgl. Teil II Tz 2.11.13.1 mit Beispielen). Die frühere Sonderregelung für Entnahmen und Einlagen, die in den letzten 3 Monaten eines Wj. getätigt wurden (§ 4 Abs. 4a Satz 3 EStG a. F.), wurde durch das Steueränderungsgesetz 2001 (BStBl 2002 I S. 4) aufgehoben.

Schuldzinsen für Darlehen zur Finanzierung von **Anschaffungs- oder Herstellungskosten betrieblicher Anlagegüter** sind nach § 4 Abs. 4a Satz 5 EStG von der Abzugsbeschränkung ausgenommen.

Eintragungen zu § 4 Abs. 4a EStG sind ab 2017 nicht mit in der Anlage G, sondern in der E-Bilanz oder der Anlage EÜR/Anlage SZE zu machen (vgl. Tz 11.2 der Vorbemerkungen).

21.21 Investitionsabzugsbeträge nach § 7 g EStG

Zur Vermeidung von Wiederholungen wird auf die Ausführungen im **Teil II (vgl. Teil II Tz 1.1.1)** hingewiesen.

Bis 2015 war die Summe der in Anspruch genommenen Investitionsabzugsbeträge nach § 7g Abs. 1 EStG in der Anlage G auszuweisen und gem. § 7g Abs. 1 Satz 2 Nr. 3 EStG in den Unterlagen zur Steuererklärung (§ 60 EStDV) zu erläutern.

Darüber hinaus waren Eintragungen dann erforderlich, wenn für in den drei vorangegangenen Wj. in Anspruch genommene Investitionsabzugsbeträge die damals geplanten Anschaffungen/Herstellungen im aktuellen Wj. vollzogen wurden und nach der Systematik des § 7g EStG die für diese Wirtschaftsgüter in Anspruch genommenen Investitionsabzugsbeträge gewinnerhöhend nach § 7g Abs. 2 EStG hinzuzurechnen sind. Der amtliche Vordruck verlangte hierzu eine Erläuterung.

Für Wj., die nach dem 31.12.2015 enden (§ 52 Abs. 16 EStG) ist die elektronische Datensatzübermittlung – materiell-rechtliche – Voraussetzung für den Abzug. Dieser Datensatz ist Bestandteil der E-Bilanz oder der Anlage EÜR. Sollte der Steuerpflichtige auf Antrag beim Finanzamt zur Vermeidung unbilliger Härten nach § 150 Abs. 8 AO von der Übermittlungspflicht befreit worden sein, empfiehlt es sich, die v. g. Angaben auf einer gesonderten Anlage darzustellen und zu erläutern.

21.22 Einnahmen aus nebenberuflicher Tätigkeit

103–104 Für bestimmte Einnahmen aus einer nebenberuflichen Tätigkeit finden die Steuerbefreiungsvorschriften des § 3 Nr. 12 EStG (Aufwandsentschädigung aus öffentlichen Kassen), § 3 Nr. 26 (sog. Übungsleiter-Freibetrag), § 3 Nr. 26a (sog. Ehrenamtspauschale) oder § 3 Nr. 26b (Aufwandsentschädigung für ehrenamtliche Betreuer) EStG Anwendung. Zu weiteren Einzelheiten vgl. die Ausführungen zur Anlage S unter Tz 22.5 zur Anwendung von § 3 Nr. 12 EStG und Tz 22.15 zu § 3 Nr. 26, Nr. 26b und Nr. 26b EStG.

Werden mit diesen Tätigkeiten gewerbliche Einkünfte erzielt (in Abgrenzung zu freiberuflicher Tätigkeit, vgl. Tz 22.1, und zu sonstiger selbständiger Tätigkeit, vgl. Tz 22.5), besteht in den Zeilen 103 und 104 eine Erklärungsmöglichkeit, insbesondere zur Prüfung der Maximalbeträge für entsprechende steuerfreie Einnahmen aus allen Tätigkeiten.

Wegen der Voraussetzungen zur Inanspruchnahme der Steuerbefreiungsvorschriften und zur Eintragungssystematik vgl. die Ausführungen zur **Anlage S** unter **Tz. 22.15**.

21.23 Abzugsbeschränkung bei Verlusten aus gewerblicher Tierzucht, gewerblicher Tierhaltung und gewerblichen Termingeschäften

105–108 Nach **§ 15 Abs. 4 EStG** dürfen Verluste aus **gewerblicher Tierzucht** oder **gewerblicher Tierhaltung** weder mit anderen gewerblichen Einkünften noch mit Einkünften aus anderen Einkunftsarten ausgeglichen werden; sie dürfen auch nicht nach § 10d EStG (vgl. **Tz 10.5 unter** Erläuterungen zur **Anlage Sonstiges, Zeilen 17 und 18**) abgezogen werden. Solche Verluste können aber nach Maßgabe des § 10d EStG mit Gewinnen aus gewerblicher Tierzucht oder gewerblicher Tierhaltung verrechnet werden, die in dem unmittelbar **vorangegangenen** Wj. und in **späteren** Wj. erzielt wurden oder werden (BMF-Schreiben vom 29.11.2004, BStBl I S. 1097). Der laufende Verlust aus gewerblicher Tierzucht einer Untergesellschaft ist nach dem BFH-Urteil vom 1.7.2004 (BStBl 2010 II S. 157) mit dem Gewinn aus der Veräußerung einer Beteiligung an der Obergesellschaft zu verrechnen, soweit dieser Veräußerungsgewinn anteilig mittelbar auf Wirtschaftsgüter der Untergesellschaft entfällt. Gewinne und Verluste aus gewerblicher Tierzucht oder gewerblicher Tierhaltung in mehreren **selbständigen Betrieben** können im Jahr der Entstehung miteinander bis zum Betrag von 0 € verrechnet werden (R 15.10 EStR).

Die Einschränkung des Verlustausgleichs gilt für alle Gewerbebetriebe, die Tierzucht oder Tierhaltung betreiben, und zwar auch dann, wenn die Tierzucht oder Tierhaltung nicht der Hauptzweck der gewerblichen Betätigung ist (siehe aber BFH-Urteil vom 4.10.1984, BStBl 1985 II S. 133). Nach dem BFH-Urteil vom 13.9.2022 (XI R 33/20, BStBl II 2023 S. 578) steht der Zuordnung von Tieren zum Tierzweig »übriges Nutzvieh« nicht entgegen, dass die Tiere zum Verkauf bestimmt waren. Nicht betroffen von der Einschränkung des Verlustausgleichs sind die landwirtschaftlichen Kooperationen, die Tierzucht oder Tierhaltung durch Mitunternehmergesellschaften betreiben, wenn die Tierzucht oder Tierhaltung zur landwirtschaftlichen Nutzung gehört, siehe Erläuterungen **zu den Zeilen 5 bis 10 und 11 bis 28 der Anlage L.**

Seit 1999 gelten die vorstehend dargestellten eingeschränkten Verrechnungsmöglichkeiten entsprechend für **Verluste aus gewerblichen Termingeschäften**, durch die der Steuerpflichtige einen Differenzausgleich oder einen durch den Wert einer veränderlichen Bezugsgröße bestimmten Geldbetrag oder Vorteil erlangt, soweit die Geschäfte nicht zum gewöhnlichen Geschäftsbetrieb bei Kreditinstituten, Finanzdienstleistungsinstituten und Finanzunternehmen i. S. des Gesetzes über das Kreditwesen gehören oder soweit sie nicht der Absicherung von Geschäften des gewöhnlichen Geschäftsbetriebs dienen. Diese Beschränkung zum Verlustausgleich ist nach Auffassung des BFH verfassungsgemäß (BFH-Urteile vom 28.4.2016, BStBl II S. 739; und vom 6.7.2016, BStBl 2018 II S. 124). Der Tatbestand des § 15 Abs. 4 Satz 3 EStG 1999 setzt keine Spekulationsabsicht des Steuerpflichtigen voraus (BFH-Urteil vom 6.7.2016, a. a. O.). Zur Definition eines hierunter fallenden Termingeschäfts siehe BFH-Urteil vom 4.12.2014 (BStBl 2015 II S. 483) und BFH-Urteil vom 8.12.2021 (BStBl 2024 II S. 550). Danach zeichnet sich das **Termingeschäft** dadurch aus, dass der Erfüllungszeitpunkt hinausgeschoben wird, woraus sich die für Termingeschäfte spezifische Gefährlichkeit und damit das für die Qualifizierung als Börsentermingeschäft wesentliche Schutzbedürfnis des Anlegers ergibt (BGH-Urteil in BGHZ 160 S. 58). Termingeschäfte sind insoweit Verträge über Wertpapiere, vertretbare Waren oder Devisen nach gleichartigen Bedingungen, die von beiden Seiten erst zu einem bestimmten späteren Zeitpunkt zu erfüllen sind und die zudem eine Beziehung zu einem Terminmarkt haben, der es ermöglicht, jederzeit ein Gegengeschäft abzuschließen (BGH-Urteil vom 16.4.1991, BGHZ 114 S. 177). **Knock-out-Produkte** in Form von Zertifikaten (im Urteilsfall: Unlimited TurboBull Zertifikate) unterfallen nach dem BFH-Urteil vom 8.12.2021 (I R 24/19, BStBl 2024 II S. 550) als Kassageschäfte **nicht** dem Ausgleichs- und Abzugsverbot des § 15 Abs. 4 Satz 3 EStG. Bei einem Termingeschäft als Sicherungsgeschäft setzt die Annahme einer gegenläufigen Erfolgskorrelation nach dem BFH-Urteil vom 9.2.2023 (IV R 34/19, BStBl 2023 II S. 742) voraus, dass mit dem Termingeschäft ein aus dem Grundgeschäft resultierendes Risiko zumindest teilweise abgesichert wird. Eine gegenläufige Erfolgskorrelation von Grund- und Sicherungsgeschäft ist dagegen nicht gegeben, wenn das Risiko der variablen Verzinsung eines Darlehens infolge der Vereinbarung eines Zins-Währungsswaps nicht nur durch ein anderes Risiko (Währung) ersetzt, sondern auch das ursprüngliche Grundgeschäft faktisch mit Risiken ähnlich denen eines Fremdwährungsdarlehens belastet und damit zusätzlichen Risiken ausgesetzt wird. **Indexzertifikate** können nach diesen Vorgaben nicht den Termingeschäften zugeordnet werden, weil bei ihnen der Anleger nicht dazu verleitet wird, ohne oder mit verhältnismäßig geringem Einsatz eigenen Vermögens und ohne Aufnahme eines förmlichen Kredits auf Gewinn zu spekulieren, denn sein Verlustrisiko ist nach der Auffassung des BGH auf den Kaufpreis für die Schuldverschreibung begrenzt, den er sofort bei Vertragsschluss in voller Höhe bezahlen muss. Der Erwerb von Indexzertifikaten hat danach auch nicht die für Termingeschäfte spezifische Hebelwirkung und begründet zudem nicht die Gefahr des Totalverlusts in dem für Termingeschäfte typischen Maße. Vielmehr dient der Erwerb von Indexzertifikaten einem ähnlichen wirtschaftlichen Zweck wie der Direkterwerb von Aktien, weil diese Zertifikate die Möglichkeit eröffnen, an der Kursentwicklung des Index teilzunehmen, ohne alle in den Index aufgenommenen Aktien einzeln erwerben zu müssen (BGH-Urteil in BGHZ 160 S. 58). Zur Behandlung von echten (ungedeckten) **Daytrading-Geschäften** (hier: mit Devisen) als gewerbliche Termingeschäfte vgl. BFH-Urteil vom 21.2.2018 (I R 60/16, BFH/NV 2018 S. 852). Allerdings sind nach BFH-Auffassung (vgl. Urteil vom 6.7.2016, BStBl 2018 II S. 124) nicht solche Termingeschäfte von der Verlustverrechnungsbeschränkung umfasst, die auf die »physische« Lieferung des Basiswerts gerichtet sind (entgegen BMF-Schreiben vom 23.9.2005, DB 2005 S. 2269). Aus wirtschaftlicher Sicht nicht auf »physische« Lieferung, sondern auf Differenzausgleich gerichtet seien jedoch Devisentermingeschäfte auch dann, wenn Eröffnungsgeschäft und Gegengeschäft »brutto« abgewickelt werden. Dies setze zwar nicht die Nämlichkeit des Vertragspartners voraus; erforderlich sei aber, dass das Gegengeschäft zeitlich vor Fälligkeit des Eröffnungsgeschäfts abgeschlossen worden ist.

Wie in den Erläuterungen zu den Zeilen 17 und 18 der Anlage Sonstiges ausgeführt ist, kann der Rücktrag von Verlusten aus gewerblicher Tierzucht/Tierhaltung oder aus gewerblichen Termingeschäften in das vorangegangene Jahr ausgeschlossen werden. Wenn für nicht ausgeglichene Verluste 2025 aus den **Zeilen 105/107** ein solcher Ausschluss gewünscht wird, ist in **Zeile 106** oder **108** eine »1« einzutragen.

21.24 Abzugsbeschränkung bei Verlusten aus Beteiligungen an einer REIT-AG, anderen REIT-Körperschaften, -Personenvereinigungen oder -Vermögensmassen

-110 Nach **§ 19 Abs. 4** des Gesetzes zur Schaffung deutscher Immobilien-Aktiengesellschaften mit börsennotierten Anteilen (REIT-Gesetz – REITG) vom 28.5.2007 (BGBl I S. 914) dürfen Betriebsvermögensminderungen, Betriebsausgaben oder Veräußerungskosten, die mit Aktien einer REIT-Aktiengesellschaft (REIT-AG) oder Anteilen an anderen REIT-Körperschaften, -Personenvereinigungen oder -Vermögensmassen in wirtschaftlichem Zusammenhang stehen, nur mit Betriebsvermögensmehrungen, Betriebseinnahmen oder Einnahmen aus der Veräußerung von Aktien einer REIT-AG oder Anteilen an anderen REIT-Körperschaften, -Personenvereinigungen oder -Vermögensmassen ausgeglichen werden. Sie dürfen auch nicht nach § 10d EStG (vgl. Tz 10.5 unter Erläuterungen zur **Anlage Sonstiges, Zeilen 17 und 18**) abgezogen werden. Die Verlustausgleichsbeschränkung gilt nur für Gesellschaften, für die der REIT-Status festgestellt worden ist und die REIT-AG damit steuerbefreit ist oder die andere REIT-Körperschaft, -Personenvereinigung oder -Vermögensmasse die Voraussetzungen des § 19 Abs. 5 REITG erfüllt (vgl. Tz 21.13 und die Ausführungen hierzu) und erstmals für nach dem 31.12.2007 entstandene Verluste, § 23 REITG.

In den Zeilen 5 bis 45, 61, 69 und 78 dürfen entsprechende Verluste nicht verrechnet worden sein.

Wie in den Erläuterungen zu den **Zeilen 17 und 18 der Anlage Sonstiges (Tz 10.5)** ausgeführt ist, kann der Rücktrag von Verlusten ausgeschlossen werden. Eine Einschränkung, Verluste nur in das Vorjahr wie bei § 15 Abs. 4 EStG zurückzutragen, enthält § 19 Abs. 4 REITG nicht. Entsprechende Verluste können somit ab VZ 2022 in zwei Vorjahre zurückgetragen werden. Wenn für nicht ausgeglichene Verluste 2025 aus **Zeile** 109 ein solcher Ausschluss des Verlustrücktrags nach 2024 und 2023 gewünscht wird, ist in **Zeile 110** eine »1« einzutragen.

21.25 Zinsschranke

Zur Vermeidung von Wiederholungen wird auf die Ausführungen im **Teil II (vgl. Teil II Tz 2.11.13.2)** verwiesen. Sollte danach die Begrenzung des Schuldzinsenabzugs nach § 4h EStG zur Anwendung kommen, ist in Zeile 107 die Anzahl der zur Anlage G beigefügten Anlagen Zinsschranke anzugeben. 111

21.26 Kürzungsbetrag nach § 11 AStG

Beteiligungserträge aus einer ausländischen Gesellschaft unterliegen der regulären Besteuerung (entweder Teileinkünfteverfahren oder Abgeltungsteuer). Um eine Doppelbesteuerung durch Ansatz des Beteiligungsertrags und des Hinzurechnungsbetrags zu vermeiden, wird ein sog. Kürzungsbetrag nach § 11 AStG ermittelt. Der Kürzungsbetrag wird im Falle einer Ausschüttung bei der Summe der Einkünfte und in Fällen der Abgeltungsteuer bei der Summe der Kapitalerträge abgezogen, soweit in den Vorjahren Hinzurechnungsbeträge als sog. Hinzurechnungskorrekturvolumen gesondert festgestellt wurden (§ 11 Abs. 1 AStG). Der Kürzungsbetrag nach § 11 AStG ist in Zeile 112 einzutragen. 112

22. Anlage S 2025 für Einkünfte aus selbständiger Arbeit

22.0 Vorbemerkung

Jeder **Ehegatte/Lebenspartner**, der Einkünfte aus selbständiger Arbeit bezieht, hat eine **eigene Anlage S** abzugeben (vgl. anzukreuzende Kästchen rechts oben). Zur Begründung, für Einkünfte aus selbständiger Arbeit eine eigene Anlage zur Einkommensteuererklärung aufzulegen vgl. Tz 21.1 unter Erläuterungen zur Anlage G.

Innerhalb der Einkünfte aus selbständiger Arbeit ist insbesondere zu unterscheiden zwischen Einkünften aus **freiberuflicher** Tätigkeit (Zeile 4) und aus **sonstiger** selbständiger Arbeit (Zeile 18).

Zur verpflichtenden Abgabe auf elektronischem Weg vgl. Vorbemerkungen Tz 12.1. Wurden sog. **Corona-Hilfen** des Bundes, der Länder oder Gemeinden bezogen, kann es ggf. zu Rückforderungen in 2025 gekommen sein oder es wurden in 2024 **zurückgeforderte** Corona-Hilfen an die entsprechende Bewilligungsbehörde in 2025 zurückgezahlt. Vgl. hierzu die Hinweise in **Teil II Tz 36**.

Zur Auskunftspflicht nach § 138 Abs. 1b AO bei Aufnahme einer freiberuflichen Tätigkeit (Fragebogen zur steuerlichen Erfassung) mit erstmaligem Anwendungszeitpunkt der elektronischen Übermittlungspflicht wird auf das BMF-Schreiben vom 17.9.2021 (BStBl I S. 1762) hingewiesen.

22.1 Freiberufliche Tätigkeit

4–9 Zur Wirtschafts-Identifikationsnummer (W-IdNr.), die in den Zeilen 6 (1. freiberufliche Tätigkeit) und 9 (weitere freiberufliche Tätigkeit) einzutragen ist, vgl. die Ausführungen in Tz 15 der Vorbemerkungen. Die Steuernummer (Zeile 5 für die 1. freiberufliche Tätigkeit; Zeile 8 für eine weitere freiberufliche Tätigkeit) unterscheidet sich von der Steuernummer in Zeile 3. Die Steuernummer, die in Zeile 3 einzutragen ist, ist die sog. Leitsteuernummer, unter der die Einkommensteuerfestsetzung (vgl. letzter Einkommensteuerbescheid) erfolgt. Die Steuernummer der Zeilen 5 (1. freiberufliche Tätigkeit) und 8 (weitere freiberufliche Tätigkeit) wurden gesondert vom Finanzamt bekannt gegeben.

Zu der freiberuflichen Tätigkeit gehören insbesondere die selbständig ausgeübte wissenschaftliche, künstlerische, schriftstellerische, unterrichtende oder erzieherische Tätigkeit (z. B. planmäßige Erfinder, Fahrlehrer, Organisten, Chorleiter). Ein Promotionsberater, der aufgrund selbst entwickelter Testverfahren und von Gesprächen sog. Begabungsanalysen seiner Klienten erstellt und diesen sodann beim Finden eines Dissertationsthemas, der Vermittlung eines Doktorvaters und der Gliederung behilflich ist sowie die Klienten unterstützend in die wissenschaftliche Methodik einweist und neben weiteren technischen Hilfeleistungen begleitende Literaturrecherchen vornimmt, erfüllt aber nach dem BFH-Urteil vom 8.10.2008 (BStBl 2009 II S. 238) noch nicht die Voraussetzungen für die Annahme einer eigenen wissenschaftlichen Tätigkeit. Bei einem Habilitanden führt der mit einem Preisgeld dotierte Wissenschaftspreis nach dem BFH-Urteil vom 21.11.2024 (VI R 12/22, BStBl II 2025 S. 534) nicht zu freiberuflichen Einkünften als Dozent und Berater, wenn mit dem Wissenschaftspreis nicht die unternehmerische Lehr- und Beratungstätigkeit, sondern die Habilitationsschrift ausgezeichnet wurde. Eine Betriebsförderlichkeit kann danach keine Steuerbarkeit rechtfertigen. **Außerdem** gehört zur freiberuflichen Tätigkeit die selbständige Berufstätigkeit der Ärzte, Zahnärzte, Tierärzte, Rechtsanwälte, Notare, Patentanwälte, Vermessungsingenieure, Ingenieure, Architekten, Handelschemiker, Wirtschaftsprüfer, Steuerberater, beratenden Volks- und Betriebswirte, vereidigten Buchprüfer (vereidigten Bücherrevisoren), Steuerbevollmächtigten, Heilpraktiker, Dentisten, Krankengymnasten, Journalisten (nicht: Fernsehmoderatorin, die Produkte nach den Vorgaben des Auftraggebers in Verkaufssendungen präsentiert, BFH-Urteil vom 16.9.2014, BStBl 2015 II S. 217), Bildberichterstatter, Dolmetscher (zur Steuerpflicht einer Vergütung für die Tätigkeit eines tageweise beim Europarat beschäftigten Dolmetschers vgl. BFH-Urteil vom 16.3.2022, BStBl II S. 552), Übersetzer, Lotsen **und ähnlicher Berufe**.

Entscheidend ist dabei nicht nur der Berufsabschluss, sondern auch die Tätigkeit im freien Beruf (so üben z. B. Wirtschaftsprüfer im Rahmen von Immobilienfonds als Treuhänder für die Treuhandkommanditisten eine gewerbliche Tätigkeit aus, BFH-Urteil vom 18.10.2006, BStBl 2007 II S. 266; Architekten werden als Gewerbetreibende behandelt, wenn sie bei Ausübung einer beratenden Tätigkeit an der Vermittlung von Geschäftsabschlüssen mittelbar beteiligt sind – BFH-Urteil vom 14.6.1984, BStBl 1985 II S. 1 – oder wenn sie schlüsselfertige Gebäude errichten lassen – BFH-Urteil vom 18.10.2006, BStBl 2008 II S. 54 – wobei sich die Gewerblichkeit in diesem Fall auch auf ggf. erbrachte Ingenieur- oder Architektenleistungen erstreckt; ein Ingenieur ist gewerblich tätig, wenn er schlüsselfertige Gebäude errichten lässt, BFH-Urteil vom 18.10.2006, BStBl 2008 II S. 54; zur Abgrenzung zwischen Anwalt- und Inkassotätigkeit bei einem Rechtsanwalt, der sog. Mengeninkasso betreibt, BFH-Beschluss vom 20.8.2012, III B 246/11, BFH/NV 2012 S. 1959; und zu Tätigkeiten eines Rechtsanwalts, die berufsrechtlich zulässig sind, dennoch zu gewerblichen Einkünften führen, vgl. BFH-Beschluss vom 8.8.2023, VIII B 22/22, juris). Gebrauchsgraphiker sind so lange als freiberuflich Schaffende anzusehen, als sie lediglich eine eigenschöpferische Tätigkeit entfalten und sich nicht mit der Herstellung von Gebrauchsgegenständen selbst befassen. Für Rechtsanwälte gilt nach dem BFH-Beschluss vom 8.8.2023 (VIII B 22/22, juris), dass nur berufstypische Tätigkeiten zur Freiberuflichkeit führen, nicht dagegen jede berufsrechtlich erlaubte Tätigkeit, wie z. B. maklertypische Tätigkeiten i. S. § 652 BGB. Industriepropagandisten, Ärztepropagandisten und sog. wissenschaftliche Mitarbeiter im Außendienst von pharmazeutischen Fabriken sind dagegen in der Regel **Gewerbetreibende**, ebenso Werbeberater und PR-Berater, soweit keine schriftstellerische oder künstlerische Tätigkeit vorliegt. Auch Artisten, Astrologen, Baubetreuer, Berufssportler, Bezirksschornsteinfegermeister, Buchmacher, Bühnenvermittler, Detektive, Erbensucher (Genealogen), Kükensortierer, Makler, Hellseher, Schadensregulierer, vereidigte Kursmakler, Versteigerer, Vortragswerber sind **Gewerbetreibende**. Schaufenstergestalter sind in der Regel Gewerbetreibende; nur wenn der künstlerische oder wissenschaftliche Charakter der Tätigkeit um ihrer selbst willen außer Zweifel steht, kann es sich hier um eine freiberufliche Tätigkeit handeln. Die obige Aufzählung ist nicht erschöpfend (siehe auch H 15.6 EStH). Voraussetzung für die Annahme einer freiberuflichen Tätigkeit ist stets, dass die Tätigkeit **selbständig** – wenn auch nur vorübergehend – ausgeübt wird. Um im Einzelnen die Zugehörigkeit der Tätigkeit zu dieser Gruppe genau feststellen zu können, ist es notwendig, die Tätigkeit in Zeile 4 **genau zu bezeichnen**.

Der BFH hat in einer Vielzahl von Entscheidungen rechtsgrundsätzlich geklärt und daraufhin in seinem Beschluss vom 14.2.2013 (III B 67/12, BFH/NV 2013 S. 920) nochmals zusammengefasst, wie das Merkmal des **»ähnlichen Berufs«** auszulegen und anzuwenden ist. Danach ist ein Beruf einem der Katalogberufe ähnlich, wenn er ihm in wesentlichen Punkten hinsichtlich der Ausbildung und der beruflichen Tätigkeit entspricht (z. B. BFH-Urteile vom 5.10.1989, BStBl 1990 II S. 73; vom 14.3.1991, BStBl II S. 769; vom 18.5.2000, BStBl II S. 625; vom 28.8.2003, BStBl II S. 919; vom 14.6.2007, BFH/NV 2007 S. 2091). Für den Ähnlichkeitsvergleich im Hinblick auf die Ausbildung und den Ähnlichkeitsvergleich im Hin blick auf die Tätigkeit hat der BFH seine Rechtsgrundsätze weiter konkretisiert. So hat er hinsichtlich der ähnlichen Ausbildung als Ähnlichkeitsmerkmal danach differenziert, ob in dem zum Vergleich herangezogenen Katalogberuf eine qualifizierte – z. B. wissenschaftliche – Ausbildung vorgeschrieben ist oder nicht (BFH-Urteile vom 2.2.2000, BFH/NV 2000 S. 839, und in BFH/NV 2007 S. 2091). Eine Gruppenähnlichkeit, also die Ähnlichkeit zum »Freiberufler an sich« oder zu einer bestimmten Gruppe freiberuflicher Tätigkeiten (z. B.

heilberufliche Tätigkeiten wie die Tätigkeit der in § 18 Abs. 1 Nr. 1 Satz 2 EStG aufgeführten Ärzte, Zahnärzte, Tierärzte, Heilpraktiker, Dentisten, Krankengymnasten), genügt dabei nicht, weil die detaillierte Nennung der freien Berufe im Gesetz laut BFH-Auffassung sonst überflüssig wäre. Der Gesetzgeber hat die Katalogberufe detailliert aufgezählt, deshalb müssen die ähnlichen Berufe speziell einem dieser Berufe ähnlich sein (BFH-Urteile vom 26.11.1992, BStBl 1993 II S. 235, m. w. N.; vom 19.9.2002, BStBl 2003 II S. 27; BFH-Beschluss vom 9.3.2005, BFH/NV 2005 S. 1289).

Weitere Einzelfälle

Ein **Kfz-Sachverständiger**, der zwar keine Ausbildung besitzt, die der in den Ingenieurgesetzen der Länder vorgeschriebenen Ausbildung entspricht, der aber durch seine praktische Tätigkeit als Gutachter vorwiegend auf dem Gebiet der Schadens- bzw. Unfallverursachung mathematisch-technische Kenntnisse nachweisen kann, die üblicherweise nur durch eine Berufsausbildung als Ingenieur vermittelt werden, ist freiberuflich tätig (BFH-Urteil vom 10.11.1988, BStBl 1989 II S. 198). Ein Kfz-Sachverständiger ohne Ingenieurexamen, dessen Tätigkeit keine mathematisch-technischen Kenntnisse wie die eines Ingenieurs voraussetzt, ist Gewerbetreibender (BFH-Urteil vom 9.7.1992, BStBl 1993 II S. 100).

Ein selbständig tätiger **Marktforschungsberater**, der Marktforschungen konzipiert, übt keine freiberufliche Tätigkeit aus (BFH-Urteil vom 27.2.1992, BStBl II S. 826). Auch ein Anlageberater (»Finanzanalyst«) ist gewerblich tätig (BFH-Urteil vom 2.9.1988, BStBl 1989 II S. 24).

Mit Urteil vom 14.5.2014 (BStBl 2015 II S. 128) hat sich der BFH mit der Berufstätigkeit eines **Politikberaters** befasst. Liegt der Schwerpunkt der Berufstätigkeit in der umfangreichen Informationsbeschaffung rund um spezielle aktuelle Gesetzgebungsvorhaben und der diesbezüglichen Berichterstattung gegenüber seinen Auftraggebern, soll er damit Einkünfte aus Gewerbebetrieb erzielen. Nach BFH-Auffassung übt ein solcher Berater weder eine schriftstellerische noch eine wissenschaftliche oder eine journalistenähnliche Tätigkeit aus.

Der **Rentenberater** übt nach den BFH-Urteilen vom 7.5.2019 (VIII R 26/16, BStBl II S. 532 und VIII R 2/16, BStBl II S. 528) keine Tätigkeit aus, die einem der in § 18 Abs. 1 Nr. 1 Satz 2 EStG genannten Katalogberufe – insbesondere dem des Rechtsanwalts bzw. Steuerberaters – ähnlich ist. Es fehlt an einer Vergleichbarkeit von Ausbildung und ausgeübter Tätigkeit. Der Rentenberater erzielt auch keine Einkünfte aus sonstiger selbständiger Tätigkeit gemäß § 18 Abs. 1 Nr. 3 EStG, denn seine Tätigkeit ist im Schwerpunkt beratender Natur und – anders als die gesetzlichen Regelbeispiele – nicht berufsbildtypisch durch eine selbständige fremdnützige Tätigkeit in einem fremden Geschäftskreis sowie durch Aufgaben der Vermögensverwaltung geprägt.

Ein **externer Datenschutzbeauftragter** übt nach dem BFH-Urteil vom 14.1.2020 (BStBl II S. 222) auch dann, wenn er zugleich als Rechtsanwalt tätig ist, keinen in § 18 Abs. 1 Nr. 1 EStG genannten Katalogberuf aus. Da ein Datenschutzbeauftragter ohne eine akademische Ausbildung tätig werden kann, übt er auch keine dem Beruf des Rechtsanwalts ähnliche Tätigkeit i. S. des § 18 Abs. 1 Nr. 1 Satz 2 EStG aus (Anschluss an BFH-Urteile vom 5.6.2003 – IV R 34/01, BStBl 2003 II S. 761 und vom 26.6.2003 – IV R 41/01, BFH/NV 2003 S. 1557). Die Tätigkeit des externen Datenschutzbeauftragten ist nach BFH-Auffassung auch nicht den sonstigen selbständigen Tätigkeiten i. S. des § 18 Abs. 1 Nr. 3 EStG zuzuordnen.

Ein **ingenieurähnlicher Beruf** liegt nicht vor, wenn die praktische Tätigkeit nicht die volle Breite des Ingenieurberufs abdeckt, sondern nur gelegentlich erhebliche mathematische Kenntnisse voraussetzt (BFH-Urteil vom 9.7.1992, BStBl 1993 II S. 100). Eine Tätigkeit als Ingenieur oder eine ingenieurähnliche Tätigkeit zeichnet sich dadurch aus, dass sie durch die Wahrnehmung von für den Ingenieurberuf typischen Aufgaben geprägt wird (BFH-Urteil vom 11.11.2014, VIII R 17/12, juris). Zu den Aufgaben eines Ingenieurs gehört es, auf der Grundlage naturwissenschaftlicher und technischer Erkenntnisse und unter Berücksichtigung wirtschaftlicher Belange technische Werke zu planen, zu konstruieren und ihre Fertigung zu überwachen (BFH-Urteil vom 5.6.2003, BStBl II S. 761, m. w. N.). Typisch für den Beruf des Ingenieurs sind aber auch überwachende, kontrollierende und rein beratende Tätigkeiten, soweit sie nicht auf bloße Absatzförderung gerichtet sind (BFH-Urteil vom 9.2.2006, IV R 27/05, BFH/NV 2006 S. 1270). Kernbereiche des Ingenieurberufs sind danach Forschung und Lehre, Entwicklung, Konstruktion, Planung, Fertigung, Montage, Inbetriebnahme und Instandhaltung, Vertrieb, Beratung, Versuchs- und Prüfungswesen, technische Verwaltung und Betriebsführung, Produktions- und Prozesssteuerung, Sicherheit, Patent- und Normenwesen (BFH-Urteile vom 22.9.2009, BStBl 2010 II S. 466; vom 22.9.2009, BStBl 2010 II S. 404, m. w. N.).

Die selbständige Tätigkeit eines **Beraters für EDV** wird im Bereich der **Systemsoftware** regelmäßig als ingenieurähnlich und damit freiberuflich angesehen. Ein selbständiger EDV-Berater, der **Computer-Anwendersoftware** entwickelt, übt nach dem BFH-Urteil vom 4.5.2004 (BStBl II S. 989) dann einen dem Ingenieur ähnlichen Beruf i. S. des § 18 Abs. 1 Nr. 1 EStG aus und ist somit freiberuflich (nicht gewerblich) tätig, wenn er die Entwicklung der Anwendersoftware durch eine klassische ingenieurmäßige Vorgehensweise (Planung, Konstruktion, Überwachung) betreibt und er über eine Ausbildung verfügt, die der eines Ingenieurs vergleichbar ist. Das BFH-Urteil vom 4.5.2004 bedeutete eine Änderung der früheren Rspr. Die selbständige Entwicklung von **Softwarelernprogrammen** ist eine schriftstellerische Tätigkeit, wenn eigene Gedanken verfasst werden und die Programme für die Öffentlichkeit bestimmt sind (BFH-Urteil vom 10.9.1998, BStBl 1999 II S. 215). Die selbständige Tätigkeit als Systemadministrator hat der BFH für einen Informatik-Ingenieur in seinem Urteil vom 22.9.2009 (BStBl 2010 II S. 467) ebenfalls als freiberuflich anerkannt, weil er Rechnernetze mit mehreren tausend Nutzern überwacht, optimiert, betreut und verwaltet hat. Er war zudem für die Fehleranalyse und -beseitigung verantwortlich. Derartige Tätigkeiten werden nach BFH-Auffassung vom Berufsbild des Informatik-Ingenieurs erfasst wie auch die Einrichtung und Betreuung von Betriebs- und Datenübertragungssystemen (BFH-Urteil vom 22.9.2009, BStBl 2010 II S. 466). **Prüfingenieure**, die Hauptuntersuchungen und Sicherheitsprüfungen durchführen, üben nach dem BFH-Urteil vom 14.5.2019 (VIII R 35/16, BStBl II S. 580) eine freiberufliche Tätigkeit i. S. des § 18 EStG aus. Der Freiberuflichkeit der Tätigkeit eines Prüfingenieurs steht die Mithilfe fachlich vorgebildeter Arbeitskräfte nicht entgegen, wenn er weiterhin leitend und eigenverantwortlich i. S. des § 18 Abs. 1 Nr. 1 Satz 3 EStG (dazu s. u.) tätig ist. An einer eigenverantwortlichen Tätigkeit fehlt es jedoch, wenn angestellte Prüfingenieure eigenständig Hauptuntersuchungen durchführen und dabei lediglich stichprobenartig überwacht werden.

Eine **promovierte Chemikerin**, die Zertifikate als »DGQ-Fachauditor für die chemische Industrie« und als »DGQ-Umweltsystem Auditor« besitzt und die Unternehmen auf die von diesen gewünschte Zertifizierung vorbereitet, Umweltgefährdungspotenziale analysiert, Managementsysteme für den betrieblichen Umweltschutz entwickelt, Arbeitsplätze des Unternehmens im Hinblick auf die für die Arbeitnehmer ausgehenden Gefährdungen beurteilt, entsprechende Lösungen zur Gefahrenabwehr erarbeitet, geeignete Lagerungssysteme zur sicheren Aufbewahrung von das Grundwasser gefährdenden Flüssigkeiten auswählt und entsprechende Betriebsanweisungen erstellt, übt eine einem **Handelschemiker** ähnliche Tätigkeit aus (BFH-Urteil vom 17.1.2007, BStBl II S. 519).

Die **Ausbildung und der Verkauf von Blindenführhunden** führt nach dem BFH-Urteil vom 9.5.2017 (VIII R 11/15, BStBl II S. 911) zu Einkünften aus Gewerbebetrieb. Es handelt sich nicht um eine freiberufliche Tätigkeit, da es nach BFH-Auffassung an der hierfür erforderlichen »unterrichtenden« oder »erzieherischen Tätigkeit« i. S. des § 18 Abs. 1 Nr. 1 EStG fehlt, die ein Tätigwerden gegenüber Menschen erfordert. Der Begriff »unterrichtende« oder »erzieherische Tätigkeit« i. S. dieser Vorschrift verlange ein Tätigwerden gegenüber dem Menschen. Steuerrechtlich wird der Begriff des Unterrichts und der Erziehung von Menschen von der Dressur von Tieren unterschieden. Dies gilt auch dann, wenn die Ausbildung der Tiere in einer »Hundeschule« erfolgt. Bei der Betreuung des sehbehinderten Menschen während der Übergabe des Hundes handelt es sich um eine der Ausbildung des Tieres untergeordnete Tätigkeit, sodass der gesamte Betrieb der Klägerin als gewerblich anzusehen ist. Auch aus dem verfassungsrechtlich in Art. 20a GG verankerten Tierschutz kann nach dem o. a. BFH-Urteil vom 9.5.2017 nicht der Schluss gezogen werden, dass die Ausbildung der Blindenführhunde dem Unterricht und der Erziehung von Menschen gleichzustellen ist. Etwas anderes folgt auch nicht daraus, dass die Lieferung von ausgebildeten Blindenführhunden nach dem Umsatzsteuergesetz nur dem ermäßigten Umsatzsteuersatz von 7 % unterliegt.

Die Einordnung der Einkünfte aus **Heil- oder Heilhilfsberufen** als Einkünfte aus freiberuflicher Tätigkeit oder als Einkünfte aus Gewerbebetrieb ist im BMF-Schreiben vom 20.11.2019 (BStBl I S. 1298) geregelt. Danach übt derjenige einen Heil- oder Heilhilfsberuf aus, dessen Tätigkeit der Feststellung, Heilung oder Linderung von Krankheiten, Leiden oder Körperschäden beim Menschen dient. Soweit Heil- oder Heilhilfsberufe nicht zu den Katalogberufen zählen, ist ein solcher Beruf einem der in § 18 Abs. 1 Nr. 1 Satz 2 EStG genannten Katalogberufe ähnlich, wenn das typische Bild des Katalogberufs mit seinen wesentlichen Merkmalen dem Gesamtbild des zu beurteilenden Berufs vergleichbar ist. Dazu gehören lt. BMF-Schreiben vom 20.11.2019 (a. a. O.) die Vergleichbarkeit der jeweils ausgeübten Tätigkeit nach den sie charakterisierenden Merkmalen, die Vergleichbarkeit der Ausbildung und die Vergleichbarkeit der Bedingungen, an die das Gesetz die Ausübung des zu vergleichenden Berufs knüpft.

Bei der Prüfung der Vergleichbarkeit ist regelmäßig auf die Katalogberufe des Heilpraktikers oder Krankengymnasten abzustellen. Dies bedeutet für die einzelnen Tatbestandsmerkmale Folgendes:

a) Vergleichbarkeit der ausgeübten Tätigkeit
   Die ausgeübte Tätigkeit ist den o. g. Katalogberufen ähnlich, wenn sie der Ausübung der Heilkunde dient.
b) Vergleichbarkeit der Ausbildung
   Die Ausbildung ist den o. g. Katalogberufen ähnlich, wenn sie als mehrjährige theoretische und praktische Ausbildung aufgrund eines bundeseinheitlichen Berufsgesetzes absolviert wird.
c) Vergleichbarkeit der gesetzlichen Bedingungen an die Ausübung
   Es müssen grundsätzlich vergleichbare berufsrechtliche Regelungen über Ausbildung, Prüfung, staatliche Anerkennung sowie staatliche Erlaubnis und Überwachung der Berufsausübung vorliegen.
   aa) Berufsrechtliche Regelung
       Für den zu beurteilenden Beruf muss ein bundeseinheitliches Berufsgesetz existieren, in dem Ausbildung und Ausübung geregelt sind.
   bb) Staatliche Erlaubnis der Berufsausübung
       Die Ausübung des zu beurteilenden Berufs muss einer gesetzlich vorgeschriebenen Erlaubnis bedürfen.
   cc) Staatliche Überwachung
       Die Ausübung des zu beurteilenden Berufs muss einer staatlichen Überwachung durch die zuständige Behörde (z. B. Gesundheitsamt) unterliegen.

Danach üben z. B. folgende Berufsgruppen eine freiberufliche Tätigkeit aus:

- Altenpfleger, soweit keine hauswirtschaftliche Versorgung der Patienten erfolgt,
- Diätassistenten,
- Ergotherapeuten,
- medizinische Fußpfleger,
- Hebammen/Entbindungspfleger,
- Krankenpfleger/Krankenschwestern, soweit keine hauswirtschaftliche Versorgung der Patienten erfolgt (BFH-Urteil vom 22.1.2004, BStBl II S. 509),
- Logopäden,
- staatlich geprüfte Masseure, Heilmasseure, soweit diese nicht lediglich oder überwiegend kosmetische oder Schönheitsmassagen durchführen,
- medizinische Bademeister, soweit diese auch zur Feststellung des Krankheitsbefunds tätig werden oder persönliche Heilbehandlungen am Körper des Patienten vornehmen,
- medizinisch-technische Assistenten,
- Orthoptisten,
- Psychologische Psychotherapeuten, Kinder- und Jugendlichenpsychotherapeuten,
- Podologen,
- Rettungsassistenten,
- Zahnpraktiker.

Ergänzend zu den v. g. Grundsätzen stellt lt. BMF-Schreiben vom 20.11.2019 (a. a. O.) die Zulassung des jeweiligen Steuerpflichtigen oder die regelmäßige Zulassung seiner Berufsgruppe nach § 124 Abs. 1 SGB V durch die zuständigen Stellen der gesetzlichen Krankenkassen ein ausreichendes Indiz für das Vorliegen einer dem Katalogberuf des Krankengymnasten ähnlichen Tätigkeit dar. Gleiches gilt für die Zulassung zur Teilnahme an Verträgen zur Integrierten Versorgung mit anthroposophischer Medizin nach §§ 140a ff. SGB V. Fehlt es an einer solchen Zulassung, kann durch ein Gutachten nachgewiesen werden, ob die Ausbildung, die Erlaubnis und die Tätigkeit des Steuerpflichtigen mit den Erfordernissen des § 124 Abs. 1 Satz 1 Nr. 1 bis 3 SGB V oder §§ 140a ff. SGB V vergleichbar sind (BFH-Urteile vom 28.8.2003, BStBl 2004 II S. 954 und vom 20.11.2018, BStBl 2019 II S. 776).

Mit Urteil vom 6.9.2006 (BStBl 2007 II S. 177) hat der BFH entschieden, dass die Tätigkeit eines **Fachkrankenpflegers** für Krankenhaushygiene dem Katalogberuf des Krankengymnasten ähnlich ist. Eine im Wesentlichen auf die Planung, Durchführung und Evaluation klinischer Studien ausgerichtete Tätigkeit einer **Fachkrankenschwester** ist der eines Krankengymnasten bzw. Physiotherapeuten nicht ähnlich (BFH-Urteil vom 25.4.2017, VIII R 24/14, BStBl II S. 908); sie ist weder therapeutischer Natur noch weist sie einen hinreichend konkreten, unmittelbaren Zusammenhang zu einer Heilbehandlungstätigkeit auf.

Zur Behandlung von **ärztlichen Laborleistungen** wird im BMF-Schreiben vom 12.2.2009 (BStBl I S. 398) Stellung genommen.

Die **Gutachtertätigkeit** von in Kliniken und Krankenhäusern angestellten **Ärzten** stellt dann eine freiberufliche Tätigkeit dar, wenn der Auftraggeber (z. B. Versorgungsamt) ein **persönliches** Gutachten unmittelbar bei dem Arzt anfordert und dieser das Gutachten im eigenen Namen abgibt und dem Auftraggeber berechnet. Eine nichtselbständige Tätigkeit ist anzunehmen, wenn die Ersuchen der Auftraggeber um ein Gutachten den Kliniken oder Krankenhäusern als solchen zugehen und die Gutachten als solche der Kliniken usw. ergehen. Diese Beurteilung gilt auch dann, wenn zwar der Auftrag zur Erstellung eines Gutachtens an den Direktor oder einen nachgeordneten Arzt (z. B. Oberarzt) gerichtet ist, das Gutachten aber als solches der Anstalt ergeht. Vergütungen, die **Arbeitnehmer eines Krankenhausträgers** (z. B. Assistenz- und Oberärzte) als Anteil an den Liquidationseinnahmen von Chefärzten erhalten, gehören zu den Einkünften aus nichtselbständiger Arbeit (BFH-Urteil vom 11.11.1971, BStBl 1972 II S. 213). Für den Regelfall wird davon ausgegangen, dass die **Mitarbeit im Liquidationsbereich** im Rahmen des Dienstverhältnisses zum Krankenhausträger geschuldet wird, und zwar auch dann, wenn die Tätigkeit zwar im Arbeitsvertrag nicht ausdrücklich vorgesehen ist, ihre Erfüllung aber vom Krankenhausträger nach der tatsächlichen Gestaltung des Dienstverhältnisses und nach der Verkehrsauffassung erwartet werden kann (BMF-Schreiben vom 27.4.1982, BStBl I S. 530).

Die Tätigkeit eines **Arztvertreters** ist – unabhängig davon, welche Tätigkeit (selbständige oder nichtselbständige) er sonst ausübt – in der Regel als **selbständige** Tätigkeit anzusehen.

Betreibt ein Arzt ein **Krankenhaus**, so liegt eine freiberufliche Tätigkeit vor, wenn der Betrieb des Krankenhauses ein notwendiges Hilfsmittel für die ärztliche Tätigkeit darstellt und aus dem Krankenhaus ein besonderer Gewinn nicht angestrebt wird. Ist dagegen eine von einem Arzt betriebene Klinik, ein Kurheim oder Sanatorium ein Gewerbebetrieb, so gehören auch seine im Rahmen dieses Betriebs erzielten Einnahmen aus ärztlichen Leistungen zu den Einnahmen aus Gewerbebetrieb (BFH-Urteil vom 30.8.2001, BStBl 2002 II S. 152). Werden bei einem Arzt, der eine Privatklinik betreibt, die Leistungen der Klinik einerseits und die ärztlichen Leistungen andererseits gesondert abgerechnet, ist eine Trennung in gewerbliche Einkünfte (aus dem Betrieb der Klinik) und freiberufliche Einkünfte (aus den vom Arzt erbrachten stationären ärztlichen Leistungen) möglich (BFH-Urteil vom 2.10.2003, BStBl 2004 II S. 363).

Bei der **selbständigen Erziehung und Betreuung fremder Kinder**, die als freiberufliche Tätigkeiten i. S. des § 18 Abs. 1 Nr. 1 EStG anzusehen sind, ist für die Höhe der Besteuerung nach Auffassung des BMF zwischen Vollzeitpflege und Kindertagespflege zu unterscheiden:

Bei der **Kindertagespflege** nach § 22 SGB VIII wird von der Kindertagespflegeperson ein einer Kindertagesstätte ähnliches Angebot im familiären Rahmen angeboten. Nach Rn. 4 des BMF-Schreibens vom 6.4.2023 (BStBl I S. 669) greifen die Befreiungsvorschriften des § 3 Nr. 11 EStG und des § 3 Nr. 26 EStG aber nicht. Die laufenden Geldleistungen nach § 23 SGB VIII, die neben der Erstattung von Sachaufwand die Förderungsleistungen der Tagespflegeperson anerkennen sollen, stellen voll stpfl. Einnahmen im Rahmen einer nach § 18 Abs. 1 Nr. 1 EStG zu beurteilenden erzieherischen Tätigkeit dar. Der Tagespflegeperson wird nachgewiesene Aufwendungen für Beiträge zu einer Unfallversicherung sowie hälftig die nachgewiesenen Aufwendungen zu einer angemessenen Alterssicherung vom Träger der Jugendhilfe erstattet. Durch das Kinderförderungsgesetz vom 10.12.2008 (BGBl I S. 2403) wurden die vom Träger der Jugendhilfe geleisteten Erstattungen zur Unfallversicherung und Altersvorsorge nach § 39 Abs. 4 Satz 2 SGB VIII (Bereitschaftspflege) und die Erstattung für die Beiträge zu einer Unfallversicherung sowie die hälftige Erstattungen zur Alterssicherung und einer angemessenen Kranken- und Pflegeversicherung nach § 23 Abs. 2 Satz 1 Nr. 3 und 4 SGB VIII (Kindertagespflege) nach § 3 Nr. 9 EStG gem. Rn. 5 des o. a. BMF-Schreibens vom 6.4.2023 (a. a. O.) steuerfrei gestellt. Insoweit ist wegen § 3c Abs. 1 EStG ein Betriebsausgabenabzug ausgeschlossen. Zum Ansatz einer Betriebsausgabenpauschale vgl. Tz 22.3.

Handelt es sich dagegen um eine Vollzeitpflege oder **Erziehung in einer Tagesgruppe (§ 32 SGB VIII), Heimerziehung in einer Fachfamilie (§ 34 SGB VIII), intensiver sozialpädagogischer Einzelbetreuung (§ 35 SGB VIII) oder Leistungen des Jugendamtes über einen zwischengeschalteten Träger der freien Jugendhilfe**, siehe die Ausführungen im BMF-Schreiben vom 31.8.2021 (BStBl I S. 1802).

Danach sind die Leistungen/Vergütungen wie folgt zu behandeln:

- Bei Vollzeitpflege nach § 33 SGB VIII sind sowohl das Pflegegeld als auch die anlassbezogenen Beihilfen und Zuschüsse aus öffentlichen Mitteln steuerfreie Beihilfen i. S. des § 3 Nr. 11 EStG, die die Erziehung unmittelbar fördern, sofern eine Erwerbstätigkeit nicht vorliegt, was bei gleichzeitiger Haushaltsaufnahme von mehr als sechs Kindern vermutet wird. Werden dagegen sog. Platzhaltekosten und Bereitschaftsgelder gezahlt, sind diese – mit Ausnahme der Erstattungen zur Unfallversicherung und Altersvorsorge – steuerpflichtig.
- Bei Erziehung in einer Tagesgruppe nach § 32 SGB VIII bei der Pflegeperson sind die Leistungen/Vergütungen steuerfreie Einnahmen i. S. des § 3 Nr. 11 EStG.
- Bei Heimerziehung/Erzeihung in sonstiger betreuter Wohnform nach § 34 SGB VIII sind die Leistungen/Vergütungen weder nach § 3 Nr. 11 noch Nr. 10 EStG steuerfrei und daher stpfl., da diese Form der Erziehungshilfe regelmäßig erwerbstätig ausgeübt wird und eine berufliche Tätigkeit der Betreuungsperson darstellt. Das gilt auch für die Pflege, Betreuung, Unterkunft und Verpflegung eines behinderten oder von Behinderung bedrohten Menschen. Leistungen für die Bestreitung der Sach- und Unterhaltsaufwendungen sind Betriebseinnahmen. Tatsächlich angefallene und auch nachgewiesene Sach- und Unterhaltsaufwendungen sind als Betriebsausgaben abziehbar. Aus Vereinfachungsgründen wird ein Abzug i. H. der für die Sach- und Unterhaltskosten erhaltenen Leistungen nicht beanstandet. Darüber hinausgehende, durch die Betreuung veranlasste Aufwendungen, die keine Sach- und Unterhaltsaufwendungen für das betreute Kind darstellen, sind zusätzliche Betriebsausgaben.
- Bei intensiver sozialpädagogischer Einzelbetreuung nach § 35 SGB VIII, die aus öffentlichen Mitteln der Jugendhilfe für die betreuten Kinder/Jugendlichen erbracht werden, sind die Leistungen/Vergütungen nach § 3 Nr. 11 EStG steuerfrei, wenn jeweils nur ein Kind/Jugendlicher zeitlich unbefristet in den Haushalt des Betreuers aufgenommen und dort umfassend betreut wird. Jedoch liegt eine stpfl. erwerbsmäßige Betreuung vor, wenn die Umstände des Pflegeverhältnisses für einen Vergütungscharakter der gezahlten Gelder sprechen. Besonders ins Gewicht fallen dabei die Anzahl der durch die Pflegeperson betreuten Kinder/Jugendlichen sowie die Absicht einer nur kurzfristigen Betreuung.

Werden Leistungen des Jugendamtes über einen zwischengeschalteten Träger der freien Jugendhilfe gewährt, steht dies nach dem o. a. BMF-Schreiben vom 31.8.2021 (a. a. O.) der Einstufung als steuerfreie Behilfen nach § 3 Nr. 11 EStG nicht entgegen. Voraussetzung ist, dass der Finanzbedarf in den Haushaltsplänen des Trägers des zuständigen Jugendamts festgestellt wird und die Verwendung der Mittel der Rechnungskontrolle durch die Jugendhilfebehörde unterliegt. Dafür genügt es, dass diese Feststellung der zweckgerichteten Mittelverausgabung anhand einer Prüfung geeigneter Unterlagen möglich ist (BFH-Urteil vom 25.3.2021, BStBl II 2021 S. 685). Der Steuerfreiheit steht grds. auch nicht entgegen, wenn vom freien Träger vom bewilligten Tagessatz ein Eigenanteil einbehalten und nur der (Rest-)Betrag für die Betreuung (für Honorar, Sachkostenersatz und weiterzuleitendes Taschen- und Bekleidungsgeld) an die Pflegeperson weitergeleitet wird. Ab 1.1.2022 muss zur Anwendung der Grundsätze im BFH-Urteil vom 25.3.2021 (a. a. O.) dokumentiert sein, dass und in welcher Höhe der freie Träger einen Eigenanteil einbehält und dass vertragsgemäß die Rechnungslegung über die Mittelverwendung sowie die Vorlage geeigneter Unterlagen vom zuständigen Jugendamt verlangt werden kann.

Leistungen des Jugendamts zur Erstattung von Beiträgen zur Unfallversicherung und Altersvorsorge sind – insoweit – nach § 3 Nr. 9 EStG steuerfrei. Dies gilt nach dem o. a. BMF-Schreiben vom 31.8.2021 (BStBl I 2021 S. 1802) auch dann, wenn die Geldleistungen zur Betreuung nach den v. g. Grundsätzen stpfl. ist.

Eine erzieherische Tätigkeit i. S. des § 18 Abs. 1 Nr. 1 Satz 2 EStG ist – über die Vermittlung von Kenntnissen und Fähigkeiten hinaus – auf die umfassende Schulung des menschlichen Charakters und die Bildung der Persönlichkeit im Ganzen gerichtet. Keine erzieherische Tätigkeit liegt nach dem BFH-Urteil vom 29.9.2020 (BStBl II 2021 S. 387) demgegenüber vor, wenn eine im Rahmen ambulanter Eingliederungshilfe gewährte Unterstützung für behinderte oder erkrankte Menschen darauf zielt, gemeinsam erkannte, individuelle Defizite einer Person auszugleichen. Eine **Diplomsozialarbeiterin**, die im Rahmen der **ambulanten Eingliederungshilfe behinderte und kranke Menschen** bei einer selbstbestimmten Lebensführung unterstützt, erfüllt auch nicht die Voraussetzungen für die Annahme einer gewerbesteuerfreien ambulanten Pflegeeinrichtung. Im Streitfall unterstützte sie im Rahmen der ambulanten Eingliederungshilfe Menschen mit einer psychischen Erkrankung, körperlichen oder geistigen Behinderung oder chronischen Suchterkrankung (Alkohol oder Cannabis) bei einer selbstbestimmten Lebensführung. Die Unterstützung erfolgte durch Beratungs-, Begleitungs-, Betreuungs- und Förderleistungen auf der Grundlage eines mit dem Klienten erarbeiteten, individuellen sog. Hilfeplans. Ziel war es, den Klienten einen eigenständigen Alltag und die Eingliederung in das soziale Leben zu ermöglichen.

Schwierigkeiten bereitet in der Praxis manchmal die Abgrenzung zum **künstlerischen Schaffen**. Für den Begriff »künstlerische Tätigkeit« ist es unerheblich, aus welchen Motiven der Künstler schafft und wozu das von ihm Geschaffene später verwendet werden soll. Entscheidend ist, ob der Schaffende eigenschöpferisch tätig ist und ob die Arbeiten eine bestimmte künstlerische Gestaltungshöhe erreichen (BFH-Urteil vom 11.7.1991, BStBl 1992 II S. 353). Dabei ist nicht jedes einzelne von ihm geschaffene Werk für sich, sondern die gesamte von ihm im Erhebungszeitraum ausgeübte Tätigkeit zu würdigen. Bei der **entgeltlichen Ausübung von Musik zu Unterhaltungszwecken**, bei der die Darbietung einer künstlerischen Leistung nicht im Vordergrund steht, handelt es sich nicht um die Ausübung eines freien Berufs. Die Ausübung solcher Musik durch selbständige Musiker ist deshalb in der Regel als gewerbliche Tätigkeit anzusehen. Nach dem Urteil des FG Düsseldorf vom 12.8.2021 (11 K 2430/18 G, juris) ist ein DJ jedenfalls dann künstlerisch tätig, wenn sich die Tätigkeit nicht im Abspielen von Tonträgern und damit Hörbarmachen von Liedern anderer Interpreten erschöpft, sondern vielmehr Plattenteller, Mischpult, CD-Player und Computer als »Instrumente« verwendet werden, um durch das Mischen und Bearbeiten von Musikstücken sowie Hinzufügen von Tönen und Geräuschen neue Musik darzubieten. Die **Werbetätigkeit** eines Künstlers kann nur bei eigenschöpferischer Leistung als freiberuflich eingestuft werden (BFH-Urteile vom 11.7.1991, BStBl 1992 II S. 354 und 413).

Bei Bloggern, Instagramern oder YouTubern (sog. **Influencer oder Content Creator**), die vorrangig nicht Geld für eine Dienstleistung im Internet, sondern meist für eine Form von Werbung oder Informationsprodukten erhalten, können dennoch Elemente für eine Freiberuflichkeit sprechen. Allerdings wird eine Ähnlichkeit der Berufstätigkeit zum Beruf eines Journalisten verneint werden. Nach der Rspr. des BFH ist die Berufstätigkeit des Journalisten auf Informationen über gegenwartsbezogene Geschehnisse ausgerichtet, bei der die Sammlung und Verarbeitung von Informationen des Tagesgeschehens, die »kritische Auseinandersetzung« mit diesen Informationen und die Stellungnahme zu den Ereignissen auf politischem, gesellschaftlichem, wirtschaftlichem oder kulturellem Gebiet das Berufsbild ausmacht. Dabei gehört es zum Wesen der selbständig ausgeübten journalistischen Tätigkeit, dass der Journalist sich mit den Ergebnissen seiner Arbeit unmittelbar oder mittelbar über ein Medium (z. B. Internet) schriftlich oder mündlich an die Öffentlichkeit wendet (BFH-Urteil vom 25.4.1978, VIII R 149/74, BStBl 1978 II S. 565). Für eine Tätigkeit, deren Hauptzweck es ist, zum Nutzen des jeweiligen Auftraggebers auf dem Gebiet der Vertrauenswerbung für eine Ware oder für ein sonstiges bestimmtes Anliegen gegen Entgelt zu arbeiten, hat der BFH das Merkmal »kritische Auseinandersetzung« als Abgrenzungsmerkmal zur ausschließlich Auftraggeber-orientierten und deshalb gewerblichen Werbetätigkeit bestimmt (BFH-Urteil vom 25.4.1978, a. a. O.). Danach scheidet die Annahme einer freiberuflichen journalistischen Tätigkeit dann aus, wenn Art, Form und Darstellung nicht mehr auf das Ziel gerichtet sind, über ein die Allgemeinheit interessierendes Thema zu berichten, sondern darauf, zum Kauf eines bestimmten, von Kunden hergestellten, dargestellten und beschriebenen Erzeugnisses anzureizen (BFH-Urteil vom 10.12.1964, IV 238/61 U, BStBl 1965 III S. 114).

Die Tätigkeit einer typischen kommerziellen Bloggerin ist nicht durch die journalistentypische »kritische Auseinandersetzung« mit Informationen und Stellungnahmen zu den Ereignissen auf politischem, gesellschaftlichem, wirtschaftlichem oder kulturellem Gebiet geprägt, sondern durch die auf unmittelbare Verkaufsförderung nach den konkreten Vorgaben des Auftraggebers gerichtete Präsentation der jeweils vorgestellten Produkte, weshalb hierbei keine Ähnlichkeit zur Berufstätigkeit eines Journalisten anzuerkennen ist. Nach der Rspr. des BFH (BFH-Urteil vom 19.2.1998, IV R 50/96, BStBl 1998 II S. 441) ist der freiberufliche Bildberichterstatter i. S. von § 18 Abs. 1 Nr. 1 EStG nach Aufgabe und Tätigkeit Journalist, der an der Gestaltung des geistigen Inhalts publizistischer Medien mitwirkt. Die Bilder müssen grundsätzlich als aktuelle Nachrichten über Zustände oder Ereignisse politischer, wirtschaftlicher oder kultureller Art für sich selbst sprechen. Sinn und Zweck muss darin bestehen, der Allgemeinheit über ein allgemein oder doch weite Kreise interessierendes Thema zu berichten (BFH-Urteil vom 10.9.1998, IV R 70/97, BFH/NV 1999 S. 456). Geben die Bilder dagegen eine gestaltete Wirklichkeit wieder, der an sich schon Werbecharakter zukommt, und werden sie zu einem dem individuellen Interesse einer bestimmten Person dienenden (nicht auf dem Gebiet der aktuellen Berichterstattung liegenden) Zweck hergestellt, um über ein Produkt zu informieren und möglichst dafür einen Kaufanreiz zu schaffen, so liegt eine gewerbliche Tätigkeit vor (BFH-Urteil vom 20.12.1966, IV 100/62, BStBl 1967 III S. 371). Es handelt sich um eine Form des sog. product placement, das durch gezielte Verwendung von Markenprodukten eine hohe Werbewirkung erwarten lässt. Für diese Leistung und nicht für die Berichterstattung über ein die Allgemeinheit interessierendes Thema zahlen die Auftraggeber Honorare.

Der BFH weist zu Recht auf die eigenverantwortliche Auswahl von Motiven und Einschätzung deren Nachrichtenwertes hin. Nicht ausreichend ist demgegenüber ein fotografisches Arrangement von Objekten, die dem Fotografen von dritter Seite als abzubildende Wirklichkeit vorgegeben wurden. Auch im Hinblick auf dieses Urteil wird die Tätigkeit eines Instagramers nicht als freiberuflich anzuerkennen sein. Ob begünstigte schriftstellerische Leistungen bei einem Blogger vorliegen, ist danach zu bestimmen, ob eigene Gedanken mit den Mitteln der Sprache schriftlich für die Öffentlichkeit niederlegt werden (BFH-Urteil vom 25.4.2002, IV R 4/01, BStBl 2002 II S. 475). Nach den dargestellten Grundsätzen kann auch der sog. Werbeschriftsteller eine schriftstellerische Tätigkeit ausüben, wie der BFH im Urteil vom 14.5.1958, IV 278/56 U (BStBl 1958 III S. 316) anerkannt hat. Die Texte müssen direkt an die Öffentlichkeit gerichtet sein, was im Fall eines Blogs vorliegt. Eine ausgesprochen gewerbliche Art der Verwertung wandelt die schriftstellerische Tätigkeit in eine gewerbliche Tätigkeit um. So wurde die Tätigkeit einer Agentur für Pressearbeit und Öffentlichkeitsarbeit, in der neben der Herausgabe von Pressemitteilungen in wesentlichem Umfang auch organisatorische Aufgaben erbracht werden, nicht als freiberuflich anerkannt (BFH vom 24.9.1998, IV R 16/98, BFH/NV 1999 S. 602). Darüber hinaus könnte bei einem YouTuber oder Instagramer eine künstlerische Tätigkeit in Betracht kommen, wenn er eine eigenschöpferische Leistung mit einer gewissen Gestaltungshöhe vollbringt, d. h. eine Leistung, in der seine individuelle Anschauungsweise und seine besondere Gestaltungskraft zum Ausdruck kommen (BFH-Urteil vom 23.9.1998, XI R 71/97, BFH/NV 1999 S. 460) und die neben einer hinreichenden Beherrschung der Technik grundsätzlich eine künstlerische Gestaltungshöhe erreichen muss (BFH-Urteil vom 11.7.1991, IV R 33/90, BStBl 1992 II S. 353). Außerdem ist eine künstlerische Tätigkeit nicht gegeben, wenn sich der Steuerpflichtige an ins Einzelne gehende Angaben und Weisungen des Auftraggebers zu halten hat und ihm infolgedessen kein oder kein genügender Spielraum für eine eigenschöpferische Leistung bleibt (BFH-Urteil vom 11.7.1991, IV R 102/90, BStBl 1992 II S. 413). Dabei fehlt es an der eigenschöpferischen Ausrichtung, wenn im Rahmen der Produktpräsentation die vorzustellenden Produkte und der mit dem Auftritt zu erreichende Aussagewert vorgegeben sind, sodass eigenschöpferische Leistungen durch Abstrahieren oder Verfremden nur in beschränktem Ausmaß möglich sind. Darüber hinaus ist eine gewisse Gestaltungshöhe bei YouTube-Videos und Bildern auf Instagram zweifelhaft. Auch können sie nicht im Hinblick auf schauspielerische Leistungen als künstlerische Tätigkeit eingeordnet werden (BFH-Urteil vom 15.10.1998, IV R 1/97, BFH/NV 1999 S. 465). Hinsichtlich der Veröffentlichung von Bildern auf Instagram von Instagramern ist dies mit einem selbständig tätigen Fotomodell vergleichbar, welches auch Einkünfte aus Gewerbebetrieb erzielt (BFH-Urteil vom 8.6.1967, IV 62/65, BStBl III S. 618).

Auch bei der Herstellung von Werbefotografien steht die gewerbliche Betätigung derart im Vordergrund, sodass eigenschöpferische Beiträge, wie der Einsatz schauspielerischer Begabung oder eine gestalterische Einflussnahme, keine entscheidende Bedeutung zukommt (BFH-Urteil vom 15.10.1998, IV R 1/97, BFH/NV 1999 S. 465). Bei einem Film-Editor zeugen »seine individuelle Kombinatorik in der Montage, seine emotionale Qualität von phantasievollen und künstlerischen Darstellungsmethoden, zu der ihm die Auftraggeber bewusst Freiheiten einräumen und die es sonst nur im Kunstbetrieb gibt«. Er nutze den Gestaltungsspielraum, um durch seine individuelle Handschrift und Gestaltungskraft maßgeblich die Wirkung und die Eindrücke der Werbebotschaften und Filminhalte zu kreieren

(Urteil des FG Hamburg vom 30.11.2007, 6 K 125/05, juris). Unter diesem Aspekt könnten YouTuber insoweit freiberuflich tätig sein. Anderer Ansicht ist das FG Köln in seinem rechtskräftigen Urteil vom 25.4.2018 (3 K 265/15, EFG 2018 S. 1212), wonach eine Werbefilm-Produzentin, die von Filmproduktionsunternehmen mit einzelnen Tätigkeiten im Rahmen der Filmherstellung beauftragt wird und deren Gesamttätigkeit (»Fachberatung als Producerin«) auch einzelne Elemente umfasst, die möglicherweise als künstlerische Tätigkeit zu werten sind, vollständig als gewerblich einzustufen ist, wenn für die Gesamttätigkeit jene Elemente prägend sind, die mangels eigenschöpferischer Gestaltung mit hinreichender Gestaltungshöhe nicht als künstlerisch anzusehen sind (hier: Gewerbesteuerpflicht bejaht bei weit überwiegender Beratungs- und Managementtätigkeit gemäß den vom Auftraggeber gesetzten Vorgaben). Eine höchstrichterliche Entscheidung hierzu existiert jedoch nicht. Selbst wenn einzelne Arbeiten künstlerischen Charakter aufweisen würden, ist jedoch zu prüfen, ob wegen überwiegend anderer Arbeiten, die Gesamttätigkeit einen gewerblichen Charakter hat oder im Falle einer gemischten Tätigkeit eine Aufteilung in Betracht kommt (siehe auch spätere Ausführungen zu gemischten Tätigkeiten).

Zu der freiberuflichen Tätigkeit eines Wirtschaftsprüfers, Steuerberaters, Steuerbevollmächtigten usw. gehören nicht nur die Prüfungen der laufenden Eintragungen in den Geschäftsbüchern, die Prüfung der Inventur, die Durchführung des Hauptabschlusses und die Aufstellung der Steuererklärungen, sondern grundsätzlich auch die **Bücherführung für andere Personen**. Ein Steuerberater, der Vertriebsunternehmen oder Initiatoren von Bauherren-Modellen Interessenten am Erwerb von Eigentumswohnungen nachweist oder der entsprechende Verträge vermittelt, ist insoweit aber nicht freiberuflich tätig (BFH-Urteil vom 9.8.1983, BStBl 1984 II S. 129). Ein treuhänderisch für die Mitglieder einer Bauherrengemeinschaft tätiger Steuerberater kann **gewerblich** tätig sein (BFH-Urteile vom 11.5.1989, BStBl II S. 797 und vom 21.4.1994, BStBl II S. 650).

Die **Beschäftigung von fachlich vorgebildeten Mitarbeitern** steht der Annahme einer freiberuflichen Tätigkeit **nicht** entgegen, wenn der Berufsträger aufgrund eigener Fachkenntnisse **leitend** und **eigenverantwortlich tätig** wird (z.B. BFH-Urteil vom 1.4.1982, BStBl II S. 589). Bei selbständigen Ärzten ist Voraussetzung dafür, dass sie **aufgrund ihrer Fachkenntnisse durch regelmäßige und eingehende Kontrolle** maßgeblich auf die Tätigkeit ihres angestellten Fachpersonals – patientenbezogen – Einfluss nehmen, sodass die Leistung den »Stempel der Persönlichkeit« des Steuerpflichtigen trägt (BFH-Urteil vom 16.7.2015, BStBl 2015 II S. 217 im Anschluss an BFH-Urteil vom 22.1.2004, BStBl II S. 509). Andererseits hat der BFH im Urteil vom 1.2.1990 (BStBl II S. 507) entschieden, dass der durch die **Zahl der Aufträge und der angestellten Mitarbeiter** gekennzeichnete Umfang der Praxis eines Arztes für Laboratoriumsmedizin sich nicht beliebig vergrößern lässt, ohne dass seine **Freiberuflichkeit infrage gestellt** ist (BFH-Urteil vom 21.3.1995, BStBl II S. 732). Mit Beschluss vom 12.6.2018 (VIII B 154/17, BFH/NV 2018 S. 945) hat der BFH entschieden, dass ein Laborarzt nicht eigenverantwortlich i.S. des § 18 Abs. 1 Nr. 1 Satz 3 EStG tätig ist, wenn er nach dem betrieblichen Arbeitsablauf solche Untersuchungsaufträge und deren Ergebnisse weder zur Kenntnis nimmt noch auf Plausibilität hin überprüft, die nach einem Vorscreening der fachlich vorgebildeten Mitarbeiter zu einem unauffälligen Befund führen.

Der Berufsträger muss also nicht nur leitend, sondern auch – hinsichtlich der für den Beruf typischen Tätigkeit – eigenverantwortlich mitwirken. Zur Mithilfe fachlich vorgebildeter Arbeitskräfte beim Erbringen von Laborleistungen durch einen niedergelassenen Laborarzt siehe BMF-Schreiben vom 12.2.2009 (BStBl I S. 398). Ob die Voraussetzung erfüllt ist, dass der Berufsträger persönlich leitend und eigenverantwortlich tätig wird, lässt sich nur nach den gesamten Verhältnissen des einzelnen Falls beurteilen. Die leitende und eigenverantwortliche Tätigkeit des Berufsträgers muss sich aber auf die Gesamttätigkeit seiner Berufspraxis erstrecken; es genügt somit nicht, wenn sich die auf persönlichen Fachkenntnissen beruhende Leitung und eigene Verantwortung auf einen Teil der Berufstätigkeit beschränkt. Freiberufliche Arbeit leistet der Berufstätige nur, wenn die Ausführung jedes einzelnen Auftrages ihm und nicht dem fachlichen Mitarbeiter usw. zuzurechnen ist, wobei in einfachen Fällen eine fachliche Überprüfung der Arbeitsleistung des Mitarbeiters genügt.

Danach ist z.B. eine freiberufliche Tätigkeit nicht anzunehmen, wenn ein Steuerpflichtiger eine Fahrschule betreibt, aber nicht die Fahrlehrererlaubnis besitzt, oder ein Übersetzungsbüro unterhält, ohne dass er selbst über Kenntnisse in den Sprachen verfügt, auf die sich die Übersetzungstätigkeit (BFH-Urteil vom 21.2.2017, VIII R 45/13, BStBl 2018 II S. 4; siehe auch nachstehende Ausführungen – nächster Absatz) erstreckt. Das Gleiche gilt auch, wenn z.B. ein Ingenieur fachlich vorgebildete Arbeitskräfte beschäftigt und mit deren Hilfe eine Beratungstätigkeit auf mehreren Fachgebieten ausübt, die er nicht beherrscht oder nicht leitend bearbeitet oder wenn der Inhaber einer Privatschule eine Anzahl von Lehrkräften beschäftigt, ohne durch eigenen Unterricht sowie durch das Mitgestalten des von anderen Lehrkräften erteilten Unterrichts eine überwiegend eigenverantwortliche Unterrichtstätigkeit auszuüben. Der Berufsträger darf weder die Leitung noch die Verantwortlichkeit einem Geschäftsführer oder Vertreter übertragen. Eine leitende und eigenverantwortliche Tätigkeit ist jedoch dann noch gegeben, wenn ein Berufsträger nur **vorübergehend** (z.B. während einer Erkrankung oder eines Urlaubs) seine Berufstätigkeit nicht selbst ausüben kann. Fachlich vorgebildete Fachkräfte sind in diesem Zusammenhang nicht nur Angestellte, sondern auch Subunternehmer (BFH-Urteile vom 23.5.1984, BStBl II S. 823; und vom 20.12.2000, BStBl 2002 II S. 478). Betreuen ein selbständig tätiger und ein angestellter Berufsträger (im Urteilsfall zwei Ingenieure) jeweils einzelne Aufträge und Projekte eigenverantwortlich und leitend, so ist lt. BFH-Urteil vom 8.10.2008 (BStBl 2009 II S. 143) trotz der gleichartigen Tätigkeit eine – ggf. im Schätzungswege vorzunehmende – Aufteilung der Einkünfte nicht ausgeschlossen mit der Folge, dass die vom Unternehmensinhaber selbst betreuten Aufträge und Projekte der freiberuflichen Tätigkeit zuzuordnen sind, und nur die von dem Angestellten betreuten Aufträge und Projekte zu gewerblichen Einkünften führen. Dass von einem IT-Projektleiter oder einem Projektingenieur zusätzlich Managementleistungen und soziale wie kommunikative Fähigkeiten verlangt werden, macht ihn nicht zum Gewerbetreibenden (BFH-Urteil vom 22.9.2009, BStBl 2010 II S. 404). Führt ein selbständiger Arzt die jeweils anstehenden Voruntersuchungen bei den Patienten durch, legt er für den Einzelfall die Behandlungsmethode fest und behält er sich die Behandlung »problematischer Fälle« vor, ist nach dem BFH-Urteil vom 16.7.2014 (BStBl 2015 II S. 216) die Erbringung der ärztlichen Leistung durch angestellte Ärzte regelmäßig als Ausübung leitender eigenverantwortlicher freiberuflicher Tätigkeit im Rahmen des § 18 Abs. 1 Nr. 1 Satz 3 EStG anzusehen.

Eine Personengesellschaft, die ihren Kunden im Rahmen einheitlicher Aufträge regelmäßig und in nicht unerheblichem Umfang Übersetzungen auch in Sprachen, die ihre Gesellschafter nicht selbst beherrschen, liefert, ist nach dem BFH-Urteil vom 21.2.2017 (VIII R 45/13, BFH/NV 2017 S. 1116) gewerblich tätig. Im Streitfall fertigte die Klägerin – eine GbR, die auf technische Übersetzungen spezialisiert ist – technische Handbücher, Bedienungsanleitungen und ähnliche Dokumentationen für ihre Kunden. Die auftragsgemäß geschuldeten Übersetzungen erfolgten regelmäßig und in nicht unerheblichem Umfang auch in solchen Sprachen, die die Gesellschafter der Klägerin nicht beherrschten. Hierfür schaltete die Klägerin Fremdübersetzer ein und nutzte – weil sie Textteile wiederverwenden konnte – ein sog. Translation Memory System, d.h. ein System zur rechnergestützten Übersetzung und Speicherung von Texten. Dabei hat der BFH betont, eine freiberufliche Übersetzertätigkeit einer Personengesellschaft sei nur anzunehmen, wenn deren Gesellschafter aufgrund eigener Sprachkenntnisse in der Lage seien, die beauftragte Übersetzungsleistung entweder selbst zu erbringen oder aber im Rahmen einer gemäß § 18 Abs. 1 Nr. 1 Satz 3 EStG zulässigen Mitarbeit fachlich vorgebildeter Personen leitend und eigenverantwortlich tätig zu werden. Beherrschten die Gesellschafter hingegen die beauftragten Sprachen nicht selbst, könne die Gesellschaft nicht freiberuflich tätig sein. Ein Defizit im Bereich eigener Sprachkompetenz könne grundsätzlich weder durch den Einsatz eines

Translation Memory Systems noch durch die Unterstützung und sorgfältige Auswahl eingesetzter Fremdübersetzer ausgeglichen werden, da die Richtigkeit der Übersetzungen nicht überprüft werden könne.

Wird **neben einer freiberuflichen eine gewerbliche Tätigkeit** ausgeübt, so werden die beiden Tätigkeiten steuerlich getrennt behandelt, **wenn** eine Trennung nach der Verkehrsauffassung ohne besondere Schwierigkeit möglich ist (z.B. Schriftsteller und Selbstverlag). Eine getrennte Behandlung wird insbesondere in Betracht kommen können, wenn eine getrennte Buchführung für die beiden Tätigkeiten vorhanden ist; soweit erforderlich, können die Besteuerungsgrundlagen aber auch im Schätzungswege festgestellt werden. Die **getrennte** Behandlung ist aber auch dann zulässig, wenn in einem Beruf freiberufliche und gewerbliche Merkmale zusammentreffen und ein enger sachlicher und wirtschaftlicher Zusammenhang zwischen den Tätigkeitsarten besteht (sog. gemischte Tätigkeit). Sind bei einer gemischten Tätigkeit die beiden Tätigkeitsmerkmale miteinander verflochten und bedingen sie sich gegenseitig unlösbar, so muss der gesamte Betrieb als ein einheitlicher angesehen werden. In diesem Fall ist unter Würdigung aller Umstände zu entscheiden, ob nach dem Gesamtbild die gemischte Tätigkeit insgesamt als freiberuflich oder als gewerblich zu behandeln ist. Schuldet ein Steuerpflichtiger seinem Auftraggeber einen einheitlichen Erfolg, ist die zur Durchführung des Auftrags erforderliche Tätigkeit regelmäßig als einheitliche zu beurteilen (BFH-Urteil vom 18.10.2006, BStBl 2008 II S. 54). Die Entscheidung richtet sich danach, welche der einzelnen Tätigkeiten der Gesamttätigkeit das Gepräge gibt (BFH-Urteil vom 2.10.2003, BStBl 2004 II S. 363). Wenn bei mehreren **örtlich** begrenzten Tätigkeitsbereichen **sachlich gleicher Art** eine leitende und eigenverantwortliche Tätigkeit nur in einzelnen von ihnen entfaltet wird, so liegt **insoweit** eine **freiberufliche** und nur im Übrigen eine gewerbliche Tätigkeit vor.

Eine freiberufliche Tätigkeit liegt auch vor, wenn Angehörige eines freien Berufes ihre Tätigkeit im Rahmen einer Gemeinschaft (Gesellschaft des bürgerlichen Rechts oder Partnerschaftsgesellschaft) ausüben. Nur wenn an einer solchen Gesellschaft auch eine oder mehrere berufsfremde Personen als Mitunternehmer beteiligt sind, sind die Einkünfte aller Gesellschafter als gewerbliche Einkünfte zu behandeln (BFH-Urteil vom 28.10.2008, BStBl 2009 II S. 642), es sei denn, dass die Beteiligung der berufsfremden Person i. V. mit einem Erbfall erfolgt und sich auf eine kurze Übergangszeit beschränkt. Einen Mindestumfang für die nach außen gerichtete qualifizierte Tätigkeit als Freiberufler im Rahmen einer Gemeinschaft sieht das Gesetz nicht vor (BFH-Urteil vom 4.2.2025, VIII R 4/22, BStBl II S. 450).

Bei Ausübung der freiberuflichen Tätigkeit im Rahmen einer offenen Handelsgesellschaft oder Kommanditgesellschaft liegt nach Auffassung des BFH in der Regel ein Gewerbebetrieb vor. Die im Fall der Eintragung einer Personengesellschaft in das Handelsregister bestehende Vermutung, dass gewerbliche Einkünfte gegeben sind, kann aber durch den Nachweis widerlegt werden, dass eindeutig kein Handelsgewerbe betrieben wird. Üben aber Personengesellschaften auch nur zum Teil eine gewerbliche Tätigkeit aus, so ist ihr gesamter Betrieb als gewerblich zu behandeln; **es sei denn, der Anteil der gewerblichen Tätigkeit ist gering**. Davon ist lt. BFH auszugehen, wenn der Anteil der originär gewerblichen Einnahmen (Nettoumsatz) am Gesamtnettoumsatz 3 % und absolut einen Betrag von 24 500 € nicht übersteigt (vgl. Urteile vom 27.8.2014, BStBl 2015 II S. 996, 999 und 1002). Die frühere Einzelfall-Rspr. des BFH (vgl. Urteil vom 11.8.1999, BStBl 2000 II S. 229: im Streitfall 1,25 %; nicht jedoch bei 3,35 %, vgl. BFH-Urteil vom 28.10.2008, BStBl 2009 II S. 642) ist damit aufgegeben worden. Mit Veröffentlichung im BStBl II hat sich die Finanzverwaltung dieser Auffassung angeschlossen. Gewerbliche Einkünfte im Sonderbereich des Gesellschafters einer freiberuflich tätigen Personengesellschaft führen nach dem BFH-Urteil vom 28.6.2006 (BStBl 2007 II S. 378) jedoch nicht zu einer Abfärbung gemäß § 15 Abs. 3 Nr. 1 EStG auf die Einkünfte der Gesellschaft im Gesamthandsbereich. In einer freiberuflich tätigen Kommanditgesellschaft müssen auch die Kommanditisten selbst eine freiberufliche Tätigkeit ausüben, sie dürfen also nicht nur kapitalmäßig beteiligt sein oder Tätigkeiten ausüben, die keine freiberuflichen sind (H 15.6 – Gesellschaft – EStH). Beteiligt sich eine sog. Freiberufler-Kapitalgesellschaft mitunternehmerisch an einer Freiberufler-Personengesellschaft, so erzielt die Personengesellschaft insgesamt gewerbliche Einkünfte (BFH-Urteil vom 8.4.2008, BStBl II S. 681). Eine Sozietät von Rechtsanwälten, die neben ihrer anwaltlichen Tätigkeit als Berufsbetreuer tätig sind, erzielt aus der Berufsbetreuung Einkünfte aus sonstiger selbständiger Arbeit i.S.des § 18 Abs. 1 Nr. 3 EStG (vgl. Tz 22.5). Die Abfärberegelung gemäß § 15 Abs. 3 Nr. 1 EStG findet daher nach dem BFH-Urteil vom 15.6.2010 (BStBl II S. 906) keine Anwendung. Eine Steuerberatungs- und Wirtschaftsprüfungs-KG mit einer GmbH als alleiniger Komplementärin erzielt Einkünfte aus Gewerbebetrieb. Das gilt nach dem BFH-Urteil vom 10.10.2012 (BStBl 2013 II S. 79) auch dann, wenn die GmbH lediglich eine Haftungsvergütung erhält und am Vermögen und Gewinn der KG nicht teilhat. Nach dem BFH-Urteil vom 21.2.2017 (BStBl 2018 II S. 4) ist eine Personengesellschaft, die ihren Kunden im Rahmen einheitlicher Aufträge nicht nur Übersetzungen in Sprachen liefert, die ihre Gesellschafter beherrschen, sondern – durch Zukauf von Fremdübersetzungen – regelmäßig und in nicht unerheblichem Umfang auch in anderen Sprachen, gewerblich tätig.

In der **Fortführung** der Praxis **durch den Erben** ist grundsätzlich eine gewerbliche Tätigkeit zu erblicken, wenn dem Erben einer freiberuflich tätig gewesenen Person die fachlichen Voraussetzungen zur Ausübung des betreffenden freien Berufs fehlen. Gleiches gilt bei Fortführung durch eine **teilweise aus Berufsfremden bestehende Erbengemeinschaft** (BFH-Urteil vom 14.12.1993, BStBl 1994 II S. 922). Einkünfte, die die **Witwe** eines Angehörigen der freien Berufe aus der **Verpachtung der Praxis** ihres verstorbenen Ehegatten bezieht, gehören zu den Einkünften aus »Vermietung und Verpachtung«. Die Erbin eines verstorbenen Kunstmalers erzielt durch **Veräußerung** der zum Nachlass gehörenden Bilder **nachträgliche Einkünfte aus der künstlerischen Tätigkeit** des Verstorbenen (BFH-Urteil vom 29.4.1993, BStBl II S. 716).

Zu den Einkünften aus freiberuflicher Tätigkeit gehören auch die Einkünfte aus einer selbständig ausgeübten **Nebentätigkeit**. Ist die nebenberuflich tätige Person hinsichtlich der Nebentätigkeit als selbständig zu betrachten (ist sie also nicht in einem Arbeitsverhältnis tätig), so werden die Einkünfte aus der Nebentätigkeit auch dann zu den Einkünften aus freiberuflicher Tätigkeit gerechnet, wenn diese Person in ihrer Haupttätigkeit in einem Arbeitsverhältnis steht. Beispiel: Ein Beamter oder Richter betätigt sich nebenbei schriftstellerisch oder übt eine nebenberufliche Lehr-, Prüfungs- oder Vortragstätigkeit aus; eine Lehrkraft ist an Schulen nur in geringem Umfang – d. h. bei der einzelnen Schule oder dem einzelnen Lehrgang werden in der Woche durchschnittlich nicht mehr als sechs Unterrichtsstunden erteilt – nebenberuflich tätig. Die Lehrkräfte sind aber dann als Arbeitnehmer anzusehen, wenn sie aufgrund eines als Arbeitsvertrag ausgestalteten Vertrags tätig werden oder wenn eine an einer Schule vollbeschäftigte Lehrkraft zusätzlich Unterrichtsstunden an **derselben** Schule oder an einer Schule gleicher Art erteilt (R 19.2 LStR). Die nebenberufliche **Lehrtätigkeit von Handwerksmeistern** an Berufs- und Meisterschulen ist in der Regel als freiberufliche Tätigkeit anzusehen, wenn sich die Lehrtätigkeit ohne besondere Schwierigkeit von der Haupttätigkeit trennen lässt.

Zur **Abgeltung** der mit bestimmten Nebentätigkeiten im Zusammenhang stehenden **Ausgaben** kann ein **Pauschsatz** geltend gemacht werden; siehe dazu unten. Wenn es sich um Einnahmen aus einer **nebenberuflichen** Tätigkeit als **Übungsleiter, Ausbilder, Erzieher, Betreuer** oder vergleichbaren nebenberuflichen Tätigkeiten, aus einer nebenberuflichen künstlerischen Tätigkeit oder nebenberuflichen Pflege alter, kranker oder behinderter Menschen im Dienst oder im Auftrag einer juristischen Person des öffentlichen Rechts, die in einem Mitgliedstaat der Europäischen Union oder in einem Staat belegen ist, auf den das Abkommen über den Europäischen Wirtschaftsraum Anwendung findet oder einer unter § 5 Abs. 1 Nr. 9 KStG fallenden Einrichtung zur Förderung **gemeinnütziger, mildtätiger und kirchlicher Zwecke** (§§ 52 bis 54 AO) handelt, sind stattdessen bis zu insgesamt **3 000 €** im Jahr **steuerfrei** (wegen Einzelheiten dieser in **§ 3 Nr. 26 EStG** vorgesehenen Steuerbefreiung vgl. Tz 22.15.1 mit den Ausführungen zu den **Zeilen 57 und 58**). Auch nebenberuflich tätige **Chorleiter, Organisten** und andere **Kirchenmusiker** üben in der Regel eine selbständige Tätigkeit aus; unter den Voraussetzungen des § 3 Nr. 26 EStG kann für sie die vorstehend bezeichnete Steuerbefreiung für Einnahmen aus einer begünstigten Nebentätigkeit bis zu insgesamt 3 000 € jährlich in Betracht kommen.

Zu den Einkünften aus selbständiger Arbeit gehören auch Gewinne aus der **Veräußerung oder Entnahme von Grund und Boden**, der zum Anlagevermögen gehört. Wird Grund und Boden, der bereits **1986** zum Betriebsvermögen gehört hat, dadurch entnommen, dass darauf die Wohnung des Steuerpflichtigen errichtet wird, bleibt der Entnahmegewinn außer Ansatz. Der Steuerpflichtige kann diese Regelung nur für **eine** zu eigenen Wohnzwecken genutzte Wohnung in Anspruch nehmen (§ 18 Abs. 4 i. V. mit § 13 Abs. 5 EStG).

22.2 Gewinnermittlungsarten

Der Gewinn kann entweder durch **Bestandsvergleich** (Betriebsvermögensvergleich) oder durch **Gegenüberstellung der Betriebseinnahmen und der Betriebsausgaben nach § 4 Abs. 3 EStG** (Überschussrechnung) ermittelt werden. Dabei ist der Bestandsvergleich nachrangig, da für Freiberufler und sonstige Selbständige i. S. des § 18 EStG weder eine handelsrechtliche (nach HGB, siehe § 140 AO) noch eine für Zwecke der Besteuerung notwendige Verpflichtung nach § 141 AO besteht. Über die Gewinnermittlung durch **Bestandsvergleich** vgl. Tz 21.3.1 unter Erläuterungen zur Anlage G, vor **Zeile 4**; über den Begriff der Betriebsausgaben und über Einzelfälle des Betriebsausgabenabzugs vgl. Teil II Tz 2.

22.2.1 Gewinnermittlung durch Überschussrechnung nach § 4 Abs. 3 EStG

Die Anwendung dieser Gewinnermittlungsart setzt allgemein voraus, dass der Steuerpflichtige nicht zur Buchführung verpflichtet ist und auch nicht freiwillig Bücher führt und dass außerdem sein Gewinn nicht nach Durchschnittsätzen (§ 13 a EStG) ermittelt wird. Angehörige der **freien Berufe** können ihren Gewinn **stets** nach § 4 Abs. 3 EStG ermitteln.

Nach § 60 Abs. 4 EStDV haben Steuerpflichtige, die ihren Gewinn durch Überschussrechnung ermitteln, ihrer Steuererklärung eine Gewinnermittlung nach **amtlich vorgeschriebenem Datensatz** beizufügen. Dies gilt erstmals für das Wj., das nach dem 31.12.2010 beginnt (§ 84 Abs. 3d EStDV). Dieser Datensatz entspricht den Daten, die im amtlichen Vordruck **»Einnahmenüberschussrechnung – Anlage EÜR« für 2025** mit der amtlichen Anleitung hierzu im BStBl veröffentlicht werden (vgl. BMF-Schreiben vom 29.8.2025, BStBl I S. 1652). Nur auf Antrag kann die Finanzbehörde bei unbilliger Härte, wie z. B. fehlender technischer Ausrüstung, von der elektronischen Übermittlung Abstand nehmen. Wegen weiterer Einzelheiten vgl. Tz 12.2 unter Vorbemerkungen. In festgestellten Fällen unbilliger Härte reicht die Abgabe der Papierversion der Anlage EÜR. Die frühere Verwaltungspraxis, bei Bruttobetriebseinnahmen für den einzelnen Betrieb unter 17 500 € auf die Abgabe der Anlage EÜR zu verzichten und eine **formlose Einnahmenüberschussrechnung** zu akzeptieren, wurde für Gewinnermittlungszeiträume **ab 2017** aufgegeben. Insoweit wird von der Verwaltung auch **nicht mehr** auf die elektronische Übermittlung nach amtlich vorgeschriebenem Datensatz verzichtet. Im Urteil des FG Münster vom 17.12.2008 (6 K 2187/08, EFG 2009 S. 818) wurde bestritten, dass § 60 Abs. 4 EStG mangels hinreichend bestimmter Ermächtigungsgrundlage eine ausreichende Verpflichtung zur Abgabe der Einnahmenüberschussrechnung nach amtlich vorgeschriebenem Vordruck darstellt. Dies hat der BFH aber mit Urteil vom 16.11.2011 (BStBl 2012 II S. 129) zurückgewiesen und eine rechtswirksame Ermächtigungsgrundlage festgestellt.

Bei der Gewinnermittlung durch Überschussrechnung nach § 4 Abs. 3 EStG sind die Betriebseinnahmen in **dem** Wj. (Kj.) anzusetzen, in dem sie dem Steuerpflichtigen zufließen, und die Betriebsausgaben in dem Wj. abzusetzen, in dem sie geleistet werden. Die Vereinnahmung durch einen Bevollmächtigten reicht für die Annahme des Zuflusses beim Steuerpflichtigen aus. Daher sind Honorare von Privatpatienten, die ein Arzt durch eine privatärztliche Verrechnungsstelle einziehen lässt, nach R 11 EStR dem Arzt bereits mit dem Eingang bei dieser Stelle zugeflossen. Eine Ausnahme, bei der auf die wirtschaftliche Zugehörigkeit abgestellt wird, gilt für **regelmäßig wiederkehrende** Einnahmen und Ausgaben, die **kurze Zeit** vor Beginn oder kurze Zeit nach Beendigung des Kj. fällig sind und zu- oder abfließen (§ 11 EStG). »Kurze Zeit« ist nach dem BFH-Urteil vom 24.7.1986 (BStBl 1987 II S. 16) regelmäßig ein Zeitraum von 10 Tagen (bestätigt mit BFH-Urteil vom 11.11.2014, BStBl 2015 II S. 285). Auf die Fälligkeit des erhaltenen/gezahlten Betrags im Jahr der wirtschaftlichen Zugehörigkeit kommt es dabei nicht an (BFH-Urteil vom 23.9.1999, BStBl 2000 II S. 121), jedoch innerhalb des 10-Tages-Zeitraums, vgl. BFH-Urteil vom 16.2.2022 (BStBl II S. 448). Regelmäßig wiederkehrende Einnahmen/Ausgaben sind z. B. Mieten und Zinsen. Eine für das vorangegangene Kj. geschuldete und zu Beginn des Folgejahres entrichtete **Umsatzsteuer-Vorauszahlung** ist **ebenfalls** als regelmäßig wiederkehrende Ausgabe im vorangegangenen VZ abziehbar (BFH-Urteil vom 1.8.2007, BStBl 2008 II S. 282). Dem hat sich auch die Finanzverwaltung angeschlossen (BMF-Schreiben vom 10.11.2008, BStBl I S. 985). Eine Verlängerung des 10-Tage-Zeitraums kommt aber im Hinblick auf die nach § 108 Abs. 3 AO hinausgeschobene Fälligkeit von Umsatzsteuervorauszahlungen nicht in Betracht (BFH-Urteil vom 11.11.2014, a. a. O.; für 12 Tage bei Umsatzsteuervoranmeldung siehe FG München vom 7.3.2018, 13 K 1029/16, die beim BFH unter Az. VIII R 10/18 eingelegte Revision wurde vom Einstellungsbeschluss vom 14.3.2019 zurückgenommen). Allerdings ist eine Umsatzsteuer-Vorauszahlung, die innerhalb von 10 Tagen nach Ablauf des Kj. gezahlt wird, auch dann im Jahr ihrer wirtschaftlichen Zugehörigkeit abziehbar, wenn der 10. Januar des Folgejahres auf einem Sonnabend, Sonntag oder gesetzlichen Feiertag fällt (BFH-Urteile vom 27.6.2018, X R 44/16, BStBl II S. 781 und X R 2/17, BFH/NV 2018 S. 1286), nicht hingegen, wenn wegen einer Dauerfristverlängerung die USt-Vorauszahlung erst nach Ablauf des 10-Tages-Zeitraums fällig wird (BFH-Urteil vom 21.6.2022, VIII R 25/20, BStBl II 2023 S. 154; BFH-Urteil vom 13.12.2022, VIII R 1/20, juris). Im Fall einer erteilten Lastschrifteinzugsermächtigung ist nach Verwaltungsauffassung die USt-Vorauszahlung bei fristgerechter Abgabe der USt-Voranmeldung bereits im Zeitpunkt der Fälligkeit als abgeflossen i. S. des § 11 Abs. 2 Satz 2 EStG anzusehen, soweit das betroffene Konto im Fälligkeitszeitpunkt eine hinreichende Deckung aufweist. Übersieht das **Finanzamt** bei der Einkommensteuerveranlagung, dass der Steuerpflichtige in seiner vorgelegten Gewinnermittlung die bei der Umsatzsteuererklärung für denselben VZ erklärten und im Umsatzsteuerbescheid erklärungsgemäß berücksichtigten Umsatzsteuerzahlungen nicht als Betriebsausgabe erfasst hat, liegt nach dem BFH-Urteil vom 27.8.2013 (BStBl 2014 II S. 439) insoweit eine **von Amts wegen zu berichtigende** offenbare Unrichtigkeit nach § 129 AO vor (Anschluss an BFH-Urteil vom 14.6.2007, IX R 2/07, BFH/NV 2007 S. 2056).

Vorschussweise geleistete Honorare sind auch dann als zugeflossene Betriebseinnahmen anzusetzen, wenn im Zeitpunkt der Einkommensteuerveranlagung feststeht, dass sie teilweise **zurückzuzahlen** sind. Die Rückzahlung ist erst in dem späteren VZ zu berücksichtigen (BFH-Urteil vom 29.4.1982, BStBl II S. 593). Etwas anderes gilt nur, wenn es sich nicht um Vorschüsse, sondern um Darlehen handelt (H 4.5 Abs. 2 – Darlehen – EStH). Erhält ein Steuerpflichtiger für die Anschaffung oder Herstellung bestimmter Wirtschaftsgüter öffentliche Investitionszuschüsse, so mindern diese nach dem BFH-Urteil vom 29.11.2007 (BStBl 2008 II S. 561) die Anschaffungs-/Herstellungskosten bereits im Jahr der Bewilligung und nicht im Jahr der Auszahlung. Werden Ausgaben für eine Nutzungsüberlassung von mehr als fünf Jahren im Voraus geleistet, sind sie nach § 11 Abs. 2 Satz 3 EStG insgesamt auf den Zeitraum gleichmäßig zu verteilen, für den die **Vorauszahlung** geleistet wird. Nach dem BFH-Urteil vom 12.12.2023 (IX R 18/22, BStBl 2024 III S. 402) setzt dies nicht voraus, dass die genaue Zeitdauer der Nutzungsüberlassung im Vorauszahlungszeitpunkt bereits vereinbart ist. Die Zeitdauer muss nach BFH-Auffassung jedoch anhand objektiver Umstände – ggf. durch Schätzung – zumindest bestimmbar sein. Übergibt ein Kunde für eine Leistung des Steuerpflichtigen einen Rabattgutschein, auf den nach den **Gutschein**bedingungen ein Dritter eine Zahlung an den Steuerpflichtigen leisten soll, fließt dem Steuerpflichtigen nach dem BFH-Urteil vom 28.11.2023 (X R 3/22, BStBl 2024 II S. 329) eine Einnahme nicht bereits mit Übergabe des Gutscheins, sondern erst in dem Zeitpunkt zu, in dem der Dritte die Zahlung an den Steuerpflichtigen leistet.

Bei der Ermittlung der Betriebseinnahmen über die Betriebsausgaben sind diejenigen Betriebseinnahmen und Betriebsausgaben auszuscheiden, die im Namen und für Rechnung eines anderen vereinnahmt und verausgabt werden **(durchlaufende Gelder)**. Dies gilt auch bei Veruntreuung dieser grds. durchlaufenden Gelder durch den Betriebsinhaber (BFH-Urteil vom 16.12.2014, BStBl 2015 II S. 643), um damit kontinuierlich und planmäßig über mehrere Jahre hinweg Betriebsausgaben oder Kosten der privaten Lebensführung zu bestreiten. Wurden Gelder in fremdem Namen und für fremde Rechnung verausgabt, ohne dass entsprechende Gelder vereinnahmt wurden, so kann in dem Jahr, in dem nicht mehr mit einer Erstattung der verausgabten Gelder gerechnet werden kann, der nicht erstattete Betrag **als Betriebsausgabe** abgesetzt werden. Ist ein Arzt an einer lediglich kostendeckend arbeitenden Laborgemeinschaft i. S. des § 25 Abs. 3 des Bundesmantelvertrages-Ärzte beteiligt, sind nach dem BMF-Schreiben vom 12.2.2009 (BStBl I S. 398, Rz 6) die Einnahmen aus der Laborgemeinschaft oder aus Laborleistungen unmittelbar den Einnahmen aus selbständiger Arbeit des beteiligten Arztes zuzurechnen, wenn die Laborgemeinschaft die von den beteiligten Ärzten erhobenen Umlagen nicht gewinnneutral, sondern als Betriebseinnahmen gebucht hat. Die Betriebsausgaben werden in einem solchen Fall dagegen einheitlich und gesondert festgestellt und sind als (negativer) Gewinn aus dieser Beteiligung in Zeile 13 oder 16 einzutragen (vgl. Ausführungen dort).

Nicht als Betriebseinnahmen zu erfassen sind sog. **durchlaufende Posten**. Dabei handelt es sich um in fremden Namen und auf fremde Rechnung bezogene Beträge. Sie verlieren ihre Eigenschaft als durchlaufende Posten auch nicht, wenn sie vom Steuerpflichtigen für eigene Zwecke verwendet werden (BFH-Urteil vom 16.12.2014, BStBl 2015 II S. 643). Ein Rechtsanwalt, der nach der Vereinnahmung von Fremdgeld mit Honoraransprüchen gegen den Herausgabeanspruch des Mandanten aufrechnet, löst die für einen durchlaufenden Posten gemäß § 4 Abs. 3 Satz 2 EStG notwendige Verklammerung von Einnahme und Ausgabe zu einem einheitlichen Vorgang endgültig auf. Mit dem Wegfall der Verklammerung und damit der Voraussetzungen eines durchlaufenden Postens ist das Fremdgeld als Betriebseinnahme in die Ermittlung des Gewinns für den Betrieb einzubeziehen.

Aufgrund der Rspr.-Änderung im BFH-Urteil vom 2.10.2003 (BStBl 2004 II S. 985) ist die Bildung **gewillkürten Betriebsvermögens** auch bei der Gewinnermittlung durch Überschussrechnung nach § 4 Abs. 3 EStG zulässig. Die Zuordnung eines Wirtschaftsguts zum gewillkürten Betriebsvermögen muss durch zeitnahe Aufzeichnungen (z. B. Aufnahme in ein laufend zu führendes Bestandsverzeichnis) erfolgen. Die Unterlagen darüber sind zusammen mit der Überschussrechnung beim Finanzamt einzureichen (BMF-Schreiben vom 17.11.2004, BStBl I S. 1064).

Entnahmen und Einlagen **in Geld** bleiben bei der Überschussrechnung nach § 4 Abs. 3 EStG unberücksichtigt; es bestünde deshalb insoweit auch keine Notwendigkeit zur Aufzeichnung. Zur Prüfung, ob der **Abzug betrieblicher Schuldzinsen** als Betriebsausgaben nach § 4 Abs. 4a EStG **wegen Überentnahmen eingeschränkt** ist, müssen jedoch seit dem Jahr 2000 alle Entnahmen und Einlagen gesondert aufgezeichnet werden (dies geschieht in der Anlage EÜR und in dem Datensatz bei elektronischer Übermittlung). Werden ab dem Jahr 2000 die erforderlichen Aufzeichnungen nicht geführt, sind zumindest die nach § 4 Abs. 4a Satz 5 EStG privilegierten Schuldzinsen für »Investitionsdarlehen« sowie tatsächlich entstandene nicht begünstigte Schuldzinsen bis zum Sockelbetrag in Höhe von 2 050 € als Betriebsausgaben abziehbar (BMF-Schreiben vom 22.5.2000, BStBl I S. 588, Abschn. VII und VIII). Entnahmen und Einlagen, die **nicht in Geld** bestehen (z. B. Sachgüter, Nutzungen), sind zur Herstellung der Übereinstimmung des Totalgewinns bei der Gewinnermittlung mit einzubeziehen. **Sachentnahmen** sind dabei mit dem Teilwert anzusetzen. Bei Wirtschaftsgütern des Umlaufvermögens (z. B. Waren) wird dieser in der Regel durch den Marktpreis (Wiederbeschaffungswert) bestimmt. Bei anderen Wirtschaftsgütern, wie z. B. Pkw, sind dies die Anschaffungskosten oder fortgeführten Anschaffungskosten, vgl. auch H 6.7 – Teilwertvermutungen – EStH und die dort aufgeführte Rspr. des BFH.

Bei Steuerpflichtigen, die umsatzsteuerbare und -pflichtige Umsätze ausführen, gehört die einem Dritten in Rechnung gestellte und vereinnahmte **Umsatzsteuer** sowie vom Finanzamt erstattete Vorsteuer im Zeitpunkt des Zufließens zu den Betriebseinnahmen und die verausgabte Umsatzsteuer (gezahlte Vorsteuer und an das Finanzamt abgeführte Umsatzsteuer) grundsätzlich zu den Betriebsausgaben. Besonderheiten sind in H 9b – Gewinnermittlung nach § 4 Abs. 3 EStG… – EStH geregelt.

Anschaffungskosten für Wirtschaftsgüter des **Anlagevermögens, die der Abnutzung unterliegen** (z. B. Einrichtungsgegenstände, Maschinen) dürfen grundsätzlich nur im Wege der Abschreibung (AfA) auf die Nutzungsdauer des Wirtschaftsguts verteilt abgezogen werden. Dies gilt auch für den entgeltlich erworbenen Firmenwert oder Praxiswert der freien Berufe. Die Anschaffungskosten für **nicht abnutzbare Wirtschaftsgüter des Anlagevermögens** (z. B. Grund und Boden, Genossenschaftsanteile) können erst im Zeitpunkt ihrer Veräußerung oder Entnahme als Betriebsausgaben abgezogen werden, soweit die Aufwendungen vor dem 1.1.1971 nicht bereits im Zeitpunkt der Zahlung abgesetzt worden sind (§ 4 Abs. 3 Satz 4 und § 52 Abs. 6 Satz 2 EStG). Durch das Gesetz zur Eindämmung missbräuchlicher Steuergestaltungen vom 28.4.2006 (BStBl I S. 353) wurde § 4 Abs. 3 EStG in der Weise geändert, dass auch die Anschaffungs- oder Herstellungskosten für Wirtschaftsgüter des **Umlaufvermögens** erst im Zeitpunkt des Zuflusses des Veräußerungserlöses oder im Zeitpunkt der Entnahme als Betriebsausgaben abziehbar sind. Die Neuregelung, durch die eine Gleichstellung mit der Behandlung nicht abnutzbarer Wirtschaftsgüter des Anlagevermögens erfolgt, ist erstmals für Wirtschaftsgüter anzuwenden, die nach dem 5.5.2006 angeschafft, hergestellt oder in das Betriebsvermögen eingelegt werden (§ 52 Abs. 6 Satz 3 und 4 EStG). Zu Absetzungen für Abnutzung (auch Absetzungen für außergewöhnliche technische oder wirtschaftliche Abnutzung sowie die Besonderheiten ab 2021 für Computerhardware und Software zur Dateneingabe und-verarbeitung) vgl. Teil II Tz 1.1 bis 1.6 und wegen Aufwendungen für geringwertige Wirtschaftsgüter vgl. Teil II Tz 6.1. Der Verlust der Beteiligung an einer Kapitalgesellschaft, die zum notwendigen Betriebsvermögen gehört, kann auch im Rahmen einer EÜR gewinnmindernd berücksichtigt werden (entsprechend § 4 Abs. 3 Satz 4 EStG). Für den Zeitpunkt und den Umfang des Betriebsausgabenabzugs ist nach dem BFH-Urteil vom 31.1.2024 (X R 11/22, juris) maßgeblich, wann und in welcher Höhe die für den Erwerb der Beteiligung aufgewendeten Mittel endgültig verloren gegangen sind. Auf die Rspr.-Grundsätze zur Berücksichtigung eines Beteiligungsverlusts im Privatvermögen nach § 17 Abs. 4 EStG kann nach BFH-Auffassung in diesem Zusammenhang nicht zurückgegriffen werden.

Zu den Aufwendungen für zum Betriebsvermögen gehörende Grundstücke und Gebäude zählen u. a. Instandhaltungskosten, Versicherungsbeiträge, Grundsteuer und Absetzungen für Abnutzung (wg. AfA vgl. Teil II Tz 1.7). Wegen Aufwendungen für ein häusliches Arbeitszimmer vgl. Tz 11.16 unter Erläuterungen zur Anlage N, Zeile 57 oder den Ansatz der Tagespauschale (Anlage N, Zeilen 58 und 59). Zu Repräsentations- und Reisekosten, Geschenkaufwendungen und Bewirtungskosten vgl. Teil II Tz 2.2 bis 2.6 und zu Aufwendungen für Wege zwischen Wohnung und Betriebsstätte vgl. Teil II Tz 2.7. Die Betriebsausgabenpauschale nach H 18.2 – Betriebsausgabenpauschale – EStH wird später im Text (vgl. Tz 22.3 »Pauschsätze für Betriebsausgaben«) erläutert.

22.2.2 Wechsel der Gewinnermittlungsart

Wird ein Steuerpflichtiger, der seinen Gewinn **bisher durch Überschussrechnung** ermittelt hat, buchführungspflichtig (z. B. weil sein gewerblicher Gewinn 80 000 € übersteigt – vgl. Tz 21.2.1 unter Erläuterungen zur Anlage G, vor **Zeile 4**), so muss er von der Gewinnermittlung durch Überschussrechnung **zur Gewinnermittlung durch Bestandsvergleich** nach § 4 Abs. 1 oder § 5 EStG **übergehen**. Besteht keine Pflicht zur Buchführung (insb. bei Freiberuflern und sonstigen Selbständigen i.S. des § 18 EStG), hat der Steuerpflichtige ein Wahlrecht. Die Entscheidung, den Gewinn durch Einnahmenüberschussrechnung zur ermitteln, muss gegenüber dem Finanzamt aber nicht jährlich wiederholt werden (BFH-Urteil vom 24.9.2008, BStBl 2009 II S. 368). Ein nicht buchführungspflichtiger Steuerpflichtiger hat sein Wahlrecht auf Gewinnermittlung durch Betriebsvermögensvergleich nach dem BFH-Urteil vom 27.11.2024 (X R 1/23, BStBl II 2025 S. 236) wirksam ausgeübt, wenn er eine Eröffnungsbilanz aufstellt, eine kaufmännische Buchführung einrichtet und aufgrund von Bestandsaufnahmen einen Abschluss macht. Der Abschluss ist in dem Zeitpunkt erstellt, in dem der Steuerpflichtige ihn fertiggestellt hat und objektiv erkennbar als endgültig ansieht. Das Recht zur Wahl der Überschussrechnung entfällt lt. BFH-Urteil vom 19.3.2009 (BStBl II S. 659) jedoch erst mit der Erstellung eines Abschlusses und nicht bereits mit der Einrichtung einer Buchführung oder der Aufstellung einer Eröffnungsbilanz. Maßgeblich für die Ausübung des Gewinnermittlungswahlrechts ist die tatsächliche Handhabung der Gewinnermittlung. Als Beweisanzeichen dafür, dass ein Einzelunternehmer die fertiggestellte Gewinnermittlung als endgültig ansieht, kann nach dem BFH-Urteil vom 2.6.2016 (BStBl 2017 II S. 154) u.a. die Tatsache gewertet werden, dass er sie – z.B. durch die Übersendung an das Finanzamt – in den Rechtsverkehr begibt. Nach wirksam ausgeübter Wahl ist ein wiederholter Wechsel der Gewinnermittlungsart für das gleiche Wj. auch vor Eintritt der Bestandskraft nur bei Vorliegen eines besonderen Grundes zulässig. Dazu zählt nach BFH-Auffassung nicht der bloße Irrtum über die steuerlichen Folgen dieser Wahl.

Der Übergang von der Überschussrechnung zum Bestandsvergleich erfordert, dass Betriebsvorgänge, die bisher nicht berücksichtigt worden sind, beim **ersten Bestandsvergleich** berücksichtigt werden. Das gilt insbesondere für Waren betreffende Betriebsvorgänge. Zu diesem Zweck muss zuerst der Wert der Warenbestände und der Warenforderungen abzgl. des Werts der Warenschulden ermittelt werden, und zwar auf den Zeitpunkt, in dem der Steuerpflichtige mit der Überschussrechnung begann. Diesem Wert ist der Wert der gleichen Posten zu Beginn des Wj. **gegenüberzustellen**, für das der Gewinn erstmals durch Bestandsvergleich ermittelt wird. Stellt der sich ergebende Unterschiedsbetrag eine Vermögensmehrung dar, so muss er dem erstmals durch Bestandsvergleich ermittelten Gewinn hinzugerechnet werden. Ergibt sich durch die Gegenüberstellung eine Vermögensminderung, so muss der Unterschiedsbetrag von dem erstmals durch Bestandsvergleich ermittelten Gewinn abgesetzt werden (siehe Anlage zu R 4.6 EStR). Wenn sich durch die Hinzurechnung ein hoher Gewinn und eine hohe ESt ergeben, so brauchen die Zurechnungsbeträge zur Vermeidung von Härten nicht voll dem Gewinn des Übergangsjahrs hinzugesetzt zu werden. Der Übergangsgewinn (Saldo aus Zu- und Abrechnungen) kann vielmehr auf Antrag des Steuerpflichtigen gleichmäßig entweder auf das Jahr des Übergangs zur Gewinnermittlung durch Bestandsvergleich und das folgende Jahr **oder** auf das Jahr des Übergangs und die beiden folgenden Jahre **verteilt** werden (R 4.6 Abs. 1 EStR). Ein Übergangsverlust kann dagegen nicht verteilt werden (BFH-Urteil vom 23.7.2013, BStBl II S. 820). Die zum Anlagevermögen gehörenden nicht abnutzbaren Wirtschaftsgüter und die in § 4 Abs. 3 Satz 4 EStG genannten Wirtschaftsgüter des Umlaufvermögens, die nach dem 5.5.2006 angeschafft, hergestellt oder in das Betriebsvermögen eingelegt worden sind (§ 52 Abs. 6 Satz 3 und 4 EStG), sind nach R 4.6 Abs. 1 Satz 6 EStR in der Eröffnungsbilanz mit ihren Anschaffungs-/Herstellungskosten oder dem an ihre Stelle tretenden Wert (bei Einlage in das Betriebsvermögen) anzusetzen.

Beim **Übergang** von der Gewinnermittlung durch Bestandsvergleich **zur Gewinnermittlung durch Überschussrechnung** ist gem. BFH-Urteil vom 31.1.2024 (X R 11/22, juris) im ersten Jahr nach dem Übergang (Übergangsjahr) ein Übergangsgewinn zu ermitteln. Eine Verteilung des Übergangsgewinns kommt im Allgemeinen nicht in Betracht. Auch bei diesem Wechsel der Gewinnermittlungsart muss aber vermieden werden, dass das Gesamtergebnis der Geschäfts- und/oder Berufstätigkeit durch den Übergang zu einer anderen Gewinnermittlungsart verfälscht wird; d.h. Betriebsvorgänge dürfen durch den Wechsel der Gewinnermittlungsart nicht etwa unberücksichtigt bleiben oder doppelt erfasst werden. Nach R 4.6 Abs. 2 EStR und der Anlage hierzu ist deshalb das erste Überschuss-Ergebnis ggf. durch Hinzurechnungen und Abrechnungen zu berichtigen. Soweit sich die Betriebsvorgänge, die den durch den Wechsel der Gewinnermittlungsart bedingten Korrekturen entsprechen, noch nicht im ersten Jahr nach dem Übergang ausgewirkt haben, können die Korrekturen auf Antrag aber in dem Jahr vorgenommen werden, in dem sich die Betriebsvorgänge auswirken (BFH-Urteil vom 17.1.1963, BStBl III S. 228).

22.3 Pauschsätze für Betriebsausgaben

Bei **hauptberuflicher** selbständiger **schriftstellerischer** oder **journalistischer** Tätigkeit können **30 % der Betriebseinnahmen**, höchstens jedoch **3 600 €** (bis 2022: 2 455 €) **jährlich**, ohne Einzelnachweis als Betriebsausgaben geltend gemacht werden. Der in 2023 erhöhte Maximalbetrag wurde mit BMF-Schreiben vom 6.4.2023 (BStBl I S. 671) geändert. Werden höhere Betriebsausgaben geltend gemacht, so verlangt das Finanzamt Einzelnachweis (H 18.2 – Betriebsausgabenpauschale – EStH). Hauptberuflich bedeutet in diesem Zusammenhang, dass der Steuerpflichtige mindestens im zeitlichen Umfang von mehr als einem Drittel eines vergleichbaren Vollzeiterwerbs im VZ schriftstellerisch oder journalistisch tätig sein muss. Nach dem BFH-Urteil vom 4.7.2023 (VIII R 29/20, BStBl II S. 1005) ist dies nach BFH-Auffassung nicht zu beanstanden.

Bei selbständig ausgeübter wissenschaftlicher, künstlerischer oder schriftstellerischer **Nebentätigkeit** (**auch Vortrags**- oder nebenberufliche **Lehr- und Prüfungstätigkeit**) können **25 % der Betriebseinnahmen** aus dieser Nebentätigkeit, höchstens jedoch **insgesamt 900 €** (bis 2022: 614 €) **jährlich**, ohne Einzelnachweis als Betriebsausgaben geltend gemacht werden. Der in 2023 erhöhte Maximalbetrag wurde mit BMF-Schreiben vom 6.4.2023 (BStBl I S. 671) geändert. Werden höhere Betriebsausgaben geltend gemacht, so verlangt das Finanzamt Einzelnachweis. Soweit Einnahmen aus einer nebenberuflichen Tätigkeit i.S.des § 3 Nr. 26 EStG (vgl. Tz 22.15.1 zu **Zeilen 57 und 58**) vorliegen und deshalb die dort bezeichnete **Steuerbefreiung** bis zu insgesamt **3 000 € jährlich** in Betracht kommt, **entfällt** der Pauschsatz für Betriebsausgaben (BMF-Schreiben vom 21.1.1994, BStBl I S. 112 sowie H 18.2 EStH). Wird auch im Hauptberuf eine selbständige Tätigkeit ausgeübt, setzt die Anwendung des Betriebsausgaben-Pauschsatzes voraus, dass die Einkünfte aus der Nebentätigkeit von den Einkünften aus der Haupttätigkeit abgrenzbar sind.

Zur Ermittlung der Einkünfte der **Hebammen** können als **Pauschbetrag** für Betriebsausgaben **25 % der Einnahmen** der Hebammen aus freiberuflicher Tätigkeit, **höchstens** jedoch **1 535 €** (umgerechnet aus früher 3 000 DM), angesetzt werden, soweit nicht im Einzelfall höhere Betriebsausgaben nachgewiesen werden. Diese Regelung gilt im Land Baden-Württemberg; sie wird aber auch in anderen Ländern des Bundesgebiets als Anhalt dienen können.

Bei der Ermittlung der Einkünfte für die **Kindertagespflege** nach § 22 SGB VIII wird aus Vereinfachungsgründen nach Rn. 9 des BMF-Schreibens vom 6.4.2023 (BStBl I S. 669) jedoch zugelassen, dass anstelle der tatsächlichen Betriebsausgaben von den erzielten Einnahmen **400 € je Kind und Monat** (bis 2022: 300 €) **pauschal** als **Betriebsausgaben** abgezogen werden. Bei einer Betreuungszeit von weniger als 40 Stunden wöchentlich ist die Pauschale zeitanteilig zu kürzen. Für Zeiten, in denen die Tagespflegeperson verhindert ist, die vereinbarten Betreuungszeiten selbst zu absolvieren (z.B. aufgrund von Urlaub, Krankheit oder Fortbildung), kann nach Rn. 11 des v. g. BMF-Schreibens vom 6.4.2023 (a.a.O.) die Betriebsausgabenpauschale nur dann abgezogen werden, wenn das Betreuungsgeld für diese Zeit weitergezahlt wird. Der Ansatz der Pauschale darf jedoch nicht zu negativen Einkünften führen, d.h. der Abzug ist nur bis zur Höhe der Einnahmen möglich. Die Pauschale darf nicht abgezogen werden, wenn die Betreuung im Haushalt der für das Kind Sorgeberechtigten oder in z. B. von der Gemeinde unentgeltlich zur Verfügung gestellten Räumen stattfindet. Werden der Kindertagespflegeperson nach § 23 SGB VIII laufende Geldleistungen für sog. **Freihalteplätze** gezahlt, die im Fall einer Krankheits-, Urlaubs- oder Fortbildungsvertretung einer anderen Kindertagespflegeperson kurzfristig belegt werden können, wird bei der Ermittlung der Einkünfte aus selbständiger Arbeit aus Vereinfachungsgründen zugelassen, dass anstelle der tatsächlichen Betriebsausgaben von den für den Freihalteplatz gezahlten Einnahmen **50 € je Freihalteplatz und Monat** (Rn. 14 des o. a. BMF-Schreibens vom 6.4.2023, a. a. O.; bis 2022: 40 €) pauschal als Betriebsausgaben abgezogen werden. Bei Belegung der Freihalteplätze ist die Betriebsausgabenpauschale zeitanteilig (Verhältnis der Tage der Belegung des Freihalteplatzes im Monat zu pauschal 20 Arbeitstagen im Monat) zu kürzen.

22.4 Gesonderte Feststellung von Einkünften

10–12 In Zeile 12 ist der **gesondert** festzustellende Gewinn oder Verlust eines freiberuflich tätigen Einzelunternehmers einzutragen. Auf die Erläuterungen zu **den Zeilen 11 bis 13 der Anlage G** (vgl. Tz 21.6) wird Bezug genommen.

13–16 Hier ist nur der **Gewinnanteil** (oder Verlustanteil) des **Beteiligten** anzugeben und die Beteiligung näher zu bezeichnen (Gesellschaft, zuständiges Finanzamt, Steuernummer).

Zu der grundsätzlichen Frage, ob eine freiberufliche Tätigkeit auch bei Beteiligungen (Mitunternehmerschaft) vorliegt, wird auf die vorstehenden Ausführungen zu Zeile 4 (vgl. Tz 22.1) hingewiesen. Eine Personengesellschaft entfaltet nur dann eine freiberufliche Tätigkeit, wenn **alle Gesellschafter** die Merkmale eines freien Berufs nach § 18 Abs. 1 Nr. 1 EStG erfüllen (BFH-Urteile vom 11.6.1985, BStBl II S. 584; und vom 23.11.2000, BStBl 2001 II S. 241). Im Unterschied zu einer **Gemeinschaftspraxis** (Mitunternehmerschaft) hat eine **Büro- und Praxisgemeinschaft** lediglich den Zweck, den Beruf in gemeinsamen Praxisräumen auszuüben und bestimmte Kosten von der Praxisgemeinschaft tragen zu lassen und umzulegen. Ein einheitliches Auftreten nach außen genügt nicht, um aus einer Bürogemeinschaft eine Mitunternehmerschaft werden zu lassen (BFH-Urteil vom 14.4.2005, BStBl II S. 752). Zur Behandlung von **ärztlichen Laborleistungen** wird im BMF-Schreiben vom 12.2.2009 (BStBl I S. 398) Stellung genommen. Wegen der Begrenzung der Verlustverrechnungsmöglichkeiten bei beschränkt haftenden Mitunternehmern, soweit ein negatives Kapitalkonto entsteht oder sich erhöht, vgl. Tz 21.10 unter Erläuterungen zur Anlage G, **Zeile 14 bis 45**.

17 Auf die Erläuterungen zur Anlage G, **Zeile 46 (vgl. Tz 21.11)** wird zur Vermeidung von Wiederholungen Bezug genommen.

22.5 Sonstige selbständige Arbeit

18–21 Zur Wirtschafts-Identifikationsnummer (W-IdNr.), die in Zeile 20 (1. sonstige selbständige Tätigkeit) einzutragen ist, vgl. die Ausführungen in Tz 15 der Vorbemerkungen.

Zu den Einkünften aus **sonstiger** selbständiger Arbeit (§ 18 Abs. 1 Nr. 3 EStG) gehören insbesondere die Einkünfte aus der Tätigkeit als Testamentsvollstrecker oder als Aufsichtsratsmitglied (auch wenn es sich um betriebsangehörige Arbeitnehmer-Vertreter handelt; nicht jedoch, wenn vom Beauftragten im Wesentlichen Aufgaben der Geschäftsführung wahrgenommen werden, BFH-Urteil vom 28.8.2003, BStBl 2004 II S. 103), außerdem etwaige Einkünfte als Treuhänder, Vormund, Pfleger, Insolvenz- und Vergleichsverwalter oder Nachlassverwalter. Entscheidend ist nach dem BFH-Urteil vom 28.8.2003 (BStBl 2004 II S. 112), dass die ausgeübte Tätigkeit den in § 18 Abs. 1 Nr. 3 EStG aufgeführten Tätigkeiten (Vollstreckung von Testamenten, Vermögensverwaltung, Tätigkeit als Aufsichtsratsmitglied) ähnlich ist. Auch die Vermögensverwaltung für andere gehört hierher. Ebenso die Tätigkeit als Beirat einer Wohnungseigentümergemeinschaft oder einer GmbH (Urteil des FG Köln vom 1.9.1994, EFG 1995 S. 255). Als sonstige selbständige Arbeit ist auch die Tätigkeit des **Hausverwalters** anzusehen, wenn die persönliche Arbeitsleistung des Hausverwalters im Vordergrund steht. Die Tätigkeit eines Hausverwalters ist aber dann als eine gewerbliche Tätigkeit anzusehen, wenn der Umfang der von ihm zu bewältigenden Aufgaben die ständige Beschäftigung dritter Personen als Mitarbeiter erfordert. Gleiches galt nach dem BFH-Urteil vom 12.12.2001 (BStBl 2002 II S. 202) für einen Rechtsanwalt, der als Verwalter im Insolvenzverfahren tätig ist. Diese Rechtsauffassung ist inzwischen überholt. Eine aus einem beratenden Betriebswirt und einem Dipl.-Ökonom bestehende Partnerschaftsgesellschaft, die Insolvenzverwaltung betreibt, erzielt nach dem BFH-Urteil vom 26.1.2011 (BStBl II S. 498) **auch dann Einkünfte aus sonstiger selbständiger Arbeit**, wenn sie **fachlich vorgebildete Mitarbeiter einsetzt**, sofern ihre Gesellschafter als Insolvenzverwalter selbst leitend und eigenverantwortlich tätig bleiben. Die frühere Rspr. zur sog. Vervielfältigungstheorie wurde somit aufgegeben (BFH-Urteil vom 15.12.2010, BStBl 2011 II S. 506).

Die den ehrenamtlichen Mitgliedern kommunaler Volksvertretungen (sog. **Stadt- oder Gemeinderäte**) gewährten Entschädigungen fallen grundsätzlich als »sonstige selbständige Arbeit« unter § 18 Abs. 1 Nr. 3 EStG. Dies gilt insbesondere für Entschädigungen, die für Verdienstausfall oder Zeitverlust gewährt werden. Pauschale Entschädigungen und Sitzungsgelder sind jedoch nach § 3 Nr. 12 EStG steuerfrei, soweit sie 250 € im Monat nicht übersteigen (R 3.12 Abs. 3 LStR i. d. F. der LStÄR 2021).

Nach dem BFH-Urteil vom 4.11.2004 (BStBl 2005 II S. 288) erzielte ein **berufsmäßiger Betreuer** i. S. der §§ 1896 ff. BGB Einkünfte aus Gewerbebetrieb. Diese Auffassung hat der BFH mit seinen Urteilen vom 15.6.2010 (BStBl II S. 906 und 909) aufgegeben (bestätigt mit BFH-Urteil vom 17.10.2012, BStBl 2013 II S. 799) und entschieden, dass die Einkünfte von berufsmäßigen Betreuern und **Verfahrenspflegern** nicht als gewerblich zu behandeln seien. Der BFH ordnet die Gewinne aus diesen Tätigkeiten nunmehr den Einkünften aus sonstiger selbständiger Arbeit i. S. des § 18 Abs. 1 Nr. 3 EStG zu, weil sie ebenso wie die dort bezeichneten Regelbeispiele (Testamentsvollstrecker, Vermögensverwaltung, Tätigkeit als Aufsichtsratsmitglied) durch eine selbständige fremdnützige Tätigkeit in einem fremden Geschäftskreis sowie durch Aufgaben der Vermögensverwaltung geprägt seien. Zur Steuerfreiheit für Aufwandsentschädigungen **ehrenamtlicher Betreuer** nach § 1835 a BGB vgl. Tz 22.15.3.

Voraussetzung für die Zurechnung der oben genannten Einkünfte zu den Einkünften aus sonstiger selbständiger Arbeit ist, dass die Einkünfte nicht zu anderen Einkünften gehören, z. B. aus Gewerbebetrieb.

Die Einkünfte der **staatlichen Lotterieeinnehmer** sind Einkünfte aus selbständiger Arbeit, wenn sie nicht Einkünfte aus Gewerbebetrieb sind. Einkünfte aus Gewerbebetrieb liegen u. a. vor, wenn die Tätigkeit der Lotterieeinnahme Hilfs- oder Nebengeschäft eines sonstigen gewerblichen Betriebs ist. Die **Bezirksvertreter** einer staatlichen Lotterie sind Gewerbetreibende.

22.6 Teileinkünfteverfahren

Die Erläuterungen zur Anlage G, **Zeile 47** (vgl. Tz 21.12) gelten hier entsprechend. **2**

22.7 Verlustausgleichsverbot nach § 2 Abs. 4 UmwStG

Zur Vermeidung von Wiederholungen wird auf die Ausführungen zur Anlage G, Zeile 48 (vgl. Tz 21.14) verwiesen. **2**

Der in den Zeilen 6 bis 16 sowie 20 und 21 enthaltene Anteil positiver Einkünfte ist zur technischen Verarbeitung und finanzamtsseitigen Auswertung in Zeile 23 einzutragen.

22.8 Leistungsvergütungen als Beteiligter einer Wagniskapitalgesellschaft

4–29 Die Vorschrift des § 18 Abs. 1 Nr. 4 EStG ist durch das Gesetz zur Förderung von Wagniskapital vom 30.7.2004 (BStBl I S. 846) eingeführt worden. Sie betrifft den Fall, dass Gesellschafter (Initiatoren) eines Fonds (Wagniskapitalgesellschaft) aufgrund ihrer Bedeutung für die Förderung des Fonds einen von ihrem Kapitaleinsatz abweichenden **erhöhten** Gewinnanteil, den sog. **Carried Interest**, erhalten. Durch § 18 Abs. 1 Nr. 4 EStG wird der **überproportionale** Gewinnanteil aus der vermögensverwaltenden Gesellschaft oder Gemeinschaft als eine Leistungsvergütung eingestuft, die zu den Einkünften aus **selbständiger Arbeit** zählt. Erforderlich ist, dass der Anspruch auf die Vergütung unter der Voraussetzung eingeräumt worden ist, dass die Gesellschafter ihr eingezahltes Kapital zuvor vollständig zurückerhalten haben. Nach dem durch das o. a. Gesetz ebenfalls neu eingeführten § 3 Nr. 40a EStG unterliegen solche Leistungsvergütungen nur zur Hälfte der Einkommensbesteuerung (siehe auch § 52 Abs. 4 Satz 10 EStG).

Durch das Gesetz zur Modernisierung der Rahmenbedingungen für Kapitalbeteiligungen (MoRaKG) vom 12.8.2008 (BGBl I S. 1672) sank die Höhe der **Steuerbefreiung** nach § 3 Nr. 40a EStG auf **40 %**, wenn die vermögensverwaltende Gesellschaft oder Gemeinschaft nach dem 31.12.2008 gegründet worden ist (§ 52 Abs. 4 Satz 11 EStG).

Für nach dem 31.3.2002 und vor dem 1.1.2009 gegründete vermögensverwaltende Gesellschaften/Gemeinschaften bleibt die **Steuerbefreiung bei 50 %** bestehen. Zur Unterscheidung, welche Steuerbefreiung zu gewähren ist, müssen entsprechende Gewinnanteile – je nach Fallart, d. h. nach dem Gründungstag der Gesellschaft/Gemeinschaft – auf die Zeilen 26 oder 29 unter Erklärung der dort geforderten Angaben (Bezeichnung der Gesellschaft/Gemeinschaft, Angabe des Finanzamts und der Steuernummer, unter der diese steuerlich geführt wird) aufgeteilt werden. Einzutragen sind jeweils die unter Berücksichtigung der Steuerbefreiung verbleibenden stpfl. Anteile (50 % oder 40 %).

22.9 Begünstigung für nicht entnommene Gewinne nach § 34 a EStG

0 Zur Vermeidung von Wiederholungen wird auf die Ausführungen zur Anlage G, Zeile 49 (vgl. Tz 21.15) und – ausführlich – auf die Ausführungen zur **Anlage 34a** (vgl. Tz 24) verwiesen.

Hier einzutragen ist die Anzahl der Betriebe/der Vermögen, für die lt. beizufügender Anlage 34a die Begünstigung nach § 34 a EStG beantragt wird.

22.10 Steuerfreie Sanierungsgewinne i. S. des § 3 a EStG

1 Für Gewinne, die dadurch entstehen, dass Gläubiger auf ihre Forderungen verzichten, und wenn dieser Verzicht der Sanierung des Betriebs des Steuerpflichtigen dienen soll, sieht § 3 a EStG unter gewissen Voraussetzungen eine Steuerbefreiung vor. Für weitere Einzelheiten, insbesondere zu den Voraussetzungen für die Steuerfreiheit sowie die Folgewirkungen vor allem auf Verlustvorträge, vgl. Teil II Tz 11.

Mit der Abfrage in Zeile 31 wird zwar keine Erklärungsmöglichkeit im eigentlichen Sinne geschaffen. Mit dem Eintrag »1« (= Ja) wird jedoch auf den Umstand hingewiesen, dass im erklärten Gewinn lt. Zeilen 6–16 der Anlage S Sanierungsgewinne enthalten sind, die steuerfrei gestellt wurden. Wir empfehlen, zur Vermeidung von Rückfragen, weitere Angaben zur Inanspruchnahme der Steuerfreiheit und der damit verbundenen Betriebsausgaben zu machen.

22.11 Veräußerungsgewinne

22.11.1 Allgemeine Ausführungen

Zu den Einkünften aus selbständiger Arbeit gehört auch der Gewinn, 32–55
der bei der **Veräußerung** (Aufgabe) des Vermögens oder eines selbständigen Teils des Vermögens oder eines Anteils am Vermögen erzielt wird, das der selbständigen Arbeit dient. Neben einem **Freibetrag** (§ 18 **Abs. 3** i. V. mit § 16 Abs. 4 EStG) kann bei einem solchen Veräußerungs- oder Aufgabegewinn eine Tarifermäßigung bzw. ein ermäßigter Steuersatz nach § 34 EStG in Betracht kommen (siehe Erläuterungen zu den Zeilen 35 bis 39 und 47 sowie zur Anlage G, Zeilen 61 bis 65 und 73). Für die Berechnung des Gewinns aus der Aufgabe einer freiberuflichen Tätigkeit gemäß § 18 Abs. 3 Satz 2 i. V. mit § 16 Abs. 2 EStG ist nach dem BFH-Urteil vom 16.6.2020 (BStBl II S. 841) der sich nach Abzug der AfA gemäß § 6 Abs. 1 Nr. 1 Satz 1 EStG ergebende Buchwert des häuslichen Arbeitszimmers auch dann maßgeblich, wenn die Abziehbarkeit der Aufwendungen für das häusliche Arbeitszimmer während der Ausübung der freiberuflichen Tätigkeit gemäß § 4 Abs. 5 Satz 1 Nr. 6b EStG der Höhe nach beschränkt war. Eine Gewinnkorrektur im Hinblick auf den nicht abzugsfähigen Teil der AfA soll danach nicht in Betracht kommen. Die Besteuerung des Aufgabegewinns unter Berücksichtigung des um die nicht abziehbare AfA geminderten Buchwerts des häuslichen Arbeitszimmers verstößt nach BFH-Auffassung nicht gegen Art. 3 Abs. 1 GG, insbesondere nicht gegen den Grundsatz der Besteuerung nach der wirtschaftlichen Leistungsfähigkeit, denn die bei der Berechnung des laufenden Gewinns verfassungsrechtlich zulässige Beschränkung des Betriebsausgabenabzugs gemäß § 4 Abs. 5 Satz 1 Nr. 6b EStG wird im Rahmen der Besteuerung der Betriebsaufgabe nicht vertieft, sondern lediglich nicht wieder rückgängig gemacht.

Eine Veräußerung des Vermögens liegt vor, wenn die wesentlichen Grundlagen des der selbständigen Arbeit dienenden Vermögens, insbesondere die immateriellen Wirtschaftsgüter wie Mandantenstamm und Praxiswert, entgeltlich einem anderen übertragen werden und mit der Veräußerung der Grundlage der betreffenden selbständigen Tätigkeit auch die Tätigkeit selbst ihr Ende findet. Die freiberufliche Tätigkeit in dem bisherigen örtlich begrenzten Wirkungskreis musste wenigstens für eine gewisse Zeit eingestellt werden. Die »definitive« Übertragung des Mandantenstamms lässt sich nach dem BFH-Urteil vom 21.8.2018 (VIII R 2/15, BStBl 2019 II S. 64) erst nach einem gewissen Zeitablauf abschließend beurteilen. Sie hängt danach von den objektiven Umständen des Einzelfalls ab. Neben der Dauer der Einstellung der freiberuflichen Tätigkeit sind insbesondere die räumliche Entfernung einer wieder aufgenommenen Berufstätigkeit zur veräußerten Praxis, die Vergleichbarkeit der Betätigungen, die Art und Struktur der Mandate, eine zwischenzeitliche Tätigkeit des Veräußerers als Arbeitnehmer oder freier Mitarbeiter des Erwerbers sowie die Nutzungsdauer des erworbenen Praxiswerts zu berücksichtigen. Mit Urteil vom 26.6.2012 (BStBl II S. 777) hat der BFH jedoch für einen Steuerberater entschieden, dass die Veräußerung eines Beraterbüros (bestehend aus Mandantenstamm sowie sachlicher und personeller Ausstattung) und Fortsetzung der Tätigkeit in einem anderen Büro der tarifbegünstigten Teilbetriebsveräußerung nicht entgegensteht. Nach H 18.3 – Veräußerung – EStH kann eine tarifbegünstigte Veräußerung jedoch auch bei Fortführung einer freiberuflichen Tätigkeit in **geringem Umfang** vorliegen, wenn die darauf entfallenden **Umsätze** in den letzten 3 Jahren jeweils **weniger als 10 %** der gesamten Einnahmen ausmachten (BFH-Urteile vom 7.11.1991, BStBl 1992 II S. 457, und vom 29.10.1992, BStBl 1993 II S. 182). Die Ausübung einer nichtselbständigen Tätigkeit des Veräußerers in der Praxis des Erwerbers steht der steuerlichen Begünstigung des Veräußerungsgewinns nicht entgegen. Ebenso ist es unschädlich, wenn der Veräußerer nach der Veräußerung frühere Mandanten auf Rechnung und im Namen des **Erwerbers** berät (BFH-Urteile vom 18.5.1994, BStBl II S. 925, und vom 29.6.1994, BFH/NV 1995 S. 109). Die tarifbegünstigte Besteuerung eines durch eine echte Realteilung einer Sozietät ausgelösten Aufgabegewinns gem. § 34 Abs. 2 Nr. 1 EStG setzt nach dem BFH-Urteil vom 15.1.2019 (BStBl 2020 II S. 251) voraus, dass der Steuerpflichtige die wesentlichen vermögensmäßigen Grundlagen seiner bisherigen freiberuflichen Tätigkeit aufgibt. Hieran fehlt es, wenn er den ihm im Rahmen der Realteilung zugewiesenen Mandantenstamm dergestalt verwertet, dass dieser geplant auf eine GbR, an der der Steuerpflichtige beteiligt ist, übergeht und er in einem zweiten Schritt gegen Abfindung aus dieser GbR ausscheidet. Dass der Realteiler im Ergebnis die freiberufliche Tätigkeit im bisherigen örtlichen Wirkungskreis zeitnah einstellt, genügt in diesem Fall nach BFH-Auffassung nicht für die Gewährung der Tarifbegünstigung (Fortentwicklung des BFH-Urteils vom 21.8.2018, BStBl 2019 II S. 64).

Ein Veräußerungsgewinn kann sich auch ergeben, wenn die selbständige Tätigkeit **aufgegeben** wird. Eine **Aufgabe** einer selbständigen Tätigkeit ist dann anzunehmen, wenn sie der betreffende Steuerpflichtige mit dem Entschluss einstellt, die Tätigkeit weder fortzusetzen noch das dazugehörende Vermögen an Dritte zu übertragen. Auch bei **Verpachtung** eines freiberuflichen Betriebs wird in der Regel eine Betriebsaufgabe vorliegen (H 18.3 EStH). Nur wenn ausnahmsweise die materiellen Wirtschaftsgüter des Betriebsvermögens und nicht die persönliche Arbeitsleistung die wesentliche Grundlage des Unternehmens bilden, wird bei **Verpachtung im Ganzen** eine Fortführung des Betriebs angenommen werden können. Eine steuerbegünstigte Veräußerung liegt auch bei Veräußerung eines **selbständigen Teils** des Vermögens (Teilbetrieb) oder eines **Anteils** am Vermögen vor. Als Teil des Vermögens (Teilbetrieb) gilt auch die Beteiligung an einer Kapitalgesellschaft, wenn die Beteiligung das gesamte Nennkapital der Gesellschaft umfasst. Voraussetzung ist, dass die Beteiligung im Betriebsvermögen gehalten wird. Wird die Beteiligung im Ganzen veräußert, so handelt es sich um einen Gewinn aus einer Teilbetriebsveräußerung. Nach dem BFH-Urteil vom 29.10.1992 (BStBl 1993 II S. 182) liegt eine begünstigte Teilbetriebsveräußerung nicht vor, wenn ein Tierarzt seine »Großtierpraxis« veräußert und seine »Kleintierpraxis« zurückbehält (auch BFH-Urteil vom 22.12.1993, BStBl 1994 II S. 352). Die tarifbegünstigte Veräußerung **des gesamten Anteils** an einer Gemeinschaftspraxis setzt u. a. voraus, dass die freiberufliche Tätigkeit im bisherigen Wirkungskreis für eine gewisse Zeit eingestellt wird (BFH-Urteil vom 23.1.1997, BStBl II S. 498). Gewinne, die bei Veräußerung eines **Teils eines Mitunternehmeranteils** entstehen, sind laufende (d.h. nicht begünstigte) Gewinne. Zur Aufnahme eines Sozius in eine Einzelpraxis vgl. BFH-Urteil vom 21.9.2000 (BStBl 2001 II S. 178) und das dazu ergangene BMF-Schreiben vom 21.8.2001 (BStBl I S. 543).

Veräußerungsgewinn ist der Betrag, um den der Veräußerungspreis nach Abzug der Veräußerungskosten den Wert des Betriebsvermögens im Zeitpunkt der Veräußerung übersteigt. Werden die einzelnen dem Betrieb dienenden Wirtschaftsgüter im Rahmen der **Aufgabe des Betriebs** veräußert, so sind die Veräußerungspreise anzusetzen; werden die Wirtschaftsgüter jedoch nicht veräußert, sondern in das Privatvermögen des Betriebsinhabers überführt, so ist der gemeine Wert, d.h. der erzielbare Einzelveräußerungspreis, im Zeitpunkt der Aufgabe maßgebend.

Zur Darstellung der Besonderheiten bei Betriebsveräußerungen und -aufgaben **bis 31.12.1995 vgl. die Ausführungen in der Anleitung zur Einkommensteuererklärung 2008, Anlage GSE.**

Bei Betriebsveräußerungen und -aufgaben nach dem 31.12.1995 und vor dem 1.1.2001 wurde ein **Freibetrag** von 60 000 DM gewährt, **sofern** der Steuerpflichtige im Zeitpunkt der Veräußerung oder Aufgabe entweder das **55. Lebensjahr vollendet** hatte oder er **im sozialversicherungsrechtlichen Sinne dauernd berufsunfähig** war. Mit Urteil vom 28.11.2007 (BStBl 2008 II S. 193) hat der BFH festgestellt, dass der Freibetrag des § 16 Abs. 4 EStG nur gewährt werden kann, wenn der Veräußerer das 55. Lebensjahr bereits **im Zeitpunkt der Veräußerung** des Betriebs, Teilbetriebs oder Mitunternehmeranteils vollendet hat. Durch das Steuersenkungsgesetz (BStBl 2000 I S. 1428) wurde der Freibetrag von 60 000 DM für Betriebsveräußerungen und -aufgaben nach dem 31.12.2000 bei ansonsten unveränderter Rechtslage auf 100 000 DM erhöht. Ab 1.1.2002 belief sich der Freibetrag auf 51 200 €. Durch Art. 9 des Haushaltsbegleitgesetzes 2004 vom 29.12.2003 (BStBl 2004 I S. 120) ist der Freibetrag ab **1.1.2004** auf **45 000 €** herabgesetzt worden. Auch dieser Freibetrag setzt voraus, dass der Steuerpflichtige im Zeitpunkt der Veräußerung/Aufgabe das 55. Lebensjahr vollendet hat oder dauernd berufsunfähig ist. Der Freibetrag von ursprünglich 60 000 DM oder später 51 200 € und jetzt 45 000 € ist antragsgebunden und wird dem Steuerpflichtigen **nur noch einmal** im Leben – nicht etwa einmal pro Einkunftsart (vgl. Tz 21.18.2 unter Erläuterungen zur Anlage G, **Zeilen 58 bis 65**) – gewährt (Objektbeschränkung). Dies hat die BFH in seinem Urteil vom 21.7.2009 (BStBl II S. 963) bestätigt. Der Abzug eines Freibetrags ist daher ausgeschlossen, wenn der Steuerpflichtige für eine Betriebsveräußerung oder -aufgabe nach dem **31.12.1995** bereits einen Freibetrag in Anspruch genommen hat (gleichgültig bei welcher Einkunftsart). Der Freibetrag **ermäßigt** um den Betrag, um den der Veräußerungs- oder Aufgabegewinn (ab 2004) 136 000 € übersteigt. Bei einem Veräußerungs- oder Aufgabegewinn von (ab 2004) 181 000 € entfällt deshalb der Freibetrag ganz. Bei dem Grenzbetrag von 136 000 € ist auf den Veräußerungs- oder Aufgabevorgang abzustellen, nicht etwa auf einen Veranlagungs- oder Lebenszeitraum. Bis 31.12.2003 betrug der Grenzbetrag 154 000 €. Wegen weiterer zu beachtender Einzelheiten wird auf die Erläuterungen zur Anlage G, Zeilen 58 bis 65 (vgl. Tz 21.18 unter Erläuterungen zur Anlage G) hingewiesen.

Für die Höhe des Freibetrags ist unerheblich, ob der Steuerpflichtige einen ganzen Betrieb, einen Teilbetrieb oder einen gesamten Mitunternehmeranteil veräußert oder aufgibt. Der Steuerpflichtige, der die o. a. persönlichen Voraussetzungen erfüllt, kann wählen, für welchen (begünstigten) Veräußerungs- oder Aufgabefall er den Freibetrag beanspruchen will, falls er nacheinander mehrere Betriebe, Teilbetriebe oder ganze Mitunternehmeranteile veräußert oder aufgibt. Ein beantragter Freibetrag führt aber auch dann zu einem Verbrauch i. S. der o. a. Objektbeschränkung, wenn der Freibetrag nicht voll ausgeschöpft werden kann, weil der betreffende Veräußerungs- oder Aufgabegewinn niedriger ist als der mögliche Freibetrag.

Hat der Steuerpflichtige bei Betriebsveräußerungen oder -aufgaben **vor 1996** einen Freibetrag nach § 18 Abs. 3 i. V. mit § 16 Abs. 4 EStG **a. F.** erhalten, so bleibt dieser unberücksichtigt, d. h. der frühere Freibetrag führt nicht zur Versagung eines Freibetrags bei einer nach dem 31.12.1995 erfolgenden Betriebsveräußerung oder -aufgabe. Liegen die o. a. Voraussetzungen für einen Freibetrag vor **und wird dieser beantragt**, so ist der entsprechende Veräußerungs- oder Aufgabegewinn in **Zeile 35** dieses Vordrucks einzutragen, ansonsten in Zeile 43. Ein etwaiger Freibetrag ist dabei **nicht** abzuziehen; er wird vom Finanzamt berücksichtigt.

Der Veräußerungsgewinn unterliegt im Rahmen des § 34 EStG auf Antrag nur einer **ermäßigten Besteuerung** siehe auch die Ausführungen zu den **Zeilen 32 bis 39 und 47 (Tz 22.11.4)** sowie vgl. Tz 21.18.9 unter Erläuterungen zur **Anlage G, Zeilen 58 bis 65 und** 73). Zur Wirkung auf die Begünstigung einbehaltener Gewinne siehe die Ausführungen zur **Anlage 34a** (vgl. Tz 23).

Bei Veräußerungen gegen **Leibrente** vgl. Teil II Tz 7.4 und 8.

22.11.2 Teileinkünfteverfahren

Die 40 %ige Steuerbefreiung für Gewinne aus der Veräußerung oder **36,**
Entnahme von **Anteilen an Körperschaften** (z. B. Aktien, GmbH- **4**
Anteilen) sowie die Berücksichtigung entsprechender Veräußerungs- oder Entnahmeverluste nur zu 60 % (siehe Erläuterungen zur Zeile 22 sowie vgl. Tz 21.12 unter Erläuterungen zur Anlage G, Zeile 47) gilt nach § 3 Nr. 40 Buchst. b i. V. mit § 3c Abs. 2 EStG auch dann, wenn diese Anteile im Rahmen einer **Betriebsveräußerung** oder **Betriebsaufgabe** veräußert oder entnommen werden. Auf die Ausführungen zur **Anlage G, Zeile 62, 70 und 74 (vgl. Tz 21.18.7 unter Erläuterungen zur Anlage G)**, die hier entsprechend gelten, wird Bezug genommen.

22.11.3 Ausschluss bei Anwendung von § 6b oder § 6c EStG für bestimmte Veräußerungsgewinne

Zur Vermeidung von Wiederholungen wird auf die Ausführungen **37,**
zur Anlage G, Zeilen 63/64 und 71/72 (vgl. Tz 21.18.8 unter Erläu- **45,**
terungen zur Anlage G) verwiesen.

Damit entsprechende Fälle durch die Finanzverwaltung maschinell berechnet und zur Überprüfung erkannt werden können, stehen in den Zeilen 37/38 und 45/46 Abfragen zur Verfügung, um die unterschiedlichen Auswirkungen der Inanspruchnahme der § 6b oder § 6c EStG auf den Freibetrag nach § 16 Abs. 4 EStG sowie § 34 EStG maschinell gewährleisten zu können.

22.11.4 Ermäßigter Steuersatz für bestimmte Veräußerungsgewinne

, 47, , 55 Wie in den Erläuterungen zur **Anlage G, Zeilen 65/73 und 80/81 (vgl. Tz 21.18.9 unter Erläuterungen zur Anlage G)** ausgeführt, kann für Gewinne aus Betriebsveräußerung/-aufgabe unter bestimmten Voraussetzungen anstelle der Fünftel-Regelung (§ 34 Abs. 1 EStG) **einmal im Leben** ein ermäßigter Steuersatz (§ 34 Abs. 3 EStG) beantragt werden. Die dortigen Ausführungen gelten hier entsprechend.

4 Wegen der Annahme eines laufenden (d. h. nicht begünstigten) Gewinns bei bestimmten Veräußerungs- und Einbringungstatbeständen aufgrund des Missbrauchsbekämpfungs- und Steuerbereinigungsgesetzes vom 21.12.1993 (BStBl 1994 I S. 50) wird auf die Ausführungen zur Anlage G, Zeile 80 hingewiesen.

22.12 Tarifvergünstigung für außerordentliche Einkünfte

6 Nach § 34 Abs. 1 und 2 EStG werden bestimmte **außerordentliche Einkünfte** nur **tarifermäßigt** besteuert. Hierfür wird die sog. **Fünftel-Regelung** angewendet. Wie in den Erläuterungen zur **Anlage G, Zeile 99** ausgeführt, gehören zu den außerordentlichen Einkünften – neben **Veräußerungsgewinnen** i. S. der vorstehenden Zeilen 32 bis 53 – auch:

1. **Entschädigungen** i. S. des § 24 Nr. 1 EStG;
2. **Nutzungsvergütungen** für die Inanspruchnahme von Grundstücken für öffentliche Zwecke sowie Zinsen auf solche Nutzungsvergütungen und auf Entschädigungen, die mit der Inanspruchnahme von Grundstücken für öffentliche Zwecke zusammenhängen, sofern die Nutzungsvergütungen und Zinsen für einen Zeitraum **von mehr als 3 Jahren nachgezahlt** werden;
3. Vergütungen für mehrjährige Tätigkeiten.

Zu Zweifelsfragen im Zusammenhang mit der ertragsteuerlichen Behandlung von Entlassungsentschädigungen beschäftigt sich das BMF-Schreiben vom 1.11.2013 (BStBl I S. 1326). Als **außerordentliche Einkünfte** werden regelmäßig nur solche Entschädigungen angesehen, die durch einen einmaligen größeren Betrag entgangene oder entgehende Einnahmen mehrerer Jahre abgelten. Aber auch **Entschädigungen**, die an die Stelle von Einnahmen lediglich eines Jahres treten, können unter besonderen Umständen außerordentliche Einkünfte sein, z. B. wenn infolge des nachträglichen Zufließens eine **Zusammenballung mit anderen Einkünften** eintritt und der Steuerpflichtige im Jahr der entgangenen Einnahmen keine weiteren (nennenswerten) Einnahmen gehabt hat (BFH-Urteile vom 16.3.1993, BStBl II S. 497 und vom 4.3.1998, BStBl II S. 787). Unter besonderen Umständen kann die Tarifvergünstigung des § 34 Abs. 1 EStG in **eng begrenzten Ausnahmefällen** auch dann in Betracht kommen, wenn die Entschädigung nicht in einem Kj. zufließt, sondern sich auf **2 Kj.** verteilt (BFH-Urteil vom 2.9.1992, BStBl 1993 II S. 831). Voraussetzung ist jedoch stets, dass die Zahlung der Entschädigung von vornherein in einer Summe vorgesehen war und nur wegen ihrer ungewöhnlichen Höhe und der besonderen Verhältnisse des Zahlungspflichtigen auf 2 Jahre verteilt wurde oder wenn der Entschädigungsempfänger – bar aller Existenzmittel – dringend auf den baldigen Bezug einer Vorauszahlung angewiesen war (H 34.3 – Entschädigung in zwei Veranlagungszeiträumen – EStH). Bei einem zeitlichen Abstand zweier selbständiger Entschädigungszahlungen von sechs Jahren fehlt der für die Beurteilung der Einheitlichkeit einer Entschädigungsleistung erforderliche zeitliche Zusammenhang (BFH-Urteil vom 11.10.2017, IX R 11/17, BStBl 2018 II S. 706). Erfolgt die Auszahlung der Gesamtvergütung in zwei Kj. in etwa gleich großen Teilbeträgen, kommt eine Tarifbegünstigung nach § 34 Abs. 1 EStG nicht in Betracht (BFH-Urteil vom 2.8.2016, BStBl 2017 II S. 258). Zum Verhältnis bei zur Hauptleistung stehenden geringen Zahlung in diesem Zusammengang vgl. BFH-Urteil vom 25.8.2009 (BStBl 2011 II S. 27, dort maximal 5 % der Hauptleistung). Nach dem BFH-Urteil vom 13.10.2015 (BStBl 2016 II S. 214) steht die Auszahlung einer einheitlichen Abfindung in zwei Teilbeträgen der Anwendung des ermäßigten Steuersatzes ausnahmsweise nicht entgegen, wenn sich die Teilzahlungen im Verhältnis (8,87 % der Gesamtabfindung oder 9,73 % der Hauptleistung) zueinander eindeutig als Haupt- und Nebenleistung darstellen und wenn die Nebenleistung geringfügig ist, was bei einer Nebenleistung unter Berücksichtigung der konkreten individuellen Steuerbelastung als geringfügig anzusehen sein soll, wenn sie niedriger ist als die tarifliche Steuerbegünstigung der Hauptleistung. Mit BMF-Schreiben vom 4.3.2016 (BStBl I S. 277) wurde Rz 8 des o. a. BMF-Schreibens vom 1.11.2013 geändert. Danach ist in allen noch offenen Fällen aus Vereinfachungsgründen eine geringfügige Zahlung anzunehmen, wenn diese nicht mehr als 10 % der Hauptleistung beträgt. Darüber hinaus kann eine Zahlung unter Berücksichtigung der konkreten individuellen Steuerbelastung als geringfügig anzusehen sein, wenn die Nebenleistung insgesamt niedriger ist als die tarifliche Steuerbegünstigung der Hauptleistung. Zum **Begriff der Entschädigung** selbst vgl. die Zusammenfassung von Rspr. und Literaturauffassung im BFH-Urteil vom 18.10.2011 (BStBl 2012 II S. 286), nach der hierzu jedenfalls nicht Ersatz für zurückzuzahlende Einnahmen oder Ausgleich von Ausgaben zählen und BMF-Schreiben vom 1.11.2013 (a. a. O., Rz 2). Der Grundsatz, dass Entschädigungen, die aus Anlass der Auflösung eines Arbeitsverhältnisses gewährt werden, einheitlich zu beurteilen sind, entbindet nach dem BFH-Urteil vom 11.7.2017 (BStBl 2018 II S. 86) aber nicht von der Prüfung, ob die Entschädigung »als Ersatz für entgangene oder entgehende Einnahmen« i. S. des § 24 Nr. 1 Buchst. a EStG gewährt worden ist. Ob eine für die Begünstigung notwendige Zusammenballung von Einkünften vorliegt, erfolgt nach dem BMF-Schreiben vom 1.11.2013 (a. a. O.) in zwei Prüfungsschritten. In der ersten Prüfung ist der zusammengeballte Zufluss Gegenstand (BMF-Schreiben vom 1.11.2013, a. a. O., Rz 8). In einem zweiten Prüfungsschritt sind die wegfallenden Einnahmen, die die Entschädigungsleistungen ausgleichen sollen, zu würdigen (BMF-Schreiben vom 1.11.2013, a. a. O., Rz 9–11 mit Beispielen). Eine begünstigte Entschädigung liegt danach vor, wenn die Zusammenballung dadurch eintritt, dass die anlässlich der Beendigung des Arbeitsverhältnisses gezahlte Entschädigung die bis zum Jahresende entgehenden Einnahmen überschreitet. Übersteigt die gezahlte Entschädigung die bis zum Ende des VZ entgehenden Einnahmen nicht, ist nach BMF-Schreiben vom 1.11.2013 (a. a. O., Rz 10) das Merkmal der Zusammenballung nur erfüllt, wenn der Steuerpflichtige weitere Einnahmen bezieht, die er bei Fortsetzung des Dienstverhältnisses nicht bezogen hätte, BFH-Urteil vom 4.3.1998 (a. a. O.).

Der Begriff der **Vergütung für eine mehrjährige Tätigkeit** umfasst auch Nach- oder Vorauszahlungen von Zinsen, Mieten und Pachten sowie solche Zahlungen im Rahmen von Dienst- und Werkverträgen, **nicht aber** das Entgelt, das für die **Nichtausübung** einer Tätigkeit geleistet wird (BFH-Urteil vom 13.2.1987, BStBl II S. 386, 389). Nach dem BFH-Urteil vom 2.8.2016 (BStBl 2017 II S. 258) stellt eine Nachzahlung der Kassenärztlichen Vereinigung, die insgesamt mehrere Jahre betrifft, eine mehrjährige Vergütung i. S. des § 34 Abs. 2 Nr. 4 EStG dar. Die Vereinnahmung eines berufsüblichen Honorars für die Bearbeitung eines mehrjährigen Mandats führt bei einem Rechtsanwalt allerdings nicht zu außerordentlichen Einkünften (BFH-Urteil vom 30.1.2013, III R 84/11, BStBl 2018 II S. 696). Die Tarifvergünstigung gilt grundsätzlich für alle Einkunftsarten; sie ist auch auf Nachzahlungen von Versorgungsbezügen anwendbar (BFH-Urteil vom 28.2.1958, BStBl III S. 169) sowie auf Nachzahlungen von Renten für mehrere Jahre im Rahmen der sonstigen Einkünfte (vgl. Tz 17.3 unter Erläuterungen zur Anlage R, Zeile 9). Erstattungszinsen, die zu den Einkünften aus Gewerbebetrieb gehören, sind gem. BFH-Urteil vom 30.8.2023 (X R 2/22, BStBl 2024 II S. 630) als tarifbegünstigte Vergütung für mehrjährige Tätigkeiten anzusehen, wenn die zugrunde liegende Steuererstattung als Vergütung für mehrjährige Tätigkeiten nach § 34 Abs. 2 Nr. 4 EStG tarifbegünstigt ist. **Voraussetzung** für die Tarifvergünstigung des § 34 Abs. 1 EStG ist allerdings, dass aufgrund der Einkunftsermittlungsvorschriften eine **Zusammenballung von Einkünften** eintritt, die bei Einkünften aus nichtselbständiger Arbeit auf wirtschaftlich vernünftigen Gründen beruht und bei **anderen** Einkünften nicht dem vertragsgemäßen oder dem typischen Ablauf entspricht. Die Tarifbegünstigung des § 34 EStG knüpft nach dem BFH-Urteil vom 2.8.2016 (BStBl 2017 II S. 258) ausschließlich an die Progressionsbelastung durch zugeflossene Einnahmen und grundsätzlich nicht daran an, ob die Modalitäten des Zuflusses vereinbart oder dem Zahlungsempfänger aufgezwungen wurden. Die Anwendung der Vorschrift wird zudem nicht dadurch ausgeschlossen, dass die Vergütungen für eine **mehrjährige Tätigkeit** während **eines** Kj. in **mehreren** Teilbeträgen gezahlt werden (BFH-Urteile vom 11.6.1970, BStBl II S. 639 und vom 30.7.1971, BStBl II S. 802). Im Nachzahlungsbetrag enthaltene Anteile für den laufenden VZ unterliegen nach R 34.4 Abs. 1 Satz 2 EStR nicht der Begünstigung.

Die genannte Vergünstigung kann insbesondere bei **Einkünften aus nichtselbständiger Arbeit** in Betracht kommen. Bei dieser Einkunftsart kommt es nicht darauf an, dass die Vergütung für eine abgrenzbare Sondertätigkeit gezahlt wird oder dass sie eine zwangsläufige Zusammenballung von Einnahmen darstellt. Die Tarifvergünstigung setzt auch nicht voraus, dass der Arbeitnehmer die Arbeitsleistung erbringt; es genügt, dass der Arbeitslohn für mehrere Jahre gezahlt worden ist (BFH-Urteil vom 17.7.1970, BStBl II S. 683). § 34 EStG ist z. B. anwendbar:

1. wenn eine Lohnzahlung für eine Zeit, die vor dem Kj. liegt, deshalb nachträglich geleistet wird, weil der Arbeitgeber Lohnbeträge zu Unrecht einbehalten oder mangels flüssiger Mittel nicht in der festgelegten Höhe ausgezahlt hat,
2. wenn der Arbeitgeber Prämien mehrerer Kj. für eine Versorgung oder für eine Unfallversicherung des Arbeitnehmers deshalb voraus- oder nachzahlt, weil er dadurch günstigere Prämiensätze erzielt oder weil die Zusammenfassung satzungsgemäßen Bestimmungen einer Versorgungseinrichtung entspricht,
3. wenn dem Steuerpflichtigen Tantiemen für mehrere Jahre in einem Kj. zusammengeballt zufließen,
4. wenn Überstundenvergütungen für einen Zeitraum von mehr als zwölf Monaten veranlagungszeitraumübergreifend geleistet werden (BFH-Urteil vom 2.12.2021, BStBl II 2022 S. 442).

Zu den begünstigten Einkünften i. S. des § 34 EStG gehören aber nicht die zwischen Arbeitgeber und Arbeitnehmer vereinbarten und regelmäßig ausgezahlten gewinnabhängigen Tantiemen, deren Höhe erst nach Ablauf des Wj. festgestellt werden kann; es handelt sich hierbei weder um die Abgeltung einer mehrjährigen Tätigkeit (BFH-Urteil vom 30.8.1966, BStBl II S. 545) noch um eine Entschädigung i. S. des § 24 Nr. 1 EStG (BFH-Urteil vom 10.10.2001, BStBl 2002 II S. 347). Nach dem BFH-Urteil vom 6.3.2002 (BStBl II S. 516) ist eine Abfindung an den Arbeitnehmer insoweit keine Entschädigung i. S. des § 24 Nr. 1 EStG, als sie einen künftig entstehenden Pensionsanspruch in kapitalisierter Form abgilt. Zahlt der Arbeitgeber seinem Arbeitnehmer eine Abfindung, weil dieser seine Wochenarbeitszeit aufgrund eines Vertrags zur Änderung des Arbeitsvertrags unbefristet reduziert, so kann darin nach dem BFH-Urteil vom 25.8.2009 (BStBl 2010 II S. 1030) eine begünstigt zu besteuernde Entschädigung i. S. von § 24 Nr. 1 Buchst. a EStG liegen. Der Ersatz eines Verdienstausfallschadens stellt nach dem BFH-Urteil vom 15.10.2024 (IX R 5/23, BStBl II 2025 S. 446) keine Vergütung für eine mehrjährige Tätigkeit dar. In besonders gelagerten **Ausnahmefällen** kann § 34 EStG auch dann anzuwenden sein, wenn die Vergütung für eine mehrjährige nichtselbständige Tätigkeit dem Steuerpflichtigen aus **wirtschaftlich vernünftigen Gründen** nicht in einem Kj., sondern in zwei Kj. in Teilbeträgen zusammengeballt ausgezahlt wird (BFH-Urteil vom 16.9.1966, BStBl 1967 III S. 2). Auf die Ausführungen zur **Anlage N, Zeile 17** (vgl. Tz 11.5.3 unter Erläuterungen zur Anlage N) wird ebenfalls hingewiesen.

Bei Einkünften aus **Gewinnbetrieben** (Land- und Forstwirtschaft, Gewerbebetrieb, selbständige Arbeit) kommt die Tarifvergünstigung des § 34 EStG für eine **mehrjährige** Tätigkeit nur unter ganz bestimmten zusätzlichen Voraussetzungen in Betracht. Nach H 34.4 – Gewinneinkünfte – EStH setzt die Tarifermäßigung auf Gewinneinkünfte voraus, dass die Vergütung für mehrjährige Tätigkeiten eine Progressionswirkung typischerweise erwarten lässt (siehe auch BFH-Urteil vom 25.2.2014, BStBl II S. 668). Dies kann dann der Fall sein, wenn der Steuerpflichtige sich während mehrerer Jahre ausschließlich einer bestimmten Sache gewidmet und die Vergütung dafür in einem einzigen VZ erhalten hat oder eine sich über mehrere Jahre erstreckende Sondertätigkeit, die von der übrigen Tätigkeit des Steuerpflichtigen ausreichend abgrenzbar ist und nicht zum regelmäßigen Gewinnbetrieb gehört, in einem einzigen VZ entlohnt wird oder der Steuerpflichtige für eine mehrjährige Tätigkeit eine Nachzahlung in einem Betrag aufgrund einer vorausgegangenen rechtlichen Auseinandersetzung erhalten hat (BFH-Urteil vom 14.12.2006, BStBl 2007 II S. 180). Gleiches gilt, wenn eine **einmalige Sonderzahlung für langjährige Dienste** aufgrund einer arbeitnehmerähnlichen Stellung geleistet wird (BFH-Urteil vom 7.7.2004, BStBl 2005 II S. 276). Schuldet ein Rechtsanwalt seine Leistung trotz Beibehaltung der rechtlichen Selbständigkeit aufgrund eines Beratungsvertrags im Wesentlichen wie ein Arbeitnehmer (arbeitnehmerähnlich ausgestaltetes Beratungsmandat), so kommt im Zusammenhang mit diesem Vertrag nach dem BFH-Urteil vom 10.7.2012 (BStBl 2013 II S. 155) eine Entschädigung i. S. von § 24 Nr. 1 Buchst. a EStG bei ihm nach den Grundsätzen in Betracht, die für Arbeitnehmer gelten und somit eine Tarifermäßigung nach § 34 Abs. 1 EStG. Die Vereinnahmung eines berufsüblichen Honorars für die Bearbeitung eines mehrjährigen Mandats führt bei einem Rechtsanwalt nach dem BFH-Urteil vom 30.1.2013 (III R 84/11, BFH/NV 2013 S. 829) dagegen nicht zu außerordentlichen Einkünften. Die dagegen eingelegte Verfassungsbeschwerde wurde vom BVerfG nicht zur Entscheidung angenommen (Beschluss vom 20.7.2015, 2 BvR 971/13).

Bei Einkünften aus Land- und Forstwirtschaft, aus Gewerbebetrieb und aus selbständiger Arbeit kann eine Zusammenballung von Einkünften im Übrigen grds. nur bei der Gewinnermittlung durch Überschussrechnung nach § 4 Abs. 3 EStG eintreten. Allerdings hat der BFH in seinen Urteilen vom 25.2.2014 (BStBl II S. 668) und vom 25.9.2014 (BStBl 2015 II S. 220) in Sonderfällen dies auch für Bilanzierende anerkannt. Die erforderliche Zusammenballung ist nicht gegeben, wenn die Vertragsparteien die Vergütung bereits durch ins Gewicht fallende Teilzahlungen auf mehrere Kj. verteilt haben (BFH-Urteil vom 10.2.1972, BStBl II S. 529). Mit Urteil vom 14.12.2006 (BStBl 2007 II S. 180) hat der BFH eine Progressionswirkung bei einem Freiberufler angenommen, dem eine Vergütung für eine mehrjährige Tätigkeit – aufgrund einer vorausgegangenen rechtlichen Auseinandersetzung zusammengeballt zufließt.

Liegen Vergütungen für eine mehrjährige Tätigkeit vor, so können davon nur die im Jahr des Zuflusses bei den außerordentlichen Einkünften angefallenen Betriebsausgaben oder Werbungskosten abgezogen werden. Handelt es sich sowohl bei den laufenden Einnahmen als auch bei den außerordentlichen Bezügen um Versorgungsbezüge i. S. des § 19 Abs. 2 EStG, so können im Kj. des Zuflusses in Betracht kommende Freibeträge für Versorgungsbezüge nach § 19 Abs. 2 EStG **nur einmal** abgezogen werden (BFH-Urteil vom 23.3.1974, BStBl II S. 680); sie sind zunächst bei den nicht nach § 34 EStG begünstigten Einkünften zu berücksichtigen. Nur insoweit nicht verbrauchte Freibeträge für Versorgungsbezüge sind bei den nach § 34 EStG begünstigten Einkünften abzuziehen. Entsprechend ist bei anderen Einkunftsarten zu verfahren, bei denen ein im Rahmen der Einkünfteermittlung anzusetzender Freibetrag (z. B. Werbungskosten-Pauschbetrag) abzuziehen ist. Werden außerordentliche Einkünfte aus nichtselbständiger Arbeit neben laufenden Einkünften dieser Art bezogen, ist bei den Einnahmen der **Arbeitnehmer-Pauschbetrag** oder der Pauschbetrag nach § 9a Nr. 1 Buchst. b EStG **insgesamt nur einmal** abzuziehen, wenn insgesamt keine höheren Werbungskosten nachgewiesen werden (R 34.4 Abs. 3 EStR).

Sind in den **Zeilen 6 bis** 21 außerordentliche Einkünfte i. S. des § 34 EStG (z. B. tarifbegünstigte Entschädigungen) enthalten, so ist der Betrag hier anzugeben und zur Vermeidung von Rückfragen näher zu erläutern. Vergütungen für eine mehrjährige Tätigkeit sollten ggf. auf einem besonderen Blatt angegeben und erläutert werden (vgl. Tz 11.5.2 und 11.5.3 unter Erläuterungen zur **Anlage N, Zeilen 17 und 18**).

22.13 Abzugsbeschränkung für Schuldzinsen wegen Überentnahmen

Die bis 2016 hier vorgesehenen Angaben dienten der Prüfung, ob der Abzug betrieblich veranlasster **Schuldzinsen** als Betriebsausgabe nach § 4 Abs. 4a EStG wegen Überentnahmen **eingeschränkt** ist. Auf die Erläuterungen zur **Anlage G (vgl. Tz 21.20)** und in Teil II (vgl. Teil II Tz 2.11.13.1) wird zur Vermeidung von Wiederholungen Bezug genommen.

22.14 Investitionsabzugsbeträge nach § 7 g EStG

Zur Vermeidung von Wiederholungen wird auf die Ausführungen zur Anlage G (vgl. Tz 21.21) sowie auf **Teil II (vgl. Teil II Tz 1.1.1)** hingewiesen.

22.15 Einnahmen aus bestimmten nebenberuflichen Tätigkeiten

22.15.1 § 3 Nr. 26 EStG

-58 Nach § 3 Nr. 26 EStG sind Einnahmen (Aufwandsentschädigungen) bis zur Höhe von insgesamt **3 000 €** (bis 2012: 2 100 €, bis 2020: 2 400) im Jahr steuerfrei, wenn sie

1. für **nebenberufliche** Tätigkeiten als **Übungsleiter, Ausbilder, Erzieher, Betreuer** oder für vergleichbare nebenberufliche Tätigkeiten,
2. für **nebenberufliche künstlerische** Tätigkeiten oder
3. (für die **nebenberufliche Pflege alter, kranker oder behinderter Menschen**

zur Förderung **gemeinnütziger, mildtätiger und kirchlicher Zwecke** (§§ 52 bis 54 AO) im Dienst oder im Auftrag einer inländischen juristischen Person des öffentlichen Rechts oder einer unter § 5 Abs. 1 Nr. 9 KStG fallenden Einrichtung gezahlt werden.

> **Geplante Gesetzesänderung:**
> Mit dem Entwurf eines Steueränderungsgesetzes 2025 ist geplant, die Steuerbefreiung für Einnahmen im Dienst oder im Auftrag einer juristischen Person des öffentlichen Rechts ebenfalls von den Voraussetzungen der §§ 52 bis 54 AO abhängig zu machen. Diese Änderung soll in allen offenen Fällen nach Inkrafttreten des Gesetzes anzuwenden sein.
> Ferner ist geplant, den Höchstbetrag für die Steuerfreiheit von 3 000 € auf 3 300 € ab 1.1.2026 anzuheben. Bei Redaktionsschluss war das Gesetzgebungsverfahren noch nicht beendet. Der Ausgang und damit der bekannt gemachte Gesetzestext bleiben abzuwarten.

Mit Beschluss vom 1.3.2006 (BStBl II S. 685) hatte der BFH Zweifel an der Rechtmäßigkeit des Inlandsbezugs geäußert und die Frage dem EuGH vorgelegt. Der EuGH hat daraufhin mit Urteil vom 18.12.2007 (RS C-281/06) entschieden, dass die nationale Regelung des § 3 Nr. 26 EStG gegen EU-Recht verstößt. Aufgrund der Anwendung der Dienstleistungsfreiheit auch für nebenamtliche Tätigkeiten bejaht der EuGH die Steuerfreiheit nebenamtlicher Lehrvergütungen eines im Inland ansässigen Steuerpflichtigen, wenn diese Vergütungen von einer öffentlichen Institution eines anderen Mitgliedstaates gezahlt werden. Mit dem Jahressteuergesetz 2009 vom 19.12.2008 (BGBl I S. 2794) wurde die Beschränkung auf das Inland aufgegeben. Begünstigt sind somit nunmehr auch nebenberufliche Tätigkeiten im Dienst oder Auftrag einer juristischen Person des öffentlichen Rechts aus dem EU-/EWR-Ausland. Diese Rechtsänderung galt nicht erst ab 2009, sondern war bereits in allen Fällen anzuwenden, in denen die Steuer noch nicht bestandskräftig festgesetzt ist (§ 52 Abs. 4b EStG a. F.). Mit dem Gesetz zur Vermeidung von Umsatzsteuerausfällen beim Handel mit Waren im Internet und zur Änderung weiterer steuerlicher Vorschriften vom 11.12.2018 (BGBl I S. 2338) wurde der Anwendungsbereich auf die Schweiz ausgedehnt und soll nach der Gesetzesbegründung der Umsetzung der Entscheidung des EuGH vom 21.9.2016 in der Rechtssache C478/15 (Radgen) dienen. Nach § 52 Abs. 4 Satz 5 EStG gilt die Neuregelung für alle noch offenen Fälle, d. h. ggf. auch noch für alte – noch änderbare – Steuerfestsetzungen früherer VZ.

Der Höchstbetrag von **3 000 €** gilt **ab 1.1.2021** und wurde durch das JStG 2020 vom 21.12.2021 (BGBl I 3096) erhöht. Bis 31.12.2020 (seit 1.1.2013) galt nach dem Gesetz zur Stärkung des Ehrenamtes (Ehrenamtsstärkungsgesetz, BGBl I S. 556) vom 21.3.2013 ein Höchstbetrag von 2 400 €; ein Betrag von 2 100 € galt ab 2007 und wurde mit dem Gesetz zur weiteren Stärkung des bürgerschaftlichen Engagements vom 10.10.2007 (BGBl I S. 2332) gegenüber dem davor bestehenden Höchstbetrag von 1 848 € erhöht.

Unter einer Tätigkeit als Übungsleiter, Ausbilder oder Erzieher ist **z. B.** die Tätigkeit eines **Sporttrainers, Chorleiters** oder **Dirigenten** zu verstehen, aber auch die **Lehr- und Vortragstätigkeit** im Rahmen der allgemeinen Bildung und Ausbildung (z. B. Kurse und Vorträge an Schulen und Volkshochschulen, Mütterberatung, Erste-Hilfe-Kurse, Schwimm-Unterricht) oder der beruflichen Aus- und Fortbildung. Nebenberuflich tätige Ärzte im Behinderten- und Coronarsport üben ebenfalls eine nach § 3 Nr. 26 EStG begünstigte Tätigkeit aus. Die Ausbildung von Tieren (z. B. von Rennpferden oder Diensthunden) fällt nicht unter § 3 Nr. 26 EStG. Nach dem BFH-Urteil vom 23.1.1986 (BStBl II S. 398) kann der **Leiter der Außenstelle einer Volkshochschule** Ausbilder i. S. des § 3 Nr. 26 EStG sein, auch wenn er sich nicht durch eigenen Vortrag oder die Abhaltung von Übungen am Unterricht beteiligt. Im Falle eines Schulleiters genügt es nach dem genannten Urteil, dass er eigenständig in den Unterricht anderer Lehrkräfte eingreift, indem er die Unterrichtsveranstaltungen mitgestaltet, ihnen damit den Stempel seiner Persönlichkeit gibt und auch bei der Auswahl der Lehrveranstaltungen und der geeigneten Lehrkräfte mitwirkt. Das Verfassen und der Vortrag eines Rundfunk-Essays sind nach dem BFH-Urteil vom 17.10.1991 (BStBl 1992 II S. 176) keine ausbildende oder erzieherische Tätigkeit i. S. dieser Vorschrift.

Ab dem Jahr 2000 wurde in den Katalog der begünstigten Tätigkeiten die des nebenberuflichen **Betreuers** (auch im Jugend- und Sportbereich) neu aufgenommen. Hierunter sind Personen zu verstehen, die einen pädagogisch ausgerichteten persönlichen Kontakt zu den von ihnen betreuten Menschen herstellen. Dies bedeutet, dass der Betreuer dem Übungsleiter, Ausbilder und Erzieher gleichgestellt ist. Nicht hiernach begünstigt ist der Betreuer nach § 1835 a BGB, vgl. Tz 22.15.3 zu § 3 Nr. 26b EStG ab 2011.

Die Ausdehnung der Vergünstigung des § 3 Nr. 26 EStG auf **nebenberufliche künstlerische** Tätigkeiten (Buchst. b)) gilt bereits seit 1991. Hierunter können z. B. nebenberuflich tätige **Kirchenmusiker** fallen oder ein Pianist, der nebenberuflich Konzerte im Alten- und Pflegeheim, Krankenhaus, in Volkshochschulen oder ähnlichen gemeinnützigen Einrichtungen gibt. Aufwandsentschädigungen für Statisten sind grds. nicht nach § 3 Nr. 26 EStG begünstigt, da **Statisten** nach Verwaltungsauffassung keine künstlerische Tätigkeit ausüben. Eine künstlerische Tätigkeit liegt bei § 3 Nr. 26 EStG (wie bei § 18 EStG) nur vor, wenn eine gewisse Gestaltungshöhe bei eigenschöpferischer Leistung gegeben ist. Nach dem BFH-Urteil vom 18.4.2007 (BStBl II S. 702) kann eine nebenberufliche künstlerische Tätigkeit **auch** dann vorliegen, wenn sie die eigentliche künstlerische **(Haupt-)Tätigkeit nur unterstützt und ergänzt**, sofern sie Teil des gesamten künstlerischen Geschehens ist (H 3.26 – Künstlerische Tätigkeit – LStH). Auch der **Komparse** kann somit – anders als z. B. ein Bühnenarbeiter – eine künstlerische Tätigkeit ausüben. Im Urteilsfall hat sich der Kläger (Statist an der Oper) nach den Feststellungen des Finanzgerichts mit seinen Leistungen im Rahmen des künstlerischen Genres »Darsteller« gehalten und keine rein mechanische Funktion als »menschliche Requisite« wahrgenommen. Der Auftritt des Klägers habe daher nicht unerhebliche schauspielerische Leistungen enthalten.

Die nebenberufliche **Pflege alter, kranker oder behinderter Menschen** umfasst außer der Dauerpflege auch Hilfsdienste bei der häuslichen Betreuung durch ambulante Pflegedienste, insbesondere die Unterstützung bei der Grund- und Behandlungspflege, aber auch häusliche Verrichtungen wie z. B. die Zubereitung von Mahlzeiten, Hilfeleistungen bei der Einnahme von Mahlzeiten, beim An- und Auskleiden und beim Wäschewechsel sowie menschliche Zuwendung (etwa Vorlesen und dgl.). Gelegentliches Einkaufen und Unterstützung der genannten Personen bei der Erledigung von Schriftverkehr kann im Rahmen der genannten Pflegehilfe ebenfalls zu den Pflegemaßnahmen gerechnet werden. Auch nebenberufliche Hilfsdienste bei der Altenhilfe entsprechend § 71 SGB XII (z. B. Hilfe bei der Wohnungs- und Heimplatzbeschaffung, in Fragen der Inanspruchnahme altersgerechter Dienste) und bei Sofortmaßnahmen gegenüber Schwerkranken und Verunglückten (z. B. durch Rettungssanitäter und Ersthelfer) fallen unter die Vergünstigung (R 3.26 LStR).

Bereitschafts- oder Sanitätsdienste bei Sportveranstaltungen, kulturellen Veranstaltungen, Umzügen und anderen Veranstaltungen können nach einem bundeseinheitlichen Beschluss **nicht** in die Vergünstigung des § 3 Nr. 26 EStG einbezogen werden. Dagegen umfasst der Tätigkeitsbereich von Bahnhofsmissionen **zum Teil** auch Pflege- und Betreuungsleistungen, die im Rahmen des § 3 Nr. 26 EStG begünstigt sind. Der begünstigte Teil der Tätigkeit wird in Bayern, Baden-Württemberg und Hessen in der Regel mit 60 % des Gesamttätigkeitsbereichs einer Bahnhofsmission angesetzt. Soweit in anderen Bundesländern keine vergleichbaren Regelungen bestehen, ist diese Aufteilung als Richtwert anzusehen. Aufwandsentschädigungen nebenberuflicher Mitarbeiter(innen) in Bahnhofsmissionen können sonach in Höhe von 60 % der Einnahmen, höchstens mit 3 000 € jährlich, steuerfrei sein. Von dem Satz von 60 % kann im Einzelfall abgewichen werden, wenn seine Anwendung zu einer unzutreffenden Besteuerung führen würde.

Aufgrund der Erweiterung der Vorschrift (vgl. oben **Buchst. c)**) kann die Steuervergünstigung schon seit 1990 insbesondere auch bei solchen Personen angewendet werden, die im Auftrag einer entsprechenden öffentlichen oder steuerbegünstigten privaten Einrichtung (z. B. Krankenpflegeverein oder Sozialstation) nebenberuflich im Pflegedienst arbeiten.

Ob die »**Nebenberuflichkeit**« einer begünstigten Tätigkeit bejaht werden kann, beurteilte sich früher u. a. nach dem Zeitaufwand, der Höhe der Vergütung und dem Umfang, in dem aus der Tätigkeit der Lebensunterhalt bestritten wird. Im Urteil vom 30.3.1990 (BStBl II S. 854) hat der BFH entschieden, dass eine Tätigkeit nur dann nebenberuflich i. S. von § 3 Nr. 26 EStG ist, wenn sie **nicht mehr als ein Drittel der Arbeitszeit eines vergleichbaren Vollzeiterwerbs** in Anspruch nimmt. Mehrere **gleichartige** Tätigkeiten sind nach dieser BFH-Entscheidung zusammenzufassen, wenn sie sich nach der Verkehrsanschauung als Ausübung eines einheitlichen Hauptberufes darstellen, z. B. Unterricht von jeweils weniger als dem dritten Teil des Pensums einer Vollzeitkraft in mehreren Schulen. Übt ein Steuerpflichtiger mehrere **verschiedenartige** Tätigkeiten i. S. des § 3 Nr. 26 EStG aus, ist die Frage der Nebenberuflichkeit für jede Tätigkeit getrennt zu beurteilen. An der in früheren Urteilen zum Ausdruck kommenden Auffassung, auch der Umfang des Beitrags zum Lebensunterhalt sei unter Umständen ein Abgrenzungskriterium, hat der BFH in der neuen Entscheidung ausdrücklich nicht mehr festgehalten. Im Übrigen können weiterhin auch solche Personen »nebenberuflich« tätig sein, die im steuerrechtlichen Sinne keinen Hauptberuf ausüben, beispielsweise Hausfrauen, Vermieter, Studenten, Rentner oder Arbeitslose.

Die wichtigsten (nicht alle) gemeinnützigen Zwecke sind in § 52 Abs. 2 AO (bis 2006: Anlage 1 zu § 48 Abs. 2 EStDV) zusammengestellt. Wird eine Tätigkeit im Rahmen der Erfüllung der Satzungszwecke einer juristischen Person ausgeübt, die wegen Verfolgung gemeinnütziger, mildtätiger oder kirchlicher Zwecke steuerbegünstigt ist, so kann im Allgemeinen davon ausgegangen werden, dass die Tätigkeit ebenfalls der Förderung dieser steuerbegünstigten Zwecke dient. Begünstigt kann auch eine Tätigkeit für eine juristische Person des öffentlichen Rechts sein (z. B. nebenberufliche Lehrtätigkeit an einer **Universität**, nebenberufliche Ausbildungstätigkeit bei der **Feuerwehr**, nebenberufliche Fortbildungstätigkeit für eine **Anwalts- oder Ärztekammer**). Nicht zu den begünstigten Einrichtungen gehören beispielsweise Berufsverbände (Arbeitgeberverband, Gewerkschaft) oder Parteien. Fehlt es an einem begünstigten Auftraggeber/Arbeitgeber, kann der Steuerfreibetrag nicht berücksichtigt werden.

Der BFH hat in den Urteilen vom 26.3.1992 (BStBl 1993 II S. 20) und vom 29.10.1992 (BFH/NV 1993 S. 234) entschieden, dass der nebenberuflich erteilte Unterricht, den ein Krankenhausarzt an einer dem Krankenhaus angeschlossenen Pflegeschule erteilt, auch dann nach § 3 Nr. 26 EStG begünstigt ist, wenn er sich auf den Kreis der Pflegeschüler **dieses Krankenhauses** beschränkt. Nach Auffassung des BFH kommt die Ausbildung (Gesundheitspflege) der Allgemeinheit zugute, was für die Anwendung der Begünstigungsvorschrift ausreiche (auch R 3.26 Abs. 4 LStR). Im Urteil vom 26.3.1992 (BFH/NV 1993 S. 290) hat der BFH darüber hinaus den nebenamtlichen Unterricht einer Justizangestellten, den diese ausschließlich den Auszubildenden **eines** Amtsgerichts erteilte, als nach § 3 Nr. 26 EStG begünstigt angesehen, weil diese Ausbildung im Interesse der Allgemeinheit (nämlich der Rechtspflege) erfolge. Nach dieser Rspr. dient somit eine im Dienst einer inländischen öffentlich-rechtlichen Körperschaft ausgeübte nebenberufliche Unterrichtstätigkeit auch dann begünstigten Zwecken i. S. des § 3 Nr. 26 EStG, wenn sie sich auf einen abgeschlossenen Personenkreis beschränkt, aber dennoch der Allgemeinheit zugute kommt. Bei der Auslegung des letzten Begriffs ist ein großzügiger Maßstab anzulegen. Nach dem rechtskräftigen Urteil des Schleswig-Holsteinischen FG vom 7.3.2018 (2 K 174/17, EFG 2018 S. 925) sind Vergütungen für eine Tätigkeit als sog. Lehrarzt nicht nach § 3 Nr. 26 EStG steuerfrei, wenn es an einer inhaltlichen, zeitlichen und organisatorischen Trennung der »hauptberuflichen« Tätigkeit als Arzt und der »nebenberuflichen« Tätigkeit als Lehrarzt fehlt. Inhaltlich und zeitlich überschneiden sich die Tätigkeiten, da mit der Behandlung der Patienten unter Anwesenheit der Studierenden gleichzeitig Haupt- und Nebenberuf ausgeübt werden. Auch organisatorisch seien die Tätigkeiten als Arzt und Lehrarzt derartig eng miteinander verzahnt, dass äußerlich eine Trennung nur im geringen Umfang erfolgt. Diese bestehe einzig in dem Umstand, dass der Arzt mit den Studierenden zusätzlich zu den Unterweisungen während der Behandlung der Patienten Vor- und/oder Nachbesprechungen durchführt. Der Hauptteil des »Nebenberufs« werde danach aber quasi en passant zum »Hauptberuf« durchgeführt. Die Tätigkeit als Prüfer bei einer **Prüfung**, die zu Beginn, im Verlaufe oder als Abschluss einer Ausbildung abgenommen wird, ist wegen des Zusammenhangs zwischen Prüfung und Ausbildung mit der Tätigkeit eines Ausbilders **vergleichbar** und ebenfalls nach o. a. **Buchst. a)** begünstigt. Das gilt z. B. für die nebenamtliche Prüfungstätigkeit eines Hochschullehrers bei der ersten juristischen Staatsprüfung (BFH-Urteil vom 29.1.1987, BStBl II S. 783) oder für die nebenamtliche Tätigkeit eines Finanzbeamten im Zulassungs- und Prüfungsausschuss zur Durchführung der Steuerberaterprüfung (BFH-Urteil vom 23.6.1988, BStBl II S. 890). Eine Tätigkeit, die ihrer Art nach keine übungsleitende, ausbildende oder erziehende Tätigkeit ist, ist jedoch **nicht** »vergleichbar«, auch wenn sie die übrigen Voraussetzungen des § 3 Nr. 26 EStG erfüllt (z. B. Tätigkeit als Vorstandsmitglied oder als Vereinskassierer, als Helfer bei einer Wohlfahrtsorganisation, als Gerätewart bei einem Sportverein). Für diesen Personenkreis gilt jedoch ab 2007 die Befreiung nach § 3 Nr. 26a EStG (vgl. Tz 22.15.2).

Auch bei Einnahmen aus **mehreren** begünstigten Tätigkeiten i. S. der obigen Nummern 1. bis 3. (z. B. auch für verschiedene gemeinnützige Organisationen) ist die Steuerfreiheit auf einen einmaligen Jahresbetrag von **3 000 €** begrenzt (BFH-Urteil vom 23.6.1988, BStBl II S. 890). Werden Einnahmen **teils** für eine unter § 3 Nr. 26 EStG fallende und teils für eine **andere** Tätigkeit gezahlt, so ist lediglich der entsprechende Anteil steuerfrei. Die Begrenzung auf einen einmaligen Jahresfreibetrag von 3 000 € gilt auch dann, wenn dem Steuerpflichtigen in einem Jahr Einnahmen aus einer **in mehreren Jahren ausgeübten Tätigkeit** i. S. von § 3 Nr. 26 EStG zufließen (BFH-Urteil vom 15.2.1990, BStBl II S. 686). Der Jahresfreibetrag ist nicht zeitanteilig aufzuteilen, wenn die begünstigte Tätigkeit nur wenige Monate im Jahr ausgeübt wird.

Nach dem BFH-Urteil vom 30.1.1986 (BStBl II S. 401) ist der steuerfreie Einnahmenbetrag von 3 000 € mit den **tätigkeitsbedingten Ausgaben** bis zur gleichen Höhe zu **saldieren**. Daraus folgt, dass ein **Abzug von Ausgaben bis zur Höhe der steuerfreien Einnahmen ausscheidet** und nur diejenigen Aufwendungen, die die steuerfreien Einnahmen übersteigen, abziehbar sind. Werden im Zusammenhang mit der nebenberuflichen Tätigkeit **höhere Aufwendungen** als insgesamt 3 000 € im Jahr geltend gemacht, so wirkt sich die Steuerfreiheit des § 3 Nr. 26 EStG wegen der genannten Saldierung nicht aus. Entstehen bei einer beabsichtigten nebenberuflichen Tätigkeit i. S. des § 3 Nr. 26 EStG **vorweggenommene Betriebsausgaben**, kommt es aber nicht mehr zur Ausführung der Tätigkeit, steht das Abzugsverbot des § 3 c EStG dem Abzug dieser Betriebsausgaben nicht entgegen (BFH-Urteil vom 6.7.2005, BStBl 2006 II S. 163). Mit Urteil vom 16.6.2015 hat das FG Mecklenburg-Vorpommern (3 K 368/14, juris) entschieden, dass entgegen R 3.26 Abs. 9 LStR die die Aufwandsentschädigung übersteigenden Aufwendungen als Verlust zu berücksichtigen sind, wenn sowohl Einnahmen als auch Ausgaben unter dem Freibetrag liegen. Der BFH hat in seinem Urteil vom 20.11.2018 (VIII R 17/16, BStBl 2019 II S. 422) diese Auffassung bestätigt, wenn der Steuerpflichtige mit Einkünfteerzielungsabsicht handele. In einem weiteren Urteil hat das Thüringer FG mit Urteil vom 30.9.2015 (3 K 480/14, EFG 2015 S. 2165) entschieden, dass Betriebsausgaben bei ehrenamtlichen Übungsleitern auch dann geltend gemacht werden können und (ggf.) zu einem Verlust führen, wenn die erzielten Einnahmen den nach § 3 Nr. 26 EStG steuerfreien Betrag von 3 000 € (im Streitfall noch 2 100 €) nicht übersteigen. Diese Auffassung hat der BFH in seinem Urteil vom 20.12.2017 (III R 23/15, BFH/NV 2018 S. 672) bestätigt, jedoch das Verfahren zur weiteren Sachverhaltsaufklärung an das FG der Vorinstanz zurückverwiesen, um die Einkünfteerzielungsabsicht prüfen zu lassen. Übersteigen die Einnahmen den steuerfreien Betrag von 3 000 € oder die nachgewiesenen höheren Aufwendungen, so unterliegen sie – falls sie nicht nach anderen Vorschriften (z. B. § 3 Nr. 9, 12, 16, 26a EStG) steuerfrei sind – insoweit der ESt.

Frühere Verwaltungsanweisungen, nach denen von den Einnahmen aus bestimmten nebenberuflichen Tätigkeiten (z. B. als Übungsleiter oder Stundentrainer in Sportvereinen) 25 %, höchstens jedoch 1 200 DM jährlich ohne Einzelnachweis als Betriebsausgaben (oder Werbungskosten) abgezogen werden konnten, sind nicht mehr anwendbar, **soweit** es sich um Einnahmen aus einer begünstigten Tätigkeit i. S. des § 3 Nr. 26 EStG handelt (vgl. Tz 22.1 zu **Zeile 4**).

In den **Zeilen 57 und ggf. 58** ist u. a. die Art der nebenberuflichen Tätigkeit anzugeben. Zur Vermeidung von Rückfragen empfiehlt es sich, nähere Ausführungen hierzu ggf. in einer besonderen Anlage zu machen. Soweit die nebenberufliche Tätigkeit in einem **Dienstverhältnis** (nichtselbständig) ausgeübt wird, vgl. Tz 11.9 unter Erläuterungen zur **Anlage N, Zeile** 19. Übersteigen die Einkünfte den steuerfreien Höchstbetrag an Einnahmen, ist der übersteigende Gewinn in den Zeilen 6, 9, 12, 20 oder 21 zu erklären.

Eine elektronische **Übermittlungspflicht** der Anlage **EÜR** besteht **nicht**, wenn Einnahmen nach § 3 Nr. 26 EStG insgesamt steuerfrei sind oder nur teilweise steuerfrei, jedoch keine tatsächlich angefallenen Betriebsausgaben geltend gemacht werden oder wenn keine Veranlagung nach § 46 EStG in Betracht kommt (vgl. Vorbemerkungen Tz 12.2).

BEISPIEL:
Ein ehrenamtlich tätiger Sporttrainer erhält – außerhalb eines Dienstverhältnisses – eine Aufwandsentschädigung i. H. von 400 €/Monat, d. h. 4 800 € im Jahr. Die mit dieser Tätigkeit entstandenen tatsächlichen Betriebsausgaben betragen 1 000 € im Jahr.
In Zeile 57 sind bei »Gesamtbetrag« die 4 800 € und bei »davon als steuerfrei behandelt« der Höchstbetrag von 3 000 € einzutragen. Die verbleibenden (4 800 € ./. 3 000 € =) 1 800 € sind (je nach Fallgestaltung) in den Zeilen 6, 9, 12, 20 oder 21 zu erklären und in Zeile 57 hierauf zu verweisen. Zudem besteht die Verpflichtung zur elektronischen Übermittlung der Anlage EÜR, da der Differenzbetrag 410 € übersteigt.
Ein Abzug der Betriebsausgaben kommt nicht in Betracht, da die entstandenen 1 000 € die steuerfreien Einnahmen von 3 000 € nicht übersteigen.

22.15.2 § 3 Nr. 26a EStG

Ebenfalls mit dem Gesetz zur weiteren Stärkung des bürgerschaftlichen Engagements vom 10.10.2007 (BGBl I S. 2332) wurde mit **§ 3 Nr. 26a EStG** eine neue **Steuerbefreiung** für Einnahmen aus nebenberuflichen Tätigkeiten im Dienst oder Auftrag einer inländischen juristischen Person des öffentlichen Rechts oder einer unter § 5 Abs. 1 Nr. 9 KStG fallenden Einrichtung zur Förderung gemeinnütziger, mildtätiger und kirchlicher Zwecke bis zur Höhe von insgesamt 500 € im Jahr eingeführt (sog. Ehrenamtspauschale) und für Vergütungen ab 1.1.2013 mit dem sog. Ehrenamtsstärkungsgesetz vom 21.2.2013 (BGBl I S. 556) auf 720 € im Jahr und mit dem JStG 2020 vom 21.12.2020 (BGBl I S. 3096) **ab 1.1.2021 auf 840 € im Jahr** erhöht. Wie auch bei § 3 Nr. 26 EStG wurde der Anwendungsbereich inzwischen auf Tätigkeiten im Dienst oder Auftrag einer juristischen Person des öffentlichen Rechts ausgedehnt, die in einem anderen EU-/EWR-Mitgliedstaat oder der Schweiz belegen ist (vgl. Tz 22.15.1). Zu Einzelfragen hat sich das BMF in seinem Schreiben vom 25.11.2008 (BStBl I S. 985) geäußert. Aufgrund der Änderungen durch das o. a. Ehrenamtsstärkungsgesetz erfolgte eine Anpassung mit Schreiben vom 21.11.2014 (BStBl I S. 1581).

Geplante Gesetzesänderung:
Mit dem Entwurf eines Steueränderungsgesetzes 2025 ist geplant, die Steuerbefreiung für Einnahmen im Dienst oder im Auftrag einer juristischen Person des öffentlichen Rechts ebenfalls von den Voraussetzungen der §§ 52 bis 54 AO abhängig zu machen. Lt. Gesetzesbegründung widersprach die bisherige Formulierung dem Sinn und Zweck der Norm. Damit stellt sich der Gesetzgeber gegen die BFH-Entscheidung vom 8.5.2024, VIII R 9/21. Diese Änderung soll in allen offenen Fällen nach Inkrafttreten des Gesetzes anzuwenden sein.
Ferner ist geplant, den Höchstbetrag für die Steuerfreiheit von 840 € auf 960 € ab 1.1.2026 anzuheben. Bei Redaktionsschluss war das Gesetzgebungsverfahren noch nicht beendet. Der Ausgang und damit der bekannt gemachte Gesetzestext bleiben abzuwarten.

Der Betrag ist ein **Jahresbetrag**, der auch dann nur einmal gewährt wird, wenn mehrere begünstigte Tätigkeiten ausgeübt werden (BMF-Schreiben vom 21.11.2014, a. a. O., Tz 7; BFH-Urteil vom 3.7.2018, VIII R 28/15, BStBl II S. 715); er ist nicht zeitanteilig aufzuteilen, wenn die begünstigte Tätigkeit lediglich wenige Monate ausgeübt wird und gilt auch bei zusammen veranlagten Ehegatten/ Lebenspartnern personenbezogen. Die neue Steuerfreiheit gilt für Einnahmen, die ab 1.1.2007 zugeflossen sind. Der **Freibetrag** i. H. von 840 € wird verwehrt, **wenn** (nicht: soweit!) für die Einnahmen eine **Steuerfreiheit nach § 3 Nr. 12 oder 26 EStG** gewährt wird oder gewährt werden könnte. Das BMF-Schreiben vom 21.11.2014 (a. a. O., Tz 5) zählt hierzu beispielsweise den Fall auf, dass die Tätigkeit des Versichertenältesten unter die schlichte Hoheitsverwaltung fällt, sodass die Steuerbefreiung nach § 3 Nr. 12 Satz 2 EStG anwendbar, und damit § 3 Nr. 26a EStG ausgeschlossen ist. Für eine andere Tätigkeit, die neben einer nach § 3 Nr. 12 oder Nr. 26 EStG begünstigten Tätigkeit bei einer anderen oder derselben Körperschaft ausgeübt wird, kann die Steuerbefreiung nach § 3 Nr. 26a EStG nach Auffassung des BMF nur dann in Anspruch genommen werden, wenn die Tätigkeit nebenberuflich ausgeübt wird und die Tätigkeiten voneinander trennbar sind, gesondert vergütet werden und die dazu getroffenen Vereinbarungen eindeutig sind und durchgeführt werden.

Werden Einnahmen erzielt, die teils für eine Tätigkeit, die unter § 3 Nr. 26a EStG fällt, und teils für eine andere Tätigkeit, die nicht unter § 3 Nr. 12, Nr. 26 oder Nr. 26a EStG fällt, gezahlt, ist nach BMF-Schreiben vom 21.11.2014 (a. a. O., Tz 6) lediglich für den entsprechenden Anteil nach § 3 Nr. 26a EStG der Freibetrag zu gewähren. Wegen § 3 Nr. 26b EStG vgl. Tz 22.15.3. Wenn auf bestimmte Bezüge sowohl § 3 Nr. 26a EStG als auch andere Steuerbefreiungsvorschriften anwendbar sind, sind die Vorschriften in der Reihenfolge anzuwenden, die für den Steuerpflichtigen am günstigsten sind. Auf die Entschädigung für Verdienstausfall an ehrenamtliche Richter nach § 18 des Justizvergütungs- und Entschädigungsgesetzes (JVEG) ist jedoch nach dem BFH-Urteil vom 31.1.2017 (IX R 10/16, BStBl 2018 II S. 571) § 3 Nr. 26a EStG nicht anzuwenden, wenn nach § 3 Nr. 12 EStG steuerfreier Auslagenersatz gezahlt worden ist.

Im Unterschied zur o. a. Steuerbefreiung nach § 3 Nr. 26 EStG wird der Freibetrag von 840 € nach § 3 Nr. 26a EStG gewährt, wenn keine der bei § 3 Nr. 26 EStG genannten Tätigkeiten (z. B. als Übungsleiter, Ausbilder, Erzieher oder Betreuer) vorliegen. Die Ehrenamtspauschale kann daher für jede Art von Tätigkeit für gemeinnützige Vereine, Verbände oder öffentliche Einrichtungen in Anspruch genommen werden, wie z. B. als Vereinsvorstand, Schatzmeister, Platz- oder Gerätewart, Reinigungsdienst, Fahrdienst von Eltern zu Auswärtsspielen von Kindern. Voraussetzung ist nach R 3.26a Abs. 1 EStR allerdings, dass die Tätigkeit der Förderung gemeinnütziger, mildtätiger oder kirchlicher Zwecke dient. Eine Tätigkeit im Dienst oder Auftrag einer steuerbegünstigten Körperschaft muss für deren ideellen Bereich einschließlich ihrer Zweckbetriebe ausgeübt werden. Tätigkeiten in einem stpfl. Geschäftsbetrieb und bei der Verwaltung des Vermögens sind nach Verwaltungsauffassung nicht begünstigt (BMF-Schreiben vom 21.11.2014, a. a. O., Tz 1). Nach R 3.26a Abs. 2 EStR können ehrenamtlich tätige Schiedsrichter im Amateurbereich – im Gegensatz zu Amateursportlern – bei Vorliegen auch der übrigen gesetzlichen Voraussetzungen die Steuerbefreiung nach § 3 Nr. 26a EStG in Anspruch nehmen.

Für im Zusammenhang mit Einnahmen aus dieser Tätigkeit stehende Ausgaben sowie die Eintragung in die Zeilen 57 und 58 gelten die gleichen Grundsätze wie bei der Steuerfreiheit nach § 3 Nr. 26 EStG. Insoweit wird auf Tz 22.15.1 verwiesen.

22.15.3 § 3 Nr. 26b EStG

Mit dem Jahressteuergesetz 2010 vom 8.12.2010 (BGBl I S. 1768) wurde eine bereits seit Längerem geforderte Steuerbefreiung für Aufwandsentschädigungen nach § 1835a BGB (ab 2023: § 1978 BGB) mit Wirkung ab VZ 2011 geschaffen. Davon begünstigt sind Zahlungen für die ehrenamtliche Betreuung in Rechts- und Vermögensfragen des Betreuten, die Vormünder (§§ 1773 ff. BGB), rechtliche Betreuer (§§ 1814 ff. BGB) oder ehrenamtliche Pfleger (§§ 1882 ff. BGB) von Mündeln erhalten. Ob die Zahlungen aus dem Vermögen des Betreuten oder aus der Staatskasse stammen, ist für die Steuerfreiheit unerheblich. § 1835 a BGB, auf den in § 3 Nr. 26b EStG verwiesen wird, enthält beide Fallgestaltungen.

Zu der Frage der Nebenberuflichkeit wird zur Vermeidung von Wiederholungen auf die Ausführungen zu § 3 Nr. 26 EStG (vgl. Tz 22.15.1) verwiesen.

Eine Besonderheit ergibt sich hinsichtlich des Umfangs der Steuerfreiheit. Hierfür enthält das Gesetz keinen festen Betrag oder Prozentsatz der Einnahmen. Nach § 3 Nr. 26b EStG können Einnahmen **nur insoweit steuerfrei** gestellt werden, als der **Höchstbetrag für den sog. Übungsleiter-Pauschbetrag** von 3 000 € (vgl. Tz 22.15.1) **noch nicht ausgeschöpft** wurde. Nach der gesetzlichen Formulierung ist § 3 Nr. 26 EStG gegenüber der neuen Steuerbefreiung vorrangig anzuwenden. U. E. ist aber auch eine Gleichrangigkeit nach dem Gesetzeswortlaut vorstellbar. D. h. der Steuerpflichtige kann selbst bestimmen, wie er die maximale Steuerfreiheit von 3 000 € auf Einnahmen der beiden Vorschriften verteilt. Die Vorteilhaftigkeit für eine Entscheidung hängt dabei von den mit diesen Einnahmen im Zusammenhang stehenden Ausgaben ab. Überschreiten z. B. bei einer Tätigkeit die Ausgaben die Einnahmen, sollte wegen des in § 3 Nr. 26 Satz 2 EStG enthaltenen Verbrauchs des Abzugs der Ausgaben durch die Steuerfreiheit der Einnahmen, auf den auch § 3 Nr. 26b EStG in Satz 2 verweist, die Entscheidung zugunsten der Vorschrift fallen, bei der dies nicht der Fall ist und somit für die verlustreiche Tätigkeit die Feststellung eines vortragsfähigen Verlustes beantragt werden.

Mit Urteil vom 17.10.2012 (BStBl 2013 II S. 799) hat der BFH entschieden, dass Aufwandsentschädigungen ehrenamtlicher Betreuer nach § 1835 a BGB – **vollständig** – nach § 3 Nr. 12 EStG steuerfrei sind. Damit kommt es für diese Entschädigungen nicht mehr zu einer Begrenzung der Steuerfreiheit nach § 3 Nr. 26b EStG. Dieser Auffassung ist die Finanzverwaltung entgegengetreten und hat in seinem BMF-Schreiben vom 21.11.2014 (a. a. O., Tz 5) auf die **gesetzliche Qualifikation** von Aufwandsentschädigungen nach § 1835 a BGB an ehrenamtlich tätige Betreuer (§ 1896 Abs. 1 Satz 1, § 1908 i Abs. 1 BGB), Vormünder (§ 1773 Abs. 1 Satz 1 BGB) und Pfleger (§§ 1909 ff., 1915 Abs. 1 Satz 1 BGB) **zu § 3 Nr. 26b EStG** ab 2011 hingewiesen. Für im Zusammenhang mit Einnahmen aus dieser Tätigkeit stehende Ausgaben sowie die Eintragung in die Zeilen 57 und 58 gelten die gleichen Grundsätze wie bei der Steuerfreiheit nach § 3 Nr. 26 EStG (vgl. Tz 22.15.1).

22.16 Kürzungsbetrag nach § 11 AStG

Beteiligungserträge aus einer ausländischen Gesellschaft unterliegen der regulären Besteuerung (entweder Teileinkünfteverfahren oder Abgeltungsteuer). Um eine Doppelbesteuerung durch Ansatz des Beteiligungsertrags und des Hinzurechnungsbetrags zu vermeiden, wird ein sog. Kürzungsbetrag nach § 11 AStG ermittelt. Der Kürzungsbetrag wird im Falle einer Ausschüttung bei der Summe der Einkünfte und in Fällen der Abgeltungsteuer bei der Summe der Kapitalerträge abgezogen, soweit in den Vorjahren Hinzurechnungsbeträge als sog. Hinzurechnungskorrekturvolumen gesondert festgestellt wurden (§ 11 Abs. 1 AStG). Der Kürzungsbetrag nach § 11 AStG ist in Zeile 59 einzutragen.

23. Anlage 34a 2025 für die Begünstigung nicht entnommener Gewinne

23.0 Vorbemerkung

> **ELSTER:**
> Bei Verwendung des amtlichen Steuererklärungsprogramms **Mein ELSTER** ist zu beachten, dass die Anlage 34a nach der Systematik von Mein ELSTER ein neues Formular außerhalb der Einkommensteuererklärung darstellt. Vor den Eintragungen zum Begünstigungsbetrag (vgl. Tz 23.1), zur Nachversteuerung (vgl. Tz 23.2) und zur Übernahme eines nachversteuerungspflichtigen Betrags (vgl. Tz 23.3) sind zuerst allgemeine Angaben zu machen. Dazu muss zunächst die Steuernummer eingetragen werden. Dies ist die Steuernummer, zu deren begünstigungsfähigen Gewinnen die Begünstigung nach § 34a EStG beantragt werden soll oder in den Vorjahren beantragt wurde. Im Anschluss können für den Steuerpflichtigen und/oder dessen Ehefrau/Lebenspartner bei Zusammenveranlagung je Betrieb Eintragungen gemacht werden.

23.1 Begünstigungsbetrag

Aufgrund der Neuregelung der Begünstigung für nicht entnommene Gewinne wurde ab 2008 eine neue Anlage 34a geschaffen. Für jeden Betrieb, für den die ermäßigte Besteuerung in Anspruch genommen wird, ist eine eigene Anlage 34a abzugeben. Wurde bis zum 31.12.2024 ein Nachversteuerungsbetrag vom Finanzamt festgestellt, ist auch im Jahr 2025 eine Anlage 34a für diesen Betrieb abzugeben. In Zeile 3 ist daher die laufende Nr. der abgegebenen Anlage 34a zur Einkommensteuererklärung anzugeben, um im Vorjahresvergleich eine Identifizierung des nämlichen Betriebs zu ermöglichen. Wird die Begünstigung für Betriebe beantragt, aus denen Einkünfte aus unterschiedlichen Einkunftsarten erzielt werden, wird dabei aber nicht gefordert, eine bestimmte Reihenfolge bei der Nummerierung einzuhalten. Die Identifizierung erfolgt über die Wirtschafts-Identifikationsnummer (W-IdNr.) des Betriebs, die in Zeile 6 anzugeben ist. Vgl. dazu die Ausführungen in Tz 15 der Vorbemerkungen.

> **ELSTER:**
> Bei Verwendung des amtlichen Steuererklärungsprogramms **Mein ELSTER** wird an dieser Stelle nach der Betriebsnummer gefragt. Die Feststellung des nachversteuerungspflichtigen Betrags nach § 34a EStG erfolgt betriebsbezogen. Jeder Betrieb oder Mitunternehmeranteil, für den Sie die Begünstigung nach § 34a EStG beantragen, erhält eine »laufende Nummer des Betriebs« (Betriebsnummer). Diese Nummer ist im »Bescheid über die gesonderte Feststellung des nachversteuerungspflichtigen Betrags nach § 34a EStG« ausgewiesen. Nach den Hinweisen bei **Mein ELSTER** sollte diese Nummer auch in den Anlagen 34a der nachfolgenden Jahre beibehalten werden.
> Beispiel:
> Drei Betriebe mit den laufenden Nummern des Betriebs 1, 2 und 3. Der Betrieb mit der laufenden Nummer 2 fällt weg. Für die zwei verbleibenden Betriebe sind weiterhin die Nummern 1 und 3 zu verwenden.

4 § 34a EStG stellt eine Tarifvorschrift dar, die für Personenunternehmen nach der Gesetzesbegründung als Ausgleich für die abgesenkte Tarifbelastung bei Körperschaften durch das Unternehmensteuerreformgesetz 2008 vom 14.8.2007 (BGBl I S. 1912) mit Wirkung ab 2008 eingeführt worden ist. Der Ansatz der Begünstigung ist jedoch keine Ermäßigung der Bemessungsgrundlage für den Steuertarif, sondern führt insoweit zu einer dualen ESt für Teile der (Gesamt-)Bemessungsgrundlage. Der Anteil des Gewinns aus einem Betrieb oder Mitunternehmeranteil, den der Steuerpflichtige im Wj. nicht entnommen hat, soll nach dem Willen des Gesetzgebers nicht mehr dem (höheren) persönlichen progressiven Steuersatz des Steuerpflichtigen unterliegen, sondern lediglich einem **ermäßigten Steuersatz von 28,25 %** (ggf. zzgl. 5,5 % Solidaritätszuschlag, da mit Gesetz zur Rückführung des Solidaritätszuschlags 1995 vom 10.12.2019 eine weitgehende Abschaffung ab 2021 beschlossen wurde; die dagegen erhobene Verfassungsbeschwerde beim BVerfG mit dem Ziel der vollständigen Abschaffung ab 2020, Az. 2 BvR 1505/20, wurde mit Urteil vom 26.3.2025 zurückgewiesen). Mit dem Gesetz für ein steuerliches Investitionssofortprogramm zur Stärkung des Wirtschaftsstandorts Deutschland vom 14.7.2025 (BGBl I Nr. 161) wurde ab 2028 eine Senkung des ermäßigten Steuersatzes beschlossen: 2028 und 2029 = je 27 %, 2030 und 2031 = je 26 % und ab 2032 = 25 %. Darüber hinaus bedeutet die gesonderte Besteuerung auch eine Begünstigung des übrigen zu versteuernden Einkommens. Der Anteil des zu versteuernden Einkommens, für den eine Begünstigung nach § 34a EStG nicht in Betracht kommt (z. B. Einkünfte aus anderen Einkunftsarten) unterliegt durch das Herauslösen des Betrags, der mit 28,25 % besteuert wird, insoweit einer Begünstigung, als für das nunmehr verbleibende zu versteuernde Einkommen eine neue – niedrigere – tarifliche ESt entsteht. Bedingung für diese Begünstigung ist jedoch, dass das verbleibende zu versteuernde Einkommen geringer ist als der Betrag, für den der Spitzensteuersatz zu zahlen ist, sodass auch eine Progressionswirkung entstehen kann. Sind in dem zu versteuernden Einkommen aufgrund eines Verlustausgleichs der negativen und positiven Einkünfte aus Gewerbebetrieb keine begünstigen nicht entnommenen Gewinne aus Gewerbebetrieb enthalten, ist nach dem Urteil des FG Baden-Württemberg vom 7.11.2014 (Az. 9 K 3297/13) der begünstigte Steuersatz von 28,25 % nicht anwendbar. Dies hat der BFH in seinem Urteil vom 20.3.2017 (BStBl II S. 958) bestätigt.

Mit dem Wachstumschancengesetz vom 27.3.2024 (BGBl I Nr. 108) wurde § 34a EStG **ab VZ 2024 neu** gefasst. Wesentlichste Neuerungen sind die Erhöhung des begünstigungsfähigen Gewinns um die gezahlte GewSt und die Beträge, die zur Zahlung der ESt nach § 34a Abs. 1 EStG entnommen wurden. Ferner ist in dem geänderten § 34a Abs. 2 Satz 2 EStG eine Fiktion enthalten, dass Entnahmen vorrangig bis zur Höhe der ESt i. S. des § 34a Abs. 1 EStG und des – soweit zu zahlen – Solidaritätszuschlags als zur Zahlung dieser Beträge verwendet gelten. Im Zusammenhang mit dem Grundsatz in § 34a Abs. 2 Satz 1 EStG wird der Steuerpflichtige vom Nachweis entlastet, ob und in welcher Höhe Entnahmen zum Zweck der Steuerzahlung für begünstigt besteuerte, nicht entnommene Gewinne verwendet wurden.

Mit Schreiben vom 11.8.2008 (BStBl I S. 838) hatte das BMF Hinweise zur Anwendung der Tarifbegünstigung bekannt gegeben. Aufgrund der v. g. Änderungen durch das Wachstumschancengesetz wurden mit BMF-Schreiben vom 12.3.2025 (BStBl I S. 671) die Anwendungshinweise neu gefasst.

Die Tarifbegünstigung muss gesondert beantragt werden (siehe Zeile 49 der Anlage G, Zeile 39 der Anlage L, Zeile 30 der Anlage S); sie wird nicht von Amts wegen berücksichtigt. Ferner ist **keine Günstigerprüfung durch das Finanzamt** vorgesehen. Die Tarifbelastung von 28,25 % für den – beantragten – nicht entnommenen Gewinn wird auch dann berücksichtigt, wenn der individuelle Steuersatz vor Begünstigung unter 28,25 % lag und es – aufgrund des Antrags – bei Durchführung des § 34a EStG zu einer Schlechterstellung kommt. Sollte dies erst im Nachhinein erkannt werden, kann eine Änderung des Antrags beim Finanzamt in Betracht kommen. § 34a Abs. 1 Satz 4 EStG lässt hierfür eine ganz oder teilweise Rücknahme bis zur Unanfechtbarkeit des Einkommensteuerbescheids des folgenden VZ zu. Wird dagegen die Vorteilhaftigkeit der – zunächst nicht in Anspruch genommenen Tarifbegünstigung – erst nach Eintritt der Unanfechtbarkeit des Steuerbescheids festgestellt, lässt die Finanzverwaltung Änderungen nur zu, soweit die Steuerfestsetzung nach den einschlägigen Korrekturvorschriften (§§ 129, 164, 165, 172 ff. AO) noch geändert werden kann (BMF-Schreiben vom 11.8.2008, a. a. O., Tz 10). Nach dem Urteil des FG Düsseldorf vom 8.11.2018 (12 K 1250/18 E, F, EFG 2019 S. 109) entfällt das Recht auf Rücknahme eines Antrags nach § 34 a Abs. 1 EStG für das Vorjahr mit Unanfechtbarkeit des Einkommensteuerbescheides des Folgejahres. Eine gegen diese Entscheidung zugelassene Revision wurde jedoch nicht eingelegt.

Bei der Entscheidung für einen Antrag auf Ermäßigung nach § 34 a EStG sollte aber auch bedacht werden, dass der begünstigte Gewinn steuerverstrickt und als Nachversteuerungsbetrag vom Finanzamt gesondert festgestellt wird (§ 34 a Abs. 3 Satz 3 EStG) und bei späterer Entnahme nachversteuert werden muss. Bei einer **Nachversteuerung** wird der – früher mit 28,25 % belastete – Gewinn **erneut mit weiteren 25 %** belastet, ggf. zzgl. 5,5 % Solidaritätszuschlag (BFH-Urteil vom 10.11.2020, IX R 34/18, BStBl 2021 II S. 455). Die Vorteilhaftigkeit der Inanspruchnahme reduziert sich daher in der Regel auf Fälle, bei denen der Steuerpflichtige bei durchschnittlicher Steuerbelastung (aber über einem individuellen Steuersatz von 28,25 %) nicht auf die Entnahme des Gewinns zur Bestreitung des Lebensunterhalts angewiesen ist und der Entnahmezeitpunkt in weiter Zukunft liegt, sodass durch den Zinsvorteil alternativer Anlagen der Steuernachteil durch die Nachversteuerung »verdient« wurde. Bei Steuerpflichtigen mit einem zu versteuernden Einkommen vor Begünstigung im Bereich des Spitzensteuersatzes tritt die Vorteilhaftigkeit bei Inanspruchnahme der Begünstigung bereits zu einem früheren Zeitpunkt ein. Sollte der festgestellte nachversteuerungspflichtige Betrag als zu niedrig bewertet werden, ist zu beachten, dass eine Klage mit dem Ziel, einen höheren nachversteuerungspflichtigen Betrag nach § 34 a Abs. 3 Satz 2 EStG zu erreichen, nach Auffassung des BFH unzulässig ist (Beschluss des BFH vom 13.2.2017, X B 72/16, BFH/NV 2017 S. 765).

Begünstigt sind **nur die Gewinneinkünfte**, d. h. Einkünfte aus Land- und Forstwirtschaft, aus Gewerbebetrieb sowie aus selbständiger Arbeit (BMF-Schreiben vom 11.8.2008, a. a. O., Tz 1.). Bemerkenswert ist, dass somit zwischen den Gewinneinkünften keine Unterscheidung nach Einkünften mit Gewerbesteuerbelastung und solchen ohne gemacht wird, weil die vergleichbare Belastung für körperschaftsteuerpflichtige Betriebe zu den 15 % Körperschaftsteuer die rund 15 % Gewerbesteuerbelastung einbezieht. Der gesonderte Tarif bleibt für alle Gewinneinkünfte gleich, nämlich 28,25 % des nicht ausgeschütteten Gewinns. Die Begünstigung wird nur für Gewinne gewährt, die nach § 4 Abs. 1 Satz 1 oder § 5 EStG (= Betriebsvermögensvergleich, vgl. Tz 21.3.1 unter Erläuterungen zur Anlage G) ermittelt wurden, **nicht** dagegen **für** die **Gewinnermittlung nach § 4 Abs. 3 EStG** (= Einnahmenüberschussrechnung, vgl. Tz 22.2.1 unter Erläuterungen zur Anlage S). Ausgeschlossen sind auch die pauschalierte Gewinnermittlung (z. B. Tonnagebesteuerung nach § 5 a EStG) oder die Durchschnittssatzbesteuerung nach § 13 a EStG (vgl. Erläuterungen zur Anlage 13a in Tz 30). Soll **für Mitunternehmer** (vgl. Tz 21.8 unter Erläuterungen zur Anlage G) eine Begünstigung ihres Gewinnanteils beantragt werden, ist dies nach § 34 a Abs. 1 Satz 4 EStG nur möglich, **wenn** der **Gewinnanteil des Mitunternehmers 10 %** am Gewinn aus Gesamthands-, Sonder- und Ergänzungsbilanz **oder** – absolut – **10 000 € übersteigt**. Für den Antrag auf Begünstigung müssen sich dabei nicht alle Mitunternehmer einheitlich entscheiden, BMF-Schreiben vom 12.3.2025, a. a. O., Rn 9. Klagebefugt gegen einen Feststellungsbescheid nach § 34 a Abs. 10 EStG ist dann auch nur der betroffene Gesellschafter (BFH-Urteile vom 9.1.2019, IV R 27/16, BStBl II 2020 S. 11; IV R 28/16, BFH/NV 2019 S. 714).

Der **Antrag** auf Tarifermäßigung ist nach § 34 a Abs. 1 Satz 2 EStG **für jeden Betrieb** oder Mitunternehmeranteil **gesondert** zu stellen. Dabei hat der Steuerpflichtige in jedem VZ Gelegenheit, den Antrag neu zu stellen; er ist z. B. nicht an Anträge für frühere VZ gebunden. Wird z. B. für den nicht entnommenen Gewinn des Betriebs 1 in voller Höhe die Tarifermäßigung nach § 34 a EStG für den VZ 2025 beantragt, so ist der Steuerpflichtige für künftige VZ wie z. B. VZ 2026 weder daran gebunden, immer den Gewinn des Betriebs 1 begünstigen zu lassen, noch – bei Vorliegen der übrigen Voraussetzungen für die Begünstigung – den Antrag immer auf den ganzen nicht entnommenen Gewinn des jeweiligen VZ zu beziehen. Allerdings erfolgt durch die Begünstigung in einem VZ eine Steuerverstrickung des nicht entnommenen Gewinns für Nachversteuerungstatbestände in künftigen VZ.

Notwendig ist daher eine **Identifizierbarkeit des begünstigten Gewinns**, die in den Zeilen 4 bis 6 erfolgt. In Zeile 4 ist für den Betrieb, dessen Gewinn ermäßigt besteuert werden soll, die Zuordnung zu der Einkunftsart zu erklären, zu der die erzielten Einkünfte gehören. Hintergrund wird vermutlich der Abgleich zwischen den entsprechenden Eintragungen in Zeile 49 der Anlage G, Zeile 39 der Anlage L und Zeile 30 der Anlage S sein. Wurde dort erklärt, dass für eine bestimmte Anzahl von Betrieben die Tarifbegünstigung nach § 34 a EStG beantragt wird, muss für diese Einkunftsart die entsprechende Anzahl von Anlagen 34a vorliegen. Darüber hinaus wird innerhalb einer Einkunftsart, insbesondere bei mehreren Betrieben, eine – aus der Anlage EÜR bereits bekannte – Identifizierung des jeweiligen Betriebs in Zeile 5 verlangt. Damit kann auch im Steuerbescheid die Begünstigung – nachvollziehbar – für jeden Betrieb gesondert ausgewiesen werden. Ferner hat die Finanzverwaltung damit auch die Möglichkeit, in künftigen VZ für die Überwachung der Nachversteuerungstatbestände Erklärungen zum jeweiligen Betrieb mit Werten aus vorangegangenen VZ abzugleichen. Dazu dient insbesondere auch die in Zeile 6 ab 2024 neu anzugebende W-IdNr. des Betriebs (vgl. Tz 15 der Vorbemerkungen). 4–6

Einzutragen ist der zum Ende des Vorjahres (31.12.2024) festgestellte nachversteuerungspflichtige Betrag. Dieser ist dem letzten Steuerbescheid für 2024 zu entnehmen, der diesen Feststellungstatbestand enthält. 7

Der Tarifermäßigung unterliegt der **nicht entnommene Gewinn**. Das ist nach BMF-Schreiben vom 12.3.2025 (a. a. O., Rn 12) der nach § 4 Abs. 1 Satz 1 oder § 5 EStG ermittelte Steuerbilanzgewinn (einschließlich der Ergebnisse aus Ergebnisabführungsverträgen in Organschaftsfällen oder steuerfreie Betriebsstättengewinne, steuerfreie Teileinkünfte oder Investitionszulagen nach dem InvZulG). Dieser Wert entspricht somit **nicht** dem **steuerlichen Gewinn** in der Anlage G, der Anlage L oder der Anlage S. Vielmehr handelt es sich um den Unterschiedsbetrag zwischen dem Betriebsvermögen am Schluss des Wj. und dem Betriebsvermögen am Schluss des vorangegangenen Wj. (§ 4 Abs. 1 Satz 1 1. Halbsatz EStG), vermehrt um die Hinzurechnung der privat veranlassten Wertabgaben, die das Betriebsvermögen gemindert haben (Entnahmen) und vermindert um die privat veranlassten Wertzuführungen, die das Betriebsvermögen erhöht haben (Einlagen, § 4 Abs. 1 Satz 1 2. Halbsatz EStG). Beträge, die zur – weiteren – Ermittlung des stpfl. Gewinns außerhalb der Bilanz abgezogen (z. B. steuerfreie Gewinnanteile) oder hingerechnet (z. B. nicht abzugsfähige Betriebsausgaben) werden, sind ebenfalls vom Gewinnbegriff des § 4 Abs. 1 Satz 1 EStG umfasst und dürfen daher den in Zeile 8 einzutragenden Wert nicht erhöhen oder mindern. Steuerfreie Gewinnanteile und nicht abzugsfähige Betriebsausgaben beeinflussen nur den in Zeile 16 einzutragenden stpfl. Gewinn. Nach dem Urteil des FG Münster vom 19.2.2014 (Az. 9 K 511/14 F, EFG 2014 S. 1201) umfasst der begünstigungsfähige Gewinn i. S. von § 34 a Abs. 2 EStG a. F. in verfassungsmäßig nicht zu beanstandender Weise nicht die nichtabzugsfähigen Betriebsausgaben, wie insbesondere die Gewerbesteuer. Die vom FG zugelassene Revision wurde zurückgenommen (BFH-Beschluss vom 15.7.2014, X R 32/14, juris). Aufgrund der gesetzlichen Neuregelung mit der Begünstigung der GewSt ab 2024 (vgl. Erläuterungen zu Zeile 14) ist diese Entscheidung ab 2024 nicht mehr von Bedeutung. Die Tarifbegünstigung gilt nach dem Gerichtsbescheid des FG Münster vom 28.8.2017 (3 K 1256/15 F, EFG 2018 S. 371) nicht für außerbilanziell hinzuzurechnende Ergebnisse aus der Verschmelzung einer GmbH auf eine KG. Die Erhöhung der Einkünfte der Personengesellschaft gemäß § 7 UmwStG wegen eines höheren Ansatzes des Wertes der im Wege der Verschmelzung von der GmbH auf die KG übergegangenen Wirtschaftsgüter soll nach Auffassung des FG Münster danach ohne Einfluss auf den auf Antrag begünstigt zu besteuernden nicht entnommenen Gewinn i. S. des § 34 a Abs. 2 EStG bleiben. Dem ist der BFH in seinem Urteil vom 9.5.2019 (IV R 13/17, BStBl II 2019 S. 754) entgegengetreten. Nach 8

Auffassung des BFH ist der Übernahmegewinn i. S. des § 4 Abs. 4 Satz 1 UmwStG Bestandteil dieses Gewinns, für den der Antrag auf Begünstigung nach § 34a Abs. 1 EStG gestellt werden darf, da diese Gewinne Teil des steuerbilanziellen Kapitals der Personengesellschaft sind. Mit Veröffentlichung des Urteils im BStBl II (a. a. O.) hat sich die Finanzverwaltung dieser Auffassung angeschlossen.

9 Die Tarifermäßigung wird nicht gewährt, wenn **Veräußerungsgewinne** bereits anderweitig begünstigt wurden. D. h., die Tarifermäßigung nach § 34a EStG gilt nicht, soweit für Veräußerungs- oder Aufgabegewinne (die nicht entnommen werden) der Freibetrag nach § 16 Abs. 4 EStG oder die Steuerermäßigung nach § 34 Abs. 3 EStG in Anspruch genommen wird (§ 34a Abs. 1 Satz 1 2. Halbsatz EStG; BMF-Schreiben vom 12.3.2025, a. a. O., Rn 4). Da sowohl der Freibetrag nach § 16 Abs. 4 EStG als auch die Steuerermäßigung nach § 34 EStG antragsgebunden sind (vgl. Tz 21.18.2.2 und Tz 21.18.8 unter Erläuterungen zur Anlage G, vgl. Tz 28.7 unter Erläuterungen zur Anlage L sowie vgl. Tz 22.11.3 unter Erläuterungen zur Anlage S), kann sich der Steuerpflichtige auch gegen diese Begünstigungen und für die Tarifermäßigung nach § 34a EStG entscheiden (BMF-Schreiben vom 12.3.2025, a. a. O., Rn 6). Voraussetzung hierfür ist jedoch, dass der Gewinn aus der Veräußerung oder der Aufgabe nicht entnommen wird. Das kann z. B. bei der Veräußerung eines Teilbetriebs oder der Veräußerung eines in einem Betriebsvermögen befindlichen Mitunternehmeranteils der Fall sein. Vgl. auch Tz 23.2 mit den Ausführungen zur Zeile 34.

In Zeile 9 ist daher der Gewinn aus der Veräußerung oder Aufgabe eines Betriebs einzutragen, für den die Begünstigungen nach § 16 Abs. 4 EStG und/oder § 34 Abs. 3 EStG nicht in Betracht kommen sollen. Der erklärte Wert muss – ggf. anteilsmäßig – in dem auf den Anlagen G, L oder S ausgewiesenen entsprechenden Werten enthalten sein (vgl. dort die Ausführungen zur Zeile 69 der Anlage G, Zeile 49 der Anlage L und Zeile 43 der Anlage S). Der in Zeile 9 einzutragende Wert muss gleichzeitig im Betrag der Zeile 8 der Anlage 34a enthalten sein, d. h., es handelt sich bei dem Wert lt. Zeile 9 um einen sog. Davon-Wert (der Zeile 8); er darf jedoch nicht in Zeile 10 enthalten sein.

10 Zur Bedeutung des gesonderten Ausweises von Gewinnen aus der Veräußerung oder Aufgabe eines Betriebs vgl. die Ausführungen zur vorherigen Zeile 9. Während dort die Gewinne/Gewinnanteile auszuweisen sind, für die sich der Steuerpflichtige zugunsten der Tarifermäßigung nach § 34a EStG entschieden hat, ist Zeile 10 für den Ausweis der Gewinne/Gewinnanteile vorgesehen, für die die Entscheidung gegen die Anwendung des § 34a EStG gefällt wurde. Auch der Wert lt. Zeile 10 muss in dem in Zeile 8 ausgewiesenen Gewinn enthalten sein.

11 Die Tarifermäßigung nach § 34a EStG ist auch ausgeschlossen, wenn für Leistungsvergütungen i. S. des § 18 Abs. 1 Nr. 4 EStG die hälftige oder 40 %ige Steuerbefreiung nach § 3 Nr. 40a EStG zu gewähren ist. Zu den Voraussetzungen für die Begünstigung des sog. **Carried Interest** vgl. Tz 22.8 unter Erläuterungen zur Anlage S, Zeilen 24 bis 29. Die Begriffsbestimmungen sind insoweit deckungsgleich.

In Zeile 11 einzutragen ist daher der für diesen Betrieb bezogene Betrag, der als Leistungsvergütung nach § 18 Abs. 1 Nr. 4 EStG zu besteuern ist, und der sowohl im Betriebsgewinn lt. Zeile 8 dieser Anlage als auch in der Summe der in den Zeilen 24 und 27 der Anlage S ausgewiesenen Beträge enthalten sein muss.

13 Der Tarifermäßigung unterliegt der nicht entnommene Gewinn. Das ist nach BMF-Schreiben vom 12.3.2025 (a. a. O., Rn 15) der um den Saldo aus **Entnahmen** und **Einlagen** geminderte Gewinn nach § 4 Abs. 1 Satz 1 EStG oder § 5 EStG. Entnahmen i. S. des § 34a EStG sind nach BMF-Schreiben vom 12.3.2025 (a. a. O., Rn 13) dabei die Entnahmen nach § 4 Abs. 1 Satz 2 i. V. mit § 6 Abs. 1 Nr. 4 EStG. Es wird nicht zwischen Bar-, Sach- und Nutzungsentnahmen unterschieden. Alle unter diesen Entnahmebegriff (vgl. Tz 21.3.1.1 Buchst. c)) unter Erläuterungen zur Anlage G), fallenden Vermögensminderungen sind in Zeile 12 einzutragen. **Ausgenommen** davon sind aufgrund der Neuregelung ab 2024 die **Entnahmen für** die **ESt** und den darauf entfallenden SolZ. Die Berücksichtigung erfolgt **automatisch**, da nach dem BMF-Schreiben vom 12.3.2025 (a. a. O., Rn 16) die auf den maximal möglichen Begünstigungsbetrag entfallende fiktive Einkommensteuer von 28,25 % (zzgl. des darauf entfallenden SolZ) als entnommen und zur Zahlung des Steuerbetrags als verwendet gilt. Es kommt demnach nicht darauf an, ob und in welcher Höhe tatsächlich Entnahmen zum Zweck der Tilgung der Steuern für begünstigt besteuerte, nicht entnommene Gewinne eingesetzt werden. Da Einlagen das um Entnahmen geminderte Betriebsvermögen erhöhen und damit für die Begünstigung nach § 34a EStG förderlich sind, ist für deren Eintragung das Feld in Zeile 13 vorgesehen. Auch der Begriff der Einlagen für § 34a EStG unterscheidet sich nicht von dem nach § 4 Abs. 1 Satz 8 i. V. mit § 6 Abs. 1 Nr. 5 EStG verwendeten Einlagebegriff (vgl. Tz 21.3.1.1 Buchst. d) unter Erläuterungen zur Anlage G).

Aufgrund der Neureglung ab 2024 unterliegt die GewSt der Begünstigung, d. h., der Gewinn, für den die begünstigte Besteuerung beantragt wird, erhöht sich insoweit. Wie bei der Behandlung der ESt nebst SolZ (vgl. Erläuterungen zu Zeile 12) handelt es sich nicht um die tatsächlich in 2024 gezahlte GewSt, sondern um die GewSt, die den maßgebenden Steuerbilanzgewinn gemindert hat, unabhängig davon, auf welches Wj. die GewSt entfällt (BMF-Schreiben vom 12.3.2025, a. a. O., Rn 15). Einzutragen in Zeile 14 sind somit die Beträge, die als GewSt den Steuerbilanzgewinn des Wj. gemindert haben. 14

Die **Tarifermäßigung** nach § 34a EStG muss **gesondert beantragt** werden. Dies umfasst sowohl die Anwendung der Tarifermäßigung als solche als auch den Umfang des Gewinns, für den dies gelten soll. Der Steuerpflichtige kann wählen, ob er für den vollen nicht entnommenen Gewinn oder nur für einen Teil davon Gebrauch von seinem Antragsrecht macht (vgl. BMF-Schreiben vom 12.3.2025, a. a. O., Rn 7). Eine Beschränkung kann z. B. in Betracht kommen, um die Steuerverhaftung eines Gewinnanteils zu vermeiden, bei dem sich aufgrund der individuellen (Steuer-)Tarifsituation die Begünstigung nach § 34a EStG gar nicht auswirkt. Würde die Begrenzung nicht vorgenommen, würde die Steuerverhaftung – für die künftige Nachversteuerung mit 25 % – eintreten, obwohl die Steuerbelastung bei Beantragung der Tarifbegünstigung höher als die individuelle Belastung ohne – insoweit – ausgeübtem Antragsrecht gewesen wäre. Vor Eintrag eines Werts in Zeile 15 sollte daher eine genaue Belastungsanalyse vorgenommen werden, die im Übrigen auch nicht die spätere Nachversteuerung aus dem Blickfeld verlieren darf. 15

Im Fall der gesonderten und einheitlichen Feststellung von Einkünften (§ 180 Abs. 1 Nr. 2 Buchst. a AO, vgl. Tz 21.8 unter Erläuterungen zur Anlage G) sind bei beabsichtigter Antragstellung der Tarifbegünstigung Angaben in den Zeilen 48 bis 49 der **Anlage FE-L** für land- und forstwirtschaftliche Einkünfte, in den Zeilen 69 bis 71 der **Anlage FE-G** für gewerbliche Einkünfte oder in den Zeilen 40 bis 41 der **Anlage FE-S** für selbständige Einkünfte zur Erklärung für gesonderte und einheitliche Feststellungen erforderlich. Der eigentliche Antrag auf Tarifbegünstigung ist im Rahmen der – persönlichen – Einkommensteuererklärung der Gesellschafter über deren Anlage 34a, Zeile 15 zu stellen.

Im Fall der gesonderten Feststellung von Einkünften (§ 180 Abs. 1 Nr. 2 Buchst. b AO, vgl. Tz 21.7 unter Erläuterungen zur Anlage G, vgl. Tz 22.4 unter Erläuterungen zur Anlage S oder vgl. Tz 28.6.3 unter Erläuterungen zur Anlage L) sind für die Berücksichtigung des Antrags ebenfalls die o. a. Angaben in den **Anlagen FE-L, FE-G und FE-S** zur Erklärung für gesonderte Feststellungen erforderlich.

Vermutlich zu Kontrollzwecken zur Prüfung des maximalen Begünstigungsbetrags und zur Plausibilitätsprüfung durch das Finanzamt ist der stpfl. Gewinn für diesen Betrieb, d. h. unter Berücksichtigung nicht abziehbarer Betriebsausgaben und steuerfreier Gewinnanteile, jedoch ohne Abzug des Freibetrags nach § 16 Abs. 4 EStG in Zeile 16 einzutragen. 16

23.2 Nachversteuerung

Wurde eine Begünstigung in Form der Tarifabsenkung gewährt, wird ein Begünstigungsbetrag (§ 34a Abs. 3 Satz 1 EStG) und daraus der nachversteuerungspflichtige Betrag entwickelt (§ 34a Abs. 3 Satz 2 EStG). Der **nachversteuerungspflichtige Betrag** des Betriebs oder Mitunternehmeranteils für den laufenden VZ wird nach BMF- vor 17

Schreiben vom 12.3.2025 (a. a. O., Rn 27) **centgenau** aus dem Begünstigungsbetrag ermittelt. Der nachversteuerungspflichtige Betrag wird vom Finanzamt jährlich fortgeschrieben und zum Ende des VZ **für jeden Betrieb und/oder Mitunternehmeranteil gesondert festgestellt** (§ 34 a Abs. 3 Satz 3 EStG). Damit wird dieser Betrag steuerverstrickt. Mit Urteil vom 19.10.2022 (4 K 591/21) hat das Hessische Finanzgericht die Klage eines Steuerpflichtigen als unbegründet abgewiesen, der – abweichend von § 34 Abs. 3 EStG – eine Minderung des nachversteuerungspflichtigen Betrags um Anschaffungs-/Herstellungskosten für investierte Wirtschaftsgüter beantragte hatte. Der Steuerpflichtige legte Beschwerde gegen die Nichtzulassung der Revision (Az. des BFH: VIII B 16/23) ein, die mit Beschluss vom 17.7.2024 als unbegründet zurückgewiesen wurde. Die dagegen eingelegte Verfassungsbeschwerde wurde nicht zur Entscheidung angenommen (Beschluss des BVerfG vom 9.12.2024, 2 BvR 1183/24). Bei Eintritt eines zur **Nachversteuerung** führenden Tatbestands wird dieser in der Vergangenheit vom Finanzamt gesondert festgestellte Betrag **mit 25 % nachbelastet, ggf. zzgl. 5,5 % Solidaritätszuschlag** (BFH-Urteil vom 10.11.2020, IX R 34/18, BStBl II 2021 S. 455). Grundsätzlich ist dies der Fall, wenn in späteren Jahren (**erstmals ab VZ 2009**) der positive Saldo von Entnahmen und Einlagen über dem Gewinn dieses – späteren – Jahres liegt, § 34 a Abs. 4 EStG (sog. **Entnahmenüberhang**, vgl. BMF-Schreiben vom 12.3.2025, a. a. O., Rn 31). Nach dem Urteil des Schleswig-Holsteinischen FG vom 19.9.2019 (1 K 139/18) verstößt die Regelung in § 34 a Abs. 4 EStG – auch bei vorhandenen thesaurierten Altgewinnen, für die eine Tarifbegünstigung nicht in Anspruch genommen wurde – danach weder gegen Art. 3 Abs. 1 GG noch gegen das aus Art. 20 Abs. 3 GG herzuleitende Gebot der Normenklarheit (Bestimmtheitsgebot). Die dagegen eingelegte Revision beim BFH war unter dem Az. VIII R 40/19 anhängig, ist aber mit Einstellungsbeschluss vom 30.5.2023 zurückgenommen worden. Im Falle eines Verlustes ist der Entnahmenüberhang so hoch wie der positive Saldo von Entnahmen und Einlagen. Die Nachversteuerung wird i. H. des Nachversteuerungsbetrags (max. i. H. des festgestellten nachversteuerungspflichtigen Betrags) mit dem o. a. festen Steuersatz von 25 % ggf. zzgl. Solidaritätszuschlag und ggf. Kirchensteuer neben der Versteuerung des zu versteuernden Einkommens des laufenden VZ mit dem persönlichen Steuersatz vorgenommen. Außerbilanzielle Hinzurechnungen werden bei der Ermittlung des Entnahmenüberhangs nicht berücksichtigt (vgl. BMF-Schreiben vom 12.3.2025, a. a. O., Tz 32). Das gilt insbesondere für nicht abzugsfähige Betriebsausgaben.

Für **Entnahmen zur Zahlung von Erbschaft-/Schenkungsteuer** gilt nach § 34 a Abs. 4 Satz 1 EStG eine **Ausnahme**. Die Nachversteuerung wird nicht durchgeführt, soweit der Entnahmenüberhang auf Erbschaft-/Schenkungsteuer zur Übertragung des Betriebs oder Mitunternehmeranteils beruht. Hierfür muss nach BMF-Schreiben vom 12.3.2025 (a. a. O., Tz 34) die anteilige Erbschaft-/Schenkungsteuer ermittelt werden. Nur soweit sie auf der Übertragung des Betriebs/Mitunternehmeranteils beruht, löst die Entnahme keine Nachversteuerung aus. Es sind daher die Anteile der Gesamtsteuer für den Erwerb anderen Vermögens auszuscheiden. Dies gilt auch für Entnahmen aus einem Betrieb für die Erbschaftsteuer eines anderen Betriebsvermögens desselben Steuerpflichtigen. Eine entsprechende Entnahme fällt nicht unter die Ausnahmeregelung und führt daher im Fall des Entnahmenüberhangs zur Nachversteuerung bei dem Betrieb, bei dem die Entnahme getätigt wurde. Wegen Einzelheiten vgl. Erläuterungen zur Zeile 17.

Bei der **Übertragung/Überführung von einzelnen Wirtschaftsgütern** gelten Besonderheiten. Nach § 34 a Abs. 5 Satz 2 EStG besteht die Möglichkeit, bei Übertragungen und Überführungen von einzelnen Wirtschaftsgütern zum Buchwert in ein anderes Betriebsvermögen nach § 6 Abs. 5 EStG (d. h. ohne Aufdeckung der stillen Reserven) statt einer Nachversteuerung beim Ursprungsbetrieb den (anteiligen) nachversteuerungspflichtigen Betrag auf das übernehmende Unternehmen zu übertragen. Dies gilt jedoch nicht, wenn Gegenstand der Übertragung Geldvermögen ist (A.A. FG Köln mit Urteil vom 16.11.2023, 1 K 856/18, juris; Revision beim BFH unter Az VI R 23/23). Kommt es in späteren Wj. aufgrund der Regelung des § 6 Abs. 5 Satz 4 oder 6 EStG zur Aufdeckung der stillen Reserven, ist insoweit die Übertragung des nachversteuerungspflichtigen Betrags rückgängig zu machen. Übertragungsfähig ist nach BMF-Schreiben vom 12.3.2025 (a. a. O., Rn 39) der nach Berücksichtigung der übrigen Entnahmen und hierauf nach § 34 a Abs. 4 EStG erfolgender Nachversteuerung verbleibende nachversteuerungspflichtige Betrag, max. jedoch der Buchwert des Wirtschaftsguts. Zu grenzüberschreitenden Überführungen und Übertragungen von Wirtschaftsgütern enthält das BMF-Schreiben vom 12.3.2025 (a. a. O., Rn 40–46) zu beachtende Besonderheiten, auf die in diesem Zusammenhang verwiesen wird. Wegen Einzelheiten vgl. Erläuterungen zu den Zeilen 18 bis 24.

Zwingende Nachversteuerungsfälle sind in § 34 a Abs. 6 EStG aufgeführt:

- Betriebsaufgaben (einschließlich Realteilung nach § 16 Abs. 3 Satz 2 bis 4 EStG), Betriebsveräußerungen,
- Umwandlungsfälle (Einbringung und Formwechsel in eine Kapitalgesellschaft),
- unentgeltliche Übertragung (nach § 6 Abs. 3 EStG) an eine Kapitalgesellschaft,
- unentgeltliche Übertragung an Mitunternehmer (Anwachsung),
- Wechsel der Gewinnermittlungsart,
- Antrag des Steuerpflichtigen (freiwillige Nachversteuerung).

Wird ein ganzer Betrieb oder ein ganzer Mitunternehmeranteil vollständig aufgegeben, real geteilt oder veräußert (§ 16 EStG), entfällt die Grundlage für die Tarifbegünstigung nach § 34 a EStG und damit die Möglichkeit, beim Steuerpflichtigen eine Nachversteuerung durchzuführen. Der für diesen Betrieb/Mitunternehmeranteil festgestellte nachversteuerungspflichtige Betrag wird gem. BMF-Schreiben vom 11.8.2008 (a. a. O., Tz 42) in voller Höhe aufgelöst und mit 25 % nachversteuert. Hierfür besteht jedoch die Möglichkeit, die nach § 34 a Abs. 4 EStG geschuldete Steuer über einen Zeitraum von zehn Jahren zinslos zu stunden, wenn dies bei sofortiger Begleichung eine erhebliche Härte darstellen würde. Für diese Prüfung legt das Finanzamt die Grundsätze des § 222 AO an (vgl. BMF-Schreiben vom 12.3.2025, a. a. O., Tz 546). Anders ist es bei einer Teilbetriebsveräußerung. Diese löste keine Nachversteuerung aus, da diese beim Steuerpflichtigen im Rahmen des verbleibenden Teils des Betriebs/Mitunternehmeranteils möglich ist. Mit Urteil vom 27.1.2017 hat das FG Münster (4 K 56/16 F) zudem entschieden, dass die unentgeltliche Übertragung eines Mitunternehmeranteils auf eine Stiftung nicht zur Nachversteuerung führt. Die dagegen erhobene Revision wurde vom BFH mit Urteil vom 17.1.2019 (III R 49/17, BStBl II 2019 S. 655) zurückgewiesen und die Auffassung des FG Münster bestätigt. Allerdings wurde mit dem Gesetz gegen schädliche Steuerpraktiken im Zusammenhang mit Rechteüberlassungen vom 27.6.2017 (BGBl I S. 2338) der neue Nachversteuerungstatbestand des § 34 a Abs. 6 Nr. 3 EStG eingeführt. Dieser gilt für Übertragungen, die nach dem 5.7.2017 erfolgen und erfasst in analoger Anwendung damit auch den v. g. Fall zur Übertragung auf eine Stiftung. D. h., die Entscheidung des BFH betrifft damit nur noch Altfälle.

Aufgrund der Neureglung mit dem Wachstumschancengesetz **ab 2024** ist eine **anteilige Nachversteuerung** des nachversteuerungspflichtigen Betrages durchzuführen (dazu auch die Ausführungen im BMF-Schreiben vom 12.3.2025, a. a. O., Rn 53) bei

- der entgeltlichen Aufnahme eines Mitunternehmers in ein bereits bestehendes Einzelunternehmen (für den bisherigen Einzelunternehmer) oder
- bei Veräußerung eines Teils eines Mitunternehmeranteils,
- bei Teileinbringungen in eine Kapitalgesellschaft sowie
- bei unentgeltlichen Übertragungen von Teilbetrieben / Teilen von Mitunternehmeranteilen.

Zur Rechtslage vor 2024 vgl. Urteil des FG Münster vom 6.6.2024 (13 K 1857/22 F, juris; Revision beim BFH unter Az. VIII R 28/24).

Beim Übergang von der Gewinnermittlung durch Betriebsvermögensvergleich zur Einnahmenüberschussrechnung oder zu einer pauschalierten Gewinnermittlung (z. B. Tonnagebesteuerung nach § 5 a EStG oder Durchschnittsatzbesteuerung nach § 13 a EStG) wird nach § 34 a Abs. 6 Satz 1 Nr. 4 EStG der festgestellte nachversteuerungspflichtige Betrag ebenfalls in voller Höhe aufgelöst.

Eine Nachversteuerung des gesamten oder eines Teils des festgestellten nachversteuerungspflichtigen Betrags führt das Finanzamt auch auf Antrag des Steuerpflichtigen durch (§ 34 a Abs. 6 Satz 1 Nr. 5 EStG). Dies kann im Falle der geplanten Übertragung eines Betriebs/Mitunternehmeranteils steuerlich vorteilhaft sein.

Im Fall der gesonderten Feststellung von Einkünften (§ 180 Abs. 1 Nr. 2 Buchst. b AO, vgl. Tz 21.7 unter Erläuterungen zur Anlage G, vgl. Tz 22.4 unter Erläuterungen zur Anlage S oder vgl. Tz 28.6.3 unter Erläuterungen zur Anlage L) sind für die Berücksichtigung des nachversteuerungspflichtigen Betrags Angaben in den Zeilen 50 bis 52 der **Anlage FE-L** für land- und forstwirtschaftliche Einkünfte, in den Zeilen 72 bis 74 der **Anlage FE-G** für gewerbliche Einkünfte oder in den Zeilen 42 bis 44 der **Anlage FE-S** für selbständige Einkünfte zur Erklärung für gesonderte Feststellungen erforderlich.

17 Eine Nachversteuerung nach § 34 a Abs. 4 Satz 1 EStG ist nicht durchzuführen, soweit sie durch Entnahmen für die Erbschaft-/Schenkungsteuer anlässlich der Übertragung des Betriebs oder Mitunternehmeranteils ausgelöst wird. Die Erbschaft-/Schenkungsteuer anlässlich der Übertragung des Betriebs-/Mitunternehmeranteils berechnet sich nach Rn 34 des BMF-Schreibens vom 12.3.2025 (a. a. O.) wie folgt:

$$\text{Festgesetzte Erbschaftsteuer} \times \frac{\text{Erbschaftsteuerbemessungsgrundlage für den Betrieb oder Mitunternehmeranteil}}{\text{Erbschaftsteuerbemessungsgrundlage}}$$

Entnahmen für die **Erbschaft-/Schenkungsteuer** sind jedoch bei der Ermittlung des nicht entnommenen Gewinns des laufenden Wj. zu berücksichtigen. § 34 a Abs. 4 Satz 1 EStG lässt die Entnahmen für die Erbschaft-/Schenkungsteuer nur bei der Ermittlung des Nachversteuerungsbetrags unberücksichtigt. Wird jedoch ein Betrag für die Erbschaft-/Schenkungsteuer eines anderen Betriebs des Steuerpflichtigen entnommen, fällt diese Entnahme nicht unter die Ausnahmeregelung (vgl. BMF-Schreiben vom 12.3.2025, a. a. O., Rn 35). Wird der Betrag für die Erbschaft-/Schenkungsteuer nur zum Teil aus dem Betrieb entnommen, gilt die Entnahme vorrangig als für die auf den Betrieb oder Mitunternehmeranteil entfallende Erbschafts-/Schenkungsteuer getätigt.

Die nach vorstehenden Grundsätzen ermittelte Betrag für die Entnahme zur Begleichung der Erbschafts-/Schenkungsteuer für diesen Betrieb ist in Zeile 17 einzutragen.

–24 Es besteht nach § 34 a Abs. 5 Satz 2 EStG die Möglichkeit, bei **Übertragungen und Überführungen von einzelnen Wirtschaftsgütern zum Buchwert** in ein anderes Betriebsvermögen nach § 6 Abs. 5 EStG statt einer Nachversteuerung beim Ursprungsbetrieb den (anteiligen) nachversteuerungspflichtigen Betrag auf das übernehmende Unternehmen zu übertragen. Dies gilt nach BMF-Schreiben vom 12.3.2025 (a. a. O., Rn 37) nicht, wenn Geldbeträge von einem Betrieb oder Mitunternehmeranteil in einen anderen Betrieb oder Mitunternehmeranteil des Steuerpflichtigen unter den Voraussetzungen des § 6 Abs. 5 EStG überführt oder übertragen werden. Ist in späteren Wj. nach § 6 Abs. 5 Satz 4 oder 6 EStG für den Übertragungs-/Überführungsvorgang aufgrund eines schädlichen Ereignisses rückwirkend der Teilwert anzusetzen, ist insoweit die Übertragung des nachversteuerungspflichtigen Betrags rückgängig zu machen. Dafür ist das einzelne Wirtschaftgut zu bezeichnen sowie der Übertragungsvorgang im Vordruck zu erklären. In Zeile 18 erfolgt dies durch Eintrag des Buchwerts des in Zeile 19 bezeichneten Wirtschaftsguts. In Zeile 20 ist das Übertragungsdatum, in Zeile 20 der Name der übernehmenden Person und in Zeile 21 deren steuerliche IdNr. einzutragen. Aus datenschutzrechtlichen Gründen ist es u. E. allerdings fraglich, inwieweit der Übernehmer verpflichtet sein kann, dem Steuerpflichtigen seine IdNr. nach § 139 b AO bekannt zu geben. Mit der Abfrage in Zeile 23 (Ja = Eintrag »1«) sollen Fälle erkannt werden, in denen übertragende und übernehmende Person identisch sind, das übertragene Wirtschaftsgut jedoch in das Betriebsvermögen eines anderen Betriebs desselben Steuerpflichtigen überführt wird.

Die Eintragsmöglichkeit in Zeile 24 dient schließlich der Erklärung des nachversteuerungspflichtigen Betrags, der aufgrund des Wirtschaftsgutübertrags auf die übernehmende Person übergegangen ist.

ELSTER:
Bei Verwendung des amtlichen Steuererklärungsprogramms **Mein ELSTER** sind hier Eintragungen für mehrere Übernehmer mit Angabe der jeweiligen IdNr. möglich. Die IdNr. wird dabei auf Plausibilität geprüft.

BEISPIEL:
Beispiel (nach Bsp. 14 zu Rn 38 im BMF-Schreiben vom 12.3.2025)
Der Steuerpflichtige überführt in 2025 ein Grundstück (Buchwert 200 000 €) zum Buchwert von seinem Einzelunternehmen in das Sonderbetriebsvermögen einer Personengesellschaft, an der er beteiligt ist. Der Steuerpflichtige tätigt in 2025 übrige Entnahmen von 60 000 €. Der Gewinn seines Einzelunternehmens beträgt 0 € in 2025. Der nachversteuerungspflichtige Betrag des Einzelunternehmens zum 31.12.2024 beträgt 150 000 €. Einlagen wurden nicht getätigt.
Die Gesamtentnahmen des Steuerpflichtigen betragen 260 000 €. Der Entnahmenüberhang nach § 34 a Abs. 4 EStG beträgt (zunächst) 260 000 €, da ein Gewinn nicht erzielt wurde. Der Steuerpflichtige muss 60 000 € nachversteuern, da der Entnahmenüberhang insoweit auf den übrigen Entnahmen beruht. Auf Antrag des Steuerpflichtigen können 90 000 € (= Buchwert des überführten Grundstücks von 200 000 €, maximal jedoch der verbleibende nachversteuerungspflichtige Betrag von 150 000 € abzgl. des Nachversteuerungsbetrags von 60 000 €) auf den nachversteuerungspflichtigen Betrag des Mitunternehmeranteils übertragen werden. Der nachversteuerungspflichtige Betrag des Einzelunternehmens zum 31.12.2025 beträgt 0 € (150 000 € abzgl. 60 000 € Nachversteuerungsbetrag abzgl. 90 000 € Übertragungsbetrag).

In den Fällen der unentgeltlichen Übertragung eines ganzen Betriebs oder einen ganzen Mitunternehmeranteils nach § 6 Abs. 3 EStG und in den Fällen der Einbringung eines ganzen Betriebs oder ganzen Mitunternehmeranteils zu Buchwerten in eine Personengesellschaft nach § 24 UmwStG ist nach § 34 a Abs. 7 EStG der für diesen Betrieb oder Mitunternehmeranteil festgestellte nachversteuerungspflichtige Betrag auf den neuen (Mit-)Unternehmer zu übertragen. In den Abfragen in Zeile 25 ist zu entscheiden, ob es sich um eine Übertragung eines ganzen Betriebs nach § 6 Abs. 3 EStG handelt oder um die Einbringung i. S. des § 24 UmwStG, d. h. die Übertragung des (ganzen) Betriebs gegen die Gewährung von Gesellschaftsrechten an einer Personengesellschaft (zur Abgrenzung vgl. Tz 21.18.1 unter Erläuterungen zur Anlage G). Zudem ist das Datum der Übertragung/Einbringung anzugeben. Dies ist der Zeitpunkt, an dem das wirtschaftliche Eigentum an den übertragenen Wirtschaftsgütern auf den Übernehmer/die Personengesellschaft übergeht. Zum weiteren Abgleich der Daten wird in den Zeilen 26 und 27 der Übernehmer des Betriebs/Mitunternehmeranteils im Falle einer Übertragung nach § 6 Abs. 3 EStG identifiziert. Aus datenschutzrechtlichen Gründen ist es u. E. allerdings fraglich, inwieweit der Übernehmer verpflichtet sein kann, dem Steuerpflichtigen seine IdNr. nach § 139 b AO bekannt zu geben. Hintergrund der Abfrage ist vermutlich der Abgleich mit den Werten des Übernehmers, die dieser in der Zeile 45einzutragen hat (vgl. die dortigen Ausführungen). Mit der Abfrage in Zeile 28 (Ja = Eintrag »1«) sollen Fälle erkannt werden, in denen übertragende und übernehmende Person identisch sind, der Betrieb/Mitunternehmeranteil jedoch auf einen anderen Betrieb/Mitunternehmeranteil desselben Steuerpflichtigen überführt wird. 25–28

ELSTER:
Bei Verwendung des amtlichen Steuererklärungsprogramms **Mein ELSTER** sind hier Eintragungen für mehrere Übernehmer mit Angabe der jeweiligen IdNr. möglich. Die IdNr. wird dabei auf Plausibilität geprüft.

29–33 In den Fällen der unentgeltlichen Aufnahme einer natürlichen Person in ein bestehendes Einzelunternehmen oder die unentgeltliche Übertragung eines Teils eines Mitunternehmeranteils oder die Einbringung einens Teils des Mituntzernehmeranteils zu Buchwerten nach § 24 UmwStG ist nach § 34a Abs. 7 EStG der für diesen Teil festgestellte nachversteuerungspflichtige Betrag auf den neuen (Mit-)Unternehmer zu übertragen. In den Abfragen in Zeile 29 ist zu entscheiden, ob es sich um eine unentgeltliche Aufnahme einer natürlichen Person in ein bestehendes Einzelunternehmen oder die unentgeltliche Übertragung eines Teils des Mitunternehmeranteils oder die Einbringung eines Teils des Mitunternehmeranteils zu Buchwerten nach § 24 UmwStG handelt (zur Abgrenzung vgl. Tz 21.18.1 unter Erläuterungen zur Anlage G). Zudem ist das Datum der Aufnahme/Übertragung/Einbringung anzugeben. Dies ist der Zeitpunkt, an dem das wirtschaftliche Eigentum an den übertragenen Wirtschaftsgütern auf den Übernehmer / die Personengesellschaft übergeht. Zum weiteren Abgleich der Daten wird in den Zeilen 30 und 31 der Übernehmer des Teils des Betriebs/Mitunternehmeranteils im Falle einer Übertragung nach § 6 Abs. 3 EStG identifiziert. Aus datenschutzrechtlichen Gründen ist es u. E. allerdings fraglich, inwieweit der Übernehmer verpflichtet sein kann, dem Steuerpflichtigen seine IdNr. nach § 139b AO bekannt zu geben. Hintergrund der Abfrage ist vermutlich der Abgleich mit den Werten des Übernehmers, die dieser in der Zeile 45 einzutragen hat (vgl. die dortigen Ausführungen). Mit der Abfrage in Zeile 32 (Ja = Eintrag »1«) sollen Fälle erkannt werden, in denen übertragende und übernehmende Person identisch sind, ein Teil des Mitunternehmeranteils jedoch auf einen anderen Betrieb/Mitunternehmeranteil desselben Steuerpflichtigen überführt wird.

Da es hier – anders als bei einer vollständigen Betriebsübertragung (vgl. Erläuterungen zu den Zeilen 25 bis 28) – nur zu einer Teilnachversteuerung kommt, ist der zu übertragende nachversteuerungspflichtige Betrag in Zeile 33 anzugeben und seine Berechnung gesondert zu erläuern.

> **ELSTER:**
> Bei Verwendung des amtlichen Steuererklärungsprogramms **Mein ELSTER** sind hier Eintragungen für mehrere Übernehmer mit Angabe der jeweiligen IdNr. möglich. Die IdNr. wird dabei auf Plausibilität geprüft.

Erfolgt die Einbringung eines ganzen Betriebs oder eines ganzen Mitunternehmeranteils hingegen nicht zu Buchwerten, ist nach BMF-Schreiben vom 12.3.2025 (a. a. O., Rn 55) der nachversteuerungspflichtige Betrag im Jahr der Einbringung in voller Höhe nachzuversteuern. Die Höhe dieses nachzuversteuernden Betrages ist in Zeile 30 auszuweisen.

Die Übertragung des nachversteuerungspflichtigen Betrags auf den Rechtsnachfolger kann vermieden werden, wenn der Rechtsvorgänger vor der Übertragung die Nachversteuerung nach § 34a Abs. 6 Satz 1 Nr. 5 EStG beantragt (siehe Zeile 43 mit den Ausführungen dort).

34 Wird ein **ganzer Betrieb** oder ein ganzer Mitunternehmeranteil **vollständig aufgegeben**, real geteilt oder veräußert (§ 16 EStG), entfällt die Grundlage für die Tarifbegünstigung nach § 34a EStG und damit die Möglichkeit, beim Steuerpflichtigen eine Nachversteuerung durchzuführen (§ 34a Abs. 6 Satz 1 Nr. 1 EStG). Der für diesen Betrieb oder Mitunternehmeranteil festgestellte nachversteuerungspflichtige Betrag ist in voller Höhe aufzulösen und nachzuversteuern. Dies gilt nach BMF-Schreiben vom 12.3.2025 (a. a. O., Rn 48) auch für die Fälle des § 16 Abs. 2 Satz 3 EStG. Zur unentgeltlichen Übertragung eines Mitunternehmeranteils auf eine Stiftung wird auf die Erläuterungen vor Zeile 15 mit Hinweis auf das Urteil des FG Münster vom 27.1.2017 (und die Bestätigung durch den BFH mit Urteil vom 17.1.2019, III R 49/17, BStBl II S. 655) hingewiesen.

Veräußerte der Steuerpflichtige nur einen Teil seines Betriebs oder Mitunternehmeranteils oder einen Teilbetrieb, löste dies bis 2023 keine Nachversteuerung der zuvor nach § 34a EStG begünstigten Gewinne aus, da eine Nachversteuerung beim Steuerpflichtigen im Rahmen des verbleibenden Teils des Betriebs oder Mitunternehmeranteils weiterhin möglich war. Zur Rechtslage ab 2024 vgl. Erläuterungen zu Zeile 39.

Die Veräußerung oder Aufgabe des ganzen Betriebs oder Mitunternehmeranteils ist in Zeile 34 zu dokumentieren.

> **ELSTER:**
> Bei Verwendung des amtlichen Steuererklärungsprogramms **Mein ELSTER** im Internet reicht hierfür ein Kreuz in der entsprechenden Zeile. Die lt. Papiervordruck vorgesehene Ziffer wird aus dem gesetzten Kreuz automatisch (im Hintergrund) gebildet.

Eine **Nachversteuerung** des festgestellten nachversteuerungspflichtigen Betrags **in voller** Höhe ist **bei Einbringung** eines Betriebs oder Mitunternehmeranteils **in** eine **Kapitalgesellschaft** oder eine Genossenschaft sowie in den Fällen des Formwechsels einer Personengesellschaft in eine Kapitalgesellschaft oder Genossenschaft vorzunehmen (§ 34a Abs. 6 Satz 1 Nr. 2 EStG). Bei der Einbringung eines Teils eines Betriebs, eines Teilbetriebs oder eines Teils eines Mitunternehmeranteils löst dies nach BMF-Schreiben vom 12.3.2025 (a. a. O., Rn 49) keine Nachversteuerung der zuvor nach § 34a EStG begünstigten Gewinne aus, da eine Nachversteuerung beim Steuerpflichtigen im Rahmen des verbleibenden Teils des Betriebs oder Mitunternehmeranteils weiterhin möglich ist. Die Einbringung soll durch entsprechende Kennzeichnung in Zeile 35 dokumentiert werden. 35

Mit dem Gesetz zur Modernisierung des Körperschaftsteuerrechts vom 25.6.2021 (BGBl I S. 2050) wurde mit **§ 1a KStG** Personenhandelsgesellschaften (OHG und KG), Partnerschaftsgesellschaften und aufgrund der Änderungen mit dem Wachstumschancengesetz ab 2024 auch eingetragenen Gesellschaften bürgerlichen Rechts die Möglichkeit eingeräumt, sich steuerrechtlich wie eine Kapitalgesellschaft behandeln zu lassen (**Option zur Körperschaftbesteuerung**). Erstmalig war dies für nach dem 31.12.2021 beginnende Wj. möglich (§ 34 Abs. 1a KStG), wenn der Antrag hierzu spätestens 1 Monat vor Beginn elektronisch gestellt wurde, § 1a Abs. 1 Satz 2 KStG. Der Übergang zur Körperschaftsbesteuerung gilt nach § 1a Abs. 2 Satz 1 KStG als Formwechsel i. S. § 1 Abs. 3 Nr. 3 UmwStG.

Wurde für 2026 (spätestens bis zum 30.11.2025) ein Antrag nach § 1a KStG gestellt, löst dies nach § 34a Abs. 6 Satz 1 Nr. 2 EStG einen **Nachversteuerung**statbestand i. S. § 34a EStG aus. Auch in diesem Fall ist eine Kennzeichnung in Zeile 35 erforderlich. Rn. 48 des BMF-Schreibens vom 10.11.2021 (BStBl I 2021 S. 2212) zur Anwendung des Antrags nach § 1a KStG und der damit in Zusammenhang stehenden Folgen weist auf die **Möglichkeit** nach § 34a Abs. 6 Satz 2 EStG hin, die nach § 34a Abs. 4 EStG geschuldete ESt aufgrund der Nachversteuerung in regelmäßigen Teilbeträgen für einen Zeitraum von höchstens 10 Jahren **zinslos zu stunden**.

> **ELSTER:**
> Bei Verwendung des amtlichen Steuererklärungsprogramms **Mein ELSTER** im Internet reicht hierfür ein Kreuz in der entsprechenden Zeile. Die lt. Papiervordruck vorgesehene Ziffer wird aus dem gesetzten Kreuz automatisch (im Hintergrund) gebildet.

Zu einer **Nachversteuerung** des gesamten oder eines Teils des festgestellten nachversteuerungspflichtigen Betrags kommt es zudem nach § 34a Abs. 6 Satz 1 Nr. 3 EStG i. d. F. des Gesetzes gegen schädliche Steuerpraktiken im Zusammenhang mit Rechteüberlassungen (BGBl I S. 2074), **wenn der Steuerpflichtige** einen **Betrieb oder Mitunternehmeranteil unentgeltlich** nach § 6 Abs. 3 EStG **auf** eine **Körperschaft**, Personenvereinigung oder Vermögensmasse i. S. des § 1 Abs. 1 KStG **überträgt**. Hintergrund der gesetzlichen Neuregelung ist die erkannte Regelungslücke, da bei unentgeltlicher Übertragung auf Ebene der übernehmenden Kapitalgesellschaft keine Nachversteuerung mehr durchgeführt werden kann. Aufgrund der 36

Neuregelung ab 2024 durch das Wachstumschancengesetz wird dem Fall der unentgeltlichen Übertragung das Ausscheiden eines Mitunternehmers gleichgestellt, wenn dessen Anteil dem/den übrigen Mitunternehmer/-n unentgeltlich anwächst.

Die unentgeltliche Übertragung soll durch entsprechende Kennzeichnung in Zeile 36 dokumentiert werden.

> **ELSTER:**
> Bei Verwendung des amtlichen Steuererklärungsprogramms **Mein ELSTER** im Internet reicht hierfür ein Kreuz in der entsprechenden Zeile. Die lt. Papiervordruck vorgesehene Ziffer wird aus dem gesetzten Kreuz automatisch (im Hintergrund) gebildet.

37 Beim **Übergang** von der Gewinnermittlung durch Betriebsvermögensvergleich **zur Einnahmenüberschussrechnung** oder einer pauschalierten Gewinnermittlung (z.B. § 5a EStG, § 13a EStG) ist der festgestellte nachversteuerungspflichtige Betrag ebenfalls in voller Höhe aufzulösen (§ 34a Abs. 6 Satz 1 Nr. 3 EStG). Wurde vor dem Schluss des Wj. die Gewinnermittlung im o.g. Sinne geändert, soll dies in Zeile 37 dokumentiert werden.

> **ELSTER:**
> Bei Verwendung des amtlichen Steuererklärungsprogramms **Mein ELSTER** im Internet reicht hierfür ein Kreuz in der entsprechenden Zeile. Die lt. Papiervordruck vorgesehene Ziffer wird aus dem gesetzten Kreuz automatisch (im Hintergrund) gebildet.

38 Zu einer **Nachversteuerung** des gesamten oder eines Teils des festgestellten nachversteuerungspflichtigen Betrags kommt es, wenn der Steuerpflichtige einen Betrieb oder Mitunternehmeranteil unentgeltlich nach § 6 Abs. 3 EStG auf eine Körperschaft, Personenvereinigung oder Vermögensmasse i.S. des § 1 Abs. 1 KStG überträgt (siehe zu Zeile 25). Dasselbe gilt, **soweit** der **Betrieb oder Mitunternehmeranteil nach** der **Übertragung** einer **Körperschaft**, Personenvereinigung oder Vermögensmasse **als Mitunternehmerin zuzurechnen** ist. Die anteilige Beschränkung (»… soweit …«) macht es erforderlich, die **Nachversteuerung** des festgestellten nachversteuerungspflichtigen Betrages hierauf zu beschränken. In Zeile 38 ist daher der **Anteil des nachversteuerungspflichtigen Betrages** anzugeben, der **auf** diesen **Mitunternehmeranteil** entfällt.

39–42 Aufgrund der Neuregelung **ab 2024** durch das Wachstumschancengesetz wurden die Fälle der **entgeltlichen Aufnahme** eines Mitunternehmers **in ein bestehendes Einzelunternehmen** oder die **Veräußerung** eines **Teils** des **Mitunternehmeranteils** (§ 34a Abs. 6 Satz 2 Nr. 1 EStG), der **Einbringung** eines **Teilbetriebs** oder eines **Teils** des **Mitunternehmeranteils** in eine Körperschaft (§ 34a Abs. 6 Satz 2 Nr. 2 EStG), die **unentgeltliche Übertragung** eines **Teilbetriebs** oder **Teils** des **Mitunternehmeranteils auf** eine **Körperschaft** sowie die unentgeltliche Übertragung eines Teilbetriebs oder Teils des Mitunternehmeranteis auf eine Mitunternehmerschaft, soweit dieser einer Körperschaft als Mitunternehmer zuzurechnen ist (§ 34a Abs. 6 Satz 2 Nr. 3 EStG), zur – vor 2024 möglichen – Vermeidung der Nachversteuerung geschaffen. Hierfür ist eine **anteilige Nachversteuerung** des nachversteuerungspflichtigen Betrags durchzuführen. Aufgrund der Eintragungssystematik in den Zeilen 39 bis 42 ist jeweils der anteilige nachversteuerungspflichtige Betrag anzugeben und dessen Ermittlung gesondert zu erläutern.

Eine **Nachversteuerung** des gesamten oder eines Teils des festgestellten nachversteuerungspflichtigen Betrags wird zudem vom Finanzamt durchgeführt, **wenn** der **Steuerpflichtige dies beantragt** (§ 34a Abs. 6 Satz 1 Nr. 5 EStG). Dazu ist der volle oder ein Teil des festgestellten nachversteuerungspflichtigen Betrags in Zeile 43 einzutragen. 43

23.3 Übernahme eines nachversteuerungspflichtigen Betrages

Nach § 34a Abs. 5 Satz 2 EStG besteht die Möglichkeit, bei Übertragungen und Überführungen von einzelnen Wirtschaftsgütern zum Buchwert in ein anderes Betriebsvermögen nach § 6 Abs. 5 EStG statt einer Nachversteuerung beim Ursprungsbetrieb den (anteiligen) nachversteuerungspflichtigen Betrag auf das übernehmende Unternehmen zu übertragen (siehe auch Ausführungen zu den Zeilen 18 bis 24). 44

Der übertragungsfähige nachversteuerungspflichtige Betrag i.S. des § 34a Abs. 5 EStG ist nach BMF-Schreiben vom 12.3.2025 (a.a.O., Rn 39) der nach Berücksichtigung der übrigen Entnahmen und hierauf nach § 34a Abs. 4 EStG erfolgender Nachversteuerungen verbleibende nachversteuerungspflichtige Betrag, maximal der Buchwert der übertragenen Wirtschaftsgüter (vgl. auch das Beispiel zu Zeile 18 bis 24 bei Tz 23.2).

Der auf den Betrieb/Mitunternehmeranteil übertragene nachversteuerungspflichtige Betrag nach § 34a Abs. 5 Satz 2 EStG ist hier einzutragen.

Zum Hintergrund dieser Abfrage siehe die Ausführungen zu den Zeilen 25 bis 33. 45

Der beim Übertragenden festgestellte nachversteuerungspflichtige Betrag ist beim Übernehmer in Zeile 45 zu erklären.

24. Anlage V 2025 für Einkünfte aus Vermietung und Verpachtung

24.1 Wozu dient die »Anlage V«?

24.1.1 Eigentümer

1–8 **Einkünfte aus Vermietung und Verpachtung**, die im Rahmen der ESt-Erklärung anzugeben sind, müssen entweder in der »**Anlage V**« oder in der »**Anlage V-Sonstige**« erklärt werden. Einkünfte aus Vermietung und Verpachtung sind Einkünfte, die aus der Vermietung oder Verpachtung **privat genutzter Grundstücke** erzielt werden.

In **der** Anlage V sind Einkünfte zu erklären aus:

- **einem** bebauten Grundstück, z. B. vermietetes Haus, vermietete Eigentumswohnung,
- **einem** selbst genutzten eigenen Haus/Eigentumswohnung, wenn einzelne Räume vermietet werden.

In der Anlage V-Sonstige sind Einkünfte zu erklären aus:

- **allen** Beteiligungen, z. B. Grundstücks- oder Erbengemeinschaften,
- der Untervermietung von gemieteten Räumen,
- **allen** unbebauten Grundstücken (z. B. Parkplätzen), anderem unbeweglichem Vermögen (z. B. Schiffen), Sachinbegriffen (z. B. Geschäftseinrichtung) sowie aus Überlassung von Rechten, z. B. Erbbaurechten, Urheberrechten, Kiesausbeuterechten.

Die Einkünfte aus **weiteren** bebauten Grundstücken sind für jedes Grundstück **getrennt jeweils in einer weiteren Anlage V** zu erklären.

Stammen die Einkünfte aus dem **Ausland**, so ist **zusätzlich** die **Anlage AUS** abzugeben; auf die Erläuterungen hierzu wird verwiesen.

Keine Anlage V ist jedoch auszufüllen für **ausschließlich zu eigenen Wohnzwecken** oder eigenen **gewerblichen oder beruflichen Zwecken** genutzte Gebäude und Gebäudeteile.

24.1.2 Andere Nutzungsberechtigte (außer Eigentümer)

Wer aufgrund eines **dinglichen Nutzungsrechts** (z. B. Nießbrauch, dingliches Wohnrecht nach § 1093 BGB, Dauerwohnrecht nach §§ 30, 31 WEG) **oder** aufgrund eines **obligatorischen Nutzungsrechts** mit gesicherter Rechtsposition die Wohnung **durch Vermietung nutzt**, hat die Mieteinnahmen **als Nutzungsberechtigter** zu versteuern und in der Anlage V, **Zeilen 13 bis 15** zu erklären; die hiermit zusammenhängenden Werbungskosten sind in Zeilen 33 ff. der Anlage V geltend zu machen.

Eine **gesicherte Rechtsposition** ist gegeben, wenn der Eigentümer dem Nutzenden den Gebrauch der Wohnung **für eine festgelegte Zeit nicht entziehen kann.** Diese Rechtsposition kann der Nutzende durch die Einräumung eines sachenrechtlichen (dinglichen) oder eines schuldrechtlichen (obligatorischen) Nutzungsrechts erlangen (BFH-Urteil vom 29.11.1983, BStBl 1984 II S. 366). Liegt ein **Mietvertrag** vor, so kann regelmäßig von einer gesicherten Rechtsposition ausgegangen werden, z. B. in den Fällen der Weitervermietung durch den Nutzungsberechtigten. Ein **Leihvertrag**, der die Verpflichtung zur **unentgeltlichen** Gebrauchsüberlassung einer Wohnung zum Inhalt hat, führt im Allgemeinen dann zu einer solchen gesicherten Rechtsposition, wenn die Leihe für einen festgelegten Zeitraum vereinbart worden ist. Ein festgelegter Zeitraum in diesem Sinne erfordert nach Auffassung der Finanzverwaltung eine mindestens einjährige Dauer des Nutzungsrechts. Wegen der strengen Voraussetzungen bei der Vereinbarung eines dinglichen oder obligatorischen Nutzungsrechts **zugunsten naher Angehöriger** (schriftlicher Überlassungsvertrag, Pflegerbestellung bei Minderjährigen usw.) vgl. **Nießbrauchserlass vom 30.9.2013, BStBl I S. 1184** (EStH, Anhang 30 VI, Rz 2 bis Tz 8). Bestellen Eltern ihrem Kind einen befristeten Nießbrauch und vermietet das Kind den Grundbesitz anschließend an die Eltern zurück, stellt eine solche Gestaltung regelmäßig einen Missbrauch von rechtlichen Gestaltungsmöglichkeiten i. S. des § 42 AO dar (BFH-Urteil vom 18.10.1990, BStBl 1991 II S. 205). **Keine gesicherte Rechtsposition** liegt vor, wenn der Eigentümer nicht in der oben genannten Weise zur Überlassung der Wohnung an den Nutzenden gebunden ist, sondern dem Nutzenden den Gebrauch der Wohnung **jederzeit entziehen kann.** Eine Steuerpflicht des Grundstücks**eigentümers** kommt insoweit, als das Nutzungsrecht reicht, nicht in Betracht.

Auf die umfassende Regelung im Nießbrauchserlass vom 30.9.2013, BStBl I S. 1184 betr. die einkommensteuerliche Behandlung des Nießbrauchs und anderer Nutzungsrechte bei Einkünften aus Vermietung und Verpachtung wird hingewiesen. Die Grundsätze des Nießbrauchserlasses sind zumindest insoweit auch weiterhin anzuwenden, als der Nutzungsberechtigte von seinem Nutzungsrecht **durch Vermietung** Gebrauch macht.

Nutzt jedoch der Nutzungsberechtigte (z. B. ein verheiratetes Kind) eine Wohnung in einem **fremden** Haus (z. B. im Haus der Eltern) aufgrund seines Nutzungsrechts mit gesicherter Rechtsposition **unentgeltlich zu eigenen Wohnzwecken**, so erzielt er **keine Einkünfte** aus Vermietung und Verpachtung, weshalb in diesen Fällen **keine Anlage V** abzugeben ist. Neben der Nutzungswertbesteuerung entfällt allerdings auch die Abzugsfähigkeit von Werbungskosten, wie AfA und erhöhte Absetzungen.

Zur steuerlichen Behandlung von Nutzungsrechten wird auf die Erläuterungen zu folgenden Zeilen hingewiesen: Zur Versteuerung vereinnahmter Mieten durch den **Nießbraucher** vgl. Tz 24.2.3; zur Versteuerung von Einnahmen für an **Angehörige** vermietete Wohnungen vgl. Tz 24.2.5; wegen des Abzugs von Instandhaltungsaufwendungen durch den Nießbraucher vgl. Tz 24.10.4; wegen der Geltendmachung von AfA vgl. Tz 24.8.3.

24.1.3 Vereinfachungsregelung bei vorübergehender Vermietung

Werden **Teile** einer selbst genutzten Eigentumswohnung, eines selbst genutzten Einfamilienhauses oder insgesamt selbst genutzten anderen Hauses, für das ein Nutzungswert **nicht** zu versteuern ist, **vorübergehend vermietet** und übersteigen die **Einnahmen** hieraus **nicht 520 €** im VZ, kann im Einverständnis mit dem Steuerpflichtigen aus Vereinfachungsgründen von der Besteuerung der Einkünfte abgesehen werden. Dies gilt entsprechend auch bei vorübergehender Untervermietung von Teilen einer angemieteten Wohnung, die im Übrigen selbst genutzt wird (R 21.2 Abs. 1 EStR).

24.1.4 Einkünfte aus Vermietung und Verpachtung im Rahmen anderer Einkunftsarten

Soweit Einkünfte aus Vermietung und Verpachtung im Rahmen anderer Einkunftsarten anfallen, sind sie diesen zuzurechnen. Werden z. B. landwirtschaftliche Grundstücke in einem landwirtschaftlichen Betrieb verpachtet, so gehören die daraus erzielten Einkünfte in der Regel zu den Einkünften aus Land- und Forstwirtschaft. Entsprechendes gilt auch, wenn ein verpachtetes Grundstück zum Betriebsvermögen eines Gewerbebetriebs oder freien Berufs gehört. Einkünfte aus Vermietung und Verpachtung liegen auch dann nicht vor, wenn ein Gebäude ausschließlich zu eigenen gewerblichen oder beruflichen Zwecken genutzt wird, selbst wenn es sich um ein Einfamilienhaus oder eine Eigentumswohnung handelt.

Vermietet ein Arbeitnehmer ein in seinem Haus oder seiner Wohnung gelegenes, von ihm genutztes Büro an seinen Arbeitgeber, erzielt er daraus nur dann Einkünfte aus Vermietung und Verpachtung, wenn die Nutzung des Büros im vorrangigen Interesse seines Arbeitgebers erfolgt und dieses Interesse über die Entlohnung des Arbeitnehmers sowie über die Erbringung der jeweiligen Arbeitsleistung hinausgeht; in den übrigen Fällen ist die »Mietzahlung« als Arbeitslohn zu versteuern (BMF-Schreiben vom 18.4.2019, BStBl I S. 461). Zur Mietzahlung des Arbeitgebers für eine vom Arbeitnehmer an den Arbeitgeber vermietete Garage, in der ein Dienstwagen untergestellt wird, vgl. BFH-Urteil vom 7.6.2002, BStBl II S. 829. Einkünfte aus der Vermietung eines häuslichen Arbeitszimmers an den Auftraggeber eines Gewerbetreibenden sind

Einkünfte aus Gewerbebetrieb, wenn die Vermietung ohne den Gewerbebetrieb nicht denkbar wäre (BFH-Urteil vom 13.12.2016, BStBl 2017 II S. 450).

24.1.5 Ferienwohnungen

9 Zur Einkunftsart »Vermietung und Verpachtung« rechnet grundsätzlich auch die **Vermietung von Ferienwohnungen**. In Zeile 9 sind Angaben zu machen, ob das vermietete Objekt als Ferienwohnung oder kurzfristig vermietet wird. In beiden Fällen ist neben der Anlage V auch die Anlage V-FeWo abzugeben.

24.1.6 Grundstücke im Ausland

Zu den Einkünften aus Vermietung und Verpachtung rechnen auch solche aus der Vermietung von **Grundstücken im Ausland**. In diesen Fällen ist zusätzlich zur Anlage V auch die **Anlage AUS** abzugeben (vgl. Tz 32.2 unter Erläuterungen zur Anlage AUS). Eine Besteuerung des Nutzungswerts für die **eigengenutzte Ferienwohnung** im Ausland findet ebenso wenig statt wie für Inlandswohnungen. Damit ist allerdings auch ein Abzug von Aufwendungen als Werbungskosten insoweit ausgeschlossen, als sie mit der eigengenutzten Wohnung im Zusammenhang stehen.

24.1.6.1 Grundstücke in einem EU-/EWR-Staat

Bei Wohnungen in einem **EU-Staat** oder in einem **EWR-Staat** ist nur das **DBA** anzuwenden (vgl. Tz 32.7 unter Erläuterungen zur Anlage AUS). § 2 a EStG ist für negative Einkünfte aus diesen Staaten nicht anzuwenden (§ 2 a Abs. 2a EStG).

Die Einkünfte aus Vermietung und Verpachtung eines Grundstücks in einem EU-/EWR-Staat unterliegen auch nicht dem Progressionsvorbehalt (§ 32 b Abs. 1 Satz 2 Nr. 3 EStG). Ist in einem DBA die **Freistellungsmethode** vorgesehen, bleiben sowohl die negativen als auch die positiven Einkünfte aus Vermietung und Verpachtung bei der inländischen Besteuerung völlig unberücksichtigt. Die Abgabe einer Anlage V und ein Eintrag in die Anlage AUS ist in diesen Fällen nicht vorzunehmen (vgl. Tz 32.8 unter Erläuterungen zur Anlage AUS).

Bei Grundstücken in **Spanien** sieht das DBA die **Anrechnungsmethode** vor. In diesen Fällen werden positive Einkünfte aus Vermietung und Verpachtung mit den inländischen Einkünften verrechnet, es können aber auch Verluste ohne Beschränkungen mit inländischen Einkünften verrechnet werden. Zur Anrechnung der ausländischen Steuer ist die Abgabe der Anlage V und der Anlage AUS erforderlich (vgl. Tz 32.2 unter Erläuterungen zur Anlage AUS). Wurden in den Vorjahren die noch nicht verrechneten Verluste für ein Grundstück in Spanien bestandskräftig gesondert festgestellt, finden die speziellen Vorschriften des § 2 a Abs. 1 Sätze 3 bis 5 EStG a. F. weiterhin Anwendung (§ 52 Abs. 2 Satz 2 EStG). Dies bedeutet, dass die positiven Vermietungseinkünfte erst dann der Besteuerung unterliegen, wenn die bisher festgestellten Verluste verrechnet wurden.

24.1.6.2 Grundstücke in einem Drittstaat

Bei Grundstücken in Drittstaaten (Länder, die nicht der EU oder des EWR angehören) ist sowohl **§ 2 a EStG** anzuwenden als auch ein ggf. mit dem jeweiligen Belegenheitsstaat abgeschlossenes **DBA**. Ist ein Ausgleich der ausländischen negativen Einkünfte bereits aufgrund des **§ 2 a EStG** ausgeschlossen, bedarf es nicht der Prüfung, ob eine Überschusserzielungsabsicht/Liebhaberei (vgl. Erläuterungen zur Anlage V-FeWo) anzunehmen ist (vgl. BFH-Urteil vom 26.3.1991, BStBl II S. 704).

Besteht mit dem ausländischen Staat ausnahmsweise **kein DBA**, so sind die **positiven** Einkünfte aus dem ausländischen Grundstück zur deutschen ESt heranzuziehen; eine evtl. gezahlte ausländische Steuer kann nach § 34 c EStG auf die deutsche ESt **angerechnet** werden (vgl. Tz 32.2 unter Erläuterungen zur Anlage AUS).

Hinsichtlich der **negativen** ausländischen Einkünfte (Verluste) aus Vermietung und Verpachtung ist die Rechtslage schwieriger. Bei Wohnungen in Drittstaaten, mit denen kein DBA abgeschlossen wurde, ist **§ 2 a Abs. 1 Nr. 6a EStG** zu beachten. Dies gilt aber auch, wenn in einem **bestehenden DBA** das Besteuerungsrecht **beiden** Staaten zusteht (z. B. bei DBA mit Kuwait, Mauritius, der Schweiz und Venezuela und Anrechnungsmöglichkeit der ausländischen Steuer, s. unten) – und das DBA **keine** Regelung enthält, die einen **Verlustausgleich einschränkt**. Dann ist die Entscheidung, ob im Ausland erzielte Verluste im Inland ausgleichbar sind, eine Angelegenheit innerstaatlichen Rechts. § 2 a Abs. 1 Nr. 6a EStG ist deshalb auch in diesen Fällen anzuwenden. Hiernach sind die **negativen** ausländischen Einkünfte (Verluste) aus Vermietung und Verpachtung vom **Ausgleich mit deutschen Einkünften ausgeschlossen**. Sie können **nur mit positiven ausländischen Einkünften** aus Vermietung und Verpachtung **aus demselben Staat** ausgeglichen werden; sie dürfen auch nicht nach § 10 d EStG abgezogen werden. Soweit dies (mangels weiterer Einkunftsquellen aus diesem Staat) nicht möglich ist (= verbleibende Verluste), mindern sie die positiven Einkünfte aus Vermietung und Verpachtung aus demselben ausländischen Staat in den **folgenden VZ**. Die Minderung ist nur insoweit zulässig, als die negativen Einkünfte in den vorangegangenen VZ nicht berücksichtigt werden konnten (= verbleibende negative Einkünfte). Die am Schluss eines VZ verbleibenden Verluste sind gesondert festzustellen. Auch eine Berücksichtigung im Rahmen des sog. **negativen Progressionsvorbehalts** ist durch § 2 a EStG ausgeschlossen (vgl. Tz 32.7 unter Erläuterungen zur Anlage AUS sowie H 32b – Ausländische Verluste – EStH). Die hiergegen vorgebrachten verfassungsrechtlichen Einwände hat der BFH mit Urteil vom 17.10.1990, BStBl 1991 II S. 136 (betr. DBA-Frankreich) zurückgewiesen.

Besteht mit einem Drittstaat ein DBA (vgl. BMF-Schreiben vom 20.1.2025, BStBl I S. 291), kommt es auf die jeweiligen zwischenstaatlichen Vereinbarungen an. Nach vielen DBA dürfen die Einkünfte aus Wohngebäuden (insbesondere Ferienheimen) **nur vom Belegenheitsstaat** besteuert werden (Steuerfreistellungsmethode). Eine Besteuerung im Inland und damit die Berücksichtigung positiver oder negativer Einkünfte scheidet sonach aus; § 2 a EStG ist deshalb ohne Bedeutung. Die ausländischen **positiven** Einkünfte, die aufgrund eines DBA im Inland steuerfrei bleiben, sind trotzdem in der Anlage AUS, Zeilen 29 bis 33 aufzuführen, da unabhängig hiervon der sog. **Progressionsvorbehalt** zu berücksichtigen ist. Dem **negativen** Progressionsvorbehalt steht § 2 a EStG entgegen (vgl. Tz 32.8 unter Erläuterungen zur Anlage AUS).

Die Rechtslage ist eine andere, wenn nach den DBA, die mit Drittstaaten abgeschlossen wurden, z. B. mit der **Schweiz**, das Besteuerungsrecht für Grundvermögen, das nicht zu einem gewerblichen oder freiberuflichen Betriebsvermögen gehört, nicht allein dem Belegenheitsstaat, sondern **auch** dem Wohnsitzstaat (also der Bundesrepublik Deutschland) zusteht. Die hierauf entfallenden, im Ausland gezahlten Steuern, die der deutschen ESt entsprechen, werden **angerechnet** (§ 34 c EStG). Diese DBA mit Steueranrechnungsmethode enthalten keine Regelung, die den Verlustausgleich im Wohnsitzstaat (also der Bundesrepublik Deutschland) einschränkt; daher gilt innerstaatliches Recht. **§ 2 a EStG** ist deshalb **anzuwenden**. Die Regelung ist nicht verfassungswidrig (BFH-Urteile vom 26.3.1991, BStBl II S. 704 und vom 5.9.1991, BStBl 1992 II S. 192 betr. DBA-Schweiz).

Die Anlage V bezieht sich nur auf Einkünfte aus **Vermietung und Verpachtung**. Wegen der Abgrenzung zu den Einkünften aus **Gewerbebetrieb** bei Überlassung einer ausländischen Ferienwohnung vgl. Tz 25 unter Erläuterungen zur Anlage V-FeWo.

24.1.7 Vermietung von Zimmern an Feriengäste

Die **Dauervermietung von Zimmern** an Feriengäste stellt nach Auffassung der Finanzverwaltung regelmäßig dann eine **gewerbliche Tätigkeit** dar, wenn **vier** oder mehr **Zimmer oder sechs** oder mehr **Betten** zur Beherbergung von Fremden bereitgehalten werden. Das Gleiche gilt, wenn **weniger** als vier Zimmer oder sechs Betten bereitgehalten werden, **aber** außer dem Frühstück mindestens eine Hauptmahlzeit gewährt wird. Liegt danach **keine** gewerbliche Tätigkeit vor, so rechnen die Einkünfte aus der Zimmervermietung zu den Einkünften aus Vermietung und Verpachtung und sind auf der Anlage V-FeWo (vgl. Tz 25 unter Erläuterungen zur Anlage V-FeWo) einzutragen.

24.2 Einkünfte aus dem bebauten Grundstück

4–5 Für jedes **bebaute Grundstück** und für jede **Eigentumswohnung** ist ein **eigener Vordruck** auszufüllen.

Die Frage in **Zeile 4**, die sich auf das vermietete oder verpachtete Grundstück bezieht, richtet sich an den **Eigentümer** des Grundstücks oder der Eigentumswohnung. Sie betrifft aber auch **andere Nutzungsberechtigte** als den Eigentümer, wie z. B. den Nießbraucher, dinglich Wohnberechtigte oder obligatorisch Nutzungsberechtigte mit gesicherter Rechtsposition (zum Begriff vgl. Tz 24.1.2), der sein Recht durch **Vermietung** nutzt und Mieteinnahmen erzielt.

24.2.1 Grundsteuermessbescheid-Aktenzeichen/ Veräußerungs- oder Übertragungsdatum/ Wirtschafts-Identifikationsnummer

6–9 Bei dem hier anzugebenden Grundsteuermessbescheid-Az. handelt es sich um ein **Zuordnungskriterium zur quellenbezogenen Darstellung** der Einkünfte aus Vermietung und Verpachtung **im** späteren **Steuerbescheid**.

In Zeile 7 ist anzugeben, wann das Mietobjekt veräußert oder übertragen wurde. Damit soll dem Finanzamt aller Voraussicht nach die Gelegenheit geboten werden zu prüfen, ob ein Veräußerungsgewinn i. S. des § 23 EStG entstanden ist (vgl. Tz 20.9 unter Erläuterungen zur Anlage SO).

Für die AfA-Methode (vgl. Tz 24.8) ist grds. das Datum des Kaufvertrages, des Bauantrags oder der Bauanzeige maßgeblich. In Zeile 7 werden deshalb diese Angaben abgefragt.

Für die Berechnung der AfA im Jahr der Anschaffung oder Veräußerung ist bei zeitanteiliger Gewährung der AfA (vgl. Tz 24.8) grds. der Übergang des wirtschaftlichen Eigentums oder der Fertigstellungszeitpunkt maßgeblich. In Zeile 7 wrid deshalb im Erwerbsfall auch der Eigentumsübergang abgefragt und bei Veräußerung in Zeile 8.

In Zeile 9 ist die W-IdNr. einzutragen, die an wirtschaftlich Tätige vergeben wird. Für jede wirtschaftliche Tätigkeit wird eine eigene W-IdNr. vergeben, vgl. Vorbemerkungen Tz 15. In Zeile 9 ist deshalb die W-IdNr. einzutragen, die für eine Tätigkeit vergeben wurde, durch die Einkünfte aus Vermietung und Verpachtung erzielt wurden.

24.2.2 Nutzung des Objekts

10–12 Eine zutreffende Besteuerung setzt voraus, dass Angaben zur Nutzung des Objekts und des Wohnraums gemacht werden. Deshalb sind in **Zeile 10** Angaben zur Nutzung des Objekts als Ferienwohnung, zur kurzfristigen Vermietung oder zur Vermietung zu Wohnzwecken an Angehörige zu machen und in den Zeilen 11 bis 12 jeweils die Quadratmeter **der Gesamtfläche sowie der unterschiedlichen Nutzung** anzugeben.

In Zeile 10 ist anzugeben, ob das vermietete Objekt ganz oder teilweise als Ferienwohnung oder an Angehörige vermietet wurde. Außerdem sind in Zeile 11 die Gesamtfläche des Objektes und in Zeile 12 die Flächen anzugeben, die auf eigengenutzten, unentgeltlich an Dritte überlassenen oder als Ferienwohnung genutzten Wohnraum entfallen. Handelt es sich um eine Ferienwohnung, ist außerdem die Anlage V-FeWo abzugeben.

Der im Steuerrecht allgemein gültige Grundsatz gilt auch bei verbilligter Überlassung einer Wohnung (vgl. Tz 24.2.5). Bei der Ermittlung des Einkommens für die ESt sind ganz allgemein auch nur solche positiven oder negativen Einkünfte anzusetzen, denen eine Tätigkeit oder Vermögensnutzung zugrunde liegt, die der Erzielung positiver Einkünfte dient (BFH, GrS vom 25.6.1984, BStBl II S. 751 sowie BMF-Schreiben vom 8.10.2004, BStBl I S. 933 und die dort zit. Rspr.). Die Vermietung muss daher in der Absicht erfolgen, auf die Dauer der Vermögensnutzung einen Totalüberschuss der Einnahmen über die Werbungskosten zu erwirtschaften. Bei einer auf Dauer angelegten Vermietungstätigkeit ist jedoch nach der BFH-Rspr. grds. davon auszugehen, dass der Vermieter letztlich einen Einnahmeüberschuss erwirtschaften will, selbst wenn sich über längere Zeiträume Werbungskostenüberschüsse ergeben (BFH-Urteile vom 30.9.1997, BStBl 1998 II S. 771 und vom 9.7.2002, BStBl 2003 II S. 580). Das gilt nur dann nicht, wenn besondere Umstände gegen das Vorliegen einer Überschusserzielungsabsicht sprechen (z. B. bei Mietkaufmodellen, Rückkaufangeboten oder Verkaufsgarantien sowie bei Werbungskostenüberschüssen im Falle einer von vornherein geplanten befristeten Vermietung). Vgl. BMF-Schreiben vom 8.10.2004, BStBl I S. 933, Rz 5 ff. und die umfassenden Ausführungen zur Überschusserzielungsabsicht (= Einkünfteerzielungsabsicht) sowie zur hierzu ergangenen BFH-Rspr. in Tz 24.7.1.

24.2.3 Mieteinnahmen (ohne Umlagen)

Die **Ermittlung der Einkünfte** aus Vermietung und Verpachtung, die in den **Zeilen 13 bis 32** auszuweisen sind, geschieht durch Gegenüberstellung der **Einnahmen** und der **Werbungskosten (Ausgaben)**. Unter Einnahmen sind die **Roheinnahmen** zu verstehen. Wegen der **Werbungskosten** siehe **Zeilen 33 bis 82**. 13–

Die in **Zeilen 13 bis 18** einzutragenden Mieteinnahmen müssen in jedem Fall auf die einzelnen Wohneinheiten (Stockwerk, Nummer der Wohnung) aufgeteilt werden. Außerdem ist in **den Zeilen 13 bis 14** die Wohnfläche der Wohneinheiten anzugeben. Der **Ansatz der Wohnflächen** richtet sich nach der Wohnflächenverordnung (WoFlV) vom 25.11.2003 (BGBl I S. 2346), Anhang 5 II EStH ggf. i. V. mit §§ 42–44 II. BVO i. d. F. vom 12.10.1990 (BStBl I S. 735).

In **den Zeilen 16 bis 18** sind die Einnahmen aus der Vermietung zu gewerblichen, freiberuflichen oder anderen nicht Wohnzwecken dienenden Räumen einzutragen. Außerdem ist in den Zeilen 16 bis 17 die Nutzfläche der Einheiten anzugeben. Die neben der Miete erhobenen **Umlagen** sowohl für Wohnungen als auch für andere Räume sind stets in den **Zeilen 20 bis 24** einzutragen. Diese Angaben, die auf eine Forderung des Bundesrechnungshofs zurückgehen, dienen der Finanzverwaltung zu Kontrollzwecken. Wegen der Einnahmen und Umlagen für an **Angehörige** vermietete Wohnungen vgl. Tz 24.2.5.

Hat der Steuerpflichtige auf die an sich bestehende Umsatzsteuerbefreiung verzichtet, also **zur Umsatzsteuer optiert**, so sind die Mieten **ohne die vereinnahmte Umsatzsteuer** in Zeilen 16 bis 17 einzutragen; die auf die vereinnahmte Miete entfallende Umsatzsteuer ist in Zeile 27 einzutragen. Die vom Finanzamt **erstattete Vorsteuer** ist in **Zeile 28** zu erklären (vgl. Erläuterungen zu den Zeilen 27 bis 28) und die an das Finanzamt bezahlte Umsatzsteuer einschließlich zurück gezahlter Vorsteuern ist bei den sonstigen Werbungskosten in **Zeile 79** geltend zu machen.

Die Einkünfte sind vom Nutzungsberechtigten zu versteuern; das ist regelmäßig der **Eigentümer** (ggf. der wirtschaftliche Eigentümer, vgl. hierzu Teil II Tz 4.3.1), aber auch der dinglich **Nutzungsberechtigte** (vgl. Rz 1 ff. Nießbrauchserlass vom 30.9.2013, BStBl I S. 1184, EStH Anhang 30 VI) oder obligatorisch Nutzungsberechtigte mit gesicherter Rechtsposition (BMF-Schreiben vom 30.9.2013, BStBl I S. 1184, Rz 6 ff.). Dazu vgl. Tz 24.1.2.

Vermietet der **Nießbrauchsberechtigte (dinglich Wohnberechtigte)** die Wohnung(en) aufgrund des dinglichen Rechts, so hat er die Mieteinnahmen in **Zeilen 13 bis 18** unabhängig davon anzugeben, ob er den Nießbrauch (dingliches Wohnrecht) entgeltlich oder unentgeltlich erworben hat (BMF-Schreiben vom 30.9.2013, BStBl I S. 1184, Rz 10, 32 und 39). Entsprechendes gilt für den **obligatorisch Nutzungsberechtigten** (BMF-Schreiben vom 30.9.2013, BStBl I S. 1184, Rz 6 ff., 36 und 52).

Vereinnahmte Mieten für **frühere Jahre** sind nicht hier, sondern in **Zeile 25** anzugeben. Die Mieteinnahmen bestehen in der Regel in Geld. Einnahmen, die nicht in Geld bestehen (sondern z. B. in Sachen oder Dienstleistungen), sind mit den üblichen Endpreisen am Abgabeort anzusetzen (§ 8 Abs. 2 EStG). Wegen der **Untervermietung** vgl. Tz 26.3 unter Erläuterung zur Anlage V-Sonstiges.

Maßgebend für die **Ermittlung der Roheinnahmen und der Werbungskosten** ist also das Kj. 2025. Dabei sind die **Einnahmen** anzusetzen, die im Jahr **2025 zugeflossen** sind, und die **Ausgaben** abzusetzen, die im Jahr 2025 **geleistet** worden sind. Bei **Überweisung von einem Bankkonto** ist die Ausgabe bei dem Kontoinhaber in dem Zeitpunkt **abgeflossen**, in dem der Überweisungsauftrag der Bank zugegangen ist und der Steuerpflichtige im Übrigen alles in seiner Macht stehende getan hat, um eine unverzügliche bankübliche Ausführung zu gewährleisten. Hierzu gehört insbesondere, dass der Steuerpflichtige im Zeitpunkt der Erteilung des Überweisungsauftrags für eine genügende Deckung auf seinem Girokonto gesorgt hat (BFH-Urteil vom 14.1.1986, BStBl II S. 453). Der Zeitpunkt des Eingangs des Überweisungsauftrags bei der Überweisungsbank ist für den Abfluss selbst dann maßgeblich, wenn die unbaren Zahlungen auf einem Sperrkonto des Zahlungsempfängers gutgeschrieben werden und das Guthaben daran anschließend der Bank verpfändet wird (BFH-Urteil vom 11.8.1987, BStBl 1989 II S. 702). Bei **Zahlung mit Scheck** (auch Verrechnungsscheck) ist die Ausgabe in der Regel mit der Entgegennahme des Schecks durch den Empfänger abgeflossen (BFH-Urteil vom 30.10.1980, BStBl 1981 II S. 305, bestätigt durch BFH-Urteil vom 20.3.2001, BStBl II S. 482).

Eine **Ausnahme** gilt für **regelmäßig wiederkehrende Einnahmen oder Ausgaben** (z.B. Mieten, Zinsen, Grundsteuern), die kurze Zeit vor Beginn oder kurze Zeit nach Ende des Kj. 2025 (**bis 10.1.2026**) fällig waren und vereinnahmt oder geleistet worden sind. Diese Beträge fallen auch steuerlich in das Jahr, zu dem sie wirtschaftlich gehören, d.h. also in das Jahr 2025, vgl. H 11 – Allgemeines – EStH.

Ist z.B. die Dezembermiete 2025 am 31.12.2025 fällig und erst am 25.1.2026 bezahlt worden, so handelt es sich um eine Einnahme des Jahres 2026. Nur bei Fälligkeit ab 22.12.2025 und Zahlung bis 10.1.2026 gehört die Miete als regelmäßig wiederkehrende Einnahme noch zu den Einnahmen des Jahres 2025. Hat ein Hausbesitzer die am 22.12.2025 ausgestellte und sofort fällige Rechnung für im November 2025 vorgenommene **Reparaturen** erst am 5.1.2026 bezahlt, so handelt es sich um eine **nicht** regelmäßig wiederkehrende Ausgabe und deshalb um Werbungskosten des Jahres 2026.

Wegen der Behandlung von **Mietvorauszahlungen** und von verlorenen Baukostenzuschüssen vgl. Tz 24.2.7.

Für die vom Eigentümer gewerblich oder freiberuflich genutzten Räume ist **keine** Miete anzusetzen. Wegen der Verteilung der Werbungskosten in diesen Fällen vgl. Tz 24.7.

24.2.4 Vereinnahmte Mieten bei Nutzungsrechten

Erhält der Eigentümer für die Bestellung eines Zuwendungsnießbrauchs (zum Begriff vgl. Tz 24.8.3) **ein Entgelt**, so handelt es sich im Jahr des Zuflusses um stpfl. Einnahmen aus Vermietung und Verpachtung (BFH-Urteil vom 27.6.1978, BStBl 1979 II S. 332). Die Einnahmen können jedoch nach § 11 Abs. 1 Satz 3 EStG gleichmäßig verteilt werden (BMF-Schreiben vom 30.9.2013, BStBl I S. 1184, Rz 28).

Ist ein mit **Vorbehaltsnießbrauch** (zum Begriff vgl. Tz 24.8.3) belastetes Grundstück vermietet, erzielt der **Nießbraucher** Einkünfte aus Vermietung und Verpachtung. Dies gilt auch, wenn der Nießbraucher das Grundstück dem Grundstückseigentümer entgeltlich zur Nutzung überlässt (BMF-Schreiben vom 30.9.2013, BStBl I S. 1184, Rz 41).

Bei **Veräußerung eines Grundstücks gegen Bar- und/oder Rentenzahlung mit gleichzeitiger Einräumung des Nießbrauchs** (dinglichen Wohnrechts) zugunsten des bisherigen Eigentümers, also beim **sog. Vorbehaltsnießbrauch**, ist davon auszugehen, dass die Bestellung des Nießbrauchs **keine Gegenleistung** des Erwerbers des Grundstücks ist (ebenso BFH-Urteile vom 28.7.1981, BStBl 1982 II S. 378, vom 10.4.1991, BStBl II S. 791 und vom 24.4.1991, BStBl II S. 793), und zwar unabhängig davon, ob das Grundstück entgeltlich oder unentgeltlich veräußert wird (BMF-Schreiben vom 30.9.2013, BStBl I S. 1184, Rz 40). Nach dieser Auffassung behält der bisherige Eigentümer einen »Teil« des Grundstücks zurück. Dem **Erwerber (jetzigen Eigentümer)** sind daher **keine Einnahmen** zuzurechnen.

Bei einem vereinbarten Veräußerungspreis von z.B. 150 000 € wird danach **nicht** unterstellt, dass der Käufer z.B. 200 000 € für das Grundstück bezahlt und anschließend wieder 50 000 € für den Nießbrauch zurückerhalten hat. Da dem Erwerber keine Einnahmen zufließen und der Vorbehaltsnießbraucher der Nutzungsberechtigte ist, kann der Erwerber auch keine Werbungskosten abziehen und keine AfA auf das dem Nutzungsrecht des Nießbrauchers unterliegenden Gebäude in Anspruch nehmen (BMF-Schreiben vom 30.9.2013, BStBl I S. 1184, Rz 45).

Ist das Gebäude (wie im vorgenannten Fall) **entgeltlich** unter Vorbehalt des Nießbrauchs übertragen worden, bemisst sich die AfA des Eigentümers **nach Erlöschen** des Nießbrauchs nach den Anschaffungskosten des Eigentümers. Der Kapitalwert des Nießbrauchs gehört folgerichtig **nicht** zu den Anschaffungskosten (BMF-Schreiben vom 30.9.2013, BStBl I S. 1184, Rz 47), dagegen der Kapitalwert einer etwaigen Rente. Die AfA-Bemessungsgrundlage erhöht sich um die zusätzlichen Herstellungskosten, die der Eigentümer getragen hat (BFH-Urteil vom 7.6.1994, BStBl II S. 927). Das AfA-Volumen ist entsprechend zu kürzen (BMF-Schreiben vom 30.9.2013, BStBl I S. 1184, Rz 47). Ist das Grundstück **unentgeltlich** unter Vorbehalt des Nießbrauchs übertragen worden, erzielt der Eigentümer sonach keine stpfl. Einnahmen, so kann er die AfA **nach** Erlöschen des Nießbrauchs gemäß § 11 d EStDV fortführen (BMF-Schreiben vom 30.9.2013, BStBl I S. 1184, Rz 48). Diese Grundsätze gelten auch für das vorbehaltene **obligatorische Nutzungsrecht** (BMF-Schreiben vom 30.9.2013, BStBl I S. 1184, Rz 53).

Hiervon zu unterscheiden ist der Erwerb eines (unbebauten) **Grundstücks** gegen die **Verpflichtung**, dieses **mit einem Wohnhaus zu bebauen und** dem Veräußerer ein **dingliches Wohnrecht** an einem Teil des Gebäudes (Wohnung) auf Lebenszeit zu bestellen. Nach dem BFH-Urteil vom 21.2.1991, BStBl 1992 II S. 718 ist dies ein Rechtsgeschäft, das auf die **Anschaffung** des Grundstücks gerichtet ist; die zu entrichtende Gegenleistung erfolge nicht für den Gebrauch oder die Nutzung des Grundstücks (daher keine Einnahmen aus Vermietung). Nach der abweichenden Verwaltungsauffassung liegt dagegen ein **entgeltlich bestelltes Nutzungsrecht** vor, da die maßgebliche Gegenleistung des Erwerbers darin bestehe, eine Wohnung zur dauernden Selbstnutzung zu überlassen. Deshalb beziehe der Erwerber des Grundstücks in Höhe des Grundstückswerts **Einnahmen aus Vermietung und Verpachtung**, die nach § 11 Abs. 2 Satz 3 EStG auf die Dauer des Wohnrechts verteilt werden können.

24.2.5 Einnahmen für an Angehörige vermietete Wohnungen (ohne Umlagen)

Zu **Zeile 19** wird – getrennt von den anderen Mieteinnahmen – nach den Einnahmen für an **Angehörige** vermietete Wohnungen 19
(ohne Umlagen) gefragt. Außerdem ist in Zeile 10 die Frage nach der Vermietung an Angehörige zu Wohnzwecken mit »Ja« zu beantworten. Da Wohnungen an Angehörige häufig **verbilligt** (teilentgeltlich) überlassen werden und sich durch solche (zulässigen) Gestaltungen nicht unerhebliche steuerliche Vorteile ergeben können, sieht die Finanzverwaltung offensichtlich Prüfungsbedarf. In solchen Fällen sind zwar ebenfalls nur die tatsächlich erzielten, geringeren Nutzungsentgelte als Einnahmen zu erfassen. Beträgt das Entgelt weniger als 50 % der ortsüblichen Miete einschließlich umlagefähiger Kosten, sind auch die mit der Wohnung zusammenhängenden Aufwendungen **nur anteilig**, d.h. im Verhältnis der erzielten zur erzielbaren Miete, als Werbungskosten abzuziehen (BFH-Urteile vom 4.6.1986, BStBl II S. 839 und vom 30.7.1985, BStBl 1986 II S. 327). In diesem Fall ist die Nutzungsüberlassung **in einen entgeltlichen und einen unentgeltlichen Teil aufzuteilen** (§ 21 Abs. 2 EStG). Das bedeutet im Ergebnis, dass **Werbungskosten nur anteilig zu berücksichtigen** sind. Dies gilt in **allen** Fällen einer verbilligten Überlassung, nicht nur bei Angehörigen.

Beträgt die Miete einschließlich umlagefähiger Kosten 50 % und mehr der ortsüblichen Miete, jedoch weniger als 66 %, ist eine Totalüberschussprognoseprüfung vorzunehmen. Führt diese zu einem negativen Ergebnis, ist von einer Einkünfteerzielungsabsicht nur für den entgeltlich vermieteten Teil auszugehen. In diesem Fall ist die Nutzungsüberlassung ebenfalls in einen entgeltlichen und einen unentgeltlichen Teil aufzuteilen. Fällt die Totalüberschussprognoseprüfung positiv aus, ist für die verbilligte Wohnraumüberlassung eine Einkünfteerzielungsabsicht zu unterstellen und der volle Werbungskostenabzug möglich. Der Vermieter darf aber trotzdem die mit der Wohnung zusammenhängenden **Aufwendungen in voller Höhe** als Werbungskosten abziehen (vgl. Tz 24.7.2).

Unabhängig hiervon wird ein Mietvertrag allgemein **nicht** anerkannt, wenn auf Dauer gesehen **mangels Einkünfteerzielungsabsicht** keine Einnahmenüberschüsse zu erwarten sind und deshalb steuerlich eine sog. Liebhaberei anzunehmen ist. Zur Einkünfteerzielungsabsicht sowie zur hierzu ergangenen BFH-Rspr. vgl. Tz 24.7.

In diesem Zusammenhang ist zu beachten, dass ein **Mietverhältnis zwischen nahen Angehörigen** (z. B. zwischen Eltern und Kindern, aber auch zwischen Geschwistern und zwischen Verschwägerten) einem **Fremdvergleich** unterliegt (vgl. H 21.4 – Fremdvergleich – EStH). Mietverträge unter nahestehenden Personen sind in der Regel der Besteuerung nicht zugrunde zu legen, wenn die Gestaltung oder die tatsächliche Durchführung nicht dem zwischen Fremden Üblichen entspricht (BFH-Urteil vom 9.10.2013, BStBl 2014 II S. 527). Hiernach müssen die **Hauptpflichten** der Mietvertragsparteien, wie Überlassen einer konkret bestimmten Mietsache und Höhe der zu entrichtenden Miete, stets klar und eindeutig vereinbart sowie entsprechend dem Vereinbarten durchgeführt werden (BFH-Urteil vom 20.10.1997, BStBl 1998 II S. 106). Deshalb kann z. B. das Mietverhältnis der Besteuerung nicht zugrunde gelegt werden, wenn die tatsächliche Mietentrichtung nicht der vertraglich vereinbarten entspricht (z. B. statt regelmäßiger Zahlung Nachzahlung in einem Betrag in einem späteren Jahr: BFH-Urteile vom 25.5.1993, BStBl II S. 834, und vom 19.6.1991, BStBl 1992 II S. 75). Ein Mietverhältnis zwischen nahen Angehörigen wird auch nur dann steuerlich anerkannt, wenn feststeht, dass die gezahlte Miete tatsächlich **endgültig** aus dem Vermögen des Mieters (z. B. Kind) in das des Vermieters (z. B. Eltern) gelangt ist (BFH-Urteil vom 28.1.1997, BStBl II S. 655). Weicht die Vereinbarung und Durchführung des Vertrags hinsichtlich der **Nebenabgaben** von dem unter Fremden Üblichen ab, so hängt die Anerkennung des Mietvertrags von der Würdigung aller Umstände des Einzelfalls ab (BFH-Urteil vom 17.2.1998, BStBl II S. 349).

Nicht jede Abweichung vom Üblichen schließt notwendigerweise die steuerliche Anerkennung des Vertragsverhältnisses aus; so ist z. B. die teilweise unregelmäßige, aber **vor**schüssige Zahlung der Miete und der Nebenkosten in bar, nachdem der Vermieter sein Konto aufgelöst hat, für sich gesehen nicht schädlich (BFH-Urteil vom 7.5.1996, BStBl 1997 II S. 196). Ein Mietvertrag zwischen Eltern und unterhaltsberechtigtem Kind ist **nicht** deshalb **rechtsmissbräuchlich** i. S. des § 42 AO, weil das Kind die Miete aus dem laufenden Barunterhalt oder durch Verrechnung mit dem Barunterhalt der Eltern zahlt (BFH-Urteile vom 19.10.1999, BStBl 2000 II S. 223 und 224 und H 21.4 – Vermietung an Unterhaltsberechtigte – EStH).

Das Mietverhältnis ist allerdings nicht anzuerkennen, wenn Eltern und Kinder noch eine Haushaltsgemeinschaft bilden (BFH-Urteil vom 19.10.1999, BStBl 2000 II S. 224). Ein Mietverhältnis ist aber nicht deshalb rechtsmissbräuchlich, weil z. B. der unterhaltsverpflichtete Vater eine Wohnung an seine volljährige unterhaltsberechtigte Tochter **und** an deren Ehemann vermietet (BFH-Urteil vom 28.1.1997, BStBl II S. 599). Zu den Grenzen des Gestaltungsmissbrauchs i. S. von § 42 AO unter Angehörigen, insbesondere bei Rückvermietung an Angehörige nach vorausgegangener Grundstücksübertragung gegen wiederkehrende Leistungen (sog. Stuttgarter Modell) und andere Gestaltungen, vgl. die BFH-Urteile vom 10.12.2003, BStBl 2004 II S. 643 und vom 17.12.2003, BStBl 2004 II S. 646 und S. 648 sowie H 21.4 – Vermietung an Angehörige nach Grundstücksübertragung – EStH.

Zahlt das Kind den laufenden Mietzins nicht aus dem monatlich von den Eltern erhaltenen Barunterhalt, sondern stehen ihm darüber hinaus für die Mietzahlungen **eigene Gelder** zur freien Verfügung, so liegt in dem Abschluss des Mietvertrags kein Gestaltungsmissbrauch nach § 42 AO, selbst wenn die eigenen Gelder dem Kind zuvor von den Eltern – ohne Bedingung und ohne Vorbehalt – geschenkt worden sind (vgl. BFH-Urteil vom 28.3.1995, BStBl 1996 II S. 59: Mietzahlung aus einmaliger Geldzahlung). Das Mietverhältnis wird sonach anerkannt, falls der Fremdvergleich hinsichtlich der tatsächlich durchgeführten Mietzahlungen nicht entgegensteht (vgl. BFH-Urteile vom 19.12.1995, BStBl 1997 II S. 52).

Eine **wechselseitige Vermietung** (z. B. **Überkreuzvermietung** von gleich großen und gleichwertigen Eigentumswohnungen), um auch bei Eigennutzung Werbungskosten geltend machen zu können, kann ein Missbrauch von Gestaltungsmöglichkeiten i. S. von § 42 AO sein (BFH-Urteile vom 19.6.1991, BStBl II S. 904, und vom 25.1.1994, BStBl II S. 738). Mietrechtliche Gestaltungen sind auch dann unangemessen i. S. von § 42 AO, wenn derjenige, der einen Gebäudeteil für eigene Zwecke benötigt, einem anderen daran die wirtschaftliche Verfügungsmacht einräumt, um ihn anschließend wieder zurückzumieten (BFH-Urteil vom 9.10.2013, BStBl 2014 II S. 527). Dagegen liegt **kein** Missbrauch vor bei vorausgegangener Übertragung des Alleineigentums an einer von zwei Eigentumswohnungen verbunden mit gleichzeitiger wechselseitiger Vermietung (BFH-Urteil vom 12.9.1995, BStBl 1996 II S. 158) und auch **nicht**, wenn der Steuerpflichtige sein Haus zu fremdüblichen Bedingungen an seine Eltern vermietet und selbst ein Haus seiner Eltern unentgeltlich zu Wohnzwecken nutzt (BFH-Urteil vom 14.1.2003, BStBl II S. 509).

Wohnräume im Haus der Eltern, die keine abgeschlossene Wohnung bilden, können nicht mit steuerrechtlicher Wirkung an volljährige unterhaltsberechtigte Kinder vermietet werden (BFH-Urteil vom 16.1.2003, BStBl II S. 301). Vgl. H 21.4 – Vermietung an Unterhaltsberechtigte – EStH.

Leben Partner einer **nichtehelichen Lebensgemeinschaft** zusammen in einer Wohnung, die einem von ihnen gehört, kann dieser seine Wohnung nicht steuerrechtlich wirksam zur Hälfte dem anderen vermieten (BFH-Urteil vom 30.1.1996, BStBl II S. 359 und H 21.4 – Nichteheliche Lebensgemeinschaft – EStH).

Der Abschluss eines Mietvertrags mit dem **geschiedenen oder dauernd getrennt lebenden Ehegatten** und die Verrechnung der Miete mit dem geschuldeten Barunterhalt ist möglich und stellt grundsätzlich keinen Missbrauch von Gestaltungsmöglichkeiten dar (BFH-Urteil vom 16.1.1996, BStBl II S. 214). Wird dagegen eine Wohnung aufgrund einer Unterhaltsvereinbarung zu Wohnzwecken überlassen und dadurch der Anspruch des Unterhaltsberechtigten auf Barunterhalt vermindert, liegt kein Mietverhältnis vor (BFH-Urteil vom 17.3.1992, BStBl II S. 1009).

Der zivilrechtlichen Unwirksamkeit eines Vertragsabschlusses bei Verträgen zwischen nahen Angehörigen kommt nach dem BFH-Urteil vom 12.5.2009 (BStBl 2011 II S. 24) steuerrechtlich eine Indizwirkung zu und spricht damit gegen die Ernstlichkeit der Vereinbarung. Diese Indizwirkung gegen den vertraglichen Bindungswillen wird verstärkt, wenn den Vertragspartnern die Nichtbeachtung der Formvorschriften insbesondere bei klarer Zivilrechtslage angelastet werden kann (BMF-Schreiben vom 23.12.2010, BStBl 2011 I S. 37). Die Vertragspartner können aber darlegen und nachweisen, dass sie zeitnah nach dem Auftauchen von Zweifeln an der zivilrechtlichen Wirksamkeit alle erforderlichen Maßnahmen ergriffen haben, um die zivilrechtliche Wirksamkeit des Vertrages herbeizuführen und dass ihnen die Unwirksamkeit nicht anzulasten ist.

24.2.6 Einnahmen aus umgelegten Neben-/Betriebskosten

In **Zeile 20** sind alle Einnahmen aus **Umlagen**, die auf die Mieteinnahmen für Wohnungen (Zeile 15) und auf die Miteinnahmen für andere Räume (Zeile 18) entfallen, **in voller Höhe** einzutragen. Dies gilt auch dann, wenn der Mieter die vom Vermieter geschuldete Zahlung bestimmter Nebenkosten übernimmt. Soweit die Umlagen in 2025 vom Mieter nachgezahlt oder an die Mieter zurückgezahlt worden sind, sind diese Beträge in Zeile 21 einzutragen. Zurückgezahlte Erstattungen sind mit einem vorangestelltem Minuszeichen einzutragen. Die auf die Einnahmen für an Angehörige vermietete Wohnungen entfallenden laufenden Neben-/Betriebskosten sind in Zeile 22, die Nachzahlungen oder Erstattungen in Zeile 23 einzutragen. Dazu gehören z. B. Wassergeld, Abwassergebühren, Flur- und Kellerbeleuchtung, Straßenreinigung, Müllabfuhr, Zentralheizung, Schornsteinreinigung, Sach- und Haftpflichtversicherungen, Grundsteuer usw. Der getrennte Ausweis der Umlagen in Zeile 22 für Wohnungen, die an Angehörige vermietet sind, ist im Zusammenhang mit der Berechnung der 50 %-Begrenzung bei der ortsüblichen Miete zu sehen (vgl. Tz 24.7.1). 20–

Sofern die Zahlung der Neben-/Betriebskosten nicht gesondert vereinbart wurde (sog. Warmmiete), ist in Zeile 24 ein Eintrag vorzunehmen.

24.2.7 Vereinnahmte Mieten für frühere Jahre und Mietvorauszahlungen aus Baukostenzuschüssen

In **Zeile 25** sind die im Kj. 2025 tatsächlich vereinnahmten **Mieten** (einschließlich Untermieten) **aus früheren Jahren** (Mietrückstände), verrechnete Mietkautionen und **Mietvorauszahlungen** aus Baukostenzuschüssen (**Mieterzuschüssen)** anzugeben. Wegen der Zuschüsse aus **öffentlichen** Mitteln und **anderer** Zuschüsse vgl. Tz 24.3.1, vgl. Tz 24.13.

Für solche auf das Kj. entfallende **Mietvorauszahlungen (Mieterzuschüsse)** gilt Folgendes (R 21.5 Abs. 3 EStR):

Vereinbaren die Parteien eines Mietverhältnisses eine **Beteiligung des Mieters an den Kosten der Herstellung des Gebäudes oder der Mieträume** oder lässt der Mieter die Mieträume auf seine Kosten **wieder herrichten** und einigt sich mit dem Vermieter, dass die Kosten ganz oder teilweise **verrechnet** werden, so entsteht dem Mieter ein Rückzahlungsanspruch, der in der Regel durch Anrechnung des vom Mieter aufgewandten Betrags (Mieterzuschuss) auf den Mietzins **wie eine Mietvorauszahlung** befriedigt wird.

Für die steuerliche **Behandlung der Mieterzuschüsse beim Vermieter** gilt Folgendes:

- Mieterzuschüsse sind in dem VZ als Mieteinnahmen anzusetzen, in dem sie zufließen. Sie können aber zur Vermeidung von Härten **auf Antrag** zunächst als zinsloses Darlehen angesehen und so behandelt werden, als ob sie dem Vermieter erst im Laufe **der Jahre** zufließen würden, in denen er sie durch **Vereinnahmung der herabgesetzten Miete** tilgt. Als vereinnahmte Miete ist dabei jeweils die tatsächlich gezahlte Miete **zzgl.** des anteiligen Vorauszahlungsbetrags anzusehen (dieser und der vorhergehende Satz gelten nur für die vereinnahmte Nettomiete, nicht für ggf. vereinnahmte Umsatzsteuerbeträge). Die tatsächlich gezahlte Miete ist in **den Zeilen 13 bis 15**, die auf das Kj. entfallende Mietvorauszahlung in **Zeile 25** einzutragen.
- Wurde zwischen den Mietparteien ausnahmsweise **nicht** vereinbart, dass die Kosten des Mieters auf den Mietzins **angerechnet** werden, so sind diese **wie Mietvorauszahlungen** zu behandeln. **Auf Antrag** können sie vom Vermieter auf die – voraussichtliche – Dauer des Mietverhältnisses gleichmäßig verteilt werden (§ 11 Abs. 1 Satz 3 EStG).
- Für die Berechnung der **Absetzungen für Abnutzung** nach § 7 EStG und für erhöhte Absetzungen oder Sonderabschreibungen kann der Vermieter von den **gesamten** Herstellungskosten, also von den **eigenen Aufwendungen zzgl. der Mieterzuschüsse**, ausgehen (R 21.5 Abs. 3 Satz 5 EStR).
- Hat ein **Mieter** Kosten getragen, die als **Erhaltungsaufwand** anzusehen sind, so sind (aus Vereinfachungsgründen) nur die **eigenen Kosten des Vermieters** als Werbungskosten zu berücksichtigen (R 21.5 Abs. 3 Satz 6 EStR).
- Wird ein Gebäude während des Zeitraums, auf den eine Mietvorauszahlung in den oben genannten Fällen zu **verteilen** ist, **veräußert oder** in ein Betriebsvermögen **eingebracht** oder nicht mehr zur Erzielung von Überschusseinkünften i. S. des EStG genutzt, so ist der noch nicht als Mieteinnahme berücksichtigte Teil der Mietvorauszahlung im Jahr der Veräußerung oder der Überführung in das Betriebsvermögen als **Mieteinnahme** bei den Einkünften aus Vermietung und Verpachtung anzusetzen (R 21.5 Abs. 3 Satz 7 EStR). Bei Veräußerung vgl. R 21.5 Abs. 3 Satz 8 EStR und BFH-Urteil vom 28.6.1977, BStBl 1978 II S. 91.

24.2.8 Einnahmen aus der Vermietung von Garagen, Werbeflächen, Grund und Boden für Kioske usw. sowie erstattete Umsatzsteuer

6 Steuerpflichtig sind auch die in **Zeile 26** aufgeführten Einnahmen aus Vermietung von Garagen, Werbeflächen, Grund und Boden für Kioske usw. Die amtliche Anleitung führt darüber hinaus noch Einnahmen aus der Vermietung von Grundstücksteilen für Mobilfunkantennen, Windkraftanlagen und WLAN-Hotspots (für mobiles Internet) auf. Erhält ein Eigentümer für die Inanspruchnahme seines Grundstücks im Zuge der Errichtung einer baulichen Anlage auf dem Nachbargrundstück (z. B. für Aushub und Arbeitsraum während der Bauzeit) ein Entgelt, so ist auch dieses nach § 21 Abs. 1 EStG stpfl. (BFH-Urteil vom 2.3.2004, BStBl II S. 507). Hier sind die Bruttoeinnahmen (jedoch ohne ggf. vereinnahmte Umsatzsteuer) anzugeben; die hierauf entfallenden Ausgaben (Werbungskosten) sind in die Zeilen 33 ff. einzutragen.

Hat der Vermieter zur Umsatzsteuer optiert und bekommt er vom Finanzamt **Umsatzsteuer (Vorsteuer) erstattet,** so muss er diese in Zeile 28 angeben (zur Umsatzsteuer [Vorsteuer] vgl. Tz 24.2.3, Tz 24.2.9).

24.2.9 Vereinnahmte und vom Finanzamt erstattete Umsatzsteuer

Wurde hinsichtlich der Vermietungsumsätze auf die Umsatzsteuerbefreiung gem. § 4 Nr. 12 UStG verzichtet, stellt die auf die Miete erhobene Umsatzsteuer Einnahmen aus Vermietung und Verpachtung dar. Die auf die Miete entfallende Umsatzsteuer ist nicht in den Zeilen 16 bis 18 einzutragen, sondern in die Zeile 27. 27–28

Vorsteuerbeträge (gezahlte Umsatzsteuer) auf Aufwendungen (Herstellungskosten oder Werbungskosten) werden vom Finanzamt wieder erstattet. Diese sind im Zeitpunkt der Zahlung als Werbungskosten berücksichtigungsfähig (vgl. Tz 24.12.5) und im Zeitpunkt der Erstattung grundsätzlich als Einnahme zu berücksichtigen. Falls sich ein Vorsteuerüberhang (Vorsteuerbeträge sind höher als die vereinnahmte Umsatzsteuer) ergibt, ist die erstattete Umsatzsteuer in Zeile 28 einzutragen.

24.3 Öffentliche Zuschüsse nach dem Wohnraumförderungsgesetz (WoFG) oder zu Erhaltungsaufwendungen, Aufwendungszuschüsse, Guthabenzinsen aus Bausparverträgen und sonstige Einnahmen

24.3.1 Angaben zu Zuschüssen und sonstigen Einnahmen

Zuschüsse aus öffentlichen Mitteln zur Finanzierung von **Erhaltungsaufwendungen** sowie **Aufwendungszuschüsse,** z. B. zur Minderung der **Zins- und Mietbelastungen**, sind im Jahr des Zuflusses als Einnahmen in **Zeilen 29 bis 31** einzutragen. Zuschüsse, die eine Gegenleistung für die Gebrauchsüberlassung des Grundstücks, z. B. für eine **Mietpreisbindung** oder Nutzung durch einen bestimmten **Personenkreis** darstellen (z. B. Zuschüsse nach dem WoFG), können auf die Jahre des Bindungszeitraums verteilt werden (R 21.5 Abs. 2 EStR). Bei Rückzahlung der Zuschüsse sind sie **im Jahr der Rückzahlung als Werbungskosten** abzuziehen (R 21.5 Abs. 1 Satz 10 EStR). 29–31

In **Zeile 29** handelt es sich um Zuschüsse, die **keine** Mieterzuschüsse i. S. der Ausführungen zur **Zeile 25** sind.

Zuschüsse aus öffentlichen Mitteln zur Finanzierung von **Anschaffungs- oder Herstellungskosten** sind in **Zeile 89** einzutragen. Sie können nur noch von der Bemessungsgrundlage für die Abschreibungen, also von den Anschaffungs- oder Herstellungskosten des Gebäudes, abgezogen werden (vgl. Tz 24.13).

Nach der BFH-Rspr. gehören auch **Guthabenzinsen aus Bausparverträgen** zu den Einnahmen aus Vermietung und Verpachtung, wenn z. B. der Bausparvertrag für gerade dieses Gebäude, für das die Anlage V abzugeben ist, vor- oder zwischenfinanziert wurde (BFH-Urteile vom 9.11.1982, BStBl 1983 II S. 172 und vom 8.2.1983, BStBl II S. 355). Danach sind nämlich **Guthabenzinsen aus Bausparverträgen** bei Vermietung und Verpachtung (und nicht bei den Einkünften aus Kapitalvermögen) als Einnahmen zu berücksichtigen, wenn sie in einem **engen zeitlichen Zusammenhang** mit dem Erwerb, dem Bau, der Umschuldung oder der Erhaltung (Reparatur) eines Hauses stehen (vgl. BFH-Urteil vom 9.11.1982, BStBl 1983 II S. 172 und auch BMF-Schreiben vom 28.2.1990, BStBl I S. 124 und H 21.2 – Einnahmen – EStH). Bei der Anwendung dieser Rspr. ist nicht zu unterscheiden, ob die Vor- oder Zwischenfinanzierung eines Bausparvertrags durch die Bausparkasse selbst oder durch ein Kreditinstitut erfolgt. Auch in den Fällen der Vorfinanzierung über ein sog. Bankvorausdarlehen (Aufnahme eines Kredits bei der Bank, später Ablösung mit der zugeteilten Bausparsumme) gelten die genannten Grundsätze.

Die Guthabenzinsen aus Bausparverträgen sind daher in allen diesen Fällen als sonstige Einnahmen in **Zeile 29** einzutragen. Die hierzu ergangene o.g. Rspr. gilt aber **nur noch für vermietete Wohnungen** und für Wohnungen, die vermietet werden sollen. In diesen Fällen sind auch **Schuldzinsen** für einen **Zwischenkredit** oder **Auffüllungskredit** weiterhin als Werbungskosten bei den Einnahmen aus Vermietung und Verpachtung abziehbar. In allen anderen Fällen, insbesondere bei **selbst genutztem** Wohneigentum sind diese Guthabenzinsen den Einnahmen aus Kapitalvermögen zuzurechnen (BFH-Urteil vom 8.12.1992, BStBl 1993 II S. 301). Ausnahmsweise liegen hier aber mangels Einkünfteerzielungsabsicht **keine** Einkünfte aus Kapitalvermögen vor, wenn das Bausparguthaben über einen sog. **Auffüllungskredit** fremdfinanziert wurde, sofern die Finanzierungsverträge bis zum 30.6.2010 abgeschlossen worden sind (BMF-Schreiben vom 14.5.2025, BStBl I S. 1330, Rz 126).

Als **sonstige Einnahmen** sind in **Zeile 29** auch **Nutzungsentschädigungen** sowie Vergütungen für **vertragswidrige Behandlung** einer Miet- oder Pachtsache (z.B. wegen übermäßiger Beanspruchung der Mietsache, wegen vertragswidriger Vernachlässigung oder Vorenthaltung einer Pacht- oder Mietsache) anzugeben sowie Abstandszahlungen eines Mietinteressenten an den Vermieter für die Entlassung aus dem Vormietvertrag (BFH-Urteil vom 21.8.1990, BStBl 1991 II S. 76 und H 21.2 – Einnahmen – EStH). Auch die Einbehaltung einer **Mieterkaution** ist eine Mieteinnahme (BFH-Urteil vom 11.7.2000, BStBl 2001 II S. 784: hiermit finanzierte Reparaturen sind grundsätzlich Werbungskosten).

Erstattete Beträge von in den **Vorjahren als Werbungskosten** abgezogene Aufwendungen gehören ebenfalls zu den sonstigen Einnahmen aus Vermietung und Verpachtung, z.B. erstattete Grundsteuer oder wenn der Erwerber eines Grundstücks dem Veräußerer im Rahmen des Kaufpreises Finanzierungskosten (z.B. Damnum), die der Veräußerer als Werbungskosten bei den Einkünften aus Vermietung und Verpachtung abgezogen hatte, erstattet (BFH-Urteil vom 22.9.1994, BStBl 1995 II S. 118) und zwar unabhängig davon, ob sich die zurückgeflossenen Werbungskosten früher steuerlich ausgewirkt haben oder der Steuerpflichtige die frühere Tätigkeit noch ausübt. Keine Einnahmen aus Vermietung und Verpachtung liegen vor, wenn das Damnum nur einen unselbständigen Rechnungsposten für die Bemessung einer Vorfälligkeitsentschädigung darstellt (BFH-Urteil vom 19.2.2002, BStBl 2003 II S. 126). Eine Erläuterung auf besonderem Blatt empfiehlt sich.

Der **Gesamtbetrag** in **Zeile 29** ist um den Anteil **zu kürzen**, der auf eigengenutzte Wohnungen oder auf unentgeltlich an Dritte überlassene Wohnungen lt. **Zeile 11** entfällt.

Eine **Brandversicherungsentschädigung** ist nach der älteren BFH-Rspr. **keine sonstige Einnahme** aus Vermietung und Verpachtung und deshalb **nicht** in Zeile 29 zu erfassen; hiernach ist sie vielmehr als Ersatz für die an dem Haus eingetretenen Schäden dem Vermögensbereich zuzurechnen (BFH-Urteil vom 9.3.1962, BStBl III S. 219). Teilt man diese Auffassung, die durch spätere Rspr. zweifelhaft geworden ist (vgl. BFH-Urteile vom 1.12.1992, BStBl 1994 II S. 11 und S. 12), so sind die anfallenden **Reparaturkosten** folgerichtig **keine Werbungskosten**, da dann auch dieser Vorgang auf dem Gebiet des Vermögens liegt. Werbungskosten lägen dann nur insoweit vor, als die Aufwendungen durch die erhaltene Entschädigung nicht gedeckt sind (BFH-Urteil vom 9.3.1962, BStBl III S. 219).

Wird der Brandschaden **nicht repariert** oder muss das Gebäude oder der Gebäudeteil **neu aufgebaut** werden, sodass **Herstellungskosten** vorliegen, so berechtigt der eingetretene **Brandschaden** zu einer Absetzung wegen außerordentlicher technischer Abnutzung **(AfaA)** nach § 7 Abs. 1 letzter Satz EStG in Höhe der zerstörten Gebäudesubstanz. Auch die **Abbruchkosten** des zur Einkünfteerzielung genutzten Gebäudes stellen **Werbungskosten** dar. Nach den BFH-Urteilen vom 1.12.1992 (BStBl 1994 II S. 11 und S. 12) und vom 13.3.1998 (BStBl II S. 443) ist die AfaA grundsätzlich im Jahr des Schadensereignisses, spätestens aber im Jahr der Entdeckung des Schadens als Werbungskosten abziehbar. Wegen des engen Zusammenhangs des Ersatzanspruchs mit dem beschädigten Wirtschaftsgut gehört dann folgerichtig eine gezahlte **Entschädigung** des Versicherers zu den **Einnahmen** aus Vermietung und Verpachtung, **soweit sie Werbungskosten** – wie z.B. die AfaA und die Abbruchkosten – **ersetzen soll** (BFH-Urteile vom 1.12.1992, BStBl 1994 II S. 11 und S. 12 und vom 2.12.2014, BStBl 2015 II S. 493). Diese Grundsätze gelten sowohl für zweckgebundene Entschädigungen (z.B. solche der Gebäudebrandversicherungsanstalten) als auch für frei verfügbare. Vgl. Teil II Tz 1.7.2.3.

Wegen der **Beiträge** zur Gebäudebrandversicherung als Werbungskosten vgl. Tz 24.12.1.

24.3.2 Summe der Einnahmen und Summe der Werbungskosten

Zeile 32 ergibt die **Summe der Einnahmen** aus den Zeilen 15, 18 bis 28 und 31. **32**

24.4 Anteile an Einkünften

Bei Einkünften aus Vermietung und Verpachtung aus der Beteiligung an einer Gesellschaft/Gemeinschaft sind die Angaben in der Anlage V-Sonstige zu machen (vgl. Tz 26.2 unter Erläuterungen zur Anlage V-Sonstige).

24.5 Gesellschaften, Gemeinschaften und ähnliche Modelle i.S. des § 15b EStG

Die Anteile an Einkünften aus Gesellschaften, Gemeinschaften und ähnlichen Modellen i.S. des § 15b EStG sind in der Anlage V-Sonstige zu erklären (vgl. Tz 26.7 unter Erläuterungen zur Anlage V-Sonstige).

24.6 Andere Einkünfte

Andere Einkünfte aus Vermietung und Verpachtung sind nicht auf der Anlage V, sondern auf der Anlage V-Sonstige zu erklären.

Dies sind insbesondere folgende Einkünfte:

- Anteile an Einkünften, die einheitlich und gesondert festgestellt werden,
- Einkünfte aus der Untervermietung von gemieteten Räumen,
- Einkünfte aus Vermietung und Verpachtung unbebauter Grundstücke, von anderem unbeweglichen Vermögen, von Sachinbegriffen sowie aus Überlassung von Rechten,
- Steuerstundungsmodelle i.S. des § 15b EStG.

24.7 Werbungskosten allgemein

24.7.1 Allgemeine Grundsätze

Bei den Einkünften aus Vermietung und Verpachtung können nur tatsächlich angefallene Werbungskosten geltend gemacht werden. **33-**
Werbungskosten sind alle Aufwendungen zur Erwerbung, Sicherung und Erhaltung der Einnahmen, also auch alle zur Erhaltung und Bewirtschaftung eines Hauses oder einzelner Räume im Laufe des Jahres **geleisteten Ausgaben**. Zu der Frage, **in welchem Jahr** eine Ausgabe geleistet ist, vgl. Tz 24.2.3. Aufwendungen, die im Zusammenhang mit einer Wohnung oder einzelnen Räumen anfallen, sind nur dann Werbungskosten bei den Einkünften aus Vermietung und Verpachtung, wenn aus dem Haus entsprechende Einnahmen erzielt werden oder in Zukunft erzielt werden sollen. Daraus folgt, dass Werbungskostenüberschüsse bei fehlender **Überschusserzielungsabsicht (= Einkünfteerzielungsabsicht)** nicht anerkannt werden (BFH-GrS, Beschluss vom 25.6.1984, BStBl II S. 751). Eine nur vorübergehende Unterbrechung der Erzielung von Einnahmen schließt – im Gegensatz zur Aufgabe der Einkünfteerzielungsabsicht auf lange Dauer – die Geltendmachung von Werbungskosten **nicht** aus, z.B. bei einem vorübergehend leerstehenden Haus (R 21.2 Abs. 3 EStR). Auch die laufenden Aufwendungen

für zerstörte oder beschädigte Gebäude (z. B. Grundsteuer, bezahlte Schuldzinsen, AfA) können Werbungskosten darstellen.

Nach mehreren Urteilen des BFH zur Einkunftserzielungsabsicht bei den Einkünften aus Vermietung und Verpachtung ist hierzu ein ausführliches **BMF-Schreiben vom 8.10.2004, BStBl I S. 933** (EStH, Anhang 30 II) ergangen, auf das im Folgenden teilweise Bezug genommen wird.

Bei einer **auf Dauer** angelegten Vermietungstätigkeit ist grundsätzlich ohne weitere Prüfung davon auszugehen, dass Einkünfteerzielungsabsicht gegeben ist, auch wenn das bebaute Grundstück aufgrund eines neu gefassten Beschlusses veräußert wird (vgl. BFH-Urteile vom 30.9.1997, BStBl 1998 II S. 771 und vom 9.7.2002, BStBl 2003 II S. 580). Dies gilt nur dann nicht, wenn besondere Umstände oder Beweisanzeichen gegen das Vorliegen einer Einkünfteerzielungsabsicht sprechen, besondere Arten der Nutzung für sich allein Beweisanzeichen für eine private, nicht mit der Erzielung von Einkünften zusammenhängende Veranlassung sind (BMF-Schreiben vom 8.10.2004 vom 8.10.2004, BStBl I S. 933, Rz 1 und 2) oder die Anschaffungs- oder Herstellungskosten des Vermietungsobjekts sowie anfallende Schuldzinsen fremdfinanziert wurden, ohne dass durch ein Finanzierungskonzept von vornherein deren Kompensation durch spätere positive Ergebnisse vorgesehen ist (BFH-Urteil vom 10.5.2007, BStBl 2008 II S. 873). Marktgerechte Finanzierungsarten, wie die Geldfinanzierung unter dem Einsatz von Lebensversicherungen, sind keine besonderen Umstände, die zu einer Prüfung der Einkünfteerzielungsabsicht führen; auch die Vermietung eines denkmalgeschützten Wohngebäudes schließt eine angemessene Miete nicht aus (BFH-Urteil vom 19.4.2005, BStBl II S. 692 und S. 754). Bei der Vermietung eines Objekts mit einer Wohnfläche von mehr als 250 qm besteht eine Ausnahme von der typisierten Annahme der Einkünfteerzielungsabsicht bei einer auf Dauer angelegten Vermietungstätigkeit, die Anlass zu deren Überprüfung mittels einer Totalüberschussprognose gibt (BFH-Urteil vom 20.6.2023, BStBl II 2024 S. 35).

Die Werbungskosten sind nur dann **in voller Höhe** abziehbar, wenn die Wohnung voll entgeltlich vermietet wird. Ansonsten ist die Vermietungstätigkeit in einen entgeltlichen und einen unentgeltlichen Teil **aufzuteilen**. Diese Regelung gilt nur für die Überlassung einer Wohnung zu Wohnzwecken, die auf Dauer vermietet werden. Zu den Einzelheiten vgl. Tz 24.2.5.

Die Einkünfteerzielungsabsicht ist grundsätzlich für jede einzeln vermietete Immobilie gesondert zu prüfen, auch wenn ein einheitlicher Mietvertrag abgeschlossen wurde (BFH-Urteil vom 29.11.2008, BStBl 2009 II S. 370). Bezieht sich die Vermietungstätigkeit nicht auf das gesamte Grundstück, sondern auf darauf befindliche Gebäudeteile, ist die Einkünfteerzielungsabsicht für jede einzelne vermietete Immobilie gesondert zu prüfen (BFH-Urteil vom 1.4.2009, BStBl II S. 776). Wird nur ein auf einem Grundstück gelegenes Gebäude oder ein Gebäudeteil vermietet oder verpachtet, bezieht sich die Einkünfteerzielungsabsicht nur hierauf. Die Prüfung, ob der Steuerpflichtige durch seine Vermietungstätigkeit langfristig einen Einnahmenüberschuss erzielen will, ist jeweils auf das einzelne Mietobjekt bezogen (BFH-Urteil vom 9.10.2013, BStBl 2014 II S. 527).

Bei einer von vornherein nur kurzfristig angelegten, zeitlich begrenzten Vermietungstätigkeit (z. B. wegen beabsichtigter Selbstnutzung) fehlt es an der Einkünfteerzielungsabsicht, wenn der Steuerpflichtige in **diesem** Zeitraum kein positives Gesamtergebnis erreichen kann; in diesem Fall sind steuerrechtliche Subventions- und Lenkungsnormen in die Totalüberschussprognose einzubeziehen (BFH-Urteil vom 9.7.2002, BStBl 2003 II S. 695 und BMF-Schreiben vom 8.10.2004, BStBl I S. 933, Rz 34 und 36).

Aufwendungen für eine Wohnung, die nach beendeter Vermietung **leer steht**, sind als Werbungskosten abzugsfähig, solange sich der Steuerpflichtige nachweisbar ernsthaft und nachhaltig um eine Vermietung der leerstehenden Wohnung bemüht, selbst wenn er die Wohnung zugleich zum Verkauf anbietet (BFH-Urteil vom 9.7.2003, BStBl II S. 940). Wer Aufwendungen für seine zunächst selbst bewohnte, anschließend leerstehende und noch nicht vermietete Wohnung als vorab entstandene Werbungskosten geltend macht, muss seinen endgültigen Entschluss, diese Wohnung zu vermieten, durch ernsthafte und nachhaltige Vermietungsbemühungen belegen (BFH-Urteil vom 28.10.2008, BStBl 2009 S. 848). Aufwendungen für eine leerstehende Wohnung sind nicht (mehr) in vollem Umfang als Werbungskosten bei den Einkünften aus Vermietung und Verpachtung abziehbar, wenn der Steuerpflichtige den Entschluss zu vermieten hinsichtlich einzelner Teile der Wohnung aufgegeben hat. Von einer (»teilweisen«) Aufgabe der Vermietungsabsicht ist auch dann auszugehen, wenn der Steuerpflichtige einzelne Räume der Wohnung nicht mehr zur Vermietung bereithält, sondern in einen neuen Nutzungs- und Funktionszusammenhang stellt, selbst wenn es sich dabei um einen steuerrechtlich bedeutsamen Zusammenhang handelt (BFH-Urteil vom 12.6.2013, BStBl II S. 1013). Zeigt sich aufgrund bislang vergeblicher Vermietungsbemühungen, dass für das Objekt, so wie es baulich gestaltet ist, kein Markt besteht und die Immobilie deshalb nicht vermietbar ist, muss der Steuerpflichtige zielgerichtet darauf hinwirken, auch durch bauliche Umgestaltungen einen vermietbaren Zustand des Objekts zu erreichen (BFH-Urteil vom 25.6.2009, BStBl 2010 II S. 124). Im Einzelfall kann ein besonders lang andauernder Leerstand auch nach vorheriger, auf Dauer angelegter Vermietung – dazu führen, dass eine vom Steuerpflichtigen aufgenommene Einkünfteerzielungsabsicht ohne sein Zutun oder Verschulden wegfällt. Dies liegt z. B. vor, wenn nach einer längeren Zeitspanne die Vermietungsbemühungen nicht intensiviert, keine Zugeständnisse bei der geforderten Miethöhe gemacht oder die Attraktivität des Objekts nicht erhöht werden (BFH-Urteil vom 11.12.2012, BStBl 2013 II S. 279). Ein besonders lang andauernder, strukturell bedingter Leerstand einer Wohnimmobilie kann – auch nach vorheriger, auf Dauer angelegter Vermietung – dazu führen, dass die vom Steuerpflichtigen aufgenommene Einkünfteerzielungsabsicht ohne sein Zutun oder Verschulden wegfällt (BFH-Urteil vom 9.7.2013, BStBl II S. 693). Nach dem BFH-Urteil vom 11.8.2010, BStBl 2011 II S. 166 muss auch bei einer langjährigen Renovierung ein endgültiger Entschluss gefasst sein, das Objekt im Rahmen der Einkunftsart Vermietung und Verpachtung zu nutzen. Der endgültige Entschluss zu vermieten muss anhand objektiver Umstände belegt werden. Kann ein Steuerpflichtiger eine in seinem Eigentum stehende Wohnung aus tatsächlichen oder rechtlichen Gründen dauerhaft nicht in einem betriebsbereiten Zustand versetzen und zur Vermietung bereitstellen, ist es nicht zu beanstanden, wenn nach einer Gesamtwürdigung aller Tatsachen geprüft wird, ob eine Einkunftserzielungsabsicht überhaupt vorliegt (BFH-Urteil vom 31.1.2017, BStBl II S. 633). Zur Einkünfteerzielungsabsicht allgemein bei leerstehenden Immobilien (z.B. wegen mehrjähriger Renovierung) vgl. BMF-Schreiben vom 8.10.2004, BStBl I S. 933, Rz 24 ff. Die Grundsätze zur Einkünfteerzielungsabsicht sind jedoch bei dauerhafter Verpachtung von **unbebautem** Grundbesitz **nicht** anzuwenden (vgl. BFH-Urteil vom 25.3.2003, BStBl II S. 479 und BMF-Schreiben vom 8.10.2004, BStBl I S. 933, Rz 29).

Bei der Prüfung der Einkunftserzielungsabsicht für Gewerbeimmobilien gelten die für die Vermietung von Wohnungen aufgestellten Grundsätze nicht. Bei diesen ist im Einzelfall festzustellen, ob auf die voraussichtliche Dauer der Nutzung ein Überschuss der Einnahmen über die Werbungskosten zu erzielen ist. Zeigt sich aufgrund bislang vergeblicher Vermietungsbemühungen, dass für ein Gewerbeobjekt kein Markt besteht, so muss der Steuerpflichtige darauf hinwirken, unter Umständen auch durch bauliche Umgestaltungen einen vermietbaren Zustand des Objekts zu erreichen (BFH-Urteil vom 20.7.2010, BStBl II S. 1028).

Verschiedene Gestaltungsmodelle in der steuerlichen Praxis liefern Beweisanzeichen dafür, dass nur eine vorübergehende Vermietung beabsichtigt ist, die gegen eine Einkünfteerzielungsabsicht spricht. So ist z. B. regelmäßig davon auszugehen, dass der Erwerber einer Immobilie im Zeitpunkt der Anschaffung noch **nicht** entschlossen ist, die Immobilie langfristig zur Erzielung von Einkünften zu nutzen, **wenn** dem Erwerber die Vermittlung des **Verkaufs** der Immobilie zu seinem Kaufpreis noch **innerhalb der Phase planmäßiger Werbungskostenüberschüsse** zugesagt wird (BFH-Urteil vom 14.2.1995, BStBl II S. 462). Dies gilt auch bei einem **Mietkaufmodell**, solange sich der Erwerber noch nicht entschieden hat, ob er das Grundstück kurzfristig verkaufen oder langfristig vermieten will (BFH-Urteil vom 9.2.1993,

BStBl II S. 658). Auch ein bei Erwerb einer Immobilie vom Veräußerer oder einem Dritten abgegebenes **Rückkaufsangebot** oder eine **Verkaufsgarantie** sind Beweisanzeichen für fehlende Einkunftserzielungsabsicht (BFH-Urteile vom 14.9.1994, BStBl 1995 II S. 116 und vom 22.4.1997, BStBl II S. 650), ebenso wie das beim Erwerb (z. B. von einem Immobilienfonds) einem Dritten eingeräumte **Ankaufsrecht**, wenn bis zu dessen möglicher Ausübung ausschließlich Werbungskostenüberschüsse erzielt werden (BFH-Urteil vom 8.12.1998, BStBl 1999 II S. 468). Voraussetzung ist, dass der Erwerber das Angebot oder die Garantie bei Abschluss des Vertrags kennt. Diese Kenntnis ist im Zweifel vom Finanzamt darzulegen und zu beweisen (BFH-Urteil vom 24.1.1995, BStBl II S. 460).

Wegen einer beim Erwerb erteilten sog. **Wiederverkaufsgarantie** kann die Absicht, Überschüsse bei den Einkünften aus Vermietung und Verpachtung zu erzielen, nur dann verneint werden, wenn erkennbar ist, dass der Steuerpflichtige bereits beim Erwerb des Objekts ernsthaft in Betracht gezogen hat, sich mit Rücksicht auf diese Garantie von dem Objekt wieder zu trennen (BFH-Urteil vom 14.9.1999, BStBl 2000 II S. 67). Zur Einkünfteerzielungsabsicht bei einem **geschlossenen Immobilienfonds** vgl. BFH-Urteil vom 21.11.2000, BStBl 2001 II S. 789. Ein **Rückverkaufsrecht** an einer Eigentumswohnung schließt die Einkünfteerzielungsabsicht z. B. **nicht** aus, wenn feststeht, dass der Erwerber von dem Recht nur Gebrauch machen will, falls äußere Umstände ihn dazu zwingen (BFH-Urteil vom 22.4.1997, BStBl II S. 650).

Nach Auffassung der Finanzverwaltung und BFH (Urteil vom 9.3.2011, BStBl II S. 704) liegt ein **gegen** die Einkünfteerzielungsabsicht sprechendes Indiz außerdem vor, wenn der Steuerpflichtige ein bebautes Grundstück oder eine Wohnung innerhalb eines engen zeitlichen Zusammenhangs – von in der Regel bis zu fünf Jahren – seit der Anschaffung oder Herstellung wieder veräußert oder selbst nutzt (!) und innerhalb dieser Zeit nur einen Werbungskostenüberschuss erzielt. Je kürzer der Abstand zwischen der Anschaffung oder Errichtung des Objekts und der nachfolgenden Veräußerung oder Selbstnutzung ist, umso mehr spricht dies gegen eine auf Dauer angelegte Vermietungstätigkeit und für eine von vornherein bestehende Veräußerungs- oder Selbstnutzungsabsicht. Die objektive Beweislast (Feststellungslast) für das Vorliegen der Einkünfteerzielungsabsicht trägt der Steuerpflichtige. Vgl. im Einzelnen BMF-Schreiben vom 8.10.2004, BStBl I S. 933, Rz 7 bis 10 und BFH-Urteil vom 7.2.2002, BStBl 2003 II S. 695.

Zusätzlich zur **Überschusserzielungsabsicht (= Einkünfteerzielungsabsicht)** und zum steuerlichen Begriff der **Liebhaberei** besonders bei **Ferienwohnungen** und auch allgemein vgl. Tz 25 unter Erläuterungen zur Anlage V-FeWo.

Zur Beteiligung an **Verlustzuweisungsgesellschaften** und ähnlichen Modellen nach der Regelung in § 15b EStG vgl. Tz 26 unter Erläuterungen zur Anlage V-Sonstige und Tz 21.11 unter Erläuterungen zur Anlage G.

Sind Aufwendungen allein oder überwiegend durch die **Veräußerung des Mietobjekts veranlasst**, liegen **keine Werbungskosten** vor (ständige Rspr., vgl. z. B. BFH-Urteile vom 23.1.1990, BStBl II S. 464, S. 465 und vom 20.2.1990, BStBl II S. 775). Deshalb kann z. B. ein Steuerpflichtiger, der seine Darlehensschuld vorzeitig ablöst, um sein vermietetes Objekt lastenfrei **übereignen** zu können, die dafür an den Darlehensgeber zu entrichtende **Vorfälligkeitsentschädigung** nicht als Werbungskosten abziehen, weil sie nicht den bis zur Veräußerung erzielten laufenden Einnahmen, sondern dem Veräußerungsvorgang zuzurechnen ist; dies gilt selbst dann, wenn der Steuerpflichtige mit dem Kredit Aufwendungen finanziert hatte, die während der Vermietungstätigkeit als sofort abziehbare Werbungskosten zu beurteilen waren (BFH-Urteil vom 23.9.2003, BStBl 2004 II S. 57). Die Vorfälligkeitsentschädigung kann deshalb auch nicht als Werbungskosten im Zusammenhang mit dem aus dem Veräußerungserlös finanzierten (neuen) Einkunftsquellen (z. B. Kapitalanlagen) berücksichtigt werden (BFH-Urteil vom 6.12.2005, BStBl 2006 II S. 265). Die Rechtsauffassung im BFH-Urteil vom 23.4.1996, BStBl II S. 595, wonach die Vorfälligkeitsentschädigung ausnahmsweise als Finanzierungskosten eines **neu** erworbenen Mietobjektes anzusehen sei, wenn der Steuerpflichtige bereits bei der Veräußerung im Vorhinein so unwiderruflich über den verbleibenden Restkaufpreis verfügt hat, dass er ihn unmittelbar in seiner Verwendung mit einem bestimmten neuen Mietobjekt festlegt, könne eine Vorfälligkeitsentschädigung als Werbungskosten abziehbar sein, hat der BFH mit Urteil vom 11.2.2014, BStBl 2015 II S. 633 aufgegeben. Die bisherigen Rechtsgrundsätze können letztmals auf Vorfälligkeitsentschädigungen angewendet werden, wenn der notarielle Vertrag über den Verkauf vor dem 27.7.2015 abgeschlossen wurde (BMF-Schreiben vom 27.7.2015, BStBl II S. 581). Die Vorfälligkeitsentschädigung steht vielmehr im Zusammenhang mit der Veräußerung des Mietobjekts und kann ggf. bei Vorliegen eines privaten Veräußerungsgeschäfts i. S. des § 23 Abs. 3 i. V. mit § 23 Abs. 1 Satz 1 Nr. 1 EStG bei Ermittlung der Einkünfte als Werbungskosten berücksichtigt werden (vgl. Tz 20.9 unter Erläuterungen zur Anlage SO).

Werden **im Rahmen der Veräußerung** eines Mietwohngrundstücks vom Verkäufer **vertraglich** noch Instandsetzungen übernommen, so sind die Aufwendungen selbst dann **keine Werbungskosten**, wenn die betreffenden Arbeiten noch während der Vermietungszeit durchgeführt werden (BFH-Urteil vom 4.12.2004, BStBl 2005 II S. 343). Auch Aufwendungen, die durch eine **geplante** Veräußerung eines bisher vermieteten Grundstücks veranlasst wurden, sind auch dann **nicht** als Werbungskosten abziehbar, wenn das Grundstück tatsächlich nicht veräußert, sondern weiterhin vermietet wird (BFH-Urteil vom 19.12.1995, BStBl 1996 II S. 198). Aufwendungen **nach** Beendigung eines Miet- oder Pachtvertrags oder nach Veräußerung des vermieteten Grundstücks sind nur dann als Werbungskosten abziehbar, wenn sie noch in konkretem Zusammenhang mit den erzielten Einnahmen stehen, wie z. B. die Rückzahlung von Mieteinnahmen oder die Zahlung rückständiger Reparaturrechnungen. Allgemein zum **Erhaltungsaufwand** vgl. Tz 24.10. Wegen des Abzugs von **Schuldzinsen**, die auf die Zeit vor und nach Beendigung der Vermietung oder Verpachtung (z. B. nach der Veräußerung) entfallen, vgl. Tz 24.9.1.3.

Stehen die Ausgaben im Zusammenhang mit einer **eigengenutzten** oder **unentgeltlich** an Dritte überlassenen Wohnung (einschließlich Garage), können die hierauf entfallenden Ausgaben **nicht als Werbungskosten** abgezogen werden. Darin enthaltene erhöhte Absetzungen nach den in Anlage V, Zeilen 39 bis 41 (§§ 7h, 7i EStG, Schutzbaugesetz) erwähnten Bestimmungen, können in der **Anlage FW** geltend gemacht werden, auch wenn die Wohnung eigengenutzt ist oder ohne gesicherte Rechtsposition (vgl. Tz 24.1.2) an Dritte überlassen wird.

Auch Ausgaben, die im Zusammenhang mit Räumen stehen, die zu **eigenen beruflichen oder gewerblichen Zwecken** (z. B. als Arbeitszimmer, Büro, Registratur usw.) genutzt werden, können **nicht** als Werbungskosten bei den Einkünften aus Vermietung und Verpachtung, sondern als Werbungskosten oder Betriebsausgaben bei den Einnahmen abgezogen werden, die im Zusammenhang mit der Nutzung dieser Räume erzielt werden.

Werden Mieteinnahmen dazu verwendet, um **Optionsgeschäfte** durchzuführen, können daraus **entstandene Verluste** auch dann **nicht als Werbungskosten** bei den Einkünften aus Vermietung und Verpachtung geltend gemacht werden, wenn die Absicht bestand, die angelegten Beträge wiederum für Zwecke der Vermietung zu verwenden (BFH-Urteil vom 18.9.2007, BStBl 2008 II S. 26).

Die Eintragungsfelder für in den **Zeilen 33 bis 81** geltend zu machende Werbungskosten sind je Aufwandsart in **3 Zeilen** gegliedert. In der ersten Zeile werden die Werbungskosten abgefragt, die durch direkte Zuordnung, in der zweiten Zeile die Werbungskosten, die durch verhältnismäßige Zuordnung ermittelt wurden. Die dritte Zeile ergibt die Summe der abzugsfähigen Werbungskosten.

Bei verhältnismäßiger Zuordnung der Werbungskosten ist in der entsprechenden Zeile der Gesamtbetrag der Aufwendungen einzutragen und der abzugsfähige Teil in Prozent. Eine Aufteilung der Aufwendungen ist erforderlich, wenn eine **direkte Zuordnung** nach objektiven Merkmalen und Unterlagen nicht leicht und einwandfrei möglich ist (wie z. B. bei einer Reparatur des Daches, des Außenputzes oder im Treppenhaus), z. B. nach dem **Verhältnis der Nutzflächen** (R 21.1 Abs. 5 EStR). Zum Umfang der Nutzfläche vgl.

Teil II Tz 1.7.4.3 und zur Aufteilung, die u. E. entsprechend der Berechnung beim häuslichen Arbeitszimmer erfolgen kann (vgl. Tz 11.15 unter Erläuterungen zur Anlage N unter Hinweis auf BFH-Urteil vom 5.9.1990, BStBl 1991 II S. 389). Eine Aufteilung im Verhältnis der Wohn-/Nutzflächen ist nicht vorzunehmen, wenn Schuldzinsen zur Finanzierung des Kaufpreises gezahlt werden und die Vertragsparteien eine steuerrechtlich bindende Aufteilung des Kaufpreises vereinbart haben. In diesem Fall sind die Finanzierungskosten im Verhältnis der Kaufpreisanteile aufzuteilen (BFH-Urteil vom 1.4.2009, BStBl II S. 663). Die Zuordnung und der Aufteilungsmaßstab sollten auf einem besonderen Blatt erläutert werden. Der danach nicht abziehbare Betrag ist in der letzten Betragsspalte einzutragen.

24.7.2 Verbilligte Vermietung

Wird eine Wohnung, z. B. an **nahe Angehörige**, aber auch an Fremde, zu einer Miete einschließlich gezahlter Umlagen überlassen, die **weniger als 50 % der ortsüblichen Marktmiete** einschließlich umlagefähiger Kosten beträgt, so kann der Vermieter seine auf diese Wohnung entfallenden **Aufwendungen** ebenfalls **nur anteilig**, d. h. im Verhältnis der erzielten (vereinbarten) zur erzielbaren (ortsüblichen) Marktmiete als Werbungskosten abziehen (BFH-Urteile vom 4.6.1986, BStBl II S. 839 und vom 30.7.1985, BStBl 1986 II S. 327). Dies gilt auch, wenn die ortsübliche Marktmiete einschließlich umlagefähiger Kosten mindestens 50 % und weniger als 66 % beträgt und die Totalüberschussprognoseprüfung zu einem negativen Ergebnis führt (vgl. Tz 24.2.5). Diese Grundsätze gelten selbst dann, wenn die Wohnung einem fremden Dritten überlassen wird und der Steuerpflichtige aus vertraglichen oder tatsächlichen Gründen gehindert ist, das vereinbarte Entgelt zu erhöhen (BFH-Urteil vom 28.1.1997, BStBl II S. 605). Wird z. B. eine Wohnung mit einer ortsüblichen Miete von 600 € für monatlich 150 € an einen nahen Angehörigen (oder Fremden) vermietet, so dürfen die Werbungskosten also nur im Verhältnis der erzielten zur erzielbaren Miete, sonach mit 25 % berücksichtigt werden. Zur Einkünfteerzielungsabsicht und deren Ermittlung bei verbilligt vermieteten aufwendig gestalteten oder ausgestatteten Wohngebäuden vgl. BFH-Urteil vom 6.10.2004, BStBl 2005 II S. 386; zur Abgrenzung vgl. BFH-Urteil vom 19.4.2005, BStBl II S. 692.

Die ortsübliche Marktmiete ist grds. auf der Basis des Mietspiegels zu bestimmen. Kann ein Mietspiegel nicht zugrunde gelegt werden oder ist er nicht vorhanden, kann die ortsübliche Marktmiete mithilfe eines mit Gründen versehenen Gutachtens eines öffentlich bestellten und vereidigten Sachverständigen, durch Auskünfte aus einer Mietdatenbank oder unter Zugrundelegung der Entgelte für zumindest drei vergleichbare Wohnungen ermittelt werden (BFH-Urteil vom 22.2.2021, BStBl II S. 479).

Bei möbliert oder teilmöbliert vermieteten Wohnungen ist für die Möblierung im Rahmen der Ermittlung der ortsüblichen Marktmiete i. S. des § 21 Abs. 2 EStG ein Zuschlag zu berücksichtigen, soweit sich auf dem örtlichen Mietmarkt für möblierte Wohnungen hierfür ein Zuschlag ermitteln lässt (BFH-Urteil vom 6.2.2018, BStBl II S. 522).

Zur Anerkennung von Mietverhältnissen **zwischen Angehörigen** und zur wechselseitigen Vermietung (»Überkreuzvermietung«) vgl. Tz 24.2.5.

24.8 Abschreibungen (Absetzungen für Abnutzung = AfA)

1. Inland allgemein

35 Wegen einer etwaigen **Aufteilung** und Kürzung der Aufwendungen in den Zeilen 34, 37, 40 und 43 vgl. Tz 24.7.1.

Kommt der **gleiche Absetzungsbetrag wie im Vorjahr** in Betracht, so ist eine Einzelberechnung der Absetzung **nicht** erforderlich. Der maßgebende Betrag kann dann der »Anlage V« für 2024 entnommen werden; im Kästchen »wie im Vorjahr« ist eine »1«einzutragen. Dies trifft insbesondere dann zu, wenn im Jahr 2025 **keine** nachträglichen **Herstellungskosten** für das schon vor dem Jahr 2025 erworbene oder hergestellte Gebäude angefallen sind.

Werden in 2025 **erstmals** Abschreibungen für Anschaffungs- oder Herstellungskosten geltend gemacht, so verlangt die Finanzverwaltung ggf. eine Einzelaufstellung, aus der sich neben dem gezahlten Rechnungsbetrag, das Rechnungsdatum, der Gegenstand der Leistung und das ausführende Unternehmen ergibt. Dies gilt für in 2025 **angeschaffte oder hergestellte** Gebäude und für in 2025 angefallene **nachträgliche Herstellungskosten**. Hierzu ist im Kästchen »laut Erläuterung« eine »2« einzutragen.

Zu der in Zeile 33 einzutragenden AfA gehört auch die Restwert-AfA von 2,5 % nach Ablauf des Begünstigungszeitraums der alten Regelung in § 7b EStG (§ 7b Abs. 1 Satz 2 EStG).

Bei in 2025 **unentgeltlich erworbenen** Gebäuden oder Eigentumswohnungen sind die Absetzungen für Abnutzung auf besonderem Blatt im Einzelnen zu erläutern; in diesen Fällen ist die AfA nach dem Prozentsatz vorzunehmen, der für den Rechtsvorgänger maßgebend sein würde, wenn er noch Eigentümer wäre. Vgl. Tz 24.8.3. Ob die lineare oder degressive AfA geltend gemacht wird, ist durch Eintrag in das betreffende Kästchen in Zeile 33 zum Ausdruck zu bringen.

Die AfA für Wirtschaftsgüter, die **keine Gebäude** sind, ist grundsätzlich nach der **betriebsgewöhnlichen Nutzungsdauer** zu bemessen (§ 7 Abs. 1 EStG).

Ist ein Wirtschaftsgut **mehreren Beteiligten** oder **Miteigentümern (Gesamthands- oder Bruchteilseigentum) zuzurechnen, so können diese ein Wahlrecht** zur Bemessung der **AfA nur einheitlich** ausüben. Die lineare und degressive AfA kann den Miteigentümern, falls sie Einnahmen erstreben, nur entsprechend ihrem **bürgerlich-rechtlichen Miteigentumsanteil** gewährt werden (BFH-Urteil vom 7.10.1986, BStBl 1987 II S. 322). Allgemein zur **Aufteilung der Einkünfte** aus Vermietung und Verpachtung auf die Miteigentümer einer **Grundstücksgemeinschaft**, die im Grundsatz nach den bürgerlich-rechtlichen Miteigentumsanteilen erfolgt, aber auch Ausnahmen gegeben sein können, vgl. Tz 26.2.2 unter Erläuterungen zur Anlage V-Sonstige und die dort zit. Rspr. sowie R 21.6 EStR.

Wie ein Gebäude ist auch ein **Nutzungsrecht an einem Gebäude** zu behandeln, das **durch Baumaßnahmen des Nutzungsberechtigten** entstanden ist; es liegen Herstellungskosten wie bei einem materiellen Wirtschaftsgut vor, die ggf. zu aktivieren sind und abgeschrieben werden können (BFH-GrS, Beschluss vom 30.1.1995, BStBl II S. 281). Hierzu gehören auch Nutzungsrechte, die **von einem Miteigentümer** mit Zustimmung der anderen Miteigentümer durch Errichtung eines Gebäudes im eigenen Namen und für eigene Rechnung geschaffen werden oder durch **Bauten auf fremdem Grund und Boden** entstehen. Wegen der ähnlichen Problematik beim häuslichen Arbeitszimmer und bei einzelnen Praxis- und Büroräumen vgl. Tz 11.15.9.1 unter Erläuterungen zur Anlage N sowie H 4.7 – Eigenaufwand für ein fremdes Wirtschaftsgut – EStH.

Für den **Begriff des Gebäudes** sind die Abgrenzungsmerkmale des Bewertungsrechts maßgebend (vgl. R 7.1 Abs. 5 EStR). Wegen der Abgrenzung von den Betriebsvorrichtungen vgl. Teil II Tz 1.2.1.

Grundsätzliche Ausführungen und eine Übersicht zu den Absetzungen für die Abnutzung (AfA) bei Gebäuden enthält Teil II Tz 1.7. Zu den Anschaffungskosten und Herstellungskosten eines Gebäudes, die (nur) im Wege der **AfA** berücksichtigt werden können, vgl. Teil II Tz 4.3.3.1.

2. Beitrittsgebiet

Bei **Gebäuden im sog. Beitrittsgebiet** (neue Bundesländer einschließlich ehemaliges Berlin-Ost), die **vor dem 1.1.1991** angeschafft oder hergestellt wurden, sind nur **lineare** Abschreibungen (§ 7 Abs. 4 EStG) zulässig. Soweit die **degressive** AfA noch von Bedeutung ist, kommt sie nur für Gebäude in Betracht, die **nach dem 31.12.1990** angeschafft oder hergestellt worden sind (§ 56 EStG). Bei Anschaffung oder Herstellung **vor dem 1.7.1990** bemessen sich die Absetzungen nach den Wiederherstellungs- oder Wiederbeschaffungskosten, höchstens aber nach dem Zeitwert zum 1.7.1990. Zur Ermittlung dieser Wiederherstellungs-/Wiederbeschaffungskosten zum 1.7.1990 vgl. BMF-Schreiben vom 21.7.1994, BStBl I S. 599.

Wegen der steuerlichen Problematik im Zusammenhang mit der **Vermögensrückgabe im sog. Beitrittsgebiet** bei den Einkünften aus Vermietung und Verpachtung (Rückübertragung von enteigneten oder unter Zwangsverwaltung stehenden Grundstücken, hiermit zusammenhängenden Aufwendungen, Ablösung von Aufbauhypotheken u. a.) vgl. BMF-Schreiben vom 11.1.1993, BStBl I S. 18.

Als **Vergünstigungen** kommen für Gebäude und Wohnungen im sog. **Beitrittsgebiet** – falls die Baumaßnahmen nach dem 31.12.1990 fertiggestellt worden sind – folgende **erhöhte Absetzungen** in Betracht:

- nach § 7 h EStG für Gebäude in Sanierungsgebieten oder städtebaulichen Entwicklungsbereichen (vgl. Tz 24.8.13),
- nach § 7 i EStG für Baudenkmale (vgl. Tz 24.8.13),
- nach § 7 k EStG für Wohnungen mit Sozialbindung (vgl. Tz 24.8.7),
- nach dem Schutzbaugesetz (vgl. Teil II Tz 1.7.5.) sowie
- für Sonderabschreibungen nach § 4 Fördergebietsgesetz (vgl. Tz 24.8.11).

24.8.1 Höhe und Bemessungsgrundlage der AfA

Hinsichtlich der **Höhe der AfA** und damit des **AfA-Satzes** ist zwischen der **linearen AfA** – vgl. Tz 24.8.2 und der **degressiven AfA** – vgl. Tz 24.8.4 zu unterscheiden. Von welcher **Bemessungsgrundlage** abgeschrieben werden kann, vgl. Tz 24.8.3.

24.8.2 Höhe der linearen Gebäude-AfA

Die **Höhe der linearen AfA** ist davon abhängig, ob ein Gebäude zu einem Betriebsvermögen gehört und nicht Wohnzwecken dient (sog. **Wirtschaftsgebäude** mit Antrag auf Baugenehmigung nach dem 31.3.1985) oder ob es den **sonstigen Gebäuden**, zuzurechnen ist, bei denen diese Voraussetzungen nicht vorliegen (**§ 7 Abs. 4 EStG**). Letzteres sind sonach Gebäude des Privatvermögens oder solche, die zwar zum Betriebsvermögen gehören, aber Wohnzwecken dienen. Bei den in Anlage V zu erklärenden Einkünften aus Vermietung und Verpachtung kommen nur **Gebäude des Privatvermögens** in Betracht. Die lineare AfA beträgt in diesen Fällen:

- bei **vor dem 1.1.1925** fertiggestellten Gebäuden jährlich **2,5 %**,
- bei **nach dem 31.12.1924** und **vor dem 1.1.2023** fertiggestellten Gebäuden jährlich **2 %**,
- bei **nach dem 31.12.2022** fertiggestellten Gebäuden jährlich 3 %

der Anschaffungs- oder Herstellungskosten des Gebäudes bis zur vollen Absetzung (§ 7 Abs. 4 **Satz 1** Nr. 2 EStG). Ist die tatsächliche Nutzungsdauer kürzer als 33,33, 40 oder 50 Jahre, so können ausnahmsweise entsprechend **höhere** Absetzungen geltend gemacht werden (§ 7 Abs. 4 **Satz 2** EStG).

Für die Beurteilung, ob die tatsächliche Nutzungsdauer weniger als 50, 40 oder 33,33 Jahre beträgt, ist davon auszugehen, dass der Zeitraum der Nutzungsdauer bei Gebäuden, die der Steuerpflichtige **vor** dem 21.6.1948 angeschafft oder hergestellt hat (»Altfälle«), mit dem **21.6.1948** beginnt und bei **nach** dem 20.6.1948 hergestellten oder angeschafften Gebäuden mit dem **Zeitpunkt der Fertigstellung oder der Anschaffung**. Bei der Schätzung der tatsächlichen Nutzungsdauer sind alle technischen und wirtschaftlichen Umstände des einzelnen Falls zu berücksichtigen. **Die Anwendung eines höheren AfA-Satzes als 2 %, 2,5 % oder 3 % ist nach dem BMF-Schreiben vom 22.2.2023, BStBl I S. 332 zu beurteilen.** Für die Bemessung der linearen Gebäude-AfA nach der kürzeren tatsächlichen Nutzungsdauer bedarf es einer konkreten Rechtfertigung aufgrund der objektiven Gegebenheiten. Eine kürzere tatsächliche Nutzungsdauer ist prognostisch zu bestimmen. Hierzu sind alle technischen und wirtschaftlichen Umstände des betreffenden Gebäudes zu berücksichtigen. Die Absicht, ein Gebäude abzubrechen oder zu veräußern, rechtfertigt es nicht, eine kürzere Nutzungsdauer zugrunde zu legen. Eine Verkürzung der Nutzungsdauer kann erst angenommen werden, wenn die Gebäudeabbruchvorbereitungen so weit gediehen sind, dass die weitere Nutzung in der bisherigen oder einer anderen Weise so gut wie ausgeschlossen ist (BFH-Urteil vom 8.7.1980, BStBl II S. 743). Die der tatsächlichen Nutzungsdauer entsprechende AfA kann erst vorgenommen werden, wenn der Zeitpunkt der Nutzungsbeendigung des Gebäudes feststeht, z. B. weil sich der Steuerpflichtige verpflichtet hat, das Gebäude zu einem bestimmten Zeitpunkt abzubrechen (BFH-Urteil vom 22.8.1984, BStBl 1985 II S. 126).

Die zu schätzende kürzere tatsächliche Nutzungsdauer wird durch bestimmte Einflussfaktoren bestimmt. Zu diesen Einflussfaktoren gehören:

- der technische Verschleiß,
- die wirtschaftliche Entwertung sowie
- rechtliche Gegebenheiten, welche die Nutzungsdauer eines Gegenstands begrenzen können.

Ausgangspunkt für die Beurteilung des technischen Verschleißes ist die Nutzungsdauer der Tragstruktur des Bauwerks (Dachkonstruktion, tragende Innen- und Außenwände, Geschossdecken und Fundament) als Hauptbestandteil des Gebäudes. Für die Annahme einer kürzeren technischen Nutzungsdauer genügt es nicht, dass lediglich einzelne unselbständige Teile des Gebäudes zur Erneuerung oder Ersetzung anstehen. Dies gilt auch dann nicht, wenn der Aufwand zu einer wesentlichen Verbesserung des Gebäudes führt und steuerlich den Herstellungskosten zuzurechnen ist (BMF-Schreiben vom 18.7.2003, BStBl I S. 386).

Eine mit wirtschaftlicher Entwertung begründete kürzere tatsächliche Nutzungsdauer kann der AfA nur zugrunde gelegt werden, wenn das Gebäude vor Ablauf der technischen Nutzungsdauer objektiv wirtschaftlich verbraucht ist, d. h. wenn die Möglichkeit einer wirtschaftlich sinnvollen (anderweitigen) Nutzung oder Verwertung endgültig entfallen ist (BFH-Urteil vom 4.3.2008, BFH/NV S. 1310).

Der Nachweis einer kürzeren tatsächlichen Nutzungsdauer ist durch Vorlage eines Gutachtens eines öffentlich bestellten und vereidigten Sachverständigen für die Bewertung von bebauten und unbebauten Grundstücken oder von Personen, die von einer nach DIN EN ISO/IEC 17024 akkreditierten Stelle als Sachverständige oder Gutachter für die Wertermittlung von Grundstücken nach entsprechender Norm zertifiziert worden sind, zu erbringen.

Im Rahmen des Nachweises ist der Zustand des Gebäudes in seinen die Nutzungsdauer bestimmenden Elementen (Tragstruktur des Bauwerks) darzustellen und begründet darzulegen, weshalb am Ende der geltend gemachten (kürzeren) Nutzungsdauer voraussichtlich keine wirtschaftlich sinnvolle (anderweitige) Nachfolgenutzung mehr möglich und kein Restwert mehr vorhanden ist. Ein Bausubstanzgutachten i. S. des sog. ERAB-Verfahrens (Verfahren zur Ermittlung des Abnutzungsvorrats von Baustoffen) ist nicht zwingend erforderlich, kann aber hilfreiche Anhaltspunkte zur Beurteilung des Einzelfalls enthalten (BFH-Urteil vom 28.7.2021, BFH/NV 2022 S. 108).

Geplante Gesetzesänderung:
Im Entwurf einer Siebten Verordnung zur Änderung steuerlicher Verordnungen sind zum Nachweis einer kürzeren Nutzungsdauer (einfach-)gesetzliche Regelungen geplant. Mit dem neuen § 11c Abs. 1a EStDV-Entwurf ist der Nachweis i. S. des § 7 Abs. 4 Satz 2 EStG durch Vorlage eines für diesen Zweck nach persönlicher Vorortbesichtigung erstellten Gutachtens eines öffentlich bestellten und vereidigten Sachverständigen für die Bewertung von bebauten und unbebauten Grundstücken zu erbringen. Das Gutachten muss unter Berücksichtigung der individuellen Gegebenheiten des Objekts Aufschluss über die maßgeblichen technischen, wirtschaftlichen und rechtlichen Determinanten geben, welche die Nutzungsdauer im Einzelfall beeinflussen und auf deren Grundlage der Zeitraum der Nutzung entsprechend der Zweckbestimmung sowie einer möglichen Nachfolgenutzung mit hinreichender Bestimmtheit zu ermitteln ist.
Nach den Anwendungsvorschriften (§ 84 Abs. 2a EStDV) soll dies bereits ab VZ 2025 gelten.

Zur **Nachholung unterlassener AfA** und zur **Korrektur überhöhter AfA** vgl. Teil II Tz 1.7.2.5.

In der Praxis hat die **degressive AfA** eine erheblich größere Bedeutung: Vgl. zu den sehr unterschiedlichen AfA-Sätzen je nach dem Zeitpunkt der Anschaffung oder Herstellung des Gebäudes oder der Eigentumswohnung und seiner Nutzung die Tz 24.8.4

Wegen der Fortsetzung der laufenden AfA **nach** der Vornahme von **Sonderabschreibungen** oder erhöhten Absetzungen vgl. Teil II Tz 1.7.2.5.

Bei Gebäuden, die **im Laufe des Jahres angeschafft** oder **hergestellt** oder **veräußert** werden, kann die lineare AfA für das Jahr der Anschaffung oder Herstellung oder Veräußerung **nur zeitanteilig** vorgenommen werden; das gilt auch für den Zeitraum, in dem das Wirtschaftsgut nach der Anschaffung oder Herstellung nicht zur Erzielung von Einkünften verwendet wird (R 7.4 Abs. 2 EStR). Zur Ermittlung der zeitanteiligen AfA im Jahr der Anschaffung ist in Zeile 7 das Datum des Eigentumsübergangs und im Jahr der Veräußerung/Übertragung der Zeitpunkt des Eigentumsübergangs in Zeile 8 einzutragen (vgl. Tz 24.2.1) Zur degressiven AfA in diesen Fällen vgl. Tz 24.8.4

Ein Gebäude ist in dem Zeitpunkt **angeschafft**, in dem der Erwerber das wirtschaftliche Eigentum erlangt (vgl. Teil II Tz 4.3.1); es ist **hergestellt (= fertiggestellt), sobald** es seiner Zweckbestimmung entsprechend genutzt werden kann, d. h. sobald es nach Abschluss der wesentlichen Bauarbeiten **bewohnbar** ist. Vgl. Tz 27.1.4 unter Erläuterungen zur **Anlage FW** und die dort sowie in H 7.4 – Fertigstellung – EStH zit. Rspr.

Eine besondere Regelung gilt für **Gebäude, die dem Einzelhandel dienen.** Bei den Einkünften aus Vermietung und Verpachtung kann diese Regelung z. B. Bedeutung erlangen, wenn ein Gebäude des **Privatvermögens** an einen Einzelhändler vermietet ist. Die Finanzverwaltung geht bei der Bemessung der AfA für solche Gebäude von folgenden Grundsätzen aus:

- **Bei Gebäuden, die ausschließlich dem Einzelhandel dienen** (Warenhäuser, Kaufhäuser u. Ä.), wird ohne Rücksicht auf die Größe der Gebäude allgemein von Beanstandungen abgesehen, wenn als **voraussichtliche Nutzungsdauer** ein Zeitraum von mindestens **33 1/3 Jahren** angenommen wird, was einem **AfA-Satz von 3 %** entspricht.
- **Bei Gebäuden, die zum Teil Wohnzwecken und zum Teil dem Einzelhandel dienen,** sind die Absetzungen für Abnutzung grundsätzlich mit 2 %, 2,5 % oder 3 % (s. oben) zu bemessen. Die Anwendung eines höheren linearen Absetzungssatzes kommt nur in Betracht, wenn dargelegt wird, dass die tatsächliche Nutzungsdauer des Gebäudes weniger als 50 Jahre, weniger als 40 Jahre oder weniger als 33,33 Jahre beträgt.

Diese Regelung ist nach Auffassung der Finanzverwaltung auf **handwerklich** genutzte Gebäude nicht anzuwenden.

Gebäude sind hinsichtlich der AfA grundsätzlich als **Einheit** zu behandeln. Insoweit besteht kein Unterschied zwischen Betriebsvermögen und Privatvermögen. Ausnahmsweise ist eine **gesonderte Abschreibung auch für Gebäudeteile zulässig,** weil sie selbständige Wirtschaftsgüter sind, die nicht in einem einheitlichen Nutzungs- und Funktionszusammenhang mit dem Gebäude stehen (R 4.2 Abs. 3 EStR). Das gilt für

- sog. **Betriebsvorrichtungen** (vgl. Teil II Tz 1.2.1 und R 4.2 Abs. 3 EStR und R 7.1 Abs. 3 EStR sowie H 7.1 – Betriebsvorrichtungen – EStH),
- **Scheinbestandteile** nach § 95 Abs. 2 BGB, d. h. Einbauten zu einem vorübergehenden Zweck in ein Gebäude (vgl. Teil II Tz 1.7.4.2 und R 4.2 Abs. 3 EStR, R 7.1 Abs. 4 EStR sowie H 7.1 – Scheinbestandteile – EStH),
- **Ladeneinbauten,** Schaufensteranlagen, Gaststätteneinbauten, Schalterhallen für Kreditinstitute sowie ähnliche Einbauten die einem schnellen Wandel des modischen Geschmacks unterliegen (vgl. Teil II Tz 1.7.4.2 und R 4.2 Abs. 3 EStR sowie R 7.1 Abs. 6 EStR) und
- sog. **sonstige selbständige Gebäudeteile,** wovon dann auszugehen ist, wenn ein Gebäude teils eigenbetrieblich, teils fremdbetrieblich, teils zu eigenen, teils zu fremden Wohnzwecken genutzt wird, und zwar hinsichtlich eines jeden dieser Teile (vgl. Teil II Tz 1.7.4.3 und R 4.2 Abs. 4 EStR).

Garagen, die auf dem Gelände eines großen Mietwohnungskomplexes nachträglich errichtet werden, sind nach dem BFH-Urteil vom 22.9.2005 (BStBl 2006 II S. 169) dann als selbständige Wirtschaftsgüter gesondert abzuschreiben, wenn ihre Errichtung nicht Bestandteil der Baugenehmigung für das Mietwohngebäude war und kein enger Zusammenhang zwischen der Nutzung der Wohnungen und der Garagen besteht, weil die Zahl der Garagen hinter der Zahl der Wohnungen deutlich zurückbleibt und die Garagen zum Teil an Dritte vermietet sind.

Wegen der Zulässigkeit gesonderter AfA für diese selbständigen Gebäudeteile vgl. ausführlich Teil II Tz 1.7.4.

Zur Behandlung von Baumaßnahmen, die nicht der Eigentümer, sondern der **Mieter** auf seine Rechnung an dem gemieteten Gebäude oder Gebäudeteil vornehmen lässt, sog. **Mietereinbauten und Mieterumbauten** (vgl. R 4.2 Abs. 3 EStR und H 4.2 Abs. 3 – Mietereinbauten – EStH); siehe auch die Ausführungen in Teil II Tz 1.7.4.2.

24.8.3 Bemessungsgrundlage für die Gebäude-AfA

Für die Frage nach der **Bemessungsgrundlage** der Absetzungen für Abnutzung, d. h. nach dem Betrag, auf den die oben genannten AfA-Sätze anzuwenden sind, gilt Folgendes:

1. Vor dem 21.6.1948 angeschaffte/hergestellte Gebäude

Zu **Gebäuden**, die vor dem Stichtag der letzten Währungsreform in den alten Bundesländern, d. h. **vor dem 21.6.1948** (im Saarland 20.11.1947, in Berlin [West] 1.4.1949) angeschafft oder hergestellt worden sind, vgl. die »Anleitung zur ESt-Erklärung **1991**«, Teil I Anlage V, Zeile 47 II A.

2. Nach dem 20.6.1948 angeschaffte/hergestellte Gebäude

Zu Gebäuden, die **nach dem 20.6.1948** (im Saarland 19.11.1947, in Berlin [West] 31.3.1949) angeschafft oder hergestellt worden sind, bemisst sich die Absetzung für Abnutzung nach den **tatsächlichen Anschaffungs- oder Herstellungskosten** für das Gebäude (**ohne** Grund und Boden). Vgl. hierzu Teil II Tz 4.3.3.1.

AfA-Bemessungsgrundlage bei einer eigengenutzten Wohnung, die bisher zu einem **Betriebsvermögen** gehört hat, aber nach der gesetzlichen Regelung im Wohneigentumsförderungsgesetz vom 15.5.1986, BGBl I S. 730, **steuerneutral als entnommen gilt** (§ 52 Abs. 15 Satz 7 EStG a. F.) und anschließend zur Erzielung von Einkünften aus Vermietung und Verpachtung eingesetzt wird, ist nicht der Teilwert der Wohnung im Zeitpunkt der Entnahme, sondern sind die ursprünglichen Anschaffungs- oder Herstellungskosten maßgebend (BFH-Urteil vom 3.5.1994, BStBl II S. 749).

3. Nachträgliche Anschaffungs- oder Herstellungskosten

Zur Ermittlung der **AfA bei nachträglichen Anschaffungs- und Herstellungskosten** sowohl in den Fällen der **normalen linearen** Abschreibung (§ 7 Abs. 4 Satz 1 EStG) wie auch in solchen der **erhöhten linearen** Abschreibung (§ 7 Abs. 4 Satz 2 EStG) als auch bei der **degressiven** Abschreibung (§ 7 Abs. 5 EStG) sowie zu der Frage, wann die nachträglichen Maßnahmen einem **Neubau** gleichkommen, vgl. die Erläuterungen in **Teil II Tz 1.7.3.**

4. Unentgeltlich oder teilentgeltlich erworbene Gebäude

Bei **nach dem 20.6.1948** (im Saarland 19.11.1947, in Berlin [West] 31.3.1949) **unentgeltlich** – z. B. durch **Erbschaft, Schenkung** – erworbenen Gebäuden bemisst sich die Absetzung für Abnutzung gemäß **§ 11 d EStDV** nach der **Bemessungsgrundlage des Rechtsvorgängers zzgl. etwaiger Herstellungskosten des Rechtsnachfolgers,** z. B. für Einbauten, Umbauten, Ausbauten.

Als maßgebender **AfA-Satz** kommt der Prozentsatz in Betracht, der für den **Rechtsvorgänger** maßgebend sein würde, wenn er noch Eigentümer des Gebäudes wäre. Das sind 2 %, 2,5 % oder 3 %, ausnahmsweise auch ein höherer Prozentsatz (vgl. Tz 24.8.2). Bei Gebäuden, bei denen die degressive AfA zulässig ist, gilt ein fallender AfA-Satz in unterschiedlicher Höhe je nach anzuwendender Regelung (vgl. Tz 24.8.4).

Es empfiehlt sich, Name, letztes Veranlagungsfinanzamt und Adresse (oder Steuernummer) des Rechtsvorgängers anzugeben. Das Finanzamt stellt ggf. aus den Steuerakten des Rechtsvorgängers die für diesen maßgebende Bemessungsgrundlage (vgl. Tz 24.8.3) fest. Dem danach sich ergebenden Wert sind etwaige Herstellungskosten zuzurechnen, die der Rechtsnachfolger aufgewendet hat.

Absetzungen für Abnutzung durch den Rechtsnachfolger sind nur solange zulässig, bis die vom Rechtsvorgänger und vom Rechtsnachfolger **zusammen** vorgenommenen Absetzungen (einschließlich etwaiger erhöhter Absetzungen) noch nicht zur vollen Absetzung (100 %) geführt haben (§ 11 d Abs. 1 EStDV).

Ein **unentgeltlicher** Erwerb liegt auch bei einer **Schenkung unter Auflage** vor. Eine Schenkung unter Auflage ist dann anzunehmen, wenn die Beteiligten ein Grundstück zwar »**schenken**« wollten, aber diese Schenkung mit bestimmten Leistungen des Bedachten verbunden haben. Trotz der vom Beschenkten zu erfüllenden Auflage(n) ist ertragsteuerlich **in vollem Umfang** ein **unentgeltlicher Vorgang** gegeben. Liegt eine Schenkung unter Auflage vor, so hat der Beschenkte keine Anschaffungskosten; auch er kann lediglich die AfA des Rechtsvorgängers fortsetzen (§ 11 d EStDV). Zur **mittelbaren Grundstücksschenkung** vgl. Teil II Tz 4.3.3.3.

Anschaffungskosten im Rahmen eines unentgeltlichen Erwerbs (z. B. Notar- und Eintragungskosten im Grundbuch) sind nach dem BFH-Urteil vom 9.7.2013, BStBl 2014 II S. 253 als nachträgliche Anschaffungskosten zu berücksichtigen und über eine separate AfA-Reihe abzuschreiben, soweit die nachträglichen Anschaffungskosten auf die erworbenen abnutzbaren Wirtschaftsgüter entfallen.

Zur Frage, ob bei einer **vorweggenommenen Erbfolge** sowie bei einer **Erbauseinandersetzung von Privatvermögen und Betriebsvermögen** nach der Rspr. des GrS des BFH ein entgeltlicher oder unentgeltlicher Erwerb vorliegt, vgl. Tz 20.9.1 unter Erläuterungen zur Anlage SO, vgl. Tz 21.18.3 unter Erläuterungen zur Anlage G sowie vgl. Teil II Tz 4.3.3.3.

Haben die Vertragsparteien dagegen einen notariellen **Kaufvertrag** abgeschlossen und darin **bewusst** eine Gegenleistung vereinbart, die **unter** dem Verkehrswert des Grundstücks liegt, so ist stets eine **gemischte Schenkung** anzunehmen (BFH-Urteile vom 17.7.1980, BStBl 1981 II S. 11, vom 18.3.1980, BStBl 1981 II S. 794 und vom 21.10.1981, BStBl 1982 II S. 83), wobei grundsätzlich der von den Vertragsparteien vorgenommenen Aufteilung des Kaufpreises auf einzelne Wirtschaftsgüter – auch im Falle der gemischten Schenkung – für Zwecke der Besteuerung zu folgen ist (vgl. BFH-Urteil vom 27.7.2004, BStBl 2006 II S. 9). Dem hat sich auch die Finanzverwaltung angeschlossen (BMF-Schreiben vom 26.2.2007, BStBl I S. 269). Zur Abgrenzung zwischen Schenkung unter Auflage und gemischter Schenkung vgl. Tz 20.9.3 unter Erläuterungen zur Anlage SO. Dabei kann auch die Übernahme von Verbindlichkeiten des Veräußeres Entgelt sein. Bei der gemischten Schenkung ist der Vorgang **in ein entgeltliches und ein unentgeltliches Rechtsgeschäft aufzuteilen** und jeder Teil getrennt zu beurteilen **(sog. Trennungstheorie)**. Überträgt z. B. der Vater (V) ein Gebäude mit einem Verkehrswert von 300 000 € zum Preis von 225 000 € auf ein Kind (K) und ist den Beteiligten bekannt, dass der Verkehrswert deutlich mehr als 225 000 € beträgt, so liegt eine gemischte Schenkung vor. K hat das Grundstück zu 75 % entgeltlich erworben und insoweit Anschaffungskosten in Höhe von 225 000 € von denen er abschreiben kann. Hinsichtlich der restlichen 25 % liegt ein unentgeltlicher Erwerb vor; insoweit ist K an die AfA-Bemessungsgrundlage des V gebunden (§ 11 d Abs. 1 EStDV).

Unentgeltlicher Erwerber ist auch der **Vermächtnisnehmer**, dem ein Gebäude durch Verfügung von Todes wegen zugewendet wird (BFH-Urteil vom 17.8.1962, BStBl III S. 444). Der Erwerb durch **Erbschaftskauf** ist dagegen ein **entgeltlicher** Erwerb (BFH-Urteil vom 15.1.1965, BStBl III S. 192).

Der Gewinner eines von einem Unternehmen im eigenen betrieblichen (Werbe-)Interesse verlosten Fertighauses kann mangels eigener Aufwendungen für die Anschaffung oder Herstellung des Fertighauses dagegen keine Absetzungen für Abnutzung in Anspruch nehmen (vgl. BFH-Urteil vom 26.4.2006, BStBl II S. 754).

5. AfA bei Nutzungsrechten an Gebäuden

Folgende Unterscheidungen sind zu beachten:

- **Vorbehaltsnießbraucher** ist der frühere Eigentümer, der das Eigentum am Grundstück auf eine andere Person übertragen und sich selbst den Nießbrauch vorbehalten hat.
- **Vermächtnisnießbraucher** ist derjenige, der den Nießbrauch aufgrund einer letztwilligen Verfügung des Grundstückseigentümers (Erblassers) unentgeltlich erworben hat.
- **Zuwendungsnießbraucher** ist, wer den Nießbrauch – unentgeltlich oder entgeltlich – vom Eigentümer eingeräumt bekommen hat, ohne dass sich am Grundstückseigentum etwas geändert hat. Dies gilt entsprechend auch für das **zugewendete dingliche Wohnrecht.**

In allen diesen Fällen muss das Nutzungsrecht **im Grundbuch eingetragen** sein. Nach bürgerlichem Recht ist hiervon der **schuldrechtlich (obligatorisch) Nutzungsberechtigte** zu unterscheiden, bei dem kein Eintrag seines Nutzungsrechts im Grundbuch erfolgt ist.

Durch eigene Baumaßnahmen kann ein Bauherr ein solches gesichertes **schuldrechtliches Nutzungsrecht** erlangen, wenn er aufgrund einer schuldrechtlichen Vereinbarung mit dem Grundstückseigentümer ein Wohngebäude auf fremdem Grund und Boden errichtet hat (wie das z. B. der Fall sein kann, wenn Kinder auf einem Grundstück der Eltern bauen dürfen) oder in einem bereits bestehenden Gebäude des Grundstückseigentümers eine Wohnung ein- oder ausgebaut und die Herstellungskosten für diese Baumaßnahmen getragen hat.

Für **Nießbraucher, dinglich Wohnberechtigte** und **obligatorisch Nutzungsberechtigte** mit gesicherter Rechtsposition (zum Begriff vgl. Tz 24.1.2), die aufgrund ihres Nutzungsrechts die Wohnung durch **Vermietung** nutzen und deshalb Mieteinnahmen zu versteuern haben, kann unter bestimmten Voraussetzungen die **Berücksichtigung von AfA** als Werbungskosten in Betracht kommen. Im Einzelnen gilt Folgendes:

a) Der **unentgeltliche Zuwendungsnießbraucher (dinglich Wohnberechtigte)**, der die Wohnung durch **Vermietung** nutzt und deshalb Mieteinnahmen zu versteuern hat, kann trotzdem **keine AfA** in Anspruch nehmen, da er nicht den Wertverzehr des Gebäudes trägt (vgl. auch BFH-Urteil vom 24.4.1990, BStBl II S. 888). Für in Ausübung des Nießbrauchs (dinglichen Wohnrechts) **eingebaute Anlagen und Einrichtungen** i. S. des § 95 Abs. 1 Satz 2 BGB (sog. Scheinbestandteile) kann der Nießbraucher (dinglich Wohnberechtigte) **AfA** in Anspruch nehmen, ebenso für Einbauten zu vorübergehendem Zweck (BMF-Schreiben vom 30.9.2013, BStBl I S. 1184, Rz 19, EStH Anhang 30 VI). Eine Abschreibung des **unentgeltlich** erworbenen **Nießbrauchsrechts** (dinglichen Wohnrechts) durch den Nießbraucher ist nicht möglich, da dieser keine Anschaffungskosten hat (BFH-Urteil vom 28.7.1981, BStBl 1982 II S. 45 und BMF-Schreiben vom 30.9.2013, BStBl I S. 1184, Rz 20).

Der **Eigentümer** kann beim unentgeltlichen Zuwendungsnießbrauch ebenfalls **keine AfA** geltend machen, da er keine Einnahmen erzielt (BMF-Schreiben vom 30.9.2013, BStBl I S. 1184, Rz 24).

b) Beim **entgeltlichen Zuwendungsnießbrauch** stehen die **AfA** und die erhöhten Absetzungen **auf das Gebäude** dem **Eigentümer** zu, da er wegen des zu versteuernden Entgelts für den Nießbrauch Einnahmen aus Vermietung und Verpachtung hat (BMF-Schreiben vom 30.9.2013, BStBl I S. 1184, Rz 30).

Der **Nießbraucher** (dinglich Wohnberechtigte) kann jedoch **Abschreibungen auf sein entgeltlich erworbenes Nutzungsrecht** geltend machen, wenn er die Räume durch **Vermietung** nutzt. Die AfA ist nach § 7 Abs. 1 EStG auf die Dauer des Nießbrauchs (dinglichen Wohnrechts) vorzunehmen (BFH-Urteil vom 27.6.1978, BStBl 1979 II S. 38). Ist der Nießbrauch (dingliches Wohnrecht) **auf Lebenszeit** des Berechtigten oder einer anderen Person eingeräumt, sind die Aufwendungen für den Erwerb des Nießbrauchs (dinglichen Wohnrechts) auf die mutmaßliche Lebenszeit der betreffenden Person zu verteilen (BFH-Urteil vom 25.1.1979, BStBl II S. 369; zur Lebenserwartung vgl. BMF-Schreiben vom 9.12.2024, BStBl I S. 1631). Leistet der Nießbraucher (dinglich Wohnberechtigte) als Gegenleistung für die Einräumung des Nießbrauchs ausschließlich gleichmäßige laufende Zahlungen, ist es aus Vereinfachungsgründen nicht zu beanstanden, wenn nur die laufend gezahlten Beträge als Werbungskosten abgesetzt werden (BMF-Schreiben vom 30.9.2013, BStBl I S. 1184, Rz 26).

c) Der **Vorbehaltsnießbraucher** ist bei **Vermietung** des Gebäudes auch nach Übertragung des Grundstückseigentums in gleichem Umfang **wie zuvor** (als Eigentümer) **zur AfA befugt** (BMF-Schreiben vom 30.9.2013, BStBl I S. 1184, Rz 42 und BFH-Urteile vom 28.7.1981, BStBl 1982 II S. 380 und vom 30.1.1995, BStBl II S. 281). Probleme können sich ergeben, wenn sich der bisherige Alleineigentümer des Grundstücks (z. B. Ehemann) bei unentgeltlicher Übertragung des Eigentums (z. B. an ein Kind) den Nießbrauch nicht nur für sich, sondern auch noch für eine andere Person (z. B. seine Ehefrau) »vorbehält«. In diesem Falle ist nur der bisherige Alleineigentümer (z. B. Ehemann) Vorbehaltsnießbraucher, bei der Ehefrau handelt es sich dagegen um einen Zuwendungsnießbrauch (da sie nie Eigentümerin gewesen ist). Nach dem BFH-Urteil vom 11.10.1983, BStBl 1984 II S. 266, steht daher dem **Vorbehaltsnießbraucher** (Ehemann) die **AfA-Fortführung nur zur Hälfte** zu; der **Zuwendungsnießbraucher** (Ehefrau) ist dagegen **nicht** zur **AfA-Fortführung** befugt (siehe oben Buchst. a)). Dies hätte zur Folge, dass eine Hälfte der AfA steuerlich verloren ginge. Eine Lösungsmöglichkeit zeigt das BFH-Urteil vom 24.9.1985 (BStBl 1986 II S. 12) auf. Danach steht dem bisherigen Alleineigentümer (Ehemann) trotz Vorbehalt des Nießbrauchs für sich und seine Ehefrau (als Gesamtberechtigte i. S. von § 428 BGB) die **Gebäude-AfA in voller Höhe** zu, wenn nur er **allein** den Nießbrauch **ausübt** und den Tatbestand der Einkunftsart Vermietung und Verpachtung verwirklicht, indem er als Gesamtgläubiger allein das ganze Grundstück **vermietet**, also die Mietverträge allein abschließt, die Erträge allein vereinnahmt und die Grundstückskosten allein trägt.

Dem jetzigen **Eigentümer** sind während des Bestehens des Vorbehaltsnießbrauchs insoweit keine Einnahmen zuzurechnen; er kann daher auch **keine AfA** auf das Gebäude vornehmen (BMF-Schreiben vom 30.9.2013, BStBl I S. 1184, Rz 45).

Nach Erlöschen des Vorbehaltsnießbrauchs stehen dem **Eigentümer** jedoch die AfA auf das gesamte Gebäude zu (BMF-Schreiben vom 30.9.2013, BStBl I S. 1184, Rz 46). Wegen der Einzelheiten beim entgeltlichen und unentgeltlichen Nießbrauch nach dessen Erlöschen vgl. BMF-Schreiben vom 30.9.2013, BStBl I S. 1184, Rz 47 und 48.

Die für den Vorbehaltsnießbrauch geltenden o. g. Grundsätze sind entsprechend anzuwenden, wenn das Grundstück gegen Einräumung eines **vorbehaltenen dinglichen Wohnrechts** übertragen wurde (BMF-Schreiben vom 30.9.2013, BStBl I S. 1184, Rz 49). Der **Eigentümer** darf **AfA** auf das entgeltlich erworbene Gebäude nur in Anspruch nehmen, soweit sie auf den unbelasteten Teil entfallen (BFH-Urteil vom 7.6.1994, BStBl II S. 927). In diesen Fällen ist die AfA-Bemessungsgrundlage nur für den unbelasteten Teil zu ermitteln (BMF-Schreiben vom 30.9.2013, BStBl I S. 1184, Rz 50).

d) Für den **Vermächtnisnießbrauch** gelten die Ausführungen zum Zuwendungsnießbrauch entsprechend. Der Vermächtnisnehmer ist **nicht** berechtigt, die **AfA** für das vom Erblasser hinterlassene Gebäude in Anspruch zu nehmen, da die Herstellungskosten des Erblassers dem Erben und nicht dem Vermächtnisnehmer zuzurechnen sind (BMF-Schreiben vom 30.9.2013, BStBl I S. 1184, Rz 32 und BFH-Urteil vom 28.9.1993, BStBl 1994 II S. 319). Wegen der früher abweichenden Auffassung der Finanzverwaltung wird diese Rspr. jedoch nur auf Fälle angewendet, in denen der Vermächtnisnießbrauch **nach dem 31.5.1994** notariell beurkundet worden ist. In älteren Fällen ist der Vermächtnisnießbraucher aus Vertrauensschutzgründen weiterhin zum Abzug der Gebäude-AfA berechtigt (BMF-Schreiben vom 30.9.2013, BStBl I S. 1184, Rz 74).

e) Dem **schuldrechtlich Nutzungsberechtigten** steht, wenn er die Wohnung durch **Vermietung** nutzt und deshalb Mieteinnahmen erzielt, eine **AfA** ebenfalls zu, jedenfalls dann, wenn es sich um ein **vorbehaltenes** obligatorisches (schuldrechtliches) Nutzungsrecht handelt (BFH-Urteile vom 20.9.1989, BStBl 1990 II S. 368 und vom 28.3.1995, BStBl 1997 II S. 121 und BMF-Schreiben vom 30.9.2013, BStBl I S. 1184, Rz 52). Er kann auch sonstige Werbungskosten abziehen; vgl. Tz 24.10.4.5.

f) Wird ein Nutzungsrecht **durch eigene Baumaßnahmen des Nutzungsberechtigten** auf einem fremden Grundstück geschaffen, hat der Nutzungsberechtigte also selbst Herstellungs- oder Anschaffungskosten, so stehen ihm an dem Vermögensgegenstand auch die **AfA** zu, und zwar nach den **für Gebäude** geltenden Grundsätzen (vgl. BFH-GrS, Beschluss vom 30.1.1995, BStBl II S. 281). Hierunter fällt z. B. auch ein **von einem Miteigentümer** mit Zustimmung der anderen Miteigentümer eines Gebäudes im eigenen Namen und für eigene Rechnung **geschaffenes Nutzungsrecht**, aber auch ganz allgemein ein durch **Bauten auf fremdem Grund und Boden** geschaffenes Nutzungsrecht z. B. Kind baut auf Elterngrundstück oder Ehemann baut auf Grundstück der Ehefrau; das Kind oder der Ehemann sind zur AfA berechtigt). Vgl. Tz 24.8 und wegen der ähnlichen Problematik beim häuslichen Arbeitszimmer in Gebäuden mit (hälftigem) Ehegatteneigentum, vgl. Tz 11.15.9.1 unter Erläuterungen zur Anlage N sowie H 4.7 – Eigenaufwand für ein fremdes Wirtschaftsgut – EStH.

Der **Eigentümer** kann AfA nur für den unbelasteten Teil des Gebäudes in Anspruch nehmen (BMF-Schreiben vom 30.9.2013, BStBl I S. 1184, Rz 54 i. V. mit Rz 50). Für den Gebäudeteil auf den sich das Nutzungsrecht erstreckt, kann der Eigentümer **weder die AfA noch andere Werbungskosten** geltend machen (BFH-Urteil vom 11.11.1988, BStBl 1989 II S. 872).

Übernimmt bei einem vorbehaltenen schuldrechtlichen Nutzungsrecht der jetzige **Eigentümer**, dem die AfA nicht zusteht, vertraglich die laufenden Instandhaltungsaufwendungen für die dem Nutzungsberechtigten überlassene Wohnung, so können die Aufwendungen eine als Sonderausgaben abzugsfähige dauernde Last sein (BFH-Urteil vom 30.10.1984, BStBl 1985 II S. 610), sofern die Vermögensübertragung **vor dem 1.1.2008** vereinbart wurde (§ 52 Abs. 18 EStG). Für Vermögensübertragungen **nach dem 31.12.2007** können gem. § 10 Abs. 1 Nr. 1a EStG bei Übertragungen von Wirtschaftsgütern des Privatvermögens keine Versorgungsleistungen mehr als Sonderausgaben abgezogen werden.

24.8.4 Degressive Gebäude-AfA– Gesetzgebung

Statt der linearen AfA (vgl. Tz 24.8.2) war in der Vergangenheit unter bestimmten Voraussetzungen **wahlweise** auch die **degressive Gebäude-AfA (§ 7 Abs. 5 EStG)** zulässig.

Die Möglichkeit einer degressiven Gebäude-AfA wurde wiederholt eingeschränkt. Die älteren Regelungen sind auch heute noch mangels Zeitablaufs von Bedeutung. Die zeitliche Abfolge der gesetzlichen Regelungen stellt sich wie folgt dar:

- Die frühere degressive AfA für Gebäude, die zu einem **Betriebsvermögen** gehören und nicht Wohnzwecken dienen (sog. **Wirtschaftsgebäude**) in Höhe von 4 × 10 %, 3 × 5 %, 18 × 2,5 %, ist nur noch bei solchen Gebäuden zulässig, die aufgrund eines **vor dem 1.1.1994** gestellten Bauantrags/abgeschlossenen Kaufvertrags hergestellt bzw. angeschafft worden sind (§ 7 Abs. 5 Satz 1 Nr. 1 EStG). Wegen dieser nur Gebäude des **Betriebsvermögens** betreffenden Regelung, die hier für die Anlage V ohne Bedeutung ist, vgl. Teil II Tz 1.7.1.
- Für Gebäude des **Privatvermögens**, die **für andere als Wohnzwecke** (z. B. für gewerbliche oder freiberufliche Zwecke) **vermietet werden**, ist die frühere degressive AfA von 8 × 5 %, 6 × 2,5 %, 36 × 1,25 % ebenfalls eingeschränkt worden. Sie ist nur noch für Gebäude zulässig, die aufgrund eines **vor dem 1.1.1995** gestellten Bauantrags/abgeschlossenen Kaufvertrags hergestellt bzw. angeschafft wurden (§ 7 Abs. 5 Satz 1 Nr. 2 EStG). Vgl. Tz 24.8.4.
- Dagegen gilt die besondere Förderung des **Mietwohnungsbaus** (Bauantrag/Anschaffung nach dem 28.2.1989, aber **vor dem 1.1.1996**) unverändert fort: **Degressive AfA** mit 4 × 7 %, 6 × 5 %, 6 × 2 %, 24 × 1,25 % der Anschaffungs- oder Herstellungskosten (§ 7 Abs. 5 Satz 1 Nr. 3a EStG).
- Bei Bauantrag/Anschaffung **nach dem 31.12.1995** und **vor dem 1.1.2004** ist nur noch eine degressive AfA von 8 × 5 %, 6 × 2,5 %, 36 × 1,25 % zulässig, soweit das Objekt **Wohnzwecken** dient (§ 7 Abs. 5 Satz 1 Nr. 3b EStG).
- Bei Bauantrag/Anschaffung **nach dem 31.12.2003** und **vor dem 1.1.2006** ist die degressive AfA abermals geändert worden und beträgt jetzt 10 × 4 %, 8 × 2,5 % und 32 × 1,25 % der Anschaffungs- oder Herstellungskosten, soweit das Objekt **Wohnzwecken** dient (§ 7 Abs. 5 Satz 1 Nr. 3c EStG).

Ab 2006 war für Mietwohngebäude nur noch die lineare AfA von 2 % (§ 7 Abs. 4 Nr. 2 EStG) zulässig. Maßgeblich ist der Zeitpunkt der Einreichung des Bauantrags oder der rechtswirksame Abschluss des Kaufvertrags (vgl. hierzu Teil II Tz 4.1.1). Für Gebäude, die nach dem 30.9.2023 und vor dem 1.10.2029 hergestellt wurden, wird nach § 7 Abs. 5a EStG wieder eine degressive AfA gewährt.

Zur besonderen **Förderung des Mietwohnungsbaus** nach § 7 Abs. 5 EStG vgl. Tz 24.8.4.

Zur Sonderabschreibung für Mietwohnungsneubau nach § 7b EStG vgl. Tz 24.8.12.

Im Einzelnen ist zu beachten:

1. Höhe der degressiven Gebäude-AfA und allgemeine Grundsätze

Für im Inland und in EU-/EWR-Staaten belegene Gebäude des Privatvermögens, die für **andere als Wohnzwecke** vermietet worden sind und für Eigentumswohnungen, bei denen der Bauantrag (in Herstellungsfällen) oder der rechtswirksame Abschluss des obligatorischen Vertrags (in Anschaffungsfällen) nach dem 29.7.1981 und **vor dem 1.1.1995** gestellt worden oder erfolgt ist, beträgt die degressive AfA

- im Jahr der Fertigstellung und in den folgenden 7 Jahren jeweils 5 %,
- in den darauffolgenden 6 Jahren jeweils 2,5 %,
- in den darauffolgenden 36 Jahren jeweils 1,25 %.

der Anschaffungs- oder Herstellungskosten. Im Erwerbs(Anschaffungs-)fall kommt die degressive AfA nur in Betracht, wenn das Gebäude bis zum Ende des Jahres der Fertigstellung angeschafft wurde und der Hersteller für das veräußerte Gebäude keine degressiven oder erhöhten Absetzungen oder Sonderabschreibungen in Anspruch genommen hat (§ 7 Abs. 5 Satz 2 EStG). In diesem Fall ist die degressive AfA durch den Erwerber aber nur für das Jahr der Fertigstellung ausgeschlossen; im folgenden Jahr kann der Erwerber zur degressiven AfA übergehen (BFH-Urteil vom 3.4.2001, BStBl II S. 599).

Die degressive AfA ist nur mit den oben genannten Staffelsätzen zulässig. Die Anwendung **höherer oder niedrigerer AfA-Sätze ist ausgeschlossen**. Hinsichtlich des maßgeblichen Zeitpunkts des Bauantrags ist es unerheblich, **wer** den Bauantrag gestellt hat.

Vgl. auch die Übersicht in Teil II vgl. Tz 1.7.1. Ganz allgemein ist bei der degressiven AfA zu beachten:

Besteht ein Gebäude aus sonstigen **selbständigen** Gebäudeteilen (vgl. Teil II Tz 1.7.4.3. und R 4.2 Abs. 4 EStR), sind für die einzelnen Gebäudeteile **unterschiedliche** AfA-Methoden und AfA-Sätze **zulässig** (R 7.4 Abs. 6 EStR). Auch auf **Eigentumswohnungen** und auf im **Teileigentum** stehende Räume sind die Grundsätze zur **degressiven Abschreibung** entsprechend **anzuwenden** (§ 7 Abs. 5a EStG). Die Vornahme gesonderter AfA für einzelne der o.g. Gebäudeteile steht der Inanspruchnahme der degressiven AfA für das übrige Gebäude **nicht** entgegen.

Der **Wechsel** zwischen den verschiedenen degressiven Absetzungsverfahren nach § 7 Abs. 5 EStG sowie zwischen der einmal gewählten **degressiven** Absetzung zur **linearen** Absetzung und umgekehrt ist **unzulässig** (H 7.4 – Wechsel der AfA-Methode bei Gebäuden – EStH). Wegen des Wechsels der AfA-Methode bei Gebäuden, die erst später Betriebsvermögen werden oder diese Eigenschaft verlieren oder als Mietwohnung nicht mehr Wohnzwecken dienen vgl. R 7.4 Abs. 8 EStR. Zur Möglichkeit der Fortführung der degressiven AfA bei Nutzungsänderung von der Nutzung zu fremden Wohnzwecken zur fremdbetrieblichen Nutzung vgl. BFH-Urteil vom 15.2.2005, BStBl 2006 II S. 51. Wird ein bebautes Grundstück **vom Betriebsvermögen in das Privatvermögen** überführt und werden hierbei die stillen Reserven aufgedeckt und versteuert, so liegt hierin die Anschaffung eines Gebäudes i.S. des § 7 Abs. 5 EStG, da die Überführung des Grundstücks vom Betriebsvermögen in das Privatvermögen einen anschaffungsähnlichen Vorgang darstellt (und keine Herstellung). Für ein Gebäude, das im Jahr der Fertigstellung aus dem Betriebsvermögen entnommen worden ist, ist die Inanspruchnahme der degressiven AfA für den Zeitraum der Zugehörigkeit zum Privatvermögen im Jahr der Entnahme ausgeschlossen, wenn für das Gebäude bereits während der Zugehörigkeit zum Betriebsvermögen degressive AfA in Anspruch genommen worden ist. Im folgenden Jahr kann der Steuerpflichtige zur degressiven AfA übergehen (BFH-Urteil vom 3.4.2001, BStBl II S. 599). Für ein Gebäude, das nach dem Jahr der Fertigstellung unter Aufdeckung der stillen Reserven entnommen worden ist, kann die degressive AfA nicht mehr vorgenommen werden (BFH-Urteil vom 8.11.1994, BStBl 1995 II S. 170; vgl. H 7.4 – Entnahme eines Gebäudes – EStH).

Ist degressive AfA **überhöht** vorgenommen worden, so ist die weitere AfA während des verbleibenden Abschreibungszeitraums - weiterhin von den ungekürzten Anschaffungs- oder Herstellungskosten vorzunehmen (BFH-Urteil vom 4.5.1993, BStBl II S. 661).

Zur degressiven AfA bei **nachträglichen Anschaffungs- oder Herstellungskosten** vgl. Teil II Tz 1.7.3.

Die degressive AfA ist **im Jahr der Anschaffung oder Fertigstellung** stets mit dem **vollen** Jahresbetrag – also nicht nur zeitanteilig- abzuziehen (BFH-Urteil vom 19.2.1974, BStBl II S. 704), es sei denn, dass das Gebäude in diesem Jahr nicht ausschließlich zur Erzielung von Einkünften verwendet wird. Diese Regelung gilt für die degressive AfA auch ab 2004 weiterhin (keine Zwölftelung: vgl. § 7 Abs. 5 Satz 3 EStG, wonach die Zwölftelung nach § 7 Abs. 1 Satz 4 **nicht** gilt). Dabei sind Wohngebäude als **fertiggestellt** anzusehen, sobald sie **bewohnbar** sind (vgl. Tz 24.8.2). Es spielt sonach keine Rolle, ob und ggf. wie lange das Gebäude im Jahr der Fertigstellung tatsächlich genutzt worden ist. Für das **Jahr der Veräußerung** des Gebäudes dürfen dagegen die degressiven Absetzungen nur **zeitanteilig** vorgenommen werden (BFH-Urteil vom 18.8.1977, BStBl II S. 835 und H 7.4 – Teil des auf ein Jahr entfallenden AfA-Betrags – EStH).

Zur **Nachholung unterlassener AfA** und **Korrektur überhöhter AfA** vgl. Teil II Tz 1.7.2.5.

Wurde ein Gebäude oder eine Eigentumswohnung **unentgeltlich** erworben, so ist die AfA nach dem Prozentsatz vorzunehmen, der für den Rechtsvorgänger maßgebend sein würde, wenn er noch Eigentümer wäre (vgl. Tz 24.8.3).

Für **Zubauten**, Ausbauten und **Umbauten** an bestehenden Gebäuden sind **gesonderte** degressive Absetzungen **nicht** zulässig. Die Aufwendungen hierfür sind wie nachträgliche Herstellungskosten den bisherigen Herstellungskosten hinzuzurechnen und einheitlich mit diesen abzuschreiben. Degressive AfA nach § 7 Abs. 5, 5a EStG ist auch nicht für neu geschaffene (vermietete) **Wohnungen** zulässig, die durch den Ausbau des Dachgeschosses entstanden sind, wenn diese in einem einheitlichen Nutzungs- und Funktionszusammenhang (vgl. Teil II Tz 1.7.4.3) mit einer bereits vorhandenen Wohnung stehen (BFH-Urteil vom 7.7.1998, BStBl II S. 625). Die **degressive AfA** ist aber bei einem **grundlegenden Umbau**, der einem **Neubau** gleichkommt, möglich (vgl. Teil II Tz 1.7.3).

2. Besondere Förderung des Mietwohnungsbaus

a) Eine **weitergehende** degressive Abschreibungsmöglichkeit zur **Förderung des Mietwohnungsbaus** wurde bereits durch Gesetz vom 30.6.1989, BStBl I S. 251 geschaffen (§ 7 Abs. 5 Satz 1 Nr. 3a EStG). Danach gilt für **vermietete** Wohngebäude oder vermietete Eigentumswohnungen Folgendes:

Wurde das Gebäude (die Eigentumswohnung) aufgrund eines nach dem 28.2.1989 und **vor dem 1.1.1996** gestellten **Bauantrags** hergestellt oder in diesem Zeitraum bis zum Ende des jeweiligen Jahres der Fertigstellung **angeschafft**, so können – **soweit die Gebäude Wohnzwecken dienen** – als degressive AfA geltend gemacht werden:

- im Jahr der Fertigstellung und in den folgenden 3 Jahren jeweils 7 %,
- in den darauffolgenden 6 Jahren jeweils 5 %,
- in den darauffolgenden 6 Jahren jeweils 2 %,
- in den darauffolgenden 24 Jahren jeweils 1,25 %.

der Anschaffungs- oder Herstellungskosten.

Damit wurde die sonst übliche Abschreibungsdauer von bisher 50 auf **40 Jahre** verkürzt.

b) Wurde der Bauantrag **nach dem 31.12.1995** gestellt oder der Kaufvertrag nach diesem Tag abgeschlossen, so können als degressive AfA – soweit die Gebäude **Wohnzwecken** dienen – nur noch geltend gemacht werden:

- im Jahr der Fertigstellung und in den folgenden 7 Jahren jeweils 5 %,
- in den darauffolgenden 6 Jahren jeweils 2,5 %,
- in den darauffolgenden 36 Jahren jeweils 1,25 %.

Damit wurde die Abschreibungsdauer wieder auf **50 Jahre** erhöht (vgl. § 7 Abs. 5 Satz 1 Nr. 3 Buchst. b EStG).

c) Schließlich ist bereits **ab 2004** eine weitere Kürzung der degressiven AfA erfolgt. Wurde ein Gebäude aufgrund eines Bauantrags **nach dem 31.12.2003** und **vor dem 1.1.2006** hergestellt oder aufgrund eines obligatorischen Vertrags nach diesem Tag angeschafft, so beträgt die degressive AfA, soweit das Gebäude **Wohnzwecken** dient, nur noch:

- im Jahr der Fertigstellung und in den darauffolgenden 9 Jahren jeweils 4 %,
- in den darauffolgenden 8 Jahre jeweils 2,5 %,
- in den darauffolgenden 32 Jahren jeweils 1,25 %.

der Anschaffungs- oder Herstellungskosten (vgl. § 7 Abs. 5 Satz 1 Nr. 3 Buchst. c EStG).

Seit 2006 war für **Mietwohngebäude nur noch die lineare AfA** (§ 7 Abs. 4 Nr. 2 EStG) zulässig. Maßgeblich ist der Zeitpunkt der Einreichung des Bauantrags bzw. der rechtswirksame Abschluss des Kaufvertrags (vgl. Teil II Tz 4.1.1). Für Gebäude, die nach dem 30.9.2023 und vor dem 1.10.2029 hergestellt wurden, wird nach § 7 Abs. 5a EStG wieder eine degresseive AfA gewährt.

Zu den Absätzen a) bis b) siehe auch Teil II Tz 1.7.1.

Die degressive AfA kann nicht nur der **Bauherr**, sondern **auch** der **Erwerber**, wenn er das Gebäude bis zum Ende des Jahres der Fertigstellung angeschafft hat, in Anspruch nehmen, vorausgesetzt, der Hersteller hat für dieses Jahr für das veräußerte Gebäude weder die degressive AfA noch erhöhte Absetzungen oder Sonderabschreibungen in Anspruch genommen (§ 7 Abs. 5 Satz 2 EStG). Vgl. aber BFH-Urteil vom 3.4.2001, BStBl II S. 599, wonach der Steuerpflichtige im folgenden Jahr zur degressiven AfA übergehen kann. Der Erwerb muss aufgrund eines obligatorischen Vertrags angeschafft worden sein; dazu gehören vor allem Kauf- oder Werkverträge, aber auch Gesellschaftsverträge, Auseinandersetzungsverträge bei Güter- und Erbengemeinschaften sowie anlässlich einer Ehescheidung.

Da die degressive AfA nach § 7 Abs. 5 Satz 1 Nr. 3 EStG nur insoweit in Betracht kommt, als das Gebäude **Wohnzwecken dient**, ist die Höhe der Absetzungsbeträge **von der Nutzung durch den Mieter abhängig**, was deshalb praktische Schwierigkeiten bereiten kann, weil dessen Nutzung dem Vermieter häufig nicht bekannt ist. Die Regelung gilt auch für Betriebsvermögen, soweit das Gebäude Wohnzwecken dient, z. B. als Hausmeisterwohnung.

Eine Nutzung zu Wohnzwecken ist jedenfalls insoweit **nicht** gegeben, als der Mieter **einzelne Räume für betriebliche oder berufliche Zwecke** nutzt. Insoweit ist die degressive AfA beim Vermieter allenfalls nach § 7 Abs. 5 Satz 1 Nr. 2 EStG (Tz 24.8.4) zu bemessen (also – falls die zeitlichen Voraussetzungen erfüllt sind – mit 8 × 5 % usw.). Wird ein zunächst zu fremden Wohnzwecken genutztes und nach § 7 Abs. 5 Satz 1 Nr. 3 EStG mit 7 % degressiv abgeschriebenes Gebäude nunmehr zu fremdbetrieblichen Zwecken genutzt, muss der Steuerpflichtige nicht zur linearen AfA in Höhe von 2 % übergehen (§ 7 Abs. 4 Satz 1 Nr. 2a EStG), sondern kann weiterhin eine degressive AfA nach § 7 Abs. 5 Satz 1 Nr. 2 EStG beanspruchen (BFH-Urteil vom 15.2.2005, BStBl 2006 II S. 51).

Räume, die sowohl Wohnzwecken als auch gewerblichen oder beruflichen Zwecken dienen, sind je nachdem, welchem Zweck sie **überwiegend** dienen, entweder ganz den Wohnzwecken oder ganz den anderen Zwecken dienenden Räumen zuzurechnen. Eine Eigentumswohnung, die in der Wohnform des »**betreuten Wohnens**« genutzt wird, dient regelmäßig Wohnzwecken (BFH-Urteil vom 30.9.2003, BStBl 2004 II S. 225), nicht dagegen ein **Pflegegebäude**, indem die Bewohner nicht die tatsächliche Sachherrschaft über ihre Unterkunft ausüben (vgl. BFH-Urteile vom 30.9.2003, BStBl 2004 II S. 221 und S. 223). Das **häusliche Arbeitszimmer** des Mieters ist aus Vereinfachungsgründen den Wohnzwecken dienenden Räumen zuzurechnen (R 7.2 Abs. 3 EStR). Ein Gebäude, das **Ferienwohnungen** enthält, die für kürzere Zeiträume an wechselnde Feriengäste vermietet werden, dient nicht Wohnzwecken in diesem Sinne (BFH-Urteil vom 14.3.2000, BStBl 2001 II S. 66).

Abschreibungsobjekt nach § 7 Abs. 5 Satz 1 Nr. 3 Buchst. a bis c EStG ist das Gebäude **oder** ein selbständiger Gebäudeteil i. S. von § 7 Abs. 5a EStG. Auch Baumaßnahmen an bereits bestehenden Gebäuden können zur degressiven AfA nach § 7 Abs. 5 Satz 1 Nr. 3 Buchst. a bis c EStG berechtigen, wenn dadurch ein neuer **selbständiger Gebäudeteil** (vgl. Teil II Tz 1.7.4.3. sowie R 4.2 Abs. 3 Nr. 5 und Abs. 4 EStR) entsteht. Dies setzt voraus, dass in einem bereits bestehenden Gebäude eine Mietwohnung **erstmals** eingebaut wird, z. B. wenn der Eigentümer eines selbst genutzten Einfamilienhauses in einem bisher nicht ausgebauten Dachgeschoss eine zusätzliche Wohnung einbaut und sie vermietet. Entsteht durch die Baumaßnahmen dagegen **kein** selbständiges Wirtschaftsgut i. S. von § 7 Abs. 5a EStG, kommt § 7 Abs. 5 Satz 1 Nr. 3 EStG nicht in Betracht, was z. B. der Fall wäre, wenn das Einfamilienhaus auch schon vor dem Ausbau des Dachgeschosses vermietet gewesen wäre. Die Aufwendungen für den Einbau der Wohnung sind dann vielmehr nachträgliche Herstellungskosten des bereits bisher vermieteten Einfamilienhauses, die die seitherige AfA-Bemessungsgrundlage erhöhen und mit dem für das Gebäude gültigen einheitlichen AfA-Satz abgeschrieben werden.

d) Mit dem Wachstumschancengesetz wurde eine weitere Förderung des Mietwohnungsbaus eingeführt (§ 7 Abs. 5a EStG). Gebäude, die in einem Mitgliedstaat der EU oder in einem Staat belegen sind, auf den das EWR-Abkommen angewendet wird, können statt der linearen AfA auch in fallenden Jahresbeträgen abgeschrieben werden, soweit sie Wohnzwecken dienen. Voraussetzung ist, dass mit der Herstellung nach dem 30.9.2023 und vor dem 1.10.2029 begonnen wurde oder die Anschaffung aufgrund eines nach dem 30.9.2023 und vor dem 1.10.2029 abgeschlossenen Kaufvertrags erfolgte. Bei Herstellung eines Gebäudes gilt als Beginn der Herstellung das Datum der nach den jeweiligen landesrechtlichen Vorschriften einzureichenden Baubeginnsanzeige (Bauantrag).

Die AfA beträgt, soweit das Gebäude Wohnzwecken dient:

- im Jahr der Fertigstellung 5 % der Herstellungskosten
- und in den Folgejahren 5 % vom jeweiligen Buchwert (Restwert) des Vorjahres.

Die Regelung nach § 7 Abs. 5a EStG unterscheidet sich von den bisherigen Regelungen dadurch, dass der AfA-Satz nicht auf die Herstellungskosten angewendet wird, sondern auf den am Ende des Jahres verbleibenden Buchwert (AfA in fallenden Jahresbeträgen). Nach § 7 Abs. 5a Satz 4 EStG ist ausdrücklich eine außergewöhnliche technische oder wirtschaftliche Abnutzung nicht zulässig. Der Übergang von der AfA nach § 7 Abs. 5a EStG zur linearen AfA nach § 7 Abs. 4 Nr. 2a EStG ist zulässig. Dies empfiehlt sich insbesondere dann, wenn die AfA nach § 7 Abs. 5a EStG geringer als die lineare AfA ist. Nach Übergang zur linearen AfA bemisst diese sich nach dem Restwert und dem nach § 7 Abs. 4 EStG unter Berücksichtigung der Restnutzungsdauer maßgebenden Prozentsatz.

Wegen weiterer Regelungen zur Förderung des **Mietwohnungsbaus** (§ 7k EStG betr. Wohnungen mit Sozialbindung) vgl. Tz 24.8.7.

3. Ältere Regelungen

Wegen der älteren Regelungen zur degressiven Gebäude-AfA vgl. die **Übersicht** zur Gebäude-AfA in Teil II Tz 1.7.1.

ELSTER:
ELSTER stellt für die Absetzungen für Abnutzung weitere Eintragungsmöglichkeiten zur Verfügung.

24.8.5 Außergewöhnliche technische oder wirtschaftliche Abnutzung des Gebäudes (AfaA)

Wegen der Absetzungen für außergewöhnliche technische oder wirtschaftliche Abnutzung (AfaA) des Gebäudes vgl. Teil II Tz 1.7.2.3 sowie R 7.4 Abs. 11 EStR und H 7.4 – AfaA – EStH.

24.8.6 Restwert-AfA

Zu der in **Zeile 33 und 34** einzutragenden Absetzung für Abnutzung gehört außer der AfA nach § 7 EStG auch die **Restwert-AfA** nach § 7b Abs. 1 Satz 2 EStG a. F. und nach § 7k Abs. 1 Satz 3 EStG sowie nach §§ 14a, 14d BerlinFG. Zu den einzelnen erhöhten Abnutzungen oder Sonderabschreibungen vgl. **Tz 24.8.7 ff.** Wurden diese in Anspruch genommen, bemessen sich nach Ablauf des maßgebenden Begünstigungszeitraums die AfA nach dem Restwert und dem unter Berücksichtigung der Restnutzungsdauer maßgebenden Prozentsatz: **Restwert-AfA** nach § 7a Abs. 9 EStG.

Wird in Zeile 33 oder 34 erstmalig eine Restwert-AfA angesetzt, ist der Restwert auf einem **besonderen Blatt** zu erläutern.

24.8.7 Erhöhte Absetzungen nach § 7k EStG für Wohnungen mit Sozialbindung

Anstelle der o. g. linearen oder degressiven AfA für Gebäude sind für **inländische Wohnungen mit Sozialbindung** unter den in **§ 7k EStG** genannten Voraussetzungen erhöhte Absetzungen möglich. Sie betragen:

• im Jahr der Fertigstellung und in den folgenden 4 Jahren	jeweils bis zu 10 %,
• in den folgenden 5 Jahren	jeweils bis zu 7 %.

der Herstellungs- oder Anschaffungskosten der einzelnen Wohnung. Eine zeitanteilige Aufteilung im Kj. erfolgt nicht. Während des **zehnjährigen Verwendungszeitraums** können danach **85 %** der Herstellungs- oder Anschaffungskosten der Wohnung abgeschrieben werden.

Abschreibungsobjekt ist nicht ein Gebäude oder selbständiger Gebäudeteil (§ 7 Abs. 5a EStG), sondern die unter den gesetzlichen Voraussetzungen **vermietete Wohnung** im Inland. **Eine Wohnung ist** nach den hier maßgeblichen bewertungsrechtlichen Abgrenzungsmerkmalen und nach der Rspr. des BFH (vgl. BMF-Schreiben vom 15.5.1985, BStBl I S. 201) eine Zusammenfassung von Räumen, die Wohnzwecken dienen oder zu dienen bestimmt sind, und eine von anderen Räumen, insbesondere Wohnräumen, baulich getrennte, in sich **abgeschlossene Wohneinheit** bilden. Die Wohnfläche muss mindestens 23 m^2 betragen (BFH-Urteile vom 4.7.1990, BStBl 1991 II S. 131, vom 17.5.1990, BStBl II S. 705 und vom 30.9.1982, BStBl II S. 671). Ein 13 m^2 großes Appartement in einem Studentenwohnheim mit Gemeinschaftsteeküche ist z.B. keine Wohnung (BFH-Urteil vom 2.4.1997, BStBl II S. 611 betr. § 10e EStG). Die Räume müssen einen **eigenen Zugang** haben, der nicht durch einen anderen Wohnbereich führt. Außerdem müssen die **notwendigen Nebenräume** wie Küche, zumindest ein Raum mit Kochgelegenheit, ein Bad oder eine Dusche und eine Toilette vorhanden sein. **Nicht erforderlich** ist, dass in den Räumen tatsächlich ein selbständiger Haushalt geführt wird oder der Küchenraum als Küche eingerichtet und als solche genutzt wird. Es genügt, wenn in dem Küchenraum die Anschlüsse für Einrichtungsgegenstände vorhanden sind, die für die Führung eines selbständigen Haushalts erforderlich sind.

Werden durch eine Baumaßnahme **mehrere** Wohnungen hergestellt, sind die entstandenen Aufwendungen nach dem Verhältnis der Nutzflächen auf die einzelnen Wohnungen aufzuteilen, soweit eine direkte Zuordnung nicht möglich ist. **Die Wohnung muss vor dem 1.1.1996 fertiggestellt worden sein.** § 7k EStG gilt für Objekte sowohl des Betriebsvermögens als auch des Privatvermögens; der Steuerpflichtige ist daher zur Entnahme nicht gezwungen. Bei Wohnungen, die im sog. **Beitrittsgebiet** belegen sind, ist § 7k EStG nur anzuwenden, wenn sie nach dem 31.12.1990 hergestellt oder angeschafft worden sind (§ 57 Abs. 1 EStG).

Voraussetzung für die Inanspruchnahme der erhöhten Absetzungen nach § 7k EStG ist, dass

- der Bauantrag nach dem 28.2.1989 gestellt bzw. bei einer Anschaffung der Kaufvertrag nach diesem Stichtag abgeschlossen und die Wohnung bis zum Ende des Jahres der Fertigstellung (vgl. Tz 27.1.4 unter Erläuterungen zur Anlage FW) angeschafft worden ist; der Bauherr (Zwischenerwerber) darf allenfalls die lineare AfA vorgenommen haben;
- für die Wohnung weder unmittelbar noch mittelbar aus öffentlichen Haushalten Mittel gewährt werden;
- die Wohnung im Jahr der Anschaffung oder Herstellung und in den folgenden neun Jahren (= Verwendungszeitraum) nicht über der gesetzlich festgelegten **Höchstmiete an Sozialmieter vermietet** wird und
- die **Einhaltung der Sozialbindung** in jedem Jahr des Verwendungszeitraums durch eine **Bescheinigung** der zuständigen Stelle dem Finanzamt nachgewiesen wird (§ 7k Abs. 2 Nr. 5 EStG).

Die Bescheinigung ist von der Gemeinde (Wohnungsamt) nach Ablauf jeden Jahres des Begünstigungszeitraumes zu erteilen (§ 7k Abs. 3 EStG). Sie wird für Wohnungen ausgestellt, die der Steuerpflichtige an Personen mit einem **Wohnberechtigungsschein** (§ 5 Wohnungsbindungsgesetz) oder einer Bescheinigung i. S. des § 88a des II. WoBauG vermietet hat. Voraussetzung für die Erteilung der Bescheinigung ist auch, dass die **Größe der Wohnung** die in dieser Bescheinigung für den Mieter angegebene Größe nicht übersteigt. Die **persönlichen Voraussetzungen** für den Wohnberechtigungsschein müssen aber **nur zu Beginn des Mietverhältnisses** erfüllt sein. Spätere Änderungen der Einkommens- oder Vermögensverhältnisse sowie der Familiengröße beeinträchtigen die Förderung nicht. Eine Bescheinigung ist auch für eine Wohnung auszustellen, für die der Steuerpflichtige keinen entsprechenden Sozialmieter gefunden hat und für die ihm die Gemeinde nicht innerhalb von sechs Wochen nach seiner Anforderung einen solchen Mieter nachgewiesen hat (§ 7k Abs. 3 Nr. 1b EStG). Bei Mieterwechsel empfiehlt sich nach vergeblicher Mietersuche umgehend ein Kontakt mit dem Wohnungsamt. Nach Ablauf von sechs Wochen nach Anforderung eines Mieters kann die Wohnung frei zu Wohnzwecken vermietet werden. Allerdings darf in keinem Fall die **Höchstmiete**, die im einzelnen Kj. durch die jeweilige Landesregierung festgesetzt wird, überschritten werden.

§ 7k EStG hat insoweit eine **erhebliche Einschränkung** erfahren, als in den Fällen, in denen der Bauantrag für die Wohnung **nach dem 31.12.1992** gestellt und diese vom Steuerpflichtigen hergestellt worden oder aufgrund eines nach dem 31.12.1992 abgeschlossenen obligatorischen Vertrags (Kaufvertrag) angeschafft worden ist, die erhöhten Absetzungen nach § 7k EStG unter sonst gleichen Voraussetzungen (Wohnberechtigungsschein, Höchstmiete, Größe der Wohnung) nur noch möglich sind, wenn **der Mieter im Jahr der Fertigstellung (!) in einem Dienstverhältnis zum Steuerpflichtigen** gestanden hat, also dessen Arbeitnehmer gewesen ist (§ 7k Abs. 3 Satz 2 EStG). Damit sollen **Werks- und Dienstwohnungen** begünstigt werden. Nach dem Gesetzeswortlaut ist es unerheblich, ob der Mieter **nach** dem Jahr der Fertigstellung noch Arbeitnehmer des Steuerpflichtigen bleibt oder im Fall des Mieterwechsels der neue Mieter im Zeitpunkt der Begründung des Mietverhältnisses Arbeitnehmer des Steuerpflichtigen ist, wenn er im Jahr der Fertigstellung der Wohnung, in einem Arbeitsverhältnis zum Steuerpflichtigen gestanden hat.

Die Wohnung muss im Verwendungszeitraum dem durch § 7k EStG **Begünstigten** zu fremden Wohnzwecken dienen; sie darf also nicht in diesem Zeitraum entgeltlich oder unentgeltlich im Wege der **Einzelrechtsnachfolge** übertragen werden (anders bei Gesamtrechtsnachfolge) oder z.B. an eine Gemeinde zwischenvermietet werden, auch wenn diese die Wohnung an den begünstigten Personenkreis weitervermietet. Fallen später, aber während des Verwendungszeitraums, die sachlichen Voraussetzungen der erhöhten AfA weg (z.B. auch weil die Wohnung nicht während des gesamten Verwendungszeitraums zu fremden Wohnzwecken überlassen wird), so werden die erhöhten Absetzungen auch für die Vergangenheit versagt (Berichtigung rückwirkend nach § 175 Abs. 1 Nr. 2 AO).

Nach Ablauf des Verwendungszeitraums ist ein **Restwert** zu bilden, der bis zu seiner vollständigen Abschreibung einer jährlichen **AfA von 3 1/3 %** unterliegt. Bei einer nachweislich kürzeren Restnutzungsdauer als 30 Jahre erfolgt eine gleichmäßige Verteilung nach § 7 Abs. 4 Satz 2 EStG auf die tatsächliche Restnutzungsdauer (§ 7k Abs. 1 EStG).

Die nachträglich erstellte Wohnung in einem bereits bestehenden Gebäude kann auch dann erhöht nach § 7k EStG abgeschrieben werden, wenn diese **kein** selbständiger Gebäudeteil i. S. von § 7 Abs. 5a EStG ist (vgl. Tz 24.8.4), weil bereits weitere Mietwohnungen vorhanden sind. Der anteilig auf die neue Wohnung entfallende Restwert des Altgebäudes ist mit in die Bemessungsgrundlage des § 7k EStG einzubeziehen. In diesem Fall können die übrigen Mietwohnungen degressiv oder linear abgeschrieben werden. Da Abschreibungsobjekt die **Wohnung** ist, kann der Steuerpflichtige bei mehreren Wohnungen für jede Wohnung getrennt entscheiden, ob er die erhöhte AfA nach § 7k EStG oder andere erhöhte Absetzungen, die in Betracht kommen, in Anspruch nehmen will.

24.8.8 Erhöhte Absetzungen nach § 14a BerlinFG

Die erhöhten Absetzungen nach **§ 14a BerlinFG** beziehen sich auf **Mehrfamilienhäuser** und **Eigentumswohnungen** in **Berlin (West)**, die zu mehr als 66 2/3 % oder 80 % Wohnzwecken dienen (Abschreibung 2 × 14 %, 10 × 4 %). § 14a BerlinFG ist nur anzuwenden, wenn der Bauantrag oder die Anschaffung (Kaufvertrag) **vor dem 1.7.1991** erfolgt ist. Vgl. Teil II Tz 6.5.2.

24.8.9 Erhöhte Absetzungen nach § 14d BerlinFG

Nach **§ 14d BerlinFG** können für **Mietwohnungen mit Sozialbindung in Berlin (West)**, die **vor dem 1.1.1993 fertiggestellt** worden sind, erhöhte Absetzungen beansprucht werden, und zwar auch dann, wenn für die Wohnungen öffentliche Mittel gewährt werden. Die Einhaltung der Sozialbindung wird jährlich überprüft (vgl. Tz 24.8.7). Die erhöhten Absetzungen betragen im Jahr der Fertigstellung und im folgenden Jahr jeweils bis zu 20 % und in den darauffolgenden zehn Jahren jeweils bis zu 5,5 % der Anschaffungs- oder Herstellungskosten. Bei Wohnungen, die im frei finanzierten Wohnungsbau errichtet worden sind, können im Jahr der Fertigstellung und in den folgenden vier Jahren bis zu insgesamt 75 % der Anschaffungs- oder Herstellungskosten abgesetzt werden. Wegen der AfA nach Ablauf der zwölf Jahre oder fünf Jahre vgl. Teil II Tz 6.5.5.

24.8.10 Anmerkungen allgemein zum BerlinFG und zu § 82a EStDV

Die erhöhten Absetzungen nach **§ 14b, § 14c und § 15 BerlinFG** und nach **§ 82a EStDV** sind ausgelaufen. Sie sind deshalb in der Anlage V nicht mehr erwähnt. Hinsichtlich einer etwaigen **Rest-wert-AfA** ist bei § 14c BerlinFG eine Restabschreibung nach dem für das Gebäude maßgebenden Prozentsatz vorzunehmen. Bei § 15 BerlinFG können bis zur vollen Absetzung jährlich 2,5 % des Restwerts abgeschrieben werden, außerdem kann § 7 Abs. 4 Satz 2 EStG geltend gemacht werden.

24.8.11 Sonderabschreibungen nach § 4 Fördergebietsgesetz FördG

Nach § 4 FördG (können die **Anschaffungs- oder Herstellungskosten** von **Gebäuden und Eigentumswohnungen oder** die Herstellungskosten, die für nachträgliche Herstellungsarbeiten aufgewendet worden sind **oder** die Anschaffungskosten, die auf Modernisierungsmaßnahmen und andere nachträgliche Herstellungsarbeiten i. S. des § 3 Satz 2 Nr. 3 FördG entfallen, in den **neuen Bundesländern** einschließlich des ehemaligen **Berlin (Ost)** – und unter gewissen zeitlichen Voraussetzungen (s. unten), auch des ehemaligen **Berlin (West) –, innerhalb der ersten 5 Jahre bis zu insgesamt 50 %** abgeschrieben werden.

Die Sonderabschreibungen können im Jahr der Anschaffung oder Herstellung oder Beendigung der nachträglichen Herstellungsarbeiten und den folgenden vier Jahren **in beliebiger Aufteilung** in Anspruch genommen werden. So können z. B. bereits **im ersten Jahr die vollen 50 %** abgesetzt werden und zwar **zusätzlich zur linearen** Absetzung nach § 7 Abs. 4 EStG (vgl. Tz 24.8.2). Degressive Absetzungen nach § 7 Abs. 5 EStG (vgl. Tz 24.8.4) oder erhöhte Absetzungen (vgl. Tz 24.8.7 ff.) dürfen aber bei Gebäuden des Privatvermögens nicht daneben vorgenommen werden. Zur Inanspruchnahme von Sonderabschreibungen nach §§ 3, 4 FördG bei vorheriger Selbstnutzung eines hergestellten Gebäudes vgl. BFH-Urteil vom 14.9.1999, BStBl 2000 II S. 478.

Falls die Gebäude-AfA zu hoch vorgenommen wurde und verfahrensrechtlich nicht mehr änderbar ist, sind die gesetzlich vorgeschriebenen Abschreibungssätze auf die bisherige Bemessungsgrundlage bis zur vollen Absetzung des noch vorhandenen Restbuchwerts anzuwenden (BFH-Urteil vom 21.11.2013).

Anschaffungskosten von Gebäuden des **Privatvermögens** sind grundsätzlich **nur** begünstigt, wenn das Gebäude bis zum Ende des Jahres seiner Fertigstellung angeschafft wurde (= **Neubau)** und der Bauherr für das Gebäude keine andere als die lineare AfA in Anspruch genommen hat (§ 3 Satz 2 Nr. 1 FördG).

Außerdem sind auch Anschaffungs-/Herstellungskosten für **Modernisierungsmaßnahmen** und andere **nachträgliche Herstellungsarbeiten** an Gebäuden begünstigt; dazu können auch umfangreiche Renovierungsaufwendungen im Anschluss an den Erwerb eines Gebäudes gehören (sog. **anschaffungsnaher Aufwand** [vgl. Tz 24.10.3]. Nach dem später neu formulierten § 3 Satz 2 Nr. 3 FördG kommen nunmehr Sonderabschreibungen auch bei sog. **Erwerbermodellen** in Betracht, also dann, wenn das Gebäude **nach** dem Jahr der Fertigstellung angeschafft wird (= **Altbau), soweit die Modernisierungsmaßnahmen** und andere **nachträgliche Herstellungsarbeiten erst nach dem Abschluss des Kaufvertrags** durchgeführt worden sind. Durch diese Regelung soll auch privates Kapital für die dringend erforderliche Modernisierung der Altbausubstanz steuerlich begünstigt werden. Die Regelung gilt sowohl für Fälle des gesellschafts- oder gemeinschaftlichen Erwerbs (Erwerbergemeinschaften) von Altimmobilien als auch für einen Einzelerwerber. Sie ist erstmals anwendbar auf unbewegliche Wirtschaftsgüter, die aufgrund eines **nach dem 31.12.1991** abgeschlossenen Vertrags angeschafft wurden bzw. werden (§ 3 Satz 2 Nr. 3 FördG).

Die 50 %-Sonderabschreibungen können bereits für geleistete **Anzahlungen** auf Anschaffungskosten und für entstandene **Teilherstellungskosten** beansprucht werden (§ 4 Abs. 1 Satz 5 FördG). Eine Berücksichtigung von **Anzahlungen** kommt **nicht** in Betracht, wenn es sich um **willkürlich** geleistete Zahlungen handelt. Zahlungen können auch dann willkürlich sein, wenn sie vertraglich vereinbart wurden. Bei einem Gebäude, das von einem Bauträger i. S. von § 3 MaBV erworben wird, ist die Willkürlichkeit von Vorauszahlungen nicht anzunehmen, soweit sie nicht höher als die Zahlungen sind, die nach § 3 Abs. 2 MaBV im laufenden und im folgenden Jahr voraussichtlich zu leisten wären. Keine Anzahlungen sind Zahlungen auf Treuhand- oder Notaranderkonten oder ein Konto, über das der Empfänger nicht frei verfügen kann. Vgl. zu den Anzahlungen im Einzelnen R 7a Abs. 5 EStR und wegen der Teilherstellungskosten R 7a Abs. 6 EStR.

Die Sonderabschreibungen sind allgemein **auf Wirtschaftsgüter anzuwenden, die nach dem 31.12.1990 und vor dem 1.1.1999 angeschafft oder hergestellt wurden**, und auf nachträgliche Herstellungsarbeiten, die in diesem Zeitraum beendet wurden, sowie auf Anzahlungen und Teilherstellungskosten, die in diesem Zeitraum geleistet wurden bzw. entstanden sind (§ 8 Abs. 1 FördG).

Die Sonderabschreibungen wurden im JStG 1996 zwar um zwei Jahre **bis Ende 1998 verlängert, aber ab 1997 abgesenkt** und je nach der Art der Investitionen unterschiedlich geregelt (§ 4 Abs. 2 FördG). Danach betragen die Sonderabschreibungen:

- bei Investitionsabschluss (Anschaffung oder Herstellung oder Beendigung nachträglicher Herstellungsarbeiten) **vor dem 1.1.1997 bis zu 50 %** der Anschaffungs- oder Herstellungskosten;
- bei Investitionsabschluss **nach dem 31.12.1996 und vor dem 1.1.1999 bis zu 50 %**, soweit vor dem 1.1.1997 Anzahlungen auf Anschaffungskosten geleistet worden oder Teilherstellungskos-

ten entstanden sind. Die Sonderabschreibungen betragen **bis zu 20 %**, soweit die Anschaffungs- oder Herstellungskosten die vor dem 1.1.1997 geleisteten Anzahlungen auf Anschaffungskosten oder entstandenen Teilherstellungskosten übersteigen, jedoch bei nachträglichen Herstellungsarbeiten und bei Erwerb eines vom Veräußerer noch zu sanierenden und zu modernisierenden Gebäudes **bis zu 40 %**, und, soweit ein Neubau mindestens fünf Jahre nach seiner Anschaffung oder Herstellung Wohnzwecken dient, **bis zu 25 %**;

- bei Investitionsabschluss **nach dem 31.12.1998 bis zu 50 %**, soweit vor dem 1.1.1997 Anzahlungen auf Anschaffungskosten geleistet worden oder Teilherstellungskosten entstanden sind. Die Sonderabschreibungen betragen **bis zu 20 %**, soweit nach dem 31.12.1996 und vor dem 1.1.1999 Anzahlungen auf Anschaffungskosten geleistet worden oder Teilherstellungskosten entstanden sind, jedoch bei nachträglichen Herstellungsarbeiten und bei Erwerb eines vom Veräußerer noch zu sanierenden und zu modernisierenden Gebäudes **bis zu 40 %** und, soweit ein Neubau mindestens fünf Jahre nach seiner Anschaffung oder Herstellung Wohnzwecken dient, **bis zu 25 %**.

Wurden die Sonderabschreibungen nach § 4 FördG in Anspruch genommen, so bemisst sich nach Ablauf des maßgebenden Begünstigungszeitraums die weitere AfA nach dem **Restwert** und dem nach § 7 Abs. 4 EStG unter Berücksichtigung der **Restnutzungsdauer** maßgebenden Prozentsatz (Restwert-AfA nach § 7a Abs. 9 EStG). Soweit erstmalig eine Restwert-AfA angesetzt wird, soll die Bemessungsgrundlage (Restwert) auf einem besonderen Blatt erläutert werden.

Eine besondere Regelung gilt für die Verteilung des **Restwerts** bei Herstellungskosten, die für **nachträgliche Herstellungsarbeiten** an Gebäuden aufgewendet worden sind und bei Anschaffungskosten, die auf **Modernisierungsmaßnahmen** und andere nachträgliche Herstellungsarbeiten im o. g. Sinne entfallen. Von dem Jahr an, das auf das Jahr des Ausschöpfens der Sonderabschreibungen folgt, spätestens vom 5. auf das Jahr der Beendigung der Baumaßnahmen folgenden Jahres an, ist der **Restwert**, der **nach** Vornahme der 50%igen Sonderabschreibung und der linearen AfA verbleibt, **in gleichen Jahresbeträgen** bis zum Ablauf von neun Jahren nach dem Jahr der Beendigung der Baumaßnahmen abzuschreiben. Hierdurch soll ein besonderer Investitionsanreiz durch eine **Vollabschreibung in zehn Jahren** gegeben werden, sodass z. B. bei völliger Inanspruchnahme der Sonderabschreibung im Erstjahr der Restwert auf die folgenden neun Jahre zu verteilen ist (§ 4 Abs. 3 FörG). Vgl. für den Fall der Anzahlung und voller Inanspruchnahme der Sonderabschreibung mit 40 % (s. oben) im Erstjahr und Beginn der Restwert-AfA bereits im darauffolgenden Jahr das BFH-Urteil vom 20.4.2004, BStBl II S. 600.

Wegen der zulässigen Sonderabschreibung nach § 4 Abs. 1 FörG und der Abschreibung des Restwerts nach § 4 Abs. 3 FördG bei **Baumaßnahmen an einem Dachgeschoss** (Ausbau des Dachbodens, Umbau, Erweiterung durch Aufstockung) vgl. BMF-Schreiben vom 10.7.1996, BStBl I S. 689.

Sonderabschreibungen für im Gebiet des ehemaligen **Berlin-West** belegene Gebäude können ebenfalls berücksichtigt werden, allerdings nur, wenn der Steuerpflichtige nach dem 30.6.1991, aber vor dem 1.1.1999, den Kaufvertrag abgeschlossen oder mit den Baumaßnahmen begonnen hat und das Gebäude bzw. der durch nachträgliche Herstellungsarbeiten geschaffene Teil mindestens fünf Jahre nach Investitionsabschluss **Wohnzwecken dient**. Wird diese Nutzungsvoraussetzung nicht erfüllt, müssen die begünstigten Maßnahmen vor dem 1.1.1995 erfolgt sein. Vgl. § 8 Abs. 1a FördG.

24.8.12 Sonderabschreibung für Mietwohnungsneubau nach § 7 b EStG

36–38 Mit der Sonderabschreibung nach § 7 b EStG will der Gesetzgeber die Schaffung neuen Wohnraums fördern.

1. Begünstigte Maßnahmen

Nach § 7b Abs. 2 EStG kann eine Sonderabschreibung nur für neue, bisher nicht vorhandene Wohnungen in Anspruch genommen werden. Eine Sonderabschreibung kommt für angeschaffte oder hergestellte neue Wohnungen in Betracht. Begünstigt ist auch ein Umbau, wenn dadurch erstmals eine Wohnung entsteht, ein Gebäude aufgestockt oder angebaut wird oder durch den Ausbau eines Dachgeschosses erstmals eine Wohnung entsteht. Die Sonderabschreibung kann für Wohnungen im Inland, in einem EU-Mitgliedstaat oder in einem Staat, der aufgrund vertraglicher Verpflichtungen Amtshilfe entsprechend dem EU-Amtshilfegesetz in einem Umfang leistet, der für die Überprüfung der Voraussetzungen des § 7b EStG erforderlich ist (BMF-Schreiben vom 21.5.2025, BStBl I S. 1419, Rz 7), gewährt werden.

Die begünstigte Wohnung muss die bewertungsrechtlichen Anforderungen des § 181 Abs. 9 BewG erfüllen. Danach ist eine Wohnung die Zusammenfassung einer Mehrheit von Räumen, die in ihrer Gesamtheit so beschaffen sein müssen, dass die Führung eines selbständigen Haushalts möglich ist. Dies erfordert, dass die notwendigen Nebenräume (Küche, Bad oder Dusche, Toilette) vorhanden sind. Nach § 181 Abs. 9 Satz 4 BewG muss die Wohnfläche mindestens 20 m^2 betragen. Außerhalb der Wohnung belegene Räume werden dabei nicht berücksichtigt.

Eine **neue** Wohnung wird geschaffen, wenn diese bisher nicht vorhanden war. Es ist Voraussetzung, dass ein neues Wirtschaftsgut i. S. des R 4.2 Abs. 4 EStR entsteht. Eine neue Wohnung i. S. des § 7b EStG kann deshalb auch in einem einheitlichen Nutzungs- und Funktionszusammenhang mit anderen Mietwohnungen in einem Mehrfamilienhaus stehen. Eine neue Wohnung wird hingegen durch Modernisierung nicht geschaffen, weil die Aufwendungen als Herstellungskosten zu qualifizieren sind (z. B. durch Standardhebung), vgl. auch Ausführungen zu Tz 24.10.3.2.

Wird eine Wohnung nicht hergestellt, sondern durch Kaufvertrag erworben, gilt sie nur dann als neu, wenn sie bis zum Ende des Jahres der Fertigstellung angeschafft wird. Veräußert der Erwerber die neue Mietwohnung noch bis zum Ende des Jahres der Fertigstellung weiter, kann nur der Zweit- bzw. Letzterwerber die Sonderabschreibung nach § 7b EStG in Anspruch nehmen. Ein Gebäude ist fertiggestellt, wenn es entsprechend seiner Zweckbestimmung genutzt werden kann. Der Zeitpunkt der Anschaffung eines Gebäudes ist regelmäßig der Zeitpunkt der Erlangung der wirtschaftlichen Verfügungsmacht. Das ist in der Regel der Fall, wenn Eigenbesitz, Gefahr, Nutzung und Lasten auf den Erwerber übergehen.

Eine Wohnung, die aufgrund eines nach dem 31.8.2018 und vor dem 1.1.2022 gestellten Bauantrags oder einer in diesem Zeitraum getätigten Bauanzeige hergestellt wurde, kann darüber hinaus nur dann gefördert werden, wenn die Anschaffungs- oder Herstellungskosten 3 000 €/qm Wohnfläche nicht übersteigen werden.

Eine Wohnung, die aufgrund eines nach dem 31.12.2022 und vor dem 1.10.2029 gestellten Bauantrags oder einer in diesem Zeitraum getätigten Bauanzeige hergestellt wurde, in einem Gebäude liegen, das die Kriterien eines »Effizienzhaus 40« mit Nahhaltigkeits-Klasse erfüllt und dies durch »Qualitätssiegel Nachhaltiges Gebäude« nachgewiesen wird, kann nur dann gefördert werden, wenn die Anschaffungs- oder Herstellungskosten 5 200 €/qm Wohnfläche nicht übersteigen.

Damit soll die Förderung hochpreisiger Wohnungen vermieden werden; sie sind von einer Förderung vollständig ausgeschlossen. Nach § 7b Abs. 4 Nr. 3 EStG ist eine ggf. gewährte Sonderabschreibung rückgängig zu machen, wenn die Baukostenobergrenze in Höhe von 3 000 €/qm bzw. 5 200 €/qm innerhalb der ersten drei Jahre nach Fertigstellung der Wohnung durch nachträgliche Anschaffungs- oder Herstellungskosten überschritten wird.

2. Begünstigte Anschaffungs- oder Herstellungskosten

Begünstigt sind nur die Anschaffungs- oder Herstellungskosten für die neue Wohnung einschließlich der zur Wohnung gehörenden Nebenräume wie Bodenräume, Waschküchen, Kellerräume, Trockenräume, Speicherräume, Bade- und Brauseräume, Fahrrad- und Kinderwagenräume usw., gleichgültig, ob sie zur Benutzung durch den einzelnen oder zur gemeinsamen Benutzung durch alle Hausbewohner bestimmt sind, und die Anschaffungs- oder Herstellungskosten der zur begünstigten Wohnung gehörenden Garagen. Bei Nebenräumen, die vollständig einer neuen Mietwohnung zugerechnet werden können, sind die darauf entfallenden Anschaffungs- oder Herstellungskosten in voller Höhe in die Bemessungsgrundlage einzubeziehen. Für gemeinschaftlich genutzte Nebenräume werden die Anschaffungs- oder Herstellungskosten entsprechend dem Anteil der Nutzfläche der neuen Mietwohnung an der Nutzfläche des gesamten Gebäudes aufgeteilt.

Außerdem sind auch die auf die Wohnung entfallenden Nebenkosten und nachträgliche Anschaffungskosten begünstigt. Nicht begünstigt sind hingegen Anschaffungskosten für den Grund und Boden und Aufwendungen für die Außenanlagen.

Bei Anschaffung oder Herstellung einer begünstigten Wohnung neben anderen Nutzflächen, wie z. B. Büro- oder Gewerbeflächen oder einer eigengenutzten Wohnung, werden die Anschaffungs- oder Herstellungskosten des gesamten Gebäudes nach den allgemeinen ertragsteuerrechtlichen Regelungen auf die einzelnen Gebäudeteile im Verhältnis der Nutzfläche aufgeteilt.

3. Bemessungsgrundlage

Als Bemessungsgrundlage werden die Anschaffungs- oder Herstellungskosten einschließlich Anschaffungsnebenkosten herangezogen, die auf die neue Wohnung entfallen. Anschaffungsnebenkosten sind Maklergebühren, Provisionen, Notarkosten, Grundbuchgebühren, Grunderwerbsteuer, Gerichtskosten, Vermessungskosten, Gutachterkosten und Erschließungskosten, sofern diese im Zusammenhang mit der Anschaffung des Grundstücks bzw. mit der Herstellung des Gebäudes anfallen und die Benutzbarkeit oder den Wert des angeschafften Grundstücks erhöhen. Kosten für die Grundstückserschließung sind dem Grund und Boden zuzuordnen. Anschlüsse vom Gebäude bis zur Grundstücksgrenze an Versorgungsnetze (Strom, Gas, Wasser, Wärme) sind hingegen dem Gebäude zuzurechnen und gehören zu den abschreibungsfähigen Anschaffungs- oder Herstellungskosten, wenn sie zusammen mit dem Gebäude neu hergestellt werden. Aufwendungen für ein Gebäude, das für Zwecke von Aufstockungen, Aus-, Um-, An- oder Aufbauten angeschafft wird, gehören insoweit zu den abschreibungsfähigen Aufwendungen i. S. des § 7b EStG, als die erworbene Altbausubstanz für die Errichtung der neuen Wohnung i. S. des § 7b EStG verwendet wird. Aufwendungen für die Möblierung einer neuen Mietwohnung stellen keine abschreibungsfähigen Aufwendungen i. S. des § 7b EStG dar. Die Bemessungsgrundlage für die Sonderabschreibung wird für Wohnungen, die aufgrund eines nach dem 31.8.2018 und vor dem 1.1.2022 gestellten Bauantrags oder einer in diesem Zeitraum getätigten Bauanzeige hergestellt wurden, auf maximal 2 000 €/qm Wohnfläche begrenzt. Für Wohnungen, die aufgrund eines nach dem 31.12.2022 und vor dem 1.10.2029 gestellten Bauantrags oder einer in diesem Zeitraum getätigten Bauanzeige hergestellt werden, wird die Bemessungsgrundlage auf maximal 4 000 €/qm begrenzt.

4. Höhe der Sonderabschreibung

Die Sonderabschreibung beträgt nach § 7b Abs. 1 EStG jährlich bis zu 5 % der förderfähigen Bemessungsgrundlage im Jahr der Anschaffung und in den folgenden drei Jahren der neuen Wohnung. Die Bemessungsgrundlage ist nach § 7b Abs. 3 EStG auf 2 000 €/qm bzw. 4 000 €/qm Wohnfläche begrenzt. Die gesetzliche Formulierung jährlich »bis zu« 5 % eröffnet die Möglichkeit, in den ersten vier Jahren auch weniger Sonderabschreibung in Anspruch zu nehmen. Allerdings kann der nicht ausgeschöpfte Teil nicht innerhalb des Begünstigungszeitraums nachgeholt werden, sondern geht nach § 7a Abs. 9 EStG in den verbleibenden Restwert ein, der über die Restnutzungsdauer ab dem fünften Jahr linear abgeschrieben werden kann.

Die lineare AfA nach § 7 Abs. 4 Satz 1 Nr. 2 EStG ist in jedem Fall in der gesetzlich vorgeschriebenen Höhe parallel vorzunehmen. Falls die gesetzlichen Voraussetzungen vorliegen, kann die Sonderabschreibung nach § 7b EStG auch neben der AfA nach § 7 Abs. 5a EStG gewährt werden.

Nach Ablauf des Begünstigungszeitraums des § 7b EStG von vier Jahren bemisst sich die weitere reguläre AfA nach § 7a Abs. 9 EStG. Danach ermittelt sich die weitere Abschreibung bei Gebäuden nach dem Restwert nach Ablauf des Begünstigungszeitraums und dem nach § 7 Abs. 4 EStG unter Berücksichtigung der rechnerischen Restnutzungsdauer maßgebenden Prozentsatz.

5. Zeitliche Begrenzung

Nach § 7b Abs. 2 Nr. 1 EStG sind nur die Baumaßnahmen aufgrund eines nach dem 31.8.2018 und vor dem 1.1.2022 bzw. nach dem 31.12.2022 und vor dem 1.10.2029 gestellten Bauantrags oder Bauanzeige. Eine Förderung ist deshalb nicht möglich, wenn der Bauantrag vor dem 1.9.2018 oder zwischen dem 1.1.2022 und dem 31.12.2022 gestellt wurde, mit den Bauarbeiten aber erst danach begonnen wurde. Für die Bestimmung des Zeitpunkts der Stellung des Bauantrags bzw. der Tätigung der Bauanzeige ist regelmäßig das Datum des Eingangsstempels der nach Landesrecht zuständigen Behörde maßgebend. Dieses Datum gilt auch dann als entscheidender Zeitpunkt, wenn die Bauplanung nach dem Eingang des Bauantrags bzw. der Bauanzeige geändert wird, ohne dass ein neuer Bauantrag bzw. eine neue Bauanzeige erforderlich ist. Die zeitliche Begrenzung des Begünstigungszeitraums gilt auch in Anschaffungsfällen, auch in diesen Fällen wird auf das Datum des Bauantrags oder der Bauanzeige abgestellt.

6. Nutzungsvoraussetzungen

Die geförderten Wohnungen müssen im Jahr der Anschaffung oder Herstellung und in den folgenden neun Jahren der entgeltlichen Überlassung zu fremden Wohnzwecken dienen. Eine nur vorübergehende Beherbergung von Personen (z. B. Ferienwohnungen) ist nach § 7b Abs. 2 Nr. 3 EStG ausdrücklich nicht begünstigt. Ein vorübergehender Leerstand der Wohnung ist unschädlich, wenn eine Vermietungsabsicht besteht.

Eine Selbstnutzung oder unentgeltliche Überlassung berechtigt nicht zur Inanspruchnahme der Sonderabschreibungen nach § 7b EStG. Liegt eine verbilligte Überlassung nach § 21 Abs. 2 EStG vor (vgl. Tz 24.7.2), so ist auch die Sonderabschreibung nach § 7b EStG im gleichen Verhältnis aufzuteilen und nur in Höhe des auf die entgeltliche Nutzungsüberlassung entfallenden Anteils abzugsfähig.

Eine Wohnung dient der entgeltlichen Überlassung zu fremden Wohnzwecken auch dann, wenn sie zwar vorübergehend leer steht, die entgeltliche Überlassung aber weiterhin vorgesehen ist und die Wohnung dafür bereitgehalten wird.

Eine Wohnung dient Wohnzwecken, wenn sie dazu bestimmt und geeignet ist, Menschen auf Dauer Aufenthalt und Unterkunft zu ermöglichen.

Eine entgeltlich überlassene Wohnung dient Wohnzwecken i. S. des § 7b EStG, wenn die entgeltliche Überlassung unbefristet oder mindestens für einen Zeitraum von einem Jahr mietvertraglich festgelegt ist. Wird eine kürzere Mietdauer vereinbart, muss ein entsprechender Nachweis erbracht werden, dass die Wohnung nicht lediglich der vorübergehenden Beherbergung von Personen, sondern der längerfristigen Nutzung zu Wohnzwecken dienen soll. Eine Untervermietung durch den Mieter ist unschädlich, wenn sie zu Wohnzwecken im vorstehenden Sinne erfolgt.

Eine Wohnung dient nicht Wohnzwecken, soweit sie lediglich zur vorübergehenden Beherbergung von Personen bestimmt ist, insbesondere bei regelmäßig wechselnden Personen wie z. B. in Ferienwohnungen, Hotels und Boardinghouses.

7. Rückgängigmachung

Wird eine Wohnung, für die die Sonderabschreibung nach § 7b EStG in Anspruch genommen wurde, innerhalb des zehnjährigen Nutzungszeitraums dem Mietwohnungsmarkt entzogen oder veräußert, ohne dass der Veräußerungsgewinn der Einkommen- oder Körperschaftsteuer unterliegt, oder wird die Baukostenobergrenze nachträglich innerhalb der ersten drei Kj. nach Ablauf des Jahres der Anschaffung oder Herstellung der begünstigten Wohnung durch nachträgliche Anschaffungs- oder Herstellungskosten überschritten, ist die in Anspruch genommene Sonderabschreibung nach § 7b Abs. 4 EStG in voller Höhe verzinslich rückgängig zu machen und die bisher in Anspruch genommene lineare AfA entsprechend anzupassen.

Eine Veräußerung innerhalb des zehnjährigen Nutzungszeitraums, bei der der Veräußerungsgewinn nicht der Einkommen- oder Körperschaftsteuer unterliegt, führt in voller Höhe zu einer Rückgängigmachung der in Anspruch genommenen Sonderabschreibung nach § 7b EStG. Dies gilt nicht nur im Fall der Erzielung eines Veräußerungsgewinns, sondern auch im Fall des Vorliegens eines Veräußerungsverlustes. Entscheidend ist, ob die Veräußerung grundsätzlich steuerbar ist.

Wird die Baukostenobergrenze in Höhe von 3 000 €/qm bzw. 5 200 €/qm Wohnfläche innerhalb der ersten drei Kj. nach Ablauf des Jahres der Anschaffung oder Fertigstellung der begünstigten Wohnung durch nachträgliche Anschaffungs- oder Herstellungskosten überschritten, ist die bisher in Anspruch genommene Sonderabschreibung nach § 7b Abs. 4 Satz 1 Nr. 3 EStG in voller Höhe verzinslich rückgängig zu machen.

8. Kumulationsverbot mit weiteren staatlichen Fördermitteln

Nach § 7b Abs. 5 EStG ist ein Kumulationsverbot für Wohnungen, für die der Bauantrag oder die Bauanzeige nach dem 1.9.2018 und vor dem 31.12.2021 gestellt wurde, mit weiteren staatlichen Fördermitteln geregelt. Hiernach werden die Sonderabschreibungen für Anpruchsberechtigte nur gewährt, soweit die Grenzen der sog. De-minimis-Beihilfen (Amtsblatt der Europäischen Union L 352/1 vom 24.12.2013, De-minimis-Verordnung) in der jeweils gültigen Fassung eingehalten werden.

Für Anspruchsberechtigte, die die Sonderabschreibung nach § 7b EStG für neue Wohnungen, für die der Bauantrag oder die Bauanzeige nach dem 31.12.2022 und vor dem 1.10.2029 gestellt wurde, im Rahmen der Einkünfte aus Vermietung und Verpachtung beanspruchen, entfällt die Einhaltung der beihilferechtlichen Voraussetzungen. Sofern diese Wohnungen einem Betriebsvermögen zuzurechnen sind, ist die Regelung des § 7b Abs. 5 EStG weiterhin anzuwenden.

Werden Beihilfen auf der Grundlage der De-minimis-Verordnung gewährt, so darf der Gesamtbetrag der einem einzigen Unternehmen gewährten De-minimis-Beihilfen – unabhängig davon, aus welchen Förderprogrammen diese gewährt worden sind – in einem Zeitraum von drei Kj. die folgenden Beihilfehöchstbeträge nicht übersteigen (BMF-Schreiben vom 21.5.2025, BStBl I S. 1419, Rz 93). Für den Bereich sog. »Dienstleistungen von allgemeinem wirtschaftlichem Interesse« (DAWI) gibt es eine eigene De-minimis-Verordnung, für die ein eigener Beihilfehöchstbetrag gilt:

Nach der De-minimis-Verordnung	200 000 €
Nach der DAWI-de-minimis-Verordnung:	500 000 €

24.8.13 Erhöhte Absetzungen nach §§ 7h, 7i EStG und nach dem Schutzbaugesetz

39–41 **§ 7h EStG** und **§ 7i EStG** betreffen erhöhte Absetzungen für begünstigte Baumaßnahmen an **Sanierungsobjekten** und **Baudenkmalen**.

§ 7h und § 7i EStG schließen unmittelbar an die frühere Regelung in §§ 82g, 82i EStDV an und gelten für nach dem 31.12.1990 abgeschlossene Maßnahmen, soweit Anschaffungskosten begünstigt sind, auch für vor dem 1.1.1991 abgeschlossene Maßnahmen. § 7h/7i EStG beziehen sich auf Gebäude(teile), die **nicht** zu eigenen Wohnzwecken, sondern zur Einkunftserzielung eingesetzt werden. Für zu eigenen Wohnzwecken genutzte entsprechende Gebäude gilt § 10f EStG (vgl. Tz 27.2 unter Erläuterungen zur Anlage FW).

1. Nach der in **Zeile 39** genannten Vergünstigung des **§ 7h EStG** können von Herstellungskosten für Modernisierungs- und Instandsetzungsmaßnahmen i. S. des § 177 Baugesetzbuch (BauGB), die an Gebäuden in einem förmlich festgelegten **Sanierungsgebiet oder städtebaulichen Entwicklungsbereich** durchgeführt worden sind, anstelle der nach § 7 Abs. 4 oder Abs. 5 EStG zu bemessenden AfA bei **Beginn** der Modernisierungs- und Instandsetzungsarbeiten

- vor dem 1.1.2004 — 10 Jahre je 10 %,
- nach dem 31.12.2003 — 8 Jahre bis zu je 9 %
- und danach jeweils — 4 Jahre bis zu je 7 %.

der Bemessungsgrundlage abgesetzt werden. Dies gilt auch für Anschaffungskosten, die auf obige Maßnahmen entfallen, soweit diese nach einem rechtswirksamen obligatorischen Erwerbsvorgang durchgeführt worden sind. Als **Beginn** gilt bei Baumaßnahmen, für die eine Baugenehmigung erforderlich ist, der Zeitpunkt, in dem der Bauantrag gestellt wird, bei baugenehmigungsfreien Vorhaben, für die Bauunterlagen einzureichen sind, der Zeitpunkt, in dem die Bauunterlagen eingereicht werden.

Entsprechendes gilt für Maßnahmen, die der Erhaltung, Erneuerung und funktionsgerechten Verwendung eines Gebäudes dienen, das wegen seiner **geschichtlichen, künstlerischen oder städtebaulichen Bedeutung** erhalten bleiben soll, und zu deren Durchführung sich der Eigentümer neben bestimmten Modernisierungsmaßnahmen gegenüber der Gemeinde verpflichtet hat. Voraussetzung für die erhöhten Absetzungen nach § 7h EStG ist der Nachweis durch eine **Bescheinigung** der zuständigen Gemeindebehörde, dass Baumaßnahmen in dem genannten Sinne durchgeführt und **Aufwendungen hierfür selbst getragen** wurden (und nicht durch Zuschüsse aus Sanierungs- oder Entwicklungsförderungsmittel gedeckt). Erhöhte Absetzungen können bei nach dem 31.12.2020 ausgestellten Bescheinigungen nur in Anspruch genommen werden, wenn der Nachweis über das Vorliegen der Voraussetzungen des § 7h Abs. 1 EStG oder § 7i Abs. 1 EStG durch eine nicht offensichtlich rechtswidrige Bescheinigung der zuständigen Gemeindebehörde erfolgt. Erhöhte Absetzungen nach § 7h Abs. 1 EStG können nur in Anspruch genommen werden, wenn die zuständige Gemeindebehörde die Erfüllung der Voraussetzungen des § 7h Abs. 1 EStG objektbezogen bescheinigt (BFH-Urteil vom 6.5.2014, BStBl 2015 II S. 581). Mit der Bescheinigung entscheidet die zuständige Gemeindebehörde für die Finanzbehörden bindend, was unter »Modernisierung« und »Instandsetzung« i. S. von § 177 BauGB zu verstehen ist (vgl. zur Bindungswirkung auch BFH-Urteile vom 22.9.2005, BStBl 2007 II S. 373 und vom 17.4.2018, BStBl II S. 597). Die Bindungswirkung des Grundlagenbescheides nach § 7h Abs. 2 EStG erstreckt sich auf die in § 7h Abs. 1 EStG benannten Tatbestandsmerkmale. Daher prüft allein die Gemeinde, ob Modernisierungs- und Instandhaltungsmaßnahmen i. S. des § 177 BauGB durchgeführt wurden (BFH-Urteile vom 22.10.2014, BStBl 2015 II S. 367 und 10.10.2017, BStBl 2018 II S. 272). Auch Aufwendungen für eine Eigentumswohnung, mit der neuer Wohnraum geschaffen wurde, können materiell-rechtlich begünstigt sein, wenn und soweit sie sich auf den Altbaubestand beziehen und die Voraussetzungen des § 7h Abs. 1 und 2 EStG erfüllen (BFH-Urteil vom 10.10.2017, BStBl 2018 II S. 272). Vgl. hierzu R 7h EStR und H 7h EStH. Nach § 7h Abs. 1a EStG sind Maßnahmen zur Herstellung eines Gebäudes nicht nach § 7h EStG begünstigt. Die Prüfung, ob Maßnahmen zur Herstellung eines neuen Gebäudes führen, obliegt nicht der Gemeinde, sondern der Finanzbehörde.

2. Der in **Zeile 39** genannte **§ 7i EStG** betrifft Vergünstigungen für bestimmte Baumaßnahmen bei **Baudenkmalen**. Anstelle der AfA nach § 7 Abs. 4 oder Abs. 5 EStG können erhöhte Absetzungen vorgenommen werden, nämlich bei Beginn der Baumaßnahmen

- vor dem 1.1.2004 — 10 Jahre je 10 %,
- nach dem 31.12.2003 — 8 Jahre bis zu je 9 %
- und danach jeweils — 4 Jahre bis zu je 7 %

der Herstellungskosten. Wegen des Beginns der Baumaßnahmen s. oben. Auf die Ausführungen in Teil II Tz 6.4.1 und 6.4.2 sowie auf R 7i EStR und H 7i EStH wird hingewiesen.

3. Wegen der in **den Zeilen 39 bis 41** zu beantragenden erhöhten Absetzungen für **Schutzräume nach dem Schutzbaugesetz** vgl. die Ausführungen in Teil II Tz 1.7.5.

24.8.14 Absetzung für Abnutzung für bewegliche Wirtschaftsgüter

–45 In den Zeilen 42 bis 45 sind die AfA-Beträge für bewegliche Wirtschaftsgüter einzutragen, sofern diese Wirtschaftsgüter für die Einkunftserzielung dieses Vermietungsobjekts verwendet werden (z.B. Rasenmäher oder die mitvermietete Einbauküche). Bewegliche Wirtschaftsgüter sind über die Nutzungsdauer nach § 7 Abs. 1 EStG abzuschreiben (vgl. auch Erläuterungen Teil II Tz 1.1). Nach dem BFH-Urteil vom 3.8.2016, BStBl 2017 II S. 437 ist eine Einbauküche mit ihren einzelnen Elementen als einheitliches Wirtschaftsgut anzusehen und über eine Nutzungsdauer von zehn Jahren abzuschreiben. Auch bei einer vollständigen Erneuerung der Einbauküche in einem vermieteten Objekt sind die Aufwendungen nicht als sog. Erhaltungsaufwand sofort als Werbungskosten abzugsfähig, sondern über die Nutzungsdauer von zehn Jahren abzuschreiben. Auch die Spüle und der Herd ist nicht mehr als Erhaltungsaufwand zu berücksichtigen. Nach dem BMF-Schreiben vom 16.5.2017, BStBl I S. 775 sind die Grundsätze des BFH-Urteils vom 3.8.2016, BStBl 2017 II S. 437, auf alle offenen Fälle anzuwenden. Wirtschaftsgüter, die im VZ 2025 neu angeschafft wurden, sind auf einem besonderen Blatt aufzuführen. Eine erstmalige Berechnung der AfA für bewegliche Wirtschaftsgüter kann auch erforderlich sein, wenn bisher ein Wirtschaftsgut selbstgenutzt wurde und im VZ 2025 erstmalig für die Einkunftserzielung verwendet wird.

> **ELSTER:**
> ELSTER stellt für die erhöhten Absetzungen für Abnutzung für bewegliche Wirtschaftsgüter weitere Eintragungsmöglichkeiten zur Verfügung.

24.9 Schuldzinsen, Damnum, Erbbauzinsen

–48 Wegen einer etwaigen **Aufteilung** und Kürzung der Aufwendungen in Zeile 47 vgl. Tz 24.7.1.

24.9.1 Schuldzinsen

In **den Zeilen 46 bis 48** sind vor allem die im Kj. 2025 gezahlten **Schuldzinsen** aufzuführen, soweit die Schulden im wirtschaftlichen Zusammenhang mit dem Grundstück oder Gebäude stehen. Tilgungsbeträge und noch nicht bezahlte, also noch geschuldete Zinsbeträge sind nicht abzugsfähig. Der Steuererklärung soll eine Erläuterung der Schuldzinsen beigefügt werden. Schuldzinsen können nur insoweit als Werbungskosten berücksichtigt werden, als sie **steuerfreie Zinszuschüsse** des Arbeitgebers **übersteigen.**

Geldbeschaffungskosten sind nicht hier, sondern getrennt von den Schuldzinsen in **den Zeilen 49 bis 51** einzutragen.

Öffentliche Zuschüsse zur Zinsverbilligung sind in **Zeile 29** einzutragen oder von den bezahlten Schuldzinsen gemäß den Zeilen 46 bis 48 abzuziehen.

Schuldzinsen für ein Darlehen zum Zwecke der **Herstellung oder der Anschaffung eines Gebäudes**, das **teils selbst genutzt und teils vermietet** wird, sind nur hinsichtlich des vermieteten Teils als Werbungskosten abzugsfähig. Deshalb ist es grundsätzlich erstrebenswert, einen möglichst hohen Anteil der Schuldzinsen mit steuerlicher Wirkung dem vermieteten Teil zuzuordnen. Dabei ergeben sich Abgrenzungsschwierigkeiten. Die Finanzverwaltung hat im Hinblick auf die BFH-Rspr. (vgl. BFH-Urteile vom 9.7.2002, BStBl 2003 II S. 389 und vom 25.3.2003, BStBl 2004 II S. 348), durch die die bisherige Rspr. (vgl. BFH-Urteile vom 17.10.1998, BStBl 1999 II S. 676, 678 und 680) ergänzt wurde, im **BMF-Schreiben vom 16.4.2004, BStBl I S. 464** erneut Stellung genommen (frühere BMF-Schreiben sind hierdurch überholt).

Danach kann ein Steuerpflichtiger, der ein teilweise vermietetes und **teilweise selbst genutztes Gebäude** mit Eigenmitteln und Fremdmitteln finanziert, Darlehenszinsen als Werbungskosten abziehen, soweit er die Darlehensmittel **tatsächlich(!)** zur Finanzierung der Anschaffungs- oder Herstellungskosten des vermieteten Gebäudeteils verwendet. Dabei setzt der Abzug von Schuldzinsen als Werbungskosten zunächst voraus, dass die Anschaffungs- oder Herstellungskosten **den Gebäudeteilen**, die selbständige Wirtschaftsgüter bilden (vgl. Teil II Tz 1.7.4.3), oder den vermieteten Eigentumswohnungen **zugeordnet** werden können (vgl. Tz 24.9.1.1).

Zusätzlich muss ein **wirtschaftlicher Zusammenhang** zwischen den Schuldzinsen und den zugeordneten Anschaffungs- oder Herstellungskosten bestehen (vgl. Tz 24.9.1.2).

24.9.1.1 Zuordnung von Anschaffungs- oder Herstellungskosten

1. Zuordnung von Anschaffungskosten/Anschaffungsnebenkosten

Bei der **Zuordnung der Anschaffungskosten/Anschaffungsnebenkosten** ist zu beachten (BMF-Schreiben vom 16.4.2004, BStBl I S. 464, Nr. 1):

Im Falle der **Anschaffung** eines teilweise vermieteten und teilweise selbst genutzten Gebäudes mit Eigenmitteln und Fremdmitteln hat die Finanzverwaltung bisher den Abzug von Schuldzinsen nur anteilig **im Verhältnis** der fremdvermieteten zur selbst genutzten **Wohn-/Nutzfläche** des Gebäudes zugelassen. Dieser Auffassung ist das BFH-Urteil vom 9.7.2002, BStBl 2003 II S. 389 nicht gefolgt. Die Finanzverwaltung anerkennt nunmehr auch eine nach außen hin erkennbare **Zuordnungsentscheidung** des Steuerpflichtigen hinsichtlich der Anschaffungskosten, beispielsweise durch Aufteilung des zivilrechtlich einheitlichen Kaufpreises im notariellen Kaufvertrag. Dieser Zuordnungsentscheidung ist steuerrechtlich zu folgen, soweit die Aufteilung nicht zu einer unangemessenen wertmäßigen Berücksichtigung der einzelnen Gebäudeteile führt.

Nur wenn der Steuerpflichtige **keine** nach außen hin erkennbare Zuordnungsentscheidung trifft, sind die Anschaffungskosten den einzelnen Gebäudeteilen nach dem **Verhältnis der selbst genutzten Wohn-/Nutzflächen** anteilig zuzuordnen (BFH-Urteil vom 27.10.1998, BStBl 1999 II S. 676).

2. Zuordnung von Herstellungskosten

Im Falle der **Herstellung** eines teilweise vermieteten und teilweise selbst genutzten Gebäudes mit Eigenmitteln und Fremdmitteln kann der Bauherr ein Darlehen gezielt **dem vermieteten Gebäudeteil zuordnen** und den selbst genutzten Gebäudeteil teilweise oder vollständig mit vorhandenem Eigenkapital finanzieren. Dabei sind in Rechnung gestellte Entgelte für Lieferungen und Leistungen, die ausschließlich den vermieteten Gebäudeteil betreffen, wie z.B. für Fliesen, Bodenbeläge, Malerarbeiten, Sanitärinstallation, diesem Gebäudeteil gesondert zuzuordnen. Voraussetzung ist, dass solche Aufwendungen entweder vom Unternehmer **gesondert abgerechnet oder** durch den Steuerpflichtigen in einer gleichartigen **Aufstellung** gesondert aufgeteilt und ausgewiesen werden.

Die das **Gesamtgebäude** betreffenden Kosten (z.B. für den Aushub der Baugrube, den Rohbau, das Dach, den Außenanstrich) sind den einzelnen Gebäudeteilen anteilig nach dem **Verhältnis der Wohn-/Nutzflächen** zuzuordnen (BFH-Urteile vom 27.10.1998, BStBl 1999 II S. 676 und S. 678). Ebenso ist zu verfahren, wenn der Steuerpflichtige die Herstellungskosten einheitlich abgerechnet hat, **ohne** die auf den vermieteten Gebäudeteil entfallenden Kosten gesondert auszuweisen (BFH-Urteil vom 27.10.1998, BStBl 1999 II S. 680). Tilgungsleistungen mindern in diesem Fall die Gesamtschuld (vgl. auch BFH-Urteil vom 7.11.1991, BStBl 1992 II S. 141).

24.9.1.2 Wirtschaftlicher Zusammenhang mit den Anschaffungs- oder Herstellungskosten

Außer der richtigen Zuordnung der Anschaffungs- oder Herstellungskosten ist ein **wirtschaftlicher Zusammenhang zwischen den Schuldzinsen und den zugeordneten Anschaffungs- oder Herstellungskosten** unabdingbar. Ein solcher liegt nur dann vor, wenn dieser Teil der Anschaffungskosten **tatsächlich(!)** mit den dafür aufgenommenen Darlehensmitteln bezahlt worden ist (BFH-Urteil vom 27.10.1998, BStBl 1999 II S. 676). Hieraus folgt für den wirtschaftlichen Zusammenhang mit Anschaffungs- und Herstellungsvorgängen (vgl. auch BMF-Schreiben vom 16.4.2004, BStBl I S. 464 Nr. 2):

1. Wirtschaftlicher Zusammenhang mit der Anschaffung eines Gebäudes
Der Erwerber muss die gesondert ausgewiesenen (zugeordneten) Anschaffungskosten eines der Einkünfteerzielung dienenden **Gebäudeteils** tatsächlich mit den Darlehensmitteln begleichen. Die Darlehenszinsen sind als Werbungskosten abziehbar, soweit die Anschaffungskosten des betreffenden Gebäudeteils aus den Darlehensmitteln gezahlt werden (BFH-Urteil vom 1.3.2005, BStBl II S. 597).

Eine gesonderte Zahlung der zugeordneten Anschaffungskosten liegt auch vor, wenn der Steuerpflichtige diese Kosten mittels eines eigenständigen Darlehens **auf ein Notaranderkonto** überweist und der Notar den gesamten Kaufpreis vom Notaranderkonto auskehrt.

2. Wirtschaftlicher Zusammenhang mit der Herstellung eines Gebäudes
Von einem wirtschaftlichen Zusammenhang ist auszugehen, wenn der Steuerpflichtige ein **Baukonto** ausschließlich mit Darlehensmitteln ausstattet und die Zahlungen der zugeordneten Herstellungskosten zulasten dieses Kontos ergehen.

Versäumt es der Steuerpflichtige, die den unterschiedlich genutzten Gebäudeteilen gesondert zugeordneten Aufwendungen getrennt mit Eigen-/Darlehensmitteln zu finanzieren, sind die Schuldzinsen nach dem **Verhältnis der Baukosten** der einzelnen Gebäudeteile schätzungsweise aufzuteilen.

Werden die Kosten für das gesamte Gebäude einheitlich abgerechnet und bezahlt, ist grundsätzlich davon auszugehen, dass auch die Darlehensmittel nach dem **Verhältnis der Wohn-/Nutzflächen** verwendet worden sind. Etwas anderes gilt nur dann, wenn der Steuerpflichtige durch eigene Aufstellung die Herstellungskosten anteilig dem vermieteten Gebäudeteil **zuordnet** und die sich danach ergebenden Herstellungskosten mit Darlehensmitteln bezahlt (BFH-Urteil vom 25.3.2003, BStBl 2004 II S. 348).

Die vorstehenden Grundsätze sind auch anwendbar bei einem vom Steuerpflichtigen beruflich genutzten häuslichen **Arbeitszimmer** (vgl. Tz 11.15 unter Erläuterungen zur Anlage N), das als selbständiger Gebäudeteil zu behandeln ist.

Die vom Steuerpflichtigen vorgenommene tatsächliche Zuordnung von Darlehen bleibt auch maßgebend, wenn er **später** die vormals selbst genutzte Wohnung **vermietet**.

Wird das Gebäude **später in Eigentumswohnungen** aufgeteilt, so ändert dies grundsätzlich nichts an der Zuordnung der Finanzierungskosten im Verhältnis der Nutzflächen. Eine **direkte Zuordnung** von Schuldzinsen usw. zu einer **bestimmten Wohnung** ist aber dann möglich, wenn Erhaltungsaufwendungen oder nachträgliche Herstellungskosten gerade an dieser Wohnung fremdfinanziert wurden. Wird das Gebäude bereits vom Veräußerer in Eigentumswohnungen aufgeteilt und erfolgt ein **getrennter Erwerb** der selbständigen Objekte durch eine getrennte Finanzierung, so kann im selben Haus eine vermietete Eigentumswohnung mit Fremdmitteln und eine zu eigenen Wohnzwecken genutzte Eigentumswohnung mit Eigenmitteln erworben werden. Errichten verschiedene Personen (z. B. Ehegatten) **jeweils** eine in ihrem **Allein**eigentum stehende Eigentumswohnung auf demselben Grundstück, so kann auch eine getrennte Finanzierung durch den jeweiligen Eigentümer mit der Folge einer getrennten Zuordnung der Aufwendungen erfolgen.

Nehmen **Eheleute gemeinsam** ein gesamtschuldnerisches Darlehen zur Finanzierung der Baukosten für ein vermietetes Gebäude auf, das einem von ihnen **allein** gehört, sind die Schuldzinsen in **vollem** Umfang als Werbungskosten bei den Einkünften aus Vermietung und Verpachtung des Eigentümerehegatten abziehbar, gleichgültig aus welchen Mitteln sie gezahlt werden (BFH-Urteil vom 2.12.1999, BStBl 2000 II S. 310). Nimmt ein Ehegatte dagegen **allein** ein Darlehen zur Finanzierung eines vermieteten Gebäudes auf, das dem **anderen** Ehegatten allein gehört, sind die Schuldzinsen nicht abziehbar. Dies gilt selbst dann, wenn der Eigentümerehegatte für das Darlehen eine selbstschuldnerische Bürgschaft übernimmt und die auf seinem Gebäude lastenden Grundpfandrechte als Sicherheit einsetzt. Ein Abzug kommt auch nicht unter dem Gesichtspunkt der Abkürzung des Vertragsweges in Betracht. Die Finanzverwaltung wendet das BFH-Urteil vom 15.1.2008 (BStBl II S. 572) zur Abziehbarkeit von zugewendeten Aufwendungen bei Dauerschuldverhältnissen nicht an, vgl. BMF-Schreiben vom 7.7.2008, BStBl I S. 717. Die Schuldzinsen können jedoch bei dem gegebenen Sachverhalt abgezogen werden, wenn der Eigentümerehegatte sie aus eigenen Mitteln bezahlt, z. B. wenn er seine Mieteinnahmen mit der Maßgabe auf das Konto des anderen Ehegatten überweist, dass dieser daraus die Schuldzinsen entrichten soll (BFH-Urteile vom 2.12.1999, BStBl 2000 II S. 310 und S. 312). Ein Abzug der Schuldzinsen scheidet nach dem zuerst genannten Urteil z. B. dann aus, wenn der Nichteigentümer-Ehegatte Zinsen für seine von ihm beliehene Lebensversicherung bezahlt hat. Vgl. auch BFH-Urteil vom 4.9.2000, BStBl 2001 II S. 785 und H 21.2 – Finanzierungskosten – EStH.

24.9.1.3 Weitere Fragen

Im Zusammenhang mit Schuldzinsen stellt sich eine Reihe **weiterer Fragen**:

Wie Schuldzinsen sind auch ein **Darlehensabgeld (Damnum, Disagio)** und **Erbbauzinsen** abzugsfähig. Wegen der Einzelheiten wird auf Tz 24.9.2 und Tz 24.9.3 hingewiesen. Die **Ertragsanteile** laufender Rentenzahlungen, die im Zusammenhang mit den Einkünften aus Vermietung und Verpachtung stehen (z. B. bei Erwerb eines Mietwohngrundstücks), haben ebenfalls Schuldzinsencharakter und sind deshalb als Werbungskosten abzugsfähig. Sie sind gesondert in den **Zeilen 52 bis 54** geltend zu machen (s. Tz 24.9.6).

Schuldzinsen für ein Darlehen, das durch eine **Hypothek auf einem anderen Grundstück** gesichert ist, sind bei dem Grundstück zu berücksichtigen, für das das Darlehen verwendet wurde (BFH-Urteil vom 15.1.1980, BStBl II S. 348).

Schuldzinsen für ein bei Beendigung des gesetzlichen Güterstandes der Zugewinngemeinschaft (z. B. durch Ehescheidung) **zum Zweck des Zugewinnausgleichs** aufgenommenes Darlehen sind auch insoweit **keine** Werbungskosten bei Vermietung und Verpachtung, als der Wert eines der Erzielung von Einkünften dienenden Grundstücks Bemessungsgrundlage für den Zugewinn war (BFH-Urteil vom 11.5.1993, BStBl II S. 751). Die Beteiligung des geschiedenen Ehegatten aufgrund eines Scheidungsfolgenvergleichs zur Regelung des Zugewinnausgleichs an den Grundstückserträgen führt ebenfalls nicht zu Werbungskosten bei Vermietung und Verpachtung (BFH-Urteil vom 8.12.1992, BStBl 1993 II S. 434 und BMF-Schreiben vom 11.8.1994, BStBl I S. 603).

Vorauszahlungen von Schuldzinsen für mehrere Jahre, z. B. bei sog. Verlustmodellen, werden nur dann im Jahr der Zahlung als Werbungskosten berücksichtigt, wenn überzeugende wirtschaftliche Gründe für die Vorauszahlung dargetan werden können. Zu Verlustzuweisungsgesellschaften und ähnlichen Modellen nach § 15b EStG vgl. Tz 24.5 und vgl. Tz 21.11 unter Erläuterungen zur Anlage G.

Nimmt ein Steuerpflichtiger zur Finanzierung eines Bausparvertrags einen **Kredit einer Bank** oder einen **Zwischenkredit** der Bausparkasse auf, um in einem engen zeitlichen Zusammenhang ein **Bauspardarlehen** zur Anschaffung oder Herstellung eines Grundstücks, das der Erzielung von Einnahmen aus Vermietung und Verpachtung dient, zu erhalten, so gehören die **Zinsen** für den Kredit oder Zwischenkredit zu den Werbungskosten bei Vermietung oder Verpachtung (BFH-Urteil vom 6.2.1979, BStBl II S. 550). Bei mehreren Gebäuden des Steuerpflichtigen ist in der Regel auf den Zusammenhang mit dem einzelnen Gebäude abzustellen (BFH-Urteil vom 15.1.1980, BStBl II S. 348).

Die Berücksichtigung als Werbungskosten kommt auch in Betracht für Zinsen, die für ein Darlehen geleistet werden müssen, das zur **Finanzierung einer baulichen Erweiterung** (z. B. Anbau oder Aufstockung) eines Gebäudes aufgenommen wurde.

Gewährt eine Bausparkasse eine **sog. Überschussbeteiligung** (z. B. in Höhe von 10 % der Darlehenszinsen), so stellt diese ihrem wirtschaftlichen Gehalt nach eine **Verminderung der Zinsbelastung** für das Bauspardarlehen dar. Die belasteten Darlehenszinsen sind deshalb um die Überschussbeteiligung zu kürzen. Gelegentlich wird als »Überschussbeteiligung (ÜSB)« auch die auf eine mit dem Bauspardarlehen gekoppelte **Risikolebensversicherung** gewährte Vergütung bezeichnet, die zwar verzinst, aber erst bei Beendigung der Versicherung ausgezahlt wird (z. B. beim BHW). Die ÜSB ist dem

Bausparer mit der Überweisung auf das jeweilige Sonderkonto zugeflossen. Die als Sonderausgaben abziehbaren Versicherungsbeiträge sind um die ÜSB zu kürzen. Die Zinsen aus der ÜSB sind stpfl. Kapitaleinkünfte. Die Rückzahlung der ÜSB bei Vertragsbeendigung ist auch bei Auszahlung vor Ablauf von zwölf Jahren seit Abschluss des Versicherungsvertrags ohne steuerliche Auswirkung.

Schuldzinsen und vergleichbare Aufwendungen, welche der Finanzierung von Anschaffungskosten oder Herstellungskosten einer zur Erzielung von Einkünften aus Vermietung und Verpachtung genutzten Immobilie dienten und **auf die Zeit nach Beendigung** der Vermietung oder Verpachtung (z. B. nach Veräußerung des Grundstücks) entfallen, können nach dem BMF-Schreiben vom 27.7.2015, BStBl I S. 581, als nachträgliche Werbungskosten abziehbar sein. Ein Schuldzinsenabzug setzt aber voraus, dass der Veräußerungserlös nicht ausreicht, um die Darlehensverbindlichkeit zu tilgen, und die Absicht, Einkünfte aus Vermietung und Verpachtung zu erzielen, nicht bereits vor der Veräußerung des Immobilienobjekts aus anderen Gründen weggefallen ist (BFH-Urteil vom 21.1.2014, BStBl II S. 631). Es ist für den Werbungskostenabzug unmaßgeblich, ob die Veräußerung innerhalb der zehnjährigen Veräußerungsfrist erfolgt und nach § 23 Abs. 1 Satz 1 Nr. 1 EStG steuerbar ist (BFH-Urteil vom 8.4.2014, BStBl 2015 II S. 635). Die Ausführungen im BMF-Schreiben vom 28.3.2013, BStBl I S. 508, sind insoweit überholt. Bestehen im Zusammenhang mit dem veräußerten Mietobjekt mehrere Darlehensverbindlichkeiten, ist für die steuerliche Anerkennung der Verwendung des Veräußerungserlöses zur Tilgung der Verbindlichkeiten entscheidend, dass die Darlehen nach Maßgabe der konkreten Vertragssituationen marktüblich und wirtschaftlich unter Berücksichtigung der Zinskonditionen abgelöst werden (BMF-Schreiben vom 27.7.2015, BStBl I S. 581, Rz 1.1).

Dasselbe gilt für Refinanzierungs- oder Umschuldungsdarlehen, soweit die Valuta des Umschuldungsdarlehens nicht über den abzulösenden Restdarlehensbetrag hinausgeht und die Umschuldung sich im Rahmen einer üblichen Finanzierung bewegt (BFH-Urteil vom 8.4.2014, BStBl 2015 II S. 635).

Grundstückseigentümer, bei denen die Veräußerung auf einem vor dem 1.1.1999 rechtswirksam abgeschlossenen Kaufvertrag beruht und deshalb nicht unter den Anwendungsbereich des § 23 Abs. 1 Satz 1 Nr. 1 EStG i. d. F. des Steuerentlastungsgesetzes 1999/2000/2002 fällt, können weiterhin keinen nachträglichen Schuldzinsenabzug geltend machen (BMF-Schreiben vom 27.7.2015, BStBl I S. 581, Tz 1.2).

Abzugsfähige **nachträgliche Werbungskosten** liegen dagegen vor, wenn Schuldzinsen auf die Zeit der Vermietung und Verpachtung entfallen, aber erst nach Ablauf dieser Zeit bezahlt werden (vgl. auch BFH-Urteil vom 23.1.1990, BStBl II S. 464).

Nach Aufgabe der Vermietungstätigkeit gezahlte Schuldzinsen sind bei Aufgabe der Vermietungsabsicht vor dem 1.1.2015 als nachträgliche Werbungskosten bei Vermietung und Verpachtung zu berücksichtigen, wenn mit dem Kredit Aufwendungen finanziert worden sind, die während der Vermietungstätigkeit als sofort abziehbare Werbungskosten zu beurteilen waren (z. B. Erhaltungsaufwand, vgl. BFH-Urteil vom 16.9.1999, BStBl 2001 II S. 528). Es kommt in diesen Fällen nach dem BFH-Urteil vom 12.10.2005, BStBl 2006 II S. 407 nicht darauf an, ob ein bei einer Veräußerung des Objekts erzielbarer Erlös zur Tilgung des Darlehens ausgereicht hätte. Vielmehr bleibt der durch die tatsächliche Verwendung des Darlehens zur Finanzierung sofort erzielbarer Werbungskosten geschaffene Zusammenhang mit der Einkunftsart Vermietung und Verpachtung auch nach Aufgabe der Vermietungstätigkeit bestehen (BMF-Schreiben vom 27.7.2015, BStBl 2015 II S. 581, Tz 6). Wurde die Vermietungstätigkeit nach dem 31.12.2014 aufgegeben, können Schuldzinsen für Kreditmittel, die zur Finanzierung sofort abziehbarer Werbungskosten (z. B. Erhaltungsaufwendungen) während der Vermietungsphase verwendet worden sind, nicht mehr berücksichtigt werden. Derartige Schuldzinsen stehen nicht mehr mit den Einkünften aus Vermietung und Verpachtung in wirtschaftlichem Zusammenhang, sondern sind Gegenleistung für die Kapitalüberlassung, die im privaten Vermögensbereich nicht mehr der Erzielung von Einkünften dient (BMF-Schreiben vom 27.7.2015, BStBl I S. 581, Tz 6).

Wird der Veräußerungserlös nicht zur Tilgung von Grundstücksschulden, sondern für eine andere Einkunftsart verwendet, so können die Zinsen als Aufwand berücksichtigungsfähig sein, wenn der Darlehensgeber der **Veränderung des Darlehenszwecks** zustimmt oder zumindest nicht widerspricht (BFH-Urteil vom 7.8.1990, BStBl 1991 II S. 14). Die Absicht, einen Veräußerungserlös für ein anderes noch zu erwerbendes Vermietungsobjekt zu verwenden, reicht nicht aus, den notwendigen wirtschaftlichen Zusammenhang der Schuldzinsen mit der Einkunftsart Vermietung und Verpachtung zu begründen (BFH-Urteil vom 6.12.2017, BStBl 2018 II S. 268). Bei den Einkünften aus Kapitalvermögen können Schuldzinsen ab 2009 grds. nicht mehr abgezogen werden (vgl. Tz 14.6.10 unter Erläuterungen zur Anlage KAP). Die Zustimmung des Darlehensgebers ist nicht zwingende Voraussetzung; sie stellt aber ein gewichtiges Indiz für die »Umwidmung« des Darlehens dar (BFH-Urteile vom 7.3.1995, BStBl II S. 697 und vom 1.10.1996, BStBl 1997 II S. 454).

Schuldzinsen für fremdfinanzierte laufende sofort abziehbare Werbungskosten (insbesondere Erhaltungsaufwendungen) eines Mietobjekts können nach Wegfall der Einkünfteerzielung (z. B. bei Eigennutzung) nicht mehr berücksichtigt werden. Diese stehen nicht mehr im wirtschaftlichen Zusammenhang mit den Einkünften aus Vermietung und Verpachtung, sondern sind Gegenleistung für die Kapitalüberlassung, die im privaten Vermögensbereich nicht mehr der Erzielung von Einkünften dient (BFH-Urteil vom 21.1.2014, BStBl 2015 II S. 631 und BMF-Schreiben vom 27.7.2015, BStBl I S. 581, Tz 6).

Wegen der als Werbungskosten abziehbaren **Schuldzinsen** im Zusammenhang mit **Abfindungszahlungen an Miterben** und bei **vorweggenommener Erbfolge** vgl. Tz 20.9.3 unter Erläuterungen zur Anlage SO und zur Tz 21.18.3 unter Erläuterungen zur Anlage G.

Wird ein unbebautes Grundstück wie z. B. **Bauland mit Fremdmitteln erworben**, so können die Schuldzinsen (und z. B. vorab entstandene Grundsteuer) nur dann als Werbungskosten berücksichtigt werden, wenn der Erwerb des Baugrundstücks in **wirtschaftlichem** Zusammenhang mit einer späteren Bebauung und der Vermietung des Gebäudes steht (H 21.2 – Finanzierungskosten – EStH). Der (enge) **zeitliche** Zusammenhang mit der späteren Bebauung ist kein zusätzliches Tatbestandsmerkmal, sondern ein Umstand, der den wirtschaftlichen Zusammenhang offenkundig machen und dessen Nachweis erleichtern kann (BFH-Urteil vom 7.2.1983, BStBl II S. 554). Bei behaupteter Vermietungsabsicht führt die Finanzverwaltung die Veranlagungen für die ersten drei Jahre nach Bauplatzerwerb hinsichtlich der vorab entstandenen Werbungskosten in der Regel vorläufig nach § 165 Abs. 1 AO durch, es sei denn, dass sich aus den äußeren Umständen objektiv etwas anderes ergibt. Hat der Steuerpflichtige nach Ablauf von drei Jahren seit Anschaffung des Grundstücks noch nicht mit dem Bau begonnen (zumindest den Antrag auf Baugenehmigung gestellt), so trifft ihn eine erhöhte Nachweispflicht. Er muss nunmehr die fortbestehende Bauabsicht durch nachprüfbare äußere, objektive Merkmale (z. B. die Beauftragung eines Architekten) konkretisieren (vgl. auch BFH-Urteil vom 1.12.2015, BStBl 2016 II S. 335). Kann er dies, so sind die Aufwendungen weiterhin vorläufig zu berücksichtigen, bis die Nutzung endgültig feststeht und das Finanzamt die Vorjahre unter Anerkennung der vorab entstandenen Werbungskosten endgültig veranlagt. Gelingt ihm der Nachweis nicht, ändert das Finanzamt die vorläufigen Veranlagungen rückwirkend (§ 165 Abs. 2 AO), und zwar ohne Berücksichtigung der vorweggenommenen Werbungskosten (vgl. ESt-Kartei Baden-Württemberg zu § 21 Fach 2 Nr. 3).

Ob beim Erwerb von **Bauerwartungsland** bereits eine konkrete Bauabsicht – und z. B. keine Spekulationsabsicht – besteht, kann nur im Einzelfall entschieden werden. Den Grundstückserwerber trifft hierbei eine erhöhte Nachweispflicht. Angefallene Finanzierungskosten können als vorab entstandene Werbungskosten abziehbar sein, wenn der Steuerpflichtige schon bei der Anschaffung des Grundstücks konkret damit rechnen konnte, das Grundstück in überschaubarer Zeit bebauen zu dürfen und wenn er außerdem seine erkennbare Bauabsicht auch nachhaltig zu verwirklichen sucht (BFH-Urteil vom 4.6.1991, BStBl II S. 761). Davon kann ausgegangen werden, wenn die Gemeinde das Verfahren zur Aufstellung eines Bebauungsplans eingeleitet hat, der Steuerpflichtige auf einen zügigen Abschluss des Verfahrens selbst hinwirkt und danach unverzüglich den Antrag auf Baugenehmigung stellt. Liegt das Grundstück in einem **noch nicht genehmigten Baugebiet** und ist nach Auskunft der Gemeinde auch in absehbarer Zeit nicht mit der Erstellung eines Bebauungsplans oder der Erteilung einer Baugenehmigung zu rechnen, so ist das Vorliegen einer konkreten Bauabsicht weiterhin zu verneinen (so ESt-Kartei Baden-Württemberg zu § 21 Fach 2 Nr. 3).

24.9.2 Damnum (Disagio), Tilgungsstreckungsdarlehen

Zu den Schuldzinsen gehört auch ein **Darlehensabgeld (Damnum, Disagio)**. Beim Damnum (Disagio) kommt es auf den **Zeitpunkt der Leistung (Belastung)** an. Ein Darlehensabgeld, das nach den Vereinbarungen der Vertragsparteien bei Auszahlung eines Darlehens einbehalten wird (das Darlehen wird zu einem bestimmten, unter dem Nennwert liegenden Kurs ausgezahlt), kann zwar grds. in dem Kj. als Werbungskosten abgezogen werden, in dem dem Schuldner das (gekürzte) Darlehenskapital zufließt (BFH-GrS, Beschluss vom 6.12.1965, BStBl 1966 III S. 144 sowie BFH-Urteile vom 28.5.1998, BStBl II S. 563 und vom 8.6.1994, BStBl II S. 930). Der **volle Abzugsbetrag** des Darlehensabgelds **im Zeitpunkt der Auszahlung des Kapitals** beim Schuldner als **Werbungskosten** ist nach § 11 Abs. 2 Satz 4 i. V. mit Satz 3 EStG jedoch auf die Fälle beschränkt, sofern § 42 AO dem nicht entgegensteht und es in marktüblicher Höhe (s. unten) vereinbart worden ist. Anderenfalls ist der Gesamtbetrag auf den Zeitraum zu verteilen, für den das Darlehensabgeld geleistet wird, in der Regel der Zeitraum der Zinsbindung.

Die Verteilung des Darlehensabgelds (Damnum, Disagio) kann nur insoweit unterbleiben, als es sich im **marktüblichen Rahmen** hält. Der in § 11 Abs. 2 Satz 4 EStG verwendete Begriff »marktüblich« bezieht sich auf das jeweils konkret betroffene Disagio. Was marktüblich ist, ist nach den aktuellen Verhältnissen auf dem Kreditmarkt, bezogen auf das konkret zu finanzierende Objekt zu entscheiden (BFH-Urteil vom 8.3.2016, BStBl II S. 646). Wird eine Disagiovereinbarung mit einer Geschäftsbank wie unter fremden Dritten geschlossen, indiziert dies die Marktüblichkeit. Da das Darlehensabgeld im banktechnischen Sinn als »Feineinstellung des Normalzinses« anzusehen ist, kann ein außergewöhnlich hohes Damnum eine missbräuchliche Gestaltung i. S. des § 42 AO darstellen. Aus **Vereinfachungsgründen** kann von der Marktüblichkeit ausgegangen werden, wenn für ein Darlehen mit einem Zinsfestschreibungszeitraum von mindestens fünf Jahren ein **Damnum in Höhe von bis zu 5 %** vereinbart worden ist. Der über die marktüblichen Beträge hinausgehende Teil ist auf den Zinsfestschreibungszeitraum oder bei dessen Fehlen auf die Laufzeit des Darlehens zu verteilen (vgl. BMF-Schreiben vom 20.10.2003, BStBl I S. 546, Tz 15, vgl. EStH, Anhang 30 I). Bei ratenweiser Auszahlung des Darlehens kommt eine entsprechende Aufteilung des Damnums nur in Betracht, wenn keine Vereinbarung der Vertragsparteien über den Abflusszeitpunkt des Damnums vorliegt (BFH-Urteil vom 26.6.1975, BStBl II S. 880 und H 11 – Damnum – EStH).

Wird das Damnum der vertraglichen Vereinbarung entsprechend bereits **vor Auszahlung der Darlehensvaluta** entrichtet, so ist dieser Zahlungszeitpunkt nur dann steuerlich anzuerkennen, wenn die **Vorausleistung** des Damnums auf **wirtschaftlich sinnvollen Erwägungen** beruht (BFH-Urteil vom 3.2.1987, BStBl II S. 492 und H 11 – Damnum – EStH). Ist ein Damnum **nicht mehr als drei Monate** vor Auszahlung der Darlehensvaluta oder einer ins Gewicht fallenden Teilauszahlung des Darlehens (mindestens 30 % der Darlehensvaluta einschließlich Damnum) geleistet worden, kann stets davon ausgegangen werden, dass ein **wirtschaftlich vernünftiger Grund** besteht (BMF-Schreiben vom 20.10.2003, BStBl I S. 546, Tz 15 und BFH-Urteil vom 3.2.1987, BStBl II S. 492). Die jetzige Regelung ist gegenüber der früheren Verwaltungsauffassung (vgl. BMF-Schreiben vom 31.8.1990, BStBl I S. 366) ungünstiger, weshalb sie von der Finanzverwaltung erstmals für Darlehensverträge und Baubetreuungsverträge angewendet wird, die **nach dem 31.12.2003** abgeschlossen werden (BMF-Schreiben vom 20.10.2003, BStBl I S. 546, Tz 50). Ist der Zinsfestschreibungszeitraum kürzer als fünf Jahre, so ist nach Auffassung der Finanzverwaltung ein Damnum nicht marktüblich und deshalb nicht anzuerkennen. Die ab 2004 geltende Neuregelung in § 11 Abs. 2 Satz 3 EStG, die nicht nur für Erbbauzinsen, sondern auch für andere Entgelte für die Grundstücksnutzung gilt (vgl. Tz 24.9.3), ist nach Neufassung des § 11 Abs. 2 Satz 4 EStG i. d. F. des Jahressteuergesetzes 2007 ohne Auswirkungen auf die steuerrechtliche Behandlung des Damnums, auch wenn der Zinsfestschreibungszeitraum länger als fünf Jahre ist.

Erstattet der Erwerber eines Gebäudes dem Veräußerer ein bei dessen Darlehensaufnahme einbehaltenes Disagio, so gehört der Erstattungsbetrag zu den Anschaffungskosten des Erwerbers und nicht zu seinen Werbungskosten (BFH-Urteil vom 17.12.1981, BStBl II S. 466 und H 21.2 – Finanzierungskosten – EStH).

Wegen der steuerlichen Folgen bei **Rückzahlung** eines Damnums (Disagio) vgl. Tz 24.3.1.

Wird ein zusätzliches Darlehen in Höhe des Damnums aufgenommen, liegt also ein sog. **Tilgungsstreckungsdarlehen** vor, so ist das Darlehensabgeld entsprechend der Tilgung des Zusatzdarlehens geleistet. Das Damnum fließt also mit den Tilgungsraten des Tilgungsstreckungsdarlehens ab (BFH-Urteil vom 26.11.1974, BStBl 1975 II S. 330 sowie H 11 – Damnum – EStH).

24.9.3 Erbbauzinsen und einmalige Aufwendungen des Erbbauberechtigten

In den **Zeilen 46 bis 48** sind auch die vom **Erbbauberechtigen laufend gezahlten Erbbauzinsen** aufzuführen. Sie sind **wie Schuldzinsen** sofort abzugsfähig (BFH-Urteil vom 8.6.1994, BStBl II S. 779).

Bei der **Bestellung** des Erbbaurechts anfallende **einmalige Aufwendungen** des Erbbauberechtigten sind dagegen **Anschaffungskosten des Erbbaurechts** (Aufwendungen für den Erwerb eines befristeten Rechts); dazu gehören vor allem die Notariats-, Vermessungs- und Gerichtskosten sowie die Maklerprovision und die Grunderwerbsteuer (ständige Rspr., vgl. z. B. BFH-Urteile vom 4.6.1991, BStBl 1992 II S. 70 sowie vom 27.7.1994, BStBl 1995 II S. 109 und S. 111). **Vorausgezahlte** oder in einem **Einmalbetrag** gezahlte Erbbauzinsen sind nach Auffassung der Finanzverwaltung ebenfalls den Anschaffungskosten des Erbbaurechts zuzuordnen und auf die Dauer des Erbbaurechts gleichmäßig zu verteilen (vgl. BMF-Schreiben vom 10.12.1996, BStBl I S. 1440). Entgegen diesem BMF-Schreiben sind nach Auffassung des BFH im Urteil vom 23.9.2003, BStBl 2005 II S. 159 vorausgezahlte Erbbauzinsen für ein auf 99 Jahre bestelltes Erbbaurecht nicht auf die Laufzeit des Nutzungsrechts zu verteilen, sondern **voll** im Jahr der Zahlung abzugsfähig. Diese Entscheidung hat den Gesetzgeber zu einer **Neuregelung in § 11 Abs. 2 Satz 3 EStG** veranlasst. Danach müssen Ausgaben, die für eine Nutzungsüberlassung von mehr als fünf Jahren im Voraus geleistet werden, **gleichmäßig** auf den Zeitraum **verteilt** werden, für den sie geleistet wurden. Wegen der Neuregelung auf der Einnahmenseite (Wahlrecht) vgl. § 11 Abs. 1 Satz 3 EStG

Hat der **Erbbauberechtigte** die **Erschließungskosten übernommen**, so liegt hierin ein **zusätzliches Entgelt** für die Nutzung des Grundstücks. Dies gilt nicht nur, wenn der Erbbauberechtigte die Erschließungskosten an die Gemeinde bezahlt, sondern auch wenn er diese einem vorherigen Erbbauberechtigten (z. B. dem Bau- oder Wohnungsunternehmen) im Rahmen des Kaufpreises für das Erbbaurecht erstattet (vgl. BFH-Urteile vom 27.7.1994, BStBl II S. 934 und vom 23.11.1993, BStBl 1994 II S. 292). Für Beiträge, die für die Ersetzung oder Modernisierung **vorhandener** Erschließungsanlagen als sog. Ergänzungsbeiträge geleistet werden, gilt das gleiche (BFH-Urteil vom 19.10.1993, BStBl 1994 II S. 109). Nach früher überwiegender Meinung konnte der Erbbauberechtigte die von ihm gezahlten Erschließungskosten für ein privates Grundstück im Jahr der Zahlung als Werbungskosten bei Vermietung und Verpachtung abziehen. Die Finanzverwaltung hat ihre Auffassung wegen der korrespondierenden Rechtsfolgen durch das zum Zufluss beim **Erbbauverpflichteten** (Grundstückseigentümer) ergangene BFH-Urteil vom 21.11.1989, BStBl 1990 II S. 310 geändert. Danach sind die bezahlten Erschließungskosten wie andere einmalige Aufwendungen des Erbbauberechtigten den **Anschaffungskosten des Erbbaurechts** zuzuordnen und auf die Dauer des Erbbaurechts gleichmäßig abzuschreiben (BMF-Schreiben vom 16.12.1991, BStBl I S. 1011 sowie BFH-Urteil vom 27.7.1994, BStBl II S. 934). Soweit sich die Erschließungskosten bereits beim Erbbauberechtigten steuermindernd ausgewirkt haben, können sie nicht noch einmal durch Einbeziehung in die Bemessungsgrundlage für die Gebäude-AfA berücksichtigt werden (zur Übergangsregelung vgl. BMF-Schreiben vom 16.12.1991, BStBl I S. 1011).

Wegen der steuerlichen Behandlung beim **Erbbauverpflichteten** = Grundstückseigentümer, bei dem ein Zufluss erst bei Beendigung des Erbbaurechtsverhältnisses angenommen wird, vgl. Tz 26.4.1.2 unter Erläuterungen zur Anlage V-Sonstiges.

24.9.4 Schuldzinsen bei dinglichem und schuldrechtlichem Nutzungsrecht

Auch der **Nießbraucher und dinglich Wohnberechtigte** sowie der nur **obligatorisch (schuldrechtlich) Nutzungsberechtigte** mit gesicherter Rechtsposition (zum Begriff vgl. Tz 24.1.2), die aufgrund ihres Nutzungsrechts die Wohnung **vermieten** und deshalb **Mieteinnahmen erzielen**, haben die Möglichkeit des Schuldzinsenabzugs. Zur begrifflichen Unterscheidung der Nutzungsrechte vgl. Tz 24.8.3. Der (unentgeltliche und entgeltliche) **Zuwendungsnießbraucher** kann in diesem Fall Schuldzinsen und Geldbeschaffungskosten als Werbungskosten geltend machen, soweit er sie im Rahmen der Nießbrauchsbestellung vertraglich übernommen und tatsächlich getragen hat oder – bei Fehlen einer vertraglichen Regelung – aufgrund der gesetzlichen Lastenverteilung getragen hat (vgl. BMF-Schreiben vom 24.7.1998, BStBl I S. 914, Rz 21 und 22, EStH Anhang 30 VI). Im Rahmen der gesetzlichen Lastenverteilung hat der Nießbraucher vor allem auch die zur Zeit der Bestellung des Nießbrauchs auf dem Grundstück ruhenden Zinsen der Hypothekenforderungen und Grundschulden zu tragen (§ 1047 BGB). Der **Vorbehaltsnießbraucher** ist berechtigt, die von ihm bezahlten Schuldzinsen als Werbungskosten abzuziehen (BMF-Schreiben vom 24.7.1998, BStBl I S. 914, Rz 43). Für den **Vermächtnisnießbrauch** gilt dies entsprechend (BMF-Schreiben vom 24.7.1998, BStBl I S. 914, Rz 32). Der **schuldrechtlich Nutzungsberechtigte** kann die mit der Nutzung zusammenhängenden Schuldzinsen (und sonstigen Aufwendungen, einschließlich des ggf. an den Eigentümer gezahlten Entgelts), die er vertraglich übernommen und getragen hat, als Werbungskosten abziehen (BMF-Schreiben vom 24.7.1998, BStBl I S. 914, Rz 36 und 52).

> **ELSTER:**
> ELSTER hält für mehrere Darlehensverträge Eintragungsmöglichkeiten bereit.

24.9.5 Geldbeschaffungskosten

-51 **Geldbeschaffungskosten (Finanzierungskosten) – z. B. Schätz-, Notar- und Grundbuchgebühren** für Hypotheken- und Grundschuldbestellung, **Kreditprovisionen, Bereitstellungszinsen, Bürgschafts- und Hypothekenvermittlungsgebühren, Zuteilungsgebühren oder Darlehensgebühren** bei Bausparverträgen – sind als Werbungskosten abzugsfähig, aber auch **Vermittlungsgebühren** an Dritte, Bankverwaltungskosten, Gebühr für die Prüfung der Beleihungsunterlagen u. dgl. Auch Notargebühren zur Besicherung eines Darlehens, mit dem der Erwerb des vermieteten Hauses finanziert wird, sind als Geldbeschaffungskosten abzugsfähige Werbungskosten (BFH-Urteil vom 1.10.2002, BStBl 2003 II S. 399). Es sind also nicht nur die an den Gläubiger, sondern ebenso die an dritte Personen für die Finanzierung gezahlten Beträge als Werbungskosten abzugsfähig. Auch eine zur vorzeitigen Ablösung eines Darlehens gezahlte **Vorfälligkeitsentschädigung** kann zu den abzugsfähigen Finanzierungskosten gehören, es sei denn, sie ist durch die Veräußerung des Mietobjekts veranlasst; ausnahmsweise kann sie jedoch als Finanzierungskosten eines **neu** erworbenen Mietobjekts abzugsfähig sein, wenn das bisherige Objekt mit notariellem Vertrag vor dem 27.7.2015 veräußert wurde (vgl. Tz 24.7.1 sowie das BMF-Schreiben vom 27.7.2015, BStBl II S. 581). Etwaige im Zusammenhang mit der Geldbeschaffung entstandene **Fahrtkosten und Verpflegungspauschalen** können nach den für Auswärtstätigkeiten maßgebenden Grundsätzen (vgl. Tz 11.19.4 unter Erläuterungen zur Anlage N, Tz 11.19.5 unter Erläuterungen zur Anlage N) ebenfalls als Werbungskosten berücksichtigt werden. Erwachsen einem Steuerpflichtigen dadurch Kosten (z. B. Gerichtskosten), dass er sich gegen die Kündigung eines ihm bereits gewährten Kredits wehrt, so sind auch diese als Werbungskosten abzugsfähig. **Kursverluste** bei Fremdwährungsdarlehen sind bei den Einkünften aus Vermietung und Verpachtung nicht als Werbungskosten abziehbar (BFH-Urteil vom 9.11.1993, BStBl 1994 II S. 289 betr. Rückzahlungsverpflichtung in Schweizer Franken und höherer Aufwand in DM infolge Kursverlustes).

Keine Werbungskosten, sondern **Anschaffungs(neben)kosten** sind die **bei Erwerb** des (bebauten oder unbebauten) Grundstücks anfallenden Notariatskosten, Maklergebühren, Grunderwerbsteuer usw.; vgl. hierzu Teil II Tz 4.3.3.1.

Auch die für die **wirtschaftliche Betreuung** eines Bauvorhabens an Wohnungsbauunternehmen entrichteten **Gebühren** (insbesondere Verwaltungs- und Beratungskosten) können wie Geldbeschaffungskosten behandelt werden. Die für die **technische Betreuung** eines Bauvorhabens zu entrichtenden **Gebühren** (einschließlich Bauplanung, Bauüberwachung, Bauleitung) rechnen dagegen grundsätzlich zu den Herstellungskosten des Gebäudes.

24.9.6 Renten und dauernde Lasten

Wegen einer etwaigen **Aufteilung** und Kürzung der in **Zeile 53** geltend zu machenden Aufwendungen vgl. Tz 24.7.1. 52–54

In den **Zeilen 52 bis 53** sind etwaige im Jahr 2025 gezahlte **Renten und dauernde Lasten** einzutragen, soweit diese Aufwendungen im wirtschaftlichen Zusammenhang mit dem Grundstück stehen. Werden beim Kauf eines zum Vermieten bestimmten Grundstücks als Entgelt laufende monatliche Zahlungen vereinbart, so sind lediglich die in den wiederkehrenden Zahlungen enthaltenen Zinsanteile sofort abziehbare Werbungskosten. In Höhe des Barwerts der dauernden Last (§ 14 BewG i. V. mit BMF-Schreiben vom 9.12.2024, BStBl I S. 1631, bei lebenslänglicher Leistung) liegen Anschaffungskosten vor, die im Wege der AfA auf die Gesamtnutzungsdauer zu verteilen sind (BFH-Urteil vom 9.2.1994, BStBl 1995 II S. 47 und H 21.2 – Werbungskosten – EStH). Zu Renten und dauernden Lasten und den als Werbungskosten (oder Sonderausgaben) abzugsfähigen Beträgen vgl. Teil II Tz 7.3 und vgl. Tz 2.7 ff.

Werden **Kaufpreisraten** für ein zum Privatvermögen gehörendes Grundstück aufgrund einer **Wertsicherungsklausel** erhöht, so kann der Grundstückserwerber den Mehraufwand als Werbungskosten abziehen (BFH-Urteil vom 16.1.1979, BStBl II S. 334). Handelt es sich dagegen um **Leibrenten**, so ist nur der aus der höheren Leistung zu berechnende Ertragsanteil als Werbungskosten absetzbar (BFH--Urteile vom 11.8.1967, BStBl III S. 699 und vom 29.11.1983, BStBl 1984 II S. 109).

Renten und dauernde Lasten können nur noch für Vermögensübertragungen abgezogen werden, die vor dem 1.1.2008 vereinbart wurden (§ 52 Abs. 18 EStG). Werden bei Vermögensübertragungen nach dem 31.12.2007 wiederkehrende Leistungen vereinbart, liegt in Höhe des Barwertes der wiederkehrenden Leistungen eine Gegenleistung vor. Der Barwert bei lebenslänglichen Leistungen ist gem. § 14 Abs. 1 BewG unter Anwendung der mit BMF-Schreiben vom 9.12.2024, BStBl I S. 1631, veröffentlichten Vervielfältiger zu ermitteln. Ist der Barwert der wiederkehrenden Leistungen höher als der Wert des übertragenen Vermögens, ist Entgeltlichkeit in Höhe des angemessenen Kaufpreises anzunehmen. Ist der Barwert niedriger als der Wert des übertragenen Vermögens, liegt ein teilentgeltliches Anschaffungsgeschäft vor (vgl. Tz 20.9.3 unter Erläuterungen der Anlage SO).

> **ELSTER:**
> ELSTER hält für die Renten und dauernden Lasten mehrere Eintragungsmöglichkeiten bereit.

24.10 Erhaltungsaufwendungen, d.h. Instandhaltungs- und Instandsetzungsaufwand – Abgrenzung von den Anschaffungs- und Herstellungskosten

55–56 Wegen einer etwaigen **Aufteilung** und Kürzung der Aufwendungen in Spalten 1 bis 4 der **Zeilen 55 bis 56** vgl. Tz 24.7.1.

24.10.1 Allgemeine Grundsätze

In den **Zeilen 55 bis 56** können Aufwendungen für **laufende Instandhaltung und Instandsetzung** (Reparaturen) geltend gemacht werden. Steuerlich handelt es sich um sog. **Erhaltungsaufwendungen**, die als **Werbungskosten** abzugsfähig sind. Eine **Einzelaufstellung** über den gezahlten Rechnungsbetrag, das Rechnungsdatum, den Gegenstand der Leistung sowie das ausführende Unternehmen sollte beigefügt werden.

Größerer Erhaltungsaufwand, also Ausgaben für **größere Instandsetzungsarbeiten**, wie z.B. für Neuverputz des Hauses, Neudeckung des Daches, Herrichten des Treppenhauses, Heizungsumstellung kann unter bestimmten Voraussetzungen **auf zwei bis fünf Jahre gleichmäßig verteilt** werden (§ 82b, § 84 Abs. 4a EStG). Außerdem ist eine solche Verteilung stets bei Maßnahmen nach § 11 a EStG (Gebäude in Sanierungsgebieten und städtebaulichen Entwicklungsbereichen) und § 11 b EStG (Baudenkmale) möglich. Zu diesen Regelungen in § 82b EStDV und zu §§ 11a, 11b EStG vgl. Tz 24.11.

Hiervon abgesehen sind Aufwendungen zur Instandhaltung des Gebäudes und zur Wiederinstandsetzung (Reparaturen) sonach grundsätzlich nur noch in **dem** Jahr **in voller Höhe abzugsfähig** in dem sie **geleistet (gezahlt)** worden sind. Wegen des Zeitpunkts, zu dem Werbungskosten bei Banküberweisungen oder Zahlung mit Scheck als geleistet anzusehen sind, vgl. Tz 24.2.3.

Da entscheidend ist, ob die als Werbungskosten geltend gemachten Beträge auch im jeweiligen Kj. **zur Instandhaltung** des Gebäudes **ausgegeben** wurden, sind **Zahlungen in einen Instandhaltungsfonds** (z.B. einer Eigentümergemeinschaft) oder zur **Ansammlung einer Rücklage für Reparaturen** allein noch **keine Werbungskosten**, und zwar auch keine vorweggenommenen (BFH-Urteile vom 14.10.1980, BStBl 1981 II S. 128 und 14.1.2025, BStBl II S. 291). Deshalb sind die nach dem Wohnungseigentumsgesetz (WEG) an den Verwalter gezahlten Beiträge zur **Erhaltungsrücklage** (bisher als Instandhaltungsrücklage bezeichnet) der Gemeinschaft der **Wohnungseigentümer** nicht bereits im Zeitpunkt der Abführung, sondern erst bei Verausgabung der Beiträge für Erhaltungsmaßnahmen als Werbungskosten abziehbar (H 21.2 – Werbungskosten – EStH). Wird die Erhaltungsrücklage für Maßnahmen verwendet, die zu Herstellungskosten führen, so sind nur die zulässigen AfA abziehbar (BFH-Urteil vom 26.1.1988, BStBl II S. 577). Die für die steuerliche Beurteilung erforderlichen Merkmale sollten aus der **Abrechnung des Verwalters** ersichtlich sein, der nach dem WEG verpflichtet ist, die Werbungskosten nach dem Verhältnis der Miteigentumsanteile auf die einzelnen Wohnungseigentümer zu verteilen und diesen zur Kenntnis zu geben. Dies gilt auch für etwaige Kapitalerträge aus der verzinslichen Anlage der Rücklage, die zu den Einnahmen aus Kapitalvermögen gehören (R 21.2 Abs. 2 EStR). Von einer gesonderten Feststellung (§ 180 AO) der Werbungskosten durch das Belegenheitsfinanzamt kann nach Auffassung der Finanzverwaltung im Allgemeinen abgesehen werden (BMF-Schreiben vom 16.5.2025, BStBl I 2018 S. 1388, Rz 18). Von den **Mietern** geleistete Aufwendungen, z.B. für im Mietvertrag übernommene **Schönheitsreparaturen**, können vom Vermieter nicht abgezogen werden.

Vorbehaltlich der Frage, ob Aufwendungen für Baumaßnahmen zu Anschaffungs- oder Herstellungskosten führen – vgl. Tz 24.10.3 –, kommen in der Praxis als sofort abzugsfähige **Erhaltungsaufwendungen** (Werbungskosten) **insbesondere** in Betracht: Kosten für Anstricherneuerungen (Malerarbeiten) im Innern des Gebäudes, Erneuerung der Fußböden, Tapetenerneuerungen und Reparaturen an Öfen, Baderäumen, Dachrinnen, Dächern, Gartenzäunen, Ausbesserung von schadhaften Stellen des Hausanstrichs oder der Hofpflasterung, außerdem alle Ausgaben für Reparaturen von Sammelheizungen oder Fahrstuhlanlagen. Die erstmalige Neuanlage eines Fahrstuhls gehört dagegen zu den Herstellungskosten.

Zum sofort abzugsfähigen **Erhaltungsaufwand** gehören unter dem o.g. Vorbehalt auch Aufwendungen für die **Erneuerung** von bereits in den Herstellungskosten des Gebäudes enthaltenen Teilen, Einrichtungen oder Anlagen, z.B. Austausch von **Fenstern** wie Holz- gegen Aluminiumrahmen, Einfach- gegen Doppelglas, Ersatz von mit Kohle beheizten Einzelöfen durch Elektro-Nachtspeicheröfen (BFH-Urteil vom 24.2.1981, BStBl 1982 II S. 469), **Umstellung einer Zentralheizung** von Koks- auf Ölfeuerung oder von Einzelöfen auf Zentralheizung (BFH-Urteil vom 24.7.1979, BStBl 1980 II S. 7), Ersatz einer alten Zentralheizung durch eine neue Zentralheizung, Einbau einer Zentralheizung mit Radiatoren anstelle einer Warmluftheizung (BFH-Urteil vom 14.8.1985, BStBl 1986 II S. 9), Anschluss einer Zentralheizung an eine Fernwärmeversorgung, Einbau von Heizanlagen i.S.des § 82a Abs. 1 Nr. 2 EStDV a.F. (Wärmepumpen- oder Solaranlagen usw.) und von Heizungs- und Warmwasseranlagen i.S.des § 82a Abs. 1 Nr. 5 EStDV a.F., wenn durch diese Anlagen vorhandene Heizanlagen ergänzt oder ersetzt werden (vgl. auch die älteren BFH-Urteile vom 9.11.1976, BStBl 1977 II S. 279 und S. 306, vom 7.12.1976, BStBl 1977 II S. 281 und vom 14.3.1979, BStBl II S. 435), Kosten für den Ersatz eines offenen Kamins durch einen **Kachelofen** (FG Baden-Württemberg, Urteil vom 19.8.1992, EFG 1993 S. 26; anders bei zusätzlichem Einbau eines Kachelofens: FG Münster, Urteil vom 17.12.1985, EFG 1986 S. 336 und FG Baden-Württemberg, Urteil vom 19.3.1986, EFG 1986 S. 389), Einbau messtechnischer Anlagen zur verbrauchsabhängigen Abrechnung von Heiz- und Warmwasserkosten, Ersatz eines vorhandenen Fahrstuhls durch einen modernen **Fahrstuhl**, Umdeckung des **Daches**, ebenso wie Aufwendungen für die Verstärkung des Stromkabels, das zum Hausanschluss führt und Aufwendungen für beschädigte balkonähnliche Wohnungszugänge sowie deren Verglasung (BFH-Urteil vom 24.2.1981, BStBl II S. 468). Erhaltungsaufwand sind auch die Aufwendungen für die Erneuerung einer **Hangstützmauer**, die der Sicherung eines Gebäudes gegen Abrutschen dient (BFH-Urteil vom 3.6.1975, BStBl II S. 696).

Auf den Zustand oder die Brauchbarkeit der erneuerten Teile, Einrichtungen oder Anlagen kommt es dabei grundsätzlich nicht an. Auch wenn diese **noch nicht verbraucht** waren, ist in der Regel **Erhaltungsaufwand** gegeben.

Aufwendungen für Erhaltungsmaßnahmen, die noch **während der Vermietungszeit** an einem anschließend selbst genutzten Gebäude durchgeführt werden, sind grundsätzlich als Werbungskosten abzugsfähig (BFH-Urteil vom 10.10.2000, BStBl 2001 II S. 787). Sie sind aber ausnahmsweise dann nicht abziehbar, wenn die Maßnahmen für die Selbstnutzung bestimmt sind und in die Vermietungszeit vorverlagert werden (BMF-Schreiben vom 26.11.2001, BStBl I S. 868). Erhaltungsmaßnahmen **nach Beendigung** der Vermietung und vor Beginn der Selbstnutzung sind grundsätzlich keine Werbungskosten. Ein Abzug kommt ausnahmsweise in Betracht, soweit sie mit Mitteln der einbehaltenen und als Einnahme erfassten **Mietkaution** finanziert werden oder wenn sie zur Beseitigung eines Schadens gemacht werden, der die mit dem gewöhnlichen Gebrauch der Mietsache verbundene Abnutzung deutlich übersteigt, insbesondere eines mutwillig vom Mieter verursachten Schadens (BFH-Urteil vom 11.7.2000, BStBl 2001 II S. 784).

Nach den BFH-Urteilen vom 15.11.2005 (BStBl 2006 II S. 623) und vom 15.1.2008 (BStBl II S. 572) sind laufende Aufwendungen für Erhaltungsarbeiten vom Steuerpflichtigen auch dann als Werbungskosten abziehbar, wenn der Dritte (z.B. Vater) im eigenen Namen für den Steuerpflichtigen (z.B. Sohn) einen Vertrag abgeschlossen hat und die von ihm geschuldete Zahlung auch selbst leistet: **sog. abgekürzter Vertragsweg**. Ein Abzug von Aufwendungen aufgrund von Dauerschuldverhältnissen (z.B. Schuldzinsen, Miet- und Pachtaufwendungen) kommt unter dem Gesichtspunkt der Abkürzung des Vertragsweges dagegen nicht in Betracht (BMF-Schreiben vom 7.7.2008, BStBl I S. 717). Anzuerkennen sind auch solche Aufwendungen als Werbungskosten des Steuerpflichtigen, bei denen der Steuerpflichtige selbst eine vertragliche Verpflichtung eingegangen ist, aber ein Dritter die Erhaltungsaufwendungen bezahlt: **sog. abgekürzter Zahlungsweg**.

24.10.2 Instandsetzungen und Modernisierung im Allgemeinen: Erhaltungsaufwand (Werbungskosten) oder Anschaffungs-/Herstellungskosten?

Handelt es sich bei den Aufwendungen um **Anschaffungs- oder Herstellungskosten**, so müssen diese im Wege der AfA auf die Nutzungsdauer des Gebäudes verteilt werden. Die Frage der **Abgrenzung zwischen Erhaltungs- und Herstellungsaufwand** stellt sich besonders bei hohen Aufwendungen und bei zusammengeballten, umfassenden Instandsetzungen und Modernisierungen. Die **Grenze zwischen** sofort abzugsfähigem **Erhaltungsaufwand und** auf die Nutzungsdauer zu verteilendem **Herstellungsaufwand** bei bestehenden Gebäuden ist fließend und deshalb nicht immer leicht zu ziehen. Vgl. die folgenden Ausführungen sowie R 21.1 EStR und H 21.1 EStH.

Die Finanzverwaltung prüft die Frage, ob Herstellungsaufwand vorliegt allerdings **nur**, wenn es sich um **verhältnismäßig große Aufwendungen** handelt. Betragen die Aufwendungen **für die »einzelne Baumaßnahme« nicht mehr als 4 000 €** (Rechnungsbetrag **ohne** Umsatzsteuer) **je Gebäude,** so sind diese Aufwendungen vom Finanzamt **auf Antrag stets als Erhaltungsaufwand (Werbungskosten)** zu behandeln (R 21.1 Abs. 2 Satz 2 EStR). Als »**einzelne Baumaßnahme**« sind insbesondere Arbeiten anzusehen, die in engem räumlichen Zusammenhang stehen und wirtschaftlich einen einheitlichen Vorgang darstellen (z. B. Einbau oder Umbau sanitärer Anlagen in sämtlichen Wohnungen des Gebäudes). Eine einzelne Baumaßnahme liegt dagegen **nicht** vor, wenn die Arbeiten zwar in zeitlichem Zusammenhang, aber an räumlich getrennten Stellen eines Gebäudes vorgenommen werden und auch kein wirtschaftlicher Zusammenhang besteht (z. B. Ausbau des Dachgeschosses und gleichzeitiger Umbau von Fenstern und Türen). Auf Aufwendungen, die **eindeutig der endgültigen Fertigstellung** eines neu errichteten Gebäudes dienen, kann die Vereinfachungsregelung jedoch **nicht** angewendet werden (R 21.1 Abs. 2 Satz 3 EStR). Solche Aufwendungen sind zu den Herstellungskosten des Gebäudes zu rechnen. Es handelt sich hier in der Regel um Aufwendungen für solche Baumaßnahmen, die bereits im ursprünglichen Bauplan vorgesehen waren.

In mehreren Entscheidungen hat sich der BFH mit der **Abgrenzung zwischen Erhaltungsaufwand und Herstellungskosten** in Fällen befasst, in denen sehr hohe (sechsstellige) Aufwendungen für zusammengeballte, umfassende Instandsetzungen und Modernisierungen an Wohngebäuden angefallen sind, **ohne** dass die Voraussetzungen eines »anschaffungsnahen Aufwands« i. S.der früheren BFH-Rspr. vorlagen (vgl. BFH-Urteile vom 9.5.1995, BStBl 1996 II S. 628, 630, 632, 637, BFH-Urteile vom 10.5.1995, BStBl 1996 II S. 639 und vom 16.7.1996, BStBl II S. 649). In weiteren Entscheidungen des BFH zur Frage der Abgrenzung von Anschaffungs- und Herstellungskosten von den Erhaltungsaufwendungen ist dieser von seiner bisherigen Rechtsauffassung abgewichen (vgl. z. B. BFH-Urteile vom 12.9.2001, BStBl 2003 II S. 569 und S. 574 und vom 22.1.2003, BStBl II S. 596). Die Finanzverwaltung hat hierzu im **BMF-Schreiben vom 18.7.2003 (BStBl I S. 386)** ausführlich Stellung genommen. Außerdem ist die für Baumaßnahmen **ab 2004** wirksame gesetzliche **Regelung** zum anschaffungsnahen Herstellungsaufwand **in § 6 Abs. 1 Nr. 1a EStG** zu beachten. Vgl. Tz 24.10.3.

Wegen der laufenden Unterhaltskosten für **Gartenanlagen** sowie der Aufwendungen für die **Erstanlage eines Gartens** vgl. Tz 24.12.3.

Aufwendungen für die **Beseitigung von Baumängeln vor (!) Fertigstellung des Gebäudes** sind keine sofort abziehbaren Werbungskosten, sondern **Herstellungskosten des Gebäudes**. Absetzungen für außergewöhnliche technische oder wirtschaftliche Abnutzung sind in solchen Fällen nicht zulässig (BFH-Urteile vom 31.3.1992, BStBl II S. 805 und vom 24.3.1987, BStBl II S. 694) und zwar selbst dann nicht, wenn infolge dieser Baumängel noch während der Bauzeit unselbständige Gebäudeteile wieder abgetragen werden (BFH-Urteil vom 30.8.1994, BStBl 1995 II S. 306). Dies gilt auch, wenn die Baumängel bereits bei der Herstellung des Gebäudes aufgetreten sind, aber erst **nach** dessen Fertigstellung behoben werden (BFH-Urteil vom 1.12.1987, BStBl 1988 II S. 431). Damit zusammenhängende **Prozesskosten** teilen als Folgekosten die steuerrechtliche Qualifikation der Aufwendungen, die Gegenstand des Prozesses waren (BFH-Urteil vom 1.12.1987, BStBl 1988 II S. 431). Zur Absetzung wegen außergewöhnlicher technischer oder wirtschaftlicher Abnutzung (AfaA) vgl. Teil II Tz 1.7.2.3.

Nach dem Beschluss des BFH-GrS vom 4.7.1990 (BStBl II S. 830) sind Vorauszahlungen für ein Bauvorhaben, für die wegen **Insolvenz des Bauunternehmers** Herstellungsleistungen **nicht erbracht** worden sind **(verlorene Anzahlungen), sofort abziehbare Werbungskosten** des Bauherrn und keine Herstellungskosten. Als verausgabt sind die Aufwendungen in dem Zeitpunkt anzusehen, in dem deutlich wird, dass eine geleistete Vorauszahlung ganz oder zum Teil ohne Gegenleistung bleibt und insoweit auch eine Rückzahlung nicht zu erlangen ist.

Umgekehrt bedeutet das, dass (Voraus-)Zahlungen auf Anschaffungskosten im Jahr der Zahlung **nicht** als verlorene Aufwendungen sofort abziehbar sind, wenn im Zeitpunkt der Zahlung nicht davon auszugehen ist, dass diese ohne Gegenleistung bleiben und eine Rückzahlung nicht zu erlangen sein wird (BFH-Urteil vom 28.6.2002, BStBl II S. 758).

Nach Auffassung des Großen Senats des BFH vom 4.7.1990 (BStBl II S. 830) rechnen zu den **Herstellungskosten** nur Ausgaben für **tatsächlich** erbrachte Leistungen des Bauunternehmers, die zum Bereich der Gebäudeherstellung gehören. Daraus folgt, dass Kosten eines **Beweissicherungsverfahrens** zur Feststellung der vor Insolvenz erbrachten Leistungen des Bauunternehmers, ebenso wie im Insolvenzverfahren des Bauunternehmers angefallene **Gerichts- und Anwaltskosten** und auch Zahlungen, die vom Architekten unterschlagen wurden, sofort abzugsfähige **Werbungskosten** sind (entgegen BFH-Urteil vom 24.3.1987, BStBl II S. 695). Geldbeträge, die einem betrügerischen Makler in der Erwartung überlassen werden, dieser werde die Zahlungen zum Erwerb eines Vermietungsobjekts aufwenden, können als Werbungskosten abgezogen werden (BFH-Urteil vom 9.5.2017, BStBl 2018 II S. 168). Eine Berücksichtigung **vergeblicher Planungskosten** – d. h. von Aufwendungen für ein Bauvorhaben, das **nicht realisiert** wurde – ist **nicht** möglich, weil es an einem unmittelbaren Zusammenhang mit einem Vermietungsobjekt fehlt. Fallen z. B. für ein Grundstück A vergebliche Planungskosten an, wird jedoch das vorgesehene Bauvorhaben auf dem Grundstück B realisiert, stehen die vergeblichen Planungskosten nicht unmittelbar im Zusammenhang mit dem hergestellten Vermietungsobjekt. Gleichwohl können Herstellungskosten des Gebäudes B vorliegen. Dies trifft zu, wenn später ein die beabsichtigenden Zwecke erfüllendes Gebäude, das die gleiche Bauart aufweist, tatsächlich erstellt wird (vgl. Tz 24.12.3 und BFH-Urteile vom 29.11.1983, BStBl 1984 II S. 303 und 306).

Stehen den Vorauszahlungen auf Bauleistungen dagegen Herstellungsleistungen gegenüber, ist also die vereinbarte Gegenleistung tatsächlich **erbracht** worden, **ohne** dass durch diese der Wert des hergestellten Wirtschaftsguts erhöht wird, wie das z. B. bei mängelbehafteten Leistungen (Schlechterleistungen), Zahlung überhöhter Preise, Schnellbaukosten, Kosten für die Bauüberwachung und für das Richtfest der Fall ist, so liegen **Herstellungskosten** und keine Werbungskosten vor (Großer Senat des BFH vom 4.7.1990, BStBl II S. 830, und BFH-Urteil vom 31.3.1992, BStBl II S. 805). Ein Ungleichgewicht zwischen Leistung und Gegenleistung lässt den Charakter der Aufwendungen als Herstellungskosten sonach unberührt. Ohne Bedeutung ist deshalb auch, ob die Gegenleistung vertragsgemäß oder mangelhaft ist und ob es sich um überflüssige Maßnahmen gehandelt hat, auch wenn diese auf Verlangen Dritter (z. B. der Baubehörde oder von Nachbarn) durchgeführt wurden (BFH-Urteil vom 30.8.1994, BStBl 1995 II S. 306).

Vergebliche Aufwendungen können nicht berücksichtigt werden, wenn diese Aufwendungen im Zusammenhang mit nicht realisierten Bauvorhaben oder nicht erworbenen Objekten oder entgegen ursprünglicher Planung nicht zur Vermietung genutzten Objekten anfallen, wie z. B. Aufwendungen für Fahrten zur Besichtigung von Bau-, Kauf-, oder Musterhausobjekten, für den Erwerb von Bau- und Finanzierungsliteratur, Finanzierungskosten für ein unbebaut gebliebenes Grundstück (z. B. Erwerb eines Bauplatzes), für das keine Vermietungsabsicht nachgewiesen oder dem Finanzamt gegenüber glaubhaft gemacht werden kann. Wird vor Bezugsfertigkeit die Absicht der Eigennutzung aufgegeben und soll stattdessen eine Vermietung des Objekts erfolgen, so können vom Zeitpunkt der durch objektive Umstände feststellbaren Vermietungsabsicht an vorab entstandene Werbungskosten vorliegen (BFH-Urteil vom 23.7.1997, BStBl 1998 II S. 15).

Leistet der Käufer eines Mietobjekts an den Verkäufer infolge einer Vertragsaufhebung Schadensersatz, um sich von seiner gescheiterten Investition zu lösen, so kann er seine Aufwendungen als vorab entstandene vergebliche Werbungskosten absetzen (BFH-Urteile vom 15.11.2005, BStBl II 2006 S. 258 sowie vom 7.6.2006, BStBl II S. 803).

Sofort abzugsfähige Werbungskosten (Erhaltungsaufwendungen) können auch anfallen im Zusammenhang mit:

- nachträglichen Kosten für Anlagen zur Versorgung mit Elektrizität, Gas, Wärme und Wasser, Straßenanliegerbeiträgen und Erschließungsbeiträgen,
- Kanalanschlussgebühren (Kanal- oder Sielbaubeiträge),
- etwa zu leistenden Ergänzungsbeiträgen oder Straßenausbaubeträgen und Beiträgen (Baukostenzuschüssen) zu anderen Erschließungs- oder Erweiterungsmaßnahmen.

Aufwendungen für die Ersetzung, Modernisierung oder (ggf. teilweise) Instandsetzung einer vorhandenen und funktionsfähigen Kanalisation sind ebenfalls als Werbungskosten sofort abziehbar, da sie der Erhaltung des Grundstücks dienen (BFH-Urteil vom 3.9.2019, BStBl 2020 II S. 191).

Wegen der steuerlichen Behandlung solcher Aufwendungen und der Möglichkeit ihrer sofortigen Abzugsfähigkeit wird auf Teil II Tz 4.3.3.1, 4. hingewiesen. In diesen Fällen stellt sich die Frage, ob Aufwendungen dem **Grund und Boden** zuzurechnen sind, sodass insoweit keine Werbungskosten (auch keine in Form von AfA) in Betracht kommen **oder** ob es sich um **sofort abzugsfähige Werbungskosten** handelt. Die teilweise zum betrieblichen Bereich ergangenen Urteile gelten auch bei der Ermittlung der Einkünfte aus Vermietung und Verpachtung (vgl. H 6.4 – Erschließungs-, Straßenanlieger- und andere Beiträge – EStH).

Die Aufwendungen, die ein Hauseigentümer für die Herstellung der **Zuleitungsanlagen (Hausanschlusskosten)** von dem Gebäude zu dem Hauptkanal der Gemeinde macht einschließlich der Kanalanstichgebühr, gehören stets zu den **Herstellungskosten des Gebäudes** (vgl. Teil II Tz 4.3.3.1, 1.).

Die von den Energieversorgungsunternehmen gelegentlich in einem Betrag erhobenen sog. **Stromanschlusskosten** gehören, soweit es sich um Hausanschlusskosten handelt, zu den Herstellungskosten des Gebäudes und sind mit diesem abzuschreiben; soweit es sich um Baukostenzuschüsse für das allgemeine Leitungsnetz handelt, gehören sie zum nicht abschreibungsfähigen Grund und Boden. Eine Aufteilung der Stromanschlusskosten ist nur durch das Energieversorgungsunternehmen selbst möglich.

Beim Anschluss an das öffentliche Breitbandnetz (**Fernseh- und Rundfunk-Breitbandkabel**) gilt Folgendes: die Aufwendungen für eine private Breitbandanlage (von der öffentlichen Anschlussstelle bis zu den Antennensteckdosen in den Wohnungen) und die einmalige Anschlussgebühr sind bei einem **Neubau Herstellungskosten**. Beim **Einbau** in ein **bestehendes Gebäude** liegen insoweit **Werbungskosten** vor (R 21.1 Abs. 1 EStR). Trägt sie der Mieter, so sind sie weder bei ihm noch beim Hauseigentümer abziehbar. Laufende Gebühren für die Überlassung des Anschlusses an den Mieter sind beim Hauseigentümer **Werbungskosten**.

Zu den nur im Wege der AfA berücksichtigungsfähigen **Herstellungskosten eines Gebäudes** vgl. Teil II Tz 4.3.3.1 und zur Behandlung etwaiger **Abbruchkosten** vgl. Teil II Tz 2.11.6.

24.10.3 »Anschaffungsnaher Aufwand« – Instandsetzungen und Modernisierung im Besonderen

24.10.3.1 Anschaffungsnahe Herstellungskosten

Zu den **anschaffungsnahen Herstellungskosten** eines Gebäudes gehören auch Aufwendungen für Instandsetzungs- und Modernisierungsmaßnahmen, die innerhalb von **drei Jahren** nach Anschaffung des Gebäudes durchgeführt werden, wenn die Aufwendungen (ohne die USt) **15 % der Anschaffungskosten** des Gebäudes (sonach ohne Grund und Boden) übersteigen. Die Überführung einer Wohnung vom Betriebsvermögen in das Privatvermögen ist keine Anschaffung i. S. des § 6 Abs. 1 Nr. 1a EStG (vgl. BFH-Urteil vom 3.5.2022, BStBl 2023 II S. 104). Zu diesen Aufwendungen gehören jedoch **nicht** die Aufwendungen für **Erweiterungen** i. S. des § 255 Abs. 2 Satz 1 HGB, wie z. B. Aufstockung oder Anbau – vgl. Tz 24.10.3.2 – sowie Aufwendungen für **Erhaltungsarbeiten**, die jährlich üblicherweise anfallen. Zu den Aufwendungen, die jährlich üblicherweise anfallen gehören z. B. laufende Heizungs- oder Aufzugswartungen, Beseitigung von Rohrverstopfungen und -verkalkungen oder Ablesekosten, nicht jedoch die sog. Schönheitsreparaturen (vgl. BFH-Urteil vom 14.6.2016, BStBl II S. 999). Auch unvermutete Aufwendungen für Renovierungsmaßnahmen, die lediglich dazu dienen, Schäden zu beseitigen, welche aufgrund des langjährigen vertragsgemäßen Gebrauchs der Mietsache durch den Nutzungsberechtigten entstanden sind, führen unter den weiteren Tatbestandsvoraussetzungen des § 6 Abs. 1 Nr. 1a EStG zu anschaffungsnahen Herstellungskosten (vgl. BFH-Urteil vom 13.3.2018, BStBl II S. 533). Aufwendungen im Zusammenhang mit der Anschaffung eines Gebäudes sind – unabhängig davon, ob sie auf jährlich üblicherweise anfallenden Erhaltungsarbeiten i. S. von § 6 Abs. 1 Nr. 1a Satz 2 EStG beruhen – nicht als Erhaltungsaufwand sofort abziehbar, wenn sie im Rahmen einheitlich zu würdigender Instandsetzungs- und Modernisierungsmaßnahmen i. S. des § 6 Abs. 1 Nr. 1a Satz 1 EStG anfallen (BFH-Urteil vom 25.8.2009, BStBl 2010 II S. 125). Da § 6 Abs. 1 Nr. 1a EStG ausdrücklich nur die genannten zwei Ausnahmen zulässt, sind alle anderen Baumaßnahmen innerhalb des Dreijahreszeitraums in die Prüfung der 15 %-Grenze einzubeziehen, also auch Aufwendungen zur Beseitigung der Funktionsuntüchtigkeit oder zur Hebung des Gebäudes auf einen höheren Standard – vgl. Tz 24.10.3.2 und BFH-Urteil vom 14.6.2016, BStBl II S. 365, auch wenn diese für sich betrachtet schon Herstellungskosten sein können (s. unten) – oder zur Beseitigung versteckter Mängel (z. B. Schwamm, Fäulnis); Letztere wurden bisher stets als sofort abziehbare Werbungskosten anerkannt. Kosten für unvermutete Instandsetzungsmaßnahmen zur Beseitigung eines Substanzschadens, der nachweislich erst **nach** Anschaffung des Gebäudes durch das schuldhafte Handeln eines Dritten verursacht worden ist, sind nicht den anschaffungsnahen Herstellungskosten i. S. des § 6 Abs. 1 Nr. 1a EStG zuzuordnen, wenn die Maßnahmen innerhalb von drei Jahren seit Anschaffung zur Herstellung der Betriebsbereitschaft des Gebäudes durchgeführt werden (BFH-Urteil vom 4.10.2017, BStBl 2018 II S. 9). Die Herstellung der »**Betriebsbereitschaft**« nach den Vorstellungen des Erwerbers – vgl. Tz 24.10.3.2 – ist jedenfalls im Hinblick auf die Berechnung der maßgeblichen 15 %-Grenze nicht entscheidend.

Bei der Prüfung, ob die Aufwendungen für Instandsetzung und Modernisierung zu anschaffungsnahen Herstellungskosten i. S. von § 6 Abs. 1 Nr. 1a Satz 1 EStG führen, ist bei einem aus mehreren Einheiten bestehenden Gebäude nicht auf das gesamte Gebäude, sondern auf den jeweiligen selbständigen Gebäudeteil abzustellen, wenn das Gesamtgebäude in unterschiedlicher Weise genutzt wird und daher in verschiedene Wirtschaftsgüter aufzuteilen ist (BFH-Urteil vom 14.6.2016, BStBl II S. 992).

Herstellungskosten sind nicht allein deshalb ausgeschlossen, weil die Baumaßnahmen an dem Objekt erst **nach** Ablauf der Dreijahresfrist abgeschlossen werden oder weil die 15 %-Grenze erst danach überschritten wird. **Anschaffungs-/Herstellungskosten** können **auch** vorliegen, obwohl die **15 %-Grenze nicht überschritten** wird. Es gelten dann die allgemeinen Grundsätze, wonach z. B. bei einer **wesentlichen Verbesserung** i. S. des § 255 Abs. 2 Satz 1

HGB z. B. durch **Hebung des Standards** eines Wohngebäudes – vgl. Tz 24.10.3.2 – Anschaffungs-/Herstellungskosten vorliegen können oder wenn **funktionstüchtige Teile** wieder hergestellt werden, die für die Nutzung unerlässlich sind (z. B. bei einer defekten Heizung oder bei die Bewohnbarkeit ausschließenden Wasser- oder Brandschäden). Auch Aufwendungen für Baumaßnahmen im Zusammenhang mit einer Nutzungsänderung sind den Anschaffungskosten zuzurechnen, soweit sie vor der ersten Nutzung entstanden sind (z. B. Umbau einer Wohnung in ein Büro).

Der maßgebende Zeitpunkt der Anschaffung ist der Erwerb des wirtschaftlichen Eigentums (d. h. Übergang von Besitz, Gefahr, Nutzungen und Lasten, nicht Abschluss des Kaufvertrags oder Auflassungserklärung).

24.10.3.2 Rechtslage nach dem BMF-Schreiben vom 18.7.2003, BStBl I S. 386 und der neueren BFH-Rechtsprechung

Nach dem BMF-Schreiben vom 18.7.2003, BStBl I S. 386, und den zit. BFH-Urteilen liegen in folgenden Fällen Anschaffungskosten vor:

1. Anschaffungskosten: Herbeiführung der Betriebsbereitschaft

Da für die Definition der Anschaffungs- und Herstellungskosten nach der zit. BFH-Rspr. allein § 255 Abs. 1 HGB ausschlaggebend ist, sind nach der Legaldefinition **Anschaffungskosten** die Aufwendungen, die geleistet werden, um einen Vermögensgegenstand zu erwerben **und in einen betriebsbereiten Zustand zu versetzen.** Die »**Betriebsbereitschaft**« eines Gebäudes ist hergestellt, wenn es **entsprechend seiner Zweckbestimmung nach den Vorstellungen des Erwerbers** genutzt werden kann. Der Erwerber bestimmt sonach den Zweck des Vermögensgegenstandes. Er kann deshalb auch bestimmen, **welchen Standard** ein Wohngebäude haben soll (vgl. hierzu unten). Dies ist für jeden Teil des Gebäudes, der selbständig genutzt wird, gesondert zu prüfen. Aufwendungen für **Baumaßnahmen, welche zur Zweckerreichung erforderlich sind,** führen deshalb zu **Anschaffungskosten** (vgl. BFH-Urteil vom 20.8.2002, BStBl 2003 II S. 585 und BMF-Schreiben vom 18.7.2003, BStBl I S. 386, Rz 7 ff. mit Beispielen).

Nutzt der Erwerber das Gebäude ab dem Zeitpunkt der Anschaffung – vgl. Tz 24.10.3.1 – zur Erzielung von Einkünften oder zu eigenen Wohnzwecken, ist es **ab diesem Zeitpunkt betriebsbereit** im o. g. Sinne. Deshalb können Instandsetzungs- und Modernisierungsmaßnahmen in diesem Fall **keine Anschaffungskosten** sein (BFH-Urteil vom 12.9.2001, BStBl 2003 II S. 574 und BMF-Schreiben vom 18.7.2003, BStBl I S. 386, Rz 3 unter Hinweis auf die Ausnahme nach Rz 6 bei objektiver Funktionsuntüchtigkeit wesentlicher Teile des Gebäudes).

Im Rahmen seiner Entscheidungsbefugnis bestimmt der Erwerber auch, ob das Gebäude z. B. für Wohnzwecke oder als Büroräume genutzt werden soll. Bei der Nutzung zu Wohnzwecken gehört zur Zweckbestimmung auch die Entscheidung, **welchem Standard** das Gebäude entsprechen soll: **sehr einfach – mittel – sehr anspruchsvoll**. Baumaßnahmen, die das Gebäude auf einen **höheren Standard** bringen, machen es betriebsbereit i. S. des § 255 Abs. 1 HGB, ihre Kosten führen deshalb zu **Anschaffungskosten** (BFH-Urteil vom 12.9.2001, BStBl 2003 II S. 574, 576). Der Standard eines Wohngebäudes bezieht sich auf die Eigenschaften einer Wohnung. Wesentlich sind vor allem Umfang und Qualität der **Heizungs-, Sanitär- und Elektroinstallationen** sowie der **Fenster**. Hierbei handelt es sich um die **zentralen Ausstattungsmerkmale**. Führt ein Bündel von Baumaßnahmen bei mindestens **drei Bereichen** der zentralen Ausstattungsmerkmale zu einer Erhöhung und Erweiterung des Gebäudewertes, hebt sich der Standard eines Gebäudes (BMF-Schreiben vom 18.7.2003, BStBl I S. 386, Rz 9 und 10).

Ein **sehr einfacher** Standard liegt nach Auffassung der Finanzverwaltung vor, wenn die zentralen Ausstattungsmerkmale im Zeitpunkt der Anschaffung nur im nötigen Umfang oder in einem technisch überholten Zustand vorhanden sind, wie z. B. ein Bad ohne Handwaschbecken, Bad nicht beheizbar oder nur mit Badeofen oder ohne Entlüftung oder nicht überwiegend gefliest, Fenster nur mit Einfachverglasung, technisch überholte Heizungsanlage (z. B. Kohleöfen), unzureichende Elektroversorgung.

Ein **mittlerer** Standard ist anzunehmen, wenn die zentralen Ausstattungsmerkmale durchschnittlichen und selbst höheren Ansprüchen genügen.

Ein **sehr anspruchsvoller** Standard (Luxussanierung) liegt vor, wenn bei dem Einbau der zentralen Ausstattungsmerkmale nicht nur das Zweckmäßige, sondern das Mögliche, vor allem durch den Einbau außergewöhnlich hochwertiger Materialien, verwendet wurde (BMF-Schreiben vom 18.7.2003, BStBl I S. 386, Rz 11 bis 13).

Für den Fall, dass Baumaßnahmen, die nach den folgenden Ausführungen zu **2.** als »Erweiterung« stets zu Herstellungskosten i. S. des § 255 Abs. 2 Satz 1 HGB führen (z. B. zusätzliches Badezimmer im Dachgeschoss), mit der Verbesserung in mindestens **zwei** Bereichen der zentralen Ausstattungsmerkmale (z. B. Fenster und Elektroinstallation) zusammentreffen, ist ebenfalls eine Hebung des Standards anzunehmen, die zu **Anschaffungskosten** führt (vgl. BMF-Schreiben vom 18.7.2003, BStBl I S. 386, Rz 14 mit Beispiel und BFH-Urteil vom 22.1.2003, BStBl II S. 596).

Baumaßnahmen nach Erwerb und vor erstmaliger Nutzung eines Gebäudes sind demnach **nur dann Anschaffungskosten**, wenn:

- das Gebäude auf einen **höheren Standard** im o. g. Sinne gebracht und nicht nur das Vorhandene ersetzt wird (s. unten: auch hier eine 15 %-Grenze);
- funktions**untüchtige** Teile des Gebäudes, die für seine Nutzung **unerlässlich** sind, wieder hergestellt werden, z. B. defekte Heizung, die Bewohnbarkeit ausschließende Wasserschäden, eine durch Brand verwüstete Wohnung;
- mit dem Kaufvertrag einer Eigentumswohnung in einem Altbau gleichzeitig Renovierungs- und Modernisierungsarbeiten durch gesonderten Werkvertrag in Auftrag gegeben und alsbald durchgeführt werden (»Modernisierungsmodell«, vgl. BFH-Urteil vom 17.12.1996, BStBl 1997 II S. 348).

Dagegen führen **Schönheitsreparaturen** im Anschluss an den Erwerb und **sonstige Instandsetzungsarbeiten** an vorhandenen Gegenständen und Einrichtungen, insbesondere an im Wesentlichen funktionierenden Installationen (Bäder, Strom, Heizung) **nicht** zu Anschaffungskosten (BFH-Urteil vom 12.9.2001, BStBl 2003 II S. 574, 576), vielmehr stellen die Aufwendungen hierfür sofort abzugsfähige **Werbungskosten** dar.

Kosten für unvermutete Instandsetzungsmaßnahmen zur Beseitigung eines Substanzschadens, der nachweislich erst nach Anschaffung des Gebäudes durch das schuldhafte Handeln eines Dritten verursacht worden ist, sind hingegen nicht den anschaffungsnahen Herstellungskosten i. S. des § 6 Abs. 1 Nr. 1a EStG zuzuordnen, wenn die Maßnahmen innerhalb von drei Jahren seit Anschaffung zur Herstellung der Betriebsbereitschaft des Gebäudes durchgeführt werden (BFH-Urteil vom 4.10.2018, BStBl 2018 II S. 9).

Bei einem **unentgeltlichen Erwerb** führen Aufwendungen für Baumaßnahmen, die das Gebäude in einem betriebsbereiten Zustand versetzen, mangels Anschaffung nicht zu Anschaffungskosten i. S.des § 255 Abs. 1 HGB. Vielmehr handelt es sich um **Erhaltungsaufwendungen** oder, sofern die Voraussetzungen des § 255 Abs. 2 HGB erfüllt sind – vgl. unten 2. – um **Herstellungskosten** (BMF-Schreiben vom 18.7.2003, BStBl I S. 386, Rz 15). Bei einem **teilentgeltlichen Erwerb** gilt dies entsprechend. **Anschaffungskosten** zur Herstellung der Betriebsbereitschaft liegen jedoch im Verhältnis zum entgeltlichen Teil des Erwerbsvorgangs vor (BMF-Schreiben vom 18.7.2003, BStBl I S. 386, Rz 16).

2. Herstellungskosten: Erweiterung, wesentliche Verbesserung, Sanierung in Raten

Instandhaltungs- und Modernisierungsarbeiten können – soweit sie nach den vorstehenden Ausführungen zu **1.** nicht schon als Folge der Herbeiführung der Betriebsbereitschaft zu den Anschaffungskosten gehören – unabhängig von ihrer Höhe aber auch zu Herstellungskosten führen, die nur im Wege der AfA berücksichtigt werden können.

Herstellungskosten sind nach dem hier maßgeblichen § 255 Abs. 2 Satz 1 HGB Aufwendungen, die für die **Herstellung** eines Vermögensgegenstandes, seine **Erweiterung oder** seine über den ursprünglichen Zustand hinausgehende **wesentliche Verbesserung** entstehen (BFH-Urteile vom 12.9.2001, BStBl 2003 II S. 569, vom 20.8.2002, BStBl 2003 II S. 604 und vom 14.7.2004, BStBl II S. 949).

Bei der Prüfung, ob eine **Baumaßnahme** nach § 255 Abs. 2 HGB zu **Herstellungsaufwand** führt, darf **nicht auf das gesamte Gebäude**, sondern nur auf den entsprechenden Gebäudeteil abgestellt werden, wenn das Gebäude in unterschiedlicher Weise genutzt wird und deshalb mehrere Wirtschaftsgüter i. S. des R 4.2 Abs. 4 EStR umfasst (BFH-Urteil vom 25.9.2007, BStBl 2008 II S. 218).

Betragen die Aufwendungen **nach** Fertigstellung eines Gebäudes für die einzelne Baumaßnahme allerdings **nicht mehr als 4 000 €** (ohne USt) je Gebäude, so ist auf Antrag dieser Aufwand stets als **Erhaltungsaufwand** zu behandeln (R 21.1 Abs. 2 Satz 2 EStR). Wegen der Einzelheiten hierzu vgl. Tz 24.10.2.

Unter »**Erweiterung**« wird nicht nur die **Aufstockung** eines Gebäudes und der **Anbau** an ein Gebäude verstanden, sondern auch jede **Vergrößerung der Wohnfläche** (Nutzfläche) eines Gebäudes, auch wenn es sich nur um eine geringfügige Vergrößerung der nutzbaren Fläche handelt oder die Räume nicht den Anforderungen des Bauordnungsrechts genügen (BFH-Urteil vom 15.5.2013, BStBl II S. 732). Die 4 000 €-Regelung (vgl. oben) gilt allerdings auch hier. So werden z. B. Herstellungskosten angenommen, wenn die zusätzliche Nutzfläche durch eine zuvor nicht vorhandene Dachgaube, den Anbau eines Balkons oder einer Terrasse über die ganze Gebäudebreite, durch die Umfunktionierung von Kellern in Spielräume oder durch die Vergrößerung des Vorbaus im Eingangsbereich mit neuer Unterkellerung erweitert oder wenn durch ein das Flachdach ersetzendes Sattel- oder Walmdach erstmals ausbaufähiger Dachraum geschaffen wird (BFH-Urteile vom 19.6.1991, BStBl 1992 II S. 73 und 15.5.2013, BStBl II S. 732). Allgemein zu **Baumaßnahmen an einem Dachgeschoss** (Ausbau, Umbau, Erweiterung durch Aufstockung) als nachträgliche Herstellungskosten oder Herstellung eines neuen Wirtschaftsguts vgl. BMF-Schreiben vom 10.7.1996, BStBl I S. 689. Eine Erweiterung, die zu Herstellungskosten führt, kann auch eine **Vermehrung der Substanz ohne Vergrößerung der Nutzfläche** sein (z. B. die Errichtung einer Außentreppe, der Einbau einer Vorsatztür einer Fahrstuhlanlage oder einer Alarmanlage (BFH-Urteil vom 16.2.1993, BStBl II S. 544), einer Sonnenmarkise (BFH-Urteil vom 29.8.1989, BStBl 1990 II S. 430) oder der Ersteinbau eines Bades oder eines Kachelofens oder eines Kamins. Zu beachten ist jedoch, dass **keine** zu **Herstellungskosten** führende Substanzvermehrung vorliegt, wenn der neue Gebäudebestandteil oder die neue Anlage die Funktion der bisherigen Gebäudebestandteile für das Gebäude in vergleichbarer Weise erfüllen. Daher rechnen Unkosten für **übliche Modernisierungen** entsprechend dem **technischen Fortschritt** zu den sofort abzugsfähigen **Erhaltungsaufwendungen,** wie z. B. eine zusätzliche Fassadenverkleidung zu Wärme- oder Schallschutzzwecken (BFH-Urteil vom 13.3.1979, BStBl II S. 435), die Vergrößerung vorhandener Fenster oder das Versetzen von Wänden oder Aufwendungen für eine Heizungsumstellung wie der Einbau einer Zentralheizung anstelle von Einzelöfen: vgl. die umfangreiche Rspr. **in Tz 24.10.1**. Zur »Erweiterung« und zur »Vermehrung der Substanz« vgl. auch BMF-Schreiben vom 18.7.2003, BStBl I S. 386, Rz 19 bis 24.

»**Wesentliche Verbesserungen**«, die über den ursprünglichen Zustand hinausgehen, sind nach dem auch hier verbindlichen § 255 Abs. 2 Satz 1 HGB erst dann gegeben, wenn die Maßnahmen zur Instandsetzung und Modernisierung eines Gebäudes in ihrer Gesamtheit über eine zeitgemäße die Substanz erhaltende (Bestandteil-)Erneuerung hinausgehen, den **Gebrauchswert des Gebäudes (Nutzungspotenzial) insgesamt deutlich erhöhen** und damit für die Zukunft eine erweiterte Nutzungsmöglichkeit geschaffen wird, z. B. wenn von einem sehr einfachen auf einen mittleren oder von diesem auf einen sehr anspruchsvollen Standard gehoben wird (BFH-Urteil vom 3.12.2002, BStBl 2003 II S. 590 und BMF-Schreiben vom 18.7.2003, BStBl I S. 386, Rz 28). Zur **Hebung des Standards** eines Wohngebäudes vgl. Tz 24.10.3.2. Deshalb ist nicht jede **Generalüberholung** des Gebäudes, bei der Aufwendungen, die für sich genommen als Erhaltungsaufwendungen zu beurteilen sind, in ungewöhnlicher Höhe in einem VZ oder Wj. anfallen, eine wesentliche Verbesserung in diesem Sinne (BMF-Schreiben vom 18.7.2003, BStBl I S. 386, Rz 27). Vgl. hierzu auch BFH-Urteil vom 13.10.1998, BStBl 1999 II S. 282, wonach Instandsetzungs- und Modernisierungsaufwendungen für ein Gebäude nicht allein deshalb als Herstellungskosten zu beurteilen sind, weil die Wohnungen wegen Abnutzung und Verwahrlosung nicht mehr zeitgemäßen Wohnvorstellungen entsprechen und deshalb nicht mehr vermietbar sind.

Daraus folgt, dass eine **wesentliche Verbesserung**, die über den ursprünglichen Zustand hinausgeht, nach der neueren BFH-Rspr. jedenfalls grundsätzlich dann **nicht** vorliegt:

- wenn der Nutzungswert eines Gebäudes nicht wesentlich verändert (verbessert) wird, weil z. B. nur **Instandsetzungen** bereits vorhandener Sanitär-, Elektro- und Heizungsanlagen, der Fußbodenbeläge, der Fenster oder der Dacheindeckung erfolgen oder weil das Gebäude nur **unwesentlich verbessert** wurde, z. B. durch Einbau einer Solaranlage zur Brauchwassererwärmung (BFH-Urteil vom 14.7.2004, BStBl II S. 949) oder durch den Einbau neuer Gegenstände in vorhandene Installationen (BFH-Urteile vom 20.8.2002, BStBl 2003 II S. 604);
- bei Beseitigung lediglich eines **Instandsetzungsstaus** hinsichtlich der o. g. Maßnahmen;
- bei **Schönheitsreparaturen** im Anschluss an den Erwerb an vorhandenen Gegenständen und Einrichtungen, die noch im Wesentlichen funktionieren;
- nur weil aufgrund der durchgeführten Maßnahmen eine **erhöhte Miete** verlangt werden kann.

Vgl. auch BMF-Schreiben vom 18.7.2003 (BStBl I S. 386, Rz 27 bis 30 mit Beispiel).

Herstellungskosten können aber dann vorliegen, wenn die Maßnahmen innerhalb eines VZ oder Wj. für sich gesehen noch nicht zu einer wesentlichen Verbesserung führen, wenn sie aber Teil einer **Gesamtmaßnahme** sind, die sich **planmäßig in zeitlichem Zusammenhang** über mehrere VZ erstreckt und die insgesamt zu einer Hebung des Standards des Gebäudes führt, d. h. dass sie sich auf mindestens drei der zentralen Ausstattungsmerkmale – vgl. Tz 24.10.3.2 – erstreckt und als »**Sanierung in Raten**« **insgesamt** eine wesentliche Verbesserung des Gebäudes darstellt. Die Finanzverwaltung geht von einer »Sanierung in Raten« aus, wenn die Maßnahmen innerhalb eines Fünfjahreszeitraums durchgeführt worden sind (BMF-Schreiben vom 18.7.2003, BStBl I S. 386, Rz 31 i. V. mit Rz 10).

Wesentliche Verbesserungen, die über den ursprünglichen Zustand hinausgehen, sind auch dann als **Herstellungskosten** zu behandeln, wenn oder soweit das Gebäude **unentgeltlich** erworben wurde (BMF-Schreiben vom 18.7.2003, BStBl I S. 386, Rz 25). Ursprünglicher Zustand in diesem Sinne ist grundsätzlich der Zustand des Gebäudes im Zeitpunkt der Herstellung oder Anschaffung durch den Steuerpflichtigen **oder** seinen Rechtsvorgänger im Fall des unentgeltlichen Erwerbs (vgl. BFH-Urteil vom 3.12.2002, BStBl 2003 II S. 590 und weitere Erläuterungen hierzu im BMF-Schreiben vom 18.7.2003, BStBl I S. 386, Rz 26).

3. Zusammentreffen von Anschaffungs- oder Herstellungskosten mit Erhaltungsaufwendungen

Sind im Rahmen umfassender Instandsetzungs- und Modernisierungsmaßnahmen sowohl Arbeiten zur Schaffung eines betriebsbereiten Zustandes (Tz 24.10.3.2, 1.), zur Erweiterung des Gebäudes oder Maßnahmen, die über eine zeitgemäße die Substanz erhaltende Erneuerung hinausgehen (Tz 24.10.3.2, 2.), als auch **Erhaltungsarbeiten zusammen** durchgeführt worden, sind die hierauf jeweils entfallenden Aufwendungen grundsätzlich – ggf. im Wege der **Schätzung** – in Anschaffungs- oder Herstellungskosten und Erhaltungsaufwendungen **aufzuteilen** und zwar auch dann, wenn sie einheitlich in Rechnung gestellt worden sind (z. B. Architektenhonorar oder Aufwendungen für Reinigungsarbeiten). Anschaffungs- oder Herstellungskosten und Erhaltungsaufwendungen sind aber ausnahmsweise **insgesamt als Anschaffungs- oder Herstellungskosten** zu beurteilen, wenn die Arbeiten in **sachlichem Zusammenhang** stehen. Letzteres ist (nur) der Fall, wenn die einzelnen Baumaßnahmen, die sich auch über mehrere Jahre erstrecken können, **bautechnisch ineinandergreifen** (BFH-Urteil vom 10.5.1995, BStBl 1996 II S. 639). Dies ist z. B. anzunehmen, wenn im Dachgeschoss eines mehrgeschossigen Gebäudes erstmals Bäder eingebaut werden und deshalb bis zum Anschluss an das öffentliche Abwassernetz größere Fallrohre verlegt werden müssen; dann sind auch die Aufwendungen für die Beseitigung der hierdurch verursachten Schäden in den anderen Stockwerken (z. B. Tapezier- und Malerarbeiten) den Herstellungskosten zuzurechnen.

Lässt der Hauseigentümer dagegen aus diesem Anlass auch die Bäder in den übrigen Stockwerken neu verfliesen und/oder neue Sanitäranlagen einbauen, greifen die insgesamt vorgenommenen Baumaßnahmen nicht bautechnisch ineinander; es liegen daher insoweit abzugsfähige **Erhaltungsaufwendungen** vor. Die Aufwendungen sind dann entsprechend in Herstellungs- und Erhaltungsaufwand **aufzuteilen** (vgl. BMF-Schreiben vom 18.7.2003, BStBl I S. 386, Rz 35 mit weiteren Beispielen). Auch wenn z. B. ein Dachausbau mit einer Instandsetzung des gesamten Daches zeitlich zusammen vorgenommen wird, sind die Kosten der Instandsetzung des Daches insoweit Erhaltungsaufwendungen, als sie nicht Folge des Dachausbaus sind (BFH-Urteil vom 16.7.1996, BStBl II S. 649). Sind Arbeiten zwar in zeitlichem Zusammenhang, aber an **räumlich getrennten Stellen** eines Gebäudes vorgenommen worden, und hängen sie bautechnisch nicht zusammen, so hindert der Umstand, dass in einem Teil des Gebäudes Herstellungsaufwand angefallen ist, nicht die Anerkennung von Erhaltungsaufwand in einem anderen Teil des Gebäudes. So wird z. B. der Aufwand für eine Dachreparatur nicht etwa deshalb zu Herstellungsaufwand, weil gleichzeitig im Erdgeschoss Herstellungskosten angefallen sind.

4. Feststellungslast/Beweislast

Die **Feststellungslast**/Beweislast für die Tatsachen, die eine Behandlung als Anschaffungs- oder Herstellungskosten begründen (wie z. B. die Herstellung der Betriebsbereitschaft oder eine wesentliche Verbesserung über den ursprünglichen Zustand hinaus), **trägt das Finanzamt**. Den **Steuerpflichtigen** trifft **aber eine erhöhte Mitwirkungspflicht** (§ 90 Abs. 1 Satz 3 AO) bei der Feststellung des Zustands des Gebäudes zum Zeitpunkt der Anschaffung sowie für den ursprünglichen Zustand i. S. des § 255 Abs. 2 HGB. Wegen der Indizien, die in Zweifelsfällen für die Hebung des Standards des Gebäudes sprechen, vgl. BMF-Schreiben vom 18.7.2003, BStBl I S. 386, Rz 38.

24.10.4 Instandhaltungsaufwendungen bei Nutzungsrechten

Für **Nießbraucher, dinglich Wohnberechtigte** und **obligatorisch Nutzungsberechtigte** mit gesicherter Rechtsposition (vgl. Tz 24.1.2, die aufgrund ihres Nutzungsrechts die Wohnung **vermieten** und deshalb **Mieteinnahmen erzielen,** kommt unter bestimmten, unten näher bezeichneten Voraussetzungen ein Abzug der **Instandhaltungsaufwendungen** als Werbungskosten ebenfalls in Betracht (wegen der **AfA** bei Nutzungsrechten vgl. Tz 24.8.3).

24.10.4.1 Unentgeltlicher Zuwendungsnießbrauch

Der **unentgeltliche Zuwendungsnießbraucher** (zum Begriff vgl. Tz 24.8.3) kann **bei Fremdvermietung** Instandhaltungs- und Instandsetzungsaufwendungen, soweit er sie im Rahmen der Nießbrauchsbestellung vertraglich übernommen und tatsächlich getragen hat oder – bei Fehlen einer vertraglichen Regelung – aufgrund der gesetzlichen Lastenverteilung getragen hat, als **Werbungskosten** geltend machen (BMF-Schreiben vom 30.9.2013, BStBl I S. 1184, Rz 21; EStH Anhang 30 VI). Für den **Inhalt** des Nießbrauchs können auch mündliche Abreden bedeutsam sein, wenn sie wirtschaftlich durchgeführt worden sind (BFH-Urteil vom 14.11.1989, BStBl 1990 II S. 462). Nach **§ 1041 BGB** obliegen dem Nießbraucher z. B. Ausbesserungen und Erneuerungen nur insoweit, als sie zur gewöhnlichen Unterhaltung der Sache gehören, also Reparaturen, die von Zeit zu Zeit notwendig sind, wie z. B. geringere Dachschäden oder Ersatz von Fensterscheiben, nicht dagegen umfangreiche Verputzarbeiten oder die Erneuerung der elektrischen Anlage oder der Kesselanlage einer Zentralheizung (vgl. BFH-Urteil vom 8.12.1982, BStBl 1983 II S. 710). Aufwendungen, zu denen der Nießbraucher nicht verpflichtet, aber nach **§ 1043 BGB** berechtigt ist und die in seinem Interesse erfolgen (§ 683 BGB), kann er ebenfalls als Werbungskosten abziehen (BFH-Urteil vom 28.9.1993, BStBl 1994 II S. 319 und die dort in Nr. 2 zit. Rspr.). Verzichtet der Nießbraucher jedoch gegenüber dem Eigentümer von vornherein auf den Ersatzanspruch nach **§ 1049 BGB** (i. V. mit §§ 670, 677, 683, 684 BGB) oder steht schon bei der Aufwendung fest, dass der Ersatzanspruch nicht zu realisieren ist, ist von einer nicht abzugsfähigen Zuwendung nach § 12 Nr. 2 EStG durch die Erhaltungsmaßnahme auszugehen (BMF-Schreiben vom 30.9.2013, Rz 21, BStBl I S. 1184, und BFH-Urteile vom 14.11.1989, BStBl 1990 II S. 462 und vom 5.9.1991, BStBl 1992 II S. 192).

Darüber hinaus ist der Nießbraucher nach **§ 1045 BGB** verpflichtet, die Sache gegen Brandschaden und sonstige Unfälle auf seine Kosten zu versichern. Nach **§ 1047 BGB** hat er auch die auf der Sache ruhenden öffentlichen Lasten (z. B. Grundsteuer) sowie diejenigen privatrechtlichen Lasten zu tragen, welche schon zur Zeit der Bestellung des Nießbrauchs auf der Sache ruhten, insbesondere die Zinsen für Hypothekenforderungen und Grundschulden. Der **Eigentümer** des Grundstücks hat bei unentgeltlichem Zuwendungsnießbrauch keine Einnahmen zu versteuern; deshalb kann er auch keine Werbungskosten abziehen (BMF-Schreiben vom 30.9.2013, BStBl I S. 1184, Rz 23, 24).

24.10.4.2 Entgeltlicher Zuwendungsnießbrauch

Hat der **Zuwendungsnießbraucher** das Nutzungsrecht **entgeltlich** erworben, so kann er **bei Fremdvermietung** alle seine Aufwendungen auf das Grundstück als **Werbungskosten** abziehen, auch solche, die er vertraglich über seine rechtlichen Verpflichtungen hinaus übernommen hat. Wurden keine vertraglichen Regelungen getroffen, ist die gesetzliche Lastenverteilung (§§ 1041, 1045, 1047 BGB) maßgebend (BMF-Schreiben vom 30.9.2013, BStBl I S. 1184, Rz 27).

Da der **Eigentümer** des Grundstücks im Falle des **entgeltlichen** Zuwendungsnießbrauchs das erlangte Entgelt zu versteuern hat (BMF-Schreiben vom 30.9.2013, BStBl I S. 1184, Rz 28; wegen der Erklärung und möglichen Verteilung der Einnahmen vgl. Tz 24.2.4), kann er auch die von ihm aufgrund vertraglicher Vereinbarungen, bei fehlenden Vereinbarungen die aufgrund der gesetzlichen Lastenverteilung (§§ 1041, 1045, 1047 BGB) zu tragenden Aufwendungen für das belastete Grundstück als Werbungskosten abziehen (BMF-Schreiben vom 30.9.2013, BStBl I S. 1184, Rz 30).

24.10.4.3 Vorbehaltsnießbrauch

Der **Vorbehaltsnießbraucher** (zum Begriff vgl. Tz 24.8.3 oder dinglich Wohnberechtigte, der sich im Zusammenhang mit der **unentgeltlichen** Übertragung des Grundstücks den Nießbrauch vorbehalten hat, kann **bei Fremdvermietung** seine Aufwendungen auf das Grundstück in gleichem Umfang als Werbungskosten abziehen, wie der unentgeltliche Zuwendungsnießbraucher (BMF-Schreiben vom 30.9.2013, BStBl I S. 1184, Rz 43). Insoweit wird auf die Ausführungen zu Tz 24.10.4.1 verwiesen.

Hat der **Eigentümer** des Grundstücks während des Bestehens des Vorbehaltsnießbrauchs keine Einnahmen zu versteuern, so kann er seine Aufwendungen auch nicht als Werbungskosten abziehen (BMF-Schreiben vom 30.9.2013, BStBl I S. 1184, Rz 45).

24.10.4.4 Vermächtnisnießbrauch

Für den **Vermächtnisnießbrauch** (zum Begriff vgl. Tz 24.8.3) gelten die Ausführungen zum unentgeltlichen Zuwendungsnießbrauch entsprechend (BMF-Schreiben vom 30.9.2013, BStBl I S. 1184, Rz 32). Vgl. hierzu Tz 24.10.4.2.

24.10.4.5 Schuldrechtlich Nutzungsberechtigte

Soweit der **schuldrechtliche Nutzungsberechtigte** die Wohnung durch **Fremdvermietung** nutzt, kann er auch die mit der Nutzung zusammenhängenden Aufwendungen, die er vertraglich übernommen und getragen hat (einschließlich des ggf. an den Eigentümer gezahlten Entgelts) oder aufgrund der gesetzlichen Lastenverteilung geleistet hat, als **Werbungskosten** abziehen (BMF-Schreiben vom 30.9.2013, BStBl I S. 1184, Rz 36 und Rz 52).

Der **Eigentümer** kann beim zugewendeten schuldrechtlichen (obligatorischen) Nutzungsrecht seine Aufwendungen, die auf den Gebäudeteil entfallen, auf den sich das Nutzungsrecht erstreckt, **nicht als Werbungskosten** berücksichtigen, wenn der Nutzungsberechtigte aufgrund einer gesicherten Rechtsposition (vgl. Tz 24.1.2) die Wohnung nutzt (BMF-Schreiben vom 30.9.2013, BStBl I S. 1184, Rz 38; ebenso BFH-Urteil vom 30.7.1985, BStBl 1986 II S. 327); dies gilt entsprechend auch für **die AfA** (vgl. Tz 24.8.3). Beim vorbehaltenen schuldrechtlichen (obligatorischen) Nutzungsrecht gelten für den **Eigentümer** die obigen Ausführungen zum Vorbehaltsnießbrauch (BMF-Schreiben vom 30.9.2013, BStBl I S. 1184, Rz 53), vgl. Tz 24.10.4.3.

24.11 Erhaltungsaufwendungen, die auf bis zu fünf Jahre verteilt werden können (§§ 11 a, 11 b EStG, § 82 b EStDV)

57–60 Die Hinweise **vor Zeilen 57 bis 60** betreffen **größere Erhaltungsaufwendungen** im o. g. Sinne, die aber auf bis zu 5 Jahre gleichmäßig verteilt werden können.

Vor **Zeile 57** ist zunächst die Sonderbehandlung von Erhaltungsaufwand bei Gebäuden in Sanierungsgebieten und städtebaulichen Entwicklungsbereichen nach **§ 11 a EStG** und bei Baudenkmalen nach **§ 11 b EStG** angesprochen. Größere Aufwendungen zur **Erhaltung** eines Gebäudes können **unabhängig vom Entstehungszeitpunkt der Aufwendungen und von der Art der Nutzung** (also auch bei Nutzung zu anderen als Wohnzwecken) **auf zwei bis fünf Jahre gleichmäßig verteilt** werden, wenn es sich um Aufwendungen handelt:

- für Maßnahmen i. S. des § 177 Baugesetzbuch an einem im Inland belegenen Gebäude in einem förmlich festgelegten **Sanierungsgebiet** oder **städtebaulichen Entwicklungsbereich (§ 11 a EStG)**,
- für Maßnahmen, die der Erhaltung, Erneuerung und funktionsgerechten Verwendung eines im Inland belegenen **Gebäudes** dienen, das wegen seiner **geschichtlichen, künstlerischen oder städtebaulichen Bedeutung** erhalten bleiben soll, und zu deren Durchführung sich der Eigentümer neben bestimmten Modernisierungsmaßnahmen gegenüber der Gemeinde verpflichtet hat **(§ 11 a EStG)**,
- zur Erhaltung von **Baudenkmalen** (§ 11 b EStG) – vgl. Teil II Tz 6.4.4.

Entfallen Aufwendungen i. S. der §§ 11 a und 11 b EStG teilweise auf eine zu **eigenen Wohnzwecken** genutzte Wohnung, so kann insoweit ein Abzug nach **§ 10 f Abs. 2 EStG** »wie« Sonderausgaben in Betracht kommen. Vgl. Tz 27.2 unter Erläuterungen zur Anlage FW und vgl. Teil II Tz 6.4.3.

Nach § 82 b EStDV kann der Steuerpflichtige für größere Aufwendungen für die Erhaltung von Gebäuden, die im Zeitpunkt der Leistung des Erhaltungsaufwands **nicht** zu einem **Betriebsvermögen** gehören und **überwiegend Wohnzwecken** dienen, abweichend von § 11 Abs. 2 EStG **auf 2 bis 5 Jahre gleichmäßig verteilen**. Ein Gebäude dient überwiegend Wohnzwecken, wenn die Grundfläche der Wohnzwecken dienenden Räume mehr als die Hälfte der gesamten Nutzfläche (zum Begriff vgl. Teil II Tz 1.7.4.3) beträgt. Zum Gebäude gehörende Garagen sind ohne Rücksicht auf ihre tatsächliche Nutzung als Wohnzwecken dienend zu behandeln, soweit in ihnen nicht mehr als ein Pkw für jede in dem Gebäude befindliche Wohnung untergestellt werden kann. Räume für die Unterstellung weiterer Kfz sind stets als nicht Wohnzwecken dienend zu behandeln (§ 82 b, § 84 Abs. 4a EStDV).

In **Zeile 57** ist der Gesamtaufwand aus den in 2025 bezahlten und (erstmals ab 2025) zu verteilenden Erhaltungsaufwendungen einzutragen und gleichzeitig anzugeben, was davon in 2025 abgezogen werden soll. Bei erstmaliger Geltendmachung von Erhaltungsaufwendungen soll auch hier eine **Einzelaufstellung** beigefügt werden, in der neben dem gezahlten Rechnungsbetrag auch das Rechnungsdatum, der Gegenstand der Leistung sowie das ausführende Unternehmen angegeben sind. Bei direkter Zuordnung der Aufwendungen ist dieser Betrag in Zeile 58, bei verhältnismäßiger Ermittlung ist der abzugsfähige Betrag in Zeile 59 einzutragen.

Die **Zeilen 61 bis 72** betreffen **Erhaltungsaufwendungen aus früheren Jahren,** also größere Aufwendungen, die **vor dem 1.1.2025** geleistet worden sind und von denen schon ein Teil (z. B. ein Fünftel) bei früheren Veranlagungen berücksichtigt wurde. Die in Betracht kommenden Beträge können aus den Steuererklärungen der **Vorjahre** entnommen werden. Hierzu gehören die o. g. Erhaltungsaufwendungen nach §§ 11 a, 11 b EStG und die zu verteilenden Erhaltungsaufwendungen nach **§ 82 b EStDV**.

Zu umfangreichen Erhaltungsaufwendungen, die im Zusammenhang mit der **Anschaffung eines Gebäudes** gemacht werden, wird auf die Ausführungen zum »**Anschaffungsnahen Aufwand**« (vgl. Tz 24.10.3) verwiesen.

Für die **Verteilung auf zwei bis fünf Jahre** gilt im Übrigen:

- Hat der Vermieter größere Erhaltungsaufwendungen im Jahr ihrer Entstehung **nicht** als Werbungskosten abgezogen und vor Bestandskraft der Veranlagung dieses Jahres auch keine Verteilung nach § 82 b EStDV gewählt, so kann er nach dem BFH-Urteil vom 27.10.1992, BStBl 1993 II S. 589 trotzdem die Aufwendungen anteilig **gleichmäßig** auf die **folgenden** Jahre des Verteilungszeitraums **verteilen**, wobei jedoch der auf das bestandskräftig veranlagte Jahr der Entstehung (d. h. der Bezahlung) entfallende **Anteil** der Aufwendungen dabei **nicht** zu berücksichtigen ist. Die gleichen Rechtsfolgen treten ein, wenn das Finanzamt größere Erhaltungsaufwendungen im Jahr ihrer Entstehung bestandskräftig zu Unrecht als Herstellungskosten (also nur mit der AfA) berücksichtigt hat (BFH-Urteil vom 27.10.1992, BStBl 1993 II S. 591) oder wenn der Steuerpflichtige größere Erhaltungsaufwendungen im Jahr ihrer Entstehung weder voll nach § 11 Abs. 2 EStG noch anteilig nach § 82 b EStDV als Werbungskosten abgezogen hat und für das Jahr der Entstehung Festsetzungsverjährung eingetreten ist; auch in diesem Fall können die Aufwendungen noch **anteilig** auf die **folgenden** Jahre des Verteilungszeitraums verteilt werden (BFH-Urteil vom 24.11.1992, BStBl 1993 II S. 593). Dies gilt auch, wenn die Geltendmachung des Erhaltungsaufwands **ohne steuerliche Auswirkung** geblieben wäre. Der auf ein bestimmtes Jahr entfallende Anteil kann aber in keinem Fall in einem anderen Jahr nachgeholt werden (BFH-Urteil vom 26.10.1977, BStBl 1978 II S. 96). Wird der unanfechtbare Steuerbescheid für das Jahr, in dem der Erhaltungsaufwand angefallen ist, durch eine Berichtigungsveranlagung geändert, so lebt das Wahlrecht nach § 82 b EStDV wieder auf.
- Die Aufwendungen können **nur gleichmäßig** auf zwei bis fünf Jahre verteilt werden. Wenn also die Aufwendungen z. B. auf drei Jahre verteilt werden sollen, so muss in jedem Jahr 1/3 der Aufwendungen abgezogen werden. Der Steuerpflichtige bleibt für die Folgejahre an die getroffene Wahl gebunden. Durch die Wahl des Verteilungszeitraums wird zugleich auch festgelegt, welcher Anteil der Aufwendungen in den o. g. Fällen auf das bestandskräftig veranlagte Entstehungsjahr entfällt und nicht mehr berücksichtigt werden kann (BFH-Urteile vom 27.10.1992, BStBl 1993 II S. 591).
- Wird das Grundstück vor Ablauf des zwei- bis fünfjährigen Verteilungszeitraums **veräußert** oder in ein Betriebsvermögen **eingebracht**, so ist derjenige Teil des Erhaltungsaufwands, der infolge der Verteilung auf zwei bis fünf Jahre noch nicht berücksichtigt worden ist, im Jahr der Veräußerung oder der Überführung in ein Betriebsvermögen **als Werbungskosten** abzusetzen. Das Gleiche gilt, wenn ein Gebäude nicht mehr zur Einkünfteerzielung genutzt wird (§ 82 b Abs. 2 EStDV).
- Wird das Eigentum an dem Wohngebäude **unentgeltlich** auf einen anderen **übertragen**, so ist derjenige Teil des Erhaltungs-

aufwands, der infolge der Verteilung auf zwei bis fünf Jahre noch nicht berücksichtigt worden ist, im Jahr der Übertragung oder bei Gesamtrechtsnachfolge im Jahr des Versterbens beim Erblasser abzusetzen (BFH-Urteil vom 10.11.2020, BStBl 2021 II S. 474).

- Steht das Gebäude im **Eigentum mehrerer Personen**, so müssen die Aufwendungen von **allen** Eigentümern auf den gleichen Zeitraum verteilt werden (§ 82 b Abs. 3 EStDV).

> **ELSTER:**
> ELSTER stellt für die zu verteilenden Erhaltungsaufwendungen und den Erhaltungsaufwendungen aus früheren Jahren mehrere Eintragungsmöglichkeiten zur Verfügung.

24.12 Sonstige Werbungskosten

–82 Zu den **Zeilen 73 bis 82** ist zunächst zu beachten, dass für den Fall, dass die dort genannten Aufwendungen auf die Mieter ganz oder teilweise umgelegt wurden, die **Einnahmen aus Umlagen** in Zeilen 20 bis 23 anzugeben sind. In den Zeilen 73 bis 82 sind alsdann die tatsächlichen **vollen Aufwendungen** abzuziehen.

Wegen einer etwaigen **Aufteilung** und Kürzung der Aufwendungen in den **Zeilen 74, 77 und 81** vgl. Tz 24.7.1.

24.12.1 Grundsteuer, Grundstücksgebühren, Wasser, Heizung, Schornsteinreinigung, Hausversicherungen, Hauswart, Treppenreinigung, Fahrstuhl, Verwaltungskosten

–75 Ein Teil der in der **Zeile 73** aufgeführten **Grundstücksgebühren, wie Straßenreinigung, Müllabfuhr, Entwässerung** wird von den Gemeinden in der Regel zusammen mit der **Grundsteuer** angefordert. Sie können dann dem entsprechenden Bescheid der Gemeinde entnommen werden. Auch Kosten für ein **privates Gehwegreinigungsunternehmen** sind abzugsfähig.

Werden Kosten für **Heizung** und **Warmwasser** auf die Mieter umgelegt, so sind auch diese Einnahmen zunächst in den Zeilen 20 bis 23 zu erfassen und alsdann in **den Zeilen 73 und 74** als Werbungskosten abzusetzen.

Zu den in den **Zeilen 73 und 74** einzutragenden **Hausversicherungen** gehören auch die **Gebäudebrandversicherung**, die **Bauherren-Haftpflichtversicherung** (BFH-Urteil vom 25.2.1976, BStBl 1980 II S. 294) und die **Bauwesen-Versicherung** (durch die in der Regel alle Beschädigungen am Bauwerk, der Diebstahl fest eingebauter Teile des Bauwerks und Glasbruch bis zum Bauende versichert sind). Die Beiträge hierfür sind Werbungskosten. Soweit der **Nießbraucher** (dinglich Wohnberechtigte) das bebaute Grundstück entsprechend seiner gesetzlichen Verpflichtung nach § 1045 BGB gegen Brandschaden und sonstige Unfälle versichert hat, sind die **Versicherungsbeiträge** in entsprechender Anwendung der Ausführungen zu den Instandhaltungsaufwendungen des Nießbrauchers (vgl. Tz 24.10.4) in aller Regel als Werbungskosten abziehbar.

Für Kosten des **Hauswarts**, der **Treppenreinigung**, des **Fahrstuhls in Zeile 73** gelten die Ausführungen zur Umlage der Kosten für Heizung und Warmwasser entsprechend.

> **ELSTER:**
> ELSTER sieht mehrere Eintragungsmöglichkeiten für Aufwendungen lt. Zeile 73 vor.

-78 Werbungskosten sind auch **Verwaltungskosten**, z. B. Kosten der Vermögensverwaltung, falls wegen umfangreichen Gebäudebesitzes eine besondere Verwaltung geführt wird. Bei Vermögensverwaltungen, die durch Gesetz oder letztwillige Verfügung auferlegt worden sind, z. B. Vormundschaften, Pflegschaften, **Testamentsvollstreckungen**, sind nicht nur die gezahlten Vergütungen, sondern auch die durch die Bestellung veranlassten Gerichtskosten abzugsfähig.

> **ELSTER:**
> ELSTER sieht mehrere Eintragungsmöglichkeiten für Verwaltungskosten vor.

24.12.2 Gezahlte Umsatzsteuer

Verzichtet der Vermieter auf die Umsatzsteuerbefreiung gem. § 4 79
Nr. 12 UStG, muss die lt. Umsatzsteuervoranmeldung oder Umsatzsteuerjahreserklärung errechnete Umsatzsteuerzahllast an das Finanzamt gezahlt werden. Die Zahlung gilt grundsätzlich im Zeitpunkt der Zahlung als abgeflossen und kann als Werbungskosten im Jahr 2025 berücksichtigt werden, falls die Umsatzsteuer im Jahr 2025 gezahlt wurde. Die Umsatzsteuer ist nach dem BFH-Urteil vom 1.8.2007, BStBl 2008 II S. 282, eine regelmäßige wiederkehrende Ausgabe i. S. des § 11 Abs. 2 Satz 2 EStG. Die Umsatzsteuer gilt als in dem Kj. abgeflossen, zu dem sie wirtschaftlich gehört, sofern sie innerhalb von zehn Tagen nach Beendigung dieses Kj. entrichtet wurde und auch fällig war (vgl. Tz 24.2.3).

24.12.3 Sonstiges

In den **Zeilen 80 und 81** können alle **sonstigen Werbungskosten** 80–82
abgesetzt werden, die in den Zeilen 73 bis 74 und 76 bis 77 nicht einzeln aufgeführt sind, also z. B. außer den Beiträgen zum **Hausbesitzerverein** auch Ausgaben, die im Zusammenhang mit **Mietverträgen** entstanden sind, vom Vermieter bezahlte Gebühren für einen Kabelanschluss, sowie Kosten, die dem Hausbesitzer durch **Räumungsprozesse** (Prozess- und Räumungskosten) gegen den Mieter erwachsen, Ausgaben für **Porto** und **Telefon** im Verkehr mit den Mietern, vom Vermieter zu tragende **Reinigungskosten, Pkw-Kosten** (auch Kosten für Taxifahrten – gegen Nachweis), die der Vermieter zum Zweck der Verwaltung und Beaufsichtigung der Gebäude vorgenommen hat, **Trinkgelder** zum Jahreswechsel an die Arbeiter der Müllabfuhr und an den Kaminfeger, Ausgaben für **Annoncen** wegen Vermietung und Verpachtung usw. Bei nicht umfangreichem Grundbesitz erfordert dessen Verwaltung in der Regel keine besondere Einrichtung, z. B. ein Büro, sondern erfolgt von der Wohnung aus. Regelmäßige Tätigkeitsstätte ist dann die Wohnung des Steuerpflichtigen. Auf gelegentliche Fahrten zu dem vermieteten Grundbesitz findet die Entfernungspauschale (vgl. Tz 11.12 unter Erläuterungen zur Anlage N) keine Anwendung (vgl. R 21.2 Abs. 4 Satz 4 EStR). Dagegen sind gelegentlich anfallende **Reisekosten** an den Belegenheitsort des Gebäudes, die der Sicherung und Erhaltung der Mieteinnahmen dienen, abzugsfähig, einschließlich der **Verpflegungspauschalen** (vgl. Tz 11.19.5 unter Erläuterungen zur Anlage N). Diese gelten für alle Einkunftsarten des EStG, also auch bei Vermietung und Verpachtung. Die Entfernungspauschale ist hingegen dann zu berücksichtigen, wenn sich an dem Objekt der ortsgebundene Mittelpunkt der dauerhaft und auf Überschusserzielung angelegten Vermietungstätigkeit befindet (BFH-Urteil vom 1.12.2015, BStBl 2016 II S. 532). Aufwendungen für **Waschmaschinen** usw., die ausschließlich den Mietern zur Verfügung stehen, können – auf die Nutzungsdauer verteilt – als Werbungskosten abgesetzt werden. Betragen die **Anschaffungskosten** (ohne Umsatzsteuer) für das einzelne Wirtschaftsgut (z. B. Waschmaschine) **weniger als 800 €**, so können sie schon im Jahr ihrer Verausgabung **in voller Höhe** als Werbungskosten abgesetzt werden.

Wurde zur Umsatzsteuer optiert, also auf die an sich bestehende **Umsatzsteuerbefreiung** bei den Vermietungseinnahmen **verzichtet,** so sind bezahlte **Vorsteuern** auf Herstellungskosten als Werbungskosten abzugsfähig und in den **Zeilen 80 bis 81** einzutragen. An das Finanzamt zurückgezahlte Vorsteuerbeträge (§ 15 a UStG) sind **auch dann** als Werbungskosten abzugsfähig, wenn der Vorsteuerbetrag aufgrund der **Veräußerung** des zum Privatvermögen gehörenden Grundstücks berichtigt worden ist (BFH-Urteile vom 8.12.1992, BStBl 1993 II S. 656 und vom 17.3.1992, BStBl 1993 II S. 17 und BMF-Schreiben vom 23.8.1993, BStBl I S. 698). Die vom Vermieter an das Finanzamt abgeführte Umsatzsteuer ist in Zeile 79 einzutragen (vgl. Tz 24.12.2). Die vom Vermieter **vereinnahmte**

Umsatzsteuer ist in Zeile 27 sowie die vom Finanzamt ggf. erstattete Vorsteuer in Zeile 28 zu erfassen.

Steuerberatungskosten sind Werbungskosten, soweit sie bei der **Ermittlung** der Einkünfte angefallen sind. Im Einzelnen vgl. Tz 11.18.3.22 unter Erläuterungen zur Anlage N und vgl. Teil II Tz 2.11.14).

Kosten für eine auf Dauer angelegte Testamentsvollstreckung können bei den aus der Verwaltung des Nachlasses erzielten Einkünften aus Vermietung und Verpachtung als Werbungskosten abgezogen werden. Werden aus der Verwaltung des Nachlasses noch andere Einkünfte erzielt, kommt es für die Aufteilung der Kosten auf die Zusammensetzung des Nachlasses im jeweiligen VZ an (BFH-Urteil vom 8.11.2017, BStBl 2018 II S. 191.

Zu den Werbungskosten gehören auch **Abstandszahlungen**, die an Mieter geleistet werden, um sie zu veranlassen, die Wohnung vorzeitig freizumachen (BFH-Urteil vom 17.1.1978, BStBl II S. 337) oder die geleistet werden, um Räume zu anderen als Wohnzwecken vermieten zu dürfen (BFH-Urteil vom 24.10.1979, BStBl 1980 II S. 187). Dagegen sind Abstandszahlungen aufgrund eines Rücktritts von einem Vorvertrag keine Werbungskosten (BFH-Urteil vom 29.11.1983, BStBl 1984 II S. 307).

Umzugskosten, die der Hauseigentümer dem **Mieter** erstattet, um ihn zur Räumung der Wohnung zu bewegen, sind beim Hauseigentümer als Werbungskosten abzugsfähig. Umzugskosten in eine **eigengenutzte** Wohnung, die beim Steuerpflichtigen selbst anfallen, sind dagegen als Kosten der privaten Lebensführung grundsätzlich nicht berücksichtigungsfähig (BFH-Urteil vom 18.10.1983, BStBl 1984 II S. 297). Wegen der Umzugskosten als Werbungskosten bei den Einkünften aus nichtselbständiger Arbeit vgl. Tz 11.18.3.25 unter Erläuterungen zur Anlage N und wegen des Abzugs als haushaltsnahe Dienstleistungen vgl. Tz 7.5 unter Erläuterungen zur Anlage Haushaltsnahe Aufwendungen.

Vergebliche Planungskosten für ein Wohnhaus (Mietwohnhaus) sind Werbungskosten, wenn die Absicht der mietweisen Nutzung des Gebäudes aus den Umständen eindeutig ersichtlich ist (BFH-Urteil vom 13.11.1973, BStBl 1974 II S. 161). Wird jedoch später ein die beabsichtigten Zwecke erfüllendes Gebäude tatsächlich erstellt, gehören auch die Kosten für die ursprüngliche, nicht durchgeführte Planung zu den **Herstellungskosten** des **erstellten** Gebäudes. Insofern liegen also keine Werbungskosten vor (vgl. im Einzelnen BFH-Urteile vom 6.3.1975, BStBl II S. 574 und vom 29.11.1983, BStBl 1984 II S. 303 und S. 306). Werden aber Honorare (z. B. aufgrund einer besonderen Vereinbarung) auf **nicht** erbrachte Architektenleistungen gezahlt, liegen Werbungskosten vor (BFH-Urteil vom 8.9.1998, BStBl 1999 II S. 20). Zu **verlorenen Anzahlungen** für nicht erbrachte Bauleistungen vgl. Tz 24.10.2.

Abschlussgebühren für Bausparverträge (in der Regel 1 % der Bausparsumme) sind **Werbungskosten** bei den Einkünften aus Vermietung und Verpachtung, **wenn alleiniger Zweck des Vertragsabschlusses** die Erlangung des Baudarlehens und die Verwendung der Kreditmittel zur **Erzielung von Einkünften** aus Vermietung und Verpachtung ist (BFH-Urteile vom 8.2.1983, BStBl II S. 355 und vom 3.6.1975, BStBl II S. 699). Dies gilt z. B. auch, wenn der Bausparvertrag bestimmungsgemäß der Ablösung eines Darlehens dient, mit dem der Erwerb einer vermieteten Immobilie finanziert wurde (BFH-Urteil vom 1.10.2002, BStBl 2003 II S. 398). Deshalb sind Abschlussgebühren vorab entstandene Werbungskosten, wenn der Steuerpflichtige geltend macht, dass er beabsichtige, den Bausparvertrag zur Finanzierung der Anschaffung eines Bauplatzes, der Anschaffung oder Herstellung oder Umschuldung eines Gebäudes oder einer Reparaturmaßnahme zu verwenden. Ein enger zeitlicher Zusammenhang zwischen Abschluss des Bausparvertrags und der Einkunftserzielung ist nicht mehr erforderlich. Ihm kommt allerdings weiterhin Indizwirkung für den erforderlichen wirtschaftlichen Zusammenhang zu.

Abschlussgebühren für Bausparverträge werden aber auch als **prämienbegünstigte Bausparbeiträge** (vgl. Teil II Tz 9) anerkannt und zwar selbst dann, wenn – im Hinblick auf die Ungewissheit der Inanspruchnahme des Bauspardarlehens – zunächst eine vorläufige Gutschrift auf einem **Sonderkonto** des Bausparers erfolgt. Es ist umstritten, ob die Abschlussgebühr im Zeitpunkt der späteren Inanspruchnahme des Bauspardarlehens **daneben** auch noch als **Werbungskosten** bei Vermietung und Verpachtung abzugsfähig ist. Die Finanzverwaltung lässt dies zu. Wegen der **Guthabenzinsen** eines solchen Bausparvertrags, die **Einnahmen** aus Vermietung und Verpachtung darstellen, vgl. Tz 24.3.1.

Beiträge zu einer Todesfallrisikoversicherung (**Risikolebensversicherung**) sind auch dann **keine Werbungskosten** bei den Einkünften aus Vermietung und Verpachtung, wenn die Versicherung im Zusammenhang mit der Finanzierung eines Bauvorhabens abgeschlossen wurde. Die Versicherung dient einer Vorsorgeleistung zugunsten der künftigen Erben; die Beiträge hierfür sind ggf. als **Sonderausgaben** abzugsfähig. Dies gilt auch dann, wenn eine Bausparkasse die Gewährung von Bauspardarlehen davon abhängig macht, dass für den Bausparer als Versicherten eine **Risikolebensversicherung** abgeschlossen wird, deren Prämien der Bausparer zu leisten hat (BFH-Urteile vom 29.10.1985, BStBl 1986 II S. 143 und S. 260).

Aufwendungen für ein **Schadstoff-Gutachten**, das der Feststellung der durch einen Mieter verursachten Untergrund- und Boden-Verunreinigungen dient, sind Werbungskosten bei den Einkünften aus Vermietung und Verpachtung, wenn durch die Maßnahme das Grundstück (der Grund und Boden) nicht in seiner Substanz oder seinem Wesen verändert wird (BFH-Urteil vom 17.7.2007, BStBl 2008 II S. 941).

24.12.4 Aufwendungen für Gärten und Grünanlagen

Die zu einem Wohngebäude gehörende Gartenanlage ist ein selbständiges Wirtschaftsgut, das sowohl vom Grund und Boden als auch vom Gebäude zu trennen ist (BFH-Urteil vom 30.1.1996, BStBl 1997 II S. 25).

Kosten für die **gärtnerische Gestaltung** der Grundstücksfläche bei einem Wohngebäude gehören deshalb **nicht** zu den Herstellungskosten des **Gebäudes**, mit Ausnahme der Kosten für das Anpflanzen von Hecken, Büschen und Bäumen an den Grundstücksgrenzen, die als »lebende Umzäunungen« dienen (R 21.1 Abs. 3 Satz 1 EStR). Im Übrigen ist bei Aufwendungen für die gärtnerische Gestaltung der Grundstücksfläche wie folgt zu unterscheiden:

a) Soweit Aufwendungen für den **Nutzgarten** des Eigentümers und für **Gartenanlagen, die die Mieter nicht nutzen dürfen**, entstehen, gehören sie zu den nach § 12 Nr. 1 EStG nicht abziehbaren Kosten der Lebenshaltung (vgl. R 21.1 Abs. 3 Satz 6 EStR), können jedoch nach § 35 a EStG abzugsfähig sein (vgl. Tz 7.5 unter Erläuterungen zur Anlage Haushaltsnahe Aufwendungen).

b) In den anderen Fällen, z. B. bei **Gartenanlagen**, die die Mieter mitbenutzen dürfen, und bei **Vorgärten** sind die Aufwendungen für die Herstellung der gärtnerischen Anlage **gleichmäßig** auf die Nutzungsdauer der Anlage zu verteilen. Die Nutzungsdauer kann im Allgemeinen mit **zehn Jahren** angenommen werden (R 21.1 Abs. 3 Satz 3 EStR).

c) Laufende **Aufwendungen für die Instandhaltung** und Unterhaltung der Gartenanlagen (Gärtner, Pflanzen, Dünger usw.) sind **sofort** abzugsfähige Werbungskosten. Bei Aufwendungen nach Fertigstellung des Gartens von nicht mehr als 4 000 € (ohne USt), ist dieser Aufwand auf Antrag stets als Erhaltungsaufwand zu behandeln (R 21.1 Abs. 3 Sätze 4 und 5 EStR).

Da die Anlage V keine Zeile für Aufwendungen der gärtnerischen Gestaltung vorsieht, empfiehlt sich ein Eintrag in die **Zeilen 80 und 81** (»Sonstiges«).

d) Beiträge an **Gemeinden** zur Errichtung **öffentlicher Grünanlagen** oder **öffentlicher Kinderspielplätze** gehören zu den Anschaffungskosten des Grund und Bodens, wenn sie als Erschließungsbeiträge nach §§ 127 ff. des Baugesetzbuches erhoben werden (vgl. Teil II Tz 4.3.3.1, 4. a)), in anderen Fällen gehören die Beiträge zur Anlegung eines Kinderspielplatzes durch die Gemeinde zu den Herstellungskosten des Gebäudes (vgl. Teil II Tz 4.3.3.1, 1.).

Die **Summe der Werbungskosten** ist aus den Zeilen 35, 38, 41, 45, 48, 51, 54, 55, 56, 60, 63, 66, 69, 72, 75, 78, 79 und 82 in **Zeile 83** einzutragen.

ELSTER:
ELSTER stellt für die sonstigen Aufwendungen lt. den Zeilen 80 bis 81 mehrere Eintragungsmöglichkeiten zur Verfügung. Die Summe der Werbungskosten wird in Zeile 82 programmgesteuert gebildet und in Zeile 83 übertragen.

24.12.5 Enthaltene Vorsteuerbeträge bei umsatzsteuerpflichtiger Vermietung

84 Bei umsatzsteuerpflichtiger Vermietung ist in Zeile 84 die Summe der in Zeile 83 enthaltenen Vorsteuerbeträge einzutragen. Dies ist nicht nur der Betrag, der in den Zeilen 80 und 81 (Vorsteuerbetrag auf Herstellungskosten) enthalten ist, sondern auch die Vorsteuerbeträge, die z. B. in den Erhaltungsaufwendungen lt. den Zeilen 55 bis 56, dem Gesamtaufwand lt. Zeile 57 und den anderen laufenden Ausgaben enthalten sind.

24.12.6 Ermittlung und Zuordnung der Einkünfte

85–86 Die Einkünfte aus Vermietung und Verpachtung sind in Zeile 85 einzutragen, die sich aus der Summe der Einnahmen lt. Zeile 32 abzüglich der Summe der Werbungskosten lt. Zeile 83 ergeben. Bei einem Verlust ist ein Minuszeichen einzutragen.

Werden gemeinschaftlich Einkünfte aus Vermietung und Verpachtung erzielt (ein Objekt wird von mehreren Miteigentümern vermietet), sind die Einkünfte in der Erklärung zur gesonderten und einheitlichen Feststellung der Besteuerungsgrundlagen (§§ 179 ff. AO) anzugeben. Eine gesonderte Feststellung ist nach § 180 Abs. 3 AO jedoch u. a. dann nicht erforderlich, wenn es sich um »Fälle von geringer Bedeutung« handelt. Mieteinkünfte zusammen zu veranlagender Ehegatten/Lebenspartner aus einem ihnen gemeinsam gehörenden Haus können auch ohne gesonderte Feststellung bei der ESt-Veranlagung ermittelt werden, wenn der Sachverhalt nicht schwierig ist, sofern die Veranlagung von dem Finanzamt durchgeführt wird, das auch für den Feststellungsbescheid zuständig wäre (BFH-Urteil vom 20.1.1976, BStBl II S. 305; vgl. andererseits BFH-Urteil vom 3.2.1976, BStBl II S. 396). In dem praktisch häufig vorkommenden Fall, dass bei Ehegatten nach der zit. BFH-Rspr. eine gesonderte Feststellung nicht vorgenommen wird, sind die Einkünfte aus Zeile 85 in Zeile 86 auf Ehemann und Ehefrau/die Lebenspartner(in) A und Lebenspartner(in) B aufzuteilen.

24.12.7 Verbilligte Vermietung zu Wohnzwecken

Sofern eine Wohnung verbilligt überlassen wurde (vgl. Tz 24.7.2), ist in Zeile 87 die Kürzung der Werbungskosten wegen verbilligter Vermietung in Prozent einzutragen. Bei verbilligter Vermietung eines Teils eines Objekts ist in Zeile 88 die Betragsmäßige Kürzung der Werbungskosten einzutragen. 87–88

24.13 Zusätzliche Angaben – Zuschüsse aus öffentlichen Mitteln zu den Anschaffungs- oder Herstellungskosten

In **Zeile 89** soll angegeben werden, ob in 2025 Zuschüsse aus **öffentlichen Mitteln** zu den Anschaffungs- oder Herstellungskosten vereinnahmt oder bewilligt worden sind; es handelt sich also um Zuschüsse, die **keine** Mieterzuschüsse sind, wie z. B. Zuschüsse einer Flughafengesellschaft für den Einbau von Lärmschutzfenstern. Diese Angaben dienen dem Finanzamt zu Kontrollzwecken. Solche Zuschüsse aus **öffentlichen** Mitteln können nur noch von der Bemessungsgrundlage für die AfA oder erhöhte Absetzungen oder Sonderabschreibungen, also **von den Anschaffungs- oder Herstellungskosten** des Gebäudes, **abgezogen** werden und nicht mehr wahlweise als stpfl. Einnahmen behandelt werden. Zu den **privaten Mieterzuschüssen** (Mietvorauszahlungen aus Baukostenzuschüssen) vgl. Tz 24.2.7. Handelt es sich bei den bezuschussten Aufwendungen um **Erhaltungsaufwendungen** oder **Schuldzinsen**, sind diese nur vermindert um den Zuschuss als Werbungskosten abziehbar. Fallen die Zahlung des Zuschusses und der Abzug als Werbungskosten nicht in einen VZ, rechnet der Zuschuss im Jahr der Zahlung zu den Einnahmen aus Vermietung und Verpachtung. Vgl. im Einzelnen R 21.5 Abs. 1 EStR. 89

Stellen Zuschüsse eine Gegenleistung für eine Mietpreisbindung oder für die Nutzung durch einen bestimmten Personenkreis dar, so kann eine Verteilung der Einnahmen auf die Dauer der Mietpreisbindung in Betracht kommen. Auch insoweit handelt es sich um **keine** Mieterzuschüsse. Vgl. Tz 24.3.1.

25. Anlage V – FeWo 2025

25.1 Wozu dient die »Anlage V-FeWo«?

Zur Einkunftsart »Vermietung und Verpachtung« zählt grds. auch die Vermietung von Ferienwohnungen. In der Praxis stellt sich aber im Hinblick auf geltend gemachte Werbungskostenüberschüsse häufig die Frage, ob bei Ferienwohnungen überhaupt eine steuerlich relevante Einkunftsquelle gegeben ist, was z. B. dann zu verneinen wäre, wenn die Voraussetzungen einer Liebhaberei im steuerrechtlichen Sinne vorlägen. Dies ist bei Ferienwohnungen dann anzunehmen, wenn auf lange Sicht kein Überschuss der Mieteinnahmen über die Werbungskosten zu erwarten ist (BFH-Urteil vom 13.8.1996, BStBl 1997 II S. 42 m. w. N.).

Die Angaben in der neuen Anlage V-FeWo erleichtert dem Finanzamt außerdem die Prüfung, welche Werbungskosten zur Ermittlung der Einkünfte berücksichtigt werden können. In einer Anlage V-FeWo können Angaben für bis zu vier Ferienwohnungen gemacht werden. Werden mehr als vier Ferienwohnungen vermietet, sind die Angaben hierzu in weiteren Anlagen V-FeWo einzutragen.

25.2 Allgemeine Angaben

4–7 Bei Vermietung einer Ferienwohnung ist die Anlage V-FeWo immer zusätzlich zur Anlage V abzugeben. Die Angaben in der Anlage V-FeWo sind also nur Ergänzungen zu den Angaben in der Anlage V. Um eine Zuordnung der Angaben in der Anlage V-FeWo zur Anlage V vornehmen zu können, ist in Zeile 4 die laufende Nummer der Anlage V und in Zeile 5 das Aktenzeichen lt. Grundsteuermessbescheid einzutragen.

Das Aktenzeichen lt. Grundsteuermessbescheid ist auf dem Bescheid des Finanzamts zur Feststellung des Grundsteuerwertes enthalten.

25.3 Angaben zur Nutzung

8–13 Wird eine Ferienwohnung ausschließlich an wechselnde Feriengäste vermietet und in der übrigen Zeit hierfür bereitgehalten, ist grds. ohne weitere Prüfung von der Einkünfteerzielungsabsicht (= Überschusserzielungsabsicht) des Steuerpflichtigen auszugehen (vgl. auch BFH-Urteil vom 24.8.2006, BStBl 2007 II S. 256). Die Einkünfteerzielungsabsicht ist aber ausnahmsweise anhand einer Prognose zu überprüfen, wenn das Vermieten die ortsübliche Vermietungszeit von Ferienwohnungen erheblich (mindestens um 25 %) unterschreitet (BFH-Urteile vom 26.10.2004, BStBl 2005 II S. 388 und vom 26.5.2020, BStBl II S. 548). Dabei ist es unerheblich, ob der Steuerpflichtige die Ferienwohnung in Eigenregie vermietet oder mit der Vermietung einen Dritten beauftragt (BFH-Urteile vom 5.11.2002, BStBl 2003 II S. 914 und vom 6.11.2001, BStBl 2002 II S. 726 im Anschluss an BFH-Urteil vom 21.11.2000, BStBl 2001 II S. 705). Wegen der dem Steuerpflichtigen obliegenden Feststellungslast hinsichtlich einer ausschließlichen Vermietung der Ferienwohnung vgl. BMF-Schreiben vom 8.10.2004, BStBl I S. 933, Rz 17 und 18.

Soweit der Eigentümer eine Ferienwohnung selbst nutzt, erfolgt keine Versteuerung des Nutzungswerts; andererseits kommt insoweit auch ein Abzug von Werbungskosten nicht in Betracht. Als Eigennutzung gilt auch die unentgeltliche Überlassung an Dritte. Soweit die Ferienwohnung vermietet wird, sind auch die in diesem Zusammenhang entstandenen Werbungskosten abzugsfähig. Wird eine Ferienwohnung teils selbst genutzt oder hat sich der Eigentümer (z. B. bei der Vermietung durch einen Dritten) die Selbstnutzung vorbehalten – und wird die Ferienwohnung teils an wechselnde Feriengäste vermietet, kann nach der BFH-Rspr. nicht ohne weitere Prüfung von einer Überschuss- (= Einkünfte-) Erzielungsabsicht ausgegangen werden. Vielmehr muss der Steuerpflichtige – nach Aufteilung der auf die Selbstnutzung und die Vermietung entfallenden Kosten – im Rahmen der ihm obliegenden Feststellungslast für die Anerkennung dieser Absicht objektive Umstände vortragen, aufgrund derer im Beurteilungszeitraum aus der Vermietungstätigkeit ein Totalüberschuss erzielt werden kann (BMF-Schreiben vom 8.10.2004, BStBl I S. 933, Rz 21 i. V. mit Rz 39 sowie BFH-Urteil vom 5.11.2002, BStBl 2003 II S. 914). Hat der Steuerpflichtige bereits beim Erwerb einer Ferienwohnung deren später vorgenommenen Verkauf ernsthaft in Betracht gezogen, ist der Prognose der kürzere Zeitraum der tatsächlichen Vermögensnutzung (z. B. drei Jahre) zugrunde zu legen. Zur Ermittlung des »Totalüberschusses« vgl. ausführlich BFH-Urteile vom 6.11.2001, BStBl 2002 II S. 726 und vom 9.7.2002, BStBl 2003 II S. 580 sowie BMF-Schreiben vom 8.10.2004, BStBl I S. 933, Rz 33 ff.). Eine Selbstnutzung der Ferienwohnung liegt auch dann vor, wenn diese unentgeltlich an Dritte (z. B. an Kinder) überlassen wird (BFH-Urteil vom 6.11.2001, BFH/NV 2002 S. 771). Bei der Zuordnung der anfallenden Aufwendungen sind zunächst die ausschließlich auf die Vermietung entfallenden Werbungskosten (z. B. Zeitungsanzeigen, Entgelt für Aufnahme in das Gastgeberverzeichnis, Reinigungskosten, Anschaffungs- und Reparaturkosten für Wirtschaftsgüter, die ausschließlich der Vermietung dienen) zu berücksichtigen. Bei den übrigen Aufwendungen, die sowohl durch die Vermietung als auch durch die Selbstnutzung verursacht sind (z. B. Schuldzinsen, Haus- und Grundstücksabgaben, Gebäude-AfA, Versicherungsbeiträge, Instandhaltungsmaßnahmen oder die Anschaffung von Einrichtungsgegenständen, die nicht ausschließlich der Vermietung dienen), sind auf die Zeit der Selbstnutzung und die Zeit der Vermietung aufzuteilen (BFH-Urteil vom 30.7.1991, BStBl 1992 II S. 27). Dabei kommt als Aufteilungsmaßstab nur das Verhältnis der beiden Zeiträume zueinander in Betracht (BFH-Urteil vom 6.11.2001, BStBl 2000 II S. 726 und BMF-Schreiben vom 8.10.2004, BStBl I S. 933). Auch die Zweitwohnungssteuer ist mit dem zeitlichen Anteil als Werbungskosten abziehbar, der auf die Vermietung der Wohnung an wechselnde Feriengäste entfällt (BFH-Urteil vom 15.10.2002, BStBl 2003 II S. 287). Einer gesonderten Beurteilung bedürfen die Leerstandszeiten. Hat der Steuerpflichtige (z. B. bei der Vermietung der Ferienwohnung durch einen Dritten) die Selbstnutzung zeitlich beschränkt, ist (nur) die vorbehaltene Zeit der Selbstnutzung zuzurechnen; im Übrigen ist die Leerstandszeit der Vermietung zuzurechnen (vgl. BFH-Urteil vom 13.8.1996, BStBl 1997 II S. 42, Nr. 1). Ist jedoch eine Selbstnutzung jederzeit möglich, sind die Leerstandszeiten im Wege der Schätzung aufzuteilen, weil die Leerstandszeiten nicht zwingend Folge einer beabsichtigten Selbstnutzung sind, sondern auch durch eine beabsichtigte Vermietung verursacht sein können. Die auf die Leerstandszeiten entfallenden Aufwendungen sind daher entsprechend dem zeitlichen Verhältnis der tatsächlichen Selbstnutzung zur tatsächlichen Vermietung aufzuteilen (BFH-Urteil vom 6.11.2001, BStBl 2002 II S. 726). Lässt sich der Umfang der – neben einer tatsächlichen Fremdvermietung gegebenen – Selbstnutzung nicht feststellen, sind die auf die Leerstandszeiten entfallenden Aufwendungen zu je 50 % der Selbstnutzung und der Vermietung zuzuordnen. Vgl. auch BMF-Schreiben vom 8.10.2004, BStBl I S. 933, Rz 22 und 23). Keine Selbstnutzung sind durch die Vermietung veranlasste kurzfristige Aufenthalte des Eigentümers in der Ferienwohnung, wie z. B. zu Wartungsarbeiten, Schlüsselübergabe an Feriengäste, Reinigung bei Mieterwechsel, allgemeiner Kontrolle, Beseitigung von Schäden oder Teilnahme an Eigentümerversammlungen (BFH-Urteil vom 6.11.2001, BStBl 2002 II S. 726). Das gilt grundsätzlich auch für die Durchführung von Schönheitsreparaturen (BFH-Urteil vom 6.11.2001, BStBl 2002 II S. 726). Begleiten den Steuerpflichtigen jedoch dabei Familienmitglieder oder Dritte oder dauert der Aufenthalt mehr als einen Tag, sind die dafür maßgebende Gründe zu erläutern. Dabei ist darzulegen und nachzuweisen, dass der (mehrtägige) Aufenthalt vollständig mit Arbeiten für die Wohnung ausgefüllt war (BFH-Urteil vom 25.11.1993, BStBl 1994 II S. 350). Dies gilt insbesondere dann, wenn es sich um Aufenthalte während der am Ferienort üblichen Saison handelt (BMF-Schreiben vom 8.10.2004, BStBl I S. 933, Rz 19).

Zur Prüfung der o.g. Grundsätze wird in der Anlage V-FeWo in den Zeilen 8 bis 13 abgefragt, ob eine Selbstnutzung vorbehalten war, ob die Vermietung an einen Vermittler übertragen wurde und an wie vielen Tagen eine Selbstnutzung, eine Vermietung und ein Leerstand vorlag. Außerdem wird in Zeile 10 die Anzahl der ortsüblichen Vermietungstage abgefragt.

25.4 Angaben zu weiteren Ferienwohnungen

Die Abfragen in den Zeilen 4 bis 13 zur ersten Ferienwohnung / kurzfristig vermieteten Wohnung werden entsprechend für die zweite, dritte und vierte Ferienwohnung in den Zeilen 14 bis 23, den Zeilen 24 bis 33 und den Zeilen 34 bis 43 abgefragt. **14–43**

Wegen Ferienwohnungen im Ausland vgl. Tz 24.1.6.

26. Anlage V – Sonstige 2025

26.1 Wozu dient die »Anlage V-Sonstige«?

Auf der Anlage V-Sonstige werden alle weiteren Einkünfte aus Vermietung und Verpachtung abgefragt, die nicht in der Anlage V zu erklären sind.

In der Anlage V-Sonstige sind Einkünfte zu erklären aus:

- allen Beteiligungen, z. B. Grundstücks- oder Erbengemeinschaften (Zeilen 4 bis 29),
- der Untervermietung von gemieteten Räumen (Zeile 31),
- Vermietung und Verpachtung unbebauter Grundstücke, von anderem unbeweglichen Vermögen, von Sachinbegriffen sowie aus Überlassung von Rechten (Zeilen 32 bis 35),
- der Vereinnahmung von Prozess- und Verzugszinsen, soweit diese den Einkünften aus Vermietung und Verpachtung zuzurechnen sind (Zeile 37),
- Vermietung und Verpachtung, für die die ermäßigte Besteuerung nach § 34 Abs. 1 EStG anzuwenden ist (Zeile 38),
- Steuerstundungsmodellen (Zeile 39).

26.2 Anteile an Einkünften

26.2.1 Allgemeine Angaben

4–30 Sind mehrere Personen an Einkünften aus Vermietung und Verpachtung beteiligt (z. B. bei **geschlossenen Immobilienfonds** oder **Grundstücksgemeinschaften**), so können die Einkünfte der Beteiligten **gesondert und einheitlich**, d. h. mit Wirkung für und gegen alle, festgestellt und den Beteiligten entsprechend ihrer Beteiligung zugerechnet werden (§§ 179 ff. AO).

Überträgt ein Steuerpflichtiger seinen Anteil an einem geschlossenen Immobilienfonds in Erfüllung einer Vergleichsvereinbarung auf eine von dem finanzierenden Kreditinstitut benannte Erwerbergesellschaft und verzichtet das Kreditinstitut im Gegenzug teilweise auf die Rückzahlung des Restdarlehens, liegt ein Veräußerungsgeschäft vor und bis zum Zeitpunkt der Übertragung werden Einkünfte aus Vermietung und Verpachtung erzielt (BFH-Urteil vom 31.1.2017, BStBl 2018 II S. 341). Wird hingegen das ursprüngliche Anschaffungsgeschäft rückabgewickelt, liegt keine Veräußerung vor und damit auch keine Einkünfte aus Vermietung und Verpachtung.

Diese **Anteile** an solchen Einkünften sind vom Steuerpflichtigen in den **Zeilen 4 bis 29 zu erklären**.

Über die gesondert und einheitlich festzustellenden Einkünfte aus Vermietung und Verpachtung ist – unabhängig von der hier auszufüllenden Anlage V – eine **besondere Erklärung** (Vordruck ESt 1 B und Anlagen FB, FE 1) an das Finanzamt abzugeben, von dessen Bezirk die Verwaltung des Grundstücks ausgeht. Diese Erklärung wird in der Regel vom »Zustellungsvertreter«, d. h. von demjenigen abgegeben, den die Beteiligten dem Finanzamt als zum Empfang von Bescheiden usw. Ermächtigten benannt haben. Dadurch soll die einheitliche Entscheidung durch die Finanzämter und die gleichmäßige Behandlung der Beteiligten sichergestellt werden.

26.2.2 Aufteilung der Einkünfte bei Grundstücksgemeinschaften

Die Aufteilung der Einkünfte (Einnahmen und Aufwendungen einschließlich der AfA) aus der **gemeinsamen** Vermietung und Verpachtung erfolgt **bei Grundstücksgemeinschaften grds.** nach den **bürgerlich-rechtlichen Miteigentumsanteilen,** und zwar unabhängig davon, welche Kosten die Miteigentümer tatsächlich getragen haben oder welche Einnahmen ihnen zugeflossen sind, und unabhängig davon, ob und in welchem Umfang die Miteigentümer die übrigen – nicht vermieteten – Räumlichkeiten des Gebäudes jeweils selbst nutzen (BFH-Urteile vom 26.1.1999, BStBl II S. 360 und vom 18.5.2004, BStBl II S. 929 sowie R 21.6 Satz 1 EStR). **Abweichende Vereinbarungen** zwischen den Miteigentümern hinsichtlich der Verteilung von Einnahmen und Ausgaben sind aber **anzuerkennen**, wenn sie bürgerlich-rechtlich wirksam sind und hierfür wirtschaftlich vernünftige Gründe vorliegen, die grundstücksbezogen sind (R 21.6 Satz 2 EStR), also vor allem, wenn sie ihren **Grund im Gemeinschaftsverhältnis** haben, wie das z. B. bei einer Verteilung entsprechend den tatsächlichen Nutzungsverhältnissen der Fall ist (BFH-Urteil vom 31.3.1992, BStBl II S. 890) – dagegen **nicht**, wenn verwandtschaftliche Motive maßgebend sind oder freiwillige Zuwendungen nach § 12 Nr. 2 EStG vorliegen (vgl. BFH-Urteile vom 7.10.1986, BStBl 1987 II S. 322, vom 22.1.1980, BStBl II S. 244, vom 18.11.1980, BStBl 1981 II S. 510 und vom 27.6.1978, BStBl II S. 674).

Abweichende Vereinbarungen **unter Angehörigen** müssen außerdem in Gestaltung und Durchführung dem zwischen fremden Personen Üblichen entsprechen (vgl. H 21.6 – Abweichende Zurechnung – EStH). Trägt der Gesellschafter einer GbR deren Werbungskosten über den seiner Beteiligung entsprechenden Anteil hinaus, mit der Folge, dass diese ausnahmsweise nur ihm zuzurechnen sind, sind ihm diese Aufwendungen im Rahmen der gesonderten und einheitlichen Feststellung ausnahmsweise dann allein zuzurechnen, wenn insoweit weder eine Zuwendung an Mitgesellschafter beabsichtigt ist noch gegen diese ein durchsetzbarer Ausgleichsanspruch besteht (vgl. H 21.6 – Abweichende Zurechnung – EStH und BFH-Urteil vom 23.11.2004, BStBl 2005 II S. 454). Werbungskosten, die nicht der Gemeinschaft als solcher, sondern nur einzelnen Miteigentümern erwachsen (Sonderwerbungskosten), z. B. Kreditzinsen oder Reisekosten, sind bei dem einzelnen Miteigentümer zu berücksichtigen. AfA oder erhöhte Absetzungen und Sonderabschreibungen können nur demjenigen Miteigentümer zugerechnet werden, der die Anschaffungs- oder Herstellungskosten getragen hat (R 21.6 Satz 3 EStR, z. B. unterschiedlich hohe Beteiligung an der Baufinanzierung).

Wird **einem Miteigentümer** (oder dessen Ehegatten) eine Wohnung von der Gemeinschaft (oder einem oder mehreren Miteigentümern) überlassen, so ist eine Vermietung einkommensteuerlich insoweit anzuerkennen, wie die entgeltliche Überlassung den ideellen Miteigentumsanteil des Miteigentümers **übersteigt**; er ist dagegen **nicht** anzuerkennen, soweit die überlassene Fläche seinem Miteigentumsanteil entspricht (H 21.6 – Mietverhältnis zwischen GbR und Gesellschafter – EStH). Deshalb ist auch der Mietvertrag zwischen einer Gesellschaft bürgerlichen Rechts und einem Gesellschafter steuerrechtlich nicht anzuerkennen, soweit diesem das Grundstück anteilig zuzurechnen ist (BFH-Urteil vom 18.5.2004, BStBl II S. 898 und S. 929).

In diesem Zusammenhang ist auch zu beachten, dass der Tatbestand der Einkunftsart Vermietung und Verpachtung von demjenigen verwirklicht wird, der die rechtliche und tatsächliche Macht hat, das Wirtschaftsgut i. S. des § 21 EStG anderen entgeltlich auf Zeit zur Nutzung zu überlassen; er muss Träger der Rechte und Pflichten aus dem Vertrag sein und auch nach außen als Vertragspartner auftreten (BFH-Urteile vom 26.1.1999, BStBl II S. 360, und vom 27.1.1993, BStBl 1994 II S. 615). Dies kann auch ein **einzelner Miteigentümer** sein, der nicht als Vertreter der Gemeinschaft, sondern aufgrund eines eingeräumten **Nutzungsrechts** das Gebäude oder einen Gebäudeteil (z. B. Wohnung) in eigenem Namen und auf eigene Rechnung vermietet (vgl. auch BFH-Urteil vom 25.6.2002, BFH/NV 2002 S. 1556). Dabei muss es sich um ein dingliches oder obligatorisches Nutzungsrecht **mit gesicherter Rechtsposition** handeln, d. h. von mindestens einjähriger Dauer und mit strengeren Anforderungen bei nahen Angehörigen (vgl. Tz 24.1.2 unter Erläuterungen zur Anlage V). Der einzelne Miteigentümer hat dann die Einkünfte hieraus (Einnahmen ./. Werbungskosten, aber nur anteilige AfA) allein zu versteuern.

Da die **gesonderte und einheitliche Feststellung** für und gegen alle Beteiligten wirkt, muss außer der Höhe der zugeflossenen Einkünfte die Gemeinschaft bezeichnet sowie angegeben werden, welches Finanzamt unter welcher Steuernummer die gesonderte und einheitliche Feststellung der Einkünfte durchführt.

Ist der Anteil und/oder einer von mehreren Anteilen dem Steuerpflichtigen noch nicht bekannt, so kann die Steuererklärung trotzdem abgegeben werden. In diesem Falle empfiehlt sich der Eintrag: »Finanzamt, bitte einsetzen«.

26.2.3 Wirtschafts-Identifikationsnummer

30 In Zeile 30 ist die W-IdNr. einzutragen, die an wirtschaftlich Tätige vergeben wird. Für jede wirtschaftliche Tätigkeit wird eine eigene W-IdNr. vergeben, vgl. Vorbemerkungen Tz 15. In Zeile 30 ist deshalb die W-IdNr. einzutragen, die für eine Tätigkeit vergeben wurde, durch die Einkünfte aus Vermietung und Verpachtung erzielt wurden, die in den Zeilen 31 bis 36 einzutragen sind.

26.3 Einkünfte aus Untervermietung von gemieteten Räumen

31 In **Zeile 31** sind die Einkünfte (d.h. Bruttoeinnahmen abzgl. Werbungskosten) aus der **Untervermietung** von gemieteten Räumen (insbesondere Wohnungen) anzugeben. Die Berechnung der Einnahmen und Werbungskosten soll auf einem besonderen Blatt vorgenommen werden. Zu den Werbungskosten gehören neben den angefallenen Ausgaben für Beleuchtung, anteilige Miete, anteilige Reinigungskosten usw. auch die AfA auf die Einrichtungsgegenstände, falls solche mitvermietet sind.

26.4 Einkünfte aus Vermietung und Verpachtung unbebauter Grundstücke, von anderem unbeweglichem Vermögen, von Sachinbegriffen sowie aus Überlassung von Rechten

26.4.1 Vermietung und Verpachtung unbebauter Grundstücke

26.4.1.1 Unbebaute Grundstücke und unbewegliches Vermögen

32 In **Zeile 32** sind die **Einkünfte (d.h.** Bruttoeinnahmen abzgl. der im Zusammenhang mit der Vermietung und Verpachtung angefallenen Ausgaben) aus der Vermietung und Verpachtung von **unbebauten Grundstücken** anzugeben (z.B. Vermietung eines Grundstücks als Lagerplatz usw.).

Die Vermietung **einzelner beweglicher Gegenstände** (z.B. Vermietung eines Pkw oder einzelner Maschinen) ist steuerlich den sonstigen Einkünften i.S. des § 22 Nr. 3 EStG zuzuordnen, wenn sie nicht im Rahmen eines Betriebs oder im Rahmen eines freien Berufs geschieht (vgl. Tz 20.6 unter Erläuterungen zur Anlage SO).

Bei **verpachteten unbebauten Grundstücken** gilt die in § 21 Abs. 1 Satz 1 Nr. 1 EStG zugrunde liegende typisierende Annahme einer Einkunftserzielungsabsicht nicht. Für die Prüfung, ob bei einer Verpachtung unbebauten Grundbesitzes **Liebhaberei** vorliegt, ist ein Prognosezeitraum von 30 Jahren zugrunde zu legen (BFH-Urteil vom 28.11.2007, BStBl 2008 II S. 515).

26.4.1.2 Grundstückgleiche Rechte

Hierher gehören auch Einkünfte aus der Vermietung und Verpachtung von **grundstücksgleichen Rechten, z.B. Erbbaurechten, Erbpachtrechten, Mineralgewinnungsrechten, Bergrechten, Fischereirechten.**

Die erhaltenen **Erbbauzinsen** sind **beim Erbbauverpflichteten** (Grundstückseigentümer) grds. als Einnahmen aus Vermietung und Verpachtung zu erfassen, ohne dass es darauf ankommt, ob der Zins in Jahresraten, in mehreren größeren Beträgen oder in einer Summe gezahlt wird (vgl. z.B. BFH-Urteile vom 8.6.1994, BStBl II S. 779). Daran ändert auch der bewertungsrechtliche Ansatz des Erbbauzinsanspruchs als sonstiges Vermögen (vgl. Beschluss des BVerfG vom 17.7.1995, BStBl II S. 810) nach dem BFH-Urteil vom 20.9.2006 (BStBl 2007 II S. 112) nichts. Einnahmen, die für eine Nutzungsüberlassung von **mehr als fünf Jahren** im Voraus geleistet werden, können auf den Zeitraum gleichmäßig **verteilt** werden, für den die Vorauszahlung geleistet wird (Wahlrecht nach § 11 Abs. 1 Satz 3 EStG).

Dagegen zählen die Aufwendungen des erbbau**verpflichteten** Grundstückseigentümers zur **Ablösung** des Erbbaurechts zu den **Herstellungskosten** des anschließend auf dem Grundstück nach dem Abriss der vorhandenen Bebauung neu errichteten Gebäudes (BFH-Urteil vom 13.12.2005, BStBl 2006 II S. 461).

Die **Übernahme von Erschließungskosten** durch den **Erbbauberechtigten stellt** ein zusätzliches Entgelt für die Nutzung des Grundstücks dar, das zu den **Einnahmen** aus Vermietung und Verpachtung **des Erbbauverpflichteten** (Grundstückseigentümers) gehört. Für Beiträge, die für die Ersetzung oder Modernisierung **vorhandener** Erschließungsanlagen als sog. Ergänzungsbeiträge geleistet werden, gilt das Gleiche (BFH-Urteil vom 19.10.1993, BStBl 1994 II S. 109). Auch wenn nach den Bestimmungen des Baugesetzbuches der Erbbauberechtigte und nicht der Grundstückseigentümer zur Zahlung von Erschließungsbeiträgen herangezogen wird, führt die Zahlung durch den Erbbauberechtigten gleichzeitig zu einer Wertsteigerung des Grund und Bodens und ist deshalb auch eine Zuwendung des Erbbauberechtigten an den Grundstückseigentümer (BFH-Urteile vom 20.11.1980, BStBl 1981 II S. 398, vom 17.4.1985, BStBl II S. 617, vom 8.12.1988, BStBl 1989 II S. 407 und vom 4.6.1991, BStBl 1992 II S. 70).

Die geänderte Rspr. des BFH im Urteil vom 21.11.1989 (BStBl 1990 II S. 310) geht zwar ebenfalls von Einnahmen des Grundstückseigentümers aus, nimmt einen tatsächlichen **Zufluss** i.S. des § 11 EStG jedoch **erst bei Beendigung des Erbbaurechtsverhältnisses** an, weil vorher der Wertzuwachs wegen der Grundstücksbelastung mit dem Erbbaurecht nicht realisiert werde. Die Höhe der Einnahme im Zeitpunkt des Zuflusses richtet sich nach § 8 Abs. 2 EStG. Nach § 11 Abs. 1 Satz 3 EStG können entsprechende Einnahmen gleichmäßig auf den Zeitraum der Nutzungsüberlassung verteilt werden; anderenfalls sind sie sofort als Einnahme und in voller Höhe anzusetzen. Bei Verteilung entstehen in diesem Zusammenhang jedoch erhebliche praktische Probleme, vor allem bei einer sehr langen Laufzeit des Erbbaurechts (z.B. 99 Jahre!).

Auch Leistungen, die der Erbbauberechtigte **beim Heimfall** (§ 32 ErbbauV) des Erbbaurechts erbringt, sind wirtschaftliche Gegenleistung für die vorherige Nutzung (BFH-Urteil vom 31.10.1990, BStBl 1991 II S. 741). Entsprechendes gilt, wenn nach Beendigung des Erbbaurechts **durch Zeitablauf** (§ 27 ErbbauV) das vom Erbbauberechtigten errichtete Gebäude gemäß dem Erbbaurechtsvertrag entschädigungslos auf den Erbbauverpflichteten übergeht; dies führt bei diesem zu einer zusätzlichen Vergütung für die vorangegangene Nutzungsüberlassung (BFH-Urteil vom 11.12.2003, BStBl 2004 II S. 353). Wegen der Behandlung der Zahlungen des **Erbbauberechtigten** vgl. Tz 24.9.3. Die **Bestellung eines entgeltlichen Erbbaurechts** an einem zum Betriebsvermögen gehörenden Grundstück führt trotz Nutzung des Gebäudes zu eigenen Wohnzwecken nicht zu einer Entnahme.

26.4.1.3 Substanzausbeutebetriebe

Auch einmalige oder wiederkehrende Einnahmen, die aufgrund von **Substanzausbeuteverträgen** erzielt werden – das sind Verträge, durch die der Grundstückseigentümer einem anderen die Entnahme der Substanz des Grund und Bodens, d.h. die **Ausbeute von Bodenschätzen** (Kohle, Kali, Mineralien, Erdöl, Steinen, Ziegellehm, Kies, Sand, Bims usw.) zeitlich begrenzt gegen Entgelt überlässt (BFH-Urteil vom 21.7.1993, BStBl 1994 II S. 231 und H 21.7 – Abgrenzung Pacht-/Kaufvertrag – EStH) –, sind Einnahmen aus Vermietung und Verpachtung. Wegen der Absetzungen für Substanzverringerung bei Bodenschätzen, die **unentgeltlich** erworben worden sind, vgl. § 11d Abs. 1 EStDV und R 7.5 EStR. Bei **entgeltlichem** Erwerb gilt § 7 Abs. 6 EStG (Absetzungen nach Maßgabe des Substanzverzehrs sind zulässig). Bei Bodenschätzen, die der Steuerpflichtige auf seinem eigenen Grundstück entdeckt hat, sind Absetzungen für Substanzverringerung nicht möglich (§ 11d Abs. 2 EStDV und H 21.7 – Abgrenzung Pacht-/Kaufvertrag – EStH sowie BFH-Urteil vom 19.7.1994, BStBl II S. 846 und Beschluss des GrS des BFH vom 4.12.2006, BStBl 2007 II S. 508).

Die **Entgelte für die Entnahme von Bodenschätzen** gehören zu den Einkünften aus Vermietung und Verpachtung, soweit nicht ausnahmsweise Einkünfte aus Land- und Forstwirtschaft oder aus Gewerbebetrieb anzunehmen sind. Liegt dagegen eine »**Veräußerung**« **(Kaufvertrag)** von Bodenschätzen vor, so sind keine Einkünfte aus Vermietung und Verpachtung gegeben. Ein Kaufvertrag über die im Boden befindlichen Mineralien oder sonstigen Bestandteile kann jedoch grds. nur angenommen werden, wenn **auch der Grund und Boden mitveräußert** wird oder die einmalige Lieferung einer fest begrenzten Menge von Bodenbestandteilen Gegenstand des Vertrags ist (H 21.7 – Abgrenzung Pacht-/Kaufvertrag – EStH und BFH-Urteil vom 19.7.1994, BStBl II S. 846).

Wird ein Grundstück bürgerlich-rechtlich übereignet, aber gleichzeitig die Rückübereignung nach Beendigung der Ausbeute vereinbart, so handelt es sich bei dem Entgelt für die Überlassung um Einnahmen aus Vermietung und Verpachtung (BFH-Urteil vom 5.10.1973, BStBl 1974 II S. 130); dies gilt auch bei zusätzlicher Vereinbarung einer Steuerklausel, wenn keine rechtzeitige Offenbarung der Zusatzvereinbarung erfolgt (BFH-Urteil vom 24.11.1992, BStBl 1993 II S. 296 und H 21.7 – Abgrenzung Pacht-/Kaufvertrag – EStH).

Zur Frage, wann ein im Eigentum des Grundeigentümers stehender Bodenschatz als Wirtschaftsgut entsteht und ob ein solches Wirtschaftsgut dem Betriebs- oder dem Privatvermögen zuzuordnen ist, vgl. BMF-Schreiben vom 7.10.1998, BStBl I S. 1221 sowie BFH-Urteil vom 4.9.1997, BStBl 1998 II S. 657.

26.4.1.4 Verpachtung unbebauter Grundstücke

Wird **Obst auf dem Baum** oder **Gras auf dem Halm** verkauft, so handelt es sich bei den daraus erzielten Einkünften regelmäßig um Einkünfte aus Landwirtschaft. Einkünfte aus einem **Weidevertrag** stellen dagegen in der Regel Einkünfte aus Verpachtung dar. Wegen der Verpachtung einzelner landwirtschaftlicher Grundstücke vgl. Tz 28.1 unter Erläuterungen zur Anlage L.

26.4.1.5 Veräußerung von Miet- und Pachtzinsforderungen

Vermietungseinkünfte sind auch die Einkünfte des Abtretenden aus der **Veräußerung (Abtretung) von Miet- und Pachtzinsforderungen**. Dies gilt auch dann, wenn Miet- und Pachtzinsforderungen, die sich auf den Zeitraum **vor** der Eigentums- oder Besitzübertragung beziehen, bei der Veräußerung des Grundstücks abgetreten werden und das Entgelt für die Abtretung in dem Grundstückspreis mit enthalten ist.

26.4.2 Vermietung und Verpachtung von anderem unbeweglichem Vermögen

33 Zum unbeweglichen Vermögen gehören auch Schiffe, die in ein inländisches Schiffsregister eingetragen sind. Dies sind regelmäßig die Fälle der sog. **bareboat charter**. Wird das Schiff ausgerüstet und mit Mannschaft vermietet, liegen Einkünfte aus Gewerbebetrieb vor. Die Vermietung von Schiffen, die nicht in ein Schiffsregister eingetragen sind, fällt unter § 22 Nr. 3 EStG, wie auch die Vermietung anderer beweglicher Sachen, z. B. die Vermietung eines Wohnmobils. Die Bezeichnung der Einkünfte aus Vermietung und Verpachtung von anderem unbeweglichem Vermögen und die Höhe der Einkünfte sind in Zeile 33 einzutragen.

26.4.3 Vermietung und Verpachtung von Sachinbegriffen

34 Einkünfte aus der Vermietung von sog. **Sachinbegriffen**, d. h. einer Vielheit von beweglichen Sachen, die nach ihrer Zweckbestimmung wirtschaftlich eine Einheit bilden (z. B. Einkünfte aus der Vermietung einer Geschäftseinrichtung, einer Bibliothek, der Praxiseinrichtung eines Arztes oder Zahnarztes) sind in Zeile 34 einzutragen.

26.4.4 Überlassung von Rechten

35 In Zeile 35 sind die Einkünfte aus zeitlich begrenzter Überlassung von Rechten aufzuführen, insbesondere von schriftstellerischen, künstlerischen oder gewerblichen Urheberrechten, Erfindungen und von Gerechtigkeiten und Gefällen. In Betracht kommt auch die zeitlich begrenzte Überlassung von Patentrechten und von gewerblichen Erfahrungen. Als »Einkünfte« gelten die Einnahmen (Lizenzeinnahmen) abzgl. der Werbungskosten. Diese Einkünfte werden jedoch meist als solche aus Gewerbebetrieb (z. B. im Rahmen einer Betriebsaufspaltung) oder bei der Ausübung eines freien Berufs (z. B. bei einem Erfinder) anfallen; sie sind dann diesen Einkünften zuzurechnen. Vermietungseinkünfte kommen insbesondere dann in Betracht, wenn der Urheber das Recht anderen zur Ausnutzung überlässt. Bei erworbenen Patenten und Erfindungen kann für die Bemessung der AfA grundsätzlich von einer Nutzungsdauer von acht Jahren ausgegangen werden (Ausnahme: anderweitige vertragliche Vereinbarungen, z. B. Nutzungsüberlassung für zwölf Jahre).

26.5 Vereinnahmte Prozess- und Verzugszinsen

Verzugszinsen nach § 286 Abs. 1 BGB wie auch Prozesszinsen nach § 291 BGB sind Kapitalerträge i. S. von § 20 Abs. 1 Nr. 7 EStG (vgl. BFH-Urteil vom 24.5.2011, BStBl 2012 II S. 254). Diese Einordnung ist nach § 20 Abs. 8 EStG den Einkünften aus Vermietung und Verpachtung zuzurechnen, wenn die verzinsliche Forderung mit diesen Einkünften im Zusammenhang stehen. Die Steuerbarkeit der Prozess- und Verzugszinsen ist darin begründet, dass diese bei wirtschaftlicher Betrachtung Entgelt für eine Kapitalnutzung sind. Unerheblich ist es, ob der Überlassung von Kapital ein Darlehensvertrag oder ein anderer Rechtsgrund zugrunde liegt. Auch eine erzwungene Kapitalüberlassung kann danach zu Einnahmen führen. Verzugszinsen stellen aus ertragsteuerlicher Sicht keinen Schadensersatz für die Verletzung privater Güter dar, sondern sind Entgelt für die unfreiwillige Vorenthaltung des dem Steuerpflichtigen zustehenden Kapitals. 3

Die vereinnahmten Prozess- und Verzugszinsen sind in Zeile 37 einzutragen, soweit diese den Einkünften aus Vermietung und Verpachtung zugerechnet werden, also nicht nur für Einkünfte, die auf der Anlage V-Sonstiges, sondern auch für die Einkünfte, die auf der Anlage V einzutragen sind.

26.6 Ermäßigte Besteuerung

Werden Einkünfte erzielt, die nach § 34 Abs. 2 EStG zu begünstigen sind, müssen diese in Zeile 38 erklärt werden. Diese Einkünfte unterliegen nach § 34 Abs. 1 EStG der **Tarifermäßigung** (sog. Fünftelregelung). Begünstigte Einkünfte in diesem Zusammenhang sind z. B. Entschädigungen i. S. des § 24 Nr. 1 Buchst. a EStG wie Abstandszahlungen eines Mietinteressenten für die Entlassung aus einem Vormietvertrag (BFH-Urteil vom 21.8.1990, BStBl 1991 II S. 76) oder Mietentgelte, die der Restitutionsberechtigte vom Verfügungsberechtigten nach § 7 Abs. 7 Satz 2 VermG erlangt (BFH-Urteil vom 11.1.2005, BStBl II S. 450). 3

26.7 Steuerstundungsmodelle

In **Zeile 39** sind die Anteile an Einkünften aus Gesellschaften, Gemeinschaften und ähnlichen Modellen i. S. des § 15b EStG zu erklären. Danach dürfen Verluste im Zusammenhang mit einem **Steuerstundungsmodell weder** mit Einkünften aus Gewerbebetrieb **noch** mit Einkünften aus anderen Einkunftsarten **ausgeglichen** werden; sie dürfen auch nicht nach § 10d EStG abgezogen werden. Ein Steuerstundungsmodell in diesem Sinne liegt vor, wenn aufgrund einer **modellhaften Gestaltung** steuerliche Vorteile in Form negativer Einkünfte erzielt werden sollen. Dies ist der Fall, wenn dem Steuerpflichtigen aufgrund eines **vorgefertigten Konzepts** die Möglichkeit geboten werden soll, zumindest in der Anfangsphase der Investition Verluste mit übrigen Einkünften zu verrechnen. Dabei ist es ohne Belang, auf welchen Vorschriften die negativen Einkünfte beruhen (§ 15b Abs. 2 EStG). Zum Zeitpunkt des Inkrafttretens des § 15b EStG mit Vertrauensschutzregelung (§ 52 Abs. 3 EStG) vgl. Tz 21.11 unter Erläuterungen zur **Anlage G**. 3

27. Anlage FW 2025 zur Förderung des Wohneigentums

27.1 Wozu dient die Anlage FW?

Die **Anlage FW,** d.h. Förderung des Wohneigentums, dient dazu, Steuerbegünstigungen für zu eigenen Wohnzwecken genutzte Baudenkmale und Gebäude in Sanierungsgebieten und städtebaulichen Entwicklungsbereichen nach § 10f EStG zu beantragen. Die Anlage FW ist auch für Wohnungen vorgesehen, die an Dritte unentgeltlich und ohne gesicherte Rechtsposition (zum Begriff vgl. Tz 24.1.2 unter Erläuterungen zur Anlage V) **überlassen** werden.

In Fällen des **Miteigentums** braucht für jede Wohnung nur **eine** Anlage FW der jeweiligen Steuererklärung beigefügt zu werden. Dies gilt auch, wenn **Ehegatten** gemeinsam Eigentümer einer Wohnung sind.

Werden **erstmals** Anschaffungs- oder Herstellungskosten geltend gemacht, so verlangt die Finanzverwaltung eine **Einzelaufstellung,** aus der sich neben dem gezahlten Rechnungsbetrag auch das Rechnungsdatum, der Gegenstand der Leistung sowie das ausführende Unternehmen ergeben.

Zuschüsse aus öffentlichen Mitteln sind stets von den entsprechenden Aufwendungen **abzuziehen** (vgl. Tz 27.2.3 und Tz 24.13 unter Erläuterungen zur Anlage V).

27.1.1 Lage der Wohnung

4 **Die Lage der Wohnung** (Adresse) ist in **Zeile 4** auch anzugeben, wenn die Wohnung bisher vermietet war oder leer gestanden hat und erstmals in 2025 selbst bewohnt wurde.

Wegen weiterer Einzelheiten zu den **begünstigten Objekten,** dem **Erfordernis der Selbstnutzung** und zum **Wohnungsbegriff** vgl. Teil II Tz 4.3.2.

27.1.2 Begünstigter Personenkreis

5 In **Zeile 5** ist der **Eigentümer** der Wohnung zu benennen, da in erster Linie der bürgerlich-rechtliche Eigentümer der Wohnung berechtigt ist, den Abzugsbetrag nach § 10f EStG in Anspruch zu nehmen. Bürgerlich-rechtlicher Eigentümer der Wohnung ist auch der **Erbbauberechtigte.** Aber auch andere Personen können den Abzugsbetrag erhalten, wie z.B. der **wirtschaftliche Eigentümer,** der die Herstellungskosten oder Anschaffungskosten getragen hat.

27.1.3 Eigennutzung

10 **In den Zeilen 6 bis 9** wird u.a. nach der **Eigennutzung** des Gebäudes gefragt, weil der Abzugsbetrag nach **§ 10f EStG** (Zeilen 11 bis 13) nur für selbstgenutzte oder unentgeltlich überlassene Wohnungen im Inland in Anspruch genommen werden kann.

27.1.4 Tag der Herstellung (= Fertigstellung) und der Anschaffung

In den **Zeilen 7 und 8** ist neben dem Datum des Kaufvertrags, des Bauantrags und des Baubeginns auch anzugeben, wann das Objekt **angeschafft** oder **fertiggestellt** und ab wann es **eigengenutzt** wurde.

Tag der Herstellung (= Fertigstellung) des Objekts ist der Tag, an dem die wesentlichen Bauarbeiten abgeschlossen worden sind und das Objekt bewohnbar ist. Der Bezug der Wohnung muss zumutbar sein (BFH-Urteile vom 21.7.1989, BStBl II S. 906, vom 23.1.1980, BStBl II S. 365 und vom 11.3.1975, BStBl II S. 659). Dies kann nur nach den Verhältnissen des Einzelfalles entschieden werden. Der Zeitpunkt der Bauabnahme ist nicht entscheidend. Der tatsächliche Einzug ist ein Indiz für die Bezugsfertigkeit. Der Fertigstellung einer Eigentumswohnung steht nicht entgegen, wenn bürgerlich-rechtlich noch kein Wohnungseigentum begründet und die Teilungserklärung noch nicht abgegeben worden ist (BFH-Urteil vom 26.1.1999, BStBl II S. 589). Die Bewohnbarkeit ist auch dann zu bejahen, wenn noch kleinere Arbeiten nachzuholen sind. Unschädlich ist z.B., wenn ein Teil des Teppichbodens noch verlegt werden muss (BFH-Urteil vom 25.7.1980, BStBl 1981 II S. 152) oder der Außenputz oder der Anstrich im Treppenhaus oder Dachrinnen und Fensterläden noch fehlen oder die Zugangswege noch nicht fertig sind. Dagegen kann nicht von Bewohnbarkeit gesprochen werden, wenn der Innenputz oder Türen oder Fenster, oder der gesamte Fußbodenbelag oder die Toilette noch fehlen oder noch kein Wohnungsabschluss vorhanden ist. Zur Bezugsfertigkeit gehört auch, dass die Anschlüsse für Strom- und Wasserversorgung, Heizung sowie für sanitäre Anlagen vorhanden sind und die Möglichkeit des Kochens und Heizens besteht (BFH-Urteile vom 7.4.1987, BStBl II S. 567 und vom 21.7.1989, BStBl II S. 906). Auf die Höhe der noch ausstehenden Herstellungskosten im Verhältnis zu den gesamten Herstellungskosten kommt es nicht an (BFH-Urteil vom 16.12.1988, BStBl 1989 II S. 203). Gebäudeteile, die aufgrund ihrer unterschiedlichen Funktion selbständige Wirtschaftsgüter sind (z.B. der eigenen Wohnzwecken dienende Gebäudeteil), sind fertiggestellt, sobald diese Teile bestimmungsgemäß nutzbar sind (BFH-Urteil vom 9.8.1989, BStBl 1991 II S. 132). Vgl. H 7.4 – Fertigstellung – EStH.

Tag der Anschaffung ist der Zeitpunkt, in dem der Erwerber nach dem Willen der Vertragsparteien über das erworbene Objekt wirtschaftlich verfügen kann. Das ist regelmäßig der Fall, wenn Besitz, Gefahr des zufälligen Untergangs, Nutzungen und Lasten, also das **wirtschaftliche Eigentum** auf den Erwerber übergehen (BFH-Urteile vom 28.4.1977, BStBl II S. 553 und vom 13.10.1972, BStBl 1973 II S. 209). Dies kann bei einer Eigentumswohnung bereits vor Abgabe der Teilungserklärung auf schuldrechtlicher Grundlage geschehen (BFH-Urteil vom 26.1.1999, BStBl II S. 589). Der Zeitpunkt des Abschlusses des notariellen Kaufvertrags oder der Eintragung im Grundbuch ist unerheblich.

Die **Flächenangaben** in **Zeile 9** dienen dazu, jene Räume der Wohnung aus der Steuerbegünstigung nach § 10f EStG auszuscheiden, die nicht für eigene Wohnzwecke, sondern zur Erzielung von Einkünften verwendet werden; das sind **eigengewerblich** oder **freiberuflich** oder **als Arbeitszimmer genutzte** oder **vermietete Räume.** Die hierauf entfallenden Anschaffungs- und Herstellungskosten müssen aus der Bemessungsgrundlage ausgeschieden werden. Entsprechendes gilt für Räume, die aufgrund eines vorbehaltenen Nutzungsrechts nicht selbst genutzt werden. Die Aufteilung der Bemessungsgrundlage erfolgt nach dem Verhältnis der **Grundfläche** der gewerblichen oder beruflichen Zwecken dienenden Räume zur gesamten **Nutzfläche** der Wohnung. Zur gesamten Nutzfläche gehört die nach den §§ 42, 44 der II. BVO – jetzt nach der Wohnflächenverordnung (WoFlV) vom 25.11.2003, Anhang 5 II EStH – zu ermittelnde Grundfläche der Wohnzwecken dienenden Räume einschließlich der Grundfläche der gewerblichen oder beruflichen Zwecken dienenden Räume. Bei einem häuslichen Arbeitszimmer ist dagegen der hierauf entfallende Anteil der Bemessungsgrundlage nach dem Verhältnis der nach der II. BVO bzw. WoFlV zu ermittelnden Wohnfläche der gesamten Wohnung einschließlich des Arbeitszimmers zur Grundfläche des Arbeitszimmers zu ermitteln (BFH-Urteile vom 18.10.1983, BStBl 1984 II S. 112 und vom 10.4.1987, BStBl II S. 500); vgl. Tz 11.15.10 unter Erläuterungen zur Anlage N. Wegen weiterer Einzelheiten vgl. Teil II Tz 4.3.2.

27.1.5 Objektbeschränkung (Objektverbrauch)

Die weiteren Angaben in **Zeile 10** sind wegen der sog. **Objektbeschränkung** der Steuerbegünstigungen nach **§ 10f EStG** notwendig.

Die Abzugsbeträge nach **§ 10f EStG** für Aufwendungen an einem zu eigenen Wohnzwecken genutzten **Baudenkmal** oder Gebäude in einem **Sanierungsgebiet** oder städtebaulichen **Entwicklungsbereich** können nur bei **einem** Gebäude – bei Ehegatten/Lebenspartnern, die im Inland nicht dauernd getrennt leben, bei **zwei** Gebäuden – in Anspruch genommen werden. Dabei kommt es nicht auf die einzelne Baumaßnahme, sondern auf das Gebäude an. Zur Steuerbegünstigung selbst vgl. Tz 27.5.

27.2 Steuerbegünstigung nach § 10f EStG

11–12 Nach **§ 10f EStG** sind Aufwendungen für Städtebausanierungsmaßnahmen (i. S. des § 177 Baugesetzbuch) begünstigt, die für zu **eigenen Wohnzwecken (!)** genutzte Gebäude in einem förmlich festgelegten **Sanierungs- oder Entwicklungsgebiet** aufgewendet werden. Entsprechendes gilt für Maßnahmen, die der Erhaltung, Erneuerung und funktionsgerechten Verwendung eines Gebäudes dienen, das wegen seiner **geschichtlichen, künstlerischen** oder **städtebaulichen Bedeutung** erhalten bleiben soll, und zu deren Durchführung sich der Eigentümer neben bestimmten Modernisierungsmaßnahmen gegenüber der Gemeinde verpflichtet hat. Ebenso können Aufwendungen für Baumaßnahmen an **Baudenkmalen,** soweit sie für **eigene Wohnzwecke (!)** genutzt werden, »wie« Sonderausgaben abgesetzt werden. § 10f EStG unterscheidet sich von der Regelung in **§ 7h/§ 7i EStG** nur dadurch, dass diese Bestimmungen von Bedeutung sind, soweit ein Gebäude **nicht** zu eigenen Wohnzwecken, sondern zur Einkunftserzielung eingesetzt wird. Vgl. Tz 24.8.13 unter Erläuterungen zur Anlage V. Die Voraussetzungen sind durch eine **amtliche Bescheinigung** (z. B. der zuständigen Gemeindebehörde) nachzuweisen.

27.2.1 Steuerbegünstigungen nach § 10f Abs. 1 und Abs. 2 EStG

§ 10f EStG begünstigt ab dem Kj. des Abschlusses der Maßnahmen an einem Gebäude sowohl **Herstellungskosten und Anschaffungskosten** (§ 10f **Abs. 1** EStG) als auch **Erhaltungsaufwand,** der nicht zu den Betriebsausgaben oder Werbungskosten gehört (§ 10f **Abs. 2** EStG). Bei den Erhaltungsmaßnahmen ist außerdem Voraussetzung, dass die Aufwendungen nicht bereits als Vorkosten nach § 10e Abs. 6 EStG berücksichtigt wurden.

Die Unterscheidung in den Zeilen 11 und 12 beruht auf der **Kürzung des Abzugsbetrags ab 2004.**

Zeile 11 bezieht sich auf Baumaßnahmen (Bauantrag/Einreichung der Bauunterlagen), die **vor dem 1.1.2004 begonnen** wurden und auf Erhaltungsaufwand, der **vor dem 1.1.2004 entstanden** ist.

Zeile 12 bezieht sich auf Baumaßnahmen (Bauantrag/Einreichung der Bauunterlagen), die **nach dem 31.12.2003 begonnen** wurden und auf Erhaltungsaufwand, der **nach dem 31.12.2003 entstanden** ist.

In **Zeile 11** kommt nach der früheren Regelung ein Abzugsbetrag **bis zu 10 % jährlich** wie Sonderausgaben in Betracht, wobei sich Zeile 11 sowohl auf in früheren Jahren als auch auf im Jahr 2023 fertiggestellte (Bau-)Maßnahmen erstreckt.

Zeile 12 betrifft die ungünstigere neuere Regelung, wonach nur ein Abzugsbetrag **bis zu 9 % jährlich** berücksichtigt werden kann.

Unabhängig hiervon kann die Steuerbegünstigung des § 10f Abs. 1 und Abs. 2 EStG erst **nach Abschluss** (»fertiggestellt« lt. Vordruck) der (Bau-)Maßnahmen berücksichtigt werden.

Endet die Nutzung zu eigenen Wohnzwecken während des Begünstigungszeitraums, so ist der noch nicht berücksichtigte Teil - des Erhaltungsaufwands im letzten Jahr der Eigennutzung vollends »wie« Sonderausgaben abzuziehen, wenn das Gebäude künftig zur Einkunftserzielung genutzt wird (§ 10f Abs. 2 Satz 3 EStG). Im Falle der Veräußerung des Gebäudes gilt dies nicht.

Die bei § 10f EStG zu beachtende **Objektbeschränkung** (vgl. Tz 27.1.5) bezieht sich auf **ein Gebäude** bzw. auf zwei Gebäude bei zusammen veranlagten Ehegatten/Lebenspartnern. Dies bedeutet, dass der Steuerpflichtige auf seine Lebenszeit bezogen nur für ein selbst bewohntes Baudenkmal von der Steuervergünstigung Gebrauch machen kann (BFH-Urteil vom 24.5.2023, BStBl II S. 866). Der Objektverbrauch ist auch eingetreten, wenn bereits erhöhte Absetzungen nach der früheren Regelung in §§ 82g, 82i EStDV berücksichtigt worden sind.

Vgl. weitere Erläuterungen in Teil II Tz 6.4.3 für Baudenkmale, vgl. Tz 24.8.13 unter Erläuterungen zur Anlage V für Gebäude in Sanierungsgebieten oder städtebaulichen Entwicklungsbereichen. Die dort erwähnten § 7h und § 7i EStG sind im Wesentlichen inhaltsgleich, sie beziehen sich aber auf Gebäude, die **nicht** eigenen Wohnzwecken, sondern der Einkünfteerzielung dienen.

Die hier abzugsfähigen Beträge entsprechen z. B. dem in Anlage V, Zeile 40 nicht abziehbaren Beträgen bei den Einkünften aus Vermietung und Verpachtung.

Steht das Objekt im Miteigentum (außer bei Ehegatten/Lebenspartnern), tragen Sie hier Ihren Anteil am Abzugsbetrag ein. Eine einheitliche und gesonderte Feststellung des Abzugsbetrags ist nicht vorzunehmen.

27.2.2 Konkurrenzregelungen

Die auf die Wohnung entfallenden Aufwendungen nach § 10f Abs. 1 und Abs. 2 EStG können auch geltend gemacht werden, wenn **erstmals in 2025** eine bisher vermietete oder leerstehende Wohnung im eigenen Haus **selbst bewohnt** wird.

Wird die Wohnung teilweise zu **betrieblichen oder beruflichen Zwecken** genutzt (z. B. als Büro oder Arbeitszimmer), so sind nur die auf die übrigen Räume der Wohnung entfallenden Beträge anzusetzen. Die auf die beruflich genutzten Räume entfallenden Aufwendungen können als Werbungskosten oder Betriebsausgaben von den Einnahmen abgezogen werden, die im Zusammenhang mit der Nutzung dieser Räume erzielt werden.

Falls aus dem Haus in 2025 noch Einkünfte aus Vermietung und Verpachtung bezogen wurden, ist für dieses Gebäude eine **Anlage V** abzugeben. Die hier erforderlichen Angaben können dann z. B. der Anlage V, Zeile 40 entnommen werden.

27.2.3 Zusätzliche Angaben

Wegen der Angaben in Zeile 13 vgl. Tz 24.13 unter Erläuterungen 13
zur Anlage V.

27.3 Anteile an Steuerbegünstigungen

Die Anlage FW bezieht sich auf Wohnungen, deren Mietwert nicht 14–
oder nicht mehr besteuert wird, für die aber gleichwohl Steuerbegünstigungen gewährt werden. Sind **mehrere Personen an diesen Steuerbegünstigungen beteiligt,** so werden die Anteile daran **gesondert und einheitlich,** d. h. mit Wirkung für und gegen alle, **festgestellt** und den Beteiligten entsprechend ihrer Beteiligung zugerechnet (zu erklären auf Vordruck ESt 1 B mit Anlagen FB = »Feststellungsbeteiligte« und FE 3).

Handelt es sich um **Ehegatten/Lebenspartner,** die zusammen zur ESt nach §§ 26, 26b EStG veranlagt werden, oder handelt es sich um einen Fall von geringer Bedeutung, insbesondere weil die Höhe des festgestellten Betrags und die Aufteilung unstreitig ist, so kann von einer gesonderten und einheitlichen Feststellung abgesehen werden (§ 180 Abs. 3 Nr. 2 AO).

Über die gesondert und einheitlich festzustellenden Anteile an den Steuerbegünstigungen ergeht ein **Bescheid des Finanzamts,** der in der Regel dem »Empfangsbevollmächtigten« zugestellt wird; aus dem Bescheid sind die Anteile der Beteiligten ersichtlich. Durch diese Regelung soll eine einheitliche Entscheidung durch die Finanzämter und die gleichmäßige Behandlung der Beteiligten sichergestellt werden.

In der Anlage FW hat der Steuerpflichtige – unabhängig davon, ob er in der Anlage FW für sich allein Steuerbegünstigungen beantragt oder nicht – in den **Zeilen 14 bis 16** seinen Anteil oder seine **Anteile an den Steuerbegünstigungen von Gemeinschaften** anzugeben, an denen er beteiligt ist. Name der Gemeinschaft, Finanzamt und Steuernummer dieser Gemeinschaft(en) sind in **Zeile 14** einzutragen. In **Zeile 16** ist der Anteil an den Steuerbegünstigungen nach § 10f EStG (vgl. Tz 27.2) einzutragen.

Ist die Höhe des Anteils bzw. eines von mehreren Anteilen noch nicht bekannt, so kann die Anlage FW trotzdem abgegeben werden. In diesem Falle empfiehlt sich der Eintrag: »Finanzamt, bitte einsetzen.«

Wird die Anlage FW einer **Erklärung zur gesonderten – und einheitlichen – Feststellung** (Vordruck ESt 1 B mit Anlage FB, FE 3) beigefügt, so ist sie zusammen mit dieser Erklärung an das Finanzamt einzureichen, in dessen Bezirk die Wohnung belegen ist. Dieses Finanzamt erlässt dann auch den Feststellungsbescheid mit der oben geschilderten Wirkung.

28. Anlage L 2025 für Einkünfte aus Land- und Forstwirtschaft

28.1 Einkünfte aus Land- und Forstwirtschaft

4 Der Gewinn aus Land- und Forstwirtschaft kann nach § 4 Abs. 1 EStG, § 4 Abs. 3 EStG und nach § 13 a EStG (vgl. Tz 28.6) ermittelt werden. In Zeile 4 ist anzugeben, nach welcher Gewinnermittlungsart der Gewinn ermittelt wurde. Sofern die Voraussetzungen für eine Gewinnermittlung nach Durchschnittssätzen nach § 13 a EStG erfüllt sind, aber der Antrag nach § 13 a Abs. 2 EStG gestellt wurde, ist anzugeben, welche Gewinnermittlungsart gewählt wurde (freiwillige befristete Buchführung oder freiwillige befristete Einnahmenüberschussrechnung). Insgesamt ergeben sich folgende Möglichkeiten:

Gewinnermittlungsart	Eintragung in Zeile 4
Betriebsvermögensvergleich nach § 4 Abs. 1 EStG	1
freiwillige befristete Buchführung nach § 13 a Abs. 2 EStG	2
Einnahmenüberschussrechnung nach § 4 Abs. 3 EStG	3
Freiwillige befristete Einnahmenüberschussrechnung nach § 13 a Abs. 2 EStG	4
Gewinnermittlung nach Durchschnittssätzen nach § 13 a Abs. 3 bis 6 EStG	6

5 In Zeile 5 ist die Steuernummer einzutragen, unter der der landwirtschaftliche Einzelbetrieb geführt wird. Dies ist nicht zwingend auch die Steuernummer, die für die ESt-Erklärung abzugeben ist. Außerdem ist in Zeile 5 die W-IdNr. einzutragen. Die W-IdNr. wird an wirtschaftlich Tätige vergeben. Für jede wirtschaftliche Tätigkeit wird eine eigene W-IdNr. vergeben, vgl. Vorbemerkungen Tz 15. In Zeile 5 ist deshalb die W-IdNr. einzutragen, die für die land- und forstwirtschaftliche Tätigkeit vergeben wurde, deren Einkünfte erklärt werden.

6 Unter der Bezeichnung »Einkünfte aus Land- und Forstwirtschaft« werden die Einkünfte aus der gesamten **nichtgewerblichen Bodenbewirtschaftung** zusammengefasst. Das EStG teilt die landwirtschaftlichen Einkünfte in **folgende Gruppen** ein:

1. Einkünfte aus allen Betrieben, die **Pflanzen und Pflanzenteile** mithilfe der **Naturkräfte** gewinnen. Dazu gehören neben der eigentlichen Landwirtschaft (Ackerbau und Weidewirtschaft) die Forstwirtschaft, der Gartenbau, Obst- und Gemüsebau, Weinbau, Hopfenbau, Tabakbau, Baumschulen, außerdem auch Saatzuchtbetriebe (diese im Allgemeinen auch dann, wenn sie Vermehrungsanbau betreiben), sowie Pflanzenzucht (Pilzzucht) in Kellern oder Gewächshäusern. Auf die Größe des Betriebs kommt es dabei grundsätzlich nicht an. Einkünfte aus Land- und Forstwirtschaft liegen also z. B. auch dann vor, wenn Einkünfte aus einem Obstgarten oder einem Gemüseland erzielt werden, vorausgesetzt, dass in diesen Fällen nicht Liebhaberei anzunehmen ist (Näheres dazu unter Tz 28.2). Nach dem BMF-Schreiben vom 18.5.2018, BStBl I S. 689, ist Voraussetzung für die Annahme eines forstwirtschaftlichen Betriebs, dass eine Gewinnerzielungsabsicht besteht und zwar unabhängig von der Flächengröße. Eine generelle Fixierung einer Mindestgröße ist nicht möglich, weil sie von den Umständen des Einzelfalles, vor allem von der Art des Nutzholzes und des Bestockungsgrads abhängt (vgl. BFH-Urteile vom 5.11.1981, BStBl 1982 II S. 158 und vom 13.4.1989, BStBl II S. 718 und vom 9.3.2017, BStBl II S. 981 und BMF-Schreiben vom 18.5.2018, BStBl I S. 689).
   Gewerbliche und nicht land- und forstwirtschaftliche Einkünfte liegen vor, wenn ein Betrieb (auch Baumschulbetrieb) dauernd und nachhaltig fremde Erzeugnisse über den betriebsnotwendigen Umfang hinaus **zum Zweck der Weiterveräußerung** zukauft. Das ist nach dem Urteil des BFH vom 25.3.2009 (BStBl 2010 II S. 113) in der Regel der Fall, wenn die Betriebseinnahmen (ohne Umsatzsteuer), die auf Zukaufswaren entfallen, mehr als 1/3 des Gesamtumsatzes oder mehr als 51 500 € betragen (R 15.5 Abs. 11 EStR). Zukaufswaren sind auch landwirtschaftliche Produkte, die im landwirtschaftlichen Betrieb nicht weiter kultiviert werden. Die Finanzverwaltung wendet die BFH-Grundsätze an.
   Ein Unternehmen, das sich ausschließlich oder überwiegend mit der Errichtung von Gartenanlagen befasst **(Gartenbauunternehmen)**, ist regelmäßig ein Gewerbebetrieb. Wird ein landwirtschaftlicher Betrieb in der Weise planmäßig im Interesse des Hauptbetriebs (z. B. Gastwirtschaft, Metzgerei) geführt, dass diese Verbindung nicht ohne Nachteil für das Gesamtunternehmen gelöst werden kann, so liegt ein **einheitliches** gewerbliches Unternehmen vor.
   Wegen der Bewertung von Pflanzenbeständen in **Baumschulbetrieben** vgl. BMF-Schreiben vom 13.12.2022, BStBl I S. 1673.
   Zur Bewertung von **Tieren** in land- und forstwirtschaftlich tätigen Betrieben ist im BMF-Schreiben vom 14.11.2001, BStBl I S. 864 und im BFH-Urteil vom 6.8.1998, BStBl 1999 II S. 14 Stellung genommen.
   Hinsichtlich der steuerlichen Behandlung von geringwertigen Wirtschaftsgütern (GWG) wird auf die Ausführungen zu Teil II Tz 6.1 verwiesen. Danach besteht für Wirtschaftsgüter, die angeschafft, hergestellt oder in das Betriebsvermögen eingelegt werden, ein Wahlrecht, die Anschaffungs- oder Herstellungskosten oder den Einlagewert in voller Höhe als Betriebsausgaben abzuziehen oder aber bei Anschaffungs- oder Herstellungskosten zwischen 251 € und 1 000 € einen **Sammelposten** zu bilden, der über fünf Jahre aufzulösen ist (§ 6 Abs. 2a EStG). Die Finanzverwaltung lässt es jedoch zu, dass bei Tieren des Anlagevermögens kein Sammelposten zu bilden ist, sondern das bisherige BMF-Schreiben zur Bewertung von Tieren vom 14.11.2001 bis zum Ergehen eines neuen BMF-Schreibens zur Viehbewertung weiterhin angewendet wird.
   Die **Erzeugung von Biogas** stellt einen Nebenbetrieb des land- und forstwirtschaftlichen Betriebs dar, wenn die Biomasse überwiegend im eigenen Betrieb erzeugt wird und der daraus gewonnene Strom überwiegend für den Verkauf bestimmt ist. Verwertet ein Landwirt nahezu seine gesamte Ernte zur Energieerzeugung in einer Biogasanlage, liegt ein Gewerbebetrieb vor. Einzelheiten sind in den BMF-Schreiben vom 11.4.2022 (BStBl I S. 633) geregelt.
2. Einkünfte aus **Tierzucht** und **Tierhaltung,** wenn die Tierbestände den in § 13 Abs. 1 Nr. 1 EStG angegebenen Umfang nicht übersteigen. Zum Zwecke der Abgrenzung der **landwirtschaftlichen** Tierzucht und Tierhaltung von der **gewerblichen** ist es notwendig, die Tierbestände des Betriebs in **Vieheinheiten** umzurechnen. Dabei ist bei der Feststellung der Tierbestände von der regelmäßigen und nachhaltigen Erzeugung (Mastvieh) oder der durchschnittlichen Haltung (übriges Vieh) während der Wj. auszugehen. Abweichend hiervon ist bei Mastrindern mit einer Mastdauer von weniger als einem Jahr, bei Kälbern und Jungvieh sowie bei Schafen unter einem Jahr stets vom Jahresdurchschnittsbestand auszugehen. Der sich danach ergebende Tierbestand ist in Vieheinheiten umzurechnen. Maßgebend dafür ist der in R 13.2 EStR aufgeführte **Umrechnungsschlüssel** (vgl. Tz 28.14). Die Zahl der Vieheinheiten, die bei einer bestimmten landwirtschaftlichen Nutzfläche nicht überschritten werden darf, um noch eine landwirt-

schaftliche Tierzucht oder Tierhaltung annehmen zu können, ergibt sich aus § 13 Abs. 1 Nr. 1 Satz 2 EStG, das sind z. B. für die ersten 20 ha nicht mehr als 10 Vieheinheiten, für die nächsten 10 ha nicht mehr als 7 Vieheinheiten **je ha** der vom Inhaber des Betriebs regelmäßig landwirtschaftlich genutzten Fläche; dabei sind sowohl die selbst bewirtschafteten eigenen wie auch die selbst bewirtschafteten zugepachteten Flächen zu berücksichtigen. Nicht dazu gehören forstwirtschaftlich und weinbaulich genutzte Flächen, Abbauland, Geringstland, Unland sowie Hof- und Gebäudeflächen. Obstbaulich genutzte Flächen, die so angelegt sind, dass eine regelmäßige landwirtschaftliche Unternutzung stattfindet, sind mit der Hälfte zu berücksichtigen. Almen und Hutungen werden mit einem Viertel angesetzt (R 13.2 Abs. 3 EStR).

BEISPIEL:
Bei einer regelmäßig landwirtschaftlich genutzten Fläche von 22 ha beträgt die Höchstzahl an Vieheinheiten (VE), die nicht überschritten werden darf, um noch eine landwirtschaftliche Tierzucht oder Tierhaltung annehmen zu können:

für 20 ha je 10 VE	200 VE
für 2 ha je 7 VE	14 VE
für 22 ha zusammen	214 VE

Übersteigt die Zahl der Vieheinheiten **nachhaltig** den Höchstsatz, so gehört der darüberhinausgehende Tierbestand zur **gewerblichen** Tierzucht und Tierhaltung. Es kommt auf die **nachhaltigen** tatsächlichen Verhältnisse des Betriebs an. Dies gilt sowohl für den Umfang der landwirtschaftlichen Nutzflächen als auch für den Umfang der Tierbestände. Der Begriff der Nachhaltigkeit erfordert, dass mindestens die Verhältnisse von drei Wj. zugrunde zu legen sind. Ein Zweig des Tierbestandes kann immer nur im Ganzen zur landwirtschaftlichen oder zur gewerblichen Tierzucht und Tierhaltung gehören. Übersteigt z. B. bei einem ausschließlich der Aufzucht von Masthühnern dienenden Betrieb die Zahl der Vieheinheiten den Höchstsatz, so rechnet, da eine Aufteilung nicht zulässig ist, der gesamte Tierbestand zur gewerblichen Tierzucht und Tierhaltung. Hat ein Betrieb einen Tierbestand mit mehreren Zweigen, so richtet sich deren Zurechnung nach ihrer Flächenabhängigkeit. Der gewerblichen Tierzucht und Tierhaltung sind zuerst die weniger flächenabhängigen Zweige des Tierbestandes zuzurechnen. Weniger flächenabhängig ist die Erzeugung und Haltung von Schweinen und Geflügel; mehr flächenabhängig die Erzeugung und Haltung von Pferden, Rindvieh und Schafen. Innerhalb der beiden Gruppen der weniger oder mehr flächenabhängigen Tierarten ist jeweils zuerst der Zweig der gewerblichen Tierzucht und Tierhaltung zuzurechnen, der die größere Zahl von Vieheinheiten hat. Als besondere Zweige gelten bei jeder Tierart jeweils Zugvieh, Zuchtvieh, Mastvieh und das übrige Nutzvieh. Zuchtvieh gilt nur dann als eigener Zweig, wenn die erzeugten Jungtiere überwiegend zum Verkauf bestimmt sind. Andernfalls ist das Zuchtvieh dem Zweig zuzurechnen, dessen Zucht und Haltung es überwiegend dient (H 13.2 EStH). Angaben über den Viehbestand und die Vieheinheiten sind in den **Zeilen 78 bis 112** zu machen.

Zu der Frage, ob die Einkünfte aus einer von einem Landwirt unterhaltenen **Reitschule** oder aus der **Vermietung von Pferden zu Reitzwecken** noch zu den landwirtschaftlichen Einkünften rechnen oder ob sie als Einkünfte aus Gewerbebetrieb anzusehen sind, vgl. die BFH-Urteile vom 16.11.1978, BStBl 1979 II S. 246, und vom 24.1.1989, BStBl II S. 416. Zur Abgrenzung von Landwirtschaft und Gewerbe bei Hähnchenmast siehe BStBl 1976 II S. 423. Die Aufzucht und Veräußerung von Hunden und Kleintieren wie Meerschweinchen, Zwergkaninchen, Hamstern und Ratten ist regelmäßig gewerblich (BFH-Urteile vom 30.9.1980, BStBl 1981 II S. 210 und vom 16.12.2004, BStBl II 2005 S. 347).

1. Einkünfte aus **Binnenfischerei**, **Teichwirtschaft**, **Fischzucht** für Binnenfischerei und Teichwirtschaft, und zwar auch dann, wenn die Fischerei oder Fischzucht in gepachteten Binnengewässern ausgeübt wird, außerdem Imkerei und **Wanderschäferei** sowie Einkünfte aus **Jagd**, wenn diese mit dem Betrieb einer Land- und Forstwirtschaft im Zusammenhang steht.
   Einkünfte aus der Küstenfischerei und Hochseefischerei sind Einkünfte aus Gewerbebetrieb. Eine Zierfischzucht gehört, wenn sie nicht Liebhaberei ist, zur gewerblichen Tätigkeit.
2. Einkünfte von **Hauberg-, Wald-, Forst- und Laubgenossenschaften;** diese sind nicht körperschaftsteuerpflichtig. Die Einkünfte sind gesondert festzustellen und unmittelbar bei den Beteiligten zu versteuern.
3. Einkünfte aus **land- und forstwirtschaftlichen Nebenbetrieben**; das sind Betriebe, die dem land- und forstwirtschaftlichen Hauptbetrieb zu dienen bestimmt sind und nicht einen selbständigen Gewerbebetrieb darstellen. Man unterscheidet **Be- oder Verarbeitungsbetriebe** (z. B. Molkereien, Brennereien, Sägewerke) und **Substanzbetriebe** (z. B. Sand-, Kies-, Lehmgruben, Steinbrüche, Torfstiche). Ein Be- oder Verarbeitungsbetrieb ist als land- oder forstwirtschaftlicher Nebenbetrieb anzusehen, wenn
   a) überwiegend im eigenen Hauptbetrieb erzeugte Rohstoffe be- oder verarbeitet werden und die dabei gewonnenen Erzeugnisse überwiegend für den Verkauf bestimmt sind oder
   b) ein Land- und Forstwirt Umsätze aus der Übernahme von Rohstoffen (z. B. organische Abfälle) erzielt, diese be- oder verarbeitet und die dabei gewonnenen Erzeugnisse nahezu ausschließlich im eigenen Hauptbetrieb verwendet, und

   die Erzeugnisse im Rahmen einer ersten Stufe der Be- oder Verarbeitung, die noch dem land- und forstwirtschaftlichen Bereich zuzuordnen ist, hergestellt werden. Die Regelung gilt aus Vereinfachungsgründen auch für Produkte der zweiten (gewerblichen) Verarbeitungsstufe, wenn der Umsatz zusammen mit den übrigen Verkaufserlösen aus Zukaufswaren nicht mehr als 1/3 oder 51 500 € im Wj. beträgt (Näheres vgl. R 15.5 Abs. 3 EStR). Verwendet ein Land- und Forstwirt Wirtschaftsgüter auch außerhalb seines Betriebs, indem er sie Dritten entgeltlich überlässt (z. B. eine Erntemaschine) oder für Dritte Dienstleistungen (z. B. Fuhrleistungen) gegen Entgelt verrichtet, so handelt es sich dabei entweder um eine land- und forstwirtschaftliche oder eine gewerbliche Tätigkeit. Eine gewerbliche Tätigkeit wird typisierend unterstellt, wenn die Wirtschaftsgüter neben der eigenbetrieblichen Nutzung auch an Dritte entgeltlich überlassen oder mit ihnen für Dritte Dienstleistungen verrichtet werden und die Umsätze daraus nachhaltig mehr als ein Drittel des Gesamtumsatzes oder mehr als 51 500 € im Wj. betragen (vgl. BFH-Urteil vom 22.1.2004, BStBl II S. 512 und R 15.5 Abs. 11 EStR). Werden die vorgenannten Grenzen nicht überschritten, ist die Zuordnung zu einem gewerblichen Betriebsvermögen dann erforderlich, wenn der Einsatz für eigenbetriebliche Zwecke einen Umfang von 10 % unterschreitet (R 15.5 Abs. 9 EStR).
4. Zu den Einkünften aus Land- und Forstwirtschaft gehört auch der **Eigenverbrauch,** d. h. die Entnahme von land- und forstwirtschaftlichen Erzeugnissen zu privaten Zwecken.
   Der Eigenverbrauch ist mit den Selbstkosten am Tag der Entnahme anzusetzen. Es können aber auch die von der Finanzverwaltung festgesetzten »Pauschsätze für den Eigenverbrauch« angesetzt werden. Hierüber gibt das Finanzamt nähere Auskunft.
5. Zu den Einkünften aus Land- und Forstwirtschaft gehören ferner die Einkünfte (Pachtzinsen) aus der **Verpachtung** einzelner **landwirtschaftlich genutzter Flächen,** vorausgesetzt, dass sie **in** einem land- und forstwirtschaftlichen Betrieb anfallen. Dies ist dann der Fall, wenn Grundstücke verpachtet werden, die dem ertragsteuerlichen land- und forstwirtschaftlichen Betriebsvermögen zuzurechnen sind (vgl. auch Erläuterungen zu den **Zeilen 70 bis 77**).

   BEISPIEL:
   Ein Landwirt verpachtet kleinere Flächen Land, deren Eigenbewirtschaftung sich für ihn nicht lohnt. Die Pachteinnahmen stellen Einkünfte aus Land- und Forstwirtschaft dar.

Wegen der Behandlung von **Substanzausbeuteverträgen** vgl. Tz 26.4.1.3 unter Erläuterungen zur Anlage V-Sonstige). Einnahmen aus solchen Verträgen rechnen grundsätzlich zu den Einnahmen aus Vermietung und Verpachtung. Das gilt, wenn nicht ausnahmsweise ein landwirtschaftlicher Nebenbetrieb vorliegt, auch dann, wenn die auszubeutenden Grundstücke zum land- und forstwirtschaftlichen Betriebsvermögen gehören (BFH- Urteile vom 14.10.1982, BStBl 1983 II S. 203, vom 24.11.1992, BStBl 1993 II S. 296 und vom 21.7.1993, BStBl 1994 II S. 231). Zur Frage, wann ein im Eigentum des Grundeigentümers stehender **Bodenschatz** als Wirtschaftsgut entsteht und ob ein solches Wirtschaftsgut dem Betriebs- oder Privatvermögen zuzuordnen ist, wird im BMF-Schreiben vom 7.10.1998 (BStBl I S. 1221) Stellung genommen.

Bei der **Beherbergung von Fremden** wird keine gewerbliche Tätigkeit angenommen, wenn weniger als vier Zimmer und weniger als sechs Betten zur Beherbergung von Fremden bereitgehalten werden und keine Hauptmahlzeit gewährt wird (R 15.5 Abs. 13 EStR).

6. Schließlich zählen zu den Einkünften aus Land- und Forstwirtschaft auch Gewinne aus der **Veräußerung oder Entnahme von Grund und Boden,** der zum Betriebsvermögen eines land- und forstwirtschaftlichen Betriebs gehört. Dabei spielt es keine Rolle, ob Bücher geführt werden oder nicht, oder ob der Gewinn nach Durchschnittssätzen ermittelt oder geschätzt wird (vgl. Tz 28.13).

Veräußerungsgewinn ist der Betrag, um den der Veräußerungspreis nach Abzug der Veräußerungskosten (bei Entnahme: der Teilwert) den Buchwert des Grund und Bodens übersteigt. **Wertsteigerungen,** die **vor dem 1.7.1970** entstanden sind, sollen bei der Ermittlung dieses Veräußerungs- oder Entnahmegewinns **außer Betracht** bleiben. Als **Buchwert des Grund und Bodens** kann einer der folgenden **Ausgangswerte bei vor dem 1.7.1970 angeschafften Grundstücken** angesetzt werden:

a) das Zweifache der in **§ 55 Abs. 2 und 3 EStG** genannten **Ausgangsbeträge** (fiktive Anschaffungskosten);
Eine Bewertung nach § 55 Abs. 2 bis 4 EStG liegt vor, wenn der Grund und Boden vom Betriebsinhaber oder einem Rechtsvorgänger vor dem 1.7.1970 angeschafft wurde und bis zum 31.12.1975 kein Antrag auf einen höheren Teilwert nach § 55 Abs. 5 EStG gestellt wurde. Als Anschaffungskosten gelten für diese Grundstücke das Zweifache des nach den § 55 Abs. 2 bis 4 EStG zu ermittelnden Ausgangsbetrags. Dabei sind die Flächen nach den am 1.7.1970 maßgebenden bewertungsrechtlichen Grundsätzen den einzelnen Nutzungen zuzuordnen. Danach ergeben sich folgende Werte:

Flächen nach bewertungsrechtlichen Regelungen	**Wert nach § 55 Abs. 2 bis 4 EStG**
Landwirtschaftliche Nutzfläche	EMZ × 8 = Wert in DM, umgerechnet in Euro
Hopfen, Spargel, Gemüse, Obstbau (nur Grund und Boden)	4,10 €/m² wenn Antrag bis 30.6.1972
Blumen- und Zierpflanzenbau, Baumschulen (nur Grund und Boden)	5,12 €/m² wenn Antrag bis 30.6.1972
Forstwirtschaftliche Nutzung (nur der Waldboden)	1,02 €/m²
Weinbauliche Nutzung (nur - der Grund und Boden, nicht die Rebanlage)	2,56 € - 12,78 €/m² je nach Lagenvergleichszahl
Sonstige land- und forstwirtschaftliche Nutzung z. B. Teichwirtschaft, Imkerei, Wanderschäferei, Weihnachtsbaumkultur	1,02 €/m² oder EMZ × 8 = DM Umrechung in Euro
Hof- und Gebäudeflächen, Hausgärten	5,12 €/m²
Geringstland	0,26 €/m²
Abbauland	0,52 €/m²
Unland	0,10 €/m²

b) der **Teilwert** am **1.7.1970,** wenn dieser höher war als der sich nach Buchstaben a) ergebende Betrag **und** der Steuerpflichtige die **gesonderte** Feststellung dieses Teilwerts **bis 31.12.1975 beantragt** hatte (§ 55 Abs. 5 EStG);

c) die **Anschaffungskosten,** wenn das Grundstück **nach** dem 30.6.1970 **entgeltlich erworben** wurde.

Ein **höherer Teilwert** nach Buchst. b) kam im Allgemeinen dann in Betracht, wenn der Grund und Boden inzwischen Bauland oder Bauerwartungsland geworden war oder wenn angenommen werden konnte, dass er in absehbarer Zeit als Bauland, Industrieland oder als Land für Verkehrszwecke dienen wird. Über den Antrag auf Feststellung des höheren Teilwerts hatte das Finanzamt mit einem besonderen Feststellungsbescheid zu entscheiden.

Verluste aus der Veräußerung oder Entnahme von Grund und Boden dürfen in den Fällen des vorstehenden Buchstaben **a)** bei der Gewinnermittlung **in Höhe des Betrages** nicht abgezogen werden, um den der Veräußerungspreis oder der Entnahmewert nach Abzug der Veräußerungskosten **unter** dem Zweifachen des Ausgangsbetrags liegt (§ 55 Abs. 6 EStG). Die frühere Verwaltungsauffassung, dass dies auch im Falle des vorstehenden Buchstaben **b)** gelte, ist durch den BFH nicht bestätigt worden. Nach dem Urteil vom 10.8.1978 (BStBl 1979 II S. 103) ist die Verlustklausel des § 55 Abs. 6 EStG nicht anzuwenden, wenn für den Grund und Boden der Teilwert nach § 55 Abs. 5 EStG festgestellt worden ist.

Zur **Bodengewinnbesteuerung** vgl. Tz 21.3.1.2 unter Erläuterungen zur Anlage G. Wegen Zweifelsfragen vgl. außerdem BStBl 1972 I S. 102 ff.

Soweit im Gewinnermittlungszeitraum zum Anlagevermögen gehörender Grund und Boden veräußert oder entnommen worden ist, sollte auf besonderem Blatt die Ermittlung des Gewinns oder Verlusts für jeden Veräußerungs- und Entnahmevorgang und für jede einzelne Fläche, für die ein eigener Ausgangswert maßgebend ist, erläutert werden (vgl. Tz 28.13).

Land- und forstwirtschaftliche Betriebe **in der ehemaligen DDR** hatten zum **1.7.1990** eine **DM-Eröffnungsbilanz** zu erstellen. Dabei gilt für die Bewertung des Grund und Bodens **nicht § 55 EStG** (wie vorstehend erläutert); der Grund und Boden ist vielmehr mit dem **Verkehrswert** anzusetzen (§ 9 Abs. 1 DM-Bilanzgesetz, BStBl 1991 I S. 116 und Neufassung in BStBl 1994 I S. 550). Auf die Ausführungen in **Tz 28.5** und in Tz 28.13.2 wird hingewiesen. Nach § 52 Abs. 1 DM-Bilanzgesetz gilt der in § 9 bezeichnete **Verkehrswert** des Grund und Bodens auch als Anschaffungskosten im Rahmen einer Gewinnermittlung durch Einnahmenüberschussrechnung (§ 4 Abs. 3 EStG).

28.2 Liebhabereibetrieb

Steht in einem landwirtschaftlichen Betrieb **nicht** die nachhaltige Gewinnerzielungsabsicht im Vordergrund, so liegt einkommensteuerlich ein **Liebhabereibetrieb** vor. Gewinne und Verluste aus solchen Betrieben werden bei der ESt nicht berücksichtigt.

Ein Liebhabereibetrieb wird steuerlich nur angenommen, wenn der Betrieb nicht nach betriebswirtschaftlichen Grundsätzen geführt wird und nach seiner Wesensart und der Art seiner Bewirtschaftung auf die Dauer gesehen nicht nachhaltig mit Gewinn arbeiten kann. Ob diese Voraussetzungen gegeben sind, beurteilt sich nach den objektiven Verhältnissen (vgl. BFH-Urteile vom 29.10.1981, BStBl 1982 II S. 381 und vom 22.7.1982, BStBl 1983 II S. 2). Zur Frage der Liebhaberei bei Pferdezuchtbetrieben vgl. BFH-Urteil vom 27.1.2000, BStBl II S. 227.

28.3 Zurechnung der Einkünfte

Die Einkünfte aus Land- und Forstwirtschaft müssen von dem **Bezieher der Einkünfte** in der Steuererklärung angegeben werden.

Bezieher der Einkünfte ist derjenige, auf dessen Rechnung und Gefahr der Betrieb geführt wird. Dieser kann Eigentümer (auch wirtschaftlicher Eigentümer), Nießbraucher oder Pächter sein.

Überlässt ein Landwirt dem Sohn seinen Hof zur Bewirtschaftung, ohne ihm das Eigentum zu übertragen, so ist Bezieher der Einkünfte der **Sohn,** wenn ihm für einen nicht nur vorübergehenden Zeitraum das alleinige Nutzungsrecht eingeräumt, das Verfügungsrecht über das lebende und tote Inventar übertragen und die alleinige Führung des Betriebs überlassen werden.

28.4 Freibetrag für Land- und Forstwirte

Der **Freibetrag** für Land- und Forstwirte von **900 €** bzw. bei Ehegatten/Lebenspartnern, die zusammen veranlagt werden, von **1 800 €** wird vom Finanzamt bei der Veranlagung berücksichtigt. Der Freibetrag wird Steuerpflichtigen mit Einkünften aus Land- und Forstwirtschaft **ohne** Rücksicht auf die Art der Gewinnermittlung gewährt (**§ 13 Abs. 3 EStG**). Der Freibetrag darf jedoch nicht höher sein als die Einkünfte aus Land- und Forstwirtschaft. Außerdem wird der Freibetrag nur dann gewährt, wenn die **Summe der Einkünfte** ohne Berücksichtigung des Freibetrags **30 700 €** – bei zusammen veranlagten Ehegatten/Lebenspartnern **61 400 €** – nicht übersteigt. Sind mehrere Personen an dem Betrieb beteiligt (Gesellschaft, Gemeinschaft), so steht der Freibetrag unter den bei Vorliegen der gesetzlichen Voraussetzungen jedem der Beteiligten zu.

28.5 Sonderregelungen für Land- und Forstwirte in den neuen Bundesländern

Das bundesdeutsche ESt-Recht ist seit 1.1.1991 anzuwenden (Einigungsvertrag Anlage I, Kapitel IV, Sachgebiet B, Abschnitt II, Nr. 14). Dabei sind jedoch einige Besonderheiten zu beachten:

28.5.1 Laufende Besteuerung der landwirtschaftlichen Produktionsgenossenschaften (LPG)

Seit 1.1.1991 gilt nach dem Einigungsvertrag – wie oben ausgeführt – das Recht der Besitz- und Verkehrsteuern der Bundesrepublik Deutschland. Danach unterliegen die LPG, solange sie sich nicht in eine andere Rechtsform umgewandelt haben, als wirtschaftliche Vereine mit ihrem Gewinn der Besteuerung nach dem Körperschaftsteuergesetz (Einigungsvertrag Anlage I, Kapitel IV, Sachgebiet B, Abschnitt II, Nrn. 14 und 19).

28.5.2 Umwandlung und Auflösung von LPG

Nach dem Gesetz für die strukturelle Anpassung der Landwirtschaft an die soziale und ökologische Marktwirtschaft in der DDR – Landwirtschaftsanpassungsgesetz – vom 29.6.1990 (GBl. I der ehemaligen DDR, Nr. 42) ergab sich aus den im Gesetz geregelten Umwandlungsvorgängen und aus der Auflösung von LPG keine Steuerpflicht (§ 67). Auf die Umwandlungsvorgänge sind die für die Gründung der neuen Unternehmensform geltenden Vorschriften anzuwenden, soweit sich aus dem vorgenannten Gesetz nichts anderes ergibt (§ 25).

28.5.3 Laufende Besteuerung der Mitglieder von LPG

Nach den Vorschriften der ehemaligen DDR waren Mitglieder der landwirtschaftlichen und gärtnerischen Produktionsgenossenschaften steuerlich in der Weise begünstigt, dass ihre Bezüge aus den Genossenschaften nicht der Einkommensbesteuerung unterworfen wurden. Diese Vorschriften sind seit 1.1.1991 nicht mehr anwendbar. Die Mitglieder der landwirtschaftlichen und gärtnerischen Produktionsgenossenschaften unterliegen seit 1991 der Besteuerung nach den Bestimmungen des (bundesdeutschen) EStG. Danach gilt:

1. Tätigkeitsvergütungen
   Die Tätigkeit der Genossenschaftsmitglieder für die Genossenschaft wird regelmäßig im Rahmen eines Dienstverhältnisses ausgeübt. Dementsprechend gehören die Tätigkeitsvergütungen (einschließlich Sachbezüge) zu den Einkünften aus **nichtselbständiger Arbeit,** die nach § 38 ff. EStG dem Lohnsteuerabzug unterliegen (vgl. Tz 11 unter **Erläuterungen zur Anlage N).** Die Genossenschaften bzw. die sie vertretenden Personen haben dafür zu sorgen, dass die LSt für die Mitglieder ebenso wie für andere Arbeitnehmer von den Tätigkeitsvergütungen einbehalten und an das zuständige Finanzamt abgeführt wird.
2. Landpacht
   Zahlungen der Genossenschaft an ihre Mitglieder aufgrund von Pachtverhältnissen über land- und forstwirtschaftliche Flächen gehören zu den Einkünften aus **Vermietung und Verpachtung** nach § 21 EStG (vgl. Tz 26.4.1.4 unter **Erläuterungen zur Anlage V**-Sonstige). Wenn die Ländereien im Rahmen eines land- und forstwirtschaftlichen Betriebs verpachtet werden, gehören die Pachteinnahmen zu den Einkünften aus Land- und Forstwirtschaft.
3. Gewinnausschüttungen
   Soweit die Genossenschaften an ihre Mitglieder Zahlungen leisten, die weder Tätigkeitsvergütungen noch Pachtzahlungen sind, kann es sich um Einkünfte aus **Kapitalvermögen** nach § 20 Abs. 1 Nr. 1 oder 2 EStG handeln. In diesem Fall wird Kapitalertragsteuer nach § 43 ff. EStG erhoben (vgl. Tz 14.6 unter Erläuterungen zur Anlage KAP).
4. Veräußerung von land- und forstwirtschaftlichem Grund und Boden.
   Zur Veräußerung von Grund und Boden vgl. Tz 28.13. Wegen der Bewertung des Grund und Bodens in der auf 1.7.1990 zu erstellenden DM-Eröffnungsbilanz vgl. **Tz 28.1**.

28.6 Gewinn aus Land- und Forstwirtschaft

28.6.1 Gewinnermittlung

Buchführende Land- und Forstwirte müssen ihrer Steuererklärung 7–
die **Bilanz** einschließlich der zugehörigen Verlust- und Gewinnrechnung des Wj. 2025/2026 beifügen. Die landwirtschaftliche Buchführung weicht in verschiedener Hinsicht von der kaufmännischen Buchführung ab. Insbesondere haben zur Buchführung verpflichtete Land- und Forstwirte **neben** den jährlichen Bestandsaufnahmen und den jährlichen Abschlüssen ein **Anbauverzeichnis** zu führen, in dem nachzuweisen ist, mit welchen Fruchtarten die selbst bewirtschafteten Flächen im abgelaufenen Wj. bestellt waren. Einzelheiten zur Führung dieses Anbauverzeichnisses und über die Grundsätze der

Buchführung in land- und forstwirtschaftlichen Betrieben sind im BMF-Schreiben vom 15.12.1981, BStBl I S. 878 geregelt (Anhang 10 des Amtlichen ESt-Handbuchs). Sind die Bücher ordnungsgemäß geführt, so ist vom Finanzamt als Gewinn das buchmäßige Ergebnis zugrunde zu legen. Bei Land- und Forstwirten, die zur Buchführung verpflichtet sind, aber keine ordnungsmäßigen Bücher führen, ist der Gewinn im Einzelfall zu schätzen.

Zur **Führung von Büchern** ist der Land- und Forstwirt **verpflichtet**, wenn

1. der Gewinn aus Land- und Forstwirtschaft, der für das Kj. (nicht Wj.) festgestellt wird (zzgl. berücksichtigter erhöhter Absetzungen und Sonderabschreibungen), 80 000 € überschritten hat oder
2. die Umsätze i. S. des § 19 Abs. 2 Satz 1 UStG 800 000 € im Kj. (nicht Wj.) überschritten haben

und dem Steuerpflichtigen vor Beginn des Wj. vom Finanzamt mitgeteilt wird, dass er Bücher zu führen und aufgrund jährlicher Bestandsaufnahmen Abschlüsse zu machen hat (§ 141 Abs. 2 AO, H 13a.1 – Beginn der Buchführungspflicht – EStH). Außerdem ist der Land- und Forstwirt, ohne dass ihm eine Mitteilung hierüber zugeht, **buchführungspflichtig,** wenn die Buchführungspflicht nach § 141 Abs. 3 AO auf Übernehmer des Betriebs übergegangen ist oder der Betrieb nach anderen Gesetzen Bücher führen muss (z. B. Betriebe in der Rechtsform einer KG oder OHG).

Die Ermittlung des **Wirtschaftswerts** (s. 1.) ist in § 46 BewG geregelt. Der Wohnungswert (§ 47 BewG) bleibt unberücksichtigt. Bei der Feststellung der Buchführungspflicht ist aber auch der Wirtschaftswert der nicht im Eigentum des Betriebsinhabers stehenden – **zugepachteten** – Flächen mit einzubeziehen. Verpachtete Flächen bleiben unberücksichtigt.

Das Regel-Wj. ist bei Land- und Forstwirten der Zeitraum vom 1.7. bis 30.6. Bei Betrieben mit einem Futterbauanteil von 80 % und mehr der Fläche der landwirtschaftlichen Nutzung kann als Wj. der Zeitraum vom 1.5. bis 30.4., bei reiner Forstwirtschaft der Zeitraum vom 1.10. bis 30.9. bestimmt werden; dabei liegt ein Betrieb dieser Art auch dann vor, wenn daneben in geringem Umfang noch eine andere land- und forstwirtschaftliche Nutzung vorhanden ist (im Einzelnen vgl. – auch für reinen Weinbau – § 8c EStDV). Nach § 8c Abs. 2 EStDV können alle land- und forstwirtschaftlichen Betriebe auch das Kj. als Wj. bestimmen. Hat ein Land- und Forstwirt ein vom Kj. abweichendes Wj., so braucht die Steuererklärung erst bis zum Schluss des fünften Monats nach Ablauf des Wj. abgegeben zu werden.

In der Landwirtschaft wird von Ernte zu Ernte gerechnet. Deshalb ist es in der Regel unzweckmäßig, das Betriebsergebnis für das Kj. zu ermitteln. Auch der Gewinn der nichtbuchführenden Land- und Forstwirte wird für den Zeitraum vom 1.7. bis 30.6. ermittelt. Hat ein Buch führender Land- und Forstwirt gleichzeitig einen Gewerbebetrieb, so kann er mit Zustimmung des Finanzamts das landwirtschaftliche Wj. auch für den Gewerbebetrieb als Wj. wählen, wenn für den Gewerbebetrieb ordnungsmäßige Bücher geführt werden. Stellt ein Land- und Forstwirt von einem vom Kj. abweichenden Wj. auf ein mit dem Kj. übereinstimmendes Wj. um, verlängert sich das letzte vom Kj. abweichende Wj. um den Zeitraum bis zum Beginn des ersten mit dem Kj. übereinstimmenden Wj.; ein Rumpf-Wj. ist nicht zu bilden (§ 8c Abs. 2 EStDV).

Besteuert wird das Einkommen, das im **Kj.** erzielt wird. Deshalb muss der Gewinn aus den Wj. 2024/2025 und 2025/2026 auf das Kj. umgerechnet werden. Die Aufteilung geschieht nach dem **zeitlichen** Anteil, wobei Veräußerungsgewinne i. S. des § 14 EStG bei der Aufteilung auszuscheiden sind (vgl. Tz 28.10). Die auf das Kj. 2025 entfallenden Gewinnanteile der Wj. 2024/2025 und 2025/2026 müssen deshalb in den Zeilen 7 bis 10 **besonders** angegeben werden.

Stimmt das Wj. mit dem Kj. überein, so kann der Gewinn 2025 unmittelbar in die vorgesehene Spalte der Zeile 7 eingetragen werden.

Gewinne aus der Veräußerung einzelner land- und forstwirtschaftlich genutzter Grundstücksflächen gehören zum **laufenden** Gewinn und sind deshalb mit diesem hier einzutragen (vgl. Tz 28.13).

28.6.2 Gewinnermittlung nach Durchschnittssätzen (§ 13 a EStG)

In Zeile 9 ist der nach § 13 a EStG ermittelte Gewinn des Wj. 2024/2025 und der auf das Kj. 2025 entfallende Gewinnanteil einzutragen. In Zeile 10 ist der Gewinn des Wj. 2025/2026 und der auf das Kj. 2025 entfallende Gewinnanteil einzutragen. **9–10**

Wegen der Gewinnermittlung nach § 13 a EStG wird auf die Erläuterungen zur Anlage 13a hingewiesen.

28.6.3 Einkünfte als Mitunternehmer und bei gesonderter Feststellung für ein Einzelunternehmen

Als **Beteiligungen** kommen z. B. solche an Erbengemeinschaften, Realgemeinden, Gesellschaften des bürgerlichen Rechts in Betracht, soweit die Gemeinschaft oder Gesellschaft Einkünfte aus Land- und Forstwirtschaft bezieht. Eine Beteiligung liegt z. B. vor, wenn der alternde oder kranke Vater seinen im Betrieb mitarbeitenden erwachsenen Sohn (Hoferben) als Teilhaber aufnimmt **oder** wenn mit dem Betrieb ein Betriebszweig verbunden ist, dessen Leitung spezielle Fähigkeiten voraussetzt, und der am Betrieb beteiligte Familienangehörige gerade diese Erfordernisse erfüllt. Ein Beteiligungsverhältnis liegt auch vor, wenn die Schwiegertochter (Schwiegersohn) Grundstücke in die Ehe einbringt und diese Grundstücke mit den Grundstücken der Schwiegereltern auf gemeinsame Rechnung bewirtschaftet werden. **11–22**

Ein Gesellschafter kann sich durch **Mitarbeit** oder **Kapital** oder beides zugleich beteiligen. Beteiligt er sich nur kapitalmäßig, so können hieraus vom Finanzamt noch keine Bedenken gegen die Anerkennung einer Gesellschaft zum Betrieb der Landwirtschaft für gemeinsame Rechnung hergeleitet werden. Eine Beteiligung der Kinder am Grund und Boden ist nicht unbedingt erforderlich. Ferner kann nicht gefordert werden, dass auch die Betriebsgebäude im Miteigentum der Gesellschafter stehen. Der Betrieb muss aber mindestens im Innenverhältnis auf **gemeinsame Rechnung** geführt werden. Es ist jedoch nicht erforderlich, dass die Gesellschaft als solche nach außen in Erscheinung tritt. Die Gewinn**verteilung** muss nach wirtschaftlich vernünftigen Grundsätzen erfolgen.

Gehört land- und forstwirtschaftlicher Grundbesitz **Eheleuten** gemeinsam (z. B. aufgrund einer bestehenden ehelichen Gütergemeinschaft) oder gehört jedem Ehegatten ein erheblicher Teil des landwirtschaftlichen Grundbesitzes zu Alleineigentum oder zu Miteigentum und arbeiten die Eheleute gemeinsam in der Landwirtschaft, so ist eine **Mitunternehmerschaft zwischen den Ehegatten** zu bejahen, ohne dass Vereinbarungen über ein Gesellschaftsverhältnis vorliegen müssen (BFH-Urteil vom 30.6.1983, BStBl II S. 636). Die Mitunternehmerschaft ist hier in der wirtschaftlichen Zweckgemeinschaft begründet, zu der sich die Eheleute durch den gemeinsamen Einsatz und die gemeinsame Bearbeitung ihres beiderseitigen landwirtschaftlichen Grundbesitzes zum Zweck der gemeinsamen Erzielung von Gewinn zusammengeschlossen haben. Diese Rspr. ist in den BFH-Urteilen vom 14.8.1986 (BStBl 1987 II S. 17), vom 22.1.2004 (BStBl II S. 500), vom 25.9.2008, BStBl 2009 II S. 989 und vom 16.5.2018, BStBl 2019 II S. 60 bestätigt worden. Bereits im Urteil vom 27.2.1962 (BStBl III S. 214) hatte der BFH entschieden, dass Eheleute, wenn sie gemeinsam einen landwirtschaftlichen Betrieb auf Grundstücken bewirtschaften, die zu einem wesentlichen Teil teils dem einen und teils dem anderen Ehegatten gehören, als Mitunternehmer zu behandeln sind (im Einzelnen vgl. H 13.4 – Mitunternehmerschaft zwischen Ehegatten – EStH). Nach dem BFH-Urteil vom 25.9.2008, BStBl 2009 II S. 214, ist von einer konkludenten Mitunternehmerschaft auszugehen, wenn jeder Ehegatte an mindestens 10 % der bewirtschafteten Fläche ein Fruchtziehungsrecht hat. Ein Fruchtziehungsrecht liegt bei Eigentum und bei angepachteten Flächen vor. Die Mitarbeit der beiden Ehegatten im Betrieb braucht nicht gleichartig und nicht gleichwertig zu sein. Ein Zusammenwirken der Ehegatten zur Erreichung eines gemeinsamen wirtschaftlichen Ziels i. S. einer Innengesellschaft wird angenommen, wenn die Mitarbeit der Ehegatten auf unternehmerischer oder beruflicher Grundlage beruht und sonach über die übliche Zusammenarbeit innerhalb der Ehe hinausgeht (vgl. BFH-Urteil vom 2.2.1989, BStBl II S. 504). Nach dem BFH-Urteil vom 27.1.1994 (BStBl II S. 462) reicht es zur stillschweigenden Begründung einer Mitunternehmerschaft nicht aus, dass dem einen Ehegatten die Hofstelle oder ein Anteil daran übertragen wird, die landwirtschaftlich genutzten Flächen aber im Eigentum des anderen Ehegatten verbleiben.

Überlässt ein Ehegatte sein Nutzungsrecht an dem ihm gehörenden land- und forstwirtschaftlichen Grundbesitz durch **ausdrückliche vertragliche Abmachung** (Pachtvertrag, Einräumung eines Nießbrauchrechts) dem anderen Ehegatten gegen **angemessenes Entgelt,** so ist es nach der Rspr. nicht möglich, allein wegen der Eigentumsrechte am Grundbesitz und der Mitarbeit beider Ehegatten im Betrieb eine Mitunternehmerschaft anzunehmen. Bei **unentgeltlicher** Nutzungsüberlassung (Leihvertrag, Einräumung eines Nießbrauchsrechts) wird eine Mitunternehmerschaft hingegen nur dann verneint, wenn eine über den Rahmen der ehelichen Beziehungen hinausgehende Mitarbeit des überlassenden Ehegatten im Betrieb nicht stattfindet (BFH-Urteil vom 14.8.1986, BStBl 1987 II S. 20). In Fällen der Nutzungsüberlassung prüft das Finanzamt auch, ob der von den Ehegatten geschlossene Vertrag ernsthaft vereinbart ist und tatsächlich durchgeführt wird. Letzteres setzt unter anderem voraus, dass zwischen der privaten Sphäre des Verpächter-Ehegatten und der betrieblichen Sphäre des Unternehmer-Ehegatten in finanzieller Hinsicht und bezüglich der Dispositionsbefugnisse eine klare Trennung besteht. Wird durch den Abschluss eines Nutzungsüberlassungsvertrags eine bisher bestehende Mitunternehmerschaft beendet, so bedeutet dies die **Aufgabe** des Mitunternehmeranteils und eine Gewinnrealisierung hinsichtlich der dadurch aus dem Betriebsvermögen ausscheidenden Wirtschaftsgüter.

Feststellungszeitraum für die **gesonderte Feststellung** der Einkünfte aus Land- und Forstwirtschaft der Mitunternehmer (oder ausnahmsweise eines Einzelunternehmens) ist das Kj.; die Einkünfte selbst sind aber auch hierbei zunächst für das Wj. zu ermitteln und zeitanteilig dem jeweiligen Kj. zuzuordnen (vgl. Tz 28.6.1). Wird bei einem **Einzelunternehmen** der stpfl. Person oder des Ehemanns/Person A (bei Zusammenveranlagung) wegen örtlicher Zuständigkeit verschiedener Finanzämter eine **gesonderte Feststellung** durchgeführt (vgl. Tz 21.7 unter Erläuterungen zur **Anlage G**), ist hier das Ergebnis dieser Feststellung einzutragen; und zwar in **Zeile 13,** wenn der Gewinn durch Betriebsvermögensvergleich oder Überschussrechnung ermittelt wird und in **Zeile 16** bei Gewinnermittlung nach Durchschnittssätzen (§ 13 a EStG). Bei einer gesonderten Feststellung für die Ehefrau/Person B ist der Gewinn entsprechend in den Zeilen 19 oder 22 einzutragen.

23–35 In Zeilen 25 oder 28 (je nach Art der Gewinnermittlung) ist im Falle einer Mitunternehmerschaft **nicht** der Gesamtgewinn, sondern nur der Gewinn**anteil** der stpfl. Person oder des Ehemanns/Person A anzugeben. Dieser ist ggf. bei der Gesellschaft oder Gemeinschaft zu erfragen. Dies gilt entsprechend für den Gewinnanteil der Ehefrau/Person B, der je nach Gewinnermittlungsart in den Zeilen 32 oder 35 einzutragen ist.

Zu den Einkünften aus Land- und Forstwirtschaft gehören auch die Einkünfte aus Tierzucht und Tierhaltung einer Mitunternehmergesellschaft (**landwirtschaftliche Tierhaltungskooperationen**), wenn die Voraussetzungen des § 13 b EStG erfüllt sind.

Die Übertragung einzelner Wirtschaftsgüter aus den Einzelbetrieben der Mitglieder auf einen der gemeinschaftlichen Tierhaltung dienenden Betrieb einer Erwerbs- und Wirtschaftsgenossenschaft oder eines Vereins gegen Gewährung von Mitgliedsrechten ist dadurch begünstigt, dass die auf den dabei entstehenden Gewinn entfallende ESt auf Antrag in jährlichen Teilbeträgen entrichtet werden kann; der einzelne Teilbetrag muss aber mindestens 1/5 der Steuer betragen (§ 13 Abs. 6 EStG).

29, 36 Wegen der Beteiligung an **Steuerstundungsmodellen i. S.des § 15 b EStG vgl. Tz 21.11 unter** Erläuterungen zur **Anlage G**.

28.6.4 Teileinkünfteverfahren

37 Das Teileinkünfteverfahren greift auch dann ein, wenn sich die Anteile an Körperschaften (Aktien, GmbH- oder Genossenschaftsanteile) im Betriebsvermögen befinden. Auf die Erläuterungen zur **Anlage G**, die hier entsprechend gelten, wird Bezug genommen (vgl. Tz 21.12 unter Erläuterungen zur Anlage G).

28.6.5 Einkünfte i. S. des § 2 Abs. 4 UmwStG

Die Vorschrift des § 2 Abs. 4 UmwStG beschränkt die Verlustnutzung **38**
in Bezug auf die an der Umwandlung beteiligten Rechtsträger. In Zeile 38 sind deshalb die in den Zeilen 7 bis 28 und 30 bis 35 enthaltenen positiven Einkünfte i. S.des § 2 Abs. 4 UmwStG einzutragen. Auf die Erläuterungen zur Anlage G, die hier entsprechend gelten, wird Bezug genommen (vgl. Tz 21.14 unter Erläuterungen zur Anlage G).

28.6.6 Thesaurierungsbegünstigung nach § 34 a EStG

In Zeile 39 kann für den nicht entnommenen Teil des Gewinns ein **39**
Antrag für die **Tarifbegünstigung nach § 34 a EStG** gestellt werden. Der Antrag ist für jeden land- und forstwirtschaftlichen Betrieb oder Mitunternehmeranteil gesondert bei Abgabe der ESt-Erklärung für das Kj. 2025 zu stellen. Für land- und forstwirtschaftliche Betriebe, die in der Regel ein abweichendes Wj. haben, kann der Antrag auch nur für das jeweilige Kj. gestellt werden. Hierzu ist der Gewinn auf die Kj., in denen das Wj. beginnt und endet, zeitanteilig aufzuteilen. Die Entnahmen und Einlagen sind dabei für Zwecke des § 34 a EStG ebenfalls zeitanteilig auf die betreffenden Kj. aufzuteilen. Zur Vermeidung von Wiederholungen wird auf die Ausführungen der Anlage G (vgl. Tz 21.15 unter Erläuterungen zur Anlage G) und – ausführlich – auf die Ausführungen zur Anlage 34a (vgl. Tz 23 unter Erläuterungen zur Anlage 34a) verwiesen.

28.6.7 Steuerfreie Sanierungserträge nach § 3 a EStG

In Zeile 40 wird abgefragt, ob steuerfreie Sanierungserträge nach **40**
§ 3 a EStG erzielt wurden. Zur steuerlichen Behandlung der Sanierungserträge vgl. Teil II Tz 11.

28.7 Begünstigte sonstige Gewinne

In Zeile 41 sind die in den Gewinnen enthaltenen begünstigten **41**
sonstige Gewinne einzutragen. Die Ausführungen zur **Anlage G gelten hier entsprechend (vgl. Tz 21.18.14 unter Erläuterungen zur Anlage G).**

28.8 Kürzungsbetrag nach § 11 AStG

Erhält der Land- und Forstwirt aus einer Beteiligung an einer aus- **42**
ländischen Gesellschaft, für die Hinzurechnungsbeträge nach § 10 Abs. 2 AStG der ESt unterlegen haben, Dividenden, verdeckte Gewinnausschüttungen, Einnahmen i. S. des § 20 Abs. 1 Nr. 1 Satz 4 EStG oder Genussrechte, mit denen das Recht am Gewinn und Liquidationserlös verbunden ist, ist bei der Ermittlung der Summe der Einkünfte ein Kürzungsbetrag abzuziehen (§ 11 Abs. 1 Satz 1 AStG).

Ein Kürzungsbetrag wird nur angesetzt, soweit Hinzurechnungsbeträge der ESt unterlegen haben. Der Kürzungsbetrag nach § 11 AStG ist in Zeile 42 einzutragen. Die Einnahmen, die zu einem Kürzungsbetrag führen, müssen in der Gewinnermittlung enthalten sein. Der Kürzungsbetrag wird bei Ermittlung der Summen der Einkünfte abgezogen (vgl. BMF-Schreiben vom 22.12.2023, BStBl I 2023, Sondernummer 1, Rz 610).

28.9 Antrag nach § 13 a Abs. 2 EStG

Bei nicht zur Buchführung verpflichteten Steuerpflichtigen, die unter **43**
§ 13 a Abs. 1 EStG fallen und freiwillig Bücher führen, wird der nach den Büchern ermittelte Gewinn nur auf Antrag der Besteuerung zugrunde gelegt. Der Antrag ist schriftlich bis zur Abgabe der Steuererklärung, jedoch spätestens zwölf Monate nach Ablauf des ersten Wj., auf das er sich bezieht, zu stellen. Er kann innerhalb dieser Frist

zurückgenommen werden. Ein Land- und Forstwirt, der einen solchen Antrag stellt und den Gewinn durch Betriebsvermögensvergleich ermittelt, ist auch für die folgenden drei Wj. verpflichtet, den Gewinn in gleicher Weise zu ermitteln (§ 13 a Abs. 2 EStG).

Entsprechendes gilt bei einem Antrag auf Besteuerung des durch Vergleich der Betriebseinnahmen mit den Betriebsausgaben ermittelten Gewinns (Überschussrechnung), es sei denn, dass der Steuerpflichtige vorher buchführungspflichtig wird (BFH-Urteil vom 18.3.1993, BStBl II S. 549). Wegen der Buchführungspflicht vgl. Tz 28.6.1.

Wird trotz gestellten Antrags für eines der vier aufeinander folgenden Wj. keine Gewinnermittlung durch Betriebsvermögensvergleich oder Überschussrechnung vorgelegt, ist der Gewinn für den gesamten vierjährigen Antragszeitraum nach Durchschnittssätzen gemäß § 13 a EStG zu ermitteln (§ 13 a Abs. 2 Satz 2 EStG).

Die Gewinnermittlung nach § 13 a EStG ist grds. elektronisch mit der Steuererklärung zu übermitteln (§ 13 a Abs. 3 Satz 4 EStG). Zu den Ausfüllhinweisen vgl. Tz 30 unter Erläuterungen zur Anlage 13a.

28.10 Besonderheiten bei bestimmten Veräußerungsgewinnen

–56 Gewinne aus der **Veräußerung** oder Aufgabe **eines land- und forstwirtschaftlichen Betriebs im Ganzen,** eines **Teilbetriebs** oder eines gesamten **Mitunternehmeranteils** an einem Betrieb **(§ 14 EStG)** sind nur dann anzusetzen, wenn sie im Kj. 2025 **entstanden** sind. Diese Gewinne werden also **nicht** zeitanteilig aufgeteilt. Auch nichtbuchführungspflichtige oder nichtbuchführende Land- und Forstwirte, deren Gewinne nach Durchschnittssätzen ermittelt werden, haben den bei der Veräußerung oder Aufgabe des Betriebs (Teilbetriebs, Mitunternehmeranteils) sich ergebenden Veräußerungsgewinn zu versteuern. Bei **Bauernwaldungen** genügt in der Regel schon die räumlich zusammenhängende Lage einer Forstfläche, um sie als **Teilbetrieb** anzusehen (wegen der Mindestgröße eines forstwirtschaftlichen Betriebs oder Teilbetriebs vgl. BFH-Urteil vom 9.3.2017, BStBl II S. 981 und BMF-Schreiben vom 18.5.2018, BStBl I S. 689). Bei der Veräußerung eines Betriebs oder Teilbetriebs sind im Veräußerungspreis meist **Entschädigungen für Feldinventar und stehende Ernte** enthalten. Diese Entschädigungen, die bei Veräußerung oder Aufgabe eines Betriebs oder eines Teilbetriebs für diese Wirtschaftsgüter gezahlt werden, sind in voller Höhe in den Veräußerungserlös einzubeziehen. Für den Fall der Veräußerung forstwirtschaftlicher Betriebe oder Teilbetriebe sowie von einzelnen forstwirtschaftlichen Grundstücksflächen sind Einzelheiten in R 14 Abs. 4 EStR geregelt. Ist bei der Veräußerung bestimmter Wirtschaftsgüter des Anlagevermögens, z. B. anlässlich der landwirtschaftlichen Aussiedlung aus zu enger Dorflage, ein Gewinn entstanden, so kann – bei Gewinnermittlung durch Bilanzierung – nach **§ 6 b EStG** oder – wenn der Gewinn nach dem Überschuss der Betriebseinnahmen über die Betriebsausgaben bzw. nach Durchschnittssätzen ermittelt wird – im Rahmen des **§ 6 c EStG** eine Übertragung stiller Reserven in Betracht kommen.

Zum Veräußerungsgewinn zählen auch die **Gewinne,** die auf die Veräußerung oder Entnahme des **Grund und Bodens** entfallen vgl. **Tz 28.1.**

Das Wohngebäude des Landwirts ist mit Abwahl der Nutzungswertbesteuerung (spätestens jedoch seit dem 31.12.1998) nicht mehr dem Betriebsvermögen, sondern dem Privatvermögen zuzurechnen. Ein ggf. auf das Wohngebäude entfallender Veräußerungsgewinn war nicht in den betrieblichen Veräußerungsgewinn einzubeziehen. Zur Nutzungswertbesteuerung von Wohnungen in Baudenkmalen vgl. Tz 28.15.

Bei Betriebsveräußerungen wird ein Freibetrag von **45 000 €** gewährt. Dieser Freibetrag setzt voraus, dass der Steuerpflichtige im Zeitpunkt der Veräußerung/Aufgabe das 55. Lebensjahr vollendet hat oder dauernd berufsunfähig ist. Der Freibetrag wird dem Steuerpflichtigen **nur einmal** im Leben – nicht etwa einmal pro Einkunftsart, vgl. Tz 21.18.2 unter Erläuterungen zur Anlage G – gewährt (Objektbeschränkung; vgl. R 14 Abs. 6 EStR). Der Abzug eines Freibetrags ist daher ausgeschlossen, wenn der Steuerpflichtige für eine Betriebsveräußerung oder -aufgabe nach dem **31.12.1995** bereits einen Freibetrag in Anspruch genommen hat (gleichgültig bei welcher Einkunftsart). Der Freibetrag ermäßigt sich um den Betrag, um den der Veräußerungs- oder Aufgabegewinn **136 000 €** übersteigt (§ 16 Abs. 4 EStG). Bei einem Veräußerungs- oder Aufgabegewinn von 181 000 € entfällt deshalb der Freibetrag ganz. Bei dem Grenzbetrag von 136 000 € ist auf den Veräußerungs- oder Aufgabevorgang abzustellen, nicht etwa auf einen Veranlagungs- oder Lebenszeitraum. Wegen weiterer zu beachtender Einzelheiten vgl. Tz 21.18.2 unter Erläuterungen zur Anlage G.

Für die Höhe des Freibetrags ist unerheblich, ob der Steuerpflichtige einen ganzen Betrieb, einen Teilbetrieb oder einen gesamten Mitunternehmeranteil veräußert oder aufgibt. Der Steuerpflichtige, der die persönlichen Voraussetzungen erfüllt, kann wählen, für welchen (begünstigten) Veräußerungs- oder Aufgabefall er den Freibetrag beanspruchen will, falls er nacheinander mehrere Betriebe, Teilbetriebe oder ganze Mitunternehmeranteile veräußert oder aufgibt. Ein beantragter Freibetrag führt aber auch dann zu einem Verbrauch i. S. der Objektbeschränkung, wenn der Freibetrag nicht voll ausgeschöpft werden kann, weil der betreffende Veräußerungs- oder Aufgabegewinn niedriger ist als der mögliche Freibetrag.

Hat der Steuerpflichtige bei Betriebsveräußerungen oder -aufgaben **vor 1996** einen Freibetrag nach § 14 i. V. mit § 16 Abs. 4 EStG erhalten, so bleibt dieser unberücksichtigt, d. h. der frühere Freibetrag führt nicht zur Versagung eines Freibetrags bei einer nach dem 31.12.1995 stattfindenden Betriebsveräußerung oder -aufgabe (§ 52 Abs. 34 EStG). Liegen die gesetzlichen Voraussetzungen für einen Freibetrag vor **und wird dieser beantragt,** so ist der entsprechende Veräußerungs- oder Aufgabegewinn in **Zeile 44** einzutragen, ansonsten in Zeile 49. Ein etwaiger Freibetrag ist dabei **nicht** abzuziehen; er wird vom Finanzamt berücksichtigt. Wegen Einzelheiten, u. a. zur Bedeutung der **Zeilen 45, 50, 54 und 56 (Teileinkünfteverfahren),** vgl. Tz 21.18.7 unter Erläuterungen zur Anlage G.

Der stpfl. Veräußerungsgewinn unterliegt im Rahmen des **§ 34 Abs. 1 oder 3 EStG nur** auf Antrag einer **ermäßigten Besteuerung** (vgl. Tz 21.18.9 unter Erläuterungen zur **Anlage G.** Wird bei Betriebsveräußerung/-aufgabe wegen dauernder Berufsunfähigkeit oder Vollendung des 55. Lebensjahrs **einmal im Leben** ein **ermäßigter Steuersatz** beantragt, ist **Zeile 48 oder 53** auszufüllen.

Hinsichtlich der Zeilen 46 bis 47 und 51 bis 52 vgl. Tz 21.18.8 unter Erläuterungen zur Anlage G.

Das lebende und tote Inventar eines land- und forstwirtschaftlichen Betriebs bildet für sich allein regelmäßig keinen Teilbetrieb (BFH-Urteil vom 19.2.1976, BStBl II S. 415). Die Verkleinerung eines land- und forstwirtschaftlichen Betriebs führt nicht zu einer Betriebsaufgabe (BFH-Urteil vom 12.11.1992, BStBl 1993 II S. 430).

Bei der **Veräußerung** des Betriebs **gegen eine Leibrente** braucht im Veräußerungsjahr ein Veräußerungsgewinn in der Regel nicht ermittelt und versteuert zu werden. Die Leibrentenbezüge sind nämlich **erst dann** als nachträgliche landwirtschaftliche Einkünfte zu versteuern, wenn sie das steuerliche Kapitalkonto und die Veräußerungskosten übersteigen. Bei Veräußerungen ab **2004** gilt dies für den Kapitalanteil der Rentenbezüge; der in den Rentenleistungen enthaltene Zinsanteil stellt bereits im Zeitpunkt des Zuflusses nachträgliche Betriebseinnahmen dar. Vom Steuerpflichtigen kann aber auch die sofortige Besteuerung des Veräußerungsgewinns (Unterschied zwischen dem Barwert der Leibrente und dem steuerlichen Kapitalkonto) unter Berücksichtigung der Veräußerungskosten **gewählt** werden. In diesem Fall sind die laufenden Rentenbezüge nur mit dem Ertragsanteil nach § 22 Nr. 1 Satz 3 Buchst. a Doppelbuchst. bb EStG stpfl. (Näheres vgl. Teil II Tz 7, Tz 8 sowie R 16 Abs. 11 EStR).

Wegen der Rspr. des BFH zur Behandlung der Erbauseinandersetzung (Beschluss des Großen Senats vom 5.7.1990, BStBl II S. 837) vgl. Tz 21.18.3 unter Erläuterungen zur Anlage G. Sonderfragen zur Erbfolge und Erbauseinandersetzung im Bereich der Land- und Forstwirtschaft sind im BMF-Schreiben vom 14.3.2006, BStBl I S. 253, Rz 75 ff. geregelt. Zur Übertragung von land- und forstwirtschaftlichem Betriebsvermögen im Rahmen der vorweggenommenen Erbfolge hat der BMF in den Schreiben vom 13.1.1993, BStBl I S. 80 Rz 42 ff., und vom 26.2.2007, BStBl I S. 269, Stellung genommen.

In Zeile 55 ist ein Veräußerungsverlust i. S. des § 14 EStG einzutragen. Dieser Verlust darf nicht in den Gewinnen oder Verlusten lt. den Zeilen 7 bis 35 enthalten sein.

57 Veräußerungsgewinne werden als laufende Gewinne behandelt, soweit auf der Seite des Veräußerers und auf der Seite des Erwerbers dieselben Personen sind, vgl. Tz 21.18.13 unter Erläuterungen zur Anlage G. In Zeile 57 sind deshalb die entsprechenden Eintragungen vorzunehmen.

28.11 Angaben zu den landwirtschaftlichen Flächen

59–68 Die Angaben in den **Zeilen 59 ff.** dienen u. a. der Gewinnermittlung nach Durchschnittssätzen gemäß § 13 a EStG (vgl. Erläuterungen zu den Zeilen 9 bis 10). Die Zeilen 59 bis 114 des Vordrucks sind unabhängig von der Art der Gewinnermittlung stets auszufüllen.

Die Anlage L ist auch von denjenigen Landwirten auszufüllen, die nicht zur Buchführung verpflichtet sind, sowie von solchen nicht zur Buchführung verpflichteten Betriebsinhabern, die zwar freiwillig Bücher führen, die aber nicht beantragt haben, das Buchführungsergebnis der Besteuerung zugrunde zu legen. Der Gewinn dieser Betriebe wird vom Finanzamt nach Durchschnittssätzen gemäß § 13 a EStG berechnet. Dieser Gewinn setzt sich zusammen aus einem Grundbetrag und Zu- und Abrechnungen gemäß § 13 a Abs. 3 bis 7 EStG (vgl. Tz 30 unter Erläuterungen zur Anlage 13a).

ELSTER:
ELSTER stellt für Angaben zu den zugepachteten oder unentgeltlich von Dritten überlassene Flächen (Zeile 62) und für verpachtete oder unentgeltlich überlassene Flächen (Zeile 64) jeweils insgesamt 50 Eintragungsmöglichkeiten zur Verfügung.

28.12 Betriebsverpachtung

69 Für die Fälle der **Verpachtung des ganzen Betriebs vgl. Tz 21.18.4 unter Erläuterungen zur Anlage G.** Nach dem BMF-Schreiben vom 1.12.2000 (BStBl I S. 1556) gelten bei der Verpachtung eines land- und forstwirtschaftlichen Betriebs im Ganzen aber folgende **Besonderheiten**:

Veräußerungen und Entnahmen von Grundstücken berühren das Fortbestehen eines im Ganzen verpachteten land- und forstwirtschaftlichen Betriebs nur dann, wenn die im Eigentum des Verpächters verbleibenden Flächen nicht mehr ausreichen, um nach Beendigung des Pachtverhältnisses einen land- und forstwirtschaftlichen Betrieb zu bilden. Das Schicksal der Wirtschaftsgebäude ist für die Annahme einer Betriebsaufgabe unerheblich, da auch die Veräußerung oder Entnahme von einzelnen Flächen des Grund und Bodens – als wesentliche Betriebsgrundlage – unerheblich ist, sofern überhaupt ein Betrieb der Land- und Forstwirtschaft fortgeführt werden kann.

Nach § 16 Abs. 3b EStG gilt ein verpachteter Betrieb so lange nicht als aufgegeben, bis

- der Landwirt die Betriebsaufgabe ausdrücklich gegenüber dem Finanzamt erklärt oder
- dem Finanzamt Tatsachen bekannt werden, aus denen sich ergibt, dass die Voraussetzungen für eine Betriebsaufgabe erfüllt sind.

Diese Regelung gilt nur für Aufgaben nach dem 4.11.2011.

Zu Besonderheiten, die sich bei **parzellenweiser Verpachtung** des Betriebs ergeben, ist in einem Rundschreiben Stellung genommen worden (BStBl 1966 II S. 34 und 1972 I S. 104). Nach dem BFH-Urteil vom 15.10.1987 (BStBl 1988 II S. 260) ist die parzellenweise Verpachtung des Betriebs allein **keine Betriebsaufgabe.** Sie ist vielmehr – ebenso wie die Betriebsverpachtung im Ganzen an **einen** Pächter – lediglich eine Betriebsunterbrechung. Das bedeutet, dass auch ohne Fortführungserklärung vom Fortbestehen des an **verschiedene** Pächter verpachteten Betriebs **so lange** auszugehen ist, als alle wesentlichen Betriebsgrundlagen im Eigentum des Verpächters bleiben und nicht endgültig einer außerland- und außerforstwirtschaftlichen Nutzung zugeführt werden und die Hofstelle, insbesondere die Wirtschaftsgebäude, ohne wesentliche bauliche Änderungen erhalten bleiben. Der Verpächter kann durch eindeutige Erklärung den parzellenweise verpachteten Betrieb aufgeben (§ 16 Abs. 3b EStG).

Zur Gewinnermittlung des Verpächters und des Pächters bei der Verpachtung von Betrieben mit **Substanzerhaltungspflicht** des Pächters wird im BMF-Schreiben vom 21.2.2002 (BStBl I S. 262) Stellung genommen.

Nach dem BFH-Urteil vom 29.3.2001 (BStBl 2002 II S. 791) erzielt ein Steuerpflichtiger, der als nicht aktiver Landwirt einen verpachteten land- und forstwirtschaftlichen Betrieb erwirbt, Einkünfte aus Vermietung und Verpachtung (vgl. Tz 26.4 unter Erläuterungen zur Anlage V-Sonstige).

28.13 Veräußerung/Entnahme von Grundstücken und immateriellen Wirtschaftsgütern

28.13.1 Veräußerung/Entnahme von Grundstücken

Die Zeilen 70 ff. sind auszufüllen, wenn Grundstücke, die zum 70–
Betriebsvermögen eines land- und forstwirtschaftlichen Betriebs gehören, **veräußert** oder **entnommen** wurden (vgl. **Tz 28.1).** Eine Entnahme, d. h. eine Überführung in das Privatvermögen, kann z. B. durch eine **Schenkung** eintreten.

Nach § 4 Abs. 1 EStG wird ein Wirtschaftsgut **nicht** dadurch entnommen, dass der Steuerpflichtige zur Gewinnermittlung durch Einnahmenüberschussrechnung (§ 4 Abs. 3 EStG) oder nach Durchschnittssätzen (§ 13 a EStG) **übergeht.** Außerdem ist die **Änderung der Nutzung** eines Wirtschaftsguts (z. B. die **Verpachtung eines Grundstücks),** die bei der Gewinnermittlung durch Vermögensvergleich (§ 4 Abs. 1 EStG) keine Entnahme darstellt, auch bei anderen Gewinnermittlungsarten keine Entnahme.

Nach dem Schreiben des BMF vom 15.3.1979 (BStBl I S. 162) führten Nutzungsänderungen vor dem 1.7.1979 nicht zu einer Gewinnrealisierung, es sei denn, das Wirtschaftsgut gehörte nach der Nutzungsänderung zum **notwendigen Privatvermögen.** Diese Billigkeitsregelung, nach der ein solches Wirtschaftsgut als steuerfrei entnommen galt, wurde durch das BMF-Schreiben vom 28.7.1983, BStBl I S. 383, bestätigt. Im Urteil vom 7.11.1996 (BStBl 1997 II S. 245) hat der BFH ausgeführt, das BMF-Schreiben vom 15.3.1979, BStBl I S. 162, könne nicht dahin verstanden werden, dass eine Nutzungsänderung zu gewillkürtem Betriebsvermögen als Entnahme anzusehen und eine spätere tatsächlich vollzogene Entnahme steuerlich unbeachtlich sei. Der BFH hat mit diesem Urteil entschieden, dass diese Billigkeitsregelung zu Unrecht erlassen worden ist. Im Hinblick darauf ist die in den oben bezeichneten BMF-Schreiben vom 15.3.1979 und 28.7.1983 eingeräumte Billigkeitsregelung mit Ablauf des Jahres **1998** aufgehoben worden (BMF-Schreiben vom 20.3.1998, BStBl I S. 356). Eine steuerfreie Entnahme aufgrund der o. g. Nutzungsänderung wird weiterhin angenommen, wenn beim zuständigen Finanzamt bis 31.12.1998 eine klarstellende Erklärung über die Nutzungsänderung abgegeben wurde.

Der **Tausch** von Wirtschaftsgütern ist grundsätzlich ein Veräußerungsgeschäft, das eine Gewinnrealisierung auslöst, wenn das hingegebene Wirtschaftsgut zum Betriebsvermögen gehört; der Veräußerungspreis entspricht dem gemeinen Wert des hingegebenen Wirtschaftsguts. Besteht die Gegenleistung in einem Wirtschaftsgut des notwendigen Privatvermögens (z. B. in der Befreiung von einer familienrechtlichen Schuld, etwa Unterhalt, Zugewinnausgleich), so stellt das Ausscheiden des hingegebenen Wirtschaftsguts eine Entnahme dar (BFH-Urteil vom 23.6.1981, BStBl 1982 II S. 18). Der Einwurf eines alten und die Zuweisung eines neuen Grundstücks im **Umlegungsverfahren** wurde in der Vergangenheit als ein Tauschgeschäft mit Gewinnrealisierung behandelt (BMF-Schreiben vom 29.2.1972, BStBl I S. 102). Nach dem BFH-Urteil vom 13.3.1986

(BStBl II S. 711) sind im **Umlegungsverfahren,** das ein gesetzlich geregeltes Grundstückstauschverfahren darstellt, die eingebrachten Grundstücke und die daraus im Zuteilungswege erlangten Grundstücke, **soweit insgesamt wertgleich,** aber als **wirtschaftlich identisch** zu werten; denn die Umlegung sei ihrem Wesen nach eine ungebrochene Fortsetzung des Eigentums an einem verwandelten Grundstück. Die zugeteilten Grundstücke seien Surrogat der eingebrachten Grundstücke. Nach dieser Entscheidung des BFH tritt eine Gewinnrealisierung nach Tauschgrundsätzen im Umlegungsverfahren nicht ein. Das erlangte Grundstück wird mit dem Buchwert des eingebrachten Grundstücks weitergeführt, auch wenn die Grundstücke z. B. nicht flächengleich sind. Die etwaige Betriebsvermögenseigenschaft des eingebrachten Grundstücks setzt sich an dem oder den erlangten Grundstücken unverändert fort; dies gilt sowohl bei buchführenden als auch bei nicht buchführenden Betrieben. Das empfangene Grundstück bleibt sonach – auch wenn es nicht landwirtschaftlich genutzt wird und deshalb nicht mehr notwendiges Betriebsvermögen darstellt – solange im Betriebsvermögen, bis es durch eine eindeutige Entnahmehandlung oder durch Veräußerung ausscheidet; erst dann tritt Gewinnrealisierung ein. Eine Entnahme des erlangten Grundstücks liegt allerdings dann vor, wenn die Nutzungsänderung derart ist, dass das erlangte Grundstück notwendiges Privatvermögen wird; seit 1.1.1987 ist dies der Fall, wenn es zu eigenen Wohnzwecken des Land- und Forstwirts oder der Altenteiler genutzt wird oder aus privaten Gründen unentgeltlich einer anderen Person zu eigenen Wohnzwecken überlassen wird (vgl. auch BFH-Urteil vom 27.8.1992, BStBl 1993 II S. 225).

Der im BFH-Urteil vom 13.3.1986, BStBl II S. 711, aufgestellte Nämlichkeitsgrundsatz gilt für das **Flurbereinigungs- und das Baulandumlegungsverfahren** gleichermaßen. Die Grundsätze des Urteils gelten auch für das in § 76 BauGB/BBauG geregelte freiwillige Umlegungsverfahren, das zwar ein beschleunigtes, jedoch ebenfalls ein hoheitliches, mit gesetzlichen Zwangsmöglichkeiten ausgestattetes Grundstücksaustauschverfahren darstellt. Soweit das wirtschaftliche Eigentum an den zugewiesenen Grundstücken aufgrund von Umlegungs- bzw. Flurbereinigungsverfahren **vor dem 1.1.1987** übergegangen ist, wird es nicht beanstandet, wenn der Steuerpflichtige noch nach der früheren Verwaltungsauffassung verfährt (BMF-Schreiben vom 19.4.1988, BStBl I S. 152).

Ausgleichsleistungen in Geld sind im Umlegungsverfahren nur insoweit zulässig, als eine wertgleiche Zuteilung von Land objektiv nicht möglich ist. Aus dem BFH-Urteil vom 13.3.1986, BStBl II S. 711, kann gefolgert werden, dass im Falle einer Umlegung mit Wertausgleichszahlungen nicht insgesamt von einer Identität der hingegebenen und erhaltenen Wirtschaftsgüter ausgegangen werden kann (»soweit … wertgleich«). Vielmehr ist bei derartigen Geldleistungen von einer **teilweisen Veräußerung** bzw. Anschaffung und zum anderen Teil von einer Anwendung des Nämlichkeitsgrundsatzes auszugehen. Der Empfänger der Wertausgleichszahlung erzielt einen Veräußerungsgewinn in Höhe des Unterschieds zwischen der Ausgleichszahlung und dem anteiligen Buchwert des hingegebenen Grundstücks, der nach dem Verhältnis der gemeinen Werte des entgeltlich abgegebenen Grundstücksteils zum gesamten Grundstück zu ermitteln ist; ggf. sind die anteiligen Veräußerungskosten abzuziehen. Von einer derartigen Buchwertabspaltung kann dann abgesehen werden, wenn diese in der Auswirkung unbedeutend ist. Nach dem BFH-Urteil vom 23.9.2009, BStBl 2010 II S. 270, setzt sich die Betriebsvermögenseigenschaft eines in das Umlegungsverfahren eingebrachten Grundstücks nur insoweit an dem zugeteilten Grundstück fort, als dieses in Erfüllung des Sollanspruchs gemäß § 56 Abs. 1 Satz 1 BauGB zugeteilt wird. Sofern eine Zuteilung über dem Sollanspruch erfolgt, liegt notwendiges Betriebsvermögen vor, wenn die zugeteilte Fläche eigenbetrieblich genutzt wird. Ist dieser Flächenanteil nicht dem notwendigen Betriebsvermögen zuzuordnen, kann dieser Anteil dem gewillkürten Betriebsvermögen oder dem Privatvermögen zugeordnet werden.

28.13.2 Veräußerung von land- und forstwirtschaftlichem Grund und Boden im Beitrittsgebiet

Nach § 4 Abs. 1 Satz 5 EStG der ehemaligen DDR i. d. F. vom 18.9.1970 (GBl. 1970 I Sonderdruck Nr. 670) blieb der Wert des Grund und Bodens, der zum Anlagevermögen gehörte, außer Ansatz. Aufgrund der Änderung des EStG der ehemaligen DDR durch das Gesetz zur Änderung und Ergänzung steuerlicher Rechtsvorschriften bei Einführung der Währungsunion mit der Bundesrepublik Deutschland (Steueranpassungsgesetz) vom 22.6.1990 (GBl. der ehemaligen DDR, Sonderdruck Nr. 1427 S. 3), das am 1.7.1990 in Kraft getreten ist, war diese Vorschrift nur noch bis einschließlich 30.6.1990 anzuwenden. Vor dem 1.7.1990 vorgenommene Veräußerungen oder Entnahmen von zum land- und forstwirtschaftlichen Betriebsvermögen gehörenden Grund und Boden in der ehemaligen DDR unterlagen daher nicht der Besteuerung.

Brachten Land- und Forstwirte ihren Grund und Boden in eine landwirtschaftliche Produktionsgenossenschaft (LPG) ein, so waren sie nach § 19 des Gesetzes über die LPGen vom 2.7.1982 (GBl. I der ehemaligen DDR Nr. 25) weiterhin Eigentümer des Grund und Bodens. Da die LPG an dem Boden, der durch die Genossenschaftsbauern eingebracht wurde, jedoch das umfassende und dauernde Nutzungsrecht besaß, endete die Eigenbewirtschaftung der Genossenschaftsbauern auf Dauer, sodass der darauf bestehende land- und forstwirtschaftliche Betrieb auch unter Beachtung der Rspr.-Grundsätze zur Betriebsverpachtung zwangsweise **aufgegeben** war. Die in die LPG eingebrachten Flächen hatten somit ihre **Eigenschaft als land- und forstwirtschaftliches Betriebsvermögen verloren.** Die unmittelbare Veräußerung solchen Grund und Bodens unterlag damit grundsätzlich nicht der Einkommensbesteuerung. Ein Veräußerungsgewinn entsteht jedoch, wenn derartiger Grund und Boden in ein Betriebsvermögen des Eigentümers (Einzelbetrieb oder Mitunternehmerschaft) überführt (eingelegt) wurde und hieraus veräußert wird.

Gewinne aus der Veräußerung von Grundstücken, die **nicht** zu einem Betriebsvermögen gehören, unterliegen nur unter den Voraussetzungen eines Veräußerungsgeschäfts nach § 23 EStG der ESt (vgl. Tz 20.9 unter Erläuterungen zur **Anlage SO**). Dies ist der Fall, wenn die Veräußerung des Grundstücks vor Ablauf von zehn Jahren seit der Anschaffung **oder Entnahme** des Grundstücks erfolgt.

Wegen der Bewertung land- und forstwirtschaftlichen Grund und Bodens in der auf 1.7.1990 zu erstellenden DM-Eröffnungsbilanz vgl. **Tz 28.1.**

Wird bei einer Veräußerung eine Gewinnübertragung nach §§ 6b, 6c EStG beantragt, ist in Zeile 70 das Auswahlfeld anzukreuzen.

> **ELSTER:**
> ELSTER stellt für die Veräußerung und Entnahme der Wirtschaftsgüter (Zeilen 71 bis 76) mehrere Eintragungszeilen zur Verfügung.

28.13.3 Veräußerung von immateriellen Wirtschaftsgütern

Bei den in den **Zeilen 75 bis 77** bezeichneten immateriellen Wirtschaftsgütern handelt es sich u. a. um **Zahlungsansprüche**, die zugeteilt oder erworben sein können und dem Anlagevermögen zuzurechnen sind.

28.14 Tierhaltung

28.14.1 Allgemeines

§ 13 Abs. 1 Nr. 1 EStG i. V. mit § 51 BewG regelt die Frage, inwieweit **78–114**
die Zucht und Haltung von Pferden, Rindvieh, Schafen, Ziegen, Schweinen, Kaninchen, Geflügel und Damtieren der Land- und Forstwirtschaft zuzurechnen ist. Diese Tiere werden auch bodenabhängige Tiere genannt, weil sie nach den typisierenden gesetzli-

chen Regelungen der § 13 Abs. 1 Nr. 1 EStG i. V. mit § 51 BewG entsprechend ihrem Futterbedarf in Vieheinheiten (VE) umgerechnet und der regelmäßig landwirtschaftlich genutzten Fläche des Betriebs gegenübergestellt werden. Diese typisierende Regelung gilt selbst dann, wenn die im Betrieb erzeugten Pflanzen vermarktet und die Futtermittel zugekauft werden.

Die Tierzucht und Tierhaltung muss für die Land- und Forstwirtschaft typisch sein. Hierzu gehört in erster Linie die Erzeugung und Haltung von Tieren, die in den Anlagen 1 und 2 zu § 51 BewG genannt sind (vgl. BFH vom 31.3.2004, BStBl II S. 742) sowie Tiere, die selbst oder deren Produkte als Nahrungsmittel für Menschen in Mitteleuropa dienen (BFH vom 16.12.2004, BStBl 2005 II S. 347). Entscheidend ist, ob es sich bei den erzeugten oder gehaltenen Tieren um ein dem Grunde nach landwirtschaftliches Produkt handelt, nicht für welche Zwecke der Erwerber die vom Land- und Forstwirt erzeugten Tiere verwendet.

Die Zucht und Haltung von Tieren gehört nur dann zur Landwirtschaft, wenn die Tiere dort entweder

- als Arbeitstiere gehalten
- bzw. bodenunabhängig sind und der menschlichen Ernährung dienen oder
- bodenabhängig sind und nach der Verkehrsanschauung der Land- und Forstwirtschaft zugerechnet werden.

28.14.2 Abgrenzung der Tierhaltung vom gewerblichen Tierhandel

Die Zuordnung der Tierhaltung zur Landwirtschaft setzt voraus, dass die zugekauften Tiere eine gewisse Zeit im Betrieb verbleiben, da ansonsten eine tierische Veredelung des erzeugten Futters (selbst fiktiv) nicht angenommen werden kann. Die Mindestverweildauer beträgt beim Vieh drei Monate. Schweine müssen eine volle Produktionsphase bis zur jeweiligen Verkaufsreife im Betrieb gehalten werden.

28.14.3 Abgrenzung von der gewerblichen Tierhaltung

Sofern die Anzahl der tatsächlichen Vieheinheiten nachhaltig den anhand der landwirtschaftlich genutzten Flächen ermittelten Höchstbetrag an Vieheinheiten übersteigt, gehört der Teil der Tierzucht und Tierhaltung, der nicht mehr der Landwirtschaft zugerechnet werden kann, zur gewerblichen Tierzucht und Tierhaltung. Auch die Einkünfte aus der gemeinschaftlichen Tierzucht und Tierhaltung i. S. v. § 13 Abs. 1 Nr. 1 Satz 5 EStG führen bei den Gesellschaftern der Tierhaltungsgemeinschaft zu Einkünften aus Land- und Forstwirtschaft i. S. v. § 13 Abs. 1 Nr. 1 Satz 1 EStG, wenn alle Voraussetzungen nach § 13 b EStG erfüllt sind und andere Einkünfte der Gesellschafter aus der Tierhaltungsgemeinschaft zu den Einkünften aus Land- und Forstwirtschaft gehören. Fehlt es daran, kommt es auch hier zu gewerblichen Einkünften.

Die Tiere werden entweder

nach dem Durchschnittsbestand im Wj. (siehe Zeilen 78–94 der Anlage L) oder

- nach der Erzeugung (verkauft oder verbraucht) im Wj. (siehe Zeilen 95–110 der Anlage L)

in Vieheinheiten umgerechnet. In den Zeilen 78–109 ist die Anzahl der Tiere einzutragen und mit der vorgegebenen Vieheinheitengrenze zu multiplizieren.

Die Vieheinheitengrenze ergibt sich aus § 13 Abs. 1 Nr. 1 Satz 2 EStG.

Es dürfen für die einzelnen Wirtschaftsjahre

für die ersten 20 ha	nicht mehr als 10 VE	10	VE
für die nächsten 10 ha	nicht mehr als 7 VE	7	VE
für die nächsten 20 ha	nicht mehr als 6 VE	6	VE
für die nächsten 50 ha	nicht mehr als 3 VE	3	VE
und für die weitere Fläche	nicht mehr als 1,5 VE	1,5	VE

je ha der landwirtschaftlich genutzten Fläche überschritten werden.

Übersteigt die Zahl der Vieheinheiten nachhaltig die landwirtschaftliche Nutzfläche, muss zumindest ein Teil des Tierbestands der gewerblichen Tierzucht und Tierhaltung zugeordnet werden.

Dabei ist nach folgendem Schema vorzugehen:

- die Tiere sind zunächst in mehr flächenabhängige und weniger flächenabhängige Tiere zu unterteilen. Mehr flächenabhängig ist die Erzeugung und Haltung von Pferden, Rindvieh und Schafen. Weniger flächenabhängig ist die Erzeugung und Haltung von Schweinen und Geflügel.
- Innerhalb einer jeden Tierart sind weiter die besonderen Zweige
  - Zugvieh,
  - Zuchtvieh,
  - Mastvieh und
  - übriges Nutzvieh

zu unterscheiden.

Dabei ist Zuchtvieh nur dann ein eigener Zweig, wenn die erzeugten Jungtiere überwiegend zum Verkauf bestimmt sind. Anderenfalls ist das Zuchtvieh dem Zweig zuzurechnen, dessen Zucht und Haltung es überwiegend dient.

- Ein Zweig des Tierbestandes kann immer nur im Ganzen zur landwirtschaftlichen oder zur gewerblichen Tierzucht und Tierhaltung gehören.
- Der gewerblichen Tierzucht und Tierhaltung sind zuerst die weniger flächenabhängigen Zweige des Tierbestandes zuzurechnen.
- Innerhalb der beiden Gruppen der weniger oder mehr flächenabhängigen Tierarten ist jeweils zuerst der Zweig der gewerblichen Tierzucht und Tierhaltung zuzurechnen, der die größere Zahl von Vieheinheiten hat.

28.14.4 Pensionstiere

Pensionstiere, die nicht zum Betriebsvermögen des Landwirts gehören, werden bei der Ermittlung der Vieheinheitengrenze einbezogen, wenn der Eigentümer nicht das wirtschaftliche Risiko der Tierhaltung trägt (vgl. BFH-Urteil vom 13.9.2022, BStBl 2023 II S. 578). In den Zeilen 111 bis 112 sind deshalb die als Pensionstiere gehaltenen Tiere einzutragen.

28.14.5 Tierhaltungsgemeinschaften

Freie Vieheinheiten können unter den Voraussetzungen des § 13 b Abs. 1 EStG zusammengelegt werden. Da mit der Übertragung der Vieheinheiten keine tatsächliche Grundstücksübertragung einhergehen muss, kann eine Gesellschaft letztlich Tierhaltung betreiben, ohne selbst landwirtschaftliche Nutzflächen zu bewirtschaften, sofern ihren Beteiligten entsprechende Flächen zur Verfügung stehen. Dadurch wird die bäuerliche Veredelungswirtschaft durch landwirtschaftliche Tierhaltungsgemeinschaften gefördert, indem Zusammenschlüsse von Landwirten zur gemeinschaftlichen Tierhaltung unter bestimmten Voraussetzungen nicht als Gewerbebetriebe, sondern als Betriebe der LuF behandelt werden (BFH-Urteil vom 5.11.2009, IV R 13/07, BFH/NV 2010 S. 652). Eine gemeinschaftliche Tierhaltung i. S. des § 13 b EStG bildet einen Betrieb der LuF und ist damit eine eigenständige wirtschaftliche Einheit.

Falls eine Übertragung von Vieheinheiten auf eine Tierhaltungsgemeinschaft vorgenommen wurde, sind die entsprechenden Angaben in den Zeilen 113 und 114 zu machen.

28.15 Nutzungswert von Wohnungen in Baudenkmalen

Zu den landwirtschaftlichen Einkünften gehörte nach der bis 31.12.1986 geltenden Rechtslage auch der **Nutzungswert** der mit dem Betrieb verbundenen **Wohnung** des Land- und Forstwirts, wenn die Wohnung die Größe nicht überschreitet, die bei Betrieben gleicher Art üblich ist, sowie der Nutzungswert der **Altenteilerwohnung.** Von 1987 bis längstens 1998 galt dies aufgrund des Wohneigentumsförderungsgesetzes (BStBl 1986 I S. 278) nur dann, wenn von der **letztmals im Jahr 1998 möglichen Übergangsregelung** (vgl. Anleitung zur Einkommensteuererklärung **1998,** Erläuterungen zur Anlage L, **Zeilen 59 und 60**) Gebrauch gemacht wurde. Seit **1999** zählt der Nutzungswert einer solchen Wohnung nur noch dann weiterhin zu den Einkünften aus Land- und Forstwirtschaft, wenn das betreffende Gebäude oder der Gebäudeteil nach den jeweiligen landesrechtlichen Vorschriften ein **Baudenkmal** ist (§ 13 Abs. 2 Nr. 2 EStG). Der Steuerpflichtige kann allerdings unwiderruflich **beantragen,** dass der Nutzungswert einer solchen Wohnung ab Beginn des VZ nicht mehr besteuert wird (§ 13 Abs. 4 EStG).

Nach dem **Wegfall der Nutzungswertbesteuerung** können die auf die Wohnung entfallenden Aufwendungen nicht mehr als Betriebsausgaben abgezogen werden. Handelt es sich um eine z. B. im Rahmen eines Betriebspachtvertrages gemietete Wohnung, ist daher auch das Pachtentgelt entsprechend aufzuteilen. Haben für den VZ 1986 die Voraussetzungen für die Inanspruchnahme **erhöhter Absetzungen** oder von **Sonderabschreibungen** vorgelegen, können ab dem auf das Ende der Nutzungswertbesteuerung folgenden VZ bis einschließlich des VZ, für den die erhöhten Absetzungen oder die Sonderabschreibungen letztmals hätten in Anspruch genommen werden können, die diesen entsprechenden Beträge **wie Sonderausgaben** vom Gesamtbetrag der Einkünfte abgezogen werden (§ 52 Abs. 15 Satz 5 i. V. mit Abs. 21 Satz 4 EStG a. F. und § 13 Abs. 4 EStG). Vgl. Tz 27 unter Erläuterungen zur **Anlage FW.**

Mit dem Wegfall der Nutzungswertbesteuerung beim Betriebseigentümer **endet die Zugehörigkeit der Wohnung und des dazugehörenden Grund und Bodens** zum Betriebsvermögen. Die Wohnung gilt mit dem **dazugehörenden** Grund und Boden zu dem Zeitpunkt als **entnommen,** bis zu dem der Nutzungswert letztmals besteuert wird. Der Entnahmegewinn einer solchen **Wohnung** und des **dazugehörenden Grund und Bodens ist steuerfrei** (vgl. § 13 Abs. 4 Satz 5 EStG). Welche Teile des Grund und Bodens als zur Wohnung gehörend behandelt werden können, ist in den BMF-Schreiben vom 4.6.1997 (BStBl I S. 630) und vom 13.1.1998 (BStBl I S. 129) geregelt (vgl. dazu auch BMF-Schreiben vom 2.4.2004, BStBl I S. 442). Wird Grund und Boden nach dem 31.12.1986 dadurch entnommen, dass auf diesem Grund und Boden die Wohnung des Steuerpflichtigen oder eine Altenteilerwohnung errichtet wird, bleibt der Entnahmegewinn ebenfalls steuerfrei; der Steuerpflichtige kann diese Steuerbefreiung aber nur für **eine** zu eigenen Wohnzwecken genutzte Wohnung und für **eine** Altenteilerwohnung in Anspruch nehmen (§ 13 Abs. 5 EStG). Die zitierte Vorschrift des § 13 Abs. 5 EStG findet auch im Beitrittsgebiet Anwendung (R 13.5 Abs. 4 EStR).

Der Wegfall der Nutzungswertbesteuerung ist formlos beim Finanzamt zu beantragen. Damit das Finanzamt prüfen kann, ob und inwieweit ein entstandener Entnahmegewinn **steuerfrei** bleibt (oder ob die Nutzungswertbesteuerung ausnahmsweise über den 31.12.1998 hinaus fortgesetzt werden kann, weil sich die Wohnung in einem Baudenkmal befindet), sind verschiedene Angaben erforderlich. Hierfür war ein besonderer Vordruck, nämlich die »**Anlage LW**« zur Anlage L **1998** geschaffen worden.

Für jede der oben bezeichneten Wohnungen war eine besondere Anlage LW auszufüllen. Der Anlage LW war eine entsprechende Bescheinigung der zuständigen Behörde beizufügen.

Die Wohnung des Betriebsinhabers und die Altenteilerwohnung eines Land- und Forstwirts sind **im Beitrittsgebiet** ab 1.1.1991 kraft Gesetzes **notwendiges Privatvermögen** geworden.

28.16 Tarifermäßigung nach § 32 c EStG

28.16.1 Allgemeines

Mit dem Gesetz zur weiteren steuerlichen Förderung der Elektromobilität und zur Änderung weiterer steuerlicher Vorschriften vom 12.12.2019, BGBl I S. 2451 wurde eine Tarifermäßigung nach § 32 c EStG für land- und forstwirtschaftliche Betriebe eingeführt. Mit dieser Regelung sollen Gewinnschwankungen, die solche Betriebe aufgrund nicht beeinflussbarer Faktoren erleiden, abgemildert werden. Durch das Gesetz zur Verlängerung der Tarifermäßigung für Einkünfte aus Land- und Forstwirtschaft vom 23.10.2024, BGBl I Nr. 321 wurde die Regelung um zwei weitere Betrachtungszeiträume (2023 bis 2025 und 2025 bis 2028) verlängert. In Zeile 4 der Anlage 32c ist deshalb bei Antrag eine »1« einzutragen. Die selbst berechnete Tarifermäßigung nach § 32 c EStG ist in Zeile 5 einzutragen.

Die Tarifermäßigung wird nur auf Antrag gewährt. Der Antrag ist an keine bestimmte Form oder Frist gebunden und kann bis zum Eintritt der Bestandskraft der Steuerfestsetzung gestellt werden. Die Finanzverwaltung hat den Vordruck Anlage 32c aufgelegt, der für die Antragstellung verwendet werden kann.

Für die Gewährung der Tarifermäßigung müssen die Voraussetzungen des § 32 c Abs. 5 EStG vorliegen, vgl. Tz 28.16.8. Die Ermäßigung ist letztmals für den VZ 2028 anzuwenden. Die Finanzverwaltung hat hierzu das BMF-Schreiben vom 18.9.2020, BStBl I S. 952 erlassen.

Soweit der Tarifermäßigungsbetrag auf Einkünfte aus Forstwirtschaft und/oder aus Binnenfischerei, Teichwirtschaft oder Fischzucht für Binnenfischerei und Teichwirtschaft entfällt, sind die Finanzbehörden der Länder verpflichtet, diese ab 100 000 € bei Einkünften aus Forstwirtschaft und 10 000 € bei Einkünften aus Fischerei zu veröffentlichen. In den Zeilen 7 bis 12 der Anlage 32c werden deshalb die hierfür erforderlichen Angaben abgefragt.

28.16.2 Anwendungsbereich

Die Regelung des § 32 c EStG wird auf alle Betriebe mit Einkünften aus Land- und Forstwirtschaft angewendet. Neben aktiv wirtschaftenden Einzelbetrieben fallen auch Beteiligungseinkünfte an land-und forstwirtschaftlichen Personengesellschaften, Tierhaltungskooperationen i. S. des § 13 b EStG und ruhende Betriebe unter die Regelung.

Gewerbliche Betriebe, die dem Grunde nach eine land- und forstwirtschaftliche Tätigkeit ausüben, können nicht von der Tarifermäßigung nach § 32 c EStG profitieren.

28.16.3 Berechnungsgrundlage

Nach § 32 c Abs. 1 EStG sind die Einkünfte aus Land- und Forstwirtschaft i. S. des § 13 EStG für drei aufeinanderfolgende VZ zu ermitteln (Betrachtungszeitraum). Es ist aber nicht notwendig, dass in allen drei VZ des Betrachtungszeitraums Einkünfte aus Land- und Forstwirtschaft erzielt werden. Eine Tarifermäßigung kann aber nur dann gewährt werden, wenn in mindestens zwei VZ des Betrachtungszeitraums Einkünfte aus Land- und Forstwirtschaft erzielt werden. Für Zwecke der fiktiven ESt-Berechnung werden die Einkünfte aus Land- und Forstwirtschaft in jedem Fall auf die drei VZ gleichmäßig verteilt (vgl. Tz 28.16.4.2).

Einzubeziehen sind jeweils die Einkünfte, die im jeweiligen VZ (nicht Wj.) als land- und forstwirtschaftliche Einkünfte erzielt wurden. Sofern die Einkünfte für ein land- und forstwirtschaftliches Wj. ermittelt werden, sind nach § 4 a Abs. 2 Nr. 1 EStG die Gewinnanteile anzusetzen, die auf den jeweiligen VZ entfallen. Im Fall der Zusammenveranlagung sind dies die zusammengerechneten Einkünfte aus Land- und Forstwirtschaft beider Ehegatten/Lebenspartner (§ 32 c Abs. 3 Satz 3 EStG). Eine betriebsbezogene Ermittlung der Tarifermäßigung erfolgt nicht.

28.16.4 Ermittlung der Tarifermäßigung

Im Rahmen der Veranlagung werden die Einkünfte aus Land- und Forstwirtschaft für die einzelnen VZ mit der tariflichen ESt besteuert. Erst im letzten Jahr des Betrachtungszeitraums (= VZ 2025) wird die Tarifermäßigung nach § 32 c EStG gewährt.

28.16.4.1 Ermittlung der anteiligen tariflichen Einkommensteuer

Die auf die Einkünfte aus Land- und Forstwirtschaft entfallende tarifliche ESt wird für jeden VZ gesondert ermittelt. Der Anteil, der auf die land- und forstwirtschaftlichen Einkünfte entfällt, wird im Verhältnis der positiven stpfl. Einkünfte aus Land- und Forstwirtschaft zur Summe der positiven Einkünfte ermittelt.

Für die Ermittlung der Summe der positiven Einkünfte wird auf die Einkunftsart i. S. des § 2 Abs. 1 Satz 1 EStG und nicht auf die Einkunftsquelle (z. B. auf den einzelnen Betrieb) abgestellt. Dabei werden innerhalb der Einkunftsart laufende und außerordentliche sowie positive und negative Einkünfte saldiert (horizontaler Verlustausgleich).

Eine negative Summe der Einkünfte aus einer Einkunftsart kann nicht mit der positiven Summe der Einkünfte aus einer anderen Einkunftsart verrechnet werden (kein vertikaler Verlustausgleich). Bei der Ermittlung der Summe der positiven Einkünfte werden bei der Zusammenveranlagung von Ehegatten/Lebenspartnern die jeweiligen Einkünfte der Einkunftsarten beider Ehegatten/Lebenspartner zusammengerechnet (§ 32c Abs. 3 Satz 3 EStG). Hierfür sind zunächst die Summen der einzelnen Einkunftsarten je Ehegatte/Lebenspartner zu bilden. Anschließend sind die Summen der jeweiligen Einkunftsarten beider Ehegatten/Lebenspartner zu addieren. Dabei sind negative Summen je Einkunftsart eines Ehegatten/Lebenspartners mit positiven Summen der jeweils gleichen Einkunftsart des anderen Ehegatten/Lebenspartners zu verrechnen. Verbleibt ein negativer Saldo einer Einkunftsart, bleibt diese in der Summe der positiven Einkünfte unberücksichtigt (kein vertikaler Verlustausgleich).

28.16.4.2 Ermittlung der anteiligen fiktiven Einkommensteuer und der Tarifermäßigung

Die Einkünfte aus Land- und Forstwirtschaft, die in allen VZ eines Betrachtungszeitraums erzielt werden, werden gleichmäßig auf drei Jahre verteilt (auch dann, wenn nur in zwei VZ Einkünfte aus Land- und Forstwirtschaft erzielt wurden oder in einem VZ des Betrachtungszeitraums keine ESt-Festsetzung durchgeführt wurde). Liegt keine ESt-Festsetzung vor, sind die tatsächlichen Einkünfte für die Berechnung im Rahmen der Antragstellung zu erklären. Zur Ermittlung der fiktiven ESt werden die für den Betrachtungszeitraum durchschnittlichen Einkünfte aus Land- und Forstwirtschaft ermittelt und die darauf entfallende tarifliche ESt errechnet. Hierbei werden auch Verluste einbezogen, die in einem oder zwei VZ des Betrachtungszeitraums erzielt wurden.

Für die fiktive Steuerberechnung wird die Summe der tatsächlichen begünstigten Einkünfte aus Land- und Forstwirtschaft gleichmäßig auf den Betrachtungszeitraum, d. h. immer auf alle drei VZ, verteilt. Dies gilt auch, wenn im ersten, zweiten oder dritten VZ keine Einkünfte aus Land- und Forstwirtschaft erzielt werden.

Im Rahmen der fiktiven Steuerberechnung wird das zu versteuernde Einkommen insgesamt neu berechnet (z. B. Freibetrag nach § 13 Abs. 3 EStG, Spendenhöchstbetrag, zumutbare Belastung bei außergewöhnlichen Belastungen, Günstigerprüfungen). Bereits ausgeübte Wahlrechte können dabei nicht erneut ausgeübt werden. Ergeben sich durch die fiktive Berechnung geänderte Spendenvorträge und Verlustvor- bzw. -rückträge, werden diese bei den weiteren fiktiven Berechnungen innerhalb desselben Betrachtungszeitraums berücksichtigt.

Ist die Summe der fiktiven tariflichen ESt für den jeweiligen Betrachtungszeitraum geringer als die Summe der tatsächlichen tariflichen ESt des Betrachtungszeitraums, erhält der Landwirt im letzten VZ des Betrachtungszeitraums den Unterschiedsbetrag als Steuerermäßigung bzw. Steueranrechnungsbetrag (§ 32c Abs. 1 Satz 2 EStG).

28.16.5 Ermäßigte Einkünfte

Zur Vermeidung einer Doppelbegünstigung bleiben nach § 32c Abs. 4 EStG die ermäßigt besteuerten Einkünfte sowohl bei den tatsächlichen Einkünften als auch bei den fiktiven Einkünften außer Betracht. Zu den ermäßigt besteuerten Einkünften zählen

- außerordentliche Einkünfte nach § 34 Abs. 2 EStG (vgl. Tz 21.18.14 unter Erläuterungen zur Anlage G, vgl. Tz 28.10),
- nach § 34a EStG begünstigte nicht entnommene Gewinne (vgl. Tz 23 unter Erläuterungen zur Anlage 34a) und
- die nach § 34b Abs. 1 und 2 EStG besteuerten Gewinne (vgl. Tz 29 unter Erläuterungen zur Anlage 34b).

Bei der Vergleichsrechnung zur Ermittlung der anteiligen ESt, die auf die land- und forstwirtschaftlichen Einkünfte entfällt, sowie bei Ermittlung der fiktiven ESt, die auf die land- und forstwirtschaftlichen Einkünfte entfällt, ist zunächst eine Korrektur der Einkünfte vorzunehmen.

Falls der Steuerpflichtige neben seinen Einkünften aus Land- und Forstwirtschaft noch weitere Einkünfte erzielt, ist nach § 32c Abs. 3 EStG eine anteilige Berechnung sowohl bei der Ermittlung der fiktiven tariflichen ESt als auch bei der tariflichen ESt vorzunehmen. Dabei ist das Verhältnis der positiven Einkünfte aus Land- und Forstwirtschaft zur Summe aller positiven Einkünfte maßgeblich.

Der Freibetrag nach § 13 Abs. 3 EStG wird bei der Ermittlung des Gesamtbetrags der Einkünfte von der Summe der Einkünfte – und nicht bereits bei der Ermittlung der Einkünfte aus Land- und Forstwirtschaft – abgezogen (vgl. BFH-Urteil vom 25.2.1988, BStBl II S. 827). Die maßgeblichen stpfl. Einkünfte aus Land- und Forstwirtschaft sind demzufolge für die Berechnung der Tarifermäßigung nicht um einen Freibetrag nach § 13 Abs. 3 EStG zu mindern (vgl. BMF-Schreiben vom 18.9.2020, BStBl I S. 952, Rz 36).

28.16.6 Änderung der Einkommensteuerbescheide nach § 32c Abs. 6 EStG

Sofern sich die Besteuerungsgrundlagen in einem VZ des Betrachtungszeitraums ändern, ist auch eine Neuberechnung der Tarifermäßigung vorzunehmen und der entsprechende ESt-Bescheid zu ändern.

28.16.7 Anrechnung nach § 36 Abs. 2 Nr. 4 EStG

Die für den jeweiligen Betrachtungszeitraum ermittelte Tarifermäßigung wird auch dann in voller Höhe gewährt, wenn sie höher als die tarifliche ESt für den VZ des Betrachtungszeitraums ist. In diesen Fällen wird der überschießende Betrag auf die festzusetzende ESt angerechnet (§ 36 Abs. 2 Nr. 4 EStG) und gem. § 36 Abs. 4 Satz 2 EStG erstattet (BMF-Schreiben vom 18.9.2020, BStBl I S. 952, Rz 29).

28.16.8 Voraussetzungen für die Inanspruchnahme der Tarifermäßigung nach § 32c Abs. 5 EStG

Die Inanspruchnahme der Tarifermäßigung kann nur gewährt werden, wenn die in § 32c Abs. 5 EStG genannten weiteren Voraussetzungen erfüllt sind:

- Für negative Einkünfte, die im ersten VZ des Betrachtungszeitraums erzielt wurden, darf kein Verlustrücktrag nach § 10d Abs. 1 EStG in den letzten VZ eines vorangegangenen Betrachtungszeitraums vorgenommen worden sein (§ 32c Abs. 5 Satz 1 Nr. 1 EStG).
- Für negative Einkünfte, die im zweiten VZ des Betrachtungszeitraums erzielt wurden, darf kein Verlustrücktrag nach § 10d Abs. 1 Satz 2 EStG in den letzten VZ des vorangegangenen Betrachtungszeitraums vorgenommen worden sein (§ 32c Abs. 5 Satz 1 Nr. 1 a EStG).
- Für negative Einkünfte, die im zweiten und dritten VZ des Betrachtungszeitraums erzielt wurden, darf nicht auf den Verlustrücktrag nach § 10d Abs. 1 Satz 5 EStG verzichtet worden sein (§ 32c Abs. 5 Satz 1 Nr. 2 EStG).
- Der Landwirt darf kein Unternehmer in Schwierigkeiten i. S. der Rahmenregelung der EU für staatliche Beihilfen im Agrar- und Forstsektor und in ländlichen Gebieten 2014–2020 sein (§ 32c Abs. 5 Satz 1 Nr. 3 EStG).
- Sollte der Landwirt zu einer Rückzahlung von Beihilfen aufgrund eines früheren Beschlusses der EU-Kommission zur Feststellung der Unzulässigkeit einer Beihilfe und ihrer Unvereinbarkeit mit dem Binnenmarkt verpflichtet worden sein, muss er der Rückforderung vollständig nachgekommen sein (§ 32c Abs. 5 Satz 1 Nr. 4 EStG).
- Der Landwirt hält die Regelungen zu den Beihilfen nach § 32c Abs. 5 Nr. 5 EStG ein.
- Der Landwirt erklärt, dass er die Angaben nach bestem Wissen und Gewissen vollständig und richtig gemacht hat und dass er dem Finanzamt unverzüglich mitteilt, wenn eine der genannten Voraussetzungen nicht mehr vorliegt.

Erfüllt bei einer Zusammenveranlagung einer der Ehegatten/Lebenspartner mit Einkünften aus Land- und Forstwirtschaft die beihilferechtlichen Vorgaben nicht, kann bei einer Zusammenveranlagung insgesamt keine Tarifermäßigung gewährt werden.

Für die Gewährung der Tarifermäßigung ist es erforderlich, dass in Zeile 13 in Anlage 32c EStG die Einhaltung der genannten Voraussetzungen erklärt wird.

29. Anlage 34b 2025 Einkünfte aus außerordentlichen Holznutzungen

29.1 Einkünfte aus außerordentlichen Holznutzungen nach § 34b EStG

Außerordentliche Holznutzungen liegen vor, wenn ein Holzeinschlag aus volks- oder staatswirtschaftlichen Gründen (§ 34b Abs. 1 Nr. 1 EStG) oder infolge höherer Gewalt (§ 34b Abs. 1 Nr. 2 EStG) vorgenommen wird. Volks- oder staatswirtschaftliche Gründe liegen vor, wenn der Einschlag infolge einer Enteignung oder drohenden Enteignung z. B. für den Bau von Verkehrswegen vorgenommen wird. Unter einem unmittelbaren drohenden Eingriff sind jedoch nicht diejenigen Verpflichtungen zu verstehen, die allein aufgrund der Waldgesetze vorzunehmen sind. Holznutzungen infolge höherer Gewalt sind Kalamitätsnutzungen. Sie sind durch Eis-, Schnee-, Windbruch oder Windwurf, Erbeben, Bergrutsch, Insektenfraß, Brand oder durch vergleichbare Naturereignisse verursacht. Hierzu gehören aber nicht die Schäden, die in der Forstwirtschaft regelmäßig entstehen.

Zur Anerkennung der Holznutzungen mit Rotfäule als Holznutzung infolge höherer Gewalt vgl. BMF-Schreiben vom 18.11.2018, BStBl I S. 1214.

Einkünfte aus außerordentlichen Holznutzungen sind nur anzuerkennen, wenn das im Wj. verwertete Holz mengenmäßig nachgewiesen wird und die Schäden infolge höherer Gewalt unverzüglich nach Feststellung des Schadensfalls der zuständigen Finanzbehörde mitgeteilt und nach der Aufarbeitung mengenmäßig nachgewiesen wird (§ 34b Abs. 4 EStG).

Die Anlage 34b ist nur dann einzureichen, wenn im Wj. 2025/2026 bzw. 2025 Einkünfte aus der Verwertung einer außerordentlichen Holznutzung erzielt wurden.

29.2 Bezeichnung des Betriebs

–5 In Zeile 4 ist die Betriebsbezeichnung einzutragen. Grundsätzlich bilden mehrere räumlich voneinander getrennte forstwirtschaftliche Flächen einen einheitlichen Betrieb. Ob im Einzelfall mehrere selbständige Betriebe vorliegen, ist aufgrund einer Gesamtbetrachtung der betrieblichen Verhältnisse zu entscheiden. Dabei ist auch die Entfernung zu und zwischen den Grundstücken zu berücksichtigen. Eine feste Grenze für die höchstzulässige Entfernung gibt es jedoch nicht (vgl. BFH vom 9.3.2017, BStBl 2017 S. 981 und BMF-Schreiben vom 18.5.2018, BStBl I S. 689).

In Zeile 5 ist die W-IdNr. einzutragen. Die W-IdNr. wird an wirtschaftlich Tätige vergeben. Für jede wirtschaftliche Tätigkeit wird eine eigene W-IdNr. vergeben, vgl. Vorbemerkungen Tz 15. In Zeile 5 ist deshalb die W-IdNr. einzutragen, die für die land- und forstwirtschaftliche Tätigkeit vergeben wurde, deren Einkünfte aus außerordentlichen Holznutzungen erklärt werden.

29.3 Berechnungsgrundlagen

29.3.1 Nutzungssatz

7 Die Einkünfte aus außerordentlichen Holznutzungen unterliegen grundsätzlich dem halben Steuersatz (§ 34b Abs. 3 Nr. 1 EStG). Sofern die außerordentlichen Holznutzungen den Nutzungssatz übersteigen, unterliegen die Einkünfte insoweit dem Viertel-Steuersatz nach § 34b Abs. 3 Nr. 2 EStG. Der Festsetzung des Nutzungssatzes, der periodisch für zehn Jahre festzusetzen ist, ist ein Betriebswerk oder ein amtlich anerkanntes Betriebsgutachten zugrunde zu legen (§ 68 EStDV). Das Betriebswerk oder amtlich anerkannte Betriebsgutachten ist der Finanzverwaltung vorzulegen, die den ermittelten Nutzungssatz überprüft und festsetzt. Der Nutzungssatz ist in Zeile 6 einzutragen. Außerdem ist anzugeben, für welchen Zeitraum die Finanzbehörde den Nutzungssatz festgesetzt hat.

Aus Vereinfachungsgründen kann bei forstwirtschaftlichen Betrieben/Teilbetrieben mit weniger als 50 ha forstwirtschaftlich genutzter Fläche ein Nutzungssatz von fünf Erntefestmeter ohne Rinde je Hektar zugrunde gelegt werden (R 34b.6 Abs. 3 EStR). In Zeile 7 ist zur Ermittlung des Nutzungssatzes die forstwirtschaftlich genutzte Fläche anzugeben.

29.3.2 Holznutzungen aus volks-/staatswirtschaftlichen Gründen

Da nur die außerordentlichen Holznutzungen und nicht die ordentlichen Holznutzungen begünstigt sind, ist in Zeile 8 der Umfang der verwerteten Holznutzung einzutragen, der auf die außerordentlichen Holznutzung aus volks-/staatswirtschaftlichen Gründen entfällt. Die verwertete Menge ist auch in Zeile 28 zu übertragen. 8

29.3.3 Holznutzungen infolge höherer Gewalt

Nach § 34b Abs. 4 Nr. 2 EStG sind Schäden infolge höherer Gewalt unverzüglich nach Feststellung des Schadensfalls der zuständigen Finanzbehörde mitzuteilen und nach der Aufarbeitung des Schadholzes (Abschlussmeldung) mengenmäßig dem Finanzamt nachzuweisen. In Zeile 9 ist das Datum der Anerkennung der Schadensmeldung durch die Finanzbehörde einzutragen. Die von der Finanzverwaltung in den Wj. 2022/2023 bis 2025/2026 anerkannten und verwertete Holzmenge ist in den Spalten 1 bis 4 der Zeilen 10 bis 14 einzutragen. Lediglich in Spalte 1 der Zeile 12 ist kein Eintrag vorzunehmen, weil der Einschlag aus dem Wj. 2025/2026 nicht in einem Vorjahr verwendet werden konnte. Die Summe der verwerteten Holzmenge (Summe der verwertete Holzmenge aus Zeile 13) ist in Zeile 15 einzutragen. Die verwertete Holzmenge infolge höherer Gewalt lt. Zeile 15 ist in Zeile 26 zu übertragen, wenn kein besonderes Schadensereignis i. S. des § 34b Abs. 5 EStG vorliegt. Sofern ein Schadensereignis i. S. des § 34b Abs. 5 EStG vorliegt, ist der Betrag in Zeile 23, Spalte 4 zu übertragen. 9–15

Zur Ermittlung der Einkünfte aus außerordentlichen Holznutzungen nach § 34b EStG sind zunächst die Erlöse aus der Verwertung des Holzes, die der Gewinnermittlung des Wj. zugrunde gelegt wurden, zu ermitteln. Hierzu gehören insbesondere die Erlöse für das veräußerte Holz und der Teilwert für das entnommene Holz. Nicht dazu gehören die Einnahmen aus Nebennutzungen und aus Verkäufen von Wirtschaftsgütern des Anlagevermögens. Von den Einnahmen aus sämtlichen Holznutzungen sind die damit in sachlichem Zusammenhang stehenden Betriebsausgaben des Wj. abzuziehen, die der Gewinnermittlung des Wj. zugrunde gelegt wurden. Dazu gehören insbesondere die festen und beweglichen Verwaltungskosten, Steuern, Zwangsbeiträge und die Betriebskosten. Erhöhte Absetzungen für Abnutzungen, Sonderabschreibungen sowie Buchwertminderungen und -abgänge sind zu berücksichtigen. Eine Aktivierung von Holzvorräten ist keine Verwertung des Holzes; die Anschaffungs- oder Herstellungskosten sind im Wj. der Verwertung des Holzes zu berücksichtigen. Der Investitionsabzugsbetrag nach § 7g EStG ist weder als Einnahme noch als Ausgabe zu berücksichtigen, die mit einer Holznutzung in sachlichem Zusammenhang steht (R 34b.3 Abs. 2 EStR). Die Einkünfte aus sämtlichen Holznutzungen sind auf die ordentliche und außerordentliche Holznutzung aufzuteilen, indem die außerordentlichen Holznutzungen zur gesamten Holznutzung ins Verhältnis gesetzt werden (§ 34b Abs. 2 Satz 2 EStG). Die verhältnismäßige Aufteilung erfolgt in den Zeilen 32 bis 43 (vgl. Tz 29.3.6).

29.3.4 Forstschädenausgleichsgesetz

Von Schäden im Wald betroffene Bundesländer können einen Antrag auf Inkrafttreten einer Verordnung zum »Ausgleich von Auswirkungen besonderer Schadensereignisse in der Forstwirtschaft« (Forstschäden-Ausgleichsgesetz) in den Bundesrat einbringen. 16–17

Mit dieser Verordnung kann der Holzeinschlag in einem Forstwirtschaftsjahr in allen Bundesländern beschränkt werden, um ein etwaig bestehendes Überangebot auf dem Rohholzmarkt in Teilen zu kompensieren. Die Voraussetzungen für eine Verordnung im Rahmen des Forstschädenausgleichsgesetzes sind erfüllt, wenn durch die Schäden eine erhebliche und überregionale Marktstörung zu erwarten ist. Ziel der Maßnahme ist die Minimierung bzw. die zeitliche Begrenzung der Marktstörung. Es gelten folgende Regelungen:

- Während der Einschlagsbeschränkung gilt für jegliche Kalamitätsnutzung der Viertel-Steuersatz nach § 5 Abs. 1 Forstschäden-Ausgleichsgesetz i. V. m 34b Abs. 3 Nr. 2 EStG. Es ist hierbei unmaßgeblich, ob die Kalamitätsnutzungen innerhalb oder außerhalb des Nutzungssatzes angefallen sind, womit ein festgesetzter Nutzungssatz zur Erlangung der Tarifermäßigung nicht erforderlich ist. Die Begünstigung umfasst Kalamitätsnutzungen aus sämtlichen Holzarten. Voraussetzung für die Inanspruchnahme der Tarifermäßigung ist jedoch, dass die angeordnete Einschlagsbeschränkung eingehalten wurde. In Zeile 16 ist die Abfrage enthalten, ob die Einschlagsbeschränkung eingehalten wurde (BMF-Schreiben vom 27.7.2021, BStBl I S. 1044, Rz 4). Zur Berechnung der Einhaltung der Einschlagsbeschränkung vgl. BMF-Schreiben vom 27.7.2021, BStBl I S. 1044, Rz 5 ff.)
- Der Viertel-Steuersatz gilt uneingeschränkt für die Einkünfte aus der Verwertung sämtlicher im Zeitraum der Einschlagsbeschränkung anfallenden Kalamitätsnutzungen, auch wenn sie auf Schadensereignisse aus Vorjahren zurückzuführen sind, in denen keine Einschlagsbeschränkungen bestanden haben (BMF-Schreiben vom 27.7.2021, BStBl I S. 1044, Rz 40).
- Steuerpflichtige, die nicht zur Buchführung verpflichtet sind, können von der Einschlagsbeschränkung ausgenommen werden, wenn das Holzaufkommen dieser Betriebe die Marktstörung nur unerheblich beeinflusst. Auf Antrag kann die zuständige Landesbehörde einzelne Forstbetriebe von der Einschlagsbeschränkung insgesamt oder teilweise befreien, wenn diese zu einer wirtschaftlich unbilligen Härte führen würde (§ 1 Abs. 5 Satz 2 Forstschäden-Ausgleichsgesetz). Soweit ein forstwirtschaftlicher Betrieb von der Einschlagsbeschränkung teilweise befreit worden ist, kann er die Regelungen des § 5 Forstschäden-Ausgleichsgesetzes in Anspruch nehmen, wenn er die Höchstgrenze der zulässigen Einschlagsmenge nicht überschritten hat. In Zeile 17 sind bei einer Befreiung von der Einschlagsbeschränkung die entsprechenden Angaben zu machen.
- Der Pauschsatz für Betriebsausgaben nicht buchführungspflichtiger und nicht buchführender Betriebe beträgt im Zeitraum der Einschlagsbeschränkung 90 % der Einnahmen aus der Verwertung des eingeschlagenen Holzes bzw. beim Verkauf des Holzes auf dem Stamm 65 % der Einnahmen aus der Verwertung des stehenden Holzes. Die Grenze des § 51 EStDV von 50 ha forstwirtschaftlich genutzter Fläche ist nicht zu berücksichtigen. Die erhöhten Pauschsätze stehen auch Betrieben zu, die gem. § 1 Abs. 5 Forstschäden-Ausgleichsgesetz von der Einschlagsbeschränkung ausgenommen sind, jedoch freiwillig die Einschlagsbeschränkung befolgen (§ 4 Abs. 2 Forstschäden-Ausgleichsgesetz). Sie stehen jedoch nicht den Betrieben zu, die der Anordnung der Einschlagsbeschränkung nicht nachkommen.
  Bemessungsgrundlage für die nach § 4 ForstSchAusglG zur Abgeltung der Betriebsausgaben erhöhten Pauschsätze sind die im Zeitraum der Einschlagsbeschränkung zugeflossenen Einnahmen aus der Verwertung sämtlicher Holznutzungen. Weicht der Gewinnermittlungszeitraum vom Zeitraum der Einschlagsbeschränkung ab, so sind die erhöhten Betriebsausgabenpauschsätze nach § 4 Forstschäden-Ausgleichsgesetz nur auf die im Zeitraum der Einschlagsbeschränkung zugeflossenen Betriebseinnahmen anzuwenden. Außerhalb des Zeitraums der Einschlagsbeschränkung sind in Abhängigkeit von der gewählten Gewinnermittlungsart entweder die Betriebsausgabenpauschsätze nach § 51 EStDV oder die tatsächlichen Betriebsausgaben abzuziehen.
- Es besteht bei Gewinnermittlung nach § 4 Abs. 1 EStG die Möglichkeit der Bildung einer steuermindernden Rücklage (§ 3 Abs. 1 Forstschädenausgleichsgesetz).

Kalamitätsnutzungen, die im Zeitraum der Geltung der Einschlagsbeschränkung anfallen, jedoch erst danach verwertet werden, können gemäß § 5 Abs. 2 Forstschäden-Ausgleichsgesetz ebenfalls mit dem Viertel-Steuersatz besteuert werden.

29.3.5 Besondere Schadensereignisse

Nach § 34b Abs. 5 EStG wird die Bundesregierung ermächtigt, mit 18–
Zustimmung des Bundesrates durch eine Rechtsverordnung abweichende Steuersätze für Einkünfte aus außerordentlichen Holznutzungen für ein Wj. aus sachlichen Billigkeitsgründen zu regeln. Außerdem gewähren nach R 34b.7 Abs. 4 EStR auch die einzelnen Bundesländer bei größeren Forstschäden aus Billigkeitsgründen eine Tarifvergünstigung, die der Regelung des R 34b.7 Abs. 1 EStR entspricht. Danach wird i. d. R. für das gesamte Kalamitätsholz aufgrund des besonderen Schadensereignisses einheitlich der Steuersatz von einem Viertel des durchschnittlichen Steuersatzes (§ 34b Abs. 3 Nr. 2 EStG i. V. mit R 34b.7 Abs. 4 EStR) gewährt. Sofern einzelne Bundesländer einen solchen Billigkeitserlass aussprechen, ist ebenfalls ein Eintrag in den Zeilen 18 bis 24 vorzunehmen.

Bei Anordnung einer Einschlagsbeschränkung nach dem Forstschäden-Ausgleichsgesetz (vgl. Tz 29.3.4) ist ebenfalls ein Eintrag in den Zeilen 18 bis 24 vorzunehmen.

Der Umfang der außerordentlichen Holznutzungen im Wj. 2025/2026 (2025), die diesen besonderen Schadensereignissen zugrunde liegen, werden in den Zeilen 18 bis 24 ermittelt.

Nach R 34b.7 Abs. 1 EStR unterliegt dem für die besonderen Schadensereignisse anzuwendende besondere Steuersatz nur der Umfang an Kalamitätsholz, der für das betroffene Wj. auch anerkannt und nach der Aufarbeitung nachgewiesen wurde (sog. Begünstigungsvolumen). Die unter die Tarifvergünstigung fallenden Einkünfte werden im Wj. der Verwertung des Kalamitätsholzes gesondert ermittelt. Der besondere Steuersatz ist so lange zu berücksichtigen, bis das Begünstigungsvolumen durch Kalamitätsnutzungen jeglicher Art aufgebraucht ist (R 34b.7 Abs. 2 EStR). Dadurch können auch »normale« Kalamitätsnutzungen nach § 34b Abs. 5 EStG begünstigt werden, solange das Begünstigungsvolumen noch nicht aufgebraucht ist.

29.3.6 Maßgebende Holznutzungen infolge höherer Gewalt

Sofern Kalamitätsholz im Wj. 2025/2026 aufgrund eines besonderen 25-
Schadensereignisses verwertet wurde, ist eine Aufteilung der Einkünfte für das verwertete Kalamitätsholz vorzunehmen. Die Tarifvergünstigung nach § 34b Abs. 5 EStG kann nur in Höhe des noch nicht verbrauchten Begünstigungsvolumens in Anspruch genommen werden. Ggf. sind die Einkünfte aus außerordentlichen Holznutzungen aufzuteilen in Einkünfte aus der Verwertung von Kalamitätsholz aufgrund von besonderen Schadensereignissen und übrigem Kalamitätsholz. In Zeile 25 ist die maßgebende Holznutzung aufgrund besonderer Schadensereignisse einzutragen (Übertrag aus Zeile 22, Spalte 4 oder Zeile 23 Spalte 4), die nach § 34b Abs. 5 EStG begünstigt ist. In Zeile 26 ist die maßgebende Holznutzung einzutragen, die nach § 34b Abs. 3 EStG begünstigt ist.

29.3.7 Außerordentliche Holznutzung

In Zeile 27 sind die Einnahmen aus der Verwertung sämtlicher Holz- 27-
nutzungen, die damit in sachlichem Zusammenhang stehenden Betriebsausgaben und die Einkünfte einzutragen. Nimmt der Forstwirt die Betriebsausgabenpauschale nach § 51 EStDV in Anspruch, ist nur in die dritte Spalte der Zeile 27 der Gewinn aus Forstwirtschaft nach Abzug der Betriebsausgabenpauschale i. S. des § 51 EStDV einzutragen.

Zur Ermittlung der außerordentlichen Holznutzung sind die Einkünfte aus sämtlichen Holznutzungen im Verhältnis der ordentlichen und außerordentlichen Holznutzung aufzuteilen (§ 34b Abs. 2 Satz 2 EStG). Hierzu sind in Zeile 28 und 29 die Holzmenge einzutragen die auf die volks-/staatswirtschaftlichen Gründe und höhere Gewalt entfallen, einzutragen. Die Summe aus den Zeilen 28 und 29 ist in Zeile 30 einzutragen und in Zeile 32 auf die Spalten 3 und 4 aufzuteilen. Falls kein von der Finanzbehörde festgesetzter Nutzungssatz aufgrund eines Betriebswerks oder Betriebsgutachtens lt. Zeile 6 oder kein Nutzungssatz aufgrund der Vereinfachungsregelung nach R 34b.6 Abs. 3 EStR vorliegt (vgl. Tz 29.3.1), ist die Summe der Holznutzungen lt. Zeile 30 in voller Höhe in Spalte 3 der Zeile 32 einzutragen.

Wurde ein Nutzungssatz ermittelt (vgl. Tz 29.3.1), ist bis zur Höhe dieses Nutzungssatzes (Betrag lt. Zeile 6) die außerordentliche Holznutzung in Zeile 32, 3. Spalte einzutragen. Falls die außerordentlichen Holznutzungen den Nutzungssatz lt. Zeile 6 übersteigen, ist der Restbetrag in Zeile 32, 4. Spalte einzutragen.

Die außerordentlichen Holznutzungen, die nach dem Forstschäden-Ausgleichsgesetz begünstigt sind (vgl. Tz 29.3.4), sind in Zeile 33 einzutragen.

Nach § 34b EStG sind die Einkünfte erst im Zeitpunkt der Holzverwertung begünstigt. Bei Gewinnermittlung nach § 4 Abs. 1 EStG sind die im Wj. veräußerten Holzmengen maßgebend (§ 34b Abs. 2 Satz 3 EStG) und bei Gewinnermittlung nach § 4 Abs. 3 EStG ist von den Holzmengen auszugehen, die den im Wj. zugeflossenen Einnahmen zugrunde liegen. Die danach verwertete Holzmenge ist in Zeile 34 einzutragen.

Der maßgebende Prozentsatz für die verhältnismäßige Aufteilung ist in Zeile 35 einzutragen. Die Einkünfte der jeweiligen Holznutzungsarten des Wj. 2025/2026 bzw. des Jahres 2025 (wenn das Wj. dem Kj. entspricht) sind in Zeile 36 zu ermitteln. Die in Zeile 27 ermittelten Einkünfte aus sämtlichen Holznutzungsarten (entspricht dem Betrag in Zeile 36, 1. Spalte) sind entsprechend den in Zeile 35 ermittelten Prozentsätzen aufzuteilen. Bei einem abweichenden Wj. sind die Einkünfte nach § 4a Abs. 2 Nr. 1 EStG zeitanteilig aufzuteilen. Der auf den VZ 2025 entfallende Anteil ist in Zeile 37 einzutragen. Zusammen mit dem aus dem Wj. 2024/2025 stammenden Gewinnanteil für den VZ 2025 (Zeile 38) sind die außerordentlichen Einkünfte in Zeile 39 einzutragen.

Sofern die Einkünfte aus außerordentlicher Holznutzung gesondert (und einheitlich) festgestellt werden, ist der für den VZ 2025 festgestellte Betrag in Zeile 40 einzutragen. Für die gesondert festgestellten Einkünfte sind in der Anlage 34b zur ESt-Erklärung des Beteiligten die Zeilen 9 bis 39 nicht auszufüllen.

Die Summe aus den Zeilen 39 und 40 der Spalten 3 bis 5 ergeben die Einkünfte aus außerordentlichen Holznutzungen und sind in den Zeilen 41 bis 43 einzutragen.

30. Anlage 13a 2025 Gewinnermittlung nach Durchschnittssätzen (§ 13a EStG)

30.1 Vorbemerkungen

Nach § 13 a EStG ist der Gewinn nach Durchschnittssätzen zu ermitteln, wenn:

- keine Buchführungspflicht besteht (vgl. Tz 28.6.1 unter Erläuterungen zur Anlage L) und
- die selbst bewirtschaftete Fläche der landwirtschaftlichen Nutzung (§ 160 Abs. 2 Satz 1 Nr. 1 Buchst. a BewG) ohne Sonderkulturen (§ 52 BewG) am 15.5. innerhalb des Wj. 20 Hektar nicht überschreitet und
- die Tierbestände insgesamt 50 Vieheinheiten (Anlage 1 zum BewG) nicht übersteigen,
- die selbst bewirtschafteten Flächen der forstwirtschaftlichen Nutzung 50 Hektar nicht überschreiten und
- der Wert der selbst bewirtschafteten Sondernutzungen die in der Anlage 1a Nr. 2 Spalte 2 zu § 13 a EStG genannten Grenze nicht überschreiten.

Grenzen für die Sondernutzung lt. Anlage 1a zu § 13 a EStG (bei Überschreiten einer dieser Grenzen liegen die Voraussetzungen für die Gewinnermittlung nach § 13 a EStG nicht mehr vor):

Sondernutzung	**Grenze**
Weinbauliche Nutzung	0,66 ha
Nutzungsteil Obstbau	1,37 ha
Nutzungsteil Gemüsebau: Freilandgemüse Unterglas-Gemüse	 0,67 ha 0,06 ha
Nutzungsteil Blumen/Zierpflanzenbau: Freiland-Zierpflanzen Unterglas-Zierpflanzen	 0,23 ha 0,04 ha
Nutzungsteil Baumschulen	0,15 ha
Sondernutzung Spargel	0,42 ha
Sondernutzung Hopfen	0,78 ha
Binnenfischerei	2000 kg Jahresfang
Teichwirtschaft	1,6 ha
Fischzucht	0,2 ha
Imkerei	70 Völker
Wanderschäfereien	120 Mutterschafe
Weihnachtsbaumkulturen	0,4 ha

Der Gewinn ist letztmalig für das Wj. nach Durchschnittssätzen zu ermitteln, das nach Bekanntgabe der Mitteilung endet, durch die das Finanzamt auf den Beginn der Buchführungspflicht (§ 141 Abs. 2 AO) oder den Wegfall einer anderen Voraussetzung hingewiesen hat.

Der Gewinn nach Durchschnittssätzen gem. § 13 a Abs. 3 EStG ermittelt sich wie folgt:

	Grundbetrag nach § 13 a Abs. 4 EStG für die landwirtschaftliche Nutzung (vgl. Zeilen 10 bis 21)
+	Gewinn der forstwirtschaftlichen Nutzung nach § 13 a Abs. 5 EStG (vgl. Zeilen 31 bis 39)
+	Zuschläge für Sondernutzungen nach § 13 a Abs. 6 EStG (vgl. Zeilen 40 bis 54a)
+	weitere Sondernutzungen (vgl. Zeilen 55 bis 59)
+	Sondergewinne nach § 13 a Abs. 7 EStG (vgl. Zeilen 61 bis 78)
+	vereinnahmte Miet- und Pachtzinsen nach § 13 a Abs. 3 Nr. 5 EStG (vgl. Zeilen 79 bis 82)
+	vereinnahmte Kapitalerträge aus Kapitalanlagen nach § 13 a Abs. 3 Nr. 6 EStG, soweit sie zu den Einkünften aus Land- und Forstwirtschaft gehören (vgl. Zeilen 83 bis 86)
=	Gewinn nach § 13 a Abs. 3 EStG

Ist der Gewinn nach § 13 a EStG für ein Rumpf-Wj. (Dauer des Wj. weniger als zwölf Monate) zu ermitteln, sind der Grundbetrag und die Zuschläge für Sondernutzungen zu kürzen. Der Grundbetrag nach § 13 a Abs. 4 Satz 2 EStG, der Zuschlag für Tierzucht und Tierhaltung nach § 13 a Abs. 4 Satz 3 EStG und die pauschalen Gewinne für Sondernutzungen nach § 13 a Abs. 6 Satz 2 EStG sind zeitanteilig für jeden begonnenen Monat mit einem Zwölftel anzusetzen (vgl. BMF-Schreiben vom 4.1.2023, BStBl I S. 175).

Der Gewinnermittlung nach Durchschnittssätzen ist nach § 13 a Abs. 3 Satz 4 EStG nach amtlich vorgeschriebenem Datensatz durch Datenfernübertragung spätestens mit der Steuererklärung zu übermitteln. Nur in Ausnahmefällen kann die Finanzbehörde zur Vermeidung unbilliger Härten auf eine elektronische Übermittlung verzichten. In diesem Fall ist der Steuererklärung die Gewinnermittlung nach amtlich vorgeschriebenem Vordruck beizufügen.

Für jeden Betrieb ist eine gesonderte Anlage 13a abzugeben.

Die Finanzverwaltung hat mit BMF-Schreiben vom 10.11.2015, BStBl I S. 877 zur Gewinnermittlung nach Durchschnittssätzen Stellung genommen.

30.2 Allgemeine Angaben

In Zeile 6 ist anzugeben, wer Betriebsinhaber des land- und forstwirtschaftlichen Betriebes ist. Bei Einzelveranlagung ist in Zeile 6 eine »1« einzutragen, weil der Betrieb nur der stpfl. Person zuzurechnen ist. Bei Zusammenveranlagung ist eine »1« einzutragen, wenn nur der Ehemann oder bei gleichgeschlechtlicher Ehe Person A Betriebsinhaber ist. Ist die Ehefrau oder bei gleichgeschlechtlicher Ehe Person B Betriebsinhaber, ist eine »2« in Zeile 6 einzutragen. Sind beide Ehegatten Betriebsinhaber des land- und forstwirtschaftlichen Betriebs, ist eine »3« in Zeile 6 einzutragen. In Zeile 7 wird die Rechtsform des Betriebs abgefragt. Sofern nur ein Ehegatte Betriebsinhaber ist, liegt ein Einzelunternehmen vor; sind beide Ehegatten Betriebsinhaber, liegt regelmäßig eine Personengesellschaft vor. 6-

In Zeile 7a ist die W-IdNr. einzutragen. Die W-IdNr. wird an wirtschaftlich Tätige vergeben. Für jede wirtschaftliche Tätigkeit wird eine eigene W-IdNr. vergeben, vgl. Vorbemerkungen Tz 15. In Zeile 7a ist deshalb die W-IdNr. einzutragen, die für die land- und forstwirtschaftliche Tätigkeit vergeben wurde, deren Gewinn nach § 13 a EStG ermittelt wird.

In Zeile 8 ist die Dauer des Wj. einzutragen. Bei Land- und Forstwirten mit einem Regel-Wj. beginnt das Wj. am 1.7.2025 und endet am 30.6.2026.

30.3 Gewinnermittlung

30.3.1 Landwirtschaftliche Nutzung

30.3.1.1 Grundbetrag

–15 Bei der Ermittlung des Grundbetrags sind alle selbst bewirtschafteten Flächen landwirtschaftlicher Nutzung i. S. des § 160 Abs. 2 Satz 1 Nr. 1 Buchst. a BewG ohne Sonderkulturen zu berücksichtigen. Dies gilt auch, soweit die Flächen als Grundvermögen bewertet wurden. Zur landwirtschaftlichen Nutzung gehören die selbst bewirtschafteten eigenen Flächen, die landwirtschaftlich genutzte Fläche der Hof- und Gebäudefläche, die selbst bewirtschafteten zugepachteten oder unentgeltlich von Dritten überlassene Flächen der landwirtschaftlichen Nutzung. Zur Ermittlung der selbstbewirtschafteten Flächen am 15.5. des Wj. sind in Zeile 10 alle Eigentumsflächen des Betriebsvermögens einzutragen, die am 15.5. des Wj. der landwirtschaftlichen Nutzung dienen. In Zeile 11 ist die Hof- und Gebäudefläche einzutragen, die am 15.5. des Wj. der landwirtschaftlichen Nutzung dienen. Die insgesamt am 15.5. des Wj. zugepachteten oder unentgeltlich von Dritten überlassenen Flächen der landwirtschaftlichen Nutzung sind in Zeile 12 einzutragen. Die aufgrund öffentlicher Förderungsprogramme stillgelegten Flächen sind ebenfalls einzubeziehen und müssen in den Zeilen 10 bis 12 enthalten sein. Die verpachteten und unentgeltlich an Dritte überlassene Flächen der landwirtschaftlichen Nutzung sind in Zeile 13 einzutragen und werden zur Ermittlung der selbstbewirtschafteten Fläche der landwirtschaftlichen Nutzung abgezogen. Nicht zur landwirtschaftlichen Nutzung gehören das Abbauland, Geringstland, Unland, die weinbaulich genutzten Flächen, die forstwirtschaftlich genutzten Flächen und die gärtnerischen Nutzungen.

Sofern sämtliche landwirtschaftliche Nutzflächen verpachtet werden, ist eine Gewinnermittlung nach § 13 a EStG nicht möglich.

Je Hektar der landwirtschaftlichen Nutzung ist nach der Anlage 1a zu § 13 a EStG ein Hektarwert von 350 € anzusetzen. Für die Ermittlung des Grundbetrags ist der letzte angefangene Hektar anteilig zu berücksichtigen. Das Ergebnis ist in Zeile 15 einzutragen. Der Grundbetrag ist bei einem Rumpf- oder einem verlängerten Wj. zeitanteilig für jeden begonnenen Monat mit einem Zwölftel anzusetzen. Sofern das Wj. dem Kj. entspricht, also am 1.1.2025 begonnen hat, ist der Grundbetrag nur für ein volles Wj. anzusetzen (vgl. BMF-Schreiben vom 4.1.2023, BStBl I S. 175).

Mit dem Ansatz des Grundbetrags ist der Gewinn aus der landwirtschaftlichen Nutzung erfasst. Sämtliche Betriebsausgaben für die landwirtschaftliche Nutzung sind damit abgegolten.

30.3.1.2 Zuschlag für Tierzucht und Tierhaltung

20 Bei Tierbeständen von mehr als 25 Vieheinheiten ist je Vieheinheit ein Zuschlag von 300 € vorzunehmen. Der Zuschlag für Tierzucht und Tierhaltung je Wj. ist für im Betrieb der Land- und Forstwirtschaft gehaltene und erzeugte Tiere vorzunehmen. Tiere, die in einem anderen Betrieb oder im Zusammenhang mit einer dem Grunde nach gewerblichen Dienstleistung (vgl. Tz 30.3.5) gehalten oder erzeugt werden, sind nicht zu berücksichtigen.

Maßgeblich sind bei Tieren des Umlaufvermögens die im Wj. erzeugten und bei Tieren des Anlagevermögens die im Durchschnitt des Wj. gehaltenen Tiere. Die Umrechnung der Tierbestände in Vieheinheiten erfolgt unter Beachtung der bewertungsrechtlichen Vorschriften des § 13 b EStG. Der Umrechnungsschlüssel ergibt sich aus Anlage 34 zum BewG.

Eine Tierzucht und Tierhaltung bis insgesamt einschließlich 25 Vieheinheiten ist mit dem Ansatz des Grundbetrags der landwirtschaftlichen Nutzung nach § 13 a Abs. 4 Satz 2 EStG abgegolten. Für alle weiteren Vieheinheiten sind nach Nr. 1 der Anlage 1a zu § 13 a EStG 300 € pro Vieheinheit als Tierzuschlag für das Wj. anzusetzen. Für angefangene Vieheinheiten ist ein entsprechender Anteil von 300 € zu berücksichtigen.

Bei einem Rumpf-Wj. ist der Zuschlag für Tierzucht und Tierhaltung zeitanteilig für jeden begonnenen Monat mit einem Zwölftel anzusetzen. Sofern das Wj. dem Kj. entspricht, also am 1.1.2024 begonnen hat, ist der Zuschlag nur für ein volles Wj. anzusetzen (vgl. BMF-Schreiben vom 4.1.2023, BStBl I S. 175).

30.3.1.3 Gewinn der landwirtschaftlichen Nutzung

Die Summe aus dem Grundbetrag lt. Zeile 15 und des Zuschlags für 21
Tierzucht und Tierhaltung lt. Zeile 20 ergibt den Gewinn der landwirtschaftlichen Nutzung und ist in Zeile 21 einzutragen sowie nach Zeile 91 zu übertragen.

30.3.2 Forstwirtschaftliche Nutzung

Eine Gewinnermittlung nach Durchschnittssätzen i. S. des § 13 a EStG 31–39
ist nur möglich, wenn u. a. die selbstbewirtschafteten Flächen der forstwirtschaftlichen Nutzung am 15.5. des Wj. 50 ha nicht überschreiten. Maßgeblich ist dabei die Flächengröße auf der Grundlage des Automatisierten Liegenschaftskatasters (vgl. Rz 28 BMF-Schreiben vom 10.11.2015, BStBl I S. 877). Eine Gewinnermittlung nach Durchschnittssätzen ist jedoch nicht möglich, wenn ausschließlich selbst bewirtschaftete forstwirtschaftliche Flächen vorhanden sind (vgl. Rz 7 BMF-Schreiben vom 10.11.2015, BStBl I S. 877).

In Zeile 31 wird deshalb die selbst bewirtschaftete Fläche der forstwirtschaftlichen Nutzung am 15.5. des Wj. abgefragt.

Im Rahmen der Gewinnermittlung nach Durchschnittssätzen ist nach § 13 a Abs. 3 Satz 1 Nr. 2 EStG der Gewinn für die selbst bewirtschafteten forstwirtschaftlichen Flächen gesondert anzusetzen. Der Gewinn ist nach den Grundsätzen des § 4 Abs. 3 EStG unter zwingender Berücksichtigung der pauschalen Betriebsausgabenpauschsätze nach § 51 EStDV zu ermitteln.

Die Einnahmen aus Holznutzungen umfassen die Erlöse aus der Verwertung des Holzes, die im Wj. zugeflossen sind. Hierzu gehören insbesondere die Erlöse für das veräußerte und der Teilwert für das entnommene Holz. Nicht dazu gehören die Einnahmen aus einer anderen Nutzung des Waldes wie z. B. aus der Verpachtung einzelner Flächen, der Ausübung der Jagd, dem Verkauf von Früchten des Waldes (Beeren, Pilze, Bärlauch) oder von Reisholz und Grünschnitt. Zinsen aus der Kreditierung von Holzverkäufen gehören ebenfalls nicht zu den Einnahmen aus Holznutzungen, sondern zu den Einnahmen aus Kapitalvermögen i. S. des § 13 a Abs. 3 Satz 1 Nr. 6 EStG (vgl. Tz 30.3.7).

Zur Ermittlung des Gewinns aus Holznutzungen sind bei einer Verwertung von Holz auf dem Stamm 20 % und bei einer Verwertung von eingeschlagenem Holz 55 % der zugeflossenen Einnahmen als Betriebsausgaben abziehbar. In Zeile 32 sind deshalb die Einnahmen aus der Verwertung von Holz auf dem Stamm und die pauschalen Betriebsausgaben in Höhe von 20 % der Einnahmen in Zeile 33 einzutragen. Bei Verwertung des eingeschlagenen Holzes sind die Einnahmen in Zeile 34 einzutragen und die pauschalen Betriebsausgaben in Höhe von 55 % der Einnahmen in Zeile 35.

Damit sind sämtliche Betriebsausgaben nach den Grundsätzen des § 4 Abs. 3 EStG abgegolten, die die forstwirtschaftlichen Flächen betreffen. Ausgenommen hiervon sind die Wiederaufforstungskosten und die Minderung des Buchwerts für das jeweilige Wirtschaftsgut Baumbestand (vgl. BMF-Schreiben vom 16.5.2012, BStBl I S. 595). Diese gesondert abziehbaren Betriebsausgaben sind in Zeile 36 zu erfassen.

Alle übrigen Einnahmen in sachlichem Zusammenhang mit Holznutzungen (z. B. Entschädigungen, Zuschüsse zur Abgeltung erhöhter Betriebsausgaben) sind in voller Höhe in Zeile 37 zu erfassen. Die Betriebsausgaben im sachlichen Zusammenhang mit den übrigen Einnahmen sind in der dritten Spalte der Zeile 38 einzutragen. Der Gewinn aus der forstwirtschaftlichen Nutzung ergibt sich aus der Summe der Einnahmen (Summe der Zeilen 32, 34 und 37) abzgl. der Betriebsausgaben (Summe der Zeilen 33, 35 und 38) und abzgl. der gesondert abziehbaren Betriebsausgaben (Betrag lt. Zeile 36).

Der pauschale Betriebsausgabenabzug gilt nicht für die Ermittlung der Gewinne aus Waldverkäufen sowie für die übrigen Einnahmen und die damit in unmittelbarem Zusammenhang stehenden Betriebsausgaben (§ 51 Abs. 5 EStDV). Der Gewinn aus Waldverkäufen ist grundsätzlich als Sondergewinn nach § 13 a Abs. 7 Satz 1 Nr. 1 Buchst. a EStG und die Ermittlung des Gewinns für das übrige Anlagevermögen als Sondergewinn nach § 13 a Abs. 7 Satz 1 Nr. 1 Buchst. b oder c EStG zu erfassen (vgl. Tz 30.3.5). Einnahmen aus der Verpachtung von Flächen der forstwirtschaftlichen Nutzung und der Jagdpacht sind nach § 13 a Abs. 3 Satz 1 Nr. 5 EStG zu erfassen. Dabei kommt es nicht darauf an, ob die Jagd auf landwirtschaftlichen oder forstwirtschaftlichen Flächen ausgeübt wird (vgl. Tz 30.3.6).

30.3.3 Zuschläge für Sondernutzungen

40–59 Die Gewinne aus Sondernutzungen sind nach § 13 a Abs. 6 EStG zu ermitteln. Unter Bezugnahme auf die bewertungsrechtlichen Vorschriften gelten als Sondernutzungen die Nutzungen i. S. des § 160 Abs. 2 Satz 1 Nr. 1 Buchst. c bis e BewG i. V. mit der Anlage 1a zu § 13 a EStG. Sofern bei einer Sondernutzung die in der Anlage 1a Nr. 2 zu § 13 a EStG genannte Grenze überschritten ist, ist ein Sondergewinn von 1 000 € je Sondernutzung anzusetzen. Bei einem Rumpf-Wj. ist der Gewinn der Sondernutzung zeitanteilig für jeden begonnenen Monat mit einem Zwölftel anzusetzen. Sofern das Wj. dem Kj. entspricht, also am 1.1.2025 begonnen hat, ist der Gewinn der Sondernutzung nur für ein volles Wj. anzusetzen (vgl. BMF-Schreiben vom 4.1.2023, BStBl I S. 175). Jede in § 160 Abs. 2 Nr. 1 Buchst. c bis e BewG genannte Nutzung ist als einzelne Sondernutzung anzusehen. In den Zeilen 40 bis 54 ist für die infrage kommenden Sondernutzungen die am 15.5. des Wj. selbst bewirtschaftete Fläche einzutragen bzw. die für die Sondernutzung abgefragte Angabe.

Grenzen für die Sondernutzung lt. Anlage 1a zu § 13 a EStG (bei Überschreiten dieser Grenze ist ein Gewinn von 1 000 € je Sondernutzung anzusetzen, ggf. zeitanteilig):

Sondernutzung	Grenze
Weinbauliche Nutzung	0,16 ha
Nutzungsteil Obstbau	0,34 ha
Nutzungsteil Gemüsebau: Freilandgemüse Unterglas-Gemüse	 0,17 ha 0,015 ha
Nutzungsteil Blumen/Zierpflanzenbau: Freiland-Zierpflanzen Unterglas-Zierpflanzen	 0,05 ha 0,01 ha
Nutzungsteil Baumschulen	0,04 ha
Sondernutzung Spargel	0,1 ha
Sondernutzung Hopfen	0,19 ha
Binnenfischerei	500 kg Jahresfang
Teichwirtschaft	0,4 ha
Fischzucht	0,05 ha
Imkerei	30 Völker
Wanderschäfereien	30 Mutterschafe
Weihnachtsbaumkulturen	0,1 ha

30.3.4 Weitere Sondernutzungen

55–59 Für die in der Anlage 1a Nr. 2 zu § 13 a EStG nicht genannten Sondernutzungen (z. B. Saatzucht, Anbau von Tabak und Energieholz sowie die Produktion von Nützlingen) ist der Gewinn nach § 4 Abs. 3 EStG zu ermitteln. Für diese Sondernutzungen sind die AfA-Beträge für Wirtschaftsgüter, die ausschließlich dieser Sondernutzung dienen, bei der Gewinnermittlung zu berücksichtigen. In den anderen Fällen (nur teilweise Nutzung von Wirtschaftsgütern) ist die AfA mit dem Grundbetrag abgegolten. Der Gewinn aus diesen weiteren Sondernutzungen ist unter Angabe der Art der Sondernutzung in den Zeilen 55 bis 58 einzutragen.

30.3.5 Sondergewinne nach § 13 a Abs. 7 EStG

Die Sondergewinne betreffen besondere Tätigkeitsbereiche und au- 61–
ßerordentliche Geschäftsvorfälle, die in § 13 a Abs. 4 bis 6 EStG nicht berücksichtigt und nach § 4 Abs. 3 EStG zu ermitteln sind. Betriebseinnahmen i. S. von § 13 a Abs. 7 Satz 1 EStG sind die zugeflossenen Erlöse einschließlich der gesetzlichen USt. Entsprechendes gilt auch im Falle der Entnahme für den an dessen Stelle tretenden Wert und die daraus resultierende gesetzliche USt.

Nach § 13 a Abs. 7 Nr. 1 EStG sind Gewinne aus der Veräußerung oder Entnahme von Grund und Boden, den Gebäuden, den immateriellen Wirtschaftsgütern und Beteiligungen zu erfassen. Bei den Gewinnen aus der Veräußerung oder der Entnahme von Grund und Boden ist auch der dazugehörige Aufwuchs (z. B. stehendes Holz und Dauerkulturen) einzubeziehen. Außerdem sind auch die Veräußerungsgewinne für Gebäude, immaterielle Wirtschaftsgüter und Beteiligungen als Sondergewinne zu erfassen.

Für Gewinne aus der Veräußerung von Grund und Boden und des dazugehörigen Aufwuchses sowie von Gebäuden kann unter den Voraussetzungen des § 6c i. V. mit § 6b EStG eine Rücklage gebildet werden. Gleiches gilt unter den Voraussetzungen der R 6.6 EStR für die Bildung einer Rücklage für Ersatzbeschaffung. Bei Veräußerung oder Entnahme von Grund und Boden ist die Verlustausschlussklausel nach § 55 Abs. 6 EStG zu beachten.

Bei der Gewinnermittlung nach § 13 a EStG ist die Bildung von gewillkürtem Betriebsvermögen nach den für die Land- und Forstwirtschaft geltenden allgemeinen Grundsätzen möglich, um die Übertragung einer Rücklage zu ermöglichen.

Zu den Beteiligungen gehören insbesondere die zum Betriebsvermögen gehörenden Anteile an Kapitalgesellschaften und Genossenschaften. Mitunternehmeranteile gehören nicht zu den Beteiligungen, wenn sie außerhalb der Gewinnermittlung nach § 13 a EStG als gesondertes Betriebsvermögen behandelt werden.

Der Veräußerungspreis oder Entnahmewert einschließlich USt ist in Zeile 61 einzutragen. Sofern bei Veräußerung von Beteiligungen das Teileinkünfteverfahren nach § 3 Nr. 40 EStG oder die Steuerbefreiung nach § 8 b KStG anzuwenden ist, ist in Zeile 61 nur der stpfl. Teil des Veräußerungspreises/Entnahmewertes einzutragen. Die davon abziehbaren Betriebsausgaben sind zur Ermittlung des Gewinns in Zeile 62 einzutragen. Bei Veräußerung von Anteilen an Kapitalgesellschaften sind bei Anwendung des Teileinkünfteverfahrens oder der Steuerbefreiung nach § 8 b KStG in Zeile 62 nur die entsprechend dieser Vorschriften abziehbaren Betriebsausgaben einzutragen. Der steuerfreie Teil des Veräußerungsgewinns lt. Zeile 62, der dort nicht enthalten sein darf, ist in Zeile 62a einzutragen.

Die Veräußerung von übrigem Anlagevermögen und Tieren ist nicht mit dem Ansatz des Grundbetrags abgegolten, wenn der Veräußerungspreis oder Entnahmewert je Wirtschaftsgut mehr als 15 000 € beträgt. Für die Prüfung der Grenze ist der zivilrechtliche Gesamtendpreis, d. h. einschließlich der gesetzlichen USt, maßgeblich.

Ist der Land- und Forstwirt an einer Bruchteilsgemeinschaft (z. B. Maschinengemeinschaft) beteiligt, die keine eigene Gewinnerzielungsabsicht verfolgt, weil sie ausschließlich aus Land- und Forstwirten besteht und ausschließlich für ihre Mitgemeinschafter tätig wird, so kann der Eigentumsanteil des Steuerpflichtigen an Wirtschaftsgütern des Gemeinschaftsvermögens ertragsteuerrechtlich wie ein eigenes Wirtschaftsgut des Steuerpflichtigen zu behandeln sein. In diesen Fällen soll sich die Regelung des § 13 a Abs. 7 Satz 1 Nr. 1 Buchst. b EStG bei Veräußerung oder Entnahme des Wirtschaftsguts einschließlich der Grenze von 15 000 € auf den Eigentumsanteil des Steuerpflichtigen beziehen.

Der Veräußerungspreis oder Entnahmewert ist in Zeile 63 einzutragen. Zur Ermittlung eines Veräußerungsgewinns ist ein entsprechender Buchwert abzuziehen. Sofern sich die historischen Anschaffungs- oder Herstellungskosten nicht aus einem vom Steuerpflichtigen geführten Anlageverzeichnis ergeben oder nicht mehr nachgewiesen werden können, müssen diese geschätzt werden.

Dieser Wert ist zur Ermittlung des Veräußerungs- oder Entnahmegewinns in Zeile 64 einzutragen.

Dies gilt auch bei Gewinnen aus der Veräußerung von Tieren, die als Sondergewinne zu erfassen sind. Dabei ist es unerheblich, ob die Tiere dem Anlagevermögen oder dem Umlaufvermögen zuzurechnen sind.

Auch Entschädigungen für Wirtschaftsgüter des Anlagevermögens sind nach § 13 a Satz 1 Nr. 1 Buchst. c EStG zwecks zutreffender Erfassung des Totalgewinns als außergewöhnliche Geschäftsvorfälle zu berücksichtigen und in den Zeilen 65 und 66 einzutragen. Sie können jedoch unter den dort genannten Voraussetzungen den Regelungen der R 6.6 EStR unterliegen (Eintrag in Zeile 67).

Entschädigungen, die als Ersatz für entgangene Einnahmen oder als Ersatz für erhöhte Betriebsausgaben gewährt werden, sind bei entsprechendem Veranlassungszusammenhang mit dem Gewinn der landwirtschaftlichen Nutzung nach § 13 a Abs. 4 EStG und dem Gewinn aus Sondernutzungen nach § 13 a Abs. 6 Satz 2 EStG abgegolten. Bei der forstwirtschaftlichen Nutzung sind diese Entschädigungen nach den Regelungen des § 51 EStDV zu erfassen (vgl. Tz 30.3.2). Einheitlich gewährte Entschädigungen sind für die Anwendung der vorstehenden Grundsätze nach deren wirtschaftlichen Gehalt aufzuteilen.

Sofern eine Rücklage zur Übertragung stiller Reserven gebildet werden soll, ist ein Eintrag in Zeile 67 vorzunehmen. Gewinne aus der Auflösung von Rücklagen nach § 6c EStG und R 6.6 EStR sind in Zeile 68 einzutragen.

Sofern eine Rücklage nach § 6c EStG gewinnerhöhend aufgelöst wird, ohne dass eine Ersatzbeschaffung vorgenommen wurde, ist nach § 6b Abs. 7 oder Abs. 10 EStG ein Gewinnzuschlag anzusetzen. Dieser beträgt 6 % für jedes volle Wj., in dem die Rücklage bestanden hat. Der Gewinnzuschlag ist in Zeile 69 einzutragen.

Berichtigungen von Vorsteuern nach § 15a UStG sind als Betriebseinnahmen in Zeile 70 oder als Betriebsausgaben in Zeile 71 zu erfassen (§ 13 a Abs. 7 Nr. 2 EStG).

Für dem Grunde nach gewerbliche Tätigkeiten, die dem Bereich der Land- und Forstwirtschaft zugerechnet werden, sind nach § 13 a Abs. 7 Satz 1 Nr. 3 EStG ebenfalls als Sondergewinne zu erfassen. Nach den in R 15.5 EStR genannten Abgrenzungsregeln gehören bestimmte grundsätzlich gewerbliche Tätigkeiten innerhalb der dort genannten Grenzen noch zu den Einkünften aus Land- und Forstwirtschaft. Damit wird sichergestellt, dass die daraus erzielten Gewinne, die bei der Festsetzung der Beträge nach § 13 a Abs. 4 EStG nicht berücksichtigt wurden, gesondert erfasst werden. Die Einnahmen aus dem Absatz von Erzeugnissen sind nach R. 15.5 Abs. 3 bis 8 EStR in Zeile 72 einzutragen. Darunter fallen insbesondere die Einnahmen aus dem Verkauf von Produkten der zweiten oder weiteren Bearbeitungsstufe aus einem Nebenbetrieb (R 15.5 Abs. 3 EStR), die Verwertung organischer Abfälle (R 15.5 Abs. 4 EStR), der Absatz fremder Erzeugnisse, soweit dieser noch der Land- und Forstwirtschaft zugerechnet werden kann (R 15.5 Abs. 5 und 6 EStR), der Absatz eigener Erzeugnisse i. V. mit darüber hinausgehenden gewerblichen Dienstleistungen bzw. Absatz fremder Erzeugnisse (R 15.5 Abs. 7 EStR) und der Absatz eigener Erzeugnisse i. V. mit besonderen Leistungen. In Zeile 73 sind die Einnahmen aus Dienstleistungen nach R 15.5 Abs. 9 und 10 EStR einzutragen. Hierzu gehört auch die Aufzucht und das Halten fremder Tiere, sog. Pensionstierhaltung (vgl. Rz 70 des BMF-Schreibens vom 10.11.2015, BStBl I S. 877). Als Gewinn sind 40 % der zugeflossenen Einnahmen zu erfassen. Nach § 13 a Abs. 7 Satz 1 Nr. 3 EStG i. V. mit der Anlage 1a Nr. 3 zu § 13 a EStG sind in diesen Fällen pauschal 60 % der Betriebseinnahmen als Betriebsausgabe anzusetzen. Die pauschalen Betriebsausgaben sind in Zeile 75 einzutragen.

Zur Prüfung, ob die Einnahmen aus dem Grunde nach gewerblichen Tätigkeiten noch der Landwirtschaft nach R 15.5 Abs. 11 EStR zuzurechnen sind, sind in Zeile 76 die Einnahmen des land- und forstwirtschaftlichen Betriebs einzutragen.

Die Rückvergütungen nach § 22 KStG aus Hilfs- und Nebengeschäften ist als Sondergewinn zu erfassen und in Zeile 77 einzutragen. Zur Abgrenzung von Hilfs- und Nebengeschäften im Rahmen genossenschaftlicher Rückvergütungen ist R 20 Abs. 6 Nr. 3 und 4 KStR 2004 einschlägig.

30.3.6 Vereinnahmte Miet- und Pachtzinsen

Unter die Miet- und Pachtzinsen fallen sämtliche Einnahmen, die im **79–82**
Wj. vereinnahmt wurden. Miet- und Pachtzinsen für Nutzungsüberlassungen von Wirtschaftsgütern des Betriebsvermögens (auch an andere Betriebe der Land- und Forstwirtschaft) können für die Vermietung oder Verpachtung von Grund und Boden, Gebäuden, Mietwohnungen, beweglichen Wirtschaftsgütern und immateriellen Wirtschaftsgütern anfallen.

Werden Wirtschaftsgüter des Betriebsvermögens i. V. mit Dienstleistungen und vergleichbaren Tätigkeiten überlassen, ist eine Zuordnungsentscheidung zu treffen. Hat die Dienstleistung nur untergeordnete Bedeutung, erfolgt eine Erfassung als Miet- und Pachtzins, auch soweit die Überlassung gegenüber Land- und Forstwirten erbracht wird.

Die Zuordnung ist auch von Bedeutung für die Höhe des Gewinns: Erfolgt die Zuordnung zu den Dienstleistungen und vergleichbaren Tätigkeiten, sind nur 40 % der Einnahmen zu versteuern. Erfolgt die Zuordnung zu den Mieteinnahmen, sind die tatsächlichen Einnahmen anzusetzen.

Zu den Entgelten für die Überlassung einer Miet- oder Pachtsache zählen alle Einnahmen des Vermieters/Verpächters, die mit der Überlassung in einem objektiven wirtschaftlichen oder tatsächlichen Zusammenhang stehen und somit durch sie veranlasst sind. Umlagen und Nebenentgelte, die der Vermieter für die Nebenkosten oder Betriebskosten erhebt, sind durch das jeweilige Mietverhältnis veranlasst. Sie gehören daher zu den Miet- und Pachtzinsen i. S. des § 13 a Abs. 3 Nr. 5 EStG (BFH-Urteil vom 14.5.2009, BStBl II S. 900).

Die Anlage 13a unterscheidet bei den Einnahmen aus Vermietung und Verpachtung von Wirtschaftsgütern zwischen Einnahmen aus Vermietung von bebauten Grundstücken (Zeile 79), Einnahmen aus Vermietung und Verpachtung von unbebauten Grundstücken (Zeile 80) und Einnahmen aus Vermietung und Verpachtung von übrigen Wirtschaftsgütern (Zeile 81).

30.3.7 Einnahmen aus Kapitalvermögen

Nach § 13 a Abs. 3 Satz 1 Nr. 6 EStG sind sämtliche Einnahmen aus **83–86**
Kapitalvermögen i. S. von § 20 EStG zu erfassen, die nach § 20 Abs. 8 EStG den Einkünften aus Land- und Forstwirtschaft zuzurechnen sind. Die Ermittlung der Einnahmen aus Kapitalvermögen nach § 13 a Abs. 3 Satz 1 Nr. 6 EStG erfolgt unter Berücksichtigung des § 11 Abs. 1 EStG. Ein Abzug von Betriebsausgaben im Zusammenhang mit Einnahmen aus Kapitalvermögen kommt nicht in Betracht.

Unterliegen Einnahmen aus Kapitalvermögen dem Teileinkünfteverfahren, sind die Einnahmen nur in Höhe des stpfl. Teils von 60 % zu erfassen (§ 3 Nr. 40 Satz 1 Buchst. d EStG).

Einnahmen aus Kapitalvermögen, die aus betrieblichen Mitteln stammen, können nur dann der Abgeltungsteuer unterworfen werden, wenn der sachliche Zusammenhang mit dem Betrieb der Land- und Forstwirtschaft gelöst und die dafür erforderliche Entnahme der Mittel nachweisbar dokumentiert wird. Das Kapitalvermögen ist in diesen Fällen nicht mehr als Betriebsvermögen, sondern als Privatvermögen zu qualifizieren.

Die Einnahmen aus Kapitalvermögen, die dem Teileinkünfteverfahren nach § 3 Nr. 40 EStG oder der Steuerbefreiung nach § 8 b KStG unterliegen, sind in voller Höhe in Zeile 83 einzutragen. Der steuerfreie Teil ist in Zeile 84, linke Spalte einzutragen und zur Ermittlung des stpfl. Teils von den Einnahmen lt. Zeile 83 abzuziehen. Der stpfl. Teil der Einnahmen ist in Zeile 84, rechte Spalte einzutragen.

Die übrigen Einnahmen aus Kapitalvermögen sind in voller Höhe stpfl. und in Zeile 85 einzutragen.

30.3.8 Ermittlung des Gewinns nach Durchschnittssätzen

Die Gewinne aus den einzelnen Nutzungen sind in die Zeilen 91 bis **91–99**
96 zu übertragen. Sofern aufgrund eines Wechsels der Gewinnermittlungsart zu § 13 a EStG eine Hinzurechnung oder Abrechnung zu erfassen ist, ist dieser Betrag in Zeile 98 einzutragen.

30.4 Ergänzende Angaben zu Rücklagen und stillen Reserven

100–102 Zur Überwachung im Zusammenhang mit der Bildung, Übertragung und Auflösung der Rücklagen nach § 6c EStG und der Rücklage für Ersatzbeschaffung nach R 6.6 EStR sind die Zeilen 100 bis 102 auszufüllen. In Zeile 100 sind in der ersten Spalte die im Wj. 2025/2026 (2025) neu gebildeten Rücklagen nach § 6c i. V. mit § 6b EStG und/oder Rücklagen für Ersatzbeschaffung nach R 6.6 EStR einzutragen. Die im selben Wj. übertragenen stillen Reserven sind in Zeile 101, erste Spalte, von der neu gebildeten Rücklage abzuziehen. Die verbleibenden Rücklagen sind in Zeile 102, erste Spalte, einzutragen. Die verbleibende Summe ist in Zeile 67 einzutragen. Diese mindert den Gewinn nach § 13a EStG.

Werden Rücklagen nach § 6c i. V. mit § 6b EStG und/oder Rücklagen für Ersatzbeschaffung nach R 6.6 EStR im Wj. 2025/2026 (2025) aufgelöst, erhöhen diese als Sondergewinn i. S. des § 13a Abs. 7 Satz 1 Nr. 1 Buchst. d EStG den Gewinn nach § 13a EStG. Die aufgelösten Rücklagen im Wj. 2025/2026 (2025) sind in den Zeilen 101 und 102 in der zweiten Spalte einzutragen und in Zeile 68 zu übertragen.

31. Anlage AV 13a 2025 Anlagenverzeichnis zur Anlage 13a

31.1 Allgemeines

Nach § 13 a Abs. 7 Satz 3 EStG sind der Grund und Boden mit dem dazugehörenden Aufwuchs (stehendes Holz und Dauerkulturen), die Gebäude, immaterielle Wirtschaftsgüter und Beteiligungen in ein laufend zu führendes Verzeichnis aufzunehmen. Dieses Anlageverzeichnis ist nach § 13 a Abs. 7 Satz 4 EStG nach amtlich vorgeschriebenem Datensatz durch Datenfernübertragung spätestens mit der Steuererklärung zu übermitteln. Auf Antrag kann die Finanzbehörde zur Vermeidung unbilliger Härten auf eine elektronische Übermittlung verzichten. In diesem Fall ist mit der Steuererklärung eine Gewinnermittlung nach amtlich vorgeschriebenem Vordruck abzugeben.

Die Anlage AV13a ist für jeden land- und forstwirtschaftlichen Betrieb als Anlage zur Gewinnermittlung nach § 13 a EStG einzureichen.

Die Bezeichnung der Wirtschaftsgüter ist bereits vorgedruckt, da nur für diese Wirtschaftsgüter Angaben in der Anlage AV13a zu machen sind (§ 13 a Abs. 7 Satz 3 EStG). In der ersten Zeile sind jeweils für die angegebenen Wirtschaftsgüter die Summe der Anschaffungs- oder Herstellungskosten oder ein an deren Stelle tretender Wert einzutragen. In der zweiten Zeile sind die Buchwerte zu Beginn des Wj. anzugeben. Zur Ermittlung des Buchwerts zum Ende des Wj. sind die Zugänge und Abgänge zu berücksichtigen. Bei abnutzbaren Wirtschaftsgütern ist zur Ermittlung des Buchwerts am Ende des Wj. die AfA abzuziehen.

31.2 Grund und Boden

18 Die Angaben zum Grund und Boden sind in den Zeilen 4 bis 18 einzutragen. Dabei wird unterschieden, ob der Grund und Boden nach § 55 Abs. 2 bis 4 EStG bewertet wurde, die Bewertung mit dem höheren Teilwert vorgenommen wurde oder der Ansatz mit den Anschaffungskosten vorzunehmen ist. Zur Bewertung des Grund und Bodens nach § 55 Abs. 2 bis 4 EStG vgl. Tz 28.1 unter Erläuterungen zur Anlage L.

Zur Bewertung des Grund und Bodens mit dem höheren Teilwert vgl. Tz 28.1 unter Erläuterungen zur Anlage L.

In Zeile 14 ff. sind die Flächen einzutragen, die zum Betriebsvermögen des land- und forstwirtschaftlichen Betriebs gehören und erst nach dem 30.6.1970 entgeltlich oder unentgeltlich erworben wurden.

Entgeltlich erworbene Flächen sind mit den Anschaffungskosten (Kaufpreis) einschließlich der Anschaffungsnebenkosten (z. B. Grunderwerbsteuer, Notar- und Gerichtskosten, Gebühren, Vermessungskosten) zu bewerten. Wurde die erworbene Fläche als Reinvestitionsgut nach 6c EStG i. V. mit § 6 b EStG verwendet, sind die Anschaffungskosten entsprechend zu mindern. Außerdem ist dies in das besondere, laufend zu führende Verzeichnis nach § 6 c Abs. 2 EStG aufzunehmen.

Unentgeltlich erworbene Flächen sind im Regelfall mit dem Teilwert zum Zeitpunkt der Einlage zu bewerten. Dies gilt jedoch nicht, wenn ein Teilbetrieb erworben wurde oder im Rahmen einer Realteilung zulässigerweise der Buchwert fortgeführt wurde.

Bei einer Flurbereinigung nach dem 31.12.1986 sind nach dem BFH-Urteil vom 13.3.1986 die in ein Umlegungsverfahren oder Flurbereinigungsverfahren eingebrachten und die daraus im Zuteilungswege erlangten Grundstücke – soweit insgesamt wertgleich – als wirtschaftlich identisch zu werten, denn die Umlegung/Flurbereinigung ist ihrem Wesen nach eine ungebrochene Fortsetzung des Eigentums an einem verwandelten Grundstück.

Ist das erhaltene Grundstück identisch mit einem nach § 55 EStG bewerteten Einlagegrundstück und einem nach dem 30.6.1970 angeschafften Grundstück (= tatsächliche Anschaffungskosten), sind wegen der Verlustausschlussklausel nach § 55 Abs. 6 EStG für das zugeteilte Wirtschaftsgut die bisherigen Buchwerte getrennt fortzuführen. Bei einem freiwilligen Landtausch nach § 103 a ff. FlurbG gilt dies entsprechend.

Die in den Zeilen 4 bis 18 genannten Wirtschaftsgüter sind nicht abnutzbare Wirtschaftsgüter. Absetzungen für Abnutzungen kommen aus diesem Grund nicht in Betracht, weshalb Eintragungen für AfA nicht möglich sind. Auch Teilwertabschreibungen können bei der Gewinnermittlung nach Durchschnittssätzen nicht beantragt werden.

31.3 Aufwuchs

Aufwuchs auf dem Grund und Boden sind die Pflanzen, die auf dem Grund und Boden gewachsen und noch darin verwurzelt sind. In der Anlage AV13a werden nur das stehende Holz (Summe aller Wirtschaftsgüter) und die Dauerkulturen (Summe aller Wirtschaftsgüter) genannt. 19–29

Das stehende Holz ist mit den tatsächlichen Anschaffungskosten oder Herstellungskosten zu bewerten.

Zu den Erstaufforstungskosten (= Herstellungskosten für das neu entstehende Wirtschaftsgut stehendes Holz) gehören insbesondere die Aufwendungen für Setzlinge, Pflanzung, Befestigung des Pflanzgutes (z. B. Pfähle und Drähte), Pflegemaßnahmen sowie Löhne. Dagegen führen Aufwendungen für Kulturzäune zu Herstellungskosten für ein selbständiges Wirtschaftsgut. Zur unterschiedlichen steuerlichen Behandlung bei Wiederaufforstungskosten (Herstellungskosten nach Kahlschlag oder sofort abziehbare Betriebsausgaben) oder Nachaufforstungskosten (nach Ablauf von fünf Jahren der Wiederaufforstung) vgl. BMF-Schreiben vom 16.5.2012, BStBl 2012 I S. 595.

War das stehende Holz bereits am 21.6.1948 dem Forstwirt oder seinem Rechtsvorgänger zuzurechnen, ist als an deren Stelle getretener Wert, der Wert anzusetzen, mit dem das stehende Holz in dem für den 21.6.1948 maßgebenden Einheitswert des forstwirtschaftlichen Betriebs oder Teilbetriebs enthalten war.

Bei einem Erwerb von Waldflächen (einer Vielzahl von Wirtschaftsgütern) nach dem 21.6.1948 ist der Kaufpreis entsprechend aufzuteilen. Regelmäßig handelt es sich steuerlich mindestens um zwei Wirtschaftsgüter, den Grund und Boden und das aufstehende Holz. Andere Wirtschaftsgüter sind z. B. konkretisierte Bodenschätze, Wege, Brücken, usw. zu nennen, die nicht in die Anlage AV13a aufzunehmen sind.

Dauerkulturen sind Pflanzungen, die während einer Reihe von Jahren Erträge durch ihre zum Verkauf bestimmten Blüten, Früchte oder anderen Pflanzenteile liefern (z. B. Spargel-, Rhabarber- und Hopfenanlagen, Obstanlagen sowie Rebanlagen, Kurzumtriebskultur/Energieholz).

Die gesamte Dauerkultur (einer abgrenzbaren Fläche, eines einzelnen Feldes) ist als selbständiges Wirtschaftsgut anzusehen und ein einheitliches bewegliches Wirtschaftsgut des Anlagevermögens.

Bei Dauerkulturen entsprechen die Anlagekosten den Anschaffungs- oder Herstellungskosten. Dazu gehören z. B. die Aufwendungen für Jungpflanzen, für die Aushebung der Pflanzgruben, für Baumpfähle und Bindematerial, für Umzäunungen oder Drahtschutz gegen Wildverbiss und für Veredelungsarbeiten. Pflegekosten sind aus Vereinfachungsgründen nicht zu aktivieren. Gemeinkosten werden in den meisten Fällen von so geringer Bedeutung sein, dass in der Regel auf ihre Aktivierung ebenfalls verzichtet werden kann. Das Aktivierungsrecht des Steuerpflichtigen bleibt unberührt.

Eine Dauerkultur ist fertiggestellt, sobald sie ihrer Zweckbestimmung entsprechend genutzt werden kann. Die bestimmungsgemäße Nutzbarkeit einer Dauerkultur beginnt mit ihrer Ertragsreife.

31.4 Gebäude

30–41 Ein Gebäude ist ein Bauwerk auf eigenem oder fremdem Grund und Boden, das Menschen oder Sachen durch räumliche Umschließung Schutz gegen äußere Einflüsse gewährt, den Aufenthalt von Menschen gestattet, fest mit dem Grund und Boden verbunden, von einiger Beständigkeit und standfest ist (R 7.1 Abs. 5 EStR).

In Zeile 36 ff. kann es sich um ein eigengenutztes Wohngebäude – das ein Baudenkmal ist und dessen Nutzungswertbesteuerung noch nicht abgewählt wurde – oder um eine vermietete Wohnung im Betriebsvermögen handeln. Zur AfA vgl. Teil II Tz 1.1 ff.

31.5 Immaterielle Wirtschaftsgüter

42–52 Als immaterielle (unkörperliche) Wirtschaftsgüter kommen in Betracht Rechte, rechtsähnliche Werte und sonstige Vorteile. Ein Wert ist nur anzusetzen, wenn die immateriellen Wirtschaftsgüter entgeltlich erworben (Anschaffungskosten) oder in das Betriebsvermögen eingelegt wurden.

Nichtabnutzbare immaterielle Wirtschaftsgüter (Zeilen 48 ff.) sind z. B. das Eigenjagdrecht, das Wiederbepflanzungsrecht im Weinbau (nach der Bestockung ist das Pflanzrecht wieder mit der Rebanlage zu verschmelzen).

31.6 Beteiligungen

Beteiligungen sind Anteile an anderen Unternehmen, die bestimmt sind, dem eigenen Geschäftsbetrieb durch Herstellung einer dauernden Verbindung zu jenen Unternehmen zu dienen. Zu den Beteiligungen gehören insbesondere die zum Betriebsvermögen gehörenden Anteile an Kapitalgesellschaften und Genossenschaften. Sie sind mit den Anschaffungskosten zu bewerten. 53–

Mitunternehmeranteile gehören nicht zu Beteiligungen, wenn sie außerhalb der Gewinnermittlung nach § 13 a EStG als gesondertes Betriebsvermögen behandelt werden. Eine Beteiligung an einer Maschinengemeinschaft (z. B. einem Mähdrescher) gehört nicht zu den Beteiligungen i. S. des § 13 a Abs. 7 Nr. 1 a EStG.

32. Anlage AUS 2025 für ausländische Einkünfte und Steuern

32.1 Vorbemerkungen zum Vordruck

In der Anlage AUS sind **besondere** Angaben zu ausländischen Einkünften zusammengefasst; sie sind **insoweit** nicht in den Anlagen, R-AUS, R-AV/bAV, SO, G, S, V, V-Sonstige und L vorgesehen. Mit Einführung der Abgeltungsteuer wurde auch die Anrechnung der ausländischen Steuer auf die Kapitalerträge neu geregelt. Ausländische Quellensteuer auf Kapitalerträge wird bereits auf die einzubehaltende Abgeltungsteuer angerechnet (vgl. Tz 14.12 unter Erläuterungen zur Anlage KAP). Mit der abgeltenden Wirkung des Steuerabzugs auf Kapitalerträge kommt eine Berücksichtigung der bereits angerechneten ausländischen Quellensteuer auf Kapitalerträge nach § 34c Abs. 1 EStG oder ein Abzug als Werbungskosten nach § 34c Abs. 2 EStG deshalb nicht in Betracht. Unterliegen abgeltungsteuerpflichtige Kapitalerträge nicht dem Steuerabzug, weil z. B. Erträge bei einem ausländischen Kreditinstitut vorliegen (vgl. Tz 14.7 unter Erläuterungen zur Anlage KAP), wird die ausländische Quellensteuer im Rahmen der Veranlagung auf die nachzuerhebende Abgeltungsteuer im Rahmen der Veranlagung angerechnet. Diese ausländische Quellensteuer ist ausschließlich auf der Anlage KAP zu erklären (vgl. Tz 14.12 unter Erläuterungen zur Anlage KAP). **Ausländische Quellensteuer** auf Kapitalerträge ist **nur noch dann** in der **Anlage AUS** anzugeben, wenn **Kapitalerträge der tariflichen Einkommensteuer** i. S. des § 32d Abs. 2 EStG **unterliegen** (vgl. Tz 14.8 unter Erläuterungen zur Anlage KAP). Bei Einkünften aus nichtselbständiger Arbeit sind hingegen alle Angaben zum ausländischen Arbeitslohn in der Anlage N-AUS zu machen; in diesem Fall ist die Anlage AUS nur auszufüllen, wenn die Anrechnung ausländischer Steuern geltend gemacht wird. Eine Ausnahme gilt für die Schweizerische Abzugsteuer; sie ist in Zeile 26 der Anlage N anzugeben.

Der erste Teil der Anlage AUS (Zeilen 4 bis 33) betrifft jene ausländischen Einkünfte, die der inländischen Besteuerung unterliegen. In den Zeilen 5 ff. dürfen nur Einkünfte aus Kapitalvermögen enthalten sein, die der tariflichen Einkommensteuer (vgl. Tz 14.8 unter Erläuterungen zur Anlage KAP) unterliegen. Ausländische Quellensteuer, die auf abgeltungsteuerpflichtige Kapitalerträge entfällt, ist nicht in der Anlage AUS, sondern ggf. in der Anlage KAP oder Anlage KAP-BET anzugeben (vgl. Tz 14.12 unter Erläuterungen zur Anlage KAP und vgl. Tz 15.5 unter Erläuterungen zur Anlage KAP-BET). Der Vordruck enthält die Angabe ausländischer Steuern, die nach § 34c Abs. 1 EStG auf die deutsche Einkommensteuer **anzurechnen** (Zeile 12) oder auf Antrag nach § 34c Abs. 2 und 3 EStG bei der Ermittlung der jeweiligen Einkünfte **abzuziehen** sind (Zeilen 10 und 11). **Die ausländischen Einkünfte selbst sind** außerdem **in den Anlagen G, R-AUS, S, SO, L, N, N-AUS, V und/oder V-Sonstige zu erklären**. Ein Abzug der ausländischen Steuer bei Einkünften aus Kapitalvermögen ist lediglich bei Kapitalerträgen möglich, die der tariflichen Einkommensteuer unterliegen. Diese müssen in den Zeilen 28 bis 34 der **Anlage KAP** enthalten sein. Eine Berücksichtigung ausländischer Quellensteuer nach § 34c Abs. 1 oder Abs. 2 EStG auf die übrigen Kapitalerträge ist nicht möglich, vgl. Tz 14.12 unter Erläuterungen zur Anlage KAP.

Der zweite Teil des Vordrucks (Zeilen 34 bis 50) enthält die Angaben zu den **steuerfreien ausländischen Einkünften,** die dem Progressionsvorbehalt unterliegen oder nach § 2a Abs. 3 und 4 EStG, § 2 Abs. 1 und 2 AuslInvG zu berücksichtigen sind (Zeilen 40 bis 41).

Die Angaben zu den Einkünften aus einer **Familienstiftung**, die Geschäftsleitung und Sitz im Ausland hat, sind in den Zeilen 23 bis 28 anzugeben.

Im Falle der Zusammenveranlagung hat jeder Ehegatte, der ausländische Einkünfte erzielt hat, **eine eigene Anlage AUS** abzugeben. Falls ausländische Einkünfte aus mehr als 3 Staaten/Spezial-Investmentfonds angefallen sind (vgl. drei Spalten zu den Zeilen 4 bis 13), sind **weitere** Anlagen AUS zu verwenden. Im Übrigen ist zu beachten, dass bei Auslandssachverhalten erhöhte Mitwirkungspflichten nach § 90 Abs. 2 AO bestehen. Auch sieht § 68b Satz 1 EStDV vor, dass **Nachweise** über die Höhe von ausländischen Einkünften und über die Festsetzung und Zahlung von ausländischen Steuern **durch Vorlage** entsprechender Urkunden (z. B. Steuerbescheid, Quittung über die Zahlung) zu führen sind. Insofern gilt in Bezug auf die Anlage AUS nicht die allgemeine Belegvorhaltepflicht, sondern die **Belegvorlagepflicht** (vgl. Vorbemerkungen Tz 14.1). Belege sind daher in Kopie zusammen mit der Einkommensteuererklärung einzureichen oder bei der Erstellung und elektronischen Übermittlung der Einkommensteuererklärung beispielsweise über »Mein ELSTER« direkt digital mit den entsprechenden Eingabefeldern zu verknüpfen (vgl. Vorbemerkungen Tz 14.4).

32.2 Berücksichtigung tatsächlich gezahlter ausländischer Steuern

32.2.1 Allgemeine Ausführungen

Bei unbeschränkt Steuerpflichtigen, die mit ausländischen Einkünften in dem Staat, aus dem die Einkünfte stammen, zu einer der **deutschen Einkommensteuer entsprechenden** Steuer herangezogen werden, ist die festgesetzte und gezahlte und keinem Ermäßigungsanspruch mehr unterliegende ausländische Steuer (ohne Steuer, die auf abgeltungsteuerpflichtige Kapitalerträge entfällt) nach **§ 34c Abs. 1 EStG** auf die deutsche Einkommensteuer **anzurechnen;** es sei denn, eine Steueranrechnung wird durch ein DBA ausgeschlossen oder eingeschränkt. Die **ausländische Steuer** wird jedoch **höchstens bis zu dem Betrag** angerechnet, bis zu dem auf die ausländischen Einkünfte deutsche Einkommensteuer **entfällt.** Die auf die ausländischen Einkünfte entfallende deutsche Einkommensteuer wird in der Weise ermittelt, dass der sich bei der Veranlagung des zu versteuernden Einkommens (einschließlich der ausländischen Einkünfte nach den §§ 32a, 34, 34a und 34b EStG) ergebende durchschnittliche Steuersatz auf die ausländischen Einkünfte anzuwenden ist. 4–13

Bei der Ermittlung der ausländischen Einkünfte sind die ausländischen Einkünfte nicht zu berücksichtigen, die in dem Staat, aus dem sie stammen, nach dessen Recht nicht besteuert werden.

Ausländische Quellensteuer, die **auf abgeltungsteuerpflichtige Kapitalerträge** entfällt, sind **nicht in die Höchstbetragsberechnung** nach § 34c Abs. 1 EStG **einzubeziehen**. Dies gilt nach § 34c Abs. 1 Satz 1 2. Halbsatz, wenn für die Kapitalerträge die Günstigerprüfung gewählt wird. Die ausländische Quellensteuer wird bereits auf die einbehaltene Abgeltungsteuer (§ 32d Abs. 1 Satz 2 EStG) oder im Veranlagungsverfahren auf die nachzuerhebende Abgeltungsteuer angerechnet (§ 32d Abs. 5 EStG). Die ausländische Quellensteuer ist im letztgenannten Fall nur in der Anlage KAP anzugeben (vgl. Tz 14.12 unter Erläuterungen zur Anlage KAP); im erstgenannten Fall ist grds. wegen der Anrechnung auf die Abgeltungsteuer keine Angabe in der Steuererklärung erforderlich (zu den Ausnahmen vgl. Tz 14.3 unter Erläuterungen zur Anlage KAP). Für die Anrechnung der ausländischen Quellensteuern auf Kapitalerträge, die der tariflichen Einkommensteuer unterliegen (Eintragungen in den Zeilen 28 bis 34 und 52 der Anlage KAP sowie in den Zeilen 25 bis 34 der Anlage KAP-BET), sind die ausländischen Steuern in der Anlage AUS anzugeben.

In den **Zeilen 4 bis 13** sind die in den Anlage-Vordrucken G, KAP (nur Zeilen 28 bis 34), R-AUS, S, SO, L und/oder V erklärten ausländischen Einkünfte und die hierfür festgesetzten und bezahlten ausländischen Steuern getrennt nach Staaten anzugeben (jeweils in einer besonderen Spalte). Die Höhe und die Zahlung der ausländischen Steuer ist durch entsprechende Urkunden (z. B. Steuerbescheid oder Quittung) **nachzuweisen,** die der Steuererklärung beizufügen sind (§ 68b EStDV).

Wird eine ausländische Steuer i. S. des § 34c Abs. 1 EStG nicht von einer Behörde des ausländischen Staates durch Steuerbescheid festgesetzt, sondern lediglich durch einen privaten Arbeitgeber oder Unternehmer angemeldet, so kann eine Anrechnung dieser Steuer in einem solchen Fall nicht von der Vorlage eines ausländischen Steuerbescheids abhängig gemacht werden. Nach dem BFH-Urteil vom 5.2.1992 (BStBl II S. 607) genügt in diesem Fall als Nachweis eine hinreichend klare Bescheinigung des Anmeldenden über die Art und Höhe der für den Steuerpflichtigen abgeführten Steuer (H 34c Abs. 1–2 – Festsetzung ausländischer Steuern – EStH).

Ausländische Steuern, die der deutschen ESt entsprechen, sind im jeweiligen DBA bzw. in Anhang 12 II 1. EStH aufgeführt. Fremde Währungen sind auf der Grundlage der von der Europäischen Zentralbank täglich veröffentlichten Euro-Referenzkurse umzurechnen. Zur Vereinfachung ist die Umrechnung dieser Währungen auch zu den Umsatzsteuer-Umrechnungskursen zulässig, die monatlich im Bundessteuerblatt Teil I veröffentlicht werden (R 34c Abs. 1 EStR). Der Zeitpunkt der Zahlung und die Höhe des Umrechnungskurses sollten auf einem besonderen Blatt angegeben werden.

32.2.2 Ausländische Einkünfte

4 Der Höchstbetrag der Steueranrechnung ist für die Einkünfte und die Steuern **aus jedem einzelnen** ausländischen Staat **gesondert** zu ermitteln. Die Erträge aus einem ausländischen Investmentfonds sind dem Staat zuzuordnen, in dem der Fonds aufgelegt wird, sodass die Erträge aus dem Investmentfonds eines Staates mit den übrigen Erträgen und Einkünften aus diesem Staat zusammenzufassen sind (sog. per country-limitation, vgl. § 68 EStDV). Erträge aus einem Investmentfonds sind in der Anlage AUS jedoch nur dann einzutragen, wenn die Fondsanteile Betriebsvermögen darstellen. Fondsanteile des Privatvermögens sind ausschließlich in der Anlage KAP anzugeben (vgl. Tz 14.12 unter Erläuterungen zur Anlage KAP). Für die Erträge aus einem Spezial-Investmentfonds ist für jeden Spezial-Investmentfonds eine eigene Höchstbetragsberechnung nach § 47 Abs. 3 InvStG durchzuführen (sog. per fund limitation). Diese Einkünfte und ausländischen Steuern aus einem Spezial-Investmentfonds sind je Fonds in einer gesonderten Spalte in der Anlage AUS anzugeben.

Die ausländischen Einkünfte (§ 34d EStG) sind nach **deutschem Steuerrecht** zu ermitteln.

5–6 In den **Zeilen 5 bis 6** sind Angaben zu ausländischen Einkünften **aus den Einkunftsarten** zu machen, z. B. zu Einkünften aus einer im Ausland belegenen Betriebsstätte (erklärt in den Anlagen **G, S oder L**), aus einem zum Privatvermögen gehörenden Grundstück (erklärt in der **Anlage V** oder **Anlage V-Sonstige**) oder aus privaten Veräußerungsgeschäften i. S. des § 23 EStG (erklärt in den Zeilen 32 bis 57 **der Anlage SO**). Auch diese Angaben sind **jeweils getrennt** für den einzelnen Staat (bzw. Spezial-Investmentfonds) in einer besonderen Spalte einzutragen und – zur Vermeidung von Rückfragen – durch Einzelangaben auf besonderem Blatt zu erläutern.

Wegen des in **Zeile 5** der Anlage AUS erwähnten **AStG (= Außensteuergesetz)** vgl. Tz 32.5, vgl. Tz 21.18.11 unter Erläuterungen zur Anlage G. **§ 20 Abs. 2 AStG** betrifft Einkünfte, die in einer ausländischen Betriebsstätte anfallen und als Zwischeneinkünfte stpfl. wären, falls diese Betriebsstätte eine ausländische Gesellschaft wäre. Insoweit ist die Doppelbesteuerung nicht durch Freistellung, sondern **durch Anrechnung** der auf diese Einkünfte erhobenen ausländischen Steuern zu vermeiden.

7–9 In **Zeile 7** sind die ausländischen Einkünfte aus anderen Einkunftsarten **einschließlich** der nach dem Teileinkünfteverfahren (vgl. Tz 21.12 unter Erläuterungen zur Anlage G) steuerfreien Teile sowie der Teilfreistellungsbeträge nach §§ 20, 21 InvStG anzugeben. §§ 20 und 21 InvStG sieht vor, dass bei Investmentfonds je nach Anlageschwerpunkt die Erträge teilweise steuerfrei bleiben (vgl. Tz 16 unter Erläuterungen zur Anlage KAP-INV).

Zur Ermittlung der ausländischen Einkünfte sind die Einnahmen um die mit ihnen zusammenhängenden Betriebsausgaben oder Werbungskosten zu kürzen. Gehören ausländische Einkünfte der in § 34d Nr. 3, 4, 6, 7 und 8c EStG bezeichneten Art zum Gewinn eines inländischen Betriebes, sind bei ihrer Ermittlung Betriebsausgaben und Betriebsvermögensminderungen abzuziehen, die mit den diesen Einkünften zugrunde liegenden Einnahmen in wirtschaftlichem Zusammenhang stehen.

In **Zeile 8** sind die in Zeile 7 enthaltenen Einkünfte einzutragen, für die das Teileinkünfteverfahren gilt (vgl. Tz 21.12 unter Erläuterungen zur Anlage G).

In Zeile 9 sind die Teilfreistellungsbeträge nach §§ 20 und 21 InvStG für Investmentfonds einzutragen. Diese steuerfreien Beträge müssen in den Erträgen lt. Zeile 7 enthalten sein. Zu den Teilfreistellungsbeträgen vgl. Tz 16.2 unter Erläuterungen zur Anlage KAP-INV.

Statt der Anrechnung nach § 34c Abs. 1 EStG ist die ausländische Steuer **auf Antrag** nach § 34c **Abs. 2** EStG bei der Ermittlung der jeweiligen Einkünfte **wie Betriebsausgaben oder Werbungskosten abzuziehen.** Dies gilt nicht für abgeltungsteuerpflichtige Kapitalerträge (§ 34c Abs. 1 Satz 1 EStG). Die Anrechnung der ausländischen Steuer ist nämlich dann ungünstig bzw. sie entfällt sogar, wenn die ausländischen Einkünfte gemindert sind bzw. 0 € betragen oder negativ sind oder wenn der Gesamtbetrag der Einkünfte negativ ist. In diesen Fällen ist es günstiger, die gezahlte und keinem Ermäßigungsanspruch unterliegende Steuer bei der Ermittlung der Einkünfte abzuziehen, sodass der (positive) Betrag der anderen (inländischen) Einkünfte gemindert wird und sich auf diese Weise eine Ermäßigung der deutschen Einkommensteuer ergibt, oder dass die ausländische Steuer den negativen Saldo der Einkünfte erhöht, wodurch ggf. im Wege des Verlustabzugs (Verlustrücktrag bzw. Verlustvortrag) eine Steuerermäßigung eintritt. Der **Abzug ausländischer Steuern** wird dadurch beantragt, dass diese Steuern bei der Ermittlung der Einkünfte aus anderen Einkunftsarten abgezogen wurden (vgl. Wortlaut der **Zeile 10**) und die Steuern in **Zeile 10** eingetragen werden. 10–11

Ein Abzug der ausländischen Steuer kann gem. § 34c Abs. 2 EStG nur insoweit erfolgen, als sie auf ausländische Einkünfte entfallen, die **nicht** steuerfrei sind.

Die **Wahl zwischen Steueranrechnung** (Eintrag in die **Zeile 12**, ggf. zusätzlich Zeile 13) oder **Abzug** bei der Ermittlung der Einkünfte (Eintrag in den **Zeilen 10 bis 11**) kann für ausländische Einkünfte aus **mehreren** Staaten unterschiedlich, für alle Einkünfte und Steuern aus **demselben** Staat jedoch nur **einheitlich** ausgeübt werden. Dabei spielt es keine Rolle, ob die ausländischen Einkünfte unmittelbar oder über eine Beteiligung bezogen werden. Für die in manchen Doppelbesteuerungsabkommen vorgesehene **fiktive ausländische Steuer** ist nur eine Steueranrechnung, jedoch kein Abzug möglich (vgl. Tz 32.2.4). Die Vorschrift des § 34c Abs. 2 EStG ist den Einkünfteermittlungsvorschriften zuzuordnen. Zusammen veranlagte Ehegatten müssen deshalb das Antragsrecht nach § 34c Abs. 2 EStG für ausländische Steuern auf Einkünfte aus demselben Staat nicht einheitlich ausüben (R 34c Abs. 4 EStR).

Ausländische Steuern, die **nicht** der deutschen Einkommensteuer entsprechen oder nicht in dem Staat erhoben werden, aus dem die Einkünfte stammen, können bei der Ermittlung **der Einkünfte** der jeweiligen Einkunftsart **abgezogen** werden, soweit die im Ausland besteuerten Einkünfte der deutschen Einkommensteuer unterliegen (§ 34c **Abs. 3** EStG). Nach dieser Vorschrift ist ein **Abzug** der ausländischen Steuer auch dann vorzunehmen, wenn ausländische Einkünfte i. S. des § 34d EStG nicht gegeben sind. Diese Steuern sind in Zeile 11 einzutragen.

Die Vergünstigungen nach § 34c **Abs. 1 und 2** EStG dienen in erster Linie der Beseitigung einer Doppelbesteuerung, wenn Abkommen zur Vermeidung der Doppelbesteuerung nicht bestehen. Außerdem sind § 34c Abs. 1 und 2 EStG in den folgenden Fällen entsprechend anzuwenden:

1. soweit mit einem ausländischen Staat ein **DBA** besteht und **darin** eine **Anrechnung** ausländischer Steuern **vorgesehen** ist,
2. soweit bei Einkünften aus einem ausländischen Staat, mit dem ein **DBA** besteht, nach den Vorschriften dieses Abkommens die **Doppelbesteuerung nicht beseitigt** wird oder sich das Abkommen **nicht** auf eine Steuer vom **Einkommen** dieses Staates bezieht (§ 34c Abs. 6 EStG).

> **ELSTER:**
> ELSTER sieht Eintragungsmöglichkeiten für insgesamt 100 Staaten/Fonds vor.

32.2.3 Anrechnung ausländischer Steuern

12 Soweit Einkünfte (z. B. betriebliche Dividendeneinnahmen) dem **Teileinkünfteverfahren** unterliegen (vgl. Tz 21.12 unter Erläuterungen zur Anlage G), werden die Einnahmen und die damit zusammenhängenden Betriebsausgaben nur zu 60 % angesetzt. Die zu berücksichtigende ausländische Steuer ist hingegen **in voller Höhe** in Zeile 12 einzutragen. Eine Steueranrechnung **entfällt,** wenn die ausländischen Einkünfte durch Abzug darauf entfallender Betriebsausgaben oder Werbungskosten auf **0 €** gemindert oder **negativ** sind.

Eine ausländische Einkommensteuer kann nur **angerechnet** werden, wenn ausländische Einkünfte i. S. des **§ 34 d EStG** vorliegen und der Quellenstaat auch der Besteuerungsstaat ist (kein Drittstaat). Stammen die Einkünfte aus mehreren ausländischen Staaten, so werden die Höchstbeträge der anrechenbaren ausländischen Steuern für jeden einzelnen ausländischen Staat gesondert berechnet (§ 68 a EStDV).

Es kann nur die ausländische Steuer (ohne Steuer, die auf abgeltungsteuerpflichtige Kapitalerträge entfällt, vgl. obige Ausführungen) angerechnet werden, die im Ausland **festgesetzt** und **gezahlt** wurde und **keinem Ermäßigungsanspruch mehr** unterliegt (BFH-Urteil vom 15.3.2023, BStBl 2024 II S. 264). Ein nach innerstaatlichem Recht des ausländischen Staates oder nach einem DBA mit diesem Staat bestehender Ermäßigungsanspruch ist **in dem ausländischen Staat** geltend zu machen. Eine ausländische Steuer kann daher nur **insoweit** angerechnet werden, als kein Ermäßigungsanspruch besteht. Dies gilt unabhängig davon, ob der Ermäßigungsanspruch geltend gemacht wird oder nicht oder wenn der Ermäßigungsanspruch bereits verjährt ist. Ein solcher Ermäßigungsanspruch besteht insbesondere bei Zinsen und Dividenden aus Staaten, mit denen ein Doppelbesteuerungsabkommen besteht (vgl. BMF-Schreiben vom 20.1.2025, BStBl I S. 291). Wird eine angerechnete ausländische Steuer vor Ablauf der Verjährungsfrist für die deutsche Steuerfestsetzung nachträglich erstattet, so ist dies dem Finanzamt mitzuteilen.

Eine Anrechnung ausländischer Steuern (vgl. Tz 32.2) kann nur insoweit erfolgen, als die ausländischen Einkünfte – jeweils für den einzelnen Staat – bei der deutschen Einkommensteuerveranlagung in die Einkunftsermittlung einbezogen werden. Ebenso kommt die Anrechnung der Steuer für jene ausländischen Einkünfte bereits dem Grunde nach nicht in Betracht, die nicht der deutschen Steuer unterliegen (z. B. aus privaten Veräußerungsgeschäften außerhalb der Fristen des § 23 EStG) oder die nach einem DBA freigestellt sind. Für Einkünfte, die unter die Verlustausgleichsbeschränkung des § 2 a Abs. 1 EStG fallen (vgl. Tz 32.7), ist hingegen die Steueranrechnung im Rahmen der vorgeschriebenen Höchstbegrenzung nach § 34 c Abs. 1 EStG (vgl. oben) zulässig (R 34c Abs. 2 EStR). Bei der Ermittlung des Höchstbetrags nach § 34 c Abs. 1 EStG ist § 2 a Abs. 1 EStG sowohl im Jahr des Entstehens von negativen Einkünften als auch in den Jahren späterer Verrechnung zu beachten (R 34c Abs. 3 Satz 8 EStR).

Eine **Anrechnung** ausländischer Steuern scheidet außerdem aus, wenn:

1. die ausländische Steuer nicht der deutschen Einkommensteuer entspricht,
2. die ausländische Steuer nicht in dem Staat erhoben wird, aus dem die Einkünfte stammen, oder
3. ausländische Einkünfte i. S. des § 34 d EStG nicht gegeben sind.

In diesen Fällen dürfen die ausländischen Steuerbeträge **nicht in Zeile 12** eingetragen werden. Solche Steuerbeträge werden aber wie Betriebsausgaben oder Werbungskosten bei der Ermittlung der ausländischen Einkünfte der jeweiligen Einkunftsart abgezogen (§ 34 c Abs. 3 EStG). Diese Steuerbeträge sind deshalb bei der Ermittlung der **in Zeile 7** einzutragenden ausländischen Einkünfte zu berücksichtigen (und in **Zeile 10** anzugeben).

Eine Anrechnung der ausländischen Steuer kommt ebenfalls nicht in Betracht, wenn die ausländische Steuer im Rahmen des Steuerabzugs auf Kapitalerträge mit abgeltender Wirkung berücksichtigt wurde (vgl. Tz 32.2.2).

32.2.4 Berücksichtigung fiktiver ausländischer Steuern

13 In einigen DBA (z. B. mit Bangladesch, Mongolei, Sri Lanka) ist vorgesehen, dass bei bestimmten ausländischen Einkünften (Dividenden, Zinsen und Lizenzgebühren) auf die deutsche Einkommensteuer nicht die tatsächlich gezahlte ausländische Steuer, sondern eine **fiktive**, im jeweiligen DBA **besonders bestimmte Steuer** bis zu einem festgelegten Höchstsatz angerechnet wird. Die erforderlichen Angaben zu solchen in Zeile 7 enthaltenen Einnahmen sind auf besonderem Blatt zu machen (Bezeichnung der Einnahmen und der Wertpapiere usw.). Welche Anforderungen an den Nachweis für die jeweiligen Staaten gestellt werden, ist im BMF-Schreiben vom 3.8.2017 (BStBl I S. 1225) geregelt.

Die fiktive ausländische Steuer kann nur auf die deutsche Einkommensteuer **angerechnet** und in den Zeilen 12 bis 13 eingetragen werden. Insoweit besteht kein Wahlrecht zwischen Anrechnung oder Abzug ausländischer Steuern (vgl. oben).

32.3 Pauschal zu besteuernde ausländische Einkünfte (§ 34 c Abs. 5 EStG)

Anstelle der Anrechnung von ausländischen Steuern können die obersten Finanzbehörden der Länder oder die von ihnen beauftragten 14
Finanzbehörden mit Zustimmung des Bundesministers der Finanzen **auf Antrag** die auf ausländische Einkünfte entfallende deutsche Einkommensteuer auch in einem **Pauschbetrag** festsetzen bzw. ganz oder zum Teil **erlassen,** wenn dies aus volkswirtschaftlichen Gründen zweckmäßig oder die Anwendung der Anrechnungsmethode (vgl. **Zeilen 12 bis 13**) besonders schwierig ist. Bezüglich des Pauschalierungsverfahrens bei Einkünften aus einer ausländischen Betriebsstätte oder aus einer ausländischen Personengesellschaft gilt eine bundeseinheitliche Regelung vom 10.4.1984 (BStBl I S. 252). Liegen die dort beschriebenen Voraussetzungen vor, gilt die Zustimmung des Bundesministers der Finanzen als erteilt. Die **Finanzämter** sind in diesen Fällen ermächtigt, über die pauschale Steuerfestsetzung in eigener Zuständigkeit zu entscheiden. Die **Höhe** der Pauschalsteuer beträgt **25 %** der pauschal zu besteuernden ausländischen Einkünfte, höchstens 25 % des zu versteuernden Einkommens.

Nach der oben genannten Regelung ist eine **Pauschalierung** der Einkommensteuer möglich:

1. für Einkünfte aus Gewerbebetrieb, die durch die Tätigkeit einer in einem ausländischen Staat befindlichen Betriebsstätte (BFH-Urteil vom 7.3.1979, BStBl II S. 527) erzielt werden, wenn die ausländische Betriebsstätte von dem inländischen Teil des Gesamtunternehmens durch organisatorische Maßnahmen, z. B. in der Buchführung oder durch eine Kostenträgerrechnung, so getrennt ist, dass die Ausgliederung des Teils der Einkünfte sichergestellt ist, für den die pauschale Besteuerung beantragt wird;
2. für Einkünfte aus der Beteiligung an einer ausländischen Personengesellschaft, bei der der Gesellschafter als Unternehmer (Mitunternehmer) anzusehen ist, wenn die Beteiligung zum Betriebsvermögen eines inländischen gewerblichen Unternehmens gehört;
3. für Einkünfte aus selbständiger Arbeit, wenn diese Einkünfte auf der technischen Beratung, Planung und Überwachung bei Anlagenerrichtung beruhen und in einer in einem ausländischen Staat unterhaltenen Betriebsstätte (festen Einrichtung) erzielt werden. Die Ausführungen in Nr. 1. zur Möglichkeit der Ausgliederung der pauschal zu besteuernden Einkünfte gelten entsprechend.

In den Fällen 1. und 2. setzt die pauschale Besteuerung voraus, dass die ausländische Betriebsstätte, Personengesellschaft oder Tochtergesellschaft, aus der die Einkünfte bezogen werden, jeweils ausschließlich oder fast ausschließlich die Herstellung oder Lieferung von Waren außer Waffen, die Gewinnung von Bodenschätzen oder die Bewirkung gewerblicher Leistungen zum Gegenstand hat, soweit diese nicht in der Errichtung oder dem Betrieb von Anlagen, die dem Fremdenverkehr dienen, oder in der Vermietung und Verpachtung von Wirtschaftsgütern einschließlich der Überlassung von Rechten, Plänen, Verfahren, Erfahrungen und Kenntnissen oder im Betrieb von Handelsschiffen im internationalen Verkehr bestehen.

Eine Pauschalierung nach diesen Grundsätzen kommt **nicht** in Betracht für Einkünfte aus der Veräußerung der Betriebsstätte und von Anteilen an einer Personengesellschaft oder an einer Tochtergesellschaft. Außerdem gelten die vorstehenden Grundsätze nicht für Einkünfte aus einem Staat, mit dem ein DBA besteht.

Stammen pauschal zu besteuernde Einkünfte aus **mehreren** ausländischen Staaten, so kann der Steuerpflichtige den Antrag auf Pauschalierung auf die Einkünfte aus einem oder mehreren dieser Staaten beschränken. Der Antrag auf pauschale Besteuerung kann jedoch nicht auf einen beliebigen Teilbetrag der Einkünfte, für die die pauschale Besteuerung in Betracht kommt, begrenzt werden.

Im Falle der Pauschalbesteuerung kann eine für diese Einkünfte entrichtete ausländische Einkommensteuer weder angerechnet noch abgezogen werden. Die pauschal besteuerten Einkünfte bleiben auch bei der Ermittlung der auf die übrigen Einkünfte anzuwendenden Steuersätze unberücksichtigt.

Der **Antrag auf Pauschalierung** kann gestellt werden, solange die Steuerfestsetzung noch nicht unanfechtbar ist oder unter dem Vorbehalt der Nachprüfung steht (BFH-Urteil vom 17.6.2020, BStBl 2021 II S. 211). Er ist für jeden VZ neu zu stellen.

Die Eintragung in der **Zeile 14** braucht nur in der **ersten** Anlage AUS vorgenommen zu werden, wenn mehrere Anlagen AUS abzugeben sind (vgl. Vorbemerkungen Tz 32.1 zum Vordruck Anlage AUS sowie Erläuterungen zu Zeilen 4 bis 13).

32.4 Anrechnung ausländischer Steuer nach § 50d Abs. 10 Satz 5 EStG

15–16 Werden Vergütungen i. S. des § 15 Abs. 1 Satz 1 Nr. 2 Satz 1 2. Halbsatz und Nr. 3 2. Halbsatz EStG (Sonderbetriebseinnahmen eines Mitunternehmers) erzielt, gelten bei Anwendung eines DBA diese Vergütungen als Teil des Unternehmergewinns. Erzielt z. B. ein unbeschränkt stpfl. Mitunternehmer, der abkommensrechtlich nicht im Inland, sondern in einem DBA-Staat ansässig ist, aus der Gewährung eines Darlehens Zinserträge, sind diese als Unternehmergewinn anzusehen und nicht als Zinserträge i. S. eines DBA. Sofern diese Erträge im DBA-Staat besteuert werden, wird die in diesem Staat nachweislich auf diese Einkünfte festgesetzte, gezahlte und um einen entstandenen Ermäßigungsanspruch gekürzte, der deutschen Einkommensteuer entsprechende ausländische Steuer nach § 50d Abs. 10 Satz 5 EStG angerechnet. Diese Einkünfte und die ausländische Steuer sind für die Zwecke der Anrechnung der ausländischen Steuer in den Zeilen 15 und 16 einzutragen.

32.5 Beteiligung oder Berechtigung im Sinne des Außensteuergesetzes

17–22 Der Gesetzgeber hat mit Wirkung ab 1.1.2022 die Hinzurechnungsbesteuerung nach §§ 7 AStG neu geregelt. Nach neuer Rechtslage gilt der Hinzurechnungsbetrag in dem VZ als zugeflossen, in dem das maßgebende Wj. der ausländischen Gesellschaft endet (§ 10 Abs. 2 Satz 1 AStG n. F.).

Nach §§ 7 bis 12 des Außensteuergesetzes (AStG) werden Einkünfte, die bei bestimmten **niedrig besteuerten ausländischen Gesellschaften** anfallen und (wie z. B. Grundstücks-, Wertpapier- oder Patenterträge) **nicht** auf einer aktiven wirtschaftlichen Betätigung i. S. des Gesetzes beruhen, bei der deutschen Besteuerung erfasst. Der **Steuerpflicht** unterliegt, wer als unbeschränkt Steuerpflichtiger unter den im AStG bestimmten Voraussetzungen an einer solchen Gesellschaft, die als »**Zwischengesellschaft**« (oder auch als »Basisgesellschaft«) bezeichnet wird, beteiligt ist.

Als **Zwischengesellschaften** kommen in Betracht ausländische Körperschaften, Personenvereinigungen oder Vermögensmassen i. S. des Körperschaftsteuergesetzes, die weder Geschäftsleitung noch Sitz im Inland haben und nicht von der Körperschaftsteuerpflicht ausgenommen sind und an denen der Steuerpflichtige allein oder zusammen mit ihm nahestehenden Personen **zu mehr als der Hälfte** beteiligt ist. Beteiligungen, die **über Personengesellschaften** gehalten werden, sind wie **unmittelbare** Beteiligungen zu behandeln.

Eine **niedrige Besteuerung** wird nach § 8 Abs. 5 AStG angenommen, wenn die Einkünfte der ausländischen Gesellschaft einer ertragsteuerlichen Belastung von weniger als 15 % unterliegen. Einkünfte unterliegen auch dann einer Belastung durch Ertragsteuern von weniger als 15 %, wenn Ertragsteuern von mindestens 15 % zwar rechtlich geschuldet, jedoch nicht tatsächlich erhoben werden.

Die Besteuerung wird in der Weise vorgenommen, dass ein sog. **Hinzurechnungsbetrag** ermittelt wird, der bei den Einkünften aus Kapitalvermögen (Zeile 27 der Anlage KAP) bzw. im Falle von Beteiligungen, die zu einem Betriebsvermögen gehören, bei den Einkünften aus diesem Betrieb anzusetzen ist. Auf den Hinzurechnungsbetrag ist § 3 Nr. 40 EStG (Teileinkünfteverfahren) nicht anzuwenden **(§ 10 AStG).** Ergibt sich ein negativer Betrag, so entfällt die Hinzurechnung. Eine **Anrechnung der Steuern,** die zulasten der ausländischen Gesellschaft erhoben worden sind, ist auf Antrag nach **§ 12 Abs. 1 AStG** (Zeile 21) möglich.

Nach **§ 12 Abs. 2 AStG** werden Steuern, die auf den Hinzurechnungsbetrag entfallen, auf Antrag angerechnet. Sollen Steuern i. S. des § 12 Abs. 2 AStG angerechnet werden, ist der entsprechende Antrag im Rahmen der Feststellung nach § 18 AStG zu stellen und in Zeile 22 einzutragen.

Steuerpflichtige, die an einer ausländischen Gesellschaft im oben dargestellten Sinne beteiligt sind oder waren, erhalten beim Finanzamt für die notwendigen weiteren Angaben einen **besonderen Vordruck.** Die Besteuerungsgrundlagen für die Anwendung der §§ 7 bis 12 AStG werden vom Finanzamt **gesondert und einheitlich festgestellt** (vgl. BFH-Urteil vom 15.3.1995, BStBl II S. 502). In den **Zeilen 17 bis 19** der Anlage AUS sind das feststellende Finanzamt, die Steuernummer, der ausländische Staat, in dem sich Sitz oder Geschäftsleitung der Zwischengesellschaft befinden, einzutragen. Der festgestellte Betrag, erhöht um die auf Antrag anzurechnenden Steuern nach § 12 Abs. 1 AStG, ist in Zeile 20 einzutragen. Werden Beträge aus **mehreren** Zwischengesellschaften zugerechnet, sind die Angaben entsprechend Zeilen 17 bis 22 auf besonderem Blatt zu machen.

Die Eintragungen in den **Zeilen 17 bis 22** brauchen nur in der **ersten** Anlage AUS vorgenommen zu werden, wenn mehrere Anlagen AUS abzugeben sind (vgl. Tz 32.1, Tz 32.2).

Wegen weiterer Ausführungen zum AStG vgl. Tz 21.18.11 unter **Erläuterungen zur Anlage G** sowie das BMF-Schreiben vom 22.12.2023, BStBl I Sondernummer 1/2023.

32.6 Familienstiftung nach § 15 AStG

In den Zeilen 23 bis 28 sind die Einkünfte aus einer **Familienstiftung** (Familienstiftung i. S. des § 15 AStG), die Geschäftsleitung und Sitz im Ausland hat, einzutragen. Die Einkünfte werden dem Stifter – wenn er unbeschränkt stpfl. ist –, sonst den unbeschränkt stpfl. Personen, die bezugs- oder anfallsberechtigt sind, entsprechend ihrem Anteil zugerechnet. **23-**

Eine Einkünftezurechnung entfällt bei Familienstiftungen mit Geschäftsleitung oder Sitz in einem EU- oder EWR-Staat, wenn der Nachweis geführt wird, dass dem Stifter bzw. den Bezugs- oder Anfallsberechtigten die Verfügungsmacht über das Stiftungsvermögen rechtlich und tatsächlich entzogen ist und eine Vereinbarung zur gegenseitigen Amtshilfe zwischen den deutschen Finanzbehörden und denen des Staates, in dem die ausländische Stiftung ihren Sitz bzw. ihre Geschäftsleitung hat, besteht (§ 15 Abs. 6 AStG).

Die Eintragungen in den **Zeilen 23 bis 28** brauchen nur in der **ersten** Anlage AUS vorgenommen zu werden, wenn mehrere Anlagen AUS abzugeben sind (vgl. Tz 32.1, Tz 32.2).

Die Einkünfte der ausländischen Familienstiftung werden im Rahmen einer einheitlichen und gesonderten Feststellung festgestellt. Das zuständige Feststellungsfinanzamt und die dortige Steuernummer sind in den Zeilen 23 bis 25 anzugeben. Der festgestellte Betrag ist in Zeile 26 und die auf Antrag anzurechnenden Steuern sind in Zeile 27 einzutragen. Die nach § 15 Abs. 11 Satz 2

AStG anzurechnende Steuer, die vom Feststellungsfinanzamt ermittelt wird, ist in Zeile 28 einzutragen.

32.7 Einschränkung der Verlustverrechnung bei Auslandsverlusten

–33 Die Verlustausgleichs- und -abzugsbeschränkung des **§ 2 a Abs. 1 und 2 EStG** ist nicht mehr auf negative Einkünfte aus **EU-Staaten** und den EWR-Staaten **Island, Norwegen und Liechtenstein** anzuwenden (§ 2 a Abs. 2a EStG). Mit Liechtenstein ist ein Abkommen auf dem Gebiet der Amtshilfe und des Auskunftsaustauschs ab 1.1.2010 ratifiziert worden. Damit ist auch Liechtenstein als EWR-Staat i. S. des § 2 a Abs. 2a EStG und nicht mehr als Drittstaat anzusehen. Diese Regelungen gelten nur für Verluste aus **Drittstaaten** i. S. des § 2 a Abs. 2a EStG. Nach **§ 2 a Abs. 1 EStG** dürfen **Verluste** (negative Einkünfte)

1. aus einer in einem Drittstaat belegenen **land- und forstwirtschaftlichen** Betriebsstätte,
2. aus einer in einem Drittstaat belegenen **gewerblichen** Betriebsstätte,
3. a) aus dem Ansatz des **niedrigeren Teilwerts** eines zu einem Betriebsvermögen gehörenden Anteils an einer Drittstaaten-Körperschaft, oder
   b) aus der **Veräußerung oder Entnahme** eines zu einem Betriebsvermögen gehörenden Anteils an einer Drittstaaten-Körperschaft oder aus der **Auflösung oder Herabsetzung des Kapitals** einer Drittstaaten-Körperschaft,
4. aus der Veräußerung von (zum Privatvermögen gehörenden) **wesentlichen Beteiligungen** i. S. des § 17 EStG (vgl. Tz 21.18.10 unter Erläuterungen zur Anlage G) an Drittstaaten-Kapitalgesellschaften, aus deren Auflösung, Kapitalherabsetzung oder -rückzahlung,
5. aus der Beteiligung an einem Handelsgewerbe als **stiller Gesellschafter** und aus **partiarischen Darlehen,** wenn der Schuldner Wohnsitz, Sitz oder Geschäftsleitung in einem Drittstaat hat,
6. a) aus der **Vermietung** oder der **Verpachtung** unbeweglichen Vermögens oder von Sachinbegriffen (Betriebsverpachtung), wenn diese in einem Drittstaat belegen sind, oder
   b) aus der entgeltlichen Überlassung von Schiffen, sofern der Überlassende nicht nachweist, dass diese ausschließlich oder fast ausschließlich in einem anderen Staat als einem Drittstaat eingesetzt worden sind, es sei denn, es handelt sich um Handelsschiffe, die
      aa) von einem Vercharterer ausgerüstet überlassen, oder
      bb) an in einem anderen als in einem Drittstaat ansässige Ausrüster, die die Voraussetzungen des § 510 Abs. 1 HGB erfüllen, überlassen, oder
      cc) insgesamt nur vorübergehend an in einem Drittstaat ansässige Ausrüster, die die Voraussetzung des § 510 Abs. 1 HGB erfüllen, überlassen worden sind, oder
   c) aus dem Ansatz des niedrigeren Teilwerts oder der Übertragung eines zu einem Betriebsvermögen gehörenden Wirtschaftsguts i. S. der Buchstaben a) und b),
7. a) aus dem Ansatz des niedrigeren Teilwerts, der Veräußerung oder Entnahme von Anteilen an Körperschaften mit Sitz oder Geschäftsleitung in einem anderen Staat als einem Drittstaat, soweit sie zu einem Betriebsvermögen gehören und die Gewinnminderungen auf einen Tatbestand i. S. der vorstehenden Nr. 1 bis 6 zurückzuführen sind,
   b) aus der Auflösung oder Kapitalherabsetzung von Körperschaften mit Sitz oder Geschäftsleitung in einem anderen Staat als einem Drittstaat, soweit die Einkünfte auf einen Tatbestand i. S. der vorstehenden Nr. 1 bis 6 zurückzuführen sind,
   c) aus der Veräußerung von wesentlichen Beteiligungen i. S. des § 17 EStG an Kapitalgesellschaften mit Sitz oder Geschäftsleitung in einem anderen Staat als einem Drittstaat, soweit die Einkünfte auf einen Tatbestand i. S. der vorstehenden Nr. 1 bis 6 zurückzuführen sind,

nur mit positiven Einkünften der **jeweils selben Art** und – mit Ausnahme der Fälle der **Nr. 6 b)** – aus **demselben Staat** ausgeglichen werden, in den Fällen der **Nr. 7** aufgrund von Tatbeständen der jeweils selben Art aus demselben Staat. Ein Ausgleich mit andersartigen Einkünften derselben staatlichen Herkunft scheidet ebenso aus wie ein Ausgleich gleichartiger Einkünfte aus unterschiedlichen ausländischen Staaten. Auch eine Berücksichtigung im Rahmen des **negativen Progressionsvorbehalts** (vgl. Tz 32.8, Tz 32.12) ist insoweit nicht möglich. Die nicht ausgleichbaren Verluste können auch nicht im Wege des Verlustabzugs nach § 10 d EStG im Vorjahr oder in den Folgejahren berücksichtigt werden (vgl. Tz 10.5 unter Erläuterungen zur Anlage Sonstiges). Den Verlusten sind **Gewinnminderungen** (z. B. aufgrund von Teilwertabschreibungen nach den vorstehenden Nr. 3 a), 6 c), 7 a)) gleichgestellt.

Auf die bislang bestandskräftig gesondert festgestellten **noch nicht verrechneten Verluste** nach § 2 a Abs. 1 Satz 5 EStG aus den **Mitgliedstaaten der EU sowie Island, Norwegen und Liechtenstein** (s. obige Erläuterungen) findet § 2 a Abs. 1 Satz 3 bis 5 EStG in der derzeit geltenden Fassung weiterhin Anwendung. Liegt ein solcher Fall vor, kommt es daher unter den Voraussetzungen des § 2 a Abs. 1 Satz 3 bis 5 EStG erst im Zeitpunkt der Erzielung von positiven Einkünften der jeweils selben Art bzw. in den Fällen des § 2 a Abs. 1 Satz 1 Nr. 7 EStG nur aufgrund von Tatbeständen der jeweils selben Art und – mit Ausnahme von Schiffsüberlassungen i. S. des § 2 a Abs. 1 Satz 1 Nr. 6 b EStG – demselben Staat zu einem entsprechenden Verlustausgleich. Dies hat allerdings nur Bedeutung, wenn diese Einkünfte dem Progressionsvorbehalt unterliegen, also nicht unter den Ausschlusskatalog des § 32 d Abs. 1 Satz 2 EStG fallen oder das jeweilige DBA die Anrechnungsmethode vorsieht (vgl. Tz 32.8).

Bis einschließlich 1991 fielen »**mittelbare Verluste**« aus Teilwertabschreibungen auf Anteile an ausländischen Kapitalgesellschaften oder aus der Veräußerung oder Entnahme solcher Anteile, wenn diese zu einem inländischen Betriebsvermögen gehören oder wesentliche Beteiligungen i. S. des § 17 EStG sind, nicht unter das Ausgleichsverbot. Gleiches galt für Teilwertabschreibungen, Veräußerungs- oder Entnahmeverluste bei Anteilen an inländischen Kapitalgesellschaften, die auf Auslandsverluste dieser Kapitalgesellschaft zurückzuführen sind, wenn die Anteile an der inländischen Kapitalgesellschaft zum Betriebsvermögen gehören oder eine wesentliche Beteiligung i. S. des § 17 EStG darstellen. Nach der erweiterten Fassung des § 2 a EStG werden seit 1992 auch solche mittelbaren Verluste von dem Ausgleichsverbot erfasst.

Soweit ein Ausgleich mit gleichartigen Einkünften aus demselben Staat nicht möglich ist, kommt jedoch ein **besonderer Verlustvortrag** während der folgenden Jahre in Betracht. Danach mindern die nicht ausgleichbaren Verluste (Gewinnminderungen) **in den folgenden Veranlagungszeiträumen** die positiven Einkünfte der **jeweils selben Art aus demselben Staat,** in den Fällen der **Nr. 7** aufgrund von Tatbeständen der jeweils selben Art aus demselben Staat. Die Minderung (Verrechnung) ist nur insoweit zulässig, als die Verluste in den vorangegangenen Veranlagungszeiträumen nicht berücksichtigt werden konnten (verbleibende Verluste). Die am Schluss eines Veranlagungszeitraums verbleibenden Verluste sind **gesondert festzustellen.** Für Verluste vor 1992 war der oben beschriebene besondere Verlustvortrag auf die folgenden **sieben** Veranlagungszeiträume beschränkt. Nach dem BFH-Urteil vom 30.6.2005 (BStBl II S. 641) dürfen jedoch auch ausländische Verluste, die in den Jahren 1985 bis 1991 entstanden und bis 1991 einschließlich nicht ausgeglichen worden sind, nach § 2 a EStG zeitlich unbegrenzt vorgetragen werden.

Bei zusammen veranlagten Ehegatten werden negative Einkünfte nach § 2 a Abs. 1 EStG des einen Ehegatten mit positiven Einkünften des anderen Ehegatten der jeweils selben Art und aus demselben Staat (mit Ausnahme der Fälle der Nr. 6 b) ausgeglichen oder verrechnet, soweit sie nicht mit eigenen positiven Einkünften ausgeglichen oder verrechnet werden können (R 2a Abs. 7 EStR). Die Angaben hierzu sind für jeden Ehegatten in seiner Anlage AUS zu machen.

Als **Ausnahme** lässt § 2 a **Abs. 2** EStG einen **Verlustausgleich** zu, wenn der Steuerpflichtige nachweist, dass die negativen Einkünfte aus einer **gewerblichen** Betriebsstätte im Ausland stammen, die **ausschließlich oder fast ausschließlich** die Herstellung oder Lieferung von Waren **außer** Waffen, die Gewinnung von Bodenschätzen sowie die Bewirkung gewerblicher Leistungen zum Gegenstand hat, soweit diese **nicht** in der Errichtung oder dem Betrieb von Anlagen, die dem Fremdenverkehr dienen, oder in der Vermietung oder Verpachtung von Wirtschaftsgütern einschließlich der Überlassung von Rechten, Plänen, Mustern, Verfahren, Erfahrungen und Kenntnissen bestehen (sog. **Aktivitätsklausel**). Der Handel mit Jagd- und Sportmunition ist keine Lieferung von Waffen i. S. des § 2 a Abs. 2 EStG.

Durch das Steueränderungsgesetz 1992 wurde die Aktivitätsklausel auf das Halten einer **Beteiligung an einer ausländischen Kapitalgesellschaft von mindestens 25 %** am Nennkapital ausgedehnt. Erfüllt diese Kapitalgesellschaft die im vorstehenden Absatz bezeichneten sachlichen Voraussetzungen der Aktivitätsklausel, so gilt das unmittelbare Halten der Beteiligung und die **damit zusammenhängende Finanzierung** als Bewirkung einer gewerblichen Tätigkeit, bei der Teilwertabschreibungen, Veräußerungs- und Entnahmeverluste dann nicht unter das Ausgleichsverbot nach § 2 a EStG fallen, wenn der Steuerpflichtige nachweist, dass die ausländische Kapitalgesellschaft entweder seit ihrer Gründung oder während der letzten fünf Jahre vor und in dem VZ, in dem die negativen Einkünfte bezogen werden, die Voraussetzungen der Aktivitätsklausel erfüllt hat. Durch die **Ausweitung der Aktivitätsklausel** auf das Beteiligungshalten wird die Holdingtätigkeit begünstigt. Voraussetzung ist allerdings, dass es sich um das unmittelbare Halten einer Beteiligung von mindestens 25 % an einer ausländischen Kapitalgesellschaft handelt, die selbst aktiv tätig ist. Mit der Einbeziehung der im Zusammenhang mit dem Beteiligungshalten stehenden Finanzierung in den Kreis der aktiven Tätigkeiten wird erreicht, dass eine als aktiv anzusehende Holdingtätigkeit nicht allein wegen dieser Finanzierung aus dem Begünstigungsbereich des § 2 a Abs. 2 EStG herausfällt.

Negative ausländische Einkünfte aus den Jahren 1985 bis 2024 i. S. des § 2 a Abs. 1 EStG, die noch nicht mit positiven Einkünften ausgeglichen worden sind, sind in Spalte 3, die negativen Einkünfte des Jahres 2025 sind in Spalte 4 einzutragen. In Spalte 5 ist anzugeben, ob und falls ja, in welcher Anlage und Zeile zur Einkommensteuererklärung diese enthalten sind. Wurden im Jahr 2025 positive Einkünfte derselben Art aus demselben Staat erzielt, sind diese in Spalte 6 einzutragen. In Spalte 7 ist anzugeben, in welcher Anlage und Zeile der Einkommensteuererklärung diese enthalten sind.

Unabhängig davon, ob ausländische Verluste nach § 2 a Abs. 1 und 2 EStG bei der inländischen Besteuerung zu berücksichtigen sind oder nicht, ist die im Ausland für diese Einkünfte gezahlte Steuer in den **Zeilen 10 bis 12** der Anlage AUS anzugeben.

> **ELSTER:**
> ELSTER sieht für negative Einkünfte insgesamt 20 Eintragungsmöglichkeiten vor.

32.8 Progressionsvorbehalt bei steuerfreien ausländischen Einkünften

34–38 Nach den geltenden Doppelbesteuerungsabkommen werden die **ausländischen Einkünfte,** die nach dem Abkommen von der deutschen Besteuerung **freizustellen** sind, bei der **Bemessung des Steuersatzes** für das der inländischen Besteuerung unterliegende Einkommen berücksichtigt **(Progressionsvorbehalt)**. Der **Steuersatz** für das der **deutschen Besteuerung** unterliegende Einkommen wird danach nach dem **Gesamteinkommen** bemessen (§ 32 b EStG). Mit Urteil vom 19.12.2001 (BStBl 2003 II S. 302) hat der BFH entschieden, dass der Progressionsvorbehalt nach § 32 b Abs. 1 Nr. 2 EStG bereits dann anwendbar ist, wenn das DBA es nicht verbietet (vgl. auch BFH-Urteil vom 19.11.2003, BStBl 2004 II S. 549).

Die Anwendung des Progressionsvorbehalts für bestimmte Einkünfte aus den **Mitgliedstaaten der EU** und den Staaten **Island, Norwegen** und **Liechtenstein** unterliegen gem. § 32 b Abs. 1 Satz 2 EStG nicht mehr dem Progressionsvorbehalt. Dies gilt für folgende Einkünfte:

1. Einkünfte aus einer land- und forstwirtschaftlichen Betriebsstätte,
2. Einkünfte aus einer gewerblichen Betriebsstätte, die nicht die Voraussetzungen des § 2 a Abs. 2 Satz 1 EStG erfüllt (sog. Produktivitätsklausel),
3. Einkünfte aus Vermietung und Verpachtung von unbeweglichem Vermögen oder von Sachinbegriffen,
4. Einkünfte aus der entgeltlichen Überlassung von Schiffen, sofern diese ausschließlich oder fast ausschließlich in einem anderen Drittstaat eingesetzt worden sind, es sei denn, es handelt sich um Handelsschiffe, die
   a) von einem Vercharterer ausgerüstet überlassen oder
   b) an in einem anderen als in einem Drittstaat ansässige Ausrüster, die die Voraussetzungen des § 510 Abs. 1 HGB erfüllen, überlassen oder
   c) insgesamt nur vorübergehend an in einem Drittstaat ansässige Ausrüster, die die Voraussetzungen des § 510 Abs. 1 HGB erfüllen, überlassen worden sind, oder
5. Verluste aus dem Ansatz des niedrigeren Teilwerts oder der Übertragung von Wirtschaftsgütern i. S. der Nrn. 3 und 4, die zu einem Betriebsvermögen gehören.

Nach DBA steuerfreie ausländische Einkünfte, die demnach noch dem Progressionsvorbehalt unterliegen, sind in den Zeilen 34 bis 38 anzugeben. Die Höhe der ausländischen Einkünfte ist dabei nach dem deutschen Steuerrecht zu ermitteln. **Steuerfreier Arbeitslohn** für Tätigkeiten im **Ausland** nach einem DBA ist jedoch nicht hier, sondern in der Anlage N-AUS sowie in den **Zeilen 21, 22 und 26 der Anlage N** einzutragen.

Im Rahmen des Progressionsvorbehalts können sich auch **ausländische Verluste** auf das **für den Steuersatz** maßgebende zu versteuernde Einkommen auswirken (sog. **negativer** Progressionsvorbehalt). Diese Möglichkeit ist jedoch durch § 2 a EStG erheblich **eingeschränkt.** Denn **ausländische Verluste bleiben** im Rahmen des negativen Progressionsvorbehalts **unberücksichtigt, wenn** es sich um **Verluste i. S. des § 2 a Abs. 1 EStG** handelt, z. B. ausländische Verluste aus Vermietung und Verpachtung, aus der Beteiligung an einem Handelsgewerbe als stiller Gesellschafter und aus partiarischen Darlehen, aus land- und forstwirtschaftlichen sowie bestimmten gewerblichen Betriebsstätten (vgl. Tz 32.7 und H 32b – Ausländische Verluste, Nr. 2 – EStH). Nach einem DBA steuerfreie ausländische Verluste i. S. des § 2 a Abs. 1 EStG können jedoch mit künftigen positiven Einkünften der jeweils selben Art und aus demselben Staat verrechnet werden und wirken sich hierdurch **mindernd** auf einen **positiven** Progressionsvorbehalt in der Zukunft aus. Die entsprechenden Angaben sind in den **Zeilen 46 bis 50** der Anlage AUS zu machen.

Können ausländische Verluste im Rahmen des negativen Progressionsvorbehalts berücksichtigt werden (weil kein gesetzlicher Ausschließungsgrund i. S. der vorstehenden Ausführungen vorliegt), so führt dies zu einer Minderung des auf das zu versteuernde Einkommen anzuwendenden Steuersatzes. Sind die berücksichtigungsfähigen ausländischen Verluste gleich hoch wie das stpfl. Einkommen, so sinkt der Satz der Einkommensteuer auf 0 % ab; von dem der deutschen Besteuerung unterliegenden Einkommen ist dann keine Steuer zu erheben. Übersteigen die Verluste in einem Jahr die Inlandseinkünfte ist ein Verlustrück- oder -vortrag nicht möglich, weil nach § 32 b Abs. 2 EStG **das zu versteuernde Einkommen** zur Ermittlung des anzuwendenden Steuersatzes **lediglich** um die unter den Progressionsvorbehalt fallenden Beträge **vermehrt** oder **vermindert** wird (vgl. auch H 32b – Allgemeines – EStH).

Über die Höhe der in Deutschland steuerfreien Einkünfte aus dem Ausland erfolgt unter bestimmten Voraussetzungen eine **Mitteilung an den anderen Staat.** Einzelheiten ergeben sich aus dem Merkblatt des BMF vom 29.5.2019 (BStBl I S. 480) zur »zwischenstaatlichen Amtshilfe durch Auskunftsaustausch in Steuersachen«, wonach der Steuerpflichtige grundsätzlich vor der Mitteilung an den anderen Staat anzuhören ist. Der Steuerpflichtige kann hiergegen Einwendungen erheben, die aus Vereinfachungsgründen schon in der Steuererklärung vorgebracht werden sollen.

> **ELSTER:**
> ELSTER sieht für steuerfreie Einkünfte insgesamt 20 Eintragungsmöglichkeiten vor.

39 Sofern ausländische Kapitalerträge erzielt werden, die im Inland dem Abgeltungsteuertarif nach § 32d Abs. 1 EStG unterlägen (vgl. Tz 14.1 unter Erläuterungen zur Anlage KAP), sind diese in Zeile 39 einzutragen. Diese Einkünfte werden nicht dem Progressionsvorbehalt unterworfen und dürfen nicht in den Zeilen 34 bis 38 enthalten sein.

32.9 Verlustberücksichtigung nach § 2a Abs. 3 und 4 EStG a. F.

40 Sind nach einem DBA **gewerbliche** Einkünfte aus einer in einem ausländischen Staat belegenen **Betriebsstätte** von der inländischen Besteuerung zu befreien, so wurde **bis einschließlich 1998** auf Antrag ein **Verlust,** der sich nach den Vorschriften des EStG bei diesen Einkünften ergab, bei der Ermittlung der Gesamteinkünfte **insoweit abgezogen,** als er nach dem DBA zu befreiende positive gewerbliche Einkünfte aus anderen in diesem Staat belegenen Betriebsstätten überstieg (§ 2a Abs. 3 EStG a. F.). Positive oder negative Einkünfte aus anderen Einkunftsarten, die der Steuerpflichtige im Anwendungsbereich des betreffenden DBA oder in einem anderen ausländischen Staat erzielte, blieben bei der Ermittlung des maßgeblichen Verlustsaldos außer Betracht. Für einen etwa nicht ausgleichbaren Teil des Verlustsaldos konnte der **Verlustabzug im Rahmen des § 10d EStG** geltend gemacht werden (§ 2a Abs. 4 EStG a. F.).

Ein Verlust der vorstehend genannten Art, der bei der Ermittlung der Gesamteinkünfte **abgezogen** worden ist, muss jedoch **insoweit,** als sich in einem der folgenden Veranlagungszeiträume bei den nach dem betreffenden DBA zu befreienden Einkünften aus gewerblicher Tätigkeit aus in diesem ausländischen Staat belegenen Betriebsstätten **insgesamt ein positiver Betrag** ergibt, bei der Ermittlung des Gesamtbetrags der Einkünfte wieder **hinzugerechnet** werden. Diese Nachversteuerung früher geltend gemachter Verluste ist auch dann erforderlich, wenn die Verluste aufgrund des bis 1989 geltenden **Auslandsinvestitionsgesetzes** (AIG) abgezogen wurden. Im Falle einer **Umwandlung** einer ausländischen Betriebsstätte in eine **Kapitalgesellschaft** muss ein abgezogener Verlust, soweit er nicht wieder hinzugerechnet worden ist, im **Veranlagungszeitraum der Umwandlung** ebenfalls **hinzugerechnet** werden (§ 2a Abs. 4 EStG a. F.).

Die Pflicht zur **Nachversteuerung** eines abgezogenen Verlustsaldos **wegen Erzielung eines Gewinnsaldos** in den Folgejahren war zeitlich unbegrenzt.

Durch das Steuerentlastungsgesetz 1999/2000/2002 wurde § 2a Abs. 3 EStG mit Wirkung ab dem VZ **1999 weitgehend aufgehoben.** Verluste aus ausländischen Betriebsstätten können sonach ab 1999 nur noch im Rahmen des negativen Progressionsausgleichs berücksichtigt werden. Durch die zeitlichen Anwendungsregelungen in **§ 52 Abs. 2 EStG** (auch bezüglich des früheren § 2a Abs. 4 EStG) wird sichergestellt, dass vor 1999 abgezogene Verluste durch **Hinzurechnung** nachversteuert werden, soweit sich aus der ausländischen Betriebsstätte ein Gewinn ergibt oder soweit eine in einem ausländischen Staat belegene Betriebsstätte in eine Kapitalgesellschaft umgewandelt wird. Die Hinzurechnungsregelungen wurden durch das **Steuerbereinigungsgesetz 1999** in zwei Punkten **verschärft:**

1. Bisher entfiel eine Hinzurechnung der früheren Betriebsstättenverluste, wenn nachgewiesen wurde, dass der Steuerpflichtige im ausländischen Belegenheitsstaat einen Abzug der Verluste in anderen Jahren als dem Verlustjahr allgemein nicht beanspruchen konnte. Diese Ausnahmeregelung ist ersatzlos gestrichen worden.
2. Die bisher vorgeschriebene Hinzurechnung im Falle der Umwandlung der ausländischen Betriebsstätte in eine Kapitalgesellschaft ist um zwei weitere Fälle **ausgedehnt** worden, nämlich die entgeltliche oder unentgeltliche **Übertragung** der Betriebsstätte sowie die »missbräuchliche« **Aufgabe** der Betriebsstätte, obwohl die Geschäftstätigkeit durch eine verbundene Gesellschaft oder nahe stehende Person tatsächlich fortgeführt wird (§ 52 Abs. 3 Sätze 3 bis 5 EStG a. F.).

Die Hinzurechnung ist auch dann vorzunehmen, wenn sich die positiven Einkünfte aufgrund eines **Veräußerungsgewinns** ergeben. Bei der Hinzurechnung wird weder der Freibetrag nach § 16 Abs. 4 EStG noch die Tarifermäßigung nach § 34 EStG (vgl. Tz 21.18 unter Erläuterungen zur Anlage G) gewährt (H 2a – Nachversteuerung – EStH).

32.10 Nach Doppelbesteuerungsabkommen steuerfreie außerordentliche Einkünfte

Sind **außerordentliche** Einkünfte (z. B. Veräußerungsgewinne aus einer gewerblichen oder landwirtschaftlichen Betriebsstätte) nach einem Doppelbesteuerungsabkommen **steuerfrei,** so werden diese nach § 32b EStG bei der Berechnung des Progressionsvorbehalts durch das Finanzamt (vgl. Tz 32.8) mit einem **Fünftel** berücksichtigt. Derartige steuerfreie Einkünfte sind hier und in Zeilen 34 bis 38 einzutragen. Was zu den außerordentlichen Einkünften i. S. des § 34 EStG zählt, vgl. Tz 21.18.14 unter Erläuterungen zur **Anlage G.** Zur Vorschrift des § 34b EStG vgl. Tz 29 unter Erläuterungen zur **Anlage 34b.** 41

Werden aus der Veräußerung eines Betriebs Verluste erzielt, fallen diese nicht unter die Fünftelregelung. Der Verlust geht vielmehr in voller Höhe in die Berechnung des negativen Progressionsvorbehalts ein (BFH-Urteil vom 1.2.2012, BStBl II S. 405). Ein solcher Verlust ist deshalb nicht in Zeile 41, sondern nur in den Zeilen 34 bis 38 einzutragen.

Handelt es sich bei den in den Zeilen 34 bis 38 erklärten Einkünften um ein sog. Steuerstundungsmodell i. S. des § 15b EStG, ist in Zeile 42 anzugeben, in welcher Zeile dieses eingetragen wurde. Im Einzelnen vgl. Tz 21.11 unter Erläuterungen zur **Anlage G.** 42

32.11 Einkünfte i. S. des § 32b EStG i. V. mit privaten Veräußerungsgeschäften nach § 23 EStG

Bei Gewinnen aus der Veräußerung von ausländischen Grundstücken im Privatvermögen, die ein privates Veräußerungsgeschäft darstellen (vgl. Tz 20.9 unter Erläuterungen zur Anlage SO), sehen die Doppelbesteuerungsabkommen in den meisten Fällen vor, dass diese im ausländischen Belegenheitsstaat besteuert werden können. Das gilt gleichermaßen für Verluste aus der Veräußerung von Grundstücken. Sofern das einschlägige DBA zur Vermeidung der Doppelbesteuerung die sog. Freistellungsmethode vorsieht, sind diese Gewinne bei Ermittlung des inländischen zu versteuernden Einkommens nicht zu berücksichtigen. Diese unterliegen aber dem Progressionsvorbehalt nach § 32b Abs. 1 Nr. 3 EStG. Der Progressionsvorbehalt ist auch nicht nach § 32b Abs. 1 Satz 2 EStG ausgeschlossen. 43–45

Sofern ein Verlust aus dem privaten Veräußerungsgeschäft entstanden ist, ist § 23 Abs. 3 Satz 7 und 8 EStG zu beachten (vgl. Tz 20.9.7 unter Erläuterungen zur Anlage SO). Danach können Verluste aus privaten Veräußerungsgeschäften auch nur mit Gewinnen aus privaten Veräußerungsgeschäften ausgeglichen werden. Die Verluste, die dem Progressionsvorbehalt unterliegen, können aber nur mit Gewinnen aus privaten Veräußerungsgeschäften verrechnet werden, die ebenfalls dem Progressionsvorbehalt unterliegen. Eine Verrechnung eines solchen Verlustes aus einem privaten Veräußerungsgeschäft ist mit Gewinnen aus anderen privaten Veräußerungsgeschäften auch aus anderen Ländern möglich, mit dem ein DBA besteht, falls für die Gewinne ebenfalls die Freistellungsmethode anzuwenden ist. Eine Verrechnung mit Gewinnen aus privaten Veräußerungsgeschäften, die im Inland erzielt wurden oder mit ausländischen Gewinnen, für die die Anrechnungsmethode vorgesehen ist, ist nicht möglich.

In Zeile 43 ist deshalb der Gewinn oder Verlust aus einem privaten Veräußerungsgeschäft zu erklären. Außerdem ist anzugeben, aus welchem Staat die Einkünfte und aus welcher Einkunftsquelle diese stammen. Um eine Verrechnung mit bereits in den Vorjahren festgestellten negativen Einkünften nach § 10d EStG sicher zu stellen, wird in Zeile 44 abgefragt, ob bereits negative Einkünfte festgestellt wurden.

Nach § 10d EStG ist vorgesehen, dass im Falle eines Verlusts von einem Rücktrag in das Jahr 2024 abgesehen werden kann. In diesem Fall ist in Zeile 45 ein entsprechender Eintrag vorzunehmen (vgl. Tz 20.9.7 unter Erläuterungen zur Anlage SO). Das Finanzamt stellt dann einen verbleibenden Verlustvortrag fest, der in künftigen Jahren berücksichtigt wird.

32.12 Auslandsverluste und Progressionsvorbehalt

Auf die vorstehenden Ausführungen zu den Zeilen 29 bis 33 (vgl. Tz 32.7) und 34 bis 38 (vgl. Tz 32.8) wird hingewiesen. Statt der jeweiligen Anlage zur Einkommensteuererklärung (wie in Zeilen 29 bis 33) ist hier in Spalte 7 anzugeben, auf welche Zeile (der Zeilen 34 bis 38 der **Anlage AUS**) sich diese Einkünfte beziehen. **46–**

ELSTER:
ELSTER sieht für steuerfreie negative Einkünfte insgesamt 20 Eintragungsmöglichkeiten vor.

33. Anlage WA-ESt 2025 – Weitere Angaben und Anträge

33.1 Vorbemerkungen

Die »**Anlage WA-ESt**« ergänzt die Angaben zum Hauptvordruck ESt 1 A für unbeschränkt stpfl. Personen i. S. des § 1 Abs. 1 bis 3 EStG. Darin sind die folgenden Sachverhalte mit **Auslandsbezug** zu erklären bzw. Anträge zu stellen:

- Fälle der nur zeitweisen unbeschränkten Steuerpflicht im Kj. 2025 (Zeilen 4 bis 7);
- Fälle der Beendigung der unbeschränkten Steuerpflicht (Zeile 8 bis 11);
- Antrag auf unbeschränkte Steuerpflicht bei Wohnsitz im Ausland (Zeilen 12 bis 18);
- Anzurechnende Steuern (Zeilen 19 bis 22);
- Vorliegen eines weiteren Wohnsitzes im Ausland im Kj. 2025 (Zeilen 23 und 24);
- Mitteilung von grenzüberschreitenden Steuergestaltungen (Zeilen 25 bis 27).

Ehegatten/Lebenspartner, die zusammen veranlagt werden, müssen die »Anlage WA-ESt« gemeinsam ausfüllen.

Bei **Auslandssachverhalten** sind erhöhte **Mitwirkungspflichten** des Steuerpflichtigen gesetzlich vorgeschrieben (§ 90 Abs. 2 AO). **Belege**, die zur Prüfung des Auslandssachverhalts benötigt werden (z. B. Nachweise über die Höhe der nicht der deutschen ESt unterliegenden Auslandseinkünfte; vgl. Tz 33.5.1, Tz 35.5.2), sind daher bereits mit der Steuererklärung in Kopie **einzureichen**. Entsprechende digitale Belege können direkt mit den Eingabefeldern der Anlage WA-ESt verknüpft werden, sodass sich bei elektronischen Steuererklärungen die Belegvorlage erübrigt (vgl. Vorbemerkungen Tz 14.4).

33.2 Unbeschränkte und beschränkte Steuerpflicht

33.2.1 Unbeschränkte Steuerpflicht

r 4 Das Einkommensteuerrecht unterscheidet zwischen **unbeschränkter** und **beschränkter Steuerpflicht**. Nach § 1 **Abs. 1** EStG setzt die unbeschränkte Steuerpflicht grds. voraus, dass die betreffende Person ihren **Wohnsitz** oder **gewöhnlichen Aufenthalt** im Inland hat. Das Vorliegen eines Wohnsitzes oder eines gewöhnlichen Aufenthalts bestimmt sich nach § 8 und § 9 AO. Ein Wohnsitz i. S. des § 8 AO setzt nicht voraus, dass der Steuerpflichtige sich während einer Mindestzahl von Tagen oder Wochen im Jahr tatsächlich in der Wohnung aufhält. Auch unregelmäßige Aufenthalte in einer Wohnung können zur Aufrechterhaltung eines dortigen Wohnsitzes führen (BFH-Urteil vom 24.7.2018, I R 58/16, BFH/NV 2019 S. 104). Die An- und die Abmeldung bei den Meldebehörden können im Allgemeinen als Indizien dafür angesehen werden, dass ein Steuerpflichtiger seinen Wohnsitz unter der angegebenen Anschrift begründet bzw. aufgegeben hat. Weitere Einzelheiten zum Vorliegen eines Wohnsitzes oder gewöhnlichen Aufenthalts regelt der AEAO zu § 8 und § 9.

Unbeschränkt stpfl. sind nach § 1 **Abs. 2** EStG auch deutsche Staatsangehörige, die im Inland weder einen Wohnsitz noch ihren gewöhnlichen Aufenthalt haben, wenn sie zu einer inländischen juristischen Person des öffentlichen Rechts in einem Dienstverhältnis stehen und dafür Arbeitslohn aus einer **inländischen öffentlichen Kasse** erhalten. Unbeschränkt einkommensteuerpflichtig sind nach § 1 Abs. 2 EStG auch zum Haushalt gehörende Angehörige, die die deutsche Staatsangehörigkeit besitzen (wegen Besonderheit bei einem ausländischen Ehegatten/Lebenspartner vgl. R 1 EStR) oder keine Einkünfte oder nur Einkünfte beziehen, die ausschließlich im Inland einkommensteuerpflichtig sind. § 1 Abs. 2 EStG gilt allerdings nur für Personen, die in dem Staat, in dem sie ihren Wohnsitz haben, lediglich in einem der **beschränkten Einkommensteuerpflicht** ähnlichen Umfang zu einer Steuer vom Einkommen herangezogen werden, z. B. für Beschäftigte im diplomatischen oder konsularischen Dienst, für bestimmte Auslandslehrer (vgl. H 1a – Auslandslehrkräfte und andere nicht entsandte Arbeitnehmer – EStH) und für Bedienstete bei den NATO-Organisationen. Das Vorliegen einer nur beschränkten Einkommensteuerpflicht im ausländischen Staat ist nach den Vorschriften des maßgebenden ausländischen Steuerrechts zu prüfen (BFH-Urteil vom 22.2.2006, BStBl 2007 II S. 106).

Die unbeschränkte Steuerpflicht erstreckt sich auf alle steuerbaren Einkünfte im In- und Ausland (sog. »**Welteinkommensprinzip**«), soweit nicht eine Steuerbefreiung aufgrund eines DBA oder nach § 3 EStG in Betracht kommt. Verschiedene Steuervergünstigungen des EStG gelten nur für unbeschränkt stpfl. Personen.

33.2.2 Beschränkte Steuerpflicht

Beschränkt einkommensteuerpflichtig sind – vorbehaltlich des § 1 Abs. 2 und 3 EStG sowie des § 1 a EStG (vgl. Tz 33.5) – Personen, die im Inland weder einen Wohnsitz noch ihren gewöhnlichen Aufenthalt haben, wenn sie inländische Einkünfte i. S. des § 49 EStG erzielen (§ 1 Abs. 4 EStG). Die beschränkte Steuerpflicht erstreckt sich nur auf diese inländischen Einkünfte, andererseits sind verschiedene Steuervergünstigungen und Abzüge bei beschränkt Steuerpflichtigen eingeschränkt oder ausgeschlossen (vgl. Tz 34.2.5).

Beschränkt stpfl. Personen haben unter Verwendung des gesonderten **Hauptvordrucks ESt 1 C** und den dazu gehörenden **Anlage-Vordrucke** (z. B. Anlage G, S, N, V, R, SO oder L) eine jährliche Steuererklärung über ihre im abgelaufenen Kj. (VZ) bezogenen inländischen Einkünfte abzugeben, soweit für diese die ESt nicht durch den Steuerabzug als abgegolten gilt (§ 50 Abs. 2 Satz 1 EStG); siehe die Erläuterungen und Ausfüllhinweise zum Hauptvordruck ESt 1 C unter Tz 34.

Grds. gilt die ESt beschränkt Steuerpflichtiger für die Einkünfte als **abgegolten**, wenn diese dem Steuerabzug vom Arbeitslohn oder vom Kapitalertrag oder dem Steuerabzug nach § 50 a EStG unterliegen. Diese Einkünfte sind in der Einkommensteuererklärung für beschränkt Steuerpflichtige grds. **nicht** anzugeben. Es bestehen aber Ausnahmen von der Abgeltungswirkung (vgl. Tz 34.2.1).

33.3 Nur zeitweise unbeschränkte Steuerpflicht

Ein Steuerpflichtiger, der im Laufe des Kj. in das Ausland wegzieht 4–7
oder vom Ausland zuzieht, unterliegt nur während eines Teils des Kj. der unbeschränkten Steuerpflicht. Er wechselt von der unbeschränkten zur beschränkten Steuerpflicht oder umgekehrt von der beschränkten zur unbeschränkten Steuerpflicht. Für das Kj. des **Wechsels** der **Steuerpflicht** ist gleichwohl **nur eine** Einkommensteuererklärung zur unbeschränkten Steuerpflicht mit dem Hauptvordruck ESt 1 A und den dazu gehörenden Anlage-Vordrucken abzugeben. Die Einkommensteuerveranlagung wird dementsprechend nach den Grundsätzen der unbeschränkten Steuerpflicht durchgeführt, wobei alle zustehenden Jahresfreibeträge und Steuerermäßigungen zu berücksichtigen sind (§ 2 Abs. 7 Satz 3 EStG).

Bei der Ermittlung des zu versteuernden Einkommens sind die während der Zeit der beschränkten Steuerpflicht (Wohnsitz im Ausland) erzielten **inländischen Einkünfte** i. S. des § 49 EStG den während der unbeschränkten Steuerpflicht (Wohnsitz im Inland) erzielten Einkünften hinzuzurechnen. Deshalb sind auch die während der Zeit der beschränkten Steuerpflicht angefallenen inländischen Einkünfte in den Anlage-Vordrucken L, G, S, N, V, KAP, KAP-BET, R, R-AV/bAV und SO anzugeben. Die Abgeltungswirkung für beschränkt stpfl. Einkünfte nach § 50 Abs. 2 Satz 1 EStG, die dem Steuerabzug unterliegen, tritt in diesem Fall **nicht** ein.

Zusätzlich sind in der Anlage WA-ESt die folgenden Angaben zu machen:

- In den **Zeile 4** und **5** ist von der stpfl. Person (bei Ehegatten/Lebenspartnern getrennt für »Ehemann/Person A« und »Ehefrau/Person B«) der **Zeitraum** anzugeben, für den ein Wohnsitz oder gewöhnlicher Aufenthalt im Inland vorlag. Bei einem Wegzug ins Ausland zählt der Umzugstag noch als gewöhnlicher Aufenthalt im Inland und somit zum Zeitraum der unbeschränkten Steuerpflicht (FG Hamburg vom 12.5.2022, 5 K 141/18, EFG 2022 S. 1267).

- In **Zeile 6** sind in einer Summe die **ausländischen Einkünfte** einzutragen, die außerhalb der in den Zeilen 4 und 5 angegebenen Zeiträumen im Ausland bezogen wurden und die **nicht** der deutschen ESt unterlegen haben. Diese Einkünfte sind nach deutschem Steuerrecht zu ermitteln; sie werden nur bei der Ermittlung des Steuersatzes berücksichtigt, der auf die stpfl. Einkünfte angewandt wird (sog. **Progressionsvorbehalt**; BFH-Urteil vom 19.11.2003, BStBl 2004 II S. 549). Zur Vermeidung von Rückfragen empfiehlt es sich, die Art und Höhe dieser Einkünfte auf besonderem Blatt näher zu erläutern und ggf. Nachweise darüber beizufügen; es gilt allerdings für sonstige Belege zur Steuererklärung lediglich eine Belegvorhaltepflicht. Diese sind nur auf Anforderung des Finanzamts auf elektronischem Weg oder in Kopie vorzulegen (vgl. Vorbemerkungen Tz 14.1).
- Die in Zeile 6 enthaltenen **außerordentlichen ausländischen Einkünfte** i. S. der §§ 34, 34b EStG sind gesondert in **Zeile 7** zu erklären; diese Einkünfte werden bei der Berechnung des Steuersatzes im Rahmen des Progressionsvorbehalts durch das Finanzamt nur mit einem **Fünftel** berücksichtigt (§ 32b Abs. 2 Nr. 2 EStG).

33.4 Beendigung der Steuerpflicht

8 Ist ein Steuerpflichtiger innerhalb der letzten 5 Jahre an einer in- oder ausländischen **Kapitalgesellschaft**, **Genossenschaft** oder optierenden Gesellschaft i. S. des § 1 a KStG unmittelbar oder mittelbar zu mindestens 1 % beteiligt gewesen, wird im Jahr der Beendigung der unbeschränkten Steuerpflicht eine (fiktive) Vermögenszuwachsbesteuerung des Veräußerungsgewinns nach § 17 EStG auch ohne Veräußerung der Anteile durchgeführt (§ 6 Abs. 1 Nr. 1 AStG). In **Zeile 8** wird dementsprechend abgefragt, ob dem Steuerpflichtigen im Zeitpunkt der Beendigung der unbeschränkten Steuerpflicht (Wegzug) eine Beteiligung i. S. des § 17 EStG an einer in- oder ausländischen Kapitalgesellschaft, Genossenschaft oder optierenden Gesellschaft i. S. des § 1 a KStG gehört hat. Diese Abfrage ist in dem dafür vorgesehenen Eintragungsfeld entweder mit »1« (= Ja) oder »2« (= Nein) zu beantworten (ggf. getrennt für die/den »stpfl. Person/Ehemann/Person A« und für die »Ehefrau/Person B«). Wird die Abfrage in Zeile 8 mit »1« (= Ja) beantwortet, sind für die Ermittlung des fiktiven Veräußerungsgewinns die **Zeilen 82** bis **95** der **Anlage G** auszufüllen (vgl. Tz 21.18.10). Der Beendigung der unbeschränkten Steuerpflicht stehen in § 6 Abs. 1 AStG weitere Tatbestände gleich (vgl. Tz 21.18.11).

9 Im Rahmen des JStG 2024 (BGBl 2024 I Nr. 387) wurde ab dem Jahr 2025 eine »**Wegzugsbesteuerung**« für bestimmte **Investmentanteile** vergleichbar zu § 6 AStG eingeführt. Ein Steuerpflichtiger, der im Privatvermögen Investmentanteile i. S. des § 19 Abs. 3 InvStG hält, hat im Jahr der Beendigung seiner unbeschränkten Steuerpflicht (Wegzug ins Ausland) einen **fiktiven Veräußerungsgewinn** – wie bei der Veräußerung dieser Anteile zum gemeinen Wert – zu versteuern. Betroffen sind nur Investments, bei denen der bisher unbeschränkt stpfl. Anleger innerhalb der letzten fünf Jahre vor dem Wegzug unmittelbar oder mittelbar **mindestens 1 %** der ausgegebenen **Investmentanteile** gehalten hat oder im Zeitpunkt des Wegzugs **Investmentanteile** hält, deren **Anschaffungskosten** mindestens **500 000 €** betragen. In **Zeile 9** wird dementsprechend abgefragt, ob dem Steuerpflichtigen im Zeitpunkt der Beendigung der unbeschränkten Steuerpflicht (Wegzug) Investmentanteile i. S. des § 19 Abs. 3 InvStG gehört haben. Diese Abfrage ist in dem dafür vorgesehenen Eintragungsfeld entweder mit »1« (= Ja) oder »2« (= Nein) zu beantworten (ggf. getrennt für die/den stpfl. Person/Ehemann/Person A und für die Ehefrau/Person B). Wird die Abfrage in Zeile 9 mit »1« (= Ja) beantwortet, sind zur Erfassung und Ermittlung des fiktiven Veräußerungsgewinns die **Zeilen 14** bis **28** (vgl. Tz 16.4) sowie die **Zeilen 46** bis **56** der **Anlage KAP-INV** auszufüllen (vgl. Tz 16.7).

Der Steueranspruch aus der Vermögenszuwachsbesteuerung nach § 6 Abs. 1 AStG **entfällt** nach § 6 Abs. 3 Satz 1 AStG, wenn die Beendigung der unbeschränkten Steuerpflicht auf einer nur »**vorübergehenden Abwesenheit**« beruht und die stpfl. Person innerhalb von **sieben Jahren** seit Beendigung der unbeschränkten Steuerpflicht wieder unbeschränkt stpfl. wird (sog. Rückkehrregelung). Dies setzt eine **Rückkehrabsicht** voraus. Wenn keine Anhaltspunkte bestehen, die eine gegenteilige Wertung nahelegen, reicht die **Erklärung** des Steuerpflichtigen für die Annahme der Rückkehrabsicht aus (Rz 128 des BMF-Schreibens vom 22.12.2023, BStBl 2023 I, Sondernummer 1 S. 2). Dementsprechend ist zur Dokumentation der Rückkehrabsicht in **Zeile 10** die folgende Abfrage entweder mit »1« (= Ja) oder »2« (= Nein) zu beantworten (ggf. getrennt für die/den »stpfl. Person/Ehemann/Person A« und für die »Ehefrau/Person B«): 10

»Ich beabsichtige innerhalb von 7 Jahren nach dem Zeitpunkt der Beendigung der unbeschränkten Steuerpflicht wieder ins Inland zurückzukehren.«

Das Tatbestandsmerkmal der nur vorübergehenden Abwesenheit ist auch erfüllt, wenn der Steuerpflichtige innerhalb des vorgegebenen Siebenjahreszeitraums des § 6 Abs. 3 Satz 1 AStG tatsächlich zurückkehrt (BFH-Urteil vom 21.12.2022, BStBl 2023 II S. 898). Das Finanzamt kann die Frist von sieben Jahren auf Antrag insgesamt um höchstens fünf Jahre verlängern, wenn die Absicht des Steuerpflichtigen zur Rückkehr unverändert fortbesteht (§ 6 Abs. 3 Satz 3 AStG). Die Rückkehrabsicht ist dann aber spätestens mit dem Antrag auf Fristverlängerung zu dokumentieren (Rz 130 des o. a. BMF-Schreibens vom 22.12.2023).

Auch bei der »Wegzugsbesteuerung« von **Investmentanteilen** i. S. des § 19 Abs. 3 InvStG (Zeile 9) entfällt der Steueranspruch, wenn der Steuerpflichtige innerhalb von 7 Jahren nach dem Zeitpunkt der Beendigung der unbeschränkten Steuerpflicht wieder ins Inland zurückkehrt (§ 19 Abs. 3 Satz 3 InvStG, § 6 Abs. 3 Satz 1 AStG). Deshalb sind auch in diesen Fällen in **Zeile 10** Angaben zu einer geplanten Rückkehr im Inland zu machen.

Bei Beendigung der unbeschränkten Steuerpflicht durch Wohnsitzverlegung in das Ausland gilt nach § 2 AStG eine »**erweiterte beschränkte Steuerpflicht**«, wenn der Steuerpflichtige 1

- in den letzten **zehn Jahren** vor dem Wegzug mindestens **fünf Jahre** als deutscher Staatsangehöriger unbeschränkt stpfl. i. S. des § 1 Abs. 1 Satz 1 EStG war,
- seinen Wohnsitz in ein Gebiet mit niedriger Besteuerung (**Niedrigsteuerland**) verlagert hat, und
- nach wie vor wesentliche **wirtschaftliche Interessen** im **Inland** hat.

Sind diese Voraussetzungen der erweiterten beschränkten Steuerpflicht erfüllt, so unterliegen für einen Zeitraum von **zehn Jahren** zusätzlich zur beschränkten Steuerpflicht weitere Einkünfte der deutschen ESt, soweit dies nicht durch ein DBA ausgeschlossen wird.

Um diese Fälle der »erweitert beschränkten Steuerpflicht« erkennen zu können, wird in der **Zeile 11** abgefragt, ob im Zeitraum zwischen Beendigung der unbeschränkten Steuerpflicht bis zur Abgabe der Einkommensteuererklärung 2025 der Wohnsitz zumindest zeitweise in einem niedrig besteuernden Gebiet i. S. des § 2 Abs. 2 AStG lag. Diese Frage ist in dem dafür vorgesehenen Eintragungsfeld entweder mit »1« (= Ja) oder »2« (= Nein) zu beantworten (ggf. getrennt für die/den »stpfl. Person/Ehemann/Person A« und für die »Ehefrau/Person B«).

33.5 Erweiterte unbeschränkte Steuerpflicht

33.5.1 Unbeschränkte Steuerpflicht auf Antrag

Nach § 1 **Abs. 3** EStG werden auf **Antrag** auch Personen als unbeschränkt einkommensteuerpflichtig behandelt, die im Inland weder einen Wohnsitz noch ihren gewöhnlichen Aufenthalt haben, soweit vor sie inländische Einkünfte i. S. des § 49 EStG erzielt haben. Dies gilt allerdings nur, wenn diese **Einkünfte** im VZ 2025 nachweislich mindestens zu **90 %** der **deutschen ESt** (»relative Wesentlichkeitsgrenze«) unterliegen **oder** die nicht der deutschen ESt unterliegenden **Auslandseinkünfte** nicht mehr als **12 096 €** (»absolute Wesentlichkeitsgrenze«) betragen. Der **Grenzbetrag** von 12 096 € ist an den steuerlichen **Grundfreibetrag** des § 32 a EStG gekoppelt. Für die Anwendung familienbezogener Steuervergünstigungen nach § 1 a EStG im VZ 2025 (z. B. für das Splittingverfahren) verdoppelt sich der Grenzbetrag von 12 096 € auf 24 192 € (vgl. Tz 33.5.2).

Der Grenzbetrag von 12 096 € ist zu **kürzen**, soweit es nach den Verhältnissen im Wohnsitzstaat des Steuerpflichtigen notwendig und angemessen ist. Bei Wohnsitz in Ländern der **Ländergruppe 2** ergibt sich hiernach für den VZ 2025 eine Kürzung des Grenzbetrags um 1/4 auf 9 072 €, bei Wohnsitz in Ländern der **Ländergruppe 3** um 1/2 auf 6 048 € und bei Wohnsitz in Ländern der **Ländergruppe 4** um 3/4 auf 3 024 €. Maßgebend für die **Ländergruppeneinteilung** ab dem VZ 2024 ist die mit BMF-Schreiben vom 18.12.2023 (BStBl I S. 2236) bekannt gegebene Länderübersicht (vgl. Tz 6.5).

Die Einkünfteermittlung nach § 1 Abs. 3 Satz 2 EStG vollzieht sich in **zwei Stufen**. Zunächst ist in einem ersten Schritt die Summe der »**Welteinkünfte**« zu ermitteln. Dabei sind sämtliche Einkünfte, unabhängig davon, ob sie im In- oder Ausland erzielt wurden, nach **deutschem Steuerrecht** zu ermitteln. Dies gilt auch dann, wenn die Einkünfte im ausländischen Wohnsitzstaat zum Teil steuerfrei sind (BFH-Urteil vom 20.8.2008, BStBl 2009 II S. 708). In einem zweiten Schritt sind die »Welteinkünfte« für die Prüfung der Wesentlichkeitsgrenzen in Einkünfte, die der deutschen ESt unterliegen, und in Einkünfte, die diese Voraussetzungen nicht erfüllen, **aufzuteilen**. Soweit vergleichbare ausländische Einkünfte im Inland steuerfrei sind, bleiben diese bei der Ermittlung der Einkünfte außer Ansatz (§ 1 Abs. 3 Satz 4 EStG). Dies gilt z. B. für aus den Niederlanden stammende Krankengeldzahlungen (BFH-Urteil vom 1.6.2022, BStBl 2023 II S. 230).

Die Höhe der nicht der deutschen ESt unterliegenden Einkünfte ist durch eine **Bescheinigung** der zuständigen ausländischen Steuerbehörde nachzuweisen (§ 1 Abs. 3 Satz 5 EStG). Hierfür kann der Vordruck »**Bescheinigung EU/EWR**« der Steuererklärung beigefügt werden, wenn der Steuerpflichtige Staatsangehöriger eines Mitgliedstaates der Europäischen Union (EU) oder der Staaten Liechtenstein, Norwegen oder Island (EWR) ist. Andere Personen können den Vordruck »**Bescheinigung außerhalb EU/EWR**« verwenden. **Vordrucke** für diese Bescheinigungen stehen in mehreren Sprachen zur Verfügung und können unter www.formulare-bfinv.de (unter »Steuerformulare«) abgerufen werden; die Vordrucke sind auch bei den Finanzämtern erhältlich. Auch in Fällen, in denen im Ausland keine Einkünfte erzielt werden (sog. **Nullfälle**), ist eine entsprechende Bestätigung der ausländischen Steuerbehörde erforderlich (BFH-Urteil vom 8.9.2010, BStBl 2011 II S. 447). Nach Ansicht des BFH ist jedoch dafür nicht zwingend der Vordruck »Bescheinigung EU/EWR« dem Finanzamt vorzulegen; es reicht eine Bestätigung der ausländischen Steuerbehörde in anderer Form, die aber inhaltlich der »Bescheinigung EU/EWR« entspricht. Diese »**Ersatzbescheinigung**« muss aber ebenfalls Angaben zur Höhe der nicht der deutschen ESt unterliegenden Einkünfte enthalten, um vom Finanzamt anerkannt zu werden; zudem müssen darin die Angaben von der zuständigen ausländischen Steuerbehörde bestätigt sein.

16 Der Antrag auf Behandlung als unbeschränkt Steuerpflichtiger i. S. des § 1 Abs. 3 EStG ist in **Zeile 12** zu stellen (Ankreuzfeld). Die nachfolgenden **Zeilen 13** bis **16** dienen zum einen der Berechnung der o. g. **Wesentlichkeitsgrenzen** des § 1 Abs. 3 Satz 2 EStG und zum anderen der Erfassung der unter den **Progressionsvorbehalt** nach § 32 b Abs. 1 Satz 1 Nr. 5 EStG fallenden Einkünfte:

- In **Zeile 13** ist die **Summe** der **nicht** der **deutschen ESt** unterliegenden **Einkünfte und** der **inländischen Einkünfte**, die nach DBA nur der Höhe nach beschränkt besteuert werden dürfen, anzugeben (getrennt für »stpfl. Person/Ehemann/Person A« und »Ehefrau/Person B«; ggf. mit »0« €). Inländische Einkünfte, die nach einem DBA nur der Höhe nach beschränkt besteuert werden dürfen, gelten hierbei als **nicht** der deutschen ESt unterliegend (§ 1 Abs. 3 Satz 3 EStG). Das sind z. B. inländische Einkünfte aus Kapitalvermögen, bei denen das entsprechende DBA dem (ausländischen) Wohnsitzstaat das Besteuerungsrecht zuweist und Deutschland als Quellenstaat lediglich die Befugnis einräumt, eine Quellensteuer bis zu einer bestimmten Höhe, oftmals 15 % der Einnahmen, zu erheben. Die in Zeile 13 angegebenen Einkünfte sind für die Wesentlichkeitsgrenzen relevant und unterliegen auch dem Progressionsvorbehalt.
- **Kapitalerträge**, die dem besonderen Steuersatz für Kapitalerträge nach § 32 d Abs. 1 EStG (Abgeltungsteuer) unterliegen oder – im Fall von ausländischen Kapitalerträgen – die im Inland dem gesonderten Abgeltungsteuertarif unterliegen würden, werden zwar bei der Ermittlung des Grenzbetrags nach § 1 Abs. 3 Satz 2 EStG einbezogen (BFH-Urteil vom 12.8.2014, BStBl 2016 II S. 201), sie unterliegen aber **nicht** dem Progressionsvorbehalt nach § 32 b Abs. 1 Satz 1 Nr. 5 EStG (BFH-Urteil vom 1.6.2022, BStBl 2023 II S. 230). Um die ESt in diesen Fällen richtig berechnen zu können, sind diese Kapitalerträge zwar in die Summe der nicht der deutschen ESt unterliegenden Einkünfte in **Zeile 13** einzubeziehen, aber gesondert nochmals in **Zeile 14** anzugeben.
- Nur für die Berechnung der Wesentlichkeitsgrenzen des § 1 Abs. 3 Satz 2 EStG ist in **Zeile 15** die **Summe** der **Kapitalerträge**, die der deutschen ESt unterliegen und auf die der besondere Steuersatz für Kapitalerträge nach § 32 d Abs. 1 EStG anzuwenden ist (ohne Kapitalerträge, die im Inland nach DBA nur der Höhe nach beschränkt besteuert werden dürfen), gesondert anzugeben.
- In **Zeile 16** sind die in Zeile 13 enthaltenen **außerordentlichen Einkünfte** i. S. der §§ 34, 34b EStG gesondert anzugeben. Die Einkünfte werden bei der Berechnung des Progressionsvorbehalts nur mit einem **Fünftel** berücksichtigt (§ 32 b Abs. 2 Nr. 2 EStG).

Sind die o. a. Voraussetzungen des § 1 Abs. 3 EStG erfüllt und wird der Antrag auf unbeschränkte Steuerpflicht in Zeile 12 gestellt, so können personen- und familienbezogene Steuervergünstigungen, wie z. B. Freibeträge für Kinder, Vorsorgeaufwendungen (vgl. Tz 3) und außergewöhnliche Belastungen, die den Steuerpflichtigen betreffen (vgl. Tz 5), in Anspruch genommen werden.

33.5.2 Familienbezogene Steuervergünstigungen nach § 1 a EStG

Staatsangehörige eines **EU-/EWR-Staates**, die unter den v. g. Einkommensvoraussetzungen des § 1 Abs. 3 EStG als unbeschränkt 17
einkommensteuerpflichtig behandelt werden, können in **Zeile 17** durch Ankreuzen die Anwendung **familienbezogener Steuervergünstigungen** beantragen. Zusätzlich sind die nicht der deutschen ESt unterliegenden **Auslandseinkünfte** beider Ehegatten/Lebenspartner in **Zeile 13** zu erklären. Die Höhe dieser Einkünfte kann z. B. durch eine »**Bescheinigung EU/EWR**« der zuständigen ausländischen Steuerbehörde nachgewiesen werden; dieser Nachweis ist zusammen mit der Steuererklärung beim Finanzamt einzureichen.

Im Einzelnen kommen die folgenden familienbezogen Steuervergünstigungen in Betracht:

- Ehegattenbezogene Vergünstigungen, insbesondere die **Zusammenveranlagung** unter Anwendung des **Splittingverfahrens** (vgl. Tz 1.5.2), wenn der Ehegatte ebenfalls in einem EU-/EWR-Staat ansässig ist (§ 1 a Abs. 1 Nr. 2 EStG);
  Voraussetzung für das Wahlrecht auf Zusammenveranlagung ist zudem, dass beide Ehegatten die Einkunftsgrenzen nach § 1 Abs. 3 Satz 2 EStG erfüllen. Dabei ist im Rahmen einer **einstufigen Prüfung** für die 90 %-Grenze auf die Einkünfte beider Ehegatten abzustellen und für die »absolute Wesentlichkeitsgrenze« der unschädlichen nicht der deutschen ESt unterliegenden Auslandseinkünfte beider Ehegatten der **doppelte Grenzbetrag** (VZ 2025: 24 192 €) maßgebend (BFH-Urteil vom 6.5.2015, BStBl II S. 957). Ggf. ist eine Kürzung des doppelten Grenzbetrags nach der sog. Ländergruppeneinteilung vorzunehmen (vgl. Tz 33.5.1). Anders als beim Steuerpflichtigen selbst ist die **Staatsangehörigkeit** des **Ehegatten** ohne Bedeutung; es ist nur dessen Wohnsitz oder gewöhnlicher Aufenthalt im Hoheits-

gebiet eines EU-/EWR-Staats erforderlich (siehe nachfolgende Beispiele 1 und 2);

- **Sonderausgabenabzug** für **Unterhaltsleistungen** an den geschiedenen oder dauernd getrennt lebenden Ehegatten (§ 10 Abs. 1a Nr. 1 EStG), wenn dieser seinen Wohnsitz oder gewöhnlichen Aufenthalt in einem EU-/EWR-Staat hat und durch eine Bescheinigung der ausländischen Steuerbehörde die Besteuerung der Unterhaltszahlungen nachgewiesen wird (§ 1a Abs. 1 Nr. 1 EStG); vgl. Tz 2.7.2.7;
- den **Sonderausgabenabzug** für auf besonderen **Verpflichtungsgründen** beruhende **Versorgungsleistungen** (§ 10 Abs. 1a Nr. 2 EStG), **Ausgleichszahlungen** im Rahmen des **Versorgungsausgleichs** (§ 10 Abs. 1a Nr. 4 EStG) sowie **Ausgleichsleistungen** zur **Vermeidung** des **Versorgungsausgleichs** (§ 10 Abs. 1a Nr. 3 EStG) an einen im EU-/EWR-Staat ansässigen Empfänger, wenn durch eine Bescheinigung der ausländischen Steuerbehörde die Besteuerung der Versorgungsleistungen und Ausgleichszahlungen nachgewiesen wird (§ 1a Abs. 1 Nr. 1 EStG); vgl. Tz 2.7.1.4, Tz 2.7.2.7, Tz 2.7.3 a. E., Tz 2.7.4 a. E.

Die vorstehenden Steuervergünstigungen gelten für **Lebenspartner** nach dem LPartG entsprechend, wenn der Lebenspartner in einem EU-/EWR-Staat ansässig ist.

BEISPIEL 1:
A (Deutscher) ist verheiratet und wohnt zusammen mit seiner Ehefrau in Frankreich. Er bezieht inländische Einkünfte, die nach dem DBA mit Frankreich in Deutschland zu besteuern sind. Weitere Einkünfte haben weder er noch seine Ehefrau.
A ist auf Antrag nach § 1 Abs. 3 EStG als unbeschränkt stpfl. zu behandeln, da die o. a. Voraussetzungen dafür vorliegen. Für die Anwendung der Ehegattenbesteuerung ist die nicht dauernd getrennt lebende Ehefrau ebenfalls als unbeschränkt stpfl. zu behandeln, weil sie ihren Wohnsitz in einem EU-Mitgliedstaat (Frankreich) hat und auch die übrigen Voraussetzungen des § 1 a Abs. 1 Nr. 2 EStG erfüllt sind. Auf Antrag (Zeile 17) können die Ehegatten zusammen veranlagt werden, sodass der Splittingtarif Anwendung findet.

BEISPIEL 2:
B ist türkischer Staatsangehöriger. Er wohnt zusammen mit seiner Ehefrau im französischen Grenzgebiet und arbeitet als Arbeitnehmer in Deutschland außerhalb der Grenzzone. Weitere Einkünfte haben weder B noch seine Ehefrau.
Bei B liegen die o. a. Voraussetzungen des § 1 Abs. 3 EStG ebenfalls vor, sodass er auf Antrag (Zeile 12) als unbeschränkt einkommensteuerpflichtig behandelt werden kann. Da B aber nicht Staatsangehöriger eines EU-/EWR-Mitgliedstaates ist, kommt eine Ehegattenbesteuerung unter Anwendung des Splittingtarifs nach § 1a EStG nicht in Betracht. Es kann für B somit nur eine Einzelveranlagung unter Anwendung des Grundtarifs durchgeführt werden.

Die v. g. Steuervergünstigungen können auch in Anspruch genommen werden, wenn die stpfl. Person als Staatsangehöriger eines EU-/EWR-Mitgliedstaats seinen Wohnsitz oder gewöhnlichen Aufenthalt im **Inland** hat, also nach § 1 **Abs. 1** EStG unbeschränkt einkommensteuerpflichtig ist. In diesen Fällen wird auch der andere in einem EU-/EWR-Mitgliedstaat wohnende Ehegatte/Lebenspartner nach § 1a Abs. 1 Nr. 2 EStG mit in die Veranlagung zur ESt einbezogen, **ohne** dass sich die Frage nach der Höhe und dem Anteil der inländischen Einkünfte eines der Ehegatten/Lebenspartner stellt. Die Einkommensgrenzen des § 1 Abs. 3 Satz 2 EStG sind in diesem Fall **nicht** anwendbar. Ggf. ist gegenüber dem Finanzamt durch geeignete Unterlagen (z. B. Meldebestätigung der ausländischen Wohnsitzgemeinde) nachzuweisen, dass die Voraussetzungen für die Ehegattenveranlagung nach § 26 Abs. 1 EStG (vgl. Tz 1.5.2) trotz getrennter Wohnsitze der Ehegatten/Lebenspartner vorliegen. Für den Antrag auf Anwendung der familienbezogenen Steuervergünstigungen ist in **Zeile 17** das Auswahlfeld anzukreuzen. Zudem sind die nicht der deutschen ESt unterliegenden Auslandseinkünfte beider Ehegatten/Lebenspartner im Rahmen des Progressionsvorbehalts nach § 32b Abs. 1 Satz 1 Nr. 5 EStG zu erfassen und daher in **Zeile 13** einzutragen.

BEISPIEL 3:
C ist belgischer Staatsangehöriger. Er ist bei einem deutschen Arbeitgeber beschäftigt; sein Jahresarbeitslohn 2025 beträgt 60 000 €. Am Beschäftigungsort hat er eine Wohnung angemietet, die er während der Arbeitswoche nutzt. Seine von ihm nicht dauernd getrennt lebende Ehefrau wohnt weiter am Familienwohnsitz in Belgien. Ihr Jahresarbeitslohn 2025 aus einer Beschäftigung bei einem belgischen Arbeitgeber beträgt 25 000 €.
C ist nach § 1 Abs. 1 EStG unbeschränkt einkommensteuerpflichtig, weil er im Inland einen Wohnsitz begründet hat. Die nicht der deutschen ESt unterliegenden Auslandseinkünfte der Ehefrau überschreiten zwar die absolute Wesentlichkeitsgrenze des § 1 Abs. 3 Satz 2 EStG von 24 192 € (= doppelter Grenzbetrag). Diese Einkünfte spielen jedoch für die Anwendung des Splittingtarifs im Rahmen der Zusammenveranlagung **keine** Rolle. Der in Belgien erzielte Jahresarbeitslohn der Ehefrau ist nach Abzug des Arbeitnehmer-Pauschbetrags (25 000 € ./. 1 230 € = 23 770 €) lediglich im Rahmen des Progressionsvorbehalts nach § 32b Abs. 1 Satz 1 Nr. 5 EStG zu erfassen; der Betrag von 23 770 € ist dafür in Zeile 13 einzutragen.

Bei in den **Niederlanden** ansässigen Ehegatten/Lebenspartnern ist es für die Zusammenveranlagung nach Tz XVI. des Protokolls zum DBA Niederlande 2012 (BGBl 2012 II S. 1414) ausreichend, wenn ein Ehegatte/Lebenspartner die Voraussetzungen des § 1 Abs. 3 EStG, insbesondere die Einkunftsgrenzen, **allein** erfüllt. Der andere in den Niederlanden ansässige Ehegatte/Lebenspartner wird dann nach § 1a Abs. 1 Nr. 2 EStG ohne Weiteres als **»unbeschränkt stpfl.«** behandelt (Tz 3 des BMF-Schreibens vom 24.1.2017, BStBl I S. 147). Diese Behandlung rechtfertigt allerdings **nicht** den Abzug seiner Beiträge zur niederländischen Sozialversicherung als **Sonderausgaben** bei der deutschen Besteuerung (BFH-Beschluss vom 28.2.2024, I R 26/21, BFH/NV 2024 S. 757). Auch eine Berücksichtigung der Beitragszahlungen nach § 10 Abs. 2 Nr. 1 EStG scheidet aus, weil die Niederlande die Sozialversicherungsabgaben bereits bei der Lohnversteuerung als Abzugsbetrag berücksichtigt hat (vgl. Tz 3.2.3.2).

BEISPIEL 4:
Die Eheleute D sind niederländische Staatsangehörige. Der Ehemann ist bei einem deutschen Arbeitgeber beschäftigt; sein Jahresarbeitslohn 2025 beträgt 65 000 €. Er kehrt arbeitstäglich zu seiner Familienwohnung in den Niederlanden zurück. Der Jahresarbeitslohn 2025 der Ehefrau aus einer Beschäftigung bei einem niederländischen Arbeitgeber beträgt 26 230 €. Sie hat Beiträge zur niederländischen Sozialversicherung i. H. von 5 000 € gezahlt. Weitere Einkünfte haben die Eheleute D nicht erzielt.
Der Ehemann erfüllt mit seinem in Deutschland erzielten Arbeitslohn die Einkunftsgrenzen des § 1 Abs. 3 Satz 2 EStG, sodass – unabhängig von den Einkünften der Ehefrau – eine Zusammenveranlagung unter Anwendung des Splittingtarifs in Betracht kommt. Der in den Niederlanden erzielte Jahresarbeitslohn der Ehefrau ist allerdings nach Abzug des Arbeitnehmer-Pauschbetrags (26 230 € ./. 1 230 € = 25 000 €) im Rahmen des Progressionsvorbehalts nach § 32b Abs. 1 Satz 1 Nr. 5 EStG zu erfassen; der Betrag von 25 000 € ist dafür in Zeile 13 einzutragen.
Die Beiträge der Ehefrau zur niederländischen Sozialversicherung können bei der deutschen Besteuerung nicht als Sonderausgaben berücksichtigt werden, auch nicht als Abzugsbetrag von den im Rahmen des Progressionsvorbehalts zu erfassenden Einkünften der Ehefrau.

Erfüllt der in Deutschland stpfl. Ehegatte/Lebenspartner selbst nicht die Einkunftsgrenzen des § 1 Abs. 3 Satz 2 EStG, kommt die begünstigende Regel nach Tz XVI. des Protokolls zum DBA-Niederlande 2012 **nicht** zur Anwendung. In diesem Fall ist für die Prüfung der Einkunftsgrenzen unter Ansatz des doppelten Grenzbetrags (VZ 2025: 24 192 €) auf die Einkünfte beider Ehegatten/Lebenspartner abzustellen. Wären im Beispiel 4 für den in Deutschland stpfl. Ehemann aufgrund seiner Einkünfte die Grenzen des § 1 Abs. 3 EStG nicht erfüllt, käme eine Zusammenveranlagung der Eheleute D hiernach nicht in Betracht. Auf Antrag könnte für den Ehemann nur eine Veranlagung nach § 50 Abs. 2 EStG für beschränkt einkommensteuerpflichtige Personen durchgeführt werden (vgl. Tz 34.8); ansonsten würde die Abgeltungswirkung des Steuerabzugs vom Arbeitslohn greifen.

Nach dem Urteil des EuGH vom 28.2.2013 in der Rs. C-425/11 »Ettwein« ist § 1 a Abs. 1 EStG auch bei Staatsangehörigen eines EU-/EWR-Staates bei Vorliegen der übrigen Voraussetzungen anwendbar, wenn der Ehegatte/Lebenspartner oder der Empfänger von Unterhaltsleistungen bzw. Ausgleichszahlungen seinen Wohnsitz oder gewöhnlichen Aufenthalt in der **Schweiz** hat (BMF-Schreiben vom 16.9.2013, BStBl I S. 1325).

33.5.3 Angehörige des öffentlichen Dienstes

18 Die familienbezogenen Steuervergünstigungen nach § 1 a Abs. 1 EStG gelten auch für **Angehörige** des deutschen öffentlichen Dienstes, die aufgrund **dienstlichen Auftrags** im Ausland außerhalb des EU-/EWR-Gebiets wohnen und tätig sind (§ 1 a Abs. 2 EStG). Der Antrag kann in diesen Fällen in **Zeile 18** durch Ankreuzen gestellt werden. Die Höhe der nicht der deutschen ESt unterliegenden Auslandseinkünfte kann z. B. durch eine **»Bescheinigung EU/EWR«** der zuständigen ausländischen Steuerbehörde nachgewiesen werden. Auch bei Angehörigen des deutschen öffentlichen Dienstes ist dies Voraussetzung für die Gewährung der familienbezogenen Steuervergünstigungen (§ 1 a Abs. 2 EStG i. V. mit § 1 Abs. 3 Satz 5 EStG).

Bei öffentlich Bediensteten oder Pensionären, die aus **privaten Gründen** (also ohne dienstlichen Auftrag) im Ausland **außerhalb** des **EU-/EWR-Gebiets** wohnen, sind die familienbezogenen Steuervergünstigungen des § 1 a EStG (z. B. das Splitting-Verfahren) jedoch nicht anwendbar.

33.6 Anzurechnende Steuern

–22 Der Steuerabzug nach § 50 a Abs. 1 und 7 EStG ist zwar grds. nur für beschränkt einkommensteuerpflichtige Einkünfte relevant. Die nach dieser Vorschrift einbehaltenen **Abzugssteuern** werden jedoch auch in den Fällen des Wechsels der Steuerpflicht nach § 2 Abs. 7 EStG (vgl. Tz 33.3) und der erweiterten unbeschränkten Steuerpflicht nach § 1 Abs. 3, § 1 a EStG (vgl. Tz 33.5) auf die festzusetzende ESt angerechnet. Die vom Vergütungsschuldner einbehaltenen Steuerabzugsbeträge nach § 50 a EStG können in den **Zeilen 19** und **20** (für den Solidaritätszuschlag zu Zeile 19) getrennt für die/den »stpfl. Person/Ehemann/Person A« und für die »Ehefrau/Person B« angegeben werden. Es ist darauf zu achten, dass in Zeile 19 nur die übrigen nach § 50 a Abs. 1 EStG einbehaltenen Steuerabzugsbeträge eingetragen werden. Anzurechnende **Steuerabzugsbeträge** nach § 50 a Abs. 7 EStG aus **Rentenbezugsmitteilungen** werden über die Eintragungen in den **Zeilen 21** und **22** (für den Solidaritätszuschlag zu Zeile 21) erfasst.

33.7 Wohnsitz im Ausland

–24 In den **Zeilen 23** und **24** kann getrennt für die/den »stpfl. Person/Ehemann/Person A« und für die »Ehefrau/Person B« ein neben dem Wohnsitz im Inland bestehender **Wohnsitz** im **Ausland** – abweichend von den Eintragungen in den Zeilen 13 bis 29 des Hauptvordrucks ESt 1 A – eingetragen werden. Hierdurch können Doppelansässigkeiten i. S. der DBA erklärt werden (z. B. für Fälle des § 6 Abs. 1 Satz 1 Nr. 2 AStG). In den Zeilen 23 und 24 werden neben der Anschrift auch der Staat sowie der Zeitraum abgefragt, in dem der ausländische Wohnsitz bestanden hat.

Für Steuerpflichtige mit einem (weiteren) Wohnsitz in **Belgien** gelten folgende Besonderheiten:

Das Besteuerungsrecht für im Inland tätige **belgische Arbeitnehmer** (Grenzpendler) steht grds. der Bundesrepublik Deutschland zu. Belgien kann jedoch die in Belgien freigestellten Einkünfte bei der Festsetzung der belgischen **Gemeindesteuern** berücksichtigen, wenn der Steuerpflichtige einen Wohnsitz in **Belgien** unterhält. Zum Ausgleich hierfür wird die **deutsche ESt** nach Art. 2 des Zusatzabkommens zum DBA Belgien vom 5.11.2002 (BGBl 2003 II S. 1615) um **8 %** gemindert; dementsprechend wird auch die Bemessungsgrundlage für den **Solidaritätszuschlag** um 8 % gemindert, wenn die maßgebenden Freigrenzen (vgl. Tz 1.5.6) überschritten sind. Das Zusatzabkommen zum DBA Belgien gilt auch für **Renten** aus der **Sozialversicherung** i. S. des Art. 19 Abs. 3 DBA-Belgien, nicht jedoch für Einkünfte i. S. des Art. 16 Abs. 2 DBA-Belgien (Arbeitslohn von **Geschäftsführern** und **Vorständen** von inländischen Kapitalgesellschaften). Für die Berücksichtigung der Minderung der ESt ist von **Arbeitnehmern** mit Ansässigkeit in Belgien die **Zeile 25** der **Anlage N** auszufüllen (vgl. Tz 11.10.1), von in Belgien ansässigen **Rentnern** die **Zeilen 27** und **28** der **Anlage R** (vgl. Tz 17.7). Eine Angabe des (weiteren) Wohnsitzes in Belgien in den Zeilen 23 und 24 der Anlage WA-ESt ist in diesen Fällen nicht erforderlich.

33.8 Pflicht zur Mitteilung von grenzüberschreitenden Steuergestaltungen

Für **grenzüberschreitende Steuergestaltungen** besteht eine Mitteilungspflicht gegenüber dem BZSt (§ 138 d bis § 138 k AO). Hierdurch soll der Gesetzgeber in die Lage versetzt werden, mit Anpassungen des Steuerrechts schneller auf bestehende Gesetzeslücken reagieren zu können. Der Nutzer einer grenzüberschreitenden Steuergestaltung hat diese in der **Steuererklärung** für die Steuerart und den Besteuerungszeitraum oder Besteuerungszeitpunkt anzugeben, in der sich der steuerliche Vorteil der grenzüberschreitenden Steuergestaltung **erstmals** auswirken soll (§ 138 k Satz 1 AO). Zur Anwendung dieser Vorschriften sind die BMF-Schreiben vom 29.3.2021 (BStBl I S. 582), vom 26.7.2022 (BStBl I S. 1224), vom 23.1.2023 (BStBl I S. 183) und vom 7.6.2024 (BStBl I S. 926) zu beachten.

Statt einer ausführlichen Beschreibung der grenzüberschreiten- 25–27
den Steuergestaltung genügt in den **Zeilen 25** und **26** die Angabe der vom BZSt zugeteilten **Registrier-** und **Offenlegungsnummer** (§ 138 k Satz 2 AO). Bei mehreren im Jahr 2025 verwirklichten grenzüberschreitenden Steuergestaltungen, die sich erstmals im Jahr 2025 auswirken sollen, ist eine formlose Anlage mit der Überschrift »Ergänzende Angaben zur Steuererklärung« mit den entsprechenden Angaben einzureichen und in **Zeile 37** des **Hauptvordrucks ESt 1 A** zur Kennzahl »500« eine »1« einzutragen; vgl. Tz 1.11. Die Registrier- und Offenlegungsnummern sind jeweils 17-stellig und nach einem EU-weit einheitlichem Standard aufgebaut. Sie werden dem Intermediär aufgrund der von ihm erfolgten elektronischen Mitteilung durch das BZSt zugeteilt; der Intermediär hat diese Nummern dem Nutzer der grenzüberschreitenden Steuergestaltung unverzüglich mitzuteilen (§ 138 f Abs. 5 AO).

In **Zeile 27** ist zur Kennzahl »197« der Wert »1« (= Ja) einzutragen, wenn zwar mindestens eine grenzüberschreitende Steuergestaltung im Jahr 2025 verwirklicht wurde, für diese aber noch **keine** Registriernummer und Offenlegungsnummer vorliegt. In diesem Fall sind in einer gesonderten Anlage mit der Überschrift »Ergänzende Angaben zur Steuererklärung« **Erläuterungen** zu der **Steuergestaltung** vorzunehmen und in Zeile 37 des Hauptvordrucks ESt 1 A zur Kennzahl »500« eine »1« einzutragen.

Für grenzüberschreitende Steuergestaltungen aufgrund vergleichbarer Regelungen eines **anderen Mitgliedstaats** der **EU** gelten die Erklärungspflichten in den Zeilen 25 bis 27 entsprechend. In diesem Fall sind in den Zeilen 25 und 26 die von der zuständigen Behörde eines anderen EU-Mitgliedstaates zugeteilte Registriernummer und Offenlegungsnummer anzugeben.

34. Hauptvordruck ESt 1 C 2025 für beschränkt steuerpflichtige Personen

34.1 Vorbemerkungen

Natürliche Personen, die im Inland weder einen Wohnsitz noch einen gewöhnlichen Aufenthalt haben (vgl. Tz 33.2.1), sind **beschränkt einkommensteuerpflichtig**, wenn sie inländische Einkünfte i. S. des § 49 EStG erzielen (§ 1 Abs. 4 EStG). Die einzelnen Regelungen in § 49 Abs. 1 Nr. 1 bis 11 EStG knüpfen an den Einkünftekatalog des § 2 Abs. 1 EStG bei unbeschränkter Einkommensteuerpflicht an, sie stimmen jedoch nicht mit diesem überein. Die **Aufzählung** der inländischen Einkünfte in § 49 EStG ist **abschließend**, sie wird aber vom Gesetzgeber ständig erweitert (zuletzt zur beschränkten Steuerpflicht von Einkünften eines Arbeitnehmers für Zeiten der **Arbeitsfreistellung** im Zusammenhang mit der Beendigung des Arbeitsverhältnisses, vgl. Tz 34.6.8).

Beschränkt stpfl. Personen haben eine jährliche Einkommensteuererklärung über ihre im abgelaufenen Kj. bezogenen inländischen Einkünfte abzugeben, soweit für diese Einkünfte die ESt nicht durch den Steuerabzug vom Arbeitslohn, vom Kapitalertrag oder dem Steuerabzug nach § 50 a Abs. 1 EStG als **abgegolten** gilt (§ 50 Abs. 2 Satz 1 EStG). Die abgeltende Wirkung des Steuerabzugs bedeutet, dass die hiervon betroffenen Einkünfte grds. keine Veranlagungspflicht des beschränkt Steuerpflichtigen auslösen und auch nicht in eine aus anderen Gründen durchzuführende Veranlagung einbezogen werden. Diese Einkünfte sind daher in der mit dem gesonderten »**Hauptvordruck ESt 1 C**« abzugebenden Einkommensteuererklärung grds. nicht anzugeben.

Zur Einkommensteuererklärung für beschränkt stpfl. Personen gehören neben dem Hauptvordruck ESt 1 C

- für Land- und Forstwirte die »**Anlage L**« (vgl. Tz 28) und ggf. die »**Anlage 32c**« (vgl. Tz 28.16) sowie die »**Anlage 34b**« (vgl. Tz 29) für inländische Einkünfte aus Land- und Forstwirtschaft,
- für Gewerbetreibende die »**Anlage G**« (vgl. Tz 21) für inländische Einkünfte aus Gewerbebetrieb,
- für Selbständige und Freiberufler die »**Anlage S**« (vgl. Tz 22) für inländische Einkünfte aus selbständiger Arbeit,
- für Haus- und Wohnungseigentümer die »**Anlage V**« (vgl. Tz 24) für Einkünfte aus Vermietung und Verpachtung bebauter Grundstücke, sofern das unbewegliche Vermögen im Inland belegen ist,
- für Eigentümer von Ferienwohnungen die »**Anlage V-FeWo**« (vgl. Tz 25) für inländische Einkünfte aus Vermietung und Verpachtung von Ferienwohnungen und aus kurzfristiger Vermietung,
- für Eigentümer von Grundstücken die »**Anlage V-Sonstige**« (vgl. Tz 26) für weitere inländische Einkünfte aus Vermietung und Verpachtung (z. B. aus Grundstücksgemeinschaften, unbebauten Grundstücken).

In besonderen Fällen können weitere Anlagen erforderlich sein, auf die im Einzelnen im Hauptvordruck ESt 1 C hingewiesen wird, z. B.

- die »**Anlage AUS**« (vgl. Tz 32) für ausländische Einkünfte und Hinzurechnungsbeträge i. S. des § 10 AStG, die im Gewinn eines inländischen Betriebs enthalten sind,
- die »**Anlage R**« (vgl. Tz 17) für bestimmte Renten aus inländischen Rentenversicherungen, soweit sie auf im Inland steuerfrei gestellten Beiträgen oder Zuwendungen beruhen,
- die »**Anlage R-AV/bAV**« (vgl. Tz 18) für bestimmte Leistungen aus Pensionsfonds, Pensionskassen und Direktversicherungen, soweit sie auf im Inland steuerfrei gestellten Beiträgen oder Zuwendungen beruhen,
- die »**Anlage R-AUS**« (vgl. Tz 19) für bestimmte Renten und andere Leistungen aus ausländischen Versicherungen, ausländischen Rentenverträgen und ausländischen betrieblichen Versorgungseinrichtungen, sofern für diese Einkünfte eine beschränkte Steuerpflicht besteht (vgl. Tz 34.6.6.1),
- die »**Anlage SO**« (vgl. Tz 20) für Leistungen (z. B. gelegentliche Vermittlungen, Vermietung beweglicher Gegenstände, Überlassung von Know-how), Abgeordnetenbezüge und bestimmte private Veräußerungsgeschäfte,
- die »**Anlage N**« (vgl. Tz 11) für Angaben zum Arbeitslohn und zu den Werbungskosten (ohne Mehraufwendungen für doppelte Haushaltsführung) von beschränkt stpfl. Arbeitnehmern, die Einkünfte aus nichtselbständiger Arbeit i. S. des § 49 Abs. 1 Nr. 4 EStG beziehen (vgl. Tz 34.6.8),
- die »**Anlage N-Doppelte Haushaltsführung**« (vgl. Tz 12) für Angaben zu den Mehraufwendungen für doppelte Haushaltsführung,
- die »**Anlage Vorsorgeaufwand**« (vgl. Tz 3) für die Berücksichtigung von bestimmten Vorsorgeaufwendungen (vgl. Tz 34.10.2 und 34.10.3),
- »**Anlage Sonstiges**« (vgl. Tz 10) zur Geltendmachung der Steuerbegünstigung für schutzwürdige Kulturgüter (vgl. Tz 10.3), für Angaben zu Spendenvorträgen (vgl. Tz 10.4) und Verlustabzügen (vgl. Tz 10.5) sowie für den Antrag auf Zurückstellung der Einkommensteuerfestsetzung bei einem Antrag auf Forschungszulage (vgl. Tz 10.9),
- »**Anlage Mobilitätsprämie**« (vgl. Tz 35) für Angaben zum Antrag auf Mobilitätsprämie, der auch von beschränkt stpfl. Personen gestellt werden kann.

Die Finanzverwaltung verzichtet auf die Angabe der von den mitteilungspflichtigen Stellen elektronisch übermittelten Daten (»**eDaten**«) in der Einkommensteuererklärung. Dies gilt auch für Einkommensteuererklärung von beschränkt stpfl. Personen. Daten für die mit »**e**« gekennzeichneten Zeilen liegen der Finanzverwaltung im Regelfall vor und sind in den Erklärungsvordrucken nicht anzugeben. Im Hauptvordruck ESt 1 C betrifft dies nur die Abfrage der elektronisch übermittelten **Einkommensersatzleistungen** in **Zeile 45** (vgl. Tz 34.8.2) und darüber hinaus die Angaben in den ggf. beizufügenden Anlagen N, R, R-AV/bAV und Vorsorgeaufwand.

34.2 Einkommensteuererklärung bei beschränkter Einkommensteuerpflicht

34.2.1 Pflicht zur Erklärungsabgabe

Neben der Erklärungspflicht für inländische Einkünfte i. S. des § 49 EStG (vgl. Tz 34.6), soweit die ESt für diese Einkünfte nicht durch Steuerabzugsbeträge abgegolten ist, und für Einkünfte i. S. der §§ 2 und 5 AStG nach Wegzug ins Ausland (vgl. Tz 33.4) besteht für beschränkt stpfl. Personen für den VZ 2025 in folgenden Fällen eine Pflicht zur Abgabe einer Steuererklärung:

- Es wird nachträglich festgestellt, dass die Voraussetzungen der erweiterten unbeschränkten Steuerpflicht nach § 1 Abs. 2 EStG (vgl. Tz 33.2.1) oder der unbeschränkten Steuerpflicht auf Antrag nach § 1 Abs. 3 und § 1 a EStG (vgl. Tz 33.5) **nicht** vorgelegen haben.
- Im Laufe des Kj. 2025 wurde der Wohnsitz vom Inland in das Ausland oder umgekehrt vom Ausland in das Inland verlegt (§ 2 Abs. 7 Satz 3 EStG). In den Fällen der nur **zeitweisen** beschränkten Steuerpflicht im Kj. ist für den VZ 2025 nur eine Einkommensteuererklärung für unbeschränkt stpfl. Personen mit dem Hauptvordruck ESt 1 A und den dazu gehörenden Anlage-Vordrucken abzugeben (vgl. Tz 33.3).
- Bei einem beschränkt stpfl. Arbeitnehmer wurde ein **Freibetrag** für Werbungskosten oder bestimmte Sonderausgaben (§ 10b, § 10e, § 10i EStG) oder der Freibetrag/Hinzurechnungsbetrag nach § 39 a Abs. 1 Satz 1 Nr. 7 EStG auf einer Bescheinigung für den Lohnsteuerabzug eingetragen. Die Verpflichtung zur Abgabe einer Steuererklärung entfällt jedoch in diesen Fällen, wenn der Arbeitslohn im VZ 2025 nicht mehr als **13 362 €** betragen hat (§ 50 Abs. 2 Satz 2 Nr. 4 Buchst. a EStG); zu weiteren Einzelheiten vgl. Tz 34.8.1.

- Bei einem beschränkt stpfl. Arbeitnehmer liegt ein Pflichtveranlagungsgrund nach § 46 Abs. 2 Nr. 2, 5 und 5a EStG vor (§ 50 Abs. 2 Satz 2 Nr. 4 Buchst. c EStG). Dies ist der Fall, wenn ein Arbeitnehmer im VZ 2025 nebeneinander von mehreren Arbeitgebern Arbeitslohn bezogen hat, ein sonstiger Bezug von einem Dritten pauschal mit 20 % besteuert wurde oder der Arbeitgeber die LSt von einem sonstigen Bezug ermittelt hat und dabei Arbeitslohn aus früheren Dienstverhältnissen des Kj. 2025 außer Betracht geblieben ist.
- Es wurde zum 31.12.2024 ein verbleibender **Verlustvortrag** oder ein **nachzuversteuernder Betrag** i. S. des § 34 Abs. 3 Satz 3 EStG festgestellt; daraus wird deutlich, dass bei beschränkter Einkommensteuerpflicht auch Verluste zu berücksichtigen sind (vgl. Tz 10.5).

Die Einkommensteuererklärung ist auch bei beschränkter Einkommensteuerpflicht **elektronisch** an die Finanzverwaltung zu **übermitteln**, wenn inländische Einkünfte aus Land- und Forstwirtschaft, Gewerbebetrieb oder selbständiger Tätigkeit erzielt werden. Die Pflicht zur elektronischen Übermittlung greift nicht, wenn daneben Einkünfte aus nichtselbständiger Arbeit mit Steuerabzug erzielt werden und die positive Summe der Einkünfte, die nicht dem Steuerabzug vom Arbeitslohn zu unterwerfen waren, sowie die positive Summe der Progressionseinkünfte jeweils den Betrag von **410 €** nicht übersteigen. Für Fälle, die nicht unter die Verpflichtung fallen, ist eine freiwillige elektronische Übermittlung möglich. Zu weiteren Einzelheiten und den technischen Anforderungen für die elektronische Übermittlung der Steuererklärung vgl. Vorbemerkungen Tz 12.

34.2.2 Antrag auf Behandlung als »unbeschränkt einkommensteuerpflichtig«

Beschränkt Steuerpflichtige, deren Summe der Einkünfte im Kj. mindestens zu **90 %** der deutschen ESt unterliegt, können auf Antrag als »**unbeschränkt einkommensteuerpflichtig**« behandelt werden und hierdurch personenbezogen Steuerentlastungen geltend machen (z. B. Sonderausgaben, außergewöhnliche Belastungen). Entsprechendes gilt, wenn die Einkünfte, die nicht der deutschen ESt unterliegen, im VZ 2025 den **Grenzbetrag** von **12 096 €** nicht übersteigen (§ 1 Abs. 3 Satz 2 EStG). Dieser Grenzbetrag wird bei Wohnsitz in bestimmten Ländern um ein Viertel, die Hälfte oder um drei Viertel nach der sog. Ländergruppeneinteilung (vgl. Tz 33.5.1) gekürzt.

Beschränkt stpfl. **Staatsangehörige** eines **EU-/EWR-Staates**, deren nicht dauernd getrennt lebender Ehegatte/Lebenspartner in einem EU-/EWR-Staat oder in der Schweiz ansässig ist, werden auf Antrag ebenfalls als »unbeschränkt einkommensteuerpflichtig« behandelt, wenn die Einkünfte des antragstellenden Ehegatten/Lebenspartners zu mindestens 90 % der deutschen ESt unterliegen oder wenn seine Einkünfte, die nicht der deutschen ESt unterliegen, im VZ 2025 nicht mehr als **12 096 €** (ggf. Kürzung nach Ländergruppen) im Kj. betragen. Nicht dauernd getrennt lebende Ehegatten/Lebenspartner können die **Zusammenveranlagung** mit Anwendung des Splittingtarifs (vgl. Tz 1.5.2) beantragen, wenn die gemeinsamen Einkünfte der Ehegatten/Lebenspartner zu mindestens 90 % der deutschen ESt unterliegen oder wenn im VZ 2025 die gemeinsamen Einkünfte, die nicht der deutschen ESt unterliegen, den doppelten Grenzbetrag von **24 192 €** (ggf. Kürzung nach Ländergruppen) nicht übersteigen. Bei in den Niederlanden ansässigen Ehegatten/Lebenspartnern reicht es für die Zusammenveranlagung aus, wenn nur der in Deutschland stpfl. Ehegatte/Lebenspartner die Einkommensvoraussetzungen des § 1 Abs. 3 Satz 2 EStG **alleine** erfüllt (vgl. Tz 33.5.2 a. E.).

Zu weiteren Einzelheiten und zum Antragsverfahren im Rahmen der »**Anlage WA-ESt**« vgl. Tz 33.5.

34.2.3 Antragsveranlagung von Arbeitnehmern

Beschränkt stpfl. **Arbeitnehmer**, die Staatangehörige eines **EU-/EWR-Staates** oder der **Schweiz** sind und im Hoheitsgebiet eines dieser Staaten ihren Wohnsitz oder gewöhnlichen Aufenthalt haben, können die Veranlagung zur ESt beantragen, insbesondere zur **Erstattung** von **LSt** (§ 50 Abs. 2 Satz 2 Nr. 4 Buchst. b, § 46 Abs. 2 Nr. 8 EStG). Dies gilt auch in Fällen, in denen der Arbeitgeber Zahlungen dem Lohnsteuerabzug unterworfen hat, obwohl die Besteuerung abkommensrechtlich dem Wohnsitzstaat des Arbeitnehmers zu gewiesen ist. Es besteht insoweit auch die Möglichkeit einen separaten Erstattungsantrag in analoger Anwendung des § 50c Abs. 3 Satz 1 EStG zustellen (z. B. für Arbeitnehmer, die nicht Staatsangehöriger eines EU-/EWR-Staates sind oder die ihren Wohnsitz oder gewöhnlichem Aufenthalt außerhalb der EU-/EWR-Staaten haben); vgl. H 41c.1 – Erstattungsantrag – LStH sowie BMF-Schreiben vom 27.6.2022, BStBl I S. 956.

Bei der Antragsveranlagung nach § 50 Abs. 2 Satz 2 Nr. 4 Buchst. b EStG werden familien- und personenbezogene Steuerentlastungen nicht gewährt. Allerdings können bestimmte **Vorsorgeaufwendungen** berücksichtigt werden (vgl. Tz 34.10.3) und die ESt wird nach dem **Jahresgrundtarif** ermittelt (vgl. Tz 34.2.5). Hat diese Personengruppe außerdem noch andere inländische Einkünfte, die keinem Steuerabzug unterliegen, sind diese in die Veranlagung einzubeziehen; dies gilt auch im Fall eines Verlustes aus einer anderen Einkunftsart. Es ist deshalb nur eine Erklärung zur beschränkten Einkommensteuerpflicht abzugeben.

Zu den Eintragungen im Hauptvordruck ESt 1 C und den weiteren Tatbeständen, in denen für beschränkt stpfl. Arbeitnehmer auf Antrag eine Veranlagung zur ESt in Betracht kommt, vgl. Tz 34.8.1.

34.2.4 Steuererklärungsfristen

Für die Abgabe von Steuererklärungen durch beschränkt stpfl. Personen gelten die allgemeinen **Steuererklärungsfristen** entsprechend (vgl. Vorbemerkungen Tz 5). Die **allgemeine Frist** für die Abgabe der Einkommensteuererklärung 2025 bei beschränkter Einkommensteuerpflicht und der Erklärung zur Feststellung des verbleibenden Verlustvortrags 2025 läuft hiernach bis zum **31.7.2026**. Bei beschränkt stpfl. Land- und Forstwirten mit einem vom Kj. abweichenden Wj. endet die Abgabefrist für die Einkommensteuererklärung 2025 spätestens sieben Monate nach Ablauf des Wj. 2025/2026, also unter Berücksichtigung des § 108 Abs. 3 AO am **1.2.2027**, wenn das Wj. am 30.6.2026 endet. Diese Fristen können auf Antrag **verlängert** werden.

Zu den allgemein verlängerten Fristen für **beratene Steuerpflichtige**, wenn die Steuererklärungen 2025 durch Personen, Gesellschaften, Verbände, Vereinigungen, Behörden oder Körperschaften i. S. der §§ 3 und 4 Steuerberatungsgesetz angefertigt werden, und zur Vorabanforderung von Steuererklärungen, vgl. Vorbemerkungen Tz 5. Die verlängerten Fristen gelten für die Abgabe der Einkommensteuererklärung von beschränkt stpfl. Personen entsprechend.

Wird die Einkommensteuererklärung nicht oder verspätet abgegeben, kann das Finanzamt einen **Verspätungszuschlag** (vgl. Vorbemerkungen Tz 6) und – falls erforderlich – **Zwangsgelder** festsetzen.

Der **Antrag** auf **Einkommensteuerveranlagung** 2025, der **Antrag** auf **Festsetzung** der **Arbeitnehmer-Sparzulage** für das Kj. 2025 und der Antrag auf Festsetzung der **Mobilitätsprämie** für das Kj. 20254 müssen bis zum **31.12.2029** beim zuständigen Finanzamt oder dem BZSt eingegangen sein (vgl. Vorbemerkungen Tz 5 a. E.). Diese Fristen sind Ausschlussfristen und können nicht verlängert werden. Später eingehende Anträge muss das Finanzamt oder das BZSt ablehnen.

34.2.5 Ermittlung der Einkünfte/Einkommensteuer

Für die **Ermittlung** der beschränkt stpfl. **Einkünfte** sowie der **festzusetzenden ESt** gelten nach § 50 EStG eine Reihe von Besonderheiten und Abzugsbeschränkungen:

Beschränkt Steuerpflichtige dürfen **Betriebsausgaben** oder **Werbungskosten** nur insoweit abziehen, als sie mit inländischen Einkünften i. S. des § 49 EStG im wirtschaftlichen Zusammenhang stehen (§ 50 Abs. 1 Satz 1 EStG). Das gilt auch für vorweggenommene und nachträgliche Betriebsausgaben oder Werbungskosten, die im Rahmen einer **Verlustfeststellung** berücksichtigt werden können. Die Abzugsverbote und Abzugsbeschränkungen nach den § 3c, § 4 Abs. 4a bis 6, § 4h, § 9 Abs. 2 und 5 sowie § 12 EStG sind jedoch auch für beschränkt stpfl. Personen zu beachten.

Die **Steuer** für beschränkt stpfl. Einkünfte wird nach dem **Jahresgrundtarif** ermittelt, jedoch grds. **ohne** Berücksichtigung des **Grundfreibetrags** (§ 50 Abs. 1 Satz 2 1. Halbsatz EStG); die Anwendung des **Splittingtarifs** (einschließlich Witwensplitting) ist bei beschränkter Einkommensteuerpflicht ausgeschlossen. Technisch erfolgt die Nichtberücksichtigung des Grundfreibetrags in der Weise, dass das zu versteuernde Einkommen um den Grundfreibetrag erhöht wird. Dies wirkt sich im Ergebnis nur auf die Höhe des Steuersatzes aus.

BEISPIEL:
Das zu versteuernde Einkommen 2025 eines beschränkt Steuerpflichtigen mit inländischen gewerblichen Einkünften beträgt 30 000 €. Für die Steuerberechnung wird dieser Betrag um den Grundfreibetrag von 12 096 € auf 42 096 € erhöht. Nach dem Grundtarif ergibt sich für den erhöhten Betrag von 42 096 € eine ESt von **7 998 €**. Der durchschnittliche Steuersatz beträgt bezogen auf das zu versteuernde Einkommen **26,66 %** (7 998 € : 30 000 €). Zum Vergleich: Bei einem unbeschränkt Steuerpflichtigen und gleichem zu versteuernden Einkommen beträgt die ESt 4 303 € (durchschnittlicher Steuersatz 14,34 %).

Bei beschränkt stpfl. **Arbeitnehmern** ist das zu versteuernde Einkommen nur um den Betrag zu erhöhen, um den der Grundfreibetrag die um die Abzüge nach § 50 Abs. 1 Satz 5 EStG verminderten Einkünfte i. S. des § 49 Abs. 1 Nr. 4 EStG übersteigt (§ 50 Abs. 1 Satz 2 1. Halbsatz EStG). Hierdurch werden Gestaltungen zur Inanspruchnahme von Grundfreibeitrag und Sonderausgabenabzug über die Höhe der Arbeitnehmereinkünfte hinaus ausgeschlossen.

Der **Progressionsvorbehalt** nach § 32 b EStG gilt nur für beschränkt stpfl. Arbeitnehmer, die nach § 50 Abs. 2 Satz 2 Nr. 4 EStG zur ESt veranlagt werden (vgl. Tz 34.8.2); er findet keine Anwendung bei beschränkt Steuerpflichtigen mit Einkünften aus einem inländischen Betrieb i. S. § 50 Abs. 2 Satz 2 Nr. 1 EStG. Hintergrund ist, dass die Gewährung des **Grundfreibetrags** nur für beschränkt stpfl. **Arbeitnehmer** in Betracht kommt (siehe die vorstehenden Erläuterungen). Um eine Übermaßbesteuerung in Fällen zu vermeiden, in denen ein beschränkt Steuerpflichtiger inländische Einkünfte und zugleich Einkünfte hat, die dem Progressionsvorbehalt unterliegen, wird der **besondere Steuersatz** nach § 32 b Abs. 2 EStG und nach § 2 Abs. 5 AStG nur auf das zu versteuernde Einkommen **ohne** Erhöhung um den Grundfreibetrag angewendet (§ 50 Abs. 1 Satz 3 EStG).

Steuervergünstigungen, die sich auf persönliche Verhältnisse beziehen, werden durch § 50 Abs. 1 Satz 4 EStG bei beschränkter Einkommensteuerpflicht im Wesentlichen **ausgeschlossen**. Die Berücksichtigung solcher Verhältnisse ist nach allgemeinem Verständnis grds. nicht Aufgabe des Quellenstaates Deutschland, sondern die des ausländischen Wohnsitzstaates. Unter den Anwendungsausschluss fallen insbesondere **Sonderausgaben** nach den § 10, § 10 a, § 10 c EStG (z. B. Kinderbetreuungskosten, Schulgeld) und **außergewöhnliche Belastungen** nach den § 33, § 33 a, § 33 b EStG (z. B. Krankheitskosten, Unterstützungsleistungen). Anwendbar ist dagegen § 10 b EStG (Sonderausgabenabzug für Spenden und Mitgliedsbeiträge; vgl. Tz 34.10.4) und grds. die §§ 10 e bis 10 i EStG, die aber die Eigennutzung von Inlandsobjekten und daher i. d. R. die unbeschränkte Steuerpflicht voraussetzen. **Versorgungsleistungen** i. S. des § 10 Abs. 1 a Nr. 2 EStG (Renten und dauernde Lasten) können beim Verpflichteten als Sonderausgaben abgezogen werden (vgl. Tz 34.10.1). Der Abzug von **Vorsorgeaufwendungen** i. S. des § 10 Abs. 1 Nr. 2, 3 und 3 a EStG ist grds. ausgeschlossen; zu Ausnahmen bei beschränkt stpfl. Arbeitnehmern vgl. Tz 34.10.3. Eine weitere Ausnahme besteht aufgrund der EuGH-Rspr. für den Sonderausgabenabzug von Beiträgen an berufsständische Versorgungseinrichtungen eines beschränkt Steuerpflichtigen mit selbständigen Einkünften (vgl. Tz 34.10.2).

Der **Entlastungsbetrag** für **Alleinerziehende** nach § 24 b EStG ist bei beschränkter Einkommensteuerpflicht nicht anzuwenden, ebenso die **Freibeträge** für **Kinder** nach § 32 EStG. Dagegen kommt der **Altersentlastungsbetrag** nach § 24 a EStG zur Anwendung, wenn der Steuerpflichtige vor Beginn des Kj. 2025 das 64. Lebensjahr vollendet hat, also vor dem 2.1.1961 geboren wurde (vgl. Tz 1.6).

Tarifvergünstigungen, die weder durch § 50 Abs. 1 Satz 3 EStG noch durch norminterne Beschränkung auf unbeschränkt stpfl. Personen von der Anwendung ausgeschlossen werden, sind auch bei beschränkter Einkommensteuerpflicht zu berücksichtigen. Hierzu gehören die Tarifbegünstigungen für **nicht entnommene Gewinne** nach § 34 a EStG (vgl. Tz 23) und für Einkünfte aus **außerordentlichen Holznutzungen** nach § 34 b EStG (vgl. Tz 29). Für **Veräußerungsgewinne** und **Entschädigungen** (Abfindungen), die der beschränkten Steuerpflicht unterliegen, kommt nach § 34 EStG eine ermäßigte Besteuerung nach der sog. Fünftelregelung in Betracht.

Eine **Steuerermäßigung** für haushaltsnahe **Beschäftigungsverhältnisse**, haushaltsnahe **Dienstleistungen** oder **Handwerkerleistungen** nach § 35 a EStG kann nur bei unbeschränkter Einkommensteuerpflicht in Anspruch genommen werden; bei beschränkter Einkommensteuerpflicht ist die Anwendung von § 35 a EStG durch § 50 Abs. 1 Satz 3 EStG ausgeschlossen. Ausgeschlossen ist danach auch die Inanspruchnahme einer Steuerermäßigung für **energetische Maßnahmen** bei zu eigenen Wohnzwecken genutzten Gebäuden nach § 35 c EStG. Für die Inanspruchnahme der Steuerermäßigungen nach den § 35 a und/oder § 35 c EStG, die auch bei einem im EU-/EWR-Ausland belegenen Haushalt oder Gebäude in Betracht kommt (vgl. Tz 7.4.1, Tz 8), kann aber ggf. ein Antrag nach § 1 Abs. 3 EStG auf Behandlung als »unbeschränkt einkommensteuerpflichtig« gestellt werden (vgl. Tz 33.5, Tz 34.2.3).

Pauschbeträge, **Freibeträge** und **Freigrenzen** werden grds. auch bei beschränkter Einkommensteuerpflicht gewährt. Ausgeschlossen ist nur der Freibetrag für Veräußerungs- und Aufgabegewinne nach § 16 Abs. 4 EStG. Der **Arbeitnehmer-Pauschbetrag** nach § 9 a Abs. 1 Nr. 1 EStG und der **Sonderausgaben-Pauschbetrag** nach § 10 c EStG stehen beschränkt stpfl. Arbeitnehmern nur **zeitanteilig** für die Zeiträume zu, in denen sie Einkünfte i. S. des § 49 Abs. 1 Nr. 4 EStG bezogen haben (vgl. Tz 34.6.8). Werden im Rahmen einer Veranlagung inländische Einkünfte aus nichtselbständiger Arbeit bei der Ermittlung des zu versteuernden Einkommens berücksichtigt, gelten für die daneben erzielten geringfügigen Einkünfte aus anderen Einkunftsarten die Regelungen zum **Härteausgleich** nach § 46 Abs. 3 und 4 EStG entsprechend (§ 50 Abs. 2 Satz 10 EStG), d. h., sie werden bis 410 € im Rahmen der Veranlagung nicht erfasst.

34.2.6 Belege

Belege sind grds. nur auf Anforderung des Finanzamts/BZSt auf **elektronischem Weg** oder in **Kopie** – nicht im Original – einzureichen; zur Belegvorlage-/Belegvorhaltepflicht vgl. Vorbemerkungen Tz 14.1. Die elektronische Übersendung von Belegen ist sowohl über »Mein ELSTER« (www.elster.de) als auch über die Software anderer Anbieter möglich (vgl. Vorbemerkungen Tz 14.2). Digitale Belege können direkt mit den entsprechenden Eingabefeldern der Einkommensteuererklärung verknüpft werden, sodass sich bei elektronischen Steuererklärungen eine Belegvorlage erübrigt; zum Verfahren »RABE« (= Referenzierung auf Belege) vgl. Vorbemerkungen Tz 14.4.

Eine **Belegvorlage** mit der Einkommensteuererklärung für beschränkt stpfl. Personen ist nur dann erforderlich, wenn in den Vordrucken ausdrücklich darauf hingewiesen wird. Eine Belegvorlagepflicht gilt gem. § 68 b EStDV insbesondere für die Nachweise über die auf die ESt anzurechnenden ausländischen Steuern (z. B. Steuerbescheid der ausländischen Steuerbehörde, Quittung über die Zahlung). Auch in diesen Fällen sind ausschließlich Kopien und keine Originalbelege einzureichen (Hinweis nach **Zeile 5**).

34.3 Art der Erklärung/des Antrags

Der Hauptvordruck ESt 1 C und die entsprechenden Anlage-Vordrucke sind auch dann zu verwenden, wenn entweder i. V. mit der 1

Abgabe der Einkommensteuererklärung für beschränkt stpfl. Personen oder gesondert

- die **Festsetzung** der **Arbeitnehmer-Sparzulage** beantragt wird (vgl. Tz 34.9), oder
- zur **Feststellung** des **verbleibenden Verlustvortrags** (vgl. Tz 10.5.3, Tz 10.5.4) eine Erklärung eingereicht wird.

In den Zeilen 1 und 2 ist die Art der Erklärung bzw. des Antrags durch Ankreuzen entsprechend kenntlich zu machen.

Auch beschränkt stpfl. **Fernpendler** können zusammen mit der Einkommensteuererklärung einen Antrag auf **Festsetzung** der **Mobilitätsprämie** stellen, wenn sich bei ihnen aufgrund eines zu versteuernden Einkommens bis zur Höhe des Grundfreibetrags (VZ 2025: 12 096 €) die erhöhte Entfernungspauschale ab dem 21. Kilometer (38 Cent/km) als Betriebsausgaben oder Werbungskosten steuerlich nicht auswirkt. Für diesen Antrag ist in **Zeile 2** das entsprechende Auswahlfeld anzukreuzen und die **Anlage Mobilitätsprämie** auszufüllen und einzureichen (vgl. Tz 35).

34.4 Steuernummer; zuständige Finanzbehörde

-5 Die beschränkt stpfl. Personen von der Finanzbehörde zugeteilte **Steuernummer** ist in **Zeile 3** anzugeben (vgl. Tz 1.3).

Zuständige Finanzbehörde (Zeilen 4 und 5) ist grds. das **Finanzamt**, in dessen Bezirk sich das Vermögen oder der wertvollste Teil des Vermögens der beschränkt stpfl. Person befindet. Existiert kein Vermögen im Geltungsbereich der Bundesrepublik Deutschland, ist das Finanzamt örtlich zuständig, in dessen Bezirk die die beschränkte Steuerpflicht begründende Tätigkeit vorwiegend ausgeübt oder verwertet wird oder worden ist. Dies gilt insbesondere für selbständig tätige Personen.

Für beschränkt stpfl. **Arbeitnehmer** ist das **Betriebsstättenfinanzamt** zuständig, das für den VZ für die Bildung und Änderung der Lohnsteuerabzugsmerkmale bzw. die Erteilung der Bescheinigung für den Lohnsteuerabzug zuständig war (§ 50 Abs. 2 Satz 3 EStG). Dies gilt auch dann, wenn der Arbeitnehmer noch inländische Einkünfte aus anderen Einkunftsarten erzielt oder im folgenden VZ unbeschränkt stpfl. wird (z. B. durch Zuzug ins Inland). Bei mehreren Betriebsstättenfinanzämtern (z. B. bei mehreren Arbeitgebern nacheinander) ist das Finanzamt zuständig, in dessen Bezirk der Arbeitnehmer zuletzt beschäftigt gewesen ist (§ 50 Abs. 2 Satz 4 EStG). Für Arbeitnehmer ausländischer Unternehmer im Baugewerbe gelten Sonderzuständigkeiten (vgl. H 41.3 LStH).

Für beschränkt Steuerpflichtige im Ausland, die ausschließlich mit inländischen **Renteneinkünften** nach § 49 Abs. 1 Nr. 7 und 10 EStG veranlagt werden, ist das Finanzamt Neubrandenburg (Postanschrift: Finanzamt Neubrandenburg (RiA), Postfach 110 140, 17041 Neubrandenburg) bundesweit zentral zuständig.

Beantragt ein beschränkt Steuerpflichtiger die Veranlagung ausschließlich für **Kapitalerträge** aus **Versicherungsverträgen** zur Berücksichtigung der hälftigen Steuerfreistellung (vgl. Tz 34.6.9), ist das Finanzamt zuständig, das auch für die Besteuerung des Versicherungsunternehmens zuständig ist. Bei mehreren Versicherungsunternehmen richtet sich die Zuständigkeit nach dem Ertrag, der dem Steuerpflichtigen im jeweiligen VZ zuerst zugeflossen ist (§ 50 Abs. 2 Satz 9 EStG).

Für Veranlagungen nach § 50 Abs. 2 Satz 2 Nr. 5 EStG (vgl. Tz 34.8.3) ist das **Bundeszentralamt für Steuern** (BZSt) zuständig. Davon betroffen sind nur solche Fälle, in denen

- ausschließlich beschränkt stpfl. Einkünfte bezogen werden, die dem Steuerabzug nach § 50 a Abs. 1 Nr. 1, 2 oder 4 EStG unterlegen haben, oder
- neben beschränkt stpfl. Einkünften, die dem Steuerabzug nach § 50 a Abs. 1 Nr. 1, 2 oder 4 EStG unterlegen haben, ausschließlich beschränkt stpfl. Einkünfte bezogen werden, die nicht in eine Veranlagung einbezogen werden können.

In diesen Fällen ist die – ebenfalls mit dem Hauptvordruck ESt 1 C zu erstellende – Steuererklärung an das BZSt (Referat St II 9 Abzugsteuer, 53221 Bonn) zu richten. Bezieht ein beschränkt Steuerpflichtiger sowohl Einkünfte, die dem Steuerabzug nach § 50 a Abs. 1 EStG unterlegen haben, als auch weitere Einkünfte, die in eine Veranlagung einbezogen werden können, bleibt für den Antrag auf Veranlagung weiterhin das Finanzamt zuständig.

34.5 Allgemeine Angaben

In den **Zeilen 6** bis **24** sind die notwendigen **allgemeinen Angaben** 6–24 zur Person einzutragen; die Ausführungen zum Hauptvordruck ESt 1 A für unbeschränkt stpfl. Personen (vgl. Tz 1.4) gelten entsprechend. Diese Angaben sind insbesondere erforderlich, um eine ordnungsgemäße **Bekanntgabe** des Steuerbescheids auch an eine ausländische Adresse sicherzustellen. Die Bekanntgabe an Empfänger im Ausland erfolgt entweder durch einfachen Brief unmittelbar an die beschränkt stpfl. Person oder an einen inländischen Empfangsbevollmächtigten (vgl. Tz 34.12.2.2). Wird ein Steuerbescheid durch die Post ins Ausland übermittelt, gilt dieser einen Monat nach Aufgabe zur Post als bekannt gegeben. Erst ab diesem Zeitpunkt beginnt die Einspruchsfrist von einem (weiteren) Monat.

Beschränkt stpfl. Personen, die veranlagt werden, wird neben der Steuernummer auch eine **Identifikationsnummer** (IdNr.) zugeteilt; diese ist – falls erhalten – in **Zeile 6** anzugeben. Zur eindeutigen Identifizierung für die Vergabe der IdNr. ist in den **Zeilen 16** und **17** die Angabe des **Geburtsorts** und des **Geburtslands** notwendig. Tag und Ort der Geburt werden zu jeder natürlichen Person vom BZSt gespeichert (§ 139 b Abs. 3 Nr. 8 AO). Im Übrigen gelten die Erläuterungen zur IdNr. im Hauptvordruck ESt 1 A (vgl. Tz 1.4.1) entsprechend. Zur Angabe der **Wirtschafts-Identifikationsnummer** (W-IdNr.) in den Erklärungsvordrucken vgl. Vorbemerkungen Tz 15.

Wird für eine verstorbene beschränkt stpfl. Person eine Einkommensteuererklärung abgegeben, ist in **Zeile 6** das **Sterbedatum** dieser Person anzugeben. Zusätzlich sind mit der Steuererklärung eine Aufstellung der Erben und/oder – soweit vorhanden – eine Kopie des **Erbscheins** beim zuständigen Finanzamt/BZSt einzureichen. Damit die Steuererklärung in diesen Fällen von der automatisierten Verarbeitung ausgeschlossen wird, ist in **Zeile 90** zur Kennzahl »500« der Wert »1« einzutragen.

Der Zahlungsverkehr mit dem Finanzamt oder dem BZSt wird unbar abgewickelt. Die notwendigen Angaben zur **Bankverbindung** (»IBAN« des inländischen oder ausländischen Geldinstituts; »BIC« für Steuererstattungen im SEPA-Zahlungsverkehr in Länder außerhalb des EU-/EWR-Raums; abweichender Kontoinhaber) sind in den **Zeilen 21** bis **24** einzutragen. Bei anderen Bankverbindungen außerhalb des Europäischen Zahlungsverkehrsraums (SEPA) sind die erforderlichen Angaben dem Finanzamt oder dem BZSt schriftlich mitzuteilen. Die Erläuterungen zur Bankverbindung im Hauptvordruck ESt 1 A (vgl. Tz 1.7) gelten im Übrigen entsprechend.

34.6 Inländische Einkünfte

34.6.1 Grundsätze

Welche inländischen Einkünfte der beschränkten Einkommensteuerpflicht unterliegen, ist **abschließend** in § 49 Abs. 1 EStG geregelt. Diese Vorschrift gilt grds. für alle natürlichen Personen ohne Wohnsitz oder gewöhnlichen Aufenthalt im Inland; eine Ausnahme besteht für sog. »**Grenzpendler**«, die einen Antrag nach § 1 Abs. 3 EStG gestellt haben (vgl. Tz 34.2.3). Bei Personengesellschaften ist Steuerschuldner der jeweilige Gesellschafter; für die unbeschränkte oder beschränkte Steuerpflicht kommt es auf den Wohnsitz des jeweiligen Gesellschafters an.

Die einzelnen Regelungen des § 49 Abs. 1 EStG knüpfen an die Einkünfte des § 2 Abs. 1 EStG bei unbeschränkter Einkommensteuerpflicht an. In Bezug auf die Einkunftsarten i. S. der §§ 13 bis 23

EStG müssen deren tatbestandlichen Voraussetzungen in der Person des beschränkt Steuerpflichtigen vorliegen. Ob das der Fall ist, beurteilt sich allein nach inländischem Recht. Die in § 49 Abs. 1 EStG aufgezählten Einkünfte unterliegen jedoch nur dann der deutschen ESt, wenn sie nicht nach einem **Abkommen** zur Vermeidung der **Doppelbesteuerung** (DBA) steuerfrei gestellt sind. Beschränkungen des Besteuerungsrechts nach den DBA gehen den nationalen Steuergesetzen vor (§ 2 AO).

Es gilt zudem der Grundsatz der **isolierten Betrachtungsweise**. Die Prüfung, ob beschränkt stpfl. Einkünfte vorliegen, erfolgt allein aufgrund des im Inland verwirklichten Sachverhalts, wenn sich dieser »isoliert betrachtet« einer der Regelungen des § 49 Abs. 1 EStG zuordnen lässt; im Ausland gegebene Besteuerungsmerkmale bleiben außer Betracht, soweit bei deren Berücksichtigung eine beschränkte Einkommensteuerpflicht der Einkünfte zu verneinen wäre (§ 49 Abs. 2 EStG). Bei der Frage nach der Einkunftserzielungsabsicht ist eine isolierte Betrachtung allerdings grds. unzulässig (BFH-Urteil vom 7.11.2001, BStBl 2002 II S. 861 zu Preisgeldern für die Teilnahme an einem inländischen Pferdeturnier).

25–32 Liegen inländische Einkünfte i. S. des § 49 Abs. 1 EStG vor, sind neben der Einkommensteuererklärung (Hauptvordruck ESt 1 C) die jeweiligen **Anlage-Vordrucke** L, G, S, AUS, N, V, V-FeWo, V-Sonstige, R, R-AV/bAV und SO beizufügen. Außerdem sind in den **Zeilen 25** bis **32** zu Einkünften i. S. des § 50d Abs. 10 EStG (vgl. Tz 34.6.7), Einkünften aus nichtselbständiger Arbeit (vgl. Tz 34.6.8) und Erträgen aus Kapitalvermögen (vgl. Tz 34.6.9) ggf. zusätzliche Angaben zu machen.

34.6.2 Einkünfte aus Land- und Forstwirtschaft

Beschränkt stpfl. Einkünfte aus Land- und Forstwirtschaft liegen vor, wenn diese im **Inland** betrieben wird (§ 49 Abs. 1 Nr. 1 EStG). Sind inländische Grundstücke Teil eines ausländischen land- und forstwirtschaftlichen Betriebes, so beschränkt § 49 Abs. 1 Nr. 1 EStG die Steuerbarkeit auf die Einkünfte aus Land- und Forstwirtschaft, die aus den im Inland belegenen Grundstücken erzielt werden; auf den Ort der Betriebsleitung kommt es nicht an (BFH-Urteil vom 17.12.1997, BStBl 1998 II S. 260). Erfasst werden auch **Veräußerungsgewinne** i. S. des § 14 EStG und Gewinne aus der **Verpachtung** der Land- und Forstwirtschaft ohne Betriebsaufgabe. Die inländische Besteuerung der Einkünfte wird durch **DBA** i. d. R. nicht eingeschränkt; es gilt das »Belegenheitsprinzip« nach Art. 6 OECD-MA.

Die Steuererhebung für beschränkt stpfl. Einkünfte aus Land- und Forstwirtschaft erfolgt durch eine **Veranlagung** nach § 50 Abs. 2 Satz 2 Nr. 1 EStG; ein Steuerabzug ist nicht vorgesehen. Bei beschränkter Steuerpflicht kommt auch eine Ermittlung des Gewinns aus Land- und Forstwirtschaft nach **Durchschnittssätzen** (§ 13a EStG) in Betracht. Anwendbar sind auch die **Tarifbegünstigung** für nicht entnommene Gewinne nach § 34a EStG (vgl. Tz 23) sowie die Beschränkung des Betriebsausgabenabzugs für **Zinsaufwendungen** nach § 4h EStG über die sog. »Zinsschranke« (vgl. Teil II Tz 2.11.13.2). Neben dem Hauptvordruck ESt 1 C sind daher die **Anlage L** und ggf. zusätzlich die Anlagen AUS (sofern ausländische Einkünfte im Gewinn eines inländischen Betriebs enthalten sind), 13a, AV13a, 32c, 34a, 34b und Zinsschranke abzugeben.

34.6.3 Einkünfte aus Gewerbebetrieb

Beschränkt stpfl. Einkünfte aus **Gewerbebetrieb** (§§ 15 bis 17 EStG) liegen nur dann vor, wenn einer der in § 49 Abs. 1 Nr. 2 Buchst. a bis g EStG aufgeführten Tatbestände mit Inlandsbezug vorliegt. Besteuert wird nur der Gewinnanteil, der diese Voraussetzungen erfüllt.

In den Fällen des § 49 Abs. 1 Nr. 2 Buchst. **d**, **f** und **g** EStG (vgl. Tz 34.6.3.3, Tz 34.6.3.5) erfolgt die Steuererhebung durch **Steuerabzug** nach § 50a EStG an der Quelle. Ansonsten wird die ESt für beschränkt stpfl. Einkünfte aus Gewerbebetrieb durch eine **Veranlagung** nach § 50 Abs. 2 Satz 2 Nr. 1 EStG erhoben. Neben dem Hauptvordruck ESt 1 C sind hierbei die **Anlage G** und ggf. die **Anlage AUS** abzugeben, sofern ausländische Einkünfte im Gewinn eines inländischen Betriebs enthalten sind. Zur Anwendung der Tarifbegünstigung nach § 34a EStG ist zusätzlich die **Anlage 34a** (vgl. Tz 23) einzureichen. Sind Beschränkungen beim Betriebsausgabenabzug für Zinsaufwendungen nach § 4h EStG zu berücksichtigen, ist die **Anlage Zinsschranke** abzugeben (vgl. Teil II Tz 2.11.13.2).

34.6.3.1 Inländische Betriebsstätte, ständiger Vertreter

Hauptanknüpfungspunkt für gewerbliche Einkünfte eines beschränkt Steuerpflichtigen ist die **Betriebsstätte**, die im **Inland** unterhalten wird (§ 49 Abs. 1 Nr. 2 Buchst. **a** EStG). Der Betriebsstättenbegriff bestimmt sich nach § 12 AO. Betriebstätte ist hiernach jede feste Geschäftseinrichtung oder Anlage, die der Tätigkeit eines Unternehmens unmittelbar dient. Als Betriebstätten sind insbesondere anzusehen: die Stätte der Geschäftsleitung, Zweigniederlassungen, Geschäftsstellen, Fabrikations- oder Werkstätten, Warenlager, Ein- oder Verkaufsstellen, Bergwerke, Steinbrüche oder andere stehende, örtlich fortschreitende oder schwimmende Stätten der Gewinnung von Bodenschätzen. Inländische Baustellen und Montagen sind dann als Betriebsstätte anzusehen, wenn die einzelne Bauausführung länger als sechs Monate dauert (§ 12 Satz 1 Nr. 8 AO). Der Tätigkeit eines Unternehmens dient eine Geschäftseinrichtung oder Anlage vor allem dann, wenn der Unternehmer selbst, seine Arbeitnehmer oder andere vom Unternehmer weisungsabhängige Personen dort tätig werden.

Einkünfte aus Gewerbebetrieb unterliegen nach § 49 Abs. 1 Nr. 2 Buchst. a EStG auch dann der beschränkten Steuerpflicht, wenn keine inländische Betriebsstätte unterhalten wird, sondern im Inland nur ein inländischer **ständiger Vertreter** für den Gewerbebetrieb bestellt ist (§ 13 AO). Ständiger Vertreter ist eine Person, die nachhaltig die Geschäfte eines Unternehmens besorgt und dabei dessen Sachweisungen unterliegt. Davon ist insbesondere bei Personen auszugehen, die für ein Unternehmen nachhaltig Verträge abschließen oder vermitteln, Aufträge einholen oder einen Bestand von Gütern oder Waren unterhalten und davon Auslieferungen vornehmen. Ist der ständige Vertreter ein **Kommissionär** oder **Makler**, der Geschäftsbeziehungen für das ausländische Unternehmen im Rahmen seiner ordentlichen Geschäftstätigkeit unterhält, und ist die Besteuerung des ausländischen Unternehmens nicht durch ein DBA geregelt, sind die Einkünfte des ausländischen Unternehmens insoweit nicht der Besteuerung zu unterwerfen. Das gilt auch, wenn der ständige Vertreter ein **Handelsvertreter** (§ 84 HGB) ist, der weder eine allgemeine Vollmacht zu Vertragsverhandlungen und Vertragsabschlüssen für das ausländische Unternehmen besitzt noch über ein Warenlager dieses Unternehmens verfügt, von dem er regelmäßig Bestellungen für das Unternehmen ausführt (vgl. R 49.1 Abs. 1 EStR).

Die Gewinnermittlung für die gewerblichen Einkünfte nach § 49 Abs. 1 Nr. 2 Buchst. a EStG richtet sich nach den allgemeinen Vorschriften (vgl. Tz 21.3). Zu den beschränkt stpfl. Einkünften gehört auch der Gewinn aus der **Veräußerung** oder **Aufgabe** einer inländischen Betriebstätte, ebenso die Veräußerung eines Anteils an einer inländischen Personengesellschaft oder einer inländischen Betriebsstätte; die § 16 und § 34 EStG – mit Ausnahme des § 16 Abs. 4 EStG (vgl. Tz 34.2.5) – finden Anwendung. Auch **nachträgliche Einkünfte** aus Gewerbebetrieb im Zusammenhang mit einer (früheren) inländischen Betriebsstätte unterliegen der beschränkten Einkommensteuerpflicht, wenn der Steuerpflichtige nun im Ausland lebt (H 49.1 EStH mit Verweis auf H 34d EStH; FG Baden-Württemberg vom 28.11.2024, 12 K 549/23, EFG 2025 S. 1003 zu Versorgungsleistungen aus einer früheren Tätigkeit als Versicherungsvertreter – Revision eingelegt, Az. beim BFH: I R 2/25).

Das Besteuerungsrecht nach den **DBA** ist i. d. R. dem Staat der Betriebsstätte zugewiesen (Art. 7 Abs. 1 OECD-MA), sodass deren Besteuerung in Deutschland grds. nicht eingeschränkt ist.

34.6.3.2 Seeschiffe, Luftfahrzeuge

Der Betrieb von **Seeschiffen** und **Luftfahrzeugen** im Inland begründet für den ausländischen Unternehmer zwar keine inländische Betriebstätte i. S. des § 49 Abs. 1 Nr. 2 Buchst. a EStG; daraus erzielte Einkünfte unterliegen jedoch der beschränkten Steuerpflicht nach § 49 Abs. 1 Nr. 2 Buchst. **b** EStG. Durch diese Vorschrift werden Einkünfte, die durch den Betrieb eigener oder gecharterter Schiffe oder Luftfahrzeuge aus der Beförderung von Personen und Sachen zwischen inländischen und von inländischen zu ausländischen Häfen erzielt werden, erfasst.

Die Einkünfte aus den Beförderungsleistungen können mit 5 % der vereinbarten Beförderungsentgelte **pauschal** besteuert werden (§ 49 Abs. 3 Satz 1 EStG); Betriebsausgaben und damit auch Verluste werden in diesem Fall nicht berücksichtigt. Die Einkünfte aus den Beförderungsleistungen sind dann **steuerfrei**, wenn der ausländische Staat unbeschränkt stpfl. Personen eine entsprechende Steuerbefreiung für derartige Einkünfte gewährt (§ 49 Abs. 4 EStG). Zu den Staaten mit denen ein entsprechendes Sonderabkommen für Einkünfte von Schifffahrt- und Luftfahrtunternehmen besteht siehe BMF-Schreiben vom 20.1.2025, BStBl I S. 291. Die Gegenseitigkeit wird erforderlichenfalls vom BMF festgestellt.

Nach § 49 Abs. 1 Nr. 2 Buchst. **c** EStG werden gewerbliche Einkünfte von Unternehmen besteuert, die über eine internationale Betriebsgemeinschaft oder ein Pool-Abkommen an Beförderungserträgen i. S. des § 49 Abs. 1 Nr. 2 Buchst. b EStG eines inländischen Unternehmens beteiligt sind. Dies gilt auch dann, wenn das die Beförderung durchführende Unternehmen mit Sitz und Geschäftsleitung im Inland nicht als ständiger Vertreter anzusehen ist (vgl. R 49.1 Abs. 2 Satz 2 EStR). Die Pauschalierungsmöglichkeit der Einkünfte mit 5 % der Beförderungsentgelte kommt in den Fällen des § 49 Abs. 1 Nr. 2 Buchst. c EStG allerdings **nicht** in Betracht.

34.6.3.3 Künstlerische, sportliche, artistische, unterhaltende oder ähnliche Darbietungen

Gewerbliche Einkünfte aus künstlerischen, sportlichen, artistischen, unterhaltenden oder ähnlichen **Darbietungen** im Inland oder deren Verwertung im Inland, einschließlich der Einkünfte aus damit zusammenhängenden Leistungen, unterliegen der beschränkten Steuerpflicht nach § 49 Abs. 1 Nr. 2 Buchst. **d** EStG. Diese Regelung gilt auch für ausländische Unternehmen, die – ohne Vorliegen einer inländischen Betriebstätte oder eines ständigen Vertreters – aus- und inländische Künstler, Sportler oder Artisten usw. vermitteln (z. B. ausländische Künstleragentur, Konzertveranstalter) oder Rechte im Zusammenhang mit entsprechenden Veranstaltungen vermarkten. Ob die Einnahmen dem Darbietenden selbst, dem die Darbietung Verwertendem oder einem Dritten zufließen, ist unerheblich (vgl. R 49.1 Abs. 3 EStR).

Die Steuererhebung erfolgt durch **Steuerabzug** durch den inländischen Vergütungsschuldner (§ 50a Abs. 2 EStG). Einzelheiten zur Durchführung des Steuerabzugs nach § 50a EStG ergeben sich aus den BMF-Schreiben vom 25.11.2010, BStBl I S. 1350 und vom 17.6.2014, BStBl I S. 887.

Es bestehen im Übrigen für Einkünfte eines Künstlers aus persönlichen Darbietungen im Inland **keine** DBA-Beschränkungen (Art. 17 OECD-MA). Einkünfte aus der Verwertung von Darbietungen werden i. d. R. nur im Ansässigkeitsstaat des Verwertenden besteuert (BFH-Urteil vom 13.6.2012, BStBl II S. 880).

34.6.3.4 Veräußerung von Anteilen an Kapitalgesellschaften

Gewerbliche Einkünfte aus der Veräußerung von **Anteilen** an einer **Kapitalgesellschaft** i. S. des § 17 EStG werden bei beschränkt Steuerpflichtigen durch § 49 Abs. 1 Nr. 2 Buchst. **e** EStG erfasst; gehören die veräußerten Anteile als Betriebsvermögen zu einer inländischen Betriebsstätte gilt § 49 Abs. 1 Nr. 2 Buchst. **a** EStG (vgl. Tz 34.6.3.1). Um die Nachversteuerung eingefrorener **stiller Reserven** bei der späteren Veräußerung der Anteile durch einen beschränkt stpfl. Anteilseigner sicherzustellen, werden über § 49 Abs. 1 Nr. 2 Buchst. e Doppelbuchst. bb EStG auch die Fälle der Verschmelzung/Vermögensübertragung (§§ 11 ff. UmwStG) und des Anteilstauschs (§ 21 UmwStG) erfasst, wenn dabei nicht der gemeine Wert, sondern der Buchwert der eingebrachten Anteile angesetzt worden ist.

Für die Begründung der beschränkten Steuerpflicht muss die Kapitalgesellschaft, deren Anteile veräußert werden, ihren Sitz oder ihre Geschäftsleitung im **Inland** haben. Steuerpflichtig sind alle Tatbestände des § 17 EStG, also neben der Veräußerung von Anteilen auch Fälle der verdeckten Einlage (§ 17 Abs. 1 Satz 2 EStG), der Auflösung einer Kapitalgesellschaft oder der Kapitalherabsetzung (§ 17 Abs. 4 Satz 1 EStG). Bei einem Wegzug ins Ausland ist zu prüfen, ob eine Besteuerung des Vermögenszuwachses der Beteiligung auch ohne Veräußerung der Anteile nach § 6 Abs. 1 AStG durchzuführen ist (vgl. Tz 33.4).

Als beschränkt stpfl. Einkünfte werden auch **Veräußerungsgewinne** von Anteilen an **Kapitalgesellschaften** i. S. des § 17 EStG erfasst, die ihren Sitz oder ihre Geschäftsleitung im **Ausland** haben (z. B. ausländische Immobiliengesellschaften), sofern der Wert der Anteile unmittelbar oder mittelbar zu mehr als 50 % auf inländischem **unbeweglichem Vermögen** beruht (§ 49 Abs. 1 Nr. 2 Buchst. **e** Doppelbuchst. cc EStG). Hierfür ist es ausreichend, wenn dies zu irgendeinem Zeitpunkt während der 365 Tage vor der Veräußerung der Fall war und die Anteile dem Veräußerer nach § 39 AO zu diesem Zeitpunkt zuzurechnen waren. Beide Voraussetzungen müssen kumulativ vorliegen. Nicht erforderlich ist, dass der Veräußerer zu diesem Zeitpunkt auch zu mindestens einem Prozent an der Kapitalgesellschaft beteiligt war. Der Wert des inländischen unbeweglichen Vermögens muss ins Verhältnis zum gesamten Vermögen der Kapitalgesellschaft gesetzt werden. Die 50 %-Quote ist nur anhand der aktiven Buchwerte zu ermitteln; Passivposten bleiben unberücksichtigt. Die Regelung gilt erstmals für Gewinne aus Veräußerungen nach dem 31.12.2018; erfasst werden die Gewinne nur insoweit, als ihnen nach dem 31.12.2018 entstandene Wertveränderungen zugrunde liegen (§ 52 Abs. 45a Satz 1 EStG).

Die Steuererhebung in den Fällen des § 49 Abs. 1 Nr. 2 Buchst. e EStG erfolgt durch Veranlagung unter Berücksichtigung von § 17 Abs. 2 und 3 EStG (Veräußerungsgewinn, Freibetrag) sowie der Tarifermäßigung nach § 34 Abs. 1 EStG. Ein sich dabei ergebender **Verlust** kann mit anderen zu veranlagenden inländischen Einkünften eines beschränkt Steuerpflichtigen ausgeglichen werden (vgl. R 49.1 Abs. 4 Satz 2 EStR). Ein in den Wegzugsfällen bereits nach § 6 Abs. 1 AStG versteuerter Vermögenszuwachs der Beteiligung, ist vom tatsächlich erzielten Veräußerungsgewinn abzusetzen (§ 6 Abs. 1 Satz 5 AStG). **DBA-Beschränkungen** sind zu beachten; die Besteuerung erfolgt grds. im Ansässigkeitsstaat des Veräußerers (Art. 13 Abs. 5 OECD-MA).

34.6.3.5 Sonstige gewerbliche Einkünfte

Zu den beschränkt stpfl. Einkünften gehören nach § 49 Abs. 1 Nr. 2 Buchst. **f** EStG auch die gewerbliche **Vermietung** und **Verpachtung** oder die **Veräußerung** von inländischem unbeweglichem Vermögen, Sachinbegriffen oder Rechten (z. B. gewerbliche Vermietung oder gewerblicher Grundstückshandel). Bei der Prüfung, ob ein **gewerblicher Grundstückshandel** vorliegt, sind auch ausländische Grundstücksverkäufe zu berücksichtigen. Es werden auch

- mittelbare **Veräußerungsvorgänge** über die Beteiligung an einer vermögensverwaltenden Personengesellschaft (§ 49 Abs. 1 Nr. 2 Buchst. f Satz 3, § 23 Abs. 1 Satz 4 EStG),
- **Wertveränderungen** von Wirtschaftsgütern, die mit inländischem unbeweglichem Vermögen in wirtschaftlichen Zusammenhang stehen (§ 49 Abs. 1 Nr. 2 Buchst. f Satz 5 EStG) sowie
- Einkünfte aus der grenzüberschreitenden Überlassung von **Software** und **Datenbanken** zur wirtschaftlichen Weiterverwertung (BMF-Schreiben vom 27.10.2017, BStBl I S. 1448)

erfasst.

Sofern die gewerblichen Einkünfte aus Vermietung und Verpachtung oder Veräußerung einer inländischen Betriebsstätte oder einem ständigen Vertreter im Inland zuzurechnen sind, hat die Besteuerung nach § 49 Abs. 1 Nr. 2 Buchst. a EStG (vgl. Tz 34.6.3.1) Vorrang.

Für die Besteuerung von **sonstigen Rechten** (insbesondere Patent-, Marken- oder Sortenrechten), bei denen beschränkt stpfl. Einkünfte nur aufgrund der Eintragung in ein inländisches öffentliches Buch oder Register vorliegen, gilt Folgendes:

- Beschränkt stpfl. Einkünfte i. S. von § 49 Abs. 1 Nr. 2 Buchst. f Satz 2 EStG liegen nur noch dann vor, wenn die Überlassung der Rechte zwischen **nahestehenden Personen** i. S. von § 1 Abs. 2 AStG erfolgt. Auch Zahlungen nur zwischen zwei nahestehenden ausländischen Gesellschaften erfüllen diesen Besteuerungstatbestand.

- Bei der Überlassung von Rechten zwischen nahestehenden Personen i. S. von § 1 Abs. 2 AStG liegt eine Steuerpflicht der Vergütungen nur dann vor, wenn der Besteuerung dieser Einkünfte die Bestimmungen eines **DBA** unter Berücksichtigung der ihre Anwendung regelnden Vorschriften des EStG **nicht** entgegenstehen. Diese Regelung gilt für Veräußerungen, die nach dem 31.12.2022 erfolgen, oder Vergütungen, die nach dem 31.12.2022 zufließen (§ 52 Abs. 45a Satz 3 2. Halbsatz EStG).
- In Fällen der **Drittlizenzierung** – also einer Lizenzierung von sonstigen Rechten außerhalb von Konzernstrukturen und nicht zwischen nahestehenden Personen i. S. von § 1 Abs. 2 AStG – entfällt die beschränkte Steuerpflicht **rückwirkend**, also auch für bereits **vor** dem **1.1.2023** zugeflossene Vergütungen (§ 52 Abs. 45a Satz 3 1. Halbsatz EStG).
- Über § 49 EStG hinaus bleibt der Besteuerungsanspruch für Einkünfte aus Rechten auch in **Drittlizenzfällen**, die in ein inländisches öffentliches Buch oder Register eingetragen sind, erhalten, wenn der Lizenzgeber/Vergütungsgläubiger in einem **nichtkooperativen Steuerhoheitsgebiet** i. S. des§ 2 Steueroasen-Abwehrgesetzes (StAbwG) ansässig ist (§ 10 Abs. 1 Satz 1 Nr. 5 StAbwG). Hierunter fällt sowohl die Überlassung als auch die Veräußerung von in ein inländisches Register eingetragenen Rechten. Die Steuerpflicht nach § 10 Abs. 1 Nr. 5 StAbwG gilt erstmals für Zuflüsse ab dem 1.1.2022. Die Einkünfte unterliegen nach § 10 Abs. 2 StAbwG dem Steuerabzug durch den Lizenznehmer/Vergütungsschuldner.
- Die Registeranknüpfung wird im Übrigen in den von § 21 Abs. 1 Satz 1 Nr. 1 EStG erfassten Rechten über den 31.12.2022 hinaus aufrechterhalten. Damit wird sichergestellt, dass insbesondere Einkünfte, die aus in ein inländisches Schiffsregister eingetragenen **Schiffsregisterrechten** erzielt werden, weiter von der beschränkten Steuerpflicht erfasst sind. Gleiches gilt für Rechte, die den Vorschriften des bürgerlichen Rechts über Grundstücke unterliegen, insbesondere **Erbbaurechte** und **Mineralgewinnungsrechte**.

Sofern bei Rechteüberlassungen zwischen nahestehenden Personen i. S. von § 1 Abs. 2 AStG für VZ ab 2023 stpfl. Vergütungen i. S. von § 49 Abs. 1 Nr. 2 Buchst. f Satz 2 EStG vorliegen, hat der beschränkt stpfl. Empfänger der Vergütung bei dem zuständigen Finanzamt eine entsprechende Steuererklärung (Hauptvordruck ESt 1 C und Anlage G) einzureichen.

Zu den gewerblichen Einkünften zählen nach § 49 Abs. 1 Nr. 2 Buchst. **g** EStG auch sog. **Transferzahlungen** eines inländischen Sportvereins zur vertraglichen Verpflichtung eines **Berufssportlers**, wenn der Empfänger der Transferleistung beschränkt stpfl. ist. Besteuert werden die Einkünfte aus der »Verschaffung der Gelegenheit« einen Berufssportler im Inland vertraglich zu verpflichten. Hierunter fallen auch Leistungen an ausländische **Spielervermittler** oder **Spielerberater**. Eine Steuerpflicht besteht nur, wenn die Gesamteinnahmen die **Freigrenze** von **10 000 €** übersteigen.

Die sonstigen gewerblichen Einkünfte nach § 49 Abs. 1 Nr. 2 Buchst. f und g EStG unterliegen grds. dem **Steuerabzug** an der Quelle nach § 50 a Abs. 1 Nr. 3 EStG. Dies gilt insbesondere für Lizenzgebühren aus der zeitlich befristeten Überlassung von **Rechten** (s. o.). Eine Pflicht zum Steuerabzug nach § 50 a Abs. 1 Nr. 3 EStG kann auch bei Verträgen über die Entwicklung von **Software**, auf die deutsches Urheberrecht Anwendung findet, bestehen (BMF-Schreiben vom 2.8.2022, BStBl I S. 1253). Vergütungen, die ausländische Plattformbetreiber und Internetdienstleister für die Platzierung oder Vermittlung von elektronischer Werbung auf Internetseiten erhalten, unterliegen nicht dem Steuerabzug nach § 50 a Abs. 1 Nr. 3 EStG. Sie werden weder für eine zeitlich begrenzte Rechteüberlassung nach § 49 Abs. 1 Nr. 2 Buchst. f EStG noch für die Nutzung von gewerblichen, technischen, wissenschaftlichen oder ähnlichen Erfahrungen, Kenntnissen und Fertigkeiten nach § 49 Abs. 1 Nr. 9 EStG geleistet (BMF-Schreiben vom 3.4.2019, BStBl I S. 256).

DBA-Beschränkungen sind zu beachten. Die gewerbliche Vermietung und Verpachtung oder Veräußerung von inländischem Grundvermögen werden grds. im Inland besteuert (Art. 6 Abs. 1 und 13 Abs. 1 OECD-MA). Transferzahlungen an einen Dritten für die Vermittlung eines Berufssportlers unterliegen i. d. R. nicht der Besteuerung im Inland (Art. 7 OECD-MA).

34.6.4 Einkünfte aus selbständiger Arbeit

Zu den inländischen Einkünfte i. S. der beschränkten Einkommensteuerpflicht gehören nach § 49 Abs. 1 Nr. 3 EStG Einkünfte aus **selbständiger Arbeit** (§ 18 EStG), die im Inland ausgeübt oder verwertet wird oder worden ist oder für die im Inland eine feste Einrichtung oder eine Betriebsstätte unterhalten wird. Das Ausüben einer selbständigen Tätigkeit setzt das **persönliche Tätigwerden** im **Inland** voraus (z. B. die inländische Vortragstätigkeit durch einen ausländischen Dozenten, der Inlandsauftritt eines ausländischen Künstlers). Eine Verwertung einer selbständigen Tätigkeit im Inland liegt z. B. vor, wenn ein beschränkt stpfl. **Erfinder** sein Patent einem inländischen Betrieb überlässt oder wenn ein beschränkt stpfl. **Schriftsteller** sein Urheberrecht an einem Werk auf ein inländisches Unternehmen überträgt (vgl. R 49.2 EStR). Die Frage, wo das Buch eines Schriftstellers verkauft wird, ist unerheblich.

Die Steuererhebung erfolgt in den Fällen des § 50 a Abs. 1 EStG (z. B. bei Einkünften aus einer künstlerischen Tätigkeit oder Aufsichtsratsvergütungen) durch **Steuerabzug** an der Quelle, im Übrigen durch **Veranlagung**. Wird die ESt für beschränkt stpfl. Einkünfte aus selbständiger Arbeit durch eine Veranlagung erhoben, sind neben dem Hauptvordruck ESt 1 C die **Anlage S** und ggf. die **Anlage AUS** abzugeben, sofern ausländische Einkünfte im Gewinn eines inländischen Betriebs enthalten sind. Zur Anwendung der Tarifbegünstigung nach § 34 a EStG ist zusätzlich die Anlage 34a (vgl. Tz 23) einzureichen.

Die Besteuerung erfolgt nach den **DBA** grds. durch den Ansässigkeitsstaat, es sei denn, der Steuerpflichtige unterhält eine feste Einrichtung (z. B. Praxis) im Inland. Für Aufsichts- und Verwaltungsräte sowie für Künstler und Sportler gelten nach den DBA vorrangige Sonderregelungen; ebenso für Lizenzgebühren.

34.6.5 Einkünfte aus Vermietung und Verpachtung

Beschränkt stpfl. natürliche Personen, die im Rahmen einer vermögensverwaltenden Tätigkeit inländisches unbewegliches Vermögen, im Inland belegene, in ein inländisches öffentliches Buch oder Register eingetragene oder in einer inländischen Betriebstätte oder einer anderen Einrichtung verwertete Sachinbegriffe oder Rechte **vermieten** oder **verpachten**, erzielen Einkünfte i. S. des § 49 Abs. 1 Nr. **6** EStG. Die Vorschrift ist nur anzuwenden, soweit die Einkünfte nicht vorrangig zu den Einkünften i. S. des § 49 Abs. 1 Nr. 1 bis 5 gehören; insbesondere sind sie von den gewerblichen Einkünften aus Vermietung und Verpachtung nach § 49 Abs. 1 Nr. 2 Buchst. f abzugrenzen. **Sonstige Rechte**, bei denen beschränkt stpfl. Einkünfte nur aufgrund der Eintragung in ein inländisches öffentliches Buch oder Register vorliegen, werden ab dem VZ 2023 nur noch bei einer zeitlich beschränkten Überlassung zwischen **nahestehenden Personen** i. S. des § 1 Abs. 2 AStG als Einkünfte aus Vermietung und Verpachtung besteuert. Weitere Voraussetzung ist, dass der Besteuerung dieser Einkünfte die Bestimmungen eines DBA unter Berücksichtigung der ihre Anwendung regelnden Vorschriften des EStG nicht entgegenstehen (§ 49 Abs. 1 Nr. 6 Satz 2 EStG n. F.). Zu weiteren Einzelheiten vgl. Tz 34.6.3.5.

Die Vermietung von einzelnen beweglichen Sachen fällt nicht unter § 49 Abs. 1 Nr. 6 EStG, sondern unter § 49 Abs. 1 Nr. 9 EStG (sonstige Einkünfte).

Besteuert werden nur die Einkünfte aus der **Nutzung** durch die zeitlich begrenzte **Überlassung** eines **Wirtschaftsguts**, nicht solche aus der Veräußerung des Vermögensgegenstands oder der endgültigen Rechteübertragung. Zur Ermittlung der Einkünfte (AfA, Bewertung des Vermögens) und zur Zuständigkeit im Falle der Veranlagung siehe Rz 10 ff. des BMF-Schreibens vom 16.5.2011, BStBl I S. 530.

Die Steuererhebung erfolgt in den Fällen des § 50 a Abs. 1 Nr. 3 EStG durch Steuerabzug i. d. R. mit abgeltender Wirkung, ansonsten durch Veranlagung. Das Finanzamt kann zudem zur Sicherstellung der Besteuerung den Steuerabzug nach § 50 a Abs. 7 EStG anordnen, soweit dies bei vermuteter Gefährdung des Steueranspruchs anstelle der Festsetzung von Steuervorauszahlungen angebracht ist (Rz 14 des o.a. BMF-Schreibens vom 16.5.2011). Bei unbeweglichen Vermögen wird das Besteuerungsrecht nach den **DBA** grds. dem Belegenheitsstaat zugewiesen, sodass insoweit für die inländische Besteuerung keine DBA-Beschränkungen bestehen. Die Vermietung und Verpachtung von Sachinbegriffen wird abkommensrechtlich den Lizenzgebühren zugeordnet; hierfür steht das Besteuerungsrecht i.d.R. dem Wohnsitzstaat des Lizenzgebers zu (Art 12 OECD-MA).

34.6.6 Sonstige Einkünfte

34.6.6.1 Leibrenten und Versorgungsleistungen

Leibrenten und andere **Leistungen** i.S. des 22 Nr. 1 Satz 3 Buchst. a EStG, die im Ausland wohnende **Rentner** von einem inländischen Rentenversicherungsträger, einer inländischen landwirtschaftlichen Alterskasse, einer inländischen berufsständischen Versorgungseinrichtung, einem inländischen Versicherungsunternehmen oder sonstigen inländischen Zahlstelle beziehen, gehören zu den beschränkt stpfl. Einkünften nach § 49 Abs. 1 Nr. **7** EStG. Die nachgelagerte Besteuerung von Versorgungsleistungen aus inländischen **Pensionsfonds**, **Pensionskassen** und **Direktversicherungen** i.S. des § 22 Nr. 5 EStG an im Ausland wohnende Empfänger wird über § 49 Abs. 1 Nr. **10** EStG sichergestellt. Eine beschränkte Steuerpflicht besteht auch für Leibrenten und Versorgungsleistungen **ausländischer Zahlstellen**, wenn die Leistungen auf Beiträgen beruhen, die in der Ansparphase ganz oder teilweise als **Sonderausgaben** i.S. des § 10 Abs. 1 Nr. 2 EStG berücksichtigt wurden (sog. »Förderstaatsprinzip«). **Pensionszahlungen** (z.B. an im Ausland wohnende Beamte) sind als Versorgungsbezüge nach § 49 Abs. 1 Nr. **4** EStG steuerbar (vgl. Tz 34.6.8).

Die Besteuerung von Einkünften nach § 49 Abs. 1 Nr. 7 und 10 EStG erfolgt durch **Veranlagung**; zur zentralen Zuständigkeit des Finanzamts Neubrandenburg vgl. Tz 34.4. Aufgrund des **Rentenbezugsmitteilungsverfahrens** nach § 22a EStG werden beschränkt stpfl. Rentner ggf. vom Finanzamt zur Abgabe einer Steuererklärung aufgefordert.

Nach den **DBA** entfällt bisher im Regelfall das deutsche Besteuerungsrecht, da dieses grds. dem Wohnsitzstaat des Rentners zusteht. Einige DBA stehen dem deutschen Besteuerungsrecht für von der Deutschen Rentenversicherung gezahlte Leibrenten allerdings nicht entgegen (BFH-Urteil vom 20.12.2017, BStBl 2018 II S. 439 zum DBA-Kanada; die hiergegen eingelegte Verfassungsbeschwerde wurde mit Beschluss des BVerfG vom 3.3.2021, 2 BvR 1745/18 nicht zur Entscheidung angenommen). Nach neueren DBA mit der Türkei, Spanien, Norwegen und den Niederlanden ist jedoch eine teilweise Besteuerung von Versorgungsleistungen durch den Quellenstaat Deutschland vorgesehen. Zur steuerlichen Behandlung von Alterseinkünften nach dem DBA Türkei siehe im Einzelnen BMF-Schreiben vom 11.12.2014, BStBl 2015 I S. 92; zur Besteuerung von Alterseinkünften nach dem DBA-Niederlande siehe BMF-Schreiben vom 24.1.2017, BStBl I S. 147.

34.6.6.2 Private Veräußerungsgeschäfte

Der beschränkten Steuerpflicht unterliegen auch private Veräußerungsgeschäfte mit inländischen **Grundstücken** oder **grundstücksgleichen Rechten** i.S. der § 22 Nr. 2 und § 23 Abs. 1 Satz 1 Nr. 1 EStG, bei denen der Zeitraum zwischen Anschaffung und Veräußerung nicht mehr als **10 Jahre** beträgt (§ 49 Abs. 1 Nr. 8 EStG). Die Steuererhebung erfolgt durch Veranlagung; es bestehen keine DBA-Beschränkungen.

34.6.6.3 Abgeordnetenbezüge

Der beschränkten Steuerpflicht unterliegen – ohne weitere Voraussetzungen – auch **Abgeordnetenbezüge** i.S. des § 22 Nr. 4 EStG (§ 49 Abs. 1 Nr. 8a EStG). Hierzu gehören auch die Versorgungsbezüge von Abgeordneten. Die Steuererhebung erfolgt durch Veranlagung; nach den DBA hat das Besteuerungsrecht jedoch i.d.R. der Wohnsitzstaat (Art. 21 OECD-MA).

34.6.6.4 Sonstige Leistungen

Die beschränkte Steuerpflicht erfasst auch sonstige Leistungen i.S. des § 22 Nr. 3 EStG, soweit es sich um Einkünfte aus inländischen unterhaltenden **Darbietungen**, aus der Nutzung **beweglicher Sachen** im Inland oder aus der Überlassung der Nutzung oder des Rechts auf Nutzung von **Know-how**, das im Inland genutzt wird oder genutzt worden ist (§ 49 Abs. 1 Nr. **9** EStG). Die Vorschrift ist eine Auffangregelung, die nur dann greift, wenn z.B. Vergütungen aus im Inland genutztem Know-how im Rahmen eines **Technologietransfervertrages** durch ausländische Unternehmer nicht bereits über einen Einkünftetatbestand in § 49 Abs. 1 Nr. 1 bis 8 EStG erfasst wurde. Der Einkünftetatbestand des § 49 Abs. 1 Nr. 9 EStG ist allerdings auch dann erfüllt, wenn der vereinbarte Technologietransfer **nicht verwirklicht** wird, aber Zahlungen geleistet werden, die als Erfüllungsleistungen aus dem beendeten Vertragsverhältnis anzusehen sind. Das Tatbestandsmerkmal der »tatsächlichen Nutzung« des Know-how im Inland setzt nach Ansicht des BFH nicht voraus, dass das Know-how den vereinbarten Umfang und/oder die vereinbarte Qualität hatte, um die im Inland verfolgten Zwecke zu erfüllen (BFH-Urteil vom 13.10.2021, BStBl 2022 II S. 376).

Die Steuererhebung erfolgt durch Steuerabzug nach § 50a Abs. 1 Nr. 3 EStG. Die meisten DBA beschränken allerdings die Besteuerung von Vergütungen zur Überlassung von Know-how auf den Ansässigkeitsstaat des Vergütungsgläubigers.

34.6.7 Einkünfte i.S. des § 50d Abs. 10 EStG

25 Neben dem Gewinnanteil eines **Mitunternehmers** einer **Personengesellschaft** gehören auch die Sondervergütungen sowie die Aufwendungen und Erträge des Sonderbetriebsvermögens zu den Einkünften aus Gewerbebetrieb (BMF-Schreiben vom 26.9.2014, BStBl I S. 1258). Sind auf Sondervergütungen und Aufwendungen und Erträge des Sonderbetriebsvermögens **DBA** anzuwenden, gelten die Sondervergütungen und/oder Aufwendungen und Erträge als Teil des Unternehmensgewinns des vergütungsberechtigten Mitunternehmers. Sie sind – ungeachtet etwa entgegenstehender DBA-Vorschriften – der Betriebsstätte zuzurechnen, die die Sondervergütung trägt (§ 50d Abs. 10 Satz 1 bis 4 EStG). Im Ergebnis werden damit die Grundsätze des nationalen Rechts (§ 15 EStG) auf die Anwendung der DBA übertragen.

Sind Sondervergütungen, Erträge oder Aufwendungen des Sonderbetriebsvermögens Mitunternehmern zuzurechnen, die in einem DBA-Staat ansässig sind und die dort mit diesen Beträgen stpfl. sind, ohne dass dort die darauf entfallende deutsche Steuer ganz oder z.T. angerechnet wird, ist die auf die Sondervergütungen und/oder Erträge oder Aufwendungen des Sonderbetriebsvermögens entfallende **ausländische Steuer** unter den Voraussetzungen und Begrenzungen des § 50d Abs. 10 Satz 5 EStG **anzurechnen.**

Die **inländischen Einkünfte** i.S. des § 50d Abs. 10 EStG (Sondervergütungen sowie Erträge und Aufwendungen des Sonderbetriebsvermögens) sowie die anrechenbare **ausländische Steuer** nach § 50d Abs. 10 Satz 5 EStG sind in **Zeile 25** einzutragen. Für die Steueranrechnung sind mit der Steuererklärung eine Kopie des ausländischen Steuerbescheids und des Zahlungsnachweises einzureichen (Belegvorlagepflicht gem. § 68b EStDV).

34.6.8 Einkünfte aus nichtselbständiger Arbeit

Einkünfte aus **nichtselbständiger Arbeit**, die im Inland **ausgeübt** oder **verwertet** wird oder worden ist, unterliegen bei im Ausland ansässigen Personen der beschränkten Steuerpflicht nach § 49 Abs. 1 Nr. **4** Buchst. **a** EStG. Die nichtselbständige Arbeit gilt ab dem VZ 2024 auch dann als im Inland ausgeübt oder verwertet, soweit die Tätigkeit im **Ansässigkeitsstaat** des Steuerpflichtigen (z.B. im Homeoffice) oder einem Drittstaat (z.B. auf einer Dienstreise) ausgeübt wird und ein mit dem Ansässigkeitsstaat bestehendes Abkommen für die dort ausgeübte Tätigkeit **Deutschland** ein **Besteuerungsrecht** zuweist (§ 49 Abs. 1 Nr. 4 Buchst. a Satz 2 EStG).

Die Vorschrift erfasst daneben Einkünfte aus nichtselbständiger Arbeit, die

- aus inländischen **öffentlichen Kassen** (einschließlich der Kassen des Bundeseisenbahnvermögens und der Deutschen Bundesbank) mit Rücksicht auf ein gegenwärtiges oder früheres Dienstverhältnis gewährt werden, ohne dass ein Zahlungsanspruch gegenüber der inländischen öffentlichen Kasse bestehen muss (§ 49 Abs. 1 Nr. 4 Buchst. **b** EStG),
- als Vergütung für eine Tätigkeit als **Geschäftsführer**, **Prokurist** oder **Vorstandsmitglied** einer Gesellschaft mit Geschäftsleitung im Inland bezogen werden (§ 49 Abs. 1 Nr. 4 Buchst. **c** EStG),
- als **Entschädigung** i. S. des § 24 Nr. 1 EStG für die **Auflösung** eines **Dienstverhältnisses** gezahlt werden, soweit die für die zuvor ausgeübte Tätigkeit bezogenen Einkünfte der inländischen Besteuerung unterlegen haben (§ 49 Abs. 1 Nr. 4 Buchst. **d** EStG),
- an Bord eines im **internationalen Luftverkehr** eingesetzten Luftfahrzeugs ausgeübt wird, das von einem Unternehmen mit Geschäftsleitung im Inland betrieben wird (§ 49 Abs. 1 Nr. 4 Buchst. **e** EStG),
- ab dem VZ 2024 für Zeiten einer widerruflichen oder unwiderruflichen **Arbeitsfreistellung** im Zusammenhang mit der Beendigung des Arbeitsverhältnisses gewährt werden, soweit ohne die Freistellung die Arbeit während dieser Zeiten im Inland ausgeübt worden wäre (§ 49 Abs. 1 Nr. 4 Buchst. **f**, § 50d Abs. 15 EStG i. d. F. des JStG 2024, BGBl 2024 I Nr. 387).

HINWEIS:
Abweichend von der bisherigen deutschen Sichtweise (Rz 362 des BMF-Schreibens vom 12.12.2023, BStBl I S. 2179) hat ab dem VZ 2024 nicht mehr der Ansässigkeitsstaat des Arbeitnehmers, sondern der bisherige **Tätigkeitsstaat** das **Besteuerungsrecht** für den während der Arbeitsfreistellung bis zur Beendigung des Arbeitsverhältnisses gezahlten Arbeitslohn. Etwas anderes gilt nur dann, wenn im DBA ausdrücklich eine abweichende Regelung hierfür vorgesehen ist (§ 50d Abs. 15 Satz 2 EStG n. F.).

Bezüge aus inländischen öffentlichen Kassen werden grds. unabhängig vom Ort der Arbeitsausübung im Inland besteuert (sog. »**Kassenstaatsprinzip**«). **Öffentliche Kassen** sind die Kassen der inländischen juristischen Personen des öffentlichen Rechts und solche Kassen, die einer Dienstaufsicht und Prüfung der Finanzgebarung durch die inländische öffentliche Hand unterliegen (BFH-Urteil vom 7.8.1986, BStBl II S. 848; vgl. H 3.11 – Öffentliche Kassen – LStH). Zu den öffentlichen Kassen gehören auch die Kassen der öffentlich-rechtlichen **Religionsgemeinschaften**. Von einem Bistum der römisch-katholischen Kirche Deutschlands an einen im Ausland tätigen Priester gezahlte Dienstbezüge unterliegen daher aufgrund der Herkunft aus einer inländischen öffentlichen Kasse der inländischen beschränkten Steuerpflicht (BFH-Urteil vom 11.7.2024, BStBl I S. 710).

§ 49 Abs. 1 Nr. 4 Buchst. b EStG setzt bei Zahlungen aus einer inländischen **öffentlichen Kasse** nicht voraus, dass ein Dienstverhältnis zum Kassenträger bestehen muss. Es reicht vielmehr aus, wenn das an einen ins Ausland entsandten Mitarbeiter gezahlte Arbeitsentgelt der auszahlenden Stelle (z. B. einem privaten Unternehmen, das mit der Durchführung eines aus Mitteln der Bundesrepublik Deutschland finanzierten **Entwicklungshilfeprojekts** beauftragt ist) durch die öffentliche Kasse erstattet wird (BFH-Urteil vom 28.3.2018, BStBl 2019 II S. 671). Der erforderliche Inlandsbezug ist in diesen Fällen durch den Zahlungsvorgang zulasten der inländischen Volkswirtschaft bzw. den inländischen Haushalt gegeben. Eine Besteuerung kommt aber nicht in Betracht, soweit das Projekt und damit die Arbeitsvergütung – wie in dem vom BFH entschiedenen Fall – anteilig aus Mitteln der EU finanziert wird. Zur Anwendung der Grundsätze dieses BFH-Urteils und des § 49 Abs. 1 Nr. 4 Buchst. b EStG ist das BMF-Schreiben vom 13.11.2019, BStBl I S. 1082 zu beachten. Der beschränkten Einkommensteuerpflicht unterliegen danach sowohl unmittelbare als auch mittelbare Zahlungen aus öffentlichen Kassen. Wird die Tätigkeit im Rahmen eines durch andere Träger oder Institutionen, die keine inländische öffentliche Kasse sind, mitfinanzierten Projekts (z. B. aus Mitteln der EU) ausgeübt, sind die Zahlungen aufzuteilen.

Das v. g. BMF-Schreiben vom 13.11.2019 enthält im Abschnitt II. auch Regelungen zur Anwendung der sog. »**Entwicklungshilfeklauseln**« nach den DBA. Nach diesen Klauseln besteht das deutsche Besteuerungsrecht nur für solche Entwicklungshilfeprojekte, die **ausschließlich** aus Mitteln der Bundesrepublik Deutschland finanziert werden. Bei einer Mischfinanzierung solcher Projekte (z. B. auch durch den ausländischen Staat oder internationale Organisationen) besteht nach den Entwicklungshilfeklauseln insgesamt kein deutsches Besteuerungsrecht.

Die Besteuerung von lokal im Ausland beschäftigten Arbeitnehmern (sog. »**Ortskräfte**«) obliegt vorrangig dem jeweiligen ausländischen Tätigkeits- oder Wohnsitzstaat. Sofern Deutschland mit dem ausländischen Staat ein DBA abgeschlossen hat, wird die Doppelbesteuerung der aus einer inländischen öffentlichen Kasse finanzierten Vergütung durch entsprechende Regelungen des DBA entweder durch eine Steuerfreistellung der Einkünfte in Deutschland oder die Anrechnung der ausländischen ESt vermieden. Lokal beschäftigte Ortskräfte mit Einkünften aus inländischen öffentlichen Kassen werden generell von der Einkommensbesteuerung in Deutschland ausgenommen, wenn sie in einem Staat tätig sind, für den **kein DBA** anzuwenden ist (§ 49 Abs. 1 Nr. 4 Buchst. b 2. Halbsatz EStG).

Das Besteuerungsrecht für Einkünfte aus nichtselbständiger Arbeit obliegt nach den **DBA** grds. dem **Tätigkeitsstaat** (Art. 15 Abs. 1 und 2 OECD-MA). Dieses »**Arbeitsortsprinzip**« wird allerdings durch die sog. **183-Tage-Regelung** modifiziert (Rz 101 ff. des BMF-Schreibens vom 12.12.2023, BStBl I S. 2179). Das Besteuerungsrecht steht ebenfalls Deutschland zu, wenn die Gehälter, Löhne und ähnliche Vergütungen aus einer inländischen **öffentlichen Kasse** gezahlt werden (sog. »Kassenstaatsprinzip« nach Art 19 OECD-MA).

Eine Zahlung durch den Kassenstaat liegt auch dann vor, **28,**
wenn Zuschüsse durch eine privatrechtliche Körperschaft im Auftrag und für Rechnung des Bundesministeriums für wirtschaftliche Zusammenarbeit und Entwicklung gezahlt werden. Für diese Zahlungen blieb das deutsche Besteuerungsrecht nach den DBA bislang erhalten, wenn zwar die Dienste nicht gegenüber dem Kassenstaat oder der Gebietskörperschaft geleistet, die Vergütungen aber »**ganz** oder im **Wesentlichen**« aus **öffentlichen Mitteln** aufgebracht wurden (§ 50d Abs. 7 EStG a. F.); zur Steuerpflicht von Zuschüssen der Deutschen Gesellschaft für Internationale Zusammenarbeit GmbH – GIZ – an eine in Tadschikistan tätige Medienwissenschaftlerin siehe BFH-Urteil vom 8.9.2021, BStBl 2025 II S. 274. Die Voraussetzung, dass die Vergütungen »ganz oder im Wesentlichen« aus öffentlichen Mitteln aufgebracht werden müssen, ist mit der Neufassung von § 50d Abs. 7 EStG durch das JStG 2024 (BGBl 2024 I Nr. 387) mit Wirkung ab VZ 2025 entfallen. Dadurch soll sichergestellt werden, dass das deutsche Besteuerungsrecht nach den DBA künftig für **sämtliche Einkünfte** gilt, die aus inländischen öffentlichen Kassen unmittelbar oder mittelbar gewährt werden. Im Fall der Doppelbesteuerung dieser Einkünfte durch den anderen Vertragsstaat kann die im Ausland festgesetzte und entrichtete **Steuer** auf die deutsche ESt **angerechnet** werden, soweit diese auf die entsprechenden Einkünfte aus nichtselbständiger Arbeit entfällt. Für die Anrechnung der ausländischen Steuer kann der Steuerpflichtige in **Zeile 40** die **Veranlagung** zur ESt **beantragen** (§ 50 Abs. 2 Satz 2 Nr. 4 Buchst. e EStG). Die **inländischen Einkünfte** i. S. des § 50d Abs. 7 EStG sowie die anrechenbare **ausländische Steuer** nach § 50d Abs. 7 Satz 2 EStG sind in **Zeile 28** einzutragen. Für die Steueranrechnung sind mit der Steuererklärung eine Kopie des ausländischen Steuerbescheids und des Zahlungsnachweises einzureichen (Belegvorlagepflicht gem. § 68b EStDV).

Ruhegehälter werden grds. im Ansässigkeitsstaat besteuert (Art 18 OECD-MA). Bei Ruhegehältern aus öffentlichen Kassen an im Ausland wohnende deutsche Staatsangehörige (z. B. Beamte) gilt ebenfalls das »Kassenstaatsprinzip« (s. o.).

Die Steuererhebung erfolgt durch Steuerabzug vom Arbeitslohn, wenn der beschränkt stpfl. Arbeitnehmer bei einem **inländischen Arbeitgeber** i. S. des § 38 Abs. 1 EStG beschäftigt ist. Durch den inländischen Steuerabzug gilt die ESt grds. als **abgegolten** (§ 50 Abs. 2 Satz 1 EStG); eine Veranlagung kommt insoweit nur in den Fällen des § 50 Abs. 2 Satz 2 EStG in Betracht (vgl. Tz 34.8.1).

–27 Der **Arbeitnehmer-Pauschbetrag** nach § 9a Abs. 1 Nr. 1 EStG und der **Sonderausgaben-Pauschbetrag** nach § 10c EStG stehen beschränkt stpfl. Arbeitnehmern nur **zeitanteilig** für die Zeiträume zu, in denen sie Einkünfte i. S. des § 49 Abs. 1 Nr. 4 EStG bezogen haben (§ 50 Abs. 1 Satz 5 EStG). Die vorgeschriebene Kürzung muss **taggenau** erfolgen. Um dies sicherzustellen, ist in **Zeile 26** neben dem Beschäftigungsort im Inland der genaue **Beschäftigungszeitraum** im Kj. im Inland anzugeben. In den Veranlagungsfällen des § 50 Abs. 2 Satz 2 Nr. 4 EStG (vgl. Tz 34.8.1), erhält das Finanzamt die Information zum Beschäftigungszeitraum über die elektronische Lohnsteuerbescheinigung des Arbeitgebers, wenn dieser den Arbeitslohn dem Steuerabzug unterworfen hat.

Ist der beschränkt stpfl. Arbeitnehmer für einen **ausländischen Arbeitgeber** im Inland tätig, der nach § 38 Abs. 1 EStG nicht zum Steuerabzug vom Arbeitslohn verpflichtet ist, erfolgt die Steuererhebung durch Veranlagung zur ESt. In diesem Fall ist in **Zeile 27** der Arbeitslohn anzugeben, der im Kj. 2025 **nicht** im Inland dem Steuerabzug unterlegen hat. **Werbungskosten** im Zusammenhang mit diesem Arbeitslohn können in dieser Zeile gesondert erklärt werden. Zum Werbungskostenabzug im Übrigen siehe die Erläuterungen zur Anlage N (vgl. Tz 11.11 ff.) und zur Anlage N-Doppelte Haushaltsführung (vgl. Tz 12).

34.6.9 Erträge aus Kapitalvermögen

Einkünfte aus **Kapitalvermögen** werden bei beschränkt stpfl. Personen nur erfasst, wenn der Schuldner der Kapitalerträge Wohnsitz, Geschäftsleitung oder Sitz im Inland hat (§ 49 Abs. 1 Nr. 5 Buchst. a EStG). Bei **Tafelgeschäften**, die der beschränkten Steuerpflicht nach § 49 Abs. 1 Nr. 5 Buchst. a oder d EStG unterliegen, ergibt sich der Inlandsbezug durch die inländische Zahlstelle. Als beschränkt stpfl. Einkünfte werden – neben Ausschüttungen von inländischen Kapitalgesellschaften sowie Einnahmen aus stiller Beteiligung oder aus partiarischen Darlehen von einem inländischen Schuldner – auch **verdeckte Gewinnausschüttungen** (§ 20 Abs. 1 Nr. 2 Satz 2 EStG) sowie Erträge aus **Wandelanleihen, Gewinnobligationen** (§ 49 Abs. 1 Nr. 5 Buchst. a 2. Halbsatz EStG) und aus nicht verbrieften **Genussrechten** (§ 49 Abs. 1 Nr. 5 Buchst. c Doppelbuchst. bb EStG) erfasst. Zinsen aus **Wandelanleihen** führen auch dann zu beschränkt stpfl. inländischen Einkünften, wenn sie in Form von **Teilschuldverschreibungen** ausgegeben worden sind. Die tatbestandlichen Ausnahmen des § 49 Abs. 1 Nr. 5 Buchst. c Doppelbuchst. aa Satz 2 EStG finden auf Wandelanleihen keine Anwendung (BFH-Urteil vom 13.7.2021, BStBl 2022 II S. 24).

Investmenterträge ausländischer Anleger unterliegen nicht der beschränkten Steuerpflicht (§ 52 Abs. 45a EStG). Die Erträge werden in aller Regel bereits auf der Ebene der Investmentfonds besteuert.

Zinseinkünfte aus **Grundpfandrechten** (z. B. Hypotheken oder Grundschulden) nach § 20 Abs. 1 Nr. 5 EStG und **sonstige Kapitalerträge** nach § 20 Abs. 1 Nr. 7 EStG unterliegen nur dann der beschränkten Steuerpflicht, wenn das Kapitalvermögen im Inland im Zeitpunkt des Zinszuflusses **dinglich gesichert** ist (Eintragung im Grundbuch oder Schiffsregister). Zinsen aus **Sparguthaben** und aus **privaten Kapitalforderungen** gehören daher in Regelfall nicht zu den beschränkt stpfl. Einkünften i. S. des § 49 Abs. 1 Nr. 5 EStG, da es an der dinglichen Sicherung in den meisten Fällen fehlen wird.

Nach den **DBA** steht das Besteuerungsrecht grds. dem Wohnsitzstaat des Empfängers der Kapitaleinkünfte zu. Dieses ist häufig mit einer der Höhe nach begrenzten Besteuerung im Quellenstaat verbunden (z. B. bei Dividenden bis zu 15 %, Art. 10 OECD-MA; bei Zinsen bis zu 10 %, Art. 11 OECD-MA). Für Zinsen hat Deutschland allerdings weitgehend auf eine Besteuerung als Quellenstaat verzichtet.

Bei der Ermittlung der Einkünfte aus Kapitalvermögen ist sowohl bei unbeschränkter als auch bei beschränkter Steuerpflicht der Abzug von tatsächlichen **Werbungskosten** ausgeschlossen (§ 20 Abs. 9 Satz 1 EStG); der **Sparer-Pauschbetrag** i. H. von 1 000 € wird grds. auch beschränkt stpfl. Personen gewährt. Für dem inländischen Kapitalertragsteuerabzug unterliegende Kapitaleinkünfte hat ein beschränkt Steuerpflichtiger aufgrund der Abgeltungswirkung allerdings keinen Anspruch auf Veranlagung zur Geltendmachung des Sparer-Pauschbetrags (FG Saarland vom 4.4.2023, 2 K 1405/19, EFG 2023 S. 1388 – rkr.).

Soweit die Kapitalerträge dem Steuerabzug vom Kapitalertrag unterliegen, gilt die ESt bei beschränkt stpfl. Personen grds. als abgegolten (§ 50 Abs. 2 Satz 1 EStG); diese Kapitalerträge sind daher in **Zeile 29 nicht** anzugeben. Kapitalerträge, die einer inländischen Betriebstätte zuzuordnen sind, sind vorrangig bei den beschränkt stpfl. Einkünften nach § 49 Abs. 1 Nr. 1 bis 3 EStG zu erfassen. 29–31

Für Kapitalerträge, die nicht der Kapitalertragsteuerpflicht unterliegen, kann die **Günstigerprüfung** nach § 32d Abs. 6 EStG (vgl. Tz 14.2) beantragt werden; dieser Antrag kann in **Zeile 30** durch Eintragung von »1« (= Ja) gestellt werden. Da der Antrag für den jeweiligen VZ nur einheitlich für sämtliche Kapitalerträge gestellt werden kann (§ 32d Abs. 6 Satz 3 EStG), sind die dem Steuerabzug unterliegenden Kapitalerträge in **Zeile 29** einzutragen und in **Zeile 31** die Kapitalerträge, die der tariflichen ESt unterliegen (§ 32d Abs. 2 EStG).

Kapitalerträge aus bestimmten **Versicherungsleistungen** i. S. des § 20 Abs. 1 Nr. 6 EStG unterliegen nach § 49 Abs. 1 Nr. 5 Buchst. a EStG der beschränkten Steuerpflicht, wenn der Schuldner Wohnsitz, Geschäftsleitung oder Sitz im Inland hat. Durch den Kapitalertragsteuerabzug ist die ESt bei beschränkt Steuerpflichtigen grds. abgegolten (§ 50 Abs. 2 Satz 1 EStG). Im Rahmen einer Antragsveranlagung (s. u.) kommt für diese Erträge jedoch eine **hälftige Steuerfreistellung** in Betracht. Die Steuerfreistellung gilt allerdings nur für Kapitalerträge aus 32–34

- nach dem 31.12.2004 und vor dem 1.1.2012 abgeschlossenen Kapitalversicherungen, deren Leistungen nach Vollendung des **60. Lebensjahres,** oder
- nach dem 31.12.2011 abgeschlossenen Kapitalversicherungen, deren Leistungen nach Vollendung des **62. Lebensjahres**

und nach Ablauf von **12 Jahren** seit Vertragsabschluss ausgezahlt wurden (§ 20 Abs. 1 Nr. 6 Satz 2, § 52 Abs. 28 Satz 7 EStG). Begünstigt sind nur Kapitalerträge aus Kapitalversicherungen mit Sparanteil und Rentenversicherungen mit Kapitalwahlrecht, soweit nicht die Rentenzahlung gewählt wird. Die hälftige Steuerfreistellung wird nicht bereits beim Kapitalertragsteuerabzug berücksichtigt; sie kann von beschränkt Steuerpflichtigen daher nur im Rahmen einer **Antragsveranlagung** nach § 50 Abs. 2 Satz 2 Nr. 6 EStG geltend gemacht werden. Hierzu sind die Kapitalerträge aus solchen Versicherungsverträgen **in voller Höhe** in **Zeile 32** einzutragen, die einbehaltenen und anzurechnenden Steuern (Kapitalertragsteuer, Solidaritätszuschlag) in den **Zeilen 33** und **34** (vgl. Tz 34.7.1). Die in den Zeilen 32 bis 34 einzutragenden Beträge aus einem inländischen Versicherungsvertrag können der **Steuerbescheinigung** entnommen werden. Die Kürzung für die hälftige Steuerfreistellung nimmt das Finanzamt im Rahmen der Veranlagung zur beschränkten Steuerpflicht vor.

34.6.10 »Umgekehrt hybride Rechtsträger«

Art. 9a der **Anti-Steuervermeidungsrichtlinie** (ATAD) der EU verpflichtet die Mitgliedstaaten zu einer Regelung zur Besteuerung von Einkünften einer im Inland eingetragenen oder niedergelassenen transparenten **Gesellschaft**, soweit der Ansässigkeitsstaat eines oder mehrerer Gesellschafter (Beteiligung mindestens 50 %) die Gesellschaft als intransparent behandelt (sog. »**umgekehrt hybrider Rechtsträger**«) und daher die Einkünfte auch bei dem/den Gesellschafter/-n bislang keiner Besteuerung unterliegen. Zur Umsetzung dieser Richtlinie in nationales Recht wurde der Einkünftekatalog des § 49 Abs. 1 EStG im Rahmen des ATAD-Umsetzungsgesetzes vom 25.6.2021 (BGBl I S. 2035) um eine Nr. 11 erweitert:

Der beschränkten Steuerpflicht unterliegen hiernach auch Einkünfte aus der **Beteiligung** an einer **Personengesellschaft** oder **Gemeinschaft**, die ihren Sitz oder ihre Geschäftsleitung im Inland hat oder in ein inländisches Register eingetragen ist, soweit diese Einkünfte

- in dem Staat, in dem der Beteiligte seinen Wohnsitz oder gewöhnlichen Aufenthalt hat, aufgrund einer vom deutschen Recht abweichenden steuerlichen Behandlung der Personengesellschaft oder Gemeinschaft **keiner Besteuerung** unterliegen und
- nicht bereits als Einkünfte i. S. des § 49 Abs. 1 Nr. 1 bis 10 EStG einer Besteuerung unterliegen und
- in keinem anderen Staat einer Besteuerung unterliegen.

Die beschränkte Steuerpflicht nach § 49 Abs. 1 Nr. 11 Satz 1 EStG steht hiernach unter einem dreifachen negativen Vorbehalt, d. h., nur wenn alle (negativen) Voraussetzungen erfüllt sind, sind die Beteiligungseinkünfte beschränkt steuerpflichtig.

Weitere Voraussetzung ist, dass dem Beteiligten allein oder zusammen mit ihm nahestehenden Personen i. S. des § 1 Abs. 2 AStG, die keiner unbeschränkten Steuerpflicht im Inland nach § 1 Abs. 1 EStG oder nach § 1 KStG unterliegen, mehr als die Hälfte der Stimmrechte oder mehr als die Hälfte der Anteile am Kapital unmittelbar oder mittelbar zuzurechnen sind oder unmittelbar oder mittelbar ein Anspruch auf mehr als die Hälfte des Gewinns oder des Liquidationserlöses der Personengesellschaft oder Gemeinschaft zusteht.

Die Einkünfte werden allerdings von der Besteuerung nach § 49 Abs. 1 Nr. 11 EStG ausgenommen, wenn es sich bei der Personengesellschaft oder Gemeinschaft um einen Altersvorsorgevermögensfonds i. S. des § 53 InvStG handelt oder die Einkünfte auch bei einer nicht vom deutschen Recht abweichenden Behandlung der Gesellschaft im ausländischen Staat keiner Besteuerung unterliegen würden. Die Besteuerung nach § 49 Abs. 1 Nr. 11 EStG erfolgt zudem ungeachtet der Bestimmungen eines DBA (sog. »Treaty Override«).

Die Regelung des § 49 Abs. 1 Nr. 11 EStG ist erstmals auf Einkünfte anzuwenden, die **nach dem 31.12.2021** zufließen (§ 52 Abs. 45a Satz 4 EStG). Die Einkünfte aus der Beteiligung an einer Personengesellschaft oder Gemeinschaft i. S. des § 49 Abs. 1 Nr. 11 EStG sind in einer dem Hauptvordruck ESt 1 C beizufügenden **Anlage G** zu erklären.

34.7 Anzurechnende Steuern

34.7.1 Kapitalertragsteuer, Steuerabzugsbeträge nach § 50a EStG

33–35 Die ESt für Einkünfte, die dem Steuerabzug vom Arbeitslohn oder vom Kapitalertrag oder dem Steuerabzug aufgrund des § 50a EStG unterliegen, gilt bei beschränkt Steuerpflichtigen grds. durch den Steuerabzug als **abgegolten** (§ 50 Abs. 2 Satz 1 EStG). Werden diese Einkünfte bei beschränkt stpfl. Personen allerdings in eine Einkommensteuerveranlagung einbezogen, sind die einbehaltenen Steuerabzugsbeträge auf die festzusetzende ESt anzurechnen (§ 36 Abs. 2 Nr. 2 Buchst. a EStG).

Für die **Steueranrechnung** sind die einbehaltenen **Kapitalertragsteuern** und die **Steuerabzugsbeträge** nach **§ 50a EStG** (ohne den Betrag in Zeile 35, s. u.) **in Zeile 33** einzutragen. **Solidaritätszuschlag**, der als Zuschlag zur Kapitalertragsteuer oder zu den Steuerabzugsbeträgen nach § 50a EStG erhoben wird, ist in **Zeile 34** einzutragen. Als Nachweis für die Steueranrechnung sind die **Steuerbescheinigungen** zusammen mit der Steuererklärung dem Finanzamt vorzulegen. Wird für Kapitalerträge i. S. des § 49 Abs. 1 Nr. 5 EStG in Zeile 30 die **Günstigerprüfung** nach § 32d Abs. 6 EStG beantragt (vgl. Tz 34.6.9 a. E.), sind die Steuerbescheinigungen nur auf Anforderung des Finanzamts einzureichen (vgl. Vorbemerkungen Tz 14.1). Anzurechnende **Steuerabzugsbeträge** nach § 50a Abs. 7 EStG einschließlich Solidaritätszuschlag aus **Rentenbezugsmitteilungen** werden über die Eintragungen in **Zeile 35** erfasst.

Vom Arbeitslohn einbehaltene Steuerabzugsbeträge wie LSt und Solidaritätszuschlag sind bei einer Veranlagung von beschränkt stpfl. Arbeitnehmern nach § 50 Abs. 2 Satz 2 Nr. 4 EStG in der einzureichenden **Anlage N** zu erklären (vgl. Tz 34.8.1).

34.7.2 Beschränkte Anrechnung von Kapitalertragsteuer (§ 36a EStG)

Nach § 36a EStG gelten **Beschränkungen** hinsichtlich der Anre- 36
chenbarkeit von Kapitalertragsteuer, sofern diese aus girosammelverwahrten inländischen **Aktien** oder girosammelverwahrten eigenkapitalähnlichen **Genussscheinen** inländischer Emittenten stammen und die Erträge mehr als 20 000 € betragen (vgl. Tz 14.15). Die Regelung soll verhindern, dass mittels sog. Cum/Cum-Geschäfte für Steuerausländer die volle Anrechnung der Kapitalertragsteuer (abzgl. einer Vergütung) im wirtschaftlichen Ergebnis erreicht werden kann.

3/5 der auf die v. g. Kapitalerträge erhobene Kapitalertragsteuer ist **nicht** anrechenbar, wenn

- der Anleger innerhalb eines Zeitraums von je 45 Tagen vor und nach der Fälligkeit der Kapitalerträge nicht an mindestens 45 Tagen ununterbrochen wirtschaftlicher Eigentümer der Wertpapiere war (Mindesthaltedauer) oder
- der Anleger oder ihm nahestehende Personen während der Mindesthaltedauer ein Risiko des Wertverlustes i. H. von weniger als 70 % des gemeinen Werts der Wertpapiere getragen hat (Mindestwertänderungsrisiko) oder
- der Anleger verpflichtet war, die Kapitalerträge ganz oder überwiegend, unmittelbar oder mittelbar anderen Personen zu vergüten.

Sofern hiernach die Kapitalertragsteuer nur beschränkt anrechenbar ist, ist in **Zeile 36** bei der Kennzahl »138« eine »1« (= Ja) einzutragen und die Kapitalertragsteuer in **Zeile 33** entsprechend zu kürzen. Die nicht anrechenbare Kapitalertragsteuer kann auf Antrag bei der Ermittlung der Einkünfte abgezogen werden; die jeweilige Ermittlung ist gegenüber dem Finanzamt in einer gesonderten Aufstellung zu erläutern.

34.8 Veranlagung nach § 50 Abs. 2 EStG

34.8.1 Beschränkt steuerpflichtige Arbeitnehmer

Ist ein beschränkt stpfl. **Arbeitnehmer** nach § 50 Abs. 2 Satz 2 37–
Nr. 4 Buchst. a und/oder c EStG **verpflichtet**, eine **Einkommensteuererklärung** abzugeben, hat der Steuerabzug vom Arbeitslohn **keine Abgeltungswirkung**. Eine Verpflichtung zur Abgabe einer Einkommensteuererklärung besteht insbesondere bei Berücksichtigung eines **Freibetrags** für Werbungskosten und bestimmte Sonderausgaben auf einer Bescheinigung für den Lohnsteuerabzug (Ausnahme: der Arbeitslohn beträgt im VZ 2025 nicht mehr als 13 362 €). Zu den weiteren **Pflichtveranlagungstatbeständen** für beschränkt stpfl. Arbeitnehmer vgl. Tz 34.2.1. Soweit hiernach eine Verpflichtung zur Abgabe einer Einkommensteuererklärung besteht, ist dies in **Zeile 37** durch Eintragung des Werts »1« (= Ja) zur Kennzahl »178« kenntlich zu machen. Die Pflichtveranlagung wird in diesen Fällen unabhängig von der Staatsangehörigkeit des Arbeitnehmers durchgeführt.

Kommt ein Antrag auf Behandlung als »unbeschränkt einkommensteuerpflichtig« nach § 1 Abs. 3 EStG (vgl. Tz 34.2.3) nicht in Betracht, können beschränkt stpfl. Arbeitnehmer, die **Staatsangehörige** eines **EU-/EWR-Staates** oder der **Schweiz** sind und die im Hoheitsgebiet dieser Staaten ihren Wohnsitz oder gewöhnlicher Aufenthalt haben, eine **Veranlagung** zur beschränkten Steuerpflicht **beantragen** (§ 50 Abs. 2 Satz 2 Nr. 4 Buchst. b i. V. mit Satz 7 und 8 EStG n. F.). Der Steuerabzug vom Arbeitslohn hat in diesen Fällen keine Abgeltungswirkung. Die mit dem JStG 2024 vom 2.12.2024 (BGBl 2024 I Nr. 387) geschaffene erweiterte Antragsbefugnis für beschränkt stpfl. Personen aus der Schweiz ist als Reaktion auf das EuGH-Urteil vom 30.5.2024 (C 627/22) ergangen, das den Ausschluss von in der Schweiz ansässigen Arbeitnehmern von der Antragsveranlagung nach § 50 Abs. 2 Satz 2 Nr. 4 Buchst. b EStG als Verstoß gegen das Freizügigkeitsabkommen angesehen hat. Eine Veranlagung zur ESt können nicht nur Staatsangehörige eines EU-/EWR-Staates mit Wohnsitz oder gewöhnlichem Aufenthalt in der Schweiz beantragen, sondern nun auch **Staatsangehörige** der **Schweiz**, die ihren Wohnsitz oder gewöhnlichen Aufenthalt im Hoheitsgebiet eines Mitgliedstaates der EU oder der Schweiz haben. Die Gesetzesänderung gilt in allen offenen Fällen, also für den VZ 2025 uneingeschränkt. Der Antrag auf Veranlagung kann in **Zeile 38** durch Eintragung des Werts »1« (= Ja) zur Kennzahl »179« gestellt werden. Die näheren Angaben zu den Einkünften aus nichtselbständiger Arbeit, die im Inland dem Steuerabzug unterlegen haben, sowie zu Werbungskosten aus dieser Tätigkeit sind in einer der Steuererklärung beizufügenden **Anlage N** (Ankreuzfeld in **Zeile 41**) zu machen. Arbeitslohn, der im Inland nicht dem Steuerabzug unterlegen hat, und etwaige damit zusammenhängende Werbungskosten sind in **Zeile 27** zu erklären (vgl. Tz 34.6.8).

Beschränkt stpfl. Arbeitnehmern, die Staatsangehörige eines **Drittstaates** außerhalb der EU, des EWR oder der Schweiz sind, steht das **Wahlrecht** zur **Antragsveranlagung** nach § 50 Abs. 2 Satz 2 Nr. 4 Buchst. b EStG **nicht** zu. Der Steuerabzug vom Arbeitslohn hat bei diesem Personenkreis grds. **abgeltende Wirkung**. Das Veranlagungswahlrecht kommt nach Ansicht des BFH auch dann nicht in Betracht, wenn der aus einem Drittstaat stammende Steuerpflichtige seinen Wohnsitz in einem EU-/EWR-Staat hat (BFH-Urteil vom 3.9.2020, BStBl 2021 II S. 237; die hiergegen eingelegte Verfassungsbeschwerde wurde mit Beschluss des BVerfG vom 27.6.2023, Az. 2 BvR 148/21 nicht zur Entscheidung angenommen).

Hat ein beschränkt stpfl. Arbeitnehmer mit Wohnsitz oder gewöhnlichem Aufenthalt in Staaten außerhalb der EU, des EWR oder der Schweiz ermäßigt zu besteuernden Arbeitslohn i. S. des § 34 Abs. 1 und 2 Nr. 2 und 4 EStG (z. B. Abfindungen, Vergütungen für mehrere Jahre) bezogen, kann er ab dem VZ 2025 die **ermäßigte Besteuerung** dieser Bezüge im Rahmen einer **Veranlagung** zur ESt beantragen (§ 50 Abs. 2 Satz 2 Nr. 4 Buchst. d EStG i. d. F. des Wachstumschancengesetzes vom 27.3.2024, BGBl I Nr. 108). Hintergrund ist, dass die Möglichkeit der ermäßigten Besteuerung von entsprechenden Arbeitslöhnen im Lohnsteuerabzugsverfahren durch den Arbeitgeber ab 2025 entfallen ist (vgl. Tz 11.5.1). Ohne die Gesetzesänderung wären die betreffenden Arbeitnehmer künftig von der Möglichkeit der ermäßigten Besteuerung des Arbeitslohns ausgeschlossen. Der Antrag auf Veranlagung zur ESt kann in **Zeile 39** durch Eintragung des Werts »1« (= Ja) zur Kennzahl »157« gestellt werden. Die näheren Angaben zu den ermäßigt zu besteuernden Einkünften aus nichtselbständiger Arbeit, die im Inland dem Steuerabzug unterlegen haben, sind in einer der Steuererklärung beizufügenden **Anlage N** (Ankreuzfeld in **Zeile 41**) zu machen.

Zum Antrag auf Veranlagung zur ESt nach § 50 Abs. 2 Nr. 4 Buchst. e EStG n. F. zur **Anrechnung** der **ausländischen Steuer** beim Bezug von Arbeitslohn aus inländischen **öffentlichen Kassen** vgl. Tz 34.6.8. Dieser Antrag kann in **Zeile 40** gestellt werden. Die Einkünfte sowie die anrechenbare ausländische Steuer i. S. des § 50d Abs. 7 EStG sind in diesen Fällen in **Zeile 28** einzutragen. Von der inländischen öffentlichen Kasse vom Arbeitslohn einbehaltene Steuerabzugsbeträge sind in einer beizufügenden **Anlage N** zu erklären (Ankreuzfeld in **Zeile 41**).

34.8.2 Angaben zum Progressionsvorbehalt

In den Arbeitnehmerfällen des § 50 Abs. 2 Satz 2 Nr. 4 EStG **42–46**
ist – wie bei unbeschränkt Steuerpflichtigen – der sog. **Progressionsvorbehalt** anzuwenden (§ 32b Abs. 1 Satz 1 EStG). Lohn- und Einkommensersatzleistungen sowie bestimmte (in- und ausländische) Einkünfte werden daher bei der Bemessung des Steuersatzes berücksichtigt.

> **eDaten:**
> **Einkommensersatzleistungen** aus dem Inland (z. B. Arbeitslosengeld, Elterngeld, Krankengeld, Mutterschaftsgeld), die von den auszahlenden Stellen **elektronisch** an die Finanzverwaltung übermittelt werden (vgl. Tz 1.10.2), müssen in **Zeile 45 nicht** eingetragen werden; die der Finanzverwaltung übermittelten eDaten werden automatisch in die Einkommensteuerveranlagung übernommen.
> **Lohnersatzleistungen** des Arbeitgebers (z. B. Kurzarbeitergeld, Zuschüsse zum Mutterschaftsgeld, Aufstockungsbeträge nach dem Altersteilzeitgesetz) werden über die eDaten in **Zeile 20** der Anlage N erfasst (vgl. Tz 11.8.1).

Zur Ermittlung der dem Progressionsvorbehalt unterliegenden Einkünfte bzw. Einkommensersatzleistungen sind im Einzelfall die folgenden **personellen Angaben** erforderlich:

- **Zeile 42**: Einkünfte, die dem Steuerabzug nach § 50a EStG unterliegen;
- **Zeile 43**: Summe der Einkünfte, die nicht der deutschen ESt unterliegen (ohne Kapitalerträge, die der Abgeltungsteuer unterliegen oder – im Fall von ausländischen Kapitalerträgen – unterliegen würden);
- **Zeile 44**: In Zeile 43 enthaltene außerordentliche Einkünfte, die im Rahmen des Progressionsvorbehalts nur mit einem Fünftel anzusetzen sind;
- **Zeile 46**: Vergleichbare Einkommensersatzleistungen i. S. der Zeile 45 aus einem EU-/EWR-Staat, die von den ausländischen Leistungsträgern **nicht** elektronisch übermittelt werden; insoweit liegen der Finanzverwaltung keine eDaten vor.

34.8.3 Antragsveranlagung bei Steuerabzug nach § 50a EStG

Beschränkt Steuerpflichtige mit dem **Steuerabzug** unterliegen- **47–48**
den Einkünften i. S. des § 50a Abs. 1 Nr. 1, 2 und 4 EStG (z. B. Künstler, Sportler, Aufsichtsratsmitglieder), die Staatsangehörige eines EU-/EWR-Staates sind und im Hoheitsgebiet eines dieser Staaten ihren Wohnsitz oder gewöhnlichen Aufenthalt haben, können für diese Einkünfte einen Antrag auf Veranlagung stellen und dadurch die Abgeltungswirkung des Steuerabzugs ausschließen (§ 50 Abs. 2 Satz 2 Nr. 5 EStG). Dieser Antrag kann in **Zeile 47** durch Eintragung des Werts »1;« (= Ja) zur Kennzahl »180« gestellt werden. Zur Zuständigkeit des BZSt für die Durchführung der Veranlagung in diesen Fällen vgl. Tz 34.4.

Die Einkünfte aus Gewerbebetrieb, selbständiger Arbeit, nichtselbständiger Arbeit, Vermietung und Verpachtung oder sonstige Einkünfte, die im Inland dem Steuerabzug unterlegen haben, sind in den Anlage-Vordrucken G, S, N, V, V-FeWo, V-Sonstige und/oder SO zu erklären. In **Zeile 48** ist kenntlich zu machen, welche dieser Anlage-Vordrucke dem Hauptvordruck ESt 1 C beigefügt sind. Die nach § 50a EStG einbehaltenen Steuerabzugsbeträge einschließlich Solidaritätszuschlag werden bei der Antragsveranlagung auf die festzusetzende ESt angerechnet und sind gesondert in den **Zeile 33** und **34** anzugeben.

Hat diese Personengruppe noch weitere inländische Einkünfte i. S. des § 49 Abs. 1 EStG, die im Inland nicht dem Steuerabzug nach § 50a EStG unterlegen haben, werden diese Einkünfte in die Einkommensteuerveranlagung mit einbezogen. In diesem Fall ist nur eine Erklärung zur beschränkten Einkommensteuerpflicht abzugeben (Hauptvordruck ESt 1 C und Anlage-Vordrucke).

34.9 Antrag auf Festsetzung der Arbeitnehmer-Sparzulage

49–50 Für nach dem 31.12.2023 angelegte vermögenswirksame Leistungen besteht ein Anspruch auf **Arbeitnehmer-Sparzulage** i.d.R. nur, wenn das zu versteuernde Einkommen **40 000 €** im Kj. nicht übersteigt. Die Einkommensgrenze gilt **einheitlich** für alle nach 5. VermBG begünstigten Anlageformen (vgl. Tz 1.9). Soweit diese Einkommensgrenze nicht überschritten ist, wird auch beschränkt stpfl. Arbeitnehmern, die zur ESt veranlagt werden, für ihre im Kj. erbrachten vermögenswirksamen Leistungen auf Antrag eine **Arbeitnehmer-Sparzulage** gewährt. Dieser Antrag kann in **Zeile 49** durch Eintragung des Werts »1« (= Ja) zur Kennzahl »17« für alle vom Anbieter und/oder Arbeitgeber elektronisch übermittelten **Vermögensbildungsbescheinigungen** gestellt werden. Bei Neuverträgen (Vertragsabschluss nach dem 25.5.2018) erfolgt eine entsprechende Datenübermittlung jedoch nur, wenn der Arbeitnehmer gegenüber dem Anbieter/Arbeitgeber als mitteilungspflichtiger Stelle innerhalb einer Frist von 2 Jahren in die Datenübermittlung eingewilligt hat (§ 15 Abs. 1 Satz 1 und 2 5. VermBG).

Auch beschränkt stpfl. Arbeitnehmer, die **nicht** zur ESt veranlagt werden, können in Zeile 49 ebenfalls einen Antrag auf Festsetzung der Arbeitnehmer-Sparzulage als sog. **»Nur-Sparzulagen-Fall«** stellen. Für diese Arbeitnehmer gilt die o.g. Einkommensgrenze **nicht**, da ein zu versteuerndes Einkommen nicht festgestellt wird. Die Arbeitnehmer-Sparzulage wird diesem Personenkreis ohne Rücksicht auf die Höhe des Einkommens gewährt (Rz 84 des BMF-Schreibens vom 31.5.2024, BStBl I S. 929). Für die Bearbeitung des Antrags auf Festsetzung der Arbeitnehmer-Sparzulage ist insoweit das **Betriebsstättenfinanzamt** des Arbeitgebers zuständig (vgl. Tz 34.4). Durch die Abfrage des Namens und der Adresse des Arbeitgebers in **Zeile 50** kann der Antrag dem zuständigen Finanzamt zugeordnet werden.

34.10 Sonderausgaben

Der Abzug von **Sonderausgaben** ist bei der Einkommensteuerveranlagung für beschränkt stpfl. Personen durch § 50 Abs. 1 Satz 4 EStG stark eingeschränkt. Berücksichtigungsfähig sind nur **Versorgungsleistungen** aufgrund von **Vermögensübertragungen** i.S. des § 10 Abs. 1a Nr. 2 EStG (Renten und dauernde Lasten, vgl. Tz 34.10.1), Beiträge an **berufsständische Versorgungseinrichtungen** i.S. des § 10 Abs. 1 Nr. 2 Buchst. a EStG (vgl. Tz 34.10.2) und **Spenden** und **Mitgliedsbeiträge** zur Förderung steuerbegünstigter Zwecke nach § 10b EStG (vgl. Tz 34.10.4). Beschränkt stpfl. **Arbeitnehmer** können darüber hinaus **Vorsorgeaufwendungen** i.S. des § 10 Abs. 1 Nr. 2 und 3 EStG als Sonderausgaben geltend machen (vgl. Tz 34.10.3); in den übrigen Veranlagungsfällen der beschränkten Steuerpflicht ist der Sonderausgabenabzug für Vorsorgeaufwendungen ausgeschlossen (vgl. Tz 34.2.5).

34.10.1 Versorgungsleistungen

51–58 **Versorgungsleistungen** eines beschränkt Steuerpflichtigen aufgrund von **Vermögensübertragungen** (z.B. im Rahmen der vorweggenommenen Erbfolge) können als Sonderausgaben berücksichtigt werden, wenn der **Empfänger** der Versorgungsleistungen **unbeschränkt** stpfl. ist. Die steuerliche Berücksichtigung ist unionsrechtlich geboten (EuGH-Urteil vom 24.2.2014, C-559/13, BStBl II 2015 S. 1071).

Versorgungsleistungen, die **nach dem 31.12.2007** vereinbart worden sind (**»Neufälle«**), können nur dann als Sonderausgaben berücksichtigt werden, wenn sie im Zusammenhang mit der Übertragung

- eines Mitunternehmeranteils stehen,
- eines Betriebs oder Teilbetriebs stehen oder
- eines mindestens 50%igen GmbH-Anteils stehen, wenn der Übergeber als Geschäftsführer tätig war und der Übernehmer diese Tätigkeit nach der Übertragung übernimmt (vgl. Tz 2.7.1.1).

Das sog. **Korrespondenzprinzip** (vgl. Tz 2.7.1.3) sowie die weiteren Abzugsvoraussetzungen (vgl. Tz 2.7.1.4) sind zu beachten. Für die Geltendmachung der Versorgungsleistungen als Sonderausgaben müssen die im VZ 2025 tatsächlich gezahlten **Geldleistungen** aus »Dauernden Lasten« in **Zeile 55** eingetragen werden; in dieser Zeile sind auch der Rechtsgrund der Versorgungsleistungen und das Datum des Vertrages anzugeben. Tatsächlich im VZ 2025 erbrachte **Sachleistungen** aus »Dauernden Lasten« sind gesondert in **Zeile 56** einzutragen. In **Zeile 56** sind zudem der **Name** und das **Geburtsdatum** sowie in **Zeile 57** die **IdNr.** der **empfangsberechtigten Person** anzugeben. Zusätzlich ist in Zeile 57 mit »1« (= Ja) bzw. »2« (= Nein) zur Kennzahl »155« zu erklären, ob die empfangsberechtigte Person ihren Wohnsitz oder gewöhnlichen Aufenthalt im **Inland** hat. Hierdurch kann ermittelt werden, ob eine **zwingende Angabe** der **IdNr.** erforderlich ist und diese ggf. maschinell aus den Vorjahresdaten beigesteuert werden kann. Ohne diese Angaben kann das Finanzamt den Sonderausgabenabzug nicht gewähren. Die Angabe der IdNr. der empfangsberechtigten Person in der Steuererklärung des Leistenden gehört zu **materiell-rechtlichen Voraussetzungen** für den Sonderausgabenabzug von Versorgungsleistungen (§ 10 Abs. 1a Nr. 2 Satz 4 EStG). Hierdurch wird die korrespondierende Versteuerung beim Empfänger der Versorgungsleistungen als sonstige Einkünfte nach § 22 Nr. 1a EStG sichergestellt.

Gezahlte und erbrachte Versorgungsleistungen aus »Dauernden Lasten« in »Neufällen«, die im Rahmen einer gesonderten und einheitlichen **Feststellung** berücksichtigt wurden, sind in **Zeile 58** gesondert anzugeben.

Für den Sonderausgabenabzug von Versorgungsleistungen aufgrund von Vermögensübertragungen, die **vor** dem 1.1.2008 vereinbart worden sind (**»Altfälle«**), gilt eine Übergangsregelung (vgl. Tz 2.7.1.2). Der Abzug von Versorgungsleistungen in »Altfällen« ist ebenfalls vom sog. Korrespondenzprinzip abhängig, d.h., die Zahlungen werden in der Höhe als Sonderausgaben berücksichtigt, wie sie beim Empfänger der Besteuerung unterliegen. Liegt beim Empfänger eine mit dem Ertragsanteil zu versteuernde **Leibrente** vor, kann der Verpflichtete auch nur in dieser Höhe den Sonderausgabenabzug beanspruchen. In diesem Fall sind vom Verpflichteten die im VZ gezahlten Versorgungsleistungen aus »Renten« und der abziehbare **Ertragsanteil** (Prozentsatz) in **Zeile 51** einzutragen; zur Ermittlung des Prozentsatzes für den Ertragsanteil vgl. Tz 17.5. In Zeile 51 sind auch der Rechtsgrund der Versorgungsleistungen und das Datum des Vertrages anzugeben. In **Zeile 52** sind zudem der Name und das Geburtsdatum sowie als weitere Abzugsvoraussetzung in **Zeile 53** die IdNr. der empfangsberechtigten Person anzugeben. Zusätzlich ist in Zeile 53 mit »1« (= Ja) bzw. »2« (= Nein) zur Kennzahl »153« auch in »Altfällen« zu erklären, ob die empfangsberechtigte Person ihren Wohnsitz oder gewöhnlichen Aufenthalt im Inland hat (s.o. die Erläuterungen zur Zeile 57).

Gezahlte Versorgungsleistungen aus »Renten« in »Altfällen«, die im Rahmen einer gesonderten und einheitlichen **Feststellung** berücksichtigt wurden, sind in **Zeile 54** gesondert anzugeben.

Wird die Versorgungsleistung beim Empfänger (ausnahmsweise) in voller Höhe nachgelagert besteuert, sind die im VZ gezahlten Versorgungsleistungen auch in »Altfällen« in **Zeile 55** oder bei Berücksichtigung im Rahmen einer gesonderten und einheitlichen Feststellung in **Zeile 58** als »Dauernde Lasten« einzutragen; sie werden dann ungekürzt als Sonderausgaben berücksichtigt.

34.10.2 Beiträge an berufsständische Versorgungseinrichtungen

Beiträge an **berufsständische Versorgungseinrichtungen** i. S. des § 10 Abs. 1 Nr. 2 Buchst. a EStG sind bei der Einkommensteuerveranlagung beschränkt Steuerpflichtiger als Sonderausgaben abzugsfähig, wenn eine gesetzliche **Pflichtmitgliedschaft** in der Versorgungseinrichtung besteht, die auf einer für die **inländische Berufsausübung** erforderlichen Zulassung beruht. Dies gilt nur für Staatsangehörige eines EU-/EWR-Staates oder der Schweiz, wenn sie im Hoheitsgebiet eines dieser Staaten ihren Wohnsitz oder gewöhnlichen Aufenthalt haben. Die Pflichtbeiträge können nur dann als Sonderausgaben abgezogen werden, soweit sie im unmittelbaren wirtschaftlichen Zusammenhang mit inländischen Einkünften i. S. des § 49 Abs. 1 Nr. 2 oder 3 EStG aus einer gewerblichen oder selbständigen Berufstätigkeit stehen. Sofern sich die Berufstätigkeit auch auf das Ausland erstreckt, können die Pflichtbeiträge nur anteilig berücksichtigt werden; Aufteilungsmaßstab sind dabei die inländischen Einkünfte im Verhältnis zum Gesamtbetrag der positiven in- und ausländischen Einkünfte. Der Sonderausgabenabzug ist zur Vermeidung einer doppelten Berücksichtigung ausgeschlossen, soweit die – ggf. anteiligen – Pflichtbeiträge im Wohnsitzstaat steuermindernd berücksichtigt werden können (§ 50 Abs. 1a EStG).

Für die Berücksichtigung der im VZ 2025 als Sonderausgaben abzugsfähigen Pflichtbeiträge an berufsständische Versorgungseinrichtungen ist zusammen mit dem Hauptvordruck ESt 1 C eine **Anlage Vorsorgeaufwand** einzureichen. Die Eintragung beschränkt sich darin auf die **Zeile 5** (vgl. Tz 3.3.1.3).

34.10.3 Vorsorgeaufwendungen

Beschränkt stpfl. Arbeitnehmer können im Rahmen der Einkommensteuerveranlagung für Beiträge zur **Altersvorsorge** i. S. des § 10 Abs. 1 Nr. 2 EStG und für **Kranken-/Pflegeversicherungsbeiträge** i. S. des § 10 Abs. 1 Nr. 3 EStG den Sonderausgabenabzug geltend machen, soweit die Beiträge auf die Beschäftigungszeit im Inland – also auf stpfl. inländische Einkünfte i. S. des § 49 Abs. 1 Nr. 4 EStG – entfallen. Für die Beiträge zur Altersvorsorge ist die **Höchstbetragsberechnung** nach § 10 Abs. 3 EStG (vgl. Tz 3.2.4.2) anzuwenden. Kranken- und Pflegeversicherungsbeiträge sind nur abzugsfähig, soweit sie auf die **Basisabsicherung** entfallen (vgl. Tz 3.3.3.1); Beiträge für Wahlleistungen und Zusatztarife zur Krankenversicherung i. S. des § 10 Abs. 1 Nr. 3a EStG sind auch bei beschränkt stpfl. Arbeitnehmern vom Sonderausgabenabzug ausgeschlossen.

Alternativ kommt der **Sonderausgaben-Pauschbetrag** nach § 10c EStG in Betracht; dieser ist jedoch zeitanteilig zu kürzen, wenn die inländische Beschäftigung nicht das ganze Kj. gedauert hat (vgl. Tz 34.6.8). Die Aufwendungen dürfen zudem die nach § 49 Abs. 1 Nr. 4 EStG beschränkt stpfl. Einkünfte nicht übersteigen (§ 50 Abs. 1 Satz 5 EStG).

Für die Berücksichtigung von Vorsorgeaufwendungen ist zusammen mit dem Hauptvordruck ESt 1 C eine **Anlage Vorsorgeaufwand** einzureichen. Die Eintragungen der Versicherungsbeiträge sind darin auf die Zeilen 4 bis 7, 9 bis 21, 23 bis 26, 28 bis 32, 34 bis 41 und 50 bis 54 beschränkt.

34.10.4 Spenden und Mitgliedsbeiträge

66 Beschränkt stpfl. Personen können im Rahmen der Einkommensteuererklärung **Spenden** und **Mitgliedsbeiträge** für steuerbegünstigte Zwecke nach Maßgabe des § 10b EStG im gleichen Umfang geltend machen wie unbeschränkt stpfl. Personen. Zu den Voraussetzungen für den Spendenabzug, zu Besonderheiten bei Zuwendungsempfängern im EU-/EWR-Ausland, zur Belegvorhalte- und Aufbewahrungspflicht der Zuwendungsbestätigungen, zu den Spendenhöchstbeträgen, zu Stiftungsspenden und zu Zuwendungen an politische Parteien/unabhängige Wählervereinigungen gelten die ausführlichen Erläuterungen zu den **Zeilen 5** bis **12** der **Anlage Sonderausgaben** entsprechend (vgl. Tz 2.5). Ab dem VZ 2025 ist für die Anerkennung von Zuwendungen an **Empfänger** aus dem **EU-/EWR-Ausland** zu beachten, dass die ausländische Organisation im **Zuwendungsempfängerregister** des BZSt eingetragen sein (vgl. Tz 2.5.2.3) und dem Steuerpflichtigen für den Spendenabzug eine **Zuwendungsbestätigung** nach amtlich vorgeschriebenem Vordruck ausgestellt haben muss (vgl. Tz 2.5.2.2).

In den **Zeilen 59** bis **66** sind die gleichen Eintragungen wie in den **Zeilen 5** bis **12** der **Anlage Sonderausgaben** vorzunehmen.

34.11 Mitteilung von grenzüberschreitenden Steuergestaltungen

Für **grenzüberschreitende Steuergestaltungen** besteht eine **Mitteilungspflicht** gegenüber dem BZSt (§ 138d bis § 138k AO). 67–69
Hierdurch soll der Gesetzgeber in die Lage versetzt werden, mit Anpassungen des Steuerrechts schneller auf bestehende Gesetzeslücken reagieren zu können. Der Nutzer einer grenzüberschreitenden Steuergestaltung hat diese in der **Steuererklärung** für die Steuerart und den Besteuerungszeitraum oder den Besteuerungszeitpunkt anzugeben, in der sich der steuerliche Vorteil der grenzüberschreitenden Steuergestaltung **erstmals** auswirken soll (§ 138k Satz 1 AO). Zur Anwendung dieser Vorschriften sind die BMF-Schreiben vom 29.3.2021 (BStBl I S. 582), vom 26.7.2022 (BStBl I S. 1224), vom 23.1.2023 (BStBl I S. 183) und vom 7.6.2024 (BStBl I S. 926) zu beachten.

Statt einer ausführlichen Beschreibung der grenzüberschreitenden Steuergestaltung genügt in den **Zeilen 67** und **68** die Angabe der vom BZSt zugeteilten **Registrier**- und **Offenlegungsnummer** (§ 138k Satz 2 AO). Bei mehreren im Jahr 2025 verwirklichten grenzüberschreitenden Steuergestaltungen, die sich erstmals im Jahr 2025 auswirken sollen, ist eine formlose Anlage mit der Überschrift »Ergänzende Angaben zur Steuererklärung« mit den entsprechenden Angaben einzureichen und in **Zeile 90** zur Kennzahl »500« eine »1« einzutragen; vgl. Tz 34.12.3. Die Registrier- und Offenlegungsnummer sind jeweils 17-stellig und nach einem EU-weit einheitlichem Standard aufgebaut. Sie werden dem Intermediär aufgrund der von ihm erfolgten elektronischen Mitteilung durch das BZSt zugeteilt; der Intermediär hat diese Nummern dem Nutzer der grenzüberschreitenden Steuergestaltung unverzüglich mitzuteilen (§ 138f Abs. 5 AO).

In **Zeile 69** ist zur Kennzahl »197« der Wert »1« (= Ja) einzutragen, wenn zwar mindestens eine grenzüberschreitende Steuergestaltung im Jahr 2025 verwirklicht wurde, aber noch keine Registrier- und Offenlegungsnummer vorliegt. In diesem Fall sind in einer formlosen Anlage mit der Überschrift »Ergänzende Angaben zur Steuererklärung« Erläuterungen zu der Steuergestaltung vorzunehmen und in **Zeile 90** zur Kennzahl »500« eine »1« einzutragen.

Für grenzüberschreitende Steuergestaltungen aufgrund vergleichbarer Regelungen eines anderen Mitgliedstaats der EU gelten die Erklärungspflichten in den Zeilen 67 bis 69 entsprechend. In diesem Fall sind in den Zeilen 67 und 68 die von der zuständigen Behörde eines anderen EU-Mitgliedstaates zugeteilte Registrier- und Offenlegungsnummer anzugeben.

34.12 Weitere Angaben

34.12.1 Erweiterte beschränkte Einkommensteuerpflicht

34.12.1.1 Grundsätze

Die Abfragen in den **Zeilen 70** bis **81** dienen für die Prüfung des Vorliegens einer **»erweiterten beschränkten Einkommensteuerpflicht«** nach § 2 AStG. Durch diese Vorschrift werden mögliche Steuervorteile begrenzt, die bisher unbeschränkt stpfl. Personen durch den Wegzug in ein **ausländisches Niedrigsteuergebiet** erzielen können. Voraussetzung ist insbesondere, dass diese Personen weiter **wesentliche wirtschaftliche Interessen** im **Inland** verfolgen (vgl. Tz 34.12.1.5). Näheres zum Wohnsitzwechsel in 70–81 ein Niedrigsteuergebiet hat die Finanzverwaltung in einem Anwendungserlass zum AStG geregelt (Rz 3 bis 49 des BMF-Schreibens vom 22.12.2023, BStBl I, Sondernummer 1 S. 2).

Liegen die Tatbestandsvoraussetzungen der »erweiterten beschränkten Einkommensteuerpflicht« des § 2 AStG vor, so tritt für das Jahr der Beendigung der unbeschränkten Steuerpflicht und die folgenden 10 Jahre – über die Besteuerung nach §§ 49 ff. EStG hinaus – eine Besteuerung mit allen Einkünften i. S. des § 2 Abs. 1 Satz 1 1. Halbsatz EStG ein, die bei unbeschränkter Steuerpflicht keine ausländischen Einkünfte i. S. des § 34 d EStG darstellen (sog. »erweiterte Inlandseinkünfte«). Nur Kapitaleinkünfte, die dem gesonderten Abgeltungsteuertarif nach § 32 d Abs. 1 EStG unterliegen, bleiben bei der Ermittlung des Steuersatzes außer Betracht. Eine Besteuerung nach § 2 AStG unterbleibt, wenn die nach dieser Vorschrift beschränkt stpfl. Einkünfte im VZ nicht mehr als 16 500 € betragen.

Ein zwischen Deutschland und dem Wohnsitzstaat abgeschlossenes **DBA** ist zu beachten. Steht nach dem einschlägigen Abkommen das Besteuerungsrecht im Hinblick auf die betreffenden Einkünfte aus deutschen Quellen nicht Deutschland, sondern dem Wohnsitzstaat zu, so führt auch § 2 Abs. 1 AStG nicht zu einer Besteuerung im Inland. Allerdings können DBA Vorbehalte vorsehen, die Deutschland die nachlaufende Besteuerung von Einkünften aus deutschen Quellen erlauben, z. B. Art. 4 Abs. 4 DBA-Schweiz.

Bei einem **Wechsel** von der **unbeschränkten** zur **beschränkten Steuerpflicht** und umgekehrt ist nach § 2 Abs. 7 Satz 3 EStG für den gesamten VZ nur eine Veranlagung zur unbeschränkten Steuerpflicht durchzuführen (vgl. Tz 33.3). Dabei sind die Einkünfte aus dem Zeitraum der beschränkten Steuerpflicht nach § 49 EStG zu ermitteln und in die Veranlagung zur unbeschränkten Steuerpflicht einzubeziehen. § 2 AStG spielt in diesem Fall keine Rolle.

34.12.1.2 Beendigung der unbeschränkten Steuerpflicht

70–73 War die stpfl. Person vor Begründung der beschränkten Steuerpflicht **nicht** unbeschränkt stpfl., liegt von vornherein **keine** »erweiterte beschränkte Steuerpflicht« i. S. des § 2 AStG vor. In diesem Fall ist in **Zeile 70** eine »2« (= Nein) einzutragen; weitere Angaben in den nachfolgenden Zeilen 71 bis 81 sind zudem nicht erforderlich. Im Rahmen der Veranlagung zur beschränkten Steuerpflicht werden nur die inländischen Einkünfte i. S. des § 49 Abs. 1 EStG erfasst.

War die stpfl. Person vor Begründung der beschränkten Steuerpflicht unbeschränkt stpfl., ist in **Zeile 70** eine »1« (= Ja) einzutragen und zusätzlich in **Zeile 71** anzugeben, ob die unbeschränkte Steuerpflicht nach dem **31.12.2014** geendet hat. Falls »Ja«, ist in Zeile 72 der genaue Zeitpunkt der Beendigung der unbeschränkten Steuerpflicht sowie das bisher zuständige Finanzamt und die Steuernummer anzugeben. Für die Prüfung, ob ein Besteuerungstatbestand des § 2 AStG vorliegt, sind zudem die nachfolgenden Fragen in den Zeilen 73 bis 81 zu beantworten.

Falls die Abfrage in Zeile 71 mit »Nein« beantwortet wird, liegt das Ende der unbeschränkten Steuerpflicht aus Sicht des VZ 2025 länger als zehn Jahre zurück und der Tatbestand des § 2 AStG ist **nicht** erfüllt; weitere Angaben in den nachfolgenden Zeilen 73 bis 81 sind dann nicht erforderlich. Im Rahmen der Veranlagung zur beschränkten Steuerpflicht werden nur die inländischen Einkünfte i. S. des § 49 Abs. 1 EStG erfasst.

34.12.1.3 Unbeschränkte Steuerpflicht in den letzten 10 Jahren

73–74 Eine »erweiterte beschränkte Einkommensteuerpflicht« besteht nur für natürliche Personen, die in den letzten **zehn Jahren** vor dem Ende ihrer unbeschränkten Steuerpflicht nach § 1 Abs. 1 Satz 1 EStG als **Deutsche** insgesamt mindestens **fünf Jahre** unbeschränkt stpfl. waren (§ 2 Abs. 1 Satz 1 AStG). Falls die diesbezügliche Abfrage in **Zeile 73** mit »2« (= Nein) beantwortet wird, ist der Besteuerungstatbestand des § 2 AStG **nicht** erfüllt; weitere Angaben in den nachfolgenden Zeilen 74 bis 81 sind dann nicht erforderlich. Im Rahmen der Veranlagung zur beschränkten Steuerpflicht werden nur die inländischen Einkünfte i. S. des § 49 Abs. 1 EStG erfasst.

Falls die Abfrage in **Zeile 73** mit »1« (= Ja) beantwortet wird, ist in **Zeile 74** der genaue **Zeitraum** der **unbeschränkten Steuerpflicht** anzugeben; außerdem sind die weiteren Fragen in den nachfolgenden Zeilen 75 bis 81 zu beantworten.

34.12.1.4 Wohnsitzverlegung in ein Niedrigsteuergebiet

Für die weitere Prüfung des § 2 AStG ist in **Zeile 75** anzugeben, 75
ob im Zeitraum zwischen der Beendigung der unbeschränkten Steuerpflicht bis zur Abgabe der Einkommensteuererklärung 2025 der Wohnsitz zumindest teilweise in einem **niedrig besteuernden (ausländischem) Gebiet** i. S. des § 2 Abs. 2 AStG lag. Nach dieser Vorschrift sind zwei Möglichkeiten der Niedrigbesteuerung zu unterscheiden:

- Zum einen liegt eine niedrige Besteuerung dann vor, wenn die ausländische ESt bei einem zu versteuernden Einkommen von 77 000 € um mehr als 1/3 niedriger ist als die deutsche ESt, bezogen auf die Grundtabelle (»abstrakter Belastungsvergleich«, § 2 Abs. 2 Nr. 1 AStG).
- Zum anderen liegt eine niedrige Besteuerung dann vor, wenn der Steuerpflichtige im Ausland eine Vorzugsbesteuerung in Anspruch nehmen kann (§ 2 Abs. 2 Nr. 2 AStG). Als Vorzugsbesteuerung sind persönliche Steuervergünstigungen jeder Art zu verstehen.
- Eine Besteuerung nach § 2 AStG scheidet dann aus, wenn der Steuerpflichtige die gesetzliche Vermutung der niedrigen Besteuerung dadurch widerlegt, dass er nachweist, dass die im Ausland zu entrichtende Steuer mindestens 2/3 der deutschen ESt bei unbeschränkter Steuerpflicht beträgt (»konkreter Belastungsvergleich«).

Falls die Abfrage in Zeile 75 mit »2« (= Nein) beantwortet wird, liegt kein Besteuerungstatbestand des § 2 AStG vor; weitere Angaben in den nachfolgenden Zeilen 76 bis 81 sind dann nicht erforderlich. Im Rahmen der Veranlagung zur beschränkten Steuerpflicht werden nur die inländischen Einkünfte i. S. des § 49 Abs. 1 EStG erfasst. Falls die Abfrage in Zeile 75 mit »1« (= Ja) beantwortet wird, sind die nachfolgenden Fragen in den Zeilen 76 bis 81 zu beantworten.

34.12.1.5 Wesentliche wirtschaftliche Interessen im Inland

Neben der Wohnsitzverlegung in ein ausländisches Niedrigsteu- 76-
ergebiet (vgl. Tz 34.12.1.4) muss die stpfl. Person weiter **wesentliche wirtschaftliche Interessen** im **Inland** haben, damit der Besteuerungstatbestand der »erweiterten beschränkten Einkommensteuerpflicht« des § 2 AStG erfüllt ist. Wann ein Steuerpflichtiger weiter wesentliche Interessen im Inland hat, regelt § 2 Abs. 3 AStG. Wesentliche wirtschaftliche Interessen bestehen hiernach, wenn

- der Steuerpflichtige zu Beginn des VZ **Unternehmer** oder **Mitunternehmer** eines im Inland belegenen Gewerbebetriebs ist oder, sofern er Kommanditist ist, mehr als **25 %** der Einkünfte i. S. des § 15 Abs. 1 Satz 1 Nr. 2 EStG aus der Gesellschaft auf ihn entfallen oder ihm eine Beteiligung i. S. des § 17 Abs. 1 EStG an einer inländischen Kapitalgesellschaft gehört (»betriebsbezogene Interessen«) oder
- seine **Einkünfte**, die bei unbeschränkter Einkommensteuerpflicht nicht ausländische Einkünfte i. S. des § 34 d EStG sind, im VZ mehr als **30 %** seiner sämtlichen Einkünfte betragen oder **62 000 €** übersteigen (»einkünftebezogene Interessen«) oder
- zu Beginn des VZ sein Vermögen, dessen Erträge bei unbeschränkter Einkommensteuerpflicht nicht ausländische Einkünfte i. S. des § 34d EStG wären, mehr als 30 % seines

Gesamtvermögens beträgt oder 154 000 € übersteigt (»vermögensbezogene Interessen«).

Für die Prüfung, ob für den Steuerpflichtigen zu Beginn des VZ 2025 oder im Kj. 2025 wesentliche wirtschaftliche (betriebsbezogene) Interessen im Inland bestanden haben, sind in den Zeilen 76 bis 81 die folgenden Fragen zu beantworten bzw. Angaben zu machen:

- Ob dem Steuerpflichtigen am 1.1.2025 eine **Beteiligung** i. S. des **§ 17 EStG** an einer inländischen Kapitalgesellschaft oder Genossenschaft gehörte, ist in **Zeile 76** mit »1« (= Ja) oder »2« (= Nein) anzugeben.
- In **Zeile 78** wird nach einer am 1.1.2025 bestehenden Beteiligung des Steuerpflichtigen an einer **ausländischen Personengesellschaft** gefragt, die wesentliche wirtschaftliche Interessen i. S. des § 2 Abs. 1 Nr. 2 und Abs. 3 AStG hatte; anzugeben ist dies ebenfalls mit »1« (= Ja) oder »2« (= Nein).
- War der Steuerpflichtige im Kj. 2025 allein oder zusammen mit anderen Personen, die der unbeschränkten oder erweiterten beschränkten Steuerpflicht (§ 5 AStG) unterliegen, an einer **ausländischen Zwischengesellschaft** i. S. des § 7 AStG beteiligt, ist dies entsprechend in **Zeile 80** mit »1« (= Ja) oder »2« (= Nein) anzugeben.

Zu den bestehenden Beteiligungen des Steuerpflichtigen können in den **Zeilen 77, 79** und **81** Erläuterungen ergänzt werden. Insbesondere sind hier Name, Sitz und Art der Tätigkeit der **Gesellschaft**, an der der Steuerpflichtige beteiligt ist, sowie das für die Gesellschaft zuständige Finanzamt anzugeben.

34.12.2 Bevollmächtigte/Vermögensverwalter

–89 In den **Zeilen 82** und **83** ist anzukreuzen, ob ein Dritter als Bevollmächtigter/Empfangsbevollmächtigter des Steuerpflichtigen bestellt oder als Vermögensverwalter/Verfügungsberechtigter für diesen tätig ist. Ist dies der Fall, ist dessen Name bzw. Firmenname und inländische Adresse in den **Zeilen 84** bis **89** anzugeben. Es sind folgende Formen der Bevollmächtigung/Vermögensverwaltung anzugeben:

34.12.2.1 Bevollmächtigte

Ein Steuerpflichtiger kann sich durch einen **Bevollmächtigten** in steuerlichen Angelegenheiten vertreten lassen (§ 80 AO). Die Vertretungsbefugnis beruht auf einer vom Steuerpflichtigen erteilten Vollmacht, die auch formlos erteilt werden kann. Das Finanzamt kann den Nachweis der Vollmacht jederzeit verlangen.

Eine Vollmacht ermächtigt den Bevollmächtigten zwar nicht zum Empfang von Steuererstattungen oder Steuervergütungen. Der Bevollmächtigte kann jedoch in anderer Weise über das Guthaben des Steuerpflichtigen verfügen, indem er z. B. namens des Steuerpflichtigen gegenüber der Finanzbehörde aufrechnet (§ 226 AO). Erstattungen an Bevollmächtigte oder andere Personen sind zulässig, wenn der Steuerpflichtige eine entsprechende Zahlungsanweisung erteilt; die Finanzbehörde ist jedoch nicht zur Zahlung an sie verpflichtet.

34.12.2.2 Empfangsbevollmächtigte

Das Finanzamt kann von einem Steuerpflichtigen **ohne** Wohnsitz oder gewöhnlichen Aufenthalt, Sitz oder Geschäftsleitung im Inland oder in einem EU-/EWR-Staat die Benennung eines **inländischen Empfangsbevollmächtigten** für den Empfang von Schriftstücken verlangen (§ 123 AO). Unterlässt er dies, so gilt ein an ihn gerichtetes Schriftstück einen Monat nach Aufgabe zur Post als zugegangen. Diese Monatsfrist gilt allgemein auch für die Bekanntgabe von schriftlichen Verwaltungsakten (z. B. Steuerbescheide), die durch die Post an eine ausländische Adresse des Steuerpflichtigen übermittelt werden, außer wenn diese – nachweislich – nicht oder zu einem späteren Zeitpunkt zugegangen sind (§ 122 Abs. 2 Nr. 2 AO).

Soweit Verwaltungsakte einem Empfänger im Ausland unmittelbar zugestellt oder durch einfachen Brief bekannt gegeben werden dürfen, besteht keine Notwendigkeit einen inländischen Empfangsbevollmächtigten zu bestellen. Eine Ausnahme kommt insbesondere in Betracht, wenn dem Steuerpflichtigen in der Vergangenheit wiederholt Verwaltungsakte nicht mittels einfachen Briefs oder förmlicher Zustellung bekannt gegeben werden konnten, weil dieser die Annahme verweigert oder bereits mehrfach den Zugang von Steuerverwaltungsakten bestritten hat.

Zur Erteilung einer **Empfangsvollmacht** für den **Steuerbescheid** an einen Angehörigen der steuerberatenden Berufe, einen Lohnsteuerhilfeverein oder eine andere Person über die **Vollmachtsdatenbank** vgl. Tz 1.8 unter Erläuterungen zum Hauptvordruck ESt 1 A. Ist eine Nutzung der Vollmachtsdatenbank **nicht** möglich, kann der Steuerpflichtige (ersatzweise) eine gesonderte Empfangsvollmacht in Papierform erteilen und diese zusammen mit der Steuererklärung beim Finanzamt einreichen. In diesem Fall ist in **Zeile 90** in dem dafür vorgesehenen Eintragungsfeld zur Kennzahl »500« eine »1« einzutragen. Die Steuererklärung wird hierdurch für die richtige Adressierung des Steuerbescheids von der automatisierten Verarbeitung ausgeschlossen (vgl. Tz 34.12.3).

34.12.2.3 Vermögensverwalter/Verfügungsberechtigter

Steht eine Vermögensverwaltung anderen Personen als den Eigentümern des Vermögens oder deren gesetzlichen Vertretern zu, so haben die **Vermögensverwalter** deren steuerliche Pflichten zu erfüllen, soweit ihre Verwaltung reicht (§ 34 Abs. 3 AO). Dazu gehören z. B. die Buchführungs-, Erklärungs-, Mitwirkungs- und Auskunftspflichten (§§ 140 ff., § 90, § 93 AO). Sie haben zudem dafür Sorge zu tragen, dass die Steuern aus den Mitteln entrichtet werden, die sie verwalten.

Wer als **Verfügungsberechtigter** im eigenen oder fremden Namen auftritt, hat ebenfalls die Pflichten eines gesetzlichen Vertreters i. S. des § 34 Abs. 1 AO, soweit er sie rechtlich und tatsächlich erfüllen kann (§ 35 AO). Rechtlich ist zur Erfüllung von Pflichten in der Lage, wer im Außenverhältnis rechtswirksam handeln kann. Auf etwaige Beschränkungen im Innenverhältnis (Auftrag, Vollmacht) kommt es nicht an. Bevollmächtigte nach § 80 AO (vgl. Tz 34.12.2.1) werden von dieser Bestimmung nur betroffen, wenn sie tatsächlich und rechtlich verfügungsberechtigt sind. Tatsächlich verfügungsberechtigt ist derjenige, der wirtschaftlich über Mittel, die einem anderen gehören, verfügen kann; dies kann auch der Alleingesellschafter einer GmbH ohne Geschäftsführer sein (BFH-Urteil vom 27.11.1990, BStBl 1991 II S. 284).

34.12.3 Ergänzende Angaben zur Steuererklärung (»Qualifiziertes Freitextfeld«)

Steuererklärungen, die nach amtlich vorgeschriebenem Vordruck abgegeben oder nach amtlich vorgeschriebenem Datensatz durch Datenfernübertragung übermittelt werden und die nach § 155 Abs. 4 Satz 1 AO zu einer ausschließlich automationsgestützten Steuerfestsetzung führen können, müssen es dem Steuerpflichtigen ermöglichen, in einem dafür vorgesehenen Abschnitt oder Datenfeld der Steuererklärung (»**qualifiziertes Freitextfeld**«) Angaben zu machen, die nach seiner Auffassung Anlass für eine Bearbeitung durch Amtsträger sind (§ 150 Abs. 7 Satz 1 AO). 90

Sofern über die Angaben in der Steuererklärung hinaus weitere oder abweichende Angaben oder Sachverhalte zu berücksichtigen sind, kann dies in **Zeile 90** angegeben werden. Eine **Eintragung** in dieser Zeile mit den vorgegebenen Werten zur Kennzahl »500« ist jedoch **nur** vorzunehmen, wenn einer der folgenden **Sachverhalte** vorliegt:

- »**1**« ist anzugeben, wenn in der Steuererklärung steuerlich erhebliche Sachverhalte nicht erklärt werden konnten;
- »**2**« ist anzugeben, wenn in der Steuererklärung bewusst eine von der Verwaltungsauffassung abweichende Rechtsauffassung vertreten wird;

- »3« ist anzugeben, wenn in der Steuererklärung enthaltene Sachverhalte personell vertieft geprüft werden sollen;
- »4« ist anzugeben, wenn mehrere der v. g. Gründe (Mehrfachauswahl) vorliegen sollten.

Zudem ist der Steuererklärung eine gesonderte **Anlage** mit der Überschrift »**Ergänzende Angaben zur Steuererklärung**« beizufügen, in der die v. g. Sachverhalte erläutert werden. Diese Anlage ist Bestandteil der Steuererklärung. Durch den Eintrag in Zeile 90 zur Kennzahl »500« wird sichergestellt, dass die Steuererklärung von der automatisierten Verarbeitung ausgeschlossen wird und die ergänzenden Angaben im Finanzamt personell geprüft werden. Dies kann die Bearbeitungsdauer der Steuererklärung allerdings verlängern.

Falls mit der Steuererklärung lediglich **Belege** und **Aufstellungen** zur Erläuterung der Steuererklärung eingereicht werden, ist in Zeile 90 **keine** Eintragung vorzunehmen.

34.13 Unterschrift

91–92 Die Einkommensteuererklärung ist von der beschränkt stpfl. Person in **Zeile 92** eigenhändig zu **unterschreiben**. Ein Unterzeichnen der Steuererklärung durch einen **Bevollmächtigten** ist nur dann zulässig, wenn der Steuerpflichtige z. B. durch längere Abwesenheit an der Unterschrift gehindert ist (§ 150 Abs. 3 AO). Welche Person die Steuererklärung unterschrieben hat, ist in **Zeile 91** entsprechend zu erklären. Mit der Unterschrift in Zeile 92 wird von dem Unterzeichner die Verantwortung für die Richtigkeit der gemachten Angaben übernommen. Damit ist insbesondere eine Berichtigungspflicht gegenüber dem Finanzamt verbunden, wenn der Steuerpflichtige erkennt, dass die von ihm abgegebene Steuererklärung unrichtig oder unvollständig ist (§ 153 Abs. 1 Nr. 1 AO). Dem Unterzeichner ist der Inhalt der Steuererklärung zuzurechnen.

Eine Einkommensteuererklärung kann auch wirksam per **Telefax** an das Finanzamt übermittelt werden (vgl. Tz 1.12.2). Die **Datenschutzhinweise** zum Hauptvordruck ESt 1 A (vgl. Tz 1.12.1) gelten für den Hauptvordruck ESt 1 C entsprechend.

34.14 Mitwirkung bei der Steuererklärung

In **Zeile 93** ist anzugeben, ob die Steuererklärung unter Mitwirkung einer selbständig und eigenverantwortlich tätigen und zur Hilfeleistung in Steuersachen nach den §§ 3 und 4 des Steuerberatungsgesetzes befugten Person oder Vereinigung angefertigt wurde – Eintragungsfeld »1« (= Ja). Anhand dieser Angabe wird analog zu den ELSTER-Erklärungen in den Grunddaten der Finanzverwaltung der Merker »steuerliche Beratung« abgeglichen, der die Einhaltung der gesetzlich verlängerten Steuererklärungsfrist für beratene Steuerpflichtige überwacht und bei Fristüberschreitung weitere Maßnahmen (z. B. die Anforderung von ausstehenden Steuererklärungen oder die Festsetzung von Verspätungszuschlägen) anstößt. Im Stempelfeld der **Zeile 94** kann angegeben werden, wer bei der Anfertigung der Steuererklärung mitgewirkt hat (Kontaktdaten, Anschrift des steuerlichen Beraters). 93–

35. Anlage Mobilitätsprämie 2025

35.1 Vorbemerkungen

Als Ausgleich für die CO_2-Bepreisung der Aufwendungen für die Wege zwischen Wohnung und erster Tätigkeitsstätte/Betriebsstätte oder für Familienheimfahrten im Rahmen der doppelten Haushaltsführung wird sog. Fernpendlern in den VZ 2021 bis 2026 eine **erhöhte Entfernungspauschale** ab dem **21. Entfernungskilometer** gewährt (vgl. Tz 11.12.1). Diese beträgt in den VZ 2022 bis 2026 **0,38 €/km** (§ 9 Abs. 1 Satz 3 Nr. 4 Satz 8, § 9 Abs. 1 Satz 3 Nr. 5 Satz 9 EStG). Die Regelungen gelten entsprechend bei der Ermittlung der nicht abziehbaren Betriebsausgaben für die Wege zwischen Wohnung und Betriebsstätte und für Familienheimfahrten (§ 4 Abs. 5 Satz 1 Nr. 6 Satz 4 EStG; vgl. Teil II Tz 2.7).

Rechtsänderungen ab 2026:
Nach dem Entwurf des Steueränderungsgesetzes 2025 soll die **Mobilitätsprämie** über das Jahr 2026 hinaus **dauerhaft** beibehalten werden.
Das Gesetzgebungsverfahren zu dem v. g. Gesetz war bei Redaktionsschluss (1.11.2025) noch nicht abgeschlossen, sodass die endgültige Gesetzesfassung nach der Verabschiedung durch die Gesetzgebungsorgane abzuwarten bleibt.

Fernpendler, bei denen sich die erhöhte Entfernungspauschale ab dem 21. Entfernungskilometer aufgrund eines zu versteuernden Einkommens bis zur Höhe des Grundfreibetrags (VZ 2025: 12 096 € bei Einzelveranlagung, 24 192 € bei Zusammenveranlagung) nicht als Betriebsausgaben oder Werbungskosten steuerlich auswirkt, können in den Jahren 2021 bis 2026 auf Antrag eine **Mobilitätsprämie** erhalten (§ 101 Satz 1 EStG). Der Antrag auf Festsetzung der Mobilitätsprämie kann mit der »**Anlage Mobilitätsprämie**« gestellt werden (vgl. Tz 35.4).

Der Antrag auf Festsetzung der Mobilitätsprämie ist innerhalb der für Steuervergütungen geltenden **vierjährigen Festsetzungsfrist** zu stellen. Für den VZ 2025 muss daher der Antrag bis zum **31.12.2029** beim zuständigen Finanzamt eingegangen sein. Diese Frist ist eine gesetzliche Ausschlussfrist und kann nicht verlängert werden. Später eingehende Anträge muss das Finanzamt ablehnen.

Anspruch auf die Mobilitätsprämie haben sowohl **unbeschränkt** als auch **beschränkt Steuerpflichtige** (§ 102 EStG). Die »Anlage Mobilitätsprämie« kann daher sowohl für den Antrag bei unbeschränkter Steuerpflicht als auch bei beschränkter Steuerpflicht genutzt werden.

Anspruchsberechtigte Ehegatten/Lebenspartner, die zusammen veranlagt werden, müssen die »Anlage Mobilitätsprämie« gemeinsam ausfüllen.

35.2 Festsetzung der Mobilitätsprämie

▶4 Die **Mobilitätsprämie** wird nach Ablauf des Kj. im Rahmen einer **Einkommensteuerveranlagung** festgesetzt (§ 105 Abs. 1 EStG). Eine Festsetzung erfolgt nur, wenn die Mobilitätsprämie **mindestens 10 €** beträgt.

Besteht das Einkommen ganz oder teilweise aus Einkünften aus nichtselbständiger Arbeit, die dem Steuerabzug unterlegen haben, gilt der Antrag auf Mobilitätsprämie zugleich als ein Antrag auf Einkommensteuerveranlagung (§ 105 Abs. 2 EStG). Besteht jedoch keine Pflicht zur Abgabe einer Einkommensteuererklärung und wird auch keine Veranlagung (z. B. zur Anrechnung von LSt) beantragt, wird die ESt bei der Festsetzung der Mobilitätsprämie mit »0 €« angesetzt.

35.3 Bemessungsgrundlage und Höhe der Mobilitätsprämie

Bemessungsgrundlage für die Mobilitätsprämie sind die **erhöhten Entfernungspauschalen** ab dem 21. Entfernungskilometer (vgl. Tz 35.1), im VZ 2025 **begrenzt** auf den Betrag um den das zu versteuernde Einkommen den Grundfreibetrag von 12 096 € unterschreitet (§ 101 Satz 2 EStG). Bei Ehegatten/Lebenspartnern, die zusammen zur ESt veranlagt werden, sind das gemeinsame zu versteuernde Einkommen und der doppelte Grundfreibetrag (im VZ 2025: 24 192 €) maßgebend. Bei Arbeitnehmern gilt dies nur, soweit die erhöhten Entfernungspauschalen zusammen mit den übrigen zu berücksichtigenden Werbungskosten den **Arbeitnehmer-Pauschbetrag** von 1 230 € übersteigen. Die Mobilitätsprämie beträgt **14 %** dieser Bemessungsgrundlage; dabei entspricht der Prozentsatz von 14 % dem Eingangssteuersatz im Einkommensteuertarif (vgl. Tz 1.5.5).

Die Bemessungsgrundlage für die Mobilitätsprämie sowie deren Höhe sind hiernach im Einzelfall in mehreren Schritten zu ermitteln (siehe nachfolgende Beispiele).

BEISPIEL 1:
Ein lediger Arbeitnehmer fährt im Kj. 2025 an 190 Tagen zwischen Wohnung und erster Tätigkeitsstätte. Die einfache Entfernung beträgt 30 km. Seine übrigen Werbungskosten betragen 600 € und das zu versteuernde Einkommen 10 000 €.
Die Mobilitätsprämie ist wie folgt zu ermitteln:

Schritt 1: Berechnung der Werbungskosten

Entfernungspauschale:	
190 Arbeitstage × 20 km × 0,30 € (für die ersten 20 km)	1 140 €
190 Arbeitstage × 10 km × 0,38 € (ab dem 21. km)	722 €
+ übrige Werbungskosten	600 €
Summe	2 462 €

Schritt 2: Vergleich mit dem Arbeitnehmer-Pauschbetrag
Der Arbeitnehmer-Pauschbetrag von 1 230 € wird um 1 232 € überschritten. Von den 1 232 € entfallen zugunsten des Arbeitnehmers die (vollen) 722 € auf die erhöhte Entfernungspauschale, sodass diese nicht zu begrenzen ist.
Schritt 3: Vergleich zu versteuerndes Einkommen und Grundfreibetrag
Das zu versteuernde Einkommen von 10 000 € unterschreitet den Grundfreibetrag für den VZ 2025 von 12 096 € um 2 096 €. Die (niedrigere) erhöhte Entfernungspauschale hat sich daher mit dem vollen Betrag von 722 € steuerlich nicht ausgewirkt und ist nicht zu begrenzen.
Schritt 4: Berechnung der Mobilitätsprämie
Die Mobilitätsprämie beträgt 14 % von 722 € = **101,08 €**.

BEISPIEL 2:
Sachverhalt wie Beispiel 1. Der Arbeitnehmer hat jedoch keine übrigen Werbungskosten.
Die Mobilitätsprämie ist wie folgt zu ermitteln:

Schritt 1: Berechnung der Werbungskosten

Entfernungspauschale:	
190 Arbeitstage × 20 km × 0,30 € (für die ersten 20 km)	1 140 €
190 Arbeitstage × 10 km × 0,38 € (ab dem 21. km)	722 €
Summe	1 862 €

Schritt 2: Vergleich mit dem Arbeitnehmer-Pauschbetrag
Der Arbeitnehmer-Pauschbetrag von 1 230 € wird nur um 632 € (1 862 € ./. 1 230 €) überschritten, sodass die erhöhte Entfernungspauschale von 722 € daher auf 632 € zu begrenzen ist.
Schritt 3: Vergleich zu versteuerndes Einkommen und Grundfreibetrag
Das zu versteuernde Einkommen von 10 000 € unterschreitet den Grundfreibetrag für den VZ 2025 von 12 096 € um 2 096 €. Der auf 632 € begrenzte Betrag (Schritt 2) hat sich in voller Höhe steuerlich nicht ausgewirkt und ist daher nicht weiter zu begrenzen.
Schritt 4: Berechnung der Mobilitätsprämie
Die Mobilitätsprämie beträgt 14 % von 632 € = **88,48 €**.

Bei Steuerpflichtigen mit anderen Einkunftsarten entfallen die Berechnungsschritte 1 und 2 der vorherigen Beispiele. Es muss stattdessen nur die **erhöhte Entfernungspauschale** ermittelt werden, die Bemessungsgrundlage für die Mobilitätsprämie ist. Ggf. ist die erhöhte Entfernungspauschale auf den Betrag zu begrenzen, um den das zu versteuernde Einkommen den Grundfreibetrag unterschreitet.

BEISPIEL 3:
Ein lediger Steuerpflichtiger mit selbständigen Einkünften fährt im Kj. 2025 an 150 Tagen zwischen Wohnung und erster Betriebsstätte. Die einfache Entfernung beträgt 40 km. Sein zu versteuernde Einkommen beträgt 11 096 €.
Die Mobilitätsprämie ist wie folgt zu ermitteln:

Schritt 1: Ermittlung der erhöhten Entfernungspauschale	
150 Arbeitstage × 20 km × 0,38 € (ab dem 21. km)	1 140 €

Schritt 2: Vergleich zu versteuerndes Einkommen und Grundfreibetrag
Das zu versteuernde Einkommen von 11 096 € unterschreitet den Grundfreibetrag für den VZ 2025 von 12 096 € um 1 000 €. Die (höhere) erhöhte Entfernungspauschale von 1 140 € ist daher auf den Betrag zu begrenzen, um den das zu versteuernde Einkommen den Grundfreibetrag unterschreitet, hier auf 1 000 €.
Schritt 3: Berechnung der Mobilitätsprämie
Die Mobilitätsprämie beträgt 14 % von 1 000 € = **140 €**.

35.4 Antragstellung

Der Antrag auf Festsetzung der Mobilitätsprämie ist Teil der jährlichen Einkommensteuererklärung. In **Zeile 3** des **Hauptvordrucks ESt 1 A** (vgl. Tz 1.2 a. E.) bzw. **Zeile 2** des **Hauptvordrucks ESt 1 C** (vgl. Tz 34.3 a. E.) ist das entsprechende Auswahlfeld zum »Antrag auf Mobilitätsprämie« anzukreuzen.

4 Der **Antrag** auf **Festsetzung** der **Mobilitätsprämie** wird in **Zeile 4** durch Eintragung des Werts »1« (= Ja) gestellt. Für den VZ 2025 ist ein Antrag auf Festsetzung der Mobilitätsprämie nur für Pendler erforderlich, die ein zu versteuerndes Einkommen bis zur Höhe des Grundfreibetrags von 12 096 € (bei Zusammenveranlagung 24 192 €) haben und die mindestens 21 Kilometer zur ersten Tätigkeitsstätte/Betriebsstätte zurücklegen (siehe Hinweise vor Zeile 4).

35.5 Angaben zur Mobilitätsprämie

In den **Zeilen 5** bis **20** werden die für die Berechnung und Festsetzung der Mobilitätsprämie erforderlichen Angaben abgefragt. Die Angaben können für die/den »stpfl. Person/Ehemann/Person A« in den Zeilen 5 bis 12 und für die »Ehefrau/Person B« in den Zeilen 13 bis 20 eingetragen werden. 5–20

Bezieht sich der Antrag auf Mobilitätsprämie **nur** auf **Einkünfte** aus **nichtselbständiger Arbeit**, so reicht es aus, in **Zeile 5** und/oder **13** eine »1« (= Ja) einzutragen und die **Anlage N** auszufüllen, aus der sich die Angaben zur Entfernungspauschale und den weiteren Werbungskosten ergeben.

Bezieht sich der Antrag auf Mobilitätsprämie **nur** auf **andere Einkünfte** (ohne Einkünfte aus nichtselbständiger Arbeit), so ist in Zeile 5 und/oder 13 eine »2« (= Nein) und in **Zeile 6** und/oder **14** eine »1« (= Ja) einzutragen. Zusätzlich sind die **Zeilen 7** bis **12** (bei einem Antrag der stpfl. Person, des Ehemanns, der Person A) und/oder die **Zeilen 15** bis **20** (für die Ehefrau, die Person B) auszufüllen. In diesen Zeilen werden zur Berechnung der Mobilitätsprämie folgende Angaben abgefragt:

- **Zeilen 7** und **15**: Bezeichnung des Betriebs, der Tätigkeit, des Vermietungsobjekts, ggf. Angabe der Betriebssteuernummer;
- **Zeilen 8** und **16**: Angabe der Einkunftsart (1 = Land- und Forstwirtschaft, 2 = Gewerbebetrieb, 3 = selbständige Arbeit, 4 = Vermietung und Verpachtung, 5 = sonstige Einkünfte);
- **Zeilen 9** und **10**, **Zeilen 17** und **18**: Angaben zu den Wegen zwischen Wohnung und erster Betriebsstätte/Tätigkeitsstätte (Anschrift, aufgesucht an Tagen, einfache Entfernung);
- **Zeilen 11** und **12**, **Zeilen 19** und **20**: Angaben zu den wöchentlichen Familienheimfahrten bei doppelter Haushaltsführung (Anschrift des Beschäftigungsorts, Anzahl der Familienheimfahrten, einfache Entfernung).

Aus diesen Angaben berechnet das Finanzamt die festzusetzende Mobilitätsprämie.

Erzielt der Steuerpflichtige sowohl Einkünfte aus nichtselbständiger Arbeit als auch andere Einkünfte, ist in den **Zeilen 5** und **6** und/oder **Zeilen 13** und **14** jeweils eine »1« (= Ja) einzutragen. In diesem Mischfall ist die Anlage N (Angaben zur Entfernungspauschale und den übrigen Werbungskosten) auszufüllen; zusätzlich sind die o. a. Angaben zu den anderen Einkünften in den **Zeilen 7** bis **12** und/oder **Zeilen 15** bis **20** einzutragen.

Teil II
Wichtige Steuerersparnismöglichkeiten 2025

1. Absetzungen für Abnutzung 2025

1.1 Lineare AfA (gleiche Jahresbeträge)

Die Absetzung für Abnutzung (AfA) bei Wirtschaftsgütern, die zum Anlagevermögen eines Betriebs gehören, bemisst sich nach den tatsächlichen Anschaffungs- oder Herstellungskosten unter Berücksichtigung der betriebsgewöhnlichen Nutzungsdauer, d. h. der betriebstypischen Beanspruchung. Wird ein Anschaffungsvorgang in vollem Umfang rückgängig gemacht, ist in diesem Jahr kein Abzug von AfA-Beträgen möglich (BFH-Urteil vom 19.12.2007, BStBl 2008 II S. 480). Bestandskräftig zu Unrecht als sofort abziehbarer Erhaltungsaufwand geltend gemachte Anschaffungskosten führen nach dem BFH-Urteil vom 28.4.2020 (BStBl II S. 545) zu einer Minderung des AfA-Volumens und stehen insoweit einer Weiterführung der AfA entgegen. Es kommt somit nicht zu einer doppelten Berücksichtigung von lediglich einmal getragenem Aufwand. Für die Schätzung der Nutzungsdauer ist regelmäßig von dem Zeitraum auszugehen, in dem sich das Wirtschaftsgut **technisch** abnutzt. Eine kürzere **wirtschaftliche** Nutzungsdauer kommt nur in Betracht, wenn das Wirtschaftsgut erfahrungsgemäß vor Ablauf der technischen Nutzungsdauer objektiv wirtschaftlich wertlos ist (BFH-Urteil vom 19.11.1997, BStBl 1998 II S. 59).

Die Grundsätze des vorgenannten Urteils haben zu einer Überarbeitung der amtlichen AfA-Tabellen geführt (AfA-Tabelle des BMF vom 15.12.2000, BStBl I S. 1532 ff. mit BMF-Schreiben vom 6.12.2001, BStBl I S. 860, die für alle Anschaffungs- oder Herstellungskosten nach dem 31.12.2000 bzw. 31.12.2001 gilt, sowie BMF-Schreiben vom 14.12.2001, BStBl I S. 861), vgl. H 7.4 – AfA-Tabellen – und – Nutzungsdauer – EStH. Dabei kann grundsätzlich jeweils für ein Jahr der Teil der Anschaffungs- oder Herstellungskosten abgesetzt werden, der bei gleichmäßiger Verteilung dieser Kosten auf die Gesamtdauer der Verwendung oder Nutzung des Wirtschaftsgutes auf ein Jahr entfällt. Die Anschaffungs- oder Herstellungskosten sind sonach in **gleichen Jahresbeträgen** auf die betriebsgewöhnliche Nutzungsdauer des Anlagegutes zu verteilen. Für bewegliche Wirtschaftsgüter, die **nach dem 31.12.2003**, angeschafft oder hergestellt worden sind, ist zu beachten, dass sich im Jahr der Anschaffung oder Herstellung des Wirtschaftsguts für dieses Jahr die AfA für jeden vollen Monat, der dem Monat der Anschaffung oder Herstellung vorangeht, **um jeweils 1/12 vermindert** (§ 7 Abs. 1 Satz 4 EStG). Die frühere, günstigere Halbjahresregelung in R 44 Abs. 2 EStR 2004 ist seit 2004 nicht mehr möglich. Wegen der Berücksichtigung eines **Schrottwerts** bei der Bemessung der AfA siehe BFH-Beschluss vom 7.12.1967 (BStBl 1968 II S. 268) und BFH-Urteil vom 22.7.1971 (BStBl II S. 800). Die AfA auf das entgeltlich erworbene immaterielle Wirtschaftsgut »Vertreterrecht« (Ablösung des dem Vorgänger-Vertreter zustehenden Ausgleichsanspruchs durch Vereinbarung mit dem Geschäftsherrn) bemisst sich nach der für den Einzelfall zu bestimmenden betriebsgewöhnlichen Nutzungsdauer; die Regelung des § 7 Abs. 1 Satz 3 EStG zur betriebsgewöhnlichen Nutzungsdauer des Geschäfts- oder Firmenwerts findet nach dem BFH-Urteil vom 12.7.2007 (BStBl II S. 959) auf das Vertreterrecht keine Anwendung.

Die lineare AfA kann bei **allen** Wirtschaftsgütern des Anlagevermögens, die überhaupt abschreibungsfähig sind, angewendet werden. Wegen der AfA bei **Gebäuden**, für die besondere Bestimmungen gelten, vgl. Tz 1.7 sowie Teil I Tz 24.8 unter Erläuterungen zur Anlage V, Zeile 33.

Eine Besonderheit gilt nach dem BMF-Schreiben vom 26.2.2021 (BStBl I S. 298) für **Computerhardware** und **Software** zur Dateneingabe und -verarbeitung. Nach BMF-Schreiben vom 26.2.2021 (a. a. O., Rz 1) wird die maßgebliche Nutzungsdauer für bestimmte Computerhardware sowie Betriebs- und Anwendersoftware auf lediglich 1 Jahr festgelegt. Der Begriff »Computerhardware« umfasst nach v. g. BMF-Schreiben vom 26.2.2021 (a. a. O., Rz 2) Computer, Desktop-Computer, Notebook-Computer, Desktop-Thin-Clients, Workstations, Dockingstations, externe Speicher- und Datenverarbeitungsgeräte (Small-Scale-Server), externe Netzteile sowie Peripheriegeräte, die im Weiteren im BMF-Schreiben vom 26.2.2021 (a. a. O., Rz 3) definiert werden. Voraussetzung ist allerdings, dass für die beschriebene und definierte Computerhardware gemäß Anhang II der Verordnung (EU) Nr. 617/2013 der Kommission vom 26.6.2013 zur Durchführung der Richtlinie 2009/125/EG des Europäischen Parlaments und des Rates im Hinblick auf die Festlegung von Anforderungen an die umweltgerechte Gestaltung von Computern und Computerservern (ABl. L 175 vom 27.6.2013, S. 13) eine Kennzeichnungspflicht des Herstellers besteht, wonach die Produktart nach Artikel 2 der EU-Verordnung in den technischen Unterlagen anzugeben ist, vgl. auch BMF-Schreiben vom 26.2.2021 (a. a. O., Rz 5). Dazu gehören auch die nicht technisch-physikalischen Anwendungsprogramme eines Systems zur Datenverarbeitung sowie neben Standardanwendungen auch auf den individuellen Nutzer abgestimmte Anwendungen wie ERP-Software, Software für Warenwirtschaftssysteme oder sonstige Anwendungssoftware zur Unternehmensverwaltung oder Prozesssteuerung.

Das BMF-Schreiben vom 26.2.2021 (a. a. O., Rz 6) findet erstmals Anwendung in Gewinnermittlungen für Wj., die nach dem 31.12.2020 enden. In Gewinnermittlungen nach dem 31.12.2020 können danach die Grundsätze auch auf entsprechende Wirtschaftsgüter angewandt werden, die in früheren Wj. angeschafft oder hergestellt wurden und bei denen eine andere als die einjährige Nutzungsdauer zugrunde gelegt wurde. Gleiches soll für Wirtschaftsgüter des Privatvermögens gelten (BMF-Schreiben vom 26.2.2021, a. a. O., Rz 7).

Mit dem BMF-Schreiben vom 22.2.2022 (BStBl I S. 187) wurde das BMF-Schreiben vom 26.1.2021 (a.a.O.) konkretisiert und ersetzt. Es wurde klargestellt, dass bei einer Nutzungsdauer von einem Jahr gleichwohl AfA-Grundsätze gelten (z. B. AfA-Beginn mit Anschaffung/Herstellung und Zeitanteiligkeit im Anschaffungs-/Herstellungsjahr). Aus Vereinfachungsgründen lässt die Verwaltung allerdings zu, wenn die Abschreibung im Jahr der Anschaffung/Herstellung in voller Höhe vorgenommen wird (neue Rz 1.4).

Absetzungen für **außergewöhnliche** technische oder wirtschaftliche Abnutzung (AfaA) sind zulässig. Soweit der Grund hierfür in späteren Wj. entfällt, ist in den Fällen der Gewinnermittlung nach § 4 Abs. 1 oder nach § 5 EStG (erstmals für das nach dem 31.12.1998 endende Wj.) eine entsprechende **Zuschreibung (Wertaufholungsgebot!)** vorzunehmen (§ 7 Abs. 1 Satz 7 EStG). Werden z. B. bei einem **Umbau** bestimmte Gebäudeteile entfernt, so kann der dadurch eingetretene Wertverlust durch eine AfaA berücksichtigt werden. Wegen weiterer Einzelheiten vgl. Tz 1.7.2.3.

1.1.1 Investitionsabzugsbetrag zur Förderung kleiner und mittlerer Betriebe (§ 7g Abs. 1 bis 4 EStG)

§ 7g Abs. 1 bis 4 EStG mit den Regelungen zum sog. Investitionsabzugsbetrag ermöglicht die Vorverlagerung von Abschreibungspotenzial in ein Wj. vor Anschaffung oder Herstellung eines begünstigten Wirtschaftsgutes. Dadurch soll nach dem Willen des Gesetzgebers die Wettbewerbssituation kleinerer und mittlerer Betriebe verbessert, deren Liquidität und Eigenkapitalbildung unterstützt und die Investitions- und Innovationskraft gestärkt werden. Die Inanspruchnahme des Investitionsabzugsbetrags führt zu einer Steuerstundung, wodurch Mittel angespart werden können, um dem Unternehmen die Finanzierung von Investitionen zu erleichtern. Im Gegensatz zum § 7 g EStG i. d. F. bis 2007 muss das begünstigte bewegliche **Wirtschaftsgut** des Anlagevermögens **nicht neu** sein; gebrauchte Wirtschaftsgüter sind ebenfalls begünstigt.

§ 7 g EStG wurde zunächst durch das Unternehmensteuerreformgesetz 2008 vom 14.8.2007 (BGBl I S. 1912) vollständig neu gefasst. Die Regelungen zum sog. **Investitionsabzugsbetrag** (§ 7 g Abs. 1 bis 4 EStG) sind erstmals für Wj. anzuwenden, die nach dem 17.8.2007 enden, die Regelungen zur Sonderabschreibung (§ 7 g Abs. 5 und 6 EStG) gelten erstmals für nach dem 31.12.2007 angeschaffte/hergestellte Wirtschaftsgüter. Bei Wirtschaftsgütern, die in vor dem 18.8.2007 endenden Wj. gebildet worden sind, und Wirtschaftsgütern, die vor dem 1.1.2008 angeschafft/hergestellt worden sind, gilt § 7 g EStG a. F. (vgl. hierzu Anleitung zur Einkommensteuererklärung 2007) fort. Diese zeitliche Abgrenzung (grds. Anwendung ab 2008) hat der BFH in seinem Beschluss vom 13.10.2009 (BStBl 2010 II S. 180) selbst für Steuerpflichtige mit Einkünften aus selbständiger Arbeit nicht als zweifelhaft angesehen. Eine Pflicht zur vorzeitigen Auflösung von Ansparrücklagen und Rücklagen für Existenzgründer besteht nicht. Soweit Ansparabschreibungen nach § 7 g EStG a. F. noch nicht gewinnerhöhend aufgelöst worden sind, vermindert sich jedoch der Höchstbetrag nach § 7 g Abs. 1 Satz 4 EStG um die noch vorhandenen Ansparabschreibungen (§ 52 Abs. 23 Satz 4 EStG a. F.).

Mit dem Steueränderungsgesetz 2015 vom 2.11.2015 (BGBl I S. 1834) ist § 7 g EStG – erneut – umfassend geändert worden. Die Neufassung gilt dabei für Investitionsabzugsbeträge, die in nach dem 31.12.2015 endenden Wj. in Anspruch genommen werden. Für Wj., die nach dem 31.12.2015 enden, wird auf das Erfordernis der Funktionsbezeichnung verzichtet. Faktisch ist damit die Investitionsabsicht als Voraussetzung für die Bildung eines Investitionsabzugsbetrages für Neufälle obsolet. Zudem ist eine Übermittlung der Investitionsabzugsbeträge nach amtlich vorgeschriebenen Datensätzen durch Datenfernübertragung zwingend.

Mit dem Jahressteuergesetzes 2020 vom 21.12.2020 (BGBl I S. 3096) sind weitere Änderungen beim Investitionsabzugsbetrag eingetreten. Dazu gehören u. a.:

- Erhöhung des Investitionsabzugsbetrags von 40 % auf 50 % der voraussichtlichen Anschaffungs- oder Herstellungskosten;
- Wegfall der Möglichkeit, Investitionsabzugsbeträge nachzuholen (z. B. zum Ausgleich von Mehrsteuern nach einer Betriebsprüfung);
- Bindung der Sphären bei Mitunternehmerschaften, d. h. ein in der Gesamthandbilanz einer Personengesellschaft gebildeter Investitionsabzugsbetrag setzt die Anschaffung/Herstellung des begünstigten Wirtschaftsguts auch im Gesamthandsvermögen voraus;
- begünstigte Wirtschaftsgüter können auch solche sein, die vermietet werden.

Die Anwendung der Neuregelungen durch das JStG 2020 gilt erstmals für nach dem 31.12.2019 endende Wj.

Die Finanzverwaltung hatte sich zunächst mit Schreiben vom 8.5.2009 (BStBl I S. 633) umfassend zur Anwendung des § 7 g EStG n. F. geäußert. Aufgrund der zwischenzeitlich ergangenen BFH-Urteile, die z. T. von der Verwaltungsauffassung abwichen, wurde mit Schreiben vom 20.11.2013 (BStBl I S. 1493) eine überarbeitete Fassung bekannt gegeben, die jedoch nur noch für Altfälle (= Bildung des Investitionsabzugsbetrags vor 2016) Bedeutung hat. Für Neufälle enthält das BMF-Schreiben vom 20.3.2017 (BStBl I S. 423) wichtige Hinweise. Für die Änderungen durch das JStG 2020 hat das BMF mit Schreiben vom 15.6.2022 (BStBl I S. 945) wichtige Anwendungshinweise gegeben.

Nach § 7 g Abs. 1 Satz 1 EStG können Steuerpflichtige für die künftige Anschaffung oder Herstellung eines abnutzbaren beweglichen Wirtschaftsguts des Anlagevermögens (vgl. Tz 1.2.1 zum Begriff des beweglichen Wirtschaftsguts) **bis zu 50 %** (bis 2019 [s. o.]: 40 %) **der voraussichtlichen Anschaffungs- oder Herstellungskosten** gewinnmindernd abziehen (sog. Investitionsabzugsbetrag). Im Gegensatz zur früheren Konzeption der sog. Ansparrücklage (vor 2008) wird der Abzug **außerbilanziell/außerhalb der Einnahmenüberschussrechnung** durchgeführt, d. h. die frühere buchungsmäßige Bildung von Rücklagen ist nicht erforderlich. Der Gesetzgeber begründete den Systemwechsel mit der nach höchstrichterlicher Rspr. missverständlichen Bezeichnung der Rücklagen nach § 7 g Abs. 3 EStG a. F. als »Ansparabschreibung« (BFH-Urteil vom 31.8.2006, BStBl II S. 910). Darüber hinaus sollten durch den außerbilanziellen Abzug bilanztechnische Probleme, wie z. B. Bilanzberichtigungen und Maßgeblichkeit der Handelsbilanz für die steuerliche Gewinnermittlung, vermieden werden (BFH-Urteil vom 29.11.2007, BStBl 2008 II S. 471).

Die Inanspruchnahme von Investitionsabzugsbeträgen ist nach BMF-Schreiben vom 15.6.2022 (BStBl I S. 945, Rz 1) ausschließlich bei Betrieben möglich, die aktiv am wirtschaftlichen Verkehr teilnehmen und eine in diesem Sinne werbende Tätigkeit ausüben. D. h. zum Beispiel, dass bei einer sog. Betriebsverpachtung im Ganzen die Regelungen in § 7 g EStG nicht angewendet werden können (BFH-Urteil vom 27.9.2001, BStBl 2002 II S. 136). Darüber hinaus darf der Steuerpflichtige bestimmte **Betriebsgrößenmerkmale** nicht überschreiten. Mit dem JStG 2020 wurden diese Beträge ab 2020 vereinheitlicht. Nach § 7 g Abs. 1 Satz 2 EStG sind dies bei Gewinnermittlung nach § 4 oder § 5 EStG ein **Gewinn von 200 000 €** (ohne Berücksichtigung von Investitionsabzugsbeträgen). Die bisherige Unterscheidung nach den Einkunftsarten und den Gewinnermittlungen durch Bestandsvergleich oder durch Einnahmenüberschussrechnung ist damit weggefallen.

Für die Prüfung der Größenmerkmale ist der Betrag maßgebend, der ohne Berücksichtigung von Investitionsabzugsbeträgen nach § 7 g Abs. 1 EStG der Besteuerung zugrunde zu legen ist (Rn 13 des o. a. BMF-Schreibens vom 15.6.20227). Bei Personengesellschaften und Gemeinschaften gelten diese Werte ebenfalls betriebsbezogen und nicht etwa für jeden Gesellschafter/Gemeinschafter (§ 7 g Abs. 7 EStG). Das bedeutet, dass bei **Personengesellschaften**, die ihren Gewinn nach § 4 Abs. 3 EStG ermitteln, das vorgenannte **Größenmerkmal für den Gesamtgewinn der Mitunternehmerschaft** gilt und nicht auf den Gewinnanteil des einzelnen Mitunternehmers abgestellt wird.

Wird ein Betrieb im Laufe eines Wj. unentgeltlich nach § 6 Abs. 3 EStG übertragen, ist für die Prüfung der Gewinngrenze nach § 7 g Abs. 1 Satz 2 Nr. 1 EStG der anteilige Gewinn oder Verlust des Rechtsvorgängers und des Rechtsnachfolgers zusammenzufassen (Rn 14 des o. a. BMF-Schreibens vom 15.6.2022).

Der Investitionsabzugsbetrag konnte aber **bis 2015** nur geltend gemacht werden, wenn das begünstigte Wirtschaftsgut in einem der dem Abzugsjahr des Investitionsabzugsbetrags folgenden 3 Wj. **voraussichtlich** angeschafft oder hergestellt wird. Für die hinreichende Konkretisierung der geplanten Investition war eine **Prognose-Entscheidung** über das künftige Investitionsverhalten erforderlich (BFH-Urteile vom 19.9.2002, BStBl 2004 II S. 184; vom 6.3.2003, BStBl 2004 II S. 187; und vom 11.7.2007, BStBl II S. 957). Der Steuerpflichtige konnte in Fällen des EStG **bis 2015** Investitionsabzugsbeträge auch dann nicht mehr abziehen, wenn er im Zeitpunkt der Einreichung des entsprechenden Jahresabschlusses bei den Finanzbehörden bereits den Entschluss gefasst hatte, seinen Betrieb zu veräußern oder aufzugeben (vgl. Rn 22 des o. g. BMF-Schreibens vom 22.11.2013 unter Hinweis auf das BFH-Urteil vom 20.12.2006, BStBl 2007 II S. 862 zur Ansparrücklage nach § 7 g Abs. 3 EStG a. F.). Eine Ausnahme von diesem Grundsatz wurde für den Fall anerkannt, wenn die maßgebenden Investitionen voraussichtlich noch vor der Betriebsveräußerung oder Betriebsaufgabe durchgeführt werden (z. B. kleinere Anschaffungen, vgl. BFH-Urteil vom 1.8.2007, BStBl 2008 II S. 106). Veräußerte allerdings ein Steuerberater seinen Mandantenstamm als (einzige) wesentliche Betriebsgrundlage (u. E. analoge Anwendung für ähnliche Fallgestaltungen, wie z. B. andere Freiberufler), behielt sich aber einzelne von ihm auch künftig betreute Mandate zurück und/oder war er für den Erwerber des Mandantenstammes weiterhin als Steuerberater selbständig tätig, konnte er nach dem BFH-Urteil vom 1.8.2007 (BStBl 2008 II S. 106) eine Ansparrücklage nach § 7g Abs. 3 EStG a. F. bilden, sofern unter den gegebenen Umständen noch mit einer Anschaffung der bezeichneten Wirtschaftsgüter für den »Restbetrieb« zu rechnen ist. Stellte dieser voraussichtliche »Restbetrieb« eine sog. Liebhaberei dar oder kann das anzuschaffende Wirtschaftsgut aufgrund seiner voraussichtlich überwiegenden privaten Nutzung nicht zum notwenigen oder gewillkürten Betriebsvermögen des »Restbetriebs« gehören, schied danach eine Rücklagenbildung aus. Die Grundsätze dieser Entscheidung waren u. E. auch auf den Investitionsabzugsbetrag nach § 7g Abs. 1 EStG 2015 übertragbar. Allerdings durfte nach dem Urteil des Großen Senats vom 14.4.2015 (BStBl II S. 1007) eine Ansparabschreibung nach § 7g EStG a. F. nicht gebildet werden, wenn im Zeitpunkt ihrer Geltendmachung beim Finanzamt bereits feststeht, dass der Betrieb zu Buchwerten in eine Kapitalgesellschaft eingebracht wird. Dieser Grundsatz war u. E. auch auf die Inanspruchnahme von Investitionsabzugsbeträgen **bis 2015** anwendbar.

In Neufällen (**ab 2016**) ist dies allerdings **bedeutungslos**, da die früher nachzuweisende **Investitionsabsicht nicht mehr Voraussetzung** für die Inanspruchnahme ist und somit z. B. auch nach Betriebsprüfungen bei verfahrensrechtlich änderbaren Festsetzungen Investitionsabzugsbeträge zur Kompensation von Mehrergebnissen in Anspruch genommen werden können. **Ab 2021** mit dem JStG 2020 ist es hier wieder zu einer Verschärfung gekommen. Nach der Änderung ist ein Abzug ausgeschlossen nach Eintritt der Unanfechtbarkeit der erstmaligen Steuerfestsetzung oder der erstmaligen gesonderten Feststellung bei Personengesellschaften, § 7g Abs. 2 Satz 2 i. V. mit § 52 Abs. 16 Satz 2 EStG n. F.

In Jahren vor Abschluss der **Betriebseröffnung** konnte ein Abzug für die künftige Anschaffung oder Herstellung eines begünstigten Wirtschaftsgutes nur durchgeführt werden, wenn die Investitionsabsicht im Zusammenhang mit der Betriebsgründung ausreichend konkretisiert waren. Dafür war nach Rn 29 des o. g. BMF-Schreibens vom 22.11.2013 **in Fällen bis 2015** eine besondere Prüfung der Investitionsabsicht erforderlich, da lt. BFH-Urteil vom 20.6.2012 BStBl II 2013 S. 719) eine Plausibilitätskontrolle am Maßstab eines bislang verfolgten Betriebskonzepts nicht möglich ist. Dafür sollte der Steuerpflichtige anhand geeigneter Unterlagen, wie z. B. Kostenvoranschläge, Informationsmaterial, konkrete Verhandlungen oder verbindliche Bestellungen die Investitionsabsicht am Bilanzstichtag/dem Zeitpunkt der Gewinnermittlung darlegen. Die vorgenannten Voraussetzungen zum Nachweis der Investitionsabsicht bei Betriebseröffnung gelten für Neufälle **ab 2016** aufgrund des Systemwechsels nicht mehr uneingeschränkt. Allerdings enthält auch das BMF-Schreiben vom 15.62022 (BStBl I S. 945) in den Rn 2 und 3 ebenfalls entsprechende Ausführungen zum Nachweis in Zweifelsfällen. Jedoch dient der Nachweis nicht der Investitionsabsicht, sondern der **Betriebseröffnungsabsicht**, um überhaupt einen begünstigten Betrieb zu haben.

Ein für ein bestimmtes Wirtschaftsgut in einem Vorjahr gebildeter **Investitionsabzugsbetrag** konnte nach dem BFH-Urteil vom 12.11.2014 (BStBl 2016 II S. 38) in einem Folgejahr innerhalb des dreijährigen Investitionszeitraums bis zum gesetzlichen Höchstbetrag **aufgestockt** werden (gegen BMF-Schreiben vom 20.11.2013, a. a. O., Rz 6). Mit Schreiben vom 15.1.2016 (BStBl I S. 83) hatte sich die Finanzverwaltung dieser Auffassung angeschlossen und ließ die Aufstockung in den vorhergenannten Grenzen in allen noch offenen Fällen zu. Das bedeutete aber auch, dass insoweit das frühere Recht (vor § 7g EStG i. d. F. des o. g. Steueränderungsgesetzes 2015) weitergalt.

Der Investitionsabzugsbetrag konnte in der Fassung des § 7g EStG **bis 2015** nur dann in Anspruch genommen werden, wenn das begünstigte Wirtschaftsgut **voraussichtlich** bis zum Ende des dritten auf das Wj. der Investition folgenden Wj. **angeschafft oder hergestellt** wird **und** bis zum Ende des dem Wj. der Anschaffung oder Herstellung folgenden Wj. ausschließlich oder fast ausschließlich, d. h. zu mindestens 90 %, in einer inländischen Betriebsstätte des Betriebs **betrieblich genutzt** wird Diese Voraussetzung (3-jähriger Ansparzeitraum und 2-jähriger Verbleibens- und Nutzungszeitraum) gilt auch in Neufällen (**ab 2016**) mit dem Unterschied, dass die wirtschaftsgutbezogene Betrachtung im Ansparzeitraum weggefallen ist und die »Kontrolle« über den Zeitpunkt der Hinzurechnung des Investitionsabzugsbetrags bei der AfA-Ermittlung (vgl. nachstehende Ausführungen) erfolgt. Nach Rn 44 des BMF-Schreibens vom 15.6.2022 (a. a. O.) wird beispielsweise für eine Photovoltaikanlage bestimmt, dass bei gewerblicher Nutzung der private Verbrauch des Stroms keine schädliche außerbetriebliche Nutzung i. S. des § 7g EStG darstellt, sondern eine Sachentnahme des produzierten Stroms, auch soweit für den selbst verbrauchten Strom (nach dem EEG 2012 ab 1.4.2012) keine Vergütung mehr bezahlt wird. Im Unterschied dazu soll bei sog. Blockheizkraftwerken die Wärmeerzeugung eine Nutzung sein, für die zu prüfen ist, ob und ggf. in welchem Umfang die mit Wärme versorgten Gebäude oder Einrichtungen zum Betriebsvermögen gehören. Wird die von einem Blockheizkraftwerk erzeugte Wärme für den Privathaushalt oder für andere außerbetrieblich genutzte Gebäude oder Einrichtungen des Steuerpflichtigen genutzt, liegt nach Verwaltungsauffassung insoweit eine schädliche Nutzung i. S. des § 7g EStG vor. Nach neuerer Verwaltungsauffassung handelt es sich bei einem **Blockheizkraftwerk** allerdings nicht mehr um ein für § 7g EStG erforderliches bewegliches Wirtschaftsgut, sondern wird als wesentlicher Bestandteil des Gebäudes angesehen. Nach bundeseinheitlich abgestimmter Verwaltungsauffassung wurde Steuerpflichtigen aus Vertrauensschutzgründen ein Wahlrecht eingeräumt, die bisherige Verwaltungsauffassung weiterhin anzuwenden. Dieses Wahlrecht war auf alle Blockheizkraftwerke anzuwenden, die vor dem 1.1.2016 angeschafft, hergestellt oder verbindlich bestellt worden sind. Es war gegenüber dem Finanzamt im Rahmen der Einkommensteuerveranlagung oder des Feststellungsverfahrens spätestens für den VZ 2015 bis zu deren formellen Bestandskraft auszuüben. War jedoch bereits im Jahr 2013 oder 2014 hierfür ein Investitionsabzugsbetrag gewinnmindernd abgezogen worden, konnte ebenfalls aus Vertrauensschutzgründen das o. a. Wahlrecht im Rahmen der Steuererklärung für 2016 auch auf Blockheizkraftwerke anzuwenden, die **vor dem 1.1.2017** tatsächlich angeschafft oder hergestellt worden sind. Ab 2022 muss für kleine Photovoltaikanlagen die Steuerfreiheit für Einnahmen und Entnahmen beachtet werden (vgl. auch Teil I Tz 21.2.1 zur Anlage G). Rückwirkend zum 1.1.2022 wurde durch das JStG 2022 mit § 3 Nr. 72 EStG die Steuerfreiheit geschaffen. Wegen § 3c Abs. 1 EStG können Betriebsausgaben bei Steuerfreiheit nicht mehr in Anspruch genommen werden. Für § 7g EStG bestimmt das BMF-Schreiben vom 17.7.2023 (BStBl I S. 1494), dass in nach dem 31.12.2021 endenden Wj. die Inanspruchnahme von Investitionsabzugsbeträgen ausscheidet (Rn. 19 des v. g. BMF-Schreibens vom 17.7.2023, a. a. O.) und Investitionsabzugsbeträge, die in vor dem 1.1.2022 endenden Wj. in Anspruch genommen und bis einschließlich 31.12.2021 moch nicht gewinnwirksam hizugerechnet wurden, nach § 7g Abs. 3 EStG rückgängig zu machen sind, wenn in nach § 3 Nr. 72 EStG begünstigte Photovolatikanlagen investiert wurde.

Die Inanspruchnahme für die geplante Anschaffung eines weiteren Pkw scheidet nach dem BFH-Beschluss vom 26.11.2009 (BStBl 2013 II S. 946) nicht schon deshalb aus, weil bei dem bereits angeschafften Pkw die sog. 1 %-Regelung angewendet wird. Der Nachweis der betrieblichen Nutzung muss sich jedoch nicht ausschließlich aus einem ordnungsgemäß geführten Fahrtenbuch ergeben, sondern der Steuerpflichtige kann nach den BFH-Urteilen vom 15.7.2020 (BStBl II 2022 S. 435) und vom 16.3.2022 (BStBl II S. 450) den Nutzungsumfang auch durch andere Beweismittel nachweisen (so auch Rn 43 im BMF-Schreiben vom 15.6.2022, BStBl I S. 945).

In Neufällen **ab 2016 muss keine Investitionsabsicht nachgewiesen werden** (Rn 17 des BMF-Schreibens vom 15.6.2022, BStBl I S. 945). Die Sicherstellung der Begünstigung erfolgt ausschließlich über die Hinzurechnung des abgezogenen Investitionsabzugsbetrags im Jahr der Anschaffung oder spätestens **nach Ende des dritten** auf das Wj. des Abzugs folgenden Jahres, § 7g Abs. 3 Satz 1 EStG (Rn 24 des v. g. BMF-Schreibens vom 15.6.2022).

Darüber hinaus muss das begünstigt angeschaffte/hergestellte Wirtschaftsgut mindestens ein Jahr in einer inländischen Betriebsstätte des begünstigten Betriebes ausschließlich oder fast ausschließlich (zu mindestens 90 %) betrieblich genutzt werden.

Voraussetzung ist mithin, dass während dieses Zeitraums eine dauerhafte räumliche Beziehung zu einer solchen Betriebsstätte bestehen bleibt. Das **vorzeitige Ausscheiden** von Wirtschaftsgütern aus dem begünstigten Betrieb ist jedoch **unschädlich** (vgl. Rn 40 des BMF-Schreibens vom 15.6.2022, BStBl I S. 945), wenn es auf einem nicht vom Willen des Steuerpflichtigen abhängigen Ereignis beruht, wie z. B. infolge Ablaufs des Nutzungsdauer (vgl. BFH-Urteil vom 9.3.1967, BStBl III S. 238), eines Umtauschs wegen Mangelhaftigkeit gegen ein anderen Wirtschaftsgut gleicher oder besserer Qualität (vgl. BFH-Urteil vom 8.3.1968, BStBl II S. 430), des wirtschaftlichen Verbrauchs (vgl. BFH-Urteil vom 15.10.1976, BStBl 1977 II S. 59; auch im Falle der Betriebseinstellung, vgl. das im BStBl 1999 II S. 615 veröffentlichte BFH-Urteil vom 27.4.1999) oder höherer Gewalt wie Brand, Diebstahl oder Unfall oder infolge eines Totalschadens (vgl. BFH-Urteil vom 9.3.1967, a. a. O.). Die **Verbleibensvoraussetzung** ist grundsätzlich **nicht erfüllt**, wenn der Steuerpflichtige ein Wirtschaftsgut vor Ablauf des Verbleibens- und Nutzungszeitraums von (fast) zwei Jahren (Jahr der Anschaffung/Herstellung und Folgejahr) veräußert. Ab 2020 ist durch die Änderungen durch das JStG auch die Vermietung des Wirtschaftsguts begünstigt. U. E. zählt dazu auch die Verpachtung i. S. § 581 BGB. Voraussetzung ist lediglich, dass die Miet-/Pachteinnahmen betrieblich veranlasst sind (z. B. bei einer wegen sachlicher und personeller Verflechtung bestehenden Betriebsaufspaltung). Unschädlich sind außergewöhnliche Ereignisse für die Verbleibensvoraussetzungen: Veräußerung infolge einer durch Brand veranlassten Betriebsumstellung (BFH-Urteil vom 2.5.1980, BStBl II S. 758), Verkauf durch den Insolvenzverwalter (BFH-Urteil vom 14.10.1977, BStBl 1978 II S. 204), vorzeitiges Ausscheiden, wenn ein Verwertungserlös erzielt wird, der im Verhältnis zu den Anschaffungs-/Herstellungskosten mehr als 10 % beträgt (BFH-Urteil vom 9.12.1999, BStBl 2000 II S. 434), Verschrottung eines noch nicht – technisch oder wirtschaftlich – verbrauchten Wirtschaftsguts (BFH-Urteil vom 7.9.2000, BStBl 2001 II S. 37) oder Verbleib eines Wirtschaftsguts in einem stillgelegten Betrieb (BFH-Urteil vom 7.9.2000, a. a. O.). Die Verbleibens- und Nutzungsfristen sind **betriebsbezogen** zu prüfen, sodass die Nutzung des Wirtschaftsgutes in einem anderen Betrieb des Steuerpflichtigen grundsätzlich eine außerbetriebliche Verwendung i. S. des § 7g Abs. 4 EStG darstellt. Abweichend davon ist jedoch die Nutzung des Wirtschaftsgutes in einem anderen Betrieb des Steuerpflichtigen als unschädlich anzusehen, wenn ein einheitliches Unternehmen aus ertragsteuerlichen Gründen funktionell in zwei Betriebe aufgeteilt wurde (vgl. BFH-Urteil vom 19.3.2014, BStBl 2017 II S. 291).

Mit Beschluss vom 15.11.2017 (VI R 44/16, BStBl 2019 II S. 466) hat der BFH entschieden, dass eine begünstigte Investition i. S. des § 7g EStG auch dann vorliegt, wenn bei einer Personengesellschaft der Investitionsabzugsbetrag vom Gesamthandsgewinn abgezogen wurde und die geplante Investition später (innerhalb des dreijährigen Investitionszeitraums) von einem ihrer Gesellschafter vorgenommen und in dessen Sonderbetriebsvermögen aktiviert wird. Dem hat sich die Verwaltung mit BMF-Schreiben vom 26.8.2019 (BStBl I S. 870) grundsätzlich angeschlossen und Rn 5 des BMF-Schreibens vom 20.3.2017 (BStBl I S. 423) insoweit angepasst. Allerdings wird die Begünstigung nach Verwaltungsauffassung versagt, wenn der Gesellschafter das Wirtschaftsgut von der Personengesellschaft oder einem anderen Gesellschafter (aus dessen Sonderbetriebsvermögen) anschafft. Übernimmt der nach Ausscheiden des vorletzten Gesellschafters verbleibende Gesellschafter einer zweigliedrigen Personengesellschaft unentgeltlich den Betrieb der Mitunternehmerschaft, so kann er nach dem BFH-Urteil vom 29.9.2022 (IV R 18/19, BStBl II 2023 S. 326) den von der Mitunternehmerschaft abgezogenen Investitionsabzugsbetrag fortführen. Soweit der den Betrieb der Mitunternehmerschaft als Einzelunternehmer fortführende Gesellschafter im Investitionszeitraum keine Investition vornimmt, ist der Investitionsabzugbetrag im Abzugsjahr bei der Mitunternehmerschaft rückgängig zu machen. Eine nach Ablauf des Abzugsjahres getroffene Gewinnverteilungsabrede, die für den Fall der Nichtinvestition eine vom bisher geltenden Gewinnverteilungsschlüssel abweichende Zuordnung des Gewinns aus der Rückgängigmachung des Investitionsabzugsbetrags trifft, ist nach dem v.g. BFH.Urteil vom 29.9.2022 (a. a. O.) steuerrechtlich nicht zu berücksichtigen.

Ab 2020 ist mit dem JStG 2020 eine Verschärfung der Rechtslage eingetreten. Nach § 7g Abs. 7 Satz 2 EStG n. F. kann der Investitionsabzug, der in der Gesamthand gebildet wurde, nur für Investitionen der Gesellschaft genutzt werden.

Beträgt die private Nutzung nicht mehr als 10 %, ist die Nutzung in einem anderen Betrieb des Steuerpflichtigen zu mehr als 10 % unschädlich, wenn die Bedingungen für die Inanspruchnahme auch bei einer Zusammenlegung der separierten Betriebe erfüllt worden wäre. Dabei dürfen die zusammengefassten Investitionsabzugsbeträge den Höchstbetrag von 200 000 € nicht überschreiten und die zusammengefassten Betriebsgrößenmerkmale nicht überschritten werden. Die Nachweispflicht obliegt dem Steuerpflichtigen. Hinsichtlich der Einhaltung unterschiedlicher Betriebsgrößengrenzen kann nach Verwaltungsauffassung aus Vereinfachungsgründen von einer unschädlichen Verwendung ausgegangen werden, wenn die eigenbetriebliche Nutzung in dem den Investitionsabzugsbetrag beanspruchenden Betrieb bei mehr als 50 % liegt (notwendiges Betriebsvermögen).

Die Veräußerung, die unentgeltliche Übertragung (§ 6 Abs. 3 EStG), der Erbübergang, der Vermögensübergang i. S. des UmwStG, die Vermietung oder die Verpachtung des begünstigten Betriebes ist unschädlich, wenn der begünstigte Betrieb bis zum Ende des Verbleibenszeitraums in der Hand des neuen Eigentümers oder des Mieters oder Pächters als selbständiger Betrieb bestehen bleibt und gleichzeitig die Nutzungs- und Verbleibensvoraussetzungen für das begünstigte Wirtschaftsgut erfüllt werden (Rn 39 des BMF-Schreibens vom 15.6.2022). Der vom ursprünglichen Anschaffungs-/Herstellungszeitpunkt ausgehend ermittelte Nutzungs- und Verbleibenszeitraum bleibt auch für Erwerber der Sachgesamtheit maßgebend; innerhalb dieses Zeitraums sind mehrere Übertragungen möglich. Werden die **Verbleibensvoraussetzungen nicht** erfüllt, ist nach § 7g Abs. 4 EStG der Abzug **rückgängig** zu machen, ggf. bereits ergangene Steuer- oder Feststellungsbescheide werden durch das Finanzamt **geändert**. § 7g Abs. 4 EStG enthält eine entsprechende Änderungsvorschrift sowie eine Ablaufhemmung für die Festsetzungsfrist.

Investitionsabzugsbeträge **vor 2016** (und **bei Aufstockung** vor 2016 gebildeter Investitionsabzugsbeträge) konnten nur dann in Anspruch genommen werden, wenn die in § 7g Abs. 1 Satz 2 Nr. 3 EStG genannten Angaben dem Finanzamt in den nach § 60 EStDV einzureichenden **Unterlagen zur Steuererklärung** mitgeteilt wurden. Damit sollten ausweislich der Gesetzesbegründung Rückfragen seitens des Finanzamts vermieden werden und die Überprüfbarkeit der geltend gemachten Investitionsabzugsbeträge gewährleistet sein. Die nachträgliche Geltendmachung – wie bei der früheren Ansparabschreibung (z. B. im Einspruchsverfahren) – war nur nach den o. a. Grundsätzen möglich.

Ab 2016 ist Voraussetzung, dass die Summen der Abzugsbeträge und der hinzuzurechnenden oder rückgängig zu machenden Beträge **nach amtlich vorgeschriebenen Datensätzen** durch Datenfernübertragung an die Finanzverwaltung übermittelt werden, worauf nur in sog. Härtefällen (vgl. § 150 Abs. 8 AO) seitens der Finanzverwaltung verzichtet wird. Die Daten ergeben sich dann entweder aus der E-Bilanz oder aus der Anlage EÜR. Bei Inanspruchnahme, Hinzurechnung oder Rückgängigmachung von Investitionsabzugsbeträgen sowie entsprechenden Änderungen nach der erstmaligen Übermittlung eines Datensatzes ist jeweils ein neuer Datensatz mittels E-Bilanz oder Anlage EÜR zu versenden (vgl. BMF-Schreiben zur E-Bilanz vom 25.6.2015, BStBl I S. 541). Nach Rn 20 des BMF-Schreibens vom 15.6.2022 (BStBl I S. 945) sind folgende Datensätze erforderlich:

Vorgang	§§ 4 Abs. 1, 5 EStG	§ 4 Abs. 3 EStG
Investitionsabzugsbeträge, § 7g Abs. 1 EStG	E-Bilanz Datensatz Abzugsjahr	Anlage EÜR Abzugsjahr
Hinzurechnung, § 7g Abs. 2 EStG	E-Bilanz Datensatz Wj. der Hinzurechnung (mit Angabe des Abzugsjahres/der Abzugsjahre)	Anlage EÜR Wj. der Hinzurechnung (mit Angabe des Abzugsjahres/der Abzugsjahre)
Rückgängigmachung, § 7g Abs. 3 EStG	neuer E-Bilanz Datensatz Abzugsjahr (Korrektur ursprünglicher Abzugsbetrag)	geänderte Anlage EÜR Abzugsjahr (Korrektur ursprünglicher Ab zugsbetrag)
Rückabwicklung, § 7g Abs. 4 EStG	neue E-Bilanz Datensätze Wj. der Hinzurechnung und ggf. Abzugsjahr (entsprechend der »Verwendung« betroffener Abzugsbeträge, vgl. Rn 49 und 50 des BMF-Schreibens vom 15.6.2022 (BStBl I S. 945)	geänderte Anlage EÜR Wj. der Hinzurechnung und ggf. Abzugsjahr (entsprechend der »Verwendung« betroffener Abzugsbeträge, vgl. Rn 49 und 50 des BMF-Schreibens vom 15.6.2022, BStBl I S. 945)

Nach § 7g Abs. 1 Satz 2 Nr. 2 Satz 2 EStG i. V. mit § 150 Abs. 8 AO sind die Finanzbehörden nach pflichtgemäßem Ermessen angehalten, einem **Härtefallantrag** zu entsprechen, wenn die elektronische Datenübermittlung aus wirtschaftlichen oder persönlichen Gründen unzumutbar ist. Die wirtschaftlichen und persönlichen Gründe liegen insbesondere dann vor, wenn der Steuerpflichtige nicht über die erforderliche technische Ausstattung verfügt und es für ihn nur mit nicht unerheblichem finanziellen Aufwand möglich wäre, die für die elektronische Übermittlung notwendigen Möglichkeiten zu schaffen oder nach seinen individuellen Kenntnissen und Fähigkeiten nicht oder nur eingeschränkt in der Lage ist, die Möglichkeiten der Datenfernübertragung zu nutzen (Rz 21 des BMF-Schreibens vom 15.6.2022, BStBl I S. 945). Der BFH hat einen finanziellen Aufwand in Höhe von 40,54 € für die Übermittlung der elektronischen Bilanz auch bei einem Kleinstbetrieb nicht als wirtschaftlich unzumutbar angesehen (BFH-Urteil vom 21.4.2021, XI R 29/20, BStBl II 2022 S. 52). Verzichtet dann die Finanzbehörde auf die elektronische Übermittlung der Steuerdaten, müssen sich nach Rz 22 des BMF-Schreibens vom 15.6.2022 (BStBl I S. 945) Geltendmachung, Hinzurechnung und Rückgängigmachung von Investitionsabzugsbeträgen aus den der Steuererklärung beizufügenden Unterlagen ergeben (§ 7g Abs. 1 Satz 2 Nr. 2 Satz 3 EStG). Insoweit maßgebend ist die steuerliche Gewinnermittlung. In den Fällen des § 4 Abs. 3 EStG sind die erforderlichen Angaben bei Inanspruchnahme der Regelungen zu den Investitionsabzugsbeträgen stets auf dem amtlichen Vordruck der Anlage EÜR zu erklären.

Insgesamt sind für die am Stichtag abgezogenen Beträge **200 000 € als Höchstbetrag** zu beachten. Dabei bleiben jedoch die Investitionsabzugsbeträge, die bei erfolgter Investition nach § 7g Abs. 2 EStG wieder hinzuzurechnen sind, unberücksichtigt. Das gilt nach der Gesetzesbegründung zu § 7g Abs. 1 Satz 4 EStG auch für die am Stichtag nach § 7g Abs. 3 und 4 EStG rückgängig zu machenden Abzugsbeträgen, da diese im Ergebnis nicht berücksichtigt wurden.

Im Wj. der **Anschaffung oder Herstellung war** für Fälle des Investitionsabzugsbetrags für Wj., die **vor** dem **1.1.2016** enden, der für dieses Wj. in Anspruch genommene Investitionsabzugsbetrag in Höhe von 40 % der Anschaffungs-/Herstellungskosten gewinnerhöhend **hinzuzurechnen**; die Hinzurechnung durften dabei den in Anspruch genommenen Investitionsabzugsbetrag nicht überschreiten. Die Anschaffungs-/Herstellungskosten konnten im Gegenzug im Jahr der Anschaffung/Herstellung um bis zu 40 %, maximal in Höhe der zuvor beschriebenen Hinzurechnung gemindert werden, was auch die Bemessungsgrundlage für die folgende Abschreibung beeinflusst (lineare, erhöhte Abschreibungen sowie Abschreibung für geringwertige Wirtschaftsgüter). Die Regelung war wirtschaftsgutbezogen ausgestaltet. Für Fälle **ab 2016** besteht für die Hinzurechnung ein **Wahlrecht**; die Kompensation wird **jedoch** spätestens nach **Ende des dritten auf** das **Wj.** des Abzugs **folgenden Jahres** vorgenommen. Zudem ist für Neufälle **ab 2020** die Minderung der Anschaffungs-/Herstellungskosten um **50 %** vorzunehmen, wenn der Investitionsabzugsbetrag nach der Neuregung bis zu 50 % der voraussichtlichen Anschaffungs-/Herstellungskosten – zulässig – gebildet worden war. Entsprechen die bei Inanspruchnahme des Investitionsabzugsbetrags prognostizierten Anschaffungs-/Herstellungskosten dem tatsächlichen Investitionsaufwand, ergeben sich im Wj. der Anschaffung/Herstellung bei Inanspruchnahme der maximalen Herabsetzung der Anschaffungs-/Herstellungskosten keine Gewinnauswirkungen. Die außerbilanzielle/außerhalb der Einnahmenüberschussrechnung gewinnerhöhende Hinzurechnung kann durch die gewinnmindernde Kürzung der Anschaffungs-/Herstellungskosten des investierten Wirtschaftsgutes vollständig kompensiert werden. Sind dagegen die tatsächlichen Kosten höher als der prognostizierte Anschaffungs-/Herstellungsaufwand, übersteigt die höchstmögliche gewinnmindernde Kürzung der Bemessungsgrundlage den hinzuzurechnenden, in einem Vorjahr berücksichtigten Abzugsbetrag. In Höhe der Differenz verbleibt ein den Gewinn mindernder Aufwand. Wurden die voraussichtlichen Kosten zu hochgeschätzt, kann ein maximal beanspruchter Investitionsabzugsbetrag nicht vollständig hinzugerechnet werden, da die Hinzurechnung auf 40 % (ab 2020: 50 %) der (dann geringeren) Investitionskosten beschränkt ist. Der verbleibende Restbetrag ist spätestens nach Ablauf der Investitionsfrist in Fällen bis 2015 gemäß § 7g Abs. 1 Satz 2 Nr. 2 Buchst. a EStG i. V. mit Abs. 3 und in Fällen ab 2016 gem. § 7g Abs. 3 EStG rückwirkend gewinnerhöhend zu erfassen. Diese rückwirkende Hinzurechnung entfiel nach Rn 52 des BMF-Schreibens vom 22.11.2013 (a. a. O.) nur dann, wenn innerhalb des verbleibenden Investitionszeitraums nachträgliche Anschaffungs- oder Herstellungskosten i. S. von § 255 Abs. 1 HGB für das begünstigte Wirtschaftsgut anfallen, die entsprechend den »Hauptkosten« zu behandeln sind (Berücksichtigung zu 40 %/ab 2020: 50 %). Ein Investitionsabzugsbetrag kann nach dem BFH-Urteil vom 3.12.2019 (BStBl 2020 II S. 276) gem. § 7g Abs. 3 Satz 1 EStG nachträglich im Jahr seines Abzugs rückgängig gemacht werden, wenn der Steuerpflichtige im späteren Jahr der Investition zwar den (innerbilanziellen) Abzug von 40 % der Anschaffungskosten vornimmt, es aber unterlassen hat, den in einem Vorjahr abgezogenen Investitionsabzugsbetrag außerbilanziell hinzuzurechnen, und das Finanzamt auf dieser Grundlage den – nicht mehr änderbaren – Steuerbescheid für das Jahr der Investition erlassen hat.

Zur Ermittlung des Gewerbeertrags (§ 7 GewStG) bei der gewinnerhöhenden Hinzurechnung eines Investitionsabzugsbetrags nach Eintritt der Gewerbesteuerpflicht vgl. gleichlautende Erlasse der obersten Finanzbehörden der Länder vom 26.1.2011 (BStBl I S. 152).

Unterbleibt die geplante Investition, für die ein Investitionsabzugsbetrag in Anspruch genommen wurde bis zum Ende des begünstigten Investitionszeitraums (3. Wj. nach dem Wj., in dem der Abzug vorgenommen wurde), ist der **Abzug rückgängig** zu machen (BFH-Urteil vom 11.7.2013, BStBl 2014 II S. 609). Mit dem Vierten Corona-Steuerhilfegesetz vom 19.6.2022 (BGBl I S. 911) wurden die Investitionsfristen **um ein weiteres Jahr verlängert** (s. o.). Gleiches gilt in der Gesetzesneufassung ab 2016, soweit in Anspruch genommene Investitionsabzugsbeträge nicht bis zum Ende des dritten (ggf. vierten) auf das Wj. des jeweiligen Abzugs folgenden Wj. nicht hinzugerechnet wurden. Das o. a. Wahlrecht in Neufällen ist damit lediglich temporärer Natur. Der maßgebende Steuerbescheid wird vom Finanzamt rückwirkend geändert.

In Fällen **vor 2016** war es schädlich, wenn statt des geplanten ein **anderes Wirtschaftsgut** angeschafft oder hergestellt wurde. Nach der Gesetzesbegründung wurde lediglich eine Artverwandtschaft toleriert (Beispiel: statt Lkw der Marke A wird einer der Marke B erworben; dagegen war – auch in Aufstockungsfällen von vor 2016 gebildeten Investitionsabzugsbeträgen – steuerschädlich, wenn statt eines geplanten Lkw ein Pkw angeschafft wird). Durch die rückwirkende Änderung entfiel ein Gestaltungsspielraum wie bei der früheren Ansparrücklage, bei der bei Nichtinvestition zwar ein 6%iger Strafzuschlag je Jahr zur Rücklagenauflösung hinzukam, was aber je nach individuellem Steuersatz und Alternativanlage des Steuervorteils für entsprechende Gestaltungen genutzt werden konnte. Durch die verfahrensrechtliche Einstufung als rückwirkendes Ereignis entstehen zudem **Nachzahlungszinsen** i. S. des § 233 a AO (bestätigt durch BFH-Urteil vom 11.7.2013, a. a. O., BMF-Schreiben vom 15.8.2014, BStBl I S. 1174). In Fällen **ab 2016** ist der Wechsel von beabsichtigten Investitionen **unschädlich** möglich. Schädlich bleibt nur die Nichtanschaffung.

Die mit § 7g Abs. 7 EStG a. F. geltende Zusatzförderung für Existenzgründer wurde ab 2008 abgeschafft. Besonderheiten hinsichtlich sog. sensibler Sektoren (§ 7g Abs. 8 EStG a. F.) sind daher nicht mehr zu beachten.

1.1.2 Sonderabschreibung zur Förderung kleiner und mittlerer Betriebe (§ 7g Abs. 5 und 6 EStG)

Unter den gleichen Grundvoraussetzungen wie beim Investitionsabzugsbetrag (Größenmerkmale, betriebliche Nutzung, begünstigtes Wirtschaftsgut) kann im Jahr der Anschaffung/Herstellung eine **Sonderabschreibung** von bis zu 40 % (Anhebung von 20 % auf 40 % mit dem Wachstumschancengesetz vom 27.3.2024, BGBl I Nr. 108, für Wirtschaftsgüter, die nach dem 31.12.2023 angeschafft/hergestellt wurden; für vor dem 1.1.2024 angeschaffte/herstellte Wirtschaftsgüter bleibt es bei der Sonderabschreibung von max. 20 %) der Anschaffungs-/Herstellungskosten vorgenommen werden. Die Sonderabschreibungen können dabei sofort oder auf bis zu fünf Jahre (Wj. der Anschaffung/Herstellung und in den folgenden vier Jahren) verteilt in Anspruch genommen werden. Die Verteilung setzt keine Gleichmäßigkeit der jährlichen Abschreibungsbeträge voraus. Die Sonderabschreibung tritt neben die AfA nach § 7 EStG, d.h. zum Beispiel auch neben die degressive AfA für in den Jahren 2009 und 2010 angeschaffte/hergestellte Wirtschaftsgüter (vgl. Tz 1.2).

Im Gegensatz zur früheren Regelung ist für die Sonderabschreibung keine vorherige Inanspruchnahme der Ansparrücklage resp. des neuen Investitionsabzugsbetrags notwendig.

Hat der Steuerpflichtige für das Wirtschaftsgut einen Investitionsabzugsbetrag nach § 7g Abs. 1 EStG abgezogen und die Anschaffungs-/Herstellungskosten im Jahr der Anschaffung/Herstellung entsprechend § 7g Abs. 2 EStG gemindert, sind Bemessungsgrundlage für die Sonderabschreibung nur die um diesen Betrag gekürzten Anschaffungs-/Herstellungskosten. Das bedeutet, dass das die Investitionskosten im Erstjahr nochmals um 20 % auf die bereits auf 60 % (ab 2021: 50 %) verringerte Bemessungsgrundlage vermindert. Bereits ohne die – von der Nutzungsdauer beeinflusste – lineare AfA ergibt sich damit eine Gesamtabschreibung von 52 % bis zum Ende des Erstjahres bei sofortiger Sonderabschreibung in voller Höhe. Darüber hinaus kann die entsprechende Kürzung der Anschaffungs- oder Herstellungskosten nach Rn 48 des BMF-Schreibens vom 20.11.2013 (a. a. O.) in Altfällen bis 2015 und ab 2016 nach Rn 30 des BMF-Schreibens vom 20.3.2017 (a. a. O.) zur Anwendung der Regelungen zu den sog. geringwertigen Wirtschaftsgütern nach § 6 Abs. 2 EStG und zu den Wirtschaftsgütern, die nach § 6 Abs. 2a EStG in einem Sammelposten erfasst werden, führen, wenn die dort genannten Betragsgrenzen unterschritten werden (vgl. Tz 6.1). Wurden für ein Wirtschaftsgut neben den Sonderabschreibungen nach § 7g Abs. 5 EStG Absetzungen für Abnutzung nach § 7 Abs. 2 EStG degressiv vorgenommen, kann nach R 7a Abs. 10 Satz 3 EStR auch nach Ablauf des maßgebenden Begünstigungszeitraums weiterhin nach § 7 Abs. 2 EStG abgeschrieben werden.

1.2 Degressive AfA (fallende Jahresbeträge)

Statt der AfA in gleichen Jahresbeiträgen kann der Steuerpflichtige bei abnutzbaren **beweglichen** Anlagegütern des Betriebsvermögens nach freier Wahl auch die **AfA in fallenden Jahresbeträgen (degressive AfA)** anwenden. Voraussetzung ist allerdings, dass die **Anschaffung/Herstellung** in einem Kj. stattfand/stattfindet, in dem diese Begünstigung auch galt (z. B. nach dem 31.12.2008 und vor dem 1.1.2011) bzw. wieder gilt. Mit dem Zweiten Corona-Steuerhilfegesetz vom 26.6.2020 (BGBl I S. 1512) wurde die Möglichkeit der Inanspruchnahme degressiver AfA für Anschaffungen/Herstellungen nach dem 31.12.2019 und vor dem 1.1.2022 wiedereröffnet. Mit dem Vierten Corona-Steuerhilfegesetz vom 19.6.2022 (BGBl I S. 911) wurde der Begünstigungszeitraum für die degressive AfA um ein Jahr verlängert. Degressiv abgeschrieben werden demnach auch Wirtschaftsgüter, die vor dem 1.1.2023 angeschafft/hergestellt worden sind. Diese betrug höchstens das Zweieinhalbfache der linearen AfA und durfte 25 % nicht übersteigen.

Mit dem Wachstumschancengesetz vom 27.3.2024 (BGBl I Nr. 108) wurde eine Fortsetzung für die Anwendung der degressiven AfA für bewegliche Wirtschaftsgüter geschaffen. Dies betraf bewegliche Wirtschaftsgüter, die nach dem 31.3.2024 und **vor dem 1.1.2025** angeschafft/hergestellt wurden. Der degressive Satz betrug jedoch nur noch das Zweifache der linearen AfA (max. 20 %).

Mit dem Gesetz für ein steuerliches Investitionssofortprogramm zur Stärkung des Wirtschaftsstandorts Deutschland vom 14.7.2025 (BGBl I Nr. 161) wurde die degressive AfA erneut temporär eingeführt. Weiterhin begünstigt sind nur bewegliche Wirtschaftsgüter des Anlagevermögens. Der Begünstigungszeitraum ist vom 1.7.2025 bis zum 31.12.2027, d. h., die neue degressive AfA kann erstmals für **nach dem 30.6.2025** angeschaffte/hergestellte Wirtschaftsgüter beansprucht werden. Der AfA-Satz in der neuen Förderperiode beträgt das Dreifache der linearen AfA, max. 30 %.

Ebenfalls mit dem o. a. Gesetz vom 14.7.2025 (a. a. O.) wurde **für Elektrofahrzeuge**, die zum Anlagevermögen gehören und **nach dem 30.6.2025** und vor dem 1.1.2028 angeschafft wurden/werden, mit § 7 Abs. 2a EStG eine neue Abschreibungsmöglichkeit geschaffen. Von den Anschaffungskosten können danach im Jahr der Anschaffung 75 %, im ersten Folgejahr 10 %, im zweiten und dritten Folgejahr jeweils 5 %, im vierten Folgejahr 3 % und im fünften auf das Jahr der Anschaffung folgenden Jahr 2 % abgezogen werden. Bei Inanspruchnahme einer Sonderabschreibung (z. B. nach § 7g Abs. 5 EStG, vgl. Tz 1.1.2 oder nach § 7c EStG, vgl. Tz 6.6) ist die Anwendung der neuen degressiven AfA gem. § 7 Abs. 2a Satz 2 EStG ausgeschlossen. Nicht ausgeschlossen ist dagegen bei Bildung eines Investitionsabzugsbetrags (vgl. Tz 1.1) die Minderung der Anschaffungskosten um den sog. Herabsetzungsbetrag. Förderfähig sind Elektrofahrzeuge nach § 9 Abs. 2 KraftStG. Das sind Fahrzeuge (nicht nur Pkw) mit Antrieb ausschließlich durch Elektromotoren, die ganz oder überwiegend aus mechanischen oder elektrochemischen Energiespeichern oder aus emissionsfrei betriebenen Energiewandlern gespeist werden. Die Inanspruchnahme der neuen degressiven AfA ist nicht nur auf die Anschaffung neuer Fahrzeuge beschränkt, da § 7 Abs. 2a EStG insoweit keine Einschränkung enthält. D.h., auch für gebrauchte Fahrzeuge ist die neue degressive AfA möglich.

Wegen der degressiven AfA bei **Gebäuden** vgl. Teil I Tz 24.8.4 unter Erläuterungen zur Anlage V, Zeile 33 und vgl. Tz 1.7.

1.2.1 Bewegliche Wirtschaftsgüter

Zu den **beweglichen Anlagegütern** gehören insbesondere **Werkzeuge** und **Einrichtungsgegenstände, Maschinen**, maschinelle Anlagen und sonstige **Betriebsvorrichtungen**, auch wenn sie wesentliche Bestandteile eines Grundstücks sind (nicht jedoch **Blockheizkraftwerke**, vgl. Tz 1.7.4.2), ferner **Scheinbestandteile**, d. h. bewegliche Wirtschaftsgüter, die zu einem vorübergehenden Zweck in ein Gebäude eingefügt werden (§ 95 Abs. 2 BGB). Schiffe sind ebenfalls bewegliche Wirtschaftsgüter, auch wenn sie im Schiffsregister eingetragen sind. **Immaterielle Wirtschaftsgüter** gehören **nicht** zu den beweglichen Wirtschaftsgütern (BFH-Urteil vom 22.5.1979, BStBl II S. 634). **Software** ist ein immaterielles Wirtschaftsgut. Das gilt nach dem BFH-Urteil vom 18.5.2011 (BStBl II S. 865) grundsätzlich auch dann, wenn es sich um Standardsoftware handelt, die auf einem Datenträger gespeichert ist. Für die Abgrenzung der **Betriebsvorrichtungen** von den Betriebsgrundstücken gelten die allgemeinen Grundsätze des Bewertungsrechts (gleich lautende Ländererlasse vom 15.3.2006, BStBl I S. 314). Danach können u. a. Brennöfen in der Porzellanindustrie, Backöfen, Freilufttrockenanlagen in der Ziegelindustrie, Kesselanlagen als Betriebsvorrichtungen zu den beweglichen Wirtschaftsgütern gehören. Die selbständige Aktivierung von Anlagen eines Gebäudes bedeutet noch nicht, dass diese Anlagen zu den beweglichen Anlagegütern zu rechnen sind. Es muss vielmehr hinzukommen, dass diese Anlagen auch bewertungsrechtlich Betriebsvorrichtungen sind. Als Betriebsvorrichtungen können danach nur Vorrichtungen angesehen werden, mit denen das Gewerbe **unmittelbar betrieben** wird, wie z. B. Ablade- und Bedienungsvorrichtungen, Autoaufzüge in Parkhäusern, Förderbänder, Klimaanlagen in Chemiefaser- und Tabakfabriken, Kühleinrichtungen, Bäder, die in Kur- oder Krankenhäusern Heilzwecken dienen, sowie Bäder in Badeanstalten. Betriebsvorrichtungen sind außerdem besondere Schutz- und Sicherungsvorrichtungen, Verkaufsautomaten, Schaukästen, zur Möbellagerung erforderliche Lüftungs- und Befeuchtungsanlagen, speziell auf einen Betrieb ausgerichtete Hofbefestigungen und Lastenaufzüge. Vgl. R 7.1 Abs. 2 bis 4 EStR sowie H 7.1 – Betriebsvorrichtungen – EStH. Nach R 4.2 Abs. 3 Satz 4 EStR gehören dazu auch dachintegrierte Fotovoltaikanlagen (z. B. in Form von Solardachsteinen).

Dagegen sind **keine Betriebsvorrichtungen** die Ladenumbauten, Ladeneinbauten, Gaststätteneinbauten und Schaufensteranlagen in **Neubauten**. Mit Rücksicht auf die schnelle Wandlung des modischen Geschmacks wird aber im Allgemeinen bei der Bemessung der voraussichtlichen Nutzungsdauer großzügiger verfahren als beim Gebäude (vgl. Tz 1.7.4.2). Unselbständige Gebäudeteile, die keine Betriebsvorrichtungen sind, werden steuerlich wie das Gebäude behandelt (vgl. Tz 1.7.4.1).

Im Zusammenhang mit dem Anwendungsbereich der degressiven AfA ist zu beachten, dass die Regelungen des § 6 Abs. 2 und Abs. 2a EStG vorgehen. Unterschreiten die maßgeblichen Anschaffungs- oder Herstellungskosten die dort genannten Grenzbeträge (vgl. Tz 6.1), ist die Bildung von Sammelposten verpflichtend und die Inanspruchnahme degressiver AfA nach § 7 Abs. 2 EStG ausgeschlossen.

1.2.2 Buchwertabschreibung bei degressiver AfA

Die degressive AfA in fallenden Jahresbeträgen kann nach einem **unveränderlichen Prozentsatz vom jeweiligen Buchwert (Restwert)** berechnet werden (sog. **Buchwertabschreibung**). Zum Wechsel zur linearen AfA vgl. Tz 1.2.4.

Bei **beweglichen** Wirtschaftsgütern des Anlagevermögens wurden die Abschreibungsbedingungen **zeitlich befristet** verbessert (§ 7 Abs. 2 EStG). Für solche beweglichen Anlagegüter, die in den Jahren 2006 und 2007 (also nach dem 31.12.2005 und vor dem 1.1.2008) angeschafft oder hergestellt werden, durfte der anzuwendende Prozentsatz **das Dreifache** des bei der linearen AfA in Betracht kommenden Prozentsatzes betragen **und 30 %** nicht übersteigen (davor **das Doppelte** und maximal **20 %**). Für **nach dem 31.12.2008 und vor dem 1.1.2011** angeschaffte oder hergestellte Wirtschaftsgüter durfte der anzuwendende Prozentsatz höchstens **das 2,5-Fache** des linearen AfA-Satzes, höchstens **25 %** betragen. Dieselben Werte galten **auch** für die neue »Förderperiode« vom **1.1.2020 bis zum 31.12.2021** (verlängert für Wirtschaftsgüter, die vor dem 1.1.2023 angeschafft/hergestellt worden sind, durch das Vierte Corona-Steuerhilfegesetz vom 19.6.2022, BGBl I S. 911). Für Anschaffungen/Herstellungen **vom 1.4.2024 bis zum 31.12.2024** wurde mit dem Wachstumschancengesetz vom 27.3.2024 (BGBl I Nr. 108) die degressive AfA auf das **Zweifache (max. 20 %)** begrenzt. Mit dem Steuerfortentwicklungsgesetz (Entwurf) soll über den 31.12.2024 hinaus für **nach dem 31.12.2024 und vor dem 31.12.2028** angeschaffte/hergestellte Wirtschaftsgüter die degressive AfA dann aber wieder mit dem **2,5-Fachen** der liearen AfA (**max. 25 %**) fortgesetzt werden (vgl. Tz 1.2). Herstellungszeitpunkt ist der Zeitpunkt der Fertigstellung des Wirtschaftsguts und Anschaffung bedeutet Erlangung der Verfügungsmacht (= Lieferung); vgl. § 9a EStDV. Der Zeitpunkt der Bestellung sowie die Bezahlung sind nicht von Bedeutung.

1.2.3 Formelle Voraussetzungen

Die degressive AfA ist nur zulässig, wenn für die beweglichen Wirtschaftsgüter ein **besonderes, laufend zu führendes Verzeichnis** geführt wird, das die folgenden Angaben enthält (§ 7 Abs. 2 Satz 3 i. V. mit § 7a Abs. 8 EStG):

- der Tag der Anschaffung oder Herstellung,
- die Anschaffungs- oder Herstellungskosten,
- die betriebsgewöhnliche Nutzungsdauer,
- die Höhe der jährlichen AfA, die erhöhten Absetzungen und die Sonderabschreibungen.

Ein solches Verzeichnis braucht nicht (gesondert) geführt zu werden, wenn diese Angaben schon aus der Buchführung ersichtlich sind.

1.2.4 Außergewöhnliche Abnutzung und Wechsel der Abschreibungsmethode bei beweglichen Wirtschaftsgütern

Absetzungen für **außergewöhnliche** technische und wirtschaftliche Abnutzung sind bei beweglichen Wirtschaftsgütern **neben** der degressiven AfA **nicht** zulässig.

Der Übergang von der degressiven AfA zur linearen AfA ist zulässig. In diesem Fall bemisst sich die AfA vom Zeitpunkt des Übergangs zur linearen AfA an nach dem dann noch vorhandenen Restwert und der Restnutzungsdauer des einzelnen Wirtschaftsguts. **Der Übergang von der linearen AfA zur degressiven AfA ist nicht zulässig** (§ 7 Abs. 3 EStG).

1.3 AfA nach Maßgabe der Leistung

Bei **beweglichen** Wirtschaftsgütern des Anlagevermögens kann der Steuerpflichtige statt der linearen oder degressiven AfA auch die **AfA nach Maßgabe der Leistung** des Wirtschaftsguts vornehmen, wenn dies wirtschaftlich begründet ist und der Steuerpflichtige den auf das einzelne Jahr entfallenden Umfang der Leistung nachweist (§ 7 Abs. 1 Satz 6 EStG). Wirtschaftlich begründet ist diese Art der AfA bei solchen beweglichen Anlagegütern, deren **Leistung** in den einzelnen Wj. in der Regel **erheblich schwankt** und deren Verschleiß dementsprechend wesentliche Unterschiede aufweist. Der Nachweis des auf das einzelne Wj. entfallenden Umfangs der Leistung kann z. B. bei einer Maschine durch ein die Zahl der Arbeitsvorgänge registrierendes Zählwerk, einen Betriebsstundenzähler oder bei einem Kraftfahrzeug durch den Kilometerzähler geführt werden (R 7.4 Abs. 5 EStR).

1.4 AfA eines Wirtschaftsgutes im Jahr der Anschaffung/Herstellung oder Einlage– Ende der AfA durch Veräußerung u.Ä.

Bei **beweglichen** Anlagegütern, die **im Laufe eines Jahres angeschafft oder hergestellt** werden, kann für das Jahr der Anschaffung oder Herstellung die AfA nur **zeitanteilig** (pro rata temporis) geltend gemacht werden, § 7 Abs. 1 Satz 4 EStG. Dies gilt auch für die degressive AfA bei beweglichen Wirtschaftsgütern, aber nicht für die degressive AfA bei **Gebäuden** (§ 7 Abs. 5 Satz 3 EStG). Vgl. Tz 1.7.2.2 und R 7.4 Abs. 2 EStR. Bei der zeitanteiligen AfA für bewegliche Wirtschaftsgüter ist eine Aufrundung auf volle Monate zulässig. Der auf das Jahr der Anschaffung oder Herstellung entfallende AfA-Betrag vermindert sich nach zeitanteilig für den Zeitraum, in dem das Wirtschaftsgut nach der Anschaffung oder Herstellung nicht zur Erzielung von Einkünften verwendet wird. Eine Ausnahme betrifft die Anschaffungs- oder Herstellungskosten für Computerhardware und Software zur Dateneingabe und -verarbeitung (vgl. Tz 1.1) ab 2021: Danach besteht ein Wahlrecht zwischen Verteilung und Sofortabzug, vgl. Rz 1.4 des BMF-Schreibens vom 22.2.2022 (BStBl I S. 187). U. E. ist unabhängig vom verwaltungsseitig eingeräumten Wahlrecht keine zeitanteilige Verteilung der Anschaffungs- oder Herstellungskosten im Jahr der Anschaffung/

Herstellung vorzunehmen, da der BFH (BFH-Urteil vom 26.8.1993, IV R 127/91, BStBl 1994 II S. 232) die Verteilung nur dann gefordert hatte, wenn die gesamte Nutzungsdauer einen Zeitraum von 365 Tagen überschreitet, lt. geänderter BMF-Auffassung die Nutzungsdauer jedoch nur – genau – ein Jahr betragen soll.

Die **Vereinfachungsregelung** für bewegliche Wirtschaftsgüter in R 44 Abs. 2 Satz 3 EStR 2003, wonach es zulässig war, für die in der **ersten Hälfte** eines Wj. angeschafften oder hergestellten **beweglichen Anlagegüter** den für das **gesamte** Wj. in Betracht kommende AfA-Betrag und für die in der **zweiten Hälfte** des Wj. angeschafften oder hergestellten beweglichen Anlagegüter **die Hälfte** des für das gesamte Wj. in Betracht kommenden AfA-Betrags abzusetzen, wurde **bereits ab 2004 aufgehoben**; stattdessen muss seit dem eine monatsgenaue Abschreibung erfolgen. Für das Jahr der Anschaffung oder Herstellung **vermindert sich** in diesen Fällen die AfA **um jeweils 1/12** für jeden vollen Monat, der dem Monat der Anschaffung oder Herstellung vorangeht (§ 7 Abs. 1 Satz 4 EStG).

Hat das Wirtschaftsgut vor der Einlage ins Betriebsvermögen im Privatvermögen der Einkünfteerzielung gedient, so kann bei **Einlage** eine AfA nur noch insoweit vorgenommen werden, als sich nach Berücksichtigung der im Privatvermögen vorgenommenen Absetzungen für Abnutzung oder Substanzverringerung, Sonderabschreibungen oder erhöhte Absetzungen von den tatsächlich angefallenen Anschaffungs- oder Herstellungskosten noch ein Restwert ergibt (§ 7 Abs. 1 Satz 5 EStG). Nach Auffassung des BFH in seinen Urteilen vom 28.10.2009 (BStBl 2010 II S. 964) und vom 17.3.2010 (X R 34/09, BFH/NV 2010 S. 1625) berechnet sich die AfA nach Einlage aus der Differenz zwischen dem Einlagewert und der vor der Einlage bei den Überschusseinkünften bereits in Anspruch genommenen AfA. Unter dem Begriff »Anschaffungs- oder Herstellungskosten« i. S. des § 7 Abs. 1 Satz 4 EStG ist der Einlagewert zu verstehen. Er bezeichnet nicht die historischen (fortgeführten) Anschaffungskosten. Zu dieser Problematik hat das BMF mit Schreiben vom 27.10.2010 (BStBl I S. 1204) Anwendungshinweise bekannt gegeben. Nach BMF-Auffassung müssen 4 Fallgruppen unterschieden werden:

- Fallgruppe 1:
  Der Einlagewert ist höher oder gleich den historischen Anschaffungs-/Herstellungskosten. In diesen Fällen ist die AfA ab dem Zeitpunkt der Einlage nach dem um die bereits in Anspruch genommenen AfA oder Substanzverringerungen (planmäßigen AfA), Sonderabschreibungen oder erhöhten Absetzungen **geminderten Einlagewert** zu bemessen.
- Fallgruppe 2:
  Der Einlagewert ist geringer als die historischen Anschaffungs- oder Herstellungskosten, aber nicht geringer als die fortgeführten Anschaffungs- oder Herstellungskosten. In diesen Fällen ist die AfA ab dem Zeitpunkt der Einlage nach den **fortgeführten Anschaffungs-/Herstellungskosten** zu bemessen.
- Fallgruppe 3:
  Der Einlagewert ist geringer als die fortgeführten Anschaffungs-/ Herstellungskosten. In diesen Fällen bemisst sich die weitere AfA nach diesem **ungeminderten Einlagewert**.
- Fallgruppe 4:
  Der Einlagewert in den Fällen des § 6 Abs. 1 Nr. 5 Satz 1 2. Halbsatz Buchst. a i. V. mit Satz 2 EStG (= Einlage innerhalb von drei Jahren seit Anschaffung/Herstellung) gilt gleichzeitig auch als AfA-Bemessungsgrundlage gemäß § 7 Abs. 1 Satz 5 EStG. Dies sind jedoch – wie in Fallgruppe 2 auch – die fortgeführten Anschaffungs-/Herstellungskosten.

Wegen Beispielen wird auf das o. a. BMF-Schreiben vom 27.10.2010 (a. a. O.) verwiesen.

Mit dem Jahressteuergesetz 2010 vom 8.12.2010 (BGBl I S. 1768) wurde § 7 Abs. 1 Satz 5 EStG **für nach dem 31.12.2010 vorgenommene Einlagen** geändert. Ausweislich der Gesetzesbegründung ist die **weitere AfA von** den um die bisher geltend gemachten AfA **geminderten Anschaffungs-/Herstellungskosten** vorzunehmen, um in diesen Fällen eine doppelte Inanspruchnahme von Abschreibungsvolumen zu vermeiden. Der BFH hat in den o. a. Urteilen entschieden, dass allerdings auch kein Abschreibungsvolumen vernichtet werden soll. Die bisherigen AfA-Beträge sind deshalb vom Einlagewert und nicht von den Anschaffungs-/Herstellungskosten abzusetzen. § 7 Abs. 1 Satz 5 EStG n. F. nimmt diesen Aspekt auf. Ferner soll in dem Fall, in dem der Einlagewert die fortgeführten Anschaffungs- oder Herstellungskosten (= ursprüngliche Anschaffungs- oder Herstellungskosten vermindert um die bisher im Privatvermögen tatsächlich in Anspruch genommenen AfA-Beträge) unterschreitet, nur dieser als weitere AfA-Bemessungsgrundlage herangezogen werden.

Bei Wirtschaftsgütern, die im Laufe eines Wj. (oder Rumpf-Wj.) **veräußert** oder aus dem Betriebsvermögen **entnommen** werden oder nicht mehr zur Erzielung von Einkünften i. S. des EStG dienen, kann für dieses Jahr nur die **zeitanteilige AfA** abgesetzt werden (BFH-Urteil vom 18.8.1977, BStBl II S. 835, R 7.4 Abs. 9 EStR).

Hinweis (Kurzfassung) zur Gebäude-AfA

- Bei **linearer** Gebäude-AfA im Jahr der Anschaffung oder Herstellung = **zeitanteilige** AfA.
- Bei **degressiver** Gebäude-AfA im Jahr der Fertigstellung = **volle** AfA. Diese Regelung gilt auch ab 2004 weiterhin (d. h. keine Zwölftelung: vgl. § 7 Abs. 5 Satz 3 EStG).
- Sowohl bei **linearer** als auch bei **degressiver** Gebäude-AfA im Jahr der Veräußerung oder Entnahme oder Beendigung der Einkünfteerzielung = **zeitanteilige** AfA.

Zur vollen oder zeitanteiligen AfA bei **Gebäuden** vgl. Teil I Tz 24.8.4 unter Erläuterungen zur Anlage V, Zeile 33 sowie vgl. Tz 1.7.2.2.

1.5 Nachholung unterlassener AfA

Sind Abschreibungen für Abnutzung **unterblieben,** so können sie in der Weise nachgeholt werden, dass die noch nicht abgesetzten Anschaffungs- oder Herstellungskosten (Buchwert) entsprechend der bei dem Anlagegut angewandten Absetzungsmethode auf die noch verbleibende Restnutzungsdauer verteilt werden. AfA, die unterblieben ist, um dadurch **unberechtigte Steuervorteile** zu erlangen, darf nicht nachgeholt werden, H 7.4 – Unterlassene oder überhöhte AfA – EStH und die dort zit. Rspr. Bisher unterlassene AfA kann jedoch dann nicht nachgeholt werden, wenn ein Wirtschaftsgut, das zum notwendigen Betriebsvermögen gehört, im Wege der Fehlerberichtigung erstmals bilanziert wird (BFH-Urteil vom 24.10.2001, BStBl 2002 II S. 75). Das gilt wegen des Grundsatzes der Totalgewinngleichheit auch bei der Einnahmenüberschussrechnung nach § 4 Abs. 3 EStG mit der Folge, dass ebenfalls die bislang unterlassene AfA nicht nachgeholt werden darf (BFH-Urteil vom 22.6.2010, BStBl II S. 1035).

Zur Nachholung unterlassener AfA bei **Gebäuden** vgl. Tz 1.7.2.5.

1.6 Nachträgliche Anschaffungs- oder Herstellungskosten bei beweglichen Wirtschaftsgütern

Werden **nachträgliche** Anschaffungs- oder Herstellungskosten für **bewegliche** Wirtschaftsgüter aufgewendet, bei denen eine lineare oder degressive AfA vorgenommen wird, so bemisst sich die Afa vom Jahr der Entstehung der nachträglichen Anschaffungs- oder Herstellungskosten an nach dem um die nachträglichen Anschaffungs- oder Herstellungskosten **vermehrten** letzten Buchwert oder Restwert und der Restnutzungsdauer (BFH-Urteil vom 25.11.1970, BStBl 1971 II S. 142). Bei nachträglichen Herstellungskosten ist die **Restnutzungsdauer** unter Berücksichtigung des Zustands des Wirtschaftsguts im Zeitpunkt der Beendigung der nachträglichen Herstellungsarbeiten **neu zu schätzen** (R 7.4 Abs. 9 EStR). Nach dem BFH-Urteil vom 29.4.2009 (BStBl II S. 899) ist die verbleibende Nutzungsdauer bei Gebäuden nach § 7 Abs. 4 und 5 EStG, bei anderen Wirtschaftsgütern grds. nach der amtlichen AfA-Tabelle zu bestimmen; dies gilt selbst dann, wenn der Steuerpflichtige beabsichtigt, das Wirtschaftsgut vor Ablauf der betriebsgewöhnlichen Nutzungsdauer zu veräußern. Für bewegliche Wirtschaftsgüter, bei denen eine **degressive AfA** vorgenommen wird,

bleibt der anzuwendende Prozentsatz jedoch unverändert. Bei der Bemessung der AfA für das Jahr der Entstehung der nachträglichen Anschaffungs- oder Herstellungskosten können diese Kosten aus Vereinfachungsgründen so berücksichtigt werden, als wären sie **zu Beginn** dieses Jahres aufgewendet worden. Waren die nachträglichen Herstellungsarbeiten so umfassend, dass hierdurch, wirtschaftlich betrachtet, ein **anderes Wirtschaftsgut entstanden** ist (vgl. Tz 1.7.3), so ist die AfA nach der voraussichtlichen Nutzungsdauer dieses anderen Wirtschaftsguts zu bemessen (R 7.4 Abs. 9 Satz 4 EStR). Bei der degressiven AfA ist der Prozentsatz anzuwenden, der im Zeitpunkt der Beendigung der nachträglichen Herstellungsarbeiten maßgebend ist.

Wegen der AfA nach **Einlage, Entnahme, Nutzungsänderung** oder nach Übergang zur **Buchführung** siehe R 7.4 Abs. 10 EStR und H 7.4 EStH.

1.7 Absetzungen für Abnutzung bei Gebäuden (§ 7 Abs. 4, 5 und 5a EStG)

1.7.1 Übersicht

Die Absetzungen für Abnutzung bei Gebäuden sind mehrfach in wesentlichen Punkten geändert worden. Die jeweils maßgeblichen AfA-Sätze sind zum großen Teil auch heute noch von Bedeutung, weil sie bis zur vollen Abschreibung des Gebäudes anzuwenden sind. Aus der **folgenden Übersicht** ergibt sich, **welche AfA-Sätze** im Einzelfall in Betracht kommen bzw. kamen:

a)	**Vor dem 1.1.1925** fertiggestellte Gebäude	**2,5 %** der Anschaffungs- oder Herstellungskosten	nur lineare AfA (zeitanteilig
b)	**Nach dem 31.12.1924** fertiggestellte Gebäude	**2 %** der Anschaffungs- oder Herstellungskosten	nur lineare AfA (zeitanteilig)
c)	**Nach dem 31.12.2022** fertiggestellte Gebäude	**3 %** der Anschaffungs- oder Herstellungskosten	nur lineare AfA (zeitanteilig)
	Ist die tatsächliche Nutzungsdauer niedriger als 40 bzw. 50 Jahre, so kann diese zugrunde gelegt werden (zur Gesetzesänderung vgl. Tz 1.7.2.2) Der Zeitraum der Nutzungsdauer beginnt mit der Herstellung oder Anschaffung des Gebäudes (siehe § 11 c EStDV).		
d)	**Nach dem 31.12.1964** fertiggestellte Gebäude	**Wahlrecht (nur) für den Bauherrn: entweder lineare AfA** wie oben b) oder **degressive AfA** (§ 7 Abs. 5 EStG 1965)	lineare AfA **oder**
e)	Für Gebäude und Eigentumswohnungen, bei denen der Antrag auf Baugenehmigung **nach dem 9.10.1962** gestellt worden ist, die zu mehr als 66 2/3 % Wohnzwecken dienen, für die aber die erhöhten Absetzungen nach § 7 b EStG a. F. und § 54 EStG (inzwischen weggefallen) nicht zulässig waren.	3,5 % der Herstellungskosten im Jahr der Fertigstellung und in den folgenden 11 Jahren (**= 12×3,5 %**), dann 2 % der Herstellungskosten in den folgenden 20 Jahren (**= 20×2 %**) und 1 % der Herstellungskosten in den folgenden 18 Jahren (**= 8×1 %**).	degressive AfA (stets voller Jahresbetrag; Ausnahme: Jahr der Veräußerung)
f)	**Ab 1973** war die **degressive** Gebäudeabschreibung **nur noch zulässig** für Gebäude und Eigentumswohnungen, bei denen der **Bauantrag vor dem 9.5.1973** gestellt worden ist. Unter Antrag auf Baugenehmigung ist der formelle Bauantrag bei der nach Landesrecht zuständigen Behörde zu verstehen. Gebäude und Eigentumswohnungen, deren Nutzfläche zu mehr als 66 2/3 % auf Wohnungen entfällt, die mit öffentlichen Mitteln i. S. des § 6 Abs. 1 oder nach § 88 des Zweiten Wohnungsbaugesetzes, im Saarland mit öffentlichen Mitteln i. S. des § 4 Abs. 1 oder nach § 51 a des WoBauG für das Saarland, gefördert worden sind.		lineare **oder** eingeschränkte degressive AfA
g)	Für Gebäude, die **nach dem 31.8.1977** (und vor dem 1.1.1979) **hergestellt** worden sind, kann der Bauherr **wieder** die **degressive** AfA geltend machen. Wegen der Höhe der AfA-Sätze siehe oben c) und d).		lineare AfA **oder** degressive AfA
h)	Für Gebäude, die **nach dem 31.12.1978 hergestellt** worden sind, kann nicht nur der Bauherr, sondern **auch der Erwerber** – vorausgesetzt, er hat das Gebäude bis zum Ende des Jahres der Fertigstellung angeschafft – die degressive AfA wie oben c) und d) in Anspruch nehmen, wenn der Bauherr für das veräußerte Gebäude weder die degressive AfA noch erhöhte Absetzungen oder Sonderabschreibungen geltend gemacht hat (§ 7 Abs. 5 EStG a. F.).		lineare AfA **oder** degressive AfA
i)	**Degressive Gebäude-AfA** bei Gebäuden des **Privatvermögens**, die **zu gewerblichen oder beruflichen Zwecken vermietet werden** (wegen der zu Wohnzwecken vermieteten Gebäude vgl. unten Buchst. k). **Bei Bauantrag/Kaufvertrag ab 1.1.1995 ist die degressive AfA weggefallen** (§ 7 Abs. 5 Satz 1 Nr. 2 EStG). Vgl. Teil I Tz 24.8.4 unter Erläuterungen zur Anlage V, Zeile 33. Für im **Inland** belegene Gebäude, bei denen der Bauantrag nach dem 29.7.1981 gestellt worden ist **oder** die aufgrund eines nach dem 29.7.1981 rechtswirksam abgeschlossenen obligatorischen **Vertrags (z. B. Kaufvertrag)** oder gleichstehenden Rechtsaktes angeschafft worden sind, beträgt die degressive AfA – unter den sonst gleichen Voraussetzungen wie g): 5 % der Anschaffungs- oder Herstellungskosten im Jahr der Fertigstellung oder Anschaffung und in den folgenden 7 Jahren (**= 8×5 %**), dann • 2,5 % der Anschaffungs- oder Herstellungskosten in den folgenden 6 Jahren (**= 6×2,5 %**), dann • 1,25 % der Anschaffungs- und Herstellungskosten in den folgenden 36 Jahren (**= 36×1,25 %**).		lineare **oder** degressive AfA
	Ist der Antrag auf Baugenehmigung vor dem 30.7.1981 gestellt worden, so sind die genannten AfA-Sätze dennoch anzuwenden, wenn mit den Bauarbeiten nach dem 29.7.1981 begonnen worden ist.		

j) **Abschreibungen für Wirtschaftsgebäude des Betriebsvermögens ab 1.4.1985, Wegfall der degressiven AfA ab 1.1.1994 und Kürzung der linearen AfA ab 1.1.2001**
Das Gesetz zur Verbesserung der Abschreibungsbedingungen für Wirtschaftsgebäude und für moderne Heizungs- und Warmwasseranlagen vom 19.12.1985 (BStBl I S. 705) brachte eine großzügige Regelung hinsichtlich der **linearen und degressiven AfA** ausschließlich für **Wirtschaftsgebäude**; das sind **Gebäude, die zu einem Betriebsvermögen gehören und nicht Wohnzwecken dienen.** Voraussetzung ist, dass der Antrag auf Baugenehmigung **nach dem 31.3.1985** gestellt worden ist. Erstmals für 1985 sind bei solchen Gebäuden als **lineare AfA jährlich 4 %** der Anschaffungs- oder Herstellungskosten bis zur vollen Absetzung abzugsfähig. Beträgt die tatsächliche Nutzungsdauer eines Gebäudes (ausnahmsweise) weniger als 25 Jahre, so können auch entsprechend höhere Absetzungen vorgenommen werden.

Nach dem Steuersenkungsgesetz vom 23.10.2000 (BStBl I S. 1428) beträgt die jährliche lineare AfA nur noch 3 %, wenn der Steuerpflichtige nach dem 31.12.2000 mit der Herstellung des Gebäudes begonnen oder nach diesem Zeitpunkt das Objekt aufgrund eines obligatorischen Rechtsgeschäfts (Kaufvertrag) angeschafft hat. Die bisherige AfA von 4 % gilt deshalb weiter, wenn der Steuerpflichtige vor dem 1.1.2001 mit der Herstellung begonnen hat oder im Fall der Anschaffung das Objekt aufgrund eines vor dem 1.1.2001 rechtswirksam abgeschlossenen obligatorischen Vertrags angeschafft hat. Wurde das Gebäude später (nach dem 31.12.2000) in das Betriebsvermögen eingelegt, ist im Rahmen der Übergangsregelung des § 52 Abs. 15 Satz 2 EStG die Anschaffung/Herstellung im Privatvermögen nicht maßgeblich mit der Folge, dass es bei der Kürzung auf 3 % bleibt. Wegen weiterer Einzelheiten siehe BMF-Schreiben vom 3.8.2002 (BStBl I S. 710).

Die **degressive AfA** bei Gebäuden ist bereits seit dem StandOG vom 13.9.1993 (BStBl I S. 774) weggefallen. Sie ist derzeit nur noch bei Gebäuden möglich, die aufgrund eines **vor dem 1.1.1994** gestellten Bauantrags hergestellt oder aufgrund eines vor diesem Zeitpunkt rechtswirksam abgeschlossenen obligatorischen Vertrags angeschafft worden sind (§ 7 Abs. 5 Satz 1 Nr. 1 EStG). Ein **Wechsel** von der in Anspruch genommenen degressiven AfA gemäß § 7 Abs. 5 EStG zur AfA nach der tatsächlichen Nutzungsdauer gemäß § 7 Abs. 4 Satz 2 EStG ist nach dem BFH-Urteil vom 29.5.2018 (IX R 33/16, BStBl II S. 646) **nicht möglich**.

Das o. g. Gesetz vom 19.12.1985 sah ursprünglich eine erheblich verbesserte **degressive AfA** vor (§ 7 Abs. 5 Satz 1 Nr. 1 EStG). Bei im Inland belegenen Gebäuden, die vom Steuerpflichtigen **hergestellt** oder bis zum Ende des Jahres der Fertigstellung **angeschafft** worden sind, konnten bzw. können statt der o. g. linearen AfA von 4 % im Jahr der Fertigstellung oder Anschaffung und in folgenden 3 Jahren **jeweils 10 %**, also **4×10 %**, in den darauf folgenden **3 Jahren jeweils 5 %** und in den darauf folgenden **18 Jahren jeweils 2,5 %** der Herstellungs- oder der Anschaffungskosten als AfA abgezogen werden. Der **Erwerber** kann aber nur dann degressiv abschreiben, wenn der Hersteller für das veräußerte Gebäude weder die degressive AfA noch erhöhte Absetzungen oder Sonderabschreibungen in Anspruch genommen hat. Diese Regelung gilt auch für Gebäudeteile, die selbständige unbewegliche Wirtschaftsgüter sind (vgl. Tz 1.7.4.2 und Tz 1.7.4.3), sowie für Eigentumswohnungen und auf im Teileigentum stehende Räume (§ 7 Abs. 5b EStG).

Mit dem Gesetz zur Umsetzung steuerlicher EU-Vorgaben sowie zur Änderung steuerlicher Vorschriften vom 8.4.2010 (BStBl I S. 334) wurde der Inlandsbegriff als Belegenheitsvoraussetzung aufgrundstücke erweitert, die in einem EU-/EWR-Mitgliedstaat belegen sind. Diese Erweiterung wird auch für VZ vor 2010 auf Antrag angewendet, soweit die maßgeblichen Steuerbescheide noch nicht bestandskräftig (und somit änderbar) sind.

---

k) Abschreibungen für (vermietete) Wohngebäude bis 1995 (§ 7 Abs. 5 Satz 1 Nr. 3 Buchst. a EStG), Einschränkungen ab 1996 (§ 7 Abs. 5 Satz 1 Nr. 3 Buchst. b EStG) sowie weitere Einschränkungen ab 2004 (§ 7 Abs. 5 Satz 1 Nr. 3 Buchst. c EStG)

Vgl. Teil I Tz 24.8.7 unter Erläuterungen zur Anlage V, Zeile 33 mit der dort enthaltenen ausführlichen Darstellung.

Durch das Gesetz zur Änderung des Steuerreformgesetzes 1990 sowie zur **Förderung des Mietwohnungsbaus** usw. vom 30.6.1989 (BStBl I S. 251) wurden die Abschreibungen **für vermietete Wohngebäude** und **für vermietete Eigentumswohnungen** (§ 7 Abs. 5a EStG) erheblich verbessert. An die Stelle einer 50-jährigen Abschreibungsdauer trat eine solche von 40 Jahren. Die erhöhten Abschreibungen kommen nur in Betracht, **soweit das Gebäude Wohnzwecken dient**. Dient es auch betrieblichen oder beruflichen Zwecken, sind die verbesserten Abschreibungen für diesen Teil des Gebäudes ausgeschlossen.

Die Abschreibungen betragen nach dieser Regelung in den ersten **4 Jahren jeweils 7 %**, in den darauffolgenden **6 Jahren jeweils 5 %**, in den darauffolgenden **6 Jahren jeweils 2 %**. und in den darauffolgenden **24 Jahren jeweils 1,25 %** der Herstellungs- oder Anschaffungskosten (§ 7 Abs. 5 Satz 1 Nr. 3 Buchst. a EStG). Im Falle der **Anschaffung** ist – wie bei früheren Regelungen – weiter erforderlich, dass der Bauherr (Hersteller) für das Gebäude keine anderen Abschreibungen als die linearen nach § 7 Abs. 4 EStG vorgenommen hat (§ 7 Abs. 5 Satz 2 EStG).

Voraussetzung ist, dass der **Bauantrag** nach dem 28.2.1989 und **vor dem 1.1.1996** gestellt und das Gebäude vom Steuerpflichtigen **hergestellt** worden ist oder wenn die **Anschaffung** in diesem Zeitraum aufgrund eines rechtswirksamen obligatorischen Vertrags bis zum Ende des Jahres der Fertigstellung erfolgte. Dadurch wurde auch der Kauf eines Wohngebäudes oder einer Eigentumswohnung von einem Bauträger begünstigt.

Durch das Jahressteuergesetz 1996 vom 11.10.1995 (BStBl I S. 438) wurde die degressive Abschreibungsmöglichkeit für vermietete Wohngebäude **ab 1996** wieder eingeschränkt. Bei Stellung des Bauantrags bzw. Abschluss des Kaufvertrags **nach dem 31.12.1995 und vor dem 1.1.2004** können unter den o. g. Voraussetzungen in den ersten **8 Jahren** nur noch **jeweils 5 %**, in den darauf folgenden **6 Jahren jeweils 2,5 %** und in den darauf folgenden **36 Jahren jeweils 1,25 %** abgeschrieben werden (§ 7 Abs. 5 Satz 1 Nr. 3 Buchst. b EStG).

Eine abermalige Einschränkung ergibt sich **ab 2004** aus dem Haushaltsbegleitgesetz 2004 vom 29.12.2003 (BStBl 2004 I S. 120). Danach beträgt bei Gebäuden, soweit sie fremden Wohnzwecken dienen, bei Stellung des Bauantrags bzw. Abschluss des Kaufvertrags **nach dem 31.12.2003** die degressive AfA in den ersten **10 Jahren** nur noch jeweils **4 %**, in den darauffolgenden **8 Jahren** jeweils **2,5 %** und in den darauffolgenden **32 Jahren** jeweils **1,25 %** der Anschaffungs- oder Herstellungskosten. Im Jahr der Anschaffung oder Herstellung findet eine Zwölftelung nicht statt (§ 7 Abs. 5 Satz 1 Nr. 3 Buchst. c EStG).

---

l) **Sonderabschreibung für Mietwohnungsneubau für durch Baumaßnahmen neu geschaffene Wohnungen aufgrund eines nach dem 31.8.2018 und vor dem 1.1.2022 gestellten Bauantrags oder einer in diesem Zeitraum getätigten Bauanzeige**
Mit dem Gesetz zur Förderung des Mietwohnungsneubaus vom 4.8.2019 (BGBl I S. 1122) werden mit § 7b EStG Anschaffungs-/Herstellungskosten im Jahr der Anschaffung oder Herstellung und in den darauffolgenden 3 Jahren bis zu **5 %** im Rahmen einer Sonder-AfA berücksichtigt. Für die Förderung wird die Einhaltung einer Baukostenobergrenze von 3 000 € je Quadratmeter Wohnfläche vorausgesetzt, von der maximal 2 000 € je Quadratmeter Wohnfläche gefördert werden. Förderfähig sollen nur die Anschaffungs- oder Herstellungskosten sein, die anteilig auf die Fläche entfallen, die zu Wohnzwecken verwendet werden. Damit sollen die Gebäudeteile von der Förderung ausgeschlossen werden, die z. B. betrieblich genutzt werden. Die Sonderabschreibung kommt zudem nur in Betracht, wenn Gebäude neu hergestellt oder als neues Gebäude angeschafft werden, d. h. wenn es bis zum Ende des Jahres der Fertigstellung angeschafft wird. Die Regelung soll auf solche Herstellungsvorgänge beschränkt bleiben, für die der Bauantrag/die Bauanzeige in den Jahren ab Sept. 2018 bis Ende 2021 gestellt wird. Auch für Fälle der Anschaffung eines neuen Gebäudes wird auf das Datum des Bauantrages abgestellt. Auf den Zeitpunkt der Fertigstellung kommt es für die Inanspruchnahme der Sonderabschreibung grundsätzlich nicht an. Allerdings kann die Sonderabschreibung erstmals im Jahr der Fertigstellung bzw. Anschaffung erfolgen. Die begünstigten Flächen müssen mindestens 10 Jahre nach Fertigstellung der entgeltlichen Überlassung zu Wohnzwecken dienen. Ein Verstoß gegen die Nutzungsvoraussetzung führt insoweit zur rückwirkenden Versagung der Sonderabschreibung. Die Sonderabschreibungen werden nur gewährt, soweit die Voraussetzungen der Verordnung (EU) Nr. 1407/2013 der EU-Kommission vom 18.12.2013 über die Anwendung der Art. 107 und 108 des AEUV auf Deminimis-Beihilfen (ABl. L 352 vom 24.12.2013, S. 1) (De-minimis-Verordnung) in der jeweils geltenden Fassung eingehalten sind. Unter anderem darf hiernach der Gesamtbetrag der einem einzigen Unternehmen gewährten DeminimisBeihilfe in einem Zeitraum von drei VZ 200 000 € nicht übersteigen. Bei dieser Höchstgrenze sind auch andere in diesem Zeitraum an das Unternehmen gewährte De-minimis-Beihilfen gleich welcher Art und Zielsetzung zu berücksichtigen. Dies hat der Steuerpflichtige einmalig im Erstjahr der Inanspruchnahme zu ermitteln und nachzuweisen. Hierzu ist auf der Internetseite des BMF eine Berechnungshilfe bereitgestellt worden (https://www.bundesfinanzministerium.de/Content/DE/Downloads/Steuern/arbeitshilfe-sonderabschreibung-7b-estg.html).
Für weitere Einzelheiten vgl. Teil I Tz 24.8.12 unter Erläuterungen zur Anlage V sowie BMF-Schreiben vom 7.7.2020 (BStBl I S. 623), ergänzt durch BMF-Schreiben vom 21.9.2021 (BStBl I S. 1805) zur erstmaligen Inanspruchnahme. Mit BMF-Schreiben vom 21.5.2025 (BStBl I S. 1419) wurden die die bisherigen BMF-Schreiben zu § 7b EStG durch neue Anwendungshinweise ersetzt.
Mit dem Jahressteuergesetz 2022 vom 16.12.2022 (BGBl I S. 2294) wurde § 7b EStG geändert. Der Anwendungszeitraum wurde auf Baumaßnahmen aufgrund eines **nach dem 31.12.2022 und vor dem 1.1.2027** gestellten Bauantrags erweitert. Die dadurch geschaffenen Wohnungen müssen nach § 7b Abs. 2 Satz 1 Nr. 2 EStG n. F. jedoch in Gebäuden liegen, die das Kriterium eines »Effizienzhaus 40« mit Nachhaltigkeitsklasse erfüllen und dies durch das »Qualitätssiegel Nachhaltiges Bauen« nachgewiesen wird. Mutmaßlich auch aufgrund der erhöhten Anforderungen wurde der Höchstbetrag der Anschaffungs- oder Herstellungskosten für diese Wohnungen auf 4 800 € je Quadratmeter Wohnfläche angehoben. Die Bemessungsgrundlage für die Sonderabschreibung ändert sich für die neuen Wohnungen auf 2 500 € je Quadratmeter Wohnfläche.
Mit dem Wachstumschancengesetz vom 27.3.2024 (BGBl I Nr. 108) wurde der Anwendungszeitraum der Sonderabschreibung nach § 7b EStG angepasst. Anstatt bisher bis zum 31.12.2027 muss der Bauantrag / die Bauanzeige künftig bis spätestens 31.10.2029 gestellt/getätigt werden. Zudem wird für **Begünstigungszeiträume ab 1.1.2023** die Grenze begünstigter Anschaffungs- oder Herstellungskosten auf 5 200 € je Quadratmeter Wohnfläche angehoben. Die Bemessungsgrundlage für die neue Sonderabschreibung (ab 2023) steigt auf max. 4 000 € je Quadratmeter Wohnfläche.
Weitere Hinweise enthält das o. a. BMF-Schreiben vom 21.5.2025 (a. a. O.). U.a. sind dort Vordrucke mit Angaben zur Inanspruchnahme der Sonderabschreibung enthalten, differenziert nach Bauantrag/Bauanzeige nach dem 31.8.2018 und vor dem 1.1.2022 (Anlage 1) sowie Bauantrag/Bauanzeige nach dem 31.12.2022 und vor dem 1.10.2029 (Anlage 2). Diese sind nach dem BMF-Schreiben vom 21.5.2025 (a. a. O., Rn 117) für die Bearbeitung im Finanzamt erforderlich und daher nach Rn 118 des BMF-Schreiben spätestens nauf Aufforderung dem Finazamt vorzulegen.

Mit BMF-Schreiben vom 29.5.2024 (BStBl I S. 907) wurden jedoch Anlagen zum BMF-Schreiben für die Angaben zur Inanspruchnahme der Sonderabschreibung nach altem Recht (Bauantrag/-anzeige nach dem 31.8.2018 und vor dem 1.1.2022) und nach neuem Recht (Bauantrag/-anzeige nach dem 31.12.2022 und vor dem 1.10.2029) bekannt gegeben.

m) Mit dem Wachstumschancengesetz vom 27.3.2024 (BGBl I Nr. 108) wurde mit § 7 Abs. 5a EStG eine neue **degressive Gebäude-AfA** eingeführt. Voraussetzung für die **5%**ige Restwert-AfA ist die Belegenheit in einem EU-/EWR-Mitgliedsstaat, das Dienen zu Wohnzwecken und die **Herstellung** durch den Steuerpflichtigen, bei Anschaffung nur bis zum Ende des Folgejahres der Fertigstellung sowie der Beginn der Herstellung **nach dem 30.9.2023** (und vor dem 1.10.2029) sowie die Anschaffung nach dem 30.9.2023 (für in 2022 fertiggestellte Gebäude).

1.7.2 Allgemeine Grundsätze für die Gebäude-AfA

1.7.2.1 Gebäude und durch Baumaßnahmen entstandene Nutzungsrechte

Der Begriff des **Gebäudes** richtet sich nach den Abgrenzungsmerkmalen des Bewertungsrechts (R 7.1 Abs. 5 EStR). Auf das durch eigene Baumaßnahmen geschaffene **Nutzungsrecht** an einem Gebäude sind die Grundsätze der Gebäude-AfA entsprechend anzuwenden (vgl. Teil I Tz 24.8.3 unter Erläuterungen zur Anlage V, Zeile 33). Zur AfA-Befugnis bei Gebäuden auf fremden Grund und Boden siehe BFH-Urteil vom 25.2.2010 (BStBl II S. 670).

1.7.2.2 Zulässigkeit höherer oder niedrigerer, voller oder anteiliger AfA-Sätze bei Gebäuden und Gebäudeteilen

Die **degressive AfA** ist nur mit den in § 7 Abs. 5 EStG vorgeschriebenen Staffelsätzen zulässig. Die Anwendung höherer oder niedriger AfA-Sätze ist ausgeschlossen. **Im Jahr der Fertigstellung** des Gebäudes oder der Eigentumswohnung können die **degressiven** Absetzungen stets mit dem **vollen Jahresbetrag** abgezogen werden (BFH-Urteil vom 19.2.1974, BStBl II S. 704 und H 7.4 – Teil des auf ein Jahr entfallenden AfA-Betrags – EStH), es sei denn, dass das Gebäude in diesem Jahr nicht ausschließlich zur Erzielung von Einkünften verwendet wird (R 7.4 Abs. 2 EStR). Dabei ist unter Fertigstellung oder Herstellung der Zeitpunkt zu verstehen, in dem die Gebäude ihrer Zweckbestimmung entsprechend benutzt werden können. Wohngebäude gelten als fertiggestellt, sobald sie nach Abschluss der wesentlichen Bauarbeiten bewohnbar sind (vgl. Teil I Tz 27.1 unter Erläuterungen zur Anlage FW, im Einzelnen zum Zeitpunkt der Fertigstellung die Erläuterungen zu den Zeilen 7 bis 9). Ob und ggf. wie lange das Gebäude oder die Eigentumswohnung im Jahr der Fertigstellung tatsächlich genutzt worden ist, spielt keine Rolle.

Für **Zubauten, Ausbauten** und **Umbauten** an **bestehenden** Gebäuden sind **gesonderte degressive Absetzungen nicht zulässig**. Die Aufwendungen hierfür sind wie nachträgliche Herstellungskosten den bisherigen Herstellungskosten hinzuzurechnen und einheitlich mit diesen abzuschreiben. Eine Ausnahme kann bei einem **grundlegenden Umbau**, der einem **Neubau** gleichkommt, gegeben sein (vgl. Tz 1.7.3 sowie H 7.4 – Neubau – EStH).

Auf **Gebäudeteile**, die **selbständige unbewegliche Wirtschaftsgüter** sind, sowie auf **Eigentumswohnungen** und auf im **Teileigentum** stehende Räume findet die degressive AfA dagegen Anwendung (§ 7 Abs. 5b EStG). Gebäudeteile sind selbständige Wirtschaftsgüter und deshalb gesondert abzuschreiben, wenn sie mit dem Gebäude nicht in einem einheitlichen Nutzungs- und Funktionszusammenhang stehen (BFH-Beschluss vom 26.11.1973, BStBl 1974 II S. 132). Zu den selbständigen unbeweglichen Wirtschaftsgütern gehören insbesondere Ladeneinbauten, Schaufensteranlagen und ähnliche Einbauten (vgl. Tz 1.7.4.2) sowie auch sog. **sonstige selbständige Gebäudeteile** (vgl. Tz 1.7.4.3 sowie R 7.1 Abs. 6 EStR).

Bei der **linearen AfA** ist in den Fällen des § 7 Abs. 4 **Satz 1** Nr. 2 EStG die Anwendung **niedrigerer** Sätze als 3 % (bei Fertigstellungen bis 2022: 2 %) oder 2,5 % ausgeschlossen. **Höhere** AfA-Sätze kommen nur in Betracht, wenn die technischen oder wirtschaftlichen Umstände des einzelnen Falles dafür sprechen, dass die tatsächliche Nutzungsdauer weniger als 50 Jahre, 40 oder 33 Jahre beträgt (§ 7 Abs. 4 **Satz 2** EStG), was im Einzelfall glaubhaft gemacht werden muss. Nach dem BFH-Urteil vom 28.7.2021 (IX R 25/19, juris) kann sich der Steuerpflichtige dabei jeder Darlegungsmethode bedienen, die im Einzelfall zur Führung des erforderlichen Nachweises geeignet erscheint; erforderlich ist insoweit, dass aufgrund der Darlegungen des Steuerpflichtigen der Zeitraum, in dem das maßgebliche Gebäude voraussichtlich seiner Zweckbestimmung entsprechend genutzt werden kann, mit hinreichender Sicherheit geschätzt werden kann. Dabei ist die Vorlage eines Bausubstanzgutachtens nicht Voraussetzung für die Anerkennung einer verkürzten Nutzungsdauer. Im Urteilsfall erfolgte die Berechnung nach der Immobilienwertermittlungsverordnung. Mit BMF-Schreiben vom 22.2.2023 (BStBl I S. 332) hat die Finanzverwaltung Stellung zur Anwendung des Nachweises einer kürzeren Nutzungsdauer genommen. Demnach ist der Nachweis durch Vorlage eines Gutachtens eines öffentlich bestellten und vereidigten Sachverständigen für die Bewertung von bebauten und unbebauten Grundstücken oder von Personen, die von einer nach DIN EN ISO/IEC 17024 akkreditierten Stelle als Sachverständige oder Gutachter für die die Wertermittlung von Grundstücken nach entsprechender Norm zertifiziert worden sind, zu erbringen (Rn 22 des o. a. BMF-Schreibens vom 22.2.2023). Eine bloße Übernahme einer Restnutzungsdauer aus einem Verkehrswertgutachten wird verwaltungsseitig ebenso wenig als ausreichend angesehen, um eine kürzere Nutzungsdauer zu belegen, wie der Verweis auf die Modellansätze für die Gesamtnutzungsdauer in Verbindung mit dem Modell zur Ermittlung der Restnutzungsdauer bei Modernisierungen nach der Anlage 1 und 2 der Immobilienwertermittlungsverordnung. Dem hat sich der BFH nicht angeschlossen (Urteil vom 23.1.2024, IX R 14/23, juris) und hält an seiner Auffassung – entgegen BMF-Schreiben vom 22.2.2023 (a. a. O.) – fest, dass jede sachverständige Methode geeignet sei. Ausreichend sei nicht eine schlichte Bezugnahme auf die modellhaft ermittelte Gesamt- sowie Restnutzungsdauer nach Maßgabe der betreffenden Immobilienwertermittlungsverordnung.

Geplante Gesetzesänderung:
Im Entwurf einer Siebten Verordnung zur Änderung steuerlicher Verordnungen sind zum Nachweis einer kürzeren Nutzungsdauer (einfach-)gesetzliche Regelungen geplant. Mit dem neuen § 11c Abs. 1a EStDV-Entwurf ist der Nachweis i. S. des § 7 Abs. 4 Satz 2 EStG durch Vorlage eines für diesen Zweck nach persönlicher Vorortbesichtigung erstellten Gutachtens eines öffentlich bestellten und vereidigten Sachverständigen für die Bewertung von bebauten und unbebauten Grundstücken zu erbringen. Das Gutachten muss unter Berücksichtigung der individuellen Gegebenheiten des Objekts Aufschluss über die maßgeblichen technischen, wirtschaftlichen und rechtlichen Determinanten geben, welche die Nutzungsdauer im Einzelfall beeinflussen und auf deren Grundlage der Zeitraum der Nutzung entsprechend der Zweckbestimmung sowie einer möglichen Nachfolgenutzung mit hinreichender Be stimmtheit zu ermitteln ist.
Nach den Anwendungsvorschriften (§ 84 Abs. 2a EStDV) soll dies bereits ab VZ 2025 gelten.

Die **Absicht**, ein zunächst noch genutztes **Gebäude abzubrechen** oder **zu veräußern,** rechtfertigt aber noch **keine Verkürzung** der Nutzungsdauer dieses Gebäudes (BFH-Urteil vom 15.12.1981, BStBl 1982 II S. 385). Vgl. Teil I Tz 24.8.2 unter Erläuterungen zur Anlage V, Zeile 33 wegen des Zeitpunkts, von dem an in solchen Fällen erhöhte AfA möglich ist, sowie H 7.4 – Nutzungsdauer – EStH. Bei Gebäuden, die **im Laufe eines Jahres angeschafft oder hergestellt** werden, kann die **lineare AfA nur zeitanteilig** (pro rata temporis) berücksichtigt werden.

Für das Wj. (Rumpf-Wj.) der **Veräußerung** oder **Entnahme** aus dem Betriebsvermögen oder der Beendigung der Einkünfteerzielung i. S. des EStG kann sowohl die **lineare** wie die **degressive** Gebäude-AfA nur **zeitanteilig** abgesetzt werden. Dies gilt entsprechend, wenn im Laufe eines Jahres ein Wirtschaftsgebäude (vgl. Tz 1.7.1 i)) künftig Wohnzwecken dient oder ein Mietwohnbau (vgl. Tz 1.7.1 k)) künftig nicht mehr Wohnzwecken dient (R 7.4 Abs. 8 EStR).

Wegen der AfA **nach** Entnahme, Einlage oder Nutzungsänderung oder **nach** Übergang zur Buchführung vgl. R 7.4 Abs. 10 EStR. Hat das Gebäude vor der Einlage ins Betriebsvermögen im Privatvermögen der Einkünfteerzielung gedient, so gilt bei **Einlagen nach dem 31.12.1998** auch für Gebäude die Neuregelung in § 7 Abs. 1 Satz 5 EStG, § 7 Abs. 4 Satz 1 a. E. EStG, vgl. Tz 1.4.

Zu der Frage der AfA-Berechtigung bei **Nutzungsrechten** wie **Nießbrauch** oder **dingliches Wohnrecht** an einem Gebäude oder bei **durch eigene Baumaßnahmen** auf fremdem Grund und Boden geschaffenen Nutzungsrechten vgl. Teil I Tz 24.8.3, 5. unter Erläuterungen zur Anlage V, Zeile 33.

1.7.2.3 Außergewöhnliche Abnutzung bei Gebäuden

Bei **außergewöhnlicher technischer oder wirtschaftlicher Abnutzung** des Gebäudes (z. B. bei Schwamm oder Fäulnis in einem Wohngebäude, bei Hochwasserschäden, Brand, Erdbebenschäden, aber auch bei Entfernung oder Abbruch von Gebäudeteilen) kann eine **erhöhte** Absetzung vorgenommen werden. Diese sog. Absetzung wegen außergewöhnlicher technischer oder wirtschaftlicher Abnutzung (§ 7 Abs. 1 letzter Satz EStG) – **AfaA** – ist nach dem Wortlaut des Gesetzes (nur) bei Gebäuden zulässig, bei denen eine **lineare** AfA vorgenommen wird (§ 7 Abs. 4 Satz 3 EStG). Absetzungen für solche außergewöhnlichen Abnutzungen werden jedoch auch bei Gebäuden nicht beanstandet, bei denen von der **degressiven** Absetzung (§ 7 Abs. 5 EStG) Gebrauch gemacht wird (R 7.4 Abs. 11 EStR). Die AfaA ergänzt die normale AfA. Neben der Steuerbegünstigung nach § 10e EStG ist für eine AfaA (anders als früher bei § 7b EStG a. F.) kein Raum.

Eine Absetzung für außergewöhnliche Abnutzung kann auch in Betracht kommen, wenn bei einem **Umbau** bestimmte Teile des Gebäudes entfernt werden oder wenn ein Gebäude vollständig **abgebrochen** wird (vgl. Tz 2.11.6). Die AfaA setzt entweder eine Substanzeinbuße eines bestehenden Wirtschaftsguts (technische

Abnutzung) oder eine Einschränkung seiner Nutzungsmöglichkeit (wirtschaftliche Abnutzung: BFH-Urteil vom 1.2.1962, BStBl II S. 272, und vom 24.1.2008, BStBl 2009 II S. 449) voraus. Zur Einschränkung der Nutzungsmöglichkeit siehe auch BFH-Urteil vom 14.1.2004, BStBl II S. 592; und vom 17.9.2008, BStBl 2009 II S. 301. Darüber hinaus ist erforderlich, dass ein von außen kommendes Ereignis unmittelbar körperlich auf das Wirtschaftsgut einwirkt. Diese Voraussetzungen sind bei mangelhaften Bauleistungen an einem noch nicht fertiggestellten Gebäude nicht erfüllt (BFH-Urteil vom 31.3.1992, BStBl II S. 805). Dabei ist unerheblich, ob die Baumängel vor oder nach der Fertigstellung des Gebäudes entdeckt werden (BFH-Urteil vom 27.1.1993, BStBl II S. 702) oder ob es sich um Fehler bei der Ausführung des Baues oder der Planung handelt. Selbst wenn einzelne nichtselbständige Teile des Gebäudes **vor** dessen Fertigstellung wieder abgetragen werden, rechtfertigt dies keine AfaA. Die Aufwendungen hierfür und für das Neuerstellen der Gebäudeteile sind **Herstellungskosten** des Gebäudes. AfaA sind auch dann nicht abziehbar, wenn der Bauherr überhöhte Preise entrichtet hat. Den gesetzlichen Voraussetzungen für eine AfaA genügt nicht ein bloßes Ungleichgewicht der aufgewendeten Kosten und des Werts der erlangten Leistung. Siehe zu alledem BFH-Urteil vom 30.8.1994 (BStBl 1995 II S. 306). Allgemein wegen der Zurechnung solcher Aufwendungen zu den Herstellungskosten des Gebäudes vgl. Teil I Tz 24.10.3.2.2 unter Erläuterungen zur Anlage V und BFH-Urteil vom 8.7.1980 (BStBl II S. 743).

Die AfaA ist grundsätzlich im VZ des **Schadenseintritts, spätestens** aber im Jahr der **Entdeckung** des Schadens steuerlich zu berücksichtigen. Die Versagung der AfaA im Hinblick auf eine für einen späteren VZ zu erwartende **Versicherungsleistung** (z. B. aus einer Feuerversicherung), mit der die AfaA verrechnet werden soll, ist nicht zulässig; insofern besteht auch kein Wahlrecht (BFH-Urteile vom 1.12.1992, BStBl 1994 II S. 11 und S. 12; sowie vom 13.3.1998, BStBl II S. 443). Die Versicherungsentschädigung gehört allerdings dann im Jahr des Zuflusses zu den stpfl. Einnahmen, und zwar insoweit, als sie dazu dienen soll, Werbungskosten oder Betriebsausgaben – wie z. B. die o. g. AfaA und Abbruchkosten – zu ersetzen (BFH-Urteile vom 1.12.1992 a. a. O. und Teil I Tz 24.3.1 a. E. unter Erläuterungen zur Anlage V).

Eine AfaA kommt **nicht** in Betracht, wenn ein zum **Privatvermögen** gehörendes, objektiv technisch oder wirtschaftlich noch nicht verbrauchtes Gebäude abgerissen wird, um ein **unbebautes** Grundstück **veräußern** zu können (BFH-Urteil vom 6.3.1979, BStBl II S. 551) oder wenn es in der Absicht eines **grundlegenden Umbaus** erworben wird (BFH-Urteile vom 4.12.1984, BStBl 1985 II S. 208 und vom 20.4.1993, BStBl II S. 504). Auch die reine Wertminderung des Grundstücks (die im Falle von Betriebsvermögen durch eine Teilwertabschreibung berücksichtigt werden könnte) ist bei der Einkunftsart »Vermietung und Verpachtung« kein abzugsfähiger Aufwand. Liegen die Voraussetzungen für eine AfaA vor, so **muss** diese vorgenommen werden, wenn ein Gebäude durch Abbruch, Brand oder ähnliches aus dem Betriebsvermögen ausgeschieden ist (BFH-Urteil vom 7.5.1969, BStBl II S. 464).

Nach Vornahme einer AfaA bemessen sich die AfA von dem folgenden Jahr an nach den Anschaffungs- oder Herstellungskosten des Gebäudes **abzgl.** des Betrags der AfaA (§ 11c Abs. 2 EStDV). Werden für ein Gebäude nach Vornahme einer Absetzung für außergewöhnliche Abnutzung Herstellungskosten aufgewendet, so bemessen sich die weiteren AfA für das Gebäude nach den ursprünglichen Anschaffungs- und Herstellungskosten **abzgl.** des Betrags der Absetzung für außergewöhnliche Abnutzung **zzgl.** des Betrags der aufgewendeten Herstellungskosten.

Für Wj., die nach dem 31.12.1998 enden, gilt: Entfällt der Grund für die AfaA in späteren Jahren, handelt es sich also nur um eine vorübergehende Wertminderung, haben Buch führende Steuerpflichtige (§ 4 Abs. 1 und § 5 EStG) in der Bilanz eine entsprechende Zuschreibung (Wertaufholungsgebot!) vorzunehmen (§ 7 Abs. 4 Satz 3 i. V. mit Abs. 1 Satz 7 EStG). Nach dem BFH-Urteil vom 25.2.2010 (BStBl II S. 784) verstößt das Wertaufholungsgebot auch insoweit nicht gegen die Verfassung, als davon Teilwertabschreibungen erfasst werden, die mehr als zehn Jahre vor Inkrafttreten der Gesetzesänderung vorgenommen worden waren. Eine Milderungsregelung für den Zuschreibungsfall ist im Gesetz nicht vorgesehen.

1.7.2.4 Wechsel der Abschreibungsmethode bei Gebäuden

Der Wechsel **zwischen** den in § 7 Abs. 5 EStG bisher vorgesehenen **degressiven** Absetzungsverfahren für Wirtschaftsgebäude und anderen Gebäuden ist ebenso **unzulässig** wie der **Wechsel zwischen linearen** Absetzungsverfahren nach § 7 Abs. 4 EStG **und** den **degressiven** nach § 7 Abs. 5 EStG (BFH-Urteil vom 10.3.1987, BStBl II S. 618). Ein Wechsel von der in Anspruch genommenen degressiven AfA gemäß § 7 Abs. 5 EStG zur AfA nach der tatsächlichen Nutzungsdauer gemäß § 7 Abs. 4 Satz 2 EStG ist ebenfalls nicht möglich (BFH-Urteil vom 29.5.2018, IX R 33/16, BStBl II S. 646). Dies gilt jedoch nicht, wenn ein Gebäude in einem Jahr nach der Anschaffung oder Herstellung die Voraussetzungen als Wirtschaftsgebäude (vgl. Übersicht Tz 1.7.1 i)) erstmals erfüllt. In diesem Fall ist die weitere AfA nach dieser Bestimmung zu bemessen. Entsprechendes gilt auch für den umgekehrten Fall. Wegen des Wechsels der AfA-Methode bei Gebäuden, die erst später Betriebsvermögen werden oder diese Eigenschaft verlieren oder als Mietwohnbau nicht mehr Wohnzwecken dienen vgl. BFH-Urteil vom 15.2.2005 (BStBl 2006 II S. 51), worin der BFH zugunsten des Steuerpflichtigen entschieden hat, dass dieser nicht zur linearen AfA von 2 % übergehen muss, sondern weiterhin eine degressive AfA von 5 % beanspruchen kann (entgegen R 44 Abs. 8 2. Halbsatz EStR 2004). Ebenso H 7.4 – Degressive AfA – EStH. Mit Urteil vom 18.5.2010 (BStBl 2014 II S. 13) hat der BFH jedoch in Abgrenzung zu seinem o. a. Urteil vom 15.2.2005 entschieden, dass nach einer Einlage die degressive AfA nur in Anspruch genommen werden kann, wenn die Voraussetzungen hierfür auch im Einlagejahr vorlagen. Wegen der Zulässigkeit der degressiven AfA bei steuerwirksamer Überführung vom Betriebsvermögen in das Privatvermögen vgl. Teil I Tz 24.8.4 unter Erläuterungen zur Anlage V, Zeile 33 und BFH-Urteil vom 8.11.1994 (BStBl 1995 II S. 170). Wurde die mit dem Wachstumschancengesetz neu geschaffene degressive Gebäude-AfA nach § 7 Abs. 5a EStG in Anspruch genommen, kann auf die lineare AfA gewechselt werden.

1.7.2.5 Nachholung unterlassener AfA und Korrektur überhöhter AfA bei Gebäuden – AfA nach Sonderabschreibungen und nach erhöhten Absetzungen

Ist **lineare AfA** nach § 7 Abs. 4 **Satz 1** EStG **versehentlich unterblieben** oder **überhöht vorgenommen** worden und hat sich die tatsächliche Nutzungsdauer des Gebäudes nicht geändert, so sind **weiterhin die gesetzlich vorgeschriebenen Prozentsätze** (2 % oder 2,5 % oder 4 % oder 3 %) anzuwenden, sodass sich ein anderer (längerer oder kürzerer) Abschreibungszeitraum als 50, 40, 33 oder 25 Jahre ergibt (BFH-Urteile vom 3.7.1984, BStBl II S. 709, vom 20.1.1987, BStBl II S. 491 und vom 11.12.1987, BStBl 1988 II S. 335). Die AfA ist dann bis zur Vollabschreibung der Herstellungskosten mit dem jeweils im Gesetz bestimmten AfA-Satzvorzunehmen. Mit Urteil vom 21.11.2013 (BStBl 2014 II S. 563) hat der BFH entschieden, dass die Berichtigung zu hoch vorgenommener und verfahrensrechtlich nicht mehr änderbarer AfA bei Gebäuden im Privatvermögen in der Weise vorzunehmen ist, dass die gesetzlich vorgeschriebenen Abschreibungssätze auf die bisherige Bemessungsgrundlage bis zur vollen Absetzung des noch vorhandenen Restbuchwerts angewendet werden. Sind für ein Gebäude in einem VZ Sonderabschreibungen vorgenommen worden, bemisst sich nach Ablauf des Begünstigungszeitraums nach § 7a Abs. 9 EStG die Restwertabschreibung bei Gebäuden nach dem nach § 7 Abs. 4 EStG unter Berücksichtigung der Restnutzungsdauer maßgebenden Prozentsatz. Die degressive Abschreibung nach § 7 Abs. 5 EStG ist nach Vornahme einer Sonderabschreibung ausgeschlossen.

Die gleichen Grundsätze gelten auch für die **degressive AfA** nach § 7 **Abs. 5** EStG (3,5 % oder 5 % oder 7 %). Eine Nachholung in einem Betrag ist also unzulässig (BFH-Urteil vom 20.1.1987, a. a. O.). Wurde die degressive AfA auf ein Gebäude des Betriebsvermögens überhöht (z. B. zu lange mit einem höheren als dem steuerrechtlich zulässigen Abschreibungssatz) vorgenommen, so ist der Bilanzwert nicht in der ersten noch offenen Schlussbilanz durch erfolgswirksame Aufstockung des Buchwerts des Gebäudes zu korrigieren; Bemessungsgrundlage der AfA für die Restnutzungsdauer bleiben vielmehr die – ungekürzten – Anschaffungs- oder Herstellungskosten (BFH-Urteil vom 4.5.1993, BStBl II S. 661).

Ist die erhöhte AfA nach § 7 Abs. 4 **Satz 2** EStG unterblieben, so kann sie in der Weise nachgeholt werden, dass die noch nicht abgesetzten Anschaffungs- oder Herstellungskosten entsprechend der bei dem Wirtschaftsgut angewandten Absetzungsmethode auf die noch verbleibende Restnutzungsdauer verteilt werden (BFH-Urteile vom 21.2.1967, BStBl 1968 II S. 386 und vom 3.7.1980, BStBl 1981 II S. 255). Zur geplanten Gesetzesänderung (Wegfall § 7 Abs. 4 Satz 2 EStG) vgl. Tz 1.7.2.2.

Bisher unterlassene AfA kann jedoch dann nicht nachgeholt werden, wenn ein Wirtschaftsgut, das zum notwendigen Betriebsvermögen gehört, im Wege der Fehlerberichtigung erstmals als Betriebsvermögen ausgewiesen wird (BFH-Urteil vom 24.10.2001, BStBl 2002 II S. 75). Auch AfA, die unterblieben ist, um dadurch **unberechtigte Steuervorteile** zu erlangen, darf nicht nachgeholt werden (BFH-Urteil vom 3.7.1980, BStBl 1981 II S. 255 und vom 20.1.1987, BStBl II S. 491). Siehe auch H 7.4 – **Unterlassene oder überhöhte AfA** – EStH und die dort zit. Rspr.

Sind für ein Gebäude neben der linearen AfA **Sonderabschreibungen (z. B.** nach § 4 Fördergebietsgesetz, vgl. Teil I Tz 24.8.11 unter Erläuterungen zur Anlage V, nach § 7b EStG zur Förderung des Mietwohnungsneubaus, vgl. Teil I Tz 24.8.12 unter Erläuterungen zur Anlage V) oder **erhöhte Absetzungen (z. B.** nach § 14a BerlinFG, vgl. Teil I Tz 24.8.8 unter Erläuterungen zur Anlage V, Zeile 33) in Anspruch genommen worden, so stellt sich die Frage, wie die **AfA nach Ablauf des maßgebenden Begünstigungszeitraums** unter Beachtung des § 7a Abs. 9 EStG zu errechnen ist. Nach dem BFH-Urteil vom 20.6.1990 (BStBl 1992 II S. 622) und dem hierzu ergangenen BMF-Schreiben vom 20.7.1992 (BStBl I S. 415) ist der lineare AfA-Satz in der Weise zu ermitteln, dass der im EStG vorgesehene Abschreibungszeitraum von 25 oder 50 Jahren um den Begünstigungszeitraum (z. B. von 5 Jahren) **zu mindern** ist. Mit dem so errechneten neuen AfA-Satz ist der Restwert abzuschreiben. Bei einem gesetzlichen Abschreibungszeitraum von 25 Jahren für ein Wirtschaftsgebäude ergäbe sich **z. B.** nach Ablauf eines Begünstigungszeitraums von 5 Jahren für eine Sonderabschreibung noch ein Abschreibungszeitraum von 20 Jahren und somit eine jährliche AfA von 5 % (statt bisher 4 %), R 7a Abs. 9 EStR i. V. mit Beispiel 4 in H 7a EStH. Eine ggf. handelsrechtlich gebotene Zuschreibung ändert an der steuerbilanzrechtlichen Fortführung des verminderten Wertansatzes nichts (BFH-Urteil vom 4.6.2008, BStBl 2009 II S. 187).

1.7.3 AfA im Anschluss an nachträgliche Anschaffungs- oder Herstellungskosten bei Gebäuden – Herstellungskosten für ein neues Gebäude?

Sind für ein bestehendes Gebäude nachträgliche Anschaffungs- oder Herstellungskosten aufgewendet worden, so gilt für die weitere AfA Folgendes (R 7.4 Abs. 9 EStR und H 7.4 EStH):

In den Fällen der **normalen linearen Abschreibung** (§ 7 Abs. 4 **Satz 1** EStG) bemessen sich die AfA nach den Anschaffungs- oder Herstellungskosten des Gebäudes, vermehrt um die nachträglichen Anschaffungs- oder Herstellungskosten, und nach dem für das Gebäude maßgebenden Prozentsatz von 2 % oder 2,5 % (BFH-Urteile vom 20.2.1975, BStBl II S. 412 und vom 20.1.1987, BStBl II S. 491). Wird auf diese Weise die volle Absetzung innerhalb der tatsächlichen Nutzungsdauer nicht erreicht, so kann die AfA vom Zeitpunkt der Beendigung der nachträglichen Herstellungsarbeiten an nach der Restnutzungsdauer des Gebäudes bemessen werden, d. h. der Steuerpflichtige kann anstelle der Absetzung nach § 7 Abs. 4 Satz 1 EStG den Restbuchwert zusammen mit dem nachträglichen Anschaffungs- oder Herstellungskosten nach den Grundsätzen des § 7 Abs. 4 **Satz 2** EStG auf die tatsächliche Rest-Nutzungsdauer des Gebäudes verteilen und entsprechend höhere Absetzungen vornehmen (BFH-Urteil vom 7.6.1977, BStBl II S. 606).

In den Fällen der **erhöhten linearen Abschreibung** (§ 7 Abs. 4 **Satz 2** EStG) bemessen sich die weiteren AfA nach dem um die nachträglichen Anschaffungs- oder Herstellungskosten vermehrten Restwert und der neu zu schätzenden Restnutzungsdauer des Gebäudes (BFH-Urteil vom 25.11.1970, BStBl 1971 II S. 142). Aus Vereinfachungsgründen wird es aber von der Finanzverwaltung nicht beanstandet, wenn die weiteren Absetzungen nach dem bisher bei dem Gebäude angewandten Prozentsatz bemessen werden (R 7.4 Abs. 9 Satz 2 EStR).

In den Fällen der **degressiven Abschreibung** (§ 7 **Abs. 5** EStG) bemessen sich die weiteren AfA nach den um die nachträglichen Herstellungskosten erhöhten Herstellungskosten und dem für das Gebäude maßgebenden Prozentsatz (also z. B. 5 % oder 3,5 %). Beträge, die nicht bis zum Ablauf des in § 7 Abs. 5 EStG vorgesehenen Zeitraums (50 oder 40 Jahre) abgesetzt werden können, sind dann in den Folgejahren mit 2 % (§ 7 Abs. 4 EStG) abzusetzen (BFH-Urteil vom 20.1.1987, BStBl II S. 491). Nachträgliche Anschaffungs- oder Herstellungskosten sind bei der Vornahme von AfA nach § 7 Abs. 5 EStG gem. BFH-Urteil vom 15.11.2022 (IX R 14/20, BStBl II 2023 S. 374) grds. ab dem Jahr ihres Anfalls zusammen mit den bisherigen Herstellungs- und Anschaffungskosten des Gebäudes nach dem für diese geltenden Prozentsatz abzusetzen. Nimmt der Steuerpflichtige AfA nach§ 7i EStG (vgl. Tz 6.4.2) auf die Herstellungskosten für Baumaßnahmen zur Erhaltung eines denkmalgeschützten Gebäudes in Anspruch, erhöhen die – nach Ablauf des Begünstigungszeitraums für AfA nach§ 7i EStG angefallenen – nachträglichen Anschaffungskosten eines im gleichen Gebäude befindlichen Pkw-Tiefgaragenstellplatzes lediglich die Bemessungsgrundlage für den – nicht nach§ 7i EStG begünstigten – Teil der Anschaffungs- oder Herstellungskosten des Gebäudes, von dem der Kläger (weiterhin) AfA nach § 7 Abs. 5 EStG vornimmt.

Die nachträglichen Anschaffungs- oder Herstellungskosten können aus Vereinfachungsgründen im Jahr ihrer Entstehung bei der Bemessung der AfA so berücksichtigt werden, als wären sie **zu Beginn** dieses Jahres aufgewendet worden (R 7.4 Abs. 9 Satz 3 EStR).

Die obigen Ausführungen gelten grundsätzlich auch für einen **Ausbau**, einen **Umbau**, eine **Erweiterung** (BFH-Urteil vom 28.6.1977, BStBl II S. 725) oder eine **Modernisierung** des Gebäudes oder für eine nachträglich errichtete Baulichkeit, die – wie z. B. die zu einem Wohngebäude gehörende **Umzäunung** oder eine **Garage** – in einem engen Nutzungs- und Funktionszusammenhang mit dem bisher vorhandenen Gebäude steht (BFH-Urteile vom 15.12.1977, BStBl 1978 II S. 210; und vom 28.6.1983, BStBl 1984 II S. 196). Eine **gesonderte degressive AfA** (§ 7 Abs. 5, 5a EStG) für derartige Baulichkeiten und sonstigen Einrichtungen ist in diesen Fällen **unzulässig** (BFH-Urteile vom 20.2.1975, BStBl II S. 412 und vom 28.6.1983, BStBl 1984 II S. 196); dies gilt auch, wenn durch einen Ausbau des Dachgeschosses neue Wohnungen geschaffen werden, die in einem einheitlichen Nutzungs- und Funktionszusammenhang (vgl. Tz 1.7.4.3.) mit einer bereits vorhandenen Wohnung stehen (BFH-Urteil vom 7.7.1998, BStBl II S. 625).

Keine nachträglichen Herstellungskosten im o. g. Sinne, sondern **Herstellungskosten für ein neues Wirtschaftsgut** sind allerdings dann gegeben, wenn die nachträglichen Herstellungsarbeiten so umfassend waren, dass hierdurch ein **anderes Wirtschaftsgut**, also ein **Neubau**, entstanden ist, weil die eingefügten Neubauteile dem Gesamtgebäude das Gepräge geben (R 7.4 Abs. 9 Satz 5 EStR i. V. mit H 7.4 – Neubau – EStH). Ein **Neubau** – mit der Möglichkeit der **degressiven AfA** – liegt aber nur dann vor, wenn das Gebäude in bau**technischer** Hinsicht neu ist; das ist dann der Fall, wenn die tragenden Gebäudeteile (z. B. Fundamente, tragende Außen- und Innenwände, Geschossdecken und die Dachkonstruktion) in überwiegendem Umfang ersetzt werden (BFH-Urteil vom 25.5.2004, BStBl II S. 783). Ein Neubau ist aber nicht schon dann anzunehmen, wenn sich durch die Umgestaltung die Zweckbestimmung des Gebäudes ändert (BFH-Urteil vom 31.3.1992, BStBl II S. 808) und auch nicht, wenn durch die **rechtliche** Umwandlung eines Gebäudes Eigentumswohnungen entstehen (BFH-Urteil vom 24.11.1992, BStBl 1993 II S. 188). Die AfA bemisst sich aus der Summe des Buchwerts oder Restwerts des bisherigen Wirtschaftsguts und den nachträglichen Herstellungskosten. Aus Vereinfachungsgründen kann jedoch von der Herstellung eines **anderen** Wirtschaftsguts ausgegangen werden, wenn der im zeitlichen und sachlichen Zusammenhang mit der Herstellung des Wirtschaftsguts angefallene Bauaufwand zzgl. des Werts der Eigenleistung nach überschlägiger Berechnung den Verkehrswert des bisherigen Wirtschaftsguts übersteigt (R 7.3 Abs. 5 EStR).

Ein anderes (neues) Wirtschaftsgut entsteht z. B.,

- bei einem mit dem bestehenden Gebäude verschachtelten **Anbau**, wenn die Neubauteile dem Gesamtgebäude das Gepräge geben; hierfür sind regelmäßig die Größen- und Wertverhältnisse der Alt- und Neubauanteile maßgebend (BFH-Urteile vom 9.8.1974, BStBl 1975 II S. 342 und vom 18.8.1977, BStBl 1978 II S. 46 sowie H 7.4 – Neubau – EStH) oder
- bei einem **grundlegenden Umbau**, wenn das Gebäude in seinem Zustand so wesentlich verändert wird, dass es bei objektiver Betrachtung als **neues Wirtschaftsgut** erscheint (BFH-Urteile vom 26.1.1978, BStBl II S. 280: Scheune in Pferdeklinik und S. 363: alter Gasthof in moderne Gastwirtschaft; siehe weitere BFH-Urteile in H 7.3 – Nachträgliche Anschaffungs- oder Herstellungskosten – EStH) oder
- wenn durch einen Anbau **selbständige Wirtschaftsgüter** i. S. von R 4.2 Abs. 3 EStR (vgl. Tz 1.7.4.2) geschaffen werden.

Zur degressiven AfA bei **Baumaßnahmen an einem Dachgeschoss** (Ausbau des Dachbodens, Umbau, Erweiterung durch Aufstockung) siehe BMF-Schreiben vom 10.7.1996 (BStBl I S. 689).

1.7.4 Zulässigkeit gesonderter AfA für Gebäudeteile

Für die Bemessung der AfA dürfen Gebäude des Betriebsvermögens und des Privatvermögens nicht unterschiedlich behandelt werden (BFH-GrS, Beschluss vom 26.11.1973, BStBl 1974 II S. 132). Außerdem sind **Gebäude** hinsichtlich der AfA grundsätzlich als **Einheit** zu behandeln. **Unselbständige Gebäudeteile** sind deshalb **einheitlich mit dem Gebäude abzuschreiben**, zu dem sie gehören, gleichgültig, ob das Gebäude Privatvermögen oder Betriebsvermögen ist. Nur **selbständige Gebäudeteile** können **gesondert** vom Gebäude abgeschrieben werden.

Für die einzelnen **selbständigen Gebäudeteile** sind **unterschiedliche AfA-Methoden und AfA-Sätze** zulässig (R 4.2 Abs. 3 und Abs. 4 EStR sowie H 7.1 – Gebäudeteile – EStH). Dabei setzt die Vornahme (Beginn) der AfA **nicht** voraus, dass das einheitlich geplante Gebäude **insgesamt** fertiggestellt ist. Es genügt, dass **ein Teil** des Gebäudes, der einem eigenständigen Nutzungs- und Funktionszusammenhang dienen soll (wie z. B. die Geschäftsräume im Erdgeschoss) und deshalb ein selbständiges Wirtschaftsgut darstellt, abgeschlossen **erstellt** ist und **genutzt** wird.

Nach dem umstrittenen BFH-Urteil vom 9.8.1989 (BStBl 1991 II S. 132) sind dann die **gesamten** bisher angefallenen Herstellungskosten des Gebäudes – also z. B. auch die auf den Rohbau der übrigen, noch nicht nutzbaren Gebäudeteile entfallenden – Abschreibungsgrundlage z. B. für die degressive AfA nach § 7 Abs. 5 EStG. Unklar erscheint allerdings, wie zu verfahren ist, wenn später ein weiteres selbständiges Wirtschaftsgut, z. B. der Wohnzwecken dienende Gebäudeteil, fertiggestellt wird. Wurde zunächst eine **vermietete Wohnung** fertiggestellt und wurden bei deren AfA auch Herstellungskosten der noch nicht fertigen **eigengenutzten Wohnung** einbezogen, so sind nunmehr die gesamten Herstellungskosten auf die beiden Wohnungen aufzuteilen. Die für die vermietete Wohnung zu hohe AfA wird am Ende des Abschreibungszeitraums ausgeglichen, da das maßgebliche AfA-Volumen nicht höher als die auf die vermietete Wohnung entfallenden Herstellungskosten sein kann. Schwieriger ist die rechtliche Beurteilung, wenn zuerst ein zum notwendigen **Betriebsvermögen** gehörender Gebäudeteil fertiggestellt wird, der zunächst in voller Höhe der bisherigen Herstellungskosten zu aktivieren ist und abgeschrieben wird. Bei Fertigstellung des zu eigenen Wohnzwecken genutzten Gebäudeteils käme es dann zwangsweise zu einer ggf. gewinnerhöhenden Entnahme des anteiligen Grundstücks mit Gebäude. Dieses Ergebnis ist die unbefriedigende Folge des BFH-Urteils vom 9.8.1989 (a. a. O.). Die Finanzverwaltung räumt deshalb dem Steuerpflichtigen im Billigkeitswege ein **Wahlrecht** ein, ob er sich für diesen Weg der späteren Entnahme entscheiden oder auf die Aktivierung und damit die Einbeziehung in die AfA-Bemessungsgrundlage verzichten will. Wegen des umgekehrten Falles, dass **zunächst** eine nach § 10 e EStG begünstigte **eigengenutzte Wohnung** und danach erst die anderweitig genutzten Gebäudeteile fertiggestellt werden, vgl. Tz 4.3.3.1 und BMF-Schreiben vom 31.12.1994, BStBl I S. 887, Tz 53.

1.7.4.1 Unselbständige Gebäudeteile

Ein Gebäudeteil ist **unselbständig**, wenn er der eigentlichen Nutzung als Gebäude dient, wie **z. B. Fahrstuhl-, Be- und Entlüftungsanlagen, Heizungsanlagen** (BFH-Urteil vom 7.9.2000, BStBl 2001 II S. 253), ebenso die zur Beheizung einer Fabrikanlage verwendeten **Lufterhitzer** (BFH-Urteil vom 20.3.1975, BStBl II S. 689), die **Sprinkler-(Feuerlösch)Anlagen** einer Fabrik oder eines Warenhauses (BMF-Schreiben vom 31.5.1985, BStBl I S. 205), **Bäder und Duschen** eines Hotels (BFH-Urteil vom 12.8.1982, BStBl II S. 782) oder **Rolltreppen** eines Kaufhauses (BFH-Urteil vom 12.1.1983, BStBl II S. 223). Unselbständige Gebäudeteile sind auch räumlich vom Gebäude getrennt errichtete Baulichkeiten, die in einem so engen Nutzungs- und Funktionszusammenhang mit dem Gebäude stehen, dass es ohne diese Baulichkeiten als unvollständig erscheint, z. B. eine **Umzäunung** eines Mietwohngrundstücks (BFH-Urteil vom 15.12.1977, BStBl 1978 II S. 210) oder eine **Garage** bei einem Wohngebäude (BFH-Urteil vom 28.6.1983, BStBl 1984 II S. 196), siehe auch R 4.2 Abs. 5 EStR und H 4.2 Abs. 5 – Unselbständige Gebäudeteile – EStH.

Die Verwaltungsauffassung zur steuerlichen Behandlung eines in ein Gebäude eingebauten **Blockheizkraftwerkes** hat sich geändert. Es wird **nicht mehr** wie ein **selbständiges bewegliches Wirtschaftsgut** behandelt, sondern als wesentlicher Bestandteil des Gebäudes. Aus Vertrauensschutzgründen wird dem Steuerpflichtigen ein Wahlrecht eingeräumt, die bisherige Verwaltungsauffassung ist weiterhin anzuwenden. Dieses – verlängerte – **Wahlrecht** galt für Blockheizkraftwerke, die **vor dem 31.12.2015** angeschafft, hergestellt oder verbindlich bestellt worden sind. Das Wahlrecht war gegenüber dem Finanzamt im Rahmen der Einkommensteuererklärung spätestens für VZ 2015 auszuüben. Fälle, in denen das Blockheizkraftwerk unmittelbar einem Gewerbebetrieb dient (als Betriebsvorrichtung), sind aber nicht betroffen.

Eine **gesonderte AfA** für solche Gebäudeteile ist auch dann **nicht zulässig**, wenn das Gebäude zum Betriebsvermögen gehört.

1.7.4.2 Selbständige Gebäudeteile

Gebäudeteile, die besonderen Zwecken dienen, mithin in einem von der eigentlichen Gebäudenutzung **verschiedenen Nutzungs- und Funktionszusammenhang** stehen, sind selbständige Wirtschaftsgüter (R 4.2 Abs. 3 und Abs. 4 EStR) und deshalb gesondert vom Gebäude abzuschreiben (H 7.1 – Gebäudeteile – EStH). Dies gilt insbesondere für:

- **Betriebsvorrichtungen**
  Zum Begriff vgl. Tz 1.2.1 (siehe auch R 7.1 Abs. 3 EStR und H 7.1 – Betriebsvorrichtungen – EStH).
  Betriebsvorrichtungen werden steuerlich stets wie **bewegliche Wirtschaftsgüter behandelt**; die Abschreibung bemisst sich deshalb nach § 7 Abs. 1 oder 2 EStG.
- **Scheinbestandteile**, d. h. Einbauten für vorübergehende Zwecke (§ 95 Abs. 2 BGB)
  Dazu gehören die vom Steuerpflichtigen für seine eigenen Zwecke vorübergehend eingefügten Anlagen sowie die vom Vermieter oder Verpächter zur Erfüllung besonderer Bedürfnisse des Mieters oder Pächters eingefügten Anlagen, deren Nutzungszeit nicht länger als die Laufzeit des Vertragsverhältnisses ist (R 7.1 Abs. 4 EStR sowie H 7.1 – Scheinbestandteile – EStH);
- **Ladeneinbauten**, **Schaufensteranlagen**, **Gaststätteneinbauten**, **Schalterhallen von Kreditinstituten sowie ähnliche Einbauten**, die einem schnellen Wandel des modischen Geschmacks unterliegen, und zwar auch dann, wenn sie in Neubauten eingefügt werden (BFH-Urteil vom 29.3.1965, BStBl II S. 291). Als Herstellungskosten dieser Einbauten kommen nur Aufwendungen für Gebäudeteile in Betracht, die statisch für das gesamte Gebäude unwesentlich sind, z. B. Aufwendungen für

Trennwände, Fassaden, Passagen sowie für die Beseitigung und Neuerrichtung von nichttragenden Wänden und Decken (R 4.2 Abs. 3 Nr. 3 EStR).
Bei der Bemessung der voraussichtlichen Nutzungsdauer der o.g. Wirtschaftsgüter, die vor dem 1.1.1995 angeschafft oder hergestellt worden sind, wird – auch weiterhin – nicht beanstandet, wenn diese Gebäudeteile **in fünf bis zehn Jahren abgeschrieben** werden. Für Ladeneinbauten, die nach dem 31.12.1994 angeschafft oder hergestellt werden oder wurden, nimmt die Finanzverwaltung eine betriebsgewöhnliche Nutzungsdauer von **sieben Jahren** und anschließend einen AfA-Satz von 14 % an (BMF-Schreiben vom 30.5.1996, BStBl I S. 643). Nach den AfA-Tabellen des BMF vom 15.12.2000, BStBl I S. 1532 ff. wird für Ladeneinbauten, Gaststätteneinbauten, Schaufensteranlagen und -einbauten, die **nach dem 31.12.2000** hergestellt worden sind, eine Nutzungsdauer von **acht Jahren** und folglich nur noch eine jährliche AfA von 12,5 % anerkannt.

- **Sonstige Mietereinbauten** (R 4.2 Abs. 3 Nr. 4 EStR)
  Mietereinbauten und Mieterumbauten, die der Mieter (Pächter) in den gemieteten Räumen auf eigene Rechnung vornimmt, sind als **selbständige** materielle Wirtschaftsgüter dem Mieter zuzurechnen und bei diesem ggf. (als Betriebsvermögen) zu aktivieren (BFH-Urteile vom 26.2.1975 und vom 21.2.1978, BStBl II S. 345). Sie sind als **bewegliche** Wirtschaftsgüter anzusehen, wenn der Mieter sachenrechtlicher Eigentümer ist (wie z.B. bei den o.g. Scheinbestandteilen nach § 95 Abs. 2 BGB) oder wenn eine sog. Betriebsvorrichtung des Mieters gegeben ist (zum Begriff siehe die obigen Hinweise). Sie sind als **unbewegliche** Wirtschaftsgüter zu behandeln und **nach den für Gebäude geltenden Grundsätzen abzuschreiben**, wenn sie in einem vom Gebäude **verschiedenen Nutzungs- und Funktionszusammenhang** stehen (BFH-GrS vom 26.11.1973, BStBl 1974 II S. 132) **oder** wenn der Mieter **wirtschaftlicher Eigentümer** der Einbauten ist, z.B. weil deren Nutzungsdauer kürzer als die Mietzeit ist oder der Mieter die Einbauten nach Ablauf der Mietzeit entfernen muss oder darf (BFH-Urteil vom 27.2.1991, BStBl II S. 628) oder z.B. weil der Mieter bei Beendigung des Nutzungsverhältnisses einen Anspruch auf eine Entschädigung in Höhe des Restwerts der Einbauten hat (BFH-Urteile vom 28.7.1993, BStBl 1994 II S. 164, vom 15.10.1996, BStBl 1997 II S. 533 und vom 11.6.1997, BStBl II S. 774). In solchen Fällen können die Aufwendungen für Mietereinbauten nach den allgemeinen Regeln für Gebäude abgeschrieben werden, sofern der Mieter (Pächter) die Kosten getragen hat und das Gebäude tatsächlich nutzt (BFH-Urteile vom 15.10.1996, a.a.O. und vom 11.6.1997, a.a.O.). Wegen weiterer Einzelheiten vgl. auch BMF-Schreiben vom 15.1.1976, BStBl I S. 66. Liegt kein Herstellungsaufwand vor, kann sofort abzugsfähiger Erhaltungsaufwand des Mieters gegeben sein (BFH-Urteil vom 21.2.1978, BStBl II S. 345). Eine Kürzung der Nutzungsdauer auf die Dauer des Pachtvertrages ist nach dem BFH-Beschluss vom 19.6.2015 (III B 2/14, BFH/NV S. 1385) nicht möglich.
- **Sonstige selbständige Gebäudeteile** (vgl. Tz 1.7.4.3).

1.7.4.3 Sonstige selbständige Gebäudeteile

Auch sonstige Gebäudeteile können unter bestimmten Voraussetzungen selbständige Wirtschaftsgüter sein. Bei einem **Gebäude,** das **teils eigenbetrieblich, teils fremdbetrieblich, teils zu eigenen, teils zu fremden Wohnzwecken genutzt** wird, ist hinsichtlich jedes dieser Teile ein selbständiges Wirtschaftsgut anzunehmen, weil das Gebäude in verschiedenen Nutzungs- und Funktionszusammenhängen steht (R 4.2 Abs. 4 EStR).

Die Anschaffungs- oder Herstellungskosten des gesamten Gebäudes sind auf die einzelnen Gebäudeteile aufzuteilen. Die AfA bemessen sich für jedes dieser selbständigen Gebäudeteile nach **dem Teil der Anschaffungs- oder Herstellungskosten** des Gebäudes, der anteilig auf diesen Gebäudeteil entfällt. Für die Aufteilung ist das **Verhältnis der Nutzfläche** des Gebäudeteils zur Nutzfläche des ganzen Gebäudes maßgebend, es sei denn, die Aufteilung nach dem Verhältnis der Nutzflächen führt zu einem unangemessenen Ergebnis. Aus Vereinfachungsgründen kann von einer Aufteilung aber abgesehen werden, wenn sie aus steuerlichen Gründen nicht erforderlich ist, weil sich z.B. wegen **einheitlicher AfA** eine steuerliche Auswirkung nicht ergibt. Die **Nutzfläche** ist in sinngemäßer Anwendung der §§ 43, 44 der II. BVO i. V. mit der WoFlV zu ermitteln (R 4.2 Abs. 6 EStR). Die Nutzfläche umfasst insbesondere die Grundfläche aller den Wohnzwecken dienenden Räume und die Grundfläche aller gewerblich und beruflich genutzten Räume, demnach auch die sog. Zubehörräume (vgl. unten). Alle diese Räume sind sonach rechnerisch in die gesamte Nutzfläche einzubeziehen.

Auch hier kann sich der Steuerpflichtige u.E. auf die für ihn günstigste Berechnungsmethode (Schätzungsmethode) berufen (BFH-Urteil vom 21.2.1990, BStBl II S. 578), z.B. darauf, dass die **Zubehörräume** im o.g. Sinne, also **Keller, Waschküchen, Abstellräume** außerhalb der Wohnung, **Dachböden, Trockenräume, Schuppen** (Holzlegen), **Garagen** und ähnliche Räume **ausschließlich privat** genutzt werden (BFH-Urteil vom 21.2.1990, a.a.O.). Dies muss jedenfalls solange gelten, als diese Räume nicht eindeutig für betriebliche oder berufliche Zwecke verwendet werden. Flächen, die **allen** Gebäudeteilen dienen (z.B. Treppenhaus, Fahrstuhl, Heizungsanlage, Hausmeisterwohnung), sind nicht unmittelbar in diese Regelung einzubeziehen, sondern nach dem **ohne** sie ermittelten Verhältnis aufzuteilen.

Garagen, die auf dem Gelände eines großen Mietwohnungskomplexes nachträglich errichtet werden, sind nach dem BFH-Urteil vom 22.9.2005 (BStBl 2006 II S. 169) dann als selbständige Wirtschaftsgüter gesondert abzuschreiben, wenn ihre Errichtung nicht Bestandteil der Baugenehmigung für das Mietwohngebäude war und kein enger Zusammenhang zwischen der Nutzung der Wohnungen und der Garagen besteht, weil die Zahl der Garagen hinter der Zahl der Wohnungen deutlich zurückbleibt und die Garagen zum Teil an Dritte vermietet sind.

Für die einzelnen Gebäudeteile sind **unterschiedliche AfA-Methoden und AfA-Sätze zulässig** (vgl. Tz 1.7.4). Wegen der AfA bei nachträglichen Anschaffungs- oder Herstellungskosten bei Gebäuden sowie zur Abgrenzung von der Herstellung eines neuen Gebäudes vgl. Tz 1.7.3. Wird der Nutzungsumfang eines Gebäudeteils infolge einer **Nutzungsänderung** des Gebäudes ausgedehnt, so bemessen sich die weiteren AfA von der neuen Bemessungsgrundlage insoweit nach der linearen AfA (R 7.4 Abs. 10 Satz 2 EStR).

1.7.4.4 Hochwertige Wohngebäude – Schwimmbäder/Schwimmhallen, Außenanlagen, Tennisplätze u.Ä.: Marktmiete oder Kostenmiete bis 1998

Da die Besteuerung des Nutzungswerts für die eigengenutzte Wohnung 1998 ausgelaufen ist, kommt der Frage, in welchen Fällen als Nutzungswert der eigengenutzten Wohnung die Marktmiete oder die Kostenmiete (und ggf. in welcher Höhe) anzusetzen ist, bereits **seit 1999 keine Bedeutung** mehr zu. Wegen der Rechtslage bis 1998 einschließlich vgl. zuletzt die Anleitung zur ESt-Erklärung **1998,** Teil II Tz 1.7.4.4.

1.7.5 Erhöhte Absetzungen für Schutzräume

Für Schutzräume, die den Erfordernissen der §§ 2 bis 4 des Schutzbaugesetzes (SchBauG) vom 9.9.1965 (BStBl I S. 543) entsprechen, können an Stelle der nach § 7 EStG zu bemessenden Absetzungen für Abnutzung nach Maßgabe der §§ 7 und 12 Abs. 3 SchBauG **im Jahr der Fertigstellung und den elf folgenden Jahren** erhöhte Absetzungen bis zu einem **Höchstbetrag** vorgenommen werden. Dies gilt für Schutzräume in Gebäuden des Betriebsvermögens und des Privatvermögens. Bei Einkünften aus Vermietung und Verpachtung sind die erhöhten Absetzungen in **Zeile 39 der Anlage V** geltend zu machen.

Bemessungsgrundlage für die erhöhten Absetzungen sind die **tatsächlichen Herstellungskosten** für den Schutzraum, **vermindert** um etwa gewährte öffentliche oder private Zuschüsse. Die Herstellungskosten eines Schutzraumes sind bei Neubauten von den übrigen Gebäudeherstellungskosten regelmäßig nur im Schätzungswege zu trennen. Deshalb kann bei Hausschutzräumen aus **Vereinfachungsgründen** davon ausgegangen werden, dass die tatsächlichen Herstellungskosten nicht niedriger sind als der nach der bezeichneten Verordnung maßgebende Höchstbetrag. Bei der Feststellung des maßgebenden Höchstbetrags ist die Zahl der Schutzplätze zugrunde zu legen, die in der Bestätigung i.S. des § 9 SchBauG angegeben ist.

Die zulässigen erhöhten Absetzungen können **jährlich bis zur Höhe von 10 %** der berücksichtigungsfähigen Herstellungskosten geltend gemacht werden. Eine Überschreitung der Grenze von 10 % ist auch dann nicht zulässig, wenn in einem oder mehreren der vorangegangenen Jahre die erhöhten Absetzungen mit weniger als jeweils 10 % in Anspruch genommen worden sind (BFH-Urteil vom 3.7.1984, BStBl II S. 709). Eine Nachholung der in den Vorjahren nicht ausgenutzten erhöhten Absetzungen ist nur in der Weise zulässig, dass bis zur vollen Absetzung der Anschaffungs-/Herstellungskosten des Schutzraums erhöhte Absetzungen bis zu jeweils 10 % auch im zehnten und elften auf das Jahr der Fertigstellung des Gebäudes folgende Jahr vorgenommen werden. Ein danach etwa noch verbleibender Restwert ist den Anschaffungs- oder Herstellungskosten des Gebäudes hinzuzurechnen und die weiteren AfA nach dem für das Gebäude maßgebenden Prozentsatz zu bemessen.

2. Betriebsausgaben 2025

2.1 Begriff

Betriebsausgaben sind die Aufwendungen, die **durch den Betrieb veranlasst** sind (§ 4 Abs. 4 EStG). Sie sind von den Aufwendungen für die Lebensführung (sog. Lebenshaltungskosten) zu unterscheiden, die grundsätzlich nicht abzugsfähig sind, es sei denn, sie gehören zu den im EStG erschöpfend aufgezählten Sonderausgaben. Eine besondere Regelung gilt für **betrieblich** veranlasste Aufwendungen, welche »die Lebensführung des Steuerpflichtigen oder anderer Personen **berühren**«; sie scheiden bei der Gewinnermittlung (nur) insoweit aus, als sie unter Berücksichtigung der **allgemeinen Verkehrsauffassung** als **unangemessen** anzusehen sind (§ 4 Abs. 5 Satz 1 Nr. 7 EStG).

Die **Abgrenzung** der abzugsfähigen **Betriebsausgaben** von den nicht abzugsfähigen **Lebenshaltungskosten** ist deshalb schwierig, weil bei Lebenshaltungskosten oft ein Zusammenhang mit der gewerblichen oder beruflichen Tätigkeit des Steuerpflichtigen besteht. In solchen Fällen ist zu prüfen, ob und in welchem Umfang die Aufwendungen ausschließlich betrieblichen Zwecken dienen und nichts mit dem Privatleben zu tun haben. Dienen die Aufwendungen **ausschließlich** betrieblichen Zwecken, so sind sie abzugsfähig. Sind die Aufwendungen nur zum Teil durch betriebliche Zwecke veranlasst worden und lässt sich dieser Teil der Aufwendungen von den Ausgaben, die ganz oder teilweise der privaten Lebensführung gedient haben, **leicht und einwandfrei trennen**, so sind die Aufwendungen **insoweit als Betriebsausgaben** zu berücksichtigen. Lässt sich eine Trennung der Aufwendungen in Betriebsausgaben und in Lebenshaltungskosten jedoch **nicht leicht und einwandfrei** durchführen, so gehört der gesamte Betrag derartiger Aufwendungen zu den **nicht abzugsfähigen** Ausgaben. Der **Große Senat** des BFH hat mit **Beschluss vom 21.9.2009** (BStBl 2010 II S. 672) entschieden, dass – entgegen der früheren Auffassung der Finanzverwaltung – § 12 Nr. 1 Satz 2 EStG kein allgemeines Aufteilungs- und Abzugsverbot von Aufwendungen normiere, die sowohl durch die Einkunftserzielung als auch privat veranlasste Teile enthalten (gemischte Aufwendungen). Gegenstand des Verfahrens war die Dienstreise eines EDV-Controllers zu einer Computer-Messe in Las Vegas. Die Fachveranstaltungen fanden vom Montagvormittag bis Donnerstag am frühen Nachmittag statt. Der Steuerpflichtige reiste am Freitag der Vorwoche an und erst am Samstag der Tagungswoche zurück. Das Finanzamt gewährte zwar einen Abzug für die Tagungsgebühren, nicht jedoch für die Reisekosten (Flugkosten, Verpflegungsmehraufwand und Übernachtungskosten), da diese Aufwendungen nicht aufgeteilt werden könnten. Der Große Senat des BFH entschied, dass eine zeitanteilige Aufteilung (4/7 beruflich, 3/7 privat) möglich sei, und ließ einen entsprechenden Abzug als Werbungskosten bei den Einkünften aus nichtselbständiger Arbeit zu.

Die Finanzverwaltung nahm diesen Beschluss zum Anlass, insgesamt die Behandlung sog. gemischter Aufwendungen neu zu regeln, siehe **BMF-Schreiben vom 6.7.2010** (BStBl I S. 614). Danach wird der Grundsatz aufgestellt, dass alle gemischten Aufwendungen in als Betriebsausgaben oder Werbungskosten abziehbare sowie in privat veranlasste und damit nicht abziehbare Teile aufgeteilt werden können. Voraussetzung sei – wie bisher allerdings auch –, dass ein nach objektiven Kriterien aufgestellter Maßstab Grundlage für die Aufteilung ist (BMF-Schreiben vom 6.7.2010, a. a. O., Rn 3). Einzig Aufwendungen, die durch Vorschriften zur Berücksichtigung des steuerlichen Existenzminimums (Grundfreibetrag, Freibeträge für Kinder) pauschal abgegolten sind, könnten nicht aufgeteilt werden (Rn 4). Dazu zählt das BMF-Schreiben Kosten der Lebensführung, wie z. B. Aufwendungen für Wohnung, Ernährung, Kleidung, allgemeine Schulausbildung, Kindererziehung, persönliche Bedürfnisse des täglichen Lebens (z. B. Erhaltung der Gesundheit, Pflege, Hygieneartikel), Zeitung, Rundfunk oder Besuch kultureller und sportlicher Veranstaltungen sowie den in § 12 Nr. 1 Satz 2 EStG beschriebenen Repräsentationsaufwand. Für andere Aufwendungen muss anhand des individuellen Einzelfalls geprüft werden, in welchem Umfang eine betrieblich/beruflich oder private Veranlassung vorliegt. Bei einer untergeordneten betrieblichen/beruflichen Mitveranlassung (< 10 %) sind die Aufwendungen in vollem Umfang nicht als Betriebsausgaben/Werbungskosten abziehbar (Rn 11).

BEISPIEL 1:
Ein Steuerpflichtiger nimmt während seiner 14-tägigen Urlaubsreise an einem vor Ort stattfindenden eintägigen Fachseminar teil. Die Aufwendungen für die Urlaubsreise (Flug, Übernachtung etc.) können nicht mit 1/14 als Betriebsausgaben/Werbungskosten abgezogen werden, weil die betriebliche/berufliche Mitveranlassung von untergeordneter Bedeutung ist (< 10 %). Die Aufwendungen, die unmittelbar mit dem Seminar zusammenhängen (Seminargebühren, Fahrtkosten vom Urlaubsort zum Tagungsort etc.) sind jedoch ausschließlich betrieblich/beruflich veranlasst und daher als Betriebsausgaben/Werbungskosten abziehbar.

Neben der **Aufteilung nach Zeitanteilen** lässt das BMF **auch Mengen- oder Flächenanteile sowie Aufteilung nach Köpfen** als geeignete Kriterien zu (BMF-Schreiben vom 6.7.2010, a. a. O., Rn 15).

BEISPIEL 2:
An der Feier zum 30. Firmenjubiläum eines Unternehmers nehmen neben 80 Kunden, Geschäftsfreunden und Mitarbeitern auch 20 private Gäste des Firmeninhabers teil. Die Gesamtkosten der Feier betragen 5 000 €, auf Essen und Getränke entfallen 4 000 €. Nach dem BMF-Schreiben vom 6.7.2010 (a. a. O.) können die Gesamtkosten nach Köpfen aufgeteilt werden mit der Folge, dass 80 % der Gesamtkosten betrieblich veranlasst sind. Zum Abzug der Höhe nach bei Bewirtungskosten vgl. Tz 2.3.

Soweit der BFH bisher die Abziehbarkeit bestimmter gemischter Aufwendungen mangels objektiver Aufteilungsmaßstäbe abgelehnt hatte, ist nach BMF-Schreiben vom 6.7.2010 (a. a. O., Rn 19) auch nach dem Beschluss des Großen Senats vom 21.9.2009 (a. a. O.) von einer Nichtabziehbarkeit entsprechender Aufwendungen auszugehen. Das sind z. B. Aufwendungen für Sicherheitsmaßnahmen eines Steuerpflichtigen zum Schutz von Leben, Gesundheit, Freiheit und Vermögen seiner Person (BFH-Urteil vom 5.4.2006, BStBl II S. 541), Aufwendungen einer Landärztin für einen Schutzhund (BFH-Urteil vom 29.3.1979, BStBl II S. 512), Kosten für den Erwerb eines Führerscheins (BFH-Urteil vom 8.4.1964, BStBl III S. 431) oder Reisekosten zur Erholung und zur Aktualisierung von Lehrbüchern an ausländischen Ferienorten (BFH-Urteil vom 7.5.2013, BStBl II S. 808). Auf der anderen Seite hat der BFH mit Urteil vom 16.3.2022 (VIII R 33/18, BStBl II S. 614) entschieden, dass Aufwendungen für Kleidung nur dann als Betreibsausgaben zu berücksichtigen sind, wenn es sich um typische Berufskleidung i. S. des § 9 Abs. 1 Satz 3 Nr. 6 EStG handelt. Die frühere Rspr., wonach bürgerliche Kleidung, die nach ihrer Beschaffenheit nicht nur nahezu ausschließlich beruflich, sondern vor allem auch privat genutzt werden kann, als typische Berufskleidung angesehen werden konnte (z. B. der schwarze Anzug eines Leichenbestatters, der schwarze Anzug und schwarze Hosen eines Oberkellners, der schwarze Anzug eines katholischen Geistlichen), sieht der BFH inzwischen als überholt an.

Für weitere Einzelheiten zur Behandlung gemischter Aufwendungen, insbesondere als Werbungskosten bei den Einkünften aus nichtselbständiger Arbeit, vgl. Teil I Tz 11.12.7 unter Erläuterungen zur Anlage N.

Obwohl es sich aufgrund einer betrieblichen Veranlassung bestimmter Aufwendungen begrifflich um Betriebsausgaben handelt, schränkt **§ 4 Abs. 5 Satz 1 EStG** gleichwohl den Abzug ein. Zu beachten sind besonders die Vorschriften über die Abzugsfähigkeit von **Aufwendungen für Geschenke**, für die **Bewirtung aus geschäftlichem Anlass** und für **Gästehäuser** sowie für andere, die **Lebensführung berührende Ausgaben**, durch die eine Eindämmung des sog. Spesenunwesens erreicht werden soll.

Wichtige Grundsätze werden nachfolgend dargestellt.

2.2 Aufwendungen für Geschenke, Bestechungs- und Schmiergelder

2.2.1 Aufwendungen für Geschenke

Aufwendungen für betrieblich veranlasste **Geschenke** an natürliche Personen, die **nicht** Arbeitnehmer des Steuerpflichtigen sind, oder an juristische Personen sind **grundsätzlich** nicht als Betriebsausgaben abzugsfähig (Abzugsverbot des § 4 Abs. 5 Satz 1 Nr. 1 EStG; R 4.10 Abs. 2 EStR). Dagegen sind Geschenke des Arbeitgebers **an Arbeitnehmer** in unbegrenzter Höhe abzugsfähige Betriebsausgaben, aber in aller Regel auch Arbeitslohn des Arbeitnehmers. Personen, die zu dem Steuerpflichtigen aufgrund eines Werkvertrags oder eines Handelsvertretervertrags in ständiger Geschäftsbeziehung stehen, sind den Arbeitnehmern des Steuerpflichtigen **nicht** gleichgestellt, sodass für sie das Abzugsverbot ebenfalls von Bedeutung ist. Übt ein Angestellter (z. B. Chefarzt eines Krankenhauses) unter Mithilfe anderer Angestellter desselben Arbeitgebers (z. B. des Krankenhauses) auch eine selbständige Tätigkeit (z. B. eine freiberufliche Praxis) aus, so handelt es sich bei diesen Mitarbeitern nicht um Arbeitnehmer des angestellten Chefarztes und auch nicht des zugleich selbständig tätigen Chefarztes, sodass das Abzugsverbot ebenfalls gilt (BFH-Urteil vom 8.11.1984, BStBl 1985 II S. 286).

Eine **Ausnahme** von dem Abzugsverbot gilt jedoch für Geschenke, wenn die **Anschaffungs- oder Herstellungskosten aller einem Empfänger in einem Wj. zugewendeten Geschenke insgesamt 50 € nicht** übersteigen. Es handelt sich um eine **Freigrenze. Übersteigen** die Anschaffungs- oder Herstellungskosten eines Geschenks oder ggf. aller Geschenke im Wj. an einen Empfänger **den Betrag von 50 €, so entfällt der Abzug** sonach **in vollem Umfang**. Die Freigrenze von **50 €** gilt für Wj., die **nach dem 31.12.2023** beginnen (vorher 35 €). Entstehen die Aufwendungen für ein Geschenk in einem anderen Wj. als dem, in dem der Gegenstand zugewendet wird, und haben sich die Aufwendungen in dem Wj., in dem sie gemacht wurden, gewinnmindernd ausgewirkt, so ist, wenn eine Nichtabzugsfähigkeit nach den obigen Ausführungen gegeben ist, im Wj. der Schenkung eine entsprechende Gewinnerhöhung vorzunehmen (R 4.10 Abs. 2 Satz 3 EStR). Es sind nicht nur **alle Geschenke** an den gleichen Empfänger im Laufe eines Wj. **zusammenzurechnen**, sondern **auch** diejenigen an seine **Ehefrau/seinen Lebenspartner** und die von ihm abhängigen **Kinder**. Bei Kapitalgesellschaften und anderen juristischen Personen handelt es sich um **einen** Empfänger. Bei Zuwendungen an einzelne Personengesellschafter ist auf den Gesellschafter abzustellen.

Zu den **Anschaffungs- oder Herstellungskosten** rechnen auch die Kosten einer (jedoch nicht erforderlichen) **Kennzeichnung** als Werbeträger (Werbehinweis). Die **Umsatzsteuer** gehört nicht zu den Anschaffungs- oder Herstellungskosten, soweit sie als Vorsteuer abziehbar ist und umgekehrt (§ 9b EStG; dabei ist das eigentliche Abzugsverbot für Vorsteuerbeträge des § 15 Abs. 1a Nr. 1 UStG außer Acht zu lassen, R 4.10 Abs. 3 EStR).

BEISPIEL:
(vgl. H 9b – Freigrenze für Geschenke nach § 4 Abs. 5 Satz 1 Nr. 1 EStG – EStH)
Ein Unternehmer erwirbt ein Geschenk, dessen Bruttokaufpreis 59,50 € beträgt (darin enthaltene Vorsteuer 19 % = 9,50 €).
a) Bei Unternehmern mit Umsätzen, die zum Vorsteuerabzug berechtigen, ist für die Bemessung der Freigrenze auf den Nettowarenwert i. H. von 50 € abzustellen. Die Freigrenze von 50 € wird nicht überschritten.
b) Bei Unternehmern mit Umsätzen, die nicht zum Vorsteuerabzug berechtigen, ist für die Bemessung der Freigrenze auf den Bruttowert abzustellen. Die Freigrenze von 50 € wird überschritten.

Die vom Schenker bezahlten **Versandkosten** (Fracht- und Portokosten) gehören ebenfalls nicht zu den Anschaffungskosten, sondern zu den Vertriebskosten, und zwar auch bei unmittelbarem Versand durch den Lieferanten im Namen und für Rechnung des Schenkers (z. B. Versendung eines Weinpräsents unmittelbar durch das Weingut). Auch die Verpackungskosten des Schenkers für die Übersendung an den Beschenkten sind keine Anschaffungskosten.

Geschenke i. S. des § 4 Abs. 5 Satz 1 Nr. 1 Satz 1 EStG sind **unentgeltliche Zuwendungen**. Unentgeltlichkeit liegt vor, wenn die Zuwendung **nicht als Gegenleistung** für eine bestimmte Leistung des Empfängers gedacht ist und nicht in einem unmittelbaren zeitlichen oder wirtschaftlichen Zusammenhang mit einer solchen Leistung steht (BFH-Urteile vom 18.2.1982, BStBl 1982 II S. 394; vom 20.8.1986, BStBl 1987 II S. 108; und vom 12.10.2010, I R 99/09, juris). Geschenke i. S. des § 4 Abs. 5 Satz 1 Nr. 1 EStG dienen dazu, das Ansehen des Zuwendenden zu stärken, eine Geschäftsbeziehung zu pflegen oder neue Kunden zu werben. Die Übernahme der **pauschalen ESt nach § 37b EStG** (vgl. Tz 2.10) für ein Geschenk unterliegt als weiteres Geschenk dem Abzugsverbot des § 4 Abs. 5 Satz 1 Nr. 1 EStG, soweit bereits der Wert des Geschenks selbst oder zusammen mit der übernommenen pauschalen Einkommensteuer den Betrag von 35 € (im Urteilsfall, jetzt: 50 €) übersteigt (BFH-Urteil vom 30.3.2017, BStBl II S. 892). In einer Fußnote zur Veröffentlichung im BStBl II hat die Finanzverwaltung allerdings darauf hingewiesen, dass das BMF-Schreiben vom 19.5.2015 (BStBl I S. 468) weiterhin gilt, wonach in Rn 26 allein auf die Abziehbarkeit des Geschenks selbst abgestellt wurde.

Die Unentgeltlichkeit wird jedoch nicht schon dadurch ausgeschlossen, dass mit der Zuwendung der Zweck verfolgt wird, nur das Wohlwollen des Gedachten zu erlangen oder Geschäftsbeziehungen zu sichern oder zu verbessern oder für ein Erzeugnis zu werben (R 4.10 Abs. 4 EStR). Ist eine Gegenleistung feststellbar, handelt es sich um kein Geschenk, sodass das Abzugsverbot nicht greift. Ein Geschenk ist dagegen regelmäßig anzunehmen, wenn ein Steuerpflichtiger einem Geschäftsfreund oder dessen Beauftragtem **ohne rechtliche Verpflichtung und ohne zeitlichen oder sonstigen unmittelbaren Zusammenhang mit einer Leistung** des Empfängers eine Bar- oder Sachzuwendung gibt (z. B. aus Freundschaft, zu Weihnachten oder zu dessen Geburtstag). Gegenstand der Zuwendung können aber auch unentgeltlich eingeräumte sonstige geldwerte Vorteile sein, wie z. B. die Zuwendung einer unentgeltlichen oder verbilligten **Reise** (BFH-Urteil vom 23.6.1993, BStBl II S. 806) oder von **Theaterkarten, Eintrittskarten** oder **Gutscheinen**. Zum Begriff des Geschenks siehe auch BFH-Urteile vom 18.2.1982 (BStBl II S. 394), vom 20.8.1986 (BStBl 1987 II S. 108) und vom 28.11.1986 (BStBl 1987 II S. 296). Auch ein **Schulderlass** kann ein Geschenk sein. Es ist ohne Bedeutung, ob der Empfänger ein Inländer oder ein Ausländer ist oder ob er im Inland oder Ausland ansässig ist.

Keine Geschenke – und sonach ohne Einschränkung abzugsfähige Betriebsausgaben, falls betrieblich veranlasst – sind beispielsweise

- Kränze und Blumen bei Beerdigungen,
- Spargeschenkgutscheine der Kreditinstitute und darauf beruhende Gutschriften auf dem Sparkonto anlässlich der Eröffnung des Sparkontos oder weiterer Einzahlungen,
- Preise anlässlich eines Preisausschreibens oder einer Auslobung (§§ 657 ff. BGB).

Zu den Geschenken rechnen dagegen **nicht** die Bewirtung, die damit verbundene Unterhaltung und die Beherbergung von Geschäftsfreunden aus geschäftlichem Anlass; sie fallen unter § 4 Abs. 5 Satz 1 Nr. 2 und Nr. 3 EStG (vgl. Tz 2.3 und Tz 2.4).

Eine **zweite Ausnahme vom Abzugsverbot** besteht für zugewendete **Wirtschaftsgüter**, die **beim Empfänger ausschließlich betrieblich genutzt** werden können (R 4.10 Abs. 2 Satz 4 EStR).

Wendete der Steuerpflichtige seinen von der **Corona-Krise** unmittelbar und nicht unerheblich negativ betroffenen Geschäftspartnern zum Zwecke der Aufrechterhaltung der Geschäftsbeziehungen in angemessenem Umfang unentgeltlich Leistungen aus seinem Betriebsvermögen zu, warennach dem BMF-Schreiben vom 9.4.2020 (BStBl I S. 498) bis zum 31.12.2023 (BMF-Schreiben vom 15.12.2021, BStBl I S. 2476, und vom 12.12.2022, BStBl I S. 1677) die Aufwendungen **in voller Höhe als Betriebsausgaben abziehbar**. § 4 Abs. 5 Satz 1 Nr. 1 EStG sollte insoweit aus Billigkeitsgründen nicht anzuwenden sein. Für Zuwendungen **ab 1.1.2024** ist diese

Billigkeitsregelung **entfallen.** Eine **analoge Regelung** zur Unterstützung der vom **Krieg in der Ukraine** Geschädigten wurde **nicht** geschaffen. Das entsprechende BMF-Schreiben vom 17.3.2022 (BStBl I S. 330; zur Verlängerung des Anwendungszeitraums auch auf alle – begünstigten – Maßnahmen, die bis 31.12.2025 durchgeführt werden, vgl. BMF-Schreiben vom 4.12.2024, BStBl I S. 1545) enthällt **keine Billigkeitsmaßnahmen** zur Anwendung des §4 Abs. 5 Satz 1 Nr. 1 EStG.

Wegen der **Aufzeichnungspflicht** bei Geschenken vgl. **Tz 2.9.**

2.2.2 Bestechungs- und Schmiergelder

Zu den begrenzt abzugsfähigen Aufwendungen (50 €-Grenze) gehören auch **Bestechungs- und Schmiergelder** (gelegentlich auch als »NA« = »Nützliche Abgaben« bezeichnet), **soweit** sie nach den genannten Grundsätzen als **Geschenke** anzusehen sind. Dies ist zu bejahen, wenn die Zuwendung **nicht** als Entgelt für eine **bestimmte** Gegenleistung gemacht wird. Als Gegenleistungen kommen alle Handlungen in Betracht, die im betrieblichen Interesse der Zuwendenden liegen und hinreichend konkretisierbar sind (wie z.B. die Erteilung eines bestimmten Auftrags): dann sind die hierfür gemachten Zuwendungen grundsätzlich unbegrenzt als Betriebsausgaben abzugsfähig, **es sei denn**, die Zuwendung von Vorteilen stellt eine **rechtswidrige Handlung** dar (s. hierzu unten). Sollen durch die Zuwendung lediglich persönliche Kontakte oder andere Voraussetzungen für die Geschäftsbeziehung hergestellt, erhalten oder verbessert werden, ohne dass eine weiter gehende Leistung des Empfängers erfolgt, ist der Zusammenhang nicht hinreichend konkretisiert. Soll die Zuwendung im beiderseitigen Einvernehmen als **Provision für einen bestimmten Geschäftsabschluss** oder eine andere **konkrete Gegenleistung** angesehen werden, so muss dies im Einzelfall dargetan werden. Kann der Steuerpflichtige dies nicht nachweisen, so geht das zu seinen Lasten (vgl. BFH-Urteil vom 18.2.1982, BStBl II S. 394 betr. Zuwendungen an leitende Angestellte ausländischer Geschäftspartner und an Funktionäre der früheren Ostblockstaaten).

Unabhängig hiervon kommt im **Inland** eine Abzugsfähigkeit aber immer nur dann in Betracht, wenn **Name und Adresse des Empfängers** auf Verlangen des Finanzamts genau bezeichnet werden (§ 160 AO), sodass das Finanzamt den Empfänger ohne besonderen Aufwand identifizieren und den Zusammenhang mit einem konkreten Geschäftsvorgang überprüfen kann (BFH-Urteil vom 15.3.1995, BStBl 1996 II S. 51 und die dort zit. Rspr.). Unterbleibt die Benennung des Empfängers, entfällt ein Betriebsausgabenabzug schon deshalb. Anderenfalls werden die Schmiergelder beim Empfänger steuerlich erfasst. Bei Zahlungen an **ausländische** Empfänger kann das Finanzamt auf den Empfängernachweis verzichten, wenn feststeht, dass die Zahlung im Rahmen eines üblichen Handelsgeschäfts erfolgte, der Geldbetrag ins Ausland abgeflossen und der **endgültige** Empfänger nicht der deutschen Steuerpflicht unterliegt, also kein Rückfluss der Zuwendung an einen im Inland stpfl. Empfänger (sog. Kick-back) erfolgt. Der Steuerpflichtige hat zudem allgemein bei Vorgängen im Ausland eine gesteigerte Mitwirkungspflicht (§ 90 Abs. 2 AO), deren Nichterfüllung auch insoweit zu seinen Lasten geht (BFH-Urteil vom 13.3.1985, BStBl 1986 II S. 318; und BFH-Beschluss vom 9.7.1986, BStBl 1987 II S. 487).

Die für Betriebsausgaben geltenden Grundsätze (50 €-Regelung nach §4 Abs. 5 Satz 1 Nr. 1 EStG und Empfängerbenennung nach § 160 AO) sind sinngemäß **auch für Werbungskosten** von Arbeitnehmern anzuwenden (§ 9 Abs. 5 Satz 1 EStG), z.B. für Werbegeschenke oder Schmiergelder eines Arbeitnehmers (angestellter Handelsvertreter, Verkaufsleiter) an die Kunden seines Arbeitgebers (vgl. Teil I Tz 11.18.3 unter Erläuterungen zur Anlage N, ABC »Schmiergelder«).

Für **Wj., die ab 1.1.1999 beginnen**, ist die **wesentliche Verschärfung** der gesetzlichen Regelung in § 4 Abs. 5 Satz 1 Nr. 10 EStG zu beachten. In diesem Falle greift das **Abzugsverbot stets** dann, wenn die Zuwendung von Vorteilen eine **rechtswidrige Handlung** darstellt, die den objektiven Tatbestand eines Strafgesetzes verwirklicht oder eines Gesetzes erfüllt, das die Ahndung mit einer Geldbuße zulässt. Nach dem BFH-Urteil vom 15.4.2021 (IV R 25/18, BStBl II S. 703) muss für das Abzugsverbot auch der sbjektive Tatbestand des Strafgesetzes erfüllt sein. Auf die Stellung eines Strafantrags kommt es nicht an, ebenso wenig auf eine tatsächliche Ahndung oder eine rechtskräftige Verurteilung. Als Straftatbestände sind insbesondere die Bestechung (§ 334 StGB), die Vorteilsgewährung (§ 333 StGB) und die Bestechung im geschäftlichen Verkehr (§ 299 Abs. 2 StGB) von Bedeutung, aber auch andere Tatbestände des Straf- und Ordnungswidrigkeitenrechts, wie z.B. Wählerbestechung (§ 108b StGB) oder Abgeordnetenbestechung (§ 108e StGB – Bestechung von Mandatsträgern), siehe hierzu H 4.14 – Zuwendungen – EStH und zu weiteren Einzelheiten und Verfahrensvorschriften das ausführliche BMF-Schreiben vom 10.10.2002 (BStBl I S. 1031). Von dem Abzugsverbot sind auch Leistungen an ausländische Amtsträger und Richter sowie ausländische Abgeordnete erfasst (R 4.14 Satz 2 EStR). Gerichte, Staatsanwaltschaften und Verwaltungsbehörden sind verpflichtet, Tatsachen, die sie dienstlich erfahren und die den Verdacht einer solchen Tat begründen, der Finanzbehörde mitzuteilen, die ggf. den Steuerbescheid nach § 173 AO (neue Tatsachen) ändert. Die Finanzbehörde teilt andererseits Tatsachen, die den Verdacht einer Tat im o.g. Sinne begründen, der Staatsanwaltschaft oder der Verwaltungsbehörde mit (das in § 30 AO allgemein normierte Steuergeheimnis steht nicht entgegen). Diese wiederum unterrichten die Finanzbehörde von dem Ausgang des Verfahrens und den zugrunde liegenden Tatsachen. Die Regelung ist auch beim Abzug als Werbungskosten zu beachten (§ 9 Abs. 5 Satz 1 EStG).

Nach der **bereits ab 1.1.1996** geltenden Regelung dürfen **Schmiergelder** den Gewinn **in keinem Fall** mindern, wenn wegen der Zuwendung oder des Empfangs der Vorteile eine **rechtskräftige Verurteilung** nach einem Strafgesetz erfolgt ist oder das Verfahren gemäß §§ 153 bis 154f StPO eingestellt worden ist, oder wenn deswegen ein Bußgeld rechtskräftig verhängt worden ist. Die jetzt geltende o.g. Regelung ab **1.1.1999** ist allerdings noch erheblich strenger.

Zu den Aufwendungen für die Strafverteidigung vgl. Tz 2.11.7.2.

2.3 Aufwendungen für die Bewirtung von Geschäftsfreunden, Mitarbeitern und Arbeitskollegen aus unterschiedlichen Anlässen

Aufwendungen für die **Bewirtung von Personen aus geschäftlichem Anlass in der Wohnung** des Steuerpflichtigen gehören regelmäßig nicht zu den Betriebsausgaben, sondern zu den nicht abzugsfähigen Kosten der Lebenshaltung (§ 12 Nr. 1 Satz 2 EStG, R 4.10 Abs. 6 Satz 8 EStR). Daran ändern auch die neuen Rechtsgrundsätze zur steuerlichen Beurteilung gemischter Aufwendungen (vgl. Tz 2.1) nach dem Beschluss des Großen Senats des BFH vom 21.9.2009 (a. a. O.) nichts, BMF-Schreiben vom 6.7.2010 (BStBl I S. 614, Rn 5 und 6).

Aufwendungen, die einen **privaten Grund** zum Anlass haben, z.B. den **eigenen Geburtstag**, rechneten wegen des Aufteilungs- und Abzugsverbots für Repräsentationsaufwendungen nach § 12 Nr. 1 Satz 2 EStG nach früherer Auffassung ebenfalls nicht zu den Betriebsausgaben (und nicht zu den Werbungskosten), auch wenn die Bewirtung außerhalb des Haushalts des Steuerpflichtigen stattfindet und/oder nur Geschäftsfreunde, Mandanten, Mitarbeiter oder Angestellte eingeladen werden (BFH-Urteil vom 12.12.1991, BStBl 1992 II S. 524). Dies galt selbst dann, wenn die Geburtstagsfeier als »Jubiläumsveranstaltung« bezeichnet war (BFH-Urteile vom 12.12.1968, BStBl 1969 II S. 239, vom 24.9.1980, BStBl 1981 II S. 108, vom 15.5.1986, BFH/NV 1986 S. 657). Unbeachtlich war auch, ob dadurch mittelbar die berufliche Tätigkeit des Gastgebers gefördert, die betriebliche Kontaktpflege oder die Verbesserung des Betriebsklimas bezweckt wird. Dies galt ebenso für einen Rechtsanwalt (BFH-Urteil vom 12.12.1991, BStBl 1992 II S. 524) wie für einen Großhändler (BFH-Urteil vom 27.4.1990, BFH/NV 1991 S. 85) wie für einen ranghohen Beamten (BFH-Beschluss vom 19.2.1993, BStBl II S. 403), die aus Anlass eines **runden Geburtstags** einen Empfang gaben. Es galt selbst für die Aufwendungen (Werbungskosten) anlässlich der Bewirtung zu einem 40-jährigen **Dienstjubiläum**, obwohl der dienstliche Bezug des Jubiläums ungleich enger mit der Berufsausübung verbunden ist (BFH-Urteil vom 8.3.1990, BFH/NV

1991 S. 436). Mit Urteil vom 20.1.2016 (BStBl II S. 744) hat der BFH entschieden, dass trotz eines persönlichen Ereignisses (hier: 40jähriges Dienstjubiläum) Erwerbsaufwendungen vorliegen, wenn nicht nur ausgesuchte Gäste aus dem beruflichen Umfeld eingeladen, sondern die Einladungen nach abstrakten berufsbezogenen Kriterien (z. B. alle Auszubildenden, alle Zugehörigen einer bestimmten Abteilung) ausgesprochen werden. Gleiches gilt für einen runden Geburtstag und die Bestellung zum Steuerberater (vgl. BFH-Urteil vom 8.7.2015, BStBl II S. 1013). Ebenfalls für einen runden Geburtstag hat der BFH (Urteil vom 10.11.2016, BStBl 2017 II S. 409) den Abzug zugelassen, wenn die Feier nicht in erster Linie der Ehrung des Jubilars und damit nicht der repräsentativen Erfüllung gesellschaftlicher Konventionen, sondern dem kollegialen Miteinander und daher der Pflege des Betriebsklimas dient, der Jubilar mit seiner Einladung der Belegschaft (den Kolleginnen und Kollegen) Dank und Anerkennung zollt oder gefestigten betrieblichen Gepflogenheiten Rechnung trägt.

Kosten eines Chefarztes für Feiern mit den Krankenhausangestellten aus Anlass der Ernennung zum Professor waren nach dem BFH-Urteil vom 13.9.1962 (BStBl III S. 539) keine Werbungskosten; ebenso wenig die Aufwendungen für Weihnachtsgeschenke an die Mitarbeiter seiner Abteilung im Krankenhaus (BFH-Urteil vom 8.11.1984, BStBl 1985 II S. 286). Im Hinblick auf die neuere Rspr. des BFH dürfte diese Ansicht überholt sein.

Bei der Würdigung, ob **Aufwendungen eines Arbeitnehmers beruflich veranlasst** sind, konnte nach dem BFH-Urteil vom 24.5.2007 (BStBl II S. 721) eine variable, vom Erfolg seiner Arbeit abhängige Entlohnung ein gewichtiges Indiz darstellen; gleichwohl verlieren diese Aufwendungen nicht ihren beruflichen Charakter, wenn der Erwerbsbezug sich aus anderen Umständen ergibt. Der BFH hatte zwar in mehreren Urteilen entschieden, dass für die Beurteilung, ob die Aufwendungen für eine Feier beruflich oder privat veranlasst sind, in erster Linie auf den Anlass der Feier abzustellen ist (siehe z. B. BFH-Urteile vom 10.7.2008, BFH/NV 2008 S. 1831; vom 6.3.2008, BFH/NV 2008 S. 1316; vom 1.2.2007, BStBl II S. 459, m. w. N.). Indes ist der **Anlass** einer Feier **nur ein** erhebliches **Indiz**, nicht aber das allein entscheidende Kriterium für die Beurteilung der beruflichen oder privaten Veranlassung der Bewirtungsaufwendungen.

Trotz eines herausgehobenen persönlichen Ereignisses kann sich aus den übrigen Umständen des Einzelfalls allerdings ergeben, dass die Aufwendungen für die Feier beruflich veranlasst sind (BFH-Urteil vom 10.11.2016, BStBl 2017 II S. 409). Für die Zuordnung der Aufwendungen zum beruflichen oder privaten Bereich ist daher von Bedeutung, wer als Gastgeber auftritt, wer die Gästeliste bestimmt, ob es sich bei den Gästen um Kollegen, Geschäftsfreunde oder Mitarbeiter (des Steuerpflichtigen oder des Arbeitgebers), um Angehörige des öffentlichen Lebens, der Presse, um Verbandsvertreter oder um private Bekannte oder Angehörige des Steuerpflichtigen handelt. Zu berücksichtigen ist außerdem, an welchem Ort die Veranstaltung stattfindet, ob sich die finanziellen Aufwendungen im Rahmen vergleichbarer betrieblicher Veranstaltungen bewegen und ob das Fest den Charakter einer privaten Feier aufweist oder ob das nicht der Fall ist (BFH-Urteile vom 11.1.2007, BStBl II S. 317 und BStBl II S. 459 sowie in BFH/NV 2008 S. 1316).

Eine andere Frage ist es, ob bei Übernahme der Kosten **durch den Arbeitgeber ein geldwerter Vorteil des Geehrten** anzunehmen ist. Zwar ist die Ehrung eines einzelnen Arbeitnehmers aufgrund eines besonderen Ereignisses, wie z. B. aus Anlass der Diensteinführung, eines Amts- oder Funktionswechsels, eines runden Arbeitnehmerjubiläums oder der Verabschiedung eines Arbeitnehmers grundsätzlich keine steuerlich begünstigte Betriebsveranstaltung, auch wenn weitere Mitarbeiter an der Feier teilnehmen (BMF-Schreiben vom 14.10.2015, BStBl I S. 832, Tz 1; a. A. BFH-Urteil vom 27.3.2024, VI R 5/22, BStBl II S. 748 und Urteil des FG Niedersachsen vom 23.4.2024, 8 K 66/22, Revision beim BFH unter Az. VI R 18/24). Übliche Sachzuwendungen des Arbeitgebers anlässlich solcher Veranstaltungen bleiben aber als Leistungen im überwiegend **betrieblichen Interesse** lohnsteuerfrei, wenn die Aufwendungen einschließlich USt nicht mehr als 110 € je teilnehmender Person betragen, wobei auch Geschenke bis zu einem Gesamtwert von 60 € in die 110 €-Grenze einzubeziehen sind. Wird die 110 €-Grenze überschritten, sind die **Gesamtkosten** der Veranstaltung beim jeweiligen Arbeitnehmer als Arbeitslohn zu erfassen (R 19.3 Abs. 2 Nr. 3 LStR).

Von den vorgenannten Veranstaltungen, die einen betrieblichen Bezug haben, sind die **persönlichen Anlässe** zu unterscheiden, wie z. B. der **runde Geburtstag eines Arbeitnehmers**. Lädt **ein Arbeitgeber** aus diesem Anlass Geschäftsfreunde, Repräsentanten des öffentlichen Lebens, Vertreter von Verbänden und Berufsorganisationen sowie Mitarbeiter zu einem Empfang ein, dann ist unter Berücksichtigung aller **Umstände des Einzelfalles** zu entscheiden, ob es sich um ein **Fest des Arbeitgebers** (betriebliche Veranstaltung) oder um ein privates Fest des Arbeitnehmers handelt (R 19.3 Abs. 2 Nr. 4 LStR und BFH-Urteil vom 28.1.2003, BStBl II S. 724 sowie oben zitierte Rspr.). Um ein Fest des Arbeitgebers handelt es sich vor allem, wenn dieser als Gastgeber auftritt, der Empfang in den Räumen des Arbeitgebers stattfindet, er die Gästeliste bestimmt und überwiegend Geschäftspartner des Arbeitgebers, Angehörige des öffentlichen Lebens sowie der Presse, Vertreter von Berufsorganisationen sowie Mitarbeiter des Unternehmens eingeladen hat. Sachleistungen des Arbeitgebers bei einem solchen Empfang anlässlich eines **runden Geburtstags** eines Arbeitnehmers stellen danach **keinen Arbeitslohn** dar, wenn es sich um eine **betriebliche Veranstaltung des Arbeitgebers** handelt, soweit die Aufwendungen den **110 €**-Freibetrag einschließlich Geschenke bis zu 60 € je teilnehmender Person nicht übersteigen (H 19.3 – Beispiele – LStH unter Hinweis auf das BFH-Urteil vom 28.1.2003, a. a. O.). Im Übrigen soll für den betrieblichen Charakter der Veranstaltung unschädlich sein, wenn der Arbeitnehmer einen begrenzten Kreis der an der Feierlichkeit teilnehmenden Personen selbst benennen darf. Unter den dargestellten Voraussetzungen führen auch die Kosten, die anteilig auf den Arbeitnehmer selbst, seine Familienangehörigen und auf die von ihm zusätzlich eingeladenen Gäste entfallen, nicht zu Arbeitslohn. Wird der 110 €-Freibetrag überschritten, sind (nur) die **anteiligen** Aufwendungen des Arbeitgebers, die auf diesen Personenkreis entfallen, lohnsteuerpflichtig (R 19.3 Abs. 2 Nr. 4 LStR).

Aufwendungen für die Bewirtung von Mitarbeitern im Zusammenhang mit **Dienstbesprechungen** oder **Fortbildungsveranstaltungen**, die rein beruflichen Charakter haben, sind in jedem Fall abzugsfähige Aufwendungen (BFH-Urteil vom 23.3.1984, BStBl II S. 557). Bewirtet ein Unternehmen im Rahmen einer Schulungsveranstaltung dagegen an dieser Veranstaltung teilnehmende Personen, die nicht seine Arbeitnehmer sind, unterliegt nach dem BFH-Urteil vom 18.9.2007 (BStBl 2008 II S. 116) der Bewirtungsaufwand der Abzugsbeschränkung gem. § 4 Abs. 5 Satz 1 Nr. 2 EStG.

Bei den **Kapitalgesellschaften** hat der BFH bisher uneingeschränkt an seiner ständigen Rspr. festgehalten, wonach in aller Regel eine **verdeckte Gewinnausschüttung** anzunehmen ist, wenn eine Kapitalgesellschaft (z. B. GmbH) aus Anlass des **Geburtstages ihres Gesellschafter-Geschäftsführers** eine Feier veranstaltet und hierfür die Kosten übernimmt; dies gilt auch dann, wenn an dem Empfang nahezu ausschließlich Geschäftsfreunde teilnehmen (BFH-Urteile vom 28.11.1991, BStBl 1992 II S. 359 und vom 24.9.1980, BStBl 1981 II S. 108). Nach dem vorgenannten BFH-Urteil vom 28.1.1991 ändert sich an der Beurteilung selbst dann nichts, wenn **neben** dem Geburtstag gleichzeitig das 40-jährige Geschäftsjubiläum des Gesellschafter-Geschäftsführers, der 10-jährige Vorsitz desselben in einem Berufsverband und das 120-jährige Firmenjubiläum gefeiert werden; **auslösendes Moment** für den Empfang seien der **Geburtstag** und die persönlichen Jubiläen des Gesellschafter-Geschäftsführers, die den betrieblichen Anlass des Firmenjubiläums verdrängten (BFH-Urteil vom 28.11.1991 a. a. O. und BMF-Schreiben vom 3.8.1992, DB 1992 S. 2007). Wäre tatsächlich nur das Firmenjubiläum das auslösende Moment für die Feier gewesen, lägen unzweifelhaft abzugsfähige Betriebsausgaben vor. Im BFH-Urteil vom 14.7.2004 (DStR 2004 S. 1691, BB 2004 S. 2160) hat der BFH seine Auffassung grundsätzlich bestätigt und seine anlassbezogene Betrachtungsweise beibehalten. Nach dem zu entscheidenden Sachverhalt ging allerdings die Einladung zum 50. Geburtstag **nicht vom Arbeitgeber** (GmbH), sondern von dem (über eine KG) beherrschenden Gesellschafter-Geschäftsführer aus. Der BFH hielt daher eine Divergenzanfrage wegen des o. g. BFH-Urteils vom 28.1.2003, BStBl II S. 724 nicht für erforderlich. Damit scheint die Frage für den Fall, dass es sich um ein

Fest des Arbeitgebers (= GmbH) handelt, noch nicht endgültig beantwortet. Angesichts der o. a. Rspr.-Änderung bei privaten Anlässen eines Arbeitnehmers ist u. E. die analoge Anwendung auf Gesellschafter-Geschäftsführer möglich.

Bewirtungskosten anlässlich einer **Hochzeit, Taufe** oder einer **Trauerfeier** sind als Kosten eines persönlichen Ereignisses ebenfalls keine Betriebsausgaben (BFH-Urteil vom 31.7.1990, BStBl 1991 II S. 28). Daran dürfte auch die o. a. Rspr.-Entwicklung nichts ändern, da eine berufs-/betriebsbezogene Gästeauswahl in den Hintergrund rückt.

Eine andere Beurteilung hinsichtlich der Abzugsfähigkeit von Bewirtungskosten greift Platz, wenn Geschäftsfreunde und ihre Angehörigen sowohl **außerhalb des Haushalts** des Steuerpflichtigen als auch **ohne privaten Anlass** im o. g. Sinne auf dessen Kosten bewirtet werden. Solche Aufwendungen können, soweit sie nach der allgemeinen Verkehrsauffassung als **angemessen** anzusehen sind **und** ihre Höhe und betriebliche Veranlassung **nachgewiesen** ist, im Rahmen des § 4 Abs. 5 Satz 1 Nr. 2 EStG (70 %-Regelung ab 2004, vorher 80 %) **als Betriebsausgaben anerkannt** werden (s. unten).

Bewirtungskosten i. S. der einschränkenden Bestimmung des § 4 Abs. 5 Satz 1 Nr. 2 EStG sind Aufwendungen für den Verzehr von Speisen, Getränken und sonstigen Genussmitteln (z. B. Tabakwaren) durch Dritte, aber auch Garderobegebühren, Trinkgelder u. Ä., die bei der Bewirtung anfallen (BFH-Urteile vom 16.2.1990, BStBl II S. 575; und vom 25.3.1988, BStBl II S. 655). **Keine Bewirtung** in diesem Sinne – und damit volle Abzugsfähigkeit der Aufwendungen – ist gegeben, wenn lediglich **Aufmerksamkeiten** in geringem Umfang wie Erfrischungsgetränke, Kaffee, Tee, Tabakwaren, Gebäck (z. B. anlässlich betrieblicher Besprechungen) gewährt werden, falls es sich hierbei um eine übliche Geste der Höflichkeit handelt. Nach dem Urteil des FG Köln vom 29.4.2021 (10 K 2648/20, juris, rkr.) sind in Spielhallen kostenlos gereichte Speisen und Getränke – ein bis zwei Getränke, auf einem Tablett gereichte kleine Pizzaecken, kleingeschnittene Baguettes und Kuchenecken – Bewirtungskosten und keine Aufmerksamkeiten. Nach der Verfügung des LfSt Niedersachsen vom 6.7.2023 (DB 2023 S. 1892) liegt eine Bewirtung vor, wenn Personen beköstigt werden (R 4.10 Abs. 5 EStR). Hierbei kommt es unter Bezugnahme auf das BFH-Urteil vom 7.9.2011 (I R 12/11, BStBl II 2012 S. 194) nicht darauf an, ob die Beköstigung der bewirteten Person im Vordergrund steht oder ob die Bewirtung (aus der Sicht des Bewirtenden) auch oder in erster Linie der Werbung oder der Repräsentation dient. Nach dem LfSt Niedersachsen ist für die Abgrenzung zwischen Bewirtung und Aufmerksamkeit keine betragsmäßige Grenze möglich. So soll es sich einerseits bei der Darreichung von preiswerten Speisen wie z. B. Bratwurst mit Brot oder Kartoffelsalat um eine Bewirtung handeln, während es sich andererseits bei der Darreichung von Champagner z. B. anlässlich des Abschlusses eines hochwertigen Auftrags um eine Aufmerksamket handeln könne. Dafür soll die 60 €-Grenze zur Abgrenzung von Aufmekrsamkeit bei Arbeitnehmern ausdrücklich keine Anwendung finden. Auch **Produkt-/Warenverkostungen (z. B.** bei Besichtigungen von Brauereien oder Kellereien) fallen nicht unter den Begriff »Bewirtung« i. S. von § 4 Abs. 5 Satz 1 Nr. 2 EStG. In diesem Falle besteht ein unmittelbarer Zusammenhang mit dem **Verkauf** der Produkte oder Waren, weshalb diese Aufwendungen wie **Warenproben** als Werbeaufwand unbeschränkt als Betriebsausgaben abgezogen werden können. Entsprechendes gilt, wenn ein Dritter mit der Durchführung der Verkostung beauftragt ist oder diese bei einer Messeveranstaltung erfolgt. Vgl. R 4.10 Abs. 5 EStR. Unter Bewirtung ist im Übrigen stets nur eine solche **dritter Personen** zu verstehen. Aufwendungen einer KG oder OHG für die Bewirtung ihrer Gesellschafter sind daher nicht als Bewirtungskosten abziehbar (FG Rheinland-Pfalz, Urteil vom 13.12.1989, 1 K 130/87, EFG 1990 S. 294).

Wann derartige Bewirtungsaufwendungen nach der allgemeinen Verkehrsauffassung als **unangemessen** anzusehen sind, kann nicht generell gesagt werden. Die Entscheidung muss sich **nach den Verhältnissen des Einzelfalles** richten (z. B. Größe des Unternehmens, Art und Umfang der Geschäftsbeziehungen, Höhe des längerfristigen Umsatzes und des Gewinns, Stellung des Geschäftsfreundes, Üblichkeit in vergleichbaren Betrieben; siehe hierzu H 4.10 Abs. 12 – Angemessenheit – EStH und BFH-Urteile vom 20.8.1986, BStBl II S. 904, vom 26.1.1988, BStBl II S. 629; und vom 14.4.1988, BStBl II S. 771). Zum Abzugsverbot nach § 4 Abs. 5 Satz 1 Nr. 4 EStG bei sog. »Herrenabenden« siehe BFH-Urteil vom 13.7.2016 (BStBl 2017 II S. 161) und vgl. Tz 2.5. Ist die Höhe oder die betriebliche Veranlassung von Bewirtungsaufwendungen **nicht nachgewiesen**, so sind diese Aufwendungen in vollem Umfang nicht abzugsfähig (zum Nachweis siehe unten).

Von den verbleibenden angemessenen und nachgewiesenen Bewirtungsaufwendungen dürfen für Wj., die **nach dem 31.12.2003** beginnen, **nur noch bis zu 70 %** (vorher 80 %) den Gewinn mindern, **wenn** die Bewirtung von Personen **aus geschäftlichem Anlass** erfolgt ist (§ 4 Abs. 5 Satz 1 Nr. 2 EStG). Die Abzugsbegrenzung gilt auch für den Teil der Aufwendungen, der auf den an der Bewirtung teilnehmenden Steuerpflichtigen oder dessen Arbeitnehmer entfällt (R 4.10 Abs. 6 Satz 7 EStR).

Im Einzelnen ist zu beachten:

Das Gesetz unterscheidet zwischen allgemein »**betrieblicher Veranlassung**« (§ 4 Abs. 4 EStG) und »**geschäftlichem Anlass**«, wobei der erste Begriff zweifelsohne der umfassendere ist (R 4.10 Abs. 6 und R 4.10 Abs. 7 EStR). Mit »**Bewirtung aus geschäftlichem Anlass**« soll jedenfalls kein bloß betriebsinterner, sondern ein nach außen gerichteter betrieblicher Anlass umschrieben werden. Ein geschäftlicher Anlass mit der Folge der **70 %-Begrenzung** ist deshalb insbesondere bei der Bewirtung von Personen anzunehmen, zu denen schon **Geschäftsbeziehungen** bestehen oder zu denen sie erst abgebahnt werden sollen (R 4.10 Abs. 6 Satz 2 EStR).

Andererseits liegt bei einer **Bewirtung von Arbeitnehmern** des bewirtenden Unternehmens kein geschäftlicher Anlass in diesem engen Sinne, zweifelsohne aber ein allgemein betrieblicher Anlass vor, weshalb Aufwendungen hierfür, z. B. bei Betriebsfesten, in **voller** Höhe abzugsfähige Betriebsausgaben sind. Die Bewirtung z. B. von Angehörigen oder Personen, die zur Gestaltung eines Betriebsfestes beitragen, ist ebenfalls unschädlich. Dagegen ist die Bewirtung von Arbeitnehmern von gesellschaftsrechtlich **verbundenen** Unternehmen (z. B. Mutter- oder Tochterunternehmen) und mit ihnen vergleichbaren Personen nach den EStR »geschäftlich« veranlasst (R 4.10 Abs. 7 Satz 2 EStR). Nach Auffassung der Finanzverwaltung ist die Bewirtung von **Besuchern des Betriebs** z. B. im Rahmen der **Öffentlichkeitsarbeit** ebenfalls »geschäftlich veranlasst« mit der Folge, dass in solchen Fällen ganz allgemein die **70 %-Begrenzung** zur Anwendung kommt (R 4.10 Abs. 6 Satz 3 EStR). Die EStR berücksichtigen bei dieser Auslegung nicht die amtliche Gesetzesbegründung (BT-Drucksache 11/2536 S. 76), wonach die Begrenzung nur eingreifen soll, wenn das **Ziel** des Besuchs auf Geschäftsabschlüsse gerichtet ist (hiervon gehen auch noch die EStR **1990** in Abschnitt 20 Abs. 8 Satz 3 aus). Siehe auch die Gründe des BFH-Urteils vom 19.8.1999, BStBl 2000 II S. 203 (204). Die von der Finanzverwaltung vertretene Auffassung ist deshalb u. E. zu eng.

Bei Aufwendungen für die Bewirtung von Personen, mit denen keine Geschäfte getätigt werden (sollen) und die auch nicht im Rahmen der auf Geschäftsabschlüsse gerichteten Öffentlichkeitsarbeit erfolgt, liegt u. E. kein »geschäftlicher Anlass« im o. g. Sinne vor. Es fehlt an der erforderlichen finalen Beziehung zur Förderung oder Erleichterung von Geschäftsabschlüssen. Deshalb ist u. E. z. B. beim Besuch von Schulklassen, Studenten, Repräsentanten anderer Firmen der gleichen Branche zum Erfahrungsaustausch, des Steuerberaters oder Wirtschaftsprüfers, amtlicher Betriebsprüfer, von Politikern, Vertretern der Kommunen und Wirtschaftsverbänden u. Ä. eine **volle (100 %ige) Berücksichtigung** der Bewirtungsaufwendungen möglich. Nach der engeren Auffassung der **Finanzverwaltung**, die sich aus dem Wortlaut der R 4.10 Abs. 7 Satz 1 EStR ergibt, soll dagegen »ausschließlich« die Bewirtung von Arbeitnehmern allgemein betrieblich veranlasst sein.

Von den der Abzugsbegrenzung unterliegenden Bewirtungsaufwendungen aus geschäftlichem Anlass sind gleichzeitig anfallende **andere betrieblich veranlassten Ausgaben abzugrenzen**, da nur Bewirtungsaufwendungen der 70 %-Beschränkung unterliegen. Aufwendungen, die nach ihrer Art keine Bewirtungsaufwendungen sind, wie z. B. Kosten für eine Musikkapelle und/oder für ein Unterhaltungsprogramm anlässlich einer Informations- oder Werbeveranstaltung sowie andere Nebenkosten, wozu auch diejenigen Aufwendungen zu rechnen sind, die den Verzehr erst ermöglichen oder ihm unmittelbar dienen, wie z. B. die Miete für Festzelt und Parkplatz, sind grundsätzlich voll abzugsfähig (siehe auch R 4.10 Abs. 6 Satz 5 Nr. 5 EStR, wonach nur für Aufwendungen von untergeordneter Bedeutung, wie z. B. Trinkgelder, eine Ausnahme gemacht wird, d. h. diese in der Bemessungsgrundlage für die 70 %-Begrenzung verbleiben.).

Eine Bewirtung i. S. des § 4 Abs. 5 Satz 1 Nr. 2 EStG liegt nach dem BFH-Urteil vom 16.2.1990 (BStBl II S. 575) nur vor, wenn die Darreichung von Speisen und Getränken eindeutig im Vordergrund steht (R 4.10 Abs. 5 Satz 2 EStR). Keine Bewirtungsaufwendungen sind deshalb Ausgaben für angebotene **andere Leistungen** – im Urteilsfall Besuch von Varietés, Nachtlokalen, Bordellen u. Ä. –, wenn der Gesamtaufwand in einem **offensichtlichen Missverhältnis** zum Wert der verzehrten Speisen und/oder Getränke steht. Solche Ausgaben sind nach dem BFH-Urteil vom 16.2.1990 (a. a. O.) insgesamt – also auch die Bewirtungskosten – nicht nach § 4 Abs. 5 Satz 1 Nr. 2 EStG, sondern nach § 4 Abs. 5 Satz 1 Nr. 7 EStG als unangemessen zu beurteilen (daran anknüpfend auch FG Berlin, Urteil vom 19.6.1990 (EFG 1991 S. 15) betr. eine Werbeveranstaltung mit Produktpräsentation), weshalb bei solchen »Angeboten« ein Betriebsausgabenabzug nach § 4 Abs. 5 Satz 1 Nr. 7 EStG überhaupt nicht in Betracht komme, weil die betriebliche Veranlassung **durch private Motivation überlagert** werde und das persönliche Vergnügen an den in solchen Lokalen gebotenen Leistungen entscheidend in den Vordergrund trete. Die Finanzverwaltung lässt offenbar auch in solchen Fällen eine Aufteilung der Gesamtaufwendungen und den Abzug von 70 % der **anteilig** auf die Bewirtung entfallenden Kosten zu (H 4.10 Abs. 5–9 – Bewirtung – EStH).

Bei der Bewirtung in **betriebseigenen Einrichtungen**, wie **Kantine** oder **Casino**, wird aus Vereinfachungsgründen zugelassen, dass die Aufwendungen nur aus den Sachkosten der verabreichten Speisen und Getränke sowie den Personalkosten ermittelt werden. Für die Praxis besonders wichtig ist aber vor allem, dass es von der Finanzverwaltung nicht beanstandet wird, wenn – allerdings im Wj. **einheitlich – je Bewirtung ein Betrag von 15 €** angesetzt wird (R 4.10 Abs. 6 Satz 9 EStR), sodass bei geschäftlichem Anlass hiervon 10,50 € abzugsfähig und 4,50 € nicht abzugsfähig sind.

Der **Nachweis** der betrieblichen Veranlassung und der Höhe **der Bewirtungskosten** ist durch **schriftliche Angaben** über Ort, Tag, Teilnehmer und Anlass der Bewirtung sowie Höhe der Aufwendungen zu führen. Hat die **Bewirtung in einer Gaststätte** stattgefunden, so genügen Angaben zum Anlass und zu den Teilnehmern der Bewirtung. Zum Nachweis ist aber die **Gaststättenrechnung über die Bewirtung** beizufügen; sie muss den Anforderungen des § 14 UStG genügen.

Die Anforderungen an die Gestaltung und den Inhalt der **Gaststättenrechnung** sind mehrfach geändert worden. Die Finanzbehörden verfahren nunmehr nach den Anordnungen in R 4.10 Abs. 8 und 9 EStR i. V. mit dem BMF-Schreiben 30.6.2021, BStBl I S. 908.

Bei **Bewirtungen in einer Gaststätte** werden (bereits seit 1.1.1995) nur noch Rechnungen anerkannt, die **maschinell erstellt und registriert** sind (R 4.10 Abs. 8 Satz 8 EStR) und folgende Angaben enthalten:

1. Name und Anschrift der Gaststätte. Das gilt nicht bei Rechnungen, deren Gesamtbetrag 250 € nicht übersteigt. Die Unterschrift des Gastwirts (oder einer von ihm bevollmächtigten Person) ist nicht erforderlich.
2. Steuernummer oder Umsatzsteuer-Identifikationsnummer vom Bewirtungsbetrieb.
3. Tag der Bewirtung. Das Datum ist maschinell auszudrucken. Handschriftliche Ergänzungen oder Datumstempel reichen nicht.
4. Rechnungsnummer als fortlaufende Nummer. Bei Kleinbetragsrechnungen ist dies nicht erforderlich.
5. Die Rechnung muss die Menge und die handelsübliche Bezeichnung des Gegenstands der Lieferung oder die Art (d. h. die einzelnen Speisen/Getränke) und den Umfang (d. h. die Zahl der Speisen/Getränke) der sonstigen Leistung, das Entgelt (d. h. die Einzelpreise der Speisen/Getränke) und den Tag der Bewirtung gesondert bezeichnen. Die Angabe »Speisen und Getränke« und die in Rechnung gestellte Gesamtsumme genügt für den Betriebsausgabenabzug nicht, R 4.10 Abs. 8 Satz 9 EStR). Aus sich selbst heraus verständliche Abkürzungen wie z. B. »Menü 1«, »Tagesgericht 2« oder »Lunch-Buffet« werden jedoch nicht beanstandet.
6. Da die maschinell erstellte und registrierte Rechnung **Trinkgelder** nicht erfasst, kann insoweit der Nachweis z. B. dadurch geführt werden, dass das Trinkgeld vom Empfänger auf der Rechnung quittiert wird.
7. Die Rechnung muss **auch den Namen des bewirtenden Steuerpflichtigen** enthalten (BFH-Urteile vom 13.7.1994, BStBl II S. 894; vom 2.10.1990, BStBl 1991 II S. 174; vom 27.6.1990, BStBl II S. 903; und vom 18.4.2012, BStBl II S. 770), es sei denn, der **Gesamtbetrag** der Rechnung übersteigt **250 €** nicht. Bei einer Rechnung über 250 € bestehen jedoch keine Bedenken, wenn der Gastwirt den Namen des bewirtenden Steuerpflichtigen handschriftlich auf der Rechnung vermerkt. Die unterbliebene Angabe des Bewirtenden kann auch noch nachträglich im Rechtsbehelfsverfahren nachgeholt werden (so für die alte Rechtslage BFH-Urteil vom 19.3.1998, BStBl II S. 610).

Werden statt der nach § 146 a Abs. 1 AO i. V. mit Kassensicherungsverordnung erforderlichen **maschinell erstellten und maschinell registrierten Rechnungen mit zertifizierter technischer Sicherheitseinrichtung (TSE)** solche in anderer Form vorgelegt, z. B. handschriftlich erstellte oder nur maschinell erstellte, so erfüllen diese die Nachweisvoraussetzungen nicht. Solche Regelungen führen zur **vollständigen Versagung** des Abzugs der Bewirtungsaufwendungen als Betriebsausgaben. Für Rechnungen bis 30.6.2021 war bei noch fehlenden technischen Sicherheitseinrichtungen eine Nichtbeanstandung vorgesehen (BMF-Schreiben vom 30.6.2021, a. a. O., Rn 20).

Es genügt, wenn die **Rechnungsendsumme maschinell registriert** wird; eine Registrierung der Einzelleistungen (Speisen, Getränke, sonstiges) beim Gastwirt ist nicht erforderlich. Der Bewirtende kann im Allgemeinen darauf vertrauen, dass die ihm erstellte Rechnung vom Gastwirt maschinell ordnungsgemäß registriert worden ist, wenn die Rechnung von der Registrierkasse mit einer Transaktionsnummer, der Seriennummer des elektronischen Aufzeichnungssystems oder der Seriennummer des Sicherheitsmoduls versehen wurde. Diese Angaben können auch in Form eines QR-Codes dargestellt werden (BMF-Schreiben vom 30.6.2021, a. a. O., Rn 11).

Werden Leistungen **üblicherweise** zu einem späteren Zeitpunkt in Rechnung gestellt und **unbar bezahlt** (**z. B.** bei Bewirtung eines größeren Personenkreises), ist die Vorlage eines Registrierkassenbelegs ausnahmsweise nicht erforderlich. In diesem Fall ist der Rechnung der Zahlungsbeleg beizufügen. In aller Regel wird aber auch bei unbaren Bezahlungen, insbesondere bei Zahlungen mit **Kreditkarte**, die Vorlage eines Registrierkassenbelegs mit maschinell erstellter Rechnung verlangt. Werden für Gäste eines Unternehmens **Verzehrgutscheine** ausgegeben, gegen deren Vorlage die Besucher auf Rechnung des Unternehmens in einer Gaststätte bewirtet werden, reicht für den Betriebsausgabenabzug die Vorlage der Abrechnung über die Verzehrgutscheine aus, BMF-Schreiben vom 30.6.2021 (a. a. O., Rn 14).

Es ist ohne Bedeutung, ob die Bewirtung im Inland oder im Ausland stattgefunden hat. Die o. g. Anforderungen gelten daher **auch bei Auslandsbewirtungen**. Wird jedoch glaubhaft gemacht, dass eine detaillierte, maschinell erstellte und registrierte Rechnung nicht zu erhalten war, genügt in Ausnahmefällen die ausländische Rechnung, auch wenn sie diesen Anforderungen nicht voll entspricht, z. B. nur handschriftlich erstellt ist BMF-Schreiben vom 30.6.2021 (a. a. O., Rn 19).

Zusätzlich zur Rechnung müssen Angaben zum **Anlass der Bewirtung** und zu den **Teilnehmern** gemacht werden, entweder auf der Rückseite der Rechnung oder getrennt (auf einem formlosen Eigenbeleg). Auch ein **Journalist** muss konkrete Angaben zu den Teilnehmern und zum Anlass einer Bewirtung machen und kann sich nicht auf das Pressegeheimnis berufen (BFH-Urteil vom 15.1.1998, BStBl II S. 263), und auch Rechtsanwälte können die erforderlichen Angaben in der Regel nicht unter Berufung auf die anwaltliche Schweigepflicht verweigern (BFH-Urteil vom 26.2.2004, BStBl II S. 502). Erfolgen die Angaben getrennt von der Rechnung, müssen das Schriftstück über die Angaben und die Rechnung grundsätzlich zusammengefügt werden. Ausnahmsweise genügt es, den Zusammenhang dadurch herzustellen, dass auf der Rechnung und dem Schriftstück über die Angaben Gegenseitigkeitshinweise angebracht werden, sodass Rechnung und Schriftstück jederzeit zusammengefügt werden können (R 4.10 Abs. 8 Sätze 5 bis 7 EStR).

Sind die **Angaben lückenhaft**, so können die Aufwendungen auch dann **nicht** abgezogen werden, wenn der Steuerpflichtige ihre Höhe und betriebliche Veranlassung in anderer Weise nachweist oder glaubhaft macht. Die Aufzeichnungen sind unabdingbare **materielle** Voraussetzung für den Abzug als Betriebsausgaben (BFH-Urteil vom 30.1.1986, BStBl 1986 II S. 488), selbst in Bagatellfällen (BFH-Urteil vom 13.5.2004, NWB 2004 S. 2551). Die erforderlichen Angaben müssen auch **zeitnah** gemacht werden (BFH-Urteile vom 31.7.1990, BStBl 1991 II S. 28; und vom 25.3.1988, BStBl II S. 655). Eine fehlende Namensangabe darf vom Rechnungsaussteller auf der Rechnung oder durch eine sie ergänzende Urkunde nachgeholt werden (H 4.10 Abs. 5–9 – Nachholung von Angaben – EStH unter Hinweis auf BFH-Urteile vom 2.10.1990, a. a. O.; und vom 27.6.1990, a. a. O.). Das Schriftstück über die Angaben ist sechs Jahre aufzubewahren (§ 147 Abs. 1 Nr. 5 und Abs. 3 Satz 1 AO).

Zur **Bezeichnung der Teilnehmer der Bewirtung** ist grundsätzlich die Angabe ihres Namens erforderlich, auch wenn die Bewirtung nicht in einer Gaststätte stattgefunden hat; Angaben über die Anschrift der Gäste sind nicht nötig. Wegen des Namens des **Bewirtenden** vgl. oben. Werden mehrere Personen bewirtet, so müssen grundsätzlich die Namen **aller** Teilnehmer der Bewirtung (gegebenenfalls auch der gastgebende Steuerpflichtige und sein[e] Arbeitnehmer) angegeben werden (H 4.10 Abs. 5–9 – Bewirtung mehrerer Personen – EStH). Auf die Angabe der Namen kann jedoch **verzichtet** werden, wenn ihre Feststellung dem Steuerpflichtigen nicht zugemutet werden kann. Das trifft z. B. bei Bewirtungen anlässlich von **Betriebsbesichtigungen** durch eine größere Personenzahl und bei vergleichbaren Anlässen zu (BFH-Urteil vom 25.2.1988, BStBl II S. 581). In diesen Fällen sind die Zahl der Teilnehmer der Bewirtung sowie eine die Personengruppe kennzeichnende Sammelbezeichnung anzugeben (R 4.10 Abs. 9 EStR).

Die schriftlichen Angaben über den **Anlass der Bewirtung** müssen den Zusammenhang mit einem geschäftlichen Vorgang oder einer Geschäftsbeziehung erkennen lassen (z. B. »Bewirtung Lieferant X«). Ein allgemein gehaltener Vermerk wie »Bewirtung von Geschäftsfreunden« oder Angaben wie »Arbeitsgespräch«, »Infogespräch« oder »Hintergrundgespräch« genügen nicht (BFH-Urteil vom 15.1.1998, BStBl II S. 263 und H 4.10 Abs. 5–9 – Anlass der Bewirtung – EStH). Die o. g. Angaben nach § 4 Abs. 5 Satz 1 Nr. 2 Satz 2 EStG brauchen aus Vereinfachungsgründen **nicht** gemacht zu werden, wenn es sich lediglich um **Aufmerksamkeiten**, also um eine übliche Geste der Höflichkeit oder um eine **Produkt-/Warenverkostung** handelt.

Bei Bewirtung in einer **Gaststätte** kann auf die Angaben jedoch in keinem Fall verzichtet werden.

Wegen der daneben bestehenden, besonderen **Aufzeichnungspflicht** nach § 4 Abs. 7 EStG allgemein für Bewirtungskosten und insbesondere für solche aus geschäftlichem und betrieblichem Anlass vgl. **Tz 2.9**.

Zum sog. **Kundschaftsessen/Kundschaftstrinken** vgl. Tz 2.11.8.

Wegen der ertragsteuerlichen Behandlung von Aufwendungen für **VIP-Logen** in Sportstätten (z. B. für Bewirtung und Geschenke) siehe BMF-Schreiben vom 22.8.2005 (BStBl I S. 845) und ergänzend zu sog. Hospitality-Leistungen im Rahmen der Fußballweltmeisterschaft 2006, BMF-Schreiben vom 30.3.2006 (BStBl I S. 307) sowie zur Anwendung der Vereinfachungsregelungen auf ähnliche Sachverhalte BMF-Schreiben vom 11.7.2006 (BStBl I S. 447).

Das Abzugsverbot für Bewirtungskosten gilt generell nicht, soweit die Bewirtung Gegenstand einer mit Gewinnabsicht ausgeübten Betätigung des Steuerpflichtigen ist (§ 4 Abs. 5 Satz 2 EStG), wie das z. B. bei einem Gastwirt der Fall ist. Bewirtet ein Gastwirt seine Gäste (sog. Lokalrunde) in seiner eigenen Gastwirtschaft, so sind die Aufwendungen hierfür in voller Höhe abzugsfähige Betriebsausgaben, es sei denn, die Bewirtung findet aus einem privaten Anlass (z. B. Geburtstag, Familienfest) statt. Bewirtet der Gastwirt dagegen Kunden, Lieferanten und andere Geschäftspartner, besteht allerdings die Abzugsbeschränkung für Bewirtungsaufwendungen nach dem BFH-Urteil vom 7.9.2011 (BStBl 2012 II S. 194). Nach dem BFH-Urteil vom 26.4.2018 (X R 24/17, BStBl II S. 75) findet das Abzugsverbot bei Aufwendungen eines Raststättenbetreibers für die Bewirtung von Busfahrern als Gegenleistung für das Zuführen von potenziellen Kunden keine Anwendung, da es danach nicht gilt, wenn und soweit die Bewirtung Gegenstand eines Austauschverhältnisses i. S. eines Leistungsaustausches ist. Das setzt nach BFH-Auffassung aber für das Vorliegen eines Leistungsaustausches nicht voraus, dass das Entgelt für die Bewirtung in Geld entrichtet wird. Die Gegenleistung kann u. a. auch in Form einer Werk-, Dienst-, oder Vermittlungsleistung erbracht werden, was der BFH beim Zuführen von potenziellen Kunden für die Bewirtung ansieht.

Besondere Probleme ergeben sich, wenn die **Bewirtung während einer Geschäftsreise** (Auswärtstätigkeit) erfolgt. Auch in diesem Fall sind von den Bewirtungskosten, einschließlich der für den Steuerpflichtigen selbst (und/oder seine Arbeitnehmer) angefallenen Kosten, **nur 70 %** der angemessenen und nachgewiesenen Aufwendungen abzugsfähig (R 4.10 Abs. 6 Satz 7 EStR), wenn an dieser Bewirtung noch mindestens eine weitere Person teilnimmt, die nicht Arbeitnehmer des bewirtenden Unternehmers ist (R 4.10 Abs. 7 Satz 1 EStR). Falls die zeitlichen Voraussetzungen erfüllt sind, können **daneben** die Pauschalen für Verpflegungsmehraufwendungen nach den allgemeinen Grundsätzen für **Reisekosten** geltend gemacht werden (vgl. Teil I Tz 11.19.5 unter Erläuterungen zur Anlage N, Zeilen 65 bis 77). Eine Kürzung der Pauschale erfolgt nicht.

Die o. g. 70 %-Regelung gilt sinngemäß auch für beruflich veranlasste Bewirtungskosten (Werbungskosten) von **Arbeitnehmern** (§ 9 Abs. 5 Satz 1 EStG), z. B. für Aufwendungen eines Arbeitnehmers zur Bewirtung von Kunden seines Arbeitgebers. Der persönliche Anwendungsbereich des § 4 Abs. 5 Satz 1 Nr. 2 i. V. mit § 9 Abs. 5 Satz 1 EStG ist aber ausgeschlossen, wenn der Arbeitnehmer nicht als bewirtende Person auftritt (BFH-Urteil vom 19.6.2008, BStBl II S. 870).

2.4 Gästehäuser

Aufwendungen für Einrichtungen (Gästehäuser), die der Bewirtung, Beherbergung oder Unterhaltung von Personen dienen, die **nicht** Arbeitnehmer des Steuerpflichtigen sind (z. B. Geschäftsfreunde) und sich **außerhalb** des Orts des Betriebs des Steuerpflichtigen befinden, sind **nicht abzugsfähig** (§ 4 Abs. 5 Satz 1 Nr. 3 EStG). Zur Abgrenzung des Begriffs »außerhalb« vgl. das BFH-Urteil vom 24.5.2023, XI R 37/20, BStBl II 2024 S. 223). Dagegen sind Aufwendungen des Arbeitgebers für seinen **Arbeitnehmern** unentgeltlich zur Verfügung gestellte Ferienhäuser (z. B. auch Ferien- und Erholungsheime in landschaftlich schöner Gegend) unbegrenzt als Betriebsausgaben **abziehbar** und zwar auch dann, wenn die Ferienhäuser im Ausland belegen sind (BFH-Urteil vom 9.4.1997, BStBl II S. 539 und H 4.10 Abs. 10–11 – Ferienhausüberlassung an Arbeitnehmer – EStH). Aufwendungen für Gästehäuser **am Ort des Betriebs oder** für die Unterbringung von Geschäftsfreunden **in fremden Beherbergungsbetrieben**, sind ebenfalls abzugsfähige Betriebsausgaben, soweit sie ihrer Höhe nach angemessen sind. Als »Betrieb« in diesem Sinne gelten auch Zweigniederlassungen und Betriebsstätten mit einer gewissen Selbständigkeit, die üblicherweise von Geschäftsfreunden besucht werden (R 4.10 Abs. 10 EStR). »Ort des Betriebs« (oder Ort einer Betriebsstätte, Niederlassung, Filiale) ist nicht nur die politische Gemeinde, in deren Grenzen sich der Betrieb (die Betriebsstätte, Niederlassung, Filiale) des Steuerpflichtigen befindet; es kann auch eine Vorortgemeinde oder eine Gemeinde sein, die als anerkanntes Wohngebiet räumlich und verkehrstechnisch zur Belegenheitsgemeinde des Betriebs usw. gehört (BFH-Urteil vom 9.4.1968, BStBl II S. 603).

Zu den nicht abzugsfähigen Aufwendungen für Gästehäuser gehören sämtliche mit dem Gästehaus im Zusammenhang stehenden Ausgaben einschließlich der Absetzung für Abnutzung für das - Gebäude, Personalkosten, Kosten für Wasser, Strom, Zinsen und für Einrichtungsgegenstände (BFH-Urteil vom 20.8.1986, BStBl 1987 II S. 108). Wird die Beherbergung und Bewirtung von Geschäftsfreunden in einem Gästehaus außerhalb des Orts des Betriebs gegen Entgelt vorgenommen und erfordert das Gästehaus einen ständigen Zuschuss, so ist auch dieser Zuschuss nicht abzugsfähig (R 4.10 Abs. 11 EStR). Anfallende Bewirtungskosten sind nach Tz 2.3 (70 %-Regelung) zu beurteilen. Die verschärften Nachweisanforderungen durch einen Registrierkassenbeleg gelten hier nicht.

Das Abzugsverbot gilt nicht, wenn die Unterhaltung eines Gästehauses Gegenstand einer mit Gewinnabsicht ausgeübten Betätigung des Steuerpflichtigen ist (z.B. auf Gewinnerzielung gerichteter Betrieb einer Pension). Wegen der besonderen **Aufzeichnungspflicht** bei Gästehäusern vgl. **Tz 2.9**.

2.5 Aufwendungen für Jagd oder Fischerei, für Segel- oder Motorjachten sowie für ähnliche Zwecke

Aufwendungen für Jagd oder Fischerei, für Segel- oder Motorjachten sowie für **ähnliche Zwecke**, z.B. für die Unterhaltung eines **Golfplatzes** oder eines **Sportflugzeugs** oder eines **Segelflugzeugs** oder das Halten eines **Reitpferdes** und – nach dem eindeutigen Gesetzeswortlaut – auch für die damit zusammenhängenden **Bewirtungen** sind **nicht** als Betriebsausgaben abziehbar (§ 4 Abs. 5 Satz 1 Nr. 4 EStG). Bei Wasserfahrzeugen sind nur solche Aufwendungen vom allgemeinen Betriebsausgabenabzug ausgeschlossen, die einer sportlichen Betätigung, der Unterhaltung von Geschäftsfreunden, der Freizeitgestaltung oder Repräsentation dienen (BFH-Urteil vom 10.5.2001, BStBl II S. 575 und H 4.10 Abs. 1 – Segel- oder Motorjachten – EStH). Lädt der Unternehmer Geschäftspartner zu einer Schiffsreise ein, sind die Aufwendungen für die Reise und hiermit zusammenhängende Bewirtungen ungeachtet ihrer betrieblichen Veranlassung nicht abziehbar, wenn ein Zusammenhang mit der Unterhaltung der Teilnehmer oder der Repräsentation des Unternehmens nicht ausgeschlossen werden kann (BFH-Urteil vom 2.8.2012, BStBl II S. 824). Aufwendungen für **Wege zwischen Wohnung und Betriebsstätte** mit einem **Motorboot** (Jacht) unterliegen nicht generell dem Abzugsverbot, sondern können ebenfalls mit der **Entfernungspauschale** (vgl. Tz 2.7) als Betriebsausgaben geltend gemacht werden (BFH-Urteil vom 10.5.2001, a.a.O.; und H 4.12 – Motorboot – EStH). Dem Abzugsverbot unterliegt auch solcher unangemessener Repräsentationsaufwand, den ein Steuerpflichtiger über einen seiner Arbeitnehmer im betrieblichen Interesse macht, wie z.B. über einen leitenden Angestellten (Vorstandsmitglied, Direktor), dem die Kosten für eine Jagd ersetzt werden, damit dieser die Geschäftsfreunde des Steuerpflichtigen zu Jagden einlädt (BFH-Urteil vom 30.7.1980, BStBl 1981 II S. 58).

Nach dem genannten BFH-Urteil vom 30.7.1980 (a.a.O.) fallen auch Aufwendungen für **Sozialeinrichtungen**, die aus Gründen der Fürsorge, zur Hebung der Arbeitsmoral und zur Pflege des Zusammenhalts und der Gesundheit der Betriebsangehörigen vom Arbeitgeber bereitgestellt werden und **nur den Arbeitnehmern** zur Verfügung stehen – wozu auch ein Angelteich gehört, der ausschließlich von Betriebsangehörigen genutzt wird –, **nicht** unter das Abzugsverbot des § 4 Abs. 5 Satz 1 Nr. 4 EStG. Dass es auf die **ausschließliche** Nutzung durch die Arbeitnehmer ankommt, ergibt sich auch aus dem BFH-Urteil vom 4.12.1996, DB 1997 S. 707 (betr. Jacht im Mittelmeer als »Sozialstation«).

Dient eine Segel- oder Motorjacht nicht in erster Linie einer entsprechenden sportlichen Betätigung, sondern z.B. als **schwimmendes Konferenzzimmer** oder zum Transport und zur Unterbringung von Geschäftsfreunden, so soll § 4 Abs. 5 Satz 1 Nr. 4 EStG keine Anwendung finden (BFH-Urteil vom 3.2.1993, BStBl II S. 367).

Betriebsausgaben, die für die Unterhaltung von Geschäftsfreunden aufgewendet werden, unterliegen als Aufwendungen für »ähnliche Zwecke« nur dann dem Abzugsverbot nach § 4 Abs. 5 Satz 1 Nr. 4 EStG, wenn sich aus der Art und Weise der Veranstaltung und ihrer Durchführung ableiten lässt, dass es sich um Aufwendungen handelt, die für eine überflüssige und unangemessene Unterhaltung und Repräsentation getragen werden (BFH-Urteil vom 13.7.2016, BStBl 2017 II S. 161). Im BFH-Fall waren die Aufwendungen im Zusammenhang mit Gartenfesten im Privatgarten des namensgebenden Sozius der (Revisions-)Klägerin angefallen. Den bisher getroffenen Feststellungen des FG zum Ort und zum Ablauf der Feiern lässt sich aber nach Ansicht des BFH nicht in ausreichendem Maße entnehmen, ob den Gästen ein besonderes qualitatives Ambiente oder ein besonderes Unterhaltungsprogramm geboten wurde. Allein der Umstand, dass sich pro **»Herrenabend«** bis zu 358 Personen im Rahmen eines Gartenfests treffen und austauschen konnten, reicht nicht aus, um den »Herrenabenden« einen Charakter beizumessen, der etwa der Einladung zu einer Segelregatta oder Jagdgesellschaft vergleichbar wäre. Auch lassen die Feststellungen danach nicht den Schluss zu, ob das auf einer Bühne angebotene Unterhaltungsprogramm neben der etwa zweistündigen Begrüßung der Gäste und der Vorstellung gemeinnütziger Projekte samt des Spendenaufrufs für die Veranstaltungen prägenden Charakter hatte und welchen (besonderen) Inhalt es hatte. Der BFH hat die Entscheidung daher an das FG Düsseldorf zurückgewiesen. Das FG Nürnberg hat in seinem Urteil vom 19.10.2022 (3 K 51/22, rkr.) die Unangemessenheit für eine Abschiedsfeier eines ehemaligen Gesellschafter-Geschäftsführers an einem besonderen Ort (im Streitfall: ehemaliges Rittergut) mit aufwändigem und umfangreichem Unterhaltsprogramm (mit Gesamtaufwendungen pro Person von 586,30 €) gesehen.

Die Aufwendungen für die Durchführung eines **Golfturniers** einschließlich der Aufwendungen für die Bewirtung der Turnierteilnehmer und Dritter im Rahmen einer sich an das Golfturnier anschließenden Abendveranstaltung sind nach dem BFH-Urteil vom 16.12.2015 (BStBl 2017 II S. 224) nicht abziehbare Betriebsausgaben gemäß § 4 Abs. 5 Satz 1 Nr. 4 EStG. Dies gilt danach auch dann, wenn beide Veranstaltungen auch dem Zweck dienen, Spenden für die Finanzierung einer Wohltätigkeitsveranstaltung zu generieren. Dies gilt aber nach dem BFH-Urteil vom 14.10.2015 (BStBl 2017 II S. 222) jedoch nicht für Aufwendungen im Zusammenhang mit einer Golfturnierreihe (20 Veranstaltungen) mit freier Teilnahmemöglichkeit für jeden Interessenten, zu deren Finanzierung sich ein Brauereibetrieb gegenüber seinen Geschäftspartnern (hier: Vereine bzw. Gastronomiebetriebe) im Rahmen von Bierliefervereinbarungen vertraglich verpflichtet.

Das Abzugsverbot entfällt, wenn eine der bezeichneten Tätigkeiten Gegenstand einer mit Gewinnabsicht ausgeübten gewerblichen Betätigung ist und aus dieser Tätigkeit unmittelbar Einkünfte erzielt werden (z.B. gewerbliche Bootsvermietung, Segelschulbetrieb). Wegen der besonderen **Aufzeichnungspflicht** bei den genannten Aufwendungen vgl. **Tz 2.9**.

§ 4 Abs. 5 Satz 1 Nr. 4 EStG gilt sinngemäß auch für den Werbungskostenabzug von **Arbeitnehmern** (§ 9 Abs. 5 Satz 1 EStG).

2.6 Mehraufwendungen für Verpflegung bei Geschäftsreisen und anderen Auswärtstätigkeiten

Nicht abzugsfähige Betriebsausgaben sind auch **Mehraufwendungen für Verpflegung** bei einer Auswärtstätigkeit, soweit nicht in § 4 Abs. 5 Satz 1 Nr. 5 EStG ein Abzug von Verpflegungsmehraufwendungen (Pauschbeträgen) ausdrücklich zugelassen ist. Hinsichtlich der **Geschäftsreisen** gelten die Ausführungen zu den beruflich veranlassten Auswärtstätigkeiten vor Zeile 65 (vgl. Teil I Tz 11.19 unter Erläuterungen zur Anlage N) **und 72–74** (für Verpflegungsmehraufwendungen) der **Anlage N**, vgl. Teil I Tz 11.19.5 unter Erläuterungen zur Anlage N (Gleiches gilt hinsichtlich der früheren Begriffe »Einsatzwechseltätigkeit« und »Fahrtätigkeit«) entsprechend und hinsichtlich der doppelten Haushaltsführung vgl. Teil I Tz 12 unter Erläuterungen zur Anlage N-Doppelte Haushaltsführung.

Eine **Kürzung** der Pauschbeträge **entfällt** (bereits ab 1996), wenn **während einer Geschäftsreise** oder einer anderen Auswärtstätigkeit eine **Bewirtung von Geschäftsfreunden** stattfindet und der Steuerpflichtige an der Bewirtung teilnimmt. Daran hat sich auch – entgegen § 9 Abs. 4a Satz 8 EStG – nichts durch die sog. Reisekostenreform geändert, BMF-Schreiben vom 23.12.2014 (BStBl 2015 I S. 26, Rn 12). Im Gegensatz zum Arbeitnehmer kommt es jedoch nicht zur Kürzung der Pauschalen, wenn von dritter Seite Mahlzeiten unentgeltlich oder verbilligt zur Verfügung gestellt werden (BMF-Schreiben vom 23.12.2014, a. a. O., Rn 12).

2.7 Aufwendungen für Wege zwischen Wohnung und Betriebsstätte und für Familienheimfahrten bei doppelter Haushaltsführung – Entfernungspauschale

Aufwendungen für Wege zwischen Wohnung und Betriebsstätte und für Familienheimfahrten sind ebenfalls nur begrenzt als Betriebsausgaben abzugsfähig. Nach dem BFH-Urteil vom 19.6.2013 (BStBl II S. 812) ist die Erfassung der Pkw-Nutzung für Familienheimfahrten von Selbständigen verfassungsgemäß. Der allgemeine Gleichheitssatz gebietet es nach Auffassung des BFH nicht, entgegen dem Wortlaut des § 4 Abs. 5 Satz 1 Nr. 6 EStG den Vorteil aus der Nutzung eines betrieblichen Pkw für Familienheimfahrten im Rahmen einer doppelten Haushaltsführung eines selbständig Tätigen außer Ansatz zu lassen.

2.7.1 Fahrten zwischen Wohnung und Betriebsstätte sowie Privatfahrten

Zur Abgeltung der Aufwendungen für Wege zwischen Wohnung und Betriebsstätte wurde bereits ab 2001 eine von dem benutzten Verkehrsmittel unabhängige **Entfernungspauschale** eingeführt. **Ab 1.1.2004** beträgt die Entfernungspauschale für jeden Arbeitstag, an dem der Steuerpflichtige seine Betriebsstätte **tatsächlich** aufsucht, für **jeden vollen Kilometer** der Entfernung zwischen Wohnung und Betriebsstätte **nur noch 0,30 €** (vorher 0,36 € für die ersten 10 Kilometer und 0,40 € für jeden weiteren Kilometer) und zwar auch weiterhin unabhängig davon, wie der Steuerpflichtige zu seiner Betriebsstätte gelangt (§ 4 Abs. 5 Satz 1 Nr. 6 i. V. mit § 9 Abs. 1 Satz 3 Nr. 4 und Abs. 2 EStG. **In 2021** wurde die Entfernungspauschale **ab** dem **21. Kilometer** auf **0,35 €** je Kilometer als Ausgleich für die höhere CO_2-Bepreisung von Kraftstoffen angehoben. Mit dem Steuerentlastungsgesetz 2022 vom 23.5.2022 (BGBl I 2022 S. 749) wurde **ab 2022** die Entfernungspauschale ab dem 21. Entfernungskilometer **auf 0,38 €** je Kilometer angehoben, um wegen der extrem gestiegenen Kraftstoffpreise zusätzlich zu entlasten. Wegen des grundsätzlichen Abzugs der Entfernungspauschale und der Neuregelung ab 2014 vgl. Teil I Tz 11.13 unter Erläuterungen zur **Anlage N, Zeilen 27 bis 52.** Zudem beschäftigt sich das BMF-Schreiben vom 23.12.2014 (BStBl 2015 I S. 26) mit weiteren Einzelfragen. Zur lohnsteuerlichen Behandlung bei Überlassung an einen Arbeitnehmer vgl. BMF-Schreiben vom 3.3.2022 (BStBl I S. 232).

Geplante Gesetzesänderung:
Mit dem Entwurf eines Steueränderungsgesetzes 2025 ist geplant, die Entfernungspauschale ab 1.1.2026 bereits ab dem 1. Entfernungskilometer mit 0,38 € anzusetzen.
Bei Redaktionsschluss war das Gesetzgebungsverfahren noch nicht abgeschlossen. Der beschlossene und bekannt gemachte Gesetzestext bleibt abzuwarten.

Aus der mit der Begrenzung des Fahrtkostenabzugs in § 4 Abs. 5 Satz 1 Nr. 6 EStG angestrebten Gleichbehandlung des Betriebsausgabenabzugs u. a. von Selbständigen mit dem entsprechenden Werbungskostenabzug bei Arbeitnehmern (vgl. BMF-Schreiben vom 23.12.2014, a. a. O., Rn 1) folgt, dass die für die Arbeitnehmer geltenden Ausnahmen von den Abzugsbeschränkungen der Fahrtkosten im Falle gleichliegender Sachverhalte bei den selbständig Tätigen grundsätzlich ebenso gelten. Das bedeutet, Fahrtkosten sind zum **uneingeschränkten Betriebsausgabenabzug** zuzulassen, **soweit** sie zwischen Wohnung und mehreren **Einsatzorten** anfallen und **keiner** dieser Beschäftigungsstätten eine **besondere zentrale Bedeutung** zukommt (BFH-Urteil vom 23.10.2014, BStBl 2015 II S. 323). Betriebsstätte in diesem Sinne ist nach ständiger Rspr. des BFH (BFH-Urteil vom 16.2.2022, X R 14/19, BStBl II 2022 S. 805 und BFH-Urteil vom 23.10.2014, BStBl 2015 II S. 323 m. w. N.) der **Ort**, an dem ein selbständig Tätiger seine **Leistung gegenüber den Kunden** erbringt. Nach BMF-Schreiben vom 23.12.2014 (a. a. O, Rn 1) ist das die von der Wohnung des Steuerpflichtigen getrennte dauerhafte Einrichtung des Steuerpflichtigen, des Auftraggebers (Kunden) oder eines vom Auftraggeber bestimmten Dritten, an der oder von dort aus die steuerlich relevante Tätigkeit dauerhaft (d. h. für voraussichtlich mehr als 48 Monate oder für die gesamte Dauer der betrieblichen Tätigkeit, BMF-Schreiben vom 23.12.2014 (a. a. O, Rn 2; im Ergebnis bestätigt mit BFH-Urteil vom 16.2.2022, X R 14/19, BStBl II 2022 S. 805) ausgeübt wird. Der Begriff der Betriebsstätte in § 4 Abs. 5 Satz 1 Nr. 6 EStG ist somit weiter als der in § 12 AO, der eine nicht nur vorübergehende Verfügungsmacht des Steuerpflichtigen über die von ihm genutzte Einrichtung voraussetzt. Aufwendungen für regelmäßige Fahrten zum einzigen Auftraggeber sind daher nur i. H. der Entfernungspauschale als Betriebsausgaben abziehbar (BFH-Urteil vom 22.10.2014, BStBl 2015 II S. 273).

Angefangene Kilometer werden sonach nicht mitgezählt. Die Entfernungspauschale ist als **Betriebsausgabe** abzugsfähig.

Die Entfernungspauschale für Wege zwischen Wohnung und Betriebsstätte entspricht der für Arbeitnehmer geltenden Regelung, vgl. Teil I Tz 11.13 unter Erläuterungen zur **Anlage N, Zeilen 27 bis 52** sowie die dortigen **Beispiele** (R 4.12 Abs. 1 EStR). Dies gilt sowohl für die allgemeinen Grundsätze zur Entfernungspauschale, für die Bestimmung der Entfernung, für die Begrenzung der Entfernungspauschale auf einen Höchstbetrag, für die Benutzung verschiedener Verkehrsmittel, für die Regelung zugunsten Behinderter (vgl. Teil I Tz 11.12.7 unter Erläuterungen zur Anlage N, Zeilen 28, 36 und 44), für die Abgeltungswirkung der Entfernungspauschale wie auch für die Regelung bei mehreren Wohnungen.

Fahrten zwischen Wohnung und Betriebsstätte im o. g. Sinne sind die Fahrten von der Wohnung in den Betrieb bei Beginn der Tätigkeit und vom Betrieb in die Wohnung nach Beendigung der Tätigkeit; **nicht** dazu gehören dagegen Fahrten **zwischen mehreren Betriebsstätten.**

Aufwendungen eines Steuerpflichtigen für **Fahrten zwischen mehreren Betriebsstätten** (beruflichen Niederlassungen) sind in vollem Umfang als Betriebsausgaben abzugsfähig (R 4.12 Abs. 1 Satz 4 EStR und H 4.12 – Fahrten zwischen Betriebsstätten – EStH). Eine betragsmäßige Beschränkung des Betriebsausgabenabzugs nach den für Fahrten zwischen Wohnung und Betriebsstätte geltenden Grundsätzen (Entfernungspauschale) kommt **nicht** in Betracht. Da es sich um Fahrten **innerhalb** des Unternehmens handelt, sind die Aufwendungen hierfür **voll** als Betriebsausgaben berücksichtigungsfähig. Statt der tatsächlichen Aufwendungen können bei einem Pkw entsprechend der Reisekostenregelung auch **pauschal 0,30 €** für **jeden** gefahrenen Kilometer als Betriebsausgaben berücksichtigt werden (vgl. Teil I Tz 11.19.4.6 der Erläuterungen zur Anlage N, Zeilen 65 und 66). Nach R 4.12 Abs. 2 Satz 2 EStR soll dies aber **nur für private Beförderungsmittel** zulässig sein und nicht für solche Fahrzeuge, die zum Betriebsvermögen zählen, da bei diesen Fahrzeugen alle Aufwendungen für betrieblich veranlasste Fahrten als Betriebsausgaben abgezogen werden können.

Die Abzugsfähigkeit wird regelmäßig auch nicht dadurch beschränkt, dass sich eine der Betriebsstätten am Hauptwohnsitz des Unternehmers befindet (BFH-Urteile vom 31.5.1978, BStBl II S. 564; vom 29.3.1979, BStBl II S. 700; und vom 13.7.1989, BStBl 1990 II S. 23). Fahrten zwischen Wohnung und Betrieb mit der Folge der **begrenzten** Abzugsfähigkeit (Entfernungspauschale) lagen nach früherer Rspr. jedoch dann vor, wenn die auswärtige Betriebsstätte als Mittelpunkt der beruflichen Tätigkeit täglich oder fast täglich angefahren wird und der Betriebsstätte am Hauptwohnsitz nur untergeordnete Bedeutung beizumessen ist. Im Urteil vom 19.9.1990 (BStBl 1991 II S. 97) hatte der

BFH entschieden, dass der **begrenzte** Betriebsausgabenabzug auch für Fahrten zwischen Wohnung und **2 oder 3 regelmäßigen** Betriebsstätten gilt (einschränkend BFH-Urteil vom 9.6.2011, VI R 55/10, BStBl 2012 II S. 38, nach dessen Auffassung Steuerpflichtige nicht mehrere regelmäßige Arbeitsstätten haben können, **nicht** aber für Fahrten zwischen Wohnung und **ständig wechselnden** Betriebsstätten (s. u.). Nach der **ab 1.1.2014** geltenden Rechtslage sind von der Begrenzung auf die Entfernungspauschale die Fahrten zur **ersten Betriebsstätte** umfasst. Dies ist gem. BMF-Schreiben vom 23.12.2014 (a. a. O., Rn 5) anhand quantitativer Merkmale zu bestimmen. Dabei gilt als erste Betriebsstätte die Tätigkeitsstätte, an der der Steuerpflichtige dauerhaft (zum Begriff der Dauerhaftigkeit vgl. oben) arbeitstäglich oder je Woche an zwei vollen Arbeitstagen oder mindestens zu einem Drittel seiner regelmäßigen Arbeitszeit tätig werden will. Treffen diese Kriterien auf mehrere Tätigkeitsstätten zu, ist die der Wohnung des Steuerpflichtigen näher gelegene Tätigkeitsstätte als erste Betriebsstätte anzusehen.

Wird der Steuerpflichtige typischerweise **nur** an **ständig wechselnden Tätigkeitsstätten**, die keine Betriebsstätten sind, oder an einer nicht ortsfesten betrieblichen Einrichtung (z. B. Fahrzeug, Flugzeug, Schiff) betrieblich tätig, sind nach BMF-Schreibens vom 23.12.2014 (a. a. O., Rn 6) die Aufwendungen für die Fahrten zwischen Wohnung und Tätigkeitsstätte **unbeschränkt als Betriebsausgaben** abziehbar.

Fahrten zwischen Wohnung und Betrieb (mit der Folge des begrenzten Betriebsausgabenabzugs = Entfernungspauschale) sind auch dann gegeben, wenn sich zwar **in der Wohnung eine weitere Betriebsstätte** befindet, dieser Teil der Wohnung von der übrigen Wohnung aber baulich nicht getrennt ist und keine in sich geschlossene Einheit bildet (BFH-Urteile vom 15.7.1986, BStBl II S. 744, und vom 16.2.1994, BStBl II S. 468). Fahrtkosten zwischen einer **Wohnung mit häuslichem Arbeitszimmer** und einer auswärtigen Betriebsstätte sind in der Regel nur beschränkt abziehbar (BFH-Urteil vom 7.12.1988, BStBl 1989 II S. 421), d. h. i. H. der Entfernungspauschale. Betrieblich genutzte Räume, die sich in der im Übrigen selbstgenutzten Wohnung des Steuerpflichtigen befinden (häusliches Arbeitszimmer), können wegen ihrer engen Einbindung in den privaten Lebensbereich nicht als Betriebsstätte i. S. des § 4 Abs. 5 Satz 1 Nr. 6 EStG angesehen werden (BFH-Urteil vom 22.10.2014, BStBl 2015 II S. 273), siehe auch das BMF-Schreiben vom 23.12.2014 (a. a. O. Rn 3).

Die Regelung über die Entfernungspauschale wirkt sich auch auf die **Ermittlung des privaten Kfz-Nutzungsanteils** bei einem zum Betriebsvermögen gehörenden Kfz aus. Nach dem BFH-Urteil vom 13.2.2003 (BStBl II S. 472) sind davon solche Fahrzeuge auszuschließen, die nach dem allgemeinen Erfahrungssatz typischerweise nur vereinzelt und gelegentlich für private Zwecke genutzt werden, wie z. B. Lkw und Zugmaschinen. Für diese Einordnung ist aber nicht die kraftfahrzeugsteuerliche Klassifikation der StVO entscheidend, sodass auch ein »Lkw« (z. B. bestimmte Geländewagen) in den Anwendungsbereich der 1 %-Regelung fallen kann wie auch umgekehrt ein Personen- und Lastentransporter mit entfernten Rückbänken und zugeklebten Fenstern (BFH-Urteil vom 1.8.2000, BStBl 2001 II S. 72). Ein Elektrofahrrad wird verkehrsrechtlich als Kfz eingeordnet, wenn dessen Motor auch Geschwindigkeiten über 25 Kilometer pro Stunde unterstützt (vgl. Hinweis in gleich lautenden Ländererlassen vom 9.1.2020, BStBl I S. 174 zur steuerlichen Behandlung der Überlassung von [Elektro-]Fahrrädern an Arbeitnehmer).

Die **private Nutzung** eines betrieblichen Kraftfahrzeugs wird **pauschal** für jeden **Kalendermonat** mit **1 % des inländischen Listenpreises** im Zeitpunkt der Erstzulassung zzgl. der Kosten für Sonderausstattungen und einschließlich Umsatzsteuer (so auch BFH-Urteil vom 6.3.2003, BStBl II S. 704) angesetzt. Eine Sonderausstattung i. S. des Gesetzes liegt nach dem BFH-Urteil vom 13.10.2010 (BStBl 2011 II S. 361) nur dann vor, wenn das Fahrzeug bereits werkseitig im Zeitpunkt der Erstzulassung damit ausgestattet ist. Der Wert eines Autotelefons einschließlich Freisprecheinrichtung sowie der Wert eines weiteren Satzes Reifen einschließlich Felgen ist dabei außer Ansatz zu lassen. Dagegen sind Diebstahlsicherungssysteme und Navigationsgeräte als Sonderausstattung werterhöhend zu berücksichtigen (BFH-Urteil vom 16.2.2005, BStBl II S. 563). Der so ermittelte Listenpreis ist nach BMF-Schreiben vom 18.11.2009 (BStBl I S. 1326, Rn 10) auf volle 100 € als Bemessungsgrundlage zur pauschalen Ermittlung des privaten Nutzungswerts abzurunden. Die 1 %-Regelung verstößt nicht gegen das Grundgesetz (BFH-Urteil vom 24.2.2000, BStBl II S. 273; und vom 1.3.2001, BStBl II S. 403). Ist der inländische Bruttolistenpreis zu schätzen, weil das Fahrzeug ein Importfahrzeug ist und weder ein inländischer Bruttolistenpreis vorhanden ist noch eine Vergleichbarkeit mit einem bau- und typengleichen inländischen Fahrzeug besteht, ist der inländische Bruttolistenpreis nach dem BFH-Urteil vom 9.11.2017 (BStBl 2018 II S. 278) jedenfalls dann nicht zu hoch geschätzt, wenn die Schätzung sich an den typischen Bruttoabgabepreisen orientiert, die Importfahrzeughändler, welche das betreffende Fahrzeug selbst importieren, von ihren Endkunden verlangen. Listenpreis i. S. des § 6 Abs. 1 Nr. 4 Satz 2 EStG ist bei einem als **Taxi** genutztem PKW der Preis, zu dem der Steuerpflichtige das Fahrzeug als Privatkunde erwerben könnte (BFH-Urteil vom 8.11.2018, III R 13/16, BStBl 2019 II S. 229).

Mit dem Gesetz zur Umsetzung der Amtshilferichtlinie sowie zur Änderung steuerlicher Vorschriften (Amtshilferichtlinie-Umsetzungsgesetz – AmtshilfeRLUmsG) vom 26.6.2013 (BGBl I S. 802) ist eine Begünstigung für **Elektrofahrzeuge oder Hybridelektrofahrzeuge** eingeführt worden, die über extern aufladbare mechanische oder elektrochemische Speicher verfügen. Elektrofahrzeug ist dabei nach dem BMF-Schreiben vom 5.11.2021 (BStBl I S. 2205, Rn 1) ein Kraftfahrzeug, das ausschließlich durch einen Elektromotor angetrieben wird, der ganz oder überwiegend aus mechanischen oder elektrochemischen Energiespeichern (z. B. Schwungrad mit Generator oder Batterie) oder aus emissionsfrei betriebenen Energiewandlern (z. B. wasserstoffbetriebene Brennstoffzelle) gespeist wird. Hybridelektrofahrzeug ist nach dem BMF-Schreiben vom 5.11.2021, a. a. O., Rn 2) ein Hybridfahrzeug, das zum Zwecke des mechanischen Antriebs im Fahrzeug gespeicherte Energie/Leistung bezieht aus einem Betriebskraftstoff oder einer Speichereinrichtung für elektrische Energie/Leistung (z. B. Batterie, Kondensator, Schwungrad mit Generator). Zu den begünstigten Fahrzeugen rechnen nach dem BMF-Schreiben vom 5.11.2021 (a. a. O., Rn 3) auch **Elektrofahrräder**, wenn diese verkehrsrechtlich als Kraftfahrzeug einzuordnen sind (z. B. gelten Elektrofahrräder, deren Motor auch Geschwindigkeiten über 25 Kilometer pro Stunde unterstützt, als Kraftfahrzeuge). Nicht zu den begünstigten Fahrzeugen rechnen Elektrofahrräder, wenn diese verkehrsrechtlich nicht als Kraftfahrzeug einzuordnen sind (u. a. keine Kennzeichen- und Versicherungspflicht), was bei sog. Pedelecs der Fall ist.

Die Begünstigung ist durch einen **Abschlag vom maßgeblichen Listenpreis** ausgestaltet und nach der Batteriekapazität gestaffelt. Danach mindert sich für bis zum 31.12.2013 angeschaffte Kfz der maßgebliche Listenpreis um 500 € pro Kilowattstunde der Batteriekapazität. Dieser Betrag mindert sich für in den Folgejahren angeschaffte Kraftfahrzeuge um jährlich 50 € pro Kilowattstunde der Batteriekapazität; die Minderung pro Kraftfahrzeug beträgt höchstens 10 000 €; dieser Höchstbetrag mindert sich für in den Folgejahren angeschaffte Kraftfahrzeuge um jährlich 500 € (vgl. Rn 7 des BMF-Schreibens vom 5.11.2021, a. a. O.). Die Neuregelung gilt erstmals für den VZ 2013 und umfasst nach dem Gesetzeswortlaut auch bereits angeschaffte/hergestellte Fahrzeuge. Mit Gesetz vom 11.12.2018 (BGBl I S. 2338) wurde für nach dem 31.12.2018 und vor dem 1.1.2022 der Vorteil für entsprechende Elektrofahrzeuge abermals geändert. Danach ist der nach der 1 %–Regelung ermittelte **Nutzungswert nur noch zur Hälfte** anzusetzen.

Nach dem Gesetz zur weiteren steuerlichen Förderung der Elektromobilität und zur Änderung weiterer steuerlicher Vorschriften vom 12.12.2019 (BGBl I S. 2451) wurde die hälftige Nutzungswertbesteuerung für Anschaffungen über den 31.12.2021 hinaus ausgedehnt und in bestimmten Fällen weiter reduziert. Sie beträgt nur noch **0,25 %** bei Anschaffungen nach dem 31.12.2018 und vor dem 1.1.2031, **wenn** das Fahrzeug **keine Kohlendioxidemission** je gefahrenen Kilometer hat **und** der **Bruttolistenpreis nicht mehr als** 40 000 € (Erhöhung ab 2020 auf **60 000 €** durch das Zweite Corona-Steuerhilfegesetz vom 29.6.2020, BGBl I S. 1512) beträgt. Mit dem Wachstumschancengesetz vom 27.3.2024 (BGBl I Nr. 108) wurde der maßgebende Höchstbetrag des begünstigten Bruttolistenpreises auf **70 000 €** angehoben. Diese Neuregelung gilt erstmals für Elektrofahrzeuge, die nach dem 31.12.2023 angeschafft wurden. Für Elektrofahrzeuge, die **nach dem 30.6.2025** angeschafft wurden/

werden, erhöht sich der maßgebende Grenzbetrag auf **100 000 €** mit den Änderungen durch das Gesetz für ein steuerliches Investitionssofortprogramm zur Stärkung des Wirtschaftsstandorts Deutschland vom 14.7.2025 (BGBl I Nr. 161).

Liegen diese Voraussetzungen nicht vor, darf der Ansatz bei Anschaffungen nach dem 31.12.2021 und vor dem 1.1.2025 0,5 % betragen, unter der Bedingung, dass der Kohlendioxidausstoß pro Kilometer maximal 50 Gramm und die Reichweite bei ausschließlichem elektrischem Antrieb mindestens 60 Kilometer beträgt; bei Anschaffungen nach dem 31.12.2024 und vor dem 1.1.2030 muss die Reichweite mit elektrischem Antrieb mindestens 80 Kilometer betragen. Die für das Fahrzeug maßgebliche Kohlendioxidemission sowie rein elektrische Reichweite sind nach dem Gesetzestext ausschließlich **durch** die **Übereinstimmungsbescheinigung** nach Anhang IX der Richtlinie 2007/46/EG oder der Übereinstimmungsbescheinigung nach Art. 38 der EU-Verordnung Nr. 168/2013 **nachzuweisen**. Weitere Anwendungshinweise und Beispiele enthält das **BMF-Schreiben vom 5.11.2021** (BStBl I S. 2205).

Alternativ kann der private Nutzungsanteil aber auch mit den **auf die Privatfahrten entfallenden Aufwendungen** angesetzt werden, **wenn** die für das Kraftfahrzeug insgesamt entstehenden Aufwendungen durch **Belege** und das Verhältnis der privaten zu den übrigen Fahrten durch ein ordnungsgemäßes **Fahrtenbuch** nachgewiesen werden (§ 6 Abs. 1 Nr. 4 EStG). Eine Schätzung von belegmäßig nicht nachgewiesenen Aufwendungen – hier: Treibstoffkosten – schließt nach dem BFH-Urteil vom 15.12.2022 (VI R 44/20, BStBl II 2023 S. 442) die Anwendung der Fahrtenbuchmethode aus. Auf das BMF-Schreiben vom 18.11.2009 (a. a. O.) sowie auf das BFH-Urteil vom 3.8.2000 (BStBl 2001 II S. 332) wird hingewiesen; hiernach gilt ein fahrzeugbezogenes Methodenwahlrecht (BMF-Schreiben vom 18.11.2009, a. a. O., Rz 22). Ein ordnungsgemäßes Fahrtenbuch muss nach dem BFH-Urteil vom 9.11.2005 (BStBl 2006 II S. 408) zeitnah und in geschlossener Form geführt werden und die zu erfassenden Fahrten einschließlich des an ihrem Ende erreichten Gesamtkilometerstands vollständig und in ihrem fortlaufenden Zusammenhang wiedergeben. Hierfür hat es neben dem Datum und den Fahrtzielen grundsätzlich auch den jeweils aufgesuchten Kunden oder Geschäftspartner oder – wenn ein solcher nicht vorhanden ist – den konkreten Gegenstand der dienstlichen/betrieblichen Verrichtung aufzuführen. Bloße Ortsangaben im Fahrtenbuch genügen allenfalls dann, wenn sich der aufgesuchte Kunde oder Geschäftspartner aus der Ortsangabe zweifelsfrei ergibt oder wenn sich dessen Name auf einfache Weise unter Zuhilfenahme von Unterlagen ermitteln lässt, die ihrerseits nicht mehr ergänzungsbedürftig sind. Dementsprechend müssen die zu erfassenden Fahrten einschließlich des an ihrem Ende erreichten Gesamtkilometerstandes im Fahrtenbuch vollständig und in ihrem fortlaufenden Zusammenhang wiedergegeben werden. Grundsätzlich ist dabei jede einzelne berufliche Verwendung für sich und mit dem bei Abschluss der Fahrt erreichten Gesamtkilometerstand des Fahrzeugs aufzuzeichnen. Besteht allerdings eine einheitliche berufliche Reise aus mehreren Teilabschnitten, so können diese Abschnitte miteinander zu einer zusammenfassenden Eintragung verbunden werden. Dann genügt die Aufzeichnung des am Ende der gesamten Reise erreichten Gesamtkilometerstands, wenn zugleich die einzelnen Kunden oder Geschäftspartner im Fahrtenbuch in der zeitlichen Reihenfolge aufgeführt werden, in der sie aufgesucht worden sind. Eine mithilfe eines Computerprogramms erzeugte Datei genügt den Anforderungen an ein ordnungsgemäßes Fahrtenbuch nur dann, wenn nachträgliche Veränderungen an den zu einem früheren Zeitpunkt eingegebenen Daten nach der Funktionsweise des verwendeten Programms technisch ausgeschlossen sind oder in ihrer Reichweite in der Datei selbst dokumentiert und offengelegt werden (BFH-Urteil vom 16.11.2005, BStBl 2006 II S. 410). Die Aufzeichnungen im Fahrtenbuch müssen jedenfalls eine hinreichende Gewähr für ihre Vollständigkeit und Richtigkeit bieten. Kleinere Mängel führen nach dem BFH-Urteil vom 10.4.2008 (BStBl II S. 768) nicht zur Verwerfung des Fahrtenbuchs und Anwendung der 1 %-Regelung, wenn die Angaben insgesamt plausibel sind.

Die nach § 12 Nr. 3 EStG nicht abziehbare Umsatzsteuer ist bei Anwendung der 1 %-Regelung nach umsatzsteuerrechtlichen Maßstäben zu ermitteln (BFH-Urteil vom 7.12.2010, BStBl 2011 II S. 451). Dabei kommt es nicht auf die tatsächlich festgesetzte Umsatzsteuer an. Die nach § 12 Nr. 3 EStG erforderliche Hinzurechnung der Umsatzsteuer hat auf den Zeitpunkt der Entnahme zu erfolgen.

Gehören **mehrere Kfz** zu einem **Betriebsvermögen**, ist die in § 6 Abs. 1 Nr. 4 Satz 2 EStG normierte **1 %-Regelung** nach dem BFH-Urteil vom 9.3.2010 (BStBl II S. 903) grundsätzlich auch dann fahrzeugbezogen, also **mehrfach** anzuwenden, wenn in tatsächlicher Hinsicht feststeht, dass ausschließlich eine Person die Fahrzeuge auch privat genutzt hat. Dies hat die Finanzverwaltung mit BMF-Schreiben vom 15.11.2012 (BStBl I S. 1099) jedoch zugunsten des Steuerpflichtigen eingeschränkt.

BEISPIEL 1:
Zum Betriebsvermögen des Versicherungsmaklers C gehören fünf Kraftfahrzeuge, von denen vier von C, seiner Ehefrau und dem erwachsenen Sohn auch zu Privatfahrten genutzt werden, von C auch für Fahrten zwischen Wohnung und Betriebsstätte. Ein Kraftfahrzeug wird ausschließlich einem Angestellten auch zur privaten Nutzung überlassen; der Nutzungsvorteil wird bei diesem lohnversteuert. Die betriebliche Nutzung der Kraftfahrzeuge beträgt jeweils mehr als 50 %. Es befindet sich kein weiteres Kraftfahrzeug im Privatvermögen. Die private Nutzungsentnahme nach § 6 Abs. 1 Nr. 4 Satz 2 EStG ist für vier Kraftfahrzeuge anzusetzen, und zwar mit jeweils 1 % des Listenpreises. Zusätzlich ist für Fahrten zwischen Wohnung und Betriebsstätte der Betriebsausgabenabzug zu kürzen. Dabei ist der höchste Listenpreis zugrunde zu legen.

BEISPIEL 2:
Zum Betriebsvermögen eines Architekturbüros gehören sechs Kraftfahrzeuge, die jeweils vom Betriebsinhaber, seiner Ehefrau und den Angestellten/freien Mitarbeitern genutzt werden. Der Steuerpflichtige erklärt glaubhaft eine Nutzungsentnahme für die zwei von ihm und seiner Ehefrau auch privat genutzten Kraftfahrzeuge mit den höchsten Listenpreisen. Die übrigen Kraftfahrzeuge werden den Angestellten/freien Mitarbeitern nicht zur privaten Nutzung überlassen; sie werden im Rahmen ihrer Tätigkeit genutzt, um die Bauprojekte zu betreuen und zu überwachen. Eine Nutzungswertbesteuerung der vier weiteren Kraftfahrzeuge ist nicht vorzunehmen. Weist der Steuerpflichtige dem betrieblichen Kraftfahrzeug eine bestimmte Funktion im Betrieb zu und erklärt er zudem durch den Ansatz einer Nutzungsentnahme für zwei andere Fahrzeuge, dass er und die zu seiner Privatsphäre gehörenden Personen jenes Kraftfahrzeug nicht privat nutzen, so soll dieser Erklärung grundsätzlich gefolgt werden. Die reine Möglichkeit der privaten Nutzung der den Mitarbeitern zur Betreuung und Überwachung von Bauprojekten zugeordneten Kraftfahrzeuge (z. B. am Wochenende) führt nicht zum Ansatz einer weiteren Nutzungsentnahme.

Nutzt ein Steuerpflichtiger in seinem Betrieb gelegentlich einen zum Betriebsvermögen seines Ehegatten/Lebenspartners gehörenden Pkw, ohne hierfür Aufwendungen zu tragen, kann er nach dem BFH-Urteil vom 15.7.2014 (BStBl 2015 II S. 132) für seine betriebliche Nutzung keine Betriebsausgaben abziehen. Bei dem Ehegatten/Lebenspartner, zu dessen Betriebsvermögen der Pkw gehört, ist die Nutzung des Pkw durch den anderen Ehegatten/Lebenspartner mit der Anwendung der 1 %-Regelung abgegolten; ein Betrag für eine zusätzliche Nutzungsentnahme ist nach Auffassung des BFH nicht anzusetzen. Überlässt ein Arbeitgeber seinem Arbeitnehmer einen betrieblichen Pkw, dessen Kosten der Arbeitgeber in vollem Umfang trägt, auch zur Nutzung für Fahrten im privaten Bereich und zur Erzielung anderer Einkünfte und versteuert der Arbeitnehmer den daraus erlangten geldwerten Vorteil nach der sog. 1 %-Regelung, kann der Arbeitnehmer für die Nutzung des Pkw im Rahmen der Einkünfte aus selbständiger Tätigkeit nach dem BFH-Urteil vom 16.7.2015 (BStBl 2016 II S. 44) keine Betriebsausgaben abziehen.

Die sog. 1 %-Regelung ist **ab 2006** aus Gründen der Missbrauchsverhütung auf die Nutzung solcher Pkw beschränkt, die **zu mehr als 50 % betrieblich genutzt** werden. Das bedeutet aber nicht, dass der Nutzungsvorteil auf 50 % der Gesamtaufwendungen des Pkw zu beschränken ist (BFH-Urteil vom 15.5.2018, X R 28/15, BStBl II S. 712). Zur betrieblichen Nutzung gehören neben den betrieblich veranlassten Fahrten auch Fahrten zwischen Wohnung und Betriebsstätte oder

Familienheimfahrten. Bei Pkw, die nicht überwiegend betrieblich genutzt werden, sind die auf die Privatfahrten tatsächlich entfallenden Kosten im Wege der Nutzungsentnahme (§ 6 Abs. 1 Nr. 4 Satz 1 EStG) zu berücksichtigen. Die Führung eines Fahrtenbuches ist in diesen Fällen nicht zwingend erforderlich. Der Nachweis der überwiegend betrieblichen Nutzung kann auch auf andere Weise erbracht oder glaubhaft gemacht werden (z. B. durch Terminkalender, Abrechnungsunterlagen und Reisekostenaufstellungen sowie Fahrten zwischen Wohnung und Praxis). Wegen weiterer Einzelheiten und möglichen Vereinfachungsregelungen siehe BMF-Schreiben vom 18.11.2009 (a. a. O., Rn 4–7). In Fällen einer **nicht** überwiegend betrieblichen Nutzung des Pkw ist zu erwägen, den Pkw dem Privatvermögen zuzuordnen und die betrieblichen Fahrtkosten pauschal mit 0,30 € je gefahrenen km oder in tatsächlicher Höhe als Betriebsausgaben (Nutzungseinlage) geltend zu machen. Auf die Pkw-Gestellung für Arbeitnehmer durch den Arbeitgeber hat die Neuregelung keine Auswirkung; dort bleibt es bei der 1 %-Regelung.

Benutzt ein Steuerpflichtiger, der zur Ermittlung des privaten Kfz-Nutzungsanteils die o. g. **1 %-Regelung** in Anspruch nimmt, seinen zum Betriebsvermögen gehörenden Pkw **auch** zu **Fahrten zwischen Wohnung und Betriebsstätte**, so ist für die Ermittlung der nicht abzugsfähigen Betriebsausgaben **neben** dem Ansatz von 1 % des Listenpreises **zusätzlich für jeden Kalendermonat** ein Betrag i. H. des positiven Unterschiedsbetrags zwischen **0,03 % des Listenpreises** für jeden Entfernungskilometer und der Entfernungspauschale **hinzuzurechnen.** Dabei sind für die Entfernungspauschale die Anzahl der Tage, an denen das Kfz tatsächlich gefahren wurde, zugrunde zu legen.

BEISPIEL:

Der inländische Listenpreis im o. g. Sinne eines zum Betriebsvermögen gehörenden Pkw beträgt 30 000 €. Der Pkw wird außer für Privatfahrten auch zu Fahrten zwischen Wohnung und Betrieb genutzt, und zwar an 180 Tagen im Jahr (15 Tage monatlich). Die Entfernung beträgt 20 km.

Monatlicher Nutzungswert für **Privatfahrten 1 %** von 30 000 €		300 €
Hinzuzurechnen sind für **Fahrten zwischen Wohnung und Betrieb 0,03 %** von 30 000 € für jeden Kalendermonat je Entfernungs-km = 9 €		
Bei einer Entfernung von 20 km somit je **Kalendermonat** 20 × 9 €	180 €	
./. Entfernungspauschale 20 km × 0,30 € = 6 € tatsächlich gefahren an 15 Tagen	./. 90 €	90 €
Somit insgesamt **monatlich**		**390 €**
Jährlich sind (12 × 390 €)		4 680 €

für die private Nutzung **und** für Fahrten zwischen Wohnung und Betrieb **gewinnerhöhend** zu behandeln.

Im Unterschied zur Kfz-Gestellung an Arbeitnehmer (vgl. Teil I Tz 11.3 unter Erläuterungen zur Anlage N, Zeilen 5 bis 10) ist der pauschale Monatswert von **0,03 %** auch dann zwingend anzusetzen, wenn das Kfz **nur gelegentlich** zu Fahrten zwischen Wohnung und Betrieb genutzt wird (siehe auch BFH-Urteil vom 12.6.2018, VIII R 14/15, BStBl II S. 755). Nur wenn eine Nutzung zu solchen Fahrten für einen **vollen** Kalendermonat **ausgeschlossen** ist, unterbleibt ein Ansatz für diesen Monat.

Ermittelt der Steuerpflichtige die Gesamtkosten des Kfz und den Anteil der **privaten** Nutzung dagegen aufgrund eines ordnungsgemäß geführten **Fahrtenbuchs** (Einzelnachweis), so treten auch an die Stelle der 0,03 %-Berechnung die auf die Fahrten zwischen Wohnung und Betriebsstätte entfallenden **tatsächlichen** Aufwendungen. Wegen der besonderen Regelung für Steuerpflichtige, die mehrere Betriebsstätten in unterschiedlicher Entfernung von der Wohnung haben, siehe BMF-Schreiben vom 18.11.2009 (a. a. O., Rn 16) mit Beispiel.

Die Entfernungspauschale für Fahrten zwischen Wohnung und Betrieb gilt auch dann, wenn das benutzte Fahrzeug nicht zum Betriebsvermögen gehört (BMF-Schreiben vom 18.11.2009, a. a. O., Rn 3).

2.7.2 Familienheimfahrten bei doppelter Haushaltsführung – Entfernungspauschale

Auch für wöchentliche Familienheimfahrten im Rahmen einer steuerlich anerkannten doppelten Haushaltsführung wurde bereits ab 2001 eine **Entfernungspauschale** eingeführt, die vom benutzten Verkehrsmittel unabhängig ist (§ 4 Abs. 5 Satz 1 Nr. 6 i. V. mit § 9 Abs. 1 Satz 3 Nr. 5 und Abs. 2 EStG). Sie beträgt **ab 2004 einheitlich 0,30 €** (vorher 0,40 €) **für jeden vollen Kilometer** der Entfernung zwischen dem Ort des eigenen Hausstands und dem Beschäftigungsort und in 2021 ab dem 21. Entfernungskilometer je Kilometer 0,35 € als Ausgleich für die höhere CO_2-Bepreisung sowie **ab 2022 ab dem 21. Entfernungskilometer** je Kilometer **0,38 € als Ausgleich für die extrem gestiegenen Kraftstoffkosten.** Für **Flugstrecken** gilt die Entfernungspauschale nicht, wohl aber für die An- und Abfahrten zum und vom Flughafen. Die betragsmäßige Begrenzung auf 4 500 € gibt es bei Familienheimfahrten nicht. Wegen der Einzelheiten vgl. Teil I Tz 12 unter Erläuterungen zur Anlage N-Doppelte Haushaltsführung, die entsprechend anzuwenden **sind**.

Geplante Gesetzesänderung:
Mit dem Entwurf eines Steueränderungsgesetzes 2025 ist geplant, die Entfernungspauschale ab 1.1.2026 bereits ab dem 1. Entfernungskilometer mit 0,38 € anzusetzen.
Bei Redaktionsschluss war das Gesetzgebungsverfahren noch nicht abgeschlossen. Der beschlossene und bekannt gemachte Gesetzestext bleibt abzuwarten.

Benutzt ein Steuerpflichtiger, der zur Ermittlung des privaten Kfz-Nutzungsanteils die o. g. 1 %-Regelung in Anspruch nimmt, seinen zum Betriebsvermögen gehörenden Pkw im Rahmen einer doppelten Haushaltsführung **auch** für Familienheimfahrten, so ist **zusätzlich** für jeden Entfernungskilometer zwischen Beschäftigungsort und Ort des eigenen Hausstands **pro tatsächlicher Fahrt** ein Betrag i. H. des positiven Unterschiedsbetrags zwischen **0,002 % des inländischen Listenpreises** im o. g. Sinne und der Entfernungspauschale nicht als Betriebsausgaben abzugsfähig (sog. Nutzungsentnahme).

BEISPIEL:

Der inländische Listenpreis im o. g. Sinne des betrieblichen Pkw, der auch zu Familienheimfahrten genutzt wird, beträgt 30 000 €. Dem monatlichen Nutzungswert von 1 % für Privatfahrten sind hinzuzurechnen:

0,002 % von 30 000 € pro Familienheimfahrt je Entfernungs-km = 0,60 € Entfernung zwischen Beschäftigungsort und Ort des eigenen Hausstands z. B. 220 km × 0,60 € =	132 €
./. Entfernungspauschale (0,30 € × 20 km + 0,38 × 200 km) =	82 €
Hinzuzurechnen je Familienheimfahrt als nicht abziehbare Betriebsausgabe	50 €

Ermittelt der Unternehmer den Wert der **privaten** Nutzung des Kfz und aufgrund eines ordnungsgemäß geführten **Fahrtenbuchs** (Einzelnachweis), so treten an die Stelle des mit 0,002 % des Listenpreises die auf die Familienheimfahrten entfallenden **tatsächlichen** Aufwendungen.

2.8 Andere die Lebensführung berührende Ausgaben

Andere als die oben bezeichneten **Aufwendungen, die die Lebensführung** des Steuerpflichtigen oder anderer Personen **berühren**, sind **insoweit** nicht abzugsfähig, als sie nach der allgemeinen Verkehrsauffassung (und nicht nach der Auffassung der beteiligten Wirtschaftskreise) als **unangemessen** anzusehen sind (§ 4 Abs. 5 Satz 1 Nr. 7 EStG). Nur der unangemessene Teil ist sonach nicht abzugsfähig. Bei der Prüfung der Angemessenheit von Aufwendungen ist darauf abzustellen, ob ein ordentlicher und gewissenhafter Unternehmer angesichts der erwarteten Vorteile die Aufwendungen ebenfalls auf sich genommen hätte. Neben der Größe des Unternehmens, der Höhe des längerfristigen Umsatzes und Gewinns sind vor allem die Bedeutung des Repräsentationsaufwands für den Geschäftserfolg und seine Üblichkeit in vergleichbaren Betrieben als Beurteilungskriterien heranzuziehen (H 4.10 Abs. 12 – Angemessenheit – EStH), aber z. B. bei einem Pkw auch der Umfang und die Häufigkeit der privaten Nutzung (BFH-Urteile vom 20.8.1986, BStBl II S. 904 und vom 8.10.1987, BStBl II S. 853). Als die Lebensführung berührende Aufwendungen, die auf ihre **Angemessenheit zu prüfen** sind, kommen insbesondere in Betracht: die Kosten der Übernachtung anlässlich einer Geschäftsreise, Aufwendungen für die Unterhaltung und Beherbergung von Geschäftsfreunden, soweit der Abzug dieser Aufwendungen nicht schon nach den obigen Grundsätzen (zu den Gästehäusern, vgl. Tz 2.4.) ausgeschlossen ist, die Aufwendungen für die Unterhaltung von Pkw oder für die Nutzung eines Flugzeugs oder eines Hubschraubers (BFH-Urteil vom 27.2.1985, BStBl II S. 458) und die auf sie entfallende AfA (BFH-Urteile vom 20.8.1986, BStBl II S. 904 und vom 8.10.1987, BStBl II S. 853) und die Aufwendungen für die Ausstattung der Geschäftsräume, z. B. der Chefzimmer und Sitzungsräume.

Solche Aufwendungen werden vom Finanzamt aber **nur beanstandet**, wenn sie ins Gewicht fallen und die Grenze des Angemessenen **erheblich überschreiten** (so noch R 20 Abs. 17 EStR **1990**; dieser Grundsatz wird auch weiterhin angewendet), wie das z. B. bei den Kosten eines Vielzweck-Reiseflugzeugs (BFH-Urteil vom 4.8.1977, BStBl II S. 93), bei der Anmietung eines Hubschraubers (BFH-Urteil vom 27.2.1985, BStBl II S. 458) oder bei der Anschaffung besonders teurer Möbel und Teppiche (BFH-Urteil vom 20.8.1986, BStBl 1987 II S. 108) der Fall sein kann. Zur Frage der Unangemessenheit bei einem **betrieblichen Pkw** hat der BFH wiederholt darauf hingewiesen, dass diese nicht generell mit der Überschreitung gewisser Höchstgrenzen begründet werden könne. Auf die absolute Höhe der Anschaffungskosten könne es nicht allein ankommen. Vielmehr seien die oben erwähnten Verhältnisse des Einzelfalles mit zu berücksichtigen. Hiernach werde sich häufig ergeben, dass die Benutzung eines serienmäßig hergestellten Fahrzeugs selbst der oberen Preisklasse nicht als unangemessen anzusehen sei (BFH-Urteile vom 8.10.1987, BStBl II S. 853; und vom 26.1.1988, BStBl II S. 629). Zum unangemessenen Fahrzeugaufwand für einen 400-PS-Ferrari eines Tierarztes vgl. BFH-Urteil vom 29.4.2014 (BStBl II S. 679) und zum Vorsteuerabzug für einen Porsche GT3 mit Touring-Paket für einen Mobilfunk-Shop-Betreiber mit Absicht der Eröffnung eines Sportwagenzentrums mit Werkstatt und Waschanlage unter Entscheidungsbegründung auf § 4 Abs. 5 Satz 1 Nr. 7 EStG vgl. Urteil des FG Niedersachsen vom 18.1.2024 (5 K 148/23, juris). In Abgrenzung dazu mit der Begründung, es handele sich nicht um ein einem reinen Affektionswert diendendes Wirtschaftgut, sondern um eine Wertanlage – auch zum Vorsteuerabzug mit Entscheidungsbegründung auf § 4 Abs. 5 Satz 1 Nr. 7 EStG – vgl. die BFH-Urteile vom 8.9.2022 (V R 26/21, BStBl 2023 II S. 361 und V R 27/21, juris). Die im Zusammenhang mit der Gewährung einer Investitionszulage ergangenen, engeren Entscheidungen des BFH (Urteile vom 2.2.1979, BStBl II S. 387; und vom 2.2.1980, BStBl II S. 340) sind ausschließlich für die Investitionszulage von Bedeutung (BFH-Urteil vom 8.10.1987, a. a. O.).

Mit Urteil vom 14.7.2011 (6 K 2137/10, BB 2011 S. 2005) hat z. B. das FG Rheinland-Pfalz zur Frage der Angemessenheit von Betriebsausgaben bei einem Mobiltelefon (Handy) eines Zahnarztes Stellung genommen und entschieden, dass bei Anschaffungskosten von 5 200 € die darauf entfallende AfA nicht als Betriebsausgaben der Zahnarztpraxis geltend gemacht werden könne. Einen betrieblichen Grund für ein solches Luxus-Telefon konnte das FG nicht erkennen.

Aufwendungen für ein Kleinflugzeug unterliegen nach Auffassung des FG Münster (Urteil vom 15.4.2025, 9 K 126/22 K,G, juris, für den Geschäftsführer einer GmbH) nicht der Abzugsbegrenzung des § 4 Abs. 5 Satz 1 Nr. 7 EStG, wenn die private Lebensführung allenfalls nur in sehr eingeschränktem Maße berührt wird, die begründete und plausible Vermutung besteht, dass das Flugzeug positive Effekte auf den Geschäftserfolg hat, und vor diesem Hintergrund die Inkaufnahme der Flugkosten unternehmerisch nachvollziehbar ist.

2.9 Besondere Aufzeichnungen

Aufwendungen für Geschenke, die Bewirtung von Personen aus geschäftlichem Anlass, Gästehäuser, Jagd, Fischerei, Segel- oder Motorjachten u. Ä., für häusliche Arbeitszimmer und dessen Ausstattung (Letzteres gilt nicht für Arbeitnehmer) sowie andere die Lebensführung des Steuerpflichtigen oder anderer Personen berührende Aufwendungen sind **einzeln und getrennt von den sonstigen Betriebsausgaben** aufzuzeichnen (§ 4 Abs. 7 EStG). Mehraufwendungen für Verpflegung bei Geschäftsreisen und doppelter Haushaltsführung dürfen nur noch i. H. der gesetzlich vorgeschriebenen Pauschbeträge als Betriebsausgaben abgezogen werden. Mit dem Wegfall der Möglichkeit des Einzelnachweises ist auch eine gesonderte Aufzeichnung der Verpflegungsmehraufwendungen als Betriebsausgaben nicht mehr erforderlich (BMF-Schreiben vom 24.9.1997, BStBl I S. 898). Ein **Verstoß** gegen die besondere Aufzeichnungspflicht nach § 4 Abs. 7 EStG hat zur **Folge**, dass die nicht besonders aufgezeichneten Aufwendungen **nicht abzugsfähig** sind (H 4.11 – Verstoß gegen die besondere Aufzeichnungspflicht – EStH) und zwar selbst dann, wenn im Einzelfall Zweifel an Höhe, Angemessenheit und betrieblicher Veranlassung der Aufwendungen nicht bestehen (BFH-Urteile vom 22.1.1988, BStBl II S. 535 und die dort zit. Rspr).

Das Erfordernis der getrennten Verbuchung ist nur erfüllt, wenn für jede der oben bezeichneten Gruppen von Aufwendungen ein **besonderes Konto oder eine besondere Spalte** geführt wird. Es ist aber auch ausreichend, wenn für alle diese Aufwendungen **ein** Konto oder **eine** Spalte geführt wird. In diesem Fall muss sich aus jeder Buchung oder Aufzeichnung die Art der Aufwendung ergeben. Das gilt auch dann, wenn verschiedene Aufwendungen bei einem Anlass zusammentreffen, z. B. wenn anlässlich einer Bewirtung aus geschäftlichem Anlass Geschenke gegeben werden (R 4.11 Abs. 1 Sätze 1–4 EStR).

Bei der Aufzeichnung von Bewirtungsaufwendungen ist es nicht erforderlich, dass **getrennte** Konten für Aufwendungen für die Bewirtung von Personen aus **geschäftlichem Anlass** und für Aufwendungen für die Bewirtung aus sonstigem **betrieblichem Anlass** (vgl. Tz 2.3) geführt werden. Wird nur **ein** Konto für Bewirtungsaufwendungen geführt, sind solche Aufwendungen aus geschäftlichem Anlass auch dann i. S. von § 4 Abs. 7 Satz 1 EStG getrennt von den sonstigen Betriebsausgaben aufgezeichnet, wenn auf diesem Konto auch Bewirtungsaufwendungen gebucht werden, die nicht der 70 %-Abzugsbeschränkung unterliegen (BFH-Urteil vom 19.8.1999, BStBl 2000 II S. 203). Vgl. H 4.11 – Besondere Aufzeichnung – EStH.

Die Pflicht zur besonderen Aufzeichnung der oben genannten Aufwendungen ist erfüllt, wenn diese Aufwendungen **fortlaufend** und **zeitnah** und von bilanzierenden Steuerpflichtigen (Gewinnermittlung nach § 4 Abs. 1 oder § 5 EStG) **auf besonderen Konten** innerhalb der Buchführung gebucht und von Steuerpflichtigen mit Gewinnermittlung durch Einnahmenüberschussrechnung (§ 4 Abs. 3 EStG) von Anfang an **getrennt von den sonstigen Betriebsausgaben** einzeln aufgezeichnet werden, selbst wenn es sich nur um eine überschaubare Anzahl von Geschäftsvorfällen handelt (BFH-Urteil vom 22.1.1988, BStBl II S. 535). Eine Verbuchung ist **zeitnah**, wenn sie zehn Tage bis höchstens einen Monat nach dem Geschäftsvorfall, keinesfalls aber, wenn sie erst durch Umbuchung nach Ablauf des Geschäftsjahres erfolgt (vorgenanntes BFH-Urteil vom 22.1.1988, a. a. O.; BFH-Urteil vom 25.3.1988, BStBl II S. 655; und vom 31.7.1990, BStBl 1991 II S. 28). Eine Aufzeichnung auf besondere Konten liegt **nicht** vor, wenn die oben genannten Aufwendungen auf Konten gebucht werden, auf denen auch andere Unkosten gebucht sind, wie z. B. Werbeaufwendungen (BFH-Urteil vom 10.1.1974, BStBl II S. 211). So genügt es z. B. nicht den Anforderungen der besonderen Aufzeichnungspflicht, wenn in der letzten Spalte des Amerikanischen Journals Geschenk- und Bewirtungsaufwand zusammen mit anderen Kosten, wie Kfz-Kosten oder Kosten für Bürobedarf verbucht werden (BFH-Urteil vom 19.8.1980, BStBl II S. 745). Getrennte Aufzeichnungen i. S.des § 4 Abs. 7 EStG sind Buchungen, die nacheinander die o. g. Aufwendungen **ohne jede Vermischung** mit anderen Betriebsausgaben darstellen. Eine **Fehlbuchung** auf einem Konto, das für Aufwendungen nach § 4 Abs. 7 Satz 1 EStG vorgesehen ist, steht einer getrennten Aufzeichnung dieser Aufwendungen jedoch nicht entgegen, wenn sich die Fehlbuchung nach dem Rechtsgedanken des § 129 Satz 1 AO als **offenbare Unrichtigkeit** (**z. B.** mechanisches Versehen wie Tippfehler bei der Kontierung der Belege) darstellt (BFH-Urteil vom 19.8.1999, a. a. O.).

Statistische Zusammenstellungen oder die geordnete **Sammlung von Belegen** genügen nur dann, wenn zusätzlich die Summe der Aufwendungen periodisch und zeitnah auf einem besonderen Konto eingetragen wird oder vergleichbare Aufzeichnungen geführt werden (BFH-Urteile vom 26.2.1988, BStBl II S. 613 und vom 10.3.1988, BStBl II S. 611 sowie H 4.11 – Besondere Aufzeichnung – EStH).

Bei den **Aufwendungen für Geschenke** muss der Name des Empfängers aus der Buchung oder dem Buchungsbeleg zu ersehen sein. Aufwendungen für Geschenke gleicher Art können in einer Buchung zusammengefasst werden (Sammelbuchung), wenn

- die Namen der Empfänger der Geschenke aus einem Buchungsbeleg ersichtlich sind oder
- im Hinblick auf die Art des zugewendeten Gegenstands, z. B. Taschenkalender, Kugelschreiber und dgl., und wegen des geringen Werts des einzelnen Geschenks die Vermutung besteht, dass die Freigrenze von 35 € bei dem einzelnen Empfänger im Wj. nicht überschritten wird; eine Angabe der Namen der Empfänger ist in diesem Fall nicht erforderlich (R 4.11 Abs. 2 EStR).

Die Regelung gilt sinngemäß auch für **Arbeitnehmer** (§ 9 Abs. 5 Satz 1 EStG). Besondere Aufzeichnungspflichten wie im betrieblichen Bereich gibt es insoweit nicht. Ein Nachweis oder eine Glaubhaftmachung der Aufwendungen durch den Arbeitnehmer anhand geeigneter Unterlagen (z. B. durch Belegsammlung) ist aber trotzdem erforderlich.

2.10 Pauschalierung

Ab VZ 2007 wurde mit § 37b EStG durch das Jahressteuergesetz 2007 vom 13.12.2006 (BGBl I S. 2878) eine **Pauschalierungsmöglichkeit** der ESt **bei Sachzuwendungen** geschaffen. Diese beträgt **30 %** und gilt einheitlich für alle innerhalb eines Wj. gewährten betrieblich veranlassten Zuwendungen, die zusätzlich zur ohnehin vereinbarten Leistung oder Gegenleistung erbracht werden (§ 37b Abs. 1 Satz 1 Nr. 1 EStG) und Geschenke i. S. des § 4 Abs. 5 Satz 1 Nr. 1 EStG. Bemessungsgrundlage sind dabei die Aufwendungen einschließlich der darauf entfallenden Umsatzsteuer. Voraussetzung für die Inanspruchnahme ist, dass die Aufwendungen je Empfänger und Wj. oder für jede einzelne Zuwendung den Betrag von 10 000 € nicht übersteigen. Bei Inanspruchnahme bleiben die Zuwendungen beim Empfänger (einkommensteuerlich) außer Ansatz (§ 37b Abs. 3 i. V. mit § 40 Abs. 3 EStG); dieser kann jedoch auch keine mit den pauschaliert versteuerten Sachzuwendungen im wirtschaftlichen Zusammenhang stehenden Aufwendungen geltend machen.

Die Pauschalsteuer wird **wie LSt** und damit als Betriebsausgabe behandelt und ist auch zusammen mit der **LSt-Anmeldung beim Betriebsstätten-Finanzamt** zu erklären und an dieses abzuführen. Die Übernahme der pauschalen ESt für ein Geschenk unterliegt nach dem BFH-Urteil vom 30.3.2017 (BStBl II S. 892) jedoch als weiteres Geschenk dem Abzugsverbot des § 4 Abs. 5 Satz 1 Nr. 1 EStG, soweit bereits der Wert des Geschenks selbst oder zusammen mit der übernommenen pauschalen Einkommensteuer den Betrag von 35 € übersteigt. In einer Fußnote zur Veröffentlichung im BStBl II hat die Finanzverwaltung allerdings darauf hingewiesen, dass das BMF-Schreiben vom 19.5.2015 (BStBl I S. 468) weiterhin gilt, wonach in Rn 26 allein auf die Abziehbarkeit des Geschenks selbst abgestellt wurde.

Weitere Einzelheiten hatte das BMF mit Schreiben vom 29.4.2008 (BStBl I S. 566) bekannt gegeben. Aufgrund der BFH-Urteile vom 16.10.2013 (BStBl 2015 II S. 455, S. 457 und S. 495) war eine Überarbeitung notwendig. Nach BFH-Auffassung sollte es nur zu einer Einbeziehung in die Bemessungsgrundlage für die Pauschalierung der ESt bei Sachzuwendungen kommen, wenn der Bezug bei Begünstigten auch zu steuerbaren und stpfl. Einnahmen führt, was z. B. nicht der Fall ist bei in Deutschland nicht unbeschränkt Einkommensteuerpflichtigen oder bei Arbeitnehmern, wenn die Leistungen im überwiegend eigenbetrieblichen Interesse des Arbeitgebers geleistet wurden, der Arbeitnehmer also kein Entgelt (keinen Arbeitslohn) für das Zur-Verfügung-Stellen seiner individuellen Arbeitskraft erhalten hat. Dieser Einschränkung hat sich auch das BMF mit seinem Schreiben vom 19.5.2015 (BStBl I S. 468) angeschlossen. Nicht übernommen von der Finanzverwaltung wurde allerdings die vom BFH gegenteilige Auffassung zur Behandlung von Streuwerbeartikeln (= Sachzuwendungen, deren Anschaffungs- oder Herstellungskosten 10 € nicht übersteigen) und Bewirtungsaufwendungen. Der BFH sieht keine rechtliche Grundlage, diese Aufwendungen von der Einbeziehung in die Bemessungsgrundlage für die Pauschalierung des Vorteils beim Empfänger auszuschließen. Daher bleibt es dabei, dass die Zuwendung von Streuwerbeartikeln und kleineren Geschenken sowie eine Bewirtung für den Empfänger keine Vorteile darstellen, die der Leistende über die Pauschalierung nach § 37b EStG versteuern soll. Weiter setzt § 37b Abs. 1 Satz 1 Nr. 1 EStG die betriebliche Veranlassung der Zuwendungen voraus und fordert darüber hinaus nach Auffassung des BFH in seinem Urteil vom 21.2.2018 (BStBl II S. 389), dass diese Zuwendungen zusätzlich zur ohnehin vereinbarten Leistung oder Gegenleistung des Steuerpflichtigen erbracht werden. Für das Zusätzlichkeitserfordernis in § 37b EStG reicht es deshalb nicht aus, dass die Zuwendung des Steuerpflichtigen zu einer Leistung eines Dritten an den Zuwendungsempfänger hinzutritt. Werden unentgeltlich Plätze in einer VIP-Loge an Geschäftspartner und Arbeitnehmer zur Verfügung gestellt, liegt nach dem BFH-Urteil vom 23.11.2023 (VI R 15/21, BStB II 2024 S. 361) eine Sachzuwendung vor, die nach § 37b EStG pauschal besteuert werden kann. Gegenstand der Sachzuwendung ist dabei die Überlassung des einzelnen Logenplatzes. Auf Leerplätze entfallende Aufwendungen sind deshalb nach BFH-Auffassung nicht zu berücksichtigen. Die Aufwendungen des Steuerpflichtigen für die überlassenen Plätze können lt. BFH im Wege sachgerechter Schätzung ermittelt werden. Entsprechendes gilt für den auf die Zuwendung entfallenden Werbeanteil. Sachzuwendungen eines Kreditinstituts an seine Privatkunden, die der Pflege der Geschäftsbeziehung dienen, führen nach Auffassung des BFH (Urteil vom 9.8.2023, VI R 10/21, BStBl II S. 1105) nicht zur Pauschalversteuerung nach § 37b Abs. 1 EStG.

Zur Pauschalierung des Vorteils aus der verbilligten Übertragung eines (Elektro-)Fahrrads auf einen Arbeitnehmer siehe BMF-Schreiben vom 17.11.2017 (BStBl I S. 1546). Mit BMF-Schreiben vom 28.6.2018 (BStBl I S. 814) wurde darüber hinaus das o.a. BMF-Schreiben vom 19.5.2015 geändert und klargestellt, dass Aufmerksamkeiten i. S. von R 19.6 Abs. 1 LStR, die dem Empfänger aus Anlass eines besonderen persönlichen Ereignisses zugewendet werden, nicht zu steuerbaren und stpfl. Einnahmen führen und daher nicht zur Bemessungsgrundlage gehören. Darüber hinaus sollen Gewinne aus Verlosungen, Preisausschreiben und sonstigen Gewinnspielen sowie Prämien aus (Neu-)Kundenwerbungsprogrammen und Vertragsneuabschlüssen beim Empfänger regelmäßig nicht zu steuerbaren und stpfl. Einnahmen führen und dann nicht in den Anwendungsbereich des § 37b Abs. 1 EStG fallen.

2.11 Weitere Betriebsausgaben – praktisch bedeutsame Einzelfälle (ABC)

Unstreitig gehören zu den **Betriebsausgaben** alle Aufwendungen für die **Anschaffung und Herstellung** von Wirtschaftsgütern des **Umlauf- und Anlagevermögens** (ggf. die anteilige AfA, vgl. Tz 1; zum Sofortabzug vgl. Tz 6.1), z. B. Maschinen, Büroeinrichtungen, Waren, Roh- und Hilfsstoffe, aber auch die **Kosten für die Erhaltung** von Betriebsgebäuden und Maschinen, die **Kosten der Lagerung** und des **Vertriebs, Miet- und Pachtzinsen** für betrieblich genutzte Räume sowie **Löhne** und **Gehälter**. Zu den Besonderheiten aufgrund der Corona-Krise (z. B. zum Erwerb von (Atem-)Schutzmasken und Covid-19-Tests) vgl. den auf den Internet-Seiten des BMF ständig aktualisierten FAQ Corona (Steuer), zuletzt mit Stand 21.3.2023, soweit z. B. bei Bezahlung in 2025 noch von Bedeutung.

Bei der Vielzahl sonstiger möglicher Betriebsausgaben können hier nur einige, für die Praxis bedeutsame **Beispiele** angeführt werden:

2.11.1 Berufsfortbildung/Berufsausbildung

Aufwendungen zur **Berufsfortbildung** sind Betriebsausgaben, während die Aufwendungen zur **Berufsausbildung** in der Regel zu den nach § 12 Nr. 1 EStG nicht abziehbaren Lebenshaltungskosten gehören, die aber begrenzt als Sonderausgaben berücksichtigt werden können (vgl. BFH-Urteil vom 5.11.2013, BStBl 2014 II S. 165, BVerfG-Beschluss vom 19.11.2019, 2 BvL 22–27/14, NJW 2020 S. 451). Hierzu wird auf die umfassenden Ausführungen zu den **Zeilen 13 und 14** der Anlage Sonderausgaben (vgl. Teil I Tz 2.6 unter Erläuterungen zur Anlage Sonderausgaben) und zur **Zeile 60 der Anlage N** (vgl. Teil I Tz 11.17 unter Erläuterungen zur Anlage N) hingewiesen.

Ob Aufwendungen für die **Aus- oder Fortbildung von im Betrieb mitarbeitenden Kindern**, die in einem sog. **Berufsausbildungs- oder Berufsfortbildungsdienstverhältnis** zu ihren Eltern stehen, als Betriebsausgaben abzugsfähig (und ggf. beim Kind als Arbeitslohn stpfl.) sind, hängt davon ab, ob die hierzu getroffenen Vereinbarungen klar und eindeutig sind und nach Inhalt und Durchführung dem zwischen Fremden Üblichen entsprechen, insbesondere auch Bindungsfristen und Rückzahlungsklauseln enthalten. Allein der Umstand, dass durch die Berufsausbildung die spätere Unternehmensnachfolge vorbereitet werden soll, rechtfertigt nicht den Abzug der Kosten als Betriebsausgaben (BFH-Urteil vom 29.10.1997, BStBl 1998 II S. 149, BFH-Urteil vom 14.12.1990, BStBl 1991 II S. 305 und die dort zit. Rspr., sowie BFH-Urteil vom 6.11.2012, BStBl 2013 II S. 309 für die Facharztausbildung eines Facharztes für seinen Sohn, der als sein Nachfolger unentgeltlich in eine GbR eintreten soll). Das bedeutet u. a., dass der Betriebsinhaber nachweisen muss, dass er derartige Aufwendungen (z. B. Kosten des Besuchs einer Meisterfachschule oder Hochschule) auch für einen fremden Arbeitnehmer gemacht hätte (z. B. um einen betrieblichen Nachfolger auszubilden). Falls im eigenen Betrieb keine derartige Möglichkeit bestand, muss auf die Üblichkeit solcher Abreden in anderen, nach Größe und Branche vergleichbaren Betrieben abgestellt werden (Benennung von Fremdvergleichsfällen durch die Eltern oder durch die einschlägigen Berufs- oder Interessenverbände). Im BFH-Urteil vom 29.10.1997 (a. a. O.) wurden die Kosten des Besuchs der Meisterschule für den Sohn eines Fleischermeisters ebenso wenig als Betriebsausgaben anerkannt wie im BFH-Urteil vom 11.12.1997, BFH/NV 1998 S. 952 die Kosten des Studiums der Wirtschaftswissenschaften für den Sohn eines Steuerberaters. An den Nachweis eines solchen Ausnahmefalles sind nach der zit. Rspr. strenge Maßstäbe anzulegen.

2.11.2 Berufsverbände

Betriebsausgaben sind auch Beiträge an **Berufsverbände** und **Berufsstände**, z. B. Industrie- und Handelskammern, Handwerkerinnungen, Anwalts-, Steuerberater- und Ärztekammern. Die Übernahme von Beiträgen zu den Berufskammern für als Geschäftsführer einer GmbH angestellte Steuerberater und/oder Wirtschaftsprüfer durch den Arbeitgeber führt nach dem BFH-Urteil vom 17.1.2008 (BStBl II S. 378) bei dem Geschäftsführer jedoch zu Arbeitslohn. Gleiches gilt für die Übernahme der Beiträge für die Mitgliedschaft einer angestellten Rechtsanwältin im Deutschen Anwaltverein, wenn der Unternehmer als Arbeitgeber nicht im überwiegend eigenbetrieblichen Interesse handelt (vgl. BFH-Urteil vom 12.2.2009, BStBl II S. 462).

2.11.3 Bewirtung durch freie Berufe

Aufwendungen für die **Bewirtung von Mandanten durch Angehörige der freien Berufe** ist die Abzugsfähigkeit als Betriebsausgaben nicht allein deshalb zu versagen, weil es dem Wesen der freien Berufe widerspricht, Mandanten und ähnliche Personen aus beruflichen Gründen zu bewirten. Ob Bewirtungsaufwendungen Betriebsausgaben oder nicht abzugsfähige Lebenshaltungskosten sind, kann nur nach den gesamten Umständen des Einzelfalls beurteilt werden, ebenso wie z. B. bei Gewerbetreibenden, vgl. Tz 2.3.

2.11.4 Führerschein

Die Aufwendungen für den **Erwerb des Pkw-Führerscheins** dienen regelmäßig der Allgemeinbildung und sind deshalb grundsätzlich nicht abziehbar (BFH-Urteil vom 5.8.1977, BStBl II S. 834). Darauf, ob der Pkw betrieblich oder beruflich genutzt wird, kommt es nicht an. Daran hat sich auch nichts durch die Rspr.-Änderung zur steuerlichen Behandlung gemischter Aufwendungen (vgl. Tz 2.1) geändert, da im BMF-Schreiben vom 6.7.2010 (BStBl I S. 614) der Führerscheinerwerb den mangels objektiver Aufteilungskriterien nichtabziehbaren Aufwendungen zugeordnet wurde (vgl. dortige Rn 19). Eine **andere Beurteilung** ist nur dann gerechtfertigt, wenn der Erwerb des Führerscheins **unmittelbar** als Voraussetzung **zur Berufsausübung** notwendig ist, wie z. B. für einen Taxifahrer oder Lkw-Fahrer. Zu Aufwendungen für einen Führerschein vgl. Teil I Tz 11.18.3 unter Erläuterungen zur Anlage N, Zeilen 62 und 63 ABC »Führerschein«.

2.11.5 Gebäude und Grundstücke

Aufwendungen für Gebäude, Grundstücke oder Grundstücksteile, die zum Betriebsvermögen gehören, sind stets **Betriebsausgaben**. Aufwendungen für einen Grundstücksteil, der eigenbetrieblich genutzt wird, sind auch dann Betriebsausgaben, wenn der Grundstücksteil wegen seines untergeordneten Werts (sog. Geringfügigkeitsgrenze, siehe R 4.7 Abs. 2 Satz 4 EStR mit Hinweis auf § 8 EStDV und R 4.2 Abs. 8 EStR) nicht als Betriebsvermögen behandelt wird. Hat ein Steuerpflichtiger ein Grundstück oder einen Grundstücksteil an eine betriebsfremde Person unter **Vorbehalt eines Nutzungsrechts** für seine betrieblichen Zwecke übertragen, sind seine Aufwendungen im Zusammenhang mit dem betrieblich genutzten Grundstück (Grundstücksteil) **Betriebsausgaben**; hierzu gehört auch die **AfA** auf Anschaffungs- oder Herstellungskosten, die der Steuerpflichtige selbst getragen hat (BFH-Urteil vom 16.12.1988, BStBl 1989 II S. 763).

Wird eine **Photovoltaikanlage** auf dem Dach einer im Übrigen privat genutzten Halle betrieben, dann können nach dem BFH-Urteil vom 17.10.2013 (BStBl 2014 II S. 372) anteilige Gebäudekosten **nicht als Betriebsausgaben** im Wege der sog. Aufwandseinlage bei der Ermittlung der gewerblichen Einkünfte des Betriebs »Stromerzeugung« berücksichtigt werden. Insbesondere kommt **keine Aufteilung der Gebäudekosten** nach dem Verhältnis der jeweils für die Nutzungsüberlassung der Halle und der Dachfläche tatsächlich erzielten oder abstrakt erzielbaren Mieten in Betracht. Wegen der Neuregelungen bzgl. der Steuerfreiheit von Einnahmen und Entnahmen und den dadurch eingeschränkten Betriebsausgabenabzug vgl. Ausführungen in Teil I Tz 21.2.1 zur Anlage G.

Handelt es sich bei dem Gebäudeteil um ein **häusliches Arbeitszimmer** (zum Begriff vgl. Teil I Tz 11.16 unter Erläuterungen zur Anlage N, Zeile 57) ist der Abzug der damit im Zusammenhang stehenden Aufwendungen ab 2023 entweder ausgeschlossen oder voll abzugsfähig. Der Begriff des häuslichen Arbeitszimmers setzt voraus, dass der jeweilige Raum ausschließlich oder fast (zu mindestens 90 %) ausschließlich betrieblich/beruflich genutzt wird. Unerheblich ist nach dem BFH-Urteil vom 3.4.2019 (BStBl II 2022 S. 358), ob ein häusliches Arbeitszimmer für die Tätigkeit erforderlich ist. Wegen Einzelheiten zum Abzug von Aufwendungen für ein häusliches Arbeitszimmer siehe BMF-Schreiben vom 15.8.2023 (BStBl I S. 1551), BFH-Urteil vom 27.7.2015 (BStBl 2016 II S. 265), und zur Berücksichtigung von Keller- und Nebenräumen bei der Ermittlung, in welchem Umfang Raumkosten für das häusliche Arbeitszimmer im Vergleich zu den Gesamtkosten veranlasst sind, vgl. BFH-Urteil vom 11.11.2014 (BStBl 2015 II S. 382), wegen Küche, Bad und Flur vgl. BFH-Urteil vom 17.2.2016 (BStBl II S. 611) und wegen Badrenovierungskosten vgl. BFH-Urteil vom 14.5.2019 (BStBl II S. 510). Ein mit Büromöbeln und einer Küchenzeile ausgestatteter Raum, der ausschließlich über einen dem Privatbereich zugehörigen Flur zugänglich ist, verfügt nach dem BFH-Urteil vom 8.9.2016 (BStBl 2017 II S. 163) jedoch über kein betriebsstättenähnliches Gepräge. Wg. der Abgrenzung zur sog. Tagespauschale (bis 2022: Homeoffice-Pauschale) siehe Erläuterungen zu den Zeilen 57 bis 59 der Anlage N.

2.11.6 Gebäudeabbruch

Ob Kosten des **Gebäudeabbruchs** und der **Restwert eines Gebäudes** sofort abzugsfähige Betriebsausgaben/Werbungskosten sind oder den Herstellungskosten eines neuen Wirtschaftsguts (z. B. Gebäudes) zuzurechnen sind, hängt von dem jeweiligen Sachverhalt ab.

- Hatte der Steuerpflichtige das Gebäude auf einem ihm gehörenden Grundstück errichtet **oder** hat der Steuerpflichtige das Gebäude in der Absicht erworben, es als Gebäude zu nutzen – **Erwerb ohne Abbruchabsicht** –, so kann er im Jahr des Abbruchs die Abbruchkosten und den Restwert des abgebrochenen Gebäudes (AfaA nach § 7 Abs. 1 Satz 7 EStG i. V. mit § 7 Abs. 4 Satz 3 EStG) sofort als Betriebsausgaben/Werbungskosten abziehen (BFH-GrS vom 12.6.1978, BStBl II S. 620; und BFH-Urteile vom 21.6.1963, BStBl III S. 477; und vom 28.3.1973, BStBl II S. 678). Dies gilt auch bei einem in Teilabbruchabsicht erworbenen Gebäude für die Teile, deren Abbruch nicht geplant war (BFH-Urteil vom 15.10.1996, BStBl 1997 II S. 325).
- Hat der Steuerpflichtige das Gebäude zum Zwecke des Abbruchs erworben – **Erwerb mit Abbruchabsicht** –, so muss unterschieden werden, ob das Gebäude technisch oder wirtschaftlich verbraucht (objektiv wertlos) war oder nicht.
- War das Gebäude technisch oder wirtschaftlich **nicht** verbraucht, so gehört sein **Buchwert** (Restwert) und die **Abbruchkosten** zu den **Herstellungskosten** dieses Wirtschaftsguts (BFH-Urteil vom 20.4.1993, BStBl II S. 504), wenn der Abbruch des Gebäudes mit der Herstellung eines **neuen** Wirtschaftsguts (z. B. Gebäude, Lager- oder Parkplatz, Zufahrtstraße) in einem engen wirtschaftlichen Zusammenhang steht, sonst zu den Anschaffungskosten des Grund und Bodens (BFH-Urteil vom 4.12.1984, BStBl 1985 II S. 208). Werden mehrere der o. g. Wirtschaftsgüter geschaffen, so ist eine entsprechende Verteilung des Restbuchwerts und der Abbruchkosten vorzunehmen (BFH-Urteil vom 15.11.1978, BStBl 1979 II S. 299). Wegen der in Teilabbruchabsicht erworbenen Gebäude vgl. BFH-Urteil vom 15.10.1996, a. a. O.
- War das Gebäude zum Zeitpunkt des Erwerbs mit Abbruchabsicht **objektiv wertlos**, so entfällt der volle Anschaffungspreis auf den Grund und Boden (BFH-Urteil vom 15.2.1989, BStBl II S. 604), ebenso die Abbruchkosten.
- Wird mit dem **Abbruch eines Gebäudes innerhalb von 3 Jahren nach dem Erwerb begonnen**, so spricht der Beweis des ersten Anscheins dafür, dass der Erwerber das Gebäude in der Absicht erworben hat, es abzureißen (Beschluss des BFH GrS vom 12.6.1978, BStBl II S. 620). Der Steuerpflichtige kann diesen Anscheinsbeweis durch den Gegenbeweis entkräften, z. B. dass es zu dem Abbruch erst aufgrund eines ungewöhnlichen Geschehensablaufs gekommen ist. Die Dreijahresfrist beginnt in der Regel mit dem Abschluss des obligatorischen Rechtsgeschäfts (BFH-Urteil vom 6.2.1979, BStBl II S. 509). Erfolgt der Abbruch **später**, spricht die Vermutung **gegen** die Abbruchabsicht im Zeitpunkt des Erwerbs.
- Die Rechtsgrundsätze zur Behandlung von Abbruchkosten beim Erwerb eines Gebäudes in Abbruchabsicht gelten **auch für** den unentgeltlichen Erwerb eines Mitunternehmeranteils im Wege der **vorweggenommenen Erbfolge** (BFH-Urteil vom 25.5.2020, BStBl II 2021 S. 748).

Siehe zu weiteren Einzelheiten H 6.4 – Abbruchkosten – EStH.

Herstellungskosten des neuen Gebäudes sind auch gegeben, wenn ein Gebäude **in der Absicht** eines grundlegenden **Umbaus** erworben und dann innerhalb von 3 Jahren nach dem Erwerb abgerissen **und** ein **Neubau errichtet** wird (BFH-Urteile vom 4.12.1984, BStBl 1985 II S. 208; und vom 20.4.1993, a. a. O.). Zur Aufteilung in Herstellungskosten und Werbungskosten bei Abriss und Neubau eines in Umbauabsicht erworbenen Gebäudes, die mangels geeigneter Bausubstanz nicht verwirklicht werden kann (BFH vom 15.10.1996, BStBl 1997 II S. 325).

- Plant der Steuerpflichtige den Abbruch eines zum Privatvermögen gehörenden Gebäudes und die Errichtung eines zum Betriebsvermögen gehörenden Gebäudes – **Einlage mit Abbruchabsicht** –, so gehört der Wert des abgebrochenen Gebäudes und die Abbruchkosten zu den **Herstellungskosten** des neu zu errichtenden Gebäudes; der Einlagewert des Gebäudes ist nicht schon deshalb mit 0 € anzusetzen, weil sein Abbruch beabsichtigt ist (BFH-Urteil vom 9.2.1983, BStBl II S. 451).
- Von einer grundsätzlich anderen rechtlichen Beurteilung ist auszugehen, wenn das später abgerissene Gebäude **zuvor nicht zur Erzielung von Einkünften genutzt** wurde. In diesem Falle gelten die oben erläuterten, vom GrS des BFH im Beschluss vom 12.6.1978 (BStBl II S. 620) aufgestellten Grundsätze nicht. Wurde das abgebrochene Gebäude z. B. zuvor zu eigenen Wohnzwecken genutzt, so wird mit der bisherigen Nutzung des Gebäudes kein Tatbestand einer Einkunftsart verwirklicht. Vielmehr stehen die durch den Abbruch des Gebäudes veranlassten Aufwendungen ausschließlich im Zusammenhang mit der Errichtung des Neubaus und bilden deshalb **Herstellungskosten des neu errichteten Gebäudes**. Ein Abzug der Abbruchkosten und ggf. der Absetzungen für außergewöhnliche Abnutzung als Betriebsausgaben/Werbungskosten kommt daher nicht in Betracht (BFH-Urteil vom 16.4.2002, BStBl II S. 805).
- Auch wer ein bebautes Grundstück **unentgeltlich** im Wege der **Einzelrechtsnachfolge** erwirbt und bereits im Zeitpunkt der Schenkung den Abbruch des Gebäudes beabsichtigt, kann weder die Abbruchkosten noch eine Absetzung für außergewöhnliche Abnutzung vom Restwert des abgerissenen Hauses als Werbungskosten/Betriebsausgaben geltend machen. Es fehlt an der Einnahmeerzielungsabsicht hinsichtlich dieses Objekts. Vielmehr liegen auch hier **Herstellungskosten** des neuen Gebäudes vor (BFH-Urteile vom 7.10.1986, BStBl 1987 II S. 330; und vom 7.4.1987, BFH/NV 1988 S. 26). Nach dem BFH-Urteil vom 6.12.1995 (BStBl 1996 II S. 358) sind diese Grundsätze auch auf den Erwerb im Wege der **Gesamtrechtsnachfolge** durch Erbfall anzuwenden, wenn der Erbe das Einfamilienhaus von vornherein nicht zur Einkünfteerzielung nutzt, sondern es abbrechen lässt und ein neues Einfamilienhaus für eigene Wohnzwecke errichtet. Eine Absetzung wegen außergewöhnlicher Abnutzung scheidet auch dann aus, wenn ein zum Privatvermögen gehörendes Gebäude abgerissen wird, um ein **unbebautes** Grundstück **veräußern** zu können (BFH-Urteil vom 6.3.1979, BStBl II S. 551).

2.11.7 Geldstrafen, Geldbußen, Anwaltskosten, Gerichtskosten

Grundsätzlich muss zwischen Geldstrafen (§ 12 Nr. 4 EStG) und Geldbußen (§ 4 Abs. 5 Satz 1 Nr. 8 EStG) unterschieden werden. Nach dem Gesetz zur weiteren steuerlichen Förderung der Elektromobilität und zur Änderung weiterer steuerlicher Vorschriften vom 12.12.2019 (BGBl I S. 2451) wurden die Vorschriften zum Betriebsausgabenabzug hier weiter eingeschränkt. Verstößt ein Unternehmen gegen Kartellrecht, kann für diesen Verstoß von der Europäischen Kommission oder von den EU-Mitgliedstaaten, deren Territorium betroffen ist, eine Geldbuße festgesetzt werden (parallele Zuständigkeit). Der Betriebsausgabenabzug der von anderen EU-Mitgliedstaaten festgesetzten Geldbußen war nach der bisherigen gesetzlichen Formulierung nicht ausgeschlossen. Nach der Gesetzesbegründung sollen zur Gewährleistung der Wettbewerbsneutralität und der Gleichmäßigkeit der Besteuerung sowie zur Bekräftigung der Ahndungswirkung auch die durch andere EU-Mitgliedstaaten festgesetzten Geldbußen in das Betriebsausgabenabzugsverbot einbezogen werden. Parallel zu § 4 Abs. 5 Satz 1 Nr. 10 EStG wurde geregelt, dass andere Aufwendungen, die mit der Geldbuße, dem Ordnungsgeld oder dem Verwarnungsgeld im Zusammenhang stehen, wie diese selbst nicht den Gewinn mindern dürfen. Dies betrifft vor allem die Zinsen zur Finanzierung der Geldbuße. Die Neuregelung gilt nach § 52 Abs. 6 Satz 10 EStG bereits für nach dem 31.12.2018 festgesetzte Geldbußen, Ordnungsgelder etc. und für nach dem 31.12.2018 damit im Zusammenhang stehende Aufwendungen.

Geplante Gesetzesänderung:
Mit dem Entwurf eines Steueränderungsgesetzes 2025 ist geplant, die Regelungen zum Abzugsverbot der im Zusammenhang mit Geldstrafen, Geldbußen, Ordnungsgeldern und Verwarnungsgeldern stehenden Aufwendungen ab 1.1.2026 neu zu regeln. Danach werden die Regelungen der bisherigen Nr. 8 des § 4 Abs. 5 Satz 1 EStG die neue Nr. 8a Buchst. a, und mit dem neuen Buchst. b sollen Aufwendungen im Zusammenhang mit Geldstrafen vom Abzug ausgeschlossen werden. In einem Buchst. c zur neuen Nr. 8a soll die Anwendbarkeit des Abzugsverbots auf Aufwendungen im Zusammenhang mit Verstößen gegen Pflichten zur Anerkennung und Achtung der freiheitlich demokratischen Grundordnung i. S. des GG, insbesondere bei Disziplinarverfahren, berufsgerichtlichen Verfahren, arbeitsrechtlichen Verfahren und Einstellungsverfahren in den öffentlichen Dienst, erweitert werden.
Bei Redaktionsschluss war das Gesetzgebungsverfahren noch nicht abgeschlossen. Der beschlossene und bekannt gemachte Gesetzestext bleibt abzuwarten.

2.11.7.1 Geldstrafen

In einem Strafverfahren festgesetzte **Geldstrafen und sonstige Rechtsfolgen vermögensrechtlicher Art**, bei denen der Strafcharakter überwiegt, rechnen zu den Lebenshaltungskosten (§ 12 Nr. 4 EStG). Sonach können sie **weder als Betriebsausgaben noch als Werbungskosten** abgezogen werden (R 12.3 EStR und H 12.3 EStH). Im Einzelnen gilt:

- **Geldstrafen**, die vor einem Gericht nach den Strafvorschriften des Bundes- oder Landesrechts verhängt werden, sind **nicht abzugsfähig**. Das Abzugsverbot greift allerdings nicht, wenn das Strafgericht dem Steuerpflichtigen zur Wiedergutmachung des durch die Tat verursachten Schadens eine Geldauflage nach § 56b Abs. 2 Satz 1 Nr. 1 StGB erteilt (BFH-Urteil vom 15.1.2009, BStBl 2010 II S. 111).
- Zu den ebenfalls nicht abzugsfähigen **sonstigen Rechtsfolgen** vermögensrechtlicher Art, bei denen der Strafcharakter überwiegt, gehört insbesondere die **Einziehung von Gegenständen**, die – neben der Hauptstrafe oder nachträglich nach § 76 StGB oder unter den Voraussetzungen des § 76a StGB selbständig – in den Fällen des § 74 Abs. 2 Nr. 1 oder § 76a StGB angeordnet oder festgesetzt worden ist (R 12.3 Satz 2–4 EStR). Dagegen dient der **Verfall von Gegenständen** und der Verfall von **Tatentgelten** (§ 73 StGB) in erster Linie dem Ausgleich von rechtswidrig erlangten Vermögensvorteilen und hat insoweit keinen Strafcharakter.
- Leistungen zur **Erfüllung von Auflagen oder Weisungen**, die in einem Strafverfahren erteilt werden, soweit sie nicht lediglich der Schadenswiedergutmachung dienen, sind ebenfalls nicht abziehbar (siehe auch BFH-Urteil vom 22.7.2008, BStBl 2009 II S. 151). Die Auflagen und Weisungen müssen als strafähnliche Sanktionen die Aufgabe haben, Genugtuung für das begangene Unrecht zu schaffen (BFH-Urteil vom 15.1.2009, a. a. O.). Hierzu gehören z. B. Auflagen des Gerichts bei einer **Strafaussetzung zur Bewährung** oder bei einer **Verwarnung** mit Strafvorbehalt, einen **Geldbetrag zugunsten einer gemeinnützigen Einrichtung** oder der Staatskasse zu zahlen oder sonst gemeinnützige Leistungen zu erbringen (§ 56b Abs. 2 Satz 1 Nr. 2 und 3, § 59a Abs. 2 Satz 1 Nr. 3 StGB). Gleiches gilt für entsprechende Auflagen und Weisungen bei einer **Einstellung des Verfahrens** (§ 153a Abs. 1 Satz 1 Nr. 2 und 3 StPO), nach dem Jugendgerichtsgesetz und im Gnadenverfahren. Solche Zahlungen an eine gemeinnützige Einrichtung sind **auch nicht als Sonderausgaben** (keine Spende nach § 10b EStG) abziehbar (BFH-Urteil vom 19.12.1990, BStBl 1991 II S. 234) und nicht als außergewöhnliche Belastung bei Einstellung nach § 153a Abs. 2 StPO (BFH-Urteil vom 19.12.1995, BStBl 1996 II S. 197).
- Ausgleichzahlungen an das geschädigte Opfer fallen dagegen nicht unter das Abzugsverbot. Solche Zahlungen sind nach dem BFH-Urteil vom 15.1.2009 (a. a. O.) nach den allgemeinen Grundsätzen als Betriebsausgaben oder Werbungskosten abzugsfähig.
- Die vorstehend genannten Aufwendungen können auch dann **nicht** abgezogen werden, wenn die Geldstrafen und ähnlichen Rechtsnachteile nach § 12 Nr. 4 EStG **außerhalb des Geltungsbereichs des EStG** verhängt, angeordnet oder festgesetzt werden (z. B. durch ein ausländisches Gericht), es sei denn, sie widersprechen wesentlichen Grundsätzen der deutschen Rechtsordnung **(ordre public)**, z. B. BFH-Urteil vom 31.7.1991, BStBl 1992 II S. 85 betr. Verurteilung wegen fingierter Wirtschaftsspionage und R 12.3 EStR.

2.11.7.2 Aufwendungen für die Strafverteidigung

Aufwendungen für die Strafverteidigung und Kosten des Strafverfahrens sind, da sie weder Strafe noch strafähnliche Rechtsfolge darstellen, **abziehbare Betriebsausgaben oder Werbungskosten, wenn** die dem Strafverfahren zugrunde liegende Tat in Ausübung der **betrieblichen** oder **beruflichen** Tätigkeit begangen worden ist (H 12.3 – Kosten des Strafverfahrens/der Strafverteidigung – EStH; BFH-Urteil vom 18.10.2007, BStBl 2008 II S. 223), wie dies z. B. bei dem Vorwurf fahrlässigen Verhaltens gegenüber einem freiberuflich tätigen Arzt oder angestelltem Ingenieur angenommen werden muss (BFH-Urteil vom 19.2.1982, BStBl II S. 467); dies gilt seit dem Gesetz zur weiteren steuerlichen Förderung der Elektromobilität und zur Änderung weiterer Vorschriften vom 12.12.2019 (BGBl I S. 2451) jedoch nicht mehr, wenn es zur Festsetzung einer Geldstrafe kommt, da seit dem (d. h. für Aufwendungen, die nach dem 31.12.2018 entstanden sind) mit dem Strafverfahren zusammenhängende Aufwendungen vom Abzugsverbot erfasst sein sollen. Auf die Frage, ob der strafrechtliche Vorwurf zu Recht erhoben wurde, kommt es hierbei nicht an (BFH-Beschluss vom 30.6.2004, VIII B 265/03, BFH/NV 2004 S. 1639, m. w. N.). Das für die Zuwendung von Vorteilen sowie damit zusammenhängende Aufwendungen geltende **Abzugsverbot** des § 4 Abs. 5 Satz 1 Nr. 10 EStG (vgl. Tz 2.2.2) erfasst nach dem BFH-Urteil vom 14.5.2014 (BStBl II S. 684) nicht nur die Bestechungsgelder als solche, sondern auch die Kosten eines nachfolgenden Strafverfahrens.

Voraussetzung ist jedoch stets, dass das Strafverfahren in ursächlichem Zusammenhang mit einem **betrieblichen (beruflichen)** Vorgang steht (BFH-Urteil vom 22.7.1986, BStBl II S. 845). Betrieblich veranlasst können deshalb u. U. auch Strafverteidigungskosten sein, wenn es sich um einen strafrechtlichen Vorwurf wegen Verkürzung von Betriebssteuern (wie Umsatzsteuer, Gewerbesteuer) handelt. Es muss sich aber um einen **ausschließlich** betrieblichen (beruflichen) Zusammenhang handeln. Betrifft das Strafverfahren mehrere Anklagepunkte, die in einem inneren Zusammenhang stehen, und fehlt es an einem einwandfreien Maßstab für eine Zuordnung der Kosten, so scheidet ein Abzug als Betriebsausgaben insgesamt aus (BFH-Urteil vom 8.4.1964, BStBl II S. 331). **Nicht** betrieblich veranlasst ist insbesondere die Hinterziehung von Betriebssteuern dann, wenn zwar die betriebliche Steuerschuld dadurch verringert wird, die Minderung jedoch darauf beruht, dass betriebliche Mittel privat vereinnahmt oder für private Zwecke verwendet und damit dem Betrieb entzogen werden, wie z. B. durch die Ansammlung von sog. Schwarzgeldern (BFH-Urteil vom 20.9.1989, BStBl 1990 II S. 20). Die Aufwendungen sind dann nichtabziehbare Kosten der Lebensführung (§ 12 Nr. 1 EStG). Der bis Ende 2005 bestehende Abzug von »Steuerberatungskosten« als Sonderausgaben war nach dem BFH-Urteil vom 20.9.1989 (a. a. O.) ebenfalls nicht möglich, weil Wortlaut und vor allem Zweck des § 10 Abs. 1 Nr. 6 EStG a. F. dem entgegenstanden.

Jedoch können auch bei **privater** Veranlassung Strafverteidigungskosten im Fall eines **Freispruchs** sowie Verteidigungskosten in einem Bußgeld- oder Ordnungsgeldverfahren im Fall einer förmlichen **Einstellung** unter den Voraussetzungen des § 33 EStG außergewöhnliche Belastungen sein (vgl. Erläuterungen zu den Zeilen 36 bis 38 in der Anlage Außergewöhnliche Belastungen). Aufwendungen, die bei einem Freispruch nicht von der Staatskasse übernommen werden, weil sie die notwendigen Auslagen des Steuerpflichtigen übersteigen, sind nach dem BFH-Urteil vom 18.10.2007 (BStBl 2008 II S. 223) mangels Zwangsläufigkeit keine außergewöhnlichen Belastungen.

2.11.7.3 Geldbußen

Geldbußen, Ordnungsgelder und **Verwarnungsgelder**, die von einem Gericht oder einer Behörde im Inland oder einem Mitgliedstaat der EU oder ihrer Organe festgesetzt werden, können zwar begrifflich Betriebsausgaben sein, sie **dürfen den Gewinn aber auch dann nicht mindern, wenn sie betrieblich veranlasst sind**. Dasselbe gilt für Leistungen zur Erfüllung von **Auflagen oder Weisungen**, die in einem **berufsgerichtlichen Verfahren** erteilt werden, soweit die Auflagen oder Weisungen nicht lediglich der Wiedergutmachung des durch die Tat verursachten Schadens dienen. Die Rückzahlung solcher Ausgaben darf den Gewinn auch nicht erhöhen, siehe § 4 Abs. 5 Satz 1 Nr. 8 EStG. Dagegen gilt das Abzugsverbot nicht für Nebenfolgen vermögensrechtlicher Art, z. B. die Abführung des Mehrerlöses nach § 8 des Wirtschaftsstrafgesetzes, den Verfall nach § 29 a des Gesetzes über Ordnungswidrigkeiten (OWiG) und die Einziehung nach § 22 OWiG (R 4.13 Abs. 1 Satz 3 EStR).

Das Abzugsverbot für Geldbußen gilt **nicht**, soweit der durch den Rechtsverstoß erlangte wirtschaftliche Vorteil mit der Geldbuße **abgeschöpft** worden ist, wenn die Steuern vom Einkommen und Ertrag, die auf den wirtschaftlichen Vorteil entfallen – bei der Festsetzung der Geldbuße – nicht abgezogen worden sind (§ 4 Abs. 5 Satz 1 Nr. 8 Satz 4 EStG). Vgl. auch Beschluss des BVerfG vom 23.1.1990 (BStBl II S. 483) und BFH-Urteil vom 24.7.1990 (BStBl 1992 II S. 508). Der zur Bemessung von Geldbußen nach Art. 23 Abs. 3 EGV 1/2003 zu errechnende Grundbetrag enthält keinen Abschöpfungsteil (BFH-Urteil vom 7.11.2013, BStBl 2014 II S. 306). Die bloße Heranziehung des tatbezogenen Umsatzes zur Ermittlung der Höhe einer am maßgeblichen Bilanzstichtag angedrohten und nachfolgend auch festgesetzten Kartellgeldbuße bewirkt nach dem BFH-Urteil vom 22.5.2019 (BStBl II S. 663) keine Abschöpfung des unrechtmäßig erlangten wirtschaftlichen Vorteils i. S. des § 4 Abs. 5 Satz 1 Nr. 8 EStG.

Beim Abzugsverbot für Geldbußen ist sonach zwischen dem Teil, der auf die **Ahndung** der rechtswidrigen und vorwerfbaren Handlung entfällt und dem Teil, der den rechtswidrig erlangten wirtschaftlichen **Vorteil** abschöpft, zu unterscheiden. Haben die zuständigen Stellen **bei der Festsetzung der Geldbuße (z. B.** 110 000 €) neben der Ahndung des Rechtsverstoßes (z. B. 50 000 €) auch den rechtswidrig erlangten Vermögensvorteil (z. B. 60 000 €) abgeschöpft (z. B. nach § 17 Abs. 4 OWiG oder nach § 34 a Abs. 1 Gesetz gegen Wettbewerbsbeschränkungen – GWB), so gilt das Abzugsverbot für die Geldbuße (110 000 €) nur dann uneingeschränkt, wenn bei der Berechnung des Vermögensvorteils (60 000 €) die darauf entfallende ertragsteuerliche Belastung (z. B. 30 000 €) – ggf. im Wege der Schätzung – abgezogen worden ist. Macht der Steuerpflichtige durch geeignete Unterlagen glaubhaft, dass die Bußgeldbehörde oder das Gericht die ertragsteuerliche Belastung **nicht** berücksichtigt und den gesamten rechtswidrig erlangten Vermögensvorteil abgeschöpft hat, so darf der auf die Abschöpfung entfallende Teil der Geldbuße als Betriebsausgabe abgezogen werden. Der auf die Ahndung entfallende Teil der Geldbuße unterliegt in jedem Fall dem Abzugsverbot (R 4.13 Abs. 3 EStR). Vgl. auch BFH-Urteile vom 9.6.1999 (BStBl 1999 II S. 656, S. 658). Nach R 4.13 Abs. 3 Satz 4 EStR enthalten die von der Europäischen Kommission festgesetzten Geldbußen wegen Verstoßes gegen das Wettbewerbsrecht keinen Anteil, der den rechtswidrig erlangten wirtschaftlichen Vorteil abschöpft, und unterliegen in vollem Umfang dem Betriebsausgabenabzugsverbot.

Zu den **Geldbußen** rechnen alle Sanktionen, die nach dem Recht der Bundesrepublik Deutschland so bezeichnet sind, insbesondere Geldbußen nach dem **Gesetz über Ordnungswidrigkeiten** einschließlich der **Geldbußen gegen juristische Personen oder Personenvereinigungen** (§ 30 OWiG), Geldbußen nach den **berufsgerichtlichen Gesetzen** des Bundes oder der Länder (z. B. für Rechtsanwälte, Notare, Wirtschaftsprüfer, Steuerberater) sowie Geldbußen nach den **Disziplinargesetzen** des Bundes oder der Länder. Wegen der nicht abziehbaren Geldbußen, die von Organen der **Europäischen Gemeinschaften** festgesetzt werden, R 4.13 Abs. 2 Satz 2 EStR. **Betrieblich** veranlasste Geldbußen, Ordnungsgelder und Verwarnungsgelder, die von Gerichten oder Behörden **ausländischer Staaten** festgesetzt werden, fallen seit dem Gesetz zur weiteren steuerlichen Förderung der Elektromobilität und zur Änderung weiterer Vorschriften vom 12.12.2019 (BGBl I S. 2451) ebenfalls unter das Abzugsverbot (R 4.13 Abs. 2 Satz 3 EStR findet insoweit keine Anwendung).

Ordnungsgelder sind die nach dem Recht der Bundesrepublik Deutschland so bezeichneten Unrechtsfolgen, z. B. das Ordnungsgeld gegen einen Zeugen wegen Verletzung seiner Verpflichtung zum Erscheinen und das Ordnungsgeld wegen Verstoßes gegen ein Unterlassungsurteil nach § 890 ZPO. Wegen der Zwangsgelder nach § 329 AO, vgl. Tz 2.11.20). **Verwarnungsgelder** sind die in § 56 OWiG so bezeichneten geldlichen Einbußen, die dem Betroffenen aus Anlass einer geringfügigen Ordnungswidrigkeit, z. B. wegen falschen Parkens, mit seinem Einverständnis auferlegt werden (R 4.13 Abs. 4 und 5 EStR).

2.11.7.4 Gerichtskosten

Bei **betrieblich** veranlassten Sanktionen i. S. von Tz 2.11.7.3 sind die mit diesen zusammenhängenden **Verfahrenskosten**, insbesondere **Gerichts- und Anwaltsgebühren**, auch **abziehbare Betriebsausgaben**, wenn die Sanktion selbst nach § 4 Abs. 5 Satz 1 Nr. 8 EStG vom Abzug ausgeschlossen ist. H 4.13 – Verfahrenskosten – EStH und BFH vom 19.2.1982 (BStBl II S. 467) sind mit dem insoweit geänderten Gesetzestext durch das Gesetz zur weiteren steuerlichen Förderung der Elektromobilität und zur Änderung weiterer Vorschriften vom 12.12.2019 (BGBl I S. 2451) überholt.

2.11.8 Gewerbesteuer

Gewerbesteuer für nach dem 31.12.2007 endende Erhebungszeiträume ist nach dem Unternehmensteuerreformgesetz 2008 vom 14.8.2007 (BGBl I S. 1912) nicht mehr als Betriebsausgabe abzugsfähig. Dies gilt auch für die darauf entfallenden Nebenleistungen wie z. B. Verspätungszuschläge, Zinsen, Säumniszuschläge und Zwangsgelder. Zur Anrechnung der Gewerbesteuer auf die ESt vgl. Teil I Tz 21.17 unter Erläuterungen zur Anlage G, Zeilen 51 bis 57. § 4 Abs. 5b EStG ordnet das Abzugsverbot nicht den nichtabziehbaren – betrieblich veranlassten – Ausgaben nach § 4 Abs. 5 Satz 1 EStG zu, sondern spricht davon, dass die Gewerbesteuer **keine Betriebsausgabe** sei. Dies ist zwar u. E. bedenklich, da der Begriff der Betriebsausgaben unmittelbar mit dem Veranlassungsprinzip zusammenhängt (vgl. § 4 Abs. 4 EStG), wonach unstreitig sein dürfte, dass die Gewerbesteuer durch den Betrieb veranlasst ist. Nach dem BFH-Urteil vom 16.1.2014 (BStBl II S. 531) bestehen dagegen keine verfassungsrechtlichen Bedenken gegen die Einschränkung des objektiven Nettoprinzips. Dies hat auch das BVerfG in seinem Beschluss vom 12.7.2016 (2 BvR 1559/14, BStBl II S. 812) bestätigt.

Ungeachtet des Abzugsverbotes für die Gewerbesteuer ist nach R 5.7 Abs. 1 EStR in der Steuerbilanz eine Gewerbesteuerrückstellung zu bilden; dadurch verursachte Gewinnauswirkungen sind außerbilanziell zu neutralisieren.

2.11.9 Kinderbetreuungskosten

Zu den von VZ 2006 bis 2011 abziehbaren erwerbsbedingten **Kinderbetreuungskosten** wie Betriebsausgaben vgl. die Ausführungen zu den Zeilen 61 bis 90 der Anlage Kind in der Anleitung zur Einkommensteuererklärung **2011** sowie das BMF-Schreiben vom 10.1.2007 (BStBl I S. 184). Zur ab 2012 eingetretenen Rechtsänderung wird auf die zu den Zeilen 67 bis 73 der Anlage Kind (vgl. Teil I Tz 9.15.1 unter Erläuterungen zur Anlage Kind) enthaltenen Ausführungen hingewiesen, nach denen dann kein Betriebsausgaben-, sondern nur noch ein Sonderausgabenabzug möglich ist.

2.11.10 Kundschaftsessen/Kundschaftstrinken

Aufwendungen für das sog. **Kundschaftsessen/Kundschaftstrinken** können Betriebsausgaben sein, wenn die betriebliche Veranlassung eindeutig feststellbar und nachprüfbar ist. Ein objektiver Zusammenhang kann vor allem durch die **Branchenüblichkeit** (wie z. B. bei Brauerei-, Wein- oder Tabakvertretern, Automatenaufsteller) dargetan werden. Auch das Verhältnis der Aufwendungen zu den erzielten oder erzielbaren Einnahmen kann eine Rolle spielen. Ausschlaggebend sind schließlich die Verhältnisse des Einzelfalles. Lädt z. B. ein Vertreter zum Genuss der von ihm vertriebenen Waren oder Produkte ein, so kann eine Produkt- oder Warenverkostung vorliegen mit der Folge der vollen Abzugsfähigkeit der Aufwendungen als Betriebsausgaben/Werbungskosten (vgl. Tz 2.3). Lädt der Bewirtende ganz allgemein den Gastwirt und/oder Gäste ein mit dem Ziel, Geschäftsbeziehungen zu fördern oder anzubahnen, so sind seine Aufwendungen nur im Rahmen des § 4 Abs. 5 Satz 1 Nr. 2 EStG, also – ab 2004 – nur mit 70 % (vorher 80 %), abzugsfähig.

Liegt lediglich Eigenverzehr (z.B. des Vertreters) vor, so kommt allenfalls ein Abzug des Verpflegungsmehraufwands im Rahmen einer Geschäftsreise vor (vgl. oben Tz 2.6). Darüber hinaus kommen Betriebsausgaben dann in Betracht, wenn der betriebliche Charakter des Verzehraufwands den üblichen Lebenshaltungsaufwand übersteigt. So spricht der Besuch mehrerer Gaststätten mit vielen kleinen Zechen am gleichen Tag eher für die betrieblich veranlasste Kontaktpflege (z.B. weil der Gast, der einen Handel mit Tabakwaren betreibt, seine Waren über dort aufgestellte Automaten verkauft) als der Besuch nur einer Gaststätte mit nur einer, ohnehin notwendigen Mahlzeit (BFH-Urteil vom 14.4.1988, BStBl II S. 771). Außerdem müssen im Einzelnen nachprüfbare Aufwendungen oder Belege vorliegen und die Aufzeichnungspflichten nach § 4 Abs. 7 EStG (vgl. Tz 2.9) erfüllt werden.

2.11.11 Sozialversicherung eines Kommanditisten

Arbeitgeberanteile zur **Sozialversicherung eines Kommanditisten**, der sozialversicherungsrechtlich als Arbeitnehmer der Kommanditgesellschaft angesehen wird, gehören zu den Vergütungen (Gewinnanteil), die der Kommanditist von der Gesellschaft für seine Tätigkeit im Dienste der Gesellschaft bezogen hat. Sie sind somit steuerlich **keine Betriebsausgaben** (ständige Rspr. des BFH, siehe BFH-Urteil vom 30.8.2007, BStBl II S. 942).

2.11.12 Spenden

2.11.12.1 Allgemein

Spenden gehören in der Regel zu den Sonderausgaben (vgl. Teil I Tz 2.5 unter Erläuterungen zur Anlage Sonderausgaben, Zeilen 5 bis 12). Ausschließlich durch den Betrieb veranlasste Spenden können jedoch Betriebsausgaben sein, vgl. nachfolgende Ausführungen zum sog. Sponsoring. So ist z.B. die Sachspende einer Motorradfabrik an einen Motorsportverein eine Betriebsausgabe, wenn die Spende als betriebliche Werbung anzusehen ist.

2.11.12.2 Sponsorenaufwendungen

Aufwendungen eines Sponsors sind Betriebsausgaben, wenn der Sponsor wirtschaftliche Vorteile, die insbesondere in der Sicherung oder Erhöhung seines unternehmerischen Ansehens liegen können (BFH-Urteil vom 3.2.1993, BStBl II S. 441, 445), für sein Unternehmen erstrebt oder für Produkte seines Unternehmens werben will. Dabei ist es ohne Bedeutung, ob es sich um Sport-, Kultur-, Sozio-, Öko- oder Wissenschafts-Sponsoring handelt. Die Absicht des Sponsors wird insbesondere dadurch verwirklicht, dass der Empfänger der Leistungen auf Plakaten, Veranstaltungshinweisen, in Ausstellungskatalogen, auf den von ihm benutzten Fahrzeugen oder anderen Gegenständen auf das Unternehmen oder auf die Produkte des Sponsors werbewirksam hinweist oder dass der Sponsor durch Verwendung des Namens, von Emblemen oder Logos des Empfängers oder in anderer Weise öffentlichkeitswirksam auf seine Leistungen aufmerksam macht. Bei Sachspenden (z.B. für Atemschutzmasken) im Zusammenhang mit der Corona-Pandemie reicht es nach dem FAQ Corona (Steuer) mit Stand 21.3.2023 für den wirtschaftlichen Vorteil aus, wenn die Medien durch Berichterstattung darauf aufmerksam machen. Dazu gehören auch Sponsoringaufwendungen eines Freiberuflers. Erfolgt das Sponsoring durch eine Freiberufler-Personengesellschaft, liegt der erforderliche hinreichende Zusammenhang zum Sponsor auch dann vor, wenn auf die freiberufliche Tätigkeit und Qualifikation der einzelnen Berufsträger hingewiesen wird (BFH-Urteil vom 14.7.2020, BStBl 2021 II S. 14).

Es kommt nicht darauf an, ob die Leistungen notwendig, üblich oder zweckmäßig sind oder ob die Leistungen des Sponsors und die erstrebten Werbeziele für das Unternehmen gleichwertig sind (Ausnahme: krasses Missverhältnis i.S. des § 4 Abs. 5 Satz 1 Nr. 7 EStG). Siehe im Einzelnen zur ertragsteuerlichen Behandlung des Sponsoring einschließlich der Problematik, die sich für den steuerbegünstigten, d.h. gemeinnützigen Empfänger ergeben kann, das BMF-Schreiben vom 18.2.1998, BStBl I S. 212 (sog. Sponsorenerlass), und wegen der ertragsteuerlichen Behandlung von Aufwendungen für VIP-Logen in Sportstätten das BMF-Schreiben vom 22.8.2005 (BStBl I S. 845) und ergänzend zu sog. Hospitality-Leistungen das BMF-Schreiben vom 30.3.2006 (BStBl I S. 307) sowie zur Anwendung der Vereinfachungsregelungen auf ähnliche Sachverhalte BMF-Schreiben vom 11.7.2006 (BStBl I S. 447). Zur **Unterstützung für vom Krieg in der Ukraine Geschädigte** siehe BMF-Schreiben vom 17.3.2022 (BStBl I S. 330), verlängert für Maßnahmen bis zum 31.12.2025 mit BMF-Schreiben vom 4.12.2024 (BStBl I S. 1545). Bei sog. Spenden-**Crowdfunding** (sog. Schwarmfinanzierung) sind die Differenzierungsmerkmale und Abgrenzungen zum klassischen Crowdfunding, zum Crowdlending oder Crowdinvesting lt. BMF-Schreiben vom 15.12.2017 (BStBl 2018 I S. 246) zu beachten. Insbesondere ist für den Spendenabzug darauf zu achten, dass keine Gegenleistung durch den Empfänger erfolgt.

2.11.13 Schuldzinsen

2.11.13.1 Zwei-(Mehr-)kontenmodell: § 4 Abs. 4a EStG

Schuldzinsen sind als Betriebsausgaben abzugsfähig, wenn es sich bei den Verbindlichkeiten um **betriebliche Schulden** handelt. Schuldzinsen gemäß § 4 Abs. 4a Satz 1 EStG sind nach dem BFH-Urteil vom 31.8.2022 (X R 15/21, BStBl II 2023 S. 116, unter Verweis auf BFH-Urteil vom 12.2.2014, IV R 22/10, BStBl II S. 614) nach Maßgabe eines ertragsteuerrechtlich weiten Begriffsverständnisses alle Leistungen, die ein Schuldner für die Überlassung (Nutzung) von Kapital an den Gläubiger zu erbringen hat, und darüber hinaus alle Aufwendungen zur Erlangung oder Sicherung eines Kredits, mithin Kosten, die bei wirtschaftlicher Betrachtung des Vorgangs als Vergütung für die Überlassung von Kapital angesehen werden können. Provisionen und Gebühren für ein Aval (eine Bürgschaft) zählen jedenfalls dann zu den Schuldzinsen i.S. von § 4 Abs. 4a Satz 1 EStG, wenn hierdurch die Rückzahlung von Fremdkapital, das dem Schuldner zeitweise zur Nutzung überlassen wurde, gesichert wird.

Schulden gehören zum Betriebsvermögen, wenn sie mit dem Betrieb in wirtschaftlichem Zusammenhang stehen oder zu dem Zweck aufgenommen wurden, dem Betrieb Mittel zuzuführen. Die Zugehörigkeit von Schulden zum Betriebs- oder Privatvermögen richtet sich nach objektiven Merkmalen; eine Behandlung als gewillkürtes Betriebsvermögen ist grundsätzlich nicht zulässig (BFH-Urteil vom 12.9.1985, BStBl 1986 II S. 255). Die Entnahme eines fremdfinanzierten Wirtschaftsguts führt dazu, dass die zu seiner Finanzierung aufgenommenen Schulden zu Privatschulden werden. Zur Umschuldung einer Privatschuld in eine Betriebsschuld vgl. BMF-Schreiben vom 27.7.1987, BStBl I S. 508.

Bei Abwicklung des betrieblichen Geldverkehrs über **ein Kontokorrentkonto**, über das auch private Zahlungen geleistet werden, ist für die steuerliche Zuordnung einer Schuld zum Privatvermögen oder Betriebsvermögen und der davon abhängigen Frage der Abzugsfähigkeit der Schuldzinsen als Betriebsausgaben früher ausschließlich die **Veranlassung** für die Entstehung oder Erhöhung der Schuld **maßgeblich**; dies gilt auch hinsichtlich der durch laufende Privatentnahmen veranlassten Kontokorrentschulden (Beschlüsse des BFH-GrS vom 4.7.1990, BStBl II S. 817; und vom 8.12.1997, BStBl 1998 II S. 193; sowie BFH vom 4.3.1998, BStBl II S. 511; und vom 19.3.1998, BStBl II S. 513). Danach sind Schuldzinsen anhand des tatsächlichen Verwendungszwecks der Darlehensmittel der Erwerbs- oder der Privatsphäre zuzuordnen. Entsteht sonach eine **Kontokorrentverbindlichkeit** sowohl durch betriebliche als auch durch privat veranlasste Auszahlungen oder Überweisungen, so ist sowohl bei der Gewinnermittlung nach § 4 Abs. 1, § 5 EStG als auch nach § 4 Abs. 3 EStG nur der betriebliche Teil des Kredits dem Betriebsvermögen zuzurechnen und nur die auf diesen Teil des Kontokorrentkredits entfallenden Schuldzinsen dürfen als Betriebsausgaben abgezogen werden (BFH-GrS vom 4.7.1990, a.a.O.). Wegen **praktischer Schwierigkeiten** bei der Ermittlung des betrieblich und privat veranlassten Zinsaufwands, besonders nach der sog. Zinszahlenstaffelmethode, siehe GrS des BFH vom 4.7.1990 (a.a.O., Nr. 5).

Zur **Zulässigkeit des Zwei-(Mehr-)kontenmodells** für Schuldzinsen, die **bis 31.12.1998** wirtschaftlich entstanden sind, wird auf die Anleitung zur ESt-Erklärung **1999**, Teil II Tz 2.11 (ABC »Schuldzinsen«) hingewiesen.

Der jetzt geltenden **Regelung in § 4 Abs. 4a EStG** für Wj., die **nach dem 31.12.1998** enden (§ 52 Abs. 6 Satz 5 EStG), liegt die Überlegung zugrunde, dass jedenfalls der erwirtschaftete **Gewinn entnommen werden darf, ohne** dass sich **Nachteile** beim Schuldzinsenabzug ergeben. § 4 Abs. 4a Satz 1 EStG bestimmt daher, dass der Abzug von Schuldzinsen nur dann eingeschränkt wird, wenn sog. **Überentnahmen** getätigt werden. Dies ist dann der Fall, wenn die **Entnahmen die Summe aus Gewinn und Einlagen** des Wj. **übersteigen** (§ 4 Abs. 4a Satz 2 EStG). Der Rechtsbegriff »Gewinn« in § 4 Abs. 1 Satz 1 EStG ist auch maßgeblich für die Anwendung des § 4 Abs. 4a EStG (BFH-Urteil vom 7.3.2006, BStBl II S. 588), allerdings ohne außerbilanzielle Korrekturen (BFH-Urteil vom 3.12.2019, X R 6/18, BStBl 2021 II S. 77). Für die Berechnung der Überentnahme nach § 4 Abs. 4a Satz 2 EStG ist zunächst vom einkommensteuerrechtlichen Gewinn auszugehen. Dieser Begriff umfasst auch Verluste. **Verluste führen** für sich genommen aber nach dem BFH-Urteil vom 14.3.2018 (X R 17/16, BStBl II S. 744) **nicht zu Überentnahmen**. Die Bemessungsgrundlage für die nicht abziehbaren Schuldzinsen sei danach im Wege teleologischer Reduktion zu begrenzen.

Da die Regelung nur Schuldzinsen betrifft, die betrieblich veranlasst sind, bedarf es im Hinblick auf die steuerliche Abziehbarkeit einer **zweistufigen Prüfung**. Zunächst ist zu ermitteln, ob und inwieweit Schuldzinsen **betrieblich veranlasst** sind. Zur Abgrenzung bei Darlehensverhältnissen zwischen Angehörigen vgl. BMF-Schreiben vom 23.12.2010 (BStBl 2011 I S. 37). Dann muss geprüft werden, ob der Betriebsausgabenabzug im Hinblick auf **Überentnahmen** eingeschränkt ist. Zur Regelung ab 1999 siehe die BMF-Schreiben vom 22.5.2000, BStBl I S. 588; und vom 28.3.2001, BStBl I S. 245 (EStH 2004, Anhang 16 I). Bei der Ermittlung der Überentnahmen sind nach dem BFH-Urteil vom 24.11.2016 (BStBl 2017 II S. 268) auch Entnahmen von Wirtschaftsgütern zu berücksichtigen, die bereits vor der Einführung der Vorschrift in den Betrieb eingelegt worden sind. Die Ausnahmeregelung in § 52 Abs. 11 Satz 3 EStG ist nach BFH-Auffassung mit dem Gleichheitssatz vereinbar. Bringt ein Einzelunternehmer seinen Betrieb zum Buchwert in eine Personengesellschaft ein, gehen die in dem Einzelunternehmen entstandenen Über- oder Unterentnahmen auf die Personengesellschaft über und sind von dem Einbringenden fortzuführen.

Die Finanzverwaltung hatte zunächst mit **BMF-Schreiben vom 17.11.2005 (BStBl I S. 1019)** die o.g. älteren BMF-Schreiben zum Abzug betrieblicher Schuldzinsen nach § 4 Abs. 4a EStG überarbeitet und wesentlich ergänzt. Das BMF-Schreiben vom 17.11.2005 (**BStBl I S. 1019**) enthielt im Vergleich zu den Vorgängerschreiben aber keine grundlegenden Änderungen der bisherigen Verwaltungsauffassung. Neu und für die Praxis von Bedeutung waren aber die Ausführungen zum Schuldzinsenabzug bei Mitunternehmerschaften (s. Rn 30–32d) und zu den Auswirkungen von Umwandlungsvorgängen (s. Rn 32e–32f). Aufgrund des BFH-Urteils vom 29.3.2007 (BStBl 2008 II S. 420) zur gesellschafterbezogenen Betrachtungsweise der nicht abziehbaren Schuldzinsen bei Mitunternehmerschaften wurden die Rn 30–32d mit BMF-Schreiben vom 7.5.2008 (BStBl I S. 588) neu gefasst. Das BFH-Urteil vom 22.9.2011 (BStBl 2012 II S. 10) war Grundlage für die Anpassung der Rn 10b mit BMF-Schreiben vom 18.2.2013 (BStBl I S. 197), wonach eine geänderte betriebsvermögensmäßige Zuordnung eines Wirtschaftsgutes aufgrund des Bestehens einer Bilanzierungskonkurrenz (z. B. bei einer mitunternehmerischen Betriebsaufspaltung oder nach Verschmelzung) weder eine Entnahme beim abgebenden noch eine Einlage beim aufnehmenden Betrieb darstellt, wenn der Vorgang zu Buchwerten stattgefunden hat. Mehrere zwischenzeitlich ergangene BFH-Urteile haben eine erneute Überarbeitung des BMF-Schreibens erforderlich gemacht. Maßgebend sind nunmehr die Rechtsgrundsätze, die im **BMF-Schreiben vom 2.11.2018 (BStBl I S. 1207)** aufgeführt sind. In Reaktion zum BFH-Urteil vom 3.12.2019 (BStBl II 2021 S. 77) zum Gewinnbegriff ohne außerbilanzielle Korrekturen hat die Finanzverwaltung mit BMF-Schreiben vom 18.1.2021 (BStBl I S. 119) reagiert und Rn 8 i. d. F. des BMF-Schreibens vom 2.11.2018 (a. a.0.) entsprechend geändert und die neuere BFH-Auffassung übernommen.

Die o. g. Überentnahmeregelung wird häufig dazu führen, dass der Schuldzinsenabzug schon deshalb nicht beschränkt ist, weil die Entnahmen den erzielten Gewinn **nicht** übersteigen.

BEISPIEL 1:

Ein Gewerbetreibender hat im Wj. Schuldzinsen für die Finanzierung betrieblicher Aufwendungen i. H. von 25 000 € entrichtet. Seine Entnahmen für private Zwecke betrugen 150 000 €. Der Gewinn des Wj. beläuft sich auf 200 000 €.

Die Schuldzinsen sind in voller Höhe abziehbar, weil der Unternehmer nicht mehr als den Gewinn entnommen hat.

Einlagen sind für die Höhe des Schuldzinsenabzugs nur dann von Bedeutung, wenn mehr als der Gewinn entnommen wurde. Denn die **Einlagen erhöhen das Entnahmevolumen** und bewirken damit, dass i. H. der Einlagen mehr als der Gewinn entnommen werden darf. Die ursprünglich zur Missbrauchsverhütung vorgesehene sog. **Quartalskorrektur**, wonach Einlagen innerhalb von drei Monaten vor Ende des Wj. in die Berechnung grundsätzlich nicht einbezogen werden sollten, wurde **rückwirkend aufgehoben**.

BEISPIEL 2:

Ein Unternehmer hatte bis 30.9. eine Überentnahme von 50 000 €. Im vierten Quartal war absehbar, dass keine außerordentlichen Gewinnsteigerungen zu erwarten sind. Im **Dezember** des Wj. hat die Ehefrau des Unternehmers dem Betrieb einen Geldbetrag i. H. von 50 000 € geschenkt, der auf das betriebliche Bankkonto eingezahlt wurde.

Nach jetzt geltendem Recht kann der Unternehmer auch noch am letzten Tag des laufenden Wj. durch eine Geld- oder Sacheinlage eine bis dahin entstandene Überentnahme neutralisieren. Dadurch kann das Abzugsverbot für betriebliche Schuldzinsen vermieden werden.

Schema zur Ermittlung der Über- oder Unterentnahmen:

	Gewinn des Wj.
+	Einlagen des Wj.
./.	Entnahmen des Wj.
=	Über- oder Unterentnahme des Wj.

Nach dem BFH-Urteil vom 21.8.2012 (BStBl 2013 II S. 16) stellt die kurzfristige Einlage von Geld einen Missbrauch von Gestaltungsmöglichkeiten des Rechts dar, wenn sie allein dazu dient, die Hinzurechnung nach § 4 Abs. 4a EStG a. F. nicht abziehbarer Schuldzinsen zu umgehen; in diesem Fall entsteht der Steueranspruch so, wie er entstanden wäre, wenn die Einlage unterblieben wäre.

Bei der Ermittlung der Überentnahme ist vom Gewinn **ohne** Berücksichtigung der nicht abziehbaren Schuldzinsen auszugehen (§ 4 Abs. 4a Satz 3 2. Halbsatz EStG). Nach dem BFH-Urteil vom 17.8.2010 (BStBl II S. 1041) ist eine Hinzurechnung von nicht abziehbaren Schuldzinsen auch dann vorzunehmen, wenn im VZ keine Überentnahme vorliegt, sich aber ein Saldo aufgrund von Überentnahmen aus den Vorjahren ergibt. Dies entspricht auch der Verwaltungsauffassung (BMF-Schreiben vom 2.11.2018, a. a. O., Rn 20 und 21). Die Bemessungsgrundlage für die nicht abziehbaren Schuldzinsen ist nach dem BFH-Urteil vom 14.3.2018 (X R 17/16, BStBl II S. 744) begrenzt auf den Entnahmenüberschuss des Zeitraums von 1999 bis zum aktuellen Wj. (entgegen BMF-Schreiben vom 17.11.2005, **BStBl I S. 1019,** Rn 11 f.; im BMF-Schreiben vom 2.11.2018, BStBl I S. 1207, Rn 16, hat sich die Finanzverwaltung der neueren BFH-Auffassung angeschlossen).

Ergibt sich für das Wj. eine **Überentnahme**, dann erfolgt nach § 4 Abs. 4a Satz 3 EStG eine **pauschale Kürzung der Schuldzinsen**. Diese beläuft sich auf **6 % der Überentnahmen** des Wj. Gegen die typisierte Berechnung mit 6 % sind mehrere Verfahren beim BFH anhängig (IV R 8/24, VIII R 3/24, VIII R 4/24, VIII R 27/23). Entsprechende Fälle sollten mit Hinweis auf diese Verfahren offen gehalten, d. h. Ruhen des Verfahrens nach § 363 Abs. 2 Satz 2 AO beantragt werden. Die Bemessungsgrundlage für den Kürzungsbetrag erhöht sich um Überentnahmen, die der Unternehmer **in vorangegangenen Wj.** vorgenommen hat. Auch bei Steuerpflichtigen mit einer Gewinnermittlung nach § 4 Abs. 3 EStG ist nach dem BFH-Urteil vom 17.5.2022 (VIII R 38/18, BStBl II S. 662) im Rahmen der sinngemäßen Anwendung des § 4 Abs. 4a Sätze 2 und 3 EStG periodenübergreifend zu ermitteln, ob im betrachteten Gewinnermittlungszeitraum Überentnahmen vorliegen. Überentnahmen sind nach der v. g. BFH-Auffassung bei Einnahmenüberschussrechnern nicht auf die Höhe eines niedrigeren negativen Kapitalkontos zu begrenzen, das zum Ende des jeweiligen Gewinnermittlungszeitraums nach bilanziellen Grundsätzen vereinfacht ermittelt wird.

BEISPIEL 3:

Ein Unternehmer hat im Jahr 01, in dem er einen Gewinn von 75 000 € erzielt hat, Entnahmen von 110 000 € und Einlagen von 10 000 € vorgenommen. Im Jahr 02 belief sich der Gewinn auf 100 000 €. In diesem Jahr hat der Unternehmer insgesamt 130 000 € entnommen; Einlagen sind nicht erfolgt. Die Schuldzinsen für die Finanzierung laufender Betriebsausgaben beliefen sich im Jahr 01 auf 20 000 € und im Jahr 02 auf 25 000 €.

Für das Jahr 01 sind die Schuldzinsen von 20 000 € um 6 % der Überentnahmen von 25 000 €, also um 1 500 € auf 18 500 € zu kürzen. Für das Jahr 02 erfolgt ebenfalls eine Kürzung der Schuldzinsen von 25 000 €. Der Kürzungsbetrag beläuft sich auf 6 % der Überentnahmen beider Jahre von zusammen 55 000 € (= 25 000 € + 30 000 €), also auf 3 300 €. Damit verbleiben für das Jahr 02 abziehbare Schuldzinsen i. H. von 21 700 €.

Auf der anderen Seite verringert sich die Bemessungsgrundlage um sog. **Unterentnahmen der Vorjahre**. Hierunter versteht man den Betrag, um den in den Vorjahren die Entnahmen die Summe aus Gewinn und Einlagen unterschritten hatten. Das bedeutet, dass durch die Gegenrechnung der Unterentnahmen der Vorjahre bewirkt wird, dass früher stehen gebliebene Gewinne später entnommen werden können, ohne dass es hierdurch zu einer Kürzung des Schuldzinsenabzugs kommt.

BEISPIEL 4:

Ein Unternehmer hat im Jahr 01, in dem er einen Gewinn von 65 000 € erzielt hat, Entnahmen von 45 000 € und Einlagen von 10 000 € vorgenommen. Im Jahr 02 belief sich der Gewinn auf 75 000 €. In diesem Jahr hat der Unternehmer insgesamt 100 000 € entnommen; Einlagen sind nicht erfolgt. Die Schuldzinsen für die Finanzierung laufender Betriebsausgaben beliefen sich im Jahr 01 auf 15 000 € und im Jahr 02 auf 17 500 €.

Für das Jahr 01 sind die Schuldzinsen von 15 000 € nicht zu kürzen, denn es sind keine Überentnahmen erfolgt. Im Jahr 02 hat der Unternehmer zwar 25 000 € mehr als den erzielten Gewinn entnommen. Es erfolgt dennoch keine Kürzung der Schuldzinsen von 17 500 €, da die Überentnahme im Jahr 02 die Unterentnahme des Jahres 01 von 30 000 € nicht übersteigt.

Nach dem Gesetzeswortlaut mindern nur **Unterentnahmen** von Vorjahren, nicht dagegen etwaige Unterentnahmen des zu beurteilenden Wj. selbst die Bemessungsgrundlage, d. h. dass spätere Unterentnahmen die Bemessungsgrundlage erst ab dem folgenden Jahr mindern. Nach dem BFH-Urteil vom 21.9.2005 (BStBl II S. 504, bestätigt durch BFH-Urteil vom 1.6.2006, BStBl II S. 760) konnten – jedenfalls in den VZ 1999 und 2000 – auch Unterentnahmen aus Wj., die vor dem 1.1.1999 geendet haben, berücksichtigt werden (BMF-Schreiben vom 12.6.2006, BStBl I S. 416). Zur Verfassungsmäßigkeit der Nichtberücksichtigung von Unterentnahmen aus den Jahren vor 1999 ab VZ 2001 siehe BFH-Urteil vom 9.5.2012 (BStBl II S. 667).

Tilgt der Steuerpflichtige beim sog. »umgekehrten Zwei-Konten-Modell« mit eingehenden Betriebseinnahmen einen Sollsaldo, der durch Entnahmen entstanden ist oder sich erhöht hat, so liegt nach dem BFH-Urteil vom 3.3.2011 (BStBl II S. 688) im Zeitpunkt der Gutschrift eine Entnahme vor, die bei der Ermittlung der Überentnahmen zu berücksichtigen ist (Anschluss an BFH-Urteil vom 21.9.2005, BStBl 2006 II S. 125). Die der Anwendung des § 4 Abs. 4a EStG zugrunde zu legenden Überentnahmen sind in einem Verlustjahr nicht höher als der Betrag anzusetzen, um den die Entnahmen die Einlagen des Wj. übersteigen.

Zu beachten ist schließlich, dass durch die gesetzliche Regelung gewährleistet wird, dass die Kürzung **im ungünstigsten Fall** zu einer **Kappung des Schuldzinsenabzugs bei 2 050 €** führt (vgl. § 4 Abs. 4a Satz 4 EStG). Die Zinsen sind daher immer dann mindestens i. H. von 2 050 € zu berücksichtigen, wenn Zinsen in dieser Höhe überhaupt angefallen sind: sog. **Mindestabzug**.

BEISPIEL 5:

Ein Gewerbetreibender hat im Wj. Schuldzinsen für die Finanzierung betrieblicher Aufwendungen i. H. von 5 000 € entrichtet. Seine Entnahmen für private Zwecke betrugen 125 000 €. Der Gewinn des Wj. beläuft sich auf 50 000 €.

Die Schuldzinsen wären grundsätzlich um 6 % der Überentnahmen von 75 000 €, also um 4 500 € zu kürzen. Anstelle der danach verbleibenden Schuldzinsen von 500 €, erfolgt aber der Mindestabzug i. H. von 2 050 €.

Außerdem wurden in § 4 Abs. 4a Satz 5 EStG **Zinsen für Darlehen** zur **Finanzierung von Anschaffungs- oder Herstellungskosten betrieblicher Anlagegüter** von der Abzugsbeschränkung ausgenommen (BMF-Schreiben vom 2.11.2018, BStBl I S. 1207, Rn 23–26). Das gilt jedoch nach dem Urteil des BFH vom 23.3.2011 (BStBl II S. 753) **nicht für** Wirtschaftsgüter, die dem **Umlaufvermögen** zuzuordnen sind. Die Ausnahme erstrecke sich nach BFH-Auffassung nur auf (Zins-)Aufwendungen für betriebliche Investitionen, die dem Betrieb auf Dauer zu dienen bestimmt seien.

BEISPIEL 6:

Ein Gewerbetreibender hat im Wj. Schuldzinsen für die Finanzierung betrieblicher Aufwendungen i. H. von 10 000 € entrichtet. Hiervon entfallen 6 000 € auf ein Darlehen, mit dem der Erwerb eines Betriebsgrundstücks finanziert wurde. Die Entnahmen für private Zwecke betrugen 125 000 €. Der Gewinn des Wj. beläuft sich auf 100 000 €.

Die Zinsen für das Investitionsdarlehen von 6 000 € sind uneingeschränkt als Betriebsausgaben abziehbar. Die übrigen Schuldzinsen von 4 000 € sind um 6 % der Überentnahmen von 25 000 €, also um 1 500 € zu kürzen. Die danach verbleibenden Schuldzinsen i. H. von 2 500 € sind als Betriebsausgaben abziehbar, sodass insgesamt ein Schuldzinsenabzug i. H. von 8 500 € erfolgt.

Wären die verbleibenden Schuldzinsen unter 2 050 €, so wären 2 050 € als Betriebsausgaben abzugsfähig.

Mit Urteil vom 23.2.2012 (BStBl 2013 II S. 151) hat der BFH zur Abgrenzung von Schuldzinsen i. S. des § 4 Abs. 4a Satz 5 EStG für Darlehen zur Finanzierung von Anschaffungskosten oder Herstellungskosten von Wirtschaftsgütern des Anlagevermögens Stellung genommen und entschieden, dass sich dies ausschließlich nach der tatsächlichen Verwendung der Darlehensmittel bestimmt. Der BFH geht sogar weiter und stellt eine unwiderlegbare Vermutungsregel auf, dass auf ein Kontokorrentkonto ausgezahlte Darlehensmittel zur Finanzierung solcher Anschaffungskosten oder Herstellungskosten von Wirtschaftsgütern des Anlagevermögens verwendet wurden, die innerhalb von 30 Tagen vor oder nach Auszahlung der Darlehensmittel tatsächlich über das entsprechende Kontokorrentkonto finanziert wurden. Beträgt der Zeitraum mehr als 30 Tage, muss nach BFH-Auffassung der Steuerpflichtige den erforderlichen Finanzierungszusammenhang zwischen Auszahlung der Darlehensmittel und Bezahlung der Wirtschaftsgüter nachweisen. Die Finanzierung von Wirtschaftsgütern des Anlagevermögens durch Belastung des Kontokorrentkontos reicht aus, um die dadurch veranlassten Schuldzinsen von der Überentnahmeregelung auszunehmen. Mit BMF-Schreiben vom 18.2.2013 (BStBl I S. 197) hat die Finanzverwaltung auf die Urteilsgrundsätze reagiert und Rn 27 des BMF-Schreibens vom 17.11.2005 (a. a. O.) i. S. der vorgenannten BFH-Rspr. neu gefasst (jetzt Rn 24 des BMF-Schreibens vom 2.11.2018, BStBl I S. 1207). Mit Urteil vom 7.7.2016 (BStBl II S. 837) hat der BFH zudem entschieden, dass Schuldzinsen, die infolge der Finanzierung der Zinsen eines Darlehens zur Anschaffung oder Herstellung von Anlagevermögen entstanden sind, nicht der Abzugsbeschränkung des § 4 Abs. 4a Satz 1 EStG unterliegen. Dies soll auch dann gelten, wenn sie auf einem separaten Darlehenskonto erfasst werden.

Die o. g. Grundsätze zur Begrenzung des Schuldzinsenabzugs gelten auch bei der Gewinnermittlung durch Einnahmen-Überschussrechnung nach **§ 4 Abs. 3 EStG**. Zur Berechnung der Überentnahmen i. S. des § 4 Abs. 4a Sätze 2 und 3 EStG in diesen Fällen vgl. das o. a. BFH-Urteil vom 17.5.2022 (VIII R 4/20, a. a. O.). Hierzu müssen ab dem Jahr 2000 die Entnahmen und Einlagen gesondert aufgezeichnet werden (§ 4 Abs. 4a Satz 6 EStG). Für die standardisierte Anlage EÜR steht dafür die **Anlage SZE** zur Verfügung.

Die Beschränkung des Schuldzinsenabzugs nach § 4 Abs. 4a EStG hat keine Bedeutung für den Werbungskostenabzug im Bereich der Überschusseinkünfte.

Zur Ermittlung der Entnahme bei vor dem 1.1.1999 eröffneten Betrieben im Falle der **Betriebsaufgabe** und bei einer **Betriebsveräußerung** vgl. § 52 Abs. 6 Satz 7 EStG.

2.11.13.2 Zinsschranke

Seit 2008 wird der Abzug von Betriebsausgaben für Schuldzinsen ggf. durch § 4 h EStG i. d. F. des Unternehmensteuerreformgesetzes 2008 vom 14.8.2007 (BGBl I S. 1912) eingeschränkt. Danach wird der Abzug von Zinsaufwendungen als Betriebsausgaben grds. auf den Betrag des Zinsertrags beschränkt. Für **nach dem 31.12.2009** endende Wj. wurden mit dem Wachstumsbeschleunigungsgesetz vom 22.12.2009 (BGBl I S. 3950) die Abzugsbeschränkungen aufgeweicht und die Freigrenze von 1 Mio. € auf 3 Mio. € erhöht. Mit dem Gesetz zur Förderung geordneter Kreditzweitmärkte und zur Umsetzung der Richtlinie (EU) 2021/2167 über Kreditdienstleister und Kreditkäufer sowie zur Änderung weiterer finanzrechtlicher Bestimmungen (Kreditzweitmarktförderungsgesetz) vom 22.12.2023 (BGBl I Nr. 411) wurden **ab 1.1.2024** einige Änderungen an § 4 h EStG vorgenommen. So wurde z. B. in Abs. 1 der Nettozinsaufwand legal definiert, die Begrenzung des Abzugs von Zinsaufwand nicht auf die Höhe des EBITDA (s. u.), sondern auf die Höhe der Zinserträge beschränkt, in Abs. 2 der die Anwendung der Zinsschranke ausschließende Konzernbegriff in ein Näheverhältnis zu Personen i. S. von § 1 Abs. 2 AStG ohne eigene Betriebsstätte außerhalb des Sitzstaats getauscht, in Abs. 5 geregelt, dass ein nicht verbrauchter EBITDA-Vortrag und ein Zinsvortrag bei Aufgabe oder Übertragung eines Teilbetriebs untergehen, und mit dem neuen Abs. 6 die bisher im BMF-Schreiben (s. u.) geregelten öffentlichen Zinsaufwendungen gesetzlich kodifiziert.

Mit Schreiben vom 4.7.2008 (BStBl I S. 718) hat das BMF umfangreiche Anwendungshinweise hierzu bekannt gegeben. Aufgrund der Änderungen durch das o. a. Wachstumsbeschleunigungsgesetz vom 22.12.2009 sowie das Kreditzweitmarktförderungsgesetz vom 22.12.2023 wurde mit Schreiben vom 24.3.2025 (BStBl I S. 683) eine Neufassung veröffentlicht.

Der **BFH** hat am 18.12.2013 (BStBl 2014 II S. 947) in einem Verfahren zum vorläufigen Rechtsschutz entschieden, dass **Zweifel an der Verfassungskonformität** der sog. Zinsschranke bestehen, und deshalb die Aussetzung der Vollziehung eines Steuerbescheids nach § 69 Abs. 2 Satz 2 i. V. mit Abs. 3 Satz 1 FGO gewährt. Mit Schreiben vom 13.11.2014 (BStBl I S. 1516) hat das BMF die Finanzämter angewiesen, die Feststellungen des BFH zum Aussetzungsbeschluss nicht über den entschiedenen Einzelfall hinaus anzuwenden (**Nichtanwendungserlass**). Gleiches soll auch aufgrund des Vorlagebeschlusses des BFH vom 14.10.2015 (I R 20/15) an das BVerfG (dort anhängig unter 2 BvL 1/16) gelten.

Die Regelungen zur sog. Zinsschranke i. d. F. des Kreditzweitmarktförderungsgesetzes gelten erstmals für Wj., die nach dem 14.12.2023 beginnen und nicht vor dem 1.1.2024 enden (BMF-Schreiben vom 24.3.2025, a. a. O., Rn 1, unter Hinweis auf § 52 Abs. 8b EStG).

Die Abzugsbeschränkung **gilt betriebsbezogen** und nur für Einkünfte aus Land- und Forstwirtschaft, Gewerbebetrieb oder selbständiger Arbeit (BMF-Schreiben vom 24.3.2025. a. a. O., Rn 2). Unerheblich ist jedoch die Methode der Gewinnermittlung, d. h. die Zinsschranke ist sowohl bei Bilanzierenden als auch bei der Gewinnermittlung gem. § 4 Abs. 3 EStG zu beachten (BMF-Schreiben vom 24.3.2025, a. a. O., Rn 4). Ausgenommen hiervon sind ausschließlich vermögensverwaltend tätige Personengesellschaften (Rn 5), es sei denn, ihre Einkünfte gelten kraft gewerblicher Prägung nach § 15 Abs. 3 Nr. 2 EStG als Gewinneinkünfte. Bei Mitunternehmerschaften ist zu beachten, dass diese für die Regelungen der Zinsschranke nur einen Betrieb haben, zu dem neben dem Gesamthandsvermögen auch das Sonderbetriebsvermögen der Mitunternehmer i. S. des § 15 Abs. 1 Satz 1 Nr. 2 und Abs. 3 EStG gehört (BMF-Schreiben vom 24.3.2025, a. a. O., Rn 6). Betriebsstätten, die zu einem gemeinsamen Betrieb gehören, sind nach BMF-Schreiben vom 24.3.2025 (a. a. O., Rn 9) nicht als eigenständige Betriebe anzusehen.

Die Zinsschranke nach § 4 h EStG erfasst nach dem BMF-Schreiben vom 24.3.2025, a. a. O., Rn 12) grds. **nur Erträge und Aufwendungen aus der Überlassung von Geldkapital** (Zinserträge und -aufwendungen im engeren Sinne) und nicht – auch – solche aus der Überlassung von Sachkapital. Unter Fremdkapital i. S. des § 4 h Abs. 3 EStG sind damit alle als Verbindlichkeiten passivierungspflichtigen Kapitalzuführungen in Geld zu verstehen, die nach steuerlichen Kriterien nicht zum Eigenkapital gehören. Das sind insbesondere fest und variabel verzinsliche Darlehen, partiarische Darlehen, typische stille Beteiligungen, Gewinnschuldverschreibungen und Genussrechtskapital. Auf die Dauer der Kapitalüberlassung kommt es nach BMF-Schreiben vom 24.3.2025 (a. a. O., Rn 13) nicht an. Besonderheiten sind bei der Abtretung von Forderungen (Forfaitierung/Factoring) zu beachten. Auf die diesbezüglichen Hinweise im BMF-Schreiben vom 24.3.2025 (a. a. O., Rn 15) wird verwiesen.

Zinsaufwendungen für § 4 h EStG sind Vergütungen für Fremdkapital (§ 4 h Abs. 3 Satz 2 EStG), wirtschaftlich gleichwertige Aufwendungen und sonstige Aufwendungen im Zusammenhang mit der Beschaffung von Fremdkapital i. S. Art. 2 Abs. 1 der Richtlinie (EU) 2016/1164 des Rates vom 12.6.2016 mit Vorschriften zur Bekämpfung von Steuervermeidungspraktiken mit unmittelbaren Auswirkungen auf das Funktionieren des Binnenmarkts (ABl. L 193 vom 19.7.2016, S. 1), die den maßgeblichen Gewinn gemindert haben (BMF-Schreiben vom 24.3.2025, a. a. O., Rn 11). Ein Entgelt, mit dem nicht die Möglichkeit zur Nutzung von Fremdkapital, sondern eine andere Leistung des Kreditgebers vergütet wird, war zwar nach dem BFH-Beschluss vom 22.3.2023 (XI R 45/19, BStBl 2024 II S. 643) keine Zinsaufwendung i. S. des § 4 h Abs. 3 Satz 2 EStG. Durch den geänderten Zinsbegriff ab 2024 ist hierfür jedoch eine Änderung eingetreten. Eine sog. »arrangement fee«, mit der gesonderte, über die Kapitalüberlassung hinausgehende Leistungen einer Konsortialführerin vergütet werden und die sich nach der vertraglich vereinbarten (und nicht nach der tatsächlich in Anspruch genommenen) Darlehenssumme bemisst, unterfällt aber nach dem BMF-Schreiben vom 24.3.2025 (a. a. O., Rn 18) der Abzugsbeschränkung des § 4 h EStG. **Zinserträge** sind Erträge aus Kapitalforderungen jeder Art und wirtschaftlich gleichwertige Erträge im Zusammenhang mit Kapitalforderungen (§ 4 h Abs. 3 Satz 3 EStG), die den maßgeblichen Gewinn erhöht haben. Der Vergütungsbegriff des § 4 h Abs. 3 EStG ist nach Verwaltungsauffassung weit auszulegen. Hierzu gehören nach dem BMF-Schreiben vom 24.3.2025 (a. a. O., Rn 16) auch Zinsen zu einem festen oder variablen Zinssatz, Gewinnbeteiligungen (Vergütungen für partiarische Darlehen, typische stille Beteiligungen, Genussrechte und Gewinnschuldverschreibungen) und Umsatzbeteiligungen. Zinsaufwendungen und -erträge sind aber auch Vergütungen, die zwar nicht als Zins berechnet werden, aber Vergütungscharakter haben (z. B. Damnum, Disagio, Vorfälligkeitsentschädigungen, Provisionen und Gebühren, die an den Geber des Fremdkapitals gezahlt werden). Zinsanteile in Leasingraten können bei wirtschaftlicher Zurechnung des Leasinggegenstandes zum Leasingnehmer zu Zinsaufwendungen oder -erträgen führen (BMF-Schreiben vom 24.3.2025, a. a. O., Rn 31–32). Keine Zinsaufwendungen/-erträge sind nach dem BMF-Schreiben vom 24.3.2025 (a. a. O., Rn 24–28) jedoch z. B. Erbbauzinsen, Miet- und Pachtzinsen sowie Skonti und Boni. Weitere Besonderheiten bestehen für die Aufzinsung unverzinslicher oder niedrig verzinslicher Verbindlichkeiten/Kapitalforderungen (BMF-Schreiben vom 24.3.2025, a. a. O., Rn 30), die Abtretung einer Forderung aus der Überlassung von Geldkapital (Rnz 33–38) und die Abtretung einer Forderung aus schwebenden Geschäften (Tz 39–43), jeweils mit Beispielen im BMF-Schreiben vom 24.3.2025 (a. a. O.).

Der Zinsschranke unterliegen nur solche Zinsaufwendungen und -erträge, die den maßgeblichen Gewinn gemindert oder erhöht haben. Insbesondere **nicht abziehbare Zinsen** nach § 3c Abs. 1 und 2 EStG, § 4 Abs. 4a EStG und § 4 Abs. 5 Satz 1 Nr. 8a EStG **sind** nach BMF-Schreiben vom 24.3.2025 (a. a. O., Rn 21) **keine Zinsaufwendungen** i. S. von § 4 h Abs. 3 Satz 2 EStG.

Zinsaufwendungen, die im Inland stpfl. Sondervergütungen eines Mitunternehmers i.S.des § 15 Abs. 1 Satz 1 Nr. 2 EStG sind, stellen weder Zinsaufwendungen der Mitunternehmerschaft noch Zinserträge des Mitunternehmers dar (BMF-Schreiben, a. a. O., Rn 22). Allerdings werden Zinsaufwendungen/-erträge, die Sonderbetriebsausgaben/-einnahmen sind, der Mitunternehmerschaft zugeordnet.

Die Zinsaufwendungen eines Betriebs sind i. H. des Zinsertrags abziehbar, darüber hinaus ist er **ab** Wj., die nach dem 31.12.2009 enden (= Wj. **ab 2010** und abweichendes Wj. 2009/2010), auf den Abzug bis zur Höhe des verrechenbaren EBITDA beschränkt. »EBITDA« ist eine betriebswirtschaftliche Kennzahl und bedeutet »earnings before interest, taxes, depreciation and amortization«, d. h. »Gewinn vor Zinsen, Steuern, Abschreibungen (auf Sachanlagen) und Abschreibungen (auf immaterielle Vermögensgegenstände)«. Das verrechenbare EBITDA beträgt nach § 4h Abs. 1 Satz 2 EStG 30 % des um die Zinsaufwendungen und um die nach § 6 Abs. 2 Satz 1 EStG abzuziehenden, nach § 6 Abs. 2a Satz 2 EStG gewinnmindernd aufzulösenden und nach § 7 EStG abgesetzten Beträge erhöhten und um die Zinserträge verminderten maßgeblichen Gewinns. Soweit das verrechenbare EBITDA die um die Zinserträge geminderten Zinsaufwendungen des Betriebs übersteigt, ist es in die folgenden fünf Wj. vorzutragen (sog. EBITDA-Vortrag). Maßgebender Gewinn ist der nach den Vorschriften des EStG mit Ausnahme von § 4h Abs. 1 EStG ermittelte stpfl. Gewinn, d. h.:

	Steuerpflichtiger Gewinn vor Anwendung des § 4h EStG
./.	Zinserträge
+	Zinsaufwendungen
+	Abschreibungen nach § 6 Abs. 2 und 2a sowie § 7 EStG
=	maßgeblicher Gewinn (steuerliches EBITDA)
verrechenbares EBITDA davon 30 %	

Der **maßgebliche Gewinn** ist nach BMF-Schreiben vom 24.3.2025 (a. a. O., Rn 48) **betriebsbezogen zu ermitteln**. Ein Gewinn, der als Sanierungsertrag nach § 3a EStG steuerfrei gestellt wird, wird gem. § 3a Abs. 3 Nr. 13 Buchst. b EStG um einen EBITDA-Vortrag gemindert. Zur Behandlung des Sanierungsgewinns vgl. Tz 11.

Zinsaufwendungen, -erträge, Abschreibungen und Anteile am maßgeblichen Gewinn, die in das steuerliche EBITDA einer Mitunternehmerschaft einfließen, finden beim Mitunternehmer nicht nochmals Berücksichtigung. Hält ein Gesellschafter einer vermögensverwaltenden Personengesellschaft seine Beteiligung im Betriebsvermögen (sog. Zebragesellschaft), kommt nach BMF-Schreiben vom 24.3.2025 (a. a. O., Rn 49) die Zinsschranke auf der Ebene des Gesellschafters zur Anwendung. Zinsaufwendungen, -erträge und Abschreibungen der Personengesellschaft und die Beteiligungseinkünfte sind aber anteilig beim Gesellschafter im Rahmen seiner Gewinnermittlung zu berücksichtigen.

Die nach den o.g. Regelungen nicht abziehbaren Zinsaufwendungen eines VZ sind nach § 4h Abs. 1 Satz 2 EStG in die folgenden Wj. vorzutragen (Zinsvortrag). Sie erhöhen die Zinsaufwendungen dieser Wj. und können dazu führen, dass im Vortragsjahr die Freigrenze nach § 4h Abs. 2 Satz 1 Buchst. a EStG überschritten wird (BMF-Schreiben vom 24.3.2025, a. a. O., Tz 55. Ein nicht verbrauchter Zinsvortrag bei Aufgabe oder Übertragung des Betriebs geht nach § 4h Abs. 5 EStG unter; bei Aufgabe oder Übertragung eines Teilbetriebs anteilig (BMF-Schreiben vom 24.3.2025, a. a. O., Rn 56) oder bei Ausscheiden eines Mitunternehmers aus einer Gesellschaft anteilig mit der Quote, mit der der ausgeschiedene Mitunternehmer an der Gesellschaft beteiligt war (BMF-Schreiben vom 24.3.2025, a. a. O., Rn 65 mit Beispiel). Angaben zur Zinsschranke sind in der **Anlage Zinsschranke** zu machen, die ab VZ 2024 umfangreich geändert wurde. Der Zinsvortrag und ab 2010 auch der EBITDA-Vortrag werden danach vom Finanzamt gesondert festgestellt (§ 4h Abs. 4 Satz 1 EStG). Der Feststellungsbescheid wird für jeden Betrieb an den Betriebsinhaber (Personengesellschaft) gerichtet, bei Einzelunternehmen an diesen unter Bezeichnung des Betriebs.

Die Zinsschranke kommt nicht zur Anwendung, wenn die Nettozinsaufwendungen des Betriebs weniger als 3 Mio. € betragen (Freigrenze des § 4h Abs. 2 Satz 1 Buchst. a EStG). Als Nettozinsaufwand definiert § 4h Abs. 1 Satz 3 EStG n. F. die um die Zinserträge geminderten Zinsaufwendungen. Vor dem o. a. Wachstumsbeschleunigungsgesetz waren dies nur 1 Mio. €. Die Freigrenze gilt nach BMF-Schreiben vom 24.3.2025 (a. a. O., Rn 71) betriebsbezogen und bezieht sich nach BMF-Schreiben vom 24.3.2025 (a. a. O., Rn 73) auf das jeweilige Wj. des Betriebs. Ferner wird die Beschränkung nach § 4h Abs. 2 Satz 1 Buchst. b EStG nicht angewendet, wenn der Steuerpflichtige keiner Person i. S. § 1 Abs. 2 (ggf. i.V. mit § 1 Abs. 1 Satz 2) AStG nahesteht und über keine Betriebsstätte außerhalb des Staates verfügt, in dem sich sein Wohnsitz, gewöhnlicher Aufenthalt, Sitz oder seine Geschäftsleitung befindet (sog. Stand-alone-Klausel, dazu BMF-Schreiben vom 24.3.2025, a.a.O., Rn 74–75). Gehört der Betrieb zu einem Konzern, unterliegt der Zinsabzug auch dann nicht den Beschränkungen des § 4h Abs. 1 EStG, wenn die Eigenkapitalquote des Betriebs die Eigenkapitalquote des Konzerns um nicht mehr als zwei Prozentpunkte unterschreitet (sog. Eigenkapital-Escape). Für Einzelheiten dazu siehe BMF-Schreiben vom 24.3.2025 (a. a. O., Rn 76–94) und zur Escape-Klausel des § 4h Abs. 2 Satz 1 Buchst. c EStG (bei Gesellschafterfremdfinanzierung) siehe Rn 95–100.

Zur Anwendung der Zinsschranke auf Öffentlich-Private Partnerschaften – ÖPP (Public Private Partnerships – PPP) wird auf die Erläuterungen im BMF-Schreiben vom 24.3.2025 (a. a. O., Rn 101–108) hingewiesen.

Vergütungen für Darlehen, die aufgrund von allgemeinen Förderbedingungen vergeben werden, sind nach BMF-Schreiben vom 24.3.2025 (a. a. O., Rn 111) keine Zinsaufwendungen oder -erträge i. S. der Zinsschranke, wenn es sich um mittelbar oder unmittelbar aus öffentlichen Haushalten gewährte Mittel der Europäischen Union, von Bund, Ländern und Gemeinden oder Mittel anderer öffentlich-rechtlicher Körperschaften oder einer nach § 5 Abs. 1 Nr. 2, 17 oder 18 KStG steuerbefreiten Körperschaft handelt. Hierzu zählen z. B. Förderdarlehen der Förderinstitute (i. S. der Verständigung zwischen der EU-Kommission und der BRD über die Ausrichtung rechtlich selbständiger Förderinstitute in Deutschland vom 1.3.2002), öffentliche und nicht öffentliche Baudarlehen, Wohnungsbaufürsorgemittel sowie mit Auflagen verbundene Mittel (z. B. Belegungsrechte oder Mietpreisbindungen). Bei der Ermittlung des zu verrechnenden EBITDA bleiben gem. § 4h Abs. 6 Satz 3 EStG die gesamten Aufwendungen und Erträge, die auf das Infrastrukturprojekt entfallen, außer Ansatz (BMF-Schreiben vom 24.3.2025, a.a.O., Rn 113 mit Beispiel).

2.11.14 Steuerberatungskosten

Steuerberatungskosten sind bei allen Einkunftsarten insoweit Betriebsausgaben oder Werbungskosten, als sie bei der Ermittlung der »Einkünfte« (also auch des Gewinns) anfallen (BFH vom 18.11.1965, BStBl 1966 III S. 190) oder im Zusammenhang mit Betriebssteuern (z. B. Gewerbesteuer, Umsatzsteuer, Grundsteuer für Betriebsgrundstücke) oder Investitionszulagen für Investitionen im einkünfterelevanten Bereich stehen. Das ist der Fall bei Kosten für die Buchführung (einschließlich deren Überwachung), für die Auswertung und Prüfung von Unterlagen, die Feststellung der Einnahmen und Ausgaben des Steuerpflichtigen, die Anfertigung von Zusammenstellungen, die Aufstellung von Bilanzen oder von Einnahmenüberschussrechnungen, die Beantwortung der sich dabei ergebenden Steuerfragen, soweit es sich nicht um Nebenleistungen nach § 12 Nr. 3 EStG handelt und die Kosten der Beratung. Soweit jedoch die Beratung mit der Ermittlung des »Einkommens« im steuerlichen Sinne zusammenhängt, also mit den Sonderausgaben, den außergewöhnlichen Belastungen, mit Fragen des Tarifs sowie mit dem Ausfüllen der Einkommensteuererklärung oder mit dem Verfahrensrecht, waren die hierauf entfallenden Beratungskosten nur bis einschließlich 2005 Sonderausgaben (siehe zur früheren Rechtslage BFH vom 20.9.1989, BStBl 1990 II S. 20; und vom 12.7.1989, BStBl II S. 967). Wegen der ab 2006 geltenden Neuregelung und der sich hieraus ergebenden Komplizierung ab 2006 wird auf die Erläuterungen zu den Zeilen 62 und 63 der Anlage N (vgl. Teil I Tz 11.18.3 ABC »Steuerberatungskosten«) und auf das BMF-Schreiben vom 21.12.2007 (BStBl 2008 I S. 256) verwiesen. Mit Urteil vom 4.2.2010 (BStBl II S. 617) hat der BFH entschieden, dass gegen die Nichtberücksichtigung sog. privater Steuerberatungskosten keine verfassungsrechtlichen Bedenken bestehen. Das Abzugsverbot verletzt lt. BFH weder das objektive noch das subjektive Nettoprinzip; auch der Gleichheitssatz wird nicht verletzt. Ein Abzug sei auch im Hinblick auf die Kompliziertheit des Steuerrechts verfassungsrechtlich nicht geboten.

Ist bei Steuerberatungskosten, die teils Betriebsausgaben oder Werbungskosten und teils Sonderausgaben sind, eine einwandfreie Abgrenzung nicht möglich, so sind sie im Schätzungswege aufzuteilen. Eine vom Steuerpflichtigen vorgenommene Aufteilung war bis einschließlich 2005 ohne nähere Prüfung vom Finanzamt anzuerkennen, wenn der Gesamtbetrag der Steuerberatungskosten im Kj. nicht mehr als 520 € betrug. Der Betrag von 520 € galt auch für zusammen zur ESt veranlagte Ehegatten (R 102 EStR 2003). Ab 2006 gilt diese Vereinfachung jedoch nicht mehr. Nach dem BMF-Schreiben vom 21.12.2007 (a. a. O., Rz 7) sind entsprechende Aufwendungen im Rahmen einer sachgerechten Schätzung den Betriebsausgaben, Werbungskosten oder Kosten der Lebensführung zuzuordnen. Dies gilt danach auch in den Fällen einer Pauschalvergütung nach § 14 der StBGebV.

Zu den Steuerberatungskosten gehören auch Aufwendungen für **Steuerfachliteratur** (BFH-Urteil vom 23.5.1989, BStBl II S. 865), wie z. B. für **Anleitungen** zu Steuererklärungen und Kommentare zum Steuerrecht, ebenso Beiträge zu **Lohnsteuerhilfevereinen** (mit Aufteilungsproblem!), zudem **Fahrtkosten** und **Unfallkosten** auf der Fahrt zum Steuerberater (BFH-Urteil vom 12.7.1989, BStBl II S. 967), **nicht** jedoch Aufwendungen für die Verteidigung in einem Steuerstrafverfahren (BFH-Urteil vom 20.9.1989, BStBl 1990 II S. 20); zur evtl. Abzugsfähigkeit solcher Aufwendungen als Betriebsausgaben oder Werbungskosten vgl. Tz 2.11.7.2. Anwaltskosten wegen eines Prozesses um Zustimmung des geschiedenen Ehegatten zum sog. Realsplitting (§ 10 Abs. 1 Nr. 1 EStG) sind keine Steuerberatungskosten (BFH-Urteil vom 10.3.1999, BStBl II S. 522). Bei Beiträgen an Lohnsteuerhilfevereine, Aufwendungen für steuerliche Fachliteratur und Software wird es nach BMF-Schreiben vom 21.12.2007 (a. a. O., Rn 8) **nicht beanstandet**, wenn diese Aufwendungen i. H. von **50 %** den Betriebsausgaben oder Werbungskosten zugeordnet werden. Dessen ungeachtet wird **aus Vereinfachungsgründen** der Zuordnung bei Aufwendungen für gemischte Steuerberatungskosten bis zu einem Betrag von **100 €** im VZ gefolgt.

Für die gesetzliche Verpflichtung zur Aufstellung eines **Jahresabschlusses** haben bilanzierende Gewerbetreibende im Jahresabschluss eine **Rückstellung** zu bilden (BFH-Urteile vom 20.3.1980, BStBl II S. 297; und vom 23.7.1980, BStBl 1981 II S. 63). Dies gilt auch für die gesetzliche Verpflichtung zur Prüfung dieses Jahresabschlusses, für die Verpflichtung zur Erstellung des Geschäftsberichts und zur Veröffentlichung des Jahresabschlusses im Bundesanzeiger oder im elektronischen Unternehmensregister. Eine Rückstellung für die Verpflichtung zur Durchführung der Hauptversammlung ist jedoch nicht zulässig (BFH-Urteil vom 23.7.1980, BStBl 1981 II S. 62). Dagegen sind Rückstellungen für die Verpflichtung zur Erstellung der die Betriebssteuern des abgelaufenen Jahres betreffenden Steuererklärungen zu bilden (BFH-Urteile vom 23.7.1980, BStBl 1981 II S. 63; und vom 24.11.1983, BStBl 1984 II S. 301). **Nicht** rückstellungsfähig ist die Verpflichtung zur Erstellung der Erklärung für die gesonderte und einheitliche Gewinnfeststellung einer Personengesellschaft, da insoweit Besteuerungsgrundlagen für die ESt der Gesellschafter festgestellt werden (BFH-Urteil vom 24.11.1983, BStBl 1984 II S. 301), H 5.7 Abs. 4 – Rückstellungen für öffentlich-rechtliche Verpflichtungen … – EStH.

Ein Abzug von Steuerberatungskosten für die Abgabe von Erklärungen nach dem Gesetz über die strafbefreiende Erklärung (StraBEG) ist jedoch ausgeschlossen (BFH-Urteil vom 20.11.2012, BStBl 2013 II S. 344).

2.11.15 Steuerzahlungen

Aufwendungen für **Steuern**, die **betrieblich bedingt** sind (z. B. Umsatz- und Grundsteuer für Betriebsgrundstücke, Kfz-Steuer für Betriebsfahrzeuge), sind Betriebsausgaben. Die Übernahme der pauschalen Einkommensteuer nach § 37b EStG für ein Geschenk unterliegt als weiteres Geschenk allerdings dem Abzugsverbot des § 4 Abs. 5 Satz 1 Nr. 1 EStG, soweit bereits der Wert des Geschenks selbst oder zusammen mit der übernommenen pauschalen Einkommensteuer den Betrag von 35 € übersteigt (BFH-Urteil vom 30.3.2017, BStBl II S. 892). In einer Fußnote zur Veröffentlichung im BStBl II hat die Finanzverwaltung allerdings darauf hingewiesen, dass das BMF-Schreiben vom 19.5.2015 (BStBl I S. 468) weiterhin gilt, wonach in Rn 26 allein auf die Abziehbarkeit des Geschenks selbst abgestellt wurde.

Führen **Berichtigungsveranlagungen** zu abzugsfähigen **Mehrsteuern** (z. B. Umsatzsteuer), so können diese Mehrsteuern zulasten des Wj. als Betriebsausgaben verbucht werden, in dem der Steuerpflichtige mit der Nachforderung rechnen kann. Bei der **Gewerbesteuer** ist jedoch das Abzugsverbot nach § 4 Abs. 5b EStG für Erhebungszeiträume, die nach dem 31.12.2007 enden, zu beachten (vgl. Tz 2.11.8). Erhält der Steuerpflichtige **nach** Einreichung der Bilanz Kenntnis davon, dass sich die Höhe der Mehrsteuern ändert, so kann der für die Mehrsteuern eingestellte Schuldposten in der Regel nicht mehr durch eine Bilanzänderung berichtigt werden. Die Mehrsteuern können **auf Antrag** des Steuerpflichtigen aber auch in den Wj. geltend gemacht werden, in die sie wirtschaftlich gehören. **Hinterzogene Steuern** sind grundsätzlich in diesen Jahren zu berücksichtigen. Ändern sich die Mehrsteuern bis zur Bestandskraft der Veranlagungen, so sind die Änderungen bei diesen Veranlagungen zu berücksichtigen. Voraussetzung für die Berücksichtigung der Mehrsteuern in den dazu gehörenden Wj. ist jedoch, dass eine Änderung der Veranlagung (z. B. nach § 173 AO oder § 164 Abs. 2 AO) für die betreffenden VZ möglich ist. **Mehrbeträge an abzugsfähigen Steuern**, die sich durch eine Betriebsprüfung ergeben haben, sind **für sich allein keine neuen Tatsachen** i. S. des § 173 Abs. 1 Nr. 2 AO, die eine Änderung bestandskräftiger Veranlagungen der Jahre rechtfertigen, zu denen die Mehrbeträge wirtschaftlich gehören. Die Erfahrungstatsache, dass bei einer Betriebsprüfung mit Steuernachforderungen zu rechnen ist, rechtfertigt nicht die Bildung einer Rückstellung (BFH-Urteil vom 13.1.1966, BStBl III S. 189). Eine Rückstellung für Mehrsteuern aufgrund einer Steuerfahndungsprüfung ist frühestens mit der Beanstandung einer bestimmten Sachbehandlung durch den Prüfer zu bilden (BFH-Urteil vom 27.11.2001, BStBl 2002 II S. 731) und eine Rückstellung für hinterzogene Mehrsteuern kann erst zu dem Bilanzstichtag gebildet werden, zu dem der Steuerpflichtige mit der Aufdeckung der Steuerhinterziehung rechnen musste (BFH-Urteil vom 22.8.2012, BStBl 2013 II S. 76). Wird der Gewinn durch Überschuss der Betriebseinnahmen über die Betriebsausgaben ermittelt (§ 4 Abs. 3 EStG), so sind die abzugsfähigen Mehrsteuern stets nur **im Jahr der Verausgabung** zu berücksichtigen. Die vorstehenden Grundsätze gelten sinngemäß bei der **Erstattung von Steuern**, die als Betriebsausgaben abgesetzt worden sind, R 4.9 Abs. 2 EStR 2005 und H 4.9 EStH 2008.

2.11.16 Umzugskosten

Umzugskosten sind Betriebsausgaben, wenn die Verlegung des Lebensmittelpunktes durch einen Arbeitsplatzwechsel veranlasst ist und sich die Zeitspanne für Fahrten zwischen Wohnung und Arbeitsstätte merklich verringert (vgl. Erläuterungen zu den **Zeilen 62 und 63** der **Anlage N**, Teil I Tz 11.18.3 ABC »Umzugskosten«). Diese Grundsätze gelten für selbständige und unselbständig Tätige gleichermaßen (BFH-Urteile vom 1.12.1993, BStBl 1994 II S. 323; und vom 28.4.1988, BStBl II S. 777). Zu den Umzugskosten können (entsprechend der Mietentschädigung bei Arbeitnehmern) auch Mietausfallentschädigungen gehören (BFH-Urteil vom 1.12.1993, a. a. O.).

2.11.17 Unfallkosten

Probleme bereiten auch die nicht von dritter Seite ersetzten **Unfallkosten** anlässlich der Benutzung eines Kfz. Wird ein zu einem **Betrieb** gehöriger **Pkw beschädigt oder zerstört**, und geschieht dies auf einer **Privatfahrt**, so darf der hierdurch verursachte Schaden (Verlust) den Gewinn nicht mindern. Andererseits geht der Schaden voll zulasten des Gewinns, selbst wenn ein teilweise **privat** genutzter Kraftwagen bei einer **ausschließlich betrieblich bedingten Fahrt** beschädigt oder zerstört wird. Unfallschäden teilen also steuerrechtlich das Schicksal der Fahrt, auf der sie entstanden sind. Unfallbedingte **Schadensersatzleistungen** sind daher betrieblich veranlasste Aufwendungen, soweit sich der Unfall auf einer betrieblichen Reise ereignet hat. Beruht die Reise als solche auf einer doppelten Veranlassung, so kann die private Mitveranlassung zu einem teilweisen Abzugsverbot der Aufwendungen führen (BFH-Urteil vom 1.12.2005, BStBl 2006 II S. 182). Es kommt nicht darauf an, ob der Steuerpflichtige den Unfall vorsätzlich oder grob fahrlässig verursacht hat. Betriebsausgaben liegen selbst dann vor, wenn der Unfall darauf beruht, dass der Steuerpflichtige **bewusst und leichtfertig** gegen Verkehrsvorschriften verstoßen hat. Der Unfall ist aber in jedem Falle durch private Gründe (mit-) veranlasst bzw. überlagert, wenn er absichtlich oder durch Alkoholeinfluss des Steuerpflichtigen herbeigeführt wurde (BFH-Urteil vom 6.4.1984, BStBl II S. 434). Die Rechtslage hierzu, wie auch die BFH-Rspr., die für Gewerbetreibende und selbständig Tätige ebenso gilt wie für Arbeitnehmer, ist in den Ausführungen zu den **Zeilen 62 und 63 der Anlage N (vgl. Teil I Tz 11.12.10)** umfassend wiedergegeben. Hierauf wird verwiesen.

2.11.18 Versicherungsbeiträge

2.11.18.1 Haftpflichtversicherung

Betriebsausgaben sind auch Versicherungsbeiträge zu **Haftpflichtversicherungen wegen Berufshaftung**. Die Übernahme der Beiträge zur Berufshaftpflichtversicherung einer angestellten Rechtsanwältin führt nach dem BFH-Urteil vom 26.7.2007 (BStBl II S. 892) bei dieser jedoch zu Arbeitslohn, weil sie gem. § 51 BRAO zum Abschluss der Versicherung verpflichtet ist und deshalb ein überwiegend eigenbetriebliches Interesse des Arbeitgebers ausscheidet. Die Grundsätze des v. g. Urteils sind jedoch nicht auf die Übernahme von Beiträgen zur Berufshaftpflichtversicherung angestellter Steuerberater übertragbar. Der angestellte Steuerberater ist nicht selbst versicherungspflichtig. Vielmehr umfasst die Berufshaftpflichtversicherung, zu deren Abschluss der ihn beschäftigende Steuerberater verpflichtet ist, auch die sich aus der Tätigkeit seiner Angestellten ergebenden Haftpflichtgefahren. Die (Mit-)Versicherung eines angestellten Steuerberaters führt daher bei diesem nicht zu Arbeitslohn. Die eigene Berufshaftpflichtversicherung einer Rechtsanwalts-GbR führt nicht zu Arbeitslohn bei den angestellten Rechtsanwälten (BFH-Urteil vom 10.3.2016, BStBl II S. 621); die Mitversicherung angestellter Klinikärzte in der Betriebshaftpflichtversicherung eines Krankenhauses nach § 102 Abs. 1 VVG ist kein Lohn, weil die Mitversicherung keine Gegenleistung für die Beschäftigung ist (BFH-Urteile vom 19.11.2015, BStBl 2016 II S. 301 und 303).

2.11.18.2 Praxisausfallversicherung

Beiträge zu einer **Krankentagegeldversicherung** können selbst dann **nicht** als Betriebsausgaben abgezogen werden, wenn sich die Inhaber einer freiberuflichen Praxis im Gesellschaftsvertrag gegenseitig zum Abschluss einer Krankentagegeldversicherung verpflichten und vereinbaren, dass die anfallenden Versicherungsleistungen den Betriebseinnahmen zugerechnet werden (BFH-Urteil vom 7.10.1982, BStBl 1983 II S. 101). Dies gilt entsprechend auch für die anderen Einkunftsarten des EStG. Für die **Krankenhaustagegeldversicherung** kann nichts anders gelten. In beiden Fällen liegen aber Sonderausgaben vor (vgl. Teil I Tz 3.3.3 unter zur Anlage Vorsorgeaufwand, Zeilen 23 bis 27). Eine sog. **Praxisausfallversicherung**, durch die im Falle einer krankheitsbedingten Arbeitsunfähigkeit des Steuerpflichtigen die fortlaufenden Kosten seines Betriebes ersetzt werden, gehört dessen Lebensführungsbereich an. Die Beiträge zu dieser Versicherung stellen daher keine Betriebsausgaben dar, die Versicherungsleistung ist nicht steuerbar (BFH-Urteil vom 19.5.2009, BStBl 2010 II S. 168). Wird neben dem privaten Risiko der Erkrankung zugleich das betriebliche Risiko der Quarantäne, also der ordnungsbehördlich verfügten Schließung der Praxis versichert, so steht § 12 Nr. 1 EStG dem Abzug der hierauf entfallenden Versicherungsbeiträge als Betriebsausgaben nicht entgegen, d.h. dass die anteilig darauf entfallenden Prämien als Betriebsausgaben abgezogen werden dürfen.

2.11.18.3 Rechtsschutzversicherung

Beiträge zu **Rechtsschutzversicherungen**, die **allgemein** Versicherungsschutz hinsichtlich der Kosten der Rechtsverfolgung oder Rechtsverteidigung bei straf- und zivilgerichtlichen Verfahren gewähren, sind keine Betriebsausgaben, wenn sie sowohl berufliche als auch private Risiken abdecken (sie sind auch keine Sonderausgaben, vgl. Teil I Tz 3.3.8.7 unter Erläuterungen zur Anlage Vorsorgeaufwand, Zeilen 44 bis 48). Sie können aber u. U. **Betriebsausgaben/Werbungskosten** sein, **wenn** die Versicherung im Rahmen der betrieblichen/beruflichen Tätigkeit des Steuerpflichtigen abgeschlossen wird und nach Sachlage des Einzelfalles angenommen werden kann, dass die Kosten, von denen der Versicherte durch die Rechtsschutzversicherung befreit wird, im Nichtversicherungsfall Betriebsausgaben/Werbungskosten darstellen würden. Bei **Automobil-Rechtsschutzversicherungen** für Kraftfahrzeuge, die nicht nur betrieblich, sondern auch privat genutzt werden, können die Beiträge **im gleichen Verhältnis** in Betriebsausgaben und nicht abzugsfähige Ausgaben der privaten Lebensführung **aufgeteilt** werden **wie die übrigen Kfz-Kosten**. Das BFH-Urteil vom 31.1.1997 (VI R 97/94, BFH/NV 1997 S. 346) macht den teilweisen Abzug als Werbungskosten allerdings davon abhängig, dass der Versicherer bescheinigt, welcher Anteil der Gesamtprämie auf den die berufliche Sphäre betreffenden Versicherungsschutz (den sog. Arbeitsrechtsschutz) entfällt. Nach bundeseinheitlicher Verwaltungsauffassung gilt dies auch für eine Familienrechtsschutz- oder eine Familien- und Verkehrsrechtschutzversicherung. Bei Aufwendungen für die Wege zwischen Wohnung und erster Tätigkeitsstätte sind die Beiträge durch die Entfernungspauschale abgegolten (vgl. Teil I Tz 11.12.9 unter Erläuterungen zur Anlage N, Zeilen 27 bis 52 der Anlage N). Leistungen **aus** einer Rechtsschutzversicherung sind folgerichtig dann **Betriebseinnahmen**, wenn die Inanspruchnahme der Versicherung durch einen betrieblichen oder beruflichen Vorgang ausgelöst wurde.

2.11.18.4 Sachversicherung

Betriebsausgaben sind auch Beiträge zu **Sachversicherungen** für Betriebsvermögen, z. B. Feuer-, Diebstahl-, Hagelversicherung.

2.11.18.5 Teilhaberversicherung

Prämien für eine **Teilhaberversicherung** bei einer Personengesellschaft werden nicht als **Betriebsausgaben** anerkannt. Versicherungen auf den Lebens- oder Todesfall oder Risikolebensversicherungen, die ein Unternehmer oder eine Personengesellschaft **für ihre Gesellschafter** abschließt, sind vielmehr dem **Privatvermögen** zuzuordnen, was allerdings nicht nur zur Folge hat, dass die Versicherungsprämien keine Betriebsausgaben sind, sondern auch, dass die Versicherungsleistungen nicht zu Betriebseinnahmen führen (BFH-Urteile vom 13.3.1991, VIII R 70/89, BFH/NV S. 736, vom 6.2.1992, BStBl II S. 653; Beschluss vom 8.9.1993, IV B 11/93, BFH/NV 1994 S. 539, und Urteil vom 23.4.2013, BStBl II S. 615). Dies gilt selbst dann, wenn die Versicherung zur Absicherung betrieblicher Schulden der Gesellschaft oder Gemeinschaft dient und die Gesellschaft oder Gemeinschaft bezugsberechtigt ist (BFH-Urteile vom 11.5.1989, BStBl II S. 657 und vom 10.4.1990, BStBl II S. 1017). Da Leistungen aus Teilhaberversicherungen folgerichtig nicht mehr als Betriebseinnahmen erfasst werden, sind etwa noch aktivierte Ansprüche aus einer Teilhaberversicherung erfolgsneutral auszubuchen.

2.11.18.6 Unfallversicherung

Zur einkommen(lohn-)steuerlichen Behandlung der Aufwendungen von **Arbeitnehmern** für freiwillige **Unfallversicherungen** und deren Abzugsfähigkeit als Werbungskosten oder Sonderausgaben vgl. Teil I Tz 11.18.3 unter Erläuterungen zur Anlage N, Zeilen 62 und 63, ABC »Versicherungsbeiträge« und das dort erläuterte BMF-Schreiben vom 28.10.2009 (BStBl I S. 1275). Beiträge zu einer **Unfallversicherung** allgemeiner Art, bei der z. B. **Gewerbetreibende** und **Freiberufler** versichert sind, können als **Betriebsausgaben** abgezogen werden, wenn ausschließlich oder ganz überwiegend ein **erhöhtes betriebliches Unfallrisiko** abgedeckt, also eine besonders **gefahrengeneigte Tätigkeit** abgesichert werden soll und sich die Unfallversicherung auf diese Risiken beschränkt (BFH-Urteil vom 13.4.1976, BStBl II S. 599), wie z. B. bei einer Tätigkeit auf Dächern, Bauten, Gerüsten, in Bergwerken, Steinbrüchen, bei Sprengarbeiten, aber auch bei Berufssportlern wie Fußballern, Boxern oder bei Tauchern oder bei einem Flugkapitän. Der Steuerpflichtige bleibt an eine einmal getroffene Entscheidung grundsätzlich gebunden. Aus der Behandlung der Prämienzahlungen als Betriebsausgaben folgt, dass Leistungen **aus** einer allgemeinen Unfallversicherung zugunsten des Steuerpflichtigen **Betriebseinnahmen** sind, wenn der Unfall durch die besonderen Umstände ausgelöst wurde, die die Zuordnung der Versicherung zum Betriebsvermögen begründete. Bei **privater** Veranlassung des Unfalls oder ohne Zusammenhang mit der gefahrgeneigten Tätigkeit sind die Versicherungsleistungen **keine** Betriebseinnahmen.

Bei einer **Pkw-Insassen-Unfallversicherung** ist nicht eine bestimmte Person versichert, sondern der **jeweilige Benutzer** des Pkw; die Person des Versicherten steht also erst bei Eintritt des Versicherungsfalls fest. Die Rspr. anerkennt bei einem zum **Betriebsvermögen** gehörenden Pkw einen betrieblichen Anlass für die Versicherung (BFH-Urteil vom 18.11.1971, BStBl 1972 II S. 277). Die Prämien sind **i. H. des betrieblichen Nutzungsanteils** des Pkw **Betriebsausgaben**. Die Behandlung der Versicherungs**leistungen** richtet sich nach der **Nutzung** des Pkw im Zeitpunkt des Unfalls. Die Leistungen **aus** einer Pkw-Insassenunfallversicherung sind also **Betriebseinnahmen**, wenn sich der Unfall auf einer **betrieblichen Fahrt** ereignet (BFH-Urteile vom 8.4.1964, BStBl II S. 271; und vom 18.11.1971, a. a. O.). Der Anspruch gegen die Versicherungsgesellschaft gehört dagegen nicht zum Betriebsvermögen, wenn er dadurch ausgelöst wird, dass der Steuerpflichtige auf einer **Privatfahrt** einen Unfall erleidet, und wenn ein bestimmter Anteil der Kosten für die Unterhaltung des Fahrzeugs wegen privater Nutzung nicht als Betriebsausgabe, sondern als Nutzungsentnahme behandelt worden ist (BFH-Urteil vom 15.12.1977, BStBl 1978 II S. 212). Entsprechende Grundsätze müssen wohl auch für den betrieblich mitbenutzten, zum **Privatvermögen** gehörenden Pkw gelten.

2.11.19 Versorgungbeiträge Selbständiger

Selbständige Angehörige bestimmter Berufsgruppen (z. B. Ärzte, Rechtsanwälte, Hebammen, Schornsteinfeger) sowie selbständige Handwerker sind zur Leistung bestimmter **Versorgungsbeiträge** gesetzlich verpflichtet. Solche Zwangsbeiträge stellen **keine Betriebsausgaben**, sondern **Sonderausgaben** dar, weil sie in der Regel auch der eigenen Versorgung oder der Versorgung der Angehörigen dienen (BFH-Urteile vom 13.4.1972, BStBl II S. 728 und S. 730; sowie H 10.5 – Versorgungsbeiträge Selbständiger – und H 18.2 – Versorgungskasse – EStH). Zur Berücksichtigung von Beiträgen zu berufsständischen Versorgungseinrichtungen als Sonderausgaben vgl. Teil I Tz 3.3.1.3 unter Erläuterungen zur Anlage Vorsorgeaufwand, Zeile 5.

2.11.20 Zinsen für Steuerschulden, Säumnis- und Verspätungszuschläge, Zwangsgelder, andere Nebenleistungen

Nachforderungszinsen als Folge der sog. Vollverzinsung (§ 233 a AO), **Stundungszinsen** (§ 234 AO), **Aussetzungszinsen** (§ 237 AO), **Säumniszuschläge** (§ 240 AO), **Verspätungszuschläge** (§ 152 AO) und **Zwangsgelder** (§ 329 AO) sind als **Betriebsausgaben/Werbungskosten** abzugsfähig, allerdings nur dann, wenn die zugrunde liegenden Steuern abziehbar sind (z. B. Betriebssteuern wie Umsatzsteuer, betriebliche Kfz-Steuer, aber auch Grundsteuer und Grunderwerbsteuer für Betriebs-/Privatgrundstücke). So können z. B. Aussetzungszinsen als Werbungskosten bei Vermietung und Verpachtung abziehbar sein, wenn der ausgesetzte Steuerbescheid Grunderwerbsteuer betrifft (BFH-Urteil vom 25.7.1995, BStBl II S. 835).

Nachforderungszinsen (§ 233 a AO), Stundungszinsen (§ 234 AO) und Aussetzungszinsen (§ 237 AO), die mit nichtabziehbaren Steuern im Zusammenhang stehen – z. B. die ESt, aber auch die Erbschaft- und Schenkungsteuer und die private Kfz-Steuer – können nicht als Sonderausgaben abgezogen werden (§ 10 Abs. 1 Nr. 5 EStG a. F. wurde bereits ab 1999 gestrichen). Weil Zinsen auf Steuererstattung gleichwohl stpfl. Einnahmen darstellen (§ 20 Abs. 1 Nr. 7, aufgrund der Subsidiarität ggf. i. V. mit Abs. 8 bei anderen Einkunfstarten) liegt nach dem BMF-Schreiben vom 16.3.2021 (BStBl I S. 353) eine sachliche Unbilligkeit vor. Aus Gründen sachlicher Härte sind danach auf Antrag Erstattungszinsen i. S. des § 233 a AO nach § 163 AO nicht einzubeziehen, soweit ihnen nicht abziehbare Nachzahlungszinsen gegenüberstehen, die auf ein und demselben Ereignis beruhen. Dabei sind die Erstattungszinsen und die diesen gegenüberstehenden Nachzahlungszinsen auf den Betrag der jeweils tatsächlich festgelegten Zinsen begrenzt. Der Antrag ist bei dem für die Personensteuer örtlich zuständigen Finanzamt zu stellen. Ereignis in diesem Sinne ist der einzelne Vorgang, der Ansprüche aus dem Steuerschuldverhältnis im engen zeitlichen und sachlichen Zusammenhang erhöht oder vermindert (z. B. Erhöhung des Warenbestandes eines Jahres/Erhöhung des Wareneinsatzes im Folgejahr). Nachfolgende Beispiele (aus dem BMF-Schreiben vom 16.3.2021, a. a. O.) sollen die Anwendungsfälle verdeutlichen:

BEISPIEL 1 (SACHLICHE UNBILLIGKEIT LIEGT VOR):

Eine Betriebsprüfung in 09 umfasst die Veranlagungszeiträume bis einschließlich 04.

Veranlagungszeitraum 04	
Erhöhung des Warenbestandes = Gewinnerhöhung um	100
Einkommensteuer 04	+ 50
Nachzahlungszinsen:	
Zinslauf 1.4.06 bis 31.12.09	
(45 volle Monate × 0,5 % = 22,5 %)	11,25
Veranlagungszeitraum 05	
Erhöhung des Wareneinsatzes = Gewinnminderung um	100
Einkommensteuer 05	./. 50
Erstattungszinsen:	
Zinslauf 1.4.07 bis 31.12.09	
(33 volle Monate × 0,5 % = 16,5 %)	8,25

Die Erstattungszinsen i. H. von 8,25 € sind auf Antrag nicht zu versteuern, weil ihnen nicht abziehbare Nachzahlungszinsen gegenüberstehen, die auf ein und demselben Ereignis beruhen.

BEISPIEL 2 (SACHLICHE UNBILLIGKEIT LIEGT NICHT VOR):

Eine Betriebsprüfung in 09 umfasst die Veranlagungszeiträume bis einschließlich 05.

Veranlagungszeitraum 04	
Nichtanerkennung einer Teilwertabschreibung = Gewinnerhöhung um	100
Einkommensteuer 04	+ 50
Nachzahlungszinsen:	
Zinslauf 1.4.06 bis 31.12.09	
(45 volle Monate × 0,5 % = 22,5 %)	11,25
Veranlagungszeitraum 05	
Zusätzliche Betriebsausgaben = Gewinnminderung um	100
Einkommensteuer 05	./. 50
Erstattungszinsen:	
Zinslauf 1.4.07 bis 31.12.09	
(33 volle Monate × 0,5 % = 16,5 %)	8,25

Ein Verzicht auf die Versteuerung der Erstattungszinsen i. H. von 8,25 € kommt danach nicht in Betracht, weil Nachzahlungs- und Erstattungszinsen auf unterschiedlichen Ereignissen beruhen.

BEISPIEL 3 (SACHLICHE UNBILLIGKEIT LIEGT VOR):
Ein Steuerpflichtiger erklärt Einkünfte aus selbständiger Arbeit (§ 18 EStG). Im Rahmen einer Betriebsprüfung werden diese in gewerbliche Einkünfte (§ 15 EStG) umqualifiziert. Hierdurch ergeben sich auf der einen Seite Nachzahlungszinsen zur Gewerbesteuer, die nicht als Betriebsausgaben abgezogen werden dürfen (§ 4 Abs. 5b EStG). Auf der anderen Seite führt dies – wegen der Steuerermäßigung für Einkünfte aus Gewerbebetrieb (§ 35 EStG) – zu Erstattungszinsen zur Einkommensteuer, die als Einkünfte nach § 20 Abs. 1 Nr. 7 EStG zu versteuern wären. Die Erstattungszinsen sind auf Antrag nicht zu versteuern, soweit ihnen nicht abziehbare Nachzahlungszinsen gegenüberstehen, die auf ein und demselben Ereignis beruhen.

BEISPIEL 4 (SACHLICHE UNBILLIGKEIT LIEGT VOR):
Ein Steuerpflichtiger erklärt Einkünfte aus Gewerbebetrieb (§ 15 EStG). Im Rahmen einer Betriebsprüfung werden diese in Einkünfte aus selbständiger Tätigkeit (§ 18 EStG) umqualifiziert. Wegen des Wegfalls der Steuerermäßigung für Einkünfte aus Gewerbebetrieb (§ 35 EStG) ergeben sich nicht abzugsfähige Nachzahlungszinsen zur Einkommensteuer (§ 12 Nr. 3 EStG). Andererseits entstehen aufgrund der Aufhebung der Steuerfestsetzung stpfl. Erstattungszinsen zur Gewerbesteuer (Betriebseinnahmen, § 20 Abs. 1 Nr. 7 und Abs. 8 i. V. mit § 18 EStG). Die Erstattungszinsen sind auf Antrag nicht nach § 18 EStG i. V. mit mit § 20 Abs. 8 EStG zu versteuern, soweit ihnen nicht abziehbare Nachzahlungszinsen gegenüberstehen, die auf ein und demselben Ereignis beruhen.

Die mit den sonstigen nicht abziehbaren Steuern zusammenhängenden Nebenleistungen, wie Säumniszuschläge (§ 240 AO), Verspätungszuschläge (§ 152 AO) und Zwangsgelder (§ 329 AO) konnten auch vorher nicht als Sonderausgaben berücksichtigt werden. **Hinterziehungszinsen** (§ 235 AO) sind sowohl bei der Ermittlung der Einkünfte als auch des Einkommens vom Abzug ausgeschlossen (§ 4 Abs. 5 Satz 1 Nr. 8a EStG und H 12.4 – Nebenleistungen – EStH).

Ebenfalls nicht abzugsfähig sind Nebenleistungen, soweit sie auf die in § 12 Nr. 3 EStG genannten Steuerarten (insbesondere ESt) entfallen, wie Gebühren für verbindliche Auskünfte nach § 89 Abs. 3 AO, Kosten bei Inanspruchnahme von Finanzbehörden gem. § 178a AO oder der Zuschlag wegen der Nichtvorlage oder Unbrauchbarkeit von Aufzeichnungen gem. § 162 Abs. 4 AO (H 12.4 – Nebenleistungen – EStH). Nach dem Gesetz zur weiteren steuerlichen Förderung der Elektromobilität und zur Änderung weiterer steuerlicher Vorschriften ist hierzu eine weitere Einschränkung des Betriebsausgabenabzugs eingetreten. Zwar durften nach § 4 Abs. 5 Satz 1 Nr. 8a EStG Zinsen auf hinterzogene Steuern nach § 235 AO den Gewinn nicht mindern. Allerdings waren vor der Gesetzesänderung gem. § 235 Abs. 4 AO Zinsen nach § 233a AO (Nachzahlungszinsen), die für denselben Zeitraum festgesetzt werden, anzurechnen. Diese Anrechnung führte früher im Ergebnis dazu, dass Zinsen, die mit der Hinterziehung von Steuern im Zusammenhang stehen, den Gewinn mindern konnten, weil es sich dem Charakter nach um Nachzahlungszinsen handelt. Zur Gewährleistung der Gleichmäßigkeit der Besteuerung sowie zur Bekräftigung der Ahndungswirkung wurden die auf Zinsen für hinterzogene Steuern anzurechnenden Nachzahlungszinsen in das Betriebsausgabenabzugsverbot einbezogen.

2.12 Arbeitsverträge zwischen Ehegatten/Lebenspartnern

Arbeitsverträge zwischen Ehegatten/Lebenspartnern können zu einer Steuerersparnis führen. Eine solche Vereinbarung kann vor allem **gewerbesteuerlich** von Vorteil sein. Die nachfolgenden Ausführungen zu Ehegatten gelten **für Lebenspartner** einer eingetragenen Lebenspartnerschaft **analog**.

Wird ein Ehegatten-Arbeitsverhältnis steuerlich anerkannt, so mindert der Arbeitslohn, der an den Arbeitnehmer-Ehegatten gezahlt wird, als Betriebsausgabe den Gewerbeertrag. Aber auch bei der **ESt** können sich steuerliche Ersparnisse ergeben. Zwar unterliegt der an den Arbeitnehmer-Ehegatten gezahlte Arbeitslohn ebenso der LSt wie Löhne und Gehälter, die an fremde Personen gezahlt werden. Dem Arbeitnehmer-Ehegatten steht aber **der Arbeitnehmer-Pauschbetrag von 1 230 €** (2022: 1 200, bis 2021: 1 000 €) zu, der auch im Falle einer Zusammenveranlagung der Ehegatten erhalten bleibt. Ohne steuerlich anzuerkennendes Arbeitsverhältnis kommt dieser Pauschbetrag, der Werbungskosten abgelten soll, nicht in Betracht. Außerdem steht dem Arbeitnehmer-Ehegatten die **Vorsorgepauschale** (§ 10c Abs. 2 EStG 2009, ab Lohnzahlungszeiträume 2010: § 39b Abs. 2 Satz 5 Nr. 3 EStG) zu, die sich jedoch nur auswirkt, wenn die Vorsorgeaufwendungen (abzugsfähige Versicherungsbeiträge) der Ehegatten nicht ohnehin höher sind. Auch die **Arbeitnehmer-Sparzulage** nach dem Vermögensbildungsgesetz kann Arbeitnehmer-Ehegatten gewährt werden, falls die übrigen Voraussetzungen des Vermögensbildungsgesetzes vorliegen.

Ein Ehegatten-Arbeitsverhältnis wird steuerlich nur anerkannt, wenn es **zivilrechtlich wirksam** ist, **ernsthaft vereinbart und entsprechend der Vereinbarung tatsächlich durchgeführt** wird. Vgl. hierzu auch die umfassenden Erläuterungen in R 4.8 EStR und H 4.8 – Arbeitsverhältnisse zwischen Ehegatten – EStH. Einer zivilrechtlichen Unwirksamkeit kommt zwar nach dem BFH-Urteil vom 7.6.2006 (BStBl 2007 II S. 294) nur eine indizielle Bedeutung zu. Das Urteil wurde von der Finanzverwaltung aber nicht über den entschiedenen Einzelfall hinaus angewendet (BMF-Schreiben vom 2.4.2007, BStBl I S. 441). Mit Urteil vom 22.2.2007 (BStBl 2011 II S. 20) sieht der BFH bei zivilrechtlicher Formunwirksamkeit nunmehr allerdings eine Indizwirkung gegen die steuerliche Anerkennung des Vertrags (bestätigt mit Urteil vom 12.5.2009, BStBl 2011 II S. 24). Die unterbliebene Führung von Arbeitszeitnachweisen betrifft – sofern nicht aus einem betriebsinternen Fremdvergleich Gegenteiliges folgt – in der Regel nicht die Frage der Fremdüblichkeit der Arbeitsbedingungen, sondern hat vorrangig Bedeutung für den dem Steuerpflichtigen obliegenden Nachweis, dass der Angehörige tatsächlich Arbeitsleistungen jedenfalls in dem vertraglich vereinbarten Umfang erbracht hat (BFH-Urteil vom 17.7.2013, BStBl II S. 1015). Bei der nicht vollzeitigen Beschäftigung Angehöriger sind Unklarheiten bei der Wochenarbeitszeit für die steuerliche Anerkennung des Arbeitsverhältnisses nach dem BFH-Urteil vom 18.11.2020 (BStBl II 2021 S. 450) unschädlich, wenn die konkrete Arbeitszeit des Angehörigen von den beruflichen Erfordernissen des Steuerpflichtigen abhängt und Unklarheiten deshalb auf die Eigenart des Arbeitsverhältnisses und nicht auf eine unübliche Gestaltung zurückzuführen sind. Aufzeichnungen betreffend die Arbeitszeit, z. B. Stundenzettel, dienen lediglich Beweiszwecken. Sie sind nach BFH-Auffassung für die steuerliche Anerkennung eines Arbeitsverhältnisses zwischen nahen Angehörigen daher nicht zwingend erforderlich.

Nach Auffassung des BVerfG können an den Nachweis der Ernsthaftigkeit strengere Anforderungen als bei Verträgen zwischen Fremden gestellt werden. Deshalb ist eine eindeutige Vereinbarung notwendig. Es empfiehlt sich Schriftform, wenn sie auch nicht zwingend vorgeschrieben ist. Für die Ernsthaftigkeit ist außerdem von Bedeutung, ob durch die Mitarbeit des Ehegatten eine fremde Arbeitskraft mit gleichem Arbeitslohn ersetzt wird und somit die Beschäftigung des Ehegatten als Arbeitnehmer wirtschaftlich sinnvoll ist. Wesentlicher Bestandteil eines Arbeitsvertrages ist die **Vereinbarung über die Höhe und die Bezahlung des Lohnes**. Wenn es hieran fehlt, kann ein wirksamer Vertrag nicht angenommen werden. Leistet der als Arbeitnehmer beschäftigte Angehörige **unbezahlte Mehrarbeit** über seine vertragliche Stundenzahl hinaus, steht dies nach dem BFH-Urteil vom 17.7.2013 (a. a. O.) der Annahme, das Arbeitsverhältnis sei tatsächlich durchgeführt worden, grundsätzlich nicht entgegen. Etwas anderes gilt nur, wenn die vereinbarte Vergütung schlechterdings nicht mehr als Gegenleistung für die Tätigkeit des Angehörigen angesehen werden kann und deshalb auf das Fehlen eines Rechtsbindungswillens zu schließen ist. Aus dem Arbeitsverhältnis müssen **alle Folgerungen wie unter Fremden** gezogen werden, so z. B. tatsächliche Arbeitsleistung, laufende Zahlung von Arbeitslohn entsprechend der Gehaltsvereinbarung, Berücksichtigung der Lohnsteuerabzugsmerkmale und Einbehaltung und Abführung von LSt sowie Leistungen an die Sozialversicherung (soweit keine Befreiung erfolgt ist). Verpflichten sich Ehegatten, die beide Unternehmer sind, mit ihrer vollen Arbeitskraft jeweils im Gewerbebetrieb des **anderen** tätig zu sein, so liegen keine anzuerkennenden Ehegatten-Arbeitsverträge vor, weil derartige Vereinbarungen nach Auffassung des BFH nicht durchführbar sind (BFH-Urteil vom 26.2.1969, BStBl II S. 315). Die **Wechselseitigkeit** von Ehegatten-Arbeitsverträgen ist jedenfalls ein starkes Indiz dafür, dass solche Verträge nicht dem entsprechen, was unter Fremden üblich ist; bei wechselseitigen Teilarbeitsverhältnissen kann dies anders sein (BFH-Urteil vom 12.10.1988, BStBl 1989 II S. 354).

Die **Vergütung** für die Arbeitsleistung des im Betrieb beschäftigten Ehegatten kann nur insoweit als Arbeitslohn und damit als Betriebsausgabe behandelt werden, als sie **angemessen** ist und nicht den Betrag übersteigt, den ein fremder Arbeitnehmer für eine gleichartige Tätigkeit erhalten würde. In den Vergleich sind alle Leistungen an den Arbeitnehmer-Ehegatten einzubeziehen, also neben den Löhnen auch Tantiemen, Gratifikationen, Sachbezüge und Leistungen für die Zukunftssicherung. **Rückwirkend** geschlossene Verträge werden steuerlich **nicht** anerkannt, auch nicht die nachträgliche Vereinbarung von Vergütungen (Tantiemen) für den Arbeitnehmer-Ehegatten, z. B. bei Bilanzerstellung (BFH vom 8.3.1962, BStBl III S. 218; und vom 29.11.1988, BStBl 1989 II S. 281).

Der Anerkennung eines Arbeitsverhältnisses zwischen Ehegatten steht es nicht entgegen, dass der vereinbarte Arbeitslohn unüblich niedrig ist, es sei denn, der Arbeitslohn ist so niedrig bemessen, dass er nicht mehr als eine Gegenleistung für eine begrenzte Tätigkeit des Arbeitnehmer-Ehegatten angesehen werden kann, weil ein rechtsgeschäftlicher Bindungswille fehlt (BFH-Urteil vom 22.3.1990, BStBl II S. 776). Bei einem voll im Betrieb mitarbeitenden Ehegatten wird daher ein Arbeitsverhältnis steuerlich nur anerkannt, wenn der Arbeitslohn den für versicherungsfreie Nebentätigkeiten geltenden Betrag übersteigt. Die Überlassung eines Dienstwagens zur unbeschränkten und selbstbeteiligungsfreien Privatnutzung des Arbeitnehmers ist nach dem BFH-Urteil vom 10.10.2018 (X R 44–45/17, BStBl 2019 II S. 203) im Rahmen eines geringfügigen – zwischen Ehegatten geschlossenen – Beschäftigungsverhältnisses (§ 8 Abs. 1 Nr. 1 SGB IV) fremdunüblich. Ein Arbeitgeber wird nach BFH-Auffassung bei lebensnaher und die unternehmerische Gewinnerwartung einzubeziehender Betrachtungsweise typischerweise nur dann bereit sein, einem Arbeitnehmer ein Firmenfahrzeug zur Privatnutzung zur Verfügung zu stellen, wenn nach einer überschlägigen, allerdings vorsichtigen Kalkulation der sich für ihn hieraus ergebende tatsächliche Kostenaufwand zzgl. des vertraglich vereinbarten Barlohns als wertangemessene Gegenleistung für die Zurverfügungstellung der Arbeitskraft anzusehen ist. Je geringer der Gesamtvergütungsanspruch des Arbeitnehmers ist, desto eher erreicht der Arbeitgeber die Risikoschwelle, nach der sich wegen einer nicht abschätzbaren intensiven Privatnutzung die Fahrzeugüberlassung als nicht mehr wirtschaftlich erweist.

Eine besondere Bedeutung ist der Frage beizumessen, auf welche Weise die **Auszahlung des Arbeitslohnes** an den Arbeitnehmer-Ehegatten erfolgt. Ein ernsthaftes Arbeitsverhältnis zwischen Ehegatten besteht in der Regel nur dann, wenn die vereinbarte Arbeitsvergütung jeweils zum üblichen Zahlungszeitpunkt tatsächlich gezahlt wird. Der Umstand, dass das vereinbarte Entgelt nur teilweise oder überhaupt nicht ausbezahlt wird, spricht gegen die Ernsthaftigkeit der Vereinbarung (BFH-Urteile vom 5.12.1963, BStBl 1964 III S. 131; vom 18.7.1972, BStBl II S. 932; vom 14.10.1981, BStBl 1982 II S. 119; und vom 25.7.1991, BStBl II S. 842). Ein steuerlich anzuerkennendes Arbeitsverhältnis zwischen Ehegatten ist aber im Allgemeinen möglich, auch wenn Teile des Arbeitslohnes als **Darlehen** in den Betrieb des Ehegatten zurückfließen. Sind die wechselseitigen Verpflichtungen aus einem ordnungsgemäß vereinbarten und tatsächlich durchgeführten Arbeitsverhältnis erfüllt, so berührt eine **anschließende** Darlehensvereinbarung die Anerkennung des Arbeitsverhältnisses nicht. Das gilt auch, wenn der Arbeitnehmer-Ehegatte jeweils im Fälligkeitszeitpunkt über den an ihn auszuzahlenden Netto-Arbeitslohn ausdrücklich dadurch verfügt, dass er den Auszahlungsanspruch in eine Darlehensforderung umwandelt (BFH-Urteil vom 17.7.1984, BStBl 1986 II S. 48). Falls jedoch Arbeits- und Darlehensvereinbarungen von den Ehegatten in einer Weise miteinander verknüpft werden, dass der Arbeitslohn ganz oder teilweise bereits als Darlehen behandelt wird, bevor er in die Verfügungsmacht des Arbeitnehmer-Ehegatten gelangt ist, erfordert die Anerkennung des Arbeitsverhältnisses, dass auch der Darlehensvertrag wie ein unter Fremden üblicher Vertrag mit eindeutigen **Zins- und Rückzahlungsvereinbarungen** abgeschlossen und durchgeführt wird (BFH-Urteil vom 23.4.1975, BStBl II S. 579). Die Verwendung erhaltenen Lohnes in Form der **schenkweisen Übertragung** auf den Arbeitgeber-Ehegatten lässt die steuerliche Anerkennung eines ernsthaft vereinbarten und vollzogenen Arbeitsverhältnisses unberührt, wenn die Schenkung nicht im engen zeitlichen Zusammenhang mit der Lohnzahlung steht (BFH-Urteil vom 4.11.1986, BStBl 1987 II S. 336).

Vergütungen aufgrund von Arbeitsverträgen zwischen Ehegatten können mangels der für die Vertragsdurchführung erforderlichen Trennung der Vermögens- und Einkommensbereiche der Ehegatten steuerlich **nicht** als Betriebsausgaben berücksichtigt werden, wenn die Bezüge des mitarbeitenden Ehegatten auf ein privates Konto des Arbeitgeber-Ehegatten überwiesen werden. Dagegen ist die Abzugsfähigkeit zu bejahen, wenn das Gehalt auf ein Bankkonto des **Arbeitnehmer-Ehegatten** (z. B. der Ehefrau) überwiesen wird und das selbst dann, wenn der Arbeitgeber-Ehegatte (z. B. Ehemann) unbeschränkt Verfügungsvollmacht über dieses Konto besitzt, weil in diesem Falle die Zahlungen an die Ehefrau in deren alleinigen Vermögensbereich übergegangen sind (BFH-Urteil vom 16.1.1974, BStBl II S. 294). Nach der Entscheidung des **BVerfG** vom 7.11.1995 (BStBl 1996 II S. 34) darf einem Arbeitsverhältnis zwischen Ehegatten die steuerliche Anerkennung nicht allein deshalb versagt werden, weil die Vergütung auf ein Konto geflossen ist, über das jeder der Ehegatten allein verfügen darf (sog. **Oder-Konto**).

Schließen Ehegatten/Lebenspartner im Rahmen eines Arbeitsverhältnisses zusätzlich eine **Wertguthabenvereinbarung** i. S. des SGB IV ab, muss für diese – gesondert – ein Fremdvergleich erfolgen. Im Rahmen der Gesamtwürdigung ist nach dem BFH-Urteil vom 20.10.2020 (BStBl II 2021 S. 283) wesentliches Indiz, ob die Vertragschancen und -risiken fremdüblich verteilt sind. Eine einseitige Verteilung zulasten des Arbeitgeber-Ehegatten/Lebenspartners ist nach BFH-Auffassung regelmäßig anzunehmen, wenn der Arbeitnehmer-Ehegatte/Lebenspartner unbegrenzt Wertguthaben ansparen sowie Dauer, Zeitpunkt und Häufigkeit der Freistellungsphasen nahezu beliebig wählen kann.

Heirats- und Geburtsbeihilfen, Unterstützungen, Aufwendungen für die Zukunftssicherung, die Gewährung freier Unterkunft und Verpflegung, soweit sie ausnahmsweise zum tariflichen oder vertraglich vereinbarten angemessenen Gehalt gehören, und ähnliche Zuwendungen an den Arbeitnehmer-Ehegatten können nur berücksichtigt werden, wenn die Zuwendungen **im Betrieb des Unternehmers üblich** sind. Fehlt es an innerbetrieblichen Vergleichsmöglichkeiten, weil z. B. der Ehegatte der einzige Arbeitnehmer ist, so ist nach den Verhältnissen des Einzelfalles zu entscheiden, ob die genannten Aufwendungen **dem Grunde und der Höhe nach angemessen** und daher **betrieblich veranlasst** sind. Ist der Arbeitnehmer-Ehegatte rentenversicherungspflichtig, so ist der gesetzliche Beitragsanteil des Arbeitnehmer-Ehegatten zur gesetzlichen Rentenversicherung Teil des stpfl. Arbeitslohnes, auch wenn ihn der Arbeitgeber-Ehegatte übernimmt. Eine **Pensionszusage** kann im Rahmen eines Ehegatten-Arbeitsverhältnisses nicht anerkannt werden, wenn der Arbeitgeber-Ehegatte vergleichbaren anderen Angestellten seines Betriebs keine vergleichbaren Versorgungszusagen erteilt (BFH-Urteil vom 10.3.1993, BStBl II S. 604). Siehe H 4b – Arbeitnehmer-Ehegatten – EStH. Werden im Rahmen eines Ehegattenarbeitsverhältnisses Gehaltsansprüche des Arbeitnehmers teilweise zum Zweck betrieblicher Altersvorsorge in Beiträge für eine rückgedeckte Unterstützungskasse umgewandelt, ist die **Entgeltumwandlung** nach dem BFH-Urteil vom 28.10.2020 (BStBl II 2021 S. 434) grundsätzlich am Maßstab des Fremdvergleichs zu messen. Danach ist insbesondere das Regel-Ausnahme-Verhältnis zwischen regelmäßig anzunehmender Angemessenheit und nur ausnahmsweise gegebener Unangemessenheit der Umgestaltung der Entlohnung des Arbeitsverhältnisses zu beachten. Eine insoweit unangemessene Umgestaltung des Arbeitsverhältnisses kommt bei sprunghaften Gehaltsanhebungen im Vorfeld der Entgeltumwandlung, bei einer »Nur-Pension« oder bei mit Risiko- und Kostensteigerungen für das Unternehmen verbundenen Zusagen in Betracht (BFH-Urteil vom 7.3.2018, BStBl II 2019 S. 70).

Die Regelung in § 40b EStG, die weiter gilt, wenn vor dem 1.1.2018 mindestens ein Beitrag nach alter Fassung pauschal besteuert wurde (§ 52 Abs. 40 EStG), hat die Möglichkeit geschaffen, die LSt bei bestimmten **Leistungen für die Zukunftssicherung** bis zu einem Betrag von 1 752 € pro Arbeitnehmer und Kj. mit 20 % zu pauschalieren. Daher wurden in verstärktem Maße **Direktversicherungen** (Lebensversicherungen) zugunsten des Arbeitnehmer-Ehegatten abgeschlossen. Aber auch nach dem 31.12.2004 erteilte Versorgungszusagen werden steuerlich gefördert. Zur Abgrenzung zwischen Alt- und Neuzusagen vgl. BFH-Urteil vom 1.9.2021 (BStBl II 2022 S. 233). Die Beträge können nach § 3 Nr. 63 EStG nach dem Gesetz zur Stärkung der betrieblichen Altersversorgung und zur Änderung anderer Gesetze – Betriebsrentenstärkungsgesetz – vom 17.8.2017 (BGBl I S. 3214) seit 2018 bis zu 8 % der Beitragsbemessungsgrenze in der gesetzlichen Rentenversicherung (2025: 8 % von 96 600 € = 7 728 €) zzgl. 1 800 € (lohn-)steuerfrei gestellt werden. Bei Abfindungen aus Anlass der Beendigung eines Dienstverhältnisses erhöht sich die Steuerfreiheit auf 4 % der Beitragsbemessungsgrenze, vervielfältigt mit der Anzahl der Dienstjahre, begrenzt auf 10. Solchen Vereinbarungen kann die steuerliche Anerkennung nicht versagt werden, **wenn vergleichbaren fremden Arbeitnehmern** innerhalb des eigenen Betriebs eine vergleichbare Direktversicherung eingeräumt oder ernsthaft angeboten wurde. Fehlt eine innerbetriebliche Vergleichsmöglichkeit, kommt es darauf an, ob die Zuwendungen an den Arbeitnehmer-Ehegatten dem Grunde und der Höhe nach angemessen sind. Einzelheiten sind in den **BMF-Schreiben vom 4.9.1984 (BStBl I S. 495) und vom 9.1.1986 (BStBl I S. 7)** geregelt. Ohne Bedeutung ist, wenn die Versicherungssumme bei vorzeitigem Tod des Arbeitnehmer-Ehegatten ganz oder teilweise dem Arbeitgeber-Ehegatten zusteht. Eine Direktversicherung zugunsten des Arbeitnehmer-Ehegatten kann der Höhe nach nur insoweit anerkannt werden, als sie **nicht** zu einer **Überversorgung** führt; dies gilt auch dann, wenn angemessener Barlohn in Beiträge für eine Direktversicherung umgewandelt wird (BFH-Urteil vom 16.5.1995, BStBl II S. 873 sowie H 4b – Arbeitnehmer-Ehegatten – EStH). Mit Urteil vom 10.6.2008 (BStBl II S. 973) hat der BFH jedoch entschieden, dass in einem steuerlich anzuerkennenden Arbeitsverhältnis zwischen Ehegatten bei sog. echter Barlohnumwandlung die Versicherungsbeiträge für einen Direktversicherungsschutz betrieblich veranlasst und regelmäßig ohne Prüfung einer sog. Überversorgung als Betriebsausgabe zu berücksichtigen sind.

Für die einkommensteuerliche Beurteilung des Arbeitsverhältnisses eines Ehegatten mit einer **Personengesellschaft**, an der der andere Ehegatte als Mitunternehmer beteiligt ist, kann unterstellt werden, dass der mitarbeitende Ehegatte in der Gesellschaft die gleiche Stellung wie ein fremder Arbeitnehmer hat und hinsichtlich der Behandlung des Arbeitsverhältnisses keine Besonderheiten Platz greifen. Die oben genannten strengeren Anforderungen gelten nur, wenn der Mitunternehmer-Ehegatte die Personengesellschaft aufgrund seiner wirtschaftlichen Machtstellung beherrscht oder wenn eine Personengesellschaft aufeinander abgestimmte Arbeitsverträge mit den Angehörigen ihrer Gesellschafter abschließt (BFH-Urteil vom 20.10.1983, BStBl 1984 II S. 298). Ein ernsthaftes Arbeitsverhältnis kann steuerlich auch anzuerkennen sein, wenn die Ehefrau laufend einen Teil ihres Gehalts auf ein angemessen verzinstes Darlehenskonto bei der Gesellschaft einzahlt, über das sie aber jederzeit verfügen kann (BFH-Urteil vom 25.4.1968, BStBl II S. 494). Zum sog. **Oder-Konto** der Eheleute siehe oben Entscheidung des BVerfG vom 7.11.1995 (BStBl 1996 II S. 34) sowie BFH-Urteil vom 24.3.1983 (BStBl II S. 663).

Gehört ein Gewerbebetrieb zum Gesamtgut der in **Gütergemeinschaft** lebenden Eheleute, so kann das an den mitarbeitenden Ehegatten aufgrund eines Arbeitsvertrages gezahlte Gehalt den Gewinn grundsätzlich nicht mindern, weil die Ehegatten in diesem Falle regelmäßig als **Mitunternehmer** anzusehen sind (BFH-Urteile vom 1.10.1992, BStBl 1993 II S. 574; und vom 4.11.1997, BStBl 1999 II S. 384). An einer Mitunternehmerschaft beider Ehegatten fehlt es jedoch, wenn im Gewerbebetrieb die persönliche Arbeitsleistung des das Gewerbe handelsrechtlich allein betreibenden Ehegatten entscheidend in den Vordergrund tritt und im Betrieb kein nennenswertes, ins Gesamtgut fallendes Kapital eingesetzt wird, wie das z. B. bei einem Handelsvertreter oder bei einem Handwerksbetrieb der Fall sein kann (BFH-Urteile vom 7.10.1976, BStBl 1977 II S. 201, und vom 22.6.1977, BStBl II S. 836). Eine Mitunternehmerschaft besteht nicht schon deshalb, weil der Ehemann (Handelsvertreter) einige Räume eines zum Gesamtgut gehörenden Grundstücks zu Bürozwecken nutzt (BFH-Urteil vom 20.3.1980, BStBl II S. 634). Wegen der steuerlichen Auswirkung sonstiger **ehelicher Güterstände** vgl. Teil I Tz 1.5 unter Erläuterungen zum Hauptvordruck, Zeile 19 (»Maßgebender Güterstand«).

Kann ein Arbeitsverhältnis steuerlich nicht anerkannt werden, so sind Lohnzahlungen **einschließlich** einbehaltener und abgeführter LSt- und Kirchensteuerbeträge und für den mitarbeitenden Ehegatten einbehaltene und abgeführte Sozialversicherungsbeiträge (Arbeitgeber- und Arbeitnehmeranteil) nicht als Betriebsausgaben abzugsfähig (BFH-Urteil vom 8.2.1983, BStBl II S. 496).

2.13 Gesellschaftsverträge und sonstige Verträge zwischen Ehegatten/Lebenspartnern

Ein steuerlich zu beachtendes **Gesellschaftsverhältnis zwischen Ehegatten/Lebenspartnern** liegt grundsätzlich vor, wenn beide Ehegatten/Lebenspartner, wie es im Wirtschaftsleben bei fremden Gesellschaftern der Fall wäre, zur Erreichung des Gesellschaftszwecks durch Mitarbeit, Bereitstellung von Kapital oder durch Überlassung von Wirtschaftsgütern tatsächlich beitragen. Der Beitrag darf nicht von untergeordneter Bedeutung sein. Angehörige eines freien Berufs, der eine festgelegte, abgeschlossene Berufsausbildung erfordert, werden in der Regel mit ihren berufsfremden Ehegatten/Lebenspartner kein steuerlich zu berücksichtigendes Gesellschaftsverhältnis eingehen können. Auch wenn ein anzuerkennender Gesellschaftsvertrag besteht, ist die von den Ehegatten/Lebenspartnern vereinbarte Gewinnverteilung steuerlich nicht immer ohne Weiteres maßgebend. Insbesondere gilt das bei einer Teilung des Gewinns nach Köpfen, wenn sie nicht den Leistungen der Ehegatten/Lebenspartner für die Gesellschaft entspricht. In Fällen dieser Art ist der Gewinn gegebenenfalls im Wege der Schätzung so zu verteilen, wie er unter gleichen Verhältnissen etwa zwischen Fremden geteilt würde. Im Übrigen vgl. wegen der bei **Familiengesellschaften** geltenden Besonderheiten die ausführlichen Erläuterungen zu den Zeilen 14 bis 45 der Anlage G (vgl. Teil I Tz 21.9 unter Erläuterungen zur Anlage G) sowie R 15.9 Abs. 3 EStR und H 15.9 Abs. 3 EStH.

Miet- und Pachtverträge, Darlehensverträge und ähnliche Verträge zwischen Ehegatten/Lebenspartnern können steuerlich anerkannt werden, wenn sie ernsthaft vereinbart und tatsächlich durchgeführt worden sind. Maßstab für die Ernsthaftigkeit ist, dass die gegenseitigen Beziehungen der Ehegatten/Lebenspartner im Rahmen des Vertragsverhältnisses im Wesentlichen die gleichen sind, wie sie zwischen Fremden bestehen würden. Für die Zahlung von Vergütungen aus diesen Verträgen ist ebenso wie bei Arbeitsverhältnissen eine klare Trennung der Vermögens- und Einkommensbereiche der Ehegatten/Lebenspartner erforderlich (BFH-Urteil vom 22.3.1972, BStBl II S. 614). Die oben in Tz 2.12 dargestellten Grundsätze zur Anerkennung von Arbeitsverhältnissen zwischen Ehegatten/Lebenspartnern gelten hier entsprechend (H 4.8 – Sonstige Rechtsverhältnisse zwischen Angehörigen – EStH). Nicht immer sind aber Miet-/Pachtverträge notwendig, um beim erwerbswirtschaftlich nutzenden Ehegatten/Lebenspartner Betriebsausgaben/Werbungskosten einkünftemindernd berücksichtigen zu können. Insbesondere bei Nutzungen eines im Miteigentum stehenden Grundstücks kann Aufwand auch für die dem nichtnutzenden (Mit-)Eigentümer gehörende Hälfte abgezogen werden (siehe die in

H 4.7 – Eigenaufwand für ein fremdes Wirtschaftsgut – EStH zitierten BFH-Urteile vom 14.5.2002, BStBl II S. 741, vom 25.6.2003, BStBl 2004 II S. 403, vom 30.1.1995, BStBl II S. 281, vom 25.2.2010, BStBl II S. 670, vom 19.12.2012, BStBl 2013 II S. 387, und vom 23.8.1999, BStBl II S. 774 und S. 778). Errichtet der Unternehmer-Ehegatte mit eigenen Mitteln ein Gebäude auf einem auch dem Nichtunternehmer-Ehegatten gehörenden Grundstück, wird nach dem BFH-Urteil vom 9.3.2016 (BStBl II S. 976) der Nichtunternehmer-Ehegatte – sofern keine abweichenden Vereinbarungen zwischen den Eheleuten getroffen werden – sowohl zivilrechtlicher als auch wirtschaftlicher Eigentümer des auf seinen Miteigentumsanteil entfallenden Gebäudeteils. Dieser Gebäudeteil gehört zu seinem Privatvermögen. Die vom Unternehmer-Ehegatten für die typisierte Verteilung seines eigenen Aufwands gebildete Bilanzposition kann nicht Sitz stiller Reserven sein. Daraus folgt zum einen, dass dem Unternehmer-Ehegatten Wertsteigerungen, die bei dem im Privatvermögen des Nichtunternehmer-Ehegatten befindlichen Gebäudeteils eingetreten sind, ertragsteuerrechtlich nicht zugerechnet werden können. Auf der anderen Seite kann der Unternehmer-Ehegatte in dieser Bilanzposition nicht dadurch stille Reserven bilden, dass er hierauf ertragsteuerrechtliche Subventionsvorschriften anwendet, die der Gesetzgeber nur für Wirtschaftsgüter des Betriebsvermögens, nicht aber für Wirtschaftsgüter des Privatvermögens vorgesehen hat (Fortführung des o.a. BFH-Urteils vom 19.12.2012). Übertragen in derartigen Fällen sowohl der Unternehmer-Ehegatte den Betrieb als auch beide Eheleute ihre Miteigentumsanteile an dem Grundstück samt Gebäude unentgeltlich auf einen Dritten (z. B. Kind), kann dieser den Miteigentumsanteil des Nichtunternehmer-Ehegatten zum Teilwert in seinen Betrieb einlegen und von diesem Wert – nochmals – AfA vornehmen. Eine andere gesetzliche Grundlage für die vom BMF im Rahmen des Beitritts zum Verfahren vertretene Rechtsfolge, die AfA beim Kläger nach Maßgabe der früheren AfA-Bemessungsgrundlage des Unternehmer-Ehegatten vorzunehmen, existiert nach Auffassung des BFH nicht. Zu den Folgen aus dieser BFH-Rspr. siehe BMF-Schreiben vom 16.12.2016 (BStBl I S. 1431). Danach sind die vom Betriebsinhaber getragenen Aufwendungen für die Anschaffung oder Herstellung des Gebäudes, die auf den Miteigentumsanteil des Nichtunternehmer-Ehegatten entfallen, als eigener Aufwand nach den allgemeinen ertragsteuerlichen Regelungen als Betriebsausgaben abzuziehen. Sie sind – bei Gewinnermittlung nach § 4 Abs. 1, § 5 EStG – in einem Aufwandsverteilungsposten in der Bilanz abzubilden (BMF-Schreiben vom 16.12.2016, a. a. O., Rn 2). Bei Gewinnermittlung nach Einnahmen-Überschussrechnung nach § 4 Abs. 3 EStG ist eine entsprechende Bemessungsgrundlage für die AfA zu bilden (BMF-Schreiben vom 16.12.2016, a. a. O., Rn 9). Mit Urteil vom 6.12.2017 (BStBl 2018 II S. 355) hat der BFH jedoch eingeschränkt, dass ein Ehegatte, der allein eine komplette Wohnung in einem beiden Ehegatten gehörenden Mehrfamilienhaus zu beruflichen Zwecken nutzt, AfA und Schuldzinsen nur entsprechend seinem Miteigentumsanteil als Erwerbsaufwand geltend machen kann, wenn die Darlehen zum Erwerb der Wohnung gemeinsam aufgenommen wurden und Zins und Tilgung von einem gemeinsamen Konto beglichen werden.

Einzelheiten zur steuerlichen Anerkennung von **Darlehensverträgen zwischen Angehörigen** sind im BMF-Schreiben vom 23.12.2010 (BStBl I S. 37), geändert durch das BMF-Schreiben vom 29.4.2014 (BStBl I S. 809) geregelt. In der Praxis stellt sich häufig die Frage nach der Anerkennung von Darlehensverhältnissen unter nahen Angehörigen **nach vorausgegangener Schenkung**. Nach dem BFH-Urteil vom 18.1.2001, BStBl II S. 393 ist eine steuerschädliche Abhängigkeit zwischen Schenkung und Darlehen nicht allein deshalb zu vermuten, weil die Vereinbarung von Schenkung und Darlehen zwar in mehreren Urkunden, aber innerhalb kurzer Zeit erfolgt ist. Andererseits kann auch bei einem längeren Abstand zwischen Schenkungs- und Darlehensvertrag eine auf einem Gesamtplan beruhende sachliche Verknüpfung bestehen (BFH-Urteil vom 22.2.2002, BStBl II S. 685). Die Beurteilung, ob eine gegenseitige Abhängigkeit der beiden Verträge vorliegt, ist danach anhand der gesamten Umstände des jeweiligen Einzelfalls zu beurteilen, H 4.8 – Darlehensverhältnisse zwischen Angehörigen – Schenkungsbegründetes Darlehen – EStH. Nach dem BMF-Schreiben vom 23.12.2010 (BStBl 2011 I S. 37) wird die Abhängigkeit in folgenden Fällen – nach Verwaltungsauffassung in der Rn 11 unwiderleglich – vermutet:

- Vereinbarung von Schenkung und Darlehen in ein und derselben Urkunde,
- Schenkung unter der Auflage der Rückgabe als Darlehen,
- Schenkungsversprechen unter der aufschiebenden Bedingung der Rückgabe als Darlehen.

Eine Widerlegung der finanzamtsseitigen Vermutung der Abhängigkeit ist nach BMF-Schreiben vom 23.10.2020 (a. a. O., Rn 13) dagegen bei folgenden Vertragsgestaltungen möglich:

- Vereinbarungsdarlehn nach § 607 Abs. 2 BGB,
- Darlehenskündigung nur mit Zustimmung des Schenkers,
- Zulässigkeit von Entnahmen durch den Beschenkten zulasten des Darlehenskontos nur mit Zustimmung des Schenkers.

Die Vermutung ist in den vorgenannten Fällen nach BMF-Schreiben vom 23.12.2010 (a. a. O., Rn 14) widerlegt, wenn Schenkung und Darlehen sachlich und zeitlich unabhängig voneinander vorgenommen worden sind, was durch entsprechende Unterlagen in Zweifelsfällen belegt werden sollte.

Mit Urteil vom 22.10.2013 (BStBl 2014 II S. 374) ist die Intensität der Prüfung des Fremdvergleichs bei Darlehensverträgen zwischen nahen Angehörigen vom Anlass der Darlehensaufnahme abhängig. Der Fremdvergleich ist danach strikt vorzunehmen, wenn die Darlehensmittel dem Darlehensgeber zuvor vom Darlehensnehmer geschenkt worden sind. Gleiches gilt, wenn in einem Rechtsverhältnis, für das die laufende Auszahlung der geschuldeten Vergütung charakteristisch ist, die tatsächliche Auszahlung durch eine Darlehensvereinbarung ersetzt wird. Dient das Angehörigendarlehen hingegen der Finanzierung der Anschaffungs- oder Herstellungskosten von Wirtschaftsgütern und ist die Darlehensaufnahme daher unmittelbar durch die Einkunftserzielung veranlasst, tritt die Bedeutung der Unüblichkeit einzelner Klauseln des Darlehensvertrags zurück. Entscheidend ist in diesen Fällen vielmehr die tatsächliche Durchführung der Zinsvereinbarung und die fremdübliche Verteilung der Vertragschancen und -risiken. Maßstab für den Fremdvergleich sind jedenfalls bei solchen Darlehensverträgen zwischen Angehörigen, die nicht nur dem Interesse des Schuldners an der Erlangung zusätzlicher Mittel außerhalb einer Bankfinanzierung dienen, sondern auch das Interesse des Gläubigers an einer gut verzinslichen Geldanlage berücksichtigen, nicht allein die Vertragsgestaltungen, die zwischen Darlehensnehmern und Kreditinstituten üblich sind, sondern ergänzend auch Vereinbarungen aus dem Bereich der Geldanlage.

Wegen der Bedeutung der ehelichen **Güterstände** wird auf die Ausführungen zur Zeile 19 im Hauptvordruck (vgl. Teil I Tz 1.5, »Maßgebender Güterstand«) hingewiesen.

2.14 Arbeitsverträge und sonstige Verträge zwischen Eltern und Kindern

Ein **Arbeitsverhältnis zwischen Eltern und Kindern** ist nach der höchstrichterlichen Rspr. dann anzuerkennen, wenn eine **klare** und **eindeutige Vereinbarung** vorliegt. Die Vereinbarung muss schon **zu Beginn** des Zeitraumes, für den die Vergütung gezahlt wird, vorliegen. Die Bar- und Sachleistungen müssen **angemessen** sein, d. h. den Beträgen entsprechen, die vergleichbaren fremden Arbeitnehmern gezahlt werden. Liegt ein steuerlich anzuerkennender Arbeitsvertrag (oder Ausbildungsvertrag) nicht vor, so sind die Aufwendungen der Eltern für das mitarbeitende Kind steuerlich nicht abzugsfähige Lebenshaltungskosten.

Eine Vereinbarung wird nur dann als klar und eindeutig anerkannt, wenn die Höhe der Arbeitsvergütung sich aus ihr **ziffernmäßig** feststellen lässt. Die Gewährung freier Wohnung und freier Verpflegung kann als **Teil** der Arbeitsvergütung zu behandeln sein, wenn die Leistungen auf arbeitsvertraglichen Vereinbarungen beruhen. Bei einem voll im Betrieb mitarbeitenden Kind muss die Summe aus Barentlohnung und Sachleistung die sozialversicherungsrechtliche Freigrenze überschreiten, wobei nach Verwaltungsauffassung eine Mindestbarentlohnung von monatlich 100 € Voraussetzung für die steuerrechtliche Anerkennung des Arbeitsverhältnisses ist. Wenn dem mitarbeitenden Kind **ausschließlich Unterhalt** gewährt wird (Beköstigung, Bekleidung, Unterkunft, Taschengeld), handelt es sich steuerlich nicht um Betriebsausgaben, sondern um nicht abzugsfähige Lebenshaltungskosten (H 4.8 – Unterhalt – EStH und BFH-Urteil vom 19.8.1971, BStBl 1972 II S. 172). Auch unangemessen hohe oder unregelmäßig ausgezahlte Ausbildungsvergütungen an das Kind können nicht als Betriebsausgaben anerkannt werden (BFH-Urteil vom 13.11.1986, BStBl 1987 II S. 121). Sonderzuwendungen, wie z. B. Weihnachts- und Urlaubsgelder, Sonderzulagen und Tantiemen, können nur dann als Betriebsausgaben abgezogen werden, wenn sie vor Beginn des Leistungsaustauschs klar und eindeutig vereinbart worden sind und auch einem **Fremdvergleich** standhalten (BFH-Urteile vom 10.3.1988, BStBl II S. 877; und vom 29.11.1988, BStBl 1989 II S. 281). »Arbeitsverträge« über **gelegentliche Hilfeleistungen** durch Angehörige werden steuerlich nicht anerkannt, weil sie zwischen fremden Personen nicht vereinbart worden wären (H 4.8 – Gelegentliche Hilfeleistungen – EStH und BFH-Urteil vom 17.3.1988, BStBl II S. 632; und vom 9.12.1993, BStBl 1994 II S. 298). Andererseits sind Zahlungen der Eltern für Aushilfstätigkeiten erwachsener Kinder im Betrieb nicht schon deshalb vom Abzug als Betriebsausgaben ausgeschlossen, weil die Kinder familienrechtlich aufgrund von § 1619 BGB zur Mithilfe im Betrieb verpflichtet sind (BFH-Urteil vom 25.1.1989, BStBl II S. 453). Arbeitsverhältnisse mit Kindern unter 15 Jahren sind wegen Verstoßes gegen das Jugendarbeitsschutzgesetz im Allgemeinen nichtig und können daher auch steuerrechtlich nicht anerkannt werden (R 4.8 Abs. 3 EStR, H 4.8 – Gelegentliche Hilfeleistungen – EStH). Nach § 5 Jugendarbeitsschutzgesetz (JArbSchG) sind Beschäftigungen, die leicht und für Kinder geeignet sind, bereits ab 13 Jahren mit Einwilligung des Personensorgeberechtigten zulässig. Dabei ist die Beschäftigung auf 2 Stunden täglich begrenzt, in landwirtschaftlichen Familienbetrieben auf 3 Stunden am Tag. Beschäftigungen, die leicht sind, definiert § 2 Kinderarbeitsschutzgesetz (KindArbSchG), wie z. B. Austragen von Zeitungen, Zeitschriften, Anzeigenblättern und Werbeprospekten, bestimmte haushaltsbezogene Tätigkeiten (z. B. Betreuung von Angehörigen) sowie Hilfstätigkeitn in der Landwirtschaft (z. B. Versorgung von Tieren).

Zur Ausbildung und Fortbildung von Kindern im Betrieb der Eltern in sog. **Berufsausbildungs- oder Berufsfortbildungsdienstverhältnissen** vgl. oben **Tz 2.11.1**.

Wegen der steuerlichen Anerkennung von **Darlehensverträgen** (besonders nach vorausgegangener Schenkung) **und ähnlichen Verträgen** zwischen Eltern und Kindern wird auf die Ausführungen in der vorstehenden **Tz 2.13** hingewiesen, die hier entsprechend gelten. Zur Anerkennung von **Mietverträgen** mit unterhaltsberechtigten Kindern und allgemein mit nahen Angehörigen vgl. Teil I Tz 24.2.5 unter Erläuterungen zur Anlage V, Zeile 10 und BMF-Schreiben vom 22.1.1996 (BStBl I S. 37) sowie H 21.4 – Vermietung an Unterhaltsberechtigte – EStH.

3. Pauschbeträge für unentgeltliche Wertabgaben 2025 (Sachentnahmen)

Gemäß § 4 Abs. 1 Satz 1 EStG dürfen Entnahmen den Gewinn nicht mindern. Das gilt nach dem Grundsatz der Totalgewinngleichheit sowohl für die Ermittlung des Gewinns nach dem Betriebsvermögensvergleich als auch bei der Einnahmenüberschussrechnung. Zur Unterscheidung vgl. Teil I Tz 21.3. Für das Kj. 2025 hat das BMF mit Schreiben vom 21.1.2025 (BStBl I S. 288) folgende Werte – verbindlich – festgelegt:

Gewerbezweig	Jahreswert für eine Person ohne Umsatzsteuer 1.1.–31.12.2025		
	ermäßigter Steuersatz	voller Steuersatz	insgesamt
	€	€	€
Bäckerei	1 633	209	1 842
Fleischerei/Metzgerei	1 453	555	2 008
Gaststätten aller Art			
a) mit Abgabe von kalten Speisen	1 423	1 034	2 457
b) mit Abgabe von kalten und warmen Speisen	2 292	1 753	4 045
Getränkeeinzelhandel	120	270	390
Café und Konditorei	1 573	58	2 158
Milch, Milcherzeugnisse, Fettwaren und Eier (Eh.)	704	0	704
Nahrungs- und Genussmittel (Eh.)	1 363	360	1 723
Obst, Gemüse, Südfrüchte und Kartoffeln (Eh.)	375	165	540

Nach BMF-Auffassung beruhen die Wertansätze auf Erfahrungswerten und sollen den Steuerpflichtigen damit von der Aufzeichnung einer Vielzahl von Einzelentnahmen entbinden (§ 148 AO). Diese Regelung dient der Vereinfachung und lässt nach Verwaltungsauffassung keine Zu- und Abschläge wegen individueller persönlicher Ess- oder Trinkgewohnheiten zu. Auch Krankheit oder Urlaub sollen keine Änderungen der Pauschbeträge rechtfertigen. Die Pauschbeträge sind Halbjahreswerte für eine Person. Für Kinder bis zum vollendeten 2. Lebensjahr entfällt der Ansatz eines Pauschbetrages. Bis zum vollendeten 12. Lebensjahr ist die Hälfte des jeweiligen Wertes anzusetzen. Tabakwaren sind in den Pauschbeträgen nicht enthalten. Soweit diese entnommen werden, sind die Pauschbeträge (mit geschätzten Werten) entsprechend zu erhöhen. Bei gemischten Betrieben (Metzgerei oder Bäckerei mit Lebensmittelangebot oder Gastwirtschaft) ist nach Tz 6 des o. a. BMF-Schreibens nur der jeweils höhere Pauschbetrag der entsprechenden Gewerbeklasse anzusetzen.

Wird ein Betriebs-Pkw (auch) an der privaten Steckdose aufgeladen, stellt der betriebliche Nutzungsanteil des Stroms (Strompreis und anteiliger Grundpreis) eine Betriebsausgabe dar. Der **betriebliche Nutzungsanteil am privaten Stromverbrauch** kann grundsätzlich mithilfe eines gesonderten Stromzählers (stationär oder mobil) nachgewiesen werden. Aufzeichnungen für einen repräsentativen Zeitraum von drei Monaten werden als ausreichend angesehen. Aus Vereinfachungsgründen lässt das BMF-Schreiben vom 5.11.2021 (BStBl I S. 2205, Rn 20) zu, den betrieblichen Nutzungsanteil am privaten Stromverbrauch auch mit den lohnsteuerlichen Pauschalen anzusetzen (BMF-Schreiben vom 29.9.2020, BStBl I S. 972). Zur Differenzierung der maßgebenden Pauschale ist anstelle der zusätzlichen Lademöglichkeit beim Arbeitgeber auf die zusätzliche Lademöglichkeit in der Betriebsstätte abzustellen. Dabei werden zur Vereinfachung folgende **monatliche Pauschalen** als betrieblicher Nutzungsanteil am privaten Stromverbrauch anerkannt:

a) mit zusätzlicher Lademöglichkeit in der Betriebsstätte
30 € für Elektrofahrzeuge i. S. der Rn 6 und
15 € für Hybridelektrofahrzeuge i. S. der Rn 8,
b) ohne Lademöglichkeit in der Betriebsstätte
70 € für Elektrofahrzeuge i. S. der Rn 6 und
35 € für Hybridelektrofahrzeuge i. S. der Rn 8,

jeweils lt. BMF-Schreiben vom 29.9.2020, a. a. O., Rn 24.

4. Wohneigentumsförderung – Übersicht 2025

4.0 Vorbemerkung

Die steuerliche Förderung des selbstgenutzten Wohneigentums ist seit Jahrzehnten ein wichtiger Bestandteil des deutschen Steuerrechts.

4.1 Förderung durch Eigenheimzulage

4.1.1 Allgemeine Voraussetzungen

Durch das Gesetz zur Abschaffung der Eigenheimzulage (EigZulG) vom 22.12.2005, BStBl 2006 I S. 78 ist die **Eigenheimzulage zum 1.1.2006 weggefallen.** Im Gegenzug sollte das selbstgenutzte Wohneigentum **zum 1.1.2007** stärker in die geförderte Altersvorsorge integriert werden, was jedoch erst durch das Gesetz zur verbesserten Einbeziehung der selbstgenutzten Wohnimmobilie in die geförderte Altersvorsorge (Eigenheimrentengesetz – EigRentG) vom 29.7.2008 (BGBl I S. 1509) mit Wirkung **ab 2008** erfolgt ist. Einzelheiten zur Einbeziehung in die sog. Riester-Rente (sog. Wohnriester oder Eigenheimrente) sind den Ausführungen zur **Anlage AV** (vgl. Teil I Tz 4.3.5) zu entnehmen.

Für den gesamten Förderzeitraum des EigZulG von grundsätzlich acht Jahren bleibt der Anspruch auf Eigenheimzulage jedoch erhalten, sofern Anspruchsberechtigte noch **vor dem 1.1.2006** eine **qualifizierte Investitionsentscheidung** getroffen haben.

Unter folgenden Voraussetzungen kann der Anspruch auf Eigenheimzulage auch ab 2006 (z. B. in 2025) noch erfolgreich geltend gemacht werden:

4.1.1.1 Herstellung

Im **Herstellungsfall** entscheidet der **Herstellungsbeginn vor dem 1.1.2006.** Als solcher gilt nach § 19 Abs. 5 EigZulG bei baugenehmigungspflichtigen Objekten – d. h. bei Objekten, für die eine Baugenehmigung erforderlich ist – der Tag der Bauantragstellung. Eine Bauvoranfrage ist demgegenüber unbeachtlich. Bei baugenehmigungsfreien Objekten, für die Bauunterlagen (z. B. eine Bauanzeige) einzureichen sind, gilt als solcher der Tag, an dem die Bauunterlagen eingereicht werden.

Maßgeblich ist jeweils der Zugangstag (Eingangsstempel) bei der nach Landesrecht zuständigen Bauaufsichtsbehörde. Auf das baurechtlich für den Baubeginn erforderliche Vorliegen der Baugenehmigung kommt es nicht an. Unmaßgeblich ist in diesen Fällen auch, wenn mit den eigentlichen Bauarbeiten tatsächlich erst nach dem 31.12.2005 begonnen wurde.

Bei Baumaßnahmen, die weder einen Bauantrag noch die Einreichung von Bauunterlagen erfordern, ist der Zeitpunkt maßgebend, in dem der Anspruchsberechtigte tatsächlich mit den Bauarbeiten beginnt. Ein Indiz dafür ist die Anschaffung von wesentlichem Baumaterial.

Der ursprüngliche Zugangstag bei der Baubehörde bleibt auch dann maßgebend, wenn die Bauplanung nach Beantragung noch geändert wird, ohne dass ein neuer Bauantrag erforderlich wird. Wichtig ist, dass das – tatsächlich – errichtete Objekt mit demjenigen identisch ist, das dem vor dem Stichtag eingereichten Bauantrag zugrunde liegt. Plan und Wirklichkeit (Ausführung) müssen also im Ergebnis übereinstimmen.

4.1.1.2 Anschaffung

Im **Anschaffungsfall** entscheidet der Tag des Abschlusses des rechtswirksam abgeschlossenen obligatorischen Vertrags **vor dem 1.1.2006 (notarieller Kaufvertrag** oder gleichstehender Rechtsakt, z. B. Zuschlag im Zwangsversteigerungsverfahren). Zu den obligatorischen Verträgen gehören auch Verträge über die Auseinandersetzung von Güter- und Erbengemeinschaften sowie vermögensrechtliche Auseinandersetzungen anlässlich einer Ehescheidung. Einen bürgerlich-rechtlich wirksamen, beide Vertragsparteien bindenden Vorvertrag stellt der BFH ebenfalls einen Kaufvertrag gleich. Behördliche Genehmigungserfordernisse berühren die Wirksamkeit des Verpflichtungsgeschäfts nicht (§ 184 Abs. 1 BGB). Bei Vertragsabschluss durch einen vollmachtlosen Vertreter ist die Genehmigung durch den Erwerber allerdings rechtsbegründend, sie entfaltet keine Rückwirkung.

4.1.1.3 Rohbau

Bei Erwerb eines unbebauten Grundstücks oder eines teilfertigen Gebäudes – also z. B. im Rohbaufall –, für das der Veräußerer bereits eine Baugenehmigung beantragt hat, ist nicht der Bauantrag des Veräußerers maßgebend, sondern der Herstellungsbeginn des Erwerbers, d. h. der Zeitpunkt wird im Rahmen der Eigenheimzulage nicht objekt-, sondern personenbezogen bestimmt. Das ist der Zeitpunkt, in dem der Anspruchsberechtigte den Kaufvertrag über das teilfertige Gebäude abgeschlossen hat oder bei Erwerb eines unbebauten Grundstücks mit den Bauarbeiten tatsächlich begonnen hat oder diese fortsetzt.

4.1.1.4 Errichtungsobjekt

Ein Anschaffungsfall liegt auch dann vor, wenn Vertragsgegenstand ein noch zu errichtendes Objekt ist und der Veräußerer, also nicht der Erwerber, unter wirtschaftlichen Gesichtspunkten als Hersteller (Bauherr) anzusehen ist. Dies betrifft insbesondere den Fall des Erwerbs neu errichteter Eigentumswohnungen, die bei Abschluss des Kaufvertrags noch nicht fertiggestellt sind.

4.1.1.5 Zeitpunkt der Fertigstellung oder Anschaffung

Unmaßgeblich für die Fortgeltung des EigZulG sind im Herstellungsfall der Zeitpunkt der Herstellung (Fertigstellung) und im Anschaffungsfall der Zeitpunkt der Anschaffung (die Erlangung des wirtschaftlichen Eigentums, also regelmäßig der Übergang von Besitz, Nutzen, Lasten und Gefahr des zufälligen Untergangs). Diese haben lediglich Bedeutung für den Beginn des Förderzeitraums (s. unten). Unmaßgeblich sind auch im Herstellungsfall der Zeitpunkt der Bauabnahme und im Anschaffungsfall der Zeitpunkt der Eintragung des Eigentümerwechsels im Grundbuch.

4.1.1.6 Einzug

Unbeachtlich für die Fortgeltung des EigZulG ist zudem der Beginn der Nutzung zu eigenen Wohnzwecken, also der **Tag des Einzugs.** Allerdings wird erst mit dem Einzug in die Wohnung, also dem tatsächlichen Gebrauch der Wohnung zu Wohnzwecken, der Anspruch auf Zulage begründet: **tatsächliche Förderberechtigung.** Denn ein **Anspruch** auf Eigenheimzulage besteht **nur für die Jahre** des Förderzeitraums, in denen der Anspruchsberechtigte die **Wohnung zu eigenen Wohnzwecken nutzt.**

4.1.2 Förderzeitraum

Der Förderzeitraum beginnt im Herstellungsfall immer im Jahr der Fertigstellung und im Anschaffungsfall immer im Jahr der Anschaffung (Übergang von Besitz, Nutzen, Lasten und Gefahr des zufälligen Untergangs). Dieser Beginn des Förderzeitraums ist unabhängig davon, ob in diesem Jahr die Wohnung zu eigenen Wohnzwecken genutzt wird oder evtl. – rechtlich oder tatsächlich – überhaupt nicht oder noch nicht zu eigenen Wohnzwecken genutzt werden kann. Bezieht der Anspruchsberechtigte die Wohnung nicht mehr im Jahr der Fertigstellung oder Anschaffung, verliert er also ein Jahr der Förderung (sog. Neujahrsfalle).

Der Förderzeitraum endet mit dem siebten auf das Jahr der Herstellung oder Anschaffung folgenden Jahres, und zwar ebenfalls unabhängig von dem Beginn der Nutzung zu eigenen Wohnzwecken. Dies gilt auch dann, wenn der Anspruchsberechtigte die Eigenheimzulage in einzelnen Jahren des Förderzeitraums nicht in Anspruch nehmen konnte, weil nicht sämtliche Anspruchsvoraussetzungen vorlagen.

Liegen die Voraussetzungen für die weitere Gewährung der Vergünstigungen des EigZulG vor, so sind die bisherigen Bestimmungen des EigZulG maßgebend, die bereits ab 1.1.2004 erheblich eingeschränkt wurden. **Förderungen in Anschaffungsfällen** (auch Genossenschaftsförderung) dürften wg. Zeitablaufs **nicht mehr möglich** sein, sodass im Folgenden Ausführungen auf den Herstellungsfall beschränkt werden. Für weitere Erläuterungen zum Anschaffungsfall vgl. zuletzt Anleitung zur Einkommensteuererklärung 2016.

Die Eigenheimzulage ist anders als die Steuerbegünstigung nach § 10e EStG (vgl. hierzu Tz 4.2) progressionsunabhängig ausgestaltet.

Wegen Zweifelsfragen zum EigZulG und zum – inzwischen an praktischer Bedeutung verlorenen – Vorkostenabzug bei einer hiernach begünstigten Wohnung (§ 10i EStG, vgl. Tz 4.1.4) wird auf das **BMF-Schreiben vom 21.12.2004, BStBl 2005 I S. 305** i. V. mit weiteren Änderungen hingewiesen (vgl. letztmals im EStH 2005, Anhang 34 V abgedruckt, sowie BMF-Schreiben vom 2.3.2004, BStBl I S. 363 zum Erstjahr und zur Genossenschaftsförderung).

Der Antrag auf Eigenheimzulage ist **unabhängig von der ESt-Erklärung** zu stellen. In dieser Anleitung werden deshalb auch nur die wichtigsten Grundsätze zur Eigenheimzulage erläutert. Vordruckmuster und Anleitung zum Antrag auf Eigenheimzulage wurden zuletzt im BStBl 2004 I S. 420 ff. veröffentlicht.

Der Anspruchsberechtigte muss – wie bei § 10e EStG – bürgerlichrechtlicher oder wirtschaftlicher Eigentümer der Wohnung sein (vgl. hierzu Tz 4.3.1 und BMF-Schreiben vom 21.12.2004, a. a. O., Rz 1 bis 7).

Begünstigt ist die Herstellung einer Wohnung in einem im Inland belegenen Haus (§ 2 EigZulG und BMF-Schreiben vom 21.12.2004, a. a. O., Rz 8 bis 12). Der Inlandsbezug wurde vom EuGH mit Urteil vom 17.1.2008 (BStBl II S. 326) als europarechtswidrig verworfen. Dem hat sich auch das BMF mit Schreiben vom 13.3.2008 (BStBl I S. 539) angeschlossen. Somit sind auch Wohnungen – unter den übrigen Voraussetzungen, insbesondere aber zum Anwendungszeitraum – begünstigt, die in einem anderen EU-/EWR-Staat belegen sind, nicht aber Zweitobjekte eines unbeschränkt Steuerpflichtigen mit Wohnsitz im Inland (BFH-Urteil vom 20.10.2010, BStBl 2011 II S. 342).

Nicht begünstigt sind Ferien- oder Wochenendwohnungen; das sind Wohnungen, die baurechtlich nicht ganzjährig bewohnt werden dürfen oder die sich aufgrund ihrer Bauweise nicht zum dauernden Bewohnen eignen (BMF-Schreiben vom 21.12.2004, a. a. O., Rz 13). Die Förderung von Ausbauten und Erweiterungen ist ab 1.1.2004 entfallen, es sei denn, es würde hierdurch eine neue, abgeschlossene Wohnung geschaffen. Begünstigt ist aber auch der Erwerb von Genossenschaftsanteilen (§ 17 EigZulG und BMF-Schreiben vom 21.12.2004, a. a. O., Rz 78 ff.).

Das EigZulG geht als Bemessungsgrundlage von dem allgemeinen Herstellungs- und Anschaffungskostenbegriff aus (vgl. BMF-Schreiben vom 2.10.2003, BStBl I S. 488 und ausführlich hierzu in Tz 4.3.3.1). Hinsichtlich der Abgrenzung von Aufwendungen für Instandsetzungen und Modernisierung von den Anschaffungs-/Herstellungskosten sowie zum »anschaffungsnahen Aufwand« gelten die allgemeinen Grundsätze, wie sie in den Ausführungen zu den Zeilen 54 bis 55 der Anlage V (vgl. Teil I Tz 24.10.3) dargestellt sind. Auch die Ausführungen zur Objektbeschränkung (vgl. Tz 4.3.6) und zum Folgeobjekt (vgl. Tz 4.3.7) gelten entsprechend (§§ 6, 7 EigZulG und BMF-Schreiben vom 21.12.2004, a. a. O., Rz 28 ff. und Rz 40 ff.). Wegen der großzügigeren Regelung bei der Objektbeschränkung für Ehegatten/Lebenspartner ab 2004 wird auf § 6 Abs. 2 EigZulG hingewiesen (BMF-Schreiben vom 21.12.2004, a. a. O., Rz 36 ff.).

Die **Eigenheimzulage** kann **für** das Jahr der Fertigstellung und in den folgenden 7 Jahren – also **8 Jahre** – in Anspruch genommen werden (Förderzeitraum nach § 3 EigZulG). Zu Beginn und Ende des Förderzeitraums siehe oben.

Der Anspruch auf Eigenheimzulage besteht aber stets nur für Kj., in denen der Anspruchsberechtigte die Wohnung und ihre Erweiterung(en) zu eigenen Wohnzwecken nutzt (§ 4 EigZulG und BMF-Schreiben vom 21.12.2004, a. a. O., Rz 21 ff.). Der Anspruch entsteht mit der erstmaligen Nutzung zu eigenen Wohnzwecken. Erstjahr i. S. des § 5 EigZulG ist das Jahr des Förderzeitraums, in dem der Anspruchsberechtigte die Einkunftsgrenze (s. unten) erstmals nicht überschreitet (BFH-Urteil vom 20.3.2003, BStBl 2004 II S. 206). Dies kann auch ein Jahr sein, das auf das Jahr der Herstellung oder Anschaffung folgt. Das Jahr des Bezugs der Wohnung ist für die Bestimmung des Erstjahrs unbeachtlich (BMF-Schreiben vom 2.3.2004, BStBl I S. 363). Eine Nutzung zu eigenen Wohnzwecken liegt auch vor, soweit eine Wohnung unentgeltlich an einen Angehörigen (i. S. des § 15 AO) zu Wohnzwecken überlassen wird (§ 4 Satz 2 EStG). »Unentgeltlich« ist nur eine Wohnungsüberlassung, für die keinerlei Entgelt gezahlt wird; ein Entgelt gleich welcher Art und Höhe ist förderungsschädlich (BFH-Urteil vom 31.7.2001, BStBl 2002 II S. 77). Unschädlich ist aber, wenn der Nutzende die verbrauchsabhängigen und umlagegefähigen Betriebskosten (z. B. für Strom, Wasser, Abwasser und Heizung) übernimmt (BMF-Schreiben vom 21.12.2004, a. a. O., Rz 22).

Der Anspruchsberechtigte kann nach der Neuregelung ab 2004 die Eigenheimzulage ab dem Jahr in Anspruch nehmen (Erstjahr), in dem die Summe der positiven Einkünfte (§ 2 Abs. 2 EStG) des Erstjahrs zzgl. der Summe der positiven Einkünfte des vorangegangenen Jahres (Vorjahrs) 70 000 €/140 000 € für Ledige/Verheiratete (§ 26 Abs. 1 EStG) nicht übersteigt (§ 5 EigZulG). Die Verdoppelung gilt auch für Partner einer eingetragenen Lebenspartnerschaft (Art. 8 des Gesetzes zur Anpassung steuerlicher Regelungen an die Rspr. des BVerfG vom 18.7.2014, BGBl I S. 1062).

Die für die Gewährung der Eigenheimzulage maßgebende Einkunftsgrenze ist unabhängig von der bestandskräftig gewordenen ESt-Festsetzung zu ermitteln. Hat der Anspruchsberechtigte bei der bestandskräftig gewordenen ESt-Veranlagung jedoch von einem Wahlrecht Gebrauch gemacht, kann er im Rahmen des Antrags auf EigZul sein Wahlrecht nicht abweichend ausüben. Er kann daher z. B. keine höheren Sonderabschreibungen in Anspruch nehmen, um die maßgebende Einkunftsgrenze nicht zu überschreiten (BFH-Urteil vom 4.11.2004, BStBl 2005 II S. 290).

Die Beträge erhöhen sich für jedes Kind, für das im Erstjahr die Voraussetzungen für die Inanspruchnahme der Kinderzulage von 800 € (s. unten) vorliegen, um 30 000 €. Erhält der Wohnungseigentümer als Miteigentümer der Wohnung die Kinderzulage nur zur Hälfte, weil neben ihm auch der andere Elternteil des Kindes an der Wohnung beteiligt ist und Anspruch auf die Eigenheimzulage hat (z. B. bei einem unverheirateten Elternpaar), so erhöht sich in dem zweijährigen Beurteilungszeitraum der Betrag nur um 15 000 €.

Zur Ermittlung der Einkunftsgrenze nach § 5 EigZulG siehe im Einzelnen BMF-Schreiben vom 21.12.2004 (a. a. O., Rz 23 ff.).

4.1.3 Förderhöhe

4.1.3.1 Eigenheimzulage

Die Eigenheimzulage setzt sich je nach Einzelfall wie folgt zusammen (§ 9 EigZulG):

4.1.3.1.1 Fördergrundbetrag

Bemessungsgrundlage für den Fördergrundbetrag sind die **Herstellungs- oder anschaffungsnahen Herstellungskosten** der Wohnung zzgl. der Anschaffungskosten für den Grund und Boden (dieser ebenfalls in voller Höhe) sowie die Aufwendungen für Instandsetzungs- und Modernisierungsmaßnahmen, die innerhalb von zwei Jahren nach der Anschaffung an der Wohnung durchgeführt werden. Zu den Aufwendungen gehören nicht die Aufwendungen für Erhaltungsarbeiten, die jährlich üblicherweise anfallen (§ 8 EigZulG und BMF-Schreiben vom 21.12.2004, a. a. O., Rz 48 ff.). Die Eigenheimzulage steht dem Anspruchsberechtigten auch dann in vollem Umfang zu, wenn er die Wohnung nur während eines Teils des Jahres zu eigenen Wohnzwecken genutzt hat (BMF-Schreiben vom 21.12.2004, a. a. O., Rz 55).

Für Objekte mit Baubeginn/Kaufvertrag **nach dem 31.12.2003** (s. oben) beträgt der Fördergrundbetrag **1 %** der Bemessungsgrundlage, **höchstens 1 250 €**.

Der Fördergrundbetrag kann bei mehreren Anspruchsberechtigten nur **entsprechend den Miteigentumsanteilen** aufgeteilt werden (§ 9 Abs. 2 EigZulG). Siehe zur Anspruchsberechtigung bei Miteigentum BFH-Urteile vom 29.3.2000 (BStBl II S. 352), vom 6.4.2000 (BStBl II S. 414) und vom 5.6.2003 (BStBl II S. 744). Diese

Grundsätze gelten auch bei einer Erbengemeinschaft (BFH-Urteil vom 15.7.2004, BStBl 2005 II S. 82) und für Objekte, die sich im Gesamthandsvermögen einer Personengesellschaft befinden (BFH-Urteil vom 24.6.2004, BStBl 2005 II S. 128). Der anteilige Anspruch auf den Fördergrundbetrag besteht unabhängig davon, ob die anderen Miteigentümer die Voraussetzungen für die Inanspruchnahme einer Eigenheimzulage erfüllen; dagegen hat der Miteigentümer Anspruch auf den ungekürzten Fördergrundbetrag, wenn die anderen Miteigentümer nicht unbeschränkt einkommensteuerpflichtig und deshalb keine Anspruchsberechtigten i. S. des § 1 EigZulG sind (BFH-Urteil vom 24.6.2004, a. a. O.). Auch wenn der Miteigentümer eines Zwei- oder Mehrfamilienhauses mit Einverständnis der übrigen Miteigentümer eine Wohnung allein bewohnt, steht ihm der Fördergrundbetrag nur entsprechend seinem Miteigentumsanteil zu (BFH-Urteil vom 19.5.2004, BStBl 2005 II S. 77).

4.1.3.1.2 Ökokomponente

Die Ökokomponente beträgt zusätzlich

- 2 % der Investitionskosten für bestimmte Wärmepumpen, Solaranlagen und Wärmerückgewinnungsanlagen, im Neubau und Altbau höchstens 256 € jährlich für die Dauer von acht Jahren (§ 9 Abs. 3 EigZulG);
- 205 € jährliche Erhöhung des Fördergrundbetrags für Niedrigenergiehäuser für die Dauer von acht Jahren (§ 9 Abs. 4 EigZulG).

Zur Zusatzförderung für energiesparende Anlagen und Niedrigenergiehäuser siehe BMF-Schreiben vom 15.5.1997 (BStBl I S. 625).

4.1.3.1.3 Kinderzulage

Gewährt wird zudem eine **Kinderzulage** von **800 €** für jedes Kind bei Haushaltszugehörigkeit und Anspruch auf Kinderfreibetrag/Kindergeld (§ 9 Abs. 5 EigZulG und BMF-Schreiben vom 21.12.2004, a. a. O., Rz 61 ff.). Bei Bauantrag vor dem 1.1.2004 (sog. Altregelung) beträgt die Kinderzulage nur 767 €, auch wenn später – aber innerhalb des Förderzeitraums – ein zum Haushalt des Förderberechtigten gehörendes Kind hinzukommt. Die Inanspruchnahme der Kinderzulage setzt voraus, dass der Anspruchsberechtigte oder sein Ehegatte/Lebenspartner für das jeweilige Jahr des Förderzeitraums zumindest für einen Monat für das Kind Kindergeld oder einen Kinderfreibetrag nach § 32 Abs. 6 EStG erhält (BFH-Urteil vom 14.5.2002, BStBl 2003 II S. 236) und das Kind im Zeitpunkt der Herstellung des Objekts oder zu einem späteren Zeitpunkt im Förderzeitraum zum inländischen Haushalt des Anspruchsberechtigten gehört oder gehört hat (BFH-Urteile vom 13.9.2001, BStBl 2003 II S. 232; und vom 23.4.2002, BStBl 2003 II S. 235). Dies gilt nach dem BMF-Schreiben vom 13.3.2008 (BStBl I S. 539) auch für einen im EU-/EWR-Staat belegenen Haushalt. Nicht Voraussetzung ist, dass das Kind in dem begünstigten Objekt wohnt. Ein Kind gehört zum Haushalt des Anspruchsberechtigten, wenn es bei einheitlicher Wirtschaftsführung unter Leitung des Anspruchsberechtigten dessen Wohnung teilt oder sich mit seiner Einwilligung vorübergehend außerhalb seiner Wohnung aufhält, z. B. am Ausbildungsort (BFH-Urteil vom 23.4.2002, BStBl 2003 II S. 234). Nach dem BFH-Urteil vom 22.9.2004 (BStBl 2005 II S. 326) ist die Haushaltszugehörigkeit eines Kindes allerdings nur dann zu bejahen, wenn der Aufenthalt des Kindes im Haushalt die Dauer üblicher Besuche in den Ferien oder im Urlaub (regelmäßig 6 Wochen im Jahr) übersteigt. Wegen weiterer Einzelheiten siehe BMF-Schreiben vom 18.2.2003 (BStBl I S. 182).

4.1.3.2 Genossenschaftsförderung

Bei **Genossenschaftsanteilen** betrug der Fördergrundbetrag 3 % der Anschaffungskosten von mindestens **5 000 €, höchstens 1 200 €** jährlich und die Kinderzulage **250 €** jährlich.

4.1.4 Förderbeschränkung

Die Summe der Fördergrundbeträge und der Kinderzulagen darf die Bemessungsgrundlage nach § 8 EigZulG nicht überschreiten.

Die mit dem EigZulG verbundenen bisherigen Steuerbegünstigungen nach § 10i EStG, nämlich die Vorkostenpauschale von 1 790 € und die Möglichkeit, vor Bezug entstandene Erhaltungsaufwendungen bis zu 11 504 € abzuziehen, sind bereits ab 1.1.1999 entfallen (§ 52 Abs. 21 EStG a. F.). Mit dem Gesetz zur Modernisierung des Besteuerungsverfahrens vom 18.7.2016 (BGBl I S. 1679) wurde § 10i EStG auch aufgehoben. Bei Herstellung oder Anschaffung vor dem 1.1.1999 können aber die Vergünstigungen des § 10i EStG unter bestimmten Voraussetzungen noch gewährt werden. Die ggf. noch abzugsfähigen Vorkosten nach § 10i EStG sind wie Sonderausgaben geltend zu machen. Aufgrund der inzwischen geringen praktischen Bedeutung sind jedoch keine gesonderten Eintragungsmöglichkeiten in der Anlage FW mehr enthalten. Liegen gleichwohl die Voraussetzungen für einen Abzug vor, ist dieser auf einem besonderen Blatt zu beantragen. Wegen der Einzelheiten hierzu vgl. die Ausführungen in der Anleitung zur Einkommensteuererklärung 2006, Anlage FW, Zeilen 15 bis 18.

Die **Festsetzung** für das Erstjahr und die sieben folgenden Jahre erfolgt durch Bescheid des Finanzamts. Die **Auszahlung** für das Erstjahr erfolgt nach Ergehen dieses Bescheids, für die Folgejahre jeweils am 15.3. Bei Änderung der Verhältnisse besteht eine **Anzeigepflicht** des Steuerpflichtigen.

4.2 Wohneigentumsförderung nach § 10e EStG, nach § 15b BerlinFG und nach § 34f Abs. 2 und 3 EStG

Vor Einführung der Eigenheimzulage (vgl. Tz 4.1) erfolgte die Förderung des Wohneigentums durch die unmittelbar im EStG verankerte Regelung in § 10e EStG und § 34f Abs. 2 und 3 EStG sowie durch § 15b BerlinFG:

- **§ 10e EStG** beinhaltet eine sog. **Grundförderung** des Erwerbs oder der Herstellung von **selbstgenutztem Wohneigentum** durch Abzug »wie Sonderausgaben« (vgl. Tz 4.3).
- **§ 15b BerlinFG** fördert, soweit er noch von Bedeutung ist, das selbstgenutzte Wohneigentum in **Berlin** (vgl. Tz 6.5.7).
- **§ 34f Abs. 2 und 3 EStG** sehen eine Steuerermäßigung für Kinder durch das sog. **Baukindergeld** vor, nämlich die Gewährung eines Steuerabzugsbetrags auch schon für das erste Kind (vgl. Tz 4.6 und Teil I Tz 27.6 unter Erläuterungen zur Anlage FW, Zeile 19, der **Anleitung zur Einkommensteuererklärung 2024**).
- **§ 10e Abs. 6 EStG** ermöglicht den Abzug von sog. **Vorkosten,** die vor dem erstmaligen Bezug der selbstgenutzten Wohnung entstanden sind (vgl. Tz 4.6).

4.3 Grundförderung nach § 10e EStG

Die Grundförderung des § 10e EStG gilt nur noch in Fällen, in denen der **Bauantrag vor dem 1.1.1996** gestellt bzw. mit den Bauarbeiten begonnen **oder** der **Kaufvertrag** vor diesem Zeitpunkt rechtswirksam abgeschlossen wurde. Der Abzugszeitraum begann im Falle der **Anschaffung** mit dem Übergang des wirtschaftlichen Eigentums und im Falle der **Herstellung** eines Gebäudes erst mit dem Jahr seiner Fertigstellung. Der Wohnungseigentümer kann (nur noch im Herstellungsfall)/konnte für die eigengenutzte inländische Wohnung während eines **achtjährigen** Abzugszeitraums von den Anschaffungs- oder Herstellungskosten der Wohnung zzgl. 50 % der Anschaffungskosten des zur Wohnung gehörenden Grund und Bodens (= Bemessungsgrundlage) unter den gesetzlichen Voraussetzungen bestimmte Beträge **wie Sonderausgaben** abziehen. Wegen der jeweils maßgeblichen »Abzugsbeträge nach § 10e EStG« wird auf die Erläuterungen zu den Zeilen 17 bis 18 der Anlage FW (vgl. Teil I Tz 27.4 der **Anleitung zur Einkommensteuererklärung 2024**) hingewiesen.

Bei Bauantrag/Baubeginn/Kaufvertrag **nach dem 31.12.1991** wurde die Förderung durch eine **Einkunftsgrenze von 61 355/122 710 €** eingeschränkt (vgl. Teil I Tz 27.4 unter Erläuterungen zur Anlage FW, Zeile 18, der **Anleitung zur Einkommensteuererklärung 2024**).

Zum Tag der **Bauantragsstellung** und zum **Beginn der Bauarbeiten** wird auf die Ausführungen in Tz 4.1 hingewiesen (siehe auch BFH-Urteil vom 30.9.2003, BStBl 2004 II S. 209). Zum Zeitpunkt der **Fertigstellung** und zum Zeitpunkt der **Anschaffung** siehe Erläuterungen zu den Zeilen 7 bis 9 der Anlage FW (vgl. Teil I Tz 27.1.5).

Die bundeseinheitliche Auffassung der Finanzverwaltung zur steuerlichen Förderung des Wohneigentums nach **§ 10e EStG** ergibt sich aus dem **BMF-Schreiben vom 31.12.1994, BStBl I S. 887.**

ALLGEMEINER HINWEIS:
Da § 10e EStG nur noch in Fällen anzuwenden ist, in denen der Bauantrag vor dem 1.1.1996 gestellt oder der Kaufvertrag vor diesem Zeitpunkt abgeschlossen wurde (s. oben), ist die praktische Bedeutung des § 10e EStG stark rückläufig. Förderfähige Anschaffungsfälle dürften nicht mehr vorkommen. In den folgenden Ausführungen wird deshalb im Rahmen der bisherigen Gliederung zu einem großen Teil auf die Ausführungen in der Anleitung zur Einkommensteuererklärung 2003, Teil II Tz 3 ff. verwiesen. Soweit die Erläuterungen bei der Erstellung von späteren ESt-Erklärungen auch in anderem Zusammenhang von Bedeutung sein können, wurden sie beibehalten und wie bisher fortgeführt.

4.3.1 Begünstigter Personenkreis

Anspruchsberechtigt nach § 10e Abs. 1 EStG ist grundsätzlich der **bürgerlich-rechtliche Eigentümer** (Hauseigentümer) oder Eigentümer einer Eigentumswohnung oder der **wirtschaftliche Eigentümer** der Wohnung, vorausgesetzt, sie haben die Herstellungs- oder Anschaffungskosten getragen (BFH-Urteil vom 20.9.1995, BStBl 1996 II S. 186). Anspruchsberechtigt sind auch deren Gesamtrechtsnachfolger (Erben); der unentgeltliche Einzelrechtsnachfolger ist nicht anspruchsberechtigt (BFH-Urteil vom 4.12.1991, BStBl 1992 II S. 295). Zur Rechtsstellung des **Gesamtrechtsnachfolgers (Erben)** und des **unentgeltlichen Einzelrechtsnachfolgers** (Schenkung, vorweggenommene Erbfolge) vgl. Tz 4.3.3.3.

Auch im Falle einer sog. **mittelbaren Grundstücksschenkung** besteht keine Anspruchsberechtigung (vgl. Tz 4.3.3.3.8). Wer dagegen mit geschenktem Geld ein Objekt i. S. des § 10e EStG angeschafft oder hergestellt hat, kommt in den Genuss dieser Vergünstigung.

Bürgerlich-rechtlicher Eigentümer des Gebäudes kann auch derjenige werden, der in Ausübung seines Rechts auf dem fremden Grundstück ein Gebäude (Bauwerk) errichtet hat (§ 95 Abs. 1 Satz 2 BGB), also z. B. der **Nießbraucher** oder der **Erbbauberechtigte** (§ 12 ErbbauVO), im letzteren Fall unabhängig davon, ob das Erbbaurecht vor oder nach Gebäudeerrichtung bestellt wird (BFH-Urteil vom 19.1.1982, BStBl II S. 533). Überträgt allerdings der Anspruchsberechtigte nach § 10e EStG vor Ablauf des Begünstigungszeitraums das Eigentum an seiner Wohnung unter Vorbehalt des lebenslänglichen Nießbrauchs auf einen Dritten, bleibt er im Regelfall nicht wirtschaftlicher Eigentümer und kann daher § 10e EStG nicht mehr beanspruchen (BFH-Urteil vom 28.7.1999, BStBl 2000 II S. 653).

Wirtschaftliches Eigentum (§ 39 Abs. 2 Nr. 1 AO) das bereits zur Inanspruchnahme der Grundförderung berechtigt, ist als Vorstufe des bürgerlich-rechtlichen Eigentums auch schon vor der Grundbucheintragung anzunehmen, wenn nach der Vereinbarung im notariellen Kaufvertrag **Besitz, Nutzungen, Lasten und Gefahr des zufälligen Untergangs auf den Erwerber übergegangen** sind (siehe auch BFH-Urteil vom 4.6.2003, BStBl II S. 751). Ab diesem Jahr beginnt beim Erwerber einer Wohnung der Abzugszeitraum. Der Übergang des wirtschaftlichen Eigentums auf den Erwerber ist zugleich der Zeitpunkt der »Anschaffung« i. S. des § 10e Abs. 1 EStG (vgl. Teil I Tz 27.1.5 unter Erläuterungen zur Anlage FW, Zeilen 7 bis 9). Der Zeitpunkt des Antrags auf Baugenehmigung oder in Anschaffungsgeschäften der Zeitpunkt des Abschlusses des notariellen Kaufvertrags ist unerheblich. Der Dauerwohnberechtigte (§§ 31 ff. WEG) ist nur dann als wirtschaftlicher Eigentümer der Wohnung anzusehen, wenn seine Rechtsstellung bei wirtschaftlicher Betrachtungsweise den Rechten und Pflichten eines Eigentümers einer bereits vorhandenen Wohnung entspricht und wenn er bei Beendigung des Dauerwohnrechts eine angemessene Entschädigung erhält (BFH-Urteil vom 22.10.1985, BStBl 1986 II S. 258). Bei der Nutzung allein aufgrund eines dinglichen oder schuldrechtlichen Nutzungsrechts an einer bereits vorhandenen Wohnung liegt wirtschaftliches Eigentum grundsätzlich nicht vor, sodass eine Grundförderung nicht in Betracht kommt. Dies gilt in der Regel selbst dann, wenn die Wohnung aufgrund eines lebenslänglichen Vorbehaltsnießbrauchs genutzt wird (BFH-Urteil vom 8.12.1983, BStBl 1984 II S. 202; sowie BFH-Urteil vom 28.7.1999, a. a. O.). Will der bisherige Eigentümer sein bisheriges Wohnrecht an der Wohnung behalten und die Förderung weiterhin in Anspruch nehmen, so muss er das Gebäude in Eigentumswohnungen aufteilen und seine Wohnung zurückbehalten. Errichtet der Steuerpflichtige aber auf eigene Kosten auf einem fremden Grundstück mit Zustimmung des Eigentümers ein Haus für eigene Wohnzwecke und steht ihm aufgrund eindeutiger, vor Bebauung getroffener Vereinbarung ein (schuldrechtliches oder dingliches) Nutzungsrecht für die gesamte voraussichtliche Nutzungsdauer des Gebäudes zu, ist er als dessen wirtschaftlicher (Mit-) Eigentümer zur Inanspruchnahme des § 10e EStG berechtigt (BFH-Urteil vom 27.11.1996, BStBl 1998 II S. 97 und zur Eigenheimzulage BFH-Urteil vom 24.6.2004, BStBl 2005 II S. 80). Dies gilt auch für den Ehegatten/Lebenspartner, dem unter den o. g. Voraussetzungen ein dauerndes Mit-Nutzungsrecht eingeräumt wird (siehe auch BMF-Schreiben vom 10.2.1998, BStBl I S. 190, Rz 10).

Wirtschaftliches Eigentum ist aber auch dann zu bejahen, wenn der Nutzungsberechtigte die ihm zur Nutzung überlassene Wohnung auf einem fremden Grundstück **für eigene Rechnung hergestellt** hat, **wenn** ihm für den Fall der Nutzungsbeendigung ein Anspruch auf **Ersatz des vollen Verkehrswerts der Wohnung** zusteht. Ein solcher Anspruch kann sich aus einer vertraglichen Vereinbarung oder aus dem Gesetz, insbesondere aus Bereicherungsrecht, ergeben (z. B. Errichtung eines Gebäudes in der Erwartung, auch Eigentümer des Grundstücks zu werden; BMF-Schreiben vom 10.4.2002, BStBl I S. 525 unter Hinweis auf BFH-Urteil vom 18.7.2001, BStBl 2002 II S. 281). Dies gilt auch, wenn z. B. dem Partner einer nichtehelichen Lebensgemeinschaft, der gemeinsam auf einem Grundstück seines Partners ein Einfamilienhaus errichtet, für den Fall des Scheiterns der Lebensgemeinschaft ein Ausgleichsanspruch gegen den zivilrechtlichen Eigentümer in Höhe des hälftigen Verkehrswerts des Gebäudes zusteht (BFH-Urteil vom 18.7.2001, BStBl 2002 II S. 278). Für den Fall des Hinzuerwerbs des Grundstücksanteils des anderen Ehegatten nach der Scheidung siehe BFH-Urteil vom 18.7.2001 (BStBl 2002 II S. 284). Zur Anwendung der drei o. g. BFH-Urteile vom 18.7.2001 siehe BMF-Schreiben vom 10.4.2002, a. a. O. Nach dem BFH-Urteil vom 22.1.2004 (BStBl II S. 542, Leitsatz 4) kann wirtschaftliches Eigentum aber auch durch **schuldrechtliche** Vereinbarung **vom bisherigen wirtschaftlichen Eigentümer** erworben werden, wenn der Erwerber das uneingeschränkte Nutzungsrecht an dem Gebäude erlangt, das Nutzungsrecht übertragen kann oder bei Beendigung des Nutzungsverhältnisses einen Ersatzanspruch in Höhe des Verkehrswertes des Gebäudes gegen den Eigentümer des Grund und Bodens hat.

Errichten **Ehegatten/Lebenspartner** auf einem in ihrem **Miteigentum** stehenden Grundstück ein Eigenheim auf **gemeinsame Rechnung,** ist grundsätzlich davon auszugehen, dass jeder Ehegatte/Lebenspartner seinem Miteigentumsanteil entsprechend zu den Herstellungskosten des Hauses beigetragen hat. Sind die tatsächlichen finanziellen Beiträge der Ehegatten/Lebenspartner unterschiedlich hoch, dann hat sowohl zivilrechtlich als auch steuerrechtlich der Ehegatte/Lebenspartner, der aus eigenen Mitteln mehr beigesteuert hat als es seinem Miteigentum entspricht, den Mehrbetrag seinem Ehegatten/Lebenspartner zugewandt. Jeder der Ehegatten/Lebenspartner ist so zu behandeln, als habe er die seinem Miteigentumsanteil entsprechenden Herstellungskosten selbst getragen. Deshalb erhalten z. B. auch beide Ehegatten/Lebenspartner für ihren Miteigentumsanteil die Eigenheimzulage (vgl. Tz 4.1.1.1 »Fördergrundbetrag«). Ein Ausgleichsanspruch wegen finanzieller Mehrleistungen des einen Ehegatten/Lebenspartner kommt grundsätzlich nicht in Betracht. Damit scheidet auch wirtschaftliches Eigentum hinsichtlich des Miteigentumsanteils des anderen Ehegatten/Lebenspartners aus. Wollen die Ehegatten/Lebenspartner, dass der Bauende wirtschaftliches Eigentum am gesamten Grundstück erhält, müssen sie dies durch eindeutige und im Voraus getroffene Abmachungen – wie unter Fremden – regeln (BFH-Urteil vom 18.7.2001, BStBl 2002 II S. 284). Dieselbe

Auffassung liegt auch dem BFH-Urteil vom 14.5.2002 (BStBl II S. 741) zugrunde; hiernach ist der Ehegatte/Lebenspartner als hälftiger Grundstückseigentümer dann wirtschaftlicher Eigentümer der im zivilrechtlichen Eigentum des anderen Ehegatten/Lebenspartner stehenden Gebäudehälfte, wenn er auf eigene Rechnung und Gefahr mit Einverständnis seines Ehegatten/Lebenspartners das Gebäude errichtet hat und ihm deshalb bei Beendigung der Nutzung ein gesetzlicher Anspruch auf Entschädigung nach §§ 951, 812 BGB zusteht (für die AfA-Befugnis ist es nach der Entscheidung des GrS des BFH vom 23.8.1999, BStBl II S. 774 allerdings unerheblich, ob der Steuerpflichtige bürgerlich-rechtlicher oder wirtschaftlicher Eigentümer des Wirtschaftsguts ist, für das er die Aufwendungen getragen hat, vgl. Tz 2.13 und BFH-Urteil vom 9.3.2016, BStBl II S. 976 und BMF-Schreiben vom 16.12.2016, BStBl I S. 1431). Errichtet ein Ehegatte/Lebenspartner ein Gebäude auf einem Grundstück, das im Alleineigentum des anderen Ehegatten/Lebenspartners steht, so besteht grundsätzlich kein gesetzlicher Ausgleichsanspruch. Wirtschaftliches Eigentum kann deshalb auch in diesen Fällen in aller Regel nur angenommen werden, wenn die Ehegatten/Lebenspartner – nach den allgemeinen Grundsätzen für die steuerrechtliche Anerkennung von Verträgen zwischen nahen Angehörigen – eindeutig und im Voraus Vereinbarungen über einen Ausgleichsanspruch treffen.

Vgl. zum begünstigten Personenkreis nach **§ 10e EStG** auch BMF-Schreiben vom 31.12.1994 (a. a. O., Tz 2 bis 6) und zur **Eigenheimzulage** BMF-Schreiben vom 21.12.2004 (BStBl 2005 I S. 305, Rz 1 ff.). BMF-Schreiben vom 21.12.2004 (BStBl 2005 I S. 305, Rz 1 ff.).

4.3.2 Begünstigte Objekte: Wohnungen, Ausbauten, Erweiterungen – Erfordernis der Selbstnutzung (Nutzung zu eigenen Wohnzwecken)

Insoweit wird auf die Ausführungen in der Anleitung zur Einkommensteuererklärung **2003**, Teil II Tz 3.3.2. hingewiesen.

Siehe »**Allgemeiner Hinweis**« unter Tz 4.3. Außerdem ist zu beachten:

Werden für eine Eigentumswohnung am Beschäftigungsort zulässigerweise Werbungskosten wegen **doppelter Haushaltsführung** bei den Einkünften aus nichtselbständiger Arbeit berücksichtigt (vgl. Teil I Tz 12 unter Erläuterungen zur Anlage N-Doppelte Haushaltsführung, Zeilen 23 und 24), so kann daneben **nicht** auch noch die Steuervergünstigung nach **§ 10e EStG** (»wie Sonderausgaben«) in Anspruch genommen werden, und zwar weder die Grundförderung nach § 10e Abs. 1 EStG noch der Vorkostenabzug nach § 10e Abs. 6 EStG (ebenso BFH-Urteile vom 14.12.1994, BStBl 1995 II S. 259; und vom 11.12.1996, BStBl 1997 II S. 221), auch nicht insoweit, als AfA-Beträge im Rahmen der Werbungskosten ohne Auswirkungen bleiben (z. B. wegen der gesetzlich vorgeschriebenen Beschränkung auf die »notwendigen« Aufwendungen bei der doppelten Haushaltsführung; vgl. Teil I Tz 12 unter Erläuterungen zur Anlage N-Doppelte Haushaltsführung, Zeilen 23 und 24). Es besteht generell ein Vorrang des Werbungskosten-/Betriebsausgaben-Abzugs gegenüber § 10e Abs. 1 bis 5 EStG (BMF-Schreiben vom 31.12.1994, a. a. O., Tz 1). Entsprechendes gilt auch für die Eigenheimzulage (§ 2 EigZulG).

Allerdings ist dem Steuerpflichtigen nicht verwehrt, anstelle der Kosten für doppelte Haushaltsführung nur die Aufwendungen für Fahrten zwischen der weiter entfernt liegenden Familienwohnung und der Tätigkeitsstätte geltend zu machen (BFH-Urteile vom 13.12.1985, BStBl 1986 II S. 221; und vom 9.6.1988, BStBl II S. 990). Vgl. Teil I Tz 12 unter Erläuterungen zur Anlage N-Doppelte Haushaltsführung, Zeile 12 zu diesem Wahlrecht und R 9.11 Abs. 5 Satz 2 LStR. In diesem Fall, in dem für die Wohnung keine Aufwendungen als Werbungskosten bei den Einkünften aus nichtselbständiger Arbeit zum Abzug kommen, kann für die Wohnung am Beschäftigungsort ein Abzugsbetrag nach § 10e Abs. 1 EStG sowie ggf. der Vorkostenabzug nach § 10e Abs. 6 EStG geltend gemacht werden, wenn der Arbeitnehmer statt der durch die doppelte Haushaltsführung entstandenen Mehraufwendungen lediglich die Aufwendungen für die Wege zwischen Beschäftigungsort und Wohnort bei den Einkünften aus nichtselbständiger Arbeit in Anspruch nimmt (BFH-Urteil vom 27.7.2000, BStBl II S. 692; siehe auch BMF-Schreiben vom 10.5.1989, BStBl I S. 165). Baukindergeld für eine solche Wohnung ist dennoch nicht möglich, da diese Wohnung nicht der Deckung des höheren Wohnraumbedarfs der Kinder dient (BFH-Urteil vom 14.3.1989, BStBl II S. 776).

Werden Teile der Wohnung nicht zu eigenen Wohnzwecken, sondern zur Einkunftserzielung genutzt, wie z. B. ein **häusliches Arbeitszimmer** oder andere **gewerblich** oder **beruflich** genutzte Räume oder **vermietete Räume**, so wird zwar die Bemessungsgrundlage, nicht dagegen der Abzugsbetrag – vgl. Teil I Tz 27.2.2 unter Erläuterungen zur Anlage FW, Zeilen 9 bis 10 – gekürzt (BMF-Schreiben vom 31.12.1994, a. a. O., Rz 54). Es sind also die gesamten Herstellungs- oder anschaffungsnahen Herstellungskosten der Wohnung einschließlich der hälftigen Anschaffungskosten für den dazugehörenden Grund und Boden aufzuteilen, d. h. die Bemessungsgrundlage (vgl. Tz 4.3.3) ist um den auf den nicht zu eigenen Wohnzwecken entfallenden Teil zu kürzen (§ 10e Abs. 1 Satz 7 EStG) und zwar auch dann, wenn mangels gesetzlicher Voraussetzungen ein Werbungskostenabzug wegen des Arbeitszimmers nicht in Betracht kommt (BFH-Urteil vom 27.9.2001, BStBl 2002 II S. 51). Aufwendungen, die ausschließlich auf einen Teil der Wohnung entfallen, sind nur diesem Teil zuzuordnen mit der Folge, dass sie entweder in voller Höhe oder gar nicht zu der Bemessungsgrundlage gehören. Dient eine Garage der Unterbringung eines Pkw, der sowohl beruflich als auch privat genutzt wird, ist aus Vereinfachungsgründen von einer Kürzung der Bemessungsgrundlage abzusehen (BMF-Schreiben vom 31.12.1994, a. a. O., Tz 54). Die Bemessungsgrundlage ist grundsätzlich nach dem Verhältnis der Grundfläche der gewerblichen oder beruflichen Zwecken dienenden Räume zur gesamten Nutzfläche der Wohnung aufzuteilen. Der auf ein häusliches Arbeitszimmer entfallende Anteil der Bemessungsgrundlage bestimmt sich nach dem Verhältnis der Wohnfläche der gesamten Wohnung einschließlich des Arbeitszimmers zur Grundfläche des Arbeitszimmers (BMF-Schreiben vom 31.12.1994, Tz 54 und BFH-Urteile vom 18.10.1983, BStBl 1984 II S. 112; vom 10.4.1987, BStBl II S. 500). Beträgt die Bemessungsgrundlage für ein Einfamilienhaus z. B. 200 000 € und nutzt der Eigentümer ein Arbeitszimmer mit 10 % der Gesamtwohnfläche für berufliche Zwecke, so erhält er einen Förderbetrag von z. B. jährlich 10 124 € (vgl. Teil I Tz 27.2.2 unter Erläuterungen zur Anlage FW, Zeilen 9 bis 10), da die gekürzte Bemessungsgrundlage immer noch (200 000 € ./. 10 % von 200 000 € =) 180 000 € beträgt.

4.3.3 Bemessungsgrundlage (Herstellungskosten/Anschaffungskosten) – Höhe der Grundförderung (Abzugsbetrag) – Abzugszeitraum – unentgeltlicher oder entgeltlicher Erwerb – Miteigentümer

Der Wohnungseigentümer kann nach § 10e Abs. 1 EStG während eines achtjährigen Abzugszeitraums von den **Herstellungskosten oder anschaffungsnahen Herstellungskosten** eines begünstigten Objekts **zzgl.** der **Hälfte der Anschaffungskosten für den dazugehörenden Grund und Boden (= Bemessungsgrundlage)** einen gesetzlich begrenzten Betrag wie Sonderausgaben abziehen. Entsprechend der jeweils gültigen Fassung des § 10e EStG (vgl. Teil I Tz 27.4 unter Erläuterungen zur Anlage FW, Zeilen 17 bis 18, »Abzugsbeträge«, »Bemessungsgrundlage« der **Anleitung zur Einkommensteuererklärung 2024**) sind dies, jährlich **bis zu 6 %** – oder **bis zu 5 %** der Bemessungsgrundlage, höchstens jeweils **10 124 €** – oder **8 437 €**.

Daraus ergibt sich rechnerisch, dass sich die **Bemessungsgrundlage** nur bis zur Höhe von **168 726 €** auswirkt. Beim Erwerb von **Altobjekten** nach dem 31.12.1993 beträgt diese Vergünstigung ebenfalls 6 % oder 5 %, aber höchstens jeweils **4 602 € oder 3 835 €**, sodass sich die Bemessungsgrundlage nur bis zur Höhe von **76 694 €** auswirkt.

4.3.3.1 Herstellungskosten und Anschaffungskosten

Der Begriff **Herstellungskosten** i. S. des § 10e EStG unterscheidet sich grundsätzlich nicht von dem allgemeinen steuerrechtlichen Begriff der Herstellungskosten. Dies gilt auch für nachträgliche Herstellungskosten (vgl. Teil I Tz 27.6.2 unter Erläuterungen zur

Anlage FW, Zeile 17, der **Anleitung zur Einkommensteuererklärung 2024**). Im Steuerrecht ist für die Definition der Anschaffungs- und Herstellungskosten allein § 255 HGB maßgebend (vgl. Teil I Tz 24.10.3.2, 1. unter Erläuterungen zur Anlage V, Zeilen 55 bis 56). **Herstellungskosten** sind Aufwendungen, die durch den Verbrauch von Gütern und die Inanspruchnahme von Diensten für die **Herstellung** eines Vermögensgegenstandes, seine **Erweiterung** oder für eine über seinen ursprünglichen Zustand hinausgehende **wesentliche Verbesserung** entstehen, also die **gesamten Aufwendungen** des Steuerpflichtigen zur Herstellung des Gebäudes (§ 255 Abs. 2 Satz 1 HGB). Ob diese Aufwendungen aus eigenen Mitteln des Bauherrn oder aus fremden, durch Kreditaufnahme beschafften Mitteln bestritten werden, ist für die Bemessung der erhöhten Absetzungen unerheblich. Es ist von den Herstellungs- oder Anschaffungskosten auszugehen, die bis zum Ende des jeweiligen Kj. **angefallen** sind. Ob sie im gleichen Jahr oder erst später bezahlt worden sind, ist ohne Bedeutung. Wegen der Ermittlung der Herstellungskosten nach § 10e EStG, wenn zunächst ein **nicht** zu eigenen Wohnzwecken genutzter Gebäudeteil und **später** der **zu eigenen Wohnzwecken** genutzte **Gebäudeteil** fertiggestellt wird, vgl. Tz 1.7.4. Wird bei der Errichtung eines gemischt genutzten Gebäudes dagegen **zunächst** die zu **eigenen Wohnzwecken** genutzte Wohnung und werden **danach** erst die anderweitig genutzten Gebäudeteile fertiggestellt, sind die auf die noch nicht fertiggestellten Teile des Gebäudes entfallenden Kosten **nicht** in die Bemessungsgrundlage nach § 10e Abs. 1 EStG einbeziehen. Anschaffungskosten von Grund und Bodens können in die Bemessungsgrundlage einbezogen werden, soweit sie unter Berücksichtigung der Gebäudeplanung auf die zu eigenen Wohnzwecken genutzte Wohnung entfallen (BMF-Schreiben vom 31.12.1994, a. a. O., Tz 53). Zur Frage der Einbeziehung von **Altbausubstanz** in die Herstellungskosten und damit in die Bemessungsgrundlage nach § 10e EStG siehe BMF-Schreiben vom 31.12.1994, a. a. O., Tz 49 und 50.

1. Zu den Herstellungskosten des Gebäudes gehören auch (vgl. H 6.4 EStH – ABC):

a) die Kosten des **Haus**anschlusses an das **Strom**versorgungsnetz, das **Gas**netz und die **Wasser-** und **Wärme**versorgung;
b) die Kosten für Anlagen zur Ableitung von Abwässern, soweit sie auf die **Hausanschlusskosten** einschließlich der Kanalanstichgebühren entfallen, die der Hauseigentümer für die Herstellung der Zuleitungsanlagen vom Gebäude zum öffentlichen Kanal aufwendet (BFH-Urteil vom 24.11.1967, BStBl 1968 II S. 178);
c) der Wert des bei der **Enttrümmerung** eines zerstörten Gebäudes gewonnenen und wieder verwendeten Baumaterials;
d) Kosten der **Hangabtragung** und der Begradigung der Hanglage (BFH-Urteil vom 27.1.1994, BStBl II S. 512) und Kosten für das **Freimachen des Baugeländes** von Buschwerk und Bäumen, soweit dies für die Herstellung des Gebäudes und der Außenanlage erforderlich ist (BFH-Urteil vom 26.8.1994, BStBl 1995 II S. 71).
e) Beträge, die zur Ablösung der Verpflichtung zum Bau von **Einstellplätzen** an die Gemeinde gezahlt werden (BFH-Urteil vom 8.3.1984, BStBl II S. 702; und ergänzend hierzu BFH-Urteil vom 6.5.2003, BStBl II S. 710);
f) Aufwendungen, die durch eine wesentliche Änderung oder durch die Erstellung eines **neuen Bauplanes** entstanden sind; wegen der Aufwendungen für den ursprünglichen Bauplan, die u. U. ebenfalls Herstellungskosten sein können, vgl. Teil I Tz 24.12.3 unter Erläuterungen zur Anlage V, Zeile 33 sowie die dort zit. Rspr.;
g) Aufwendungen des Eigentümers für **Einbauten**, die als unselbständige Gebäudeteile anzusehen sind (vgl. Tz 1.7.4.1 und BFH-Beschluss vom 26.11.1973, BStBl 1974 II S. 132);
h) **Abstandszahlungen** im Zusammenhang mit der Errichtung eines neuen Gebäudes zur Ablösung von Nutzungsrechten Dritter an dem abzubrechenden Gebäude oder dem zu bebauenden Grund und Boden (BFH-Urteile vom 29.7.1970, BStBl II S. 810; vom 1.10.1975, BStBl 1976 II S. 184; vom 9.2.1983, BStBl II S. 451);
i) Beiträge an die Gemeinde zur Anlegung eines öffentlichen **Kinderspielplatzes** durch die **Gemeinde,** ebenso Aufwendungen des **Steuerpflichtigen** allgemein für die Anlage eines Kinderspielplatzes. Werden die Beiträge aber von der Gemeinde als Erschließungsbeiträge nach §§ 127 ff. BauGB erhoben, so gehören sie zum Grund und Boden (vgl. unten 4. a));
j) Aufwendungen für den Anschluss an das öffentliche **Breitbandnetz** (Fernseh-, Rundfunk- oder Internet-Breitbandkabel) beim Neubau eines Gebäudes; bei bestehenden Gebäuden sind die vorgenannten Aufwendungen Werbungskosten (vgl. Teil I Tz 24.10.2 unter Erläuterungen zur Anlage V, Zeilen 73bis 82);
k) Aufwendungen für die **Beseitigung von Baumängeln**, die bereits bei der Herstellung des Gebäudes, also vor dessen Fertigstellung, aufgetreten sind, und in diesem Zusammenhang anfallende **Prozesskosten** (vgl. Teil I Tz 24.10.2 unter Erläuterungen zur Anlage V, Zeilen 73 bis 82 und die dort zit. Rspr.);
l) der **Aufwendungsersatzanspruch** nach § 951 BGB i. V. mit § 812 BGB, der durch Baumaßnahmen des Steuerpflichtigen auf fremdem Grund und Boden entstanden ist und auf den er aus Anlass des Erwerbs des Eigentums an der Wohnung **verzichtet**; es liegen dann **Anschaffungskosten** des Gebäudes (§ 10e EStG) in Höhe des aufgegebenen Anspruchs vor (BMF-Schreiben vom 31.12.1994, a. a. O., Tz 42);
m) Aufwendungen eines erbbauverpflichteten Grundstückseigentümers zur Ablösung des Erbbaurechts zählen zu den **Herstellungskosten** des anschließend auf dem Grundstück nach dem Abriss der vorhandenen Bebauung neu errichteten Gebäudes (BFH-Urteil vom 13.12.2005, BStBl 2006 II S. 461).

2. Außerdem gehören zu den **Herstellungskosten eines Gebäudes** auch die Aufwendungen für folgende Anlagen und Einrichtungen, soweit diese nicht Betriebsvorrichtungen (vgl. Tz 1.2.1) sind:

a) Fahrstuhlanlagen;
b) Heizungsanlagen einschließlich der dazugehörigen Heizkörper, auch in Form von Elektrospeicherheizungen oder Gaseinzelheizungen;
c) Herde und Öfen, soweit sie nach der regionalen Verkehrsauffassung zum Gebäude gehören (BFH-Urteil vom 13.3.1990, BStBl II S. 514);
d) Küchenspülen;
e) sanitäre Anlagen z. B. Badewannen, Badezimmeröfen, Duschen, Warmwasserbereiter;
f) Besenkammern;
g) Entlüftungsanlagen für die Küche;
h) Einfriedungen bei Wohngebäuden als unselbständige Gebäudeteile (BFH-Urteile vom 30.6.1966, BStBl II S. 541; und vom 15.12.1977, BStBl 1978 II S. 210);
i) auf Estrich verlegte oder mit dem Untergrund fest verbundene Teppichböden;
j) Einbaumöbel (z. B. Einbauküchen), die wesentliche Bestandteile des Gebäudes sind, sowie Einbaumöbel, die keine wesentlichen Bestandteile des Gebäudes sind, aber bei vermieteten Wohnungen üblicherweise vom Vermieter gestellt werden, z. B. Schränke unter Spülen in Küchen (BFH-Urteil vom 13.3.1990, BStBl II S. 514; zur Abgrenzung aber BFH-Urteil vom 3.8.2016, BStBl 2017 II S. 437);
k) Aufwendungen für eine fest an der Außenmauer eines Wohngebäudes angebrachte Markise (BFH-Urteil vom 29.8.1989, BStBl 1990 II S. 430);
l) Alarmanlage (vgl. BFH-Urteil vom 26.6.1979, BStBl II S. 738); diese Aufwendungen sind nachträgliche Herstellungskosten, wenn die Alarmanlage erst nach der Fertigstellung des Gebäudes eingebaut wird (BFH-Urteil vom 18.2.1993, BStBl II S. 544);
m) abgehängte, mit einer Beleuchtungsanlage versehene Kassettendecken von Büroräumen (BFH-Urteil vom 8.10.1987, BStBl 1988 II S. 440).

Als mögliche Herstellungskosten des Gebäudes kommen auch **anschaffungsnahe Aufwendungen** in Betracht – vgl. hierzu unten 6. – und die **Fahrtkosten zur Baustelle** – vgl. hierzu unten 8.

3. Nicht zu den Herstellungskosten des Gebäudes gehören dagegen (vgl. H 6.4 EStH – ABC):

a) der Wert der **eigenen Arbeitsleistung** (BFH-Urteil vom 10.5.1995, BStBl II S. 713);
b) die Aufwendungen für **Waschmaschinen**, auch wenn sie mit Schrauben an einem Zementsockel befestigt sind;
c) die Aufwendungen für **Außenanlagen**, z. B. für Hofbefestigungen, Umzäunungen, Straßenzufahrten (BFH-Urteil vom 1.7.1983, BStBl II S. 686); wegen Einfriedungen bei Wohngebäuden vgl. 2. h);
d) Beiträge zu einer für die Bauzeit des Gebäudes abgeschlossene **Bauzeitversicherung** (BFH-Beschluss vom 25.2.1976, BStBl 1980 II S. 294); insoweit handelt es sich um Werbungskosten (vgl. Teil I Tz 24.12.3 unter Erläuterungen zur Anlage V, Zeile 33) zur Berücksichtigung als Herstellungskosten siehe aber BFH-Urteil vom 15.7.2012 (BStBl II S. 674).

4. Die Aufwendungen für den **Erwerb des Grund und Bodens** (Kaufpreis, Grunderwerbsteuer, Notariatskosten, Kosten der Grundbucheintragung, Maklergebühren) sowie die Grundstücksnebenkosten (Vermessungsgebühren u.Ä.) rechnen ebenfalls **nicht zu den Herstellungskosten des Gebäudes**, sondern zu den Anschaffungskosten des Grund und Bodens. Zu beachten ist in diesem Zusammenhang, dass die neuere BFH-Rspr. bei einem großen Teil - der mit einem Bau zusammenhängenden Aufwendungen sofort abzugsfähige Erhaltungsaufwendungen (Betriebsausgaben/Werbungskosten) anerkennt, die von den Anschaffungskosten des Gebäudes und von den Anschaffungskosten des Grundstücks abgegrenzt werden müssen (BMF-Schreiben vom 18.7.2003, BStBl I S. 386, und die folgenden Ausführungen).

Anschaffungskosten des Grundstücks sind, soweit sie nicht nach den folgenden Ausführungen zu den sofort abzugsfähigen **Betriebsausgaben/Werbungskosten** gehören, z. B. (auch H 6.4 EStH – ABC):

a) **Straßenanliegerbeiträge** und **Erschließungsbeiträge** i. S. der §§ 127 ff. des Baugesetzbuches. Auch (u. U. erst nach Jahren) von der Gemeinde nachgeforderte Erschließungsbeiträge sind nachträgliche Anschaffungskosten des Grund und Bodens, wenn die Beitragspflicht als solche ihren Grund in einer **erstmaligen** Erschließungsmaßnahme hat (BFH-Urteil vom 3.7.1997, BStBl II S. 811). Zu den Erschließungskostenbeiträgen im Falle einer **Zweiterschließung** oder **Zusatzerschließung** vgl. BFH-Urteile vom 12.1.1995 (BStBl II S. 632), vom 7.11.1995 (BStBl 1996 II S. 190) und vom 19.12.1995 (BStBl 1996 II S. 134), wonach die Beiträge nur dann (nachträgliche) Anschaffungskosten des Grund und Bodens sind, wenn sich der Wert des Grundstücks aufgrund einer Erweiterung der Nutzbarkeit oder einer günstigeren Lage erhöht, ansonsten liegt **Erhaltungsaufwand** vor. Die v.g. Grundsätze zur Zuordnung gelten auch bei Ausgleichsbeiträgen i. S. § 154 Baugesetzbuch.
b) Kommunale Beiträge zur Deckung des Aufwands für die **erstmalige Herstellung, Anschaffung und Erweiterung öffentlicher Einrichtungen und Anlagen**, die von den Grundstückseigentümern oder Erbbauberechtigten erhoben werden, soweit nicht ohnehin schon das Baugesetzbuch (oben Abschnitt 1.) anzuwenden ist. Dagegen stellen Erschließungsbeiträge für eine öffentliche Straße, die die bisherige Anbindung eines Grundstücks an das öffentliche Straßennetz **ersetzt**, sofort abziehbaren **Erhaltungsaufwand** dar, wenn die Nutzbarkeit des Grundstücks durch die neue Erschließungsmaßnahme nicht verändert wird, weil sich diese nicht wesentlich von der bisherigen Erschließung unterscheidet (BFH-Urteile vom 19.12.1995, a. a. O.; und vom 7.11.1995, BStBl 1996 II S. 89).
c) **Kanalanschlussgebühren** (Kanal- oder Sielbaubeiträge), die für den **erstmaligen Anschluss** an die gemeindliche Abwasserbeseitigungsanlage entrichtet werden (BFH-Urteil vom 24.11.1967, BStBl 1968 II S. 178), und **Hausanschlusskosten** für Anschlüsse an Versorgungsnetze für **Strom, Gas, Wärme und Wasser** (BFH-Urteil vom 15.1.1965, BStBl III S. 226).
Dagegen sind Aufwendungen für den Anschluss an die Kanalisation als Ersatz für eine Sickergrube oder als Ersatz für eine eigene Kläranlage und sog. Ergänzungsbeiträge, die für bereits an die Kanalisation angeschlossene Grundstücke im Zusammenhang mit der Modernisierung der gemeindlichen Abwasserbeseitigungsanlagen entrichtet werden (z. B. für den Bau einer neuen biologischen Kläranlage), sowie ein wegen betriebsbedingter erhöhter Abwasserzuführung geleisteter Kanalbaubeitrag, aber auch andere Ergänzungsbeiträge, sofort abziehbare Betriebsausgaben/Werbungskosten. Siehe auch die BFH-Urteile vom 13.9.1984 (BStBl 1985 II S. 49), vom 4.11.1986 (BStBl 1987 II S. 333) und vom 25.8.1982 (BStBl 1983 II S. 38).
Die in diesen Urteilen enthaltenen Grundsätze sind auch auf **andere Erschließungsmaßnahmen** anzuwenden, z. B. wenn Aufwendungen oder **Ergänzungsbeiträge** wegen Modernisierung oder (im Betriebsvermögen) aus betriebsbedingten Gründen für den Anschluss eines Grundstücks an die öffentliche Wasser-, Strom- oder Gasversorgung oder an ein Fernheizsystem anfallen, **falls schon vorher eine funktionsgleiche Einrichtung vorhanden war**. Selbst erstmalig erhobene Beiträge (z. B. Baukostenzuschüsse) können Ergänzungsbeiträge im obigen Sinne und damit **sofort abzugsfähiger Aufwand** sein, z. B. wenn im Zusammenhang mit der Umstellung einer **bereits vorhandenen** Heizungsanlage Baukostenzuschüsse für den erstmaligen Anschluss an das **Erdgas**versorgungsnetz anfallen. Entsprechendes gilt für andere **nachträglich** zu erbringende Erschließungskosten, sofern sie die Nutzbarkeit des Grundstücks ergänzen, z. B. Ergänzungsbeiträge zur **Erweiterung** von Straßen oder Versorgungseinrichtungen, Kosten für den erstmaligen Anschluss an die gemeindliche Wasserversorgung, **wenn** der Wasserbedarf zuvor über einen Brunnen gedeckt wurde. Die finanzgerichtliche Rspr. verfolgt ganz allgemein eine Grenzverschiebung zugunsten des Erhaltungsaufwands (so schon BFH-Urteil vom 4.11.1986, a. a. O.).
Deshalb sind auch **Straßenausbaubeiträge**, die Grundstückseigentümer für die Ersetzung oder Modernisierung bereits vorhandener Erschließungseinrichtungen (z. B. für einen neuen Unterbau und eine neue Decke der Straße, für Beleuchtungseinrichtungen, einen Gehweg und Parkstreifen) an die Gemeinde entrichten müssen, sofern das Grundstück in seiner Substanz und seinem Wesen unverändert geblieben ist, sofort als **Betriebsausgaben/Werbungskosten** abziehbar, und zwar auch dann, wenn dadurch der Wert des Grundstücks gestiegen sein sollte (BFH-Urteile vom 2.5.1990, BStBl 1991 II S. 448; und vom 22.3.1994, BStBl II S. 842). Vgl. Teil I Tz 24.10.2 unter Erläuterungen zur Anlage V, Zeilen 55 bis 56.
d) Beiträge oder Zuschüsse der Grundstückseigentümer an die Gemeinde für den **Ausbau einer Ortsstraße**; dagegen sind Mehrkosten, die wegen der Nutzung durch betriebliche Fahrzeuge für den verstärkten Ausbau einer Straße übernommen werden, sofort abziehbare **Betriebsausgaben/Werbungskosten** (BFH-Urteil vom 26.2.1980, BStBl II S. 687).
e) **Ansiedlungsbeiträge**, wenn die Zahlung lediglich in Erfüllung eines ausschließlich den Grund und Boden betreffenden Kaufvertrags erfolgt ist.
f) Beiträge zur Schaffung einer **Fußgängerzone**, wenn sie aufgrund gesetzlicher Vorschriften von Grundstückseigentümern erhoben werden (BFH-Urteile vom 16.11.1982, BStBl 1983 II S. 111; und vom 26.1.1984, BStBl II S. 480) sowie freiwillige Zuschüsse zur Schaffung einer Fußgängerzone, wenn sie grundstücksbezogen sind; dagegen sind freiwillige Zuschüsse, die nicht grundstücksbezogen, sondern betriebsbezogen sind, sofort abziehbare **Betriebsausgaben** (BFH-Urteil vom 12.4.1984, BStBl II S. 489). Erhebt die Gemeinde für ein bereits durch eine Straße erschlossenes Grundstück nachträgliche Straßenbaukostenbeiträge für die bauliche Veränderung der Gehwege zur Schaffung einer Fußgängerzone, so liegen **Werbungskosten/Betriebsausgaben** vor (BFH-Urteil vom 22.3.1994, BStBl II S. 842).
g) Die Zahlung eines Grundstückseigentümers an seinen Nachbarn für eine **Zufahrtsbaulast** kann zu Anschaffungskosten des Grund und Bodens auch dann führen, wenn damit ein zweiter

Zugang zum Grundstück eröffnet wird (BFH-Urteil vom 20.7.2010, BStBl 2011 II S. 35).

5. Nicht allgemein übliche Aufwendungen sind zwar Herstellungskosten im steuerrechtlichen Sinne, sie rechnen aber nach Auffassung der Finanzverwaltung (ebenso wenig wie früher bei § 7b EStG a. F.) nicht zu den Herstellungskosten/Anschaffungskosten i. S. des § 10e EStG. Dazu gehören z. B. Aufwendungen für ein **Schwimmbecken** innerhalb und außerhalb des Gebäudes, für eine **Sauna, Kegelbahn** oder **Bar**, selbst wenn es sich um wesentliche Bestandteile des Gebäudes handelt. Das Gleiche gilt für **Einbaumöbel**, wenn diese nicht bei vermieteten Wohnungen üblicherweise vom Vermieter gestellt werden (BFH-Urteile vom 13.3.1990, BStBl II S. 514; vom 11.12.1973, BStBl 1974 II S. 476 und S. 477 betr. Raumteiler; sowie BMF-Schreiben vom 31.12.1994, a. a. O., Tz 37 und 38). Nach der BFH-Rspr. gehören hierzu nur Aufwendungen, die notwendig sind, um dem Bauwerk die Eignung für Wohnzwecke zu geben.

6. Liegt sog. **anschaffungsnaher Aufwand** vor, so gehört dieser ebenfalls zu den **Herstellungskosten** des Gebäudes und erhöht damit die Bemessungsgrundlage nach § 10e Abs. 1 EStG (BMF-Schreiben vom 31.12.1994, a. a. O., Tz 35). Vgl. Teil I Tz 24.10.3.2 unter Erläuterungen zur Anlage V, Zeilen 55 bis 56.

7. Als Folge der BFH-Rspr. im Anschluss an die Entscheidung des GrS des BFH vom 15.1.1991 (BStBl 1992 II S. 78) stellen sich auch bei **Erwerb einer Wohnung gegen Rente oder dauernde Last** eine Reihe von Rechtsfragen. Zur Vermögensübertragung gegen wiederkehrende Leistungen/Versorgungsleistungen vgl. Tz 7.3.5–7.3.7.

Wird eine **Wohnung gegen Vereinbarung einer Rente oder dauernde Last** entgeltlich erworben (bei ausgewogener Leistung und Gegenleistung), so bemessen sich die **Anschaffungskosten** nach dem kapitalisierten Barwert der Rente bzw. dauernden Last. Ein Abzug des Zins- oder Ertragsanteils der wiederkehrenden Bezüge als **Werbungskosten** ist zwar bei Vermietungseinkünften, nicht aber bei selbst bewohnten Wohnungen möglich. Vgl. Tz 7.3.6.

8. Zu den Herstellungs- oder Anschaffungskosten i. S. des § 10e Abs. 1 EStG gehört zwar nicht der Wert der eigenen Arbeitsleistung, aber es gehören dazu die **Aufwendungen für Fahrten zur Baustelle oder zum Kaufobjekt**, das zu eigenen Wohnzwecken erworben und genutzt werden wird (siehe auch BFH-Urteil vom 10.3.1981, BStBl II S. 470). Bei Fahrten mit dem Pkw können die tatsächlichen Kosten oder an deren Stelle die für sog. Geschäftsreisen maßgeblichen **Kilometersätze** (0,30 € pro km; vgl. Teil I Tz 11.18 unter Erläuterungen zur Anlage N, Zeilen 68 und 69) in Anspruch genommen werden (BFH-Urteil vom 10.5.1995, BStBl II S. 713). Bei einem teilweise vermieteten Objekt ist eine Aufteilung im Verhältnis der eigengenutzten zur vermieteten Wohnfläche vorzunehmen (bundeseinheitliche Verwaltungsauffassung; siehe z. B. OFD Köln vom 17.10.1988, BB 1988 S. 2370).

9. Herstellungskosten für **Außenanlagen** sind nicht in die Bemessungsgrundlage des § 10e EStG einzubeziehen, da nach dem Gesetzeswortlaut ausschließlich Herstellungs- und Anschaffungskosten des Gebäudes und Anschaffungskosten des Grund und Bodens begünstigt sind. Bestimmte Anlagen, wie z. B. der Zuweg zum Haus und die Pflasterung der Garagenzufahrt u.Ä. sind wegen des unmittelbaren Nutzungszusammenhangs jedoch dem Gebäude zuzurechnen. Bei teilweiser Nutzung der Außenanlagen zur Erzielung von Einkünften ist eine Aufteilung nach der Zahl der zur Nutzung befugten Mietparteien vorzunehmen.

10. Zu den **Anschaffungskosten** des Grundstücks – ggf. mit Gebäude – gehören neben dem eigentlichen Kaufpreis auch die sog. **Anschaffungsnebenkosten** (z. B. Notariatskosten, Maklergebühren, Grunderwerbsteuer, auch Säumniszuschläge zur Grunderwerbsteuer: BFH-Urteil vom 14.1.1992, BStBl II S. 464). Auch Zahlungen zur Ablösung von Nutzungsrechten (Vorbehaltsnießbrauch, dingliches oder testamentarisches Wohnrecht) können (nachträgliche) Anschaffungskosten sein (BFH-Urteile vom 21.7.1992, BStBl 1993 II S. 484 und S. 486; sowie vom 15.12.1992, BStBl 1993 II S. 488). Zu den Anschaffungskosten einer **Eigentumswohnung** gehört nicht der Teil des Kaufpreises, der auf die Übernahme der **Instandhaltungsrückstellung** (§ 21 Abs. 5 Nr. 4 WEG) entfällt, vgl. BFH-Urteil vom 9.10.1991 (BStBl 1992 II S. 152) und BMF-Schreiben vom 31.12.1994 (a. a. O., Tz 39). Zwar hat der BFH mit Urteil vom 16.9.2020 (BStBl II 2021 S. 339) diese Auffassung aufgegeben und entschieden, dass beim Erwerb von Teileigentum der vereinbarte Kaufpreis zur Ermittlung der Anschaffungskosten nicht mehr um die anteilige Instandhaltungsrücklage zu mindern ist. Jedoch gilt diese Rspr.-Änderung lediglich für die Grunderwerbsteuer. Für ertragsteuerliche Zwecke bleibt es beim Ausschluss aus der Bemessungsgrundlage. Zu den Anschaffungskosten können u. U. auch Aufwendungen für Umbau- und Modernisierungsarbeiten gehören, wenn sie zeitgleich mit dem Abschluss des Kaufvertrags durch einen gesonderten Werkvertrag in Auftrag gegeben werden (vgl. BFH-Urteil vom 17.12.1996, BStBl 1997 II S. 348). Maßgebend sind stets die **historischen Anschaffungskosten**, ggf. die des Rechtsvorgängers. Wird eine **zunächst vermietete Wohnung** anschließend zu eigenen Wohnzwecken genutzt, sind als Bemessungsgrundlage nach § 10e EStG ebenfalls die historischen Anschaffungs- (bzw. Herstellungs-)kosten maßgebend. Sie sind nicht um die während des Vermietungszeitraums in Anspruch genommene AfA zu kürzen.

11. Anschaffungskosten liegen bei einem **unentgeltlichen Erwerb** nicht vor. Wegen der Abgrenzung zwischen unentgeltlichem und entgeltlichem Erwerb vgl. Tz 4.3.3.3.

12. Da die Anschaffungskosten für den dazugehörenden **Grund und Boden** nach § 10e EStG nur zur Hälfte gefördert werden, bedarf es im Falle eines **einheitlichen Kaufpreises** oder einer **unrichtigen Aufspaltung** des Entgelts durch die Vertragsparteien einer zutreffenden Aufteilung. Die Frage der Zuordnung des »dazugehörenden« Grund und Bodens zur selbstgenutzten Wohnung bereitet hinsichtlich der flächenmäßigen Begrenzung gelegentlich Schwierigkeiten (siehe z. B. BFH-Urteile vom 20.8.1997, BStBl 1998 II S. 17; und vom 10.8.1972, BStBl 1973 II S. 10). Bei Anschaffung eines **bebauten Grundstücks** ist der Kaufpreis im Privatvermögen nach dem Verhältnis der Verkehrswerte aufzuteilen, die anhand der Sachwerte von Boden- und Gebäudeanteil zu schätzen sind (H 7.3 – Kaufpreisaufteilung – EStH und die dort zit. Rspr.). Das gilt auch bei der Anschaffung von Eigentumswohnungen (BFH-Urteil vom 10.10.2000, BStBl 2001 II S. 183, lehnt erneut die sog. Restwertmethode ab); dabei rechtfertigt die eingeschränkte Nutzungs- und Verfügungsmöglichkeit des Wohnungseigentümers hinsichtlich seines Bodenanteils keinen niedrigeren Wertansatz des Bodenteils (BFH-Urteil vom 15.1.1985, BStBl II S. 252). Wie der Kaufpreis sind auch die Anschaffungskosten aufzuteilen. Das Problem hat aber im Rahmen des § 10e Abs. 1 EStG wegen der begrenzten Auswirkung der Bemessungsgrundlage (s. oben) keine allzu große praktische Bedeutung. Zur Aufteilung des Kaufpreises bei Erwerb eines Zweifamilienhaus-Grundstücks in zwei eigenständige Wirtschaftsgüter (fremdvermietete Wohnung und eine einem Wohnberechtigten überlassene Wohnung), bei der grundsätzlich die von den Vertragsparteien vorgenommene Aufteilung des Kaufpreises maßgeblich sein soll, BFH-Urteil vom 27.7.2004 (BStBl 2006 II S. 9).

4.3.3.2 Beginn des achtjährigen Abzugszeitraums – Nutzung zu eigenen Wohnzwecken

Insoweit wird auf die Ausführungen in der **Anleitung zur Einkommensteuererklärung 2003,** Teil II Tz 3.3.3.b) hingewiesen.

Siehe »Allgemeiner Hinweis« unter Tz 4.3.

4.3.3.3 Unentgeltlicher oder entgeltlicher Erwerb einschließlich Erbauseinandersetzung und vorweggenommener Erbfolge – Bedeutung allgemein und auch für § 10e EStG

4.3.3.3.1 Unentgeltliche Einzelrechtsnachfolge

Da der **unentgeltliche Einzelrechtsnachfolger** selbst keine Anschaffungs- oder Herstellungskosten hat, kann er § 10e EStG aus eigenem Recht nicht in Anspruch nehmen. Auch Aufwendungen für die Instandsetzung einer unentgeltlich erworbenen Wohnung sind mangels Anschaffung oder Herstellung weder im Rahmen des § 10e Abs. 1 EStG noch als nachträgliche Anschaffungs- oder Herstellungskosten nach § 10e Abs. 3 EStG begünstigt (BFH-Urteil vom 15.11.1995, BStBl 1996 II S. 356). Dem Einzelrechtsnachfolger, der ein unentgeltlich erworbenes Gebäude zu eigenen Wohnzwecken nutzt, steht § 10e EStG vielmehr nur zu, wenn er nach Eigentumsübertragung **eigene Herstellungskosten** für die eigengenutzte Wohnung aufwendet; die Anschaffungs- oder Herstellungskosten des Rechtsvorgängers kann er nicht in die Bemessungsgrundlage für den Abzugsbetrag nach § 10e Abs. 1 EStG einbeziehen (BFH-Urteile vom 4.12.1991, BStBl 1992 II S. 295 und vom 8.6.1994, BStBl II S. 779). Er kann auch eine vom Rechtsvorgänger begonnene Grundförderung nicht fortführen (BFH-Urteil vom 7.8.1991, BStBl 1992 II S. 736; sowie BMF-Schreiben vom 31.12.1994, a. a. O., Tz 2).

4.3.3.3.2 Gesamtrechtsnachfolge

Geht eine Wohnung aber im Wege der **Gesamtrechtsnachfolge** (Erbschaft nach § 1922 BGB) auf einen Erben über, kann dieser bis zum Ende des Abzugszeitraums die Grundförderung nach § 10e EStG fortführen bzw. in Anspruch nehmen, wenn in seiner Person die Voraussetzungen erfüllt sind (z. B. Eigennutzung zu Wohnzwecken). Dies gilt auch dann, wenn beim Erblasser bereits Objektverbrauch vorgelegen hat (BMF-Schreiben vom 31.12.1994, a. a. O., Tz 59). Nicht erforderlich ist, dass der Erblasser die Wohnung selbst bewohnt und hierfür die Vergünstigung des § 10e EStG erhalten hat. Entsprechendes gilt, wenn eine Wohnung im Gesamthandseigentum einer Erbengemeinschaft steht und ein Miterbe die Voraussetzungen des § 10e EStG erfüllt; er kann dann bis zur Auseinandersetzung der Erbengemeinschaft, längstens jedoch bis zum Ende des Abzugszeitraums, die Steuerbegünstigung in Anspruch nehmen, wenn in seiner Person die Voraussetzungen hierfür erfüllt sind (BMF-Schreiben vom 31.12.1994, a. a. O., Tz 64). Erhält ein Miterbe nach Auseinandersetzung der Erbengemeinschaft durch Realteilung eine Wohnung, deren Wert dem Wert seines Anteils am Nachlass entspricht, kann er § 10e EStG bis zum Ende des Abzugszeitraums für die gesamte Wohnung beanspruchen, wenn in seiner Person die Voraussetzungen hierfür erfüllt sind. Erhält ein Miterbe wertmäßig mehr, als ihm nach seiner Erbquote zusteht, und zahlt er dafür an die anderen Miterben eine Abfindung, so handelt es sich insoweit um ein Anschaffungsgeschäft (Anschaffungskosten), das zur Inanspruchnahme des § 10e EStG berechtigt (vgl. Tz 4.3.3.3.5: »Bedeutung für § 10e EStG…«). Soweit er die Wohnung seiner Erbquote entsprechend unentgeltlich erwirbt, kann er § 10e EStG des Erblassers fortführen, wenn er in seiner Person die Voraussetzungen hierfür erfüllt. Siehe im Einzelnen die Beispiele 1 bis 3 im BMF-Schreiben vom 31.12.1994 (a. a. O., Tz 65 und 66).

Der unentgeltliche Gesamtrechtsnachfolger kann den Abzug auch dann in Anspruch nehmen, wenn beim Erblasser Objektverbrauch (vgl. Tz 4.3.6) vorgelegen hat (BFH-Urteile vom 4.9.1990, BStBl 1992 II S. 69; und vom 8.10.1991, BStBl 1992 II S. 547). Eine Nachholung (vgl. Tz 4.3.4 i. V. mit den Ausführungen zur Zeile 17 der Anlage FW der **Anleitung zur Einkommensteuererklärung 2024**) ist allerdings nur möglich, wenn auch dem Erblasser die Nachholung zugestanden hätte (BMF-Schreiben vom 31.12.1994, a. a. O., Tz 67). Erfüllen für das Jahr des Erbfalls der Erblasser und der Erbe die Voraussetzungen für die Grundförderung, kann der Erbe wählen, in welchem Umfang der Abzugsbetrag für dieses Jahr beim Erblasser und inwieweit er bei ihm zu berücksichtigen ist (BMF-Schreiben vom 31.12.1994, a. a. O., Tz 59). Die Fortführung der Grundförderung führt beim Erben jedoch zum Objektverbrauch.

4.3.3.3.3 Schenkung unter Auflage, Vermächtnis, Erbschaftskauf

Ein unentgeltlicher Erwerb liegt auch bei einer Schenkung unter Auflage und bei einem Vermächtnisnehmer vor, dem ein Vermögensgegenstand (z. B. ein Wohngebäude) durch Verfügung von Todes wegen zugewendet worden ist. Dagegen ist beim Erbschaftskäufer stets ein entgeltlicher Erwerb anzunehmen. Zur Abgrenzung zwischen Schenkung unter Auflage und gemischter Schenkung außerhalb von Erbauseinandersetzungen vgl. Teil I Tz 20.9.3 unter Erläuterungen zur Anlage SO, Zeilen 30 bis 40 (Unentgeltlicher oder entgeltlicher Erwerb) und vgl. Teil I Tz 24.8.3 unter Erläuterungen zur Anlage V, Zeile 33.

4.3.3.3.4 Erbauseinandersetzung und vorweggenommene Erbfolge

Die Frage der **Abgrenzung zwischen entgeltlichem und unentgeltlichem Rechtsnachfolger** stellt sich auch bei der **Erbauseinandersetzung** und der **vorweggenommenen Erbfolge**. Auf die **ausführliche Darstellung** der Rspr. des GrS des BFH hierzu (Beschlüsse vom 5.7.1990, BStBl II S. 837 und S. 847) in den Ausführungen zu den **Zeilen 30 bis 40 der Anlage SO** (vgl. Teil I Tz 20.9.3 unter Erläuterungen zur Anlage SO, Unentgeltlicher oder entgeltlicher Erwerb) und zu den **Zeilen 56 bis 77 der Anlage G** (vgl. Teil I Tz 21.18.3 unter Erläuterungen zur Anlage G) wird hingewiesen. Die Auffassung der Finanzverwaltung zu einzelnen Zweifelsfragen ergibt sich aus den beiden BMF-Schreiben vom 11.1.1993 und vom 13.1.1993 (BStBl I S. 62 und S. 80) unter Berücksichtigung der Änderungen durch BMF-Schreiben vom 5.12.2002 (BStBl I S. 1392). Die hierin enthaltenen Grundsätze gelten weiterhin, soweit die Erbauseinandersetzung vor dem 1.1.2001 durchgeführt worden ist. Im Übrigen tritt zum Teil an deren Stelle das umfangreiche **BMF-Schreiben vom 14.3.2006 (BStBl I S. 253,** Rz 83), auf das hier nur allgemein verwiesen werden kann, auf das aber in den Ausführungen zu den Anlagen G und SO im Einzelnen eingegangen wird. Diese Grundsätze gelten **auch für § 10e EStG**.

4.3.3.3.5 Zur Erbauseinandersetzung

1. Erhält ein **Miterbe** bei einer **Erbauseinandersetzung von Privatvermögen** einen Vermögensgegenstand und muss er deshalb dem (oder den) anderen Miterben eine Entschädigung aus seinem Vermögen leisten, so war nach der älteren BFH-Rspr. (z. B. BFH-Urteil vom 7.10.1980, BStBl 1981 II S. 157) trotzdem ein **unentgeltlicher** Erwerb anzunehmen, und zwar selbst dann, wenn die Entschädigung den Wert des Erbanteils des Miterben überstiegen hat. Der erwerbende Miterbe konnte nur die AfA des Rechtsvorgängers fortsetzen.
2. Diese Auffassung ist durch die Fortentwicklung der BFH-Rspr. überholt. Zunächst hat der BFH mit Urteil vom 9.7.1985 (BStBl II S. 722) zur **Erbauseinandersetzung von Privatvermögen** bei Zahlung von Abfindungen eines Miterben an die übrigen Miterben einen **entgeltlichen Erwerb** und damit **eigene Anschaffungskosten** des übernehmenden Miterben dann bejaht, wenn dieser hierfür Vermögenswerte **über** seinen Anteil an dem Nachlass hinaus einsetzen muss, um Alleineigentümer (z. B. eines Grundstücks) zu werden. Entsprechend hat die nachfolgende BFH-Rspr. auch ein **entgeltliches** Rechtsgeschäft insoweit angenommen, als bei der Auseinandersetzung einer Gesamthandsgemeinschaft durch **Realteilung mit Abfindungszahlungen** ein über die Gesamthandsbeteiligung des Erwerbers hinausgehender Anteil erworben wird (BFH-Urteile vom 22.9.1987, BStBl 1988 II S. 250; vom 28.1.1987, BStBl II S. 616; und vom 6.2.1987, BStBl II S. 423).

Erhält sonach ein Miterbe bei der realen Teilung eines Nachlasses wertmäßig mehr, als ihm **nach seiner Erbquote** zusteht und zahlt er hierfür an seine Miterben eine Abfindung, so liegen insoweit **Anschaffungskosten** vor; gleichzeitig ist ein Veräußerungsgeschäft beim weichenden Miterben anzunehmen. Entsprechendes gilt hinsichtlich der Anschaffungskosten, wenn sich eine Erbengemeinschaft im Wege der Zwangsversteigerung auseinandersetzt und die Bargebote eines der Erben den ihm zustehenden Anteil am Versteigerungserlös übersteigen (BFH-Urteil vom 29.4.1992, BStBl II S. 727). **Nach** der Erbauseinandersetzung ist hinsichtlich der weiteren Abschreibung zwischen dem **unentgeltlich** erworbenen Tei des Wirtschaftsguts, bei dem die AfA des Rechtsvorgängers nach § 11d EStDV fortzuführen ist, und dem **entgeltlich** erworbenen Teil des Wirtschaftsguts, von dessen Anschaffungskosten die AfA vorgenommen werden kann (z. B. bei Gebäuden nach § 7 Abs. 4 EStG), zu unterscheiden. Maßgeblich für die Aufteilung ist das Verhältnis der Verkehrswerte (BFH-Urteil vom 29.10.1991, BStBl 1992 II S. 512; und BMF-Schreiben vom 14.3.2006, BStBl I S. 253, Tz 28). Nach dem BFH-Urteil vom 9.7.2013 (BStBl 2014 II S. 878) sind **Erbauseinandersetzungskosten** als Anschaffungsnebenkosten i. S. des § 255 Abs. 1 Satz 2 HGB im Wege der AfA abziehbar, wenn sie der Überführung der bebauten Grundstücke von der fremden in die eigene Verfügungsmacht und damit der alleinigen Verwirklichung des Tatbestands der Einkunftserzielung dienen. § 11 d Abs. 1 EStDV orientiert sich an den Werten des Rechtsvorgängers, erfasst daher nicht die beim Rechtsnachfolger angefallenen Anschaffungs- und Herstellungskosten.

a) Nach den Urteilen der o. g. Senate des BFH erging der Beschluss des **GrS des BFH** vom 5.7.1990 (BStBl II S. 837) zur steuerlichen Behandlung der **Erbauseinandersetzung von Betriebsvermögen**, der gleichzeitig aber auch allgemeine Aussagen zur Erbauseinandersetzung enthält. Danach sind Erbfall und Erbauseinandersetzung **zwei selbständige Rechtsvorgänge** und als solche unabhängig voneinander zu beurteilen. Nach Auffassung des GrS des BFH sind deshalb **Abfindungszahlungen** eines Erben und Aufwendungen für den Erwerb des Erbteils eines Miterben unter bestimmten Voraussetzungen **Anschaffungskosten**; in gleicher Höhe entsteht beim weichenden Miterben ein Veräußerungserlös (BMF-Schreiben vom 14.3.2006, a. a. O., Tz 14; wegen der steuerlichen Behandlung des Veräußerungsgewinns siehe dort Teil I Tz 18 bis 22). Ausschlaggebend ist, ob **der Miterbe wertmäßig mehr erlangt als seinem Erbanteil entspricht und** den **Mehrempfang** aus seinem Vermögen **ausgleicht.** Maßgebend für die Beurteilung sind also stets die **Anteile (Erbquoten) der Miterben am Nachlass.** Ein **unentgeltlicher** Erwerb des Miterben ist sonach (nur) in dem Umfang anzunehmen, in dem er entsprechend seiner **Erbquote** am Nachlass beteiligt ist. Hinsichtlich dieses **unentgeltlich** erworbenen Teils sind für die Berechnung der AfA die entsprechenden **Anschaffungs- oder Herstellungskosten des Erblassers** und das restliche AfA-Volumen zugrunde zu legen. Soweit der Erwerb nach den obigen Ausführungen in 2. als **entgeltlich** zu beurteilen ist, hat der erwerbende Miterbe **eigene Anschaffungskosten** und damit zusätzliches AfA-Volumen. Eine **Übernahme von Nachlassverbindlichkeiten** über die Erbquote hinaus führt jedoch (anders als bei der vorweggenommenen Erbfolge) **nicht** zu **Anschaffungskosten und zwar auch dann nicht, wenn diese die Erbquote übersteigen (grds. bestätigt durch BFH-Urteil vom 19.12.2006, BStBl 2008 II S. 216; eine überquotale Schuldübernahme kann ausnahmsweise zu Anschaffungskosten führen, wenn sie die Gegenleistung für ein zeitliches Vorziehen der Erbauseinandersetzung darstellt)**; vielmehr ermöglichen Nachlassverbindlichkeiten einen wertmäßigen Ausgleich unter den Miterben und damit einen unentgeltlichen Rechtsvorgang ohne Veräußerungsgewinn (BMF-Schreiben vom 14.3.2006, a. a. O., Tz 18 und Tz 23–25). Hiervon weicht zwar das BFH-Urteil vom 14.12.2004 (BStBl 2006 II S. 296) ab; nach dem BMF-Schreiben vom 30.6.2006 (BStBl I S. 306) wendet die Finanzverwaltung aber dieses Urteil zugunsten des Steuerpflichtigen nicht über den entschiedenen Einzelfall hinaus an. Wegen der Realteilung eines sog. **Mischnachlasses,** der aus Privat- und Betriebsvermögen besteht und für den die obigen Grundsätze entsprechend gelten, siehe BMF-Schreiben vom 14.3.2006 (a. a. O., Tz 32 ff.). Wird eine Erbengemeinschaft vor dem in der Teilungsanordnung festgelegten Termin durch Realteilung aufgelöst und übernimmt ein Miterbe Schulden, die auf einem für einen anderen Miterben bestimmten Grundstück lasten, so bildet eine solche Schuldübernahme Anschaffungskosten, wenn sie eine Gegenleistung dafür ist, dass der übernehmende Miterbe den ihm erst zu einem späteren Zeitpunkt zugedachten Grundbesitz vorzeitig aus dem Gesamthandsvermögen der Erbengemeinschaft in sein eigenes Vermögen überführen kann (BFH-Urteil vom 19.12.2006, BStBl 2008 II S. 216).

4.3.3.3.6 Zur vorweggenommenen Erbfolge

Unter vorweggenommener Erbfolge sind Vermögensübertragungen unter Lebenden mit Rücksicht auf die künftige Erbfolge zu verstehen. Auch hinsichtlich der vorweggenommenen Erbfolge ist die **ältere** Rspr. des BFH (z. B. BFH-Urteile vom 26.11.1985, BStBl 1986 II S. 161; und vom 23.4.1971, BStBl 1971 II S. 686) überholt. Früher wurde stets eine Schenkung unter Auflage, also ein **unentgeltlicher** Vorgang, angenommen, und zwar auch dann, wenn **Gleichstellungsgelder** an künftige Miterben bezahlt, **Verbindlichkeiten** des Schenkers übernommen, **Nutzungsrechte** an dem zu übertragenden Grundstück zugunsten des Übertragenden oder eines Dritten eingeräumt oder **Versorgungsleistungen** an den Übertragenden oder dessen Angehörige vereinbart wurden (falls diese Leistungen nach deren Bedürfnissen und nicht nach dem Wert des übertragenen Vermögens bemessen wurden).

Mit einem weiteren Beschluss des **GrS des BFH** vom 5.7.1990 (BStBl II S. 847) zur **Vermögensübertragung in vorweggenommener Erbfolge** hat der BFH sowohl im Falle der Bezahlung von **Gleichstellungsgeldern** und **Abstandszahlungen** als auch im Falle der **Übernahme von Verbindlichkeiten** (Letzteres abweichend von der Erbauseinandersetzung) ein **entgeltliches** Anschaffungsgeschäft einerseits und einen Veräußerungsvorgang andererseits bejaht (ebenso BMF-Schreiben vom 13.1.1993, BStBl I S. 80, Tz 7 bis 9), sodass **Anschaffungskosten** des übernehmenden Miterben vorliegen. Dagegen stellen nach Auffassung des GrS des BFH vom 5.7.1990 (a. a. O.) und der Anschlussurteile vom 23.1.1992 (BStBl II S. 526) und vom 24.4.1991 (BStBl II S. 794) vom Vermögensübernehmer im Rahmen einer vorweggenommenen Erbfolge zugesagte **Versorgungsleistungen** weder Anschaffungskosten noch ein Veräußerungsentgelt dar (ebenso BMF-Schreiben vom 13.1.1993, a. a. O., Tz 4). Auf die grundsätzlichen Ausführungen in Tz 7.3.7 dieser Anleitung wird verwiesen. Behält sich der Übergeber ein dingliches oder obligatorisches **Nutzungsrecht (z. B. Nießbrauch, Wohnrecht)** am übertragenen Wirtschaftsgut vor, wird das bereits mit dem Nutzungsrecht belastete Vermögen erworben; ein entgeltlicher Erwerb liegt insoweit nicht vor (BMF-Schreiben vom 13.1.1993, BStBl I S. 80, Tz 10).

Wird Vermögen im Wege der vorweggenommenen Erbfolge gegen andere Leistungen als Versorgungsleistungen oder neben Versorgungsleistungen übertragen, so gelten die bisherigen Grundsätze zur **gemischten Schenkung (teilentgeltlicher Erwerb)**, d. h. die Vermögensübertragung erfolgt teilweise entgeltlich und teilweise unentgeltlich (Trennungstheorie); vgl. Tz 7.3.6. Wegen der **Aufteilung** des Vorgangs siehe BMF-Schreiben vom 13.1.1993, a. a. O., Tz 14 und 15 i. d. F. des BMF-Schreibens vom 26.2.2007, BStBl I S. 269. Überträgt **z. B.** der Vater ein Mietwohngrundstück mit einem Verkehrswert von 250 000 € gegen eine Abstandszahlung von 125 000 € auf ein Kind, so erwirbt dieses zur Hälfte unentgeltlich und setzt insoweit die bisherige AfA des Vaters nach § 11 d EStDV fort; zur Hälfte erwirbt es entgeltlich mit Anschaf-§ fungskosten (AfA-Volumen) von 125 000 €. Für den Fall des teilentgeltlichen Erwerbs durch **Übernahme von Verbindlichkeiten** siehe BFH-Urteil vom 7.8.1991 (BStBl 1992 II S. 736) und BMF-Schreiben vom 7.8.1992 (BStBl I S. 522) sowie wegen der weiteren Rspr. hinsichtlich der Einräumung von Nutzungsrechten sowie (ebenfalls) der Übernahme von Verbindlichkeiten im Zusammenhang mit einer vorweggenommenen Erbfolge siehe BFH-Urteile vom 10.4.1991 (BStBl II S. 791), und vom 24.4.1991 (BStBl II S. 794).

4.3.3.3.7 Bedeutung für § 10e EStG, falls Anschaffungskosten vorliegen – teilentgeltlicher Erwerb (gemischte Schenkung)

Die o. g. Rspr. des GrS des BFH zur **Erbauseinandersetzung** und zur **vorweggenommenen Erbfolge** ist auch im Rahmen des **§ 10e EStG** von Bedeutung (BMF-Schreiben vom 31.12.1994, a. a. O., Tz 64 und Tz 43). Liegen nach den obigen Grundsätzen **Anschaffungskosten** vor **und** wird eine **Wohnung zur Eigennutzung** erworben, kommt auch die Grundförderung nach § 10e EStG in Betracht. Wird **z. B.** im Wege der vorweggenommenen Erbfolge eine Wohnung mit einem Gebäudewert von 350 000 € gegen eine Abstandszahlung (z. B. Gleichstellungsgeld an ein Geschwister) oder eine Schuldübernahme in Höhe von 175 000 € erworben, so erhält der Erwerber nach den Grundsätzen der **gemischten Schenkung (teilentgeltlicher Erwerb)** die Förderung nach § 10e Abs. 1 EStG in den ersten vier Jahren ggf. bis zum ungekürzten Höchstbetrag von 10 124 €. Der **Höchstbetrag** nach § 10e Abs. 1 Satz 1 EStG ist also bei einem teilentgeltlichen Erwerb

nicht zu kürzen (BFH-Urteil vom 21.3.1989, BStBl II S. 778, und BMF-Schreiben vom 31.12.1994, a. a. O., Tz 43).

Vorkosten nach § 10e Abs. 6 EStG (vgl. Erläuterungen zur Zeile 22 der Anlage FW in der **Anleitung zur Einkommensteuererklärung 2006**) können allerdings nur insoweit abgezogen werden, als sie mit dem **entgeltlichen** Teil des Erwerbs zusammenhängen, z. B. Renovierungskosten zur Hälfte, Schuldzinsen zur Finanzierung der Abstandszahlung in voller Höhe. Eine erforderliche Aufteilung ist im Verhältnis des Entgelts (ohne Anschaffungsnebenkosten) zum Verkehrswert der Wohnung aufzuteilen (BFH-Urteile vom 24.3.1993, BStBl II S. 704; und vom 1.10.1997, BStBl 1998 II S. 247; sowie BMF-Schreiben vom 31.12.1994, a. a. O., Tz 84). Vgl. zum Problem der Anwendung des § 10e Abs. 6 EStG bei **unentgeltlichem** Erwerb die Erläuterungen zur Zeile 22 der Anlage FW in der **Anleitung zur Einkommensteuererklärung 2006**.

Wird ein Gebäude unter Lebenden zunächst anteilig **unentgeltlich** auf mehrere Kinder übertragen und **kauft anschließend** eines der Kinder die **Anteile der Geschwister** zu eigenen Wohnzwecken, so liegt insoweit ein **entgeltlicher** Erwerb vor. Die Förderung des Erwerbs ist allerdings auf den anteiligen Höchstbetrag beschränkt (§ 10e Abs. 1 Satz 6 EStG).

4.3.3.3.8 Mittelbare Grundstücksschenkung

Umstritten war, unter welchen Voraussetzungen ein **entgeltlicher** Erwerb des Gebäudes (z. B. nach § 10e Abs. 1 EStG) vorliegt oder nicht vorliegt, wenn der Steuerpflichtige (z. B. Kind) das Wohneigentum mit (z. B. von den Eltern) **geschenktem Geld** anschafft oder herstellt. Nach den zivilrechtlichen Grundsätzen, denen sich der BFH und die Finanzverwaltung für die **Schenkungsteuer** angeschlossen haben, kann für den Fall, dass die Schenkung nicht zweckfrei, sondern unter der **Auflage** oder der **Bedingung,** ein ganz bestimmtes Grundstück (Wohnung) zu erwerben oder zu errichten, eine **mittelbare Grundstücksschenkung** vorliegen (bundeseinheitliche Erlasse vom 9.11.1989, BStBl I S. 445; und vom 6.12.1993, BStBl I S. 1002; sowie BFH-Urteile vom 3.8.1988, BStBl II S. 1025; vom 5.2.1986, BStBl II S. 460; vom 6.3.1985, BStBl II S. 382; und vom 13.3.1996, BStBl II S. 548, betr. einen Anbau), insbesondere dann, wenn im Voraus eine klare und eindeutige Schenkungsabrede dahingehend getroffen ist, dass der Gegenstand der Schenkung ein ganz bestimmtes Grundstück und nicht etwa ein Geldbetrag sein soll (BMF-Schreiben vom 31.12.1994, a. a. O., Tz 2). Die Finanzverwaltung nimmt in solchen Fällen auch **einkommensteuerlich** einen **unentgeltlichen** Erwerb des bebauten Grundstücks an (BFH-Urteile vom 15.5.1990, BStBl 1992 II S. 67; und vom 8.6.1994, BStBl II S. 779).

Die Beteiligten müssen sich entscheiden, ob sie die schenkungsteuerliche oder die einkommensteuerliche Vergünstigung vorziehen. Ist eine Förderung des Kindes z. B. nach § 10e EStG beabsichtigt, so muss der Geldbetrag **zweckfrei** zugewendet werden; dann unterliegt allerdings der geschenkte Geldbetrag der Schenkungsteuer (Freibetrag nach ErbStG beachten). Soll das Geld in Form einer mittelbaren Grundstücksschenkung zugewendet werden, so unterliegt der Schenkungsteuer (im zeitlichen Geltungsbereich des § 10e EStG bis 31.12.1995) nur ein Betrag von 140 % des Einheitswerts des Grundstücks; § 10e EStG scheidet dann beim Kind aus. Schenken die Eltern ihrem Kind z. B. einen Geldbetrag von 150 000 € zur Anschaffung eines **bestimmten** Grundstücks, das das Kind im Anschluss daran für 250 000 € (Gebäude 150 000 €, Grundstück 100 000 €) erworben hat, so liegt ein teils entgeltlicher und teils unentgeltlicher Erwerb im Wege der mittelbaren Grundstücksschenkung vor. Aus der Sicht des Erwerbers liegt ein verbilligter Erwerb des gesamten Grundstücks vor, weshalb der Höchstbetrag nach § 10e Abs. 1 EStG, wie stets beim teilentgeltlichen Erwerb (s. o.), nicht gekürzt werden darf (aber Aufteilung der Vorkosten).

4.3.3.3.9 Schuldzinsen für Kredite zur Abfindung (Gleichstellung) von Miterben, zur Erfüllung von Pflichtteilsverbindlichkeiten und Vermächtnissen sowie aus ähnlichen Anlässen

Führen Abfindungszahlungen an Miterben nach den obigen Ausführungen zu Anschaffungskosten beim übernehmenden Erben, so sind **Schuldzinsen für einen Kredit**, der **zur Abfindung von Miterben** aufgenommen wird, je nach der erworbenen Einkunftsquelle **Werbungskosten/Betriebsausgaben**, und zwar auch dann, wenn der übernehmende Miterbe die Abfindungen ganz oder teilweise aus seinem Anteil an dem Nachlass hätte aufbringen können (BFH-Urteile vom 9.7.1985, DB 1985 S. 2592; und vom 19.5.1983, BStBl II S. 380). Ebenso sind **Schuldzinsen** für einen Kredit, der im Rahmen einer **vorweggenommenen Erbfolgeregelung** zur Abfindung (Gleichstellung) der anderen Miterbeberechtigten für die Überlassung eines Grundstücks aufgenommen wird, als Werbungskosten bei Vermietung und Verpachtung abziehbar (BFH-Urteile vom 23.4.1985, BStBl II S. 720; und vom 26.11.1985, BStBl 1986 II S. 161), wenn und soweit der Übernehmer das betreffende Wirtschaftsgut zur Erzielung stpfl. Einkünfte einsetzt (BMF-Schreiben vom 13.1.1993, a. a. O., Tz 22); sie sind als Betriebsausgaben abziehbar, wenn und soweit die Zinszahlungen im Zusammenhang mit der Übertragung von Betriebsvermögen stehen (BMF-Schreiben vom 13.1.1993, a. a. O., Tz 40).

Darüber hinaus wurden früher auch **Schuldzinsen** für Verbindlichkeiten, die **in mittelbarem Zusammenhang** mit der Erbauseinandersetzung stehen (z. B. Pflichtteils- und Vermächtnisschulden), als abzugsfähige Aufwendungen anerkannt und zwar auch dann, wenn sie nicht zu Anschaffungskosten führen (sog. Sekundärfolgen – Rspr. des BFH). Diese Auffassung hat der BFH aufgegeben (BFH-Urteile vom 2.3.1993, BStBl 1994 II S. 619; vom 25.11.1993, BStBl 1994 II S. 623; und vom 27.7.1993, BStBl 1994 II S. 625). Solche Aufwendungen sind nach der jetzt maßgeblichen Rspr. **privat veranlasst**. Die geänderte Rechtsauffassung hat zur Folge, dass Aufwendungen für die Finanzierung (oder Stundung) von Pflichtteilsverbindlichkeiten (BFH-Urteil vom 2.3.1993, a. a. O.), von Vermächtnisschulden, von Erbersatzverbindlichkeiten, von Abfindungsschulden nach der Höfeordnung (BFH-Urteil vom 25.11.1993, a. a. O.), von Abfindungsschulden im Zusammenhang mit der Vererbung eines Anteils an einer Personengesellschaft im Wege der qualifizierten Nachfolge- oder Eintrittsklausel (BFH-Urteil vom 27.7.1993, a. a. O.) nicht mehr als Werbungskosten/Betriebsausgaben abgezogen werden dürfen. Dies gilt entsprechend auch für Zugewinnausgleichsschulden (vgl. Teil I Tz 24.9.1.3 unter Erläuterungen zur Anlage V, Zeile 46). Wegen der Übergangsregelung siehe BMF-Schreiben vom 11.8.1994 (BStBl I S. 603).

4.3.3.4 Miteigentum sowie Übergang von der Selbstnutzung zur Vermietung und umgekehrt

Hierzu wird auf die Ausführungen zu den Zeilen 17 bis 18 der Anlage FW 2024 (Teil I Tz 27.4 der **Anleitung zur Einkommensteuererklärung 2024**) und allgemein auf die **Anleitung zur Einkommensteuererklärung 2003**, Teil II Tz 3.3.3 d) und e) hingewiesen.

Siehe »**Allgemeiner Hinweis**« unter Tz 4.3.

4.3.4 Nachholung nicht ausgenutzter Grundförderung und nachträgliche Herstellungs- oder Anschaffungskosten

Insoweit wird auf die Ausführungen zur Zeile 17 der Anlage FW 2024 (vgl. Teil I Tz 27.6.2 der **Anleitung zur Einkommensteuererklärung 2024**) und allgemein auf die **Anleitung zur Einkommensteuererklärung 2003**, Teil II Tz 3.3.4 hingewiesen.

Siehe »**Allgemeiner Hinweis**« unter Tz 4.3.

Wegen der umfassenden Nachholmöglichkeit **nachträglicher** Herstellungs- oder Anschaffungskosten, die bis zum Ende des achtjährigen Abzugszeitraums bei § 10e EStG anfallen, vgl. Erläuterungen zur **Zeile 17 der Anlage FW 2024 (vgl. Teil I Tz 27.6.2 der Anleitung zur Einkommensteuererklärung 2024)**.

4.3.5 Ehegatten-Anschaffungsgeschäft

Keine Steuerbegünstigung gibt es nach § 10e EStG, wenn die Voraussetzungen des § 26 Abs. 1 EStG vorliegen (§ 10e Abs. 1 Satz 8 EStG). Insoweit wird auf die Ausführungen in der Anleitung zur Einkommensteuererklärung **2003**, Teil II Tz 3.3.5 hingewiesen. Diese Grundsätze sind auch auf Partner einer eingetragenen Lebenspartnerschaft zu übertragen.

Siehe »Allgemeiner Hinweis« unter Tz 4.3.

4.3.6 Objektbeschränkung (Objektverbrauch)

Die Steuerbegünstigung des § 10e EStG kennt den Ausschlusstatbestand des **Objektverbrauchs** (§ 10e Abs. 4 EStG). Zum Objektverbrauch siehe auch Erläuterungen zur **Zeile 10** der **Anlage FW (vgl. Teil I Tz 27.1.6)**. Objektverbrauch tritt ein, wenn sich die Abzugsbeträge des § 10e Abs. 1 oder 2 EStG ausgewirkt haben. Der Steuerpflichtige kann die Grundförderung nur für **eine Wohnung** in Anspruch nehmen. Objektverbrauch tritt auch ein, wenn der Wohnungseigentümer die Grundförderung **nicht in vollem Umfang**, z. B. nicht für den vollen Abzugszeitraum von 8 Jahren oder nicht in voller Höhe bis zum maßgeblichen Höchstbetrag oder **zu Unrecht** in Anspruch genommen hat oder wenn wegen Überschreitens der **Einkunftsgrenze** (vgl. Tz 4.3) die Grundförderung nicht für den gesamten Begünstigungszeitraum, sondern z. B. nur für ein Jahr gewährt werden konnte. Abzugsbeträge haben sich auch dann ausgewirkt, wenn in einem VZ lediglich das Baukindergeld nach § 34f EStG (vgl. Tz 4.6) in Anspruch genommen wird. Auch der begünstigte **Ausbau** oder die begünstigte **Erweiterung**, wozu auch eine **Garage** gehört oder ein ganzjährig nutzbarer **Wintergarten** gehören kann (vgl. Tz 4.3.2), gelten als ein Objekt. Der **Miteigentumsanteil** an einer Wohnung oder an einem Anbau oder an einer Erweiterung ist im Rahmen des Objektverbrauchs dem Volleigentum gleichgestellt. Zum Hinzuerwerb eines weiteren Miteigentumsanteils siehe unten.

Der unentgeltliche **Gesamtrechtsnachfolger** kann, falls die Voraussetzungen in seiner Person erfüllt sind, § 10e EStG auch dann in Anspruch nehmen, wenn beim Erblasser Objektverbrauch vorgelegen hat (BFH-Urteile vom 4.9.1990, BStBl 1992 II S. 69; und vom 8.10.1991, BStBl 1992 II S. 547). Der durch den Gesamtrechtsnachfolger unentgeltlich erworbene Miteigentumsanteil stellt **ein** Objekt dar, wenn er die Abzugsbeträge fortführt, BMF-Schreiben vom 31.12.1994 (a. a. O., Tz 32 und Tz 59).

Ehegatten/Lebenspartner, bei denen die Voraussetzungen der Zusammenveranlagung vorliegen (§ 26 Abs. 1 EStG), können die Grundförderung für insgesamt **zwei Objekte** in Anspruch nehmen, jedoch **nicht gleichzeitig** für zwei Objekte, die in **räumlichem Zusammenhang** zueinander liegen (§ 10e Abs. 4 Satz 2 EStG). Ein räumlicher Zusammenhang ist anzunehmen, wenn die beiden Objekte durch geringfügige Baumaßnahmen zu einer Einheit verbunden werden können. Das ist z. B. bei den beiden Wohnungen eines Zweifamilienhauses, aber auch bei zwei neben- oder übereinanderliegenden Eigentumswohnungen oder nebeneinander liegenden Reihenhäusern der Fall. Vgl. zu verfassungsrechtlichen Einwänden gegen die Regelung BFH-Urteil vom 10.10.2000 (BStBl 2001 II S. 277). Die Einschränkung gilt nur, wenn zu dem Zeitpunkt, zu dem die beiden Objekte fertiggestellt oder angeschafft worden sind, bei den Ehegatten/Lebenspartnern die Voraussetzungen der Zusammenveranlagung (§ 26 Abs. 1 EStG) vorgelegen haben. Wer also z. B. zuerst gebaut oder gekauft und dann erst geheiratet hat, kann zusammen mit seinem jetzigen Ehegatten/Lebenspartner, der vor der Eheschließung/Verpartnerung ebenso verfahren ist, die Begünstigung gleichzeitig auch für zwei räumlich zusammenhängende Objekte in Anspruch nehmen. Zur Gestaltung von nacheinander angeschafften Eigentumswohnungen zu einer Wohnung durch Mauerdurchbruch siehe BFH-Urteil vom 13.12.2000 (BStBl 2001 II S. 237). Ein räumlicher Zusammenhang in diesem Sinne ist nicht gegeben, wenn ein Miteigentümer oder sein Ehegatte/Lebenspartner einen **Anteil** an der zu eigenen Wohnzwecken genutzten Wohnung von einem Dritten **hinzuerwirbt**; vielmehr handelt es sich um die Anschaffung eines selbständigen (zweiten) Objekts, für das bei Ehegatten/Lebenspartnern die Förderung beider Anteile gleichzeitig möglich ist, BMF-Schreiben vom 31.12.1994 (a. a. O., Tz 28). Die für Ehegatten/Lebenspartner geltende Objektbeschränkung wegen des räumlichen Zusammenhangs gilt **nicht** für eine in räumlichem Zusammenhang zur selbst bewohnten Wohnung liegende, unentgeltlich an **Angehörige** überlassene Wohnung (BFH-Urteil vom 28.6.2002, BStBl 2003 II S. 119 zur Eigenheimzulage).

Miteigentumsanteile von Ehegatten/Lebenspartnern an derselben Wohnung werden nicht als selbständige Objekte, sondern als **ein** Objekt behandelt, **solange** die Voraussetzungen der Zusammenveranlagung (§ 26 Abs. 1 EStG) vorliegen, und zwar auch dann, wenn daneben noch weitere Personen beteiligt sind. Als **ein** Objekt sind die **Anteile von Ehegatten/Lebenspartnern** auch anzusehen, wenn die Ehegatten/Lebenspartner **vor** Eintritt der Voraussetzungen der Zusammenveranlagung (z. B. vor der Eheschließung/Eintragung der Lebenspartnerschaft) Abzugsbeträge in Anspruch genommen haben und die Voraussetzungen der Zusammenveranlagung im Laufe des Abzugszeitraums oder später eingetreten sind (BFH-Urteil vom 15.11.1994, BStBl 1995 II S. 374, zu § 7b EStG a. F., der inzwischen aufgehoben worden ist; aber auch BFH-Urteil vom 15.3.2000, BStBl II S. 419). Fallen bei Ehegatten/Lebenspartnern die Voraussetzungen der Zusammenveranlagung fort (z. B. wegen Scheidung), sind ihre Anteile an der Wohnung wieder als selbständige Objekte zu behandeln (BMF-Schreiben vom 31.12.1994, a. a. O., Tz 29).

Nach § 10e Abs. 5 Satz 3 EStG verbleibt es bei der Zusammenrechnung von Anteilen zu **einem** Objekt, soweit im Falle des **Todes eines Ehegatten/Lebenspartners** der überlebende Ehegatte/Lebenspartner **durch Gesamtrechtsnachfolge** Alleineigentümer dieses Objekts wird oder einen Miteigentumsanteil hinzuerwirbt, wenn bis zum Tode seines Ehegatten/Lebenspartners die Voraussetzungen der Zusammenveranlagung vorgelegen haben. Dasselbe gilt, wenn während des Abzugszeitraums die **Voraussetzungen der Zusammenveranlagung** aus anderen Gründen, z. B. infolge Scheidung oder des dauernden Getrenntlebens, **wegfallen** und ein Ehegatte/Lebenspartner den Anteil des anderen Ehegatten/Lebenspartners bis zum Ablauf des letzten Jahres der Zusammenveranlagung an der Wohnung **erwirbt**. Die Abzugsbeträge können beim hinzuerwerbenden Ehegatten/Lebenspartner dann weiter in der bisherigen Höhe berücksichtigt werden, wenn bei ihm noch kein Objektverbrauch eingetreten ist (BMF-Schreiben vom 31.12.1994, a. a. O., Tz 30). Diese Ausnahmeregelungen sind auf nichteheliche Lebensgemeinschaften nicht anzuwenden (BFH-Urteil vom 10.7.1996, BStBl 1998 II S. 111). Im Jahr der Trennung kann der Ehegatte/Lebenspartner, der den Miteigentumsanteil an einem gemeinsamen Einfamilienhaus hinzuerwirbt, die hierauf entfallende Grundförderung nur beanspruchen, wenn der andere Ehegatte/Lebenspartner die Grundförderung nicht in Anspruch nimmt (BFH-Urteil vom 20.3.2002, BStBl II S. 415). Beim **übertragenden** Ehegatten/Lebenspartner tritt Objektverbrauch ein, wenn er seinen Miteigentumsanteil entgeltlich oder unentgeltlich **vor** dem Jahr des Eintritts oder **nach** dem Jahr des Wegfalls der Voraussetzungen der Zusammenveranlagung (z. B. Scheidung) übertragen hat; die Folgeobjekt-Regelung ist anwendbar (vgl. Tz 4.3.7). Erfolgt umgekehrt die Übertragung in einem Kj., in dem die Voraussetzungen der Zusammenveranlagung vorliegen, so tritt für den übertragenden Ehegatten/Lebenspartner **kein** Objektverbrauch ein; dabei kommt es nicht darauf an, ob das Objekt während oder nach Ablauf des Abzugszeitraums übertragen wird (BMF-Schreiben vom 31.12.1994, a. a. O., Tz 31).

Wegen der weitgehend gleichen Rechtslage bei der **Eigenheimzulage** vgl. BMF-Schreiben vom 21.12.2004, BStBl 2005 I S. 305, Rz 36 ff.; und die BFH-Urteile vom 15.7.2004, BStBl 2005 II S. 82; und vom 22.9.2004, BStBl II S. 86.

Wurde während einer **vorangegangenen Ehe/Lebenspartnerschaft** die steuerliche Förderung für zwei Objekte, die beide einem Ehegatten/Lebenspartner zuzurechnen waren, ausgeschöpft und heiratet der Steuerpflichtige nunmehr einen anderen Partner, bei dem noch keine Objektbeschränkung eingetreten ist, steht den neuen Ehegatten/Lebenspartnern die Begünstigung nach § 10e EStG noch für ein Objekt zu. Dem Ehegatten/Lebenspartner wird aus seiner geschiedenen Ehe/beendeten Lebenspartnerschaft nur **ein** Objekt angerechnet; es ist nicht erforderlich, dass das weitere Objekt im Eigentum des neuen Ehegatten/Lebenspartners steht (BMF-Schreiben vom 31.12.1994, a. a. O., Tz 26 und Tz 27). Haben beide Ehegatten/Lebenspartner aber bereits während einer früheren Ehe/Lebenspartnerschaft jeweils mit dem damaligen Ehepartner/Lebenspartner für ein gemeinsames Wohnobjekt die steuerliche Förderung in Anspruch genommen, so steht ihnen für eine gemeinsam zur Eigennutzung angeschaffte Wohnung die Grundförderung nach § 10e EStG wegen Objektverbrauchs nicht zu (BFH-Urteil vom 24.7.1996, BStBl II S. 603).

Erwirbt ein Miteigentümer bis zum Ende des VZ, in dem der Abzugszeitraum für den ursprünglichen Anteil beginnt, von einem anderen Miteigentümer einen oder mehrere **Anteile hinzu**, stellt der ursprüngliche und der hinzuerworbene Miteigentumsanteil **ein** einheitliches Objekt dar (BFH-Urteile vom 9.11.1994, BStBl 1995 II S. 258; und vom 28.7.1993, BStBl 1994 II S. 921). Erwirbt ein Miteigentümer dagegen den oder die Miteigentumsanteile erst in einem späteren VZ, handelt es sich bei dem oder den hinzuerworbenen Anteilen um selbständige Objekte (BFH-Urteil vom 10.7.1996, BStBl 1998 II S. 111); dies gilt auch dann, wenn der Anteilserwerber Alleineigentümer der Wohnung geworden ist, BMF-Schreiben vom 31.12.1994 (a. a. O., Tz 32).

Unter die Objektbeschränkung fallen **auch** vor dem 1.1.1987 angeschaffte oder fertiggestellte Objekte, für die erhöhte Absetzungen nach § 7b EStG a.F. oder **§ 15 Abs. 1 bis 4 BerlinFG** oder Abzugsbeträge nach **§ 15b Abs. 1 bis 4 BerlinFG** gewährt wurden (BMF-Schreiben vom 31.12.1994, a. a. O., Tz 34).

4.3.7 Folgeobjekt

Da Objektverbrauch auch dann eintritt, wenn für ein Erstobjekt Grundförderung nicht während des gesamten Begünstigungszeitraumes gewährt werden konnte, wurde zur Milderung von Härten auch in § 10e Abs. 4 Sätze 4 bis 7 EStG die Möglichkeit geschaffen, nicht ausgeschöpfte Begünstigungszeiträume auf ein **Folgeobjekt** zu übertragen, vgl. Teil I Tz 27.1.6 unter Erläuterungen zur **Anlage FW, Zeile 10**.

Das Folgeobjekt muss innerhalb von zwei Jahren vor oder drei Jahre nach Ablauf des Jahres angeschafft oder hergestellt werden, für das beim Erstobjekt letztmals eine Begünstigung möglich war. Der Abzugszeitraum für das Folgeobjekt **beginnt** erst mit Ablauf des VZ der letztmaligen Selbstnutzung zu Wohnzwecken des Erstobjekts, wenn das Folgeobjekt schon zuvor angeschafft oder hergestellt worden ist (§ 10e Abs. 4 Satz 5 EStG).

BEISPIEL:

Der Steuerpflichtige veräußert oder vermietet sein im Jahre 01 hergestelltes, zu eigenen Wohnzwecken genutztes Einfamilienhaus am 1.6.04. Für die Jahre 01 bis 04 hat er § 10e EStG in Anspruch genommen. Für ein Folgeobjekt kann er ohne weiteren Objektverbrauch die Vergünstigung des § 10e EStG für die Jahre 05, 06, 07 und 08 fortführen, wenn er dieses nach dem 31.12.02 und vor dem 1.1.08 hergestellt oder angeschafft und in dem jeweils in Betracht kommenden Jahr des Abzugszeitraums zu eigenen Wohnzwecken genutzt hat.

Das Problem des Folgeobjekts stellt sich allerdings nicht nur im Falle der **Veräußerung** oder **Schenkung,** sondern auch bei **Beendigung der Selbstnutzung** zu eigenen Wohnzwecken. Beim Folgeobjekt ist der Abzugszeitraum um die Zahl der Jahre zu kürzen, für die beim Erstobjekt Abzugsbeträge in Anspruch genommen wurden **oder** hätten in Anspruch genommen werden **können**. Dabei sind auch die Jahre einzubeziehen, in denen für das Erstobjekt eine Förderung wegen fehlender Selbstnutzung nicht möglich war. Die Jahre nach dem endgültigen Auszug zählen dagegen nicht mit. Nach § 10e Abs. 4 Satz 6 EStG sind zwar für das Folgeobjekt die Prozentsätze der vom Erstobjekt verbliebenen Jahre maßgebend. Da aber das Folgeobjekt ein eigenständiges Objekt i. S.des § 10e Abs. 1 oder Abs. 2 EStG darstellt, ist § 10e EStG in der jeweils für das **Folgeobjekt** gültigen Fassung maßgebend (BMF-Schreiben vom 31.12.1994, a. a.O., Tz 73 und dortige Beispiele). Sonach sind für die vom Erstobjekt verbliebenen Jahre die für das Folgeobjekt maßgebenden Prozentsätze anzuwenden. Kommen für das Folgeobjekt Abzugsbeträge von jeweils bis zu 6 % der Bemessungsgrundlage in Betracht, kann der Steuerpflichtige diese erhöhten Abzugsbeträge nur noch für die vom Erstobjekt verbliebenen Jahre geltend machen (BMF-Schreiben vom 31.12.1994, a. a. O., Tz 80). Die **Einkunftsgrenze** von 61 355/122 710 € bei Bauantrag/Baubeginn/Kaufvertrag nach dem 31.12.1991) **gilt auch für Folgeobjekte**.

Erstobjekte können sowohl Objekte nach § 10e EStG und § 15b Abs. 1 BerlinFG als auch solche nach § 7b EStG a. F. und § 15 Abs. 1 BerlinFG sein (BMF-Schreiben vom 31.12.1994, a. a. O., Tz 75). Die Berücksichtigung eines Restbegünstigungszeitraums **bei einem 3. Objekt ist nicht** zulässig. Nutzt der Steuerpflichtige vor Ablauf des Abzugszeitraums statt des Folgeobjekts wieder das Erstobjekt zu eigenen Wohnzwecken, lebt die Berechtigung zur Inanspruchnahme der Grundförderung nach § 10e Abs. 1 EStG für das Erstobjekt wieder auf (BFH-Urteil vom 29.11.2000, BStBl 2001 II S. 755); dies gilt entsprechend hinsichtlich der Eigenheimzulage (BMF-Schreiben vom 24.10.2001, BStBl I S. 803). **Ehegatten/Lebenspartner**, die im Inland wohnen und zusammenleben (§ 26 Abs. 1 EStG), können **wählen**, ob ein begünstigtes Objekt als Folgeobjekt oder als 2. Objekt gelten soll (BMF-Schreiben vom 31.12.1994, a. a. O., Tz 81 und 82).

4.3.8 Weitere Auswirkungen der Regelung nach § 10e EStG

4.3.8.1 Zuschüsse

Zuschüsse zu den Aufwendungen für die Errichtung oder den Erwerb eines Objekts **mindern die Herstellungskosten** oder **Anschaffungskosten** der geförderten Baumaßnahmen (BMF-Schreiben vom 31.12.1994, a.a.O., Tz 41), ebenso den **Erhaltungsaufwand** und die nach § 10e Abs. 6 EStG abzugsfähigen **Vorkosten**.

4.3.8.2 Verbilligte Darlehen

Erhält ein Arbeitnehmer ein **zinsloses oder zinsverbilligtes Darlehen** von seinem Arbeitgeber, so stellt der geldwerte Vorteil stpfl. Arbeitslohn dar, BMF-Schreiben vom 19.5.2015 (BStBl I S. 484); Zinsvorteile sind aber nur dann als Sachbezug zu versteuern, wenn die Summe der noch nicht getilgten Darlehen am Ende des Lohnzahlungszeitraums 2 600 € übersteigt.

4.3.8.3 Guthabenzinsen aus Bausparverträgen

Zur steuerlichen Behandlung von **Guthabenzinsen aus Bausparverträgen** und von Schuldzinsen für einen mit dem Bausparvertrag zusammenhängenden Zwischenkredit oder Auffüllkredit wird auf die Ausführungen zur **Zeile 29 der Anlage V (vgl. Teil I Tz 24.3.1)** hingewiesen.

4.4 Erhaltungsaufwendungen und Schuldzinsen vor und nach Beginn der Selbstnutzung

4.4.1 Vor Beginn der Selbstnutzung

Soweit § 10e EStG noch anwendbar ist (Bauantrag/Kaufvertrag vor dem 1.1.1996, vgl. Tz 4.3), können Aufwendungen (z. B. Schuldzinsen, Reparaturen), die **vor dem erstmaligen Bezug** der Wohnung entstanden sind, nach **§ 10e Abs. 6 EStG** als sog. Vorkosten **wie Sonderausgaben** abgezogen werden. Der Vorkostenabzug wurde allerdings, soweit es sich um **Erhaltungsaufwand** handelt, der im Zusammenhang mit der Anschaffung des Gebäudes steht, der Höhe nach **auf 15 %** der Anschaffungskosten des Gebäudes oder der Eigentumswohnung, **höchstens 15 % aus 76 694 € = 11 504 €** brutto, also mit Umsatzsteuer, begrenzt (§ 10e Abs. 6 Satz 3 EStG), wenn das Objekt aufgrund eines Kaufvertrags oder gleichstehenden Rechtsakts **nach dem 31.12.1993** angeschafft wurde. Zu den hiernach abzugsfähigen Aufwendungen vgl. Erläuterungen in der Anleitung zur Zeile 22 der Anlage FW in der **Anleitung zur Einkommensteuererklärung 2006,** besonders Buchst. d.

4.4.2 Nach Beginn der Selbstnutzung

Der für **Schuldzinsen** und Geldbeschaffungskosten in **§ 10e Abs. 6a EStG** vorgesehene Abzug bis zu 12 000 DM jährlich ist **ausgelaufen.**

4.5 Förderungswürdige Aufwendungen nach § 10f EStG – Abzug wie Sonderausgaben

Wegen der o. g. Steuerbegünstigungen für bestimmte Baumaßnahmen nach **§ 10f EStG** wird auf die Ausführungen zu den **Zeilen 11 bis 13 der Anlage FW (Teil I Tz 27.2.1)** verwiesen.

Wird eine Wohnung im Wege der **Gesamtrechtsnachfolge** infolge Erbfalls erworben, so kann der **Erbe** die erhöhten Absetzungen für den restlichen Begünstigungszeitraum wie Sonderaus gaben abziehen, falls er die Wohnung zu eigenen Wohnzwecken nutzt **oder** sie unentgeltlich (ohne gesicherte Rechtsposition) überlässt. Erfüllen für den VZ des Erbfalls der Erblasser **und** der Erbe die Voraussetzungen für die Inanspruchnahme der jeweiligen Vergünstigung, kann der Erbe wählen, in welchem Umfang die Beträge für diesen VZ beim Erblasser und bei ihm zu berücksichtigen sind. Dies gilt nicht für den Erwerb im Wege der **Einzelrechtsnachfolge**.

4.6 Baukindergeld nach § 34f EStG neben § 10e Abs. 1 bis 5a EStG oder § 15b BerlinFG

Als zusätzliche, und zwar progressionsunabhängige Förderung des Wohneigentums sieht § 34f EStG auf Antrag einen **Steuerabzugsbetrag**, d.h. die Möglichkeit eines unmittelbaren Abzugs von der Einkommensteuerschuld vor. Dieses **sog. Baukindergeld** ist hinsichtlich seiner Höhe und seiner Voraussetzungen mehrfach geändert worden. Vgl. Teil I Tz 27.6 der **Anleitung zur Einkommensteuererklärung 2024** unter Erläuterungen zur **Anlage FW 2024, Zeile 19**.

4.7 Berücksichtigung bei den Einkommensteuer-Vorauszahlungen und als Freibetrag bei den Lohnsteuerabzugsmerkmalen

Grundsätzlich können Verluste aus Vermietung und Verpachtung sowohl im ESt-Vorauszahlungsverfahren wie im LSt-Ermäßigungsverfahren nach wie vor erst für das Kj. berücksichtigt werden, das **nach** der Anschaffung oder Fertigstellung dieses Gebäudes **beginnt** (§ 37 Abs. 3 Sätze 8 und 9 i. V. mit § 39a Abs. 1 Nr. 5 EStG; Ausnahmen für §§ 14a, 14d BerlinFG und § 4 FördG). Die Regelung ist nicht verfassungswidrig (BFH-Urteil vom 17.3.1994, BStBl II S. 567). Die Steuervergünstigungen nach **§ 10e EStG** und nach **§ 34f EStG** können jedoch bereits **früher** geltend gemacht werden.

Nach § 46 Abs. 2 Nr. 4 EStG und § 46 Abs. 2 Nr. 8 EStG ist in diesen Fällen eine ESt-Veranlagung durchzuführen.

Im Übrigen wird auf die Ausführungen in der Anleitung zur Einkommensteuererklärung **2003**, Teil II Tz 3.7 hingewiesen.

4.8 Übergangsregelungen und Ende der Nutzungswertbesteuerung

Die zwölfjährige Übergangsregelung hinsichtlich der **Besteuerung des Nutzungswerts für die eigengenutzte Wohnung** ist spätestens mit dem VZ **1998 ausgelaufen**. Bereits für einen früheren VZ konnte **unwiderruflich der Antrag** gestellt werden, die Nutzungswertbesteuerung zu beenden.

Die **erhöhten Absetzungen** nach § 10f EStG können jedoch für den restlichen Begünstigungszeitraum **fortgeführt** und **wie Sonderausgaben in den Zeilen 14 bis 15 der Anlage FW (vgl. Teil I Tz 27.2)** geltend gemacht werden (BMF-Schreiben vom 19.9.1986, BStBl I S. 480, Abschnitt II Nr. 4). Dies gilt nicht für die degressive AfA nach § 7 Abs. 5 EStG (BFH-Urteil vom 24.11.1993, BStBl 1994 II S. 322).

5. Modernisierungsaufwand (§ 82a EStDV a. F.) 2025: Herstellungskosten und Erhaltungsaufwand für bestimmte Anlagen und Einrichtungen

Die Regelung in § 82a EStDV a. F. betraf erhöhte Absetzungen für bestimmte Modernisierungsmaßnahmen an Gebäuden, die sich besonders auf **Heizungs- und Warmwasseranlagen,** aber auch auf den Anschluss an eine **Fernwärmeversorgung,** den Einbau von **Wärmepumpenanlagen, Solaranlagen** und andere energiesparende Investitionen bezogen haben. Sie war **letztmals** für das Jahr **2000** von Bedeutung.

Wegen der möglichen Steuerermäßigung nach § 35c EStG vgl. Teil I Tz 8 zur Anlage Energetische Maßnahmen.

Außerhalb steuerlicher Regelungen gibt es diverse Förderprogramme des Bundesamts für Wirtschaft und Ausfuhrkontrolle (BAFA). Im Internet sind unter https://www.bafa.de/DE/Energie/Effiziente_Gebaeude/Foerderprogramm_im_Ueberblick/foerderprogramm_im_ueberblick_node.htm Hinweise zur Bundesförderung für effiziente Gebäude (BEG) zusammengefasst.

6. Sonderabschreibungen, erhöhte Absetzungen und Bewertungsfreiheiten 2025

6.1 Bewertungsfreiheit für geringwertige Anlagegüter (§ 6 Abs. 2 EStG)

Abnutzbare bewegliche Anlagegüter, die einer selbständigen Nutzung fähig sind, können im Jahr der Anschaffung oder Herstellung oder Einlage des Wirtschaftsguts oder der Eröffnung des Betriebs **voll** abgeschrieben werden, wenn die **Anschaffungs- oder Herstellungskosten** dieser Güter im neuen oder gebrauchten Zustand, vermindert um einen darin enthaltenen Vorsteuerbetrag (§ 9b Abs. 1 EStG), **800 € nicht übersteigen** (vor dem 1.1.2008: 410 €). Ein Wirtschaftsgut ist einer selbständigen Nutzung dann **nicht** fähig, wenn es **nach seiner betrieblichen Zweckbestimmung** nur zusammen mit anderen Wirtschaftsgütern des Anlagevermögens genutzt werden kann **und** die in den Nutzungszusammenhang eingefügten Wirtschaftsgüter technisch aufeinander abgestimmt sind. Das gilt auch, wenn das Wirtschaftsgut aus dem betrieblichen Nutzungszusammenhang gelöst und in einen anderen betrieblichen Nutzungszusammenhang eingefügt werden kann (§ 6 Abs. 2 EStG).

Mit dem Zweiten Gesetz zur Entlastung insbesondere der mittelständischen Wirtschaft von Bürokratie (Zweites Bürokratieentlastungsgesetz) vom 30.6.2017 (BGBl I S. 2143) wurde für die Anschaffung/Herstellung/Einlagen von Wirtschaftsgütern in ein Betriebsvermögen nach dem 31.12.2017 die Grenze zur gesonderten Aufzeichnung von 150 € auf 250 € erhöht und mit dem Gesetz gegen schädliche Steuerpraktiken im Zusammenhang mit Rechteüberlassungen vom 27.6.2017 (BGBl I S. 2074) wurde ebenfalls für die Anschaffung/Herstellung ab 1.1.2018 die Grenze für den Sofortabzug von 410 € auf 800 € angehoben.

Wegen der Einzelheiten wird auf R 6.13 EStR und die große Zahl von Beispielen in H 6.13 – ABC – EStH hingewiesen.

Die vorangegangenen Ausführungen gelten jedoch nur noch für Wirtschaftsgüter, die vor dem 1.1.2008 angeschafft, hergestellt oder in ein Betriebsvermögen eingelegt wurden. **Vom 1.1.2008 bis 31.12.2009** war hinsichtlich der Grenze für den Sofortabzug als Betriebsausgaben/Werbungskosten zu differenzieren:

- im **Privatvermögen** (z. B. Arbeitsmittel als Werbungskosten bei Arbeitnehmern, vgl. Teil I Tz 11.15.4 unter Erläuterungen zur Anlage N, Zeilen 42 bis 43) blieb es bei der **410 €**-Grenze,
- im **Betriebsvermögen** waren Wirtschaftsgüter **bis 150 € sofort** im Jahr der Anschaffung/Herstellung/Einlage in ein Betriebsvermögen abzuschreiben (das davor bestehende Wahlrecht zur Sofortabschreibung wurde ab 1.1.2008 in eine **Pflicht** zum sofortigen Abzug als Betriebsausgabe geändert); **ab 150,01 € bis einschließlich 1 000 €** war für Wirtschaftsgüter, die zu einer selbständigen Nutzung fähig sind, ein **Sammelposten** zu bilden und im Wj. der Bildung und den folgenden vier Wj. gleichmäßig mit jeweils 1/5 gewinnmindernd aufzulösen; bei Anschaffungskosten/Herstellungskosten/Einlagewert **über 1 000 €** war nach der **betriebsgewöhnlichen Nutzungsdauer** abzuschreiben.

Der so gebildete Sammelposten ist jahrgangsbezogen zu führen (sog. »Poolbildung«). Durch diese Poolbildung verliert das Wirtschaftsgut die Möglichkeit gesondert betrachtet zu werden. D. h., dass sich Veränderungen, wie z. B. Veräußerungen, Entnahmen, Wertminderungen oder Untergang nicht auf die Auflösung des Sammelpostens, in dem das betroffene Wirtschaftsgut enthalten ist/war, auswirken. Gleiches gilt für die wirtschaftsgutbezogene betriebsgewöhnliche Nutzungsdauer. Diese bleibt unberücksichtigt, da der Sammelposten gleichmäßig mit 1/5 aufgelöst wird. Bei kürzerer betriebsgewöhnlicher Nutzungsdauer (kürzer als fünf Jahre) gereicht dieses Verfahren zum Nachteil, da ggf. ein wirtschaftlich verschlissenes Wirtschaftsgut durch die Einbeziehung in den Sammelposten weiterhin in den »Steuerbüchern« verbleiben muss (eine Ausweispflicht in dem besonderen, laufend zu führenden Verzeichnis gem. § 6 Abs. 2 Satz 4 EStG – Anlageverzeichnis – besteht jedoch nicht; ausreichend ist der jahresbezogene Sammelposten). Auf der anderen Seite entsteht für Wirtschaftsgüter mit längerer betriebsgewöhnlicher Nutzungsdauer (länger als fünf Jahre) durch die neue Verfahrensweise ein Vorteil. Nachträgliche Anschaffungs- oder Herstellungskosten, die nicht mehr im Wj. der Anschaffung oder Herstellung anfallen, erhöhen nach R 6.13 Abs. 5 EStR den Sammelposten des Wj., in dem die Aufwendungen entstehen. Macht der Steuerpflichtige in diesem Wj. vom Wahlrecht nach § 6 Abs. 2a EStG keinen Gebrauch, beschränkt sich der Sammelposten auf die nachträglichen Anschaffungs- oder Herstellungskosten der betroffenen Wirtschaftsgüter.

Werden im Sammelposten erfasste Wirtschaftsgüter außerbetrieblich genutzt, ist nach Verwaltungsauffassung für die Ermittlung der als Entnahme zu behandelnden Selbstkosten der Wertverzehr zu schätzen.

Für Anschaffung/Herstellung/Einlage in ein Betriebsvermögen **nach dem 31.12.2009** gilt nach dem Wachstumsbeschleunigungsgesetz vom 22.12.2009 (BGBl I S. 3950) wieder ein **Wahlrecht**. Der Steuerpflichtige im o. g. Anwendungsbereich des Sammelpostens (bei Anschaffungskosten/Herstellungskosten/Einlagewert von mehr als 250 € (vor 1.1.2018: 150 €) aber nicht mehr als 1 000 €) darf entscheiden, ob er die Aufwendungen der angeschafften/hergestellten/eingelegten Wirtschaftsgüter auf die Nutzungsdauer – wirtschaftsgutbezogen – verteilt oder die o. a. Einstellung in einen Sammelposten – mit Aufgabe der Wirtschaftsgutbezogenheit – mit festgelegter Auflösung zu je 1/5 pro Jahr wählt. Da diese **Entscheidung** nach § 6 Abs. 2a Satz 5 EStG **für alle** in einem Wj. angeschafft/hergestellten/eingelegten **Wirtschaftsgüter einheitlich** zu treffen ist, muss neben dem ggf. bestehenden Vorteil einer vorzeitigen Abschreibung (bei Wirtschaftsgütern mit einer betriebsgewöhnlichen Nutzungsdauer von weniger als fünf Jahren) auch der administrative Aufwand (wirtschaftsgutbezogene Abschreibung mit Nachvollzug im Anlageverzeichnis etc.) bedacht und in die Entscheidungsfindung einbezogen werden.

Weitere Einzelheiten zur Neufassung **ab 2010** enthält das BMF-Schreiben vom 30.9.2010 (BStBl I S. 755).

Im **Privatvermögen** (z. B. Arbeitsmittel als Werbungskosten bei Arbeitnehmern, vgl. Teil I Tz 11.15.4) erhöhte sich die Grenze auf **952 €** (Nettobetrag: 800 €, zzgl. 19 % USt).

Insbesondere sind für die wirksame Wahlrechtsausübung ab 1.1.2018 folgende Grundsätze zu beachten:

- Aufwendungen bis 250 € Die Aufwendungen können in voller Höhe gem. § 6 Abs. 2 EStG als Betriebsausgabe abgezogen werden. Mit Ausnahme der buchmäßigen Erfassung des Zugangs bestehen aus steuerlichen Gründen keine weiteren Aufzeichnungspflichten, Rn 3 des vorher genannten BMF-Schreibens vom 30.9.2010.
- Aufwendungen von mehr als 250 € und nicht mehr als 800 €
  a) Die Aufwendungen können wie die bis 250 € sofort als Betriebsausgabe abgezogen werden. Im Unterschied ist aber das Wirtschaftsgut unter Abgabe des Tages der Anschaffung, Herstellung oder Einlage sowie der Anschaffungs- oder Herstellungskosten oder des Einlagewertes in ein besonderes, laufend zu führendes Verzeichnis aufzunehmen, soweit sich die Angaben nicht aus der Buchführung ergeben, BMF-Schreiben vom 30.9.2010 (a. a. O., Rn 5).
  b) Anstatt des Sofortabzugs können die Aufwendungen (einheitlich für alle Wirtschaftsgüter des Wj. mit Aufwendungen von mehr als 250 € und nicht mehr als 1 000 € gem. § 6 Abs. 2a EStG in einem – jahrgangsbezogenen – Sammelposten erfasst werden, BMF-Schreiben vom 30.9.2010 (a. a. O., Rn 6).
- Aufwendungen von mehr als 800 € und nicht mehr als 1 000 €

Anstatt der Verteilung der Aufwendungen durch Absetzungen für Abnutzung (AfA) besteht die Möglichkeit zur – einheitlichen – Bildung eines Sammelpostens, BMF-Schreiben vom 30.9.2010 (a. a. O., Rn 7).

6.2 Begünstigung von Umweltschutz-Investitionen

Umweltschutz-Investitionen waren nach **§ 7d EStG** begünstigt. Investitionen, die nach dem 31.12.1990 vorgenommen wurden, können **nicht mehr** nach § 7d EStG erhöht abgeschrieben werden. Inzwischen wurde die Vorschrift auch aufgehoben.

6.3 Bewertungsfreiheit für Anlagegüter, die der Forschung oder Entwicklung dienen

Die hierfür vorgesehenen Sonderabschreibungen in **§ 82d EStDV** a. F. sind ausgelaufen.

6.4 Erhöhte Absetzungen und Erhaltungsaufwand bei Baudenkmalen und bei Gebäuden in Sanierungsgebieten usw.

6.4.1 Erhöhte Absetzungen für bis 31.12.1990 abgeschlossene Herstellungskosten an bestehenden Baudenkmalen (§ 82i EStDV)

Bei einem Gebäude, das nach den landesrechtlichen Vorschriften über Denkmalschutz und Denkmalpflege ein **Baudenkmal** ist, kann der Steuerpflichtige von den **Herstellungskosten für Baumaßnahmen,** die nach Art und Umfang zur Erhaltung des Gebäudes als Baudenkmal und zu einer sinnvollen Nutzung erforderlich sind, anstelle der AfA nach § 7 Abs. 4 EStG im Jahr der Herstellung und in den neun folgenden Jahren, also **10 × jeweils bis zu 10 %** absetzen (§ 82i EStDV). Die Bestimmung galt für Herstellungskosten von Baumaßnahmen in den alten Bundesländern, die **bis 31.12.1990 abgeschlossen** worden sind (§ 84 Abs. 8 EStDV). Für später abgeschlossene Maßnahmen vgl. **Tz 6.4.2**.

6.4.2 Erhöhte Absetzungen für nach dem 31.12.1990 abgeschlossene Herstellungskosten an bestehenden Baudenkmalen sowie für Anschaffungskosten auch hinsichtlich früher abgeschlossener Baumaßnahmen (§ 7i EStG)

Die obige Regelung in § 82i EStDV (Tz 6.4.1) wurde zunächst als Dauerregelung nahtlos in **§ 7i EStG** übernommen. Durch das HBeglG 2004 (a. a. O.) wurde auch § 7i EStG geändert und die Förderung abgesenkt. Danach können nunmehr anstelle der AfA nach § 7 Abs. 4 oder Abs. 5 EStG die folgenden erhöhten Absetzungen vorgenommen werden: bei Beginn der Baumaßnahmen

- vor dem 1.1.2004 — 10 Jahre je bis zu 10 %
- nach dem 31.12.2003 — 8 Jahre bis zu je 9 % und 4 Jahre bis zu je 7 %

der Herstellungskosten.

Als Beginn gilt bei Baumaßnahmen, für die eine Baugenehmigung erforderlich ist, der Zeitpunkt, in dem der Bauantrag gestellt wird, bei baugenehmigungsfreien Bauvorhaben, für die Bauunterlagen einzureichen sind, der Zeitpunkt, in dem die Bauunterlagen eingereicht werden.

Ohne Bedeutung ist, ob die Gebäude zum Betriebs- oder Privatvermögen gehören oder ob sie gewerblichen, beruflichen oder Wohnzwecken dienen. Begünstigt sind **Herstellungskosten an bestehenden Gebäuden**. Die Annahme von Herstellungskosten setzt voraus, dass das Gebäude bewohnbar ist, weshalb Teil-Herstellungskosten nicht begünstigt sind; auch der Zweck der Vorschrift, kulturhistorisch wertvolle Gebäude zu erhalten und zu modernisieren, rechtfertigt nicht eine Auslegung über den Wortlaut des Gesetzes hinaus (BFH-Urteil vom 27.5.1995, BStBl 1996 II S. 215). Aufwendungen für den **Wiederaufbau** eines Gebäudes können selbst dann nicht erhöht abgeschrieben werden, wenn es nach historischem Vorbild wiedererstellt wird, oder die völlige Neuerrichtung (BFH-Urteil vom 2.9.2008, BStBl II S. 596). Zum Ausschluss der Förderung bei Wiederaufbau bzw. völliger Neuerrichtung eines Gebäudes siehe auch die BFH-Urteile vom 14.1.2003 (BStBl II S. 916), 14.1.2004 (BStBl II S. 711) und 24.6.2009 (BStBl II S. 960).

Eine sinnvolle Nutzung ist nur anzunehmen, wenn das Gebäude in der Weise genutzt wird, dass die Erhaltung der schützenswerten Substanz des Gebäudes (Gebäudeteils) auf die Dauer gewährleistet ist. Die erhöhten Absetzungen kommen auch bei Gebäuden in Betracht, die als Einzelobjekt kein Baudenkmal, aber Teil einer nach Landesrecht **als Einheit geschützten Gesamtanlage** oder Gebäudegruppe sind. Begünstigt sind in diesem Fall nur die Herstellungskosten der Teile des Gebäudes, deren Erhaltung zur Bewahrung des schützenswerten Erscheinungsbildes der Gesamtanlage oder Gebäudegruppe erforderlich ist.

Neben den **Herstellungskosten** ist **auch** die steuerliche Förderung von **Anschaffungskosten** vorgesehen. Hierdurch soll sichergestellt werden, dass bei entsprechenden Baumaßnahmen im sog. Bauherrenmodell die steuerliche Förderung im bisherigen Umfang erhalten bleibt. Nach der höchstrichterlichen Rspr. (BFH-Urteil vom 14.11.1989, BStBl 1990 II S. 299) ist der Anleger im Falle eines einheitlichen Vertragswerks regelmäßig kein Bauherr, sodass nur Anschaffungskosten anfallen. Wegen der Begünstigung einzelner Maßnahmen als Teil einer Gesamtmaßnahme siehe BFH-Urteil vom 20.8.2002 (BStBl 2003 II S. 582).

Die erhöhten Absetzungen können nur in Anspruch genommen werden, wenn der Steuerpflichtige die Baumaßnahme mit der nach Landesrecht zuständigen Stelle abstimmt und durch eine **Bescheinigung** dieser Stelle die oben genannten Voraussetzungen für das - Gebäude (den Gebäudeteil) und für die Erforderlichkeit der Herstellungskosten nachweist (Grundlagenbescheid nach § 171 Abs. 10, § 175 Abs. 1 Satz 1 Nr. 1 AO, siehe BFH-Urteil vom 10.10.2017, BStBl 2018 II S. 272 zu § 7h EStG). Nach dem BMF-Schreiben vom 14.10.2021 (BStBl I S. 1806) kann diese Abstimmung bei von der Flutkatastrophe vom Juli 2021 betroffenen Baumaßnahmen zur Beseitigung der Schäden unterbleiben. Eine Übersicht über die zuständigen **Bescheinigungsbehörden** enthalten die BMF-Schreiben vom 10.11.2000 (BStBl I S. 1513), vom 6.1.2009 (BStBl I S. 39), vom 4.6.2015 (BStBl I S. 506) vom 21.2.2019 (BStBl I S. 211) und aktuell vom 21.1.2020 (BStBl I S. 169). Nach früherer Auffassung des BFH beschränkte sich die Bindungswirkung der Bescheinigung für die Finanzverwaltung hierauf (BFH-Urteil vom 15.10.1996, BStBl 1997 II S. 176). Mit dem zu § 7h EStG ergangenen Urteil vom 22.10.2014 (BStBl 2015 II S. 367) änderte der BFH seine Ansicht und befand, dass sich die Bindungswirkung des Grundlagenbescheides gem. § 7h Abs. 2 EStG auf die in § 7h Abs. 1 EStG benannten Tatbestandsmerkmale erstreckt. Daher prüft allein die Gemeinde, ob Modernisierungs- und Instandsetzungsmaßnahmen i. S. des § 177 BauGB durchgeführt wurden und ob es sich um einen Neubau im bautechnischen Sinne handelt (BFH-Urteil vom 6.12.2016, BStBl 2017 II S. 523). **Keine Bindungswirkung** bestand demgegenüber in Bezug auf die Höhe der begünstigten **Herstellungskosten**, da bei Maßnahmen i. S. des § 7h EStG nicht gesetzlich vorgeschrieben ist, dass sich aus der Bescheinigung auch die Höhe der begünstigten Aufwendungen für Modernisierungs- und Instandsetzungsmaßnahmen ergeben musste. U. E. sind die Urteilsgrundsätze zwar auch auf die Anwendung des § 7i EStG übertragbar. Allerdings ist mit dem Gesetz zur weiteren steuerlichen Förderung von Elektromobilität und zur Änderung weiterer steuerlicher Vorschriften vom 12.12.2019 (BGBl I 2451) § 7h EStG geändert worden. Danach findet § 7h EStG keine Anwendung, sofern Maßnahmen zur Herstellung eines neuen Gebäudes führen. Die Prüfung, ob Maßnahmen zur Herstellung eines neuen Gebäudes führen, wurde im § 7h Abs. 1a EStG dem Finanzamt übertragen. Wichtig ist, dass die Bescheinigung den **Nachweis** dieser **denkmalschutzrechtlichen Voraussetzungen** des § 7i Abs. 1 EStG erbringt (**Denkmaleigenschaft des Gebäudes, Aufwendungen zu dessen Erhaltung als Baudenkmal und zur sinnvollen Nutzung erforderlich**). Über das Vorliegen der übrigen steuerrechtlichen Tatbestandsmerkmale haben die Finanzbehörden in eigener Zuständigkeit zu entscheiden. Die Bescheinigung umfasst z. B. nicht die persönliche Abzugsberechtigung, also nicht die Bestätigung, wer die Aufwendungen getragen hat und wem sie als Abzugsberechtigtem zuzurechnen sind (BFH-Urteile vom 21.8.2001, BStBl 2003 II S. 910; und vom 6.3.2001, BStBl II S. 796). Die von der Denkmalbehörde erteilte Bescheinigung ist nur bindend, wenn die Höhe der begünstigten Aufwendungen aus ihr ersichtlich ist (BFH-Urteil vom 11.6.2002, BStBl 2003 II S. 578). Wegen des Bescheinigungsverfahrens im Einzelnen und des Umfangs der erforderlichen Prüfungen siehe R 7i EStR und H 7i EStH.

Mit dem JStG 2020 vom 21.12.2020 (BGBl I S. 3096) ist **ab 2021** die **Bindungswirkung** für die Bescheinigung der Gemeinden **entfallen, wenn** diese **offensichtlich rechtswidrig** ist.

Die erhöhten Absetzungen kommen nur in Betracht, soweit die Aufwendungen nicht durch Zuschüsse aus öffentlichen Kassen gedeckt sind. Die erhöhte Absetzung nach § 7i EStG ist nach dem BFH-Urteil vom 28.10.2008 (BStBl 2009 II S. 310) ebenfalls ausgeschlossen, soweit für diese Investition Sonderabschreibungen nach § 4 Abs. 2 Satz 1 Nr. 3 Buchst. b FördG in Anspruch genommen wurde.

Wegen der ähnlichen Regelung in **§ 7h EStG** bezüglich erhöhter Absetzungen bei Gebäuden in **Sanierungsgebieten und städtebaulichen Entwicklungsbereichen** vgl. Teil I Tz 24.8.13 unter Erläuterungen zu Anlage V sowie R 7h EStR und H 7h EStH.

6.4.3 Zu eigenen Wohnzwecken genutzte Baudenkmale: Erhöhte Absetzungen für Herstellungskosten und Anschaffungskosten (§ 10f Abs. 1 EStG) – Erhaltungsaufwand (§ 10f Abs. 2 EStG)

Wird ein **Baudenkmal zu eigenen Wohnzwecken** genutzt, so tritt die durch das o.g. WoBauG ebenfalls eingeführte und ins EStG als Dauerregelung übernommene Bestimmung des **§ 10f EStG** an die Stelle der früheren Regelung in § 82i EStDV (vgl. Tz 6.4.1). Durch das HBeglG 2004 (a.a.O.) wurde auch § 10f EStG geändert und die Förderung abgesenkt. Nach § 10f **Abs. 1** EStG können **Herstellungskosten und Anschaffungskosten, soweit** das Gebäude zu eigenen **Wohnzwecken** genutzt wird und sie nicht in die Bemessungsgrundlage nach § 10e EStG oder des EigZulG einbezogen werden, im Kj. des Abschlusses der Baumaßnahme und in den 9 folgenden Kj. in folgender Höhe wie Sonderausgaben abgezogen werden, wenn die in Tz 6.4.2 genannten Voraussetzungen des § 7i EStG vorliegen: bei Beginn der Baumaßnahmen

- vor dem 1.1.2004 10 Jahre jeweils bis zu 10 %,
- nach dem 31.12.2003 10 Jahre jeweils bis zu 9 %

der Aufwendungen. Der einzige wesentliche Unterschied zwischen § 7i EStG und § 10f Abs. 1 EStG besteht darin, dass § 7i EStG Anwendung findet, soweit ein Gebäude zur Einkunftserzielung eingesetzt wird, während § 10f Abs. 1 EStG den zu eigenen Wohnzwecken genutzten Teil eines Gebäudes begünstigt.

Nach § 10f **Abs. 2** EStG kann aber **auch Erhaltungsaufwand**, der durch Zuschüsse nicht gedeckt ist, für zu eigenen Wohnzwecken genutzte Baudenkmale ab dem Kj. der Fertigstellung der Maßnahme je nach Beginn der Baumaßnahme (wie oben) **zehn Jahre** jeweils bis zu **10 %** oder **zehn Jahre** jeweils bis zu **9 %** wie Sonderausgaben abgezogen werden.

Zu der Regelung nach § 10f Abs. 1 und Abs. 2 EStG siehe auch Erläuterungen zur **Anlage FW (vgl. Teil I Tz 27.2)** und zu der inhaltsgleichen Regelung betr. erhöhte Absetzungen bei Gebäuden in **Sanierungsgebieten und städtebaulichen Entwicklungsbereichen** (§ 7h EStG) die Ausführungen zur **Anlage V (vgl. Teil I Tz 24.8.13)**.

Zur Steuerbegünstigung für zu eigenen Wohnzwecken genutzte Baudenkmale und Gebäude in Sanierungsgebieten usw. siehe 10f i. V. mit R 7h und R 7i EStR.

6.4.4 Verteilung von Erhaltungsaufwand bei Baudenkmalen und bei Gebäuden in Sanierungsgebieten usw. auf zwei bis fünf Jahre (§ 11b EStG/§ 11a EStG)

Aufwendungen zur **Erhaltung** eines als Baudenkmal anerkannten Gebäudes (Gebäudeteils) kann der Steuerpflichtige **auf zwei bis fünf Jahre gleichmäßig verteilen**; dies ist im Allgemeinen nur bei größeren Reparaturen zweckmäßig. Die Aufwendungen müssen nach Art und Umfang zur Erhaltung des Gebäudes als Baudenkmal und zu seiner sinnvollen Nutzung erforderlich und nach Abstimmung mit der nach Landesrecht zuständigen Stelle (Denkmalbehörde) vorgenommen worden sein. Die Ausführungen in Tz 6.4.2 zur sinnvollen Nutzung, zur Gebäudegruppe oder Gesamtanlage und zum Bescheinigungsverfahren gelten auch hier.

Nach **§ 11b EStG** kann (ab 1.1.1990) entstandener Aufwand für Baudenkmale, der durch Zuschüsse nicht gedeckt ist, **gleichmäßig auf zwei bis fünf Jahre** verteilt werden. Die Vorschrift gilt für Wirtschaftsgüter des Privatvermögens und des Betriebsvermögens (§ 4 Abs. 8 EStG). Es müssen die Voraussetzungen des § 7i EStG (vgl. Tz 6.4.2) vorliegen. Wird das Objekt während des Verteilungszeitraums veräußert, aus dem Betriebsvermögen entnommen, in das Betriebsvermögen eingelegt oder nicht mehr zur Einkunftserzielung genutzt, so ist der restliche Erhaltungsaufwand sofort abziehbar (§ 11b i. V. mit § 11a Abs. 2 EStG). Miteigentümer müssen den Erhaltungsaufwand auf den gleichen Zeitraum verteilen (§ 11b i. V. mit § 11a Abs. 3 EStG).

Zur ähnlichen Regelung in **§ 11a EStG** betr. Erhaltungsaufwand bei Gebäuden in **Sanierungsgebieten und städtebaulichen Entwicklungsbereichen**, wonach die Verteilung unabhängig von der Nutzung möglich ist, vgl. Teil I Tz 24.11 unter Erläuterungen zur Anlage V.

6.5 Einkommensteuerliche Vergünstigungen für Westberlin – Überblick (§§ 14, 14a, 14b, 14c, 14d, 15, 15b BerlinFG)

Zur Stärkung der Wirtschaftskraft Berlins sah das Berlinförderungsgesetz (BerlinFG) längere Zeit eine Reihe von Vergünstigungen vor, die durch Zeitablauf an Bedeutung verloren haben. Die folgenden Ausführungen geben auszugsweise einen Überblick über die ausgelaufenen und auslaufenden **Abschreibungsvergünstigungen** nach dem BerlinFG.

6.5.1 Vergünstigung nach § 14 BerlinFG – Anlagevermögen einer Berliner Betriebsstätte

§ 14 BerlinFG sah für Wirtschaftsgüter, die zum Anlagevermögen einer in Berlin (West) belegenen Betriebsstätte gehören, **erhöhte Absetzungen** vor. § 14 BerlinFG ist ausgelaufen.

6.5.2 Vergünstigung nach § 14a BerlinFG – Erhöhte Absetzungen für Mehrfamilienhäuser und Eigentumswohnungen

Für neu errichtete Mehrfamilienhäuser und Eigentumswohnungen ließ § 14a BerlinFG erhöhte Absetzungen zu. Die Abschreibungsvergünstigungen waren anwendbar

- bei Herstellungskosten, wenn der Steuerpflichtige den Bauantrag **vor dem 1.7.1991** gestellt hatte,
- bei Anschaffungskosten, wenn das Gebäude aufgrund eines vor dem 1.7.1991 rechtswirksam abgeschlossenen obligatorischen Vertrags **vor dem 1.7.1991** angeschafft worden war.

Bei in Berlin (West) belegenen Gebäuden, die **mehr als 2 Wohnungen** enthalten (= **Mehrfamilienhäuser**), zu mehr als 66 2/3 % Wohnzwecken dienen und vom Steuerpflichtigen als **Bauherr** hergestellt oder bis zum Ende des Jahres der Herstellung als **Erwerber** angeschafft worden sind, konnten unter den o.g. zeitlichen Voraussetzungen abweichend von der normalen Gebäudeabschreibung (§ 7 Abs. 4 und 5 EStG) im Jahr der Fertigstellung oder Anschaffung und dem darauf folgenden Jahr **jeweils bis zu 14 %**, ferner in den darauf folgenden zehn Jahren **jeweils bis zu 4 %** der Herstellungskosten oder Anschaffungskosten abgesetzt werden. Voraussetzung für die Absetzungsberechtigung des Erwerbers war jedoch, dass der Hersteller für das veräußerte Gebäude lediglich die lineare Gebäudeabschreibung in Anspruch genommen hatte. Danach war als AfA bis zur vollen

Absetzung jährlich 3,5 % des Restwerts abzuziehen; außerdem galt § 7 Abs. 4 Satz 2 EStG entsprechend (§ 14a Abs. 1 BerlinFG).

Nach § 14a Abs. 8 BerlinFG konnten die o.g. erhöhten Absetzungen für **Eigentumswohnungen** in Mehrfamilienhäusern (s. oben) in Berlin (West), die mindestens fünf Jahre nach ihrer Anschaffung oder Herstellung **fremden** Wohnzwecken dienen, entsprechend angewendet werden.

Inzwischen sind die Regelungen aber ausgelaufen.

6.5.3 Vergünstigungen nach § 14b BerlinFG – Erhöhte Absetzungen für Modernisierungsmaßnahmen bei Mehrfamilienhäusern

§ 14b BerlinFG hat wegen Zeitablaufs keine Bedeutung mehr.

6.5.4 Vergünstigungen nach § 14c BerlinFG – Erhöhte Absetzungen für Baumaßnahmen an Gebäuden zur Schaffung neuer Mietwohnungen

§ 14c BerlinFG sah für Baumaßnahmen an bestehenden Gebäuden **zur Schaffung neuer Mietwohnungen** in Berlin (West) erhöhte Absetzungen vor, die zwischenzeitlich ausgelaufen sind.

6.5.5 Vergünstigungen nach § 14d BerlinFG (§ 7k EStG) – Erhöhte Absetzungen für Wohnungen mit Sozialbindung

In **§ 7k EStG** war für bestimmte Wohnungen mit **Sozial- und Mietpreisbindung** die Möglichkeit erhöhter Absetzungen eingeführt worden (vgl. Teil I Tz 24.8.7 unter Erläuterungen zur Anlage V).

Für in **Berlin (West)** belegene Wohnungen mit **Sozial- und Mietpreisbindung** galt die über § 7k EStG hinausgehende Vergünstigung in **§ 14d BerlinFG** (vgl. Teil I Tz 24.8.9 unter Erläuterungen zur Anlage V, Zeile 33).

Die erhöhten Absetzungen nach § 14d BerlinFG sind nicht verlängert worden, sodass es für § 14d BerlinFG bei der Voraussetzung verbleibt, dass die Wohnung **vor dem 1.1.1993** fertiggestellt sein muss.

§ 7k EStG ist inzwischen weggefallen.

6.5.6 Vergünstigung nach § 15 BerlinFG – Erhöhte Absetzungen für Einfamilienhäuser, Zweifamilienhäuser und Eigentumswohnungen

Die erhöhten Absetzungen nach § 15 BerlinFG endeten spätestens in **1997**.

6.5.7 Vergünstigung nach § 15b BerlinFG – Steuerbegünstigung der zu eigenen Wohnzwecken genutzten Wohnung im eigenen Haus

Bei zu eigenen Wohnzwecken genutzten **Wohnungen** in einem in Berlin (West) belegenen eigenen Haus und bei zu eigenen Wohnzwecken genutzten **Eigentumswohnungen** sowie bei zu eigenen Wohnzwecken genutzten **Ausbauten und Erweiterungen** kann die **Grundförderung des § 10e EStG** gleichermaßen vorgenommen werden, wenn die in § 10e EStG bezeichneten Voraussetzungen vorliegen. Auf Tz 4.3 wird insoweit hingewiesen.

Nach **§ 15b BerlinFG** konnten jedoch im Vergleich zu § 10e EStG wesentlich **höhere Beträge** wie Sonderausgaben abgezogen werden. Sie waren **bis VZ 2012** in **Zeilen 15 bis 16 der Anlage FW** geltend zu machen. Diese steuerliche Förderung, die mit den früheren politischen Verhältnissen in Berlin (West) begründet wurde, ist nicht mehr gerechtfertigt. § 15b BerlinFG gilt **letztmals** für Objekte mit Beginn der Herstellung oder Abschluss des obligatorischen Vertrags **vor dem 1.7.1991** (§ 31 Abs. 10a BerlinFG). Bei Herstellungsbeginn oder Vertragsabschluss **nach dem 30.6.1991 ist § 10e EStG anzuwenden** (allerdings nur bei Bauantrag/Kaufvertrag vor dem 1.1.1996; vgl. Tz 4.3). In beiden Vorschriften führt die jeweils nach der anderen Vorschrift in Anspruch genommene Steuervergünstigung zum Objektverbrauch.

Für die wenigen Fälle, in denen § 15b BerlinFG noch anzuwenden war, wird auf die Anleitung zur Einkommensteuererklärung **2012** verwiesen.

6.6 Sonderabschreibung für Elektrolieferfahrzeuge und elektrisch betriebene Lastenfahrräder

Mit dem Gesetz zur weiteren steuerlichen Förderung von Elektromobilität und zur Änderung weiterer steuerlicher Vorschriften vom 12.12.2019 (BGBl I S 2451) wurde mit § 7c EStG eine **Sonderabschreibung von 50 %** der Anschaffungskosten **im Erstjahr** (neben der linearen AfA) eingeführt. Die Regelung gilt ausschließlich für neue, rein elektrisch betriebene Lieferfahrzeuge (Elektrolieferfahrzeuge) sowie für elektrisch betriebene Lastenfahrräder. D. h., dass nur der Erwerb von bisher ungenutzten Fahrzeugen unter diese Regelung fällt. Der Erwerb eines vorher zu Vorführzwecken genutzten Fahrzeugs führt nach der Gesetzesbegründung nicht zur Anschaffung eines neuen Fahrzeugs. Die Regelung wurde von 2020 bis Ende 2030 befristet. Die Sonderabschreibung kann nur dann in Anspruch genommen werden, wenn die Voraussetzungen der linearen AfA nach § 7 Abs. 1 EStG vorliegen. Das bedeutet, dass das Elektrolieferfahrzeug oder Lastenfahrrad der Erzielung von betrieblichen Einkünften dient und zum Anlagevermögen gehören muss. Eine Kumulierung mit anderen Sonderabschreibungen oder erhöhten Abschreibungen ist gem. § 7a Abs. 5 EStG nicht möglich. In den Folgejahren der Anschaffung greift nach § 7a Abs. 9 EStG die Restwertabschreibung, d. h., dass der Restwert auf die Restnutzungsdauer gleichmäßig zu verteilen ist.

Die Anwendung steht gem. Art. 39 Abs. 7 des o.a. Gesetzes vom 12.12.2019 (a.a.O.) unter dem Vorbehalt, dass die Europäische Kommission durch Beschluss feststellt, dass die Regelungen entweder keine Beihilfen oder mit dem Binnenmarkt vereinbare Beihilfen darstellen. Der Tag des Beschlusses sowie des Inkrafttretens sollen vom BMF im BGBl bekannt gegeben werden. Dies steht jedoch noch aus.

Elektrolieferfahrzeuge sind nach § 7c Abs. 2 EStG Fahrzeuge der EG-Fahrzeugklassen N1, N2 und N3, die ausschließlich durch Elektromotoren angetrieben werden, die ganz oder überwiegend aus mechanischen oder elektrochemischen Energiespeichern oder aus emissionsfrei betriebenen Energiewandlern gespeist werden. Elektrisch betriebene Lastenfahrräder sind gem. § 7c Abs. 3 EStG Schwerlastfahrräder mit einem Mindesttransportvolumen von 1 Kubikmeter und einer Nutzlast von mindestens 150 Kilogramm, die mit einem elektromotorischen Hilfsantrieb angetrieben werden. Damit soll lt. Gesetzesbegründung sowohl für die Finanzverwaltung als auch für die Steuerpflichtigen ein rechtssicheres und bürokratisch wenig aufwendiges, d. h. massentaugliches, Verfahren sichergestellt werden. Da die Förderung insbesondere auf solche Elektrofahrzeuge abzielen soll, die im Rahmen der Erzielung betrieblicher Einkünfte üblicherweise als Lieferfahrzeuge eingesetzt werden, sind schwere Lastkraftwagen von der Förderung ausgeschlossen, was über die lt. Fahrzeugschein zulässige Gesamtmasse von maximal 7,5 Tonnen sichergestellt werden soll.

Die Sonderabschreibung setzt nach § 7c Abs. 4 EStG voraus, dass der Steuerpflichtige die Anschaffungskosten und die Angaben über die sachlichen Voraussetzungen nach amtlich vorgeschriebenen Datensatz durch Datenfernübertragung an die Finanzverwaltung übermittelt. Ein nur für die Sonderabschreibung nach § 7c EStG geschaffener Datensatz ist damit nicht gemeint. Vielmehr sind die Angaben in den Gewinnermittlungen (Anlage EÜR bei Gewinnermittlung nach § 4 Abs. 3 EStG oder eBilanz bei Gewinnermittlung nach §§ 4 Abs. 1 oder § 5 Abs. 1 EStG i. V. mit der Taxonomie) ausreichend.

7. Die Besteuerung von Leibrenten und anderen wiederkehrenden Bezügen 2025

7.0 Vorbemerkung

Zu den »**Änderungen bei der Rentenbesteuerung ab 2005**« wird auf die Ausführungen zur **Anlage R, vor Zeilen 4 bis 12** (vgl. Teil I Tz 17.1) hingewiesen.

7.1 Begriff

Der Begriff **Leibrente** i. S. des § 22 Nr. 1 Satz 3 Buchst. a EStG ist ein vom bürgerlichen Recht (§§ 759 ff. BGB) abweichender steuerrechtlicher Begriff (Beschluss des GrS des BFH vom 15.7.1991, BStBl 1992 II S. 78). Er setzt gleichbleibende Bezüge und gleichmäßige, zahlen- oder wertmäßig festgelegte Zuwendungen voraus, die **für die Dauer der Lebenszeit einer Bezugsperson** gezahlt werden. Die Zuwendungen sind insoweit steuerbar, als darin Einkünfte aus den Erträgen des Rentenrechts enthalten sind (H 22.3 – Allgemeines – EStH). Eine Übersicht über die verschiedenen privaten Leibrenten und ihre Besteuerung **ab 2005** findet sich insbesondere bei den Ausführungen zu den **Zeilen 4 bis 12 und Zeilen 13 bis 18 der Anlage R (vgl. Teil I Tz 17.2)**.

Obwohl Leibrenten grundsätzlich nur solche wiederkehrenden Bezüge sind, deren **Dauer von der Lebenszeit einer Person abhängt**, bleibt eine auf Lebenszeit einer Person zu entrichtende Rente eine Leibrente auch dann, wenn sie unter bestimmten Voraussetzungen früher endet, z. B. wegen Wiederverheiratung (BFH-Urteil vom 5.12.1980, BStBl 1981 II S. 265, und H 22.3 – Begriff der Leibrente – EStH). Renten, die **unabhängig** von der Lebensdauer einer Person stets mit Ablauf einer bestimmten Zeit enden, werden als **Zeitrenten** bezeichnet; sie sind wiederkehrende Bezüge nach § 22 Nr. 1 Satz 1 EStG und sonach nicht wie Leibrenten zu besteuern (H 22.4 – Zeitrente –, H 22.1 – Wiederkehrende Bezüge – EStH). Von einer **abgekürzten Leibrente** spricht man dann, wenn die Zuwendungen zwar auch zeitlich begrenzt sind, aber erlöschen, wenn der Empfänger vor Ablauf der zeitlichen Begrenzung stirbt (H 22.4 – Leibrente, abgekürzt – und vgl. Tz 7.3.2).

Die Leibrente kann in Geld oder anderen vertretbaren Sachen bestehen. Die Einräumung eines lebenslangen **Wohnrechts** und die Versorgung mit elektrischem **Strom und Heizung** fallen jedoch **nicht** unter den Begriff der Leibrente (BFH-Urteil vom 12.9.1969, BStBl II S. 706, und H 22.3 – Begriff der Leibrente – EStH).

Aus dem Erfordernis der Gleichmäßigkeit ergibt sich, dass eine Leibrente in diesem Sinne **nicht** vorliegt, wenn die Leistungen **von den jeweiligen wirtschaftlichen Verhältnissen** des Gebers oder des Empfängers **abhängig** und damit veränderlich sind, oder wenn die Bezüge sich nach einer wesentlich **schwankenden Größe**, z. B. dem Gewinn oder Umsatz eines Unternehmens richten (BFH-Urteile vom 27.5.1964, BStBl II S. 475; und vom 25.11.1966, BStBl 1967 II S. 178). In diesen Fällen ist eine **dauernde Last** gegeben, die beim **Verpflichteten in voller Höhe** als Sonderausgabe gemäß § 10 Abs. 1a Nr. 2 EStG (vor 2015: § 10 Abs. 1 Nr. 1a EStG) **abziehbar** ist (falls nicht § 12 Nr. 2 EStG entgegensteht; vgl. Tz 7.3.7). Dies gilt grundsätzlich auch dann, wenn für die laufenden Zahlungen feste Mindestbeträge vereinbart sind (BFH-Urteil vom 30.5.1980, BStBl II S. 575). Eine als Sonderausgabe abziehbare dauernde Last kann auch in der Weise begründet werden, dass ein Nießbrauch, den sich der Übergeber eines Vermögens vorbehalten hatte, durch eine private Versorgungsrente abgelöst wird (BFH-Urteil vom 3.6.1992, BStBl 1993 II S. 98). Auch wenn z. B. ein Altenteilsberechtigter sich an einer zum übertragenen Vermögen gehörenden Wohnung ein Wohnrecht vorbehalten hat, kann die Verpflichtung des Übernehmers, die Wohnung instand zu halten, bei diesem ebenfalls eine dauernde Last begründen. Als Versorgungsleistungen abziehbar sind in solchen Fällen jedoch nur Aufwendungen, die der Erhaltung des im Zeitpunkt der Übergabe vertragsgemäßen Zustands der Wohnung dienen (BFH-Urteile vom 25.3.1992, BStBl II S. 1012 und vom 25.8.1999, BStBl 2000 II S. 21). Beim **Empfänger** sind die Zahlungen in allen Fällen einer dauernden Last nach § 22 Nr. 1 Satz 1 EStG **voll steuerpflichtig**. Die v. g. Erläuterungen gelten jedoch nur noch für vor dem 1.1.2008 vereinbarte Vermögensübertragungen (§ 52 Abs. 18 Satz 2 EStG). **Ab 1.1.2008** ist durch die Änderung des § 22 Nr. 1a EStG (vor 2015: § 22 Nr. 1b EStG) die Besteuerung an den Abzug der Versorgungsleistungen bei Zahlungsverpflichteten nach § 10 Abs. 1a Nr. 2 EStG als Sonderausgaben geknüpft (»**Besteuerung, soweit Abzug**«).

Die Vereinbarung von **Wertsicherungsklauseln** oder sog. **Währungsklauseln**, die nur der Anpassung der Kaufkraft an geänderte Verhältnisse dienen sollen, **schließen** die Annahme einer **Leibrente nicht aus** (z. B. BFH-Urteil vom 28.1.1986, BStBl II S. 348). Unter diesem Gesichtspunkt liegt eine Leibrente auch dann vor, wenn ihre Höhe jeweils von der für Sozialversicherungsrenten maßgebenden Bemessungsgrundlage abhängt (BFH-Urteil vom 30.11.1967, BStBl 1968 II S. 262), H 22.3 – Begriff der Leibrente – EStH. Die Vereinbarung, dass bei **Wegfall der Geschäftsgrundlage** die Höhe der Rentenzahlung der Abänderung unterliegen soll, lässt den Charakter der Rente als einer Leibrente ebenfalls unberührt (BFH-Urteil vom 12.4.1967, BStBl II S. 668). **Mindest- und Höchstbegrenzungen** sind für die Annahme einer dauernden Last dann unschädlich, wenn die Mindestbeträge nicht so hoch und die Höchstbeträge nicht so tief vereinbart werden, dass sie bei realistischer Prognose zur Regelzahlung werden (BFH-Urteile vom 18.3.1980, BStBl II S. 501; und vom 30.5.1980, BStBl II S. 575). Wegen der **Abänderbarkeit** der vereinbarten Leistungen **nach § 323 ZPO** oder aus anderen Gründen, die in aller Regel zu einer **dauernden Last** führt, vgl. Tz 7.3.7.

Werden aufgrund eines Übergabevertrages **verschiedenartige laufende Leistungen** erbracht, so ist grundsätzlich **bei jeder Leistung gesondert zu prüfen**, ob die Voraussetzung für das Vorliegen von Leibrenten oder von dauernden Lasten erfüllt sind (BFH-Urteile vom 28.7.1983, BStBl 1984 II S. 97; und vom 18.3.1980, BStBl II S. 501). Eine gesonderte Beurteilung kommt jedoch nicht in Betracht, wenn die Geldleistungen gegenüber den Sach- und Naturalleistungen von geringer Bedeutung sind **oder** wenn die Gesamtleistung von wirtschaftlichen Voraussetzungen irgendwelcher Art, wie z. B. von der Höhe des Gewinns des übertragenen Betriebs, abhängig ist (BFH-Urteil vom 30.5.1980, BStBl II S. 575).

7.2 Besteuerungsanteil oder Ertragsanteil bei privaten Leibrenten

Die Regelung der Rentenbesteuerung in § 22 EStG bezieht sich nur auf **private Leibrenten**. Solche privaten Leibrenten sind nicht in vollem Umfang, sondern nach § 22 Nr. 1 Satz 3 Buchst. a EStG nur mit einem Anteil steuerpflichtig. Nach der Neuregelung der Rentenbesteuerung im Alterseinkünftegesetz (vgl. Teil I Tz 17.1 unter Erläuterungen zur Anlage R, vor Zeile 4) ist **ab 2005** zu unterscheiden zwischen privaten Leibrenten, die mit einem sog. **Besteuerungsanteil** zu erfassen sind (§ 22 Nr. 1 Satz 3 Buchst. a **Doppelbuchst. aa** EStG) und solchen, bei denen wie bisher nur der sog. **Ertragsanteil** stpfl. ist (§ 22 Nr. 1 Satz 3 Buchst. a **Doppelbuchst. bb** EStG) Sowohl Besteuerungsanteil als auch Ertragsanteil ergeben sich jeweils aus einer **Tabelle** in der gesetzlichen Neuregelung. Zur Unterscheidung vgl. Tz 7.3.

7.3 Private Leibrenten

7.3.1 Lebenslange Leibrenten

Als private Leibrenten im o. g. Sinne kommen in der Praxis in erster Linie die Leistungen aus den gesetzlichen Rentenversicherungen, der landwirtschaftlichen Alterskasse, den berufsständischen Versorgungseinrichtungen und aus eigenen kapitalgedeckten Leibrentenversicherungen (§ 10 Abs. 1 Nr. 2 Buchst. b EStG), die nach dem 31.12.2004 abgeschlossen wurden, in Betracht (§ 22 Nr. 1 Satz 3 Buchst. a **Doppelbuchst. aa** EStG). Von diesen Renten ist z. B. bei einem Rentenbeginn (Renteneintrittsjahr) bereits **vor** 2005 oder **erstmals** im Jahr 2005 ein sog. **Besteuerungsanteil** in Höhe von **50 %** stpfl. (statt z. B. 27 % bei Rentenbeginn mit dem vollendeten 65. Lebensjahr nach der vor 2005 geltenden Regelung). Dieser Besteuerungsanteil ergibt sich aus der in § 22 Nr. 1 Satz 3 Buchst. a **Doppelbuchst. aa** EStG enthaltenen **Tabelle**. Wegen der Besteuerung im Einzelnen wird auf die Ausführungen zu den **Zeilen 4 bis 12 der Anlage R (vgl. Teil I Tz 17.3)** hingewiesen.

Dagegen sind alle anderen **sonstigen privaten Leibrenten**, die nicht staatlich gefördert wurden (vgl. Tz 7.3.3 und vgl. Teil I Tz 17 unter Erläuterungen zur Anlage R-AV / bAV), nur in Höhe des **Ertragsanteils** stpfl. (§ 22 Nr. 1 Satz 3 Buchst. a **Doppelbuchst. bb** EStG und die hierin enthaltene **Tabelle**). Maßgebend ist das vollendete Lebensjahr im Zeitpunkt des Rentenbeginns (z. B. 65. Lebensjahr jetzt 18 %, statt 27 % bis zum VZ 2004). Unter bestimmten Voraussetzungen ist die Besteuerung **nur mit dem Ertragsanteil** möglich. Dies gilt nach der sog. **Öffnungsklausel** (§ 22 Nr. 1 Satz 3 Buchst. a **Doppelbuchst. bb** EStG) auf Antrag für Leibrenten und andere Leistungen, die auf vor dem 1.1.2005 gezahlten Beiträgen oberhalb des Höchstbetrags zur gesetzlichen Rentenversicherung beruhen und der Höchstbetrag bis zum 31.12.2004 in mindestens zehn Jahren überschritten wurde. Vgl. Teil I Tz 17.4 unter Erläuterungen zur Anlage R, Zeilen 10 bis 12 und H 22.3 – Öffnungsklausel – EStH sowie BMF-Schreiben vom 19.8.2013, BStBl I S. 1087, Rz 238 bis 269. Für zeitlich befristete, sog. **abgekürzte Leibrenten**, bei denen es auf die voraussichtliche Laufzeit der Rente ankommt, ist der Ertragsanteil der Tabelle in § 55 Abs. 2 EStDV zu entnehmen, § 22 Nr. 1 Satz 3 Buchst. a Doppelbuchst. bb Satz 5 EStG. Wegen der Besteuerung im Einzelnen wird auf die Erläuterungen zu den **Zeilen 13 bis 18 der Anlage R (vgl. Teil I Tz 17.5)** hingewiesen.

7.3.2 Abgekürzte Leibrenten

Bei den aus den gesetzlichen Rentenversicherungen gezahlten **Renten wegen Berufsunfähigkeit** oder wegen **Erwerbsunfähigkeit** handelt es sich stets um **abgekürzte Leibrenten**, weil ihre Laufzeit beschränkt ist; sie enden in dem Zeitpunkt, in dem die Rente **in die Altersrente umgewandelt** wird. Auf eine Mindestdauer des Rentenbezugs kommt es nicht an (BFH-Urteil vom 22.1.1991, BStBl II S. 686). Abgekürzte Leibrenten erlöschen stets, wenn die Person, von deren Lebenszeit sie abhängen, vor Ablauf der zeitlichen Begrenzung stirbt. Überlebt die Person die zeitliche Begrenzung, so endet die abgekürzte Leibrente mit ihrem Zeitablauf. Steuerlich ist die Entscheidung jedoch seit 2005 für Renten aus den gesetzlichen Rentenversicherungen nicht mehr relevant, da sie einheitlich mit dem Besteuerungsanteil nach § 22 Nr. 1 Satz 3 Buchst. a Doppelbuchst. aa EStG angesetzt werden.

7.3.3 Leistungen aus Altersvorsorgeverträgen und aus der betrieblichen Altersversorgung

Zur steuerlichen Behandlung von Leistungen aus **Altersvorsorgeverträgen** (sog. Riester-Rente) und aus einer betrieblichen Altersversorgung (§ 22 Nr. 5 EStG) wird auf die Erläuterungen zur ab 2020 aufgelegten Anlage R-AV / bAV (vgl. Teil I Tz 18) hingewiesen.

Renten, die aus **betrieblichen Pensionskassen** gezahlt werden (wie z. B. Werkspensionen), beruhen zwar auf früher versteuertem Arbeitslohn, sie gehören aber gleichwohl zu den sonstigen Leistungen i. S. des § 22 Nr. 5 EStG. Die ggf. zu vermeidende Doppelbesteuerung (Anwartschaft aus versteuertem Arbeitslohn – vor 1.1.2002, dann in den Grenzen des § 3 Nr. 63 EStG steuerfrei; Leistungsbesteuerung in vollem Umfang nach § 22 Nr. 5 EStG) wird durch die Trennung in Leistungen, die auf gefördertem Kapital beruhen und solchen, die nicht auf gefördertem Kapital beruhen, sichergestellt. Laufende Leistungen aus betrieblichen **Unterstützungskassen** sind dagegen grundsätzlich Einkünfte aus nichtselbständiger Arbeit, bei denen ein Lohnsteuerabzug aufgrund einer vorzulegenden Lohnsteuerbescheinigung/vorhandenen elektronischen Lohnabzugsmerkmalen vorzunehmen ist (H 19.3 – Beispiele zum Arbeitslohn – LStH); daher entfällt eine Besteuerung nach § 22 EStG.

7.3.4 Vorbemerkungen zu 7.3.5–7.3.8: Vermögensübertragung gegen wiederkehrende Leistungen

Im Zusammenhang mit der **Vermögensübertragung gegen wiederkehrende Leistungen/Versorgungsleistungen** ist die Besteuerung der Leibrenten und anderer wiederkehrender Leistungen von großer praktischer Bedeutung. Als Folge der umfangreichen und teils schwankenden BFH-Rspr. im Anschluss an die Entscheidung des GrS des BFH vom 15.1.1991 (BStBl 1992 II S. 78) hat die Finanzverwaltung ihre Auffassung hierzu zunächst im BMF-Schreiben vom 26.8.2002 (BStBl I S. 893) veröffentlicht. Nachdem der **GrS des BFH** in zwei Beschlüssen vom 12.5.2003 (BStBl 2004 II S. 95 und S. 100) dieser Auffassung teilweise nicht gefolgt ist, erging zusätzlich das BMF-Schreiben vom 8.1.2004 (BStBl I S. 191). Eine Überarbeitung war durch das **BMF-Schreiben vom 16.9.2004** (BStBl I S. 922) erfolgt, das grundsätzlich in allen damals noch offenen Fällen anzuwenden war. Hierdurch waren die beiden o. g. BMF-Schreiben vom 26.8.2002 (a. a. O.) und vom 8.1.2004 (a. a. O.) zwar grundsätzlich überholt, sie sind aber nach der **Anwendungs-/Übergangsregelung** in Rz 65 bis 76 des o. a. BMF-Schreibens vom 16.9.2004 in vielen Ausnahmefällen doch noch anzuwenden, wenn der obligatorische Vertrag **vor dem 1.11.2004** abgeschlossen wurde und der Übergeber und der Übernehmer **übereinstimmend** dies beantragen. **Ab 1.1.2008** wurde durch das Jahressteuergesetz vom 20.12.2007 (BGBl I S. 3150) das Rechtsinstitut der Vermögensübertragung **vollständig geändert**. Das **bisherige Recht** ist jedoch aufgrund der Übergangsregelung des § 52 Abs. 18 Satz 2 EStG für **vor dem 1.1.2008 vereinbarte Vermögensübertragungen weiterhin anwendbar**. Auf die Neuregelung wird im Folgenden ergänzend zu den Hinweisen eingegangen. Die damit im Zusammenhang stehenden Änderungen haben zu einer weiteren Änderung des BMF-Schreibens zur einkommensteuerrechtlichen Behandlung von wiederkehrenden Leistungen im Zusammenhang mit einer Vermögensübertragung (**BMF-Schreiben vom 11.3.2010**, BStBl I S. 227) geführt. Auch hierzu wurden – im Hinblick auf frühere Verwaltungsauffassungen – umfangreiche Anwendungsregelungen erlassen (Rz 80–90 des BMF-Schreibens vom 11.3.2010, a. a. O.). Wegen der Änderungen durch das BMF-Schreiben vom 6.5.2016 (BStBl I S. 476) vgl. Tz 7.3.8.

Die wichtigsten **Grundsätze zur Vermögensübertragung gegen wiederkehrende Leistungen** werden nachfolgend wiedergegeben (vgl. Tz 7.3.5–7.3.8).

7.3.5 Abgrenzung zwischen unentgeltlicher und entgeltlicher Übertragung

Wiederkehrende Leistungen im Zusammenhang mit einer Vermögensübertragung können sein

- wiederkehrende Leistungen im **Austausch mit einer Gegenleistung**; hierbei handelt es sich um eine **entgeltliche** Vermögensübertragung: vgl. Tz 7.3.6; oder
- um eine **unentgeltliche** Vermögensübertragung gegen Versorgungsleistungen oder Unterhaltsleistungen: vgl. Tz 7.3.7.

In erster Linie ist daher zu unterscheiden, ob die Übertragung (hier: von Privatvermögen) **entgeltlich oder unentgeltlich** erfolgt. Ein (voll) entgeltlicher Übergang ist nur dann anzunehmen, wenn die Beteiligten Leistung und Gegenleistung nach kaufmännischen Gesichtspunkten gegeneinander abgewogen haben und subjektiv von der Gleichwertigkeit der ausgetauschten Leistungen ausgehen durften, BMF-Schreiben vom 11.3.2010, a. a. O., Rz 5.

Bei Übergabeverträgen unter **Angehörigen** spricht allerdings eine – zwar widerlegbare – Vermutung dafür, dass Leistung und Gegenleistung **nicht** nach kaufmännischen Gesichtspunkten gegeneinander abgewogen worden sind, die wiederkehrenden Leistungen vielmehr unabhängig vom Wert des übertragenen Vermögens nach dem Versorgungsbedürfnis des Berechtigten und der wirtschaftlichen Leistungsfähigkeit des Verpflichteten bemessen worden sind (zur Widerlegung dieser Vermutung vgl. BFH-Urteile vom 29.1.1992, BStBl II S. 465; und vom 16.12.1993, BStBl 1996 II S. 669). Die Vermutung ist jedenfalls dann entkräftet, wenn die Vertragsparteien Leistung und Gegenleistung wie unter Fremden nach kaufmännischen Gesichtspunkten gegeneinander abgewogen haben und subjektiv davon ausgegangen sind, dass die Leistungen im maßgebenden Zeitpunkt des Vertragsabschlusses in etwa wertgleich sind (BFH-Urteil vom 30.7.2003, BStBl 2004 II S. 211), BMF-Schreiben vom 11.3.2010, a. a. O., Rz 5 und vgl. Tz 7.3.7.

Verzichtet ein Kind gegenüber seinen Eltern lediglich auf künftige Pflichtteilsansprüche und erhält es dafür im Gegenzug von den Eltern wiederkehrende Zahlungen, so liegt darin kein entgeltlicher Leistungsaustausch und keine Kapitalüberlassung des Kindes an die Eltern, sodass in den wiederkehrenden Zahlungen auch kein steuerbarer Zinsanteil enthalten ist (BFH-Urteil vom 9.2.2010, BStBl II S. 818), der von den empfangenden Eltern somit auch nicht einkommensteuerlich erfasst werden muss.

Begnügt sich ein Ehegatte mit der Zuwendung von laufenden Zahlungen unter Verzicht auf Pflichtteils- oder ähnliche Ansprüche (Zugewinnausgleich), ist nach dem BFH-Urteil vom 25.2.2014 (BStBl II S. 665) im Regelfall von einer Vermögensübergabe gegen Versorgungsleistungen i. S. von § 10 Abs. 1 Nr. 1a EStG (ab 2015: § 10 Abs. 1a Nr. 2 EStG) auszugehen, sofern das den Vermögensübernehmern/Erben überlassene Vermögen ausreichend ertragsfähig ist und die Parteien ihren Verpflichtungen wie vereinbart oder durch Vermächtnis bestimmt nachkommen.

Unter Fremden besteht eine nur in Ausnahmefällen widerlegbare Vermutung, dass bei der Übertragung von Vermögen **Leistung und Gegenleistung** kaufmännisch **gegeneinander abgewogen** sind. Ein Anhaltspunkt für ein entgeltliches Rechtsgeschäft kann sich auch daraus ergeben, dass die wiederkehrenden Leistungen auf Dauer die erzielbaren Erträge übersteigen. Die für die Entgeltlichkeit des Übertragungsvorgangs sprechende Vermutung kann hingegen zum Beispiel widerlegt sein, wenn der Übernehmer aufgrund besonderer persönlicher, insbesondere familienähnlicher Beziehungen zum Übergeber (z. B. uneheliches Kind, Lebensgefährte) ein persönliches Interesse an der lebenslangen angemessenen Versorgung des Übergebers hat (BFH-Urteil vom 16.12.1997, BStBl 1998 II S. 718), BMF-Schreiben vom 11.3.2010, a. a. O., Rz 6.

7.3.6 Entgeltliche Übertragung von Privatvermögen gegen wiederkehrende Leistungen

Liegt eine entgeltliche oder teilentgeltliche Übertragung von Privatvermögen gegen wiederkehrende Leistungen vor, so hat der Erwerber des Vermögens **Anschaffungskosten** in Höhe des **Barwerts** der wiederkehrenden Leistungen, ggf. des anteiligen Barwerts bei Teilentgeltlichkeit. **Teilentgeltlichkeit** liegt vor, wenn der Wert des übertragenen Vermögens höher ist als der Barwert der wiederkehrenden Leistungen (BMF-Schreiben vom 11.3.2010, a. a. O., Rz 66 S. 3). Der Barwert ist bei lebenslänglichen Leistungen nach § 14 Abs. 1 BewG i. V. mit dem BMF-Schreiben vom 9.12.2024 über die Vervielfältiger für den Kapitalwert einer lebenslänglichen Nutzung oder Leistung im Jahresbetrag von 1 € nach Lebensalter und Geschlecht für Stichtage ab 1.1.2025 (BStBl I S. 1631) **oder** nach versicherungsmathematischen Grundsätzen zu ermitteln. Bei Nutzung des Vermögens zur Einkunftserzielung, z. B. aus Vermietung und Verpachtung, ist der Barwert die Bemessungsgrundlage für die **AfA**, die erhöhten Absetzungen und Sonderabschreibungen (BFH-Urteil vom 9.2.1994, BStBl 1995 II S. 47), BMF-Schreiben vom 11.3.2010, a. a. O., Rz 70 und Rz 77, die auf Rz 69 f. verweisen.

Wiederkehrende Leistungen im Austausch mit einer Gegenleistung enthalten **einen Tilgungsanteil und einen Zinsanteil**. Da private Schuldzinsen nicht abzugsfähig sind, darf der Zinsanteil von Renten und dauernden Lasten grundsätzlich nicht als Sonderausgaben berücksichtigt werden (BFH-Urteile vom 25.2.1992, BStBl 1996 II S. 666; vom 18.5.2010, BStBl 2011 II S. 675). Dient das erworbene Wirtschaftsgut jedoch der **Einkunftserzielung**, ist **neben der AfA** der in den einzelnen Zahlungen enthaltene **Zinsanteil/Ertragsanteil als Werbungskosten oder Betriebsausgaben abzugsfähig** (BFH-Urteil vom 9.2.1994, BStBl 1995 II S. 47; vom 18.5.2010, a. a. O.). Der Zinsanteil von **Veräußerungsleibrenten** ist nach der Tabelle für den **Ertragsanteil von Leibrenten** nach § 22 Nr. 1 Satz 3 Buchst. a Doppelbuchst. **bb** EStG (ggf. nach § 55 Abs. 1 und der Tabelle in Abs. 2 EStDV), der Zinsanteil von **dauernden Lasten** in entsprechender Anwendung dieser Bestimmungen zu ermitteln (BFH-Urteile vom 25.11.1992, BStBl 1996 II S. 666; und vom 9.2.1994, BStBl 1995 II S. 47, 53); Letzterer kann auch nach finanzmathematischen Grundsätzen mit einem Zinsfuß von 5,5 % berechnet werden (BFH-Urteil vom 25.11.1992, BStBl 1996 II S. 663), BMF-Schreiben vom 11.3.2010, a. a. O., Rz 72 und Rz 75. Bei Veräußerungsleibrenten sind auch die Erhöhungs- und Mehrbeträge aufgrund einer Wertsicherungsklausel nur mit dem Ertragsanteil als Werbungskosten zu berücksichtigen (BFH-Urteil vom 19.8.2008, BStBl 2010 II S. 24).

Für das entgeltlich im Austausch mit wiederkehrenden Leistungen übertragene Vermögen erhält der **Vermögensübergeber** in Höhe des o. g. Barwerts einen Veräußerungspreis (Erlös); beim Übergang von Privatvermögen ist dies grundsätzlich ohne Bedeutung (Ausnahmen: §§ 17, 23 EStG). Die wiederkehrenden Bezüge sind beim Empfänger (Vermögensübergeber) bei **dauernden Lasten** in Höhe des Zinsanteils **Einkünfte aus Kapitalvermögen** (§ 20 Abs. 1 Nr. 7 EStG) und bei **Leibrenten** in Höhe des Ertragsanteils **sonstige Einkünfte** (§ 22 Nr. 1 Satz 3 Buchst. a **Doppelbuchst. bb** EStG), vgl. BMF-Schreiben vom 11.3.2010 (a. a. O., Rz 75 und Rz 78) und BFH-Urteil vom 18.5.2010 (BStBl 2011 II S. 675). Dies gilt auch bei der teilentgeltlichen Übertragung (BFH-Urteil vom 14.7.2020, BStBl II S. 813).

BEISPIEL:
A veräußert an B (kein Angehöriger) sein Mietwohngrundstück gegen wiederkehrende Zahlungen. Leistung und Gegenleistung entsprechen nach den Vorstellungen der Vertragsparteien einander. Der Empfänger der Leistungen (A) braucht nur den Ertrags-/Zinsanteil der laufenden Zahlungen zu versteuern, während der Erwerber des Mietwohngrundstücks (B) nur diesen Ertrags-/Zinsanteil als Werbungskosten bei seinen Einkünften aus Vermietung und Verpachtung geltend machen kann. Zusätzlich steht ihm aber die AfA aus den Anschaffungskosten des Mietwohngrundstücks zu, die sich aus dem Barwert der wiederkehrenden Leistungen (§ 14 Abs. 1 BewG i. V. mit BMF-Schreiben vom 1.12.2023, a. a. O.) errechnen. Siehe auch das nahe Angehörige betr. Beispiel in BMF-Schreiben vom 11.3.2010, a. a. O., zu Rz 76.

Eine **Wertverrechnung** zwischen Leistung und Gegenleistung mit der Folge, dass sich die laufenden Leistungen und Bezüge erst dann und in voller Höhe beim Leistenden und beim Empfänger steuerlich auswirken, wenn sie den ermittelten Barwert überschritten haben, findet **nicht** mehr statt; die sog. Wertverrechnungstheorie, die früher ohnehin nur bei dauernden Lasten gegolten hat, wurde aufgegeben (BFH-Urteile vom 9.2.1994, BStBl 1995 II S. 47; und vom 18.10.1994, BStBl 1995 II S. 169). Deshalb sind bei Einkunftserzielung i. S. des EStG die Zins- und Ertragsanteile **von Anfang an** als **Werbungskosten oder Betriebsausgaben** abzugsfähig **und** beim Empfänger der wiederkehrenden Bezüge **von Anfang an steuerpflichtig**. Die noch im BMF-Schreiben vom 16.9.2004 (BStBl I S. 922, Rz 73) enthaltene **Vertrauensschutzregelung** in Altfällen (Verpflichtung vor dem 1.3.1995), nach der dauernde Lasten in **voller** Höhe als Werbungskosten abgezogen werden, aber nur, soweit ihr Wert den Wert der Gegenleistung übersteigt, wurde **nicht** mit in das **neue o. a. BMF-Schreiben vom 11.3.2010** übernommen und gilt somit nicht mehr.

Bei Vermögensübertragung gegen wiederkehrende Leistungen **auf bestimmte Zeit** (sog. abgekürzte Leibrenten oder dauernde Lasten) handelt es sich regelmäßig um einen Austausch mit einer Gegenleistung, also um ein **entgeltliches** Veräußerungs-/Anschaffungsgeschäft. Vgl. hierzu und zu den sog. Mindestzeitrenten oder verlängerten Leibrenten oder dauernden Lasten, die stets als wiederkehrende Leistungen im Austausch mit einer Gegenleistung zu behandeln sind (BFH-Urteil vom 21.10.1999, BStBl 2002 II S. 650), das BMF-Schreiben vom 11.3.2010 (a.a.O., Rz 77 ff.) sowie die BFH-Urteile vom 31.8.1994 (BStBl 1996 II S. 676 und S. 672) und vom 19.8.2008 (BStBl 2010 II S. 24).

7.3.7 Unentgeltliche Übertragung von Betriebs- und Privatvermögen gegen Versorgungsleistungen

Die im Folgenden zu erläuternde **unentgeltliche** Vermögensübertragung gegen Versorgungsleistungen auf Lebenszeit führt zu einer grundsätzlich anderen Beurteilung als die erläuterte **entgeltliche** Vermögensübertragung gegen wiederkehrende Leistungen (vgl. **Tz 7.3.6**). Versorgungsleistungen (Renten oder dauernde Lasten) i.S. dieses Abschnitts stehen meist im Zusammenhang mit einer **Vermögensübertragung zur vorweggenommenen Erbfolge**. Da bei einer solchen Vermögensübergabe an **Angehörige** eine – allerdings widerlegbare – Vermutung besteht, dass Leistung und Gegenleistung **nicht** nach kaufmännischen Gesichtspunkten gegeneinander abgewogen worden sind (vgl. **Tz 7.3.5**), wird auch bei einer Vermögensübertragung im Wege vorweggenommener Erbfolge gegen Versorgungsleistungen angenommen, dass diese Leistungen weder Veräußerungsentgelt noch Anschaffungskosten sind, sondern **vorbehaltene Vermögenserträge** darstellen (BFH-GrS, Beschluss vom 5.7.1990, BStBl II S. 847). Der Vermögensübernehmer wird **wie ein unentgeltlicher Erwerber** behandelt. Er führt deshalb die Buchwerte und die **AfA des Rechtsvorgängers** fort (§§ 7 Abs. 1 oder Abs. 4 EStG, 11d EStDV). Versorgungsleistungen können ihren Entstehungsgrund aber auch in einer **Verfügung von Todes wegen (Erbeinsetzung, Vermächtnis)** haben, wenn sie bei einer Vermögensübergabe im Wege vorweggenommener Erbfolge **zu Lebzeiten** des Erblassers als Versorgungsleistungen zu beurteilen wären (BFH-Urteil vom 27.2.1992, BStBl II S. 612). Solche wiederkehrenden Leistungen sind jedoch nicht als Versorgungsleistungen, sondern als Veräußerungsentgelte (vgl. **Tz 7.3.6**) oder als steuerlich irrelevante Unterhaltsleistungen anzusehen, wenn der Empfänger der wiederkehrenden Leistungen nicht zum **»Generationennachfolge-Verbund«** (pflichtteilsberechtigte Personen) gehört (BMF-Schreiben vom 11.3.2010, a.a.O., Rz 50); **nicht** dazu gehören z.B. die langjährige Haushälterin des Erblassers, seine Lebensgefährtin, Mitarbeiter in seinem Betrieb (BFH-Urteil vom 26.11.2003, BStBl 2004 II S. 820). Personen, die zu einem früheren Zeitpunkt auf ihr Pflichtteilsrecht verzichtet hatten, gehören nicht zum Generationennachfolge-Verbund (BFH-Urteil vom 7.3.2006, BStBl II S. 797).

Die **Versorgungsleistungen** des Vermögensübernehmers sind bei einer unentgeltlichen Übertragung im o.g. Sinne entweder

- abzugsfähige Sonderausgaben (Renten, dauernde Lasten), oder
- nach § 12 Nr. 2 EStG nicht abzugsfähige Zuwendungen/Unterhaltsleistungen.

Für Vermögensübertragungen **ab 1.1.2008** ist mit den Änderungen durch das Jahressteuergesetz 2008 vom 20.12.2007 (BGBl 2008 I S. 218) die Steuerbegünstigung auf bestimmte Übertragungsgegenstände beschränkt worden. Danach sind **nur** noch Versorgungsleistungen im Zusammenhang mit der **Übertragung eines Mitunternehmeranteils** an einer Personengesellschaft, die eine Tätigkeit i.S. der §§ 13, 15 Abs. 1 Satz 1 Nr. 1 oder des § 18 Abs. 1 EStG ausübt, mit der **Übertragung eines Betriebs oder Teilbetriebs** sowie im Zusammenhang mit der **Übertragung eines mindestens 50%igen Anteils an einer Gesellschaft mit beschränkter Haftung (z.B. GmbH nach GmbHG oder mit einer deutschen GmbH vergleichbaren ausländischen Gesellschaft, vgl. nachstehende Ausführungen)** möglich, wenn der Übergeber als Geschäftsführer tätig war und der Übernehmer diese Tätigkeit nach der Übertragung wahrnimmt. Nach der Gesetzesbegründung soll damit das Rechtsinstitut der Vermögensübergabe auf ihren Kernbereich zurückgeführt werden. Für Vermögensübertragungen nach dem 31.12.2007 ist damit kein Sonderausgabenabzug möglich, wenn z.B. Immobilien im Privatvermögen (z.B. selbst genutztes Wohnhaus der Übergeber oder Mietwohngrundstück) Gegenstand der Übertragung sind.

Im Regelfall entspricht es den Interessen der beteiligten Familienmitglieder, dass die wiederkehrenden Leistungen einerseits in voller Höhe als Sonderausgaben abzugsfähig und andererseits zwangsläufig in voller Höhe stpfl. sind (wobei die ggf. geringe steuerliche Auswirkung beim Empfänger in Kauf genommen wird). Es handelt sich deshalb um ein verbreitetes Gestaltungsmodell.

Die Rspr. des BFH hat eine Reihe von Kriterien entwickelt, die Grundlage des BMF-Schreibens vom 11.3.2010 sind, die hier nur gekürzt, aber mit Hinweisen auf die Fundstellen, aus denen auch die maßgeblichen BFH-Urteile ersichtlich sind, wiedergegeben werden können. Hiernach sind Versorgungsleistungen als **Sonderausgaben (Leibrenten/dauernde Lasten)** abzugsfähig und entsprechend beim Empfänger als **sonstige Einkünfte** nach § 22 Nr. 1 EStG zu versteuern, wenn **folgende Voraussetzungen** vorliegen:

- Als **Empfänger des Vermögens** im Rahmen einer vorweggenommenen Erbfolge mit Versorgungsvertrag kommen Abkömmlinge und grundsätzlich auch gesetzlich erbberechtigte entfernte Verwandte des Übergebers oder aufgrund besonderer persönlicher Beziehungen zum Übergeber auch nahe stehende Dritte (z.B. Schwiegerkinder, Neffen und Nichten) sowie ausnahmsweise auch familienfremde Dritte in Betracht (BFH-Urteil vom 16.12.1997, BStBl 1998 II S. 718), BMF-Schreiben vom 11.3.2010, a.a.O., Rz 4.
- Als **Empfänger der Versorgungsleistungen** kommen in erster Linie der Übergeber, dessen Ehegatte und die gesetzlich erb- und pflichtteilsberechtigten Abkömmlinge des Übergebers (BFH-Urteile vom 27.2.1992, BStBl II S. 612; und vom 26.11.2003, BStBl 2004 II S. 820) sowie der Lebenspartner einer eingetragenen Lebenspartnerschaft in Betracht. Zu den Geschwistern vgl. BFH-Urteil vom 20.10.1999 (BStBl 2000 II S. 602). Nicht zum Generationennachfolge-Verbund gehörende Personen (s. oben) können nicht Empfänger von Versorgungsleistungen sein (BFH-Urteil vom 26.11.2003, a.a.O.). Vgl. zur Übergabe Großeltern-Eltern-Kind BFH-Urteil vom 23.1.1997 (BStBl II S. 458) und im Einzelnen BMF-Schreiben vom 11.3.2010 (a.a.O., Rz 50). Sind aufgrund eines Schenkungsversprechens von Todes wegen (§ 2301 Abs. 1 Satz 1 BGB) wiederkehrende Leistungen an einen vom Vermögensübergeber bestimmten Dritten zu erbringen, sind nach dem BFH-Urteil vom 20.6.2007 (BStBl 2008 II S. 99) diese Leistungen erbrechtlichen Verpflichtungen gleichzustellen, deren Ablösung nicht zu steuerlich zu berücksichtigenden Anschaffungskosten führt. Ebenfalls begünstigt ist ein Empfänger, der durch Erbeinsetzung oder Vermächtnis existenzsicherndes Vermögen aus der Erbmasse erhält (BFH-Urteil vom 11.10.2007, BStBl 2008 II S. 123). Wiederkehrende Leistungen und Zahlungen, die der Erblasser durch letztwillige Verfügung einem Vorerben zugunsten eines zum Generationennachfolge-Verbund gehörenden Nacherben für die Dauer der Vorerbschaft auferlegt hat und die aus dem übergegangenen Vermögen zu erbringen sind, können nach dem BFH-Urteil vom 16.6.2021 (BStBl II 2022 S. 161) dem Rechtsinstitut der Vermögensübertragung gegen Versorgungsleistungen zuzuordnen sein.
- Die steuerrechtliche Anerkennung des Übergabevertrags setzt voraus, dass die gegenseitigen Rechte und Pflichten klar und eindeutig sowie rechtswirksam vereinbart werden, ernsthaft gewollt sind und die Leistungen wie vereinbart tatsächlich erbracht werden und deshalb auf den erforderlichen Rechtsbindungswillen geschlossen werden kann (BFH-Urteil vom 3.3.2004, BStBl II S. 826). Vgl. im Einzelnen BMF-Schreiben vom 11.3.2010 (a.a.O., Rz 59–64). Änderungen eines Versorgungsvertrags können nach dem BFH-Urteil vom 15.9.2010 (BStBl 2011 II S. 641) nur dann steuerlich berücksichtigt werden, wenn sie von den Vertragsparteien schriftlich fixiert worden sind. Werden die auf der Grundlage eines Vermögensübergabevertrags geschuldeten Versorgungsleistungen »willkürlich« ausgesetzt, sodass die Versorgung des Übergebers gefährdet ist, sind die weiteren Zahlungen auch nach Wiederaufnahme der ursprünglich vereinbarten Leistungen nach BFH-Auffassung nicht als Sonderausgaben abziehbar.

- Gegenstand der Vermögensübergabe muss eine die **Existenz** des Vermögensübergebers wenigstens teilweise **sichernde und ertragbringende Wirtschaftseinheit** sein, wobei unterstellt wird, dass sich der Übergeber diese **Erträge vorbehalten** hat (Theorie der vorbehaltenen Erträge).
- Nach den Beschlüssen des GrS des BFH vom 12.5.2003 (BStBl 2004 II S. 95 und S. 100) genügt es aber **nicht**, dass das übergebene Vermögen lediglich **seiner Art nach** existenzsichernd und ertragbringend ist (»Typus 2«-Fälle i.S. von Rz 17 des älteren BMF-Schreibens vom 26.8.2002, a.a.O.), wenn die Nettoerträge **im konkreten Fall** die versprochenen Sach- oder Geldleistungen **nicht abdecken**. Vielmehr sind wiederkehrende Leistungen, die im Zusammenhang mit einer Vermögensübergabe zur Vorwegnahme der Erbfolge vereinbart werden, trotz Übertragung einer an sich existenzsichernden Wirtschaftseinheit dann **nicht** als **dauernde Last** (Sonderausgaben) abziehbar, **wenn sie nicht aus den erzielbaren laufenden Nettoerträgen** des übergebenen Vermögens bestritten werden können (GrS des BFH vom 12.5.2003, BStBl 2004 II S. 95). Die »Typus 2«-Fälle i.S. von Rz 17 des älteren BMF-Schreibens vom 26.8.2002 (a.a.O.) werden vom GrS des BFH also nicht anerkannt. Nach Auffassung der Finanzverwaltung sind Versorgungsleistungen, die aus den laufenden Nettobeträgen eines übergebenen Betriebs erbracht werden können – entgegen dem Beschluss des GrS des BFH vom 12.5.2003, BStBl 2004 II S. 100 – auch dann als Sonderausgaben abziehbar, wenn der übertragende Betrieb nicht über einen ausreichenden Unternehmenswert verfügt (BMF-Schreiben vom 11.3.2010, a.a.O., Rz 31).
- Liegt keine unentgeltliche Vermögensübertragung gegen Versorgungsleistungen i.S. dieses Abschnitts vor, z.B. weil keine existenzsichernde und ertragbringende Wirtschaftseinheit übertragen worden ist, gelten die o.g. Grundsätze (**vgl. Tz. 7.3.6**) zur **entgeltlichen** Vermögensübertragung (BMF-Schreiben vom 11.3.2010, a.a.O., Rz 21).
- **Existenzsichernde Wirtschaftseinheiten** im o.g. Sinne sind für Übertragungen **vor dem 1.1.2008** typischerweise Betriebe und Teilbetriebe, Mitunternehmeranteile (einschließlich der sog. atypisch stillen Beteiligungen), Anteile an Kapitalgesellschaften, Wertpapiere und vergleichbare Kapitalforderungen (z.B. Festgeld, Bundesschatzbriefe, Sparbuch), typisch stille Beteiligungen, Geschäfts- oder Mietwohngrundstücke, vermietete Einfamilienhäuser und Eigentumswohnungen sowie verpachtete unbebaute Grundstücke, BMF-Schreiben vom 16.9.2004 (a.a.O., Rz 9 bis 11). Dies gilt auch nach dem neuen BMF-Schreiben vom 11.3.2010 (a.a.O., Rz 81) fort. Für Übertragungen **ab dem 1.1.2008** sind die o.a. Einschränkungen beim begünstigten Übertragungsgegenstand zu beachten, d.h. dass Gegenstand der Vermögensübertragung ein Mitunternehmeranteil an einer Personengesellschaft (siehe auch Rz 8–11 des o.a. BMF-Schreibens vom 11.3.2010), eines Betriebs oder Teilbetriebs (Rz 12–14 des o.a. BMF-Schreibens vom 11.3.2010) oder eines Anteils an einer GmbH oder einer der GmbH vergleichbaren Gesellschaftsform eines anderen Mitgliedstaats der EU/des EWR (Rz 15–20 des o.a. BMF-Schreibens vom 11.3.2010) sein, sofern der übertragene Anteil mindestens 50 % beträgt und der Übergeber als Geschäftsführer dieser GmbH tätig war und der Übernehmer die Geschäftsführertätigkeit nach der Übertragung übernimmt. Versorgungsrenten sind jedoch nur begünstigt, wenn der Übergeber nach der Übertragung der Anteile an einer GmbH nicht mehr Geschäftsführer der Gesellschaft ist (BFH-Urteil vom 20.3.2017, BStBl II S. 985). Mit Urteil vom 29.9.2021 (BStBl II 2022 S. 228) bestätigte der BFH die Beschränkung auf die im Gesetz aufgeführten Vermögensgegenstände und urteilte für die Übertragung eines Vermietungsobjektes des Privatvermögens den Ausschluss vom Rechtsinstitut der Vermögensübergabe gegen Versorgungsleistungen, die der Kläger im Wege der Analogie begehrte.
- Der sachliche Zusammenhang der wiederkehrenden Leistungen mit der Vermögensübergabe **endet** grundsätzlich, wenn der Übernehmer das **übernommene Vermögen auf einen Dritten überträgt** und dem Übernehmer nicht mehr zuzurechnen ist. Die im Zusammenhang mit der Vermögensübertragung vereinbarten Leistungen sind ab diesem Zeitpunkt Unterhaltsleistungen i.S. des § 12 Nr. 2 EStG und dürfen beim Übernehmer nicht mehr als Sonderausgaben (Rente oder dauernde Last) abgezogen werden. Beim Übergeber sind sie nicht mehr nach § 22 Nr. 1 EStG steuerbar (BFH-Urteil vom 31.3.2004, BStBl II S. 830). Der sachliche Zusammenhang endet nicht, wenn der Übernehmer das übernommene Vermögen im Wege der vorweggenommenen Erbfolge weiter überträgt. Überträgt der Übernehmer das Vermögen auf einen Dritten und erwirbt er mit dem Erlös zeitnah eine existenzsichernde und ausreichend ertragbringende Wirtschaftseinheit oder stellt eine solche her, sind die nach der Übertragung an den Übergeber entrichteten wiederkehrenden Leistungen weiterhin Versorgungsleistungen. Wegen der zusätzlichen Fragen und rechtlichen Folgen, die sich bei einer solchen nachträglichen **Umschichtung** des übertragenen Vermögens (Privatvermögen und Betriebsvermögen) ergeben, BMF-Schreiben vom 11.3.2010 (a.a.O., Rz 37 und 38).
- **Keine existenzsichernde Wirtschaftseinheit** ist dagegen Vermögen, das dem Übernehmer nicht zur Fortsetzung des Wirtschaftens überlassen wird. Hierzu gehören **ertragloses Vermögen**, wie z.B. Hausrat, Wert- und Kunstgegenstände, Sammlungen und unbebaute Grundstücke (Brachland), auch ertragslose Grundstücke, z.B. mit aufstehendem Rohbau (BFH-Urteil vom 27.8.1997, BStBl II S. 813) und auch Vermögen, dessen gesamte Erträge sich der Übergeber mittels eines **Totalnießbrauchs** vorbehalten hat (BMF-Schreiben vom 11.3.2010, a.a.O., Rz 21; und BFH-Urteile vom 14.7.1993, BStBl 1994 II S. 19; und vom 25.3.1992, BStBl II S. 803).
  Nach dem Beschluss des GrS des BFH vom 12.5.2003 (BStBl 2004 II S. 95, 99) kann der Übernehmer vertragsgemäß das übernommene in ertragbringendes Vermögen **umschichten.** Dies gilt entsprechend für nicht angelegtes Geldvermögen, das nur dann Gegenstand einer Vermögensübergabe gegen Versorgungsleistungen sein kann, wenn sich der Übernehmer im Übergabevertrag verpflichtet, eine ihrer Art nach bestimmte, ausreichend ertragbringende Vermögensanlage zu erwerben (BFH-Urteil vom 16.6.2004, BStBl II S. 1053). Nach Rz 36 des BMF-Schreibens vom 11.3.2010 (a.a.O.) gilt dies aber nicht mehr für Übertragungen ab dem 1.1.2008. Nach Rz 87 dieses Schreibens soll die Möglichkeit der Umschichtung ertraglosen Vermögens selbst dann nicht bestehen, wenn die Übertragung vor dem 1.1.2008 stattgefunden hat, die Umschichtung jedoch nicht vor dem 1.1.2008 vollzogen wurde.
  Zur **Umschichtung allgemein** siehe BMF-Schreiben vom 11.3.2010 (a.a.O., Rz 36 bis 43) und BFH-Urteile vom 17.3.2010 (BStBl 2011 S. 622) und 18.8.2010 (BStBl 2011 II S. 633).
- Wird das vorbehaltene Nutzungsrecht **später** gegen wiederkehrende Leistungen **abgelöst**, können allerdings Versorgungsleistungen vorliegen (zeitlich gestreckte »gleitende« Vermögensübergabe), die als Sonderausgaben abzugsfähig sind. Im Einzelnen siehe BMF-Schreiben vom 11.3.2010 (a.a.O., Rz 25) sowie die dort zit. Rspr. So kann an die Stelle des vorbehaltenen Nießbrauchs eine Versorgungsrente treten, bei der im Zweifel davon auszugehen ist, dass sich der bisherige Ertragsvorbehalt fortsetzt, wenn z.B. ein anlässlich der Übergabe von Vermögen zur Vorwegnahme der Erbfolge zugunsten des Übergebers und/oder dessen Ehegatten vorbehaltener Nießbrauch später abgelöst und dabei zugunsten der bisherigen Nießbraucher auf deren Lebenszeit wiederkehrende Leistungen vereinbart werden, die aus den Erträgen des übergebenen Vermögens gezahlt werden können (BFH-Urteil vom 16.6.2004, BStBl 2005 II S. 130).
- Wird ein **Geldbetrag** (Bargeld) gegen Vereinbarung von (lebenslänglichen) Versorgungsleistungen übertragen, lag **bis zum 31.12.2007** also ein sog. **Unterhaltskauf** vor (z.B. zwischen Eltern und Kindern), so handelte es sich regelmäßig um nicht abzugsfähige Zuwendungen i.S. des § 12 Nr. 2 EStG, BFH-Urteil vom 26.11.1997 (BStBl 1998 II S. 190) und wegen einer ausnahmsweise abweichenden Vereinbarung BMF-Schreiben vom 16.9.2004 (a.a.O., Rz 17). Zwar hat der BFH im Urteil vom 1.3.2005 (BStBl 2007 II S. 103) entschieden, dass anlässlich der Übergabe von Geld- oder Wertpapiervermögen eine als Sonderausgabe ab-

ziehbare dauernde Last i. S. des § 10 Abs. 1 Nr. 1a EStG begründet werden kann, wenn dieses Vermögen vom Übernehmer vereinbarungsgemäß zur Tilgung von Schulden verwendet wird, mit denen die Anschaffung oder Herstellung von ertragbringendem Vermögen – im Urteilsfall eines zu eigenen Wohnzwecken genutzten Einfamilienhauses – finanziert worden war. Die Finanzverwaltung hat hierüber jedoch einen Nichtanwendungserlass verfügt (BMF-Schreiben vom 19.1.2007, BStBl I S. 188), d. h. sie erkennt die BFH-Grundsätze nicht über den entschiedenen Einzelfall hinaus an. Für die Übertragung von Geldvermögen nach dem 31.12.2007 gilt auch nicht die Übergangsregelung nach § 52 Abs. 18 Satz 2 EStG. Entsprechend vereinbarte Versorgungsleistungen bleiben auch nach der gesetzlichen Neuregelung nicht abzugsfähig.

Wird eine **existenzsichernde und ausreichend ertragbringende Wirtschaftseinheit** gegen Versorgungsleistungen übertragen, so sind diese Leistungen beim Empfänger **in voller Höhe** stpfl. wiederkehrende Bezüge und beim Verpflichteten in **vollem** Umfang als **Sonderausgaben** abziehbar (sog. Typus 1-Fälle i. S. des älteren BMF-Schreibens vom 26.8.2002, a. a. O.). Dabei wurde in der Vergangenheit unterstellt, dass sie wegen der Rechtsnatur des Versorgungsvertrags als **abänderbar** gelten (BFH-Urteil vom 11.3.1992, BStBl II S. 499). Eine Bezugnahme auf **§ 323 ZPO** oder eine gleichwertige Änderungsklausel war daher **nicht erforderlich**. Dazu grundsätzlich BFH-Urteil vom 16.6.2021 (BStBl II 2022 S. 165). Eine lediglich mit dem **Ertragsanteil** abziehbare bzw. zu versteuernde Leibrente wurde nur angenommen, wenn und soweit die Vertragsparteien die Abänderbarkeit der Vermögensleistungen ausdrücklich ausgeschlossen haben. Die Parteien können aber in diesem Fall mit Wirkung für die Zukunft die Abänderbarkeit der Leistungen vereinbaren und damit die Leibrente in eine dauernde Last umwandeln (BFH-Urteil vom 3.3.2004, BStBl II S. 824). Die bloße Vereinbarung einer Wertsicherungsklausel schloss die Abänderbarkeit der wiederkehrenden Leistungen nicht aus, im Einzelnen zur früheren Verwaltungsauffassung siehe BMF-Schreiben vom 16.9.2004 (a. a. O., Rz 46 bis 48). Die Abänderbarkeit einer dauernden Last ist nach den Feststellungen des BFH in seinem Urteil vom 13.12.2005 (BStBl 2008 II S. 16) in zivilrechtlicher Hinsicht bezogen auf die Versorgungsbedürftigkeit des Empfängers und die sich aus dem übertragenen Wirtschaftsgut ergebende Leistungsfähigkeit des Verpflichteten. Diese bestimmen den Korridor, innerhalb dessen die Beteiligten mit steuerlicher Wirkung auf eine Änderung des Bedarfs des Berechtigten und/oder der Leistungsfähigkeit des Verpflichteten reagieren können. Nach dem BFH-Urteil vom 23.11.2016 (BStBl 2017 II S. 512) ist die Verpflichtung zu wiederkehrenden Barleistungen in einem vor dem 1.1.2008 abgeschlossenen Vermögensübergabevertrag als Leibrente zu beurteilen, wenn die Vertragsparteien eine Abänderbarkeit der Höhe der Rentenleistungen materiell-rechtlich von Voraussetzungen abhängig gemacht haben, die einer Wertsicherungsklausel entsprechen. Dies gilt selbst dann, wenn in diesem Zusammenhang auf § 323 ZPO Bezug genommen ist. Die wiederkehrenden Leistungen sind auch dann als Leibrente anzusehen, wenn die Abänderbarkeit der gesamten Versorgungsleistungen bei wesentlich veränderten Lebensbedürfnissen (Heimunterbringung, Pflegebedürftigkeit) ausgeschlossen wird. Allerdings sind die wiederkehrenden Leistungen dann nicht als Leibrente, sondern als dauernde Last anzusehen, wenn zwar die Abänderbarkeit der Barleistungen bei wesentlich veränderten Lebensbedürfnissen (Heimunterbringung, Pflegebedürftigkeit) ausgeschlossen wird, der Vermögensübernehmer sich jedoch in nennenswertem Umfang verpflichtet, selbst Pflege- und Betreuungsleistungen zu erbringen (BFH-Urteil vom 23.11.2016, BStBl 2017 II S. 517). Eine Abänderbarkeit der Leistungen kann nach dem BFH-Urteil vom 16.6.2021 (BStBl II 2022 S. 165) trotz eines teilweisen Ausschlusses der Übernahme des pflegebedingten Mehraufwands gegeben sein. Danach reicht es aus, wenn sich der Vermögensübernehmer entweder zur persönlichen Pflege (mindestens im Umfang der bis 2016 geltenden Pflegestufe 1 oder des ab 2017 geltenden Pflegegrads 2) oder in entsprechendem Umfang zur Übernahme der Kosten für die häusliche Pflege oder der Kosten für die externe Pflege verpflichtet hat. Nach Rz 52 des neuen BMF-Schreibens vom 11.3.2010 (a. a. O.) gilt für Übertragungsfälle **ab dem 1.1.2008**, dass die Versorgungsleistungen **immer in voller Höhe Sonderausgaben** darstellen, unabhängig davon, ob die wiederkehrenden Versorgungsleistungen in Form von Renten oder dauernden Lasten vereinbart sind.

Werden Vermögensgegenstände, die **nicht** zu den existenzsichernden und ausreichend ertragbringenden Wirtschaftseinheiten gehören, gegen wiederkehrende Leistungen auf Lebenszeit übertragen, so liegt ein **entgeltliches** (oder teilentgeltliches) Rechtsgeschäft vor. Es gelten dann die o. g. Grundsätze (vgl. **Tz 7.3.6**; GrS des BFH vom 12.5.2003, BStBl 2004 II S. 95, und BMF-Schreiben vom 11.3.2010, a. a. O., Rz 21).

Eine **ausreichend ertragbringende** Wirtschaftseinheit im o. g. Sinne ist nur anzunehmen, wenn nach überschlägiger Berechnung die wiederkehrenden Leistungen nicht höher sind als die langfristig erzielbaren Erträge des übertragenen Vermögens. Davon ist auszugehen, wenn nach den Verhältnissen im Zeitpunkt der Vermögensübergabe der durchschnittliche jährliche Ertrag ausreicht, um die jährlich wiederkehrenden Leistungen zu erbringen. Aus Vereinfachungsgründen ist es nicht zu beanstanden, wenn zur Ermittlung des durchschnittlichen Ertrags die Einkünfte des Jahres der Vermögensübergabe und der beiden vorausgegangenen Jahre herangezogen werden. Vgl. auch BMF-Schreiben vom 11.3.2010 (a. a. O., Rz 34 Satz 4, und für den Fall, dass im Zeitpunkt der Vermögensübergabe der durchschnittliche Jahresbetrag nicht ausreicht, die Rz 35; Entsprechendes gilt in den Fällen der Umschichtung, Rz 40 und 41).

Erträge in diesem Sinne sind Einnahmen aus einer Tätigkeit, die den Tatbestand einer **Einkunftsart i. S. des EStG** erfüllt. Zur in der Vergangenheit begünstigten Übertragung selbst genutzten Wohneigentums gilt: Nutzte der Übernehmer ein vom Übergeber gegen wiederkehrende Leistungen übertragenes Grundstück zu eigenen Wohnzwecken oder eigenbetrieblichen Zwecken, gehörte **auch der Nutzungsvorteil** des Übernehmers (ersparte Nettomiete) zu den Erträgen, wenn die ersparte Nettomiete nicht niedriger ist als die zugesagten wiederkehrenden Leistungen. Nicht zu den Erträgen gehören nach Auffassung der Finanzverwaltung andere ersparte Aufwendungen, wie z. B. ersparte Zinsen. Der BFH vertritt insoweit eine andere Meinung. Hierzu siehe BMF vom 16.9.2004 (a. a. O., Rz 21) und GrS des BFH vom 12.5.2003 (BStBl 2004 II S. 95) sowie BFH-Urteil vom 1.3.2005 (BStBl 2007 II S. 103). Wird eine mindestens 50 % umfassende Beteiligung an einer GmbH im Wege vorweggenommener Erbfolge übertragen, ist für die Ermittlung des erzielten Nettobetrags auf die mögliche Gewinnausschüttung, also auf das Jahresergebnis der Gesellschaft abzustellen, das auf die übertragenen Anteile entfällt (BFH-Urteil vom 21.7.2004, BStBl 2005 II S. 133). Das bedeutet, dass das Geschäftsführergehalt des Vermögensübergebers und das Gesellschaft-Geschäftsführergehalt des Vermögensübernehmers die auf der Grundlage des steuerlichen Gewinns nicht mindern (Rz 32 des BMF-Schreibens vom 11.3.2010, a. a. O.).

AfA-Beträge, erhöhte Absetzungen, Sonderabschreibungen sowie außerordentliche Aufwendungen, z. B. größere Erhaltungsaufwendungen, die nicht jährlich üblicherweise anfallen, werden bei dieser Berechnung nicht ertragsmindernd berücksichtigt. Sie sind deshalb den auf der Grundlage der steuerlichen Einkünfte ermittelten Erträgen hinzuzurechnen; dies gilt auch für Nutzungsvorteile des Übernehmers aus ersparten Nettomietaufwendungen. Ein Unternehmerlohn ist in diesem Zusammenhang nicht abzusetzen, er spielt nur dort eine Rolle, wo es darauf ankommt, ob das übertragende Unternehmen überhaupt »Vermögen« darstellt (GrS des BFH vom 12.5.2003, BStBl 2004 II S. 95, 99) BMF-Schreiben vom 11.3.2010 (a. a. O., Rz 32).

Bei der Übergabe von Betrieben oder Teilbetrieben gegen wiederkehrende Leistungen im Wege der **vorweggenommenen Erbfolge** besteht eine Vermutung dafür, dass die Erträge ausreichen, um die Leistungen in der vereinbarten Höhe zu erbringen, wenn der Betrieb oder Teilbetrieb vom Übernehmer tatsächlich fortgeführt wird. Entsprechendes gilt, wenn ein Mitunternehmeranteil oder der Teil eines Mitunternehmeranteils oder ein Anteil an einer GmbH übertragen wird und die übrigen Voraussetzungen des § 10 Abs. 1a Nr. 2 EStG (bis 2014: § 10 Abs. 1 Nr. 1a EStG) erfüllt sind (BMF-Schreiben vom

11.3.2010, a.a.O., Rz 29). Die Beweiserleichterung greift nach Rz 30 des vorgenannten BMF-Schreibens jedoch nicht, wenn neben begünstigtem Vermögen auch weiteres nicht begünstigtes Vermögen im Rahmen einer einheitlichen Vermögensübertragung Gegenstand der Übertragung ist.

Nach dem Beschluss des GrS des BFH vom 12.5.2003 (BStBl 2004 II S. 100) wird bei der Übergabe eines Unternehmens, das weder über eine positiven Substanz- noch über einen positiven Ertragswert verfügt, **kein »Vermögen«** an die nachfolgende Generation übertragen. Es handelt sich vielmehr um nicht abzugsfähige Unterhaltsleistungen i.S. des § 12 Nr. 2 EStG. Auch wenn die Nettoerträge des übergebenen Betriebs ausreichen, um die dem Übergeber versprochenen Leistungen abzudecken, kann der Ertragswert negativ sein, weil hier die der Wertermittlung zugrunde gelegten Gewinne um einen Unternehmerlohn zu kürzen sind. Für Übertragungen **ab 1.1.2018** spielt das jedoch **keine Rolle** mehr (Rz 31 des BMF-Schreibens vom 11.3.2010, a.a.O.).

Hat der Übernehmer einer existenzsichernden Wirtschaftseinheit neben Versorgungsleistungen ein **Teilentgelt**, z.B. in Form von Gleichstellungszahlungen oder durch Übernahme von Verbindlichkeiten zu erbringen, so erwirbt er das erhaltene Vermögen im **Verhältnis** des Teilentgelts zum Verkehrswert entgeltlich, im Übrigen unentgeltlich (Rz 14 des BMF-Schreibens vom 13.1.1993, BStBl I S. 80, i.d.F. des BMF-Schreibens vom 26.2.2007, BStBl I S. 269). Reichen die auf den unentgeltlichen Erwerbsteil entfallenden Ertragsteile zur Finanzierung der Versorgungsleistungen aus, so kommt **in voller Höhe** ein Abzug als **Sonderausgaben** in Betracht (BMF vom 11.3.2010, a.a.O., Rz 47 analog).

7.3.8 Übergangsregelung für Alt-Verträge

Zur **Anwendungsregelung für vor dem 1.11.2004 abgeschlossene Verträge** siehe BMF-Schreiben vom 16.9.2004 (a.a.O., Rz 65 ff.), besonders Rz 68 sowie 74 bis 76. Hiernach sind die im Einzelfall vorausgegangenen günstigeren Regelungen und Grundsätze anzuwenden, wenn das Vermögen aufgrund eines **vor dem 1.11.2004 abgeschlossenen obligatorischen Vertrags** übertragen worden ist und wenn der **Übergeber und der Übernehmer übereinstimmend** an der bisherigen steuerrechtlichen Beurteilung festhalten. Mangelt es z.B. lediglich an den ausreichenden Erträgen und beantragen beide die weitere Anwendung des älteren BMF-Schreibens vom 26.8.2002, BStBl I S. 893, so ist den Anträgen zu folgen (es gelten dann z.B. die Ausführungen zu den sog. »Typus 2«-Fällen in der Anleitung zur Einkommensteuererklärung **2003**, Teil II Tz 6.3, 5.).

Für **vor dem 1.1.2008** geschlossene Verträge auf Vermögensübertragung gelten die Grundsätze zu § 10 Abs. 1 Nr. 1a EStG in der vor dem 1.1.2008 geltenden Fassung weiter (Rz 81 des BMF-Schreibens vom 11.3.2010, a.a.O.). D.h., dass Anwendungshinweise weiterhin dem **BMF-Schreiben vom 16.9.2004** (a.a.O.) entnommen werden können. Das gilt ausdrücklich auch für vor dem 1.1.2008 geschlossene Wirtschaftsüberlassungsverträge und Pachtverträge, die als Wirtschaftsüberlassungsverträge anzusehen sind. Bringt das übertragene Vermögen in einem solchen Altfall nur deshalb einen ausreichenden Ertrag, weil ersparte Aufwendungen zu den Erträgen des Vermögens gerechnet werden, gilt nach Rz 82 des BMF-Schreibens vom 11.3.2010 (a.a.O.) § 10 Abs. 1a Nr. 2 EStG. Rz 76 des BMF-Schreibens vom 16.9.2004 (a.a.O.) soll bereits ab VZ 2008 keine Anwendung mehr finden – mit einer Ausnahme: der Nutzungsvorteil eines zu eigenen Zwecken genutzten Grundstücks. Versorgungsleistungen im Zusammenhang mit der gleitenden Übergabe von Privatvermögen können nach dem BFH-Urteil vom 12.5.2015 (BStBl 2016 II S. 331) grundsätzlich auch weiterhin als Rente oder dauernde Last abgezogen werden, wenn die Vermögensübertragung vor dem 1.1.2008 vereinbart worden ist und wenn die Voraussetzungen von § 52 Abs. 23e Satz 2 EStG i.d.F. durch das JStG 2008 (ab 2015: § 52 Abs. 18 Satz 2 EStG) nicht vorliegen. Es kommt insofern nicht darauf an, in welchem Zeitpunkt der Nießbrauch abgelöst und die Versorgungsleistung vereinbart worden sind. Unerheblich soll auch sein, ob die Ablösung des Nießbrauchs und der Zeitpunkt bereits im Übergabevertrag verbindlich vereinbart waren (entgegen BMF-Schreiben vom 11.3.2010, a.a.O., Rz 85). Dem hat sich die Finanzverwaltung zwar grundsätzlich angeschlossen (BMF-Schreiben vom 6.5.2016, BStBl I S. 476 mit geänderter Rz 85) mit der Folge, dass die Versorgungsleistungen in den Fällen der sog. gleitenden Vermögensübergabe nach dem o.a. BFH-Urteil vom 12.5.2015 in allen noch offenen Fällen abgezogen werden dürfen. Da allerdings auch Steuerpflichtige durch die Neuregelung benachteiligt sein konnten, lies das BMF-Schreiben in Fällen vor VZ 2016 zu, dass entweder der Vermögensübergeber oder der Vermögensübernehmer die Altregelung (Rz 85 des BMF-Schreibens vom 11.3.2010) angewendet bekamen, wenn die Anwendung der Rz 81 zu einer höheren Steuer führte. Für VZ **ab 2016** gilt die alte Rz 85 sowohl für die Veranlagung des Vermögensübernehmers als auch für die Veranlagung des Vermögensübergebers fort, wenn die Ablösung des Nießbrauchsrechts vor dem 1.6.2016 vereinbart wurde, soweit Vermögensübernehmer und Vermögensübergeber übereinstimmend an der Fortgeltung festhalten. An die einmal getroffene, korrespondierende Entscheidung sind die Beteiligten für die Zukunft gebunden. Die soll aber nicht gelten, wenn die Ablösung des Nießbrauchsrechts gegen Versorgungsleistungen und deren Zeitpunkt bereits im Übertragungsvertrag verbindlich vereinbart wurden.

7.3.9 Altenteilsleistungen im Zusammenhang mit einer Hofübergabe

Für **Altenteilsleistungen** im Zusammenhang mit einer **Hofübergabe** in der Land- und Forstwirtschaft, durch die grundsätzlich ebenfalls eine existenzsichernde Wirtschaftseinheit übertragen wird, gelten die o.g. Ausführungen (**vgl. Tz 7.3.7**) entsprechend. Zu der grundsätzlich zu bejahenden Frage, ob im Rahmen eines (landwirtschaftlichen) Wirtschaftsüberlassungsvertrags der Nutzungsberechtigte **Modernisierungsaufwendungen** für die vom Hofeigentümer beibehaltene Wohnung **als dauernde Last** abziehen kann, sofern er sich dazu im Überlassungsvertrag verpflichtet hat, BFH-Urteil vom 28.2.2002, (BStBl 2003 II S. 644) und BMF-Schreiben vom 21.7.2003 (BStBl I S. 405). Nach der Neufassung des § 10 Abs. 1 Nr. 1a EStG durch das JStG 2008 sind auf einem (nach dem 31.12.2007 geschlossenen) Wirtschaftsüberlassungsvertrag beruhende Leistungen des Nutzungsberechtigten an den Überlassenden allerdings nicht mehr als Sonderausgaben abziehbar (BFH-Urteil vom 25.6.2014, BStBl II S. 889).

7.3.10 Leistungen aufgrund Testaments oder Erbvertrags

Zu den Leibrenten gehören grundsätzlich auch gleichbleibende, auf Lebenszeit regelmäßig wiederkehrend zu erbringende Geldzuwendungen, die auf die **Regelung erbrechtlicher Verhältnisse in einem Testament oder Erbvertrag** zurückgehen. Die für Altfälle notwendige Abänderungsmöglichkeit nach § 323 ZPO galt für diesen Fall nicht. Wurden in einer letztwilligen Verfügung für einen weichenden Erben durch **Vermächtnis** für die Lebenszeit des Vermächtnisnehmers fortlaufend wiederkehrende **gleichmäßige** Leistungen ausgesetzt, so waren diese als **Leibrente** zu behandeln, wenn in der letztwilligen Verfügung nicht ausdrücklich eine Abänderbarkeit ihrer Höhe entsprechend der Regelung in § 323 ZPO vorgesehen war (BFH-Urteil vom 1.8.1975, BStBl II S. 882). Zu wiederkehrenden Leistungen aufgrund einer Verfügung von Todes wegen (Erbeinsetzung, Vermächtnis), die bei einer Vermögensübergabe im Wege vorweggenommener Erbfolge zu Lebzeiten des Erblassers als Versorgungsleistungen i.S. der BFH-Rspr. zu beurteilen sind, vgl. **Tz 7.3.7** und BMF-Schreiben vom 11.3.2010 (a.a.O., Rz 2 Satz 3).

7.3.11 Besonderheiten bei Verzicht auf künftigen Erb-/Pflichtteil

Verzichtet ein zur gesetzlichen Erbfolge Berufener **auf seinen künftigen Erb- und Pflichtanteil** und erhält er hierfür an Stelle eines Einmalbetrages der Höhe nach begrenzte wiederkehrende Zahlungen, sind diese bei ihm nicht als wiederkehrende Leistungen (§ 22 Nr. 1 Satz 1 EStG) steuerbar und beim Zahlenden nicht als Sonderausgaben (§ 10 Abs. 1 Nr. 1a EStG a.F.) abziehbar, weil allein die Tatsache, dass eine Leistung nicht in einem Betrag, sondern in

Form wiederkehrender Zahlungen zu erbringen ist, deren Steuerbarkeit nicht begründen kann (BFH-Urteile vom 20.11.1999, BStBl 2000 II S. 82; und vom 7.3.2006, BStBl II S. 797). Wird die Höhe der aus einem Vertrag über den Verzicht auf den Erb- und/oder Pflichtteil zu zahlenden monatlichen Rente so ermittelt, dass die Beteiligten einen vom Erblasser vorgegebenen Basisbetrag zugrunde legen, der zunächst durch die statistische Lebenserwartung des Rentenberechtigten zum Zeitpunkt des Zahlungsbeginns und anschließend nochmals durch zwölf dividiert wird, so enthält nach dem BFH-Urteil vom 20.11.2012 (BStBl 2014 II S. 56) die jeweilige monatliche Zahlung keinen – zu besteuernden – Zinsanteil.

7.3.12 Unterhaltsverträge

Im Zuge der Scheidung von Ehegatten oder der Aufhebung einer eingetragenen Lebenspartnerschaft (§ 20 Abs. 1 LPartG) kommt es im Regelfall zur Durchführung eines Versorgungsausgleichs. Hierbei werden die in der Ehezeit/vergleichbare Zeit bei Lebenspartnern erworbenen Anrechte geteilt (§ 1 Abs. 1 Versorgungsausgleichsgesetz – VersAusglG; bei eingetragenen Lebenspartnern gemäß § 20 Abs. 1 LPartG). Diese Anrechte werden grundsätzlich intern (also innerhalb des jeweiligen Versorgungssystems) oder ausnahmsweise extern geteilt (§§ 10 bis 13 und §§ 14 bis 19 VersAusglG). Anrechte, die am Ende der Ehezeit noch nicht ausgleichsreif sind (z. B. weil ein Anrecht i. S. des Betriebsrentengesetzes noch verfallbar ist oder weil das Anrecht bei einem ausländischen, zwischenstaatlichen oder überstaatlichen Versorgungsträger besteht, § 19 Abs. 2 VersAusglG), sind von der internen und externen Teilung ausgeschlossen. Insoweit kommen gemäß § 19 Abs. 4 VersAusglG Ausgleichsansprüche nach der Scheidung in Betracht. Entsprechendes gilt, wenn die Ehegatten bzw. eingetragenen Lebenspartner gemäß § 6 Abs. 1 Nr. 3 VersAusglG den Versorgungsausgleich ganz oder teilweise Ausgleichsansprüchen nach der Scheidung vorbehalten haben.

Zur einkommensteuerrechtlichen Behandlung von Zahlungen im Rahmen des Versorgungsausgleichs nach § 10 Abs. 1a Nr. 1 EStG und § 22 Nr. 1a EStG siehe BMF-Schreiben vom 21.3.2023 (BStBl I S. 611) sowie die Ausführungen zu Zeilen 37 bis 39 (Schuldrechtlicher Versorgungsausgleich, vgl. Teil I Tz 2.7.3) und zu Zeilen 40 und 41 (Ausgleichsleistungen zur Vermeidung des Versorgungsausgleichs, vgl. Teil I Tz 2.7.4) in der **Anlage Sonderausgaben**.

Bei **geschiedenen oder dauernd getrennt lebenden Ehegatten/Lebenspartnern** ist das sog. **begrenzte Realsplitting** zu beachten (ggf. Abzugsfähigkeit als Sonderausgaben bis zu 13 805 € jährlich zzgl. übernommener Kranken- und Pflegeversicherungsbeiträge). Hierzu allgemein und zur missbräuchlichen Verweigerung der Zustimmung zum Realsplitting siehe Erläuterungen zu den Zeilen 29 bis 36 in der Anlage Sonderausgaben (vgl. Teil I Tz 2.7.2).

7.3.13 Schadensersatz-, Unterhalts-, Mehrbedarfs- oder Schmerzensgeldrenten

Schadensersatzrenten nach § 844 Abs. 2 BGB, die wegen Tötung des Unterhaltspflichtigen für den Verlust von Unterhaltsansprüchen gewährt werden (sog. **Unterhaltsrenten**) oder von gesetzlich geschuldeten Diensten (§ 845 BGB), sind **nicht steuerbare Leibrenten** (vgl. BMF-Schreiben vom 15.7.2009, BStBl I S. 836). Gleiches gilt für Schadensersatzrenten zum Ausgleich vermehrter Bedürfnisse (sog. **Mehrbedarfsrenten** nach § 843 Abs. 1 2. Alternative BGB) lt. BFH-Urteil vom 25.10.1994 (BStBl 1995 II S. 121), und für **Schmerzensgeldrenten** nach § 253 Abs. 2 BGB (früher: § 847 BGB). Vgl. Teil I Tz 19.2 unter Erläuterungen zur Anlage SO, Zeile 4.

7.4 Betriebliche Leibrenten

7.4.1 Betriebliche Veräußerungsrente

Betriebliche Renten, deren Haupterscheinungsform die **betriebliche Veräußerungsrente** ist, fallen nicht unter die oben dargestellte Regelung des § 22 EStG (vgl. Tz 7.1 bis Tz 7.3). Das bei einer Betriebsveräußerung gegen wiederkehrende Bezüge bestehende **Wahlrecht** zwischen der **Sofortbesteuerung** und der **Zuflussbesteuerung** (siehe die folgenden Ausführungen) bleibt hiervon **unberührt** (BMF-Schreiben vom 11.3.2010, BStBl I S. 227, Rz 74). Bei der betrieblichen Veräußerungsrente entspricht die Höhe der Rente nach den subjektiven Vorstellungen der Vertragsparteien dem Wert des übertragenen Vermögens. Die Beteiligten gehen bei der Bemessung der Rentenhöhe übereinstimmend von dem Gedanken einer angemessenen Gegenleistung für die erworbenen Wirtschaftsgüter aus (BFH-Urteile vom 22.9.1982, BStBl 1983 II S. 99; und vom 12.11.1985, BStBl 1986 II S. 55).

Bei der Übertragung von Vermögen im Wege der **vorweggenommenen Erbfolge** gegen Versorgungsleistungen (vgl. **Tz 7.3.7**) spricht allerdings eine (widerlegbare) Vermutung für eine **private**, also **außerbetriebliche Versorgungsrente** (zur Abgrenzung siehe BFH-Urteile vom 3.6.1992, BStBl 1993 II S. 23; und vom 28.2.1992, BStBl II S. 465, sowie die dort zit. Rspr.). Die betriebliche Veräußerungsrente unterscheidet sich andererseits von der **betrieblichen Versorgungsrente** (vgl. **Tz 7.4.2**) dadurch, dass bei der betrieblichen Veräußerungsrente der Versorgungsgedanke nur eine untergeordnete Rolle spielt. Renten, die im Zusammenhang mit der Übertragung eines Einzelunternehmens oder eines Mitunternehmeranteils vereinbart werden, sind in aller Regel **betriebliche Veräußerungsrenten** und nur ausnahmsweise als betriebliche Versorgungsrenten zu qualifizieren (BFH-Urteil vom 12.11.1985, a. a. O.).

Folgende **Grundsätze** sind im Rahmen eines bestehenden **Wahlrechts** (R 16 Abs. 11 EStR) maßgebend, wobei bei Anwendung des Halb-/Teileinkünfteverfahrens zusätzlich das BMF-Schreiben vom 3.8.2004 (BStBl I S. 1187) zu beachten ist:

7.4.1.1 Zeitpunkt der Veräußerung

Für **Veräußerungen,** die **vor dem 1.1.2004** erfolgt sind, müssen **betriebliche Veräußerungsrenten** vom **Veräußerer** eines Betriebs, Teilbetriebs oder Mitunternehmeranteils i. S. von § 16 EStG als **nachträgliche Betriebseinnahmen** erst von dem Zeitpunkt an zum normalen Tarif **versteuert werden** (§§ 15, 24 Nr. 2 EStG), in dem sie das zur Zeit der Veräußerung bestehende **steuerliche Kapitalkonto zzgl. etwaiger Veräußerungskosten des Veräußerers übersteigen** (R 139 Abs. 11 Sätze 6 ff. EStR **2001;** Weitergeltung über R 16 Abs. 11 Satz 8 EStR): sog. **Zuflussbesteuerung.**

BEISPIEL:
A veräußert an B seinen Gewerbebetrieb gegen eine Leibrente von jährlich 15 000 €. Das Kapitalkonto im Zeitpunkt der Veräußerung des Betriebs beträgt 140 000 €. Die Veräußerungskosten beliefen sich beim Veräußerer auf 10 000 €. Die Leibrente ist erst vom 11. Jahr an, dann aber in voller Höhe als nachträgliche Betriebseinnahme zu versteuern.

Bei **Veräußerungen nach dem 31.12.2003** sind die Renten- oder Ratenzahlungen ab dem ersten Jahr der Zahlung in einen Zins- und Tilgungsanteil (Kapitalanteil) aufzuteilen und hinsichtlich der steuerlichen Beurteilung zu unterscheiden. In diesem Fall entsteht ein stpfl. Gewinn dann, wenn der **Kapitalanteil (Tilgungsanteil)** der wiederkehrenden Leistungen das steuerliche Kapitalkonto des Veräußerers zzgl. etwaiger Veräußerungskosten übersteigt. Der in den wiederkehrenden Leistungen enthaltene **Zinsanteil (Ertragsanteil)** steht dagegen bereits im Zeitpunkt des Zuflusses (!) nachträgliche Betriebseinnahmen dar (R 16 Abs. 11 Satz 5 und 7 EStR, bestätigt mit BFH-Urteil vom 5.11.2019, BStBl 2020 II S. 262). Mit Urteil vom 29.6.2022 (X R 6/20, BStBl 2023 II S. 112) hat der BFH entscheiden, dass ein Steuerpflichtiger, der im Rahmen einer **Betriebsaufgabe** betriebliche Wirtschaftsgüter gegen wiederkehrende Bezüge veräußert, **auch** – wie bei der Betriebsveräußerung gegen wiederkehrende Bezüge – zwischen der Sofortbesteuerung und der Zuflussbesteuerung des entsprechenden Gewinns wählen kann.

Der ggf. maßgebliche Freibetrag des § 16 Abs. 4 EStG und die Tarifvergünstigung nach § 34 Abs. 1 EStG kommen in diesem Fall **nicht** in Betracht (BFH-Urteil vom 21.12.1988, BStBl 1989 II S. 409).

Als Veräußerungskosten können nur Aufwendungen berücksichtigt werden, die in unmittelbarer sachlicher Beziehung zu dem

Veräußerungsgeschäft stehen, z. B. Notariatskosten, Maklerprovisionen, Verkehrssteuern. Sie mindern auch dann den Veräußerungsgewinn, wenn sie in einem VZ vor der Veräußerung entstanden sind (BFH-Urteil vom 6.10.1993, BStBl 1994 II S. 287).

Der **Veräußerer eines Betriebes** hat aber ein **Wahlrecht**, ob er statt des o. g. Besteuerungsverfahrens bereits im Jahr der Veräußerung den Unterschied zwischen dem nach dem BewG ermittelten Barwert der Rente vermindert um etwaige Veräußerungskosten und dem Buchwert des steuerlichen Kapitalkontos im Zeitpunkt der Veräußerung als Veräußerungsgewinn i. S.des § 16 EStG – also ggf. unter Beachtung des **Freibetrags nach § 16 Abs. 4 EStG und der Tarifbegünstigung nach § 34 EStG** – versteuern will: sog. **Sofortbesteuerung**. Wegen der sog. Fünftelregelung für die Jahre 1999 und 2000, sowie die Wiedereinführung des ermäßigten (hälftigen durchschnittlichen) Steuersatzes **ab 2001** bei Veräußerung oder Aufgabe eines Betriebs aus **Altersgründen** oder wegen **dauernder Berufsunfähigkeit** (§ 34 Abs. 3 EStG) vgl. Teil I Tz 21.18.14.3 und 21.18.14.5 unter Erläuterungen zur Anlage G, Zeilen 56 bis 59 sowie Zeilen 63 und/oder 71 der Anlage G. Außerdem sind die in den einzelnen Rentenbeträgen enthaltenen **Ertragsanteile** als wiederkehrende Bezüge gem. § 22 Nr. 1 Satz 3 Buchst. a Doppelbuchst. bb EStG **zu versteuern** (R 16 Abs. 11 Sätze 1 bis 5 EStR). Bei Sofortversteuerung ist eine spätere Korrektur des versteuerten Veräußerungsgewinns nach den Beschlüssen des GrS des BFH vom 19.7.1993 (BStBl II S. 894 und S. 897) z. B. wegen Konkurs des Betriebsübernehmers und Ausfall der wiederkehrenden Zahlungen aufgrund der Berichtigungsbestimmung in § 175 Abs. 1 Satz 1 Nr. 2 AO möglich.

Besteht der Kaufpreis aus **Leibrente und Barzahlung**, so hat der Veräußerer ebenfalls ein Wahlrecht; dieses bezieht sich jedoch nicht auf den durch den festen Barpreis realisierten Teil des Veräußerungsgewinns, jedoch beschränkt auf die Leibrente. Bei der Ermittlung des Barwerts der wiederkehrenden Bezüge ist von einem Zinssatz von 5,5 % auszugehen, wenn nicht vertraglich ein anderer Satzvereinbart ist (R 16 Abs. 11 Sätze 9 und 10 EStR und H 16 Abs. 11 – Betriebsveräußerung gegen wiederkehrende Bezüge und festes Entgelt – EStH). Für die Berechnung des Freibetrags nach § 16 Abs. 4 EStG ist auch der Kapitalwert der Rente als Teil des Veräußerungspreises zu berücksichtigen (BFH-Urteil vom 17.8.1967, BStBl 1968 II S. 75). Der Freibetrag kann jedoch höchstens in Höhe des durch den festen Kaufpreis realisierten Veräußerungsgewinns gewährt werden (BFH-Urteil vom 21.12.1988, BStBl 1989 II S. 409 und H 16 Abs. 11 – Freibetrag – EStH). Die Tarifvergünstigung nach § 34 EStG ist ggf. anzuwenden.

7.4.1.2 Fälle des Betriebsvermögensvergleichs

Der **bilanzierende Erwerber** des Betriebs, also der **Rentenverpflichtete**, hat die **erworbenen Wirtschaftsgüter** gemäß § 6 Abs. 1 Nr. 7 EStG mit dem Teilwert, höchstens jedoch mit den Anschaffungskosten in der Eröffnungsbilanz zu **aktivieren**. Als **Anschaffungskosten** für die erworbenen Wirtschaftsgüter ist in diesem Fall der Betrag anzusetzen, der dem **kapitalisierten Barwert der Rente** und den vom Erwerber getragenen Kosten des Erwerbs entspricht. Die **nachträgliche Änderung** der Kaufpreisverbindlichkeit aufgrund des mit der Verpflichtung verbundenen Wagnisses (Wegfall durch vorzeitiges Ableben oder Erhöhung aufgrund längeren Lebens des Verkäufers) lässt den ursprünglichen Kaufpreis und damit auch die **AfA unberührt** (BFH-Urteil vom 9.2.1994, BStBl 1995 II S. 47, 50). Die Anschaffungskosten sind nach dem Verhältnis der Teilwerte der angeschafften Wirtschaftsgüter auf diese aufzuteilen. Der die Wirtschaftsgüter übersteigende Betrag des Rentenbarwerts ist als Geschäftswert zu aktivieren. Im betrieblichen Bereich wird der Barwert üblicherweise nach versicherungsmathematischen Grundsätzen ermittelt, für den Bereich der Überschusseinkünfte nach § 14 Abs. 1 BewG (BFH-Urteil vom 9.2.1994, a. a. O., S. 49 und die dort zit. Rspr.). Die Finanzverwaltung gewährt insoweit ein Wahlrecht (R 6.2 EStR).

In der Eröffnungsbilanz des Betriebserwerbers ist der **Barwert der Rentenverpflichtung** in gleicher Höhe zu **passivieren** (§ 6 Abs. 1 Nr. 7 EStG). Da sich der Barwert der Rentenverpflichtung laufend durch das Älterwerden des Rentenberechtigten und durch die tatsächlichen Rentenzahlungen verringert, ist er **zu den einzelnen Bilanzstichtagen neu zu ermitteln** und jeweils mit dem geänderten, geringeren Wert als Schuldposten in der Bilanz auszuweisen. Insoweit liegt buchmäßig Ertrag vor. Dagegen sind die laufenden Rentenzahlungen Betriebsausgaben. Soweit die jährlichen Rentenzahlungen die jährliche Barwertminderung übersteigen, liegen wirtschaftlich **Zinsen** vor, in deren Höhe der Gewinn tatsächlich gemindert wird. Die Anschaffungskosten und damit die AfA bleiben stets unverändert (BFH-Urteil vom 9.2.1994, a. a. O., S. 50).

BEISPIEL:

Barwert der Rente am Jahresanfang 45 000 €, am Jahresende 41 000 €. Jährliche Rentenleistungen 5 000 €. Hiervon sind 4 000 € (= Barwertminderung) Tilgung auf die Rentenschuld und 1 000 € Zinsen, die den Gewinn des Jahres mindern.

Wird beim Erwerb eines Betriebs gegen Zahlung einer Rente eine **Wertsicherungsklausel** vereinbart (z. B. durch Bindung der Rentenhöhe an die Lebenshaltungskosten), so bleibt diese Klausel **bei der Berechnung des Rentenbarwerts (Anschaffungskosten) im Zeitpunkt des Betriebserwerbs** grundsätzlich **außer Betracht**. Bei einer späteren Erhöhung der Rente aufgrund der Wertsicherungsklausel findet eine Nachaktivierung für die angeschafften Wirtschaftsgüter nicht statt (BFH-Urteil vom 29.11.1983, BStBl 1984 II S. 109). Dagegen ist bei der aufgrund der Wertsicherungsklausel nachträglich eintretenden Erhöhung der Rentenverpflichtung der Kapitalwert der nunmehr zu leistenden höheren Rente (unter Berücksichtigung auch der übrigen Wertveränderungen) neu zu berechnen und zu passivieren. Diese **Erhöhung des Barwerts** der Rentenlast wirkt sich im Jahr der Erhöhung in vollem Umfang **gewinnmindernd** aus (BFH-Urteil vom 23.2.1984, BStBl II S. 516). In den Folgejahren führt dann wiederum nur der Zinsanteil der erhöhten Rente zu einer Minderung des Gewinns (BFH-Urteil vom 23.5.1991, BStBl II S. 796).

7.4.1.3 Fälle der Einnahmenüberschussrechnung

Bei der **Gewinnermittlung nach § 4 Abs. 3 EStG** (vgl. Teil I Tz 22.2.1 unter Erläuterungen zur Anlage S, Zeile 4), bei der als Gewinn der Überschuss der Betriebseinnahmen über die Betriebsausgaben anzusetzen ist, wirken sich Wertverschiebungen im Bereich des Betriebsvermögens grundsätzlich nicht auf den Gewinn aus. Rentenzahlungen, die als Tilgungsleistungen für den Erwerb eines aus abnutzbaren Wirtschaftsgütern bestehenden Betriebs erbracht werden, können unmittelbar nicht als Betriebsausgaben abgezogen werden; eine Berücksichtigung der in der Rentenzahlung liegenden Anschaffungskosten, die sich aus dem Barwert der Leibrentenverpflichtung errechnen, ist vielmehr nur im Rahmen der **AfA** für die Wirtschaftsgüter des erworbenen Betriebs möglich. Zusätzlich als Betriebsausgabe berücksichtigungsfähig bleibt aber auch hier (nur) der in der Rentenzahlung enthaltene **Zinsanteil**. Dieser wird in einer Art »Schattenbilanz« berechnet, indem man – wie bei der Bilanzierung – den tatsächlich gezahlten Rentenbetrag jeweils um den Betrag vermindert, um den sich der Barwert der Rentenverbindlichkeit infolge der Berücksichtigung der verminderten Lebenserwartung des Rentenberechtigten verringert (R 4.5 Abs. 4 EStR einschließlich einer Vereinfachungsregelung). Der durch eine **Wertsicherungsklausel** bedingte Rentenerhöhungsbetrag ist **auch im Rahmen der Gewinnermittlung nach § 4 Abs. 3 EStG zu berücksichtigen**. Der jährlich gezahlte **Erhöhungsbetrag** der Rente ist dabei nach der vorherrschenden Meinung in vollem Umfang – mithin ohne Aufteilung in einen Zins- und Tilgungsanteil – im Jahr des Abflusses **als Betriebsausgabe abziehbar** (BFH-Urteil vom 23.5.1991, BStBl II S. 796).

7.4.2 Betriebliche Versorgungsrenten

Betriebliche Versorgungsrenten, die meist aus einer ehemaligen Tätigkeit stammen, und bei der die Rente in erster Linie der Sicherstellung des künftigen Lebensunterhalts dient und **nicht als gleich-**

wertiges Entgelt für die Übertragung von Betriebsvermögens gedacht ist, sind keine Leibrenten i. S. des § 22 Nr. 1 Satz 3 Buchst. a EStG; sie können unter Fremden z. B. beim Eintritt in eine freiberufliche Praxis vorkommen (BFH-Urteil vom 18.1.1979, BStBl II S. 403). Die Versorgung muss rein betrieblichen Charakter haben. Es darf sich nicht um eine privat veranlasste Versorgung anlässlich einer Vermögensübertragung unter Angehörigen im Wege der vorweggenommenen Erbfolge handeln (vgl. **Tz 7.3.7** sowie BFH-Urteil vom 16.11.1972, BStBl 1973 II S. 184). Besteht das übertragene Vermögen sowohl aus Privatvermögen als auch aus Betriebsvermögen, sind der steuerlichen Beurteilung die für die jeweiligen Vermögensarten geltenden Grundsätze zugrunde zu legen. Werden zusammen mit dem Betrieb auch Wirtschaftsgüter des Privatvermögens übertragen, sind vertraglich vereinbarte Einzelpreise für das gesamte Betriebsvermögen einerseits und für das jeweilige Wirtschaftsgut des Privatvermögens andererseits bis zur Höhe der jeweiligen Verkehrswerte nicht zu beanstanden. Ansonsten ist das Entgelt vorweg nach dem Verhältnis der Verkehrswerte des Betriebsvermögens und der privaten Wirtschaftsgüter aufzuteilen (BMF-Schreiben vom 26.2.2007, BStBl I S. 269, das insoweit das BMF-Schreiben vom 13.1.1993, BStBl I S. 80 anpasst). Die in der Praxis seltenen betrieblichen Versorgungsrenten sind von Anfang an beim Empfänger nachträgliche Betriebseinnahmen, die zu Einkünften nach § 24 Nr. 2 EStG führen (H 22.4 – Bezüge aus einer ehemaligen Tätigkeit – EStH) und beim Leistenden sofort abzugsfähige Betriebsausgaben (BFH-Urteil vom 27.4.1977, BStBl II S. 603). Wegen der **Abgrenzung** zwischenbetrieblicher Veräußerungsrente und betrieblicher Versorgungsrente und zur Neuregelung ab 2008 vgl. **Tz 7.4.1** und BFH-Urteile vom 26.1.1978, BStBl II S. 301; vom 22.9.1982, BStBl 1983 II S. 99; und vom 12.11.1985, BStBl 1986 II S. 55; und wegen der Abgrenzung zwischen betrieblicher und außerbetrieblicher (privater) Versorgungsrente siehe BFH-Urteil vom 7.12.1977, BStBl 1978 II S. 269.

7.4.3 Veräußerungswahlrecht

Bei der **Veräußerung eines einzelnen Wirtschaftsgutes des Betriebsvermögens gegen eine Leibrente** kann der bilanzierende Steuerpflichtige **wählen**, ob er das zu veräußernde Wirtschaftsgut **vorher** aus dem Betrieb mit dem Teilwert gemäß § 6 Abs. 1 Nr. 4 EStG **entnehmen** will und damit den Entnahmegewinn sofort **tariflich** und die dann zufließenden Rentenzahlungen als **private** Veräußerungsrente nur mit dem Ertragsanteil nach § 22 Nr. 1 Satz 3 Buchst. a **Doppelbuchst. bb** EStG versteuern will. Es steht dem Steuerpflichtigen aber auch frei, das durch die Veräußerung des Wirtschaftsguts erworbene Rentenstammrecht mit seinem Barwert zu aktivieren und damit den Unterschied zwischen dem Buchwert - des veräußerten Wirtschaftsguts und dem Rentenbarwert im Jahr der Veräußerung **tariflich** zu versteuern. Die laufenden Rentenzahlungen sind Betriebseinnahmen, die Minderung des jährlich neu zu bewertenden Rentenbarwerts ist Betriebsausgabe, sodass sich im Ergebnis der **Zinsanteil** der einzelnen Rentenzahlungen **gewinnerhöhend** auswirkt (BFH-Urteil vom 20.1.1971, BStBl II S. 302).

Wegen der steuerlichen Möglichkeit bei der Gewinnermittlung nach § 4 Abs. 3 EStG im Falle des Erwerbs von Anlagevermögen oder von Umlaufvermögen gegen eine Leibrente siehe R 4.5 Abs. 4 EStR.

8. Übersicht über die Besteuerung der wichtigsten Leibrentenarten und anderer wiederkehrender Bezüge bzw. Leistungen 2025

Art der wiederkehrenden Bezüge bzw. der Leistungen	Verpflichteter	Empfänger
8.1 Private Leibrenten und andere wiederkehrende (private) Bezüge (Leistungen)		
8.1.1 Renten aus den gesetzlichen Rentenversicherungen, der Landwirtschaftlichen Alterskasse, den berufsständischen Versorgungseinrichtungen, aus eigenen kapitalgedeckten Leibrentenversicherungen nach § 10 Abs. 1 Nr. 2 Buchst. b EStG, die nach dem 31.12.2004 abgeschlossen wurden. Andere als die o. g. Leibrenten und Leistungen, bei denen in den einzelnen Bezügen Einkünfte aus Erträgen des Rentenrechts enthalten sind.		**Steuerpflicht** im Jahr des Zuflusses mit dem **Besteuerungsanteil** der Rente gemäß Tabelle (§ 22 Nr. 1 Satz 3 Buchst. a **Doppelbuchst. aa** EStG). Siehe Zeilen 4 bis 12 der Anlage R. **Steuerpflicht** im Jahr des Zuflusses nur mit dem **Ertragsanteil** der Rente gemäß Tabelle (§ 22 Nr. 1 Satz 3 Buchst. a **Doppelbuchst. bb** EStG). Siehe Zeilen 13 bis 18 der Anlage R.
Leistungen aus Altersvorsorgeverträgen (sog. Riester-Rente) und aus der betrieblichen Altersversorgung. Vgl. Tz 7.3.1, vgl. Tz 7.3.3.		Grds. volle Steuerpflicht der Leistungsbeträge (§ 22 Nr. 5 Satz 1 EStG). Nur derjenige Leistungsanteil ist lediglich mit dem **Ertragsanteil** zu versteuern, der auf steuerlich **nicht** begünstigten Beiträgen beruht (§ 22 Nr. 5 Satz 2 EStG). Vgl. Teil I Tz 18 unter Erläuterungen zur Anlage R-AV / bAV.
8.1.2 Private Veräußerungs(leib)renten. Vgl. Tz 7.3.5 und vgl. Tz 7.3.6.	Der **Ertragsanteil** der Leibrente ist **als Werbungskosten** (z. B. bei den Einkünften aus Vermietung und Verpachtung) **abzugsfähig.** Dies gilt auch für andere wiederkehrende Leistungen (dauernde Lasten). Auch hier ist nur der **Zinsanteil** als Werbungskosten abzugsfähig, und zwar von Beginn an ohne vorherige Wertverrechnung. Vgl. Tz 7.3.6	**Steuerpflicht** im Jahr des Zuflusses mit dem **Ertragsanteil** der Leibrente (§ 22 Nr. 1 Satz 3 Buchst. a **Doppelbuchst. bb** EStG). Bei einer dauernden Last ist der **Zinsanteil** von Anfang an als Einnahme aus Kapitalvermögen zu erfassen (§ 20 Abs. 1 Nr. 7 EStG). Vgl. **Tz 7.3.5 und 7.3.6** sowie Zeilen 19 bis 24 der Anlage R.
8.1.3 Außerbetriebliche (private) Versorgungsrenten, wie z. B. Leibrenten oder andere wiederkehrende Bezüge (z. B. dauernde Last), die im Zusammenhang mit **Vermögensübertragungen**, z. B. im Wege der **vorweggenommenen Erbfolge** (insbesondere also zwischen **Eltern und Kindern**) vereinbart wurden, z. B. bei der **Übergabe eines Gewerbebetriebs, eines Gesellschaftsanteils oder von Grundvermögen.** Vgl. Tz 7.3.7. Richtet sich die Rente weniger nach dem Wert des übertragenen Vermögens als nach dem, was die Eltern zum angemessenen Lebensunterhalt benötigen, bilden also in erster Linie **familiäre Erwägungen** die Grundlage für den Überlassungsvertrag, so liegt – was in der Praxis die Regel ist – eine **außerbetriebliche (private) Versorgungsrente** vor. Wird ausnahmsweise die Höhe der Rente nach den subjektiven Vorstellungen der Vertragsparteien von der Gleichwertigkeit von Leistung und Gegenleistung bestimmt, also wie im Allgemeinen zwischen nicht verwandten Personen, so liegt eine **betriebliche Veräußerungsrente** vor. Vgl. Tz 8.2.1.	Eine Berücksichtigung der wiederkehrenden Leistungen in voller Höhe als **Sonderausgaben** kommt nur strengen Voraussetzungen in Betracht (vgl. Tz 7.3.7). So muss u. a. eine bestimmte **existenzsichernde Wirtschaftseinheit** übertragen werden und die wiederkehrenden Leistungen müssen **aus den erzielbaren laufenden Nettoerträgen** des übergebenen Vermögens bestritten werden können (BMF-Schreiben vom 11.3.2010, BStBl I S. 227). Zur Unterscheidung zwischen dem Typus 1- und den Typus 2-Fällen nach der älteren Regelung siehe BMF-Schreiben vom 26.8.2002, BStBl I S. 893 und zur für die Beteiligten günstigen **Übergangsregelung** vgl. Tz 7.3.8.	**Steuerpflicht** im Jahr des Zuflusses **in voller** Höhe als wiederkehrende Bezüge (§ 22 Nr. 1a EStG) Siehe im Einzelnen mittlere Spalte. Vgl. Tz 7.3.5.
8.1.4 Altenteilsleistungen	Die Altenteilsleistungen sind keine Betriebsausgaben, aber **Sonderausgaben.** Vgl. Tz 7.3.9 i. V. mit Tz 7.3.7.	Der Empfänger hat die Altenteilszahlungen entsprechend **zu versteuern**, also als sonstige wiederkehrende Bezüge (§ 22 Nr. 1a EStG).

Art der wiederkehrenden Bezüge bzw. der Leistungen	Verpflichteter	Empfänger
8.2 Betriebliche Leibrenten		
8.2.1 Betriebliche Veräußerungsrenten **Betriebsveräußerungen** erfolgen häufig auf Rentenbasis. Dabei werden Leistung und Gegenleistung nach kaufmännischen Gesichtspunkten gegeneinander abgewogen. Die Höhe der Rente entspricht nach den Vorstellungen der Vertragsparteien dem Wert des übertragenen Vermögens. (Veräußerungs- oder Versorgungsrenten)	Der **bilanzierende Erwerber** des Betriebs und Rentenverpflichtete hat die **erworbenen Wirtschaftsgüter** in Höhe des **kapitalisierten Barwerts der Rente** einschließlich der vom Erwerber getragenen Kosten des Erwerbs **zu aktivieren.** Die Aufteilung erfolgt nach dem Verhältnis der Teilwerte; ggf. ist ein Geschäftswert auszuweisen. Die Ermittlung des Barwerts erfolgt nach versicherungsmathematischen Grundsätzen, wahlweise auch nach § 14 Abs. 1 BewG. Der **Barwert der Rentenverpflichtung** ist in der Eröffnungsbilanz in gleicher Höhe zu **passivieren** und jährlich neu zu ermitteln. Er verringert sich infolge geleisteter Rentenzahlungen und Älterwerden des Rentenberechtigten (buchmäßiger Ertrag). Die laufenden Rentenzahlungen mindern als Betriebsausgaben den Gewinn. Insgesamt wirkt sich so **nur** der **Zinsanteil**, der sich aus der Differenz zwischen beiden Positionen ergibt, **gewinnmindernd** aus. Anschaffungskosten und AfA bleiben stets unverändert. Vgl. Tz 7.4.1.2 und zur Gewinnermittlung nach **§ 4 Abs. 3 EStG** vgl. Tz 7.4.1.3. Wegen der Auswirkungen einer **Wertsicherungsklausel** vgl. Tz 7.4.1.2 und Tz 7.4.1.3.	Bei Veräußerungen, die **vor dem 1.1.2004** erfolgt sind, sind wiederkehrende Bezüge ab dem Zeitpunkt, in dem die Summe der Rentenbezüge das zur Zeit der Veräußerung bestehende steuerliche **Kapitalkonto** zzgl. etwaiger Veräußerungskosten des Veräußerers **übersteigt, nachträgliche Einnahmen** aus Gewerbebetrieb oder selbständiger Arbeit (§§ 15, 18 EStG i. V. mit § 24 Nr. 2 EStG). Bei Veräußerungen **nach dem 31.12.2003** sind die Renten- bzw. Ratenzahlungen in einen **Kapitalanteil** (Tilgungsanteil) und einen **Zinsanteil** (Ertragsanteil) aufzuteilen. Ab dem Zeitpunkt, in dem der **Kapitalanteil** der wiederkehrenden Bezüge das steuerliche **Kapitalkonto** des Veräußerers zzgl. etwaiger Veräußerungskosten übersteigt, liegen nachträgliche Einnahmen im o. g. Sinne vor. Dagegen stellt der in den wiederkehrenden Leistungen enthaltene **Zinsanteil** bereits im Zeitpunkt des Zuflusses (!) nachträgliche Betriebseinnahmen dar. Die Vorschrift des § 16 Abs. 4 EStG und des § 34 EStG ist in diesen Fällen nicht anwendbar. Der **Veräußerer eines Betriebes** kann aber auch **wählen**, ob er sofort im Jahr der Veräußerung den Unterschied zwischen dem Buchwert im Zeitpunkt der Veräußerung und dem kapitalisierten Rentenwert als Veräußerungsgewinn i. S. des § 16 EStG – ggf. unter Beachtung des **Freibetrags nach § 16 Abs. 4 EStG und ggf. der Tarifvergünstigung nach § 34 EStG** – versteuern will. Wegen der Wiedereinführung des ermäßigten (halben durchschnittlichen) Steuersatzes **ab 2001** (§ 34 Abs. 3 EStG) vgl. Teil I Tz 21.18.14.5. Daneben sind die in den einzelnen Rentenbeträgen enthaltenen **Ertragsanteile** nach § 22 Nr. 1 Satz 3 Buchst. a –**Doppelbuchst. bb** EStG **zu versteuern**. Vgl. Tz 7.4.1.1.
8.2.2 Betriebliche Versorgungsrenten Eine im Zusammenhang mit dem **Erwerb eines Betriebs** oder einer **Praxis** gezahlte Rente kann **jedoch ausnahmsweise auch eine betriebliche Versorgungsrente** sein, wenn die Rente nicht als gleichwertiges Entgelt für die Übertragung von Betriebsvermögen gedacht ist, sondern vorrangig der Sicherstellung des angemessenen Lebensunterhalts des Übertragenden dient. Vgl. Tz 7.4.2.	Die Rente ist im Jahr der Zahlung in voller Höhe **Betriebsausgabe**. Es erfolgt keine Passivierung der Rentenlast und deshalb auch keine Aktivierung von stillen Reserven oder eines Geschäftswertes.	Die Rentenbezüge sind von Anfang an in voller Höhe als nachträgliche Einkünfte aus Gewerbebetrieb oder selbständiger Arbeit **steuerpflichtig**.

9. Wohnungsbauprämien 2025

9.0 Vorbemerkung

Die Wohnungsbauprämie ist eine Subvention, die der Staat für den Bau, den Kauf oder die Renovierung einer selbst genutzten Immobilie gewährt. Anspruch auf Wohnungsbauprämie haben alle unbeschränkt einkommensteuerpflichtigen Personen ab Vollendung des 16. Lebensjahrs oder Vollwaisen, wenn sie prämienbegünstigte Aufwendungen leisten, die keine Aufwendungen für vermögenswirksame Leistungen darstellen (vgl. Tz 9.2 a. E.).

Nach dem Wohnungsbau-Prämiengesetz in der Fassung vom 30.10.1997 (BStBl I S. 1050), zuletzt – wesentlich – geändert durch Art. 26 und 27 des Gesetzes zur weiteren steuerlichen Förderung der Elektromobilität und zur Änderung weiterer steuerlichen Vorschriften vom 12.12.2019 (BGBl I S. 2451), gelten für die Gewährung von Wohnungsbauprämie die folgenden Grundsätze. Daneben enthalten die Wohnungsbau-Richtlinien 2002 vom 22.10.2002 (WoPR 2002, BGBl I S. 1044) weitere Hinweise zu Behandlung von Zweifelsfragen und Auslegungsfragen von allgemeiner Bedeutung.

9.1 Einkommensgrenzen

Das Wohnungsbau-Prämiengesetz soll ganz allgemein den Wohnungsbau fördern und breite Schichten der Bevölkerung zur Eigentumsbildung veranlassen. Dabei sollen insbesondere kleinere und mittlere Einkommensbezieher angesprochen werden. Aus haushaltsmäßigen Überlegungen besteht eine **Einkommensgrenze**, bei deren Überschreiten die Gewährung von Wohnungsbauprämie versagt wird. Diese Einkommensgrenzen betragen **35 000 €** (bis 2020: 25 600 €) bei Alleinstehenden und **70 000 €** (bis 2020: 51 200 €) bei zusammen zu veranlagenden Ehegatten/Lebenspartnern. Dabei ist das zu versteuernde Einkommen des Sparjahres maßgebend. Bei der Ermittlung der Einkommensgrenze wird für jedes steuerlich zu berücksichtigende Kind stets der jeweils in Betracht kommende Kinderfreibetrag und der Freibetrag für den Betreuungs-, Erziehungs- oder Ausbildungsbedarf des Kindes für das gesamte Sparjahr abgezogen (Abschn. 2 Abs. 1 Satz 3 zu § 1 und 2a WoPG, WoPR 2002. Im Übrigen erhöht sich das zu versteuernde Einkommen um die nach § 3 Nr. 40 EStG (sog. Teileinkünfteverfahren) steuerfreien Beträge und mindert sich um die nach § 3 c Abs. 2 EStG nicht abziehbaren Beträge (Abschn. 2 Abs. 1 Satz 4 WoPR). Das frühere Wahlrecht zwischen Wohnungsbauprämie oder Abzug von Bausparbeiträgen als Sonderausgaben ist bereits seit 1996 weggefallen.

9.2 Prämienbegünstigte Aufwendungen

Als prämienbegünstigte Aufwendungen kommen in Betracht:

1. **Beiträge an Bausparkassen zur Erlangung von Baudarlehen,** soweit die an dieselbe Bausparkasse geleisteten Beiträge im Sparjahr mindestens 50 € betragen (§ 2 Abs. 1 Nr. 1 WoPG). Dies ist die bedeutendste Form des Wohnungsbau-Prämiensparens. Werden Beiträge an Bausparkassen zugunsten eines zertifizierten Altersvorsorgevertrages (sog. Wohn-Riester oder Eigenheimrente, vgl. Teil I Tz 4.3.5 unter Erläuterungen zur Anlage AV) zur Erlangung eines Bauspardarlehens vom Anbieter den Altersvorsorgebeiträgen zugeordnet, handelt es sich bei allen Beiträgen zu diesem Vertrag innerhalb dieses Sparjahres bis zu den in § 10a Abs. 1 EStG genannten Höchstbeträgen um Altersvorsorgebeiträge und nicht um prämienbegünstigte Aufwendungen.
2. Aufwendungen für den **ersten Erwerb von Anteilen an Bau- und Wohnungsgenossenschaften (siehe hierzu Abschn. 5 WoPR)**.
3. **Beiträge aufgrund von Sparverträgen,** die auf die Dauer von drei bis sechs Jahren als allgemeine Sparverträge oder als Sparverträge mit festgelegten Sparraten **mit einem Kreditinstitut** abgeschlossen werden, **wenn** die eingezahlten Sparbeiträge und die Prämien zum Bau oder Erwerb selbst genutzten Wohneigentums oder zum Erwerb eines eigentumsähnlichen Dauerwohnrechts verwendet werden.
4. **Beiträge aufgrund von Verträgen,** die **mit Wohnungs- und Siedlungsunternehmen** nach der Art von Sparverträgen mit festgelegten Sparraten auf die Dauer von drei bis acht Jahren mit dem Zweck einer Kapitalansammlung abgeschlossen werden, **wenn** die eingezahlten Beiträge und die Prämien zum Bau oder Erwerb selbst genutzten Wohneigentums oder zum Erwerb eines eigentumsähnlichen Dauerwohnrechts verwendet werden. Den Verträgen mit Wohnungs- und Siedlungsunternehmen stehen Verträge mit den am 31.12.1989 als Organe der staatlichen Wohnungspolitik anerkannten Unternehmen gleich, soweit sie die Voraussetzungen nach § 2 Abs. 1 Satz 1 WoPG erfüllen (zum Inhalt der Verträge vgl. § 13 WoPDV 1996 vom 30.10.1997, BStBl I S. 1055, zuletzt geändert durch das EigRentG vom 29.7.2008, BGBl I S. 1509).

Aufwendungen, die vermögenswirksame Leistungen darstellen, für die Anspruch auf Arbeitnehmer-Sparzulage nach § 13 des Fünften Vermögensbildungsgesetzes besteht (vgl. Teil I Tz 1.2 unter Erläuterungen zum Hauptvordruck, allgemein und vgl. Teil I Tz 1.9 unter Erläuterungen zum Hauptvordruck, Zeile 34), sind nicht (nochmals) begünstigt. Für die Wohnungsbauprämie begünstigt sind daher nur Aufwendungen, wenn wegen Überschreitens der Einkommengrenzen im Fünften Vermögensbildungsgesetz (40 000 € / 80 000 € bei Ehegatten/Lebenspartnern, vor 2024: 17 900 € / 35 800 €) kein Anspruch auf Arbeitnehmer-Sparzulage besteht.

9.3 Höhe der Wohnungsbauprämie

Die Wohnungsbauprämie beträgt **10 %** der im Sparjahr 2025 geleisteten prämienbegünstigten Aufwendungen (bis 2003: 10 %; bis 2020: 8,8 %). Die Prämie gehört nicht zu den Einkünften i. S. des EStG (§ 6 WoPG).

9.4 Höchstbeträge

Die Aufwendungen sind bis zu einem **Höchstbetrag von 700 €** (bis 2020: 520 €) prämienbegünstigt. **Bei Ehegatten und Partnern einer eingetragenen Lebenspartnerschaft**, die im Kj. der Leistung der Aufwendungen die Voraussetzungen für eine Zusammenveranlagung (§ 26 Abs. 1 EStG) erfüllt haben, erhöhen sich die begünstigten Aufwendungen auf **1 400 €** (bis 2020: 1 024 €).

Kinder beeinflussen die begünstigten Höchstbeträge von 700 € (bis 2020: 512 €) oder 1 400 € (bis 2020: 1 024 €) im Kj. nicht. Sie sind mit Vollendung des 16. Lebensjahres selbst prämienberechtigt (§ 1 Satz 1 WoPG, Abschn. 1 Abs. 1 Satz 1 WoPR). Im Übrigen bilden **Ehegatten/Lebenspartner**, bei denen die Voraussetzungen für eine Zusammenveranlagung vorliegen (§ 26 Abs. 1 EStG), eine **Höchstbetragsgemeinschaft**. Ihre Aufwendungen werden für die Prämiengewährung zusammengerechnet und sind mit höchstens **1 400 €** (bis 2020: 1 024 €) im Kj. prämienbegünstigt.

9.5 Prämienschädliche und prämienunschädliche Verfügungen

Für die Prämienbegünstigung von Bausparbeiträgen ist weitere Voraussetzung, dass der Bausparer erst **nach Ablauf von sieben Jahren seit Vertragsabschluss** über sein angespartes Guthaben verfügen kann. Hat der Bausparer bei Vertragsabschluss das 25. Lebensjahr noch nicht vollendet, kann er dann frei, d. h. ohne Verwendung zum Wohnungsbau darüber verfügen (§ 2 Abs. 2 Satz 2 WoPG), beschränkt auf einen Bausparvertrag. Vor Ablauf dieser Frist treten aber **keine nachteiligen Folgen** ein, wenn

1. die Bausparsumme unverzüglich und unmittelbar zum Wohnungsbau für den Bausparer oder dessen Ehegatten/Lebenspartner verwendet wird;
2. der Bausparvertrag beliehen wird und die dadurch empfangenen Beträge unverzüglich und unmittelbar zum Wohnungsbau verwendet werden;
3. die Ansprüche aus dem Bausparvertrag abgetreten werden und der Erwerber die Bausparsumme oder die aufgrund einer Beleihung empfangenen Beträge unverzüglich und unmittelbar zum Wohnungsbau für den Abtretenden (Veräußerer) oder dessen Angehörige verwendet;
4. der Bausparer oder dessen von ihm nicht dauernd getrennt lebender Ehegatte/Lebenspartner nach Vertragsabschluss stirbt oder völlig erwerbsunfähig wird;
5. der Bausparer nach Vertragsabschluss arbeitslos geworden ist, mindestens ein Jahr lang ununterbrochen arbeitslos ist und er dies im Zeitpunkt der vorzeitigen Verfügung noch ist (zum Begriff der Arbeitslosigkeit siehe Abschn. 9 Abs. 8 WoPR).

Die unschädliche Verfügung ist gem. Abschn. 9 Abs. 9 WoPR nachzuweisen:

1. bei Tod durch Vorlage der Sterbeurkunde oder des Erbscheins;
2. bei völliger Erwerbsfähigkeit durch Vorlage des Rentenbescheids oder durch Vorlage eines Ausweises bei einem Grad der Behinderung von mindestens 95;
3. bei Arbeitslosigkeit durch Vorlage entsprechender Unterlagen über Zahlung von Arbeitslosengeld, Arbeitslosenhilfe, Arbeitslosenbeihilfe, Krankengeld nach § 47 b SGB V etc.

Für vor dem 1.1.2009 abgeschlossene Verträge, für die bis zum 31.12.2008 mindestens ein Beitrag in Höhe der Regelsparrate entrichtet wurde, ist Voraussetzung für die Prämienbegünstigung, dass vor Ablauf von sieben Jahren seit Vertragsabschluss weder die Bausparsumme ganz oder zum Teil ausgezahlt noch geleistete Beiträge ganz oder zum Teil zurückgezahlt oder Ansprüche aus dem Bausparvertrag abgetreten oder beliehen werden. Die unter 1. bis 5. aufgeführten Ausnahmen gelten jedoch auch im Rahmen der Neuregelung.

Als Wohnungsbau i. S. der vorstehenden Nummern 1. bis 3. gelten auch bauliche Maßnahmen des **Mieters** zur Modernisierung seiner Wohnung sowie der Erwerb von Rechten zur dauernden Selbstnutzung von Wohnraum in Alten-, Altenpflege- und Behinderteneinrichtungen oder -anlagen.

Eine prämienunschädliche Verwendung setzt weiter voraus, dass die empfangenen Beträge nicht zum Wohnungsbau im Ausland eingesetzt werden, sofern nichts anderes bestimmt ist.

9.6 Antrag auf Wohnungsbauprämie

Die Prämie wird nicht ausgezahlt, sondern wird – auf Antrag – auf dem Konto bei der Bausparkasse/dem Unternehmen verbucht. Bei Auszahlung des Guthabens zur wohnwirtschaftlichen Verwendung oder in den prmienunschädlichen Fällen der v. g. Tz 9.5 erhält der Sparer die Fördersumme zusätzlich zum angesparten Betrag.

Der Antrag auf Gewährung von Wohnungsbauprämie ist auf dem amtlichen Antragsvordruck, den im Regelfall die Bausparkasse oder das Wohnungsbauunternehmen dem Prämiensparer übersendet, **bis zum Ablauf des zweiten Kj., das auf das Sparjahr folgt, bei der Bausparkasse oder dem Wohnungsbauunternehmen** einzureichen. Der Antrag für 2023 ist nach dem BMF-Schreiben vom 3.11.2023 (BStBl I S. 2009), der für 2024 nach dem BMF-Schreiben vom 22.10.2024 (BStBl I S. 1397) und der für 2025 nach dem BMF-Schreiben vom 12.9.2025 (BStBl I S. 1762) zu stellen.

Aufgrund des Antrags ermittelt die Bausparkasse die Höhe der Wohnungsbauprämie und teilt das Ergebnis dem Prämienberechtigten mit. Fällige Prämien (z. B. nach Zuteilung des Bausparvertrags) werden von der Bausparkasse beim Finanzamt angefordert, damit sie dem Prämienberechtigten gutgeschrieben und/oder ausgezahlt werden können. In den Fällen der Prämienberechtigung nach § 2 Abs. 1 Nr. 2 bis 4 WoPG (vgl. Tz 9.2 Nr. 2 bis 4) leitet das Unternehmen den Antrag an des Wohnsitzfinanzamt des Prämienberechtigten weiter.

Ausgezahlte Prämien werden zurückgefordert, wenn sich nachträglich im Besteuerungsverfahren herausstellt, dass die o. a. Einkommensgrenze überschritten wurde oder ein Anspruch auf Arbeitnehmer-Sparzulage besteht (§ 19 WoPDV). Der Rückforderungsanspruch erlischt jedoch, wenn er nicht bis zum Ablauf des 4. Kj. geltend gemacht worden ist, das auf das Kj. folgt, in dem der Prämienberechtigte die Prämie verwendet hat (§ 4 Abs. 4 WoPG).

Die Rückforderung erfolgt grds. durch die Bausparkasse/das Unternehmen. Ist dies, z. B. bei inzwischen aufgelöstem Konto nicht mehr möglich, erlässt das Wohnsitzfinanzamt nach entsprechender Mitteilung durch die Bausparkasse/das Unternehmen einen Rückforderungsbescheid. Unter Berücksichtigung § 4 KBV erfolgt eine Rückforderung erst bei einem Gesamtbetrag des Rückforderungsbescheids von mehr als 25 €.

10. Kirchensteuersätze 2025 in den einzelnen Ländern

Die nachfolgend aufgeführten Kirchensteuersätze gelten nur für LSt und veranlagte ESt, nicht jedoch für den Kirchensteuerabzug bei der Kapitalertragsteuer nach § 51 Abs. 2b–2e EStG. Auf die dort zu beachtenden Besonderheiten wird hier nicht weiter eingegangen (vgl. Teil I Tz 14.1.4 unter Erläuterungen zur Anlage KAP).

Kirchensteuersätze **Anhang zu der im Folgenden abgedruckten Einkommensteuertabelle**	
Die Kirchensteuersätze in den einzelnen Ländern:	**(Ohne Gewähr)**
Baden-Württemberg[1]**:**	8 %
Bayern:	8 %
Berlin:	9 %
Brandenburg:	9 %
Bremen und Bremerhaven:	9 %
Hamburg:	9 %
Hessen:	9 %
Mecklenburg-Vorpommern:	9 %
Niedersachsen:	9 %
Nordrhein-Westfalen:	9 %
Rheinland-Pfalz:	9 %
Saarland:	9 %
Sachsen:	9 %
Sachsen-Anhalt:	9 %
Schleswig-Holstein:	9 %
Thüringen:	9 %
[1]Ausnahme: 9 % im in Baden-Württemberg gelegenen Teil der Diözese Mainz (Stadt Bad Wimpfen – Postleitzahlenbereich: 74206, einschließlich der Postleitzahlen für Postfächer und Großempfänger)	

11. Steuerfreiheit für Sanierungsgewinne 2025

Verzichten Gläubiger gegenüber dem Steuerpflichtigen auf die Erfüllung ihrer Forderungen, erhöht sich das Betriebsvermögen und für den Steuerpflichtigen entsteht ein Gewinn. Steht der Erlass mit einer **Sanierung** des Unternehmens im Zusammenhang, wäre die Erhebung der darauf entfallenden Steuerbeträge für die geplante Sanierung kontraproduktiv. Nach Wegfall der früheren Steuerbefreiung nach § 3 Nr. 66 EStG a. F. ab VZ 1998 (bis 8.2.2017, vgl. unten) waren hierfür nach dem BMF-Schreiben vom 27.3.2003 (BStBl I S. 240) nur noch die **Steuerstundung und der Steuererlass aus sachlichen Billigkeitsgründen** (§§ 163, 222, 227 AO) vorgesehen. Voraussetzung für die Annahme eines i. S. des BMF-Schreibens begünstigten Sanierungsgewinns sind danach die Sanierungsbedürftigkeit und Sanierungsfähigkeit des Unternehmens, die Sanierungseignung des Schulderlasses und die Sanierungsabsicht der Gläubiger (BMF-Schreiben vom 27.3.2003, a. a. O., Rn 4). Liegt ein Sanierungsplan vor, soll davon ausgegangen werden, dass diese Voraussetzungen vorliegen. Die entsprechenden Steuern hierauf sind (Ermessensentscheidung des Finanzamtsbediensteten auf null) auf Antrag nach § 163 AO abweichend festzusetzen und nach § 222 AO mit dem Ziel des späteren Erlasses (§ 227 AO) zunächst unter Widerrufsvorbehalt ab Fälligkeit zu stunden. Um eine spätere Doppelbegünstigung mit vortragsfähigen (und ggf. bereits festgestellten Verlusten) zu verhindern, muss der auf den Sanierungsgewinn entfallende Steuerbetrag abweichend in der Weise ermittelt werden, dass sämtliche ausgleichsfähigen und abzugsfähigen Verluste, aber auch Verluste/negative Einkünfte unbeschadet von Ausgleichs- und Verrechnungsbeschränkungen (insbesondere nach §§ 2 Abs. 3, 2a, 2b, 10d, 15 Abs. 4, 15a, 23 Abs. 3 EStG) den Sanierungsgewinn mindern und damit – bei späterer wirtschaftlicher Erholung – nicht mehr zur Verfügung stehen (BMF-Schreiben vom 27.3.2003, a. a. O., Rn 8).

Nach dem BMF-Schreiben vom 22.12.2009 (BStBl 2010 I S. 18) galt dies analog für Gewinne aus einer **Restschuldbefreiung** (§§ 286 ff. InsO) und aus einer Verbraucherinsolvenz (§§ 304 ff. InsO).

Ob die Ermessensreduzierung auf null gegen den Grundsatz der Gesetzmäßigkeit der Verwaltung verstößt, wurde mit BFH-Entscheidung vom 25.3.2015 (Az. X R 23/13, BStBl II S. 696) dem Großen Senat des BFH vorgelegt, wobei der vorlegende X. Senat die Auffassung vertrat, dass kein entsprechender Verstoß vorliegt.

Nach dem **Beschluss des Großen Senats** vom 28.11.2016 (**GrS 1/15**, BStBl 2017 II) **verstößt** allerdings das BMF mit dem unter den Voraussetzungen des BMF-Schreibens vom 27.3.2003 (BStBl 2003 I S. 240; ergänzt durch das BMF-Schreiben vom 22.12.2009, BStBl 2010 I S. 18) vorgesehenen Billigkeitserlass der auf einen Sanierungsgewinn entfallenden Steuer **gegen** den **Grundsatz der Gesetzmäßigkeit der Verwaltung**. Zur Begründung führt der BFH aus, der Gesetzgeber habe im Jahr 1997 ausdrücklich entschieden, dass Sanierungsgewinne der Einkommen- oder Körperschaftsteuer unterliegen sollen, indem er die bis dahin hierfür geltende gesetzliche Steuerbefreiung (§ 3 Nr. 66 EStG a. F.) abschaffte. Der Finanzverwaltung sei es deshalb verwehrt, diese Gewinne aufgrund eigener Entscheidung gleichwohl von der Besteuerung zu befreien. Sie verstoße damit gegen den Grundsatz der Gesetzmäßigkeit der Verwaltung, indem sie mit dem Sanierungserlass die Besteuerung eines trotz Ausschöpfung der Verlustverrechnungsmöglichkeiten verbleibenden Sanierungsgewinns - unter Bedingungen, die der damaligen gesetzlichen Steuerbefreiung ähnlich sind, allgemein als sachlich unbillig erklärt und von der Besteuerung ausnimmt. Die im Sanierungserlass aufgestellten Voraussetzungen für einen Steuererlass aus Billigkeitsgründen beschreiben nach Auffassung des Großen Senats keinen Fall sachlicher Unbilligkeit i. S. der §§ 163, 227 AO. Mit der Schaffung typisierender Regelungen für einen Steuererlass außerhalb der nach §§ 163 und 227 AO im Einzelfall möglichen Billigkeitsmaßnahmen nehme das BMF eine strukturelle Gesetzeskorrektur vor und verletze damit das sowohl verfassungsrechtlich (Art. 20 Abs. 3 GG) als auch einfachrechtlich (§ 85 Satz 1 AO) normierte Legalitätsprinzip.

Nach Tz 1 des **BMF-Schreibens** vom **27.4.2017** (BStBl I S. 741) sind in den Fällen, in denen der **Forderungsverzicht** der an der Sanierung beteiligten Gläubiger **bis** (einschließlich) zum **8.2.2017** endgültig **vollzogen** wurde, die **BMF-Schreiben** vom 27.3.2003 (a. a. O.) und 22.12.2009 (a. a. O.) **weiterhin uneingeschränkt anzuwenden**. Ist der Forderungsverzicht Gegenstand eines Insolvenzplanes, gilt er mit der Rechtskraft des Beschlusses des Insolvenzgerichtes über die Bestätigung des Insolvenzplanes als endgültig vollzogen. Zwar hat der BFH in seinen Urteilen vom 23.8.2017 (I R 52/14, BStBl 2018 II S. 232; und X R 38/15, BStBl 2018 II S. 236) der Finanzverwaltung weiterhin hierfür die Berechtigung einer Regelung abgesprochen (dagegen wurde Verfassungsbeschwerde erhoben, Az. beim BVerfG: 2 BvR 2637/17, die jedoch mit Beschluss vom 17.7.2019 nicht zur Entscheidung angenommen wurde). Gleichwohl hat das BMF in seinem Schreiben vom 29.3.2018 (BStBl I S. 588) seine Auffassung unter Bezug auf die Begründung zum Gesetzesentwurf zur Einführung des § 3 a EStG (vgl. nachfolgende Erläuterungen) bestätigt und eine Nichtanwendung der o. a. BFH-Urteile vom 23.8.2017 über die entschiedenen Einzelfälle hinaus verfügt.

Mit dem Gesetz gegen schädliche Steuerpraktiken im Zusammenhang mit Rechtsüberlassungen vom 27.6.2017 (BGBl I S. 2074) wurde mit **§ 3 a EStG** eine neue gesetzliche Grundlage zur **Steuerfreiheit** von Sanierungsgewinnen geschaffen. Da es sich bei der Steuerbefreiungsvorschrift um eine staatliche Beihilfe i. S. des Art. 107 AEUV oder eine mit dem Binnenmarkt nicht vereinbare Beihilfe handeln könnte, war die Anwendung bis zur Feststellung der Unschädlichkeit durch die Europäischen Kommission ausgesetzt (Art. 6 Abs. 2 des o. a. Änderungsgesetzes vom 27.6.2017). In einem sog. Letter of Comfort hat die Europäische Kommission gegenüber Deutschland im August 2018 mitgeteilt, dass keine Bedenken gegen die beabsichtigte Steuerfreiheit bestehen. Da dies keine Zustimmung i. S. des o. a. Art. 6 des Änderungsgesetzes darstellte, wurde das Inkrafttreten formell gesetzlich im Gesetz zur Verordnung von Umsatzsteuerausfällen beim Handel mit Waren im Internet und zur Änderung weiterer steuerlicher Vorschriften vom 11.12.2018 (BGBl I S. 2338) geregelt und der EU-Genehmigungsvorbehalt entfernt. Nach § 52 Abs. 4a EStG gilt die Neuregelung nunmehr **erstmals** in den Fällen, in denen die **Schulden** ganz oder teilweise **nach dem 8.2.2017 erlassen** wurden. Jedoch enthält § 52 Abs. 4a EStG zwei Ausnahmeregelungen: Bereits verfügte Billigkeitsregelungen zur früheren Verfahrensweise sollen fortgelten (Satz 2 des § 52 Abs. 4a EStG) und auf Antrag darf der Steuerpflichtige die Neuregelung des § 3 a EStG auch in den Fällen anwenden, in denen die Schulden vor dem 9.2.2017 erlassen wurden (Satz 3 des § 52 Abs. 4a EStG). Ob es im Antragsfall auf rückwirkende Anwendung des § 3 a EStG zum erneuten Anlaufen der Feststellungsfrist aufgrund eines rückwirkenden Ereignisses kommt, ist Gegenstand der Revision mit dem Az. IV R 23/23 (gg. Urteil des FG Münster vom 4.9.2023, 9 K 3511/20 F, juris). In den Verfahren IV R 1/22 (BStBl II 2025 S. 294) und IV R 2/22 (nv, juris) hat der BFH mit Urteil vom 10.10.2024 dagegen bereits entschieden und im Antrag nach § 52 Abs. 4a Satz 3 EStG ein rückwirkendes Ereignis i. S. des § 175 Abs. 1 Satz 1 Nr. 2 AO erkannt. Inhaltlich greift § 3 a EStG die grundsätzlichen Voraussetzungen für die Steuerfreiheit aus denen für die frühere Billigkeitsregelung auf, legt jedoch eine gesetzliche Reihenfolge zur vorrangigen Verlustverrechnung fest (Bestätigung zur Auslegung der Tatbestandsmerkmale mit BFH-Beschlüssen vom 27.11.2020, X B 63/20, BFH/NV 2021 S. 531, und vom 9.8.2024, X B 94/23, BStBl II 2025 S. 145).

Nach § 3 a Abs. 1 Satz 1 EStG n. F. steuerfrei sind Betriebsvermögensmehrungen oder Betriebseinnahmen aus einem Schuldenerlass zum Zwecke einer unternehm**ens**bezogenen Sanierung. Ob eine Sanierung i. S. des § 3 a Abs. 2 EStG (Sanierungsertrag) im Zeitpunkt des Schulderlasses vorliegt, ist anhand der **Sanierungsbedürftigkeit**, **Sanierungsfähigkeit** des Unternehmens, **Sanierungseignung** des Schulderlasses und **Sanierungsabsicht** der Gläubiger (ein Verzicht nur durch einen einzelnen – von mehreren –

Gläubiger ist nicht ausreichend, vgl. BFH-Beschluss vom 9.8.2024, X B 94/23, BStBl II 2025 S. 145) zu entscheiden. Sanierungsbedürftig ist nach dem FG Münster (Beschluss vom 7.2.2022, 9 V 2784/21 F) ein Unternehmen, wenn es ohne die Sanierung nicht fortgeführt werden kann. Die Beurteilung soll dabei aufgrundlage der Ertrags- und Finanzlage, des Verhältnisses der liquiden Mittel zur Höhe der Schuldenlast und der Gesamtleistungsfähigkeit des Unternehmens getroffen werden. Zu fragen ist: Fehlt dem Unternehmen Liquidität? Mangelt es an Rentabilität? Jedenfalls dann, wenn ein Insolvenzantragsgrund vorliegt, liegt nach Auffassung des FG Münster auch die Sanierungsbedürftigkeit vor. Sanierungsfähigkeit/-eignung soll danach vorliegen, wenn das Überleben des Unternehmens durch den Schuldenerlass und ggf. weitere Sanierungsmaßnahmen bei objektiver Betrachtung gesichert ist. Für die Sanierungsfähigkeit ist also zu klären, ob das Unternehmen bei Umsetzung der Gesamtheit der geplanten Sanierungsmaßnahmen mittel- und langfristig überleben kann. Dies kann nach Auffassung des FG Berlin-Brandenburg (Beschluss vom 4.2.2025, 5 V 1093/24, juris) auch erst durch den Sanierungserlass eintreten. Für die Sanierungseignung ist zu fragen: Ist der Verzicht dem Grunde und der Höhe nach geeignet, das Unternehmen vor dem Zusammenbruch zu bewahren? Schließlich vermutet das FG Münster die Sanierungsabsicht, wenn der Schuldner sanierungsbedürftig ist und der Erlass geeignet war, die Sanierung herbeizuführen. Dabei müssen alle verzichtenden Gläubiger das Ziel verfolgen, die geschäftliche und finanzielle Gesundung der Unternehmens zu unterstützen. Der Annahme einer Sanierungsabsicht soll nach dem Urteil des FG Münster vom 4.9.2023 (9 K 3511/20 F, juris) nicht entgegen stehen, dass ein Gläubiger mit seinem Forderungsverzicht auch eigene Motive bzw. eigene wirtschaftliche Interessen verfolgt und sich die Sanierung des Schuldners insofern lediglich als ein Nebenzweck des Gläubigers darstellt. Das beklagte Finanzamt hat gegen das Urteil Revision beim BFH eingelegt (Az. IV R 23/23), deren Ausgang abzuwarten bleibt. Ein rückblickend erfolgreicher Abschluss ist nach dem Urteil des FG Münster vom 10.12.2024 (15 K 2520/19 F, juris) jedenfalls ein wesentliches Indiz für die Sanierungsfähigkeit/Sanierungseignung.

Durch den Einbezug von »Betriebseinnahmen« wird deutlich, dass **auch** im Rahmen der Gewinnermittlung nach § 4 Abs. 3 EStG eine Steuerfreiheit möglich ist. Dabei sind allerdings die Besonderheiten der **Einnahmenüberschussrechnung** zu beachten, dass ein Forderungsverzicht für sich allein nicht zu Betriebseinnahmen führt, da die Schuldaufnahme auch keine Betriebsausgabe darstellte. Im Interesse der Gesamtgewinngleichheit muss der Verzicht auf Verbindlichkeiten, durch die Wirtschaftsgüter angeschafft/hergestellt worden waren und es durch AfA, den Sofortabzug nach § 6 Abs. 2 EStG oder im Rahmen von Veräußerungen (§ 4 Abs. 3 Satz 4 EStG) zu einem Betriebsausgabenabzug gekommen ist, aber zu einer Korrektur führen.

Grundsätzlich ausgeschlossen ist eine unternehm**er**bezogene Sanierung. Nach dem BFH-Urteil vom 12.12.2013 (X R 39/10, BStBl 2014 II S. 572) liegt ein steuerfreier Sanierungsgewinn nicht vor, wenn der Schulderlass das sanierungsbedürftige Unternehmen zwar vor dem Zusammenbruch bewahrt, hierdurch jedoch die Ertragsfähigkeit nicht wiederhergestellt wird. In diesem Zusammenhang ist zu untersuchen, welche Zahlungsverpflichtungen das Unternehmen im Zeitpunkt des Schulderlasses hat, wie weit diese Verpflichtungen aus dem laufenden Geschäft erfüllt werden können und ob nach Fortfall der erlassenen Schulden die Zahlungsfähigkeit als gesichert angesehen werden kann. Ferner ist eine Begünstigung ausgeschlossen, wenn der Erlass betrieblicher Schulden dem schuldenfreien Übergang ins Privatleben dient (BMF-Schreiben vom 27.3.2003, a. a. O., Rn 2).

Begünstigt sind Schuldenerlass durch vertragliche Vereinbarung zwischen dem Schuldner und dem Gläubiger, durch die der Gläubiger auf eine Forderung verzichtet (sog. Erlassvertrag nach § 397 Abs. 1 BGB oder Anerkenntnis, dass ein Schuldverhältnis nicht besteht (sog. negatives Schuldanerkenntnis nach § 397 Abs. 2 BGB). Wie ein Sanierungskonzept ausgestaltet sein muss, das die o. a. Merkmale Sanierungsbedürftigkeit, Sanierungsfähigkeit, Sanierungseignung und Sanierungsabsicht erfüllt, ergibt sich gem. BFH-Beschluss vom 24.3.2015 (X B 127/14, BFH/NV 2015 S. 809) unmittelbar aus dem sog. Sanierungserlass (BMF-Schreiben vom 27.3.2003 (a. a. O.). Danach kann davon ausgegangen werden, dass die Sanierungsbedürftigkeit und Sanierungsfähigkeit des Unternehmens sowie die Sanierungseignung des Schulderlasses und die Sanierungsabsicht der Gläubiger vorliegen, sofern ein Sanierungsplan vorliegt. Der Sanierungsplan muss sich folglich mit den dort genannten Voraussetzungen auseinandersetzen und darlegen, dass die beabsichtigten Maßnahmen geeignet sind, ein Unternehmen vor dem finanziellen Zusammenbruch zu bewahren und wieder ertragsfähig zu machen oder die Schulden zumindest aus betrieblichen Gründen erlassen werden. Dies hat einzelfallbezogen zu erfolgen. Mit BMF-Schreiben vom 27.1.2021 (BStBl I S. 152) wurden Kriterien für die Entscheidung über einen Einigungsversuch zur außergerichtlichen Schuldenbereinigung i. S. von § 305 Abs. 1 Nr. 1 InsO bekannt gegeben. Unter Tz 3 (Sachverhaltsermittlung mit einzureichenden Unterlagen) und Tz 4 (Planinhalt) sind Hinweise enthalten, die auch für die Frage zu § 3 a Abs. 2 EStG über ein Sanierungskonzept dienen können. Eine Orientierung bietet auch der IDW Standard IDW S 2 mit den dort enthaltenen Anforderungen an Insolvenzpläne (dort: Tz. 5.2 zum Sanierungskonzept) sowie zum Sanierungskonzept nach IDW S 6 und den Fragen und Antworten zur Erstellung und Beurteilung von Sanierungskozepten nach IDW S 6. Insofern wird darauf verwiesen.

Eine Steuerfestsetzung, bei der der Sanierungsgewinn mangels Tatbestandsverwirklichung des § 3 a EStG stpfl. geblieben ist bzw. in Altfällen bei Antrag auf Anwendung stpfl. geblieben wäre, ist nach dem Urteil des FG Münster vom 14.9.2022 (13 K 1306/20 AO, juris) nicht für das Billigkeitsverfahren zugänglich.

Liegen die Voraussetzungen für die Steuerfreiheit des Sanierungsgewinns vor, ist nach § 3 a Abs. 1 Satz 2 EStG zunächst eine **zwingende Ausübung steuermindernder Wahlrechte** vorgesehen. Dies betrifft den Ansatz des niedrigeren Teilwerts gem. § 6 Abs. 1 Nr. 1 Satz 2 und Nr. 2 Satz 2 EStG (§ 3 a Abs. 1 Satz 3 EStG) sowie die Inanspruchnahme von Sonderabschreibungen/Herabsetzungen von Anschaffungs- oder Herstellungskosten, z. B. nach § 6 Abs. 2 EStG (vgl. Tz 6.1), die AfaA nach § 7 Abs. 1 Satz 7 EStG, Sonderabschreibung nach § 7 g Abs. 5 EStG (vgl. Tz 1.1.2) und die Hinzurechnung des Investitionsabzugsbetrags nach § 7 g Abs. 2 Satz 2 EStG (vgl. Tz 1.1.1). Wahlrechte, die nicht gesetzlich vorgesehen sind, jedoch von der Finanzverwaltung in Richtlinien geschaffen wurden (z. B. Gewinnübertragung nach R 6.6 Abs. 1 bis 4 EStR oder der Abzug von Zuschüssen von den Anschaffungs- oder Herstellungskosten nach R 6.5 Abs. 2 EStR), unterliegen nicht dem Ausübungszwang in § 3 a EStG. Anschließend kommt es zur Verlustverrechnung bzw. zum Untergang von Ausgleichs-/Minderungspotenzial. Nach § 3 a Abs. 3 Satz 1 EStG sind danach in einer ersten Stufe **nicht abziehbare Beträge** i. S. des § 3 c Abs. 4 EStG, also Betriebsvermögensminderungen oder Betriebsausgaben (auch Aufwendungen im Zusammenhang mit Besserungsscheinen), die mit einem steuerfreien Sanierungsertrag in unmittelbarem wirtschaftlichen Zusammenhang stehen (sog. Sanierungskosten) und die in Veranlagungszeiträumen **vor** dem Sanierungsjahr und **im Sanierungsjahr** anzusetzen sind, **vom Sanierungsertrag abzuziehen**. Haben Betriebsausgaben in früheren Jahren bereits zur Erhöhung von Verlustvorträgen geführt, soll eine nochmalige Minderung unterbleiben. Auf Betriebsausgaben in Folgejahren ist dies nur insoweit anwendbar, als noch ein verbleibender Sanierungsertrag vorhanden ist. § 3 c Abs. 4 Satz 5 und 6 EStG enthalten insoweit eine Änderungsnorm für Steuer- und Feststellungsbescheide, bei denen bereits Bestandskraft eingetreten ist und nicht abziehbare Beträge gewinnmindernd berücksichtigt wurden. In einer zweiten Stufe verringert der geminderte Sanierungsertrag bis zu seinem Verbrauch die Verlustverrechnungspotenziale des zu sanierenden Unternehmens aus den Vorjahren, dem Sanierungsjahr und dem Folgejahr. Betroffen sind danach verteilt abziehbare Aufwendungen, laufende negative Einkünfte/Verluste, Verlustvorträge, EBITDA- und Zinsvorträge (vgl. Tz 2.11.13.2 zu EBITDA und Zinsvortrag) und Verlustrücktragspotenzial. § 3 a Abs. 3 EStG enthält hierfür eine zwingende Verrechnungsreihenfolge. Verbleibt nach dem Verbrauch des Sanierungsertrags in Stufe 2 ein Sanierungsertrag, ist dieser gem. § 3 a Abs. 3 Satz 3 EStG **an nahestehende Personen** des Steuerpflichtigen zu **übertragen** und dort ebenfalls sämtliche steuerliche Positionen nach der Reihenfolge des § 3 a Abs. 3 Satz 2 EStG zu kürzen. Voraussetzung für den Verbrauch des Verlustverrechnungspotenzials einer nahestehenden Person ist, dass diese die erlassenen Schulden innerhalb eines Zeitraums von fünf Jahren vor dem Schuldenerlass auf das zu sanierende Unternehmen übertragen hat und das entsprechende Verrechnungspotenzial zum Ablauf des Wj. der Übertragung bereits entstanden war. Mit dem Gesetz zur weiteren steuerlichen Förderung der Elektromobilität und zur Änderung weiterer steuerlicher Vorschriften vom 12.12.2019 (BGBl I S. 2451) wurde mit dem neuen Abs. 3a des § 3 a EStG die Einbeziehung der Verluste des Ehegatten in den Verbrauch des Verlustverrechnungspotenzials geregelt und mit dem JStG 2024 vom 2.12.2024 (BGBl I Nr. 387) die Anwendbarkeit zur zwingenden Inanspruchnahme von Wahlrechten und zur o.a. Verwendungsreihenfolge nach § 3 a Abs. 3 (vom Stpfl.) und Abs. 3a (vom Ehegatten bei Zusammenveranlagung) EStG.

Der sich dann ergebende Betrag ist der **verbleibende Sanierungsertrag**. Die nach § 3 a Abs. 3 Satz 2 und 3 EStG abgezogenen Beträge bleiben endgültig außer Ansatz und nehmen an den entsprechenden Feststellungen der verrechenbaren Verluste, verbleibenden Verlustvorträge und sonstigen Feststellungen nicht mehr teil. § 3 a Abs. 4 Satz 3 EStG enthält eine eigenständige Änderungsvorschrift für (bereits bestandskräftig festgestellte) verrechenbare Verluste und Verlustvorträge, wenn der Verlustverbrauch nach § 3 a Abs. 3 Satz 2 EStG nicht zutreffend berücksichtigt wurde, weil der Verlustverbrauch nach § 3 a Abs. 3 Satz 2 EStG bisher überhaupt nicht berücksichtigt wurde oder die Höhe der Verlustverrechnungsmassen, die untergehen, sich (nachträglich) ändert.

Mangels gesonderter Eintragungsfelder in den Anlagen G, S und L für steuerfrei zu stellende Betriebsvermögensmehrungen oder Betriebseinnahmen durch einen Schuldenerlass und damit im Zusammenhang stehende Ausgaben, da dort lediglich erklärt werden kann, dass überhaupt in den erklärten Einkünften ein Sanierungsgewinn enthalten ist, muss in einer gesonderten Aufstellung mit der Berechnung des Sanierungsgewinns darauf hingewiesen werden.

12. Corona-Hilfen 2025

12.0 Vorbemerkung

Ab 2025 ist die amtliche Anlage Corona-Hilfen entfallen. Die folgenden Erläuterungen dienen als Hinweise zum Umgang mit Rückzahlungsverpflichtungen, die Steuerpflichtige in 2025 zu erfüllen hatten.

12.1 Sinn und Zweck

Bund und Länder leisteten von Frühjahr 2020 bis Ende Juni 2022 aufgrund diverser Rechtsgrundlagen Soforthilfen des Bundes für kleine Unternehmen, Soloselbständige und Angehörige der Freien Berufe zur Milderung der finanziellen Notlagen dieser Unternehmen aufgrund der Corona-Krise, Überbrückungshilfen des Bundes für kleine und mittelständische Unternehmen, Soloselbständige und Angehörige der Freien Berufe, die ihren Geschäftsbetrieb im Zuge der Corona-Krise ganz oder zu wesentlichen Teilen einstellen müssen oder mussten, oder andere Soforthilfen, Überbrückungshilfen, Neustarthilfen oder vergleichbare Billigkeitsleistungen des Bundes oder des jeweiligen Landes für Unternehmen, Soloselbständige und Angehörige der Freien Berufe anlässlich der Corona-Krise (nachfolgend als Corona-Zuschüsse bezeichnet).

Bei diesen Corona-Zuschüssen handelt es sich um stpfl. Betriebseinnahmen (Urteil des FG Niedersachsen vom 13.2.2024, 12 K 20/24, juris, Revision beim BFH unter Az. VIII R 4/24). Da für die Corona-Zuschüsse regelmäßig keine Steuerbefreiung greift, wirken sie sich gewinnerhöhend aus. Sollten entsprechende Hilfen zurückgezahlt worden sein, muss zur Korrektur der als Betriebseinnahmen erfassten Unterstützungen die Rückzahlung als Betriebsausgabe erfasst werden.

Da die Zuschüsse nur für ein Jahr bezogen wurden, stellen sie nach dem Urteil des FG Münster vom 26.4.2023 (13 K 425/22 E, EFG 2023 S. 1068) keine ermäßigt zu besteuernden außerordentlichen Einkünfte i. S. des § 34 Abs. 1 EStG dar.

Die Corona-Zuschüsse waren bei Ermittlung des Gewinns nach § 4 Abs. 1 EStG ggf. i. V. mit § 5 EStG (E-Bilanz, vgl. Teil I Tz 21.3.1 unter Erläuterungen zur Anlage G) oder nach § 4 Abs. 3 EStG (Anlage EÜR, vgl. Teil I Tz 22.2.1 unter Erläuterungen zur Anlage S) als **steuerpflichtige Betriebseinnahmen** zu erfassen; **Rückzahlungen** sind dementsprechend **Betriebsausgaben.**

Bei der Gewinnermittlung nach § 13 a EStG (vgl. Teil I Tz 30 unter Erläuterungen zur Anlage 13a) bei Bezug land- und/oder forstwirtschaftlicher Einkünfte sind die Corona-Zuschüsse mit dem Grundbetrag abgegolten.

12.2. Corona-Soforthilfen, Überbrückungshilfen und vergleichbare Zuschüsse

Das Programm der **Bundes-Soforthilfen** richtete sich an Soloselbständige, kleine Unternehmen, Freiberufler und Landwirte mit bis zu 10 Beschäftigten (in der Summe nach Zeitanteilen bei z. T. Teilzeitbeschäftigten), die wirtschaftlich am Markt als Unternehmen tätig sind. Sie mussten ihre Tätigkeit von einer inländischen Betriebsstätte oder einem inländischen Sitz der Geschäftsführung aus ausführen und bei einem deutschen Finanzamt angemeldet sein. Die Soforthilfe im Frühjahr 2020 diente der Sicherung der wirtschaftlichen Existenz der Unternehmen und zur Überbrückung von akuten Liquiditätsengpässen infolge der Corona-Krise. Unternehmen bzw. Selbständige aus allen Wirtschaftsbereichen mit bis zu fünf Beschäftigten konnten einen einmaligen Zuschuss von bis zu 9 000 € für drei Monate beantragen, Unternehmen mit bis zu zehn Beschäftigten einen einmaligen Zuschuss von bis zu 15 000 €, ebenfalls für drei Monate. Die **Länder** haben ebenfalls Programme für Soforthilfen aufgelegt. Da die Gewährung der als Billigkeitsleistung eingestuften Hilfen nicht zu einer Überkompensation des entstandenen Schadens oder der finanziellen Notlage führen durfte, wurden bei den Landesprogrammen in der Regel die Bundes-Soforthilfen anrechnend berücksichtigt.

Mit dem **Überbrückungshilfe**-Programm des Bundes wurden den Unternehmen nicht rückzahlbare Zuschüsse zu den fixen Betriebskosten gewährt. Antragsberechtigt waren Unternehmen, die Umsatzrückgang nachweisen konnten. Beantragt werden musste das Programm über Steuerberater, Wirtschaftsprüfer, vereidigte Buchprüfer oder Rechtsanwälte (sog. prüfende Dritte). Je nach Umsatzeinbruch wurden zwischen 40 % und 100 % der Fixkosten erstattet. Zusätzlich zur Fixkostenerstattung wurde in bestimmten Fällen ein Eigenkapitalzuschuss als Prozentsatz (25 %, 35 % oder 40 % je nach Umsatzrückgang im Vergleichszeitraum) auf die Summe der Fixkostenerstattung gewährt. Förderfähig waren fortlaufende, im Förderzeitraum anfallende vertraglich begründete oder behördlich festgesetzte und nicht einseitig veränderbare Fixkosten einschließlich 50 % der Abschreibungsbeträge (vgl. Teil I Tz 1) gem. einer Liste, die auch branchenspezifischen Besonderheiten Rechnung trägt.

Soloselbständige, die freiberuflich arbeiten oder ein Gewerbe betreiben, für die dies den Haupterwerb darstellt und die höchstens eine Teilzeitkraft beschäftigen, konnten Leistungen aus dem Programm **Neustarthilfe** beantragen. Leistungen aus den Programmen Überbrückungshilfen und Neustarthilfen schlossen sich allerdings gegenseitig aus. Möglich war jedoch ein Wechsel zwischen den Programmen, auch nach Antragstellung. Die Neustarthilfe betrug 50 % des Referenzumsatzes, begrenzt auf einen Maximalbetrag je nach Programm (7 500 € oder 4 500 €), und wurde als Vorschuss gezahlt. Der Antrag konnte direkt gestellt werden oder über prüfende Dritte (siehe Erläuterungen zum Programm Überbrückungshilfe).

Haben darüber hinaus auch einzelne **Gemeinden** nicht rückzahlbare Zuschüsse zu entstandenen und vom Unternehmen zu tragenden Betriebsausgaben gewährt, sind diese als vergleichbare Zuschüsse ebenfalls in der Anlage Corona-Hilfen einzutragen. Maßgebend sind die nach den Bewilligungsbescheiden verfügten Zahlungsbedingungen.

Wendet ein **Geschäftspartner** dem von der Corona-Krise unmittelbar und nicht unerheblich negativ betroffenen Steuerpflichtigen zum Zwecke der Aufrechterhaltung der Geschäftsbeziehungen in angemessenem Umfang unentgeltlich Leistungen aus seinem Betriebsvermögen zu, sind dies nach dem BMF-Schreiben vom 9.4.2020 (BStBl I S. 498) zwar ebenfalls Betriebseinnahmen, jedoch keine sog. Corona-Hilfen aus öffentlichen Programmen.

Für das bereits im Sommer 2020 gestartete Rettungs- und Zukunftsprogramm **NEUSTART KULTUR** hat der Bund zwei Milliarden Euro an Fördermitteln zur Verfügung gestellt. Ermöglicht wurden lt. Bundesregierung damit 78 Teilprogramme, von denen ein großer Teil immer wieder den neuen Bedarfslagen angepasst und durch neue Ausschreibungen weitergeführt wurde. Das gilt insbesondere auch für Programme, die von den Bundeskulturfonds verwaltet werden. Nicht zuletzt auch angesichts des anhaltenden Publikumsschwunds bei Liveveranstaltungen hat die Bundesregierung unabhängig von NEUSTART KULTUR die Mittel für den Musikfonds und den Fonds Darstellende Künste Anfang 2023 noch einmal aufgestockt. Damit soll in diesem Bereich ganz gezielt die Differenz zwischen den auslaufenden NEUSTART-KULTUR-Mitteln und der Regelförderung ausgeglichen und ein guter Übergang in die Zeit nach der Pandemie ermöglicht werden. Für Informationen zu den einzelnen Programmen von NEUSTART KULTUR wird auf die Bundeskulturfonds sowie die jeweiligen Dachverbände und Partnerorganisationen verwiesen.

12.3. Angaben zur Einkommensteuererklärung

Bei Steuerpflicht der Zuschüsse (vgl. Tz 12.1 und 12.2) ist die Rückzahlung eine Betriebsausgabe, die den Gewinn mindert. Sind gewährte Zuschüsse in 2025 **zurückgefordert/zurückgezahlt** worden, ist für jeden Betrieb die Rückzahlung gesondert zu erfassen. Mangels gesonderten Erklärungsvordrucks ist die Abbildung nur in der Gewinnermittlung möglich:

- Bei Gewinnermittlung nach § 4 Abs. 3 EStG steht für die Erfassung der Zahlungen in der Anlage EÜR die Zeile 15 zur Verfügung; bei umsatzsteuerlichen Kleinunternehmen sind die Zahlungen in Zeile 11 (und Zeile 12) der Anlage EÜR zu erfassen.
- Bei Gewinnermittlung nach § 4 Abs. 1 EStG – ggf. i. V. mit § 5 EStG – sollten die Erträge in der E-Bilanz unter der nachfolgenden Taxonomie-Position erfasst werden:
  - »sonstige betriebliche Erträge (GKV), Zuschüsse und Zulagen, sonstige Zuschüsse und Zulagen« [is.netIncome.regular.operatingTC.otherOpRevenue.subsidies.other] bzw.
  - in der Oberposition (Muss-Feld) »sonstige betriebliche Erträge (GKV), Zuschüsse und Zulagen« [is.netIncome.regular.operatingTC.otherOpRevenue.subsidies]

Da bei bilanzierenden Steuerpflichtigen nicht das Zufluss- und Abflussprinzip gilt, sondern das Ertrags- und Aufwandsprinzip (vgl. Teil I Tz 21.3 unter Erläuterungen zur Anlage G, Gewinnermittlungsarten), sind geplante Rückzahlungen Rückstellungen (ungewisse Verbindlichkeiten) oder Verbindlichkeiten. Zur bilanziellen Behandlung von Zuwendungen der öffentlichen Hand regelt die Stellungnahme St/HFA 1/1984 des Instituts der Wirtschaftsprüfer, wann ein entsprechender Anspruch als Forderung aktiviert und eine Rückzahlungsverpflichtung als Rückstellung passivert werden muss. In der Steuerbilanz kann ebenso verfahren werden (§ 5 Abs. 1 EStG).

Vereinfachtes Schema zur Selbstberechnung der Einkommensteuer 2025:

	Stpfl./Ehemann /Person A €	Ehefrau/Person B €	Stpfl./Ehemann /Person A €	Ehefrau/Person B €	Zeile
1. Einkünfte aus Land- und Forstwirtschaft 1)					1
2. Einkünfte aus Gewerbebetrieb 1)			+	+	2
3. Einkünfte aus selbständiger Arbeit 1)			+	+	3
4. Einkünfte aus nichtselbständiger Arbeit					
Arbeitslohn lt. Zeile 5, 17 und 18 der Anlage N					4
Versorgungsfreibetrag (vgl. zur Anlage N, Zeilen 11 bis 15)	-	-			5
verbleiben					6
Werbungskosten (ggf. Pauschbetrag von je 1230 €, bei Versorgungsbezügen 102 €)	-	-	▶+	▶+	7
5. Einkünfte aus Kapitalvermögen 1,2)					
Einnahmen					8
Sparer-Pauschbetrag (1000 €; bei Ehegatten/Lebenspartnern 2000 €)3)	-	-	▶+	▶+	9
6. Einkünfte aus Vermietung und Verpachtung			+	+	10
7. Sonstige Einkünfte 1)					
Einnahmen (bei Leibrenten nur Besteuerungs-/Ertragsanteil)					11
Werbungskosten (ggf. Pauschbetrag von 102 €)	-	-	▶+	▶+	12
		Zwischensumme			13
Altersentlastungsbetrag für vor dem 2.1.1961 Geborene					
Bruttoarbeitslohn, ohne Versorgungsbezüge					14
Positive Summe der Einkünfte lt. Nummern 1 bis 3 und 5 bis 7 (jedoch ohne Einkünfte aus Leibrenten)	+	+	**Summe der Einkünfte**		15
zusammen					16
zur Höhe des Abzugsbetrags vgl. Teil I Tz. 1.5.6 unter Erläuterungen zum Hauptvordruck				-	17
Entlastungsbetrag für Alleinerziehende (Zeilen 45 bis 51 der Anlage Kind)				-	18
Freibetrag für Land- und Forstwirte (ggf. 900 €, bei Ehegatten/Lebenspartnern 1800 €)				-	19
			Gesamtbetrag der Einkünfte	=	20
Sonderausgaben, die nicht Versorgungsaufwendungen sind:			€		
Sonderausgaben (lt. den Zeilen 4, 15, 18, 21, 22, 25, 28, 29, 33, 37, 40 der Anlage Sonderausgaben; Abzug aus Zeilen 15 und 18 der Anlage Sonderausgaben nur mit maßgebendem Prozentsatz)					21
Aufwendungen für die eigene Berufsausbildung (lt. den Zeilen 13 und 14 der Anlage Sonderausgaben)			+		22
Kinderbetreuungskosten (vgl. Zeilen 67 bis 73 der Anlage Kind)			+		23
30 % des Schulgeldes (vgl. Zeilen 56 bis 58 der Anlage Kind)			+		24
Abziehbarer Betrag der Spenden und Beiträge (Zeilen 5 bis 12 der Anlage Sonderausgaben, soweit nicht in Zeile 37 des Schemas zu berücksichtigen)			+		25
Abziehbar (mindestens Pauschbetrag von 36 €, bei Anwendung des Splittingtarifs 72 €)				▶-	26
			Zwischensumme		27
Abziehbarer Betrag für Vorsorgeaufwendungen		€	€		
- Vorsorgeaufwendungen (lt. Anlage Vorsorgeaufwand, ggf. zzgl. Zeilen 27 bis 38 der Anlage Kind))					28
Sonderausgabenabzug nach § 10a EStG (vgl. Anlage AV)			+		29
Außergewöhnliche Belastungen nach den §§ 33 bis 33b EStG			+		30
Förderung des Wohneigentums nach § 10e EStG (vgl. Anlage FW)			+	▶-	31
			Einkommen		32
Freibeträge für Kinder (§ 32 Abs. 6 EStG) in den Fällen des § 31 Satz 4 EStG					33
Härteausgleich nach § 46 Abs. 3 EStG, § 70 EStDV			+	▶-	34
			Zu versteuerndes Einkommen 4)		35
Steuer 2025 (ggf. Sonderberechnung, z.B. bei land- und forstwirtschaftlichen Einkünften nach § 32c EStG, bei Einkünften aus Kapitalvermögen nach § 32d Abs. 1 EStG, bei Bezug bestimmter Lohn-/Entgeltersatzleistungen nach § 32b Abs. 1 EStG oder bei der Tarifermäßigung für Gewinneinkünfte nach § 34a EStG), erhöht um den Anspruch auf Kindergeld, falls der Abzug der Freibeträge für Kinder lt. Zeile 33 günstiger ist, erhöht um den Anspruch auf Altersvorsorgezulage, falls Sonderausgabenabzug lt. Zeile 29 günstiger ist					36
Steuerermäßigungen (z.B. nach § 35a und § 35c EStG, für Kinder nach § 34f EStG, Beiträge und Spenden an politische Parteien und unabhängige Wählervereinigungen nach § 34g EStG)				-	37
Davon ab:					
Lohnsteuer ________ € + Kapitalertragsteuer5) _________ €			=	-	38
Geleistete Vorauszahlungen				-	39
			Erstattungsbetrag/Abschlusszahlung 4)	=	40

1) Soweit in den Einkünften Einnahmen und Aufwendungen enthalten sind, für die das Teileinkünfteverfahren gilt, sind diese nur zu 60 % anzusetzen.
2) Die Einbeziehung der Einkünfte aus Kapitalvermögen in den Gesamtbetrag der Einkünfte kommt nur in den in § 32d Abs. 2 und 6 EStG in Betracht.
3) Der Abzug tatsächlicher Werbungskosten ist bis auf die Fälle des § 32d Abs. 2 EStG ausgeschlossen.
4) Sollte die steuerliche Entlastung durch Kinderfreibetrag und Freibetrag für die Betreuungs-, Erziehungs- oder Ausbildungsbedarf höher sein als das Kindergeld, werden diese Freibeträge bei der

Zu versteuerndes Einkommen in €*	Grundtabelle ESt	Grundtabelle SolZ	Grundtabelle KiSt 8%	Grundtabelle KiSt 9%	Splittingtabelle ESt	Splittingtabelle SolZ	Splittingtabelle KiSt 8%	Splittingtabelle KiSt 9%
12 096	—	—	—	—	—	—	—	—
12 132	5	—	0,40	0,45	—	—	—	—
12 168	10	—	0,80	0,90	—	—	—	—
12 204	15	—	1,20	1,35	—	—	—	—
12 240	20	—	1,60	1,80	—	—	—	—
12 276	25	—	2,00	2,25	—	—	—	—
12 312	30	—	2,40	2,70	—	—	—	—
12 348	35	—	2,80	3,15	—	—	—	—
12 384	41	—	3,28	3,69	—	—	—	—
12 420	46	—	3,68	4,14	—	—	—	—
12 456	51	—	4,08	4,59	—	—	—	—
12 492	56	—	4,48	5,04	—	—	—	—
12 528	62	—	4,96	5,58	—	—	—	—
12 564	67	—	5,36	6,03	—	—	—	—
12 600	72	—	5,76	6,48	—	—	—	—
12 636	78	—	6,24	7,02	—	—	—	—
12 672	83	—	6,64	7,47	—	—	—	—
12 708	89	—	7,12	8,01	—	—	—	—
12 744	94	—	7,52	8,46	—	—	—	—
12 780	100	—	8,00	9,00	—	—	—	—
12 816	105	—	8,40	9,45	—	—	—	—
12 852	111	—	8,88	9,99	—	—	—	—
12 888	116	—	9,28	10,44	—	—	—	—
12 924	122	—	9,76	10,98	—	—	—	—
12 960	127	—	10,16	11,43	—	—	—	—
12 996	133	—	10,64	11,97	—	—	—	—
13 032	139	—	11,12	12,51	—	—	—	—
13 068	144	—	11,52	12,96	—	—	—	—
13 104	150	—	12,00	13,50	—	—	—	—
13 140	156	—	12,48	14,04	—	—	—	—
13 176	162	—	12,96	14,58	—	—	—	—
13 212	167	—	13,36	15,03	—	—	—	—
13 248	173	—	13,84	15,57	—	—	—	—
13 284	179	—	14,32	16,11	—	—	—	—
13 320	185	—	14,80	16,65	—	—	—	—
13 356	191	—	15,28	17,19	—	—	—	—
13 392	197	—	15,76	17,73	—	—	—	—
13 428	203	—	16,24	18,27	—	—	—	—
13 464	208	—	16,64	18,72	—	—	—	—
13 500	214	—	17,12	19,26	—	—	—	—
13 536	220	—	17,60	19,80	—	—	—	—
13 572	226	—	18,08	20,34	—	—	—	—
13 608	232	—	18,56	20,88	—	—	—	—
13 644	239	—	19,12	21,51	—	—	—	—
13 680	245	—	19,60	22,05	—	—	—	—
13 716	251	—	20,08	22,59	—	—	—	—
13 752	257	—	20,56	23,13	—	—	—	—
13 788	263	—	21,04	23,67	—	—	—	—
13 824	269	—	21,52	24,21	—	—	—	—
13 860	275	—	22,00	24,75	—	—	—	—
13 896	282	—	22,56	25,38	—	—	—	—
13 932	288	—	23,04	25,92	—	—	—	—
13 968	294	—	23,52	26,46	—	—	—	—
14 004	301	—	24,08	27,09	—	—	—	—
14 040	307	—	24,56	27,63	—	—	—	—
14 076	313	—	25,04	28,17	—	—	—	—
14 112	320	—	25,60	28,80	—	—	—	—
14 148	326	—	26,08	29,34	—	—	—	—
14 184	332	—	26,56	29,88	—	—	—	—
14 220	339	—	27,12	30,51	—	—	—	—
14 256	345	—	27,60	31,05	—	—	—	—
14 292	352	—	28,16	31,68	—	—	—	—
14 328	358	—	28,64	32,22	—	—	—	—
14 364	365	—	29,20	32,85	—	—	—	—
14 400	372	—	29,76	33,48	—	—	—	—

Zu versteuerndes Einkommen in €*	Grundtabelle ESt	Grundtabelle SolZ	Grundtabelle KiSt 8%	Grundtabelle KiSt 9%	Splittingtabelle ESt	Splittingtabelle SolZ	Splittingtabelle KiSt 8%	Splittingtabelle KiSt 9%
14 436	378	—	30,24	34,02	—	—	—	—
14 472	385	—	30,80	34,65	—	—	—	—
14 508	391	—	31,28	35,19	—	—	—	—
14 544	398	—	31,84	35,82	—	—	—	—
14 580	405	—	32,40	36,45	—	—	—	—
14 616	412	—	32,96	37,08	—	—	—	—
14 652	418	—	33,44	37,62	—	—	—	—
14 688	425	—	34,00	38,25	—	—	—	—
14 724	432	—	34,56	38,88	—	—	—	—
14 760	439	—	35,12	39,51	—	—	—	—
14 796	445	—	35,60	40,05	—	—	—	—
14 832	452	—	36,16	40,68	—	—	—	—
14 868	459	—	36,72	41,31	—	—	—	—
14 904	466	—	37,28	41,94	—	—	—	—
14 940	473	—	37,84	42,57	—	—	—	—
14 976	480	—	38,40	43,20	—	—	—	—
15 012	487	—	38,96	43,83	—	—	—	—
15 048	494	—	39,52	44,46	—	—	—	—
15 084	501	—	40,08	45,09	—	—	—	—
15 120	508	—	40,64	45,72	—	—	—	—
15 156	515	—	41,20	46,35	—	—	—	—
15 192	522	—	41,76	46,98	—	—	—	—
15 228	529	—	42,32	47,61	—	—	—	—
15 264	537	—	42,96	48,33	—	—	—	—
15 300	544	—	43,52	48,96	—	—	—	—
15 336	551	—	44,08	49,59	—	—	—	—
15 372	558	—	44,64	50,22	—	—	—	—
15 408	565	—	45,20	50,85	—	—	—	—
15 444	573	—	45,84	51,57	—	—	—	—
15 480	580	—	46,40	52,20	—	—	—	—
15 516	587	—	46,96	52,83	—	—	—	—
15 552	595	—	47,60	53,55	—	—	—	—
15 588	602	—	48,16	54,18	—	—	—	—
15 624	609	—	48,72	54,81	—	—	—	—
15 660	617	—	49,36	55,53	—	—	—	—
15 696	624	—	49,92	56,16	—	—	—	—
15 732	632	—	50,56	56,88	—	—	—	—
15 768	639	—	51,12	57,51	—	—	—	—
15 804	647	—	51,76	58,23	—	—	—	—
15 840	654	—	52,32	58,86	—	—	—	—
15 876	662	—	52,96	59,58	—	—	—	—
15 912	670	—	53,60	60,30	—	—	—	—
15 948	677	—	54,16	60,93	—	—	—	—
15 984	685	—	54,80	61,65	—	—	—	—
16 020	692	—	55,36	62,28	—	—	—	—
16 056	700	—	56,00	63,00	—	—	—	—
16 092	708	—	56,64	63,72	—	—	—	—
16 128	716	—	57,28	64,44	—	—	—	—
16 164	723	—	57,84	65,07	—	—	—	—
16 200	731	—	58,48	65,79	—	—	—	—
16 236	739	—	59,12	66,51	—	—	—	—
16 272	747	—	59,76	67,23	—	—	—	—
16 308	755	—	60,40	67,95	—	—	—	—
16 344	762	—	60,96	68,58	—	—	—	—
16 380	770	—	61,60	69,30	—	—	—	—
16 416	778	—	62,24	70,02	—	—	—	—
16 452	786	—	62,88	70,74	—	—	—	—
16 488	794	—	63,52	71,46	—	—	—	—
16 524	802	—	64,16	72,18	—	—	—	—
16 560	810	—	64,80	72,90	—	—	—	—
16 596	818	—	65,44	73,62	—	—	—	—
16 632	826	—	66,08	74,34	—	—	—	—
16 668	834	—	66,72	75,06	—	—	—	—
16 704	843	—	67,44	75,87	—	—	—	—
16 740	851	—	68,08	76,59	—	—	—	—

* Die Steuerbeträge gelten nur für das ausgewiesene zu versteuernde Einkommen. Zwischenwerte können mit dem Abgabenrechner des Bundesfinanzministeriums (www.bmf-steuerrechner.de) euro-/centgenau ermittelt werden.

EINKOMMEN **16 776,–**

Zu versteuerndes Einkommen in €*	Abzüge an Einkommensteuer, Solidaritätszuschlag und Kirchensteuer								Zu versteuerndes Einkommen in €*	Abzüge an Einkommensteuer, Solidaritätszuschlag und Kirchensteuer							
	Grundtabelle				Splittingtabelle					Grundtabelle				Splittingtabelle			
	ESt	SolZ	KiSt 8%	KiSt 9%	ESt	SolZ	KiSt 8%	KiSt 9%		ESt	SolZ	KiSt 8%	KiSt 9%	ESt	SolZ	KiSt 8%	KiSt 9%
16 776	859	—	68,72	77,31	—	—	—	—	19 116	1 421	—	113,68	127,89	—	—	—	—
16 812	867	—	69,36	78,03	—	—	—	—	19 152	1 429	—	114,32	128,61	—	—	—	—
16 848	875	—	70,00	78,75	—	—	—	—	19 188	1 438	—	115,04	129,42	—	—	—	—
16 884	884	—	70,72	79,56	—	—	—	—	19 224	1 447	—	115,76	130,23	—	—	—	—
16 920	892	—	71,36	80,28	—	—	—	—	19 260	1 456	—	116,48	131,04	—	—	—	—
16 956	900	—	72,00	81,00	—	—	—	—	19 296	1 465	—	117,20	131,85	—	—	—	—
16 992	908	—	72,64	81,72	—	—	—	—	19 332	1 474	—	117,92	132,66	—	—	—	—
17 028	917	—	73,36	82,53	—	—	—	—	19 368	1 483	—	118,64	133,47	—	—	—	—
17 064	925	—	74,00	83,25	—	—	—	—	19 404	1 491	—	119,28	134,19	—	—	—	—
17 100	934	—	74,72	84,06	—	—	—	—	19 440	1 500	—	120,00	135,00	—	—	—	—
17 136	942	—	75,36	84,78	—	—	—	—	19 476	1 509	—	120,72	135,81	—	—	—	—
17 172	950	—	76,00	85,50	—	—	—	—	19 512	1 518	—	121,44	136,62	—	—	—	—
17 208	959	—	76,72	86,31	—	—	—	—	19 548	1 527	—	122,16	137,43	—	—	—	—
17 244	967	—	77,36	87,03	—	—	—	—	19 584	1 536	—	122,88	138,24	—	—	—	—
17 280	976	—	78,08	87,84	—	—	—	—	19 620	1 545	—	123,60	139,05	—	—	—	—
17 316	984	—	78,72	88,56	—	—	—	—	19 656	1 554	—	124,32	139,86	—	—	—	—
17 352	993	—	79,44	89,37	—	—	—	—	19 692	1 563	—	125,04	140,67	—	—	—	—
17 388	1 001	—	80,08	90,09	—	—	—	—	19 728	1 572	—	125,76	141,48	—	—	—	—
17 424	1 010	—	80,80	90,90	—	—	—	—	19 764	1 580	—	126,40	142,20	—	—	—	—
17 460	1 019	—	81,52	91,71	—	—	—	—	19 800	1 589	—	127,12	143,01	—	—	—	—
17 496	1 027	—	82,16	92,43	—	—	—	—	19 836	1 598	—	127,84	143,82	—	—	—	—
17 532	1 036	—	82,88	93,24	—	—	—	—	19 872	1 607	—	128,56	144,63	—	—	—	—
17 568	1 045	—	83,60	94,05	—	—	—	—	19 908	1 616	—	129,28	145,44	—	—	—	—
17 604	1 053	—	84,24	94,77	—	—	—	—	19 944	1 625	—	130,00	146,25	—	—	—	—
17 640	1 062	—	84,96	95,58	—	—	—	—	19 980	1 634	—	130,72	147,06	—	—	—	—
17 676	1 071	—	85,68	96,39	—	—	—	—	20 016	1 643	—	131,44	147,87	—	—	—	—
17 712	1 079	—	86,32	97,11	—	—	—	—	20 052	1 652	—	132,16	148,68	—	—	—	—
17 748	1 088	—	87,04	97,92	—	—	—	—	20 088	1 661	—	132,88	149,49	—	—	—	—
17 784	1 097	—	87,76	98,73	—	—	—	—	20 124	1 670	—	133,60	150,30	—	—	—	—
17 820	1 105	—	88,40	99,45	—	—	—	—	20 160	1 679	—	134,32	151,11	—	—	—	—
17 856	1 114	—	89,12	100,26	—	—	—	—	20 196	1 688	—	135,04	151,92	—	—	—	—
17 892	1 123	—	89,84	101,07	—	—	—	—	20 232	1 697	—	135,76	152,73	—	—	—	—
17 928	1 131	—	90,48	101,79	—	—	—	—	20 268	1 706	—	136,48	153,54	—	—	—	—
17 964	1 140	—	91,20	102,60	—	—	—	—	20 304	1 715	—	137,20	154,35	—	—	—	—
18 000	1 149	—	91,92	103,41	—	—	—	—	20 340	1 724	—	137,92	155,16	—	—	—	—
18 036	1 157	—	92,56	104,13	—	—	—	—	20 376	1 733	—	138,64	155,97	—	—	—	—
18 072	1 166	—	93,28	104,94	—	—	—	—	20 412	1 742	—	139,36	156,78	—	—	—	—
18 108	1 175	—	94,00	105,75	—	—	—	—	20 448	1 751	—	140,08	157,59	—	—	—	—
18 144	1 184	—	94,72	106,56	—	—	—	—	20 484	1 760	—	140,80	158,40	—	—	—	—
18 180	1 192	—	95,36	107,28	—	—	—	—	20 520	1 769	—	141,52	159,21	—	—	—	—
18 216	1 201	—	96,08	108,09	—	—	—	—	20 556	1 778	—	142,24	160,02	—	—	—	—
18 252	1 210	—	96,80	108,90	—	—	—	—	20 592	1 787	—	142,96	160,83	—	—	—	—
18 288	1 218	—	97,44	109,62	—	—	—	—	20 628	1 796	—	143,68	161,64	—	—	—	—
18 324	1 227	—	98,16	110,43	—	—	—	—	20 664	1 805	—	144,40	162,45	—	—	—	—
18 360	1 236	—	98,88	111,24	—	—	—	—	20 700	1 814	—	145,12	163,26	—	—	—	—
18 396	1 245	—	99,60	112,05	—	—	—	—	20 736	1 823	—	145,84	164,07	—	—	—	—
18 432	1 253	—	100,24	112,77	—	—	—	—	20 772	1 832	—	146,56	164,88	—	—	—	—
18 468	1 262	—	100,96	113,58	—	—	—	—	20 808	1 841	—	147,28	165,69	—	—	—	—
18 504	1 271	—	101,68	114,39	—	—	—	—	20 844	1 850	—	148,00	166,50	—	—	—	—
18 540	1 280	—	102,40	115,20	—	—	—	—	20 880	1 859	—	148,72	167,31	—	—	—	—
18 576	1 288	—	103,04	115,92	—	—	—	—	20 916	1 868	—	149,44	168,12	—	—	—	—
18 612	1 297	—	103,76	116,73	—	—	—	—	20 952	1 877	—	150,16	168,93	—	—	—	—
18 648	1 306	—	104,48	117,54	—	—	—	—	20 988	1 887	—	150,96	169,83	—	—	—	—
18 684	1 315	—	105,20	118,35	—	—	—	—	21 024	1 896	—	151,68	170,64	—	—	—	—
18 720	1 324	—	105,92	119,16	—	—	—	—	21 060	1 905	—	152,40	171,45	—	—	—	—
18 756	1 332	—	106,56	119,88	—	—	—	—	21 096	1 914	—	153,12	172,26	—	—	—	—
18 792	1 341	—	107,28	120,69	—	—	—	—	21 132	1 923	—	153,84	173,07	—	—	—	—
18 828	1 350	—	108,00	121,50	—	—	—	—	21 168	1 932	—	154,56	173,88	—	—	—	—
18 864	1 359	—	108,72	122,31	—	—	—	—	21 204	1 941	—	155,28	174,69	—	—	—	—
18 900	1 368	—	109,44	123,12	—	—	—	—	21 240	1 950	—	156,00	175,50	—	—	—	—
18 936	1 376	—	110,08	123,84	—	—	—	—	21 276	1 959	—	156,72	176,31	—	—	—	—
18 972	1 385	—	110,80	124,65	—	—	—	—	21 312	1 968	—	157,44	177,12	—	—	—	—
19 008	1 394	—	111,52	125,46	—	—	—	—	21 348	1 978	—	158,24	178,02	—	—	—	—
19 044	1 403	—	112,24	126,27	—	—	—	—	21 384	1 987	—	158,96	178,83	—	—	—	—
19 080	1 412	—	112,96	127,08	—	—	—	—	21 420	1 996	—	159,68	179,64	—	—	—	—

* Die Steuerbeträge gelten nur für das ausgewiesene zu versteuernde Einkommen. Zwischenwerte können mit dem Abgabenrechner des Bundesfinanzministeriums (www.bmf-steuerrechner.de) euro-/centgenau ermittelt werden.

Zu versteuerndes Einkommen	Abzüge an Einkommensteuer, Solidaritätszuschlag und Kirchensteuer							
	Grundtabelle				Splittingtabelle			
in €*	ESt	SolZ	KiSt 8%	KiSt 9%	ESt	SolZ	KiSt 8%	KiSt 9%
21 456	**2 005**	—	160,40	180,45	—	—	—	—
21 492	**2 014**	—	161,12	181,26	—	—	—	—
21 528	**2 023**	—	161,84	182,07	—	—	—	—
21 564	**2 032**	—	162,56	182,88	—	—	—	—
21 600	**2 042**	—	163,36	183,78	—	—	—	—
21 636	**2 051**	—	164,08	184,59	—	—	—	—
21 672	**2 060**	—	164,80	185,40	—	—	—	—
21 708	**2 069**	—	165,52	186,21	—	—	—	—
21 744	**2 078**	—	166,24	187,02	—	—	—	—
21 780	**2 087**	—	166,96	187,83	—	—	—	—
21 816	**2 097**	—	167,76	188,73	—	—	—	—
21 852	**2 106**	—	168,48	189,54	—	—	—	—
21 888	**2 115**	—	169,20	190,35	—	—	—	—
21 924	**2 124**	—	169,92	191,16	—	—	—	—
21 960	**2 133**	—	170,64	191,97	—	—	—	—
21 996	**2 143**	—	171,44	192,87	—	—	—	—
22 032	**2 152**	—	172,16	193,68	—	—	—	—
22 068	**2 161**	—	172,88	194,49	—	—	—	—
22 104	**2 170**	—	173,60	195,30	—	—	—	—
22 140	**2 179**	—	174,32	196,11	—	—	—	—
22 176	**2 189**	—	175,12	197,01	—	—	—	—
22 212	**2 198**	—	175,84	197,82	—	—	—	—
22 248	**2 207**	—	176,56	198,63	—	—	—	—
22 284	**2 216**	—	177,28	199,44	—	—	—	—
22 320	**2 226**	—	178,08	200,34	—	—	—	—
22 356	**2 235**	—	178,80	201,15	—	—	—	—
22 392	**2 244**	—	179,52	201,96	—	—	—	—
22 428	**2 253**	—	180,24	202,77	—	—	—	—
22 464	**2 263**	—	181,04	203,67	—	—	—	—
22 500	**2 272**	—	181,76	204,48	—	—	—	—
22 536	**2 281**	—	182,48	205,29	—	—	—	—
22 572	**2 291**	—	183,28	206,19	—	—	—	—
22 608	**2 300**	—	184,00	207,00	—	—	—	—
22 644	**2 309**	—	184,72	207,81	—	—	—	—
22 680	**2 318**	—	185,44	208,62	—	—	—	—
22 716	**2 328**	—	186,24	209,52	—	—	—	—
22 752	**2 337**	—	186,96	210,33	—	—	—	—
22 788	**2 346**	—	187,68	211,14	—	—	—	—
22 824	**2 356**	—	188,48	212,04	—	—	—	—
22 860	**2 365**	—	189,20	212,85	—	—	—	—
22 896	**2 374**	—	189,92	213,66	—	—	—	—
22 932	**2 384**	—	190,72	214,56	—	—	—	—
22 968	**2 393**	—	191,44	215,37	—	—	—	—
23 004	**2 402**	—	192,16	216,18	—	—	—	—
23 040	**2 412**	—	192,96	217,08	—	—	—	—
23 076	**2 421**	—	193,68	217,89	—	—	—	—
23 112	**2 430**	—	194,40	218,70	—	—	—	—
23 148	**2 440**	—	195,20	219,60	—	—	—	—
23 184	**2 449**	—	195,92	220,41	—	—	—	—
23 220	**2 458**	—	196,64	221,22	—	—	—	—
23 256	**2 468**	—	197,44	222,12	—	—	—	—
23 292	**2 477**	—	198,16	222,93	—	—	—	—
23 328	**2 486**	—	198,88	223,74	—	—	—	—
23 364	**2 496**	—	199,68	224,64	—	—	—	—
23 400	**2 505**	—	200,40	225,45	—	—	—	—
23 436	**2 515**	—	201,20	226,35	—	—	—	—
23 472	**2 524**	—	201,92	227,16	—	—	—	—
23 508	**2 533**	—	202,64	227,97	—	—	—	—
23 544	**2 543**	—	203,44	228,87	—	—	—	—
23 580	**2 552**	—	204,16	229,68	—	—	—	—
23 616	**2 562**	—	204,96	230,58	—	—	—	—
23 652	**2 571**	—	205,68	231,39	—	—	—	—
23 688	**2 580**	—	206,40	232,20	—	—	—	—
23 724	**2 590**	—	207,20	233,10	—	—	—	—
23 760	**2 599**	—	207,92	233,91	—	—	—	—

Zu versteuerndes Einkommen	Abzüge an Einkommensteuer, Solidaritätszuschlag und Kirchensteuer							
	Grundtabelle				Splittingtabelle			
in €*	ESt	SolZ	KiSt 8%	KiSt 9%	ESt	SolZ	KiSt 8%	KiSt 9%
23 796	**2 609**	—	208,72	234,81	—	—	—	—
23 832	**2 618**	—	209,44	235,62	—	—	—	—
23 868	**2 628**	—	210,24	236,52	—	—	—	—
23 904	**2 637**	—	210,96	237,33	—	—	—	—
23 940	**2 647**	—	211,76	238,23	—	—	—	—
23 976	**2 656**	—	212,48	239,04	—	—	—	—
24 012	**2 665**	—	213,20	239,85	—	—	—	—
24 048	**2 675**	—	214,00	240,75	—	—	—	—
24 084	**2 684**	—	214,72	241,56	—	—	—	—
24 120	**2 694**	—	215,52	242,46	—	—	—	—
24 156	**2 703**	—	216,24	243,27	—	—	—	—
24 192	**2 713**	—	217,04	244,17	—	—	—	—
24 228	**2 722**	—	217,76	244,98	**4**	—	0,32	0,36
24 264	**2 732**	—	218,56	245,88	**10**	—	0,80	0,90
24 300	**2 741**	—	219,28	246,69	**14**	—	1,12	1,26
24 336	**2 751**	—	220,08	247,59	**20**	—	1,60	1,80
24 372	**2 760**	—	220,80	248,40	**24**	—	1,92	2,16
24 408	**2 770**	—	221,60	249,30	**30**	—	2,40	2,70
24 444	**2 779**	—	222,32	250,11	**34**	—	2,72	3,06
24 480	**2 789**	—	223,12	251,01	**40**	—	3,20	3,60
24 516	**2 798**	—	223,84	251,82	**44**	—	3,52	3,96
24 552	**2 808**	—	224,64	252,72	**50**	—	4,00	4,50
24 588	**2 817**	—	225,36	253,53	**56**	—	4,48	5,04
24 624	**2 827**	—	226,16	254,43	**60**	—	4,80	5,40
24 660	**2 837**	—	226,96	255,33	**66**	—	5,28	5,94
24 696	**2 846**	—	227,68	256,14	**70**	—	5,60	6,30
24 732	**2 856**	—	228,48	257,04	**76**	—	6,08	6,84
24 768	**2 865**	—	229,20	257,85	**82**	—	6,56	7,38
24 804	**2 875**	—	230,00	258,75	**86**	—	6,88	7,74
24 840	**2 884**	—	230,72	259,56	**92**	—	7,36	8,28
24 876	**2 894**	—	231,52	260,46	**96**	—	7,68	8,64
24 912	**2 903**	—	232,24	261,27	**102**	—	8,16	9,18
24 948	**2 913**	—	233,04	262,17	**108**	—	8,64	9,72
24 984	**2 923**	—	233,84	263,07	**112**	—	8,96	10,08
25 020	**2 932**	—	234,56	263,88	**118**	—	9,44	10,62
25 056	**2 942**	—	235,36	264,78	**124**	—	9,92	11,16
25 092	**2 951**	—	236,08	265,59	**128**	—	10,24	11,52
25 128	**2 961**	—	236,88	266,49	**134**	—	10,72	12,06
25 164	**2 971**	—	237,68	267,39	**140**	—	11,20	12,60
25 200	**2 980**	—	238,40	268,20	**144**	—	11,52	12,96
25 236	**2 990**	—	239,20	269,10	**150**	—	12,00	13,50
25 272	**3 000**	—	240,00	270,00	**156**	—	12,48	14,04
25 308	**3 009**	—	240,72	270,81	**162**	—	12,96	14,58
25 344	**3 019**	—	241,52	271,71	**166**	—	13,28	14,94
25 380	**3 028**	—	242,24	272,52	**172**	—	13,76	15,48
25 416	**3 038**	—	243,04	273,42	**178**	—	14,24	16,02
25 452	**3 048**	—	243,84	274,32	**182**	—	14,56	16,38
25 488	**3 057**	—	244,56	275,13	**188**	—	15,04	16,92
25 524	**3 067**	—	245,36	276,03	**194**	—	15,52	17,46
25 560	**3 077**	—	246,16	276,93	**200**	—	16,00	18,00
25 596	**3 086**	—	246,88	277,74	**204**	—	16,32	18,36
25 632	**3 096**	—	247,68	278,64	**210**	—	16,80	18,90
25 668	**3 106**	—	248,48	279,54	**216**	—	17,28	19,44
25 704	**3 115**	—	249,20	280,35	**222**	—	17,76	19,98
25 740	**3 125**	—	250,00	281,25	**226**	—	18,08	20,34
25 776	**3 135**	—	250,80	282,15	**232**	—	18,56	20,88
25 812	**3 144**	—	251,52	282,96	**238**	—	19,04	21,42
25 848	**3 154**	—	252,32	283,86	**244**	—	19,52	21,96
25 884	**3 164**	—	253,12	284,76	**250**	—	20,00	22,50
25 920	**3 173**	—	253,84	285,57	**254**	—	20,32	22,86
25 956	**3 183**	—	254,64	286,47	**260**	—	20,80	23,40
25 992	**3 193**	—	255,44	287,37	**266**	—	21,28	23,94
26 028	**3 203**	—	256,24	288,27	**272**	—	21,76	24,48
26 064	**3 212**	—	256,96	289,08	**278**	—	22,24	25,02
26 100	**3 222**	—	257,76	289,98	**284**	—	22,72	25,56

* Die Steuerbeträge gelten nur für das ausgewiesene zu versteuernde Einkommen. Zwischenwerte können mit dem Abgabenrechner des Bundesfinanzministeriums (www.bmf-steuerrechner.de) euro-/centgenau ermittelt werden.

EINKOMMEN 26 136,–

Zu versteuerndes Einkommen in €*	Grundtabelle ESt	Grundtabelle SolZ	Grundtabelle KiSt 8%	Grundtabelle KiSt 9%	Splittingtabelle ESt	Splittingtabelle SolZ	Splittingtabelle KiSt 8%	Splittingtabelle KiSt 9%
26 136	3 232	—	258,56	290,88	288	—	23,04	25,92
26 172	3 242	—	259,36	291,78	294	—	23,52	26,46
26 208	3 251	—	260,08	292,59	300	—	24,00	27,00
26 244	3 261	—	260,88	293,49	306	—	24,48	27,54
26 280	3 271	—	261,68	294,39	312	—	24,96	28,08
26 316	3 281	—	262,48	295,29	318	—	25,44	28,62
26 352	3 290	—	263,20	296,10	324	—	25,92	29,16
26 388	3 300	—	264,00	297,00	328	—	26,24	29,52
26 424	3 310	—	264,80	297,90	334	—	26,72	30,06
26 460	3 320	—	265,60	298,80	340	—	27,20	30,60
26 496	3 329	—	266,32	299,61	346	—	27,68	31,14
26 532	3 339	—	267,12	300,51	352	—	28,16	31,68
26 568	3 349	—	267,92	301,41	358	—	28,64	32,22
26 604	3 359	—	268,72	302,31	364	—	29,12	32,76
26 640	3 369	—	269,52	303,21	370	—	29,60	33,30
26 676	3 378	—	270,24	304,02	376	—	30,08	33,84
26 712	3 388	—	271,04	304,92	382	—	30,56	34,38
26 748	3 398	—	271,84	305,82	388	—	31,04	34,92
26 784	3 408	—	272,64	306,72	394	—	31,52	35,46
26 820	3 418	—	273,44	307,62	400	—	32,00	36,00
26 856	3 427	—	274,16	308,43	406	—	32,48	36,54
26 892	3 437	—	274,96	309,33	410	—	32,80	36,90
26 928	3 447	—	275,76	310,23	416	—	33,28	37,44
26 964	3 457	—	276,56	311,13	422	—	33,76	37,98
27 000	3 467	—	277,36	312,03	428	—	34,24	38,52
27 036	3 477	—	278,16	312,93	434	—	34,72	39,06
27 072	3 486	—	278,88	313,74	440	—	35,20	39,60
27 108	3 496	—	279,68	314,64	446	—	35,68	40,14
27 144	3 506	—	280,48	315,54	452	—	36,16	40,68
27 180	3 516	—	281,28	316,44	458	—	36,64	41,22
27 216	3 526	—	282,08	317,34	464	—	37,12	41,76
27 252	3 536	—	282,88	318,24	472	—	37,76	42,48
27 288	3 546	—	283,68	319,14	478	—	38,24	43,02
27 324	3 556	—	284,48	320,04	484	—	38,72	43,56
27 360	3 565	—	285,20	320,85	490	—	39,20	44,10
27 396	3 575	—	286,00	321,75	496	—	39,68	44,64
27 432	3 585	—	286,80	322,65	502	—	40,16	45,18
27 468	3 595	—	287,60	323,55	508	—	40,64	45,72
27 504	3 605	—	288,40	324,45	514	—	41,12	46,26
27 540	3 615	—	289,20	325,35	520	—	41,60	46,80
27 576	3 625	—	290,00	326,25	526	—	42,08	47,34
27 612	3 635	—	290,80	327,15	532	—	42,56	47,88
27 648	3 645	—	291,60	328,05	538	—	43,04	48,42
27 684	3 655	—	292,40	328,95	544	—	43,52	48,96
27 720	3 665	—	293,20	329,85	550	—	44,00	49,50
27 756	3 675	—	294,00	330,75	558	—	44,64	50,22
27 792	3 684	—	294,72	331,56	564	—	45,12	50,76
27 828	3 694	—	295,52	332,46	570	—	45,60	51,30
27 864	3 704	—	296,32	333,36	576	—	46,08	51,84
27 900	3 714	—	297,12	334,26	582	—	46,56	52,38
27 936	3 724	—	297,92	335,16	588	—	47,04	52,92
27 972	3 734	—	298,72	336,06	594	—	47,52	53,46
28 008	3 744	—	299,52	336,96	602	—	48,16	54,18
28 044	3 754	—	300,32	337,86	608	—	48,64	54,72
28 080	3 764	—	301,12	338,76	614	—	49,12	55,26
28 116	3 774	—	301,92	339,66	620	—	49,60	55,80
28 152	3 784	—	302,72	340,56	626	—	50,08	56,34
28 188	3 794	—	303,52	341,46	632	—	50,56	56,88
28 224	3 804	—	304,32	342,36	640	—	51,20	57,60
28 260	3 814	—	305,12	343,26	646	—	51,68	58,14
28 296	3 824	—	305,92	344,16	652	—	52,16	58,68
28 332	3 834	—	306,72	345,06	658	—	52,64	59,22
28 368	3 844	—	307,52	345,96	664	—	53,12	59,76
28 404	3 854	—	308,32	346,86	672	—	53,76	60,48
28 440	3 864	—	309,12	347,76	678	—	54,24	61,02

Zu versteuerndes Einkommen in €*	Grundtabelle ESt	Grundtabelle SolZ	Grundtabelle KiSt 8%	Grundtabelle KiSt 9%	Splittingtabelle ESt	Splittingtabelle SolZ	Splittingtabelle KiSt 8%	Splittingtabelle KiSt 9%
28 476	3 874	—	309,92	348,66	684	—	54,72	61,56
28 512	3 884	—	310,72	349,56	690	—	55,20	62,10
28 548	3 894	—	311,52	350,46	698	—	55,84	62,82
28 584	3 904	—	312,32	351,36	704	—	56,32	63,36
28 620	3 914	—	313,12	352,26	710	—	56,80	63,90
28 656	3 924	—	313,92	353,16	716	—	57,28	64,44
28 692	3 935	—	314,80	354,15	724	—	57,92	65,16
28 728	3 945	—	315,60	355,05	730	—	58,40	65,70
28 764	3 955	—	316,40	355,95	736	—	58,88	66,24
28 800	3 965	—	317,20	356,85	744	—	59,52	66,96
28 836	3 975	—	318,00	357,75	750	—	60,00	67,50
28 872	3 985	—	318,80	358,65	756	—	60,48	68,04
28 908	3 995	—	319,60	359,55	762	—	60,96	68,58
28 944	4 005	—	320,40	360,45	770	—	61,60	69,30
28 980	4 015	—	321,20	361,35	776	—	62,08	69,84
29 016	4 025	—	322,00	362,25	782	—	62,56	70,38
29 052	4 035	—	322,80	363,15	790	—	63,20	71,10
29 088	4 045	—	323,60	364,05	796	—	63,68	71,64
29 124	4 056	—	324,48	365,04	802	—	64,16	72,18
29 160	4 066	—	325,28	365,94	810	—	64,80	72,90
29 196	4 076	—	326,08	366,84	816	—	65,28	73,44
29 232	4 086	—	326,88	367,74	824	—	65,92	74,16
29 268	4 096	—	327,68	368,64	830	—	66,40	74,70
29 304	4 106	—	328,48	369,54	836	—	66,88	75,24
29 340	4 116	—	329,28	370,44	844	—	67,52	75,96
29 376	4 126	—	330,08	371,34	850	—	68,00	76,50
29 412	4 137	—	330,96	372,33	856	—	68,48	77,04
29 448	4 147	—	331,76	373,23	864	—	69,12	77,76
29 484	4 157	—	332,56	374,13	870	—	69,60	78,30
29 520	4 167	—	333,36	375,03	878	—	70,24	79,02
29 556	4 177	—	334,16	375,93	884	—	70,72	79,56
29 592	4 187	—	334,96	376,83	890	—	71,20	80,10
29 628	4 198	—	335,84	377,82	898	—	71,84	80,82
29 664	4 208	—	336,64	378,72	904	—	72,32	81,36
29 700	4 218	—	337,44	379,62	912	—	72,96	82,08
29 736	4 228	—	338,24	380,52	918	—	73,44	82,62
29 772	4 238	—	339,04	381,42	926	—	74,08	83,34
29 808	4 249	—	339,92	382,41	932	—	74,56	83,88
29 844	4 259	—	340,72	383,31	940	—	75,20	84,60
29 880	4 269	—	341,52	384,21	946	—	75,68	85,14
29 916	4 279	—	342,32	385,11	954	—	76,32	85,86
29 952	4 289	—	343,12	386,01	960	—	76,80	86,40
29 988	4 300	—	344,00	387,00	968	—	77,44	87,12
30 024	4 310	—	344,80	387,90	974	—	77,92	87,66
30 060	4 320	—	345,60	388,80	982	—	78,56	88,38
30 096	4 330	—	346,40	389,70	988	—	79,04	88,92
30 132	4 341	—	347,28	390,69	996	—	79,68	89,64
30 168	4 351	—	348,08	391,59	1 002	—	80,16	90,18
30 204	4 361	—	348,88	392,49	1 010	—	80,80	90,90
30 240	4 371	—	349,68	393,39	1 016	—	81,28	91,44
30 276	4 382	—	350,56	394,38	1 024	—	81,92	92,16
30 312	4 392	—	351,36	395,28	1 030	—	82,40	92,70
30 348	4 402	—	352,16	396,18	1 038	—	83,04	93,42
30 384	4 412	—	352,96	397,08	1 044	—	83,52	93,96
30 420	4 423	—	353,84	398,07	1 052	—	84,16	94,68
30 456	4 433	—	354,64	398,97	1 058	—	84,64	95,22
30 492	4 443	—	355,44	399,87	1 066	—	85,28	95,94
30 528	4 454	—	356,32	400,86	1 074	—	85,92	96,66
30 564	4 464	—	357,12	401,76	1 080	—	86,40	97,20
30 600	4 474	—	357,92	402,66	1 088	—	87,04	97,92
30 636	4 484	—	358,72	403,56	1 094	—	87,52	98,46
30 672	4 495	—	359,60	404,55	1 102	—	88,16	99,18
30 708	4 505	—	360,40	405,45	1 110	—	88,80	99,90
30 744	4 515	—	361,20	406,35	1 116	—	89,28	100,44
30 780	4 526	—	362,08	407,34	1 124	—	89,92	101,16

* Die Steuerbeträge gelten nur für das ausgewiesene zu versteuernde Einkommen. Zwischenwerte können mit dem Abgabenrechner des Bundesfinanzministeriums (www.bmf-steuerrechner.de) euro-/centgenau ermittelt werden.

Zu versteuerndes Einkommen in €*	Abzüge an Einkommensteuer, Solidaritätszuschlag und Kirchensteuer								Zu versteuerndes Einkommen in €*	Abzüge an Einkommensteuer, Solidaritätszuschlag und Kirchensteuer							
	Grundtabelle				Splittingtabelle					Grundtabelle				Splittingtabelle			
	ESt	SolZ	KiSt 8%	KiSt 9%	ESt	SolZ	KiSt 8%	KiSt 9%		ESt	SolZ	KiSt 8%	KiSt 9%	ESt	SolZ	KiSt 8%	KiSt 9%
30 816	4 536	—	362,88	408,24	1 130	—	90,40	101,70	33 156	5 217	—	417,36	469,53	1 628	—	130,24	146,52
30 852	4 546	—	363,68	409,14	1 138	—	91,04	102,42	33 192	5 228	—	418,24	470,52	1 636	—	130,88	147,24
30 888	4 557	—	364,56	410,13	1 146	—	91,68	103,14	33 228	5 238	—	419,04	471,42	1 644	—	131,52	147,96
30 924	4 567	—	365,36	411,03	1 152	—	92,16	103,68	33 264	5 249	—	419,92	472,41	1 652	—	132,16	148,68
30 960	4 577	—	366,16	411,93	1 160	—	92,80	104,40	33 300	5 260	—	420,80	473,40	1 660	—	132,80	149,40
30 996	4 588	—	367,04	412,92	1 168	—	93,44	105,12	33 336	5 270	—	421,60	474,30	1 668	—	133,44	150,12
31 032	4 598	—	367,84	413,82	1 174	—	93,92	105,66	33 372	5 281	—	422,48	475,29	1 678	—	134,24	151,02
31 068	4 608	—	368,64	414,72	1 182	—	94,56	106,38	33 408	5 292	—	423,36	476,28	1 686	—	134,88	151,74
31 104	4 619	—	369,52	415,71	1 190	—	95,20	107,10	33 444	5 302	—	424,16	477,18	1 694	—	135,52	152,46
31 140	4 629	—	370,32	416,61	1 196	—	95,68	107,64	33 480	5 313	—	425,04	478,17	1 702	—	136,16	153,18
31 176	4 640	—	371,20	417,60	1 204	—	96,32	108,36	33 516	5 324	—	425,92	479,16	1 710	—	136,80	153,90
31 212	4 650	—	372,00	418,50	1 212	—	96,96	109,08	33 552	5 334	—	426,72	480,06	1 718	—	137,44	154,62
31 248	4 660	—	372,80	419,40	1 218	—	97,44	109,62	33 588	5 345	—	427,60	481,05	1 726	—	138,08	155,34
31 284	4 671	—	373,68	420,39	1 226	—	98,08	110,34	33 624	5 356	—	428,48	482,04	1 734	—	138,72	156,06
31 320	4 681	—	374,48	421,29	1 234	—	98,72	111,06	33 660	5 366	—	429,28	482,94	1 742	—	139,36	156,78
31 356	4 692	—	375,36	422,28	1 242	—	99,36	111,78	33 696	5 377	—	430,16	483,93	1 750	—	140,00	157,50
31 392	4 702	—	376,16	423,18	1 248	—	99,84	112,32	33 732	5 388	—	431,04	484,92	1 758	—	140,64	158,22
31 428	4 712	—	376,96	424,08	1 256	—	100,48	113,04	33 768	5 398	—	431,84	485,82	1 768	—	141,44	159,12
31 464	4 723	—	377,84	425,07	1 264	—	101,12	113,76	33 804	5 409	—	432,72	486,81	1 776	—	142,08	159,84
31 500	4 733	—	378,64	425,97	1 272	—	101,76	114,48	33 840	5 420	—	433,60	487,80	1 784	—	142,72	160,56
31 536	4 744	—	379,52	426,96	1 278	—	102,24	115,02	33 876	5 431	—	434,48	488,79	1 792	—	143,36	161,28
31 572	4 754	—	380,32	427,86	1 286	—	102,88	115,74	33 912	5 441	—	435,28	489,69	1 800	—	144,00	162,00
31 608	4 764	—	381,12	428,76	1 294	—	103,52	116,46	33 948	5 452	—	436,16	490,68	1 808	—	144,64	162,72
31 644	4 775	—	382,00	429,75	1 302	—	104,16	117,18	33 984	5 463	—	437,04	491,67	1 816	—	145,28	163,44
31 680	4 785	—	382,80	430,65	1 308	—	104,64	117,72	34 020	5 474	—	437,92	492,66	1 826	—	146,08	164,34
31 716	4 796	—	383,68	431,64	1 316	—	105,28	118,44	34 056	5 484	—	438,72	493,56	1 834	—	146,72	165,06
31 752	4 806	—	384,48	432,54	1 324	—	105,92	119,16	34 092	5 495	—	439,60	494,55	1 842	—	147,36	165,78
31 788	4 817	—	385,36	433,53	1 332	—	106,56	119,88	34 128	5 506	—	440,48	495,54	1 850	—	148,00	166,50
31 824	4 827	—	386,16	434,43	1 340	—	107,20	120,60	34 164	5 517	—	441,36	496,53	1 858	—	148,64	167,22
31 860	4 838	—	387,04	435,42	1 346	—	107,68	121,14	34 200	5 527	—	442,16	497,43	1 868	—	149,44	168,12
31 896	4 848	—	387,84	436,32	1 354	—	108,32	121,86	34 236	5 538	—	443,04	498,42	1 876	—	150,08	168,84
31 932	4 858	—	388,64	437,22	1 362	—	108,96	122,58	34 272	5 549	—	443,92	499,41	1 884	—	150,72	169,56
31 968	4 869	—	389,52	438,21	1 370	—	109,60	123,30	34 308	5 560	—	444,80	500,40	1 892	—	151,36	170,28
32 004	4 879	—	390,32	439,11	1 378	—	110,24	124,02	34 344	5 570	—	445,60	501,30	1 900	—	152,00	171,00
32 040	4 890	—	391,20	440,10	1 384	—	110,72	124,56	34 380	5 581	—	446,48	502,29	1 910	—	152,80	171,90
32 076	4 900	—	392,00	441,00	1 392	—	111,36	125,28	34 416	5 592	—	447,36	503,28	1 918	—	153,44	172,62
32 112	4 911	—	392,88	441,99	1 400	—	112,00	126,00	34 452	5 603	—	448,24	504,27	1 926	—	154,08	173,34
32 148	4 921	—	393,68	442,89	1 408	—	112,64	126,72	34 488	5 614	—	449,12	505,26	1 934	—	154,72	174,06
32 184	4 932	—	394,56	443,88	1 416	—	113,28	127,44	34 524	5 624	—	449,92	506,16	1 944	—	155,52	174,96
32 220	4 942	—	395,36	444,78	1 424	—	113,92	128,16	34 560	5 635	—	450,80	507,15	1 952	—	156,16	175,68
32 256	4 953	—	396,24	445,77	1 432	—	114,56	128,88	34 596	5 646	—	451,68	508,14	1 960	—	156,80	176,40
32 292	4 963	—	397,04	446,67	1 438	—	115,04	129,42	34 632	5 657	—	452,56	509,13	1 968	—	157,44	177,12
32 328	4 974	—	397,92	447,66	1 446	—	115,68	130,14	34 668	5 668	—	453,44	510,12	1 978	—	158,24	178,02
32 364	4 984	—	398,72	448,56	1 454	—	116,32	130,86	34 704	5 678	—	454,24	511,02	1 986	—	158,88	178,74
32 400	4 995	—	399,60	449,55	1 462	—	116,96	131,58	34 740	5 689	—	455,12	512,01	1 994	—	159,52	179,46
32 436	5 006	—	400,48	450,54	1 470	—	117,60	132,30	34 776	5 700	—	456,00	513,00	2 002	—	160,16	180,18
32 472	5 016	—	401,28	451,44	1 478	—	118,24	133,02	34 812	5 711	—	456,88	513,99	2 012	—	160,96	181,08
32 508	5 027	—	402,16	452,43	1 486	—	118,88	133,74	34 848	5 722	—	457,76	514,98	2 020	—	161,60	181,80
32 544	5 037	—	402,96	453,33	1 494	—	119,52	134,46	34 884	5 733	—	458,64	515,97	2 028	—	162,24	182,52
32 580	5 048	—	403,84	454,32	1 502	—	120,16	135,18	34 920	5 743	—	459,44	516,87	2 038	—	163,04	183,42
32 616	5 058	—	404,64	455,22	1 510	—	120,80	135,90	34 956	5 754	—	460,32	517,86	2 046	—	163,68	184,14
32 652	5 069	—	405,52	456,21	1 518	—	121,44	136,62	34 992	5 765	—	461,20	518,85	2 054	—	164,32	184,86
32 688	5 079	—	406,32	457,11	1 524	—	121,92	137,16	35 028	5 776	—	462,08	519,84	2 064	—	165,12	185,76
32 724	5 090	—	407,20	458,10	1 532	—	122,56	137,88	35 064	5 787	—	462,96	520,83	2 072	—	165,76	186,48
32 760	5 101	—	408,08	459,09	1 540	—	123,20	138,60	35 100	5 798	—	463,84	521,82	2 080	—	166,40	187,20
32 796	5 111	—	408,88	459,99	1 548	—	123,84	139,32	35 136	5 809	—	464,72	522,81	2 090	—	167,20	188,10
32 832	5 122	—	409,76	460,98	1 556	—	124,48	140,04	35 172	5 819	—	465,52	523,71	2 098	—	167,84	188,82
32 868	5 132	—	410,56	461,88	1 564	—	125,12	140,76	35 208	5 830	—	466,40	524,70	2 106	—	168,48	189,54
32 904	5 143	—	411,44	462,87	1 572	—	125,76	141,48	35 244	5 841	—	467,28	525,69	2 116	—	169,28	190,44
32 940	5 153	—	412,24	463,77	1 580	—	126,40	142,20	35 280	5 852	—	468,16	526,68	2 124	—	169,92	191,16
32 976	5 164	—	413,12	464,76	1 588	—	127,04	142,92	35 316	5 863	—	469,04	527,67	2 132	—	170,56	191,88
33 012	5 175	—	414,00	465,75	1 596	—	127,68	143,64	35 352	5 874	—	469,92	528,66	2 142	—	171,36	192,78
33 048	5 185	—	414,80	466,65	1 604	—	128,32	144,36	35 388	5 885	—	470,80	529,65	2 150	—	172,00	193,50
33 084	5 196	—	415,68	467,64	1 612	—	128,96	145,08	35 424	5 896	—	471,68	530,64	2 158	—	172,64	194,22
33 120	5 207	—	416,56	468,63	1 620	—	129,60	145,80	35 460	5 907	—	472,56	531,63	2 168	—	173,44	195,12

* Die Steuerbeträge gelten nur für das ausgewiesene zu versteuernde Einkommen. Zwischenwerte können mit dem Abgabenrechner des Bundesfinanzministeriums (www.bmf-steuerrechner.de) euro-/centgenau ermittelt werden.

EINKOMMEN 35 496,–

Zu versteuerndes Einkommen in €*	Abzüge an Einkommensteuer, Solidaritätszuschlag und Kirchensteuer – Grundtabelle				Splittingtabelle			
	ESt	SolZ	KiSt 8%	KiSt 9%	ESt	SolZ	KiSt 8%	KiSt 9%
35 496	5 918	—	473,44	532,62	2 176	—	174,08	195,84
35 532	5 929	—	474,32	533,61	2 184	—	174,72	196,56
35 568	5 939	—	475,12	534,51	2 194	—	175,52	197,46
35 604	5 950	—	476,00	535,50	2 202	—	176,16	198,18
35 640	5 961	—	476,88	536,49	2 210	—	176,80	198,90
35 676	5 972	—	477,76	537,48	2 220	—	177,60	199,80
35 712	5 983	—	478,64	538,47	2 228	—	178,24	200,52
35 748	5 994	—	479,52	539,46	2 236	—	178,88	201,24
35 784	6 005	—	480,40	540,45	2 246	—	179,68	202,14
35 820	6 016	—	481,28	541,44	2 254	—	180,32	202,86
35 856	6 027	—	482,16	542,43	2 262	—	180,96	203,58
35 892	6 038	—	483,04	543,42	2 272	—	181,76	204,48
35 928	6 049	—	483,92	544,41	2 280	—	182,40	205,20
35 964	6 060	—	484,80	545,40	2 288	—	183,04	205,92
36 000	6 071	—	485,68	546,39	2 298	—	183,84	206,82
36 036	6 082	—	486,56	547,38	2 306	—	184,48	207,54
36 072	6 093	—	487,44	548,37	2 314	—	185,12	208,26
36 108	6 104	—	488,32	549,36	2 324	—	185,92	209,16
36 144	6 115	—	489,20	550,35	2 332	—	186,56	209,88
36 180	6 126	—	490,08	551,34	2 340	—	187,20	210,60
36 216	6 137	—	490,96	552,33	2 350	—	188,00	211,50
36 252	6 148	—	491,84	553,32	2 358	—	188,64	212,22
36 288	6 159	—	492,72	554,31	2 368	—	189,44	213,12
36 324	6 170	—	493,60	555,30	2 376	—	190,08	213,84
36 360	6 181	—	494,48	556,29	2 384	—	190,72	214,56
36 396	6 192	—	495,36	557,28	2 394	—	191,52	215,46
36 432	6 203	—	496,24	558,27	2 402	—	192,16	216,18
36 468	6 214	—	497,12	559,26	2 410	—	192,80	216,90
36 504	6 225	—	498,00	560,25	2 420	—	193,60	217,80
36 540	6 236	—	498,88	561,24	2 428	—	194,24	218,52
36 576	6 247	—	499,76	562,23	2 436	—	194,88	219,24
36 612	6 259	—	500,72	563,31	2 446	—	195,68	220,14
36 648	6 270	—	501,60	564,30	2 454	—	196,32	220,86
36 684	6 281	—	502,48	565,29	2 464	—	197,12	221,76
36 720	6 292	—	503,36	566,28	2 472	—	197,76	222,48
36 756	6 303	—	504,24	567,27	2 480	—	198,40	223,20
36 792	6 314	—	505,12	568,26	2 490	—	199,20	224,10
36 828	6 325	—	506,00	569,25	2 498	—	199,84	224,82
36 864	6 336	—	506,88	570,24	2 506	—	200,48	225,54
36 900	6 347	—	507,76	571,23	2 516	—	201,28	226,44
36 936	6 358	—	508,64	572,22	2 524	—	201,92	227,16
36 972	6 369	—	509,52	573,21	2 534	—	202,72	228,06
37 008	6 381	—	510,48	574,29	2 542	—	203,36	228,78
37 044	6 392	—	511,36	575,28	2 550	—	204,00	229,50
37 080	6 403	—	512,24	576,27	2 560	—	204,80	230,40
37 116	6 414	—	513,12	577,26	2 568	—	205,44	231,12
37 152	6 425	—	514,00	578,25	2 576	—	206,08	231,84
37 188	6 436	—	514,88	579,24	2 586	—	206,88	232,74
37 224	6 447	—	515,76	580,23	2 594	—	207,52	233,46
37 260	6 458	—	516,64	581,22	2 604	—	208,32	234,36
37 296	6 470	—	517,60	582,30	2 612	—	208,96	235,08
37 332	6 481	—	518,48	583,29	2 620	—	209,60	235,80
37 368	6 492	—	519,36	584,28	2 630	—	210,40	236,70
37 404	6 503	—	520,24	585,27	2 638	—	211,04	237,42
37 440	6 514	—	521,12	586,26	2 648	—	211,84	238,32
37 476	6 525	—	522,00	587,25	2 656	—	212,48	239,04
37 512	6 537	—	522,96	588,33	2 664	—	213,12	239,76
37 548	6 548	—	523,84	589,32	2 674	—	213,92	240,66
37 584	6 559	—	524,72	590,31	2 682	—	214,56	241,38
37 620	6 570	—	525,60	591,30	2 692	—	215,36	242,28
37 656	6 581	—	526,48	592,29	2 700	—	216,00	243,00
37 692	6 593	—	527,44	593,37	2 708	—	216,64	243,72
37 728	6 604	—	528,32	594,36	2 718	—	217,44	244,62
37 764	6 615	—	529,20	595,35	2 726	—	218,08	245,34
37 800	6 626	—	530,08	596,34	2 736	—	218,88	246,24

Zu versteuerndes Einkommen in €*	Abzüge an Einkommensteuer, Solidaritätszuschlag und Kirchensteuer – Grundtabelle				Splittingtabelle			
	ESt	SolZ	KiSt 8%	KiSt 9%	ESt	SolZ	KiSt 8%	KiSt 9%
37 836	6 637	—	530,96	597,33	2 744	—	219,52	246,96
37 872	6 649	—	531,92	598,41	2 752	—	220,16	247,68
37 908	6 660	—	532,80	599,40	2 762	—	220,96	248,58
37 944	6 671	—	533,68	600,39	2 770	—	221,60	249,30
37 980	6 682	—	534,56	601,38	2 780	—	222,40	250,20
38 016	6 694	—	535,52	602,46	2 788	—	223,04	250,92
38 052	6 705	—	536,40	603,45	2 798	—	223,84	251,82
38 088	6 716	—	537,28	604,44	2 806	—	224,48	252,54
38 124	6 727	—	538,16	605,43	2 814	—	225,12	253,26
38 160	6 739	—	539,12	606,51	2 824	—	225,92	254,16
38 196	6 750	—	540,00	607,50	2 832	—	226,56	254,88
38 232	6 761	—	540,88	608,49	2 842	—	227,36	255,78
38 268	6 772	—	541,76	609,48	2 850	—	228,00	256,50
38 304	6 784	—	542,72	610,56	2 858	—	228,64	257,22
38 340	6 795	—	543,60	611,55	2 868	—	229,44	258,12
38 376	6 806	—	544,48	612,54	2 876	—	230,08	258,84
38 412	6 818	—	545,44	613,62	2 886	—	230,88	259,74
38 448	6 829	—	546,32	614,61	2 894	—	231,52	260,46
38 484	6 840	—	547,20	615,60	2 904	—	232,32	261,36
38 520	6 851	—	548,08	616,59	2 912	—	232,96	262,08
38 556	6 863	—	549,04	617,67	2 920	—	233,60	262,80
38 592	6 874	—	549,92	618,66	2 930	—	234,40	263,70
38 628	6 885	—	550,80	619,65	2 938	—	235,04	264,42
38 664	6 897	—	551,76	620,73	2 948	—	235,84	265,32
38 700	6 908	—	552,64	621,72	2 956	—	236,48	266,04
38 736	6 919	—	553,52	622,71	2 966	—	237,28	266,94
38 772	6 931	—	554,48	623,79	2 974	—	237,92	267,66
38 808	6 942	—	555,36	624,78	2 982	—	238,56	268,38
38 844	6 953	—	556,24	625,77	2 992	—	239,36	269,28
38 880	6 965	—	557,20	626,85	3 000	—	240,00	270,00
38 916	6 976	—	558,08	627,84	3 010	—	240,80	270,90
38 952	6 988	—	559,04	628,92	3 018	—	241,44	271,62
38 988	6 999	—	559,92	629,91	3 028	—	242,24	272,52
39 024	7 010	—	560,80	630,90	3 036	—	242,88	273,24
39 060	7 022	—	561,76	631,98	3 046	—	243,68	274,14
39 096	7 033	—	562,64	632,97	3 054	—	244,32	274,86
39 132	7 044	—	563,52	633,96	3 062	—	244,96	275,58
39 168	7 056	—	564,48	635,04	3 072	—	245,76	276,48
39 204	7 067	—	565,36	636,03	3 080	—	246,40	277,20
39 240	7 079	—	566,32	637,11	3 090	—	247,20	278,10
39 276	7 090	—	567,20	638,10	3 098	—	247,84	278,82
39 312	7 101	—	568,08	639,09	3 108	—	248,64	279,72
39 348	7 113	—	569,04	640,17	3 116	—	249,28	280,44
39 384	7 124	—	569,92	641,16	3 126	—	250,08	281,34
39 420	7 136	—	570,88	642,24	3 134	—	250,72	282,06
39 456	7 147	—	571,76	643,23	3 144	—	251,52	282,96
39 492	7 159	—	572,72	644,31	3 152	—	252,16	283,68
39 528	7 170	—	573,60	645,30	3 160	—	252,80	284,40
39 564	7 181	—	574,48	646,29	3 170	—	253,60	285,30
39 600	7 193	—	575,44	647,37	3 178	—	254,24	286,02
39 636	7 204	—	576,32	648,36	3 188	—	255,04	286,92
39 672	7 216	—	577,28	649,44	3 196	—	255,68	287,64
39 708	7 227	—	578,16	650,43	3 206	—	256,48	288,54
39 744	7 239	—	579,12	651,51	3 214	—	257,12	289,26
39 780	7 250	—	580,00	652,50	3 224	—	257,92	290,16
39 816	7 262	—	580,96	653,58	3 232	—	258,56	290,88
39 852	7 273	—	581,84	654,57	3 242	—	259,36	291,78
39 888	7 285	—	582,80	655,65	3 250	—	260,00	292,50
39 924	7 296	—	583,68	656,64	3 260	—	260,80	293,40
39 960	7 308	—	584,64	657,72	3 268	—	261,44	294,12
39 996	7 319	—	585,52	658,71	3 278	—	262,24	295,02
40 032	7 331	—	586,48	659,79	3 286	—	262,88	295,74
40 068	7 342	—	587,36	660,78	3 296	—	263,68	296,64
40 104	7 354	—	588,32	661,86	3 304	—	264,32	297,36
40 140	7 365	—	589,20	662,85	3 314	—	265,12	298,26

* Die Steuerbeträge gelten nur für das ausgewiesene zu versteuernde Einkommen. Zwischenwerte können mit dem Abgabenrechner des Bundesfinanzministeriums (www.bmf-steuerrechner.de) euro-/centgenau ermittelt werden.

Zu versteuerndes Einkommen in €*	Abzüge an Einkommensteuer, Solidaritätszuschlag und Kirchensteuer								Zu versteuerndes Einkommen in €*	Abzüge an Einkommensteuer, Solidaritätszuschlag und Kirchensteuer							
	Grundtabelle				Splittingtabelle					Grundtabelle				Splittingtabelle			
	ESt	SolZ	KiSt 8%	KiSt 9%	ESt	SolZ	KiSt 8%	KiSt 9%		ESt	SolZ	KiSt 8%	KiSt 9%	ESt	SolZ	KiSt 8%	KiSt 9%
40 176	7 377	—	590,16	663,93	3 322	—	265,76	298,98	42 516	8 135	—	650,80	732,15	3 910	—	312,80	351,90
40 212	7 388	—	591,04	664,92	3 330	—	266,40	299,70	42 552	8 147	—	651,76	733,23	3 918	—	313,44	352,62
40 248	7 400	—	592,00	666,00	3 340	—	267,20	300,60	42 588	8 159	—	652,72	734,31	3 928	—	314,24	353,52
40 284	7 411	—	592,88	666,99	3 348	—	267,84	301,32	42 624	8 171	—	653,68	735,39	3 936	—	314,88	354,24
40 320	7 423	—	593,84	668,07	3 358	—	268,64	302,22	42 660	8 182	—	654,56	736,38	3 946	—	315,68	355,14
40 356	7 434	—	594,72	669,06	3 366	—	269,28	302,94	42 696	8 194	—	655,52	737,46	3 956	—	316,48	356,04
40 392	7 446	—	595,68	670,14	3 376	—	270,08	303,84	42 732	8 206	—	656,48	738,54	3 964	—	317,12	356,76
40 428	7 457	—	596,56	671,13	3 384	—	270,72	304,56	42 768	8 218	—	657,44	739,62	3 974	—	317,92	357,66
40 464	7 469	—	597,52	672,21	3 394	—	271,52	305,46	42 804	8 230	—	658,40	740,70	3 982	—	318,56	358,38
40 500	7 480	—	598,40	673,20	3 402	—	272,16	306,18	42 840	8 242	—	659,36	741,78	3 992	—	319,36	359,28
40 536	7 492	—	599,36	674,28	3 412	—	272,96	307,08	42 876	8 253	—	660,24	742,77	4 000	—	320,00	360,00
40 572	7 504	—	600,32	675,36	3 420	—	273,60	307,80	42 912	8 265	—	661,20	743,85	4 010	—	320,80	360,90
40 608	7 515	—	601,20	676,35	3 430	—	274,40	308,70	42 948	8 277	—	662,16	744,93	4 020	—	321,60	361,80
40 644	7 527	—	602,16	677,43	3 438	—	275,04	309,42	42 984	8 289	—	663,12	746,01	4 028	—	322,24	362,52
40 680	7 538	—	603,04	678,42	3 448	—	275,84	310,32	43 020	8 301	—	664,08	747,09	4 038	—	323,04	363,42
40 716	7 550	—	604,00	679,50	3 456	—	276,48	311,04	43 056	8 313	—	665,04	748,17	4 046	—	323,68	364,14
40 752	7 561	—	604,88	680,49	3 466	—	277,28	311,94	43 092	8 325	—	666,00	749,25	4 056	—	324,48	365,04
40 788	7 573	—	605,84	681,57	3 474	—	277,92	312,66	43 128	8 337	—	666,96	750,33	4 064	—	325,12	365,76
40 824	7 585	—	606,80	682,65	3 484	—	278,72	313,56	43 164	8 349	—	667,92	751,41	4 074	—	325,92	366,66
40 860	7 596	—	607,68	683,64	3 492	—	279,36	314,28	43 200	8 360	—	668,80	752,40	4 084	—	326,72	367,56
40 896	7 608	—	608,64	684,72	3 502	—	280,16	315,18	43 236	8 372	—	669,76	753,48	4 092	—	327,36	368,28
40 932	7 620	—	609,60	685,80	3 510	—	280,80	315,90	43 272	8 384	—	670,72	754,56	4 102	—	328,16	369,18
40 968	7 631	—	610,48	686,79	3 520	—	281,60	316,80	43 308	8 396	—	671,68	755,64	4 110	—	328,80	369,90
41 004	7 643	—	611,44	687,87	3 528	—	282,24	317,52	43 344	8 408	—	672,64	756,72	4 120	—	329,60	370,80
41 040	7 654	—	612,32	688,86	3 538	—	283,04	318,42	43 380	8 420	—	673,60	757,80	4 128	—	330,24	371,52
41 076	7 666	—	613,28	689,94	3 546	—	283,68	319,14	43 416	8 432	—	674,56	758,88	4 138	—	331,04	372,42
41 112	7 678	—	614,24	691,02	3 556	—	284,48	320,04	43 452	8 444	—	675,52	759,96	4 148	—	331,84	373,32
41 148	7 689	—	615,12	692,01	3 564	—	285,12	320,76	43 488	8 456	—	676,48	761,04	4 156	—	332,48	374,04
41 184	7 701	—	616,08	693,09	3 574	—	285,92	321,66	43 524	8 468	—	677,44	762,12	4 166	—	333,28	374,94
41 220	7 713	—	617,04	694,17	3 582	—	286,56	322,38	43 560	8 480	—	678,40	763,20	4 174	—	333,92	375,66
41 256	7 724	—	617,92	695,16	3 592	—	287,36	323,28	43 596	8 492	—	679,36	764,28	4 184	—	334,72	376,56
41 292	7 736	—	618,88	696,24	3 602	—	288,16	324,18	43 632	8 504	—	680,32	765,36	4 194	—	335,52	377,46
41 328	7 748	—	619,84	697,32	3 610	—	288,80	324,90	43 668	8 516	—	681,28	766,44	4 202	—	336,16	378,18
41 364	7 759	—	620,72	698,31	3 620	—	289,60	325,80	43 704	8 528	—	682,24	767,52	4 212	—	336,96	379,08
41 400	7 771	—	621,68	699,39	3 628	—	290,24	326,52	43 740	8 540	—	683,20	768,60	4 220	—	337,60	379,80
41 436	7 783	—	622,64	700,47	3 638	—	291,04	327,42	43 776	8 552	—	684,16	769,68	4 230	—	338,40	380,70
41 472	7 794	—	623,52	701,46	3 646	—	291,68	328,14	43 812	8 563	—	685,04	770,67	4 240	—	339,20	381,60
41 508	7 806	—	624,48	702,54	3 656	—	292,48	329,04	43 848	8 575	—	686,00	771,75	4 248	—	339,84	382,32
41 544	7 818	—	625,44	703,62	3 664	—	293,12	329,76	43 884	8 587	—	686,96	772,83	4 258	—	340,64	383,22
41 580	7 829	—	626,32	704,61	3 674	—	293,92	330,66	43 920	8 599	—	687,92	773,91	4 266	—	341,28	383,94
41 616	7 841	—	627,28	705,69	3 682	—	294,56	331,38	43 956	8 611	—	688,88	774,99	4 276	—	342,08	384,84
41 652	7 853	—	628,24	706,77	3 692	—	295,36	332,28	43 992	8 623	—	689,84	776,07	4 286	—	342,88	385,74
41 688	7 864	—	629,12	707,76	3 700	—	296,00	333,00	44 028	8 635	—	690,80	777,15	4 294	—	343,52	386,46
41 724	7 876	—	630,08	708,84	3 710	—	296,80	333,90	44 064	8 647	—	691,76	778,23	4 304	—	344,32	387,36
41 760	7 888	—	631,04	709,92	3 718	—	297,44	334,62	44 100	8 660	—	692,80	779,40	4 312	—	344,96	388,08
41 796	7 900	—	632,00	711,00	3 728	—	298,24	335,52	44 136	8 672	—	693,76	780,48	4 322	—	345,76	388,98
41 832	7 911	—	632,88	711,99	3 736	—	298,88	336,24	44 172	8 684	—	694,72	781,56	4 332	—	346,56	389,88
41 868	7 923	—	633,84	713,07	3 746	—	299,68	337,14	44 208	8 696	—	695,68	782,64	4 340	—	347,20	390,60
41 904	7 935	—	634,80	714,15	3 754	—	300,32	337,86	44 244	8 708	—	696,64	783,72	4 350	—	348,00	391,50
41 940	7 947	—	635,76	715,23	3 764	—	301,12	338,76	44 280	8 720	—	697,60	784,80	4 358	—	348,64	392,22
41 976	7 958	—	636,64	716,22	3 774	—	301,92	339,66	44 316	8 732	—	698,56	785,88	4 368	—	349,44	393,12
42 012	7 970	—	637,60	717,30	3 782	—	302,56	340,38	44 352	8 744	—	699,52	786,96	4 378	—	350,24	394,02
42 048	7 982	—	638,56	718,38	3 792	—	303,36	341,28	44 388	8 756	—	700,48	788,04	4 386	—	350,88	394,74
42 084	7 994	—	639,52	719,46	3 800	—	304,00	342,00	44 424	8 768	—	701,44	789,12	4 396	—	351,68	395,64
42 120	8 005	—	640,40	720,45	3 810	—	304,80	342,90	44 460	8 780	—	702,40	790,20	4 406	—	352,48	396,54
42 156	8 017	—	641,36	721,53	3 818	—	305,44	343,62	44 496	8 792	—	703,36	791,28	4 414	—	353,12	397,26
42 192	8 029	—	642,32	722,61	3 828	—	306,24	344,52	44 532	8 804	—	704,32	792,36	4 424	—	353,92	398,16
42 228	8 041	—	643,28	723,69	3 836	—	306,88	345,24	44 568	8 816	—	705,28	793,44	4 432	—	354,56	398,88
42 264	8 052	—	644,16	724,68	3 846	—	307,68	346,14	44 604	8 828	—	706,24	794,52	4 442	—	355,36	399,78
42 300	8 064	—	645,12	725,76	3 854	—	308,32	346,86	44 640	8 840	—	707,20	795,60	4 452	—	356,16	400,68
42 336	8 076	—	646,08	726,84	3 864	—	309,12	347,76	44 676	8 852	—	708,16	796,68	4 460	—	356,80	401,40
42 372	8 088	—	647,04	727,92	3 874	—	309,92	348,66	44 712	8 865	—	709,20	797,85	4 470	—	357,60	402,30
42 408	8 100	—	648,00	729,00	3 882	—	310,56	349,38	44 748	8 877	—	710,16	798,93	4 480	—	358,40	403,20
42 444	8 111	—	648,88	729,99	3 892	—	311,36	350,28	44 784	8 889	—	711,12	800,01	4 488	—	359,04	403,92
42 480	8 123	—	649,84	731,07	3 900	—	312,00	351,00	44 820	8 901	—	712,08	801,09	4 498	—	359,84	404,82

* Die Steuerbeträge gelten nur für das ausgewiesene zu versteuernde Einkommen. Zwischenwerte können mit dem Abgabenrechner des Bundesfinanzministeriums (www.bmf-steuerrechner.de) euro-/centgenau ermittelt werden.

EINKOMMEN **44 856,–**

Zu versteuerndes Einkommen in €*	Abzüge an Einkommensteuer, Solidaritätszuschlag und Kirchensteuer								Zu versteuerndes Einkommen in €*	Abzüge an Einkommensteuer, Solidaritätszuschlag und Kirchensteuer							
	Grundtabelle				Splittingtabelle					Grundtabelle				Splittingtabelle			
	ESt	SolZ	KiSt 8%	KiSt 9%	ESt	SolZ	KiSt 8%	KiSt 9%		ESt	SolZ	KiSt 8%	KiSt 9%	ESt	SolZ	KiSt 8%	KiSt 9%
44 856	8 913	—	713,04	802,17	4 506	—	360,48	405,54	47 196	9 710	—	776,80	873,90	5 114	—	409,12	460,26
44 892	8 925	—	714,00	803,25	4 516	—	361,28	406,44	47 232	9 723	—	777,84	875,07	5 124	—	409,92	461,16
44 928	8 937	—	714,96	804,33	4 526	—	362,08	407,34	47 268	9 735	—	778,80	876,15	5 132	—	410,56	461,88
44 964	8 949	—	715,92	805,41	4 534	—	362,72	408,06	47 304	9 747	—	779,76	877,23	5 142	—	411,36	462,78
45 000	8 961	—	716,88	806,49	4 544	—	363,52	408,96	47 340	9 760	—	780,80	878,40	5 152	—	412,16	463,68
45 036	8 974	—	717,92	807,66	4 554	—	364,32	409,86	47 376	9 772	—	781,76	879,48	5 160	—	412,80	464,40
45 072	8 986	—	718,88	808,74	4 562	—	364,96	410,58	47 412	9 785	—	782,80	880,65	5 170	—	413,60	465,30
45 108	8 998	—	719,84	809,82	4 572	—	365,76	411,48	47 448	9 797	—	783,76	881,73	5 180	—	414,40	466,20
45 144	9 010	—	720,80	810,90	4 582	—	366,56	412,38	47 484	9 810	—	784,80	882,90	5 190	—	415,20	467,10
45 180	9 022	—	721,76	811,98	4 590	—	367,20	413,10	47 520	9 822	—	785,76	883,98	5 198	—	415,84	467,82
45 216	9 034	—	722,72	813,06	4 600	—	368,00	414,00	47 556	9 834	—	786,72	885,06	5 208	—	416,64	468,72
45 252	9 046	—	723,68	814,14	4 608	—	368,64	414,72	47 592	9 847	—	787,76	886,23	5 218	—	417,44	469,62
45 288	9 059	—	724,72	815,31	4 618	—	369,44	415,62	47 628	9 859	—	788,72	887,31	5 226	—	418,08	470,34
45 324	9 071	—	725,68	816,39	4 628	—	370,24	416,52	47 664	9 872	—	789,76	888,48	5 236	—	418,88	471,24
45 360	9 083	—	726,64	817,47	4 636	—	370,88	417,24	47 700	9 884	—	790,72	889,56	5 246	—	419,68	472,14
45 396	9 095	—	727,60	818,55	4 646	—	371,68	418,14	47 736	9 897	—	791,76	890,73	5 256	—	420,48	473,04
45 432	9 107	—	728,56	819,63	4 656	—	372,48	419,04	47 772	9 909	—	792,72	891,81	5 264	—	421,12	473,76
45 468	9 120	—	729,60	820,80	4 664	—	373,12	419,76	47 808	9 922	—	793,76	892,98	5 274	—	421,92	474,66
45 504	9 132	—	730,56	821,88	4 674	—	373,92	420,66	47 844	9 934	—	794,72	894,06	5 284	—	422,72	475,56
45 540	9 144	—	731,52	822,96	4 684	—	374,72	421,56	47 880	9 947	—	795,76	895,23	5 294	—	423,52	476,46
45 576	9 156	—	732,48	824,04	4 692	—	375,36	422,28	47 916	9 959	—	796,72	896,31	5 302	—	424,16	477,18
45 612	9 168	—	733,44	825,12	4 702	—	376,16	423,18	47 952	9 972	—	797,76	897,48	5 312	—	424,96	478,08
45 648	9 181	—	734,48	826,29	4 712	—	376,96	424,08	47 988	9 984	—	798,72	898,56	5 322	—	425,76	478,98
45 684	9 193	—	735,44	827,37	4 720	—	377,60	424,80	48 024	9 997	—	799,76	899,73	5 330	—	426,40	479,70
45 720	9 205	—	736,40	828,45	4 730	—	378,40	425,70	48 060	10 009	—	800,72	900,81	5 340	—	427,20	480,60
45 756	9 217	—	737,36	829,53	4 740	—	379,20	426,60	48 096	10 022	—	801,76	901,98	5 350	—	428,00	481,50
45 792	9 229	—	738,32	830,61	4 748	—	379,84	427,32	48 132	10 034	—	802,72	903,06	5 360	—	428,80	482,40
45 828	9 242	—	739,36	831,78	4 758	—	380,64	428,22	48 168	10 047	—	803,76	904,23	5 368	—	429,44	483,12
45 864	9 254	—	740,32	832,86	4 768	—	381,44	429,12	48 204	10 059	—	804,72	905,31	5 378	—	430,24	484,02
45 900	9 266	—	741,28	833,94	4 776	—	382,08	429,84	48 240	10 072	—	805,76	906,48	5 388	—	431,04	484,92
45 936	9 278	—	742,24	835,02	4 786	—	382,88	430,74	48 276	10 085	—	806,80	907,65	5 398	—	431,84	485,82
45 972	9 291	—	743,28	836,19	4 796	—	383,68	431,64	48 312	10 097	—	807,76	908,73	5 406	—	432,48	486,54
46 008	9 303	—	744,24	837,27	4 804	—	384,32	432,36	48 348	10 110	—	808,80	909,90	5 416	—	433,28	487,44
46 044	9 315	—	745,20	838,35	4 814	—	385,12	433,26	48 384	10 122	—	809,76	910,98	5 426	—	434,08	488,34
46 080	9 328	—	746,24	839,52	4 824	—	385,92	434,16	48 420	10 135	—	810,80	912,15	5 436	—	434,88	489,24
46 116	9 340	—	747,20	840,60	4 832	—	386,56	434,88	48 456	10 147	—	811,76	913,23	5 444	—	435,52	489,96
46 152	9 352	—	748,16	841,68	4 842	—	387,36	435,78	48 492	10 160	—	812,80	914,40	5 454	—	436,32	490,86
46 188	9 364	—	749,12	842,76	4 852	—	388,16	436,68	48 528	10 173	—	813,84	915,57	5 464	—	437,12	491,76
46 224	9 377	—	750,16	843,93	4 860	—	388,80	437,40	48 564	10 185	—	814,80	916,65	5 474	—	437,92	492,66
46 260	9 389	—	751,12	845,01	4 870	—	389,60	438,30	48 600	10 198	—	815,84	917,82	5 482	—	438,56	493,38
46 296	9 401	—	752,08	846,09	4 880	—	390,40	439,20	48 636	10 210	—	816,80	918,90	5 492	—	439,36	494,28
46 332	9 414	—	753,12	847,26	4 888	—	391,04	439,92	48 672	10 223	—	817,84	920,07	5 502	—	440,16	495,18
46 368	9 426	—	754,08	848,34	4 898	—	391,84	440,82	48 708	10 236	—	818,88	921,24	5 512	—	440,96	496,08
46 404	9 438	—	755,04	849,42	4 908	—	392,64	441,72	48 744	10 248	—	819,84	922,32	5 520	—	441,60	496,80
46 440	9 450	—	756,00	850,50	4 916	—	393,28	442,44	48 780	10 261	—	820,88	923,49	5 530	—	442,40	497,70
46 476	9 463	—	757,04	851,67	4 926	—	394,08	443,34	48 816	10 273	—	821,84	924,57	5 540	—	443,20	498,60
46 512	9 475	—	758,00	852,75	4 936	—	394,88	444,24	48 852	10 286	—	822,88	925,74	5 550	—	444,00	499,50
46 548	9 487	—	758,96	853,83	4 944	—	395,52	444,96	48 888	10 299	—	823,92	926,91	5 558	—	444,64	500,22
46 584	9 500	—	760,00	855,00	4 954	—	396,32	445,86	48 924	10 311	—	824,88	927,99	5 568	—	445,44	501,12
46 620	9 512	—	760,96	856,08	4 964	—	397,12	446,76	48 960	10 324	—	825,92	929,16	5 578	—	446,24	502,02
46 656	9 524	—	761,92	857,16	4 972	—	397,76	447,48	48 996	10 336	—	826,88	930,24	5 588	—	447,04	502,92
46 692	9 537	—	762,96	858,33	4 982	—	398,56	448,38	49 032	10 349	—	827,92	931,41	5 596	—	447,68	503,64
46 728	9 549	—	763,92	859,41	4 992	—	399,36	449,28	49 068	10 362	—	828,96	932,58	5 606	—	448,48	504,54
46 764	9 561	—	764,88	860,49	5 002	—	400,16	450,18	49 104	10 374	—	829,92	933,66	5 616	—	449,28	505,44
46 800	9 574	—	765,92	861,66	5 010	—	400,80	450,90	49 140	10 387	—	830,96	934,83	5 626	—	450,08	506,34
46 836	9 586	—	766,88	862,74	5 020	—	401,60	451,80	49 176	10 400	—	832,00	936,00	5 634	—	450,72	507,06
46 872	9 599	—	767,92	863,91	5 030	—	402,40	452,70	49 212	10 412	—	832,96	937,08	5 644	—	451,52	507,96
46 908	9 611	—	768,88	864,99	5 038	—	403,04	453,42	49 248	10 425	—	834,00	938,25	5 654	—	452,32	508,86
46 944	9 623	—	769,84	866,07	5 048	—	403,84	454,32	49 284	10 438	—	835,04	939,42	5 664	—	453,12	509,76
46 980	9 636	—	770,88	867,24	5 058	—	404,64	455,22	49 320	10 450	—	836,00	940,50	5 674	—	453,92	510,66
47 016	9 648	—	771,84	868,32	5 066	—	405,28	455,94	49 356	10 463	—	837,04	941,67	5 682	—	454,56	511,38
47 052	9 660	—	772,80	869,40	5 076	—	406,08	456,84	49 392	10 476	—	838,08	942,84	5 692	—	455,36	512,28
47 088	9 673	—	773,84	870,57	5 086	—	406,88	457,74	49 428	10 489	—	839,12	944,01	5 702	—	456,16	513,18
47 124	9 685	—	774,80	871,65	5 094	—	407,52	458,46	49 464	10 501	—	840,08	945,09	5 712	—	456,96	514,08
47 160	9 698	—	775,84	872,82	5 104	—	408,32	459,36	49 500	10 514	—	841,12	946,26	5 720	—	457,60	514,80

* Die Steuerbeträge gelten nur für das ausgewiesene zu versteuernde Einkommen. Zwischenwerte können mit dem Abgabenrechner des Bundesfinanzministeriums (www.bmf-steuerrechner.de) euro-/centgenau ermittelt werden.

Zu versteuerndes Einkommen in €*	Abzüge an Einkommensteuer, Solidaritätszuschlag und Kirchensteuer							
	Grundtabelle				Splittingtabelle			
	ESt	SolZ	KiSt 8%	KiSt 9%	ESt	SolZ	KiSt 8%	KiSt 9%
49 536	10 527	—	842,16	947,43	5 730	—	458,40	515,70
49 572	10 539	—	843,12	948,51	5 740	—	459,20	516,60
49 608	10 552	—	844,16	949,68	5 750	—	460,00	517,50
49 644	10 565	—	845,20	950,85	5 760	—	460,80	518,40
49 680	10 578	—	846,24	952,02	5 768	—	461,44	519,12
49 716	10 590	—	847,20	953,10	5 778	—	462,24	520,02
49 752	10 603	—	848,24	954,27	5 788	—	463,04	520,92
49 788	10 616	—	849,28	955,44	5 798	—	463,84	521,82
49 824	10 628	—	850,24	956,52	5 806	—	464,48	522,54
49 860	10 641	—	851,28	957,69	5 816	—	465,28	523,44
49 896	10 654	—	852,32	958,86	5 826	—	466,08	524,34
49 932	10 667	—	853,36	960,03	5 836	—	466,88	525,24
49 968	10 680	—	854,40	961,20	5 846	—	467,68	526,14
50 004	10 692	—	855,36	962,28	5 854	—	468,32	526,86
50 040	10 705	—	856,40	963,45	5 864	—	469,12	527,76
50 076	10 718	—	857,44	964,62	5 874	—	469,92	528,66
50 112	10 731	—	858,48	965,79	5 884	—	470,72	529,56
50 148	10 743	—	859,44	966,87	5 894	—	471,52	530,46
50 184	10 756	—	860,48	968,04	5 902	—	472,16	531,18
50 220	10 769	—	861,52	969,21	5 912	—	472,96	532,08
50 256	10 782	—	862,56	970,38	5 922	—	473,76	532,98
50 292	10 795	—	863,60	971,55	5 932	—	474,56	533,88
50 328	10 807	—	864,56	972,63	5 942	—	475,36	534,78
50 364	10 820	—	865,60	973,80	5 950	—	476,00	535,50
50 400	10 833	—	866,64	974,97	5 960	—	476,80	536,40
50 436	10 846	—	867,68	976,14	5 970	—	477,60	537,30
50 472	10 859	—	868,72	977,31	5 980	—	478,40	538,20
50 508	10 872	—	869,76	978,48	5 990	—	479,20	539,10
50 544	10 884	—	870,72	979,56	6 000	—	480,00	540,00
50 580	10 897	—	871,76	980,73	6 008	—	480,64	540,72
50 616	10 910	—	872,80	981,90	6 018	—	481,44	541,62
50 652	10 923	—	873,84	983,07	6 028	—	482,24	542,52
50 688	10 936	—	874,88	984,24	6 038	—	483,04	543,42
50 724	10 949	—	875,92	985,41	6 048	—	483,84	544,32
50 760	10 961	—	876,88	986,49	6 056	—	484,48	545,04
50 796	10 974	—	877,92	987,66	6 066	—	485,28	545,94
50 832	10 987	—	878,96	988,83	6 076	—	486,08	546,84
50 868	11 000	—	880,00	990,00	6 086	—	486,88	547,74
50 904	11 013	—	881,04	991,17	6 096	—	487,68	548,64
50 940	11 026	—	882,08	992,34	6 106	—	488,48	549,54
50 976	11 039	—	883,12	993,51	6 114	—	489,12	550,26
51 012	11 052	—	884,16	994,68	6 124	—	489,92	551,16
51 048	11 065	—	885,20	995,85	6 134	—	490,72	552,06
51 084	11 077	—	886,16	996,93	6 144	—	491,52	552,96
51 120	11 090	—	887,20	998,10	6 154	—	492,32	553,86
51 156	11 103	—	888,24	999,27	6 162	—	492,96	554,58
51 192	11 116	—	889,28	1000,44	6 172	—	493,76	555,48
51 228	11 129	—	890,32	1001,61	6 182	—	494,56	556,38
51 264	11 142	—	891,36	1002,78	6 192	—	495,36	557,28
51 300	11 155	—	892,40	1003,95	6 202	—	496,16	558,18
51 336	11 168	—	893,44	1005,12	6 212	—	496,96	559,08
51 372	11 181	—	894,48	1006,29	6 220	—	497,60	559,80
51 408	11 194	—	895,52	1007,46	6 230	—	498,40	560,70
51 444	11 207	—	896,56	1008,63	6 240	—	499,20	561,60
51 480	11 220	—	897,60	1009,80	6 250	—	500,00	562,50
51 516	11 233	—	898,64	1010,97	6 260	—	500,80	563,40
51 552	11 246	—	899,68	1012,14	6 270	—	501,60	564,30
51 588	11 259	—	900,72	1013,31	6 280	—	502,40	565,20
51 624	11 272	—	901,76	1014,48	6 288	—	503,04	565,92
51 660	11 285	—	902,80	1015,65	6 298	—	503,84	566,82
51 696	11 298	—	903,84	1016,82	6 308	—	504,64	567,72
51 732	11 311	—	904,88	1017,99	6 318	—	505,44	568,62
51 768	11 324	—	905,92	1019,16	6 328	—	506,24	569,52
51 804	11 337	—	906,96	1020,33	6 338	—	507,04	570,42
51 840	11 350	—	908,00	1021,50	6 346	—	507,68	571,14

Zu versteuerndes Einkommen in €*	Abzüge an Einkommensteuer, Solidaritätszuschlag und Kirchensteuer							
	Grundtabelle				Splittingtabelle			
	ESt	SolZ	KiSt 8%	KiSt 9%	ESt	SolZ	KiSt 8%	KiSt 9%
51 876	11 363	—	909,04	1022,67	6 356	—	508,48	572,04
51 912	11 376	—	910,08	1023,84	6 366	—	509,28	572,94
51 948	11 389	—	911,12	1025,01	6 376	—	510,08	573,84
51 984	11 402	—	912,16	1026,18	6 386	—	510,88	574,74
52 020	11 415	—	913,20	1027,35	6 396	—	511,68	575,64
52 056	11 428	—	914,24	1028,52	6 406	—	512,48	576,54
52 092	11 441	—	915,28	1029,69	6 416	—	513,28	577,44
52 128	11 454	—	916,32	1030,86	6 424	—	513,92	578,16
52 164	11 467	—	917,36	1032,03	6 434	—	514,72	579,06
52 200	11 480	—	918,40	1033,20	6 444	—	515,52	579,96
52 236	11 493	—	919,44	1034,37	6 454	—	516,32	580,86
52 272	11 506	—	920,48	1035,54	6 464	—	517,12	581,76
52 308	11 519	—	921,52	1036,71	6 474	—	517,92	582,66
52 344	11 532	—	922,56	1037,88	6 484	—	518,72	583,56
52 380	11 545	—	923,60	1039,05	6 492	—	519,36	584,28
52 416	11 558	—	924,64	1040,22	6 502	—	520,16	585,18
52 452	11 571	—	925,68	1041,39	6 512	—	520,96	586,08
52 488	11 584	—	926,72	1042,56	6 522	—	521,76	586,98
52 524	11 597	—	927,76	1043,73	6 532	—	522,56	587,88
52 560	11 611	—	928,88	1044,99	6 542	—	523,36	588,78
52 596	11 624	—	929,92	1046,16	6 552	—	524,16	589,68
52 632	11 637	—	930,96	1047,33	6 562	—	524,96	590,58
52 668	11 650	—	932,00	1048,50	6 570	—	525,60	591,30
52 704	11 663	—	933,04	1049,67	6 580	—	526,40	592,20
52 740	11 676	—	934,08	1050,84	6 590	—	527,20	593,10
52 776	11 689	—	935,12	1052,01	6 600	—	528,00	594,00
52 812	11 702	—	936,16	1053,18	6 610	—	528,80	594,90
52 848	11 715	—	937,20	1054,35	6 620	—	529,60	595,80
52 884	11 729	—	938,32	1055,61	6 630	—	530,40	596,70
52 920	11 742	—	939,36	1056,78	6 640	—	531,20	597,60
52 956	11 755	—	940,40	1057,95	6 650	—	532,00	598,50
52 992	11 768	—	941,44	1059,12	6 658	—	532,64	599,22
53 028	11 781	—	942,48	1060,29	6 668	—	533,44	600,12
53 064	11 794	—	943,52	1061,46	6 678	—	534,24	601,02
53 100	11 807	—	944,56	1062,63	6 688	—	535,04	601,92
53 136	11 821	—	945,68	1063,89	6 698	—	535,84	602,82
53 172	11 834	—	946,72	1065,06	6 708	—	536,64	603,72
53 208	11 847	—	947,76	1066,23	6 718	—	537,44	604,62
53 244	11 860	—	948,80	1067,40	6 728	—	538,24	605,52
53 280	11 873	—	949,84	1068,57	6 738	—	539,04	606,42
53 316	11 887	—	950,96	1069,83	6 746	—	539,68	607,14
53 352	11 900	—	952,00	1071,00	6 756	—	540,48	608,04
53 388	11 913	—	953,04	1072,17	6 766	—	541,28	608,94
53 424	11 926	—	954,08	1073,34	6 776	—	542,08	609,84
53 460	11 939	—	955,12	1074,51	6 786	—	542,88	610,74
53 496	11 953	—	956,24	1075,77	6 796	—	543,68	611,64
53 532	11 966	—	957,28	1076,94	6 806	—	544,48	612,54
53 568	11 979	—	958,32	1078,11	6 816	—	545,28	613,44
53 604	11 992	—	959,36	1079,28	6 826	—	546,08	614,34
53 640	12 005	—	960,40	1080,45	6 836	—	546,88	615,24
53 676	12 019	—	961,52	1081,71	6 846	—	547,68	616,14
53 712	12 032	—	962,56	1082,88	6 854	—	548,32	616,86
53 748	12 045	—	963,60	1084,05	6 864	—	549,12	617,76
53 784	12 058	—	964,64	1085,22	6 874	—	549,92	618,66
53 820	12 072	—	965,76	1086,48	6 884	—	550,72	619,56
53 856	12 085	—	966,80	1087,65	6 894	—	551,52	620,46
53 892	12 098	—	967,84	1088,82	6 904	—	552,32	621,36
53 928	12 111	—	968,88	1089,99	6 914	—	553,12	622,26
53 964	12 125	—	970,00	1091,25	6 924	—	553,92	623,16
54 000	12 138	—	971,04	1092,42	6 934	—	554,72	624,06
54 036	12 151	—	972,08	1093,59	6 944	—	555,52	624,96
54 072	12 165	—	973,20	1094,85	6 954	—	556,32	625,86
54 108	12 178	—	974,24	1096,02	6 964	—	557,12	626,76
54 144	12 191	—	975,28	1097,19	6 972	—	557,76	627,48
54 180	12 204	—	976,32	1098,36	6 982	—	558,56	628,38

* Die Steuerbeträge gelten nur für das ausgewiesene zu versteuernde Einkommen. Zwischenwerte können mit dem Abgabenrechner des Bundesfinanzministeriums (www.bmf-steuerrechner.de) euro-/centgenau ermittelt werden.

Abzüge an Einkommensteuer, Solidaritätszuschlag und Kirchensteuer

Zu versteuerndes Einkommen in €*	Grundtabelle				Splittingtabelle			
	ESt	SolZ	KiSt 8%	KiSt 9%	ESt	SolZ	KiSt 8%	KiSt 9%
54 216	**12 218**	—	977,44	1099,62	**6 992**	—	559,36	629,28
54 252	**12 231**	—	978,48	1100,79	**7 002**	—	560,16	630,18
54 288	**12 244**	—	979,52	1101,96	**7 012**	—	560,96	631,08
54 324	**12 258**	—	980,64	1103,22	**7 022**	—	561,76	631,98
54 360	**12 271**	—	981,68	1104,39	**7 032**	—	562,56	632,88
54 396	**12 284**	—	982,72	1105,56	**7 042**	—	563,36	633,78
54 432	**12 298**	—	983,84	1106,82	**7 052**	—	564,16	634,68
54 468	**12 311**	—	984,88	1107,99	**7 062**	—	564,96	635,58
54 504	**12 324**	—	985,92	1109,16	**7 072**	—	565,76	636,48
54 540	**12 338**	—	987,04	1110,42	**7 082**	—	566,56	637,38
54 576	**12 351**	—	988,08	1111,59	**7 092**	—	567,36	638,28
54 612	**12 364**	—	989,12	1112,76	**7 102**	—	568,16	639,18
54 648	**12 378**	—	990,24	1114,02	**7 112**	—	568,96	640,08
54 684	**12 391**	—	991,28	1115,19	**7 122**	—	569,76	640,98
54 720	**12 404**	—	992,32	1116,36	**7 130**	—	570,40	641,70
54 756	**12 418**	—	993,44	1117,62	**7 140**	—	571,20	642,60
54 792	**12 431**	—	994,48	1118,79	**7 150**	—	572,00	643,50
54 828	**12 445**	—	995,60	1120,05	**7 160**	—	572,80	644,40
54 864	**12 458**	—	996,64	1121,22	**7 170**	—	573,60	645,30
54 900	**12 471**	—	997,68	1122,39	**7 180**	—	574,40	646,20
54 936	**12 485**	—	998,80	1123,65	**7 190**	—	575,20	647,10
54 972	**12 498**	—	999,84	1124,82	**7 200**	—	576,00	648,00
55 008	**12 512**	—	1000,96	1126,08	**7 210**	—	576,80	648,90
55 044	**12 525**	—	1002,00	1127,25	**7 220**	—	577,60	649,80
55 080	**12 538**	—	1003,04	1128,42	**7 230**	—	578,40	650,70
55 116	**12 552**	—	1004,16	1129,68	**7 240**	—	579,20	651,60
55 152	**12 565**	—	1005,20	1130,85	**7 250**	—	580,00	652,50
55 188	**12 579**	—	1006,32	1132,11	**7 260**	—	580,80	653,40
55 224	**12 592**	—	1007,36	1133,28	**7 270**	—	581,60	654,30
55 260	**12 606**	—	1008,48	1134,54	**7 280**	—	582,40	655,20
55 296	**12 619**	—	1009,52	1135,71	**7 290**	—	583,20	656,10
55 332	**12 632**	—	1010,56	1136,88	**7 300**	—	584,00	657,00
55 368	**12 646**	—	1011,68	1138,14	**7 310**	—	584,80	657,90
55 404	**12 659**	—	1012,72	1139,31	**7 320**	—	585,60	658,80
55 440	**12 673**	—	1013,84	1140,57	**7 330**	—	586,40	659,70
55 476	**12 686**	—	1014,88	1141,74	**7 340**	—	587,20	660,60
55 512	**12 700**	—	1016,00	1143,00	**7 350**	—	588,00	661,50
55 548	**12 713**	—	1017,04	1144,17	**7 358**	—	588,64	662,22
55 584	**12 727**	—	1018,16	1145,43	**7 368**	—	589,44	663,12
55 620	**12 740**	—	1019,20	1146,60	**7 378**	—	590,24	664,02
55 656	**12 754**	—	1020,32	1147,86	**7 388**	—	591,04	664,92
55 692	**12 767**	—	1021,36	1149,03	**7 398**	—	591,84	665,82
55 728	**12 781**	—	1022,48	1150,29	**7 408**	—	592,64	666,72
55 764	**12 794**	—	1023,52	1151,46	**7 418**	—	593,44	667,62
55 800	**12 808**	—	1024,64	1152,72	**7 428**	—	594,24	668,52
55 836	**12 821**	—	1025,68	1153,89	**7 438**	—	595,04	669,42
55 872	**12 835**	—	1026,80	1155,15	**7 448**	—	595,84	670,32
55 908	**12 848**	—	1027,84	1156,32	**7 458**	—	596,64	671,22
55 944	**12 862**	—	1028,96	1157,58	**7 468**	—	597,44	672,12
55 980	**12 875**	—	1030,00	1158,75	**7 478**	—	598,24	673,02
56 016	**12 889**	—	1031,12	1160,01	**7 488**	—	599,04	673,92
56 052	**12 902**	—	1032,16	1161,18	**7 498**	—	599,84	674,82
56 088	**12 916**	—	1033,28	1162,44	**7 508**	—	600,64	675,72
56 124	**12 929**	—	1034,32	1163,61	**7 518**	—	601,44	676,62
56 160	**12 943**	—	1035,44	1164,87	**7 528**	—	602,24	677,52
56 196	**12 956**	—	1036,48	1166,04	**7 538**	—	603,04	678,42
56 232	**12 970**	—	1037,60	1167,30	**7 548**	—	603,84	679,32
56 268	**12 984**	—	1038,72	1168,56	**7 558**	—	604,64	680,22
56 304	**12 997**	—	1039,76	1169,73	**7 568**	—	605,44	681,12
56 340	**13 011**	—	1040,88	1170,99	**7 578**	—	606,24	682,02
56 376	**13 024**	—	1041,92	1172,16	**7 588**	—	607,04	682,92
56 412	**13 038**	—	1043,04	1173,42	**7 598**	—	607,84	683,82
56 448	**13 052**	—	1044,16	1174,68	**7 608**	—	608,64	684,72
56 484	**13 065**	—	1045,20	1175,85	**7 618**	—	609,44	685,62
56 520	**13 079**	—	1046,32	1177,11	**7 628**	—	610,24	686,52

Abzüge an Einkommensteuer, Solidaritätszuschlag und Kirchensteuer

Zu versteuerndes Einkommen in €*	Grundtabelle				Splittingtabelle			
	ESt	SolZ	KiSt 8%	KiSt 9%	ESt	SolZ	KiSt 8%	KiSt 9%
56 556	**13 092**	—	1047,36	1178,28	**7 638**	—	611,04	687,42
56 592	**13 106**	—	1048,48	1179,54	**7 648**	—	611,84	688,32
56 628	**13 120**	—	1049,60	1180,80	**7 658**	—	612,64	689,22
56 664	**13 133**	—	1050,64	1181,97	**7 668**	—	613,44	690,12
56 700	**13 147**	—	1051,76	1183,23	**7 678**	—	614,24	691,02
56 736	**13 160**	—	1052,80	1184,40	**7 688**	—	615,04	691,92
56 772	**13 174**	—	1053,92	1185,66	**7 698**	—	615,84	692,82
56 808	**13 188**	—	1055,04	1186,92	**7 708**	—	616,64	693,72
56 844	**13 201**	—	1056,08	1188,09	**7 718**	—	617,44	694,62
56 880	**13 215**	—	1057,20	1189,35	**7 728**	—	618,24	695,52
56 916	**13 229**	—	1058,32	1190,61	**7 738**	—	619,04	696,42
56 952	**13 242**	—	1059,36	1191,78	**7 748**	—	619,84	697,32
56 988	**13 256**	—	1060,48	1193,04	**7 758**	—	620,64	698,22
57 024	**13 270**	—	1061,60	1194,30	**7 768**	—	621,44	699,12
57 060	**13 283**	—	1062,64	1195,47	**7 778**	—	622,24	700,02
57 096	**13 297**	—	1063,76	1196,73	**7 788**	—	623,04	700,92
57 132	**13 311**	—	1064,88	1197,99	**7 798**	—	623,84	701,82
57 168	**13 324**	—	1065,92	1199,16	**7 808**	—	624,64	702,72
57 204	**13 338**	—	1067,04	1200,42	**7 818**	—	625,44	703,62
57 240	**13 352**	—	1068,16	1201,68	**7 828**	—	626,24	704,52
57 276	**13 365**	—	1069,20	1202,85	**7 838**	—	627,04	705,42
57 312	**13 379**	—	1070,32	1204,11	**7 848**	—	627,84	706,32
57 348	**13 393**	—	1071,44	1205,37	**7 860**	—	628,80	707,40
57 384	**13 406**	—	1072,48	1206,54	**7 870**	—	629,60	708,30
57 420	**13 420**	—	1073,60	1207,80	**7 880**	—	630,40	709,20
57 456	**13 434**	—	1074,72	1209,06	**7 890**	—	631,20	710,10
57 492	**13 448**	—	1075,84	1210,32	**7 900**	—	632,00	711,00
57 528	**13 461**	—	1076,88	1211,49	**7 910**	—	632,80	711,90
57 564	**13 475**	—	1078,00	1212,75	**7 920**	—	633,60	712,80
57 600	**13 489**	—	1079,12	1214,01	**7 930**	—	634,40	713,70
57 636	**13 502**	—	1080,16	1215,18	**7 940**	—	635,20	714,60
57 672	**13 516**	—	1081,28	1216,44	**7 950**	—	636,00	715,50
57 708	**13 530**	—	1082,40	1217,70	**7 960**	—	636,80	716,40
57 744	**13 544**	—	1083,52	1218,96	**7 970**	—	637,60	717,30
57 780	**13 557**	—	1084,56	1220,13	**7 980**	—	638,40	718,20
57 816	**13 571**	—	1085,68	1221,39	**7 990**	—	639,20	719,10
57 852	**13 585**	—	1086,80	1222,65	**8 000**	—	640,00	720,00
57 888	**13 599**	—	1087,92	1223,91	**8 010**	—	640,80	720,90
57 924	**13 613**	—	1089,04	1225,17	**8 020**	—	641,60	721,80
57 960	**13 626**	—	1090,08	1226,34	**8 030**	—	642,40	722,70
57 996	**13 640**	—	1091,20	1227,60	**8 040**	—	643,20	723,60
58 032	**13 654**	—	1092,32	1228,86	**8 050**	—	644,00	724,50
58 068	**13 668**	—	1093,44	1230,12	**8 060**	—	644,80	725,40
58 104	**13 681**	—	1094,48	1231,29	**8 070**	—	645,60	726,30
58 140	**13 695**	—	1095,60	1232,55	**8 080**	—	646,40	727,20
58 176	**13 709**	—	1096,72	1233,81	**8 090**	—	647,20	728,10
58 212	**13 723**	—	1097,84	1235,07	**8 102**	—	648,16	729,18
58 248	**13 737**	—	1098,96	1236,33	**8 112**	—	648,96	730,08
58 284	**13 751**	—	1100,08	1237,59	**8 122**	—	649,76	730,98
58 320	**13 764**	—	1101,12	1238,76	**8 132**	—	650,56	731,88
58 356	**13 778**	—	1102,24	1240,02	**8 142**	—	651,36	732,78
58 392	**13 792**	—	1103,36	1241,28	**8 152**	—	652,16	733,68
58 428	**13 806**	—	1104,48	1242,54	**8 162**	—	652,96	734,58
58 464	**13 820**	—	1105,60	1243,80	**8 172**	—	653,76	735,48
58 500	**13 834**	—	1106,72	1245,06	**8 182**	—	654,56	736,38
58 536	**13 847**	—	1107,76	1246,23	**8 192**	—	655,36	737,28
58 572	**13 861**	—	1108,88	1247,49	**8 202**	—	656,16	738,18
58 608	**13 875**	—	1110,00	1248,75	**8 212**	—	656,96	739,08
58 644	**13 889**	—	1111,12	1250,01	**8 222**	—	657,76	739,98
58 680	**13 903**	—	1112,24	1251,27	**8 232**	—	658,56	740,88
58 716	**13 917**	—	1113,36	1252,53	**8 242**	—	659,36	741,78
58 752	**13 931**	—	1114,48	1253,79	**8 252**	—	660,16	742,68
58 788	**13 945**	—	1115,60	1255,05	**8 264**	—	661,12	743,76
58 824	**13 958**	—	1116,64	1256,22	**8 274**	—	661,92	744,66
58 860	**13 972**	—	1117,76	1257,48	**8 284**	—	662,72	745,56

* Die Steuerbeträge gelten nur für das ausgewiesene zu versteuernde Einkommen. Zwischenwerte können mit dem Abgabenrechner des Bundesfinanzministeriums (www.bmf-steuerrechner.de) euro-/centgenau ermittelt werden.

Zu versteuerndes Einkommen in €*	Abzüge an Einkommensteuer, Solidaritätszuschlag und Kirchensteuer							
	Grundtabelle				Splittingtabelle			
	ESt	SolZ	KiSt 8%	KiSt 9%	ESt	SolZ	KiSt 8%	KiSt 9%
58 896	13 986	—	1118,88	1258,74	8 294	—	663,52	746,46
58 932	14 000	—	1120,00	1260,00	8 304	—	664,32	747,36
58 968	14 014	—	1121,12	1261,26	8 314	—	665,12	748,26
59 004	14 028	—	1122,24	1262,52	8 324	—	665,92	749,16
59 040	14 042	—	1123,36	1263,78	8 334	—	666,72	750,06
59 076	14 056	—	1124,48	1265,04	8 344	—	667,52	750,96
59 112	14 070	—	1125,60	1266,30	8 354	—	668,32	751,86
59 148	14 084	—	1126,72	1267,56	8 364	—	669,12	752,76
59 184	14 098	—	1127,84	1268,82	8 374	—	669,92	753,66
59 220	14 112	—	1128,96	1270,08	8 386	—	670,88	754,74
59 256	14 125	—	1130,00	1271,25	8 396	—	671,68	755,64
59 292	14 139	—	1131,12	1272,51	8 406	—	672,48	756,54
59 328	14 153	—	1132,24	1273,77	8 416	—	673,28	757,44
59 364	14 167	—	1133,36	1275,03	8 426	—	674,08	758,34
59 400	14 181	—	1134,48	1276,29	8 436	—	674,88	759,24
59 436	14 195	—	1135,60	1277,55	8 446	—	675,68	760,14
59 472	14 209	—	1136,72	1278,81	8 456	—	676,48	761,04
59 508	14 223	—	1137,84	1280,07	8 466	—	677,28	761,94
59 544	14 237	—	1138,96	1281,33	8 476	—	678,08	762,84
59 580	14 251	—	1140,08	1282,59	8 486	—	678,88	763,74
59 616	14 265	—	1141,20	1283,85	8 498	—	679,84	764,82
59 652	14 279	—	1142,32	1285,11	8 508	—	680,64	765,72
59 688	14 293	—	1143,44	1286,37	8 518	—	681,44	766,62
59 724	14 307	—	1144,56	1287,63	8 528	—	682,24	767,52
59 760	14 321	—	1145,68	1288,89	8 538	—	683,04	768,42
59 796	14 335	—	1146,80	1290,15	8 548	—	683,84	769,32
59 832	14 349	—	1147,92	1291,41	8 558	—	684,64	770,22
59 868	14 363	—	1149,04	1292,67	8 568	—	685,44	771,12
59 904	14 377	—	1150,16	1293,93	8 578	—	686,24	772,02
59 940	14 391	—	1151,28	1295,19	8 590	—	687,20	773,10
59 976	14 405	—	1152,40	1296,45	8 600	—	688,00	774,00
60 012	14 419	—	1153,52	1297,71	8 610	—	688,80	774,90
60 048	14 433	—	1154,64	1298,97	8 620	—	689,60	775,80
60 084	14 447	—	1155,76	1300,23	8 630	—	690,40	776,70
60 120	14 461	—	1156,88	1301,49	8 640	—	691,20	777,60
60 156	14 476	—	1158,08	1302,84	8 650	—	692,00	778,50
60 192	14 490	—	1159,20	1304,10	8 660	—	692,80	779,40
60 228	14 504	—	1160,32	1305,36	8 670	—	693,60	780,30
60 264	14 518	—	1161,44	1306,62	8 682	—	694,56	781,38
60 300	14 532	—	1162,56	1307,88	8 692	—	695,36	782,28
60 336	14 546	—	1163,68	1309,14	8 702	—	696,16	783,18
60 372	14 560	—	1164,80	1310,40	8 712	—	696,96	784,08
60 408	14 574	—	1165,92	1311,66	8 722	—	697,76	784,98
60 444	14 588	—	1167,04	1312,92	8 732	—	698,56	785,88
60 480	14 602	—	1168,16	1314,18	8 742	—	699,36	786,78
60 516	14 616	—	1169,28	1315,44	8 752	—	700,16	787,68
60 552	14 631	—	1170,48	1316,79	8 764	—	701,12	788,76
60 588	14 645	—	1171,60	1318,05	8 774	—	701,92	789,66
60 624	14 659	—	1172,72	1319,31	8 784	—	702,72	790,56
60 660	14 673	—	1173,84	1320,57	8 794	—	703,52	791,46
60 696	14 687	—	1174,96	1321,83	8 804	—	704,32	792,36
60 732	14 701	—	1176,08	1323,09	8 814	—	705,12	793,26
60 768	14 715	—	1177,20	1324,35	8 824	—	705,92	794,16
60 804	14 729	—	1178,32	1325,61	8 836	—	706,88	795,24
60 840	14 744	—	1179,52	1326,96	8 846	—	707,68	796,14
60 876	14 758	—	1180,64	1328,22	8 856	—	708,48	797,04
60 912	14 772	—	1181,76	1329,48	8 866	—	709,28	797,94
60 948	14 786	—	1182,88	1330,74	8 876	—	710,08	798,84
60 984	14 800	—	1184,00	1332,00	8 886	—	710,88	799,74
61 020	14 814	—	1185,12	1333,26	8 896	—	711,68	800,64
61 056	14 829	—	1186,32	1334,61	8 908	—	712,64	801,72
61 092	14 843	—	1187,44	1335,87	8 918	—	713,44	802,62
61 128	14 857	—	1188,56	1337,13	8 928	—	714,24	803,52
61 164	14 871	—	1189,68	1338,39	8 938	—	715,04	804,42
61 200	14 885	—	1190,80	1339,65	8 948	—	715,84	805,32

Zu versteuerndes Einkommen in €*	Abzüge an Einkommensteuer, Solidaritätszuschlag und Kirchensteuer							
	Grundtabelle				Splittingtabelle			
	ESt	SolZ	KiSt 8%	KiSt 9%	ESt	SolZ	KiSt 8%	KiSt 9%
61 236	14 899	—	1191,92	1340,91	8 958	—	716,64	806,22
61 272	14 914	—	1193,12	1342,26	8 968	—	717,44	807,12
61 308	14 928	—	1194,24	1343,52	8 980	—	718,40	808,20
61 344	14 942	—	1195,36	1344,78	8 990	—	719,20	809,10
61 380	14 956	—	1196,48	1346,04	9 000	—	720,00	810,00
61 416	14 971	—	1197,68	1347,39	9 010	—	720,80	810,90
61 452	14 985	—	1198,80	1348,65	9 020	—	721,60	811,80
61 488	14 999	—	1199,92	1349,91	9 030	—	722,40	812,70
61 524	15 013	—	1201,04	1351,17	9 042	—	723,36	813,78
61 560	15 027	—	1202,16	1352,43	9 052	—	724,16	814,68
61 596	15 042	—	1203,36	1353,78	9 062	—	724,96	815,58
61 632	15 056	—	1204,48	1355,04	9 072	—	725,76	816,48
61 668	15 070	—	1205,60	1356,30	9 082	—	726,56	817,38
61 704	15 084	—	1206,72	1357,56	9 092	—	727,36	818,28
61 740	15 099	—	1207,92	1358,91	9 104	—	728,32	819,36
61 776	15 113	—	1209,04	1360,17	9 114	—	729,12	820,26
61 812	15 127	—	1210,16	1361,43	9 124	—	729,92	821,16
61 848	15 142	—	1211,36	1362,78	9 134	—	730,72	822,06
61 884	15 156	—	1212,48	1364,04	9 144	—	731,52	822,96
61 920	15 170	—	1213,60	1365,30	9 154	—	732,32	823,86
61 956	15 184	—	1214,72	1366,56	9 166	—	733,28	824,94
61 992	15 199	—	1215,92	1367,91	9 176	—	734,08	825,84
62 028	15 213	—	1217,04	1369,17	9 186	—	734,88	826,74
62 064	15 227	—	1218,16	1370,43	9 196	—	735,68	827,64
62 100	15 242	—	1219,36	1371,78	9 206	—	736,48	828,54
62 136	15 256	—	1220,48	1373,04	9 216	—	737,28	829,44
62 172	15 270	—	1221,60	1374,30	9 228	—	738,24	830,52
62 208	15 284	—	1222,72	1375,56	9 238	—	739,04	831,42
62 244	15 299	—	1223,92	1376,91	9 248	—	739,84	832,32
62 280	15 313	—	1225,04	1378,17	9 258	—	740,64	833,22
62 316	15 327	—	1226,16	1379,43	9 268	—	741,44	834,12
62 352	15 342	—	1227,36	1380,78	9 280	—	742,40	835,20
62 388	15 356	—	1228,48	1382,04	9 290	—	743,20	836,10
62 424	15 371	—	1229,68	1383,39	9 300	—	744,00	837,00
62 460	15 385	—	1230,80	1384,65	9 310	—	744,80	837,90
62 496	15 399	—	1231,92	1385,91	9 320	—	745,60	838,80
62 532	15 414	—	1233,12	1387,26	9 332	—	746,56	839,88
62 568	15 428	—	1234,24	1388,52	9 342	—	747,36	840,78
62 604	15 442	—	1235,36	1389,78	9 352	—	748,16	841,68
62 640	15 457	—	1236,56	1391,13	9 362	—	748,96	842,58
62 676	15 471	—	1237,68	1392,39	9 372	—	749,76	843,48
62 712	15 485	—	1238,80	1393,65	9 384	—	750,72	844,56
62 748	15 500	—	1240,00	1395,00	9 394	—	751,52	845,46
62 784	15 514	—	1241,12	1396,26	9 404	—	752,32	846,36
62 820	15 529	—	1242,32	1397,61	9 414	—	753,12	847,26
62 856	15 543	—	1243,44	1398,87	9 424	—	753,92	848,16
62 892	15 557	—	1244,56	1400,13	9 436	—	754,88	849,24
62 928	15 572	—	1245,76	1401,48	9 446	—	755,68	850,14
62 964	15 586	—	1246,88	1402,74	9 456	—	756,48	851,04
63 000	15 601	—	1248,08	1404,09	9 466	—	757,28	851,94
63 036	15 615	—	1249,20	1405,35	9 476	—	758,08	852,84
63 072	15 630	—	1250,40	1406,70	9 488	—	759,04	853,92
63 108	15 644	—	1251,52	1407,96	9 498	—	759,84	854,82
63 144	15 658	—	1252,64	1409,22	9 508	—	760,64	855,72
63 180	15 673	—	1253,84	1410,57	9 518	—	761,44	856,62
63 216	15 687	—	1254,96	1411,83	9 528	—	762,24	857,52
63 252	15 702	—	1256,16	1413,18	9 540	—	763,20	858,60
63 288	15 716	—	1257,28	1414,44	9 550	—	764,00	859,50
63 324	15 731	—	1258,48	1415,79	9 560	—	764,80	860,40
63 360	15 745	—	1259,60	1417,05	9 570	—	765,60	861,30
63 396	15 760	—	1260,80	1418,40	9 580	—	766,40	862,20
63 432	15 774	—	1261,92	1419,66	9 592	—	767,36	863,28
63 468	15 789	—	1263,12	1421,01	9 602	—	768,16	864,18
63 504	15 803	—	1264,24	1422,27	9 612	—	768,96	865,08
63 540	15 818	—	1265,44	1423,62	9 622	—	769,76	865,98

* Die Steuerbeträge gelten nur für das ausgewiesene zu versteuernde Einkommen. Zwischenwerte können mit dem Abgabenrechner des Bundesfinanzministeriums (www.bmf-steuerrechner.de) euro-/centgenau ermittelt werden.

EINKOMMEN 63 576,–

Zu versteuerndes Einkommen in €*	Abzüge an Einkommensteuer, Solidaritätszuschlag und Kirchensteuer							
	Grundtabelle				Splittingtabelle			
	ESt	SolZ	KiSt 8%	KiSt 9%	ESt	SolZ	KiSt 8%	KiSt 9%
63 576	15 832	—	1266,56	1424,88	9 634	—	770,72	867,06
63 612	15 847	—	1267,76	1426,23	9 644	—	771,52	867,96
63 648	15 861	—	1268,88	1427,49	9 654	—	772,32	868,86
63 684	15 876	—	1270,08	1428,84	9 664	—	773,12	869,76
63 720	15 890	—	1271,20	1430,10	9 676	—	774,08	870,84
63 756	15 905	—	1272,40	1431,45	9 686	—	774,88	871,74
63 792	15 919	—	1273,52	1432,71	9 696	—	775,68	872,64
63 828	15 934	—	1274,72	1434,06	9 706	—	776,48	873,54
63 864	15 948	—	1275,84	1435,32	9 716	—	777,28	874,44
63 900	15 963	—	1277,04	1436,67	9 728	—	778,24	875,52
63 936	15 977	—	1278,16	1437,93	9 738	—	779,04	876,42
63 972	15 992	—	1279,36	1439,28	9 748	—	779,84	877,32
64 008	16 006	—	1280,48	1440,54	9 758	—	780,64	878,22
64 044	16 021	—	1281,68	1441,89	9 770	—	781,60	879,30
64 080	16 035	—	1282,80	1443,15	9 780	—	782,40	880,20
64 116	16 050	—	1284,00	1444,50	9 790	—	783,20	881,10
64 152	16 065	—	1285,20	1445,85	9 800	—	784,00	882,00
64 188	16 079	—	1286,32	1447,11	9 812	—	784,96	883,08
64 224	16 094	—	1287,52	1448,46	9 822	—	785,76	883,98
64 260	16 108	—	1288,64	1449,72	9 832	—	786,56	884,88
64 296	16 123	—	1289,84	1451,07	9 842	—	787,36	885,78
64 332	16 137	—	1290,96	1452,33	9 854	—	788,32	886,86
64 368	16 152	—	1292,16	1453,68	9 864	—	789,12	887,76
64 404	16 167	—	1293,36	1455,03	9 874	—	789,92	888,66
64 440	16 181	—	1294,48	1456,29	9 884	—	790,72	889,56
64 476	16 196	—	1295,68	1457,64	9 896	—	791,68	890,64
64 512	16 211	—	1296,88	1458,99	9 906	—	792,48	891,54
64 548	16 225	—	1298,00	1460,25	9 916	—	793,28	892,44
64 584	16 240	—	1299,20	1461,60	9 926	—	794,08	893,34
64 620	16 254	—	1300,32	1462,86	9 938	—	795,04	894,42
64 656	16 269	—	1301,52	1464,21	9 948	—	795,84	895,32
64 692	16 284	—	1302,72	1465,56	9 958	—	796,64	896,22
64 728	16 298	—	1303,84	1466,82	9 968	—	797,44	897,12
64 764	16 313	—	1305,04	1468,17	9 980	—	798,40	898,20
64 800	16 328	—	1306,24	1469,52	9 990	—	799,20	899,10
64 836	16 342	—	1307,36	1470,78	10 000	—	800,00	900,00
64 872	16 357	—	1308,56	1472,13	10 012	—	800,96	901,08
64 908	16 372	—	1309,76	1473,48	10 022	—	801,76	901,98
64 944	16 386	—	1310,88	1474,74	10 032	—	802,56	902,88
64 980	16 401	—	1312,08	1476,09	10 042	—	803,36	903,78
65 016	16 416	—	1313,28	1477,44	10 054	—	804,32	904,86
65 052	16 430	—	1314,40	1478,70	10 064	—	805,12	905,76
65 088	16 445	—	1315,60	1480,05	10 074	—	805,92	906,66
65 124	16 460	—	1316,80	1481,40	10 084	—	806,72	907,56
65 160	16 474	—	1317,92	1482,66	10 096	—	807,68	908,64
65 196	16 489	—	1319,12	1484,01	10 106	—	808,48	909,54
65 232	16 504	—	1320,32	1485,36	10 116	—	809,28	910,44
65 268	16 518	—	1321,44	1486,62	10 128	—	810,24	911,52
65 304	16 533	—	1322,64	1487,97	10 138	—	811,04	912,42
65 340	16 548	—	1323,84	1489,32	10 148	—	811,84	913,32
65 376	16 563	—	1325,04	1490,67	10 158	—	812,64	914,22
65 412	16 577	—	1326,16	1491,93	10 170	—	813,60	915,30
65 448	16 592	—	1327,36	1493,28	10 180	—	814,40	916,20
65 484	16 607	—	1328,56	1494,63	10 190	—	815,20	917,10
65 520	16 622	—	1329,76	1495,98	10 202	—	816,16	918,18
65 556	16 636	—	1330,88	1497,24	10 212	—	816,96	919,08
65 592	16 651	—	1332,08	1498,59	10 222	—	817,76	919,98
65 628	16 666	—	1333,28	1499,94	10 232	—	818,56	920,88
65 664	16 681	—	1334,48	1501,29	10 244	—	819,52	921,96
65 700	16 695	—	1335,60	1502,55	10 254	—	820,32	922,86
65 736	16 710	—	1336,80	1503,90	10 264	—	821,12	923,76
65 772	16 725	—	1338,00	1505,25	10 276	—	822,08	924,84
65 808	16 740	—	1339,20	1506,60	10 286	—	822,88	925,74
65 844	16 754	—	1340,32	1507,86	10 296	—	823,68	926,64
65 880	16 769	—	1341,52	1509,21	10 306	—	824,48	927,54

Zu versteuerndes Einkommen in €*	Abzüge an Einkommensteuer, Solidaritätszuschlag und Kirchensteuer							
	Grundtabelle				Splittingtabelle			
	ESt	SolZ	KiSt 8%	KiSt 9%	ESt	SolZ	KiSt 8%	KiSt 9%
65 916	16 784	—	1342,72	1510,56	10 318	—	825,44	928,62
65 952	16 799	—	1343,92	1511,91	10 328	—	826,24	929,52
65 988	16 814	—	1345,12	1513,26	10 338	—	827,04	930,42
66 024	16 828	—	1346,24	1514,52	10 350	—	828,00	931,50
66 060	16 843	—	1347,44	1515,87	10 360	—	828,80	932,40
66 096	16 858	—	1348,64	1517,22	10 370	—	829,60	933,30
66 132	16 873	—	1349,84	1518,57	10 382	—	830,56	934,38
66 168	16 888	—	1351,04	1519,92	10 392	—	831,36	935,28
66 204	16 902	—	1352,16	1521,18	10 402	—	832,16	936,18
66 240	16 917	—	1353,36	1522,53	10 414	—	833,12	937,26
66 276	16 932	—	1354,56	1523,88	10 424	—	833,92	938,16
66 312	16 947	—	1355,76	1525,23	10 434	—	834,72	939,06
66 348	16 962	—	1356,96	1526,58	10 444	—	835,52	939,96
66 384	16 977	—	1358,16	1527,93	10 456	—	836,48	941,04
66 420	16 992	—	1359,36	1529,28	10 466	—	837,28	941,94
66 456	17 006	—	1360,48	1530,54	10 476	—	838,08	942,84
66 492	17 021	—	1361,68	1531,89	10 488	—	839,04	943,92
66 528	17 036	—	1362,88	1533,24	10 498	—	839,84	944,82
66 564	17 051	—	1364,08	1534,59	10 508	—	840,64	945,72
66 600	17 066	—	1365,28	1535,94	10 520	—	841,60	946,80
66 636	17 081	—	1366,48	1537,29	10 530	—	842,40	947,70
66 672	17 096	—	1367,68	1538,64	10 540	—	843,20	948,60
66 708	17 111	—	1368,88	1539,99	10 552	—	844,16	949,68
66 744	17 125	—	1370,00	1541,25	10 562	—	844,96	950,58
66 780	17 140	—	1371,20	1542,60	10 572	—	845,76	951,48
66 816	17 155	—	1372,40	1543,95	10 584	—	846,72	952,56
66 852	17 170	—	1373,60	1545,30	10 594	—	847,52	953,46
66 888	17 185	—	1374,80	1546,65	10 604	—	848,32	954,36
66 924	17 200	—	1376,00	1548,00	10 616	—	849,28	955,44
66 960	17 215	—	1377,20	1549,35	10 626	—	850,08	956,34
66 996	17 230	—	1378,40	1550,70	10 636	—	850,88	957,24
67 032	17 245	—	1379,60	1552,05	10 648	—	851,84	958,32
67 068	17 260	—	1380,80	1553,40	10 658	—	852,64	959,22
67 104	17 275	—	1382,00	1554,75	10 668	—	853,44	960,12
67 140	17 290	—	1383,20	1556,10	10 680	—	854,40	961,20
67 176	17 305	—	1384,40	1557,45	10 690	—	855,20	962,10
67 212	17 320	—	1385,60	1558,80	10 700	—	856,00	963,00
67 248	17 335	—	1386,80	1560,15	10 712	—	856,96	964,08
67 284	17 349	—	1387,92	1561,41	10 722	—	857,76	964,98
67 320	17 364	—	1389,12	1562,76	10 732	—	858,56	965,88
67 356	17 379	—	1390,32	1564,11	10 744	—	859,52	966,96
67 392	17 394	—	1391,52	1565,46	10 754	—	860,32	967,86
67 428	17 409	—	1392,72	1566,81	10 764	—	861,12	968,76
67 464	17 424	—	1393,92	1568,16	10 776	—	862,08	969,84
67 500	17 439	—	1395,12	1569,51	10 786	—	862,88	970,74
67 536	17 454	—	1396,32	1570,86	10 796	—	863,68	971,64
67 572	17 469	—	1397,52	1572,21	10 808	—	864,64	972,72
67 608	17 484	—	1398,72	1573,56	10 818	—	865,44	973,62
67 644	17 499	—	1399,92	1574,91	10 830	—	866,40	974,70
67 680	17 514	—	1401,12	1576,26	10 840	—	867,20	975,60
67 716	17 529	—	1402,32	1577,61	10 850	—	868,00	976,50
67 752	17 544	—	1403,52	1578,96	10 862	—	868,96	977,58
67 788	17 559	—	1404,72	1580,31	10 872	—	869,76	978,48
67 824	17 575	—	1406,00	1581,75	10 882	—	870,56	979,38
67 860	17 590	—	1407,20	1583,10	10 894	—	871,52	980,46
67 896	17 605	—	1408,40	1584,45	10 904	—	872,32	981,36
67 932	17 620	—	1409,60	1585,80	10 914	—	873,12	982,26
67 968	17 635	—	1410,80	1587,15	10 926	—	874,08	983,34
68 004	17 650	—	1412,00	1588,50	10 936	—	874,88	984,24
68 040	17 665	—	1413,20	1589,85	10 948	—	875,84	985,32
68 076	17 680	—	1414,40	1591,20	10 958	—	876,64	986,22
68 112	17 695	—	1415,60	1592,55	10 968	—	877,44	987,12
68 148	17 710	—	1416,80	1593,90	10 980	—	878,40	988,20
68 184	17 725	—	1418,00	1595,25	10 990	—	879,20	989,10
68 220	17 740	—	1419,20	1596,60	11 000	—	880,00	990,00

* Die Steuerbeträge gelten nur für das ausgewiesene zu versteuernde Einkommen. Zwischenwerte können mit dem Abgabenrechner des Bundesfinanzministeriums (www.bmf-steuerrechner.de) euro-/centgenau ermittelt werden.

Zu versteuerndes Einkommen in €*	Abzüge an Einkommensteuer, Solidaritätszuschlag und Kirchensteuer							
	Grundtabelle				Splittingtabelle			
	ESt	SolZ	KiSt 8%	KiSt 9%	ESt	SolZ	KiSt 8%	KiSt 9%
68 256	**17 755**	—	1420,40	1597,95	**11 012**	—	880,96	991,08
68 292	**17 770**	—	1421,60	1599,30	**11 022**	—	881,76	991,98
68 328	**17 785**	—	1422,80	1600,65	**11 034**	—	882,72	993,06
68 364	**17 801**	—	1424,08	1602,09	**11 044**	—	883,52	993,96
68 400	**17 816**	—	1425,28	1603,44	**11 054**	—	884,32	994,86
68 436	**17 831**	—	1426,48	1604,79	**11 066**	—	885,28	995,94
68 472	**17 846**	—	1427,68	1606,14	**11 076**	—	886,08	996,84
68 508	**17 861**	—	1428,88	1607,49	**11 086**	—	886,88	997,74
68 544	**17 876**	—	1430,08	1608,84	**11 098**	—	887,84	998,82
68 580	**17 891**	—	1431,28	1610,19	**11 108**	—	888,64	999,72
68 616	**17 906**	—	1432,48	1611,54	**11 120**	—	889,60	1000,80
68 652	**17 921**	—	1433,68	1612,89	**11 130**	—	890,40	1001,70
68 688	**17 937**	—	1434,96	1614,33	**11 140**	—	891,20	1002,60
68 724	**17 952**	—	1436,16	1615,68	**11 152**	—	892,16	1003,68
68 760	**17 967**	—	1437,36	1617,03	**11 162**	—	892,96	1004,58
68 796	**17 982**	—	1438,56	1618,38	**11 174**	—	893,92	1005,66
68 832	**17 997**	—	1439,76	1619,73	**11 184**	—	894,72	1006,56
68 868	**18 012**	—	1440,96	1621,08	**11 194**	—	895,52	1007,46
68 904	**18 027**	—	1442,16	1622,43	**11 206**	—	896,48	1008,54
68 940	**18 042**	—	1443,36	1623,78	**11 216**	—	897,28	1009,44
68 976	**18 058**	—	1444,64	1625,22	**11 228**	—	898,24	1010,52
69 012	**18 073**	—	1445,84	1626,57	**11 238**	—	899,04	1011,42
69 048	**18 088**	—	1447,04	1627,92	**11 248**	—	899,84	1012,32
69 084	**18 103**	—	1448,24	1629,27	**11 260**	—	900,80	1013,40
69 120	**18 118**	—	1449,44	1630,62	**11 270**	—	901,60	1014,30
69 156	**18 133**	—	1450,64	1631,97	**11 282**	—	902,56	1015,38
69 192	**18 148**	—	1451,84	1633,32	**11 292**	—	903,36	1016,28
69 228	**18 163**	—	1453,04	1634,67	**11 302**	—	904,16	1017,18
69 264	**18 178**	—	1454,24	1636,02	**11 314**	—	905,12	1018,26
69 300	**18 194**	—	1455,52	1637,46	**11 324**	—	905,92	1019,16
69 336	**18 209**	—	1456,72	1638,81	**11 336**	—	906,88	1020,24
69 372	**18 224**	—	1457,92	1640,16	**11 346**	—	907,68	1021,14
69 408	**18 239**	—	1459,12	1641,51	**11 356**	—	908,48	1022,04
69 444	**18 254**	—	1460,32	1642,86	**11 368**	—	909,44	1023,12
69 480	**18 269**	—	1461,52	1644,21	**11 378**	—	910,24	1024,02
69 516	**18 284**	—	1462,72	1645,56	**11 390**	—	911,20	1025,10
69 552	**18 299**	—	1463,92	1646,91	**11 400**	—	912,00	1026,00
69 588	**18 315**	—	1465,20	1648,35	**11 410**	—	912,80	1026,90
69 624	**18 330**	—	1466,40	1649,70	**11 422**	—	913,76	1027,98
69 660	**18 345**	—	1467,60	1651,05	**11 432**	—	914,56	1028,88
69 696	**18 360**	—	1468,80	1652,40	**11 444**	—	915,52	1029,96
69 732	**18 375**	—	1470,00	1653,75	**11 454**	—	916,32	1030,86
69 768	**18 390**	—	1471,20	1655,10	**11 466**	—	917,28	1031,94
69 804	**18 405**	—	1472,40	1656,45	**11 476**	—	918,08	1032,84
69 840	**18 420**	—	1473,60	1657,80	**11 486**	—	918,88	1033,74
69 876	**18 436**	—	1474,88	1659,24	**11 498**	—	919,84	1034,82
69 912	**18 451**	—	1476,08	1660,59	**11 508**	—	920,64	1035,72
69 948	**18 466**	—	1477,28	1661,94	**11 520**	—	921,60	1036,80
69 984	**18 481**	—	1478,48	1663,29	**11 530**	—	922,40	1037,70
70 020	**18 496**	—	1479,68	1664,64	**11 542**	—	923,36	1038,78
70 056	**18 511**	—	1480,88	1665,99	**11 552**	—	924,16	1039,68
70 092	**18 526**	—	1482,08	1667,34	**11 562**	—	924,96	1040,58
70 128	**18 541**	—	1483,28	1668,69	**11 574**	—	925,92	1041,66
70 164	**18 556**	—	1484,48	1670,04	**11 584**	—	926,72	1042,56
70 200	**18 572**	—	1485,76	1671,48	**11 596**	—	927,68	1043,64
70 236	**18 587**	—	1486,96	1672,83	**11 606**	—	928,48	1044,54
70 272	**18 602**	—	1488,16	1674,18	**11 618**	—	929,44	1045,62
70 308	**18 617**	—	1489,36	1675,53	**11 628**	—	930,24	1046,52
70 344	**18 632**	—	1490,56	1676,88	**11 638**	—	931,04	1047,42
70 380	**18 647**	—	1491,76	1678,23	**11 650**	—	932,00	1048,50
70 416	**18 662**	—	1492,96	1679,58	**11 660**	—	932,80	1049,40
70 452	**18 677**	—	1494,16	1680,93	**11 672**	—	933,76	1050,48
70 488	**18 693**	—	1495,44	1682,37	**11 682**	—	934,56	1051,38
70 524	**18 708**	—	1496,64	1683,72	**11 694**	—	935,52	1052,46
70 560	**18 723**	—	1497,84	1685,07	**11 704**	—	936,32	1053,36

Zu versteuerndes Einkommen in €*	Abzüge an Einkommensteuer, Solidaritätszuschlag und Kirchensteuer							
	Grundtabelle				Splittingtabelle			
	ESt	SolZ	KiSt 8%	KiSt 9%	ESt	SolZ	KiSt 8%	KiSt 9%
70 596	**18 738**	—	1499,04	1686,42	**11 716**	—	937,28	1054,44
70 632	**18 753**	—	1500,24	1687,77	**11 726**	—	938,08	1055,34
70 668	**18 768**	—	1501,44	1689,12	**11 738**	—	939,04	1056,42
70 704	**18 783**	—	1502,64	1690,47	**11 748**	—	939,84	1057,32
70 740	**18 798**	—	1503,84	1691,82	**11 758**	—	940,64	1058,22
70 776	**18 814**	—	1505,12	1693,26	**11 770**	—	941,60	1059,30
70 812	**18 829**	—	1506,32	1694,61	**11 780**	—	942,40	1060,20
70 848	**18 844**	—	1507,52	1695,96	**11 792**	—	943,36	1061,28
70 884	**18 859**	—	1508,72	1697,31	**11 802**	—	944,16	1062,18
70 920	**18 874**	—	1509,92	1698,66	**11 814**	—	945,12	1063,26
70 956	**18 889**	—	1511,12	1700,01	**11 824**	—	945,92	1064,16
70 992	**18 904**	—	1512,32	1701,36	**11 836**	—	946,88	1065,24
71 028	**18 919**	—	1513,52	1702,71	**11 846**	—	947,68	1066,14
71 064	**18 934**	—	1514,72	1704,06	**11 858**	—	948,64	1067,22
71 100	**18 950**	—	1516,00	1705,50	**11 868**	—	949,44	1068,12
71 136	**18 965**	—	1517,20	1706,85	**11 878**	—	950,24	1069,02
71 172	**18 980**	—	1518,40	1708,20	**11 890**	—	951,20	1070,10
71 208	**18 995**	—	1519,60	1709,55	**11 900**	—	952,00	1071,00
71 244	**19 010**	—	1520,80	1710,90	**11 912**	—	952,96	1072,08
71 280	**19 025**	—	1522,00	1712,25	**11 922**	—	953,76	1072,98
71 316	**19 040**	—	1523,20	1713,60	**11 934**	—	954,72	1074,06
71 352	**19 055**	—	1524,40	1714,95	**11 944**	—	955,52	1074,96
71 388	**19 071**	—	1525,68	1716,39	**11 956**	—	956,48	1076,04
71 424	**19 086**	—	1526,88	1717,74	**11 966**	—	957,28	1076,94
71 460	**19 101**	—	1528,08	1719,09	**11 978**	—	958,24	1078,02
71 496	**19 116**	—	1529,28	1720,44	**11 988**	—	959,04	1078,92
71 532	**19 131**	—	1530,48	1721,79	**12 000**	—	960,00	1080,00
71 568	**19 146**	—	1531,68	1723,14	**12 010**	—	960,80	1080,90
71 604	**19 161**	—	1532,88	1724,49	**12 022**	—	961,76	1081,98
71 640	**19 176**	—	1534,08	1725,84	**12 032**	—	962,56	1082,88
71 676	**19 192**	—	1535,36	1727,28	**12 044**	—	963,52	1083,96
71 712	**19 207**	—	1536,56	1728,63	**12 054**	—	964,32	1084,86
71 748	**19 222**	—	1537,76	1729,98	**12 066**	—	965,28	1085,94
71 784	**19 237**	—	1538,96	1731,33	**12 076**	—	966,08	1086,84
71 820	**19 252**	—	1540,16	1732,68	**12 088**	—	967,04	1087,92
71 856	**19 267**	—	1541,36	1734,03	**12 098**	—	967,84	1088,82
71 892	**19 282**	—	1542,56	1735,38	**12 110**	—	968,80	1089,90
71 928	**19 297**	—	1543,76	1736,73	**12 120**	—	969,60	1090,80
71 964	**19 312**	—	1544,96	1738,08	**12 132**	—	970,56	1091,88
72 000	**19 328**	—	1546,24	1739,52	**12 142**	—	971,36	1092,78
72 036	**19 343**	—	1547,44	1740,87	**12 154**	—	972,32	1093,86
72 072	**19 358**	—	1548,64	1742,22	**12 164**	—	973,12	1094,76
72 108	**19 373**	—	1549,84	1743,57	**12 176**	—	974,08	1095,84
72 144	**19 388**	—	1551,04	1744,92	**12 186**	—	974,88	1096,74
72 180	**19 403**	—	1552,24	1746,27	**12 198**	—	975,84	1097,82
72 216	**19 418**	—	1553,44	1747,62	**12 208**	—	976,64	1098,72
72 252	**19 433**	—	1554,64	1748,97	**12 220**	—	977,60	1099,80
72 288	**19 449**	—	1555,92	1750,41	**12 230**	—	978,40	1100,70
72 324	**19 464**	—	1557,12	1751,76	**12 242**	—	979,36	1101,78
72 360	**19 479**	—	1558,32	1753,11	**12 252**	—	980,16	1102,68
72 396	**19 494**	—	1559,52	1754,46	**12 264**	—	981,12	1103,76
72 432	**19 509**	—	1560,72	1755,81	**12 274**	—	981,92	1104,66
72 468	**19 524**	—	1561,92	1757,16	**12 286**	—	982,88	1105,74
72 504	**19 539**	—	1563,12	1758,51	**12 296**	—	983,68	1106,64
72 540	**19 554**	—	1564,32	1759,86	**12 308**	—	984,64	1107,72
72 576	**19 570**	—	1565,60	1761,30	**12 318**	—	985,44	1108,62
72 612	**19 585**	—	1566,80	1762,65	**12 330**	—	986,40	1109,70
72 648	**19 600**	—	1568,00	1764,00	**12 340**	—	987,20	1110,60
72 684	**19 615**	—	1569,20	1765,35	**12 352**	—	988,16	1111,68
72 720	**19 630**	—	1570,40	1766,70	**12 362**	—	988,96	1112,58
72 756	**19 645**	—	1571,60	1768,05	**12 374**	—	989,92	1113,66
72 792	**19 660**	—	1572,80	1769,40	**12 384**	—	990,72	1114,56
72 828	**19 675**	—	1574,00	1770,75	**12 396**	—	991,68	1115,64
72 864	**19 690**	—	1575,20	1772,10	**12 406**	—	992,48	1116,54
72 900	**19 706**	—	1576,48	1773,54	**12 418**	—	993,44	1117,62

* Die Steuerbeträge gelten nur für das ausgewiesene zu versteuernde Einkommen. Zwischenwerte können mit dem Abgabenrechner des Bundesfinanzministeriums (www.bmf-steuerrechner.de) euro-/centgenau ermittelt werden.

Zu versteuerndes Einkommen in €*	Abzüge an Einkommensteuer, Solidaritätszuschlag und Kirchensteuer							
	Grundtabelle				Splittingtabelle			
	ESt	SolZ	KiSt 8%	KiSt 9%	ESt	SolZ	KiSt 8%	KiSt 9%
72 936	19 721	—	1577,68	1774,89	12 428	—	994,24	1118,52
72 972	19 736	—	1578,88	1776,24	12 440	—	995,20	1119,60
73 008	19 751	—	1580,08	1777,59	12 450	—	996,00	1120,50
73 044	19 766	—	1581,28	1778,94	12 462	—	996,96	1121,58
73 080	19 781	—	1582,48	1780,29	12 472	—	997,76	1122,48
73 116	19 796	—	1583,68	1781,64	12 484	—	998,72	1123,56
73 152	19 811	—	1584,88	1782,99	12 494	—	999,52	1124,46
73 188	19 827	—	1586,16	1784,43	12 506	—	1000,48	1125,54
73 224	19 842	—	1587,36	1785,78	12 518	—	1001,44	1126,62
73 260	19 857	—	1588,56	1787,13	12 528	—	1002,24	1127,52
73 296	19 872	—	1589,76	1788,48	12 540	—	1003,20	1128,60
73 332	19 887	—	1590,96	1789,83	12 550	—	1004,00	1129,50
73 368	19 902	—	1592,16	1791,18	12 562	—	1004,96	1130,58
73 404	19 917	—	1593,36	1792,53	12 572	—	1005,76	1131,48
73 440	19 932	—	1594,56	1793,88	12 584	—	1006,72	1132,56
73 476	19 948	—	1595,84	1795,32	12 594	—	1007,52	1133,46
73 512	19 963	1,54	1597,04	1796,67	12 606	—	1008,48	1134,54
73 548	19 978	3,33	1598,24	1798,02	12 616	—	1009,28	1135,44
73 584	19 993	5,11	1599,44	1799,37	12 628	—	1010,24	1136,52
73 620	20 008	6,90	1600,64	1800,72	12 638	—	1011,04	1137,42
73 656	20 023	8,68	1601,84	1802,07	12 650	—	1012,00	1138,50
73 692	20 038	10,47	1603,04	1803,42	12 662	—	1012,96	1139,58
73 728	20 053	12,25	1604,24	1804,77	12 672	—	1013,76	1140,48
73 764	20 068	14,04	1605,44	1806,12	12 684	—	1014,72	1141,56
73 800	20 084	15,94	1606,72	1807,56	12 694	—	1015,52	1142,46
73 836	20 099	17,73	1607,92	1808,91	12 706	—	1016,48	1143,54
73 872	20 114	19,51	1609,12	1810,26	12 716	—	1017,28	1144,44
73 908	20 129	21,30	1610,32	1811,61	12 728	—	1018,24	1145,52
73 944	20 144	23,08	1611,52	1812,96	12 738	—	1019,04	1146,42
73 980	20 159	24,87	1612,72	1814,31	12 750	—	1020,00	1147,50
74 016	20 174	26,65	1613,92	1815,66	12 762	—	1020,96	1148,58
74 052	20 189	28,44	1615,12	1817,01	12 772	—	1021,76	1149,48
74 088	20 205	30,34	1616,40	1818,45	12 784	—	1022,72	1150,56
74 124	20 220	32,13	1617,60	1819,80	12 794	—	1023,52	1151,46
74 160	20 235	33,91	1618,80	1821,15	12 806	—	1024,48	1152,54
74 196	20 250	35,70	1620,00	1822,50	12 816	—	1025,28	1153,44
74 232	20 265	37,48	1621,20	1823,85	12 828	—	1026,24	1154,52
74 268	20 280	39,27	1622,40	1825,20	12 838	—	1027,04	1155,42
74 304	20 295	41,05	1623,60	1826,55	12 850	—	1028,00	1156,50
74 340	20 310	42,84	1624,80	1827,90	12 862	—	1028,96	1157,58
74 376	20 326	44,74	1626,08	1829,34	12 872	—	1029,76	1158,48
74 412	20 341	46,52	1627,28	1830,69	12 884	—	1030,72	1159,56
74 448	20 356	48,31	1628,48	1832,04	12 894	—	1031,52	1160,46
74 484	20 371	50,09	1629,68	1833,39	12 906	—	1032,48	1161,54
74 520	20 386	51,88	1630,88	1834,74	12 916	—	1033,28	1162,44
74 556	20 401	53,66	1632,08	1836,09	12 928	—	1034,24	1163,52
74 592	20 416	55,45	1633,28	1837,44	12 940	—	1035,20	1164,60
74 628	20 431	57,23	1634,48	1838,79	12 950	—	1036,00	1165,50
74 664	20 446	59,02	1635,68	1840,14	12 962	—	1036,96	1166,58
74 700	20 462	60,92	1636,96	1841,58	12 972	—	1037,76	1167,48
74 736	20 477	62,71	1638,16	1842,93	12 984	—	1038,72	1168,56
74 772	20 492	64,49	1639,36	1844,28	12 996	—	1039,68	1169,64
74 808	20 507	66,28	1640,56	1845,63	13 006	—	1040,48	1170,54
74 844	20 522	68,06	1641,76	1846,98	13 018	—	1041,44	1171,62
74 880	20 537	69,85	1642,96	1848,33	13 028	—	1042,24	1172,52
74 916	20 552	71,63	1644,16	1849,68	13 040	—	1043,20	1173,60
74 952	20 567	73,42	1645,36	1851,03	13 050	—	1044,00	1174,50
74 988	20 583	75,32	1646,64	1852,47	13 062	—	1044,96	1175,58
75 024	20 598	77,11	1647,84	1853,82	13 074	—	1045,92	1176,66
75 060	20 613	78,89	1649,04	1855,17	13 084	—	1046,72	1177,56
75 096	20 628	80,68	1650,24	1856,52	13 096	—	1047,68	1178,64
75 132	20 643	82,46	1651,44	1857,87	13 106	—	1048,48	1179,54
75 168	20 658	84,25	1652,64	1859,22	13 118	—	1049,44	1180,62
75 204	20 673	86,03	1653,84	1860,57	13 130	—	1050,40	1181,70
75 240	20 688	87,82	1655,04	1861,92	13 140	—	1051,20	1182,60

Zu versteuerndes Einkommen in €*	Abzüge an Einkommensteuer, Solidaritätszuschlag und Kirchensteuer							
	Grundtabelle				Splittingtabelle			
	ESt	SolZ	KiSt 8%	KiSt 9%	ESt	SolZ	KiSt 8%	KiSt 9%
75 276	20 704	89,72	1656,32	1863,36	13 152	—	1052,16	1183,68
75 312	20 719	91,51	1657,52	1864,71	13 162	—	1052,96	1184,58
75 348	20 734	93,29	1658,72	1866,06	13 174	—	1053,92	1185,66
75 384	20 749	95,08	1659,92	1867,41	13 186	—	1054,88	1186,74
75 420	20 764	96,86	1661,12	1868,76	13 196	—	1055,68	1187,64
75 456	20 779	98,65	1662,32	1870,11	13 208	—	1056,64	1188,72
75 492	20 794	100,43	1663,52	1871,46	13 218	—	1057,44	1189,62
75 528	20 809	102,22	1664,72	1872,81	13 230	—	1058,40	1190,70
75 564	20 824	104,00	1665,92	1874,16	13 242	—	1059,36	1191,78
75 600	20 840	105,91	1667,20	1875,60	13 252	—	1060,16	1192,68
75 636	20 855	107,69	1668,40	1876,95	13 264	—	1061,12	1193,76
75 672	20 870	109,48	1669,60	1878,30	13 274	—	1061,92	1194,66
75 708	20 885	111,26	1670,80	1879,65	13 286	—	1062,88	1195,74
75 744	20 900	113,05	1672,00	1881,00	13 298	—	1063,84	1196,82
75 780	20 915	114,83	1673,20	1882,35	13 308	—	1064,64	1197,72
75 816	20 930	116,62	1674,40	1883,70	13 320	—	1065,60	1198,80
75 852	20 945	118,40	1675,60	1885,05	13 332	—	1066,56	1199,88
75 888	20 961	120,30	1676,88	1886,49	13 342	—	1067,36	1200,78
75 924	20 976	122,09	1678,08	1887,84	13 354	—	1068,32	1201,86
75 960	20 991	123,87	1679,28	1889,19	13 364	—	1069,12	1202,76
75 996	21 006	125,66	1680,48	1890,54	13 376	—	1070,08	1203,84
76 032	21 021	127,44	1681,68	1891,89	13 388	—	1071,04	1204,92
76 068	21 036	129,23	1682,88	1893,24	13 398	—	1071,84	1205,82
76 104	21 051	131,01	1684,08	1894,59	13 410	—	1072,80	1206,90
76 140	21 066	132,80	1685,28	1895,94	13 420	—	1073,60	1207,80
76 176	21 082	134,70	1686,56	1897,38	13 432	—	1074,56	1208,88
76 212	21 097	136,49	1687,76	1898,73	13 444	—	1075,52	1209,96
76 248	21 112	138,27	1688,96	1900,08	13 454	—	1076,32	1210,86
76 284	21 127	140,06	1690,16	1901,43	13 466	—	1077,28	1211,94
76 320	21 142	141,84	1691,36	1902,78	13 478	—	1078,24	1213,02
76 356	21 157	143,63	1692,56	1904,13	13 488	—	1079,04	1213,92
76 392	21 172	145,41	1693,76	1905,48	13 500	—	1080,00	1215,00
76 428	21 187	147,20	1694,96	1906,83	13 512	—	1080,96	1216,08
76 464	21 202	148,98	1696,16	1908,18	13 522	—	1081,76	1216,98
76 500	21 218	150,89	1697,44	1909,62	13 534	—	1082,72	1218,06
76 536	21 233	152,67	1698,64	1910,97	13 544	—	1083,52	1218,96
76 572	21 248	154,46	1699,84	1912,32	13 556	—	1084,48	1220,04
76 608	21 263	156,24	1701,04	1913,67	13 568	—	1085,44	1221,12
76 644	21 278	158,03	1702,24	1915,02	13 578	—	1086,24	1222,02
76 680	21 293	159,81	1703,44	1916,37	13 590	—	1087,20	1223,10
76 716	21 308	161,60	1704,64	1917,72	13 602	—	1088,16	1224,18
76 752	21 323	163,38	1705,84	1919,07	13 612	—	1088,96	1225,08
76 788	21 339	165,29	1707,12	1920,51	13 624	—	1089,92	1226,16
76 824	21 354	167,07	1708,32	1921,86	13 636	—	1090,88	1227,24
76 860	21 369	168,86	1709,52	1923,21	13 646	—	1091,68	1228,14
76 896	21 384	170,64	1710,72	1924,56	13 658	—	1092,64	1229,22
76 932	21 399	172,43	1711,92	1925,91	13 670	—	1093,60	1230,30
76 968	21 414	174,21	1713,12	1927,26	13 680	—	1094,40	1231,20
77 004	21 429	176,00	1714,32	1928,61	13 692	—	1095,36	1232,28
77 040	21 444	177,78	1715,52	1929,96	13 702	—	1096,16	1233,18
77 076	21 460	179,69	1716,80	1931,40	13 714	—	1097,12	1234,26
77 112	21 475	181,47	1718,00	1932,75	13 726	—	1098,08	1235,34
77 148	21 490	183,26	1719,20	1934,10	13 736	—	1098,88	1236,24
77 184	21 505	185,04	1720,40	1935,45	13 748	—	1099,84	1237,32
77 220	21 520	186,83	1721,60	1936,80	13 760	—	1100,80	1238,40
77 256	21 535	188,61	1722,80	1938,15	13 770	—	1101,60	1239,30
77 292	21 550	190,40	1724,00	1939,50	13 782	—	1102,56	1240,38
77 328	21 565	192,18	1725,20	1940,85	13 794	—	1103,52	1241,46
77 364	21 580	193,97	1726,40	1942,20	13 804	—	1104,32	1242,36
77 400	21 596	195,87	1727,68	1943,64	13 816	—	1105,28	1243,44
77 436	21 611	197,65	1728,88	1944,99	13 828	—	1106,24	1244,52
77 472	21 626	199,44	1730,08	1946,34	13 838	—	1107,04	1245,42
77 508	21 641	201,22	1731,28	1947,69	13 850	—	1108,00	1246,50
77 544	21 656	203,01	1732,48	1949,04	13 862	—	1108,96	1247,58
77 580	21 671	204,79	1733,68	1950,39	13 872	—	1109,76	1248,48

* Die Steuerbeträge gelten nur für das ausgewiesene zu versteuernde Einkommen. Zwischenwerte können mit dem Abgabenrechner des Bundesfinanzministeriums (www.bmf-steuerrechner.de) euro-/centgenau ermittelt werden.

Zu versteuerndes Einkommen in €*	Abzüge an Einkommensteuer, Solidaritätszuschlag und Kirchensteuer							
	Grundtabelle				Splittingtabelle			
	ESt	SolZ	KiSt 8%	KiSt 9%	ESt	SolZ	KiSt 8%	KiSt 9%
77 616	21 686	206,58	1734,88	1951,74	13 884	—	1110,72	1249,56
77 652	21 701	208,36	1736,08	1953,09	13 896	—	1111,68	1250,64
77 688	21 717	210,27	1737,36	1954,53	13 906	—	1112,48	1251,54
77 724	21 732	212,05	1738,56	1955,88	13 918	—	1113,44	1252,62
77 760	21 747	213,84	1739,76	1957,23	13 930	—	1114,40	1253,70
77 796	21 762	215,62	1740,96	1958,58	13 940	—	1115,20	1254,60
77 832	21 777	217,41	1742,16	1959,93	13 952	—	1116,16	1255,68
77 868	21 792	219,19	1743,36	1961,28	13 964	—	1117,12	1256,76
77 904	21 807	220,98	1744,56	1962,63	13 976	—	1118,08	1257,84
77 940	21 822	222,76	1745,76	1963,98	13 986	—	1118,88	1258,74
77 976	21 838	224,67	1747,04	1965,42	13 998	—	1119,84	1259,82
78 012	21 853	226,45	1748,24	1966,77	14 010	—	1120,80	1260,90
78 048	21 868	228,24	1749,44	1968,12	14 020	—	1121,60	1261,80
78 084	21 883	230,02	1750,64	1969,47	14 032	—	1122,56	1262,88
78 120	21 898	231,81	1751,84	1970,82	14 044	—	1123,52	1263,96
78 156	21 913	233,59	1753,04	1972,17	14 054	—	1124,32	1264,86
78 192	21 928	235,38	1754,24	1973,52	14 066	—	1125,28	1265,94
78 228	21 943	237,16	1755,44	1974,87	14 078	—	1126,24	1267,02
78 264	21 958	238,95	1756,64	1976,22	14 088	—	1127,04	1267,92
78 300	21 974	240,85	1757,92	1977,66	14 100	—	1128,00	1269,00
78 336	21 989	242,64	1759,12	1979,01	14 112	—	1128,96	1270,08
78 372	22 004	244,42	1760,32	1980,36	14 124	—	1129,92	1271,16
78 408	22 019	246,21	1761,52	1981,71	14 134	—	1130,72	1272,06
78 444	22 034	247,99	1762,72	1983,06	14 146	—	1131,68	1273,14
78 480	22 049	249,78	1763,92	1984,41	14 158	—	1132,64	1274,22
78 516	22 064	251,56	1765,12	1985,76	14 168	—	1133,44	1275,12
78 552	22 079	253,35	1766,32	1987,11	14 180	—	1134,40	1276,20
78 588	22 095	255,25	1767,60	1988,55	14 192	—	1135,36	1277,28
78 624	22 110	257,04	1768,80	1989,90	14 202	—	1136,16	1278,18
78 660	22 125	258,82	1770,00	1991,25	14 214	—	1137,12	1279,26
78 696	22 140	260,61	1771,20	1992,60	14 226	—	1138,08	1280,34
78 732	22 155	262,39	1772,40	1993,95	14 238	—	1139,04	1281,42
78 768	22 170	264,18	1773,60	1995,30	14 248	—	1139,84	1282,32
78 804	22 185	265,96	1774,80	1996,65	14 260	—	1140,80	1283,40
78 840	22 200	267,75	1776,00	1998,00	14 272	—	1141,76	1284,48
78 876	22 216	269,65	1777,28	1999,44	14 282	—	1142,56	1285,38
78 912	22 231	271,43	1778,48	2000,79	14 294	—	1143,52	1286,46
78 948	22 246	273,22	1779,68	2002,14	14 306	—	1144,48	1287,54
78 984	22 261	275,00	1780,88	2003,49	14 318	—	1145,44	1288,62
79 020	22 276	276,79	1782,08	2004,84	14 328	—	1146,24	1289,52
79 056	22 291	278,57	1783,28	2006,19	14 340	—	1147,20	1290,60
79 092	22 306	280,36	1784,48	2007,54	14 352	—	1148,16	1291,68
79 128	22 321	282,14	1785,68	2008,89	14 362	—	1148,96	1292,58
79 164	22 336	283,93	1786,88	2010,24	14 374	—	1149,92	1293,66
79 200	22 352	285,83	1788,16	2011,68	14 386	—	1150,88	1294,74
79 236	22 367	287,62	1789,36	2013,03	14 398	—	1151,84	1295,82
79 272	22 382	289,40	1790,56	2014,38	14 408	—	1152,64	1296,72
79 308	22 397	291,19	1791,76	2015,73	14 420	—	1153,60	1297,80
79 344	22 412	292,97	1792,96	2017,08	14 432	—	1154,56	1298,88
79 380	22 427	294,76	1794,16	2018,43	14 442	—	1155,36	1299,78
79 416	22 442	296,54	1795,36	2019,78	14 454	—	1156,32	1300,86
79 452	22 457	298,33	1796,56	2021,13	14 466	—	1157,28	1301,94
79 488	22 473	300,23	1797,84	2022,57	14 478	—	1158,24	1303,02
79 524	22 488	302,02	1799,04	2023,92	14 488	—	1159,04	1303,92
79 560	22 503	303,80	1800,24	2025,27	14 500	—	1160,00	1305,00
79 596	22 518	305,59	1801,44	2026,62	14 512	—	1160,96	1306,08
79 632	22 533	307,37	1802,64	2027,97	14 524	—	1161,92	1307,16
79 668	22 548	309,16	1803,84	2029,32	14 534	—	1162,72	1308,06
79 704	22 563	310,94	1805,04	2030,67	14 546	—	1163,68	1309,14
79 740	22 578	312,73	1806,24	2032,02	14 558	—	1164,64	1310,22
79 776	22 594	314,63	1807,52	2033,46	14 570	—	1165,60	1311,30
79 812	22 609	316,42	1808,72	2034,81	14 580	—	1166,40	1312,20
79 848	22 624	318,20	1809,92	2036,16	14 592	—	1167,36	1313,28
79 884	22 639	319,99	1811,12	2037,51	14 604	—	1168,32	1314,36
79 920	22 654	321,77	1812,32	2038,86	14 616	—	1169,28	1315,44

Zu versteuerndes Einkommen in €*	Abzüge an Einkommensteuer, Solidaritätszuschlag und Kirchensteuer							
	Grundtabelle				Splittingtabelle			
	ESt	SolZ	KiSt 8%	KiSt 9%	ESt	SolZ	KiSt 8%	KiSt 9%
79 956	22 669	323,56	1813,52	2040,21	14 626	—	1170,08	1316,34
79 992	22 684	325,34	1814,72	2041,56	14 638	—	1171,04	1317,42
80 028	22 699	327,13	1815,92	2042,91	14 650	—	1172,00	1318,50
80 064	22 714	328,91	1817,12	2044,26	14 662	—	1172,96	1319,58
80 100	22 730	330,82	1818,40	2045,70	14 672	—	1173,76	1320,48
80 136	22 745	332,60	1819,60	2047,05	14 684	—	1174,72	1321,56
80 172	22 760	334,39	1820,80	2048,40	14 696	—	1175,68	1322,64
80 208	22 775	336,17	1822,00	2049,75	14 708	—	1176,64	1323,72
80 244	22 790	337,96	1823,20	2051,10	14 718	—	1177,44	1324,62
80 280	22 805	339,74	1824,40	2052,45	14 730	—	1178,40	1325,70
80 316	22 820	341,53	1825,60	2053,80	14 742	—	1179,36	1326,78
80 352	22 835	343,31	1826,80	2055,15	14 754	—	1180,32	1327,86
80 388	22 851	345,21	1828,08	2056,59	14 764	—	1181,12	1328,76
80 424	22 866	347,00	1829,28	2057,94	14 776	—	1182,08	1329,84
80 460	22 881	348,78	1830,48	2059,29	14 788	—	1183,04	1330,92
80 496	22 896	350,57	1831,68	2060,64	14 800	—	1184,00	1332,00
80 532	22 911	352,35	1832,88	2061,99	14 810	—	1184,80	1332,90
80 568	22 926	354,14	1834,08	2063,34	14 822	—	1185,76	1333,98
80 604	22 941	355,92	1835,28	2064,69	14 834	—	1186,72	1335,06
80 640	22 956	357,71	1836,48	2066,04	14 846	—	1187,68	1336,14
80 676	22 972	359,61	1837,76	2067,48	14 856	—	1188,48	1337,04
80 712	22 987	361,40	1838,96	2068,83	14 868	—	1189,44	1338,12
80 748	23 002	363,18	1840,16	2070,18	14 880	—	1190,40	1339,20
80 784	23 017	364,97	1841,36	2071,53	14 892	—	1191,36	1340,28
80 820	23 032	366,75	1842,56	2072,88	14 904	—	1192,32	1341,36
80 856	23 047	368,54	1843,76	2074,23	14 914	—	1193,12	1342,26
80 892	23 062	370,32	1844,96	2075,58	14 926	—	1194,08	1343,34
80 928	23 077	372,11	1846,16	2076,93	14 938	—	1195,04	1344,42
80 964	23 092	373,89	1847,36	2078,28	14 950	—	1196,00	1345,50
81 000	23 108	375,80	1848,64	2079,72	14 960	—	1196,80	1346,40
81 036	23 123	377,58	1849,84	2081,07	14 972	—	1197,76	1347,48
81 072	23 138	379,37	1851,04	2082,42	14 984	—	1198,72	1348,56
81 108	23 153	381,15	1852,24	2083,77	14 996	—	1199,68	1349,64
81 144	23 168	382,94	1853,44	2085,12	15 008	—	1200,64	1350,72
81 180	23 183	384,72	1854,64	2086,47	15 018	—	1201,44	1351,62
81 216	23 198	386,51	1855,84	2087,82	15 030	—	1202,40	1352,70
81 252	23 213	388,29	1857,04	2089,17	15 042	—	1203,36	1353,78
81 288	23 229	390,20	1858,32	2090,61	15 054	—	1204,32	1354,86
81 324	23 244	391,98	1859,52	2091,96	15 066	—	1205,28	1355,94
81 360	23 259	393,77	1860,72	2093,31	15 076	—	1206,08	1356,84
81 396	23 274	395,55	1861,92	2094,66	15 088	—	1207,04	1357,92
81 432	23 289	397,34	1863,12	2096,01	15 100	—	1208,00	1359,00
81 468	23 304	399,12	1864,32	2097,36	15 112	—	1208,96	1360,08
81 504	23 319	400,91	1865,52	2098,71	15 122	—	1209,76	1360,98
81 540	23 334	402,69	1866,72	2100,06	15 134	—	1210,72	1362,06
81 576	23 350	404,60	1868,00	2101,50	15 146	—	1211,68	1363,14
81 612	23 365	406,38	1869,20	2102,85	15 158	—	1212,64	1364,22
81 648	23 380	408,17	1870,40	2104,20	15 170	—	1213,60	1365,30
81 684	23 395	409,95	1871,60	2105,55	15 180	—	1214,40	1366,20
81 720	23 410	411,74	1872,80	2106,90	15 192	—	1215,36	1367,28
81 756	23 425	413,52	1874,00	2108,25	15 204	—	1216,32	1368,36
81 792	23 440	415,31	1875,20	2109,60	15 216	—	1217,28	1369,44
81 828	23 455	417,09	1876,40	2110,95	15 228	—	1218,24	1370,52
81 864	23 470	418,88	1877,60	2112,30	15 240	—	1219,20	1371,60
81 900	23 486	420,78	1878,88	2113,74	15 250	—	1220,00	1372,50
81 936	23 501	422,56	1880,08	2115,09	15 262	—	1220,96	1373,58
81 972	23 516	424,35	1881,28	2116,44	15 274	—	1221,92	1374,66
82 008	23 531	426,13	1882,48	2117,79	15 286	—	1222,88	1375,74
82 044	23 546	427,92	1883,68	2119,14	15 298	—	1223,84	1376,82
82 080	23 561	429,70	1884,88	2120,49	15 308	—	1224,64	1377,72
82 116	23 576	431,49	1886,08	2121,84	15 320	—	1225,60	1378,80
82 152	23 591	433,27	1887,28	2123,19	15 332	—	1226,56	1379,88
82 188	23 607	435,18	1888,56	2124,63	15 344	—	1227,52	1380,96
82 224	23 622	436,96	1889,76	2125,98	15 356	—	1228,48	1382,04
82 260	23 637	438,75	1890,96	2127,33	15 366	—	1229,28	1382,94

* Die Steuerbeträge gelten nur für das ausgewiesene zu versteuernde Einkommen. Zwischenwerte können mit dem Abgabenrechner des Bundesfinanzministeriums (www.bmf-steuerrechner.de) euro-/centgenau ermittelt werden.

Zu versteuerndes Einkommen in €*	Abzüge an Einkommensteuer, Solidaritätszuschlag und Kirchensteuer							
	Grundtabelle				Splittingtabelle			
	ESt	SolZ	KiSt 8%	KiSt 9%	ESt	SolZ	KiSt 8%	KiSt 9%
82 296	23 652	440,53	1892,16	2128,68	15 378	—	1230,24	1384,02
82 332	23 667	442,32	1893,36	2130,03	15 390	—	1231,20	1385,10
82 368	23 682	444,10	1894,56	2131,38	15 402	—	1232,16	1386,18
82 404	23 697	445,89	1895,76	2132,73	15 414	—	1233,12	1387,26
82 440	23 712	447,67	1896,96	2134,08	15 426	—	1234,08	1388,34
82 476	23 728	449,58	1898,24	2135,52	15 436	—	1234,88	1389,24
82 512	23 743	451,36	1899,44	2136,87	15 448	—	1235,84	1390,32
82 548	23 758	453,15	1900,64	2138,22	15 460	—	1236,80	1391,40
82 584	23 773	454,93	1901,84	2139,57	15 472	—	1237,76	1392,48
82 620	23 788	456,72	1903,04	2140,92	15 484	—	1238,72	1393,56
82 656	23 803	458,50	1904,24	2142,27	15 496	—	1239,68	1394,64
82 692	23 818	460,29	1905,44	2143,62	15 506	—	1240,48	1395,54
82 728	23 833	462,07	1906,64	2144,97	15 518	—	1241,44	1396,62
82 764	23 848	463,86	1907,84	2146,32	15 530	—	1242,40	1397,70
82 800	23 864	465,76	1909,12	2147,76	15 542	—	1243,36	1398,78
82 836	23 879	467,55	1910,32	2149,11	15 554	—	1244,32	1399,86
82 872	23 894	469,33	1911,52	2150,46	15 566	—	1245,28	1400,94
82 908	23 909	471,12	1912,72	2151,81	15 576	—	1246,08	1401,84
82 944	23 924	472,90	1913,92	2153,16	15 588	—	1247,04	1402,92
82 980	23 939	474,69	1915,12	2154,51	15 600	—	1248,00	1404,00
83 016	23 954	476,47	1916,32	2155,86	15 612	—	1248,96	1405,08
83 052	23 969	478,26	1917,52	2157,21	15 624	—	1249,92	1406,16
83 088	23 985	480,16	1918,80	2158,65	15 636	—	1250,88	1407,24
83 124	24 000	481,95	1920,00	2160,00	15 648	—	1251,84	1408,32
83 160	24 015	483,73	1921,20	2161,35	15 658	—	1252,64	1409,22
83 196	24 030	485,52	1922,40	2162,70	15 670	—	1253,60	1410,30
83 232	24 045	487,30	1923,60	2164,05	15 682	—	1254,56	1411,38
83 268	24 060	489,09	1924,80	2165,40	15 694	—	1255,52	1412,46
83 304	24 075	490,87	1926,00	2166,75	15 706	—	1256,48	1413,54
83 340	24 090	492,66	1927,20	2168,10	15 718	—	1257,44	1414,62
83 376	24 106	494,56	1928,48	2169,54	15 728	—	1258,24	1415,52
83 412	24 121	496,34	1929,68	2170,89	15 740	—	1259,20	1416,60
83 448	24 136	498,13	1930,88	2172,24	15 752	—	1260,16	1417,68
83 484	24 151	499,91	1932,08	2173,59	15 764	—	1261,12	1418,76
83 520	24 166	501,70	1933,28	2174,94	15 776	—	1262,08	1419,84
83 556	24 181	503,48	1934,48	2176,29	15 788	—	1263,04	1420,92
83 592	24 196	505,27	1935,68	2177,64	15 800	—	1264,00	1422,00
83 628	24 211	507,05	1936,88	2178,99	15 812	—	1264,96	1423,08
83 664	24 226	508,84	1938,08	2180,34	15 822	—	1265,76	1423,98
83 700	24 242	510,74	1939,36	2181,78	15 834	—	1266,72	1425,06
83 736	24 257	512,53	1940,56	2183,13	15 846	—	1267,68	1426,14
83 772	24 272	514,31	1941,76	2184,48	15 858	—	1268,64	1427,22
83 808	24 287	516,10	1942,96	2185,83	15 870	—	1269,60	1428,30
83 844	24 302	517,88	1944,16	2187,18	15 882	—	1270,56	1429,38
83 880	24 317	519,67	1945,36	2188,53	15 894	—	1271,52	1430,46
83 916	24 332	521,45	1946,56	2189,88	15 904	—	1272,32	1431,36
83 952	24 347	523,24	1947,76	2191,23	15 916	—	1273,28	1432,44
83 988	24 363	525,14	1949,04	2192,67	15 928	—	1274,24	1433,52
84 024	24 378	526,93	1950,24	2194,02	15 940	—	1275,20	1434,60
84 060	24 393	528,71	1951,44	2195,37	15 952	—	1276,16	1435,68
84 096	24 408	530,50	1952,64	2196,72	15 964	—	1277,12	1436,76
84 132	24 423	532,28	1953,84	2198,07	15 976	—	1278,08	1437,84
84 168	24 438	534,07	1955,04	2199,42	15 988	—	1279,04	1438,92
84 204	24 453	535,85	1956,24	2200,77	15 998	—	1279,84	1439,82
84 240	24 468	537,64	1957,44	2202,12	16 010	—	1280,80	1440,90
84 276	24 484	539,54	1958,72	2203,56	16 022	—	1281,76	1441,98
84 312	24 499	541,33	1959,92	2204,91	16 034	—	1282,72	1443,06
84 348	24 514	543,11	1961,12	2206,26	16 046	—	1283,68	1444,14
84 384	24 529	544,90	1962,32	2207,61	16 058	—	1284,64	1445,22
84 420	24 544	546,68	1963,52	2208,96	16 070	—	1285,60	1446,30
84 456	24 559	548,47	1964,72	2210,31	16 082	—	1286,56	1447,38
84 492	24 574	550,25	1965,92	2211,66	16 094	—	1287,52	1448,46
84 528	24 589	552,04	1967,12	2213,01	16 104	—	1288,32	1449,36
84 564	24 604	553,82	1968,32	2214,36	16 116	—	1289,28	1450,44
84 600	24 620	555,73	1969,60	2215,80	16 128	—	1290,24	1451,52

Zu versteuerndes Einkommen in €*	Abzüge an Einkommensteuer, Solidaritätszuschlag und Kirchensteuer							
	Grundtabelle				Splittingtabelle			
	ESt	SolZ	KiSt 8%	KiSt 9%	ESt	SolZ	KiSt 8%	KiSt 9%
84 636	24 635	557,51	1970,80	2217,15	16 140	—	1291,20	1452,60
84 672	24 650	559,30	1972,00	2218,50	16 152	—	1292,16	1453,68
84 708	24 665	561,08	1973,20	2219,85	16 164	—	1293,12	1454,76
84 744	24 680	562,87	1974,40	2221,20	16 176	—	1294,08	1455,84
84 780	24 695	564,65	1975,60	2222,55	16 188	—	1295,04	1456,92
84 816	24 710	566,44	1976,80	2223,90	16 200	—	1296,00	1458,00
84 852	24 725	568,22	1978,00	2225,25	16 212	—	1296,96	1459,08
84 888	24 741	570,12	1979,28	2226,69	16 222	—	1297,76	1459,98
84 924	24 756	571,91	1980,48	2228,04	16 234	—	1298,72	1461,06
84 960	24 771	573,69	1981,68	2229,39	16 246	—	1299,68	1462,14
84 996	24 786	575,48	1982,88	2230,74	16 258	—	1300,64	1463,22
85 032	24 801	577,26	1984,08	2232,09	16 270	—	1301,60	1464,30
85 068	24 816	579,05	1985,28	2233,44	16 282	—	1302,56	1465,38
85 104	24 831	580,83	1986,48	2234,79	16 294	—	1303,52	1466,46
85 140	24 846	582,62	1987,68	2236,14	16 306	—	1304,48	1467,54
85 176	24 862	584,52	1988,96	2237,58	16 318	—	1305,44	1468,62
85 212	24 877	586,31	1990,16	2238,93	16 330	—	1306,40	1469,70
85 248	24 892	588,09	1991,36	2240,28	16 342	—	1307,36	1470,78
85 284	24 907	589,88	1992,56	2241,63	16 352	—	1308,16	1471,68
85 320	24 922	591,66	1993,76	2242,98	16 364	—	1309,12	1472,76
85 356	24 937	593,45	1994,96	2244,33	16 376	—	1310,08	1473,84
85 392	24 952	595,23	1996,16	2245,68	16 388	—	1311,04	1474,92
85 428	24 967	597,02	1997,36	2247,03	16 400	—	1312,00	1476,00
85 464	24 982	598,80	1998,56	2248,38	16 412	—	1312,96	1477,08
85 500	24 998	600,71	1999,84	2249,82	16 424	—	1313,92	1478,16
85 536	25 013	602,49	2001,04	2251,17	16 436	—	1314,88	1479,24
85 572	25 028	604,28	2002,24	2252,52	16 448	—	1315,84	1480,32
85 608	25 043	606,06	2003,44	2253,87	16 460	—	1316,80	1481,40
85 644	25 058	607,85	2004,64	2255,22	16 472	—	1317,76	1482,48
85 680	25 073	609,63	2005,84	2256,57	16 484	—	1318,72	1483,56
85 716	25 088	611,42	2007,04	2257,92	16 496	—	1319,68	1484,64
85 752	25 103	613,20	2008,24	2259,27	16 506	—	1320,48	1485,54
85 788	25 119	615,11	2009,52	2260,71	16 518	—	1321,44	1486,62
85 824	25 134	616,89	2010,72	2262,06	16 530	—	1322,40	1487,70
85 860	25 149	618,68	2011,92	2263,41	16 542	—	1323,36	1488,78
85 896	25 164	620,46	2013,12	2264,76	16 554	—	1324,32	1489,86
85 932	25 179	622,25	2014,32	2266,11	16 566	—	1325,28	1490,94
85 968	25 194	624,03	2015,52	2267,46	16 578	—	1326,24	1492,02
86 004	25 209	625,82	2016,72	2268,81	16 590	—	1327,20	1493,10
86 040	25 224	627,60	2017,92	2270,16	16 602	—	1328,16	1494,18
86 076	25 240	629,51	2019,20	2271,60	16 614	—	1329,12	1495,26
86 112	25 255	631,29	2020,40	2272,95	16 626	—	1330,08	1496,34
86 148	25 270	633,08	2021,60	2274,30	16 638	—	1331,04	1497,42
86 184	25 285	634,86	2022,80	2275,65	16 650	—	1332,00	1498,50
86 220	25 300	636,65	2024,00	2277,00	16 662	—	1332,96	1499,58
86 256	25 315	638,43	2025,20	2278,35	16 674	—	1333,92	1500,66
86 292	25 330	640,22	2026,40	2279,70	16 686	—	1334,88	1501,74
86 328	25 345	642,00	2027,60	2281,05	16 698	—	1335,84	1502,82
86 364	25 360	643,79	2028,80	2282,40	16 710	—	1336,80	1503,90
86 400	25 376	645,69	2030,08	2283,84	16 720	—	1337,60	1504,80
86 436	25 391	647,47	2031,28	2285,19	16 732	—	1338,56	1505,88
86 472	25 406	649,26	2032,48	2286,54	16 744	—	1339,52	1506,96
86 508	25 421	651,04	2033,68	2287,89	16 756	—	1340,48	1508,04
86 544	25 436	652,83	2034,88	2289,24	16 768	—	1341,44	1509,12
86 580	25 451	654,61	2036,08	2290,59	16 780	—	1342,40	1510,20
86 616	25 466	656,40	2037,28	2291,94	16 792	—	1343,36	1511,28
86 652	25 481	658,18	2038,48	2293,29	16 804	—	1344,32	1512,36
86 688	25 497	660,09	2039,76	2294,73	16 816	—	1345,28	1513,44
86 724	25 512	661,87	2040,96	2296,08	16 828	—	1346,24	1514,52
86 760	25 527	663,66	2042,16	2297,43	16 840	—	1347,20	1515,60
86 796	25 542	665,44	2043,36	2298,78	16 852	—	1348,16	1516,68
86 832	25 557	667,23	2044,56	2300,13	16 864	—	1349,12	1517,76
86 868	25 572	669,01	2045,76	2301,48	16 876	—	1350,08	1518,84
86 904	25 587	670,80	2046,96	2302,83	16 888	—	1351,04	1519,92
86 940	25 602	672,58	2048,16	2304,18	16 900	—	1352,00	1521,00

* Die Steuerbeträge gelten nur für das ausgewiesene zu versteuernde Einkommen. Zwischenwerte können mit dem Abgabenrechner des Bundesfinanzministeriums (www.bmf-steuerrechner.de) euro-/centgenau ermittelt werden.

Zu versteuerndes Einkommen in €*	Abzüge an Einkommensteuer, Solidaritätszuschlag und Kirchensteuer – Grundtabelle				Splittingtabelle			
	ESt	SolZ	KiSt 8%	KiSt 9%	ESt	SolZ	KiSt 8%	KiSt 9%
86 976	25 618	674,49	2049,44	2305,62	16 912	—	1352,96	1522,08
87 012	25 633	676,27	2050,64	2306,97	16 924	—	1353,92	1523,16
87 048	25 648	678,06	2051,84	2308,32	16 936	—	1354,88	1524,24
87 084	25 663	679,84	2053,04	2309,67	16 948	—	1355,84	1525,32
87 120	25 678	681,63	2054,24	2311,02	16 960	—	1356,80	1526,40
87 156	25 693	683,41	2055,44	2312,37	16 972	—	1357,76	1527,48
87 192	25 708	685,20	2056,64	2313,72	16 984	—	1358,72	1528,56
87 228	25 723	686,98	2057,84	2315,07	16 996	—	1359,68	1529,64
87 264	25 738	688,77	2059,04	2316,42	17 008	—	1360,64	1530,72
87 300	25 754	690,67	2060,32	2317,86	17 020	—	1361,60	1531,80
87 336	25 769	692,46	2061,52	2319,21	17 032	—	1362,56	1532,88
87 372	25 784	694,24	2062,72	2320,56	17 044	—	1363,52	1533,96
87 408	25 799	696,03	2063,92	2321,91	17 056	—	1364,48	1535,04
87 444	25 814	697,81	2065,12	2323,26	17 068	—	1365,44	1536,12
87 480	25 829	699,60	2066,32	2324,61	17 080	—	1366,40	1537,20
87 516	25 844	701,38	2067,52	2325,96	17 092	—	1367,36	1538,28
87 552	25 859	703,17	2068,72	2327,31	17 104	—	1368,32	1539,36
87 588	25 875	705,07	2070,00	2328,75	17 116	—	1369,28	1540,44
87 624	25 890	706,86	2071,20	2330,10	17 126	—	1370,08	1541,34
87 660	25 905	708,64	2072,40	2331,45	17 138	—	1371,04	1542,42
87 696	25 920	710,43	2073,60	2332,80	17 150	—	1372,00	1543,50
87 732	25 935	712,21	2074,80	2334,15	17 162	—	1372,96	1544,58
87 768	25 950	714,00	2076,00	2335,50	17 174	—	1373,92	1545,66
87 804	25 965	715,78	2077,20	2336,85	17 186	—	1374,88	1546,74
87 840	25 980	717,57	2078,40	2338,20	17 198	—	1375,84	1547,82
87 876	25 996	719,47	2079,68	2339,64	17 210	—	1376,80	1548,90
87 912	26 011	721,25	2080,88	2340,99	17 222	—	1377,76	1549,98
87 948	26 026	723,04	2082,08	2342,34	17 234	—	1378,72	1551,06
87 984	26 041	724,82	2083,28	2343,69	17 246	—	1379,68	1552,14
88 020	26 056	726,61	2084,48	2345,04	17 258	—	1380,64	1553,22
88 056	26 071	728,39	2085,68	2346,39	17 270	—	1381,60	1554,30
88 092	26 086	730,18	2086,88	2347,74	17 282	—	1382,56	1555,38
88 128	26 101	731,96	2088,08	2349,09	17 294	—	1383,52	1556,46
88 164	26 116	733,75	2089,28	2350,44	17 306	—	1384,48	1557,54
88 200	26 132	735,65	2090,56	2351,88	17 320	—	1385,60	1558,80
88 236	26 147	737,44	2091,76	2353,23	17 332	—	1386,56	1559,88
88 272	26 162	739,22	2092,96	2354,58	17 344	—	1387,52	1560,96
88 308	26 177	741,01	2094,16	2355,93	17 356	—	1388,48	1562,04
88 344	26 192	742,79	2095,36	2357,28	17 368	—	1389,44	1563,12
88 380	26 207	744,58	2096,56	2358,63	17 380	—	1390,40	1564,20
88 416	26 222	746,36	2097,76	2359,98	17 392	—	1391,36	1565,28
88 452	26 237	748,15	2098,96	2361,33	17 404	—	1392,32	1566,36
88 488	26 253	750,05	2100,24	2362,77	17 416	—	1393,28	1567,44
88 524	26 268	751,84	2101,44	2364,12	17 428	—	1394,24	1568,52
88 560	26 283	753,62	2102,64	2365,47	17 440	—	1395,20	1569,60
88 596	26 298	755,41	2103,84	2366,82	17 452	—	1396,16	1570,68
88 632	26 313	757,19	2105,04	2368,17	17 464	—	1397,12	1571,76
88 668	26 328	758,98	2106,24	2369,52	17 476	—	1398,08	1572,84
88 704	26 343	760,76	2107,44	2370,87	17 488	—	1399,04	1573,92
88 740	26 358	762,55	2108,64	2372,22	17 500	—	1400,00	1575,00
88 776	26 374	764,45	2109,92	2373,66	17 512	—	1400,96	1576,08
88 812	26 389	766,24	2111,12	2375,01	17 524	—	1401,92	1577,16
88 848	26 404	768,02	2112,32	2376,36	17 536	—	1402,88	1578,24
88 884	26 419	769,81	2113,52	2377,71	17 548	—	1403,84	1579,32
88 920	26 434	771,59	2114,72	2379,06	17 560	—	1404,80	1580,40
88 956	26 449	773,38	2115,92	2380,41	17 572	—	1405,76	1581,48
88 992	26 464	775,16	2117,12	2381,76	17 584	—	1406,72	1582,56
89 028	26 479	776,95	2118,32	2383,11	17 596	—	1407,68	1583,64
89 064	26 494	778,73	2119,52	2384,46	17 608	—	1408,64	1584,72
89 100	26 510	780,64	2120,80	2385,90	17 620	—	1409,60	1585,80
89 136	26 525	782,42	2122,00	2387,25	17 632	—	1410,56	1586,88
89 172	26 540	784,21	2123,20	2388,60	17 644	—	1411,52	1587,96
89 208	26 555	785,99	2124,40	2389,95	17 656	—	1412,48	1589,04
89 244	26 570	787,78	2125,60	2391,30	17 668	—	1413,44	1590,12
89 280	26 585	789,56	2126,80	2392,65	17 680	—	1414,40	1591,20

Zu versteuerndes Einkommen in €*	Abzüge an Einkommensteuer, Solidaritätszuschlag und Kirchensteuer – Grundtabelle				Splittingtabelle			
	ESt	SolZ	KiSt 8%	KiSt 9%	ESt	SolZ	KiSt 8%	KiSt 9%
89 316	26 600	791,35	2128,00	2394,00	17 692	—	1415,36	1592,28
89 352	26 615	793,13	2129,20	2395,35	17 704	—	1416,32	1593,36
89 388	26 631	795,03	2130,48	2396,79	17 716	—	1417,28	1594,44
89 424	26 646	796,82	2131,68	2398,14	17 730	—	1418,40	1595,70
89 460	26 661	798,60	2132,88	2399,49	17 742	—	1419,36	1596,78
89 496	26 676	800,39	2134,08	2400,84	17 754	—	1420,32	1597,86
89 532	26 691	802,17	2135,28	2402,19	17 766	—	1421,28	1598,94
89 568	26 706	803,96	2136,48	2403,54	17 778	—	1422,24	1600,02
89 604	26 721	805,74	2137,68	2404,89	17 790	—	1423,20	1601,10
89 640	26 736	807,53	2138,88	2406,24	17 802	—	1424,16	1602,18
89 676	26 752	809,43	2140,16	2407,68	17 814	—	1425,12	1603,26
89 712	26 767	811,22	2141,36	2409,03	17 826	—	1426,08	1604,34
89 748	26 782	813,00	2142,56	2410,38	17 838	—	1427,04	1605,42
89 784	26 797	814,79	2143,76	2411,73	17 850	—	1428,00	1606,50
89 820	26 812	816,57	2144,96	2413,08	17 862	—	1428,96	1607,58
89 856	26 827	818,36	2146,16	2414,43	17 874	—	1429,92	1608,66
89 892	26 842	820,14	2147,36	2415,78	17 886	—	1430,88	1609,74
89 928	26 857	821,93	2148,56	2417,13	17 898	—	1431,84	1610,82
89 964	26 872	823,71	2149,76	2418,48	17 910	—	1432,80	1611,90
90 000	26 888	825,62	2151,04	2419,92	17 922	—	1433,76	1612,98
90 036	26 903	827,40	2152,24	2421,27	17 934	—	1434,72	1614,06
90 072	26 918	829,19	2153,44	2422,62	17 948	—	1435,84	1615,32
90 108	26 933	830,97	2154,64	2423,97	17 960	—	1436,80	1616,40
90 144	26 948	832,76	2155,84	2425,32	17 972	—	1437,76	1617,48
90 180	26 963	834,54	2157,04	2426,67	17 984	—	1438,72	1618,56
90 216	26 978	836,33	2158,24	2428,02	17 996	—	1439,68	1619,64
90 252	26 993	838,11	2159,44	2429,37	18 008	—	1440,64	1620,72
90 288	27 009	840,02	2160,72	2430,81	18 020	—	1441,60	1621,80
90 324	27 024	841,80	2161,92	2432,16	18 032	—	1442,56	1622,88
90 360	27 039	843,59	2163,12	2433,51	18 044	—	1443,52	1623,96
90 396	27 054	845,37	2164,32	2434,86	18 056	—	1444,48	1625,04
90 432	27 069	847,16	2165,52	2436,21	18 068	—	1445,44	1626,12
90 468	27 084	848,94	2166,72	2437,56	18 080	—	1446,40	1627,20
90 504	27 099	850,73	2167,92	2438,91	18 092	—	1447,36	1628,28
90 540	27 114	852,51	2169,12	2440,26	18 106	—	1448,48	1629,54
90 576	27 130	854,42	2170,40	2441,70	18 118	—	1449,44	1630,62
90 612	27 145	856,20	2171,60	2443,05	18 130	—	1450,40	1631,70
90 648	27 160	857,99	2172,80	2444,40	18 142	—	1451,36	1632,78
90 684	27 175	859,77	2174,00	2445,75	18 154	—	1452,32	1633,86
90 720	27 190	861,56	2175,20	2447,10	18 166	—	1453,28	1634,94
90 756	27 205	863,34	2176,40	2448,45	18 178	—	1454,24	1636,02
90 792	27 220	865,13	2177,60	2449,80	18 190	—	1455,20	1637,10
90 828	27 235	866,91	2178,80	2451,15	18 202	—	1456,16	1638,18
90 864	27 250	868,70	2180,00	2452,50	18 214	—	1457,12	1639,26
90 900	27 266	870,60	2181,28	2453,94	18 226	—	1458,08	1640,34
90 936	27 281	872,38	2182,48	2455,29	18 240	—	1459,20	1641,60
90 972	27 296	874,17	2183,68	2456,64	18 252	—	1460,16	1642,68
91 008	27 311	875,95	2184,88	2457,99	18 264	—	1461,12	1643,76
91 044	27 326	877,74	2186,08	2459,34	18 276	—	1462,08	1644,84
91 080	27 341	879,52	2187,28	2460,69	18 288	—	1463,04	1645,92
91 116	27 356	881,31	2188,48	2462,04	18 300	—	1464,00	1647,00
91 152	27 371	883,09	2189,68	2463,39	18 312	—	1464,96	1648,08
91 188	27 387	885,00	2190,96	2464,83	18 324	—	1465,92	1649,16
91 224	27 402	886,78	2192,16	2466,18	18 336	—	1466,88	1650,24
91 260	27 417	888,57	2193,36	2467,53	18 348	—	1467,84	1651,32
91 296	27 432	890,35	2194,56	2468,88	18 362	—	1468,96	1652,58
91 332	27 447	892,14	2195,76	2470,23	18 374	—	1469,92	1653,66
91 368	27 462	893,92	2196,96	2471,58	18 386	—	1470,88	1654,74
91 404	27 477	895,71	2198,16	2472,93	18 398	—	1471,84	1655,82
91 440	27 492	897,49	2199,36	2474,28	18 410	—	1472,80	1656,90
91 476	27 508	899,40	2200,64	2475,72	18 422	—	1473,76	1657,98
91 512	27 523	901,18	2201,84	2477,07	18 434	—	1474,72	1659,06
91 548	27 538	902,97	2203,04	2478,42	18 446	—	1475,68	1660,14
91 584	27 553	904,75	2204,24	2479,77	18 458	—	1476,64	1661,22
91 620	27 568	906,54	2205,44	2481,12	18 472	—	1477,76	1662,48

* Die Steuerbeträge gelten nur für das ausgewiesene zu versteuernde Einkommen. Zwischenwerte können mit dem Abgabenrechner des Bundesfinanzministeriums (www.bmf-steuerrechner.de) euro-/centgenau ermittelt werden.

EINKOMMEN 91 656,–

Zu versteuerndes Einkommen in €*	Abzüge an Einkommensteuer, Solidaritätszuschlag und Kirchensteuer							
	Grundtabelle				Splittingtabelle			
	ESt	SolZ	KiSt 8%	KiSt 9%	ESt	SolZ	KiSt 8%	KiSt 9%
91 656	27 583	908,32	2206,64	2482,47	18 484	—	1478,72	1663,56
91 692	27 598	910,11	2207,84	2483,82	18 496	—	1479,68	1664,64
91 728	27 613	911,89	2209,04	2485,17	18 508	—	1480,64	1665,72
91 764	27 628	913,68	2210,24	2486,52	18 520	—	1481,60	1666,80
91 800	27 644	915,58	2211,52	2487,96	18 532	—	1482,56	1667,88
91 836	27 659	917,37	2212,72	2489,31	18 544	—	1483,52	1668,96
91 872	27 674	919,15	2213,92	2490,66	18 556	—	1484,48	1670,04
91 908	27 689	920,94	2215,12	2492,01	18 570	—	1485,60	1671,30
91 944	27 704	922,72	2216,32	2493,36	18 582	—	1486,56	1672,38
91 980	27 719	924,51	2217,52	2494,71	18 594	—	1487,52	1673,46
92 016	27 734	926,29	2218,72	2496,06	18 606	—	1488,48	1674,54
92 052	27 749	928,08	2219,92	2497,41	18 618	—	1489,44	1675,62
92 088	27 765	929,98	2221,20	2498,85	18 630	—	1490,40	1676,70
92 124	27 780	931,77	2222,40	2500,20	18 642	—	1491,36	1677,78
92 160	27 795	933,55	2223,60	2501,55	18 656	—	1492,48	1679,04
92 196	27 810	935,34	2224,80	2502,90	18 668	—	1493,44	1680,12
92 232	27 825	937,12	2226,00	2504,25	18 680	—	1494,40	1681,20
92 268	27 840	938,91	2227,20	2505,60	18 692	—	1495,36	1682,28
92 304	27 855	940,69	2228,40	2506,95	18 704	—	1496,32	1683,36
92 340	27 870	942,48	2229,60	2508,30	18 716	—	1497,28	1684,44
92 376	27 886	944,38	2230,88	2509,74	18 728	—	1498,24	1685,52
92 412	27 901	946,16	2232,08	2511,09	18 740	—	1499,20	1686,60
92 448	27 916	947,95	2233,28	2512,44	18 754	—	1500,32	1687,86
92 484	27 931	949,73	2234,48	2513,79	18 766	—	1501,28	1688,94
92 520	27 946	951,52	2235,68	2515,14	18 778	—	1502,24	1690,02
92 556	27 961	953,30	2236,88	2516,49	18 790	—	1503,20	1691,10
92 592	27 976	955,09	2238,08	2517,84	18 802	—	1504,16	1692,18
92 628	27 991	956,87	2239,28	2519,19	18 814	—	1505,12	1693,26
92 664	28 006	958,66	2240,48	2520,54	18 828	—	1506,24	1694,52
92 700	28 022	960,56	2241,76	2521,98	18 840	—	1507,20	1695,60
92 736	28 037	962,35	2242,96	2523,33	18 852	—	1508,16	1696,68
92 772	28 052	964,13	2244,16	2524,68	18 864	—	1509,12	1697,76
92 808	28 067	965,92	2245,36	2526,03	18 876	—	1510,08	1698,84
92 844	28 082	967,70	2246,56	2527,38	18 888	—	1511,04	1699,92
92 880	28 097	969,49	2247,76	2528,73	18 900	—	1512,00	1701,00
92 916	28 112	971,27	2248,96	2530,08	18 914	—	1513,12	1702,26
92 952	28 127	973,06	2250,16	2531,43	18 926	—	1514,08	1703,34
92 988	28 143	974,96	2251,44	2532,87	18 938	—	1515,04	1704,42
93 024	28 158	976,75	2252,64	2534,22	18 950	—	1516,00	1705,50
93 060	28 173	978,53	2253,84	2535,57	18 962	—	1516,96	1706,58
93 096	28 188	980,32	2255,04	2536,92	18 974	—	1517,92	1707,66
93 132	28 203	982,10	2256,24	2538,27	18 988	—	1519,04	1708,92
93 168	28 218	983,89	2257,44	2539,62	19 000	—	1520,00	1710,00
93 204	28 233	985,67	2258,64	2540,97	19 012	—	1520,96	1711,08
93 240	28 248	987,46	2259,84	2542,32	19 024	—	1521,92	1712,16
93 276	28 264	989,36	2261,12	2543,76	19 036	—	1522,88	1713,24
93 312	28 279	991,15	2262,32	2545,11	19 048	—	1523,84	1714,32
93 348	28 294	992,93	2263,52	2546,46	19 062	—	1524,96	1715,58
93 384	28 309	994,72	2264,72	2547,81	19 074	—	1525,92	1716,66
93 420	28 324	996,50	2265,92	2549,16	19 086	—	1526,88	1717,74
93 456	28 339	998,29	2267,12	2550,51	19 098	—	1527,84	1718,82
93 492	28 354	1000,07	2268,32	2551,86	19 110	—	1528,80	1719,90
93 528	28 369	1001,86	2269,52	2553,21	19 122	—	1529,76	1720,98
93 564	28 384	1003,64	2270,72	2554,56	19 136	—	1530,88	1722,24
93 600	28 400	1005,55	2272,00	2556,00	19 148	—	1531,84	1723,32
93 636	28 415	1007,33	2273,20	2557,35	19 160	—	1532,80	1724,40
93 672	28 430	1009,12	2274,40	2558,70	19 172	—	1533,76	1725,48
93 708	28 445	1010,90	2275,60	2560,05	19 184	—	1534,72	1726,56
93 744	28 460	1012,69	2276,80	2561,40	19 198	—	1535,84	1727,82
93 780	28 475	1014,47	2278,00	2562,75	19 210	—	1536,80	1728,90
93 816	28 490	1016,26	2279,20	2564,10	19 222	—	1537,76	1729,98
93 852	28 505	1018,04	2280,40	2565,45	19 234	—	1538,72	1731,06
93 888	28 521	1019,94	2281,68	2566,89	19 246	—	1539,68	1732,14
93 924	28 536	1021,73	2282,88	2568,24	19 260	—	1540,80	1733,40
93 960	28 551	1023,51	2284,08	2569,59	19 272	—	1541,76	1734,48
93 996	28 566	1025,30	2285,28	2570,94	19 284	—	1542,72	1735,56
94 032	28 581	1027,08	2286,48	2572,29	19 296	—	1543,68	1736,64
94 068	28 596	1028,87	2287,68	2573,64	19 308	—	1544,64	1737,72
94 104	28 611	1030,65	2288,88	2574,99	19 320	—	1545,60	1738,80
94 140	28 626	1032,44	2290,08	2576,34	19 334	—	1546,72	1740,06
94 176	28 642	1034,34	2291,36	2577,78	19 346	—	1547,68	1741,14
94 212	28 657	1036,13	2292,56	2579,13	19 358	—	1548,64	1742,22
94 248	28 672	1037,91	2293,76	2580,48	19 370	—	1549,60	1743,30
94 284	28 687	1039,70	2294,96	2581,83	19 382	—	1550,56	1744,38
94 320	28 702	1041,48	2296,16	2583,18	19 396	—	1551,68	1745,64
94 356	28 717	1043,27	2297,36	2584,53	19 408	—	1552,64	1746,72
94 392	28 732	1045,05	2298,56	2585,88	19 420	—	1553,60	1747,80
94 428	28 747	1046,84	2299,76	2587,23	19 432	—	1554,56	1748,88
94 464	28 762	1048,62	2300,96	2588,58	19 446	—	1555,68	1750,14
94 500	28 778	1050,53	2302,24	2590,02	19 458	—	1556,64	1751,22
94 536	28 793	1052,31	2303,44	2591,37	19 470	—	1557,60	1752,30
94 572	28 808	1054,10	2304,64	2592,72	19 482	—	1558,56	1753,38
94 608	28 823	1055,88	2305,84	2594,07	19 494	—	1559,52	1754,46
94 644	28 838	1057,67	2307,04	2595,42	19 508	—	1560,64	1755,72
94 680	28 853	1059,45	2308,24	2596,77	19 520	—	1561,60	1756,80
94 716	28 868	1061,24	2309,44	2598,12	19 532	—	1562,56	1757,88
94 752	28 883	1063,02	2310,64	2599,47	19 544	—	1563,52	1758,96
94 788	28 899	1064,93	2311,92	2600,91	19 556	—	1564,48	1760,04
94 824	28 914	1066,71	2313,12	2602,26	19 570	—	1565,60	1761,30
94 860	28 929	1068,50	2314,32	2603,61	19 582	—	1566,56	1762,38
94 896	28 944	1070,28	2315,52	2604,96	19 594	—	1567,52	1763,46
94 932	28 959	1072,07	2316,72	2606,31	19 606	—	1568,48	1764,54
94 968	28 974	1073,85	2317,92	2607,66	19 620	—	1569,60	1765,80
95 004	28 989	1075,64	2319,12	2609,01	19 632	—	1570,56	1766,88
95 040	29 004	1077,42	2320,32	2610,36	19 644	—	1571,52	1767,96
95 076	29 020	1079,33	2321,60	2611,80	19 656	—	1572,48	1769,04
95 112	29 035	1081,11	2322,80	2613,15	19 668	—	1573,44	1770,12
95 148	29 050	1082,90	2324,00	2614,50	19 682	—	1574,56	1771,38
95 184	29 065	1084,68	2325,20	2615,85	19 694	—	1575,52	1772,46
95 220	29 080	1086,47	2326,40	2617,20	19 706	—	1576,48	1773,54
95 256	29 095	1088,25	2327,60	2618,55	19 718	—	1577,44	1774,62
95 292	29 110	1090,04	2328,80	2619,90	19 732	—	1578,56	1775,88
95 328	29 125	1091,82	2330,00	2621,25	19 744	—	1579,52	1776,96
95 364	29 140	1093,61	2331,20	2622,60	19 756	—	1580,48	1778,04
95 400	29 156	1095,51	2332,48	2624,04	19 768	—	1581,44	1779,12
95 436	29 171	1097,29	2333,68	2625,39	19 782	—	1582,56	1780,38
95 472	29 186	1099,08	2334,88	2626,74	19 794	—	1583,52	1781,46
95 508	29 201	1100,86	2336,08	2628,09	19 806	—	1584,48	1782,54
95 544	29 216	1102,65	2337,28	2629,44	19 818	—	1585,44	1783,62
95 580	29 231	1104,43	2338,48	2630,79	19 832	—	1586,56	1784,88
95 616	29 246	1106,22	2339,68	2632,14	19 844	—	1587,52	1785,96
95 652	29 261	1108,00	2340,88	2633,49	19 856	—	1588,48	1787,04
95 688	29 277	1109,91	2342,16	2634,93	19 868	—	1589,44	1788,12
95 724	29 292	1111,69	2343,36	2636,28	19 882	—	1590,56	1789,38
95 760	29 307	1113,48	2344,56	2637,63	19 894	—	1591,52	1790,46
95 796	29 322	1115,26	2345,76	2638,98	19 906	—	1592,48	1791,54
95 832	29 337	1117,05	2346,96	2640,33	19 918	—	1593,44	1792,62
95 868	29 352	1118,83	2348,16	2641,68	19 932	—	1594,56	1793,88
95 904	29 367	1120,62	2349,36	2643,03	19 944	—	1595,52	1794,96
95 940	29 382	1122,40	2350,56	2644,38	19 956	—	1596,48	1796,04
95 976	29 398	1124,31	2351,84	2645,82	19 968	—	1597,44	1797,12
96 012	29 413	1126,09	2353,04	2647,17	19 982	—	1598,56	1798,38
96 048	29 428	1127,88	2354,24	2648,52	19 994	—	1599,52	1799,46
96 084	29 443	1129,66	2355,44	2649,87	20 006	—	1600,48	1800,54
96 120	29 458	1131,45	2356,64	2651,22	20 018	—	1601,44	1801,62
96 156	29 473	1133,23	2357,84	2652,57	20 032	—	1602,56	1802,88
96 192	29 488	1135,02	2359,04	2653,92	20 044	—	1603,52	1803,96
96 228	29 503	1136,80	2360,24	2655,27	20 056	—	1604,48	1805,04
96 264	29 518	1138,59	2361,44	2656,62	20 068	—	1605,44	1806,12
96 300	29 534	1140,49	2362,72	2658,06	20 082	—	1606,56	1807,38

* Die Steuerbeträge gelten nur für das ausgewiesene zu versteuernde Einkommen. Zwischenwerte können mit dem Abgabenrechner des Bundesfinanzministeriums (www.bmf-steuerrechner.de) euro-/centgenau ermittelt werden.

Zu versteuerndes Einkommen in €*	Abzüge an Einkommensteuer, Solidaritätszuschlag und Kirchensteuer							
	Grundtabelle				Splittingtabelle			
	ESt	SolZ	KiSt 8%	KiSt 9%	ESt	SolZ	KiSt 8%	KiSt 9%
96 336	**29 549**	1142,28	2363,92	2659,41	**20 094**	—	1607,52	1808,46
96 372	**29 564**	1144,06	2365,12	2660,76	**20 106**	—	1608,48	1809,54
96 408	**29 579**	1145,85	2366,32	2662,11	**20 118**	—	1609,44	1810,62
96 444	**29 594**	1147,63	2367,52	2663,46	**20 132**	—	1610,56	1811,88
96 480	**29 609**	1149,42	2368,72	2664,81	**20 144**	—	1611,52	1812,96
96 516	**29 624**	1151,20	2369,92	2666,16	**20 156**	—	1612,48	1814,04
96 552	**29 639**	1152,99	2371,12	2667,51	**20 170**	—	1613,60	1815,30
96 588	**29 655**	1154,89	2372,40	2668,95	**20 182**	—	1614,56	1816,38
96 624	**29 670**	1156,68	2373,60	2670,30	**20 194**	—	1615,52	1817,46
96 660	**29 685**	1158,46	2374,80	2671,65	**20 206**	—	1616,48	1818,54
96 696	**29 700**	1160,25	2376,00	2673,00	**20 220**	—	1617,60	1819,80
96 732	**29 715**	1162,03	2377,20	2674,35	**20 232**	—	1618,56	1820,88
96 768	**29 730**	1163,82	2378,40	2675,70	**20 244**	—	1619,52	1821,96
96 804	**29 745**	1165,60	2379,60	2677,05	**20 258**	—	1620,64	1823,22
96 840	**29 760**	1167,39	2380,80	2678,40	**20 270**	—	1621,60	1824,30
96 876	**29 776**	1169,29	2382,08	2679,84	**20 282**	—	1622,56	1825,38
96 912	**29 791**	1171,07	2383,28	2681,19	**20 294**	—	1623,52	1826,46
96 948	**29 806**	1172,86	2384,48	2682,54	**20 308**	—	1624,64	1827,72
96 984	**29 821**	1174,64	2385,68	2683,89	**20 320**	—	1625,60	1828,80
97 020	**29 836**	1176,43	2386,88	2685,24	**20 332**	—	1626,56	1829,88
97 056	**29 851**	1178,21	2388,08	2686,59	**20 346**	—	1627,68	1831,14
97 092	**29 866**	1180,00	2389,28	2687,94	**20 358**	—	1628,64	1832,22
97 128	**29 881**	1181,78	2390,48	2689,29	**20 370**	—	1629,60	1833,30
97 164	**29 896**	1183,57	2391,68	2690,64	**20 382**	—	1630,56	1834,38
97 200	**29 912**	1185,47	2392,96	2692,08	**20 396**	—	1631,68	1835,64
97 236	**29 927**	1187,26	2394,16	2693,43	**20 408**	—	1632,64	1836,72
97 272	**29 942**	1189,04	2395,36	2694,78	**20 420**	—	1633,60	1837,80
97 308	**29 957**	1190,83	2396,56	2696,13	**20 434**	—	1634,72	1839,06
97 344	**29 972**	1192,61	2397,76	2697,48	**20 446**	—	1635,68	1840,14
97 380	**29 987**	1194,40	2398,96	2698,83	**20 458**	—	1636,64	1841,22
97 416	**30 002**	1196,18	2400,16	2700,18	**20 472**	—	1637,76	1842,48
97 452	**30 017**	1197,97	2401,36	2701,53	**20 484**	—	1638,72	1843,56
97 488	**30 033**	1199,87	2402,64	2702,97	**20 496**	—	1639,68	1844,64
97 524	**30 048**	1201,66	2403,84	2704,32	**20 508**	—	1640,64	1845,72
97 560	**30 063**	1203,44	2405,04	2705,67	**20 522**	—	1641,76	1846,98
97 596	**30 078**	1205,23	2406,24	2707,02	**20 534**	—	1642,72	1848,06
97 632	**30 093**	1207,01	2407,44	2708,37	**20 546**	—	1643,68	1849,14
97 668	**30 108**	1208,80	2408,64	2709,72	**20 560**	—	1644,80	1850,40
97 704	**30 123**	1210,58	2409,84	2711,07	**20 572**	—	1645,76	1851,48
97 740	**30 138**	1212,37	2411,04	2712,42	**20 584**	—	1646,72	1852,56
97 776	**30 154**	1214,27	2412,32	2713,86	**20 598**	—	1647,84	1853,82
97 812	**30 169**	1216,06	2413,52	2715,21	**20 610**	—	1648,80	1854,90
97 848	**30 184**	1217,84	2414,72	2716,56	**20 622**	—	1649,76	1855,98
97 884	**30 199**	1219,63	2415,92	2717,91	**20 636**	—	1650,88	1857,24
97 920	**30 214**	1221,41	2417,12	2719,26	**20 648**	—	1651,84	1858,32
97 956	**30 229**	1223,20	2418,32	2720,61	**20 660**	—	1652,80	1859,40
97 992	**30 244**	1224,98	2419,52	2721,96	**20 672**	—	1653,76	1860,48
98 028	**30 259**	1226,77	2420,72	2723,31	**20 686**	—	1654,88	1861,74
98 064	**30 274**	1228,55	2421,92	2724,66	**20 698**	—	1655,84	1862,82
98 100	**30 290**	1230,46	2423,20	2726,10	**20 710**	—	1656,80	1863,90
98 136	**30 305**	1232,24	2424,40	2727,45	**20 724**	—	1657,92	1865,16
98 172	**30 320**	1234,03	2425,60	2728,80	**20 736**	—	1658,88	1866,24
98 208	**30 335**	1235,81	2426,80	2730,15	**20 748**	—	1659,84	1867,32
98 244	**30 350**	1237,60	2428,00	2731,50	**20 762**	—	1660,96	1868,58
98 280	**30 365**	1239,38	2429,20	2732,85	**20 774**	—	1661,92	1869,66
98 316	**30 380**	1241,17	2430,40	2734,20	**20 786**	—	1662,88	1870,74
98 352	**30 395**	1242,95	2431,60	2735,55	**20 800**	—	1664,00	1872,00
98 388	**30 411**	1244,85	2432,88	2736,99	**20 812**	—	1664,96	1873,08
98 424	**30 426**	1246,64	2434,08	2738,34	**20 824**	—	1665,92	1874,16
98 460	**30 441**	1248,42	2435,28	2739,69	**20 838**	—	1667,04	1875,42
98 496	**30 456**	1250,21	2436,48	2741,04	**20 850**	—	1668,00	1876,50
98 532	**30 471**	1251,99	2437,68	2742,39	**20 862**	—	1668,96	1877,58
98 568	**30 486**	1253,78	2438,88	2743,74	**20 876**	—	1670,08	1878,84
98 604	**30 501**	1255,56	2440,08	2745,09	**20 888**	—	1671,04	1879,92
98 640	**30 516**	1257,35	2441,28	2746,44	**20 900**	—	1672,00	1881,00

Zu versteuerndes Einkommen in €*	Abzüge an Einkommensteuer, Solidaritätszuschlag und Kirchensteuer							
	Grundtabelle				Splittingtabelle			
	ESt	SolZ	KiSt 8%	KiSt 9%	ESt	SolZ	KiSt 8%	KiSt 9%
98 676	**30 532**	1259,25	2442,56	2747,88	**20 914**	—	1673,12	1882,26
98 712	**30 547**	1261,04	2443,76	2749,23	**20 926**	—	1674,08	1883,34
98 748	**30 562**	1262,82	2444,96	2750,58	**20 938**	—	1675,04	1884,42
98 784	**30 577**	1264,61	2446,16	2751,93	**20 952**	—	1676,16	1885,68
98 820	**30 592**	1266,39	2447,36	2753,28	**20 964**	—	1677,12	1886,76
98 856	**30 607**	1268,18	2448,56	2754,63	**20 978**	—	1678,24	1888,02
98 892	**30 622**	1269,96	2449,76	2755,98	**20 990**	—	1679,20	1889,10
98 928	**30 637**	1271,75	2450,96	2757,33	**21 002**	—	1680,16	1890,18
98 964	**30 652**	1273,53	2452,16	2758,68	**21 016**	—	1681,28	1891,44
99 000	**30 668**	1275,44	2453,44	2760,12	**21 028**	—	1682,24	1892,52
99 036	**30 683**	1277,22	2454,64	2761,47	**21 040**	—	1683,20	1893,60
99 072	**30 698**	1279,01	2455,84	2762,82	**21 054**	—	1684,32	1894,86
99 108	**30 713**	1280,79	2457,04	2764,17	**21 066**	—	1685,28	1895,94
99 144	**30 728**	1282,58	2458,24	2765,52	**21 078**	—	1686,24	1897,02
99 180	**30 743**	1284,36	2459,44	2766,87	**21 092**	—	1687,36	1898,28
99 216	**30 758**	1286,15	2460,64	2768,22	**21 104**	—	1688,32	1899,36
99 252	**30 773**	1287,93	2461,84	2769,57	**21 116**	—	1689,28	1900,44
99 288	**30 789**	1289,84	2463,12	2771,01	**21 130**	—	1690,40	1901,70
99 324	**30 804**	1291,62	2464,32	2772,36	**21 142**	—	1691,36	1902,78
99 360	**30 819**	1293,41	2465,52	2773,71	**21 156**	—	1692,48	1904,04
99 396	**30 834**	1295,19	2466,72	2775,06	**21 168**	—	1693,44	1905,12
99 432	**30 849**	1296,98	2467,92	2776,41	**21 180**	—	1694,40	1906,20
99 468	**30 864**	1298,76	2469,12	2777,76	**21 194**	—	1695,52	1907,46
99 504	**30 879**	1300,55	2470,32	2779,11	**21 206**	—	1696,48	1908,54
99 540	**30 894**	1302,33	2471,52	2780,46	**21 218**	—	1697,44	1909,62
99 576	**30 910**	1304,24	2472,80	2781,90	**21 232**	—	1698,56	1910,88
99 612	**30 925**	1306,02	2474,00	2783,25	**21 244**	—	1699,52	1911,96
99 648	**30 940**	1307,81	2475,20	2784,60	**21 256**	—	1700,48	1913,04
99 684	**30 955**	1309,59	2476,40	2785,95	**21 270**	—	1701,60	1914,30
99 720	**30 970**	1311,38	2477,60	2787,30	**21 282**	—	1702,56	1915,38
99 756	**30 985**	1313,16	2478,80	2788,65	**21 296**	—	1703,68	1916,64
99 792	**31 000**	1314,95	2480,00	2790,00	**21 308**	—	1704,64	1917,72
99 828	**31 015**	1316,73	2481,20	2791,35	**21 320**	—	1705,60	1918,80
99 864	**31 030**	1318,52	2482,40	2792,70	**21 334**	—	1706,72	1920,06
99 900	**31 046**	1320,42	2483,68	2794,14	**21 346**	—	1707,68	1921,14
99 936	**31 061**	1322,20	2484,88	2795,49	**21 360**	—	1708,80	1922,40
99 972	**31 076**	1323,99	2486,08	2796,84	**21 372**	—	1709,76	1923,48
100 008	**31 091**	1325,77	2487,28	2798,19	**21 384**	—	1710,72	1924,56
100 044	**31 106**	1327,56	2488,48	2799,54	**21 398**	—	1711,84	1925,82
100 080	**31 121**	1329,34	2489,68	2800,89	**21 410**	—	1712,80	1926,90
100 116	**31 136**	1331,13	2490,88	2802,24	**21 422**	—	1713,76	1927,98
100 152	**31 151**	1332,91	2492,08	2803,59	**21 436**	—	1714,88	1929,24
100 188	**31 167**	1334,82	2493,36	2805,03	**21 448**	—	1715,84	1930,32
100 224	**31 182**	1336,60	2494,56	2806,38	**21 462**	—	1716,96	1931,58
100 260	**31 197**	1338,39	2495,76	2807,73	**21 474**	—	1717,92	1932,66
100 296	**31 212**	1340,17	2496,96	2809,08	**21 486**	—	1718,88	1933,74
100 332	**31 227**	1341,96	2498,16	2810,43	**21 500**	—	1720,00	1935,00
100 368	**31 242**	1343,74	2499,36	2811,78	**21 512**	—	1720,96	1936,08
100 404	**31 257**	1345,53	2500,56	2813,13	**21 526**	—	1722,08	1937,34
100 440	**31 272**	1347,31	2501,76	2814,48	**21 538**	—	1723,04	1938,42
100 476	**31 288**	1349,22	2503,04	2815,92	**21 550**	—	1724,00	1939,50
100 512	**31 303**	1351,00	2504,24	2817,27	**21 564**	—	1725,12	1940,76
100 548	**31 318**	1352,79	2505,44	2818,62	**21 576**	—	1726,08	1941,84
100 584	**31 333**	1354,57	2506,64	2819,97	**21 590**	—	1727,20	1943,10
100 620	**31 348**	1356,36	2507,84	2821,32	**21 602**	—	1728,16	1944,18
100 656	**31 363**	1358,14	2509,04	2822,67	**21 614**	—	1729,12	1945,26
100 692	**31 378**	1359,93	2510,24	2824,02	**21 628**	—	1730,24	1946,52
100 728	**31 393**	1361,71	2511,44	2825,37	**21 640**	—	1731,20	1947,60
100 764	**31 408**	1363,50	2512,64	2826,72	**21 654**	—	1732,32	1948,86
100 800	**31 424**	1365,40	2513,92	2828,16	**21 666**	—	1733,28	1949,94
100 836	**31 439**	1367,19	2515,12	2829,51	**21 678**	—	1734,24	1951,02
100 872	**31 454**	1368,97	2516,32	2830,86	**21 692**	—	1735,36	1952,28
100 908	**31 469**	1370,76	2517,52	2832,21	**21 704**	—	1736,32	1953,36
100 944	**31 484**	1372,54	2518,72	2833,56	**21 718**	—	1737,44	1954,62
100 980	**31 499**	1374,33	2519,92	2834,91	**21 730**	—	1738,40	1955,70

* Die Steuerbeträge gelten nur für das ausgewiesene zu versteuernde Einkommen. Zwischenwerte können mit dem Abgabenrechner des Bundesfinanzministeriums (www.bmf-steuerrechner.de) euro-/centgenau ermittelt werden.

Zu versteuerndes Einkommen in €*	Abzüge an Einkommensteuer, Solidaritätszuschlag und Kirchensteuer – Grundtabelle ESt	SolZ	KiSt 8%	KiSt 9%	Splittingtabelle ESt	SolZ	KiSt 8%	KiSt 9%
101 016	31 514	1376,11	2521,12	2836,26	21 744	—	1739,52	1956,96
101 052	31 529	1377,90	2522,32	2837,61	21 756	—	1740,48	1958,04
101 088	31 545	1379,80	2523,60	2839,05	21 768	—	1741,44	1959,12
101 124	31 560	1381,59	2524,80	2840,40	21 782	—	1742,56	1960,38
101 160	31 575	1383,37	2526,00	2841,75	21 794	—	1743,52	1961,46
101 196	31 590	1385,16	2527,20	2843,10	21 808	—	1744,64	1962,72
101 232	31 605	1386,94	2528,40	2844,45	21 820	—	1745,60	1963,80
101 268	31 620	1388,73	2529,60	2845,80	21 832	—	1746,56	1964,88
101 304	31 635	1390,51	2530,80	2847,15	21 846	—	1747,68	1966,14
101 340	31 650	1392,30	2532,00	2848,50	21 858	—	1748,64	1967,22
101 376	31 666	1394,20	2533,28	2849,94	21 872	—	1749,76	1968,48
101 412	31 681	1395,98	2534,48	2851,29	21 884	—	1750,72	1969,56
101 448	31 696	1397,77	2535,68	2852,64	21 898	—	1751,84	1970,82
101 484	31 711	1399,55	2536,88	2853,99	21 910	—	1752,80	1971,90
101 520	31 726	1401,34	2538,08	2855,34	21 922	—	1753,76	1972,98
101 556	31 741	1403,12	2539,28	2856,69	21 936	—	1754,88	1974,24
101 592	31 756	1404,91	2540,48	2858,04	21 948	—	1755,84	1975,32
101 628	31 771	1406,69	2541,68	2859,39	21 962	—	1756,96	1976,58
101 664	31 786	1408,48	2542,88	2860,74	21 974	—	1757,92	1977,66
101 700	31 802	1410,38	2544,16	2862,18	21 988	—	1759,04	1978,92
101 736	31 817	1412,17	2545,36	2863,53	22 000	—	1760,00	1980,00
101 772	31 832	1413,95	2546,56	2864,88	22 014	—	1761,12	1981,26
101 808	31 847	1415,74	2547,76	2866,23	22 026	—	1762,08	1982,34
101 844	31 862	1417,52	2548,96	2867,58	22 038	—	1763,04	1983,42
101 880	31 877	1419,31	2550,16	2868,93	22 052	—	1764,16	1984,68
101 916	31 892	1421,09	2551,36	2870,28	22 064	—	1765,12	1985,76
101 952	31 907	1422,88	2552,56	2871,63	22 078	—	1766,24	1987,02
101 988	31 923	1424,78	2553,84	2873,07	22 090	—	1767,20	1988,10
102 024	31 938	1426,57	2555,04	2874,42	22 104	—	1768,32	1989,36
102 060	31 953	1428,35	2556,24	2875,77	22 116	—	1769,28	1990,44
102 096	31 968	1430,14	2557,44	2877,12	22 130	—	1770,40	1991,70
102 132	31 983	1431,92	2558,64	2878,47	22 142	—	1771,36	1992,78
102 168	31 998	1433,71	2559,84	2879,82	22 154	—	1772,32	1993,86
102 204	32 013	1435,49	2561,04	2881,17	22 168	—	1773,44	1995,12
102 240	32 028	1437,28	2562,24	2882,52	22 180	—	1774,40	1996,20
102 276	32 044	1439,18	2563,52	2883,96	22 194	—	1775,52	1997,46
102 312	32 059	1440,97	2564,72	2885,31	22 206	—	1776,48	1998,54
102 348	32 074	1442,75	2565,92	2886,66	22 220	—	1777,60	1999,80
102 384	32 089	1444,54	2567,12	2888,01	22 232	—	1778,56	2000,88
102 420	32 104	1446,32	2568,32	2889,36	22 246	—	1779,68	2002,14
102 456	32 119	1448,11	2569,52	2890,71	22 258	—	1780,64	2003,22
102 492	32 134	1449,89	2570,72	2892,06	22 272	—	1781,76	2004,48
102 528	32 149	1451,68	2571,92	2893,41	22 284	—	1782,72	2005,56
102 564	32 164	1453,46	2573,12	2894,76	22 298	—	1783,84	2006,82
102 600	32 180	1455,37	2574,40	2896,20	22 310	—	1784,80	2007,90
102 636	32 195	1457,15	2575,60	2897,55	22 322	—	1785,76	2008,98
102 672	32 210	1458,94	2576,80	2898,90	22 336	—	1786,88	2010,24
102 708	32 225	1460,72	2578,00	2900,25	22 348	—	1787,84	2011,32
102 744	32 240	1462,51	2579,20	2901,60	22 362	—	1788,96	2012,58
102 780	32 255	1464,29	2580,40	2902,95	22 374	—	1789,92	2013,66
102 816	32 270	1466,08	2581,60	2904,30	22 388	—	1791,04	2014,92
102 852	32 285	1467,86	2582,80	2905,65	22 400	—	1792,00	2016,00
102 888	32 301	1469,76	2584,08	2907,09	22 414	—	1793,12	2017,26
102 924	32 316	1471,55	2585,28	2908,44	22 426	—	1794,08	2018,34
102 960	32 331	1473,33	2586,48	2909,79	22 440	—	1795,20	2019,60
102 996	32 346	1475,12	2587,68	2911,14	22 452	—	1796,16	2020,68
103 032	32 361	1476,90	2588,88	2912,49	22 466	—	1797,28	2021,94
103 068	32 376	1478,69	2590,08	2913,84	22 478	—	1798,24	2023,02
103 104	32 391	1480,47	2591,28	2915,19	22 492	—	1799,36	2024,28
103 140	32 406	1482,26	2592,48	2916,54	22 504	—	1800,32	2025,36
103 176	32 422	1484,16	2593,76	2917,98	22 518	—	1801,44	2026,62
103 212	32 437	1485,95	2594,96	2919,33	22 530	—	1802,40	2027,70
103 248	32 452	1487,73	2596,16	2920,68	22 544	—	1803,52	2028,96
103 284	32 467	1489,52	2597,36	2922,03	22 556	—	1804,48	2030,04
103 320	32 482	1491,30	2598,56	2923,38	22 570	—	1805,60	2031,30

Zu versteuerndes Einkommen in €*	Abzüge an Einkommensteuer, Solidaritätszuschlag und Kirchensteuer – Grundtabelle ESt	SolZ	KiSt 8%	KiSt 9%	Splittingtabelle ESt	SolZ	KiSt 8%	KiSt 9%
103 356	32 497	1493,09	2599,76	2924,73	22 582	—	1806,56	2032,38
103 392	32 512	1494,87	2600,96	2926,08	22 596	—	1807,68	2033,64
103 428	32 527	1496,66	2602,16	2927,43	22 608	—	1808,64	2034,72
103 464	32 542	1498,44	2603,36	2928,78	22 622	—	1809,76	2035,98
103 500	32 558	1500,35	2604,64	2930,22	22 634	—	1810,72	2037,06
103 536	32 573	1502,13	2605,84	2931,57	22 648	—	1811,84	2038,32
103 572	32 588	1503,92	2607,04	2932,92	22 660	—	1812,80	2039,40
103 608	32 603	1505,70	2608,24	2934,27	22 674	—	1813,92	2040,66
103 644	32 618	1507,49	2609,44	2935,62	22 686	—	1814,88	2041,74
103 680	32 633	1509,27	2610,64	2936,97	22 700	—	1816,00	2043,00
103 716	32 648	1511,06	2611,84	2938,32	22 712	—	1816,96	2044,08
103 752	32 663	1512,84	2613,04	2939,67	22 726	—	1818,08	2045,34
103 788	32 679	1514,75	2614,32	2941,11	22 738	—	1819,04	2046,42
103 824	32 694	1516,53	2615,52	2942,46	22 752	—	1820,16	2047,68
103 860	32 709	1518,32	2616,72	2943,81	22 764	—	1821,12	2048,76
103 896	32 724	1520,10	2617,92	2945,16	22 778	—	1822,24	2050,02
103 932	32 739	1521,89	2619,12	2946,51	22 790	—	1823,20	2051,10
103 968	32 754	1523,67	2620,32	2947,86	22 804	—	1824,32	2052,36
104 004	32 769	1525,46	2621,52	2949,21	22 816	—	1825,28	2053,44
104 040	32 784	1527,24	2622,72	2950,56	22 830	—	1826,40	2054,70
104 076	32 800	1529,15	2624,00	2952,00	22 842	—	1827,36	2055,78
104 112	32 815	1530,93	2625,20	2953,35	22 856	—	1828,48	2057,04
104 148	32 830	1532,72	2626,40	2954,70	22 868	—	1829,44	2058,12
104 184	32 845	1534,50	2627,60	2956,05	22 882	—	1830,56	2059,38
104 220	32 860	1536,29	2628,80	2957,40	22 894	—	1831,52	2060,46
104 256	32 875	1538,07	2630,00	2958,75	22 908	—	1832,64	2061,72
104 292	32 890	1539,86	2631,20	2960,10	22 920	—	1833,60	2062,80
104 328	32 905	1541,64	2632,40	2961,45	22 934	—	1834,72	2064,06
104 364	32 920	1543,43	2633,60	2962,80	22 946	—	1835,68	2065,14
104 400	32 936	1545,33	2634,88	2964,24	22 960	—	1836,80	2066,40
104 436	32 951	1547,11	2636,08	2965,59	22 972	—	1837,76	2067,48
104 472	32 966	1548,90	2637,28	2966,94	22 986	—	1838,88	2068,74
104 508	32 981	1550,68	2638,48	2968,29	22 998	—	1839,84	2069,82
104 544	32 996	1552,47	2639,68	2969,64	23 012	—	1840,96	2071,08
104 580	33 011	1554,25	2640,88	2970,99	23 024	—	1841,92	2072,16
104 616	33 026	1556,04	2642,08	2972,34	23 038	—	1843,04	2073,42
104 652	33 041	1557,82	2643,28	2973,69	23 050	—	1844,00	2074,50
104 688	33 057	1559,73	2644,56	2975,13	23 064	—	1845,12	2075,76
104 724	33 072	1561,51	2645,76	2976,48	23 078	—	1846,24	2077,02
104 760	33 087	1563,30	2646,96	2977,83	23 090	—	1847,20	2078,10
104 796	33 102	1565,08	2648,16	2979,18	23 104	—	1848,32	2079,36
104 832	33 117	1566,87	2649,36	2980,53	23 116	—	1849,28	2080,44
104 868	33 132	1568,65	2650,56	2981,88	23 130	—	1850,40	2081,70
104 904	33 147	1570,44	2651,76	2983,23	23 142	—	1851,36	2082,78
104 940	33 162	1572,22	2652,96	2984,58	23 156	—	1852,48	2084,04
104 976	33 178	1574,13	2654,24	2986,02	23 168	—	1853,44	2085,12
105 012	33 193	1575,91	2655,44	2987,37	23 182	—	1854,56	2086,38
105 048	33 208	1577,70	2656,64	2988,72	23 194	—	1855,52	2087,46
105 084	33 223	1579,48	2657,84	2990,07	23 208	—	1856,64	2088,72
105 120	33 238	1581,27	2659,04	2991,42	23 222	—	1857,76	2089,98
105 156	33 253	1583,05	2660,24	2992,77	23 234	—	1858,72	2091,06
105 192	33 268	1584,84	2661,44	2994,12	23 248	—	1859,84	2092,32
105 228	33 283	1586,62	2662,64	2995,47	23 260	—	1860,80	2093,40
105 264	33 298	1588,41	2663,84	2996,82	23 274	—	1861,92	2094,66
105 300	33 314	1590,31	2665,12	2998,26	23 286	—	1862,88	2095,74
105 336	33 329	1592,10	2666,32	2999,61	23 300	—	1864,00	2097,00
105 372	33 344	1593,88	2667,52	3000,96	23 312	—	1864,96	2098,08
105 408	33 359	1595,67	2668,72	3002,31	23 326	—	1866,08	2099,34
105 444	33 374	1597,45	2669,92	3003,66	23 338	—	1867,04	2100,42
105 480	33 389	1599,24	2671,12	3005,01	23 352	—	1868,16	2101,68
105 516	33 404	1601,02	2672,32	3006,36	23 366	—	1869,28	2102,94
105 552	33 419	1602,81	2673,52	3007,71	23 378	—	1870,24	2104,02
105 588	33 435	1604,71	2674,80	3009,15	23 392	—	1871,36	2105,28
105 624	33 450	1606,50	2676,00	3010,50	23 404	—	1872,32	2106,36
105 660	33 465	1608,28	2677,20	3011,85	23 418	—	1873,44	2107,62

* Die Steuerbeträge gelten nur für das ausgewiesene zu versteuernde Einkommen. Zwischenwerte können mit dem Abgabenrechner des Bundesfinanzministeriums (www.bmf-steuerrechner.de) euro-/centgenau ermittelt werden.

Zu versteuerndes Einkommen in €*	Abzüge an Einkommensteuer, Solidaritätszuschlag und Kirchensteuer – Grundtabelle				Splittingtabelle			
	ESt	SolZ	KiSt 8%	KiSt 9%	ESt	SolZ	KiSt 8%	KiSt 9%
105 696	**33 480**	1610,07	2678,40	3013,20	**23 430**	—	1874,40	2108,70
105 732	**33 495**	1611,85	2679,60	3014,55	**23 444**	—	1875,52	2109,96
105 768	**33 510**	1613,64	2680,80	3015,90	**23 458**	—	1876,64	2111,22
105 804	**33 525**	1615,42	2682,00	3017,25	**23 470**	—	1877,60	2112,30
105 840	**33 540**	1617,21	2683,20	3018,60	**23 484**	—	1878,72	2113,56
105 876	**33 556**	1619,11	2684,48	3020,04	**23 496**	—	1879,68	2114,64
105 912	**33 571**	1620,89	2685,68	3021,39	**23 510**	—	1880,80	2115,90
105 948	**33 586**	1622,68	2686,88	3022,74	**23 522**	—	1881,76	2116,98
105 984	**33 601**	1624,46	2688,08	3024,09	**23 536**	—	1882,88	2118,24
106 020	**33 616**	1626,25	2689,28	3025,44	**23 550**	—	1884,00	2119,50
106 056	**33 631**	1628,03	2690,48	3026,79	**23 562**	—	1884,96	2120,58
106 092	**33 646**	1629,82	2691,68	3028,14	**23 576**	—	1886,08	2121,84
106 128	**33 661**	1631,60	2692,88	3029,49	**23 588**	—	1887,04	2122,92
106 164	**33 676**	1633,39	2694,08	3030,84	**23 602**	—	1888,16	2124,18
106 200	**33 692**	1635,29	2695,36	3032,28	**23 614**	—	1889,12	2125,26
106 236	**33 707**	1637,08	2696,56	3033,63	**23 628**	—	1890,24	2126,52
106 272	**33 722**	1638,86	2697,76	3034,98	**23 642**	—	1891,36	2127,78
106 308	**33 737**	1640,65	2698,96	3036,33	**23 654**	—	1892,32	2128,86
106 344	**33 752**	1642,43	2700,16	3037,68	**23 668**	—	1893,44	2130,12
106 380	**33 767**	1644,22	2701,36	3039,03	**23 680**	—	1894,40	2131,20
106 416	**33 782**	1646,00	2702,56	3040,38	**23 694**	—	1895,52	2132,46
106 452	**33 797**	1647,79	2703,76	3041,73	**23 708**	—	1896,64	2133,72
106 488	**33 813**	1649,69	2705,04	3043,17	**23 720**	—	1897,60	2134,80
106 524	**33 828**	1651,48	2706,24	3044,52	**23 734**	—	1898,72	2136,06
106 560	**33 843**	1653,26	2707,44	3045,87	**23 746**	—	1899,68	2137,14
106 596	**33 858**	1655,05	2708,64	3047,22	**23 760**	—	1900,80	2138,40
106 632	**33 873**	1656,83	2709,84	3048,57	**23 774**	—	1901,92	2139,66
106 668	**33 888**	1658,62	2711,04	3049,92	**23 786**	—	1902,88	2140,74
106 704	**33 903**	1660,40	2712,24	3051,27	**23 800**	—	1904,00	2142,00
106 740	**33 918**	1662,19	2713,44	3052,62	**23 812**	—	1904,96	2143,08
106 776	**33 934**	1664,09	2714,72	3054,06	**23 826**	—	1906,08	2144,34
106 812	**33 949**	1665,88	2715,92	3055,41	**23 840**	—	1907,20	2145,60
106 848	**33 964**	1667,66	2717,12	3056,76	**23 852**	—	1908,16	2146,68
106 884	**33 979**	1669,45	2718,32	3058,11	**23 866**	—	1909,28	2147,94
106 920	**33 994**	1671,23	2719,52	3059,46	**23 878**	—	1910,24	2149,02
106 956	**34 009**	1673,02	2720,72	3060,81	**23 892**	—	1911,36	2150,28
106 992	**34 024**	1674,80	2721,92	3062,16	**23 906**	—	1912,48	2151,54
107 028	**34 039**	1676,59	2723,12	3063,51	**23 918**	—	1913,44	2152,62
107 064	**34 054**	1678,37	2724,32	3064,86	**23 932**	—	1914,56	2153,88
107 100	**34 070**	1680,28	2725,60	3066,30	**23 944**	—	1915,52	2154,96
107 136	**34 085**	1682,06	2726,80	3067,65	**23 958**	—	1916,64	2156,22
107 172	**34 100**	1683,85	2728,00	3069,00	**23 972**	—	1917,76	2157,48
107 208	**34 115**	1685,63	2729,20	3070,35	**23 984**	—	1918,72	2158,56
107 244	**34 130**	1687,42	2730,40	3071,70	**23 998**	—	1919,84	2159,82
107 280	**34 145**	1689,20	2731,60	3073,05	**24 010**	—	1920,80	2160,90
107 316	**34 160**	1690,99	2732,80	3074,40	**24 024**	—	1921,92	2162,16
107 352	**34 175**	1692,77	2734,00	3075,75	**24 038**	—	1923,04	2163,42
107 388	**34 191**	1694,67	2735,28	3077,19	**24 050**	—	1924,00	2164,50
107 424	**34 206**	1696,46	2736,48	3078,54	**24 064**	—	1925,12	2165,76
107 460	**34 221**	1698,24	2737,68	3079,89	**24 078**	—	1926,24	2167,02
107 496	**34 236**	1700,03	2738,88	3081,24	**24 090**	—	1927,20	2168,10
107 532	**34 251**	1701,81	2740,08	3082,59	**24 104**	—	1928,32	2169,36
107 568	**34 266**	1703,60	2741,28	3083,94	**24 116**	—	1929,28	2170,44
107 604	**34 281**	1705,38	2742,48	3085,29	**24 130**	—	1930,40	2171,70
107 640	**34 296**	1707,17	2743,68	3086,64	**24 144**	—	1931,52	2172,96
107 676	**34 312**	1709,07	2744,96	3088,08	**24 156**	—	1932,48	2174,04
107 712	**34 327**	1710,86	2746,16	3089,43	**24 170**	—	1933,60	2175,30
107 748	**34 342**	1712,64	2747,36	3090,78	**24 184**	—	1934,72	2176,56
107 784	**34 357**	1714,43	2748,56	3092,13	**24 196**	—	1935,68	2177,64
107 820	**34 372**	1716,21	2749,76	3093,48	**24 210**	—	1936,80	2178,90
107 856	**34 387**	1718,00	2750,96	3094,83	**24 222**	—	1937,76	2179,98
107 892	**34 402**	1719,78	2752,16	3096,18	**24 236**	—	1938,88	2181,24
107 928	**34 417**	1721,57	2753,36	3097,53	**24 250**	—	1940,00	2182,50
107 964	**34 432**	1723,35	2754,56	3098,88	**24 262**	—	1940,96	2183,58
108 000	**34 448**	1725,26	2755,84	3100,32	**24 276**	—	1942,08	2184,84
108 036	**34 463**	1727,04	2757,04	3101,67	**24 290**	—	1943,20	2186,10
108 072	**34 478**	1728,83	2758,24	3103,02	**24 302**	—	1944,16	2187,18
108 108	**34 493**	1730,61	2759,44	3104,37	**24 316**	—	1945,28	2188,44
108 144	**34 508**	1732,40	2760,64	3105,72	**24 330**	—	1946,40	2189,70
108 180	**34 523**	1734,18	2761,84	3107,07	**24 342**	—	1947,36	2190,78
108 216	**34 538**	1735,97	2763,04	3108,42	**24 356**	—	1948,48	2192,04
108 252	**34 553**	1737,75	2764,24	3109,77	**24 368**	—	1949,44	2193,12
108 288	**34 569**	1739,66	2765,52	3111,21	**24 382**	—	1950,56	2194,38
108 324	**34 584**	1741,44	2766,72	3112,56	**24 396**	—	1951,68	2195,64
108 360	**34 599**	1743,23	2767,92	3113,91	**24 408**	—	1952,64	2196,72
108 396	**34 614**	1745,01	2769,12	3115,26	**24 422**	—	1953,76	2197,98
108 432	**34 629**	1746,80	2770,32	3116,61	**24 436**	—	1954,88	2199,24
108 468	**34 644**	1748,58	2771,52	3117,96	**24 448**	—	1955,84	2200,32
108 504	**34 659**	1750,37	2772,72	3119,31	**24 462**	—	1956,96	2201,58
108 540	**34 674**	1752,15	2773,92	3120,66	**24 476**	—	1958,08	2202,84
108 576	**34 690**	1754,06	2775,20	3122,10	**24 488**	—	1959,04	2203,92
108 612	**34 705**	1755,84	2776,40	3123,45	**24 502**	—	1960,16	2205,18
108 648	**34 720**	1757,63	2777,60	3124,80	**24 516**	—	1961,28	2206,44
108 684	**34 735**	1759,41	2778,80	3126,15	**24 528**	—	1962,24	2207,52
108 720	**34 750**	1761,20	2780,00	3127,50	**24 542**	—	1963,36	2208,78
108 756	**34 765**	1762,98	2781,20	3128,85	**24 556**	—	1964,48	2210,04
108 792	**34 780**	1764,77	2782,40	3130,20	**24 568**	—	1965,44	2211,12
108 828	**34 795**	1766,55	2783,60	3131,55	**24 582**	—	1966,56	2212,38
108 864	**34 810**	1768,34	2784,80	3132,90	**24 596**	—	1967,68	2213,64
108 900	**34 826**	1770,24	2786,08	3134,34	**24 608**	—	1968,64	2214,72
108 936	**34 841**	1772,02	2787,28	3135,69	**24 622**	—	1969,76	2215,98
108 972	**34 856**	1773,81	2788,48	3137,04	**24 636**	—	1970,88	2217,24
109 008	**34 871**	1775,59	2789,68	3138,39	**24 648**	—	1971,84	2218,32
109 044	**34 886**	1777,38	2790,88	3139,74	**24 662**	—	1972,96	2219,58
109 080	**34 901**	1779,16	2792,08	3141,09	**24 676**	—	1974,08	2220,84
109 116	**34 916**	1780,95	2793,28	3142,44	**24 688**	—	1975,04	2221,92
109 152	**34 931**	1782,73	2794,48	3143,79	**24 702**	—	1976,16	2223,18
109 188	**34 947**	1784,64	2795,76	3145,23	**24 716**	—	1977,28	2224,44
109 224	**34 962**	1786,42	2796,96	3146,58	**24 728**	—	1978,24	2225,52
109 260	**34 977**	1788,21	2798,16	3147,93	**24 742**	—	1979,36	2226,78
109 296	**34 992**	1789,99	2799,36	3149,28	**24 756**	—	1980,48	2228,04
109 332	**35 007**	1791,78	2800,56	3150,63	**24 768**	—	1981,44	2229,12
109 368	**35 022**	1793,56	2801,76	3151,98	**24 782**	—	1982,56	2230,38
109 404	**35 037**	1795,35	2802,96	3153,33	**24 796**	—	1983,68	2231,64
109 440	**35 052**	1797,13	2804,16	3154,68	**24 808**	—	1984,64	2232,72
109 476	**35 068**	1799,04	2805,44	3156,12	**24 822**	—	1985,76	2233,98
109 512	**35 083**	1800,82	2806,64	3157,47	**24 836**	—	1986,88	2235,24
109 548	**35 098**	1802,61	2807,84	3158,82	**24 850**	—	1988,00	2236,50
109 584	**35 113**	1804,39	2809,04	3160,17	**24 862**	—	1988,96	2237,58
109 620	**35 128**	1806,18	2810,24	3161,52	**24 876**	—	1990,08	2238,84
109 656	**35 143**	1807,96	2811,44	3162,87	**24 890**	—	1991,20	2240,10
109 692	**35 158**	1809,75	2812,64	3164,22	**24 902**	—	1992,16	2241,18
109 728	**35 173**	1811,53	2813,84	3165,57	**24 916**	—	1993,28	2242,44
109 764	**35 188**	1813,32	2815,04	3166,92	**24 930**	—	1994,40	2243,70
109 800	**35 204**	1815,22	2816,32	3168,36	**24 942**	—	1995,36	2244,78
109 836	**35 219**	1817,01	2817,52	3169,71	**24 956**	—	1996,48	2246,04
109 872	**35 234**	1818,79	2818,72	3171,06	**24 970**	—	1997,60	2247,30
109 908	**35 249**	1820,58	2819,92	3172,41	**24 982**	—	1998,56	2248,38
109 944	**35 264**	1822,36	2821,12	3173,76	**24 996**	—	1999,68	2249,64
109 980	**35 279**	1824,15	2822,32	3175,11	**25 010**	—	2000,80	2250,90
110 016	**35 294**	1825,93	2823,52	3176,46	**25 024**	—	2001,92	2252,16
110 052	**35 309**	1827,72	2824,72	3177,81	**25 036**	—	2002,88	2253,24
110 088	**35 325**	1829,62	2826,00	3179,25	**25 050**	—	2004,00	2254,50
110 124	**35 340**	1831,41	2827,20	3180,60	**25 064**	—	2005,12	2255,76
110 160	**35 355**	1833,19	2828,40	3181,95	**25 076**	—	2006,08	2256,84
110 196	**35 370**	1834,98	2829,60	3183,30	**25 090**	—	2007,20	2258,10
110 232	**35 385**	1836,76	2830,80	3184,65	**25 104**	—	2008,32	2259,36
110 268	**35 400**	1838,55	2832,00	3186,00	**25 118**	—	2009,44	2260,62
110 304	**35 415**	1840,33	2833,20	3187,35	**25 130**	—	2010,40	2261,70
110 340	**35 430**	1842,12	2834,40	3188,70	**25 144**	—	2011,52	2262,96

* Die Steuerbeträge gelten nur für das ausgewiesene zu versteuernde Einkommen. Zwischenwerte können mit dem Abgabenrechner des Bundesfinanzministeriums (www.bmf-steuerrechner.de) euro-/centgenau ermittelt werden.

EINKOMMEN 110 376,–

Zu versteuerndes Einkommen in €*	Abzüge an Einkommensteuer, Solidaritätszuschlag und Kirchensteuer							
	Grundtabelle				Splittingtabelle			
	ESt	SolZ	KiSt 8%	KiSt 9%	ESt	SolZ	KiSt 8%	KiSt 9%
110 376	**35 446**	1844,02	2835,68	3190,14	**25 158**	—	2012,64	2264,22
110 412	**35 461**	1845,80	2836,88	3191,49	**25 170**	—	2013,60	2265,30
110 448	**35 476**	1847,59	2838,08	3192,84	**25 184**	—	2014,72	2266,56
110 484	**35 491**	1849,37	2839,28	3194,19	**25 198**	—	2015,84	2267,82
110 520	**35 506**	1851,16	2840,48	3195,54	**25 212**	—	2016,96	2269,08
110 556	**35 521**	1852,94	2841,68	3196,89	**25 224**	—	2017,92	2270,16
110 592	**35 536**	1854,73	2842,88	3198,24	**25 238**	—	2019,04	2271,42
110 628	**35 551**	1856,51	2844,08	3199,59	**25 252**	—	2020,16	2272,68
110 664	**35 566**	1858,30	2845,28	3200,94	**25 264**	—	2021,12	2273,76
110 700	**35 582**	1860,20	2846,56	3202,38	**25 278**	—	2022,24	2275,02
110 736	**35 597**	1861,99	2847,76	3203,73	**25 292**	—	2023,36	2276,28
110 772	**35 612**	1863,77	2848,96	3205,08	**25 306**	—	2024,48	2277,54
110 808	**35 627**	1865,56	2850,16	3206,43	**25 318**	—	2025,44	2278,62
110 844	**35 642**	1867,34	2851,36	3207,78	**25 332**	—	2026,56	2279,88
110 880	**35 657**	1869,13	2852,56	3209,13	**25 346**	—	2027,68	2281,14
110 916	**35 672**	1870,91	2853,76	3210,48	**25 360**	—	2028,80	2282,40
110 952	**35 687**	1872,70	2854,96	3211,83	**25 372**	—	2029,76	2283,48
110 988	**35 703**	1874,60	2856,24	3213,27	**25 386**	—	2030,88	2284,74
111 024	**35 718**	1876,39	2857,44	3214,62	**25 400**	—	2032,00	2286,00
111 060	**35 733**	1878,17	2858,64	3215,97	**25 412**	—	2032,96	2287,08
111 096	**35 748**	1879,96	2859,84	3217,32	**25 426**	—	2034,08	2288,34
111 132	**35 763**	1881,74	2861,04	3218,67	**25 440**	—	2035,20	2289,60
111 168	**35 778**	1883,53	2862,24	3220,02	**25 454**	—	2036,32	2290,86
111 204	**35 793**	1885,31	2863,44	3221,37	**25 466**	—	2037,28	2291,94
111 240	**35 808**	1887,10	2864,64	3222,72	**25 480**	—	2038,40	2293,20
111 276	**35 824**	1889,00	2865,92	3224,16	**25 494**	—	2039,52	2294,46
111 312	**35 839**	1890,79	2867,12	3225,51	**25 508**	—	2040,64	2295,72
111 348	**35 854**	1892,57	2868,32	3226,86	**25 520**	—	2041,60	2296,80
111 384	**35 869**	1894,36	2869,52	3228,21	**25 534**	—	2042,72	2298,06
111 420	**35 884**	1896,14	2870,72	3229,56	**25 548**	—	2043,84	2299,32
111 456	**35 899**	1897,93	2871,92	3230,91	**25 562**	—	2044,96	2300,58
111 492	**35 914**	1899,71	2873,12	3232,26	**25 574**	—	2045,92	2301,66
111 528	**35 929**	1901,50	2874,32	3233,61	**25 588**	—	2047,04	2302,92
111 564	**35 944**	1903,28	2875,52	3234,96	**25 602**	—	2048,16	2304,18
111 600	**35 960**	1905,19	2876,80	3236,40	**25 616**	—	2049,28	2305,44
111 636	**35 975**	1906,97	2878,00	3237,75	**25 628**	—	2050,24	2306,52
111 672	**35 990**	1908,76	2879,20	3239,10	**25 642**	—	2051,36	2307,78
111 708	**36 005**	1910,54	2880,40	3240,45	**25 656**	—	2052,48	2309,04
111 744	**36 020**	1912,33	2881,60	3241,80	**25 670**	—	2053,60	2310,30
111 780	**36 035**	1914,11	2882,80	3243,15	**25 682**	—	2054,56	2311,38
111 816	**36 050**	1915,90	2884,00	3244,50	**25 696**	—	2055,68	2312,64
111 852	**36 065**	1917,68	2885,20	3245,85	**25 710**	—	2056,80	2313,90
111 888	**36 081**	1919,58	2886,48	3247,29	**25 724**	—	2057,92	2315,16
111 924	**36 096**	1921,37	2887,68	3248,64	**25 736**	—	2058,88	2316,24
111 960	**36 111**	1923,15	2888,88	3249,99	**25 750**	—	2060,00	2317,50
111 996	**36 126**	1924,94	2890,08	3251,34	**25 764**	—	2061,12	2318,76
112 032	**36 141**	1926,72	2891,28	3252,69	**25 778**	—	2062,24	2320,02
112 068	**36 156**	1928,51	2892,48	3254,04	**25 792**	—	2063,36	2321,28
112 104	**36 171**	1930,29	2893,68	3255,39	**25 804**	—	2064,32	2322,36
112 140	**36 186**	1932,08	2894,88	3256,74	**25 818**	—	2065,44	2323,62
112 176	**36 202**	1933,98	2896,16	3258,18	**25 832**	—	2066,56	2324,88
112 212	**36 217**	1935,77	2897,36	3259,53	**25 846**	—	2067,68	2326,14
112 248	**36 232**	1937,55	2898,56	3260,88	**25 858**	—	2068,64	2327,22
112 284	**36 247**	1939,34	2899,76	3262,23	**25 872**	—	2069,76	2328,48
112 320	**36 262**	1941,12	2900,96	3263,58	**25 886**	—	2070,88	2329,74
112 356	**36 277**	1942,91	2902,16	3264,93	**25 900**	—	2072,00	2331,00
112 392	**36 292**	1944,69	2903,36	3266,28	**25 912**	—	2072,96	2332,08
112 428	**36 307**	1946,48	2904,56	3267,63	**25 926**	—	2074,08	2333,34
112 464	**36 322**	1948,26	2905,76	3268,98	**25 940**	—	2075,20	2334,60
112 500	**36 338**	1950,17	2907,04	3270,42	**25 954**	—	2076,32	2335,86
112 536	**36 353**	1951,95	2908,24	3271,77	**25 968**	—	2077,44	2337,12
112 572	**36 368**	1953,74	2909,44	3273,12	**25 980**	—	2078,40	2338,20
112 608	**36 383**	1955,52	2910,64	3274,47	**25 994**	—	2079,52	2339,46
112 644	**36 398**	1957,31	2911,84	3275,82	**26 008**	—	2080,64	2340,72
112 680	**36 413**	1959,09	2913,04	3277,17	**26 022**	—	2081,76	2341,98

Zu versteuerndes Einkommen in €*	Abzüge an Einkommensteuer, Solidaritätszuschlag und Kirchensteuer							
	Grundtabelle				Splittingtabelle			
	ESt	SolZ	KiSt 8%	KiSt 9%	ESt	SolZ	KiSt 8%	KiSt 9%
112 716	**36 428**	1960,88	2914,24	3278,52	**26 036**	—	2082,88	2343,24
112 752	**36 443**	1962,66	2915,44	3279,87	**26 048**	—	2083,84	2344,32
112 788	**36 459**	1964,57	2916,72	3281,31	**26 062**	—	2084,96	2345,58
112 824	**36 474**	1966,35	2917,92	3282,66	**26 076**	—	2086,08	2346,84
112 860	**36 489**	1968,14	2919,12	3284,01	**26 090**	—	2087,20	2348,10
112 896	**36 504**	1969,92	2920,32	3285,36	**26 104**	—	2088,32	2349,36
112 932	**36 519**	1971,71	2921,52	3286,71	**26 116**	—	2089,28	2350,44
112 968	**36 534**	1973,49	2922,72	3288,06	**26 130**	—	2090,40	2351,70
113 004	**36 549**	1975,28	2923,92	3289,41	**26 144**	—	2091,52	2352,96
113 040	**36 564**	1977,06	2925,12	3290,76	**26 158**	—	2092,64	2354,22
113 076	**36 580**	1978,97	2926,40	3292,20	**26 172**	—	2093,76	2355,48
113 112	**36 595**	1980,75	2927,60	3293,55	**26 184**	—	2094,72	2356,56
113 148	**36 610**	1982,54	2928,80	3294,90	**26 198**	—	2095,84	2357,82
113 184	**36 625**	1984,32	2930,00	3296,25	**26 212**	—	2096,96	2359,08
113 220	**36 640**	1986,11	2931,20	3297,60	**26 226**	—	2098,08	2360,34
113 256	**36 655**	1987,89	2932,40	3298,95	**26 240**	—	2099,20	2361,60
113 292	**36 670**	1989,68	2933,60	3300,30	**26 252**	—	2100,16	2362,68
113 328	**36 685**	1991,46	2934,80	3301,65	**26 266**	—	2101,28	2363,94
113 364	**36 700**	1993,25	2936,00	3303,00	**26 280**	—	2102,40	2365,20
113 400	**36 716**	1995,15	2937,28	3304,44	**26 294**	—	2103,52	2366,46
113 436	**36 731**	1996,93	2938,48	3305,79	**26 308**	—	2104,64	2367,72
113 472	**36 746**	1998,72	2939,68	3307,14	**26 320**	—	2105,60	2368,80
113 508	**36 761**	2000,50	2940,88	3308,49	**26 334**	—	2106,72	2370,06
113 544	**36 776**	2002,29	2942,08	3309,84	**26 348**	—	2107,84	2371,32
113 580	**36 791**	2004,07	2943,28	3311,19	**26 362**	—	2108,96	2372,58
113 616	**36 806**	2005,86	2944,48	3312,54	**26 376**	—	2110,08	2373,84
113 652	**36 821**	2007,64	2945,68	3313,89	**26 388**	—	2111,04	2374,92
113 688	**36 837**	2009,55	2946,96	3315,33	**26 402**	—	2112,16	2376,18
113 724	**36 852**	2011,33	2948,16	3316,68	**26 416**	—	2113,28	2377,44
113 760	**36 867**	2013,12	2949,36	3318,03	**26 430**	—	2114,40	2378,70
113 796	**36 882**	2014,90	2950,56	3319,38	**26 444**	—	2115,52	2379,96
113 832	**36 897**	2016,69	2951,76	3320,73	**26 458**	—	2116,64	2381,22
113 868	**36 912**	2018,47	2952,96	3322,08	**26 470**	—	2117,60	2382,30
113 904	**36 927**	2020,26	2954,16	3323,43	**26 484**	—	2118,72	2383,56
113 940	**36 942**	2022,04	2955,36	3324,78	**26 498**	—	2119,84	2384,82
113 976	**36 958**	2023,95	2956,64	3326,22	**26 512**	—	2120,96	2386,08
114 012	**36 973**	2025,73	2957,84	3327,57	**26 526**	—	2122,08	2387,34
114 048	**36 988**	2027,52	2959,04	3328,92	**26 540**	—	2123,20	2388,60
114 084	**37 003**	2029,30	2960,24	3330,27	**26 552**	—	2124,16	2389,68
114 120	**37 018**	2031,09	2961,44	3331,62	**26 566**	—	2125,28	2390,94
114 156	**37 033**	2032,87	2962,64	3332,97	**26 580**	—	2126,40	2392,20
114 192	**37 048**	2034,66	2963,84	3334,32	**26 594**	—	2127,52	2393,46
114 228	**37 063**	2036,44	2965,04	3335,67	**26 608**	—	2128,64	2394,72
114 264	**37 078**	2038,23	2966,24	3337,02	**26 622**	—	2129,76	2395,98
114 300	**37 094**	2040,13	2967,52	3338,46	**26 634**	—	2130,72	2397,06
114 336	**37 109**	2040,99	2968,72	3339,81	**26 648**	—	2131,84	2398,32
114 372	**37 124**	2041,82	2969,92	3341,16	**26 662**	—	2132,96	2399,58
114 408	**37 139**	2042,64	2971,12	3342,51	**26 676**	—	2134,08	2400,84
114 444	**37 154**	2043,47	2972,32	3343,86	**26 690**	—	2135,20	2402,10
114 480	**37 169**	2044,29	2973,52	3345,21	**26 704**	—	2136,32	2403,36
114 516	**37 184**	2045,12	2974,72	3346,56	**26 716**	—	2137,28	2404,44
114 552	**37 199**	2045,94	2975,92	3347,91	**26 730**	—	2138,40	2405,70
114 588	**37 215**	2046,82	2977,20	3349,35	**26 744**	—	2139,52	2406,96
114 624	**37 230**	2047,65	2978,40	3350,70	**26 758**	—	2140,64	2408,22
114 660	**37 245**	2048,47	2979,60	3352,05	**26 772**	—	2141,76	2409,48
114 696	**37 260**	2049,30	2980,80	3353,40	**26 786**	—	2142,88	2410,74
114 732	**37 275**	2050,12	2982,00	3354,75	**26 800**	—	2144,00	2412,00
114 768	**37 290**	2050,95	2983,20	3356,10	**26 812**	—	2144,96	2413,08
114 804	**37 305**	2051,77	2984,40	3357,45	**26 826**	—	2146,08	2414,34
114 840	**37 320**	2052,60	2985,60	3358,80	**26 840**	—	2147,20	2415,60
114 876	**37 336**	2053,48	2986,88	3360,24	**26 854**	—	2148,32	2416,86
114 912	**37 351**	2054,30	2988,08	3361,59	**26 868**	—	2149,44	2418,12
114 948	**37 366**	2055,13	2989,28	3362,94	**26 882**	—	2150,56	2419,38
114 984	**37 381**	2055,95	2990,48	3364,29	**26 896**	—	2151,68	2420,64
115 020	**37 396**	2056,78	2991,68	3365,64	**26 908**	—	2152,64	2421,72

* Die Steuerbeträge gelten nur für das ausgewiesene zu versteuernde Einkommen. Zwischenwerte können mit dem Abgabenrechner des Bundesfinanzministeriums (www.bmf-steuerrechner.de) euro-/centgenau ermittelt werden.

Zu versteuerndes Einkommen in €*	Abzüge an Einkommensteuer, Solidaritätszuschlag und Kirchensteuer – Grundtabelle				Splittingtabelle			
	ESt	SolZ	KiSt 8%	KiSt 9%	ESt	SolZ	KiSt 8%	KiSt 9%
115 056	37 411	2057,60	2992,88	3366,99	26 922	—	2153,76	2422,98
115 092	37 426	2058,43	2994,08	3368,34	26 936	—	2154,88	2424,24
115 128	37 441	2059,25	2995,28	3369,69	26 950	—	2156,00	2425,50
115 164	37 456	2060,08	2996,48	3371,04	26 964	—	2157,12	2426,76
115 200	37 472	2060,96	2997,76	3372,48	26 978	—	2158,24	2428,02
115 236	37 487	2061,78	2998,96	3373,83	26 992	—	2159,36	2429,28
115 272	37 502	2062,61	3000,16	3375,18	27 004	—	2160,32	2430,36
115 308	37 517	2063,43	3001,36	3376,53	27 018	—	2161,44	2431,62
115 344	37 532	2064,26	3002,56	3377,88	27 032	—	2162,56	2432,88
115 380	37 547	2065,08	3003,76	3379,23	27 046	—	2163,68	2434,14
115 416	37 562	2065,91	3004,96	3380,58	27 060	—	2164,80	2435,40
115 452	37 577	2066,73	3006,16	3381,93	27 074	—	2165,92	2436,66
115 488	37 593	2067,61	3007,44	3383,37	27 088	—	2167,04	2437,92
115 524	37 608	2068,44	3008,64	3384,72	27 102	—	2168,16	2439,18
115 560	37 623	2069,26	3009,84	3386,07	27 114	—	2169,12	2440,26
115 596	37 638	2070,09	3011,04	3387,42	27 128	—	2170,24	2441,52
115 632	37 653	2070,91	3012,24	3388,77	27 142	—	2171,36	2442,78
115 668	37 668	2071,74	3013,44	3390,12	27 156	—	2172,48	2444,04
115 704	37 683	2072,56	3014,64	3391,47	27 170	—	2173,60	2445,30
115 740	37 698	2073,39	3015,84	3392,82	27 184	—	2174,72	2446,56
115 776	37 714	2074,27	3017,12	3394,26	27 198	—	2175,84	2447,82
115 812	37 729	2075,09	3018,32	3395,61	27 212	—	2176,96	2449,08
115 848	37 744	2075,92	3019,52	3396,96	27 226	—	2178,08	2450,34
115 884	37 759	2076,74	3020,72	3398,31	27 238	—	2179,04	2451,42
115 920	37 774	2077,57	3021,92	3399,66	27 252	—	2180,16	2452,68
115 956	37 789	2078,39	3023,12	3401,01	27 266	—	2181,28	2453,94
115 992	37 804	2079,22	3024,32	3402,36	27 280	—	2182,40	2455,20
116 028	37 819	2080,04	3025,52	3403,71	27 294	—	2183,52	2456,46
116 064	37 834	2080,87	3026,72	3405,06	27 308	—	2184,64	2457,72
116 100	37 850	2081,75	3028,00	3406,50	27 322	—	2185,76	2458,98
116 136	37 865	2082,57	3029,20	3407,85	27 336	—	2186,88	2460,24
116 172	37 880	2083,40	3030,40	3409,20	27 350	—	2188,00	2461,50
116 208	37 895	2084,22	3031,60	3410,55	27 362	—	2188,96	2462,58
116 244	37 910	2085,05	3032,80	3411,90	27 376	—	2190,08	2463,84
116 280	37 925	2085,87	3034,00	3413,25	27 390	—	2191,20	2465,10
116 316	37 940	2086,70	3035,20	3414,60	27 404	—	2192,32	2466,36
116 352	37 955	2087,52	3036,40	3415,95	27 418	—	2193,44	2467,62
116 388	37 971	2088,40	3037,68	3417,39	27 432	—	2194,56	2468,88
116 424	37 986	2089,23	3038,88	3418,74	27 446	—	2195,68	2470,14
116 460	38 001	2090,05	3040,08	3420,09	27 460	—	2196,80	2471,40
116 496	38 016	2090,88	3041,28	3421,44	27 474	—	2197,92	2472,66
116 532	38 031	2091,70	3042,48	3422,79	27 488	—	2199,04	2473,92
116 568	38 046	2092,53	3043,68	3424,14	27 502	—	2200,16	2475,18
116 604	38 061	2093,35	3044,88	3425,49	27 514	—	2201,12	2476,26
116 640	38 076	2094,18	3046,08	3426,84	27 528	—	2202,24	2477,52
116 676	38 092	2095,06	3047,36	3428,28	27 542	—	2203,36	2478,78
116 712	38 107	2095,88	3048,56	3429,63	27 556	—	2204,48	2480,04
116 748	38 122	2096,71	3049,76	3430,98	27 570	—	2205,60	2481,30
116 784	38 137	2097,53	3050,96	3432,33	27 584	—	2206,72	2482,56
116 820	38 152	2098,36	3052,16	3433,68	27 598	—	2207,84	2483,82
116 856	38 167	2099,18	3053,36	3435,03	27 612	—	2208,96	2485,08
116 892	38 182	2100,01	3054,56	3436,38	27 626	—	2210,08	2486,34
116 928	38 197	2100,83	3055,76	3437,73	27 640	—	2211,20	2487,60
116 964	38 212	2101,66	3056,96	3439,08	27 654	—	2212,32	2488,86
117 000	38 228	2102,54	3058,24	3440,52	27 668	—	2213,44	2490,12
117 036	38 243	2103,36	3059,44	3441,87	27 680	—	2214,40	2491,20
117 072	38 258	2104,19	3060,64	3443,22	27 694	—	2215,52	2492,46
117 108	38 273	2105,01	3061,84	3444,57	27 708	—	2216,64	2493,72
117 144	38 288	2105,84	3063,04	3445,92	27 722	—	2217,76	2494,98
117 180	38 303	2106,66	3064,24	3447,27	27 736	—	2218,88	2496,24
117 216	38 318	2107,49	3065,44	3448,62	27 750	—	2220,00	2497,50
117 252	38 333	2108,31	3066,64	3449,97	27 764	—	2221,12	2498,76
117 288	38 349	2109,19	3067,92	3451,41	27 778	—	2222,24	2500,02
117 324	38 364	2110,02	3069,12	3452,76	27 792	—	2223,36	2501,28
117 360	38 379	2110,84	3070,32	3454,11	27 806	—	2224,48	2502,54
117 396	38 394	2111,67	3071,52	3455,46	27 820	—	2225,60	2503,80
117 432	38 409	2112,49	3072,72	3456,81	27 834	—	2226,72	2505,06
117 468	38 424	2113,32	3073,92	3458,16	27 848	—	2227,84	2506,32
117 504	38 439	2114,14	3075,12	3459,51	27 862	—	2228,96	2507,58
117 540	38 454	2114,97	3076,32	3460,86	27 876	—	2230,08	2508,84
117 576	38 470	2115,85	3077,60	3462,30	27 890	—	2231,20	2510,10
117 612	38 485	2116,67	3078,80	3463,65	27 902	—	2232,16	2511,18
117 648	38 500	2117,50	3080,00	3465,00	27 916	—	2233,28	2512,44
117 684	38 515	2118,32	3081,20	3466,35	27 930	—	2234,40	2513,70
117 720	38 530	2119,15	3082,40	3467,70	27 944	—	2235,52	2514,96
117 756	38 545	2119,97	3083,60	3469,05	27 958	—	2236,64	2516,22
117 792	38 560	2120,80	3084,80	3470,40	27 972	—	2237,76	2517,48
117 828	38 575	2121,62	3086,00	3471,75	27 986	—	2238,88	2518,74
117 864	38 590	2122,45	3087,20	3473,10	28 000	—	2240,00	2520,00
117 900	38 606	2123,33	3088,48	3474,54	28 014	—	2241,12	2521,26
117 936	38 621	2124,15	3089,68	3475,89	28 028	—	2242,24	2522,52
117 972	38 636	2124,98	3090,88	3477,24	28 042	—	2243,36	2523,78
118 008	38 651	2125,80	3092,08	3478,59	28 056	—	2244,48	2525,04
118 044	38 666	2126,63	3093,28	3479,94	28 070	—	2245,60	2526,30
118 080	38 681	2127,45	3094,48	3481,29	28 084	—	2246,72	2527,56
118 116	38 696	2128,28	3095,68	3482,64	28 098	—	2247,84	2528,82
118 152	38 711	2129,10	3096,88	3483,99	28 112	—	2248,96	2530,08
118 188	38 727	2129,98	3098,16	3485,43	28 126	—	2250,08	2531,34
118 224	38 742	2130,81	3099,36	3486,78	28 140	—	2251,20	2532,60
118 260	38 757	2131,63	3100,56	3488,13	28 154	—	2252,32	2533,86
118 296	38 772	2132,46	3101,76	3489,48	28 168	—	2253,44	2535,12
118 332	38 787	2133,28	3102,96	3490,83	28 182	—	2254,56	2536,38
118 368	38 802	2134,11	3104,16	3492,18	28 196	—	2255,68	2537,64
118 404	38 817	2134,93	3105,36	3493,53	28 210	—	2256,80	2538,90
118 440	38 832	2135,76	3106,56	3494,88	28 224	—	2257,92	2540,16
118 476	38 848	2136,64	3107,84	3496,32	28 236	—	2258,88	2541,24
118 512	38 863	2137,46	3109,04	3497,67	28 250	—	2260,00	2542,50
118 548	38 878	2138,29	3110,24	3499,02	28 264	—	2261,12	2543,76
118 584	38 893	2139,11	3111,44	3500,37	28 278	—	2262,24	2545,02
118 620	38 908	2139,94	3112,64	3501,72	28 292	—	2263,36	2546,28
118 656	38 923	2140,76	3113,84	3503,07	28 306	—	2264,48	2547,54
118 692	38 938	2141,59	3115,04	3504,42	28 320	—	2265,60	2548,80
118 728	38 953	2142,41	3116,24	3505,77	28 334	—	2266,72	2550,06
118 764	38 968	2143,24	3117,44	3507,12	28 348	—	2267,84	2551,32
118 800	38 984	2144,12	3118,72	3508,56	28 362	—	2268,96	2552,58
118 836	38 999	2144,94	3119,92	3509,91	28 376	—	2270,08	2553,84
118 872	39 014	2145,77	3121,12	3511,26	28 390	—	2271,20	2555,10
118 908	39 029	2146,59	3122,32	3512,61	28 404	—	2272,32	2556,36
118 944	39 044	2147,42	3123,52	3513,96	28 418	—	2273,44	2557,62
118 980	39 059	2148,24	3124,72	3515,31	28 432	—	2274,56	2558,88
119 016	39 074	2149,07	3125,92	3516,66	28 446	—	2275,68	2560,14
119 052	39 089	2149,89	3127,12	3518,01	28 460	—	2276,80	2561,40
119 088	39 105	2150,77	3128,40	3519,45	28 474	—	2277,92	2562,66
119 124	39 120	2151,60	3129,60	3520,80	28 488	—	2279,04	2563,92
119 160	39 135	2152,42	3130,80	3522,15	28 502	—	2280,16	2565,18
119 196	39 150	2153,25	3132,00	3523,50	28 516	—	2281,28	2566,44
119 232	39 165	2154,07	3133,20	3524,85	28 530	—	2282,40	2567,70
119 268	39 180	2154,90	3134,40	3526,20	28 544	—	2283,52	2568,96
119 304	39 195	2155,72	3135,60	3527,55	28 558	—	2284,64	2570,22
119 340	39 210	2156,55	3136,80	3528,90	28 572	—	2285,76	2571,48
119 376	39 226	2157,43	3138,08	3530,34	28 586	—	2286,88	2572,74
119 412	39 241	2158,25	3139,28	3531,69	28 600	—	2288,00	2574,00
119 448	39 256	2159,08	3140,48	3533,04	28 614	—	2289,12	2575,26
119 484	39 271	2159,90	3141,68	3534,39	28 628	—	2290,24	2576,52
119 520	39 286	2160,73	3142,88	3535,74	28 642	—	2291,36	2577,78
119 556	39 301	2161,55	3144,08	3537,09	28 656	—	2292,48	2579,04
119 592	39 316	2162,38	3145,28	3538,44	28 670	—	2293,60	2580,30
119 628	39 331	2163,20	3146,48	3539,79	28 684	—	2294,72	2581,56
119 664	39 346	2164,03	3147,68	3541,14	28 698	—	2295,84	2582,82
119 700	39 362	2164,91	3148,96	3542,58	28 712	—	2296,96	2584,08

* Die Steuerbeträge gelten nur für das ausgewiesene zu versteuernde Einkommen. Zwischenwerte können mit dem Abgabenrechner des Bundesfinanzministeriums (www.bmf-steuerrechner.de) euro-/centgenau ermittelt werden.

EINKOMMEN **119 736,–**

Zu versteuerndes Einkommen in €*	Abzüge an Einkommensteuer, Solidaritätszuschlag und Kirchensteuer							
	Grundtabelle				Splittingtabelle			
	ESt	SolZ	KiSt 8%	KiSt 9%	ESt	SolZ	KiSt 8%	KiSt 9%
119 736	**39 377**	2165,73	3150,16	3543,93	**28 726**	—	2298,08	2585,34
119 772	**39 392**	2166,56	3151,36	3545,28	**28 740**	—	2299,20	2586,60
119 808	**39 407**	2167,38	3152,56	3546,63	**28 754**	—	2300,32	2587,86
119 844	**39 422**	2168,21	3153,76	3547,98	**28 768**	—	2301,44	2589,12
119 880	**39 437**	2169,03	3154,96	3549,33	**28 782**	—	2302,56	2590,38
119 916	**39 452**	2169,86	3156,16	3550,68	**28 796**	—	2303,68	2591,64
119 952	**39 467**	2170,68	3157,36	3552,03	**28 810**	—	2304,80	2592,90
119 988	**39 483**	2171,56	3158,64	3553,47	**28 824**	—	2305,92	2594,16
120 024	**39 498**	2172,39	3159,84	3554,82	**28 838**	—	2307,04	2595,42
120 060	**39 513**	2173,21	3161,04	3556,17	**28 852**	—	2308,16	2596,68
120 096	**39 528**	2174,04	3162,24	3557,52	**28 866**	—	2309,28	2597,94
120 132	**39 543**	2174,86	3163,44	3558,87	**28 880**	—	2310,40	2599,20
120 168	**39 558**	2175,69	3164,64	3560,22	**28 894**	—	2311,52	2600,46
120 204	**39 573**	2176,51	3165,84	3561,57	**28 908**	—	2312,64	2601,72
120 240	**39 588**	2177,34	3167,04	3562,92	**28 922**	—	2313,76	2602,98
120 276	**39 604**	2178,22	3168,32	3564,36	**28 938**	—	2315,04	2604,42
120 312	**39 619**	2179,04	3169,52	3565,71	**28 952**	—	2316,16	2605,68
120 348	**39 634**	2179,87	3170,72	3567,06	**28 966**	—	2317,28	2606,94
120 384	**39 649**	2180,69	3171,92	3568,41	**28 980**	—	2318,40	2608,20
120 420	**39 664**	2181,52	3173,12	3569,76	**28 994**	—	2319,52	2609,46
120 456	**39 679**	2182,34	3174,32	3571,11	**29 008**	—	2320,64	2610,72
120 492	**39 694**	2183,17	3175,52	3572,46	**29 022**	—	2321,76	2611,98
120 528	**39 709**	2183,99	3176,72	3573,81	**29 036**	—	2322,88	2613,24
120 564	**39 724**	2184,82	3177,92	3575,16	**29 050**	—	2324,00	2614,50
120 600	**39 740**	2185,70	3179,20	3576,60	**29 064**	—	2325,12	2615,76
120 636	**39 755**	2186,52	3180,40	3577,95	**29 078**	—	2326,24	2617,02
120 672	**39 770**	2187,35	3181,60	3579,30	**29 092**	—	2327,36	2618,28
120 708	**39 785**	2188,17	3182,80	3580,65	**29 106**	—	2328,48	2619,54
120 744	**39 800**	2189,00	3184,00	3582,00	**29 120**	—	2329,60	2620,80
120 780	**39 815**	2189,82	3185,20	3583,35	**29 134**	—	2330,72	2622,06
120 816	**39 830**	2190,65	3186,40	3584,70	**29 148**	—	2331,84	2623,32
120 852	**39 845**	2191,47	3187,60	3586,05	**29 162**	—	2332,96	2624,58
120 888	**39 861**	2192,35	3188,88	3587,49	**29 176**	—	2334,08	2625,84
120 924	**39 876**	2193,18	3190,08	3588,84	**29 190**	—	2335,20	2627,10
120 960	**39 891**	2194,00	3191,28	3590,19	**29 204**	—	2336,32	2628,36
120 996	**39 906**	2194,83	3192,48	3591,54	**29 218**	—	2337,44	2629,62
121 032	**39 921**	2195,65	3193,68	3592,89	**29 232**	—	2338,56	2630,88
121 068	**39 936**	2196,48	3194,88	3594,24	**29 246**	—	2339,68	2632,14
121 104	**39 951**	2197,30	3196,08	3595,59	**29 262**	—	2340,96	2633,58
121 140	**39 966**	2198,13	3197,28	3596,94	**29 276**	—	2342,08	2634,84
121 176	**39 982**	2199,01	3198,56	3598,38	**29 290**	—	2343,20	2636,10
121 212	**39 997**	2199,83	3199,76	3599,73	**29 304**	—	2344,32	2637,36
121 248	**40 012**	2200,66	3200,96	3601,08	**29 318**	—	2345,44	2638,62
121 284	**40 027**	2201,48	3202,16	3602,43	**29 332**	—	2346,56	2639,88
121 320	**40 042**	2202,31	3203,36	3603,78	**29 346**	—	2347,68	2641,14
121 356	**40 057**	2203,13	3204,56	3605,13	**29 360**	—	2348,80	2642,40
121 392	**40 072**	2203,96	3205,76	3606,48	**29 374**	—	2349,92	2643,66
121 428	**40 087**	2204,78	3206,96	3607,83	**29 388**	—	2351,04	2644,92
121 464	**40 102**	2205,61	3208,16	3609,18	**29 402**	—	2352,16	2646,18
121 500	**40 118**	2206,49	3209,44	3610,62	**29 416**	—	2353,28	2647,44
121 536	**40 133**	2207,31	3210,64	3611,97	**29 430**	—	2354,40	2648,70
121 572	**40 148**	2208,14	3211,84	3613,32	**29 444**	—	2355,52	2649,96
121 608	**40 163**	2208,96	3213,04	3614,67	**29 458**	—	2356,64	2651,22
121 644	**40 178**	2209,79	3214,24	3616,02	**29 472**	—	2357,76	2652,48
121 680	**40 193**	2210,61	3215,44	3617,37	**29 488**	—	2359,04	2653,92
121 716	**40 208**	2211,44	3216,64	3618,72	**29 502**	—	2360,16	2655,18
121 752	**40 223**	2212,26	3217,84	3620,07	**29 516**	—	2361,28	2656,44
121 788	**40 239**	2213,14	3219,12	3621,51	**29 530**	—	2362,40	2657,70
121 824	**40 254**	2213,97	3220,32	3622,86	**29 544**	—	2363,52	2658,96
121 860	**40 269**	2214,79	3221,52	3624,21	**29 558**	—	2364,64	2660,22
121 896	**40 284**	2215,62	3222,72	3625,56	**29 572**	—	2365,76	2661,48
121 932	**40 299**	2216,44	3223,92	3626,91	**29 586**	—	2366,88	2662,74
121 968	**40 314**	2217,27	3225,12	3628,26	**29 600**	—	2368,00	2664,00
122 004	**40 329**	2218,09	3226,32	3629,61	**29 614**	—	2369,12	2665,26
122 040	**40 344**	2218,92	3227,52	3630,96	**29 628**	—	2370,24	2666,52

Zu versteuerndes Einkommen in €*	Abzüge an Einkommensteuer, Solidaritätszuschlag und Kirchensteuer							
	Grundtabelle				Splittingtabelle			
	ESt	SolZ	KiSt 8%	KiSt 9%	ESt	SolZ	KiSt 8%	KiSt 9%
122 076	**40 360**	2219,80	3228,80	3632,40	**29 642**	—	2371,36	2667,78
122 112	**40 375**	2220,62	3230,00	3633,75	**29 658**	—	2372,64	2669,22
122 148	**40 390**	2221,45	3231,20	3635,10	**29 672**	—	2373,76	2670,48
122 184	**40 405**	2222,27	3232,40	3636,45	**29 686**	—	2374,88	2671,74
122 220	**40 420**	2223,10	3233,60	3637,80	**29 700**	—	2376,00	2673,00
122 256	**40 435**	2223,92	3234,80	3639,15	**29 714**	—	2377,12	2674,26
122 292	**40 450**	2224,75	3236,00	3640,50	**29 728**	—	2378,24	2675,52
122 328	**40 465**	2225,57	3237,20	3641,85	**29 742**	—	2379,36	2676,78
122 364	**40 480**	2226,40	3238,40	3643,20	**29 756**	—	2380,48	2678,04
122 400	**40 496**	2227,28	3239,68	3644,64	**29 770**	—	2381,60	2679,30
122 436	**40 511**	2228,10	3240,88	3645,99	**29 784**	—	2382,72	2680,56
122 472	**40 526**	2228,93	3242,08	3647,34	**29 798**	—	2383,84	2681,82
122 508	**40 541**	2229,75	3243,28	3648,69	**29 814**	—	2385,12	2683,26
122 544	**40 556**	2230,58	3244,48	3650,04	**29 828**	—	2386,24	2684,52
122 580	**40 571**	2231,40	3245,68	3651,39	**29 842**	—	2387,36	2685,78
122 616	**40 586**	2232,23	3246,88	3652,74	**29 856**	—	2388,48	2687,04
122 652	**40 601**	2233,05	3248,08	3654,09	**29 870**	—	2389,60	2688,30
122 688	**40 617**	2233,93	3249,36	3655,53	**29 884**	—	2390,72	2689,56
122 724	**40 632**	2234,76	3250,56	3656,88	**29 898**	—	2391,84	2690,82
122 760	**40 647**	2235,58	3251,76	3658,23	**29 912**	—	2392,96	2692,08
122 796	**40 662**	2236,41	3252,96	3659,58	**29 926**	—	2394,08	2693,34
122 832	**40 677**	2237,23	3254,16	3660,93	**29 942**	—	2395,36	2694,78
122 868	**40 692**	2238,06	3255,36	3662,28	**29 956**	—	2396,48	2696,04
122 904	**40 707**	2238,88	3256,56	3663,63	**29 970**	—	2397,60	2697,30
122 940	**40 722**	2239,71	3257,76	3664,98	**29 984**	—	2398,72	2698,56
122 976	**40 738**	2240,59	3259,04	3666,42	**29 998**	—	2399,84	2699,82
123 012	**40 753**	2241,41	3260,24	3667,77	**30 012**	—	2400,96	2701,08
123 048	**40 768**	2242,24	3261,44	3669,12	**30 026**	—	2402,08	2702,34
123 084	**40 783**	2243,06	3262,64	3670,47	**30 040**	—	2403,20	2703,60
123 120	**40 798**	2243,89	3263,84	3671,82	**30 054**	—	2404,32	2704,86
123 156	**40 813**	2244,71	3265,04	3673,17	**30 070**	—	2405,60	2706,30
123 192	**40 828**	2245,54	3266,24	3674,52	**30 084**	—	2406,72	2707,56
123 228	**40 843**	2246,36	3267,44	3675,87	**30 098**	—	2407,84	2708,82
123 264	**40 858**	2247,19	3268,64	3677,22	**30 112**	—	2408,96	2710,08
123 300	**40 874**	2248,07	3269,92	3678,66	**30 126**	—	2410,08	2711,34
123 336	**40 889**	2248,89	3271,12	3680,01	**30 140**	—	2411,20	2712,60
123 372	**40 904**	2249,72	3272,32	3681,36	**30 154**	—	2412,32	2713,86
123 408	**40 919**	2250,54	3273,52	3682,71	**30 168**	—	2413,44	2715,12
123 444	**40 934**	2251,37	3274,72	3684,06	**30 184**	—	2414,72	2716,56
123 480	**40 949**	2252,19	3275,92	3685,41	**30 198**	—	2415,84	2717,82
123 516	**40 964**	2253,02	3277,12	3686,76	**30 212**	—	2416,96	2719,08
123 552	**40 979**	2253,84	3278,32	3688,11	**30 226**	—	2418,08	2720,34
123 588	**40 995**	2254,72	3279,60	3689,55	**30 240**	—	2419,20	2721,60
123 624	**41 010**	2255,55	3280,80	3690,90	**30 254**	—	2420,32	2722,86
123 660	**41 025**	2256,37	3282,00	3692,25	**30 268**	—	2421,44	2724,12
123 696	**41 040**	2257,20	3283,20	3693,60	**30 284**	—	2422,72	2725,56
123 732	**41 055**	2258,02	3284,40	3694,95	**30 298**	—	2423,84	2726,82
123 768	**41 070**	2258,85	3285,60	3696,30	**30 312**	—	2424,96	2728,08
123 804	**41 085**	2259,67	3286,80	3697,65	**30 326**	—	2426,08	2729,34
123 840	**41 100**	2260,50	3288,00	3699,00	**30 340**	—	2427,20	2730,60
123 876	**41 116**	2261,38	3289,28	3700,44	**30 354**	—	2428,32	2731,86
123 912	**41 131**	2262,20	3290,48	3701,79	**30 368**	—	2429,44	2733,12
123 948	**41 146**	2263,03	3291,68	3703,14	**30 382**	—	2430,56	2734,38
123 984	**41 161**	2263,85	3292,88	3704,49	**30 398**	—	2431,84	2735,82
124 020	**41 176**	2264,68	3294,08	3705,84	**30 412**	—	2432,96	2737,08
124 056	**41 191**	2265,50	3295,28	3707,19	**30 426**	—	2434,08	2738,34
124 092	**41 206**	2266,33	3296,48	3708,54	**30 440**	—	2435,20	2739,60
124 128	**41 221**	2267,15	3297,68	3709,89	**30 454**	—	2436,32	2740,86
124 164	**41 236**	2267,98	3298,88	3711,24	**30 468**	—	2437,44	2742,12
124 200	**41 252**	2268,86	3300,16	3712,68	**30 484**	—	2438,72	2743,56
124 236	**41 267**	2269,68	3301,36	3714,03	**30 498**	—	2439,84	2744,82
124 272	**41 282**	2270,51	3302,56	3715,38	**30 512**	—	2440,96	2746,08
124 308	**41 297**	2271,33	3303,76	3716,73	**30 526**	—	2442,08	2747,34
124 344	**41 312**	2272,16	3304,96	3718,08	**30 540**	—	2443,20	2748,60
124 380	**41 327**	2272,98	3306,16	3719,43	**30 554**	—	2444,32	2749,86

* Die Steuerbeträge gelten nur für das ausgewiesene zu versteuernde Einkommen. Zwischenwerte können mit dem Abgabenrechner des Bundesfinanzministeriums (www.bmf-steuerrechner.de) euro-/centgenau ermittelt werden.

Zu versteuerndes Einkommen in €*	Abzüge an Einkommensteuer, Solidaritätszuschlag und Kirchensteuer							
	Grundtabelle				Splittingtabelle			
	ESt	SolZ	KiSt 8%	KiSt 9%	ESt	SolZ	KiSt 8%	KiSt 9%
124 416	**41 342**	2273,81	3307,36	3720,78	**30 568**	—	2445,44	2751,12
124 452	**41 357**	2274,63	3308,56	3722,13	**30 584**	—	2446,72	2752,56
124 488	**41 373**	2275,51	3309,84	3723,57	**30 598**	—	2447,84	2753,82
124 524	**41 388**	2276,34	3311,04	3724,92	**30 612**	—	2448,96	2755,08
124 560	**41 403**	2277,16	3312,24	3726,27	**30 626**	—	2450,08	2756,34
124 596	**41 418**	2277,99	3313,44	3727,62	**30 640**	—	2451,20	2757,60
124 632	**41 433**	2278,81	3314,64	3728,97	**30 654**	—	2452,32	2758,86
124 668	**41 448**	2279,64	3315,84	3730,32	**30 670**	—	2453,60	2760,30
124 704	**41 463**	2280,46	3317,04	3731,67	**30 684**	—	2454,72	2761,56
124 740	**41 478**	2281,29	3318,24	3733,02	**30 698**	—	2455,84	2762,82
124 776	**41 494**	2282,17	3319,52	3734,46	**30 712**	—	2456,96	2764,08
124 812	**41 509**	2282,99	3320,72	3735,81	**30 726**	—	2458,08	2765,34
124 848	**41 524**	2283,82	3321,92	3737,16	**30 742**	—	2459,36	2766,78
124 884	**41 539**	2284,64	3323,12	3738,51	**30 756**	—	2460,48	2768,04
124 920	**41 554**	2285,47	3324,32	3739,86	**30 770**	—	2461,60	2769,30
124 956	**41 569**	2286,29	3325,52	3741,21	**30 784**	—	2462,72	2770,56
124 992	**41 584**	2287,12	3326,72	3742,56	**30 798**	—	2463,84	2771,82
125 028	**41 599**	2287,94	3327,92	3743,91	**30 812**	—	2464,96	2773,08
125 064	**41 614**	2288,77	3329,12	3745,26	**30 828**	—	2466,24	2774,52
125 100	**41 630**	2289,65	3330,40	3746,70	**30 842**	—	2467,36	2775,78
125 136	**41 645**	2290,47	3331,60	3748,05	**30 856**	—	2468,48	2777,04
125 172	**41 660**	2291,30	3332,80	3749,40	**30 870**	—	2469,60	2778,30
125 208	**41 675**	2292,12	3334,00	3750,75	**30 884**	—	2470,72	2779,56
125 244	**41 690**	2292,95	3335,20	3752,10	**30 900**	—	2472,00	2781,00
125 280	**41 705**	2293,77	3336,40	3753,45	**30 914**	—	2473,12	2782,26
125 316	**41 720**	2294,60	3337,60	3754,80	**30 928**	—	2474,24	2783,52
125 352	**41 735**	2295,42	3338,80	3756,15	**30 942**	—	2475,36	2784,78
125 388	**41 751**	2296,30	3340,08	3757,59	**30 956**	—	2476,48	2786,04
125 424	**41 766**	2297,13	3341,28	3758,94	**30 970**	—	2477,60	2787,30
125 460	**41 781**	2297,95	3342,48	3760,29	**30 986**	—	2478,88	2788,74
125 496	**41 796**	2298,78	3343,68	3761,64	**31 000**	—	2480,00	2790,00
125 532	**41 811**	2299,60	3344,88	3762,99	**31 014**	—	2481,12	2791,26
125 568	**41 826**	2300,43	3346,08	3764,34	**31 028**	—	2482,24	2792,52
125 604	**41 841**	2301,25	3347,28	3765,69	**31 042**	—	2483,36	2793,78
125 640	**41 856**	2302,08	3348,48	3767,04	**31 058**	—	2484,64	2795,22
125 676	**41 872**	2302,96	3349,76	3768,48	**31 072**	—	2485,76	2796,48
125 712	**41 887**	2303,78	3350,96	3769,83	**31 086**	—	2486,88	2797,74
125 748	**41 902**	2304,61	3352,16	3771,18	**31 100**	—	2488,00	2799,00
125 784	**41 917**	2305,43	3353,36	3772,53	**31 114**	—	2489,12	2800,26
125 820	**41 932**	2306,26	3354,56	3773,88	**31 130**	—	2490,40	2801,70
125 856	**41 947**	2307,08	3355,76	3775,23	**31 144**	—	2491,52	2802,96
125 892	**41 962**	2307,91	3356,96	3776,58	**31 158**	—	2492,64	2804,22
125 928	**41 977**	2308,73	3358,16	3777,93	**31 172**	—	2493,76	2805,48
125 964	**41 992**	2309,56	3359,36	3779,28	**31 186**	—	2494,88	2806,74
126 000	**42 008**	2310,44	3360,64	3780,72	**31 202**	—	2496,16	2808,18
126 036	**42 023**	2311,26	3361,84	3782,07	**31 216**	—	2497,28	2809,44
126 072	**42 038**	2312,09	3363,04	3783,42	**31 230**	—	2498,40	2810,70
126 108	**42 053**	2312,91	3364,24	3784,77	**31 244**	—	2499,52	2811,96
126 144	**42 068**	2313,74	3365,44	3786,12	**31 260**	—	2500,80	2813,40
126 180	**42 083**	2314,56	3366,64	3787,47	**31 274**	—	2501,92	2814,66
126 216	**42 098**	2315,39	3367,84	3788,82	**31 288**	—	2503,04	2815,92
126 252	**42 113**	2316,21	3369,04	3790,17	**31 302**	—	2504,16	2817,18
126 288	**42 129**	2317,09	3370,32	3791,61	**31 316**	—	2505,28	2818,44
126 324	**42 144**	2317,92	3371,52	3792,96	**31 332**	—	2506,56	2819,88
126 360	**42 159**	2318,74	3372,72	3794,31	**31 346**	—	2507,68	2821,14
126 396	**42 174**	2319,57	3373,92	3795,66	**31 360**	—	2508,80	2822,40
126 432	**42 189**	2320,39	3375,12	3797,01	**31 374**	—	2509,92	2823,66
126 468	**42 204**	2321,22	3376,32	3798,36	**31 390**	—	2511,20	2825,10
126 504	**42 219**	2322,04	3377,52	3799,71	**31 404**	—	2512,32	2826,36
126 540	**42 234**	2322,87	3378,72	3801,06	**31 418**	—	2513,44	2827,62
126 576	**42 250**	2323,75	3380,00	3802,50	**31 432**	—	2514,56	2828,88
126 612	**42 265**	2324,57	3381,20	3803,85	**31 446**	—	2515,68	2830,14
126 648	**42 280**	2325,40	3382,40	3805,20	**31 462**	—	2516,96	2831,58
126 684	**42 295**	2326,22	3383,60	3806,55	**31 476**	—	2518,08	2832,84
126 720	**42 310**	2327,05	3384,80	3807,90	**31 490**	—	2519,20	2834,10

Zu versteuerndes Einkommen in €*	Abzüge an Einkommensteuer, Solidaritätszuschlag und Kirchensteuer							
	Grundtabelle				Splittingtabelle			
	ESt	SolZ	KiSt 8%	KiSt 9%	ESt	SolZ	KiSt 8%	KiSt 9%
126 756	**42 325**	2327,87	3386,00	3809,25	**31 504**	—	2520,32	2835,36
126 792	**42 340**	2328,70	3387,20	3810,60	**31 520**	—	2521,60	2836,80
126 828	**42 355**	2329,52	3388,40	3811,95	**31 534**	—	2522,72	2838,06
126 864	**42 370**	2330,35	3389,60	3813,30	**31 548**	—	2523,84	2839,32
126 900	**42 386**	2331,23	3390,88	3814,74	**31 562**	—	2524,96	2840,58
126 936	**42 401**	2332,05	3392,08	3816,09	**31 578**	—	2526,24	2842,02
126 972	**42 416**	2332,88	3393,28	3817,44	**31 592**	—	2527,36	2843,28
127 008	**42 431**	2333,70	3394,48	3818,79	**31 606**	—	2528,48	2844,54
127 044	**42 446**	2334,53	3395,68	3820,14	**31 620**	—	2529,60	2845,80
127 080	**42 461**	2335,35	3396,88	3821,49	**31 636**	—	2530,88	2847,24
127 116	**42 476**	2336,18	3398,08	3822,84	**31 650**	—	2532,00	2848,50
127 152	**42 491**	2337,00	3399,28	3824,19	**31 664**	—	2533,12	2849,76
127 188	**42 507**	2337,88	3400,56	3825,63	**31 678**	—	2534,24	2851,02
127 224	**42 522**	2338,71	3401,76	3826,98	**31 694**	—	2535,52	2852,46
127 260	**42 537**	2339,53	3402,96	3828,33	**31 708**	—	2536,64	2853,72
127 296	**42 552**	2340,36	3404,16	3829,68	**31 722**	—	2537,76	2854,98
127 332	**42 567**	2341,18	3405,36	3831,03	**31 736**	—	2538,88	2856,24
127 368	**42 582**	2342,01	3406,56	3832,38	**31 752**	—	2540,16	2857,68
127 404	**42 597**	2342,83	3407,76	3833,73	**31 766**	—	2541,28	2858,94
127 440	**42 612**	2343,66	3408,96	3835,08	**31 780**	—	2542,40	2860,20
127 476	**42 628**	2344,54	3410,24	3836,52	**31 794**	—	2543,52	2861,46
127 512	**42 643**	2345,36	3411,44	3837,87	**31 810**	—	2544,80	2862,90
127 548	**42 658**	2346,19	3412,64	3839,22	**31 824**	—	2545,92	2864,16
127 584	**42 673**	2347,01	3413,84	3840,57	**31 838**	—	2547,04	2865,42
127 620	**42 688**	2347,84	3415,04	3841,92	**31 852**	—	2548,16	2866,68
127 656	**42 703**	2348,66	3416,24	3843,27	**31 868**	—	2549,44	2868,12
127 692	**42 718**	2349,49	3417,44	3844,62	**31 882**	—	2550,56	2869,38
127 728	**42 733**	2350,31	3418,64	3845,97	**31 896**	—	2551,68	2870,64
127 764	**42 748**	2351,14	3419,84	3847,32	**31 910**	—	2552,80	2871,90
127 800	**42 764**	2352,02	3421,12	3848,76	**31 926**	—	2554,08	2873,34
127 836	**42 779**	2352,84	3422,32	3850,11	**31 940**	—	2555,20	2874,60
127 872	**42 794**	2353,67	3423,52	3851,46	**31 954**	—	2556,32	2875,86
127 908	**42 809**	2354,49	3424,72	3852,81	**31 970**	—	2557,60	2877,30
127 944	**42 824**	2355,32	3425,92	3854,16	**31 984**	—	2558,72	2878,56
127 980	**42 839**	2356,14	3427,12	3855,51	**31 998**	—	2559,84	2879,82
128 016	**42 854**	2356,97	3428,32	3856,86	**32 012**	—	2560,96	2881,08
128 052	**42 869**	2357,79	3429,52	3858,21	**32 028**	—	2562,24	2882,52
128 088	**42 885**	2358,67	3430,80	3859,65	**32 042**	—	2563,36	2883,78
128 124	**42 900**	2359,50	3432,00	3861,00	**32 056**	—	2564,48	2885,04
128 160	**42 915**	2360,32	3433,20	3862,35	**32 070**	—	2565,60	2886,30
128 196	**42 930**	2361,15	3434,40	3863,70	**32 086**	—	2566,88	2887,74
128 232	**42 945**	2361,97	3435,60	3865,05	**32 100**	—	2568,00	2889,00
128 268	**42 960**	2362,80	3436,80	3866,40	**32 114**	—	2569,12	2890,26
128 304	**42 975**	2363,62	3438,00	3867,75	**32 130**	—	2570,40	2891,70
128 340	**42 990**	2364,45	3439,20	3869,10	**32 144**	—	2571,52	2892,96
128 376	**43 006**	2365,33	3440,48	3870,54	**32 158**	—	2572,64	2894,22
128 412	**43 021**	2366,15	3441,68	3871,89	**32 172**	—	2573,76	2895,48
128 448	**43 036**	2366,98	3442,88	3873,24	**32 188**	—	2575,04	2896,92
128 484	**43 051**	2367,80	3444,08	3874,59	**32 202**	—	2576,16	2898,18
128 520	**43 066**	2368,63	3445,28	3875,94	**32 216**	—	2577,28	2899,44
128 556	**43 081**	2369,45	3446,48	3877,29	**32 232**	—	2578,56	2900,88
128 592	**43 096**	2370,28	3447,68	3878,64	**32 246**	—	2579,68	2902,14
128 628	**43 111**	2371,10	3448,88	3879,99	**32 260**	—	2580,80	2903,40
128 664	**43 126**	2371,93	3450,08	3881,34	**32 274**	—	2581,92	2904,66
128 700	**43 142**	2372,81	3451,36	3882,78	**32 290**	—	2583,20	2906,10
128 736	**43 157**	2373,63	3452,56	3884,13	**32 304**	—	2584,32	2907,36
128 772	**43 172**	2374,46	3453,76	3885,48	**32 318**	—	2585,44	2908,62
128 808	**43 187**	2375,28	3454,96	3886,83	**32 334**	—	2586,72	2910,06
128 844	**43 202**	2376,11	3456,16	3888,18	**32 348**	—	2587,84	2911,32
128 880	**43 217**	2376,93	3457,36	3889,53	**32 362**	—	2588,96	2912,58
128 916	**43 232**	2377,76	3458,56	3890,88	**32 378**	—	2590,24	2914,02
128 952	**43 247**	2378,58	3459,76	3892,23	**32 392**	—	2591,36	2915,28
128 988	**43 263**	2379,46	3461,04	3893,67	**32 406**	—	2592,48	2916,54
129 024	**43 278**	2380,29	3462,24	3895,02	**32 422**	—	2593,76	2917,98
129 060	**43 293**	2381,11	3463,44	3896,37	**32 436**	—	2594,88	2919,24

* Die Steuerbeträge gelten nur für das ausgewiesene zu versteuernde Einkommen. Zwischenwerte können mit dem Abgabenrechner des Bundesfinanzministeriums (www.bmf-steuerrechner.de) euro-/centgenau ermittelt werden.

EINKOMMEN 129 096,–

Zu versteuerndes Einkommen in €*	Abzüge an Einkommensteuer, Solidaritätszuschlag und Kirchensteuer							
	Grundtabelle				Splittingtabelle			
	ESt	SolZ	KiSt 8%	KiSt 9%	ESt	SolZ	KiSt 8%	KiSt 9%
129 096	43 308	2381,94	3464,64	3897,72	32 450	—	2596,00	2920,50
129 132	43 323	2382,76	3465,84	3899,07	32 464	—	2597,12	2921,76
129 168	43 338	2383,59	3467,04	3900,42	32 480	—	2598,40	2923,20
129 204	43 353	2384,41	3468,24	3901,77	32 494	—	2599,52	2924,46
129 240	43 368	2385,24	3469,44	3903,12	32 508	—	2600,64	2925,72
129 276	43 384	2386,12	3470,72	3904,56	32 524	—	2601,92	2927,16
129 312	43 399	2386,94	3471,92	3905,91	32 538	—	2603,04	2928,42
129 348	43 414	2387,77	3473,12	3907,26	32 552	—	2604,16	2929,68
129 384	43 429	2388,59	3474,32	3908,61	32 568	—	2605,44	2931,12
129 420	43 444	2389,42	3475,52	3909,96	32 582	—	2606,56	2932,38
129 456	43 459	2390,24	3476,72	3911,31	32 596	—	2607,68	2933,64
129 492	43 474	2391,07	3477,92	3912,66	32 612	—	2608,96	2935,08
129 528	43 489	2391,89	3479,12	3914,01	32 626	—	2610,08	2936,34
129 564	43 504	2392,72	3480,32	3915,36	32 640	—	2611,20	2937,60
129 600	43 520	2393,60	3481,60	3916,80	32 656	—	2612,48	2939,04
129 636	43 535	2394,42	3482,80	3918,15	32 670	—	2613,60	2940,30
129 672	43 550	2395,25	3484,00	3919,50	32 684	—	2614,72	2941,56
129 708	43 565	2396,07	3485,20	3920,85	32 700	—	2616,00	2943,00
129 744	43 580	2396,90	3486,40	3922,20	32 714	—	2617,12	2944,26
129 780	43 595	2397,72	3487,60	3923,55	32 728	—	2618,24	2945,52
129 816	43 610	2398,55	3488,80	3924,90	32 744	—	2619,52	2946,96
129 852	43 625	2399,37	3490,00	3926,25	32 758	—	2620,64	2948,22
129 888	43 641	2400,25	3491,28	3927,69	32 772	—	2621,76	2949,48
129 924	43 656	2401,08	3492,48	3929,04	32 788	—	2623,04	2950,92
129 960	43 671	2401,90	3493,68	3930,39	32 802	—	2624,16	2952,18
129 996	43 686	2402,73	3494,88	3931,74	32 816	—	2625,28	2953,44
130 032	43 701	2403,55	3496,08	3933,09	32 832	—	2626,56	2954,88
130 068	43 716	2404,38	3497,28	3934,44	32 846	—	2627,68	2956,14
130 104	43 731	2405,20	3498,48	3935,79	32 860	—	2628,80	2957,40
130 140	43 746	2406,03	3499,68	3937,14	32 876	—	2630,08	2958,84
130 176	43 762	2406,91	3500,96	3938,58	32 890	—	2631,20	2960,10
130 212	43 777	2407,73	3502,16	3939,93	32 904	—	2632,32	2961,36
130 248	43 792	2408,56	3503,36	3941,28	32 920	—	2633,60	2962,80
130 284	43 807	2409,38	3504,56	3942,63	32 934	—	2634,72	2964,06
130 320	43 822	2410,21	3505,76	3943,98	32 948	—	2635,84	2965,32
130 356	43 837	2411,03	3506,96	3945,33	32 964	—	2637,12	2966,76
130 392	43 852	2411,86	3508,16	3946,68	32 978	—	2638,24	2968,02
130 428	43 867	2412,68	3509,36	3948,03	32 992	—	2639,36	2969,28
130 464	43 882	2413,51	3510,56	3949,38	33 008	—	2640,64	2970,72
130 500	43 898	2414,39	3511,84	3950,82	33 022	—	2641,76	2971,98
130 536	43 913	2415,21	3513,04	3952,17	33 036	—	2642,88	2973,24
130 572	43 928	2416,04	3514,24	3953,52	33 052	—	2644,16	2974,68
130 608	43 943	2416,86	3515,44	3954,87	33 066	—	2645,28	2975,94
130 644	43 958	2417,69	3516,64	3956,22	33 082	—	2646,56	2977,38
130 680	43 973	2418,51	3517,84	3957,57	33 096	—	2647,68	2978,64
130 716	43 988	2419,34	3519,04	3958,92	33 110	—	2648,80	2979,90
130 752	44 003	2420,16	3520,24	3960,27	33 126	—	2650,08	2981,34
130 788	44 019	2421,04	3521,52	3961,71	33 140	—	2651,20	2982,60
130 824	44 034	2421,87	3522,72	3963,06	33 154	—	2652,32	2983,86
130 860	44 049	2422,69	3523,92	3964,41	33 170	—	2653,60	2985,30
130 896	44 064	2423,52	3525,12	3965,76	33 184	—	2654,72	2986,56
130 932	44 079	2424,34	3526,32	3967,11	33 198	—	2655,84	2987,82
130 968	44 094	2425,17	3527,52	3968,46	33 214	—	2657,12	2989,26
131 004	44 109	2425,99	3528,72	3969,81	33 228	—	2658,24	2990,52
131 040	44 124	2426,82	3529,92	3971,16	33 244	—	2659,52	2991,96
131 076	44 140	2427,70	3531,20	3972,60	33 258	—	2660,64	2993,22
131 112	44 155	2428,52	3532,40	3973,95	33 272	—	2661,76	2994,48
131 148	44 170	2429,35	3533,60	3975,30	33 288	—	2663,04	2995,92
131 184	44 185	2430,17	3534,80	3976,65	33 302	—	2664,16	2997,18
131 220	44 200	2431,00	3536,00	3978,00	33 316	—	2665,28	2998,44
131 256	44 215	2431,82	3537,20	3979,35	33 332	—	2666,56	2999,88
131 292	44 230	2432,65	3538,40	3980,70	33 346	—	2667,68	3001,14
131 328	44 245	2433,47	3539,60	3982,05	33 362	—	2668,96	3002,58
131 364	44 260	2434,30	3540,80	3983,40	33 376	—	2670,08	3003,84
131 400	44 276	2435,18	3542,08	3984,84	33 390	—	2671,20	3005,10

Zu versteuerndes Einkommen in €*	Abzüge an Einkommensteuer, Solidaritätszuschlag und Kirchensteuer							
	Grundtabelle				Splittingtabelle			
	ESt	SolZ	KiSt 8%	KiSt 9%	ESt	SolZ	KiSt 8%	KiSt 9%
131 436	44 291	2436,00	3543,28	3986,19	33 406	—	2672,48	3006,54
131 472	44 306	2436,83	3544,48	3987,54	33 420	—	2673,60	3007,80
131 508	44 321	2437,65	3545,68	3988,89	33 434	—	2674,72	3009,06
131 544	44 336	2438,48	3546,88	3990,24	33 450	—	2676,00	3010,50
131 580	44 351	2439,30	3548,08	3991,59	33 464	—	2677,12	3011,76
131 616	44 366	2440,13	3549,28	3992,94	33 480	—	2678,40	3013,20
131 652	44 381	2440,95	3550,48	3994,29	33 494	—	2679,52	3014,46
131 688	44 397	2441,83	3551,76	3995,73	33 508	—	2680,64	3015,72
131 724	44 412	2442,66	3552,96	3997,08	33 524	—	2681,92	3017,16
131 760	44 427	2443,48	3554,16	3998,43	33 538	—	2683,04	3018,42
131 796	44 442	2444,31	3555,36	3999,78	33 554	—	2684,32	3019,86
131 832	44 457	2445,13	3556,56	4001,13	33 568	—	2685,44	3021,12
131 868	44 472	2445,96	3557,76	4002,48	33 582	—	2686,56	3022,38
131 904	44 487	2446,78	3558,96	4003,83	33 598	—	2687,84	3023,82
131 940	44 502	2447,61	3560,16	4005,18	33 612	—	2688,96	3025,08
131 976	44 518	2448,49	3561,44	4006,62	33 628	—	2690,24	3026,52
132 012	44 533	2449,31	3562,64	4007,97	33 642	—	2691,36	3027,78
132 048	44 548	2450,14	3563,84	4009,32	33 656	—	2692,48	3029,04
132 084	44 563	2450,96	3565,04	4010,67	33 672	—	2693,76	3030,48
132 120	44 578	2451,79	3566,24	4012,02	33 686	—	2694,88	3031,74
132 156	44 593	2452,61	3567,44	4013,37	33 702	—	2696,16	3033,18
132 192	44 608	2453,44	3568,64	4014,72	33 716	—	2697,28	3034,44
132 228	44 623	2454,26	3569,84	4016,07	33 730	—	2698,40	3035,70
132 264	44 638	2455,09	3571,04	4017,42	33 746	—	2699,68	3037,14
132 300	44 654	2455,97	3572,32	4018,86	33 760	—	2700,80	3038,40
132 336	44 669	2456,79	3573,52	4020,21	33 776	—	2702,08	3039,84
132 372	44 684	2457,62	3574,72	4021,56	33 790	—	2703,20	3041,10
132 408	44 699	2458,44	3575,92	4022,91	33 804	—	2704,32	3042,36
132 444	44 714	2459,27	3577,12	4024,26	33 820	—	2705,60	3043,80
132 480	44 729	2460,09	3578,32	4025,61	33 834	—	2706,72	3045,06
132 516	44 744	2460,92	3579,52	4026,96	33 850	—	2708,00	3046,50
132 552	44 759	2461,74	3580,72	4028,31	33 864	—	2709,12	3047,76
132 588	44 775	2462,62	3582,00	4029,75	33 880	—	2710,40	3049,20
132 624	44 790	2463,45	3583,20	4031,10	33 894	—	2711,52	3050,46
132 660	44 805	2464,27	3584,40	4032,45	33 908	—	2712,64	3051,72
132 696	44 820	2465,10	3585,60	4033,80	33 924	—	2713,92	3053,16
132 732	44 835	2465,92	3586,80	4035,15	33 938	—	2715,04	3054,42
132 768	44 850	2466,75	3588,00	4036,50	33 954	—	2716,32	3055,86
132 804	44 865	2467,57	3589,20	4037,85	33 968	—	2717,44	3057,12
132 840	44 880	2468,40	3590,40	4039,20	33 984	—	2718,72	3058,56
132 876	44 896	2469,28	3591,68	4040,64	33 998	—	2719,84	3059,82
132 912	44 911	2470,10	3592,88	4041,99	34 012	—	2720,96	3061,08
132 948	44 926	2470,93	3594,08	4043,34	34 028	—	2722,24	3062,52
132 984	44 941	2471,75	3595,28	4044,69	34 042	—	2723,36	3063,78
133 020	44 956	2472,58	3596,48	4046,04	34 058	—	2724,64	3065,22
133 056	44 971	2473,40	3597,68	4047,39	34 072	—	2725,76	3066,48
133 092	44 986	2474,23	3598,88	4048,74	34 088	—	2727,04	3067,92
133 128	45 001	2475,05	3600,08	4050,09	34 102	—	2728,16	3069,18
133 164	45 016	2475,88	3601,28	4051,44	34 116	—	2729,28	3070,44
133 200	45 032	2476,76	3602,56	4052,88	34 132	—	2730,56	3071,88
133 236	45 047	2477,58	3603,76	4054,23	34 146	—	2731,68	3073,14
133 272	45 062	2478,41	3604,96	4055,58	34 162	—	2732,96	3074,58
133 308	45 077	2479,23	3606,16	4056,93	34 176	—	2734,08	3075,84
133 344	45 092	2480,06	3607,36	4058,28	34 192	—	2735,36	3077,28
133 380	45 107	2480,88	3608,56	4059,63	34 206	—	2736,48	3078,54
133 416	45 122	2481,71	3609,76	4060,98	34 222	—	2737,76	3079,98
133 452	45 137	2482,53	3610,96	4062,33	34 236	—	2738,88	3081,24
133 488	45 153	2483,41	3612,24	4063,77	34 250	—	2740,00	3082,50
133 524	45 168	2484,24	3613,44	4065,12	34 266	—	2741,28	3083,94
133 560	45 183	2485,06	3614,64	4066,47	34 280	—	2742,40	3085,20
133 596	45 198	2485,89	3615,84	4067,82	34 296	—	2743,68	3086,64
133 632	45 213	2486,71	3617,04	4069,17	34 310	—	2744,80	3087,90
133 668	45 228	2487,54	3618,24	4070,52	34 326	—	2746,08	3089,34
133 704	45 243	2488,36	3619,44	4071,87	34 340	—	2747,20	3090,60
133 740	45 258	2489,19	3620,64	4073,22	34 356	—	2748,48	3092,04

* Die Steuerbeträge gelten nur für das ausgewiesene zu versteuernde Einkommen. Zwischenwerte können mit dem Abgabenrechner des Bundesfinanzministeriums (www.bmf-steuerrechner.de) euro-/centgenau ermittelt werden.

Zu versteuerndes Einkommen in € *	Abzüge an Einkommensteuer, Solidaritätszuschlag und Kirchensteuer							
	Grundtabelle				Splittingtabelle			
	ESt	SolZ	KiSt 8%	KiSt 9%	ESt	SolZ	KiSt 8%	KiSt 9%
133 776	**45 274**	2490,07	3621,92	4074,66	**34 370**	—	2749,60	3093,30
133 812	**45 289**	2490,89	3623,12	4076,01	**34 386**	—	2750,88	3094,74
133 848	**45 304**	2491,72	3624,32	4077,36	**34 400**	—	2752,00	3096,00
133 884	**45 319**	2492,54	3625,52	4078,71	**34 414**	—	2753,12	3097,26
133 920	**45 334**	2493,37	3626,72	4080,06	**34 430**	—	2754,40	3098,70
133 956	**45 349**	2494,19	3627,92	4081,41	**34 444**	—	2755,52	3099,96
133 992	**45 364**	2495,02	3629,12	4082,76	**34 460**	—	2756,80	3101,40
134 028	**45 379**	2495,84	3630,32	4084,11	**34 474**	—	2757,92	3102,66
134 064	**45 394**	2496,67	3631,52	4085,46	**34 490**	—	2759,20	3104,10
134 100	**45 410**	2497,55	3632,80	4086,90	**34 504**	—	2760,32	3105,36
134 136	**45 425**	2498,37	3634,00	4088,25	**34 520**	—	2761,60	3106,80
134 172	**45 440**	2499,20	3635,20	4089,60	**34 534**	—	2762,72	3108,06
134 208	**45 455**	2500,02	3636,40	4090,95	**34 550**	—	2764,00	3109,50
134 244	**45 470**	2500,85	3637,60	4092,30	**34 564**	—	2765,12	3110,76
134 280	**45 485**	2501,67	3638,80	4093,65	**34 580**	—	2766,40	3112,20
134 316	**45 500**	2502,50	3640,00	4095,00	**34 594**	—	2767,52	3113,46
134 352	**45 515**	2503,32	3641,20	4096,35	**34 610**	—	2768,80	3114,90
134 388	**45 531**	2504,20	3642,48	4097,79	**34 624**	—	2769,92	3116,16
134 424	**45 546**	2505,03	3643,68	4099,14	**34 640**	—	2771,20	3117,60
134 460	**45 561**	2505,85	3644,88	4100,49	**34 654**	—	2772,32	3118,86
134 496	**45 576**	2506,68	3646,08	4101,84	**34 670**	—	2773,60	3120,30
134 532	**45 591**	2507,50	3647,28	4103,19	**34 684**	—	2774,72	3121,56
134 568	**45 606**	2508,33	3648,48	4104,54	**34 698**	—	2775,84	3122,82
134 604	**45 621**	2509,15	3649,68	4105,89	**34 714**	—	2777,12	3124,26
134 640	**45 636**	2509,98	3650,88	4107,24	**34 728**	—	2778,24	3125,52
134 676	**45 652**	2510,86	3652,16	4108,68	**34 744**	—	2779,52	3126,96
134 712	**45 667**	2511,68	3653,36	4110,03	**34 758**	—	2780,64	3128,22
134 748	**45 682**	2512,51	3654,56	4111,38	**34 774**	—	2781,92	3129,66
134 784	**45 697**	2513,33	3655,76	4112,73	**34 788**	—	2783,04	3130,92
134 820	**45 712**	2514,16	3656,96	4114,08	**34 804**	—	2784,32	3132,36
134 856	**45 727**	2514,98	3658,16	4115,43	**34 818**	—	2785,44	3133,62
134 892	**45 742**	2515,81	3659,36	4116,78	**34 834**	—	2786,72	3135,06
134 928	**45 757**	2516,63	3660,56	4118,13	**34 848**	—	2787,84	3136,32
134 964	**45 772**	2517,46	3661,76	4119,48	**34 864**	—	2789,12	3137,76
135 000	**45 788**	2518,34	3663,04	4120,92	**34 878**	—	2790,24	3139,02
135 036	**45 803**	2519,16	3664,24	4122,27	**34 894**	—	2791,52	3140,46
135 072	**45 818**	2519,99	3665,44	4123,62	**34 908**	—	2792,64	3141,72
135 108	**45 833**	2520,81	3666,64	4124,97	**34 924**	—	2793,92	3143,16
135 144	**45 848**	2521,64	3667,84	4126,32	**34 938**	—	2795,04	3144,42
135 180	**45 863**	2522,46	3669,04	4127,67	**34 954**	—	2796,32	3145,86
135 216	**45 878**	2523,29	3670,24	4129,02	**34 968**	—	2797,44	3147,12
135 252	**45 893**	2524,11	3671,44	4130,37	**34 984**	—	2798,72	3148,56
135 288	**45 909**	2524,99	3672,72	4131,81	**34 998**	—	2799,84	3149,82
135 324	**45 924**	2525,82	3673,92	4133,16	**35 014**	—	2801,12	3151,26
135 360	**45 939**	2526,64	3675,12	4134,51	**35 028**	—	2802,24	3152,52
135 396	**45 954**	2527,47	3676,32	4135,86	**35 044**	—	2803,52	3153,96
135 432	**45 969**	2528,29	3677,52	4137,21	**35 058**	—	2804,64	3155,22
135 468	**45 984**	2529,12	3678,72	4138,56	**35 074**	—	2805,92	3156,66
135 504	**45 999**	2529,94	3679,92	4139,91	**35 088**	—	2807,04	3157,92
135 540	**46 014**	2530,77	3681,12	4141,26	**35 104**	—	2808,32	3159,36
135 576	**46 030**	2531,65	3682,40	4142,70	**35 118**	—	2809,44	3160,62
135 612	**46 045**	2532,47	3683,60	4144,05	**35 134**	—	2810,72	3162,06
135 648	**46 060**	2533,30	3684,80	4145,40	**35 150**	—	2812,00	3163,50
135 684	**46 075**	2534,12	3686,00	4146,75	**35 164**	—	2813,12	3164,76
135 720	**46 090**	2534,95	3687,20	4148,10	**35 180**	—	2814,40	3166,20
135 756	**46 105**	2535,77	3688,40	4149,45	**35 194**	—	2815,52	3167,46
135 792	**46 120**	2536,60	3689,60	4150,80	**35 210**	—	2816,80	3168,90
135 828	**46 135**	2537,42	3690,80	4152,15	**35 224**	—	2817,92	3170,16
135 864	**46 150**	2538,25	3692,00	4153,50	**35 240**	—	2819,20	3171,60
135 900	**46 166**	2539,13	3693,28	4154,94	**35 254**	—	2820,32	3172,86
135 936	**46 181**	2539,95	3694,48	4156,29	**35 270**	—	2821,60	3174,30
135 972	**46 196**	2540,78	3695,68	4157,64	**35 284**	—	2822,72	3175,56
136 008	**46 211**	2541,60	3696,88	4158,99	**35 300**	—	2824,00	3177,00
136 044	**46 226**	2542,43	3698,08	4160,34	**35 314**	—	2825,12	3178,26
136 080	**46 241**	2543,25	3699,28	4161,69	**35 330**	—	2826,40	3179,70
136 116	**46 256**	2544,08	3700,48	4163,04	**35 344**	—	2827,52	3180,96
136 152	**46 271**	2544,90	3701,68	4164,39	**35 360**	—	2828,80	3182,40
136 188	**46 287**	2545,78	3702,96	4165,83	**35 374**	—	2829,92	3183,66
136 224	**46 302**	2546,61	3704,16	4167,18	**35 390**	—	2831,20	3185,10
136 260	**46 317**	2547,43	3705,36	4168,53	**35 404**	—	2832,32	3186,36
136 296	**46 332**	2548,26	3706,56	4169,88	**35 420**	—	2833,60	3187,80
136 332	**46 347**	2549,08	3707,76	4171,23	**35 436**	—	2834,88	3189,24
136 368	**46 362**	2549,91	3708,96	4172,58	**35 450**	—	2836,00	3190,50
136 404	**46 377**	2550,73	3710,16	4173,93	**35 466**	—	2837,28	3191,94
136 440	**46 392**	2551,56	3711,36	4175,28	**35 480**	—	2838,40	3193,20
136 476	**46 408**	2552,44	3712,64	4176,72	**35 496**	—	2839,68	3194,64
136 512	**46 423**	2553,26	3713,84	4178,07	**35 510**	—	2840,80	3195,90
136 548	**46 438**	2554,09	3715,04	4179,42	**35 526**	—	2842,08	3197,34
136 584	**46 453**	2554,91	3716,24	4180,77	**35 540**	—	2843,20	3198,60
136 620	**46 468**	2555,74	3717,44	4182,12	**35 556**	—	2844,48	3200,04
136 656	**46 483**	2556,56	3718,64	4183,47	**35 570**	—	2845,60	3201,30
136 692	**46 498**	2557,39	3719,84	4184,82	**35 586**	—	2846,88	3202,74
136 728	**46 513**	2558,21	3721,04	4186,17	**35 602**	—	2848,16	3204,18
136 764	**46 528**	2559,04	3722,24	4187,52	**35 616**	—	2849,28	3205,44
136 800	**46 544**	2559,92	3723,52	4188,96	**35 632**	—	2850,56	3206,88
136 836	**46 559**	2560,74	3724,72	4190,31	**35 646**	—	2851,68	3208,14
136 872	**46 574**	2561,57	3725,92	4191,66	**35 662**	—	2852,96	3209,58
136 908	**46 589**	2562,39	3727,12	4193,01	**35 676**	—	2854,08	3210,84
136 944	**46 604**	2563,22	3728,32	4194,36	**35 692**	—	2855,36	3212,28
136 980	**46 619**	2564,04	3729,52	4195,71	**35 706**	—	2856,48	3213,54
137 016	**46 634**	2564,87	3730,72	4197,06	**35 722**	—	2857,76	3214,98
137 052	**46 649**	2565,69	3731,92	4198,41	**35 738**	—	2859,04	3216,42
137 088	**46 665**	2566,57	3733,20	4199,85	**35 752**	—	2860,16	3217,68
137 124	**46 680**	2567,40	3734,40	4201,20	**35 768**	—	2861,44	3219,12
137 160	**46 695**	2568,22	3735,60	4202,55	**35 782**	—	2862,56	3220,38
137 196	**46 710**	2569,05	3736,80	4203,90	**35 798**	—	2863,84	3221,82
137 232	**46 725**	2569,87	3738,00	4205,25	**35 812**	—	2864,96	3223,08
137 268	**46 740**	2570,70	3739,20	4206,60	**35 828**	—	2866,24	3224,52
137 304	**46 755**	2571,52	3740,40	4207,95	**35 842**	—	2867,36	3225,78
137 340	**46 770**	2572,35	3741,60	4209,30	**35 858**	—	2868,64	3227,22
137 376	**46 786**	2573,23	3742,88	4210,74	**35 874**	—	2869,92	3228,66
137 412	**46 801**	2574,05	3744,08	4212,09	**35 888**	—	2871,04	3229,92
137 448	**46 816**	2574,88	3745,28	4213,44	**35 904**	—	2872,32	3231,36
137 484	**46 831**	2575,70	3746,48	4214,79	**35 918**	—	2873,44	3232,62
137 520	**46 846**	2576,53	3747,68	4216,14	**35 934**	—	2874,72	3234,06
137 556	**46 861**	2577,35	3748,88	4217,49	**35 948**	—	2875,84	3235,32
137 592	**46 876**	2578,18	3750,08	4218,84	**35 964**	—	2877,12	3236,76
137 628	**46 891**	2579,00	3751,28	4220,19	**35 978**	—	2878,24	3238,02
137 664	**46 906**	2579,83	3752,48	4221,54	**35 994**	—	2879,52	3239,46
137 700	**46 922**	2580,71	3753,76	4222,98	**36 010**	—	2880,80	3240,90
137 736	**46 937**	2581,53	3754,96	4224,33	**36 024**	—	2881,92	3242,16
137 772	**46 952**	2582,36	3756,16	4225,68	**36 040**	—	2883,20	3243,60
137 808	**46 967**	2583,18	3757,36	4227,03	**36 054**	—	2884,32	3244,86
137 844	**46 982**	2584,01	3758,56	4228,38	**36 070**	—	2885,60	3246,30
137 880	**46 997**	2584,83	3759,76	4229,73	**36 084**	—	2886,72	3247,56
137 916	**47 012**	2585,66	3760,96	4231,08	**36 100**	—	2888,00	3249,00
137 952	**47 027**	2586,48	3762,16	4232,43	**36 116**	—	2889,28	3250,44
137 988	**47 043**	2587,36	3763,44	4233,87	**36 130**	—	2890,40	3251,70
138 024	**47 058**	2588,19	3764,64	4235,22	**36 146**	—	2891,68	3253,14
138 060	**47 073**	2589,01	3765,84	4236,57	**36 160**	—	2892,80	3254,40
138 096	**47 088**	2589,84	3767,04	4237,92	**36 176**	—	2894,08	3255,84
138 132	**47 103**	2590,66	3768,24	4239,27	**36 190**	—	2895,20	3257,10
138 168	**47 118**	2591,49	3769,44	4240,62	**36 206**	—	2896,48	3258,54
138 204	**47 133**	2592,31	3770,64	4241,97	**36 220**	—	2897,60	3259,80
138 240	**47 148**	2593,14	3771,84	4243,32	**36 236**	—	2898,88	3261,24
138 276	**47 164**	2594,02	3773,12	4244,76	**36 252**	—	2900,16	3262,68
138 312	**47 179**	2594,84	3774,32	4246,11	**36 266**	—	2901,28	3263,94
138 348	**47 194**	2595,67	3775,52	4247,46	**36 282**	—	2902,56	3265,38
138 384	**47 209**	2596,49	3776,72	4248,81	**36 296**	—	2903,68	3266,64
138 420	**47 224**	2597,32	3777,92	4250,16	**36 312**	—	2904,96	3268,08

* Die Steuerbeträge gelten nur für das ausgewiesene zu versteuernde Einkommen. Zwischenwerte können mit dem Abgabenrechner des Bundesfinanzministeriums (www.bmf-steuerrechner.de) euro-/centgenau ermittelt werden.

Zu versteuerndes Einkommen in € *	Abzüge an Einkommensteuer, Solidaritätszuschlag und Kirchensteuer							
	Grundtabelle				Splittingtabelle			
	ESt	SolZ	KiSt 8%	KiSt 9%	ESt	SolZ	KiSt 8%	KiSt 9%
138 456	47 239	2598,14	3779,12	4251,51	36 326	—	2906,08	3269,34
138 492	47 254	2598,97	3780,32	4252,86	36 342	—	2907,36	3270,78
138 528	47 269	2599,79	3781,52	4254,21	36 356	—	2908,48	3272,04
138 564	47 284	2600,62	3782,72	4255,56	36 372	—	2909,76	3273,48
138 600	47 300	2601,50	3784,00	4257,00	36 388	—	2911,04	3274,92
138 636	47 315	2602,32	3785,20	4258,35	36 402	—	2912,16	3276,18
138 672	47 330	2603,15	3786,40	4259,70	36 418	—	2913,44	3277,62
138 708	47 345	2603,97	3787,60	4261,05	36 432	—	2914,56	3278,88
138 744	47 360	2604,80	3788,80	4262,40	36 448	—	2915,84	3280,32
138 780	47 375	2605,62	3790,00	4263,75	36 462	—	2916,96	3281,58
138 816	47 390	2606,45	3791,20	4265,10	36 478	—	2918,24	3283,02
138 852	47 405	2607,27	3792,40	4266,45	36 494	—	2919,52	3284,46
138 888	47 421	2608,15	3793,68	4267,89	36 508	—	2920,64	3285,72
138 924	47 436	2608,98	3794,88	4269,24	36 524	—	2921,92	3287,16
138 960	47 451	2609,80	3796,08	4270,59	36 538	—	2923,04	3288,42
138 996	47 466	2610,63	3797,28	4271,94	36 554	—	2924,32	3289,86
139 032	47 481	2611,45	3798,48	4273,29	36 568	—	2925,44	3291,12
139 068	47 496	2612,28	3799,68	4274,64	36 584	—	2926,72	3292,56
139 104	47 511	2613,10	3800,88	4275,99	36 598	—	2927,84	3293,82
139 140	47 526	2613,93	3802,08	4277,34	36 614	—	2929,12	3295,26
139 176	47 542	2614,81	3803,36	4278,78	36 630	—	2930,40	3296,70
139 212	47 557	2615,63	3804,56	4280,13	36 644	—	2931,52	3297,96
139 248	47 572	2616,46	3805,76	4281,48	36 660	—	2932,80	3299,40
139 284	47 587	2617,28	3806,96	4282,83	36 674	—	2933,92	3300,66
139 320	47 602	2618,11	3808,16	4284,18	36 690	—	2935,20	3302,10
139 356	47 617	2618,93	3809,36	4285,53	36 704	—	2936,32	3303,36
139 392	47 632	2619,76	3810,56	4286,88	36 720	—	2937,60	3304,80
139 428	47 647	2620,58	3811,76	4288,23	36 734	—	2938,72	3306,06
139 464	47 662	2621,41	3812,96	4289,58	36 750	—	2940,00	3307,50
139 500	47 678	2622,29	3814,24	4291,02	36 766	—	2941,28	3308,94
139 536	47 693	2623,11	3815,44	4292,37	36 780	—	2942,40	3310,20
139 572	47 708	2623,94	3816,64	4293,72	36 796	—	2943,68	3311,64
139 608	47 723	2624,76	3817,84	4295,07	36 810	—	2944,80	3312,90
139 644	47 738	2625,59	3819,04	4296,42	36 826	—	2946,08	3314,34
139 680	47 753	2626,41	3820,24	4297,77	36 840	—	2947,20	3315,60
139 716	47 768	2627,24	3821,44	4299,12	36 856	—	2948,48	3317,04
139 752	47 783	2628,06	3822,64	4300,47	36 872	—	2949,76	3318,48
139 788	47 799	2628,94	3823,92	4301,91	36 886	—	2950,88	3319,74
139 824	47 814	2629,77	3825,12	4303,26	36 902	—	2952,16	3321,18
139 860	47 829	2630,59	3826,32	4304,61	36 916	—	2953,28	3322,44
139 896	47 844	2631,42	3827,52	4305,96	36 932	—	2954,56	3323,88
139 932	47 859	2632,24	3828,72	4307,31	36 946	—	2955,68	3325,14
139 968	47 874	2633,07	3829,92	4308,66	36 962	—	2956,96	3326,58
140 004	47 889	2633,89	3831,12	4310,01	36 976	—	2958,08	3327,84
140 040	47 904	2634,72	3832,32	4311,36	36 992	—	2959,36	3329,28
140 076	47 920	2635,60	3833,60	4312,80	37 008	—	2960,64	3330,72
140 112	47 935	2636,42	3834,80	4314,15	37 022	—	2961,76	3331,98
140 148	47 950	2637,25	3836,00	4315,50	37 038	—	2963,04	3333,42
140 184	47 965	2638,07	3837,20	4316,85	37 052	—	2964,16	3334,68
140 220	47 980	2638,90	3838,40	4318,20	37 068	—	2965,44	3336,12
140 256	47 995	2639,72	3839,60	4319,55	37 082	—	2966,56	3337,38
140 292	48 010	2640,55	3840,80	4320,90	37 098	—	2967,84	3338,82
140 328	48 025	2641,37	3842,00	4322,25	37 112	—	2968,96	3340,08
140 364	48 040	2642,20	3843,20	4323,60	37 128	—	2970,24	3341,52
140 400	48 056	2643,08	3844,48	4325,04	37 144	—	2971,52	3342,96
140 436	48 071	2643,90	3845,68	4326,39	37 158	—	2972,64	3344,22
140 472	48 086	2644,73	3846,88	4327,74	37 174	—	2973,92	3345,66
140 508	48 101	2645,55	3848,08	4329,09	37 188	—	2975,04	3346,92
140 544	48 116	2646,38	3849,28	4330,44	37 204	—	2976,32	3348,36
140 580	48 131	2647,20	3850,48	4331,79	37 218	—	2977,44	3349,62
140 616	48 146	2648,03	3851,68	4333,14	37 234	—	2978,72	3351,06
140 652	48 161	2648,85	3852,88	4334,49	37 250	—	2980,00	3352,50
140 688	48 177	2649,73	3854,16	4335,93	37 264	—	2981,12	3353,76
140 724	48 192	2650,56	3855,36	4337,28	37 280	—	2982,40	3355,20
140 760	48 207	2651,38	3856,56	4338,63	37 294	—	2983,52	3356,46

Zu versteuerndes Einkommen in € *	Abzüge an Einkommensteuer, Solidaritätszuschlag und Kirchensteuer							
	Grundtabelle				Splittingtabelle			
	ESt	SolZ	KiSt 8%	KiSt 9%	ESt	SolZ	KiSt 8%	KiSt 9%
140 796	48 222	2652,21	3857,76	4339,98	37 310	—	2984,80	3357,90
140 832	48 237	2653,03	3858,96	4341,33	37 324	—	2985,92	3359,16
140 868	48 252	2653,86	3860,16	4342,68	37 340	—	2987,20	3360,60
140 904	48 267	2654,68	3861,36	4344,03	37 354	—	2988,32	3361,86
140 940	48 282	2655,51	3862,56	4345,38	37 370	—	2989,60	3363,30
140 976	48 298	2656,39	3863,84	4346,82	37 386	—	2990,88	3364,74
141 012	48 313	2657,21	3865,04	4348,17	37 400	—	2992,00	3366,00
141 048	48 328	2658,04	3866,24	4349,52	37 416	—	2993,28	3367,44
141 084	48 343	2658,86	3867,44	4350,87	37 430	—	2994,40	3368,70
141 120	48 358	2659,69	3868,64	4352,22	37 446	—	2995,68	3370,14
141 156	48 373	2660,51	3869,84	4353,57	37 460	—	2996,80	3371,40
141 192	48 388	2661,34	3871,04	4354,92	37 476	—	2998,08	3372,84
141 228	48 403	2662,16	3872,24	4356,27	37 490	—	2999,20	3374,10
141 264	48 418	2662,99	3873,44	4357,62	37 506	—	3000,48	3375,54
141 300	48 434	2663,87	3874,72	4359,06	37 522	—	3001,76	3376,98
141 336	48 449	2664,69	3875,92	4360,41	37 536	—	3002,88	3378,24
141 372	48 464	2665,52	3877,12	4361,76	37 552	—	3004,16	3379,68
141 408	48 479	2666,34	3878,32	4363,11	37 566	—	3005,28	3380,94
141 444	48 494	2667,17	3879,52	4364,46	37 582	—	3006,56	3382,38
141 480	48 509	2667,99	3880,72	4365,81	37 596	—	3007,68	3383,64
141 516	48 524	2668,82	3881,92	4367,16	37 612	—	3008,96	3385,08
141 552	48 539	2669,64	3883,12	4368,51	37 628	—	3010,24	3386,52
141 588	48 555	2670,52	3884,40	4369,95	37 642	—	3011,36	3387,78
141 624	48 570	2671,35	3885,60	4371,30	37 658	—	3012,64	3389,22
141 660	48 585	2672,17	3886,80	4372,65	37 672	—	3013,76	3390,48
141 696	48 600	2673,00	3888,00	4374,00	37 688	—	3015,04	3391,92
141 732	48 615	2673,82	3889,20	4375,35	37 702	—	3016,16	3393,18
141 768	48 630	2674,65	3890,40	4376,70	37 718	—	3017,44	3394,62
141 804	48 645	2675,47	3891,60	4378,05	37 732	—	3018,56	3395,88
141 840	48 660	2676,30	3892,80	4379,40	37 748	—	3019,84	3397,32
141 876	48 676	2677,18	3894,08	4380,84	37 764	—	3021,12	3398,76
141 912	48 691	2678,00	3895,28	4382,19	37 778	—	3022,24	3400,02
141 948	48 706	2678,83	3896,48	4383,54	37 794	—	3023,52	3401,46
141 984	48 721	2679,65	3897,68	4384,89	37 808	—	3024,64	3402,72
142 020	48 736	2680,48	3898,88	4386,24	37 824	—	3025,92	3404,16
142 056	48 751	2681,30	3900,08	4387,59	37 838	—	3027,04	3405,42
142 092	48 766	2682,13	3901,28	4388,94	37 854	—	3028,32	3406,86
142 128	48 781	2682,95	3902,48	4390,29	37 868	—	3029,44	3408,12
142 164	48 796	2683,78	3903,68	4391,64	37 884	—	3030,72	3409,56
142 200	48 812	2684,66	3904,96	4393,08	37 900	—	3032,00	3411,00
142 236	48 827	2685,48	3906,16	4394,43	37 914	—	3033,12	3412,26
142 272	48 842	2686,31	3907,36	4395,78	37 930	—	3034,40	3413,70
142 308	48 857	2687,13	3908,56	4397,13	37 944	—	3035,52	3414,96
142 344	48 872	2687,96	3909,76	4398,48	37 960	—	3036,80	3416,40
142 380	48 887	2688,78	3910,96	4399,83	37 974	—	3037,92	3417,66
142 416	48 902	2689,61	3912,16	4401,18	37 990	—	3039,20	3419,10
142 452	48 917	2690,43	3913,36	4402,53	38 006	—	3040,48	3420,54
142 488	48 933	2691,31	3914,64	4403,97	38 020	—	3041,60	3421,80
142 524	48 948	2692,14	3915,84	4405,32	38 036	—	3042,88	3423,24
142 560	48 963	2692,96	3917,04	4406,67	38 050	—	3044,00	3424,50
142 596	48 978	2693,79	3918,24	4408,02	38 066	—	3045,28	3425,94
142 632	48 993	2694,61	3919,44	4409,37	38 080	—	3046,40	3427,20
142 668	49 008	2695,44	3920,64	4410,72	38 096	—	3047,68	3428,64
142 704	49 023	2696,26	3921,84	4412,07	38 110	—	3048,80	3429,90
142 740	49 038	2697,09	3923,04	4413,42	38 126	—	3050,08	3431,34
142 776	49 054	2697,97	3924,32	4414,86	38 142	—	3051,36	3432,78
142 812	49 069	2698,79	3925,52	4416,21	38 156	—	3052,48	3434,04
142 848	49 084	2699,62	3926,72	4417,56	38 172	—	3053,76	3435,48
142 884	49 099	2700,44	3927,92	4418,91	38 186	—	3054,88	3436,74
142 920	49 114	2701,27	3929,12	4420,26	38 202	—	3056,16	3438,18
142 956	49 129	2702,09	3930,32	4421,61	38 216	—	3057,28	3439,44
142 992	49 144	2702,92	3931,52	4422,96	38 232	—	3058,56	3440,88
143 028	49 159	2703,74	3932,72	4424,31	38 246	—	3059,68	3442,14
143 064	49 174	2704,57	3933,92	4425,66	38 262	—	3060,96	3443,58
143 100	49 190	2705,45	3935,20	4427,10	38 278	—	3062,24	3445,02

* Die Steuerbeträge gelten nur für das ausgewiesene zu versteuernde Einkommen. Zwischenwerte können mit dem Abgabenrechner des Bundesfinanzministeriums (www.bmf-steuerrechner.de) euro-/centgenau ermittelt werden.

Zu versteuerndes Einkommen in €*	Abzüge an Einkommensteuer, Solidaritätszuschlag und Kirchensteuer							
	Grundtabelle				Splittingtabelle			
	ESt	SolZ	KiSt 8%	KiSt 9%	ESt	SolZ	KiSt 8%	KiSt 9%
143 136	**49 205**	2706,27	3936,40	4428,45	**38 292**	—	3063,36	3446,28
143 172	**49 220**	2707,10	3937,60	4429,80	**38 308**	—	3064,64	3447,72
143 208	**49 235**	2707,92	3938,80	4431,15	**38 322**	—	3065,76	3448,98
143 244	**49 250**	2708,75	3940,00	4432,50	**38 338**	—	3067,04	3450,42
143 280	**49 265**	2709,57	3941,20	4433,85	**38 352**	—	3068,16	3451,68
143 316	**49 280**	2710,40	3942,40	4435,20	**38 368**	—	3069,44	3453,12
143 352	**49 295**	2711,22	3943,60	4436,55	**38 384**	—	3070,72	3454,56
143 388	**49 311**	2712,10	3944,88	4437,99	**38 398**	—	3071,84	3455,82
143 424	**49 326**	2712,93	3946,08	4439,34	**38 414**	—	3073,12	3457,26
143 460	**49 341**	2713,75	3947,28	4440,69	**38 428**	—	3074,24	3458,52
143 496	**49 356**	2714,58	3948,48	4442,04	**38 444**	—	3075,52	3459,96
143 532	**49 371**	2715,40	3949,68	4443,39	**38 458**	—	3076,64	3461,22
143 568	**49 386**	2716,23	3950,88	4444,74	**38 474**	—	3077,92	3462,66
143 604	**49 401**	2717,05	3952,08	4446,09	**38 488**	—	3079,04	3463,92
143 640	**49 416**	2717,88	3953,28	4447,44	**38 504**	—	3080,32	3465,36
143 676	**49 432**	2718,76	3954,56	4448,88	**38 520**	—	3081,60	3466,80
143 712	**49 447**	2719,58	3955,76	4450,23	**38 534**	—	3082,72	3468,06
143 748	**49 462**	2720,41	3956,96	4451,58	**38 550**	—	3084,00	3469,50
143 784	**49 477**	2721,23	3958,16	4452,93	**38 564**	—	3085,12	3470,76
143 820	**49 492**	2722,06	3959,36	4454,28	**38 580**	—	3086,40	3472,20
143 856	**49 507**	2722,88	3960,56	4455,63	**38 594**	—	3087,52	3473,46
143 892	**49 522**	2723,71	3961,76	4456,98	**38 610**	—	3088,80	3474,90
143 928	**49 537**	2724,53	3962,96	4458,33	**38 624**	—	3089,92	3476,16
143 964	**49 552**	2725,36	3964,16	4459,68	**38 640**	—	3091,20	3477,60
144 000	**49 568**	2726,24	3965,44	4461,12	**38 656**	—	3092,48	3479,04
144 036	**49 583**	2727,06	3966,64	4462,47	**38 670**	—	3093,60	3480,30
144 072	**49 598**	2727,89	3967,84	4463,82	**38 686**	—	3094,88	3481,74
144 108	**49 613**	2728,71	3969,04	4465,17	**38 700**	—	3096,00	3483,00
144 144	**49 628**	2729,54	3970,24	4466,52	**38 716**	—	3097,28	3484,44
144 180	**49 643**	2730,36	3971,44	4467,87	**38 730**	—	3098,40	3485,70
144 216	**49 658**	2731,19	3972,64	4469,22	**38 746**	—	3099,68	3487,14
144 252	**49 673**	2732,01	3973,84	4470,57	**38 762**	—	3100,96	3488,58
144 288	**49 689**	2732,89	3975,12	4472,01	**38 776**	—	3102,08	3489,84
144 324	**49 704**	2733,72	3976,32	4473,36	**38 792**	—	3103,36	3491,28
144 360	**49 719**	2734,54	3977,52	4474,71	**38 806**	—	3104,48	3492,54
144 396	**49 734**	2735,37	3978,72	4476,06	**38 822**	—	3105,76	3493,98
144 432	**49 749**	2736,19	3979,92	4477,41	**38 836**	—	3106,88	3495,24
144 468	**49 764**	2737,02	3981,12	4478,76	**38 852**	—	3108,16	3496,68
144 504	**49 779**	2737,84	3982,32	4480,11	**38 866**	—	3109,28	3497,94
144 540	**49 794**	2738,67	3983,52	4481,46	**38 882**	—	3110,56	3499,38
144 576	**49 810**	2739,55	3984,80	4482,90	**38 898**	—	3111,84	3500,82
144 612	**49 825**	2740,37	3986,00	4484,25	**38 912**	—	3112,96	3502,08
144 648	**49 840**	2741,20	3987,20	4485,60	**38 928**	—	3114,24	3503,52
144 684	**49 855**	2742,02	3988,40	4486,95	**38 942**	—	3115,36	3504,78
144 720	**49 870**	2742,85	3989,60	4488,30	**38 958**	—	3116,64	3506,22
144 756	**49 885**	2743,67	3990,80	4489,65	**38 972**	—	3117,76	3507,48
144 792	**49 900**	2744,50	3992,00	4491,00	**38 988**	—	3119,04	3508,92
144 828	**49 915**	2745,32	3993,20	4492,35	**39 002**	—	3120,16	3510,18
144 864	**49 930**	2746,15	3994,40	4493,70	**39 018**	—	3121,44	3511,62
144 900	**49 946**	2747,03	3995,68	4495,14	**39 034**	—	3122,72	3513,06
144 936	**49 961**	2747,85	3996,88	4496,49	**39 048**	—	3123,84	3514,32
144 972	**49 976**	2748,68	3998,08	4497,84	**39 064**	—	3125,12	3515,76
145 008	**49 991**	2749,50	3999,28	4499,19	**39 078**	—	3126,24	3517,02
145 044	**50 006**	2750,33	4000,48	4500,54	**39 094**	—	3127,52	3518,46
145 080	**50 021**	2751,15	4001,68	4501,89	**39 108**	—	3128,64	3519,72
145 116	**50 036**	2751,98	4002,88	4503,24	**39 124**	—	3129,92	3521,16
145 152	**50 051**	2752,80	4004,08	4504,59	**39 140**	—	3131,20	3522,60
145 188	**50 067**	2753,68	4005,36	4506,03	**39 154**	—	3132,32	3523,86
145 224	**50 082**	2754,51	4006,56	4507,38	**39 170**	—	3133,60	3525,30
145 260	**50 097**	2755,33	4007,76	4508,73	**39 184**	—	3134,72	3526,56
145 296	**50 112**	2756,16	4008,96	4510,08	**39 200**	—	3136,00	3528,00
145 332	**50 127**	2756,98	4010,16	4511,43	**39 214**	—	3137,12	3529,26
145 368	**50 142**	2757,81	4011,36	4512,78	**39 230**	—	3138,40	3530,70
145 404	**50 157**	2758,63	4012,56	4514,13	**39 244**	—	3139,52	3531,96
145 440	**50 172**	2759,46	4013,76	4515,48	**39 260**	—	3140,80	3533,40

Zu versteuerndes Einkommen in €*	Abzüge an Einkommensteuer, Solidaritätszuschlag und Kirchensteuer							
	Grundtabelle				Splittingtabelle			
	ESt	SolZ	KiSt 8%	KiSt 9%	ESt	SolZ	KiSt 8%	KiSt 9%
145 476	**50 188**	2760,34	4015,04	4516,92	**39 276**	—	3142,08	3534,84
145 512	**50 203**	2761,16	4016,24	4518,27	**39 290**	—	3143,20	3536,10
145 548	**50 218**	2761,99	4017,44	4519,62	**39 306**	—	3144,48	3537,54
145 584	**50 233**	2762,81	4018,64	4520,97	**39 320**	—	3145,60	3538,80
145 620	**50 248**	2763,64	4019,84	4522,32	**39 336**	—	3146,88	3540,24
145 656	**50 263**	2764,46	4021,04	4523,67	**39 350**	—	3148,00	3541,50
145 692	**50 278**	2765,29	4022,24	4525,02	**39 366**	—	3149,28	3542,94
145 728	**50 293**	2766,11	4023,44	4526,37	**39 380**	—	3150,40	3544,20
145 764	**50 308**	2766,94	4024,64	4527,72	**39 396**	—	3151,68	3545,64
145 800	**50 324**	2767,82	4025,92	4529,16	**39 412**	—	3152,96	3547,08
145 836	**50 339**	2768,64	4027,12	4530,51	**39 426**	—	3154,08	3548,34
145 872	**50 354**	2769,47	4028,32	4531,86	**39 442**	—	3155,36	3549,78
145 908	**50 369**	2770,29	4029,52	4533,21	**39 456**	—	3156,48	3551,04
145 944	**50 384**	2771,12	4030,72	4534,56	**39 472**	—	3157,76	3552,48
145 980	**50 399**	2771,94	4031,92	4535,91	**39 486**	—	3158,88	3553,74
146 016	**50 414**	2772,77	4033,12	4537,26	**39 502**	—	3160,16	3555,18
146 052	**50 429**	2773,59	4034,32	4538,61	**39 518**	—	3161,44	3556,62
146 088	**50 445**	2774,47	4035,60	4540,05	**39 532**	—	3162,56	3557,88
146 124	**50 460**	2775,30	4036,80	4541,40	**39 548**	—	3163,84	3559,32
146 160	**50 475**	2776,12	4038,00	4542,75	**39 562**	—	3164,96	3560,58
146 196	**50 490**	2776,95	4039,20	4544,10	**39 578**	—	3166,24	3562,02
146 232	**50 505**	2777,77	4040,40	4545,45	**39 592**	—	3167,36	3563,28
146 268	**50 520**	2778,60	4041,60	4546,80	**39 608**	—	3168,64	3564,72
146 304	**50 535**	2779,42	4042,80	4548,15	**39 622**	—	3169,76	3565,98
146 340	**50 550**	2780,25	4044,00	4549,50	**39 638**	—	3171,04	3567,42
146 376	**50 566**	2781,13	4045,28	4550,94	**39 654**	—	3172,32	3568,86
146 412	**50 581**	2781,95	4046,48	4552,29	**39 668**	—	3173,44	3570,12
146 448	**50 596**	2782,78	4047,68	4553,64	**39 684**	—	3174,72	3571,56
146 484	**50 611**	2783,60	4048,88	4554,99	**39 698**	—	3175,84	3572,82
146 520	**50 626**	2784,43	4050,08	4556,34	**39 714**	—	3177,12	3574,26
146 556	**50 641**	2785,25	4051,28	4557,69	**39 728**	—	3178,24	3575,52
146 592	**50 656**	2786,08	4052,48	4559,04	**39 744**	—	3179,52	3576,96
146 628	**50 671**	2786,90	4053,68	4560,39	**39 758**	—	3180,64	3578,22
146 664	**50 686**	2787,73	4054,88	4561,74	**39 774**	—	3181,92	3579,66
146 700	**50 702**	2788,61	4056,16	4563,18	**39 790**	—	3183,20	3581,10
146 736	**50 717**	2789,43	4057,36	4564,53	**39 804**	—	3184,32	3582,36
146 772	**50 732**	2790,26	4058,56	4565,88	**39 820**	—	3185,60	3583,80
146 808	**50 747**	2791,08	4059,76	4567,23	**39 834**	—	3186,72	3585,06
146 844	**50 762**	2791,91	4060,96	4568,58	**39 850**	—	3188,00	3586,50
146 880	**50 777**	2792,73	4062,16	4569,93	**39 864**	—	3189,12	3587,76
146 916	**50 792**	2793,56	4063,36	4571,28	**39 880**	—	3190,40	3589,20
146 952	**50 807**	2794,38	4064,56	4572,63	**39 896**	—	3191,68	3590,64
146 988	**50 823**	2795,26	4065,84	4574,07	**39 910**	1,19	3192,80	3591,90
147 024	**50 838**	2796,09	4067,04	4575,42	**39 926**	3,09	3194,08	3593,34
147 060	**50 853**	2796,91	4068,24	4576,77	**39 940**	4,76	3195,20	3594,60
147 096	**50 868**	2797,74	4069,44	4578,12	**39 956**	6,66	3196,48	3596,04
147 132	**50 883**	2798,56	4070,64	4579,47	**39 970**	8,33	3197,60	3597,30
147 168	**50 898**	2799,39	4071,84	4580,82	**39 986**	10,23	3198,88	3598,74
147 204	**50 913**	2800,21	4073,04	4582,17	**40 000**	11,90	3200,00	3600,00
147 240	**50 928**	2801,04	4074,24	4583,52	**40 016**	13,80	3201,28	3601,44
147 276	**50 944**	2801,92	4075,52	4584,96	**40 032**	15,70	3202,56	3602,88
147 312	**50 959**	2802,74	4076,72	4586,31	**40 046**	17,37	3203,68	3604,14
147 348	**50 974**	2803,57	4077,92	4587,66	**40 062**	19,27	3204,96	3605,58
147 384	**50 989**	2804,39	4079,12	4589,01	**40 076**	20,94	3206,08	3606,84
147 420	**51 004**	2805,22	4080,32	4590,36	**40 092**	22,84	3207,36	3608,28
147 456	**51 019**	2806,04	4081,52	4591,71	**40 106**	24,51	3208,48	3609,54
147 492	**51 034**	2806,87	4082,72	4593,06	**40 122**	26,41	3209,76	3610,98
147 528	**51 049**	2807,69	4083,92	4594,41	**40 136**	28,08	3210,88	3612,24
147 564	**51 064**	2808,52	4085,12	4595,76	**40 152**	29,98	3212,16	3613,68
147 600	**51 080**	2809,40	4086,40	4597,20	**40 168**	31,89	3213,44	3615,12
147 636	**51 095**	2810,22	4087,60	4598,55	**40 182**	33,55	3214,56	3616,38
147 672	**51 110**	2811,05	4088,80	4599,90	**40 198**	35,46	3215,84	3617,82
147 708	**51 125**	2811,87	4090,00	4601,25	**40 212**	37,12	3216,96	3619,08
147 744	**51 140**	2812,70	4091,20	4602,60	**40 228**	39,03	3218,24	3620,52
147 780	**51 155**	2813,52	4092,40	4603,95	**40 242**	40,69	3219,36	3621,78

* Die Steuerbeträge gelten nur für das ausgewiesene zu versteuernde Einkommen. Zwischenwerte können mit dem Abgabenrechner des Bundesfinanzministeriums (www.bmf-steuerrechner.de) euro-/centgenau ermittelt werden.

EINKOMMEN 147 816,–

Zu versteuerndes Einkommen in €*	Abzüge an Einkommensteuer, Solidaritätszuschlag und Kirchensteuer – Grundtabelle				Splittingtabelle			
	ESt	SolZ	KiSt 8%	KiSt 9%	ESt	SolZ	KiSt 8%	KiSt 9%
147 816	51 170	2814,35	4093,60	4605,30	40 258	42,60	3220,64	3623,22
147 852	51 185	2815,17	4094,80	4606,65	40 274	44,50	3221,92	3624,66
147 888	51 201	2816,05	4096,08	4608,09	40 288	46,17	3223,04	3625,92
147 924	51 216	2816,88	4097,28	4609,44	40 304	48,07	3224,32	3627,36
147 960	51 231	2817,70	4098,48	4610,79	40 318	49,74	3225,44	3628,62
147 996	51 246	2818,53	4099,68	4612,14	40 334	51,64	3226,72	3630,06
148 032	51 261	2819,35	4100,88	4613,49	40 348	53,31	3227,84	3631,32
148 068	51 276	2820,18	4102,08	4614,84	40 364	55,21	3229,12	3632,76
148 104	51 291	2821,00	4103,28	4616,19	40 378	56,88	3230,24	3634,02
148 140	51 306	2821,83	4104,48	4617,54	40 394	58,78	3231,52	3635,46
148 176	51 322	2822,71	4105,76	4618,98	40 410	60,69	3232,80	3636,90
148 212	51 337	2823,53	4106,96	4620,33	40 424	62,35	3233,92	3638,16
148 248	51 352	2824,36	4108,16	4621,68	40 440	64,26	3235,20	3639,60
148 284	51 367	2825,18	4109,36	4623,03	40 454	65,92	3236,32	3640,86
148 320	51 382	2826,01	4110,56	4624,38	40 470	67,83	3237,60	3642,30
148 356	51 397	2826,83	4111,76	4625,73	40 484	69,49	3238,72	3643,56
148 392	51 412	2827,66	4112,96	4627,08	40 500	71,40	3240,00	3645,00
148 428	51 427	2828,48	4114,16	4628,43	40 514	73,06	3241,12	3646,26
148 464	51 442	2829,31	4115,36	4629,78	40 530	74,97	3242,40	3647,70
148 500	51 458	2830,19	4116,64	4631,22	40 546	76,87	3243,68	3649,14
148 536	51 473	2831,01	4117,84	4632,57	40 560	78,54	3244,80	3650,40
148 572	51 488	2831,84	4119,04	4633,92	40 576	80,44	3246,08	3651,84
148 608	51 503	2832,66	4120,24	4635,27	40 590	82,11	3247,20	3653,10
148 644	51 518	2833,49	4121,44	4636,62	40 606	84,01	3248,48	3654,54
148 680	51 533	2834,31	4122,64	4637,97	40 620	85,68	3249,60	3655,80
148 716	51 548	2835,14	4123,84	4639,32	40 636	87,58	3250,88	3657,24
148 752	51 563	2835,96	4125,04	4640,67	40 652	89,48	3252,16	3658,68
148 788	51 579	2836,84	4126,32	4642,11	40 666	91,15	3253,28	3659,94
148 824	51 594	2837,67	4127,52	4643,46	40 682	93,05	3254,56	3661,38
148 860	51 609	2838,49	4128,72	4644,81	40 696	94,72	3255,68	3662,64
148 896	51 624	2839,32	4129,92	4646,16	40 712	96,62	3256,96	3664,08
148 932	51 639	2840,14	4131,12	4647,51	40 726	98,29	3258,08	3665,34
148 968	51 654	2840,97	4132,32	4648,86	40 742	100,19	3259,36	3666,78
149 004	51 669	2841,79	4133,52	4650,21	40 756	101,86	3260,48	3668,04
149 040	51 684	2842,62	4134,72	4651,56	40 772	103,76	3261,76	3669,48
149 076	51 700	2843,50	4136,00	4653,00	40 788	105,67	3263,04	3670,92
149 112	51 715	2844,32	4137,20	4654,35	40 802	107,33	3264,16	3672,18
149 148	51 730	2845,15	4138,40	4655,70	40 818	109,24	3265,44	3673,62
149 184	51 745	2845,97	4139,60	4657,05	40 832	110,90	3266,56	3674,88
149 220	51 760	2846,80	4140,80	4658,40	40 848	112,81	3267,84	3676,32
149 256	51 775	2847,62	4142,00	4659,75	40 862	114,47	3268,96	3677,58
149 292	51 790	2848,45	4143,20	4661,10	40 878	116,38	3270,24	3679,02
149 328	51 805	2849,27	4144,40	4662,45	40 892	118,04	3271,36	3680,28
149 364	51 820	2850,10	4145,60	4663,80	40 908	119,95	3272,64	3681,72
149 400	51 836	2850,98	4146,88	4665,24	40 924	121,85	3273,92	3683,16
149 436	51 851	2851,80	4148,08	4666,59	40 938	123,52	3275,04	3684,42
149 472	51 866	2852,63	4149,28	4667,94	40 954	125,42	3276,32	3685,86
149 508	51 881	2853,45	4150,48	4669,29	40 968	127,09	3277,44	3687,12
149 544	51 896	2854,28	4151,68	4670,64	40 984	128,99	3278,72	3688,56
149 580	51 911	2855,10	4152,88	4671,99	40 998	130,66	3279,84	3689,82
149 616	51 926	2855,93	4154,08	4673,34	41 014	132,56	3281,12	3691,26
149 652	51 941	2856,75	4155,28	4674,69	41 030	134,47	3282,40	3692,70
149 688	51 957	2857,63	4156,56	4676,13	41 044	136,13	3283,52	3693,96
149 724	51 972	2858,46	4157,76	4677,48	41 060	138,04	3284,80	3695,40
149 760	51 987	2859,28	4158,96	4678,83	41 074	139,70	3285,92	3696,66
149 796	52 002	2860,11	4160,16	4680,18	41 090	141,61	3287,20	3698,10
149 832	52 017	2860,93	4161,36	4681,53	41 104	143,27	3288,32	3699,36
149 868	52 032	2861,76	4162,56	4682,88	41 120	145,18	3289,60	3700,80
149 904	52 047	2862,58	4163,76	4684,23	41 134	146,84	3290,72	3702,06
149 940	52 062	2863,41	4164,96	4685,58	41 150	148,75	3292,00	3703,50
149 976	52 078	2864,29	4166,24	4687,02	41 166	150,65	3293,28	3704,94
150 012	52 093	2865,11	4167,44	4688,37	41 180	152,32	3294,40	3706,20
150 048	52 108	2865,94	4168,64	4689,72	41 196	154,22	3295,68	3707,64
150 084	52 123	2866,76	4169,84	4691,07	41 210	155,89	3296,80	3708,90
150 120	52 138	2867,59	4171,04	4692,42	41 226	157,79	3298,08	3710,34

Zu versteuerndes Einkommen in €*	Abzüge an Einkommensteuer, Solidaritätszuschlag und Kirchensteuer – Grundtabelle				Splittingtabelle			
	ESt	SolZ	KiSt 8%	KiSt 9%	ESt	SolZ	KiSt 8%	KiSt 9%
150 156	52 153	2868,41	4172,24	4693,77	41 240	159,46	3299,20	3711,60
150 192	52 168	2869,24	4173,44	4695,12	41 256	161,36	3300,48	3713,04
150 228	52 183	2870,06	4174,64	4696,47	41 270	163,03	3301,60	3714,30
150 264	52 198	2870,89	4175,84	4697,82	41 286	164,93	3302,88	3715,74
150 300	52 214	2871,77	4177,12	4699,26	41 302	166,83	3304,16	3717,18
150 336	52 229	2872,59	4178,32	4700,61	41 316	168,50	3305,28	3718,44
150 372	52 244	2873,42	4179,52	4701,96	41 332	170,40	3306,56	3719,88
150 408	52 259	2874,24	4180,72	4703,31	41 346	172,07	3307,68	3721,14
150 444	52 274	2875,07	4181,92	4704,66	41 362	173,97	3308,96	3722,58
150 480	52 289	2875,89	4183,12	4706,01	41 376	175,64	3310,08	3723,84
150 516	52 304	2876,72	4184,32	4707,36	41 392	177,54	3311,36	3725,28
150 552	52 319	2877,54	4185,52	4708,71	41 408	179,45	3312,64	3726,72
150 588	52 335	2878,42	4186,80	4710,15	41 422	181,11	3313,76	3727,98
150 624	52 350	2879,25	4188,00	4711,50	41 438	183,02	3315,04	3729,42
150 660	52 365	2880,07	4189,20	4712,85	41 452	184,68	3316,16	3730,68
150 696	52 380	2880,90	4190,40	4714,20	41 468	186,59	3317,44	3732,12
150 732	52 395	2881,72	4191,60	4715,55	41 482	188,25	3318,56	3733,38
150 768	52 410	2882,55	4192,80	4716,90	41 498	190,16	3319,84	3734,82
150 804	52 425	2883,37	4194,00	4718,25	41 512	191,82	3320,96	3736,08
150 840	52 440	2884,20	4195,20	4719,60	41 528	193,73	3322,24	3737,52
150 876	52 456	2885,08	4196,48	4721,04	41 544	195,63	3323,52	3738,96
150 912	52 471	2885,90	4197,68	4722,39	41 558	197,30	3324,64	3740,22
150 948	52 486	2886,73	4198,88	4723,74	41 574	199,20	3325,92	3741,66
150 984	52 501	2887,55	4200,08	4725,09	41 588	200,87	3327,04	3742,92
151 020	52 516	2888,38	4201,28	4726,44	41 604	202,77	3328,32	3744,36
151 056	52 531	2889,20	4202,48	4727,79	41 618	204,44	3329,44	3745,62
151 092	52 546	2890,03	4203,68	4729,14	41 634	206,34	3330,72	3747,06
151 128	52 561	2890,85	4204,88	4730,49	41 648	208,01	3331,84	3748,32
151 164	52 576	2891,68	4206,08	4731,84	41 664	209,91	3333,12	3749,76
151 200	52 592	2892,56	4207,36	4733,28	41 680	211,82	3334,40	3751,20
151 236	52 607	2893,38	4208,56	4734,63	41 694	213,48	3335,52	3752,46
151 272	52 622	2894,21	4209,76	4735,98	41 710	215,39	3336,80	3753,90
151 308	52 637	2895,03	4210,96	4737,33	41 724	217,05	3337,92	3755,16
151 344	52 652	2895,86	4212,16	4738,68	41 740	218,96	3339,20	3756,60
151 380	52 667	2896,68	4213,36	4740,03	41 754	220,62	3340,32	3757,86
151 416	52 682	2897,51	4214,56	4741,38	41 770	222,53	3341,60	3759,30
151 452	52 697	2898,33	4215,76	4742,73	41 786	224,43	3342,88	3760,74
151 488	52 713	2899,21	4217,04	4744,17	41 800	226,10	3344,00	3762,00
151 524	52 728	2900,04	4218,24	4745,52	41 816	228,00	3345,28	3763,44
151 560	52 743	2900,86	4219,44	4746,87	41 830	229,67	3346,40	3764,70
151 596	52 758	2901,69	4220,64	4748,22	41 846	231,57	3347,68	3766,14
151 632	52 773	2902,51	4221,84	4749,57	41 860	233,24	3348,80	3767,40
151 668	52 788	2903,34	4223,04	4750,92	41 876	235,14	3350,08	3768,84
151 704	52 803	2904,16	4224,24	4752,27	41 890	236,81	3351,20	3770,10
151 740	52 818	2904,99	4225,44	4753,62	41 906	238,71	3352,48	3771,54
151 776	52 834	2905,87	4226,72	4755,06	41 922	240,61	3353,76	3772,98
151 812	52 849	2906,69	4227,92	4756,41	41 936	242,28	3354,88	3774,24
151 848	52 864	2907,52	4229,12	4757,76	41 952	244,18	3356,16	3775,68
151 884	52 879	2908,34	4230,32	4759,11	41 966	245,85	3357,28	3776,94
151 920	52 894	2909,17	4231,52	4760,46	41 982	247,75	3358,56	3778,38
151 956	52 909	2909,99	4232,72	4761,81	41 996	249,42	3359,68	3779,64
151 992	52 924	2910,82	4233,92	4763,16	42 012	251,32	3360,96	3781,08
152 028	52 939	2911,64	4235,12	4764,51	42 026	252,99	3362,08	3782,34
152 064	52 954	2912,47	4236,32	4765,86	42 042	254,89	3363,36	3783,78
152 100	52 970	2913,35	4237,60	4767,30	42 058	256,80	3364,64	3785,22
152 136	52 985	2914,17	4238,80	4768,65	42 072	258,46	3365,76	3786,48
152 172	53 000	2915,00	4240,00	4770,00	42 088	260,37	3367,04	3787,92
152 208	53 015	2915,82	4241,20	4771,35	42 102	262,03	3368,16	3789,18
152 244	53 030	2916,65	4242,40	4772,70	42 118	263,94	3369,44	3790,62
152 280	53 045	2917,47	4243,60	4774,05	42 132	265,60	3370,56	3791,88
152 316	53 060	2918,30	4244,80	4775,40	42 148	267,51	3371,84	3793,32
152 352	53 075	2919,12	4246,00	4776,75	42 164	269,41	3373,12	3794,76
152 388	53 091	2920,00	4247,28	4778,19	42 178	271,08	3374,24	3796,02
152 424	53 106	2920,83	4248,48	4779,54	42 194	272,98	3375,52	3797,46
152 460	53 121	2921,65	4249,68	4780,89	42 208	274,65	3376,64	3798,72

* Die Steuerbeträge gelten nur für das ausgewiesene zu versteuernde Einkommen. Zwischenwerte können mit dem Abgabenrechner des Bundesfinanzministeriums (www.bmf-steuerrechner.de) euro-/centgenau ermittelt werden.

Vordruckmuster 2025

Anleitung vorhanden

2025

Hauptvordruck ESt 1 A

— Eingangsstempel —

1 Einkommensteuererklärung
Festsetzung der Arbeitnehmer-Sparzulage

2 Erklärung zur Festsetzung der Kirchensteuer auf Kapitalerträge
Erklärung zur Feststellung des verbleibenden Verlustvortrags

3 Festsetzung der Mobilitätsprämie

4 **Steuernummer**

An das Finanzamt

Daten für die mit ⓔ gekennzeichneten Zeilen liegen im Regelfall vor und müssen nicht eingetragen werden. – Bitte Anleitung beachten. –

5

Bei Wohnsitzwechsel: bisheriges Finanzamt

6

Belege müssen Sie nur einreichen, wenn Sie in den Vordrucken / Anleitungen darauf hingewiesen werden. Bitte reichen Sie in diesen Fällen ausschließlich Kopien und keine Originalbelege ein.

Allgemeine Angaben

7 Telefonische Rückfragen tagsüber unter Nummer

Steuerpflichtige Person

Nur bei Zusammenveranlagung: **Ehemann** oder **Person A** (Ehepartner/-in A / Lebenspartner/-in A nach dem LPartG) – Bitte Anleitung beachten.

8 Identifikationsnummer | Geburtsdatum TTMMJJJJ | im Sterbefall: Sterbedatum TTMMJJJJ

9 Name

10 Vorname

Religionsschlüssel:
Evangelisch = EV
Römisch-Katholisch = RK
nicht kirchensteuerpflichtig = VD
Weitere siehe Anleitung

11 Titel, akademischer Grad | Religion am 31.12.2025

12 Ausgeübter Beruf | Änderung der Religion im Jahr 2025 (1 = Austritt, 2 = Wechsel, 3 = Eintritt)

13 Straße (derzeitige Adresse)

14 Hausnummer | Hausnummerzusatz | Adressergänzung

15 Postleitzahl (Inland) | Postleitzahl (Ausland)

16 Wohnort

17 Staat (falls Anschrift im Ausland)

18 Verheiratet / Lebenspartnerschaft begründet seit dem TTMMJJJJ | Verwitwet seit dem TTMMJJJJ | Geschieden / Lebenspartnerschaft aufgehoben seit dem TTMMJJJJ | Dauernd getrennt lebend (Tag der Trennung) TTMMJJJJ

Nur bei Ehegatten / Lebenspartnern: Veranlagungsart

19 Zusammenveranlagung | Einzelveranlagung von Ehegatten / Lebenspartnern | Wir haben Gütergemeinschaft vereinbart

Nur bei Zusammenveranlagung: **Ehefrau** oder **Person B** (Ehepartner/-in B / Lebenspartner/-in B nach dem LPartG)

20 Identifikationsnummer | Geburtsdatum TTMMJJJJ | im Sterbefall: Sterbedatum TTMMJJJJ

21 Name

22 Vorname

Religionsschlüssel:
Evangelisch = EV
Römisch-Katholisch = RK
nicht kirchensteuerpflichtig = VD
Weitere siehe Anleitung

23 Titel, akademischer Grad | Religion am 31.12.2025

24 Ausgeübter Beruf | Änderung der Religion im Jahr 2025 (1 = Austritt, 2 = Wechsel, 3 = Eintritt)

Abweichende Anschrift der Ehefrau oder Person B

Bitte füllen Sie die Zeilen 25 bis 29 nur aus, wenn die Adressangaben von den Zeilen 13 bis 17 abweichen.

25 Straße

26 Hausnummer | Hausnummerzusatz | Adressergänzung

27 Postleitzahl (Inland) | Postleitzahl (Ausland)

28 Wohnort

29 Staat (falls Anschrift im Ausland)

Bankverbindung – Bitte stets angeben –

30 IBAN (inländisches Geldinstitut) D E

31 IBAN (ausländisches Geldinstitut)

32 BIC zur IBAN des ausländischen Geldinstituts

Kontoinhaber/-in

33 Steuerpflichtige Person / Ehemann / Person A | Ehefrau / Person B | oder: Name (im Fall der Abtretung bitte amtlichen Abtretungsvordruck einreichen)

Antrag auf Festsetzung der Arbeitnehmer-Sparzulage

15

		Steuerpflichtige Person / Ehemann / Person A			Ehefrau / Person B
34	Für alle vom Anbieter und / oder Arbeitgeber übermittelten elektronischen Vermögensbildungsbescheinigungen wird die Festsetzung der Arbeitnehmer-Sparzulage beantragt.	17	1 = Ja	18	1 = Ja

Einkommensersatzleistungen

18

– ohne Beträge laut Zeile 20 der Anlage N –

			Steuerpflichtige Person / Ehemann / Person A EUR		Ehefrau / Person B EUR
35	Einkommensersatzleistungen, die dem Progressionsvorbehalt unterliegen, z. B. Arbeitslosengeld, Elterngeld, Insolvenzgeld, Krankengeld, Mutterschaftsgeld, Verdienstausfallentschädigung (Infektionsschutzgesetz)	120	,—	121	,—
36	Leistungen aus einem EU- / EWR-Staat oder der Schweiz, die mit Einkommensersatzleistungen i. S. d. Zeile 35 vergleichbar sind	136	,—	137	,—

Ergänzende Angaben zur Steuererklärung

86

Eine Eintragung ist in Zeile 37 nur vorzunehmen, wenn einer der dort genannten Sachverhalte vorliegt. In diesem Fall erläutern Sie bitte diese Sachverhalte in den **„Ergänzenden Angaben zur Steuererklärung"**. Die ergänzenden Angaben werden gesondert geprüft. Dies kann die Bearbeitungsdauer verlängern. Falls Sie mit der Abgabe der Steuererklärung lediglich Belege und Aufstellungen übermitteln, ist in Zeile 37 keine Eintragung vorzunehmen.

37 In dieser Steuererklärung 500

1 = konnten steuererhebliche Sachverhalte nicht erklärt werden.
2 = wird bewusst eine von der Verwaltungsauffassung abweichende Rechtsauffassung vertreten.
3 = sollen Sachverhalte personell vertieft geprüft werden.
4 = liegen mehrere der vorgenannten Gründe vor (Mehrfachauswahl).

Hinweis: Bitte übermitteln Sie Ihre ergänzenden Angaben nur für die vorstehend genannten Sachverhalte mit einer gesonderten Anlage mit der Überschrift **„Ergänzende Angaben zur Steuererklärung"**.

Unterschrift

Datenschutzhinweis:
Die mit der Steuererklärung / dem Antrag angeforderten Daten werden aufgrund der §§ 149, 150 und 181 Abs. 2 der Abgabenordnung, der §§ 25, 46 und 51a Abs. 2d des Einkommensteuergesetzes sowie des § 14 Abs. 4 des Fünften Vermögensbildungsgesetzes erhoben. Informationen über die Verarbeitung personenbezogener Daten in der Steuerverwaltung und über Ihre Rechte nach der Datenschutz-Grundverordnung sowie über Ihre Ansprechpartner in Datenschutzfragen entnehmen Sie bitte dem allgemeinen Informationsschreiben der Finanzverwaltung. Dieses Informationsschreiben finden Sie unter www.finanzamt.de (unter der Rubrik „Datenschutz") oder erhalten Sie bei Ihrem Finanzamt.

38

Datum, Unterschrift(en) **Steuererklärungen sind eigenhändig – bei Ehegatten / Lebenspartnern von beiden – zu unterschreiben.**

39 Die Steuererklärung wurde unter Mitwirkung einer selbständig und eigenverantwortlich tätigen und zur Hilfeleistung in Steuersachen nach den §§ 3 und 4 des Steuerberatungsgesetzes befugten Person oder Vereinigung angefertigt. 1 = Ja

Bei der Anfertigung dieser Steuererklärung hat mitgewirkt:

40

2025003010002

Anleitung vorhanden

2025

Anlage Sonderausgaben

Diese Anlage ist bei Zusammenveranlagung von Ehegatten / Lebenspartnern gemeinsam auszufüllen.

1 Name

2 Vorname

3 **Steuernummer**

Angaben zu Sonderausgaben

– Ohne Versicherungsaufwendungen und Altersvorsorgebeiträge –

Kirchensteuer

52

		2025 gezahlt EUR		2025 erstattet EUR
4	soweit diese nicht als Zuschlag zur Abgeltungsteuer einbehalten oder gezahlt wurde	103 ,–		104 ,–

Zuwendungen (Spenden und Mitgliedsbeiträge)

Spenden und Mitgliedsbeiträge (ohne Spenden in das zu erhaltende Vermögen einer Stiftung)

		laut Bestätigungen EUR	laut Betriebsfinanzamt EUR
5	– zur Förderung steuerbegünstigter Zwecke an Empfänger im Inland	123 ,–	124 ,–
6	– zur Förderung steuerbegünstigter Zwecke an Empfänger im EU- / EWR-Ausland	133 ,–	134 ,–
7	– an politische Parteien (§§ 34g, 10b EStG)	127 ,–	128 ,–
8	– an unabhängige Wählervereinigungen (§ 34g EStG)	129 ,–	130 ,–

Spenden in das zu erhaltende Vermögen (Vermögensstock) einer Stiftung

		Steuerpflichtige Person / Ehemann / Person A EUR	Ehefrau / Person B EUR
9	2025 geleistete Spenden an Empfänger im Inland (laut Bestätigungen / laut Betriebsfinanzamt)	208 ,–	209 ,–
10	2025 geleistete Spenden an Empfänger im EU- / EWR-Ausland (laut Bestätigungen / laut Betriebsfinanzamt)	224 ,–	225 ,–
11	Von den Spenden in den Zeilen 9 und 10 sollen 2025 berücksichtigt werden	212 ,–	213 ,–
12	2025 zu berücksichtigende Spenden aus Vorjahren in das zu erhaltende Vermögen (Vermögensstock) einer Stiftung, die bisher noch nicht berücksichtigt wurden	214 ,–	215 ,–

Aufwendungen für die eigene Berufsausbildung

Steuerpflichtige Person / Ehemann / Person A

Bezeichnung der Ausbildung, Art der Aufwendungen

13 EUR 200 ,–

Ehefrau / Person B

Bezeichnung der Ausbildung, Art der Aufwendungen

14 EUR 201 ,–

Weitere Aufwendungen

Gezahlte Versorgungsleistungen aus Renten laut Vertrag

Angaben zur 1. empfangsberechtigten Person

Rechtsgrund, Datum des Vertrags

15 abziehbar in % 102 — tatsächlich gezahlt EUR 101 ,–

Name und Geburtsdatum der empfangsberechtigten Person

16

Identifikationsnummer der empfangsberechtigten Person

17 136 — Die empfangsberechtigte Person hat ihren Wohnsitz / gewöhnlichen Aufenthalt im Inland 153 (1 = Ja, 2 = Nein)

Angaben zur 2. empfangsberechtigten Person

Rechtsgrund, Datum des Vertrags

18 abziehbar in % 138 — tatsächlich gezahlt EUR 137 ,–

Name und Geburtsdatum der empfangsberechtigten Person

19

Identifikationsnummer der empfangsberechtigten Person

20 139 — Die empfangsberechtigte Person hat ihren Wohnsitz / gewöhnlichen Aufenthalt im Inland 154 (1 = Ja, 2 = Nein)

21 **Gezahlte Versorgungsleistungen aus Renten laut gesonderter und einheitlicher Feststellung** 150 % 151 EUR ,—

Gezahlte und erbrachte Versorgungsleistungen aus Dauernden Lasten laut Vertrag

Angaben zur 1. empfangsberechtigten Person

Rechtsgrund, Datum des Vertrags

22 tatsächlich gezahlte Geldleistungen 100 EUR ,—

Name und Geburtsdatum der empfangsberechtigten Person

23 tatsächlich erbrachte Sachleistungen 161 ,—

Identifikationsnummer der empfangsberechtigten Person

24 144 Die empfangsberechtigte Person hat ihren Wohnsitz / gewöhnlichen Aufenthalt im Inland 155 1 = Ja 2 = Nein

Angaben zur 2. empfangsberechtigten Person

Rechtsgrund, Datum des Vertrags

25 tatsächlich gezahlte Geldleistungen 145 EUR ,—

Name und Geburtsdatum der empfangsberechtigten Person

26 tatsächlich erbrachte Sachleistungen 162 ,—

Identifikationsnummer der empfangsberechtigten Person

27 146 Die empfangsberechtigte Person hat ihren Wohnsitz / gewöhnlichen Aufenthalt im Inland 156 1 = Ja 2 = Nein

28 **Gezahlte und erbrachte Versorgungsleistungen aus Dauernden Lasten laut gesonderter und einheitlicher Feststellung** 152 ,—

Unterhaltsleistungen laut Anlage U – ohne Kindesunterhalt – an den

- geschiedenen Ehegatten, Lebenspartner einer aufgehobenen Lebenspartnerschaft
- dauernd getrennt lebenden Ehegatten / Lebenspartner

Angaben zur 1. unterstützten Person

– Bitte Anleitung beachten. –

tatsächlich erbracht EUR

Name und Geburtsdatum der unterstützten Person

29 116 ,—

Identifikationsnummer der unterstützten Person

30 117 Die unterstützte Person hat ihren Wohnsitz / gewöhnlichen Aufenthalt im Inland 157 1 = Ja 2 = Nein

31 In Zeile 29 enthaltene Beiträge (abzüglich Erstattungen und Zuschüsse) zur Basis-Kranken- und gesetzlichen Pflegeversicherung 118 ,—

32 Davon entfallen auf Krankenversicherungsbeiträge mit Anspruch auf Krankengeld 119 ,—

Angaben zur 2. unterstützten Person

– Bitte Anleitung beachten. –

tatsächlich erbracht EUR

Name und Geburtsdatum der unterstützten Person

33 140 ,—

Identifikationsnummer der unterstützten Person

34 141 Die unterstützte Person hat ihren Wohnsitz / gewöhnlichen Aufenthalt im Inland 158 1 = Ja 2 = Nein

35 In Zeile 33 enthaltene Beiträge (abzüglich Erstattungen und Zuschüsse) zur Basis-Kranken- und gesetzlichen Pflegeversicherung 142 ,—

36 Davon entfallen auf Krankenversicherungsbeiträge mit Anspruch auf Krankengeld 143 ,—

Ausgleichszahlungen im Rahmen des schuldrechtlichen Versorgungsausgleichs

tatsächlich gezahlt EUR

Rechtsgrund, Datum der erstmaligen Zahlung

37 121 ,—

Name und Geburtsdatum der empfangsberechtigten Person

38

Identifikationsnummer der empfangsberechtigten Person

39 132 Die empfangsberechtigte Person hat ihren Wohnsitz / gewöhnlichen Aufenthalt im Inland 159 1 = Ja 2 = Nein

Ausgleichsleistungen zur Vermeidung des Versorgungsausgleichs laut Anlage U

– Bitte Anleitung beachten. –

tatsächlich erbracht EUR

Name und Geburtsdatum der empfangsberechtigten Person

40 131 ,—

Identifikationsnummer der empfangsberechtigten Person

41 135 Die empfangsberechtigte Person hat ihren Wohnsitz / gewöhnlichen Aufenthalt im Inland 160 1 = Ja 2 = Nein

2025AnlSonderausgaben402

Anleitung vorhanden

Zeile		
1	Name	
2	Vorname	
3	**Steuernummer**	

Anlage Vorsorgeaufwand

Diese Anlage ist bei Zusammenveranlagung von Ehegatten / Lebenspartnern gemeinsam auszufüllen.

Daten für die mit (e) gekennzeichneten Zeilen liegen im Regelfall vor und müssen nicht eingetragen werden. – Bitte Anleitung beachten. –

Angaben zu Vorsorgeaufwendungen

Beiträge zur Altersvorsorge

52

Zeile		Steuerpflichtige Person / Ehemann / Person A EUR		Ehefrau / Person B EUR	
4	Arbeitnehmeranteil laut Nr. 23 a / b der Lohnsteuerbescheinigung	300	,–	400	,– (e)
5	Beiträge zur landwirtschaftlichen Alterskasse; zu berufsständischen Versorgungseinrichtungen, die den gesetzlichen Rentenversicherungen vergleichbare Leistungen erbringen (abzüglich steuerfreier Zuschüsse laut Nr. 22 b der Lohnsteuerbescheinigung) **– ohne Beiträge, die in Zeile 4 geltend gemacht werden –**	301	,–	401	,–
6	Beiträge zu gesetzlichen Rentenversicherungen **– ohne Beiträge, die in Zeile 4 geltend gemacht werden –**	302	,–	402	,–
7	Erstattete Beiträge und / oder steuerfreie Zuschüsse zu den Zeilen 4 bis 6 (ohne Zuschüsse, die von den Beiträgen laut Zeile 8 abzuziehen sind und ohne Zuschüsse laut den Zeilen 9 und 10)	309	,–	409	,– (e)
8	Beiträge zu zertifizierten Basisrentenverträgen (sog. Rürup-Verträge) mit Laufzeitbeginn nach dem 31.12.2004 (abzüglich steuerfreier Zuschüsse) **– ohne Altersvorsorgebeiträge, die in der Anlage AV geltend gemacht werden –**	303	,–	403	,– (e)
9	Arbeitgeberanteil / -zuschuss laut Nr. 22 a / b der Lohnsteuerbescheinigung	304	,–	404	,– (e)
10	Arbeitgeberanteil zu gesetzlichen Rentenversicherungen im Rahmen einer pauschal besteuerten geringfügigen Beschäftigung	306	,–	406	,–

Beiträge zur inländischen gesetzlichen Kranken- und Pflegeversicherung

Zeile		EUR		EUR	
11	Arbeitnehmerbeiträge zu Krankenversicherungen laut Nr. 25 der Lohnsteuerbescheinigung	320	,–	420	,– (e)
12	In Zeile 11 enthaltene Beiträge, aus denen sich kein Anspruch auf Krankengeld ergibt	322	,–	422	,–
13	Arbeitnehmerbeiträge zu sozialen Pflegeversicherungen laut Nr. 26 der Lohnsteuerbescheinigung	323	,–	423	,– (e)
	Zu den Zeilen 11 bis 13:				
14	Von der Kranken- und / oder sozialen Pflegeversicherung erstattete Beiträge	324	,–	424	,– (e)
15	In Zeile 14 enthaltene Beiträge zur Krankenversicherung, aus denen sich kein Anspruch auf Krankengeld ergibt, und zur sozialen Pflegeversicherung	325	,–	425	,– (e)
16	Beiträge zu Krankenversicherungen **– ohne Beiträge, die in Zeile 11 geltend gemacht werden –** (z. B. bei Rentnern, bei freiwillig gesetzlich versicherten Selbstzahlern)	326	,–	426	,– (e)
17	In Zeile 16 enthaltene Beiträge zur Krankenversicherung, aus denen sich ein Anspruch auf Krankengeld ergibt	328	,–	428	,–
18	Beiträge zu sozialen Pflegeversicherungen **– ohne Beiträge, die in Zeile 13 geltend gemacht werden –** (z. B. bei Rentnern, bei freiwillig gesetzlich versicherten Selbstzahlern)	329	,–	429	,– (e)
	Zu den Zeilen 16 bis 18:				
19	Von der Kranken- und / oder sozialen Pflegeversicherung erstattete Beiträge	330	,–	430	,– (e)
20	In Zeile 19 enthaltene Beiträge zur Krankenversicherung, aus denen sich ein Anspruch auf Krankengeld ergibt	331	,–	431	,–
21	Zuschuss zu den Beiträgen laut den Zeilen 16 und / oder 18 **– ohne Beträge laut den Zeilen 34 und 36 –** (z. B. von der Deutschen Rentenversicherung)	332	,–	432	,– (e)
22	Über die Basisabsicherung hinausgehende Beiträge zu Krankenversicherungen (z. B. für Wahlleistungen, Zusatzversicherungen) abzüglich erstatteter Beiträge	338	,–	438	,–

2025AnlVor241

Beiträge zur inländischen privaten Kranken- und Pflegeversicherung

Zeile		Steuerpflichtige Person / Ehemann / Person A EUR	Ehefrau / Person B EUR
23	Beiträge zu privaten Krankenversicherungen (nur Basisabsicherung, keine Wahlleistungen)	350 ,–	450 ,–
24	Beiträge zu Pflege-Pflichtversicherungen	351 ,–	451 ,–
	Zu den Zeilen 23 und 24:		
25	Von der privaten Kranken- und / oder Pflege-Pflichtversicherung erstattete Beiträge	352 ,–	452 ,–
26	Zuschuss von dritter Seite zu den Beiträgen laut den Zeilen 23 und / oder 24 (z. B. von der Deutschen Rentenversicherung)	353 ,–	453 ,–
27	Über die Basisabsicherung hinausgehende Beiträge zu Krankenversicherungen (z. B. für Wahlleistungen, Zusatzversicherungen) und / oder zu zusätzlichen Pflegeversicherungen abzüglich erstatteter Beiträge	354 ,–	454 ,–

Beiträge zur ausländischen gesetzlichen oder privaten Kranken- und Pflegeversicherung

Zeile		EUR	EUR
28	Beiträge (abzüglich steuerfreier Zuschüsse – **ohne Beträge laut Zeile 34** –) zur Krankenversicherung, die mit einer inländischen Krankenversicherung vergleichbar ist (nur Basisabsicherung, keine Wahlleistungen)	333 ,–	433 ,–
29	In Zeile 28 enthaltene Beiträge zur Krankenversicherung, aus denen sich kein Anspruch auf Krankengeld ergibt	334 ,–	434 ,–
30	Beiträge (abzüglich steuerfreier Zuschüsse – **ohne Beträge laut Zeile 36** –) zur sozialen Pflegeversicherung / Pflege-Pflichtversicherung, die mit einer inländischen Pflegeversicherung vergleichbar ist	335 ,–	435 ,–
	Zu den Zeilen 28 bis 30:		
31	Von der Kranken- und / oder sozialen Pflegeversicherung / Pflege-Pflichtversicherung erstattete Beiträge	336 ,–	436 ,–
32	In Zeile 31 enthaltene Beiträge zur Krankenversicherung, aus denen sich kein Anspruch auf Krankengeld ergibt, und zur sozialen Pflegeversicherung	337 ,–	437 ,–
33	Über die Basisabsicherung hinausgehende Beiträge zu Krankenversicherungen und zusätzlichen Pflegeversicherungen (z. B. für Wahlleistungen, Zusatzversicherungen) abzüglich erstatteter Beiträge	339 ,–	439 ,–

Steuerfreie Arbeitgeberzuschüsse

Zeile		EUR	EUR
34	Gesetzliche Krankenversicherung laut Nr. 24 a der Lohnsteuerbescheinigung	360 ,–	460 ,–
35	Private Krankenversicherung laut Nr. 24 b der Lohnsteuerbescheinigung	361 ,–	461 ,–
36	Gesetzliche Pflegeversicherung laut Nr. 24 c der Lohnsteuerbescheinigung	362 ,–	462 ,–

Als Versicherungsnehmer für andere Personen übernommene Kranken- und Pflege-Versicherungsbeiträge

– „Andere Personen" sind z. B. Kinder, für die **kein** Anspruch auf Kindergeld / Kinderfreibetrag besteht (bei Anspruch auf Kindergeld / Kinderfreibetrag sind die Eintragungen in den Zeilen 26 bis 37 der **Anlage Kind** vorzunehmen). –

37 600 Identifikationsnummer der mitversicherten Person

Name, Vorname, Geburtsdatum der mitversicherten Person

38

Zeile		Steuerpflichtige Person / Ehegatten / Lebenspartner EUR
39	Beiträge (abzüglich steuerfreier Zuschüsse) zu privaten Krankenversicherungen (nur Basisabsicherung, keine Wahlleistungen)	601 ,–
40	Beiträge (abzüglich steuerfreier Zuschüsse) zu Pflege-Pflichtversicherungen	602 ,–
	Zu den Zeilen 39 und 40:	
41	Von der privaten Kranken- und / oder Pflege-Pflichtversicherung erstattete Beiträge	603 ,–
42	Beiträge (abzüglich erstatteter Beiträge) zu privaten Kranken- und / oder Pflegeversicherungen (ohne Basisabsicherung, z. B. für Wahlleistungen, Zusatzversicherungen)	604 ,–

2025AnlVor242

Weitere sonstige Vorsorgeaufwendungen

Zeile		Kz.	Steuerpflichtige Person / Ehemann / Person A (EUR)	Kz.	Ehefrau / Person B (EUR)
43	Arbeitnehmerbeiträge zur Arbeitslosenversicherung laut Nr. 27 der Lohnsteuerbescheinigung	370	,—	470	,—

Beiträge (abzüglich steuerfreier Zuschüsse und erstatteter Beiträge) zu

Zeile		Kz.	Steuerpflichtige Person / Ehegatten / Lebenspartner (EUR)
44	– Versicherungen gegen Arbeitslosigkeit – **ohne Beiträge, die in Zeile 43 geltend gemacht werden –**	500	,—
45	– freiwilligen eigenständigen Erwerbs- und Berufsunfähigkeitsversicherungen	501	,—
46	– Unfall- und Haftpflichtversicherungen sowie Risikoversicherungen, die nur für den Todesfall eine Leistung vorsehen	502	,—
47	– Rentenversicherungen mit Kapitalwahlrecht und / oder Kapitallebensversicherungen mit einer Laufzeit von mindestens 12 Jahren sowie einem Laufzeitbeginn und der ersten Beitragszahlung vor dem 1.1.2005	503	,—
48	– Rentenversicherungen ohne Kapitalwahlrecht mit Laufzeitbeginn und erster Beitragszahlung vor dem 1.1.2005 (auch steuerpflichtige Beiträge zu Versorgungs- und Pensionskassen) **– ohne Altersvorsorgebeiträge, die in der Anlage AV geltend gemacht werden –**	504	,—

Ergänzende Angaben zu Vorsorgeaufwendungen

Zeile		Kz.	Steuerpflichtige Person / Ehemann / Person A	Kz.	Ehefrau / Person B
49	Haben Sie zu Ihrer Krankenversicherung oder Ihren Krankheitskosten Anspruch auf steuerfreie Zuschüsse, steuerfreie Arbeitgeberbeiträge oder steuerfreie Beihilfen?	307	2 = Nein	407	2 = Nein
	Es bestand 2025 keine gesetzliche Rentenversicherungspflicht aus dem **aktiven** Dienstverhältnis / aus der Tätigkeit				
50	– als Beamter / Beamtin	380	1 = Ja	480	1 = Ja
51	– als Vorstandsmitglied / GmbH-Gesellschafter-Geschäftsführer/in	381	1 = Ja	481	1 = Ja
52	– als (z. B. Praktikant/in, Student/in im Praktikum)	382	1 = Ja	482	1 = Ja
53	Tätigkeitsbezeichnung zu Zeile 52				
54	Aufgrund des genannten Dienstverhältnisses / der Tätigkeit bestand hingegen eine Anwartschaft auf Altersversorgung	383	1 = Ja 2 = Nein	483	1 = Ja 2 = Nein
55	Es wurde Arbeitslohn aus einem **nicht aktiven** Dienstverhältnis – insbesondere Betriebsrente / Werkspension – bezogen, bei dem es sich nicht um steuerbegünstigte Versorgungsbezüge (Zeile 11 bis 16 der **Anlage N**) handelt. Bei Altersteilzeit ist hier keine Eintragung vorzunehmen.	385	1 = Ja	485	1 = Ja

Anleitung vorhanden

2025

1	Name	
2	Vorname	
3	**Steuernummer**	

Anlage AV

Diese Anlage ist bei Zusammenveranlagung von Ehegatten / Lebenspartnern gemeinsam auszufüllen.

Angaben zur steuerlichen Förderung von Altersvorsorgebeiträgen (sog. Riester-Verträge)

Für alle vom Anbieter übermittelten Altersvorsorgebeiträge wird ein zusätzlicher Sonderausgabenabzug geltend gemacht. Machen Sie hierzu bitte ausschließlich Angaben in den Zeilen 4 bis 15.

Wenn Sie für alle Altersvorsorgeverträge keinen Sonderausgabenabzug wünschen, dann geben Sie bitte keine Anlage AV ab.

Berechnungsgrundlagen

39

– Bei Zusammenveranlagung: Bitte die Art der Begünstigung (unmittelbar / mittelbar) beider Ehegatten / Lebenspartner angeben, wenn für jeden Ehegatten / Lebenspartner mindestens ein Riester-Vertrag vorliegt. Hat nur einer von beiden mindestens einen Riester-Vertrag, muss nur diese Person Angaben zur Art der Begünstigung machen. –

Zeile		Steuerpflichtige Person / Ehemann / Person A		Ehefrau / Person B	
4	**Ich bin für das Jahr 2025 unmittelbar begünstigt.** **(Bitte die Zeilen 5 bis 13 ausfüllen.)**	106	1 = Ja	306	1 = Ja
			EUR		EUR
5	Beitragspflichtige Einnahmen i. S. d. inländischen gesetzlichen Rentenversicherung **2024**	100	,–	300	,–
6	Inländische Besoldung, Amtsbezüge und Einnahmen beurlaubter Beamter **2024** **(Ein Eintrag ist nur erforderlich, wenn Sie eine Einwilligung gegenüber der zuständigen Stelle abgegeben haben.)**	101	,–	301	,–
7	Entgeltersatzleistungen **2024**	104	,–	304	,–
8	Tatsächliches Entgelt **2024**	102	,–	302	,–
9	Jahres(brutto)betrag der Rente wegen voller Erwerbsminderung oder Erwerbsunfähigkeit in der inländischen gesetzlichen Rentenversicherung **2024**	109	,–	309	,–
10	Inländische Versorgungsbezüge wegen Dienstunfähigkeit **2024** **(Ein Eintrag ist nur erforderlich, wenn Sie eine Einwilligung gegenüber der zuständigen Stelle abgegeben haben.)**	113	,–	313	,–
11	Einkünfte aus Land- und Forstwirtschaft **2023**	103	,–	303	,–
12	Jahres(brutto)betrag der Rente wegen voller Erwerbsminderung oder Erwerbsunfähigkeit nach dem Gesetz über die Alterssicherung der Landwirte **2024**	111	,–	311	,–
13	Einnahmen aus einer Beschäftigung, die einer ausländischen gesetzlichen Rentenversicherungspflicht unterlag und / oder Jahres(brutto)betrag der Rente wegen voller Erwerbsminderung oder Erwerbsunfähigkeit aus einer ausländischen gesetzlichen Rentenversicherung **2024**	114	,–	314	,–
14	**Ich bin für das Jahr 2025 mittelbar begünstigt.**	106	2 = Ja	306	2 = Ja

(Bei Einzelveranlagung von Ehegatten / Lebenspartnern: Die Angaben zu den Altersvorsorgebeiträgen werden bei der Einkommensteuerveranlagung des anderen Ehegatten / Lebenspartners berücksichtigt.)

Sonstige Angaben

Zeile		Steuerpflichtige Person / Ehemann / Person A	Ehefrau / Person B
15	Mitgliedsnummer der landwirtschaftlichen Alterskasse	112	312

Angaben zu Kindern, für die ein Anspruch auf Kinderzulage besteht

Angaben zu Kindern, für die ein Anspruch auf Kinderzulage besteht, nehmen Sie bitte in Zeile 26 der entsprechenden Anlage Kind vor.

Die Zeilen 16 bis 25 müssen Sie ausschließlich ausfüllen, wenn Sie für bestimmte Altersvorsorgeverträge keinen zusätzlichen Sonderausgabenabzug wünschen.

Haben Sie gegenüber dem Anbieter Ihres Altersvorsorgevertrages bereits auf den zusätzlichen Sonderausgabenabzug verzichtet, dann müssen Sie die Zeilen 16 bis 25 nicht ausfüllen.

Wenn Sie für alle Altersvorsorgeverträge keinen Sonderausgabenabzug wünschen, dann geben Sie bitte keine Anlage AV ab.

Altersvorsorgeverträge, für die kein zusätzlicher Sonderausgabenabzug geltend gemacht wird

Steuerpflichtige Person / Ehemann / Person A

16 Für nachfolgende Altersvorsorgeverträge möchte ich keinen zusätzlichen Sonderausgabenabzug geltend machen. 200 1 = Ja

1. Vertrag

17 Anbieternummer | Zertifizierungsnummer 0 0

18 Vertragsnummer

2. Vertrag

19 Anbieternummer | Zertifizierungsnummer 0 0

20 Vertragsnummer

Ehefrau / Person B

21 Für nachfolgende Altersvorsorgeverträge möchte ich keinen zusätzlichen Sonderausgabenabzug geltend machen. 400 1 = Ja

1. Vertrag

22 Anbieternummer | Zertifizierungsnummer 0 0

23 Vertragsnummer

2. Vertrag

24 Anbieternummer | Zertifizierungsnummer 0 0

25 Vertragsnummer

Widerruf des Verzichts auf den zusätzlichen Sonderausgabenabzug

Steuerpflichtige Person / Ehemann / Person A

26 Ich habe bisher gegenüber dem Anbieter meines Altersversorgungsvertrages auf den zusätzlichen Sonderausgabenabzug verzichtet. Hiermit widerrufe ich den gegenüber meinem Anbieter erklärten Verzicht auf den zusätzlichen Sonderausgabenabzug für den nachfolgenden Vertrag. 204 1 = Ja

Vertrag

27 Anbieternummer | Zertifizierungsnummer 0 0

28 Vertragsnummer

Ehefrau / Person B

29 Ich habe bisher gegenüber dem Anbieter meines Altersversorgungsvertrages auf den zusätzlichen Sonderausgabenabzug verzichtet. Hiermit widerrufe ich den gegenüber meinem Anbieter erklärten Verzicht auf den zusätzlichen Sonderausgabenabzug für den nachfolgenden Vertrag. 404 1 = Ja

Vertrag

30 Anbieternummer | Zertifizierungsnummer 0 0

31 Vertragsnummer

 2025AnlAV042

Anleitung vorhanden

2025

Anlage Außergewöhnliche Belastungen

Diese Anlage ist bei Zusammenveranlagung von Ehegatten / Lebenspartnern gemeinsam auszufüllen.

1 Name

2 Vorname

3 **Steuernummer**

Außergewöhnliche Belastungen / Pauschbeträge

Behinderten-Pauschbetrag

53

Steuerpflichtige Person / Ehemann / Person A

Ausweis / (Renten-) Bescheid / Bescheinigung
– bei erstmaliger Beantragung / Änderung bitte Nachweis in Kopie einreichen –

4 gültig von 100 M M J J — gültig bis 101 M M J J — unbefristet gültig 102 1 = Ja — Grad der Behinderung 105

Ich bin

5 – erheblich gehbehindert (Merkzeichen „G") / außergewöhnlich gehbehindert (Merkzeichen „aG") — 104 — 1 = Ja

6 – blind / taubblind / ständig hilflos (Merkzeichen „Bl", „TBl" und / oder „H"), schwerstpflegebedürftig (Pflegegrad 4 oder 5) — 103 — 1 = Ja

Ehefrau / Person B

Ausweis / (Renten-) Bescheid / Bescheinigung
– bei erstmaliger Beantragung / Änderung bitte Nachweis in Kopie einreichen –

7 gültig von 150 M M J J — gültig bis 151 M M J J — unbefristet gültig 152 1 = Ja — Grad der Behinderung 155

Ich bin

8 – erheblich gehbehindert (Merkzeichen „G") / außergewöhnlich gehbehindert (Merkzeichen „aG") — 154 — 1 = Ja

9 – blind / taubblind / ständig hilflos (Merkzeichen „Bl", „TBl" und / oder „H"), schwerstpflegebedürftig (Pflegegrad 4 oder 5) — 153 — 1 = Ja

Hinterbliebenen-Pauschbetrag

– Nur bei Hinterbliebenenbezügen nach § 33b Abs. 4 EStG; der alleinige Bezug einer Witwen- / Witwerrente ist nicht ausreichend –

	Steuerpflichtige Person / Ehemann / Person A	Ehefrau / Person B
10 Ich beantrage den Hinterbliebenen-Pauschbetrag	380 — 1 = Ja	381 — 1 = Ja

Pflege-Pauschbetrag

– bei erstmaliger Beantragung / Änderung bitte Nachweis in Kopie einreichen –

Angaben zur pflegebedürftigen Person

Name, Anschrift, Geburtsdatum und Verwandtschaftsverhältnis der pflegebedürftigen Person

11

12

13 Identifikationsnummer der pflegebedürftigen Person — 202

14 Die pflegebedürftige Person hat ihren Wohnsitz / gewöhnlichen Aufenthalt im Inland — 204 — 1 = Ja, 2 = Nein

15 Für die pflegebedürftige Person wurde folgender Pflegegrad festgestellt — 203 — 2 = Pflegegrad 2, 3 = Pflegegrad 3, 4 = Pflegegrad 4 oder 5

16 Für die pflegebedürftige Person wurde das Merkzeichen „H" festgestellt — 205 — 1 = Ja

Angaben zur pflegenden Person

17 Die **unentgeltliche** persönliche Pflege einer pflegebedürftigen Person in ihrer oder in meiner Wohnung im Inland oder in einem EU- / EWR-Staat erfolgte durch — 200 — 1 = Steuerpflichtige Person / Ehemann / Person A, 2 = Ehefrau / Person B, 3 = beide Ehegatten / Lebenspartner

Angaben zu an der Pflege beteiligten Personen

18 Anzahl der weiteren an der Pflege beteiligten Personen
– Sofern an der Pflege keine weiteren Personen beteiligt waren, tragen Sie bitte eine „0" ein. – — 201

Name, Anschrift und Geburtsdatum der weiteren an der Pflege beteiligten Person(en) sowie Verwandtschaftsverhältnis zur pflegebedürftigen Person

19

20

Behinderungsbedingte Fahrtkostenpauschale

– bei erstmaliger Beantragung / Änderung bitte Nachweis in Kopie einreichen –

Ich beantrage die Berücksichtigung der behinderungsbedingten Fahrtkostenpauschale, da ich die nachfolgenden Voraussetzungen erfülle:

Zeile		Steuerpflichtige Person / Ehemann / Person A		Ehefrau / Person B	
21	Ich habe einen Grad der Behinderung von mindestens 80 oder einen Grad der Behinderung von mindestens 70 und Merkzeichen „G“	250	1 = Ja	251	1 = Ja
22	Ich bin außergewöhnlich gehbehindert / blind / taubblind / ständig hilflos (Merkzeichen „aG“ / „Bl“ / „TBl“ und / oder „H“), schwerstpflegebedürftig (Pflegegrad 4 oder 5)	252	1 = Ja	253	1 = Ja

Andere Aufwendungen

Krankheitskosten (z. B. Arzt- und Behandlungskosten, Arznei-, Heil- und Hilfsmittel, Kurkosten)

Art der Aufwendungen

23

Zeile			EUR
24	Summe der Aufwendungen	302	,—
25	Summe der erhaltenen und / oder zu erwartenden Versicherungsleistungen, Beihilfen, Unterstützungen usw. (ggf. „0“)	303	,—

Pflegekosten (z. B. häusliche Pflege und Heimunterbringung)

Art der Aufwendungen

26

Zeile			EUR
27	Summe der Aufwendungen	304	,—
28	Haushaltsersparnis sowie Summe der erhaltenen und / oder zu erwartenden Versicherungsleistungen, Beihilfen, Unterstützungen usw. (ggf. „0“)	305	,—

Behinderungsbedingte Aufwendungen (z. B. Umbaukosten)

Art der Aufwendungen

29

Zeile			EUR
30	Summe der Aufwendungen	306	,—
31	Summe der erhaltenen und / oder zu erwartenden Versicherungsleistungen, Beihilfen, Unterstützungen usw. (ggf. „0“)	307	,—

Bestattungskosten (z. B. Grabstätte, Sarg, Todesanzeige)

Art der Aufwendungen

32

Zeile			EUR
33	Summe der Aufwendungen	310	,—
34	Summe der erhaltenen und / oder zu erwartenden Versicherungsleistungen, Beihilfen, Unterstützungen usw. (ggf. „0“)	311	,—
35	Gesamtwert des Nachlasses (z. B. Bargeld, Bankguthaben, Grundstücke, Wertpapiere, Lebensversicherungen, Nachlassverbindlichkeiten)	314	,—

Sonstige außergewöhnliche Belastungen

Art der Aufwendungen

36

Zeile			EUR
37	Summe der Aufwendungen	312	,—
38	Summe der erhaltenen und / oder zu erwartenden Versicherungsleistungen, Beihilfen, Unterstützungen usw. (ggf. „0“)	313	,—

Für folgende Aufwendungen wird die Steuerermäßigung für haushaltsnahe Beschäftigungsverhältnisse / Dienstleistungen / Handwerkerleistungen beantragt, soweit sie wegen Abzugs der zumutbaren Belastung nicht als außergewöhnliche Belastungen berücksichtigt werden (die Beträge sind nicht zusätzlich in den Zeilen 4 bis 9 der **Anlage Haushaltsnahe Aufwendungen** einzutragen):

Zeile			EUR
39	Die in Zeile 27 enthaltenen Pflegeleistungen im Rahmen eines geringfügigen Beschäftigungsverhältnisses im Privathaushalt – sog. Minijob – betragen (abzüglich Erstattungen)	370	,—
40	Die in Zeile 27 enthaltenen übrigen haushaltsnahen Pflegeleistungen (ohne Minijob) und in Heimunterbringungskosten enthaltenen Aufwendungen für Dienstleistungen, die denen einer Haushaltshilfe vergleichbar sind, betragen (abzüglich Erstattungen)	371	,—
41	Die in den Zeilen 27, 30 und 37 enthaltenen Arbeitskosten für Handwerkerleistungen betragen (abzüglich Erstattungen)	372	,—

2025003339002

2025Anl-agB392

Anleitung vorhanden

2025

Anlage Unterhalt

Diese Anlage ist bei Zusammenveranlagung von Ehegatten / Lebenspartnern gemeinsam auszufüllen.

Für jeden unterstützten Haushalt bitte eine eigene Anlage Unterhalt abgeben.

1 Name

2 Vorname

3 **Steuernummer** lfd. Nr. der Anlage

Angaben zu Unterhaltsleistungen an bedürftige Personen

Eigene Einnahmen und Zahlungen der unterhaltsleistenden Person(en)

– Diese Angaben sind nicht erforderlich, wenn Unterhalt an einen (ggf. auch geschiedenen) Ehegatten / Lebenspartner gezahlt wird. –

Die Eintragungen in den Zeilen 4 bis 9 sind nur in der ersten Anlage Unterhalt erforderlich.

		EUR
4	Öffentliche Ausbildungshilfen (z. B. BAföG-Zuschüsse)	,–
5	Sozialleistungen (z. B. Wohngeld)	,–
6	Übrige Bezüge (z. B. aus Minijobs)	,–
7	Einkommensteuerzahlungen (einschließlich Kirchensteuer und Solidaritätszuschlag)	,–
8	Einkommensteuererstattungen (einschließlich Kirchensteuer und Solidaritätszuschlag)	,–
9	**Weitere steuerfreie Einnahmen** (z. B. Arbeitnehmer-Sparzulage, Baukindergeld) Bezeichnung	,–

Angaben zum Haushalt der unterstützten Person(en) und zu Unterhaltsleistungen

Haushalt, in dem die unterstützte(n) Person(en) lebte(n)

Anschrift dieses Haushaltes

10

Wohnsitzstaat, wenn Ausland

11

Die Eintragungen in den Zeilen 12 bis 18 sind nur in der ersten Anlage Unterhalt je Haushalt erforderlich.

		Anzahl
12	Anzahl der Personen, die in dem Haushalt laut Zeile 10 lebten	

Aufwendungen für den Unterhalt

1. Unterhaltszeitraum (1. Angabe)

		vom	bis
13	Unterstützungszeitraum, für den Unterhalt geleistet wurde	T T M M	T T M M
14	Zeitraum, in dem die Zahlungen für den Unterhalt geleistet wurden (Tag der ersten Zahlung bis Tag der letzten Zahlung)	T T M M	T T M M

		EUR
15	Höhe der Unterhaltszahlung – ohne Bargeldzahlung – (einschließlich Beiträge zu Basis-Kranken- und Pflegeversicherungen laut den Zeilen 41 und / oder 72, die von der unterstützten Person als Versicherungsnehmer geschuldet und von mir getragen wurden oder von mir als getragen gelten)	,–

2. Unterhaltszeitraum

		vom	bis
16	Unterstützungszeitraum, für den Unterhalt geleistet wurde	T T M M	T T M M
17	Zeitraum, in dem die Zahlungen für den Unterhalt geleistet wurden (Tag der ersten Zahlung bis Tag der letzten Zahlung)	T T M M	T T M M

		EUR
18	Höhe der Unterhaltszahlung – ohne Bargeldzahlung – (einschließlich Beiträge zu Basis-Kranken- und Pflegeversicherungen laut den Zeilen 43 und / oder 74, die von der unterstützten Person als Versicherungsnehmer geschuldet und von mir getragen wurden oder von mir als getragen gelten)	,–

Angaben zur 1. unterstützten Person

Allgemeine Angaben zur unterstützten Person

19 Identifikationsnummer | Name, Vorname

20 Geburtsdatum (T T M M J J J J) | Sterbedatum, wenn 2025 verstorben (T T M M J J J J) | Beruf, Familienstand

21 Verwandtschaftsverhältnis zur unterstützenden Person

22 Name, Vorname des im selben Haushalt lebenden Ehegatten / Lebenspartners der unterstützten Person

Lebensort / Unterhaltsberechtigung

			Falls „Ja" (wenn nicht ganzjährig) vom	bis
23	Die unterstützte Person lebte in meinem inländischen Haushalt.	1 = Ja 2 = Nein	T T M M	T T M M
24	Hatte jemand für die unterstützte Person Anspruch auf Kindergeld oder Freibeträge für Kinder?	1 = Ja 2 = Nein	T T M M	T T M M
25	Die unterstützte Person ist mein geschiedener Ehegatte, Lebenspartner einer aufgehobenen Lebenspartnerschaft oder dauernd getrennt lebender Ehegatte / Lebenspartner (kein Abzug von Sonderausgaben nach § 10 Abs. 1a Nr. 1 EStG, keine Zusammenveranlagung).	1 = Ja 2 = Nein	T T M M	T T M M
26	Die unterstützte Person ist mein nicht dauernd getrennt lebender und nicht unbeschränkt einkommensteuerpflichtiger Ehegatte / Lebenspartner.	1 = Ja 2 = Nein	T T M M	T T M M
27	Die unterstützte Person ist als Kindesmutter / Kindesvater gesetzlich unterhaltsberechtigt (bis zur Vollendung des dritten Lebensjahres des Kindes).	1 = Ja 2 = Nein	T T M M	T T M M
28	Die unterstützte Person ist nicht unterhaltsberechtigt, jedoch wurden oder würden bei ihr wegen der Unterhaltszahlungen öffentliche Mittel gekürzt oder nicht gewährt.	1 = Ja 2 = Nein	T T M M	T T M M

Vermögen der unterstützten Person

29 Hatte die unterstützte Person im Unterhaltszeitraum Vermögen? 1 = Ja 2 = Nein | Falls „Ja": Gesamtwert des Vermögens der unterstützten Person (z. B. PKW, Bargeld, Grundstücke mit Ausnahme eines angemessenen, selbst bewohnten Hausgrundstücks) EUR ,—

Bei Unterhaltsempfängern im Ausland

30 Die von der Heimatbehörde und der unterstützten Person bestätigte Unterhaltserklärung über die Bedürftigkeit liegt mir vor. 1 = Ja 2 = Nein

Einkünfte und Bezüge der unterstützten Person

31 Die unterstützte Person hat Einkünfte, Bezüge und / oder öffentliche Ausbildungshilfen im Kalenderjahr erzielt. 1 = Ja 2 = Nein

Falls Sie Zeile 31 mit „Ja" beantwortet haben, füllen Sie bitte die Zeilen 32 bis 40 aus.

Einkünfte aus nichtselbständiger Arbeit

	vom	bis	Bruttoarbeitslohn (ohne Einnahmen aus Minijobs) EUR	Werbungskosten zum Bruttoarbeitslohn (ohne Werbungskosten zu Versorgungsbezügen) EUR
32	T T M M	T T M M	,—	,—
33	T T M M	T T M M	,—	,—

	vom	bis	Versorgungsbezüge – im Arbeitslohn enthalten – EUR	Werbungskosten zu Versorgungsbezügen EUR	Bemessungsgrundlage für den Versorgungsfreibetrag EUR	Maßgebendes Kalenderjahr des Versorgungsbeginns
34	T T M M	T T M M	,—	,—	,—	J J J J

Sonstige Einkünfte

	vom	bis	Renten EUR	steuerpflichtiger Teil der Rente EUR	Werbungskosten zu Renten EUR
35	T T M M	T T M M	,—	,—	,—
36	T T M M	T T M M	,—	,—	,—

Einkünfte aus Kapitalvermögen

	vom	bis	Einkünfte aus Kapitalvermögen (tarifliche Einkommensteuer) EUR	vom	bis	Kapitalerträge (Abgeltungsteuer) EUR
37	T T M M	T T M M	,—	T T M M	T T M M	,—

Übrige Einkünfte

	vom	bis	EUR
38	T T M M	T T M M	,—

39 **Sozialleistungen / übrige Bezüge (z. B. aus Minijobs)** vom T T M M bis T T M M EUR ,—
Öffentliche Ausbildungshilfen (z. B. BAföG-Zuschüsse) vom T T M M bis T T M M EUR ,—

40 **Kosten zu allen Bezügen** vom T T M M bis T T M M EUR ,—

Beiträge zu Basis-Kranken- und gesetzlichen Pflegeversicherungen

Zeile		EUR
41	In Zeile 15 enthaltene übernommene Beiträge zu Basis-Kranken- und gesetzlichen Pflegeversicherungen für die unterstützte Person, die von ihr als Versicherungsnehmer geschuldet und von mir getragen wurden oder von mir als getragen gelten	,—
42	In der vorstehenden Zeile enthaltene Beiträge, aus denen sich ein Anspruch auf Krankengeld ergibt	,—
43	In Zeile 18 enthaltene übernommene Beiträge zu Basis-Kranken- und gesetzlichen Pflegeversicherungen für die unterstützte Person, die von ihr als Versicherungsnehmer geschuldet und von mir getragen wurden oder von mir als getragen gelten	,—
44	In der vorstehenden Zeile enthaltene Beiträge, aus denen sich ein Anspruch auf Krankengeld ergibt	,—

Weitere zum Unterhalt beitragende Personen

45 Hat mindestens eine weitere Person zum Unterhalt der unterstützten Person beigetragen? 1 = Ja 2 = Nein

Falls Sie Zeile 45 mit „Ja" beantwortet haben, füllen Sie bitte die Zeilen 46 bis 49 aus.

Zum Unterhalt der bedürftigen Person haben auch beigetragen (Name, Anschrift)

46

47 vom T T M M bis T T M M Betrag EUR ,—

48 In Zeile 47 enthaltene Beiträge zur Basis-Kranken- und gesetzlichen Pflegeversicherung für die unterstützte Person, die von ihr als Versicherungsnehmer geschuldet und von der / den Person(en) laut Zeile 46 getragen wurden ,—

49 In Zeile 48 enthaltene Beiträge, aus denen sich ein Anspruch auf Krankengeld ergibt ,—

Angaben zur 2. unterstützten Person

Allgemeine Angaben zur unterstützten Person

50 Identifikationsnummer | Name, Vorname

51 Geburtsdatum T T M M J J J J | Sterbedatum, wenn 2025 verstorben T T M M J J J J | Beruf, Familienstand

52 Verwandtschaftsverhältnis zur unterstützenden Person

53 Name, Vorname des im selben Haushalt lebenden Ehegatten / Lebenspartners der unterstützten Person

Lebensort / Unterhaltsberechtigung

Zeile			Falls „Ja" (wenn nicht ganzjährig) vom	bis
54	Die unterstützte Person lebte in meinem inländischen Haushalt.	1 = Ja 2 = Nein	T T M M	T T M M
55	Hatte jemand für die unterstützte Person Anspruch auf Kindergeld oder Freibeträge für Kinder?	1 = Ja 2 = Nein	T T M M	T T M M
56	Die unterstützte Person ist mein geschiedener Ehegatte, Lebenspartner einer aufgehobenen Lebenspartnerschaft oder dauernd getrennt lebender Ehegatte / Lebenspartner (kein Abzug von Sonderausgaben nach § 10 Abs. 1a Nr. 1 EStG, keine Zusammenveranlagung).	1 = Ja 2 = Nein	T T M M	T T M M
57	Die unterstützte Person ist mein nicht dauernd getrennt lebender und nicht unbeschränkt einkommensteuerpflichtiger Ehegatte / Lebenspartner.	1 = Ja 2 = Nein	T T M M	T T M M
58	Die unterstützte Person ist als Kindesmutter / Kindesvater gesetzlich unterhaltsberechtigt (bis zur Vollendung des dritten Lebensjahres des Kindes).	1 = Ja 2 = Nein	T T M M	T T M M
59	Die unterstützte Person ist nicht unterhaltsberechtigt, jedoch wurden oder würden bei ihr wegen der Unterhaltszahlungen öffentliche Mittel gekürzt oder nicht gewährt.	1 = Ja 2 = Nein	T T M M	T T M M

Vermögen der unterstützten Person

60 Hatte die unterstützte Person im Unterhaltszeitraum Vermögen? 1 = Ja 2 = Nein | Falls „Ja": Gesamtwert des Vermögens der unterstützten Person (z. B. PKW, Bargeld, Grundstücke mit Ausnahme eines angemessenen, selbst bewohnten Hausgrundstücks) EUR ,—

Bei Unterhaltsempfängern im Ausland

61 Die von der Heimatbehörde und der unterstützten Person bestätigte Unterhaltserklärung über die Bedürftigkeit liegt mir vor. 1 = Ja 2 = Nein

Einkünfte und Bezüge der unterstützten Person

62 Die unterstützte Person hat Einkünfte, Bezüge und / oder öffentliche Ausbildungshilfen im Kalenderjahr erzielt. 1 = Ja 2 = Nein

Falls Sie Zeile 62 mit „Ja" beantwortet haben, füllen Sie bitte die Zeilen 63 bis 71 aus.

Einkünfte aus nichtselbständiger Arbeit

	vom	bis	Bruttoarbeitslohn (ohne Einnahmen aus Minijobs) EUR	Werbungskosten zum Bruttoarbeitslohn (ohne Werbungskosten zu Versorgungsbezügen) EUR
63	T T M M	T T M M	,—	,—
64	T T M M	T T M M	,—	,—

	vom	bis	Versorgungsbezüge – im Arbeitslohn enthalten – EUR	Werbungskosten zu Versorgungsbezügen EUR	Bemessungsgrundlage für den Versorgungsfreibetrag EUR	Maßgebendes Kalenderjahr des Versorgungsbeginns
65	T T M M	T T M M	,—	,—	,—	J J J J

Sonstige Einkünfte

	vom	bis	Renten EUR	steuerpflichtiger Teil der Rente EUR	Werbungskosten zu Renten EUR
66	T T M M	T T M M	,—	,—	,—
67	T T M M	T T M M	,—	,—	,—

Einkünfte aus Kapitalvermögen

	vom	bis	Einkünfte aus Kapitalvermögen (tarifliche Einkommensteuer) EUR	vom	bis	Kapitalerträge (Abgeltungsteuer) EUR
68	T T M M	T T M M	,—	T T M M	T T M M	,—

Übrige Einkünfte

	vom	bis	EUR
69	T T M M	T T M M	,—

Sozialleistungen / übrige Bezüge (z. B. aus Minijobs) | **Öffentliche Ausbildungshilfen (z. B. BAföG-Zuschüsse)**

	vom	bis	EUR	vom	bis	EUR
70	T T M M	T T M M	,—	T T M M	T T M M	,—

Kosten zu allen Bezügen

	vom	bis	EUR
71	T T M M	T T M M	,—

Beiträge zu Basis-Kranken- und gesetzlichen Pflegeversicherungen

		EUR
72	In Zeile 15 enthaltene übernommene Beiträge zu Basis-Kranken- und gesetzlichen Pflegeversicherungen für die unterstützte Person, die von ihr als Versicherungsnehmer geschuldet und von mir getragen wurden oder von mir als getragen gelten	,—
73	In der vorstehenden Zeile enthaltene Beiträge, aus denen sich ein Anspruch auf Krankengeld ergibt	,—
74	In Zeile 18 enthaltene übernommene Beiträge zu Basis-Kranken- und gesetzlichen Pflegeversicherungen für die unterstützte Person, die von ihr als Versicherungsnehmer geschuldet und von mir getragen wurden oder von mir als getragen gelten	,—
75	In der vorstehenden Zeile enthaltene Beiträge, aus denen sich ein Anspruch auf Krankengeld ergibt	,—

Weitere zum Unterhalt beitragende Personen

76 Hat mindestens eine weitere Person zum Unterhalt der unterstützten Person beigetragen? 1 = Ja 2 = Nein

Falls Sie Zeile 76 mit „Ja" beantwortet haben, füllen Sie bitte die Zeilen 77 bis 80 aus.

Zum Unterhalt der bedürftigen Person haben auch beigetragen (Name, Anschrift)

77

	vom	bis		EUR
78	T T M M	T T M M	Betrag	,—
79	In Zeile 78 enthaltene Beiträge zur Basis-Kranken- und gesetzlichen Pflegeversicherung für die unterstützte Person, die von ihr als Versicherungsnehmer geschuldet und von der / den Person(en) laut Zeile 77 getragen wurden			,—
80	In Zeile 79 enthaltene Beiträge, aus denen sich ein Anspruch auf Krankengeld ergibt			,—

2025AnlUnterhalt194

Anleitung vorhanden

2025

1 Name

2 Vorname

3 **Steuernummer**

Anlage Haushaltsnahe Aufwendungen

Diese Anlage ist bei Zusammenveranlagung von Ehegatten / Lebenspartnern gemeinsam auszufüllen.

Haushaltsnahe Beschäftigungsverhältnisse, Dienstleistungen und Handwerkerleistungen

Steuerermäßigung für Aufwendungen

18

Geringfügige Beschäftigungen im Privathaushalt – sog. Minijobs –

	Art der Tätigkeit		Aufwendungen (abzüglich Erstattungen) EUR
4		202	,–

Haushaltsnahe Beschäftigungsverhältnisse / Dienstleistungen

- sozialversicherungspflichtige Beschäftigungen im Privathaushalt
- haushaltsnahe Dienstleistungen, Hilfe im eigenen Haushalt
- Pflege- und Betreuungsleistungen im Haushalt, bei eigener Heimunterbringung in den Heimkosten enthaltene Aufwendungen für Dienstleistungen, die mit denen einer Haushaltshilfe vergleichbar sind, sowie das in Zeile 28 der Anlage Außergewöhnliche Belastungen als Erstattung für häusliche Pflege- und Betreuungskosten berücksichtigte Pflegegeld (§ 37 SGB XI) / Pflegetagegeld

	Art der Tätigkeit / Aufwendungen		Aufwendungen (abzüglich Erstattungen) EUR
5		212	,–

Handwerkerleistungen

für Renovierungs-, Erhaltungs- und Modernisierungsmaßnahmen im eigenen Haushalt

(**ohne** Handwerkerleistungen, für die eine öffentliche Förderung durch zinsverbilligte Darlehen oder steuerfreie Zuschüsse [z. B. KfW-Bank, BAFA, landeseigener Förderbanken oder Gemeinden] oder für die eine Steuerermäßigung für energetische Maßnahmen nach § 35c EStG in Anspruch genommen wird)

	Art der Aufwendungen	Rechnungsbeträge (bei Eintragungen in Zeile 10 nur anteilig) EUR		darin enthaltene Lohnanteile, Maschinen- und Fahrtkosten inklusive Umsatzsteuer EUR
6		,–		,–
7		,–	+	,–
8		,–	+	,–
9	Summe steuerlich berücksichtigungsfähiger Lohnanteile, Maschinen- und Fahrtkosten inklusive Umsatzsteuer	214	=	,–

Nur bei Alleinstehenden und Eintragungen in den Zeilen 39 bis 41 der Anlage Außergewöhnliche Belastungen und / oder in den Zeilen 4 bis 9 der Anlage Haushaltsnahe Aufwendungen:

10 Es bestand ganzjährig ein gemeinsamer Haushalt mit einer oder mehreren anderen alleinstehenden Person(en): Anzahl der weiteren Personen im Haushalt — 223

11 Name, Vorname, Geburtsdatum

Nur bei Alleinstehenden oder Einzelveranlagung von Ehegatten / Lebenspartnern und Eintragungen in den Zeilen 39 bis 41 der Anlage Außergewöhnliche Belastungen und / oder in den Zeilen 4 bis 9 der Anlage Haushaltsnahe Aufwendungen:

Laut einzureichendem gemeinsamen Antrag ist der Höchstbetrag für die Aufwendungen in einem anderen Verhältnis als je zur Hälfte aufzuteilen:

12	– Der bei mir zu berücksichtigende Anteil am Höchstbetrag für Aufwendungen laut Zeile 39 der Anlage Außergewöhnliche Belastungen und / oder Zeile 4 der Anlage Haushaltsnahe Aufwendungen beträgt	224	%
13	– Der bei mir zu berücksichtigende Anteil am Höchstbetrag für Aufwendungen laut Zeile 40 der Anlage Außergewöhnliche Belastungen und / oder Zeile 5 der Anlage Haushaltsnahe Aufwendungen beträgt	225	%
14	– Der bei mir zu berücksichtigende Anteil am Höchstbetrag für Aufwendungen laut Zeile 41 der Anlage Außergewöhnliche Belastungen und / oder Zeile 9 der Anlage Haushaltsnahe Aufwendungen beträgt	226	%

Nur in Fällen der Zusammenveranlagung oder Einzelveranlagung von Ehegatten / Lebenspartnern und Eintragungen in den Zeilen 39 bis 41 der Anlage Außergewöhnliche Belastungen und / oder in den Zeilen 4 bis 9 der Anlage Haushaltsnahe Aufwendungen:

		Steuerpflichtige Person / Ehemann / Person A	Ehefrau / Person B
15	Es wurde 2025 ein gemeinsamer Haushalt begründet oder aufgelöst und für einen Teil des Kalenderjahres ein Einzelhaushalt geführt	219 1 = Ja	220 1 = Ja

Anleitung vorhanden

2025

Name

1

Vorname

2

3 **Steuernummer** lfd. Nr. der Anlage

Anlage Energetische Maßnahmen

Diese Anlage ist bei Zusammenveranlagung von Ehegatten / Lebenspartnern gemeinsam auszufüllen

Aufwendungen für energetische Maßnahmen bei zu eigenen Wohnzwecken genutzten Gebäuden

Begünstigtes Objekt

18

Standort des Wohngebäudes / der Eigentumswohnung

Straße, Hausnummer — Herstellungsbeginn des Gebäudes

4 301 T T M M J J J J

Postleitzahl, Ort (ggf. ausländischer Staat)

5

Aktenzeichen laut Grundsteuermessbescheid (ohne Sonderzeichen) – bisher Einheitswert-Aktenzeichen –

6 300

7 Gesamtfläche in m² 303 — davon ausschließliche Nutzung zu eigenen Wohnzwecken oder in Teilen unentgeltliche Überlassung zu Wohnzwecken an andere Personen in m² 304

8 Für das begünstigte Objekt wurde in der Vergangenheit bereits eine Steuerermäßigung für energetische Maßnahmen in Anspruch genommen. 308 — 1 = Ja 2 = Nein

Energetische Maßnahmen 2025

Ich habe / Wir haben für die energetischen Maßnahmen beantragt / in Anspruch genommen:
- öffentliche Förderung durch zinsverbilligte Darlehen (z. B. KfW-Bank, landeseigene Förderbank) oder
- steuerfreie Zuschüsse (z. B. KfW-Bank, BAFA, Gemeinde) oder
- Steuerbegünstigung für Gebäude in Sanierungsgebieten und städtebaulichen Entwicklungsbereichen oder
- 9 Steuerermäßigung für Handwerkerleistungen nach § 35a EStG — 309 — 1 = Ja 2 = Nein

Für die nachstehend geltend gemachten energetischen Maßnahmen wurden die in Zeile 9 genannten Förderungsmöglichkeiten **nicht** beantragt oder in Anspruch genommen.

– Bitte die Bescheinigung(en) des ausführenden Fachunternehmens / der Person mit Ausstellungsberechtigung nach § 88 Gebäudeenergiegesetz (GEG) in Kopie einreichen –

Eigene Aufwendungen für energetische Maßnahmen

(ohne Aufwendungen, die als Betriebsausgaben, Werbungskosten [z. B. Aufwendungen für ein häusliches Arbeitszimmer] oder Sonderausgaben berücksichtigt werden)

Zeile		Kz	EUR
10	Baubeginn der energetischen Maßnahme	305	T T M M J J J J
11	Aufwendungen für die Wärmedämmung von Wänden		,—
12	Aufwendungen für die Wärmedämmung von Dachflächen	+	,—
13	Aufwendungen für die Wärmedämmung von Geschossdecken	+	,—
14	Aufwendungen für die Erneuerung der Fenster und / oder Außentür(en)	+	,—
15	Aufwendungen für den Ersatz und / oder den erstmaligen Einbau von sommerlichem Wärmeschutz	+	,—
16	Aufwendungen für die Erneuerung und / oder den Einbau einer Lüftungsanlage	+	,—
17	Aufwendungen für die Erneuerung der Heizungsanlage (bitte Zeile 23 und 24 beachten)	+	,—
18	Aufwendungen für den Einbau von digitalen Systemen zur energetischen Betriebs- und Verbrauchsoptimierung	+	,—
19	Aufwendungen für die Optimierung bestehender Heizungsanlagen (älter als 2 Jahre)	+	,—
20	Aufwendungen für die Erteilung der Bescheinigung(en)	+	,—
21	Summe der Aufwendungen für energetische Maßnahmen	310 =	,—
22	Aufwendungen für die planerische Begleitung oder Beaufsichtigung durch den Energieberater	311	,—

Hybridisierung bei Gasbrennwerttechnik

Aufwendungen für den Einbau von Gasbrennwerttechnik, die auf die Einbindung erneuerbarer Energie eingerichtet ist („Renewable Ready"), können berücksichtigt werden, wenn mit dem Einbau vor dem 1.1.2023 begonnen wurde. Die Steuerermäßigung ist erstmalig in dem Kalenderjahr zu gewähren, in dem die energetische Maßnahme abgeschlossen wurde. Dies ist der Fall, wenn die Schlussrechnung des Fachunternehmens erteilt, der Rechnungsbetrag auf das Konto des Leistungserbringers eingezahlt wurde und der Nachweis der Hybridisierung vorliegt. Die Hybridisierung muss innerhalb von 2 Jahren nach der Inbetriebnahme vorgenommen werden.

Zeile		Kz	EUR
23	In Zeile 17 enthaltene Aufwendungen für den Einbau von Gasbrennwerttechnik, die für die künftige Einbindung erneuerbarer Energien vorbereitet ist (Hybridisierung)	312	,—
24	Der Nachweis zur Umsetzung der Hybridisierung liegt vor und wird in Kopie eingereicht:	313	1 = Ja 2 = Nein

Nur ausfüllen, soweit in den Zeilen 21 und / oder 22 Aufwendungen enthalten sind, für die der Abzug als außergewöhnliche Belastung beantragt wird.

Zeile		Kz	EUR
25	In Zeile 21 enthaltene Aufwendungen, für die der Abzug (soweit möglich) als außergewöhnliche Belastungen beantragt wird	314	,—
26	In Zeile 22 enthaltene Aufwendungen, für die der Abzug (soweit möglich) als außergewöhnliche Belastungen beantragt wird	315	,—

Energetische Maßnahmen aus den Vorjahren

Zeile		Kz	EUR
27	Anerkannte Aufwendungen für energetische Maßnahmen des Jahres 2024 (diese können Sie den Erläuterungen Ihres Einkommensteuerbescheides 2024 entnehmen); bei Nutzungs- und / oder Eigentumsänderungen: entsprechend erhöhte / verminderte Aufwendungen	317	,—
28	Anerkannte Aufwendungen für energetische Maßnahmen des Jahres 2023 (diese können Sie den Erläuterungen Ihres Einkommensteuerbescheides 2023 entnehmen); bei Nutzungs- und / oder Eigentumsänderungen: entsprechend erhöhte / verminderte Aufwendungen	318	,—

Angaben zu Miteigentumsanteilen

Falls das Objekt im Eigentum **mehrerer Personen** steht und die Anteile an der Steuerermäßigung **nicht** gesondert und einheitlich festgestellt werden:

Zeile		Steuerpflichtige Person / Ehemann / Person A	Ehefrau / Person B
29	Miteigentumsanteil in % ***– Bitte Anleitung beachten. –***	306	307

1. Weiterer Miteigentümer

Name, Vorname, Geburtsdatum, Adresse, Steuernummer

30

31

2. Weiterer Miteigentümer

Name, Vorname, Geburtsdatum, Adresse, Steuernummer

32

33

3. Weiterer Miteigentümer

Name, Vorname, Geburtsdatum, Adresse, Steuernummer

34

35

4. Weiterer Miteigentümer

Name, Vorname, Geburtsdatum, Adresse, Steuernummer

36

37

2025Anl35c432

2025003433003

Anteile an der Steuerermäßigung laut gesonderter und einheitlicher Feststellung

Steuerpflichtige Person / Ehemann / Person A

Zeile		Kz	
38	Gemeinschaft / Gesellschaft		
39	Finanzamt		
40	Steuernummer	400	Aktenzeichen laut Grundsteuermessbescheid (ohne Sonderzeichen) – bisher Einheitswert-Aktenzeichen –
41	Gesondert und einheitlich festgestellter Anteil an der Steuerermäßigung in % *– Bitte Anleitung beachten. –*	401	,
			EUR
42	Gesondert und einheitlich festgestellte Aufwendungen für energetische Maßnahmen des Jahres 2025	402	,—
43	Gesondert und einheitlich festgestellte Aufwendungen für die planerische Begleitung oder Beaufsichtigung durch den Energieberater des Jahres 2025	403	,—
44	Gesondert und einheitlich festgestellte Aufwendungen für energetische Maßnahmen des Jahres 2024	404	,—
45	Gesondert und einheitlich festgestellte Aufwendungen für energetische Maßnahmen des Jahres 2023	405	,—

Ehefrau / Person B

Zeile		Kz	
46	Gemeinschaft / Gesellschaft		
47	Finanzamt		
48	Steuernummer	410	Aktenzeichen laut Grundsteuermessbescheid (ohne Sonderzeichen) – bisher Einheitswert-Aktenzeichen –
49	Gesondert und einheitlich festgestellter Anteil an der Steuerermäßigung in % *– Bitte Anleitung beachten. –*	411	,
			EUR
50	Gesondert und einheitlich festgestellte Aufwendungen für energetische Maßnahmen des Jahres 2025	412	,—
51	Gesondert und einheitlich festgestellte Aufwendungen für die planerische Begleitung oder Beaufsichtigung durch den Energieberater des Jahres 2025	413	,—
52	Gesondert und einheitlich festgestellte Aufwendungen für energetische Maßnahmen des Jahres 2024	414	,—
53	Gesondert und einheitlich festgestellte Aufwendungen für energetische Maßnahmen des Jahres 2023	415	,—

 2025Anl35c433

Anleitung vorhanden

2025

Anlage Kind

Für jedes Kind bitte eine eigene Anlage Kind abgeben.

Daten für die mit (e) gekennzeichneten Zeilen liegen im Regelfall vor und müssen nicht eingetragen werden. – Bitte Anleitung beachten. –

1 Name

2 Vorname

3 **Steuernummer** lfd. Nr. der Anlage

Angaben zum Kind

36 / 37

4 Identifikationsnummer 01

Vorname ggf. abweichender Familienname

5

Geburtsdatum

6 16 T T M M J J J J Anspruch auf Kindergeld oder vergleichbare Leistungen für 2025 15 EUR ,–

Für die Kindergeldfestsetzung zuständige Familienkasse

7

Wohnsitz im Inland:

vom bis ggf. abweichende Adresse

8 00 T T M M T T M M

Wohnsitz im Ausland:

vom bis ggf. abweichende Adresse Staat (Kz 14)

9 07 T T M M T T M M

Kindschaftsverhältnis

10 **Kindschaftsverhältnis zur steuerpflichtigen Person / Ehemann / Person A** 02 1 = leibliches Kind / Adoptivkind 2 = Pflegekind 3 = Enkelkind / Stiefkind **Kindschaftsverhältnis zur Ehefrau / Person B** 03 1 = leibliches Kind / Adoptivkind 2 = Pflegekind 3 = Enkelkind / Stiefkind

Kindschaftsverhältnis zu einer anderen Person

Name, Vorname Geburtsdatum dieser Person Dauer des Kindschaftsverhältnisses (Zeitraum vom – bis)

11 T T M M J J J J 04 T T M M T T M M

Letzte bekannte Adresse Art des Kindschaftsverhältnisses 1 = leibliches Kind / Adoptivkind 2 = Pflegekind

12

vom bis

13 Der andere Elternteil lebte im Ausland im Zeitraum 37 T T M M T T M M

14 Das Kindschaftsverhältnis zum anderen Elternteil ist durch dessen Tod erloschen am 06 T T M M J J J J

15 Der Wohnsitz oder gewöhnliche Aufenthalt des anderen Elternteils ist nicht zu ermitteln oder der Vater des Kindes ist amtlich nicht feststellbar 05 1 = Ja

Angaben für ein volljähriges Kind

Das Kind
- befand sich in Schul-, Hochschul- oder Berufsausbildung,
- befand sich in einer Übergangszeit von höchstens vier Monaten (z. B. zwischen zwei Ausbildungsabschnitten),
- konnte eine Berufsausbildung mangels Ausbildungsplatzes nicht beginnen oder fortsetzen und / oder
- hat ein freiwilliges soziales oder ökologisches Jahr (Jugendfreiwilligendienstegesetz), eine Freiwilligentätigkeit im Rahmen des Europäischen Solidaritätskorps, einen entwicklungspolitischen Freiwilligendienst, einen Freiwilligendienst aller Generationen (§ 2 Abs. 1a SGB VII), einen Internationalen Jugendfreiwilligendienst, Bundesfreiwilligendienst oder einen anderen Dienst im Ausland (§ 5 Bundesfreiwilligendienstgesetz) geleistet.

Folgen einzelne Abschnitte unmittelbar aufeinander, sind sie zu einem Zeitraum zusammenzufassen.

16 1. Zeitraum vom – bis 80 T T M M J J J J T T M M J J J J

17 Erläuterungen zum 1. Berücksichtigungszeitraum

18 2. Zeitraum vom – bis 81 T T M M J J J J T T M M J J J J

19 Erläuterungen zum 2. Berücksichtigungszeitraum

20 Das Kind war ohne Beschäftigung und bei einer Agentur für Arbeit als arbeitsuchend gemeldet (Zeitraum vom – bis) 82 T T M M J J J J T T M M J J J J

21 Das Kind war wegen einer vor Vollendung des 25. Lebensjahres eingetretenen Behinderung außerstande, sich selbst finanziell zu unterhalten (Zeitraum vom – bis) ***– Bitte Anleitung beachten. –*** 83 T T M M J J J J T T M M J J J J

Angaben zur Erwerbstätigkeit eines volljährigen Kindes

(nur bei Eintragungen in Zeile 16)

22 Das Kind hat bereits eine erstmalige Berufsausbildung oder ein Erststudium abgeschlossen — 84 — 1 = Ja, 2 = Nein

23 Falls Zeile 22 mit „Ja" beantwortet wurde: Das Kind war erwerbstätig (kein Ausbildungsdienstverhältnis) — 1 = Ja, 2 = Nein

Falls Zeile 23 mit „Ja" beantwortet wurde:

24 Das Kind übte eine / mehrere geringfügige Beschäftigung(en) i. S. d. §§ 8, 8a SGB IV (sog. Minijob) aus — 1 = Ja, 2 = Nein — Beschäftigungszeitraum vom - bis: T T M M – T T M M — (Vereinbarte) regelmäßige wöchentliche Arbeitszeit der Tätigkeit(en) in Stunden

25 Das Kind übte andere Erwerbstätigkeiten aus — 1 = Ja, 2 = Nein — Erwerbszeitraum vom - bis: T T M M – T T M M — (Vereinbarte) regelmäßige wöchentliche Arbeitszeit der Tätigkeit(en) in Stunden

Angaben zur Kinderzulage bei steuerlicher Förderung von Altersvorsorgebeiträgen (sog. Riester-Verträge)

39

– Eintragungen sind nur erforderlich, wenn Sie auf der **Anlage AV** einen zusätzlichen Sonderausgabenabzug für Altersvorsorgebeiträge beantragen. –

26 Welche Person hat für 2025 Anspruch auf die Kinderzulage für dieses Kind? **– Wurde die Kinderzulage im Antrag auf Altersvorsorgezulage beansprucht, müssen die Angaben übereinstimmen. –** — 501

1 = Steuerpflichtige Person / Ehemann / Person A
2 = Ehefrau / Person B
3 = andere Person
4 = keine Person (kein Anspruch auf Kinderzulage)

Beiträge zur inländischen Kranken- und Pflegeversicherung

36 / 37

(Nicht in der Anlage Vorsorgeaufwand enthalten)

Aufwendungen von mir / uns als Versicherungsnehmer geschuldet und von mir / uns getragen

Zeile		Kz.	EUR
27	Beiträge zu Krankenversicherungen des Kindes (nur Basisabsicherung, keine Wahlleistungen)	66	,— (e)
28	Beiträge zur sozialen Pflegeversicherung und / oder zur privaten Pflege-Pflichtversicherung	67	,— (e)
29	Von den Versicherungen laut den Zeilen 27 und / oder 28 erstattete Beträge	68	,— (e)
30	Über die Basisabsicherung hinausgehende Beiträge zu Kranken- und Pflegeversicherungen des Kindes (z. B. für Wahlleistungen, Zusatzversicherungen) abzüglich erstatteter Beiträge	69	,—

Aufwendungen vom Kind als Versicherungsnehmer geschuldet und von mir / uns getragen

Zeile		Kz.	EUR
31	Beiträge zu Krankenversicherungen des Kindes (nur Basisabsicherung, keine Wahlleistungen)	70	,—
32	In Zeile 31 enthaltene Beiträge, aus denen sich ein Anspruch auf Krankengeld ergibt	71	,—
33	Beiträge zur sozialen Pflegeversicherung und / oder zur privaten Pflege-Pflichtversicherung	72	,—
34	Von den Versicherungen laut den Zeilen 31 und / oder 33 erstattete Beträge	73	,—
35	In Zeile 34 enthaltene Beiträge, aus denen sich ein Anspruch auf Krankengeld ergibt	74	,—
36	Zuschuss von dritter Seite zu den Beiträgen laut den Zeilen 31 und / oder 33 (z. B. nach § 13a BAföG)	75	,—

Beiträge zur ausländischen Kranken- und Pflegeversicherung

(Nicht in der Anlage Vorsorgeaufwand enthalten)

Aufwendungen von mir / uns / dem Kind als Versicherungsnehmer geschuldet und von mir / uns getragen

Zeile		Kz.	EUR
37	Beiträge (abzüglich steuerfreier Zuschüsse und / oder Erstattungen) zu ausländischen Kranken- und Pflegeversicherungen des Kindes, die mit inländischen gesetzlichen Kranken- und Pflegeversicherungen vergleichbar sind (nur Basisabsicherung) **– Über die Basisabsicherung hinausgehende Beiträge, die von mir / uns als Versicherungsnehmer geschuldet und getragen wurden, in Zeile 30 eintragen –**	89	,—
38	In Zeile 37 enthaltene Beiträge, aus denen sich ein Anspruch auf Krankengeld ergibt	90	,—

2025AnlKind022

Übertragung des Kinderfreibetrags / des Freibetrags für den Betreuungs- und Erziehungs- oder Ausbildungsbedarf

39 Ich beantrage den vollen Kinderfreibetrag und den vollen Freibetrag für den Betreuungs- und Erziehungs- oder Ausbildungsbedarf, weil der andere Elternteil
– seiner Unterhaltsverpflichtung nicht zu mindestens 75 % nachkommt oder
– mangels Leistungsfähigkeit nicht unterhaltspflichtig ist — 36 ☐ 1 = Ja

40 Falls die Frage in Zeile 39 mit „Ja" beantwortet wurde: Es wurden Unterhaltsleistungen nach dem Unterhaltsvorschussgesetz gezahlt für den Zeitraum — 38 vom T T M M bis T T M M

41 Ich beantrage den vollen Freibetrag für den Betreuungs- und Erziehungs- oder Ausbildungsbedarf, weil das minderjährige Kind bei dem anderen Elternteil nicht gemeldet war. — 39 ☐ 1 = Ja — 43 T T M M T T M M

42 Nur beim Stief- / Großelternteil: Ich beantrage / Wir beantragen die Übertragung des Kinderfreibetrags und des Freibetrags für den Betreuungs- und Erziehungs- oder Ausbildungsbedarf, weil ich / wir das Kind in meinem / unserem Haushalt aufgenommen habe(n) oder ich / wir als Großelternteil gegenüber dem Kind unterhaltspflichtig bin / sind. — 76 ☐ 1 = Ja — Zeitraum der Haushaltszugehörigkeit / Unterhaltsverpflichtung: 77 vom T T M M bis T T M M

43 Nur beim Stief- / Großelternteil: Der Kinderfreibetrag und der Freibetrag für den Betreuungs- und Erziehungs- oder Ausbildungsbedarf sind laut **Anlage K** zu übertragen. — 41 ☐ 1 = Zustimmung eines Elternteils liegt vor; 2 = Zustimmungen beider Elternteile liegen vor

44 Nur bei den berechtigten Elternteilen: Der Übertragung des Kinderfreibetrags und des Freibetrags für den Betreuungs- und Erziehungs- oder Ausbildungsbedarf auf den Stief- / Großelternteil wurde laut **Anlage K** zugestimmt. — 40 ☐ 1 = Ja

Entlastungsbetrag für Alleinerziehende

45 Das Kind war mit mir in der gemeinsamen Wohnung gemeldet im Zeitraum — 42 vom T T M M bis T T M M

46 Für das Kind wurde mir Kindergeld ausgezahlt im Zeitraum — 44 T T M M T T M M

47 Außer mir war(en) in der gemeinsamen Wohnung eine / mehrere volljährige Person(en) gemeldet, für die (zeitweise) kein Anspruch auf Kindergeld oder Freibeträge für Kinder bestand. — 46 ☐ 1 = Ja 2 = Nein — Falls „Ja" (Zeitraum) 47 T T M M T T M M

48 Es bestand eine Haushaltsgemeinschaft mit mindestens einer weiteren volljährigen Person, für die (zeitweise) kein Anspruch auf Kindergeld oder Freibeträge für Kinder bestand. — 49 ☐ 1 = Ja 2 = Nein — Falls „Ja" (Zeitraum) 50 T T M M T T M M

49 Name, Vorname (weitere Personen bitte in einer gesonderten Aufstellung angeben)

50 Verwandtschaftsverhältnis — Beschäftigung / Tätigkeit

Nur bei Zusammenveranlagung im Jahr der Eheschließung, der Trennung oder des Todes eines Elternteils:

51 Der Antrag auf einen Entlastungsbetrag für Alleinerziehende wird gestellt für ☐ 1 = Ehemann / Person A; 2 = Ehefrau / Person B

Freibetrag zur Abgeltung eines Sonderbedarfs bei Berufsausbildung eines volljährigen Kindes

52 Das Kind war auswärtig untergebracht im Zeitraum — 1. Zeitraum: 85 vom T T M M bis T T M M — 2. Zeitraum: 86 vom T T M M bis T T M M

53 Anschrift(en), Staat(en) – falls im Ausland

54 Es handelte sich zumindest zeitweise um eine auswärtige Unterbringung im Ausland — 87 ☐ 1 = Ja

Nur bei nicht zusammen veranlagten Eltern:

55 Laut gesondertem gemeinsamen Antrag ist der Freibetrag zur Abgeltung eines Sonderbedarfs bei Berufsausbildung in einem anderen Verhältnis als je zur Hälfte aufzuteilen. Der bei mir zu berücksichtigende Anteil beträgt (in %) — 88

Schulgeld (Privatschule oder Schule in freier Trägerschaft)

– ohne Aufwendungen für die Beherbergung, Betreuung und Verpflegung des Kindes –

56 Bezeichnung der Schule oder deren Träger — berücksichtigungsfähige Gesamtaufwendungen der Eltern EUR: 24 ,—

Nur bei nicht zusammen veranlagten Eltern:

57 Das von mir übernommene Schulgeld beträgt — 56 EUR ,—

58 Laut gesondertem gemeinsamen Antrag ist für das Kind der Höchstbetrag für das Schulgeld in einem anderen Verhältnis als je zur Hälfte aufzuteilen. Der bei mir zu berücksichtigende Anteil beträgt (in %) — 57

2025AnlKind023

Übertragung des Behinderten- und / oder Hinterbliebenen-Pauschbetrags

– bei erstmaliger Beantragung / Änderung bitte Nachweis in Kopie einreichen –

Die Übertragung des **Behinderten-Pauschbetrags** wird beantragt:

Ausweis / (Renten-)bescheid / Bescheinigung

gültig von | gültig bis | unbefristet gültig | Grad der Behinderung

59 M M J J | M M J J | X | 25

Das Kind ist

60 – erheblich gehbehindert (Merkzeichen „G") / außergewöhnlich gehbehindert (Merkzeichen „aG") — 1 = Ja

61 – blind / taubblind / ständig hilflos (Merkzeichen „Bl", „TBl" und / oder „H"), schwerstpflegebedürftig (Pflegegrad 4 oder 5) — 55 — 1 = Ja

62 Die Übertragung des **Hinterbliebenen-Pauschbetrags** wird beantragt: — 26 — 1 = Ja

Nur bei nicht zusammen veranlagten Eltern:

63 Laut gesondertem gemeinsamen Antrag sind die für das Kind zu gewährenden Pauschbeträge für Behinderte / Hinterbliebene in einem anderen Verhältnis als je zur Hälfte aufzuteilen. Der bei mir zu berücksichtigende Anteil beträgt (in %) — 28

Übertragung der behinderungsbedingten Fahrtkostenpauschale

– bei erstmaliger Beantragung / Änderung bitte Nachweis in Kopie einreichen –

Die Übertragung der behinderungsbedingten Fahrtkostenpauschale wird beantragt.
Das Kind erfüllt die nachfolgenden Voraussetzungen:

64 Das Kind hat einen Grad der Behinderung von mindestens 80 oder einen Grad der Behinderung von mindestens 70 und Merkzeichen „G" — 91 — 1 = Ja

65 Das Kind ist außergewöhnlich gehbehindert / blind / taubblind / ständig hilflos (Merkzeichen „aG" / „Bl" / „TBl" und / oder „H"), schwerstpflegebedürftig (Pflegegrad 4 oder 5) — 92 — 1 = Ja

Nur bei nicht zusammen veranlagten Eltern:

66 Laut gesondertem gemeinsamen Antrag ist die für das Kind zu gewährende behinderungsbedingte Fahrtkostenpauschale in einem anderen Verhältnis als je zur Hälfte aufzuteilen. Der bei mir zu berücksichtigende Anteil beträgt (in %) — 45

Kinderbetreuungskosten

– ohne Aufwendungen für die Verpflegung, den (Nachhilfe-) Unterricht, die Vermittlung besonderer Fähigkeiten, die sportlichen und anderen Freizeitbetätigungen des Kindes –

	Art der Dienstleistung, Name und Anschrift des Dienstleisters	vom	bis		berücksichtigungsfähige Gesamtaufwendungen der Eltern EUR
67		T T M M	T T M M	51	,—

Steuerfreier Ersatz / Erstattungen

		vom	bis		EUR
68	Steuerfreier Ersatz (z. B. vom Arbeitgeber), Erstattungen	T T M M	T T M M	79	,—

Angaben zum Haushalt

		vom	bis		vom	bis
69	Es bestand ein **gemeinsamer** Haushalt der Elternteile im Zeitraum	T T M M	T T M M	Das Kind gehörte zu **unserem** Haushalt im Zeitraum	T T M M	T T M M
70	Es bestand **kein gemeinsamer** Haushalt der Elternteile im Zeitraum	T T M M	T T M M	Das Kind gehörte zu **meinem** Haushalt im Zeitraum	T T M M	T T M M
71				Das Kind gehörte zum Haushalt des **anderen** Elternteils im Zeitraum	T T M M	T T M M

Nur bei nicht zusammen veranlagten Eltern:

		vom	bis	berücksichtigungsfähige Aufwendungen EUR
72	Ich habe Kinderbetreuungskosten in folgender Höhe getragen	T T M M	T T M M	,—

73 Laut übereinstimmendem Antrag ist für das Kind der Höchstbetrag für die Kinderbetreuung in einem anderen Verhältnis als je zur Hälfte aufzuteilen. Der bei mir zu berücksichtigende Anteil beträgt (in %)

Anleitung vorhanden

2025

Name

1

Vorname

2

3 **Steuernummer**

Anlage Sonstiges

Diese Anlage ist bei Zusammenveranlagung von Ehegatten / Lebenspartnern gemeinsam auszufüllen.

Sonstige Angaben und Anträge

Steuerermäßigung bei Belastung mit Erbschaftsteuer

18

4 Ich beantrage eine Steuerermäßigung nach § 35b EStG, weil in dieser Steuererklärung Einkünfte erklärt worden sind, die als Erwerb von Todes wegen ab 2021 der Erbschaftsteuer unterlegen haben. 185 1 = Ja

– Falls Zeile 4 mit „Ja" beantwortet wurde, füllen Sie bitte die folgenden Zeilen aus. –

EUR

5 Einkünfte, für die eine Steuerermäßigung nach § 35b EStG beantragt wird (ohne Einkünfte, die der Abgeltungsteuer nach § 32d Abs. 1 EStG unterliegen) 187 ,—

6 Insgesamt festgesetzte Erbschaftsteuer 188 ,—

7 Erbschaftsteuerpflichtiger Erwerb zuzüglich der Freibeträge nach den §§ 16, 17 ErbStG und des steuerfreien Betrags nach § 5 ErbStG 189 ,—

8 In Zeile 5 sind Einkünfte enthalten, die bei der Einkommensteuer ermäßigt besteuert werden. 1 = Ja

Steuerbegünstigung für schutzwürdige Kulturgüter

EUR

9 Abzugsbetrag bei Steuerbegünstigung nach § 10g EStG für schutzwürdige Kulturgüter, die weder zur Einkunftserzielung noch zu eigenen Wohnzwecken genutzt werden 151 ,—

Anteile an der Steuerbegünstigung nach § 10g EStG laut gesonderter und einheitlicher Feststellung

Steuerpflichtige Person / Ehemann / Person A

Gemeinschaft / Gesellschaft

10

Finanzamt | Steuernummer

11

EUR

12 Gesondert und einheitlich festgestellter Betrag nach § 10g EStG 198 ,—

Ehefrau / Person B

Gemeinschaft / Gesellschaft

13

Finanzamt | Steuernummer

14

EUR

15 Gesondert und einheitlich festgestellter Betrag nach § 10g EStG 199 ,—

Spendenvortrag

	Steuerpflichtige Person / Ehemann / Person A	Ehefrau / Person B
16 Es wurde ein verbleibender Spendenvortrag nach § 10b EStG zum 31.12.2024 festgestellt.	1 = Ja	1 = Ja

Verlustabzug

	Steuerpflichtige Person / Ehemann / Person A	Ehefrau / Person B
17 Es wurde ein verbleibender Verlustvortrag nach § 10d EStG zum 31.12.2024 festgestellt.	1 = Ja	1 = Ja

18 Ich beantrage / Wir beantragen von einem Verlustrücktrag nach § 10d EStG in die Jahre 2024 und 2023 abzusehen. 802 1 = Ja

Negative Einkünfte mit Bezug zu Drittstaaten

	Steuerpflichtige Person / Ehemann / Person A	Ehefrau / Person B
19 Es wurden verbleibende negative Einkünfte nach § 2a Abs. 1 Satz 5 EStG zum 31.12.2024 festgestellt.	1 = Ja	1 = Ja

Freibetrag für bestandsgeschützte Alt-Anteile an Investmentfonds

	Steuerpflichtige Person / Ehemann / Person A	Ehefrau / Person B
20 Es wurde ein verbleibender Freibetrag für bestandsgeschützte Alt-Anteile an Investmentfonds nach § 56 Abs. 6 Satz 2 InvStG zum 31.12.2024 festgestellt.	1 = Ja	1 = Ja

Antrag zur Aufteilung der Abzugsbeträge bei Einzelveranlagung von Ehegatten / Lebenspartnern

21 Laut übereinstimmendem Antrag sind die Sonderausgaben, außergewöhnlichen Belastungen, die Steuerermäßigung für haushaltsnahe Beschäftigungsverhältnisse, Dienstleistungen und Handwerkerleistungen, sowie die Steuerermäßigung für energetische Maßnahmen bei zu eigenen Wohnzwecken genutzten Gebäuden je zur Hälfte aufzuteilen. 222 1 = Ja

(Der Antrag auf Aufteilung in einem anderen Verhältnis als je zur Hälfte
- des Freibetrages zur Abgeltung eines Sonderbedarfs bei Berufsausbildung eines gemeinsamen volljährigen Kindes ist in Zeile 55 der **Anlage Kind**,
- bei Übertragung des Behinderten- oder Hinterbliebenen-Pauschbetrags eines gemeinsamen Kindes ist in Zeile 63 der **Anlage Kind**,
- bei Übertragung der behinderungsbedingten Fahrtkostenpauschale eines gemeinsamen Kindes ist in Zeile 66 der **Anlage Kind**

zu stellen.)

Forschungszulage

22 Es wird beantragt, die Festsetzung der Einkommensteuer bis zur Festsetzung der Forschungszulage oder bis zur gesonderten und einheitlichen Feststellung von Anteilen an der festgesetzten Forschungszulage zurückzustellen. 860 1 = Ja

– Bei einer anspruchsberechtigten Personengesellschaft: Erläuterungen laut gesonderter Aufstellung –

Steuerabzug bei Bauleistungen (Bauabzugsteuer)

23 Es liegt anrechenbare Bauabzugsteuer nach §§ 48 ff. EStG vor. 1 = Ja

 2025AnlSonstiges412

Anleitung vorhanden

2025

Name

1

Vorname

2

3 **Steuernummer**

Daten für die mit ⓔ gekennzeichneten Zeilen liegen im Regelfall vor und müssen nicht eingetragen werden. – Bitte Anleitung beachten. –

Anlage N

Jeder Ehegatte / Lebenspartner mit Einkünften aus nichtselbständiger Arbeit hat eine eigene Anlage N abzugeben.

Steuerpflichtige Person / Ehemann / Person A

Ehefrau / Person B

Einkünfte aus nichtselbständiger Arbeit

Angaben zum Arbeitslohn

47 / 48

Zeile			Summe Lohnsteuerbescheinigung(en) Steuerklasse 1-5		Summe Lohnsteuerbescheinigung(en) Steuerklasse 6 oder einer Urlaubskasse	
4	Steuerklasse	168				ⓔ
			EUR	Ct	EUR	Ct
5	Bruttoarbeitslohn einschließlich Sachbezüge	110	,—	111	,—	ⓔ
6	Lohnsteuer	140	,	141	,	ⓔ
7	Solidaritätszuschlag	150	,	151	,	ⓔ
8	Kirchensteuer des Arbeitnehmers	142	,	143	,	ⓔ
9	**Nur bei Konfessionsverschiedenheit:** Kirchensteuer für den Ehegatten / Lebenspartner	144	,	145	,	ⓔ

10 In Zeile 5 wurde ein von der Lohnsteuerbescheinigung abweichender Bruttoarbeitslohn wegen einer Korrektur der Firmenwagenbesteuerung erklärt. 197 1 = Ja

Zeile			1. Versorgungsbezug		2. Versorgungsbezug	
			EUR		EUR	
11	**Steuerbegünstigte Versorgungsbezüge** laut Nr. 8 der Lohnsteuerbescheinigung (im Bruttoarbeitslohn laut Zeile 5 enthalten)	200	,—	210	,—	ⓔ
12	Bemessungsgrundlage für den Versorgungsfreibetrag laut Nr. 29 der Lohnsteuerbescheinigung	201	,—	211	,—	ⓔ
13	Maßgebendes Kalenderjahr des Versorgungsbeginns laut Nr. 30 der Lohnsteuerbescheinigung	206	J J J J	216	J J J J	ⓔ
14	Bei unterjähriger Zahlung: Erster und letzter Monat, für den Versorgungsbezüge gezahlt wurden, laut Nr. 31 der Lohnsteuerbescheinigung	202	Monat M M — 203 Monat M M	212	Monat M M — 213 Monat M M	ⓔ
15	Sterbegeld, Kapitalauszahlungen / Abfindungen und Nachzahlungen von Versorgungsbezügen laut Nr. 32 der Lohnsteuerbescheinigung (in den Zeilen 5 und 11 enthalten)	204	EUR ,—	214	EUR ,—	ⓔ
16	Versorgungsbezüge für mehrere Kalenderjahre laut Nr. 9 der Lohnsteuerbescheinigung (im Bruttoarbeitslohn laut Zeile 5 enthalten)	209	,—	219	,—	ⓔ
17	**Arbeitslohn für mehrere Jahre, Entschädigungen** (z. B. Abfindungen) laut Nr. 10 der Lohnsteuerbescheinigung (im Bruttoarbeitslohn laut Zeile 5 enthalten)			165	,—	ⓔ

18 Steuerpflichtiger Arbeitslohn, von dem kein Steuerabzug vorgenommen worden ist (soweit nicht in der Lohnsteuerbescheinigung enthalten) 115 ,—

Steuerfreie Aufwandsentschädigungen / Einnahmen

aus der Tätigkeit als

19 118 EUR ,—

20 **Kurzarbeitergeld, Zuschuss zum Mutterschaftsgeld, Verdienstausfallentschädigung (Infektionsschutzgesetz), Aufstockungsbeträge nach dem Altersteilzeitgesetz, Altersteilzeitzuschläge nach Besoldungsgesetzen, Qualifizierungsgeld (laut Nr. 15 der Lohnsteuerbescheinigung)** 119 EUR ,— ⓔ

Steuerfreier Arbeitslohn / steuerfreie Einkünfte laut Anlage(n) N-AUS

Zeile			EUR
21	Steuerfreier Arbeitslohn nach Doppelbesteuerungsabkommen / sonstigen zwischenstaatlichen Übereinkommen (**Summe** aus den Zeilen 47, 56 und / oder 63 **aller Anlagen N-AUS**)	139	,—
22	Steuerfreier Arbeitslohn nach Auslandstätigkeitserlass (**Summe** aus den Zeilen 52 **aller Anlagen N-AUS**)	136	,—
23	Steuerfreie Einkünfte (Besondere Lohnbestandteile) nach Doppelbesteuerungsabkommen / sonstigen zwischenstaatlichen Übereinkommen / Auslandstätigkeitserlass (**Summe** aus den Zeilen 62 **aller Anlagen N-AUS**)	178	,—
24	Anzahl der beigefügten **Anlagen N-AUS**		

2025AnlN031 - Oktober 2025 - 2025AnlN031

Ansässigkeit in Belgien (gemäß Artikel 4 des Doppelbesteuerungsabkommens mit Belgien)

25 Adresse in Belgien — Arbeitslohn 127 EUR ,—

Angaben zu Grenzgängern

26 Grenzgänger nach 117 (2 = Frankreich; 3 = Schweiz, Arbeitslohn in CHF gezahlt; 0 = Schweiz, Arbeitslohn in EUR gezahlt; 4 = Österreich) — Arbeitslohn in CHF / EUR 116 ,— — Schweizerische Abzugsteuer in CHF / EUR 135 ,

Werbungskosten 87 / 88

– ohne Beträge laut den Zeilen 78 bis 81 –

Hinweis:
Mehraufwendungen für eine doppelte Haushaltsführung erklären Sie bitte in der Anlage N-Doppelte Haushaltsführung.

Entfernungspauschale

Wege zwischen Wohnung und erster Tätigkeitsstätte / Sammelpunkt / weiträumigem Tätigkeitsgebiet (1. Angabe)

27 1 = erste Tätigkeitsstätte; 2 = Sammelpunkt / weiträumiges Tätigkeitsgebiet — PLZ, Ort und Straße — vom T T M M — bis T T M M

28 Arbeitstage je Woche — Urlaubs-, Krankheits-, Heimarbeits- und Dienstreisetage — Behinderungsgrad mindestens 70 oder mindestens 50 und Merkzeichen „G" 115 1 = Ja

29 aufgesucht an Tagen 110

30 einfache Entfernung in Kilometern (auf volle Kilometer abgerundet) 111 km

31 davon mit eigenem oder zur Nutzung überlassenem PKW zurückgelegt 112 km

32 davon mit Sammelbeförderung des Arbeitgebers zurückgelegt 113 km

33 davon mit öffentlichen Verkehrsmitteln, Motorrad, Fahrrad oder Ähnlichem, als Fußgänger und / oder als Mitfahrer einer Fahrgemeinschaft zurückgelegt km

34 Aufwendungen für Fahrten mit öffentlichen Verkehrsmitteln (ohne Fähr- und Flugkosten) 114 EUR ,—

Wege zwischen Wohnung und erster Tätigkeitsstätte / Sammelpunkt / weiträumigem Tätigkeitsgebiet (2. Angabe)

35 1 = erste Tätigkeitsstätte; 2 = Sammelpunkt / weiträumiges Tätigkeitsgebiet — PLZ, Ort und Straße — vom T T M M — bis T T M M

36 Arbeitstage je Woche — Urlaubs-, Krankheits-, Heimarbeits- und Dienstreisetage — Behinderungsgrad mindestens 70 oder mindestens 50 und Merkzeichen „G" 135 1 = Ja

37 aufgesucht an Tagen 130

38 einfache Entfernung in Kilometern (auf volle Kilometer abgerundet) 131 km

39 davon mit eigenem oder zur Nutzung überlassenem PKW zurückgelegt 132 km

40 davon mit Sammelbeförderung des Arbeitgebers zurückgelegt 133 km

41 davon mit öffentlichen Verkehrsmitteln, Motorrad, Fahrrad oder Ähnlichem, als Fußgänger und / oder als Mitfahrer einer Fahrgemeinschaft zurückgelegt km

42 Aufwendungen für Fahrten mit öffentlichen Verkehrsmitteln (ohne Fähr- und Flugkosten) 134 EUR ,—

2025AnlN032

2025003030002

Wege zwischen Wohnung und erster Tätigkeitsstätte / Sammelpunkt / weiträumigem Tätigkeitsgebiet (3. Angabe)

43 1 = erste Tätigkeitsstätte 2 = Sammelpunkt / weiträumiges Tätigkeitsgebiet | PLZ, Ort und Straße | vom T T M M | bis T T M M

44 Arbeitstage je Woche | Urlaubs-, Krankheits-, Heimarbeits- und Dienstreisetage | Behinderungsgrad mindestens 70 oder mindestens 50 und Merkzeichen „G" 155 | 1 = Ja

45 aufgesucht an Tagen 150

46 einfache Entfernung in Kilometern (auf volle Kilometer abgerundet) 151 km

47 davon mit eigenem oder zur Nutzung überlassenem PKW zurückgelegt 152 km

48 davon mit Sammelbeförderung des Arbeitgebers zurückgelegt 153 km

49 davon mit öffentlichen Verkehrsmitteln, Motorrad, Fahrrad oder Ähnlichem, als Fußgänger und / oder als Mitfahrer einer Fahrgemeinschaft zurückgelegt km

50 Aufwendungen für Fahrten mit öffentlichen Verkehrsmitteln (ohne Fähr- und Flugkosten) 154 EUR ,—

Arbeitgeberleistungen / Fahrtkostenzuschüsse

51 Arbeitgeberleistungen laut Nr. 17 der Lohnsteuerbescheinigung **(steuerfrei ersetzt)** 290 EUR ,— | Arbeitgeberleistungen laut Nr. 18 der Lohnsteuerbescheinigung **(pauschal besteuert)** 295 EUR ,— ⓔ

52 Von der Agentur für Arbeit oder dem Jobcenter gezahlte Fahrtkostenzuschüsse 291 ,—

Beiträge zu Berufsverbänden

Bezeichnung der Verbände

53 310 EUR ,—

Aufwendungen für Arbeitsmittel

– soweit nicht steuerfrei ersetzt –

Art der Arbeitsmittel | EUR

54 ,—

55 + ,—

56 Summe 320 = ,—

Häusliches Arbeitszimmer, das den Mittelpunkt der gesamten betrieblichen und beruflichen Tätigkeit bildet

Bitte nur ausfüllen, wenn für denselben Zeitraum **keine** Eintragungen zur Tagespauschale in den Zeilen 58 und 59 vorgenommen werden.

– tatsächliche Aufwendungen oder

– Jahrespauschale i. H. v. 1.260 € (bei nicht ganzjährig vorliegenden Voraussetzungen zeitanteilig)

57 325 EUR ,—

Tagespauschale (bei beruflicher Tätigkeit im Homeoffice)

Bitte nur ausfüllen, wenn für denselben Zeitraum **keine** Eintragung zum häuslichen Arbeitszimmer in Zeile 57 vorgenommen wird.

– Die Tagespauschale wird von Ihrem Finanzamt anhand Ihrer Angaben zur Anzahl der Tage berechnet. –

58 Für die berufliche Tätigkeit steht **ein anderer Arbeitsplatz** zur Verfügung: Anzahl der Kalendertage, an denen die berufliche Tätigkeit **ganz** oder **überwiegend** in der häuslichen Wohnung ausgeübt und **keine** erste Tätigkeitsstätte aufgesucht wurde **– Diese Kalendertage dürfen nicht in Zeile 59 enthalten sein. –** 335

59 Für die berufliche Tätigkeit steht **dauerhaft kein anderer Arbeitsplatz** zur Verfügung: Anzahl der Kalendertage, an denen die berufliche Tätigkeit (auch) in der häuslichen Wohnung ausgeübt wurde **– Diese Kalendertage dürfen nicht in Zeile 58 enthalten sein. –** 336

Fortbildungskosten

– soweit nicht steuerfrei ersetzt –

60 330 EUR ,—

Weitere Werbungskosten

– soweit nicht steuerfrei ersetzt –

Fähr- und Flugkosten bei Wegen zwischen Wohnung und erster Tätigkeitsstätte / Sammelpunkt / weiträumigem Tätigkeitsgebiet — EUR

61 ,—

Sonstiges (z. B. Bewerbungskosten, Kontoführungsgebühren)

62 + ,—

63 + ,—

64 Summe der weiteren Werbungskosten 380 = ,—

Reisekosten bei beruflich veranlassten Auswärtstätigkeiten

65 Die Fahrten wurden ganz oder teilweise mit einem Firmenwagen oder im Rahmen einer unentgeltlichen Sammelbeförderung des Arbeitgebers durchgeführt – Falls „Ja“: Für die Fahrten mit Firmenwagen oder Sammelbeförderung dürfen mangels Aufwands keine Eintragungen zu Fahrtkosten in Zeile 66 vorgenommen werden. – 401 (1 = Ja, 2 = Nein)

Fahrtkosten — EUR

66 ,—

Übernachtungskosten

67 + ,—

Reisenebenkosten

68 + ,—

69 Gesamtsumme der Aufwendungen für Reisekosten 410 = ,—

70 **Pauschbeträge für Berufskraftfahrer bei Übernachtung im Kraftfahrzeug (Anzahl der Tage)** 411

EUR

71 **Vom Arbeitgeber steuerfrei ersetzt** 420 ,—

Pauschbeträge für Mehraufwendungen für Verpflegung

Bei einer Auswärtstätigkeit im Inland:

72 Anzahl der Tage mit einer Abwesenheit von mehr als 8 Stunden (bei Auswärtstätigkeit ohne Übernachtung) 470

73 Anzahl der An- und Abreisetage (bei einer mehrtägigen Auswärtstätigkeit mit Übernachtung) 471

74 Anzahl der Tage mit einer Abwesenheit von 24 Stunden 472

EUR

75 Kürzungsbeträge wegen Mahlzeitengestellung (eigene Zuzahlungen sind ggf. gegenzurechnen) 473 ,—

76 Bei einer Auswärtstätigkeit im Ausland (Berechnung bitte in einer gesonderten Aufstellung): 474 ,—

77 **Vom Arbeitgeber steuerfrei ersetzt** 490 ,—

Werbungskosten in Sonderfällen

– Die in den Zeilen 78 bis 81 erklärten Werbungskosten dürfen nicht in den Zeilen 27 bis 77 und in der **Anlage N-Doppelte Haushaltsführung** enthalten sein. –

Werbungskosten zu steuerbegünstigten Versorgungsbezügen laut Zeile 11

Art der Aufwendungen — EUR

78 682 ,—

Werbungskosten zu steuerbegünstigten Versorgungsbezügen für mehrere Jahre laut Zeile 16

Art der Aufwendungen

79 659 ,—

Werbungskosten zu Arbeitslohn für mehrere Jahre, Entschädigungen laut Zeile 17

Art der Aufwendungen

80 660 ,—

81 Werbungskosten zu steuerfreiem Arbeitslohn laut den Zeilen 21 und 22 (**Summe** aus den Zeilen 59 und 64 **aller Anlagen N-AUS**) 657 ,—

Werbungskosten zu steuerpflichtigem Arbeitslohn, von dem kein Steuerabzug vorgenommen worden ist laut Zeile 18 – in den Zeilen 27 bis 77 und in der **Anlage N-Doppelte Haushaltsführung** enthalten –

Art der Aufwendungen — EUR

82 656 ,—

EUR

83 Werbungskosten zu Arbeitslohn für eine Tätigkeit im Inland, wenn die Ansässigkeit in Belgien gegeben ist – in den Zeilen 27 bis 77 und in der **Anlage N-Doppelte Haushaltsführung** enthalten – 675 ,—

2025AnlN034

Anleitung vorhanden

2025

1 Name

2 Vorname

3 **Steuernummer**

Mehraufwendungen für doppelte Haushaltsführung bei Einkünften aus nichtselbständiger Arbeit

Anlage N-Doppelte Haushaltsführung

Jeder Ehegatte / Lebenspartner mit Mehraufwendungen für doppelte Haushaltsführung hat eine eigene Anlage N-Doppelte Haushaltsführung abzugeben.

X Steuerpflichtige Person / Ehemann / Person A

X Ehefrau / Person B

Allgemeine Angaben

87 / 88

4 Der doppelte Haushalt wurde aus beruflichem Anlass begründet am — 501 T T M M J J J J

Grund

5

6 Der doppelte Haushalt hat seitdem ununterbrochen bestanden bis — 502 T T M M 2025

Beschäftigungsort (PLZ, Ort, sowie zusätzlich den Staat - falls im Ausland und abweichend vom Staat, in dem der doppelte Haushalt liegt -)

7

8 Der doppelte Haushalt liegt im Ausland — 507 — 1 = Ja — Ausländischer Staat, in dem der doppelte Haushalt liegt

9 Es liegt ein **eigener Hausstand** am Lebensmittelpunkt vor — 503 — 1 = Ja, 2 = Nein

– Falls Zeile 9 mit „Nein" beantwortet wird, sind in den Zeilen 10 bis 32 keine Eintragungen vorzunehmen. –

PLZ, Ort des eigenen Hausstandes — seit

10 504 T T M M J J J J

11 Der Begründung des doppelten Haushalts ist eine Auswärtstätigkeit am selben Beschäftigungsort unmittelbar vorausgegangen — 505 — 1 = Ja

12 Anstelle der Mehraufwendungen für doppelte Haushaltsführung werden bei den Wegen zwischen Wohnung und erster Tätigkeitsstätte in den Zeilen 27 bis 50 der **Anlage N** Fahrtkosten für **mehr** als eine Heimfahrt wöchentlich geltend gemacht — 506 — 1 = Ja

– Falls Zeile 12 mit „Ja" beantwortet wird, sind in den Zeilen 13 bis 32 keine Eintragungen vorzunehmen. –

Fahrtkosten

13 Die Fahrten wurden mit einem **Firmenwagen** oder im Rahmen einer unentgeltlichen **Sammelbeförderung** des Arbeitgebers durchgeführt — 510 — 1 = Ja, insgesamt, 2 = Nein, 3 = Ja, teilweise

– Falls Zeile 13 mit „Ja, insgesamt" beantwortet wird, sind in den Zeilen 14, 15, 17 und 19 keine Eintragungen vorzunehmen. Bei „Ja, teilweise" sind in diesen Zeilen nur Eintragungen für die mit dem eigenen oder zur Nutzung überlassenen privaten Fahrzeug durchgeführten Fahrten vorzunehmen. –

Erste Fahrt zum Ort der ersten Tätigkeitsstätte und letzte Fahrt zum eigenen Hausstand

14 mit privatem Kfz gefahrene km — 511 — Kilometersatz bei Einzelnachweis (Berechnung laut gesonderter Aufstellung) — 512 — EUR , Ct

15 mit privatem Motorrad / Motorroller gefahrene km — 522 — Kilometersatz bei Einzelnachweis (Berechnung laut gesonderter Aufstellung) — 523 — EUR , Ct

16 mit öffentlichen Verkehrsmitteln oder entgeltlicher Sammelbeförderung — 513 — EUR ,—

Wöchentliche Familienheimfahrten

17 einfache Entfernung in km (ohne Flugstrecken) — 514 — Anzahl der Familienheimfahrten — 515

18 Kosten für öffentliche Verkehrsmittel (ohne Fähr- und Flugkosten) — 516 — EUR ,—

Nur bei Behinderungsgrad von mindestens 70 oder mindestens 50 und Merkzeichen „G"

19 Einfache Entfernung in km (ohne Flugstrecken) — 524 — davon mit privatem Kfz zurückgelegt in km — 517 — Anzahl der Familienheimfahrten — 518

20 Kilometersatz bei Einzelnachweis (Berechnung laut gesonderter Aufstellung) — 519 — EUR , Ct

21 Kosten für öffentliche Verkehrsmittel (ohne Fähr- und Flugkosten) — 520 — EUR ,—

22 Fähr- und Flugkosten (zu den wöchentlichen Heimfahrten laut den Zeilen 17 bis 21) oder Kosten für entgeltliche Sammelbeförderung für Heimfahrten — 521 — EUR ,—

Kosten der Unterkunft am Ort der ersten Tätigkeitsstätte

			EUR
23	Aufwendungen (z. B. Miete einschließlich Stellplatz- / Garagenkosten, Nebenkosten)	530	,—
24	Größe der Zweitwohnung des doppelten Haushalts im Ausland in m²	531	

Pauschbeträge für Mehraufwendungen für Verpflegung

Die Verpflegungsmehraufwendungen laut den Zeilen 25 bis 31 können nur für einen Zeitraum von 3 Monaten nach Bezug der Unterkunft am Ort der ersten Tätigkeitsstätte geltend gemacht werden; geht der doppelten Haushaltsführung eine Auswärtstätigkeit voraus, ist dieser Zeitraum auf den Dreimonatszeitraum anzurechnen.

Bei einer doppelten Haushaltsführung im Inland

			EUR
25	Anzahl der An- und Abreisetage	541	
26	Anzahl der Tage mit einer Abwesenheit von 24 Stunden	542	
27	Kürzungsbetrag wegen Mahlzeitengestellung (eigene Zuzahlungen sind ggf. gegenzurechnen)	544	,—

Bei einer doppelten Haushaltsführung im Ausland

					EUR			
28	Anzahl der An- und Abreisetage		X	Pauschbetrag für An- und Abreisetage	,—	=		,—
29	Anzahl der Tage mit einer Abwesenheit von 24 Stunden		X	Pauschbetrag bei Abwesenheit von 24 Stunden	,—	=	+	,—
30	Kürzungsbetrag wegen Mahlzeitengestellung (eigene Zuzahlungen sind ggf. gegenzurechnen)						–	,—
31	Summe der Verpflegungsmehraufwendungen bei einer doppelten Haushaltsführung im Ausland					543	=	,—

Sonstige Aufwendungen

(z. B. Kosten für den Umzug, die Einrichtung und den Hausrat, jedoch ohne Kosten der Unterkunft laut Zeile 23)

			EUR
32		550	,—

Weitere doppelte Haushaltsführungen

			EUR
33	Summe der Mehraufwendungen für **weitere** doppelte Haushaltsführungen (Berechnung laut gesonderter Aufstellung)	551	,—

Steuerfreie Arbeitgeberleistungen / Zuschüsse

			EUR
34	Vom Arbeitgeber / von der Agentur für Arbeit insgesamt steuerfrei ersetzt	590	,—

2025003480002

2025AnlN-DHF482

Anleitung vorhanden

2025

Anlage N-AUS

X Steuerpflichtige Person / Ehemann / Person A

X Ehefrau / Person B

1 Name

2 Vorname

3 **Steuernummer** lfd. Nr. der Anlage

Ausländische Einkünfte aus nichtselbständiger Arbeit

Bei Auslandssachverhalten besteht eine erhöhte Mitwirkungspflicht. Bitte reichen Sie Belege in Kopie ein.

(Für jeden Staat ist eine gesonderte Anlage N-AUS abzugeben.)

4 in (Staat)

Allgemeine Angaben

5 Im Kalenderjahr 2025 habe ich steuerfreien Arbeitslohn bezogen — 1 = nach Doppelbesteuerungsabkommen (DBA); 2 = nach dem Auslandstätigkeitserlass (ATE); 3 = aufgrund eines sonstigen zwischenstaatlichen Übereinkommens (ZÜ)

6 Bestand neben dem Wohnsitz im Inland ein Wohnsitz im Ausland? **Falls „Ja", bitte die Zeilen 7 bis 10 ausfüllen.** — 1 = Ja; 2 = Nein

7 Straße und Hausnummer

8 Postleitzahl — Ort

9 Staat

10 Haben Sie zu diesem Staat die engeren persönlichen und wirtschaftlichen Beziehungen (Mittelpunkt der Lebensinteressen)? **Falls „Ja", bitte in gesonderter Aufstellung angeben.** — 1 = Ja; 2 = Nein

Name und Anschrift des Arbeitgebers / Sitz der Geschäftsleitung

11 Name (Bezeichnung)

12 Straße und Hausnummer

13 Postleitzahl — Ort

14 Staat

15 Wirtschaftszweig des Arbeitgebers (nur bei ATE)

16 Art des begünstigten Vorhabens des Arbeitgebers (nur bei ATE)

Im ausländischen Staat ausgeübte Tätigkeit

	Art der Auslandstätigkeit des Arbeitnehmers	vom	bis
17		T T M M J J J J	T T M M J J J J
18		T T M M J J J J	T T M M J J J J

19 Anzahl der Kalendertage im ausländischen Staat (siehe Anleitung)

Unterbrechung der Tätigkeit

	Grund	vom	bis
20		T T M M J J J J	T T M M J J J J
21		T T M M J J J J	T T M M J J J J

Die Tätigkeit erfolgte

22 X im Rahmen eines Werkvertrags / einer Werkleistungsverpflichtung des Arbeitgebers.

23 X im Rahmen einer gewerblichen Arbeitnehmerüberlassung.

24 X bei einem mit dem Arbeitgeber verbundenen Unternehmen.

25 X für eine Betriebsstätte des Arbeitgebers i. S. d. DBA.

26 X für einen ausländischen Arbeitgeber, mit dem ein Dienstverhältnis besteht / bestand.

27 X

Angaben zum aufnehmenden Unternehmen (z. B. verbundenes Unternehmen / Betriebsstätte / Entleiher)

28 Name (Bezeichnung)

29 Straße und Hausnummer

30 Postleitzahl | Ort

31 Staat

Angaben zum Arbeitslohn

– Ohne besondere Lohnbestandteile laut Zeile 60 –

			EUR
32	Bruttoarbeitslohn laut Nr. 3 der Lohnsteuerbescheinigung(en)		,—
33	Bruttoarbeitslohn, von dem kein inländischer Steuerabzug vorgenommen worden ist (z. B. Bruttoarbeitslohn von einem ausländischen Arbeitgeber oder einer ausländischen Betriebsstätte)	+	,—
34	Steuerfreier Bruttoarbeitslohn laut Nr. 16 a / b der Lohnsteuerbescheinigung(en)	+	,—
35	Zwischensumme	=	,—
	abzüglich darin enthaltener nach ausländischem Recht steuerpflichtiger und nach deutschem Recht steuerfreier Arbeitslohn (ohne nach DBA oder ATE steuerfreien Arbeitslohn)		
36	Bezeichnung	–	,—
	zuzüglich nicht enthaltener nach ausländischem Recht steuerfreier und nach deutschem Recht steuerpflichtiger Arbeitslohn (ohne nach DBA oder ATE steuerpflichtigen Arbeitslohn)		
37	Bezeichnung	+	,—
38	Summe in- und ausländischer Arbeitslohn	=	,—
	Aufteilung des Arbeitslohns laut Zeile 38		
	abzüglich direkt zuzuordnender Arbeitslohn im Inland		
39	Bezeichnung	–	,—
	abzüglich direkt zuzuordnender Arbeitslohn, der auf den ausländischen Staat laut Zeile 4 entfällt		
40	Bezeichnung	–	,—
	abzüglich direkt zuzuordnender Arbeitslohn laut Zeile 40 der übrigen Anlage(n) N-AUS		
41	Bezeichnung	–	,—
42	**Verbleibender Arbeitslohn**	=	,—

Ermittlung des nach DBA steuerfreien Arbeitslohns

43	Tatsächliche Arbeitstage im Kalenderjahr im In- und Ausland		Tage
44	davon entfallen auf die Tätigkeit, für die der ausländische Staat das Besteuerungsrecht hat		Tage

			EUR
45	$\frac{\text{verbleibender Arbeitslohn (Zeile 42)} \times \text{Auslandsarbeitstage (Zeile 44)}}{\text{tatsächliche Arbeitstage (Zeile 43)}}$ = verbleibender ausländischer Arbeitslohn		,—
46	direkt zuzuordnender Arbeitslohn laut Zeile 40	+	,—
47	Summe steuerfrei zu stellender ausländischer Arbeitslohn (Summe der Zeilen 45 und 46; Betrag übertragen in Zeile 21 der **Anlage N**)	=	,—

Hinweis: Der steuerpflichtige Arbeitslohn (Ergebnis aus Zeile 42 zuzüglich Zeile 39 abzüglich Zeile 45 sämtlicher Anlagen N-AUS) ist – ggf. abweichend von dem Wert laut Nr. 3 der Lohnsteuerbescheinigung(en) – in Zeile 5 der **Anlage N** einzutragen.

Hinweis bei Freistellung nach einem DBA:
Eine Freistellung der ausländischen Einkünfte nach einem DBA ist davon abhängig, dass Sie nachweisen, dass der Staat, dem nach dem Abkommen das Besteuerungsrecht zusteht, auf dieses Besteuerungsrecht verzichtet hat oder dass die in diesem Staat auf die Einkünfte festgesetzten Steuern entrichtet wurden. Zum Nachweis dieser Voraussetzungen reichen Sie bitte geeignete Unterlagen in Kopie ein. Sind Sie verpflichtet, im Ausland eine Steuererklärung abzugeben, reichen Sie bitte eine Kopie des ausländischen Steuerbescheids und des entsprechenden Zahlungsbelegs ein. Sofern der andere Staat ein Selbstveranlagungsverfahren vorsieht und daher keinen Steuerbescheid erteilt, reicht die Vorlage des Zahlungsbelegs und einer Kopie der Steuererklärung aus. Besteht im Ausland keine Verpflichtung zur Abgabe einer Steuererklärung, reichen Sie bitte eine behördliche Bescheinigung (z. B. der ausländischen Finanzbehörde) oder eine Bescheinigung Ihres zivilrechtlichen oder wirtschaftlichen Arbeitgebers ein, aus der sich die Dauer der Tätigkeit im Ausland, die darauf entfallenden Vergütungen und die Höhe der im Ausland abgeführten Steuerbeträge ergeben.
Unter bestimmten Voraussetzungen wird dem anderen Staat die Höhe des in Deutschland steuerfrei erklärten Arbeitslohns mitgeteilt. Einwände gegen eine Weitergabe machen Sie bitte auf einem besonderen Blatt geltend.

2025AnlN-AUS262

Ermittlung des nach ATE steuerfreien Arbeitslohns

– Der Nachweis über die Höhe der Besteuerung im Tätigkeitsstaat ist in Kopie einzureichen. –

48 Tatsächliche Arbeitstage im Kalenderjahr im In- und Ausland — Tage

49 davon entfallen auf die Tätigkeit, für die der ausländische Staat das Besteuerungsrecht hat — Tage

50 $\frac{\text{verbleibender Arbeitslohn (Zeile 42) x Auslandsarbeitstage (Zeile 49)}}{\text{tatsächliche Arbeitstage (Zeile 48)}}$ = verbleibender ausländischer Arbeitslohn — EUR ,–

51 direkt zuzuordnender Arbeitslohn laut Zeile 40 — + ,–

52 Summe steuerfrei zu stellender ausländischer Arbeitslohn (Summe der Zeilen 50 und 51; Betrag übertragen in Zeile 22 der **Anlage N**) — = ,–

Hinweis: Der steuerpflichtige Arbeitslohn (Ergebnis aus Zeile 42 zuzüglich Zeile 39 abzüglich Zeile 50 sämtlicher Anlagen N-AUS) ist – ggf. abweichend von dem Wert laut Nr. 3 der Lohnsteuerbescheinigung(en) – in Zeile 5 der **Anlage N** einzutragen.

Steuerbefreiung aufgrund eines sonstigen zwischenstaatlichen Übereinkommens (ZÜ)

Auf welchem sonstigen zwischenstaatlichen Übereinkommen beruht die Tätigkeit?

53

Für welche Organisation erfolgt die Tätigkeit (genaue Bezeichnung)?

54

Art der ausgeübten Tätigkeit

55

56 Höhe des Arbeitslohns (Betrag übertragen in Zeile 21 der **Anlage N**, sofern das ZÜ den Progressionsvorbehalt vorsieht.) — EUR ,–

Werbungskosten zu steuerfreiem Arbeitslohn nach DBA / ATE / ZÜ

– Nur soweit vom Arbeitgeber nicht steuerfrei erstattet –

57 Werbungskosten, die dem steuerfreien Arbeitslohn direkt zugeordnet werden können — EUR ,–

58 Werbungskosten, die dem steuerfreien Arbeitslohn nicht direkt zugeordnet werden können; diese sind im Verhältnis der steuerfreien Einnahmen zu den Gesamteinnahmen aufzuteilen — + ,–

59 Summe (Betrag übertragen in Zeile 81 der **Anlage N**) — = ,–

Besondere Lohnbestandteile

– mit Anwendung der sog. Fünftel-Regelung –

60 Entschädigungen, Vergütungen für mehrjährige Tätigkeiten (laut gesonderter Aufstellung) – nicht in Zeile 38 enthalten – — EUR ,–

61 Werbungskosten zu Zeile 60 — – ,–

62 Verbleibender Betrag (Betrag übertragen in Zeile 23 der **Anlage N**) — = ,–

Hinweis: Sofern sich aufgrund DBA-Regelung die Steuerfreiheit im Inland ergibt, werden die Einkünfte i. S. d. § 34 EStG mit der sog. Fünftel-Regelung im Rahmen des Progressionsvorbehalts berücksichtigt. Aufgrund von DBA-Regelungen im Inland steuerpflichtige besondere Lohnbestandteile sind in Zeile 17 der **Anlage N** einzutragen. Werbungskosten laut Zeile 61 dürfen **nicht** in die **Anlage N** eingetragen werden.

Steuerfreier Arbeitslohn nach DBA in Sonderfällen

(z. B. aus ausländischen öffentlichen Kassen)

63 Höhe des Arbeitslohns (Betrag übertragen in Zeile 21 der **Anlage N**) — EUR ,–

64 Werbungskosten zu Zeile 63 (Betrag übertragen in Zeile 81 der **Anlage N**) — ,–

65 Staatsangehörigkeit(en)

Hinweis: Die Angaben zum Arbeitslohn laut den Zeilen 32 bis 62 sind nicht erforderlich. Erläuterungen zur Art des Sonderfalls bitte in gesondertem Beiblatt angeben.

2025AnlN-AUS263

Anleitung vorhanden

2025

Anlage KAP

1 Name

2 Vorname

3 **Steuernummer**

☐ zur Einkommensteuererklärung

☐ zur Erklärung zur Festsetzung der Kirchensteuer auf Kapitalerträge

☐ Steuerpflichtige Person / Ehemann / Person A

☐ Ehefrau / Person B

Einkünfte aus Kapitalvermögen / Anrechnung von Steuern

Anträge

54

4	Ich beantrage die Günstigerprüfung für sämtliche Kapitalerträge. **(Bei Zusammenveranlagung: Die Anlage KAP meines Ehegatten / Lebenspartners ist beigefügt.)**	201/401	1 = Ja
5	Ich beantrage eine Überprüfung des Steuereinbehalts für bestimmte Kapitalerträge.	202/402	1 = Ja

Erklärung zur Kirchensteuerpflicht

6	Ich bin kirchensteuerpflichtig und habe Kapitalerträge erzielt, von denen Kapitalertragsteuer, aber keine Kirchensteuer einbehalten wurde.	203/403	1 = Ja

Kapitalerträge, die dem inländischen Steuerabzug unterlegen haben

			Beträge laut Steuerbescheinigung(en) EUR		**korrigierte Beträge (laut gesonderter Aufstellung)** EUR
7	Kapitalerträge	210/410	,–	220/420	,–
8	In Zeile 7 enthaltene Gewinne aus Aktienveräußerungen	212/412	,–	222/422	,–
9	In Zeile 7 enthaltene Einkünfte aus Stillhalterprämien und Gewinne aus Termingeschäften	611/811	,–	621/821	,–
10	In Zeile 7 enthaltene Gewinne aus der Veräußerung bestandsgeschützter Alt-Anteile i. S. d. § 56 Abs. 6 Satz 1 Nr. 2 InvStG	219/419	,–	229/429	,–
11	In Zeile 7 enthaltene Ersatzbemessungsgrundlage	214/414	,–	224/424	,–
12	Nicht ausgeglichene Verluste **ohne** Verluste aus der Veräußerung von Aktien	215/415	,–	225/425	,–
13	Nicht ausgeglichene Verluste aus der Veräußerung von Aktien	216/416	,–	226/426	,–
14	Verluste aus Termingeschäften	615/815	,–	625/825	,–
15	Verluste aus der ganzen oder teilweisen Uneinbringlichkeit einer Kapitalforderung, Ausbuchung, Übertragung wertlos gewordener Wirtschaftsgüter i. S. d. § 20 Abs. 1 EStG oder aus einem sonstigen Ausfall von Wirtschaftsgütern i. S. d. § 20 Abs. 1 EStG	616/816	,–	626/826	,–

Sparer-Pauschbetrag

			EUR
16	In Anspruch genommener Sparer-Pauschbetrag, der auf die in den Zeilen 7 bis 15, 30 und 33 erklärten Kapitalerträge entfällt (ggf. „0")	217/417	,–
	Bei Eintragungen in den Zeilen 7 bis 15, 18 bis 27, 30, 33, 52 und 54 der Anlage KAP, in den Zeilen 8 bis 24, 27 und 28 der Anlage KAP-BET sowie in der Anlage KAP-INV:		
17	In Anspruch genommener Sparer-Pauschbetrag, der auf die in der Anlage KAP **nicht** erklärten Kapitalerträge entfällt (ggf. „0")	218/418	,–

Kapitalerträge, die nicht dem inländischen Steuerabzug unterlegen haben

– ohne Investmenterträge laut **Anlage KAP-INV** –

Zeile		Kennzahl	EUR
18	Inländische Kapitalerträge (ohne Beträge laut den Zeilen 26 und 26a)	230/430	,—
19	Ausländische Kapitalerträge (ohne Beträge laut den Zeilen 26a und 52)	234/434	,—
20	In den Zeilen 18 und 19 enthaltene Gewinne aus Aktienveräußerungen i. S. d. § 20 Abs. 2 Satz 1 Nr. 1 EStG	232/432	,—
21 frei			
22	In den Zeilen 18 und 19 enthaltene Verluste **ohne** Verluste aus der Veräußerung von Aktien	235/435	,—
23	In den Zeilen 18 und 19 enthaltene Verluste aus der Veräußerung von Aktien i. S. d. § 20 Abs. 2 Satz 1 Nr. 1 EStG	236/436	,—
24 und 25 frei			
26	Zinsen, die vom Finanzamt für Steuererstattungen gezahlt wurden (ohne an das Finanzamt zurückgezahlte Zinsen für Steuererstattungen) ***– Bitte Anleitung beachten. –***	260/460	,—
26a	Prozess- und Verzugszinsen	237/437	,—

Kapitalerträge, die der tariflichen Einkommensteuer unterliegen

(nicht in den Zeilen 7, 18 und 19 der Anlage KAP sowie in den Zeilen 8 und 16 der **Anlage KAP-BET** enthalten)

Zeile		Kennzahl	EUR
27	Hinzurechnungsbetrag nach § 10 AStG (ggf. Summe der Hinzurechnungsbeträge)	275/475	,—
27a	Minderung des Hinzurechnungsbetrags nach § 10 Abs. 6 AStG (ggf. der Hinzurechnungsbeträge)	664/864	,—
28	Laufende Einkünfte aus sonstigen Kapitalforderungen jeder Art, aus stiller Gesellschaft und partiarischen Darlehen (ohne Betrag laut Zeile 54)	270/470	,—
29	Gewinn aus der Veräußerung oder Einlösung von Kapitalanlagen aus sonstigen Kapitalforderungen jeder Art, aus stiller Gesellschaft und partiarischen Darlehen	271/471	,—
30	Kapitalerträge aus Lebensversicherungen i. S. d. § 20 Abs. 1 Nr. 6 Satz 2 EStG	268/468	,—
31	Ich beantrage für die Einkünfte laut Zeile 32b die Anwendung der tariflichen Einkommensteuer. ***– Bitte Anleitung beachten. –***		1 = Ja
	Laufende Einkünfte aus einer unternehmerischen Beteiligung an einer Kapitalgesellschaft		
32	Gesellschaft		
32a	Finanzamt		
32b	Steuernummer	272/472	,—
32c	Ich widerrufe für die unternehmerische Beteiligung an einer Kapitalgesellschaft laut Zeile 32d den Antrag auf Anwendung der tariflichen Einkommensteuer.		1 = Ja
32d	Gesellschaft		
32e	Finanzamt		
32f	Steuernummer		
33	– Bezüge und Einnahmen i. S. d. § 32d Abs. 2 Nr. 4 EStG (ohne Betrag laut Zeile 54) **– Korrespondenzprinzip –** – Kapitalerträge nach § 11 StAbwG	277/477	,—
34	Ich habe Einkünfte aus Spezial-Investmentanteilen i. S. d. § 20 Abs. 1 Nr. 3a EStG erzielt (laut gesonderter Aufstellung).	209/409	1 = Ja

Kapitalerträge, für die die ermäßigte Besteuerung nach § 34 Abs. 1 EStG anzuwenden ist

Zeile		Kennzahl	EUR
35	In den Zeilen 7, 18, 19, 26, 26a und / oder 52 der Anlage KAP sowie in den Zeilen 8, 16 und / oder 21 der **Anlage KAP-BET** enthaltene Erträge	265/465	,—
36	In den Zeilen 27, 28 bis 30, 32b, 33 und / oder 54 der Anlage KAP sowie in den Zeilen 25 bis 28 der **Anlage KAP-BET** enthaltene Erträge	279/479	,—

Steuerabzugsbeträge zu Erträgen in den Zeilen 7 bis 23 und zu Investmenterträgen laut Anlage KAP-INV

			laut Bescheinigung(en) EUR	Ct
37	Kapitalertragsteuer	280/480		
38	Solidaritätszuschlag	281/481		
39	Kirchensteuer zur Kapitalertragsteuer	282/482		
40	Angerechnete ausländische Steuern	283/483		
41	Anrechenbare noch nicht angerechnete ausländische Steuern	284/484		
42	Fiktive ausländische Quellensteuer (nicht in den Zeilen 40 und / oder 41 enthalten)	285/485		

Anzurechnende Steuern zu Erträgen in den Zeilen 28 bis 34 sowie aus anderen Einkunftsarten

			laut Bescheinigung(en) EUR	Ct
43	Kapitalertragsteuer	286/486		
44	Solidaritätszuschlag	287/487		
45	Kirchensteuer zur Kapitalertragsteuer	288/488		

Beschränkung der Anrechenbarkeit der Kapitalertragsteuer nach § 36a EStG und / oder § 31 Abs. 3 InvStG

46	Ich habe Kapitalerträge erzielt, bei denen die Voraussetzungen für eine volle Anrechnung der Kapitalertragsteuer nach § 36a EStG und / oder § 31 Abs. 3 InvStG nicht erfüllt sind.	206/406	1 = Ja

Kürzungsbetrag bei Beteiligung an ausländischer Gesellschaft nach § 11 AStG

			EUR
47	Kürzungsbetrag zu Erträgen, die dem gesonderten Steuertarif nach § 32d Abs. 1 EStG unterliegen	666/866	,—
48	Kürzungsbetrag zu Erträgen, die der tariflichen Einkommensteuer unterliegen	667/867	,—

Familienstiftungen nach § 15 AStG

(laut Feststellung)

49	Bezeichnung			
50	Finanzamt			
51	Steuernummer			
52	Einkünfte einer ausländischen Familienstiftung, die **nicht** der tariflichen Einkommensteuer unterliegen	238/438	EUR ,—	
53	Anzurechnende ausländische Steuern (zu Zeile 52)	208/408	EUR	Ct
54	Einkünfte einer ausländischen Familienstiftung, die der tariflichen Einkommensteuer unterliegen (siehe Zeile 28 der **Anlage AUS**)	278/478	EUR ,—	

Steuerstundungsmodelle

Einkünfte aus Gesellschaften / Gemeinschaften / ähnlichen Modellen i. S. d. § 15b EStG (laut gesonderter Aufstellung)

		EUR
55		,—

 2025AnlKAP053

2025

Anlage KAP-BET

zur Einkommensteuererklärung

zur Erklärung zur Festsetzung der Kirchensteuer auf Kapitalerträge

Steuerpflichtige Person / Ehemann / Person A

Ehefrau / Person B

1 Name

2 Vorname

3 **Steuernummer**

Einkünfte aus Kapitalvermögen / Anrechnung von Steuern

laut gesonderter und einheitlicher Feststellung (Beteiligungen)

Erträge 54

1. Beteiligung

4 Gemeinschaft / Gesellschaft

5 Finanzamt — Steuernummer

2. Beteiligung

6 Gemeinschaft / Gesellschaft

7 Finanzamt — Steuernummer

Erträge mit inländischem Steuerabzug

Zeile		Kennzahl	EUR
8	Kapitalerträge	240/440	,—
9	In Zeile 8 enthaltene Gewinne aus Aktienveräußerungen	242/442	,—
10	In Zeile 8 enthaltene Einkünfte aus Stillhalterprämien und Gewinne aus Termingeschäften	641/841	,—
11	In Zeile 8 enthaltene Gewinne aus der Veräußerung bestandsgeschützter Alt-Anteile i. S. d. § 56 Abs. 6 Satz 1 Nr. 2 InvStG	249/449	,—
12	Nicht ausgeglichene Verluste **ohne** Verluste aus der Veräußerung von Aktien	245/445	,—
13	Nicht ausgeglichene Verluste aus der Veräußerung von Aktien	246/446	,—
14	Verluste aus Termingeschäften	645/845	,—
15	Verluste aus der ganzen oder teilweisen Uneinbringlichkeit einer Kapitalforderung, Ausbuchung, Übertragung wertlos gewordener Wirtschaftsgüter i. S. d. § 20 Abs. 1 EStG oder aus einem sonstigen Ausfall von Wirtschaftsgütern i. S. d. § 20 Abs. 1 EStG	646/846	,—

Erträge ohne inländischen Steuerabzug

Zeile		Kennzahl	EUR
16	Kapitalerträge (ohne Beträge laut den Zeilen 21 und 22 der Anlage KAP-BET sowie ohne Beträge der Zeile 52 der **Anlage KAP**)	250/450	,—
17	In Zeile 16 enthaltene Gewinne aus Aktienveräußerungen	252/452	,—
18	In Zeile 16 enthaltene Gewinne aus der Veräußerung bestandsgeschützter Alt-Anteile i. S. d. § 56 Abs. 6 Satz 1 Nr. 2 InvStG	259/459	,—
19	In Zeile 16 enthaltene Verluste **ohne** Verluste aus der Veräußerung von Aktien	255/455	,—
20	In Zeile 16 enthaltene Verluste aus der Veräußerung von Aktien	256/456	,—
21	Prozess- und Verzugszinsen	257/457	,—
22	Gewinn / Verlust aus der Veräußerung anteiliger Wirtschaftsgüter und / oder aus der Veräußerung einer unmittelbaren oder mittelbaren Beteiligung an einer Personengesellschaft	261/461	,—
23	In Zeile 22 enthaltene Gewinne / Verluste aus Aktienveräußerungen	262/462	,—
24	In Zeile 22 enthaltene Gewinne aus der Veräußerung bestandsgeschützter Alt-Anteile i. S. d. § 56 Abs. 6 Satz 1 Nr. 2 InvStG	263/463	,—

Erträge, die der tariflichen Einkommensteuer unterliegen

			EUR
25	Laufende Einkünfte aus sonstigen Kapitalforderungen jeder Art, aus stiller Gesellschaft und partiarischen Darlehen (ohne Betrag laut Zeile 54 der **Anlage KAP**)	273/473	,—
26	Gewinne aus der Veräußerung oder Einlösung von Kapitalanlagen aus sonstigen Kapitalforderungen jeder Art, aus stiller Gesellschaft und partiarischen Darlehen	274/474	,—
27	Kapitalerträge aus Lebensversicherungen i. S. d. § 20 Abs. 1 Nr. 6 Satz 2 EStG	269/469	,—
28	– Bezüge und Einnahmen i. S. d. § 32d Abs. 2 Nr. 4 EStG (ohne Betrag laut Zeile 54 der **Anlage KAP**) – **Korrespondenzprinzip** – – Kapitalerträge nach § 11 StAbwG	266/466	,—

Steuerabzugsbeträge zu Erträgen in den Zeilen 8 bis 24

			EUR	Ct
29	Kapitalertragsteuer	290/490	,	
30	Solidaritätszuschlag	291/491	,	
31	Kirchensteuer zur Kapitalertragsteuer	292/492	,	
32	Angerechnete ausländische Steuern	293/493	,	
33	Anrechenbare noch nicht angerechnete ausländische Steuern	294/494	,	
34	Fiktive ausländische Quellensteuern (nicht in den Zeilen 32 und / oder 33 enthalten)	295/495	,	

Anzurechnende Steuern zu Erträgen in den Zeilen 25 bis 28 sowie aus anderen Einkunftsarten

			EUR	Ct
35	Kapitalertragsteuer	296/496	,	
36	Solidaritätszuschlag	297/497	,	
37	Kirchensteuer zur Kapitalertragsteuer	298/498	,	

2025AnlKAP-BET352 2025AnlKAP-BET352

Anleitung vorhanden

2025

Anlage KAP-INV

1 Name

2 Vorname

3 **Steuernummer** lfd. Nr. der Anlage

☐ Steuerpflichtige Person / Ehemann / Person A

☐ Ehefrau / Person B

Investmenterträge, die nicht dem inländischen Steuerabzug unterlegen haben

Laufende Erträge aus Investmentanteilen, die nicht dem inländischen Steuerabzug unterlegen haben (z. B. bei im Ausland verwahrten Investmentanteilen)

54

Ausschüttungen nach § 2 Abs. 11 InvStG (einschließlich des ausländischen Steuerabzugs auf den Kapitalertrag) aus

Zeile		Kennzahl	EUR
4	– Aktienfonds i. S. d. § 2 Abs. 6 InvStG (vor Teilfreistellung)	310/510	,–
5	– Mischfonds i. S. d. § 2 Abs. 7 InvStG (vor Teilfreistellung)	311/511	,–
6	– Immobilienfonds i. S. d. § 2 Abs. 9 Satz 1 InvStG (vor Teilfreistellung und ohne Beträge laut Zeile 7)	312/512	,–
7	– Auslands-Immobilienfonds i. S. d. § 2 Abs. 9 Satz 2 InvStG (vor Teilfreistellung)	313/513	,–
8	– sonstigen Investmentfonds	314/514	,–

Vorabpauschalen nach § 18 InvStG aus
– Übertrag aus Zeile 45 oder laut Aufstellung des ausländischen Kreditinstituts –

Zeile		Kennzahl	EUR
9	– Aktienfonds i. S. d. § 2 Abs. 6 InvStG (vor Teilfreistellung)	320/520	,–
10	– Mischfonds i. S. d. § 2 Abs. 7 InvStG (vor Teilfreistellung)	321/521	,–
11	– Immobilienfonds i. S. d. § 2 Abs. 9 Satz 1 InvStG (vor Teilfreistellung und ohne Beträge laut Zeile 12)	322/522	,–
12	– Auslands-Immobilienfonds i. S. d. § 2 Abs. 9 Satz 2 InvStG (vor Teilfreistellung)	323/523	,–
13	– sonstigen Investmentfonds	324/524	,–

Gewinne und Verluste aus der Veräußerung von Investmentanteilen, die nicht dem inländischen Steuerabzug unterlegen haben (z. B. bei im Ausland verwahrten Investmentanteilen)

– Übertrag aus den Zeilen 54, 55 und / oder 56 oder laut Aufstellung des ausländischen Kreditinstituts –

Zeile		Kennzahl	EUR
14	**Aktienfonds** i. S. d. § 2 Abs. 6 InvStG (vor Teilfreistellung)	330/530	,–
15	In Zeile 14 enthaltene Gewinne aus der Veräußerung bestandsgeschützter Alt-Anteile i. S. d. § 56 Abs. 6 Satz 1 Nr. 2 InvStG (vor Teilfreistellung)	331/531	,–
16	Gewinne und Verluste aus der fiktiven Veräußerung von nicht bestandsgeschützten Alt-Anteilen i. S. d. § 56 Abs. 2 i. V. m. Abs. 3 Satz 1 InvStG (nicht in Zeile 14 enthalten)	332/532	,–
17	**Mischfonds** i. S. d. § 2 Abs. 7 InvStG (vor Teilfreistellung)	340/540	,–
18	In Zeile 17 enthalte Gewinne aus der Veräußerung bestandsgeschützter Alt-Anteile i. S. d. § 56 Abs. 6 Satz 1 Nr. 2 InvStG (vor Teilfreistellung)	341/541	,–
19	Gewinne und Verluste aus der fiktiven Veräußerung von nicht bestandsgeschützten Alt-Anteilen i. S. d. § 56 Abs. 2 i. V. m. Abs. 3 Satz 1 InvStG (nicht in Zeile 17 enthalten)	342/542	,–
20	**Immobilienfonds** i. S. d. § 2 Abs. 9 Satz 1 InvStG (vor Teilfreistellung und ohne Beträge laut Zeile 23)	350/550	,–
21	In Zeile 20 enthaltene Gewinne aus der Veräußerung bestandsgeschützter Alt-Anteile i. S. d. § 56 Abs. 6 Satz 1 Nr. 2 InvStG (vor Teilfreistellung)	351/551	,–
22	Gewinne und Verluste aus der fiktiven Veräußerung von nicht bestandsgeschützten Alt-Anteilen i. S. d. § 56 Abs. 2 i. V. m. Abs. 3 Satz 1 InvStG (nicht in Zeile 20 enthalten)	352/552	,–
23	**Auslands-Immobilienfonds** i. S. d. § 2 Abs. 9 Satz 2 InvStG (vor Teilfreistellung)	360/560	,–
24	In Zeile 23 enthaltene Gewinne aus der Veräußerung bestandsgeschützter Alt-Anteile i. S. d. § 56 Abs. 6 Satz 1 Nr. 2 InvStG (vor Teilfreistellung)	361/561	,–
25	Gewinne und Verluste aus der fiktiven Veräußerung von nicht bestandsgeschützten Alt-Anteilen i. S. d. § 56 Abs. 2 i. V. m. Abs. 3 Satz 1 InvStG (nicht in Zeile 23 enthalten)	362/562	,–

			EUR
26	**Sonstige Investmentfonds**	370/570	,—
27	In Zeile 26 enthaltene Gewinne aus der Veräußerung bestandsgeschützter Alt-Anteile i. S. d. § 56 Abs. 6 Satz 1 Nr. 2 InvStG	371/571	,—
28	Gewinne und Verluste aus der fiktiven Veräußerung von nicht bestandsgeschützten Alt-Anteilen i. S. d. § 56 Abs. 2 i. V. m. Abs. 3 Satz 1 InvStG (nicht in Zeile 26 enthalten)	372/572	,—

Zwischengewinne nach dem Investmentsteuergesetz 2004

			EUR
29	Bei Veräußerung von vor dem 1.1.2018 angeschafften Investmentanteilen: Zwischengewinne aus fiktiven Veräußerungen zum 31.12.2017 nach § 56 Abs. 2 i. V. m. Abs. 3 InvStG	380/580	,—

Ermittlung der Vorabpauschalen zu den Zeilen 9 bis 13

– Investmentanteile, die im Jahr 2024 in unterschiedlichen Monaten angeschafft wurden, sind jeweils in einer eigenen Spalte zu erfassen. Für Investmentanteile, die bis zum 31.12.2024 veräußert wurden, ist keine Vorabpauschale zu berechnen. –

		1. Investmentfonds	2. Investmentfonds
	Allgemeine Angaben zum Investmentfonds		
30	ISIN		
31	Fondsbezeichnung		
32	Art des Investmentfonds	1 = Aktienfonds 2 = Mischfonds 3 = Immobilienfonds 4 = Auslands-Immobilienfonds 5 = sonstiger Investmentfonds	1 = Aktienfonds 2 = Mischfonds 3 = Immobilienfonds 4 = Auslands-Immobilienfonds 5 = sonstiger Investmentfonds
	Ermittlung des Basisertrags	EUR , Ct	EUR , Ct
33	Rücknahme-, Börsen- oder Marktpreis für einen Investmentanteil zu Beginn des Kalenderjahres 2024	,	,
34	Basisertrag (Zeile 33 × 1,603 %)	,	,
	Mehrbetrag je Investmentanteil nach § 18 Abs. 1 Satz 3 InvStG		
35	Letzter Rücknahmepreis 2024	,	,
36	abzüglich erster Rücknahmepreis 2024 (laut Zeile 33)	,	,
37	zuzüglich Ausschüttungen 2024	,	,
38	Mehrbetrag	,	,
	Ermittlung der Vorabpauschale je Investmentanteil		
39	Niedrigerer Wert aus Zeile 34 (Basisertrag) oder Zeile 38 (Mehrbetrag) (wenn Wert negativ, in Zeile 43 „0“ eintragen)	,	,
40	abzüglich Ausschüttungen 2024	,	,
41	Zwischenergebnis Zeile 39 abzüglich Zeile 40 (wenn Wert negativ, in Zeile 43 „0“ eintragen)	,	,
42	bei unterjährigem Erwerb im Jahr 2024: Kürzung Wert laut Zeile 41 um 1/12 für jeden vollen Monat vor Erwerb	,	,
43	Zwischenergebnis (Zeile 41 abzüglich Zeile 42)	,	,
	Ermittlung der Vorabpauschale für den Investmentfonds		
44	Anzahl der Anteile (mit Nachkommastellen)		
		EUR	EUR
45	Vorabpauschale (Zeile 43 x Zeile 44)	,—	,—

Summe der Eintragungen in Zeile 45 für jede Fondsart bilden und in die Zeilen 9, 10, 11, 12 und / oder 13 der ersten Anlage KAP-INV übertragen.

Ermittlung der Gewinne und Verluste aus der Veräußerung von Investmentanteilen zu den Zeilen 14 bis 28

– Investmentanteile mit unterschiedlichen Anschaffungszeitpunkten sind jeweils in einer eigenen Spalte zu erfassen. –

Zeile		1. Investmentfonds	2. Investmentfonds
46	ISIN (Internationale Wertpapiernummer)		
47	Fondsbezeichnung		
48	Art des Investmentfonds	1 = Aktienfonds 2 = Mischfonds 3 = Immobilienfonds 4 = Auslands-Immobilienfonds 5 = sonstiger Investmentfonds	1 = Aktienfonds 2 = Mischfonds 3 = Immobilienfonds 4 = Auslands-Immobilienfonds 5 = sonstiger Investmentfonds
49	Anzahl der veräußerten Anteile (mit Nachkommastellen)		
		EUR	EUR
50	Veräußerungspreis	,–	,–
51	abzüglich Anschaffungskosten (bei Anschaffung vor dem 1.1.2018: fiktive Anschaffungskosten i. S. d. § 56 Abs. 2 InvStG)	,–	,–
52	abzüglich Veräußerungskosten	,–	,–
53	abzüglich während Besitzzeit angesetzter Vorabpauschalen (vor Teilfreistellung)	,–	,–
54	Veräußerungsgewinn / -verlust (Zeile 50 abzüglich Zeile 51 bis 53)	,–	,–

Summe der Eintragungen in Zeile 54 für jede Fondsart bilden und in die Zeilen 14, 17, 20, 23 und / oder 26 der ersten Anlage KAP-INV übertragen.

Veräußerung von vor dem 1.1.2018 angeschafften Investmentanteilen

Zeile		EUR	EUR
55	bei Anschaffung vor dem 1.1.2009: Wert laut Zeile 54	,–	,–

Summe der Gewinne in Zeile 55 für jede Fondsart bilden und in die Zeilen 15, 18, 21, 24 und / oder 27 der ersten Anlage KAP-INV übertragen.

Zeile			
56	bei Anschaffung nach dem 31.12.2008 und vor dem 1.1.2018: fiktiver Veräußerungsgewinn zum 31.12.2017	,–	,–

Summe der Eintragungen in Zeile 56 für jede Fondsart bilden und in die Zeilen 16, 19, 22, 25 und / oder 28 der ersten Anlage KAP-INV übertragen.

2025AnlKAP-INV363 2025AnlKAP-INV363

Anleitung vorhanden

2025

1 Name

2 Vorname

3 **Steuernummer** lfd. Nr. der Anlage

Anlage R

Jeder Ehegatte / Lebenspartner mit Renten und Leistungen hat eine eigene Anlage R abzugeben.

Daten für die mit (e) gekennzeichneten Zeilen liegen im Regelfall vor und müssen nicht eingetragen werden. – Bitte Anleitung beachten. –

X Steuerpflichtige Person / Ehemann / Person A

X Ehefrau / Person B

Renten und andere Leistungen aus dem Inland

– Ohne Leistungen aus Altersvorsorgeverträgen und aus der betrieblichen Altersversorgung –

Leibrenten / Leistungen aus gesetzlichen Rentenversicherungen, landwirtschaftlicher Alterskasse, berufsständischen Versorgungseinrichtungen, eigenen zertifizierten Basisrentenverträgen

71 / 72

Zeile			1. Rente		2. Rente	
4	Rentenbetrag (einschließlich Einmalzahlung und Leistungen)	101	EUR ,—	151	EUR ,—	e
5	Rentenanpassungsbetrag (in Zeile 4 enthalten)	102	,—	152	,—	e
6	Beginn der Rente	103	T T M M J J J J	153	T T M M J J J J	e
	Vorhergehende Rente:					
7	Beginn der Rente	105	T T M M J J J J	155	T T M M J J J J	e
8	Ende der Rente	106	T T M M J J J J	156	T T M M J J J J	e
9	Nachzahlungen für mehrere vorangegangene Jahre / Kapitalauszahlung (in Zeile 4 enthalten)	111	EUR ,—	161	EUR ,—	e
	Öffnungsklausel					
10	Prozentsatz (laut Bescheinigung Ihres Versorgungsträgers)	112	, %	162	, %	
11	die Rente erlischt / wird umgewandelt spätestens am	113	T T M M J J J J	163	T T M M J J J J	
12	bei Einmalzahlung: Betrag	114	EUR ,—	164	EUR ,—	

Leibrenten aus privaten Rentenversicherungen (auf Lebenszeit / mit zeitlich befristeter Laufzeit)

(ohne Renten laut den Zeilen 4 bis 12)

Zeile			1. Rente		2. Rente	
13	Rentenbetrag	131	EUR ,—	181	EUR ,—	e
14	Beginn der Rente	132	T T M M J J J J	182	T T M M J J J J	e
15	Geburtsdatum einer anderen Person, von deren Lebenszeit die Laufzeit der Rente (auch) abhängt; bei Garantiezeitrenten das Geburtsdatum der verstorbenen versicherten Person	136	T T M M J J J J	186	T T M M J J J J	
16	Die Rente erlischt mit dem Tod von					
17	Die Rente erlischt / wird umgewandelt spätestens am	133	T T M M J J J J	183	T T M M J J J J	e
18	Nachzahlungen für mehrere vorangegangene Jahre (in Zeile 13 enthalten)	134	EUR ,—	184	EUR ,—	e

Leibrenten aus sonstigen Verpflichtungsgründen (z. B. Renten aus Veräußerungsgeschäften)

(ohne Renten laut den Zeilen 4 bis 18)

Zeile		1. Rente		2. Rente	
			EUR		EUR
19	Rentenbetrag	141	,–	191	,–
20	Beginn der Rente	142	T T M M J J J J	192	T T M M J J J J
21	Geburtsdatum einer anderen Person, von deren Lebenszeit die Laufzeit der Rente (auch) abhängt; bei Garantiezeitrenten das Geburtsdatum der verstorbenen versicherten Person	146	T T M M J J J J	196	T T M M J J J J
22	Die Rente erlischt mit dem Tod von				
23	Die Rente erlischt / wird umgewandelt spätestens am	143	T T M M J J J J	193	T T M M J J J J
			EUR		EUR
24	Nachzahlungen für mehrere vorangegangene Jahre (in Zeile 19 enthalten)	144	,–	194	,–

Werbungskosten

Die Eintragungen in den Zeilen 25 und 26 sind nur in der ersten Anlage R vorzunehmen.

Werbungskosten zu den Zeilen 4, 13 und 19 – ohne Werbungskosten laut Zeile 26 –

Art der Aufwendungen

Zeile			EUR
25		800	,–

Werbungskosten zu den Zeilen 9, 18 und Zeile 24

Art der Aufwendungen

Zeile			EUR
26		801	,–

Ansässigkeit in Belgien (gemäß Artikel 4 des Doppelbesteuerungsabkommens mit Belgien)

Zeile			EUR
27	Renteneinnahmen nach DBA Belgien (in Zeile 4 enthalten)	702	,–
28	Werbungskosten zu Zeile 27 (in den Zeilen 25 und 26 enthalten)	807	,–

Steuerstundungsmodelle

Einkünfte aus Gesellschaften / Gemeinschaften / ähnlichen Modellen i. S.d. § 15b EStG (laut gesonderter Aufstellung)

Zeile		EUR
29		,–

2025003122002

2025AnlR122

Anleitung vorhanden

2025

Anlage R-AV / bAV

Jeder Ehegatte / Lebenspartner mit Leistungen hat eine eigene Anlage R-AV / bAV abzugeben.

Daten für die mit (e) gekennzeichneten Zeilen liegen im Regelfall vor und müssen nicht eingetragen werden. – Bitte Anleitung beachten. –

1 Name

2 Vorname

3 **Steuernummer** lfd. Nr. der Anlage

Leistungen aus zertifizierten Altersvorsorgeverträgen und aus der inländischen betrieblichen Altersversorgung

Steuerpflichtige Person / Ehemann / Person A

Ehefrau / Person B

Leistungen 71 / 72

Zeile		Kz	1. Rente	Kz	2. Rente	
			EUR		EUR	
4	Leistungen aus einem Altersvorsorgevertrag, einem Pensionsfonds, einer Pensionskasse oder aus einer Direktversicherung laut Nummer 1 der Leistungsmitteilung	500	,–	550	,–	(e)
5	Leistungen aus einem Pensionsfonds laut Nummer 2 der Leistungsmitteilung	501	,–	551	,–	(e)
6	Bemessungsgrundlage für den Versorgungsfreibetrag	502	,–	552	,–	
7	Maßgebendes Kalenderjahr des Versorgungsbeginns	524	J J J J	574	J J J J	
8	Bei unterjähriger Zahlung: Erster und letzter Monat, für den Versorgungsbezüge gezahlt wurden	522	M M - 523 M M	572	M M - 573 M M	
			EUR		EUR	
9	Leistungen zur Abfindung einer Kleinbetragsrente laut Nummer 3 der Leistungsmitteilung	525	,–	575	,–	(e)
10	Leistungen aus einer betrieblichen Altersversorgung laut Nummer 4 der Leistungsmitteilung	505	,–	555	,–	(e)
11	In Zeile 10 enthaltener Rentenanpassungsbetrag	526	,–	576	,–	(e)
12	Beginn der Leistung	506	T T M M J J J J	556	T T M M J J J J	(e)
13	Beginn der vorhergehenden Leistung	518	T T M M J J J J	568	T T M M J J J J	(e)
14	Ende der vorhergehenden Leistung	519	T T M M J J J J	569	T T M M J J J J	(e)
			EUR		EUR	
15	Leibrente aus einem Altersvorsorgevertrag oder aus einer betrieblichen Altersversorgung laut Nummer 5 oder Leistungen wegen schädlicher Verwendung laut Nummer 9a der Leistungsmitteilung	507	,–	557	,–	(e)
16	Beginn der Rente	508	T T M M J J J J	558	T T M M J J J J	(e)
17	Geburtsdatum einer anderen Person, von deren Lebenszeit die Laufzeit der Rente (auch) abhängt; bei Garantiezeitrenten das Geburtsdatum der verstorbenen versicherten Person	530	T T M M J J J J	580	T T M M J J J J	
			EUR		EUR	
18	Abgekürzte Leibrente aus einem Altersvorsorgevertrag oder aus einer betrieblichen Altersversorgung laut Nummer 6 oder Leistungen wegen schädlicher Verwendung laut Nummer 9b der Leistungsmitteilung	509	,–	559	,–	(e)
19	Beginn der Rente	510	T T M M J J J J	560	T T M M J J J J	(e)
20	Die Rente erlischt / wird umgewandelt spätestens am	511	T T M M J J J J	561	T T M M J J J J	(e)

Zeile			1. Rente		2. Rente	
21	Andere Leistungen laut den Nummern 7, 8 und 10 oder Leistungen wegen schädlicher Verwendung laut den Nummern 9c und 9d der Leistungsmitteilung oder der Auflösungsbetrag bei Aufgabe der Selbstnutzung oder der Reinvestitionsabsicht vor dem Beginn der Auszahlungsphase oder der Verminderungsbetrag laut Bescheid der Zentralen Zulagenstelle für Altersvermögen	512	EUR ,—	562	EUR ,—	e
22	Auflösungsbetrag bei Wahl der Einmalbesteuerung des Wohnförderkontos laut Bescheid der Zentralen Zulagenstelle für Altersvermögen	535	,—	585	,—	e
23	Auflösungsbetrag bei Aufgabe der Selbstnutzung oder der Reinvestitionsabsicht nach dem Beginn der Auszahlungsphase laut Bescheid der Zentralen Zulagenstelle für Altersvermögen	536	,—	586	,—	e
24	Beginn der Auszahlungsphase	537	T T M M J J J J	587	T T M M J J J J	
25	Zeitpunkt der Aufgabe der Selbstnutzung oder Reinvestitionsabsicht	538	T T M M J J J J	588	T T M M J J J J	e
26	Nachzahlungen für mehrere vorangegangene Jahre (laut Nummer 11 der Leistungsmitteilung)	516	EUR ,—	566	EUR ,—	e

Werbungskosten

Die Eintragungen in den Zeilen 27 bis 33 sind nur in der ersten Anlage R-AV / bAV vorzunehmen.

Zeile			EUR
27	Werbungskosten zu den Zeilen 4 und 21 Art der Aufwendungen	802	,—
28	Werbungskosten zu Zeile 5 Art der Aufwendungen	803	,—
29	Werbungskosten zu den Zeilen 10, 15 und 18 Art der Aufwendungen	806	,—
30	Werbungskosten zu Zeile 22 Art der Aufwendungen	808	,—
31	Werbungskosten zu Zeile 23 Art der Aufwendungen	809	,—
32	Werbungskosten zu Zeile 9 sowie zu Nachzahlungen (Zeile 26), die in den Einnahmen der Zeile 4 enthalten sind Art der Aufwendungen	805	,—
33	Werbungskosten zu Nachzahlungen (Zeile 26), die in den Einnahmen der Zeilen 5, 10, 15 und 18 enthalten sind Art der Aufwendungen	811	,—

Anleitung vorhanden

2025

1	Name	
2	Vorname	
3	**Steuernummer**	lfd. Nr. der Anlage

Anlage R-AUS

Jeder Ehegatte / Lebenspartner mit Renten und Leistungen hat eine eigene Anlage R-AUS abzugeben.

- Steuerpflichtige Person / Ehemann / Person A
- Ehefrau / Person B

Renten und andere Leistungen aus ausländischen Versicherungen / ausländischen Rentenverträgen / ausländischen betrieblichen Versorgungseinrichtungen

Bei Auslandssachverhalten besteht eine erhöhte Mitwirkungspflicht. Bitte reichen Sie Belege in Kopie ein.

Ausländische Leibrenten und Leistungen, die mit Leistungen eines inländischen Versorgungsträgers (gesetzliche Rentenversicherungen, landwirtschaftliche Alterskasse und berufsständische Versorgungseinrichtungen) vergleichbar sind

71 / 72

Zeile			1. Rente		2. Rente
4	Staat des Leistungsbezugs				
5	Rentenbetrag (einschließlich Einmalzahlung und Leistungen)	351	EUR ,–	401	EUR ,–
6	Rentenanpassungsbetrag (in Zeile 5 enthalten)	352	,–	402	,–
7	Beginn der Rente	353	T T M M J J J J	403	T T M M J J J J
	Vorhergehende Rente:				
8	Beginn der Rente	355	T T M M J J J J	405	T T M M J J J J
9	Ende der Rente	356	T T M M J J J J	406	T T M M J J J J
10	Nachzahlungen für mehrere vorangegangene Jahre / Kapitalauszahlung (in Zeile 5 enthalten)	361	EUR ,–	411	EUR ,–
	Öffnungsklausel:				
11	Prozentsatz (laut Bescheinigung Ihres ausländischen Versorgungsträgers / laut gesonderter Ermittlung)	362	, %	412	, %
12	die Rente erlischt / wird umgewandelt spätestens am	363	T T M M J J J J	413	T T M M J J J J
13	bei Einmalzahlung: Betrag	364	EUR ,–	414	EUR ,–

Leibrenten aus privaten Rentenversicherungen (auf Lebenszeit / mit zeitlich befristeter Laufzeit), sonstigen Verpflichtungsgründen (z. B. Renten aus Veräußerungsgeschäften)

(ohne Renten laut den Zeilen 4 bis 13)

Zeile			1. Rente		2. Rente
14	Staat des Leistungsbezugs				
15	Rentenbetrag	381	EUR ,–	431	EUR ,–
16	Beginn der Rente	382	T T M M J J J J	432	T T M M J J J J
17	Geburtsdatum einer anderen Person, von deren Lebenszeit die Laufzeit der Rente (auch) abhängt; bei Garantiezeitrenten das Geburtsdatum der verstorbenen versicherten Person	386	T T M M J J J J	436	T T M M J J J J
18	Die Rente erlischt mit dem Tod von				
19	Die Rente erlischt / wird umgewandelt spätestens am	383	T T M M J J J J	433	T T M M J J J J
20	Nachzahlungen für mehrere vorangegangene Jahre (in Zeile 15 enthalten)	384	EUR ,–	434	EUR ,–

Leistungen aus ausländischen betrieblichen Altersversorgungseinrichtungen, die mit inländischen betrieblichen Altersversorgungseinrichtungen vergleichbar sind

Zeile			1. Rente		2. Rente
21	Staat des Leistungsbezugs				
22	Leistungen aus einer ausländischen betrieblichen Altersversorgungseinrichtung, soweit diese auf im Inland oder im Ausland geförderten Beiträgen beruhen	721	EUR ,–	741	EUR ,–
23	Lebenslange Leibrente aus einer ausländischen betrieblichen Altersversorgungseinrichtung, soweit diese auf im Inland oder im Ausland nicht geförderten Beiträgen beruht	722	,–	742	,–
24	Beginn der Rente	723	T T M M J J J J	743	T T M M J J J J
25	Geburtsdatum einer anderen Person, von deren Lebenszeit die Laufzeit der Rente (auch) abhängt; bei Garantiezeitrenten das Geburtsdatum der verstorbenen versicherten Person	724	T T M M J J J J	744	T T M M J J J J
26	Abgekürzte Leibrente aus einer ausländischen betrieblichen Altersversorgungseinrichtung, soweit diese auf im Inland oder im Ausland nicht geförderten Beiträgen beruht	725	EUR ,–	745	EUR ,–
27	Beginn der Rente	726	T T M M J J J J	746	T T M M J J J J
28	Die Rente erlischt / wird umgewandelt spätestens am	727	T T M M J J J J	747	T T M M J J J J
29	Einmalleistungen aus einer ausländischen betrieblichen Altersversorgungseinrichtung, soweit diese auf im Inland oder im Ausland nicht geförderten Beiträgen beruhen	728	EUR ,–	748	EUR ,–
30	Datum des Vertragsabschlusses	729	T T M M J J J J	749	T T M M J J J J
31	Nachzahlungen für mehrere vorangegangene Jahre (in den Zeilen 22, 23 und / oder 26 enthalten)	792	EUR ,–	793	EUR ,–

Werbungskosten

Die Eintragungen in den Zeilen 32 bis 36 sind nur in der ersten Anlage R-AUS vorzunehmen.

Zeile			EUR
32	Werbungskosten zu den Zeilen 5 und 15 – ohne Werbungskosten laut Zeile 33 – Art der Aufwendungen	812	,–
33	Werbungskosten zu den Zeilen 10, 20 und zu Nachzahlungen (Zeile 31), die in den Einnahmen der Zeilen 23 und 26 enthalten sind Art der Aufwendungen	813	,–
34	Werbungskosten zu den Zeilen 22 und 29 Art der Aufwendungen	814	,–
35	Werbungskosten zu den Zeilen 23 und 26 Art der Aufwendungen	815	,–
36	Werbungskosten zu Nachzahlungen (Zeile 31), die in den Einnahmen der Zeile 22 enthalten sind Art der Aufwendungen	816	,–

Steuerstundungsmodelle

Zeile		EUR
37	Einkünfte aus Gesellschaften / Gemeinschaften / ähnlichen Modellen i. S. d. § 15b EStG (laut gesonderter Aufstellung)	,–

2025AnlR-AUS332

Anleitung vorhanden

2025

Zeile		
1	Name	
2	Vorname	
3	**Steuernummer**	

Anlage SO

Diese Anlage ist bei Zusammenveranlagung von Ehegatten / Lebenspartnern gemeinsam auszufüllen.

Sonstige Einkünfte

(ohne Renten und ohne Leistungen aus Altersvorsorgeverträgen)

Wiederkehrende Bezüge

55

Zeile		Steuerpflichtige Person / Ehemann / Person A EUR	Ehefrau / Person B EUR
4	Bezeichnung der Einnahmen aus wiederkehrenden Bezügen	158 ,–	159 ,–

Unterhaltsleistungen

– Bitte Anleitung beachten. –

Zeile		EUR	EUR
5	Unterhaltsleistungen, soweit sie vom Geber als Sonderausgaben abgezogen werden können, laut **Anlage U**	146 ,–	147 ,–
6	In Zeile 5 enthaltene Beiträge (abzüglich Erstattungen und Zuschüsse) zur Basis-Kranken- und gesetzlichen Pflegeversicherung laut **Anlage U**	148 ,–	149 ,–
7	Davon entfallen auf Krankenversicherungsbeiträge mit Anspruch auf Krankengeld laut **Anlage U**	150 ,–	151 ,–

Versorgungsleistungen, die auf besonderen Verpflichtungsgründen beruhen

Zeile		EUR	EUR
8	Versorgungsleistungen, die auf besonderen Verpflichtungsgründen beruhen	140 ,–	141 ,–

Ausgleichsleistungen zur Vermeidung des Versorgungsausgleichs

Zeile		EUR	EUR
9	Ausgleichsleistungen zur Vermeidung des Versorgungsausgleichs, soweit sie vom Geber als Sonderausgaben abgezogen werden können, laut **Anlage U**	144 ,–	145 ,–

Ausgleichszahlungen im Rahmen des Versorgungsausgleichs

Zeile		EUR	EUR
10	Ausgleichszahlungen im Rahmen des Versorgungsausgleichs	142 ,–	143 ,–

Werbungskosten

Zeile		EUR	EUR
11	Werbungskosten zu den Zeilen 4 bis 10	160 ,–	161 ,–

Andere wiederkehrende Bezüge / Unterhaltsleistungen (Teileinkünfteverfahren)

Zeile		EUR	EUR
12	Bezüge i. S. d. § 22 Nr. 1 Satz 2 EStG	180 ,–	181 ,–
13	Werbungskosten zu den Bezügen i. S. d. § 22 Nr. 1 Satz 2 EStG	182 ,–	183 ,–

Leistungen

Angaben zu Tätigkeiten im Zusammenhang mit Kryptowerten

– Angaben sind hier nur erforderlich, sofern es sich nicht um Einkünfte aus anderen Einkunftsarten handelt (z. B. aus Gewerbebetrieb oder Kapitalvermögen). –

Hinweis: Angaben zu privaten Veräußerungsgeschäften machen Sie bitte in den Zeilen 45 bis 51 sowie 58 und 59.

Zeile			
14	Haben Sie Einkünfte aus Mining, Forging, (passivem) Staking, Lending und / oder der Teilnahme an Airdrops oder ähnlichen Vorgängen erzielt?	162 1 = Ja	163 1 = Ja
	Falls „Ja":	EUR	EUR
15	Einnahmen im Zusammenhang mit Kryptowerten:	,–	,–

Angaben zu weiteren Leistungen

Zeile			
	Einnahmen aus:		
16		+ ,–	+ ,–
17		+ ,–	+ ,–
18	Summe der Einnahmen laut den Zeilen 15 bis 17	164 = ,–	165 = ,–

Zeile		Steuerpflichtige Person / Ehemann / Person A EUR	Ehefrau / Person B EUR
19	Werbungskosten zu den Einnahmen laut den Zeilen 15 bis 17	176 – ,—	177 – ,—
20	Einkünfte	= ,—	= ,—

Wirtschafts-Identifikationsnummer zu den Zeilen 16 und 17

Zeile	Steuerpflichtige Person / Ehemann / Person A	Ehefrau / Person B
21	D E -	D E -

Zeile			
22	Ich beantrage von einem Verlustrücktrag nach § 10d EStG in das Jahr 2024 abzusehen.	804 1 = Ja	805 1 = Ja

Abgeordnetenbezüge

Zeile		Steuerpflichtige Person / Ehemann / Person A EUR	Ehefrau / Person B EUR
23	Steuerpflichtige Einnahmen ohne Vergütungen für mehrere Jahre	200 ,—	201 ,—
24	In Zeile 23 enthaltene Versorgungsbezüge	202 ,—	203 ,—
25	Bemessungsgrundlage für den Versorgungsfreibetrag	204 ,—	205 ,—
26	Maßgebendes Kalenderjahr des Versorgungsbeginns	216 J J J J	217 J J J J
27	**Bei unterjähriger Zahlung:** Erster und letzter Monat, für den Versorgungsbezüge gezahlt wurden	Monat 206 M M – Monat 208 M M	Monat 207 M M – Monat 209 M M
28	Sterbegeld, Kapitalauszahlungen / Abfindungen und Nachzahlungen von Versorgungsbezügen (in Zeile 23 enthalten)	EUR 210 ,—	EUR 211 ,—
29	In Zeile 23 **nicht** enthaltene Vergütungen für mehrere Jahre (laut gesonderter Aufstellung)	212 ,—	213 ,—
30	In Zeile 29 enthaltene Versorgungsbezüge	214 ,—	215 ,—
31	Werbungskosten **– Eintragungen sind nur vorzunehmen, sofern zur Abgeltung der durch das Mandat veranlassten Aufwendungen keine Aufwandsentschädigung gezahlt wird. –**	218 ,—	219 ,—
32	Aufgrund der vorgenannten Tätigkeit als Abgeordnete(r) bestand eine Anwartschaft auf Altersversorgung ganz oder teilweise ohne eigene Beitragsleistung	242 1 = Ja 2 = Nein	243 1 = Ja 2 = Nein

Steuerstundungsmodelle

Zeile		Steuerpflichtige Person / Ehemann / Person A EUR	Ehefrau / Person B EUR
33	Einkünfte aus Gesellschaften / Gemeinschaften / ähnlichen Modellen i. S. d. § 15b EStG (laut gesonderter Aufstellung)	,—	,—

Private Veräußerungsgeschäfte

Grundstücke und grundstücksgleiche Rechte (z. B. Erbbaurecht)

– In den Zeilen 38 bis 44 bitte nur den steuerpflichtigen Anteil erklären. –

Zeile				
34	Bezeichnung des Grundstücks (Lage) / des Rechts			
35	Zeitpunkt der Anschaffung **(z. B. Datum des Kaufvertrags, Zeitpunkt der Entnahme aus dem Betriebsvermögen)** T T M M J J J J		Zeitpunkt der Veräußerung **(z. B. Datum des Kaufvertrags, auch nach vorheriger Einlage ins Betriebsvermögen)** T T M M J J J J	
36	X Nutzung des Grundstücks bis zur Veräußerung zu eigenen Wohnzwecken	vom T T M M J J J J	bis T T M M J J J J	m²
37	X Nutzung des Grundstücks bis zur Veräußerung zu anderen Zwecken (z. B. Vermietung)	vom T T M M J J J J	bis T T M M J J J J	m²

Zeile			EUR
38	Veräußerungspreis oder an dessen Stelle tretender Wert (z. B. Teilwert, gemeiner Wert)		,—
39	Anschaffungs- / Herstellungskosten oder an deren Stelle tretender Wert (z. B. Teilwert, gemeiner Wert) ggf. zuzüglich nachträglicher Anschaffungs- / Herstellungskosten	–	,—
40	Absetzungen für Abnutzung / Erhöhte Absetzungen / Sonderabschreibungen	+	,—
41	Werbungskosten im Zusammenhang mit dem Veräußerungsgeschäft	–	,—
42	Gewinn / Verlust (zu übertragen nach Zeile 43)	=	,—

2025AnlSO132

		Steuerpflichtige Person / Ehemann / Person A EUR		Ehefrau / Person B EUR
43	**Zurechnung des Betrags aus Zeile 42**	110 ,—	111	,—
44	Gewinne / Verluste aus weiteren Veräußerungen von Grundstücken und grundstücksgleichen Rechten (laut gesonderter Aufstellung)	112 ,—	113	,—

Kryptowerte

		Steuerpflichtige Person / Ehemann / Person A	Ehefrau / Person B
45	Haben Sie Einkünfte aus der Veräußerung von Kryptowerten erzielt?	108 1 = Ja	109 1 = Ja

Falls „Ja":

Bezeichnung

46

47 Zeitpunkt der Anschaffung (**z. B. der auf der verwendeten Handelsplattform aufgezeichnete Zeitpunkt**) T T M M J J J J — Zeitpunkt der Veräußerung (**z. B. der auf der verwendeten Handelsplattform aufgezeichnete Zeitpunkt**) T T M M J J J J

			EUR
48	Veräußerungspreis oder an dessen Stelle tretender Wert (z. B. gemeiner Wert)		,—
49	Anschaffungskosten oder an deren Stelle tretender Wert (z. B. Teilwert, gemeiner Wert)	–	,—
50	Werbungskosten im Zusammenhang mit dem Veräußerungsgeschäft	–	,—
51	Gewinn / Verlust (zu übertragen nach Zeile 58) **– Erläutern Sie bitte die Ermittlung des Gewinns / Verlusts zusätzlich in einer gesonderten Aufstellung. –**	=	,—

Andere Wirtschaftsgüter

– Veräußerungen von Gegenständen des täglichen Gebrauchs sind ausgenommen. –

Art des Wirtschaftsguts

52

53 Zeitpunkt der Anschaffung (**z. B. Datum des Kaufvertrags**) T T M M J J J J — Zeitpunkt der Veräußerung (**z. B. Datum des Kaufvertrags**) T T M M J J J J

			EUR
54	Veräußerungspreis oder an dessen Stelle tretender Wert (z. B. gemeiner Wert)		,—
55	Anschaffungskosten (ggf. gemindert um Absetzung für Abnutzung) oder an deren Stelle tretender Wert (z. B. Teilwert, gemeiner Wert)	–	,—
56	Werbungskosten im Zusammenhang mit dem Veräußerungsgeschäft	–	,—
57	Gewinn / Verlust (zu übertragen nach Zeile 58)	=	,—

		Steuerpflichtige Person / Ehemann / Person A EUR		Ehefrau / Person B EUR
58	**Zurechnung der Beträge aus den Zeilen 51 und 57**	114 ,—	115	,—
59	Gewinne / Verluste aus weiteren Veräußerungen von Kryptowerten sowie anderen Wirtschaftsgütern (laut gesonderter Aufstellung)	116 ,—	117	,—

Anteile an gesondert und einheitlich festgestellten Einkünften

Steuerpflichtige Person / Ehemann / Person A

Gemeinschaft / Gesellschaft

60

61 Finanzamt — Steuernummer

62 Anteil am Gewinn / Verlust — 134 EUR ,—

Ehefrau / Person B

Gemeinschaft / Gesellschaft

63

64 Finanzamt — Steuernummer

65 Anteil am Gewinn / Verlust — 135 EUR ,—

		Steuerpflichtige Person / Ehemann / Person A	Ehefrau / Person B
66	Ich beantrage von einem Verlustrücktrag nach § 10d EStG in das Jahr 2024 abzusehen.	806 1 = Ja	807 1 = Ja

2025AnlSO133

1 Name

2 Vorname

3 **Steuernummer**

Für jeden Betrieb ist zusätzlich eine Bilanz oder – soweit keine Bilanz erstellt wird – eine Anlage EÜR elektronisch zu übermitteln.

Anlage G

Jeder Ehegatte / Lebenspartner mit Einkünften aus Gewerbebetrieb hat eine eigene Anlage G abzugeben.

Steuerpflichtige Person / Ehemann / Person A

Ehefrau / Person B

Einkünfte aus Gewerbebetrieb

Gewinn

44

(ohne die Beträge in den Zeilen 61, 69, 78, 94 bis 96 und 102; bei ausländischen Einkünften: **Anlage AUS** beachten)

Gewinn als Einzelunternehmer

1. Betrieb

4 genaue Bezeichnung des Gewerbes

5 Steuernummer

6 Wirtschafts-Identifikationsnummer D E - | 10/11 | EUR ,–

2. Betrieb

7 genaue Bezeichnung des Gewerbes

8 Steuernummer

9 Wirtschafts-Identifikationsnummer D E - | 62/63 | EUR ,–

Weitere Betriebe

10 genaue Bezeichnung des Gewerbes | 12/13 | ,–

Gewinn laut gesonderter Feststellung (ggf. Gesamtsumme)

11 genaue Bezeichnung des Gewerbes

12 Finanzamt

13 Steuernummer | 58/59 | ,–

Gewinn als Mitunternehmer laut gesonderter und einheitlicher Feststellung

1. Beteiligung

14 genaue Bezeichnung der Gesellschaft

15 Finanzamt

16 Steuernummer | 14/15 | ,–

2. Beteiligung

17 genaue Bezeichnung der Gesellschaft

18 Finanzamt

19 Steuernummer | 16/17 | ,–

3. Beteiligung

genaue Bezeichnung der Gesellschaft

20

Finanzamt

21

Steuernummer

22 18/19 ,—

4. Beteiligung

genaue Bezeichnung der Gesellschaft

23

Finanzamt

24

Steuernummer

25 20/21 ,—

5. Beteiligung

genaue Bezeichnung der Gesellschaft

26

Finanzamt

27

Steuernummer

28 22/23 ,—

6. Beteiligung

genaue Bezeichnung der Gesellschaft

29

Finanzamt

30

Steuernummer

31 28/29 ,—

7. Beteiligung

genaue Bezeichnung der Gesellschaft

32

Finanzamt

33

Steuernummer

34 30/31 ,—

8. Beteiligung

genaue Bezeichnung der Gesellschaft

35

Finanzamt

36

Steuernummer

37 32/33 ,—

9. Beteiligung

genaue Bezeichnung der Gesellschaft

38

Finanzamt

39

Steuernummer

40 34/35 ,—

Weitere Beteiligungen

41 weitere Beteiligungen (laut gesonderter Aufstellung) 36/37 ,—

2025AnlG232

Gewinn als Mitunternehmer in Fällen von geringer Bedeutung
– § 180 Abs. 3 Satz 1 Nr. 2 AO (z. B. Ehegattengemeinschaften) –

42 genaue Bezeichnung der Gesellschaft

43 Finanzamt

44 Steuernummer

45 Wirtschafts-Identifikationsnummer D E - | 38/39 | EUR ,–

Gesellschaften / Gemeinschaften / ähnliche Modelle i. S. d. § 15b EStG

46 genaue Bezeichnung der Gesellschaft / Gemeinschaft / des ähnlichen Modells | ,–

47 In den Zeilen 6 bis 45 und 102 nicht enthaltener steuerfreier Teil der Einkünfte, für die das **Teileinkünfteverfahren** gilt | 24/25 | ,–

48 In den Zeilen 6 bis 45 und 102 enthaltene positive Einkünfte i. S. d. § 2 Abs. 4 UmwStG | ,–

Ich beantrage für den in den Zeilen 6 bis 45 und 69 enthaltenen Gewinn die Begünstigung nach § 34a EStG und / oder es wurde zum 31.12.2024 ein nachversteuerungspflichtiger Betrag festgestellt.

49 Anzahl der einzureichenden **Anlagen 34a**

50 Es wurden steuerfreie Sanierungserträge i. S. d. § 3a EStG erzielt. | 1 = Ja

Zusätzliche Angaben bei Steuerermäßigung nach § 35 EStG

Für 2025 festzusetzender (anteiliger) Gewerbesteuer-Messbetrag i. S. d. § 35 EStG (ohne Gewerbesteuer-Messbetrag, der auf nach § 5a Abs. 1 EStG ermittelten Gewinn oder Gewinn i. S. d. § 18 Abs. 3 UmwStG entfällt) – Berechnung laut gesonderter Aufstellung –

51 des Betriebs / des Mitunternehmeranteils laut Zeile | 64/65 | EUR ,–

52 Für 2025 tatsächlich zu zahlende Gewerbesteuer, die auf den Gewerbesteuer-Messbetrag laut Zeile 51 entfällt – Berechnung laut gesonderter Aufstellung – | 66/67 | ,–

Für 2025 festzusetzender (anteiliger) Gewerbesteuer-Messbetrag i. S. d. § 35 EStG (ohne Gewerbesteuer-Messbetrag, der auf nach § 5a Abs. 1 EStG ermittelten Gewinn oder Gewinn i. S. d. § 18 Abs. 3 UmwStG entfällt) – Berechnung laut gesonderter Aufstellung –

53 des Betriebs / des Mitunternehmeranteils laut Zeile | 68/69 | EUR ,–

54 Für 2025 tatsächlich zu zahlende Gewerbesteuer, die auf den Gewerbesteuer-Messbetrag laut Zeile 53 entfällt – Berechnung laut gesonderter Aufstellung – | 70/71 | ,–

55 Summe aller weiteren für 2025 festzusetzenden (anteiligen) Gewerbesteuer-Messbeträge i. S. d. § 35 EStG der Betriebe / der Mitunternehmeranteile laut den Zeilen 6 bis 45 und 102 (ohne Gewerbesteuer-Messbeträge, die auf nach § 5a Abs. 1 EStG ermittelte Gewinne oder Gewinne i. S. d. § 18 Abs. 3 UmwStG entfallen) – Berechnung laut gesonderter Aufstellung – | 85/86 | ,–

56 Summe aller weiteren für 2025 tatsächlich zu zahlenden Gewerbesteuern, die auf die Gewerbesteuer-Messbeträge laut Zeile 55 entfallen – Berechnung laut gesonderter Aufstellung – | 81/82 | ,–

57 Summe der betriebsbezogen ermittelten Höchstbeträge nach § 35 Abs. 1 Satz 5 EStG aus mittelbaren Beteiligungen (nicht in den Zeilen 51 bis 56 enthalten) – Berechnung laut gesonderter Aufstellung – | 74/75 | ,–

 2025AnlG233

Veräußerungsgewinn

45

bei Veräußerung / Aufgabe eines ganzen Betriebs, eines Teilbetriebs, eines ganzen Mitunternehmeranteils (§ 16 EStG)

Veräußerungsgewinn, für den der Freibetrag nach § 16 Abs. 4 EStG wegen dauernder Berufsunfähigkeit oder Vollendung des 55. Lebensjahrs beantragt wird

– Für nach dem 31.12.1995 erfolgte Veräußerungen / Aufgaben wurde der Freibetrag nach § 16 Abs. 4 EStG bei keiner Einkunftsart in Anspruch genommen. –

genaue Bezeichnung des Betriebs / des Teilbetriebs / des Mitunternehmeranteils

58

Finanzamt

59

Steuernummer

60

Zeile		Kz.	EUR
61	Veräußerungsgewinn vor Abzug des Freibetrags nach § 16 Abs. 4 EStG	24/25	,—
62	In Zeile 61 enthaltener steuerpflichtiger Teil, für den das **Teileinkünfteverfahren** gilt	32/33	,—
63	Auf den Veräußerungsgewinn laut Zeile 61 wurde zumindest teilweise § 6b oder § 6b i. V. m. § 6c EStG angewendet. Die Übertragungen von aufgedeckten stillen Reserven und / oder die in Anspruch genommenen Rücklagen nach § 6b Abs. 1 bis 9 ggf. i. V. m. § 6c EStG betragen	57/58	,—
64	Auf den Veräußerungsgewinn laut Zeile 61 wurde zumindest teilweise § 6b oder § 6b i. V. m. § 6c EStG angewendet. Die Übertragungen von aufgedeckten stillen Reserven und / oder die in Anspruch genommenen Rücklagen nach § 6b Abs. 10 ggf. i. V. m. § 6c EStG betragen	59/60	,—
65	Veräußerungsgewinn laut Zeile 61, für den der **ermäßigte Steuersatz** des § 34 Abs. 3 EStG wegen dauernder Berufsunfähigkeit oder Vollendung des 55. Lebensjahres beantragt wird. Für nach dem 31.12.2000 erfolgte Veräußerungen / Aufgaben wurde der ermäßigte Steuersatz des § 34 Abs. 3 EStG bei keiner Einkunftsart in Anspruch genommen.	34/35	,—

Veräußerungsgewinn(e), für den / die der Freibetrag nach § 16 Abs. 4 EStG nicht beantragt wird oder nicht zu gewähren ist

genaue Bezeichnung des Betriebs / des Teilbetriebs / des Mitunternehmeranteils

66

Finanzamt

67

Steuernummer

68

Zeile		Kz.	EUR
69	Veräußerungsgewinn(e)	30/31	,—
70	In Zeile 69 enthaltener steuerpflichtiger Teil, für den das **Teileinkünfteverfahren** gilt	36/37	,—
71	Auf den / die Veräußerungsgewinn(e) laut Zeile 69 wurde zumindest teilweise § 6b Abs. 1 bis 9 ggf. i. V. m. § 6c EStG angewendet	46/47	1 = Ja, für die / alle Veräußerung(en) 2 = Ja, aber nicht für alle Veräußerungen
72	Auf den / die Veräußerungsgewinn(e) laut Zeile 69 wurde zumindest teilweise § 6b Abs. 10 ggf. i. V. m. § 6c EStG angewendet	70/71	1 = Ja
73	In Zeile 69 enthaltener Veräußerungsgewinn, für den der **ermäßigte Steuersatz** des § 34 Abs. 3 EStG wegen dauernder Berufsunfähigkeit oder Vollendung des 55. Lebensjahres beantragt wird. Für nach dem 31.12.2000 erfolgte Veräußerungen / Aufgaben wurde der ermäßigte Steuersatz des § 34 Abs. 3 EStG bei keiner Einkunftsart in Anspruch genommen.	38/39	EUR ,—
74	In Zeile 73 enthaltener steuerpflichtiger Teil, für den das **Teileinkünfteverfahren** gilt	40/41	,—

Veräußerungsverlust(e) nach § 16 EStG

genaue Bezeichnung des Betriebs / des Teilbetriebs / des Mitunternehmeranteils

75

Finanzamt

76

Steuernummer

77

Zeile		Kz.	EUR
78	Veräußerungsverlust(e)	22/23	,—
79	In Zeile 78 enthaltener steuerpflichtiger Teil, für den das **Teileinkünfteverfahren** gilt	44/45	,—

2025AnlG234 2025AnlG234

Zu den Zeilen 58 bis 74:

80 Erwerber ist eine Gesellschaft, an der die veräußernde Person oder eine ihr nahestehende Person beteiligt ist (laut gesonderter Aufstellung).

81 Die Betriebsaufgabe erstreckt sich über mehr als ein Kalenderjahr.

bei Veräußerung eines Anteils an einer Kapitalgesellschaft / Genossenschaft / optierenden Gesellschaft i. S. d. § 1a KStG nach § 17 EStG sowie in gesetzlich gleichgestellten Fällen (z. B. § 6 AStG, § 13 UmwStG)

1. Veräußerung

82 genaue Bezeichnung der Kapitalgesellschaft / Genossenschaft / optierenden Gesellschaft i. S. d. § 1a KStG

83 Finanzamt

84 Steuernummer

1 = eine Veräußerung i. S. d. § 17 Abs. 1 Satz 1 ggf. i. V. m. Abs. 6 und / oder Abs. 7 EStG.
2 = eine verdeckte Einlage in eine Kapitalgesellschaft i. S. d. § 17 Abs. 1 Satz 2 EStG.
3 = die Auflösung einer Kapitalgesellschaft, die Kapitalherabsetzung, wenn das Kapital zurückgezahlt wird, oder die Ausschüttung oder Zurückzahlung von Beträgen aus dem steuerlichen Einlagenkonto i. S. d. § 27 KStG (§ 17 Abs. 4 EStG).
4 = die Beschränkung oder den Ausschluss des Besteuerungsrechts der Bundesrepublik Deutschland hinsichtlich des Gewinns aus der Veräußerung der Anteile an der Kapitalgesellschaft im Fall der Verlegung des Sitzes oder des Orts der Geschäftsleitung der Kapitalgesellschaft in einen anderen Staat (§ 17 Abs. 5 EStG).
5 = einen Fall des § 6 AStG (bitte Zeile 97 und Anlage WA-ESt beachten).
6 = einen Fall des § 13 UmwStG.
7 = einen Fall des § 50i EStG.

85 Es handelt sich um

86	Beteiligungsquote (vor Veräußerung oder gesetzlich gleichgestelltem Vorgang) in Prozent		, %
87	Höhe des veräußerten / verdeckt eingelegten Anteils an der Kapitalgesellschaft / Genossenschaft / optierenden Gesellschaft i. S. d. § 1a KStG in Prozent	16/17	, %
			EUR
88	Veräußerungspreis oder an dessen Stelle tretender Wert (z. B. gemeiner Wert, zugeteiltes / zurückgezahltes Vermögen)		,—
89	(Veräußerungs-)Kosten	–	,—
90	Anschaffungskosten des veräußerten / verdeckt eingelegten Anteils oder an deren Stelle tretender Wert	–	,—
91	Anschaffungsnebenkosten	–	,—
92	Nachträgliche Anschaffungskosten i. S. d. § 17 Abs. 2a EStG	–	,—
93	Veräußerungsgewinn / -verlust **vor** Anwendung des Teileinkünfteverfahrens	=	,—
94	**60 %** des Betrags laut Zeile 93 (Veräußerungsgewinn / -verlust nach Anwendung des Teileinkünfteverfahrens – § 3 Nr. 40 Satz 1 Buchst. c, § 3c Abs. 2 EStG) **– Ein ggf. zu gewährender Freibetrag nach § 17 Abs. 3 EStG wird von Ihrem Finanzamt berücksichtigt. –** **– Im Fall des § 6 AStG darf ein Verlust hier nicht eingetragen werden. –**	18/19	,—

Weitere Veräußerungen (Einzelangaben laut gesonderter Aufstellung)

95	Weitere Veräußerungsgewinne **– Ein ggf. zu gewährender Freibetrag nach § 17 Abs. 3 EStG wird von Ihrem Finanzamt berücksichtigt. –**	28/29	,—
96	Weitere Veräußerungsverluste (nicht in den Fällen des § 6 AStG) **– ohne vorangestelltes Minuszeichen eintragen –**	26/27	,—

Unentgeltliche Übertragung von Anteilen an Kapitalgesellschaften, Genossenschaften, optierenden Gesellschaften i. S. d. § 1a KStG und / oder Bezugsrechten

97 Anteile an Kapitalgesellschaften, Genossenschaften, optierenden Gesellschaften i. S. d. § 1a KStG und / oder Bezugsrechte sind 2025 unentgeltlich übertragen worden (Einzelangaben laut gesonderter Aufstellung).

Zu den Zeilen 82 bis 96:

98 Erwerber ist eine Gesellschaft, an der die veräußernde Person oder eine ihr nahestehende Person beteiligt ist (laut gesonderter Aufstellung).

2025AnlG235

Sonstiges

99	In den Zeilen 6 bis 46 enthaltene begünstigte sonstige Gewinne i. S. d. § 34 Abs. 2 Nr. 2 bis 4 EStG	55/56	EUR ,–
	Zuzurechnendes Einkommen der Organgesellschaft		
100	Gesellschaft		
101	Finanzamt		
102	Steuernummer	66/67	,–

Einnahmen aus nebenberuflicher Tätigkeit

– Eine Anlage EÜR ist nicht zu übermitteln, wenn die Einnahmen nach § 3 Nr. 12, 26, 26a und / oder 26b EStG ganz oder teilweise steuerfrei sind und keine Betriebsausgaben geltend gemacht werden. –

		Gesamtbetrag EUR	davon als steuerfrei behandelt EUR	Rest enthalten in Zeile(n)
103	aus der Tätigkeit als	,–	,–	
104	aus allen weiteren Tätigkeiten	,–	,–	

Gewerbliche Tierzucht / -haltung

	In den Zeilen 6 bis 46, 61, 69 und 78 außer Ansatz gelassene Verluste EUR	In den Zeilen 6 bis 46, 61, 69 und 78 enthaltene ungekürzte Gewinne EUR	In den Zeilen 6 bis 46, 61, 69 und 78 verrechnete Verluste aus anderen Jahren EUR
105	,–	,–	,–

106 Ich beantrage von einem Verlustrücktrag nach § 10d EStG in das Jahr 2024 abzusehen. 1 = Ja

Gewerbliche Termingeschäfte

	In den Zeilen 6 bis 46, 61, 69 und 78 außer Ansatz gelassene Verluste EUR	In den Zeilen 6 bis 46, 61, 69 und 78 enthaltene ungekürzte Gewinne EUR	In den Zeilen 6 bis 46, 61, 69 und 78 verrechnete Verluste aus anderen Jahren EUR
107	,–	,–	,–

108 Ich beantrage von einem Verlustrücktrag nach § 10d EStG in das Jahr 2024 abzusehen. 1 = Ja

Verluste aus Beteiligungen (REIT)

an einer REIT-AG, anderen REIT-Körperschaften, -Personenvereinigungen oder -Vermögensmassen

	In den Zeilen 6 bis 46, 61, 69 und 78 außer Ansatz gelassene Verluste EUR	In den Zeilen 6 bis 46, 61, 69 und 78 enthaltene ungekürzte Gewinne EUR	In den Zeilen 6 bis 46, 61, 69 und 78 verrechnete Verluste aus anderen Jahren EUR
109	,–	,–	,–

110 Ich beantrage von einem Verlustrücktrag nach § 10d EStG in die Jahre 2024 und 2023 abzusehen. 1 = Ja

111 Für die in den Zeilen 4 bis 10 genannten Betriebe ist die Anlage Zinsschranke beigefügt. Anzahl der **Anlagen Zinsschranke** 44

Kürzungsbetrag nach § 11 AStG

112 Kürzungsbetrag nach § 11 AStG (laut gesonderter Aufstellung) 42/43 EUR ,–

2025AnlG236

2025

Anlage S

Jeder Ehegatte / Lebenspartner mit Einkünften aus selbständiger Arbeit hat eine eigene Anlage S abzugeben.

1 Name

2 Vorname

3 **Steuernummer**

Für jeden Betrieb ist zusätzlich eine Bilanz oder – soweit keine Bilanz erstellt wird – eine Anlage EÜR elektronisch zu übermitteln.

X Steuerpflichtige Person / Ehemann / Person A

X Ehefrau / Person B

Einkünfte aus selbständiger Arbeit

Gewinn 22

(ohne die Beträge in den Zeilen 35, 43 und 52; bei ausländischen Einkünften: **Anlage AUS** beachten)

Gewinn aus freiberuflicher Tätigkeit

4 genaue Berufsbezeichnung oder Tätigkeit

5 Steuernummer

6 Wirtschafts-Identifikationsnummer D E - 100/300 EUR ,—

Gewinn aus einer weiteren freiberuflichen Tätigkeit

7 genaue Berufsbezeichnung oder Tätigkeit

8 Steuernummer

9 Wirtschafts-Identifikationsnummer D E - 101/301 EUR ,—

Gewinn laut gesonderter Feststellung

10 genaue Berufsbezeichnung oder Tätigkeit

11 Finanzamt

12 Steuernummer 110/310 ,—

Gewinn aus Beteiligung laut gesonderter und einheitlicher Feststellung – 1. Beteiligung

13 genaue Bezeichnung der Gesellschaft

14 Finanzamt

15 Steuernummer 120/320 ,—

16 **Gewinn aus allen weiteren Beteiligungen laut gesonderter und einheitlicher Feststellung** (laut gesonderter Aufstellung) 130/330 ,—

Gewinn aus Gesellschaften / Gemeinschaften / ähnlichen Modellen i. S. d. § 15b EStG laut gesonderter und einheitlicher Feststellung

17 genaue Bezeichnung der Gesellschaft / Gemeinschaft / des ähnlichen Modells ,—

Gewinn aus sonstiger selbständiger Arbeit (z. B. als Aufsichtsratsmitglied)

18 genaue Berufsbezeichnung oder Tätigkeit

19 Steuernummer

20 Wirtschafts-Identifikationsnummer D E - 140/340 ,—

Gewinn aus allen weiteren Tätigkeiten

21 genaue Berufsbezeichnung oder Tätigkeit 150/350 ,—

22 In den Zeilen 6 bis 16, 20 und 21 nicht enthaltener steuerfreier Teil der Einkünfte, für die das **Teileinkünfteverfahren** gilt 160/360 ,—

EUR

23 In den Zeilen 6 bis 16, 20 und 21 enthaltene positive Einkünfte i. S. d. § 2 Abs. 4 UmwStG ,—

Steuerpflichtiger Teil der Leistungsvergütungen als Beteiligter einer Wagniskapitalgesellschaft, die **vor** dem 1.1.2009 gegründet wurde (§ 18 Abs. 1 Nr. 4 EStG)

genaue Bezeichnung der Gesellschaft

24

Finanzamt

25

Steuernummer EUR

26 170/370 ,—

Steuerpflichtiger Teil der Leistungsvergütungen als Beteiligter einer Wagniskapitalgesellschaft, die **nach** dem 31.12.2008 gegründet wurde (§ 18 Abs. 1 Nr. 4 EStG)

genaue Bezeichnung der Gesellschaft

27

Finanzamt

28

Steuernummer EUR

29 180/380 ,—

Ich beantrage für den in den Zeilen 6 bis 16 und 43 enthaltenen Gewinn die Begünstigung nach § 34a EStG und / oder es wurde zum 31.12.2024 ein nachversteuerungspflichtiger Betrag festgestellt.

30 Anzahl der einzureichenden **Anlagen 34a**

31 Es wurden steuerfreie Sanierungserträge i. S. d. § 3a EStG erzielt. 1 = Ja

Veräußerungsgewinn

bei Veräußerung / Aufgabe eines **ganzen Betriebs**, eines **Teilbetriebs** oder eines ganzen **Mitunternehmeranteils** (§ 16 EStG)

Veräußerungsgewinn, für den der Freibetrag nach § 16 Abs. 4 EStG wegen dauernder Berufsunfähigkeit oder Vollendung des 55. Lebensjahres beantragt wird

– Für nach dem 31.12.1995 erfolgte Veräußerungen / Aufgaben wurde der Freibetrag nach § 16 Abs. 4 EStG bei keiner Einkunftsart in Anspruch genommen. –

genaue Bezeichnung des Betriebs / Teilbetriebs / Mitunternehmeranteils

32

Finanzamt

33

Steuernummer

34

EUR

35 Veräußerungsgewinn vor Abzug des Freibetrags nach § 16 Abs. 4 EStG 200/400 ,—

36 In Zeile 35 enthaltener steuerpflichtiger Teil, für den das **Teileinkünfteverfahren** gilt 210/410 ,—

37 Auf den Veräußerungsgewinn laut Zeile 35 wurde zumindest teilweise § 6b oder § 6b i. V. m. § 6c EStG angewendet. Die Übertragungen von aufgedeckten stillen Reserven und / oder die in Anspruch genommenen Rücklagen nach § 6b Abs. 1 bis 9 ggf. i. V. m. § 6c EStG betragen 202/402 ,—

38 Auf den Veräußerungsgewinn laut Zeile 35 wurde zumindest teilweise § 6b oder § 6b i. V. m. § 6c EStG angewendet. Die Übertragungen von aufgedeckten stillen Reserven und / oder die in Anspruch genommenen Rücklagen nach § 6b Abs. 10 ggf. i. V. m. § 6c EStG betragen 203/403 ,—

39 Veräußerungsgewinn laut Zeile 35, für den der **ermäßigte Steuersatz** des § 34 Abs. 3 EStG wegen dauernder Berufsunfähigkeit oder Vollendung des 55. Lebensjahres beantragt wird. Für nach dem 31.12.2000 erfolgte Veräußerungen / Aufgaben wurde der ermäßigte Steuersatz nach § 34 Abs. 3 EStG bei keiner Einkunftsart in Anspruch genommen. 220/420 ,—

Veräußerungsgewinn(e), für den / die der Freibetrag nach § 16 Abs. 4 EStG nicht beantragt wird oder nicht zu gewähren ist

genaue Bezeichnung des Betriebs / Teilbetriebs / Mitunternehmeranteils

40

Finanzamt

41

Steuernummer

42

EUR

43 Veräußerungsgewinn(e) 230/430 ,—

44 In Zeile 43 enthaltener steuerpflichtiger Teil, für den das **Teileinkünfteverfahren** gilt 240/440 ,—

Zeile		Kennzahl	
45	Auf den / die Veräußerungsgewinn(e) laut Zeile 43 wurde zumindest teilweise § 6b Abs. 1 bis 9 ggf. i. V. m. § 6c EStG angewendet	231/431	1 = Ja, für die / alle Veräußerung(en) 2 = Ja, aber nicht für alle Veräußerungen
46	Auf den / die Veräußerungsgewinn(e) laut Zeile 43 wurde zumindest teilweise § 6b Abs. 10 ggf. i. V. m. § 6c EStG angewendet	204/404	1 = Ja
47	In Zeile 43 enthaltener Veräußerungsgewinn, für den der **ermäßigte Steuersatz** des § 34 Abs. 3 EStG wegen dauernder Berufsunfähigkeit oder Vollendung des 55. Lebensjahres beantragt wird. Für nach dem 31.12.2000 erfolgte Veräußerungen / Aufgaben wurde der ermäßigte Steuersatz des § 34 Abs. 3 EStG bei keiner Einkunftsart in Anspruch genommen.	250/450	EUR ,—
48	In Zeile 47 enthaltener steuerpflichtiger Teil, für den das **Teileinkünfteverfahren** gilt	260/460	,—

Veräußerungsverlust(e) nach § 16 EStG

Zeile		Kennzahl	
49	genaue Bezeichnung des Betriebs / Teilbetriebs / Mitunternehmeranteils		
50	Finanzamt		
51	Steuernummer		
52	Veräußerungsverlust(e)	270/470	EUR ,—
53	In Zeile 52 enthaltener steuerpflichtiger Teil, für den das **Teileinkünfteverfahren** gilt	280/480	,—

Zu den Zeilen 32 bis 48:

54 ☐ Erwerber ist eine Gesellschaft, an der die veräußernde Person oder eine ihr nahestehende Person beteiligt ist (laut gesonderter Aufstellung).

55 ☐ Die Betriebsaufgabe erstreckt sich über mehr als ein Kalenderjahr.

Sonstiges

Zeile		Kennzahl	
56	In den Zeilen 6 bis 21 enthaltene begünstigte sonstige Gewinne i. S. d. § 34 Abs. 2 Nr. 2 bis 4 EStG	190/390	EUR ,—

Einnahmen aus nebenberuflicher Tätigkeit

– Eine Anlage EÜR ist nicht zu übermitteln, wenn die Einnahmen nach § 3 Nr. 12, 26, 26a und / oder 26b EStG ganz oder teilweise steuerfrei sind und keine Betriebsausgaben geltend gemacht werden. –

Zeile		Kennzahl	Gesamtbetrag EUR	Kennzahl	davon als steuerfrei behandelt EUR	Rest enthalten in Zeile(n)
57	aus der Tätigkeit als	191/391	,—	192/392	,—	
58	aus allen weiteren Tätigkeiten	193/393	,—	194/394	,—	

Kürzungsbetrag nach § 11 AStG

Zeile		Kennzahl	
59	Kürzungsbetrag nach § 11 AStG (laut gesonderter Aufstellung)	185/385	EUR ,—

2025

1	Name	
2	Vorname	
3	Steuernummer	lfd. Nr. der Anlage

Anlage 34a

Für jeden Betrieb / Mitunternehmeranteil ist eine eigene Anlage 34a abzugeben.

Steuerpflichtige Person / Ehemann / Person A

Ehefrau / Person B

Begünstigung des nicht entnommenen Gewinns (§ 34a EStG)

Angaben zum Betrieb

20

4 Einkunftsart 11 — 1 = Land- und Forstwirtschaft, 2 = Gewerbebetrieb, 3 = Selbständige Arbeit

5 Bezeichnung des Betriebs / Mitunternehmeranteils 10

6 Wirtschafts-Identifikationsnummer des Betriebs D E -

Zeile		Kz.	EUR
7	Zum 31.12.2024 festgestellter nachversteuerungspflichtiger Betrag	12	,—

Begünstigungsbetrag

Bei Mitunternehmern ist in den nachfolgenden Zeilen jeweils der auf den Mitunternehmer entfallende Betrag anzugeben.

Zeile		Kz.	EUR
8	Gewinn nach § 4 Abs. 1 Satz 1 oder § 5 EStG (bei Land- und Forstwirten: Gewinn des Veranlagungszeitraums)	20	,—
9	Gewinn aus der Veräußerung / Aufgabe eines Teilbetriebs, für den der Freibetrag nach § 16 Abs. 4 EStG nicht beantragt wird oder nicht zu gewähren ist (in Zeile 69 der **Anlage G**, in Zeile 49 der **Anlage L** oder in Zeile 43 der **Anlage S** enthalten) und übrige außerordentliche Einkünfte i. S. d. § 34 Abs. 1 EStG (in Zeile 8 enthalten)	21	,—
10	Gewinn aus der Veräußerung / Aufgabe eines Teilbetriebs, für den § 16 Abs. 4 oder § 34 Abs. 3 EStG in Anspruch genommen wird (in Zeile 8 enthalten)	22	,—
11	Steuerpflichtiger Teil der Leistungsvergütungen i. S. d. § 18 Abs. 1 Nr. 4 EStG (in Zeile 8 enthalten)	23	,—
12	Entnahmen des Wirtschaftsjahres (bei Land- und Forstwirten: auf den Veranlagungszeitraum zeitanteilig aufgeteilt)	24	,—
13	Einlagen des Wirtschaftsjahres (bei Land- und Forstwirten: auf den Veranlagungszeitraum zeitanteilig aufgeteilt)	25	,—
14	In der Gewinnermittlung des Wirtschaftsjahres enthaltener Gewerbesteueraufwand	29	,—
15	Von dem nicht entnommenen Gewinn soll folgender Betrag ermäßigt besteuert werden	26	,—
16	Steuerpflichtiger Gewinn (einschließlich Veräußerungsgewinn vor Abzug des Freibetrags nach § 16 Abs. 4 EStG)	27	,—

Angaben zum nachversteuerungspflichtigen Betrag

20 / 21

Die Angaben in den Zeilen 17 bis 43 sowie 7, 8, 12 und 13 sind stets erforderlich, wenn zum 31.12.2024 ein nachversteuerungspflichtiger Betrag festgestellt wurde.

Zeile		Kz.	EUR
17	Entnahmen für Erbschaft- / Schenkungsteuer i. S. d. § 34a Abs. 4 Satz 3 EStG – anteilig für diesen Betrieb – (in Zeile 12 enthalten)	30	,—
18	**Bei Antrag nach § 34a Abs. 5 Satz 2 EStG:** Buchwerte von übertragenen oder überführten Wirtschaftsgütern nach § 6 Abs. 5 EStG	31	,—

19 Bezeichnung des laut Zeile 18 übertragenen oder überführten Wirtschaftsguts (Angaben zu weiteren Wirtschaftsgütern laut gesonderter Aufstellung)

20 Datum der Übertragung 306 T T M M J J J J

21 Name der übernehmenden Person des Wirtschaftsguts laut Zeile 19 (Angaben zu weiteren übernehmenden Personen laut gesonderter Aufstellung) 300

22 Identifikationsnummer der übernehmenden Person 307

23 Das Wirtschaftsgut wurde auf einen anderen Betrieb / Mitunternehmeranteil der übertragenden Person übertragen. 308 1 = Ja

Zeile		Kz.	EUR
24	Höhe des zu übertragenden nachversteuerungspflichtigen Betrags **– Erläutern Sie bitte die Höhe des zu übertragenden nachversteuerungspflichtigen Betrags in einer gesonderten Aufstellung. –**	303	,—

Unentgeltliche Übertragung des Betriebs / Mitunternehmeranteils nach § 6 Abs. 3 EStG auf eine natürliche Person oder auf eine Mitunternehmerschaft, soweit dieser einer natürlichen Person als Mitunternehmer zuzurechnen ist, sowie Einbringung des Betriebs / Mitunternehmeranteils zu Buchwerten nach § 24 UmwStG

25 Der gesamte Betrieb / der gesamte Mitunternehmeranteil wurde übertragen / zum Buchwert eingebracht nach: 105 [ ] 1 = § 6 Abs. 3 EStG, 2 = § 24 UmwStG — 106 Datum der Übertragung / Einbringung: T T M M J J J J

26 In den Fällen des § 6 Abs. 3 EStG: Name der übernehmenden Person des Betriebs / Mitunternehmeranteils laut Zeile 25 (Angaben zu weiteren übernehmenden Personen laut gesonderter Aufstellung) — 100

27 Identifikationsnummer der übernehmenden Person — 107

28 Der Betrieb / Mitunternehmeranteil wurde auf einen anderen Betrieb / Mitunternehmeranteil der übertragenden Person übertragen. — 108 [ ] 1 = Ja

Unentgeltliche Aufnahme einer natürlichen Person in das bestehende Einzelunternehmen / unentgeltliche Übertragung eines Teils des Mitunternehmeranteils auf eine natürliche Person / Einbringung eines Teils des Mitunternehmeranteils zu Buchwerten nach § 24 UmwStG

29 Aufnahme / Übertragung / Einbringung: 205 [ ]
3 = unentgeltliche Aufnahme einer natürlichen Person in das bestehende Einzelunternehmen
4 = unentgeltliche Übertragung eines Teils des Mitunternehmeranteils auf eine natürliche Person
5 = Einbringung eines Teils des Mitunternehmeranteils zu Buchwerten nach § 24 UmwStG
206 Datum der Aufnahme / Übertragung / Einbringung: T T M M J J J J

30 In den Fällen des § 6 Abs. 3 EStG: Name der aufgenommenen / übernehmenden Person laut Zeile 24 (Angaben zu weiteren übernehmenden Personen laut gesonderter Aufstellung) — 200

31 Identifikationsnummer der aufgenommenen / übernehmenden Person — 207

32 Ein Teil des Mitunternehmeranteils wurde auf einen anderen Betrieb / Mitunternehmeranteil der übertragenden Person übertragen. — 208 [ ] 1 = Ja

33 Höhe des zu übertragenden nachversteuerungspflichtigen Betrags
– Erläutern Sie bitte die Höhe des zu übertragenden nachversteuerungspflichtigen Betrags in einer gesonderten Aufstellung. – — 203 EUR ,—

Nachversteuerung

– Erläutern Sie bitte die Höhe der Beträge der Zeilen 38 bis 42 in einer gesonderten Aufstellung. –

34 Der Betrieb / der Mitunternehmeranteil wurde veräußert oder aufgegeben. — 34 [ ] 1 = Ja

35 Einbringung des Betriebs oder Mitunternehmeranteils in eine Kapitalgesellschaft / Genossenschaft, Formwechsel einer Personengesellschaft in eine Kapitalgesellschaft / Genossenschaft oder Option zur Körperschaftsbesteuerung — 34 [ ] 1 = Ja

36 Unentgeltliche Übertragung des Betriebs oder Mitunternehmeranteils nach § 6 Abs. 3 EStG auf eine Körperschaft, Personenvereinigung oder Vermögensmasse (Dies gilt auch, wenn ein Mitunternehmer ausscheidet und sein Anteil dem übrigen Mitunternehmer oder den übrigen Mitunternehmern unentgeltlich anwächst und es sich bei diesem / diesen um eine Körperschaft, Personenvereinigung oder Vermögensmasse handelt.) — 34 [ ] 1 = Ja

37 Der Gewinn wird nicht mehr nach § 4 Abs. 1 oder § 5 EStG ermittelt. — 34 [ ] 1 = Ja

38 Unentgeltliche Übertragung des Betriebs oder Mitunternehmeranteils nach § 6 Abs. 3 EStG auf eine Mitunternehmerschaft, soweit dieser einer Körperschaft, Personenvereinigung oder Vermögensmasse als Mitunternehmer zuzurechnen ist: Höhe des nachzuversteuernden nachversteuerungspflichtigen Betrags — 38 EUR ,—

39 Entgeltliche Aufnahme eines Mitunternehmers in das bestehende Einzelunternehmen / Veräußerung eines Teils des Mitunternehmeranteils: Höhe des anteilig nachzuversteuernden nachversteuerungspflichtigen Betrags — 39 ,—

40 Einbringung eines Teilbetriebs oder Teils des Mitunternehmeranteils in eine Kapitalgesellschaft / Genossenschaft: Höhe des anteilig nachzuversteuernden nachversteuerungspflichtigen Betrags — 44 ,—

41 Unentgeltliche Übertragung eines Teilbetriebs oder Teils des Mitunternehmeranteils auf eine Körperschaft, Personenvereinigung oder Vermögensmasse sowie unentgeltliche Aufnahme einer Körperschaft, Personenvereinigung oder Vermögensmasse als Mitunternehmer in das bestehende Einzelunternehmen (Dies gilt auch, wenn ein Teil des Mitunternehmeranteils dem übrigen Mitunternehmer oder den übrigen Mitunternehmern unentgeltlich anwächst und es sich bei diesem / diesen um eine Körperschaft, Personenvereinigung oder Vermögensmasse handelt.): Höhe des anteilig nachzuversteuernden nachversteuerungspflichtigen Betrags — 49 ,—

42 Unentgeltliche Übertragung eines Teilbetriebs oder Teils des Mitunternehmeranteils auf eine Mitunternehmerschaft, soweit dieser einer Körperschaft, Personenvereinigung oder Vermögensmasse als Mitunternehmer zuzurechnen ist: Höhe des anteilig nachzuversteuernden nachversteuerungspflichtigen Betrags — 54 ,—

43 Antrag auf Nachversteuerung nach § 34a Abs. 6 Satz 1 Nr. 5 EStG i. H. v. — 33 ,—

 2025Anl34a212

Übernahme eines nachversteuerungspflichtigen Betrags

20

			EUR
44	Auf den Betrieb / Mitunternehmeranteil laut Zeile 5 übertragener nachversteuerungspflichtiger Betrag nach § 34a Abs. 5 Satz 2 EStG	36	,–
45	Nachversteuerungspflichtiger Betrag aufgrund einer – unentgeltlichen Übertragung des Betriebs oder Mitunternehmeranteils nach § 34a Abs. 7 Satz 1 EStG – unentgeltlichen Aufnahme einer natürlichen Person in ein bestehendes Einzelunternehmen oder unentgeltlichen Übertragung eines Teils eines Mitunternehmeranteils auf eine natürliche Person nach § 34a Abs. 7 Satz 2 EStG – Einbringung des Betriebs oder Mitunternehmeranteils zu Buchwerten (§ 24 UmwStG) nach § 34a Abs. 7 Satz 4 EStG – Einbringung eines Teils eines Mitunternehmeranteils zu Buchwerten (§ 24 UmwStG) nach § 34a Abs. 7 Satz 5 EStG	37	,–

2025003210003

2025Anl34a213

Anleitung vorhanden

2025

1 Name

2 Vorname

3 **Steuernummer** lfd. Nr. der Anlage

Anlage V

Diese Anlage ist bei Zusammenveranlagung von Ehegatten / Lebenspartnern gemeinsam auszufüllen.

Einkünfte aus Vermietung/Verpachtung bebauter Grundstücke

Allgemeine Angaben

25

Lage des Grundstücks / der Eigentumswohnung

4 Straße, Hausnummer

5 Postleitzahl Ort

6 Aktenzeichen laut Grundsteuermessbescheid (ohne Sonderzeichen) – bisher Einheitswert-Aktenzeichen – 00

7 Notar- / Kaufvertrag vom T T M M J J J J | Eigentumsübergang am T T M M J J J J | Bauantrag / Bauanzeige / Baubeginnsanzeige vom T T M M J J J J | Fertig gestellt am T T M M J J J J

8 53 Veräußert / Übertragen am T T M M J J J J | Eigentumsübergang bei Veräußerung / Übertragung am T T M M J J J J

9 Wirtschafts-Identifikationsnummer D E -

Das in Zeile 4 bezeichnete Objekt wird ganz oder teilweise

10 als Ferienwohnung genutzt 61 (1 = Ja, 2 = Nein) | kurzfristig vermietet 63 (1 = Ja, 2 = Nein) | an Angehörige zu Wohnzwecken vermietet 62 (1 = Ja, 2 = Nein)

– Bei Nutzung als Ferienwohnung oder bei kurzfristiger Vermietung ist zusätzlich die **Anlage V-FeWo** zu übermitteln. –

11 Gesamtwohnfläche (in m²) 54

12 in Zeile 11 enthaltener eigengenutzter / unentgeltlich an Dritte überlassener Wohnraum (in m²) 55 | in Zeile 11 enthaltener als Ferienwohnung genutzter Wohnraum (in m²) 56

Einnahmen

(Bei ausländischen Einkünften: **Anlage AUS** beachten)

Mieteinnahmen für Wohnungen (ohne Umlagen / ohne Umsatzsteuer)

Zeile	Bezeichnung	Wohnfläche (in m²)		EUR
13	Bezeichnung der Wohneinheit (z. B. Stockwerk, Nummer der Wohnung)	Wohnfläche (in m²)		,–
14	Bezeichnung weiterer Wohneinheiten (z. B. Stockwerk, Nummer der Wohnung)	Wohnfläche (in m²)	+	,–
15		Summe	01 =	,–

Einnahmen für andere Räume (ohne Umlagen / ohne Umsatzsteuer)

Zeile	Bezeichnung	Nutzfläche (in m²)		EUR
16	Bezeichnung der Einheit (z. B. Stockwerk, Nummer der Einheit)	Nutzfläche (in m²)		,–
17	Bezeichnung weiterer Einheiten (z. B. Stockwerk, Nummer der Einheit)	Nutzfläche (in m²)	+	,–
18		Summe	02 =	,–

Einnahmen für an Angehörige vermietete Wohnungen (ohne Umlagen / ohne Umsatzsteuer)

Zeile	Bezeichnung	Wohnfläche (in m²)		EUR
19	Bezeichnung der Wohneinheit (z. B. Stockwerk, Nummer der Wohnung)	Wohnfläche (in m²)	03	,–

Einnahmen aus umgelegten Neben- / Betriebskosten (z. B. Wasser, Allgemeinstrom, Müllabfuhr, Zentralheizung)

Zeile		Kz.	EUR
20	auf die Zeilen 15 und 18 entfallende laufende Neben- / Betriebskosten	04	,–
21	auf die Zeilen 15 und 18 entfallende und im Jahr 2025 erhaltene Nachzahlungen / geleistete Erstattungen (negativen Betrag mit vorangestelltem Minuszeichen eintragen)	11	,–
22	auf Zeile 19 entfallende laufende Neben- / Betriebskosten	05	,–
23	auf Zeile 19 entfallende und im Jahr 2025 erhaltene Nachzahlungen / geleistete Erstattungen (negativen Betrag mit vorangestelltem Minuszeichen eintragen)	12	,–
24	Neben- / Betriebskosten wurden nicht gesondert vereinbart.	13	1 = Ja

2025AnlV101 - September 2025 - 2025AnlV101

Sonstige Einnahmen

Zeile		Kz	EUR
25	Vereinnahmte Mieten für frühere Jahre / verrechnete Mietkautionen / auf das Kalenderjahr entfallende Mietvorauszahlungen aus Baukostenzuschüssen	06	,—
26	Einnahmen aus Vermietung von Garagen, Werbeflächen, Grund und Boden für Kioske usw.	07	,—
27	Vereinnahmte Umsatzsteuer	09	,—
28	Vom Finanzamt erstattete und ggf. verrechnete Umsatzsteuer	10	,—
29	Öffentliche Zuschüsse nach dem Wohnraumförderungsgesetz oder zu Erhaltungsaufwendungen, Aufwendungszuschüsse, Guthabenzinsen aus Bausparverträgen und sonstige Einnahmen		,—
30	davon entfallen auf eigengenutzte oder unentgeltlich an Dritte überlassene Wohnungen laut Zeile 12	–	,—
31	Ergebnis der Zeilen 29 und 30	08 =	,—
32	Summe der Einnahmen aus den Zeilen 15, 18 bis 28 und 31		,—

Werbungskosten

Bitte füllen Sie die Zeilen zu den **verhältnismäßig zugeordneten Werbungskosten** nur aus, wenn die Aufwendungen für das Gebäude nur **teilweise** Werbungskosten sind (siehe Anleitung zu den Zeilen 33 bis 84).

Im Falle einer **verbilligten Vermietung zu Wohnzwecken** tragen Sie bitte die **Aufwendungen** in die Zeilen 33 bis 84 **in voller Höhe** ein. Hinsichtlich der vorzunehmenden **Kürzung der Werbungskosten** nutzen Sie bitte **ausschließlich die Zeilen 87 und 88** (siehe Anleitung zu den Zeilen 33 bis 84 sowie 87 und 88).

Absetzung für Abnutzung für Gebäude (ohne Beträge in den Zeilen 36 bis 41)

durch direkte Zuordnung ermittelt

33 1 = linear 2 = degressiv | , % | 1 = wie Vorjahr 2 = laut Erläuterung | EUR ,—

durch verhältnismäßige Zuordnung ermittelt

34 1 = linear 2 = degressiv | , % | 1 = wie Vorjahr 2 = laut Erläuterung | Gesamtbetrag in EUR, Ct , | abzugsfähiger Anteil (in %) | + ,—

35 Abzugsfähige Werbungskosten 30 = ,—

Sonderabschreibung für Mietwohnungsneubau nach § 7b EStG

durch direkte Zuordnung ermittelt

36 1 = wie Vorjahr 2 = laut Erläuterung | EUR ,—

durch verhältnismäßige Zuordnung ermittelt

37 1 = wie Vorjahr 2 = laut Erläuterung | Gesamtbetrag in EUR, Ct , | abzugsfähiger Anteil (in %) | + ,—

38 Abzugsfähige Werbungskosten 70 = ,—

Erhöhte Absetzungen nach den §§ 7h, 7i EStG und / oder nach dem Schutzbaugesetz

durch direkte Zuordnung ermittelt

39 1 = wie Vorjahr 2 = laut Erläuterung | EUR ,—

durch verhältnismäßige Zuordnung ermittelt

40 1 = wie Vorjahr 2 = laut Erläuterung | Gesamtbetrag in EUR, Ct , | abzugsfähiger Anteil (in %) | + ,—

41 Abzugsfähige Werbungskosten 31 = ,—

Absetzung für Abnutzung für Wirtschaftsgüter, die keine Gebäude sind (z. B. bewegliche Wirtschaftsgüter)

durch direkte Zuordnung ermittelt

42 1 = wie Vorjahr 2 = laut Erläuterung | Einzelangaben (z. B. Bezeichnung, Anschaffungskosten und -datum, Nutzungsdauer) | EUR ,—

durch verhältnismäßige Zuordnung ermittelt

43 1 = wie Vorjahr 2 = laut Erläuterung | Einzelangaben (z. B. Bezeichnung, Anschaffungskosten und -datum, Nutzungsdauer)

44 Gesamtbetrag in EUR, Ct , | abzugsfähiger Anteil (in %) | + ,—

45 Abzugsfähige Werbungskosten 60 = ,—

2025AnlV102

2025003100003

Schuldzinsen (ohne Tilgungsbeträge)

durch direkte Zuordnung ermittelt

Einzelangaben (z. B. Kreditinstitut) | EUR

46 ,—

durch verhältnismäßige Zuordnung ermittelt

Einzelangaben (z. B. Kreditinstitut) | Gesamtbetrag in EUR, Ct | abzugsfähiger Anteil (in %)

47 , + ,—

48 Abzugsfähige Werbungskosten 33 = ,—

Geldbeschaffungskosten (z. B. Schätz-, Notar-, Grundbuchgebühren)

durch direkte Zuordnung ermittelt

Einzelangaben | EUR

49 ,—

durch verhältnismäßige Zuordnung ermittelt

Einzelangaben | Gesamtbetrag in EUR, Ct | abzugsfähiger Anteil (in %)

50 , + ,—

51 Abzugsfähige Werbungskosten 34 = ,—

Renten, dauernde Lasten

durch direkte Zuordnung ermittelt

Einzelangaben | EUR

52 ,—

durch verhältnismäßige Zuordnung ermittelt

Einzelangaben | Gesamtbetrag in EUR, Ct | abzugsfähiger Anteil (in %)

53 , + ,—

54 Abzugsfähige Werbungskosten 35 = ,—

2025 voll abzuziehende Erhaltungsaufwendungen (einschließlich Entnahmen aus der Erhaltungsrücklage)

EUR

55 durch direkte Zuordnung ermittelt 36 ,—

56 durch verhältnismäßige Zuordnung ermittelt | Gesamtbetrag in EUR, Ct , | abzugsfähiger Anteil (in %) | 37 ,—

Auf bis zu 5 Jahre zu verteilende Erhaltungsaufwendungen (einschließlich Entnahmen aus der Erhaltungsrücklage) – §§ 11a, 11b EStG, § 82b EStDV –

57 Gesamtaufwand **2025** 57 ,— € davon **2025** abzuziehen ,— €

EUR

58 durch direkte Zuordnung ermittelt ,—

59 durch verhältnismäßige Zuordnung ermittelt | Gesamtbetrag in EUR, Ct , | abzugsfähiger Anteil (in %) | + ,—

60 Abzugsfähige Werbungskosten 38 = ,—

2025 zu berücksichtigender Anteil der Erhaltungsaufwendungen nach den §§ 11a, 11b EStG, § 82b EStDV

EUR

61 **aus 2021** durch direkte Zuordnung ermittelt ,—

62 **aus 2021** durch verhältnismäßige Zuordnung ermittelt | Gesamtbetrag in EUR, Ct , | abzugsfähiger Anteil (in %) | + ,—

63 Abzugsfähige Werbungskosten 39 = ,—

64 **aus 2022** durch direkte Zuordnung ermittelt ,—

65 **aus 2022** durch verhältnismäßige Zuordnung ermittelt | Gesamtbetrag in EUR, Ct , | abzugsfähiger Anteil (in %) | + ,—

66 Abzugsfähige Werbungskosten 40 = ,—

67 **aus 2023** durch direkte Zuordnung ermittelt ,—

68 **aus 2023** durch verhältnismäßige Zuordnung ermittelt | Gesamtbetrag in EUR, Ct , | abzugsfähiger Anteil (in %) | + ,—

69 Abzugsfähige Werbungskosten 41 = ,—

2025AnlV103

Zeile				Kz	EUR
70	**aus 2024** durch direkte Zuordnung ermittelt				,—
71	**aus 2024** durch verhältnismäßige Zuordnung ermittelt	Gesamtbetrag in EUR, Ct: ,	abzugsfähiger Anteil (in %)	+	,—
72			Abzugsfähige Werbungskosten	42 =	,—

Umgelegte Kosten (z. B. Grundsteuer, Straßenreinigung, Müllabfuhr, Wasserversorgung, Entwässerung, Hausbeleuchtung, Heizung, Warmwasser, Schornsteinreinigung, Hausversicherungen, Hauswart, Treppenhausreinigung, Fahrstuhl)

Zeile				Kz	EUR
	durch direkte Zuordnung ermittelt				
73	Einzelangaben				,—
	durch verhältnismäßige Zuordnung ermittelt				
74	Einzelangaben	Gesamtbetrag in EUR, Ct: ,	abzugsfähiger Anteil (in %)	+	,—
75			Abzugsfähige Werbungskosten	52 =	,—

Nicht umgelegte Kosten (z. B. Verwaltungskosten, Bank- und Kontoführungsgebühren – ohne Erhaltungsrücklage –)

Zeile				Kz	EUR
	durch direkte Zuordnung ermittelt				
76	Einzelangaben				,—
	durch verhältnismäßige Zuordnung ermittelt				
77	Einzelangaben	Gesamtbetrag in EUR, Ct: ,	abzugsfähiger Anteil (in %)	+	,—
78			Abzugsfähige Werbungskosten	48 =	,—

Nur bei umsatzsteuerpflichtiger Vermietung:
an das Finanzamt gezahlte und ggf. verrechnete Umsatzsteuer

Zeile		Kz	EUR
79	durch direkte Zuordnung ermittelt	58	,—

Sonstige Kosten

Zeile				Kz	EUR
	durch direkte Zuordnung ermittelt				
80	Einzelangaben				,—
	durch verhältnismäßige Zuordnung ermittelt				
81	Einzelangaben	Gesamtbetrag in EUR, Ct: ,	abzugsfähiger Anteil (in %)	+	,—
82			Abzugsfähige Werbungskosten	49 =	,—

Zeile		Kz	EUR
83	**Summe der Werbungskosten** (Summe der Zeilen 35, 38, 41, 45, 48, 51, 54, 55, 56, 60, 63, 66, 69, 72, 75, 78, 79 und 82)		,—
84	Nur bei umsatzsteuerpflichtiger Vermietung: in den Werbungskosten laut Zeile 83 enthaltene abziehbare Vorsteuerbeträge	59	,—

Ermittlung und Zuordnung der Einkünfte

– Bitte füllen Sie die Zeilen 85 und 86 immer aus. –

Zeile		Kz	EUR
85	Überschuss (Einnahmen laut Zeile 32 abzüglich Werbungskosten laut Zeile 83) – negativen Betrag mit vorangestelltem Minuszeichen eintragen –		,—

Zeile		Kz	Steuerpflichtige Person / Ehemann / Person A EUR	Kz	Ehefrau / Person B EUR
86	Zurechnung des Betrags aus Zeile 85	20	,—	21	,—

Verbilligte Vermietung zu Wohnzwecken (§ 21 Abs. 2 Satz 1 EStG)

– Bitte nehmen Sie die Eintragung zur Kürzung der Werbungskosten entweder in Zeile 87 **oder** in Zeile 88 vor. Aufgrund dieser Eintragung kürzt Ihr Finanzamt die Werbungskosten entsprechend. –

Zeile		Kz	
87	Kürzung der Werbungskosten wegen verbilligter Vermietung (in %)	50	,
88	Betragsmäßige Kürzung der Werbungskosten wegen verbilligter Vermietung eines Teils des Objekts	51	EUR ,—

2025 vereinnahmte oder bewilligte Zuschüsse aus öffentlichen Mitteln zu den Anschaffungs- / Herstellungskosten (laut gesonderter Aufstellung)

Zeile		EUR		EUR
89	Steuerpflichtige Person / Ehemann / Person A	,—	Ehefrau / Person B	,—

2025AnlV104

2025AnlV104

Anleitung vorhanden

2025

Anlage V-FeWo

zur Anlage V

Diese Anlage ist bei Zusammenveranlagung von Ehegatten / Lebenspartnern gemeinsam auszufüllen.

1 Name

2 Vorname

3 **Steuernummer** lfd. Nr. der Anlage

Einkünfte aus Vermietung und Verpachtung von Ferienwohnungen und aus kurzfristiger Vermietung

1. Ferienwohnung / kurzfristig vermietete Wohnung

Allgemeine Angaben

4 zur **Anlage V** mit der laufenden Nummer

5 Aktenzeichen laut Grundsteuermessbescheid (ohne Sonderzeichen) – bisher Einheitswert-Aktenzeichen –

6 ggf. nähere Bezeichnung der Ferienwohnung / kurzfristigen Vermietung

7 Wohnfläche (in m²)

Angaben zur Nutzung

8 Wurde die Wohnung im Jahr 2025 auch selbst genutzt (hierzu zählt auch die unentgeltliche Überlassung an Dritte) und / oder war eine Selbstnutzung vorbehalten? 1 = Ja 2 = Nein

9 Tage der Selbstnutzung (Anzahl) Vermietungstage (Anzahl) Leerstandstage (Anzahl)

Falls die Wohnung ausschließlich an wechselnde Feriengäste vermietet und in der übrigen Zeit hierfür bereit gehalten wurde:

10 Ortsübliche Vermietungstage (Anzahl)

11 Wurde die Vermietung einem nicht nahe stehenden Vermittler (z. B. überregionaler Reiseveranstalter, Kurverwaltung) übertragen und ist eine Eigennutzung vertraglich für das gesamte Jahr ausgeschlossen? 1 = Ja 2 = Nein

12 Befindet sich die Ferienwohnung in Ihrem ansonsten selbst genutzten Zwei- oder Mehrfamilienhaus oder in unmittelbarer Nähe zur selbst genutzten Wohnung? 1 = Ja 2 = Nein

13 Befindet sich die Ferienwohnung in einem Ort, in dem sich eine oder weitere eigene Ferienwohnungen befinden, welche selbst genutzt wurden? 1 = Ja 2 = Nein

2. Ferienwohnung / kurzfristig vermietete Wohnung

Allgemeine Angaben

14 zur **Anlage V** mit der laufenden Nummer

15 Aktenzeichen laut Grundsteuermessbescheid (ohne Sonderzeichen) – bisher Einheitswert-Aktenzeichen –

16 ggf. nähere Bezeichnung der Ferienwohnung / kurzfristigen Vermietung

17 Wohnfläche (in m²)

Angaben zur Nutzung

18 Wurde die Wohnung im Jahr 2025 auch selbst genutzt (hierzu zählt auch die unentgeltliche Überlassung an Dritte) und / oder war eine Selbstnutzung vorbehalten? 1 = Ja 2 = Nein

19 Tage der Selbstnutzung (Anzahl) Vermietungstage (Anzahl) Leerstandstage (Anzahl)

Falls die Wohnung ausschließlich an wechselnde Feriengäste vermietet und in der übrigen Zeit hierfür bereit gehalten wurde:

20 Ortsübliche Vermietungstage (Anzahl)

21 Wurde die Vermietung einem nicht nahe stehenden Vermittler (z. B. überregionaler Reiseveranstalter, Kurverwaltung) übertragen und ist eine Eigennutzung vertraglich für das gesamte Jahr ausgeschlossen? 1 = Ja 2 = Nein

22 Befindet sich die Ferienwohnung in Ihrem ansonsten selbst genutzten Zwei- oder Mehrfamilienhaus oder in unmittelbarer Nähe zur selbst genutzten Wohnung? 1 = Ja 2 = Nein

23 Befindet sich die Ferienwohnung in einem Ort, in dem sich eine oder weitere eigene Ferienwohnungen befinden, welche selbst genutzt wurden? 1 = Ja 2 = Nein

3. Ferienwohnung / kurzfristig vermietete Wohnung

Allgemeine Angaben

24 zur **Anlage V** mit der laufenden Nummer

25 Aktenzeichen laut Grundsteuermessbescheid (ohne Sonderzeichen) – bisher Einheitswert-Aktenzeichen –

26 ggf. nähere Bezeichnung der Ferienwohnung / kurzfristigen Vermietung

27 Wohnfläche (in m²)

Angaben zur Nutzung

28 Wurde die Wohnung im Jahr 2025 auch selbst genutzt (hierzu zählt auch die unentgeltliche Überlassung an Dritte) und / oder war eine Selbstnutzung vorbehalten? 1 = Ja 2 = Nein

29 Tage der Selbstnutzung (Anzahl) Vermietungstage (Anzahl) Leerstandstage (Anzahl)

Falls die Wohnung ausschließlich an wechselnde Feriengäste vermietet und in der übrigen Zeit hierfür bereit gehalten wurde:

30 Ortsübliche Vermietungstage (Anzahl)

31 Wurde die Vermietung einem nicht nahe stehenden Vermittler (z. B. überregionaler Reiseveranstalter, Kurverwaltung) übertragen und ist eine Eigennutzung vertraglich für das gesamte Jahr ausgeschlossen? 1 = Ja 2 = Nein

32 Befindet sich die Ferienwohnung in Ihrem ansonsten selbst genutzten Zwei- oder Mehrfamilienhaus oder in unmittelbarer Nähe zur selbst genutzten Wohnung? 1 = Ja 2 = Nein

33 Befindet sich die Ferienwohnung in einem Ort, in dem sich eine oder weitere eigene Ferienwohnungen befinden, welche selbst genutzt wurden? 1 = Ja 2 = Nein

4. Ferienwohnung / kurzfristig vermietete Wohnung

Allgemeine Angaben

34 zur **Anlage V** mit der laufenden Nummer

35 Aktenzeichen laut Grundsteuermessbescheid (ohne Sonderzeichen) – bisher Einheitswert-Aktenzeichen –

36 ggf. nähere Bezeichnung der Ferienwohnung / kurzfristigen Vermietung

37 Wohnfläche (in m²)

Angaben zur Nutzung

38 Wurde die Wohnung im Jahr 2025 auch selbst genutzt (hierzu zählt auch die unentgeltliche Überlassung an Dritte) und / oder war eine Selbstnutzung vorbehalten? 1 = Ja 2 = Nein

39 Tage der Selbstnutzung (Anzahl) Vermietungstage (Anzahl) Leerstandstage (Anzahl)

Falls die Wohnung ausschließlich an wechselnde Feriengäste vermietet und in der übrigen Zeit hierfür bereit gehalten wurde:

40 Ortsübliche Vermietungstage (Anzahl)

41 Wurde die Vermietung einem nicht nahe stehenden Vermittler (z. B. überregionaler Reiseveranstalter, Kurverwaltung) übertragen und ist eine Eigennutzung vertraglich für das gesamte Jahr ausgeschlossen? 1 = Ja 2 = Nein

42 Befindet sich die Ferienwohnung in Ihrem ansonsten selbst genutzten Zwei- oder Mehrfamilienhaus oder in unmittelbarer Nähe zur selbst genutzten Wohnung? 1 = Ja 2 = Nein

43 Befindet sich die Ferienwohnung in einem Ort, in dem sich eine oder weitere eigene Ferienwohnungen befinden, welche selbst genutzt wurden? 1 = Ja 2 = Nein

2025AnlV-FeWo492

2025

Anlage V-Sonstige

Diese Anlage ist bei Zusammenveranlagung von Ehegatten / Lebenspartnern gemeinsam auszufüllen.

1 Name

2 Vorname

3 **Steuernummer**

Weitere Einkünfte aus Vermietung und Verpachtung

Anteile an Einkünften laut gesonderter und einheitlicher Feststellung aus 25

Steuerpflichtige Person / Ehemann / Person A

1. Grundstücksgemeinschaft

4 Bezeichnung

5 Finanzamt

6 Steuernummer — 856 EUR ,–

2. Grundstücksgemeinschaft

7 Bezeichnung

8 Finanzamt

9 Steuernummer — 858 EUR ,–

10 weiteren Grundstücksgemeinschaften (laut gesonderter Aufstellung) — 854 ,–

geschlossenen Immobilienfonds

11 Bezeichnung

12 Finanzamt

13 Steuernummer — 874 EUR ,–

Bauherren- / Erwerbsgemeinschaften

14 Bezeichnung

15 Finanzamt

16 Steuernummer — 876 EUR ,–

Ehefrau / Person B

1. Grundstücksgemeinschaft

17 Bezeichnung

18 Finanzamt

19 Steuernummer — 857 EUR ,–

2. Grundstücksgemeinschaft

20 Bezeichnung

21 Finanzamt

22 Steuernummer — 859 EUR ,–

23 weiteren Grundstücksgemeinschaften (laut gesonderter Aufstellung) — 855 ,–

geschlossenen Immobilienfonds

24 Bezeichnung

25 Finanzamt

26 Steuernummer — 875 EUR ,—

Bauherren- / Erwerbsgemeinschaften

27 Bezeichnung

28 Finanzamt

29 Steuernummer — 877 EUR ,—

Wirtschafts-Identifikationsnummer zu den Zeilen 31 bis 36

	Steuerpflichtige Person / Ehemann / Person A	Ehefrau / Person B
30	D E -	D E -

Einkünfte aus Untervermietung von gemieteten Räumen

		Steuerpflichtige Person / Ehemann / Person A EUR	Ehefrau / Person B EUR
31	Bezeichnung	866 ,—	867 ,—

Einkünfte aus Vermietung und Verpachtung unbebauter Grundstücke, von anderem unbeweglichen Vermögen, von Sachinbegriffen sowie aus Überlassung von Rechten

		Steuerpflichtige Person / Ehemann / Person A EUR	Ehefrau / Person B EUR
	Vermietung und Verpachtung unbebauter Grundstücke		
32	Bezeichnung	,—	,—
	Vermietung und Verpachtung von anderem unbeweglichen Vermögen		
33	Bezeichnung	+ ,—	+ ,—
	Vermietung und Verpachtung von Sachinbegriffen		
34	Bezeichnung	+ ,—	+ ,—
	Einkünfte aus Überlassung von Rechten		
35	Bezeichnung	+ ,—	+ ,—
36	Summe	852 = ,—	853 = ,—

Vereinnahmte Prozess- und Verzugszinsen

		Steuerpflichtige Person / Ehemann / Person A EUR	Ehefrau / Person B EUR
37	Bezeichnung	864 ,—	865 ,—

Einkünfte, für die die ermäßigte Besteuerung nach § 34 Abs. 1 EStG anzuwenden ist

In der **Anlage V** und / oder der Anlage V-Sonstige enthaltene Einkünfte, für die die ermäßigte Besteuerung nach § 34 Abs. 1 EStG anzuwenden ist

		Steuerpflichtige Person / Ehemann / Person A EUR	Ehefrau / Person B EUR
38	Bezeichnung	862 ,—	863 ,—

Steuerstundungsmodelle

Einkünfte aus Gesellschaften / Gemeinschaften / ähnlichen Modellen i. S. d. § 15b EStG (laut gesonderter Aufstellung)

		Steuerpflichtige Person / Ehemann / Person A EUR	Ehefrau / Person B EUR
39	Bezeichnung	,—	,—

2025AnlV-Sonstige502

Anleitung vorhanden

2025

Name

1

Vorname

2

3 **Steuernummer**

Anlage FW

Diese Anlage ist bei Zusammenveranlagung von Ehegatten / Lebenspartnern gemeinsam auszufüllen.

Förderung des Wohneigentums

– Steuerbegünstigung für zu eigenen Wohnzwecken genutzte Baudenkmale und Gebäude in Sanierungsgebieten und städtebaulichen Entwicklungsbereichen nach § 10f EStG –

Allgemeine Angaben zum Objekt

Lage der Wohnung (Ort, Straße, Hausnummer)

4

Eigentümer (Namen, ggf. Miteigentumsanteile)

5

6 X Einfamilienhaus / Eigentumswohnung X Anderes Haus mit Anzahl der Wohnungen: davon eigengenutzt:

Kaufvertrag vom | Bauantrag gestellt am | Baubeginn am | Angeschafft am

7 TTMMJJJJ | TTMMJJJJ | TTMMJJJJ | TTMMJJJJ

Fertig gestellt am | Eigengenutzt ab

8 TTMMJJJJ | TTMMJJJJ

9 Nutzfläche des Hauses in m² zu eigenen Wohnzwecken genutzte Fläche in m² (ohne eigenbetrieblich / beruflich genutzte Fläche)

Für folgende Objekte wurden bereits Abzugsbeträge / erhöhte Absetzungen beansprucht:

10

Abzugsbetrag nach § 10f EStG

46

Bei Bauantrag / Einreichung der Bauunterlagen vor dem 1.1.2004:

Fertig gestellt 2025 EUR

11 Aufwendungen X wie Vorjahr ,— € Abzugsbetrag bis zu 10 % 71 ,—

Bei Bauantrag / Einreichung der Bauunterlagen nach dem 31.12.2003:

Fertig gestellt 2025

12 Aufwendungen X wie Vorjahr ,— € Abzugsbetrag bis zu 9 % 69 ,—

Zusätzliche Angaben zu Zuschüssen

13 2025 vereinnahmte oder bewilligte Zuschüsse aus öffentlichen Mitteln zu den Anschaffungs- / Herstellungskosten (laut gesonderter Erläuterung) ,—

Anteile an der Steuerbegünstigung nach § 10f EStG laut gesonderter und einheitlicher Feststellung

Gemeinschaft / Gesellschaft

14

Finanzamt | Steuernummer

15

EUR

16 Gesondert und einheitlich festgestellter Betrag nach § 10f EStG 85 ,—

1 Name

2 Vorname

3 **Steuernummer** lfd. Nr. der Anlage

Anlage L

Für jeden Betrieb ist zusätzlich eine Bilanz, eine Anlage 13a oder eine Anlage EÜR elektronisch zu übermitteln.

Einkünfte aus Land- und Forstwirtschaft

Art der Gewinnermittlung

50

4 Bitte 1, 2, 3, 4 oder 6 eintragen. 70

1 = § 4 Abs. 1 EStG
2 = freiwillige befristete Buchführung nach § 13a Abs. 2 EStG
3 = § 4 Abs. 3 EStG
4 = freiwillige befristete Einnahmenüberschussrechnung nach § 13a Abs. 2 EStG
6 = § 13a Abs. 3 bis 7 EStG

Gewinn

(ohne die Beträge in den Zeilen 44, 49 und 55; bei ausländischen Einkünften: **Anlage AUS** beachten)

Gewinn als Einzelunternehmer

5 Steuernummer Wirtschafts-Identifikationsnummer D E -

6 im Wirtschaftsjahr vom (Tag, Monat) bis (Tag, Monat) T T M M T T M M

			Steuerpflichtige Person / Ehemann / Person A	Ehefrau / Person B
Gewinn nach § 4 Abs. 1 oder Abs. 3 EStG				
Gewinn 2024 / 2025 (2025)				
7	EUR ,– ▸	**auf das Kalenderjahr 2025 entfallen:**	10 EUR ,–	11 EUR ,–
Gewinn 2025 / 2026				
8	EUR ,– ▸	**auf das Kalenderjahr 2025 entfallen:**	12 ,–	13 ,–
Gewinn nach § 13a EStG				
Gewinn 2024 / 2025 (2025)				
9	EUR ,– ▸	**auf das Kalenderjahr 2025 entfallen:**	73 ,–	74 ,–
Gewinn 2025 / 2026				
10	EUR ,– ▸	**auf das Kalenderjahr 2025 entfallen:**	75 ,–	76 ,–

Gewinn laut gesonderter Feststellung

Steuerpflichtige Person / Ehemann / Person A

Gewinn nach § 4 Abs. 1 oder Abs. 3 EStG

11 genaue Bezeichnung des Betriebs

12 Finanzamt

13 Steuernummer — 32 EUR ,–

Gewinn nach § 13a EStG

14 genaue Bezeichnung des Betriebs

15 Finanzamt

16 Steuernummer — 34 EUR ,–

Ehefrau / Person B

Gewinn nach § 4 Abs. 1 oder Abs. 3 EStG

genaue Bezeichnung des Betriebs

17

Finanzamt

18

Steuernummer | EUR

19 | 33 ,–

Gewinn nach § 13a EStG

genaue Bezeichnung des Betriebs

20

Finanzamt

21

Steuernummer | EUR

22 | 35 ,–

Gewinn als Mitunternehmer laut gesonderter und einheitlicher Feststellung

Steuerpflichtige Person / Ehemann / Person A

Gewinn nach § 4 Abs. 1 oder Abs. 3 EStG

genaue Bezeichnung der Gesellschaft

23

Finanzamt

24

Steuernummer | EUR

25 | 38 ,–

Gewinn nach § 13a EStG

genaue Bezeichnung der Gesellschaft

26

Finanzamt

27

Steuernummer | EUR

28 | 36 ,–

Gewinn aus Gesellschaften / Gemeinschaften / ähnlichen Modellen i. S. d. § 15b EStG

genaue Bezeichnung der Gesellschaft / Gemeinschaft / des ähnlichen Modells | EUR

29 | ,–

Ehefrau / Person B

Gewinn nach § 4 Abs. 1 oder Abs. 3 EStG

genaue Bezeichnung der Gesellschaft

30

Finanzamt

31

Steuernummer | EUR

32 | 39 ,–

Gewinn nach § 13a EStG

genaue Bezeichnung der Gesellschaft

33

Finanzamt

34

Steuernummer | EUR

35 | 37 ,–

Gewinn aus Gesellschaften / Gemeinschaften / ähnlichen Modellen i. S. d. § 15b EStG

genaue Bezeichnung der Gesellschaft / Gemeinschaft / des ähnlichen Modells | EUR

36 | ,–

2025AnlL072

Zeile		Steuerpflichtige Person / Ehemann / Person A EUR	Ehefrau / Person B EUR
37	In den Gewinnen des Kalenderjahres 2025 (Zeile 7 bis 28 und 30 bis 35) nicht enthaltener steuerfreier Teil der Einkünfte, für die das **Teileinkünfteverfahren** gilt	14 ,—	15 ,—
38	In den Zeilen 7 bis 28 und 30 bis 35 enthaltene positive Einkünfte i. S. d. § 2 Abs. 4 UmwStG	,—	,—

Ich beantrage für den in den Zeilen 7, 8, 13, 19, 25, 32 und 49 enthaltenen Gewinn die Begünstigung nach § 34a EStG und / oder es wurde zum 31.12.2022 ein nachversteuerungspflichtiger Betrag festgestellt.

Zeile			
39	Anzahl der einzureichenden **Anlagen 34a**		
40	Es wurden steuerfreie Sanierungserträge i. S. d. § 3a EStG erzielt.	1 = Ja	1 = Ja

Sonstiges

51

Zeile		Steuerpflichtige Person / Ehemann / Person A EUR	Ehefrau / Person B EUR
41	In den Zeilen 7 bis 36 enthaltene begünstigte sonstige Gewinne i. S. d. § 34 Abs. 2 Nr. 2 bis 4 EStG	26 ,—	27 ,—

Kürzungsbetrag nach § 11 AStG

50

Zeile		Steuerpflichtige Person / Ehemann / Person A	Ehefrau / Person B
42	Kürzungsbetrag nach § 11 AStG (laut gesonderter Aufstellung)	44 ,—	45 ,—

Antrag nach § 13a Abs. 2 EStG für die Wirtschaftsjahre 2025 / 2026 bis 2028 / 2029

Stellen Sie den Antrag und ermitteln Sie den Gewinn durch Betriebsvermögensvergleich, sind Sie auch für die Wirtschaftsjahre 2026 / 2027 bis 2028 / 2029 verpflichtet, den Gewinn in gleicher Weise zu ermitteln. Entsprechendes gilt bei einem Antrag auf Besteuerung des Gewinns, der durch Vergleich der Betriebseinnahmen mit den Betriebsausgaben ermittelt wird, es sei denn, dass Sie vorher buchführungspflichtig werden.

43 ☐ Ich beantrage / Wir beantragen, den durch Betriebsvermögensvergleich ermittelten Gewinn der Besteuerung zugrunde zu legen. ☐ Ich beantrage / Wir beantragen, den durch Aufzeichnung und Vergleich der Betriebseinnahmen mit den Betriebsausgaben ermittelten Gewinn der Besteuerung zugrunde zu legen.

Veräußerungsgewinn

51

bei Veräußerung / Aufgabe eines **ganzen Betriebs**, eines **Teilbetriebs** oder eines **ganzen Mitunternehmeranteils** (§§ 14, 16 EStG)

Veräußerungsgewinn, für den der Freibetrag nach den §§ 14, 16 Abs. 4 EStG wegen dauernder Berufsunfähigkeit oder Vollendung des 55. Lebensjahres beantragt wird

– Für nach dem 31.12.1995 erfolgte Veräußerungen / Aufgaben wurde der Freibetrag nach § 16 Abs. 4 EStG bei keiner Einkunftsart in Anspruch genommen. –

Zeile		Steuerpflichtige Person / Ehemann / Person A EUR	Ehefrau / Person B EUR
44	Veräußerungsgewinn vor Abzug des Freibetrags nach § 16 Abs. 4 EStG	18 ,—	19 ,—
45	In Zeile 44 enthaltener steuerpflichtiger Teil, für den das **Teileinkünfteverfahren** gilt	68 ,—	69 ,—
46	Auf den Veräußerungsgewinn laut Zeile 44 wurde zumindest teilweise § 6b oder § 6b i. V. m. § 6c EStG angewendet. Die Übertragungen von aufgedeckten stillen Reserven und / oder die in Anspruch genommenen Rücklagen nach § 6b Abs. 1 bis 9 ggf. i. V. m. § 6c EStG betragen	57 ,—	58 ,—
47	Auf den Veräußerungsgewinn laut Zeile 44 wurde zumindest teilweise § 6b oder § 6b i. V. m. § 6c EStG angewendet. Die Übertragungen von aufgedeckten stillen Reserven und / oder die in Anspruch genommenen Rücklagen nach § 6b Abs. 10 ggf. i. V. m. § 6c EStG betragen	62 ,—	63 ,—
48	Veräußerungsgewinn laut Zeile 44, für den der **ermäßigte Steuersatz** des § 34 Abs. 3 EStG wegen dauernder Berufsunfähigkeit oder Vollendung des 55. Lebensjahres beantragt wird. Für nach dem 31.12.2000 erfolgte Veräußerungen / Aufgaben wurde der ermäßigte Steuersatz des § 34 Abs. 3 EStG bei keiner Einkunftsart in Anspruch genommen.	70 ,—	71 ,—

Veräußerungsgewinn(e), für den / die der Freibetrag nach den §§ 14, 16 Abs. 4 EStG nicht beantragt wird oder nicht zu gewähren ist

Zeile		Steuerpflichtige Person / Ehemann / Person A	Ehefrau / Person B
49	Veräußerungsgewinn(e)	60 ,—	61 ,—
50	In Zeile 49 enthaltener steuerpflichtiger Teil, für den das **Teileinkünfteverfahren** gilt	36 ,—	37 ,—
51	Auf den / die Veräußerungsgewinn(e) laut Zeile 49 wurde zumindest teilweise § 6b Abs. 1 bis 9 ggf. i. V. m. § 6c EStG angewendet.	22 — 1 = Ja, für die / alle Veräußerung(en); 2 = Ja, aber nicht für alle Veräußerungen	23 — 1 = Ja, für die / alle Veräußerung(en); 2 = Ja, aber nicht für alle Veräußerungen

2025AnlL073

Zeile		Steuerpflichtige Person / Ehemann / Person A	Ehefrau / Person B
52	Auf den / die Veräußerungsgewinn(e) laut Zeile 49 wurde zumindest teilweise § 6b Abs. 10 ggf. i. V. m. § 6c EStG angewendet	72 1 = Ja	73 1 = Ja
		EUR	EUR
53	In Zeile 49 enthaltener Veräußerungsgewinn, für den der **ermäßigte Steuersatz** des § 34 Abs. 3 EStG wegen dauernder Berufsunfähigkeit oder Vollendung des 55. Lebensjahres beantragt wird. Für nach dem 31.12.2000 erfolgte Veräußerungen / Aufgaben wurde der ermäßigte Steuersatz des § 34 Abs. 3 EStG bei keiner Einkunftsart in Anspruch genommen.	38 ,—	39 ,—
54	In Zeile 53 enthaltener steuerpflichtiger Teil, für den das **Teileinkünfteverfahren** gilt	40 ,—	41 ,—

Veräußerungsverlust(e) nach den §§ 14, 16 EStG

Zeile		Person A	Person B
55	Veräußerungsverlust(e)	42 ,—	43 ,—
56	In Zeile 55 enthaltener steuerpflichtiger Teil, für den das **Teileinkünfteverfahren** gilt	44 ,—	45 ,—

Zu den Zeilen 44 bis 54:

Zeile		Person A	Person B
57	Erwerber ist eine Gesellschaft, an der die veräußernde Person oder eine ihr nahestehende Person beteiligt ist (laut gesonderter Aufstellung).	1 = Ja	1 = Ja
58	Die Betriebsaufgabe erstreckt sich über mehr als ein Kalenderjahr.	1 = Ja	1 = Ja

Die Angaben in den Zeilen 59 bis 114 sind für jeden land- und forstwirtschaftlichen Betrieb in einer eigenen Anlage L zu machen.
Die Angaben in den Zeilen 59 bis 77 sind nicht erforderlich, wenn sie sich aus der Gewinnermittlung ergeben.

Flächen zu Beginn des Wirtschaftsjahres

59 Eigentümer / Nutzender

Zeile		Verausgabte / Vereinnahmte Pachtzinsen EUR	Landwirtschaftliche Nutzung (in ha / a / m²)	Forstwirtschaftliche Nutzung (in ha / a / m²)	Übrige Nutzungen (in ha / a / m²)
60	Eigentumsflächen des Betriebsvermögens (ohne Flächen laut Zeile 61)		HA AR QM	HA AR QM	HA AR QM
61	Hof- und Gebäudeflächen (ohne Grund und Boden für Wohngebäude)		+ HA AR QM	+ HA AR QM	+ HA AR QM
62	In den Zeilen 60 und 61 nicht berücksichtigte **zugepachtete** oder unentgeltlich von Dritten überlassene Flächen	,—	+ HA AR QM	+ HA AR QM	+ HA AR QM
63	Summe der Zeilen 60 bis 62		= HA AR QM	= HA AR QM	= HA AR QM
64	In den Zeilen 60 bis 62 berücksichtigte **verpachtete** oder unentgeltlich an Dritte überlassene Flächen	,—	- HA AR QM	- HA AR QM	- HA AR QM
65	Selbstbewirtschaftete Flächen insgesamt (Zeile 63 abzüglich Zeile 64)		= HA AR QM	= HA AR QM	= HA AR QM

Zeile		Obstbau mit landwirtschaftlicher Unternutzung (in ha / a / m²)	Almen und Hutungen (in ha / a / m²)
66	Von der landwirtschaftlichen Nutzung (Zeile 65) entfallen auf	HA AR QM	HA AR QM

Flächenveränderungen nach Beginn des Wirtschaftsjahres

Zeile		Landwirtschaftliche Nutzung (in ha / a / m²)	Forstwirtschaftliche Nutzung (in ha / a / m²)	Übrige Nutzungen (in ha / a / m²)
67	Zugänge (Kauf, Zupachtung, unentgeltliche Überlassung)	HA AR QM	HA AR QM	HA AR QM
68	Abgänge (Verkauf, Verpachtung, unentgeltliche Überlassung)	HA AR QM	HA AR QM	HA AR QM

2025AnlL074 2025AnlL074

Betriebsverpachtung

69 Der Betrieb ist verpachtet seit dem TTMMJJJJ

Veräußerung / Entnahme von Grundstücken und immateriellen Wirtschaftsgütern

70 X Bei Veräußerung von Grundstücken: Gewinnübertragung nach §§ 6b, 6c EStG wird beantragt.

Veräußerung (Umfang des mitveräußerten Eigenjagdrechts / Aufwuchses auf und Anlagen in und auf dem Grund und Boden gesondert erläutern)

	Katastermäßige Bezeichnung	Größe (in ha / a / m²)	Tag der Veräußerung	Erlös EUR	Entstandene Kosten EUR	Anschaffungskosten (ggf. Wert nach § 55 EStG) EUR
71		HAARQM		,—	,—	,—
72		HAARQM		,—	,—	,—

Entnahme (z. B. durch Schenkung, Nutzungsänderung, Bau einer eigengenutzten oder unentgeltlich überlassenen Wohnung)

	Katastermäßige Bezeichnung	Größe (in ha / a / m²)	Tag der Entnahme	Entnahmewert EUR	Entstandene Kosten EUR	Anschaffungskosten (ggf. Wert nach § 55 EStG) EUR
73		HAARQM		,—	,—	,—
74		HAARQM		,—	,—	,—

Veräußerung / Entnahme von immateriellen Wirtschaftsgütern

	Bezeichnung des immateriellen Wirtschaftsguts	Menge mit Einheit	Tag der Veräußerung / Entnahme	Erlös / Entnahmewert EUR	Entstandene Kosten EUR	Anschaffungskosten EUR
75				,—	,—	,—
76				,—	,—	,—
77	Veräußerung / Entnahme von Zahlungsansprüchen nach der GAP-Reform	Anzahl		,—	,—	,—

Tierhaltung

einschließlich Pensionstierhaltung und Lohnaufzucht (Bitte stets ausfüllen.)

Jahresdurchschnittsbestand im Wirtschaftsjahr 2025 / 2026 (2025)

		Anzahl		VE gesamt
	Rindvieh			
78	Kälber und Jungvieh unter 1 Jahr einschließlich Mastkälber (0,3 VE)			
79	Jungvieh 1-2 Jahre (0,7 VE)		+	
80	Zuchtbullen und Zugochsen (1,2 VE)		+	
81	Masttiere (Mastrinder) – Mastdauer weniger als 1 Jahr – (1 VE)		+	
82	Färsen älter als 2 Jahre (1 VE)		+	
83	Kühe (1 VE)		+	
	Ziegen			
84	Ziegen (0,08 VE)		+	
	Pferde			
85	unter 3 Jahre und Kleinpferde (0,7 VE)		+	
86	3 Jahre alt und älter (1,1 VE)		+	
	Schafe			
87	unter 1 Jahr einschließlich Mastlämmer (0,05 VE)		+	
88	1 Jahr alt und älter (0,1 VE)		+	
	Schweine			
89	Zuchtschweine (0,33 VE)		+	

Zeile		Anzahl		VE gesamt
	Kaninchen			
90	Zucht- und Angorakaninchen (0,025 VE)		+	
	Geflügel			
91	Legehennen (0,02 VE)		+	
92	Legehennen aus zugekauften Junghennen (0,0183 VE)		+	
93	Zuchtenten, Zuchtputen und Zuchtgänse (0,04 VE)		+	
	Sonstige (z. B. Damtiere, Alpakas, Lamas, Strauße)			
94	Tierart:		+	
	Jahreserzeugung (verkauft oder verbraucht) im Wirtschaftsjahr 2025 / 2026 (2025)			
	Rindvieh	Anzahl		VE gesamt
95	Masttiere – Mastdauer über 1 Jahr – (1 VE)		+	
	Schweine			
96	Leichte Ferkel bis etwa 12 kg (0,01 VE)		+	
97	Ferkel bis etwa 20 kg (0,02 VE)		+	
98	Schwere Ferkel und leichte Läufer bis etwa 30 kg (0,04 VE)		+	
99	Läufer bis etwa 45 kg (0,06 VE)		+	
100	Schwere Läufer bis etwa 60 kg (0,08 VE)		+	
101	Mastschweine (0,16 VE)		+	
102	Jungzuchtschweine bis etwa 90 kg (0,12 VE)		+	
	Die eingetragenen Tiere wurden zugekauft als:			
103	Tierart:		–	
	Kaninchen			
104	Mastkaninchen (0,0025 VE)		+	
	Geflügel			
105	Jungmasthühner – mehr als 6 Durchgänge je Jahr – (0,0013 VE)		+	
106	Jungmasthühner – bis zu 6 Durchgänge je Jahr –, Jungputen und -hennen (0,0017 VE)		+	
107	Mastputen aus zugekauften Jungputen (0,005 VE)		+	
108	Mastgänse, Mastputen aus selbst erzeugten Jungputen (0,0067 VE)		+	
	Mastenten			
109	VE pro Stück		+	
110	Summe der VE (Ergebnis der Zeilen 78 bis 109)		=	

Nur bei Pensionstierhaltung (z. B. Pferde, Rinder):

Zeile	Tierart	Anzahl
111		
112		

Folgende in Zeile 110 enthaltene Vieheinheiten wurden im Wirtschaftsjahr 2025 / 2026 (2025) auf Tierhaltungsgemeinschaften nach § 13b EStG übertragen:

Zeile	Tierhaltungsgemeinschaft, Steuernummer der Gesellschaft, Aktenzeichen laut Grundsteuermessbescheid – bisher Einheitswert-Aktenzeichen –	Vieheinheiten
113	1	
114	2	

1 Name

2 Vorname

3 **Steuernummer**

Anlage 32c

Diese Anlage ist bei Zusammenveranlagung von Ehegatten / Lebenspartnern gemeinsam auszufüllen.

Tarifermäßigung bei Einkünften aus Land- und Forstwirtschaft

Antrag

50

4 Ich / Wir beantrage(n) die Tarifermäßigung nach § 32c EStG bei Einkünften aus Land- und Forstwirtschaft. 62 1 = Ja

EUR

5 Nachrichtlich: Tarifermäßigung nach § 32c EStG
– laut beigefügter Berechnung – ,—

Angaben zu land- und forstwirtschaftlichen Einkünften im Betrachtungszeitraum 2023 bis 2025

– Bitte beantworten Sie mindestens eine der Zeilen 6, 7 und 10 mit „1 = Ja". –

6 Es wurden im Betrachtungszeitraum 2023 bis 2025 insgesamt **keine** Einkünfte aus Forstwirtschaft **und** **keine** Einkünfte aus Binnenfischerei, Teichwirtschaft oder Fischzucht für Binnenfischerei und Teichwirtschaft erzielt (Angaben in den Zeilen 7 bis 12 sind dann nicht erforderlich). 1 = Ja

Einkünfte aus Forstwirtschaft

7 Es wurden im Betrachtungszeitraum 2023 bis 2025 Einkünfte aus Forstwirtschaft erzielt. 1 = Ja

Falls Zeile 7 mit „1 = Ja" beantwortet wurde:

8 Einkünfte aus Forstwirtschaft im Betrachtungszeitraum 2023 bis 2025 63 1 = bis 250.000 € 2 = über 250.000 €

Falls Zeile 8 mit „2 = über 250.000 €" beantwortet wurde:

9 Anteil der Einkünfte aus Forstwirtschaft an den gesamten Einkünften aus Land- und Forstwirtschaft im Betrachtungszeitraum 2023 bis 2025 (in %) 64 ,

Einkünfte aus Binnenfischerei, Teichwirtschaft oder Fischzucht für Binnenfischerei und Teichwirtschaft

10 Es wurden im Betrachtungszeitraum 2023 bis 2025 Einkünfte aus Binnenfischerei, Teichwirtschaft oder Fischzucht für Binnenfischerei und Teichwirtschaft erzielt. 1 = Ja

Falls Zeile 10 mit „1 = Ja" beantwortet wurde:

11 Einkünfte aus Binnenfischerei, Teichwirtschaft oder Fischzucht für Binnenfischerei und Teichwirtschaft im Betrachtungszeitraum 2023 bis 2025 65 1 = bis 50.000 € 2 = über 50.000 €

Falls Zeile 11 mit „2 = über 50.000 €" beantwortet wurde:

12 Anteil der Einkünfte aus Binnenfischerei, Teichwirtschaft oder Fischzucht für Binnenfischerei und Teichwirtschaft an den gesamten Einkünften aus Land- und Forstwirtschaft im Betrachtungszeitraum 2023 bis 2025 (in %) 66 ,

Erklärungen

– Nur erforderlich, wenn Zeile 7 und / oder Zeile 10 mit „1 = Ja" beantwortet wurde(n) –

13 Ich / Wir erkläre(n), dass 1 = Ja

1. ich / wir für den Zeitraum der Inanspruchnahme der Steuerermäßigung kein Unternehmen in Schwierigkeiten i. S. d. Teils 1 Kapitel 2 Abschnitt 2.4 Abs. 33 Nr. 63 der Rahmenregelung der Europäischen Union für staatliche Beihilfen im Agrar- und Forstsektor und in ländlichen Gebieten (2022/C 485/01, ABl. C 485 vom 21. Dezember 2022, Seite 1) habe(n) (nähere Informationen siehe **Infoblatt „Erläuterungen und Unterrichtungen zur Anlage 32c"**, Tz. I.),

2. ich / wir für den Zeitraum der Inanspruchnahme der Steuerermäßigung der Rückforderungsanordnung vollständig nachgekommen bin / sind, sofern ich / wir zu einer Rückzahlung von Beihilfen auf Grund eines früheren Beschlusses der Europäischen Kommission zur Feststellung der Unzulässigkeit einer Beihilfe und ihrer Unvereinbarkeit mit dem Binnenmarkt verpflichtet worden bin / sind,

3. mir / uns zum Zeitpunkt der Abgabe dieser Erklärung die Beihilfen nicht zur Unterstützung von Fischereitätigkeiten gewährt wurden, die mit schweren Verstößen gem. Artikel 42 der Verordnung (EG) Nr. 1005/2008 des Rates vom 29. September 2008 über ein Gemeinschaftssystem zur Verhinderung, Bekämpfung und Unterbindung der illegalen, nicht gemeldeten und unregulierten Fischerei, zur Änderung der Verordnungen (EWG) Nr. 2847/93, (EG) Nr. 1936/2001 und (EG) Nr. 601/2004 und zur Aufhebung der Verordnungen (EG) Nr. 1093/94 und (EG) Nr. 1447/1999 (ABl. L 286 vom 29. Oktober 2008, Seite 1) oder Artikel 90 der Verordnung (EG) Nr. 1224/2009 des Rates vom 20. November 2009 zur Einführung einer gemeinschaftlichen Kontrollregelung zur Sicherstellung der Einhaltung der Vorschriften der gemeinsamen Fischereipolitik und zur Änderung der Verordnungen (EG) Nr. 847/96, (EG) Nr. 2371/2002, (EG) Nr. 811/2004, (EG) Nr. 768/2005, (EG) Nr. 2115/2005, (EG) Nr. 2166/2005, (EG) Nr. 388/2006, (EG) Nr. 509/2007, (EG) Nr. 676/2007, (EG) Nr. 1098/2007, (EG) Nr. 1300/2008, (EG) Nr. 1342/2008 sowie zur Aufhebung der Verordnungen (EWG) Nr. 2847/93, (EG) Nr. 1627/94 und (EG) Nr. 1966/2006 (ABl. L 343 vom 22. Dezember 2009, Seite 1) verbunden sind und illegale, nicht gemeldete und unregulierte Fischerei (IUU-Fischerei) darstellen oder unterstützen,

4. mir / uns wurden zum Zeitpunkt der Abgabe dieser Erklärung die Beihilfen nicht zur Unterstützung des Betriebs, des Managements oder des Besitzes eines Fischereifahrzeugs gewährt, das auf der Unionsliste von IUU-Schiffen gem. Artikel 40 Abs. 3 der Verordnung (EG) Nr. 1005/2008 geführt wird, oder des Betriebs, des Managements oder des Besitzes eines Schiffs, das unter der Flagge eines Landes fährt, das nach Artikel 33 der genannten Verordnung als nichtkooperierendes Drittland eingestuft wurde,

5. die Beihilfen mit einer Einhaltung der Vorschriften der Verordnung (EU) Nr. 1379/2013 des Europäischen Parlaments und des Rates vom 11. Dezember 2013 über die gemeinsame Marktorganisation für Erzeugnisse der Fischerei und der Aquakultur, zur Änderung der Verordnungen (EG) Nr. 1184/2006 und (EG) Nr. 1224/2009 des Rates und zur Aufhebung der Verordnung (EG) Nr. 104/2000 des Rates (ABl. L 354 vom 28. Dezember 2013, Seite 1) einhergehen,

6. die Beihilfen nicht mit einer Erhöhung der Fangkapazität oder dem Bau neuer Schiffe einhergehen, die unmittelbar und automatisch zu einem Verstoß des Mitgliedstaats gegen Artikel 22 Abs. 7 der Verordnung (EU) Nr. 1380/2013 des Europäischen Parlaments und des Rates vom 11. Dezember 2013 über die Gemeinsame Fischereipolitik und zur Änderung der Verordnungen (EG) Nr. 1954/2003 und (EG) Nr. 1224/2009 des Rates sowie zur Aufhebung der Verordnungen (EG) Nr. 2371/2002 und (EG) Nr. 639/2004 des Rates und des Beschlusses 2004/585/EG des Rates (ABl. L 354 vom 28. Dezember 2013, Seite 22) und die in Anhang II zu der Verordnung (EU) Nr. 1380/2013 festgelegten Obergrenzen für die Fangkapazität führen,

7. ich / wir, sofern ich / wir Einkünfte aus Binnenfischerei, Teichwirtschaft oder Fischzucht für Binnenfischerei und Teichwirtschaft erziele(n), für einen Zeitraum von fünf Jahren nach Bekanntgabe des Einkommensteuerbescheids, mit dem die Tarifermäßigung gewährt wird, die Bestimmungen der Gemeinsamen Fischereipolitik einhalten werde(n).

Im Falle von gesondert und einheitlich festzustellenden Einkünften aus Land- und Forstwirtschaft erkläre ich / erklären wir, dass die o. g. Punkte auch für die Mitunternehmerschaft erfüllt sind, an der ich / wir beteiligt bin / sind.

Ich versichere / Wir versichern, dass ich / wir die Angaben nach bestem Wissen und Gewissen vollständig und richtig gemacht habe(n). Mir / Uns ist bewusst, dass die Verpflichtung besteht,
- Änderungen zu den o. g. Erklärungen und
- einen Verstoß gegen Nr. 3 bis 7 oder die Nichteinhaltung der Voraussetzungen der Nr. 3 bis 7 nach dessen Feststellung

unverzüglich dem zuständigen Finanzamt anzuzeigen.

Die Unterrichtungen zum Schutz und zur Veröffentlichung der im Rahmen der Tarifermäßigung übermittelten personenbezogenen Daten (siehe **Infoblatt „Erläuterungen und Unterrichtungen zur Anlage 32c"**, Tz. II.) habe(n) ich / wir zur Kenntnis genommen und erkläre(n) mich / uns damit einverstanden.

14

Datum, Unterschrift(en) **Der Antrag ist eigenhändig – bei Ehegatten / Lebenspartnern von beiden – zu unterschreiben.**

2025060347002

 2025Anl32c472

2025003420001

2025

Anlage 34b

Für jeden Betrieb ist eine eigene Anlage 34b abzugeben.

1 Name

2 Vorname

3 **Steuernummer** lfd. Nr. der Anlage

4 Bezeichnung des Betriebs

5 Wirtschafts-Identifikationsnummer D E -

Einkünfte aus außerordentlichen Holznutzungen nach § 34b EStG

Berechnungsgrundlagen zur Ermittlung der Einkünfte aus außerordentlichen Holznutzungen nach § 34b EStG

Nutzungssatz (m³/F)

6 von der Finanzbehörde festgesetzt für den Zeitraum (vom - bis) T T M M J J J J T T M M J J J J

7 X pauschal mit 5 m³/F je Hektar forstwirtschaftlich genutzte Fläche (ha)

Holznutzungen, die aus volks- / staatswirtschaftlichen Gründen erfolgten

8 Im Wirtschaftsjahr 2025 / 2026 (2025) wurden folgende Holznutzungen verwertet: **– Übertrag nach Zeile 28 –** **– Erläuterung laut gesonderter Aufstellung –** m³/F

Holznutzungen infolge höherer Gewalt

		Wirtschaftsjahr des Nachweises 2025 / 2026 (2025) – 1 –	Wirtschaftsjahr des Nachweises 2024 / 2025 (2024) – 2 –	Wirtschaftsjahr des Nachweises 2023 / 2024 (2023) – 3 –	Wirtschaftsjahr des Nachweises 2022 / 2023 (2022) und früher – 4 –
9	Anerkennung der Finanzbehörde vom	T T M M J J J J	T T M M J J J J	T T M M J J J J	T T M M J J J J
		m³/F	m³/F	m³/F	m³/F
10	Anerkannte Holzmenge im Ganzen (m³/F)				
11	Davon besondere Schadensereignisse (m³/F)				
12	Verwertete Holzmenge in Vorjahren (m³/F)				
13	Verwertete Holzmenge im laufenden Wirtschaftsjahr 2025 / 2026 (2025) (m³/F)				
14	Verbleibende Holzmenge (m³/F) **– Zeile 10 abzüglich Zeile 12 und 13 –**				

15 Summe der Spalten 1 bis 4 aus Zeile 13 (m³/F) **– Übertrag nach Zeile 26; bei besonderen Schadensereignissen Übertrag nach Zeile 23 Spalte 4 –** m³/F

2025Anl34b421

Forstschäden-Ausgleichsgesetz (ForstSchAusglG)

Sonstige steuerliche Maßnahmen nach § 5 ForstSchAusglG

16 Die angeordnete Einschlagsbeschränkung wurde eingehalten.

Befreiung von der Einschlagsbeschränkung

17 vom T T M M J J J J | durch Forstbehörde | Vollständige Befreiung | genehmigte Einschlagsmenge (m³/F) | m³/F

Besondere Schadensereignisse (§ 5 ForstSchAusglG, § 34b Abs. 5 EStG, R 34b.7 EStR)

Zeile			Wirtschaftsjahr 2022 / 2023 (2022) und früher – 1 – m³/F		Wirtschaftsjahr 2023 / 2024 (2023) – 2 – m³/F		Wirtschaftsjahr 2024 / 2025 (2024) – 3 – m³/F		Wirtschaftsjahr 2025 / 2026 (2025) – 4 – m³/F
18	Verbliebenes Begünstigungsvolumen aus dem Vorjahr (m³/F) **– laut Zeile 24 –**								
19	Aus besonderen Schadensereignissen anerkannt (m³/F) **– laut Spalte 1 bis 4 der Zeile 11 –**	+		+		+		+	
20	Nicht nach R 34b.7 EStR / §§ 1, 5 ForstSchAusglG zu berücksichtigendes Begünstigungsvolumen (m³/F)			–		–		–	
21	Gemäß § 5 ForstSchAusglG zu berücksichtigendes Begünstigungsvolumen (m³/F – soweit nicht in Zeile 18 enthalten)			+		+		+	
22	Zwischensumme (Begünstigungsvolumen – m³/F)	=		=		=		=	
23	Im Wirtschaftsjahr insgesamt verwertete Holznutzung infolge höherer Gewalt (m³/F)	–		–		–		–	
24	Verbleibendes Begünstigungsvolumen (ggf. „0“ – m³/F) **– Übertrag nach Zeile 18 des Folgejahres –**	=		=		=		=	

Maßgebende Holznutzungen infolge höherer Gewalt

Zeile		m³/F
25	Im Wirtschaftsjahr 2025 / 2026 (2025) nach **§ 5 ForstSchAusglG, § 34b Abs. 5 EStG, R 34b.7 EStR** begünstigt **– nur bei besonderen Schadensereignissen; kleinerer Betrag aus Zeile 22 Spalte 4 oder Zeile 23 Spalte 4; Übertrag nach Zeile 31 –**	
26	Im Wirtschaftsjahr 2025 / 2026 (2025) nach **§ 34b Abs. 3 EStG** begünstigt **– laut Zeile 15, außer bei besonderen Schadensereignissen, dann Zeile 23 Spalte 4 abzüglich Zeile 25; Übertrag nach Zeile 29 –**	

Ermittlung der Einkünfte aus außerordentlichen Holznutzungen nach § 34b EStG 51

Zeile	Einnahmen aus der Verwertung sämtlicher Holznutzungen EUR		damit in sachlichem Zusammenhang stehende Betriebsausgaben EUR		Einkünfte aus sämtlichen Holznutzungen **– nach Zeile 36 Spalte 1 übertragen –** EUR
27	,—	–	,—	=	,—

2025Anl34b422

202500342003

2025Anl34b423

Außerordentliche Holznutzungen

Zeile		m³/F
28	Holznutzungen aus volks- / staatswirtschaftlichen Gründen (m³/F)	
29	Holznutzungen infolge höherer Gewalt – ohne besondere Schadensereignisse i. S. d. § 34b Abs. 5 EStG – (m³/F)	+
30	Summe der Holznutzungen aus volks- und staatswirtschaftlichen Gründen sowie infolge höherer Gewalt (m³/F) – **Übertrag nach Zeile 32 Spalte 3 und ggf. Spalte 4** –	=
31	Holznutzungen aus besonderen Schadensereignissen nach § 5 ForstSchAusglG, § 34b Abs. 5 EStG (m³/F) – **Übertrag nach Zeile 33 Spalte 5** –	

Zeile		sämtliche Holznutzungen – 1 –	ordentliche Holznutzung – 2 –	außerordentliche Holznutzung ohne Nutzungssatz / bis zur Höhe des Nutzungssatzes – 3 –	außerordentliche Holznutzung über dem Nutzungssatz – 4 –	außerordentliche Holznutzung aus besonderen Schadensereignissen – 5 –
32	Holznutzungen aus volks- und staatswirtschaftlichen Gründen sowie infolge höherer Gewalt (m³/F) aus Zeile 30			m³/F	m³/F	
33	Holznutzungen aus besonderen Schadensereignissen nach § 5 ForstSchAusglG, § 34b Abs. 5 EStG (m³/F) aus Zeile 31					m³/F
34	**Maßgebende Holznutzungen** (verwertete Holzmengen – m³/F)	m³/F	m³/F			
35	Aufteilungsmaßstab nach dem Verhältnis der Holzmengen (maßgebende Holznutzungen) – **siehe Zeile 34** –		%	%	%	%
36	**Einkünfte** aus den Holznutzungen des Wirtschaftsjahres 2025 / 2026 (2025)	EUR ,—	EUR ,—	EUR ,—	EUR ,—	EUR ,—
37	Einkünfte aus außerordentlichen Holznutzungen des Wirtschaftsjahres 2025 / 2026 (2025), die auf das Kalenderjahr 2025 entfallen			,—	,—	,—
38	Einkünfte aus außerordentlichen Holznutzungen des Wirtschaftsjahres 2024 / 2025, die auf das Kalenderjahr 2025 entfallen			+ ,—	+ ,—	+ ,—
39	**Einkünfte** aus außerordentlichen Holznutzungen im Kalenderjahr 2025 laut den Zeilen 37 und 38			= ,—	= ,—	= ,—
40	**Einkünfte** aus außerordentlichen Holznutzungen im Kalenderjahr 2025 laut gesonderter (und einheitlicher) Feststellung			+ ,—	+ ,—	+ ,—
41	Summe der Beträge aus Zeile 39 Spalte 3 und Zeile 40 Spalte 3			52 = ,—		
42	Summe der Beträge aus Zeile 39 Spalte 4 und Zeile 40 Spalte 4				51 = ,—	
43	Summe der Beträge aus Zeile 39 Spalte 5 und Zeile 40 Spalte 5					65 = ,—

2025Anl34b423

2025

Anlage 13a

Ermittlung des Gewinns aus Land- und Forstwirtschaft nach § 13a EStG

Bitte für jeden Betrieb eine gesonderte Anlage 13a abgeben.

— Eingangsstempel —

Allgemeine Angaben zum Betrieb

15

Zeile	Angabe	Kz	Eintrag
1	(Betriebs-) Steuernummer		
2	Name der steuerpflichtigen Person/Gesellschaft/Gemeinschaft/Körperschaft		
3	Vorname		
4	Straße, Hausnummer		
5	Postleitzahl / Ort		
6	Betriebsinhaber	104	1 = Steuerpflichtige Person Ehemann/Person A/Gesellschaft/Gemeinschaft/Körperschaft 2 = Ehefrau/Person B 3 = Beide Ehegatten/Lebenspartner
7	Rechtsform des Betriebs		
7a	Wirtschafts-Identifikationsnummer	101	D E -
8	Beginn des Wirtschaftsjahres	131	T T M M 2025
8	Ende des Wirtschaftsjahres	132	T T M M J J J J
9	Wurde im Kalenderjahr/Wirtschaftsjahr der Betrieb beendet?	111	1 = Veräußerung oder Aufgabe (bitte Zeile 98 beachten) 2 = Unentgeltliche Übertragung

1. Gewinnermittlung

Landwirtschaftliche Nutzung

20

Grundbetrag für die selbst bewirtschafteten Flächen der landwirtschaftlichen Nutzung

Zeile	Angabe	Kz		Eintrag
10	Eigentumsflächen des Betriebsvermögens, die am 15. Mai des Wirtschaftsjahres der landwirtschaftlichen Nutzung dienen (ohne Sondernutzungen)	100		H A A R Q M
11	Hof-/Gebäudeflächen (ohne Grund und Boden für Wohngebäude), die am 15. Mai des Wirtschaftsjahres der landwirtschaftlichen Nutzung dienen oder ihr zugeordnet werden	101	+	H A A R Q M
12	In den Zeilen 10 und 11 nicht enthaltene, am 15. Mai des Wirtschaftsjahres zugepachtete oder unentgeltlich von Dritten überlassene Flächen der landwirtschaftlichen Nutzung	102	+	H A A R Q M
13	In den Zeilen 10 bis 12 enthaltene, am 15. Mai des Wirtschaftsjahres verpachtete oder unentgeltlich an Dritte überlassene Flächen der landwirtschaftlichen Nutzung	103	–	H A A R Q M
14	Selbst bewirtschaftete Flächen der landwirtschaftlichen Nutzung am 15. Mai des Wirtschaftsjahres			H A A R Q M
15	Grundbetrag für die selbst bewirtschafteten Flächen der landwirtschaftlichen Nutzung (Fläche laut Zeile 14 x 350 € / ha x begonnene Monate des Wirtschaftsjahres / 12)			EUR ,—

Zuschlag für Tierzucht und Tierhaltung

Zeile	Angabe	Kz		Eintrag
16	Tierbestand des Betriebs - Gesamtsumme der Vieheinheiten (VE) laut Anlage L/FG-L/FE-L (gegebenenfalls "0")	110		VE ,
17	Im Rahmen von Tätigkeiten laut Zeile 73 berücksichtigter Tierbestand	111	–	,
18	Maßgebender Tierbestand (Zeile 16 abzüglich Zeile 17)			,
19	Für den Zuschlag für Tierzucht und Tierhaltung maßgebender Tierbestand (Zeile 18 abzüglich 25,00 VE)			,
20	Zuschlag für Tierzucht und Tierhaltung (Tierbestand laut Zeile 19 x 300 € / VE x begonnene Monate des Wirtschaftsjahres / 12)			EUR ,—
21	**Gewinn der landwirtschaftlichen Nutzung** (Zeile 15 zuzüglich Zeile 20; Übertrag in Zeile 91)			,—

Steuernummer

Forstwirtschaftliche Nutzung

21

(nach § 51 EStDV ermittelter Gewinn)

Zeile		Kz		EUR
31	Selbst bewirtschaftete Flächen der forstwirtschaftlichen Nutzung am 15. Mai des Wirtschaftsjahres	120		H A A R Q M
32	Betriebseinnahmen aus der Verwertung von Holz auf dem Stamm	121		,–
33	Pauschale Betriebsausgaben aus der Verwertung von Holz auf dem Stamm (Zeile 32 x 20 %)		–	,–
34	Betriebseinnahmen aus der Verwertung von eingeschlagenem Holz	122	+	,–
35	Pauschale Betriebsausgaben aus der Verwertung von eingeschlagenem Holz (Zeile 34 x 55 %)		–	,–
36	Wiederaufforstungskosten und Minderung des Buchwerts des Wirtschaftsguts Baumbestand	123	–	,–
37	Betriebseinnahmen aus der übrigen Forstwirtschaft	124	+	,–
38	Betriebsausgaben aus der übrigen Forstwirtschaft	125	–	,–
39	**Gewinn der forstwirtschaftlichen Nutzung** (Übertrag in Zeile 92)			,–

Sondernutzungen

22

Sondernutzungen nach Anlage 1a Nummer 2 zu § 13a EStG (pauschaler Gewinn nach § 13a Absatz 6 EStG)

Zeile		Kz	Am 15. Mai des Wirtschaftsjahres selbst bewirtschaftete Fläche	Gewinn der Sondernutzung
40	Weinbau	130	H A A R Q M	,–
41	Obstbau	131	H A A R Q M	,–
42	Gemüsebau Freiland	132	H A A R Q M	,–
43	Gemüsebau Unterglas	133	H A A R Q M	,–
44	Zierpflanzenbau Freiland	134	H A A R Q M	,–
45	Zierpflanzenbau Unterglas	135	H A A R Q M	,–
46	Baumschulen	136	H A A R Q M	,–
47	Hopfenbau	137	H A A R Q M	,–
48	Teichwirtschaft	138	H A A R Q M	,–
49	Spargelbau	139	H A A R Q M	,–
50	Fischzucht für Binnenfischerei und Teichwirtschaft	140	H A A R Q M	,–
51	Weihnachtsbaumkulturen	141	H A A R Q M	,–
52	Binnenfischerei	142	Jahresfang in kg	,–
53	Imkerei	143	Anzahl der Völker	,–
54	Wanderschäferei	144	Anzahl der Mutterschafe	,–
54a	Gewinn der Sondernutzungen nach Anlage 1a Nummer 2 zu § 13a EStG (Ergebnis der Zeilen 40 bis 54 x begonnene Monate des Wirtschaftsjahres / 12)			,–

Weitere Sondernutzungen (nach § 4 Absatz 3 EStG ermittelter Gewinn)

Zeile		Kz	EUR
55	Tabakanbau	151	,–
56	Kurzumtriebsplantagen	152	,–
57	Art	153	,–
58	Art	154	,–
59	**Gewinn der Sondernutzungen** (Ergebnis der Zeilen 54a bis 58; Übertrag in Zeile 93)		,–

2025Anl13a272

Sondergewinne

23

Zeile		Kz.	EUR		EUR
	Gewinne aus der Veräußerung/Entnahme von Grund und Boden, dazugehörigem Aufwuchs, Gebäuden, immateriellen Wirtschaftsgütern und Beteiligungen				
61	Veräußerungspreis/Entnahmewert	200	,–		
62	davon abziehbare Betriebsausgaben	201 –	,–	=	,–
62a	darin nicht enthaltener steuerfreier Teil des Gewinns, für den das Teileinkünfteverfahren bzw. § 8b KStG gilt	213	,–		
	Gewinne aus der Veräußerung/Entnahme von übrigen Wirtschaftsgütern des Anlagevermögens und von Tieren (Veräußerungspreis/Entnahmewert je Wirtschaftsgut brutto mehr als 15.000 €)				
63	Veräußerungspreis/Entnahmewert	202	,–		
64	davon abziehbare Betriebsausgaben	203 –	,–	=	,–
	Gewinne aus Entschädigungen für den Verlust, den Untergang oder die Wertminderung der in den Zeilen 61 bis 64 genannten Wirtschaftsgüter				
65	Entschädigungen	204	,–		
66	davon abziehbare Betriebsausgaben	205 –	,–	=	,–
67	Bildung von Rücklagen, Übertragung von stillen Reserven (§ 6c EStG, R 6.6 EStR; Übertrag aus Zeile 102)			–	,–
68	Gewinne aus der Auflösung von Rücklagen (§ 6c EStG, R 6.6 EStR; Übertrag aus Zeile 102)			+	,–
69	Gewinnzuschlag § 6c in Verbindung mit § 6b Absatz 7 und 10 EStG	212		+	,–
70	Betriebseinnahmen nach § 9b Absatz 2 EStG	206		+	,–
71	Betriebsausgaben nach § 9b Absatz 2 EStG	207		–	,–
	Einnahmen aus dem Grunde nach gewerblichen Tätigkeiten, die der Land- und Forstwirtschaft zugerechnet werden		EUR		
72	Einnahmen aus dem Absatz von Erzeugnissen gemäß R 15.5 Absatz 3 bis 8 EStR	208	,–		
73	Einnahmen aus Dienstleistungen gemäß R 15.5 Absatz 9 und 10 EStR	209 +	,–		
73a	Vereinnahmte Umsatzsteuer zu Zeile 72 und 73	214 +	,–		
74	Summe der Einnahmen		,–		
75	Pauschale Betriebsausgaben (Zeile 74 x 60 %)	–	,–	=	,–
76	Einnahmen des Betriebs im Sinne der R 15.5 Absatz 11 EStR (netto; nur erforderlich, wenn die Zeilen 72 bis 74 auszufüllen sind)	210	,–		
77	Rückvergütungen nach § 22 KStG aus Hilfs- und Nebengeschäften	211		+	,–
78	**Sondergewinne** (Ergebnis der Zeilen 62 bis 77; Übertrag in Zeile 94)				,–

Einnahmen aus Vermietung und Verpachtung von Wirtschaftsgütern des Betriebsvermögens

24

Zeile		Kz.		EUR
79	Einnahmen aus Vermietung von bebauten Grundstücken	220		,–
80	Einnahmen aus Vermietung und Verpachtung von unbebauten Grundstücken	221	+	,–
81	Einnahmen aus Vermietung und Verpachtung von übrigen Wirtschaftsgütern	222	+	,–
82	**Einnahmen aus Vermietung und Verpachtung von Wirtschaftsgütern des land- und forstwirtschaftlichen Betriebsvermögens** (Übertrag in Zeile 95)			,–

2025Anl13a273

Einnahmen aus Kapitalvermögen, soweit zum land- und forstwirtschaftlichen Betrieb gehörend

25

		Kz	EUR		EUR
83	Einnahmen aus Kapitalvermögen, die nach § 3 Nummer 40 EStG oder § 8b KStG (teilweise) steuerfrei sind (Eintrag in voller Höhe)	230	,—		
84	Nach § 3 Nummer 40 EStG oder § 8b KStG steuerfreier Teil	231 –	,—	=	,—
85	Einnahmen aus Kapitalvermögen, die in voller Höhe steuerpflichtig sind	232		+	,—
86	**Einnahmen aus Kapitalvermögen, soweit sie zu den Einkünften aus Land- und Forstwirtschaft gehören** (§ 20 Absatz 8 EStG; Übertrag in Zeile 96)				,—

Ermittlung des Gewinns nach Durchschnittssätzen

26

			EUR
91	Gewinn der landwirtschaftlichen Nutzung (Übertrag aus Zeile 21)		,—
92	Gewinn der forstwirtschaftlichen Nutzung (Übertrag aus Zeile 39)	+	,—
93	Gewinn der Sondernutzungen (Übertrag aus Zeile 59)	+	,—
94	Sondergewinne (Übertrag aus Zeile 78)	+	,—
95	Einnahmen aus Vermietung und Verpachtung von Wirtschaftsgütern des land- und forstwirtschaftlichen Betriebsvermögens (Übertrag aus Zeile 82)	+	,—
96	Einnahmen aus Kapitalvermögen, soweit sie zu den Einkünften aus Land- und Forstwirtschaft gehören (Übertrag aus Zeile 86)	+	,—
97	Nach Durchschnittssätzen ermittelter Gewinn (§ 13a EStG) für das Wirtschaftsjahr 2025/2026 (2025)		,—
98	Hinzurechnungen und Abrechnungen bei Wechsel der Gewinnermittlungsart **(Erläuterungen lt. gesonderter Aufstellung)**	290 +/–	,—
99	**Steuerpflichtiger Gewinn**		,—

2. Ergänzende Angaben

Rücklagen und stille Reserven

27

		Kz	Bildung/Übertragung EUR	Kz	Auflösung EUR
100	Rücklagen nach § 6c in Verbindung mit § 6b EStG, R 6.6 EStR	260	,—	262	,—
101	Übertragung von stillen Reserven nach § 6c in Verbindung mit § 6b EStG, R 6.6 EStR	261	,—		
102	Gesamtsumme		,— (Übertrag in Zeile 67)		,— (Übertrag in Zeile 68)

Datenschutzhinweis und Mitwirkung

Datenschutzhinweis: Die mit der Gewinnermittlung angeforderten Daten werden auf Grund der §§ 149 und 150 AO in Verbindung mit § 13a Absatz 3 Satz 4 und Absatz 7 Satz 4 EStG verlangt.
Informationen über die Verarbeitung personenbezogener Daten in der Steuerverwaltung und über Ihre Rechte nach der Datenschutz-Grundverordnung sowie über Ihre Ansprechpartner in Datenschutzfragen entnehmen Sie bitte dem allgemeinen Informationsschreiben der Finanzverwaltung. Dieses Informationsschreiben finden Sie unter www.finanzamt.de (unter der Rubrik „Datenschutz") oder erhalten Sie bei Ihrem Finanzamt.

Bei der Anfertigung dieser Gewinnermittlung hat mitgewirkt:

103 Name

104 Vorname

105 Straße, Hausnummer, Postfach

106 Postleitzahl, Ort

107 Telefon

108 zusätzliche Angaben

109 Mandantennummer

110 Bearbeiterkennzeichen

2025Anl13a274

Name der steuerpflichtigen Person/Gesellschaft/Gemeinschaft/Körperschaft

Vorname

(Betriebs-) Steuernummer

Wirtschafts-Identifikationsnummer

3a D E -

Anlage AV13a zur Anlage 13a

Anlageverzeichnis für das Wirtschaftsjahr 2025/2026 (2025)

Grund und Boden

40

Bewertung nach § 55 Absatz 2 bis 4 EStG

Zeile		Kz	EUR
4	Anschaffungs-/Herstellungskosten oder an deren Stelle tretender Wert	100	,—
5	Buchwert zu Beginn des Wirtschaftsjahres	101	,—
6	Zugänge	102 +	,—
7	Abgänge	104 −	,—
8	Buchwert am Ende des Wirtschaftsjahres		,—

Bewertung mit dem höheren Teilwert (§ 55 Absatz 5 EStG)

Zeile		Kz	EUR
9	Anschaffungs-/Herstellungskosten oder an deren Stelle tretender Wert	110	,—
10	Buchwert zu Beginn des Wirtschaftsjahres	111	,—
11	Zugänge	112 +	,—
12	Abgänge	114 −	,—
13	Buchwert am Ende des Wirtschaftsjahres		,—

Ansatz mit den Anschaffungs-/Herstellungskosten oder an deren Stelle tretender Wert

Zeile		Kz	EUR
14	Anschaffungs-/Herstellungskosten oder an deren Stelle tretender Wert	120	,—
15	Buchwert zu Beginn des Wirtschaftsjahres	121	,—
16	Zugänge	122 +	,—
17	Abgänge	124 −	,—
18	Buchwert am Ende des Wirtschaftsjahres		,—

Aufwuchs

Baumbestände

Zeile		Kz	EUR
19	Anschaffungs-/Herstellungskosten oder an deren Stelle tretender Wert	130	,—
20	Buchwert zu Beginn des Wirtschaftsjahres	131	,—
21	Zugänge	132 +	,—
22	Abgänge	134 −	,—
23	Buchwert am Ende des Wirtschaftsjahres		,—

2025003328002

Dauerkulturen

			EUR
24	Anschaffungs-/Herstellungskosten oder an deren Stelle tretender Wert	140	,–
25	Buchwert zu Beginn des Wirtschaftsjahres	141	,–
26	Zugänge	142 +	,–
27	Absetzung für Abnutzung (AfA)	143 –	,–
28	Abgänge	144 –	,–
29	Buchwert am Ende des Wirtschaftsjahres		,–

Gebäude

Wirtschaftsgebäude

30	Anschaffungs-/Herstellungskosten oder an deren Stelle tretender Wert	150	,–
31	Buchwert zu Beginn des Wirtschaftsjahres	151	,–
32	Zugänge	152 +	,–
33	Absetzung für Abnutzung (AfA)	153 –	,–
34	Abgänge	154 –	,–
35	Buchwert am Ende des Wirtschaftsjahres		,–

Wohngebäude

36	Anschaffungs-/Herstellungskosten oder an deren Stelle tretender Wert	160	,–
37	Buchwert zu Beginn des Wirtschaftsjahres	161	,–
38	Zugänge	162 +	,–
39	Absetzung für Abnutzung (AfA)	163 –	,–
40	Abgänge	164 –	,–
41	Buchwert am Ende des Wirtschaftsjahres		,–

Immaterielle Wirtschaftsgüter

Abnutzbare immaterielle Wirtschaftsgüter

42	Anschaffungs-/Herstellungskosten oder an deren Stelle tretender Wert	170	,–
43	Buchwert zu Beginn des Wirtschaftsjahres	171	,–
44	Zugänge	172 +	,–
45	Absetzung für Abnutzung (AfA)	173 –	,–
46	Abgänge	174 –	,–
47	Buchwert am Ende des Wirtschaftsjahres		,–

Nicht abnutzbare immaterielle Wirtschaftsgüter

48	Anschaffungs-/Herstellungskosten oder an deren Stelle tretender Wert	180	,–
49	Buchwert zu Beginn des Wirtschaftsjahres	181	,–
50	Zugänge	182 +	,–
51	Abgänge	184 –	,–
52	Buchwert am Ende des Wirtschaftsjahres		,–

2025AnlAV13a282

Steuernummer

Beteiligungen

			EUR
53	Anschaffungs-/Herstellungskosten oder an deren Stelle tretender Wert	190	,—
54	Buchwert zu Beginn des Wirtschaftsjahres	191	,—
55	Zugänge	192 +	,—
56	Abgänge	194 –	,—
57	Buchwert am Ende des Wirtschaftsjahres		,—

2025003283003

2025AnlAV13a283

Anleitung vorhanden

2025

Anlage AUS

Jeder Ehegatte / Lebenspartner mit ausländischen Einkünften hat eine eigene Anlage AUS abzugeben.

1 Name

2 Vorname

3 **Steuernummer** lfd. Nr. der Anlage

Steuerpflichtige Person / Ehemann / Person A

Ehefrau / Person B

Ausländische Einkünfte und Steuern

Steuerpflichtige ausländische Einkünfte, die in den Anlagen zur Einkommensteuererklärung enthalten sind und die im Quellenstaat nach dortigem Recht besteuert werden oder für die fiktive ausländische Steuern nach DBA anzurechnen sind – Anrechnung und Abzug ausländischer Steuern –
Bei Auslandssachverhalten besteht eine erhöhte Mitwirkungspflicht. Bitte reichen Sie Belege in Kopie ein.

		1. Staat / Spezial-Investmentfonds	2. Staat / Spezial-Investmentfonds	3. Staat / Spezial-Investmentfonds
4	aus dem Staat / Spezial-Investmentfonds			

Einkünfte

19 / 29

(einschließlich der Einkünfte nach § 20 Abs. 2 AStG)

		1. Staat (EUR)	2. Staat (EUR)	3. Staat (EUR)
5	Einkunftsquellen – **bei mehreren Einkunftsarten: Einzelangaben laut gesonderter Aufstellung** –			
6	Enthalten in Anlage(n) und Zeile(n)			
7	Einkünfte (einschließlich der gemäß § 3 Nr. 40 und § 3c Abs. 2 EStG steuerfreien Teile sowie Teilfreistellungsbeträge i. S. d. §§ 20, 21 InvStG)	107 ,–	127 ,–	147 ,–
8	In Zeile 7 enthaltene Einkünfte, für die § 3 Nr. 40 und § 3c Abs. 2 EStG Anwendung finden	108 ,–	128 ,–	148 ,–
9	In Zeile 7 enthaltene zu berücksichtigende Teilfreistellungsbeträge i. S. d. §§ 20, 21 InvStG	115 ,–	135 ,–	155 ,–
10	In Zeile 7 abgezogene ausländische Steuern nach § 34c Abs. 2 EStG	113 ,–	133 ,–	153 ,–
11	In Zeile 7 abgezogene ausländische Steuern nach § 34c Abs. 3 EStG	,–	,–	,–

Anzurechnende ausländische Steuern

		EUR	EUR	EUR
12	für alle Einkunftsarten	109 ,–	129 ,–	149 ,–
13	In Zeile 12 enthaltene fiktive ausländische Steuern nach DBA	,–	,–	,–

Die Eintragungen in den Zeilen 14 bis 30 sind nur in der ersten Anlage AUS vorzunehmen.

Pauschal zu besteuernde Einkünfte i. S. d. § 34c Abs. 5 EStG

14 In Zeile 7 nicht enthaltene Einkünfte, für die die Pauschalierung beantragt wird — 800 EUR ,–

Anrechnung ausländischer Steuer nach § 50d Abs. 7 Satz 2 EStG

(in der **Anlage N** enthalten)

15 Einkünfte i. S. d. § 50d Abs. 7 EStG — 827 EUR ,–

16 Anrechenbare ausländische Steuer nach § 50d Abs. 7 Satz 2 EStG — 828 EUR , Ct

Anrechnung ausländischer Steuer nach § 50d Abs. 10 Satz 5 EStG

(in den **Anlagen G, S** enthalten)

			EUR	Ct
17	Inländische Einkünfte i. S. d. § 50d Abs. 10 EStG	824	,	–
18	Anrechenbare ausländische Steuer nach § 50d Abs. 10 Satz 5 EStG	825	,	

Hinzurechnungsbesteuerung nach den §§ 7 bis 13 AStG

(in den **Anlagen G, KAP, L, S** enthalten)

19 Finanzamt

20 Steuernummer

21 Staat

			EUR
22	Hinzurechnungsbetrag laut Feststellung des Finanzamts (zuzüglich der anzurechnenden Steuern laut Zeile 23, soweit diese den Hinzurechnungsbetrag gemindert haben)	801	,–
23	Nach § 12 Abs. 1 AStG anzurechnende Steuern laut Feststellung	802	,–
24	Auf Antrag nach § 12 Abs. 2 AStG anzurechnende Steuern laut Feststellung	803	,–

Familienstiftungen nach § 15 AStG

(laut Feststellung)

Einkünfte einer ausländischen Familienstiftung, die der tariflichen Einkommensteuer unterliegen

25 Bezeichnung

26 Finanzamt

27 Steuernummer

			EUR
28	Betrag (in den **Anlagen G, KAP** [Zeile 54], **L, S, V** enthalten)	818	,–
	Anzurechnende Steuern		
29	Nach § 15 Abs. 5 Satz 1 AStG anzurechnende ausländische Steuern	819	,–
30	Auf Antrag nach § 15 Abs. 11 Satz 2 AStG anzurechnende ausländische Steuern auf Zuwendungen einer ausländischen Familienstiftung	820	,–

Nicht nach DBA steuerfreie negative Einkünfte i. S. d. § 2a Abs. 1 EStG

zu den Zeilen 4 bis 14 und 19 bis 24

	aus dem Staat –1–	nach § 2a Abs. 1 Satz 1 Nr. ... EStG –2–	noch nicht verrechnete Verluste 1985 bis 2024 –3–	nicht ausgleichsfähige Verluste / Gewinnminderungen 2025 –4–	enthalten in Anlage und Zeile –5–	positive Einkünfte 2025 –6–	enthalten in Anlage und Zeile –7–	Summe der Spalten 3, 4 und 6 –8–
31	1		,–	,–		,–		,–
32	2		,–	,–		,–		,–
33	3		,–	,–		,–		,–
34	4		,–	,–		,–		,–
35	5		,–	,–		,–		,–

2025AnlAUS142

Nach DBA steuerfreie Einkünfte, die dem Progressionsvorbehalt unterliegen

Einkünfte i. S. d. § 32b EStG

(ohne steuerfreien Arbeitslohn laut **Anlage N** Zeile 21 und / oder 23 sowie ohne Einkünfte laut Zeile 45)

Hinweis:
Unter bestimmten Voraussetzungen erfolgt eine Mitteilung über die Höhe der in Deutschland steuerfreien Einkünfte an den anderen Staat. Einwendungen gegen eine solche Weitergabe bitte als Anlage beifügen.

Zeile		aus dem Staat	aus der Einkunftsquelle	Einkunftsart		Einkünfte EUR
36	1				810	,–
37	2				811	,–
38	3				812	,–
39	4				813	,–
40	5				814	,–
41		Summe der ausländischen Kapitalerträge, die im Inland dem gesonderten Steuertarif nach § 32d Abs. 1 EStG unterlägen			817	,–

In den Einkünften i. S. d. § 32b EStG laut den Zeilen 36 bis 40 enthaltene

Zeile			EUR
42	Gewinne aus gewerblichen Betriebsstätten, für die die Hinzurechnung nach § 2a Abs. 3 Satz 3 und Abs. 4 i. V. m. § 52 Abs. 2 Satz 3 und 4 EStG, § 2 Abs. 1 Satz 3 und Abs. 2 AuslInvG vorzunehmen ist	815	,–
43	außerordentliche Einkünfte i. S. d. §§ 34, 34b EStG, soweit nicht in Zeile 42 enthalten	816	,–

44 Bei den in den Zeilen 36 bis 40 erklärten Einkünften handelt es sich in Zeile ___ um ein Steuerstundungsmodell i. S. d. § 15b EStG.

Einkünfte i. S. d. § 32b EStG i. V. m. privaten Veräußerungsgeschäften nach § 23 EStG

Zeile	aus dem Staat	aus der Einkunftsquelle		Einkünfte EUR
45			826	,–

46 X Es wurden verbleibende negative Einkünfte nach § 10d EStG zum 31.12.2024 festgestellt.

47 Ich beantrage von einem Verlustrücktrag nach § 10d EStG in das Jahr 2024 abzusehen. ☐ 1 = Ja

Nach DBA steuerfreie negative Einkünfte i. S. d. § 2a Abs. 1 EStG

Zeile	aus dem Staat – 1–	nach § 2a Abs. 1 Satz 1 Nr. ... EStG – 2 –	noch nicht verrechnete Verluste 1985 bis 2024 – 3 – EUR	nicht ausgleichsfähige Verluste / Gewinnminderungen 2025 – 4 – EUR	positive Einkünfte 2025 – 5 – EUR	Summe der Spalten 3 bis 5 – 6 – EUR	positive Summe laut Spalte 6 enthalten in Zeile – 7 –
48	1		,–	,–	,–	,–	
49	2		,–	,–	,–	,–	
50	3		,–	,–	,–	,–	
51	4		,–	,–	,–	,–	
52	5		,–	,–	,–	,–	

2025AnlAUS143

Anleitung vorhanden

2025

Anlage WA-ESt

Diese Anlage ist bei Zusammenveranlagung von Ehegatten / Lebenspartnern gemeinsam auszufüllen.

1 Name

2 Vorname

3 **Steuernummer**

Weitere Angaben und Anträge in Fällen mit Auslandsbezug

Bei Auslandssachverhalten besteht eine erhöhte Mitwirkungspflicht. Bitte reichen Sie Belege in Kopie ein.

Angaben bei zeitweiser unbeschränkter Steuerpflicht im Kalenderjahr 2025

18

Zeile				vom		bis
4	Wohnsitz oder gewöhnlicher Aufenthalt im Inland	Steuerpflichtige Person / Ehemann / Person A	140	T T M M	142	T T M M
5		Ehefrau / Person B	141	T T M M	143	T T M M

Zeile			Steuerpflichtige Person / Ehegatten / Lebenspartner EUR
6	Ausländische Einkünfte, die außerhalb der in den Zeilen 4 und / oder 5 genannten Zeiträume bezogen wurden und nicht der deutschen Einkommensteuer unterlegen haben	122	,–
7	In Zeile 6 enthaltene außerordentliche Einkünfte i. S. d. §§ 34, 34b EStG	177	,–

Bei Beendigung der unbeschränkten Steuerpflicht

Zeile			Steuerpflichtige Person / Ehemann / Person A		Ehefrau / Person B
8	Mir gehörte im Zeitpunkt der Beendigung der unbeschränkten Steuerpflicht (Wegzug) eine Beteiligung i. S. d. § 17 EStG an einer in- oder ausländischen Kapitalgesellschaft / Genossenschaft / optierenden Gesellschaft i. S. d. § 1a KStG (zur Ermittlung des fiktiven Veräußerungsgewinns bitte die Zeilen 82 bis 95 der **Anlage G** ausfüllen).	171	1 = Ja 2 = Nein	172	1 = Ja 2 = Nein
9	Mir gehörten im Zeitpunkt der Beendigung der unbeschränkten Steuerpflicht (Wegzug) Investmentanteile i. S. d. § 19 Abs. 3 InvStG (zur Erfassung und Ermittlung des fiktiven Veräußerungsgewinns bitte die Zeilen 14 bis 28 und 46 bis 56 der **Anlage KAP-INV** ausfüllen).	101	1 = Ja 2 = Nein	102	1 = Ja 2 = Nein
10	Ich beabsichtige innerhalb von 7 Jahren nach dem Zeitpunkt der Beendigung der unbeschränkten Steuerpflicht wieder ins Inland zurückzukehren.		1 = Ja 2 = Nein		1 = Ja 2 = Nein
11	Im Zeitraum zwischen Beendigung der unbeschränkten Steuerpflicht bis zur Abgabe der Einkommensteuererklärung 2025 lag mein Wohnsitz zumindest zeitweise in einem niedrig besteuernden Gebiet i. S. d. § 2 Abs. 2 AStG.	169	1 = Ja 2 = Nein	170	1 = Ja 2 = Nein

Angaben zum Antrag auf unbeschränkte Steuerpflicht (§ 1 Abs. 3 EStG)

– Nur bei Personen ohne Wohnsitz oder gewöhnlichen Aufenthalt im Inland, die beantragen, als unbeschränkt steuerpflichtig behandelt zu werden –

12 X Ich beantrage für die Anwendung personen- und familienbezogener Steuervergünstigungen als unbeschränkt steuerpflichtig behandelt zu werden.
Ein Nachweis ist einzureichen (z. B. „Bescheinigung EU / EWR“ oder „Bescheinigung außerhalb EU / EWR“).

Zeile			Steuerpflichtige Person / Ehemann / Person A EUR		Ehefrau / Person B EUR
13	Summe der nicht der deutschen Einkommensteuer unterliegenden Einkünfte und der inländischen Einkünfte, die nach DBA nur der Höhe nach beschränkt besteuert werden dürfen (ggf. „0“)	124	,–	129	,–
14	In Zeile 13 enthaltene Kapitalerträge, die dem besonderen Steuersatz für Kapitalerträge nach § 32d Abs. 1 EStG (Abgeltungsteuer) unterliegen oder – im Fall von ausländischen Kapitalerträgen – unterliegen würden	131	,–	133	,–
15	Summe der Kapitalerträge, die der deutschen Einkommensteuer unterliegen und auf die der besondere Steuersatz für Kapitalerträge nach § 32d Abs. 1 EStG anzuwenden ist (ohne Kapitalerträge, die im Inland nach DBA nur der Höhe nach beschränkt besteuert werden dürfen)	103	,–	104	,–

Zeile			Steuerpflichtige Person / Ehegatten / Lebenspartner EUR
16	In Zeile 13 enthaltene außerordentliche Einkünfte i. S. d. §§ 34, 34b EStG	177	,–

Angaben zum in einem EU- / EWR-Staat oder in der Schweiz lebenden Ehegatten / Lebenspartner

17 X Ich beantrage als Staatsangehöriger eines EU- / EWR-Staates die Anwendung familienbezogener Steuervergünstigungen.
Ein Nachweis ist einzureichen (z. B. „Bescheinigung EU / EWR“).
Die nicht der deutschen Besteuerung unterliegenden Einkünfte beider Ehegatten / Lebenspartner sind in Zeile 13 enthalten.

Angaben bei Angehörigen des deutschen öffentlichen Dienstes ohne Wohnsitz oder gewöhnlichen Aufenthalt im Inland, die im dienstlichen Auftrag außerhalb der EU oder des EWR tätig sind

18 X Ich beantrage die Anwendung familienbezogener Steuervergünstigungen.
Ein Nachweis ist einzureichen (z. B. „Bescheinigung EU / EWR“).

Anzurechnende Steuern

Zeile		Kz	Steuerpflichtige Person / Ehemann / Person A EUR, Ct	Kz	Ehefrau / Person B EUR, Ct
19	Steuerabzugsbeträge nach § 50a EStG (ohne Betrag in Zeile 21)	149	,	146	,
20	Solidaritätszuschlag zu Zeile 19	148	,	145	,
21	Steuerabzugsbeträge nach § 50a Abs. 7 EStG laut Rentenbezugsmitteilung	105	,	107	,
22	Solidaritätszuschlag zu Zeile 21	106	,	108	,

Wohnsitz im Ausland im Kalenderjahr 2025 (wenn abweichend von den Zeilen 13 bis 29 des Hauptvordrucks ESt 1 A)

Steuerpflichtige Person / Ehemann / Person A

Zeile	Anschrift	Staat	vom		bis	
23			191	T T M M	192	T T M M

Ehefrau / Person B

Zeile	Anschrift	Staat	vom		bis	
24			193	T T M M	194	T T M M

Mitteilung von grenzüberschreitenden Steuergestaltungen

Ich bin / Wir sind Nutzer einer grenzüberschreitenden Steuergestaltung nach den §§ 138d ff. AO, deren steuerlicher Vorteil sich erstmals im Jahr 2025 auswirken soll. Für diese wurden mir / uns folgende Registriernummer und Offenlegungsnummer zugeteilt:

25 Registriernummer 195

26 Offenlegungsnummer 196

27 Ich habe / Wir haben im Jahr 2025 mindestens eine grenzüberschreitende Steuergestaltung verwirklicht, für die mir / uns noch keine Registriernummer und Offenlegungsnummer vorliegt. 197 1 = Ja

– Erläuterungen zur Steuergestaltung nehmen Sie bitte in einer formlosen Anlage mit der Überschrift „Ergänzende Angaben zur Steuererklärung“ vor und tragen in Zeile 37 des Hauptvordrucks ESt 1 A eine „1“ ein. –

2025AnlWA-ESt292

Anleitung vorhanden

2025

Hauptvordruck ESt 1 C

— Eingangsstempel —

1 Einkommensteuererklärung | Festsetzung der Arbeitnehmer-Sparzulage

2 Erklärung zur Feststellung des verbleibenden Verlustvortrags | Festsetzung der Mobilitätsprämie

für beschränkt steuerpflichtige Personen

3 **Steuernummer**

An das Finanzamt

Daten für die mit ⓔ gekennzeichneten Zeilen liegen im Regelfall vor und müssen nicht eingetragen werden. – Bitte Anleitung beachten. –

4

5 oder an das Bundeszentralamt für Steuern

Belege müssen Sie nur einreichen, wenn Sie in den Vordrucken / Anleitungen darauf hingewiesen werden. Bitte reichen Sie in diesen Fällen ausschließlich Kopien und keine Originalbelege ein.

Allgemeine Angaben

Steuerpflichtige Person

6 Identifikationsnummer – falls erhalten – | Geburtsdatum T T M M J J J J | im Sterbefall: Sterbedatum T T M M J J J J

7 Name

8 Vorname

9 Titel, akademischer Grad

10 Ausgeübter Beruf

11 Straße (derzeitige Adresse)

12 Hausnummer | Hausnummerzusatz | Adressergänzung

13 Postleitzahl

14 Wohnort

15 Aktueller Wohnsitzstaat

16 Geburtsort

17 Geburtsland

18 Staatsangehörigkeit

19 Wohnsitzstaat im Kalenderjahr 2025 (falls von Zeile 15 abweichend)

20 Ggf. weitere Wohnsitzstaaten im Kalenderjahr 2025

Bankverbindung – Bitte stets angeben –

21 IBAN (inländisches Geldinstitut) D E

22 IBAN (ausländisches Geldinstitut)

23 BIC zur IBAN des ausländischen Geldinstituts

Name eines von der steuerpflichtigen Person abweichenden Kontoinhabers
– Bei Abtretung bitte amtlichen Abtretungsvordruck einreichen –

24

Inländische Einkünfte im Kalenderjahr 2025

18 / 19

Zeile						
25	**Einkünfte i. S. d. § 50d Abs. 10 EStG**	824	EUR ,—	Anrechenbare ausländische Steuer nach § 50d Abs. 10 Satz 5 EStG	825	EUR , Ct

Einkünfte aus nichtselbständiger Arbeit

Zeile						
26	Beschäftigung in				109	vom T T M M – bis T T M M
27	Arbeitslohn, der im Inland nicht dem Steuerabzug unterlegen hat	110	EUR ,—	Werbungskosten dazu	111	EUR ,—
28	**Einkünfte i. S. d. § 50d Abs. 7 EStG**	827	EUR ,—	Anrechenbare ausländische Steuer nach § 50d Abs. 7 Satz 2 EStG	828	EUR , Ct

Erträge aus Kapitalvermögen

Zeile			
29	Erträge aus Kapitalvermögen i. S. d. § 49 Abs. 1 Nr. 5 EStG (ohne Einnahmen in den Zeilen 31 und 32)	132	EUR ,—
30	Ich beantrage die Günstigerprüfung für die in Zeile 29 erklärten Kapitalerträge.		1 = Ja
31	Erträge aus Kapitalvermögen i. S. d. § 49 Abs. 1 Nr. 5 EStG, die der tariflichen Einkommensteuer unterliegen (ohne Einnahmen in Zeile 32)	115	EUR ,—
32	Erträge aus Kapitalvermögen i. S. d. § 49 Abs. 1 Nr. 5 EStG aus Versicherungsverträgen (§ 20 Abs. 1 Nr. 6 Satz 2 EStG)	134	,—

Anzurechnende Steuern

18

Zeile						
33	Kapitalertragsteuer	147	EUR , Ct	Steuerabzugsbeträge nach § 50a EStG (ohne Betrag in Zeile 35)	154	EUR , Ct
34	Solidaritätszuschlag zu Zeile 33	152	,			
35	Steuerabzugsbeträge nach § 50a Abs. 7 EStG laut Rentenbezugsmitteilung	105	,	Solidaritätszuschlag zu § 50a Abs. 7 EStG	106	,

Beschränkung der Anrechenbarkeit der Kapitalertragsteuer nach § 36a EStG

Zeile			
36	Ich habe Kapitalerträge erzielt, bei denen die Voraussetzungen für eine volle Anrechnung der Kapitalertragsteuer nach § 36a EStG nicht erfüllt sind.	138	1 = Ja

Veranlagung nach § 50 Abs. 2 EStG

Zeile			
37	Ich bin Arbeitnehmer und verpflichtet, eine Einkommensteuererklärung abzugeben (§ 50 Abs. 2 Satz 2 Nr. 4 Buchst. a und / oder c EStG).	178	1 = Ja
38	Ich bin Arbeitnehmer und Staatsangehöriger – eines EU- / EWR-Staates, habe im Hoheitsgebiet eines dieser Staaten oder in der Schweiz meinen Wohnsitz oder gewöhnlichen Aufenthalt oder – der Schweiz, habe in der Schweiz oder in einem EU-Staat meinen Wohnsitz oder gewöhnlichen Aufenthalt und beantrage die Veranlagung zur Einkommensteuer (§ 50 Abs. 2 Satz 2 Nr. 4 Buchst. b EStG).	179	1 = Ja
39	Ich bin Arbeitnehmer mit Wohnsitz oder gewöhnlichem Aufenthalt in einem Staat außerhalb der EU / des EWR oder der Schweiz, habe außerordentliche Einkünfte i. S. d. § 34 Abs. 1 und Abs. 2 Nr. 2 und 4 EStG (z. B. Abfindungen, Vergütungen für mehrere Jahre) bezogen und beantrage in diesem Zusammenhang die Veranlagung zur Einkommensteuer (§ 50 Abs. 2 Satz 2 Nr. 4 Buchst. d EStG).	157	1 = Ja
40	Ich habe Arbeitslohn aus einer inländischen öffentlichen Kasse bezogen und beantrage zur Anrechnung der ausländischen Steuer die Veranlagung zur Einkommensteuer (§ 50 Abs. 2 Satz 2 Nr. 4 Buchst. e EStG). **– Zur Anrechnung der ausländischen Steuer bitte die Zeile 28 ausfüllen. –**		1 = Ja

Falls Zeile 37, 38, 39 oder 40 mit „Ja" beantwortet wurde:

41 X Einkünfte aus nichtselbständiger Arbeit, die im Inland dem Steuerabzug unterliegen, laut **Anlage N**

Angaben zum Progressionsvorbehalt

Zeile			
42	Einkünfte, die dem Steuerabzug nach § 50a EStG unterliegen	123	EUR ,—
43	Summe der Einkünfte, die nicht der deutschen Einkommensteuer unterliegen (ohne Kapitalerträge, die der Abgeltungsteuer unterliegen oder – im Fall von ausländischen Kapitalerträgen – unterliegen würden)	124	,—
44	In Zeile 43 enthaltene außerordentliche Einkünfte i. S. d. §§ 34, 34b EStG	177	,—
45	Einkommensersatzleistungen aus dem Inland, z. B. Elterngeld, Krankengeld, Mutterschaftsgeld **– ohne Beträge laut Zeile 20 der Anlage N –**	120	,— e
46	Leistungen aus einem EU- / EWR-Staat, die mit Einkommensersatzleistungen i. S. d. Zeile 45 vergleichbar sind **– ohne Beträge laut Zeile 20 der Anlage N –**	136	,—
47	Ich bin Staatsangehöriger eines EU- / EWR-Staates, habe im Hoheitsgebiet eines dieser Staaten meinen Wohnsitz oder gewöhnlichen Aufenthalt und habe Einkünfte i. S. d. § 50a Abs. 1 Nr. 1, 2 oder 4 EStG erzielt und beantrage die Veranlagung zur Einkommensteuer (§ 50 Abs. 2 Satz 2 Nr. 5 EStG).	180	1 = Ja
48	**Falls Zeile 47 mit „Ja" beantwortet wurde:** Die Einkünfte aus Gewerbebetrieb / selbständiger Arbeit / nichtselbständiger Arbeit / Vermietung und Verpachtung / sonstigen Einkünfte, die im Inland dem Steuerabzug unterliegen, sind erklärt in der **Anlage** / den **Anlagen**		Bezeichnung der Anlage(n)

2025500315002

2025ESt1C152 2025ESt1C152

Antrag auf Festsetzung der Arbeitnehmer-Sparzulage

15

49 Für alle vom Anbieter und / oder Arbeitgeber übermittelten elektronischen Vermögensbildungsbescheinigungen wird die Festsetzung der Arbeitnehmer-Sparzulage beantragt. 17 ☐ 1 = Ja

Name, Adresse des Arbeitgebers

50

Sonderausgaben

52

Gezahlte Versorgungsleistungen aus Renten laut Vertrag

Zeile		abziehbar (in %)	tatsächlich gezahlt EUR
51	Rechtsgrund, Datum des Vertrags	102	101 ,–
52	Name und Geburtsdatum der empfangsberechtigten Person		
53	136 Identifikationsnummer der empfangsberechtigten Person	Die empfangsberechtigte Person hat ihren Wohnsitz / gewöhnlichen Aufenthalt im Inland	153 (1 = Ja, 2 = Nein)
54	**Gezahlte Versorgungsleistungen aus Renten laut gesonderter und einheitlicher Feststellung**	150	151 ,–

Gezahlte Versorgungsleistungen aus Dauernden Lasten laut Vertrag

Zeile			EUR
55	Rechtsgrund, Datum des Vertrags	tatsächlich gezahlte Geldleistungen	100 ,–
56	Name und Geburtsdatum der empfangsberechtigten Person	tatsächlich erbrachte Sachleistungen	161 ,–
57	144 Identifikationsnummer der empfangsberechtigten Person	Die empfangsberechtigte Person hat ihren Wohnsitz / gewöhnlichen Aufenthalt im Inland	155 (1 = Ja, 2 = Nein)
58	**Gezahlte Versorgungsleistungen aus Dauernden Lasten laut gesonderter und einheitlicher Feststellung**		152 ,–

Spenden und Mitgliedsbeiträge (ohne Spenden in das zu erhaltende Vermögen einer Stiftung)

Zeile		laut Bestätigungen EUR	laut Betriebsfinanzamt EUR
59	– zur Förderung steuerbegünstigter Zwecke an Empfänger im Inland	123 ,–	124 ,–
60	– zur Förderung steuerbegünstigter Zwecke an Empfänger im EU- / EWR-Ausland	133 ,–	134 ,–
61	– an politische Parteien (§§ 34g, 10b EStG)	127 ,–	128 ,–
62	– an unabhängige Wählervereinigungen (§ 34g EStG)	129 ,–	130 ,–

Spenden in das zu erhaltende Vermögen (Vermögensstock) einer Stiftung

Zeile			
63	2025 geleistete Spenden an Empfänger im Inland	220 ,–	221 ,–
64	2025 geleistete Spenden an Empfänger im EU- / EWR-Ausland	226 ,–	227 ,–
			EUR
65	Von den Spenden in den Zeilen 63 und 64 sollen 2025 berücksichtigt werden		212 ,–
66	2025 zu berücksichtigende Spenden aus Vorjahren in das zu erhaltende Vermögen (Vermögensstock) einer Stiftung, die bisher noch nicht berücksichtigt wurden		214 ,–

Mitteilung von grenzüberschreitenden Steuergestaltungen

18

Ich bin Nutzer einer grenzüberschreitenden Steuergestaltung nach den §§ 138d ff. AO, deren steuerlicher Vorteil sich erstmals im Jahr 2025 auswirken soll. Für diese wurden mir folgende Registriernummer und Offenlegungsnummer zugeteilt:

67 Registriernummer 195

68 Offenlegungsnummer 196

69 Ich habe im Jahr 2025 mindestens eine grenzüberschreitende Steuergestaltung verwirklicht, für die mir noch keine Registriernummer und Offenlegungsnummer vorliegt. 197 ☐ 1 = Ja

– Erläuterungen zur Steuergestaltung nehmen Sie bitte in einer formlosen Anlage mit der Überschrift „Ergänzende Angaben zur Steuererklärung“ vor und tragen in Zeile 90 eine „1“ ein. –

2025ESt1C153

Weitere Angaben

70 Ich war vor Begründung der beschränkten Steuerpflicht **unbeschränkt** steuerpflichtig. (1 = Ja, 2 = Nein)

Falls Zeile 70 mit „Ja" beantwortet wurde:

71 Meine unbeschränkte Steuerpflicht hat **nach dem 31.12.2014** geendet. (1 = Ja, 2 = Nein)

Falls Zeile 71 mit „Ja" beantwortet wurde:

72 Datum der Beendigung der unbeschränkten Steuerpflicht: T T M M J J J J — bisher zuständiges Finanzamt, Steuernummer

Falls Zeile 71 mit „Ja" beantwortet wurde:

73 Ich war in den letzten 10 Jahren vor diesem Zeitpunkt **als Deutscher insgesamt mindestens 5 Jahre** unbeschränkt steuerpflichtig. (1 = Ja, 2 = Nein)

Falls Zeile 73 mit „Ja" beantwortet wurde:

74 Zeitraum der unbeschränkten Steuerpflicht — vom T T M M J J J J — bis T T M M J J J J

Falls Zeile 73 mit „Ja" beantwortet wurde:

75 Im Zeitraum zwischen Beendigung der unbeschränkten Steuerpflicht bis zur Abgabe der Einkommensteuererklärung 2025 lag mein Wohnsitz zumindest zeitweise in einem niedrig besteuernden Gebiet i. S. d. § 2 Abs. 2 AStG. (1 = Ja, 2 = Nein)

Falls Zeile 73 mit „Ja" beantwortet wurde:

76 a) Mir gehörte am 1.1.2025 eine Beteiligung i. S. d. § 17 EStG an einer inländischen Kapitalgesellschaft / Genossenschaft. (1 = Ja, 2 = Nein)

77 Erläuterungen (insbesondere Name, Sitz, Art der Tätigkeit der Gesellschaft, zuständiges Finanzamt)

78 b) Ich war am 1.1.2025 an einer ausländischen Personengesellschaft beteiligt, die wesentliche wirtschaftliche Interessen i. S. d. § 2 Abs. 1 Nr. 2 und Abs. 3 AStG hatte. (1 = Ja, 2 = Nein)

79 Erläuterungen (insbesondere Name, Sitz, Art der Tätigkeit der Gesellschaft, zuständiges Finanzamt)

80 c) Ich war im Kalenderjahr 2025 allein oder zusammen mit anderen Personen, die der unbeschränkten oder erweitert beschränkten Steuerpflicht (§ 5 AStG) unterliegen, an einer ausländischen Gesellschaft i. S. d. § 7 AStG beteiligt. (1 = Ja, 2 = Nein)

81 Erläuterungen (insbesondere Name, Sitz, Art der Tätigkeit der Gesellschaft, zuständiges Finanzamt)

82 X Zur Wahrnehmung der steuerlichen Pflichten und Rechte als **Bevollmächtigter** ist bestellt (§ 80 AO): — X Zum Empfang von Schriftstücken als inländischer **Empfangsbevollmächtigter** ist bestellt (§ 123 AO):

83 X Als inländischer **Vermögensverwalter** ist tätig (§ 34 AO): — X Als **Verfügungsberechtigter** ist tätig (§ 35 AO):

84 Name / Firmenname

85 Vorname

86 Straße

87 Hausnummer — Hausnummerzusatz — Adressergänzung

88 Postfach

89 Postleitzahl — (Wohn-)Ort

Ergänzende Angaben zur Steuererklärung

86

Eine Eintragung ist in Zeile 90 nur vorzunehmen, wenn einer der dort genannten Sachverhalte vorliegt. In diesem Fall erläutern Sie bitte diese Sachverhalte in den **„Ergänzenden Angaben zur Steuererklärung"**. Die ergänzenden Angaben werden gesondert geprüft. Dies kann die Bearbeitungsdauer verlängern. Falls Sie mit der Abgabe der Steuererklärung lediglich Belege und Aufstellungen übermitteln, ist in Zeile 90 keine Eintragung vorzunehmen.

90 In dieser Steuererklärung 500

- 1 = konnten steuererhebliche Sachverhalte nicht erklärt werden.
- 2 = wird bewusst eine von der Verwaltungsauffassung abweichende Rechtsauffassung vertreten.
- 3 = sollen Sachverhalte personell vertieft geprüft werden.
- 4 = liegen mehrere der vorgenannten Gründe vor (Mehrfachauswahl).

Hinweis: Bitte übermitteln Sie Ihre ergänzenden Angaben nur für die vorstehend genannten Sachverhalte mit einer gesonderten Anlage mit der Überschrift **„Ergänzende Angaben zur Steuererklärung"**.

2025ESt1C154

Unterschrift

Datenschutzhinweis:
Die mit der Steuererklärung / dem Antrag angeforderten Daten werden aufgrund der §§ 149, 150 und 181 Abs. 2 der Abgabenordnung, der §§ 25 und 46 des Einkommensteuergesetzes sowie des § 14 Abs. 4 des Fünften Vermögensbildungsgesetzes erhoben. Informationen über die Verarbeitung personenbezogener Daten in der Steuerverwaltung und über Ihre Rechte nach der Datenschutz-Grundverordnung sowie über Ihre Ansprechpartner in Datenschutzfragen entnehmen Sie bitte dem allgemeinen Informationsschreiben der Finanzverwaltung. Dieses Informationsschreiben finden Sie unter www.finanzamt.de (unter der Rubrik „Datenschutz") oder erhalten Sie bei Ihrem Finanzamt.

91 Ich leiste die Unterschrift X als steuerpflichtige Person X **– nur in den Fällen des § 150 Abs. 3 AO –** als Bevollmächtigter.

92

Datum, Unterschrift **Steuererklärungen sind eigenhändig zu unterschreiben.**

93 Die Steuererklärung wurde unter Mitwirkung einer selbständig und eigenverantwortlich tätigen und zur Hilfeleistung in Steuersachen nach den §§ 3 und 4 des Steuerberatungsgesetzes befugten Person oder Vereinigung angefertigt. 1 = Ja

Bei der Anfertigung dieser Steuererklärung hat mitgewirkt:

94

2025ESt1C155

2025

Name

1

Vorname

2

3 **Steuernummer** lfd. Nr. der Anlage

Anlage Mobilitätsprämie

Diese Anlage ist bei Zusammenveranlagung von Ehegatten / Lebenspartnern gemeinsam auszufüllen.

– Die Eintragungen in den Zeilen 4 bis 6 sowie 13 und 14 sind nur in der ersten Anlage Mobilitätsprämie vorzunehmen. –

Angaben zum Antrag auf Mobilitätsprämie

Antrag auf Festsetzung der Mobilitätsprämie

18

– Ein Antrag ist nur für Pendlerinnen und Pendler erforderlich, die ein zu versteuerndes Einkommen bis zur Höhe des Grundfreibetrags von 12.096 € (bei Zusammenveranlagung 24.192 €) haben und die mindestens 21 km zur ersten Tätigkeitsstätte / ersten Betriebsstätte zurücklegen. –

4 Ich beantrage / Wir beantragen die Festsetzung der Mobilitätsprämie. 240 1 = Ja

Angaben zur Mobilitätsprämie

Steuerpflichtige Person / Ehemann / Person A

5 Der Antrag auf Mobilitätsprämie bezieht sich auf Einkünfte aus nichtselbständiger Arbeit. 1 = Ja 2 = Nein

– Falls „Ja", füllen Sie bitte die Anlage N aus. Liegen darüber hinaus weitere Einkünfte vor, füllen Sie bitte die folgenden Zeilen aus. –

6 Der Antrag auf Mobilitätsprämie bezieht sich auf andere Einkünfte (ohne Einkünfte aus nichtselbständiger Arbeit, siehe Einkunftsarten laut Zeile 8). 241 1 = Ja 2 = Nein

– Falls „Ja", füllen Sie bitte die folgenden Zeilen aus. –

Bezeichnung des Betriebs / der Tätigkeit / des Vermietungsobjekts / ggf. Betriebssteuernummer

7

8 Einkunftsart

1 = Land- und Forstwirtschaft
2 = Gewerbebetrieb
3 = Selbständige Arbeit
4 = Vermietung und Verpachtung
5 = sonstige Einkünfte

Wege zwischen Wohnung und erster Betriebsstätte / erster Tätigkeitsstätte (Entfernungspauschale)

– sofern bei Behinderung keine tatsächlichen Fahrtkosten erklärt wurden –

erste Betriebsstätte / erste Tätigkeitsstätte (Postleitzahl, Ort und Straße)

9

10 aufgesucht an Tagen einfache Entfernung (auf volle Kilometer abgerundet) km

Wöchentliche Familienheimfahrten bei doppelter Haushaltsführung

– sofern bei Behinderung keine tatsächlichen Fahrtkosten erklärt wurden –

Beschäftigungsort (Postleitzahl, Ort und Straße)

11

12 Anzahl der Familienheimfahrten einfache Entfernung (auf volle Kilometer abgerundet) km

Ehefrau / Person B

13 Der Antrag auf Mobilitätsprämie bezieht sich auf Einkünfte aus nichtselbständiger Arbeit. 1 = Ja 2 = Nein

– Falls „Ja", füllen Sie bitte die Anlage N aus. Liegen darüber hinaus weitere Einkünfte vor, füllen Sie bitte die folgenden Zeilen aus. –

14 Der Antrag auf Mobilitätsprämie bezieht sich auf andere Einkünfte (ohne Einkünfte aus nichtselbständiger Arbeit, siehe Einkunftsarten laut Zeile 16). **242** 1 = Ja 2 = Nein

– Falls „Ja", füllen Sie bitte die folgenden Zeilen aus. –

Bezeichnung des Betriebs / der Tätigkeit / des Vermietungsobjekts / ggf. Betriebssteuernummer

15

16 Einkunftsart

1 = Land- und Forstwirtschaft
2 = Gewerbebetrieb
3 = Selbständige Arbeit
4 = Vermietung und Verpachtung
5 = sonstige Einkünfte

Wege zwischen Wohnung und erster Betriebsstätte / erster Tätigkeitsstätte (Entfernungspauschale)
– sofern bei Behinderung keine tatsächlichen Fahrtkosten erklärt wurden –

erste Betriebsstätte / erste Tätigkeitsstätte (Postleitzahl, Ort und Straße)

17

18 aufgesucht an Tagen einfache Entfernung (auf volle Kilometer abgerundet) km

Wöchentliche Familienheimfahrten bei doppelter Haushaltsführung
– sofern bei Behinderung keine tatsächlichen Fahrtkosten erklärt wurden –

Beschäftigungsort (Postleitzahl, Ort und Straße)

19

20 Anzahl der Familienheimfahrten einfache Entfernung (auf volle Kilometer abgerundet) km

1 Name

2 Vorname

3 **Steuernummer** lfd. Nr. der Anlage

Anlage Zinsschranke

Für jeden Betrieb ist eine eigene Anlage Zinsschranke abzugeben.

Betriebsausgabenabzug für Zinsaufwendungen (§ 4h EStG)

Die Anlage ist nur auszufüllen, wenn die Nettozinsaufwendungen (Zinsaufwendungen zuzüglich eines ggf. vorhandenen Zinsvortrags abzüglich Zinserträge) mindestens 3.000.000 € betragen, ein Zinsvortrag festgestellt wurde und / oder zur Feststellung eines EBITDA-Vortrags.

Steuerpflichtige Person / Ehemann / Person A

Ehefrau / Person B

4 Bezeichnung des Betriebs

5 Wirtschafts-Identifikationsnummer D E -

Zinsvortrag nach § 4h Abs. 1 Satz 5 EStG

		EUR
6	**Zinsvortrag** zum Schluss des vorangegangenen Wirtschaftsjahres	,—
7	Verringerung des Zinsvortrags, z. B. durch Aufgabe oder Übertragung eines Betriebs oder Teilbetriebs oder Ausscheiden eines Mitunternehmers aus einer Gesellschaft (§ 4h Abs. 5 EStG), Ausscheiden einer Organgesellschaft aus dem Organkreis (§ 15 Satz 1 Nr. 3, § 8a Abs. 1 KStG i. V. m. § 4h Abs. 5 EStG), Sanierungsertrag (§ 3a Abs. 3 Satz 2 Nr. 13 Buchst. a EStG)	,—
8	**Zinsaufwendungen des laufenden Wirtschaftsjahres** i. S. d. § 4h Abs. 3 Satz 2 EStG ohne Zinsaufwendungen i. S. d. § 4h Abs. 6 EStG (Bei Organträgern: einschließlich der entsprechenden Beträge der Organgesellschaften)	,—
9	Nach Anwendung des § 4h EStG **abziehbare Beträge** (bei der Ermittlung des Gewinns berücksichtigt) (Bei Organträgern: einschließlich der entsprechenden Beträge der Organgesellschaften) **– Berechnung laut gesonderter Aufstellung –**	,—

10 Die Voraussetzungen des § 4h Abs. 2 Satz 1 EStG zum uneingeschränkten Abzug der Zinsaufwendungen liegen vor: § 4h Abs. 2 Satz 1 Buchst. a EStG (Nettozinsaufwendungen weniger als 3.000.000 €)

11 Die Voraussetzungen des § 4h Abs. 2 Satz 1 EStG zum uneingeschränkten Abzug der Zinsaufwendungen liegen vor: § 4h Abs. 2 Satz 1 Buchst. b EStG (Stand-alone-Klausel)

12 Die Voraussetzungen des § 8a KStG i. V. m. § 4h Abs. 2 Satz 1 EStG zum uneingeschränkten Abzug der Zinsaufwendungen liegen vor: § 4h Abs. 2 Satz 1 Buchst. c EStG (Escape-Klausel)

		EUR
13	Nichtabziehbare Zinsaufwendungen = **Zinsvortrag zum Schluss des Wirtschaftsjahres** (ggf. nach Minderung um den Sanierungsertrag nach § 3a Abs. 3 Satz 2 Nr. 13 Buchst. a EStG)	,—
14	Zinserträge des laufenden Wirtschaftsjahres nach § 4h Abs. 3 Satz 3 EStG ohne Zinserträge i. S. d. § 4h Abs. 6 EStG (Bei Organträgern: einschließlich der entsprechenden Beträge der Organgesellschaften)	,—
15	Nach § 6 Abs. 2 Satz 1, § 6 Abs. 2a Satz 2 und 7 EStG abgesetzte Beträge (Bei Organträgern: einschließlich der entsprechenden Beträge der Organgesellschaften)	,—
16	Vergütungen für Fremdkapital an wesentlich beteiligte Anteilseigner, diesen nahestehende Personen und rückgriffsberechtigte Dritte – § 4h Abs. 2 Satz 2 EStG, § 8a Abs. 3 KStG – (Bei Organträgern: einschließlich der entsprechenden Beträge der Organgesellschaften)	,—

EBITDA-Vortrag nach § 4h Abs. 1 Satz 3 EStG

			EUR
17	EBITDA-Vortrag zum Schluss des vorangegangenen Wirtschaftsjahres		,—
18	Verringerung des EBITDA-Vortrags, z. B. durch Aufgabe oder Übertragung eines Betriebs oder Teilbetriebs oder Ausscheiden eines Mitunternehmers aus einer Gesellschaft (§ 4h Abs. 5 EStG), Ausscheiden einer Organgesellschaft aus dem Organkreis (§ 15 Satz 1 Nr. 3, § 8a Abs. 1 KStG i. V. m. § 4h Abs. 5 EStG), Sanierungsertrag (§ 3a Abs. 3 Satz 2 Nr. 13 Buchst. b EStG)	–	,—
19	Verrechenbares EBITDA des laufenden Wirtschaftsjahres (wenn Wert negativ, „0“ eintragen) – nur, wenn im Wirtschaftsjahr kein Anwendungsfall des § 4h Abs. 2 EStG vorliegt – (Bei Organträgern: einschließlich der entsprechenden Beträge der Organgesellschaften)	+	,—
20	**Berücksichtigungsfähiges verrechenbares EBITDA** – **Eintragung nur, wenn Wert positiv** –	=	,—
21	Verbrauch von verrechenbarem EBITDA des laufenden Wirtschaftsjahres	–	,—
22	Verbrauch von zum Schluss des vorangegangenen Wirtschaftsjahres gesondert festgestelltem verrechenbaren EBITDA im laufenden Wirtschaftsjahr	–	,—
23	Verbleibendes verrechenbares EBITDA = **EBITDA-Vortrag zum Schluss des Wirtschaftsjahres** (ggf. nach Minderung um den Sanierungsertrag nach § 3a Abs. 3 Satz 2 Nr. 13 Buchst. b EStG)	=	,—

Finanzamt

Steuernummer

Identifikationsnummer

Bitte beachten Sie die Erläuterungen auf der letzten Seite.

Anlage U

für Unterhaltsleistungen und Ausgleichsleistungen zur Vermeidung des Versorgungsausgleichs an den geschiedenen Ehegatten / Lebenspartner einer aufgehobenen Lebenspartnerschaft oder dauernd getrennt lebenden Ehegatten / Lebenspartner

☐ **zum Antrag auf Lohnsteuer-Ermäßigung**

☐ **zur Einkommensteuererklärung**

☐ **zum Antrag auf Anpassung der Einkommensteuer-Vorauszahlungen**

20____

A. Antrag auf Abzug von Unterhaltsleistungen und Ausgleichsleistungen zur Vermeidung des Versorgungsausgleichs als Sonderausgaben

Antragsteller

Name, Vorname | Geburtsdatum

Anschrift

Ich beantrage, folgende Unterhaltsleistungen nach § 10 Abs. 1a Nr. 1 EStG und / oder Ausgleichsleistungen zur Vermeidung des Versorgungsausgleichs nach § 10 Abs. 1a Nr. 3 EStG an meinen in Abschnitt B genannten geschiedenen Ehegatten / Lebenspartner einer aufgehobenen Lebenspartnerschaft oder dauernd getrennt lebenden Ehegatten / Lebenspartner als Sonderausgaben abzuziehen.

Zeile		Geldleistungen	Sachleistungen
1	Im Kalenderjahr tatsächlich erbrachte Unterhaltsleistungen oder – bei Anträgen vor Ablauf des Kalenderjahres – voraussichtliche Unterhaltsleistungen:	€	€
2	Abzüglich der in Zeile 1 enthaltenen Unterhaltsleistungen für Kinder:	– €	– €
3	Unterhaltsleistungen (ohne Unterhaltsleistungen für Kinder):	= €	= €
4	Unterhaltsleistungen, die zum Abzug als Sonderausgaben geltend gemacht werden (Summe der Geld- und Sachleistungen aus Zeile 3):	= €	
5	In den o. g. Geldleistungen enthaltene Beiträge (abzgl. Erstattungen und Zuschüsse) für eine Basis-Kranken- und gesetzliche Pflegeversicherung meines geschiedenen Ehegatten / Lebenspartners einer aufgehobenen Lebenspartnerschaft oder dauernd getrennt lebenden Ehegatten / Lebenspartners:	€	
6	Davon entfallen auf Krankenversicherungsbeiträge mit Anspruch auf Krankengeld:	€	
7	Im Kalenderjahr tatsächlich erbrachte Ausgleichsleistungen zur Vermeidung des Versorgungsausgleichs oder – bei Anträgen vor Ablauf des Kalenderjahres – voraussichtliche Ausgleichsleistungen	Ausgleichsleistungen €	

Mir ist bekannt, dass eine **Rücknahme** dieses Antrags **nicht** zulässig ist und dass ein im Lohnsteuer-Ermäßigungs- oder Einkommensteuer-Vorauszahlungsverfahren gestellter Antrag auch bei der Einkommensteuerveranlagung für dasselbe Kalenderjahr bindend ist.

Datum und Unterschrift

B. Zustimmung zum Antrag A

Die Zustimmung ist erstmals für das oben eingetragene Kalenderjahr gültig. Sie gilt – solange sie nicht widerrufen wird – auch für alle darauf folgenden Kalenderjahre. Mir ist bekannt, dass ich die Zustimmung nur vor Beginn des Kalenderjahres, für das sie erstmals nicht gelten soll, gegenüber dem für mich oder dem für den Antragsteller zuständigen Finanzamt widerrufen kann.

Empfänger der Leistung(en)

Name, Vorname | Geburtsdatum

Anschrift

Zuständiges Finanzamt, Steuernummer und Identifikationsnummer

Ich stimme hiermit dem Antrag auf Abzug von **Unterhaltsleistungen** als Sonderausgaben

☐ dem Grunde nach zu. ☐ begrenzt auf einen Teilbetrag in Höhe von ____________________ € zu.

Mir ist bekannt, dass ich **Unterhaltsleistungen** bis zum Höchstbetrag von 13.805 € (zuzüglich tatsächlich geleisteter Beiträge für eine Basis-Kranken- und gesetzliche Pflegeversicherung) abzüglich der Werbungskosten (mindestens Pauschbetrag von 102 €) als sonstige Einkünfte **versteuern** muss, soweit sie vom Geber als Sonderausgaben abgezogen werden können.

Ich stimme hiermit dem Antrag auf Abzug von **Ausgleichsleistungen** zur Vermeidung des Versorgungsausgleichs als Sonderausgaben

☐ dem Grunde nach zu. ☐ begrenzt auf einen Teilbetrag in Höhe von ____________________ € zu.

Mir ist bekannt, dass ich die **Ausgleichsleistungen** zur Vermeidung des Versorgungsausgleichs abzüglich der Werbungskosten (mindestens Pauschbetrag von 102 €) als sonstige Einkünfte **versteuern** muss, soweit sie vom Geber als Sonderausgaben abgezogen werden können.

Nur bei in einem anderen Mitgliedstaat der Europäischen Union (EU)/des Europäischen Wirtschaftsraumes (EWR) oder in der Schweiz ansässigen Empfänger der Leistung(en):

☐ Ich bestätige, dass die empfangenen Unterhaltsleistungen / Ausgleichsleistungen in dem Staat, in dem ich ansässig bin, besteuert werden. Die entsprechende Bescheinigung der zuständigen ausländischen Steuerbehörde ist beigefügt.

Datum und Unterschrift

☐ Die Zustimmung des Empfängers der Leistung(en)

vom ____________________ liegt dem Finanzamt bereits vor.

Finanzamt

Steuernummer

Verfügung

1. **Finanzamt** ....

....

....

....

Durchschrift wird für die Steuerakten (Einkommensteuerveranlagungen und ggf. Anpassung der Einkommensteuer-Vorauszahlungen) des unter B genannten **inländischen** Empfängers der Leistung(en) übersandt.

2. Durchschrift von 1. an das deutsche Finanzamt abgesandt am ____________________
Namenszeichen und Datum

3. Z. d. A. – Festsetzungsnahe Daten anlegen / ergänzen –

____
Namenszeichen und Datum

Finanzamt

Steuernummer

Identifikationsnummer

Bitte beachten Sie die Erläuterungen auf der letzten Seite.

Anlage U

für Unterhaltsleistungen und Ausgleichsleistungen zur Vermeidung des Versorgungsausgleichs an den geschiedenen Ehegatten / Lebenspartner einer aufgehobenen Lebenspartnerschaft oder dauernd getrennt lebenden Ehegatten / Lebenspartner

☐ **zum Antrag auf Lohnsteuer-Ermäßigung**

☐ **zur Einkommensteuererklärung**

☐ **zum Antrag auf Anpassung der Einkommensteuer-Vorauszahlungen** **20**____

A. Antrag auf Abzug von Unterhaltsleistungen und Ausgleichsleistungen zur Vermeidung des Versorgungsausgleichs als Sonderausgaben

Antragsteller

Name, Vorname | Geburtsdatum

Anschrift

Ich beantrage, folgende Unterhaltsleistungen nach § 10 Abs. 1a Nr. 1 EStG und / oder Ausgleichsleistungen zur Vermeidung des Versorgungsausgleichs nach § 10 Abs. 1a Nr. 3 EStG an meinen in Abschnitt B genannten geschiedenen Ehegatten / Lebenspartner einer aufgehobenen Lebenspartnerschaft oder dauernd getrennt lebenden Ehegatten / Lebenspartner als Sonderausgaben abzuziehen.

Zeile		Geldleistungen	Sachleistungen
1	Im Kalenderjahr tatsächlich erbrachte Unterhaltsleistungen oder – bei Anträgen vor Ablauf des Kalenderjahres – voraussichtliche Unterhaltsleistungen:	€	€
2	Abzüglich der in Zeile 1 enthaltenen Unterhaltsleistungen für Kinder:	– €	– €
3	Unterhaltsleistungen (ohne Unterhaltsleistungen für Kinder):	= €	= €
4	Unterhaltsleistungen, die zum Abzug als Sonderausgaben geltend gemacht werden (Summe der Geld- und Sachleistungen aus Zeile 3):	= €	
5	In den o. g. Geldleistungen enthaltene Beiträge (abzgl. Erstattungen und Zuschüsse) für eine Basis-Kranken- und gesetzliche Pflegeversicherung meines geschiedenen Ehegatten / Lebenspartners einer aufgehobenen Lebenspartnerschaft oder dauernd getrennt lebenden Ehegatten / Lebenspartners:	€	
6	Davon entfallen auf Krankenversicherungsbeiträge mit Anspruch auf Krankengeld:	€	
7	Im Kalenderjahr tatsächlich erbrachte Ausgleichsleistungen zur Vermeidung des Versorgungsausgleichs oder – bei Anträgen vor Ablauf des Kalenderjahres – voraussichtliche Ausgleichsleistungen	Ausgleichsleistungen €	

Mir ist bekannt, dass eine **Rücknahme** dieses Antrags **nicht** zulässig ist und dass ein im Lohnsteuer-Ermäßigungs- oder Einkommensteuer-Vorauszahlungsverfahren gestellter Antrag auch bei der Einkommensteuerveranlagung für dasselbe Kalenderjahr bindend ist.

Datum und Unterschrift

B. Zustimmung zum Antrag A

Die Zustimmung ist erstmals für das oben eingetragene Kalenderjahr gültig. Sie gilt – solange sie nicht widerrufen wird – auch für alle darauf folgenden Kalenderjahre. Mir ist bekannt, dass ich die Zustimmung nur vor Beginn des Kalenderjahres, für das sie erstmals nicht gelten soll, gegenüber dem für mich oder dem für den Antragsteller zuständigen Finanzamt widerrufen kann.

Empfänger der Leistung(en)

Name, Vorname | Geburtsdatum

Anschrift

Zuständiges Finanzamt, Steuernummer und Identifikationsnummer

Ich stimme hiermit dem Antrag auf Abzug von **Unterhaltsleistungen** als Sonderausgaben

☐ dem Grunde nach zu. ☐ begrenzt auf einen Teilbetrag in Höhe von ____________ € zu.

Mir ist bekannt, dass ich **Unterhaltsleistungen** bis zum Höchstbetrag von 13.805 € (zuzüglich tatsächlich geleisteter Beiträge für eine Basis-Kranken- und gesetzliche Pflegeversicherung) abzüglich der Werbungskosten (mindestens Pauschbetrag von 102 €) als sonstige Einkünfte **versteuern** muss, soweit sie vom Geber als Sonderausgaben abgezogen werden können.

Ich stimme hiermit dem Antrag auf Abzug von **Ausgleichsleistungen** zur Vermeidung des Versorgungsausgleichs als Sonderausgaben

☐ dem Grunde nach zu. ☐ begrenzt auf einen Teilbetrag in Höhe von ____________ € zu.

Mir ist bekannt, dass ich die **Ausgleichsleistungen** zur Vermeidung des Versorgungsausgleichs abzüglich der Werbungskosten (mindestens Pauschbetrag von 102 €) als sonstige Einkünfte **versteuern** muss, soweit sie vom Geber als Sonderausgaben abgezogen werden können.

Nur bei in einem anderen Mitgliedstaat der Europäischen Union (EU)/des Europäischen Wirtschaftsraumes (EWR) oder in der Schweiz ansässigen Empfänger der Leistung(en):

☐ Ich bestätige, dass die empfangenen Unterhaltsleistungen / Ausgleichsleistungen in dem Staat, in dem ich ansässig bin, besteuert werden. Die entsprechende Bescheinigung der zuständigen ausländischen Steuerbehörde ist beigefügt.

Datum und Unterschrift

☐ Die Zustimmung des Empfängers der Leistung(en)

vom ____________ liegt dem Finanzamt bereits vor.

Finanzamt

Steuernummer

Finanzamt ....

....

....

....

Durchschrift wird für die Steuerakten (Einkommensteuerveranlagungen und ggf. Anpassung der Einkommensteuer-Vorauszahlungen) des unter B genannten **inländischen** Empfängers der Leistung(en) übersandt.

Finanzamt

Steuernummer
Identifikationsnummer

Bitte beachten Sie die Erläuterungen auf der letzten Seite.

Anlage U

für Unterhaltsleistungen und Ausgleichsleistungen zur Vermeidung des Versorgungsausgleichs an den geschiedenen Ehegatten / Lebenspartner einer aufgehobenen Lebenspartnerschaft oder dauernd getrennt lebenden Ehegatten / Lebenspartner

☐ **zum Lohnsteuer-Ermäßigungsantrag**

☐ **zur Einkommensteuererklärung**

☐ **zum Antrag auf Anpassung der Einkommensteuer-Vorauszahlungen** **20____**

A. Antrag auf Abzug von Unterhaltsleistungen und Ausgleichsleistungen zur Vermeidung des Versorgungsausgleichs als Sonderausgaben

Antragsteller

Name, Vorname	Geburtsdatum
Anschrift	

Ich beantrage, folgende Unterhaltsleistungen nach § 10 Abs. 1a Nr. 1 EStG und / oder Ausgleichsleistungen zur Vermeidung des Versorgungsausgleichs nach § 10 Abs. 1a Nr. 3 EStG an meinen in Abschnitt B genannten geschiedenen Ehegatten / Lebenspartner einer aufgehobenen Lebenspartnerschaft oder dauernd getrennt lebenden Ehegatten / Lebenspartner als Sonderausgaben abzuziehen.

	Geldleistungen	Sachleistungen
Im Kalenderjahr tatsächlich erbrachte Unterhaltsleistungen oder – bei Anträgen vor Ablauf des Kalenderjahres – voraussichtliche Unterhaltsleistungen:	€	€
Davon entfallen auf Unterhaltsleistungen für Kinder:	– €	– €
Unterhaltsleistungen, die zum Abzug als Sonderausgaben geltend gemacht werden:	= €	= €
In den o. g. Geldleistungen enthaltene Beiträge (abzgl. Erstattungen und Zuschüsse) für eine Basis-Kranken- und gesetzliche Pflegeversicherung meines geschiedenen Ehegatten / Lebenspartners einer aufgehobenen Lebenspartnerschaft oder dauernd getrennt lebenden Ehegatten / Lebenspartners:	€	
Davon entfallen auf Krankenversicherungsbeiträge mit Anspruch auf Krankengeld:	€	

	Ausgleichsleistungen
Im Kalenderjahr tatsächlich erbrachte Ausgleichsleistungen zur Vermeidung des Versorgungsausgleichs oder – bei Anträgen vor Ablauf des Kalenderjahres – voraussichtliche Ausgleichsleistungen	€

Mir ist bekannt, dass eine **Rücknahme** dieses Antrags **nicht** zulässig ist und dass ein im Lohnsteuer-Ermäßigungs- oder Einkommensteuer-Vorauszahlungsverfahren gestellter Antrag auch bei der Einkommensteuerveranlagung für dasselbe Kalenderjahr bindend ist.

Datum und Unterschrift

____

B. Zustimmung zum Antrag A

Die Zustimmung ist erstmals für das oben eingetragene Kalenderjahr gültig. Sie gilt – solange sie nicht widerrufen wird – auch für alle darauf folgenden Kalenderjahre. **Mir ist bekannt, dass ich die Zustimmung nur vor Beginn des Kalenderjahres, für das sie erstmals nicht gelten soll, gegenüber dem für mich oder dem für den Antragsteller zuständigen Finanzamt widerrufen kann.**

Empfänger der Leistung(en)

Name, Vorname	Geburtsdatum
Anschrift	
Zuständiges Finanzamt, Steuernummer und Identifikationsnummer	

Ich stimme hiermit dem Antrag auf Abzug von **Unterhaltsleistungen** als Sonderausgaben

☐ dem Grunde nach zu. ☐ begrenzt auf einen Teilbetrag in Höhe von ____________ € zu.

Mir ist bekannt, dass ich **Unterhaltsleistungen** bis zum Höchstbetrag von 13.805 € (zuzüglich tatsächlich geleisteter Beiträge für eine Basis-Kranken- und gesetzliche Pflegeversicherung) abzüglich der Werbungskosten (mindestens Pauschbetrag von 102 €) als sonstige Einkünfte **versteuern** muss, soweit sie vom Geber als Sonderausgaben abgezogen werden können.

Ich stimme hiermit dem Antrag auf Abzug von **Ausgleichsleistungen** zur Vermeidung des Versorgungsausgleichs als Sonderausgaben

☐ dem Grunde nach zu. ☐ begrenzt auf einen Teilbetrag in Höhe von ____________ € zu.

Mir ist bekannt, dass ich die **Ausgleichsleistungen** zur Vermeidung des Versorgungsausgleichs abzüglich der Werbungskosten (mindestens Pauschbetrag von 102 €) als sonstige Einkünfte **versteuern** muss, soweit sie vom Geber als Sonderausgaben abgezogen werden können.

Nur bei in einem anderen Mitgliedstaat der Europäischen Union (EU)/des Europäischen Wirtschaftsraumes (EWR) oder in der Schweiz ansässigen Empfänger der Leistung(en):

☐ Ich bestätige, dass die empfangenen Unterhaltsleistungen / Ausgleichsleistungen in dem Staat, in dem ich ansässig bin, besteuert werden. Die entsprechende Bescheinigung der zuständigen ausländischen Steuerbehörde ist beigefügt.

Datum und Unterschrift

☐ Die Zustimmung des Empfängers der Leistung(en)

______________________________ vom ____________ liegt dem Finanzamt bereits vor.

Anlage U (2019) für Unterhaltsleistungen und Ausgleichsleistungen – Aug. 2019 **– Ausfertigung für den Antragsteller –**

Erläuterungen

Unterhaltsleistungen an den geschiedenen Ehegatten, Lebenspartner einer aufgehobenen Lebenspartnerschaft oder dauernd getrennt lebenden Ehegatten / Lebenspartner können entweder als Sonderausgaben oder als außergewöhnliche Belastung berücksichtigt werden. Ausgleichsleistungen zur Vermeidung des Versorgungsausgleichs sind ebenfalls als Sonderausgaben berücksichtigungsfähig. Dies gilt sowohl für Abfindungszahlungen für noch nicht ausgeglichene Anrechte als auch für Leistungen, die aufgrund eines notariell beurkundeten Vertrags oder gerichtlichen Vergleichs geleistet werden.

Abzug als Sonderausgaben (Realsplitting)

Der zahlungsverpflichtete Ehegatte / Lebenspartner (Geber) kann seine Unterhaltsleistungen / Ausgleichsleistungen zur Vermeidung des Versorgungsausgleichs an den geschiedenen Ehegatten, Lebenspartner einer aufgehobenen Lebenspartnerschaft oder dauernd getrennt lebenden Ehegatten / Lebenspartner (Empfänger) als Sonderausgaben abziehen, wenn

- der Geber dies ausdrücklich beantragt,
- der Empfänger diesem Antrag zustimmt und
- Geber und Empfänger unbeschränkt steuerpflichtig sind (Ausnahme: z. B. Doppelbesteuerungsabkommen mit Dänemark, Kanada, der Schweiz und den USA).

  Ein unbeschränkt steuerpflichtiger Staatsangehöriger eines Mitgliedstaates der Europäischen Union (EU) oder des Euro päischen Wirtschaftsraumes (EWR) kann Unterhaltsaufwendungen / Ausgleichsleistungen auch dann absetzen, wenn der geschiedene Ehegatte, Lebenspartner einer aufgehobenen Lebenspartnerschaft oder dauernd getrennt lebende Ehegatte / Lebenspartner zwar nicht unbeschränkt steuerpflichtig ist, aber in einem anderen Mitgliedstaat der EU / des EWR oder in der Schweiz wohnt. Dies gilt nur, wenn der Geber durch eine Bescheinigung der zuständigen ausländischen Steuerbehörde jährlich nachweist, dass der Empfänger den erhaltenen Betrag in dem Staat versteuert, in dem er ansässig ist.

Unterhaltsleistungen sind in der tatsächlich geleisteten Höhe, höchstens aber bis zu 13.805 € abziehbar. Der Höchstbetrag erhöht sich um die vom Geber tatsächlich geleisteten Beiträge für die Kranken- und gesetzliche Pflegeversicherung des Empfängers, soweit sie für die Erlangung eines sozialhilfegleichen Versorgungsniveaus erforderlich sind. Der Antrag auf Sonderausgabenabzug darf jedoch auf einen niedrigeren Betrag beschränkt werden, auch wenn die tatsächlichen Unterhaltsleistungen den geltend gemachten Betrag übersteigen. Die den geltend gemachten Betrag oder den Höchstbetrag übersteigenden Unterhaltsleistungen können nicht als außergewöhnliche Belastungen berücksichtigt werden. Leistet eine steuerpflichtige Person Unterhalt an mehrere Ehegatten / Lebenspartner, gilt der Höchstbetrag für jeden geschiedenen Ehegatten, Lebenspartner einer aufgehobenen Lebenspartnerschaft oder dauernd getrennt lebenden Ehegatten / Lebenspartner.

Das Realsplitting gilt nicht für Unterhaltsleistungen an Kinder.

Antrag des Gebers

Für den erstmaligen Antrag ist dieser Vordruck zu verwenden. Ist der Antrag beim Finanzamt gestellt, kann er nicht mehr zurückgenommen werden. Er ist nur für das Kalenderjahr bindend, für das der Sonderausgabenabzug in der Anlage Sonderausgaben beantragt wird. Der Sonderausgabenabzug muss für jedes Kalenderjahr neu beantragt werden. Ein betragsmäßig begrenzter Antrag, der unterhalb des Höchstbetrags liegt, kann auch nach Bestandskraft des Einkommensteuerbescheids erweitert werden. Der Antrag darf nicht an eine Bedingung geknüpft werden.

Zustimmung des Empfängers

Der Empfänger hat die Unterhaltsleistungen / Ausgleichsleistungen zur Vermeidung des Versorgungsausgleichs bei Zustimmung zu versteuern. Die Zustimmung des Empfängers muss der Geber - und nicht das Finanzamt - einholen. Die Zustimmung kann zivilrechtlich davon abhängig gemacht werden, dass der Geber die eintretenden Nachteile dem Empfänger ersetzt. Die Zustimmung ist bis auf Widerruf wirksam und kann nur vor Beginn des Kalenderjahres, für das sie erstmals nicht mehr gelten soll, gegenüber dem für den Geber oder Empfänger zuständigen Finanzamt widerrufen werden.

Bei Unterhaltsleistungen kann die Zustimmung dem Grunde nach erteilt werden, d. h., sie bezieht sich nicht auf die Höhe der Unterhaltsleistungen, sondern darauf, dass der Geber den tatsächlich geleisteten Unterhalt bis zum Höchstbetrag von 13.805 € (zuzüglich tatsächlich geleisteter Beiträge für eine Basis-Kranken- und gesetzliche Pflegeversicherung) grundsätzlich als Sonderausgaben abziehen kann. Sie kann aber auch der Höhe nach auf einen bestimmten Betrag unterhalb des Höchstbetrages beschränkt werden. Die betragsmäßig begrenzte Zustimmung, die unterhalb des Höchstbetrags liegt, kann auch nach Bestandskraft des Einkommensteuerbescheids erweitert werden.

Ohne die Zustimmung des Empfängers kommt der Sonderausgabenabzug beim Geber nicht in Betracht. Der Geber kann den Anspruch auf Zustimmung zivilrechtlich geltend machen. Die Zustimmung kann in diesem Fall durch eine rechtskräftige Verurteilung zu ihrer Abgabe oder durch einen entsprechenden Prozessvergleich ersetzt werden. Ist die Zustimmung davon abhängig, dass der Geber Sicherheit leistet, so wird die Zustimmung mit Erteilung der vollstreckbaren Ausfertigung des rechtskräftigen Urteils wirksam.

Unterhaltsleistungen

Unterhaltsleistungen im steuerlichen Sinne sind alle Zuwendungen, die ohne Gegenleistung gewährt werden, gleichgültig, ob es sich um laufende oder einmalige Leistungen handelt und ob sie in Geld oder Geldeswert (Sachleistungen) bestehen. Die Zuwendungen stellen auch dann Unterhaltsleistungen dar, wenn sie auf vertraglicher Vereinbarung beruhen. Ohne Bedeutung ist, ob sie über den Rahmen dessen hinausgehen, was der Empfänger nach bürgerlichem Recht beanspruchen kann und für welchen Zweck der Empfänger die Geldleistungen verwendet. Es kommt nicht darauf an, ob der Empfänger wegen seiner Einkommens- und Vermögensverhältnisse und seiner Erwerbsmöglichkeiten nach bürgerlichem Recht Unterhaltsleistungen fordern könnte und ob der Geber aufgrund seiner Leistungsfähigkeit zu entsprechenden Unterhaltsleistungen verpflichtet ist.

Zurechnung des Unterhalts / der Ausgleichsleistungen als sonstige Einkünfte beim unbeschränkt steuerpflichtigen Empfänger

Stimmt der Empfänger dem Antrag zu, werden ihm die Unterhaltsleistungen / Ausgleichsleistungen als sonstige Einkünfte zugerechnet und zusammen mit seinen anderen Einkünften der Einkommensbesteuerung unterworfen. Bei der Ermittlung der sonstigen Einkünfte werden die mit ihnen zusammenhängenden Werbungskosten abgezogen, mindestens mit einem Pauschbetrag, der für diese Leistungen, für Leibrenten und andere wiederkehrende Bezüge zusammen 102 € beträgt.

Durch die steuerliche Zurechnung dieser Einkünfte kann nicht nur eine Einkommensteuerbelastung entstehen; sie kann auch zum Verlust von staatlichen Förderungsleistungen führen, z. B. der Wohnungsbauprämie, der Arbeitnehmer-Sparzulage für vermögenswirksame Leistungen, der Gewährung von Waisen-, Eltern- und Ausgleichsrenten nach dem Bundesversorgungsgesetz sowie von Leistungen nach dem Bundesausbildungsförderungsgesetz (BAföG). Nachteile können ferner bei Stipendien und bei Darlehensrückzahlungen nach dem Graduiertenförderungsgesetz eintreten, selbst wenn die Einkünfte nicht dem Stipendienempfänger, sondern seinem Ehegatten / Lebenspartner zugerechnet werden.

Gleicht der Geber die Nachteile durch zusätzliche Zahlungen an den Empfänger aus, sind diese Mehrleistungen Unterhaltsleistungen. Durch die Zurechnung dieser Mehrbeträge können sich weitere Nachteile ergeben.

Die vom Geber geleisteten Beiträge zu einer Basis-Kranken- und gesetzlichen Pflegeversicherung können vom Empfänger als Sonderausgaben abgezogen werden.

Unterhaltsleistungen als außergewöhnliche Belastung

Wird ein Antrag auf Sonderausgabenabzug der Unterhaltsleistungen nicht gestellt, die Zustimmung vom Empfänger wirksam widerrufen oder nicht erteilt, können die für den Lebensunterhalt notwendigen Unterhaltsleistungen (z. B. Wohnungsmiete, Ernährung und Kleidung) beim Geber durch eine Steuerermäßigung wegen außergewöhnlicher Belastung berücksichtigt werden. Die Einkommensteuer wird dann dadurch ermäßigt, dass die Unterhaltsleistungen bis zur Höhe des jeweils gültigen Grundfreibetrags (zuzüglich tatsächlich geleisteter Beiträge für eine Basis-Kranken- und gesetzliche Pflegeversicherung [vgl. Erläuterungen zur Anlage Unterhalt]) im Kalenderjahr vom Gesamtbetrag der Einkünfte abgezogen werden. Dieser Betrag muss jedoch um alle Einkünfte und Bezüge des Empfängers, die zur Bestreitung seines Unterhalts bestimmt oder geeignet sind, gekürzt werden, soweit sie 624 € jährlich übersteigen.

Lebt der Empfänger nicht im Inland, können die Unterhaltsleistungen nur insoweit abgezogen werden, als sie nach den Verhältnissen des Wohnsitzstaates des Empfängers notwendig und angemessen sind.

Nur wenn bereits zu Beginn des Kalenderjahres die Ehegatten geschieden waren, die Lebenspartnerschaft aufgehoben war oder während des ganzen Kalenderjahres die Ehegatten / Lebenspartner dauernd getrennt gelebt haben, können Unterhaltsleistungen als außergewöhnliche Belastung berücksichtigt werden.

Finanzamt

Steuernummer

Identifikationsnummer

Bitte beachten Sie die Erläuterungen auf der letzten Seite.

Anlage U

für Unterhaltsleistungen und Ausgleichsleistungen zur Vermeidung des Versorgungsausgleichs an den geschiedenen Ehegatten / Lebenspartner einer aufgehobenen Lebenspartnerschaft oder dauernd getrennt lebenden Ehegatten / Lebenspartner

- ☐ **zum Antrag auf Lohnsteuer-Ermäßigung**
- ☐ **zur Einkommensteuererklärung**
- ☐ **zum Antrag auf Anpassung der Einkommensteuer-Vorauszahlungen**

20____

A. Antrag auf Abzug von Unterhaltsleistungen und Ausgleichsleistungen zur Vermeidung des Versorgungsausgleichs als Sonderausgaben

Antragsteller

Name, Vorname	Geburtsdatum

Anschrift

Ich beantrage, folgende Unterhaltsleistungen nach § 10 Abs. 1a Nr. 1 EStG und / oder Ausgleichsleistungen zur Vermeidung des Versorgungsausgleichs nach § 10 Abs. 1a Nr. 3 EStG an meinen in Abschnitt B genannten geschiedenen Ehegatten / Lebenspartner einer aufgehobenen Lebenspartnerschaft oder dauernd getrennt lebenden Ehegatten / Lebenspartner als Sonderausgaben abzuziehen.

Zeile		Geldleistungen	Sachleistungen
1	Im Kalenderjahr tatsächlich erbrachte Unterhaltsleistungen oder – bei Anträgen vor Ablauf des Kalenderjahres – voraussichtliche Unterhaltsleistungen:	€	€
2	Abzüglich der in Zeile 1 enthaltenen Unterhaltsleistungen für Kinder:	– €	– €
3	Unterhaltsleistungen (ohne Unterhaltsleistungen für Kinder):	= €	= €
4	Unterhaltsleistungen, die zum Abzug als Sonderausgaben geltend gemacht werden (Summe der Geld- und Sachleistungen aus Zeile 3):	= €	
5	In den o. g. Geldleistungen enthaltene Beiträge (abzgl. Erstattungen und Zuschüsse) für eine Basis-Kranken- und gesetzliche Pflegeversicherung meines geschiedenen Ehegatten / Lebenspartners einer aufgehobenen Lebenspartnerschaft oder dauernd getrennt lebenden Ehegatten / Lebenspartners:	€	
6	Davon entfallen auf Krankenversicherungsbeiträge mit Anspruch auf Krankengeld:	€	
7	Im Kalenderjahr tatsächlich erbrachte Ausgleichsleistungen zur Vermeidung des Versorgungsausgleichs oder – bei Anträgen vor Ablauf des Kalenderjahres – voraussichtliche Ausgleichsleistungen	Ausgleichsleistungen €	

Mir ist bekannt, dass eine **Rücknahme** dieses Antrags **nicht** zulässig ist und dass ein im Lohnsteuer-Ermäßigungs- oder Einkommensteuer-Vorauszahlungsverfahren gestellter Antrag auch bei der Einkommensteuerveranlagung für dasselbe Kalenderjahr bindend ist.

Datum und Unterschrift

B. Zustimmung zum Antrag A

Die Zustimmung ist erstmals für das oben eingetragene Kalenderjahr gültig. Sie gilt – solange sie nicht widerrufen wird – auch für alle darauf folgenden Kalenderjahre. Mir ist bekannt, dass ich die Zustimmung nur vor Beginn des Kalenderjahres, für das sie erstmals nicht gelten soll, gegenüber dem für mich oder dem für den Antragsteller zuständigen Finanzamt widerrufen kann.

Empfänger der Leistung(en)

Name, Vorname	Geburtsdatum

Anschrift

Zuständiges Finanzamt, Steuernummer und Identifikationsnummer

Ich stimme hiermit dem Antrag auf Abzug von **Unterhaltsleistungen** als Sonderausgaben

☐ dem Grunde nach zu. ☐ begrenzt auf einen Teilbetrag in Höhe von ________ € zu.

Mir ist bekannt, dass ich **Unterhaltsleistungen** bis zum Höchstbetrag von 13.805 € (zuzüglich tatsächlich geleisteter Beiträge für eine Basis-Kranken- und gesetzliche Pflegeversicherung) abzüglich der Werbungskosten (mindestens Pauschbetrag von 102 €) als sonstige Einkünfte **versteuern** muss, soweit sie vom Geber als Sonderausgaben abgezogen werden können.

Ich stimme hiermit dem Antrag auf Abzug von **Ausgleichsleistungen** zur Vermeidung des Versorgungsausgleichs als Sonderausgaben

☐ dem Grunde nach zu. ☐ begrenzt auf einen Teilbetrag in Höhe von ________ € zu.

Mir ist bekannt, dass ich die **Ausgleichsleistungen** zur Vermeidung des Versorgungsausgleichs abzüglich der Werbungskosten (mindestens Pauschbetrag von 102 €) als sonstige Einkünfte **versteuern** muss, soweit sie vom Geber als Sonderausgaben abgezogen werden können.

Nur bei in einem anderen Mitgliedstaat der Europäischen Union (EU)/des Europäischen Wirtschaftsraumes (EWR) oder in der Schweiz ansässigen Empfänger der Leistung(en):

☐ Ich bestätige, dass die empfangenen Unterhaltsleistungen / Ausgleichsleistungen in dem Staat, in dem ich ansässig bin, besteuert werden. Die entsprechende Bescheinigung der zuständigen ausländischen Steuerbehörde ist beigefügt.

Datum und Unterschrift

☐ Die Zustimmung des Empfängers der Leistung(en) vom ________ liegt dem Finanzamt bereits vor.

Erläuterungen

Unterhaltsleistungen an den geschiedenen Ehegatten, Lebenspartner einer aufgehobenen Lebenspartnerschaft oder dauernd getrennt lebenden Ehegatten / Lebenspartner können entweder als Sonderausgaben oder als außergewöhnliche Belastung berücksichtigt werden. Ausgleichsleistungen zur Vermeidung des Versorgungsausgleichs sind ebenfalls als Sonderausgaben berücksichtigungsfähig. Dies gilt sowohl für Abfindungszahlungen für noch nicht ausgeglichene Anrechte als auch für Leistungen, die aufgrund eines notariell beurkundeten Vertrags oder gerichtlichen Vergleichs geleistet werden.

Abzug als Sonderausgaben (Realsplitting)

Der zahlungsverpflichtete Ehegatte / Lebenspartner (Geber) kann seine Unterhaltsleistungen / Ausgleichsleistungen zur Vermeidung des Versorgungsausgleichs an den geschiedenen Ehegatten, Lebenspartner einer aufgehobenen Lebenspartnerschaft oder dauernd getrennt lebenden Ehegatten / Lebenspartner (Empfänger) als Sonderausgaben abziehen, wenn

- der Geber dies ausdrücklich beantragt,
- der Empfänger diesem Antrag zustimmt und
- Geber und Empfänger unbeschränkt steuerpflichtig sind (Ausnahme: z. B. Doppelbesteuerungsabkommen mit Dänemark, Kanada, der Schweiz und den USA).

  Ein unbeschränkt steuerpflichtiger Staatsangehöriger eines Mitgliedstaates der Europäischen Union (EU) oder des Europäischen Wirtschaftsraumes (EWR) kann Unterhaltsaufwendungen / Ausgleichsleistungen auch dann absetzen, wenn der geschiedene Ehegatte, Lebenspartner einer aufgehobenen Lebenspartnerschaft oder dauernd getrennt lebende Ehegatte / Lebenspartner zwar nicht unbeschränkt steuerpflichtig ist, aber in einem anderen Mitgliedstaat der EU / des EWR oder in der Schweiz wohnt. Dies gilt nur, wenn der Geber durch eine Bescheinigung der zuständigen ausländischen Steuerbehörde jährlich nachweist, dass der Empfänger den erhaltenen Betrag in dem Staat versteuert, in dem er ansässig ist.

Unterhaltsleistungen sind in der tatsächlich geleisteten Höhe, höchstens aber bis zu 13.805 € abziehbar. Der Höchstbetrag erhöht sich um die vom Geber tatsächlich geleisteten Beiträge für die Kranken- und gesetzliche Pflegeversicherung des Empfängers, soweit sie für die Erlangung eines sozialhilfegleichen Versorgungsniveaus erforderlich sind. Der Antrag auf Sonderausgabenabzug darf jedoch auf einen niedrigeren Betrag beschränkt werden, auch wenn die tatsächlichen Unterhaltsleistungen den geltend gemachten Betrag übersteigen. Die den geltend gemachten Betrag oder den Höchstbetrag übersteigenden Unterhaltsleistungen können nicht als außergewöhnliche Belastungen berücksichtigt werden. Leistet eine steuerpflichtige Person Unterhalt an mehrere Ehegatten / Lebenspartner, gilt der Höchstbetrag für jeden geschiedenen Ehegatten, Lebenspartner einer aufgehobenen Lebenspartnerschaft oder dauernd getrennt lebenden Ehegatten / Lebenspartner.

Das Realsplitting gilt nicht für Unterhaltsleistungen an Kinder.

Antrag des Gebers

Für den erstmaligen Antrag ist dieser Vordruck zu verwenden. Ist der Antrag beim Finanzamt gestellt, kann er nicht mehr zurückgenommen werden. Er ist nur für das Kalenderjahr bindend, für das der Sonderausgabenabzug in der Anlage Sonderausgaben beantragt wird. Der Sonderausgabenabzug muss für jedes Kalenderjahr neu beantragt werden. Ein betragsmäßig begrenzter Antrag, der unterhalb des Höchstbetrags liegt, kann auch nach Bestandskraft des Einkommensteuerbescheids erweitert werden. Der Antrag darf nicht an eine Bedingung geknüpft werden.

Zustimmung des Empfängers

Der Empfänger hat die Unterhaltsleistungen / Ausgleichsleistungen zur Vermeidung des Versorgungsausgleichs bei Zustimmung zu versteuern. Die Zustimmung des Empfängers muss der Geber - und nicht das Finanzamt - einholen. Die Zustimmung kann zivilrechtlich davon abhängig gemacht werden, dass der Geber die eintretenden Nachteile dem Empfänger ersetzt. Die Zustimmung ist bis auf Widerruf wirksam und kann nur vor Beginn des Kalenderjahres, für das sie erstmals nicht mehr gelten soll, gegenüber dem für den Geber oder Empfänger zuständigen Finanzamt widerrufen werden.

Bei Unterhaltsleistungen kann die Zustimmung dem Grunde nach erteilt werden, d. h., sie bezieht sich nicht auf die Höhe der Unterhaltsleistungen, sondern darauf, dass der Geber den tatsächlich geleisteten Unterhalt bis zum Höchstbetrag von 13.805 € (zuzüglich tatsächlich geleisteter Beiträge für eine Basis-Kranken- und gesetzliche Pflegeversicherung) grundsätzlich als Sonderausgaben abziehen kann. Sie kann aber auch der Höhe nach auf einen bestimmten Betrag unterhalb des Höchstbetrages beschränkt werden. Die betragsmäßig begrenzte Zustimmung, die unterhalb des Höchstbetrags liegt, kann auch nach Bestandskraft des Einkommensteuerbescheids erweitert werden.

Ohne die Zustimmung des Empfängers kommt der Sonderausgabenabzug beim Geber nicht in Betracht. Der Geber kann den Anspruch auf Zustimmung zivilrechtlich geltend machen. Die Zustimmung kann in diesem Fall durch eine rechtskräftige Verurteilung zu ihrer Abgabe oder durch einen entsprechenden Prozessvergleich ersetzt werden. Ist die Zustimmung davon abhängig, dass der Geber Sicherheit leistet, so wird die Zustimmung mit Erteilung der vollstreckbaren Ausfertigung des rechtskräftigen Urteils wirksam.

Unterhaltsleistungen

Unterhaltsleistungen im steuerlichen Sinne sind alle Zuwendungen, die ohne Gegenleistung gewährt werden, gleichgültig, ob es sich um laufende oder einmalige Leistungen handelt und ob sie in Geld oder Geldeswert (Sachleistungen) bestehen. Die Zuwendungen stellen auch dann Unterhaltsleistungen dar, wenn sie auf vertraglicher Vereinbarung beruhen. Ohne Bedeutung ist, ob sie über den Rahmen dessen hinausgehen, was der Empfänger nach bürgerlichem Recht beanspruchen kann und für welchen Zweck der Empfänger die Geldleistungen verwendet. Es kommt nicht darauf an, ob der Empfänger wegen seiner Einkommens- und Vermögensverhältnisse und seiner Erwerbsmöglichkeiten nach bürgerlichem Recht Unterhaltsleistungen fordern könnte und ob der Geber aufgrund seiner Leistungsfähigkeit zu entsprechenden Unterhaltsleistungen verpflichtet ist.

Zurechnung des Unterhalts / der Ausgleichsleistungen als sonstige Einkünfte beim unbeschränkt steuerpflichtigen Empfänger

Stimmt der Empfänger dem Antrag zu, werden ihm die Unterhaltsleistungen / Ausgleichsleistungen als sonstige Einkünfte zugerechnet und zusammen mit seinen anderen Einkünften der Einkommensbesteuerung unterworfen. Bei der Ermittlung der sonstigen Einkünfte werden die mit ihnen zusammenhängenden Werbungskosten abgezogen, mindestens mit einem Pauschbetrag, der für diese Leistungen, für Leibrenten und andere wiederkehrende Bezüge zusammen 102 € beträgt.

Durch die steuerliche Zurechnung dieser Einkünfte kann nicht nur eine Einkommensteuerbelastung entstehen; sie kann auch zum Verlust von staatlichen Förderungsleistungen führen, z. B. der Wohnungsbauprämie, der Arbeitnehmer-Sparzulage für vermögenswirksame Leistungen, der Gewährung von Waisen-, Eltern- und Ausgleichsrenten nach dem Bundesversorgungsgesetz sowie von Leistungen nach dem Bundesausbildungsförderungsgesetz (BAföG). Nachteile können ferner bei Stipendien und bei Darlehensrückzahlungen nach dem Graduiertenförderungsgesetz eintreten, selbst wenn die Einkünfte nicht dem Stipendienempfänger, sondern seinem Ehegatten / Lebenspartner zugerechnet werden.

Gleicht der Geber die Nachteile durch zusätzliche Zahlungen an den Empfänger aus, sind diese Mehrleistungen Unterhaltsleistungen. Durch die Zurechnung dieser Mehrbeträge können sich weitere Nachteile ergeben.

Die vom Geber geleisteten Beiträge zu einer Basis-Kranken- und gesetzlichen Pflegeversicherung können vom Empfänger als Sonderausgaben abgezogen werden.

Unterhaltsleistungen als außergewöhnliche Belastung

Wird ein Antrag auf Sonderausgabenabzug der Unterhaltsleistungen nicht gestellt, die Zustimmung vom Empfänger wirksam widerrufen oder nicht erteilt, können die für den Lebensunterhalt notwendigen Unterhaltsleistungen (z. B. Wohnungsmiete, Ernährung und Kleidung) beim Geber durch eine Steuerermäßigung wegen außergewöhnlicher Belastung berücksichtigt werden. Die Einkommensteuer wird dann dadurch ermäßigt, dass die Unterhaltsleistungen bis zur Höhe des jeweils gültigen Grundfreibetrags (zuzüglich tatsächlich geleisteter Beiträge für eine Basis-Kranken- und gesetzliche Pflegeversicherung [vgl. Erläuterungen zur Anlage Unterhalt]) im Kalenderjahr vom Gesamtbetrag der Einkünfte abgezogen werden. Dieser Betrag muss jedoch um alle Einkünfte und Bezüge des Empfängers, die zur Bestreitung seines Unterhalts bestimmt oder geeignet sind, gekürzt werden, soweit sie 624 € jährlich übersteigen.

Lebt der Empfänger nicht im Inland, können die Unterhaltsleistungen nur insoweit abgezogen werden, als sie nach den Verhältnissen des Wohnsitzstaates des Empfängers notwendig und angemessen sind.

Nur wenn bereits zu Beginn des Kalenderjahres die Ehegatten geschieden waren, die Lebenspartnerschaft aufgehoben war oder während des ganzen Kalenderjahres die Ehegatten / Lebenspartner dauernd getrennt gelebt haben, können Unterhaltsleistungen als außergewöhnliche Belastung berücksichtigt werden.

Stichwortverzeichnis